Kurzlehrbücher
für das juristische Studium

Ambos
Internationales Strafrecht

Internationales Strafrecht

Strafanwendungsrecht – Völkerstrafrecht
Europäisches Strafrecht – Rechtshilfe

Ein Studienbuch

von

Dr. Dr. h. c. Kai Ambos

o. Professor an der Universität Göttingen und Richter am Landgericht

unter Mitarbeit von

Akad. Rätin Dr. Stefanie Bock (inhaltliche Koordination)

und

Dr. Alexander Heinze
Dipl. Juristin Stephanie Kern
Dipl. Juristin Annika Poschadel
Stud. iur. Torben Schlüter

4., völlig überarbeitete und erweiterte Auflage, 2014

C. H. BECK

www.beck.de

ISBN 978 3 406 66735 0

Wilhelmstraße 9, 80801 München
Druck und Bindung: Nomos Verlagsgesellschaft mbH & Co. KG
In den Lissen 12, D-76547 Sinzheim

Satz: Jung Crossmedia Publishing GmbH
Gewerbestraße 17, 35633 Lahnau

Gedruckt auf säurefreiem, alterungsbeständigem Papier
(hergestellt aus chlorfrei gebleichtem Zellstoff)

Für Analu, Lara, Patrick, Vânia und meine weitere großartige brasilianische Familie

Vorwort

Wie immer versucht die Neuauflage die relevanten Entwicklungen in dem immer größer werdenden Gebiet des internationalen Strafrechts umfassend zu berücksichtigen. Insbesondere mussten die Teile zum Völkerstrafrecht und zum Europäischen Strafrecht gründlich überarbeitet, aktualisiert und erweitert werden (Stand: Literatur und Rspr. März 2014, Daten u. ä. 1.7.2014). Dort finden sich nun u. a. neue Ausführungen zu den ersten Urteilen des Internationalen Strafgerichtshofs, den deutschen VStGB-Verfahren, der zunehmenden Ausdifferenzierung und Verdichtung des europäischen Menschenrechtsschutzes und der fortschreitenden Institutionalisierung des Europäischen Strafrechts, insbesondere im Bereich der Rechtshilfe und der geplanten Europäischen Staatsanwaltschaft.

Wie immer habe ich auch meinem Lehrstuhlteam zu danken, allen voran Akad. Rätin *Dr. Stefanie Bock,* die die Gesamtkoordination der Überarbeitung übernommen und mir dadurch viel Arbeit abgenommen hat. Ferner haben Dipl.Jur. *Stephanie Kern* (§ 7), *Dr. Alexander Heinze* (§ 8), Dipl.Jur. *Annika Poschadel* (§§ 9, 11–13) und stud. jur. *Torben Schlüter* (§§ 6, 10, Verzeichnisse) die erste Überarbeitung der genannten Kapitel vorgenommen; stud.jur. *Jan Oberlach* (§§ 1–4) hat insoweit ebenfalls unterstützend mitgewirkt. Herr Dipl.Jur. *Christopher Schöpe* und Frau *Anett Müller* haben wichtige technische Unterstützung geleistet.

Göttingen, Anfang Juli 2014 *Kai Ambos*

Vorwort zur 3. Auflage

Auch diese Auflage versucht den Spagat zwischen einem didaktisch orientierten Lern- und Lehrbuch und einem Studienbuch mit wissenschaftlichem Anspruch. Dies hat aus Platzgründen, wie schon in der Vorauflage, Kürzungen notwendig gemacht. So wird auch hier nur die neue bzw. erstmals zitierte Literatur in die Schrifttumsverzeichnisse aufgenommen und in einigen, aus heutiger Sicht weniger relevanten Teilen auf die Vorauflage (und auch auf die erste Auflage) verwiesen. Die gestrichene Literatur ist wieder auf meiner Website abrufbar: www.department- ambos.uni-goettingen.de/lehrbuch.html.

Die größten Änderungen waren aufgrund des Inkrafttretens des Lissabonner Vertrags in Teil 3 nötig. Hier habe ich die Chance einer völligen Neustrukturierung genutzt: Nach einem einführenden Abschnitt (§ 9) wird der Grundrechtsschutz in Europa (§ 10) – wegen seiner Bedeutung an der Spitze stehend – dargestellt, sodann das materielle und prozessuale europäische Strafrecht (§§ 11, 12) und seine Institutionen (§ 13). In den anderen beiden Teilen war hingegen eine gründliche Aktualisierung ausreichend, die freilich vor allem im völkerstrafrechtlichen Teil 2 zu einer Vertiefung und Weiterentwicklung einiger Teile, insbesondere des Prozessrechts (§ 8), geführt hat. Der Abschnitt zum Aggressionsverbrechen (§ 7 Rn. 261 ff.) musste wegen dessen Verabschiedung in Kampala (§ 6 Rn. 33) völlig neu geschrieben werden. Rechtsprechung und Literatur wurden bis Anfang Mai 2011 berücksichtigt.

Wie immer habe ich meinem Lehrstuhlteam zu danken, allen voran den schon vorne erwähnten Mitarbeitern. Überdies haben Dr. Maria-Laura Böhm, Ass. iur. Katarzyna Geler und Sabine Klein, Dipl.jur. Szymon widerski, stud. iur. Antonia Bautsch, Katrin Müller sowie vor allem Moritz Eckhardt, Uta Nolte und Anina Timmermann wichtige Unterstützung in inhaltlicher wie technischer Hinsicht geleistet.

Kommentare nehme ich gerne unter lehrbuch@uni-goettingen.de entgegen.

Göttingen, im Mai 2011 *Kai Ambos*

Vorwort zur 2. Auflage

Die vorliegende Neuauflage sah sich mit dem Problem konfrontiert, bei praktisch gleich bleibendem Umfang an der Konzeption eines Lehr- *und* Studienbuchs festzuhalten, also einerseits das Buch didaktisch zu verbessern und andererseits die internationale und ausländische Diskussion möglichst umfassend aufzunehmen. Dies hat erhebliche Kürzungen mit Verweisen auf die Vorauflage notwendig gemacht, u. a. habe ich mich in Abstimmung mit dem Verlag für die ausschließliche Aufnahme der neueren Literatur in die Literaturverzeichnisse bei Streichung aller alten Zeitschriftenaufsätze und Festschriftenbeiträge entschlossen. So finden sich in den jeweiligen Literaturverzeichnissen nun nur Monographien und die Literatur ab Ende 2005, frühere nur, sofern sie in der Vorauflage noch nicht berücksichtigt wurde; die gestrichene Literatur der Vorauflage ist auf meiner Website www.jura.uni-goettingen.de/kambos/Lehrbuch.html abrufbar. Dort finden sich auch die Teile des Textes und die Schaubilder, die in der Neuauflage – schweren Herzens – gestrichen werden mussten. Das allgemeine Literatur- und Quellenverzeichnis wurde hingegen erheblich erweitert; bei ausländischen Zeitschriften wurde, sofern eine klare Zuordnung möglich ist, das entsprechende Land in Klammern hinzugefügt.

Die Neubearbeitung besteht in der grundlegenden Überarbeitung, Aktualisierung und Erweiterung des Textes zum 1. Mai 2008; wichtige Aktualisierungen wurden auch noch Anfang September vorgenommen. Im 1. Teil *(Strafanwendungsrecht)* wurden insbesondere die Ausführungen zum Weltrechtsprinzip (§ 3 Rn. 93 ff.) erweitert sowie ein Exkurs zu§ 129 b StGB (§ 3 Rn. 128 a) und ein Schaubild 4 zur Lösung von Jurisdiktionskonflikten eingefügt. Im 2. Teil *(Völkerstrafrecht)* wurden insbesondere die Abschnitte zur Implementation des IStGH-Statuts (§ 6 Rn. 51 ff., Schaubild 6), zu den „gemischten" Tribunalen (§ 6 Rn. 58 ff.), zur Zurechnungsfigur des „joint criminal enterprise" (§ 7 Rn. 30 ff.), zur Aggression (§ 7 Rn. 251 ff.), zum prozessualen Vor- und Zwischenverfahren (§ 8 Rn. 19 ff., 23 ff.) und zu den Opferrechten (§ 8 Rn. 44, 44 a) erheblich erweitert bzw. umgeschrieben. Im 3. Teil *(Europäisches Strafrecht)* hat die dynamische und unstete Rechtsentwicklung, die ganz im Schatten des Ende des Verfassungs(alb)traums stand und nun des Lissaboner Reformvertrags steht, zu einer noch radikaleren Neugestaltung weiter Teile der Vorauflage gezwungen, insbesondere im Hinblick auf den europäischen Einigungsprozess (§ 9 Rn. 7 ff.), die Rechtsquellen (§ 9 Rn. 23–32), die europa(straf)rechtliche Harmonisierung (des Umweltschutzes) durch Richtlinie oder Rahmenbeschluss (§ 11 Rn. 30 ff.), die rahmenbeschlusskonforme Auslegung („Pupino",§ 12 Rn. 4 a), die Terrorismusbekämpfung durch „blacklisting" (§ 12 Rn. 10 a, b), die Fortentwicklung von Art. 54 SDÜ (§ 12 Rn. 38 ff.) sowie, last but not least, den Europäischen Haftbefehl (§ 12 Rn. 56 ff.) und seine problematische Umsetzung in Deutschland (§ 12 Rn. 62 ff., 68 ff.). In allen Teilen wurden die *Fälle* ergänzt und – dies besonders auf Bitten Studierender – jeweils zusammenfassende Lösungshinweise erstellt.

Zu danken habe ich zuvörderst – in der Reihenfolge der Bedeutung ihres Beitrags – meinen (ehemaligen) Mitarbeitern PD *Dr. Peter Rackow, Ignaz Stegmiller* und *Dr. Dennis Miller* für die unverzichtbare Hilfe bei der Überarbeitung der Teile II, III und I. Wichtige Beiträge haben auch meine wissenschaftlichen Mitarbeiter/-innen

Klaus Alten, Lydia Löhner, Pamela Ziehn und – auf der Zielgeraden – *Stefanie Bock* geleistet; von studentischer Seite haben vor allem *Guido Belger* aber auch *Alexander Heinze, Stephanie Kern, Katrin Isabel Müller* und *Lisa Kühn* mitgewirkt. Ohne ihren unermüdlichen Einsatz und ihre Teamfähigkeit wäre die zweite Auflage in dieser Form wohl niemals fertig geworden.

Göttingen, im September 2008 *Kai Ambos*

Vorwort zur 1. Auflage

Die zunehmende Bedeutung und Komplexität des „internationalen Strafrechts“ mit seinen Teilgebieten Strafanwendungsrecht, Völkerstrafrecht und europäisches Strafrecht macht ein Buch notwendig, das die Bedürfnisse von Studentinnen, Praktikerinnen und Wissenschaftlerinnen gleichermaßen anspricht. Die hier vorgelegte Konzeption eines *Lehr- und Studienbuchs,* das die genannten Teilgebiete systematisch darstellt und umfassend aufarbeitet, versucht dem mit einer Kombination aus didaktisch orientierter und wissenschaftlich vertiefender Darstellung Rechnung zu tragen. Vor allem didaktisch begründet ist die Verwendung von *Fällen* und *Beispielen* sowie *Schaubildern.* Vor allem der Vertiefung dient die mitunter *ausführliche Darstellung des Streitstandes* unterstützt von – auch ausländische und internationale Literatur berücksichtigenden – Schrifttumsverzeichnissen und Fußnotenapparaten. Wer dieses Buch zum Einstieg in die Materie nutzt, wird sich in der Regel mit dem groß geschriebenen Haupttext, unterstützt von Fällen und Schaubildern, begnügen können; wer aus praktischen oder wissenschaftlichen Gründen speziell an dem ein oder anderen Problembereich interessiert ist, wird zumindest einige weiterführende Hinweise finden. Kenner der Materie werden natürlich auch Lücken entdecken, so fehlt etwa eine Darstellung der Konkurrenzen im Völkerstrafrecht (vgl. § 7 Rn. 269 m. N. in Fn. 1052). Rechtsprechung und Literatur wurden bis Mitte September 2005 berücksichtigt. Für Hinweise bin ich immer dankbar: kambos@gwdg.de

Noch ein Wort zu den – neben dem (üblichen) *Abkürzungsverzeichnis* – erstellten Verzeichnissen: Das vorgeschaltete Allgemeine *Literatur- und Quellenverzeichnis* enthält Titel von besonderer Bedeutung, sei es weil sie teil- oder kapitelübergreifend zitiert werden oder sich für einen bestimmten Problembereich als grundlegend erweisen. Das am Ende abgedruckte *Rechtsprechungsverzeichnis* erfasst die zitierte (ausländische und internationale) Rechtsprechung mit vollständigem Nachweis. Dort finden sich auch die websites der zitierten Gerichte. Im Übrigen wurde auf detaillierte Internet-Fundstellen verzichtet, weil solche *links* nach einer gewissen Zeit häufig ins Leere führen (wenn man sie überhaupt richtig – mit allen Sonderzeichen – eingegeben hat). Stattdessen sei auf die Linksammlung unter http://lehrstuhl.jura.uni-goettingen.de/kambos/Links.html verwiesen, die zudem ständig aktualisiert wird.

Neben den wegen ihrer maßgeblichen Mitwirkung besonders erwähnten Herrn Dr. Rackow und RRef. Miller danke ich auch meinen (ehem.) Mitarbeitern Christoph Barthe, Dr. Sven Uwe Burkhardt, RRefin. Iris Petersen, RRef. Jens Tödter und Dr. Malin Thunberg Schunke für Hilfe bei der Erstellung von Teilen des Manuskripts sowie Herrn Ignaz Stegmiller; und den studentischen Mitarbeitern Guido Belger, Annika Beyer, Martin Buse, Alexander Heinze und Michael Jilg für redaktionelle Unterstützung. Herrn Rechtsanwalt Stefan Kirsch danke ich für die kritische Lektüre von § 8. Dem Verlag bin ich vor allem dafür zu Dank verpflichtet, dass er gegenüber der mit der beschriebenen Konzeption verbundenen Überschreitung des ursprünglich vereinbarten Umfangs Verständnis gezeigt hat. Philipp Mützel danke ich für das gründliche Lektorat.

Kai Ambos

Inhaltsverzeichnis

Verzeichnis der Schaubilder

Abkürzungsverzeichnis

a. A.	andere/r Ansicht
a. a. O.	am angegebenen Ort
A. C.	Appeal Cases (Entscheidungssammlung des britischen Hoause of Lords)
a. E.	am Ende
a. F.	alte(r) Fassung
AA	Auswärtiges Amt
Abk.	Abkommen
abl.	ablehnend
Abl. EG	Amtsblatt der Europäischen Gemeinschaften
Abl. EU	Amtsblatt der EU
Abs.	Absatz
abwM	abweichende Meinung (dissenting opinion)
Add.	Addendum
AE	Alternativentwurf
AE-StGB	Alternativentwurf eines Strafgesetzbuches
AEUV	Vertrag über die Arbeitsweise der Union (reformierter EGV)
AfP	Zeitschrift für Medien- und Kommunikationsrecht
AFRC	Armed Forces Revolutionary Council (Sierra Leone)
AG	Aktiengesellschaft oder Amtsgericht oder Arbeitsgemeinschaft
AGEL	Annual of German & European Law
AI	Amnesty International
AIDI	Annuaire de l'Institut de Droit International
AIDP	Association Internationale de Droit Pénal
AJCL	American Journal of Criminal Law
AJIL	American Journal of International Law
AJP	Actualité Juridique Pénal (Frankreich)
al.	alii
ALC	Annotated Leading Cases of International Criminal Tribunals
alic	actio libera in causa
allg.	allgemeine/n/r/s
AllgEMR	Allgemeine Erklärung der Menschenrechte
allgM	allgemeine(r) Meinung
Alt.	Alternative
AMDI	Anuario Mexicano de Derecho Internacional
AmJCompL	American Journal of Comparative Law
AMRK	Amerikanische Menschenrechtskonvention
ÄndVEU/EG	Vertrag zur Änderung des Vertrags über die EU und des Vertrags über die EG (Lissabonner Vertrag)
Anm.	Anmerkung
Annuaire	Annuaire de l'Institut de Droit International
APC	Archives de politique criminelle (Frankreich)
APD	Archives de philosophie du droit (Frankreich)
App.	Appeal/Appeals
AppC	Appeals Chamber
AppJ	Appeal(s) Judgment(s)
ArizJICompL	Arizona Journal of International and Comparative Law
Art.	Artikel
ASIL	American Society of International Law
ASP	Assembly of States Parties (ICC/IStGH)
ASPA	American Service Members Protection Act
AT	Allgemeiner Teil
AUC	Autodefensas Unidas de Colombia (Vereinte Selbstverteidigungsgruppen Kolumbiens)

Aufl. . . . . Auflage
1. Aufl. . . . . *Ambos,* Internationales Strafrecht, 1. Aufl., 2006
2. Aufl. . . . . *Ambos,* Internationales Strafrecht, 2. Aufl., 2008
3. Aufl. . . . . *Ambos,* Internationales Strafrecht, 3. Aufl., 2011
AVR . . . . Archiv des Völkerrechts

Bd. . . . . Band
Bde. . . . . Bände
Begr. . . . . Begründung
Benelux-Staaten . . Belgien, Luxemburg, Niederlande
ber. . . . . berichtigt
Beschl. . . . . Beschluss
betr. . . . . betreffend
Bf. . . . . Beschwerdeführer
BGBl. . . . . Bundesgesetzblatt
BGH . . . . Bundesgerichtshof
BGH LM . . . . . . Nachschlagewerk des Bundesgerichtshofs
BGHGS . . . . Großer Senat des Bundesgerichtshofs
BGHR . . . . BGH-Rechtsprechung – Strafsachen
BGHSt . . . . Entscheidungen des BGH in Strafsachen
BKR . . . . Zeitschrift für Bank- und Kapitalmarktrecht
Blätter . . . . Blätter für deutsche und internationale Politik
BMJ . . . . Bundesministerium der Justiz
Bofax . . . . Periodische Veröffentlichung des Instituts für Friedenssicherungsrecht und Völkerrecht der Universität Bochum
Bombenterrorismus-Konvention . . Konvention zur Bekämpfung des Bombenterrorismus
BostCTWLR . . . . Boston College Third World Law Review (USA)
BR . . . . Bundesrepublik
BR-Drs. . . . . Bundesratsdrucksache
BRAK . . . . Bundesrechtsanwaltskammer
BReg . . . . Bundesregierung
BT . . . . Bundestag
BT-Drs. . . . . Bundestagsdrucksache
Buchholz . . . . Sammel- und Nachschlagewerk der Rechtsprechung des Bundesverwaltungsgerichts
BVerfG . . . . Bundesverfassungsgericht
BVerfGE . . . . Entscheidungen des Bundesverfassungsgerichts
BWCT . . . . Bangladesh War Crimes Tribunal
BYIL . . . . The British Yearbook of International Law
bzgl. . . . . bezüglich
bzw. . . . . beziehungsweise

CaH . . . . Crime(s) against Humanity
CAJ . . . . Comisión Andina de Juristas
Cal. App. 3d . . . . . California Appellate Reports, third series
Cal. L. Rev. . . . . . California Law Review (USA)
Calif.Pen.Code . . . Penal Code of California
CanYIL . . . . Canadian Yearbook of International Law
Car. L. Rev. . . . . . Cardozo Law Review (USA)
CassP . . . . Cassazione Penale (Italien)
CCA . . . . Criminal Code Act 1995 (Australien)
CCC . . . . Canadian Criminal Cases
CDJ . . . . Cuadernos de Derecho Judicial (Spanien)
CELAD . . . . Comité Européen de la Lutte Anti-Drogue
CERD . . . . Committee on the Elimination of Racial Discrimination (der gleichnamigen Konvention)
Chap. R. Rev. . . . . Chapman Law Review
Chicagoer Abk. . . . Chicagoer Abkommen über die internationale Zivilluftfahrt

ChicKentLR	Chicago-Kent Law Review (USA)
CHILDG	Chatham House International Law Discussion Group
Chinese JIL	Chinese Journal of International Law (China)
CHR	(UN) Commission on Human Rights
CICC	Coalition for an International Criminal Court
CIG	Conférence intergouvernementale
CILJ	Cornell International Law Journal (USA)
CJIL	Chicago Journal of International Law (USA)
CLF	Criminal Law Forum (international)
CLJ	Cambridge Law Journal (Großbritannien)
CLP	Criminal Law and Philosophy sowie Current Legal Problems (Zeitschrift, Großbritannien)
CML	Common Market Law Review
Col. L. Rev.	Columbia Law Review (USA)
ColJTL	Columbia Journal of Transnational Law
Conf.	Conference
Corpus Juris	Corpus Juris der strafrechtlichen Regelungen zum Schutz der finanziellen Interessen der EU
COW	Committee of the Whole
CP	Code Pénal, Código Penal, Codice Penale (Strafgesetzbuch)
CPC	Cuadernos de Política Criminal (Spanien)
CPDIL	Committee on the Progressive Development of International Law and its Codification
CPF	Código Penal Federal (Bundesstrafgesetzbuch)
CPI	Corte Penal Internacional, Corte Penale Internazionale, Cour Pénale International (IStGH)
CPIA	Criminal Procedure and Investigations Act 1996 (Vereinigtes Königreich)
CPP	Code de Procedure Pénal, Código de Procedimiento Penal (Strafprozessordnung)
CR	Computer und Recht
Crim.L.R.	Criminal Law Review (Großbritannien)
CrimLSC	Crime, Law & Social Change (international)
CSJ(N)	Corte Suprema de Justicia (de la Nación)
CWRJIL	Case Western Reserve Journal of International Law (USA)
CYELS	Cambridge Yearbook of European Legal Studies
d. h.	das heißt
DAR	Deutsches Autorecht
DAV	Deutscher Anwaltverein
DCCB	Draft Criminal Code Bill (Law Commission, England und Wales)
Def.	Definition(en)
Denv. J. Int'l L. & Pol.	Denver Journal of International Law and Policy (USA)
DePaul L. Rev. . . .	DePaul Law Review (USA)
ders.	derselbe
DGVN	Deutsche Gesellschaft für die Vereinten Nationen
DickinsonJIL	Dickinson Journal of International Law (USA)
diff.	differenzierend
diplomat.	diplomatisch
DJ	Deutsche Justiz
DJT	Deutscher Juristentag
DÖV	Die Öffentliche Verwaltung
DPC	Derecho Penal y Criminologia (Spanien) und Derecho Penal Contemporanéo (Kolumbien)
DPI/dpi	D/derecho P/penal I/internacional (internationales Strafrecht)
DPPT	Derecho penal y política transnacional (Spanien)
DPP	Diritto Penale e Processo (Italien)

Draft European Convention . . . . . Draft European Convention on Conflicts of Jurisdiction in Criminal Matters (Empfehlung 420 (1965) der Versammlung des Europarats)
DRC . . . . Democratic Republic of the Congo
DRiB . . . . Deutscher Richterbund
DRiZ . . . . Deutsche Richterzeitung
DRK . . . . Demokratische Republik Kongo
DStR . . . . Deutsches Steuerrecht (Zeitschrift)
dt. . . . . deutsch(er/es)
DuD . . . . Datenschutz und Datensicherheit
Duke J.Comp. & Int'l L. . . . . Duke Journal of Comparative and International Law (USA)
DVBl. . . . . Deutsches Verwaltungsblatt

E . . . . Entwurf
E+Z . . . . Entwicklung + Zusammenarbeit (Zeitschrift)
EAGV . . . . Vertrag zur Gründung der Europäischen Atomgemeinschaft (EURATOM)
EAW . . . . European Arrest Warrant (Europäischer Haftbefehl)
ebd. . . . . ebenda
e. c. . . . . e contrario
E. L. Rev. . . . . . . European Law Review
EC Law . . . . Law on the Establishment of Extraordinary Chambers for the Prosecution of Crimes Committed during the Period of Democratic Kampuchea
ECBA . . . . European Criminal Bar Association
ECCC . . . . Extraordinary Chambers in the Courts of Cambodia
ECCP . . . . European Committee for Crime Problems
ECHR . . . . European Convention on Human Rights (Europäische Menschenrechtskonvention)
ECJ . . . . Encyclopedia of Crime and Justice
ed. . . . . editor
eds. . . . . editors
EDU . . . . European Drug Unit
EEA . . . . Europäische Ermittlungsanordnung
EFTA . . . . Europäische Freihandelsassoziation (European Free Trade Association)
EG(en) . . . . Europäische Gemeinschaft(en)
EG-FaxKonv . . . . EG-Faxkonvention
EG-ne bis in idem-Übk. . . . . . . Übereinkommen v. 25.5.1987 zwischen den Mitgliedstaaten der Europäischen Gemeinschaften über das Verbot der doppelten Strafverfolgung
EG-VollstrÜbk. . . EG-Vollstreckungsübereinkommen
EGFinSchG . . . . . EG-Finanzschutzgesetz
EGKS . . . . Vertrag über die Gründung der Europäischen Gemeinschaft für Kohle und Stahl
EGMR . . . . Europäischer Gerichtshof für Menschenrechte
EGStGB . . . . Einführungsgesetz zum Strafgesetzbuch
EGV . . . . Vertrag zur Gründung der Europäischen Gemeinschaften
ehem. . . . . ehemalig
EHRR . . . . European Human Rights Reports
EIB . . . . Europäische Investitionsbank
EinheitsÜbk. . . . . Einheitsübereinkommen
EJG . . . . Eurojust-Gesetz
EJIL . . . . European Journal of International Law
EJN . . . . Europäisches Justizielles Netz
EKMR . . . . Europäische Kommission für Menschenrechte
ELO . . . . Europol Liaison Officer
ELR . . . . European Law Reporter
EMRK . . . . Europäische Menschenrechtskonvention

endg.	endgültig
engl.	englisch
Entschl.	Entschluss
EP	Europäisches Parlament
EPC	Estudios Penales y Criminológicos (Spanien)
EPG	Europäische Politische Gemeinschaft
EPIL	Encylopedia of Public International Law
EPP(O)	European Public Prosecutor (Office)
ERA Forum	Journal of the Academy of European Law
EStA	Europäische Staatsanwaltschaft
et al.	et alii (und andere)
ETA	Euskadi Ta Askatasuna (baskische Separatistenorganisation)
etc.	et cetera
ETS	European Treaties Series
EU	Europäische Union/European Union
EU-AuslÜbk.	EU-Auslieferungsübereinkommen
EU-JZG	(öster.) Bundesgesetz über die justizielle Zusammenarbeit in Strafsachen mit den Mitgliedsstaaten der EU
EU-RhÜbk.	Übk. v. 29.5.2000 über die Rechtshilfe in Strafsachen zwischen den Mitgliedstaaten der EU
EU-Vereinf-AuslÜbk.	Übereinkommen über das vereinfachte Auslieferungsverfahren zwischen den Mitgliedstaaten der Europäischen Union
EuAlÜbk.	Europäisches Auslieferungsübereinkommen
EUBestG	EU-Bestechungsgesetz
EuCLR	European Criminal Law Review
EuConst	European Constitutional Law Review
eucrim	The European Criminal Law Associations' Forum (successor to Agon)
EuGH	Gerichtshof der Europäischen Union (früher: Gemeinschaften)
EuGH-Satzung	Protokoll über die Satzung des Gerichtshofs der Europäischen Gemeinschaften
EuGHG	EuGH-Gesetz
EuGRZ	Europäische Grundrechte-Zeitschrift
EuHb	Europäischer Haftbefehl
EuHbG	Europäisches Haftbefehlsgesetz
EuR	Europarecht
E(e)ur.	E(e)uropäische(r)
Eur. J. Cr.	European Journal of Crime, Criminal Law and Criminal Justice
EuRat	Satzung des Europarates
EURATOM	Europäische Atomgemeinschaft (EAGV)
EuR-Bei	Europarecht Beiheft
EuRhÜbk.	Europäisches Rechtshilfeübereinkommen (Europarat, 1959)
Europol	Europäisches Polizeiamt
Europol-Immunitätsprotokoll	Protokoll über die Vorrechte und Immunitäten für Europol, die Mitglieder der Organe, die stellvertretenden Direktoren und die Bediensteten von Europol
EuropolG	Europol-Gesetz
EuropolK	Europol-Konvention
E/euStR	E/europäische(n/s) Strafrecht(s)
EuTerrÜbk.	Europäisches Übereinkommen zur Bekämpfung des Terrorismus
EUV	Vertrag über die Europäische Union
EuZW	Europäische Zeitschrift für Wirtschaftsrecht
EVG	Europäische Verteidigungsgemeinschaft
EWG	Europäische Wirtschaftsgemeinschaft
EWR	Europäischer Wirtschaftsraum
EWS	Europäisches Wirtschafts- und Steuerrecht
EZB	Europäische Zentralbank

f. . . . . folgende
FARC . . . . Fuerzas Armadas Revolucionarias de Colombia (Revolutionäre Streitkräfte von Kolumbien)
FAZ . . . . Frankfurter Allgemeine Zeitung
FDLR . . . . Forces Démocratiques de Libération du Rwanda
FedRCrimProc . . . Federal Rules of Criminal Procedure (USA)
ff. . . . . folgende Seiten
FG . . . . Festgabe
FIDH . . . . Fédération Internationale des Ligues des Droits de ĺHomme/International Federation for Human Rights
FJIL . . . . Florida Journal of International Law (USA)
FlaggRG . . . . Flaggenrechtsgesetz
FlaggRV . . . . Flaggenrechtsverordnung
Fn. . . . . Fußnote
Fordham L. Rev. . . Fordham Law Review (USA)
FordhamILJ . . . . . Fordham International Law Journal (USA)
FRA . . . . Europäische Agentur für Grundrechte (EU Agency for Fundamental Rights)
frCP . . . . französischer Code Pénal
FriWa . . . . Die Friedens-Warte
frz. . . . . französisch/e/er/es
FS . . . . Festschrift
FYBIL . . . . Finnish Yearbook of International Law

GA . . . . General Assembly (UN-Generalversammlung) oder Goltdammer's Archiv für Strafrecht
GA I-IV . . . . Genfer Abkommen (siehe auch GK: Genfer Konventionen)
GA-Res. 36/106 . . GA-Resolution 36/106, 36 UN GAOR (No. 51), UN-Dok. A/36/51 (1981), 239
GAM . . . . Groupe d'Assistance Mutuelle
GAOR . . . . GA Official Records
GASP . . . . Gemeinsame Außen- und Sicherheitspolitik
GBA . . . . Generalbundesanwalt/Generalbundesanwaltschaft
Gbl. . . . . Gesetzblatt
geänd. . . . . geändert
GenK . . . . Genozid-Konvention
Genozid-Konvention . . . . Konvention über die Verhütung und Bestrafung des Völkermordes
Geo. J. Int'l L. . . . . Georgetown Journal of International Law (USA)
Geo. Wash. Int'l L. Rev. . . . . George Washington International Law Review (USA)
GeorgeLJ . . . . Georgetown Law Journal (USA)
Ges. . . . . Gesetz
GeschO . . . . Geschäftsordnung
GesE . . . . Gesetzentwurf
Gestapo . . . . Geheime Staatspolizei
GG . . . . Grundgesetz
gg. . . . . gegen
ggf. . . . . gegebenenfalls
ggü. . . . . gegenüber
GK . . . . Genfer Konvention(en)
GK I . . . . Erste Genfer Konvention zur Verbesserung des Loses der Verwundeten und Kranken der Streitkräfte im Felde
GK II . . . . Zweite Genfer Konvention zur Verbesserung des Loses der Verwundeten, Kranken und Schiffbrüchigen der Streitkräfte zur See
GK III . . . . Dritte Genfer Konvention über die Behandlung der Kriegsgefangenen
GK IV . . . . Vierte Genfer Konvention zum Schutze von Zivilpersonen in Kriegszeiten
GKI . . . . Gemeinsame Kontrollinstanz (bei Europol)
GLJ . . . . German Law Journal

GM . . . . Gemeinsame Maßnahme
GoJIL . . . . Goettingen Journal of International Law
GRCh . . . . Europäische Grundrechtecharta
grdl. . . . . grundlegend
grds. . . . . grundsätzlich
GRUR Int. . . . . . Gewerblicher Rechtsschutz und Urheberrecht Internationaler Teil
GS . . . . Gedächtnisschrift oder Gemeinsamer Standpunkt
GUS . . . . Gemeinschaft Unabhängiger Staaten
GV . . . . Generalversammlung der Vereinten Nationen
GVG . . . . Gerichtsverfassungsgesetz
GW . . . . Guardian Weekly (England)
GYIL . . . . German Yearbook of International Law

h. A. . . . . herrschende/r Ansicht
h. M. . . . . herrschende/r Meinung
HaagÜbk. . . . . . . Haager Übereinkommen zur Bekämpfung widerrechtlicher Inbesitznahme von Luftfahrzeugen
Halbs. . . . . Halbsatz
HarvHRJ . . . . . . Harvard Human Rights Journal (USA)
HarvILJ . . . . Harvard International Law Journal (USA)
HarvLJ . . . . Harvard Law Journal (USA)
Herv. . . . . Hervorhebung
HLKO . . . . Haager Landkriegsordnung
Hous. J. Int'l L. . . . Houston Journal of International Law (USA)
HPCR . . . . Program on Humanitarian Policy and Conflict Research (Harvard University)
HRBrief. . . . . Human Rights Brief
HRLJ . . . . Human Rights Law Journal (Großbritannien)
HRLR . . . . Human Rights Law Review
HRQ . . . . Human Rights Quarterly (USA)
HRR . . . . Human Rights Review (international)
HRRS . . . . Höchstrichterliche Rechtsprechung Strafrecht
Hrsg. . . . . Herausgeber
HRW . . . . Human Rights Watch
HumFoR . . . . Humboldt Forum Recht
humVR . . . . humanitäres/n Völkerrecht(s)
HuV-I . . . . Humanitäres Völkerrecht – Informationsschriften
HVILJ . . . . Harvard International Law Journal (USA)

i. d. F. . . . . in der Fassung
i. d. S. . . . . in diesem Sinne
i. e. S. . . . . im engeren Sinne
i. Erg. . . . . im Ergebnis
i. R. d. . . . . im Rahmen der/s
i. S. d. . . . . im Sinne des
i. S. v. . . . . im Sinne von
i. V. m. . . . . in Verbindung mit
i. W. . . . . im Wege
i. w. S. . . . . im weiteren Sinne
IA . . . . International Affairs
IAGMR . . . . Interamerikanischer Gerichtshof für Menschenrechte
IAMRK . . . . Interamerikanische Menschenrechtskommission
IBA . . . . International Bar Association
IBCCrim . . . . Instituto Brasileiro de Ciências Criminais
ICB . . . . International Criminal Bar Association (ICC)
ICC . . . . International Criminal Court
ICC Monitor . . . . Newspaper of the NGO coalition for the ICC
ICC Newsletter . . . Newsletter prepared by the Public Information and Documentation Section of the ICC

ICED . . . . International Convention for the Protection of All Persons from Enforced Disappearance
ICG . . . . International Crisis Group
ICJ . . . . International Court of Justice
ICL . . . . International Criminal Law
ICLQ . . . . The International and Comparative Law Quarterly (Großbritannien)
ICLR . . . . International Criminal Law Review (international)
IComLR . . . . International Community Law Review (international)
ICRC . . . . International Committee of the Red Cross
ICTJ . . . . International Center for Transitional Justice
ICTR . . . . International Criminal Tribunal for Rwanda
ICTRS . . . . ICTR-Statut/Satzung
ICTY . . . . International Criminal Tribunal for the Former Yugoslavia
ICTY/ICTR-Regeln . . . . Verfahrens- und Beweisregeln des ICTY/ICTR
ICTYS . . . . ICTY-Statut/Satzung
IELR . . . . International Enforcement Law Reporter
IG . . . . Industriegewerkschaft
IGH . . . . Internationaler Gerichtshof
IGHS/IGH-Statut Statut/Satzung des Internationalen Gerichtshofs
IHL . . . . International Humanitarian Law
IHT . . . . International Herald Tribune (international)
IIIC . . . . International Independent Investigation Commission
IJIL . . . . Indiana Journal of International Law (USA)
IJT . . . . International Justice Tribune (international)
IJTJ . . . . International Journal of Transitional Justice
IKRK . . . . Internationales Komitee des Roten Kreuzes
ILA . . . . International Law Association
ILC . . . . International Law Commission (UN-Völkerrechtskommission)
ILM . . . . International Legal Materials (international)
ILP . . . . International Legal Perspectives
ILR . . . . International Law Reports (international)
ILSA . . . . International Law Student Association
ILSA J. Int. & Comp. L. . . . . . . ILSA Journal of International and Comparative Law (USA)
IMG . . . . Internationaler Militärgerichtshof (Nürnberg)
IMGFO . . . . Internationaler Militärgerichtshof für den Fernen Osten (Tokyo Tribunal)
IMGFOS . . . . . . Statut des Internationalen Militärgerichtshofs für den Fernen Osten
IMGS . . . . Statut des Internationalen Militärgerichtshofs
IMT . . . . International Military Tribunal (IMG)
IMTFE . . . . International Military Tribunal for the Far East (IMGFO)
IMTFES . . . . IMTFE-Statut
IMTS . . . . IMT-Statut
IndLJ . . . . Indiana Law Journal (USA)
INEF . . . . Institut für Entwicklung und Frieden
insb. . . . . insbesondere
Insight . . . . Insight on the ICC. Newsletter of the NGO Coalition for the ICC
Int.Com.Jur. . . . . International Commission of Jurists
Int.Crim.L. . . . . . International Criminal Law
Int. L. . . . . International Lawyer
IntVG . . . . Integrationsverantwortungsgesetz
IPbpR . . . . Internationaler Pakt über bürgerliche und politische Rechte
IPR . . . . Internationales Privatrecht
IRA . . . . Irish Republican Army (Irisch-Republikanische Armee)
IRG . . . . Gesetz über die internationale Rechtshilfe in Strafsachen
IRMCT . . . . International Residual Mechanism for Criminal Tribunals
IRMCTS . . . . Statute of the International Residual Mechanism for Criminal Tribunals

IRRC . . . . International Review of the Red Cross (international)
IRSG . . . . (Schweizerisches) Bundesgesetz über internationale Rechtshilfe in Strafsachen
IRuD . . . . Internationales Recht und Diplomatie
ISISC . . . . Instituto Superiore Internazionale di Scienze Criminali
IsLR . . . . Israel Law Review (Israel)
IStGB . . . . Internationales Strafgesetzbuch
IStGH . . . . Internationaler Strafgerichtshof
IStGH-AusführungsG . . . . Gesetz zur Ausführung des Römischen Statuts des IStGH
IStGHG . . . . Gesetz über die Zusammenarbeit mit dem IStGH
IStGH-Regeln . . . Verfahrens- und Beweisregeln des IStGH
IStGHS/IStGH-Statut . . . . Rom/Römisches-Statut des IStGH
ISTS . . . . Statute of the Iraqi Special Tribunal
IYbILP . . . . Indian Yearbook of International Law and Policy (USA)
IYHR . . . . Israel Yearbook on Human Rights (Israel)

J. Marshall L. Rev. . John Marshall Law Review (USA)
J. Pol. Phil . . . . . . Journal of Political Philosophy (USA)
JA . . . . Juristische Arbeitsblätter
JAL . . . . Journal of African Law
Jb . . . . Jahrbuch
JbIntR . . . . Jahrbuch Internationales Recht
jce . . . . joint criminal enterprise
JCL . . . . Journal of Criminal Law (Großbritannien)
JCP . . . . Juris-Classeur Périodique (Frankreich)
JCSL . . . . Journal of Conflict & Security Law (Großbritannien)
JECL . . . . Journal of European Criminal Law (international)
JHR . . . . Journal of Human Rights (USA)
JIHLS . . . . Journal of International Humanitarian Legal Studies (international)
JICJ . . . . Journal of International Criminal Justice (international)
JJZG . . . . Jahrbuch für juristische Zeitgeschichte
Journ. Cr. L. . . . . . Journal of Criminal Law (Großbritannien)
Journ. Cr. L & Crim. . . . . Journal of Criminal Law and Criminology (USA)
JournTLP . . . . . . Journal of Transnational Law and Policy (USA)
JpD . . . . Jueces para la Democracia (Spanien)
JR . . . . Juristische Rundschau
JSMP . . . . Judicial System Monitoring Programme
JSt . . . . Journal für Strafrecht (Österreich)
JStGHG . . . . Gesetz über die Zusammenarbeit mit dem Internationalen Strafgerichtshof für das ehemalige Jugoslawien
Judg. . . . . Judg(e)ment
JuS . . . . Juristische Schulung
Justiz . . . . Die Justiz (Amtsblatt des Justizministeriums Baden-Württemberg)
JZ . . . . Juristenzeitung

K & R . . . . Kommunikation und Recht
KAS . . . . Konrad-Adenauer-Stiftung
KFOR . . . . Kosovo Force
KRG . . . . Kontrollratsgesetz
krit. . . . . kritisch
KritV . . . . Kritische Vierteljahresschrift für Gesetzgebung und Rechtswissenschaft

LA Analysen . . . . . Lateinamerika Analysen
La Ley . . . . La Ley – Revista Juridica Española de Doctrina, Jurisprudencia y Bibliografia
LCP . . . . Law and Contemporary Problems (USA)

LdR-Strafrecht/ *Bearbeiter*	Lexikon des Rechts; Strafrecht, Strafverfahrensrecht
Lit.	Literatur
LJIL	Leiden Journal of International Law (Niederlande)
LMBG	Lebensmittel- und Bedarfsgegenständegesetz
Londoner Abkommen	Londoner Vier-Mächte-Abkommen v. 8. 8. 1945
LP	Legislazione Penale (Italien)
LRA	Lord's Resistance Army (Rebellengruppe Uganda)
LRC	Law Reform Commission (of Canada)
LRev	Law Review
Luftfahrzeug-Inbesitznahme-Übk.	Übk. zur Bekämpfung der widerrechtlichen Inbesitznahme von Luftfahrzeugen
LuftSiG	Gesetz zur Neuregelung der Luftsicherheitsaufgaben
m. N.	mit Nachweisen
m.w.N.	mit weiteren Nachweisen
MarqLR	Marquette Law Review (USA)
MCC	Model Criminal Code (O'Connor/Rausch)
MDStV	Mediendienste-Staatsvertrag
MedR	Medizinrecht
MelbourneJIL	Melbourne Journal of International Law (Australien)
MichJIL	Michigan Journal of International Law (USA)
MinnesotaLR	Minnesota Law Review (USA)
mittT	mittelbare Täterschaft
MJ	Maastricht Journal of International and Comparative Law (Niederlande)
MJECL	Maastricht Journal of European and Comparative Law (Niederlande)
MLR	Military Law Review (USA)
ModLR	Modern Law Review (England)
MondV	Übereinkommen zur Regelung der Tätigkeiten von Staaten auf dem Mond und anderen Himmelskörpern
MontrProt.	Montrealer Protokoll
MontrÜbk.	Montrealer Übereinkommen
MPC	Model Penal Code (American Law Institute)
MPEPIL	Max Planck Encyclopedia of Public International Law (Deutschland)
MPI	Max-Planck-Institut für ausländisches und internationales Strafrecht, Freiburg i. Brsg.
mr	menschenrechtlich(e/er)
MS	Mitgliedstaat(en)
NATO	North Atlantic Treaty Organisation; Nordatlantikvertrags-Organisation
NCJICR	North Carolina Journal of International Law and Commercial Regulation (USA)
NCLR	New Criminal Law Review (USA)
NELR	New England Law Review (USA)
NEP	Nouvelles Études Pénales (Veröffentlichungsreihe AIDP, Frankreich)
New Eng. J.Int'l & Comp. L.	New England Journal of International and Comparative Law (USA)
NGO(s)	Non-Governmental Organisation(s)
NJ	Neue Justiz
NJECL	New Journal of European Criminal Law
NJW	Neue Juristische Wochenschrift
NK	Neue Kriminalpolitik
NL-BzAR	Neue Landwirtschaftsbriefe zum Agrarrecht
NLJ	New Law Journal (Großbritannien)
NLR	National Law Review (Australien)
no.	number
Notre Dame L. Rev.	Notre Dame Law Review (USA)
Nr.	Nummer

NRO(en)	Nicht-Regierungsorganisation(en)
N.S.	New Series
NS	Nationalsozialismus
NStZ	Neue Zeitschrift für Strafrecht
NStZ-RR	Neue Zeitschrift für Strafrecht, Rechtsprechungs-Report
Nürnberger Grundsätze	Principles of International Law Recognised in the Charter of the Nuremberg Tribunal and in the Judgement of the Tribunal
NVR	Nationaler Verteidigungsrat der DDR
NVwZ	Neue Zeitschrift für Verwaltungsrecht
Nw.	Nachweis(e)
NWUJIHR	Northwestern University Journal of International Human Rights (USA)
NYT	New York Times (USA)
NYUJILP	New York University Journal of International Law and Politics (USA)
NZV	Neue Zeitschrift für Verkehrsrecht
NZWehrr	Neue Zeitschrift für Wehrrecht
NZWiSt	Neue Zeitschrift für Wirtschafts-, Steuer- und Unternehmensstrafrecht
NZZ	Neue Zürcher Zeitung (Schweiz)
o.	oben
o. g.	oben genannt/e/r/s
ÖAnwBl.	Österreichisches Anwaltsblatt (Österreich)
OAS	Organization of American States
OAU	Organisation of African Unity
OCIJ	Office of the Co-Investigating Judges (ECCC)
OECD	Organisation für wirtschaftliche Zusammenarbeit und Entwicklung (Organisation for Economic Cooperation and Development)
OEEC	Organisation für Europäische wirtschaftliche Zusammenarbeit (Organisation for European Economic Cooperation)
OGH	Oberster Gerichtshof (Österreich)
OGHBrZ	Oberster Gerichtshof für die Britische Zone
OGHSt	Entscheidungen des Obersten Gerichtshofs für die Britische Zone in Strafsachen
OJLS	Oxford Journal of Legal Studies (Großbritannien)
ÖJZ	Österreichische Juristen-Zeitung (Österreich)
OK	Organisierte Kriminalität
OLAF	Office de la Lutte AntiFraude (Europäisches Amt für Betrugsbekämpfung)
OLG	Oberlandesgericht
OLGSt	Entscheidungen der Oberlandesgerichte zum Straf- und Strafverfahrensrecht
OPCV	Office of Public Counsel for Victims
Or.L.Rev.	Oregon Law Review (USA)
östARHG	(Österreichisches) Auslieferungs- und Rechtshilfegesetz
öStGB	Österreichisches StGB
östOGH	Oberster Gerichtshof der Republik Österreich
OSZE	Organisation für Sicherheit und Zusammenarbeit in Europa
OTP	Office of The Prosecutor
OWiG	Gesetz über Ordnungswidrigkeiten
PACE	Police and Criminal Evidence Act (Großbritannien)
para(s).	paragraph(s) (Absatz/Absätze)
PCIJ	Permanent Court of International Justice
PCNICC	Preparatory Commission for the International Criminal Court
PIF	Protection des Intérêts Financiers
PIJ	Palestinian Islamic Jihad
PJZ(S)	Polizeiliche und Justizielle Zusammenarbeit (in Strafsachen)
PKK	Patya Karkeren Kurdistan (Kurdische Arbeiterpartei)
PlattformProt.	Protokoll zur Bekämpfung widerrechtlicher Handlungen gegen die Sicherheit fester Plattformen, die sich auf dem Festlandsockel befinden

PMC .... Private military company
polStGB 1997 ... polnisches Strafgesetzbuch von 1997
portCP .... portugiesischer Código Penal
PrepCom .... Preparatory Committee ICC
PrepCommis .... Preparatory Commission ICC
PSILR .... Penn State International Law Review (USA)
PTC .... Pre-Trial Chamber (ICC)
PVS .... Politische Vierteljahresschrift
PYIL .... Polish Yearbook of International Law

RabelsZ .... (Rabels) Zeitschrift für ausländisches und internationales Privatrecht
Rats-Dok. ...... Dokumente des Rates der EU
Rb .... Rahmenbeschluss(es), Rahmenbeschlüsse
RBDI .... Revue Belge de Droit International
RbEBA .... Rahmenbeschluss über die Europäische Beweisanordnung
RbEuHb .... Rahmenbeschluss über den Europäischen Haftbefehl
RCCP .... Revista Canaria de Ciencias Penales (Spanien)
RD Congo ...... République Démocratique du Congo
RDC .... Revue de Droit Contemporain (Belgien)
RDCE .... Revisa de Derecho Communitario Europeo (Spanien)
RDFUG .... Revista de la Facultad de Derecho de la Universidad de Granada (Spanien)
RDP .... Revista de Derecho Penal (Spanien)
RDPC .... Revista de Derecho Penal y Criminologia (Spanien), auch Rassemblement démocratique de people cameronnais
RDPP .... Revista de Derecho y Proceso Penal (Spanien)
RECPC .... Revista Electrónica de Ciencia Penal y Criminología (Spanien)
REDF .... Revista Europea de Derechos Fundamentales (Spanien)
Reg. .... Regierung oder Register
Regulations ..... ICC, Regulations of the Court (Geschäftsordnung)
Res. .... Resolution
restr. .... restriktiv(e/er)
Rev. .... Revision
RevDPC .... Revue de Droit Pénal et de Criminologie (Belgien)
RG .... Rechtsgeschichte (Zeitschrift/Deutschland)
RGBl. .... Reichsgesetzblatt
RIDC .... Revue International de Droit Comparé (Frankreich)
RIDP .... Revue International de Droit Pénal (Frankreich)
RIDPP .... Rivista Italiana di Diritto e Procedura Penale (Italien)
Rl .... Richtlinie
RLJ .... Rutgers Law Journal (USA)
RMC .... Revue du marché commun (Frankreich)
Rn. .... Randnummer
RP .... Revista Penal (Spanien)
RPDP .... Revue Pénitentiaire et de Droit Pénal (Frankreich)
RPCC .... Revista Portuguesa de Ciência Criminal (Portugal)
RPCP .... Revista Peruana de Ciencial Penales (Peru)
RPE .... Rules of Procedure and Evidence (Verfahrens- und Beweisregeln)
RS .... Rom-Statut des IStGH/Rome Statute of the ICC
RSC .... Revue de science criminelle et de droit pénal comparé (Frankreich)
RSDIE/SZIER ... Revue suisse de droit international et de droit europeén/Schweizerische Zeitschrift für internationales und europäisches Recht (Schweiz)
Rspr. .... Rechtsprechung
RStGB .... Strafgesetzbuch für das Deutsche Reich v. 15.5.1871
RStGHG .... Gesetz über die Zusammenarbeit mit dem Internationalen Strafgerichtshof für Ruanda
russStGB 1996 ... Russisches Strafgesetzbuch von 1996

rvgl	rechtsvergleichend
RW	Rechtswissenschaft
S.	Seite
s.	siehe
S+F	Vierteljahresschrift für Sicherheit und Frieden
Sartorius II	Sartorius Band II, Internationale Verträge – Europarecht
SC	(UN-)Security Council
SC Res.	(UN-)Security Council Resolution
SchÜbk.	Übereinkommen von Schengen
schweizStGB	Schweizerisches Strafgesetzbuch
Schw JZ	Schweizerische Juristenzeitung
scil.	scilicet (lat. = das heißt, das bedeutet)
SCR	Supreme Court Reports (Kanada)
SCSL	Special Court for Sierra Leone
SCSLS	SCSL-Statut/Satzung
SDÜ	Schengener Durchführungsübereinkommen
SED	Sozialistische Einheitspartei Deutschlands
SeeschÜbk.	Übereinkommen zur Bekämpfung widerrechtlicher Handlungen gegen die Sicherheit der Seeschifffahrt
SEK	EU-Sektionsnummer
Series A	Publications de la Cour Européenne des Droits de l'Homme/Publications of the European Court of Human Rights, Série A: Arrêts et Décisions/Series A: Judgments and Decisions
SIRENE	Supplementary Information Request at the National Entry
SJZ	Süddeutsche Juristen-Zeitung
SL	Sendero Luminoso (dt. Leuchtender Pfad, offiziell Partido Comunista del Peru, Kommunistische Partei Perus)
Slg.	Sammlung
SOFA	Status of Forces Agreement
sog.	sogenannte/r/n
Sp.	Spiegelstrich
spanCP 1995	Spanischer Código Penal von 1995
SPSC	Special Panels for Serious Crimes (Osttimor)
SR	(UN-)Sicherheitsrat
SR-Res.	(UN-)Sicherheitsrats-Resolution
SRÜ	Seerechtsübereinkommen der Vereinten Nationen
SS	Schutzstaffel
StA	Staatsanwalt
StAG	Staatsangehörigkeitsgesetz
StGB	Strafgesetzbuch
StIGHE	Entscheidungen des Ständigen Internationalen Gerichtshofs
STL(S)	Special Tribunal for Lebanon (Statut)
StPO	Strafprozessordnung
str.	streitig
StuR	Staat und Recht
StV	Strafverteidiger
Subsidiaritätsprotokoll	Protokoll über die Anwendung der Grundsätze der Subsidiarität und Verhältnismäßigkeit, Addendum 1 zu Dokument CIG 87/04 REV 1
Suffolk Transnat'l L. Rev.	Suffolk Transnational Law Review (USA)
SVR	Straßenverkehrsrecht
SWGCA	Special Working Group on the Crime of Aggression
SWP	Stiftung Wissenschaft und Politik
SZ	Süddeutsche Zeitung
SZIER	Schweizerische Zeitschrift für internationales und europäisches Recht (Schweiz)

Tbm.	Tatbestandsmerkmale
TC	Trial Chamber
TDG	Teledienstegesetz
TexILJ	Texas International Law Journal (USA)
TJ	Trial Judg(e)ment
TK	Telekommunikation
TKG	Telekommunikationsgesetz
TokAbk.	Tokioter Abkommen
TPI	Tribunal Penal Internacional (IStGH)
TPIR	Tribunal Penal Internacional pour le Rwanda
TPIY	Tribunal Penal Internacional pour l'ex Yougoslavie
Transnat'l L. & Contemp. Probs.	Transnational Law & Contemporary Problems (USA)
TRC	Truth and Reconciliation Commission
TREVI	„Terrorisme, Radicalisme, Extremisme, Violence International" (Gremium der EG-Mitgliedstaaten zum organisierten Austausch von Ermittlungsergebnissen und von Erkenntnissen in Fragen der Polizeipraxis und -ausbildung)
TUE	Tratado de la Unión Europea
TulJIL & CL	Tulane Journal of International & Comparative Law (USA)
Tulsa L. Rev.	Tulsa Law Review (USA)
TWC	USGPO, Trials of War Criminals, 14 Bände, zitiert nach Band und Seite
u. a.	unter anderem
u. U.	unter Umständen
UA	Unterabsatz
ÜberstÜbk.	Überstellungsübereinkommen
Übk.	Übereinkommen
Übk. gg. Geiselnahme	Übereinkommen gegen Geiselnahme
Übk. psychotrope Stoffe	Übereinkommen über psychotrope Stoffe
Übk. Straftaten gg. Diplomaten	Übereinkommen über die Verhütung, Verfolgung und Bestrafung von Straftaten gegen völkerrechtlich geschützte Personen einschließlich Diplomaten
überw. M.	überwiegende Meinung
UCLA J. Int. L. & For. Aff.	University of California Los Angeles Journal of International Law & Foreign Affairs (USA)
UCLAF	Unité de Coordination de la Lutte AntiFraude
UDA/UFE	Ulster Defence Association/Ulster Freedom Fighters
UE	Unión Europea
ue	unecht(es)
UK	United Kingdom
UKHL	United Kingdom House of Lords
UN	United Nations (Vereinte Nationen)
UN Sec.-Council Res. 955	Resolution des UN-Sicherheitsrates 955 v. 8.11.1994: Errichtung des ICTR
UN Sec.-Council Res. 1244	Resolution des UN-Sicherheitsrates 1244 v. 10.6.1999: Kosovo
UN Sec.-Council Res. 1315	Resolution des UN-Sicherheitsrates 1315 v. 14.8.2000: Sierra Leone
UN-OK-Konvention	UN-Konvention gegen grenzüberschreitende organisierte Kriminalität
UN-Personal-Konvention	Konvention zur Sicherheit von UN-Personal
Uni	Universität, University, Universidad
UNICRI	United Nations Interregional Crime and Justice Research Institute

UNMIK .... UN-Mission in Kosovo
UNO .... United Nations Organisation (Organisation der Vereinten Nationen)
UNS .... UN-Satzung, d. h. Charta der Vereinten Nationen
UNSC .... UN Security Council (Sicherheitsrat der UN)
UNSCOR ...... UN Security Council Official Records
UNSCR .... UN Security Council Resolution
UNSG .... UN Secretary-General (Generalsekretär der UN)
UNTAET ...... United Nations Transitional Administration for East Timor
UNTS .... United Nations Treaty Series
UNWCC ...... United Nations War Crimes Commission
UPLR .... University of Pennsylvania Law Review (USA)
Urt. .... Urteil
U.S. .... United States Reports (USA)
US Army Military
Manual .... US Army Military Manual, The Law of Land Warfare, 1956
USA .... United States of America (Vereinigte Staaten von Amerika)
USD .... US Dollar
USGPO .... United States Government Printing Office
Utrecht L. Rev. ... Utrecht Law Review (Niederlande)

v. .... versus
VanJTL .... Vanderbilt Journal of Transnational Law (USA)
Vb .... Verfassungsbeschwerde
VBlBW .... Verwaltungsblätter für Baden-Württemberg
Verf. .... Verfasser
VerfV .... Vertrag über eine Verfassung für Europa
Verm. L. Rev. .... Vermont Law Review (USA)
vgl. .... vergleiche
VgM .... Verbrechen gegen die Menschlichkeit
VGR .... Völkergewohnheitsrecht(s)
vgr. .... völkergewohnheitsrechtlich(e/en/er/es)
VirgJIL .... Virginia Journal of International Law (USA)
VirgLR .... Virginia Law Review (USA)
VMK .... Völkermordkonvention
VN .... Vereinte Nationen
Vol. .... Volume
Voraufl. .... *Ambos,* Internationales Strafrecht, 3. Aufl., 2011
vr .... völkerrechtlich(e/er)
VR .... Völkerrecht(s)
VStGB .... Völkerstrafgesetzbuch
VStR .... Völkerstrafrecht
vstr .... völkerstrafrechtlich(e/en/er/es)
VTF .... Victims Trust Fund
VwGO .... Verwaltungsgerichtsordnung
VWU .... Victims and Witnesses Unit der Kanzlei des IStGH

WCRO .... War Crimes Research Office, Washington College of Law, American University
WeltraumV ..... Vertrag über die Grundsätze zur Regelung der Tätigkeiten von Staaten bei der Erforschung und Nutzung des Weltraums einschließlich des Mondes und anderer Himmelskörper
WEOG .... Western European and others Group of States
WEU .... Westeuropäische Union
WGCA .... Working Group on the Crime of Aggression (ICC-ASP)
Wiener Übk. .... UN-Übereinkommen gegen den unerlaubten Verkehr mit Suchtstoffen und psychotrophen Stoffen
wistra .... Zeitschrift für Wirtschafts- und Steuerstrafrecht
WKRK .... Wiener Konsularrechtskonvention

WLR . . . . The Weekly Law Reports (Großbritannien)
WpHG . . . . Wertpapierhandelsgesetz
WRP . . . . Weltrechtsprinzip
WStG . . . . Wehrstrafgesetz
WÜD . . . . Wiener Übereinkommen über diplomatische Beziehungen
WUGSLR . . . . . . Washington University Global Studies Law Review (USA)
WUR . . . . Wirtschaft und Raum
WÜRV . . . . Wiener Übereinkommen über das Recht der Verträge

YaleJIA . . . . Yale Journal of International Affairs (USA)
YaleJIL . . . . Yale Journal of International Law (USA)
YaleLJ . . . . Yale Law Journal (USA)
Yb . . . . Yearbook
YbILC . . . . Yearbook of the International Law Commission (international)
YIHL . . . . Yearbook of International Humanitarian Law (international)

z. B. . . . . zum Beispiel
ZaöRV . . . . Zeitschrift für ausländisches öffentliches Recht und Völkerrecht
ZAR . . . . Zentralafrikanische Republik und Zentrum für Angewandte Rechtswissenschaft
ZBJI . . . . Zusammenarbeit in den Bereichen Justiz und Inneres
ZfRV . . . . Zeitschrift für Rechtsvergleichung
ZfZ . . . . Zeitschrift für Zölle und Verbrauchsteuern
ZGF . . . . Zeitschrift für Genozidforschung
Zhg . . . . Zusammenhang
ZIS . . . . Zeitschrift für internationale Strafrechtsdogmatik
zit. . . . . zitiert
ZivilluftfahrtsÜbk. Übk. zur Bekämpfung widerrechtlicher Handlungen gegen die Sicherheit der Zivilluftfahrt
ZJS . . . . Zeitschrift für das Juristische Studium
ZK . . . . Zentralkomitee
ZLR . . . . Zeitschrift für das gesamte Lebensmittelrecht
ZLuftR . . . . Zeitschrift für Luftrecht
ZNR . . . . Zeitschrift für Neuere Rechtsgeschichte
ZP . . . . Zusatzprotokoll
ZP I . . . . Zusatzprotokoll GK über den Schutz der Opfer internationaler bewaffneter Konflikte (Protokoll I)
ZP II . . . . Zusatzprotokoll GK über den Schutz der Opfer nicht internationaler bewaffneter Konflikte (Protokoll II)
ZP IV . . . . Protokoll Nr. 4 zur Konvention zum Schutze der Menschenrechte und Grundfreiheiten
ZP VI . . . . Protokoll Nr. 6 zur Konvention zum Schutze der Menschenrechte und Grundfreiheiten über die Abschaffung der Todesstrafe
ZP XIII . . . . Protokoll Nr. 13 zur Konvention zum Schutze der Menschenrechte und Grundfreiheiten über die Abschaffung der Todesstrafe unter allen Umständen
ZRP . . . . Zeitschrift für Rechtspolitik
ZStrR . . . . Schweizerische Zeitschrift für Strafrecht (Schweiz)
ZStW . . . . Zeitschrift für die gesamte Strafrechtswissenschaft
ZUR . . . . Zeitschrift für Umweltrecht
zusf. . . . . zusammenfassend
zust. . . . . zustimmend
zutr. . . . . zutreffend
zw. . . . . zweifelnd/zweifelhaft

Literatur- und Quellenverzeichnis

AA, DRK, BMI	Auswärtiges Amt, Deutsches Rotes Kreuz, Bundesministerium der Verteidigung, Dokumente zum humanitären Völkerrecht, 2006
Abtahi/Boas	*Abtahi/Boas* (Hrsg.), The Dynamics of International Criminal Justice, 2006
Ahlbrecht/Ambos	*Ahlbrecht/Ambos* (Hrsg.), Der Fall Pinochet(s), 1999
AI, 2001	Amnesty International, Universal Jurisdiction. The Duty of States to Enact and Implement Legislation (IOR53/002–018/2001), 2001 (http://www.amnesty.org/en/library/asset/IOR53/002/2001/en/be2d6765-d8f0-11dd-ad8c-f3d4445c118e/ior530022001en.pdf (zuletzt abgerufen am 1.7.2014)
AIDP	*AIDP* (Hrsg.), International Criminal Law: Quo Vadis? Proceedings of an international conference held in Siracusa, Italy, 28 November – 3 December 2002 etc., 2004
ALC	*Klip/Sluiter* (Hrsg.), Annotated Leading Cases of International Criminal Tribunals, ICTY und ICTR, 1999ff.
Amati et al.	*Amati/Caccamo/Costi/Fronza/Vallini* (Hrsg.), Introduzione al diritto penale internazionale, 2. Aufl., 2010
Ambos, 1997	*Ambos,* Straflosigkeit von Menschenrechtsverletzungen, 1997
Ambos, 2002	*Ambos,* Der Allgemeine Teil des Völkerstrafrechts – Ansätze einer Dogmatisierung, 2002, 2. unveränderte Aufl., 2004
Ambos, 2010a	*Ambos,* Fälle zum internationalen Strafrecht, 2010
Ambos, 2010b	*Ambos,* Beweisverwertungsverbote: Grundlagen und Kasuistik – internationale Bezüge – ausgewählte Probleme, 2010
Ambos, 2010c	*Ambos,* The Colombian Peace Process and the Principle of Complementarity of the ICC, 2010
Ambos, 2011	*Ambos* (Hrsg.), Europäisches Strafrecht post-Lissabon, 2011
Ambos, 2013	*Ambos,* Treatise on International Criminal Law. Vol. I: Foundations and General Part, 2013
Ambos, 2014	*Ambos,* Treatise on International Criminal Law. Vol. II: The Crimes and Sentencing, 2014
Ambos/de Hoyos	*Ambos/de Hoyos* (Hrsg.), cuestiones esenciales en la jurisprudencia de la CPI, 2008
Ambos et al., 2005	*Ambos/Malarino/Woischnik* (Hrsg.), Temas actuales del derecho penal internacional, 2005
Ambos et al., 2006	*Ambos/Malarino/Woischnik* (Hrsg.), Dificultades jurídicas y políticas para la ratificación o implementación del Estatuto de Roma de la CPI, 2006
Ambos et al., 2007	*Ambos/Malarino/Elsner* (Hrsg.), Cooperación y asistencia judicial con la CPI. Contributiones de América Latina, Alemania, Espana e Italia, 2007
Ambos et al., 2008	*Ambos/Malarino/Elsner* (Hrsg.), Jurisprudencia latinoamericana sobre derecho penal internacional, 2008
Ambos et al., 2009a	*Ambos/Large/Wierda* (Hrsg.), Building a future on peace and justice, 2009
Ambos et al., 2009b	*Ambos/Malarino/Elsner* (Hrsg.), Justicia de Transición, 2009
Ambos/König/Rackow	*Ambos/König/Rackow* (Hrsg.), Rechtshilferecht in Strafsachen, 2014
Ambos/Malarino	*Ambos/Malarino* (Hrsg.), Persecución penal nacional de crímenes internacionales en América Latina y España, 2003
Ambos/Maunganidze	*Ambos/Maunganidze* (Hrsg.), Power and Prosecution – Challenges and Opportunities for International Criminal Justice in Sub-Saharan Africa, 2012
Ambos/Othman	*Ambos/Othman* (Hrsg.), New approaches in international criminal justice: Kosovo, East Timor, Sierra Leone and Cambodia, 2003

Ambos/Pereira Coutinho/Palma/de Sousa Mendes	*Ambos/Pereira Coutinho/Palma/de Sousa Mendes* (Hrsg.), Eichmann in Jerusalem – 50 Years After, 2012
American Law Institute, 1985	*American Law Institute,* Model Penal Code and Commentaries, Part I: General Provisions, 1985
AMRK	Amerikanische Menschenrechtskonvention v. 22. 11. 1969 (EuGRZ 1980, 435)
ÄndVEU/EG	Vertrag zur Änderung des Vertrags über die EU und des Vertrags zur Gründung der EG, unterzeichnet in Lissabon am 13. 12. 2007, Abl. EU C 306 v. 17. 12. 2007 (Lissabonner Vertrag)
Antolisei/Conti	*Antolisei/Conti,* Manuale di diritto penale: parte generale, 16. Aufl., 2003
Arangüena Fanego	*Arangüena Fanego* (Hrsg.), Garantías procesales en los procesos penales en la UE, 2007
Arbour/Eser/Ambos/Sanders	*Arbour/Eser/Ambos/Sanders* (Hrsg.), The Prosecutor of a Permanent ICC, 2000
Archbold	*Khan/Dixon/Fulford* (Hrsg.), Archbold International Criminal Courts, 3. Aufl., 2009
v. Arnauld/Hufeld/*Bearbeiter*	*Von Arnauld/Hufeld* (Hrsg.), Systematischer Kommentar zu den Lissabon-Begleitgesetzen, 2011
Arndt/Fischer/Fetzer	*Arndt/Fischer/Fetzer,* Europarecht, 10. Aufl., 2010
Arnold et al.	*Arnold et al.* (Hrsg.), Grenzüberschreitungen, 1995
Ascensio/Decaux/Pellet	*Ascensio/Decaux/Pellet* (Hrsg.), Droit International Pénal, 2000
Ashworth	*Ashworth,* Principles of Criminal Law, 6. Aufl., 2009
ASPA	American Service Members Protection Act, 106th Congress 2nd session, H. R. 4654 = HRLJ 2002, 275 ff.
Bailey et al.	*Bailey et al.*, The Modern English Legal System, 5. Aufl., 2007
Bantekas/Nash	*Bantekas/Nash,* International Criminal Law, 4. Aufl., 2010
Barriga et al.	*Barriga/Danspeckgruber/Wenaweser* (Hrsg.), The Princeton Process on the Crime of Aggression. Materials of the Special Working Goup on the Crime of Aggression 2003–2009, 2009
Bassiouni, 1997	*Bassiouni,* The ICC: Observations and issues before the 1997–98 PrepCom and administrative and financial implications, 1997
Bassiouni, 1998	*Bassiouni* (Hrsg.), ICC. Compilation of UN Documents and Draft ICC Statute before the Diplomatic Conference, 1998
Bassiouni, 1999	*Bassiouni,* Crimes against Humanity in International Criminal Law, 2. Aufl., 1999
Bassiouni, 2005	*Bassiouni,* The legislative history of the ICC, 2005
Bassiouni/*Bearbeiter* 2008	*Bassiouni* (Hrsg.), International Criminal Law, Vol. I: Sources, subjects, and contents, 3. Aufl., 2008
Bassiouni, 2013	*Bassiouni,* Introduction to International Criminal Law, 2. Aufl., 2013
Bauer/Bracher et al.	*Bauer/Bracher/Rüter/Rüter-Ehlermann/Sagel-Grande et al.*, Justiz und NS-Verbrechen: Sammlung deutscher Strafurteile wegen nationalsozialistischer Tötungsverbrechen 1945–1966, 1968 ff.
Beck/Burchard/Fateh-Moghadam	*Beck/Burchard/Fateh-Moghadam* (Hrsg.), Strafrechtsvergleichung als Problem und Lösung, 2011
Beck-StGB/*Bearbeiter*	*von Heintschel-Heinegg* (Hrsg.), StGB, 2010
Behrendt	*Behrendt,* Die Verfolgung des Völkermordes in Ruanda durch internationale und nationale Gerichte, 2005
Beigbeder	*Beigbeder,* International Justice against Impunity, 2005
Bellelli	*Bellelli,* International Criminal Justice, 2010

Bergsmo	*Bergsmo* (Hrsg.), Complementarity and the Exercise of Universal Jurisdiction for Core International Crimes, 2010
Bergsmo/Ling	*Bergsmo/Ling* (Hrsg.), State Sovereignty and International Criminal Law, 2012
Bernal del Castillo	*Bernal del Castillo,* Derecho penal comparado. La definición del delito en los sistemas anglosajón y continental, 2011
Beulke	*Beulke,* Strafprozessrecht, 12. Aufl., 2012
Bieber/Epiney/Haag	*Bieber/Epiney/Haag,* Die EU. Europarecht und Politik, 10. Aufl., 2013
Blekxtoon et al.	*Blekxtoon/Ballegooij* (Hrsg.), Handbook on the European Arrest Warrant, 2005
Blumenthal/McCormack	*Blumenthal/McCormack* (Hrsg.), The legacy of Nuremberg: Civilising Influence or institutionalised vengeance?, 2008
BMJ	*Bundesministerium der Justiz* (Hrsg.), Arbeitsentwurf eines Gesetzes zur Einführung des Völkerstrafgesetzbuchs – mit Begründung, 2001
Boas et al.	*Boas/Bischoff/Reid/Taylor,* International Criminal Procedure, 2011
Boas/Schabas/Scharf	*Boas/Schabas/Scharf* (Hrsg.), International Criminal Justice, 2012
Bock	*Bock,* Das Opfer vor dem Internationalen Strafgerichtshof, 2010
Bohlander, 2007	*Bohlander* (Hrsg.), International Criminal Justice – A critical analysis of Institutions and Procedures, 2007
Bohlander, 2008	*Bohlander,* The German Criminal Code – A modern English translation, 2008
Boister/Cryer	*Boister/Cryer,* The Tokyo International Military Tribunal, 2008
Bombenterrorismus-Konvention	Konvention zur Bekämpfung des Bombenterrorismus v. 15.12.1997, BGBl. II 2002 S. 2506
Bonacker/Safferling	*Bonacker/Safferling* (Hrsg.), Victims of International Crimes: An Interdisciplinary Discourse, 2013
Boot	*Boot,* Nullum crimen sine lege and the Subject Matter Jurisdiction of the ICC. Genocide, Crimes Against Humanity, War Crimes, 2002
Borsari	*Borsari,* Diritto punitivo sovranazionale come sistema, 2007
Böse	*Böse,* Strafen und Sanktionen im Europäischen Gemeinschaftsrecht, 1996
Böse, 2013	*Böse* (Hrsg.), Europäisches Strafrecht mit polizeilicher Zusammenarbeit, 2013
Böse/Meyer/Schneider	*Böse/Meyer/Schneider* (Hrsg.), Conflicts of Jurisdiction in Criminal Matters in the European Union, Vol. I: National Reports and Comparative Analysis, 2013
Bothe/Partsch/Solf/*Bearbeiter*	*Bothe/Partsch/Solf,* New Rules for Victims of Armed Conflicts: Commentary on the two 1977 protocols additional to the Geneva Conventions of 1949, 1982
von Braun	*von Braun,* Internationalisierte Strafgerichte. Eine Analyse der Strafverfolgung schwerer Menschenrechtsverletzungen in Osttimor, Sierra Leone und Bosnien-Herzegowina, 2008
Brown	*Brown,* Research handbook on International Criminal Law, 2011
Bruinsma/Weisburd	*Bruinsma/Weisburd* (Hrsg.), Encyclopedia of Criminology and Criminal Justice, 2014
Burchards	*Burchards,* Die Verfolgung von Völkerrechtsverbrechen durch Drittstaaten, 2005
Burghardt	*Burghardt,* Die Vorgesetztenverantwortlichkeit im völkerrechtlichen Straftatsystem. Eine Untersuchung zur Rechtsprechung der internationalen Strafgerichtshöfe für das ehem. Jugoslawien und Ruanda, 2008
Burkhardt	*Burkhardt,* Vergewaltigung als Verbrechen gegen die Menschlichkeit, 2005
Calliess/Ruffert/*Bearbeiter*	*Calliess/Ruffert* (Hrsg.) Verfassung der EU. Kommentar der Grundlagenbestimmungen (Teil I), 2006
Calliess/Ruffert/*Bearbeiter*	*Calliess/Ruffert* (Hrsg.) Kommentar des Vertrages über die EU und des Vertrages zur Gründung der EG (EUV/EGV), 4. Aufl., 2011
Canestrari/Fofani	*Canestrari/Fofani* (Hrsg.), Il diritto penale nella prospettiva europea, 2005

Cárdenas	*Cárdenas,* Die Zulässigkeitsprüfung vor dem Internationalen Strafgerichtshof, 2005
Carter/Pocar	*Carter/Pocar* (Hrsg.), International Criminal Procedure, 2013
Cassese, 2003	*Cassese,* International Criminal Law, 2003
Cassese, 2009	*Cassese* (Hrsg.), The Oxford Companion to International Criminal Justice, 2009
Cassese et al., 2005	*Cassese/Chiavario/De Francesco* (Hrsg.), Problemi attuali della giustizia penale internazionale, 2005
Cassese et. al., 2013	*Cassese/Gaeta,* International Criminal Law, 3. Aufl., 2013
Cassese/Delmas-Marty	*Cassese/Delmas-Marty* (Hrsg.), Jurisdictions nationales et crimes internationaux, 2002
Cassese/Gaeta/Jones/*Bearbeiter*	*Cassese/Gaeta/Jones* (Hrsg.), The Rome Statute of the ICC, A Commentary, Vol. 1–3, 2002
Chapman/van der Merwe	*Chapman/van der Merwe* (Hrsg.), Truth and Reconciliation in South Africa, 2008
Chicagoer Abk.	Chicagoer Abkommen über die internationale Zivilluftfahrt v. 7. 12. 1944, BGBl. II 1956 S. 411
CICC 2010	CICC, Report of the 9th session of the ASP, Dec. 2010
Cornacchia	*Cornacchia,* Funzione della pena nello statuto della CPI, 2009
Council of Europe	*Council of Europe,* Extraterritorial criminal jurisdiction, 1990
Crawford	*Crawford,* Brownlie's Principles of Public International Law, 8. Aufl., 2012
Cryer	*Cryer,* Prosecuting international crimes, 2005
Cryer/*Bearbeiter*	Cryer/Friman/Robinson/Wilmshurst, An introduction to international criminal law and procedure, 3. Aufl., 2014.
Cullen/Jund	*Cullen/Jund* (Hrsg.), Criminal justice cooperation in the EU after Tampere, 2002
Curtin/Smits/Klip/McCahery	*Curtin/Smits/Klip/McCahery* (Hrsg.), European Integration and Law, 2006
Dahm	*Dahm,* Zur Problematik des Völkerstrafrechts, 1956
Dannecker	*Dannecker* (Hrsg.), Die Bekämpfung des Subventionsbetrugs im EG-Bereich, 1993
Dannecker/Jansen	*Dannecker/Jansen* (Hrsg.) Steuerstrafrecht in Europa und in den Vereinigten Staaten, 2007
Darcy/Powderly	*Darcy/Powderly* (Hrsg.) Judicial creativity at the International Criminal Tribunals, 2010
Darfur Report	Report of the International Commission of Inquiry on Darfur to the UN Secretary General, pursuant to SC Res. 1564 o f 18. 9. 2004, UN Doc. S/2005/60 (2005)
David, 2012	*David,* Principes de droit des conflits armés, 5. Aufl., 2012
Decaux/Dieng/Sow	*Decaux/Dieng/Sow* (Hrsg.), From Human Rights to International Criminal Law, 2007
Delmas-Marty	*Delmas-Marty* (Hrsg.), Corpus Juris der strafrechtlichen Regelungen zum Schutz der finanziellen Interessen der EU, 1998
Delmas-Marty et al.	*Delmas-Marty/Fronza/Lambert-Abdelgawad* (Hrsg.), Les sources du droit international penal, 2005
Delmas-Marty/Spencer	*Delmas-Marty/Spencer* (Hrsg.), European Criminal Procedures, 2002
Delmas-Marty/Vervaele	*Delmas-Marty/Vervaele* (Hrsg.), The implementation of the Corpus Juris in the Member States, 4 Bände, 2000 f.
Desportes/Le Gunehec	*Desportes/Le Gunehec,* Droit pénal général, 16. Aufl., 2009
Detter	*Detter,* The law of war, 2. Aufl., 2000
Dinstein	*Dinstein,* War, aggression and self defence, 5. Aufl., 2011
Doehring	*Doehring,* Völkerrecht, 2. Aufl., 2004

Dolgopol/Gardam	*Dolgopol/Gardam* (Hrsg.), The Challenges of Conflict: International Law Responds, 2005
Doria/Gasser/Bassiouni	*Doria/Gasser/Bassiouni* (Hrsg.), The legal regime of the ICC, 2009
Dörr/Grote/Marauhn/*Bearbeiter*	*Dörr/Grote/Marauhn* (Hrsg.), Konkordanzkommentar zum europäischen und deutschen Grundrechtsschutz, 2. Aufl., 2013
Draft Code 1951	Entwurf der ILC, Draft Code of Crimes against the Peace and Security of Mankind, Yearbook ILC II (1951)
Draft Code 1954	Entwurf der ILC, Draft Code of Crimes against the Peace and Security of Mankind, Yearbook ILC II (1954)
Draft Code 1991	Entwurf der ILC, Draft Code of Crimes against the Peace and Security of Mankind, Yearbook ILC II (1991)
Draft Code 1996	Entwurf der ILC, Draft Code of Crimes against the Peace and Security of Mankind, Yearbook ILC II (1996)
Draft Rules of Procedure	PrepCom Rules ICC, in: Report PrepCom ICC IIIb, 1998
Draft Statute 1994	ILC Draft Statute for an ICC. Report of the ILC 46th session, 2. 5.–22.7.1994, GA, 49th session, UN-Doc. A/49/10, 29 (in: Bassiouni, 1998, 721 ff.)
Draft Statute 1998	PrepCom Draft Statute ICC, UN-Dok. A/Conf. 183/2/Add. 1, 14.4.1998, in: Report PrepCom ICC III a, 1998
Du Plessis	*Du Plessis* (Hrsg.), African guide to international criminal justice, 2008
Dubber	*Dubber,* Einführung in das US-amerikanische Strafrecht, 2005
EAGV	Vertrag zur Gründung der Europäischen Atomgemeinschaft (EURATOM) v. 25.3.1957
EÄndVEU/EG	Entwurf eines Vertrags zur Änderung des Vertrags über die EU und des Vertrags über die EG v. 23.7.2007, CIG 1/07
EG-FaxKonv	EG-Faxkonvention (eigentl.: Abkommen v. 26.5.1989 zwischen den Mitgliedstaaten der EGen über die Vereinfachung und Modernisierung der Verfahren zur Übermittlung von Auslieferungsersuchen)
EG-VollstrÜbk.	EG-Vollstreckungsübereinkommen (eigentl. Übereinkommen v. 13.11.1991 zwischen den Mitgliedstaaten der EGen über die Vollstreckung ausländischer strafrechtlicher Verurteilungen)
EGFinSchG	Gesetz zu dem Übk. v. 26.7.1995 über den Schutz der finanziellen Interessen der EGen (EG-Finanzschutzgesetz) v. 10.9.1998, BGBl. II 1998 S. 2322
EGKS	Vertrag über die Gründung der Europäischen Gemeinschaft für Kohle und Stahl v. 18.4.1951
EGV	Vertrag zur Gründung der EGen v. 25.3.1957, zuletzt geändert durch den Amsterdamer Vertrag v. 2.10.1997, BGBl. II 1998 S. 387
Einarsen	*Einarsen,* The Concept of Universal Crimes in International Law, 2012
EinheitsÜbk.	Einheitsübereinkommen v. 23.3.1961 über Suchtstoffe (Single Convention on Narcotic Drugs), geändert durch Zusatzprotokoll von 1972, BGBl. II 1973 S. 1353, II 1974 S. 1211
Eisele	*Eisele,* Computer- und Medienstrafrecht, 2013
EJG	Eurojust-Gesetz (eigentl.: Gesetz zur Umsetzung des Beschlusses (2002/187/JI) des Rates v. 28.2.2002 über die Errichtung von Eurojust zur Verstärkung der Bekämpfung der schweren Kriminalität)
EMRK	Europäische Menschenrechtskonvention (eigentl: Konvention zum Schutze der Menschenrechte und Grundfreiheiten v. 4.11.1950). Hierzu Ges. v. 7.8.1952, BGBl. II 1952 S. 685, 953, Bek. v. 15.12.1953, BGBl. II 1954 S. 14; Sartorius II Nr. 130 ff.
EPIL	Encylopedia of Public International Law

Erbs/Kohlhaas	*Erbs/Kohlhaas* (Hrsg.), Strafrechtliche Nebengesetze. Registerband, zugleich Lexikon des Nebenstrafrechts, Loseblattausgabe, Stand: 197. Ergänzungslieferung, 2014
Eser et al., 2000ff.	*Eser/Arnold* bzw. *Eser/Sieber/Arnold* (Hrsg.), Strafrecht in Reaktionen auf Systemunrecht, Vergleichende Einblicke in Transitionsprozesse, 2000ff.
Eser et al., 2003ff.	*Eser/Sieber/Kreicker* (Hrsg.), Nationale Strafverfolgung völkerrechtlicher Verbrechen, 2003ff.
Eser/Burkhardt	*Eser/Burkhardt*, Strafrecht, Bd. 1: Schwerpunkt allgemeine Verbrechensmerkmale, 4. Aufl., 1992
Eser/Lagodny	*Eser/Lagodny* (Hrsg.), Principles and Procedures for a New Transnational Criminal Law, 1992
Esser, 2002	*Esser*, Auf dem Weg zu einem europäischen Strafverfahrensrecht, 2002
Esser, 2014	*Esser*, Europäisches und Internationales Strafrecht, 2014
EU-AuslÜbk.	EU-Auslieferungsübereinkommen (eigentl. Übereinkommen v. 27.9.1996 aufgrund von Artikel K.3 des Vertrages über die EU über die Auslieferung zwischen den Mitgliedstaaten der EU)
EU-JZG	(öster.) Bundesgesetz über die justizielle Zusammenarbeit in Strafsachen mit den Mitgliedsstaaten der EU (EU-JZG), (öster.) BGBl. I 2004 S. 36.
EU-Vereinf-AuslÜbk.	Übereinkommen über das vereinfachte Auslieferungsverfahren zwischen den Mitgliedstaaten der Europäischen Union v. 10.3.1995
EuAlÜbk.	Europäisches Auslieferungsübereinkommen v. 13.12.1957
EUBestG	Gesetz zu dem Protokoll v. 27.9.1996 zum Übk. über den Schutz der finanziellen Interessen der EGen (EU-Bestechungsgesetz) v. 10.9.1998, BGBl. II 1998 S. 2340
EuGHG	Gesetz betreffend die Anrufung des Gerichtshofes der EGen im Wege des Vorabentscheidungsverfahrens auf dem Gebiet der polizeilichen Zusammenarbeit und der justiziellen Zusammenarbeit in Strafsachen nach Art. 35 des EU-Vertrages v. 6.8.1998, BGBl. I 1998 S. 2035; BGBl. I 1999 S. 728
EuHbG	Europäisches Haftbefehlsgesetz (eigentl.: Gesetz zur Umsetzung des Rahmenbeschlusses über den Europäischen Haftbefehl und die Übergabeverfahren zwischen den Mitgliedstaaten der EU v. 21.7.2004)
Eur. Anwaltsvereinigung	*Europäische Anwaltsvereinigung e. V.* (Hrsg.), Das faire Verfahren nach Art. 6 EMRK, 2005
EuRat	Die Satzung des Europarates v. 5.5.1949
EuRhÜbk.	Europäisches Rechtshilfeübereinkommen (eigentl.: Europäisches Übereinkommen v. 20.4.1959 über die Rechtshilfe in Strafsachen)
Europol-Immunitätsprotokoll	Protokoll über die Vorrechte und Immunitäten für Europol, die Mitglieder der Organe, die stellvertretenden Direktoren und die Bediensteten von Europol v. 19.6.1997 (Abl. EG C 221 v. 19.7.1997, 2; BGBl. II 1998 S. 975)
EuropolG	Gesetz zu dem Übereinkommen v. 26.7.1995 auf Grund von Artikel 31 des Vertrags über die EU über die Errichtung eines Europäischen Polizeiamts – Europol-Gesetz – v. 16.12.1997
EuropolK	Übereinkommen v. 26.7.1995 auf Grund von Artikel 31 des Vertrags über die EU über die Errichtung eines Europäischen Polizeiamts – Europol-Übereinkommen
EuTerrÜbk.	Europäisches Übereinkommen zur Bekämpfung des Terrorismus v. 27.1.1977, BGBl. II 1978 S. 321, 907
EUV	Vertrag über die EU v. 7.2.1992, zuletzt geändert durch die EU-Beitrittsakte 2013 v. 9.12.2011, BGBl. II 2013 S. 586
Fernandez Sanchez	*Fernandez-Sanchez* (Hrsg.), The new challenges of Humanitarian Law in armed conflicts, 2005
Fiandaca/Musco	*Fiandaca/Musco*, Diritto Penale. Parte Generale, 6. Aufl., 2009
Fischer	*Fischer*, Europarecht, 2. Aufl., 2008

Fischer, Der Vertrag von Lissabon	*Fischer,* Der Vertrag von Lissabon, 2008
Fischer, StGB	*Fischer,* StGB und Nebengesetze, 60. Aufl., 2013
Fischer/Kreß/Lüder	*Fischer/Kreß/Lüder* (Hrsg.), International and National Prosecution of Crimes under International Law, 2001
Fischer/Lüder	*Fischer/Lüder* (Hrsg.), Völkerrechtliche Verbrechen vor dem Jugoslawien-Tribunal, nationalen Gerichten und dem IStGH, 1999
FlaggRG	Flaggenrechtsgesetz v. 8.2.1951, BGBl. I 1951 S. 79 i. d. F. v. 26.10.1994, BGBl. I 1994 S. 3140, zuletzt geändert am 7.8.2013, BGBl. I 2013 S. 3154
FlaggRV	Flaggenrechtsverordnung v. 4.7.1990, BGBl. I 1990 S. 1389; I 1990 S. 3176, zul. geändert am 27.6.2013 durch Art. 5 VO zur Änderung seeverkehrsrechtlicher u. sonstiger Vorschriften mit Bezug zur Seeschifffahrt, BGBl. I 2013 S. 1926
Fleck/*Bearbeiter*	*Fleck* (Hrsg.), The Handbook of Humanitarian Law in Armed Conflicts, 3. Aufl., 2013
Fletcher, 1978	*Fletcher,* Rethinking Criminal Law, 1978
Fletcher, 1998	*Fletcher,* Basic Concepts of Criminal Law, 1998
Fletcher, 2007	*Flechter,* The Grammar of Criminal Law, Volume One: Foundations, 2007
Ford	*Ford,* Bringing fairness to international justice, 2009
Frenz	*Frenz,* Handbuch Europarecht Bd. 4, Europäische Grundrechte, 2009
Frowein/Peukert/ *Bearbeiter*	*Frowein/Peukert* (Hrsg.), EMRK-Kommentar, 3. Aufl., 2009
FS Karras	*Kotsalis/Courakis/Mylonopoulos* (Hrsg.), Festschrift für Argyrios Karras, 2010
GA I-IV	Genfer Abkommen v. 12.8.1949, BGBl. II 1954 S. 783, 813, 838, 917
García Arán/Lópe Garrido	*García Arán/Lópe Garrido* (Hrsg.), Crímen internacional y jurisdicción universal, 2000
García Ramírez/ Islas desGonzález Mariscal	*García Ramírez/Islas des González Mariscal* (Hrsg.), Panorama internacional sobre justicia penal. Proceso penal y justicia penal internacional, 2007
García Sánchez	*García Sánchez,* La extradición en el ordenamiento interno español, internacional y comunitario, 2005
Geiger, 2010	*Geiger,* Grundgesetz und Völkerrecht, 5. Aufl., 2010
Geiger/Khan/Kotzur, 2010	*Geiger/Khan/Kotzur,* Kommentar zum Vertrag über die EU und Vertrag über die Arbeitsweise der EU, 5. Aufl., 2010
Genozidkonvention	Konvention über die Verhütung und Bestrafung des Völkermordes, BGBl. II 1954 S. 730
Gil Gil	*Gil Gil,* Derecho penal internacional, 1999
GK I	Erste Genfer Konvention zur Verbesserung des Loses der Verwundeten und Kranken der Streitkräfte im Felde v. 12.8.1949, BGBl. II 1954 S. 783
GK II	Zweite Genfer Konvention zur Verbesserung des Loses der Verwundeten, Kranken und Schiffbrüchigen der Streitkräfte zur See v. 12.8.1949, BGBl. II 1954 S. 813
GK III	Dritte Genfer Konvention über die Behandlung der Kriegsgefangenen v. 12.8.1949, BGBl. II 1954 S. 838
GK IV	Vierte Genfer Konvention zum Schutze von Zivilpersonen in Kriegszeiten v. 12.8.1949, BGBl. II 1954 S. 917
Gleß	*Gleß,* Beweisrechtsgrundsätze einer grenzüberschreitenden Strafverfolgung, 2006
Gless, 2011	*Gless,* Internationales Strafrecht, Grundriss für Studium und Praxis, 2011
Gollwitzer	*Gollwitzer,* Menschenrechte im Strafverfahren: MRK und IPBPR, 2005
Gómez Colomer et al.	*Gómez Colomer/González Cussac/Cardona Lloréns* (Hrsg.), La Corte Penal Internacional, 2003
Grabenwarter	*Grabenwarter,* European Convention on Human Rights, 2014

Grabenwarter/Pabel	*Grabenwarter/Pabel,* Europäische Menschenrechtskonvention, 5. Aufl., 2012
Grabitz/Hilf/*Bearbeiter*	*Grabitz/Hilf* (Hrsg.), Das Recht der Europäischen Union, Loseblattsammlung, 1999ff.
Grabitz/Hilf/Nettesheim/*Bearbeiter*	Grabitz/Hilf/Nettesheim (Hrsg.), Das Recht der Europäischen Union, Band 1 EUV/AEUV, 51. Ergänzungslieferung, 2013
Grammer	*Grammer,* Der Tatbestand des Verschwindenlassens einer Person, 2005
von der Groeben/Thiesing/Ehlermann/*Bearbeiter*	*Thiesing/Ehlermann* (Hrsg.), Kommentar zum EU-/EG-Vertrag, 5. Aufl., 1997 ff.
Gropengießer	*Gropengießer/Kreicker,* Nationale Strafverfolgung völkerrechtlicher Verbrechen, Bd. 1: Deutschland, 2003
Grünbuch EStA 2001	Grünbuch zum strafrechtlichen Schutz der finanziellen Interessen der EGen und zur Schaffung einer Europäischen Staatsanwaltschaft v. 11.12.2001, KOM (2001) 715 endgültig
Grünbuch EStA 2003	Follow-up-Mitteilung Grünbuch zum strafrechtlichen Schutz der finanziellen Interessen der EGen und zur Schaffung einer Europäischen Staatsanwaltschaft v. 19.3.2003, KOM (2003) 128 endgültig
Grünbuch Kompetenzkonflikte	Grünbuch über Kompetenzkonflikte und den Grundsatz ne bis in idem in Strafverfahren v. 23.12.2005, KOM (2005) 696 endgültig
Grünbuch Sanktionen	Grünbuch über die Angleichung, die gegenseitige Anerkennung und die Vollstreckung strafrechtlicher Sanktionen in der EU v. 30.4.2004 KOM (2004) 334 endgültig
Grünbuch Verfahrensgarantien	Grünbuch der Kommission – Verfahrensgarantien in Strafverfahren innerhalb der EU v. 19.2.2003, KOM (2003) 75 endgültig
Grützner/Pötz/Kreß/*Bearbeiter*	*Grützner/Pötz/Kreß* (Hrsg.), Internationaler Rechtshilfeverkehr in Strafsachen, Loseblattausgabe, Stand: 35. Lfg. April 2014
Guild	*Guild* (Hrsg.), Constitutional challenges to the European Arrest Warrant, 2006
Haager Programm	Haager Programm zur Stärkung von Freiheit, Sicherheit und Recht in der EU, Mitteilung der Kommission an den Rat und das EP – Das Haager Programm, KOM (2005), 184 endg., Abl. EU C v. 3.3.2005
HaagÜbk.	Haager Übereinkommen zur Bekämpfung widerrechtlicher Inbesitznahme von Luftfahrzeugen v. 16.12.1970, BGBl. II 1972 S. 1505; II 1975 S. 1204
Hackner et al.	*Hackner/Lagodny/Schomburg/Wolf,* Internationale Rechtshilfe in Strafsachen, 2003
Hackner/Schierholt	*Hackner/Schierholt,* Internationale Rechtshilfe in Strafsachen, 2. Aufl., 2012
Haltern	*Haltern,* Europarecht, Dogmatik im Kontext, 2. Aufl., 2007
Hankel	*Hankel* (Hrsg.), Die Macht und das Recht, 2008
Hankel/Stuby	*Hankel/Stuby* (Hrsg.), Strafgerichte gegen Menschheitsverbrechen: Zum Völkerstrafrecht 50 Jahre nach den Nürnberger Prozessen, 1995
Haratsch/Koenig/Pechstein	*Haratsch/Koenig/Pechstein,* Europarecht, 8. Aufl., 2012
Harvard Draft, 1935	*Harvard University* (Hrsg.), Draft Convention on jurisdiction with respect to crimes („Harvard Draft"), AJIL 29 (1935) Suppl. 435
Haveman/Olusanya	*Haveman/Olusanya* (Hrsg.), Sentencing and Sanctioning in Supranational Criminal Law, 2006.
Hecker, 2001	*Hecker,* Strafbare Produktwerbung im Lichte des Gemeinschaftsrechts, 2001
Hecker, 2012	*Hecker,* Europäisches Strafrecht, 4. Aufl., 2012
Hecker/Zöller	*Hecker/Zöller,* Fallsammlung zum Europäischen und Internationalen Strafrecht, 2012
Heger	*Heger,* Die Europäisierung des deutschen Umweltstrafrechts, 2009
Heikkilä	*Heikkilä,* Coping with International Atrocities through Criminal Law, 2013
Heinrich	*Heinrich,* Strafrecht – Allgemeiner Teil, 3. Aufl., 2012

Heinsch	*Heinsch,* Die Weiterentwicklung des humanitären Völkerrechts durch die Strafgerichtshöfe für das ehemalige Jugoslawien und Ruanda, 2007
Heintschel/Epping	*Heintschel von Heinegg/Epping* (Hrsg.), International Humanitarian Law Facing New Challenges: Symposium in Honour of Knut Ipsen, 2007
Heintze/Ipsen	*Heintze/Ipsen* (Hrsg.), Heutige bewaffnete Konflikte, 2011
Heinze	*Heinze,* International Criminal Procedure and Disclosure, 2014
Heller/Dubber	*Heller/Dubber* (Hrsg.), The Handbook of Comparative Criminal Law, 2011
Hellmann/Beckemper	*Hellmann/Beckemper,* Handbuch Wirtschaftsstrafrecht, 2. Aufl., 2008
Henham/Behrens	*Henham/Behrens* (Hrsg.), The Criminal Law of Genocide, 2007
Henham/Findlay	*Henham/Findlay* (Hrsg.), Exploring the Boundaries of International Criminal Justice, 2011
Henrich	*Henrich,* Das passive Personalitätsprinzip im deutschen Strafrecht, 1994
Henzelin	*Henzelin,* Le principe de l'universalité en droit pénal international, 2000
Herdegen, EuR	*Herdegen,* Europarecht, 15. Aufl., 2013
Herdegen, VR	*Herdegen,* Völkerrecht, 12. Aufl., 2013
Herzog, GWG	*Herzog,* Geldwäschegesetz (GWG), Kommentar, 2. Aufl., 2014
Heselhaus/Novak/*Bearbeiter*	*Heselhaus/Novak* (Hrsg.), Handbuch der Europäischen Grundrechte, 2006
HK-GS/*Bearbeiter*	*Dölling/Duttge/Rössner* (Hrsg.), Handkommentar Gesamtes Strafrecht, 3. Aufl., 2014
HLKO	Haager Landkriegsordnung: Haager Abkommen betreffend die Gesetze und Gebräuche des Landkrieges v. 29.7.1899, RGBl. 1901, 423 und v. 18.10.1907, RGBl. 1910, 107
Hobe/Kimminich	*Hobe/Kimminich,* Einführung in das Völkerrecht, 8. Aufl., 2004
ICC-ASP	Assembly of States Parties to the Rome Statute of the ICC, third session, The Hague, 6–10 September 2004, Official Records
ICC-OTP, 2003	Paper on some policy issues before the OTP, 2003
ICC-OTP, 2003a	Informal Expert Paper on Complementarity, 2003
ICC-OTP, 2003b	Informal expert paper: fact-finding and investigative functions of the OTP, including international co-operation, 2003
ICC-OTP, 2003c	Informal expert paper: Measures available to the ICC to reduce the lengths of proceedings, 2003
ICC-OTP, 2005	Third report of the prosecutor of the ICC to the Security Council pursuant to UNSCR 1593 (2005), 12.6.2006
ICC-OTP, 2006	Fourth report of the prosecutor of the ICC to the Security Council pursuant to UNSCR 1593 (2005), 14.12.2005
ICC-OTP, 2006a	Update on communications received by the Prosecutor, 10.2.2006
ICC-OTP, 2006b	Report on the activities performed during the first three years (June 2003 – June 2006); 12.9.2006
ICC-OTP, 2006c	Report on prosecutorial strategy, 14.9.2006
ICC-OTP, 2007	Fifth report to the UN Security Council pursuant to UNSCR 1593 (2005), 7.6.2007
ICC-OTP, 2007a	Policy Paper on the Interest of Justice, September 2007
ICC-OTP 2010a	Prosecutorial Strategy 2009–2012, 2010
ICC-OTP 2010b	Draft Policy Paper on Preliminary Examinations, 4. Oktober 2010
ICC-OTP 2010c	Policy Paper on Victim's Participation, 12. April 2010
ICC-OTP 2013a	Policy Paper on Preliminary Examinations, November 2013
ICC-OTP 2013b	Report on Preliminary Examination Activities 2013, November 2013

ICC Report, 2005	UN General Assembly, sixtieth session, Report of the ICC, 1.8.2005, UN Doc. A/60/177
ICC Report, 2006	UN General Assembly, sixty-first session, Report of the ICC, 3.8.2006, UN Doc. A/61/217
ICC Report, 2007	UN General Assembly, sixty-second session, Report of the ICC, 31.8.2007, UN Doc. A/62/314
ICC Report, 2010	UN General Assembly, sixty-fifth session, Report of ICC, 19.8.2010, UN Doc. A/65/313
ICC Report, 2013	UN General Assembly, sixty-eighth session, Report of ICC, 13.8.2013, UN Doc. A/68/314
ICC Report Activities, 2006	Assembly of States Parties, fifth session, Report on the activities of the Court, 17.10.2006, ICC-ASP/5/15
ICC Report Activities, 2009	Assembly of States Parties, ninth session, Report on the activities of the Court, 19.11.2010, ICC-ASP/9/23
ICC Report Cooperation, 2007	Assembly of State Parties, sixth session, Report on the Bureau on cooperation, 19.10.2007, ICC-ASP/6/21
ICC Report Cooperation, 2009	Assembly of States Parties, eighth session, Report of the Bureau on cooperation, 15.11.2009, ICC-ASP/8/44
ICC Report Cooperation, 2010	Assembly of States Parties, ninth session, Report of the Bureau on cooperation, 17.11.2010, ICC-ASP/9/24
ICC Strategic Plan	Assembly of State Parties, fifth session, 4.8.2006, ICC-ASP/5/6
ICRC Study	*Henckaerts/Doswald-Beck,* Customary International Humanitarian Law, Bd. I: Rules, Bd. II: Practice, 2005
ICTRS	ICTR-Statut/Satzung v. 8.11.1994, ILM 33, 1994, 1598; BGBl. I 1998 S. 843
ICTY Completion Strategy 2010	Letter dated 1 November 2010 from the President ICTY, addressed to the President of the Security Council, S/2010/588
ICTY Manual	UNICRI, ICTY Manual on Developed Practices, 2009
ICTYS	ICTY-Statut/Satzung v. 25.5.1993 (UN-Doc. S/25 704 Add. 1; BGBl. I 1995 S. 485)
IMGS	IMG-Statut (Anlage zum Londoner Viermächteabkommen v. 8. August 1945, UNTS 82 (1951) 280)
IJT, 2007	International Justice Tribune, ICC in 2006: Year one, 2007
IJT, 2008	International Justice Tribune, 2007 Year of Assessment- Issues and prospects at the closing of the first International Courts, 2008
Inglis/Ott	*Inglis/Ott* (Hrsg.), The Constitution for Europe and an Enlarging Union: Unity in Diversity?, 2005
IntKommEMRK/*Bearbeiter*	*Pabel/Schmahl* (Hrsg.), Internationaler Kommentar zur EMRK, 1994ff.
IPbpR	Internationaler Pakt v. 19.12.1966 über bürgerliche und politische Rechte; Ges. v. 15.11.1973, BGBl. II 1973 S. 1533; II 1976 S. 1068; II 1979 S. 1218; II 1986 S. 746
Ipsen, 2004	*Ipsen,* Völkerrecht, 5. Aufl., 2004
Ipsen	*Ipsen,* Völkerrecht, 6. Aufl., 2014
IRG	Gesetz über die internationale Rechtshilfe in Strafsachen i. d. F. d. Bek. v. 27.6.1994, BGBl. I 1994 S. 1537, zuletzt geändert am 21.6.2012, BGBl. I 2012 S. 1566
IRSG	(Schweizerisches) Bundesgesetz über internationale Rechtshilfe in Strafsachen v. 20.3.1981 (AS 1982, 846; AS 1997, 114; BGBl. III 1995 S. 1)
IStGH-AusführungsG	Gesetz zur Ausführung des Römischen Statuts des IStGH v. 21.6.2002, BGBl. I 2002 S. 2144

IStGHG	Gesetz über die Zusammenarbeit mit dem IStGH (Art. 1 IStGH-AusführungsG, BGBl. I 2002 S. 2144)
ISTS	Coalition Provisional Authority, Statute of the Iraqi Special Tribunal, 10 December 2003
Jakobs	*Jakobs,* Strafrecht, Allgemeiner Teil: Die Grundlagen und die Zurechnungslehre, 2. Aufl., 1991
Jarass	*Jarass,* EU-Grundrechte, 2005
Jennings/Watts	*Jennings/Watts* (Hrsg.), Oppenheim's International Law, Vol. I – Peace, 9. Aufl., 1992
Jescheck	*Jescheck,* Die Verantwortlichkeit der Staatsorgane nach Völkerstrafrecht: eine Studie zu den Nürnberger Prozessen, 1952
Jescheck/Weigend	*Jescheck/Weigend,* Lehrbuch des Strafrechts: Allgemeiner Teil, 5. Aufl., 1996
Jeßberger	*Jeßberger,* Der transnationale Geltungsbereich des deutschen Strafrechts, 2011
Jeßberger/Geneuss	*Jeßberger/Geneuss* (Hrsg.), Zehn Jahre Völkerstrafgesetzbuch – Bilanz und Perspektiven eines „deutschen Völkerstrafrechts", 2013
Jesse	*Jesse,* Der Verbrechensbegriff des Römischen Statuts, 2009
Joerden/Szwarc	*Joerden/Szwarc* (Hrsg.), Europäisierung des Strafrechts in Polen und Deutschland – Rechtsstaatliche Grundlagen, 2007
Jones	*Jones,* The Practice of the International Criminal Tribunals for the Former Yugoslavia and Rwanda, 2. Aufl., 2000
Jones/Powles	*Jones/Powles,* International Criminal Practice, 3. Aufl., 2003
JStGHG	Gesetz über die Zusammenarbeit mit dem Internationalen Strafgerichtshof für das ehemalige Jugoslawien v. 10.4.1995, BGBl. I 1995 S. 485
Kaleck et al.	*Kaleck/Ratner/Singelnstein/Weiss* (Hrsg.), International Prosecution of Human Rights Crimes, 2007
Kegel/Schurig	*Kegel/Schurig,* Internationales Privatrecht, 9. Aufl., 2004
Kelly	*Kelly,* Nowhere to hide, 2005
Kern	*Kern,* Gerichtsverfassungsrecht, 4. Aufl., 1965
Kinderrechtskonvention	UN-Übk. über die Rechte des Kindes v. 20.11.1989, BGBl. II 1992 S. 121
Kindhäuser, LPK-StGB	*Kindhäuser,* StGB, Lehr- und Praxiskommentar, 4. Aufl., 2010
Kindhäuser	*Kindhäuser,* Strafrecht AT, 5. Aufl., 2011
Kindt	*Kindt,* Menschenrechte und Souveränität, 2009
Kirsch	*Kirsch* (Hrsg.), Internationale Strafgerichtshöfe, 2005
Kittichaisaree	*Kittichaisaree,* International Criminal Law, 2002
KK/*Bearbeiter*	*Hannich* (Hrsg.), Karlsruher Kommentar zur StPO, 7. Aufl., 2013
Klip, 2011	*Klip,* Substantive Criminal Law of the European Union, 2011
Klip, 2012	*Klip,* European Criminal Law, 2. Aufl., 2012
Knoops	*Knoops,* An Introduction to the Law of International Criminal Tribunals, 2003
Knoops, 2006	*Knoops,* Redressing Miscarriages of Justice – Practice and Procedure in National and International Criminal Law Cases, 2006
Köhler	*Köhler,* Strafrecht Allgemeiner Teil, 1997
Kohlmann et al.	*Kohlmann et al.* (Hrsg.), Entwicklungen und Probleme des Strafrechts an der Schwelle zum 21. Jahrhundert, 2003
Kohlrausch/Lange	*Kohlrausch/Lange,* StGB, 43. Aufl., 1961
Kolb	*Kolb,* Droit international penal, 2008
Kolb/Scalia	*Kolb/Scalia* (Hrsg.), Droit international pénal, 2012

Kommissionsbericht EuHb	Bericht der Kommission auf der Grundlage von Artikel 34 des Rahmenbeschlusses des Rates v. 13.6.2002 über den Europäischen Haftbefehl und die Übergabeverfahren zwischen den Mitgliedsstaaten, v. 24.1.2006, KOM (2006) 8 endg.
König	*König,* Die völkerrechtliche Legitimation der Strafgewalt internationaler Strafjustiz, 2003
König et al.	*König/Stoll/Röben/Matz-Lück* (Hrsg.), International law today: New challenges and the need for reform?, 2008
Körner/Patzak/Volkmer	*Körner/Patzak/Volkmer,* Betäubungsmittelgesetz, 7. Aufl., 2012
Kreicker	*Kreicker,* Völkerrechtliche Exemtionen, Grundlage und Grenzen völkerrechtlicher Immuntäten und ihre Wirkungen im Strafrecht, 2007
Kreß	*Kreß,* Vom Nutzen eines deutschen VStGB, 2000
Kreß et al., 2000	*Kreß/Lattanzi* (Hrsg.), The Rome Statute and Domestic Legal Orders, Bd. 1, 2000
Kreß et al., 2005	*Kreß/Broomhall/Lattanzi/Santori* (Hrsg.), The Rome Statute and Domestic Legal Orders, Bd. 2, 2005
KRG 10	KRG Nr. 10 v. 20.12.1945 über die Bestrafung von Personen, die sich Kriegsverbrechen, Verbrechen gegen den Frieden oder der Menschlichkeit schuldig gemacht haben, Abl. des Kontrollrates in Deutschland Nr. 3 v. 31.1.1945, 50
Krüßmann	*Krüßmann,* Transnationales Strafprozessrecht, 2006
Kühl	*Kühl,* Strafrecht Allgemeiner Teil, 7. Aufl., 2012
Kuhli	*Kuhli,* Das VStGB und das Verbot der Strafbegründung durch Gewohnheitsrecht, 2010
Kühne	*Kühne,* Strafprozessrecht, 8. Aufl., 2010
Kühne et al.	*Kühne/Esser/Gerding* (Hrsg.), Völkerstrafrecht, 2007
Lackner/Kühl	*Lackner/Kühl,* Strafgesetzbuch, Kommentar, 28. Aufl., 2014
LaFave	*LaFave,* Criminal Law, 4. Aufl., 2003
Lagodny, 1996	*Lagodny,* Strafrecht vor den Schranken der Grundrechte, 1996
Lagodny, 2001	*Lagodny,* Empfiehlt es sich, eine europäische Gerichtskompetenz für Strafgewaltskonflikte vorzusehen? (BMI-Gutachten), 2001
Lagodny/Wiederin/Winkler	*Lagodny/Wiederin/Winkler* (Hrsg.), Probleme des Rahmenbeschlusses am Beispiel des Europäischen Haftbefehls, 2007
Langrock	*Langrock,* Der besondere Anwendungsbereich der Vorschriften über die Gefährdung des demokratischen Rechtsstaates (§§ 84–91 StGB), 1972
Lattanzi/Schabas	*Lattanzi/Schabas* (Hrsg.), Essays on the Rome Statute of the ICC, Bd. 1, 1999
Lattimer/Sands	*Lattimer/Sands* (Hrsg.), Justice for Crimes against Humanity, 2003
LdR-Strafrecht/*Bearbeiter*	*Ulsamer* (Hrsg.), Lexikon des Rechts: Strafrecht, Strafverfahrensrecht, 2. Aufl., 1996
Lee, 1999	*Lee* (Hrsg.), The ICC, The Making of the Rome Statute etc., 1999
Lee, 2001	*Lee* (Hrsg.), The ICC, Elements of Crimes and Rules of Procedure and Evidence, 2001
Lenz/Borchardt/*Bearbeiter*	*Lenz/Borchardt* (Hrsg.), EU-Verträge: Kommentar nach dem Vertrag von Lissabon, 6. Aufl., 2012
Ligeti	*Ligeti* (Hrsg.), Toward a Prosecutor for the European Union, 2013
Lisken/Denninger	*Lisken/Denninger* (Hrsg.), Handbuch des Polizeirechts, 4. Aufl., 2007
LK/*Bearbeiter*	*Jähnke/Laufhütte/Odersky* (Hrsg.), Strafgesetzbuch, Leipziger Kommentar, 12. Aufl., 2006ff.
LK/*Bearbeiter,* 11. Aufl.	*Jähnke/Laufhütte/Odersky* (Hrsg.), Strafgesetzbuch, Leipziger Kommentar, 11. Aufl., 1992ff.
LMBG	Gesetz über den Verkehr mit Lebensmitteln, Tabakerzeugnissen, kosmetischen Mitteln und sonstigen Bedarfsgegenständen (Lebensmittel- und Bedarfsgegenständege-

	setz) i. d. F. v. 9.9.1997, BGBl. I 1997 S. 2296, letztes ÄndG v. 13.5.2004, BGBl. I 2004 S. 934
LR/*Bearbeiter*	*Löwe/Rosenberg,* Die StPO und das GVG, 26. Aufl., 2006ff.
Lüder/Vormbaum	*Lüder/Vormbaum* (Hrsg.), Materialien zum VStGB, 2002
Lüderssen	*Lüderssen* (Hrsg.), Aufgeklärte Kriminalpolitik oder der Kampf gegen das Böse?, 1998
LuftfahrzeugeinbesitznahmeÜbk.	Übereinkommen zur Bekämpfung der widerrechtlichen Inbesitznahme von Luftfahrzeugen v. 16.12.1970, BGBl. II 1972 S. 1505
LuftSiG	Gesetz zur Neuregelung der Luftsicherheitsaufgaben v. 11.2.2005, BGBl. I 2005 S. 78
Maier	*Maier,* Estudios sobre Justicia Penal, 2005
Malaguti	*Malaguti* (Hrsg.), ICC and international cooperation in the light of the Rome Statute, 2007
Malleson/Padfield	*Malleson/Padfield* (Hrsg.), The Legal System, 3. Aufl., 2007
Mantovani	*Mantovani,* Diritto Penale. Parte Generale, 6. Aufl., 2009
Marxen	*Marxen,* Kompaktkurs Strafrecht, Allgemeiner Teil, 2003
Maurach/Zipf	*Maurach/Zipf,* Strafrecht, Allgemeiner Teil, Teilband 1, 8. Aufl., 1992
May et al., 2001	*May et al.* (Hrsg.), Essays on ICTY Procedure and Evidence in Honour of Gabrielle Kirk McDonald, 2001
May, 2005	*May,* Crimes against humanity, 2005
May, 2008	*May,* Aggression and crimes against peace, 2008
May/Hoskins	*May/Hoskins* (Hrsg.), International Criminal Law and philosophy, 2010
May/Wierda	*May/Wierda,* International Criminal Evidence, 2002
Mayer	*Mayer,* Ne-bis-in-idem-Wirkung europäischer Strafentscheidungen, 1992
McCormack/Simpson	*McCormack/Simpson* (Hrsg.), The Law of War Crimes, National and International Approaches, 1997
McDonald/Swaak-Goldman	*McDonald/Swaak-Goldman* (Hrsg.), Substantive and Procedural Aspects of International Criminal Law. The Experience of International and National Courts, Commentary, Bd. I, 2000
Mendes	*Mendes,* Peace and justice at the ICC, 2010
Menzel/Pierlings/Hoffmann/*Bearbeiter*	*Menzel/Pierlings/Hoffmann* (Hrsg.), Völkerrechtsprechung, 2005
Merle/Vitu	*Merle/Vitu,* Traité de droit criminel, 7. Aufl., 1997
Merten/Papier	*Merten/Papier* (Hrsg.), Handbuch der Grundrechte, Bd. IV/1 a, 2010
Meseke	*Meseke,* Der Tatbestand der Verbrechen gegen die Menschlichkeit nach dem Römischen Statut des IStGH, 2004
Mettraux	*Mettraux,* International crimes and the Ad Hoc Tribunals, 2005
F. Meyer	*F. Meyer,* Strafrechtsgenese in Internationalen Organisationen, 2012
Meyer/*Bearbeiter*	*Meyer* (Hrsg.), Charta der Grundrechte der EU, 3. Aufl., 2011
Meyer-Goßner	*Meyer-Goßner,* StPO, 57. Aufl., 2014
Meyer-Ladewig	*Meyer-Ladewig,* Handkommentar zur EMRK, 3. Aufl., 2011
Miettinen	*Miettinen,* Criminal Law and Policy in the European Union, 2013
Mir Puig	*Mir Puig,* Derecho Penal. Parte General, 7. Aufl., 2006
Mitsilegas	*Mitsilegas,* EU criminal law, 2009
Möller	*Möller,* Völkerstrafrecht und IStGH – kriminologische, straftheoretische und rechtspolitische Aspekte, 2003
Möllers/van Ooyen	*Möllers/van Ooyen* (Hrsg.), Das BVerfG im politischen System, 2006

MondV	Übereinkommen zur Regelung der Tätigkeiten von Staaten auf dem Mond und anderen Himmelskörpern v. 18.12.1979, UN GA Res. 34/68
MontrProt.	Montrealer Protokoll zur Bekämpfung widerrechtlicher gewalttätiger Handlungen auf Flughäfen, die der internationalen Zivilluftfahrt dienen ... (ergänz. MontrÜbk.) v. 24.2.1988, BGBl. II 1993 S. 867; II 1994 S. 620; II 1994 S. 30
MontrÜbk.	Montrealer Übereinkommen zur Bekämpfung widerrechtlicher Handlungen gegen die Sicherheit der Luftfahrt v. 23.9.1971, BGBl. II 1977 S. 1229; II 1978 S. 314
Mugwanya	*Mugwanya,* The crime of genocide in international law, 2007
v. Münch/Kunig/ *Bearbeiter*	*v. Münch/Kunig* (Hrsg.), GG Kommentar, Bd. 3, 6. Aufl., 2012
MünchKomm/ *Bearbeiter*	*Joecks et al.* (Hrsg.), Münchner Kommentar zum StGB und Nebenstrafrecht, 2. Aufl., 2011 ff.
Murschetz	*Murschetz,* Auslieferung und Europäischer Haftbefehl, 2007
Neubacher	*Neubacher,* Kriminologische Grundlagen einer internationalen Strafgerichtsbarkeit, 2005
Neubacher/Klein	*Neubacher/Klein* (Hrsg.), Vom Recht der Macht zur Macht des Rechts?, 2006
Nichtverjährungs-convention	Convention of the Non-Applicability of Statutory Limitations to War Crimes and Crimes Against Humanity, 1968, UNTS 73, 754
Nicolaysen	*Nicolaysen,* Europarecht I, 2. Aufl., 2002
NK/*Bearbeiter*	*Kindhäuser/Neumann/Paeffgen* (Hrsg.), Nomos Kommentar zum Strafgesetzbuch, 3 Bände, 4. Aufl., 2013
Nürnberger Grundsätze	Principles of International Law Recognised in the Charter of the Nuremberg Tribunal and in the Judgement of the Tribunal, Yb ILC II (1950), 374
Obermüller	*Obermüller,* Der Schutz ausländischer Rechtsgüter im deutschen Strafrecht im Rahmen des Territorialitätsprinzips, 1999
O'Connor/Rausch	*O'Connor/Rausch,* Model Codes for Post-Conflict Criminal Justice, Bd. 1: Model Criminal Code, 2007
Oehler	*Oehler,* Internationales Strafrecht, 2. Aufl., 1983
Olásolo	*Olásolo,* CPI, „Dónde investigar", 2003
Olásolo, 2008	*Olásolo,* Unlawful attacks in combat situations, 2008
Olásolo, 2009	*Olásolo,* The criminal responsibility of senior political and military leaders as principals to international crimes, 2009
Olusanya, 2007	*Olusanya* (Hrsg.), Rethinking International Criminal Law, 2007
Oppermann/Classen/Nettesheim	*Oppermann/Classen/Nettesheim,* Europarecht, 5. Aufl., 2011
östARHG	(Österreichisches) Bundesgesetz v. 4.12.1979 über die Auslieferung und die Rechtshilfe in Strafsachen (Auslieferungs- und Rechtshilfegesetz – ARHG), BGBl. 1979 S. 529 zuletzt i. d. F. BGBl. I 2013 S. 175
Othman	*Othman,* Accountability for International Humanitarian Law Violations: The Case of Rwanda and East Timor, 2005
Pache	*Pache* (Hrsg.), Die EU – Ein Raum der Freiheit, der Sicherheit und des Rechts?, 2006
Palandt/*Bearbeiter*	*Palandt,* Bürgerliches Gesetzbuch, 72. Aufl., 2013
Pansini/Scalfati	*Pansini/Scalfati* (Hrsg.), Il mandato di arresto europeo, 2005
Pappas	*Pappas,* Stellvertretende Strafrechtspflege, 1996
Parenti et al., 2007	*Parenti/Filippini/Folgueiro,* Los crímenes contra la humanidad y el genocidio en el derecho internacional, 2007
Partington	*Partington,* An Introduction to the English Legal System, 4. Aufl., 2008
Pastor	*Pastor,* El poder penal internacional. Una aproximación jurídica crítica los fundamentos del Estatuto de Roma, 2006

Paul	*Paul,* Kritische Analyse und Reformvorschlag zu Art. II Genozidkonvention, 2008
Pechstein/Koenig	*Pechstein/Koenig,* Die EU, 3. Aufl., 2000
Peters/Altwicker	*Peters/Altwicker,* Europäische Menschenrechtskonvention, 2. Aufl., 2012
Pictet/*Bearbeiter*	*Pictet* (Hrsg.), Commentary on the Geneva Conventions of 12 August 1949, Bd. 1: Geneva Convention for the Amelioration of the Condition of the Wounded and Sick in Armed Forces in the Field, 1952 (Nachdruck 1995)
Pipes/Gagen	*Pipes/Gagen,* California Criminal Discovery, 4. Aufl., 2008
PlattformProt.	Protokoll zur Bekämpfung widerrechtlicher Handlungen gegen die Sicherheit fester Plattformen, die sich auf dem Festlandsockel befinden v. 10. 3. 1988, BGBl. II 1990 S. 494, 508; II 1992 S. 1061
Politi/Nesi	*Politi/Nesi* (Hrsg.), The Rome Statute of the ICC, 2001
Pradel	*Pradel,* Droit pénal comparé, 17. Aufl., 2008/2009
PrepCom	Preparatory Committee ICC (Vorbereitungsausschuss für den IStGH, vor Verabschiedung des Rom-Statuts 1998)
PrepCommis	Preparatory Commission ICC (Vorbereitungskommission für den IStGH, nach Verabschiedung des Rom-Statuts 1998)
Prichard/Zaide	*Prichard/Zaide,* The Tokyo War Crimes Tribunal, 1981
Princeton Principles	*Princeton University* (Hrsg.), The Princeton Principles on Universal Jurisdiction, 2001 (http://lapa.princeton.edu/hosteddocs/unive_jur.pdf) (zuletzt abgerufen am 1. 7. 2014)
Radtke/Hohmann/ *Bearbeiter*	*Radtke/Hohmann* (Hrsg.), StPO Kommentar, 2011
RbEuHb	Rahmenbeschluss des Rates v. 13. 6. 2002 über den Europäischen Haftbefehl und die Übergabeverfahren zwischen den Mitgliedstaaten
Regan	*Regan* (Hrsg.), The New Third Pillar, 2000
Regulations ICC	ICC, Regulations of the Court v. 26. 5. 2004, Dok. Nr. ICC-BD/01–01–04
Regulations OTP	Regulations of the Office of the Prosecutor v. 23. 4. 2009, Dok. Nr. ICC-BD/ 05–01–09
Regulations Registry	Regulations of the Registry, v. 25. 9. 2006, Dok. Nr. ICC-BD/03–01–06-Rev.1
Rehbinder	*Rehbinder,* Urheberrecht, 16. Aufl., 2010
Reid	*Reid,* A Practitioner's Guide to the European Convention on Human Rights, 3. Aufl., 2007
Report Ad Hoc Committee	Report of the Ad Hoc Committee on the Establishment of an ICC, GAOR, Fiftieth Session, suppl. 22 (A/50/22), 1995
Report Expert Group ICTY/ICTR	Report of the Expert Group to Conduct a Review of the Effective Operation and Functioning of the ICTY and the ICTR, 22. 11. 1999, UN Doc. A/54/634
Report ICTR, 1995	Report of the Secretary-General Pursuant to Paragraph 5 o f S C Res. 955 (1994), UN Doc. S/1995/134 (13. 2. 1995)
Report ICTY, 1993	UN Secretary-General, Report Pursuant to Paragraph 2 o f Security Council Resolution 808 (1993), UN-Dok. S/25 704 (3. 5. 1993) = HRLJ 1993, 198
Report Jugoslawien 1993	UN Commission of Experts, established pursuant to S C Res. 780, Preliminary Report, UN-Dok. S/25 274, 10. 2. 1993
Report Jugoslawien 1994	UN Commission of Experts, established pursuant to S C Res. 780, Final Report, UN-Dok. S/1994/674, 5. 5. 1994
Report Nato Bombing	Final report to the Prosecutor by the Committee Established to Review the NATO Bombing Campaign against the Federal Republic of Yugoslavia
Report PrepCom I, 1996	Report of the Preparatory Committee on the Establishment of an ICC. Vol. I, Proceedings of the PrepCom during March-April and August 1996, GA 51st. Sess., Supp. No. 22, A/51/22, 1996 (in: Bassiouni, 1998, 363)

Report PrepCom II, 1996	Report of the Preparatory Committee on the Establishment of an ICC. Vol. II, Compilation of Proposals, GA 51st. Sess., Supp. No. 22, A/51/22, 1996 (in: Bassiouni, 1998, 443)
Report PrepCom III, 1998	Report of the Preparatory Committee on the Establishment of an ICC. Introduction and Draft Organisation of Work, A/Conf. 183/2/1998), in: Bassiouni, 1998, 1
Report PrepCom III a, 1998	Report of the Preparatory Committee on the Establishment of an ICC. Draft Statute and Draft Final Act, A/Conf. 183/2/Add. 1, 1998, in: Bassiouni, 1998, 7
Report PrepCom III b, 1998	Report of the Preparatory Committee on the Establishment of an ICC. Draft Rules of Procedure, A/Conf. 183/2/Add. 2, 1998, in: Bassiouni, 1998, 129
Report PrepCommiss I, 2000	Report Preparatory Commission for the ICC, Addendum, Finalized Draft Text of the RPE, PCNICCC/2000/1/Add. 1, 2.11.2000
Report PrepCommiss II, 2000	Report Preparatory Commission for the ICC, Addendum, Finalized Draft Text of the Elements of Crimes, PCNICCC/2000/1/Add. 2, 2.11.2000
Report Ruanda 1994 a	Preliminary Report of the Independent Commission of Experts established in accordance with S C Res. 935 (1994), UN Doc. S/1994/1125, 1.10.1994
Report Ruanda 1994 b	Final Report of the Independent Commission of Experts established in accordance with SC Res. 935 (1994), UN Doc. S/1994/1405, 9.12.1994
Report Sierra Leone, 2000	Report of the Secretary-General on the Establishment of a Special Court for Sierra Leone, UN-Dok. S 2000/915 (4.10.2000)
Report SWGCA, 2007	Report of the Special Working Group of the Crime of Aggression, ICC-ASP/5/35 (2007), Annex II
Report SWGCA, 2007a	Report „Informal inter-sessional meeting of the Special Working Group on the Crime of Aggression, held at the Liechtenstein Institute on Self-Determination etc., ICC-ASP/6/SWGCA/INF.1, 25.7.2007
Report Zutphen, 1998	Report of the Inter-Sessional Meeting from 19 to 30 January 1988 in Zutphen, The Netherlands, A/AC.249/1998/L.13, 1998, in: Bassiouni, 1998, 143
Reschke	*Reschke,* Der Schutz ausländischer Rechtsgüter durch das deutsche Strafrecht, 1962
Reydams	*Reydams,* Universal Jurisdiction, 2003
Reydams/Wouters/Ryngaert	*Reydams/Wouters/Ryngaert* (Hrsg.), International Prosecutors, 2012
Röling/Rüter	*Röling/Rüter,* The Tokyo Judgement, 1977
Römisches-Statut/Rom-Statut	Rome Statute of the ICC, 17 71 998, UN-Dok. A/Conf. 183/9 = BGBl. II 2000 S. 1394 (http://www.icc-cpi.int)
Roßkopf	*Roßkopf,* Die innere Tatseite des Völkerrechtsverbrechens. Ein Beitrag zur Auslegung des Art. 30 IStGHS, 2007
Rosswog	*Rosswog,* Das Problem der Vereinbarkeit des aktiven und passiven Personalgrundsatzes mit dem Völkerrecht, 1965
Roxin, AT I	*Roxin,* Strafrecht, Allgemeiner Teil, Bd. 1, 4. Aufl., 2006
Roxin, AT II	*Roxin,* Strafrecht, Allgemeiner Teil, Bd. 2, 2003
Roxin, TuT	*Roxin,* Täterschaft und Tatherrschaft, 8. Aufl., 2006
Roxin/Schünemann	*Roxin/Schünemann,* Strafverfahrensrecht, 27. Aufl., 2012
Rozo Acuña	*Rozo Acuña* (Hrsg.), Il mandato di arresto europeo e l'estradizione, 2004
RStGHG	Gesetz über die Zusammenarbeit mit dem Internationalen Strafgerichtshof für Ruanda v. 4.5.1998, BGBl. I 1998 S. 843ff.
Ryngaert	*Ryngaert* (Hrsg.), The Effectiveness of International Criminal Justice, 2009
Sachs/*Bearbeiter*	*Sachs,* Grundgesetz, Kommentar, 6. Aufl., 2013
Safferling, 2003	*Safferling,* Towards an international criminal procedure, 2003
Safferling, 2011	*Safferling,* Internationales Strafrecht, 2011
Safferling, 2012	*Safferling,* International Criminal Procedure, 2012

Safferling/Conze	*Safferling/Conze* (Hrsg.), The Genocide Convention sixty years after its adoption, 2010
Safferling/Kirsch	*Safferling/Kirsch* (Hrsg.), Völkerstrafrechtspolitik, 2014
Sánchez Legido	*Sánchez Legido,* Jurisdicción universal penal y derecho internacional, 2004
Sanders/Young	*Sanders/Young,* Criminal Justice, 4. Aufl., 2010
Sandoz/Swinarski/Zimmermann/*Bearbeiter*	*Sandoz/Swinarski/Zimmermann* (Hrsg.), Commentaire des Protocoles additionnels de 1977 aux Conventions de Genève de 1949, 1986
Sarat/Ewick	*Sarat/Ewick,* Studies in Law, Politics and Society, 2003
Sassoli/Bouvier	*Sassoli/Bouvier,* How does law protect in war?, 2006
Satzger, 2001	*Satzger,* Die Europäisierung des Strafrechts, 2001
Satzger, 2013	*Satzger,* Internationales und Europäisches Strafrecht, 6. Aufl., 2013
Schabas, 2003	*Schabas,* Genozid im Völkerstrafrecht, 2003
Schabas, 2006	*Schabas,* The UN International Criminal Tribunals, 2006
Schabas, 2007	*Schabas,* An Introduction to the ICC, 3. Aufl., 2007
Schabas, 2009	*Schabas,* Genocide in international law: The crime of crimes, 2. Aufl., 2009
Schabas, 2010	*Schabas,* The ICC: a commentary on the Rome Statute, 2010
Schabas, 2011	*Schabas,* An Introduction to the ICC, 4. Aufl., 2011
Schabas/Bernaz	*Schabas/Bernaz,* Routledge Handbook of International Criminal Law, 2011
Schabas/McDermott/Hayes	*Schabas/McDermott/Hayes,* The Ashgate Research Companion to International Criminal Law, 2013
Schiff	*Schiff,* Building the International Criminal Court, 2008
Schimansky/Bunte/Lwowski/*Bearbeiter*	*Schimansky/Bunte/Lwowski* (Hrsg.), Bankrechts-Handbuch, Bd. 1, 3. Aufl., 2007
Schmid	*Schmid,* Strafverfahren und Strafrecht in den Vereinigten Staaten, 2. Aufl., 1993
Schmidt	*Schmidt,* Lehrkommentar zur StPO und zum GVG, 2. Aufl., 1964
Schmitz	*Schmitz,* Das aktive Personalitätsprinzip im internationalen Strafrecht, 2002
Scholten	*Scholten,* Das Erfordernis der Tatortstrafbarkeit im § 7 StGB, 1995
Schröder	*Schröder,* Europäische Richtlinien und deutsches Strafrecht, 2002
SchÜbk.	Übereinkommen von Schengen v. 14.6.1985 zwischen den Regierungen der Staaten der Benelux-Wirtschaftsunion, der Bundesre-publik Deutschland und der Französischen Republik betreffen den schrittweisen Abbau der Kontrollen an den gemeinsamen Grenzen
Schünemann, 2004	*Schünemann* (Hrsg.), Alternativentwurf Europäische Strafverfolgung, 2004
Schünemann, 2006	*Schünemann* (Hrsg.), Ein Gesamtkonzept für die europäische Strafrechtspflege, 2006
Schuon	*Schuon,* International Criminal Procedure, 2010
Schütz/Bruha/König	*Schütz/Bruha/König,* Casebook Europarecht, 2004
Schwaighofer/Ebensperger	*Schwaighofer/Ebensperger,* Internationale Rechtshilfe in strafrechtlichen Angelegenheiten, 2001
Schwarze/*Bearbeiter*	*Schwarze* (Hrsg.), EU-Kommentar, 3. Aufl., 2012
Schweitzer	*Schweitzer,* Staatsrecht III, 10. Aufl., 2010
SCSL Completion strategy	UN-GA-SC, SCSL, Completion strategy (18 May 2005), UN-Dok. A/59/816-S/2005/350, 27.5.2005
SCSLS	SCSL-Statut/Satzung (22.1.2002, in: Ambos/Othman, 2003, 259ff.)
SDÜ	Schengener Durchführungsübereinkommen (eigentl.: Übereinkommen zur Durchführung des Übereinkommens von Schengen v. 14.6.1985 zwischen den Regierungen der Staaten der Benelux-Wirtschaftsunion, der Bundesrepublik Deutschland

	und der Französischen Republik betreffen den schrittweisen Abbau der Kontrollen an den gemeinsamen Grenzen v. 19.6.1990)
SeeschÜbk.	Übereinkommen zur Bekämpfung widerrechtlicher Handlungen gegen die Sicherheit der Seeschifffahrt v. 10.3.1988, BGBl. II 1990 S. 494; II 1992 S. 526
Seidl-Hohenveldern/*Bearbeiter*	*Seidl-Hohenveldern* (Hrsg.), Lexikon des Rechts: Völkerrecht, 3. Aufl., 2001
Senn	*Senn,* Immunitäten vor dem IStGH, 2010
SGK	Verordnung (EG) Nr. 562/2006 des Europäischen Parlaments und des Rates v. 15.3.2006 über einen Gemeinschaftskodex für das Überschreiten der Grenzen durch Personen (Schengener Grenzkodex)
Sieber et al.	*Sieber/Brüner/Satzger/v. Heintschel-Heinegg* (Hrsg.), Europäisches Strafrecht, 2011
Sinn	*Sinn* (Hrsg.), Jurisdiktionskonflikte bei grenzüberschreitender Kriminalität. Ein Rechtsvergleich zum Internationalen Strafrecht, 2012
Siracusa Draft I	*AIDP/ISIS C/MPI et al.*, Siracusa Draft (1995)
Siracusa Draft II	*AIDP/ISIS C/MPI et al.*, Updated Siracusa Draft (1996)
SK/*Bearbeiter*	*Rudolphi u. a.* (Hrsg.), Systematischer Kommentar zum StGB, Stand: 140. Lieferung, 2013
SK-StPO/*Bearbeiter*	*Rudolphi u. a.* (Hrsg.), Systematischer Kommentar zur StPO, 4. Aufl., 2010ff.
S/L/G/H/*Bearbeiter*, 4. Aufl., 2006	*Schomburg/Lagodny/Gleß/Hackner* (Hrsg.), Internationale Rechtshilfe in Strafsachen, 4. Aufl. 2006
S/L/G/H/*Bearbeiter*	*Schomburg/Lagodny/Gleß/Hackner* (Hrsg.), Internationale Rechtshilfe in Strafsachen, 5. Aufl., 2012
Sluiter et al.	*Sluiter/Friman/Linton/Vasiliev/Zappalà* (Hrsg.), International Criminal Procedure: Principles and Rules, 2013
Smeulers	*Smeulers* (Hrsg.), Collective Violence and International Criminal Justice, 2010
Smith/Hogan	Smith & Hogan's criminal law, fortgef. von D. Ormerod, 13. Aufl., 2011
Spindler/Schmitz/Geis	*Spindler/Schmitz/Geis,* Telemediengesetz, Signaturgesetz, Kommentar, 2004
SRÜ	Seerechtsübereinkommen der Vereinten Nationen v. 10.12.1982, BGBl. II 1992 S. 1798; II 1995 S. 602
S/S/*Bearbeiter*	*Schönke/Schröder,* Strafgesetzbuch, 29. Aufl., 2014
SSW-StGB/*Bearbeiter*	*Satzer/Schluckebier/Widmaier* (Hrsg.), StGB, 2. Aufl., 2014
StAG	Reichs- und Staatsangehörigkeitsgesetz v. 22.7.1913, RGBl. 1913 S. 583, zuletzt geändert am 28.8.2013, BGBl. I 2013 S. 3458 (seit 15.7.1999 nur „Staatsangehörigkeitsgesetz")
Stahn/Sluiter	*Stahn/Sluiter* (Hrsg.), The Emerging Practice of the ICC, 2009
Stahn/van den Herik	*Stahn/van den Herik* (Hrsg.), Future Perspectives on International Criminal Justice, 2010
Stegmiller	*Stegmiller,* The Pre-Investigation Stage of the ICC. Criteria for Situation Selection, 2011
Stratenwerth/Kuhlen	*Stratenwerth/Kuhlen,* Strafrecht Allgemeiner Teil, 6. Aufl., 2011
Streinz	*Streinz,* Europarecht, 9. Aufl., 2012
Streinz/*Bearbeiter*	*Streinz* (Hrsg.), EUV/AEUV, 2. Aufl., 2012
Streinz/Ohler/Hermann	*Streinz/Ohler/Hermann,* Der Vertrag von Lissabon zur Reform der EU: Einführung mit Synopse, 3. Aufl., 2010
Stuckenberg	*Stuckenberg,* Vorstudien zu Vorsatz und Irrtum im Völkerstrafrecht, 2007
Swoboda	*Swoboda,* Verfahrens- und Beweisstrategien, 2013

Tams/Berster/Schiffbauer/*Bearbeiter*	*Tams/Berster/Schiffbauer* (Hrsg.), Convention on the Prevention and Punishment of the Crime of Genocide: A Commentary, 2014
TDG	Teledienstegesetz, eingefügt durch Art. 1 Nr. 4 des Gesetzes über rechtliche Rahmenbedingungen für den elektronischen Geschäftsverkehr (EGG) v. 14.12.2001, BGBl. I 2001 S. 3721
Terrorismusfinanzierungs-Konvention	Konvention zur Bekämpfung der Finanzierung des Terrorismus v. 9.12.1999, BGBl. II 2003 S. 1923
Tettinger/Stern/*Bearbeiter*	*Tettinger* (Hrsg.), Kölner Gemeinschaftskommentar zur GRCh, 2006
Theißen/Nagler	*Theißen/Nagler* (Hrsg.), Der IStHG fünf Jahre nach Rom, 2004
Tiedemann, AT	*Tiedemann,* Wirtschaftsstrafrecht, Allgemeiner Teil, 4. Aufl., 2014
Tiedemann, BT	*Tiedemann,* Wirtschaftsstrafrecht, Besonderer Teil, 3. Aufl., 2011
TKG	Telekommunikationsgesetz v. 22.6.2004, BGBl. I 2004 S. 1190
Tochilovsky	*Tochilovsky,* Jurisprudence of the International Criminal Courts and the ECHR. Procedure and Evidence, 2008
TokAbk.	Tokioter Abkommen über strafbare und bestimmte andere an Bord von Luftfahrzeugen begangene Handlungen v. 14.9.1963, BGBl. II 1969 S. 121, II 1970 S. 276
Tomuschat/Thouvenin	*Tomuschat/Thouvenin* (Hrsg.), The Fundamental Rules of the International Legal Order, Jus Cogens and Obligations Erga Omnes, 2006
Triffterer	*Triffterer,* Dogmatische Untersuchungen zur Entwicklung des materiellen Völkerstrafrechts seit Nürnberg, 1966
Triffterer/*Bearbeiter*	*Triffterer* (Hrsg.), Commentary on the Rome Statute of the ICC, 2. Aufl., 2008
Trust Fund Regulations	ICC Regulations of the Trust Fund for Victims v. 6.12.2005, Dok. Nr. ICC-ASP/4/3/Res. 3.
ÜberstÜbk.	Überstellungsübereinkommen (eigentl. Übereinkommen v. 21.3.1983 über die Überstellung verurteilter Personen)
Übk. gg. Geiselnahme	Übk. gegen Geiselnahme v. 17.12.1979, BGBl. II 1980 S. 1361
Übk. psychotrope Stoffe	Übereinkommen über psychotrope Stoffe v. 21.2.1971, BGBl. II 1976 S. 1478
Übk. Straftaten gg. Diplomaten	Übk. über die Verhütung, Verfolgung und Bestrafung von Straftaten gegen völkerrechtlich geschützte Personen einschließlich Diplomaten v. 14.12.1973, BGBl. II 1976 S. 1745
UK Manual Armed Conflict	UK Ministry of Defence, The Manual of the law of armed conflict, 2004
UN Sec.-Council Res. 955	UN Sec.-Council Res. 955 v. 8.11.1994, UN-Dok. S/RES/955, Errichtung ICTR
UN Sec.-Council Res. 1244	UN Sec.-Council Res. 1244 v. 10.6.1999 on the situation relating Kosovo, UN Doc. S/RES/1244 (1999)
UN Sec.-Council Res. 1315	UN Sec.-Council Res. 1315 v. 14.8.2000 on the Situation in Sierra Leone, UN Doc. S/RES/1315 (2000)
UN-OK-Konvention	UN-Convention against Transnational Organized Crime v. 15.11.2000 (UN-Dok. A/55/383)
UN-Personal-Konvention	Konvention zur Sicherheit von UN-Personal v. 15.12.1994, BGBl. II 1997 S. 230
UNS	UN-Satzung, d. h. Charta der Vereinten Nationen v. 26.6.1945, BGBl. II 1973 S. 430
UNWCC, 1947–49	UN War Crimes Commission, Law Reports of Trials of War Criminals, Bd. I-XV, 1947–49

USGPO, 1950–53	US Government Printing Office, Trials of War Criminals before the Nuernberg Military under Control Council Law No. 10, Vol. I-IV, 1950–1953
Van den Herik/Stahn	*Van den Herik/Stahn* (Hrsg.), The Diversification and Fragmentation of International Criminal Law, 2012
Van den Wyngaert/Stessens/Van Daele	*Van den Wyngaert/Stessens/Van Daele,* International Criminal Law. A collection of International and European Instruments, 3. Aufl., 2005
Van Dijk et al.	*Van Dijk/Van Hoof/Van Rijn/Zwaak* (Hrsg.), Theory and Practice of the European Convention on Human Rights, 4. Aufl., 2006
Van Sliedregt, 2003	*Van Sliedregt,* The Criminal Responsibility of Individuals for Violations of International Humanitarian Law, 2003
Van Sliedregt, 2012	*Van Sliedregt,* Criminal Responsibility in International Law, 2012
Vedder/Heintschel von Heinegg/*Bearbeiter*	*Vedder/Heintschel von Heinegg* (Hrsg.), Europäischer Verfassungsvertrag – Handkommentar, 2007
Verbrechenselemente	Elements of Crimes ICC (Report of the PrepCommis for the ICC Add. Part II. Finalized draft text of the Elements of Crimes. PCNICC/2000/1/Add. 2. 2.11.2000)
Verdross/Simma	*Verdross/Simma,* Universelles Völkerrecht: Theorie und Praxis, 3. Aufl., 1984
Verfahrens- und Beweisregeln	Rules of Procedure and Evidence ICC (PrepCommis, Part I. Finalized draft text of the RPE, PCNICC/2000/1/Add. 1. 2.11.2000)
Versailler Vertrag	Friedensvertrag von Versailles zwischen den USA, dem Britischen Reich, Frankreich, Italien, Japan, Belgien u. a. und Deutschland v. 28.6.1919, RGBl. II 1919 S. 687
Vervaele	*Vervaele* (Hrsg.), European Evidence Warrant, 2005
Vest, 2002	*Vest,* Genozid durch organisatorische Machtapparate, 2002
Vest, 2006	*Vest,* Gerechtigkeit für Humanitätsverbrechen?, 2006
Villiger	*Villiger,* Handbuch der EMRK unter besonderer Berücksichtigung der schweizerischen Rechtslage, 2. Aufl., 1999
Vitzthum/Bothe	*Vitzthum/Bothe* (Hrsg.), Völkerrecht, 6. Aufl., 2013
Volk	*Volk,* Grundkurs StPO, 8. Aufl., 2013
VStGB	Völkerstrafgesetzbuch, BGBl. I 2002 S. 2254 (auch Beck/dtv Ausgabe StGB, 51. Aufl., 2013)
Wasmeier/Möhlig	*Wasmeier/Möhlig,* Strafrecht der EU (Textsammlung), 2. Aufl., 2008
WeltraumV	Vertrag über die Grundsätze zur Regelung der Tätigkeiten von Staaten bei der Erforschung und Nutzung des Weltraums einschließlich des Mondes und anderer Himmelskörper v. 27.1.1967, BGBl. II 1969 S. 1969
Wendt	*Wendt,* Das passive Personalitätsprinzip, 1965
Werle, 2003	*Werle,* Völkerstrafrecht, 2003
Werle, 2006	*Werle* (Hrsg.), Justice in Transition – Prosecution and Amnesty in Germany and South Africa, 2006
Werle, 2007	*Werle,* Völkerstrafrecht, 2. Aufl., 2007
Werle, 2009	*Werle,* Principles of International Criminal Law, 2. Aufl., 2009
Werle, 2012	*Werle,* Völkerstrafrecht, 3. Aufl., 2012
Wessels/Beulke	*Wessels/Beulke,* Strafrecht Allgemeiner Teil, 43. Aufl., 2013
Widmaier	*Widmaier* (Hrsg.), Münchener Anwaltshandbuch Strafverteidigung, 2006
Wiener Übk.	UN-Übereinkommen gegen den unerlaubten Verkehr mit Suchtstoffen und psychotrophen Stoffen v. 20.12.1988, BGBl. II 1993 S. 1136; II 1994 S. 496
Williams	*Williams,* Criminal Law, 2. Aufl., 1983
Wise/Podgor/Clark	*Wise/Podgor/Clark,* International Criminal Law: Cases and Materials, 2. Aufl., 2004
Wong	*Wong,* Criminal Act, Criminal Jurisdiction and Criminal Justice, 2004
WÜD	Wiener Übereinkommen über diplomatische Beziehungen v. 18.4.1961, BGBl. II 1964 S. 959 ff.

WÜRV — Wiener Übereinkommen über das Recht der Verträge v. 23.5.1969, BGBl. II 1985 S. 926

Zahar/Sluiter — *Zahar/Sluiter,* International Criminal Law, 2008

Ziegenhain — *Ziegenhain,* Extraterritoriale Rechtsanwendung und die Rechtsprechung des Genuine-Link-Erfordernisses, 1992

Zieher — *Zieher,* Das sog. Internationale Strafrecht nach der Reform, 1997

ZivilluftfahrtsÜbk. — Übk. zur Bekämpfung widerrechtlicher Handlungen gegen die Sicherheit der Zivilluftfahrt v. 23.9.1971, BGBl. II 1977 S. 1229 mit Prot. zur Bekämpfung widerrechtlicher gewalttätiger Handlungen auf Flughäfen, die der internationalen Zivilluftfahrt dienen v. 24.2.1988, BGBl. II 1993 S. 867

ZP I — Zusatzprotokoll GK über den Schutz der Opfer internationaler bewaffneter Konflikte (Protokoll I) v. 8.6.1977, BGBl. II 1990 S. 1551

ZP II — Zusatzprotokoll GK über den Schutz der Opfer nicht internationaler bewaffneter Konflikte (Protokoll II) v. 8.6.1977, BGBl. II 1990 S. 1637

ZP IV — Protokoll Nr. 4 zur Konvention zum Schutze der Menschenrechte und Grundfreiheiten, durch das gewisse Rechte und Freiheiten gewährleistet werden, die nicht bereits in der Konvention oder im ersten Zusatzprotokoll enthalten sind v 16.9.1963

ZP VI — Protokoll Nr. 6 zur Konvention zum Schutze der Menschenrechte und Grundfreiheiten über die Abschaffung der Todesstrafe v. 28.4.1983

Zweigert/Kötz — *Zweigert/Kötz,* Einführung in die Rechtsvergleichung, 3. Aufl., 1996

1. Teil. Strafanwendungsrecht

§ 1. Einführung

Neuere Literatur: *AI,* Wenn der Staat tötet. Todesstrafe in den USA, 2014 (http://www.amnesty-todesstrafe.de/files/reader_todesstrafe-in-den-usa.pdf, zuletzt abgerufen am 1.7.2014); *Böse,* Die Ermittlung der „besten“ Strafgewalt im Spannungsfeld von Strafanwendungsrecht und internationaler Zuständigkeit, FS Wolter, 2013, S. 1311; *Clark,* Some Aspects of the Concept of International Criminal Law: Suppression Conventions, Jurisdiction, Submarine Cables and the Lotus, CLF 22 (2011), 519; *Cornils/Greve,* Dänemark, in: Sinn, S. 181; *Eisele,* Jurisdiktionskonflikte in der EU: Vom nationalen Strafanwendungsrecht zum Europäischen Kollisionsrecht?, ZStW 125 (2013), 1; *ders./Majer,* Strafbarkeit der Zwangsheirat nach § 237 StGB im Lichte des Internationalen Straf- und Privatrechts, NStZ 2011, 546; *Gleß,* A New Test for Mens Rea? Safeguarding Legal Certainty in a European Area of Freedom, Security and Justice, EuCLR 1 (2011), 114; *Hecker,* Tatortbegründung gem. §§ 3, 9 Abs. 1 Var. 3 StGB durch Eintritt einer objektiven Bedingung der Strafbarkeit?, ZIS 2011, 398; *Hochmayr,* Österreich, in: Sinn, S. 345; *Knaup,* Die Begrenzung globaler Unternehmensleitung durch § 9 Abs. 2 S. 2 StGB, 2011; *Kudlich,* Straftaten und Strafverfolgung im Internet. Zum strafrechtlichen Gutachten für den 69. Deutschen Juristentag 2012, StV 2012, 560; *Meyer,* Country Report „Germany“, in: Böse/Meyer/Schneider, S. 141; *Morozinis,* Die Strafbarkeit der „Auschwitzlüge“ im Internet, insbesondere im Hinblick auf „Streaming-Videos“, GA 2011, 475; *Ringelmann,* Schweiz, in: Sinn, S. 407; *Sieber,* Straftaten und Strafverfolgung im Internet, in: Ständige Deputation des Deutschen Juristentages, Gutachten zum 69. Deutschen Juristentag, 2012, Gutachten C; *Sinn,* Das Strafanwendungsrecht als Schlüssel zur Lösung von Jurisdiktionskonflikten? Rechtsvergleichende Betrachtungen, in: Sinn, S. 501; *Schmidt-Kessel,* Das Internationale Privatrecht als Vorbild eines transnationalen Strafanwendungsrechts?, in: Sinn, S. 65; *Schneider,* Die Verhaltensnorm im Internationalen Strafrecht, 2011; *dies.,* Der transnationale Geltungsbereich des deutschen Verbandsstrafrechts – de lege lata und de lege ferenda, ZIS 2013, 488; *Schramm,* Semesterabschlussklausur – Strafrecht: Internationales Strafrecht, JuS 2013, 1093; *Wörner/Wörner,* Deutschland, in: Sinn, S. 203. – Für **ältere Literatur** s. Vorauflagen.

1 Im Rahmen des Strafanwendungsrechts (§§ 3–7[1]) geht es um die Frage, *ob* deutsches Strafrecht auf eine bestimmte Tat anwendbar ist (Rn. 2ff.). Vor Darstellung der völkerrechtlichen Grundlagen des Strafanwendungsrechts (§ 2) und seinen Anknüpfungspunkten im Einzelnen (§§ 3, 4) müssen einige übergreifende Fragen – gleichsam „vor die Klammer gezogen“ – behandelt werden. Sie betreffen die Bezüge zum Allgemeinen Teil (Rn. 6ff.), einschließlich der Stellung des Strafanwendungsrechts im Verbrechensaufbau (Rn. 9), den Schutzbereich der deutschen Tatbestände (Rn. 29ff.) und das interlokale Strafrecht (Rn. 44ff.).

A. Begriff und Gegenstand

2 Für die Regelungen der §§ 3–7 wird herkömmlicherweise der Begriff **„internationales Strafrecht“** verwendet. Das ist aus doppeltem Grunde irreführend und verfehlt. Zum einen, weil die §§ 3–7 Teil des *deutschen* Strafrechts sind,[2] also keine originär internationalen oder supranationalen Normen – wie etwa das Völkerstrafrecht (§ 5 Rn. 1) – darstellen, sondern allenfalls mittelbar transnationale Wirkung insofern entfalten, als sie das deutsche Strafrecht über das inländische Hoheitsgebiet hinaus auf Auslandssachverhalte für anwendbar erklären. So gesehen erscheint der Begriff **transnationales Strafrecht** zutreffender,[3] weil er immerhin den grenzüberschreitenden Charakter des Strafanwendungsrechts deutlich macht; in den romanischen Sprachen hat sich der Begriff „droit pé-

[1] §§ ohne Angabe in diesem Teil sind solche des StGB.
[2] SSW-StGB/*Satzger,* Vor §§ 3–7 Rn. 1.
[3] S. hierzu auch *Jeßberger,* S. 27f.

nal international" (frz.)[4] eingebürgert, womit durch die Voranstellung von „pénal" vor „international" der nationalstrafrechtliche und durch die umgekehrte Reihenfolge („droit international pénal") der internationalstrafrechtliche Charakter deutlich gemacht wird.[5] Zum anderen suggeriert die Bezeichnung „internationales Strafrecht" eine Verwandtschaft zum **internationalen Privatrecht (IPR)**, doch handelt es sich bei diesem um *echtes* Kollisionsrecht. Das (nationale) IPR legt mittels bestimmter Anknüpfungspunkte die *in concreto* anzuwendende Rechtsordnung fest, berücksichtigt dabei aber ausländische Kollisionsnormen und damit ausländische Interessen.[6] Demgegenüber dehnt das Strafanwendungsrecht den Geltungsbereich des nationalen Strafrechts *einseitig* aus, ohne auf mögliche Kollisionen mit anderen Strafrechtsordnungen Bedacht zu nehmen.[7]

3 In der Sache stecken die §§ 3–7, wie schon die Überschrift des ersten Titels des ersten Abschnitts des StGB deutlich macht, den **Geltungsbereich** des deutschen Strafrechts *in persönlicher und räumlicher Hinsicht* ab.[8] Geltung meint dabei zum einen die **materiellrechtliche Anwendung** des deutschen Strafrechts auf einen bestimmten Sachverhalt, d. h. die Anwendung der Gesamtheit aller Normen des Bundes- und Landesrechts, die die tatbestandlichen Voraussetzungen und Rechtsfolgen rechtswidriger Taten i. S. v. § 11 Abs. 1 Nr. 5 regeln. Das schließt Rechtfertigungs-, Entschuldigungs- und sonstige Strafausschließungsgründe sowie Verfahrenshindernisse ein. Man kann also beim Strafanwendungsrecht – im Gegensatz zum IPR (Rn. 2) – allenfalls von **einseitigem Kollisionsrecht** sprechen, freilich nur insofern, als die transnationale Geltung nationalen Strafrechts faktische Kollisionslagen schafft, die irgendwie aufgelöst werden müssen, um eine Doppel- oder Mehrfachverfolgung zu vermeiden (vgl. § 4).

4 Dieses rein materiellrechtliche Verständnis der §§ 3ff. kann freilich aus völkerrechtlicher und rechtsvergleichender Sicht nicht auf ungeteilte Zustimmung stoßen. Im ausländischen Recht, vor allem des angloamerikanischen Rechtskreises, werden einige dieser Jurisdiktionsregeln regelmäßig dem Verfahrensrecht zugeschlagen. Der Begriff „jurisdiction" umfasst dort sowohl die materiellrechtliche „jurisdiction to prescribe" (hoheitliche Regelungsbefugnis), als auch die verfahrensrechtliche „jurisdiction to adjudicate" und „enforce" (Ausübung und Durchsetzung gerichtlicher Zuständigkeit).[9]

[4] Vgl. auch „derecho penal internacional" (spanisch), „diritto penale internazionale" (italienisch), „direito penal internacional" (portugiesisch).

[5] Vgl. *Glaser,* Introduction, 1954, passim; *Quintano-Ripoles,* Tratado, Bd. 1, 1955, S. 11 f.; *Borsari,* S. 17ff.; *Caeiro,* Fundamento, 2010, S. 36ff.; auch *Stuckenberg,* S. 3 m.w.N. in Fn. 9; *Morillas Cueva/Valls Prieto,* RDFUG 2006, 160; zu den vier Bedeutungen von ICL *Kress,* International Criminal Law, MPEPIL 2008 (http://opil.ouplaw.com/home/EPIL; zuletzt abgerufen am 1.7.2014), Rn. 1ff. (14).

[6] Palandt/*Heldrich,* Einl. v. EGBGB, Rn. 1; *Kegel/Schurig,* S. 316ff.

[7] Vgl. auch *Schmitz,* S. 68ff.; *Greve,* FS Eser, 2005, S. 761; *Wang,* Strafanspruch, 2005, S. 8; *Eisele,* ZStW 125 (2013), 3; *Rath,* JA 2006, 435; *Ambos,* 2010a, S. 62 (Fall 5 Rn. 38f.); *Satzger,* 2013, § 3 Rn. 4. Zum Unterschied zwischen IPR und Strafanwendungsrecht auch *Böse,* FS Maiwald, 2010, S. 67f.; *Satzger,* Jura 2010, 109; zur Möglichkeit, auch im Strafrecht ein echtes Kollisionsrecht nach Vorbild des IPR einzuführen *Schmidt-Kessel,* in: Sinn, S. 80ff.

[8] *Schröder,* ZStW 61 (1942), 57; *Jescheck,* IRuD 1956, 76; S/S/*Eser,* Vor §§ 3–9, Rn. 1; NK/*Böse,* Rn. 9; *Henrich,* S. 10; SSW-StGB/*Satzger,* Vor §§ 3–7 Rn. 1; ähnlich *Jescheck,* FS Maurach, 1972, S. 580; *Satzger,* 2013, § 3 Rn. 4; *Ringwald,* "Arnim-Paragraf", 2010, S. 107; für eine Trennung der Geltungsbereiche von Verhaltens- und Sanktionsnormen *Schneider,* S. 35ff., zu den Konsequenzen ihrer Auffassung für das Strafanwendungsrecht S. 273ff., zum sich hieraus ergebenen Prüfungsaufbau S. 327ff.

[9] Dazu grdl. das amerikanische Restatement (Third) of Foreign Relations Law; vgl. auch *Meng,* AVR 27 (1989), 163f.; *Akehurst,* BYIL 46 (1972/73), 145ff.; *Reydams,* S. 25f.; *O'Keefe,* JICJ 2 (2004), 736f.; *Walther,* FS Eser, 2005, S. 928f.; *Burchards,* S. 23; *Colangelo,* HarvIJL 48 (2007), 121, 126; *Grant,* in:

Auch die in der Tradition des französischen *Code d'Instruction Criminelle* stehenden Rechtsordnungen verweisen jedenfalls die Kompetenzregeln im engeren Sinne in die Prozessordnungen.[10] Dieser **verfahrensrechtlichen Komponente** entspricht auch die im deutschen Recht gängige Praxis, bei Fehlen der Voraussetzungen der §§ 3–7 von einer *fehlenden Verfahrensvoraussetzung* mit der Folge eines Prozesshindernisses und der Einstellung des Verfahrens auszugehen;[11] auch eine Gerichtsstandsbestimmung gem. § 13a StPO kommt dann nicht in Betracht.[12] Im Ergebnis ist also von einer materiell-rechtlich-prozessualen **Doppelnatur** des Strafanwendungsrechts auszugehen.[13] Dies spricht auch für die Geltung des Gesetzlichkeitsprinzips (Art. 103 Abs. 2 GG), zumal dann, wenn man dieses auch im Verfahrensrecht für beschränkt anwendbar hält.[14]

Das transnationale Strafrecht der §§ 3–7 beantwortet also die Frage, wie weit die **deutsche Strafgewalt** (Verbots- und Sanktionsgewalt, Jurisdiktion, *ius puniendi*) reicht und damit auch, wann deutsches Strafrecht anwendbar ist. Zwar ist jene Frage dieser logisch vorgelagert und es ist theoretisch durchaus denkbar, dass der die Strafgewalt ausübende Staat die Anwendung ausländischen Strafrechts anordnet;[15] doch wenden deutsche Gerichte ausschließlich deutsches materielles Strafrecht an, so dass die Bejahung deutscher Strafgewalt praktisch gleichbedeutend mit der Anwendung deutschen Strafrechts ist.[16] Nur deswegen kann man in diesem Zusammenhang von „Strafgewaltsrecht" oder „Geltungsbereichsrecht" bzw. – wie es heute allgemein üblich ist – von **Strafanwendungsrecht** sprechen. Die §§ 3–7 eröffnen den sachlichen Anwendungs- bzw. Geltungsbereich des deutschen Strafrechts, stoßen also gleichsam die Tür zum deutschen Strafrecht auf. 5

B. Bezüge zum Allgemeinen Teil

Fall 1 „Schneider":[17]

Der Immobilienkaufmann S führte sein Immobilienimperium mit unsauberen Mitteln. Er finanzierte sich durch zu hohe Bankkredite. Die Immobilienobjekte, die als Sicherheit dienten, waren weitaus weniger wert, als er den Banken angab. Anfang 1994 erkannte S, dass dieses System ins Wanken geraten war und alsbald zusammenbrechen würde. Er war sich auch der strafrechtlichen Konsequenzen be- 6

Kolb, S. 449; *Caeiro,* Fundamento, 2010, S. 41 ff.; *Böse,* FS Wolter, 2013, S. 1314; *Clark,* CLF 22 (2011), 520 ff.; Cryer/*Cryer,* S. 49 ff. spricht von „legislative", „adjudicative" und „executive jurisdiction".

[10] Im französischen Recht finden sich die Geltungsbereichsregeln in Art. 113–1 bis 113–12 CP, die Kompetenzregeln i. e. S. in Art. 689–693 CPP. Vgl. auch *Schultz,* FS Tröndle, 1989, S. 896.

[11] BGHSt 34, 1 (3 f.); *BGH* NJW 1995, 1844 (1845); NStZ 1997, 119; *OLG Celle* v. 5.6.2007 – 1 Ws 191, 193/07, 1 Ws 191/07, 1 Ws 192/07, 1 Ws 193/07, Rn. 10 f.; LK/*Werle/Jeßberger,* Vor § 3 Rn. 10; SK/*Hoyer,* Vor § 3 Rn. 3; HK-GS/*Hartmann,* § 3 Rn. 2; Beck-StGB/*von Heintschel-Heinegg,* § 3 Rn. 5; *Kühne,* § 3 Rn. 45; *Mankowski/Bock,* JZ 2008, 556 f.

[12] *BGH* NStZ 2007, 534.

[13] Vgl. auch *Mankowski/Bock,* JZ 2008, 555; *Gless,* 2011, Rn. 120.

[14] Vgl. *Jäger,* GA 2006, 615 ff. für eine Geltung des Analogieverbots bei „beweisbildenden Verfahrensnormen" und des Rückwirkungsverbots bei solchen Verfahrensnormen, „die ihre strafbarkeitsbezogene Wirkung zugleich mit der Begehung der Straftat entfalten." (S. 628).

[15] Vgl. bis vor kurzem Art. 5 Abs. 1 schweizStGB, der bei eigener Strafgewalt das ausländische (mildere) Strafrecht für anwendbar erklärt; dazu *Satzger,* 2013, § 3 Rn. 3; s. nun die allgemeine Regel des Art. 86 Abs. 2 S. 1 schwIRSG („Das ausländische Recht ist anwendbar, wenn es milder ist."), dazu *Ringelmann,* in: Sinn, S. 410; vgl. auch *Mankowski/Bock,* JZ 2008, 556 f.

[16] Vgl. zu diesem „Gleichlaufprinzip" *Mankowski/Bock,* JZ 2008, 558 f.; krit. *Satzger,* 2013, § 3 Rn. 5.

[17] Vgl. BGHSt 45, 97 m. Anm. *Börger,* NStZ 2000, 31; *Neumann,* StV 2000, 425; *Dölling,* JR 2000, 379.

wusst. S flüchtete daraufhin in die USA, wobei ihm der Genfer Geschäftsmann G behilflich war. G besitzt die ägyptische, kanadische und schweizerische Staatsangehörigkeit. Er organisierte die Flucht des S in die USA und dort dessen Unterkunft in einem Hotel. Zuvor hatte er sich bei einem Genfer Rechtsanwalt erkundigt, ob er sich strafbar mache. Dieser erklärte ihm, dies sei zumindest nach schweizerischem Recht nicht der Fall. G ging daraufhin davon aus, weder in der Schweiz noch anderswo strafrechtlich belangt werden zu können. Wenige Monate später wurde S verhaftet und an Deutschland ausgeliefert. Muss sich auch G vor einem deutschen Gericht verantworten? → Rn. 10

Fall 2 „Schütz":[18]

7 Der M ist Angestellter des Bundesnachrichtendienstes (BND). Er gab in den Jahren 1974 bis 1988 den vom BND herausgegebenen, der Geheimhaltung unterliegenden militärischen Lagebericht Ost an den F weiter. F war Abteilungsleiter der Hauptverwaltung Aufklärung (HVA) des Ministeriums für Staatssicherheit (MfS) der DDR und für unmittelbare Führung, Betreuung und Anleitung des M zuständig. M hat sich gem. § 94 Abs. 1 Nr. 1 strafbar gemacht. Konnte auch der F nach der Wiedervereinigung in der Bundesrepublik bestraft werden? → Rn. 21

Fall 3 „Töben":[19]

8 Der Australier T leugnet in englischer Sprache auf seiner – über einen australischen Server laufenden – Internet-Homepage die nationalsozialistische Verfolgung und Ermordung der Juden. In Australien wird er dafür zivilrechtlich, nicht aber strafrechtlich belangt. Als er 1999 nach Deutschland kommt, wird er festgenommen. Es lässt sich nicht feststellen, ob Internetnutzer aus Deutschland die Homepage aufgerufen haben. Kann T nach deutschem Strafrecht bestraft werden? → Rn. 22

I. Verbrechensaufbau

9 Die §§ 3–7 sind nicht nur Sekundärnormen, sondern konstitutiver Teil der *primären Strafrechtsnormen,* indem sie den Bereich beschreiben, für den sich das deutsche Strafrecht einen „Bewertungsanspruch" zuerkennt.[20] Daraus wird teilweise der Schluss gezogen, dass das Strafanwendungsrecht Teil des Unrechtstatbestands sei.[21] Die §§ 3–7 seien daher als ausgelagerte, vor die Klammer gezogene Tatbestandsmerkmale zu verstehen.[22] Dementsprechend müssten ihre Voraussetzungen vom Vorsatz des Täters umfasst sein. Der Irrtum über den Tatort[23] oder die Staatsangehörigkeit des Opfers begründe demnach einen Tatbestandsirrtum, sofern eine Strafbarkeit nach deutschem Recht auf der Grundlage des vorgestellten Sachverhalts ausgeschlossen sei.[24] Gegen diese Ansicht spricht aber, dass der sachliche Anwendungs- bzw. Geltungsbereich des deutschen Strafrechts objektiv zu bestimmen ist. Er kann nicht vom Vorstellungsbild des Täters abhängig sein.[25] Letztlich geht es um die Frage, ob ein bestimmtes Verhalten nach *deutschem* Strafrecht strafbar und damit durch *deutsche* Gerichte verfolgbar ist. Daher ist es überzeugender, die §§ 3–7 als **objektive Bedingungen der Strafbar-**

[18] Vgl. *BGH* NJW 1991, 2498.

[19] Vgl. BGHSt 46, 212 = *BGH* JR 2001, 429 m. Anm. *Jeßberger;* vgl. auch Anm. *Koch,* JuS 2002, 123; *Vec,* NJW 2002, 1535 ff. Ausführlich zum Fall Töben *Körber,* Propaganda, 2003.

[20] Grdl. *Zieher,* S. 35 ff., 43.

[21] Vgl. hierzu auch *Golombek,* Rechtsgüter, 2010, S. 51 f.

[22] *Pawlik,* ZIS 2006, 276 (283); *Böse,* FS Maiwald, 2010, S. 69; *Burchard,* HRRS 2010, 136.

[23] Vgl. hierzu ausführlich *Miller/Rackow,* ZStW 117 (2005), 413 ff.

[24] *Böse,* FS Maiwald, 2010, S. 72. Vgl. auch *Pawlik,* ZIS 2006, 283 mit Fn. 85.

[25] *Ambos,* 2010 a, S. 56 f. (Fall 5 Rn. 17). Vgl. hierzu auch *Miller/Rackow,* ZStW 117 (2005), 414.

keit anzusehen.[26] Hierbei handelt es sich um Umstände, die in unmittelbarem Zusammenhang mit der Tat stehen, aber weder zum Unrechts- noch zum Schuldtatbestand zählen.[27] Dessen ungeachtet bestimmen objektive Bedingungen der Strafbarkeit das (objektiv verwirklichte) Unrecht der Tat mit.[28] Sie gehören – ebenso wie die Tatbestandsmerkmale – zu den materiellen Voraussetzungen der Strafbarkeit.[29] Daher steht der enge Zusammenhang zwischen der Anwendbarkeit deutschen Strafrechts und der Bewertung einer Handlung als Unrecht der Einordnung der §§ 3–7 als objektive Bedingung der Strafbarkeit nicht entgegen.[30] Während damit ein Tatbestandsirrtum i. S. v. § 16 Abs. 1 ausgeschlossen ist,[31] bleibt ein **Verbotsirrtum** i. S. v. § 17 möglich, wenn der Täter die von dem verwirklichten Straftatbestand umfasste spezifische Rechtsgutsverletzung nicht als Unrecht erkennt,[32] etwa weil er von der Anwendbarkeit eines anderen Rechtssystems ausgeht.[33] So kann sich ein deutscher Täter etwa im Rahmen von § 7 Abs. 2 Nr. 1 über die Strafbarkeit am ausländischen Tatort irren,[34] andererseits einem Ausländer die Verbotskenntnis hinsichtlich der dem Schutzprinzip des § 5 – unabhängig von der Strafbarkeit am Tatort – unterworfenen Tatbestände fehlen.[35] Ob es dem Täter in diesen Fällen am Unrechtsbewusstsein mangelt und der Irrtum unvermeidbar war, ist letztlich Tatfrage.

Lösung Fall 1:

G hat objektiv eine Strafvereitelung gem. § 258 begangen. Weil G wusste, dass er durch sein Handeln dazu beitrug, dass S nicht bestraft wird, handelte er auch vorsätzlich (sowie rechtswidrig und schuldhaft). Allerdings ging G wegen der Auskunft seines Rechtsanwalts davon aus, (auch) in Deutschland strafrechtlich nicht belangt werden zu können. Zwar hat G in der Schweiz und in den USA gehandelt, jedoch trat der Erfolg – die Beeinträchtigung der Strafverfolgungsorgane – in Deutschland ein. Dies genügt nach dem in §§ 3, 9 Abs. 1 verankerten Auswirkungsgrundsatz, um die Anwendbarkeit des deutschen Strafrechts zu begründen (näher § 3 Rn. 6 ff.).[36] Damit muss G sich vor einem deutschen 10

[26] *Jescheck/Weigend,* S. 180; HK-GS/*Hartmann,* § 3 Rn. 2; *Satzger,* 2013, § 5 Rn. 7; Beck-StGB/*von Heintschel-Heinegg,* § 3 Rn. 4; *Mosiek,* StV 2008, 98; LK/*Werle/Jeßberger,* Vor §§ 3–7 Rn. 453; *Ambos,* 2010 a, S. 56 f. (Fall 5 Rn. 17); *Hecker/Zöller,* S. 3 (Fall 1); *Schneider,* S. 274; ebenso für Österreich *Hochmayr,* in: Sinn, S. 348. Vgl. auch BGHSt 27, 30 (34). A. A. *Gless,* 2011, Rn. 123: „Zurechnungsregeln *sui generis*"; diff. *Jeßberger,* S. 128 ff.

[27] *Jescheck/Weigend,* S. 555.

[28] *Heinrich,* Rn. 133; a. A. *Schneider,* S. 274 („*unrechtsneutrale* objektive Bedingung der Strafbarkeit" – Herv. K.A.).

[29] *Jescheck/Weigend,* S. 555.

[30] *Ambos,* 2010 a, S. 57 f. (Fall 5 Rn. 17). Anders *Pawlik,* ZIS 2006, 276 mit Fn. 26; *Böse,* FS Maiwald, 2010, S. 69 f. Krit. hierzu *Schneider,* S. 109, die es für widerprüchlich hält, die §§ 3 ff. als konstitutiven Teil der primären Strafnorm und zugleich als (aus ihrer Sicht unrechtsneutrale) objektive Bedingung der Strafbarkeit anzusehen.

[31] BGHSt 27, 30 (34); *Scholten,* S. 96 ff.; *Henrich,* S. 156 f.; S/S/*Eser,* Vorbem. §§ 3–9 Rn. 79, § 9 Rn. 15; *Fischer,* StGB, Vor §§ 3–7 Rn. 30; *Meyer,* in: Böse/Meyer/Schneider, S. 171.

[32] BGHSt 15, 377 (383); 45, 97 (101); SSW-StGB/*Satzger,* Vor § 3–7 Rn. 3; s. auch *Jeßberger,* S. 133 f.; vgl. zum Unrechtsbewusstsein bei grenzüberschreitender Kriminalität *Valerius,* NStZ 2003, 341 ff.

[33] Vgl. *Neumann,* FS 50 Jahre BGH, Bd. 4, 2000, S. 99 f.; a. A. BGHSt 45, 97, u. Fn. 36 ff. und Text. Zum „Erkennbarkeitsprinzip" in diesem Zusammenhang vgl. *Scholten,* S. 65 ff. Zum „Tatortirrtum" als Verbotsirrtum auch *Miller/Rackow,* ZStW 117 (2005), 413 ff. Vgl. auch *Ambos,* 2010 a, S. 57 f. (Fall 5 Rn. 20 f.); aus europäischer Sicht *Gleß,* EuCLR 1 (2011), 120 ff.

[34] BGHSt 15, 377 (383); 45, 97 (101 ff.); *OLG Düsseldorf* NStZ 1985, 268; *AG Grevenbroich* NJW 1983, 528; *Scholten,* S. 99 f.; zw. *Henrich,* S. 157 (bejahend aber S. 193 f.).

[35] *Oehler,* Rn. 592, 598.

[36] BGHSt 45, 97 (100) = *BGH* NJW 1999, 2908; a. A. *Neumann,* StV 2000, 426.

Gericht verantworten. Jedoch irrte G über strafanwendungsrechtliche Voraussetzungen. Weil es sich bei den §§ 3–7 um objektive Bedingungen der Strafbarkeit handelt, kommt es lediglich auf ihr objektives Vorliegen an. Abweichende subjektive Vorstellungen des Täters über die Anwendbarkeit des deutschen Strafrechts bleiben insoweit unberücksichtigt, d. h. dem G kommt kein *Tatbestandsirrtum* zugute, denn die Anwendbarkeit des deutschen Strafrechts ist kein „Umstand …, der zum gesetzlichen Tatbestand gehört" i. S. v. § 16 Abs. 1. Der BGH hat es in dem zugrunde liegenden Fall auch abgelehnt, wegen der Rechtsanwaltsauskunft einen *Verbotsirrtum* gem. § 17 anzunehmen, weil dem G – obwohl er davon ausging, nicht strafbar zu handeln – die Rechtsgutsverletzung, d. h. die erhebliche Verzögerung der deutschen Strafverfolgung, bekannt war.[37] Die Auskunft des Genfer Rechtsanwaltes bezog sich nur darauf, dass G sich nach schweizerischem Recht nicht strafbar macht. Eine Aussage über die mögliche Strafbarkeit nach deutschem Recht war damit nicht verbunden. G könne nicht davon ausgehen, dass ein entsprechender Straftatbestand in Deutschland nicht existiert, denn es liege auf der Hand, dass ein Staat denjenigen mit einer Sanktion belegt, der sein legitimes Strafverfolgungsinteresse beeinträchtigt, insbesondere vor dem Hintergrund, dass ein ähnlicher Straftatbestand in der Schweiz (§ 305 Abs. 1 schweizStGB), dem Heimatland des G, existiert.[38]

II. Nullum crimen sine lege

11 Im internationalen und ausländischen Recht[39] ist die Annahme verbreitet, dass es sich beim Strafanwendungsrecht um **Prozessrecht** handelt (Rn. 4) und deshalb der *Nullum crimen sine lege*-Grundsatz, insbesondere das Rückwirkungsverbot, nicht anwendbar sei. Ein solches Verständnis der §§ 3–7 ist jedoch mit der Rechtsnatur der deutschen Strafanwendungsvorschriften als **materielle Geltungsbereichsnormen** (Rn. 3, 9) nicht vereinbar.[40] Auf solche materiellen Normen ist der *Nullum crimen sine lege*-Grundsatz (Art. 103 Abs. 2 GG) grundsätzlich anwendbar, wobei allerdings zu beachten ist, dass ein Unterschied zwischen der (Vor-)Frage der *Anwendung* eines bestimmten Strafrechts auf ein bestimmtes Verhalten und der materiellen *Strafbarkeit* dieses Verhaltens besteht. Der *Nullum crimen*-Grundsatz schützt in erster Linie das **Vertrauen in die (Nicht-)Strafbarkeit** eines bestimmten Verhaltens.[41] Diese Nicht-Strafbarkeit hängt aber nicht immer vom anwendbaren Strafrecht ab. Beispielhaft: Begeht der Täter eine *universell anerkannte* Straftat, etwa ein Totschlagsdelikt,[42] so mag das anwendbare Strafrecht fraglich sein, die *Strafbarkeit als solche* ist es nicht. Es wäre dann wenig überzeugend, den staatlichen Strafanspruch nur deshalb zurücktreten zu lassen, weil das anwendbare Strafrecht nicht ausreichend bestimmt war. Es geht hier ja nicht um nachträgliche Begründung der *Strafbarkeit,* sondern um **nachträgliche Erweiterung der territorialen Reichweite der Strafgewalt** im Hinblick auf zum Tatzeitpunkt schon strafbare Verhaltensweisen. Im Ergebnis kann der *Nullum crimen*-Grundsatz deshalb nur beschränkt im Sinne einer ausreichenden **Bestimmtheit** der strafanwendungsrechtlichen Normen Anwendung finden.

12 Ebensowenig wird der Bestimmtheitsgrundsatz oder das Rückwirkungsverbot verletzt, wenn der Täter für eine **menschenrechtswidrige Tat bestimmter Schwere** verfolgt und bestraft wird, selbst wenn sein Heimat- oder der Territorialstaat dieses Verhalten von Strafe freigestellt hat. Denn Art. 103 Abs. 2 GG schützt nicht das Vertrauen auf

[37] BGHSt 45, 97 (100f.); a. A. *Neumann,* StV 2000, 426.
[38] BGHSt 45, 97 (101ff.).
[39] Vgl. *Council of Europe,* S. 23; *Swart,* in: Cassese/Delmas-Marty, S. 584f.
[40] Vgl. auch *BVerfG* wistra 2003, 257 sowie NK/*Böse,* Vor § 3ff. Rn. 45, der aber eine Ausnahme für die stellvertretende Strafrechtspflege, die dem Rechtshilfe-, d. h. dem Verfahrensrecht, zugeordnet wird, machen will.
[41] BVerfGE 73, 206 (234ff.).
[42] Vgl. *Heine/Vest,* in: McDonald/Swaak-Goldman, S. 175ff.

menschenrechtswidrige Straffreistellungsgründe, also auf solche, die die Verletzung grundlegender Menschenrechte von Strafe freistellen.[43] Es stellt sich vielmehr im Lichte des Mauerschützenurteils des *EGMR* die Frage, ob solche Straffreistellungsvorschriften überhaupt als „Recht" anzusehen sind und Beachtung verdienen.[44] Es verstößt schließlich auch nicht gegen das Rückwirkungsverbot, wenn ein Staat in Erfüllung seiner völkerrechtlichen Verpflichtungen sein Strafrecht auf schon existierende völkerstrafrechtliche Taten erweitert und seine Strafgewalt auch über die *vor* dieser Erweiterung begangenen Taten ausübt.[45] Es ist dabei von untergeordneter Bedeutung, ob man diese Einschränkungen des *Nullum crimen*-Grundsatzes auf einen strafrechtlichen *ordre public*-Vorbehalt oder auf völkerstrafrechtlich-menschenrechtliche Erwägungen stützt. Im Ergebnis sind damit solche Taten vom Rückwirkungsverbot ausgenommen, die universell anerkannte Rechtsgüter verletzen. Begeht eine Person solche Taten, kann sie nicht darauf vertrauen, nicht bestraft zu werden. Sie kann allenfalls darauf vertrauen, nach dem zur Tatzeit geltenden Recht bestraft zu werden.

Beispiel (Fall „Pinochet"):[46] Das Problem der rückwirkenden Strafgewaltserstreckung beschäftigte die 13
spanische *Audiencia Nacional* im Fall des chilenischen Ex-Diktators Pinochet, der im Oktober 1998 auf Grund eines spanischen Haftbefehls in England festgenommen wurde. Die Strafgewalt Spaniens ergab sich aus Art. 23 Abs. 4 spanGVG,[47] diese Norm ist jedoch erst erlassen worden, nachdem Pinochet die ihm vorgeworfenen Taten begangen hatte. Die *Audiencia Nacional* stellte insoweit fest, dass Art. 23 Abs. 4 eine prozessuale Vorschrift und deswegen der *Nullum crimen*-Grundsatz (und damit das Rückwirkungsverbot) nicht anwendbar sei.[48] Dies widerspricht zwar der hier vertretenen Konzeption (Rn. 11), das Ergebnis ändert sich aber bei einem materiellrechtlichem Verständnis der entsprechenden strafanwendungsrechtlichen Norm nicht: Zum einen waren Totschlag und Körperverletzung auch zum Tatzeitpunkt in Chile strafbar, eine spätere Verfolgung kann insofern nicht überraschen. Zum anderen handelt es sich bei den Pinochet vorgeworfenen Taten wie Folter und Verschwindenlassen von Personen um menschenrechtswidrige, (staats-)terroristische Straftaten, bezüglich derer niemandem die Berufung auf den *Nullum crimen*-Grundsatz zusteht (Rn. 12). Davon ist die Frage nach einem legitimierenden Anknüpfungspunkt der nationalen Strafgewalt jedoch zu unterscheiden (dazu § 2), insoweit kommen für Spanien das passive Personalitätsprinzip (§ 3 Rn. 70ff.) und das WRP (§ 3 Rn. 90ff.) in Betracht.

Im Hinblick auf die **Rechtsfolgen** hat der Täter Anspruch auf den Schutz seines Ver- 14
trauens in das zum Tatzeitpunkt geltende Recht *(nulla poena sine lege),* insbesondere sofern das zum Aburteilungszeitpunkt geltende Recht unvorhersehbare und gravierende Rechtsfolgen (Körper- oder Todesstrafe) vorsieht; wie bei der Neubürgerklausel muss also insoweit der *lex mitior*-Grundsatz gelten (dazu § 3 Rn. 47).

III. Zeit und Ort der Tat

Vor der Entscheidung, ob die Regeln für Inlandstaten (§§ 3, 4) oder Auslandstaten 15
(§§ 5–7) Anwendung finden, ist festzustellen, ob die gegenständliche Tat im *In- oder Ausland* begangen worden ist. Diese Frage nach dem **Tatort** beantwortet § 9. Vor der

---

[43] BGHSt 39, 1 (26ff.); BVerfGE 95, 96 (133f.); dazu *Scholten,* S. 168ff. (172, zust. 189).

[44] *EGMR* NJ 2001, 261 (263, para. 87) = EuGRZ 2001, 210 (215, para. 87); vgl. auch § 10 Rn. 89f.

[45] Vgl. schon *Ambos,* NStZ 1999, 230.

[46] Dazu ausführlich *Ambos,* JZ 1999, 16ff.; *Ahlbrecht/Ambos,* passim; *Roht-Arriaza/Fernando,* in: Brown, S. 361ff.; vgl. zur deutschen Strafverfolgung von schweren Menschenrechtsverletzungen in Chile und Argentinien *Thun,* in: Theissen/Nagler, S. 57f.; zu Argentinien *Basak,* ZIS 2007, 374ff.; *Kaleck,* Straflosigkeit, 2010, S. 48ff.

[47] Ley Orgánica del Poder Judicial v. 1.7.1985.

[48] Vgl. *Ahlbrecht/Ambos,* S. 89f.

Entscheidung über das im zeitlichen Sinne geltende Recht, ist zu bestimmen, *wann* die Tat begangen wurde. Diese Frage nach der **Tatzeit** beantwortet § 8.

16 Die **Tatzeit** wird nach der **strengen Tätigkeitstheorie** bestimmt. Danach kommt es allein auf den Zeitpunkt der Handlung, nicht auf den des Erfolgseintritts an. Der Wortlaut von § 8 ist insoweit unmissverständlich: Eine Tat gilt in dem Zeitpunkt als „begangen", in dem der Täter *oder* Teilnehmer gehandelt hat. Die Tatzeit von *Tätern* und *Teilnehmern* wird also unabhängig voneinander bestimmt; die Handlungen des Teilnehmers werden dem Haupttäter ebenso wenig zeitlich zugerechnet wie umgekehrt. Sowohl Täterschaft als auch Teilnahme unterfallen dem Begriff der „Tat" i. S. v. § 8. Bei der *Mittäterschaft* werden die einzelnen Tatbeiträge nach dem Grundsatz gegenseitiger Zurechnung auch zeitlich zugerechnet. Die Tat beginnt also mit der ersten Handlung eines der Mittäter.[49]

17 Der **Tatort** wird nach der **Ubiquitätstheorie** bestimmt. Danach kommt es sowohl auf den Ort der Tätigkeit als auch auf den Ort des Erfolgseintritts an.[50] Dabei wird zwischen dem Ort der Haupttat (§ 9 Abs. 1) und dem Ort der Teilnahme (§ 9 Abs. 2) unterschieden, womit der Begriff der „Tat" enger zu verstehen ist als bei § 8. Ort der *Tat* ist einerseits – Tatorte der Handlungstheorie – jeder Ort, an dem der Täter *gehandelt* hat (§ 9 Abs. 1 Alt. 1) bzw. hätte handeln müssen (§ 9 Abs. 1 Alt. 2), andererseits aber auch – Tatorte der Erfolgstheorie – der Ort an dem der *Taterfolg* eingetreten ist (§ 9 Abs. 1 Alt. 3) bzw. eintreten sollte (§ 9 Abs. 1 Alt. 4), wobei es dabei um den „zum Tatbestand gehörende[n]", also den Erfolg des Verletzungs- und *konkreten* Gefährdungsdelikts geht[51] (zur Erweiterung im Internet u. Rn. 19). Bei Mittätern rechnet die h. M. die Handlungsorte wechselseitig zu;[52] dies kann aber zu einer Verletzung des *Nichteinmischungsgrundsatzes* (§ 2 Rn. 1 ff.) führen.[53] Ein Tatort wird auch durch objektive Bedingungen der Strafbarkeit begründet.[54] Orte der Deliktsvorbereitung und Orte des Eintritts außertatbestandlicher Gegebenheiten sind hingegen keine Tatorte.[55] Ort der *Teilnahme* ist sowohl der Ort, an dem der *Täter* gehandelt hat oder im Falle des Unterlassens hätte handeln müssen oder an dem der zum Tatbestand gehörende Erfolg eingetreten ist (§ 9 Abs. 2 S. 1 Alt. 1), als auch der Ort, an dem der *Teilnehmer* gehandelt hat (§ 9 Abs. 2 S. 1 Alt. 2) oder im Falle des Unterlassens hätte handeln müssen (§ 9 Abs. 2 S. 1 Alt. 3) oder an dem nach seiner Vorstellung die (Haupt-)Tat begangen werden sollte (§ 9 Abs. 2 S. 1 Alt. 4). Insgesamt erge-

[49] MünchKomm/*Ambos,* § 8 Rn. 8 m.w.N.; a. A. NK/*Böse,* § 9 Rn. 3; vgl. zur Tatzeit der Beihilfe *BGH* NStZ-RR 2005, 151; s. hierzu auch die Falllösung bei *Hecker/Zöller,* S. 47 f. (Fall 5).

[50] Ausf. *Satzger,* 2013, § 5 Rn. 12; *Rotsch,* ZIS 2010, 170 f.; *Jeßberger,* S. 230 ff. Zur Anwendung des Ubiquitätsprinzips auf den Tatbestand der Zwangsheirat (§ 237) *Eisele/Majer,* NStZ 2011, 551; s. auch die Falllösung bei *Hecker/Zöller,* S. 5 ff. (Fall 1).

[51] MünchKomm/*Ambos,* § 9 Rn. 16, 19.

[52] BGHSt 39, 88 (91); S/S/*Eser,* § 9 Rn. 4; *Fischer,* StGB, § 9 Rn. 3 a; *Safferling,* 2011, § 3 Rn. 17; *Satzger,* 2013, § 5 Rn. 19; *Rotsch,* ZIS 2010, 172–173; a. A. SK/*Hoyer,* § 9 Rn. 5.

[53] Zutreffend *Valerius,* NStZ 2008, 123 mit illustrativen Beispielen. Im Hinblick auf die Strafbarkeitsrisiken bei der grenzüberschreitenden Beteiligung an der Forschung mit embryonalen Stammzellen hat der Gesetzgeber dieser Kritik Rechnung getragen, indem er den Anwendungsbereich des deutschen Strafrechts auf im Inland befindliche Stammzellen beschränkt hat (§§ 2, 13 StZG).

[54] MünchKomm/*Ambos,* § 9 Rn. 21; *Meyer,* in: Böse/Meyer/Schneider, S. 143; a. A. *Rath,* JA 2006, 438 f.; *Satzger,* Jura 2006, 111 f.; *ders.,* Jura 2010, 113 f.; ausf. *Hecker,* ZIS 2011, 399 ff., der i. Erg. der hier vertretenen Ansicht folgt; s. auch die Falllösung bei *Hecker/Zöller,* S. 18 (Fall 2).

[55] *Rath,* JA 2006, 436; auch HK-GS/*Hartmann,* § 9 Rn. 2; SSW-StGB/*Satzger,* § 9 Rn. 2.

ben sich somit **zehn Teilnahmeorte.**[56] Grundsätzlich ist die inländische Teilnahme von der im In- oder Ausland begangenen Haupttat abhängig **(Akzessorietätsprinzip).** Davon macht § 9 Abs. 2 S. 2 jedoch eine wichtige Ausnahme: Bei inländischer Teilnahme an einer Auslandstat, die im Ausland nicht mit Strafe bedroht ist, wird auf das Erfordernis der identischen Tatortnorm i. S. v. § 7 (§ 3 Rn. 48 ff.) verzichtet und damit die Akzessorietät der Teilnahme gelöst.[57] Die darin liegende Expansion der Strafbarkeit ist im Hinblick auf den *Nichteinmischungrundsatz* bedenklich.[58] Vgl. zum Ganzen das folgende **Schaubild 1.**

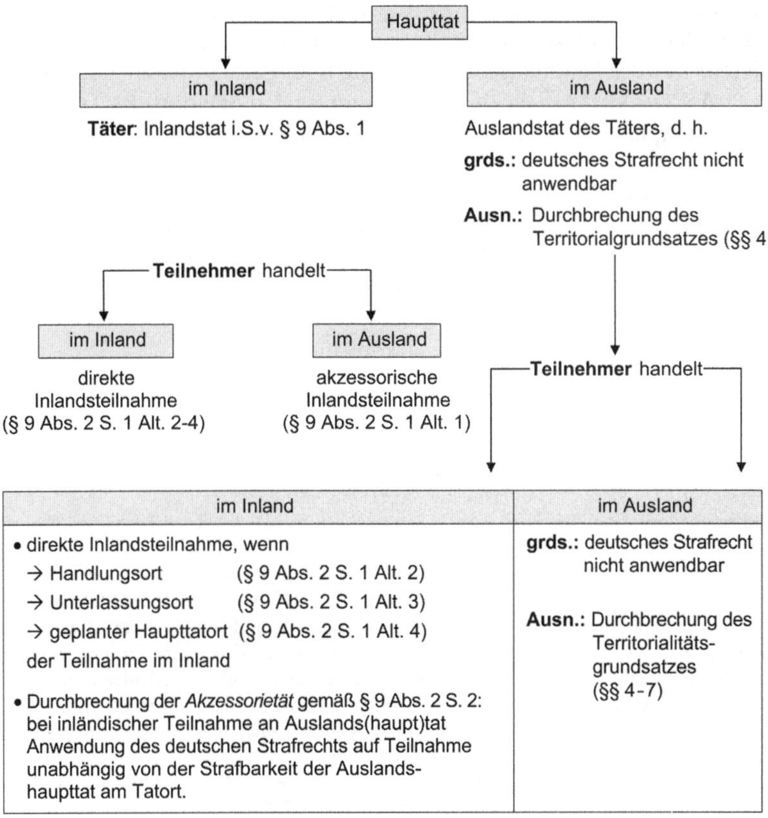

Schaubild 1: Tatortbestimmung bei Täterschaft und Teilnahme

[56] Vgl. *Oehler,* Rn. 359. Dazu *Miller/Rackow,* ZStW 117 (2005), 386 f.

[57] MünchKomm/*Ambos,* § 9 Rn. 39; *Gribbohm,* JR 1998, 178; grdl. zum Charakter von § 9 Abs. 2 S. 2 *Jung,* JZ 1979, 327; *Miller/Rackow,* ZStW 117 (2005), 389 ff.; *Knaup,* S. 61 ff.; s. auch *Meyer,* in: Böse/Meyer/Schneider, S. 147; vgl. zur Tatortbestimmung ausführlich *Wong,* S. 143 ff.

[58] Vgl. *Valerius,* NStZ 2008, 124 f. mit Blick auf die grenzüberschreitende Forschungszusammenarbeit im Bereich der Stammzellenforschung; krit. auch *Knaup,* S. 89 ff., der *de lege ferenda* die Strafbarkeit der Inlandsteilnahme an einer Auslandshaupttat durch das Erfordernis einer identischen Tatnorm beschränken will (S. 171); a. A. *Satzger,* 2013, § 5 Rn. 42; der den Handlungsort des Teilnehmers als hinreichenden Anküpfungspunkt ansieht.

18 **Handlungsort** ist bei Begehungsdelikten jeder Ort, an dem der Täter eine auf Tatbestandsverwirklichung gerichtete Handlung vornimmt oder versucht (nicht jedoch reine Vorbereitungshandlungen oder Handlungen nach Beendigung der Tat).[59] Der Handlungsort bestimmt sich also im Wesentlichen anhand des Aufenthaltsorts des Täters, so dass bei **Transitdelikten,** bei denen sowohl Tathandlung als auch -erfolg im Ausland stattfinden, dabei aber Tatmittel oder -mittler ggf. mehrere Jurisdiktionen transnational durchlaufen, schon eine Inlandstat anzunehmen ist, wenn sich ein kausales Zwischengeschehen im Inland ereignet.

19 Besonders problematisch ist die Bestimmung des Tatorts bei **Internet-Kriminalität,** denn dort ist die Überschreitung nationaler Grenzen (Auseinanderfallen von Handlungs- und Erfolgsort; **Distanzdelikt**) nicht Ausnahme-, sondern Regelfall, weil die Inhalte ausländischer Server auch im Inland abgerufen werden können. Die Frage des Tatorts ist in der Literatur umstritten:[60] Überwiegend wird (wie bei schlichten Tätigkeitsdelikten) nur der Handlungsort anerkannt,[61] teilweise erweitert um den Server-Standort.[62] Andere erkennen einen Erfolgsort an, so den Standort des Zielcomputers bei Übermittlung mittels sog. Push-Technologie[63] oder nehmen das „finale Interesse" des Täters zum Maßstab[64] bzw. noch weitergehend jeden Ort, an dem sich die abstrakte Gefahr realisiere oder realisieren könnte[65] (was schon deshalb zweifelhaft ist, weil abstrakte Gefährdungsdelikte keinen „zum Tatbestand gehörenden Erfolg" i. S. v. § 9 kennen).[66] Teilweise wird darüber hinaus auch bei Erfolgs- und konkreten Gefährdungsdelikten im Internet eine identische Tatortnorm verlangt, wenn Handlungs- und Erfolgsort auseinanderfallen.[67] Wieder andere stellen auf den Zweck der Norm ab und setzen einen „besonderen Bezug zum Inland" voraus.[68]

---

[59] RGSt 30, 98 (99f.); *BGH* NJW 1975, 1610 (1611); NStZ 2007, 287; BGHSt 34, 101 (106). Vgl. auch *Satzger,* 2013, § 5 Rn. 21 zum Handlungsort bei Handlungseinheit.

[60] MünchKomm/*Ambos,* § 9 Rn. 26ff. m.w.N.; ausführlich *Eisele,* § 3 Rn. 9ff.; *Körber,* Propaganda, 2003, S. 140ff.; *Satzger,* 2013, § 5 Rn. 23ff.; knapp *Kudlich,* StV 2012, 561f.; *Malek,* Internet, 2005, S. 18ff.; *Gless,* 2011, Rn. 162; *Sieber,* Gutachten, C 67ff., der sich für eine internationale Regulierung des im Internet anwendbaren Strafrechts ausspricht (C 142). Der Streitstand bezieht sich aber nicht nur auf Internetstraftaten, sondern allgemein auf abstrakte Gefährdungsdelikte, z. B. im Umweltstrafrecht, vgl. dazu *Hecker,* ZStW 115 (2003), 886 m.w.N., der sich für die Existenz eines Erfolgsorts ausspricht. Zur hinsichtlich eines Erfolgsorts ebenfalls problematischen Erfassung von im Ausland per Internet angebotenen Glücksspielen *BGH* CR 2004, 613 m. Anm. *Dietlein;* dazu auch *Barton/Gercke/Janssen,* wistra 2004, 322f.; *Duesberg,* JA 2008, 270; *Mintas,* Glücksspiele, 2009. Speziell zum Erfolgsort bei der Verletzung von Urheberrechten *Weber,* ZIS 2010, 221.

[61] *Endemann,* NJW 1966, 2383; *Satzger,* NStZ 1998, 115; NK/*Lemke,* 2. Aufl., 2005, § 9 Rn. 20f.; *Koch,* GA 2002, 713; für einen engen Handlungsbegriff *Heinrich,* FS Weber, 2004, S. 98ff.

[62] *Cornils,* JZ 1999, 396f.; S/S/*Eser,* § 9 Rn. 4, 6, 7b. Kritisch hierzu SSW-StGB/*Satzger,* § 9 Rn. 16.

[63] *Sieber,* NJW 1999, 2065 (2070ff.); *Vec,* NJW 2002, 1538; *Marberth-Kubicki,* Internetstrafrecht, 2010, S. 25ff. Bei der „Push-Technologie" werden die Daten vom Ausland aus aktiv auf PC Systeme in Deutschland übermittelt und nicht, wie bei der „Pull-Technologie" von den deutschen System geholt, vgl. *Sieber,* a. a. O., 2071.

[64] *Collardin,* CR 1995, 620f.; dagegen spricht der objektive Wortlaut des § 9. Kritisch auch *Satzger,* Jura 2010, 116.

[65] BGHSt 46, 212 (222f.); *OLG Saarbrücken* NJW 1975, 506 (507); SK/*Hoyer,* § 9 Rn. 7; LK/*Werle/Jeßberger,* § 9 Rn. 89; *Ringwald,* "Arnim-Paragraf", 2010, S. 116.

[66] Vgl. schon o. Rn. 17; eingehend *Heger,* S. 250ff. m.w.N. und Kritik an der Übertragung der Rspr. zu § 130 auf andere abstrakte Gefährdungsdelikte; krit. auch *Satzger,* 2013, § 5 Rn. 47. A. A. etwa *Lehle,* Erfolgsbegriff, 1999, S. 160ff., der beim abstrakten Gefährdungsdelikt den Erfolgsort durch „sachlichen Bezug" ermitteln will.

[67] *Kienle,* Internationales Strafrecht, 1998, S. 173ff.

[68] *Hilgendorf/Wolf,* K&R 2006, 541f.

Teilweise wird ein Handlungsort (§ 9 Abs. 1 Alt. 1) in Deutschland schon dann angenommen, wenn der Anbieter der strafbaren Inhalte seinen Sitz in Deutschland hat, auch wenn der Server im Ausland steht.[69] Dieser neue Gesichtspunkt zur Tatortbestimmung von Straftaten im Internet folgt aus § 3 TMG (§ 4 TDG a. F.), der (beruhend auf der E-Commerce-Rl der EG) das **Herkunftslandprinzip** normiert,[70] wonach in Deutschland *niedergelassene* Diensteanbieter und ihre Teledienste auch dann deutschem Recht unterliegen, wenn ihre Dienste im Ausland angeboten oder erbracht werden. Dem Prinzip liegt der Gedanke einer Vereinfachung der Rechtsbeziehungen innerhalb des EU-Binnenmarkts zugrunde, denn danach muss ein Diensteanbieter, der seine Dienste binnenmarktweit erbringen will, nur noch die Vorschriften desjenigen EU-Mitgliedstaats beachten, in dem er niedergelassen ist.[71] Dazu ist folgendes zu bemerken: Zunächst gilt das Herkunftslandprinzip – auf Grund des Anwendungsbereichs der E-Commerce-RL – nur für geschäftsmäßig erbrachte (nicht private) Dienste.[72] Aber auch bei geschäftsmäßig erbrachten Diensten *scheidet* das Herkunftslandprinzip *für das Strafrecht aus,*[73] denn § 3 Abs. 5 TMG sieht insofern eine ausdrückliche Ausnahme vor.[74] Durch das Herkunftslandprinzip entsteht für Internetstraftaten also weder ein zusätzlicher Handlungsort i. S. d. Territorialitätsprinzips, noch wird die Erstreckung der deutschen Strafgewalt auf Auslandstaten auf Grund anderer legitimierender Anknüpfungspunkte (z. B. Realprinzip, § 3 Rn. 68f., oder aktives Personalitätsprinzip, § 3 Rn. 37ff.) eingeschränkt. Gegen eine Beschränkung auf das Herkunftsland spricht auch, dass sich die Regelung im TMG an natürliche und juristische Personen gleichermaßen richtet, in Deutschland aber eine Strafbarkeit juristischer Personen (noch[75]) abgelehnt wird.[76] Da es bei der Strafbarkeit natürlicher Personen immer um *individuelle* Zurechnung geht, ist der Ort der Niederlassung *per se* schlechter zur strafrechtlichen Anknüpfung auf Grund des Territorialitätsprinzips geeignet als der *Handlungsort des Täters.* Offen bliebe nach dem Herkunftslandprinzip außerdem, wie sich die Strafbarkeit der *Mitarbeiter* des Diensteanbieters bestimmte, 20

[69] *Fischer,* StGB, § 9 Rn. 5af. m.w.N. Dies entspricht der Regelung im dänischen Recht, s. *Cornils/Greve,* in: Sinn, S. 192. Tatort von Internetstraftaten als *lex specialis* gegenüber § 9; *Spindler,* in: Spindler/Schmitz/Geis, § 4 TDG Rn. 68.

[70] Eine wortgleiche Normierung des Herkunftslandprinzips für Mediendienste findet sich in § 5 MDStV.

[71] *Satzger,* CR 2001, 111; *Kudlich,* JA 2002, 799; *Dannecker,* ZStW 117 (2005), 697 (714ff.).

[72] *Satzger,* 2013, § 5 Rn. 53; *Spindler,* NJW 2002, 925 m.w.N.

[73] *Satzger,* 2013, § 5 Rn. 53; *ders.,* CR 2001, 117; *Kudlich,* JA 2002, 803; diff. *Satzger,* in: Heermann/Ohly (Hrsg.), Verantwortlichkeit im Netz, 2003, S. 176ff.; a. A. für die Geltung des Herkunftslandsprinzips im Strafrecht mit bloß einzelfallbezogener Durchbrechung durch § 4 Abs. 5 TDG aF (§ 3 Abs. 5 TMG) *Spindler,* in: Spindler/Schmitz/Geis, § 4 TDG Rn. 68f.; *ders.,* NJW 2002, 926; *Altenhain,* in: Zieschang et al., Strafrecht in Europa, 2003, S. 111ff. Offenlassend *Barton/Gercke/Janssen,* wistra 2004, 323f.

[74] § 3 Abs. 5 TMG lautet insoweit: „Das Angebot und die Erbringung eines Teledienstes durch einen Diensteanbieter, der in einem anderen (EU-)Staat ... niedergelassen ist, unterliegen ... den Einschränkungen des innerstaatlichen Rechts, soweit dieses dem Schutz ... der öffentlichen Ordnung, insbesondere im Hinblick auf die Verhütung, Ermittlung, Aufklärung, Verfolgung und Vollstreckung von Straftaten und Ordnungswidrigkeiten ... dient ...". Siehe auch *Rath,* JA 2007, 28; *Satzger,* 2013, § 5 Rn. 53.

[75] Vgl. z. B. den Gesetzesentwurf des NRW-Justizministers *Kutschaty* v. 18.9.2013, https://dico-ev.de/fileadmin/PDF/PDF_Intranet_2013/Unternehmensstrafrecht/2013-10-15_Entwurf_zum_Unternehmensstrafrecht.pdf, zuletzt abgerufen am 1.7.2014. Ausführlich hierzu unter besonderer Berücksichtigung strafanwendungsrechtlicher Gesichtspunkte *Schneider,* ZIS 2013, 488ff.

[76] MünchKomm/*Joecks,* Vor § 25 Rn. 16ff. m.w.N. auch zu der insoweit abweichenden Rechtslage in Spanien, Frankreich, den Niederlanden sowie vielen Ländern des *Common law*-Systems.

also ob für sie das Herkunftslandprinzip gelten würde oder die *lex generalis* des § 9.[77] Zumindest ein auch für das Strafrecht nützlicher Gedanke lässt sich dem Herkunftslandprinzip allerdings entnehmen. Trotz dessen völliger Irrelevanz für die Bestimmung des Vorliegens legitimer Anknüpfungspunkte der nationalen Strafgewalt *(Begründung von Strafgewalt),* kann es sinnvoll zur Abgrenzung der Zuständigkeiten im Falle von Jurisdiktionskonflikten (dazu § 4 Rn. 10ff.) beitragen *(Abgrenzung von Strafgewalt),* zumindest für geschäftsmäßig tätige Diensteanbieter und deren Mitarbeiter.

Lösung Fall 2:

21 F galt – als Bürger der DDR – zum Tatzeitpunkt als Ausländer und war nur außerhalb der BR Deutschland tätig. Fraglich ist, wie die Beteiligung von M und F einzuordnen ist. Man könnte das Zusammenwirken von M und F als *Mittäterschaft* gem. § 25 Abs. 2 werten. Sobald ein Mittäter im Inland handelt, wird dies nach h. M. den anderen Mittätern zugerechnet, so dass auch deren Tatbeiträge als im Inland begangen betrachtet werden.[78] Dem F würde also das inländische Handeln seines Mittäters M als eigenes zugerechnet, auch er hätte gem. § 9 Abs. 1, 1. Alt. in der Bundesrepublik gehandelt. Weil der Tatort des F demnach ebenfalls im Inland liegt, kommt es auf ihn möglicherweise rechtfertigendes DDR-Recht gar nicht mehr an. Wenn man hingegen das Verhalten des F nur als *Beihilfe* zum Landesverrat gem. §§ 94 Abs. 1 Nr. 1, 27 ansieht, so bestimmt sich der Tatort des F nach § 9 Abs. 2. Tatort seiner Teilnahme ist demnach auch der Ort, an dem die Tat begangen wurde (§ 9 Abs. 2 S. 1 Alt. 1), hier der in der Bundesrepublik liegende Tatort des Haupttäters M. Einer Bestrafung des F nach bundesdeutschem Strafrecht steht also nicht im Wege, dass dieser ausschließlich auf dem Gebiet der DDR tätig wurde. Einer möglichen Anwendung von § 5 Nr. 4 (Schutzprinzip, § 3 Rn. 65ff.) bedarf es nicht.[79]

Lösung Fall 3:

22 Der Tatbestand der Volksverhetzung gem. § 130 Abs. 1 Nr. 1 und 2, Abs. 3 ist durch die sog. qualifizierte Auschwitzlüge, die T über seine Homepage verbreitet, erfüllt.[80] Problematisch ist jedoch, ob deutsches Strafrecht überhaupt eingreift, liegt der *Handlungsort* (§§ 3, 9 Abs. 1 Alt. 1) doch in Australien. Der *Erfolgsort* bei Internetstraftaten ist umstritten (Rn. 19). Hier kommt erschwerend hinzu, dass die Rechtsnatur des § 130 nicht geklärt ist.[81] Überwiegend wird eine dem abstrakten Gefährdungsdelikt ähnliche – als „potenzielles Gefährdungsdelikt" bezeichnete – Deliktsnatur *sui generis* angenommen,[82] der *BGH* versteht § 130 als „abstrakt-konkretes Gefährdungsdelikt".[83] Bei solchen Delikten sei „ein Erfolg im Sinne des § 9 dort eingetreten, wo die konkrete Tat ihre Gefährlichkeit im Hinblick auf das im Tatbestand umschriebene Rechtsgut entfalten kann."[84] Dies sei hier in Deutschland geschehen, weil die „konkrete *Eignung* zur Friedensstörung" i. S. v. § 130[85] durch eine empfindliche Störung des

[77] Für Herkunftslandsprinzip *Spindler,* in: Spindler/Schmitz/Geis, § 4 TDG Rn. 13; für die allg. Regeln *Altenhain,* in: Zieschang et al., Strafrecht in Europa, 2003, S. 124f.

[78] BGHSt 39, 88 (90f.).

[79] *BGH* NJW 1991, 2498.

[80] Vgl. BGHSt 46, 212 (216ff.).

[81] Eingehend *Körber,* Propaganda, 2003, S. 56ff.

[82] *Fischer,* StGB, Vor § 13 Rn. 19; § 130 Rn. 13; *Lackner/Kühl,* § 130 Rn. 1; *OLG Köln* NJW 1981, 1280 (1281).

[83] BGHSt 46, 212 (218). Einerseits nennt der *BGH* die abstrakt-konkreten Gefährdungsdelikte „eine Untergruppe der abstrakten Gefährdungsdelikte" (S. 218), dazu im Widerspruch befindet er dass sie „zwischen konkreten und rein abstrakten Gefährdungsdelikten" stehen (S. 221). I. Erg. zust. *Körber,* Propaganda, 2003, S. 59; NK/*Ostendorf,* § 130 Rn. 5; *Werle/Jeßberger,* JuS 2001, 39; ähnlich *Morozinis,* GA 2011, 481 („abstrakt-konkretes Gefährdungsdelikt").

[84] BGHSt 46, 212 (221). Ausdrücklich offen bleibt dabei aber, ob der *BGH* generell bei rein abstrakten Gefährdungsdelikten via Internet einen derart weiten Erfolgsbegriff annehmen will.

[85] BGHSt 46, 212 (218), Hervorhebung im Original.

friedlichen Miteinanders von Juden und anderen Bevölkerungsgruppen in Deutschland gegeben sei.[86] Die darin liegende Ausweitung des Erfolgsorts ist insbesondere im Hinblick auf eine mögliche Verletzung des völkerrechtlichen Nichteinmischungsgrundsatzes (§ 2 Rn. 2ff.) auf Kritik gestoßen.[87] Die territoriale Erstreckung der Strafbarkeit sei auf den Handlungsort zu beschränken (Rn. 19), die Tat demnach ausschließlich in Australien begangen. Eine Strafgewaltserstreckung ergibt sich auch nicht aus den §§ 5–7, so dass die Tat i. Erg. nicht in Deutschland hätte abgeurteilt werden dürfen. Eine vermittelnde Position, die dem besonderen Unrechtsgehalt der „Ausschwitzlüge" im Hinblick auf die deutsche Geschichte Rechnung trägt, nimmt *Marxen* ein, wenn er zumindest für § 130 Abs. 3 auf Grund der Einzigartigkeit der NS-Verbrechen und deren Verbindung zu Deutschland einen völkerrechtlichen Anknüpfungspunkt annehmen will.[88] Bei Annahme eines Erfolgsorts der Volksverhetzung kann bei Distanzdelikten (Rn. 19) zumindest von einer Verfolgung abgesehen werden, wenn schwere Nachteile für die BRD drohen (§ 153c Abs. 3 StPO), etwa bei Verfolgung des iranischen Präsidenten *Ahmadinedschad* wegen seiner den Holocaust leugnenden Äußerungen.[89]

IV. Tatbegriff

Die Regelungen der §§ 3–7 beziehen sich nur auf *Straftaten* i. S. v. § 11 Abs. 1 Nr. 5. 23
Dies schließt das Nebenstrafrecht ein. Für *Ordnungswidrigkeiten* gilt abweichend nur das Territorialitätsprinzip (§ 5 OWiG).[90] Was den Tatbegriff in den §§ 3–7 angeht, so ist zu differenzieren. Grundsätzlich ist unter der Tat **das konkrete Tatgeschehen im prozessualen Sinne** (§ 264 StPO), d. h. der konkrete Lebenssachverhalt bei umfassender strafrechtlicher Würdigung, zu verstehen.[91] Demnach bezeichnet der Begriff „Tat" den zugrundeliegenden *Lebenssachverhalt,* unabhängig davon, wie dieser strafrechtlich zu würdigen ist. Auch bei einer transnationalen, komplexen Tat mit länderübergreifender Organisationsstruktur liegt nur eine einheitliche Tat i. S. v. § 264 StPO vor. Damit unterliegen auch nicht in Deutschland begangene Tatteile dem deutschen Strafrecht.[92] Dieser allgemeine Tatbegriff ist jedoch nur dann zugrundezulegen, wenn das Gesetz von der Tat im Allgemeinen spricht, also in den §§ 3, 4 und 7. Hier geht es um die Würdigung eines ausländischen Lebenssachverhaltes nach deutschem Recht. Der Lebenssachverhalt steht im Vordergrund.

Demgegenüber geht es um einen **tatbestandsbezogenenen Tatbegriff,** wenn eine 24
Strafanwendungsvorschrift an ganz bestimmte Straftatbestände anknüpft (vgl. §§ 5, 6).[93] Das Gesetz spricht in diesen Fällen von der Geltung des Strafrechts für die „folgenden Taten". Dort steht nicht der Lebenssachverhalt im Vordergrund, sondern der

[86] BGHSt 46, 212 (219f.); a. A. *Vassilaki,* CR 2001, 264f.; enger auch *Morozinis,* GA 2011, 481, der verlangt, dass sich das tatbestandlich vorgesehene Eignungspotential entfaltet haben, es also tatsächlich zu einer *konkreten* Gefährdung der durch § 130 geschützten Rechtsgüter gekommen sein muss.

[87] Krit. *Körber,* Propaganda, 2003, S. 149. *Deiters,* ZRP 2003, 360ff. schlägt (auch) für solche Fälle – vor dem Hintergrund des EuHb (§ 4 Rn. 26 und § 12 Rn. 35ff.) – *de lege ferenda* die generelle Beschränkung auf den Handlungsort im (europäischen) Strafanwendungsrecht vor; krit. zur Strafgewaltsausdehnung bei Äußerungsdelikten auch *Podgor,* in: Sarat/Ewick, S. 125; *Malek,* Internet, 2005, S. 20f.; s. aber auch *Kudlich,* StV 2012, 562, demzufolge die nach der Entscheidung „befürchtbare Entwicklung des deutschen Strafrechts zu einer ‚Weltpolizei' bislang noch nicht stattgefunden" habe.

[88] *Marxen,* S. 12.

[89] In diese Richtung auch *Safferling,* 2011, § 3 Rn. 30.

[90] LK/*Werle/Jeßberger,* Vor § 3 Rn. 313, 316.

[91] LK/*Werle/Jeßberger,* Vor § 3 Rn. 314f.; Beck-StGB/*von Heintschel-Heinegg,* § 3 Rn. 6; SSW-StGB/*Satzger,* § 3 Rn. 2; *Satzger,* 2013, § 5 Rn. 8. Anders NK/*Böse,* § 3 Rn. 2.

[92] *OLG München* NStZ 2007, 412.

[93] LK/*Werle/Jeßberger,* Vor § 3 Rn. 318.

Rechtsgüterschutz, der gerade in bestimmten Straftatbeständen zum Ausdruck kommt. Mit „Tat" ist hier also nur die Erfüllung eines bestimmten Straftatbestands gemeint.

V. Tat, Täter und Teilnehmer

25 Strittig ist, ob mit „Tat" im Strafanwendungsrecht nur täterschaftliche Begehung[94] oder auch Teilnahme gemeint ist.[95] Der Gesetzeswortlaut ist insoweit widersprüchlich, weil einerseits der Tatbegriff von § 8 eindeutig sowohl Täterschaft als auch Teilnahme umfasst (Rn. 16), andererseits der Tatbegriff von § 9 die Teilnahme ausschließt (Rn. 17). Eine Ansicht in der Literatur glaubt, aus der Sonderregel des § 9 Abs. 2 S. 2 folgern zu können, dass der Tatbegriff zumindest bei § 3 **nur die Täterschaft** erfasst.[96] Dieses systematische Argument geht jedoch fehl, weil § 9 Abs. 2 S. 2 nur eine Sonderregelung für die inländische Teilnahme an *ausländischer* Haupttat vorsieht. Den Regelfall, die inländische Teilnahme an *inländischer* Haupttat, betrifft § 9 Abs. 2 S. 2 nicht. Da § 9 Abs. 2 S. 1 nur den Teilnahmeort festlegt, nicht aber die Geltung deutschen Strafrechts anordnet (das tut § 3), wäre – wenn § 3 nur „Taten" im täterschaftlichen Sinne erfasste – der Regelfall der inländischen Teilnahme an inländischer Haupttat nicht nach § 3 der Geltung deutschen Strafrechts unterworfen. Das ist aber ein ganz untragbares Ergebnis. Folglich muss sich die Geltungsanordnung deutschen Strafrechts durch § 3 **auch auf die Teilnahme** beziehen.[97] Das wird durch das systematische Argument gestützt, dass im gesamten Ersten Titel des Ersten Abschnitts des StGB (§§ 1–10), mit Ausnahme von § 9, unter „Tat" sowohl Täterschaft als auch Teilnahme verstanden wird. Die Ausnahme des § 9 schadet jedoch nicht: Diese Vorschrift ist letztlich nur eine *Konkretisierung* des Territorialitätsprinzips (§ 3 Rn. 12), durch die Einführung von § 9 Abs. 2 sollte nur die bisher in Rechtsprechung und Literatur entwickelte Bestimmung des Teilnahmeortes ins Gesetz aufgenommen werden,[98] es ging dem Gesetzgeber nicht um eine Differenzierung der Tatbegriffe.

26 Zu demselben Ergebnis gelangt man auch mit einer teleologischen Auslegung, die nach dem Zweck der Anknüpfungspunkte für die deutsche Strafgewalt fragt. Wenn die strafanwendungsrechtliche Norm allein an das **aktive Personalitätsprinzip** anknüpft, würde eine Beschränkung auf die Täterschaft dessen Sinn zuwiderlaufen: Aus völkerrechtlicher Sicht wird mit dem aktiven Personalitätsprinzip die Ausdehnung der Strafgewalt mit der natürlichen Nähebeziehung zwischen dem Staat und seinen Staatsangehörigen begründet (§ 3 Rn. 39). Ob der betreffende Staatsangehörige an einer Straftat als Täter oder Teilnehmer beteiligt war, ändert an dieser Nähebeziehung nichts. Der Staat beansprucht die Strafgewalt allein auf Grund der Bande der Staatsangehörigkeit zum Täter oder Teilnehmer, auf die Unterscheidung zwischen Täterschaft und Teilnahme kommt es zu diesem Zeitpunkt noch nicht an, zumal sich häufig erst im Laufe des Strafverfahrens die Beteiligungsverhältnisse genau klären lassen.[99] Die Unterscheidung wird erst auf einer späteren

[94] So S/S/*Eser,* § 3 Rn. 4; *Mitsch,* Jura 1989, 194.

[95] So LK/*Werle/Jeßberger,* Vor § 3 Rn. 320; SSW-StGB/*Satzger,* § 3 Rn. 2; *Satzger,* 2013, § 5 Rn. 8; NK/*Böse,* § 3 Rn. 2.

[96] *Mitsch,* Jura 1989, 194; S/S/*Eser,* § 3 Rn. 4; so auch noch MünchKomm/*Ambos,* 1. Aufl., 2003, § 3 Rn. 7.

[97] So auch LK/*Werle/Jeßberger,* Vor § 3 Rn. 320; *Knaup,* S. 57 f.; *Gribbohm,* JR 1998, 177; *Miller/Rackow,* ZStW 117 (2005), 381 ff.

[98] NK/*Lemke,* 2. Aufl., 2005, § 9 Rn. 1; S/S/*Eser,* § 9 Rn. 2; vgl. Entwurf 1962, BT-Drs. 4/650, 113.

[99] I. Erg. ebenso LK/*Gribbohm,* 11. Aufl., 2003, § 5 Rn. 21 ff., 220; *Oehler,* Rn. 769; a. A. S/S/*Eser,* § 5 Rn. 16 f. (für Nr. 8, 9); *Fischer,* StGB, § 5 Rn. 8.

Stufe – im Zuge der strafrechtlichen Aburteilung und Zurechnung – relevant. Das Gleiche gilt erst recht bei *Kombination* von Real- und aktivem Personalitätsprinzip, denn das **Realprinzip** (§ 3 Rn. 68f.) verlangt auch einen Schutz vor Teilnahmehandlungen.[100] Für die anderen Prinzipien ergibt sich nichts anderes. **„Tat" i. S. d. Strafanwendungsrechts meint also immer Täterschaft und Teilnahme.** Dass in § 9 Tat- und Teilnahmeort getrennt werden, bezieht sich nur auf die *Lokalisierung*, denn diese ist eine notwendige Voraussetzung der Durchführung des Territorialitätsgrundsatzes, der – wie die anderen Anknüpfungsprinzipien auch – für Täter und Teilnehmer gleichermaßen gilt.

Nachtatverhalten in Form der Begünstigung und Strafvereitelung stellen gesonderte Straftaten dar, sie unterfallen keinem – noch so weit gezogenen – Tatbegriff. Es kommt eine Strafbarkeit also nur dann in Frage, wenn sich die Strafbarkeit des Nachtäters eigenständig aus §§ 3, 4, 7 ergibt. In den Katalogen der §§ 5, 6 sind die genannten Verhaltensweisen nicht direkt erfasst; ihre Bestrafung als Annex zu den dort erfassten Taten wird allgemein abgelehnt.[101] 27

Eng mit dem Tatbegriff verbunden ist die Frage, wer **Täter** (vgl. § 5 Nr. 3a, 5b, 8a und b, 9, 11a, 14a, 15 sowie § 7 Abs. 2) der im Gesetz genannten Taten ist. Den §§ 3ff. liegt ein eigenständiger strafanwendungsrechtlicher Täterbegriff zugrunde, der auch Teilnehmer umfasst.[102] Dieses weite Verständnis des Täterbegriffs widerspricht zwar dem (restriktiven) Täterbegriff des § 25[103] – Täter und Teilnehmer sind Beteiligte (§ 28 Abs. 2) – und gerät damit mit dem Legalitätsgrundsatz in Konflikt, doch wirkt sich ein eigenständiger strafanwendungsrechtlicher Täterbegriff regelmäßig zugunsten des Teilnehmers aus. So ist deutsches Strafrecht in den Fällen des § 5 Nr. 3a, 5b, 8a und b, 9, 11a, 14a, 15 nicht bereits dann auf Teilnahmehandlungen anwendbar, wenn der geforderte Inlandsbezug in der Person des Täters vorliegt. Zusätzliche Voraussetzung ist vielmehr, dass *auch* der **Teilnehmer** *Deutscher* ist und ggf. seine *Lebensgrundlage im Inland* hat.[104] Daher erscheint eine weite Auslegung des Täterbegriffs auch im Lichte des Art. 103 Abs. 2 GG akzeptabel.[105] 28

C. Schutzbereich der deutschen Tatbestände

Fall 4:

Zwischen der Republik Italien und dem Staat X bestehen seit längerem politische Spannungen. I ist italienischer Staatsangehöriger, er arbeitet im italienischen Verteidigungsministerium in leitender Position und trifft sich mehrere Male im Jahr mit einem Agenten des Geheimdienstes von X. Diesem verrät er militärische Geheimnisse von höchster Wichtigkeit. Die Treffen finden in einem Hotel in Frankfurt a. M. statt und werden von dem deutschen Staatsangehörigen D organisiert. Bei einem dieser Treffen werden I und D von der deutschen Polizei festgenommen. Können I und D wegen Landesverrats (§ 94 Abs. 1 Nr. 1) verurteilt werden? → Rn. 37 29

100 Vgl. auch LK/*Werle/Jeßberger*, § 5 Rn. 33; *Satzger*, 2013, § 5 Rn. 9.

101 S/S/*Eser*, § 5 Rn. 24; LK/*Werle/Jeßberger*, § 5 Rn. 221 (für Nr. 1–11a, 14a und 15).

102 *Satzger*, 2013, § 5 Rn. 9; s. auch *Meyer*, in: Böse/Meyer/Schneider, S. 154.

103 Vgl. aber auch *Walter*, JuS 2006, 968 zur Unheitlichkeit der Terminologie im StGB; ähnlich auch LK/*Werle/Jeßberger*, Rn. 23f., 27.

104 SSW-StGB/*Satzger* § 5 Rn. 9; *ders.*, 2013, § 5 Rn. 9, 69f. Anders HK-GS/*Hartmann*, § 5 Rn. 12, der für die Anwendung des § 5 Nr. 8 lediglich verlangt, dass der Täter, nicht aber der Teilnehmer zur Tatzeit Deutscher ist. Diese Voraussetzungen müssen jedenfalls dann nicht erfüllt sein, wenn der Teilnehmer an einer Auslandstat im Inland handelt. Dann ergibt sich die Anwendbarkeit deutschen Strafrechts bereits aus § 9 Abs. 2, vgl. oben Rn. 17 mit Schaubild 1.

105 *Satzger*, 2013, § 5 Rn. 9; NK/*Böse*, Vor § 3 Rn. 54.

Fall 5:

30 Der deutsche Staatsangehörige D lebt seit einigen Jahren in Belgien. Dort wird er Zeuge eines Verkehrsunfalls, den sein Freund F, ein Belgier, verschuldet hat. In dem belgischen Zivilverfahren, das die Schuldfrage klären soll, sagt D bewusst wahrheitswidrig aus, dass der Unfallgegner G, ebenfalls ein Belgier, den Unfall verschuldet hat. G wird daraufhin dazu verurteilt, an F Schadensersatz zu zahlen. Ein halbes Jahr später zieht D zurück nach Deutschland. Kurze Zeit später fällt der Schwindel mit der Falschaussage auf. Kann D von einem deutschen Gericht wegen falscher uneidlicher Aussage (§ 153) verurteilt werden?
Variante: Ergibt sich eine andere Lösung, wenn es sich bei dem belgischen Gerichtsverfahren um ein Strafverfahren gegen F gehandelt hätte und dieser auf Grund der Falschaussage des D freigesprochen worden wäre? → Rn. 40

Fall 6:

31 Der Deutsche D fährt mit dem Auto nach Dänemark. Auf der dänischen Autobahn drängelt er dermaßen, dass er den Nötigungstatbestand (§ 240) erfüllt. In Kopenhagen parkt er falsch. Kann er für beide Taten in Deutschland belangt werden? → Rn. 43

32 Unabhängig von der Frage des Geltungsbereichs[106] des deutschen Strafrechts stellt sich die Frage, ob ein bestimmtes, im Ausland stattfindendes Verhalten überhaupt dem **Schutzbereich** eines deutschen Straftatbestandes unterfällt oder ob es nur ausländische Interessen betrifft. Im Kern geht es um die Frage, ob das betreffende Verhalten in einem Maße nationale (deutsche) Interessen berührt, dass es gerechtfertigt oder sogar notwendig erscheint, es am **inländischen Rechtsgüterschutz** teilhaben zu lassen.[107] Die Antwort auf diese Frage ergibt sich nicht notwendigerweise aus der Belegenheit des Tatobjekts oder der Staatsangehörigkeit des Täters oder Opfers (Rechtsgutsträgers), also gerade nicht aus strafanwendungsrechtlichen Kriterien, sondern vorrangig aus der *nationalen gesetzgeberischen Entscheidung,* den inländischen Rechtsgüterschutz (mittels der Tatbestände des Besonderen Teils) auf bestimmte ausländische Rechtsgüter – d. h. ein Rechtsgut, dessen Träger ein Ausländer oder ein ausländischer Staat ist[108] – auszudehnen. Anders ausgedrückt: die jeweils einschlägige deutsche Strafnorm findet keine Anwendung, wenn sich ein Verhalten allein gegen ausländische Rechtsgüter richtet, das an sich verletzte Strafgesetz aber nur inländische Rechtsgüter schützt.[109] Dies gilt selbst dann, wenn der Tatort im Inland liegt.[110] Beispielhaft: Das deutsche Strafrecht schützt nur Deutschland, nicht aber andere Staaten vor Angriffen auf ihre innere und äußere Sicherheit durch bestimmte Staatsschutzdelikte (§§ 80ff.). Denn jeder Staat hat grundsätzlich selbst für den Schutz seiner Staatsorgane und -einrichtungen zu sorgen. Es ist „nicht Aufgabe des deutschen Strafrechts, ausländische Staaten gegen Angriffe auf ihre Staatsgewalt und Souveränität zu schützen …".[111]

---

106 Siehe zur Behandlung dieser Problematik im Prüfungsaufbau *Ambos,* 2010a, Fall 5 Rn. 7.

107 Vgl. auch SK/*Hoyer,* Vor § 3 Rn. 32: „Teilhaftigkeit des Tatobjekts am inländischen Rechtsgüterschutz". Für eine zusätzlich einschränkende Orientierung an den Straftheorien *Wörner/Wörner,* in: Sinn, S. 216ff., 220.

108 *Lüttger,* FS Jescheck, 1985, Bd. 1, S. 121; *Obermüller,* S. 44, 47; zur historischen Entwicklung *Reschke,* S. 48ff.

109 BGHSt 21, 277 (280); BGHSt 29, 85 (87); *Mankowski/Bock,* ZStW 120 (2008), 746.

110 *Ambos,* 2010a, S. 53 (Fall 5 Rn. 4).

111 BGHSt 22, 282 (285); 29, 73 (75ff., insb. zu § 86); vgl. auch *v. Weber,* FS Frank, Bd. 2, 1930, S. 269ff.; *Reschke,* S. 176ff.; *Oehler,* Rn. 233, 778f.; *ders.,* FS Mezger, 1954, S. 98f.; *Schröder,* JZ

Strafanwendungsrechtlich trägt dem zuletzt geäußerten Gedanken das *Realprinzip* (§ 3 Rn. 68f.) Rechnung, das gerade auf dem Gedanken des Selbstschutzes des Staates beruht. Wer also auf deutschem Boden einen Angriffskrieg eines fremden Staates gegen einen dritten Staat ohne Beteiligung Deutschlands vorbereitet, erfüllt nicht den Tatbestand des § 80, so dass er insoweit – trotz deutscher Strafgewalt gem. §§ 3, 9 – freigesprochen werden müsste. Andererseits unterfällt jeder Täter, unabhängig von seiner Staatsangehörigkeit, dem Tatbestand des § 80, wenn nur Deutschland in irgendeiner Form an dem Angriffskrieg beteiligt sein soll. Erst durch diese **Inlandsberührung** wird also das deutsche Strafverfolgungsinteresse geweckt und die Tathandlung dem inländischen Rechtsgüterschutz unterstellt. 33

Klar ist damit, dass der Schutzbereich des deutschen Strafrechts immer dann eröffnet ist, wenn das inkriminierte Verhalten **inländische Rechtsgüter** verletzt oder gefährdet. Wie wir am Beispiel des § 80 gesehen haben, ist dies eine Frage der **Auslegung** des einschlägigen Straftatbestandes[112] und für jeden Fall gesondert zu prüfen.[113] Es kann sich aus der Umschreibung der tatbestandsmäßigen Handlung ergeben, doch ist zusätzlich auf Sinn und Zweck des Tatbestandes zu rekurrieren.[114] Überwiegend wird dabei zwischen Kollektivrechtsgütern und Individualrechtsgütern unterschieden.[115] 34

I. Kollektivrechtsgüter

Soweit Kollektivrechtsgüter betroffen sind, dient das deutsche Strafrecht i. d. R. allein inländischen Interessen. Der deutsche Staat schützt damit allein *seine* Hoheitsgewalt, *seine* Souveränität und *seine* fiskalischen Interessen. Es wäre eine Einmischung in die inneren Angelegenheiten anderer Staaten (§ 2 Rn. 2f.), wenn sich die deutsche Rechtsordnung dazu berufen fühlte, deren Hoheitsgewalt und Souveränität zu schützen.[116] Deswegen gilt grundsätzlich, dass **staatliche Interessen ausländischer Hoheitsträger** vom Schutzbereich des deutschen Strafrechts nicht erfasst werden;[117] dies auch des- 35

1968, 244f.; *ders.*, NJW 1968, 283 (zu §§ 80ff.); *Obermüller,* S. 44, 69; *S/S/Eser,* Vor §§ 3–9 Rn. 35f.; *Mankowski/Bock,* ZStW 120 (2008), 745ff.; *Ambos,* 2010a, S. 8ff. (Fall 5 Rn. 8f., 23f., 26); *Jeßberger,* S. 112.

[112] Implizit RGSt 14, 124 (128ff.); 19, 192 (195f.); auch *OLG Düsseldorf* NJW 1982, 1242; *Nowakowski,* JZ 1971, 634; *Vogler,* DAR 1982, 75; *Lüttger,* FS Jescheck, Bd. 1, 1985, S. 121; *Obermüller,* S. 71f.; *Oehler,* Rn. 233; LK/*Werle/Jeßberger,* Vor § 3 Rn. 272; *Lackner/Kühl,* Vor §§ 3–7 Rn. 9; *Jescheck/Weigend,* S. 176f.; *Mankowski/Bock,* ZStW 120 (2008), 746; *Ambos,* 2010a, S. 53f. (Fall 5 Rn. 5). Krit. *Golombek,* Rechtsgüter, 2010, S. 108ff., die das Strafanwendungsrecht als die Grundregel ansieht, die durch die Tatbestände als „selbstbegrenzte Sachnormen" lediglich in Einzelfällen beschränkt werden kann.

[113] BGHSt 20, 45 (51f.); 21, 277 (280); *Lüttger,* FS Jescheck, Bd. 1, 1985, S. 128, 132; *Vogler,* DAR 1982, 75; LK/*Werle/Jeßberger,* Vor § 3 Rn. 272.

[114] BGHSt 20, 45 (51); *OLG Düsseldorf* NJW 1982, 1242; LK/*Werle/Jeßberger,* Vor § 3 Rn. 296ff. mit Beispielen.

[115] BGHSt 21, 277 (280); *Mankowski/Bock,* ZStW 120 (2008), 746f.; SSW-StGB/*Satzger,* Vor §§ 3–7 Rn. 8f.; *ders.*, 2013, § 6 Rn. 1; *Ambos* 2010a, S. 53f. (Fall 5 Rn. 5); *Jeßberger,* S. 112ff; krit. *Lüttger,* FS Jescheck, Bd. 1, 1985, S. 145ff.; s. auch die Fallbeispiele bei *Schramm,* JuS 2013, 1094 und *Hecker/Zöller,* S. 3f. (Fall 1); zum ähnlichen Ansatz Dänemarks *Cornils/Greve,* in: Sinn, S. 184f.; für Österreich *Hochmayr,* in: Sinn, S. 348ff.; rvgl *Sinn,* in: Sinn, S. 507f.

[116] SSW-StGB/*Satzger,* Vor §§ 3–7 Rn. 9; *Mankowski/Bock,* ZStW 120 (2008), 746 m.w.N. Vgl. auch *Satzger,* 2013, § 6 Rn. 1.

[117] BGHSt 22, 282 (285); 29, 85 (88f.); *Oehler,* Rn. 233, 778; *ders.*, FS Mezger, 1954, S. 98f.; *Schlüchter,* FS Oehler, 1985, S. 311; *Vogler,* Geburtstagsgabe Grützner, 1970, S. 150f.; LK/*Werle/Jeßberger,* Vor § 3 Rn. 277; *S/S/Eser,* Vor §§ 3–9 Rn. 34; SK/*Hoyer,* Vor § 3 Rn. 34; NK/*Böse,* Vor § 3 Rn. 57; krit.

halb, weil sie in der Regel ganz eng mit den Eigenarten der jeweiligen nationalen Rechtsordnung verbunden sind (z. B. §§ 80ff., 113, 120, 145d, 153ff., 164, 258 StGB, § 370 AO, §§ 106, 108 UrhRG).[118] Dies ergibt sich für die Rechtspflegedelikte etwa daraus, dass der inländische Richter überfordert wäre, wenn er jeweils über die Schutzwürdigkeit der ausländischen Rechtspflege zu befinden hätte (vgl. aber Rn. 36, 38).[119] Inländische Taten gegen ausländischen Staaten unterfallen allerdings dann dem deutschen Strafrecht, wenn dies ausdrücklich gesetzlich angeordnet ist. Dies gilt beispielsweise für die §§ 102ff.[120]

36 Staaten können sich auch **völkervertraglich** darauf einigen, bestimmte inländische Kollektivrechtsgüter einem **transnationalen Schutz** zu unterstellen.[121] So hat Deutschland den Schutzbereich bestimmter *Staatsschutztatbestände* (§§ 93ff., 109d ff., 113ff., 333f.) zugunsten der NATO-Vertragspartner erweitert (gem. Art. 7 des 4. StÄG[122]), freilich nur im räumlichen Geltungsbereich des StGB.[123] Auf EU-Ebene sind zumindest[124] die Tatbestände, die dem Schutz der *finanziellen Interessen* der EU dienen, also insbesondere die Vermögensdelikte, von den Gerichten der Mitgliedstaaten zu eben diesem Schutz anzuwenden (§ 11 Rn. 38).[125] Zudem wurde mit § 162[126] der Schutzbereich der *Rechtspflegedelikte* nunmehr explizit[127] auf Deutschland bindende internationale Gerichte (insbesondere IStGH, IGH, EGMR, EuGH und EuG) erweitert. Zu beachten ist ferner eine mögliche Verletzung von *Individualinteressen* (Rn. 39).

zu den üblichen Argumenten *Lüttger,* FS Jescheck, Bd. 1, 1985, S. 133ff. A. A. *Golombek,* Rechtsgüter, 2010, S. 155, die nur dann eine Anwendung deutschen Strafrechts verneinen will, wenn es sich – wie bei den Staatsschutzdelikten – aus dem Wortlaut der Norm ergibt, dass diese nur inländische Rechtsgüter schützen.

118 In diesem Sinne *Oehler,* JR 1980, 485; *ders.,* Rn. 233, 778f.; krit. *Lüttger,* FS Jescheck, 1985, Bd. 1, 1985, S. 141ff.

119 *Schröder,* JZ 1968, 244; zust. S/S/*Eser,* Vor §§ 3–9 Rn. 39.

120 Vgl. *Lüttger,* FS Jescheck, Bd. 1, 1985, S. 125f., 130f. – Für eine Auslandserstreckung bei §§ 132a Abs. 1 Nr. 1 und 4, 152, 184 Abs. 1 Nr. 9, 264 Abs. 6; *ders.,* a.a.O., S. 168ff. (177). – Ein weiterer Sonderfall ist der weltweite Korruptionsschutz durch § 299 Abs. 3, wodurch seit dessen Einführung im Jahr 2002 auch Handlungen im ausländischen Wettbewerb – bei Vorliegen eines Anknüpfungspunkts i. S. v. §§ 3ff. – in Deutschland bestraft werden (dazu *Rönnau,* JZ 2007, 1084ff., der insb. auf die „tückisch(e)" Teilnehmerstrafbarkeit nach § 9 Abs. 2 S. 2, s. schon o. Rn. 17, auch bei fehlender Strafbarkeit des korruptiven Verhaltens im Ausland hinweist).

121 Vgl. *Ziegenhain,* S. 63f.; S/S/*Eser,* Vor §§ 3–9 Rn. 35; NK/*Böse,* Vor § 3 Rn. 60; auch *Möhrenschlager,* JZ 1980, 165 zum strafrechtlichen Geheimnisschutz.

122 BGBl. II 1961 S. 1190; aktuelle Fassung BGBl. I 1986 S. 2566.

123 Dazu *Langrock,* S. 138ff.

124 Für weitere Beispiele vgl. NK/*Böse,* Vor § 3 Rn. 61.

125 Vgl. *Tiedemann,* NJW 1990, 2227; *Thomas,* NJW 1991, 2234ff.; *Oehler,* FS Baumann, 1992, S. 562ff.; zust. S/S/*Eser,* Vor §§ 3–9 Rn. 39.

126 Eingeführt durch das Gesetz v. 31.10.2008 zur Umsetzung des Rahmenbeschlusses des Rates der Europäischen Union zur Bekämpfung der sexuellen Ausbeutung von Kindern und der Kinderpornographie, BGBl. I 2008 S. 2149.

127 Vor Einführung des § 162 ließ sich für EuGH und EGMR eine entsprechende völkervertragliche Schutzbereichserweiterung der § 153ff. bejahen; § 162 hat soweit lediglich eine klarstellende Funktion, vgl. *Satzger,* 2013, § 6 Rn. 3; *Lüttger,* FS Jescheck, Bd. 1, 1985, S. 165ff. (diff.); *Zieher,* S. 120; LK/*Werle*/*Jeßberger,* Vor §§ 3–7 Rn. 302ff.; S/S/*Eser,* Vor §§ 3–9 Rn. 39.

Lösung Fall 4:

Nach den üblichen strafanwendungsrechtlichen Prinzipien wäre die deutsche Gerichtsbarkeit eröffnet. I hat die Mitteilung der Staatsgeheimnisse an den Agenten aus X auf deutschem Boden begangen, unterfällt also nach dem Territorialprinzip (§§ 3, 9 Abs. 1) der deutschen Strafgewalt. D hat ihm dabei geholfen, auch für dieses Tun gilt das deutsche Strafrecht (§§ 3, 9 Abs. 2). Fraglich ist allerdings, ob das Verhalten zumindest des Haupttäters I überhaupt vom *Schutzbereich* des deutschen Strafrechts erfasst ist, *in concreto* den Tatbestand des § 94 Abs. 1 Nr. 1 erfüllt. Ob § 94 Abs. 1 auch italienische Staatsgeheimnisse vor der Mitteilung an fremde Mächte schützt, ergibt sich nicht aus den §§ 3–7, sondern nur aus der Auslegung des Tatbestands selbst. Man müsste also § 94 im Hinblick darauf auslegen, ob dieser auch italienische Staatsinteressen schützt. Dass dies nicht der Fall ist, ergibt sich schon aus seinem Wortlaut („die Gefahr eines schweren Nachteils für die äußere Sicherheit *der Bundesrepublik Deutschland*").[128] § 94 wäre damit nur dann gegeben, wenn das Handeln von D und I zumindest mittelbar auch die Sicherheit Deutschlands beeinträchtigte. Dafür liegen keine Anhaltspunkte vor. Obwohl I und D auf deutschem Boden gehandelt haben, D sogar deutscher Staatsangehöriger ist, könnten sie insoweit grundsätzlich nicht wegen Landesverrats nach § 94 zur Verantwortung gezogen werden. Hier liegt jedoch eine Besonderheit vor: Deutschland hat den Schutzbereich des § 94 (und anderer Staatsschutztatbestände) zugunsten der NATO-Partner erweitert (Rn. 36). Deswegen kann I auch in Deutschland gem. § 94 Abs. 1 Nr. 1 bestraft werden und D wegen Beihilfe zu dessen Verhalten. 37

II. Individualrechtsgüter

Bei Straftatbeständen, die Individualrechtsgüter schützen, verliert die Unterscheidung von inländischen und ausländischen Rechtsgütern ihren Sinn. Denn hier will das deutsche Strafgesetz nicht die deutsche Hoheitsgewalt schützen, sondern die **Rechtsgüter aller Individuen**. Deshalb sind Individualrechtsgüter wie Leben, Freiheit, Vermögen und Ehre auch unabhängig von der Staatsangehörigkeit des Rechtsgutsträgers oder der Belegenheit des Rechtsguts schutzwürdig.[129] So schützt etwa der Tatbestand des Hausfriedensbruchs (§ 123) mit dem Hausrecht ein Individualrechtsgut und erstreckt sich damit auch auf die Geschäftsräume einer ausländischen Mission oder eines Konsulats.[130] Individualrechtsgüter werden damit aber nicht zu inländischen Rechtsgütern;[131] vielmehr beruht ihr transnationaler Schutz auf dem Gedanken unveräußerlicher persönlicher Rechte, die jedem Menschen unabhängig von seiner Staatsangehörigkeit, Rasse, Religion etc. zustehen **(transnationale Rechtsgüter)**. Deshalb ist jeder Staat nach völkerrechtlichem Fremdenrecht dazu verpflichtet, auch ausländischen Staatsangehörigen einen entsprechenden Mindestschutz zu gewähren.[132] Er muss insbesondere auch schwerste Menschenrechtsverletzungen kodifizieren und verfolgen, wie es im deutschen Recht durch das VStGB geschehen ist. Beim Schutz von Individualrechtsgütern werden also aus tatbestandlicher Sicht In- und Auslandstaten gleichbehandelt. Ob die deutsche Jurisdiktion letztlich besteht, ergibt sich aus den §§ 3–7. 38

---

[128] Vgl. *S/S/Sternberg-Lieben*, § 94 Rn. 13.

[129] BGHSt 20, 45 (51f.); 21, 277 (281); 22, 282 (285); 29, 85 (88); *BayObLG* NJW 1972, 1722; *OLG Düsseldorf* NJW 1982, 1242 (1243); *Schröder*, NJW 1968, 283; *Oehler*, JR 1980, 485; *Schlüchter*, FS Oehler, 1985, S. 311f.; *Lüttger*, FS Jescheck, Bd. 1, 1985, S. 121, 176; *Reschke*, S. 127ff.; *Obermüller*, S. 49ff. (55f., 64); *Ziegenhain*, S. 62; wohl auch *H. Schultz*, SchwJZ 1964, 82; für *Vogler*, Geburtstagsgabe Grützner, 1970, S. 156 wird mit dem Angriff auf Individualrechtsgüter zugleich die Friedensordnung des Rechts erschüttert.

[130] *OLG Köln* NJW 1982, 2740f.; diff. NK/*Böse*, Vor § 3 Rn. 56.

[131] *S/S/Eser*, Vor §§ 3–9 Rn. 33; i. Erg. ebenso NK/*Böse*, Vor § 3 Rn. 56. Anders wohl LK/*Werle/Jeßberger*, Vor § 3 Rn. 274; NK/*Lemke*, 2. Aufl., 2005, Vor §§ 3 bis 7 Rn. 29.

[132] *Verdross/Simma*, §§ 1212f.; *Lüttger*, FS Jescheck, Bd. 1, 1985, S. 147; *Vogler*, NJW 1977, 1867; *Reschke*, S. 89ff., 96ff. (125); *Obermüller*, S. 50ff.; *Ziegenhain*, S. 62; *Jescheck/Weigend*, S. 176.

39 Der betreffende Tatbestand muss **nicht ausschließlich,** sondern **nur zusätzlich** Individualrechtsgüter schützen.[133] Er sollte aber einen eigenständigen Schutzzweck verfolgen und nicht nur bloßer Schutzreflex sein.[134] So kann man etwa bei den **Rechtspflegedelikten** – die vorrangig dem Schutz staatlicher Belange dienen – einen unmittelbaren Individualbezug darin sehen, dass die §§ 153ff. auch die Verfahrensbeteiligten vor einer Falschaussage[135] und § 164 den Einzelnen vor ungerechtfertigter Strafverfolgung[136] schützen. Ähnliches gilt bei den Tatbeständen der Verletzung der Unterhaltspflicht (§ 170),[137] des Landfriedensbruchs (§ 125) sowie Urkunds- und Umweltdelikten.[138]

Lösung Fall 5:

40 Das deutsche Strafrecht wäre gem. § 7 Abs. 2 Nr. 1 (dazu § 3 Rn. 44ff.) anwendbar, wenn § 153 in diesem Fall auch dem Individualrechtsgüterschutz diente. Durch § 153 sollen zumindest auch Individuen vor den nachteiligen Folgen einer Falschaussage geschützt werden. G hat hier ein Zivilverfahren verloren, das er bei richtiger Aussage des D gewonnen hätte. Statt Schadensersatz von F zu erhalten, muss er dessen Schaden ausgleichen. Damit ist G in seinem Individualrechtsgut Vermögen nachteilig betroffen. Auch davor will § 153 schützen; D kann also von einem deutschen Gericht wegen uneidlicher Falschaussage verurteilt werden. Wichtig ist: D wird nicht deshalb vor einem deutschen Gericht abgeurteilt, weil er die belgische Rechtspflege beeinträchtigt hat, sondern weil die negativen Folgen seiner Aussagen ein Individualrechtsgut des G verletzen. Dies wird bei einem Vergleich mit der **Variante** deutlich: Hier ist durch die Falschaussage des D kein individuelles Rechtsgut nachteilig betroffen, weil F ja freigesprochen wird (anders bei einer Verurteilung; hier wäre die Freiheit als individuelles Rechtsgut betroffen). Negativ betroffen ist allein die belgische Rechtspflege. Weil diese aber durch § 153 als Kollektivrechtsgut nicht geschützt ist (sondern nur die deutsche Rechtspflege), kann keine Verurteilung erfolgen. Nichts anderes ergibt sich aus § 258, weil auch dieser nur die inländische Rechtspflege schützt.

41 Für **Verkehrsstraftaten** Deutscher im Ausland gelten die genannten Grundsätze, d. h. sie unterfallen dem deutschen Strafrecht, wenn (auch) dem Individualschutz dienende Tatbestände verwirklicht werden. Das trifft ohne Weiteres auf die §§ 222, 229, 315ff. zu, weil durch diese Tatbestände zumindest auch Individualrechtsgüter (Leben, körperliche Unversehrtheit) geschützt werden; ebenso gilt es für § 316, der ein für Individualrechtsgüter abstrakt gefährliches Verhalten verhindern will, das zudem als auf die materielle Fahruntüchtigkeit abstellende Regel praktisch weltweit sanktioniert ist. Ähnlich kann man bezüglich § 21 StVG argumentieren und auch § 142 schützt mit

[133] BGHSt 20, 45 (51f.); 21, 277 (280f.) für § 1 StVO; *OLG Düsseldorf* NJW 1982, 1242 (1243); *OLG Karlsruhe* NJW 1985, 2905; *OLG Celle* JR 2002, 33f.; *Schlüchter,* FS Oehler, 1985, S. 312ff.; S/S/*Eser,* Vor §§ 3–9 Rn. 33; SK/*Hoyer,* Vor § 3 Rn. 33, 35; *Ziegenhain,* S. 63; SSW-StGB/*Satzger,* Vor §§ 3–7 Rn. 9. NK/*Böse,* Vor § 3 Rn. 56 verlangt hingegen, dass der Tatbestand *vorrangig* dem Schutz eines Individualrechts dient.

[134] LK/*Werle/Jeßberger,* Vor § 3 Rn. 275; i. d. S. auch *Lüttger,* FS Jescheck, Bd. 1, 1985, S. 177 und passim.

[135] *BGH* LM § 3 Nr. 2; zust. *OLG Düsseldorf* NJW 1982, 1242 (1243); *Reschke,* S. 195ff.; *Oehler,* Rn. 234; *Schlüchter,* FS Oehler, 1985, S. 314; *Eser,* FS 50 Jahre BGH, Bd. 4, 2000, S. 10; a. A. *Obermüller,* S. 194, 198, 202ff.; MünchKomm/*Müller,* Vor § 153 Rn. 22.

[136] *BGH* NJW 1952, 1385; zust. *OLG Düsseldorf* NJW 1982, 1242 (1243); *Reschke,* S. 198ff.; *Oehler,* Rn. 240; *Schlüchter,* FS Oehler, 1985, S. 315f.; *Obermüller,* S. 198f.; *Hoyer,* JR 2002, 35; S/S/*Eser,* Vor §§ 3–9 Rn. 33.

[137] Vertiefend *Mankowski/Bock,* ZStW 120 (2008), 745ff.; *Ambos,* 2010a, S. 53ff. (Fall 5 Rn. 8–9, 24, 26).

[138] Vertiefend S/S/*Eser,* Vor §§ 3–9 Rn. 42.

dem privaten Feststellungsinteresse des Geschädigten ein Individualrecht.[139] Für den Geltungsbereich des deutschen Strafrechts gelten auch in diesem Fall die allgemeinen Regeln gemäß §§ 3 ff., wobei sich die deutsche Strafgewalt insbesondere auf das aktive bzw. passive Personalitätsprinzip (§ 7) stützen lässt.[140]

Sonstige Verkehrsverstöße stellen **Ordnungswidrigkeiten** dar und unterliegen als sol- 42
che dem Territorialitätsgrundsatz (§ 5 OWiG). Insoweit setzt sich der Gedanke der nationalen Eigenart von Verkehrsvorschriften durch.[141] Das gilt auch für fahrlässige Zuwiderhandlungen.[142] Eine Zuständigkeit für Auslandstaten könnte sich insoweit nur aus **völkerrechtlichen Vereinbarungen** ergeben. Diese existieren jedoch im Wesentlichen nur in Form bilateraler Abkommen, z. B. mit der Schweiz;[143] das Europäische Übereinkommen über die Bestrafung der Verkehrsdelikte vom 30.11.1964[144] ist noch nicht in Kraft getreten.

Lösung Fall 6:

Es geht um den Tatbestand der Nötigung gem. § 240. Dieser schützt die Freiheit der Willensentschlie- 43
ßung und -betätigung des Einzelnen und damit ein Individualrechtsgut. Deswegen kann D dafür auch in Deutschland belangt werden. Die Anwendbarkeit deutschen Strafrechts ergibt sich aus § 7 Abs. 2 Nr. 1. Anders liegt der Fall des Falschparkens, weil es sich dabei um eine Ordnungswidrigkeit handelt. Eine solche schützt keine Individualrechtsgüter, es gilt insoweit das Territorialitätsprinzip (§ 5 OWiG). Das Falschparken des D in Kopenhagen unterfällt damit nicht deutscher Jurisdiktion.[145]

D. Interlokales Strafrecht

Fall 7 („Mauerschützen"-Fall):[146]

X, Staatsangehöriger der DDR, leistete 1988 seinen Wehrdienst bei den Grenztruppen der Nationalen 44
Volksarmee. Am 6. August des Jahres war seine Einheit damit beauftragt, Grenzanlagen zum Territorium der Bundesrepublik zu reparieren. Als X sich unbeobachtet fühlte, versuchte er, die Grenzanlagen zu überqueren, um in die Bundesrepublik zu gelangen. Dabei wurde er von Hauptmann H gesehen. Dieser feuerte einen Schuss auf ihn ab, um ihn am Überqueren der Grenze zu hindern. Der Schuss traf X tödlich, als er bereits das Staatsgebiet der Bundesrepublik erreicht hatte. Nach der Wiedervereinigung wurde H vor einem bundesdeutschen Gericht wegen Totschlags angeklagt. H ist der Meinung, dass das Strafrecht der DDR anwendbar sei, welches sein Handeln gerechtfertigt habe. → Rn. 50, § 3 Rn. 21

Mit dem **Begriff** „interlokales Strafrecht" wird die Situation beschrieben, in der unter- 45
schiedliche (partikuläre) Strafrechtsordnungen oder -normen innerhalb einer (gesamtstaatlichen) Rechtsordnung existieren. Diese Situation kann überhaupt nur in Staaten auftreten, in denen die Zuständigkeit zur Strafrechtssetzung nicht (nur) zentral in den

[139] Vgl. MünchKomm/*Ambos*, Vor §§ 3–7 Rn. 83 m. w. N.

[140] Vgl. näher S/S/*Eser*, Vor §§ 3–9 Rn. 38.

[141] Vgl. *Oehler*, JZ 1968, 191 ff.; *Reissfelder*, NJW 1964, 637 f.; *Schröder*, NJW 1968, 284.

[142] *BayObLG* NJW 1972, 1722; *Fischer*, StGB, Vor §§ 3 bis 7 Rn. 11; NK/*Lemke*, 2. Aufl., 2005, Vor §§ 3–7 Rn. 35.

[143] Vgl. Art. 6 G. v. 20.8.1975, BGBl. II 1975 S. 1169; II 1976 S. 1818.

[144] ETS No. 52; dazu *Oehler*, JZ 1968, 193; *Vogler*, Geburtstagsgabe Grützner, 1970, S. 152.

[145] Ein anderes taugliches Beispiel findet sich bei *Marxen*, S. 16 f. – Zur effektiven Verfolgung und Ahndung von im europäischen Ausland begangenen Verkehrsverstößen vgl. § 12 Rn. 75.

[146] Vgl. BGHSt 40, 48.

Händen der gesamtstaatlichen Gewalt liegt, sondern auch dezentral durch Bundes- oder Teilstaaten ausgeübt werden kann. Dies ist besonders in echten Bundesstaaten wie den USA oder Mexiko der Fall, wo auf Grund der verfassungsrechtlichen Kompetenzverteilung neben dem Bundesstrafrecht unterschiedliche Länderstrafrechte existieren.

46 **Beispiel („Sniper"-Fall):** In den USA wird den Beschuldigten John Muhammad und Lee Malvo vorgeworfen, als Heckenschützen gemeinschaftlich mehrere Menschen erschossen zu haben. Die Tatorte liegen verteilt in den Staaten Alabama, Georgia, Lousiana, Virginia und District of Columbia. Im District of Columbia gibt es im Gegensatz zu den anderen genannten Staaten keine Todesstrafe. Nur in Virginia konnte der zur Tatzeit 17-jährige Malvo als Erwachsener abgeurteilt werden und damit mit dem Tode bestraft werden. Außerdem wurden zur Zeit der Anklageerhebung in Virginia 64 Prozent der verhängten Todesurteile vollstreckt (höchster Prozentsatz in den USA; zum Vergleich: Missouri 35 Prozent, Texas 31 Prozent), gepaart mit einer statistisch extrem geringen Chance auf Freispruch und einer schnellen Vollstreckung (nach durchschnittlich fünf Jahren Haft, ca. die Hälfte des nationalen Durchschnitts).[147] Deswegen beschloss der ehem. U.S. Attorney General John Ashcroft (Justizminister und damit oberster Strafverfolger), Muhammad und Malvo in Virginia aburteilen zu lassen.[148]

47 In Deutschland spielt das interlokale Strafrecht vor allem[149] eine Rolle im Zusammenhang mit Straftaten, die auf dem Gebiet der **ehem. DDR** begangen wurden. Hier ist zu unterscheiden zwischen Taten, die *vor* dem *Beitritt* der DDR zur Bundesrepublik am 3. Oktober 1990 und solchen, die *danach* begangen wurden. Mit dem Beitritt der DDR wurde diese Teil der Bundesrepublik und damit „Inland" i. S. v. § 3. Demnach gilt für Taten, die nach dem Beitritt begangen wurden, in jedem Fall bundesdeutsches Strafrecht.[150] Bei Taten, die vor dem Beitritt begangen wurden, ist weiter zu differenzieren. Wurden die Taten **vor dem Beitritt abgeurteilt,** war alleine das Strafrecht der DDR anwendbar. Dies ergibt sich jedenfalls aus der Zweistaatenlehre, die spätestens mit der völkerrechtlichen Anerkennung der DDR im „Grundlagenvertrag" von 1972[151] als allgemein anerkannt gelten kann. Dementsprechend gilt bis zum Beitritt das Gebiet der DDR strafrechtlich als Ausland und die Bürger der DDR sind als Ausländer zu behandeln.[152] Es bestand demnach keine Strafgewalt der Bundesrepublik.

48 Etwas anders ist die Situation bei Straftaten, die vor dem Beitritt begangen, aber erst **nach dem Beitritt verfolgt** wurden. Mit dem Beitritt der DDR ist die Hoheitsgewalt für dieses Gebiet auf die Bundesrepublik übergegangen. Dementsprechend besteht in diesem Fall auch eine Strafgewalt der Bundesrepublik. Allerdings kann das bundesdeutsche Strafrecht keine Anwendung finden. Denn zu der Zeit, zu der die Taten begangen wurden, war die DDR noch nicht „Inland" i. S. v. § 3. Es existieren also zwei Rechtssysteme in einem Staat und es handelt sich um einen klassischen Fall des inter-

[147] Mittlerweile sind auch in Virginia die Zahlen für Verhängung und Vollstreckung der Todesstrafe rückläufig, siehe hierzu *AI,* 2014, S. 16.

[148] Vgl. http://edition.cnn.com/2002/US/11/07/sniper.case/index.html?iref=allsearch vom 8.11.2002, zuletzt abgerufen am 1.7.2014.

[149] Zum Sonderfall eines unterschiedlichen Umweltstrafrechts aufgrund dessen Verwaltungsrechtsakzessorietät u. unterschiedlicher Umweltrechtspflichten des Landesrechts *Heger,* S. 249.

[150] Etwas anderes galt nach Art. 9 des Einigungsvertrages (BGBl. II 1990 S. 885 (889)) für bestimmte Delikte (z. B. Schwangerschaftsabbruch; Nachweise bei S/S/*Eser,* 27. Aufl., 2006, Vor §§ 3–7 Rn. 74ff.; *Fischer,* StGB, Vor §§ 3 bis 7 Rn. 32ff.), für die die Fortgeltung von DDR-Recht vorgesehen war. Für den Schwangerschaftsabbruch gilt seit dem 21.8.1995 eine einheitliche Regelung; zu den übrigen Delikten vgl. S/S, 27. Aufl., 2006, Anhang, S. 2826ff.

[151] BGBl. II 1973 S. 421.

[152] Zu anderen Auffassungen vgl. *Krey,* Strafanwendungsrecht, 1969, S. 7f., krit. S. 42ff.

lokalen Strafrechts. Solche Fälle wird es aber in absehbarer Zeit nicht mehr geben, weil die vor dem Beitritt begangenen „Alttaten" spätestens – abgesehen von Völkermord und Mord (§ 78 Abs. 2) – am 3.10.2020 verjährt sein werden.[153]

Nach den Regeln des interlokalen Strafrechts gilt grundsätzlich das **Recht des Tatorts** 49
(lex loci), das von jedem zuständigen Gericht des Gesamtstaates anzuwenden ist.[154] Für diese Fälle gibt es in Deutschland eine spezielle Regelung in Art. 315 Abs. 1 EGStGB i.V. m. § 2 Abs. 1 StGB. Danach ist das Recht der DDR anzuwenden, es sei denn, das Strafrecht der Bundesrepublik ist milder (§ 2 Abs. 3).

Lösung Fall 7:

Die Tat des H fand 1988 und damit vor dem Beitritt der DDR zur Bundesrepublik statt. Verfolgt wurde 50
die Tat erst nach der Wiedervereinigung, es handelt sich um einen Fall des interlokalen Strafrechts. Gemäß Art. 315 Abs. 1 S. 1 EGStGB (i. V. m. § 2 Abs. 1 StGB) gilt für diese Fälle das Strafrecht der DDR. Die Anwendbarkeit des Rechtfertigungsgrundes des DDR-GrenzG ist umstritten (Rn. 12, § 10 Rn. 89f.).[155] Unterstellt man eine Rechtfertigung des H nach DDR-Recht, würde nach den Grundsätzen des interlokalen Strafrechts eine Verurteilung des H durch ein gesamtdeutsches Gericht ausscheiden. Das gilt gem. Art. 315 Abs. 4 EGStGB jedoch nur dann, wenn die Tat nicht auch vorher schon nach dem Strafrecht der BRD hätte abgeurteilt werden können. Hier stellt sich insbesondere die Frage, ob die Tat nicht zumindest auch auf dem Staatsgebiet der BRD begangen wurde, so dass sie nach § 3 von vornherein der bundesdeutschen Strafgewalt unterfiel, vgl. hierzu die Fortsetzung der Falllösung bei § 3 Rn. 21.

[153] Zur Verfolgungsverjährung bei „Systemunrecht" vgl. *Arnold/Kreicker,* NJ 2001, 225ff.

[154] Vgl. zu den Anwendungsregeln des interlokalen Strafrechts MünchKomm/*Ambos,* Vor §§ 3–7 Rn. 89ff.

[155] Gegen eine Rechtfertigung st. Rspr. seit BGHSt 39, 1 (8ff.); vgl. zum Meinungsstand *Ambos,* JA 1997, 983.

§ 2. Die völkerrechtlichen Grundlagen nationaler Strafgewalt

Neuere Literatur: *Garrod,* The Protective Principle of Jurisdiction over War Crimes and the Hollow Concept of Universality, ICLR 12 (2012), 763; *Gropp,* Kollision nationaler Strafgewalten – Nulla prosecutio transnationalis sine lege, in: Sinn, S. 41; *O'Keefe,* Domestic Courts as Agents of Development of the International Law of Jurisdiction, LJIL 26 (2013), 541; *Merkel,* Legitimation der Weltrechtspflege, in: Jeßberger/Geneuss, S. 45. – Für **ältere Literatur** s. Vorauflagen.

Fall 8 („Lotus"):[1]

1 Am 2.8.1926, kurz vor Mitternacht, kollidierte in internationalen Gewässern im Mittelmeer das französische Postschiff „Lotus" mit dem türkischen Kohlefrachter „Boz Kourt". Ursache für den Zusammenstoß war ein Navigationsfehler des D, wachhabender Offizier der „Lotus". Während die „Lotus" relativ unbeschädigt blieb, zerbarst die „Boz Kourt" in zwei Teile und sank. Acht türkische Besatzungsmitglieder fanden den Tod, zehn wurden gerettet und an Bord der „Lotus" genommen. Diese setzte anschließend ihre Fahrt nach Istanbul fort. Dort angekommen, wurde D festgenommen und zu 80 Tagen Haft und einer Geldstrafe verurteilt. Die französische Regierung war der Ansicht, die Verurteilung von D durch ein türkisches Gericht sei völkerrechtswidrig gewesen. Hatte die Türkei tatsächlich die Strafgewalt über D? → Rn. 10

A. Völkerrechtlicher Nichteinmischungsgrundsatz

2 Nachdem *Binding* noch 1885 den Umfang der nationalen Strafgewalt in die souveräne Entscheidung des einzelnen Nationalstaates gestellt hatte,[2] besteht heute Einigkeit darüber, dass eine unbegrenzte Ausdehnung der nationalen Strafgewalt völkerrechtlich unzulässig ist. Dies folgt schon aus der – unserem **Fall 8** zugrundeliegenden – ***Lotus*-Entscheidung** des *StIGH* aus dem Jahre 1927, wenn sie auch wegen durchaus widersprüchlicher Passagen häufig zur Stützung der gegenteiligen Ansicht angeführt wird. Im *Lotus*-Fall wird zunächst der **Nichteinmischungsgrundsatz** anerkannt:

„Die erste und wichtigste Einschränkung nun, die das internationale Recht dem Staat auferlegt, ist der Ausschluss *seiner* Macht auf dem Gebiet eines *anderen Staates,* sofern nicht eine Regel besteht, die dies erlaubt."[3]

Dementsprechend geht der *StIGH* auch von einer grundsätzlich **territorial begrenzten Strafgewalt** aus, die nur innerhalb der Grenzen des Völkerrechts überschritten werden darf:[4]

„In diesem Sinne ist die Gerichtsbarkeit sicherlich eine räumliche; sie könnte nicht außerhalb des Gebietes ausgeübt werden, wenn nicht auf Grund einer Regel des internationalen Gewohnheitsrechts oder einer Vereinbarung, die es gestattet … Unter diesen Umständen kann man von einem Staat nur verlangen, dass er die Grenzen nicht überschreitet, die das internationale Recht seiner Zuständigkeit zieht; innerhalb dieser Grenzen findet sich die Grundlage für die Ausübung der Gerichtsbarkeit in seiner Souveränität."[5]

3 Der Nichteinmischungsgrundsatz ist heute in Art. 2 Abs. 1 UNS anerkannt; diese Vorschrift normiert den Grundsatz der souveränen **Gleichheit der Staaten.** Dieser gilt so-

[1] *PICJ,* France v. Turkey, Judg. 7.9.1927 (*PCIJ* Série A No. 9 = StIGHE 5, 71); dazu *Becker,* in: Menzel/Pierlings/Hoffmann, S. 291 ff.; *Gaeta,* in: Cassese et al., 2005, S. 503 ff.; *David,* 2009, Rn. 3.1.2. ff.; *Jeßberger,* S. 198 ff.

[2] *Binding,* Handbuch des Strafrechts I, 1885, S. 374.

[3] *PICJ,* France v. Turkey, Judg. 7.9.1927 (StIGHE 5, 71, 90). Hervorhebung K. A.

[4] Vgl. auch *Garrod,* ICLR 12 (2012), 769 f. m.w.N.

[5] *PICJ,* France v. Turkey, Judg. 7.9.1927 (StIGHE 5, 71, 90 f.).

wohl vertikal im Verhältnis der UNO zu den Staaten (Art. 2 Abs. 7 UNS) als auch – in abgeschwächter Form[6] – horizontal im zwischenstaatlichen Verkehr.[7] Die Anmaßung nationaler Strafgewalt über extraterritoriale Sachverhalte kann eine Einmischung in die inneren Angelegenheiten des Hoheitsstaates darstellen, denn sie bestreitet dessen ausschließliche Zuständigkeit zur Ausübung von Strafgewalt auf seinem eigenen Hoheitsgebiet und zwingt ihn, die „fremde" Ausübung von Strafgewalt zu dulden; der fremde Staat übt insoweit *eigene* „Verbotsgewalt" in *fremdem* Territorium aus.[8] Dies kann zugleich eine völkerrechtswidrige **Intervention** darstellen, wenn man darin eine ausreichende Zwangswirkung bzw. Eingriffsintensität erblickt.

Der darin liegende **Souveränitätskonflikt** birgt erheblichen Konfliktstoff, denn was für den einen Staat die souveräne Ausübung seines Strafrechts ist, stellt sich für den anderen als Einmischung in seine inneren Angelegenheiten dar.[9] Weil es eine der Aufgaben des Völkerrechts ist, solche Konflikte zu verhindern, stellt der Nichteinmischungsgrundsatz die völkerrechtliche Grenze staatlicher Strafgewalt dar. Das ist auch in zahlreichen völkerrechtlichen Abkommen[10] anerkannt.[11] Die Annahme einer *Kompetenz-Kompetenz der Staaten,* kraft derer sie ihre eigene Kompetenz erweitern könnten,[12] ist mit dieser Rechtslage unvereinbar, denn sie impliziert eine Unterordnung des Völkerrechts unter das nationale Recht. Diese Ansicht verkennt, dass mit der Anerkennung der Gleichheit der Staaten die aus der Überschneidung staatlicher Hoheitsbereiche entstehenden Konflikte nur durch eine supra- oder transnationale Rechtsordnung gelöst werden können, wenn sich nicht das Recht des Stärkeren, *scil.* des mächtigeren Nationalstaates, durchsetzen soll. Auszugehen ist also von einer **Kompetenz-Kompetenz des Völkerrechts.**[13] 4

Über die allgemeine Grenze des Nichteinmischungsgrundsatzes hinaus enthält das Völkerrecht allerdings keine konkreten Regeln zur Bestimmung der Grenzen nationaler Strafgewalt. Das ändert zwar nichts an der Beachtlichkeit des Nichteinmischungsgrundsatzes und zwar nach deutschem Recht schon deshalb, weil er als allgemeine Regel des Völkerrechts i. S. v. Art. 25 GG den einfachen Gesetzen vorgeht;[14] doch muss zur Klärung der Vereinbarkeit extraterritorialer Strafgewaltserstreckung mit dem Nichteinmischungsgrundsatz eine **zweistufige Prüfung** vorgenommen werden.[15] 5

---

[6] Das zwischenstaatliche Interventionsverbot schützt nur vor einer Einmischung unter Androhung oder Anwendung von Zwang (*Fischer,* in: Ipsen, 5. Aufl., 2004, § 59 Rn. 50; *Heintschel von Heinegg,* in: Ipsen, § 51 Rn. 48), während Art. 2 Abs. 7 UNS Staaten vor jeglicher Einmischung der UN in Angelegenheiten der *domaine reservé* schützt (*Fischer,* in: Ipsen, 5. Aufl., 2004, § 59 Rn. 65).

[7] Diff. *Ziegenhain,* S. 33 f.; s. auch *Behrendt,* S. 42.

[8] Vgl. auch *Merkel,* in: Jeßberger/Geneuss, S. 47.

[9] Vgl. *Jennings/Watts,* S. 457.

[10] Vgl. etwa die „UN-Konvention gegen das internationale organisierte Verbrechen" (UN-OK-Konvention) v. 3.11.2000 (UN-Dok. A/55/383/Add. 1), die das (passive und aktive) Personalitätsprinzip unter den Vorbehalt der Nichteinmischung stellt (Art. 15 Abs. 2 i. V. m. 4).

[11] Aus deutscher Sicht: BVerfGE 63, 343 (369); 77, 137 (153); 92, 277 (320 f.); *BVerfG* EuGRZ, 76 (81); BGHSt 27, 30 (32); 34, 334 (336); BGHR § 6 Nr. 1 Völkermord 1; *BGH* NStZ 1994, 232 (233); NStZ 1999, 236; JR 1977, 422 (423); *BayObLG* NJW 1998, 393. S. auch *Behrendt,* S. 41 ff.

[12] So etwa S/S/*Eser,* Vor §§ 3–9 Rn. 27; vgl. auch *Walter,* JuS 2006, 870 f.; SSW-StGB/*Satzger,* Vor §§ 3–7 Rn. 4; *Satzger,* 2013, § 4 Rn. 2; *Zöller,* FS Krey, 2010, S. 505, die aber das Völkerrecht ausdrücklich als Schranke der staatlichen Kompetenz-Kompetenz ansehen.

[13] Vgl. schon *Jescheck,* IRuD 1956, 83; *Rosswog,* S. 36 f.; i. Erg. auch *Grant,* in: Kolb, S. 448, 455. Krit. S/S/*Eser,* Vor §§ 3–9 Rn. 27; NK/*Böse,* Vor § 3 Rn. 13.

[14] BGHSt 27, 30 (31 f.); vgl. auch *Holthausen,* NJW 1992, 214.

[15] S. auch *Gropp,* in: Sinn, S. 44.

Stufe 1: Hinreichender Anknüpfungspunkt?

I. Grundsatz

Territorialitätsprinzip
(einschließlich Auswirkungsgrundsatz)

II. Ausnahmen

Durchbrechungen des Territorialitätsprinzips
1. Flaggenprinzip
2. Aktiver Personalitätsgrundsatz
3. Schutzgrundsatz
   a) Realprinzip
   b) Passives Personalitätsprinzip
4. Weltrechtsprinzip (WRP)
5. Grundsatz der stellvertretenden Strafrechtspflege

Stufe 2: Entgegenstehendes völkerrechtliches Verbot?

I. Allgemeines Willkür- und Rechtsmissbrauchsverbot
II. Wenn mehrere Staaten einen hinreichenden Anknüpfungspunkt für ihre Strafgewalt geltend machen (positiver Kompetenzkonflikt):
1. Abstrakte Rangfolge der Anknüpfungspunkte
2. Konkrete Abwägung der betroffenen Staaten- und Souveränitätsinteressen i.S.d. völkerrechtlichen Optimierungsgebots

Schaubild 2: Völkerrechtliche Legitimation nationaler Strafgewalt

B. Legitimierender völkerrechtlicher Anknüpfungspunkt

6 Auf einer **ersten Stufe** ist festzustellen, ob der betreffende Sachverhalt eine besondere Nähebeziehung oder einen ausreichenden Kontakt zu dem Staat aufweist, der die Strafgewalt beansprucht, ob also insoweit ein **hinreichenderAnknüpfungspunkt** besteht. Der IGH hat im Hinblick auf die zur Ausübung diplomatischen Schutzes erforderliche Nähebeziehung zwischen einem Staat und einer natürlichen Person einen *„real link"* bzw. eine *„genuine connection"* verlangt;[16] die deutsche Rspr. spricht seit jeher von einem „sinnvollen" oder „legitimierenden" Anknüpfungspunkt.[17] Fehlt es daran, ist der Nichteinmischungsgrundsatz verletzt.

7 Als legitimierende Anknüpfungspunkte gelten die **völkerrechtlichen Prinzipien des internationalen Strafrechts,** nämlich das *Territorialprinzip* und *Flaggenprinzip,* das aktive und passive *Personalitätsprinzip* sowie das *Realprinzip.* Der Grundsatz der *stellvertretenden Strafrechtspflege* und das *Weltrechtsprinzip* (WRP) verzichten dagegen auf einen legitimierenden Anknüpfungspunkt. Im ersten Fall übt ein Staat seine Strafgerichtsbarkeit stellvertretend für einen anderen Staat, d. h. notwendigerweise mit dessen Einverständnis, aus. Eine unrechtmäßige Einmischung in die inneren Angelegenheiten dieses Staates scheidet damit aus. Beim WRP geht es um den Schutz von Rechtsgütern, die so überragend sind, dass kein Staat darüber ausschließliche nationale Souveränität beanspruchen kann. Folglich kann auch die Souveränität (des Territorialstaats) nicht verletzt werden, ein legitimierender Anknüpfungspunkt ist überflüssig.

[16] *ICJ,* Liechtenstein v. Guatemala, Judg. 6.4.1955 (Fall „Nottebohm"), ICJ Reports 1955, 3, 4, 23; vgl. auch *ICJ,* Belgium v. Spain, Judg. 5.2.1970 (Barcelona Traction), ICJ Reports 1970, 1, 42: relativer „test of genuine connection" auch bezüglich juristischer Personen; vgl. auch Art. 5 Genfer Übereinkommen über die Hohe See von 1958 (BGBl. II 1972 S. 1089; II 1975 S. 843); Art. 91 Abs. 1 S. 3 SRÜ.

[17] BVerfGE 63, 343 (369); 77, 137 (153); 92, 277 (320f.); *BVerfG* EuGRZ 2001, 76; BGHSt 27, 30 (32); 34, 334 (336); 45, 60 (65); vgl. aber bezüglich § 6 Nr. 9 BGHSt 45, 292 (306f.); auch *Werle,* 2012, Rn. 214; ausf. zur Bedeutung der nationalen Gerichtspraxis für die Entstehung bzw. Entwicklung international anerkannter Zuständigkeitsregeln *O'Keefe,* LJIL 26 (2013), 541.

Alle diese Grundsätze werden sogleich (§§ 3, 4) aus völker- und deutschrechtlicher Sicht näher dargestellt.

C. Konfliktlösung durch Abwägung der betroffenen Interessen

Nur wenn ein legitimierender Anknüpfungspunkt vorliegt, spricht eine Vermutung 8 für die Völkerrechtsmäßigkeit der Strafgewalterstreckung und es ist auf einer **zweiten Stufe** zu prüfen, ob der durch den abstrakten Anknüpfungspunkt legitimierten Strafgewalterstreckung im konkreten Fall ein **ausdrückliches völkerrechtliches Verbot** entgegensteht. Als allgemeine Grundsätze kommen insoweit nur das allgemeine **Willkür- und das Rechtsmissbrauchsverbot** in Betracht,[18] eine spezifischere völkerrechtliche Verbotsnorm dürfte kaum zu finden sein. In der Sache findet auf dieser zweiten Stufe eine materiell-völkerrechtliche Prüfung dahingehend statt, ob der abstrakt-generelle Anknüpfungspunkt auch die konkrete Hoheitsausübung legitimiert, ob er sich also im Hinblick auf die auf ihm beruhende Strafgewaltserstreckung tatsächlich als **sinnvoll** („reasonable“[19]) darstellt. Dabei gilt allgemein der als staatliche Verhaltensregel von Richter *Fitzmaurice* im *Barcelona Traction*-Fall formulierte Grundsatz der Mäßigung und Beschränkung bei Ausübung extraterritorialer Strafgewalt.[20]

In concreto ist eine **Abwägung der betroffenen Staaten- und Souveränitätsinteressen** erforderlich, welche im Sinne eines dem verfassungsrechtlichen Grundsatz der praktischen Konkordanz ähnlichen **völkerrechtlichen Optimierungsgebots** aufzulösen ist: Jeder Staat darf seine Strafgewalt soweit als möglich, aber im Verhältnis zu anderen Staaten nur soweit als nötig ausdehnen, um deren Interessen nicht ungebührlich zu verletzen.[21] Eine ungebührliche Verletzung liegt vor, wenn das Interesse des in seiner Souveränität verletzten Staates das Interesse des extraterritoriale Strafgewalt beanspruchenden Staates überwiegt, wenn also die Strafgewaltsausdehnung eine unzulässige Einmischung in die inneren Angelegenheiten des betroffenen Staates darstellt. Die durch diese Abwägung mögliche Auflösung von Jurisdiktions- oder Kompetenzkonflikten wird unten (§ 4) näher behandelt. 9

Lösung Fall 8:

Die Problematik des Falles besteht darin, dass die Strafgewalt grundsätzlich *beiden Staaten* zusteht und damit ihrer beider Souveränität berührt ist: *Frankreich* kann seine Strafgewalt auf das *Flaggenprinzip* stützen, wonach die Strafgewalt dem Flaggenstaat zusteht (d. h. dem Staat, dessen *Flagge* das Schiff führt, vgl. § 3 Rn. 25ff.), weil D auf der französischen „Lotus“ *gehandelt* hat. Zudem kann sich Frankreich auf das *aktive Personalitätsprinzip* (vgl. § 3 Rn. 37ff.) berufen, weil der Täter D französischer Staatsangehöriger war. Die *türkische* Hoheitsgewalt ergibt sich zunächst aus dem *Flaggenprinzip* i.V. m. dem *Auswirkungsgrundsatz* (vgl. § 3 Rn. 6), weil der *Erfolg* (Tod und Körperverletzung türkischer Besatzungsmitglieder) auf der türkischen „Boz Kourt“ eingetreten ist. Außerdem greift das *passive Personalitätsprinzip* (vgl. § 3 Rn. 70ff.) wegen der türkischen Staatsangehörigkeit der Opfer ein. Damit besteht ein (positiver) Kompetenz-Konflikt zwischen der Türkei und Frankreich, keiner der betroffe- 10

[18] Zum Willkürverbot vgl. *Wendt,* S. 98f.; *Martin,* Umweltbeeinträchtigungen, 1989, S. 142; *Henrich,* S. 186ff. Zum Rechtsmissbrauchsverbot vgl. schon *Dahm,* S. 38f.; *Rosswog,* S. 158ff.; *Zieher,* S. 67f.; abl. *Pappas,* S. 89.

[19] Vgl. *Oxman,* EPIL III, 1997, 56.

[20] *Fitzmaurice,* ICJ, Belgium v. Spain, Judg. 5.2.1970 (Barcelona Traction), ICJ Reports 1970, 1, 105; ebenso *Council of Europe,* S. 21.

[21] Vgl. eingehend *Ziegenhain,* S. 36ff.

nen Staaten kann seine Strafgewalt begründen, ohne in die Strafgewalt und damit Souveränität des anderen Staates einzugreifen. Der StIGH hat die Völkerrechtskonformität der Verurteilung von D seitens der Türkei bejaht, weil die Türkei auf einen legitimierenden Anknüpfungspunkt verweisen konnte.[22] Der Inanspruchnahme der Strafgewalt seitens der Türkei stehen keine Hinweise auf Willkür oder Rechtsmissbrauch entgegen. Nach heutiger Rechtslage wäre der Fall allerdings anders zu entscheiden: Gemäß Art. 97 Abs. 1 SRÜ besteht bei Zusammenstößen auf hoher See hinsichtlich der Verantwortlichkeit des Kapitäns oder anderer Seeleute eine ausschließliche Zuständigkeit des Flaggenstaats und des Staates, dessen Staatsangehörigkeit die betreffende Person besitzt. Die Handlung des D erfolgte auf der „Lotus", die unter französischer Flagge fuhr. Damit bestünde eine ausschließliche Zuständigkeit Frankreichs.

[22] *PICJ*, France v. Turkey, Judg. 7.9.1927, StIGHE 5, 71, 104f.

§ 3. Die legitimierenden Anknüpfungspunkte im Einzelnen

Neuere Literatur: *Ambos,* Einstellungsverfügung GBA vom 20.6.2013 zum Drohneneinsatz in Mir Ali/Pakistan am 4.10.2010 u. Tötung des dt. Staatsangehörigen B.E. – Anmerkungen zur „offenen Version" vom 23.7.2013, NStZ 2013, 634; *ders./Timmermann,* Neue transnationale Verbrechen für das VStGB?, in: Safferling/Kirsch, S. 305; *Aspremont,* Multilateral versus Unilateral Exercises of Universal Criminal Jurisdiction, IsLR 43 (2010), 301; *Baumgartner,* Die Verfolgung von Völkerstraftaten in der Schweiz, in: Safferling/Kirsch, S. 399; *Beck,* Das VStGB in der praktischen Anwendung – ein Kommentar zum Beitrag von Rainer Keller, in: Jeßberger/Geneuss, S. 161; *Böse,* Das VStGB und der Gedanke „antizipierter Rechtshilfe", in: Jeßberger/Geneuss, S. 167; *ders.*, Die Ermittlung der „besten" Strafgewalt im Spannungsfeld von Strafanwendungsrecht und internationaler Zuständigkeit, FS Wolter, 2013, S. 1311; *ders./Meyer,* Die Beschränkung nationaler Strafgewalten als Möglichkeit zur Vermeidung von Jurisdiktionskonflikten in der EU, ZIS 2011, 336; *ders./Meyer/Schneider,* Comparative Analysis, in: Böse/Meyer/Schneider, S. 411; *Brandt,* Verfahren der Seepiraterie in Deutschland – Rechtlicher Rahmen und Umsetzung in der Praxis, in: Safferling/Kirsch, S. 279; *Cameron,* International Criminal Law From a Swedish Perspective, 2011; *Carnero Rojo,* National Legislation Providing for the Prosecution and Punishment of International Crimes in Spain, JICJ 9 (2011), 699; *Chatzinikolaou et al.*, Country Report „Greece", in: Böse/Meyer/Schneider, S. 187; *Chehtman,* The Philosophical Foundations of Extraterritorial Punishment, 2010; *Einarsen,* The Concept of Universal Crimes in International Law, 2012; *Eisele/Majer,* Strafbarkeit der Zwangsheirat nach § 237 StGB im Lichte des Internationalen Straf- und Privatrechts, NStZ 2011, 546; *Ferstman/Schurr,* The Practice and Politics of Universal Jurisdiction Cases Relating to Crimes Committed in Africa, in: Letschert et al., Victimological Approaches to International Crimes: Africa, 2011, 439; *Frände/Helenius,* Country Report „Finland", in: Böse/Meyer/Schneider, S. 63; *Gardner,* Piracy Prosecutions in National Courts, JICJ 10 (2012), 797; *Garrod,* The Protective Principle of Jurisdiction over War Crimes and the Hollow Concept of Universality, ICLR 12 (2012), 763; *Geneuss,* Völkerrechtsverbrechen und Verfolgungsermessen, 2013; *Gropp,* Kollision nationaler Strafgewalten – Nulla prosecutio transnationalis sine lege, in: Sinn, S. 41; *Groß-Bölting,* Jenseits von Afrika – Ein Praxisbericht über das erste VStGB-Verfahren in Deutschland, in: Strafverteidigervereinigungen, Alternativen zur Freiheitsstrafe, 2013, S. 143; *Hall,* The Role of Universal Jurisdiction in the International Criminal Court Complementarity System, in: Bergsmo, S. 201; *Hansen,* Zwischenbericht zur Verfahrensbeobachtung im Strafverfahren gegen Onesphore R. vor dem OLG Frankfurt, in: Safferling/Kirsch, S. 433; *Heinecke,* Piraten-Recht?, in: Strafverteidigervereinigungen, Alternativen zur Freiheitsstrafe, 2013, S. 151; *Henn,* Der Fall „Kunduz": Amtshaftung am Scheideweg?, HuV-I 2013, 83; *Hirst,* Country Report „England and Wales", in: Böse/Meyer/Schneider, S. 27; *Hoven,* Der Tatbestand der Aggression – Wege zur Implementierung der Ergebnisse von Kampala in das VStGB, in: Safferling/Kirsch, S. 339; *Jeßberger/Kaleck/Schueller,* Concurring Criminal Jurisdictions under International Law, in: Bergsmo, S. 233; *Kaleck,* Strafverfolgung nach dem VStGB: Ein kurzer Blick in die Zukunft – ein Kommentar zum Beitrag von Martin Böse, in: Jeßberger/Geneuss, S. 177; *ders.,* Universelle Strafjustiz?, A-PuZ 25/26 (2013), 37; *Keller,* Das VStGB in der praktischen Anwendung: Eine kritische Bestandsaufnahme, in: Jeßberger/Geneuss, S. 141; *Klip,* Zehn Jahre VStGB – Mitfeiern aus europäischer Perspektive, in: Jeßberger/Geneuss, S. 241; *Kolb/Neumann/Salomon,* Die Entführung deutscher Seeschiffe: Flaggenrecht, Strafanwendungsrecht und diplomatischer Schutz, ZaöRV 71 (2011), 191; *Kourula,* Universal Jurisdiction for Core International Crimes, in: Bergsmo/Ling, S. 129; *Kroker,* Universal Jurisdiction in Germany. The Trial of Onesphore R. Before the Higher Regional Court of Frankfurt, GYIL 54 (2011), 671; *Ladiges,* Festnahme und Strafverfolgung von Piraten, NZWehrr 2012, 56; *ders.,* Der strafprozessuale Gerichtsstand bei besonderen Auslandsverwendungen, NZWehrr 2013, 66; *Lafontaine,* Universal Jurisdiction – the Realistic Utopia, JICJ 10 (2012), 1277; *Langer,* The Diplomacy of Universal Jurisdiction: The Political Branches and the Transnational Prosecution of International Crimes, AJIL 105 (2011), 1; *ders.,* Das VStGB und die Prinzipien der Beteiligung und Rechenschaft gegenüber der internationalen Gemeinschaft, in: Jeßberger/Geneuss, S. 253; *ders.*, Universal Jurisdiction as Janus-Faced – The Dual Nature of the German International Criminal Code, JICJ 11 (2013), 737; *Laursen,* A Danish Paradox? A Brief Review of the Status of International Crimes in Danish Law, JICJ 10 (2012), 997; *Lelieur,* Country Report „France", in: Böse/Meyer/Schneider, S. 107; *Ma,* The Connotation of Universal Jurisdiction and its Application in the Criminal Law of China, in: Bergsmo/Ling, S. 149; *Marauhn/Simon,* Die völkerrechtlichen Voraussetzungen der Strafgewalt in internationalen Fallgestaltungen, in: Sinn, S. 21; *Merkel,* Legitimation der Weltrechtspflege, in: Jeßberger/Geneuss, S. 45; *Meyer,* Country Report „Germany", in: Böse/Meyer/Schneider, S. 141; *O'Keefe,* Domestic Courts as Agents of Development of the International Law of Jurisdiction, LJIL 26 (2013), 541; *Oeter,* Das Verbrechen der Aggression, die Konferenz von Kampala und das deutsche Strafrecht, in: Jeßberger/Geneuss, S. 101; *Pocar/Maystre,* The Principle of Complementarity: a Means Towards a More Pragmatic Enforcement of the Goal Pursued by Universal Jurisdiction, in: Bergsmo, S. 247; *Ratner,* Litigating Universal Jurisdiction – ein Bericht aus der Praxis, in: Jeßberger/Geneuss, S. 209; *Richter,* Tödliche militärische Gewalt und strafrechtliche Verantwortung, HRRS 2011, 28; *Rikhof,* Fewer Places to Hide? The Impact of Domestic War Crimes Prosecutions on International Impunity, in: Bergsmo, S. 7; *Ritscher,* Die Ermittlungstätigkeit des GBA zum Völkerstrafrecht: Herausforderungen und Chancen, in: Safferling/Kirsch, S. 223; *Ryngaert,* Complementarity in Universality Cases: Legal-Systemic and Legal Policy Considerations, in: Bergsmo, S. 165; *Schäfer,* Die Rechtsprechung des BGH zum Völkerstrafrecht, in: Safferling/Kirsch, S. 237; *Schneider,* Der transnationale Geltungsbereich des deutschen Verbandsstrafrechts – de lege lata und de lege ferenda, ZIS 2013, 488; *Schramm,* Semesterabschlussklausur – Strafrecht: Internationales Strafrecht, JuS 2013, 1093; *Schroeder,* Strafverfolgung bei Nichtauslieferung, FS Geppert, 2011, S. 646; *Sinn,* Das Strafanwendungsrecht als Schlüssel zur Lösung von Jurisdiktionskonflikten? Rechtsvergleichende Betrachtungen, in: Sinn, S. 501; *van Steenberghe,* The Obligation to Extradite or Prosecute: Clarifying its Nature, JICJ 9 (2011), 1089; *Stephen,* International Criminal Law. Wielding the Sword of Universal Criminal Justice?, ICLQ 61 (2012), 55; *Stigen,* The Relationship between the Principle of Complementarity and the Exercise of Universal Jurisdiction for Core International Crimes, in: Bergsmo, S. 133; *Švedas,* Country Report „Lithuania", in: Böse/Meyer/Schneider, S. 295; *de Vabres,* The System of Universal Jurisdiction – Historical Origins and Contemporary Forms, JICJ 9 (2011), 905; *Valerius,* Internationaler Terrorismus und nationales Strafanwendungsrecht – Zugleich Besprechung von BGH, Beschl. v. 15.12.2009, GA 2011, 696; *Weißer,* Das Prinzip der Weltrechtspflege in Theorie und Praxis, GA 2012, 416; *dies.*, Weltrechtspflege im Schnittfeld von materiellem und prozessualem Recht, in: Jeßberger/Geneuss, S. 65; *van der Wilt,* Universal Jurisdiction under Attack: An Assessment of African Misgivings towards International Criminal Justice as Administered by Western States, JICJ 9 (2011), 1043; *von Wistinghausen,* VStGB und Strafverfahren: Beweisaufnahme und Angeklagtenrechte, in: Safferling/Kirsch, S. 199; *Wolswijk,* Country Report „the Netherlands", in: Böse/Meyer/Schneider, S. 329; *Wörner,* Einseitiges Strafanwendungsrecht und entgrenztes Internet?, ZIS 2012, 458; *Wörner/Wörner,* Deutschland, in: Sinn, S. 203; *Yee,* Universal Jurisdiction: Concept, Logic, and Reality, Chinese JIL 10 (2011), 503; *Zhou,* Brief Analysis of a Few Controversial Issues in Contemporary International Criminal Law, in: Bergsmo/Ling, S. 21; *Zhu,* Universal Jurisdiction Before the United Nations General Assembly: Seeking Common Understanding under International Law, in: Bergsmo/Ling, S. 191. – Für **ältere Literatur** s. Vorauflagen.

1 Die **dogmatische Einordnung** der völkerrechtlichen Anknüpfungspunkte ist umstritten. Sie sind als „Wegweiser",[1] „typische Regelbeispiele"[2] und „Abwägungshilfe"[3] bezeichnet worden. Üblicherweise werden sie auch den – in den §§ 3–7 normierten – sog. Prinzipien des internationalen Strafrechts[4] gleichgestellt, etwa wenn das *BVerfG* für das Strafrecht das Territorialitäts-, Schutz-, aktive und passive Personalitäts- und Weltrechtsprinzip sowie das Prinzip der stellvertretenden Strafrechtspflege als Anknüpfungspunkte anerkennt.[5] Insoweit ist jedoch Vorsicht geboten. Die Prinzipien des nationalen Strafanwendungsrechts stellen nicht *per se* einen legitimierenden Anknüpfungspunkt im völkerrechtlichen Sinne dar; dies schon deshalb nicht, weil sie nicht mit Blick auf den Nichteinmischungsgrundsatz, sondern aus nationalen kriminalpolitischen Überlegungen und Interessen heraus normiert wurden. Wie gerade dargelegt (§ 2 Rn. 6ff.) sind sie – und damit das sie konkretisierende innerstaatliche Strafanwendungsrecht – aus völkerrechtlicher Sicht nicht ohne weiteres als verbindlich hinzunehmen, sondern nur insoweit, als sie mit dem Nichteinmischungsgrundsatz

[1] *Henrich,* S. 21f.; dagegen *Scholten,* S. 61.
[2] *Pappas,* S. 84.
[3] *Pappas,* S. 87.
[4] Zur Schweiz vgl. insoweit *Kolb,* in: Kolb/Scalia, S. 253ff.
[5] BVerfGE 92, 277 (320f.); *BVerfG* EuGRZ 2001, 76 (81); vgl. auch *Verdross/Simma,* § 1183; *Geiger,* 2009, § 58 II; *Doehring,* Rn. 1155.

vereinbar sind. Dies ist gemeint, wenn nach einer **völkerrechtlichen Begründung der (nationalen) Anknüpfungsprinzipien** gefragt wird.[6]

A. Territorialitätsgrundsatz

Fall 9:

Auf dem russischen Frachter „Nadjeschda" haben die Matrosen A und B angeheuert. A stiehlt dem B seine Heuer, während das Schiff die Nordsee in fünf Seemeilen Entfernung von der deutschen Küste befährt. Ist die deutsche Strafgewalt begründet? 2
Variante 1: Wie wäre es, wenn das Schiff zum Tatzeitpunkt durch die deutsche Bucht fuhr und 80 Seemeilen vom Festland entfernt war?
Variante 2: Wie wäre es, wenn sich dieses Geschehen statt auf einem russischen Schiff auf einer deutschen Bohrinsel, 80 Seemeilen vor der Küste, zugetragen hätte? → Rn. 22

Fall 10:[7]

A ist Geschäftsführer der B GmbH, die in Deutschland Audio-CDs herstellt. Im Auftrag einer bulgarischen Firma stellt A viele tausend Audio-CDs mit Aufnahmen internationaler Popmusik-Interpreten her und versendet diese nach Bulgarien. Dabei weiß er, dass weder B noch die bulgarische Firma die erforderliche Einwilligung der Inhaber der jeweiligen Tonträgerherstellerrechte für die BRD eingeholt hat. Macht sich A nach deutschem Urheberrecht strafbar? → Rn. 23 3

I. (Völkerrechtliche) Grundlagen

Der Territorialitäts- oder Gebietsgrundsatz knüpft an den **Tatort** an und weist damit demjenigen Staat die Strafgewalt über alle auf seinem Hoheitsgebiet begangenen Taten zu, der die Gebietshoheit ausübt. Der Grundsatz ist Ausdruck der inneren Souveränität des Tatortstaates, auf die *Staatsangehörigkeit des Täters* kommt es nicht an.[8] Der Grundsatz ist wegen der Nähe des Tatortstaates zur Tat kriminalpolitisch sinnvoll und völkerrechtlich anerkannt.[9] Die völkerrechtliche Lage wird durch den rechtsvergleichenden und transnationalen Befund gestützt, dass der Territorialitätsgrundsatz in den Hauptrechtssystemen des angloamerikanischen und kontinentaleuropäischen Rechtskreises ebenso wie in der internationalen Entscheidungspraxis zur Regelung zwischenstaatlicher Konflikte seit jeher den **Ausgangspunkt des Strafanwendungsrechts** gebildet hat. Sein unbestreitbarer Vorteil besteht darin, dass die mit ihm ver- 4

[6] *Roggemann,* Strafrechtsanwendung, 1975, S. 13f.; zust. NK/*Lemke,* 2. Aufl., 2005, Vor §§ 3–7 Rn. 4.

[7] BGHSt 49, 93 = *BGH* NJW 2004, 1674 = NStZ 2004, 461.

[8] LK/*Werle/Jeßberger,* Vor § 3 Rn. 222; S/S/*Eser,* § 3 Rn. 5; *Wolfrum,* FS Eser, 2005, S. 977; *Miller/Rackow,* ZStW 117 (2005), 379 (381); *Satzger,* 2013, § 4 Rn. 5; *Jeßberger,* S. 225; *Council of Europe,* Expert Group on the principle of universal jurisdiction report, 16 April 2009 (http://ec.europa.eu/development/icenter/repository/troika_ua_ue_rapport_competence_universelle_EN.pdf, zuletzt abgerufen am 1.7.2014), Rn. 12; s. auch *Eisele/Majer,* NStZ 2011, 551.

[9] Vgl. *PICJ,* France v. Turkey, Judg. 7.9.1927, StIGHE 5, 71 (90); auch MünchKomm/*Ambos,* Vor §§ 3–7 Rn. 17 m.w.N. in Fn. 133; Cryer/*Cryer,* S. 52; *Kindt,* S. 76; *Wamser,* StraFo 2010, 279; *Pocar/Maystre,* in: Bergsmo, S. 251; *Jeßberger,* S. 227ff.; zur Schweiz *Gless,* 2011, Rn. 150; rvgl *Böse/Meyer/Schneider,* in: Böse/Meyer/Schneider, S. 412. Auch Art. 12 Abs. 2 (a) IStGH-Statut erkennt den Territorialitätsgrundsatz an, vgl. § 8 Rn. 6.; aus europastrafrechtlicher Sicht *Klip,* 2012, S. 191ff.; rvgl *Sinn,* in: Sinn, S. 515. Krit. aus menschenrechtlicher Sicht *Walther,* FS Eser, 2005, S. 938ff. mit Alternativen ebd. S. 943ff.

bundene Beschränkung der Strafgewalt auf das (faktische) Hoheitsgebiet zwischenstaatliche Kollisionen *a limine* ausschließt.[10]

5 Allerdings macht eine völkerrechtlich-rechtsvergleichende Betrachtung deutlich, dass der Territorialitätsgrundsatz **nirgendwo absolut** in dem Sinne **anerkannt** ist, dass das nationale Strafrecht tatsächlich von Geltungsbereichsausdehnungen absieht. Schon in der *Lotus*-Entscheidung (§ 2 Rn. 1, 10) wurde darauf hingewiesen:

> „Die Territorialität des Strafrechts ist also nicht ein unbedingter Grundsatz des internationalen Rechts und trifft keineswegs mit der Gebietssouveränität zusammen",[11] so dass „fast alle ... Gesetzgebungen ihren Geltungsbereich ... auf außerhalb des Gebiets begangene strafbare Handlungen ausdehnen."[12]

Dabei existieren unterschiedliche **Techniken der Durchbrechung** des Territorialitätsgrundsatzes. Neben der Anknüpfung an die Staatsangehörigkeit – sei es des Täters i. S. d. aktiven Personalitätsgrundsatzes (§ 3 Rn. 37ff.) oder des Opfers i. S. d. passiven Personalitätsgrundsatzes (§ 3 Rn. 70ff.) – ist an dieser Stelle schon auf den Auswirkungsgrundsatz und den Flaggengrundsatz einzugehen.

6 Nach dem **Auswirkungsgrundsatz („effects principle")** kann die Strafgewalt territorial damit begründet werden, dass eine im Ausland vorgenommene Handlung im Inland Wirkung entfaltet, dass also – rechtlich gesprochen – ein zur Deliktsvollendung erforderliches Tatbestandsmerkmal im Inland verwirklicht wird, insbesondere der eigentliche Taterfolg im Inland eintritt. Der klassische Fall ist der des vorsätzlichen tödlichen Schusses über die Grenze (**Fall 7,** § 1 Rn. 43, 49): Handlungs- und Erfolgsort fallen auseinander *(Distanzdelikt).* Der Auswirkungsgrundsatz begründet die Gerichtsbarkeit des Staates des Erfolgsortes als Territorialstaat. Deshalb ist der Auswirkungsgrundsatz eher als **Unterfall** denn Durchbrechung **des Territorialitätsgrundsatzes** zu verstehen.[13]

7 Der Auswirkungsgrundsatz ist im *Lotus*-Fall zur Begründung der türkischen Gerichtsbarkeit angeführt worden (§ 2 Rn. 10), doch ist seine Anwendung bei – der in *Lotus* vorliegenden – **fahrlässigen Erfolgsverursachung** bedenklich, weil der (nur) sorgfaltswidrig handelnde Täter in der Regel nicht weiß, wo sich sein Verhalten auswirken wird. Deshalb sollte in einem solchen Fall die Tat sowohl nach dem Recht des Handlungs- als auch des Erfolgsorts strafbar sein (Erfordernis doppelter identischer Tatortstrafbarkeit).[14]

[10] MünchKomm/*Ambos,* Vor §§ 3–7 Rn. 17; s. auch den Ansatz bei *Böse,* FS Wolter, 2013, S. 1327. Anders – wohl unter Berücksichtigung des Auswirkungsgrundsatzes (dazu Rn. 6ff.) – *Abelson,* U.C. Davis Journal of International Law and Policy 16 (2009), 16 sowie LK/*Werle/Jeßberger,* Rn. 223; s. auch *Wolswijk,* in: Böse/Meyer/Schneider, S. 330.

[11] *PICJ,* France v. Turkey, Judg. 7.9.1927, StIGHE 5, 71, 91f. Vgl. auch *Jennings/Watts,* S. 457, 468.

[12] *PICJ,* France v. Turkey, Judg. 7.9.1927, StIGHE 5, 71, 91.

[13] A. A. *Doehring,* Rn. 823, der ihn dem Schutzprinzip i.w.S. zuordnen will. Ähnlich auch *Podgor,* in: Sarat/Ewick, S. 123ff., die den – in den USA als „objective territoriality" extrem weit ausgelegten – Auswirkungsgrundsatz i. S. v. „defensive territoriality" grundsätzlich auf Fälle begrenzen will, in denen ein „effect on a governmental function" nachgewiesen werden kann.

[14] I. Erg. ebenso *Gropp,* in: Sinn, S. 46; wohl auch *Kunig/Uerpmann,* Jura 1994, 193, die aber missverständlich Strafbarkeit nach dem Recht des *Tatorts* statt des *Erfolgsorts* fordern: Tatsächlich geht es ja um eine doppelte identische Strafbarkeit an Handlungs- und Erfolgsort, die beide rechtlich Tatort sind. Vgl. auch NK/*Böse,* Vor § 3 Rn. 16, 45ff., der eine Beschränkung auf Vorsatztaten zwar nicht aus völkerrechtlichen, wohl aber aus menschen- und verfassungsrechtlichen Erwägungen (Vorhersehbarkeit der Strafe) für erforderlich hält.

Der Auswirkungsgrundsatz ist heute **völkerrechtlich anerkannt.**[15] Der *EuGH* hat in Ahlström v. Commission[16] Art. 85 EGV a. F. (Art. 101 AEUV) auf Grund des Territorialitätsgrundsatzes für anwendbar erklärt, weil außerhalb des Gemeinschaftsgebiets vereinbarte Preisabsprachen innerhalb des Gebiets umgesetzt wurden und somit Wirkung entfaltet haben.[17] Der Generalanwalt hat in seiner Stellungnahme darauf hingewiesen, dass in Art. 85 EGV a. F. (Art. 101 AEUV) selbst der Auswirkungsgrundsatz angelegt sei[18] und der *EuGH* ihn im Übrigen gebilligt habe; er beruhe auf dem Grundsatz objektiver Territorialität und sei (deshalb) mit dem Völkerrecht vereinbar.[19] Auch die Kommission hat mehrfach das Auswirkungsprinzip angewandt.[20] Man wird freilich die völkerrechtliche Zulässigkeit des Grundsatzes mangels einheitlicher Staatenpraxis weniger auf Völkergewohnheitsrecht als vielmehr auf allgemeine völkerrechtliche Rechtsgrundsätze i. S. v. Art. 38 Abs. 1 (c) IGH-Statut stützen müssen.[21] 8

II. Die deutsche Rechtslage

Das Territorialitätsprinzip hat sich im deutschen Strafrecht in der Mitte des 19. Jh. durchgesetzt (§ 4 Abs. 1 preuß. StGB v. 1851, § 3 RStGB v. 1871) und galt bis zur NS-Geltungsbereichsverordnung vom 6.5.1940,[22] mit der das aktive Personalitätsprinzip zum Regelprinzip des Strafanwendungsrechts erhoben wurde.[23] Erst mit § 3 des 1975 in Kraft getretenen neuen AT des StGB[24] wurde das Territorialitätsprinzip wieder zum – völkerrechtskonformen – **Grund- und Ausgangsprinzip des deutschen Strafanwendungsrechts** gemacht.[25] Es galt auch in der DDR (§ 80 Abs. 1 S. 1 DDR-StGB). 9

Es ist nun freilich zu beachten, dass die **Durchbrechungen des Territorialitätsprinzips** in den §§ 4–7 so zahlreich sind, dass von einem „Grundsatz" kaum noch die Rede sein kann.[26] Stellt eine nationale Strafrechtsordnung den Territorialitätsgrundsatz an die Spitze ihres Geltungsbereichsrechts, sieht sie aber zugleich zahlreiche Durchbrechungen dieses Grundsatzes vor, so erscheint das Bekenntnis zur Territorialität nurmehr als bloßes Lippenbekenntnis. Andererseits darf nicht übersehen werden, dass sich kaum ein Strafrechtssystem mit bloßer Territorialität zufrieden gibt (Rn. 5) und 10

[15] *Akehurst*, BYIL 46 (1972/73), 152.

[16] *EuGH* ILR 1996, 148 (177).

[17] *EuGH* ILR 1996, 148 (196): „the decisive factor is … the place where it (die Preisabsprache, K. A.) is implemented.".

[18] *EuGH* ILR 1996, 148 (175f.): Art. 85 EGV beziehe sich auf Vereinbarungen und Verhaltensweisen, die eine Wettbewerbsverzerrung "innerhalb des Gemeinsamen Marktes … *bewirken*". (Hervorhebung K. A.).

[19] *EuGH* ILR 1996, 148 (177ff.).

[20] *Meng*, AVR 27 (1989), 183; völkervertragliche Nachweise bei *Oehler*, FS Carstens, 1984, S. 436ff.

[21] Ebenso *Meng*, AVR 27 (1989), 183; vgl. zur völkerrechtlichen Quellenproblematik insoweit *Ambos*, AVR 37 (1999), 328ff.

[22] RGBl. 1940 S. 754. Zu den §§ 3ff. RStGB vgl. *Mayer*, S. 24ff.; *Jeßberger*, S. 58ff.; auch *BGH* NJW 1951, 769.

[23] Zur Völkerrechtswidrigkeit einer solchen Regelung s. Rn. 40.

[24] 2. StRG v. 4.7.1969, BGBl. I 1969 S. 717.

[25] Zur historischen Entwicklung *Wendt*, S. 8ff.; *Zieher*, S. 97ff.; *Eser*, FS Jescheck, Bd. 2, 1985, S. 1362ff.; zu den historischen Grundlagen *Oehler*, FS Mezger, 1954, S. 83ff.

[26] *Vogler*, Geburtstagsgabe Grützner, 1970, S. 155; krit. auch SK/*Hoyer*, § 3 Rn. 2; *Lagodny*, FS Eser, 2005, S. 779; LK/*Werle/Jeßberger*, § 3 Rn. 5; *Satzger*, 2013, § 5 Rn. 4 („partiell erweitertes Territorialitätsprinzip").

dass es durchaus schutzwürdige Interessen eines Staates zur Rechtfertigung extraterritorialer Strafrechtsanwendung geben kann;[27] doch sollten insoweit die völkerrechtlichen Vorgaben beachtet werden, schon um Jurisdiktionskonflikte zu vermeiden.[28]

11 § 3 stellt auf die im Inland **begangene** Tat ab. Wie schon erwähnt (§ 1 Rn. 17) gilt in Deutschland gem. der in § 9 kodifizierten Ubiquitätstheorie sowohl der Handlungsort (subjektive Territorialität) als auch der Erfolgsort (objektive Territorialität) als Begehungs- und damit Tatort. Durch die systematische Verbindung der §§ 3 und 9 ist daher auch der **Auswirkungsgrundsatz** in Deutschland gesetzlicher Teil des Territorialitätprinzips.

12 Die Prüfung, ob eine Inlandstat i. S. v. § 3 vorliegt, erfolgt zweistufig: Zunächst ist der **Tatort zu lokalisieren,** das geschieht im deutschen Strafrecht gem. § 9 (§ 1 Rn. 17 ff.). Danach ist festzustellen, ob der ermittelte **Tatort im Inland** liegt (oder zumindest einer der Tatorte, sollte es gem. § 9 mehrere geben). Die Bestimmung des Tatorts (und damit des Inlands) ist also die logische Vorbedingung der Anwendung des Territorialitätsprinzips.[29]

13 Territoriale Betroffenheit liegt also nur dann vor, wenn der *Tatort* im Inland liegt. Damit nicht zu verwechseln ist der **Ergreifungsort,** d. h. der Ort, an dem der Täter von den Strafverfolgungsbehörden aufgegriffen wird. Der Staat des Ergreifungsorts ist in seiner Gebietshoheit nicht dadurch betroffen, dass der Straftäter nach der Tat in sein Hoheitsgebiet gelangt; der Territorialnexus muss zum Zeitpunkt der Tat gegeben sein.[30] Trotzdem wird – insb. auf europäischer Ebene – dem Staat des Ergreifungsorts mitunter die Jurisdiktion zugesprochen (§ 4 Rn. 24).

14 Der **Begriff des Inlands** i. S. v. § 3 ergibt sich aus dem Staats- und Völkerrecht.[31] Inland in diesem Sinne umfasst das gesamte **Staatsgebiet,** also das Land- und Meeresgebiet sowie den darüber liegenden Luftraum, nicht aber Schiffe oder Luftfahrzeuge des Flaggenstaates. Das Staatsgebiet erstreckt sich demnach auf das gesamte Gebiet, das innerhalb der völkerrechtlich anerkannten Staatsgrenzen liegt und auf dem ein Staat Hoheits- und damit auch Strafgewalt ausübt.[32] Die völkerrechtlich anerkannte Grenze fungiert damit als Trennlinie zwischen verschiedenen (Straf-)Rechtsordnungen.[33] Ihre Bestimmung ist jedoch nicht immer ganz einfach.[34]

15 Zum **Staatsgebiet Deutschlands** gehören (seit dem Beitritt der DDR) die 16 Bundesländer, die in der Präambel des GG genannt sind. **Auf dem Lande** zählen dazu auch deutsche *Exklaven,* etwa das in der Schweiz gelegene Büsingen.[35] Ferner gehören auch auf ausländisches Territorium vorgeschobene Zollstellen und ihre Verbindungswege zum strafrechtlichen Inland, sei es, dass sie auf Grund der Ausübung von Hoheitsbefugnissen zum Inland gezählt werden[36] oder dass fingiert wird, dass sie Gebietsteile des

[27] LK/*Werle/Jeßberger,* § 3 Rn. 5.
[28] In diesem Sinne auch S/S/*Eser,* § 3 Rn. 2.
[29] So auch *Satzger,* 2013, § 4 Rn. 5.
[30] *O'Keefe,* JICJ 2 (2004), 742.
[31] Im Bezug auf die DDR wurde früher zwischen dem staats- und völkerrechtlichen sowie dem funktionellen Inlandsbegriff unterschieden; vgl. MünchKomm/*Ambos,* Vor §§ 3–7 Rn. 87, § 3 Rn. 9.
[32] Vgl. *Doehring,* Rn. 88 ff.; *Epping,* in: Ipsen, § 5 Rn. 59 ff.; *Kau,* in: Vitzthum, 3/131 ff.; *Proelß,* in: Vitzthum, 5/15 ff..
[33] Vgl. *Epping,* in: Ipsen, § 5 Rn. 3.
[34] Vgl. MünchKomm/*Ambos,* § 3 Rn. 18 f. zur Bestimmung der Staatsgrenzen bei Gewässern.
[35] Vgl. *Epping,* in: Ipsen, § 5 Rn. 7; *Proelß,* in: Vitzthum, 5/22.
[36] RGSt 57, 61 ff.; 66, 194 (195); BGHSt 31, 215.

Nachbarstaates im zollrechtlichen Zusammenhang deutsches Hoheits- bzw. Zollgebiet sind.[37] Die praktische Bedeutung der vorgeschobenen Grenzabfertigungs-[38] und Zollstellen ist allerdings seit Verwirklichung der europäischen Zollunion sehr begrenzt, da fast alle Nachbarländer Deutschlands der Zollunion angehören. Einzige Ausnahme bildet die Schweiz.[39] Darüberhinaus kann diese Problematik bei Altfällen relevant werden.[40] Gleiches gilt für die im früheren Zollgesetz[41] vorgesehene Unterscheidung zwischen Zollanschlüssen und Zollausschlüssen, wobei erstere zum Inland, letztere zum Ausland gezählt wurden.[42] Die Freizonen und damit insbesondere die Freihäfen Hamburg und Bremen (Art. 166 Zollkodex iVm. § 10 ZollVG) sind Inland als *Teil* des deutschen Hoheitsgebiets. Gleiches gilt für die Dienst- und Wohngebäude von Diplomaten u. a. von der Immunität erfassten Personen.[43] Umkehrt zählen im Ausland gelegene deutsche Botschaften nicht zum Inland.[44]

An **Gewässern** gehören zum Staatsgebiet erstens die sog. **Eigengewässer,** die sich im 16
Landesinneren befinden, z. B. Flüsse, Kanäle, Binnenseen,[45] aber auch die sog. internationalen oder internationalisierten Flüsse, d. h. Wasserwege, die entweder faktisch international sind, weil sie vom Meer aus schiffbar sind (z. B. Weser) oder mehrere Staaten durchfließen (z. B. Mosel), oder weil sie durch völkerrechtliche Vereinbarungen „internationalisiert“, d. h. international nutzbar gemacht wurden (z. B. Rhein).[46] Zweitens die **Binnengewässer,** d. h. die vom internationalen Seerecht als innere Gewässer *(internal waters)* definierten Meeresgebiete, die sich landwärts der Basislinie (Niedrigwasserlinie) des Küstenmeers befinden (Art. 5, 7, 8 SRÜ),[47] und Buchten, deren Küsten zu einem einzigen Staat gehören (Art. 10 Abs. 1 SRÜ).[48] Drittens das **Küstenmeer** *(territorial sea),* d. h. der Meeresstreifen, der sich an das Landgebiet und die Binnengewässer des Küstenstaates anschließt und sich – gemessen von der Basislinie

---

37 LK/*Werle/Jeßberger,* § 3 Rn. 59.

38 Vgl. OLGSt StGB § 3 Nr. 1.

39 Vgl. OLGSt StGB § 3 Nr. 1.

40 LK/*Werle/Jeßberger,* § 3 Rn. 62.

41 Das Zollgesetz wurde zum 1. 1. 1994 durch das Zollverwaltungsgesetz ersetzt. Das grundlegende Zollrecht findet sich allerdings mittlerweile im europäischen Zollkodex (Verordnung [EWG] Nr. 2913/92 des Rates v. 12. 10. 1992 zur Festlegung des Zollkodex der Gemeinschaften [Abl. EG L 302 v. 19. 10. 1992, 1]). Die nationalen Gesetze – wie das ZollVG – haben gegenüber den europarechtlichen Regelungen nur noch ergänzende Funktion, LK/*Werle/Jeßberger,* § 3 Rn. 63.

42 LK/*Gribbohm,* 11. Aufl., 2010, Vor § 3 Rn. 289.

43 RGSt 69, 54 (55); *OLG Köln* StV 1982, 471; LK/*Werle/Jeßberger,* § 3 Rn. 68 f.; S/S/*Eser,* Vor §§ 3–9 Rn. 49.

44 *OLG Köln* NStZ 2000, 39 (40); *VG Koblenz* v. 24. 7. 2007 – 3 L 1035/07.KO, Rn. 16.

45 *Klages,* Meeresumweltschutz, 1989, S. 22 f.; *Oehler,* Rn. 396 ff.; *Verdross/Simma,* § 1057; *Doehring,* Rn. 519; SSW-StGB/*Satzger,* § 3 Rn. 6; *Walter,* JuS 2006, 871.

46 Vgl. *Oehler,* Rn. 396; *Epping,* in: Ipsen, § 5 Rn. 14 ff.; LK/*Werle/Jeßberger,* § 3 Rn. 33 ff. – Zu konkreten völkerrechtlichen Vereinbarungen, etwa der Rheinschifffahrtsakte vgl. *Proelß,* in: Vitzthum, 5/20; *Epping,* in: Ipsen, § 5 Rn. 16 ff. – Zum Nord-Ostsee-Kanal (Kieler Kanal) *Oehler,* Rn. 400; LK/*Werle/Jeßberger,* § 3 Rn. 35; *Epping,* in: Ipsen, § 5 Rn. 22. – Zum Bodensee *Allgaier,* BayVBl. 2005, 554 ff.

47 BGBl. II 1994 S. 1799; II 1995 S. 602. Vgl. auch *Klages,* Meeresumweltschutz, 1989, S. 23; *Oehler,* Rn. 402; *Heintschel von Heinegg,* in: Ipsen, § 40 Rn. 1 ff.; *Verdross/Simma,* § 1058; *Doehring,* Rn. 518 f.; *Proelß,* in: Vitzthum, 5/41; LK/*Werle/Jeßberger,* § 3 Rn. 31.

48 *Verdross/Simma,* § 1059 ff. (1060); *Gloria,* in: Ipsen, 5. Aufl., 2004, § 51 Rn. 4 ff.; *Heintschel von Heinegg,* in: Ipsen, § 40 Rn. 8.

des Küstenstaates aus – *zwölf Seemeilen* seewärts ausdehnt (Art. 3ff. SRÜ).[49] (Natürliche) **Inseln** sind wie Festland zu behandeln und haben demnach ebenfalls ein Küstenmeer (Art. 121 Abs. 2 SRÜ).[50] Im Küstenmeer haben fremde Schiffe das *Recht der friedlichen Durchfahrt* (Art. 17 SRÜ), d. h. sie dürfen das Küstenmeer zügig ohne Einschränkungen durch den Küstenstaat durchqueren (Art. 18 SRÜ), solange sie nicht den Frieden, die Ordnung oder die Sicherheit des Küstenstaates stören (Art. 19 SRÜ).[51] Sowohl in Eigengewässern als auch Binnengewässern und im Küstenmeer übt der Küstenstaat grundsätzlich Hoheits-, insbesondere Strafgewalt aus (Art. 2 Abs. 1 SRÜ).[52]

17 Die Hoheits- und Strafgewalt erstreckt sich auch auf den **Luftraum** über dem Küstenmeer bis zur Grenze des Weltraums (Rn. 20) sowie den **Meeresboden** und **-untergrund** des Küstenmeers (Art. 2 Abs. 2 SRÜ). Deutschland hat die Zwölfmeilengrenze nur für die Nordsee ausdrücklich festgelegt, für die Ostsee bleibt sie teilweise – ohne Aufgabe des Rechtsanspruchs – dahinter zurück.[53] Sie begnügt sich insoweit mit der Dreimeilenzone, die vor dem SRÜ völkergewohnheitsrechtlich anerkannt war.[54]

18 **Nicht mehr zum Inland** im strafrechtlichen Sinne gehören die sich an das Küstenmeer anschließende 24 Seemeilen breite **Anschlusszone,** die bis zu 200 Seemeilen breite **ausschließliche Wirtschaftszone,** sowie der bis zu 350 Seemeilen breite **Festlandsockel.**[55] Obschon möglicherweise dem Küstenstaat in der ausschließlichen Wirtschaftszone sowie am Festlandsockel gewisse – auch strafrechtliche – Kontrollbefugnisse zustehen (Art. 208, 214 SRÜ),[56] können die *außerhalb des Küstenmeers* liegenden Meeresgebiete nicht als Inland betrachtet werden, so dass eine Ausdehnung der nationalen Strafgewalt jedenfalls nicht auf den Territorialitätsgrundsatz gestützt werden kann.[57] Dies ergibt sich auch aus einem Umkehrschluss zu § 5 Nr. 11. Denn wenn dort das deutsche Strafrecht mittels des Schutzprinzips (§ 3 Rn. 65ff.) auf bestimmte, im Bereich der ausschließlichen Wirtschaftszone begangene Umweltstraftaten – auf der Grundlage völkerrechtlicher Abkommen – ausgedehnt wird, so zeigt dies, dass der Gesetzgeber die dort – außerhalb des Küstenmeers – begangenen Taten nicht über das Territorialitätsprinzip der deutschen Strafgewalt unterworfen sieht. Um diese Strafgewaltslücke zu schließen, dehnt § 5 Nr. 11 die deutsche Strafgewalt im Hinblick auf die genannten Taten auf die ausschließliche Wirtschaftszone aus.[58] In

[49] Vgl. *Verdross/Simma,* §§ 1069ff.; *Gloria,* in: Ipsen, 5. Aufl., 2004, § 51 Rn. 1ff.; *Kau,* in: *Vitzthum,* 3/150; *Proelß,* in: Vitzthum, 5/45 ff.; *Oehler,* Rn. 403; SSW-StGB/*Satzger,* § 3 Rn. 6.

[50] *Verdross/Simma,* § 1063; *Gloria,* in: Ipsen, 5. Aufl., 2004, § 52 Rn. 30; *Heintschel von Heinegg,* in: Ipsen, § 41 Rn. 1ff.

[51] Vgl. *Verdross/Simma,* §§ 1074f.; *Gloria,* in: Ipsen, 5. Aufl., 2004, § 52 Rn. 13ff.; *Heintschel von Heinegg,* in: Ipsen, § 41 Rn. 16ff.; LK/*Werle/Jeßberger,* § 3 Rn. 48f.

[52] Vgl. *Gloria,* in: Ipsen, 5. Aufl., 2004, §§ 51 Rn. 1, 52 Rn. 10; *Heintschel von Heinegg,* in: Ipsen, § 40 Rn. 1, § 41 Rn. 1; *Klages,* Meeresumweltschutz, 1989, S. 22ff., 27ff.

[53] BGBl. I 1994 S. 3428; in Kraft getreten am 1.1.1995.

[54] Vgl. *Doehring,* Rn. 101, 106; Seidl-Hohenveldern/*Gündling,* S. 262; zur tatsächlichen Inanspruchnahme der 12 Seemeilen vgl. *Gloria,* in: Ipsen, 5. Aufl., 2004, § 52 Rn. 5; *Heintschel von Heinegg,* in: Ipsen, § 41 Rn. 3.

[55] Näher MünchKomm/*Ambos,* § 3 Rn. 15; *Proelß,* in: Vitzthum, 5/51ff.

[56] Vgl. *Klages,* Meeresumweltschutz, 1989, S. 40ff. (45); *Wamser,* StraFo 2010, 280; auch NK/*Böse,* § 3 Rn. 7; LK/*Werle/Jeßberger,* § 5 Rn. 63ff.

[57] *Klages,* Meeresumweltschutz, 1989, S. 113ff. m. w. N.; S/S/*Eser,* Vor §§ 3–9 Rn. 48; auch NK/*Böse,* § 3 Rn. 7.

[58] Vgl. SK/*Hoyer,* § 3 Rn. 4.

völkerrechtlichen Abkommen, insbesondere dem SRÜ, findet sich im Übrigen keine Grundlage für die Ausdehnung der (deutschen) Strafgewalt auf den Festlandsockel.[59]

Zum strafrechtlichen Inland gehört schließlich auch der **Luftraum** über dem Staatsgebiet. Schon das Chicagoer Abkommen über die internationale Zivilluftfahrt vom 7.12.1944[60] hat in Art. 1 die auch gewohnheitsrechtlich geltende Regel kodifiziert, dass „jeder Staat über seinem Hoheitsgebiet volle und ausschließliche Lufthoheit besitzt."[61] Dabei besteht der Luftraum in einer kegelförmigen Erstreckung des Staatsgebietes in die Luft,[62] wobei allerdings horizontal die *seerechtlichen Grenzen* und vertikal die *Grenze des Weltraums* (Rn. 20) zu beachten sind. Grundsätzlich ist die Lufthoheit aller Staaten unbeschränkt, **Durch- oder Überflugrechte** fremder Flugzeuge bestehen – anders als beim Recht auf friedliche Durchfahrt fremder Schiffe – nur ausnahmsweise in Bezug auf das Küstenmeer (Staatsgebiet) von Archipelstaaten (Art. 53 SRÜ).[63] Freilich gibt es gerade in diesem Bereich zahlreiche **völkerrechtliche Vereinbarungen,** die Überflug- und Landerechte fremder Zivilflugzeuge regeln, insbesondere die „Vereinbarung über den Durchflug im internationalen Fluglinienverkehr" vom 7.12.1944.[64] Ein für Schiffe und Flugzeuge gleichermaßen geltendes **Transitrecht** existiert schließlich im Bereich der ausschließlichen Wirtschaftszone (Art. 58 Abs. 1 SRÜ) und der Hohen See (Art. 87 SRÜ), da diese nicht zum staatlichen Hoheitsgebiet zählen.[65] 19

Vertikal endet der Luftraum und damit auch die Lufthoheit, wie schon erwähnt, an der Grenze zum **Weltraum**[66] wobei freilich eine genaue Bestimmung dieser Grenze bisher nicht gelungen ist.[67] Der Weltraum, einschließlich des **Mondes,** unterliegt keiner Hoheitsgewalt,[68] es gilt das *res communis omnium*-Prinzip.[69] Dies schließt freilich nicht aus, dass der Registerstaat Hoheitsgewalt über seine Weltraumfahrzeuge und ihre Besatzung besitzt (Rn. 33). 20

---

[59] Vgl. auch *Klages,* Meeresumweltschutz, 1989, S. 47 ff. (72).

[60] BGBl. II 1956 S. 411.

[61] Vgl. auch *Mettgenberg,* DJ 1940, 644; *Verdross/Simma,* § 1050; *Fischer,* in: Ipsen, 5. Aufl., 2004, § 55 Rn. 11; *Heintze,* in: Ipsen, § 47 Rn. 6; *Doehring,* Rn. 546, 554.

[62] Vgl. auch LK/*Werle/Jeßberger,* § 3 Rn. 51.

[63] Vgl. *Fischer,* in: Ipsen, 5. Aufl., 2004, § 55 Rn. 12, 15; *Heintze,* in: Ipsen, § 47 Rn. 7.

[64] BGBl. II 1956 S. 442; vgl. (auch für weitere Abkommen) *Verdross/Simma,* § 1050; *Fischer,* in: Ipsen, 5. Aufl., 2004, § 55 Rn. 28 ff., 41 ff.; *Heintze,* in: Ipsen, § 47 Rn. 14 ff.; LK/*Werle/Jeßberger,* § 3 Rn. 53 ff.; zu Umweltrechtsabkommen ebd. Rn. 56 ff.

[65] Vgl. auch *Fischer,* in: Ipsen, 5. Aufl., 2004, § 55 Rn. 15, 18; *Heintschel von Heinegg,* in: Ipsen, § 45 Rn. 31.

[66] Vgl. schon *Meyer,* ZLuftR, 1958, 89 f.; *David,* 2009, Rn. 1.1.49; auch *Fischer,* in: Ipsen, 5. Aufl., 2004, § 55 Rn. 17; *Heintze,* in: Ipsen, § 48 Rn. 2; *Proelß,* in: Vitzthum, 5/76 ff.; LK/*Werle/Jeßberger,* § 3 Rn. 52; *Verdross/Simma,* § 1150; noch anders *Mettgenberg,* DJ 1940, 644: „wie hoch auch immer".

[67] Vgl. *Fischer,* in: *Ipsen,* 5. Aufl., 2004, § 56 Rn. 8 ff.; *Heintze,* in: Ipsen, § 48 Rn. 2 ff.; MünchKomm/*Ambos,* § 3 Rn. 22 sowie LK/*Werle/Jeßberger,* § 3 Rn. 52 i. V. m. § 5 Rn. 68, denen zufolge die Grenze zwischen Luft- und Weltraum dort verlaufen soll, wo auf unterster Ebene ein Satellitenverkehr technisch möglich ist, nach derzeitigem Stand der Technik also in einer Höhe von 80 bis 110 km über dem Meeresspiegel; *Frände/Helenius,* in: Böse/Meyer/Schneider, S. 64 wollen auf die max. Flughöhe eines gewöhnlichen Luftfahrzeugs abstellen; krit. zu diesem Ansatz *Heintze,* in: Ipsen, § 48 Rn. 2.

[68] Art. II WeltraumV; Art. 11 MondV. Zum Mond auch LK/*Werle/Jeßberger,* § 5 Rn. 70 f.

[69] Vgl. *Fischer,* in: Ipsen, 5. Aufl., 2004, § 56 Rn. 6, 14 ff.; *Heintze,* in: Ipsen, § 8 Rn. 11 ff.

Lösung Fall 7 (Fortsetzung von § 1 Rn. 43, 49):

21 Oben wurde bereits darauf hingewiesen, dass man nicht zu einer Anwendung des bundesdeutschen Strafrechts gelangt, wenn man auf das Handeln des H abstellt, weil dieses auf dem Hoheitsgebiet der DDR stattfand. Nach dem völkerrechtlichen *Auswirkungsgrundsatz* ist die Tat aber nicht nur am Ort der Handlung begangen, sondern auch an dem Ort, an dem der zum Tatbestand gehörende Erfolg eingetreten ist (§ 9 Abs. 1 Alt. 3). Der Taterfolg – hier der Tod des X – trat ein, als sich dieser bereits auf bundesdeutschem Staatsgebiet befand, die Tat ist damit (auch) im Inland i. S. v. § 3 begangen. Bundesdeutsches Strafrecht ist damit anwendbar (vgl. Art. 315 Abs. 4 EGStGB), H muss sich wegen Totschlags nach § 212 verantworten.

Lösung Fall 9:

22 Das Schiff befindet sich zur Tatzeit im *Küstenmeer,* folglich im Inland i. S. v. § 3. Grundsätzlich besteht deshalb die deutsche Strafgewalt. Zu beachten ist hier allerdings Art. 27 Abs. 1 SRÜ, der völkerrechtlich die vorrangige Zuständigkeit des Flaggenstaates vorsieht („Die Strafgerichtsbarkeit des Küstenstaats soll an Bord eines das Küstenmeer durchfahrenden fremden Schiffes nicht ausgeübt werden …"). Dies findet seinen Niederschlag in § 153c Abs. 1 Nr. 2 StPO. Demnach wird die Staatsanwaltschaft in der Regel von Strafverfolgung absehen, wenn keine anderen Anknüpfungspunkte als die Gebietshoheit bestehen (z. B. deutsche Tatopfer). Zu beachten ist, dass in diesem Fall das völkerrechtmäßige Verhalten durch eine *prozessuale* Norm sichergestellt wird. Würde sich das Schiff in deutschen *Eigengewässern* befinden (z. B. auf dem Rhein), wäre Art. 27 SRÜ nicht anwendbar und es bestünde ein Jurisdiktionskonflikt zwischen Deutschland als Territorialstaat und dem Flaggenstaat.

Variante 1: Außerhalb der Zwölfmeilenzone des Küstenmeers beginnt strafrechtliches Ausland. Da der russische Frachter zum Tatzeitpunkt 80 Seemeilen vor der deutschen Küste fuhr, kann die deutsche Strafgewalt nicht mehr auf § 3 gestützt werden, wenngleich sich der Frachter noch in der ausschließlichen Wirtschaftszone Deutschlands befand.

Variante 2: Die Bohrinsel befindet sich 80 Seemeilen vor der Küste und damit zwar in der ausschließlichen Wirtschaftszone, aber strafanwendungsrechtlich im Ausland i. S. v. § 3, zumal es sich bei künstlichen Anlagen nicht um Inseln handelt.[70] Eine Bohrinsel ist auch kein Schiff, unterfällt also nicht gem. § 4 dem Flaggenprinzip. Völkerrechtlich hat sich die Deutschland durch das Seesch-Übk. verpflichtet, bestimmte – insb. terroristische – Straftaten gegen Schiffe mit Strafe zu bedrohen und eigene Gerichtsbarkeit dafür zu begründen. Das PlattformProt. dehnt diesen Schutz auf feste Plattformen aus, *scil.* künstliche Inseln, Anlagen oder Bauwerke, die zum Zweck der Erforschung oder Ausbeutung von Ressourcen oder zu anderen wirtschaftlichen Zwecken dauerhaft am Meeresboden befestigt sind (Art. 1 Abs. 3 PlattformProt.). Der deutsche Gesetzgeber reagierte mit der Änderung bzw. Einführung von §§ 316c, 6 Nr. 3. Diese Ausdehnung der Strafgewalt gem. § 6 Nr. 3 greift hier jedoch aus zwei Gründen nicht ein: Meeresplattformen werden von § 316c aus systematischen Gründen (kein Beförderungsvorgang) ausdrücklich nicht erfasst,[71] außerdem stellt Diebstahl keine geeignete Tathandlung i. S. v. § 316c und i. S. v. § 6 Nr. 3 („Angriffe") dar. Eine völkerrechtliche Regelung findet sich immerhin in Art. 60 Abs. 2 SRÜ, demzufolge der Küstenstaat ausschließliche Hoheitsbefugnisse *(exclusive jurisdiction)* hinsichtlich der künstlichen Inseln, Anlagen und Bauwerke in der ausschließlichen Wirtschaftszone innehat. Es gilt also ausschließlich das **Recht des Küstenstaats,** nicht jedoch das Recht des Staats, dessen Angehörige auf den Anlagen leben und arbeiten oder das Recht des Registerstaats der Anlage. Diese Zuweisung gilt auch für das Strafrecht.[72] Nichts anderes würde sich ergeben, wenn die Bohrinsel außerhalb der ausschließlichen Wirtschaftszone, aber noch auf dem Festlandsockel läge, denn Art. 80 SRÜ verweist insoweit auf Art. 60 Abs. 2 SRÜ. Diese eindeutige Regelung der Art. 60 Abs. 2, 80 SRÜ erlaubt es, Bohrinseln u. ä. Anlagen strafanwendungsrechtlich wie eigenes Territorium zu behandeln.[73] Durch diese völkerrechtsorientierte Auslegung von § 3 unterfällt der Diebstahl an Bord der Bohrinsel der deutschen Strafgewalt.

[70] Vgl. Art. 5 Abs. 4 des Übereinkommens über den Festlandsockel v. 29.4.1958; ähnlich Art. 78 Abs. 1 SRÜ; vgl. *Verdross/Simma,* §§ 1063, 1106.

[71] BT-Drs. 11/4946, 6.

[72] *Gündling,* 200-Seemeilen-Wirtschaftszone, 1983, S. 220.

[73] So i. Erg. auch LK/*Werle/Jeßberger,* § 5 Rn. 64; *Oehler,* Rn. 419.

Lösung Fall 10:

A könnte sich gem. § 108 Abs. 1 Nr. 5 UrhG strafbar gemacht haben. Im internationalen Urheberrecht gilt eine besonders rigorose Form des Territorialitätprinzips, die als sog. **Schutzlandprinzip** bezeichnet wird. Danach endet nationales Urheberrecht strikt an den Grenzen des Landes, wo die Urheberrechtsverletzung stattgefunden hat. Der (verletzte) Rechtsinhaber muss seine Rechte in der Rechtsordnung dieses sog. Schutzlandes suchen,[74] hier also Deutschland, da dort die B GmbH die Audio CDs hergestellt hat. Im internationalen Urheberrecht folgt der strafrechtliche Schutz der Urheberrechte dem zivilrechtlichen Schutz (sog. **Urheberrechtsakzessorietät**), die Straftatbestände des § 108 UrhG sind deswegen reine Blankett-Tatbestände.[75] Strafanwendungsrechtlich bedeutet das: Es gilt nur das Territorialitätsprinzip ohne die Durchbrechungen der §§ 4–7 – insbesondere ist die Strafgewaltserstreckung bei identischer Tatortnorm (§ 7) hinfällig.[76] Daraus folgt, dass es im vorliegenden Fall jedenfalls nicht auf bulgarisches Urheberrecht ankommt, sondern auf deutsches; außerdem sind deswegen nur die im Inland begangenen Handlungen des A strafrechtlich relevant. Ein unerlaubter Eingriff in verwandte Schutzrechte gem. § 108 Abs. 1 Nr. 5 UrhG liegt im Falle von Tonträgern in der Verwertung entgegen § 85 UrhG, d. h. in der Herstellung (§ 16 UrhG) oder Verbreitung (§ 17 UrhG) ohne Einwilligung des Urhebers. A hat die Tonträger jedenfalls ohne Einwilligung des Urhebers hergestellt (§ 16 UrhG). Der *BGH* hat darüber hinaus das Versenden ins Ausland als urheberrechtsverletzendes *Inverkehrbringen im Inland* – und damit als Verbreitung (§ 17 UrhG) – eingestuft.[77] A hat keine Genehmigung zur Vervielfältigung des Tonträgers in Deutschland gehabt und sich folglich gem. § 108 Abs. 1 Nr. 5 UrhG strafbar gemacht. Ob gewerbsmäßiges Handeln i. S. v. § 108 a Abs. 1 UrhG vorliegt, ist Tatfrage. 23

B. Durchbrechungen des Territorialitätsprinzips

Wie wir gesehen haben, ist das Territorialitätsprinzip der überzeugende Ausgangspunkt der Bestimmung nationaler Strafgewalt, weil es an das *Hoheitsgebiet des Tatorts* anknüpft und damit Jurisdiktionskonflikte vermieden werden. Der völkerrechtliche Nichteinmischungsgrundsatz wird durch das Territorialitätsprinzip nicht verletzt, ja nicht einmal berührt; auch nicht durch den Auswirkungsgrundsatz, wird danach doch mindestens ein zur Deliktsvollendung erforderliches Tatbestandsmerkmal im Inland verwirklicht (Rn. 8). Alle weiteren hier schon genannten Anknüpfungspunkte oder strafanwendungsrechtlichen Grundsätze – das Flaggenprinzip, das (aktive und das passive) Personalitätsprinzip, der Schutzgrundsatz, das Weltrechtsprinzip und der Grundsatz der stellvertretenden Strafrechtspflege – unterscheiden sich vom Territorialitätsgrundsatz in erster Linie dadurch, dass sie für **im** (jeweiligen) **Ausland begangene Taten** gelten oder – deutlicher gesagt – die Strafgewalt beanspruchen. Aus dieser **Auslandserstreckung** folgt zwangsläufig eine Kollision, wenn nicht gar ein Konflikt, mit der Rechtsordnung des Tatortstaates, denn der ausländische Staat macht diesem – dem inländischen – die (territoriale) Strafgewalt streitig. Darin kann man auch eine Einmischung in dessen innere Angelegenheiten sehen, die einer *(völkerrechtlichen) Rechtfertigung* bedarf. 24

[74] *Rehbinder,* Rn. 969.
[75] *BGH* NStZ 2004, 461.
[76] *BGH* NStZ 2004, 461; *Weber,* FS Stree/Wessels, 1993, S. 621 f.; *Rehbinder,* Rn. 977 ff.
[77] *BGH* NStZ 2004, 461 (462 f.).

I. Flaggenprinzip

Fall 11:

25 Während eines Lufthansa-Fluges von Caracas (Venezuela) nach Frankfurt a. M. hat Passagier A, ein Argentinier, das Portemonnaie seines spanischen Sitznachbarn S gestohlen. Es konnte nicht festgestellt werden, zu welchem Zeitpunkt des Fluges dies geschah. Auf seinem Flug hat das Flugzeug neben dem Luftraum Venezuelas und Deutschlands auch den Frankreichs und der Azoren überflogen. Nach welcher Strafrechtsordnung ist A zu bestrafen?
Variante: Wie wäre der Fall zu beurteilen, wenn feststünde, dass A die Tat begangen hat, als das Flugzeug sich noch auf dem Flughafen von Cáracas befand, aber die Parkposition verlassen hatte und auf der Piste auf die Starterlaubnis wartete? → Rn. 36

1. (Völkerrechtliche) Grundlagen

26 Nach dem Flaggengrundsatz steht die Hoheitsgewalt über Schiffe, Luftfahrzeuge und Weltraumfahrzeuge dem Staat zu, dessen Flagge sie führen oder in dem sie registriert sind; völkerrechtlich gesprochen haben sie dessen Staatsangehörigkeit. Der Flaggenstaat übt damit auch die **Strafgewalt über die auf dem Schiff oder im Flugzeug begangenen Straftaten** aus, unabhängig davon, wo es sich zum Tatzeitpunkt befindet und welche Staatsangehörigkeit die Täter haben. Das Flaggenprinzip wurde schon in der *Lotus*-Entscheidung (§ 2 Rn. 1, 10) völkerrechtlich anerkannt.[78] Allerdings beschränkt sich die auch dort anerkannte **Verwandtschaft mit dem Territorialitätsgrundsatz** auf die durch das Flaggenprinzip vorgenommene Erstreckung der Hoheitsgewalt, sie impliziert **keine Erweiterung des Hoheitsgebiets,** d. h. „dass das Schiff auf hoher See dem Gebiet des Staates, dessen Flagge es führt, *gleichgestellt* wird; denn *wie in dem Gebiet,* übt der Staat dort seine Gewalt aus, und kein anderer Staat darf es dort tun."[79]

27 Das Flaggenprinzip ist damit aus völkerrechtlicher Sicht nicht mehr als eine pragmatische extraterritoriale **Hoheits- und Strafgewaltserstreckung,** um aus Schutz- und Ordnungsgesichtspunkten (strafrechtliche) Zuständigkeitslücken auf hoher See und im Luftraum zu schließen.[80] Das zeigt sich auch daran, dass häufig **konkurrierende Zuständigkeiten** gegeben sind: Der Flaggenstaat übt zwar auf Hoher See die ausschließliche Hoheitsgewalt aus, im Küstenmeer konkurriert seine Strafgewalt aber mit der territorialen Zuständigkeit des Küstenstaates (Art. 27 SRÜ). Zudem erfährt selbst auf Hoher See die Strafgewalt des Flaggenstaats insoweit eine Einschränkung, als sie bei Zusammenstößen o. ä. Ereignissen mit der Strafgewalt des Täterstaats auf Grund des aktiven Personalitätsprinzips konkurrieren kann (Art. 97 Abs. 1 SRÜ), wenn in das Ereignis nicht nur Staatsangehörige des Flaggenstaates verwickelt sind.[81]

[78] *PICJ,* France v. Turkey, Judg. 7.9.1927, StIGHE 5, 71, 97: „Es ist gewiss richtig, dass ... die Schiffe auf hoher See nur der Gewalt des Staates, dessen Flagge sie führen, unterworfen sind." Aus europastrafr. Sicht *Klip,* 2012, S. 193; rvgl *Böse/Meyer/Schneider,* in: Böse/Meyer/Schneider, S. 415.

[79] *PICJ,* France v. Turkey, Judg. 7.9.1927, StIGHE 5, 71, 97. Hervorhebung K. A. Zur (alten) Lehre der „territoires flottants" *Gaeta,* in: Cassese et al., 2005, S. 522ff.; in diesem Sinne auch *Deumeland,* VR 2004, 94. Vgl. auch MünchKomm/*Ambos,* Vor §§ 3–7 Rn. 26 m.w.N. *Kolb/Neumann/Salomon,* ZaöRV 71 (2011), 217; *Wolswijk,* in: Böse/Meyer/Schneider, S. 336.

[80] Vgl. auch *BGH* NStZ 2009, 464; *Meyer,* in: Böse/Meyer/Schneider, S. 149f.

[81] Anders noch die Lotus-Entscheidung, vgl. § 2 Rn. 1, 10. – Sieht man das aktive Personalitätsprinzip als Grundregel des Strafanwendungsrechts (wie in Deutschland von 1940 bis 1975, vgl. Rn. 9), kann man sogar annehmen, dass es dem Flaggengrundsatz vorgeht (vgl. *Rudolf,* NJW 1954, 219).

2. Die deutsche Rechtslage

Durch § 4 ist der völkerrechtlich anerkannte **Flaggengrundsatz** kodifiziert. Die Vorschrift dehnt die deutsche Strafgewalt auf Straftaten aus, die auf deutschen Schiffen und Luftfahrzeugen **außerhalb des deutschen Hoheitsgebiets** begangen werden, ohne dass es dabei auf den Tatort oder die Strafbarkeit nach Tatortrecht ankäme.[82] Es ist also völlig gleichgültig, an welcher Stelle im Ausland sich das Fahrzeug befindet, ob auf einem ausländischen Flughafen, im ausländischen Küstenmeer oder auf hoher See. Befindet es sich allerdings **in ausländischem Hoheitsgebiet,** kann auch der Hoheitsstaat die Strafgewalt beanspruchen und es kommt zu einem **Jurisdiktionskonflikt** zwischen dem Territorial- und Flaggenstaat (§ 4 Rn. 14).[83] Befindet sich das Fahrzeug im **Inland,** bestimmt sich die deutsche Strafgewalt vorrangig nach § 3.[84] 28

Die Vorschrift **schließt** einerseits eine **Strafverfolgungslücke,** die auf staatenlosem Gebiet, insbesondere auf Hoher See und dem darüber liegenden Luftraum (Rn. 18 f.), auftreten kann, weil das Territorialitätsprinzip nicht eingreift.[85] Andererseits stellt sie i. S. d. **Schutzprinzips** (Rn. 65 ff.) sicher, dass jeder Passagier eines deutschen Schiffes oder Flugzeugs den deutschen Strafrechtsschutz genießt, auch wenn etwa der Territorialstaat nicht gewillt ist, Strafverfolgungsmaßnahmen zu ergreifen;[86] dies schließt nicht aus, dass auch durch das Schiff oder Flugzeug begangene Straftaten dem Flaggenstaat zugerechnet werden.[87] Die Vorschrift macht zudem die Feststellung des Tatorts bei Schiffen und Flugzeugen überflüssig und **vermeidet** damit schwierige **Abgrenzungsprobleme,** vor allem bei schneller Durchquerung mehrerer Lufthoheitsgebiete durch Flugzeuge.[88] Sie hat mit dem zunehmenden Luftverkehr und der darin liegenden Gefahr von Straftaten an Bedeutung gewonnen. 29

Schiffe haben die Staatsangehörigkeit des Registerstaates, d. h. des Staates, dessen Flagge sie führen (Art. 91 SRÜ) und unterliegen grundsätzlich dessen Hoheitsgewalt (Art. 92, 94 Abs. 1 SRÜ).[89] Wie erwähnt (Rn. 27) ist damit **keine Erweiterung des Staatsgebiets** verbunden,[90] sondern nur eine Erstreckung der Strafgewalt auf Taten, die auf dem „eigenen" Schiff begangen wurden.[91] Unter einem Schiff i. S. v. § 4 ist 30

[82] *OLG Schleswig* wistra 1998, 30 (31); *Mettgenberg,* DJ 1940, 643; *v. Weber,* FS Rittler, 1957, S. 113; LK/*Werle/Jeßberger,* § 4 Rn. 1; S/S/*Eser,* § 4 Rn. 7; Beck-StGB/*von Heintschel-Heinegg,* § 4 Rn. 1. Vgl. auch SSW-StGB/*Satzger,* § 4 Rn. 1; HK-GS/*Hartmann,* § 4 Rn. 2.

[83] S. auch *Jeßberger,* S. 235 f.; *Frände/Helenius,* in: Böse/Meyer/Schneider, S. 72.

[84] Vgl. *Rudolf,* NJW 1954, 220; *Oehler,* Rn. 517; S/S/*Eser,* § 4 Rn. 7; *Walter,* JuS 2006, 976; HK-GS/*Hartmann,* § 4 Rn. 2; SSW-StGB/*Satzger,* § 4 Rn. 1; *ders.,* Jura 2010, 116; a. A. LK/*Werle/Jeßberger,* § 4 Rn. 13.

[85] Vgl. schon *Meyer,* ZLuftR 1958, 100; auch SSW-StGB/*Satzger,* § 4 Rn. 2; *ders.,* 2013, § 5 Rn. 60; allgemein *Kolb/Neumann/Salomon,* ZaöRV 71 (2011), 199.

[86] Vgl. *Rietzsch,* DJ 1940, 565; *v. Weber,* FS Rittler, 1957, S. 112 f.; *Meyer,* ZLuftR, 1958, 100; *Lenzen,* JR 1983, 183; S/S/*Eser,* § 4 Rn. 1; LK/*Werle/Jeßberger,* § 4 Rn. 7; *Kolb/Neumann/Salomon,* ZaöRV 71 (2011), 217; *Jeßberger,* S. 236 (238). Vgl. auch NK/*Böse,* § 4 Rn. 1.

[87] Ähnlich *Oehler,* Rn. 517.

[88] LK/*Werle/Jeßberger,* § 4 Rn. 8; SSW-StGB/*Satzger,* § 4 Rn. 2. Vgl. auch *Allgaier,* BayVBl. 2005, 554.

[89] *Verdross/Simma,* § 1129; *Gloria,* in: Ipsen, 5. Aufl., 2004, § 54 Rn. 14; *Heintschel von Heinegg,* in: Ipsen, § 46 Rn. 9; *Kolb/Neumann/Salomon,* ZaöRV 71 (2011), 198 mit weiterführenden Überlegungen zu Wechsel und Verlust der Staatsangehörigkeit namentlich im Fall der Entführung eines Schiffes durch Piraten (S. 202 ff.).

[90] So noch RGSt 23, 266 (267); 50, 218 (220); auch *Rietzsch,* DJ 1940, 565; *Jescheck,* IRuD 1956, 86.

[91] Vgl. schon *Mettgenberg,* ZStW 52 (1932), 813; auch *Wille,* Verfolgung, 1974, S. 28 ff.; *Oehler,* Rn. 132,

„ein nicht dauerhaft am Meeresboden befestigtes Wasserfahrzeug jeder Art" zu verstehen.[92] Unter den Begriff fällt etwa auch ein Schwimmkran, nicht aber ein bewegungsunfähiges Wrack[93] oder eine „feste Plattform".[94]

31 § 4 gilt nur für Schiffe, die **zur Führung der Bundesflagge berechtigt** sind. Diese Berechtigung besteht kraft Gesetzes bei **Seeschiffen** deutscher natürlicher oder juristischer Personen mit (Wohn-) Sitz in Deutschland (§ 1 FlaggRG) sowie bei in Deutschland wohnhaften EU-Bürgern (§ 2 Abs. 1 Nr. 1 i. V. m. § 1, § 2 Abs. 2 FlaggRG)[95] oder auf Grund Verleihung durch das Bundesverkehrsministerium (§§ 10, 11 FlaggRG). Die Berechtigung und damit die deutsche Strafgewalt setzt also nicht notwendigerweise die deutsche Staatsangehörigkeit des Eigentümers des Schiffes voraus.[96] Die Berechtigung erstreckt sich nach allgM auch auf das **Zubehör** *eines Seeschiffs,* insbesondere Rettungsboote und -flöße, sowie das noch nicht verlassene **Wrack.**[97] Während das Zubehör schon unter die genannte Definition des Schiffs fallen dürfte, kann dies beim Wrack nur dann der Fall sein, wenn es sich noch fortbewegen kann.[98] Freilich muss gerade in Situationen der *Seenot* ein möglichst umfassender Strafrechtsschutz gewährt werden, es sollten also Strafgewaltslücken vermieden werden. Zwar kann sich die nationale Strafgewalt auch aus anderen Anknüpfungspunkten, insbesondere dem Personalitätsprinzip ergeben,[99] doch garantiert das Flaggenprinzip eine zusätzliche Zuständigkeit, die die umfassende Be- und Aburteilung des strafrechtlich relevanten Sachverhalts ermöglicht. Für **Schiffe der Seestreitkräfte** folgt das Recht zur Führung der deutschen Flagge aus der Anordnung des Bundespräsidenten über die Dienstflagge der Seestreitkräfte der Bundeswehr vom 25.5.1956 (BGBl I 1956 S. 447).[100] Bei **Binnenschiffen** bedarf das Flaggenrecht keiner ausdrücklichen gesetzlichen Regelung, weil sie ohnehin nur im nationalen (deutschen) Hoheitsgebiet verkehren.[101] Wenn ein Binnenschiff deutsches Hoheitsgebiet verlässt, etwa einen ausländischen Hafen anläuft,[102] greift der Flaggengrundsatz des § 4.[103]

32 Der Begriff **„Luftfahrzeug"** wird in § 1 Abs. 2 LuftVG[104] sehr weit als jedes Gerät definiert, das sich irgendwie in der Luft fortbewegt. Darunter fallen neben Flugzeugen auch Frei- und Fesselballone, Drachen, Fallschirme, Flugmodelle und „sonstige für die Benutzung des Luftraums bestimmte Geräte", einschließlich Raumfahrzeugen, solange sie sich noch nicht im Weltraum befinden.[105] Völkerrechtlich haben Luftfahrzeuge die Staatsangehörigkeit des Staates, in dem sie eingetragen sind (**Registerstaat,**

426; *Lenzen,* JR 1983, 182; S/S/*Eser,* § 4 Rn. 4; LK/*Werle/Jeßberger,* Vor § 3 Rn. 224; NK/*Böse,* § 4 Rn. 2; SK/*Hoyer,* § 4 Rn. 1; *LG Mannheim* NStZ-RR 1996, 147; widersprüchlich *Rudolf,* NJW 1954, 219 (Inlandserstreckung), andererseits S. 220 (dagegen).

92 Vgl. Art. 1 SeeschÜbk.

93 *BGH* NJW 1952, 1135 f. (mit Definition); vgl. auch LK/*Werle/Jeßberger,* § 4 Rn. 30; SSW-StGB/*Satzger,* § 4 Rn. 3.

94 Vgl. Art. 1 Abs. 3 PlattformProt.

95 Bei mehreren Eigentümern muss die Mehrheit aus EU-Mitgliedstaaten und mindestens einer rechtlich zuständig sein (§ 2 Abs. 1 Nr. 2 FlaggRG).

96 Vgl. auch S/S/*Eser,* § 4 Rn. 5; *Grau/Frick,* TranspR 2009, 254; *Satzger,* Jura 2010, 116.

97 Vgl. *Rietzsch,* DJ 1940, 565; LK/*Werle/Jeßberger,* § 4 Rn. 47 ff.; *Oehler,* Rn. 455–463; *Walter,* JuS 2006, 976; S/S/*Eser,* § 4 Rn. 4; NK/*Böse,* § 4 Rn. 3; HK-GS/*Hartmann,* § 4 Rn. 3; *Satzger,* 2013, § 5 Rn. 61; *ders.,* Jura 2010, 116.

98 S. *BGH* NJW 1952, 1135 f.

99 Insofern ungenau *Oehler,* Rn. 328 f., wenn er „jegliche" strafrechtliche Gerichtsbarkeit entzogen sieht (zutr. krit. LK/*Werle/Jeßberger,* § 4 Rn. 48).

100 Vgl. *BGH* NStZ 2009, 464.

101 Im Übrigen ergibt sich aus der Regelung der Flaggenführung (§ 14 FlaggRG) jedenfalls die *Befugnis,* die Bundesflagge – und daneben Länderflaggen – zu führen. Vgl. auch LK/*Werle/Jeßberger,* § 4 Rn. 44 ff.

102 Vgl. zu den Grenzen der Seefahrt § 1 FlaggRV.

103 Vgl. auch LK/*Werle/Jeßberger,* § 4 Rn. 37, 46.

104 BGBl. I 1981 S. 61; Neufassung v. 27.3.1999 (BGBl. I 1999 S. 550).

105 Vgl. auch SSW-StGB/*Satzger,* § 4 Rn. 6; näher LK/*Werle/Jeßberger,* § 4 Rn. 50 f. m. w. N.

Art. 17 Chicagoer Abk.).[106] In Deutschland haben die zum Verkehr zugelassenen und ggf. in die Luftfahrzeugrolle eingetragenen Luftfahrzeuge (§ 2 Abs. 1 S. 1 LuftVG) das Staatszugehörigkeitszeichen (Bundesflagge und Buchstabe „D"[107]) und eine besondere Kennzeichnung zu führen (§ 2 Abs. 5 LuftVG). Anders als bei Schiffen muss das Luftfahrzeug jedoch im ausschließlichen Eigentum Deutscher oder gleichgestellter EU-Bürger stehen (§§ 2 Abs. 5, 3 LuftVG).[108]

Weltraumfahrzeuge unterstehen völkerrechtlich der Hoheitsgewalt des Registerstaats (Art. VIII WeltraumV), so dass nichts dagegen spricht, das Flaggenprinzip auch auf sie anzuwenden.[109] Dafür spricht, dass der Weltraum als rechtlich herrschaftsfreies Gebiet nicht nur strafrechtliches Ausland (Rn. 20), sondern – ähnlich wie staatenloses Gebiet und die Hohe See – ein grundsätzlich strafrechtsfreier Raum ist und nur diejenigen Staaten, die ihn nutzen und erforschen, die tatsächliche Möglichkeit und rechtliche Befugnis haben, Strafgewalt über ihre Staatsangehörigen (Personalitätsprinzip) und Objekte (Flaggenprinzip) auszuüben. Bei internationalen Weltraummissionen besitzt grundsätzlich jeder Staat die Hoheitsgewalt über sein Eigentum und seine Staatsangehörigen.[110] 33

Die Tat muss ***„auf"*** **einem Schiff oder Luftfahrzeug begangen** werden, es ist also eine räumliche Beziehung zum Tatort erforderlich. Schiffe müssen sich nicht in Fahrt befinden, damit § 4 eingreift.[111] Für Flugzeuge fordern einschlägige völkerrechtliche Abkommen eine gewisse **Verkehrsbezogenheit** des Tatgeschehens, die aber vom Schließen der Außentüren bis zur Wiedererlangung der Kontrolle nach einer Entführung andauert.[112] Die Auslegung dieser Abkommen spricht dafür, dass auch ein Flugzeug im Ruhezustand vom Flaggenprinzip erfasst ist.[113] Die Begehung „auf" dem Fahrzeug setzt jedenfalls nicht die **Anwesenheit** an Bord oder einen **Angriff gegen das Fahrzeug** als Ganzes voraus.[114] Das zuletzt kodifizierte MontrÜbk. macht schon im Titel klar, dass es über Taten an Bord und die Inbesitznahme eines Flugzeugs hinaus um die **Bekämpfung jeglicher widerrechtlicher Handlungen** gegen die Sicherheit der Luftfahrt geht. Das MontrProt. erfasst ganz allgemein Straftaten auf zivilen Flughäfen. All dies schließt Entführungen oder die Zerstörung eines Flugzeugs mit den Tätern an Bord ebenso ein wie Taten gegen einzelne Passagiere oder Distanzdelikte, etwa die Fernzündung einer vor dem Start an Bord gebrachten Bombe. Das SeeschÜbk. erfasst alle diese Taten gesondert (Art. 3). Für diese Wortlautauslegung spricht (teleologisch) auch, dass die genannten Abkommen einen möglichst **umfassenden (strafrechtlichen) Schutz** vor terroristischen Anschlägen gegen Luftfahrzeuge oder Schiffe bezwecken. Dieser wird nur erreicht, wenn auch temporär ruhende, aber noch funktionstüchtige Fahrzeuge und Distanzdelikte erfasst werden, denn häufig wird die Tathandlung (etwa die 34

[106] Vgl. auch *Fischer*, in: Ipsen, 5. Aufl., 2004, § 55 Rn. 37; *Heintze*, in: Ipsen, § 47 Rn. 23; *Doehring*, Rn. 550, 555.

[107] Vgl. näher LK/*Werle/Jeßberger*, § 4 Rn. 53 ff.

[108] Vgl. auch NK/*Böse*, § 4 Rn. 6; S/S/*Eser*, § 4 Rn. 6; *Satzger*, Jura 2010, 116; HK-GS/*Hartmann*, § 4 Rn. 4.

[109] I. Erg. auch dafür LK/*Werle/Jeßberger*, § 4 Rn. 16 f.; NK/*Böse*, § 4 Rn. 7.

[110] Vgl. das Abkommen der USA, Japans, Kanadas und Mitgliedstaaten der Eur. Weltraumorganisation über ständig bemannte zivile Raumstationen (BGBl. II 1990 S. 637); vgl. auch *Fischer*, in: Ipsen, 5. Aufl., 2004, § 56 Rn. 40; LK/*Werle/Jeßberger*, § 4 Rn. 16.

[111] Vgl. Art. 3 SeeschÜbk., es sei denn es ist „aus dem Verkehr gezogen oder aufgelegt" (Art. 2 Abs. 1 c SeeschÜbk.).

[112] Eingehend dazu MünchKomm/*Ambos*, § 4 Rn. 12 m. w. N.

[113] I. Erg. ebenso LK/*Werle/Jeßberger*, § 4 Rn. 60 ff.; *Oehler*, Rn. 518; S/S/*Eser*, § 4 Rn. 6 a; SSW-StGB/*Satzger*, § 4 Rn. 8; vgl. auch schon *Mankiewicz*, GA 1961, 193 f.

[114] Ebenso LK/*Werle/Jeßberger*, § 4 Rn. 58 f.

Deponierung einer Bombe) im Ruhezustand vorgenommen und der Taterfolg tritt schon in diesem Zustand (z. B. Anschlag auf den US-Flugzeugträger USS Cole am 12. 10. 2000 während Benzinaufnahme in Aden, Republik Jemen) oder während des Fluges (Fernzündung der Bombe) ein. Würde man in diesen Fällen eine Begehung „an Bord" oder „auf" dem Fahrzeug verneinen, käme eine gerichtliche Zuständigkeit des Registerstaates auf Grund des Flaggenprinzips nicht in Betracht. Seine Strafgewalt könnte nur auf das Territorialprinzip – bei Tatbegehung auf seinem Flughafen oder in seinen Gewässern – oder das Personalitätsprinzip gestützt werden. Im Fall der USS Cole hätte damit nur Jemen als Küstenstaat die Strafgewalt beanspruchen können, weil die USA das passive Personalitätsprinzip nicht anerkennen.[115]

35 Wurde auf einem Fahrzeug i. S. v. § 4 nur eine **Teilnahmehandlung** begangen, gilt dasselbe wie beim Territorialitätsprinzip. Das deutsche Strafrecht ist auch auf diese Handlung anwendbar, unabhängig von Strafbarkeit und Begehungsort der Haupttat (d. h. inländische Teilnahme an einer Auslandstat i. S. v. § 9 Abs. 2 S. 2, vgl. § 1 Rn. 17.[116] Die **Haupttat** ist auf dem Fahrzeug gemäß § 9 Abs. 1 begangen, wenn der Täter dort gehandelt hat oder der Erfolg dort eingetreten ist (§ 1 Rn. 17).[117]

Lösung Fall 11:

36 Alle Flugzeuge der Lufthansa führen das deutsche Staatszugehörigkeitszeichen, so dass deutsches Strafrecht bei Taten während des Fluges gilt. Hier hat A dem S dessen Portemonnaie im Flugzeug während des Flugs weggenommen, so dass die Tat der deutschen Jurisdiktion unterfällt. Dass weder der Täter noch das Opfer Deutsche waren, ist dabei unerheblich. Der praktische Nutzen des Flaggenprinzips wird hier deutlich: Wollte man auf die Strafgewalt des Staates abstellen, in dessen Luftraum die Tat begangen wurde, müsste man den genauen Zeitpunkt ermitteln, an dem A die Tat begangen hat. Dann wäre entweder das Strafrecht Venezuelas, Portugals, Frankreichs oder Deutschlands anwendbar, wenn sich die Maschine zum Tatzeitpunkt in dem Luftraum eines dieser Länder befunden hätte. Hätte sie sich aber zum Tatzeitpunkt über den hoheitsfreien Gebieten des atlantischen Ozeans befunden, hätte kein Staat Strafgewalt und das Verhalten müsste straflos bleiben. Das Flaggenprinzip macht all diese Fragen überflüssig und ordnet die Geltung deutschen Strafrechts für Taten in deutschen Flugzeugen (und Schiffen) an und zwar unabhängig von der Tatzeit.
Nichts anderes ergibt sich in der **Variante:** Die Tat gilt schon als „in einem Luftfahrzeug" (§ 4) begangen, sobald die Außentüren geschlossen sind (vgl. Rn. 34), also auch schon, wenn sich das Flugzeug in der Startphase befindet, jedenfalls dann, wenn es schon die Parkposition verlassen hat, denn dann sind die Außentüren bereits geschlossen. A kann sich nicht darauf berufen, er habe das Portemonnaie gar nicht „während des Fluges" gestohlen. Die deutsche Strafgewalt aufgrund des Flaggenprinzips kollidiert aber mit der venezolanischen aufgrund des Territorialitätsprinzips (zur Lösung solcher Jurisdiktionskonflikte § 4).

II. Aktiver Personalitätsgrundsatz

Fall 12:

37 S ist Deutscher und verbringt seinen Urlaub im Land X. Dort lässt er von einer 15-jährigen Prostituierten gegen Entgelt sexuelle Handlungen an sich vornehmen. Das ist nach den Gesetzen des Landes X

[115] Vgl. MünchKomm/*Ambos,* Vor §§ 3–7 Rn. 34 m. w. N. Für die Erfassung von Distanzdelikten durch § 4 grds. auch *Kolb/Neumann/Salomon,* ZaöRV 71 (2011), 217 f., die aber einschränkend davon ausgehen, dass Angriffe, die sich – wie im Fall der USS Cole – spezifisch gegen das Schiff richten, nicht mehr unter § 4, sondern (nur) unter § 6 Nr. 3 (Angriffe auf den Luft- und Seeverkehr) fallen.

[116] *OLG Schleswig* wistra 1998, 30 (31); *Fischer,* StGB, § 4 Rn. 2.

[117] Vgl. auch *Döllel,* wistra 1998, 70.

zwar strafbar, effektiv werden solche Taten jedoch nur dann verfolgt, wenn es tatsächlich zum Geschlechtsverkehr gekommen ist. Nachdem S nach Deutschland zurückgekehrt ist, wird sein Handeln den deutschen Strafverfolgungsbehörden bekannt. Land X stellt keinen Auslieferungsantrag. Kann S in Deutschland verurteilt werden? → Rn. 63

Fall 13:

Der Deutsche A hat am 21.6.1998 in Lens/Frankreich im Rahmen der gewalttätigen Ausschreitungen bei der Fußballweltmeisterschaft mit einem Barhocker auf den französischen Journalisten F eingeschlagen hat. Nach seiner Rückkehr hat die Staatsanwaltschaft (innerhalb der Verjährungsfrist) ein Verfahren gegen A wegen gefährlicher Körperverletzung (§ 224 Abs. 1 Nr. 2) eingeleitet. Kann A in Deutschland verurteilt werden? 38
Variante:[118] Kann der ebenfalls aktiv an den genannten Ausschreitungen beteiligte Deutsche B, dem keine konkrete Sachbeschädigung oder Körperverletzung nachzuweisen ist, in Deutschland wegen Landfriedensbruchs (§ 125) verurteilt werden? → Rn. 64

1. (Völkerrechtliche) Grundlagen

Beim aktiven Personalitätsgrundsatz knüpft die Strafgewalt – unabhängig vom Tatort – an die **Staatsangehörigkeit des Täters** an. Der damit verbundenen extraterritorialen Anwendung des inländischen Strafrechts auf Auslandstaten der eigenen Staatsangehörigen liegt der völkerrechtliche Grundsatz der Personalhoheit über die eigenen Staatsangehörigen zugrunde (Personalitätsprinzip, *principle of nationality*). Der Grundsatz ist **völkerrechtlich anerkannt** und auch im ausländischen Recht verbreitet,[119] wobei ein praktisches Bedürfnis nach ihm insbesondere in solchen Rechtssystemen besteht, die die Auslieferung eigener Staatsangehöriger verbieten (vgl. Art. 16 Abs. 2 S. 1 GG),[120] also insbesondere in denen des kontinentaleuropäischen Rechtskreises, dem auch die meisten lateinamerikanischen Rechtsordnungen angehören. Begeht also ein Deutscher außerhalb der EU eine Straftat, könnte er sich der Strafverfolgung entziehen, indem er nach Deutschland zurückreist und sich auf Art. 16 Abs. 2 S. 1 GG beruft (zur Ausnahme des S. 2 bzgl. IStGH und EU-Staaten vgl. § 6 Rn. 38, § 12 Rn. 24, 49ff.). 39

a) Absolutes aktives Personalitätsprinzip

Beim **absoluten aktiven Personalitätsprinzip** werden die eigenen Staatsangehörigen im Ausland der nationalen Strafgewalt unterworfen, ohne eine identische Tatortnorm zu verlangen. Dieses Verständnis gerät jedoch mit dem völkerrechtlichen Fremdenrecht und dem Hoheitsanspruch des Territorialstaates in Konflikt. Hat nämlich der Fremde die Rechtsordnung des Territorial- bzw. Empfangsstaates, in den er sich ja in der Regel freiwillig begeben hat, zu beachten und unterliegt er auch – nach dem Territorialitätsprinzip – dessen Strafgewalt, so erscheint es unbillig, wenn ihn der Heimatstaat wegen eines Verhaltens verfolgt, das im Empfangsstaat – seinem gegenwärtigen Aufenthaltsstaat – gar nicht strafbar ist. Der die Strafgewalt beanspruchende Heimat- 40

118 Vgl. *OLG Celle* JR 2002, 33 m. Anm. *Hoyer.*

119 Vgl. die Landesberichte bei *Schmitz,* S. 243ff.; auch Cryer/*Cryer,* S. 53; *O'Keefe,* LJIL 26 (2013), 549; *Jeßberger,* S. 240f.; europastrafr. *Klip,* 2012, S. 194ff. Krit. aus straftheoretischer Sicht *Pawlik,* ZIS 2006, 274 (285f.).

120 *Cassese,* 2008, S. 357 Fn. 2; *Bantekas/Nash,* S. 79f.; *Satzger,* 2013, § 4 Rn. 7; NK/*Böse,* Vor § 3 Rn. 18; *Jeßberger,* S. 243f.; s. auch *Pocar/Maystre,* in: Bergsmo, S. 251f.; *Švedas,* in: Böse/Meyer/Schneider, S. 303.

staat missachtet damit die Rechtsordnung des Empfangsstaates insoweit, als er dessen Entscheidung, das betreffende Verhalten nicht strafbar zu stellen, überspielt. Vor diesem Hintergrund kann man das absolute aktive Personalitätsprinzip nur mit einer ideologischen Überhöhung der bloß staatsangehörigkeitsrechtlichen Verbindung zwischen Heimatstaat und Täter erklären, nämlich mit dessen *Treuepflicht gegenüber dem Heimatstaat;*[121] diesem liegt die Durchsetzung seiner strafrechtlichen Wertvorstellungen mehr am Herzen als die Beachtung des Nichteinmischungsgrundsatzes. Die darin zum Ausdruck kommende autoritäre Staatsvorstellung – der Einzelne wird vollkommen dem Staatswillen untergeordnet – ist wegen ihrer geringen Achtung des Nichteinmischungsgrundsatzes **völkerrechtlich abzulehnen.**[122] Sie wird vollends untragbar, wenn der absolute aktive Personalitätsgrundsatz – wie durch die NS-Geltungsbereichsverordnung[123] geschehen – zum Regelprinzip wird.[124]

b) Eingeschränktes aktives Personalitätsprinzip

41 Das **eingeschränkte aktive Personalitätsprinzip** ist hingegen **völkerrechtlich unbedenklich,** denn wird über die Staatsangehörigkeit des Täters hinaus eine *identische Tatortnorm* verlangt, bringt der Heimatstaat damit die Achtung der ausländischen Rechtsordnung zum Ausdruck.[125] Ebenfalls eingeschränkt und deswegen völkerrechtlich unbedenklich ist der Personalitätsgrundsatz, wenn er mit einem weiteren anerkannten Anknüpfungspunkt *kombiniert* wird (insb. dem Schutzprinzip);[126] insoweit wirkt die aktive Personalität eher restringierend. Das eingeschränkte Personalitätsprinzip lässt sich auch auf den **Gedanken internationaler Solidarität stützen,** schützt der Verfolgerstaat doch ausländische Rechtsgüter vor seinen Inländern und entlastet damit die Strafjustiz des Tatortstaates.[127]

c) Domizilprinzip

42 Die Anknüpfung an die Person des Täters zur Erstreckung der nationalen Strafgewalt setzt einen hinreichenden Anknüpfungspunkt im völkerrechtlichen Sinn voraus.[128]

[121] *V. Weber,* DStR 1940, 186; *Doehring,* Rn. 814; *Schröder,* JZ 1968, 241; krit. auch *Jescheck,* IRuD 1956, 83f.; *Vogler,* FS Maurach, 1972, S. 597f.; *Oehler,* Rn. 139; LK/*Werle/Jeßberger,* Vor § 3 Rn. 234; *Böse/Meyer,* ZIS 2011, 342; *Chatzinikolaou et al.*, in: Böse/Meyer/Schneider, S. 204; s. auch *Pocar/Maystre,* in: Bergsmo, S. 251.

[122] Krit. auch *Council of Europe,* S. 27f.; *Jescheck,* IRuD 1956, 80ff.; *Caeiro,* KritV 2010, 378; *Böse,* FS Wolter, 2013, S. 1322f., der zudem betont, dass das aktive Personalitätsprinzip innerhalb der EU in Konflikt mit dem Recht auf Freizügigkeit geraten kann; a. A. *Jeßberger,* S. 247, der auch das uneingeschränkte aktive Personalitätsprinzip für vr zulässig hält; rvgl Überblick über die unterschiedlichen nationalen Regelungen bei *Sinn,* in: Sinn, S. 520. In Frankreich wird bspw. bei bestimmten Delikten auf das Erfordernis der identischen Strafnorm verzichtet, s. *Lelieur,* in: Böse/Meyer/Schneider, S. 118.

[123] S. o. Fn. 22.

[124] *Mayer,* JZ 1952, 609f.; *Rosswog,* S. 173ff. (175) m. w. N.; S/S/*Eser,* Vor §§ 3–9 Rn. 15; NK/*Böse,* Vor § 3 Rn. 18.

[125] S. auch *Gropp,* in: Sinn, S. 47; *Frände/Helenius,* in: Böse/Meyer/Schneider, S. 74; *Chatzinikolaou et al.*, in: Böse/Meyer/Schneider, S. 205. Dagegen SK/*Hoyer,* Vor § 3 Rn. 20, der insgesamt jedoch die Völkerrechtslage nicht ausreichend berücksichtigt.

[126] Vgl. SK/*Hoyer,* Vor § 3 Rn. 18; auch *Schmitz,* S. 270ff.

[127] *Oehler,* Rn. 733ff., 775ff.; *Vogler,* Geburtstagsgabe Grützner, 1970, S. 157; LK/*Werle/Jeßberger,* Vor § 3 Rn. 235; *Satzger,* 2013, § 4 Rn. 7; *ders.*, Jura 2010, 110. *Böse/Meyer,* ZIS 2011, 342 halten den aktiven Personalitätsgrundsatz vor diesem Hintergrund sogar für entbehrlich, da die Aburteilung von Auslandstaten eigener Staatsangehöriger letztlich als eine Form der stellvertretenden Strafrechtpflege angesehen werden könne.

Der Heimatstaat muss im konkreten Fall darlegen, dass ein solcher Anknüpfungspunkt besteht.[129] In der Regel wird er durch die nationalstaatliche Verleihung der Staatsangehörigkeit hergestellt (Rn. 39), gelegentlich wird jedoch auch an den **Wohnort des Täters** angeknüpft. Diese *Abwandlung* des aktiven Personalitätsprinzips[130] wird als Domizilprinzip bezeichnet.[131] Dabei ist wie folgt zu differenzieren: Wenn die Anknüpfung der Strafgewalt an den Wohnort *alternativ* zur Staatsangehörigkeit erfolgt, handelt es sich um eine (ohne Kombination mit anderen Anknüpfungspunkten abzulehnende) Erweiterung des aktiven Personalitätsprinzips;[132] wenn *kumulativ* zur Staatsangehörigkeit an den Wohnort angeknüpft wird, um eine (den konkreten völkerrechtlichen Anknüpfungspunkt sicherstellende) Einschränkung des aktiven Personalitätsprinzips, die (deshalb) völkerrechtlich unbedenklich ist.[133]

d) Sitzprinzip

Mit dem Sitzprinzip wird an den **Sitz einer juristischen Person** angeknüpft, in deren 43
Namen oder zu deren Gunsten Straftaten begangen werden, und die Strafgewalt auf das „Sitzgebiet" ausgedehnt. Das Prinzip taucht insbesondere in neueren völkerrechtlichen Abkommen auf, so etwa in Art. 9 Abs. 1 (c) des EU-Rahmenbeschlusses zur Bekämpfung des Terrorismus (vgl. 1. Aufl., § 12 Rn. 17). Zwar können juristische Personen, jedenfalls nach der (noch) herrschenden deutschen Auffassung,[134] nicht selbst Täter einer Straftat sein, und damit nicht direkt dem aktiven Personalitätsgrundsatz unterfallen, doch geht es der Sache nach um die „aktive Personalität" der (begünstigten) juristischen Person, so dass man das Sitzprinzip als Unterfall des Grundsatzes aktiver Personalität bezeichnen kann.

2. Die deutsche Rechtslage

Das deutsche Strafanwendungsrecht bedient sich des aktiven Personalitätsgrundsatzes, 44
um **Auslandstaten Deutscher** bestrafen zu können (§ 7 Abs. 2 Nr. 1). Es zieht damit die Konsequenz aus dem zwischenstaatlichen Auslieferungsverbot gem. Art. 16 Abs. 2 S. 1 GG (Rn. 39): Weil Deutschland die eigenen Staatsangehörigen an den Tatortstaat nicht ausliefern darf, muss sie sie selbst bestrafen.[135] Dabei wird dem Nichteinmischungsgrundsatz grundsätzlich durch das *Erfordernis einer identischen Tatortnorm* (Rn. 48 ff.) Rechnung getragen, also ein **eingeschränktes aktives Personalitätsprinzip** verwirklicht (§ 7 Abs. 2 Halbs. 1 Alt. 1).[136] Ausnahmsweise wird auf eine identische Tatortnorm verzichtet, nämlich zum einen wenn der Tatort *keiner Strafgewalt* un-

[128] ICJ, *Liechtenstein v. Guatemala,* Judg. 6.4.1955 (Fall „Nottebohm"), ICJ Reports 1955, 3, 4, 23.

[129] Vgl. auch *Oxman,* EPIL III, 1997, 57.

[130] LK/*Werle/Jeßberger,* Vor § 3 Rn. 254; a. A. *Oehler,* Rn. 137, der darin einen Fall des (abzulehnenden, Rn. 128) Kompetenzverteilungsprinzips erblickt.

[131] Vgl. *Council of Europe,* S. 11; *Zieher,* S. 86 f.; *Jennings/Watts,* S. 469; *Meng,* AVR 27 (1989), 185; krit. noch Harvard Draft, 1935, S. 533 f.; rechtsvergleichend *Swart,* in: Cassese/Delmas-Marty, S. 573 f.; europastrafr. *Klip,* 2012, S. 196 f.

[132] So bspw. das litauische Recht, s. *Švedas,* in: Böse/Meyer/Schneider, S. 303; rvgl Überblick bei *Böse/Meyer/Schneider,* in: Böse/Meyer/Schneider, S. 416.

[133] S. auch *Jeßberger,* S. 251, demzufolge „das Domizilprinzip seinen Platz in einem modernen Strafanwendungsrecht beanspruchen sollte".

[134] Vgl. o. § 1 Rn. 20.

[135] Vgl. Entwurf 1962, BT-Drs. 4/650, 113; auch *Scholten,* S. 111 f. m. w. N.; LK/*Werle/Jeßberger,* § 7 Rn. 74; S/S/*Eser,* § 7 Rn. 16.

[136] Vgl. auch *Henrich,* S. 188 f.; krit. S. 209.

terliegt (§ 7 Abs. 2 Halbs. 1 Alt. 2, Rn. 55) und zum anderen in einigen Fällen des Schutzprinzips i. S. v. § 5 (Rn. 56ff.). Ausgehend von der zentralen Vorschrift des **§ 7 Abs. 2 Nr. 1,** setzt die Begründung der deutschen Strafgewalt dreierlei voraus:
- eine *Auslandstat* (Rn. 45),
- begangen von einem *Deutschen* (Rn. 46ff.),
- die am Tatort mit Strafe bedroht ist (*identische Tatortnorm,* Rn. 48ff.) *oder* deren Tatort *keiner Strafgewalt* unterliegt (Rn. 55).

a) Auslandstat

45 **Auslandstaten** sind alle Taten, bei denen kein Begehungsort (§ 1 Rn. 17) im Inland (Rn. 14ff.) liegt. Grundsätzlich gilt das auch für Teilnahme, Versuch und versuchte Beteiligung. Dabei ist jedoch zu beachten, dass die ausländische Teilnahme an einer *Inlands*haupttat schon gem. § 9 Abs. 2 S. 1 Alt. 1 und 4 als *Inlandstat* – ebenso wie die *inländische* Teilnahme an einer Auslandshaupttat gem. § 9 Abs. 2 S. 1 Alt. 2 und 3 – unter das Territorialitätsprinzip des § 3 fällt. Im Übrigen gilt aber auch die *ausländische Teilnahme an einer Auslandstat* als Auslandstat. Für alle Auslandstaten gilt das **Opportunitätsprinzip** gemäß § 153c Abs. 1 Nr. 1 StPO, d. h. die Staatsanwaltschaft kann die Ermittlungen jederzeit einstellen.

b) Der Begriff des Deutschen

46 Als **„Deutsche“** gelten gemäß Art. 116 Abs. 1 GG sowohl deutsche Staatsangehörige (§ 1 StAG) als auch Volkszugehörige (Flüchtlinge, Vertriebene), die im deutschen Reich in den Grenzen vom 31.12.1937 Aufnahme gefunden haben (sog. Statusdeutsche), sowie deren Ehegatten oder Abkömmlinge.[137] Die deutsche Staatsangehörigkeit kann insbesondere durch Geburt, Legitimation, Annahme als Kind, durch Ausstellung einer Bescheinigung gemäß § 15 BVFG oder Einbürgerung erworben werden (§§ 3ff. StAG),[138] wobei mit Einführung des *Optionsmodells* – in Durchbrechung des *Ius sanguinis*-Grundsatzes und im Einklang mit dem *Ius soli*-Grundsatz – auch in Deutschland geborene Kinder von Ausländern die deutsche Staatsangehörigkeit erhalten und somit bis zum Erreichen der Volljährigkeit eine doppelte Staatsangehörigkeit besitzen können (§ 4 Abs. 3, 29 Abs. 1 S. 1 StAG). Sie sind bis zu diesem Zeitpunkt, wie auch sonstige Mehrstaatler, im strafrechtlichen Sinne als Deutsche zu betrachten.[139] Lässt sich die deutsche Staatsangehörigkeit eines Täters nicht eindeutig feststellen, so ist nach dem Grundsatz *im Zweifel für den Angeklagten* das mildere Gesetz anzuwenden.[140] – Die Frage der Anerkennung einer juristischen Person als Täter i. S. v. § 7 Abs. 2 Nr. 1 stellt sich erst, wenn die strafrechtliche Verantwortlichkeit juristischer Personen im deutschen Recht generell anerkannt ist (vgl. Rn. 43, § 1 Rn. 20).[141]

[137] Vgl. BGHSt 11, 63; 2, 160 (161); 20, 22 (24) (offengelassen); *Oehler,* FS Bockelmann, 1979, S. 775f.; LK/*Werle/Jeßberger,* § 7 Rn. 57; S/S/*Eser,* Vor §§ 3–9 Rn. 54; *Fischer,* StGB, § 7 Rn. 3; SSW-StGB/*Satzger,* § 7 Rn. 3; *Satzger,* 2013, § 5 Rn. 82. – Zum zunehmenden Bedeutungsverlust der Übergangskategorie der Statusdeutschen v. Münch/Kunig/*Vedder,* Art. 116 Rn. 52; Sachs/*Kokott,* Art. 116 Rn. 2, 14ff.

[138] Vgl. auch *Ziegenhain,* S. 82ff.; *Fischer,* StGB, § 7 Rn. 2a.

[139] *Fischer,* StGB, § 7 Rn. 5.

[140] BGHSt 2, 160 (161); 20, 22 (25); *Oehler,* FS Bockelmann, 1979, S. 771f.; LK/*Werle/Jeßberger,* § 7 Rn. 79.

[141] Zu aktuellen Reformbestrebungen s. *Schneider,* ZIS 2013, 493ff.

Grundsätzlich kommt es beim Personalitätsprinzip nicht nur hinsichtlich der Strafbarkeit des inkriminierten Verhaltens (Rn. 48), sondern auch hinsichtlich der Staatsangehörigkeit auf den **Zeitpunkt der Tatbegehung** an.[142] Ein späterer Verlust der deutschen Staatsangehörigkeit lässt den einmal entstandenen deutschen Strafanspruch unberührt.[143] Andererseits reicht gemäß § 7 Abs. 2 Nr. 1 Alt. 2 auch der spätere Erwerb der deutschen Staatsangehörigkeit aus (sog. **Neubürgerklausel**).[144] Zu bedenken ist dabei allerdings, dass sich diese nachträgliche Unterwerfung des Täters unter das deutsche Strafrecht zwar mit dem zwischenstaatlichen Auslieferungsverbot eigener Staatsangehöriger (Art. 16 Abs. 2 S. 1 GG) kriminalpolitisch rechtfertigen lässt,[145] aber mit dem *Nullum-crimen*-Grundsatz in Konflikt gerät, weil die deutsche Strafgewalt erst nach Tatbegehung begründet wird (§ 1 Rn. 11 ff.). Der Einwand des *BGH,* dass ein Verstoß gegen Art. 103 Abs. 2 GG schon deshalb ausscheide, weil ja zum Tatzeitpunkt festgestanden habe, ob und wie die Tat zu bestrafen sei, wenn der Täter deutscher Staatsbürger werde,[146] trägt aus individualrechtlicher Sicht nur dann, wenn der Täter den Erwerb der deutschen Staatsangehörigkeit schon in seinen Tatplan einbezogen hatte.[147] Ist dies nicht der Fall, so wird zwar keine Verletzung des Schuldgrundsatzes vorliegen, weil das Verhalten auch nach dem Tatortrecht tatbestandsmäßig, rechtswidrig und schuldhaft gewesen sein muss (dazu sogleich Rn. 48 ff.), aber man wird den Täter nur nach dem **milderen Recht** *(lex mitior)* bestrafen dürfen, denn er durfte zumindest darauf vertrauen, dass sein Verhalten nicht nachträglich mit einer höheren Strafe belegt wird *(nulla poena sine lege)*.[148] 47

c) Die identische Tatortnorm *(lex loci)*

Das betreffende Verhalten muss gemäß § 7 Abs. 2 Halbs. 1 Alt. 1 **„mit Strafe bedroht"** sein. Dies ist der Fall, wenn es – zum *Zeitpunkt der Tatbegehung*[149] – eine Kriminalstrafe oder eine vergleichbare Sanktion (§§ 38 ff.) und nicht bloß irgendeine (auch außerstrafrechtliche) Sühnemaßnahme[150] zur Folge hat (vgl. auch § 3 IRG).[151] Dem liegt der Gedanke der – im modernen Strafrecht anerkannten – Unterscheidung zwischen Straftat/Kriminalstrafe und Verwaltungsunrecht/Ordnungswidrigkeit zu- 48

142 Vgl. auch *Harvard Draft,* 1935, S. 531 f.

143 Vgl. auch LK/*Werle/Jeßberger,* § 7 Rn. 80; S/S/*Eser,* § 7 Rn. 19.

144 Hinsichtlich ehem. DDR-Bürger gilt die Neubürgerklausel nur, wenn sie schon vor dem Beitritt in die Bundesrepublik übergesiedelt sind; sonst wird sie durch den spezielleren Art. 315 Abs. 1–3 EGStGB verdrängt; vgl. BGHSt 39, 54 (60 f.); 317 (320); 40, 125 (129 f.); zur Verfassungsmäßigkeit vgl. BVerfGE 95, 96 (137 f.).

145 LK/*Werle/Jeßberger,* § 7 Rn. 86; NK/*Böse,* § 7 Rn. 12; S/S/*Eser,* § 7 Rn. 20; auch *Cornils,* in: Arnold et al., S. 219 ff.; *Jeßberger,* S. 145.

146 BGHSt 2, 160 (161); 20, 22 (23); zust. *Jeßberger,* S. 146.

147 Ebenso *Satzger,* Jura 2010, 191; dem *BGH* zust. LK/*Werle/Jeßberger,* § 7 Rn. 87 f.; *Fischer,* StGB, § 7 Rn. 9 a; krit. auch *Schmitz,* FS Grünwald, 1999, S. 622 Fn. 15; SSW-StGB/*Satzger,* § 7 Rn. 10; *Satzger,* 2013, § 5 Rn. 85; NK/*Lemke,* 2. Aufl., 2005, § 7 Rn. 22; *Böse,* FS Wolter, 2013, S. 1324.

148 I. Erg. ebenso S/S/*Eser,* § 7 Rn. 21; NK/*Böse,* § 7 Rn. 21; SK/*Hoyer,* § 7 Rn. 11; *Lackner/Kühl,* § 7 Rn. 4; *Cornils,* in: Arnold et al., S. 222 ff.; *Rath,* JA 2007, 32; SSW-StGB/*Satzger,* § 7 Rn. 10; *Satzger,* 2013, § 5 Rn. 85; krit. auch *Meyer,* in: Böse/Meyer/Schneider, S. 152; a. A. *Plutte,* Umfang, 1982, S. 27 f.

149 Eine nachträgliche Kriminalisierung ist wegen des Rückwirkungsverbots unbeachtlich (§ 1 Rn. 11 ff.; vgl. auch RGSt 55, 267; S/S/*Eser,* § 7 Rn. 12).

150 So noch BGHSt 2, 160 (161); auch BGHSt 8, 349 (356 f.); 21, 277 (278); *Tröndle,* JR 1977, 2.

151 Vgl. BGHSt 27, 5 (8 f.) sowie MünchKomm/*Ambos,* § 7 Rn. 5 m. w. N. in Fn. 12; *Wörner/Wörner,* in: Sinn, S. 235.

grunde. Die **Beschränkung auf echte Straftaten** ergibt sich auch aus dem Sinn und Zweck des Erfordernisses der identischen Tatortnorm, nämlich die Ausdehnung des deutschen Strafrechts zu begrenzen[152] und zwar auf diejenigen Fälle, die auch am Tatort mit einer echten Strafe sanktioniert werden. Diese **Begrenzungsfunktion** ist aus völkerrechtlichen Gründen (Rn. 40f.) geboten, denn § 7 Abs. 2 Nr. 1 beruht auf dem aktiven Personalitätsprinzip.[153]

49 Die **„Tat"** muss mit Strafe bedroht sein; damit wird auf den konkreten historischen Vorgang i. S. d. prozessualen Tatbegriffs gem. § 264 StPO (§ 1 Rn. 23) abgestellt.[154] Dieser Vorgang muss unter irgendeinem rechtlichen Gesichtspunkt am Tatort strafbar sein **(konkrete Betrachtungsweise).**[155] Das Vorliegen eines einzigen Straftatbestands eröffnet den Geltungsbereich des deutschen Strafrechts.[156] Der einschlägige ausländische Straftatbestand muss sich weder mit dem inländischen decken[157] noch denselben Schutzzweck verfolgen.[158] Ausländische Konkurrenzregeln sind unerheblich.[159] Das Erfordernis einer „identischen Tatortnorm" ist also nicht i. S. v. Tatbestands-, sondern von **Tatidentität** zu verstehen.[160] **Prüfungsmaßstab** ist die gesamte ausländische Rechtsordnung, insbesondere auch das Nebenstrafrecht.[161] Auch ungeschriebene Strafvorschriften können dazu zählen, denn nicht überall gilt der *lex scripta*-Grundsatz (Art. 103 Abs. 2 GG), so etwa nicht im angloamerikanischen *common law.*[162] Die Überprüfung, ob eine bestimmte Tat im Ausland strafbar ist, erfordert eine Prüfung des ausländischen Strafrechts und stellt damit eine **Fremdrechtsanwendung** dar.[163] Im Übrigen wird nur das deutsche Strafrecht angewendet, denn die Prüfung der identischen Tatortnorm dient nur der Eröffnung der deutschen Strafgewalt, die selbst natürlich auf das deutsche Strafrecht zurückgreift.[164] Das führt dazu, dass **deutsche Strafausschließungsgründe** auch dann auf Auslandstaten gegen Deutsche oder von

[152] Vgl. Entwurf 1962, BT-Drs. 4/650, 112f. Vgl. auch *Scholten,* S. 142ff.; *Henrich,* S. 91ff.

[153] Teilweise wird § 7 Abs. 2 Nr. 1 (zu Unrecht) dem Grundsatz der stellvertretenden Strafrechtspflege zugeordnet; vgl. *Jescheck/Weigend,* S. 174; dagegen zu Recht *Tröndle,* JR 1977, 2. Diff. *Walter,* JuS 2006, 969; *Rath,* JA 2007, 32; SSW-StGB/*Satzger,* § 7 Rn. 2; *Satzger,* Jura 2010, 190 (191), die in der Neubürgerklausel des § 7 Abs. 2 Nr. 1 Alt. 2 die stellvertretende Strafrechtspflege verwirklicht sehen. Vgl. auch LK/*Werle/Jeßberger,* § 7 Rn. 8.

[154] Vgl. *BGH* NJW 1997, 334; *Niemöller,* NStZ 1993, 172; *Scholten,* S. 125 (127f.); LK/*Werle/Jeßberger,* § 7 Rn. 29.

[155] Vgl. schon RGSt 5, 424; *BGH* NJW 1997, 334; *OLG Celle* NJW 2001, 2734 = JR 2002, 33; a. A. *Rath,* JA 2007, 33; *Hoyer,* JR 2002, 34f. m.w. N; weitere Nachweise bei MünchKomm/*Ambos,* § 7 Rn. 6 in Fn. 18.

[156] *BGH* NJW 1997, 334; *Niemöller,* NStZ 1993, 172; LK/*Werle/Jeßberger,* § 7 Rn. 32; *Mankowski/Bock,* ZStW 120 (2008), 740. Beispiel für fehlende Tatortnorm etwa bei *BGH* NStZ-RR 1997, 257 (Geschlechtsverkehr eines Türken mit 20-jähriger Tochter in der Türkei).

[157] RGSt 5, 424 (425); 54, 249; *OLG Karlsruhe* Justiz 1980, 478; *Niemöller,* NStZ 1993, 172; *Mankowski/Bock,* ZStW 120 (2008), 740; HK-GS/*Hartmann,* § 7 Rn. 4. Vgl. auch *Sengbusch,* Jura 2009, 308; *Rönnau,* JZ 2007, 1086.

[158] RGSt 5, 424; BGHSt 2, 160 (161); *BGH* NJW 1954, 1086; *OLG Celle* NJW 2001, 273; *Niemöller,* NStZ 1993, 172; *S/S/Eser,* § 7 Rn. 8; *Mankowski/Bock,* ZStW 120 (2008), 740; HK-GS/*Hartmann,* § 7 Rn. 4; Beck-StGB/*von Heintschel-Heinegg,* § 7 Rn. 2.

[159] RGSt 42, 330 (333f.); *S/S/Eser,* § 7 Rn. 8; NK/*Lemke,* 2. Aufl., 2005, § 7 Rn. 6, HK-GS/*Hartmann,* § 7 Rn. 6.

[160] Ähnlich schon *Niemöller,* NStZ 1993, 173; auch *Fischer,* StGB, § 7 Rn. 7.

[161] Vgl. *Scholten,* S. 128.

[162] Vgl. *Plutte,* Prüfung, 1982, S. 91f.; *Henrich,* S. 81; *Scholten,* S. 130.

[163] Zust. *Mosiek,* StV 2008, 96.

[164] Vgl. *Henrich,* S. 80.

Deutschen Anwendung finden, wenn diese in der ausländischen Rechtsordnung nicht anerkannt sind.[165]

Ob die Tat am Tatort mit Strafe **„bedroht"** ist, verlangt mehr als nur die Feststellung der Strafbarkeit auf Grund irgendeines Tatbestandes. Die Tatbestandlichkeit des historischen Tatvorgangs ist nur die Mindestvoraussetzung des Erfordernisses der identischen Tatortnorm. Weitergehend muss – **dreistufig** – zwischen der *materiellen* Strafbarkeit, *prozessualen* Verfolgbarkeit und *tatsächlichen* Verfolgung der Tat am Tatort unterschieden werden. Doch sind diese weiteren Voraussetzungen weder gleichermaßen beachtlich noch gelten sie ausnahmslos. 50

Weitgehend unumstritten ist, dass **materielle Strafausschließungsgründe** des Tatortrechts, insbesondere Rechtfertigungs- und Entschuldigungsgründe, vom Verfolgerstaat zu beachten sind.[166] Dies ergibt sich schon aus dem Wortlaut von § 7 und aus der konkreten Betrachtungsweise (Rn. 49), denn eine konkrete Tat ist nur dann mit Strafe „bedroht", wenn das Tatortrecht sie als materielles **Unrecht** qualifiziert – also keinen rechtfertigenden Erlaubnissatz vorsieht – und dem Täter ein **Schuldvorwurf** gemacht werden kann. Auch bei den Gesetzesberatungen wurden materielle Strafausschließungsgründe für beachtlich gehalten.[167] Schließlich fordert auch eine teleologische Betrachtung die Beachtung solcher Strafausschließungsgründe: Die **Begrenzungsfunktion** (Rn. 48) des Erfordernisses der identischen Tatortnorm würde weitgehend leerlaufen, wenn man schon die bloße Tatbestandlichkeit der „Tat" ausreichen lassen würde,[168] denn diese wird in der Regel – bei Annahme bloßer Tatidentität (Rn. 49) – gegeben sein. Andererseits würde die souveräne Entscheidung des Tatortstaates, ein bestimmtes Verhalten für erlaubt zu erklären oder zumindest den Schuldvorwurf zurückzunehmen, ignoriert und somit der Nichteinmischungsgrundsatz tangiert, wenn nicht gar verletzt.[169] 51

Mit vergleichbarer Eindeutigkeit geht die Rechtsprechung umgekehrt davon aus, dass **prozessuale Verfolgungshindernisse** unbeachtlich sind, weil es alleine auf die „sachlich-rechtliche Lage" ankomme.[170] Doch kann diese Ansicht weder eindeutig auf den Wortlaut noch die Entstehungsgeschichte von § 7 gestützt werden. Der Wortlaut lässt die Frage zumindest offen, denn eine Tat, der ein Verfolgungshindernis entgegensteht, wird ja tatsächlich nicht mit Strafe „bedroht".[171] Aus der Entstehungsgeschichte ergibt sich, dass die Beachtlichkeit prozessualer Verfolgungshindernisse grundsätzlich anerkannt wurde, man sich aber über den Regelungsstandort nicht einigen konnte bzw. eine strafverfahrensrechtliche Regelung für ausreichend hielt.[172] Bei *teleologischer Ausle-* 52

165 *OLG Köln* MDR 1973, 688 zu § 3 a. F.

166 Vgl. BGHSt 2, 160 (161) („sachlich-rechtliche Lage"); *Satzger,* 2013, § 5 Rn. 92; MünchKomm/*Ambos,* § 7 Rn. 10 m.w.N. in Fn. 38; aus finnischer Sicht ebenso *Frände/Helenius,* in: Böse/Meyer/Schneider, S. 74.

167 Vgl. *Scholten,* S. 147f. m.w.N.

168 Zust. LK/*Werle/Jeßberger,* § 7 Rn. 37; dafür aber *Woesner,* ZRP 1976, 250; dagegen zutr. *Henrich,* S. 96f.; *Scholten,* 1995, 146f.

169 Deshalb hält auch das *Council of Europe,* S. 14, die Beschränkung auf eine bloße „criminal offence" für eine „departure from the concept of ‚representation' in the pure sense"; s. auch die Falllösung bei *Hecker/Zöller,* S. 39f. (Fall 4).

170 Vgl. schon RGSt 5, 424; 40, 402; *BGH* NStZ-RR 2000, 361; MünchKomm/*Ambos,* § 7 Rn. 12 m.w.N. in Fn. 46.

171 Vgl. *Henrich,* S. 88; *Scholten,* S. 154f.; *ders.,* NStZ 1994, 267; *Eser,* JZ 1993, 878f.

172 *Eser,* JZ 1993, 880f.; *Scholten,* S. 155f.; *ders.,* NStZ 1994, 267.

gung wird man zwischen § 7 Abs. 1 und 2 Nr. 1 auf der einen und § 7 Abs. 2 Nr. 2 auf der anderen Seite **differenzieren** müssen.[173] Während nämlich in jenem Fall des aktiven und passiven Personalitätsprinzips (Rn. 37ff., 71ff.) ein originärer, an die deutsche Staatsangehörigkeit von Täter und Opfer anknüpfender Strafanspruch existiert, der zudem dem Schutz deutscher Staatsbürger im Ausland (§ 7 Abs. 1) und der Verhinderung von Straflosigkeit (Auslieferungsverbot!, Rn. 39) dient (§ 7 Abs. 2 Nr. 1), verfolgt im Fall der stellvertretenden Strafrechtspflege (§ 7 Abs. 2 Nr. 2, Rn. 114ff.) der Ergreifungsstaat kein originäres Verfolgungsinteresse, sondern handelt in Vertretung des Tatortstaates und bedarf deshalb dessen Ermächtigung.[174] Würde er nationale Verfolgungshindernisse, etwa eine Amnestie, ignorieren, so käme dies der Missachtung der souveränen Entscheidung des Tatortstaates gleich und würde quasi ein Handeln ohne Ermächtigung darstellen, denn durch eine solche Maßnahme macht der Tatortstaat ja gerade klar, dass er auf eine Verfolgung, auch außerhalb des eigenen Hoheitsgebiets, verzichten will. Damit ist die Beachtung nationaler Verfolgungshindernisse *in diesem Fall* also auch aus völkerrechtlichen Gründen geboten.[175]

53 Im gleichen Sinne muss hinsichtlich der Beachtlichkeit einer entgegenstehenden **Strafverfolgungspraxis** differenziert werden.[176] Verfolgt der Ergreifungsstaat auch originäre Interessen – Schutz oder Bestrafung seiner eigenen Staatsangehörigen (§ 7 Abs. 1, Abs. 2 Nr. 1) – kann er sich über eine entgegenstehende Verfolgungspraxis hinwegsetzen. Ist darin jedoch ein souveräner Strafverfolgungsverzicht des Tatortstaates zu sehen, so darf der Ergreifungsstaat sich nicht *ohne weiteres* an die Stelle des Tatortstaates setzen (§ 7 Abs. 2 Nr. 2) und die Straftat verfolgen; er muss grundsätzlich dazu ermächtigt werden (Rn. 116).

54 Freilich hat die Beachtung des Tatortrechts **menschenrechtliche und völkerstrafrechtlichen Grenzen,** die für das materielle Recht, etwaige prozessuale Verfolgungshindernisse und die Strafverfolgungspraxis gleichermaßen gelten. Schon in der Begründung zu § 6 E 1962 wurde darauf hingewiesen, dass das Erfordernis der identischen Tatortnorm voraussetze, dass „das ausländische Strafrecht den *elementaren rechtsstaatlichen Grundsätzen* entspricht. Der deutsche Strafanspruch könne nicht durch „*willkürliche* Rechtfertigungs- und Entschuldigungsgründe …, die den von den zivilisierten Völkern *anerkannten Rechtsgrundsätzen* widersprechen", ausgeschlossen werden.[177] Dieser Ansicht haben sich auch die Rspr. und Literatur angeschlossen.[178]

173 *OLG Zweibrücken* OLGSt § 7 Nr. 7; *Eser,* JZ 1993, 878ff.; *Oehler,* Rn. 151e; *Scholten,* S. 154. Generell für Beachtlichkeit *Satzger,* 2013, § 5 Rn. 101; *Wörner/Wörner,* in: Sinn, S. 236f.

174 LK/*Werle/Jeßberger,* § 7 Rn. 44, 46; *Eser,* JZ 1993, 880ff.; *Lagodny/Pappas,* JR 1994, 163f.; offen lassend *BGH* NStZ-RR 2000, 208.

175 *Eser,* JZ 1993, 882f.; *Pappas,* S. 91ff., 179ff.; *Ambos,* NStZ 1998, 140. I. Erg. ebenso *Henrich,* S. 97ff. (99); *Liebelt,* Zum dt. int. Strafrecht, 1978, S. 245f.; *Oehler,* Rn. 151e; *Cornils,* in: Arnold et al., S. 216; *Lagodny/Pappas,* JR 1994, 162f.; *Lagodny,* ZStW 101 (1989), 993; *Schmitz,* FS Grünwald, 1999, S. 631ff.; *Satzger,* 2013, § 5 Rn. 99 („zwingend"); a. A. *Scholten,* S. 154ff. (165); vgl. zur problematischen Haltung der Rspr. MünchKomm/*Ambos,* § 7 Rn. 13 m. w. N.

176 LK/*Werle/Jeßberger,* § 7 Rn. 50; *Eser,* JZ 1993, 882; S/S/*Eser,* § 7 Rn. 23; NK/*Böse,* § 7 Rn. 8; SSW-StGB/*Satzger,* § 7 Rn. 23; *Satzger,* 2013, § 5 Rn. 102; *Henrich,* S. 97ff. (99); widersprüchlich *Scholten,* S. 160ff. (161); für ein Überdenken *Arzt,* FG Schweizerischer Juristentag 1988, 1988, S. 425f.; gegen Beachtlichkeit überhaupt: *Plutte,* Prüfung, 1982, S. 92; SK/*Hoyer,* § 7 Rn. 6.

177 Entwurf 1962, BT-Drs. 4/650, 113 (Hervorhebung K. A.).

178 *OLG Düsseldorf* NJW 1983, 1277 (1278); auch *Scholten,* S. 167; LK/*Werle/Jeßberger,* § 7 Rn. 38; *Kil-*

d) Verzicht auf eine identische Tatortnorm

Wie schon erwähnt (Rn. 44), wird auf das Erfordernis einer identischen Tatortnorm im Rahmen des aktiven Personalitätsprinzips in zwei Fallgruppen verzichtet: Zum einen wenn der Tatort keiner Strafgewalt unterliegt (§ 7 Abs. 2 Halbs. 1 Alt. 2), zum anderen in bestimmten Fällen des § 5 (Nr. 8, 9, 11 (a), 12, 14a, 15 sowie Nr. 3 (a), 5 (b); Rn. 56 ff.). Der Tatort unterliegt **„keiner Strafgewalt"**, wenn die Tat in hoheitsfreiem Gebiet oder „Niemandsland" begangen wurde.[179] Dazu zählen die hohe See sowie der Weltraum und der Mond (Rn. 18, 20). Freilich kann eine nationale Strafgewalt in all diesen Gebieten auf Grund der anerkannten Anknüpfungspunkte begründet werden, insbesondere auf Grund des Flaggenprinzips (Rn. 25 ff.) zugunsten des Registerstaates von Schiffen oder Weltraumfahrzeugen. Insoweit ist es jedenfalls ungenau davon zu sprechen, dass der Tatort „keiner Strafgewalt" unterliegt, auch wenn der Strafgewalterstreckung des Registerstaates keine Erstreckung seines Hoheitsgebietes entspricht (Rn. 27). „Keiner Strafgewalt" unterliegt ein bestimmtes Gebiet auch, wenn zwar noch formal eine Hoheitsgewalt existiert, diese aber nicht (mehr) in der Lage ist, effektive Strafgewalt auszuüben oder das Justizsystem zusammengebrochen ist (*failed state*-Szenario).[180] 55

§ 5 enthält Fälle, bei dem es auf das Tatortrecht nach dem Wortlaut generell nicht ankommt. Dies lässt sich damit erklären, dass der deutsche Gesetzgeber mit dieser Vorschrift bestimmten nationalen Interessen einen besonderen Schutz zukommen lassen und dessen Durchsetzung nicht von einer ausländischen Rechtsordnung abhängig machen will.[181] Darin kommt ein nicht geringes **Misstrauen gegenüber der Tatortrechtsordnung** zum Ausdruck. Die Abkoppelung vom Tatortrecht ändert freilich nichts daran, dass dessen Prüfung doch im Einzelfall für die Beurteilung (außerstrafrechtlicher) Inzidentfragen notwendig sein kann[182] und sich somit das Problem der Fremdrechtsanwendung stellt.[183] Die **völkerrechtlichen Bedenken** gegen § 5 liegen dort auf der Hand,[184] wo die Vorschrift den Geltungsbereich des deutschen Strafrechts in das Hoheitsgebiet anderer Staaten ausdehnt und sich zur Legitimation allein auf das absolute aktive Personalitätsprinzip stützt. Beruht eine solche Strafgewaltserstreckung nicht auf völkerrechtlichen Abkommen, ist sie *völkerrechtswidrig.* Eine völkerrechts- und damit verfassungskonforme (Art. 25 GG) Auslegung von § 5 kann dann nur über das Erfordernis einer identischen Tatortnorm (Rn. 48 ff.) hergestellt werden. *De lege ferenda* muss der Gesetzgeber den § 5 insoweit ergänzen. 56

Grundgedanke von **§ 5 Nr. 8** ist es, dass nur in den genannten Fällen **mittelschwerer Sexualdelikte** eine Auslandserstreckung notwendig ist, während in Fällen leichter Sexualdelikte darauf verzichtet und bei schweren Sexualdelikten von einer Tatortstrafbarkeit ausgegangen werden kann. So wird gem. **Nr. 8 (a)** 57

lian, NJW 1983, 2305 f.; HK-GS/*Hartmann,* § 7 Rn. 5; NK/*Böse* § 7 Rn. 7; *Satzger,* 2013, § 5 Rn. 89 ff.; *Rath,* JA 2007, 34.

179 LK/*Werle/Jeßberger,* § 7 Rn. 51 ff.; *Fischer,* StGB, § 7 Rn. 8.

180 Vgl. dazu *Doehring,* Rn. 945; *Epping,* in: Ipsen, § 5 Rn. 141; NK/*Böse,* § 7 Rn. 9; SSW-StGB/*Satzger,* § 7 Rn. 24; LK/*Werle/Jeßberger,* § 7 Rn. 53.

181 Vgl. *Zieher,* S. 139 ff. (141).

182 S/S/*Eser,* § 5 Rn. 24, Vor §§ 3–7 Rn. 22 f.; LK/*Werle/Jeßberger,* § 5 Rn. 2.

183 Dazu näher MünchKomm/*Ambos,* § 7 Rn. 8; zur zunehmenden Bedeutung im Wirtschaftsstrafrecht *Mosiek,* StV 2008, 94 ff.

184 Anders *Satzger,* 2013, § 5 Rn. 64, der davon ausgeht, dass § 5 StGB „durchweg auf sinnvollen Anknüpfungspunkten" beruhe.

der sexuelle Missbrauch von Schutzbefohlenen bei Tatbegehung durch *in Deutschland ansässige Deutsche* (aktives Personalitätsprinzip und Domizilprinzip) dem deutschen Strafrecht unterworfen, wenn auch das Opfer Deutscher und dort ansässig ist (passives Personalitätsprinzip und Domizilprinzip). Dagegen verwirklicht **Nr. 8 (b)** universellen Opferschutz, indem der sexuelle Missbrauch von Kindern und Jugendlichen durch Deutsche *unabhängig* von ihrem Wohnort und unabhängig von Staatsangehörigkeit und Wohnort des Opfers deutscher Strafgewalt unterworfen werden. Ist dies auch völkerrechtlich nicht unbedenklich,[185] so ist es kriminalpolitisch durchaus nachvollziehbar, den genannten Opfergruppen den deutschen Strafrechtsschutz vor deutschen Tätern auch im Ausland („Sextourismus") zu gewähren. Immerhin lässt sich das absolute aktive Personalitätsprinzip in dieser Vorschrift auch auf die völkerrechtliche Verpflichtung gem. Art. 34 UN-Kinderrechtskonvention[186] stützen.[187]

58 Mit **§ 5 Nr. 9** wird der **Schwangerschaftsabbruch** i. S. v. § 218 – nicht aber Taten nach §§ 218b, 219a oder 219b – auch im Ausland der deutschen Strafgewalt unterworfen, wenn der „Täter" zur Tatzeit Deutscher ist und seine Lebensgrundlage im Inland hat. Täter i. S. v. § 218 ist der den Abbruch vornehmende Arzt oder die Schwangere selbst. Damit reicht es aus, dass ein deutscher Arzt den Abbruch an einer ausländischen Schwangeren vornimmt oder eine deutsche Schwangere diesen von einem ausländischen Arzt, jeweils im Ausland, vornehmen lässt, ohne dass es auf die Strafbarkeit am Tatort ankäme. In dieser Anknüpfung an das absolute aktive Personalitätsprinzip ist grundsätzlich ein *Verstoß gegen den völkerrechtlichen Nichteinmischungsgrundsatz* zu sehen.[188] Außerdem kollidiert die Vorschrift mit der europarechtlichen Niederlassungs- und Dienstleistungsfreiheit (Art. 49 ff., 56 ff. AEUV) und muss insoweit unanwendbar bleiben (§ 11 Rn. 41).[189] Der – möglicherweise gut gemeinte – kriminalpolitische Zweck, einem „Reichenprivileg" entgegenzuwirken,[190] kann an diesem völkerrechtlichen Verdikt nichts ändern. Anders mag es sein, wenn (auch) das ungeborene Kind Deutscher ist und damit die Strafgewalt auch auf das passive Personalitätsprinzip gestützt werden kann und damit insgesamt die Beziehung zur deutschen Rechtordnung verstärkt wird. Zu weitgehend dürfte es aber wohl sein, in diesem Zusammenhang das Realprinzip unter Hinweis auf den Schutz des Bestandes der deutschen Bevölkerung anzuführen, ist der Bevölkerungsrückgang doch weniger auf Schwangerschaftsabbrüche als vielmehr auf fehlende Schwangerschaften zurückzuführen. Schon deshalb ist eine restriktive Auslegung und eine Beschränkung auf Teilnehmer mit deutscher Staatsangehörigkeit und Wohnsitz im Inland (siehe § 1 Rn. 28) geboten. Die *Beihilfe* zu einem Schwangerschaftsabruch durch einen Deutschen im Ausland unterfällt also deutscher Strafgewalt nur, wenn der Gehilfe Deutscher mit inländischer Lebensgrundlage ist.[191] Zudem muss dem Akzessorietätserfordernis Rechnung getragen werden: Wenn keine nach deutschem Recht strafbare Haupttat vorliegt, so scheidet auch eine Teilnehmerstrafbarkeit aus.[192] Noch allgemeiner formuliert kann auch hier nur das Erfordernis einer *identischen Tatortnorm* die Erstreckung deutscher Strafgewalt auf ausländische Schwangerschaftsabbrüche völkerrechtlich rechtfertigen.

59 Ausdruck des absoluten aktiven Personalitätsprinzips ist auch **§ 5 Nr. 12 Alt. 1,** der in alleine zeitlicher Hinsicht darauf abstellt, dass die **Auslandstat eines deutschen Amtsträgers** (§ 11 Abs. 1 Nr. 2) oder eines für den öffentlichen Dienst besonders Verpflichteten (§ 11 Abs. 1 Nr. 4) „während eines dienstlichen Auf-

[185] Vgl. auch NK/*Böse*, § 5 Rn. 26, der die Vorschrift für verfassungsrechtlich bedenklich hält.

[186] „Die Vertragsstaaten verpflichten sich, das Kind vor allen Formen sexueller Ausbeutung und sexuellen Missbrauchs zu schützen. Zu diesem Zweck treffen die Vertragsstaaten insbesondere alle geeigneten innerstaatlichen, zweiseitigen und mehrseitigen Maßnahmen, um zu verhindern, dass Kinder a) zur Beteiligung an rechtswidrigen sexuellen Handlungen verleitet oder gezwungen werden; b) für die Prostitution oder andere rechtswidrige Praktiken ausgebeutet werden; c) für pornographische Darbietungen und Darstellungen ausgebeutet werden."; BGBl. II 1992 S. 121 (136).

[187] Damit ist die frühere Kritik an § 5 Nr. 8 (*Zieher*, S. 134 ff.) obsolet.

[188] Krit. auch *Oehler*, Rn. 794; *Zieher*, S. 136 ff.

[189] Näher *Hecker*, 2012, § 9 Rn. 36 ff.

[190] BT-Drs. 5/4095, 5 f.; näher *Zieher*, S. 137 f.; *Vogler*, Geburtstagsgabe Grützner, 1970, S. 158; NK/*Lemke*, 2. Aufl., 2005, § 5 Rn. 19.

[191] S/S/*Eser*, § 5 Rn. 17; LK/*Werle/Jeßberger*, § 5 Rn. 135; NK/*Böse*, § 5 Rn. 25; *Satzger*, 2013, § 5 Rn. 70; SSW-StGB/*Satzger*, § 5 Rn. 21.

[192] NK/*Böse*, § 5 Rn. 25; *Satzger*, 2013, § 5 Rn. 70. Vgl. auch S/S/*Eser*, § 5 Rn. 17; LK/*Werle/Jeßberger*, § 5 Rn. 135; anders aber bei Beihilfe zur Tat eines Deutschen; vgl. *AG Albstadt* MedR 1988, 261 m. Anm. *Mitsch*, Jura 1989, 193 ff.

enthalts" begangen wurde (für Soldaten vgl. § 1a Abs. 2 WStG[193]). Bei privatem Aufenthalt im Ausland (§ 5 Nr. 12 Alt. 2) kommt eine Anwendung deutschen Strafrechts – unabhängig vom Tatortrecht (sonst § 7 Abs. 2) – nur in Betracht, wenn die Tat in einem *inneren Zusammenhang zum Dienst* steht, also nur bei bestimmten Delikten, etwa Vorteilsannahme und Bestechlichkeit (§§ 331, 332) oder Geheimnisverrat (§§ 203 Abs. 2, 353b), dann aber möglicherweise auch nach Beendigung des Dienstverhältnisses.[194] Der deutsche Staat erwartet also von den genannten Personen die Achtung der deutschen Strafgesetze auch im Ausland unabhängig vom Tatortrecht.[195] Die *völkerrechtlichen Bedenken* dagegen können durch den Hinweis auf mögliche Immunitäten der genannten Personen (vgl. dazu § 7 Rn. 101 ff.) im Ausland[196] nur teilweise entkräftet werden. Zum einen genießen nicht alle genannten Personen Immunitätsschutz und der Entsendestaat kann darauf verzichten.[197] Zum anderen würde eine Immunität zwar eine Strafverfolgung durch den Aufenthaltsstaat, nicht aber durch Deutschland als Heimatstaat hindern. Sie könnte auf das eingeschränkte aktive Personalitätsprinzip i. S. v. § 7 Abs. 2 gestützt werden, weil es im Rahmen der identischen Tatortnorm auf Prozesshindernisse am Tatort nicht ankommt (Rn. 52f.). Dass hier *aktives Personalitätsprinzip und Realprinzip (i. w. S.)* kombiniert werden, beseitigt die Bedenken nicht, weil der genannte Personenkreis sehr weit gezogen ist – von einem Berufsdiplomaten bis zu einem Regierungsrat auf Dienstreise –, so dass die Notwendigkeit des Schutzes des Heimatstaates im Ausland nicht in jedem Fall völkerrechtlich überzeugend begründet werden kann.[198]

Auch in **§ 5 Nr. 14 (a) Alt. 1** wird (für die **Abgeordnetenbestechung**) das absolute aktive Personalitätsprinzip zur Strafgewaltserstreckung herangezogen. Das ist hier – jedenfalls für den EU-Bereich – *unbedenklich,* weil es durch völkerrechtlichen Vertrag abgesichert ist.[199] Würde man die Strafverfolgung von einer identischen Tatortstrafbarkeit abhängig machen, könnte der Bestrafungspflicht aus dem Abkommen nicht immer Rechnung getragen werden.[200] Ähnliches gilt für **§ 5 Nr. 11 (a)**, der den Geltungsbereich des deutschen Strafrechts auf die **Verursachung einer Nuklearexplosion** durch einen Deutschen im Ausland erstreckt. Die Anknüpfung an das aktive Personalitätsprinzip[201] ist hier wegen der völkerrechtlichen Absicherung durch den Vertrag über das umfassende Verbot von Nuklearversuchen unbedenklich (Art. 1, 3 Abs. 1).[202] 60

Diese Absicherung durch völkerrechtliche Verträge fehlt bei **§ 5 Nr. 15,** der für den **Organ- und Gewebehandel** gem. § 18 TPG (insbesondere auch Vermittlungsdienste[203]) an die absolute aktive Personalität anknüpft und deshalb mit Hilfe des Erfordernis der identischen Tatortnorm einschränkend ausgelegt werden muss. 61

Völkerrechtlich unbedenklich sind die **Nr. 3 (a), 5 (b)** des § 5, denn dort dient die Staatsangehörigkeit des Täters nicht zur alleinigen Legitimation der Strafgewaltserstreckung, sondern flankiert bzw. schränkt das Realprinzip i. e. S. lediglich ein (dazu auch Rn. 80).[204] 62

Lösung Fall 12:

S hat durch seine Handlungen den Tatbestand des § 182 Abs. 1 Nr. 1 erfüllt. Gem. § 5 Nr. 8 (b) ist auf eine solche Straftat deutsches Strafrecht anwendbar, wenn der Täter Deutscher ist. S kann also in 63

[193] Zur Verfolgung von Straftaten, die von Bundeswehrsoldaten während eines Auslandseinsatzes begangen werden, *Stam,* ZIS 2010, 628; zur Gerichtsstandsregelung des § 11a StPO *Ladiges,* NZWehrr 2013, 66.
[194] Vgl. BT-Drs. 6/3250, 197; 7/550, 207.
[195] Enwurf 1962, BT-Drs. 4/650, Begr. 112; LK/*Werle/Jeßberger,* § 5 Rn. 185; SK/*Hoyer,* § 5 Rn. 22; *Satzger,* 2013, § 5 Rn. 72.
[196] Vgl. *Oehler,* Rn. 614; zust. LK/*Werle/Jeßberger,* § 5 Rn. 186f.
[197] *Zieher,* S. 122.
[198] Krit. auch *Zieher,* S. 123f.
[199] Vgl. Art. 2 § 3 EUBestG v. 10.9.1998 (BGBl. II S. 2340).
[200] BT-Drs. 13/10 424, 6f.
[201] Nach a. A. kombiniert § 5 Nr. 11 (a) das aktive Personalitätsprinzip mit dem Staatsschutzprinzip, SSW-StGB/*Satzger,* § 5 Rn. 24; *Satzger,* 2013, § 5 Rn. 66.
[202] BGBl. II 1998 S. 1210.
[203] Vgl. BT-Drs. 13/4355, 32. Vgl. auch LK/*Werle/Jeßberger,* § 5 Rn. 216.
[204] Vgl. *Schmitz,* S. 184ff., 189ff.

Deutschland abgeurteilt werden. Zum gleichen Ergebnis käme man auch über § 7 Abs. 2 Nr. 1, weil die entgegenstehende Verfolgungspraxis einer Strafgewaltserstreckung auf Grund des aktiven Personalitätsprinzips nicht entgegensteht (Rn. 53).

Lösung Fall 13:

64 A hat, indem er mit einem Barhocker auf F einschlug, rechtswidrig und schuldhaft eine gefährliche Körperverletzung gem. § 224 Abs. 1 Nr. 2 begangen. Auf diese Tat könnte gem. § 7 Abs. 2 Nr. 1 deutsches Strafrecht anwendbar sein. Die Tat wurde im Ausland begangen, A ist deutscher Staatsangehöriger und die Tat ist auch in Frankreich strafbar. Folglich kann A von deutschen Gerichten abgeurteilt werden.
In der **Variante** stellt sich hinsichtlich der Strafbarkeit des B wegen Landfriedensbruchs gem. § 125 die Frage, ob diese Tat vom aktiven Personalitätsprinzip gem. § 7 Abs. 2 Nr. 1 erfasst wird. Das Verhalten des B ist jedenfalls auch in Frankreich strafbar gem. Art. 431–3 und 4 CP, welcher allerdings nur dem Schutz der öffentlichen Sicherheit, nicht dem Individualrechtsgüterschutz dient. Darauf kommt es im vorliegenden Fall jedoch nicht an, denn für das Vorliegen einer identischen Tatortnorm i. S. v. § 7 Abs. 2 Nr. 1 ist lediglich erforderlich, dass die Tat an ihrem Begehungsort unter irgend einem rechtlichen Gesichtspunkt mit Strafe bedroht ist (Rn. 48), was hier der Fall ist. Fraglich ist aber, ob § 125 überhaupt den Schutzbereich des deutschen Strafrechts eröffnet (§ 1 Rn. 29ff.): Nach h. M. schützt § 125 neben Kollektiv- auch Individualrechtsgüter und damit zumindest auch inländische Interessen, so dass deutsches Strafrecht anwendbar ist (§ 1 Rn. 39).[205]

III. Schutzgrundsatz

Fall 14:

65 Afghane A hält nichts von der Bundeswehrmission in seinem Land. Er ersteht daher in Afghanistan eine deutsche Fahne und verbrennt diese genüsslich vor den Augen einer deutschen Militärpatrouille auf einem belebten Marktplatz und trampelt auf der brennenden Fahne herum. Er entkommt zunächst, wird aber eine Woche später gefasst, nachdem es ihm gelungen ist, der Angehörigen B eines Bundeswehrsoldaten ihr Portemonnaie zu stehlen. Findet deutsches Strafrecht Anwendung? → Rn. 88

Fall 15:[206]

66 Der Nichtdeutsche T hat am. 24./25.5.1945 auf tschechischem Staatsgebiet neben anderen Opfern auch den deutschen Staatsangehörigen D aus Rachsucht getötet. Die tschechischen Strafverfolgungsbehörden stellten das eröffnete Strafverfahren wegen Verfolgungsverjährung ein. Kann T in Deutschland verurteilt werden? → Rn. 89

1. (Völkerrechtliche) Grundlagen

67 Nach dem Schutzgrundsatz *(protective principle)* erstreckt sich die nationale Strafgewalt auch auf Taten, die **inländische Rechtsgüter** verletzen oder gefährden, unabhängig davon, an welchem Ort und durch wen sie begangen werden. In der Praxis werden durch diesen Grundsatz insbesondere Auslandstaten von Ausländern gegen inländische Rechtsgüter erfasst. Man kann innerhalb des Schutzprinzips zwischen dem Schutzprinzip im staatsschutzrechtlichen Sinne **(Realprinzip)** und im individualrechtlichen Sinne **(passives Personalitätsprinzip)** unterscheiden.[207]

---

[205] Vgl. *OLG Celle* JR 2002, 33f. m.w.N.

[206] Vgl. *OLG Zweibrücken* OLGSt § 7 Nr. 7.

[207] Dazu aus straftheoretischer Sicht *Pawlik,* ZIS 2006, 274 (287ff.).

a) Realprinzip

Das Realprinzip ist **völkergewohnheitsrechtlich anerkannt** und auch im ausländischen Recht verbreitet.[208] Ihm liegt die zutreffende Überlegung zugrunde, dass es keinem Staat verwehrt sein kann, Angriffen auf seine politische und militärische Integrität tatenlos zuzusehen, zumal der Tatortstaat häufig die Taten entweder mangels Strafbarkeit nicht verfolgen kann oder aus politischen Gründen nicht verfolgen will.[209] Wollte man in diesen Fällen die Zustimmung des Territorialstaates zur Verfolgung verlangen,[210] hätte – eine groteske Vorstellung – in den innerdeutschen Spionagekonstellationen die Bundesrepublik mit der DDR in einem völkerrechtlichen Vertrag vereinbaren müssen, dass diese ihre eigenen MfS-Agenten, die sie gegen die Bundesrepublik einsetzt, strafrechtlich zur Rechenschaft zieht.[211] Weil der Täter die Beziehung zu dem betroffenen Staat durch seine Tat selbst herstellt und der Staat – gleichsam in einer **notwehrähnlichen Situation** – sich dagegen verteidigen können muss, kann auf das Erfordernis der identischen Tatortnorm verzichtet werden.[212] 68

Freilich kann der angegriffene Staat unter Berufung auf sein „Notwehrrecht" **nicht unbeschränkt** seine Strafgewalt – zur Verteidigung gegen Angriffe auf alle erdenklichen „Inlandsgüter"[213] – in den Hoheitsbereich des Tatortstaates hinein ausdehnen. Er kann sich nur gegen solche Angriffe verteidigen, die seine Sicherheit und seinen Bestand verletzen oder gefährden **(Realprinzip i. e. S.)**. Anderenfalls kann eine Durchbrechung des Nichteinmischungs- bzw. des Territorialitätsgrundsatzes durch das Realprinzip nicht gerechtfertigt werden. 69

b) Passives Personalitätsprinzip

Grundsätzlicher ist die völkerrechtliche Kritik an der Strafgewaltserstreckung auf **Auslandstaten gegen eigene Staatsangehörige** im Wege des passiven Personalitätsprin- 70

---

[208] Vgl. MünchKomm/*Ambos,* Vor §§ 3–7 Rn. 32 m.w.N. in Fn. 222; *Kindt,* S. 78; aus europastrafr. Sicht *Klip,* 2012, S. 197 f.; zur Rechtslage in Belgien *David,* 2009, Rn. 3.3.2 ff.

[209] Für eine Zurückdrängung des Schutzprinzips bei gleichzeitiger horizontaler Ausdehnung des Assimilationsprinzips innerhalb der EU (Verpflichtung der Mitgliedstaaten, die Rechtsgüter der anderen Mitgliedstaaten wie die eigenen zu schützen) *Böse/Meyer,* ZIS 2011, 343 (allg. zum Assimilationsprinzip § 11 Rn. 20 ff.).

[210] So noch Richter *Finlay* in seinem abweichenden Votum zu *PICJ,* France v. Turkey, Judg. 7.9.1927, StIGHE 5, 71, 133.

[211] Vgl. auch BVerfGE 92, 277 (319): „Der Staat, der diesen Dienst geschaffen hat und unterhält, kann nicht zugleich dessen Mitarbeiter und Agenten mit Strafe bedrohen."

[212] Vgl. erneut BVerfGE 92, 277 (317 f.): „Abgesehen davon, dass die BR Deutschland gerade in der Zeit, in der die hier in Rede stehenden Taten begangen wurden, auf Grund ihrer exponierten Lage und Bedeutung im westlichen Bündnis in besonderer Weise den Operationen gegnerischer Nachrichtendienste mit all ihren Gefahren ausgesetzt war, ist es ganz allgemein angesichts der länderüberspannenden Organisationsformen moderner Geheimdienste und ihrer Ausforschungstätigkeit, die alle Angelegenheiten eines anderen Staates betrifft, *gerechtfertigt,* die *Sicherheit* des eigenen Staates umfassend auch gegen *vom Ausland ausgehende Operationen* fremder Geheimdienste strafrechtlich zu *schützen.*" (Hervorhebung K. A). S. auch *Jeßberger,* S. 253 ff.

[213] So aber S/S/*Eser,* Vor §§ 3–9 Rn. 16. Ausgehend vom Zweck des Schutzprinzips will *Jeßberger,* S. 257 dessen Anwendungsbereich anhand von drei Kriterien bestimmen: 1. Die Tat muss sich gegen ein hochwertiges, eigenes Interesse des geschützten Staates richten, das typischerweise nicht von anderen Staaten geschützt wird. 2. Die Tat muss sich unmittelbar gegen dieses Interesse richten. 3. Die Beeinträchtigung dieses Interesses muss das Hauptziel der Tat („primary effect") sein.

zips.[214] Bei diesem geht es um die Bestrafung eines Ausländers durch die Justiz des die Strafgewalt beanspruchenden Staates für eine im Ausland an seinen Staatsangehörigen begangene Tat.

71 Material erscheint die Strafgewalterstreckung auf Ausländer wegen Auslandstaten an Inländern zunächst deshalb **bedenklich,** weil es dabei nicht – wie beim Realprinzip – um den Bestandsschutz des Heimatstaates geht, dieser also nur ein schwächeres Verfolgungsinteresse geltend machen kann. Zudem wird die Verbindung zwischen dem Heimatstaat und dem fremden Staatsgebiet erst durch den Angriff auf den Staatsangehörigen des Heimatstaates hergestellt. Anders als beim aktiven Personalitätsprinzip besteht die Verbindung nicht schon vor Tatbegehung, vielmehr erstreckt der Heimatstaat sein Strafrecht auf ausländische Täter, die oftmals weder wissen, dass sie einen Ausländer angegriffen haben und deshalb dem Heimatrecht dieses Ausländers unterworfen werden, noch mit diesem Recht vertraut sind. Die daraus resultierenden Friktionen mit dem Schuldgrundsatz können nur durch das **Erfordernis einer identischen Tatortnorm**[215] abgemildert werden, denn wenn das inkriminierte Verhalten auch am Tatort strafbar sein muss, wird der Täter zumindest nicht – ohne seine Zustimmung – einer ihm fremden Rechtsordnung unterworfen; er wäre auch strafbar, wenn er die Tat gegen einen Inländer seines Staates – des Tatortstaates – begangen hätte. Irrt er sich über die (ausländische) Staatsangehörigkeit seines Opfers und damit über das (zusätzlich) anwendbare Recht, so ist dies unschädlich, denn er wird ohnehin nur bestraft, wenn sein Verhalten auch nach dem nationalen Recht strafbar wäre.[216]

72 Mag mit einer solchen individualrechtlichen Täterperspektive dem Schuldgrundsatz auch entsprochen sein, so sind damit die **völkerrechtlichen Bedenken**[217] gegen das passive Personalitätsprinzip nicht völlig ausgeräumt. Denn das Erfordernis der identischen Tatortnorm ändert nichts daran, dass der Heimatstaat durch die Beanspruchung der Strafgewalt bei Taten gegen seine Staatsangehörigen im Tatortstaat in dessen Hoheitsbereich eingreift und die ausländischen Täter seinem Strafrecht unterwerfen will. Darin zeigt sich nicht nur ein Misstrauen in die ausländische Strafrechtspflege;[218] es werden auch Jurisdiktionskonflikte provoziert, anstatt sie zu vermeiden. Die darin liegende „Einmischung"[219] wird aber immerhin insoweit abgemildert, als die Rechtsordnung des Tatortstaates als (primäre) Strafbarkeitsgrundlage zur Kenntnis genommen

[214] S/S/*Eser,* Vor §§ 3–9 Rn. 18. Zurückhaltend auch *Satzger,* 2013, § 4 Rn. 11; *Böse/Meyer,* ZIS 2011, 341 (der „schwächste genuine link"); *Gropp,* in: Sinn, S. 48; *Meyer,* in: Böse/Meyer/Schneider, S. 156; für grds. völkerrechtliche Anerkennung des passiven Personalitätsprinzips *O'Keefe,* JICJ 2 (2004), 739; NK/*Böse,* Vor § 3 Rn. 20; *Jeßberger/Kaleck/Schueller,* in: Bergsmo, S. 235; *Jeßberger,* S. 260; *Pocar/Maystre,* in: Bergsmo, S. 252; in diese Richtung auch *Lee,* in: May/Hoskins, ICL, 2010, S. 17; dagegen *Marauhn/Simon,* in: Sinn, S. 31; diff. Cryer/*Cryer,* S. 55 f., der es nur bei Kriegsverbrechen uneingeschränkt anerkennen will; rvgl *Sinn,* in: Sinn, S. 505; *Böse/Meyer/Schneider,* in: Böse/Meyer/Schneider, S. 418; zur traditionell begrenzten Anerkennung des passiven Personalitätsprinzips im *common law* Rechtskreis *Hirst,* in: Böse/Meyer/Schneider, S. 45.

[215] Dafür auch *Oehler,* Rn. 127 f., 666 f.; *Plutte,* Prüfung, 1982, S. 41 ff. (51); *Satzger,* 2013, § 4 Rn. 11; *Gropp,* in: Sinn, S. 48. Vgl. auch NK/*Böse,* Vor § 3 Rn. 20; *Böse/Meyer,* ZIS 2011, 341; *Chatzinikolaou et al.,* in: Böse/Meyer/Schneider, S. 212. A. A. LK/*Werle/Jeßberger,* Vor § 3 Rn. 230.

[216] Zur Irrtumsproblematik im Allgemeinen schon § 1 Rn. 9; vertiefend *Jeßberger,* S. 154 ff.

[217] Zu *europarechtlichen* Bedenken s. *Böse,* FS Wolter, 2013, S. 1322, demzufolge es gegen das Diskriminierungsverbot verstößt, wenn ein EU-Mitgliedstaat den Umfang seines Strafrechtsschutzes von der Staatsangehörigkeit des Opfers abhängig macht; ähnlich schon *Böse/Meyer,* ZIS 2011, 342.

[218] S. hierzu auch *Pocar/Maystre,* in: Bergsmo, S. 252.

[219] Krit. *Safferling,* 2011, § 3 Rn. 41.

und nicht wie bei einer Ausdehnung der Strafgewalt ohne identische Tatortnorm schlicht ignoriert wird. Völkerrechtlich folgt daraus aber nicht mehr, als dass die Anerkennung des *lex loci*-Erfordernisses aus rechtlichen wie politischen Gründen geboten und ein **absolutes passives Personalitätsprinzip völkerrechtswidrig** ist.[220]

Das passive Personalitätsprinzip kann ebenso wie das aktive mit dem Domizilprinzip verknüpft werden. Bei alternativer Anknüpfung wirkt das strafgewaltserweiternd, bei kumulativer Anknüpfung einschränkend (Rn. 42). 73

Staatsschutz i. S. d. Realprinzips und Staatsangehörigenschutz i. S. d. passiven Personalitätsgrundsatzes vermischen sich mitunter. Ein gutes Beispiel dafür ist die Strafgewalt des Heimatstaates bei **Straftaten gegen seine Diplomaten.** Sie lässt sich aus staatschutz- und aus individualschutzrechtlicher Sicht begründen, denn die Diplomaten sind sowohl die offizielle Repräsentanten des Heimatstaates als auch seine Staatsangehörigen. In einem solchen Fall kann man von einer doppelten Anknüpfung zum Heimatstaat des Diplomaten sprechen, die den Nichteinmischungsgrundsatz zurücktreten lässt. 74

2. Die deutsche Rechtslage

Durch die §§ 5, 7 Abs. 1 werden gewisse **Auslandstaten** auf Grund des Schutzgrundsatzes der deutschen Strafgewalt unterworfen. Wegen der völkerrechtlichen Bedenken im Hinblick auf den Nichteinmischungsgrundsatz wird der Schutzgrundsatz teilweise mit anderen Anknüpfungspunkten kombiniert. Es gilt das *Opportunitätsprinzip* gemäß § 153c Abs. 1 Nr. 1 StPO, d. h. die Staatsanwaltschaft kann die Ermittlungen jederzeit einstellen. 75

a) Erfordernis einer identischen Tatortnorm *(lex loci)*

Durch **§ 7 Abs. 1** wird jede Auslandstat, die gegen einen Deutschen begangen wird, der deutschen Strafgewalt unterworfen, sofern die Tat am Tatort mit Strafe bedroht ist oder der Tatort keiner Strafgewalt unterliegt. Diese Ausdehnung des deutschen Strafrechts beruht ausschließlich auf dem Gedanken des extraterritorialen Schutzes der eigenen Staatsbürger;[221] es werden also **staatliche Eigeninteressen** vertreten. Wegen der Beschränkung des passiven Personalitätsprinzips durch das Erfordernis der identischen Tatortnorm ist die Regelung **völkerrechtskonform.** Die Tatbestandsvoraussetzungen von § 7 Abs. 1 sind: 76

- Eine *Auslandstat* (Rn. 45),
- die sich gegen einen *Deutschen* richtet (Rn. 77 f.) und
- die am Tatort mit Strafe bedroht ist (*identische Tatortnorm,* Rn. 48 ff.), es sei denn, der Tatort unterliegt *keiner Strafgewalt* (Rn. 55).

Gegen einen Deutschen richtet sich die Auslandstat nur, wenn sie ein Rechtsgut verletzt oder angreift, dessen Inhaber ein bestimmter (oder bestimmbarer[222]) Deutscher ist. Erfasst sind damit alle Tatbestände, die **Individualrechtsgüter** schützen; Taten, die nur Allgemeinrechtsgüter schützen, reichen nur insoweit aus, als ein Individual- 77

[220] So die überwiegende deutsche Literatur, vgl. *Wendt,* S. 7 f., 44 ff., der i. Erg. dieser Ansicht folgt (S. 118); *Rosswog,* S. 179 ff. (181, 184, 190); *Satzger,* 2013, § 4 Rn. 11; *ders.,* Jura 2010, 110; a. A. *Jeßberger,* S. 263.

[221] So zutr. die h. M., vgl. grdl. *Scholten,* S. 101 ff. (108) m. w. N.

[222] BGHSt 18, 283 (284).

rechtsgut zumindest mitgeschützt wird, etwa das persönliche Wahlrecht bei den Wahlfälschungsdelikten (§§ 107ff.).[223] Eine mittelbare Betroffenheit genügt hingegen nicht. Wird durch eine Tat beispielsweise das Eigentum oder das Vermögen einer GmbH geschädigt, so richtet sich die Tat allein gegen diese und nicht auch gegen die wirtschaftlich mitbetroffenen Gesellschafter.[224]

78 Wer als Deutscher durch § 7 Abs. 1 geschützt wird, bestimmt sich nach dem oben erläuterten **Inländerbegriff** (Rn. 46).[225] Eine Ausdehnung des Deutschenbegriffs auf **juristische Personen** ist abzulehnen.[226] Dagegen spricht schon der Wortlaut von § 7, denn wollte der Gesetzgeber diese Vorschrift auf juristische Personen erweitern, hätte er dies – wie bei § 5 Nr. 7 – deutlich machen können und nicht nur auf einen „Deutschen" Bezug nehmen müssen.[227] Eine erweiternde Auslegung würde auch zu erheblichen praktischen Problemen hinsichtlich der Eigentumsverhältnisse und des Sitzes der betroffenen juristischen Person führen. Schließlich würde sie gegen das Analogieverbot (Art. 103 Abs. 2 GG) verstoßen, denn es geht bei § 7 Abs. 2 Nr. 1 um Straf(gewalts)begründung zum Nachteil des Täters.[228] Demgegenüber ist § 7 Abs. 1 auf den **Embryo** auszudehnen.[229] Es geht hier vorrangig um Opferschutz; zudem erhält – nach dem neuen Staatsangehörigkeitsrecht – jeder Embryo automatisch mit Geburt in Deutschland die deutsche Staatsangehörigkeit (§ 3 Nr. 1, 4 Abs. 3 StAG). **Neubürger** (Rn. 47) werden von § 7 Abs. 1 nicht geschützt.

b) Verzicht auf eine identische Tatortnorm

79 In den Fällen des § 5 wird auf das Erfordernis einer identischen Tatortnorm verzichtet (zum darin zum Ausdruck kommenden Misstrauens gegenüber der Tatortrechtsordnung schon Rn. 56). **Völkerrechtliche Bedenken** treten nicht nur bei Legitimation durch das aktive Personalitätsprinzip (Rn. 56ff.), sondern auch dort auf, wo einzelne Fälle des § 5 auf das Realprinzip oder das passive Personalitätsprinzip gestützt werden. So kann mit dem Realprinzip nur ein strafrechtlicher Schutz vor Angriffen auf die staatliche Sicherheit und Integrität, nicht aber auf alle erdenklichen Inlandsrechtsgüter gerechtfertigt werden (Rn. 69). Das eigentliche Problem besteht dabei darin, den Schutzbereich des Realprinzips mit Blick auf den Eingriff in die Hoheitsgewalt des Tatortstaates genau zu bestimmen. Das passive Personalitätsprinzip kann überhaupt

---

[223] BGHSt 39, 54 (60); HK-GS/*Hartmann*, § 7 Rn. 4; vgl. auch SSW-StGB/*Satzger*, § 7 Rn. 7; *Satzger*, 2013, § 5 Rn. 83.

[224] *AG Bremen* NStZ-RR 2005, 87; *Walter*, JuS 2006, 968; SSW-StGB/*Satzger*, § 7 Rn. 7; *Satzger*, Jura 2010, 191. A. A. LK/*Werle/Jeßberger*, § 7 Rn. 64.

[225] Zur Schutzbereichserweiterung auf zwangsausgebürgerte Personen MünchKomm/*Ambos*, § 7 Rn. 20ff.; zu Recht krit. zur Verneinung der Deutscheneigenschaft durch die Nürnberger Staatsanwaltschaft bei zwangsausgebürgerten Juden *Basak*, ZIS 2007, 381ff.; zum Stand der Verfahren *Kaleck*, Straflosigkeit, 2010, S. 48ff.

[226] Vgl. mit überzeugenden Argumenten *Henrich*, S. 108ff.; ebenso *KG* NJW 2006, 3016f.; *Walter*, JuS 2006, 967f.; LK/*Werle/Jeßberger*, § 7 Rn. 62f.; Beck-StGB/*von Heintschel-Heinegg*, § 7 Rn. 3; SSW-StGB/*Satzger*, § 7 Rn. 4; *ders.*, 2013, § 5 Rn. 82; *OLG Stuttgart* NStZ 2004, 402, *AG Bremen* NStZ-RR 2005, 87; nun auch *Fischer*, StGB, § 7 Rn. 4; S/S/*Eser*, § 7 Rn. 6; s. auch die Falllösung bei *Hecker/Zöller*, S. 25f. (Fall 3); a. A. SK/*Hoyer*, § 7 Rn. 8; NK/*Böse*, § 7 Rn. 4.

[227] *Henrich*, S. 109; *KG* NJW 2006, 3016f. Im Ergebnis zust. BGHSt 18, 283 (284).

[228] *AG Bremen* NStZ-RR 2005, 87; *Henrich*, S. 113; LK/*Werle/Jeßberger*, § 7 Rn. 62; *Walter*, JuS 2006, 968.

[229] Im Ergebnis ebenso S/S/*Eser*, § 7 Rn. 6; *Mitsch*, Jura 1989, 195; a. A. *Henrich*, S. 114ff.; *Oehler*, Rn. 677; LK/*Werle/Jeßberger*, § 7 Rn. 65ff; SSW-StGB/*Satzger*, § 7 Rn. 5; *Satzger*, Jura 2010, 191; *Walter*, JuS 2006, 968.

nur völkerrechtliche Geltung beanspruchen, wenn es durch das Erfordernis einer identischen Tatortnorm eingeschränkt ist (Rn. 72). Eine vom Tatortrecht abgekoppelte nationale Strafrechtserweiterung ist also nur dann mit dem Völkerrecht vereinbar, wenn sie auf dem **Realprinzip i. e. S.** (Schutz staatlicher Kerninteressen), einer **Kombination von Realprinzip (i. w. S.) und Personalitätsprinzip** oder direkt auf **völkerrechtlichen Abkommen** beruht.

Die Sicherheit und Integrität Deutschlands, also inländische staatliche Interessen, werden gem. **§ 5 Nr. 1–5** gegen die Begehung von **Staatschutzdelikten** geschützt.[230] Ihre völkerrechtliche Legalität und Legitimität ergibt sich ohne Weiteres aus dem Realprinzip i. e. S.[231] Dabei darf freilich nicht übersehen werden, dass die Erstreckung des deutschen Strafrechts auf Staatsschutzdelikte häufig eher politisch-tatsächlichen als rechtlichen Gründen geschuldet ist.[232] In den Nr. 3 (a) und 5 (b) wird zusätzlich an das (durch das Domizilprinzip eingeschränkte) aktive Personalitätsprinzip angeknüpft. 80

Der die **Verschleppung und politische Verdächtigung** Deutscher im Ausland der deutschen Strafgewalt unterwerfende **§ 5 Nr. 6** beruht allein auf dem (mit dem Domizilprinzip kombinierten) passiven Personalitätsprinzip,[233] nicht jedoch auf dem Realprinzip, denn ein „öffentlicher Schutzbezug“[234] ist insoweit nicht ersichtlich. Das Opfer muss Deutscher sein (Rn. 46) und im Inland seinen Wohnsitz oder gewöhnlichen Aufenthalt haben, d. h. dort gemeldet oder nicht nur vorübergehend präsent sein.[235] Wenn das *Lebensgrundlageprinzip* den Oberbegriff bildet, kann der gewöhnliche Aufenthalt auch davon abhängen, wo die betreffende Person ihren Lebensmittelpunkt hat.[236] Unabhängig davon ist die Vorschrift in der geltenden Fassung **völkerrechtswidrig,**[237] weil sie das absolute passive Personalitätsprinzip unter Missachtung des Tatortrechts einführt und auch nicht auf völkerrechtliche Abkommen gestützt werden kann. Wenn man Verschleppung und politische Verdächtigung als typisch staatsterroristische, gegen politische Andersdenkende gerichtete Straftaten versteht und darin einen Angriff auf die Menschenwürde der Opfer sieht,[238] könnte die nationale Strafverfolgung freilich aus völkerrechtlichem Gewohnheitsrecht oder allgemeinen Rechtsgrundsätzen gerechtfertigt sein. Dann wären diese Taten aber dem – strukturell andersartigen – Weltrechtsgrundsatz (Rn. 90 ff.) zuzuweisen. 81

§ 5 Nr. 6 (a) will neben dem Kind selbst auch die Eltern, einen sorgeberechtigten Elternteil oder andere Sorgeberechtigte (Pfleger, Vormund) mit Lebensmittelpunkt im Inland vor der **Entziehung des Kindes im Ausland** (durch In- oder Ausländer) schützen.[239] Man kann die Vorschrift auf eine Kombination von passivem Personalitätsprinzip in Form des **Domizilprinzips und Realprinzip i. w. S.** stützen:[240] Das Opfer muss seinen Lebensmittelpunkt in Deutschland haben und dem Realprinzip i. w. S. kann auch der Schutz der inländischen Wohnbevölkerung unterstellt werden, wobei man dann freilich die Bevölkerung als kollektiven Teil des staatlichen Bestands sehen müsste und nicht nur als eine Ansammlung von Individuen, die (nur) in den Genuss von Individualrechtsgüterschutz kommen. Domizilprinzip und Realprinzip i. w. S. sind jeweils nicht eigenständig in der Lage, einen hinreichenden Anknüpfungspunkt zu bilden.[241] Auch die Kombination beider ist völkerrechtlich noch sehr schwach, so dass wohl eine identische Tatort- 82

230 Vgl. auch *Zieher,* S. 105 ff.; S/S/*Eser,* § 5 Rn. 4.

231 Explizit festgestellt wurde das für die Strafbarkeit der Spionage gegen Deutschland nach deutschem Recht (§ 5 Nr. 4 i. V. m §§ 94, 99); vgl. BVerfGE 92, 277 (320 f.); BGHSt 37, 305 (307, 314); 39, 260.

232 Vgl. *Zieher,* S. 112 ff.

233 Zum Meinungsstand vgl. *Zieher,* S. 127. Vgl. auch SSW-StGB/*Satzger,* § 5 Rn. 15.

234 So jetzt auch S/S/*Eser,* § 5 Rn. 4.

235 S/S/*Eser,* § 5 Rn. 12; *Lackner/Kühl,* § 5 Rn. 2; NK/*Böse,* § 5 Rn. 5; krit. zu dieser Einschränkung *Zieher,* S. 128.

236 Zutr. NK/*Böse,* § 5 Rn. 5; a. A. S/S/*Eser,* § 5 Rn. 12.

237 A. A. LK/*Werle/Jeßberger,* § 5 Rn. 106.

238 Vgl. *Zieher,* S. 127 ff.

239 BT-Drs. 13/7164, 27; S/S/*Eser,* § 5 Rn. 12b; *Lackner/Kühl,* § 5 Rn. 3.

240 A. A. (nur passives Personalitätsprinzip bzw. Domizilprinzip) SSW-StGB/*Satzger,* § 5 Rn. 16.

241 Kritisch LK/*Werle/Jeßberger,* § 5 Rn. 111.

norm verlangt werden muss, zumal auch keine legitimierenden völkerrechtlichen Abkommen ersichtlich sind.[242]

83 Nach **§ 5 Nr. 7** gilt das deutsche **Strafrecht** bei **Verletzung von Betriebs- oder Geschäftsgeheimnissen** – nicht jedoch Steuergeheimnissen[243] – inländischer Betriebe oder Unternehmen. Der Betrieb bzw. das Unternehmen muss im Inland (Rn. 14ff.) tätig sein, also eine Produktions- und Geschäftstätigkeit entfalten bzw. seinen handelsrechtlichen Sitz im Inland haben (§ 106 HGB, § 5 AktG, §§ 3, 7, 10, 11 GmbHG). Ausländische Unternehmen sind nur geschützt, wenn sie von einem inländischen Unternehmen abhängig sind und mit diesem einen Konzern bilden (§ 5 Nr. 7 Alt. 3). Der Inlandsbezug der unternehmerischen Tätigkeit macht deutlich, dass es alleine darauf ankommt, ob sich diese Tätigkeit im Inland *wirtschaftlich auswirkt,* indem etwa zum Bruttosozialprodukt beigetragen, Arbeitsplätze geschaffen, Steuern entrichtet werden usw. Es geht also primär um den **Schutz der deutschen Volkswirtschaft.**[244] Die Eigentumsverhältnisse der betreffenden Unternehmen sind ohne Bedeutung,[245] denn auch ein in ausländischem Eigentum stehendes Unternehmen kann Teil der inländischen Volkswirtschaft sein, ebenso wie ein selbstständiges Unternehmen Deutscher im Ausland in der Regel nur dort wirtschaftlichen Nutzen hervorbringt. Wer dies als Schutzlücke kritisiert,[246] übersieht, dass es primär um den Schutz der inländischen Volkswirtschaft und damit eben derjenigen Unternehmen geht, die zu derem Wachstum beitragen **(Realprinzip i. w. S.);** private Interessen deutscher oder anderer Staatsangehöriger werden demgegenüber allenfalls im Sinne einer Reflexwirkung mitgeschützt. Sie verdienen auch gar keinen Schutz, wenn sich die betreffenden Unternehmen im Ausland ansiedeln und damit der deutschen Volkswirtschaft wirtschaftlichen Nutzen entziehen.[247] Passive Personalität für juristische Personen wird abgelehnt (Rn. 78), das Realprinzip i. w. S. reicht völkerrechtlich nicht als legitimierender Anknüpfungspunkt aus (Rn. 69). Mangels völkerrechtlicher Abkommen führt das zum Erfordernis einer identischen Tatortnorm. Es ist allerdings zu bedenken, dass beim Sitz einer Firma im Inland die Tat wegen eines inländischen Erfolgsorts u. U. schon als Inlandstat i. S. v. §§ 3, 9 Abs. 1 Alt. 3 dem deutschen Strafrecht unterfallen kann.

84 **§ 5 Nr. 10,** der die deutsche Rechtspflege vor **uneidlicher Falschaussage,** Meineid und falscher Versicherung an Eides Statt schützen will, kann ohne weiteres auf das **Realprinzip i. e. S.** gestützt werden. Das Aussagedelikt kann zwar vor einem ausländischen oder zwischenstaatlichen Gericht bzw. vor einer zur Entgegennahme von eidesstattlichen Versicherungen zuständigen Stelle (z. B. Konsulat) begangen werden, die Falschaussage muss aber *im Zusammenhang mit einem deutschen Verfahren,* insbesondere Rechtshilfeverfahren, stehen. Verkennt der Täter die Strafbarkeit am Tatort, kann ihm mit § 17 geholfen werden.[248] Die Außerachtlassung sonstiger Aussagedelikte (§§ 159, 160, 161) lässt sich mit der geringeren Verletzungs- bzw. Gefährdungsqualität dieser Taten im Hinblick auf die deutsche Rechtspflege erklären.[249] Nach Maßgabe des § 162 Abs. 1 erstreckt sich nunmehr der Anwendungsbereich der §§ 153ff. und damit auch der von § 5 Nr. 10 auf falsche Angaben vor inter- oder supranationalen Gerichten.[250] Davor fanden die Rechtspflegedelikte in solchen Konstellationen nur Anwendung, wenn ihr Schutzbereich durch völkervertragliche Regelung entsprechend erweitert worden war.[251] (siehe auch § 1 Rn. 36 sowie § 7 Rn. 276ff., § 11 Rn. 20ff.)

85 Nach **§ 5 Nr. 11** können deutsche Gerichte **Gewässerverunreinigung und Abfalldumping** verfolgen, sofern die Tat im Bereich der deutschen ausschließlichen Wirtschaftszone (Rn. 18) begangen wurde und **völkerrechtliche Abkommen** die Verfolgung gestatten, also insbesondere für fremde Schiffe (für deutsche gilt

---

242 Vgl. auch LK/*Werle/Jeßberger,* § 5 Rn. 113f., die die Vorschrift für völkerrechtlich bedenklich halten, sofern das Domizilprinzip auch Personen erfasst, die nur vorübergehend ihren Wohnsitz in Deutschland genommen haben.

243 BT-Drs. 5/4095, 5; LK/*Werle/Jeßberger,* § 5 Rn. 117.

244 BT-Drs. 4/650, 111; *Zieher,* S. 131f.; *Henrich,* S. 42; SK/*Hoyer,* § 5 Rn. 18.

245 Vgl. auch LK/*Werle/Jeßberger,* § 5 Rn. 120; S/S/*Eser,* § 5 Rn. 13; NK/*Böse,* § 5 Rn. 23; *Fischer,* StGB, § 5 Rn. 7; indirekt auch BT-Drs. 5/4095, 5.

246 *Oehler,* Rn. 583.

247 Vgl. auch *Zieher,* S. 132.

248 Vgl. auch LK/*Werle/Jeßberger,* § 5 Rn. 142 zu Recht gegen *Oehler,* Rn. 582.

249 Vgl. *Zieher,* S. 120f.

250 *Sinn,* NJW 2008, 3527; Beck-StGB/*Kudlich,* § 162 Rn. 4.

251 Vgl. hierzu *Sinn,* NJW 2008, 3526f.

schon § 4) auf Grund Art. 192ff., 207ff., 213ff. SRÜ.[252] Zu Recht hat der Gesetzgeber den Schutz der Meeresumwelt nicht auf das WRP gestützt, denn insoweit fehlt es noch an völkerrechtlichem Gewohnheitsrecht.[253]

Durch **§ 5 Nr. 13** wird die Strafgewalt auf alle Taten erstreckt, die ein **Ausländer als Amtsträger** oder für den öffentlichen Dienst besonders Verpflichteter im Ausland begeht (zur Strafgewaltserstreckung auf deutsche Amtsträger vgl. Rn. 59). Der Ausländer muss die Tat *in seiner amtlichen Eigenschaft,* etwa als Honorarkonsul (§§ 5 Abs. 3, 177 BBG, §§ 20ff. KonsularG), begangen haben; die bloße dienstliche Beziehung i. S. v. Nr. 12 (Rn. 59) reicht nicht aus. Eine Beschränkung auf Amtsdelikte ergibt sich aus dem Wortlaut nicht, mag aber faktisch vorliegen. Die Vorschrift lässt sich nur auf das **Realprinzip i. e. S.** stützen, denn es geht um die Wahrung der Integrität der (deutschen) öffentlichen Verwaltung[254] gegen Taten ausländischer Staatsangehöriger;[255] wegen der Weite des Personenkreises ist sie restriktiv auszulegen. 86

Gemäß **§ 5 Nr. 14** gilt das deutsche Strafrecht für **Taten gegen einen Amtsträger,** für den öffentlichen Dienst besonders Verpflichteten oder Soldaten (§ 1 Abs. 1 Nr. 1 SG), sofern die Tat „während der Ausübung“ (1. Alt.) oder „in Beziehung auf ihren Dienst“ (2. Alt.) begangen wurde. Insoweit gelten grundsätzlich die zu Nr. 12 und 13 entwickelten Grundsätze (Rn. 59, 86). Die Vorschrift beruht insofern auf dem **Realprinzip i. e. S.**, als die Opfer „ein reales Stück Entsendestaat repräsentieren“[256] und der Angriff zugleich dessen Integrität verletzt oder zumindest gefährdet. In diesem Fall können auch Ausländer Tatopfer sein; es muss sich also nur insoweit um deutsche Amtsträger bzw. für den öffentlichen Dienst besonders Verpflichtete handeln, als sie nach deutschem Recht ernannt wurden. Daraus folgt auch, dass das passive Personalitätsprinzip die Vorschrift nur zusätzlich im Hinblick auf deutsche Opfer absichern kann, zumal es auf das Tatortrecht nicht ankommen soll und das absolute passive Personalitätsprinzip als alleiniger Anknüpfungspunkt völkerrechtswidrig ist (Rn. 71f.). All dies ändert freilich nichts daran, dass sich die Tat *gegen* einen Amtsträger richten muss, weshalb etwa die Vorteilsgewährung (§ 333), bei der der Amtsträger ja einen Vorteil *erhält,* nicht von Nr. 14 erfasst ist.[257] 87

Lösung Fall 14:

Zwischen den beiden Taten des A ist zu differenzieren. Das *Verbrennen der* schwarz-rot-goldenen *Fahne* 88
auf dem Marktplatz könnte ein öffentliches Verunglimpfen der Flagge Deutschlands, also ein Vergehen i. S. v. § 90a Abs. 1 Nr. 2 darstellen. Unter Verunglimpfen ist ein nach Form, Inhalt, Begleitumständen oder Beweggrund schwerer Ehrangriff zu verstehen, nicht jedoch bloße Saloppheiten oder Geschmacklosigkeiten.[258] Hier verbrennt A die Fahne und trampelt auf ihr herum. Darin liegt eine besonders starke Form des Ehrangriffs. Die Begleitumstände (belebter Marktplatz, vor den Augen der deutschen Soldaten) bestätigen dies. § 90a Abs. 1 Nr. 2 ist daher einschlägig. Gleichzeitig ist darin ein Vergehen i. S. v. § 90a Abs. 2 zu sehen, denn unter das Zerstören von öffentlich gezeigten Flaggen fällt das Verbrennen auch dann, wenn die Flagge von *Privaten* in der Öffentlichkeit gezeigt wird (anders bei öffentlich *angebrachten* Hoheitszeichen).[259] In diesem Fall überschneiden sich also die Tatbestände von Abs. 1 und Abs. 2, es liegt Tateinheit vor. Taten gem. § 90a Abs. 1, die im Ausland begangen wurden, fallen jedoch gem. *§ 5 Nr. 3 (a)* nur in den Bereich deutscher Jurisdiktion, wenn sie von in Deutschland lebenden Deutschen (im Ausland) begangen werden. Die deutsche Strafgewalt erstreckt sich also ge-

[252] Weitere völkerrechtliche Abkommen sind: Übk. zur Verhütung der Meeresverschmutzung durch das Einbringen durch Schiffe und Luftfahrzeuge v. 15.12.1972 (BGBl. II 1977 S. 169); Übk. zur Verhütung der Meeresverschmutzung durch das Einbringen von Abfällen und anderen Stoffen v. 29.12.1972 (BGBl. II 1977 S. 180).

[253] Dafür aber *Oehler,* GA 1980, 245f.; dagegen zu Recht *Klages,* Meeresumweltschutz, 1989, S. 145ff. (S. 149).

[254] In der Sache ähnlich *Henrich,* S. 71; auch, i. Erg. aber a. A. *Oehler,* Rn. 126.

[255] Gleichwohl für aktives Personalitätsprinzip LK/*Werle/Jeßberger,* § 5 Rn. 199; S/S/*Eser,* § 5 Rn. 1.

[256] *Zieher,* S. 125; NK/*Böse,* § 5 Rn. 18. A. A. LK/*Werle/Jeßberger,* § 5 Rn. 205 (passives Personalitätsprinzip).

[257] I. Erg. ebenso S/S/*Eser,* § 5 Rn. 21; SSW-StGB/*Satzger,* § 5 Rn. 27. A. A. HK-GS/*Hartmann,* § 5 Rn. 20.

[258] LK/*Laufhütte/Kuschel,* § 90a Rn. 9; NK/*Paeffgen,* § 90a Rn. 15.

[259] S/S/*Sternberg-Lieben,* § 90a, Rn. 14; LK/*Laufhütte/Kuschel,* § 90a Rn. 34.

genüber A nicht auf sein Vergehen gem. § 90a Abs. 1 Nr. 2. Davon unabhängig gilt deutsches Strafrecht gem. *§ 5 Nr. 3 (b)* jedoch für alle Auslandstaten gem. § 90a Abs. 2. Insoweit unterfällt A also der deutschen Strafgewalt. Der Diebstahl zum Nachteil der B fällt nicht schon gem. *§ 5 Nr. 14* unter die deutsche Strafgewalt, denn die B ist lediglich Angehörige eines Bundeswehrsoldaten. Da es sich bei dem Diebstahl des A aber immerhin um eine Auslandstat gegen eine Deutsche handelt, unterliegt diese Tat gem. *§ 7 Abs. 1* deutscher Strafgewalt, aber nur unter der Voraussetzung, dass Diebstahl am Tatort mit Strafe bedroht ist (oder dass der Tatort aktuell keiner Strafgewalt unterliegt).

Lösung Fall 15:

89 T hat den D tatbestandlich, rechtswidrig und schuldhaft ermordet (§ 211). Die deutsche Strafgewalt könnte sich hier aus dem passiven Personalitätsprinzips des *§ 7 Abs. 1* ergeben. Von einer Strafbarkeit in Tschechien ist auszugehen; die dortige endgültige Einstellung des Verfahrens wegen Verjährung steht der Annahme der *Strafbarkeit am Tatort* – jedenfalls beim passiven Personalitätsprinzip (Rn. 52) – nicht entgegen (anders bei stellvertretender Strafrechtspflege, Rn. 52).

IV. Weltrechtsprinzip (WRP)

Fall 16:[260]

90 Im Zeitraum zwischen September 2003 und Januar 2004 ist es im Gefängniskomplex Abu Ghraib in Irak, der der US-amerikanischen Besatzungsmacht untersteht, zu schweren Misshandlungen irakischer Gefangener durch US-Sicherheitskräfte gekommen. Es kommt deshalb zu parlamentarischen Anhörungen und auch Militärstrafverfahren in den USA. Die US-amerikanische NRO „Center for Constitutional Rights" erstattet gleichwohl Anzeige beim Generalbundesanwalt gegen den damaligen US-Verteidigungsminister Donald Rumsfeld u. a. – teilweise auch in Deutschland befindliche – Personen. Sie beruft sich dabei auf das in § 1 VStGB verankerte WRP. Muss der Generalbundesanwalt der Anzeige Folge leisten? → Rn. 98

Fall 17 („Niederländischer Coffee-Shop"):[261]

91 N ist niederländischer Staatsangehöriger. In Arnheim/NL betreibt er einen sog. „Coffee-Shop" und verkauft dem deutschen Staatsangehörigen D – nach niederländischem Recht erlaubt – eine geringe Menge Haschisch, die dieser nach Deutschland einführt und dort an Dritte verkauft. D wird in Deutschland gefasst, bei einem Aufenthalt in Deutschland wird auch N von den deutschen Strafverfolgungsbehörden festgenommen. Inwiefern kann N von deutschen Strafgerichten verurteilt werden?
Variante: Später stellt sich heraus, dass N auch dem unauffindbaren X, einem Niederländer, Haschisch verkauft hat, und zwar in nicht geringer Menge, was auch in den Niederlanden verboten ist. Kann (auch) diese Tat des N in Deutschland abgeurteilt werden? → Rn. 113

1. (Völkerrechtliche) Grundlagen

92 Weltrechtsgrundsatz bzw. Weltrechtsprinzip[262] *erlauben*[263] die weltweite Verfolgung extraterritorialer Taten **unabhängig von Tatort** und **Staatsangehörigkeit** von Täter

[260] Vgl. *Generalbundesanwalt,* Presseerklärung v. 10.2.2005, JZ 2005, 311; Pressemitteilung v. 27.4.2007; zur ersten Anzeige vgl. *RAV/Holtfort-Stiftung,* Strafanzeige./.Rumsfeld u. a., 2005, 26ff. auch *Basak,* HuV-I 2005, 85ff. Zu den Geschehnissen in Abu Ghraib und den Folgen ausführlich *Amann,* UPLR 153 (2005), 2085ff.

[261] Fall angelehnt an BGHSt 27, 30.

[262] Zu den theoretischen und historischen Grundlagen vgl. *Henzelin,* S. 33ff.; *Behrendt,* S. 54ff; *de Vabres,* JICJ 9 (2011) 906ff.

[263] Es geht um ein Recht, keine Pflicht, näher *Cryer,* S. 87, 89, 101ff. (109); Abs. 6 Präambel IStGHS bezieht sich auf die „Pflicht" der Strafverfolgung bei existierender Strafgewalt („its criminal jurisdic-

bzw. Opfer.[264] Das WRP verzichtet nicht nur auf das Erfordernis einer identischen Tatortnorm, sondern schließt überhaupt jegliche Möglichkeit der Einflussnahme des Tatortstaates aus. Der aburteilende Staat übt seine **Strafgewalt** nicht stellvertretend für den Tatortstaat (wie bei der stellvertretenden Strafrechtspflege, Rn. 114ff.), sondern **originär** aus. Das WRP ist zwar immer noch „mit dem Hautgout der Einmischung in fremde Angelegenheiten behaftet",[265] unterscheidet sich aber grundlegend von den traditionellen Anknüpfungspunkten, denn der Verfolgerstaat wird nicht (nur) im *eigenen,* sondern **im Interesse der Staatengemeinschaft** als Ganzer tätig.[266] Dabei kann zwischen einer realpolitischen und normativen (wertbezogenen) Begründung der Strafgewalterstreckung unterschieden werden: Nach jener verfolgt ein Staat eine extraterritoriale Tat, weil er damit das **gemeinsame Sicherheitsinteresse** aller Staaten verteidigt.[267] Das klassische Beispiel bildet die Verfolgung der *Piraterie,* die im Interesse aller Staaten liegt.[268] Nach der normativen Begründung nimmt ein Staat die Verfolgung einer bestimmten Tat auf, weil ihre Begehung bestimmte **universell anerkannte Rechtsgüter** verletzt. Eine solche Tat betrifft nicht nur den Territorial-, Täter-

tion"), die nicht notwendigerweise auf dem WRP beruhen muss, dazu auch ebd., S. 144; vgl. auch *Einarsen,* S. 65; *Fleck,* JICJ 7 (2009), 851ff. Für eine „mandatory rule" aufgrund völkervertraglicher aut dedere aut iudicare Verpflichtungen *Zahar/Sluiter,* S. 496, 498, die aber zugleich betonen, dass es keine „duty" gebe „to establish universal jurisdiction"; für eine Verfolgungspflicht bei Genozid auch *Ben-Naftali/Sharon,* JICJ 5 (2007), 859 (864ff.) (gegen *ICJ,* Bosnia and Herzegowina v. Yugoslavia, Judg. 26.2.2007, para. 442); zu den Verfolgungspflichten aufgrund des Grave Breaches Systems der GKen *Stewart,* JICJ 7 (2009), 870 (874ff.); *Henckaerts,* JICJ 7 (2009), 698f.; diff. auch *Pocar/Maystre,* in: Bergsmo, S. 262 („The principle of universal jurisdiction empowers – or requires in certain cases ...").

264 Vgl. nur *O'Keefe,* JICJ 2 (2004), 745; *Behrendt,* S. 53; sowie MünchKomm/*Ambos,* § 1 VStGB Rn. 4 m.w.N. Vgl. auch den Überblick über die Diskussion auf dem XVIII. Internationalen Strafrechtskongress vom 20.-27.9.2009 in Istanbul bei *Petrig,* ZStW 122 (2010), 467 (468f.); zum Text der verabschiedeten Resolution s. ebd., S. 488. Aus europastrafr. Sicht *Klip,* 2012, S. 198. Zum WRP im Zivilrecht aufgrund des US-amerikanischen Alien Tort Claims Act *Nolte,* in: Tomuschat/Thouvenin, S. 373ff.

265 *Weigend,* in: Kohlmann et al., S. 14. Krit. zum WRP vor dem Hintergrund der Straftheorien *Pawlik,* ZIS 2006, 274 (289ff.). Krit auch. *Langer,* AJIL 105 (2011), 1, demzufolge das WRP nur gegenüber solchen Beschuldigten zur Anwendung kommt, bei denen das Strafverfahren keine politischen Kosten (Verschlechterung diplomatischer Beziehungen) verursacht (sog. *„low-cost defendants"*); ähnlich auch *Ferstman/Schurr,* in: Letschert u. a., S. 456ff.; *Stephen,* ICLQ 61 (2012), 55 (87); *Zhou,* in: Bergsmo/Ling, S. 36f.; s. auch *Kaleck,* A-PuZ 25/26 (2013), 40; dagegen *van der Wilt,* JICJ 9 (2011), 1043; *Chehtman,* S. 136ff. sowie *Weißer,* GA 2012, 426; *dies.*, in: Jeßberger/Geneuss, S. 69, die zutreffend darauf hinweist, dass die Ursache des Problems nicht das WRP an sich, sondern die „Selektivität der *nationalen* Strafverfolgung von Völkerstraftaten in manchen ansonsten durchaus funktionierenden Rechtsordnungen" ist; ähnlich *Pocar/Maystre,* in: Bergsmo, S. 302.

266 *Jennings/Watts,* S. 468 Fn. 13; *AI,* 2001, Introduction, 28f. und Chapter I, 3f.; *Scharf,* LCP 64 (2001), 76, 115; *Joyner,* LCP 64 (2001), 165; *Vogler,* FS Maurach, 1972, S. 603f.; *Doehring,* Rn. 819; *Weigend,* in: Kohlmann et al., S. 14; *García Arán,* in: García Arán/López Garrido, S. 66f.; *Bassiouni,* VirgJIL 42 (2001), 82 (88, 96); *Boister,* EJIL 14 (2003), 963; *Miranda Rodrigues,* in: Faculdade de Direito da Universidade de Coimbra/Goethe-Institut de Lisboa, Direito penal internacional etc., 2003, S. 72; *Burchards,* S. 24f.; *Cryer,* S. 84; *Arbour,* in: Dolgopol/Gardam, S. 313; *Grant,* in: Kolb, S. 455. Vgl. vertiefend und m.w.N. auch MünchKomm/*Ambos,* § 1 VStGB Rn. 4.

267 Dieser Aspekt wird von *Garrod,* ICLR 12 (2012), 807f. betont, der deswegen eine Verfolgung vr Verbrechen auf Grundlage des Schutzprinzips befürwortet.

268 Ausführlich zur Piraterie *Kolb/Neumann/Salomon,* ZaöRV 71 (2011), 211ff.; *Ambos,* 2014, S. 238ff.; *ders./Timmermann,* in: Safferling/Kirsch, S. 330ff. Zur nationalen Praxis *Gardner,* JICJ 10 (2012), 797; aus deutscher Sicht *Ladiges,* NZWehrr 2012, 56; *Brandt,* in: Safferling/Kirsch, S. 279ff.; *Heinecke,* in: Strafverteidigervereinigungen, S. 151ff.

oder Opferstaat, sondern die Staatengemeinschaft und Menschheit als ganzes, weil sie deren *gemeinsame Wertegrundlage* in ihren Grundfesten erschüttert. Dies ist insbesondere beim Schutz fundamentaler Menschenrechte anerkannt, entfalten diese Rechte doch eine *erga omnes*-Wirkung,[269] so dass ihr Schutz nicht nur im einzelstaatlichen Interesse erfolgt.[270] Wie auch immer man das WRP begründet, der Verfolgerstaat wird treuhänderisch bzw. vertretend *für die gesamte Staatengemeinschaft* tätig.[271]

93 Eine Verletzung des **Nichteinmischungsgrundsatzes** (§ 2 Rn. 2) muss auf Grund dieser Darlegungen ausscheiden: Die Achtung grundlegender Menschenrechte ist **keine innere Angelegenheit eines Staates** sondern Angelegenheit der gesamten Menschheit. Über Angelegenheiten der gesamten Menscheit kann es aber keine nationalen Souveränitätsrechte geben. Insoweit können diese auch nicht verletzt sein, wenn ein Staat seine Strafgewalt im Rahmen des WRP auf Auslandstaten erstreckt.[272] Wenn aber der Nichteinmischungsgrundsatz gar nicht erst tangiert ist, ist für die Ausübung nationaler Strafgewalt im Rahmen des WRP auch **kein (zusätzlicher) inländischer Anknüpfungspunkt** erforderlich, der den Eingriff in die nationale Souveränität eines anderen Staates legitimieren müsste.[273] Denn ein nationaler Souveränitätsanspruch eines anderen Staates besteht insoweit ja gar nicht. Kein Tatortstaat hat Anspruch darauf, dass eine dem WRP unterfallene Tat straflos bleibt und nicht durch ein ausländisches Gericht abgeurteilt wird.

---

[269] Erga omnes Verpflichtungen, die insbesondere aus ius cogens Normen folgen, gelten nicht nur zwischenstaatlich sondern gegenüber der Staatengemeinschaft als Ganzes, *ICJ*, Belgium v. Spain, Judg. 5.2.1970 (Barcelona Traction), ICJ Reports 1970, 1 (32); MünchKomm/*Ambos*, § 1 VStGB Rn. 4 Fn 19 m.w.N.

[270] Vgl. *Doehring*, Rn. 94; *Bungenberg*, AVR 39 (2001), 191; *Broomhall*, NELR 35 (2001), 401 f.; *Joyner*, LCP 64 (2001), 170; *García Arán*, in: García Arán/López Garrido, S. 69 ff.; *Boister*, EJIL 14 (2003), 969; *Zappalà*, in: Cassese et al., S. 555 f.; *Cosnard*, in: Tomuschat/Thouvenin, S. 355 ff.; *Zimmermann*, in: Tomuschat/Thouvenin, S. 337 ff.; *Cryer*, S. 86 f.; Cryer/*Cryer*, S. 67; menschenrechtliche Grundlegung bei *Neubacher*, S. 100 ff., 111; zur Legitimierung des WRP auch gegenüber dem Beschuldigten *Merkel*, in: Jeßberger/Geneuss, S. 55 f.; krit. wegen der fehlenden Bestimmtheit bzw. Bestimmbarkeit der von allen Staaten geteilten Interessen *Zhou*, in: Bergsmo/Ling, S. 42. S. auch das an den Prinzipien der Beteiligung und Rechenschaft gegenüber der internationalen Gemeinschaft orientierte Legitimationskonzept von *Langer*, JICJ 11 (2013), 762 ff.; *ders.*, in: Jeßberger/Geneuss, S. 253 ff. („principles of the participation of, and accountability to, the international community").

[271] *Merkel*, in: Lüderssen, Bd. 3, S. 252; *Eser*, FS Meyer-Goßner, 2001, S. 17; *Benavides*, AMDI 1 (2001), 19 (29); *Kreß*, ZStW 114 (2002), 837; *ders.*, ZIS 2007, 517; *Rau*, HuV-I 2003, 214; *Hall*, in: Lattimer/Sands, S. 56; *Weigend*, in: Kohlmann et al., S. 14; *Randall*, AJIL 98 (2004), 627; *Cryer*, S. 85; *Zahar/Sluiter*, S. 497; *Hall*, in: Bergsmo, S. 203.

[272] Treffend *Eser*, FS Meyer-Goßner, 2001, S. 19 im Hinblick auf den Völkermord: „Über das Lebensrecht von Teilen der Menschheit kann es schlechterdings keine exklusiven nationalen Souveränitätsrechte geben …". Vgl. auch *Miranda Rodrigues*, in: Faculdade de Direito da Universidade de Coimbra/Goethe-Institut de Lisboa, Direito penal internacional, 2003, S. 62; *Neubacher*, S. 126 ff.; *Werle*, 2012, Rn. 212; *Kindt*, S. 121 ff.; *Gropp*, in: Sinn, S. 48; a. A. *Garrod*, ICLR 12 (2012), 823. Nach *Merkel*, in: Jeßberger/Geneuss, S. 49 ff. (52) verliert der Staat in Fällen schwerer vr Kernbrechen „seine Legitimität … und damit auch seine Souveränität als Völkerrechtssubjekt".

[273] I. Erg. ebenso *Princeton Principles*, 2001, 43; *AI*, 2001, Chapter I, S. 14 f.; *Scharf*, LCP 64 (2001), 76; *Broomhall*, NELR 35 (2001), 400; *Joyner*, LCP 64 (2001), 169 (171); *Blanco Cordero*, La Ley Nr. 5980 (2004), 5; *Kreicker*, in: Eser et al., 2003 ff., Bd. 7, S. 252 ff.; *Höpfel*, FS Eser, 2005, S. 773; *Grant*, in: Kolb, S. 446 (454); *Munivrana Vajd*, ICLR 2010, 336 f.; a. A. *Gierhake*, ZStW 120 (2008), 397 ff.

Das Problem des WRP liegt in der Bestimmung der von ihm geschützten **Rechtsgüter** und erfassten **Delikte.**[274] Diese Bestimmung kann in zweifacher Weise erfolgen. Zunächst kann **formal** auf die Anerkennung universeller Rechtsgüter in völkerrechtlichen Verträgen, Völkergewohnheitsrecht und allgemeinen Rechtsgrundsätzen abgestellt werden. Die Entscheidung, ob eine bestimmte Tat dem WRP unterfällt, liegt nicht in der Kompetenz-Kompetenz der Staaten,[275] sondern ergibt sich aus objektiven Anhaltspunkten in den völkerrechtlichen Quellen. Man kann insoweit zwischen einem **(echten bzw. absoluten) WRP i. e. S.** und einem (bedingten bzw. eingeschränkten) WRP i. w. S. unterscheiden.[276] In jenem Fall erlaubt das völkerrechtliche Vertrags- oder Gewohnheitsrecht die weltrechtliche Verfolgung *explizit und unbedingt.* Beim **(bedingten) WRP i. w. S.** (auch WRP *in absentia*) wird die Zuständigkeit zur Strafverfolgung hingegen *von anderen Anknüpfungspunkten,* etwa der Anwesenheit des Tatverdächtigen im Hoheitsgebiet des Aburteilungsstaates, abhängig gemacht.[277] Dies ist typischerweise der Fall in völkerstrafrechtlichen Abkommen, die eine Verpflichtung zur eigenen Strafverfolgung oder Auslieferung („aut dedere aut iudicare") enthalten (s. hierzu Rn. 95). Die **Anwesenheit im Hoheitsgebiet** des Verfolgerstaates stellt für das Bestehen des WRP i. e. S. jedoch kein konstituierendes Element, sondern ein bloß faktisches Datum dar, von dem die praktische Durchführung von Verfolgungsmaßnahmen („jurisdiction to enforce")[278] abhängt.[279] 94

Material – dem Unrechtsgehalt nach – handelt es sich bei den vom WRP erfassten Delikten um solche, die kollektive bzw. universell anerkannte Rechtsgüter schützen und deren Begehung den Frieden und die Sicherheit der Menschheit verletzt oder gefährdet.[280] 95

[274] Dazu ausführlich MünchKomm/*Ambos,* § 1 VStGB Rn. 8 f. m. w. N. Zur Unterscheidung zwischen weltweit *anerkannten* Delikten (z. B. Totschlag) und – aufgrund des WRP – weltweit *verfolgbaren* Delikten treffend *Fletcher,* JICJ 3 (2005), 24 f.

[275] Dagegen auch BGHSt 27, 30 (32); 34, 334 (336).

[276] *Wang,* Strafanspruch, 2005, S. 22. Krit. zu einem absoluten WRP *Lafontaine,* JICJ 10 (2012), 1277; *Yee,* Chinese JIL 10 (2011), 529 f. (der es nur nur für Piraterie anerkennen will); grdl. *Fletcher,* JICJ 1 (2003), 580 ff.; gg. ihn *Eser,* Tulsa L. Rev. 39 (2004), 955 ff. Vgl. näher MünchKomm/*Ambos,* § 1 VStGB Rn. 6 m. w. N. sowie zusammenfassend zur Kritik *Cryer,* S. 95 ff.

[277] Eine andere Differenzierung schlägt *Henzelin,* S. 30, 117 f., vor, indem er zwischen einem unilateralen, relativen und absoluten WRP unterscheidet; dazu auch MünchKomm/*Ambos,* Vor §§ 3–7 Rn. 44. Noch anders differenziert *Reydams,* S. 28 ff., 35 ff., 38 ff.; dazu MünchKomm/*Ambos,* § 1 VStGB Rn. 18. *Aspremont,* IsrLRev 43 (2010), 301 unterscheidet zwischen einem vertragsbasierten, dem „aut dedere aut iudicare" Prinzip verpflichteten, multilateralen WRP und einem von vertraglichen Grundlagen losgelösten unilateralen WRP, und hält nur ersteres für legitim. Zur (beschränkten) vr Anerkennung des „aut dedere aut iudicare" Prinzips bei den vr Kernverbrechen *van Steenberghe,* JICJJ 9 (2011), 1091 ff. Zu den unterschiedlichen Einschränkungen in 33 Staaten *Kreicker,* in: Eser et al., 2003 ff., Bd. 7, S. 191 ff.; zur (faktischen) Subsidiarität in Belgien, Deutschland, Frankreich, Österreich, Spanien *Ryngaert,* CLF 19 (2008), 159 ff.; zum weit verbreiteten Anwesenheitserfordernis (in Europa) vgl. *Human Rights Watch,* Universal jurisdiction, 2006 (http://www.hrw.org/sites/default/files/reports/ij0606web.pdf; zuletzt abgerufen am 1.7.2014), S. 28; *Cryer,* S. 90 f.; zu Rolle u. Fähigkeit der nationalen Strafjustiz, vr Verbrechen abzuurteilen *Ryngaert,* Eur. J. Cr. 14 (2006), 57 ff., 79. Zur Nachrangigkeit auch u. § 4 Rn. 20 f.

[278] Vgl. zu den Formen der *jurisdiction* schon § 1 Rn. 4.

[279] Vgl. *Weigend,* FS Eser, 2005, S. 970; *ders.,* GS Vogler, 2004, S. 207; zust. *Cryer,* S. 85 f.; Cryer/*Cryer,* S. 57 f.; *Grant,* in: Kolb, S. 455, 463 f.; *Lafontaine,* JICJ 10 (2012), 1302; a. A. *Ryngaert,* Eur. J. Cr. 14 (2006), 52, 54; näher MünchKomm/*Ambos,* § 1 VStGB Rn. 7, 14 m. w. N.; *Lafontaine* JICJ 10 (2012), 1280 ff.; *Geneuss,* S. 126 f., 130 ff.

[280] Ähnlich *Higgins/Kooijmans/Buergenthal,* Joint Separate Opinion zu ICJ, DRC v Belgium, Judg. 14.2.2002, paras. 35, 37; *Scharf,* LCP 64 (2001), 80; krit. *Gierhake,* ZStW 120 (2008), 387 f.

In concreto fallen darunter – neben dem klassischen internationalen Verbrechen der Piraterie (Rn. 92) – die (definierten) **Kernverbrechen** („core crimes“) des Rom-Statuts (§ 7 Rn. 117 ff.), also *Völkermord, Verbrechen gegen die Menschlichkeit* und *Verbrechen des bewaffneten* (internationalen oder nicht-internationalen) *Konflikts;*[281] auch in der völker(straf)rechtlichen Rechtsprechung lässt sich insoweit eine zunehmende Akzeptanz ausmachen.[282] Allerdings darf nicht übersehen werden, dass in der jüngeren Staatenpraxis ein Zurückdrängen des echten WRP zugunsten eines subsidiären bzw. kooperativen WRP zu verzeichnen ist.[283] Hinsichtlich des Verbrechens der *Aggression* spricht die fehlende Staatenpraxis sogar gegen die Anerkennung des WRP;[284] dafür ließe sich aber im-

[281] Vgl. MünchKomm/*Ambos,* Vor §§ 3–7 Rn. 46 m. w. N. sowie *Weißer,* GA 2012, 418 f.; *Sánchez Legido.,* S. 118 ff. (247); *Blanco Cordero,* La Ley Nr. 5980 (2004), 4 f.; *Weigend,* FS Eser, 2005, S. 967 (971 ff., 975); *Beigbeder,* S. 48 ff.; *Zimmermann,* in: Tomuschat/Thouvenin, S. 335 ff.; *Arbour,* in: Dolgopol/Gardam, S. 307; *Wang,* Strafanspruch, 2005, S. 165; *Ryngaert,* Eur. J. Cr. 14 (2006), 59; *Cryer,* S. 93; Cryer/*Cryer,* S. 57; *Werle,* 2012, Rn. 212 f. (216); *Borsari,* S. 189 f.; *Grant,* in: Kolb, S. 456 ff.; *Gierhake,* ZStW 120 (2008), 393 f.; *Roht-Arriaza/Fernando,* in: Brown, S. 359 f.; *Jeßberger/Kaleck/Schueller,* in: Bergsmo, S. 236; *Jeßberger,* S. 278; *Böse/Meyer/Schneider,* in: Böse/Meyer/Schneider, S. 423; instruktiver Überblick über zahlreiche nationale Regelungen im GA-Report A/65/181 v. 29.7.2010, paras. 34 ff.; vgl. aber auch *Kindt,* S. 80 f., wonach bei der Anwendung des WRP auf Kriegsverbrechen keine einheitliche und beständige Staatenpraxis besteht; s. hierzu auch den Überblick über die Staatenpraxis bei *Rikhof,* in: Bergsmo, S. 45 ff.; krit. zum WRP bei Kriegsverbrechen vor dem Hintergrund der Verfahren nach dem 2. Weltkrieg *Garrod,* ICLR 12 (2012), 763 ff; krit. auch *Merkel,* in: Jeßberger/Geneuss, S. 54, demzufolge nicht alle Kriegsverbrechen die für die Legitimierung des WRP notwendige „normdestruktive [...] Wirkung *inter omnes* der rechtlichen Weltordnung“ entfalten; für eine universelle Strafverfolgungsbefugnis auch bei Bürgerkriegsverbrechen hingegen *Weißer,* GA 2012, 422; für Verfolgungs*pflicht* bei Genozid sogar *BenNaftali/Sharon,* JICJ 5 (2007), 859, 864 ff.; zum WRP bei Folter als Einzeltat *Grant,* in: Kolb, S. 460 ff.

[282] Vgl. *SCSL,* Prosecutor v. Kallon and Kamara, App. Decision 13.3.2004, paras. 69 f.; vgl. auch *ICJ,* DRC v Belgium, Judg. 14.2.2002 (Yerodia-Urteil) mit den obiter-Voten von *Koroma,* para. 9; *van den Wyngaert,* paras. 59 ff.; *Higgins/Kooijmans/Buergenthal,* paras. 60 ff.; wohl auch *Al-Khasawneh,* paras. 7, 8 b; a. A. die Sondervoten von *Ranjeva,* para. 7; *Guillaume,* para. 17; *Rezek,* para. 7; vgl. dazu ausführlich MünchKomm/*Ambos,* § 1 VStGB Rn. 17; zusammenfassend *Hoffmann,* in: Menzel/Pierlings/Hoffmann, S. 439 ff.; *Behrendt,* S. 92 ff.; Cryer/*Cryer,* S. 58 ff. – Vgl. zur Praxis in 33 Staaten *Kreicker,* in: Eser et al., 2003 ff., Bd. 7, S. 191 ff.; zur europäischen Praxis *Human Rights Watch,* Universal Jurisdiction, 2006, S. 37 ff.; zu Belgien, Deutschland, Frankreich, Österreich, Spanien *Ryngaert,* CLF 19 (2008), 160 ff.; zu Frankreich *Sulzer,* in: Kaleck et al., S. 125 ff.; *Lelieur,* in: Böse/Meyer/Schneider, S. 128 ff.; zu Belgien *David,* 2009, Rn. 3.3.42 ff.; *Pocar/Maystre,* in: Bergsmo, S. 282 ff.; zur Schweiz *Grant,* in: Kolb, S. 465 ff.; *Baumgartner,* in: Safferling/Kirsch, S. 404 ff.; zu Schweden *Cameron,* S. 72 ff.; zu Finnland *Kimpimäki,* ICLR 11 (2011), 165 ff.; zu Dänemark *Laursen,* JICJ 10 (2012), 997; zu Spanien *Roht-Arriaza,* in: Kaleck et al., S. 114 ff.; *Carnero Rojo,* JICJ 9 (2011), 699 ff.; *Pocar/Maystre,* in: Bergsmo, S. 275 ff.; zur spanischen Rspr. bzgl. der argentinischen Militärjunta *Gil Gil,* JICJ 3 (2005), 1082 ff.; *Tomuschat,* JICJ 3 (2005), 1074 ff.; *Wilson,* AS IL Insight 12 (2008), issue 1; *Fernández-Pacheco,* JpD 61 (2008) 101 ff.; zum niederländischen WRP bei Kriegsverbrechen *Mettraux,* JICJ 4 (2006), 362 ff.; gegen seine Lesart *Ferdinandusse,* JICJ 4 (2006), 881 ff.; zur Schweiz *Gless,* 2011, Rn. 198. Rechtsprechungsnachweise bei *Weiss,* in: Kaleck et al., S. 31 f.; s. auch die Überblicksdarstellung bei *Hall,* in: Bergsmo, S. 217 ff.; tabellarisch *Zhu,* in: Bergsmo/Ling, S. 212 ff.; krit. zur (hinter den vr Verpflichtungen zurückbleibenden) Implementierung des WRP in China *Ma,* in: Bergsmo/Ling, S. 180 ff. Speziell zur Verfolgung von schweren Verletzungen der Genfer Abkommen *O'Keefe,* JICJ 7 (2009), 811 (814); äußerst krit. *Garrod* ICLR 12 (2012), 763 (782, 797, 807, 823, 626), demzufolge das WRP keine Grundlage im Völkergewohnheitsrecht hat.

[283] Vgl. *BVerfG* NStZ 2011, 353; MünchKomm/*Ambos,* § 1 VStGB Rn. 15 f.; *Ambos,* Case W. Res. J. Int'l L. 42 (2009), 405 ff.; *Kourula,* in: Bergsmo/Ling, S. 138 ff.; *Lafontaine,* JICJ 10 (2012), 1286 ff.; *van der Wilt,* JICJ 9 (2011), 1050, 1055 ff.; *Weißer,* GA 2012, 430; s. hierzu auch *Stigen,* in: Bergsmo, S. 136 ff.; *Ryngaert,* in: Bergsmo, S. 181 ff.

[284] *Werle,* 2012, Rn. 216; *Zahar/Sluiter,* S. 498 f.; zw. auch *Oeter,* in: Jeßberger/Geneuss, S. 120. Nach

merhin anführen, dass die Staatengemeinschaft mit der Ergänzung des IStGHS um das Verbrechen der Aggression (dazu § 7 Rn. 263ff.) ihren Willen zum Ausdruck gebracht hat, solche Taten nicht (mehr) ungesühnt zu lassen.[285] Für die sog. vertragsgestützten Delikte („treaty-based crimes"),[286] insbesondere (internationaler) Terrorismus, Drogenhandel und Folter (als Einzeldelikt), sehen die einschlägigen internationalen Vereinbarungen nicht das Weltrechtsprinzip, sondern allenfalls den *aut dedere aut iudicare*-Grundsatz vor. Auch wenn diese Tatbestände bedeutende, universell anerkannte Rechtsgüter schützen, unterfallen sie – möglicherweise mit Ausnahme der von einem *ius cogens* Verbot getragenen Folter[287] – nicht dem WRP i. e. S.[288] Näher zu Terrorismus und Betäubungsmitteldelikten s. Voraufl., Rn. 96f.

2. Die deutsche Rechtslage

Das WRP findet sich zunächst als WRP i. e. S. – „auch dann, wenn die Tat im Ausland begangen wurde und keinen Bezug zum Inland aufweist" – in **§ 1 VStGB** und zwar „für die in ihm bezeichneten Verbrechen", also die genannten völkerrechtlichen Kernverbrechen (Rn. 95, §§ 6–12 VStGB). Demgegenüber offeriert uns der ebenfalls dem WRP zugeschlagene **§ 6** ein **Sammelsurium von Tatbeständen,** die keineswegs alle dem im Titel der Vorschrift zum Ausdruck gebrachten Anspruch gerecht werden, „internationale Rechtsgüter" zu schützen.[289] Dies würde nämlich voraussetzen, dass die erfassten Verhaltensweisen die *Staatengemeinschaft als solche* angehen und nicht nur die kriminalpolitischen Prioritäten des deutschen Gesetzgebers seiner Zeit zum Ausdruck bringen. Die Verletzung oder Gefährdung der erfassten Rechtsgüter müsste also – der *ratio* des WRP folgend – die Sicherheit und den Frieden der Menschheit bedrohen. Überdies besitzen die Taten unterschiedliches kriminelles Gewicht und richten sich an unterschiedliche Völkerrechtssubjekte, nämlich einerseits die Staatengemeinschaft als solche und andererseits nur die Einzelstaaten.[290] Nur im ersten Fall werden aber „internationale Rechtsgüter" geschützt und es kann universelle Strafgewalt beansprucht werden. § 6 ist also teilweise **viel zu weit** geraten. 96

Sowohl für § 1 VStGB als auch für § 6 gilt das **Opportunitätsprinzip,** wobei allerdings völkerrechtliche Abkommen, die eine Verfolgungspflicht enthalten, das für Auslandstaten durch § 153c Abs. 1 S. 1 Nr. 1 StPO vorgesehene Verfolgungsermessen auf Null reduzieren können[291] und für § 1 VStGB die ermessenslenkende Sondervor- 97

GA-Report A/65/181 v. 29.7.2010, S. 29 ist das WRP für das Aggressionsverbrechen bzw. für „crimes against peace" nur in vier Staaten (Aserbaidschan, Weißrussland, Bulgarien und Estland) vorgesehen. In der Tschechischen Republik kann zudem die Vorbereitung eines Angriffskrieges universell verfolgt werden.

285 In diesem Sinne *Hoven,* in: Safferling/Kirsch, S. 363ff., 366; dagegen *Oeter,* in: Jeßberger/Geneuss, S. 120.

286 Ausf. *Ambos,* 2014, S. 222ff.; *Ambos/Timmermann,* in: Safferling/Kirsch, S. 309ff. Vgl. auch unten § 7 Rn. 275.

287 *Ambos,* 2014, S. 245.

288 Ausf. *Ambos,* 2014, S. 228ff. sowie *Ambos/Timmermann,* in: Safferling/Kirsch, S. 333ff.

289 Grdl. Kritik bei *Merkel,* in: Lüderssen, Bd. 3, S. 240ff. (245); zust. *Eser,* FS Meyer-Goßner, 2001, S. 30; *Wang,* Strafanspruch, 2005, S. 127ff.; SSW-StGB/*Satzger,* § 6 Rn. 1; krit. zur Überschrift auch schon *Zieher,* S. 172f.

290 Sehr scharfsinnig *Merkel,* in: Lüderssen, Bd. 3, S. 248.

291 Vgl. *Eser,* FS Meyer-Goßner, 2001, S. 27; auch LK/*Werle/Jeßberger,* § 6 Rn. 142; LR/*Beulke,* § 153c Rn. 8; *Wirth/Harder,* ZRP 2000, 144 (147 Fn. 33).

schrift des **§ 153f StPO** eingeführt wurde.[292] Diese Vorschrift soll einer befürchteten **Justizüberlastung entgegenwirken**[293] und die Strafverfolgung auf „sinnvolle Fälle" beschränken.[294] Dies soll durch eine Strukturierung der Ermessensausübung in zwei Richtungen erreicht werden: Bei **Auslandstaten mit Inlandsbezug** – d. h. wenn der Tatverdächtige sich im Inland aufhält (§ 153f Abs. 1 S. 1 StPO) und/oder wenn er Deutscher ist (§ 153f Abs. 1 S. 2 StPO) – ergibt sich im Umkehrschluss aus den zitierten Vorschriften eine *grundsätzliche* Verfolgungspflicht; von der Verfolgung eines Deutschen kann jedoch („nur dann") abgesehen werden, wenn die Tat durch einen internationalen Gerichtshof oder den Tatort- oder Opferstaat verfolgt wird (§ 153f Abs. 1 S. 2 StPO), weil auch auf diese Weise dem Strafbedürfnis der internationalen Gemeinschaft Rechnung getragen wird.[295] Liegt dagegen **keinerlei Inlandsbezug** vor – wenn Deutsche weder als Opfer noch Täter beteiligt sind (§ 153c Abs. 2 Nr. 1, 2 StPO) und sich der Beschuldigte nicht im Inland aufhält und dies auch nicht zu erwarten ist[296] (§ 153c Abs. 2 Nr. 3 StPO) – „kann insbesondere" von der Strafverfolgung (d. h. auch schon von der Aufnahme von Ermittlungen[297]) abgesehen werden, sofern – Vermeidung von Straflosigkeit! – ein internationales Gericht oder der Tatort-, Täter- oder Opferstaat die Verfolgung übernimmt. Gleiches gilt – in Ausnahme zu der grundsätzlichen Verfolgungspflicht bei Inlandsaufenthalt gemäß § 153f Abs. 1 S. 1 StPO e. c. –, wenn sich ein ausländischer Beschuldigter im Inland aufhält, aber kein deutsches Tatopfer zu beklagen ist (§ 153f Abs. 2 S. 2 i. V. m. S. 1 Nr. 2 StPO) und seine Überstellung an ein internationales Gericht bzw. seine Auslieferung an den verfolgenden Tatort-, Täter- oder Opferstaat (§ 153f Abs. 2 S. 2 i. V. m. S. 1 Nr. 4 StPO) zulässig und beabsichtigt ist (§ 153f Abs. 2 S. 2 StPO).[298] Darüberhinausgehend folgt aus § 153f Abs. 1 S. 1 i. V. m. § 153c Abs. 1 Nr. 1 und 2 StPO, dass bei **„reinen" Auslandstaten** im dort genannten Sinne – kein (zu erwartender) Aufenthalt des Tatverdächtigen – die Generalbundesanwaltschaft auch dann von einer Verfolgung absehen kann, wenn keine andere Gerichtsbarkeit zur Verfolgung bereit ist,[299] wobei freilich gerade bei dieser letzten Möglichkeit das übergeordnete Ziel der **Vermeidung von Straflosigkeit**[300] nicht aus dem Blick geraten darf.

292 Vgl. eingehend MünchKomm/*Ambos,* § 1 VStGB Rn. 24ff. m. w. N. sowie *AI,* End impunity, 2008, S. 55ff. § 153f StPO bezieht sich auf *alle* Straftaten des VStGB (§§ 6–14), obwohl nur die Verbrechen der §§ 6–12 dem echten WRP unterfallen und hinsichtlich der Vergehen der §§ 13, 14 das allgemeine Strafanwendungsrecht (§§ 3ff. StGB) anwendbar bleibt. Vor dem Hintergrund der „politischen Selektivität" krit. zu § 153f StPO *Keller,* GA 2006, 30ff.; krit. auch *Gierhake,* ZStW 120 (2008), 401f.

293 Gesetzesbegründung in: *Lüder/Vormbaum,* S. 60; s. auch *Geneuss,* S. 225.

294 *Zypries,* in: Theißen/Nagler, S. 14; *Singelnstein/Stolle,* ZIS 2006, 118, 119; *Kindt,* S. 115; vgl. dazu *Kreicker,* in: Eser et al., 2003ff., Bd. 7, S. 261ff.; auch *Bock,* in: Chapaux, Sahara, 2010, S. 53. Krit. hierzu *AI,* End Impunity, 2008, S. 60.

295 Vgl. zum Verhältnis von Art. 17 IStGH-Statut und § 153f StPO LR/*Beulke,* § 153f Rn. 24; *Keller,* GA 2006, 36f. sowie § 8 Rn. 10 mit Fn. 47.

296 *Basak,* KritV 90 (2007), 356f., verlangt insoweit – sehr weitgehend – eine negative Substantiierungspflicht des Generalbundesanwalts, d. h. mehr als das bloße Fehlen von Anhaltspunkten für eine zukünftige Einreise.

297 Vgl. *Basak,* KritV 90 (2007), 354ff.

298 Vgl. näher Gesetzesbegründung in: *Lüder/Vormbaum,* S. 60ff.

299 Vgl. Gesetzesbegründung in: *Lüder/Vormbaum,* S. 61; *Weigend,* GS Vogler, 2004, S. 209; KK/*Diemer,* § 153f Rn. 3; in solchen Fällen gegen eine Zuständigkeit deutscher Strafverfolgungsbehörden überhaupt *Gierhake,* ZStW 120 (2008), 399ff.

300 Gesetzesbegründung in: *Lüder/Vormbaum,* S. 60; KK/*Diemer,* § 153f Rn. 2; LR/*Beulke,* § 153f Rn. 4; *Werle,* FS Tomuschat, 2006, S. 669; s. auch die von *Geneuss,* S. 263ff. entwickelten Vorschläge zur Konturierung des Verfolgungsermessens.

Lösung Fall 16:

Hier wurde die Praktikabilität der Vorschrift erstmals auf die Probe gestellt. Der Generalbundesanwalt 98
hält die Einstellungsvoraussetzungen des § 153f StPO für gegeben, wobei er zwischen den angezeigten Personen, die sich nicht im Geltungsbereich des VStGB aufhalten und auch nicht aufhalten werden (§ 153f Abs. 1 S. 1 StPO), und denjenigen, die sich in Deutschland aufhalten und ggf. aufhalten werden (§ 153f Abs. 2 S. 2 StPO), unterscheidet. Die Entscheidung wirft zahlreiche Fragen auf, die hier nur angedeutet werden können:[301] Kann man sagen, dass die Taten von Abu Ghraib i. S. v. § 153f Abs. 2 Nr. 4 StPO verfolgt werden, wenn der Tatortstaat (Irak) dies dem Heimatstaat der Tatverdächtigen (USA) überlässt und dieser nur untergeordnete Befehlsempfänger (Ausführungstäter) vor Militärgerichte stellt, die Organisationstäter der mittleren Hierarchieebene und die Führungstäter an der Spitze der Befehlskette (Weißes Haus, Pentagon)[302] aber unbehelligt bleiben?[303] Reichen „Anhaltspunkte" aus, dass der originär zuständige Staat (hier *de facto* die USA) strafrechtliche Maßnahmen einleitet, um das deutsche Verfahren einstellen zu können? Sind in einem solchen Fall nicht zumindest unterstützende Hilfsermittlungen[304] i. S. einer Beweissicherungsfunktion des WRP möglich und zulässig?[305] Der Fall zeigt das Dilemma von § 153f StPO: Die Vorschrift setzt eine ernsthafte und effiziente Strafverfolgung in tatnäheren Staaten voraus, man wird sie aber – mit Blick auf den Grundsatz der Staatengleichheit (§ 2 Rn. 3) und die horizontale Natur zwischenstaatlicher Kooperation (§ 8 Rn. 64) – kaum dahingehend auslegen können, dass es dem die Strafgewalt beanspruchenden Staat (hier Deutschland) zukommt, über die Angemessenheit und Effizienz konkreter Strafverfahren des eigentlich zuständigen (Verfolger-)Staates zu Gericht zu sitzen, wenn diese Strafverfahren denn stattfinden und das Rechtssystem des Verfolgerstaates als – nach allgemeinen Maßstäben – rechtsstaatlich zu gelten hat.[306] In einer zweiten – erneut ablehnenden – Entscheidung zur Aufnahme von Ermittlungen wegen Abu Ghraib legte die GBA § 153f Abs. 1 S. 1 StPO (nur diesen Satz!) ganz pragmatisch dahingehend aus, dass die Aussicht bestehen müsse, dass der Beschuldigte auch tatsächlich vor Gericht gestellt werden könne; zumindest müsse ein *nennenswerter Aufklärungserfolg* erzielt werden können, was aber mangels Exekutivbefugnissen der nationalen Ermittler nur bei Amtshilfe des Tatort- oder Aufenthaltsstaates der Beschuldigten zu erwarten sei.[307] Mit dieser

[301] Näher *Ambos,* NStZ 2006, 434ff.; MünchKomm/*Ambos,* § 1 VStGB Rn. 28ff.; krit. auch *Basak,* HuV-I 2005, 90ff.; *ders.*, KritV 90 (2007), 333ff.; *Kurth,* ZIS 2006, 81ff.; *Jeßberger,* in: Kaleck et al., S. 217ff.; *Ryngaert,* CLF 19 (2008), 172f. (180). Der Antrag auf gerichtliche Entscheidung wurde mit Beschluss v. 13.9.2005 zurückgewiesen; *OLG Stuttgart* NStZ 2006, 117ff.; dazu *Singelnstein/Stolle,* ZIS 2006, 118ff.; *Basak,* in: Institut für Kriminalwissenschaften, S. 502ff. und *Ambos,* NStZ 2006, 434ff.; krit. zur bisherigen Praxis auch in anderen Fällen *Geißler/Selbmann,* HuV-I 2007, 163ff.; abwartend *Werle,* 2012, Rn. 384ff.

[302] Zu Ausführungs-, Organisations- und Führungstäter § 7 Rn. 18ff.

[303] Vgl. etwa *Seymour Hersh,* Abu Ghraib lesson unlearned, GW 27. 5.-2.6.2005, 15: „No officer is facing criminal proceedings"; *Singelnstein/Stolle,* ZIS 2006, 118 (121f.). Vgl. auch *Human Rights Watch* http://www.hrw.org/en/news/2005/01/18/justice-abu-ghraib (zuletzt abgerufen am 1.7.2014) sowie *NYT,* 30.8.2007, 22, wonach nur elf „low ranking soldiers" und „not one officer has been punished beyond a reprimand, and there has been even less accountability at higher levels."; krit. zur Anwendung des Komplemtaritätsgedanken durch den GBA auch *Ryngaert,* in: Bergsmo, S. 180f. Zur Rechtslage in den USA. insoweit *Pittman/Heaphy,* LJIL 21 (2008), 165ff. Zu den englischen Verfahren GW 27. 7.–4.8.2005, 8; zu Verfahren in anderen Ländern *Ratner,* in: Jeßberger/Geneuss, S. 216ff.

[304] Dazu Gesetzesbegründung in: *Lüder/Vormbaum,* S. 61; *Weigend,* GS Vogler, 2004, S. 209; KK/*Diemer,* § 153f Rn. 9; LR/*Beulke,* § 153f Rn. 42; SK-StPO/*Weßlau,* § 153f Rn. 11; *Basak,* HuV-I 2005, 92; s. auch *Keller,* in: Jeßberger/Geneuss, S. 144f.

[305] Ausf. zum hiermit verbundenen Gedanken der antizipierten Rechtshilfe *Böse,* in: Jeßberger/Geneuss, S. 167ff.; auch *Kaleck,* in: Jeßberger/Geneuss, S. 179ff.

[306] In diesem Sinne auch der *GBA,* JZ 2005, 312: „Mit welchen Mitteln und zu welchem Zeitpunkt gegen weitere mögliche Tatverdächtige ... ermittelt wird, muss dabei den Justizbehörden der Vereinigten Staaten von Amerika überlassen bleiben."

[307] Generalbundesanwalt, Pressemitteilung v. 27.4.2007. Die dagegen gerichtete Gegenvorstellung wurde am 11.8.2007 zurückgewiesen, der daraufhin gestellte Antrag der Anzeigeerstatter auf gerichtliche Entscheidung beim *OLG Frankfurt a. M.* v. 30.10.2007 wurde am 21.4.2009 vom OLG Stuttgart als unzulässig verworfen. Siehe hierzu *Bock,* in: Chapaux, Sahara, 2010, S. 54ff.

Argumentation führt die GBA das Kriterium des Inlandsbezugs bzw. inländischen Anknüpfungspunkts (Rn. 93, 100) gleichsam durch die Hintertür wieder ein und übergeht die ermessenslenkende Regelung des § 153f Abs. 2 StPO. Dies verdeutlicht anschaulich die Notwendigkeit einer gerichtlichen Kontrolle der Einstellungsentscheidung[308] und organisatorischer Verbesserungen innerhalb der GBA.[309] Dies war auch das Ergebnis einer öffentlichen Anhörung des „Ausschuss für Menschenrechte und Humanitäre Hilfe" des Bundestags zur nationalen Umsetzung des VStGB im Oktober 2007.[310]

99 Während die GBA ihre aus dem VStGB fließenden Kompetenzen zur (weltweiten) Verfolgung völkerrechtlicher Verbrechen zunächst nicht oder nur zögerlich genutzt[311] und sich vornehmlich auf die Anlegung sogenannter „Beobachtungsvorgänge"[312] beschränkt hat, sind mittlerweile **verstärkte Ermittlungsaktivitäten**[313] zu verzeichnen. Schwerpunktmäßig konzentriert sich die GBA derzeit auf den (noch nach alter Rechtslage zu beurteilenden) Völkermord in Rwanda aus dem Jahre 1994,[314] (mutmaßliche) Verbrechen der insbesondere in der DR Kongo agierenden, paramilitärischen „Forces Démocratiques de Libération du Rwanda" (FDLR)[315] sowie den Afghanistaneinsatz der Bundeswehr.[316]

[308] Dazu schon *Ambos,* NStZ 2006, 438; MünchKomm/*Ambos,* § 1 VStGB Rn. 32f. m.w.N.; zust. *Geißler/Selbmann,* HuV-I 2007, 165; *Kreß,* ZIS 2007, 523; zur NRO-Strategie, Prozesse geringerer politischer Brisanz zu initiieren *Hall,* in: Kaleck et al., S. 89ff.

[309] Vgl. *Geißler/Selbmann,* HuV-I 2007, 166 sowie *Human Rights Watch,* Universal Jurisdiction, 2006, S. 35 mit der Forderung nach „adequately ressourced and staffed ‚specialized units' within police and prosecutorial authorities", wie sie in einigen europ. Staaten schon existieren (ebd., S. 40, 48f., 73f.).

[310] Siehe die Stellungnahmen von *Kreß,* ZIS 2007, 515 und *Ambos,* http://www.department-ambos.uni-goettingen.de/index.php/component/option,com_docman/Itemid,133/gid,130/task,cat_view/ (zuletzt abgerufen am 1.7.2014).

[311] Vgl. die Überblicksdarstellungen bei *Bock,* in: Chapaux, Sahara, 2010, S. 54ff.; *Keller,* in: Jeßberger/Geneuss, S. 141ff.; sowie die Kritik bei *Kindt,* S. 118f.; eher krit. auch *Klip,* in: Jeßberger/Geneuss, S. 246ff.; ausf. Analyse der bisherigen VStGB-Praxis bei *Geneuss,* S. 200ff.

[312] So waren zum 3.1.2008 nach Auskunft des Generalbundesanwalts 86 *„Beobachtungsvorgänge"* angelegt worden. Diese dienen dazu, aus allgemein zugänglichen Quellen – ohne Rückgriff auf die in der StPO vorgesehenen Ermittlungsmaßnahmen – das Vorliegen eines Anfangsverdachts oder die Anwendung deutschen Rechts auf einen bestimmten Sachverhalt zu beurteilen; vgl. dazu *Hannich,* ZIS 2007, 511. Die Mehrzahl geht auf Strafanzeigen zurück, einige wurden jedoch auch aufgrund allgemein zugänglicher Erkenntnisse, etwa aus Krisengebieten, von Amts wegen angelegt.

[313] Zur Ermittlungstätigkeit des GBA nach 10 Jahre VStGB s. *Ritscher,* in: Safferling/Kirsch, S. 223ff.; zu dessen „no safe haven Germany" Strategie *Beck,* in: Jeßberger/Geneuss, S. 161.

[314] Am 18.2.2014 verurteilte das OLG Frankfurt a. M. (Staatsschutzkammer) den Angeklagten, einen ehemaligen Bürgermeister einer ruandischen Kommune, wegen Behilfe zum Völkermord zu einer Freiheitsstrafe von 14 Jahren, s. http://www.olg-frankfurt.justiz.hessen.de/irj/OLG_Frankfurt_am_Main_Internet?rid=HMdJ_15/OLG_Frankfurt_am_Main_Internet/nav/d44/d4471596-ad85-e21d-0648-71e2389e4818,d7012aab-1bf3-4417-9cda-a2b417c0cf46,,,11111111-2222-3333-4444-100000005004%26_ic_uCon_zentral=d7012aab-1bf3-4417-9cda-a2b417c0cf46%26overview=true.htm&uid=d4471596-ad85-e21d-0648-71e2389e4818 (zuletzt abgerufen am 1.7.2014). Vertiefend zum Fall *Kroker,* GYIL 54 (2011), 671ff.; aus Sicht der Verteidigung *von Wistinghausen,* in: Safferling/Kirsch, S. 199ff.; aus Sicht des GBA *Ritscher,* in: Safferling/Kirsch, S. 228ff.; *Beck,* in: Jeßberger/Geneuss, S. 163f.; zur Beobachtung des Verfahrens durch Studierende der Universität Marburg im Rahmen des Trial-Monitoring-Programms *Hansen,* in: Safferling/Kirsch, S. 433.

[315] Am 17.11.2009 wurden zwei mutmaßliche Führungsfunktionäre der FDLR festgenommen, die dringend der Begehung von Verbrechen gegen die Menschlichkeit und Kriegsverbrechen verdächtig werden, vgl. www.generalbundesanwalt.de/de/showpress.php?themenid=11&newsid=347 (zuletzt abgerufen am 1.7.2014). Am 8.12.2010 wurde Anklage vor dem OLG Stuttgart erhoben, www.generalbundesanwalt.de/de/showpress.php?newsid=382 (zuletzt abgerufen am 1.7.2014). Vertiefend zum Fall *Groß-Bölting,* in: Strafverteidigervereinigungen, S. 143ff.; auch *Schäfer,* in: Safferling/Kirsch, S. 246ff.; *Keller,* in: Jeßberger/Geneuss, S. 148ff.; aus Sicht des GBA *Ritscher,* in: Safferling/Kirsch, S. 231ff.

[316] Siehe insbesondere den Einstellungsvermerk im Verfahren gegen Oberst Klein vom 16.4.2010, http://www.generalbundesanwalt.de/docs/einstellungsvermerk20100416offen.pdf (zuletzt abgerufen am 1.7.2014; hierzu *Ambos,* NJW 2010, 1725; *Richter,* HRRS 2011, 28; *Keller,* in: Jeßberger/Geneuss,

Die Angabe aussagekräfter Fall- bzw. Vorgangszahlen ist derzeit nicht möglich, da diese die Komplexität der Ermittlungen sowie die Vielschichtigkeit der Zusammenhänge und der zu bewältigenden Problemstellungen nur unzureichend wiederspiegeln.[317]

Im Hinblick auf den teilweise zu weiten **§ 6** kann das von der Rechtsprechung[318] zu seiner Restringierung vorgeschlagene **Kriterium des inländischen Anknüpfungspunkts** bei differenzierter Anwendung durchaus gute Dienste leisten. Dabei kommt dieses Kriterium freilich nur bei denjenigen Tatbeständen des § 6 Bedeutung zu, die gerade nicht dem echten WRP (i. e. S.) unterfallen. Während also gegen seine Anwendung beim unbefugten Vertrieb von Betäubungsmitteln (§ 6 Nr. 5)[319] – ebenso wie bei Internetstraftaten (§ 1 Rn. 19) – an sich nichts einzuwenden ist, ja es dort sogar aus völkerrechtlichen Gründen geboten erscheinen mag, kann es keine Rolle bei den völkerrechtlichen Kernverbrechen (Rn. 95) spielen. Denn diesen Verbrechen unterscheiden sich in der Interessenlage und im Unrechtsgehalt ganz wesentlich von § 6 Nr. 5 und den sonstigen Taten des § 6.[320] Dieser materielle (normative) Gesichtspunkt begründet ihren Anspruch auf völkerrechtliche („weltrechtliche") Anerkennung.[321] Der BGH hat dies bezüglich § 6 Nr. 9 anerkannt[322] und der Gesetzgeber in § 1 VStGB kodiziert. Danach soll es auf einen „Bezug zum Inland" gerade nicht ankommen. 100

Gegen ein so verstandenes (echtes) WRP i. e.S können auch rein **praktische Bedenken** nicht überzeugen.[323] Die deutsche Strafjustiz kann sich durch den Verweis auf eine (mögliche) Überforderung ihrer völkerrechtlichen Verantwortung nicht grundsätzlich entziehen.[324] Dies gilt auch bezüglich der Verfolgung der unter die Blankettverweisung des § 6 Nr. 9 fallenden Taten (Rn. 109ff.). Was die in § 6 Nr. 2–8 erfassten Taten angeht, so könnte den berechtigten Bedenken der Praxis leicht dadurch Rechnung getragen werden, dass der Gesetzgeber § 6 auf das völkerrechtliche zulässige Maß zurückstutzen würde. 101

Die in **§ 6 Nr. 2** erfassten **Kernenergie-, Sprengstoff- und Strahlungsverbrechen** können insoweit dem Weltrechtsgrundsatz unterstellt werden, als sie sich kaum auf ein bestimmtes Territorium begrenzen lassen 102

S. 151ff. sowie die Falllösungen bei *Safferling/Kirsch,* JA 2010, 81; *Ambos,* 2010a, S. 65ff. (Fall 6 Rn. 1ff.); unter Amtshaftungsgesichtspunkten *Henn,* HuV-I 2013, 83) sowie den Einstellungsvermerk v. 20.6.2013 zum Drohneneinsatz in Mir Ali/Pakistan am 4.10.2010, https://www.generalbundesanwalt.de/docs/drohneneinsatz_vom_04oktober2010_mir_ali_pakistan.pdf (zuletzt abgerufen am 1.7.2014; hierzu *Ambos,* NStZ 2013, 634).

317 E-Mail an den Verf. v. 16.11.2010.

318 BGHSt 45, 68; *BGH* StV 1999, 240; *BGH* NStZ 1999, 236; vgl. *Stuckenberg,* in: Menzel/Pierlings/Hoffmann, S. 796ff.

319 BGHSt 27, 30; 34, 334.

320 Vgl. *Eser,* FS Meyer-Goßner, 2001, S. 11ff.

321 I. Erg. ebenso *Bungenberg,* AVR 39 (2001), 182 (185ff.).

322 BGHSt 46, 292 (307): es könne „schwerlich von einem Verstoß gegen das Nichteinmischungsprinzip die Rede sein", wenn Deutschland „in Erfüllung einer völkerrechtlich bindenden, auf Grund eines zwischenstaatlichen Abkommens übernommenen Verfolgungspflicht die Auslandstat eines Ausländers an Ausländern verfolgt und nach deutschem Strafrecht ahndet". Dazu auch *Ambos,* NStZ 2001, 630; zust. *Hilgendorf,* JR 2002, 83; *AI,* End Impunity, 2008, S. 23.

323 Krit. auch *Eser,* FS Meyer-Goßner, 2001, S. 6, 25ff.; zu praktischen und politischen Problemen allg. *Broomhall,* NELR 35 (2001), 410ff.

324 Dezidiert *Eser,* FS Meyer-Goßner, 2001, S. 6 (25f., 29).

und die Existenz ganzer Bevölkerungsgruppen gefährden.[325] Außerdem können sich diese Taten in Form terroristischer Handlungen äußern, wobei sie sich insoweit wenigstens *mittelbar* auch auf internationale Abkommen zur Bekämpfung des Terrorismus stützen lassen.[326] Allerdings können diese Abkommen eine *unmittelbare* völkerrechtliche Grundlage schon deshalb nicht ersetzen, weil sie nur einen Ausschnitt der in § 6 Nr. 2 enthaltenen Taten erfassen[327] und überdies direkt über § 6 Nr. 3 und Nr. 9 die deutsche Strafgewalt eröffnen. *De lege ferenda* erscheint es deshalb geboten, Nr. 2 in eine Klausel für internationale terroristische Straftaten zu integrieren.

103 Die Erstreckung auf **Angriffe auf den Luft- und Seeverkehr** gem. **§ 6 Nr. 3** beruht auf den völkerrechtlichen Abkommen zum Schutz des zivilen Luftverkehrs (TokAbk., HaagÜbk., MontrÜbk., MontrProt.) und der zivilen Seeschifffahrt (SeeschÜbk., PlattformProt.). Während die *Piraterie* ausdrücklich dem WRP unterliegt,[328] ist dieses in den genannten Abkommen nicht vorgesehen; vielmehr machen sie die Strafgewalt entweder von einem *territorialen* Bezug, *scil.* der Tatbegehung im Hoheitsgebiet eines Vertragsstaates, auf dessen Flugzeug oder Schiff oder von der Landung in dessen Hoheitsgebiet, sowie von der *Staatsangehörigkeit* des Täters oder Opfers oder der Verletzung der Sicherheit des Staates abhängig. Ferner verpflichten sich die Vertragsstaaten zur Ausübung der Strafgewalt, wenn sich ein Tatverdächtiger in ihrem Hoheitsgebiet befindet und nicht ausgeliefert werden kann *(aut dedere aut iudicare)*. Andererseits verbieten die Abkommen es den Vertragsstaaten aber nicht, eine darüberhinausgehende Strafgewalt auf Grund *nationalen* Rechts in Anspruch zu nehmen. Die nationalrechtliche Verankerung des WRP scheint damit also völkerrechtlich nicht verboten,[329] doch müssen insoweit natürlich auch die allgemeinen völkerrechtlichen Schranken (Nichteinmischungsgrundsatz) beachtet werden. Gleichwohl dürfte es dem Zweck der genannten Abkommen, eine lückenlose Strafverfolgung sicherzustellen, entsprechen, die einschlägigen Delikte dem WRP zu unterstellen.[330] Die Sicherheit der zivilen Luftfahrt und Seeschifffahrt liegt auch im Interesse der Menschheit als Ganzes und stellt damit ein internationales Rechtsgut dar. Die Transnationalität der Delikte verlangt nach extraterritorialen Strafverfolgungsmaßnahmen.[331]

104 Auch die den **Menschenhandel (§ 6 Nr. 4)** tragenden völkerrechtlichen Abkommen, insbesondere die jüngste Konvention zur Unterdrückung des Menschenhandels und der Ausbeutung von Prostituierten vom 21.3.1950[332] sowie das Übereinkommen des Europarats zur Bekämpfung des Menschenhandels vom 16.5.2005[333] enthalten nicht ausdrücklich das WRP.[334] Die Konvention von 1950 lässt den Vertragsstaaten auch nicht im Hinblick auf ihre *Strafgewalt* einen Ermessensspielraum, sondern nur im Hinblick auf die tatbestandliche Erfassung, Verfolgung und Bestrafung der genannten Verhaltensweisen. Das Übereinkommen des Europarats nimmt in Art. 31 lediglich Bezug auf die herkömmlichen Strafanwendungsprinzipien und verpflichtet die Vertragsstaaten nur bei einem hinreichenden Inlandsbezug zur Strafverfolgung. Die Zulässigkeit des WRP kann sich insoweit also nur *indirekt* aus der Verpflichtung des Heimatstaats, eigene Staatsangehörige bei Nicht-Auslieferung selbst abzuurteilen *(aut dedere aut iudicare)* oder aus der sachlichen Begründung von § 6 Nr. 4 ergeben. Insoweit geht es um den Schutz grundlegender Menschenrechte, nämlich um Freiheit, sexuelle Selbstbestimmung und körperliche Unversehrtheit, deren

[325] Vgl. auch *Zieher,* S. 147f.; *Esser/Fischer,* JZ 2010, 217 (218); SSW-StGB/*Satzger,* § 6 Rn. 5; krit. *Oehler,* Rn. 898; *Wang,* Strafanspruch, 2005, S. 128f.; LK/*Werle/Jeßberger,* § 6 Rn. 47.

[326] Insb. das Übk. über den physischen Schutz von Kernmaterial vom 26.10.1979; BGBl. II 1990 S. 326; zu weiteren Abk. vgl. LK/*Werle/Jeßberger,* § 6 Rn. 42ff.

[327] Vgl. auch NK/*Böse,* § 6 Rn. 10; LK/*Werle/Jeßberger,* § 6 Rn. 45ff.

[328] Art. 14, 19 Abk. über die Hohe See v. 29.4.1958 (BGBl. II 1972 S. 1091); Art. 100, 105 SRÜ; vgl. auch *Wille,* Verfolgung, 1974, S. 99f.; *Zieher,* S. 150; *Oehler,* Rn. 848; *König,* S. 50ff.; *Kolb/Neumann/Salomon,* ZaöRV 71 (2011), 211.

[329] Diff. LK/*Werle/Jeßberger,* § 6 Rn. 55ff. Krit. hinsichtlich der in § 316c Abs. 4 pönalisierten Vorbereitungshandlungen, NK/*Böse,* § 6 Rn. 11.

[330] Vgl. auch *Zieher,* S. 151ff.; *AI,* 2001, Chapter XIII, S. 6ff.

[331] Zust. SSW-StGB/*Satzger,* § 6 Rn. 6. Krit. LK/*Werle/Jeßberger* § 6 Rn. 56, 59.

[332] UNTS 96, 271; Gbl. DDR 1975 II S. 2. Frühere Abkommen: Abk. zur Gewährung wirksamen Schutzes gegen den Mädchenhandel v. 18.5.1904 (BGBl. II 1972 S. 1479); Abk. zur Bekämpfung des Mädchenhandels v. 4.5.1910 (BGBl. II 1972 S. 1482) und zur Unterdrückung des Frauen- und Kinderhandels v. 30.9.1921 (BGBl. II 1972 S. 1489).

[333] Council of Europe Treaty Series No. 197. Deutschland hat das Übereinkommen am 17.11.2005 unterzeichnet, aber bisher noch nicht ratifiziert.

[334] Vgl. *Zieher,* S. 153f.; *Oehler,* Rn. 850; LK/*Werle/Jeßberger,* § 6 Rn. 64; *Henzelin,* S. 341f.

Universalität völkerrechtlich anerkannt ist (Art. 3, 4 AllgErkl. der Menschenrechte; Art. 6 Abs. 1, 8, 9 Abs. 1 IPbpR).[335] Die organisierte Begehung der Taten stellt überdies eine Gefahr für die internationale Staatengemeinschaft als solche dar.[336] Im Ergebnis ist also die innerstaatliche Verankerung des WRP in diesen Fällen völkerrechtlich unbedenklich.[337] Bestätigt wird dies durch das Zusatzprotokoll zur Verhütung, Bekämpfung und Bestrafung des Menschenhandels, insbesondere des Frauen- und Kinderhandels vom 15.11.2000.[338] Dies verweist in Art. 1 Abs. 3 hinsichtlich der Begründung der Gerichtsbarkeit und der Verpflichtung zur Strafverfolgung auf das Übereinkommen gegen die grenzüberschreitende organisierte Kriminalität und *erlaubt* es den Vertragsstaaten damit, Verdächtige, die sich in ihrem Hoheitsgebiet befinden, entweder auszuliefern oder selbst zu verfolgen.

Wesentlich problematischer ist **§ 6 Nr. 5,**[339] der den unbefugten **Vertrieb von Betäubungsmitteln** dem 105
Weltrechtsgrundsatz unterstellt. Unter Vertrieb fällt der *entgeltliche Absatz* durch Ver- und Ankauf (§ 29 Abs. 1 Nrn. 1, 5–11 i. V. m. Abs. 2–6, § 30 BtMG),[340] nicht aber der bloße Besitz[341] und der Erwerb zum Eigenverbrauch[342] sowie die unterschiedlichen Arten der Herstellung,[343] weil in all diesen Fällen kein Absatzzweck verfolgt wird. Unbefugt ist der Vertrieb, wenn der Täter ohne die am Tatort erforderliche betäubungsmittelrechtliche Erlaubnis (§ 3 BtMG) handelt.[344] § 6 Nr. 5 bedarf es nicht, wenn ein betäubungsmittelrechtlicher Tatvorgang dem Handeltreiben zuzuordnen ist und insoweit die deutsche Strafgewalt – in Anlehnung an den Auswirkungsgrundsatz – auf das Territorialitätsprinzip gestützt werden kann (§§ 3, 9).[345] Die § 6 Nr. 5 zugrundeliegenden Betäubungsmittelübereinkommen enthalten nicht ausdrücklich das WRP,[346] sondern den Territorialitäts- und *aut dedere aut iudicare*-Grundsatz[347] sowie das aktive Personalitäts- und das Auswirkungsprinzip.[348] Nach den älteren Abkommen sind die Vertragsstaaten nur in der tatbestandlichen Erfassung, Verfolgung und Bestrafung der genannten Verhaltensweisen frei,[349] erst Art. 4 Abs. 3 Wiener Übk. gewährt ihnen ein Ermessen bei der Ausübung der *Strafgewalt* im Rahmen ihres nationalen Rechts. Damit steht jedenfalls nach diesem Abkommen das Völkerrecht einer nationalen Verankerung des Weltrechtsgrundsatzes grundsätzlich nicht entgegen. Auch lässt sich aus dem Stellvertretungsgrundsatz i. S. d. *aut dedere aut iudicare* jedenfalls eine Befugnis zu weltweiter Verfolgung ableiten, wobei allerdings die in den Abkommen erfassten strafbaren Handlungen vom Anbau über den Besitz bis zum Handel reichen (vgl. nur Art. 3 Abs. 1 Wiener Übk.) und damit weit über den Vertrieb hinausgehen.

Die in **§ 6 Nr. 6** angeordnete Strafgewaltserstreckung auf die **Verbreitung „harter" Pornographie** ist völ- 106
kerrechtswidrig.[350] Zunächst dürfte schon kaum Einigkeit darüber herzustellen sein, wo genau die Grenze

335 Vgl. auch – auf EU-Ebene – den Rb des Rats zur Bekämpfung des Menschenhandels, Abl. EG L 203 v. 1.8.2002, 1.

336 *Zieher,* S. 155.

337 Krit. hingegen LK/*Werle/Jeßberger,* § 6 Rn. 63ff.

338 BGBl. II 2005 S. 955. Vgl. auch NK/*Böse,* § 6 Rn. 12.

339 Krit. auch *Jeßberger,* S. 291f.

340 BGHSt 34, 1 (2); LK/*Werle/Jeßberger,* § 6 Rn. 72; S/S/*Eser,* § 6 Rn. 6.

341 *BGH* StV 1984, 286; S/S/*Eser,* § 6 Rn. 6; SSW-StGB/*Satzger,* § 6 Rn. 8; zweifelnd bei ausländischem Besitz in Tateinheit mit Vertrieb im Inland noch *BGH* NStZ 2010, 521; nunmehr aber ausdrücklich und in Übereinstimmung mit der ganz h. L. eine Erstreckung des § 6 Nr. 5 auf den bloßen Besitz ablehnend *BGH* NStZ 2012, 335; dagegen *Patzak,* NStZ 2012, 336, der den „vertriebsorientierten" Besitz dem WRP unterwerfen will; gegen ihn *Ambos,* NStZ 2013, 46ff. Zur Anwendbarkeit des § 7 Abs. 2 *OLG Düsseldorf* StV 2013, 707f.

342 *BGH* StV 1990, 550; StV 1992, 65f.; *OLG Düsseldorf* NStZ 1985, 268; *Zieher,* S. 157; LK/*Werle/Jeßberger,* § 6 Rn. 73; S/S/*Eser,* § 6 Rn. 6; *Fischer,* StGB, § 6 Rn. 5a; SSW-StGB/*Satzger,* § 6 Rn. 8.

343 Zutr. *Zieher,* S. 157; zust. *Fischer,* StGB, § 6 Rn. 5a.

344 Vgl. auch *Zieher,* S. 158.

345 *OLG Karlsruhe* NStZ-RR 1998, 348.

346 Vgl. auch *Zieher,* S. 155f.; NK/*Böse,* § 6 Rn. 13.

347 Art. 36 Abs. 2 (a) (iv) EinheitsÜbk.; Art. 22 Abs. 2 (a) (iv) Übk. psychotrope Stoffe; Art. 4 Abs. 1 (a), Abs. 2 Wiener Übk.

348 Art. 4 Abs. 1 (b) Wiener Übk.

349 Art. 36 Abs. 4 EinheitsÜbk., Art. 22 Abs. 5 Abkommen vom 21.2.1971.

350 Im Ergebnis ebenso *Merkel,* in: Lüderssen, Bd. 3, S. 243, 248f.; LK/*Werle/Jeßberger,* § 6 Rn. 88; krit. auch *Zieher,* S. 161f.; krit. auch *Böse/Meyer,* ZIS 2011, 343; a. A. *Oehler,* Rn. 893.

zwischen „weicher" und „harter" Pornographie verläuft. Aus *völkerrechtlicher* Sicht ist Deutschland seit Wirksamkeit der Kündigung der Abkommen vom 4.4.1910[351] und 12.11.1923[352] am 28.1.1975[353] *zu nichts* mehr *verpflichtet,* zumal diese Abkommen eine extraterritoriale Strafrechtsanwendung auch nur bei deutschen Tätern gerechtfertigt haben.[354] Ebenso erlaubt der EU-Rahmenbeschluss vom 22.12.2003 zur Bekämpfung der sexuellen Ausbeutung von Kindern und der Kinderpornografie[355] lediglich die Ahndung von Taten, die einen Bezug zum jeweiligen Mitgliedstaat aufweisen (vgl. Art. 8).[356] Gleiches gilt für das Fakultativprotokoll zum Übereinkommen über die Rechte des Kindes, betreffend den Kinderhandel, die Kinderprostitution und die Kinderpornographie (vgl. Art. 4).[357] Die Bundesrepublik Deutschland ist völkerrechtlich auch nicht *berechtigt,* das deutsche Strafrecht auf die Verbreitung von Pornographie im Ausland auszudehnen.[358] Weder handelt es sich bei diesem Delikt um eine Tat, die die Unrechtsqualität eines internationalen Verbrechens erreicht, noch sind irgendwelche schützenswerten Interessen Deutschlands berührt, wenn etwa ein Mexikaner in Mexiko an einen Landsmann „harte" Pornographie verkauft. Die elektronische Verbreitung von Pornographie über das Internet ändert an der Unrechtsqualität der Tat nichts, sie liefert allenfalls eine bessere Begründung deutscher Strafgewalt, nämlich, wie allgemein bei Internetkriminalität, über den *Auswirkungsgrundsatz* (§ 1 Rn. 19).

107 Die von **§ 6 Nr. 7** angeordnete weltrechtliche Verfolgung der **Geld-, Wertpapier- und Zahlungskartenfälschung** sowie deren Vorbereitung lässt sich auf das Abkommen zur Bekämpfung der Falschmünzerei vom 20.4.1929[359] stützen, erlaubt dieses doch, *inter alia,* die Bestrafung eines Ausländers für Auslandstaten, wie wenn die Tat im Inland begangen worden wäre (Art. 9 Abs. 1).[360] Damit wird ausdrücklich auf das WRP Bezug genommen.[361] Zudem entsteht eine Pflicht zur Strafverfolgung, wenn die Auslieferung des Tatverdächtigen undurchführbar ist (Art. 9 Abs. 2). Auch sind die Delikte nicht auf das Hoheitsgebiet eines Staates beschränkt, weisen also eine internationale Angriffsrichtung auf.[362] Andererseits erinnert die mögliche Gefährdung des inländischen Zahlungsverkehrs[363] eher an den *Schutzgrundsatz* in Form des Realprinzips als an das WRP.[364]

108 Die Strafbarkeitserstreckung auf **Subventionsbetrug** gem. **§ 6 Nr. 8** kann insoweit völkerrechtlich gerechtfertigt werden, als die Vorschrift den Geltungsbereich des deutschen Strafrechts auf die betrügerische Erlangung von *EU-Subventionen* (§ 264 Abs. 7 Nr. 2) erstreckt (§ 11 Rn. 38). Denn der Schutz der finanziellen Interessen der EU ist eine gemeinsame Aufgabe der Mitgliedstaaten und muss dezentral durchgesetzt werden, solange entsprechende supranationale Durchsetzungsmöglichkeiten auf EU-Ebene noch nicht existieren, also jedenfalls solange, bis die EU von ihrer Befugnis zur Schaffung supranationalen Strafrechts (Art. 325 AEUV, dazu § 9 Rn. 8) Gebrauch macht. Eine über das Unionsgebiet hinausgehende Anwendung der Vorschrift[365] ist aber völkerrechtswidrig,[366] denn weder handelt es sich beim (ausländischen) Subventionsbetrug um ein internationales Verbrechen, das die Menschheit als Ganzes angeht und deshalb weltrechtlich verfolgt werden müsste, noch bestehen entsprechende völkerrechtliche Abkommen.

---

351 RGBl. 1911 S. 209.
352 RGBl. 1925 II S. 289.
353 BGBl. II 1974 S. 912.
354 Vgl. *Zieher,* S. 159.
355 Abl. EU L 13 v. 20.1.2004, 44.
356 Vgl. auch LK/*Werle/Jeßberger,* § 6 Rn. 87.
357 BGBl. II 2008 S. 1222.
358 Differenzierend NK/*Böse,* § 6 Rn. 14, der es für völkerrechtlich zulässig hält, die im Fakultativprotokoll enthaltenen Delikte der Weltrechtspflege zu unterstellen.
359 RGBl. 1933 II S. 913; BGBl. II 1972 S. 74.
360 Vgl. *Zieher,* S. 163; *Oehler,* Rn. 808, 847; LK/*Werle/Jeßberger,* Vor § 3 Rn. 73; auch *AI,* 2001, Chapter XIII, S. 2f. Differenzierend NK/*Böse,* § 6 Rn. 15.
361 *Oehler,* Rn. 23, 147, 563, 808, 847, 894; *Zieher,* S. 163; a. A. LK/*Werle/Jeßberger,* § 6 Rn. 92ff.
362 Vgl. *Zieher,* S. 164; auch *Tomuschat,* FS Steinberger, 2002, S. 328f.
363 BT-Drs. 10/5058, 25.
364 Vgl. schon Art. 8 Harvard Draft, 1935, 435, 561, wo die Geldfälschung etc. dem Schutzgrundsatz unterstellt wird; so auch LK/*Werle/Jeßberger,* § 6 Rn. 92f.
365 Dafür wohl S/S/*Eser,* § 6 Rn. 9; *Safferling,* 2011, § 3 Rn. 50; a. A. *Fischer,* StGB, § 6 Rn. 8.
366 Ebenso *Merkel,* in: Lüderssen, Bd. 3, S. 243; krit. auch SSW-StGB/*Satzger,* § 6 Rn. 11; *ders.,* 2013, § 5 Rn. 75. A. A. LK/*Werle/Jeßberger,* § 6 Rn. 100.

§ 6 Nr. 9 stellt eine **blankettartige Verweisung** auf diejenigen zwischenstaatlichen Abkommen dar, die für Deutschland verbindlich sind und die Verfolgung bestimmter Delikte zwingend anordnen. Der Begriff des zwischenstaatlichen Abkommens erfasst alle völkerrechtlichen Verträge, die die Bundesrepublik mit einem oder mehreren Staaten geschlossen hat.[367] Nr. 9 ist daher auch auf regional begrenzte Abkommen, insbesondere die des Europarates, anwendbar. Die Verbindlichkeit setzt die Verabschiedung eines parlamentarischen Zustimmungsgesetzes (Art. 59 Abs. 2 GG) und die Bekanntmachung im Bundesgesetzblatt II voraus. Da auch zukünftige Abkommen erfasst werden, wird im Sinne einer **„geltungsbereichsrechtlichen Dynamisierung"**[368] die Völkerrechtskonformität des deutschen Strafanwendungsrechts sichergestellt.[369] Das betreffende Abkommen muss eine **Verfolgungs*pflicht*** enthalten; diese bildet zugleich den strafanwendungsrechtlichen Anknüpfungspunkt. Das Recht oder die Befugnis zur Verfolgung reicht nach dem eindeutigen Wortlaut („zu verfolgen sind") nicht aus.[370] Weiterer (innerstaatlicher) Anknüpfungspunkte bedarf es, wie nun auch vom *BGH* anerkannt,[371] nicht. Ob eine Verfolgungspflicht vorliegt, ist nach dem einschlägigen Abkommen zu bestimmen. Es muss erkennen lassen, bei welchen Taten unter welchen Voraussetzungen verfolgt werden muss.[372] Ist dies der Fall, ergibt sich die deutsche Strafgewalt aus den *dort* vorgesehenen Tatbeständen; ein Rekurs auf das StGB ist weder erforderlich noch geboten.[373] Neben dem Wortlaut ist auch der **Grad völkerrechtlicher Anerkennung** des betreffenden Abkommens zu berücksichtigen. Ist es zwar für Deutschland, aber noch nicht allgemein in Kraft getreten, wird man daraus eine *universelle* Verfolgungspflicht, ungeachtet des Wortlauts, kaum ableiten können. Ist es nicht für Deutschland, aber im Übrigen weitgehend universell in Kraft getreten, wird zu prüfen sein, ob sich daraus eine, auch Deutschland bindende *völkergewohnheitsrechtliche* Verfolgungspflicht ergibt; in diesem Fall würde sich freilich wegen des klaren Wortlautes des § 6 Nr. 9 („Abkommens") gleichwohl keine *innerstaatliche* Verfolgungsbefugnis ergeben, sondern lediglich ein Widerspruch der nationalen Rechtslage zum Völkerrecht.[374] 109

Fraglich ist, ob § 6 Nr. 9 auch *europäisches Sekundärrecht* erfasst. Verordnungen gelten gem. Art. 288 UA 2 AEUV unmittelbar in jedem Mitgliedstaat, ohne dass es der Verweisungsnorm des § 6 Nr. 9 bedürfte. Richtlinien müssen hingegen erst innerstaatlich umgesetzt werden (Art. 288 UA 3 AEUV). Gleiches gilt für die auf Grundlage von Art. 34 Abs. 2 b) EUV a. F. erlassenen Rahmenbeschlüsse, die auch nach Inkrafttreten des Vertrages von Lissabon ihre Gültigkeit behalten (vgl. § 9 Rn. 17). Insoweit ähnelt die Situation der in Nr. 9 geregelten Konstellation, da die Mitgliedstaaten unionsrechtlich zur Umsetzung von Richtlinien und (früher) Rahmenbeschlüssen *verpflichtet* sind.[375] Allerdings werden diese Sekundärrechtsnormen einseitig von einer supranationalen Organisation – der EU – erlassen, so dass es zweifelhaft erscheint, ob es sich hierbei um *zwischenstaatliche* Abkommen handelt. Immerhin lässt sich argumentieren, dass die Be- 110

---

[367] LK/*Werle/Jeßberger,* § 6 Rn. 120.

[368] *Zieher,* S. 169; s. auch *Jeßberger,* S. 146.

[369] Entwurf 1962, BT-Drs. 4/650, Begr. 110.

[370] Vgl. *Oehler,* Rn. 147 mit Fn. 65; LK/*Werle/Jeßberger,* § 6 Rn. 123 ff.; SSW-StGB/*Satzger,* § 6 Rn. 13; *Satzger,* 2013, § 5 Rn. 76; *AI,* End Impunity, 2008, S. 29; *Bock,* in: Chapaux, Sahara, 2010, S. 46; *Meyer,* in: Böse/Meyer/Schneider, S. 166; deklaratorisch *BGH* NJW 1991, 3104.

[371] BGHSt 46, 292 (307): „Der Senat neigt jedoch dazu, jedenfalls bei § 6 Nr. 9 StGB, solche zusätzlichen legitimierenden Anknüpfungstatsachen für nicht erforderlich zu halten." Vgl. auch Rn. 100.

[372] Vgl. LK/*Werle/Jeßberger,* § 6 Rn. 107; *Satzger,* 2013, § 5 Rn. 76; auch *Zieher,* S. 167.

[373] Vgl. auch *Merkel,* in: Lüderssen, Bd. 3, S. 265 f.

[374] Vgl. auch *Merkel,* in: Lüderssen, Bd. 3, S. 247.

[375] Dies betont NK/*Böse,* § 6 Rn. 19.

rechtigung zum Erlass derartige Rechtsakte und damit letztlich auch die Umsetzungspflicht aus zwischenstaatlichen Abkommen, nämlich den europäischen Gründungsverträgen, fließt.[376] Dessen ungeachtet ist aber eine Anwendung der Nr. 9 auf Richtlinien im Hinblick auf Art. 103 Abs. 2 GG verfassungsrechtlich äußerst bedenklich, da es an einem Zustimmungsgesetz fehlt, der deutsche Gesetzgeber sich daher nicht mit der Ausdehnung der deutschen Strafgewalt einverstanden erklärt hat. Richtlinien zur Strafrechtsharmonisierung bedürfen zwar der Billigung durch das Europäische Parlament (Art. 86 Abs. 1 i. V. m. Art. 294 AEUV). Dadurch wird allerdings nur dem europäischen, nicht aber dem nationalen Parlamentsvorbehalt Genüge getan. Auch die „Notbremsenregelung" des Art. 83 Abs. 3 AEUV (dazu § 11 Rn. 10) führt zu keinem anderen Ergebnis. Zwar wird damit jedem Mitgliedstaat ein Vetorecht gegen den Erlass einer Richtlinie eingeräumt, wenn diese „grundlegende Aspekte seiner Strafrechtsordnung" berührt; doch kann eine fehlende Weisung des Bundestages an den Vertreter im Rat, sein Vetorecht auszuüben,[377] nicht mit einer positiven gesetzgeberischen Entscheidung über den Umfang der deutschen Strafgewalt gleichgesetzt werden.[378]

111 Die über § 6 Nr. 9 erfassten Abkommen und die darin enthaltenen **konkreten Delikte**[379] sind meist schon durch Spezialnormen der deutschen Strafgewalt unterworfen, so die *Piraterie* (§ 6 Nr. 3), die *Falschmünzerei* (§ 6 Nr. 7), die *schweren Verletzungen der GK I–IV* (§§ 8–10 i. V. m. § 1 VStGB), die *Apartheid* (§ 7 Abs. 5 i. V. m. § 1 VStGB) und die *Folter* (§ 7 Abs. 1 Nr. 5 i. V. m. § 1 VStGB). **Terroristische Straftaten** sind schon in § 6 Nr. 2 und 3 erfasst, darüber hinaus gewähren weitere Abkommen den Vertragsstaaten nicht nur bei Vorliegen der traditionellen Anknüpfungspunkte (territorialer Bezug, Personalitäts- und Realprinzip), sondern auch dann die Strafgewalt, wenn sich ein Tatverdächtiger in ihrem Hoheitsgebiet befindet und nicht ausgeliefert werden kann.[380] Damit ist also der *Ergreifungsstaat* erneut – unabhängig vom Vorliegen sonstiger Anknüpfungspunkte – zur Auslieferung oder eigenständigen Auslieferung berechtigt und verpflichtet *(aut dedere aut iudicare)*, wobei er dabei eine echte Wahlmöglichkeit hat und die Auslieferung nicht – wie bei den regionalen Terrorismusabkommen[381] – vorrangig ist.[382] Darüber hinaus ist es den Vertragsstaaten nicht verwehrt, weitergehende innerstaatliche Jurisdiktionsregeln vorzusehen, wobei aber natürlich der Nichteinmischungsgrundsatz zu beachten ist (vgl. Art. 7 Abs. 6 Terr-FinanzKonv).

112 Auch im Bereich der **organisierten Kriminalität** wird die Strafgewalt der Vertragsstaaten für die Taten der Beteiligung an einer organisierten kriminellen Gruppe (aut dedere aut iudicare: Art. 5 UN-OK-Konvention[383]), Geldwäsche (Art. 6), Korruption (Art. 8) und Behinderung der Justiz (Art. 23) nicht nur auf die traditionellen Anknüpfungspunkte (Territorialitäts-, Personalitäts- und Auswirkungsgrundsatz, Art. 15 Abs. 1 und 2) gegründet, sondern auch dem Ergreifungsstaat gewährt, wenn er den Tatverdächtigen nicht ausliefern kann (Art. 15 Abs. 3, 4; vgl. auch Art. 16 Abs. 10).

---

[376] So NK/*Böse*, § 6 Rn. 19.

[377] Vgl. *BVerfG* NJW 2009, 2267, 2289, Ziff. 365 („Lissabon-Urteil", dazu § 9 Rn. 3).

[378] Anders wohl NK/*Böse*, § 6 Rn. 19, der fordert, dem Parlamentsvorbehalt bereits auf europäischer Ebene durch Einbindung der nationalen Parlamente in den Entscheidungsprozess bzw. durch ein Mitentscheidungsrecht des EP Rechnung zu tragen.

[379] Vgl. MünchKomm/*Ambos*, § 6 Rn. 22 ff. m. w. N. sowie den Überblick bei *AI*, End Impunity, 2008, S. 29 ff.

[380] Vgl. Art. 3 Abs. 2 Übk. Straftaten gg. Diplomaten; Art. 5 Abs. 2 Übk. gg. Geiselnahme; Art. 10 Abs. 4 UN-Personal-Konvention; Art. 6 Abs. 4 Bombenterrorismus-Konvention; Art. 7 Abs. 4 Terrorismusfinanzierungs-Konvention. Vgl. auch schon Rn. 95.

[381] Vgl. Art. 6 EuTerrÜbk. Zu OAS und OAU vgl. *AI*, 2001, Chapter XIII, S. 26 ff.

[382] Vgl. *Pappas*, S. 139 ff. (143, 150, 153); vgl. auch *AI*, 2001, Chapter XIII, S. 9 ff., 15 ff.

[383] Entwurf in: *Van den Wyngaert/Stessens/Van Daele*, S. 753 ff.; dazu auch *AI*, 2001, Chapter XIII, S. 22 ff. (Ratifikation in Deutschland am 30.6.2005; in Kraft getreten durch Hinterlegung der 40. Ratifikationsurkunde).

Lösung Fall 17:

Grundfall: *Strafbarkeit des N als Täter:* N könnte sich wegen unerlaubten Handeltreibens mit Betäubungsmitteln gem. § 29 Abs. 1 S. 1 Nr. 1 BtMG strafbar gemacht haben. Das setzt – wegen des Erlaubnisvorbehalts von § 29 Abs. 1 S. 1 Nr. 1 BtMG – voraus, dass er keine behördliche Erlaubnis für das Handeltreiben hatte. Von der Strafbarkeit ist damit auch derjenige ausgenommen, der im Ausland auf Grund einer dort erteilten Erlaubnis handelt.[384] Der Haschisch-Handel des N ist nach niederländischem Recht erlaubt, eine Strafbarkeit des N gem. § 29 Abs. 1 S. 1 Nr. 1 BtMG scheidet deswegen aus, auf die objektive Strafbarkeitsbedingung der Anwendbarkeit deutschen Strafrechts kommt es insoweit nicht an. – *Strafbarkeit des D:* Fest steht jedoch, dass sich D gem. § 29 Abs. S. 1 Nr. 1 BtMG strafbar gemacht hat und zwar sowohl in der Variante des *Einführens* als auch in der Variante des *Handeltreibens.* Auf diese Tat des D ist auf Grund des *Handlungs- und Erfolgsorts* in Deutschland deutsches Strafrecht anwendbar (§§ 3, 9 Abs. 1, vgl. § 1 Rn. 17). – *Strafbarkeit des N als Teilnehmer:* Durch das Verkaufen des Haschischs in Arnheim hat N den D bei dessen Tat unterstützt. Dabei ist davon auszugehen, dass er zumindest die Absicht des D kannte, das Betäubungsmittel nach Deutschland einzuführen. N ist also Gehilfe an der Tat des D (§ 29 Abs. 1 S. 1 Nr. 1 BtMG i. V. m. § 27). Die Erlaubnis, im Ausland mit Betäubungsmitteln zu handeln, schützt jedenfalls nicht davor, sich im Inland wegen fehlender Erlaubnis nach § 29 BtMG strafbar zu machen.[385] Auf den Teilnehmer erstreckt sich die deutsche Strafgewalt gem. *§§ 3, 9 Abs. 2 S. 1 Alt. 1.* N kann also von deutschen Gerichten bestraft werden und zwar auf Grundlage des Territorialitätsprinzips. Insoweit kommt es auf das WRP gar nicht an. 113

Variante: Sollte deutsches Strafrecht auf diese zweite Tat des N anwendbar sein, so hätte er sich gem. § 29a Abs. 1 Nr. 2 BtMG strafbar gemacht, denn insoweit hatte er keine Erlaubnis zum Handeltreiben. Hier stellt sich jedoch das Problem, dass die Tat von einem *Niederländer begangen* wurde und eine *territoriale Betroffenheit* Deutschlands (mangels Handlungs- oder Erfolgsort in Deutschland) oder die Schädigung eines Deutschen als Anknüpfungspunkte ausscheiden. Wenn man davon ausgeht, dass von den niederländischen Behörden kein Auslieferungsantrag gestellt wird (dann würde N ausgeliefert oder auf Grundlage des Grundsatzes der stellvertretenden Strafrechtspflege gem. § 7 Abs. 2 Nr. 2 in Deutschland abgeurteilt), also keine Verurteilung nach dem Grundsatz stellvertretender Strafrechtspflege möglich wäre, bliebe nur das WRP gem. *§ 6 Nr. 5,* um zur Anwendung deutschen Strafrechts zu gelangen. Handelte es sich dabei um einen völkerrechtskonformen Anwendungsfall des WRP i. e. S., so bedürfte es tatsächlich keines weiteren inländischen Anknüpfungspunktes zur Erstreckung der deutschen Strafgewalt. Wie oben bereits erläutert, können jedoch nur solche Drogenstraftaten als eine Bedrohung von Frieden und Sicherheit der gesamten Menschheit angesehen werden, die sich auf den *organisierten internationalen Drogenhandel* beziehen (Rn. 95). Hier handelt es sich nur um lokalen Vertrieb (in freilich nicht geringem Umfang). Dieser wird zwar auch von § 6 Nr. 5 erfasst, diese Vorschrift ist aber insoweit *völkerrechtswidrig,* als sie sich auch auf Betäubungsmittelstraftaten bezieht, die nicht in Zusammenhang mit dem organisierten internationalen Drogenhandel stehen. Auch der *BGH* scheint dieses Problem im vorliegenden Fall gesehen zu haben und führt deshalb gerade hier – zu Recht! – das Erfordernis eines legitimerenden *inländischen Anknüpfungspunktes* ein. Nicht überzeugend ist es aber, wenn er einen solchen Anknüpfungspunkt im Einheits-Übereinkommen sieht,[386] denn dieses enthält, wie auch der *BGH* erkennt, das WRP nicht.[387] § 6 Nr. 5 hätte also mangels völkerrechtlichen Anknüpfungspunkt für völkerrechtswidrig erklärt werden müssen.[388] Stattdessen geht der *BGH* davon aus, dass § 6 Nr. 5 nur angewendet wird, wenn sich eine „Inlandsberührung der Tat aus der Ergreifung des Täters" ergibt, lässt dabei aber offen, ob das alleine ausreicht.[389] Ausreichend soll es jedenfalls dann sein, wenn das Schutzprinzip insoweit eingreift, als Drogen unweit der Grenze verkauft und

[384] *Körner,* § 3 Rn. 28.
[385] *Körner,* § 3 Rn. 30.
[386] BGHSt 27, 30 (32f.). I. Erg. ebenso NK/*Böse,* § 6 Rn. 13 sowie SSW-StGB/*Satzger,* § 6 Rn. 8, der § 6 Nr. 5 für völkerrechtlich unbedenklich hält.
[387] BGHSt 34, 334 (336); vgl. schon *Oehler,* JR 1977, 425; auch *Merkel,* in: Lüderssen, Bd. 3, S. 242 mit Fn. 15; *Eser,* FS Meyer-Goßner, 2001, S. 12.
[388] Dafür *Merkel,* in: Lüderssen, Bd. 3, S. 243; *Wang,* Strafanspruch, 2005, S. 138; auch schon *Kunig,* JuS 1978, 596; krit. auch S/S/*Eser,* Vor §§ 3–9 Rn. 19.
[389] BGHSt 34, 334 (338).

„zum größten Teil" nach Deutschland eingeführt würden.[390] Immerhin ist dem *BGH* insoweit zuzustimmen als er die Betäubungsmitteldelikte nur dem WRP i.w.S. unterwirft, also nach flankierenden Anknüpfungspunkten sucht. Das *Schutzprinzip* kann hier jedoch die deutsche Strafgewalt wegen der Geringfügigkeit des Angriffs nicht begründen.[391] Eine territoriale Betroffenheit *(Auswirkungsgrundsatz)* scheidet auf innerstaatlicher Ebene jedenfalls aus, weil § 9 nicht nur eine tatsächliche, sondern eine *tatbestandlich* vorausgesetzte Auswirkung („zum Tatbestand gehörender Erfolg") verlangt (§ 1 Rn. 17).[392] Der Gedanke territorialer Betroffenheit liegt aber immerhin Art. 4 Abs. 1 (b) (iii) Wiener Übk. zugrunde, denn damit wird die Zuständigkeit des Territorialstaates für extraterritoriale Taten mit Inlandswirkung festgelegt. *Völkerrechtlich* lässt sich damit die Strafgewaltserstreckung auf die zweite Tat des N immerhin begründen, so dass § 6 Nr. 5 hier durchaus angewendet werden kann. Ob aber tatsächlich durch das Handeltreiben des N eine reale Betroffenheit Deutschlands besteht, ist Tatfrage.

V. Grundsatz der stellvertretenden Strafrechtspflege

Fall 18 („PKK"):[393]

114 A ist Mitglied der in Deutschland als terroristische Vereinigung eingestuften PKK und hat 1987 gemeinschaftlich mit anderen in einem Ausbildungscamp der PKK im Libanon zwei andere PKK-Mitglieder in angemaßter Selbstjustiz aus niedrigen Beweggründen erschossen. Im Libanon wird 1991 ein Gesetz über die Generalamnestie von Straftaten, die vor 1991 begangen wurden, verabschiedet. Die Tat des A fällt unter diese Generalamnestie. Der Libanon ersucht deshalb auch nicht um die Auslieferung. Kann der später in Deutschland aufgegriffene A von einem deutschen Gericht wegen Mordes verurteilt werden?
Variante: Wie wäre es, wenn es keine Amnestie im Libanon gegeben hätte, die dortigen Behörden aber rein faktisch von der Verfolgung von Straftaten absehen, die PKK-Mitglieder untereinander begangen haben? → Rn. 127

1. (Völkerrechtliche) Grundlagen

115 Der Grundsatz der stellvertretenden Strafrechtspflege füllt in erster Linie die Verfolgungslücken aus, die daraus entstehen können, dass ein Straftäter sich durch Flucht in einen anderen Staat einer Bestrafung entzieht. In einem solchen Fall kann eine Strafverfolgung daran scheitern, dass der Täter vom Ergreifungsstaat aus rechtlichen oder tatsächlichen Gründen **nicht** an den Tatortstaat **ausgeliefert** werden kann. Als Gründe, die einer Auslieferung entgegenstehen, nennt § 7 Abs. 2 Nr. 2, dass „... ein Auslieferungsersuchen nicht gestellt oder abgelehnt wird oder die Auslieferung nicht ausführbar ist." Eine Verfolgung im *Tatortstaat* ist damit ausgeschlossen. Und auch eine Bestrafung im *Ergreifungsstaat* wäre mangels legitimierenden inländischen Anknüpfungspunkts nicht möglich, wenn Täter und Opfer Ausländer sind. Deshalb **verzichtet** der Grundsatz der stellvertretenden Strafrechtspflege auf einen solchen **Anknüpfungspunkt.**

116 Nimmt man den **Begriff** der stellvertretenden Strafrechtspflege jedoch ernst, so übt der Ergreifungs- oder Urteilsstaat – ganz anders als beim WRP (Rn. 92, 117) – die Strafgewalt in Vertretung bzw. in Erfüllung des Willens des Tatort- oder Heimatstaates aus. Eine **völkerrechtlich wirksame Vertretung** setzt dabei mehr als die bloße Unaus-

[390] BGHSt 34, 334 (339).

[391] I. Erg. ebenso *Klages,* Meeresumweltschutz, 1989, S. 160; auch *Oehler,* JR 1977, 425f.; *Eser,* FS Meyer-Goßner, 2001, S. 12f. zu § 7 Abs. 1.

[392] *KG* NJW 2006, 3016f. Gegen § 9 auch *Kunig,* JuS 1978, 594; wohl auch *Eser,* FS Meyer-Goßner, 2001, S. 12.

[393] Nach *BGH* NJW 1992, 2775f.

führbarkeit der Auslieferung und die darin zum Ausdruck kommende (faktische) Subsidiarität gegenüber dem Tatort- oder Heimatstaat voraus. Denn dieser kann auf die eigene Strafverfolgung verzichten, ohne dabei zugleich mit der Verfolgung im Ergreifungsstaat einverstanden zu sein.[394] Auch das Erfordernis identischer Tatortstrafbarkeit sagt nichts über den wirklichen Verfolgungswillen des Tatortstaates aus. Um diesen festzustellen, um also tatsächlich *stellvertretend* Strafgewalt im Namen des eigentlich berechtigten Staates auszuüben, ist vielmehr dessen *Einverständnis* einzuholen. Der Tatortstaat muss seine originäre Strafgewalt auf den Ergreifungsstaat übertragen, diesem die **Ausübung derivativer Strafgewalt** rechtlich erst ermöglichen. Es geht also um *„derivative Strafgewalterstreckung"*,[395] um die *„subsidiäre Ergänzung fremder Strafgewalt"*[396] oder auch um *„Lückenfüllung"*.[397] Der Grundsatz vermittelt keinen eigenen Anknüpfungspunkt im strafanwendungsrechtlichen Sinne, sondern impliziert die **Kooperation** zwischen Ergreifungs- und Tatortstaat i. S. eines Modells, das eher an Rechtshilfe als an einseitige Strafgewaltserstreckung erinnert. Daraus folgt auch, dass Erledigungsentscheidungen des Tatortstaates vom Ergreifungsstaat grundsätzlich zu berücksichtigen sind **(Erledigungsprinzip)**.[398] Unter diesen Voraussetzungen scheidet auch eine Verletzung des **Nichteinmischungsgrundsatzes** aus: Wenn der originär zuständige Staat damit einverstanden ist, dass ein anderer Staat stellvertretend für ihn die Strafgewalt ausübt, schließt sein Einverständnis einen Eingriff in seine Hoheitsrechte aus. Statt eines inländischen Anknüpfungspunktes begründet also das Einverständnis des eigentlich zuständigen Staates die ausländische Strafgewalt.

Völkerrechtlich wird der Grundsatz auf die *Grotiussche* Regel des *aut dedere aut punire* 117
(heute: ***aut dedere aut iudicare***) zurückgeführt. Sie ist in zahlreichen völkerrechtlichen Abkommen zu finden (Rn. 102ff.), wobei die Auslieferungs- oder Aburteilungsverpflichtung in der Regel alternativ zu erfüllen ist und nur ausnahmsweise in einem Stufenverhältnis steht. Nur in diesem Fall kann man von stellvertretender Strafrechtspflege *stricto sensu* sprechen, wobei der Strafverfolgungswille des Tatortstaates bzw. dessen Einverständnis in die Verfolgung durch den Ergreifungsstaat sich dann aus dem entsprechenden Abkommen ergibt. Obwohl auch das WRP (i. w. S.) auf die *aut dedere aut iudicare*-Formel zurückgeführt werden kann (Rn. 94), können die Grundgedanken der beiden Institute nach ihrer theoretischen Konzeption unterschiedlicher nicht sein.[399] Entgegen der traditionellen Ansicht[400] geht es, wie schon gesagt, um mehr als die Unausführbarkeit der Auslieferung bei der stellvertretenden Strafrechtspflege und die Unabhängigkeit davon beim WRP. Stellvertretende Strafrechtspflege i. e. S. ist als Strafgewalterstreckung in Vertretung und mit dem Einverständnis eines anderen Staates **derivativ,** also abhängig vom Strafverfolgungswillen des Tatortstaates; der Ergreifungsstaat handelt für den oder anstelle des Tatortstaats. Demgegenüber beruht das WRP auf dem Gedanken **originärer** Strafgewalt, die unabhängig vom Willen des Tatortstaates für bestimmte internationale Verbrechen exis-

[394] Zutr. *Henrich,* S. 98; *Pappas,* S. 95ff.
[395] *Pappas,* S. 100; i. Erg. ebenso *Zieher,* S. 85.
[396] *Herdegen,* ZaöRV 47 (1987), 235.
[397] *Satzger,* 2013, § 4 Rn. 15.
[398] Vgl. § 7 Abs. 2 AE-StGB; *Jescheck,* IRuD 1956, 80, 91; *Vogler,* Geburtstagsgabe Grützner, 1970, S. 157; S/S/*Eser,* § 7 Rn. 23; *Jescheck/Weigend,* S. 176. Zur Wirkung von generellen Straffreistellungen vgl. näher MünchKomm/*Ambos,* § 7 Rn. 12ff.
[399] S. auch *Hall,* in: Bergsmo, S. 204f.
[400] Vgl. *Dahm,* S. 33; *Jescheck,* IRuD 1956, 89; *Oehler,* Rn. 147, 818.

tiert; der Ergreifungsstaat handelt für die gesamte Staatengemeinschaft oder an ihrer Stelle (Rn. 92).

118 Daraus folgt, dass die Verhinderung faktischer oder rechtlicher Straflosigkeit im Tatortstaat nicht die Aufgabe stellvertretender Strafrechtspflege, sondern alleine die des WRP sein kann. Damit wird nicht einer Straflosigkeit, sondern einer konsequenten **Abgrenzung** der in Rede stehenden Grundsätze das Wort geredet. Will die internationale Gemeinschaft die weltweite Strafverfolgung bestimmter Taten sicherstellen, muss sie diese dem WRP unterwerfen. Dabei indiziert freilich die völkervertragliche oder -gewohnheitsrechtliche Pflicht zur Aburteilung oder Auslieferung eines Beschuldigten i. S. d. *aut dedere aut iudicare* den weltrechtlichen Charakter des betreffenden Delikts, denn die theoretisch-konzeptionelle Unterscheidung der beiden Grundsätze wird in der völkerrechtlichen Vertragspraxis nicht nachvollzogen.[401]

2. Die deutsche Rechtslage

119 Der Grundsatz der stellvertretenden Strafrechtspflege ist in **§ 7 Abs. 2 Nr. 2** geregelt. Danach sind vier Voraussetzungen zu prüfen:

- eine Auslandstat (Rn. 45),
- eine identische Tatortnorm oder fehlende Strafgewalt am Tatort (Rn. 48ff., 119),
- Antreffen des Täters im Inland (Rn. 121) und
- Nichtauslieferung trotz Zulässigkeit (Rn. 122ff.).

Prozessual gilt – weil es sich um Auslandstaten handelt – wiederum das *Opportunitätsprinzip* gemäß § 153c Abs. 1 Nr. 1 StPO.

120 Hinsichtlich der **identischen Tatortnorm** gilt bei § 7 Abs. 2 Nr. 2 die Besonderheit, dass – ebenso wie der Neubürger (Rn. 47) – auch ein Ausländer, der über § 7 Abs. 2 Nr. 2 vor ein deutsches Gericht kommt, Vertrauensschutz einfordern, also zumindest die Anwendung der *lex mitior* verlangen kann, denn auch er musste zum Tatzeitpunkt nicht mit einer Aburteilung durch deutsche Gerichte rechnen.[402] Ferner sind prozessuale **Verfolgungshindernisse** sowie ein entgegenstehende **Verfolgungspraxis** bei § 7 Abs. 2 Nr. 2 – anders als bei § 7 Abs. 1 und Abs. 2 Nr. 1 – grundsätzlich **beachtlich** (Rn. 52f.), weil der Ergreifungs- bzw. Aburteilungsstaat keinen originären Strafanspruch verwirklicht, sondern in Vertretung des Tatort- oder Heimatstaates handelt (Rn. 116f.). Freilich sind auch insoweit die schon oben entwickelten menschenrechtlichen und völkerstrafrechtlichen *Grenzen* zu beachten (Rn. 54).

121 Ein Ausländer ist **im Inland betroffen,** wenn seine Anwesenheit festgestellt wurde.[403] Dabei handelt es sich um eine bloß *faktische* Voraussetzung der Ausübung der Strafgewalt. Eine spätere Ausweisung oder Abschiebung des Beschuldigten begründet daher das Verfahrenshindernis der fehlenden deutschen Gerichtsbarkeit.[404]

122 Der Begriff der Auslieferung ist weit zu verstehen und erfasst auch die Überstellung an ein internationales Strafgericht sowie auf Grundlage eines EuHb.[405] Die **Nichtauslieferung** setzt zunächst voraus, dass die Auslieferung überhaupt *zulässig* wäre (zur Prü-

[401] MünchKomm/*Ambos,* Vor §§ 3–7 Rn. 43; auch o. Rn. 94.
[402] Vgl. *Cornils,* in: Arnold et al., S. 224 (227f. m.w.N.); s. auch *Schramm,* JuS 2013, 1094.
[403] LK/*Werle/Jeßberger,* § 7 Rn. 94; NK/*Lemke,* 2. Aufl., 2005, § 7 Rn. 20; S/S/*Eser,* § 7 Rn. 24.
[404] *OLG Celle,* Beschl. v. 5.6.2007 – 1 Ws 191–193/07, Rn. 17f.
[405] SSW-StGB/*Satzger,* § 7 Rn. 12.

fung im Auslieferungsverfahren § 12 Rn. 15). Dies richtet sich vorrangig nach den geltenden völkerrechtlichen Vereinbarungen multi- oder bilateraler Art (§ 1 Abs. 3 IRG),[406] auf europäischer Ebene vor allem nach den Vorschriften über den EuHb (§ 12 Rn. 35ff.), ggf. (ergänzend) nach dem EuAlÜbk v. 13.12.1957[407] (dazu § 12 Rn. 16ff.) und den Art. 59ff. SDÜ[408] (§ 12 Rn. 20f.). Existieren solche Vereinbarungen nicht, finden die §§ 3ff. IRG Anwendung, die u. a. eine Mindeststrafbarkeit der Auslieferungstat von einem Jahr verlangen (§ 3 Abs 2 IRG) und die Auslieferung bei politischen Taten (§ 6 IRG) und bei Todesstrafe (§ 8 IRG) grundsätzlich verbieten. Der Wortlaut von § 7 Abs. 2 Nr. 2 („obwohl das Auslieferungsgesetz seine Auslieferung nach der Art der Tat zuließe") legt den Schluss nahe, dass beim Vorliegen von Auslieferungshindernissen, etwa §§ 6, 8 IRG, die Ausübung stellvertretender Strafrechtspflege unmöglich ist, denn dann wäre ja die Auslieferung unzulässig.[409] Die fehlende Zulässigkeit der Auslieferung kann in solchen Fällen jedoch eine Sperrwirkung entfalten, die weder dem Sinn und Zweck stellvertretender Strafrechtspflege noch dem Willen des Tatortstaates entspricht. Schwer erträgliche Strafverfolgungslücken wären die Folge.[410] So mag die Auslieferung (in den Heimatstaat) etwa an der drohenden Todesstrafe (§ 8 IRG) scheitern, obwohl der Verfolgte sich schwerster Verbrechen schuldig gemacht hat und eine Strafverfolgung (in Deutschland) aus general- und spezialpräventiven Gründen erforderlich wäre. Eine am Sinn und Zweck von § 7 Abs. 2 Nr. 2 orientierte Auslegung muss daher beim Vorliegen von Auslieferungshindernissen die Auslieferung – entgegen der strikt auslieferungsrechtlichen Wertung – als „zulässig", aber „nicht ausführbar" i. S. v. § 7 Abs. 2 Nr. 2 ansehen.[411] Dies ist keine Auslegung *contra legem,* denn der Wortlaut „zuließe" muss in § 7 Abs. 2 Nr. 2 nicht dasselbe bedeuten wie „zulässig" in §§ 6, 8 IRG.

Die zulässige Auslieferung findet nicht statt, weil ein **Auslieferungsersuchen nicht gestellt oder abgelehnt** wird oder die **Auslieferung undurchführbar** ist, etwa weil der Gesundheitszustand des Tatverdächtigen eine Ausreise nicht erlaubt.[412] Die endgültige Entscheidung darüber liegt nicht bei Gericht, sondern bei der zuständigen *Verwaltungsbehörde,* nämlich dem Bundesministerium der Justiz, das im Einvernehmen mit dem Auswärtigen Amt und ggf. weiteren betroffenen Bundesministerien über ausländische Rechtshilfeersuchen entscheidet, insbesondere auch über die Auslieferung, wenn diese gerichtlich für zulässig erklärt worden ist (§§ 12f., 74 IRG, § 12 Rn. 15). Liegt eine solche Entscheidung noch nicht vor, muss das zuständige Gericht sie herbeiführen,[413] denn es muss feststehen, dass der Tatverdächtige weder zum Zeitpunkt der Aburteilung noch in Zukunft ausgeliefert wird;[414] dies kann u. U. auch dann der Fall 123

406 Zu den bilateralen Abkommen Deutschlands vgl. S/L/G/H/*Lagodny,* Anhang 16, S. 3131ff.
407 BGBl. II 1964 S. 1369 (1371); II 1976 S. 1778; I 1982 S. 2071; II 1994 S. 299.
408 BGBl. II 1993 S. 1010; I 1997 S. 1606.
409 So *Oehler,* Rn. 839; LK/*Werle/Jeßberger,* § 7 Rn. 96ff. (103).
410 So auch LK/*Werle/Jeßberger,* § 7 Rn. 103; *Schroeder,* FS Geppert, 2011, S. 644.
411 Anders noch die Erstauflage; ähnlich wie hier wohl S/L/G/H/*Schomburg/Hackner,* § 6 IRG Rn. 61.
412 Vgl. LK/*Werle/Jeßberger,* § 7 Rn. 104ff.; *Fischer,* StGB, § 7 Rn. 11.
413 BGHSt 18, 283 (287); *BGH* NStZ 1985, 545; NJW 1995, 1844 (1845); S/S/*Eser,* § 7 Rn. 26; HK-GS/*Hartmann,* § 7 Rn. 14; SSW-StGB/*Satzger,* § 7 Rn. 14.
414 BGHSt 18, 283 (286f.); *BGH* NStZ 1996, 277; *BayObLG* NJW 1998, 392 (395); *OLG München* StV 1998, 270 (271); zur Revisibilität *BGH* StV 2001, 504; LK/*Werle/Jeßberger,* § 7 Rn. 104; NK/*Böse,* § 7 Rn. 20.

sein, wenn es offensichtlich ist, dass kein Auslieferungsersuchen gestellt wird.[415] In der Praxis werden typischerweise Anfragen an potentielle Verfolgerstaaten mit einer Frist versehen, nach deren Ablauf davon ausgegangen werden kann, das ein Auslieferungsersuchen nicht zu erwarten ist; üblich, d. h. angemessen i. S. d. § 7 Abs. 2 Nr. 2, ist insoweit eine Frist von drei Wochen.[416] Jedenfalls kann der Tatverdächtige nicht unbegrenzt bis zu der Entscheidung über die Auslieferung in Haft gehalten werden.[417] Hat der Tatverdächtige die Tat nicht in seinem *Heimatstaat* begangen, muss nicht nur die Nicht-Auslieferung an den *Tatort-* als *Territorialstaat,* sondern auch an den Heimatstaat feststehen;[418] hier zeigt sich die Subsidiarität der stellvertretenden Strafrechtspflege (Rn. 115ff., § 4 Rn. 19). Die Entscheidung über die (Nicht-)Auslieferung ist **Prozessvoraussetzung,** so dass ein (vorläufiges) Verfahrenshindernis besteht, solange die Entscheidung noch nicht getroffen wurde und noch getroffen werden kann.[419]

124 **Die herrschende Auslegung von** § 7 Abs. 2 Nr. 2, wonach es nur auf die materielle Strafbarkeit im Tatortstaat und nicht auf verfahrensrechtliche Verfolgungsvoraussetzungen ankommen soll,[420] stösst auf **(völkerrechtliche) Bedenken** (Rn. 52ff.).[421] Soll es überdies auf die *Gründe,* die den Tatort- oder Heimatstaat dazu bewegen, ein Auslieferungsersuchen nicht zu stellen, *nicht* ankommen,[422] wird damit zum Ausdruck gebracht, dass sein *Verfolgungswille* unbeachtlich sein soll,[423] was mit dem hier vertretenen Verständnis *stellvertretender* Strafrechtspflege (Rn. 116) nicht in Einklang zu bringen ist. Der in der Entscheidung des Tatortstaates, ein Auslieferungsersuchen nicht zu stellen, möglicherweise liegende Verfolgungsverzicht wird konterkariert. Genau genommen ist die Berufung auf stellvertretende Strafrechtspflege deshalb nur dann unbedenklich, wenn der Tatortstaat ein Auslieferungsersuchen gestellt, die Auslieferung aber abgelehnt wurde, denn nur dann hatte der originär berechtigte Staat die Möglichkeit, seinen Verfolgungswillen zum Ausdruck zu bringen.[424]

125 Zu den völkerrechtlichen Bedenken gesellt sich die schwierige **Abgrenzung zu § 6 Nr. 9.** Unterstellt man § 6 Nr. 9 alle völkerrechtlichen Abkommen, die dem Ergreiferstaat eine Verfolgungspflicht auferlegen (Rn. 109), der er sich nur durch die Auslieferung und Ermöglichung der Aburteilung im Tatort- oder Heimatstaat entledigen kann, verbleibt für § 7 Abs. 2 Nr. 2 ein denkbar *geringer Anwendungsbereich,* nämlich nur für solche Taten, die nicht von völkerrechtlichen Abkommen i. S. v. § 6 Nr. 9 erfasst und auch am Tatortstaat strafbar sind, etwa Mord und Totschlag, schwerer Raub etc. Man mag nun mit guten Gründen die Legitimation einer extraterritorialen Straf-

---

415 *BGH* GA 1976, 242 (243); NJW 1991, 3104.

416 SSW-StGB/*Satzger,* § 7 Rn. 13; *Fischer,* StGB, § 7 Rn. 12; LK/*Werle/Jeßberger,* § 7 Rn. 111; *Schroeder,* FS Geppert, 2011, S. 645.

417 *OLG München* NStZ-RR 1998, 300.

418 *BGH* NStZ 1985, 545; NJW 1995, 1844 (1845); LK/*Werle/Jeßberger,* § 7 Rn. 108.

419 *BGH* NStZ 1985, 545; NJW 1995, 1844 (1845); LK/*Werle/Jeßberger,* § 7 Rn. 118. Zur Vornahme von Beweissicherungsmaßnahmen während der Wartefrist *Schroeder,* FS Geppert, 2011, S. 646.

420 *BGH* NJW 1992, 2775f. entgegen *OLG Düsseldorf* wistra 1992, 352; offengelassen in *BGH* JR 1994, 161 (krit. *Lagodny/Pappas,* JR 1994, 162); NStZ-RR 2000, 208 (zu § 7 Abs. 2 Nr. 1); vgl. auch *Scholten,* S. 153.

421 Grdl. *Pappas,* S. 179ff. (192ff.).

422 *Scholten,* NStZ 1994, 268. Krit. NK/*Böse,* § 7 Rn. 20. Vgl. hierzu auch LK/*Werle/Jeßberger,* § 7 Rn. 114f.

423 Explizit *OLG Düsseldorf* NStZ 1985, 268.

424 Zutr. *Schmitz,* FS Grünwald, 1999, S. 636f.; so auch *Reydams,* S. 143f.

rechtsanwendung in Frage stellen, die sich im Hinblick auf die genannten Taten weder auf völkerrechtliche Abkommen noch die üblichen strafanwendungsrechtlichen Anknüpfungspunkte stützen lässt. Gegen die Forderung einer **Abschaffung von § 7 Abs. 2 Nr. 2** bei entsprechend weiter Auslegung von § 6 Nr. 9[425] lässt sich dabei in heutiger Zeit kaum noch ins Felde führen, dass das deutsche Strafrecht für den „Gedanken des Rechts schlechthin" eintrete,[426] klingt darin doch ein strafrechtliches Überlegenheitsdenken an, wie es gerade Deutschland nicht besonders gut ansteht. Nicht völlig von der Hand zu weisen ist aber, dass auch bei den § 7 Abs. 2 Nr. 2 unterfallenden Taten **innerstaatliche Verfolgungsinteressen** existieren können, die sich auf den gemeinsamen Nenner bringen lassen, dass es keinem Staat zugemutet werden kann, Mörder oder Räuber auf seinem Hoheitsgebiet zu dulden, ohne sie – aus spezial- und generalpräventiven Gründen – ihrer verdienten Strafe zuzuführen.[427] Dieses innerstaatliche Verfolgungsinteresse ist bei dem völkerrechtlichen Abwägungsvorgang zwischen Nichteinmischung und staatlichem Selbstschutz in Rechnung zu stellen, wobei eine Aburteilung durch den Ergreiferstaat wohl nur dann völkerrechtlich zulässig sein dürfte, wenn eine Auslieferung und Aburteilung im Tatort- oder Heimatstaat nicht in Betracht kommt[428] *und* wenn es sich um schwere Straftaten handelt.[429] Eine **Reform des § 7 Abs. 2 Nr. 2** könnte also mindestens explizit die *Subsidiarität* und eine Beschränkung auf *schwere Straftaten,* etwa auf Verbrechen (§ 12), vorsehen. Der schon angesprochene Vertrauensschutzaspekt verlangt überdies nach einer *lex mitior* Regelung (Rn. 120).

Der Vorschlag, alle ausländischen Straftaten der eigenen Staatsangehörigen unter Berücksichtigung des anwendbaren ausländischen Strafrechts vor den eigenen Gerichten auf der Grundlage eines insoweit **modifizierten Prinzips stellvertretender Strafrechtspflege** abzuurteilen statt eine EU-weite Überstellung aufgrund des „europäischen Haftbefehls" (§ 12 Rn. 35 ff.) zu praktizieren,[430] ist zwar originell, aber weder praktikabel noch realisierbar.[431] Zwar hätte dies den Vorteil, dass auf eine – gerade bei den eigenen Staatsangehörigen problematische (§ 12 Rn. 47 ff.) – Überstellung und ggf. Rücküberstellung zur Strafvollstreckung verzichtet werden und der Beschuldigte sich vor einem heimischen Gericht verteidigen könnte,[432] doch würde es von den nationalen Strafverfolgungsbehörden zuviel verlangen,[433] nämlich zum einen die (stellvertretende) Fremdrechtsanwendung im Hinblick auf die jeweils anderen EU-Rechtsordnungen und zum anderen die Durchführung von Ermittlungen im Ausland, die sich schon beim WRP als großes praktisches Hindernis erweist (vgl. nur Rn. 99). Überdies würde der Vorschlag die europaweite Koordinierung der nationalen Strafrechtsgeltungsbereiche sowie einen nationalen Verfassungsvorbehalt i. S. eines strafrechtlichen ordre public voraussetzen.[434] Im Ergebnis ist es effizienter und billiger, Beschuldigte quer durch Europa (und wieder zurück) zu verschuben, als flächendeckend Richter und Staatsanwälte in 28 fremden Strafgesetzen zu schulen und die nötigen Zeugen zu transferieren. 126

425 So *Schmitz,* FS Grünwald, 1999, S. 639 f.
426 *Kohlrausch/Lange,* § 4 Anm. zu Abs. II; vgl. auch die Nachweise bei *AI,* 2001, Chapter I, S. 19.
427 Vgl. *Scholten,* NStZ 1994, 268; *Pappas,* S. 190 ff.; *AI,* 2001, introduction, S. 27 f.; vgl. auch *Schroeder,* FS Geppert, 2011, S. 643 sowie *BayObLG* NJW 1998, 392 (395): Rechtsbewährungsgedanke.
428 Ähnlich *Pappas,* S. 192, 194 ff.; gegen Ausweisung *Scholten,* NStZ 1994, 268 f.
429 Für diese Beschränkung auch *Oehler,* Rn. 819.
430 *Deiters,* ZIS 2006, 472 ff.
431 *Deiters* selbst ist insoweit skeptisch (ZIS 2006, 479 f.).
432 *Deiters,* ZIS 2006, 474.
433 Skeptisch insoweit selbst *Deiters,* ZIS 2006, 479.
434 So auch *Deiters,* ZIS 2006, 478.

Lösung Fall 18:

127 Die Anwendung deutschen Strafrechts für die Tat des A kann sich allenfalls aus *§ 7 Abs. 2 Nr. 2* ergeben. Die Tat des A ist im Libanon begangen worden (Handlungs- und Erfolgsort gem. § 9 Abs. 1), also im Ausland. A wird im Inland betroffen. Ein Auslieferungsersuchen ist seitens des Libanon nicht gestellt worden, so dass der Tatortstaat (Libanon) *kein Interesse* an der Strafverfolgung zu haben scheint (Rn. 120). Mord ist nach libanesischem Strafrecht strafbar. Fraglich ist lediglich, ob die *Generalamnestie* im Libanon, die eine Verfolgung im Tatortstaat ausschließt, sich auf die Verfolgbarkeit in Deutschland auswirkt. Die h. M. verneint dies (Rn. 120). Richtigerweise ist jedoch zu differenzieren (Rn. 52): Im Gegensatz zu den anderen beiden Fallgruppen des § 7 (passives – § 7 Abs. 1 – und aktives – § 7 Abs. 2 Nr. 1 – Personalitätsprinzip), bei denen ein *originärer,* an die deutsche Staatsangehörigkeit von Täter und Opfer anknüpfender Strafanspruch existiert, hat Deutschland im Fall des § 7 Abs. 2 Nr. 2 *kein originäres* Verfolgungsinteresse, sondern handelt – gleichsam *derivativ* – in *Vertretung* des Tatortstaates und bedarf deshalb dessen Ermächtigung. Würde die Strafgewaltserstreckung auf Grund stellvertretender Strafrechtspflege nationale Verfolgungshindernisse, etwa eine Amnestie, ignorieren, so käme dies der Missachtung der souveränen Entscheidung des Tatortstaates gleich und würde quasi ein Handeln ohne Ermächtigung darstellen, denn durch eine solche Maßnahme macht der Tatortstaat ja gerade klar, dass er auf eine Verfolgung, auch außerhalb des eigenen Hoheitsgebiets, verzichten will. Damit ist die Beachtung nationaler Verfolgungshindernisse also auch aus völkerrechtlichen Gründen geboten. Die Generalamnestie, unter die die Tat des A fällt, schließt eine Bestrafung des A in Deutschland demnach *grundsätzlich* aus, sofern damit nicht Taten straflos blieben, für die aus menschenrechtlicher und völkerstrafrechtlicher Sicht eine Bestrafung zu fordern wäre (Rn. 54).

Variante: Auch hinsichtlich der Beachtlichkeit einer *entgegenstehenden Strafverfolgungspraxis* muss grundsätzlich zwischen aktiver und passiver Personalität einerseits und stellvertretender Strafrechtspflege andererseits differenziert werden (Rn. 53). Ist in der Nichtverfolgung ein souveräner Strafverfolgungsverzicht des Tatortstaates zu sehen, so darf der Ergreifungsstaat sich i. R. v. § 7 Abs. 2 Nr. 2 nicht *ohne Weiteres* an die Stelle des Tatortstaates setzen und die Straftat verfolgen; er muss grundsätzlich dazu ermächtigt werden. Verfolgt der Ergreifungsstaat andererseits auch originäre Interessen – Schutz oder Bestrafung seiner eigenen Staatsangehörigen (§ 7 Abs. 1, Abs. 2 Nr. 1) – kann er sich über eine entgegenstehende Verfolgungspraxis hinwegsetzen. Hier kommt für die Strafgewaltserstreckung auf die Tat des A ausschließlich stellvertretende Strafrechtspflege in Frage, die entgegenstehende Verfolgungspraxis ist also auch für die Verfolgung in Deutschland beachtlich. A kann in Deutschland nicht bestraft werden, wobei wieder die menschenrechtlichen und völkerstrafrechtlichen Grenzen (Rn. 54) der dadurch bewirkten Straflosigkeit zu beachten sind.

VI. Kompetenzverteilungsprinzip

128 Nach einer in der Literatur vertretenen Ansicht handelt es sich bei dem sog. Kompetenzverteilungsprinzip um ein originäres Prinzip, das auf zwischenstaatlichen *Vereinbarungen zur Zuständigkeitsregelung* nach Zweckmäßigkeitsgesichtspunkten mit dem Ziel einer Vermeidung (positiver) Jurisdiktionskonflikte beruht.[435] Das Domizilprinzip (Rn. 42) gilt nach dieser Ansicht als Teilaspekt des Kompetenzverteilungsprinzips.[436] Ein solches Prinzip ist jedoch aus zwei Gründen **problematisch.** Zum einen, weil dadurch die beiden Schritte zur Prüfung der Zulässigkeit einer Strafgewaltserstreckung – Anknüpfungspunkt und ggf. Konfliktlösung (§ 2 Rn. 5 ff.) – unnötig vermengt werden. Zum anderen ist es irreführend, völkervertragliche Vereinbarungen, die die strafrechtliche Zuständigkeit an den Täterwohnsitz oder bloße Zweckmäßigkeitserwägungen zur Vermeidung von Doppelverfolgungen und -bestrafungen knüp-

[435] Vgl. *Oehler,* Rn. 134 ff., 682 ff.; NK/*Böse,* Vor § 3 Rn. 30; *Satzger,* 2013, § 4 Rn. 17; *ders.*, Jura 2010, 110; wohl auch *Walter,* JuS 2006, 870 f., 967 f.; vgl. auch *Henzelin,* S. 30 f; *Hecker,* 2012, § 2 Rn. 57; für Internetstraftaten *Wörner,* ZIS 2012, 464 f.

[436] *Oehler,* Rn. 137; LK/*Werle/Jeßberger,* Vor § 3 Rn. 256.

fen, unter ein solches „Prinzip" zu fassen.[437] Denn es geht bei solchen Vereinbarungen gerade nicht um die einseitige Ausdehnung nationaler Strafgewalt und ihre Legitimation durch einen Anknüpfungspunkt im strafanwendungsrechtlichen Sinne, sondern um völkervertragliche Kompetenzregelungen,[438] die die Verbesserung der zwischenstaatlichen Kooperation in Strafsachen und die Vermeidung von Jurisdiktionskonflikten zum Ziel haben. In der Sache ist dies natürlich begrüßenswert, stellen doch Jurisdiktionskonflikte gerade in einem zusammenwachsenden Europa ein immer drängender werdendes Problem dar, das uns auch im Folgenden (§ 4) beschäftigen wird.

VII. Exkurs: § 129b Abs. 1 S. 2 StGB

Abs. 1 S. 2 des § 129b StGB soll die Strafbarkeit auf Fälle begrenzen,[439] in denen die 129
Tat „durch eine im räumlichen Geltungsbereich dieses Gesetzes ausgeübte Tätigkeit begangen wird oder wenn der Täter oder das Opfer Deutscher ist oder sich im Inland befindet". Diese Regelung wurde vom Gesetzgeber nicht hinreichend mit den §§ 3–9 StGB abgestimmt.[440] Die **1. Var.** (Tätigkeit im Inland) bringt gegenüber §§ 3, 9 nichts Neues,[441] verleitet aber zu dem Umkehrschluss, dass Taten im Hinblick auf Vereinigungen innerhalb der EU (S. 1.) unabhängig von den §§ 3ff. stets zu verfolgen seien.[442] Die **2. Var.** (Täter Deutscher) geht hingegen über § 7 Abs. 2 Nr. 1 weit hinaus, weil auf eine identische Tatortnorm (§ 3 Rn. 48ff.) verzichtet wird;[443] das ist völkerrechtswidrig (§ 3 Rn. 40). Die **3. Var.** (Opfer Deutscher) ist insofern verunglückt, als ein Organisationsdelikt als solches keine „Opfer" hat, sondern nur die von der Organisation begangenen Delikte; zudem ist diese Var. vor dem Hintergrund der §§ 3, 7 Abs. 1 überflüssig.[444] Die **4. Var.** (Täter im Inland) ist bedenklich, weil der Ergreifungsort kein geeigneter Anknüpfungspunkt zur Begründung der Strafgewalt ist (§ 3 Rn. 13). Die **5. Var.** (Opfer im Inland) erfasst lediglich – lässt man den bereits § 3 unterfallenden Bereich der Verletzung des Opfers im Inland außer Acht – das nach der Tat ins Inland eingereiste Opfer; ein völkerrechtlicher Anknüpfungspunkt ist dafür nicht ersichtlich.[445] Statt einer Begrenzung wird also das Gegenteil erreicht, nämlich eine Aushebelung des allgemeinen Strafanwendungsrechts und eine völkerrechtlich bedenkliche Ausdehnung des deutschen Strafrechts auf Auslandssachverhalte.

---

[437] Krit. auch *Pappas,* S. 132ff.; *AI,* 2001, Chapter I, S. 18.

[438] In diesem Sinne auch *Zieher,* S. 86ff., wenn er von „völkervertraglicher Kompetenzverteilung" spricht. Vgl. auch *Satzger,* 2013, § 4 Rn. 17; s. auch *Wörner/Wörner,* in: Sinn, S. 212ff.

[439] So die Intention des Rechtsausschusses des BT, vgl. BT-Drs. 14/8893, 8.

[440] Krit. auch *Fischer,* StGB, § 129b Rn. 2, 4ff.; MünchKomm/*Schäfer,* § 129b Rn. 9, 11, 17ff.; *Kreß,* JA 2005, 220, 226ff.; *Betmann,* Kriminalistik 2006, 186ff.; *Valerius,* GA 2011, 700ff.

[441] SSW-StGB/*Lohse,* § 129b Rn. 11.

[442] *Fischer,* StGB, § 129b Rn. 8.

[443] BGHR StGB § 129b Anwendbarkeit 1, 1–2; *Wörner/Wörner,* in: Sinn, S. 215. A. A. SSW-StGB/*Lohse,* § 129b Rn. 12 m.w.N., der davon ausgeht, dass auch diese Alternative mit Blick auf § 7 Abs. 2 Nr. 1 keinen eigenständigen Regelungsgehalt hat.

[444] *Fischer,* StGB, § 129b Rn. 9; MünchKomm/*Schäfer,* § 129b Rn. 21; SSW-StGB/*Lohse,* § 129b Rn. 13; krit. auch *Wörner/Wörner,* in: Sinn, S. 215.

[445] Krit. auch *Fischer,* StGB, § 129b Rn. 11. Für eine Beschränkung der 5. Alternative auf Fälle, in denen das ausländische Opfer im Inland verletzt worden ist, SSW-StGB/*Lohse,* § 129b Rn. 14.

§ 4. Jurisdiktionskonflikte

Neuere Literatur: *Böse,* Die Ermittlung der „besten" Strafgewalt im Spannungsfeld von Strafanwendungsrecht und internationaler Zuständigkeit, FS Wolter, 2013, S. 1311; *ders./Meyer,* Die Beschränkung nationaler Strafgewalten als Möglichkeit zur Vermeidung von Jurisdiktionskonflikten in der EU, ZIS 2011, 336; *Büchler/Kreuzer,* Jurisdiktionskonflikte bei grenzüberschreitender organisierter Kriminalität – Fallbeispiele aus der Praxis, in: Sinn, S. 123; *Caeiro,* A jurisdição penal da união europeia como meta-jurisdição: em especial, a compêtencia para legislar sobre as bases de jurisdição nacionais, in: Correia et al., Estudos em homenagem ao Prof. Doutor José Joaquim Gomes Canotilho, Vol. III, 2012, S. 179; *Eisele,* Jurisdiktionskonflikte in der EU: Vom nationalen Strafanwendungsrecht zum Europäischen Kollisionsrecht?, ZStW 125 (2013), 1; *Eser,* Kritische Würdigung der Modellentwürfe eines Regelungsmechanismus zur Vermeidung von Jurisdiktionskonflikten, in: Sinn, S. 557; *European Criminal Policy Initiative,* Manifest zum Europäischen Strafverfahrensrecht, ZIS 2013, 412; *Fikarova,* Prospects of the Council Framework Decision 2009/948/JHA of 30 November 2009 on Prevention and Settlement of Conflicts of Exercise of Jurisdiction in Criminal Proceedings, in: Sinn, S. 103; *Foffani/Orlandi/Ruggeri,* Italien, in: Sinn, S. 307; *Herrnfeld,* Die Rolle von Eurojust bei der Beilegung von Jurisdiktionskonflikten, in: Sinn, S. 142; *Jeßberger/Kaleck/Schueller,* Concurring Criminal Jurisdictions under International Law, in: Bergsmo, S. 233; *Kourula,* Universal Jurisdiction for Core International Crimes, in: Bergsmo/Ling, S. 129; *Lelieur,* L'Union européenne face aux conflits de compétences pénales, in: Brach-Thiel/Fourment, Questions de droit pénal international, européen et comparé, 2013, S. 257; *Lønseth,* Between Territoriality and Universality: Reflections by a Core International Crimes Prosecutor, in: Bergsmo, S. 161; *Marauhn/Simon,* Die völkerrechtlichen Voraussetzungen der Strafgewalt in internationalen Fallgestaltungen, in: Sinn, S. 21; *Peters,* § 154 StPO im Hinblick auf ausländische Strafverfahren und Verurteilungen, NStZ 2012, 76; *Sieber,* Straftaten und Strafverfolgung im Internet, in: Ständige Deputation des Deutschen Juristentages, Gutachten zum 69. Deutschen Juristentag, 2012, Gutachten C; *Sinn,* Die Vermeidung von strafrechtlichen Jurisdiktionskonflikten in der EU, ZIS 2013, 1; *Stigen,* The Relationship between the Principle of Complementarity and the Exercise of Universal Jurisdiction for Core International Crimes, in: Bergsmo, S. 133; *Weißer,* Das Prinzip der Weltrechtspflege in Theorie und Praxis, GA 2012, 416; *dies.*, Weltrechtspflege im Schnittfeld von materiellem und prozessualem Recht, in: Jeßberger/Geneuss, S. 65; *Wörner/Wörner,* Deutschland, in: Sinn, S. 203. – Für weitere **ältere Literatur** s. Vorauflagen.

1 Die **erste Stufe der Prüfung** zur völkerrechtlichen Bestimmung der Zuständigkeit nationaler Strafgewalt (§ 2 Rn. 6f.) liefert das Ergebnis, welcher Staat bzw. welche Staaten einen legitimierenden Anknüpfungspunkt vorweisen können, der die Erstreckung ihrer Strafgewalt auf den konkreten Fall rechtfertigt. In vielen Fällen wird die **zweite Stufe der Prüfung** dadurch unproblematisch bzw. entbehrlich, dass die Strafgewalt nur *einem einzigen Staat* zusteht und kein Verstoß gegen das allgemeine Willkür- und Rechtsmissbrauchsverbot vorliegt (vgl. § 2 Rn. 8). Es kann aber auch die Situation auftreten, dass *mehrere Staaten* die Zuständigkeit zur Aburteilung eines bestimmten Sachverhalts beanspruchen. Dann kann es zu (positiven) **Jurisdiktionskonflikten** kommen, deren Lösung mitunter schwierig und umstritten ist (Rn. 8ff.). Davon zu unterscheiden ist die Situation, dass *ein Staat* seine Strafgewalt auf *mehrere Anknüpfungspunkte* stützen kann (Rn. 2). In diesem Zusammenhang ist auch auf das **Verbot mehrfacher Strafverfolgung** wegen derselben Tat (*ne bis in idem*) hinzuweisen, das jedoch im zwischenstaatlichen Verkehr nur eingeschränkt anerkannt ist (Rn. 3ff.).

A. Mehrere innerstaatliche Anknüpfungspunkte eines Staates

2 Wenn *ein und derselbe* Staat seine Strafgewalt auf mehrere Anknüpfungspunkte stützen kann ist die **Aufstellung einer Rangfolge entbehrlich,** weil es ohnehin nur um die Begründung *einer* Strafgewalt geht. Vorrangig ist dann der weitestgehende An-

knüpfungspunkt, um die Straftat möglichst umfassend aburteilen zu können.[1] Im Übrigen gelten die innerstaatlichen Anknüpfungspunkte als gleichwertig.

B. Jurisdiktionskonflikt i.w.S. und *ne bis in idem*

Fall 19:[2]

Der deutsche Staatsangehörige D hat bei einem Aufenthalt in der Schweiz einen Diebstahl begangen. Deswegen wurde er von einem schweizerischen Gericht zu einer Haftstrafe von vier Monaten verurteilt. D verbüßte diese Haftstrafe in der Schweiz. Nach seiner Rückkehr nach Deutschland wurde D wegen des in der Schweiz begangenen Diebstahls erneut vor einem deutschen Gericht zu einer Haftstrafe von 15 Monaten verurteilt, wobei die schon verbüßten vier Monate in der Schweiz darauf angerechnet wurden. Durfte D in Deutschland erneut abgeurteilt werden? → Rn. 7 3

Von einem Jurisdiktionskonflikt i. w. S. kann man sprechen, wenn ein Täter in einem Land bereits wegen einer bestimmten Straftat abgeurteilt wurde, später aber (erneut) in einem anderen Land wegen derselben Straftat abgeurteilt werden soll.[3] Grundsätzlich wird eine solche mehrfache Strafverfolgung durch den *ne bis in idem*-Grundsatz verboten; er ist jedoch **im zwischenstaatlichen Rechtsverkehr nicht anerkannt.** Die entsprechenden menschenrechtlichen Garantien von Art. 14 Abs. 7 IPbpR und Art. 4 ZP VII EMRK beziehen sich ausdrücklich auf die Verurteilung nach dem Recht „des *jeweiligen* Landes", schließen also eine erneute Strafverfolgung in einem *anderen* Land nicht aus.[4] Auch eine allgemeine Regel des Völkerrechts i. S. v. Art. 25 GG besteht insoweit nicht. Denn dies würde voraussetzen, dass die zwischenstaatliche Geltung des *ne bis in idem*-Grundsatz als von einer überwiegenden Staatenmehrheit anerkannter Rechtsgrundsatz[5] gelten würde; das Gegenteil ist aber, wie gerade Art. 14 Abs. 7 IPbpR zeigt, der Fall. Eine Ausnahme besteht lediglich im europäischen Rechtsraum auf Grund Art. 54 SDÜ (vgl. § 10 Rn. 117 ff.). **Völkerrechtlich** wird die Nichtgeltung damit **begründet,** dass eine erneute Strafverfolgung nicht untersagt sein kann, wenn ein die Strafgewalt legitimerweise beanspruchender Staat ein konkretes Interesse an der Aburteilung hat.[6] 4

Die völkerrechtliche Rechtslage wird auch **innerstaatlich nachvollzogen.** Die Nichtgeltung des *ne bis in idem*-Grundsatzes im zwischenstaatlichen Verkehr folgt aus Art. 103 Abs. 3 GG, weil danach nur eine mehrmalige Verurteilung durch *deutsche* Gerichte verboten ist.[7] Weder soll die rechtskräftige ausländische Aburteilung desselben Sachverhalts innerstaatlich Erledigungswirkung entfalten **(Erledigungsprinzip),**[8] 5

[1] LK/*Werle/Jeßberger,* Vor § 3 Rn. 262.

[2] Fall angelehnt an *BGH* NJW 1969, 1542.

[3] Vgl. auch *Zöller,* FS Krey, 2010, S. 506.

[4] Vgl. eingehend mit Rechtsprechungsnachweisen *Henzelin,* ZStrR 123 (2005), 354 ff.; auch Commission Staff Working Document in: Grünbuch Kompetenzkonflikte, Annex S. 44 ff., 67 ff.; *Mangiaracina,* LP 2006, 632 f. Rechtsvergleichend zu ne bis in idem *Jegede,* in: Decaux/Dieng/Sow, S. 483 ff.

[5] BVerfGE 15, 25 (34); 16, 27 (33); BGHSt 35, 216 (218); *Schweitzer,* Rn. 260.

[6] *Doehring,* Rn. 815, 1152.

[7] BVerfGE 6, 176 (177); *BGH* NStZ 1998, 149 (150); *OLG Düsseldorf* NStZ 2001, 613; vgl. auch *Satzger,* 2001, 686; *Jung,* FS Schüler-Springorum,1993, S. 495; *Radtke/Busch,* EuGRZ 2000, 421; S/L/G/H/*Schomburg,* Art. 54 SDÜ Rn. 1. Zum schweizerischen Recht *Henzelin,* ZStrR 123 (2005), 370 ff.

[8] So BGHSt 34, 334 (340); vgl. auch *Rüter,* JR 1988, 138; *Vogler,* JR 1988, 140; *Mayer,* S. 110 f.; für das Erledigungsprinzip hingegen *Oehler,* Rn. 140; §§ 6 Abs. 3, 7 Abs. 2 AE-StGB; dazu *Jung,* FS Schüler-Springorum, 1993, S. 497 f. m. w. N.

noch ein ggf. milderes Tatortrecht die Inlandsstrafe begrenzen (***lex mitior***).[9] Eine im Ausland vollstreckte Strafe wegen derselben Tat wird auf die inländische Strafe lediglich bei der Vollstreckung angerechnet (**Anrechnungsprinzip,** § 51 Abs. 3).[10] Aber auch das Anrechnungsprinzip ist völkerrechtlich nicht geboten. Insbesondere ergibt es sich aus keiner allgemeinen Regel des Völkerrechts, weil es (noch) nicht von einer ausreichenden Anzahl von Rechtsordnungen anerkannt ist.[11]

6 Damit wird der Schutz eines Verdächtigen vor grenzüberschreitender Doppelverfolgung einem unbeschränkten staatlichen Strafanspruch nachgeordnet. Die völkerrechtlich souveränitätsorientierte Sichtweise verdrängt die individualrechtliche eines rechtsstaatlichen Strafrechts. Das ist zweifellos – trotz der bestätigenden Regelungen in Menschenrechtsabkommen – **menschen- und grundrechtlich bedenklich** und wenig befriedigend. Wenn, wie *Lagodny* nachgewiesen hat,[12] der strafprozessuale Inkulpationsakt und das gesamte Strafverfahren einen Eingriff in das allgemeine Persönlichkeitsrecht, insbesondere die Ehre (Art. 2 Abs. 1 i. V. m. Art. 1 Abs. 1 GG), darstellen („The process is the punishment"[13]), ist ein *weiteres* Strafverfahren wegen derselben Sache verfassungsrechtlich jedenfalls dann unzulässig, wenn diese Sache schon im Ausland *rechtskräftig* abgeurteilt wurde. Die dieser Argumentation zugrundeliegende individualrechtliche Komponente transnationaler oder völkerrechtlicher Strafverfolgung gewinnt zunehmend an Bedeutung, wie sich insbesondere aus der **Anerkennung des *Ne bis in idem*-Grundsatzes** durch *internationale Strafgerichte* (ICTY, ICTR, ICC, § 7 Rn. 7, § 8 Rn. 75) und *europäische Regelungen* (Art. 54 SDÜ, § 10 Rn. 117ff.) ergibt.[14]

Lösung Fall 19:

7 Der *Ne bis in idem*-Grundsatz greift hier aus den genannten Gründen nicht zugunsten des D ein, insb. ist die Straftat mit der Aburteilung in der Schweiz nicht erledigt. Allerdings gilt für die Tat des D das *Opportunitätsprinzip* gem. § 153c Abs. 2 StPO, d. h. die Staatsanwaltschaft hätte von der Verfolgung absehen können, wenn „die im Inland zu erwartende Strafe nach Anrechnung der ausländischen nicht ins Gewicht fiele". Das ist hier jedenfalls nicht der Fall, weil immerhin neun Monate Freiheitsstrafe verbleiben. Gem. § 51 Abs. 3 StGB ist allerdings zu Recht die in der Schweiz verbüßte viermonatige Freiheitsstrafe auf die 15-monatige Freiheitsstrafe des deutschen Gerichts angerechnet worden. Die Schweiz hat mit EU und EG ein Abkommen zur Umsetzung des Schengen-Acquis geschlossen, seit dessen Inkrafttreten[15] Art. 54 SDÜ zu beachten ist.

[9] So BGHSt 27, 30 (34), m. Anm. *Oehler,* JR 1977, 424.

[10] Vgl. *Satzger,* 2001, 686; *Jung,* FS Schüler-Springorum, 1993, S. 495; auch schon *Donnedieu de Vabres,* Annuaire 43 (1950), 261; *Schönke,* FS Mezger, 1954, S. 113ff.; *H. Schultz,* FS Tröndle, 1989, S. 901. Zur Berücksichtigung ausländischer Verfahren und Verurteilungen bei Einstellungsentscheidungen nach § 154 StPO *Peters,* NStZ 2012, 76ff.

[11] *BVerfG* NJW 1987, 2155 (2158).

[12] *Lagodny,* 1996, S. 96ff.

[13] *Feeley,* Process in the punishment, 1992; s. auch *European Criminal Police Initiative,* ZIS 2013, 414.

[14] Umfassend *Henzelin,* ZStrR 123 (2005), 351ff. Vgl. auch *Hecker,* ZIS 2011, 60.

[15] Das Abkommen v. 26.10.2004 (s. S/L/G/H/*Schomburg/Gleß,* S. 1744ff.) wurde am 5.6.2005 durch schweizerisches Referendum ratifiziert und wird seit dem 12.12.2008 angewendet.

C. Lösung von Jurisdiktionskonflikten

Fall 20:[16]

Die israelische Botschaft in Berlin wird von Demonstranten türkischer Staatsangehörigkeit angegriffen. 8
Dabei kommt es zu schweren Handgreiflichkeiten, in deren Verlauf ein deutscher Polizist und ein israelischer Sicherheitsbeamter durch die Schüsse eines Türken ums Leben kommen. Welche Staaten haben aus welchen Gründen Strafgewalt? → Rn. 27

I. Ausgangspunkt: Mehrfache staatliche Strafgewalt

Jurisdiktionskonflikte entstehen im internationalen Strafrecht dadurch, dass mehrere 9
Staaten einen hinreichenden Anknüpfungspunkt für ihre Strafgewalt geltend machen (sog. **positiver**[17] **Kompetenzkonflikt**[18] oder – genauer – Jurisdiktions-/Strafgewaltskonflikt).[19] In solchen Fällen bedarf es einer *konkreten Abwägung* der betroffenen Staaten- und Souveränitätsinteressen zur Bestimmung der i. S. d. völkerrechtlichen Optimierungsgebots „richtigen" nationalen Strafgewalt (§ 2 Rn. 9).[20]

II. Hierarchie der Anknüpfungspunkte

Die beste Lösung solcher Jurisdiktionskonflikte kann durch den Abschluss **völker-** 10
rechtlicher Vereinbarungen zur Kompetenzverteilung zwischen den Vertragsstaaten erreicht werden. In der Regel existieren solche völkerrechtlichen Abkommen aber nicht.[21] In dieser Situation kann man sich nur mit einer Rangfolge bzw. **Hierarchisierung** der anerkannten Anknüpfungsprinzipien helfen.[22] Deren Notwendigkeit folgt

[16] Weitere Beispiele aus der Praxis bei *Lagodny,* 2001, § 2 A. II.

[17] Ein *negativer* Jurisdiktionskonflikt (z. B. im Fall des PKK-Anführers Öcalan) liegt vor, wenn kein Staat von seiner Strafgewalt Gebrauch machen will (vgl. *Lagodny,* 2001, § 2 B.; *Vandermeersch,* in: Cassese/Delmas-Marty, S. 608f.; *Caeiro,* KritV 2010, 369ff.; *ders.,* in: Correia et al., S. 196f.; *Weißer,* GA 2012, 432; *Eisele,* ZStW 125 (2013), 2f.). Nochmal anders ist es, wenn eine Person wegen *mehrerer* Handlungen von mehreren Staaten verfolgt wird (*Lagodny,* 2001, § 2 A. 7).

[18] *Linke,* Geburtstagsgabe Grützner, 1970, S. 85; *Caeiro,* KritV 2010, 373ff.; *ders.,* in: Correia et al., S. 197.

[19] Zur Terminologie schon § 1 Rn. 4 („jurisdiction to prescribe"). *Akehurst,* BYIL 46 (1972/73), 167ff., diskutiert sogar Kollisionsfälle, in denen eine Rechtsordnung ein Verhalten vorschreibt, das eine andere verbietet. S. zur Illustration die Beispiele bei *Büchler/Kreuzer,* in: Sinn, S. 125ff.

[20] Ähnlich der Ansatz bei *Böse,* FS Wolter, 2013, S. 1314, der bei der Bestimmung der besten Strafgewalt sowohl das Bedürfnis nach Flexibilität als auch das Gebot der Rechtssicherheit berücksichtigt sehen will; instruktiver Überblick über die hierbei zu beachtenden (divergierenden) Interessen von Staaten, Beschuldigten und Opfern bei *Eser,* in: Sinn, S. 563ff.; anschaulich zur Notwendigkeit, allgemeingültige Regeln zur Lösung von Jurisdiktionskonflikten zu finden, *Lelieur,* in: Brach-Thiel/Fourment, S. 262ff. Zur evtl. Rolle des IStGH bei Lösung solcher Konflikte bei völkerrechtlichen Verbrechen *Zappalá,* in: Cassese et al., S. 556ff.

[21] Vgl. auch *Abelson,* U.C. Davis Journal of International Law and Policy 16 (Fall 2009), 5; *Council of Europe,* The AU-EU technical Ad hoc Expert Group on the principle of universal jurisdiction report, 16 April 2009 (http://ec.europa.eu/development/icenter/repository/troika_ua_ue_rapport_competence_universelle_EN.pdf, zuletzt abgerufen am 1.7.2014), Rn. 14 („no mandatory hierarchy of internationally permissible jurisdictions"); s. auch *Böse/Meyer,* ZIS 2011, 338; *Marauhn/Simon,* in: Sinn, S. 37. Zu den wenigen existierenden Abkommen vgl. LK/*Werle/Jeßberger,* Vor § 3 Rn. 49.

[22] Vgl. schon *Donnedieu de Vabres,* AIDI 43, Bd. 2, 260; auch *Herdegen,* ZaöRV 47 (1987), 235f.; *Oxman,* EPIL III (1997), 59f.; auf europäischer Ebene hat die „Draft European Convention on Conflicts of Jurisdiction in Criminal Matters" (Empfehlung 420 (1965) der Versammlung des Europarats) versucht, eine Rangfolge aufzustellen; dazu näher Rn. 26 sowie *Vogler,* FS Maurach, 1972, S. 609ff.; *Lagodny,* 2001, § 4 B II.; *ders.,* FS Eser, 2005, S. 792f.; früher schon *Oehler,* Geburtstagsgabe Grützner,

auch aus der Nichtanwendbarkeit des *ne bis in idem*-Grundsatzes auf die zwischenstaatliche Strafverfolgung (Rn. 4ff.), denn eine klare Rangfolge der Zuständigkeiten erschwert auch eine erneute Strafverfolgung eines dazu weniger berechtigten bzw. berufenen Staates.

11 Spätestens an dieser Stelle erhellt die **Notwendigkeit der völkerrechtlichen Grundlegung** des Strafanwendungsrechts, denn eine allgemein verbindliche Rangfolge der Anknüpfungsprinzipien kann, wenn überhaupt, nur das Völkerrecht liefern, indem die Bedeutung und Stärke eines Anknüpfungspunktes zu dem jeweiligen Grad völkerrechtlicher Anerkennung in Beziehung gesetzt wird. Damit ist auch ein zentrales Manko des deutschen Strafanwendungsrechts und seiner literarischen Aufarbeitung angesprochen:[23] Das zwischenstaatliche Konkurrenzproblem wird zwar als solches erkannt, die mangelnde völkerrechtliche Grundlegung führt aber zu einer gewissen Beliebigkeit in der Gewichtung der Anknüpfungspunkte bzw. sogar zu der Ablehnung einer Rangfolge überhaupt.[24]

12 Wenn man eine wenigstens ansatzweise, völkerrechtlich abgesicherte Rangfolge der Anknüpfungspunkte erarbeiten will, so ist zunächst von der Verhaltensregel der **maßvollen Ausübung extraterritorialer Strafgewalt** auszugehen (§ 2 Rn. 9). Daraus ergibt sich zwanglos der generelle **Vorrang des Territorialitätsgrundsatzes,**[25] denn er genießt nicht nur ein Höchstmaß an völkerrechtlicher Anerkennung (§ 3 Rn. 4), sondern vermeidet auch Jurisdiktionskonflikte, weil er sich in seiner Grundform an der vorgegebenen Ordnung staatlicher Souveränitätsbereiche orientiert.[26]

13 Probleme bereitet insoweit jedoch der **Auswirkungsgrundsatz,** denn er impliziert eine Tatbestandsverwirklichung an mehr als einem Tatort, so dass jeder dieser Tatorte

1970, S. 115ff.; zu weiteren Ansätzen vgl. MünchKomm/*Ambos,* Vor §§ 3–7 Rn. 55 mit Fn. 406; s. auch *Wörner/Wörner,* in: Sinn, S. 252ff. S/L/G/H/*Schomburg,* Vor Art. 54 SDÜ Rn. 23ff. will die Entscheidung über die zuständige Gerichtsbarkeit in Zweifelsfällen dem EuGH bzw. einem EU-Strafgerichtshof übertragen; krit. hierzu *Hecker,* in: Sinn, S. 101. Krit. zu einer Hierarchisierung der Anknüpfungspunkte *Walther,* FS Eser, 2005, S. 926f.; LK/*Werle/Jeßberger,* Vor § 3 Rn. 47; *Jeßberger/Kaleck/Schueller,* in: Bergsmo, S. 237; *Hecker,* in: Sinn, S. 97f.; krit. zum hier vorgeschlagenen Ansatz *Wörner/Wörner,* in: Sinn, S. 211f., da keine klare hierarchische Struktur entwickelt werde; gegen eine Hierarchisierung der Anknüpfungspunkte zunächst auch *Weißer,* GA 2012, 430ff., *dies.,* in: Jeßberger/Geneuss, S. 69ff., die aber i. Erg. dennoch von einem grds. Vorrang des Territorialitätsprinzips ausgeht, von dem aber aus Gründen der „Verfahrensdienstlichkeit" abgewichen werden können soll. Zu einer möglichen Entschärfung von Jurisdiktionskonflikten innerhalb der EU durch eine Übertragung von Strafverfahren s. *Hecker,* ZIS 2011, 82; zu entsprechenden Ansätzen in Italien s. *Foffani/Orlandi/Ruggeri,* in: Sinn, S. 324.

23 Vgl. MünchKomm/*Ambos,* Vor §§ 3–7 Rn. 54ff. m.w.N.

24 Vgl. schon o. Fn. 22.

25 Ebenso *Council of Europe,* S. 21 sowie Art. 3 Abs. 1, 3, Art. 4 Abs. 2, Art. 5 Draft European Convention; *Sánchez Legido,* S. 320ff.; *Behrendt,* S. 297; *Sieber,* Gutachten, C 141. A. A. *Abelson,* U.C. Davis Journal of International Law and Policy 16 (Fall 2009), 26, der dem Territorialitätsprinzip keinen generellen Vorrang vor dem passiven Personalitätsprinzip einräumen willen. Krit. auch *Wong,* S. 195ff; *Eicker,* StV 2005, 632f.; für einen grundsätzlichen Vorrang des Territorialitätsprinzips gegenüber dem Universalitätsprinzip *Jeßberger/Kaleck/Schueller,* in: Bergsmo, S. 238; ebenso *Lønseth,* in: Bergsmo, S. 162; *Böse/Meyer,* ZIS 2011, 343. Noch enger für einen generellen Vorrang des Handlungsortes das „Modell der gesetzlich bestimmten Gerichtsbarkeit" nach Sinn, S. 588. Bei mehreren Handlungsorten soll der Staat zuständig sein, in dem auch der Erfolg eingetreten ist, hilfsweise der Staat, in dem der Beschuldigte seinen Wohnsitz hat; hierzu *Sinn,* ZIS 2013, 6ff.; tendenziell ähnlich *Eisele,* ZStW 125 (2013), 32.

26 Dies verkennt *Scharf,* LCP 64 (2001), 111; zum grds. Vorrang der Territorialität demgegenüber zutr. schon Harvard Draft, 1935, 531; auch Princeton Principles, S. 53.

für sich genommen der Tat weniger nahe steht als der Tatort, an dem der gesamte Tatbestand verwirklicht wird. Die territoriale Anknüpfung ist also *schwächer*, außerdem führt der Auswirkungsgrundsatz mindestens zu einer *Konkurrenz* zwischen dem Staat des Handlungs- und des Erfolgsorts.[27] Diesen zwangsläufig aus der Ubiquitätstheorie entstehenden Jurisdiktionskonflikt (§ 1 Rn. 17) vermag auch das Opportunitätsprinzip in § 153c Abs. 2 StPO nicht zu lösen. Die Abstufung innerhalb des Territorialitätsgrundsatzes i. e. und i. w. S. ändert freilich nichts daran, dass auch der Auswirkungsgrundsatz als Unterfall des Territorialitätsgrundsatzes **Vorrang gegenüber extraterritorialen Anknüpfungspunkten** genießen muss.

Als pragmatische extraterritoriale Strafgewaltserstreckung geht auch der **Flaggengrundsatz** anderen Grundsätzen vor. Er konkurriert freilich mit dem Territorialitätsgrundsatz, etwa wenn sich ein ausländisches Fahrzeug im Küstenmeer (= inländisches Hoheitsgebiet, § 3 Rn. 16) befindet. Im Hinblick auf die Strafgewalt des Küstenstaates gegenüber dem Flaggenstaat räumt insoweit **Art. 27 SRÜ** diesem im Küstenmeer einen Vorrang ein. Der Küstenstaat kann eine Person auf einem fremden Schiff nur dann festnehmen oder dort Untersuchungshandlungen vornehmen, wenn eine besondere Beziehung zum Küstenstaat besteht (Art. 27 Abs. 1 SRÜ) oder das fremde Schiff aus dem inneren Gewässer des Küstenstaats kommt (Art. 27 Abs. 2 SRÜ).[28] Zur Lösung verbleibender Konflikte trägt auch Art. 97 Abs. 1 SRÜ bei, der den Auswirkungsgrundsatz zurückdrängt (§ 2 Rn. 10). Diese Vorschriften zeigen, dass eine Lösung von Jurisdiktionskonflikten durch völkerrechtliche Vereinbarungen möglich ist. Innerstaatlich enthält § 153c Abs. 1 Nr. 2 StPO deswegen eine Ausnahme vom Legalitätsprinzip zugunsten des fremden Flaggenstaates, wenn Taten von Ausländern auf einem ausländischen Schiff oder Luftfahrzeug im Inland begangen werden.[29] 14

Was nun die verbleibenden, **extraterritorialen Anknüpfungspunkte** angeht,[30] so ist eine völkerrechtliche Rangfolge nicht ohne weiteres begründbar, jedenfalls enthält das Völkerrecht insoweit **keine „hard and fast rules"** (§ 2 Rn. 8 f.). Gleichwohl kann man mit Hilfe des *Grades der völkerrechtlichen Anerkennung* und der den Grundsätzen zugrundeliegenden Grundgedanken den Versuch unternehmen, eine gewisse Rangfolge mit dem Anspruch normativer Verbindlichkeit zu entwickeln. Geht man zunächst von den Grundgedanken aus, so kann danach differenziert werden, ob ein Staat mit der Ausübung seiner Strafgewalt eigene, fremde oder originär völkerrechtliche Interessen verfolgt. 15

Der Gedanke der **Verfolgung eigener Interessen** deckt sich im Wesentlichen mit dem traditionellen Gedanken des Selbstschutzes des Staates,[31] der die Grundlage all jener Grundsätze bildet, die dem Schutz der territorialen und institutionellen Unversehrtheit eines Staates dienen. Neben dem Territorialitätsgrundsatz i. w. S. trifft dies auf den Schutzgrundsatz im staatsschutzrechtlichen Sinne **(Realprinzip)** zu.[32] Er ist dem Territorialitätsgrundsatz insoweit strukturell vergleichbar, als er den Schutz des staat- 16

[27] Vgl. auch Art. 3 Abs. 3 Draft European Convention, wonach der Ort der Haupthandlung dem der Beihilfehandlung und der Auswirkung vorgeht.

[28] Vgl. *Gloria*, in: Ipsen, 5. Aufl., 2004, § 52 Rn. 11; s. auch *Heintschel von Heinegg*, in: Ipsen, § 42 Rn. 24.

[29] Vgl. auch LK/*Werle/Jeßberger*, § 4 Rn. 70; NK/*Böse*, § 4 Rn. 9.

[30] Vgl. *Ziegenhain*, S. 50 f.

[31] Vgl. insb. *Oehler*, Rn. 122 ff.; auch *Council of Europe*, S. 26.

[32] I. Erg. ebenso *Oehler*, Rn. 126; S/S/*Eser*, Vor §§ 3–9 Rn. 17.

lichen Hoheitsgebiets und der effektiven Ausübung hoheitlicher Befugnisse bezweckt. Weil der Schutz des ausländischen Staates dem Tatortstaat in der Regel gleichgültig ist (§ 3 Rn. 68f.), muss das Realprinzip den **gleichen Rang wie das Territorialitätsprinzip** besitzen.[33]

17 Darüberhinaus beansprucht das Realprinzip gegenüber solchen Grundsätzen Vorrang, die allenfalls mittelbar dem Selbstschutz des Staates und auch der **Verfolgung fremder Interessen** dienen. Dies trifft auf all jene Grundsätze zu, die die Strafgewalt an die Staatsangehörigkeit des Täters bzw. Opfers knüpfen, also auf den aktiven und passiven **Personalitätsgrundsatz.** Denn wenn es sich auch nicht bestreiten lässt, dass der Staat mit der extraterritorialen Verfolgung seiner Staatsangehörigen zugleich die (general) präventive Wirkung seines Strafrechts im Inland erhöht[34] und mit der Verfolgung von Straftaten gegen seine Staatsangehörigen seiner diplomatenrechtlichen Schutzfunktion genügt, also in beiden Fällen *auch eigene Interessen* verfolgt, so berühren die betreffenden Taten diesen Staat doch nicht in den Grundlagen seiner Existenz, *scil.* seiner territorialen Unversehrtheit. Er ist nicht länger Territorial- oder Tatortstaat, sondern wird zum Täter- oder Opfer-Heimatstaat. Als solcher verfolgt er – auf sein Hoheitsgebiet bezogen und ideologiefrei betrachtet – *nur fremde Interessen,* nämlich diejenigen des Tatortstaates, der deshalb auch auf Grund des Territorialitätsgrundsatzes eine vorrangige Zuständigkeit beanspruchen kann.[35] Die Strafrechtsausdehnung auf Grund Personalität macht vor diesem Hintergrund überhaupt nur Sinn, wenn andernfalls Straflosigkeit droht.[36]

18 Für die konkrete Rangfolge der Anknüpfungsprinzipien ergibt sich daraus der **Vorrang von Territorialitäts- und Realprinzip gegenüber dem Personalitätsgrundsatz,** wobei insoweit der (eingeschränkte) aktive Personalitätsgrundsatz als Ausprägung eines individualrechtlichen Schutzgrundsatzes dem – völkerrechtlich umstrittenen – passiven Personalitätsgrundsatz vorgeht. *De lege ferenda* ist deshalb bedenkenswert, diesen auf besonders schwere Straftaten gegen eigene Staatsbürger zu beschränken.[37]

19 Noch eindeutiger, ja ausschließlich der **Durchsetzung fremder Interessen** dient der **Grundsatz stellvertretender Strafrechtspflege.** Er lässt sich überhaupt nur mit dem etwas diffusen Konzept der *Solidarität der Staaten*[38] erklären, wobei auch dieser Erklärungsversuch nur überzeugen kann, wenn der Ergreifungsstaat tatsächlich „solidarisch", also im Einvernehmen mit dem Territorialstaat, handelt. Stellvertretende Strafrechtspflege ist jedenfalls **gänzlich subsidiär** und zwar nicht nur gegenüber dem Tatortstaat, sondern auch gegenüber dem in seinem Bestand angegriffenen Staat und dem Heimatstaat, also gegenüber dem Real- und Personalitätsprinzip.[39] Tatsächlich verbleibt dem Grundsatz ein denkbar geringer Anwendungsbereich, der durch die zunehmende Bedeutung des WRP weiter eingeschränkt wird. Denn wenn ein eigentlich zuständiger Tatort- oder Heimatstaat zugunsten eines unbeteiligten Drittstaates auf die Ausübung seiner Strafgewalt verzichtet, so macht dessen stellvertretende Strafver-

[33] Vgl. auch Art. 7 Draft European Convention; sowie *Vogler,* FS Maurach, 1972, S. 603; *Sieber,* Gutachten, C 141; für eine extensive Auslegung *Frimpong,* in: Eser/Lagodny, S. 31.

[34] Vgl. auch SK/*Hoyer,* Vor § 3 Rn. 19.

[35] I. Erg. ebenso *Feller,* IsLR 16 (1981), 70.

[36] Ähnlich schon *Vogler,* FS Maurach, 1972, S. 604f.

[37] Vgl. auch § 5 Nr. 6 AE-StGB; zust. *Vogler,* Geburtstagsgabe Grützner, 1970, S. 156.

[38] Vgl. *Oehler,* Rn. 133, 143ff.; *Council of Europe,* S. 26f.

[39] Zust. NK/*Böse,* Vor § 3 Rn. 33.

folgung nur bei Delikten Sinn, die einen bestimmten Schweregrad aufweisen und demnach häufig dem WRP unterfallen werden (§ 3 Rn. 125).

Das **Weltrechtsprinzip** wird allerdings mit dem Gedanken der Solidarität der Staaten nur ungenau erklärt, weil darunter ja, wie wir gesehen haben, alles gefasst werden kann, was nicht die ausschließliche Verfolgung eigener Interessen impliziert. Tatsächlich äußert sich im WRP weniger eine Solidarität der Staaten als eine solche gegenüber den Opfern derjenigen Verbrechen, deren Straflosigkeit durch diesen Grundsatz gerade verhindert werden soll. Das WRP fügt sich nicht in das System der genannten Anknüpfungsprinzipien ein, weil es auf dem Gedanken der *Durchsetzung der Staatengemeinschaft selbst zustehender Rechte* beruht (§ 3 Rn. 90ff.)[40] und von einem Misstrauen in die Verfolgungswilligkeit und/oder -fähigkeit des Verletzerstaates geleitet ist.[41] Weil jedoch auch dieser Grundsatz – ungeachtet der mittlerweile existierenden völkerrechtlichen Strafjustiz (vgl. § 5 Rn. 2, § 6 Rn. 15ff.) – überwiegend dezentral von Nationalstaaten durchzusetzen ist, lässt er sich mit der treuhänderischen *einzelstaatlichen Verfolgung völkerrechtlicher Interessen* begründen. 20

Seine *dezentrale Durchsetzung* („indirect enforcement model")[42] bringt freilich zugleich die Entstehung von Jurisdiktionskonflikten mit sich. *In concreto* kann sich etwa, wie im Fall *Pinochet* (§ 1 Rn. 13), die Frage stellen, ob nicht der Tatortstaat (hier Chile) in jedem Fall eine vorrangige Zuständigkeit auch vor solchen Staaten beanspruchen kann, die ihre Strafgewalt (zumindest auch) auf das WRP (insbesondere Spanien) stützen.[43] Dies mag aus praktischen Gründen insbesondere deshalb wünschenswert erscheinen, weil bei den in Rede stehenden Taten in der Regel nur der Tatortstaat Zugriff auf die Tatverdächtigen, Beweise u. a. verfahrensrelevantes Material hat. Ein Vorrang des Tatortstaats ist aber zugleich bedenklich, weil dieser Staat regelmäßig kein Interesse daran haben wird, seine Strafgewalt auch tatsächlich auszuüben und somit der durch das WRP angestrebte Rechtsgüterschutz unterlaufen wird. Gerade darin zeigt sich das angesprochene Misstrauen gegenüber dem Verletzer- bzw. Tatortstaat. Auch aus rechtlicher Sicht erscheint eine solche Subsidiarität des WRP zweifelhaft, beruht es doch gerade auf dem Gedanken der *Verfolgung originär völkerrechtlicher Interessen,* die eigenen oder fremden nationalen Interessen konzeptionell nicht untergeordnet werden können. Eine Kompromisslösung besteht darin, von einer **bedingten Subsidiarität des WRP** gegenüber dem Territorialitätsgrundsatz auszugehen. Die Bedingung besteht darin, dass der Territorialstaat – entsprechend der *ratio* von Art. 17 IStGH-Statut und § 153f StPO (§ 3 Rn. 97) – *willens und fähig* ist, die Strafverfolgung selbst zu betreiben. Unter dieser Voraussetzung sollte das WRP auch hinter dem *Personalitätsprinzip* zurückstehen, also insgesamt von einer **Vorrangigkeit des Tatort-, Täter- oder Opferstaats** auszugehen sein.[44] Fehlt es jedoch an Verfol- 21

[40] Dies übersieht *Feller,* IsLR 16 (1981), 70.

[41] Vgl. auch *AI,* 2001, Introduction, S. 17 u. passim.

[42] Zum „direct enforcement model" § 8 Rn. 63.

[43] So etwa das House of Lords v. 24.3.1999 per Lord Millett, WLR 1999, 825, 914.

[44] Vgl. *BGH* NStZ 2012, 223 (225); MünchKomm/*Ambos,* § 1 VStGB Rn. 22; *Kreicker,* in: Eser et al., 2003ff., Bd. 7, S. 268f. spricht insoweit von einer „gestuften Zuständigkeitspriorität". Vgl. auch *Behrendt,* S. 293ff. (298); *Keller,* GA 2006, 25 (34f.); *Ryngaert,* CLF 19 (2008), 157ff. (176, 178); *Geneuss,* JICJ 7 (2009), 957; *Munivrana Vajda,* ICLR 10 (2010), 342; i. Erg. ebenso *Weißer,* GA 2012, 430; s. auch die Entwicklung eines dreistufigen Zuständigkeitssystems in *BVerfG* NStZ 2011, 353 (354): „Primär sind zur Verfolgung der Tatortstaat und der Heimatstaat von Täter oder Opfer, sekun-

gungswillen und -fähigkeit, greift das WRP ein und jeder Staat ist berechtigt, die Strafverfolgung durchzuführen.[45] Der daraus möglicherweise folgende positive Kompetenzkonflikt verfolgungswilliger Staaten ist wohl eher theoretischer Natur; sollte es tatsächlich zu ihm kommen, muss Aburteilungszuständigkeit und -ort von den beteiligten Staaten *ad hoc* vereinbart werden.[46] Auch die missbräuchliche Inanspruchnahme des WRP[47] kann so durch den Territorialstaat verhindert werden. Macht er geltend, dass überhaupt keine universell verfolgbaren Verbrechen in Rede stehen und ist die Justiz von Drittstaaten anderer Ansicht, muss freilich eine unabhängige internationale Instanz entscheiden. Auch darin liegt die Bedeutung des *IStGH* (vgl. § 6 Rn. 22ff.).[48]

22 Die **Kombination bestimmter Anknüpfungsprinzipien** kann die hier vorgeschlagene Rangfolge beeinflussen. Insoweit gilt zunächst die Regel, dass jegliche Ergänzung des Territorialitätsgrundsatzes dessen absoluten Vorrang gegenüber konkurrierenden Prinzipien verstärkt. So genießt etwa die auf die *kombinierte Anwendung von Territorial- und aktivem Personalitätsgrundsatz* gestützte Strafgewalt – der Tatortstaat urteilt seine eigenen Staatsangehörigen ab – absoluten Vorrang vor konkurrierenden Strafgewaltsansprüchen, selbst wenn sie auf das dem aktiven Personalitätsgrundsatz eigentlich vorgehende Realprinzip gestützt werden.[49] Im Fall einer Straftat eines Ausländers gegen einen Ausländer kann die Strafgewalt des Heimatstaates auf Grund einer *kombinierten Anwendung von aktiver und passiver Personalität* die Strafgewalt des Tatortstaates auf Grund des Territorialitätsgrundsatzes jedoch nicht verdrängen.

23 **Zusammenfassend** ergibt sich eine **relativ klare Rangfolge** zwischen den zur Durchsetzung eigener oder/und fremder staatlicher Interessen dienenden Prinzipien:
1. Territorialitäts-, einschließlich Flaggen- und Auswirkungsgrundsatz, Realprinzip
2. aktiver und passiver Personalitätsgrundsatz sowie – allenfalls ergänzend –
3. Grundsatz der stellvertretenden Strafrechtspflege.

Parallel dazu wirkt das WRP zur Durchsetzung originär völkerrechtlicher Interessen, gleichsam als Verbindungsstück zwischen den Nationalstaaten und einer völkerrechtlichen Strafjustiz. *In concreto* erlauben die zur Prüfung der Völkerrechtmäßigkeit extraterritorialer Strafgewaltserstreckung entwickelten Regeln – *reasonableness* und völkerrechtliches Optimierungsgebot (§ 2 Rn. 8f.) – **flexible Lösungen.** Es können **zusätzlich qualitative Kriterien** herangezogen werden.[50] Innerstaatlich werden flexible Lösungen dadurch ermöglicht, dass § 153c Abs. 1 Nr. 1 StPO eine Ausnahme vom

där der Internationale Strafgerichtshof und gegebenenfalls sonstige internationale Strafgerichte und tertiär die nach dem Weltrechtsprinzip vorgehenden Drittstaaten berufen." Krit. hingegen *Roht-Arriaza/Fernando,* in: Brown, S. 367; krit. zum Vorrang des Opferstaates *Stigen,* in: Bergsmo, S. 146.

[45] Vgl. auch MünchKomm/*Ambos,* Vor §§ 3–7 Rn. 62 m.w. N in Fn. 435. Ähnlich auch *Geneuss,* JICJ 7 (2009), 958, derzufolge die Subsidiarität des WRP einer Verfahrenseinleitung nur dann im Wege steht, wenn der vorrangig zur Strafverfolgung berufene Staat seine Zuständigkeit tatsächlich wahrnimmt; s. auch *Jeßberger/Kaleck/Schueller,* in: Bergsmo, S. 240ff.; *Lønseth,* in: Bergsmo, S. 163f.; *Kourula,* in: Bergsmo/Ling, S. 138ff.

[46] Vgl. auch *AI,* 2001, Introduction, S. 40f.; MünchKomm/*Ambos,* § 1 VStGB Rn. 22. Für einen Vorrang des Gewahrsamstaates bzw. des Staates, in dem die meisten Beweise vorhanden sind, *AIDP,* Nr. III, 2.

[47] Dazu *Tomuschat,* FS Steinberger, 2002, S. 339f.

[48] Zur Lösung von Jurisdiktionskonflikten zwischen Staaten und dem IStGH vgl. MünchKomm/*Ambos,* § 1 VStGB Rn. 20f. m.w.N.

[49] Vgl. auch *Herdegen,* ZaöRV 47 (1987), 236.

[50] Vgl. *Lagodny,* FS Trechsel, 2002, S. 264ff.; *Van der Beken/Vermeulen/Lagodny,* NStZ 2002, 625f.

Legalitätsprinzip generell bei Taten vorsieht, die außerhalb Deutschlands begangen werden.

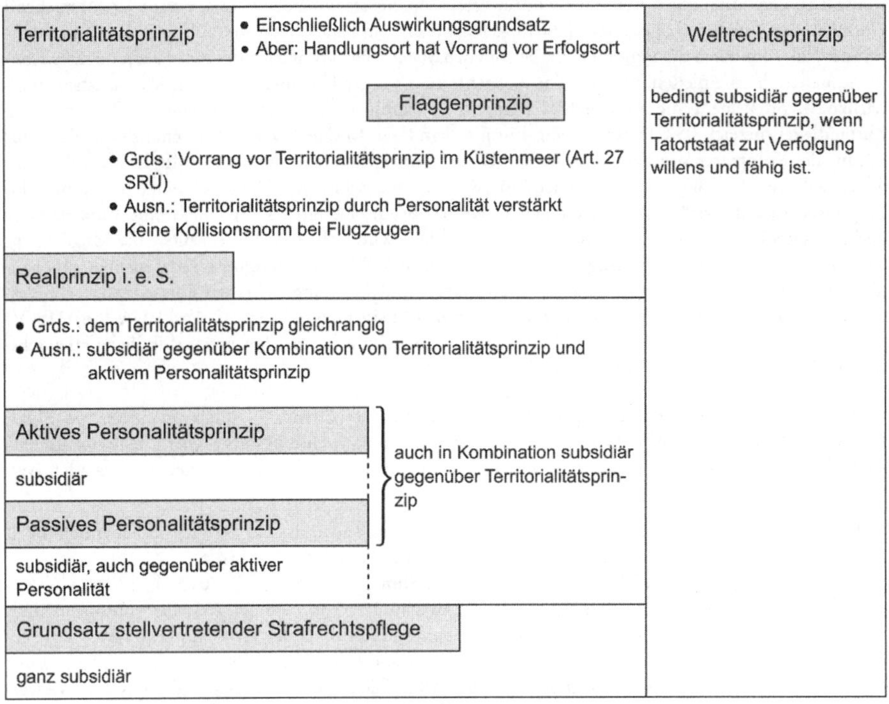

Schaubild 3: Rangfolge der Anknüpfungspunkte

Es muss natürlich weiter versucht werden, die hier entwickelten (oder andere) Regelungen vertraglich zu fixieren und möglicherweise auf verfahrensrechtlicher Ebene eine Instanz zu schaffen, die im Konfliktfalle über die Verfolgungszuständigkeit entscheidet.[51] Bemühungen in diese Richtung existieren allerdings nur auf **europäischer Ebene** im Hinblick auf den Grundsatz gegenseitiger Anerkennung gerichtlicher u. a. Entscheidungen (§ 9 Rn. 12) und im Rahmen der Terrorismusbekämpfung (vgl. 1. Aufl., § 12 Rn. 11 ff.). Die insoweit erreichte Hierarchisierung stützt die hier gefundenen Ergebnisse: Die in **Art. 9 Abs. 2 S. 3 des Rb zur Bekämpfung des Terrorismus** aufgestellte Hierarchie[52] nennt an erster Stelle das Territorialitätsprinzip, an zweiter Stelle die aktive Personalität, an dritter Stelle die passive Personalität und an vierter Stelle den Ergreifungsstaat. Zusätzlich wird in Art. 9 Abs. 3 der Grundsatz stellvertretender Strafrechtspflege *(aut dedere aut iudicare)* verankert (§ 3 Rn. 117). Flaggen- und Realprinzip werden wohl deswegen nicht erwähnt, weil diese selten Jurisdiktionskonflikte aufwerfen (strafrechtliches Schutzinteresse ausschließlich des betroffenen Staates) und überdies das Flaggenprinzip bereits im SRÜ über eine völkerrechtlich eindeutige Jurisdiktionskonfliktslösung verfügt (Rn. 14). Zu beachten ist, dass die Ergreifung allein keinen legitimen Anknüpfungspunkt für die Erstreckung der Strafgewalt darstellt (§ 3 Rn. 13), sie dient lediglich zur Abgrenzung der Zuständigkeiten im Falle eines positiven Kompetenzkonflikts. 24

Einen ersten allgemeingültigen Versuch, positive[53] Kompetenzkonflikte zumindest innerhalb der EU zu entschärfen, stellt der **Rb Kompetenzkonflikte** dar.[54] Dessen Ziel ist es, parallele Strafverfahren gegen die- 25

[51] So auch *Schomburg,* FS Eser, 2005, S. 834, 843; *Geneuss,* JICJ 7 (2009), 959.

[52] S. hierzu auch *Hecker,* in: Sinn, S. 93.

[53] *Hecker,* in: Sinn, S. 95.

[54] Rb 2009/948/JI v. 30.11.2009 zur Vermeidung und Beilegung von Kompetenzkonflikten in Strafver-

selbe Person wegen derselben Tat durch einvernehmliche Lösungen zu vermeiden (s. Art. 1). Es geht dem Rb dabei nicht um die Vorgabe verbindlicher Rangkriterien zur Bestimmung der Zuständigkeit,[55] sondern um die Verbesserung der mitgliedstaatlichen Zusammenarbeit durch Einführung eines „*Konfliktlösungsmechanismus* auf Unionsebene".[56] Nach Art. 5 Abs. 1 Rb Kompetenzkonflikte sind alle Behörden verpflichtet, Kontakt zu den zuständigen Behörden eines anderen Mitgliedstaates aufzunehmen, wenn sie hinreichend Grund zu der Annahme haben, dass diese in gleicher Sache ein Parallelverfahren führen.[57] Ist dies tatsächlich der Fall, so müssen die Behörden der betroffenen Staaten nach Maßgabe des Art. 10 ein direktes Konsultationsverfahren einleiten, um ggf. eine Konzentration der Strafverfahren in einem Mitgliedstaat zu erreichen. Kann keine Einigung erzielt werden, so ist Eurojust einzuschalten, wenn die Tat in dessen Zuständigkeitsbereich (s. § 13 Rn. 7) fällt. Eurojust kann den Mitgliedstaaten dann eine Empfehlung zur Lösung des Kompetenzkonflikts unterbreiten. Diese ist unverbindlich.[58] Wenn ein Mitgliedstaat ihr nicht folgen will, muss er dies aber begründen (Art. 8 Eurojust-Beschluss).[59] Die Effektivität des Konfliktlösungsmechanismus wird allerdings erheblich dadurch beeinträchtigt, dass lediglich eine Informations- und Konsultations-, aber keine Einigungspflicht etabliert wird.[60] Es besteht also nicht die Möglichkeit, einen Ermittlungs- bzw. Verfolgungsverzicht zu erzwingen.[61] Wenn die Mitgliedstaaten nicht zu einer Einigung gelangen, sind weiterhin parallele Strafverfahren möglich. Angesichts der Tatsache, dass die Vermeidung von Kompetenzkonflikten nunmehr ein **Harmonisierungsziel** (Art. 82 Abs. 1 UA 2 (b) AEUV) ist,[62] bleibt abzuwarten, ob die EU in absehbarer Zeit ihre Kompetenzen für eine verbindliche Hierarchisierung der Anknüpfungspunkte nutzen wird.

26 Darüber hinaus bestehen Bemühungen, die Probleme des europäischen Ne-bis-in-idem (Art. 54 SDÜ, § 10 Rn. 117ff.) und des EuHb (§ 12 Rn. 35ff.) bereits auf strafanwendungsrechtlicher Ebene zu entschärfen.[63] Angedacht wird dabei sogar, ein einheitliches europäisches Strafanwendungsrecht zu schaffen (vgl.

---

fahren (Abl. EU L 328/42 v. 15.12.2009); s. de *lege ferenda* auch das auf dem Rb aufbauende Modell der vereinbarten Gerichtsbarkeit bei Sinn, S. 579ff.; hierzu *Sinn,* ZIS 2013, 4ff.

[55] Krit. daher *Böse/Meyer,* ZIS 2011, 336; *Fikarova,* in: Sinn, S. 105; *Sinn,* ZIS 2013, 4; *European Criminal Police Initiative,* ZIS 2013, 423; *Lelieur,* in: Brach-Thiel/Fourment, S. 262; für unproblematisch hält dies *Hecker,* in: Sinn, S. 96, da dem Interesse des Betroffenen an der Vermeidung von Mehrfachverfolgungen auch durch eine konsensuale Lösung vollständig Rechnung getragen werde. Dieser Einigungsansatz lag schon dem Grünbuch Kompetenzkonflikte, Nr. 2.1ff., zugrunde, das ein „Verweisungsverfahren" an ein geeignetes nationales Gericht vorschlug, sich dabei aber auf frühzeitige Koordination und Konsultation und, was die Kriterien der Bestimmung des Verfahrensstaats angeht (Nr. 2.5.), eher auf flexible Kriterien wie Angemessenheit und faires Verfahren, als eine völkerrechtlich begründete Rangfolge stützte (vgl. auch Fragen 10–13); krit. hierzu mit Betonung der Verfahrensrechte *ECBA,* Response to the Green Paper on conflicts of jurisdiction 2006. S. auch die Entwicklung von Kriterien zur Bestimmung der besten Strafgewalt in Art. 13 des Modells der vereinbarten Gerichtsbarkeit in: Sinn, S. 581ff.

[56] *Hecker,* in: Sinn, S. 95 (Herv. d. Verf.); s. auch *Fikarova,* in: Sinn, S. 104.

[57] Krit. zur Weite dieser Formulierung *Eisele,* ZStW 125 (2013), 18; s. auch *Lelieur,* in: Brach-Thiel/Fourment, S. 269.

[58] Anders Art. 14 des Modells der vereinbarten Gerichtsbarkeit in: Sinn, S. 584, der die Eurojust-Entscheidung verbindlich machen will; vertiefend *Eisele,* ZStW 125 (2013), 23ff.

[59] Ausf. zur Rolle von Eurojust bei der Beilegung bzw. Vermeidung von Kompetenzkonflikten *Herrnfeld,* in: Sinn, S. 142ff.; s. auch *Lelieur,* in: Brach-Thiel/Fourment, S. 272ff.

[60] Siehe auch die Kritik bei S/L/G/H/*Schomburg,* Vor Art. 54 SDÜ Rn. 22 („vage Handlungsanregungen"); *Sinn,* ZIS 2013, 4 sowie *European Criminal Police Initiative,* ZIS 2013, 418, die klare Regeln zur Verhinderung von Kompetenzkonflikten fordern (S. 414).

[61] *Hecker,* in: Sinn, S. 95; *Eisele,* ZStW 125 (2013), 18; *European Criminal Police Initiative,* ZIS 2013, 418; s. auch *Brodowski,* ZIS 2010, 384.

[62] Krit. zur mangelnden Umsetzung *Klip,* 2012, S. 198.

[63] *Deiters,* ZRP 2003, 360ff.; *van der Beken/Vermeulen/Lagodny,* NStZ 2002, 624ff. Für ein interlokales europ. Strafanwendungsrecht ohne Personalitäts-, aber mit Realprinzip *Bacigalupo,* Actualidad Juridica Aranzadi, 4.7.2002, 4f. S. auch *Böse,* FS Wolter, 2013, S. 1312, der betont, dass Jurisdiktionskonflikte durch eine zurückhaltende Ausgestaltung des Strafanwendungsrechts vermieden werden könnten, und der daher zumindest innerhalb des Unionsgebietes eine weitgehende Beschränkung auf das Territorialitätsprinzip fordert (S. 1327); ähnlich schon *Böse/Meyer,* ZIS 2011, 344 („Rückbesinnung auf das Terri-

„Freiburg Proposal", 2. Aufl., § 12 Rn. 55).[64] Um dem befürchteten „Prinzip der maximalen Punitivität"[65] entgegenzuwirken, solle das Strafanwendungsrecht möglichst eng gefasst werden, teilweise wird dazu eine Bindung der Strafgewalt der Staaten an den *Handlungsort* gefordert.[66] Das müsste freilich ausdrücklich durch völkerrechtlichen Vertrag beschlossen werden, läge darin doch ein Verzicht auf den völkerrechtlich anerkannten Auswirkungsgrundsatz. Das folgende **Schaubild 4** fasst die möglichen Lösungen von Jurisdiktionskonflikten (mittlere Spalte) unter Berücksichtigung der verschiedenen Ebenen (linke Spalte) und Verfahrensabschnitte (rechte Spalte) zusammen:

	Lösungsansätze	**Verfahrensabschnitt**
1. multilaterale Ebene	• **Prioritätensystem der Anknüpfungspunkte**	*Aufnahme der Strafverfolgung*
2. unilaterale Beschränkungen der Strafansprüche	a) materiellrechtliche Modifikation – **Erledigungsprinzip** – **Anrechnungsprinzip** b) prozessuale Durchsetzbarkeit – **staatliche Opportunität der Strafverfolgung**	*Abschluss eines Strafverfahrens*
3. Ebene der Strafvollstreckung	• Vollstreckungshilfe in Strafsachen	*Vollzug der Strafe*

Quelle: *Pfanne,* Studienarbeit Schwerpunkt Kriminalwissenschaften Uni Göttingen, 26. 9. 2006 (modifiziert).

Schaubild 4: Lösungsmöglichkeiten von Jurisdiktionskonflikten

Lösung Fall 20:

Die *erste Prüfungsstufe* zur Bestimmung der zuständigen nationalen Strafgewalten ergibt, dass die *deutsche* Strafgewalt auf den Territorialitäts- und passiven Personalitätsgrundsatz, die *israelische* auf den Staatsschutz- und den passiven Personalitätsgrundsatz und die *türkische* auf den aktiven Personalitätsgrundsatz gestützt werden kann. Auf der *zweiten Prüfungsstufe* folgt aus der Hierarchie der Anknüpfungspunkte, dass die türkische Strafgewalt jedenfalls zurücktreten muss, weil der aktive Personalitätsgrundsatz sowohl gegenüber dem Territorialitätsprinzip als auch gegenüber dem Realprinzip subsidiär ist. Das von israelischer Seite vorgebrachte Realprinzip stünde grundsätzlich auf der gleichen Stufe wie das Territorialprinzip. Tatopfer waren sowohl ein Deutscher als auch ein Israeli, so dass das passive Personalitätsprinzip hier keinen Ausschlag geben kann. Ein prinzipieller Vorrang lässt sich also nicht feststellen, es bedarf einer flexiblen Lösung i. S. d. völkerrechtlichen Optimierungsgebots, also letztlich einer zwischenstaatlichen Vereinbarung bzw. Einigung. 27

torialitätsprinzip); ähnlich *Lelieur,* in: Brach-Thiel/Fourment, S. 277 ff.; s. auch *Wörner/Wörner,* in: Sinn, S. 255, die für eine restriktive Auslegung des deutschen Strafanwendungsrechts bei gleichzeitiger extensiver Anwendung der Einstellungsvorschriften der §§ 153 c, f StPO eintreten.

[64] Krit. hierzu vor dem Hintergrund des strafrechtsspezifischen Schonungsgebotes *Eisele,* ZStW 125 (2013), 12 ff.

[65] *Schünemann,* ZRP 2003, 187.

[66] *Deiters,* ZRP 2003, 361. Für Beschränkung auf Territorialität *Klip,* MJ 12 (2005), 119 f.; *ders.,* 2012, S. 474.

2. Teil. Völkerstrafrecht

§ 5. Begriff, Gegenstand und Quellen des Völkerstrafrechts

Neuere Literatur: *Akhavan,* The Rise, and Fall, and Rise of International Criminal Justice, JICJ 11 (2013), 527; *Ambos,* Punishment without a sovereign? The *ius puniendi* issue of International Criminal Law, OJLS 33 (2013), 293; *ders.*, Strafe ohne Souverän? Zur Frage des *ius puniendi* im Völkerstrafrecht, in: Gutmann et al., Evolution – Entwicklung – Epigenesis des Rechts, ARSP-Beiheft 2014, im Erscheinen; *ders.*, Rechtsgutsprinzip und harm principle: theoretische Ausgangspunkte zur Bestimmung der Funktion des Völkerstrafrechts, FS Wolter, 2013, S. 1285; *ders.*, Das Recht wiederherstellen, FAZ, 3.5.2013, S. 7; *ders./Bock,* Procedural Regimes, in: Reydams/Wouters/Ryngaert, S. 488; *ders./Poschadel,* Terrorismus und faires Verfahren, GA 2013, 673; *Badar,* Islamic Law (Shari'a) and the Jurisdiction of the International Criminal Court, LJIL 24 (2011), 411; *Bock,* Das Völkerstrafgesetzbuch im Lichte des Grundgesetzes, in: Strafverteidigervereinigungen, Alternativen zur Freiheitsstrafe, 2013, S. 117; *Clark,* Peace, Justice and the International Criminal Court: Limitations and Possibilities, JICJ 9 (2011), 521; *Conze,* Frieden durch Recht, in: Safferling/Kirsch, S. 9; *Cronin-Furman,* Managing Expectations: International Criminal Trials and the Prospects for the Deterrence of Mass Atrocity, IJTJ 7 (2013), 434; *Deprez,* Extent of applicability of human rights standards to proceedings before the ICC, ICLR 12 (2012), 721; *Einarsen,* The Concept of Universal Crimes in International Law, 2012; *Fisher,* Moral Accountability and International Criminal Law, 2012; *Fournet,* Mass Atrocity: Theories and Concepts of Accountability – On the Schizophrenia of Accountability, in: Henham/Findlay, S. 27; *Frouville,* The Influence of the European Court of Human Rights' Case Law on International Criminal Law of Torture and Inhuman or Degrading Treatment, JICJ 9 (2011), 633; *Greenawalt,* The Pluralism of International Criminal Law, IndLJ 86 (2011), 1063; *Günther/Reuss,* Legitimation des Völkerstrafrechts in Deutschland – Völkerstrafrecht als Bürgerstrafrecht, in: Safferling/Kirsch, S. 127; *Köhler,* Zum Begriff des Völkerstrafrechts, JRE 11 (2003), 435; *Kolb,* Droit international pénal, in: Kolb/Scalia, S. 1; *Krever,* International Criminal Law: An Ideology Critique, LJIL 26 (2013), 701; *Kuhli,* Punishment Based on Customary Law? The Crime against Humanity of Deportation and Enforced Transfer According to § 7 (1) (4) of the German Völkerstrafgesetzbuch (International Law Criminal Code), ZIS 2012, 124; *Orie,* Stare decisis in the ICTY Appeal System, JICJ 10 (2012), 635; *Pinto Soares,* Tangling Human Rights and International Criminal Law, CLF 23 (2012), 161; *Raimondo,* For Further Research on the Relationship between Cultural Diversity and International Criminal Law, ICLR 11 (2011), 299; *Robinson,* A Cosmopolitan Liberal Account of International Criminal Law, LJIL 26 (2013), 127; *Safferling,* Lernen von Nürnberg. Die Relevanz der Nürnberger Hauptkriegsverbrecherprozesse für das moderne Völkerstrafrecht, RG 14 (2009), 148; *ders./Hartwig-Asteroth/Scheffler,* § 4 VStGB und das Verhältnis zu Beteiligungsformen des allgemeinen Strafrechts, ZIS 2013, 447; *Schabas,* Synergy or Fragmentation?, JICJ 9 (2011), 609; *Shany,* Seeking Domestic Help – The Role of Domestic Criminal Law in Legitimizing the Work of International Criminal Tribunals, JICJ 11 (2013), 5; *Song,* Preventive Potential of the International Criminal Court, Asian JIL 3 (2013), 203; *Stahn,* How is the Water? Light and Shadow in the First Years of the ICC, CLF 22 (2011), 175; *ders.*, Between ‚Faith' and ‚Facts': By What Standards Should We Assess International Criminal Justice?, LJIL 25 (2012), 251; *Stephen,* International Criminal Law: Wielding the Sword of Universal Criminal Justice?, ICLQ 61 (2012), 55; *Tladi,* The ICC Decisions on Chad and Malawi: On Cooperation, Immunities, and Article 98, JICJ 11 (2013), 199; *van der Wilt,* Domestic Courts' Contribution to the Development of International Criminal Law: Some Reflections, IsLR 46 (2013), 207; *Zaczyk,* Die Notwendigkeit systematischen Strafrechts – Zugleich zum Begriff „fragmentarisches Strafrecht", ZStW 123 (2011), 691; *Zammit Borda,* A Formal Approach to Article 38 (1) (d) of the ICJ Statute from the Perspective of the International Criminal Courts and Tribunals, EJIL 24 (2013), 649. – Für weitere **ältere Literatur** s. Vorauflagen.

A. Begriff und Gegenstand

1 Echtes **internationales** Strafrecht („International Criminal Law", „Droit international pénal")[1] im Sinne eines vr (supranationalen) Strafrechts ist – im Gegensatz zum Straf-

[1] Zur Begrifflichkeit in den romanischen Sprachen vgl. schon § 1 Rn. 2.

anwendungsrecht (§ 1 Rn. 2) und zum europäischen Strafrecht der EG und EU (§ 9 Rn. 1 ff.) – nur das Völkerstrafrecht.[2] Nach einer geläufigen **Definition** von *Triffterer*[3] ist „Völkerstrafrecht im formellen Sinne ... die Gesamtheit aller vr Normen strafrechtlicher Natur, die an ein bestimmtes Verhalten – das internationale Verbrechen[4] – bestimmte, typischerweise dem Strafrecht vorbehaltene Rechtsfolgen knüpfen, und die als solche unmittelbar anwendbar sind." Es handelt sich um eine **Kombination aus strafrechtlichen und vr Grundsätzen:**[5] Der zentrale Gedanke der individuellen Verantwortlichkeit und Vorwerfbarkeit eines bestimmten (makrokriminellen) Verhaltens[6] entstammt dem Strafrecht, während die klassischen (Nürnberger) Straftatbestände[7] als internationales Recht formal dem Völkerrecht zuzuordnen sind, so dass das betreffende Verhalten einer eigenständigen vr Strafbarkeit unterworfen wird (Grundsatz der unmittelbaren strafrechtlichen **Verantwortlichkeit des Einzelnen** nach Völkerrecht[8]). Trotz seiner formellen Verankerung im Völkerrecht (auch Rn. 5 ff.), macht die Dominanz strafrechtlicher Zurechnung und Sanktionen das Völkerstrafrecht doch materiell zum Strafrecht – eben zum supranationalen Strafrecht der internationalen Gemeinschaft –, was zugleich bedeutet, dass dessen rechtsstaatliche Prinzipien volle Geltung beanspruchen (zu den allg. Grundsätzen i. e. S. s. § 7 Rn. 6 ff.).[9]

---

[2] Zu dem erstmals von *Beling* gebrauchten Begriff *Gardocki,* ZStW 98 (1986), 706 ff. (713); *Jescheck/Weigend,* S. 119; *Möller,* S. 5 ff.; *Schlösser,* Mittelbare individuelle Verantwortlichkeit im VStR, 2004, S. 17 f.; *Neubacher,* S. 31 ff.; aus angloamerikanischer Sicht Cryer/*Cryer,* S. 3 ff.; aus spanischsprachiger Sicht *Pastor,* S. 28 ff. Weitere Nachweise bei MünchKomm/*Ambos,* Vor §§ 3–7 Rn. 5 mit Fn. 40. Zu den Begrifflichkeiten siehe auch *Köhler,* JRE 11 (2003), 438 ff. Ausführlich zu Konzept und Funktion des VStR *Ambos,* 2013, S. 54 ff.

[3] *Triffterer,* S. 34; zust. *Gless,* 2011, Rn. 641: *Safferling,* 2011, § 4 Rn. 3; s. aber auch *Cassese et al.,* 2013, S. 3 (18 ff.); zusf. *Jesse,* S. 58 ff.; *Bassiouni,* 2013, S. 142 ff. erfasst 27 unterschiedliche Kategorien internationaler Verbrechen und unterteilt diese noch in weitere Gruppen („International Crimes", „International Delicts", „International Infractions"); zu den Verbrechen auch *Kindt,* S. 52 ff.

[4] Instruktiv dazu *Dahm,* S. 47 ff.; kritisch *Köhler,* JRE 11 (2003), 440 ff., der den Begriff des universalen Verbrechens benutzt. Ausführlich zu Begriff und Konzeption des „internationalen Verbrechens" *Einarsen,* S. 135 ff., 289 ff.

[5] Vgl. treffend *van Sliedregt,* 2003, S. 4: „meeting of two worlds"; *dies.,* 2012, S. 8 f.; auch *Höpfel/Angermaier,* in: Reichel, S. 310; *Stuckenberg,* S. 2; *Zahar/Sluiter,* S. X; Cryer/*Cryer,* S. 16; *Borsari,* S. 88 ff.; *Kindt,* S. 51 f. Zu den Komponenten des VStR s. *Bassiouni,* 2013, S. 1 ff. („*sui generis* system", S. 54); zur Identitätskrise in diesem Zusammenhang *Robinson,* LJIL 21 (2008), 925 ff. *Safferling,* 2011, § 4 Rn. 4 spricht von einer Ambivalenz, die „stets spürbare Spannung" mit sich bringe.

[6] Zur politischen Makrokriminalität als Gegenstand des VStR schon *Ambos,* 2002, S. 50 ff.; *Möller,* S. 240 ff.; *Neubacher,* S. 18 ff. (24, 30), 240 ff., 479; *Burkhardt,* S. 109 ff.; *Borsari,* S. 442 ff.; zum Grundsatz der individuellen Verantwortlichkeit als zentrale Komponente des VStR *Krever,* LJIL 26 (2013), 711 ff.

[7] Vgl. Art. 6 IMGS: Verbrechen gegen den Frieden, Kriegsverbrechen, VgM; s. hierzu auch *Safferling,* RG 14 (2009), 158 ff.

[8] Grdl. *Dahm,* Zur Problematik des Völkerstrafrechts, 1956, S. 14 ff.; auch *Jesse,* S. 57; *Werle,* FS HU, 2010, S. 1225; zu VStR i. e. S. und i. w. S. *Schröder,* in: Vitzthum, S. 553 f.; *Stuckenberg,* S. 2 f.; *Köhler,* JRE 11 (2003), 435; krit. *Pastor,* S. 80 ff.; zur Entwicklung *König,* S. 178 ff.; zum Verhältnis individueller zu Staatenverantwortlichkeit vgl. *Benzing,* S. 42 ff.

[9] Diese Überzeugung setzt sich auch immer mehr in der vr Literatur durch, s. *Sander,* LJIL 23 (2010), 105 ff. (125 ff.), der die Beachtung (völker-)strafrechtlicher Prinzipien, insb. den Schuldgrundsatz, anmahnt. Für fair trial auch des „hostis humani generis", *Duff,* in: Besson/Tasioulas, Philosophy, 2010, S. 602 ff.; zum Recht mutmaßlicher Terroristen auf ein faires Verfahren *Ambos/Poschadel,* GA 2013, 673 ff.

2 Die nach der Gründung der UN-*Ad-Hoc*-Tribunale für das ehem. Jugoslawien[10] und Ruanda[11] (§ 6 Rn. 15ff., 18ff.) erfolgte Verabschiedung eines vr Vertrags in Rom im Jahre 1998 **(Rom bzw. IStGH-Statut)** hat mit der Etablierung eines ständigen internationalen Strafgerichtshofs (IStGH)[12] zu einer **Institutionalisierung der internationalen Strafgerichtsbarkeit**[13] geführt, die der weltweiten Straflosigkeit schwerer Menschenrechtsverletzungen[14] mit rechtlichen Mitteln Einhalt gebieten soll und schon deshalb als zivilisatorischer Fortschritt zu werten ist.[15] Darüber hinaus ist mit dem IStGH-Statut die bisher ausführlichste – und die erste potentiell universelle – **Kodifikation des Völkerstrafrechts** geschaffen worden. Sie enthält neben den den *Besonderen Teil* ausmachenden Kernverbrechen (Genozid, Verbrechen gegen die Menschlichkeit, Kriegsverbrechen und dem Verbrechen der Aggression) (§ 7 Rn. 117ff.) einen *Allgemeinen Teil* in Form von *general principles* einschließlich Strafen (§ 7 Rn. 1ff.), eine Verfahrensordnung samt Regeln zur Zuständigkeit des Gerichtshofs (§ 8 Rn. 1ff.) sowie Regelungen zur Zusammenarbeit und Strafvollstreckung (§ 8 Rn. 63ff.).[16] Es ist damit gelungen, wie zutreffend in der Denkschrift der Bundesregierung zum deutschen Ratifikationsgesetz ausgeführt, „das Völkerstrafrecht unter Berücksichtigung der unterschiedlichen Strafrechtssysteme der Mitgliedstaaten der Vereinten Nationen mit ihren jeweiligen Traditionen in einem einheitlichen Kodifikationswerk zusammenzuführen und fortzuentwickeln."[17] Damit wird nicht nur das Völkerstrafrecht als **Strafrechtssystem der Völkergemeinschaft**[18] konsolidiert, sondern sein Regelungsbereich über die *materiell- und verfahrensrechtlichen Grundlagen* hinaus auf weitere strafrechtliche *Nebengebiete* (Sanktionenrecht, Strafvollzug, Rechtshilfe) erweitert. Weitere wichtige Kodifikationen sind die **Verbrechenselemente** *(Elements of Crime)*, die **Verfahrens- und Beweisregeln** *(Rules of Procedure and Evidence)*, die **Geschäftsordnungen** *(Regulations)* der Kanzlei, der Richter und der Anklagebehörde sowie deren *Code of Conduct* (§ 6 Rn. 32ff.).[19] Wir stehen damit nicht nur vor einer neuen eigenständigen, sondern auch

[10] SR-Res. 827 v. 25.5.1993, UN-Dok. S/RES/827 (1993), in: HRLJ 1993, 197.

[11] SR-Res. 955 v. 8.11.1994, UN-Dok. S/RES/955 (1994).

[12] Überblicksaufsätze von *Tomuschat,* FriWa 1998, 335; *Seidel/Stahn,* Jura 1999, 14; *Triffterer,* GS Zipf, 1999, S. 495; *Ambos,* ZStW 111 (1999), 175; monographisch *Schabas,* 2011. Zur Entwicklung Bassiouni/*Bassiouni,* 2008, S. 18f.

[13] Zu der Entwicklung von der *Ad-Hoc*-Strafjustiz zu einem universellen, vertragsgestützten System auf vollkommen neuen Rechtsgrundlagen („tabula rasa Prinzip") s. *Ambos,* in: Stahn/van den Herik, S. 161, 165ff. Im Überblick dazu auch *Köhler,* JRE 11 (2003), 436f. Zur ungeachtet dieser zunehmenden Institutionalisierung fortbestehenden Bedeutung der Nationalstaaten bei der Durchsetzung des VStR unten § 8 Rn. 63 sowie *Clark,* JICJ 9 (2011), 535ff.

[14] Zum Zhg. mit der Universalisierung der Menschenrechte *Kindt,* S. 19ff.; *Cornacchia,* S. 12ff.; *Werle,* FS HU, 2010, S. 1223.

[15] *Neubacher,* S. 418; grdl. krit. zur Kollision zwischen universeller Strafrechtskultur und -gewalt und der zugrunde liegenden Bestrafungsideologie *Pastor,* S. 19ff., 75ff., 131ff., 191ff.; ganz anders zum VStR als „liberal legal system" wegen der Bedeutung der Menschenrechte und Verfahrensgarantien *Fichtelberg,* JICJ 6 (2008), 11ff.

[16] Vgl. auch *Köhler,* JRE 11 (2003), 437.

[17] BR-Drs. 716/1999, 99. Ähnlich *Lagodny,* ZStW 113 (2001), 801 (808).

[18] *Triffterer,* Politische Studien, Sonderheft 1/1995, 38; ebenso *Zahar/Sluiter,* S. VII („criminal law of the international community"); *Jescheck,* in: Sieber/Albrecht, Strafrecht u. Kriminologie, 2006, S. 160 („das allgemeine, gleiche Völkerstrafrecht und die internationale Strafgerichtsbarkeit als Kontrollsystem ..."); vgl. auch *Jesse,* S. 28ff., 166ff.

[19] Kritisch zu dieser Entwicklung *Stahn,* CLF 22 (2011), 187, der eine zunehmende Überregulierung und einen Überschuss an Entscheidungen und Eingaben, die sich vom Kern eines strafrechtlichen Verfahrens entfernt haben, beklagt.

einer – was schwerste Menschenrechtsverletzungen betrifft – **umfassenden vr Strafrechtsordnung,**[20] der es freilich an einer konsolidierten Straf*gewalt* mangelt[21] und die nur einen – den supranationalen – Teil des „International Criminal Justice System" repräsentiert.[22] Sie bildet gleichwohl den normativen Ausgangspunkt und die Grundlage der nachfolgenden Darstellung. Sie wird überdies durch zahlreiche Sondergerichte mit entsprechenden Rechtsgrundlagen – z. B. Kambodscha, Sierra Leone, Ost Timor, Libanon, Kosovo und Irak – ergänzt (§ 6 Rn. 41 ff.).[23] Aber auch **auf innerstaatlicher Ebene** wirkt sich die rasante vstr Entwicklung im Hinblick auf die vstr Anpassung der nationalen Rechtsordnungen, etwa durch den Erlass von Sondergesetzen wie dem VStGB, spürbar aus (§ 6 Rn. 35 ff.).[24]

Auf einer Metaebene stellt ein vstr Zurechnungssystem einen Ausdruck materialer 3
Wertentscheidungen hinsichtlich der vr **Strafbedürftigkeit und -würdigkeit** bestimmter Verhaltensweisen dar.[25] Angesichts eines vielfach beklagten Theoriedefizits[26] bemüht sich die Literatur zunehmend darum, das VStR auch rechtsphilosophisch und rechtstheoretisch zu **legitimieren.**[27] Wie an anderer Stelle dargelegt, kann die vstr

---

[20] Vgl. auch *Werle,* ZStW 109 (1997), 808 ff.; *Ambos,* 2002, S. 40 f., 873. Grdl. zur Frage des IStGHS als norm- o. nur zuständigkeitsbegründend *Milanovic,* JICJ 9 (2011), 25 ff.

[21] Deshalb spricht *Gless,* ZStrR 2007, 34 zutr. von „Strafe ohne Souverän"; s. auch *Cornacchia,* S. 271 ff.; *Ambos,* OJLS 33 (2013), 293 ff. Das Fehlen von demokratischer u. rechtsstaatlicher Grundlage bemängelt *Pastor,* S. 99 ff.

[22] Es handelt sich um ein Drei-Ebenen-System mit Vorrangzuständigkeit des Territorial- und Tatverdächtigenstaates (1. Ebene) und subsidiärer Zuständigkeit von IStGH (2. Ebene) und Drittstaaten aufgrund WRP (3. Ebene), siehe hierzu auch schon § 4 Rn. 20–1. – Vgl. auch ICC Report, 2005, para. 3; ICC Strategic Plan, para. 20; *Fletcher,* 2007, S. 107: „world wide system"; ähnl. *Borsari,* S. 483 f.; *Werle,* FS HU, 2010, S. 1238 (zukünft. Mehrebenensystem); krit. *Pastor,* S. 53 ff. u. passim; *ders.*, FS Maier, 2005, S. 700. Für eine enge Zusammenarbeit nationaler und internationaler Strafjustiz in diesem Sinne auch *Bassiouni,* in: AIDP, S. 79 ff. Zu einem entsprechenden EU-Ratsbeschluss vgl. § 12 Rn. 4 mit Fn. 6. Zum Wandel im vr Friedenssicherungssystem durch ICC und ICTY *Leiß,* Internationaler Strafgerichtshof, 2003, passim.

[23] Siehe auch *Esser,* 2014, § 16 Rn. 5.

[24] Dies wirft in den nationalen Rechtsordnungen dann wieder spezifische Fragen zum Verhältnis dieser Sondergesetze zur bestehenden Dogmatik auf, siehe *Safferling/Hartwig-Asteroth/Scheffler,* ZIS 2013, 447 ff.

[25] Vgl. *Bassiouni,* 2013, S. 35 ff.; *ders.*, in: AIDP, S. 90 ff.; *David,* in: AIDP, S. 157 ff. Zur Strafbedürftigkeit im Vergleich zu anderen Bewältigungsformen s. auch *Fournet,* in: Henham/Findlay, S. 27 ff.

[26] S. etwa *Stuckenberg,* in: Menzel/Pierlings/Hoffmann, S. 772; generell krit. zum intern. Strafrecht insoweit *Mylonopoulos,* ZStW 121 (2009), 87 ff.

[27] S. etwa *May,* 2005, S. 7 und 21, der drei „Grundlagen" (keine nationale Strafverfolgung, durch den Staat begangene und gegen ganze Gruppen gerichtete Verbrechen) sowie zwei Prinzipien (Sicherheit und internationaler Schaden) zur normativ-philosophischen Grundlegung der universalen Strafverfolgung internationaler Verbrechen vorschlägt. Während das Sicherheitsprinzip Staatensouveränität einschränke, indem es die internationale und transnationale Strafverfolgung bestimmter schwerer Menschenrechtsverletzungen zulasse (ebd., S. 63 ff.), rechtfertige das internationale Schadensprinzip die internationale Strafverfolgung im Falle gruppenbasierter Schäden (ebd., S. 80 ff.). Später entwickelte *May* (2008, S. 324 ff.) eine „diversity of norms defense" mit dem Argument, dass das VStR durch „a combination of the norms of retribution, deterrence, and reconciliation but not by any one of these norms alone" gerechtfertigt werden könne. S. auch *Drumbl,* der für einen umfassenderen Ansatz, der über die traditionellen Strafzwecke (Vergeltung, Abschreckung, Expressivismus, S. 60 ff., 149 ff.) hinausgeht und reines Strafrecht durch ein breiteres Gerechtigkeitskonzept ersetzt, plädiert: eine „cosmopolitan pluralist vision" fördere „an obligation-based preventative model, operationalized from the bottom-up through diverse modalities that contemplate a coordinated admixture of sanctions calibrated to each specific atrocity." (ebd., Atrocity, punishment, 2007, S. 207; genauer S. 181 ff., 206 ff.; den Expressivismus zumin-

Strafbefugnis *(ius puniendi)* aus der Kombination einer beginnenden supranationalen Weltordnung (normativ verstanden als gemeinsame Werteordnung) und dem Konzept einer Weltgesellschaft abgeleitet werden.[28] So wichtig diese Grundlagenarbeit auch ist,[29] so darf doch nicht übersehen werden, dass das VStR heute ein „law in action" ist[30] und deshalb seine Legitimation (oder deren Fehlen) mehr denn je auf seiner **rechtsstaatlichen und effizienten Anwendung** beruht.[31] So kann an dieser Stelle eine

dest teilweise verteidigend *May,* 2008, S. 329ff.). *Robinson,* LJIL 26 (2013), 134ff. plädiert für einen ‚cosmopolitan' liberal approach" (S. 137), der auf traditionellen, liberalen Prinzipien (Legalität, Schuldgrundsatz) beruht, aber auf flexible Weise die Besonderheiten des VStR berücksichtigt. Zur Rechtfertigung der Bestrafung internationaler Verbrechen s. auch *Golash,* in: May/Hoskins, S. 211ff., der Prävention und Expressivismus („expressing condemnation") als mögliche Rechtfertigungen diskutiert. *Gierhake,* Begründung des Völkerstrafrechts, 2005, S. 165–166, 297, 299 versucht, die Grundlagen des VStR aus der Rechtslehre Kants zu entwickeln, indem sie auf der Grundlage der Autonomie des freien und vernünftigen Subjekts argumentiert, dass die internationale Strafe einerseits, auf individueller Ebene, das materielle Unrecht innerhalb der inter-personalen Beziehung, das durch ein internationales Verbrechen hervorgebracht wurde, kompensiere, und, andererseits, auf allgemeiner universeller Ebene, die Wiederherstellung des Weltrechts und -friedens, die durch das internationale Verbrechen gleichermaßen verletzt wurden, bewirke. In einer früheren Untersuchung argumentierte *Osiel,* Mass atrocity, 1997, S. 22f., 293, dass die Strafverfolgung von staatlich protegierten Massenverbrechen zu einer sozialen Solidarität beitrage, „embodied in the increasingly respectful way that citizens can come to acknowledge the differing views of their fellows", wobei er darin keine Inkompatibilität mit den traditionellen Strafzwecken (Abschreckung und Vergeltung) sieht. *Neubacher,* S. 415ff. begründet die Legitimation int. Strafgerichte etwas vordergründig mit der Schwere der von ihnen verfolgten Verbrechen und damit dem Schutz universeller Rechtsgüter; in formeller Hinsicht verweist er auf das Komplementaritätsprinzip. Zusf. zu diesen u. a. Ansätzen (noch Köhler u. Tallgreen) *Jesse,* S. 60ff.; *Kress,* 2008 (www.mpepil.com), Rn. 19ff.; *Köhler,* JRE 11 (2003), 438ff.; zusf. zu den (übergeordneten) Zielen auch *Swart,* JICJ 6 (2008), 100f.; unter besonderer Berücksichtigung der Opferinteressen *Bock,* S. 181ff. Für eine stärkere Einbeziehung kultureller Prägungen/Unterschiede *(cultural diversity)* sowohl bei der normativen Ausgestaltung als auch der praktischen Anwendung von Völkerstraf- und -strafprozessrecht, *Raimondo,* ICLR 11 (2011), 299ff. Krit. zu den Zwecken internationaler Strafverfolgung etwa *Eiroa,* Políticas, 2009, S. 147ff., 208ff. (211), der eine „minimalistische" Perspektive vorschlägt, nach der das VStR lediglich die prozessuale Situation der Angeklagten in einer *fairen* Weise entscheiden und punitiv im Rahmen der Menschenrechte reagieren soll. Zur besonderen Legitimationsproblematik vstr Verfahren gg. sehr alte Täter (Demjanjuk) *Prittwitz,* StV 2010, 654f. u. *Ambos,* FAZ, 3.5.2013, S. 7. Ausführliche Herleitung einer supranationalen Strafgewalt bei *Ambos,* OJLS 33 (2013), 293ff.

28 Vgl. *Ambos,* OJLS 33 (2013), 293ff.; deutsch in: Gutmann et al., im Erscheinen; zusf. *Ambos,* 2013, S. 57ff. jeweils m.w.N.; s. hierzu auch *Zaczyk,* ZStW 123 (2011), 704f. („Idee einer Weltfriedensordnung des Rechts", 705).

29 Zutreffend krit. zu einer rein pragmatischen Sicht der Legitimitätsfrage *Zahar/Sluiter,* S. 198f.

30 Insoweit ist die Frage, ob das VStR auch eine Zukunft „als Realität" hat (*Prittwitz,* Jb für Recht und Ethik 11 (2003), 469ff.), rein akademischer Natur.

31 Überzeugend *Jesse,* S. 70f. („Legitimität durch optimale Anwendung"); *Luban,* in: Besson/Tasioulas, Philosophy, 2010, S. 579f.; *Duff,* in: Besson/Tasioulas, Philosophy, 2010, S. 590f.; auch *Ambos/Bock,* in: Reydams/Wouters/Ryngaert, S. 541. In diesem Sinne wird zunehmend vor zu hohen Erwartungen gewarnt. So plädiert *Damaška,* ChicKentLR 83 (2008), 331ff. für eine Verringerung der Erwartungen (340ff.) und Konzentration auf die (generalpräventive) Erziehungsfunktion mit Betonung der Legitimität (343ff.); besonders krit. sieht er Selektivität der Strafverfolgung (360ff.); ebenso *Cryer,* S. 191ff., der andererseits aber die Bedeutung des VStR als Prävention- und Sanktioninstrument gegenüber Führungstätern betont (*Cryer,* GoJIL 1 (2009), 45ff.); krit. zur Selektivität auch *Werle,* FS HU, 2010, S. 1236; *Gless,* 2011, Rn. 662; *Safferling,* 2011, § 4 Rn. 6f. *Damaška,* UCLA J. Int.l L & Foreign Affairs 14 (2009), 19ff. sieht ein „gap" zwischen „aspirations and realization", weil der IStGH die normativ selbst gesetzten Erwartungen nicht erfüllen könne, was letztlich seine Legitimation untergrabe. Zu den nur teilweise erfüllbaren Erwartungen an internationale Strafgerichte auch *Diggelmann,* AVR 45 (2007), 383ff. (399).

vordergründige, statutsimmanente Begründung des VStR des IStGHS ausreichen: Die dort erfassten Verhaltensweisen verletzen primär **supraindividuelle, kollektive oder komplexe Rechtsgüter,** nämlich Frieden, Sicherheit und Wohl der Welt (Präambel Abs. 3), so dass ein gegen sie gerichteter Angriff „die internationale Gemeinschaft als Ganzes" (Präambel Abs. 4 und 9, Art. 5 Abs. 1[32]) und die **Menschheit als solche** trifft.[33] Dies ergibt sich auch daraus, dass die vom UN-Sicherheitsrat errichteten *Ad-Hoc*-Tribunale auf Kap. VII UNS beruhen und dieses bekanntlich Maßnahmen zur Wiederherstellung des Weltfriedens und der internationalen Sicherheit ermöglicht. Dem steht nicht entgegen, dass die Kernverbrechen (natürlich) auch **individuelle Rechtsgüter** schützen,[34] nämlich insoweit, als es sich um *elementare* Rechtsgüter der Menschen handelt.[35] So schützt der *Völkermordtatbestand* – neben der Gruppe in ihrer Existenz – auch die einzelnen Opfer vor der schwerwiegenden Verletzung ihrer Menschenwürde (§ 7 Rn. 124),[36] die *Verbrechen gegen die Menschlichkeit* (§ 7 Rn. 173) und *Kriegsverbrechen* (§ 7 Rn. 231) dienen der Wahrung der menschlichen Würde, des Lebens und der körperlichen Unversehrtheit.

In einem engen Zusammenhang mit der Legitimität des VStR steht die Frage nach dessen Funktion und damit nach den verfolgten **Strafzwecken.**[37] Dabei können die auf nationaler Ebene entwickelten Konzepte nicht ohne Weiteres im VStR übernommen werden. Anders als in der Rechtsprechung der *Ad-Hoc*-Tribunale verschiedentlich angenommen,[38] kann insbesondere dem Vergeltungsgedanken im VStR schon auf- 4

[32] Vorschriften ohne Bezeichnung sind solche des IStGH-Statuts.

[33] Dazu *Werle,* 2012, Rn. 93ff., 860; *ders.*, FS HU, 2010, S. 1220; *Triffterer,* ZStW 114 (2002), 342; *Neubacher,* S. 100ff.; *Ambos,* in: Neubacher/Klein, S. 111ff.; Cryer/*Cryer,* S. 6f.; *Köhler,* JRE 11 (2003), 435f. Dazu näher mit Blick auf Rechtsgutslehre und harm principle *Ambos,* FS Wolter, 2013, S. 1286ff.; zusf. *ders.*, 2013, S. 60ff.

[34] Die Ebene des supranationalen Rechtsgüterschutzes unterschätzen *Lagodny,* ZStW 113 (2001), 803 und *Gil Gil,* ZStW 112 (2000), 382. Auch *Gropengießer,* S. 115ff., 154ff. nimmt (bzgl. Verbrechen gegen die Menschlichkeit und Kriegsverbrechen) „ausschließlich" Individualrechtsgüterschutz an. Triffterer/*Triffterer,* Preliminary Remarks Rn. 21 erkennt auch Individualrechtsgüterschutz an. *Werle,* 2012, Rn. 93ff. nennt zwar bei den geschützten Rechtsgütern nicht explizit Individualrechtsgüter, bejaht aber letztlich bei allen Kernverbrechen Individualgüterschutz (ebd., Rn. 761, 860, 1065, s. auch Rn. 136ff.). Auch *Wan-chiat Lee,* in: May/Hoskins, S. 35, sieht das individual „harm" als vorrangig an. Vgl. auch *Gless,* 2011, Rn. 1009; *Bock,* S. 90ff., 97 ff., 115 f., 117.

[35] *Ambos/Steiner,* JuS 2001, 10. Menschenrechtliche Grundlegung bei *Neubacher,* S. 89ff., 113, 289ff., 476ff.; knapp *Möller,* S. 419f.

[36] A. A. *Gropengießer,* S. 96ff. (nur Gruppe); i. Erg. auch *Lüders,* S. 43f., 166.

[37] Siehe auch die Nachweise in Fn. 27. Vertiefend zu den Strafzwecken *Nemitz,* Strafzumessung, 2002, S. 14ff.; *Neubacher,* S. 422ff.; *ders.*, NJW 2006, 968f.; *Burkhardt,* S. 238ff.; *Bagaric/Morss,* ICLR 6 (2006), 248f.; *Vest,* 2006, S. 181f.; *Cornacchia,* S. 72ff.; *Damaška,* ChicKentLR 83 (2008), 339 (345ff.); *Borsari,* S. 362f., 460ff.; *Scalia,* in: Kolb, S. 354ff.; *Ambos/Steiner,* JuS 2001, 12f.; *ders.*, 2013, S. 67ff. m.w.N.; allg. *Stuckenberg,* S. 486ff.; instruktiv aus deutscher Sicht vor dem Hintergrund des *Demjanjuk* Verfahrens *Prittwitz,* StV 2010, 654. Zu den Strafzwecken beim IMTFE vgl. *Boister/Cryer,* S. 259f.

[38] Siehe *ICTY,* Tadic Sentencing AppJ 26.1.2000, para. 48; Delalic et al. AppJ 20.2.2001, paras. 799ff. („two of the main purposes of sentencing … are deterrence and retribution", para. 806) m.w.N.; Orić TJ 30.6.2006, para. 722.; Zelenovic Sentencing Judg 4.4.2007, para. 32; *ICTR,* Kambanda TJ and Sentence 4.9.1998, para. 28; Bagaragaza Sentencing Judg. 17.11.2009, para. 28; Rutaganira TJ 14.3.2005, para. 107, wobei allerdings zu berücksichtigen ist, dass die Rspr. Vergeltung teilweise sehr weit, nämlich im Sinne der Entschlossenheit, internationale Verbrechen nicht ungestraft zu lassen, versteht; dazu auch *Vest,* 2006, S. 181; *Blewitt,* in: Blumenthal/McCormack, S. 39ff.; grds. krit. insoweit *Henham,* JICJ 5 (2007), 757ff.; diff. Cryer/*Cryer,* S. 30ff.; zusf. zur Rspr. *Mettraux,* S. 345f.; *Schabas,* 2006, S. 554ff.; *Harmon/Gaynor,* JICJ 5 (2007), 691ff.; *Swart,* JICJ 6 (2008), 103f.

grund der Schwere der in Frage stehenden Taten, die einen verhältnismäßigen Tatausgleich unmöglich macht, keine tragende Bedeutung zukommen.[39] Auch die Abschreckung i. S. d. negativen Generalprävention, die von den *Ad-Hoc*-Tribunalen ebenfalls als ein zentraler Strafzweck angesehen wird,[40] stößt bei Makroverbrechen an ihre Grenzen, da die Täter häufig in eine Institution eingebunden sind, die ihnen Straffreiheit garantiert, und sie so für (internationale oder transnationale) Strafandrohungen unempfänglich macht.[41] Dessen ungeachtet erscheint es zumindest intuitiv überzeugend, dass die Möglichkeit einer internationalen oder nationalen Strafverfolgung – zumindest verglichen mit einem Zustand sicherer Straffreiheit – eine gewisse abschreckende Wirkung entfaltet.[42] In der internationalen Rechtsprechung finden sich zudem Anklänge an die Theorie der positiven Generalprävention i. S. e. Normbestätigung durch die Beendigung der Straflosigkeit für internationale Kernverbrechen.[43] In diesem Zusammenhang stellt sich auch die – vor allem im Rahmen von Transitionsprozessen (§ 7 Rn. 110) sehr relevante – Frage, welchen Beitrag Strafe zur nationalen Versöhnung und Wiederherstellung bzw. Erhaltung des Friedens leisten kann.[44] Insgesamt fehlt es derzeit aber noch an einer internationalen Theorie der Strafzwecke, die die Grenzen der nationalen Konzepte überwindet und der Bedeutung des VStR für eine internationale Ordnung gemeinsamer Werte Rechnung trägt.[45]

B. Quellen und Auslegungsmethoden

5 Das Völkerstrafrecht ist formell Teil des Völkerrechts und kann sich als solches der klassischen Rechtsquellen des **Art. 38 IGH-Statut** bedienen,[46] namentlich vr Verträge,

[39] Vgl. *Jäger,* KritV 76 (1993), 270; *Ambos,* 2013, S. 68–69; *Günther/Reuss,* in: Safferling/Kirsch, S. 147; siehe auch *Fisher,* 2012, S. 53–55.

[40] Siehe die Rechtsprechungsnachweise in Fn. 38; allgemein hierzu *Mandel,* America, 2004, S. 237 ff.; *Vest,* 2006, S. 182; Cryer/*Cryer,* S. 32 ff.; *Möller,* S. 423 ff. (522 ff., 619); krit. *Damaška,* ChicKentLR 83 (2008), 339 (344 f.); *Mullins/Rothe,* ICLR 10 (2010), 771 (776 ff.); auch *Werle,* 2012, Rn. 102 ff. (104); *ders.,* 2009, Rn. 96 ff. (100).

[41] *Roht-Arriaza,* Impunity, 1995, § 14 Rn. 5; kritisch auch *Safferling,* 2011, § 4 Rn. 71; *Francis/Francis,* in: May/Hoskins, S. 58 ff.; *Mullins/Rothe,* ICLR 10 (2010), 771 (776 ff.); *Günther/Reuss,* in: Safferling/Kirsch, S. 148 f. Zur zumindest in einigen Urteilen angesprochenen – z. B. *ICTY,* Orić TJ 30. 6. 2006, para. 721; Zelenovic Sentencing Judg 4. 4. 2007, para. 35; *ICTR,* Rutaganira TJ 14. 3. 2005, para. 107 – positiven Spezialprävention; Cryer/*Cryer,* S. 35 f.; *Günther/Reuss,* in: Safferling/Kirsch, S. 148.

[42] *Ambos,* 2013, S. 70 m. w. N.; vertiefend *Cronin-Furman,* IJTJ 7 (2013), 434 ff.

[43] Ausführlich hierzu *Ambos,* 2013, S. 71; siehe auch *Song,* Asian JIL 3 (2013), 203 ff.; zu Prävention und „guarantee of non-repetition" *Fournet,* in: Henham/Findlay, S. 27 ff., 39 ff.; krit. *Heikkilä,* Tribunals and victims, 2005, S. 65 ff.

[44] Das folgt schon aus Kap. VII UNS als Rechtsgrundlage der *Ad-Hoc*-Tribunale, aber auch generell aus dem übergreifenden Ziel supranationaler Strafverfolgung von Massenverbrechen. Vgl. auch *Bagaric/Morss,* ICLR 6 (2006), 242 ff.; *Haveman,* in: Haveman/Olusanya, S. 154; *Ayat,* ICLR 7 (2007), 394 ff.; *Henham,* ICLR 7 (2007), 449 ff.; Cryer/*Cryer,* S. 37 ff. (40); *Cornacchia,* S. 136 ff.; *Conze,* in: Safferling/Kirsch, S. 23. *ICTY,* Orić TJ 30. 6. 2006, para. 721, dagegen misst diesem Strafzweck wenig Bedeutung zu; zurückhaltend auch *Akhavan,* JICJ 11 (2013), 532 ff. Allgemein zur Friedenskonsolidierung aus theoretischer u. praktischer Sicht *Paris,* Wenn Waffen schweigen, 2007, S. 15 ff.

[45] *Safferling,* 2011, § 4 Rn. 70 ff.; *Fisher,* 2012, S. 62 f. (65) (gemeinsame Werte und eine „liberal social structure"); *Stahn,* LJIL 25 (2012), 266 („contribution to a larger culture" der Menschenrechte).

[46] Vgl. allg. *Ambos,* 2002, S. 40 ff.; *Werle,* 2012, Rn. 148 ff.; *Baker,* EJIL 2010, 176 ff.; *Engelhart,* Jura 2004, 735; *Eichhofer,* S. 4 ff.; *Schabas,* 2006, S. 75 ff.; Cryer/*Cryer,* S. 9 ff.; *Burghardt,* S. 29 ff.; *Gless,* 2011, Rn. 649; *Safferling,* 2011, § 4 Rn. 86; *Esser,* 2014, § 16 Rn. 19 ff. Zur Anerkennung der vr Quellenlehre im VStR schon *Triffterer,* S. 35 ff.; *Triffterer,* in: Lüderssen, Bd. 3, S. 314 ff.; *Kreß,* ZStW 111

internationalen Gewohnheitsrechts, der allgemeinen Rechtsgrundsätze und – als Hilfsmittel zur Feststellung von Rechtsnormen – richterlicher Entscheidungen und Lehrmeinungen.[47] Der IStGH wird jedoch primär den speziellen **Art. 21** anwenden. Diese Vorschrift sieht eine **Hierarchie** des anwendbaren Rechts vor und orientiert sich an den klassischen Völkerrechtsquellen.[48] Danach sind zunächst das Statut,[49] die Verbrechenselemente (Art. 9) und die Verfahrensregeln anzuwenden. An zweiter Stelle sollen anwendbare Verträge und die Grundsätze und Regeln des Völkerrechts gelten. Sollte sich auch daraus keine Lösung der in Rede stehenden Rechtsfrage ergeben, kann auf die allgemeinen Grundsätze des nationalen Rechts zurückgegriffen werden, wenn diese Grundsätze mit dem Statut und dem Völkerrecht vereinbar sind. Das Gericht kann sich auch ausdrücklich auf vorherige Entscheidungen berufen. Die Rechtsanwendung darf jedoch nicht durch nationale, rassische, politische oder andere unsachliche Kriterien bestimmt werden (Art. 21 Abs. 3).[50]

Bei der Schaffung des IStGH hat man sich eines **vr Vertrags** i. S. v. Art. 38 Abs. 1 (a) 6
IGH Statut bedient.[51] Das schließt jedoch die Anwendung von **Völkergewohnheitsrecht** und **allgemeinen Rechtsgrundsätzen** nicht aus. Art. 21 Abs. 1 (b) verweist ausdrücklich auf die „principles and rules of international law" und damit auf VGR und allgemeine Rechtsgrundsätze i. S. v. Art. 38 IGHS.[52] Art. 21 Abs. 1 (c) nimmt überdies auf die allgemeinen Rechtsgrundsätze im traditionell rechtsvergleichenden Sinne – als subsidiäre Rechtsquelle („[F]ailing that") – Bezug (Rn. 8).[53] Es ist zwar zutreffend, dass VGR und allgemeine Rechtsgrundsätze schwierig zu identifizieren sind, da es sich um ungeschriebenes (unkodifiziertes) VR handelt. Dennoch müssen diese Rechtsquellen solange als konstruktiver Ausgangspunkt vstr Normenbildung dienen, als es an entsprechenden Vertragswerken fehlt; sie haben auch mit dem IStGH-Statut nicht vollständig ihre Bedeutung verloren, denn dieses lässt bestimmte Regelungsbereiche offen. Hinsichtlich der vr Verbrechen wird sogar die Ansicht vertreten, dass das

---

(1999), 599f.; *Simma/Paulus,* in: Ascensio/Decaux/Pellet, S. 55f.; *König,* S. 208; *Ascensio,* in: Delmas-Marty et al., S. 403ff.; *Kolb,* in: Kolb/Scalia, S. 56.

47 Vgl. *Doehring,* Rn. 271ff.; *Heintschel v. Heinegg,* in: Ipsen, §§ 10ff.; Bassiouni/*Bassiouni,* 2008, S. 8ff.

48 Instruktives Schaubild bei *Satzger,* 2013, § 15 Rn. 8; für eine Auflistung *Werle,* 2012, Rn. 166ff.; *Sheppard,* ICLR 10 (2010), 46; *Melloh,* Strafzumessung, 2010, S. 194; *Safferling,* 2011, § 4 Rn. 87; grdl. *Costi/Fronza,* in: Amati et al., S. 81ff.; *Jesse,* S. 94ff.; zu der auf Art. 21 beruhenden „modifizierten" Methode der Rechtsfindung *Meseke,* S. 98ff. Krit. zum Nutzen von Art. 21 *Verhoeven,* NYIL 23 (2002), 15ff.

49 Zu dessen „Primat" zutr. *Jesse,* S. 110ff., 158, 177f.

50 Zu dieser allg. Auslegungsregel näher *Jesse,* S. 135ff. („weltanschauliches Neutralitätsgebot").

51 Zur Auslegung vstr Verträge *Ambos,* 2002, S. 378ff.; zusammenfassend *Satzger,* 2013, § 15 Rn. 9ff.; siehe auch *Melloh,* Strafzumessung, 2010, S. 196; zu mehrsprachigen Verträgen bei Gleichwertigkeit aller Sprachen *Fronza/Malarino,* in: Delmas-Marty et al., S. 161ff.; *Malarino/Fronza,* in: Ambos et al., 2005, S. 64ff. (94ff.); *Cannata,* in: Delmas-Marty et al., S. 323ff.; *Gil Gil,* in: Delmas-Marty et al., S. 413ff.; krit. zur Dominanz des Englischen *Pastor,* S. 161ff.

52 Vgl. Triffterer/*McAuliffe de Guzman,* Art. 21 Rn. 11ff.; *Simma/Paulus,* in: Ascensio/Decaux/Pellet, S. 56f.; *Melloh,* Strafzumessung, 2010, S. 199ff.; für eine Weitergeltung des Völkergewohnheitsrechts und die „Existenz zweier Rechtsmassen" auch *Stuckenberg,* S. 7f.; zur lückenfüllenden Funktion des Völkergewohnheitsrechts *Zahar/Sluiter,* S. 17; zur Lückenausfüllung durch dynamische Fortentwicklung des Völkergewohnheitsrechts *Burghardt,* S. 68ff., krit. zur allg. Praxis von ICTY/ICTR *Burghardt,* S. 35ff.

53 Vgl. auch dazu *Safferling,* 2011, § 4 Rn. 87. Krit. zur lediglich subsidiären Bedeutung allgemeiner Rechtsgrundsätze *Sheppard,* ICLR 10 (2010), 46.

VGR über die im IStGH-Statut festgelegten Straftatbestände hinausgehen kann,[54] wenn auch das Statut das bestehende VGR im Wesentlichen kodifiziert und präzisiert.

7 Freilich wirft die **gewohnheitsrechtliche Begründung** vstr Normen in doppelter Hinsicht besondere Schwierigkeiten auf. Zunächst scheint aus *strafrechtlicher* Sicht der **Nullum-Crimen-Grundsatz** die Existenz *ungeschriebener* vgr Normen auszuschließen.[55] Gemäß Art. 15 Abs. 2 IPbpR, 11 Abs. 2 AllgEMR, 7 Abs. 2 EMRK (dazu § 10 Rn. 87ff.) kann ein Verhalten jedoch dann bestraft werden, wenn es „nach den von der Völkergemeinschaft anerkannten allgemeinen Rechtsgrundsätzen strafbar war."[56] Dabei wird hier mit „Rechtsgrundsätzen" auf die auf Grund des Nürnberger Rechts entwickelten vgr Regeln Bezug genommen,[57] wobei die angewendete Regel „ohne Zweifel" vgr Charakter haben muss.[58] Darin liegt eine *Entformalisierung* bzw. normative Aufladung des Nullum-crimen-Grundsatzes, die ihn zu einem *Grundsatz materieller Gerechtigkeit* macht, der Bestrafung auch dann erlaubt, wenn diese aus Gründen der Gerechtigkeit geboten ist.[59] Doch verlangt die jüngere Rechtsprechung immerhin **subjektive Vorhersehbarkeit** der Strafbarkeit und folgt damit dem EGMR (§ 10 Rn. 87f., 90).[60] Das Problem hat mit der Kodifikation der vstr Kernverbrechen in Art. 5–8 und der zusätzlichen Verabschiedung der Verbrechenselemente jedenfalls an Bedeutung verloren,[61] denn nun gilt der *Nullum-*

---

[54] Vgl. *Werle,* 2012, Rn. 5, 76, 90; Cassese/Gaeta/Jones/*Cassese,* S. 375f.; *Weigend,* in: AIDP, S. 321f.

[55] Vgl. *Triffterer,* S. 35ff.; *Triffterer,* in: Lüderssen, Bd. 3, S. 315f.; *Vidales Rodrígues,* in: Gómez Colomer et al., S. 194f.; grdl. *Gradoni,* in: Delmas-Marty et al., S. 52ff.; *Kuhli,* S. 71ff. (109ff.); *Malarino,* in: Universidad Javeriana, Siglo XXI, Bd. III, 2010, S. 146ff. Das Problem wird auch aus common law Sicht erkannt: *May,* 2005, S. 66; dezidiert *Fletcher/Ohlin,* JICJ 3 (2005), 555ff.; a. A. aber Cryer/*Cryer,* S. 20, der aber auch eine „judicial creation of crimes" ausschließt. Krit. aus schuldstrafr. Sicht *Sander,* LJIL 23 (2010), 130f.

[56] Vgl. schon *Ambos,* StV 1997, 39ff.; Triffterer/*Broomhall,* Art. 22 Rn. 25; *Bremer,* Nationale Strafverfolgung internationaler Verbrechen gegen das humanitäre Völkerrecht, 1999, S. 60ff. Demgegenüber enthält Art. 9 AMRK diese Ausnahme nicht.

[57] Vgl. *Simma/Paulus,* in: Ascensio/Decaux/Pellet, S. 60 (64); *Caracciolo,* in: Lattanzi/Schabas, S. 227.

[58] Vgl. Report ICTY, 1993, para. 34. Dazu *Manzini,* in: Delmas-Marty et al., S. 261ff. *Triffterer,* GS Zipf, 1999, S. 502f., weist zutr. darauf hin, dass strafbegründendes und -schärfendes Gewohnheitsrecht, nicht aber allg. Rechtsgrundsätze zulässig seien, „weil Grundsätze keine konkreten Umschreibungen strafbarer Verhaltensweisen festlegen lassen" (ebd., S. 505); ebenso *Simma/Paulus,* in: Ascensio/Decaux/Pellet, S. 64 (anders aber noch *Triffterer,* S. 127f.); *Burghardt,* S. 27, 35, 61, 68ff., 224, 445; krit. zur Praxis und (fehlenden) Methodik der *Ad-Hoc-* und gemischten Tribunale *Zahar/Sluiter,* S. 80ff., 92ff.; krit. zu ihrer Betonung des Völkergewohnheitsrechts *Olásolo,* CLF 18 (2007), 317f.

[59] Vgl. auch § 10 Rn. 90 sowie *Ambos,* 2002, S. 111ff., 370f., 512, 514; *ders.,* KritV 2003, 41ff.; auch *Mantovani,* JICJ 1 (2003), 28f. (30f.); *Zappalà,* in: Delmas-Marty et al., S. 278ff.; *Neubacher,* S. 435ff.; *Satzger,* 2013, § 15 Rn. 13; *Stuckenberg,* S. 24; krit. *Gless,* ZStrR 2007, 36; *Bock/Preis,* HuV-I 2007, 148; *Borsari,* S. 283ff. (285); grdl. zu einer Entlegitimierung von Strafrechtsausschlussgründen und einer *offenen* Durchbrechung des Rückwirkungsverbots auf der Grundlage einer vstr verstandenen Radbruchschen Formel, wenn Nichtbestrafung extremes Unrecht darstellen würde *Vest,* 2006, S. 133f., 170f., 178ff., 183f., 193. Restriktiver *O'Keefe,* in: Delmas-Marty et al., S. 298. Instruktiv zum Diskussionsstand *Catenacci,* S. 55ff.

[60] Vgl. *ICTY,* Vasiljevic TJ 29.11.2002, paras. 193ff. (193); Hadzihasanovic App. Decision 16.7.2003, paras. 32ff. (34). Im Ergebnis zust. *Gradoni,* in: Delmas-Marty et al., S. 52ff. (74); *Manzini,* in: Delmas-Marty et al., S. 265ff.; *Luban,* in: Besson/Tasioulas, Philosophy, 2010, S. 581ff.; *Gless,* 2011, Rn. 1000; allg. zur ICTY-Rspr. *Nilsson,* in: Olusanya, 2007, S. 56ff.

[61] Vgl. auch *Gless,* ZStrR 2007, 41: „entschärft"; für eine Kodifikation zur Wahrung von Nullum-Crimen- und des Fairnessgrundsatzes in diesem Sinne auch *Olásolo,* Estudios, 2010, 61ff. (72f.). Eine Restbedeutung kann dem VGR aber insbesondere in Fällen mit Drittstaatenbezug (dazu Triffterer/*Broomhall,* Art. 33 Rn. 20; *Tladi,* JICJ 11 (2013), 220) sowie bei Blanketttatbeständen, die auf VGR

Crimen-Grundsatz, jedenfalls das Rückwirkungsverbot, strikt (§ 7 Rn. 8).[62] Aus vr Sicht stellt sich das Problem, dass die zur Entstehung von VGR neben einer allgemeinen Rechtsüberzeugung *(opinio iuris)* notwendige Staatenpraxis *(repetitio facti)* angesichts der weit verbreiteten Straflosigkeit von schweren Menschenrechtsverletzungen nur schwer begründbar ist.[63]

Dem kann durch eine stärkere Betonung der **allgemeinen Rechtsgrundsätze** Rechnung getragen werden. Dabei lassen sich die allgemeinen Rechtsgrundsätze als klassische vr Quelle i. S. v. Art. 38 IGHS einerseits – ganz traditionell – aus dem nationalen Recht auf Grund einer **Untersuchung verschiedener** (der wichtigsten) **Rechtssysteme** entwickeln.[64] Andererseits lassen sie sich nach heute überwiegender Meinung aber auch aus einer **Gesamtbewertung** des internationalen „soft law“,[65] als eine Art allgemeine Rechtsüberzeugung ohne entsprechende Staatspraxis,[66] begründen.[67] Ein solches modernes Verständnis allgemeiner Rechtsgrundsätze führt zu einer *Assimilation* von VGR und allgemeinen Rechtsgrundsätzen im Sinne übergreifender „principles and rules of international law“ i. S. v. Art. 21 Abs. 1 (b).[68] VGR ist dabei Teil der „rules“,[69] die allgemeinen Rechtsgrundsätze erhalten eine *doppelte Funktion:*[70] Zum einen tragen sie als originär supranationale Regeln zur Entstehung von VGR oder – nach modernem Verständnis – zu vr Regeln bei. Zum anderen stellen sie eine eigenständige Quelle als allgemeine Rechtsgrundsätze im traditionellen Sinne dar. Insoweit sollen sie zwar gemäß Art. 21 Abs. 1 (c) nur subsidiär zur Anwendung kommen,[71] doch kommt ihnen angesichts des rudimentären Zustands des geschriebenen und ungeschriebenen Völkerstrafrechts[72] eine besondere Bedeutung zu.[73] 8

verweisen (dazu ausführlich vor dem Hintergrund des deutschen VStGB *Kuhli,* S. 113ff.; *ders.,* ZIS 2012, 124; auch *Bock,* in: Strafverteidigervereinigungen, S. 137ff.) zukommen.

62 Dann ist aber auch die Prüfung der AT-Regelungen und Tatbestände des IStGHS am VGR (so *Cryer,* S. 241ff., 291ff.; exemplarisch § 7 Rn. 99 mit Fn. 507) – anders als bei Rückwirkung entfaltenden *Ad-Hoc*-Tribunalen – weder notwendig noch sachlich überzeugend; die Vertragsgesetzgeber sind pro futuro nur an den nullum crimen Grundsatz, insbesondere die lex certa, gebunden.

63 Vgl. *Simma,* S. 216ff.

64 Vgl. *Kreß,* ZStW 111 (1999), 608ff.; *Lahti,* in: AIDP, S. 345f.; *Raimondi,* in: Delmas-Marty et al., S. 76ff.; *ders.,* 2007, S. 54ff., 183ff.; *Jesse,* S. 98ff. (110); *van der Wilt,* ICLR 10 (2010), 214; *ECCC,* Tirith/Sary/Samphan Decision 20.5.2010, para. 86; für eine stärkere Berücksichtigung des islam. Rechts *Malekian,* ICLR 9 (2009), 596 (621) und *Badar,* LJIL 24 (2011), 411ff., demzufolge das islamische Recht nicht im Widerspruch zu den allgemeinen Rechtsgrundsätzen anderer Systeme steht.

65 Dazu zählt etwa die Spruchpraxis nicht gerichtlicher internationaler Organe, nachweisbare Kodifikationsbemühungen, Erklärungen diplomatischer Konferenzen etc. Zum Begriff: *Verdross/Simma,* §§ 540ff.; zum menschenrechtlichen „soft law“ *Simma,* S. 233ff.; *Simma/Paulus,* in: Ascensio/Decaux/Pellet, S. 66.

66 *Simma,* S. 225 („opinio iuris without concordant state practice“); *Bassiouni,* MichJIL 11 (1990), 768f.

67 Zum Ganzen *Ambos,* AVR 1999, 332ff. m.w.N.; tendenziell auch *ICTY,* Kupreskic et al. TJ 14.1.2000, paras. 527ff. Die Kammer will dort aber eine vgr Regel begründen und verzichtet in bedenklicher Weise auf das konstitutive Element der Staatenpraxis. Vgl. auch *Weigend,* in: AIDP, S. 319ff.; *Raimondo,* S. 49ff., 181ff.; *Borsari,* S. 256ff.; krit. *O'Keefe,* in: Delmas-Marty et al., S. 298ff.

68 Vgl. auch *Simma/Paulus,* S. 61; *Verhoeven,* NYIL 23 (2002), 9: „basic customary rules“. Zur Schwierigkeit der Auslegung vstr Statuten, die nicht immer VGR identifizieren und anerkennen *Grover,* EJIL 21 (2010), 546ff.

69 Vgl. Triffterer/*McAuliffe de Guzman,* Art. 21 Rn. 13.

70 *Simma/Paulus,* S. 62ff.; *Caracciolo,* in: Lattanzi/Schabas, S. 228; *Schabas,* 2010, S. 393.

71 Triffterer/*McAuliffe de Guzman,* Art. 21 Rn. 2ff. (14ff.); *van der Wilt,* ICLR 10 (2010), 211.

72 Vgl. etwa *Cassese,* zit. nach *McDonald/Swaak-Goldman,* in: McDonald/Swaak-Goldman, S. XIII.

73 Ähnlich Triffterer/*McAuliffe de Guzman,* Art. 21 Rn. 16; *Fletcher,* 2007, S. 340f.; *Lagodny,* ZStW 113

9 Damit ist methodisch auch schon auf die wichtige Rolle der **Strafrechtsvergleichung** hingewiesen:[74] Sie trägt zur Begründung allgemeiner Rechtsgrundsätze im traditionellen Sinne bei, indem sie aus konkreten, nationalrechtlichen Regelungen gemeinsame *Grundsätze* mit supranationalem Geltungsanspruch[75] ableitet. Dabei ist jedoch nicht auf die überkommene normativ-deskriptive Methode zurückzugreifen,[76] macht diese doch den eigenen dogmatischen Standpunkt zum Ausgangs- und Mittelpunkt der Überlegungen und präjudiziert sie damit in den meisten Fällen das Ergebnis. Vielmehr sollte man sich einer **funktionalen Methode** bedienen, mit Hilfe derer eine Orientierung an den in einer bestimmten Rechtsordnung vorfindbaren Sachproblemen möglich ist und nach der Rolle und Funktion der existierenden Rechtsinstitute bei der Problemlösung gefragt werden kann.[77] Um dabei nicht bloß funktional und losgelöst von den grundrechtlichen Wertentscheidungen der wichtigsten Rechtssysteme zu agieren, bietet es sich an, den aus dem Europarecht bekannten Grundsatz der *„wertenden Rechtsvergleichung"* (dazu § 9 Rn. 15) fruchtbar zu machen.[78] Geht es dort – in

---

(2001), 817; *Vest,* 2002, S. 29; *Werle,* 2012, Rn. 472; *Fronza,* in: Papa, Orizzonti della penalistica italiana nei programmi di ricerca dei più giovani studiosi, 2003, S. 14ff.; *Schabas,* 2007, S. 197f.; *Raimondo,* in: Delmas-Marty et al., S. 80ff. (82ff.); *ders.*, S. 177ff., 196f., 199ff. (lückenfüllende, auslegende und bestätigende Funktion); *O'Keefe,* in: Delmas-Marty et al., S. 301; *Stuckenberg,* S. 27; vgl. auch Report ICTY, 1993, para. 58 zur notwendigen Berufung auf allg. Rechtsgrundsätze bzgl. defences. *Burghardt,* S. 32ff. (34) sieht in den allgemeinen Rechtsgrundsätzen bei ICTY/ICTY allerdings nur eine Auslegungshilfe.

[74] Vgl. hierzu *Ambos,* 2002, S. 44ff. m.w.N.; zust. *König,* S. 392; *Engelhart,* Jura 2004, 735; *Meseke,* S. 105; *Petersdorf,* Eigenverteidigung, 2010, S. 95ff.; *Safferling,* 2011, § 4 Rn. 108f.; zum Einfluss der Rechtsvergleichung auch *Delmas-Marty,* in: Cassese/Delmas-Marty, 2002, S. 129ff.; *Delmas-Marty,* JICJ 1 (2003), 13ff. (18ff.: „hybridization"); *König,* S. 227ff.; *Vest,* 2006, S. 147f.; *Fletcher,* 2007, S. 110f., 340f.; *Borsari,* S. 298ff.; allg., auch zu ihren (neuen) Aufgaben u. Methoden *Sieber,* in: Sieber/Albrecht, Strafrecht u. Kriminologie, 2006, S. 78ff.; zur Bedeutung der Dogmatik insoweit *Mylonopoulos,* ZStW 121 (2009), 79; zur diskursiven Vermittlungsleistung rvgl mit Blick auf die Legitimität des VStR *Burghardt,* in: Beck et al., S. 235ff. Zum Aufeinandertreffen von verschiedenen Kulturkreisen *Nice,* LJIL 14 (2001), 383ff.

[75] Schon deshalb verbietet sich eine „domestic analogy" und eine normative Deutungskompetenz des nationalen Rechts; ganz treffend *Stuckenberg,* S. 26ff., der gleichzeitig vor der Verwendung national geprägter Begrifflichkeiten, einem „dogmatischen Monismus oder Ethnozentrismus", warnt und für eine „autonome vstr, transnationale Begrifflichkeit" plädiert (S. 30ff.). Hingegen für ein pluralistisches Völkerstrafrecht, das keinen absoluten Anspruch auf Einheitlichkeit erhebt *Greenawalt,* IndLJ 86 (2011), 1067ff. („hybrid or ‚pluralistic' model of ICL", 1067), 1100ff.

[76] So noch *Jescheck,* S. 36ff.

[77] Vgl. *Zweigert/Kötz,* S. 33ff.; *Eser,* FS Kaiser, Bd. 2, 1998, S. 1521; *Sieber,* in: Sieber/Albrecht, Strafrecht u. Kriminologie, 2006, S. 112ff.; *Melloh,* Strafzumessung, 2010, S. 208f. Vgl. auch *Stuckenberg,* S. 30ff. (37), der Funktionalität als „Suche nach Begriffen und Regelungen, die dieselbe oder eine hinreichend ähnliche Aufgabe erfüllen", versteht. In der vstr Dogmatik müssten daher *zunächst* die materiellen Zurechnungsregeln und die damit verfolgten Regelungsziele entwickelt werden, erst *danach* könne man sich einer Systematisierung der Strafvoraussetzungen zuwenden (S. 498f.). Anwendungsbeispiel bei *Badar,* LJIL 24 (2011), 411ff.

[78] Der Begriff geht auf *Zweigert,* RabelsZ 28 (1964), 611 zurück und wurde erstmals von Generalanwalt *Roemer (EuGH* Slg. 1969, 427 (428) – Stauder; auch *Wehrhan,* in: *EuGH* Slg. 1973, 1254, 1258, 1273) aufgegriffen; dazu auch *Jung,* GA 2005, 2; *Sieber,* in: Sieber/Albrecht, Strafrecht u. Kriminologie, 2006, S. 119ff.; *Petersdorf,* Eigenverteidigung, 2010, S. 127ff.; *Rosenau,* FS Puppe, 2011, S. 1610f.

grundrechtlicher Hinsicht – um eine Maximierung des Grundrechtsschutzes,[79] kann man auf vr Ebene von der *Maximierung des Menschenrechtsschutzes* sprechen.[80]

Daneben können ergänzend auch **gerichtliche Entscheidungen** und **Lehrmeinungen** (der „fähigsten Völkerrechtler") zumindest als *Rechtserkenntnisquelle* herangezogen werden (Art. 38 Abs. 1 (d) IGHS).[81] Für die hier relevanten Problemkreise bedeutet dies, dass die Rechtsprechung schon bei einer traditionellen Auslegung von Art. 38 Abs. 1 IGHS auf **dreifache Weise** zur Begründung vstr Regelungen dienen kann: Zum einen kann sie Auskunft über die *Staatenpraxis* i. S. v. Art. 38 Abs. 1 (b) IGHS[82] sowie *nationale Rechtsgrundsätze* i. S. v. Art. 38 Abs. 1 (c) IGHS geben; zum anderen kann sie *direkt* – zumindest hilfsweise – über Art. 38 Abs. 1 (d) IGHS herangezogen werden. Aus materieller Sicht kommt es für die rechtsschöpfende Bedeutung der Judikatur in diesem Zusammenhang alleine darauf an, ob die zuständigen Gerichte – unmittelbar oder mittelbar über nationales Recht – *Völkerstrafrecht angewendet* haben. Ist dies der Fall, wird man sie sogar generell – in einem materiellen und an die Lehre vom „dédoublement fonctionnel"[83] erinnernden Sinne – als internationale Gerichte bezeichnen dürfen,[84] unabhängig davon, ob sie im Hinblick auf ihre Ein- und Zusammensetzung internationale, nationale oder Besatzungsgerichte sind.[85] Diese materielle Sichtweise soll freilich nicht die durchaus sinnvolle Differenzierung zwischen originär vstr Rechtsprechung durch supranationale Gerichte und nur indirekt oder mittelbar vstr Rechtsprechung durch nationale Gerichte überspielen. Während man nämlich in jenem Fall nach einer neueren Sichtweise von einem *normativen Eigengewicht der supranationalen Rechtsprechung* bei der Begründung von VGR wird ausgehen müssen,[86] kann die nationale Judikatur die Entwicklung des Völkerstrafrechts nur indirekt 10

[79] Vgl. *Bleckmann,* DÖV 1993, 840f.; *ders.*, NVwZ 1993, 826; von der Groeben/Thiesing/Ehlermann/*Krück,* Art. 164 Rn. 25, 28; Grabitz/Hilf/*Pernice,* 1999, Art. 164 EGV Rn. 58, 60; Grabitz/Hilf/*Pernice/Mayer,* 2004, Art. 220 EGV Rn. 47. Der EuGH selbst hat seit der Rechtssache *Nold* (*EuGH* Slg. 1974, 491) die Grundrechte als Teil der allg. Rechtsgrundsätze verstanden, die er „zu wahren hat" (vgl. *Hauser,* in: *EuGH* Slg. 1979, 3727 (3744f.)).

[80] Vgl. auch Art. 21 Abs. 3: „... Anwendung und Auslegung ... mit den international anerkannten Menschenrechten vereinbar ... keine benachteiligende Unterscheidung ...". Zur Bedeutung menschenrechtlicher Quellen *Lambert-Abdelgawad,* in: Delmas-Marty et al., S. 97ff.; *Tavernier,* in: Delmas-Marty et al., S. 395ff.; *Zahar/Sluiter,* S. 18 („highest place in the hierarchy of norms"), 280; *Sheppard,* ICLR 10 (2010), 46 („quasi-constitutional provision"); krit. *O'Keefe,* in: Delmas-Marty et al., S. 301f.; ideengeschichtlich *Neubacher,* S. 42ff.; zu Recht gg. eine vstr Expansion *Kress,* LJIL 23 (2010), 860f.; zur Relevanz der internationalen Menschenrechte insoweit auch *Petersdorf,* Eigenverteidigung, 2010, S. 206ff.; *Schabas,* JICJ 9 (2011), 609ff.; *Frouville,* JICJ 9 (2011), 633ff.; *Pinto Soares,* CLF 23 (2012), 164ff. Vertiefend zur Bedeutung und Funktion des Art. 21 Abs. 3 IStGH-Statut *Sheppard,* ICLR 10 (2010), 46ff.; siehe auch *Deprez,* 12 (2012) 729.

[81] Vgl. *Verdross/Simma,* §§ 617ff.; *Jennings/Watts,* S. 26; *Crawford,* S. 37ff.; *Meseke,* S. 106ff.; zu richterlichen Entscheidungen als Völkerrechtsquelle *Heinsch,* S. 336ff. (355ff.). Vertiefend zur Bedeutung von Art. 38 Abs. 1 (d) IGHS für das VStR *Zammit Borda,* EJIL 24 (2013), 651ff.

[82] Für die direkte Anerkennung nationaler Urteile als Teil der Staatenpraxis: *Verdross/Simma,* § 584; *Heintschel v. Heinegg,* in: Ipsen, § 17 Rn. 6; *Doehring,* Rn. 313.

[83] Nach dieser von *Scelle* begründeten Lehre haben die staatlichen Organe auch die Aufgabe das nationale Recht im Lichte des Völkerrechtes anzuwenden, vgl. *Verdross/Simma,* § 46.

[84] Vgl. *Wright,* in: UNWCC, Bd. XV, 1949, VII.

[85] Zur vr und staatlichen Strafgerichtsbarkeit allg. *Jescheck,* S. 149ff.; *Bruer-Schäfer,* Der IStGH etc., 2001, S. 129ff. Zur Rechtsnatur der Nürnberger Tribunale *Ambos,* 2002, S. 78ff. m.w.N.

[86] Vgl. *ICTY,* Erdemovic AppJ 7.10.1997, insb. die Sondervoten der Richter *Kirk McDonald/Vohrah, Cassese* und *Stephen;* näher *Ambos,* 2002, S. 49, 263ff.; zust. *Meseke,* S. 108; *Heinsch,* S. 326 (335); *Burghardt,* S. 44; *Satzger,* 2013, § 15 Rn. 6. Krit. zur Praxis von ICTY/ICTR *Burghardt,* S. 47ff.

über die rechtsvergleichende Herleitung allgemeiner Rechtsgrundsätze oder als subsidiäre Rechtsquelle gemäß Art. 38 Abs. 1 (d) IGHS beeinflussen.[87] Entsprechend betont **Art. 21 Abs. 2** die Bedeutung früherer Entscheidungen des IStGH, wobei damit nicht eine Bindungswirkung im Sinne der *stare-decisis*-Lehre des common law gemeint ist, sondern die **Berücksichtigung früherer Entscheidungen** dem richterlichen Ermessen anheim gestellt wird.[88]

11 Das **nationale Recht** findet im Völkerstrafrecht – entgegen der klassischen Rechtsquellenlehre im Sinne des Art. 38 IGHS – aber auch direkt Beachtung. Während Art. 24 Abs. 1 ICTYS und Art. 23 Abs. 1 ICTRS es nur im Rahmen der Strafzumessung berücksichtigen wollen,[89] erklärt Art. 21 Abs. 1 (c) das nationale Recht zuständiger Staaten – soweit angebracht („as appropriate“) – für anwendbar, sofern es mit dem Statut und dem geltenden Völkerrecht vereinbar ist.[90]

[87] Vgl. zum Ganzen *Kreß,* ZStW 111 (1999), 603 m. w. N.

[88] Triffterer/*McAuliffe de Guzman,* Art. 21 Rn. 20 f.; krit. *Verhoeven,* NYIL 23 (2002), 13; *Vidales Rodrígues,* in: Gómez Colomer et al., S. 196. Zur Praxis von ICTY und ICTR insoweit *Della Morte,* in: Delmas-Marty et al., S. 211 ff.; *Orie,* JICJ 10 (2012), 635 ff. sowie *Heinsch,* S. 328 ff., für den das Völkerstrafrecht die Doktrin bindender Präzedenzfälle ablehnt (S. 333) und Art. 21 Abs. 2 einen „soft case law approach“ verfolge (S. 335, 336); für Bindung bzgl. ICTY/ICTR aber *Burghardt,* S. 21 ff.

[89] Die Rspr. weist dem nationalen Recht freilich auch insoweit nur eine Orientierungs- und keine Bindungswirkung zu, vgl. *ICTY,* Tadic TJ 11. 11. 1999, para. 12; Tadic TJ bis 26. 1. 2000, para. 21; Jelisic TJ 14. 12. 1999, para. 114; Jelisic AppJ 5. 7. 2001, paras. 112–117; Blaskic TJ 3. 3. 2000, para. 759; Krstic TJ 2. 8. 2001, para. 697; Delalic et al. AppJ 20. 2. 2001, paras. 813, 816; Kunarac et al. AppJ 12. 6. 2002, para. 377; Jokic AppJ 30. 8. 2005, paras. 37 f.; *ICTR,* Serushago TJ 5. 2. 1999, para. 18; Akayesu TJ 2. 10. 1998, para. 14; Kambanda TJ 4. 9. 1998, para. 23; Rutaganda TJ 6. 12. 1999, para. 454; Musema TJ 27. 1. 2000, para. 984; zuletzt *ICTY,* Martić TJ 12. 6. 2007, paras. 512 f.

[90] Vgl. auch Triffterer/*McAuliffe de Guzman,* Art. 21 Rn. 19; *Simma/Paulus,* in: Ascensio/Decaux/Pellet, S. 66 f., 68; *van der Wilt,* ICLR 19 (2010), 216; krit. *Verhoeven,* NYIL 23 (2002), 10 (12); zu den Vorteilen der Anwendung des nationalen Rechts durch internationale Strafgerichte (z. B. Verhinderung eines Legitimitätsdefizits) mit Beispielen aus der Rspr. *Shany,* JICJ 11 (2013), 6 ff. Für eine großzügige Einbeziehung nationalen Rechts, selbst wenn dies in einzelnen Fällen zu einer uneinheitlichen Rspr. führt, *Greenawalt,* IndLJ 86 (2011), 1067 ff., 1114 ff. Zur Rolle nationaler Gerichte bei der Weiterentwicklung von VStR *van der Wilt,* IsLR 46 (2013), 210 ff.

§ 6. Der Weg zu einem ständigen IStGH: von Versailles nach Den Haag

Neuere Literatur: *Abass,* Prosecuting International Crimes in Africa: Rationale, Prospects and Challenges, EJIL 24 (2013), 933; *ders.*, The Proposed International Criminal Jurisdiction for the African Court: Some Problematical Aspects, NILR 60 (2013), 27; *Abtahi/Ogwuma/Young,* The Composition of Judicial Benches, Disqualification and Excusal of Judges at the ICC, JICJ 11 (2013), 379; *Acquaviva,* Was a Residual Mechanism for International Criminal Tribunals Really Necessary?, JICJ 9 (2011), 789; *Ambos,* Ein Foto mit dem Kriegsherrn. Chefankläger Moreno Ocampo hat dem IStGH geschadet etc., SZ v. 12.12.2011, S. 2; *ders.*, Book Review: International Judges, CLF 23 (2012), 223; *ders.*, Das erste Urteil des Internationalen Strafgerichtshofs (Prosecutor v. Lubanga) – Eine kritische Analyse der Rechtsfragen, ZIS 2012, 313; *ders.*, The first Judgment of the ICC (Prosecutor v Lubanga): A Comprehensive Analysis of the Legal Issues, ICLR 12 (2012), 115; *ders.*, Expanding the Focus of the ‚African Criminal Court', in: Schabas/McDermott/Hayes, S. 499; *ders.*, Kritik am afrikanischen Fokus, E+Z 2013, 465; *ders.*, Development of International Criminal Law and Tribunals, in: Bruinsma/Weisburd, S. 1030; *ders./Bock,* Procedural Regimes, in: Reydams/Wouters/Ryngaert, S. 488; *ders./Njikam,* Charles Taylor's Criminal Responsibility, JICJ 11 (2013), 789; *ders./Timmermann,* Neue Transnationale Verbrechen für das VStGB?, in: Safferling/Kirsch, S. 305; *ders. et al.* (Hrsg.), Eichmann in Jerusalem – 50 Years After, An Interdisciplinary Approach, 2012; *Barthe,* Das erste Urteil aus Den Haag, JZ 2013, 88; *Bassiouni* (Hrsg.), Libya: From Repression to Revolution, 2013; *Baumgartner,* Die Verfolgung von Völkerstraftaten in der Schweiz, in: Safferling/Kirsch, S. 399; *Bekou,* Crimes at Crossroads: Incorporating International Crimes at the National Level, JICJ 10 (2012), 677; *Bílková,* Belligerent Reprisals in Non-International Armed Conflicts, ICLQ 63 (2014), 31; *Bilsky,* The Eichmann Trial: Towards a Jurisprudence of Eyewitness Testimony of Atrocities, JICJ 12 (2014), 27; *Bock,* VStGB und Grundgesetz: Das VStGB im Lichte des GG, in: Strafverteidigervereinigungen, Alternativen zur Freiheitsstrafe, 2013, S. 117; *Böhm/Teubert,* VStGB und GG, in: Safferling/Kirsch, S. 447; *Brunner/Frau,* Die Maßnahmen des Sicherheitsrates der Vereinten Nationen in Bezug auf die Situation in Libyen 2011, HuV-I 2011, S. 192; *Burghardt,* Die Vorgesetztenverantwortlichkeit – ein Kommentar zum Beitrag von Joachim Vogel, in: Jeßberger/Geneuss, S. 91; *Burgis-Kasthala,* Defining Justice during Transition? International and Domestic Contestations over the Special Tribunal for Lebanon, IJTJ 7 (2013), 497; *Buss,* Performing Legal Order: Some Feminist Thoughts on International Criminal Law, ICLR 11 (2011), 429; *Carnero Rojo,* National Legislation Providing for the Prosecution and Punishment of International Crimes in Spain, JICJ 9 (2011), 699; *Cassese,* The Legitimacy of International Criminal Tribunals and the Current Prospects of International Criminal Justice, LJIL 25 (2012), 491; *Clark,* Peace, Justice and the ICC: Limitations and Possibilities, JICJ 9 (2011), 521; *dies.*, Transitional Justice, Truth and Reconciliation: An Under-Explored Relationship, ICLR 11 (2011), 241; *dies.*, The ICTY and Reconciliation in Croatia: A Case Study of Vukovar, JICJ 10 (2012), 397; *Côté,* Independence and Impartiality, in: Reydams/Wouters/Ryngaert, S. 319; *Crippa,* A Long Path toward Reconciliation and Accountability – A Truth and Reconciliation Commission and a Special Chamber for Burundi?, ICLR 12 (2012), 71; *Delmas-Marty,* Ambiguities and Lacunae – The ICC Ten Years on, JICJ 9 (2013), 553; *Denis,* Critical Overview of the ‚Residual Functions' of the Mechanism and its Date of Commencement (including Transitional Arrangements), JICJ 9 (2011), 819; *Dittmann/Heinitz,* Das Bundesministerium der Justiz und das Völkerstrafrecht, in: Safferling/Kirsch, S. 191; *Doak,* The Therapeutic Dimension of Transitional Justice: Emotional Repair and Victim Satisfaction in International Trials and Truth Commissions, ICLR 11 (2011), 263; *Domestici-Met,* Protecting in Libya on Behalf of the International Community, GoJIL 3 (2011), 861; *Donlon,* The Transition of Responsibilities from the Special Court to the Residual Special Court for Sierra Leone, JICJ 11 (2013), 857; *Dukalskis/Johansen,* Measuring Acceptance of International Enforcement of Human Rights: The United States, Asia and the ICC, HRQ 35 (2013), 569; *Fahl,* Einige materielle und prozessuale Überlegungen zum Fall Demjanjuk, ZJS 2011, 229; *Farthofer,* Rechtsvergleichung Österreich, in: Safferling/Kirsch, S. 373; *Frisso,* The Winding Down of the ICTY – The Impact of the Completion Strategy and the Residual Mechanism on Victims, GoJIL 3 (2011), 1093; *Fulford,* The Reflections of a Trial Judge, CLF 22 (2011), 215; *Frau,* Die Überweisung der Lage in Libyen an den IStGH durch den Sicherheitsrat der VN, AVR 49 (2011), 276; *Giladi,* Francis Lieber on Public War, GoJIL 4 (2012), 447; *Gillett/Schuster,* Fast-track Justice: The Special Tribunal for Lebanon Defines Terrorism, JICJ 9 (2011), 989; *Glasius/Meijers,* Constructions of Legitimacy: The Charles Taylor Trial, IJTJ 6 (2012), 229; *Grossman,* Sex Representation on the Bench and the Legitimacy of International Criminal Courts, ICLR 11 (2011), 643; *Grundmann,* Das VStGB: Rechtspolitischer Hintergrund und rechtspolitische Perspektiven, in: Jeßberger/Geneuss, S. 35; *Hamilton/Ramsden,* The Politicisation of Hybrid Courts: Observations from the ECCC, ICLR 14 (2014), 115; *Heller,* The Nuremberg Military Tribunals and the Origins of International Criminal Law, 2011; *ders.,* Completion, in: Reydams/Wouters/Ryngaert, S. 926; *ders.,* The Taylor Sentencing Judgment, JICJ 11 (2013), 835; *Hoven,* Der Tatbestand der Aggression – Wege zur Implementierung der Ergebnisse von Kampala in das VStGB, in: Safferling/Kirsch, S. 339; *dies.*, Civil Party Participation in Trials of Mass Crimes – A Qualitative Study at the Extraordinary Chambers in the Courts of Cambodia, JICJ 12 (2014), 81; *Ip,* Fulfilling the Mandate of National Reconciliation in the ECCC – An Evaluation through the Prism of Victims' Rights, ICLR 13 (2013), 865; *Iverson,* Transitional Justice, Jus Post Bellum and International Criminal Law: Differentiating the Usages, History and Dynamics, IJTJ 7 (2013), 413; *Jalloh,* Prosecuting those bearing ‚Greatest Responsibility': The Lessons of the Special Court for Sierra Leone, MarqLR 96 (2012–2013), 863; *Janssen-Holldiek,* Verhaften oder Verhandeln – Der IStGH und seine Auswirkungen auf die politischen Handlungsoptionen am Beispiel Libyen, DGAPanalyse 4, 2011; *Jeßberger,* Bundesstrafgerichtsbarkeit und VStGB, HRRS 2013, 119; *Kapur,* Asian Values v. The Paper Tiger. Dismantling the Threat to Asian Values Posed by the ICC, JICJ 11 (2013), 1059; *Kaufmann/Marschner,* Eine kritische Bestandsaufnahme aktueller Entwicklungen der Außerordentlichen Kammern an den Gerichten von Kambodscha, ZIS 2011, 811; *Kaul,* Der Beitrag Deutschlands zum Völkerstrafrecht, in: Safferling/Kirsch, S. 51; *Kemp,* Implementing at national level the amendments to the Rome Statute of the ICC: A South African Perspective, in: Ambos/Maunganidze, S. 39; *Kaye,* Who's afraid of the ICC?, Foreign Affairs 90 (2011), 118; *Kirs,* Limits of the Impact of the International Criminal Tribunal for the Former Yugoslavia on the Domestic Legal System of Bosnia and Herzegovina, GoJIL 3 (2011), 397; *Kirsch/Oehmichen,* Die Erfindung von „Terrorismus" als Völkerrechtsverbrechen durch den Sondergerichtshof für den Libanon, ZIS 2011, 800; *dies.*, Judges Gone Astray: The Fabrication of Terrorism as an International Crime by Special Tribunal for Lebanon, Durham Law Review 1 (2011), 32; *Kolb,* Droit international penal, in: Kolb/Scalia, S. 1; *Kurz,* Paradigmenwechsel bei der Strafverfolgung des Personals in den deutschen Vernichtungslagern?, ZIS 2013, 122; *Laursen,* A Danish Paradox?: A Brief Review of the Status of International Crimes in Danish Law, JICJ 10 (2012), 997; *Lindemann,* The Referral of Cases from International to National Criminal Jurisdictions – Transferring Cases from the ICTY and the ICTR to National Jurisdictions, 2012; *Ludwiczak,* From International to National (?) Justice: Transfer of Proceedings from the ICTs to States, in: Kolb/Scalia, S. 531; *Martin-Ortega,* Prosecuting War Crimes at Home: Lesson from the War Crimes Chamber in the State Court of Bosnia and Herzegovina, ICLR 12 (2012), 589; *McGreal,* A Rationalist View of Rome Statute Ratification in the Pacific Region, JICJ 11 (2013), 1091; *McIntyre,* The International Residual Mechanism and the Legacy of the International Criminal Tribunals for the Former Yugoslavia and Rwanda, GoJIL 3 (2011), 923; *Meisenberg,* Das Vermächtnis des Sondergerichtshofs für Sierra Leone, HuV-I 2013, 164; *Mégret,* The Legacy of the ICTY as Seen Through Some of its Actors and Observers, GoJIL 3 (2011), 1011; *Merkel,* Die Intervention der NATO in Libyen – Völkerrechtliche und rechtsphilosophische Anmerkungen zu einem weltpolitischen Trauerspiel, ZIS 2011, 771; *Morgan,* Note on Lubanga Guilty Verdict from the ICC, NJECL 3 (2012), 5; *Mphepo,* The Residual Special Court for Sierra Leone. Rationale and Challenges, ICLR 14 (2014), 177; *Muharremi,* The EU Rule of Law Mission in Kosovo (EULEX) from the Perspective of Kosovo Constitutional Law, ZaöRV 70 (2010), 357; *Müssig/Meyer,* Zur strafrechtlichen Verantwortlichkeit von Bundeswehrsoldaten in bewaffneten Konflikten, FS Puppe, 2011, S. 1501; *Njikam,* The Contribution of the Special Court for Sierra Leone to the Development of International Humanitarian Law, 2013; *Nikolova/Ventura,* The Special Tribunal for Lebanon Declines to Review UN Security Council Action: Retreating from *Tadić's* Legacy in the *Ayyash* Jurisdiction and Legality Decisions, JICJ 11 (2013), 615; *Nsabimana Garuka,* Rwanda and the ICC: a Need for the Ratification of the Rome Statute, in: Ambos/Maunganidze, S. 57; *Nsereko,* The Kampala Review Conference: The Capstone of the Rome System, CLF 22 (2011), 511; *O'Donohue,* Financing the ICC, ICLR 13 (2013), 269; *Oehmichen,* Sonderbares Recht am Sondergerichtshof für den Libanon – Die Entscheidungen zur Legalität und In Absentia, ZIS 2013, 385; *dies.*, Sonderbares Recht am Sondergerichtshof für den Libanon: Die Entscheidungen zur Legalität und *In-Absentia,* FS Kühne, 2013, S. 613; *Oeter,* Das Verbrechen der Aggression, die Konferenz von Kampala und das deutsche Strafrecht, in: Jeßberger/Geneuss, S. 101; *Owiye Asaala,* The ICC Factor on Transitional Justice in Kenya, in: Ambos/Maunganidze, S. 121; *Plesch/Sattler,* Changing the Paradigm of International Criminal Law: Considering the Work of the United Nations War Crimes Commission of 1943–1948, IComLR 15 (2013), 203; *du Plessis,* South Africa's Implementation of the Rome Statute, in: Ambos/Maunganidze, S. 23; *Pirmurat,* Legitimation der Errichtung des Obersten Irakischen Strafgerichtshofs, 2012; *Pittman,* The Road to the Establishment of the International Residual Mechanism for Criminal Tribunals: From Completion to Continuation, JICJ 9 (2011), 797; *Pratlong,* The Victims in the First Judgement of the ECCC, in: Kolb/Scalia, S. 635; *Prittwitz,* Notwendige Ambivalenzen – Anmerkungen zum schwierigen

Strafprozeß gegen John Demjanjuk, StV 2010, 648; *Raimondo,* For Further Research on the Relationship between Cultural Diversity and International Criminal Law, ICLR 11 (2011), 299; *Rautenberg,* In Memoriam Nürnberger Juristenprozess: Die Auseinandersetzung mit dem NS-Justizunrecht in den beiden deutschen Teilstaaten, GA 2012, 32; *Reydams/Odermatt,* Mandates, in: Reydams/Wouters/Ryngaert, S. 81; *Reydams/Wouters,* The Politics of Establishing International Criminal Tribunals, in: Reydams/Wouters/Ryngaert, S. 6; *Rhea,* The United States and International Criminal Tribunals, 2012; *Richter,* Tödliche militärische Gewalt und strafrechtliche Verantwortung, HRRS 2011, 28; *Rim,* Two Governments and One Legitimacy: International Responses to the Post-Election Crisis in Côte d'Ivoire, LJIL 25 (2012), 683; *Riznik,* Completing the ICTY Project Without Sacrificing its Main Goals – Security Council Resolution 1966 – A Good Decision?, GoJIL 3 (2011), 907; *Roach,* Multilayered Justice in Northern Uganda: ICC Intervention and Local Procedures of Accountability, ICLR 13 (2013), 249; *Roht-Arriaza,* Just a Bubble? Perspectives on the Enforcement of International Criminal Law by National Courts, JICJ 11 (2013), 537; *Ryngaert,* State Cooperation with the ICTR, ICLR 13 (2013), 125; *Sabharwal,* Manifest Destiny: The Relationship Between the United States and the ICC in a Time of International Upheaval, New Eng. J.Int'l & Comp. L. 18 (2012), 311; *Safferling/Kirsch,* Zehn Jahre VStGB, JA 2012, 481; *Saul,* Legislating from a Radical Hague: The UN Special Tribunal for Lebanon Invents an International Crime of Transnational Terrorism, LJIL 24 (2011), 677; *ders.,* The Special Tribunal for Lebanon and Terrorism as an International Crime: Reflections on the Judicial Function, in: Schabas/McDermott/Hayes, S. 79; *Schabas,* The ICC at Ten, CLF 22 (2011), 493; *ders.,* The Banality of International Justice, JICJ 11 (2013), 545; *ders.,* The Contribution of the Eichmann Trial to International Law, LJIL 26 (2013), 667; *Schramm,* Semesterabschlussklausur – Strafrecht: Internationales Strafrecht, JuS 2013, 1093; *Selbmann/Kroker,* Justice Delayed is Justice Denied? – Eine Zwischenbilanz der Tätigkeit der ECCC, HuV-I 2013, 64; *Sellar,* Imperfect Justice at Nuremberg and Tokyo, EJIL 21 (2011), 1085; *Shahabuddeen,* Teething Phase of the ECCC, Chinese JIL 10 (2011), 469; *Smeulers/Hola/Van den Berg,* Sixty-Five Years of International Criminal Justice: The Facts and Figures, ICLR 13 (2013), 7; *Sperfeldt,* Collective Reparations at the ECCC, ICLR 12 (2012), 457; *ders.,* From the Margins of Internationalized Criminal Justice – Lessons Learned at the ECCC, JICJ 11 (2013), 1111; *Sriram/Brown,* Kenya in the Shadow of the ICC: Complementarity, Gravity and Impact, ICLR 12 (2012), 219; *Stahn,* How is the Water? Light and Shadow in the First Years of the ICC, CLF 22 (2011), 175; *ders.,* Libya, the ICC and Complementarity – A Test for ‚Shared Responsibility', JICJ 10 (2012), 325; *Starygin,* Judicial Discretion in ECCC Decisions on Pre-Trial Detention against the Backdrop of the Case-law of the International Criminal Tribunals, ICLR 11 (2011), 315; *Stover/Balthazard/Koenig,* Confronting *Duch:* Civil Party Participation in Case 001 at the ECCC, IRRC 93 (2011), 503; *Stubler,* Der IStGH – Entwicklung, Aufgaben und Arbeitsweise, in: Pilgram et al., Einheitliches Recht für die Vielfalt der Kulturen?, 2012, S. 125; *Studzinsky,* Participation Rights of Victims as Civil Parties and the Challenges of Their Implementation Before the ECCC, in: Bonacker/Safferling, S. 175; *Swart,* Tadic Revisited – Some Critical Comments on the Legacy and the Legitimacy of the ICTY, GoJIL 3 (2011), 985; *dies.,* Review of Mackenzie et al., Selecting Judges (2010), LJIL 24 (2011), 789; *Swoboda,* Paying the Debt – Late Nazi Trials before German Courts, JICJ 9 (2011), 243; *Tortora,* The Financing of the Special Tribunals for Sierra Leone, Cambodia and Lebanon, ICLR 13 (2013), 93; *Townsend,* Structure and Management, in: Reydams/Wouters/Ryngaert, S. 171; *Ulfstein/Christiansen,* The Legality of the NATO Bombing in Libya, ICLQ 62 (2013), 159; *Ušacka,* Promises Fulfilled? Some Reflections on the ICC in the First Decade, CLF 22 (2011), 473; *de Vlaming,* Selection of Defendants, in: Reydams/Wouters/Ryngaert, S. 542; *Wald,* Women on International Courts: Some Lessons Learned, ICLR 11 (2011), 401; *Werle,* Völkerstrafrecht und deutsches VStGB, JZ 2012, 373; *ders.,* Deutschland und das Völkerstrafrecht: Zeitgeschichtliche Perspektiven, in: Jeßberger/Geneuss, S. 23; *Wharton,* The Evolution of International Criminal Law: Prosecuting ‚New' Crimes before the Special Court for Sierra Leone, ICLR 11 (2011), 217; *Wierda/Triolo,* Resources, in: Reydams/Wouters/Ryngaert, S. 113; *Williams,* The Extraordinary African Chambers in the Senegalese Courts, JICJ 11 (2013), 1139; *Zimmermann/v. Henn,* Das Aggressionsverbrechen und das deutsche Strafrecht, ZRP 2013, 240. – Für weitere **ältere Literatur** s. Vorauflagen.

A. Einleitung

Die Entwicklung des Völkerstrafrechts lässt sich in **drei** große **Entwicklungsstufen** 1
unterteilen: Beginnend mit dem Nürnberger und Tokioter Recht, welches sich noch auf zwischenstaatliche Konflikte konzentrierte, als *erster Stufe* (vgl. 1. Aufl., Rn. 6 ff.),

wurde mit dem Völkerstrafrecht der UN-Ad-Hoc-Tribunale (ICTY und ICTR) in den 1990er Jahren, die insbesondere ein Völkerstrafrecht für den nicht-internationalen bewaffneten Konflikt entwickelten, eine *zweite Stufe* erreicht (vgl. Rn. 15ff.). Seit dem 11. September 2001 wird – als *dritte Stufe* – eine weitere Expansion des Völkerstrafrechts auf die transnationale Gewaltanwendung Privater („transnationaler, asymmetrischer, nicht-zwischenstaatlicher bewaffneter Konflikt") diskutiert.[1] Die folgende Darstellung wird sich nur dem Ergebnis der ersten Stufe und sodann der zweiten Stufe widmen, wobei insoweit der IStGH im Mittelpunkt steht (zu historischen Vorläufern, insb. dem Versailler Friedensvertrag, vgl. 1. Aufl., Rn. 1ff.).[2]

B. Die Nürnberger Grundsätze als völkerstrafrechtliches Ergebnis der Nachkriegsjustiz

2 Die durch den Internationalen Militärgerichtshof (IMG) in Nürnberg entwickelten Grundsätze stellten eine wichtige Grundlage für die weitere Entwicklung des Völkerstrafrechts dar.[3] Am 11.12.1946 bestätigte die UN-Generalversammlung diese Grundsätze und setzte am gleichen Tag einen Ausschuss zur Kodifizierung des internationalen Rechts, das „Committee on the Progressive Development of International Law and its Codification" (CPDIL) ein.[4] Dieser wurde damit beauftragt, die **„Nürnberger Grundsätze"** zu formulieren.[5] Auf Empfehlung des CPDIL wurde am 21.11.1947 die UN-Völkerrechtskommission (ILC) gegründet[6] und sogleich damit beauftragt, die Nürnberger Grundsätze in den **Entwurf eines internationalen Strafgesetzbuches** zu integrieren.[7] Die ILC verabschiedete die sieben Grundsätze auf ihrer zweiten Sitzung im Jahre 1950.[8] Sie stellen zusammen mit der IMG-Satzung, dem vom alliierten Kontrollrat erlassenen Gesetz Nr. 10 (KRG 10) und der Rechtsprechung der Nürnberger Gerichte das **„Nürnberger Recht"** dar. Sie enthalten Regeln zu einem AT (Grundsätze I–IV, VI und VII), zu den internationalen Verbrechen (VI) und eine prozessuale „Fair-trial"-Vorschrift (V).[9] Ihr **materiellrechtlicher Gehalt** lässt sich in einem Satz zusammenfassen: Der individuellen vstr Verantwortlichkeit (Grundsatz I) wegen Beteiligung (VII) an internationalen Verbrechen (VI) steht weder

[1] Instruktiv zum Ganzen *Kreß*, in: Hankel, S. 334ff.; *Hankel*, in: Hankel, S. 417ff.; zur Entwicklung des „Law of Armed Conflict" UK Manual Armed Conflict, S. 1ff; *Schaller*, SWP-Studie 2007, http://www.swp-berlin.org/common/get_document.php?asset_id=4581, S. 8ff., zuletzt abgerufen am 1.7.2014.

[2] Siehe auch *Kolb*, in: Kolb/Scalia, S. 27ff.; *Ambos*, 2013, S. 1ff.

[3] *Werle*, in: Schmid/Krzymianowska, Politische Erinnerung, 2007, S. 170 (173); *Kelly/McCormack*, in: Blumenthal/McCormack, S. 101ff.; zum Statut des IMT: *Safferling*, 2011, § 4 Rn. 30ff. Krit. aber *Zahar/Sluiter*, S. 201 („jurisprudential weight ... zero"); *Andersen*, in: Ryngaert, Effectiveness, 2009, S. 3ff.; *Sellars*, EJIL 21 (2010), 1085; *Sadat*, AmJCompL 58 (2010), 151; *Gless*, 2011, Rn. 658; *Sellar*, EJIL 21 (2011), 1085; zur Rezeption des Nürnberger Rechts in der dt. Nachkriegsjustiz vgl. *Werle*, JZ 2012, 373, 374.

[4] GA-Res. 94 (I), in: UN-Yb (1946–47), 256f.; siehe auch *Mettraux*, in: Schabas/Bernaz, S. 12; zu der die Tätigkeit des Gerichts vorbereitenden Arbeit der „United Nations War Crimes Commission", die die (nationale) justizielle (Teil-) Aufarbeitung der im zweiten Weltkrieg begangenen Kriegsverbrechen dokumentierte *Plesch/Sattler*, IComLR 15 (2013), 206ff.

[5] GA-Res. 95 (I), in: UN-Yb (1946–47), 254.

[6] GA-Res. 174 (II).

[7] GA-Res. 177 (II), in: UN-GA-ILC, Charter (1949), 32f.

[8] Yb ILC 1950 II, 374ff.

[9] Ausführlich *Ambos*, 2002, S. 384ff. Krit. *König*, S. 109.

die innerstaatlich angeordnete Straflosigkeit (II) noch – grundsätzlich – ein Handeln in hoheitlicher Funktion (III) oder auf Grund Befehls (IV) entgegen.

C. Die Entwicklung des Völkerstrafrechts bis zur Gründung der UN-Ad-hoc-Tribunale

Mit den Nürnberger Grundsätzen war nur eine rudimentäre, umrisshafte Rechtsgrundlage eines zukünftigen Völkerstrafrechts geschaffen worden. Deshalb sollte sich die ILC weiter mit der Schaffung eines **Internationalen Strafgesetzbuchs** (IStGB) **und Strafgerichtshofs** (IStGH) befassen (vgl. insoweit zu den *„Draft Codes"* 1. Aufl., Rn. 24ff.); es gab auch *private Initiativen* (1. Aufl., Rn. 30ff.).[10] Parallel dazu wurden mit der **Genozidkonvention** (Rn. 4f.) und den **Genfer Konventionen** (Rn. 6ff.) Verträge verabschiedet, die bis heute einen zentralen Bestandteil des Völkerstrafrechts bilden. Ferner kam es zu privaten Beiträgen zur Entwicklung des Völkerstrafrechts (s. 1. Aufl., Rn. 30ff.). Last but not least verdient auch die nationale Strafverfolgung der NS- u. a. vr Verbrechen Erwähnung; sie kann hier jedoch aus Platzgründen nicht näher dargestellt werden.[11] 3

I. Die Genozidkonvention

Zurückgehend auf die Arbeiten von *Rafael Lemkin*[12] wurde im Jahre 1946 der Entwurf einer Resolution zum Genozid diskutiert und am 11. Dezember 1946 Resolution 96[13] von der Generalversammlung der UN verabschiedet.[14] Auf der Grundlage dieser Resolution, die den Genozid zum **internationalen Verbrechen** erklärte, den Vertragsstaaten allerdings die innerstaatliche Umsetzung überließ,[15] wurde von einer Exper- 4

[10] Hierzu m.w.N. *Ambos,* 2013, S. 16ff.

[11] Vgl. *Ambos,* 2002, S. 163ff. m.w.N.; kurze Überblicksdarstellung bei *Bekou,* JICJ 10 (2012), 677; *Roht-Arriaza,* JICJ 11 (2013), 537; zu Eichmann siehe *Becker,* in: Menzel/Pierlings/Hoffmann, S. 781ff.; *Bach,* in: Safferling/Conze, S. 275ff.; *Schabas,* LJIL 26 (2013), 667; *Bilsky,* JICJ 12 (2014), 27 sowie die Beiträge in *Ambos et al.*; zum kanadischen Imre-Finta-Fall *Burchards,* S. 179ff.; zusf. *Neubacher,* S. 350ff., 374ff.; zur Verfolgung des Organisationsverbechens in der britischen Zone *Römer,* S. 11ff.; zu Eichmann, Barbie und Finta *Powderly,* in: Schabas/Bernaz, S. 33ff.; zur Geschichte der Strafverfolgung von NS-Kriegsverbrechen in der Bundesrepublik, insbesondere dem Fall „Heinrich Boere" vgl. *Swoboda,* JICJ 9 (2011), 243 (245, 258); allgemein *Werle,* in: Jeßberger/Geneuss, S. 26ff.; zum Nürnberger Juristenprozess *Rautenberg,* GA 2012, 32ff.; umfassend zu den Nachfolgeprozessen *Heller,* passim; zum deutschen *Demjanjuk* Verfahren *Prittwitz,* StV 2010, 648; *Fahl,* ZJS 2011, 229; *Kurz,* ZIS 2013, 122.

[12] Vgl. schon InternAbl 1933, 117, wo *Lemkin* noch von „Akten der Barbarei und des Vandalismus als delicta juris gentium" spricht. Der Begriff „Genozid" (genocide) taucht erstmals in seiner Monographie von 1944 (Axis Rule) auf; darauf basierend *Lemkin,* AJIL 41 (1947), 145; *ders.*, RDPC 1946, 186. Zur historischen Entwicklung ausführlich *Kelly,* S. 3ff.; *Folgueiro,* in: Parenti et al., 2007, S. 119 (122ff.); *Paul,* S. 11ff.; MünchKomm/*Kreß,* § 6 VStGB Rn. 22ff. sowie die Beiträge von *Schabas, Barrett* u. *Reginbogin,* in: Safferling/Conze, S. 19ff.; auch *Tams/Berster/Schiffbauer,* S. 5ff., *Berster,* in ebd., Art. II Rn. 9ff. u. Art. III Rn. 3ff., *Schiffbauer,* in ebd., Art. IV Rn. 5ff.; zur Entstehung aus dem VgM der Verfolgung *Fournet/Pégorier,* ICLR 10 (2010), 720ff.; s. auch *Schramm,* JuS 2013, 1094f.

[13] GAR 96, 1 GAOR, 1st Session, 55th meeting, UN-Dok. A/46/Add. 1 (1947), 188f.

[14] Zur Diskussion innerhalb der UN vgl. UN-Yb (1947), 254ff.; UN-Yb (1949), 595ff.; UN-Yb (1950), 953ff. sowie *Selbmann,* Tatbestand des Genozids, 2002, S. 48ff.; *Hübner,* Verbrechen des Völkermordes., 2004, S. 63ff.; *Paul,* S. 39ff.; *Dülfer,* in: Safferling/Conze, S. 55ff. Weitere Nachweise bei *Ambos,* 2002, S. 405 Fn. 3.

[15] Nach traditioneller A. folgt aus Art. I nur – da Genozid ein „crime *under* international law" sei – eine innerstaatliche Umsetzungsverpflichtung (vgl. *Stillschweig,* FriWa 1949, 96; *Kunz,* AJIL 43 (1949),

tengruppe (der u. a. auch *Lemkin* angehörte) ein Vertragsentwurf vorgelegt und von der Generalversammlung am 9. Dezember 1948 verabschiedet. Er trat am 12. Januar 1951 in Kraft.[16] Die GenK hatte zum 1.7.2014 146 Vertragsstaaten[17] und stellt das zentrale Rechtsinstrument zum Tatbestand des Völkermordes dar.[18] Die in Art. II vorgesehene **Definition des Genozids** (§ 7 Rn. 122) wurde nicht nur in späteren vr Verträgen, etwa in Art. 6 IStGH-Statut, sondern auch in nationalen Strafgesetzen, etwa in § 220a StGB a. F./§ 6 VStGB, übernommen,[19] wobei einzelne Rechtsordnungen freilich auch darüber hinausgehen (§ 7 Rn. 129 mit Fn. 633). Mit dem Beitritt zur GenK übernehmen die Vertragsstaaten die Verpflichtung, selbst keinen Genozid oder damit zusammenhängende Handlungen (Art. Abs. 3 (b)–(e) GenK) zu begehen.[20] Die Staaten haben also eine Verhinderungs- und Bestrafungpflicht und haften ggf. – wenn ihnen genozidale Handlungen zuzurechnen sind[21] – nach dem (kollektiven) Recht der Staatenverantwortlichkeit.[22]

5 Terminologisch ist darauf hinzuweisen, dass die deutsche Bezeichnung „Völkermord" ungenau und irreführend ist,[23] weil der Tatbestand nicht die Ermordung eines (ganzen) Volkes verlangt. Der Begriff Genozid, zusammengesetzt aus *genos* (gr.: Rasse, Stamm) und *cide* (von lat. caedere: töten),[24] ist vorzugswürdig, denn objektiv verlangen Art. II (a)–(e) der Konvention – ebenso wie § 6 I Nr. 1–5 VStGB – einen Angriff auf die physische Existenz (Nr. 1–3) oder den künftigen Fortbestand (Nr. 4, 5) einer nationalen, rassischen, religiösen oder ethnischen Gruppe (näher zum Tatbestand § 7 Rn. 122ff.).

742ff.; *Graven,* in: Académie de Droit International, Recueil des cours, 1950, S. 491 ff.; *Jescheck,* ZStW 66 (1954), 203ff.). Aus heutiger Sicht dürfte mit der Anerkennung des Tatbestands in zahlreichen vstr Instrumenten eine unmittelbare vstr Verantwortlichkeit anzunehmen sein (*Triffterer,* S. 65ff.; *Selbmann,* Tatbestand des Genozids, 2002, S. 140f.; sowie die Zuständigkeitsentscheidung des IGH vom 11.7.1996, *Bosnia and Herzegovina v. Yugoslavia,* ICJ Reports 1996 II, 1, 20ff., insb. paras. 20, 24, 26 m. w. N.; dazu *Selbmann,* a. a. O. S. 83ff.; *Schabas,* 2009, S. 502ff.; *Hübner,* Verbrechen des Völkermordes, 2004, S. 375ff.; *Seibert-Fohr/Simma,* in: Safferling/Conze, S. 245ff., 259ff.

[16] BGBl. II 1954 S. 730. Zum Text der wichtigsten Entwürfe vgl. *Schabas,* 2009, S. 655ff.; zur Entstehungsgeschichte auch ebd., S. 491 ff.

[17] Vgl. http://www.icrc.org/applic/ihl/ihl.nsf/States.xsp?xp_viewStates=XPages_NORMStatesParties&xp_treatySelected=357 und https://treaties.un.org/pages/ViewDetails.aspx?src=TREATY&mtdsg_no=IV-1&chapter=4&lang=en (zuletzt abgerufen jeweils am 1.7.2014).

[18] S. *Schabas,* 2009, S. 3ff. Zur Prävention von Genozid vgl. den Beschluss des CERD v. 19.8.2005 (UN-Dok. CERD/C/67/Misc. 8).

[19] Für eine eingehende Untersuchung mit Reformvorschlag *Paul,* S. 79ff., 172f., 234f., 320, 321 ff.

[20] *ICJ,* Bosnia and Herzegovina v. Yugoslavia, Judgement 26.2.2007, paras. 165ff.; dazu *Piattoli,* DPP 2007, 827ff.; *Dimitrijević/Milanović,* LJIL 21 (2008), 65ff.; krit. *Kreß,* EJIL 18 (2007), 621.

[21] *ICJ,* Bosnia and Herzegovina v. Yugoslavia, Judgement 26.2.2007, paras. 385ff., 398ff., unter Verweis auf den im Nicaragua-Fall (dazu § 7 Rn. 242) entwickelten „effective control" Test, para. 391; ebenso *Milanovic,* EJIL 17 (2006), 587f.; zur Rspr. des IGH insoweit *Zyberi,* The humanitarian face of the ICJ, 2008, S. 137ff.

[22] Es handelt sich um eine kollektive, nicht individualstrafrechtliche Verantwortlichkeit, vgl. *ICJ,* Bosnia and Herzegovina v. Yugoslavia, Judgement 26.2.2007, para. 170. *Werle,* 2012, Rn. 121 spricht zutreffend von einer „doppelten Verantwortung" nach VR u. Völkerstrafrecht; vgl. auch *Milanovic,* EJIL 17 (2006), 562; *Quigly,* The Genocide Convention: an international law analysis, 2006, S. 237, der u. a. auf die authentische Sprachfassung in chinesisch abstellt. *In casu* verneinte der *IGH* (Bosnia and Herzegovina v. Yugoslavia, Judgement 26.2.2007, para. 415) eine Zurechnung des Genozids zur BR Jugoslawien, nahm jedoch einen Verstoß gegen die Verhinderungs- (para. 438) und Bestrafungspflicht (para. 450) an.

[23] Vgl. auch LK/*Jähnke,* 11. Aufl., 2005, § 220a Rn. 4; *Selbmann,* Tatbestand des Genozids, 2002, S. 149; *Vest,* 2006, S. 144.

[24] Vgl. grdl. *Lemkin,* InternAbl 1933, 117ff.; *ders.,* AJIL 41 (1947), 145ff.; *ders.,* 1944, 79ff. Vgl. auch *Nsereko,* in: McDonald/Swaak-Goldmann, S. 117; *Kittichaisaree,* S. 67.

II. Haager und Genfer Recht

Ab Mitte des 19. Jahrhunderts wurden erste Bemühungen zur Schaffung eines „Kriegsrechts" unternommen, wobei es vorrangig um die Humanisierung des Krieges, zunächst im Hinblick auf die zulässigen Mittel und Methoden der Kriegsführung (sog. **Haager Recht**)[25], später dann auch mehr und mehr im Hinblick auf den Schutz von Konfliktopfern (sog. **Genfer Recht**)[26] ging.[27] Von diesem „Recht im Krieg" *(ius in bello)* ist das „Recht zum Krieg" *(ius ad bellum)* zu unterscheiden (s. u. § 7 Rn. 230). Das **Haager Recht** geht auf eine Konferenz von 15 europäischen Staaten in Brüssel im Jahre 1874 zurück; dort wurden die Prinzipien der Petersburger Erklärung bestätigt.[28] Auf einer ersten Konferenz von 26 Staaten in Den Haag im Jahre 1899 wurden die Haager Abkommen verabschiedet.[29] Auf einer zweiten Konferenz im Jahr 1907 wurden die bestehenden Erklärungen und Abkommen geändert bzw. ergänzt und ein weiteres Abkommen verabschiedet.[30] Danach wurde das Recht des bewaffneten Konflikts wiederholt geändert und aktualisiert,[31] vor allem durch das ZP I zu den Genfer 6

[25] St. Petersburger Erklärung über das Verbot bestimmter Geschosse von 1868, Brüsseler Erklärung von 1874 über die Gesetze und Gebräuche des Krieges, HLKOs von 1899 und 1907 (vgl. *Vitzthum/Bothe,* S. 646, 691 ff.; *Schindler/Toman,* Armed conflicts, 2004, S. 101 ff.; zur vgr. Geltung und den Verboten der HLKO 1907 *König,* S. 281 ff.).

[26] GK I von 1864/1906 über den Schutz der Verwundeten im Felde, zwei GK von 1929, GK I–IV von 1949 und ZP I, II von 1977.

[27] Zusf. *Ahlbrecht,* Geschichte der vr Strafgerichtsbarkeit, 1999, S. 23 ff.; *König,* S. 55 ff.; *Satzger,* 2013, § 16 Rn. 54; *Kolb,* in: Kolb/Scalia, S. 127 f., 129 ff.; MünchKomm/*Ambos,* Vor §§ 8 ff. VStGB Rn. 5 ff., MünchKomm/*Zimmermann/Geiß,* § 8 VStGB Rn. 37 ff.; *Mendes,* S. 3 ff.; *Weber,* in: Ziegler et al., Kriegsverbrecherprozesse, 2009, S. 18 ff. Zur Unterscheidung zwischen Haager und Genfer Recht auch *Kolb,* in: Kolb/Scalia, S. 138 f.; *Olásolo,* 2008, S. 1; *Akhavan,* JICJ 6 (2008), 22, 33; *Gless,* 2011, Rn. 831; *Ambos,* 2013, S. 11 ff. Zur Entwicklung des humVR durch den IGH grdl. *Zyberi,* The humanitarian face of the ICJ, 2008, S. 65 ff.

[28] *Sandoz,* JICJ 7 (2009), 663. Die Konferenz war der erste Versuch, eine umfassende internationale Übereinkunft über die Gesetze und Gebräuche des Krieges zu verabschieden. Schon 1863 wurden mit dem sog. *Lieber Code* erstmals Regeln zur Humanisierung bewaffneter Konflikte einschließlich ihrer Strafbewehrung (in casu des US-amerikanischen Bürgerkriegs) erlassen, vgl. *Sandoz,* JICJ 7 (2009), 658 ff.; MünchKomm/*Zimmermann/Geiß,* § 8 VStGB Rn. 38; *Brown,* in: Brown, S. 7; vertiefend zum Lieber Code *Giladi,* GoJIL 4 (2012), 447.

[29] Abkommen (II) http://www.icrc.org/ihl.nsf/FULL/150?OpenDocument (zuletzt abgerufen am 1.7.2014), sowie Erklärung (IV, 1), http://www.icrc.org/ihl.nsf/FULL/160?OpenDocument (zuletzt abgerufen am 1.7.2014), 1907 ersetzt durch Erklärung (XIV), http://www.icrc.org/ihl.nsf/INTRO/245?OpenDocument (zuletzt abgerufen am 1.7.2014). Siehe auch *Schindler/Toman,* Armed conflicts, 2004, S. 309. Weitere Erklärungen: 1899 Erklärung (IV, 2), http://www.icrc.org/ihl.nsf/INTRO/165?OpenDocument (zuletzt abgerufen am 1.7.2014), siehe auch *Schindler/Toman,* Armed conflicts, 2004, S. 95; 1899 Erklärung (IV, 3) http://www.icrc.org/ihl.nsf/FULL/170?OpenDocument (zuletzt abgerufen am 1.7.2014).

[30] Abkommen (III), http://www.icrc.org/ihl.nsf/FULL/190?OpenDocument (zuletzt abgerufen am 1.7.2014); Abkommen (IV) [vorher Abkommen II] http://www.icrc.org/ihl.nsf/FULL/195 (zuletzt abgerufen am 1.7.2014); Abkommen (VI)–(XII), siehe *Schindler/Toman,* Armed conflicts, 2004, S. 1059–1093; Abkommen (V) http://www.icrc.org/ihl.nsf/FULL/200?OpenDocument (zuletzt abgerufen am 1.7.2014); Abkommen (XIII) http://www.icrc.org/ihl.nsf/INTRO/240?OpenDocument (zuletzt abgerufen am 1.7.2014). Das Haager Recht enthält jedoch *keine* Strafvorschriften, *Safferling,* 2011, § 4 Rn. 19.

[31] Vgl. etwa das Übk. vom 10.12.1976 über das Verbot der militärischen oder einer sonstigen feindseligen Nutzung umweltverändernder Techniken, http://www.icrc.org/ihl/INTRO/460 (zuletzt abgerufen am 1.7.2014); siehe *Schindler/Toman,* Armed conflicts, 2004, S. 163; Übk. vom 10.10.1980 über das Verbot oder die Beschränkung des Einsatzes bestimmter konventioneller Waffen, die übermäßige Lei-

Konventionen von 1949 (dazu sogleich). In der Sache umfasst das Haager Recht **drei Prinzipien,** die bis heute Gültigkeit beanspruchen:[32] Die sog. *„Martens'sche Klausel"*, wonach jedenfalls die „Gesetze der Menschlichkeit" bis zu einer umfassenden Kodifizierung des humanitären Völkerrechts zu gelten haben.[33] Der Grundsatz der *möglichst schonenden Behandlung* des Feindes[34] und das *Verbot* des Einsatzes *von Waffen,* die unnötig Leiden verursachen.[35] Das **Genfer Recht,** inspiriert durch die von Henry Dunant dokumentierten schrecklichen Eindrücke der Schlacht von Solferino,[36] besteht aus den Genfer Konventionen (1864, 1906, 1929 und 1949) und bezweckt die humane Behandlung von nicht mehr an den Kampfhandlungen teilnehmenden Mitgliedern der Streitkräfte und Zivilisten.[37] Das moderne „Genfer Recht" umfasst die *vier Genfer Konventionen* (GK I–IV) vom 12.8.1949 und die drei *Zusatzprotokolle* (ZP I–III) vom 18.6.1977 und 8.12.2005.[38] Damit wurde der Übergang vom traditionellen Kriegs- zum *modernen Konfliktsvölkerrecht* (Recht bewaffneter Konflikte) auch positivrechtlich vollzogen.[39] Die Strafvorschriften befinden sich in den Genfer Konventionen und im ZP I, also in den Abkommen, die auf einen *internationalen* (bewaffneten) Konflikt anwendbar sind.[40] Dagegen enthält das ZP II, das – neben dem gemeinsamen Art. 3 GK I–IV – auf einen *nicht-internationalen* Konflikt Anwendung findet, keine Strafvorschriften.[41]

---

den verursachen oder unterschiedslos wirken können (http://www.icrc.org/ihl.nsf/FULL/500?OpenDocument (zuletzt abgerufen am 1.7.2014); siehe *Schindler/Toman,* Armed conflicts, 2004, S. 181; Protokoll IV zum Übk. 1980 vom 13.10.1995 über blindmachende Laserwaffen, www.icrc.org/ihl.nsf/FULL/570?OpenDocument (zuletzt abgerufen am 1.7.2014); siehe *Schindler/Toman,* Armed conflicts, 2004, S. 212; Protokoll II zum Übk. 1980 über das Verbot oder die Beschränkung des Einsatzes von Minen, Sprengfallen und anderen Vorrichtungen vom 3.5.1996, www.icrc.org/ihl.nsf/FULL/575?OpenDocument (zuletzt abgerufen am 1.7.2014); s. *Schindler/Toman,* Armed conflicts, 2004, S. 196).

32 *Bailey,* Prohibitions, 1972, S. 63.

33 Vgl. etwa Abs. 8 Präambel zur HLKO 1907; auch *Meron,* AJIL 94 (2000), 78; *Abi-Saab,* in: Swinarski/Pictet, Droit international humanitaire, 1984, S. 274.

34 Vgl. Art. 22 HLKO 1907: „Die Kriegführenden haben kein unbeschränktes Recht in der Wahl der Mittel zur Schädigung des Feindes."

35 Vgl. Art. 23 (e) HLKO 1907, wonach „der Gebrauch von Waffen, Geschossen oder Stoffen, die geeignet sind, unnötig Leiden zu verursachen", untersagt ist.

36 In seinem Buch „Eine Erinnerung an Solferino", 1862; vgl. *Meron,* AJIL 94 (2000), 243; *Khan,* JZ 2009, 621f.

37 *Kolb/Hyde,* International law of armed conflicts, 2008, S. 41; *Dunoff et al.*, International law, 2006, S. 527f.

38 Die GK traten am 21.10.1950 in Kraft und hatten zum 1.7.2014 196 Vertragsstaaten. Die ZP I + ZP II traten am 7.12.1978 in Kraft und hatten 174 bzw. 167 Vertragsstaaten. Das ZP III trat am 14.1.2007 in Kraft und hat 67 Vertragsstaaten; vgl. http://www.icrc.org/eng/war-and-law/treaties-customary-law/geneva-conventions/ (zuletzt abgerufen am 1.7.2014). Eingehend dazu *Sassoli/Bouvier,* 9ff.

39 Vgl. grdl. zum Begriff des „internationalen bewaffneten Konflikts", insb. im Verhältnis zum traditionellen Kriegsbegriff und einer entsprechenden Rechtsordnung: *Ipsen,* FS Menzel, 1975, S. 420ff.; *ders.*, in: Ipsen, § 58 Rn. 5ff., 20f.; *Heintschel von Heinegg,* Seekriegsrecht und Neutralität im Seekrieg, 1995, S. 162ff.; auch *Ambos,* in: Hasse/Müller/Schneider, Humanitäres Völkerrecht, 2001, S. 326ff.; zur Geltung des humanitären Völkerrechts *Kälin/Künzli,* Menschenrechtsschutz, 2008, S. 161ff.; zu den Grundprinzipien Cryer/*Robinson,* S. 266f.

40 Deutschland ist den GK I-IV zwar frühzeitig beigetreten, hat die Verpflichtung zur Schaffung nationaler Strafvorschriften jedoch erst mit dem VStGB (dazu unten Rn. 39) umfassend erfüllt, s. *Werle,* JZ 2012, 374.

41 Vgl. auch *Bremer,* Nationale Strafverfolgung internationaler Verbrechen etc., 1999, S. 96f.; *König,* S. 359f. Zur Amnestieempfehlung in Art. 6 Abs. 5 ZP II § 7 Rn. 109.

Nach überkommener Ansicht ist zwischen einem **internationalen und einem nicht-internationalen** (innerstaatlichen/internen) **Konflikt** zu unterscheiden (sog. *„two box approach"*) und die Bestrafung von Verstößen gegen das Genfer Recht ist nur in jenem vorgesehen.[42] Nach einer neueren, auch vom UN-Jugoslawientribunal (ICTY, Rn. 15) im Tadic-Verfahren gerichtlich bestätigten Ansicht[43] enthält das humVR jedoch, insbesondere der gemeinsame Art. 3 GK I-IV und das ZP II, auch strafbewehrte Verbote für nicht-internationale Konflikte **(„Assimilierungsthese").**[44] Es kommt allein darauf an, dass es sich bei den betreffenden Taten um *schwerwiegende und gewohnheitsrechtlich anerkannte Verletzungen* des Kriegsrechts handelt, die eine individuelle strafrechtliche Verantwortlichkeit nach sich ziehen.[45] Damit werden für nicht-internationale Konflikte sog. **Bürgerkriegsverbrechen** anerkannt.[46] 7

Die zentralen strafrechtlichen Vorschriften des Genfer Recht stellen die – im Wesentlichen identischen – Art. 49 GK I, 50 GK II, 129 GK III, 146 GK IV dar. Danach sind die Vertragsparteien verpflichtet, diejenigen Verhaltensweisen zu bestrafen, die eine **schwere Verletzung** („grave breach") der GK darstellen.[47] Sie müssen die Täter strafrechtlich verfolgen, indem sie sie vor ihren eigenen Gerichten aburteilen oder einem anderen Vertragsstaat überstellen („aut dedere aut iudicare").[48] Täter kann der unmittelbar Ausführende oder der Befehlsgeber sein („*committing*, or *ordering* to be committed, any of the grave breaches"). Damit wird nicht nur eine **individuelle strafrechtliche Verantwortlichkeit** wegen schwerer Verletzungen anerkannt, sondern auch der Befehlsgeber mit dem Untergebenen bzw. Befehlsausführenden gleichgestellt: Der Befehl, eine schwere Verletzung zu begehen, stellt selbst eine solche Verletzung dar und begründet deshalb die direkte strafrechtliche Verantwortlichkeit des Vorgesetzten.[49] 8

---

42 Vgl. auch *Bothe,* IYHR 24 (1995), 242, der jedoch i. Erg. (S. 251) eine „breite Basis" für die Bestrafung von Verletzungen des humanitären Völkerrechts auf der Grundlage des nationalen und internationalen Rechts sieht.

43 *ICTY,* Tadic App. Decision 2.10.1995, paras. 86ff. (137); dazu *Buchwald,* Der Fall Tadic etc., 2005, S. 153ff. Zum Hintergrund des Tadic-Verfahrens *Ambos,* in: Lüderssen, S. 401ff.

44 Vgl. urspr. *Kreß,* EuGRZ 1996, 645f. sowie MünchKomm/*Ambos,* Vor §§ 8ff. VStGB Rn. 2 m.w.N. Beachte aber, dass diese Assimilierung nicht in Form eines „full and mechanical transplant of those rules to internal conflicts" stattgefunden hat, sondern nur die „general essence of those rules" betrifft (*ICTY,* Tadic App. Decision 2.10.1995, para. 126). Zur Abstützung völkervertraglicher Verbote durch VGR auch *ICTY,* Galić AppJ 30.11.2006, paras. 81ff. (83) m. N. zu früherer Rspr.; krit. zur widersprüchlichen Rspr. *Zahar/Sluiter,* S. viii, 89ff., 329f.; eingehend zur Rspr. *Heinsch,* S. 176ff.

45 *ICTY,* Tadic App. Decision 2.10.1995, para. 94. Zum Einfluss der grave breaches insoweit *Moir,* JICJ 7 (2009), 763ff.

46 *Kreß,* EuGRZ 1996, 645ff.; *Werle,* 2012, Rn. 1059, 1273, 1275; *Kreß/Wannek,* in: Kirsch, S. 233f.; *Cryer,* S. 265f.; Cryer/*Robinson,* S. 268, 275ff.; auch *Meron,* The humanization of international law, 2006, S. 110ff., 132ff.

47 Vgl. *Gasser,* in: Haug, Menschlichkeit für alle, 1993, S. 590ff.; *Oeter,* ZaöRV 53 (1993), 1 (26ff.); zum vgr Charakter des grave-breaches-Regime *Henckaerts,* JICJ 7 (2009), 683ff.; *Kreß,* JICJ 7 (2009), 792f.; zur innerstaatlichen Umsetzung *Dörmann/Geiß,* JICJ 7 (2009), 703ff.; zur innerstaatl. Verfolgung *Ferdinandusse,* JICJ 7 (2009), 723ff.; zum Beitrag der ICTY-Rspr. *Roberts,* JICJ 7 (2009), 743ff.; zu „shortcomings" *Fleck,* JICJ 7 (2009), 833ff.; zur zukünftigen Entwicklung (Trennung von anderen Kriegsverbrechen, Abschaffung o. Assimilierung) *Stewart,* JICJ 7 (2009), 855ff.

48 Vgl. Pictet/*Pilloud,* S. 351ff.; *Henckaerts,* JICJ 7 (2009), 698ff. (WRP); *Fabbri/Noto,* in: Ziegler et al., Kriegsverbrecherprozesse, 2009, S. 265; zur Aburteilungspflicht („iudicare") *Kreß,* JICJ 7 (2009), 796ff., die er primär als Ermittlungs- u. Verfolgungspflicht versteht.

49 Vgl. Fleck/*Wolfrum,* Rn. 1407; *Green,* Contemporary law, 2008, S. 292.

9 Die schweren Verletzungen gelten als **Kriegsverbrechen** und entwickeln die bisher ausschließlich vgr geltenden Bestimmungen der HLKO 1907 fort.[50] Sie erfassen folgende Taten (Art. 50 GK I, 51 GK II, 130 GK III, 147 GK IV): vorsätzliche Tötung; Folterung oder unmenschliche Behandlung einschließlich biologischer Versuche; vorsätzliche Verursachung großer Leiden oder schwere Beeinträchtigung der körperlichen Unversehrtheit oder Gesundheit; Nötigung einer geschützten Person zum Dienst in den Streitkräften der feindlichen Macht oder Entzug seines Rechts auf ein ordentliches und unparteiisches Gerichtsverfahren; rechtswidrige Verschleppung oder Verschickung; rechtswidrige Gefangenhaltung; Festnahme von Geiseln; Zerstörung und Aneignung von Eigentum, die durch militärische Erfordernisse nicht gerechtfertigt und in großem Ausmaß rechtswidrig und willkürlich sind. Die vr Strafbarkeit **weiterer,** nicht vom Genfer Recht erfasster **Taten** ergibt sich aus den vgr anerkannten Gesetzen und Gebräuchen des Krieges, insbesondere den HLKOs.

10 Strittig ist, ob die *grave breaches*-Vorschriften eine **unmittelbare vstr Verantwortlichkeit** begründen, verpflichten sie doch den nationalen Gesetzgeber nur dazu, entsprechende Strafvorschriften zu erlassen und Verfolgungsmaßnahmen einzuleiten. Deshalb scheint eine rein wörtliche Auslegung gegen eine echte (unmittelbare) vstr Verantwortlichkeit zu sprechen.[51] Doch hat sich schon mit dem ZP I ein Bedeutungswandel dadurch vollzogen, dass dieses in Art. 85 Abs. 5 die schweren Verletzungen gegen das Protokoll als „war crimes“ qualifiziert.[52] Bezieht man zudem jüngere Instrumente ein, insbesondere die Satzungen des ICTY und ICTR (dazu Rn. 16, 19), so scheint die Annahme einer unmittelbaren Verantwortlichkeit gerechtfertigt. In diesen neueren vstr Rechtsgrundlagen wird nämlich das Genfer Recht durchgängig zur Konkretisierung einer solchen Verantwortlichkeit herangezogen und von den zuständigen Gerichten in diesem Sinne angewendet. Seine Wirksamkeit kann auch nicht alleine von der innerstaatlichen Umsetzung durch die Vertragsparteien abhängen; vielmehr kann es, wie jeder vr Vertrag, selbst unmittelbar angewendet werden, wenn die einschlägigen Vorschriften nur bestimmt genug formuliert sind. Schließlich stehen die besagten Vorschriften jedenfalls der vgr Anerkennung unmittelbarer vstr Verantwortlichkeit bei den *grave breaches* nicht entgegen.[53] Diese wurde schon mit den Leipziger Kriegsverbrecherprozessen (1. Aufl., Rn. 4f.) anerkannt.[54]

11 Das Genfer Recht erkennt den Grundsatz schuldangemessenen Strafens und damit den **Schuldgrundsatz** an. Art. 67 GK IV verpflichtet die Besatzungsgerichte dazu, nur Gesetzesbestimmungen anzuwenden, die mit den allgemein anerkannten Rechtsgrundsätzen in Einklang stehen, insbesondere dem Grundsatz, dass die Strafe der Schwere der strafbaren Handlung entsprechen soll. Ähnlich bestimmt Art. 68 GK IV, dass die Dauer einer Internierung oder Gefängnisstrafe der Schwere der begangenen strafbaren Handlung entsprechen soll. Dass diese Vorschriften als Teil des entspre-

[50] Dazu ausführlich *Ahlbrecht,* Geschichte der vr Strafgerichtsbarkeit, 1999, S. 147ff.; *Segesser,* FriWa 2007, 65. Zum aktuellen Stand des VGR vgl. *ICRC Study I* passim.

[51] Vgl. *Simma/Paulus,* AJIL 93 (1999), 310f.; auch *Graefrath,* StuR 1956, 853f.

[52] Vgl. auch *Simma/Paulus,* AJIL 93 (1999), 311; *Bremer,* Nationale Strafverfolgung internationaler Verbrechen etc., 1999, S. 97ff.; *König,* S. 274.

[53] *Jescheck,* GA 1981, 56; *Triffterer,* S. 85, 165; *Gornig,* NJ 1992, 10; *Schutte,* in: Delissen/Tanja, Humanitarian Law of Armed Conflict, 1991, S. 188; *Green,* Contemporary law, 2008, S. 290ff.; *König,* S. 274, 275ff.

[54] *Selle,* ZNR 1997, 205ff.; auch *McCormack,* in: McCormack/Simpson S. 4, 48ff.

chenden Abschnitts III von Titel III der GK IV nur in besetzten Gebieten anwendbar sein sollen, ändert an der Anerkennung der genannten Rechtsgrundsätze nichts.

Genauere Vorschriften zur individuellen Verantwortlichkeit finden sich im **ZP I.** Gemäß Art. 85 Abs. 1 ZP I finden auf Verletzungen des Protokolls auch die Strafdrohungen der genannten schweren Verstöße der GK Anwendung. Als **schwere Verletzungen** gelten die im ZP I genannten Taten, wenn die Verletzungshandlung vorsätzlich begangen wird und den Tod oder eine schwere Beeinträchtigung zur Folge hat (Art. 11, 85 Abs. 3, 4 ZP I).[55] Ferner regeln Art. 86 und 87 ZP I das Unterlassen und die **Verantwortlichkeit des Vorgesetzten** („command responsibility")[56] und kodifizieren damit die vstr Rechtsprechung seit dem berühmten *Yamashita*-Fall.[57] Gemäß Art. 86 Abs. 1 ZP I ist eine Unterlassung strafbar, wenn eine Rechtspflicht zum Handeln besteht. Gemäß Art. 86 Abs. 2 ZP I ist der Vorgesetzte strafrechtlich verantwortlich, wenn seine Untergebenen gegen die Konventionen oder das ZP verstoßen – woraus sich indirekt auch die strafrechtliche Verantwortlichkeit des Untergebenen ergibt[58] – und er nicht alle in seiner Macht stehenden, praktisch möglichen Maßnahmen vorgenommen hat, um diese Verstöße zu verhindern oder zu ahnden, obwohl er wusste oder hätte wissen müssen, dass die Untergebenen solche Taten begehen würden. Die Verantwortlichkeit des Vorgesetzten setzt somit dreierlei voraus[59] (näher § 7 Rn. 55ff.): 12

- der Verstoß wurde durch eine Tat *seiner* Untergebenen begangen (Vorgesetzten-Untergebenen-Beziehung);
- er wusste davon oder *hätte* es wissen können bzw. müssen;[60]
- er hat es *unterlassen,* die ihm *möglichen* Maßnahmen zur Verhinderung oder Ahndung der Tat zu unternehmen.

In **subjektiver Hinsicht** folgt aus den Vorschriften zu den schweren Verstößen und Art. 85 ZP I das Erfordernis eines allgemeinen Vorsatzes *(mens rea, mental element).* Dabei ist allerdings Vorsicht geboten, denn die subjektiven Tatbestandsvoraussetzungen dürfen nicht ohne weiteres mit dem deutschen Vorsatzbegriff gleichgesetzt werden. Der amtliche Kommentar zum ZP I spricht von einer „negligence so serious that it is tantamount to malicious intent."[61] Es wird regelmäßig entweder eine willentliche bzw. absichtliche oder eine wissentliche bzw. bewusste Begehung verlangt, aber nicht 13

[55] Näher zu den schweren Verletzungen des ZP I und ihrer gewohnheitsrechtlichen Anerkennung *König,* S. 304ff.

[56] Zu Art. 86 Abs. 2 ZP I als Ausdruck der indirekten „command responsibility" und Art. 87 ZP I als „responsible command" *Burghardt,* S. 85ff., zur Begründung der Handlungspflichten aus diesen Vorschriften S. 187ff. (192f.).

[57] Zu diesem Verfahren und der Rspr. zur Vorgesetztenverantwortlichkeit eingehend *Ambos,* 2002, S. 97ff., 133ff. und passim; Cassese/Gaeta/Jones/*Ambos,* S. 1003; zur Rspr. von ICTY/ICTR umfassend *Burghardt,* S. 73ff., 402ff.

[58] Genauer: Wenn Art. 86 Abs. 2 ZP I von einer *von dem Untergebenen begangenen Straftat* spricht („committed by the subordinate") ergibt sich daraus, dass dieser neben dem Vorgesetzten haftet (ebenso Fleck/*Wolfrum,* Rn. 1408, 2).

[59] Vgl. Sandoz/Swinarski/Zimmermann/*De Preux,* Art. 86, Rn. 3543ff.; eingehend *Burghardt,* S. 93, 98ff., 185ff., 226ff. mit völkergewohnheitsrechtlichem Nachweis aufgrund der Rspr. von ICTY/ICTR.

[60] Zum Streit um die Auslegung der 2. Alt. dieser Voraussetzung vgl. *Ambos,* 2002, S. 390f.

[61] Sandoz/Swinarski/Zimmermann/*De Preux,* Art. 86, Rn. 3541. Zum Begriff „malice" bzw. „malicious", der eine mindestens grob fahrlässige Tatbegehung meint, vgl. *Schmid,* S. 185ff.

das voluntative und kognitive Element zugleich.[62] Auf den problematischen vstr Vorsatzbegriff wird zurückzukommen sein (§ 7 Rn. 63ff.).

14 Was **Straffreistellungsgründe** („defences")[63] angeht, so sind insbesondere die klassischen *kriegsrechtlichen* defences der militärischen Notwendigkeit („military necessity") und Repressalie („reprisal") von Bedeutung. Mit dem Genfer Recht hat sich insoweit mehr und mehr der Gedanke der **Humanisierung des Krieges** bzw. bewaffneten Konflikts durchgesetzt. So ist die Berufung auf **militärische Notwendigkeit** nur noch sehr begrenzt möglich, nämlich nur dann, wenn sie in dem entsprechenden Verbrechenstatbestand vorgesehen ist und die in Rede stehenden Maßnahmen erforderlich und verhältnismäßig sind. Dies dürfte regelmäßig bei internationalen Verbrechen nicht der Fall sein.[64] Auch wurde die **Repressalie** zum Schutz bestimmter Personengruppen und Objekte für gänzlich unzulässig erklärt.[65] Hält man ein solches absolutes Repressalienverbot nicht für vgr anerkannt, so ist der Einsatz von Repressalien zumindest an strenge Voraussetzungen zu knüpfen; eine Rechtfertigung der hier interessierenden vr Kernverbrechen ist – bis auf bestimmte Kriegsverbrechen in Ausnahmesituationen – ausgeschlossen.[66] Was *allgemeine* Straffreistellungsgründe angeht, so wird zunächst das **Rückwirkungsverbot** vom Genfer Recht zwar grundsätzlich anerkannt, aber insoweit relativiert, als ihm mit einem – auch ungeschriebenen – Verbot zum Tatzeitpunkt Genüge getan werden kann. Ein Ausschluss der Strafbarkeit auf Grund **Handelns auf Befehl** wird zwar nicht ausdrücklich verwehrt, doch folgt aus der (gleichrangigen) Verantwortlichkeit des Untergebenen (neben dem Vorgesetzten), dass diesem die Berufung auf einen Befehl grundsätzlich nicht helfen soll.[67]

D. Die UN-Ad-hoc-Tribunale

I. Der Internationale Strafgerichtshof für das ehemalige Jugoslawien

15 Der UN-Sicherheitsrat hat am 22.2.1993 die Errichtung eines internationalen Strafgerichtshofs für das Gebiet des ehem. Jugoslawien (ICTY) beschlossen.[68] Der darauf-

[62] Vgl. näher *Ambos,* 2002, S. 392f.

[63] Zum Begriff der „defences" vgl. § 7 Rn. 77.

[64] Vgl. schon *Ambos,* 2002, S. 395f.; näher MünchKomm/*Ambos,* § 9 VStGB Rn. 16ff.; *Ambos,* in: Brown, S. 324f.; *ders.,* 2013, S. 388 m.w.N.; restriktiv auch *Werle,* 2012, Rn. 661; Cryer/*Cryer,* S. 418; *Borsari,* S. 405ff.; *Kolb,* in: Kolb/Scalia, S. 227; relativierend (die Bedeutung mil. Notwendigkeit betonend) *van Sliedregt,* 2002, S. 295ff.; *Olásolo,* 2008, S. 238, 250; *Akhavan,* JICJ 6 (2008), 28 (34f.); diff. *Zahar/Sluiter,* S. 431ff. Zum IStGH-Statut § 7 Rn. 78, Fn. 388.

[65] *ICTY,* Kupreškic et al. TJ, 14.1.2000; zurückhaltender hingegen *ICTY,* Martić TJ, 12.6.2007, para. 468; Martić AJ, 8.10.2008, paras. 263ff.; vertiefend hierzu *Ambos,* 2002, S. 305ff.; *ders.,* in: Brown, S. 326f.; *ders.,* 2013, S. 390ff.; siehe auch *BGH* NStZ-RR 2011, 7, 9 (keine Repressalie gegenüber Frauen und Kindern). Für ein absolutes Repressalienverbot bzgl. der Zivilbevölkerung schon *ICTY,* Martić Order 8.3.1996, paras. 8ff. (15ff.). Im Ergebnis zust. *Jescheck,* JICJ 2 (2004), 51f.; wohl auch *Quéguiner,* IRRC 85 (2003), 293f.; *Ipsen,* in: Ipsen, § 64 Rn. 15; *Kolb,* in: Kolb/Scalia, S. 226f.; krit. *Greenwood,* in: Fischer/Kreß/Lüder, S. 546ff. (550ff.); *van Sliedregt,* 2002, S. 293; *Heinsch,* S. 225f. Vertiefend zur Zulässigkeit von Repressalien im nicht-internationalen Konflikt *Bílková,* ICLQ 63 (2014), 31.

[66] Diff. *Kreicker,* S. 407ff.; Cryer/*Cryer,* S. 417f.; restriktiv auch *Werle,* 2012, Rn. 660; MünchKomm/*Weigend,* § 2 VStGB Rn. 23; auch schon *Ambos,* 2002, S. 395ff.; i.W. zust. *König,* S. 400ff.

[67] Vgl. näher *Ambos,* 2002, S. 394f.

[68] UN SR-Res. 808 (1993), in: HRLJ 1993, 197; deutsch in VN 1993, 71; www.icty.org. Zur durch UN SR-Res. 780 (1992) eingerichteten Expertenkommission vgl. *Möller,* S. 171ff.; *Hazan,* Justice in a time

hin erstellte Bericht des UN-Generalsekretärs[69] wurde am 25.5.1993 vom Sicherheitsrat gebilligt.[70] Er enthält im Anhang das **Statut des ICTY** (ICTYS).[71] Das Gericht wurde als Nebenorgan des Sicherheitsrates gemäß Art. 29 UNS auf Grund Kapitel VII UNS (insbesondere Art. 41) zunächst für unbestimmte Zeit errichtet.[72] Während jedoch ursprünglich davon ausgegangen wurde, dass die Tätigkeit des Gerichts bis zur definitiven Wiederherstellung des Friedens und der Stabilisierung der Situation im ehem. Jugoslawien andauern sollte,[73] hat der Sicherheitsrat im Rahmen einer sog. **„completion strategy"** zunächst die Beendigung der Ermittlungen zum 31.12.2004, der erstinstanzlichen Verfahren zum 31.12.2008 sowie der Berufungsverfahren zum 31.12.2010 angeordnet.[74] Mit Ausnahme der Verfahren gegen Radovan Karadzic (2014), Goran Hadžić (2015) Ratko Mladić (2016) und Vojislav Šešelj (Zeitpunkt des Verfahrensendes noch unklar) konnten alle erstinstanzlichen Verfahren abgeschlossen werden.[75] Die noch ausstehenden Berufungsurteile sollen bis Ende 2017 ergehen.[76] Infolge der *completion strategy* konzentriert sich das Tribunal heute mittlerweile stärker auf die Verfolgung der Führungstäter[77] und gibt weniger wichtige

of war, 2004, S. 23f. (26f.); *Maogoto,* War Crimes and Realpolitik, 2005, S. 152ff.; *Scharf/Day,* in Schabas/Bernaz, S. 51f.; *Gless,* 2011, Rn. 673; zur Chronologie der Ereignisse *Ziegler et al.*, Kriegsverbrecherprozesse, 2009, S. 290ff.; eine kritische Würdigung nach 18-jährigem Bestehen bei *Mégret,* GoJIL 3 (2011), 1011ff.; zur (geringen) Bedeutung des ICTY für den gesellschaftlichen Aussöhnungsprozess in Vukovar *Clark,* JICJ 10 (2012), 397.

69 Vgl. Report ICTY, 1993. Zur Entstehungsgeschichte: grdl. *Hazan,* Justice in a time of war, 2004; *Schabas,* 2006, S. 13ff.; *Buchwald,* S. 24ff.; auch *Blakesley,* in: McCormack/Simpson, S. 194ff.; *Ahlbrecht,* Geschichte der vr Strafgerichtsbarkeit, 1999, S. 232ff.; *König,* S. 114ff.; *Beltrán Montoliu,* Los tribunales penales internacionales, 2003, S. 21ff.; *Maogoto,* War Crimes and Realpolitik, 2005, S. 151ff.; *Neubacher,* S. 387ff.; *Beigbeder,* S. 69ff.; *Bantekas/Nash,* S. 513f.; Cryer/*Cryer,* S. 127f.

70 UN-SR-Res. 827 (1993), in: HRLJ 1993, 197; deutsch, in: VN 1993, 156.

71 Zuletzt geändert am 7.7.2009 durch SR-Res. 1877 (2009).

72 Vgl. Report ICTY, 1993, para. 18ff. Dies ist auf Kritik gestoßen, wurde aber von der überwiegenden Lehre akzeptiert (vgl. etwa *Oellers-Frahm,* FS Bernhardt, 1995, S. 736ff.; *Lüder,* S+F 1998, S. 205ff.; zusf. *König,* S. 163ff.; *Buchwald,* S. 78ff.; *Cassese,* LJIL 25 (2012), 493ff.) und vom Gerichtshof bestätigt (*ICTY,* Tadic App. Decision 2.10.1995, paras. 13ff.; dazu statt vieler *Meron,* AJIL 90 (1996), 238ff.; krit. *Caeiro,* RPCC 2002, 573ff.; *Kreß,* in: Fischer/Lüder, S. 18ff.; *Zahar/Sluiter,* S. 8ff., 325ff.; Cryer/*Cryer,* S. 130ff., *Swart,* GoJIL 3 (2011), 985ff.). Allerdings hatte die (erstinstanzlich zuständige) Trial Chamber II sich zur Beantwortung dieser Frage für unzuständig erklärt (*ICTY,* Tadic TJ 10.8.1995, paras. 1ff.).

73 Vgl. Report ICTY, 1993, para. 28; zur Wirkung auf die nationale Justiz *Kirs,* GoJIL 3 (2011), 397ff.

74 UN-SR-Res. 1503 (2003). Vgl. dazu *Mundis/Gaynor,* JICJ 2 (2004), 695f.; *Raab,* JICJ 3 (2005), 84ff.; Cryer/*Cryer,* S. 133ff.; *Werle,* 2012, Rn. 313ff. (lediglich „Zielvorgaben"); IJT, 2008, 14ff.; *Heller,* in: Reydams/Wouters/Ryngaert, S. 886ff.; krit. mit Blick auf die Unabhängigkeit gegenüber dem Sicherheitsrat *Zahar/Sluiter,* S. 50f.; zu den Opferzahlen FAZ, 22.6.2007, S. 3.

75 Siehe http://www.icty.org/sid/10016; zu Šešelj http://www.icty.org/sid/11430 (beide zuletzt abgerufen am 1.7.2014); vgl. *Gless,* 2011, Rn. 676.

76 http://www.icty.org/x/file/About/Reports%20and%20Publications/AnnualReports/annual_report_2013_en.pdf, S. 3 (zuletzt abgerufen am 1.7.2014).

77 So gefordert in UN-SR-Res. 1503 u. 1534 (beide 2003); vgl. auch *Mettraux,* S. 274; *Raab,* JICJ 3 (2005), 90; Cryer/*Cryer,* S. 134f.; *Townsend,* in: Reydams/Wouters/Ryngaert, S. 238. Zum Verfolgungsermessen vor den *Ad-Hoc*-Tribunalen *Takemura,* ICLR 7 (2007), 680. Siehe aber auch die kritische Evaluierung bei *Smeulers/Hola/Van den Berg,* ICLR 13 (2013), 26, denen zufolge lediglich 11% der vom ICTY Verurteilten als hochrangig eingestuft werden können, während 28,4% mittlere und 45,7% niedrigere Ränge inne hatten. Beim ICTR wurde demgegenüber eine deutlich stärkere Konzentration auf hoch- (27,8% der Verurteilten) und mittelrangige (50,8%) Täter festgestellt. Zu den unterschiedlichen Herangehensweisen der *Ad-Hoc*-Tribunale bei der Auswahl der Angeklagten auch *de Vlaming,* in: Reydams/Wouters/Ryngaert, S. 547ff.

Verfahren an nationale Gerichte ab (ICTY-Regel 11*bis*).[78] Im Zuge dessen hat sich auch die Dauer der erstinstanzlichen Hauptverhandlung vor dem ICTY von 17 auf zwölf Monate reduziert;[79] zwischen Anklageerhebung und erstinstanzlichem Urteil liegen im Durchschnitt aber immer noch 5,6 Jahre.[80] Bis zum 1.7.2014 wurden 161 Personen vor dem ICTY angeklagt, davon wurden 18 freigesprochen und 74 verurteilt. In 20 Fällen wurde die Anklage zurückgezogen, 16 Angeklagte sind vor Abschluss des Verfahrens verstorben, 13 wurden an die nationale Justiz übergeben. Zurzeit sind noch Verfahren gegen 20 Angeklagte anhängig: Fünf Fälle mit insgesamt 16 Angeklagten liegen bei der Berufungskammer; vier Angeklagte (Hadžić, Karadžić, Mladić, Šešelj) befinden sich im Stadium des Hauptverfahrens. Gegenwärtig ist kein Verdächtigter mehr auf der Flucht.[81] Die vom ICTY verhängten Freiheitsstrafen liegen zwischen zwei und 46 Jahren, die durchschnittliche (zeitlich bemessene) Freiheitsstrafe bei knapp unter 16 Jahren.[82] Sechs Angeklagte wurden zu lebenslangen Freiheitsstrafen verurteilt (Stakić, Galić, Lukić, Popović, Beara und Tolimir).[83]

16 Die **ICTYS** enthält insgesamt 34 Artikel und regelt Fragen materiellrechtlicher (Art. 2–7, 24), verfahrensrechtlicher (Art. 1, 8–10, 18–23, 25–30) und gerichtsorganisatorischer (Art. 11–17, 31–34) Art.[84] Daneben existieren zahlreiche **weitere Rechtsgrundlagen,** die das Gericht sich selbst gegeben hat, insbesondere die Verfahrens- und Beweisregeln (näher § 8 Rn. 1). Der Gerichtshof besteht aus den **Kammern** – den drei „Trial Chambers" und der „Appeals Chamber" –, der Anklagebehörde („Office of the Prosecutor") und der Kanzlei („Registry") (Art. 11 ICTYS).[85] Die Kammern haben insgesamt 16 ständige Richter und maximal neun sog. *Ad-Litem*-Richter (Art. 12 Abs. 1), d. h. *Ad-Hoc*-Richter, die zur Verstärkung in bestimmten Verfahren auf Anforderung des Gerichtspräsidenten eingesetzt werden (vgl. Art. 13*ter* und *quater*

[78] Vgl. *Raab,* JICJ 3 (2005), 92ff.; *von Braun,* S. 352ff. (auch zu den „rules of the road"); beispielhaft IJT v. 25.7.2005; auch *ICTY,* Aedmi and Norac Decision 14.9.2005; *Williams,* CLF 17 (2006) 177ff.; *Bohlander,* ICLQ 55 (2006), 219ff.; *Badar/Karsten,* ICLR 7 (2007), 181; *Ludwiczak,* in: Kolb/Scalia, 531ff.; ausführlich *Lindemann,* passim. Zu den Sonderkammern, insb. der „War Crimes Chamber" (WCC), in Bosnien-Herzegowina umfassend *von Braun,* S. 358ff.; zur WCC *Ambach,* HuV-I 2005, 110; *Garms/Peschke,* JIJC 2 (2006), 258ff.; Cryer/*Cryer* et al., S. 194f.; *Martin-Ortega,* ICLR 12 (2012), 589; zur problematischen Zusammenarbeit zwischen ihr, dem IGH und ICTY *Binder/Schweiger,* HuV-I 3 (2006), 196ff.; zur „War Crimes Chamber" in Serbien Cryer/*Cryer* et al., S. 197; allg. zum Verhältnis der *Ad-Hoc*-Tribunale zur nat. Justiz *Cryer,* S. 127ff.

[79] *Raab,* JICJ 3 (2005), 89.

[80] *Smeulers/Hola/Van den Berg,* ICLR 13 (2013), 18; vgl. auch *Safferling,* 2011, § 4 Rn. 50.

[81] Vgl. http://www.icty.org/sections/TheCases/KeyFiguresoftheCases und http://www.icty.org/sid/11186 (zuletzt abgerufen am 1.7.2014); *Scharf/Day,* in: Schabas/Bernaz, S. 52; zur Statistik bis Nov. 2010 s. *Gless,* 2011, Rn. 674; ausführlich *Smeulers/Hola/Van den Berg,* ICLR 13 (2013), 7; siehe auch *Raab,* JICJ 3 (2005), 95f. Für eine umfassende Bewertung der Arbeit des ICTY nach 10 Jahren s. die Beiträge in: JICJ 2 (2004), 353ff. Instruktiv zu den Verfahrensdokumenten (Urteile, Beschlüsse) *Burghardt,* S. 8ff.

[82] *Smeulers/Hola/Van den Berg,* ICLR 13 (2013), 22.

[83] Siehe http://www.icty.org/x/file/Cases/keyfigures/key_figures_en.pdf (zuletzt abgerufen am 1.7.2014).

[84] Vgl. für den Text Report ICTY, 1993, paras. 32ff.; abgedruckt in: HRLJ 1996, 211ff.; ZaöRV 54 (1994), 434ff. Vgl. auch *Oellers-Frahm,* ZaöRV 54 (1994), 416ff.; *Blakesley,* in: McCormack/Simpson, S. 198ff.; *Ahlbrecht,* Geschichte der vr Strafgerichtsbarkeit, 1999, S. 280ff., 291ff.

[85] Zu diesen Organen *Safferling,* YIHL 5 (2002), 222ff.; auch *Beltrán Montoliu,* Los tribunales penales internacionales, 2003, S. 32ff.; zur Kanzlei *Rhode/Toufur,* in: Kirsch, S. 89ff.; zur Anklagebehörde *Townsend,* in: Reydams/Wouters/Ryngaert, S. 226ff; *Zahar/Sluiter,* S. 19 wollen deshalb eher von „judicial apparatus" als von „tribunal" sprechen.

ICTYS). Eine Verhandlungskammer besteht aus drei Richtern, die Rechtsmittelkammer aus fünf (Art. 12 Abs. 3 und 4 ICTYS). Die **Anklagebehörde** ist – obwohl Teil des Gerichts! – ein unabhängiges und weisungsfreies Organ (Art. 16 ICTYS).[86] Ihre Unabhängigkeit gegenüber den Kammern wird auch daran deutlich, dass ihre Mitarbeiter keinen Zugang zu den Räumen der Kammer haben und dies umgekehrt ebenso gilt. Die **Kanzlei** „dient" den Kammern und der Anklagebehörde gleichermaßen (Art. 11 (c) ICTYS). Zu ihren Servicefunktionen (Art. 17 ICTYS) gehört auch für die Organisation der **Verteidigung** der Angeschuldigten durch Bestellung und Bezahlung von Pflichtverteidigern.[87] Trotz dieser Unterstützung ist die Verteidigung der Anklagebehörde im Hinblick auf die personelle und sachliche Ausstattung weit unterlegen. Beispielhaft: Während sich die Büros der Anklagebehörde über mehrere Stockwerke erstrecken und es an Computern, Druckern und Fotokopierern nicht mangelt, müssen die Verteidiger im Haager Gerichtsgebäude mit drei Räumen vorlieb nehmen, die – gemessen an der Zahl der Verteidiger – nur unzureichend mit PCs ausgestattet sind.[88]

Das Tribunal ist grundsätzlich **zuständig,** alle (natürlichen) Personen, die auf dem 17
Staatsgebiet des ehem. Jugoslawien **seit 1991** Straftaten begangen haben, strafrechtlich zu verfolgen (Art. 1, 6).[89] In materiellrechtlicher Hinsicht betrifft dies folgende **Taten:** die sog. schweren Verletzungen („grave breaches") der GK von 1949 (Rn. 6ff.), sofern sie von den betreffenden Personen selbst begangen oder angeordnet wurden (Art. 2); Verletzungen der Gesetze oder Gebräuche des Krieges (Art. 3);[90] Genozid, wobei darunter mehrere Tathandlungen fallen (Art. 4);[91] sowie Verbrechen gegen die Menschlichkeit, sofern die betreffenden Personen dafür „verantwortlich" („responsible") sind, sie in einem bewaffneten Konflikt internationaler oder nichtinternationaler Art begangen wurden und unmittelbar gegen die Zivilbevölkerung gerichtet waren (Art. 5). Die **individuelle strafrechtliche Verantwortlichkeit** erstreckt sich auf das Planen, Anstiften, Anordnen und Selbst-Begehen dieser Verbrechen oder jegliche Unterstützungs- und Hilfeleistung bei ihrer Planung, Vorbereitung oder Durchführung (Art. 7 Abs. 1). Damit werden drei Tätergruppen erfasst: die politisch verantwortlichen Führer, die (militärischen) Befehlshaber und die (ausführenden) Untergebenen.[92] Der **Vorgesetzte** haftet kraft Unterlassens, wenn er wusste oder hätten wissen müssen, dass Untergebene im Begriff waren, eines der genannten Verbrechen zu begehen oder schon begangen haben, und er die erforderlichen und angemessenen Maßnahmen zur Verhinderung der Taten oder Bestrafung der Täter nicht ergriffen hat (Art. 7 Abs. 3: *Befehlsverantwortlichkeit,* Rn. 12)[93] Weder die **amtliche Stellung** eines Beschuldigten noch ein **Handeln auf Befehl** schließen die Strafbarkeit aus (Art. 7

[86] Vertiefend *Côté,* in: Reydams/Wouters/Ryngaert, S. 373ff.

[87] Vgl. die „Directive on Assignment of Defence Counsel", zuletzt geändert am 26.6.2006 (IT/73/Rev. 11); vgl. auch *Rhode/Toufur,* in: Kirsch, S. 99ff.

[88] So stellt sich nach Insiderinformationen die Lage auch noch im Februar 2014 dar. Krit. auch *Robinson,* in: Kirsch, S. 113ff.; *Zahar/Sluiter,* S. 19, 60 (zur fehlenden „defence unit").

[89] *Scharf/Day,* in: Schabas/Bernaz, S. 52f.

[90] Zur besonderen praktischen Bedeutung dieser Vorschrift *Zahar/Sluiter,* S. 110ff. (110, 112f., 154); *Scharf/Day,* in: Schabas/Bernaz, S. 55.

[91] Begehung von Völkermord; Verschwörung zur Begehung („conspiracy"); unmittelbare und öffentliche Anstiftung zur Begehung („direct and public incitement"); Versuch und Teilnahme („complicity").

[92] Vgl. *Lescure/Trintignac,* International Justice for the Former Yugoslavia etc., 1996, S. 29ff.

[93] *Scharf/Day,* in: Schabas/Bernaz, S. 57.

Abs. 2, 4); in diesem Fall kommt aber eine Strafmilderung in Betracht, wenn es der Gerechtigkeit dient (Art. 7 Abs. 4: „that justice so requires").[94]

II. Der Internationale Strafgerichtshof für Ruanda

18 Das *Ad-Hoc*-Tribunal zur Verfolgung der in Ruanda begangenen Verbrechen (ICTR) wurde im November 1994 gegründet.[95] Die Gründung geht auf die Untersuchung einer UN-Expertenkommission[96] über den Genozid in Ruanda[97] zurück. In ihrem Zwischenbericht (Report Ruanda 1994a) empfahl die Kommission die Einsetzung eines IStGH nach dem Vorbild des ICTY. Ihr Abschlussbericht (Report Ruanda 1994b) bildete den Grundstein für die Errichtung des Ruanda-Tribunals.

19 Die **ICTR-Satzung** (ICTRS) entspricht im Wesentlichen der ICTYS, sie wurde als „Anpassung des ICTYS an die Verhältnisse in Ruanda" bezeichnet.[98] Besonders bemerkenswert ist, dass die organisatorisch getrennten **Rechtsmittelkammern** von ICTY und ICTR mit Richtern beider Tribunale besetzt sind. Zwei ICTR-Richter sollen in der ICTY-Rechtsmittelkammer sitzen (Art. 13 Abs. 3 ICTRS) und die (fünf) ICTY-Rechtsmittelrichter zugleich der ICTR-Rechtsmittelkammer angehören (Art. 13 Abs. 4 ICTYS). Die **Zuständigkeit** des ICTR erstreckt sich auf schwere Verletzungen des humanitären Völkerrechts, die auf dem ruandischen Staatsgebiet und von ruandischen Staatsbürgern in Nachbarstaaten **zwischen 1. 1. und 31.12.1994**[99] begangen wurden (Art. 1). In den **materiellrechtlichen** Zuständigkeitsbereich fallen Völkermord (Art. 2), Verbrechen gegen die Menschlichkeit (Art. 3) und Verletzungen des gemeinsamen Art. 3 GK I–IV und des ZP II (Art. 4). Insoweit ist auf zwei **Unterschiede** gegenüber der ICTYS hinzuweisen: Unter Verbrechen gegen die Menschlichkeit werden Taten verstanden, die als Teil eines weitverbreiteten oder systematischen Angriffs gegen die Zivilbevölkerung aus nationalen, politischen, ethnischen, rassischen

---

[94] Zur AT-Rechtsprechung ausführlich *Ambos,* 2002, S. 263ff.

[95] Vgl. UN-SR-Res. 955 (1994). Zur Entstehungsgeschichte etwa *Blakesley,* in: McCormack/Simpson, S. 196ff.; *Ahlbrecht,* Geschichte der vr Strafgerichtsbarkeit, 1999, S. 302ff.; *Des Forges,* Kein Zeuge darf überleben etc., 2002, S. 863ff.; *König,* S. 118ff.; *Maogoto,* War Crimes and Realpolitik, 2005, S. 185ff.; *Beltrán Montoliu,* Los tribunales penales internacionales, 2003, S. 21ff.; *Neubacher,* S. 387ff.; *Beigbeder,* S. 93ff.; *Behrendt,* Die Verfolgung des Völkermords, 2005, S. 192ff.; *Bantekas/Nash,* S. 340; *Schabas,* 2006, S. 24ff.; *Mugwanya,* S. 44ff.; Cryer/*Cryer,* S. 139; *Scharf/Day,* in: Schabas/Bernaz, S. 58f. Zur widersprüchlichen Rolle Ruandas *Shraga/Zacklin,* EJIL 7 (1996), 507 (508, 511); *Akhavan,* AJIL 90 (1996), 504ff.; *Des Forges,* Kein Zeuge darf überleben etc., 2002, S. 872ff.; *Maogoto,* War Crimes and Realpolitik, 2005, S. 187.

[96] Vgl. *Maogoto,* War Crimes and Realpolitik, 2005, S. 185f.

[97] Dazu grdl. *Des Forges,* Kein Zeuge darf überleben etc., 2002; auch *Ahlbrecht,* Geschichte der vr Strafgerichtsbarkeit, 1999, S. 302; *Möller,* S. 195ff.; *Behrendt,* Die Verfolgung des Völkermords, 2005, S. 20ff.; *Mugwanya,* S. 32ff. Zur Vergangenheitsbewältigung in Ruanda, einschl. des umstrittenen Gacaca-Verfahrens; *Behrendt,* a. a. O. S. 163ff.; *ders.,* in: Werle, 2006, S. 227ff.; zum Gacaca-Verfahren auch *Oomen,* in: Haveman/Olusanya, S. 161ff.; *Hankel,* in: Neubacher/Klein, S. 271ff. *ders.,* in: Werle, 2006, S. 180ff.; *Schabas,* JICJ 3 (2005), 891ff.; *Fierens,* JICJ 3 (2005), 896ff.; *von Braun,* S. 33ff.; krit. zur Rolle der UN *Carlsson,* JICJ 3 (2005), 837ff.; *Melvern,* JICJ 3 (2005), 847ff.; zur Rolle Frankreichs, der USA und des Vereinigten Königreichs in Ruanda *Dallaire/Manocha/Degnarain,* JICJ 3 (2005), 861ff.; zur Chronologie der Ereignisse *Ziegler et al.,* Kriegsverbrecherprozesse, 2009, S. 287ff.

[98] Report ICTR, 1995, 491. Der Text der Satzung findet sich u. a. in ILM 33 (1994), 1598ff.; BGBl. I 1998 S. 483. Zum *Verfahrensrecht* vgl. insb. die RPE v. 29.6.1995, zuletzt geändert am 10.4.2013 sowie weitere Rechtsgrundlagen unter http://www.unictr.org/Legal/tabid/92/Default.aspx (zuletzt abgerufen am 1.7.2014).

[99] Zur Möglichkeit der Ausdehnung der zeitlichen Zuständigkeit *Shraga/Zacklin,* EJIL 7 (1996), 506f.

oder religiösen Gründen begangen wurden (Art. 3); ein Zusammenhang mit einem bewaffneten Konflikt ist also nicht erforderlich.[100] Hinsichtlich des Genfer Rechts wird die Strafbarkeit auf die einen nicht-internationalen Konflikt betreffenden Verbote des gemeinsamen Art. 3 GK I-IV und des ZP II (Rn. 6) gestützt; freilich ist die gewohnheitsrechtliche Anerkennung der Strafbarkeit von Verstößen gegen diese Verbote zum Tatzeitpunkt sehr umstritten, so dass möglicherweise ein Verstoß gegen das Rückwirkungsverbot vorliegt.[101]

Zum 25.6.2014 hat das Tribunal 75 Verfahren zum Abschluss gebracht,[102] 16 Verfah- **20**
ren befinden sich in der Rechtsmittelinstanz („appeal"). Dabei wurden zwölf Angeklagte freigesprochen, fünf sind verstorben (Ntakirutimana, Nzirorera, Rutaganda, Serugendo, Musabyimana); zehn Verfahren wurden an nationale Gerichte abgegeben; neun Verdächtige sind noch auf der Flucht. Sieben Verurteilte haben mittlerweile ihre Strafe verbüßt und wurden aus der Haft entlassen.[103] Die durchschnittliche Länge der zeitlich bemessenen Freiheitsstrafe liegt bei 22 1/2 Jahren.[104] Der ICTR begann schon im Jahre 2003 über eine completion strategy nachzudenken und der UN-Sicherheitsrat legte mit Res. 1503 (Rn. 15) den gleichen Zeitplan wie für den ICTY fest.[105] Danach sollten alle Verfahren des ICTR Ende des Jahres 2010 abgeschlossen sein. Dies sollte u. a. durch eine Konzentration auf Führungsverantwortliche (die allerdings noch nicht alle festgenommen wurden) sichergestellt werden, während sonstige Tatverdächtige von nationalen Gerichten abgeurteilt werden sollen (ICTR-Regel 11 *bis*).[106] Ferner hatte das Tribunal eine vierte Verhandlungskammer eingerichtet und seit 2005 wurden keine Anklagen mehr erhoben.[107] Nach der completion strategy vom 28.5.2010 beabsichtigte das Tribunal alle erstinstanzlichen Verfahren bis Ende 2011 abzuschließen, die Rechtsmittelverfahren bis Ende 2013.[108] Mittlerweile liegen gegen alle gefassten Verdächtigten erstinstanzliche Urteile vor; die Mehrzahl der Rechtsmittelverfahren soll nach derzeitiger Planung in 2014 und das letzte Verfahren in 2015 beendet werden.[109]

---

100 Ebenso *ICTY,* Tadic App. Decision 2.10.1995, para. 141. Vgl. auch *Ahlbrecht,* Geschichte der vr Strafgerichtsbarkeit, 1999, S. 311 ff.; *Behrendt,* Die Verfolgung des Völkermords, 2005, S. 200 f.

101 So etwa *König,* S. 353.

102 S. http://www.unictr.org/Cases/tabid/204/Default.aspx (zuletzt abgerufen am 1.7.2014).

103 Siehe http://www.unictr.org/Cases/tabid/204/Default.aspx (zuletzt abgerufen am 1.7.2014).

104 *Smeulers/Hola/Van den Berg,* ICLR 13 (2013), 22.

105 Cryer/*Cryer,* S. 142.

106 *ICTR,* Bagaragaza TC Decision 13.4.2007; *Badar/Karsten,* ICLR 7 (2007), 181 f.; *Marong/Jalloh/Kinnecome,* in: Decaux/Dieng/Sow, S. 176 ff.; *Jallow,* in: Decaux/Dieng/Sow, S. 458; *Williams,* in: Bohlander, S. 196 ff.; *Scharf/Day,* in: Schabas/Bernaz, S. 62; bzgl. Regel 11 *bis* siehe *Onsea,* in: Ryngaert, Effectiveness, 2009, S. 173 ff; zur Kooperation zwischen Staaten und ICTR s. *Ryngaert,* ICLR 13 (2013), 125 ff.

107 *Werle,* 2012, Rn. 324.

108 Siehe „Letter dated 28 May 2010 from the President of the International Criminal Tribunal for Rwanda addressed to the President of the Security Council", para. 82, verfügbar unter http://www.unictr.org/Portals/0/English%5CFactSheets%5CCompletion_St%5CS-2010-259e.pdf (zuletzt abgerufen am 1.7.2014).

109 S/2013/663, ‚Letter dated 13 November 2013 from the President of the International Criminal Tribunal for Rwanda addressed to the President of the Security Council', http://www.unictr.org/Portals/0/English%5CAnnualReports%5CS-2013-663e.pdf, S. 27 (zuletzt abgerufen am 1.7.2014).

III. Der International Residual Mechanism

21 Im Zuge der completion strategy hat der Sicherheitsrat 2010 einen „International Residual *Mechanism*" **(IRMCT)** geschaffen,[110] der die *Ad-Hoc*-Tribunale bei der Abwicklung ihrer Fälle unterstützen soll.[111] Der für den ICTY zuständige Teil des IRMCT hat seinen Sitz in Den Haag und ist seit dem 1.7.2013 tätig; sein auf den ICTR ausgerichtetes Gegenstück operiert seit dem 1.7.2012 von Arusha aus (Art. 3 IRMCTS). Die Hauptaufgabe des IRMCT besteht derzeit in der Entlastung der *Ad-Hoc*-Tribunale, später in der Fortführung ihrer Aufgaben. So obliegen dem IRMCT beispielsweise die weiteren Entscheidungen in Fragen der Strafvollstreckung (Art. 25 IRMCTS) und des Zeugenschutzes (Art. 20 IRMCTS) sowie die Durchführung von Wiederaufnahmeverfahren in den von den *Ad-Hoc*-Tribunalen abgeschlossenen Fällen (Art. 24 IRMCTS). Zudem wird er eventuelle Verfahren gegen die letzten gesuchten Verdächtigen – insbesondere die neun ICTR-Flüchtlinge – inklusiver etwaiger Rechtsmittelverfahren übernehmen (Art. 13ff. IRMCTS).[112]

E. Der Ständige Internationale Strafgerichtshof

I. Verhandlungsgeschichte

22 Im Jahre 1994 überwies die UN-Generalversammlung das **ILC-Draft Statute** (1. Aufl., Rn. 29) an einen von ihr gegründeten „*Ad-Hoc*-Ausschuss zur Gründung eines IStGH" („**Ad Hoc Committee** on the Establishment of an ICC").[113] Dieser legte nach zwei Sitzungen im Jahre 1995 einen Abschlussbericht vor.[114] Nach dessen Billigung setzte die Generalversammlung einen Vorbereitungsausschuss **(Preparatory Committee)** zur Vorbereitung der Römischen Staatenkonferenz ein.[115] Beide Ausschüsse waren für die UN-Mitgliedstaaten offen, doch war die Teilnahme im Preparatory Committee, an dessen Beratungen über 100 Staatendelegationen teilnahmen, größer als die im *Ad-Hoc*-Ausschuss. Das große Interesse ist darauf zurückzuführen, dass das Preparatory Committee die Aufgabe hatte, einen „konsolidierten Text einer Konvention" für die Staatenkonferenz vorzulegen und dabei vor allem auch Stellungnahmen von Staaten und zwischenstaatlichen Organisationen berücksichtigt werden sollten.[116] Dabei sind von Anfang an verfahrensrechtliche, materiellrechtliche und organisatorische Fragen zusammen behandelt worden.[117] Insbesondere wurde auch der **ILC Draft Code 1996** (1. Aufl., Rn. 28) in die Beratungen des Preparatory Committee (dazu näher 1. Aufl.,

---

110 SC Res 1966 v. 22.12.2010 mit Statut der genannten Mechanismen u. Übergangsregelungen im Anhang; vgl. zum IRMCT: http://www.icty.org/sid/10874 (zuletzt abgerufen am 1.7.2014).

111 Zur Notwendigkeit des IRMCT: *Acquaviva,* JICJ 9 (2011), 793, *Denis,* JICJ 9 (2011), 819; aus Opfersicht *Frisso,* GoJIL 3 (2011), 1093; krit. *McIntyre,* GoJIL 3 (2011), 923; *Pittman,* JICJ 9 (2011), 797; differenzierend zwischen ICTY und ICTR *Riznik,* GoJIL 3 (2011), 907.

112 Zu dieser *„top priority"* des IRMCT siehe http://www.unmict.org/about.html (zuletzt abgerufen am 1.7.2014).

113 GA-Res. 49/53; *Mendes,* S. 15ff.

114 Report Ad Hoc Committee, 1995.

115 GA-Res. 50/46. Alle Dokumente des Preparatory Committee finden sich in *Bassiouni,* 1998, S. 1ff. Vgl. auch *Bassiouni,* 1997; *Ambos,* in: Lüderssen, S. 383; *Bassiouni,* 2005.

116 GA-Res. 51/207.

117 Vgl. Report PrepCom I und II sowie UN-Dok. A/AC.249/1997/L.5 bezüglich der in der Sitzung von 1997 getroffenen Entscheidungen in *Bassiouni,* 1998, S. 343ff.

Rn. 41) einbezogen, obwohl er formal nicht von der Generalversammlung überwiesen worden war.

Am 15.12.1997 wurde von der UN-Generalversammlung beschlossen, die **Staatenkonferenz** über die Errichtung des IStGH in Rom durchzuführen.[118] Die Konferenz war für alle Staaten, aber auch Nicht-Regierungsorganisationen offen.[119] Sie begann am 15.6.1998 und endete am 17.7.1998 mit der Verabschiedung des IStGH-Statuts. An der Konferenz nahmen 159 Regierungsdelegationen und rund 250 Delegationen der in der „Coalition for an ICC" zusammengeschlossenen NGOs teil.[120] Bis zum Ende der Konferenz war es nicht klar, ob man tatsächlich das hochgesteckte Ziel – die Verabschiedung einer Satzung für einen IStGH – würde erreichen können. Zu groß waren die Widerstände großer Staaten, allen voran der USA, zu komplex die zu lösenden rechtlichen und politischen Fragen und zu unterschiedlich die Interessen und Vorverständnisse der Staaten bzw. Staatengruppen. Wenn man bedenkt, dass das die Diskussiongrundlage der Konferenz bildende Draft Statute 1998 mehr in eckigen Klammern stehenden, also umstrittenen, als konsentierten Text enthielt,[121] grenzt es fast an ein Wunder, dass am Morgen des 17.7.1998, also am letzten Konferenztag, vom Konferenzbüro ein letzter, mit den wichtigsten Staaten abgestimmter Satzungsentwurf vorgelegt werden konnte. Diesem Vorschlag waren intensive Verhandlungen der ständigen Sicherheitsratsmitglieder (USA, China, Russland, Großbritannien und Frankreich), Abstimmungsgespräche innerhalb verschiedener Staatengruppen (EU, gerichtshoffreundliche Staaten – sog. *like minded states* –, blockfreie und afrikanische Staaten) sowie bilaterale Beeinflussungsversuche, insbesondere der USA und Frankreichs, vorausgegangen.[122] Am Abend des 17.7. mussten der Gesamtausschuss („Committee of the Whole") und die Vollversammlung („Plenary") der Konferenz das vorgeschlagene Statut billigen. Zunächst mussten im Gesamtausschuss zwei Änderungsanträge Indiens und der USA durch mehrheitlich angenommene Nichtbefassungsanträge Norwegens abgewehrt werden.[123] Die Vollversammlung stimmte dann einige Stunden später – es war schon der 18.7. – auf Antrag des US-amerikanischen 23

[118] GA-Res 52/160.

[119] Ausführlich dazu *Hall,* AJIL 92 (1998), 548 (556); auch *Neubacher,* S. 399ff.; Cryer/*Wilmshurst,* S. 148ff.; *Schabas,* 2010, S. 21ff.; zum Einfluss der NGOs *Ellis,* in: Brown, S. 146ff.

[120] *Kemper,* Der Weg nach Rom, 2004, S. 251. *Mendes,* S. 16f. *Däubler-Gmelin,* FS Eser, 2005, S. 721 gibt 162 Regierungsdelegationen und 124 NGOs an.

[121] Nach *Gilbert Bitti,* ehem. französischer Delegierter bei den Verhandlungen, enthielt der Entwurf ca. 1500 eckige Klammern (Vortrag an der Universität Göttingen, 24.5.2005).

[122] So haben etwa die USA (ehem. Verteidigungsminister *Cohen*) gegenüber Deutschland (ehem. Verteidigungsminister *Rühe*) mit dem Abzug ihrer Truppen aus Europa gedroht, wenn sich der Grundsatz universeller Gerichtsbarkeit durchsetzen sollte (dazu auch Presseberichte, Guardian, 15.7.1998); zur Bedeutung der *like minded*-Gruppe vgl. *Deitelhoff,* PVS Sonderheft 36/2006, 471; zur politischen Dimension der Verhandlungen von Rom *Reydams/Wouters,* in: Reydams/Wouters/Ryngaert, S. 71ff.; zur Rolle Deutschlands *Kaul,* in: Safferling/Kirsch, S. 51ff.

[123] Indien wollte die Befugnisse des UN-Sicherheitsrats einschränken (UN-Dok. A/Conf. 183/C.1/L.79; A/Conf. 183/C.1/L.80) und die Verwendung von Atomwaffen als Kriegsverbrechen in das Statut aufnehmen (A/Conf. 183/C.1/L.72). Ein Nichtbefassungsantrag Norwegens wurde von Malawi und Chile unterstützt und mit 114 Stimmen bei 16 Gegenstimmen und 20 Enthaltungen angenommen. – Die USA wollten die Zuständigkeit des Gerichtshofs bezüglich Nicht-Vertragsparteien einschränken und Vertragsparteien mittels eines Zusatzprotokolls ein besonderes Zustimmungsrecht *(opt-in)* für Verbrechen gegen die Menschlichkeit und Kriegsverbrechen zugestehen (A/Conf. 183/C.1/L.90); letzterer Antrag wurde allerdings im Gesamtausschuss am 17.7.1998 nicht aufrechterhalten. Ein Nichtbefassungsantrag Norwegens, für den sich Schweden und Dänemark und gegen den sich China

Delegationsleiters, Sonderbotschafter *Scheffer,* in einer geheimen Abstimmung („non recorded vote") über den vorgelegten Text ab. 120 Delegationen votierten für den vorgelegten Text, 21 enthielten sich und sieben stimmten dagegen. Die USA fanden sich damit in der Gesellschaft von Staaten,[124] von denen der spätere Präsident Bush jun. einige als Teil einer „Achse des Bösen" und „rogue states" bezeichnete.[125] Das Statut ist schon nach vier Jahren am 1.7.2002 nach Hinterlegung der 60. Ratifikationsurkunde (vgl. Art. 126[126]) in Kraft getreten. Zum 25.6.2014 haben es 139 Staaten unterzeichnet und **122 ratifiziert.**[127] Nach der römischen Konferenz wurde zunächst eine **Vorbereitungskommission** („Preparatory Commission") eingesetzt,[128] um weitere Rechtsinstrumente zu erarbeiten und das erste Treffen der **Vertragsstaatenversammlung** (dazu Rn. 29) vorzubereiten.

II. Das Statut und die sonstigen Rechtgrundlagen: Ein Überblick

24 Das IStGH-Statut[129] besteht aus 13 Teilen und 131 Artikeln (mit den neuen Art. 8bis, 15bis, 15ter):

---

und Qatar aussprachen, wurde mit 113 Stimmen bei 17 Gegenstimmen und 25 Enthaltungen angenommen (vgl. zusf. UN-Press Release L/Rom/22).

124 Neben den USA stimmten China, Israel, Jemen, Irak, Katar und Libyen gegen das Statut (*Ambos,* NJW 1998, 3743 mit Fn. 3).

125 Vgl. auch *Nolte,* in: Malone/Khong, Unilateralism and U.S. Foreign Policy, International Perspectives, 2003, S. 71; zur ursprünglichen **Position der USA** vgl. 1. Aufl., Rn. 55–57. Nachdem die Bush-Regierung in ihrer Endphase den IStGH dort unterstützte, wo es ihren Interessen entsprach (2. Aufl., Rn. 55–57 mit Fn. 172), hat sich die Zusammenarbeit unter der Obama-Regierung noch verstärkt. Zwar stellte der neue US-Sonderbotschafter für Kriegsverbrechen, *Stephen Rapp,* noch am 28.1.2010 klar, dass er es für nicht sehr wahrscheinlich halte, dass die USA „in absehbarer Zukunft" dem IStGHS beitreten werden (siehe http://jurist.law.pitt.edu/paperchase/2010/01/us-war-crimes-ambassador-says-us.php (zuletzt abgerufen am 20.3.2014)), doch ändert dies nichts daran, dass derzeit das Verhältnis auf exekutiver und operativer Ebene von einem Klima konstruktiver Zusammenarbeit geprägt ist; vgl. bspw. die Stellungnahme des US-Delegationsleiters *Harald Koh* nach der Kampala-Überprüfungskonferenz: „After 12 years, I think we have reset the default on the U.S. relationship with the court from hostility to positive engagement." (http://www.state.gov/j/gcj/us_releases/remarks/2010/143178.htm (zuletzt abgerufen am 20.3.2014)); chronologischer Überblick über die Entwicklung unter http://www.amicc.org/docs/US%20Chronology.pdf (zuletzt abgerufen am 1.7.2014); siehe auch *Dukalskis/Johansen,* HRQ 35 (2013), 589 ff.; *Sabharwal,* New Eng. J.Int'l & Comp. L 18 (2012), 311 ff.; ausführlich *Rhea,* S. 153 ff. Vgl. zur Zurückhaltung der asiatischen Staaten ggü. dem IStGH *Kapur,* JICJ 11 (2013), 1059; *Dukalskis/Johansen,* HRQ 35 (2013), 581; zur Situation in der Pazifik-Region *McGreal,* JICJ 11 (2013), 1091.

126 Die in diesem Abschnitt zitierten Art. beziehen sich auf das IStGH-Statut.

127 Vgl. www.iccnow.org (zuletzt abgerufen am 1.7.2014). Japan ratifizierte am 17.7.2007 und löste damit Deutschland als höchsten Beitragszahler ab, s. u. Rn. 30. Für eine Bewertung nach fünf Jahren IStGH vgl. *Kaul,* ZIS 2007, 494; *Moreno Ocampo,* ZIS 2007, 491 ff.; nach 10 Jahren *Delmas-Marty,* JICJ 9 (2013), 553; *Fulford,* CLF 22 (2011), 215; *Stahn,* CLF 22 (2011), 175; *Ušacka,* CLF 22 (2011), 473; zur Nicht-Ratifizierung des IStGHS durch Ruanda *Nsabimana Garuka,* in: Ambos/Maunganidze, S. 58 ff.

128 Final Act of the UN Diplomatic Conference of Plenipotentiaries on the Establishment of an ICC, UN Doc. A/CONF. 18 333/10 (17 July 1998); dazu etwa *Beigbeder,* S. 162 f.

129 Überblicksbeiträge von *Tomuschat,* FriWa 1998, 335 ff.; *Jarasch,* S+F 1998, 213 ff.; *Ambos,* ZStW 111 (1999), 175 ff.; *Triffterer,* GS Zipf, 1999, S. 493 ff.; *Jescheck,* FS Mangakis, 1999, S. 492 ff.; *Fastenrath,* JuS 1999, 632 ff.; *Seidel/Stahn,* Jura 1999, 14 ff.; *Kirsch/Holmes,* AJIL 93 (1999), 2 ff.; *Arsanjani,* AJIL 93 (1999), 22 ff.; *Cuerda Riezu/Ruiz Colome,* La Ley 4724, 1 ff.; *Kirsch,* LCP 2001, 3 ff.; *Ragués I Vallès,* La Ley 5289, 3 ff. u. 5290, 1 ff.; Grützner/Pötz/Kreß/*Kreß,* IV A 1; *Beigbeder,* S. 153 ff.; *Gerding,* in: Kühne et al., S. 270 ff.; Cryer/*Wilmshurst,* S. 146 ff.; *Mendes,* S. 20 ff.; *Gless,* 2011, Rn. 682 ff.; *Stubler,* in: Pilgram et al., S. 125 ff.; aus praktischer Sicht *Kaul,* AJIL 99 (2005), 370 ff.; *ders.,* in: Neubacher/Klein, S. 93 ff., sowie die jährlichen Berichte der Vertragsstaatenversammlung. Eine rechtsphilosophische und staatsrechtliche Annäherung bietet *Müller,* S. 15 ff. Es gibt zwar keine offiziellen travaux pré-

Teil 1: Errichtung des Gerichts (Art. 1–4);
Teil 2: Zuständigkeit, Zulässigkeit und anwendbares Recht (Art. 5–21);
Teil 3: Allgemeine Grundsätze des Strafrechts (Art. 22–33);
Teil 4: Zusammensetzung und Verwaltung des Gerichts (Art. 34–52);
Teil 5: Ermittlungen und Verfolgung (Art. 53–61);
Teil 6: Die Hauptverfahren (Art. 62–76);
Teil 7: Strafen (Art. 77–80);
Teil 8: Appellation („appeal") und Wiederaufnahme (Art. 81–85);
Teil 9: Internationale Zusammenarbeit und Rechtshilfe (Art. 86–102);
Teil 10: Strafvollstreckung (Art. 103–111);
Teil 11: Vertragsstaatenversammlung (Art. 112);
Teil 12: Finanzierung (Art. 113–118);
Teil 13: Schlussbestimmungen (Art. 119–128).

Der IStGH wurde als **ständige Einrichtung** in Den Haag errichtet (Art. 1, 3) und be- 25
sitzt Völkerrechtspersönlichkeit (Art. 4).[130] Er ist **kein UN-Organ,** mit dieser aber durch eine *Sondervereinbarung* („relationship agreement") verbunden (Art. 2).[131] Das **Gericht** besteht (Art. 34ff.) aus dem Präsidium, einer Vorverfahrens-, Hauptverfahrens- und Berufungsabteilung („Pre-Trial, Trial and Appeals Division") – aus denen wiederum Kammern gebildet werden (Art. 39), der Anklagebehörde („Office of the Prosecutor", Art. 42) und der Kanzlei („Registry", Art. 43), vgl. u. **Schaubild 5.**[132] Die **Verteidigung** ist kein Organ des Gerichts, es wurde aber ein „Office of Public Counsel" bei der Kanzlei eingerichtet (Regulation 77).[133] Die ersten 18 hauptamtlichen **Richter** wurden im Februar 2003 für drei, sechs bzw. neun Jahre in einem komplizierten Wahlverfahren von der Vertragsstaatenversammlung (dazu Rn. 29) gewählt. Die letzte Richterwahl fand im November 2013 auf der zwölften Vertragsstaatenver-

paratoires aber official records (UN Doc. A/CONF.183/13, 3 Bde.); vgl. auch *Bassiouni,* 2005 und die Datenbankeinträge in der Legal Tools-Datenbank des IStGH http://www.legal-tools.org/en/search-database/?tx_ltpdb_pisearch[q]=*%3A*&tx_ltpdb_pisearch[filter]=type%3AICC%20%22Preparatory%20Works%22&tx_ltpdb_pisearch[page]=0& (zuletzt abgerufen am 1.7.2014).

130 Zu den Konsequenzen *Zahar/Sluiter,* S. 14ff., zu evtl. „implied powers" S. 23f.; krit. zur mangelnden externen Kontrolle *Pastor,* S. 148ff.

131 Das relationship agreement wurde am 4.10.2004 unterzeichnet (dazu: *Fixson,* in: Kirsch, S. 220ff.). Vgl. in diesem Zusammenhang auch die – von der Generalversammlung angenommene – IStGH-Res. des Rechtsausschusses der Generalversammlung v. 19.11.2004, wonach der IStGH u. a. Beobachterstatus in der Generalversammlung erhält, UN-Dok. A/59/512; vgl. für Nachweise: http://www.icc-cpi.int/iccdocs/asp_docs/Resolutions/ICC-ASP-ASP3-Res-01-ENG.pdf (zuletzt abgerufen am 1.7.2014). Zur Rechtsstellung und zum Verhältnis zur UNO auch ICC Report, 2007, para. 43ff.; *Fixson,* in: Kirsch, S. 213ff.; allg. *Zahar/Sluiter,* S. 32f. – Weitere Abkommen wurden u. a. mit der African Union vom Mai 2005 und mit der EU vom April 2006 (siehe für beide http://www.iccnow.org/?mod=agreementsorgs, zuletzt abgerufen am 1.7.2014). Zudem wurden memoranda of understanding u. a. vereinbart mit der Asian-African Legal Consultative Organisation (AALCO) vom Februar 2008 (http://www.iccnow.org/documents/ICC-Pres-05-01-08-ENG.pdf (zuletzt abgerufen am 1.7.2014)) und mit der DRK im Oktober 2004.

132 Allg. zur Struktur des IStGH *Nerlich,* in: Hankel, 71ff.; *Scheffer,* in: Schabas/Bernaz, S. 68.

133 Vgl. ICC Report, 2005, para. 46; ICC Report Activities, para. 75; *Kreß/Wannek,* in: Kirsch, S. 254; *Mettraux/Cengic,* in: Bohlander, S. 411ff.; krit. *Zahar/Sluiter,* S. 19f., die aber immerhin eine Verbesserung ggü. den *Ad-Hoc*-Tribunalen anerkennen (S. 61). Seit 1.1.2006 ist auch ein „Code of Professional Conduct for counsel" in Kraft getreten, UN-Dok. Nr. ICC-ASP/4/3/Res. 1; dazu *Afifi,* LJIL 20 (2007), 467ff.; *Zahar/Sluiter,* S. 67f.

sammlung statt.[134] Derzeit sind folgende Richter am ICC:[135] Cuno Tarfusser (Italien), Hans-Peter Kaul (Deutschland), Sang-Hyun Song (Südkorea), Sanji Mmasenono Monageng (Botswana), Akua Kuenyehia (Ghana), Erkki Kourula (Finnland), Anita Ušacka (Lettland), Ekaterina Trendafilova (Bulgarien), Joyce Aluoch (Kenia), Christine van den Wyngaert (Belgien), Silvia Alejandra Fernández de Gurmendi (Argentinien), Kuniko Ozaki (Japan), Miriam Defensor-Santiago (Philippinen), Howard Morrison (Großbritannien), Geoffrey A. Henderson (Trinidad und Tobago), Chile Eboe-Osuji (Nigeria), Olga Herrera Carbuccia (Dominikanische Republik) und Robert Fremr (Tschechien).[136]

26 Die Richter repräsentieren die **großen Rechtssysteme der Welt:**[137] Fünf stammen aus der „Westeuropa-und-andere-Staatengruppe" (WEOG),[138] drei aus Lateinamerika und der karibischen Staatengruppe,[139] drei aus der asiatischen Staatengruppe,[140] vier aus der afrikanischen Staatengruppe[141] und drei aus der osteuropäischen Staatengruppe.[142] Die Richter werden aus zwei Listen gewählt (Art. 36 Abs. 5): *Liste A* besteht aus Kandidaten mit Kompetenzen im Strafrecht und Strafprozessrecht und zusätzlicher Erfahrung als Richter, Staatsanwalt, Verteidiger oder in vergleichbaren Bereichen. *Liste B* besteht aus Kandidaten mit Kompetenzen in relevanten Bereichen des Völkerrechts, insbesondere im humanitären Völkerrecht und in den Menschenrechten, sowie beruflicher Erfahrung in einem Gebiet, das für die Arbeit des Gerichtshofs von Bedeutung ist. Die Richter werden grundsätzlich auf neun Jahre gewählt, im Losverfahren wird die Amtszeit eines Drittels der Richter jedoch auf sechs und eines weiteren Drittels auf drei Jahre begrenzt (Art. 36 Abs. 9); dabei können nur die drei Jahre amtierenden Richter wiedergewählt werden (Art. 36 Abs. 9 (c)). Die richterliche Unabhängigkeit soll insbesondere durch die ausschließliche Tätigkeit am IStGH sichergestellt werden. Das Verfahren der Richterwahl sieht sich zunehmender Kritik ausgesetzt, insbesondere weil die Richter der Liste B grundsätzlich Diplomaten sind, denen es an jeglicher Richtererfahrung fehlt.[143]

27 Die **Anklagebehörde** ist eine vom Gericht unabhängige und hierarchische Behörde und wird von der Gambianerin *Fatou Bensouda* („The Prosecutor") geleitet

[134] http://www.icc-cpi.int/iccdocs/asp_docs/ASP12/ICC-ASP-12–45-ENG.pdf und http://www.icc-cpi.int/en_menus/asp/elections/judges/2013/Pages/2013-alphabetical%20listing.aspx (zuletzt abgerufen am 1.7.2014).

[135] http://www.icc-cpi.int/en_menus/icc/structure%20of%20the%20court/Pages/structure%20of%20the%20court.aspx#a (zuletzt abgerufen am 1.7.2014).

[136] Die Richter gehören zu den genannten Abteilungen: Berufungsabteilung: Kuenyehia (Präsident), Song (Präsident des IStGH), Kourula, Ušacka, Monageng (Erster Vizepräsident); Hauptverfahrensabteilung: Ozaki (Präsident), Aluoch, Morrison, Fremr, Oboe-Osuji, Henderson. Die Richter Diarra, Steiner und Cotte sind noch Mitglieder der Abteilung bis zum Abschluss der unter ihnen begonnenen Verfahren. Vorverfahrensabteilung: Trendafilova (Präsidentin), Kaul, Van den Wyngaert, Tarfusser (Zweiter Vizepräsident), Fernandez de Gurmendi, Carbuccia (http://www.icc-cpi.int/en_menus/icc/structure%20of%20the%20court/chambers/Pages/chambers.aspx (zuletzt abgerufen am 1.7.2014)) Siehe hierzu auch *Abtahi/Ogwuma/Young,* JICJ 11 (2013), 382ff.

[137] Es ist jedoch nicht immer möglich, jede Kammer mit Richtern aus allen Rechtssystem zu besetzen. So waren zeitweise nur drei Richter aus common law-Systemen am IStGH, der zu dieser Zeit jedoch über vier Kammern verfügte, s. *Abtahi/Ogwuma/Young,* JICJ 11 (2013), 385.

[138] Morrison, Kourula, Kaul, Tarfusser, Van Den Wyngaert.

[139] Fernández de Gurmendi, Henderson, Carbuccia.

[140] Ozaki, Song, Defensor-Santiago.

[141] Monageng, Kuenyehia, Eboe-Osuji, Alouch.

[142] Fremr, Usacka, Trendafilova.

[143] Vgl. *Bohlander,* NCLR 2009, 529 (532ff.); *ders.*, IYbILP, 2009, 326; siehe auch *Ambos,* LJIL 21 (2008), 915 Fn. 22. Grdl. *Mackenzi/Malleson/Martin/Sands,* Judges, 2010, 19ff., 49ff., 66ff., 102ff., 173ff. dazu *Ambos,* CLF 23 (2012), 223; *Raimondo,* ICLR 11 (2011), 308f.; *Swart,* LJIL 24 (2011) 789ff.; krit. zur Unterrepresentation von Richterinnen *Grossman,* ICLR 11 (2011), 643ff.; *Buss,* ICLR 11 (2011), 412ff.; s. auch *Wald,* ICLR 11 (2011), 402.

(Art. 42)[144]. Sie ist seit Juni 2012 im Amt, nachdem sie Ende 2011 von der Vertragsstaatenversammlung gewählt worden war.[145] Ursprünglich hatte der Prosecutor zwei Stellvertreter für die Bereiche „investigations" (vom 3.11.2003 bis 14.6.2007 *Serge Brammertz,* Belgien) und „prosecution" (seit 2012 *James Stewart,* Kanada),[146] doch nach dem Ausscheiden von *Brammertz* (heute Chefankläger des ICTY) wurde dessen Stelle nicht wiederbesetzt. Die zentrale Entscheidungsinstanz ist das *Exekutivkommittee,* das aus dem Prosecutor, dem Deputy Prosecutor sowie den Leitern der Abteilungen „Gerichtsbarkeit, Komplementarität und Kooperation", „Ermittlungen" und „Anklage" besteht. Zusätzlich ernannte die Anklagebehörde einige externe Berater.[147] Außerdem hat die Anklagebehörde Kooperationsvereinbarungen geschlossen, etwa mit Interpol[148] und den UN-Friedentruppen in der DRK.[149]

Auf den ersten Blick fällt die Arbeitsbilanz des IStGH nach gut zehn Jahren dürftig aus.[150] Derzeit **28**
(1.7.2014) ermittelt der IStGH in acht Situationen und 21 Fällen.[151] Vier Siutationen (Uganda,[152] DR Kongo, Zentralafrikanische Republik und Mali) wurden von Staaten überwiesen, zwei weitere (Darfur, Sudan und Libyen[153]) vom Sicherheitsrat. In Kenia[154] und der Elfenbeinküste[155] hat der Ankläger mit Ge-

[144] Eingehend zu Struktur und Organisation *Olásolo,* S. 281 ff.; auch ICC Report, 2005, paras. 26ff.; *Townsend,* in: Reydams/Wouters/Ryngaert, S. 286ff. Zur Unabhängigkeit und Unparteilichkeit des Anklägers *Wu Wei,* S. 12ff.; *Côté,* in: Reydams/Wouters/Ryngaert, S. 401 ff.; zum Vorgänger *Bensoudas,* dem Argentinier Moreno Ocampo *Ambos,* SZ v. 12.12.2011, S. 2.

[145] http://www.icc-cpi.int/en_menus/icc/structure%20of%20the%20court/office%20of%20the%20prosecutor/Pages/office%20of%20the%20prosecutor.aspx (zuletzt abgerufen am 1.7.2014).

[146] http://www.icc-cpi.int/en_menus/icc/structure%20of%20the%20court/office%20of%20the%20prosecutor/Pages/DeputyProsecutor.aspx (zuletzt abgerufen am 1.7.2014); vgl. ICC Report, 2005, paras. 27, 29; s. auch http://www.icc-cpi.int/en_menus/icc/structure%20of%20the%20court/office%20of%20the%20prosecutor/Pages/office%20of%20the%20prosecutor.aspx (zuletzt abgerufen am 1.7. 2014).

[147] U. a. Baltasar Garzón, Tim McCormack, Benjamin Ferencz, Juan Méndez, Patricia Sellers, Leila Sadat, Diane Amann und Brigid Inder, vgl. http://www.icc-cpi.int/en_menus/icc/press%20and%20media/press%20releases/news%20and%20highlights/Pages/pr833.aspx, http://www.icc-cpi.int/en_menus/icc/press%20and%20media/press%20releases/news%20and%20highlights/Pages/pr861.aspx (zuletzt abgerufen am 1.7.2014).

[148] Vgl. den press release vom 22.12.2004 http://www.icc-cpi.int/en_menus/icc/press%20and%20media/press%20releases/2004/Pages/cooperation%20agreement%20between%20the%20office%20of%20the%20prosecutor%20and%20interpol.aspx (zuletzt abgerufen am 1.7.2014).

[149] Memorandum of Understanding Between the UN and the ICC Concerning Cooperation between the UNO Mission in the DRC (MONUC) and the ICC (ICC-01/04–01/06–1267-Anx2). Mit SR-Resolution 1925 (2010) wurde zum 1. Juli 2010 MONUC in MONUSCO umbenannt (das „S" steht für „Stabilisation").

[150] Siehe *Schabas,* JICJ 11 (2013), 546 („Dissapointing Performance").

[151] Zum Stand der einzelnen Verfahren vgl. *Ambos,* 2013, S. 35ff.; *ders,* in: Bruinsma/Weisburd, 1038f. sowie http://www.icc-cpi.int/en_menus/icc/situations%20and%20cases/Pages/situations%20and%20cases.aspx (zuletzt abgerufen am 1.7.2014). Zur Diskussion um den sog. „Afrika-Fokus" des IStGH siehe *Clark,* JICJ 9 (2011), 524; *Nsereko,* CLF 22 (2011), 518; *Schabas,* CLF 22 (2011), 501; *Ambos,* E+Z 12 (2013), 465; *ders.,* in: Schabas/McDermott/Hayes, S. 499ff. Zu aktuellen Bestrebungen, den Afrikanischen Menschgerichtshof mit (völker-)strafrechtlichen Zuständigkeiten auszustatten siehe *Abass,* EJIL 24 (2013), 933; *ders.,* NILR 60 (2013), 27.

[152] Vertiefend *Roach,* ICLR 13 (2013), 259.

[153] Vertiefend *Brunner/Frau,* HuV-I 2011, 192; *Frau,* AVR 49 (2011), 276; *Janssen-Holldiek,* DGAPanalyse 4, 2011; *Domestici-Met,* GoJIL 3 (2011), 861; *Stahn,* JICJ 10 (2012), 325; speziell zur Intervention der NATO *Merkel,* ZIS 2011, 771; *Ulfstein/Christiansen,* ICLQ 62 (2013), 159; ausführliche Hintergrundinformationen zum Konflikt in *Bassiouni,* 2013.

[154] Vertiefend *Sriram/Brown,* ICLR 12 (2012), 219.

[155] Siehe hierzu auch *Rim,* LJIL 25 (2012), 683; unter TJ-Gesichtspunkten *Owiye Asaala,* in: Ambos/Maunganidze, S. 120ff.

nehmigung der Vorverfahrenskammer poprio motu Ermittlungen aufgenommen (zu den verschiedenen trigger-mechanism § 8 Rn. 7). Weitere Situationen – darunter Afghanistan, Irak und Kolumbien – befinden sich im Vorermittlungsstadium (sog. preliminary examinations – dazu § 8 Rn. 20ff.). Betrachtet man die in diesen Situationen anhängigen Fälle, so ergibt sich folgendes Bild: 12 Beschuldigte, gegen die Haftbefehle erlassen wurden, sind auf der Flucht;[156] drei Verfahren wurden wegen des Todes der Beschuldigten eingestellt.[157] Vier Anklagen wurden von der Vorverfahrenskammer nicht bestätigt,[158] eine Anklage wurde zurückgezogen,[159] ein Fall für unzulässig erklärt;[160] ein Fall befindet sich im Vorverfahrens-[161], sieben im Hauptverfahrensstadium.[162] Drei Verfahren konnten bisher in erster Instanz zum Abschluss gebracht werden: Lubanga wurde zu einer Freiheitsstrafe von 14 Jahren verurteilt,[163] Ngudjolo Chui freigesprochen[164] und Katanga zu einer Freiheitsstrafe von 12 Jahren verurteilt.[165] Während in den Verfahren gegen Lubanga und Ngudjolo Rechtsmittel eingelegt wurden, haben Anklage und Verteidigung im Katanga Fall einvernehmlich ihre Rechtsmittel zurückzugezogen. In beiden Fällen wurden Rechtsmittel eingelegt.[166] Damit liegt derzeit ein rechtskräftiges Urteil des IStGH vor. Darüber hinaus wird gegen fünf Verdächtige wegen Straftaten gegen die Rechtspflege (dazu § 7 Rn. 278) ermittelt.[167] Bei der Würdigung dieser Fallzahlen muss freilich berücksichtigt werden, dass die Verfahren vor dem IStGH sehr komplex, die Ermittlungen – bei denen der IStGH zudem von der Unterstützung der Mitgliedstaaten abhängig ist (dazu § 8 Rn. 63) – schwierig sind. Dies gilt umso mehr, wenn während eines laufenden Konflikts ermittelt wird. Zudem hängt der Erfolg des Gerichtshofs nicht allein von seiner Ermittlungsarbeit, sondern auch von seiner Akzeptanz in den betroffenen Ländern und vor allem deren Kooperation ab.[168]

29 Die **Kanzlei** ist für die Verwaltung und den Dienstleistungsbereich des Gerichts zuständig.[169] Die **Vertragsstaatenversammlung** (Assembly of States Parties, Art. 112) besteht primär aus den Vertragsstaaten, doch haben in ihr auch solche Staaten Beobachterstatus, die lediglich das Statut oder die Abschlusserklärung unterzeichnet haben. Sie soll normalerweise jährlich, in besonderen Fällen auch in außerordentli-

[156] Kony, Otti, Odhiambo, Ongwen (Uganda); Mudacumura (Kongo); Harun, Kushayb, Al Bashir, Hussein (Darfur, Sudan); Osapiri Barasa (Kenia); Al-Islam Gaddafi (Libyen); S. Gbagbo (Elfenbeinküste).

[157] Lukwiya (Uganda); Jerbo (Darfur, Sudan); Muammar Gaddafi (Libyen).

[158] Mbarushimana (Kongo); Abu Garda (Dafur, Sudan); Kosgey, Hussein Ali (Kenia).

[159] Muthaura (Kenia).

[160] Al-Senussi (Libyen), siehe dazu § 8 Rn. 11 mit Fn. 58.

[161] Blé Goudé (Elfenbeinküste).

[162] Katanga (Kongo); Ntaganda (Kongo); Banda (Darfur, Sudan); Bemba Gombo (Zentralafrikanische Rebpublik); Ruto und Sang, Kenyatta (Kenia); L. Gbagbo (Elfenbeinküste).

[163] *ICC,* Lubanga TJ 14.3.2012; mit ausführlicher Besprechun bei *Ambos,* ICLR 12 (2012), 115; *ders.,* ZIS 2012, 313; auch *Barthe,* JZ 2013, 88; *Morgan,* NJECL 3 (2012), 5; *ICC,* Lubanga Decision on Sentence 10.7.2012.

[164] *ICC,* Ngudjolo TJ 18.12.2012.

[165] *ICC,* Katanga TJ 7.3.2014; *ICC,* Katanga Sentence 23.5.2014.

[166] Siehe einerseits ICC Report, 2013, S. 4 *(Lubanga)* und 5 *(Ngudjolo)*; s. andererseits *(Katanga)* http://www.icc-cpi.int/en_menus/icc/press%20and%20media/press%20releases/Pages/pr1021.aspx?utm_source=CICC+Newsletters&utm_campaign=90aa333bc8-6_27_14_GlobalJustice_Weekly&utm_medium=email&utm_term=0_68df9c5182-90aa333bc8-356522329&ct=t(6_27_14_GlobalJustice_Weekly), zuletzt abgerufen am 27.6.2014.

[167] Bemba Gombo, Musamba, Mangenda Kabongo, Babala Wandu, Arido (Zentralafrikanische Republik).

[168] Aus diesem Grund existiert ein sog. „outreach programme“, vgl. ICC Report, 2006, paras. 33ff.; ICC Report, 2007, paras. 18ff., 26f., 35; ICC Strategic Plan, paras. 35ff.; http://www.icc-cpi.int/en_menus/icc/structure%20of%20the%20court/outreach/Pages/outreach.aspx (zuletzt abgerufen am 1.7.2014). Zu ersten Eindrücken *Skillen,* in: Blumenthal/McCormack, S. 229; zur allg. Bedeutung der lokalen Akzeptanz *Damaška,* ChicKentLR 83 (2008), 348f. (364).

[169] Vgl. näher ICC Report, 2005, para. 41ff.; ICC Report Activities, para. 66ff.; *Zahar/Sluiter,* S. 69f.; *Dubuisson/Bertrand/Schauer,* in: Stahn/Sluiter, S. 565ff.

chen Sitzungen zusammentreten. Bislang trat sie zwölf Mal zusammen.[170] Die Vertragsstaatenversammlung ist das politische Entscheidungsorgan des Gerichts, sie soll auch Streitigkeiten über die Auslegung des Statuts schlichten und ggf. eine Vorlage an den **IGH** empfehlen (Art. 119 Abs. 2).[171] Zudem soll die Staatenversammlung überwachen, dass die Mitgliedstaaten ihren Kooperationspflichten nachkommen, Art. 112 Abs. 2(f) i. V. m. Art. 87 Abs. 5(b) und Abs. 7. Sie ist ein Durchsetzungsorgan des Rom-Systems.

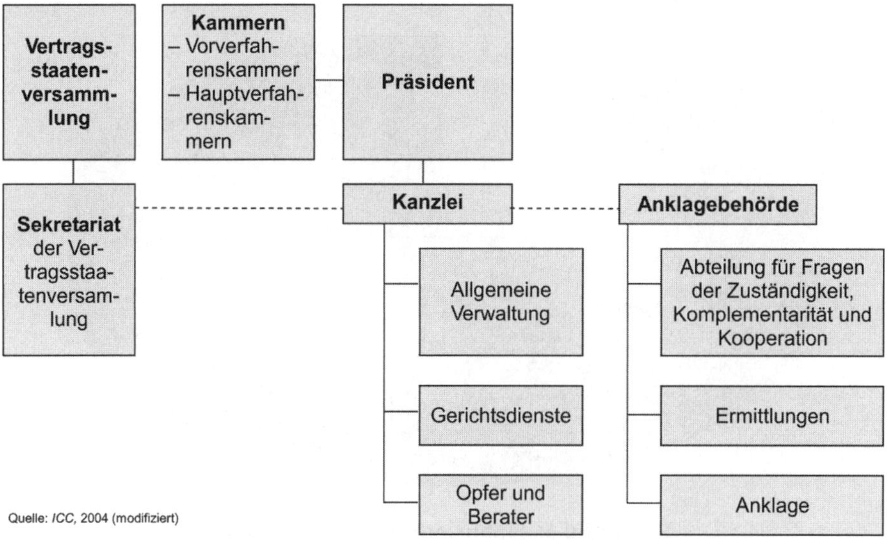

Schaubild 5: Grobe Organisationsstruktur des IStGH

Die **Finanzierung** des Gerichts (Art. 115, 116) erfolgt hauptsächlich durch die Vertragsstaaten, wobei Deutschland seit dem Beitritt Japans den zweithöchsten Beitrag leistet.[172] **Vorbehalte** zum Statut können nicht angebracht werden (Art. 120).[173] **Än-** 30

[170] Vgl. http://www.icc-cpi.int/en_menus/asp/sessions/documentation/Pages/documentation.aspx (zuletzt abgerufen am 1.7.2014).

[171] Vgl. zum Verhältnis zwischen IGH und IStGH *Höpfel,* FS Eser, 2005, S. 767 f.; zu Art. 119 Abs. 1 vgl. *Ochoa,* ICLR 7 (2007), 1 ff.

[172] Das System entspricht dem UN-Verteilerschlüssel. Im Jahr 2013 hatte der IStGH ein Gesamtbudget von 115 620 300 Euro. Laut dem Committee on Budget and Finance musste Deutschland für das Jahr 2013 eine Summe von 12 717 167 Euro (11 % des Gesamtbetrages) zahlen. Eine Auswahl weiterer Beitragszahler: Japan mit 19 292 211 Euro (17,3 %), das Vereinigte Königreich mit 9 223 100 Euro (8 %), Frankreich mit 9 960 432 Euro (8,66 %), Italien mit 7 921 312 Euro (7 %), Kanada mit 5 314 150 Euro (4,6 %), Spanien mit 5 294 543 Euro (4,6 %), Mexiko mit 3 280 407 Euro (2,8 %), Südkorea mit 3 551 095 Euro (3,1 %) und Australien mit 3 693 497 Euro (3,2 %), siehe ICC-ASP/11/1, S. 1 ff. (http://www.icc-cpi.int/iccdocs/asp_docs/Resolutions/ASP11/ICC-ASP-11-Res1-ENG.pdf (zuletzt abgerufen am 1.7.2014)) und ASP/12/5/Rev.1 (http://www.icc-cpi.int/iccdocs/asp_docs/ASP12/ICC-ASP-12-5-Rev1-ENG.pdf (zuletzt abgerufen am 1.7.2014)); hierzu auch *O'Donohue,* ICLR 13 (2013), 274 ff. mit einer Übersicht über die Budgets der letzten Jahre auf S. 278; allgemein zur Finanzierung internationaler Tribunale *Wierda/Triolo,* in: Reydams/Wouters/Ryngaert, S. 113 ff.

[173] Zur schwierigen Abgrenzung zu den auslegenden Erklärungen zahlreicher Vertragsstaaten *Stein,* GS Vogler, 2004, S. 183 ff.; krit. auch *Schabas,* EJIL 15 (2004), 711; *Gueiros Souza,* in: Ambos/Japiassú,

derungen des Statuts sind grundsätzlich sieben Jahre nach seinem Inkrafttreten möglich (Art. 121), institutionelle Änderungen jedoch jederzeit (Art. 122; zur ersten Überprüfungskonferenz u. Rn. 34). Sie müssen von der Vertragsstaatenversammlung mit Zweidrittelmehrheit angenommen werden. Das materielle und Verfahrensrecht des Statuts wird unten (§§ 7, 8) eingehend dargestellt.

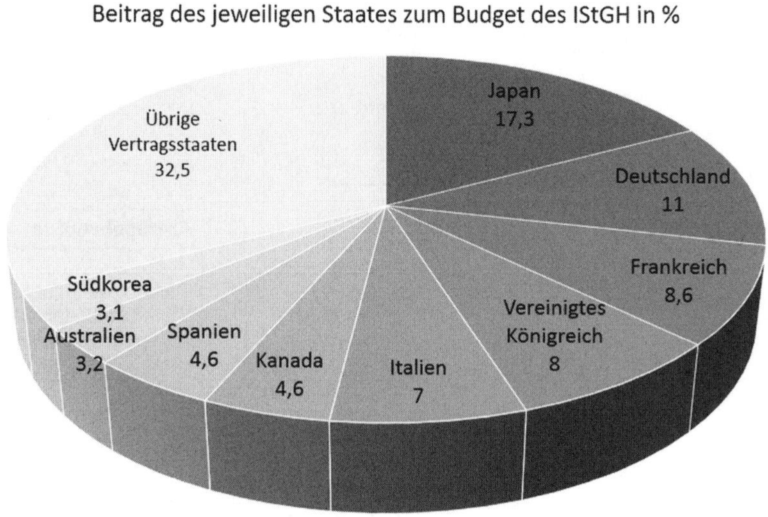

Schaubild 6: Finanzierung des IStGH 2013

31 Die beiden wichtigsten Nebeninstrumente des IStGH sind die Verbrechenselemente und die Verfahrens- und Beweisregeln. Gemäß Art. 9 sollen die **Verbrechenselemente** („Elements of Crime") dem Gerichtshof bei der Auslegung und Anwendung der im Statut festgelegten Kernverbrechen („core crimes") helfen, sie müssen aber mit dem Statut vereinbar sein (Art. 9 Abs. 3). Sie dienen als *subsidiäre* Rechtsquelle gegenüber den Statutsverbrechen, dürfen diese also nicht ändern; sie unterliegen der Auslegung durch den Gerichtshof.[174] Sie haben eine deklaratorische und systematisierende Funktion. Sie systematisieren die Art. 6–8, indem sie deren Tatbestandselemente strukturieren. Sie wurden auf der 5. Sitzung der Preparatory Commission (Rn. 22) vorläufig verabschiedet und auf der ersten Sitzung der Vertragsstaatenversammlung endgültig angenommen.[175] In der allgemeinen Einführung zu den Elementen ist folgender Aufbau vorgesehen: Zuerst werden (tatbestandsmäßiges) Verhalten, Folgen und Tatumstände dargestellt. Danach werden, wenn erforderlich, besondere subjektive Vorausset-

TPI, 2005, S. 90ff. Zur Problematik „versteckter" Vorbehalte unter Auswertung der Deklarationen von sechs Mitgliedsstaaten (Uruguay, Kolumbien, Malta, Australien, Frankreich, Großbritannien) vgl. *AI,* ICC: Declarations amounting to prohibited reservations to the RS, IOR 40/032/2005, 2005.

174 *Dörmann/Kreß,* HuV-I 1999, 203; *Lindenmann,* HuV-I 1999, 213; auch *Koch,* ZIS 2007, 150ff.; *Jesse,* S. 161ff.

175 Report PrepCommiss II; ASP to the Rome Statute of the ICC, first session, New York (3.-10.9.2002), Official Records, UN-Dok. ICC-ASP/1/3, 108ff.; bzgl. des inquisorischen und adversatorischen Einflusses siehe *Kirchengast,* Criminal trial, 2010, S. 138f.

zungen der Verantwortlichkeit („mental element") und schließlich die sogenannten Kontextelemente oder -umstände („contextual circumstances") aufgeführt.[176]

32 Die **Verfahrens- und Beweisregeln** („Rules of Procedure and Evidence", RPE) wurden ebenfalls von der Preparatory Commission erarbeitet und auf der ersten Vertragsstaatenversammlung verabschiedet.[177] Diese entscheidet auch über Ergänzungen und Änderung der RPE (Art. 51 Abs. 2).[178] Darin ist eine Absage an den aus dem Common Law bekannten *Judge-Legislator*[179] zu sehen. Der darin liegende Verlust an legislatorischer Flexibilität ist im Lichte der Grundsätze der Gewaltenteilung, der Rechtssicherheit und Transparenz hinzunehmen.[180] Immerhin bleibt den Richtern die Möglichkeit, in dringenden Fällen vorläufige Regeln mit Zweidrittelmehrheit zu erlassen (Art. 51 Abs. 3). Auch die Verfahrens- und Beweisregeln müssen mit dem Statut vereinbar sein und sind zu diesem subsidiär (Art. 51 Abs. 4, 5). Die einführende *explanatory note* stellt überdies fest, dass die Regeln das nationale Recht unberührt lassen. In der Sache stellen die Regeln eine Konkretisierung und Weiterentwicklung der Zuständigkeits-, gerichtsorganisatorischen und Verfahrensvorschriften des Statuts dar. Die insgesamt 228 Regeln – einschließlich der neuen 134*bis*, 134*ter*, 134*quater* (dazu § 8 Rn. 51) – sind in 12 Kapitel unterteilt: allgemeine Vorschriften (Regeln 1–3); Zusammensetzung und Verwaltung des Gerichts (4–43); Zuständigkeit und Zulässigkeit (44–62); Vorschriften zu verschiedenen Verfahrensstadien (63–103); Ermittlungen und Strafverfolgung (104–130); Hauptverfahren (131–144); Strafen (145–148); Appellation[181] („appeal") und Wiederaufnahme (149–161); Straftaten gegen das Gericht und ordnungswidriges Verhalten (162–172); Entschädigung für verhaftete und verurteilte Personen (173–175); internationale Zusammenarbeit und Rechtshilfe (176–197) und schließlich Vollstreckung (198–225). Sowohl auf die Verbrechenselemente als auch auf die Verfahrensregeln wird im Rahmen der Behandlung der Verbrechenstatbestände (§ 7 Rn. 117 ff.) und des Völkerstrafprozessrechts (§ 8 Rn. 1 ff.) noch einmal zurückzukommen sein.

33 Daneben haben sich die Richter eine **Geschäftsordnung** (Art. 52) gegeben, die am 26. Mai 2004 auf einer Richtervollversammlung in Den Haag verabschiedet wurde und insgesamt 126 Vorschriften umfasst.[182] Die Geschäftsordnung ist von dem Wunsch getragen, die Verfahren möglichst zügig – zügiger jedenfalls als die *Ad-Hoc*-Tribunale – durchzuführen, zu lange Urteile zu vermeiden und dem Angeklagten ein faires Verfahren zu sichern. Ferner sind die **Geschäftsordnungen der Kanzlei** und der

[176] Näher *Ambos*, NJW 2001, 405 (406 f.). Krit. *Hunt*, JICJ 2 (2004), 59 ff. (65 ff.), der in den „elements" eine „overwhelming exercise in legal positivism" sieht, die leicht durch die dynamische Rechtsentwicklung überholt werden könne. Außerdem seien die „elements" vielfach so formuliert worden „to facilitate conviction."; krit. auch *Koch*, ZIS 2007, 150 ff.

[177] Report PrepCommiss I; s. http://www.iccnow.org/documents/Report_inf3e.pdf (zuletzt abgerufen am 1.7.2014); für eine Übersicht der prozessrechtlichen Regelungen siehe *Kreß*, GA 2006, 528 ff.; *ders.*, JICJ 5 (2007), 537 ff.

[178] Jüngst ICC-ASP/12/Res.7.

[179] Der Begriff „Judge Legislator" (Cassese/Gaeta/Jones/*Guariglia*, S. 1115; auch *Boas*, in: Boas/Schabas, ICTY Case Law, 2003, S. 1) bedeutet in diesem Zusammenhang nichts anderes als richterlicher Gesetzgeber im Sinne des Common Law (allg. *Partington*, S. 67; zum Richterrecht im Common Law s. *Malleson/Padfield*, S. 70, 71; *Elliott/Quinn*, Legal System, 2008, S. 22 ff.; abl. *Reid*, J.S.P.T.L. (N.S.) 12, 22).

[180] Vgl. auch Cassese/Gaeta/Jones/*Guariglia*, S. 1115 ff.; *Kreß/Wannek*, in: Kirsch, S. 241 f.

[181] Zum Begriff § 8 Rn. 57.

[182] Regulations of the Court, Dok. Nr. ICC-BD/01-01-04; s. auch Insight 3/2004, 5. Vgl. auch ICC Report, 2005, para. 22. Zum **„Code of Judicial Ethics"** ebd. u. *Zahar/Sluiter*, S. 53.

Anklagebehörde zu nennen.[183] Eine weitere wichtige Rechtsgrundlage ist das **„Agreement on Privileges and Immunities“** (Art. 48), welches den Richtern, dem Personal der Staatsanwaltschaft und Kanzlei sowie Zeugen, Sachverständigen und anderen Personen, deren Anwesenheit in Den Haag erforderlich ist, bestimmte, abgestufte Immunitäten und Vorrechte einräumt.[184] Der **Opfertreuhandfond** hat seit dem 6. Dezember 2005 eine Geschäftsordnung.[185] Abschließend sind noch die **Abkommen** des IStGH mit dem IKRK,[186] der EU[187] und Österreich,[188] sowie *last but not least* die **Nutzungsvereinbarung** mit dem Sondergerichtshof für Sierra Leone[189] zur Durchführung des Verfahrens gegen Charles Taylor (näher Rn. 44) zu nennen.

III. Die erste Überprüfungskonferenz in Kampala

34 Die erste Überprüfungskonferenz (*Review Conference,* Art. 123) fand – mehr als sieben Jahre nach Inkrafttreten des Statuts (Art. 121) – vom 31. 5. bis zum 11.6.2010 in Kampala (Uganda) statt.[190] Die Konferenz diente zum einen einer Bestandsaufnahme der bisherigen Arbeit des IStGH durch die Vertragsstaaten, aber auch durch Beobachterstaaten (USA!), internationale Organisationen, NROs und Wissenschaftler. Zum anderen standen einigen Änderungen des Statuts auf der Tagesordnung, insbesondere die Definition des Aggressionstatbestands. Die Debatte zur Bestandsaufnahme konzentrierte sich auf die Rolle der Opfer und sonstiger betroffener Personen,[191] Komplementarität,[192] Kooperation[193] sowie das umstrittene Verhältnis von Frieden und Gerechtigkeit.[194] Im Hinblick auf die vorgeschlagenen Änderungen brachte die Konferenz drei konkrete Ergebnisse:

[183] Vgl. Regulations of the Registry, Dok. Nr. ICC-BD/03-01-06 sowie Regulations OTP.

[184] Überblick über den Ratifikationsstand unter https://treaties.un.org/pages/ViewDetails.aspx?src=TREATY&mtdsg_no=XVIII-13&chapter=18&lang=en (zuletzt abgerufen am 1.7.2014); dazu auch *Zahar/Sluiter,* S. 25 ff.

[185] Regulations of the Trust Fund for Victims, Dok. Nr. ICC-ASP/4/3/Res. 3.

[186] Agreement between the ICC and the ICRC on Visits to Persons deprived of Liberty Pursuant to the Jurisdiction of the ICC, Dok. Nr. ICC-PRES/02-01-06, 29.3.2006.

[187] Agreement between the ICC and the EU on Cooperation and Assistance, Dok. Nr. ICC-PRES/01–01–06, 10.4.2006; dazu EU-Nachrichten v. 22.5.2006, S. 7. Zum Verhältnis der EU zum IStGH vgl. *Antoniadis/Bekou,* ICLR 7 (2007), 621 ff., speziell zum Abkommen 633 ff.; *Reydams/Wouters,* in: Reydams/Wouters/Ryngaert, S. 76 f.; s. auch die Erklärung des Rates der EU v. 21.3.2011.

[188] Agreement between the ICC and the Federal Government of Austria on the enforcement of sentences of the ICC, Dok. Nr. ICC-PRES/01-01-05, 27.10.2005.

[189] Memorandum of Understanding regarding Administrative Arrangements between the International Criminal Court and the Special Court for Sierra Leone, Dok. Nr. ICC-PRES/03-01-06, 13.4.2006.

[190] Für allgemeine Informationen, siehe http://www.icc-cpi.int/en_menus/asp/reviewconference/Pages/review%20conference.aspx (zuletzt abgerufen am 1.7.2014); siehe auch *Marschner/Olma,* ZIS 2010, 529 ff.; *CICC,* Report on the first Review Conference; *FIDH,* ICC Review Conference; *Nsereko,* CLF 22 (2011), 511 ff.

[191] ICC, Review Conference of the Rome Statute, Stocktaking of international criminal justice – Impact of the Rome Statute system on victims and affected communities – Draft informal summary by the focal points, RC/ST/V/1 (10. Juni 2010); Resolution RC/Res.2, The impact of the Rome Statute system on victims and affected communities (14 June 2010).

[192] ICC, Review Conference of the Rome Statute, Stocktaking of international criminal justice – Taking stock of the principle of complementarity: bridging the impunity gap – [Draft] Informal summary by the focal points, RC/ST/CM/1 (22 June 2010); Resolution RC/Res.1, Complementarity (14. Juni 2010).

[193] ICC, Review Conference of the Rome Statute, Stocktaking of International Criminal Justice – Cooperation – Summary of the roundtable discussion, RC/ST/CP/1/Rev.1 (28. Juni 2010).

[194] ICC, Review Conference of the Rome Statute, Stocktaking of International Criminal Justice – Peace and justice – Moderator's Summary, RC/ST/PJ/1/Rev.1 (22. Juni 2010).

- Die Vertragsstaaten lehnten eine Streichung von Art. 124 (dazu § 8 Rn. 6) zum gegenwärtigen Zeitpunkt ab, einigten sich aber darauf, die Vorschrift nach fünf Jahren erneut zur Abstimmung zu stellen.[195]
- Die Vertragsstaaten akzeptierten einen Vorschlag Belgiens, Art. 8 (2) (b) (xvii)-(xix) auf den nicht-internationalen bewaffneten Konflikt (Art. 8 (2) (e) (xvii)-(xix) neu) auszudehnen (s. auch § 7 Rn. 233).[196]
- Die Vertragsstaaten einigen sich buchstäblich in letzter Sekunde auf eine Definition des Verbrechens der Aggression und seiner Bedingungen zur Gerichtsbarkeit (näher § 7 Rn. 261 ff.).[197]

IV. Die nationale Umsetzung („implementation") des IStGH-Statuts

Wenn man nach der nationalen Umsetzung des IStGH-Statuts fragt, so ist zunächst zu klären, ob sich aus dem Statut **spezifische Umsetzungsverpflichtungen** ergeben. Dies ist grundsätzlich **nicht** der Fall.[198] Das Statut sieht lediglich in Art. 70 Abs. 4 vor, dass die Vertragsstaaten ihre nationalen Rechtspflegedelikte (§§ 153 ff. StGB) um den Schutz des IStGH erweitern (§ 7 Rn. 276 ff.). Überdies haben die Vertragsstaaten innerstaatliche Verfahren zur Zusammenarbeit mit dem IStGH vorzusehen (Art. 88). Diese Verpflichtung ist auch **faktischer Art,** denn wenn die Vertragsstaaten ihrer generellen Zusammenarbeitspflicht (Art. 86) nachkommen wollen, so müssen sie innerstaatlich die verfahrensrechtlichen und gerichtsorganisatorischen Vorkehrungen treffen.[199] Vollends faktischer Art sind die *aus dem Komplementaritätsgrundsatz* (Art. 17) folgenden Umsetzungsverpflichtungen: Setzt dieser Grundsatz neben dem Verfolgungs*willen* auch die Verfolgungs*fähigkeit* des Territorialstaates voraus (§ 8 Rn. 10 ff.), so impliziert dies die Existenz eines „nationalen" Völkerstrafrechts, welches insbesondere die vr Kernverbrechen kodifiziert.[200] 35

Im Ergebnis verbleibt den Vertragsstaaten damit – vorbehaltlich der Verfassungsmäßigkeit des Statuts (dazu Rn. 38) – ein erheblicher **Gestaltungsspielraum.** Zwar ist eine Nicht-Umsetzung („Null-Lösung") auf Grund der genannten (faktischen) Verpflichtungen keine Option, doch steht es den Staaten überdies frei, sich zwischen einer **begrenzten und vollständigen Implementation** zu entscheiden.[201] Die Minimallösung ist eine begrenzte Implementation durch Einführung der für die Zusammenarbeit notwendigen Verfahrensvorschriften und Erweiterung der Rechtspflegedelikte (§ 153 ff. StGB) auf den IStGH. Wählt man den Weg einer vollständigen Implementation, so kann man entweder auf das IStGH-Statut in seiner Gesamtheit oder auf bestimmte Teile verweisen (sog. **Verweisungsmodell**) 36

195 Resolution RC/Res.4, Article 124 (16 June 2010).

196 Resolution RC/Res.5, Amendments to article 8 o f the Rome Statute (16 June 2010), abrufbar unter www.icc-cpi.int/iccdocs/asp_docs/Resolutions/RC-Res.5-ENG.pdf (zuletzt abgerufen am 1.7.2014).

197 Resolution RC/Res.6, The Crime of Aggression (28 June 2010).

198 Ebenso *Werle,* 2012, Rn. 82 f.

199 Näher zu den Implementationspflichten aus Art. 86 ff. *Palma,* in: Malaguti, S. 203 ff.

200 Ebenso *Weigend,* GS Vogler, 2004, S. 201: „Anreiz"; auch *Burchards,* S. 325, 328 ff.; *Fixson,* in: Kirsch, S. 229; *Zahar/Sluiter,* S. 489; Cryer/*Cryer et al.,* S. 81; zu der daraus folgenden Harmonisierung der nationalen Strafrechte bzw. dem „top down" Einfluss des IStGHS vgl. *Cryer,* S. 117 ff.; *Fletcher,* 2007, S. 340; *Werle,* 2012, Rn. 84.

201 Vgl. zu den Optionen instruktiv *Werle,* JZ 2001, 886 ff., der sich allerdings nur auf das materielle Recht bezieht und dem hier nicht ganz gefolgt wird; vgl. auch *Burchards,* S. 335 ff.; aus rechtstheoretischer Sicht *de Carvalho,* in: Ambos/de Carvalho, S. 79 ff.; vgl. auch *Bergsmo/Harlem/Hayashi,* Core international crimes, 2010 insbesondere zum deutschen und kanadischen Implementationsmodell.

oder die entsprechenden Teile im nationalen Recht (gesondert) kodifizieren (sog. **Kodifikationsmodell**).[202] Das **Verweisungsmodell** findet sich bisher vor allem in den Staaten des angloamerikanischen Rechtskreises (common law). Dabei kann weiter zwischen einem *statischen Verweis* auf das Statut durch nationale Strafnormen (so etwa England und Wales durch den „ICC Act 2001", Schottland durch den „ICC Act 2001" oder auch Neuseeland durch den „International Crimes and ICC Act 2000") und einem *dynamischen Verweis* auf VGR durch nationale Strafnormen (so Kanada durch den „Crimes Against Humanity and War Crime Act 2000") unterschieden werden.[203] Dieser Weg wird in eingeschränkter Form und begrenzt auf Kriegsverbrechen auch von anderen (Nichtvertrags-)Staaten (USA),[204] auch des kontinentaleuropäischen Rechtskreises (Finnland, Polen, Russland, Schweden, Weißrussland) beschritten.[205] In diesem Fall wird durch eine innerstaatliche Blankettnorm die Strafbarkeit bestimmter Verhaltensweisen nach nationalem Recht unter Verweis auf das momentan geltende VGR (die blanketausfüllende Norm) für strafbar erklärt.[206] Damit ist sichergestellt, dass sich die innerstaatliche Strafbarkeit dynamisch mit dem VGR weiterentwickelt.[207] Bei einem *statischen Verweis* hingegen wird explizit auf das IStGH-Statut in einer zu einem bestimmten Zeitpunkt geltenden Fassung Bezug genommen, d. h. innerstaatliche Blankettnormen verweisen auf die in Art. 6–8 IStGH-Statut erfassten Straftaten als blanketausfüllende Normen. Diese werden damit in das innerstaat-

[202] Grdl. *Eser et al.*, 2003ff.; *Kreß et al.*, 2000 u. 2005; *Vandermeersch, Sluiter, Boas* und *Hay*, JICJ 2 (2004), 133ff.; *Höpfel/Angermaier*, S. 319f.; zu Australien *Blumenthal*, in: Blumenthal/McCormack, 292ff.; zu England und Wales *Rabenstein/Bahrenberg*, in: Eser et al., 2003ff., Bd. 6, S. 261ff.; *Cryer/Bekou*, JICJ 5 (2007), 441ff.; zu Kanada *Burchards*, S. 338ff.; *Gut/Wolpert*, in: Eser et al., 2003ff., Bd. 5, S. 19ff.; *Prost/Robinson*, in: Kreß et al., 2005, S. 53ff.; zu Dänemark *Laursen*, JICJ 10 (2012), 997; zu Spanien *Rojo*, JICJ, 9 (2011), 699ff.; zu Italien *Roscini*, JICJ 5 (2007), 493ff. u. *De Simone*, in: Malaguti, S. 157ff.; zu Frankreich *Maillet*, in: Malaguti, S. 177ff.; zu Österreich *Farthofer*, in: Safferling/Kirsch, S. 373ff.; zu Lateinamerika *Ambos/Malarino*, in: Eser et al., 2003ff., Bd. 4, S. 469ff.; *Grammer*, in: Ambos et al., 2005, S. 45ff.; *Ambos et al.*, 2006; *CAJ*, La Corte Penal Internacional, 2007, S. 35ff. sowie RP 14 (Juli 2004), 209ff.; zu Argentinien *Alvarez*, JICJ 5 (2007), 480ff; zu den USA – aus rechtsvergleichender Sicht unter Einbeziehung von Kanada, Australien, Großbritannien, Deutschland und Frankreich – *Hatchell*, ILSA J. Int. & Comp. L. 12 (2005), 1ff.; zur Schweiz *Gless*, 2011, Rn. 937ff.; *Vest, Benoit-Laudale*, in: Ziegler et al., Kriegsverbrecherprozesse, 2009, S. 53ff., 258ff.; *Baumgartner*, in: Safferling/Kirsch, S. 399ff. Zu den Arten der Inkorporation der Kernverbrechen und zum vr Rahmen *Ferdinandusse*, Direct application of international criminal law in national courts, 2005, S. 41ff., 137ff., 179ff.; *Cryer*, S. 117ff., 167ff.; zu den Verbrechen auch *Bacio Terracino*, JICJ 5 (2007), 421ff.; *Cornils*, FS Lahti, 2007, S. 30ff.

[203] *Kreicker*, in: Eser et al., 2003ff., Bd. 7, S. 27f.; auch Cryer/*Cryer et al.*, S. 80.

[204] Unabhängig vom IStGH-Statut, das die USA bekanntlich nicht ratifiziert haben, nimmt das dortige innerstaatliche Recht auf die vier Genfer Konventionen von 1949 und die Haager Landkriegsordnung von 1907 Bezug. Da Art. 8 IStGH-Statut auf diesen Abkommen beruht, entspricht auch das U.S.-amerikanische innerstaatliche Kriegsrecht weitgehend Art. 8 (vgl. den „War Crimes Act 1996", 18 U.S.C. § 2441, http://www.law.cornell.edu/uscode/text/18/2441 (zuletzt abgerufen am 1.7.2014)).

[205] *Kreicker*, in: Eser et al., 2003ff., Bd. 7, S. 27 mit Verweisen auf die einzelnen Länderberichte in Fn. 108.

[206] So beispielsweise section 4 (3) des kanadischen „Crimes Against Humanity and War Crimes Act": „(...) genocide means an act or omission committed with intent to destroy, in whole or in part, an identifiable group of persons, as such, that, at the time and in the place of its commission, constitutes genocide according to customary international law or conventional international law or by virtue of its being criminal according to the general principles of law recognized by the community of nations, whether or not it constitutes a contravention of the law in force at the time and in the place of its commission. (...)."

[207] *Kreicker*, in: Eser et al., 2003ff., Bd. 7, S. 27. Zum Einfluss der *Ad-Hoc*-Tribunale auf die nationale Implementation vgl. *Heinsch*, S. 266ff. 268ff. (Deutschland), 274ff. (Schweiz), 278f. (Großbritannien).

liche Recht inkorporiert.[208] Insoweit muss aber weiter zwischen einer *unmittelbaren Anwendung* des Statuts (z. B. Südafrika[209]) und einer *Übernahme durch Verweisung* (z. B. England und Wales, Schottland, Neuseeland[210]) unterschieden werden.

Die **Implementation in den Vertragsstaaten** wird von der internationalen NGO „Coalition for the ICC" fortlaufend beobachtet.[211] Zum Mai 2012 hatten 65 Staaten irgendeine Form von Implementationsgesetzgebung erlassen, davon 61 Staaten Gesetzgebung zum materiellen Strafrecht (insbesondere Verbrechenstatbestände, „Komplementaritätsgesetzgebung") und 49 Staaten zum Prozessrecht, einschließlich Kooperation mit dem IStGH („Kooperationsgesetzgebung"); ferner haben 36 Staaten Gesetzes*entwürfe* vorgelegt.[212] Bis 2012 sind weniger als 49 Staaten ihren Verpflichtungen (mehr oder weniger) vollständig nachgekommen, haben also sowohl Komplementaritäts- als auch Kooperationsgesetzgebung erlassen.[213] Zudem ist zu berücksichtigen, dass nicht alle Umsetzungsgesetze den Anforderungen des IStGH-Statuts entsprechen, also entweder dahinter zurückbleiben oder rechtstechnisch fehlerhaft sind.[214] Die zuständige „New York Working Group" des „Bureau of the Assembly of State Parties" hatte insoweit noch im Jahre 2006 einen alarmierenden Bericht für die fünfte ASP vorbereitet und insbesondere eine Strategie zur vollständigen und effektiven Implementation vorgeschlagen,[215] die seitdem umgesetzt und stetig weiterentwickelt wird.[216] 37

208 *Kreicker,* in: Eser et al., 2003ff., Bd. 7, S. 28.

209 So geschehen durch den „ICC-Act", 18.7.2002, vgl. http://www.justice.gov.za/legislation/acts/2002-027.pdf (zuletzt abgerufen am 1.7.2014); vgl. zu Südafrika auch *Maqungo,* in: Kreß et al., 2000, S. 183ff.; *ders.*, in: Kreß et al., 2005, S. 331ff.; *du Plessis,* JICJ 5 (2007), 460ff.; *ders.*, in: Ambos/Maunganidze, S. 23ff.; speziell zur Implementierung des Aggressionsverbrechens *Kemp,* in: Ambos/Maunganidze, S. 39ff.

210 Zu Neuseeland vgl. *Hay,* „New Zealand", in: Kreß et al., 2005, S. 235ff. *du Plessis,* JICJ 5 (2007), 460ff.

211 Vgl. CICC (www.iccnow.org/?mod=romeimplementation), *AI* (http://www.amnesty.org/en/library/info/IOR53/011/2010/en) und *HRW* (www.hrw.org/campaigns/icc/implementation.htm) (zuletzt abgerufen jeweils am 1.7.2014).

212 Vgl. http://www.iccnow.org/documents/Global_Ratificationimplementation_chart_May2012.pdf; http://www.iccnow.org/?mod=download&doc=12197 (zuletzt abgerufen jeweils am 1.7.2014); *AI,* Implementation, 2010; vgl. auch http://www.hrw.org/legacy/campaigns/icc/docs/icc-implementation.pdf (zuletzt abgerufen am 1.7.2014).

213 *Coalition for the International Criminal Court,* ibid.

214 *Van der Pas,* ICC Monitor (2006), S. 5 („seriously flawed"); ebenso *AI,* ICC: The failure of states to enact effective implementing legislation, IOR 40/019/2004, September 2004,; krit. auch *Ambos,* in: Jehle/Lipp/Yamanaka, Rezeption und Reform, 2008, S. 232; krit. zu den Verbrechen auch *Bacio Terracino,* JICJ 5 (2007), 421ff.; zur Problematik der Unterscheidung „Situation-Fall" (§ 8 Rn. 2) und deren Auswirkung auf die Implementation am Beispiel Spaniens vgl. *Olásolo,* LJIL 20 (2007), 193ff.; einführend dazu *Stahn,* LJIL 20 (2007) 165; speziell zur Implementation Südkoreas *Kim,* Chinese JIL 10 (2011), 161ff.

215 Report of the Bureau on ratification and implementation of the Rome Statute and on participation in the ASP, ASP, 5th session, The Hague, 23. 11.-1. 12. 2006, ICC-ASP/5/26, 17. 11 2006, S. 6f.; krit. auch Cryer/*Friman,* S. 534. Für eine spezielle Arbeitsgruppe zur Implementation *Bacio Terracino,* JICJ 5 (2007), 439f.

216 Siehe jüngst Report of the Bureau on the Plan of action for achieving universality and full implementation of the Rome Statute of the International Criminal Court, 12th session, The Hague, 20.-28.11.2013, ICC-ASP/12/26, 15.11.2013, paras. 6ff.

38 Auf *verfassungsrechtlicher Ebene* hat der **deutsche** Vertragsgesetzgeber[217] den IStGH als zwischenstaatliche Einrichtung i. S. v. Art. 24 Abs. 1 GG anerkannt und ihm damit Hoheitsgewalt übertragen.[218] Demzufolge haben Maßnahmen und Anordnungen des IStGH eine unmittelbare Durchgriffswirkung auf die deutsche Rechtsordnung.[219] Nach Ansicht des Gesetzgebers sind auch die Mindestbedingungen eines rechtsstaatlichen Verfahrens durch das IStGH-Statut gewahrt.[220] Deutschland hat – abgesehen von der Ergänzung des Art. 16 Abs. 2 GG um einen S. 2 im Hinblick auf die Auslieferung Deutscher an EU-Mitgliedstaaten und internationale Gerichte[221] – zwei Sondergesetze materiell- und verfahrensrechtlicher Art geschaffen.[222]

F. Die nationale Umsetzung des IStGH-Statuts in Deutschland: VStGB und IStGHG

39 Das deutsche Strafrecht kannte bis zum Inkrafttreten des **Völkerstrafgesetzbuchs (VStGB)**[223] keine Tatbestände, die die anerkannten vr Kernverbrechen gesondert unter Strafe stellten. Einzige Ausnahme war der Tatbestand des Völkermords (§ 220 StGB a. F.), der aufgrund der Verpflichtungen aus der Genozidkonvention geschaffen worden war.[224] Im Übrigen konnten völkerrechtswidrige Handlungen nur über die „normalen" nationalen Tatbstände des StGB, wie etwa Körperverletzung, Totschlag oder Mord, erfasst werden. Diese werden jedoch dem spezifischen Unrechtsgehalt internationaler Verbrechen, der in der Einbettung des Einzelakts in einen kollektiven Gesamtzusammenhang (z. B. Angriff gegen die Zivilbevölkerung bei VgM, dazu § 7 Rn. 174 ff.) besteht, nicht gerecht.[225] Diese Lücke wurde durch das Zustimmungsgesetz zum IStGH-Statut nicht geschlossen, da es sich bei dem Statut nicht um sog. *self-executing*-Normen handelt, so dass die Tatbestände des Statuts im deutschen Recht nicht unmittelbar anwendbar sind.[226] Um Deutschland in die Lage zu versetzen, die im IStGHS genannten Verbrechen selbst zu verfolgen, mussten vielmehr neue (nationale) Strafvorschriften erlassen werden. Dabei hat sich der deutsche Gesetzgeber dafür

---

[217] BGBl. II 2000 S. 1393; vgl. schon Rn. 36.

[218] BT-Drs. 14/2682, 6 f.; Grützner/Pötz/*Kreß*, IV A 1 Rn. 368.

[219] Vgl. *BVerfG*, Beschluss v. 19.9.2006 – 2 BvR 2115/01; 2 BvR 2132/01; 2 BvR 348/03, Tz. 56 (insoweit nicht abgedruckt in NJW 2007, 499): Internationale Gerichtshöfe im Sinne von Art. 16 Abs. 2 Satz 2 GG können Urteile mit unmittelbarer Wirkung für Einzelne erlassen, ihre Rspr. ist von deutschen Gerichten zu beachten; vgl. *Kreß*, GA 2007, 296 ff. Die Kammern des IStGH sind jedoch *nicht* gesetzliche Richter i. S. v. Art. 101 I 2 GG, da die Entscheidungen des IStGH (im Gegensatz zu denen des EuGH) nicht unmittelbar im deutschen Recht gelten, *BVerfG* NStZ 2011, 353–354.

[220] BT-Drs. 14/2682, 6 f.; Grützner/Pötz/*Kreß*, IV A 1 Rn. 368.

[221] BGBl. I 2000 S. 1633. Danach wird eine Ausnahme vom Auslieferungsverbot Deutscher „für die Auslieferung an einen Mitgliedstaat der EU oder einen internationalen Gerichtshof" gemacht, „soweit rechtsstaatliche Grundsätze gewahrt sind." Dazu *Uhle*, NJW 2001, 1889 ff.; *Zimmermann*, JZ 2001, 233 ff.; *Hackner et al.*, Rn. 109; *Rohlff*, Der Europäische Haftbefehl, 2003, S. 62 f.; Grützner/Pötz/*Kreß*, IV A 1 Rn. 372.

[222] Zur mangelnden Umsetzung bis 2002 vgl. *Gropengießer*, S. 141 ff.; zu Österreich vgl. *Triffterer*, FS Steininger, 2003, S. 387 ff.; eingehend zu VStGB und IStGHG *Ambos*, in: Loos/Jehle, Bedeutung der Strafrechtsdogmatik, 2007, S. 97 ff.; allg. zur Entwicklung des Völkerstrafrechts in Deutschland *Werle*, in: Hankel, S. 99 ff.; *ders.*, FS Tomuschat, 2006, S. 656 ff.

[223] BGBl. I 2002 S. 2254.

[224] MünchKomm/*Werle*, Einl. VStGB, Rn. 21.

[225] *Bock*, in: Strafverteidigervereinigungen, S. 119; *Dittmann/Heinitz*, in: Safferling/Kirsch, S. 192; siehe auch *Werle*, JZ 2012, 374; *Satzger*, 2013, § 17 Rn. 10; *Grundmann*, in: Jeßberger/Geneuss, S. 36 f.

[226] *Satzger*, 2013, § 17 Rn. 13; *Esser*, 2014, § 21 Rn. 7.

entschieden, diese nicht in das allgemeine StGB zu integrieren, sondern vielmehr eine eigenständige Kodifikation zu schaffen. Das VStGB[227] hat u. a. das Ziel, „das spezifische Unrecht der Verbrechen gegen das Völkerrecht besser zu erfassen ..." und „die Rechtsklarheit und die Handhabbarkeit in der Praxis zu fördern."[228] Zudem bot ein gesondertes Gesetz bessere Möglichkeiten, auch den AT betreffende Sonderregelungen aufzunehmen.[229] Aus diesen Gründen kodifiziert das VStGB im Wesentlichen die vr Kernverbrechen der Art. 5–8, namentlich Völkermord (§ 6 VStGB), Verbrechen gegen die Menschlichkeit (§ 7), Kriegsverbrechen gegen Personen und bestimmte geschützte Objekte (§§ 8–10) sowie Kriegsverbrechen des Einsatzes verbotener Methoden und Mittel der Kriegsführung (§§ 11, 12). An einigen Stellen geht das VStGB aber auch über das IStGH-Statut hinaus und erfasst Verhaltensweisen, deren Strafbarkeit bisher (lediglich) völkergewohnheitsrechtlich anerkannt ist.[230] Ob im Anschluss an den Kampala-Kompromiss (§ 7 Rn. 261 ff.) das VStGB um den Straftatbestand des Aggressionsverbrechens ergänzt werden wird, bleibt abzuwarten. Das BMJ hat jedenfalls bereits eine informelle Expertengruppe zur Vorbereitung des Implementationsprozesses ins Leben gerufen.[231] Die Tatbestände des VStGB sind grundsätzlich *leges speciales* gegenüber den Tatbeständen des StGB; das VStGB stellt aber keine abschließende Sonderregelung dar.[232] Auch im AT gilt daher grundsätzlich das StGB (§ 2).[233] Sonderregelungen sind für das WRP (§ 1 i.V. m. § 153f StPO, dazu schon § 3 Rn. 99 ff.), das Handeln auf Befehl (§ 3), die Unverjährbarkeit (§ 5) und vor allem die Verantwortlichkeit militärischer Befehlshaber und anderer Vorgesetzter (§§ 4, 13, 14) geschaffen worden. Auf all diese Vorschriften wird im Rahmen des § 7 zurückzu-

[227] Vgl. *BMJ*, passim; *Wirth/Harder*, ZRP 2000, 146 f.; *Werle*, JZ 2000, 755 ff.; *ders.*, JZ 2002, 725 ff.; 2003, 87 ff.; *ders.*, FS Tomuschat, 2006, 665 ff.; *Werle/Jeßberger*, CLF 13 (2002), 191 ff.; *Kreß*, NStZ 2000, 617 ff. (619); *Zimmermann*, NJW 2002, 3068 ff.; *ders.*, ZRP 2002, 97 ff.; *Kreicker*, 2006, S. 58 ff.; *Wirth*, JICJ 1 (2003), 151 ff.; *Manacorda/Werle*, RSC 2003, 501 ff.; *Safferling*, AGEL 1 (2003), 365 ff.; *Weigend*, GS Vogler, 2004, S. 201 ff.; *Geiger*, in: Alflen da Silva, Tribunal Penal Internacional, 2004, S. 77 ff.; *Engelhart*, Jura 2004, 742 f.; *Eser*, FS Burgstaller, 2004, S. 369 ff.; *Hübner*, Verbrechen des Völkermordes, 2004, S. 302 ff.; *Meseke*, S. 269 ff.; *Hartmann*, in: Kühne et al., S. 121 ff.; *Weigend*, in: Neubacher/Klein, S. 121 ff.; *Kuhli*, S. 35 ff.; *Safferling/Kirsch*, JA 2012, 481 ff.; krit. *Satzger*, NStZ 2002, 125; *Dietmeier*, GS Meurer, 2002, S. 333 ff.; krit. zur frühen Praxis *Geißler/Selbmann*, HuV-I 2007, 160 ff.; zur Rechtslage vor dem Inkrafttreten des VStGB auch *Werle*, JZ 2012, 374 ff. Die Materialien zum VStGB finden sich in *Lüder/Vormbaum*. Zum Ablauf des Gesetzgebungsverfahren *Dittmann/Heinitz*, in: Safferling/Kirsch, S. 192 ff. Umfass. Kommentierung in MünchKomm, Bd. 8, 2013. Zum schweizVStR eingehend *Gless*, 2011, Rn. 927 ff.

[228] BR-Drs. 29/02 v. 18.1.2002, in: *Lüder/Vormbaum*, S. 23; siehe hierzu auch *Grundmann*, in: Jeßberger/Geneuss, S. 36 ff.

[229] *Bock*, in: Strafverteidigervereinigungen, S. 119.

[230] *Werle*, JZ 2012, 375.

[231] Siehe *Dittmann/Heinitz*, in: Safferling/Kirsch, S. 197; vertiefend *Hoven*, in: Safferling/Kirsch, S. 339 ff.; Überblick über die im Zuge einer Implementierung zu bewältigenden rechtlichen Schwierigkeiten bei *Zimmermann/v. Henn*, ZRP 2013, 240; *Oeter*, in: Jeßberger/Geneuss, S. 117 ff.; *Safferling/Kirsch*, JA 2012, 486 f.; zur möglichen Aufnahme weiterer transnationaler Verbrechen in das VStGB *Ambos/Timmermann*, in: Safferling/Kirsch, S. 305 ff.

[232] *BMJ*, S. 23; *GBA*, Einstellungsvermerk Oberst Klein 16.4.2010, S. 51 f. mit Besprechung *Richter*, HRRS 2011, 35 ff.; näher MünchKomm/*Weigend*, § 2 VStGB Rn. 7; *Ambos*, 2010a, S. 81 f.; *ders.*, NJW 2010, 1727; *Rautenberg*, ZRP 2010, 140; *Müssig/Meyer*, FS Puppe, 2011, S. 1505 f.; *Jeßberger*, HRRS 2013, 120; wohl auch *Weingärtner*, HuV-I 2010, 143; a. A. *Zimmermann*, GA 2010, 514 ff. (523 f.: Exklusivität VStGB, Anwendungssperre StGB).

[233] Zu den anwendbaren AT-Regeln MünchKomm/*Weigend*, § 2 VStGB Rn. 8 ff.; *Esser*, 2014, § 21 Rn. 25 ff.

kommen sein. Zuständig für die Verfolgung dieser Verbrechen ist der GBA, für die Aburteilung das OLG (Art. 96 Abs. 5 GG, §§ 142a Abs. 1 i. V. m. Art. 120 Abs. 1 Nr. 8 GVG).[234] Mit einiger Verspätung hat Deutschland schließlich auch Art. 70 Abs. 4a) durch **§ 162 Abs. 1 StGB** umgesetzt.

40 Die Kooperation mit dem IStGH ist im **IStGH-AusführungsG**[235] geregelt. Das IStGHG ist ein Artikelgesetz und enthält als zentralen Art. 1 das „Gesetz über die Zusammenarbeit mit dem Internationalen Strafgerichtshof" (IStGHG). Dieses Gesetz besteht aus sieben Teilen und regelt die Überstellung von Tatverdächtigen an den IStGH (§§ 2ff.), die Durchbeförderung (§§ 34ff.), die Rechtshilfe in Form der Vollstreckung von Freiheitsstrafen und anderen Sanktionsanordnungen des IStGH (§§ 40ff.), die sonstige Rechtshilfe (§§ 47ff.) und ausgehende deutsche Ersuchen an den IStGH (§§ 64ff.). Das IStGHG setzt die sich aus dem Statut ergebenden Kooperationspflichten Deutschlands unter Bezugnahme auf die entsprechenden Vorschriften des Statuts vertragstreu um. Beispielhaft sei hier nur auf die Überstellung zur Strafverfolgung und -vollstreckung im Inland befindlicher – auch deutscher (Art. 16 Abs. 2 GG!) – Personen (§ 2 IStGHG) sowie auf die sonstige Rechtshilfe hingewiesen, die „jede Unterstützung" des IStGH auf der Grundlage des Statuts umfasst (§ 47 (2) IStGHG). Auf besonderes Ersuchen kann der Gerichtshof sogar selbst Beweiserhebungen vornehmen (§ 62 IStGHG). Auf weitere Einzelheiten des IStGHG sowie weitere Gesetzesänderungen durch das IStGH-AusführungsG (Art. 2–12) wird bei der Behandlung der strafrechtlichen Zusammenarbeit im Rahmen von § 8 III. eingegangen.

G. Die „gemischten" Tribunale

I. Grundlagen

41 Als Folge der zunehmenden Internationalisierung der Strafverfolgung schwerer Menschenrechtsverletzungen sind inzwischen in zahlreichen Staaten sog. gemischte oder hybride Tribunale entstanden.[236] Diese Tribunale werden als **„gemischt"** bezeichnet, weil sie eine gemischt national-internationale Rechtsgrundlage haben und aus nationalen und internationalen (ausländischen) Staatsanwälten und Richtern bestehen. Sie wurden entweder als Teil einer **UN-Übergangsverwaltung** (Kosovo, Ost Timor), auf

[234] Vertiefend *Jeßberger,* HRRS 2013, 119ff.; *Böhm/Teubert,* in: Safferling/Kirsch, S. 451ff.

[235] BGBl. I 2002 S. 2144. Dazu *MacLean,* ZRP 2002, 261ff.; *Meißner,* NJW 2002, 347ff.; *Wilkitzki,* ICLR 2 (2002), 197ff.; *Weigend,* GS Vogler, 2004, S. 199f.; *Weigend,* in: Neubacher/Klein, S. 118ff.; *Ambos,* in: Malaguti, S. 138ff. Vgl. für Österreich das Bundesgesetz über die Zusammenarbeit mit dem IStGH (BGBl. I 2002 S. 135).

[236] Vgl. *Bassiouni,* 2013, S. 721ff.; *Ambos/Othman,* passim; *Höpfel/Angermaier,* S. 327ff.; *Ambach,* HuV-I 2005, 107ff.; Cryer/*Cryer* et al., S. 181ff.; *Werle,* 2012, Rn. 79ff., 326ff.; *ders.*, 2009, Rn. 76ff.; *Chiam,* in: Blumenthal/McCormack, 211ff.; krit. *Sriram,* IA 2004, 975ff.; *Egonda-Ntende,* HuV-I, 2005, 24ff.; *Nerlich,* in: Hankel, S. 78ff.; *Bohlander/Winter,* in: Kirsch, S. 261ff.; *Kolb,* in: Kolb/Scalia, S. 263ff.; *Gilbert,* in: Dolgopol/Gardam, S. 437ff.; *Zahar/Sluiter,* S. 11ff.; *Donlon,* in: Schabas/Bernaz, S. 65ff.; *Ambos/Bock,* in: Reydams/Wouters/Ryngaert, S. 488ff. Allg. zur „justice under transitional administration" *Stahn,* Hous. J. Int'l L. 27 (2005), 311ff. Zu den (nationalen) Tribunalen im ehem. Jugoslawien vgl. schon Fn. 79. Für einen tabellarischen Überblick vgl. *IJT,* 2008, 8f. und *von Braun,* S. 422; diese liefert auch eine umfassende Untersuchung zu Osttimor, Sierra Leone und Bosnien-Herzegowina (S. 107ff.). Zur geplanten Einrichtung von *Special Chambers* in Burundi siehe *Crippa,* ICLR 12 (2012), 80.

Grund eines **bilateralen Abkommens mit der UNO** (Sierra Leone, Kambodscha, Libanon) bzw. der **AU** (Senegal) oder auf Grund **Besatzungsrechts** (Irak) geschaffen, wobei man in letztem Fall genauer von einem „internationalisierten nationalen Tribunal" sprechen sollte.[237] Ein rein *nationales Ad-Hoc*-Tribunal zur Aburteilung vr Verbrechen wurde in **Bangladesh** geschaffen.[238]

Die Zuständigkeit der UN-Übergangsverwaltung **(UNMIK)** im **Kosovo** zur „Aufrechterhaltung von Recht und Gesetz" ergibt sich aus SR-Res. 1244 (para. 11 (i)).[239] Auf dieser Grundlage wurden eine Fülle sog. „Regulations" und Verwaltungsrichtlinien („Administrative Directions") zur Bestimmung des anwendbaren Rechts erlassen.[240] Was die Strafjustiz angeht, so existiert ein Drei-Instanzenzug,[241] im Rahmen dessen grundsätzlich auch die vstr Verbrechen abgeurteilt werden. Der Versuch, ein Sondergericht einzurichten („Kosovo War Crimes and Ethnic Crimes Court") ist gescheitert;[242] stattdessen wurden den zweitinstanzlichen Distriktgerichten internationale Staatsanwälte und Richter im Verhältnis zwei zu eins (zwei internationale, ein lokaler Richter) zugewiesen, die im ganzen Kosovo (sogar vor dem Obersten Gerichtshof) zuständig sind.[243] Am 17.2.2008 wurde die Rechtsstaatlichkeitskommission der EU **(EULEX)** eingerichtet,[244] die zwar die exekutive und legislative Funktion von UNMIK unberührt lässt,[245] diese jedoch veranlasst hat, ihre Tätigkeit auf dem Gebiet der Justiz einzuschränken.[246] Die Richter von EULEX werden an allen Verfahren beteiligt, die von der mit lokalen und europäischen Staatsanwälten besetzten[247] Sonderstaatsanwaltschaft „Special Prosecution Office of the Republic of Kosovo" (SPRK) betrieben werden.[248] Deren Kernzuständigkeit liegt wiederum in der Verfolgung bestimmter schwerer Straftaten, u. a. Terrorismus, Genozid, Kriegsverbrechen und Verbrechen gegen die 42

[237] Wie auch im Fall der „War Crimes Chamber for Bosnia and Herzegovina" (zu beiden auch *Scharf*, JICJ 5 (2007), 259: „internationalized domestic tribunal"; o. Fn. 78).

[238] Siehe *Kay*, BWCT, http://www.internationallawbureau.com/wp-content/uploads/2010/11/Bangladesh-International-War-Crimes-Tribunal.pdf (zuletzt abgerufen am 1.7.2014), S. 2.

[239] UN-SR Res. 1244 (1999), abgedruckt in: *Ambos/Othman*, S. 208. Vgl. für die Rechtsgrundlagen der UN-Übergangsverwaltung *Kiderlen*, Von Triest nach Osttimor, 2008, S. 97 ff., für die Grenzen der Verwaltungskompetenz *ders.*, S. 234 ff.; Überblick zu Mandat und Zuständigkeit bei *Reydams/Odermatt*, in: Reydams/Wouters/Ryngaert, S. 103; zur Verfolgungsstrategie *Ralston/Finnin*, in: Blumenthal/McCormack, S. 63 ff.

[240] Eingehend *Bohlander*, in: Ambos/Othman, S. 24 ff. sowie dort im Anhang 213 ff. *Bohlander/Winter*, in: Kirsch, S. 262 ff.; *Bantekas/Nash*, S. 568 f.; *Kolb*, in: Kolb/Scalia, S. 268 f.; *Donlon*, in: Schabas/Bernaz, S. 86 f.

[241] Vgl. *Bohlander*, in: Ambos/Othman, S. 23.

[242] Vgl. *Bohlander*, in: Ambos/Othman, S. 32 ff.

[243] Vgl. UNMIK Regulations 2000/6, 2000/64, 2001/34, abgedruckt in: *Ambos/Othman*, S. 216 ff.; auch *Risch*, in: Ambos/Othman, S. 61 f., 64 ff.

[244] Zur umstrittenen Vereinbarkeit der Tätigkeit von EULEX mit der kosovarischen Verfassung *Muharremi*, ZaöRV 70 (2010), 357 ff.

[245] S. Art. 3 Council Joint Action 2008/124/CFSP v. 4.2.2008, geändert durch Council Decision 2012/291/CFSP v. 5.6.2012.

[246] S. http://www.unmikonline.org/Pages/rollo.aspx (zuletzt abgerufen am 1.7.2014).

[247] Art. 3.1, 16.1 des Law on the Kosovo Special Prosecution Office of the Republic of Kosovo, Law No. 03/L-052 (SPRK-Law), abrufbar unter http://www.assembly-kosova.org/common/docs/ligjet/2008_03-L052_en.pdf (zuletzt abgerufen am 1.7.2014).

[248] Art. 3.1 des „Law on the jurisdiction, case selection and case allocation of EULEX judges and prosecutors in Kosovo", Law No. 03/L-053 (EULEX-Law) abrufbar unter http://www.assembly-kosova.org/common/docs/ligjet/2008_03-L053_en.pdf (zuletzt abgerufen am 1.7.2014).

Menschlichkeit.[249] Bei der Ahndung weiterer ausgewählter Delikte werden die EULEX-Richter nach Bedarf hinzugezogen.[250] In den internationalisierten Kammern bilden die EULEX-Richter grundsätzlich die Mehrheit; sie stellen zudem den Vorsitzenden Richter.[251]

43 In **Osttimor** wurde die gesamte Justiz von der UN-Übergangsverwaltung **(UNTAET)**, die auf SR-Res. 1272 (1999) beruht, neu aufgebaut.[252] Zugleich wurden *Special Panels* (Sonderkammern) innerhalb des Bezirksgerichts von Dili eingerichtet.[253] Die Sonderkammern waren für die Aburteilung von Völkermord, Verbrechen gegen die Menschlichkeit und Kriegsverbrechen[254] sowie Mord, Sexualstraftaten und Folter zuständig, sofern die Taten zwischen dem 1. 1. und dem 25. 10. 1999 begangen worden waren. (sect. 1.3. sowie sect. 4–9 Regulation 2000/15). Weiter wurde eine Sonderstaatsanwaltschaft für schwere Straftaten innerhalb der allgemeinen Staatsanwaltschaft eingerichtet.[255] Die Sonderkammern und die Sonderstaatsanwaltschaft haben ihre Tätigkeit im Mai 2005 eingestellt. Insgesamt wurden von den 391 Angeklagten 84 verurteilt, drei weitere freigesprochen. Über 300 Beschuldigte haben sich dem Verfahren durch Flucht entzogen.[256] Dessen ungeachtet haben die Sonderkammern damit bis 2013 von allen internationalen und hybriden Gerichten die meisten Verfahren abgearbeitet.[257]

44 Mit SR-Res. 1315 (2000)[258] wurde der UN-Generalsekretär gebeten, ein Übereinkommen zur Errichtung eines internationalen Tribunals mit der Regierung von **Sierra Leone** auszuhandeln. Dieses Übereinkommen wurde am 16. 1. 2002 – mit dem Statut im Anhang – unterzeichnet.[259] Der Gerichtshof beruht somit auf einem bilateralen vr

[249] Art. 5 SPRK-Law.

[250] Art. 3.3 EULEX-Law.

[251] Siehe Art. 4.7 EULEX-Law.

[252] Vgl. näher *Othman,* in: Ambos/Othman, S. 85 ff.; Rechtsgrundlagen in: Ambos/Othman, S. 220 ff. Vgl. auch *Othman,* S. 90 ff.; *von Braun,* HuV-I 2005, 93 ff.; *dies.*, S. 107 ff.; *Bohlander/Winter,* in: Kirsch, S. 275 ff.; *Gilbert,* in: Dolgopol/Gardam, S. 452 f.; *Bantekas/Nash,* S. 564 ff.; *Kolb,* in: Kolb/Scalia, S. 266 ff.; Überblick zu Mandat und Zuständigkeit bei *Reydams/Odermatt,* in: Reydams/Wouters/Ryngaert, S. 101 f. Zum Rechtspluralismus und der Rechtsstaatlichkeit in Osttimor *Grenfell,* LJIL 19 (2006) 305 ff.

[253] S. vor allem UNTAET-Reg. 2000/15, abgedruckt in: *Ambos/Othman,* S. 231 ff.; näher *Othman,* in: Ambos/Othman, S. 90 f.; auch *Linton,* CLF 12 (2001), 185 (204); *Langston,* ICLR 4 (2004), 166 f.; *Chiam,* in: Blumenthal/McCormack, 212 ff.; *von Braun,* S. 137 ff.; ausführliche, kritische Analysen der Tätigkeit der Sonderkammern finden sich in den Jahresberichten der *JSMP,* http://jsmp.tl/en/publikasaun-publications/publications-publikasaun-sira/(zuletzt abgerufen am 1.7.2014).

[254] Die Definitionen von Völkermord, Verbrechen gegen die Menschlichkeit und Kriegsverbrechen in Sections 4, 5 und 6 UNTAET-Regulation 2000/15 entsprechen den Definitionen in Art. 6 bis 8 IStGH-Statut.

[255] Vgl. *Othman,* in: Ambos/Othman, S. 87 f.; *von Braun,* S. 148 ff. sowie UNTAET-Reg. 2000/16, abgedruckt in: *Ambos/Othman,* S. 243 ff. Krit. zum Verfolgungsermessen *Takemura,* ICLR 7 (2007), 683; zur Verfolgungsstrategie *Ralston/Finnin,* in: Blumenthal/McCormack, S. 60 ff.

[256] *Ambos,* in: Bruinsma/Weisburd, S. 1040.

[257] *Smeulers/Hola/Van den Berg,* ICLR 13 (2013), 16.

[258] Abgedruckt in: *Ambos/Othman,* S. 250 f.; vgl. auch www.rscsl.org/ (zuletzt abgerufen am 1.7.2014).

[259] Abgedruckt in: *Ambos/Othman,* S. 254 ff. (Abkommen), 259 ff. (Statut). Vgl. auch *Jallow,* in: Ambos/Othman, S. 149 ff.; *Schabas,* CLF 15 (2004), 15 ff.; *ders.*, 2006, S. 34 ff.; *Beigbeder,* S. 114 ff.; *Deen-Racsmány,* LJIL 18 (2005), 397 ff.; *Ambach,* HuV-I 2005, 109 f.; *Maystre u. Werner,* in: Kolb, 389 ff.; *Bohlander/Winter,* in: Kirsch, S. 271 ff.; *Winter,* in: Neubacher/Klein, S. 227 ff.; *Perriello/Wierda,* 1 ff.; *Gilbert,* in: Dolgopol/Gardam, S. 446 f.; *Bantekas/Nash,* S. 557 ff.; *von Braun,* S. 237 ff.; *Chiam,* in: Blumenthal/McCormack, 216 ff.; *Kolb,* in: Kolb/Scalia, S. 264 f.; eingehend *Da Silva,* in: Brown, S. 232 ff.; *Crane,* in: Brown, S. 391 ff.; zur Finanzierung des SCSL und der Struktur der Verwaltung s.

Vertrag zwischen der UNO und Sierra Leone, nicht auf einer Resolution des UN-Sicherheitsrates wie die *Ad-Hoc*-Tribunale.[260] Er ist zur Aburteilung der Personen mit der „greatest responsibility for serious violations of international humanitarian and Sierra Leonan law",[261] die seit 30.11.1996 begangen wurden, zuständig (Art. 1 SCSLS) und zwar bezüglich Verbrechen gegen die Menschlichkeit, Kriegsverbrechen und bestimmter nationaler Verbrechen (Art. 2–5 SCSLS). Der Gerichtshof besitzt eine konkurrierende Zuständigkeit gegenüber den nationalen Gerichten und kann von diesen die Abgabe von Verfahren verlangen (Art. 8 (2) SCSLS). Vor dem Gerichtshof wurden gegen 13 Personen Anklagen erhoben.[262] In drei, mittlerweile rechtskräftig abgeschlossenen, Prozessen mussten sich führende Vertreter aller drei Bürgerkriegsparteien – der Armed Forces Revolutionary Council (AFRC),[263] der Revolutionary United Front (RUF)[264] und der Civil Defence Forces (CDF)[265] – verantworten.[266] Gegen drei weitere Personen wurden die Verfahren aufgrund des Todes der Angeklagten eingestellt (Sankoh, Bockarie, Norma),[267] ein Angeklagter (Koroma) befindet sich noch auf freiem Fuß oder ist verstorben.[268] *Charles Taylor* wurde am 29.3.2006 an den SCSL in Freetwon überstellt;[269] am 3.4.2006 plädierte er bezüglich aller Anklagepunkte auf „nicht schuldig"; am 4.6.2007 begann im IStGH-Gebäude in Den Haag sein Prozess.[270] Am 26.4.2012 wurde Taylor für schuldig befunden[271] und am 30.5.2012 zu 50 Jahren Haft verurteilt.[272] Das von Taylor mit Rechtsmitteln angegriffene Urteil wurde im September 2013 bestätigt.[273] Taylor ist damit das erste Staatsoberhaupt überhaupt, das von

---

Tortora, ICLR 13 (2013), 93, 98ff., 104ff.; aus Sicht der Verteidigung krit. *Jones/Carlton-Hancilies/Kah-Jallow/Scratch/Yillah,* JICJ 2 (2004), 211ff.; ebenso *Knowles,* ICLR 6 (2006), 387ff.; zur Verfolgungsstrategie *Ralston/Finnin,* in: Blumenthal/McCormack, S. 57ff.; *de Vlaming,* in: Reydams/Wouters/Ryngaert, S. 568ff.; zur Fortentwicklung des ICL durch den SCSL *Wharton,* ICLR 11 (2011), 217ff.; ausführlich *Njikam,* S. 86ff.

260 Ausführlich zur Gründung und Struktur des SCSL *Njikam,* S. 45ff.

261 Hierzu ausführlich *Jalloh,* MarqLR 96 (2012–2013), 888ff.

262 *Ambos,* in: Bruinsma/Weisburd, S. 1040; http://www.rscsl.org/prosecution.html (zuletzt abgerufen am 1.7.2014).

263 *SCSL,* Brima, Kamara and Kanu TJ 20.6.2007; Brima, Kamara, Kanu SJ 19.7.2007; Brima, Kamara and Kanu AppJ 22.2.2008.

264 *SCSL,* Sesay, Kallon and Gbao TJ 2.3.2009; Sesay, Kallon and Gbao AppJ 26.10.2009.

265 *SCSL,* Fofana and Kondewa TJ 2.8.2007; Fofana and Kondewa AppJ 28.8.2008.

266 Zur Rspr. *von Braun,* S. 292ff.; *Njikam,* S. 86ff.; zum Konflikt und zu den Verfahren *Kelsall,* Culture, 2009, S. 25ff.; *Njikam,* S. 34ff., 81ff.; *Meisenberg,* HuV-I 2013, 165ff.

267 *SCSL,* Sam Bockarie Withdrawal of indictment 8.12.2003; Samuel Hinga Norman, Moinina Fofana and Allieu Kondewa Decision 21.5.2007; Foday Saybana Sankoh Withdrawal of indictment 8.12.2003.

268 Vgl. Fourth Annual Report of the President of the Special Court, 2006–2007, 29ff. sowie http://www.rscsl.org/Other-Cases.html (zuletzt abgerufen am 1.7.2014).

269 Zur Festnahme durch die UN-Friedensmission UNMIL vgl. *Frulli,* JICJ 4 (2006), 351ff.; zur Immunität *Nouwen,* LJIL 18 (2005) 645ff. Allg. zum Verfahren *Kolb/Maystre* u. *Werner,* in: Kolb, S. 434ff.

270 Am 16.5.2007 bewilligte der UNO-Sicherheitsrat die Verlegung des Prozesses nach Den Haag. Großbritannien hatte sich zuvor dazu bereit erklärt, die Strafvollstreckung im Falle eines Schuldspruchs zu übernehmen; vgl. auch *Savolainen,* in IJT, 2008, 51ff. Siehe auch *Tejan-Cole,* in: Lutz/Reiger, Heads of State, 2009, 205ff.; *Da Silva,* in: Brown, S. 246f.

271 *SCSL,* Taylor TJ, 26.4.2012; dazu krit. *Heller,* JICJ 11 (2013), 835ff.; *Ambos/Njikam,* JICJ 11 (2013), 789ff.

272 *SCSL,* Taylor SJ 30.5.2012.

273 *SCSL,* Taylor AppJ 26.9.2013.

einem internationalen Strafgericht verurteilt wurde.[274] Mit dem Abschluss des *Taylor*-Verfahrens ist die Arbeit des SCSL beendet.[275] Der *Residual Special Court for Sierra Leone* (RSCSL) wird die verbleibenden Aufgaben des Gerichts übernehmen.[276]

45 In **Kambodscha** wurde nach langwierigen Verhandlungen am 6.6.2003 mit der UNO ein bilaterales Abkommen zur Verfolgung der während der Regierungszeit der Roten Khmer zwischen dem 17.4.1975 und dem 6.1.1979 begangenen Verbrechen abgeschlossen und am 4.10.2004 vom Senat gebilligt.[277] Das Abkommen ist am 29.4.2005 in Kraft getreten. Parallel zu diesen Verhandlungen wurde ein Gesetz zur Schaffung außerordentlicher Kammern („Extraordinary Chambers in the Courts of Cambodia", auch „ECCC"), die Teil der nationalen Justiz sein sollen,[278] vorbereitet (sog. EC Law). Dieses Gesetz wurde zunächst am 10.8.2001 und dann in endgültiger (geänderter) Form am 5.10.2004 verabschiedet.[279] Die außerordentlichen Kammern sind zur Aburteilung von Genozid, Verbrechen gegen die Menschlichkeit, schwere Verstöße gegen die GK sowie für bestimmte internationale und nationale Verbrechen zuständig (Art. 2–8 EC Law). Die Kammern fügen sich in das bestehende Gerichtssystem ein; es gibt einen Ermittlungsrichter, eine Vorverfahrenskammer,[280] eine erste und eine Rechtsmittelinstanz[281] Am 4.5.2006 wurden die Richter der außerordentlichen Kammern gewählt und am 7.5.2006 ernannt.[282] Die außerordentlichen Kammern sind in

274 Siehe hierzu *Smeulers/Hola/Van den Berg,* ICLR 13 (2013), 8; instruktive Untersuchung des Verfahrens unter kommunikationstheoretischen Gesichtspunkten bei *Glasius/Meijers,* IJTJ 6 (2012), 229.

275 Insgesamt positive Gesamtwürdigung der Arbeit des SCSL bei *Meisenberg,* HuV-I 2013, 164ff.

276 *Ambos,* in: Bruinsma/Weisburd, S. 1041; s. auch den Residual Special Court for Sierra Leone Agreement (Ratification) Act 2012, http://www.rscsl.org/Documents/RSCSL-Act.pdf (zuletzt abgerufen am 1.7.2014); eingehend: *Donlon,* JICJ 11 (2013), 857; *Mphepo,* ICLR 14 (2014), 177.

277 "Agreement between the UN and the Royal Government of Cambodia concerning the Prosecution under Cambodian Law of Crimes committed during the period of Democratic Kampuchea", http://www.eccc.gov.kh/en/documents/legal/agreement-between-united-nations-and-royal-government-cambodia-concerning-prosecutio (zuletzt abgerufen am 1.7.2014); vorher hatte die UN die Verhandlungen abgebrochen, vgl. *Kashyap,* in: Ambos/Othman, S. 191f. sowie die Erklärung vom Juni 2001, S. 267; vgl. auch *Beigbeder,* S. 129ff.; *Ambach,* HuV-I 2005, 110; *Bohlander/Winter,* in: Kirsch, S. 267ff.; *Cockayne,* JICJ 4 (2006), 283; *de Bertodano,* JICJ 4 (2006), 286ff.; *Williams,* ICLR 5 (2005), 447ff.; *Bantekas/Nash,* S. 570f.; *Kolb,* in: Kolb/Scalia, S. 265f.; *Aßmann,* in: Safferling/Conze, S. 183ff.; *Donlon,* in: Schabas/Bernaz, S. 90ff.; zur Verfolgungsstrategie *Ralston/Finnin,* in: Blumenthal/McCormack, S. 66f.; zur Finanzierung *Ingadottir,* JICJ 4 (2006), 294; journalistisch *Möllers,* E+Z 2008, 154f.; zur Finanzierung der ECCC: *Tortora,* ICLR 13 (2013), 93 (109ff.).

278 *Shahabuddeen,* Chinese JIL 10 (2011), 470.

279 „Law on the Establishment of Extraordinary Chambers in the Courts of Cambodia for the Prosecution of Crimes committed during the Period of Democratic Kampuchea", Originalfassung abgedruckt in: *Ambos/Othman,* 2003, S. 267ff.

280 Die Vorverfahrenskammer entscheidet insbesondere bei Streitigkeiten zwischen den nationalen und internationalen Anklägern und Ermittlungsrichten. Sie befindet zudem über Zuständigkeitsrügen und Haftanträge, siehe näher Art. 71ff. der Verfahrens- und Beweisregeln (Internat. Regulations, http://www.eccc.gov.kh/en/document/legal/internal-rules-rev8, zuletzt abgerufen am 25.6.2014).

281 Näher *Kashyap,* in: Ambos/Othman, S. 192ff.; auch Annual Report on Achievements of the ECCC for 2006, 6.2.2007. Näher zur Gerichtsorganisation *Acquaviva,* JICJ 6 (2008), 133ff.; *Aßmann,* in: Safferling/Conze, S. 184f.; *Kroker,* ZStW 122 (2010), 691ff.; speziell zur Anklagebehörde *Townsend,* in: Reydams/Wouters/Ryngaert, S. 301ff.

282 Königliches Dekret NS/RKT/0506/214, http://www.eccc.gov.kh/en/documents/legal/royal-decree-appointing-judicial-officers (zuletzt abgerufen am 1.7.2014). Dabei handelt es sich um 17 nationale und zwölf internationale „Judicial Officers", die den verschiedenen Kammern bzw. der Anklagebehörde als „Co-Prosecutors" zugewiesen wurden. Dazu auch *Acquaviva,* JICJ 6 (2008), 134f.

ihrer Struktur und Zusammensetzung einzigartig. Zwar setzen sich die Gerichte auch in Osttimor und Sierra Leone aus nationalen und internationalen Richtern zusammen, jedoch treffen sie ihre Entscheidungen mit einfacher Mehrheit; dagegen dominieren in Kambodscha die nationalen Richter, und es ist eine qualifizierte Mehrheit („super-majority") erforderlich (Art. 14 EC Law).[283] In persönlicher Hinsicht ist die Zuständigkeit auf die „Senior Leaders of Democratic Kampuchea" und „those most responsible" beschränkt..[284] Nach monatelangen Verzögerungen haben sich die Richter am 12.6.2007 einstimmig auf eine Verfahrensordnung geeinigt,[285] die u. a. eine weitreichende Opferbeteiligung vorsieht (Verfahrensregeln 12, 21 Abs. 1 c), 23, 29 Abs. 1).[286] Die Durchführbarkeit der Prozesse erscheint allerdings aufgrund der langen Dauer (über 30 Jahre) seit Begehung der Taten schwierig.[287] Zudem sind die Kammern starkem politischen Druck ausgesetzt.[288] Rechtskräftig abgeschlossen wurde bisher der Fall 001 gegen den Khmer-Rouge-Funktionär Kaing Guek Eav alias „Duch", Chef des berüchtigten Tuol Sleng Konzentrationslagers, der am 26.7.2010 in erster Instanz zu 35 Jahren Freiheitsstrafe verurteilt wurde.[289] Mit Urteil vom 3.2.2012 bestätigte und erweiterte die Berufungskammer den Schuldspruch, hob allerdings die Strafzumessungsentscheidung auf und erkannte auf lebenslange Freiheitsstrafe.[290] Im Fall 002 wurde am 15.9.2010 offiziell Anklage gegen Ieng Sary, seine Frau Ieng Thirith, Ex-Staatschef Khieu Samphan sowie Nuon Chea erhoben.[291] Die Anwälte von Sary, Thirith und Chea legten gegen diese Entscheidung Rechtsbehelfe ein, woraufhin die Anklageschrift in Teilen abgeändert wurde. Kurz nach Prozessbeginn im November 2011 ordnete die Verfahrenskammer die Teilung des Verfahrens in mehrere kleinere Prozesse

283 *De Bertodano,* JICJ 4 (2006), 289ff.; auch *Sperfeldt.,* JICJ 11 (2013), 1113; zu hieraus resultierenden Konflikten *Kaufmann/Marschner,* ZIS 2011, 814. Zur Sicherung der Unabhängigkeit der Richter *Linton,* JICJ 4 (2006), 327ff. Die Besoldung der internationalen Richter übernimmt die UN, *Tortora,* ICLR 13 (2013), 108.

284 Vgl. *Heder/Tittemore,* Seven Candidates for Prosecution, 2. Aufl., 2004; *Kroker,* ZStW 122 (2010), 686ff. (696ff.).

285 Internal Rules, zuletzt geändert am 3.8.2011, http://www.eccc.gov.kh/sites/default/files/legal-documents/ECCC%20Internal%20Rules%20%28Rev.8%29%20English.pdf (zuletzt abgerufen am 1.7.2014). Dazu *Acquaviva,* JICJ 6 (2008), 129ff.; zum anwendbaren Prozessrecht vgl. *Sluiter,* JICJ 4 (2006), 318ff.; *Jain,* Duke JComp. & Int'l L 20 (2010), 256ff.; zu Problemen insoweit *Aßmann,* in: Safferling/Conze, S. 187ff. (190); zur *Pre-Trial Detention* und richterlichem Ermessen vgl. *Starygin,* ICLR 11 (2011), 315ff. (327f.)

286 Dazu auch *Boyle,* JICJ 4 (2006), 307ff.; *Acquaviva,* JICJ 6 (2008), 140f.; *Sperfeldt.,* JICJ 11 (2013), 1116ff.; *Pratlong,* in: Kolb/Scalia, S. 635ff.; *Studzinsky,* in: Bonacker/Safferling, S. 175ff.; *Stover/Balthazard/Koenig,* IRRC 93 (2011), 503; *Hoven,* JICJ 12 (2014), 81; zur Opferentschädigung *Sperfeldt,* ICLR 12 (2012), 457ff.; Bewertung der ECCC aus Opfersicht bei *Ip,* ICLR 13 (2013), 865.

287 *Lejmi,* JICJ 4 (2006), 300ff. sieht erhebliche Schwierigkeiten bei der Beweiserhebung. Das zurzeit größte Problem des Tribunals ist jedoch seine Finanzierung: Mitte März 2008 musste das Gericht seinen (nationalen) Mitarbeitern mitteilen, dass sie ab April 2008 kein Gehalt mehr erhalten würden, siehe hierzu *Mayer,* ‚Das Rote-Khmer-Tribunal', http://www.kas.de/wf/doc/kas_13579-1522-2-30.pdf?080430033726 (zuletzt abgerufen am 1.7.2014), S. 85. Im Herbst 2013 wurden die Gehaltszahlungen für mehrere Monate vollkommen eingestellt, siehe http://globalnews.ca/news/814776/staff-at-cambodias-khmer-rouge-tribunal-demand-overdue-wages/ (zuletzt abgerufen am 1.7.2014). Vgl. auch *Kinetz,* in: IJT 2008, 58ff.; *Aßmann,* in: Safferling/Conze, S. 191; *Selbmann/Kroker,* HuV-I 2013, 71f.

288 *Kaufmann/Marschner,* ZIS 2011, 812; vertiefend hierzu *Hamilton/Ramsden,* ICLR 14 (2014), 115.

289 *ECCC,* Kaing Guek Eav TJ 26.7.2010, para. 631; zu den prozessualen Besonderheiten des Falles siehe *Gibson/Rudy,* JICJ 7 (2009), 1005ff.

290 *ECCC,* Kaing Guek Eav AppJ 3.2.2012, para. 320; siehe hierzu auch *Selbmann/Kroker,* HuV-I 2013, 64ff.

291 *ECCC,* Khieu Samphan, Nuon Chea, Ieng Sary and Ieng Thirith Closing Order 15.9.2010.

an, wobei zunächst schwerpunktmäßig über die erzwungene Umsiedelung der Bevölkerung sowie die Erschießung verhafteter Soldaten der Republik Kambodscha verhandelt wurde (Fall 002/01).[292] Nach dem Tod von Sary im Frühjahr 2013 und der Feststellung der Verhandlungsunfähigkeit von Thirith im Jahr 2011 wurden die sie betreffenden Verfahren (vorläufig im Fall von Thirith) eingestellt.[293] Das erstinstanzliche Urteil gegen Chea und Samphan wird für August 2014 erwartet. Parallel wird ein zweites sie betreffendes Verfahren (Fall 002/02) vorbereitet.[294] Im Frühjahr 2011 wurden Ermittlungen gegen weitere Verdächtige, deren Identität jedoch noch nicht bekanntgegeben wurde, aufgenommen (Fälle 003 und 004 der ECCC).[295]

46 Der Sondergerichtshof für den **Libanon** („Special Tribunal for Lebanon") wurde am 30.5.2007 durch SR-Res. 1757 geschaffen.[296] Seiner Errichtung ging z. T. eine ermittelnde internationale Kommission (UNIIIC) voraus, die ihre Ergebnisse an das Gericht übergeben hat.[297] Im Annex der SR-Res. findet sich das – nie in Kraft getretene **Abkommen** zwischen der UNO und dem Libanon zur Errichtung des Tribunals sowie das **Statut** des Tribunals.[298] Das Statut erstreckt in Art. 1 die persönliche Zuständigkeit auf Personen, die in den Anschlag vom 14.2.2005, der zum Tod des früheren Premierministers *Rafiq Hariri* und anderer Personen geführt hat, verwickelt waren. Art. 1 eröffnet ferner die Möglichkeit, ähnlich schwere Vorfälle zwischen dem 1.10.2004 und 12.12.2005 und sogar danach bei Zustimmung des Sicherheitsrates zu verfolgen.[299] Art. 2 (a) sieht die Anwendung des libanesischen StGB vor und zwar bezüglich Terrorismus, Verbrechen gegen das Leben und die körperliche Integrität, illegaler Vereinigungen, der Nichtanzeige strafbarer Handlungen sowie bezüglich sämtlicher Regelungen zu den materiellen Verbrechenselementen, zur Beteiligungslehre und zur Verschwörung.[300] Der Sondergerichtshof ist nicht Teil des libanesischen Ge-

[292] http://www.eccc.gov.kh/en/case/topic/1294 (zuletzt abgerufen am 1.7.2014). Siehe hierzu aber auch die kritische Entscheidung der Supreme Court Chamber, *ECCC,* Appeal Decision Concerning the Scope of Case 002/1 8.2.2013.

[293] http://www.eccc.gov.kh/en/case/topic/2 (zuletzt abgerufen am 1.7.2014).

[294] http://www.eccc.gov.kh/en/case/topic/1299 (zuletzt abgerufen am 1.7.2014).

[295] http://www.eccc.gov.kh/en/case/topic/286 und http://www.eccc.gov.kh/en/case/topic/98 (zuletzt abgerufen am 1.7.2014). Siehe hierzu auch *Selbmann/Kroker,* HuV-I 2013, 67ff.

[296] SR-Res. 1757 (2007), 30.5.2007. Zur Legitimität und Legalität der Errichtung des Tribunals vgl. *Wierda/Nassar/Maalouf,* JICJ 5 (2007), 1065ff.; *Fassbender,* JICJ 5 (2007), 1091; *Oehmichen*, ZIS 2013, 387f.; *dies.,* FS Kühne, 2013, S. 615ff.; *Cassese,* LJIL 25 (2012), 494 (496ff.); aus libanesischer Sicht *Sader,* JICJ 5 (2007), 1083; siehe auch *STL,* Ayyash u. a., Appeals Chamber Decision on Jurisdiction and Legality 24.10.2012, in der die Berufungskammer eine Überprüfung der SR-Res. 1757 (2007) ablehnt, hierzu ausführlich *Nikolova/Ventura,* JICJ 11 (2013), 615; zum mit der Res. etablierten Kooperationsregime krit. *Swart,* JICJ 5 (2007), 1154ff. Vgl. auch *Kolb,* in: Kolb/Scalia, S. 266; *Donlon,* in: Schabas/Bernaz, S. 94f.; krit. zur Entwicklung *ICG,* Politics of the STL, 2010, S. 1ff., 26, 27; zur möglichen Destabilisierung des Libanon *Wimmen,* Gerechtigkeit vs. Stabilität? SWP-aktuell 79 (Nov. 2010); zum SLT im Kontext von *Transitional Justice,* s. *Burgis-Kasthala,* IJTJ 7 (2013), 497ff.; zur Finanzierung des Gerichts vgl. *Tortora,* ICLR 13 (2013), 118ff.

[297] SC Res. 1595; hierzu *Burgis-Kasthala,* IJTJ 7 (2013), 505.

[298] Annex, „Agreement between the United Nations and the Lebanese Republic on the establishment of a Special Tribunal for Lebanon", SR-Res. 1757 (2007), S. 4ff. Zu Innovationen des Statuts *Aptel,* JICJ 5 (2007); zur Anwendbarkeit internationaler Beteiligungsformen auf nationale Straftatbestände *Milanovic,* JICJ 5 (2007), 1139ff., zur Vorgesetztenverantwortlichkeit 1142ff., zum joint criminal enterprise 1144ff.; zu Verfahren *in absentia Gaeta,* JICJ 5 (2007), 1165ff.

[299] Vgl. *Ambos,* 2013, S. 49f.

[300] Vgl. auch *Jurdi,* JICJ 5 (2007), 1125ff. (krit. zur fehlenden Erfassung von Verbrechen gegen die

richtssystems, sondern hat vielmehr Vorrang gegenüber den nationalen Gerichten innerhalb seines Zuständigkeitsbereiches (Art. 4 (1)); es sitzt in Den Haag (!).[301] Am 17.1.2011 wurde im Fall Ayyash u. a. Anklage erhoben,[302] die Mitte 2011 bestätigt wurde.[303] Das Hauptverfahren wurde im Januar 2014 in Abwesenheit der Angeklagten eröffnet.[304] Im Laufe des Vorverfahrens sind bereits einige grundlegende Entscheidungen ergangen, u. a. zur Zuständigkeit und Rechtmäßigkeit des Gerichtshofs,[305] zum grundsätzlich möglichen Abwesenheitsverfahren[306] sowie zur Definition des Tatbestandes des Terrorismus.[307] Zudem wurde 2013 ein weiteres Abwesenheitsverfahren[308] gegen Habib Merhi[309] eingeleitet.

47 Das jüngste internationalisierte[310] Gericht sind die Anfang 2013 aufgrund eines Vertrages zwischen der AU und dem **Senegal** errichteten Extraordinary African Chambers in the Senegalese Courts **(EACSC).**[311] Ihre Aufgabe ist es, die Hauptverantwortlichen *(„persons most responsible")* für die vr Verbrechen, die auf dem Gebiet des Tschad zwischen 1982 und 1990 begangen wurden, zu verfolgen (Art. 3 EACSC-Statut). Der erste Fall des Gerichts betrifft den früheren Staatschef des Tschad, Hissène Habré, der sich bereits im Senegal in Untersuchungshaft befindet.[312] Die Kammern sind fast ausschließlich mit senegalesischen Richtern besetzt; die Präsidenten der Hauptverfahrens- und der Berufungskammer müssen allerdings aus einem anderen Mitgliedstaat der AU stammen (Art. 11 EACSC-Statut). Zum anwendbaren Recht gehört neben dem Statut des Gerichts auch das Völkerrecht sowie das senegalesische Strafrecht (siehe Art. 3, 16 EACSC-Statut).

48 Das **Sondertribunal für den Irak** wurde von der US-Besatzungsmacht („Coalition Provisional Authority") gegründet, sein **Statut** am 10.12.2003 vom irakischen Regierungsrat verabschiedet.[313] Das Statut wurde mit dem Gesetz Nr. 10 vom 18.10.2005

Menschlichkeit auf S. 1127f. und zum Terrorismusverbrechen S. 1129ff.); zur Natur der Taten im Zuständigkeitsbereich des Gerichts vgl. *Burgis-Kasthala,* IJTJ 7 (2013), 507ff.

301 Zur Zusammenarbeit des Tribunals mit dem Libanon vgl. *Swart,* JICJ 5 (2007), S. 1154ff., mit Drittstaaten S. 1157ff., speziell zu Syrien S. 1161ff.

302 Hierzu *Ambos,* in: Bruinsma/Weisburd, S. 1043.

303 *STL,* Ayyash u. a., Decision Examination of Indictment, 28.6.2011.

304 http://www.stl-tsl.org/en/media/press-releases/16-01-2014-ayyash-et-al-case-opens-at-the-special-tribunal-for-lebanon (zuletzt abgerufen am 1.7.2014).

305 *STL,* App. Decision on Jurisdiction and Legality of the Tribunal, 24.10.2012.

306 *STL,* Ayyash u. a., Decision to Hold Trial in Absentia, 1.2.2012; hierzu *Oehmichen,* ZIS 2013, 391ff.; *dies.,* FS Kühne, 2013, S. 618ff.; siehe auch *STL,* Ayyash u. a., App. Decision on Reconsideration of the Trial in Absentia Decision, 1.11.2012; allgemein zum Abwesenheitsverfahren vor dem STL *Riachy,* JICJ 8 (2010), 1295ff.; *Pons,* JICJ 8 (2010), 1307ff.

307 *STL,* App. Decision, 16.2.2011; hierzu s. *Ambos,* LJIL 24 (2011), H. 3; *Saul,* LJIL 24 (2011), 677ff.; *ders.,* in: Schabas/McDermott/Hayes, S. 79ff; *Schuster/Gillett,* JICJ 9 (2011), 989ff. Siehe auch § 7 Rn. 275 mit Fn. 1252.

308 *STL,* Habib Merhi Decision to Hold Trial in Absentia, 20.12.2013.

309 *STL,* Habib Merhi Decision Examination of Indictment, 11.10.2013.

310 Zur Einordnung des Gerichts auch *Williams,* JICJ 11 (2013), 1146.

311 Englische Übersetzung des Statuts abrufbar unter http://www.hrw.org/news/2013/09/02/statute-extraordinary-african-chambers (zuletzt abgerufen am 1.7.2014); vertiefend *Williams,* JICJ 11 (2013), 1139.

312 Hierzu *Williams,* JICJ 11 (2013), 1143.

313 S. www.preventgenocide.org/law/domestic/iraqispecialtribunal.htm (zuletzt abgerufen am 1.7.2014). Vgl. auch *Werle,* 2012, Rn. 357; *Chiam,* in: Blumenthal/McCormack, 222ff.; *von Braun,* S. 423ff.; *Donlon,* in: Schabas/Bernaz, S. 99f; *Pirmurat,* S. 43ff.

durch das erste frei gewählte Parlament im Wesentlichen bestätigt. Der Name des Gerichts wurde in Oberster Irakischer Strafgerichtshof („Iraqi Higher Criminal Court") geändert.[314] Es wird inzwischen ausschließlich von der irakischen Regierung finanziert.[315] Das Tribunal ist organisatorisch nicht in das irakische Justizsystem eingegliedert, sondern ein autonomes Organ mit eigener Verwaltung und eigenen Regeln. Es handelt sich um eine „*hybrid institution* with a *hybrid procedural system.*"[316] Das Tribunal ist zur Aburteilung von Verbrechen gegen die Menschlichkeit, Kriegsverbrechen und Völkermord, die von irakischen Staatsangehörigen im Zeitraum zwischen dem 17.7.1968 (Machtergreifung durch die Ba'ath-Partei) und dem 1.5.2003 (offizielles Ende der Kampfhandlungen) begangen wurden, zuständig (Art. 1 (b), 11 ff.). Seine Zuständigkeit erstreckt sich ausdrücklich auf die Taten, die im Zusammenhang mit dem Krieg gegen Iran und Kuwait begangen wurden und die sich gegen die irakische Bevölkerung selbst gerichtet haben (Art. 1 (b)). Darüber hinaus soll das Tribunal auch spezifisch irakische Straftaten aburteilen, etwa die Verschwendung nationaler Ressourcen und die Veruntreuung öffentlicher Mittel. Das Tribunal besteht aus Ermittlungsrichtern, einer oder mehreren Verhandlungskammern, einer Rechtsmittelkammer, einer staatsanwaltschaftlichen und einer Verwaltungsabteilung (Art. 3). Das Statut entspricht im materiell- und verfahrensrechtlichen Teil im Wesentlichen dem IStGH-Statut.[317] Die ersten Angeklagten waren – neben dem ehem. Präsidenten Hussein[318] – insbesondere **Mitglieder des früheren Ba'ath-Regimes** auf der Grundlage einer von den USA erstellten Liste der 55 meist gesuchten Iraker.

49 Bis heute wurden zehn Prozesse vor dem Iraqi High Tribunal verhandelt.[319] Am 19.10.2005 hat die Erste Kammer des Obersten Irakischen Strafgerichtshofs ihre erste Sitzung im Al-Dujail-Verfahren, dem ersten Prozess, abgehalten und damit die Gerichtsverfahren gegen die Angeklagten Saddam Hussein Al- Majeed, Barzan Ebraheem Al-Hassan, Taha Yasin Ramadhan, Awad Hamed Al-Bander, Mezhir Abd Allah Kadhem Ruaid, Abd allah Kadhem Ruaid, Ali Daeeh Ali und Mohammed Azawi Ali eröffnet. Am 5.11.2006 wurde Saddam Hussein wegen der Anordnung der Tötung von 148 schiitischen Einwohnern der Stadt Al Dujail im Jahr 1982 des Verbrechens gegen die Menschlichkeit für schuldig befunden und zum Tode durch Erhängen verurteilt.[320] Sein Halbbruder, Barzan, und der Vorsitzende des Revolutionsgerichts, Al Bandar, der im Jahr 1984 im Al-Dujail-Verfahren 148 Todesurteile verhängte, wurden wegen ähnlicher Anklagepunkte ebenfalls zum Tode verurteilt. Die gegen das Urteil am 3.12.2006 eingelegte Revision der Verteidiger wurde von der Revisionskammer am 26.12.2006 zurückgewiesen.[321] Die von der Staatsan-

[314] Vgl. http://www.ibanet.org/Committees/WCC_IHT.aspx (zuletzt abgerufen am 1.7.2014). Krit. *Mettraux,* JICJ 5 (2007), 287 ff. Zum Statut vgl. http://www.law.case.edu/saddamtrial/documents/IST_statute_official_english.pdf (zuletzt abgerufen am 20.12.2013).

[315] *CHILDG,* The Iraqi Tribunal, 2009, http://www.chathamhouse.org/sites/default/files/public/Research/International%20Law/il041208.pdf (zuletzt abgerufen am 1.7.2014), S. 9.

[316] Vgl. *Zappalà,* JICJ 2 (2004), 855 ff. (Hervorhebung im Original). Siehe auch *CHILDG,* The Iraqi Tribunal, 2009, http://www.chathamhouse.org/sites/default/files/public/Research/International%20Law/il041208.pdf (zuletzt abgerufen am 1.7.2014), S. 7.

[317] Krit. *Heller, CWRJIL* 2006–2007, 261; ausführliche Darstellung bei *Pirmurat,* S. 84 ff.

[318] Siehe *Mosa,* Saddam Hussein, 2010.

[319] *Ambos,* 2013, S. 48.

[320] Zusf. und krit. zum Urteil *Ambos/Pirmurat,* JZ 2007, 822; *Bhuta,* JICJ 6 (2008), 42 ff.; zum Prozess auch *Mikolajczyk/Mosa,* ZIS 2007, 1 ff.; *dies.,* ZIS 2007, 307; *Bohlander,* ZStW 117 (2005), 677 ff.; *ders.,* JICJ 3 (2005), 463 ff.; *Scharf,* JICJ 5 (2007), 259 ff.; *Ponti,* DPP 4 (2007), 542 ff.; krit. *Doebbler,* JICJ 5 (2007), 264 ff.; *Sissons/Bassin,* JICJ 5 (2007), 272 ff.; *Kelly,* 119 ff.; *ICTJ,* 2006; zur Verteidigung der Todesstrafe in casu *Donini,* JJZG 2006/2007, 408 ff.; *Sissons/Wierda,* in: Lutz/Reiger, Heads of State, 2009, S. 233 ff.

[321] Vgl. http://law.case.edu/saddamtrial/dujail/opinion.asp (zuletzt abgerufen am 1.7.2014). Krit. *Bhuta,* JICJ 6 (2007), 61 ff.

waltschaft eingereichte Revision gegen das Strafmaß der lebenslangen Freiheitsstrafe für den Angeklagten Ramadan hatte Erfolg, die Revisionskammer verwies das Verfahren an den Strafgerichtshof zurück, der am 12.2.2007 den Angeklagten Ramadan ebenfalls zum Tode verurteilte.[322] Alle Todesurteile wurden vollstreckt. In einem zweiten Prozess (Al Anfal) gegen Mitglieder des früheren Ba'ath-Regimes wurde Saddams Cousin al-Majid (auch genannt „Chemie-Ali") wegen Völkermords im Rahmen der Anfal-Kampagne zusammen mit dem ehemaligen Verteidigungsminister Sultan Hashim und dem Armee-Kommandeur Hussein al-Raschid am 24.6.2007 zum Tode verurteilt.[323] Die Berufungskammer bestätigte dieses Urteil am 4.9.2007.[324] Zwei Mitangeklagte erhielten eine lebenslange Freiheitsstrafe, der ehemalige Gouverneur von Mosul wurde aus Mangel an Beweisen freigesprochen.[325] Ursprünglich war in diesem zweiten Verfahren auch Hussein als Angeklagter vorgesehen. Da dieser jedoch bereits im Dezember 2006 hingerichtet worden war und das irakische Recht kein Verfahren in Abwesenheit vorsieht, wurde das Verfahren gegen ihn eingestellt.[326] Der dritte Prozess startete im August 2007 und umfasste die Vorgehensweise gegen shiitische Aufständige im Jahr 1991. Das Urteil in diesem Prozess erging am 1.12.2008. Drei der 15 Angeklagten wurden freigesprochen, vier erhielten eine lebenslange Freiheitsstrafe, sechs Angeklagte erhielten längere Freiheitsstrafen und zwei Angeklagte (al-Majid, „Chemie-Ali", und Abdul-Ghani Abdul-Ghafur) wurden zum Tode verurteilt.[327] Al-Majid wurde am 24.1.2010 hingerichtet.[328] Im vierten Prozess wurden Wetban Abraheem Alhasan und, Sebayi Abrahem Al Hassan,[329] Ali Hassan Almajeed, Tariq Aziz Isa und Mizban Kkider Hadi,[330] Abed Hameed Mahmood[331] und Ahmed Hussein Khudair[332] wegen der Exekution von 42 Kaufleuten, die beschuldigt worden waren, während des UN-Sanktionsregimes Lebensmittelpreise erhöht zu haben, verurteilt. Ein weiterer Angeklagter, Isam Rasheed Hiweish, wurde freige-

[322] Vgl. http://jurist.law.pitt.edu/pdf/ramadansentenceappeal.doc (zuletzt abgerufen am 1.7.2014).

[323] Für eine engl. Übersetzung des Anfal-Prozesses siehe http://law.case.edu/grotian-moment-blog/anfal/opinion.asp (zuletzt abgerufen am 1.7.2014).

[324] Siehe http://law.case.edu/grotian-moment-blog/anfal/cassation.asp (zuletzt abgerufen am 1.7.2014).

[325] Vgl. das Urteil im *Al Anfal Case* vom, 24.6.2007, http://law.case.edu/grotian-moment-blog/documents/anfal_verdict_part_25.pdf (zuletzt abgerufen am 1.7.2014); auch Update 1–3, The Anfal Trial and Iraqi High Tribunal, http://ictj.org/sites/default/files/ICTJ-Iraq-Anfal-Tribunal-2006-English2.pdf (zuletzt abgerufen am 1.7.2014); „Iraqi court seals fate of Saddam henchmen", IHT, 5.9.2007, S. 4.

[326] *CHILDG,* The Iraqi Tribunal, 2009, http://www.chathamhouse.org/sites/default/files/public/Research/International%20Law/il041208.pdf (zuletzt abgerufen am 1.7.2014), S. 3.

[327] *Raid Juhi Hamadi al-Saedi,* Summary of the verdict of the 1991 case, http://law.case.edu/grotian-moment-blog/documents/1991IHTverdict.pdf (zuletzt abgerufen am 1.7.2014); *CHILDG,* The Iraqi Tribunal, 2009, http://www.chathamhouse.org/sites/default/files/public/Research/International%20Law/il041208.pdf (zuletzt abgerufen am 1.7.2014), S. 3, 4.

[328] The Daily Telegraph (London) v. 25.1.2010, siehe http://www.telegraph.co.uk/news/worldnews/middleeast/iraq/7072155/Saddam-Husseins-henchman-Chemical-Ali-executed.html (zuletzt abgerufen am 1.7.2014).

[329] Beide verurteilt zum Tode wegen geplanten Mordes, wegen Teilnahme daran und an Folterhandlungen sowie wegen unrechtmäßigen Freiheitsentzugs und sonstigen unmenschlichen Handlungen (Verbrechen gegen die Menschlichkeit), Urteil v. 11.3.2009, *Raid Juhi Hamadi al-Saedi,* Summary of the IHT Merchants Case, http://law.case.edu/grotian-moment-blog/documents/IHT_Merchants_Case.pdf (zuletzt abgerufen am 1.7.2014), S. 21 ff, 39 ff.

[330] Alle drei verurteilt zu 15 Jahren Freiheitsstrafe wegen der Teilnahme am Mord und an Folterhandlungen sowie wegen unrechtmäßigen Freiheitsentzugs und sonstigen unmenschlichen Handlungen (Verbrechen gegen die Menschlichkeit), Urteil v. 11.3.2009, *Raid Juhi Hamadi al-Saedi,* Summary of the IHT Merchants Case, http://law.case.edu/grotian-moment-blog/documents/IHT_Merchants_Case.pdf (zuletzt abgerufen am 1.7.2014), S. 61 ff., 70 ff., 80 ff.

[331] Verurteilt zu lebenslänglicher Freiheitsstrafe wegen Mordes, Teilnahme daran und an Folterhandlungen sowie wegen unrechtmäßigen Freiheitsentzugs und sonstigen unmenschlichen Handlungen (Verbrechen gegen die Menschlichkeit), Urteil v. 11.3.2009, *Raid Juhi Hamadi al-Saedi,* Summary of the IHT Merchants Case, http://law.case.edu/grotian-moment-blog/documents/IHT_Merchants_Case.pdf (zuletzt abgerufen am 1.7.2014), S. 49 ff.

[332] Verurteilt zu 6 Jahren Freiheitsstrafe wegen der Teilnahme an sonstigen unmenschlichen Taten, Urteil v. 11.3.2009, *Judge Ra'id Juhi,* Summary of the IHT Merchants Case, S. 91.

sprochen.[333] Das fünfte Verfahren betraf vierzehn Angeklagte, denen die Vertreibung und Ermordung von Kurden zur Last gelegt wurde.[334] Im November 2011 wurden drei der Angeklagten zum Tode, zwei weitere zu jeweils zehn Jahren Haft (darunter Tariq Aziz) verurteilt. Der Rest der Angeklagten wurde freigesprochen.[335] Im Rahmen des sechsten Prozess („Al Jeboor") wurden im Juni 2011 vier der Angeklagten für schuldig befunden.[336] Im siebten Prozess aus dem Jahr 2009 (Freitagsgebet) wurde Tarik Al-Aziz frei gesprochen, drei weitere Angeklagte zum Tode und zwei zu lebenslangen Freiheitsstrafen verurteilt.[337] Das achte Verfahren (Al-Barzani) endete 2011 mit einem Freispruch, einem Todesurteil (Sadun Shaker) und zwei lebenslangen Freiheitsstrafen. Zwei weitere Angeklagte wurden zu 17 Jahren Freiheitsstrafe verurteilt.[338] 2010 wurde im neunten Prozess (Halabja) ein Angeklagter zum Tode verurteilt (Ali Hassan Al-Majid); gegen zwei weitere Angeklagte wurden zeitliche Freiheitsstrafen von 15 bzw. 10 Jahren verhängt.[339]

50 Zur Schaffung des **Bangladesh Tribunals** wurde der schon aus dem Jahr 1973 stammende International Crimes (Tribunals) Act („ICTA")[340] durch den International Crimes (Tribunals) (Amendment) Act 2009 geändert. Die sachliche Zuständigkeit des Tribunals erstreckt sich auf Verbrechen gegen die Menschlichkeit, Verbrechen gegen den Frieden, Genozid, Kriegsverbrechen, „Verletzung jeglicher humanitärer Regeln der Genfer Konvention 1949, die im bewaffneten Konflikt anwendbar sind" sowie „sonstige völkerrechtlich normierte Verbrechen"[341]. Damit werden Völkerrecht und VGR als Rechtsquelle behandelt[342] und das Tribunal lehnt sich an die schon existierenden Tribunale an.[343] Gleichwohl führt es „zu 100 Prozent nationale Verfahren" durch.[344] Im November 2011 wurde die erste Anklage gegen Delwar Hossain Sayedee, einen führenden Politiker der oppositionellen Jamaat-E-Islami-Partei, erhoben. Mittlerweile wurden Verfahren gegen zehn weitere Beschuldigte eingeleitet.[345]

II. Vergleichende Betrachtung

51 Die beschriebenen Tribunale können nicht nur im Hinblick auf ihre Zusammensetzung als „gemischt" bezeichnet werden, sondern auch im Hinblick auf ihre Organisation, Struktur und vor allem das anwendbare Recht.[346] Die Tribunale wenden sowohl **nationales als auch internationales Recht** an. Allen Tribunalen (mit Ausnahme des

[333] Urteil v. 11.3.2009, *Raid Juhi Hamadi al-Saedi,* Summary of the IHT Merchants Case, http://law.case.edu/grotian-moment-blog/documents/IHT_Merchants_Case.pdf (zuletzt abgerufen am 1.7.2014), S. 95.

[334] *Ambos,* 2013, S. 48; *ders.*, in: Bruinsma/Weisburd, S. 1043.

[335] http://www.washingtontimes.com/news/2010/nov/29/iraq-court-gives-tariq-aziz-new-10-year-sentence/ (zuletzt abgerufen am 1.7.2014).

[336] *Ambos,* 2013, S. 48.

[337] http://www.iraqcenter.net/vb/showthread.php?t=45481 (zuletzt abgerufen am 1.7.2014).

[338] http://www.aliraqi.org/forums/showthread.php?t=102524 (zuletzt abgerufen am 1.7.2014).

[339] http://aspx.aawsat.com/details.aspx?article=553252&section=4&issueno=11374 (zuletzt abgerufen am 1.7.2014).

[340] Siehe http://ict-bd.org/ict1/(zuletzt abgerufen am 1.7.2014).

[341] Art. 3 (2) (a)-(f) ICTA; allgemein zum Tribunal vgl. *Ambos,* 2013, S. 50; *ders.*, in: Bruinsma/Weisburd, S. 1043.

[342] *Linton,* CLF 21 (2010), 191 (221 f.).

[343] Ebd., 233 (234 ff.).

[344] *Linton,* CLF 21 (2010), 310 warnt insoweit: „We have the precedents of Ethiopia, East Timor, Indonesia, Iraq and Cambodia, all also burdened by weak criminal justice systems but proceeding with accountability for international crimes, to stand as cautionary tales for Bangladesh as it tries to do it alone."

[345] Vertiefend *Ambos,* in: Bruinsma/Weisburd, S. 1043; *ders.*, 2013, S. 50 f.

[346] *Ambos/Othman,* S. 3. Zu möglichen Evaluierungskriterien *von Braun,* S. 25 ff., 37 ff. mit zusf. Synthese „ihrer" Tribunale auf S. 421 ff.

Libanon Tribunals) ist gemeinsam, dass sie jeweils im Tatortstaat gelegen sind, womit eine gewisse örtliche Nähe zu der betroffenen Bevölkerung hergestellt ist. Sie sind entweder ein Teil der nationalen Justiz (Kosovo, Ost Timor, Kambodscha) oder – obgleich Sondertribunale – mit dieser zumindest in irgendeiner Form verbunden (Sierra Leone, Irak, Libanon). In jedem Fall haben sie **Vorrang** gegenüber den nationalen Gerichten und auch gegenüber dem IStGH.[347] Im Gegensatz zu ICTY und ICTR, denen mindestens 15 Jahre bis zum Abschluss ihrer Verfahren gewährt wurden, steht den gemischten Tribunalen ein wesentlich **geringerer Zeitraum** zur Verfügung. So hatte das Sierra Leone Tribunal ursprünglich nur drei Jahre, um sein Mandat zu erfüllen.[348] Die Problematik wird noch dadurch verschärft, dass diese Tribunale mit **organisatorischen Problemen** und **knappen Ressourcen** bei gleichzeitig hohen operativen Kosten zu kämpfen haben. Ihre Budgets sind erheblich geringer als die der *Ad-Hoc*-Tribunale.[349] All dies mag auch der Hauptgrund dafür sein, dass die gemischten Tribunale Schwierigkeiten haben, ausreichend qualifiziertes **Personal** zu gewinnen. Dies wiederum erklärt die in der Regel nur **geringe juristische Qualität** ihrer Beschlüsse und Urteile[350] und verdeutlicht den Bedarf an Rechtsberatung in den betroffenen Ländern.[351]

Die in den materiellen Zuständigkeitsbereich („subject matter jurisdiction") der gemischten Tribunale fallenden **Kernverbrechen** sind Völkermord, Verbrechen gegen die Menschlichkeit und Kriegsverbrechen. Die tatbestandsmäßige Ausgestaltung dieser Delikte orientiert sich am IStGH-Statut, wobei die Kriegsverbrechen in der Regel nicht umfassend i. S. v. Art. 8 kodifiziert werden. Daneben wenden alle Tribunale **situationsspezifische Tatbestände** des nationalen Rechts an. So wurde etwa in *Osttimor* und im *Senegal* zusätzlich die Folter als Einzeltat aufgenommen, im *Kosovo* Verbrechen aus rassistischen, ethnischen oder religiösen Gründen, wegen illegalen Waffenbesitzes und verbotener Grenzüberschreitung, in *Kambodscha* die Zerstörung von Kulturgütern während eines bewaffneten Konfliktes, in *Sierra Leone* der sexuelle Missbrauch von Mädchen und die Zerstörung von Häusern durch Brandstiftung und im *Irak* die Verschwendung nationaler Ressourcen. Im *Libanon* wird sogar ausschließlich libanesisches Recht angewandt. In Sierra Leone können überdies Jugendliche zwischen 15 52

[347] Das ergibt sich direkt aus Art. 17 IStGHS, sofern sie Teil der nationalen Justiz sind; andernfalls über eine analoge Anwendung dieser Vorschrift (vgl. auch Cryer/*Cryer et al.*, S. 198; krit. *von Braun,* S. 137ff., die bzgl. der internationalen Tribunale eine eigenständige Regelung fordert).

[348] Zu den Operationszeiträumen der jeweiligen Gerichte im Vergleich s. *Smeulers/Hola/Van den Berg,* ICLR 13 (2013), 15f.

[349] Nach *Sriram,* IA 2004, 976 soll der SCSL etwa US$ 57 Mio. kosten, das ICTR aber am Ende US$ 1,2 Bill. gekostet haben. Nach *Raab,* JICJ 3 (2005), 95f. hat der ICTY bis 2005 fast US$ 1 Bill. gekostet. Vgl. auch *Egonda-Ntende,* HuV–I, 2005, 25f. sowie *von Braun,* S. 429ff.; ausführlich *Wierda/Triolo,* in: Reydams/Wouters/Ryngaert, S. 133ff.

[350] Krit. auch *de Bertodano,* JICJ 1 (2003), 244: „little legal reasoning".

[351] Vgl. Report of the Panel on UN Peace Operations (Brahimi Report), A/55/502, 20.10.2000; Report of the Secretary-General on the Rule of Law and Transitional Justice in Conflict and Post-conflict Societies, S/2004/616, 3.8.2004. Deshalb haben sich das US-amerikanische Institute of Peace sowie das Irish Centre for Human Rights darauf verständigt, das Projekt „Modellgesetzbücher für Post-Konflikt-Gesellschaften" aufzulegen, das vier integrierte Modellgesetze vorschlägt (*O'Connor/Rausch,* Model Criminal Code, 2007; *dies.*, Model Code of Criminal Procedure, 2008; *Model Detention Act* sowie *Model Police Act*); vgl. auch http://www.usip.org/model-codes-post-conflict-justice-/the-model-codes-law-reform-tool (zuletzt abgerufen am 1.7.2014) sowie *O'Connor,* CLF 16 (2005), 231ff. Zur Justice Rapid Response Initiative vgl. § 8 Rn. 13 mit Fn. 65.

und 18 Jahre verfolgt werden (Art. 7 SCSLS).[352] In **prozessualer** Hinsicht folgten die Tribunale entweder eher dem adversatorischen Parteiverfahren, insbesondere der SCSL, oder eher dem kontinentaleuropäischen (französischen) reformierten Inqusitionsverfahren, insbesondere die kambodschanischen ECCC und das Libanon-Tribunal.[353]

53 Die Existenz **außergerichtlicher Mechanismen** zur Konfliktbewältigung, insbesondere durch Schaffung sog. **Wahrheits- und Versöhnungskommissionen,**[354] führt zu Zuständigkeitsüberschneidungen oder doch zumindest Abgrenzungsnotwendigkeiten. Das ist unproblematisch, wenn, wie in *Osttimor,* eine Wahrheitskommission keine Sanktionsbefugnisse hat und zudem weniger schwere Straftaten untersuchen soll.[355] In *Sierra Leone* sollen Zuständigkeitsüberschneidungen dadurch vermieden werden, dass das Tribunal nur die hauptverantwortlichen Täter verfolgen soll, während sich die Wahrheitskommission im Wesentlichen mit Kindern bzw. Jugendlichen und „normalen" Täter beschäftigen soll.[356]

54 Die Art der Einrichtung des **Irak-Tribunals** durch die US-Besatzungsmacht sowie seine Rechtsgrundlagen sind überwiegend auf Kritik gestoßen.[357] Insoweit ist jedoch eine differenzierte Sichtweise vonnöten. Zwar wird man die Akzeptanz des Gerichts bei den Betroffenen, den Irakern, mit Fug und Recht bezweifeln können, doch ist

[352] Kritisch dazu *Hall/Kazemi,* HarvLJ 44 (2003), 287 (296f.).

[353] Report of the Secretary-General on the Establishment of a Special Tribunal for Lebanon, para.6, U.N. Doc. S/2006/893 (15 November 2006).

[354] Vgl. allg. *Bassiouni,* 2003, S. 711f.; *Neubacher,* in: Neubacher/Klein, S. 36ff.; *Reese,* in: Neubacher/Klein, S. 78f.; *Tomuschat,* in: Werle, 2006, S. 157ff.; *Bantekas/Nash,* S. 580f.; *Chinchón Álvarez,* Derecho internacional, 2007, S. 273ff.; *Drumbl,* Atrocity, 2007, S. 68ff.; Cryer/*Cryer,* S. 576ff.; *Borsari,* S. 467ff.; *von Braun,* S. 22ff.; zu **Osttimor** *Devereux,* in: Blumenthal/Mc Cormack, S. 171ff.; *von Braun,* S. 190ff.; zu **Sierra Leone** *Schabas,* JICJ 2 (2004), 1082ff.; *ders.,* in: Brown, S. 385ff.; *Boister,* JICJ 2 (2004), 1100ff.; *Tätzsch,* in: Neubacher/Klein, S. 235ff.; *von Braun,* S. 312ff.; zu **El Salvador, Bosnien-Herzegowina** und **Südafrika** *Schlunck,* Amnesty versus accountability, 2000, S. 87ff. und zu den letztgenannten beiden Ländern *Clark,* ICLR 11 (2011), 241ff.; zur **südafrikanischen** „TRC" als Modell Cassese/Gaeta/Jones/*Dugard,* S. 700; *Möller,* S. 158ff., 617ff.; *May,* S. 230ff.; *Chapman/van der Merwe,* in: Chapman/van der Merwe, 1ff., 281ff.; *Neubacher,* S. 456ff., 459ff.; *Pedain,* in: Werle, 2006, S. 199ff.; *Rwelamira,* in: Werle, 2006, S. 169ff.; *Sarkin,* in: Werle, 2006, S. 43ff.; zu den sog. „Noorgard principles", *Brydensholt,* CLF 16 (2005), 379; zum zust. Urteil des südafrikanischen Verfassungsgerichts *Hoffmann,* in: Menzel/Pierlings/Hoffmann, S. 791ff.; zur Entwicklung der Strafjustiz in Südafrika seit 1994 *Fernandez/Nerlich,* ZStW 117 (2005), 967ff.; vergleichend die Beiträge in CLF 15 (2004), 1–246; *Nagan,* in: Werle, 2006, S. 115ff.; aus theologischer Sichtweise *Wüstenberg,* in: Werle, 2006, S. 131ff.; zum Einfluss der Strafverfolgung auf den südafrikanischen Amnestie Prozess *Nerlich,* Apartheidkriminalität, 2002, S. 274ff.; *ders.,* in: Werle, 2006, S. 60ff.; krit. zur Strafverfolgung nach der TRC *Fernandez,* in: Werle, 2006, S. 65ff.; zur Entwicklung eines fairen Verfahrens vor Wahrheitskommissionen *Freeman,* Truth Commissions and procedural fairness 2006, S. 159ff.; siehe auch *Schabas/Parmentier/Wierda,* in: Genugten/Scharf/Radin, Criminal Jurisdiction, 2009, S. 112ff.; zur Frage der emotionalen Wiedergutmachung aus Opfersicht *Doak,* ICLR 11 (2011), 263ff.; zu Transitional Justice in **Uganda:** *Roach,* ICLR 13 (2013), 250ff.; zu TJ im allgemeinen: *Iverson,,* IJTJ 7 (2013), 413ff.

[355] *Linton,* CLF 12 (2001), 223ff.; *Burgess,* CLF 15 (2004), 143ff.

[356] Vgl. *Wetzel,* HuV-I 2003, 147 (154f.); *Schabas,* CLF 15 (2004), 3ff.

[357] Ausführlich *Pirmurat,* S. 150ff.; vgl. auch *Megally/van Zyl,* U.S. Justice with an Iraqi face?, IHT 4.12.2003; *Zolo,* JICJ 2 (2004), 313ff.; *Alvarez,* JICJ 2 (2004), 319ff.; *Scharf,* JICJ 2 (2004), 330ff.; *Shany,* JICJ 2 (2004), 338ff.; *Zappalà,* JICJ 2 (2004), 855ff.; *Bhuta,* JICJ 6 (2008), 63ff.; für eine grds. Verteidigung *Scharf,* JICJ 5 (2007), 258ff.; *De Bertodano,* JICJ 5 (2007), 296ff.; plakativ *Scharf/Newton.* Zur Unanwendbarkeit der Todesstrafe *Bohlander,* JICJ 3 (2005), 463ff.; *von Braun,* S. 424.

dies keine Besonderheit, sondern ein zentrales Problem der gegenwärtigen internationalen Strafjustiz in Form gemischter Tribunale.[358] Die internationale Strafjustiz befindet sich insoweit in einem **Dilemma:** Einerseits ist die nationale Justiz in der Regel nicht in der Lage und häufig auch nicht willens, Strafverfahren wegen vr Kernverbrechen durchzuführen; andererseits führt die „Internationalisierung“ der Gerichte und Verfahren zu einem Legitimationsverlust in den Augen der betroffenen Bevölkerung. Erschwerend kommt im Falle des Irak hinzu, dass die USA nicht – wie im Falle von Nürnberg – das Völkerrecht auf ihrer Seite haben[359] und deshalb schon ihre (besatzungsrechtliche) Kompetenz zur Errichtung eines solchen Tribunals in Zweifel gezogen werden kann.[360]

358 Überzeugend *Alvarez,* JICJ 2 (2004), 321 f. und passim.

359 Zutreffend *Kreß,* JICJ 2 (2004), 351.

360 Grundsätzlich übernimmt die Besatzungsmacht die Verantwortung für das besetzte Gebiet und seine Bevölkerung und übt die Hoheitsgewalt, einschließlich Gerichtsbarkeit, an Stelle des besetzten Staates aus (Art. 29, 47 ff. GK IV; Fleck/*Gasser,* Rn. 525 ff.).

§ 7. Das materielle Völkerstrafrecht

A. Der „Allgemeine Teil": Die völkerstrafrechtliche Zurechnungslehre

Neuere Literatur: *Acquaviva,* At the Origins of Crimes Against Humanity – Clues to a Proper Understanding of the Nullum Crimen Principle in the Nuremberg Judgment, JICJ 9 (2011), 881; *Agbor,* The Substantial Contribution Requirement: The Unfortunate Outcome of an Illogical Construction and Incorrect Understanding of Article 6 (1) of the Statute of the ICTR, ICLR 12 (2012), 155; *ders.*, Instigation to Crimes Against Humanity, 2013; *ders.,* The Problematic Jurisprudence on Instigation under the Statute of the ICTR: The Consistencies, Inconsistencies and Misgivings of the Trial and Appeal Chambers of the ICTR, ICLR 13 (2013), 429; *Akande/Shah,* Immunities of State Officials, International Crimes and Foreign Domestic Courts: A Rejoinder to Alexander Orakhelashvili, EJIL 22 (2011), 857; *Aksenova,* Complicity in Rape in the Jurisprudence of the ad hoc Tribunals and the Special Court for Sierra Leone, in: Bergsmo et al., Understanding and Proving International Sex Crimes, 2012, S. 175; *Ambos,* Das erste Urteil des IStGH (Prosecutor v. Lubanga) – Eine kritische Analyse der Rechtsfragen, ZIS 2012, 313; *ders.,* The First Judgment of the ICC (*Prosecutor* v. *Lubanga*): A Comprehensive Analysis of the Legal Issues, ICLR 12 (2012), 115; *ders.*, Some Considerations on the Eichmann Case, in: Ambos et al., Eichmann in Jerusalem – 50 years after, 2012, S. 123; *ders.*, A workshop, a symposium and the Katanga Trial Judgment of 7 March 2014, JICJ 12 (2014), 219; *ders.*, The ICC and Common Purpose: What Contribution is Required Under Article 25(3)(d)?, in: Stahn, The Law and Practice of the ICC: A Critical Account of Challenges and Achievements, 2014 (im Erscheinen); *ders./Bock,* Procedural Regimes, in: Reydams/Wouters/Ryngaert, S. 488; *ders./Njikam,* Charles Taylor's Criminal Responsibility, JICJ 11 (2013), 789; *Badar,* The Concept of *Mens Rea* in International Criminal Law. The Case for a Unified Approach, 2013; *ders./Marchuk,* A Comparative Study of the Principles Governing Criminal Responsibility in the Major Legal Systems of the World (England, United States, Germany, France, Denmark, Russia, China, and Islamic Legal Tradition), CLF 24 (2013), 1; *Barker,* International Court of Justice: Jurisdictional Immunities of the State (Germany v Italy) Judgment of 3 February 2012, ICLQ 62 (2013), 741; *Barthe,* Das erste Urteil aus Den Haag – Besprechung der Entscheidung des Internationalen Strafgerichtshofs vom 14.3.2012 im Fall Prosecutor v. Thomas Lubanga Dyilo, JZ 2013, 88; *Bernard,* Ne Bis In Idem – Protector of Defendants' Rights or Jurisdictional Pointsman, JICJ 9 (2011), 863; *Bock,* Tagungsbericht zum Kriminalwissenschaftlichen Kolloquium vom 5.7.2013, GA 2013, 586; *dies.,* The Prerequisite of Personal Guilt and the Duty to Know the Law in the Light of Article 32 ICC Statute, Utrecht L.R. 9 (2013), 184; *Bohlander,* Retrospective reductions in the severity of substantive criminal law – The lex mitior principle and the impact of Scoppola v Italy No. 2, Crim.L.R. 2011, 627; *Boudreault,* Identifying Conflicts of Norms: The ICJ Approach in the Case of the Jurisdictional Immunities of the State (Germany v. Italy: Greece Intervening), LJIL 25 (2012), 1003; *Burkhardt,* Individuelle Zurechnung kollektiven Verhaltens, in: Pilgram et al., Einheitliches Recht für die Vielfalt der Kulturen?, 2012, S. 41; *Cernic,* Shaping the Spiderweb: Towards the Concept of Joint Commission Through Another Person under the Rome Statute and Jurisprudence of the ICC, CLF 22 (2011), 539; *Clarke,* Return to Borkum Island: Extended Joint Criminal Enterprise Responsibility in the Wake of World War II, JICJ 9 (2011), 839; *Cryer,* Superior Scholarship on Superior Orders: An Appreciation of Yoram Dinstein's *The Defence of ‚Obedience to Superior Orders' in International Law,* JICJ 9 (2011), 959; *Cubbon,* Diminished Responsibility and Loss of Control: The Perspective of International Criminal Law, in: Reed/Bohlander, Loss of Control and Diminished Responsibility. Domestic, Comparative and International Perspectives, 2011, S. 367; *DeFalco,* Contextualizing Actus Reus under Article 25(3)(d) of the ICC Statute – Thresholds of Contribution, JICJ 11 (2013), 715; *Dickinson,* Germany v. Italy and the Territorial Tort Exception: Walking the Tightrope, JICJ 11 (2013), 147; *Douglas,* State Immunity for the Acts of State Officials, BYIL 82 (2012), 281; *Drumbl,* From Oblivion to Memory: A Blueprint for the Amnesty, CLP 6 (2012), 467; *Eboe-Osuji,* The Plea of Alibi in International Criminal Law as Viewed Through the Prism of the Common Law, CLF 22 (2011), 35; *Eldar,* Holding Organized Crime Leaders Accountable for the Crimes of their Subordinates, CLP 6 (2012), 207; *ders.,* Exploring International Criminal Law's Reluctance to Resort to Modalities of Group Responsibility. Five Challenges to International Prosecutions and their Impact in Broader Forms of Responsibility, JICJ 11 (2013), 331; *Findlay,* Collective Responsibility for Global Crime: Limitations with the Liability Paradigm, in: Henham/Findlay, S. 47; *Finnin,* Elements of Accessorial Modes of Liability. Article 25(3)(b) and (c) of the Rome Statute of the ICC, 2012; *Fletcher,* The Theory of Criminal Liability and International Criminal Law, JICJ 10 (2012), 1029; *Fournet,* Mass Atrocity: Theories and Concepts of Accountability – On the Schizophrenia of Accountability, in: Henham/Findlay, S. 27; *Frulli,* ‚The Times they are A-Changing' – the Italian Court of Cassation Denies Germany Immunity from Execution to Allow Compensation to War Crimes' Victims, JICJ 9 (2011), 1129; *Gevers,* Immunity and the Implementation Legislation in South Africa, Kenya and Uganda, in: Ambos/Maunganidze, S. 86; *Gil Gil,* Mens Rea in Co-perpetration and Indirect Perpetration According to Article 30 of the Rome Statute. Arguments against Punishment for Excesses Committed by the Agent or the Co-perpetrator, ICLR 14 (2014), 82; *Gosnell,* Damned If You Don't: Liability for Omissions in International Criminal Law, in: Schabas/McDermott/Hayes, S. 101; *Goy,* Individual Criminal Responsibility before the ICC, ICLR 12 (2012), 1; *Greco,* Amnestien und Völkerstrafrecht, GA 2012, 670; *Guilfoyle,* Responsibility for Collective Atrocities: Fair Labelling and Approaches to Commission in International Criminal Law, CLP 64 (2011), 255; *Heller,* The Rome Statute of the ICC, in: Heller/Dubber, The Handbook of Comparative Criminal Law, 2011, S. 593; *Herzig,* Die Tatherrschaftslehre in der Rechtsprechung des Internationalen Strafgerichtshofs, ZIS 2013, 189; *Heyer,* Grund und Grenze der Beihilfestrafbarkeit im Völkerstrafrecht, 2013; *Jia,* Immunity for State Officials from Foreign Jurisdiction for International Crimes, in: Bergsmo/Ling, S. 75; *ders.,* The Immunity of State Officials for International Crimes Revisited, JICJ 10 (2012), 1303; *Jones/Heller/van Sliedgret,* Milestones in International Criminal Justice: Recent Legal Controversies at the UN Yugoslav Tribunal, 2013, abrufbar unter https://www.chathamhouse.org/sites/default/files/public/Meetings/Meeting%20Transcripts/161013Yugoslav1.pdf (zuletzt abgerufen am 1.7.2014); *Jordash,* Joint Criminal Enterprise Liability: Result Orientated Justice, in: Schabas/McDermott/Hayes, S. 133; *Kearney,* Any other Contribution? Ascribing Liability for Cover-Ups of International Crimes, CLF 24 (2013), 331; *Keitner,* Germany v. Italy and the Limits of Horizontal Enforcement: Some Reflections from a United States Perspective, JICJ 11 (2013), 167; *Kirsch,* Völkerstrafrechtliche Risiken unternehmerischer Tätigkeit, NZWiSt 2014, 212; *Koch/Dorn,* Verurteilung eines ehem. SS-Mannes vor dem Hintergrund deutschen und europäischen Rechts, Jura 2011, 690; *Kolb,* Droit international pénal, in: Kolb/Scalia, S. 1; *Kreicker,* Die Entscheidung des Internationalen Gerichtshofs zur Staatenimmunität – Auswirkungen auf das (Völker-)Strafrecht? Anmerkungen zum Urteil des IGH vom 3.2.2012 aus strafrechtlicher Sicht, ZIS 2012, 107; *ders.,* Konsularische Immunität und Spionage – Anmerkungen zu BGH, Beschl. v. 27.6.2013 – StB 7/13, ZIS 2014, 129; *Kreß,* The ICC and Immunities under International Law and States Not Party to the Court's Statute, in: Bergsmo/Ling, S. 223; *Krever,* International Criminal Law: An Ideology Critique, LJIL 26 (2013), 701; *Kyriakakis,* Developments in international criminal law and the case of business involvement in international crimes, IRRC 94 (2012), 981; *Liu,* Has Non-Immunity for Head of States Become a Rule of Customary International Law, in: Bergsmo/Ling, S. 55; *McGregor,* State Immunity and Human Rights: Is there a Future after Germany v. Italy?, JICJ 11 (2013), 125; *Meisenberg,* Legality of Amnesties in International Humanitarian Law – The Lomé Amnesty Decision of the Special Court for Sierra Leone, IRRC 86 (2004), 837; *Meyer,* Ausschluss und Minderung strafrechtlicher Verantwortung bei Handeln auf Weisung, GA 2012, 556; *ders.,* Multinationale Unternehmen und das Völkerstrafrecht, ZStrR 131 (2013), 56; *Moser,* Non-Recognition of State Immunity as a Judicial Countermeasure to *Jus Cogens* Violations: The Human Rights Answer to the ICJ Decision on the *Ferrini* Case, GoJIL 4 (2012), 809; *Murmann,* Problems of causation with regard to (potential) actions of multiple protagonists, JICJ 12 (2014), 283; *Nesi,* The Quest for a ‚Full' Execution of the ICJ Judgment in Germany v. Italy, JICJ 11 (2013), 185; *Nybondas,* Command Responsibility and its Applicability to Civilian Superiors, 2010; *O'Connor,* Corporations, International Crimes and National Courts: A Norwegian View, IRRC 94 (2012), 1007; *Ohlin,* Second-Order Linking Principles: Combining Vertical and Horizontal Modes of Liability, LJIL 25 (2012), 771; *ders.,* Searching for the Hintermann: In Praise of Subjective Theories of Imputation, JICJ 2 (2014), 325; *ders./van Sliedregt/Weigend,* Assessing the Control-Theory, LJIL 26 (2013), 725; *Orakhelashvili,* Immunities of State Officials, International Crimes, and Foreign Domestic Courts: A Reply to Dapo Akande and Sangeeta Shah, EJIL 22 (2011), 849; *Roxin,* Zur neuesten Diskussion über die Organisationsherrschaft, GA 2012, 395; *Safferling/Hartwig-Asteroth/Scheffler,* § 4 VStGB und das Verhältnis zu Beteiligungsformen des allgemeinen Strafrechts, ZIS 2013, 447; *Safferling/Kirsch,* Zehn Jahre VStGB, JA 2012, 481; *Sanger,* I. Immunity of State Officials from the Criminal Jurisdiction of a Foreign State, ICLQ 62 (2013), 193; *Satō,* International Criminal Responsibility Concerning ‚Control over an Organization' and Command Responsibility *Lato Sensu,* ICLR 12 (2012), 293; *Schiller,* Die völkerrechtliche Immunität amtierender Staatsoberhäupter als Verfahrenshindernis vor dem IStGH, HuV-I 2011, 30; *Schröder,* Committing Core Crimes through Complicity: Establishing an International Criminal Responsibility of Arms Brokers, HuV-I 2012, 69; *Sivakumaran,* Command Responsibility in Irregular Groups, JICJ 10 (2012), 1129; *Stewart,* Overdetermined Atrocities, JICJ 10 (2012), 1189; *ders.,* The End of ‚Modes of Liability' for International Crimes, LJIL 25 (2012), 165; *Talmon,* Jus Cogens after Germany v. Italy: Substantive and Procedural Rules Distinguished, LJIL 25 (2012), 979; *Tladi,* The ICC Decisions on Chad and Malawi: On Cooperation, Immunities, and Article 98, JICJ 11 (2013), 199; *Trechsel,* Zur Verfolgungspflicht des Kommandanten im Völkerstrafrecht, in: Cavallo et al., Liber amicorum für Andreas Donatsch, 2012, S. 201; *van Alebeek,* Domestic Courts as Agents of Development of International Immunity Rules, LJIL 26 (2013), 559; *van Sliedregt,* Pluralism in International Criminal Law, LJIL 25 (2012), 847; *dies.,* The Curious Case of International Criminal Liability, JICJ 10 (2012), 1171; *van Verseveld,* Mistake of Law – Excusing Perpetrators of International Crimes, 2012; *van Wijk,* Amnesty for War Crimes in Angola: Principled for a Day?, ICLR 12 (2012), 743; *Vest,* Völkerrechtsverbrecher verfolgen. Ein abgestuftes Mehrebenenmodell systemischer Tatherrschaft, 2011; *ders.,* Problems of participation – Unitarian, differentiated approach, or something else?, JICJ 12 (2014), 295; *Vogel,* Vorgesetztenverantwortlichkeit, in: Jeßberger/Geneuss, S. 75; *Weigend,* Kill or Be Killed – Another Look at Erdemovic, JICJ 10 (2012), 1219; *Wirth,* Co-perpetration in the *Lubanga* Trial Judgement, JICJ 10 (2012), 971; *Yanev/Kooijmans,* Divided Minds in the *Lubanga* Trial Judgment: A Case against the Joint Control Theory, ICLR 13 (2013), 789; *Zeegers,* Defence Counsel Immunity at the Ad Hoc Tribunals, ICLR 11 (2011), 869; *Zhou,* Brief Analysis of a Few Controversial Issues in Contemporary International Law, in: Bergsmo/Ling, S. 21; *Zuppi,* Immunities of State Officials as a Non-Exculpatory Defense in International Criminal Law, in: Meng et al., Europäische Integration und Globalisierung. Festschrift zum 60-jährigen Bestehen des Europa-Instituts, 2011, S. 653. – Für weitere **ältere Literatur** s. Vorauflagen.

I. Vorbemerkungen

1 Der Allgemeine Teil (AT) oder – so die im angloamerikanischen Rechtskreis verbreitete Ausdrucksweise – die **„allgemeinen Grundsätze"** („general principles") des Völkerstrafrechts (VStR) fristeten bis zu den Vorbereitungssitzungen der Staatenkonferenz zur Schaffung des IStGH ein Mauerblümchendasein. Das ist nicht zuletzt darauf zurückzuführen, dass die Arbeit am VStR bis zu jenem Zeitpunkt im Wesentlichen in den Händen von Diplomaten und Völkerrechtlern lag, die wenig Neigung hatten, die ohnehin schon rechtlich komplexe und politisch delikate Materie weiter mit strafrechtsdogmatischen Überlegungen zu belasten. So verwundert es nicht, dass die Dogmatisierung eines AT des VStR noch am Anfang steht,[1] obgleich dessen Notwendigkeit inzwischen generell anerkannt ist.[2] Immerhin scheint klar zu sein, dass ein vstr Straftatsystem nicht nur aus quellentheoretischer Sicht (dazu schon § 5 Rn. 5ff.) **universell gültig,** sondern gleichzeitig **leistungsfähig** und **verständlich** sein muss.[3] Grundvoraussetzung für die universelle Akzeptanz allgemeiner vstr Grundsätze ist damit die **Offenheit** gegenüber unterschiedlichen Rechtsordnungen sowie die **Verständlichkeit** und **Praktikabilität** eines vstr AT.

2 Daraus folgt zugleich, dass sich der **vstr Verbrechensbegriff** nicht an einem bestimmten Strafrechtssystem (angloamerikanischer oder kontinentaleuropäischer Prägung – „common law" oder „civil law")[4] orientieren, sondern eigenständig aus den vstr Quellen (§ 5 Rn. 5ff.) entwickeln sollte.[5] Dabei ergibt sich zunächst aus einer Analyse der vstr Rechtsprechung und Kodifikationen (von Nürnberg bis Rom) ein grundsätzlich **zweistufiger Verbrechensaufbau,** der (noch) auf der angloamerikanischen offence-defence-Dichotomie beruht und sich von dem im kontinentaleuropäischen (vor allem

[1] So auch *Werle,* 2012, Rn. 392f.; erste Ansätze von *Ambos,* 2002; von transnationalen Delikten ausgehend *Matus,* DPC 19 (2007), 71ff. (81ff.).

[2] *Eser,* in: Bassiouni, Commentaries ILC, 1993, S. 43ff.; *Eser,* FS Kaiser, 1998, S. 1514f.; *Lagodny,* ZStW 113 (2001), 815f.; *Bassiouni,* 2013, S. 291f.; *Mantovani,* JICJ 1 (2003), 26f.; *Fletcher,* 2007, S. 107; *ders.,* JICJ 10 (2012), 1029; *Borsari,* S. 477ff.; *van Sliedregt,* LJIL 25 (2012), 852; zur zunehmenden Bedeutung *Ambos,* JICJ 4 (2006), 660ff.

[3] *Jareborg,* RIDP (1981), 520; siehe hierzu auch *van Sliedregt,* LJIL 25 (2012), 847ff.

[4] Zur unterschiedlichen methodischen u. rechtsphilosophischen Ausgangsposition *Matus,* Transformación, 2008, S. 57ff.

[5] Grdl. *Stuckenberg,* S. 30ff., vgl. schon § 5 Rn. 9.

deutschen) Recht vorherrschenden, durch die Differenzierung von Unrecht und Schuld geprägten zwei- bzw. dreigliedrigen Verbrechensaufbau[6] unterscheidet.[7] Die insoweit in **Schaubild 7** genannten Merkmale des vstr Verbrechensbegriffs – *offence* mit objektiver *(actus reus)* und subjektiver *(mens rea)* Tatseite sowie Straffreistellungsgründe *(defences)*[8] – werden im Folgenden auf der Grundlage des IStGH-Statuts behandelt. Die notwendige Dogmatisierung des AT des Völkerstrafrechts bewegt sich dabei zwischen den vr gewachsenen Grundlagen (aus denen auch und gerade der beschriebene Verbrechensaufbau hervorgegangen ist) und vermeintlich richtigen, allgemeingültigen strafrechtsdogmatischen Erkenntnissen. Auf der internationalen Bühne vstr Verhandlungen mischen sich noch völkerrechtspolitische Interessen ein.[9] All dies bringt mitunter Kompromisslösungen mit sich, die aus rein strafrechtsdogmatischer Sicht wenig befriedigend sein mögen.[10] Doch ist dies der Preis einer Rechtsordnung, die in einer Welt Gültigkeit beansprucht, die die „kaum noch überschaubare Differenzierung und Verfeinerung des dogmatischen Instrumentariums",[11] wie sie der deutschen, italienischen, portugiesischen und spanischen Strafrechtsdogmatik eigen ist, weder nachvollziehen kann noch will.[12]

Der AT des Völkerstrafrechts findet sich in Teil 3 des IStGH-Statuts: Als **allgemeine strafrechtliche Grundsätze** werden die Grundsätze *nullum crimen, nulla poena* und *ne bis in idem* kodifiziert (Art. 20, 22–24[13]). Als **Täterschaftsformen** sind die Alleintäterschaft, die Mittäterschaft und die mittelbare Täterschaft (Art. 25 Abs. 3 (a)), als **Teilnahmeformen** das Anordnen, Beantragen einer oder Anstiften zu einer vollendeten oder versuchten Tat und die Beihilfe zur vollendeten und versuchten Tat mit dem Zweck, die Begehung zu erleichtern, vorgesehen (Art. 25 Abs. 3 (b), (c)). Weiter wird ein **sonstiger Tatbeitrag** zur Begehung oder versuchten Begehung eines Verbrechens 3

6 *Zweigliedrig:* Unrecht – Schuld; *dreigliedrig:* Tatbestandsmäßigkeit – Rechtswidrigkeit – Schuld.

7 Vgl. eingehend *Ambos,* 2002, 1. und 2. Teil, zusf. S. 70f., 515 (hier modifiziert); *Satzger,* 2013, § 15 Rn. 16ff.; *Ambos,* ZIS 2006, 470f.; *ders.,* JICJ 4 (2006), 664ff.; *ders.,* Car. L. Rev. 28 (2007), 2667f.; *ders.,* RPPC 3 (2006), 382f.; ebenso *Werle,* 2012, Rn. 396f., 404ff.; auch *Kolb,* in: Kolb/Scalia, S. 65ff.; *Gless,* 2011, Rn. 693ff.; *Vest,* 2011, S. 404ff.; krit. *Fletcher,* 2007, S. 324; zusf. *Matus,* Transformación, 2008, S. 17ff., der einen stärkeren Einfluss der französ.-deutschen Strafrechtstradition beim IStGH sieht (S. 93ff.). Gegen den hier vertretenen Verbrechensbegriff weil „unterkomplex" u. „oberflächlich" *Jesse,* S. 21ff., 303, der ihm einen, im Wege einer „statutsimmanenten Strukturanalyse" (S. 46ff.) entwickelten täterorientiert-pragmatischen Verbrechensbegriff des IStGHS, der zweigliedrig zwischen der Begründbarkeit (Unrechtsbeziehung = Beziehung von Unrecht u. Person) u. Begründung (Verantwortlichkeitsbeziehung = Beziehung von Unrecht u. personalem Vorwurf) individueller strafrechtlicher Verantwortlichkeit unterscheidet, entgegenhält (S. 241ff. [268ff.], 294ff. [301f.]).

8 Man kann darin natürlich auch einen dreistufigen Aufbau sehen, womit es dem heute noch in England herrschenden Unrechtsbegriff (zwischen actus reus, mens rea und defences differenzierend) entspricht, vgl. *Safferling,* Vorsatz, 2008, S. 291ff. (299); dort auch zu den genannten Grundbegriffen. Zum dreistufigen Aufbau im amerikanischen Model Penal Code *Dubber,* S. 34ff., 203f.; zu Zweistufigkeit mit Blick auf Verbrechen und individuelle Verantwortlichkeit *Burghardt,* S. 266ff., 285ff.

9 Treffend zur „tension between consistency and consensus" bei solchen Verhandlungen *Keitner,* UCLA J. Int.L.& For.Aff. 6 (2001), 217 (219f., 224, 262).

10 Für *Fletcher,* 2007, ist das IStGHS einerseits „both a disappointment and a source of promise" (S. 109) u. andererseits „theoretically and conceptually underdeveloped" (340); für eine Rückkehr zur alten schuldstrafr. Dogmatik *ders.,* JICJ 9 (2011), 179ff.

11 S/S/*Lenckner,* 27. Aufl., 2006, Vor §§ 13ff. Rn. 22 a. E. Vgl. auch *Ambos,* 2002, S. 54f. m. w. N.

12 Nicht ganz zufällig wird im angloamerikanischen Rechtsraum der Begriff „legal dogmatics" eher abschätzig verwendet und statt dessen von „legal doctrine" gesprochen (vgl. *Kötz,* RabelsZ 1990, 205); s. auch *Fletcher,* JICJ 9 (2011), 180.

13 Vorschriften ohne Bezeichnung sind solche des IStGH-Statuts.

durch eine Personengruppe, die auf Grund eines gemeinsamen Zwecks handelt, unter Strafe gestellt (Art. 25 Abs. 3 (d)). Auch der **Versuch** wird erfasst (Art. 25 Abs. 3 (f)). Art. 28 legt eine – auch (grob) fahrlässige – **Unterlassenshaftung** für militärische und zivile **Vorgesetzte** fest, die gegen Verbrechen ihrer Untergebenen nichts unternommen haben („superior" oder „command responsibility"); eine allgemeine Unterlassungshaftung ist zwar nicht vorgesehen,[14] dies schliesst aber die Bestrafung *echten* Unterlassens über entsprechende Tatbestände nicht aus (s. z. B. Art. 8 Abs. 2 (b)(xxv)).[15] In subjektiver Hinsicht wird grundsätzlich **Absicht** und **Wissen** verlangt (Art. 30).[16] Art. 30 enthält Bezugspunkte des Vorsatzes (Rn. 65), aus denen als allgemeine **objektive Verbrechensmerkmale** Verhalten, Erfolg und Tatumstände abgeleitet werden können. Aus Art. 30 Abs. 2 (b), Abs. 3 („gewöhnlichen Verlauf der Ereignisse") lässt sich sogar – über die bloß naturwissenschaftliche **Kausalität** hinaus – im Ansatz das Erfordernis **objektiver Zurechnung** entnehmen.[17] Im Rahmen der **Straffreistellungsgründe** (Art. 26, 27, 29, 31–33) wird einerseits bestimmt, dass das Gericht über Personen, die zum Tatzeitpunkt unter 18 Jahren waren, keine Gerichtsbarkeit besitzt (*Zuständigkeitslösung* bezüglich Schuldfähigkeitsalter, Art. 26), die in die Zuständigkeit des Gerichts fallenden Verbrechen *keiner Verjährung* unterliegen (Art. 29; ebenso § 5 VStGB) und weder eine bestimmte *amtliche Stellung* noch *Immunitätsregeln* eine Strafbarkeit ausschliessen (Art. 27). Als **materielle** Straffreistellungsgründe werden andererseits Irrtum, Handeln auf Befehl, Schuldunfähigkeitsgründe (Geisteskrankheit, Trunkenkeit), Notwehr und Nötigungsnotstand geregelt (Art. 31–33).

4 Zum völkerstrafrechtlichen Verbrechensbegriff vgl. das nachfolgende Schaubild 7.

[14] *Ambos,* 2002, S. 498 (509); grdl. *Duttwiller,* ICLR 6 (2006), 1 ff.; *Ambos,* 2013, S. 180 ff. Vgl. auch *Gropengießer,* S. 291 f.; *Badar,* S. 389; krit. *Weltz,* Unterlassungshaftung, 2004, S. 272 ff., die eine allg. Regelung entwickelt: S. 227 ff. (240), 295 ff. (301). Die Rspr. erkennt schon jetzt ein ue Unterlassen i. S. einer *Begehung durch Unterlassen* an (*ICC,* Lubanga Décision confirmation 29. 1. 2007, paras. 351 ff., wo von „actions ou omissions" gesprochen wird; i. Erg. ebenso *Werle,* 2012, Rn. 693; *Cryer,* S. 314; *Kolb,* in: Kolb/Scalia, S. 194; *Burghardt,* S. 347 ff.; *Gless,* 2011, Rn. 753; *Berster,* ICLR 10 (2010), 619, 632 ff., der das ue Unterlassen direkt aus dem VStR über ein modifiziertes Tatherrschaftsverständnis [„doctrine of control"] in Anlehnung an Schünemann ableitet); ein strenges Verständnis des Gesetzlichkeitsgrds. fordert aber eine entsprechende Vorschrift (mindestens i. S. v. § 13 StGB), so auch *Jesse,* S. 258, 293.

[15] Vgl. *Werle,* 2012, Rn. 687 f.; *ders.,* JICJ 5 (2007), 964 ff.

[16] Für eine interessante Analyse der Subjektivität bei vr Verbrechen s. *Foster,* in: Smeulers, S. 39 ff., der aus psychologischer Perspektive ein ‚relational model' (S. 44 ff.) vorschlägt, bei dem die Beteiligung sowohl aus individueller als auch aus soziopolitischer Sicht analysiert wird.

[17] Zutr. *Kreß,* HuV-I 1999, 5 f.; zust. *Meseke,* S. 114; *Satzger,* 2013, § 15 Rn. 20. Vertiefend zur Behandlung der kumulativen Kausalität und zur Berücksichtigung hypothetischer Ersatzursachen *Stewart,* JICJ 10 (2012), 1189; krit. zu ihm *Murmann,* JICJ 12 (2014), 284 ff. (auch bei *Bock,* GA 2013, 587 f.).

I. Offence/Individuelle Verantwortlichkeit	
1. Objektive Voraussetzungen *(actus reus)*	
a) Beteiligung (Rn. 14 ff.)	
(1) Täterschaft	(Rn. 18)
(2) Mittäterschaft, insbesondere joint criminal enterprise	(Rn. 19 ff.)
(3) Mittelbare Täterschaft, insbesondere Organisationsherrschaft	(Rn. 23 ff.)
(4) Joint Criminal Enterprise	(Rn. 30 ff.)
(5) Teilnahme: Beihilfe und Anstiftung	(Rn. 37 ff.)
b) Erweiterungen der Verantwortlichkeit	
(1) Vorgesetztenverantwortlichkeit	(Rn. 52 ff.)
(2) Versuch	(Rn. 67 ff.)
(3) Sonstiger Tatbeitrag zu Kollektivtat	(Rn. 43)
2. Subjektive Voraussetzungen *(mens rea)* (Rn. 63 ff).	
II. Defence/Straffreistellungsgründe (Rn. 71 ff.)	
1. Materielle Straffreistellungsgründe	
a) Schuldunfähigkeit wegen seelischer Störung oder Rauschzustands	(Rn. 80 f.)
b) Notwehr	(Rn. 82 ff.)
c) Handeln auf Befehl	(Rn. 85 ff.)
d) Notstand, insbesondere Nötigungsnotstand	(Rn. 92 ff.)
e) Irrtum	(Rn. 97 ff.)
2. Sonstige Straffreistellungsgründe	
a) Immunität	(Rn. 101 ff.)
b) Amnestien, Begnadigungen, sonstiger Strafverzicht	(Rn. 109 ff.)

Schaubild 7: Der völkerstrafrechtliche Verbrechensbegriff

II. Allgemeine Grundsätze

Fall 1:

General G ist Oberbefehlshaber der Truppen der Besatzungsmacht B (einem Vertragsstaat des IStGH), die im Lande L zahlreiche Verbrechen gegen die Menschlichkeit und Kriegsverbrechen begehen. Der IStGH verurteilt den G wegen VgM und Kriegsverbrechen. Kann er erneut vor ein nationales Militärgericht gestellt werden? 5

Variante: G wird nach Ende der Besatzung vor ein Militärgericht von B gestellt, das ihn wegen Verleitens zu einer rechtswidrigen Tat (vgl. z. B. § 33 WStG) und mangelhafter Dienstaufsicht (§ 41 WStG) verurteilt. Kann der IStGH den G erneut aburteilen? → Rn. 7a

6 Zu den allgemeinen vstr Grundsätzen im Sinne des Teil 3 des IStGH-Statuts gehören neben den **allgemeinen Grundsätzen im engeren Sinne** auch Zurechnungsregeln, Vorschriften zur persönlichen strafrechtlichen Verantwortlichkeit und Straffreistellungsgründe, also die die allgemeinen Grundsätze konkretisierenden Regeln. Weitere allgemeine Vorschriften, über die keine Einigkeit erzielt werden konnte, wurden – nicht zuletzt wegen des großen Zeitdrucks während der Vertragsstaatenkonferenz – gestrichen.[18] Zu den Grundsätzen i. e. S. gehören der *Nullum crimen*- und *Nulla poena*-Grundsatz (Art. 22–24) sowie der *Ne bis in idem*-Grundsatz (Art. 20). Die auch im Teil 3 enthaltene Vorschrift zum anwendbaren Recht (Art. 21, § 5 Rn. 5 ff.) gehört nur insoweit dazu, als sie den Rahmen des anwendbaren Rechts, innerhalb dessen sich (auch) die Grundsätze i. e. S. bewegen, vorgibt.[19]

7 Ein Angeklagter kann sich auf den ***Ne bis in idem*-Grundsatz** *gegenüber dem IStGH und einem nationalen Gericht* (eines Vertragsstaates) berufen, wenn er schon vom IStGH verurteilt oder freigesprochen wurde (Art. 20 Abs. 1, 2; „downward ne bis in idem"); allerdings greift der Einwand nur „wegen eines in Art. 5 bezeichneten Verbrechens", eine Verfolgung wegen eines anderen (allgemeinen) Verbrechens bleibt also möglich.[20] Im Verhältnis *nationaler Gerichte zum IStGH* („upward ne bis in idem") gilt das Doppelverfolgungsverbot aber nicht absolut, sondern es ist die aus dem Komplementaritätsgrundsatz (Art. 17 Abs. 1 (c), § 8 Rn. 10 ff.) folgende Einschränkung zu beachten, dass ein nationales Verfahren kein Schauprozess zum Schutz des Verdächtigen oder in anderer Weise nicht unabhängig und unparteiisch gewesen sein darf (Art. 20 Abs. 3). Art. 20 muss also im Zusammenhang mit Art. 17 gelesen und ausgelegt werden.[21]

Lösung Fall 1:

7a G kann wegen internationaler Verbrechen i. S. v. Art. 5 also nicht erneut vor ein (nationales) Militärgericht gestellt werden, denn er wurde „vom Gerichtshof bereits verurteilt" (Art. 20 Abs. 2 – „downward ne bis in idem"). Würde es sich bei B nicht um einen Vertragsstaat handeln, wäre er auch nicht an Art. 20 gebunden; es gelten also die allgemeinen Grundsätze, wonach das Doppelverfolgungsverbot grds. nur innerstaatlich gilt (§ 4 Rn. 4). In der **Variante** („upward ne bis in idem") kommt es darauf an, ob einer der in Art. 20 Abs. 3 genannten Missbrauchsfälle vorliegt; dafür scheint die Verurteilung wegen bloßer disziplinarischer Militärstraftaten statt völkerrechtlicher Verbrechen nach dem VStGB zu sprechen.

---

18 Vgl. etwa die Vorschläge zur Einbeziehung des Unterlassens in Art. 28 Draft Statute 1998 for the ICC, S. 54 f.; Triffterer/*Ambos,* Special Print, Art. 25 Rn. 51.

19 Vgl. auch *Jesse,* S. 158, der überzeugend von einem „materiell komplementären Verhältnis" zwischen Art. 21 u. 22 spricht.

20 Vgl. auch Cryer/*Cryer et al.,* S. 86; *Ambos,* 2013, S. 404 f.; Triffterer/*Tallgren/Coracini,* Art. 20 Rn. 4 ff. sowie *Bernard,* JICJ 9 (2011), 864 ff., demzufolge der *ne bis in idem* Grundsatz zum einen den Angeklagten vor einer Doppelverfolgung schützen (originäre Funktion), zum anderen aber auch dem vstr Strafverfolgungsanspruch zur Durchsetzung verhelfen soll (strukturelle Funktion); zur Schutzfunktion gegenüber dem Angeklagten auch *ICC,* Katanga and Ngudjolo, TC, Admissibility Decision 16.6.2009, para. 48.

21 Vgl. auch *Górriz R./González C.,* in: Gómez Colomer et al., S. 233 f.; *Campanella,* in: Cassese et al., 2005, S. 265 ff.; *Zahar/Sluiter,* S. 478 f.; *Piva,* ZIS 2008, 148 ff.; *Ambos,* 2013, S. 405 f.; zu den *Ad-Hoc*-Tribunalen *Zahar/Sluiter,* S. 317 f., 477 ff.

Der ***Nullum crimen*-Grundsatz** wird in allen seinen vier Ausprägungen ausdrücklich anerkannt (Art. 22, 24): Eine Person darf nur für Taten bestraft werden, die nach dem Statut zum Tatzeitpunkt strafbar waren *(lex scripta),* nach seinem Inkrafttreten begangen wurden *(lex praevia),*[22] ausreichend bestimmt formuliert sind *(lex certa)*[23] und nicht durch Analogie ausgedehnt wurden *(lex stricta).*[24] Im Falle mangelnder Eindeutigkeit soll die dem Beschuldigten jeweils günstigere Auslegung gewählt werden (Art. 22 Abs. 2 S. 2).[25] Bei Rechtsänderungen vor Urteilsverkündung ist das dem Angeklagten günstigere Gesetz *(lex mitior)* heranzuziehen.[26] Art. 22 bezieht sich nicht nur auf die Verbrechenstatbestände, sondern auch auf die allgemeinen Voraussetzungen strafrechtlicher Verantwortlichkeit.[27] Die Vorschrift lässt die auf VGR und allgemeinen Rechtsgrundsätzen beruhende vr Strafbarkeit (Art. 15 Abs. 2 IPbpR, Art. 7 Abs. 2 EMRK, § 10 Rn. 90) unberührt (Art. 22 Abs. 3),[28] doch kann der IStGH solche ungeschriebenen Tatbestände nicht anwenden, denn diese sind dem Statut gegenüber subsidiär (Art. 22 Abs. 1).[29] Mit dem ***Nulla poena*-Grundsatz** (Art. 23) soll verhindert werden, dass auf nicht im Statut vorgesehene Strafen zurückgegriffen wird, wobei freilich das Statut selbst nur eine zeitliche Höchststrafe und die lebenslange Freiheitsstrafe 8

22 In diesem Zusammenhang ist auch auf Art. 11 hinzuweisen, wonach der Gerichtshof nur für Verbrechen zuständig ist, die nach Inkrafttreten des Statuts begangen wurden (Art. 11 Abs. 1 u. 2 erster Halbs.), sofern keine Unterwerfungserklärung i. S. v. Art. 12 Abs. 3 abgegeben wurde, denn diese kann auch Rückwirkung entfalten (Art. 11 Abs. 2 letzter Halbs., dazu näher § 8 Rn. 6); zum Sonderfall des Verschwindenlassens (Dauerdelikt) u. Rn. 216f. Ausführlich zur *lex praevia* auf nationaler und internationaler Ebene *Schüller,* in: Kühne et al., S. 197ff.

23 Zu Bestimmtheitsproblemen auf Grund normativer Tatbestandsmerkmale im IStGHS *Sotis,* in: Delmas-Marty et al., S. 196ff.; krit. auch *Kreß/Wannek,* in: Kirsch, S. 241f.; *Fletcher/Ohlin,* JICJ 3 (2005), 551ff.; *Dondé,* Legalidad penal, 2007, S. 406ff.

24 Ausführlich zum *nullum crimen* Grundsatz im Völkerstrafrecht *Ambos,* 2013, S. 88ff. Vgl. allg. auch *Mantovani,* JICJ 1 (2003), 29ff.; *König,* S. 185ff.; *Vidales Rodrígues,* in: Gómez Colomer et al., S. 199ff.; *Jescheck,* JICJ 2 (2004), 40ff.; *Weigend,* in: AIDP, 2004, 323f.; *Shahabuddeen,* JICJ 2 (2004), 1007ff.; *May,* 2005, S. 207ff.; *Gradoni,* LJIL 19 (2006), 862f.; *Ambos,* JICJ 4 (2006), 669ff.; *Borsari,* S. 288ff.; *Kolb,* in: Kolb/Scalia, S. 204ff.; *Dondé,* Legalidad penal, 2007, S. 398ff. (auf der Grundlage einer grdl. Untersuchung der Rechtslage in Schottland, England, USA, Mexiko, Südafrika und Spanien sowie der mr Rspr.); *Heller,* in: Heller/Dubber, S. 597; eingehend zum Gesetzlichkeitsgrds. im VStR *Bassiouni,* 2008, S. 73ff.; überz. *ICTY,* Vasiljevic TJ 29.11.2002, para. 193: „A criminal conviction should indeed never be based upon a norm which an accused could not reasonably have been aware of at the time of the acts, and this norm must make it sufficiently clear what act or omission could engage his criminal responsibility." Zur Missachtung des Gesetzlichkeitsgrundsatzes durch die span. Audiencia Nacional im *Scilingo-Urteil, Gil Gil,* JICJ 3 (2005), 1084ff.; zum *Nullum crimen*-Grundsatz in der Rechtsprechung des IMT *Acquaviva,* JICJ 9 (2011), 886ff.

25 Die dt. Übersetzung („Im Zweifelsfall") ist ungenau, weil es um mangelnde Eindeutigkeit („ambiguity", „ambiguité") nach Auslegung, also eine materielle Vorgabe geht (*Jesse,* S. 151ff.).

26 *Werle,* 2012, Rn. 110; *Bassiouni,* 1999, S. 123ff. (144); *Triffterer,* S. 92ff.; *ders.,* in: Hankel/Stuby, S. 218f. Um die (materiell-rechtliche) *lex mitior* Regel geht es übrigens auch bei der Debatte um eine Anwendung des (prozessualen) *in dubio pro reo* Grundsatzes auf Rechtsfragen, kategorial unzutreffend insoweit *Declaration Judge Shahabuddeen,* in: *ICTY,* Limaj et al. AppJ 27.9.2007, Kap. VIII, paras. 2ff.; dagegen zutr. *Partially dissenting and separate opinion and declaration Judge Schomburg,* in: ebd., Kap. IX, paras. 15ff. Zur *lex mitior* Regel vor dem EGMR und seiner Übertragung auf nationale Rechtssysteme *Bohlander,* Crim.L.R. 2011, 630ff.

27 Das folgt schon aus dem Wortlaut von Abs. 1 („verantwortlich"), vgl. *Jesse,* S. 154ff.

28 Triffterer/*Broomhall,* Art. 22 Rn. 50f. Zur Problematik allg. vgl. schon § 5 Rn. 7.

29 *Catenacci,* Statuto della CPI, 2003, S. 187ff.; *Borsari,* S. 289; *Jesse,* S. 110ff., 158, 177f. (Statut als Grundlage, Maßstab u. Grenze der Rechtsanwendung); s. schon § 5 Rn. 5.

vorsieht (Art. 77, Rn. 286) und das Völkerstrafrecht die Vorgabe genauerer Strafrahmen nicht kennt.[30]

9 Der **Schuldgrundsatz** wurde zwar nicht explizit im IStGH-Statut aufgenommen,[31] er ergibt sich aber zwanglos aus dem anwendbaren Recht gemäß Art. 21, sei es als VGR oder als allgemeiner Rechtsgrundsatz.[32] Schon die Nürnberger Rechtsprechung hat das Völkerstrafrecht als Schuldstrafrecht verstanden.[33] Persönliche Schuld („personal guilt") bedeutet nach dieser Konzeption, dass der Täter in objektiver und subjektiver Hinsicht für die ihm vorgeworfenen Taten **individuell verantwortlich** ist[34] und dieser Verantwortlichkeit **keine Einwände** (defences) entgegenstehen. Auch die jüngere Rspr. hat den Schuldgrundsatz ausdrücklich anerkannt.[35] Zu wenig Aufmerksamkeit ist allerdings in der gesamten Diskussion bisher der – der kollektiven Dimension vr Verbrechen (Rn. 11) immanenten – Problematik **kollektiver Schuld** zuteil geworden.[36]

III. Völkerstrafrechtliche Zurechnung und individuelle Verantwortlichkeit

10 Die grundlegende Prämisse vstr Zurechnung ist die Anerkennung der vstr **Verantwortlichkeit natürlicher Personen.** So gesehen kann die vstr Entwicklung von Nürnberg bis Den Haag als „die Geschichte der **vr Subjektwerdung** des Einzelnen" bezeichnet werden.[37] Sie findet mit Art. 25 Abs. 1 und 2 ihren vorläufigen Abschluss, wobei der Grundsatz der individuellen Verantwortlichkeit des Einzelnen schon in Nürnberg anerkannt worden ist.[38] Demgegenüber hat sich die strafrechtliche **Verantwortlichkeit juristischer Personen** – trotz der vorgeschlagenen Beschränkung auf die Führungsorgane privater Unternehmen[39] – nicht durchgesetzt.[40] Ihre Anerkennung

[30] Vgl. *Ambos,* in: Haveman/Olusanya, S. 17 ff. m.w.N.; ebenso *Werle,* 2012, Rn. 110; *Heller,* in: Heller/Dubber, S. 597; zu ICTY und ICTR *Scalia,* RIDC 1 (2006), 185 ff. Krit. *Vidales Rodrígues,* in: Gómez Colomer et al., S. 213 ff.; *Martini,* in: Cassese et al., 2005, S. 220 ff.; *Borsari,* S. 455 ff.; krit. zum IStGHS *Olásolo,* CLF 18 (2007), 311 f.

[31] Krit. *Korte,* Befehl, 2004, S. 169 f.; a. A. wohl *Ibañez,* Estatuto de Roma, 2003, S. 79, der ihn in Art. 30 verankert sieht.

[32] Grdl. *Fletcher,* 2007, S. 298 ff.; vgl. auch *Burghardt,* S. 287, 346, 434; *Gless,* 2011, Rn. 690 ff., 1008; *Bock,* Utrecht L.R. 9 (2013), 185 f.

[33] Vgl. *Ambos,* 2002, S. 86 f., 125, 361 und passim. Vgl. auch *Jescheck,* JICJ 2 (2004), 44 f.; *Burkhardt,* S. 177; *Borsari,* S. 361; *Damaška,* ChicKentLR 83 (2008), 355 f. (mit zutreff. Betonung der Beachtung dieses und anderer Grundsätze für die Legitimität des Völkerstrafrecht).

[34] Im Sinne eines normativen Schuldbegriffs der funktional-kriminalpolitischen Verbrechenslehre, vgl. *Ambos,* 2002, S. 57 ff.; ähnlich *Neubacher,* S. 434. Zur Abgrenzung zu „allgemeiner" Schuld *Diggelmann,* AVR 45 (2007), 388.

[35] Vgl. *ICTY,* Tadic AppJ 15.7.1999, para. 186. Vgl. auch IStGH Regel 145 Abs. 1 (a): „Sentence … must reflect the culpability …; krit. *Ambos,* JICJ 4 (2006), 671.

[36] *Fletcher,* YLJ 111 (2002), 1514 ff. zieht aus der kollektiven Natur vstr Verbrechen die Folgerung kollektiver Schuld, welche jedoch nicht notwendigerweise zu einer kollektiven Bestrafung führen müsse (insoweit *ders.,* Inquiries, 2004, 163; vgl. auch *ders.,* 2007, S. 332 ff.). Vgl. auch aus Opfersicht *Diggelmann,* AVR 45 (2007), 393.

[37] *Schlösser,* Verantwortlichkeit, 2004, S. 16 (Herv. K. A.). Vgl. auch *König,* S. 178 ff.; *Stempel,* INEF Report 78 (2005), S. 30; zur Entwicklung auch *Chinchón Álvarez,* Democracia, 2007, S. 77 ff.; *Borsari,* S. 203 ff.; *Eiroa,* Políticas, 2009, S. 33 ff.

[38] Vgl. bereits *IMG,* Bd. 1, 249, wonach Verbrechen nicht von abstrakten Einheiten sondern von Menschen begangen werden und diese für ihr Verhalten zur Verantwortung zu ziehen sind. Vgl. auch die Ausführungen des engl. Hauptanklägers *Sir Hartley Shawcross,* in: IMG, Bd. 3, 123 f.

[39] Vgl. den letzten Kompromissvorschlag Frankreichs während der römischen Konferenz: UNDok. A/CONF. 183/C.1/WGGP/L.5 (3.7.1998).

[40] Vgl. *Schabas,* 2010, S. 425 ff. Dazu eingehend *Köster,* Unternehmen, 2010, passim, zur vr Verantwort-

würde von der individuellen Verantwortlichkeit der Täter ablenken und den IStGH vor kaum überwindbare Beweisprobleme stellen;[41] im Übrigen ist sie weder universell anerkannt noch gibt es konsentierte Zurechnungsregeln.[42]

Die Frage der **Zurechnung** eines bestimmten Geschehens (eines strafrechtlich relevanten Erfolges) zu dem Verhalten einer bestimmten Personen erweist sich im Falle der vstr Makrokriminalität als schwieriger als im Fall der (innerstaatlichen) Allgemeinkriminalität, denn einerseits sind im Völkerstrafrecht unterschiedliche Strafrechtskonzeptionen zu berücksichtigen und andererseits stehen die Taten selbst in einem kollektiven Gesamtzusammenhang,[43] was die Isolierung individueller Tatanteile erschwert.[44] Die vstr **Einzeltaten,** die sich in der Regel in den nationalen Strafrechtsordnungen finden, fügen sich in eine vstr **Gesamttat** ein,[45] die den jeweiligen kollektiven Begehungszusammenhang beschreibt – man denke nur an den Holocaust, die Organisation eines Gefangenenlagers, die Erschießung von schätzungsweise 7–8000 Menschen innerhalb weniger Tage im bosnischen Srebrenica (Rn. 53, 121, 148, 158) oder den Genozid in Ruanda, wo innerhalb von ca. drei Monaten rund 800 000 Menschen mit technisch einfachsten Mitteln umgebracht wurden. Dieser Gesichtspunkt ergänzt die altbekannte **individuelle** Zurechnung, also die Zurechnung zur Person (als Beziehung zwischen Handlungssubjekt und Erfolg),[46] um ein **kollektives** Element, nämlich die Zurechnung zur (kriminellen) Organisation, in der Regel zum Staat. So gesehen geht es einerseits um ein **„systemisches"** – nicht nur individualistisches – **Zurechnungsmodell**[47] mit (normati- 11

lichkeit privater Unternehmen und strafrechtlichen bzw. zivilrechtlichen Alternativen zum VStR. Siehe auch *Stoitchkova,* Liability, 2010, passim, die eine vstr *sui generis* Verantwortlichkeit von Unternehmen vorschlägt; *Findlay,* in: Henham/Findlay, S. 48ff., 63ff. sowie *Meyer,* ZStrR 131 (2013), 61ff., der die verschiedenen Zurechnungsmodelle vorstellt (77ff.), sich i. Erg. aber gegen die Aufnahme einer Unternehmensstrafbarkeit in das IStGH-Statut ausspricht (85f.); zum weiteren Ansatz Norwegens *O'Connor,* IRRC 94 (2012), 1007ff.; zu den völkerstrafrechtlichen Risiken unternehmerischer Tätigkeit *Kirsch,* NZWiSt 2014, 216ff.

41 Für die klassische dt. Position insoweit *Weigend,* JICJ 6 (2008), 927; aus vr Sicht dagegen *Clapham,* JICJ 6 (2008), 907ff.; gegen die Einführung einer Kollektivverantwortlichkeit im VStR aber auch *Eldar,* JICJ 11 (2013), 336ff. (349).

42 Vgl. *Eser/Huber/Cornils,* Einzelverantwortung, 1998; *Vogel,* ZStW 114 (2002), 416, 432 („Kollektivhaftungsmodell"); *Borsari,* S. 217ff. Zur Ablehnung mangels Anerkennung der Haftung jur. Personen in einigen Staaten und deren Unfähigkeit, diese zu verfolgen („complementarity objection") *Kyriakakis,* CLF 19 (2008), 116ff., die selbst für eine solche Haftung ist (142ff.).

43 Grdl. *Jäger,* Makrokriminalität, 1989; *ders.,* in: Neubacher/Klein, S. 47f.; näher *Ambos,* 2002, S. 518ff. m.w.N.; *ders.,* JICJ 4 (2006), 662ff.; auch *Fletcher,* 2007, S. 332ff.; *Diggelmann,* AVR 45 (2007), 385ff.; *Jesse,* S. 179ff. („überindividuelle Ebene"); *Eldar,* JICJ 11 (2013), 332ff.; *Guilfoyle,* CLP 64 (2011), 256ff.; *Heikkilä,* S. 174f.; Überblick über die völkerstrafrechtlichen Zurechnungsmodelle bei *Burkhardt,* in: Pilgram et al., S. 42ff. und *Heikkilä,* S. 175ff.

44 Vgl. auch *Werle,* 2012, Rn. 471; *van Sliedregt,* JICJ 10 (2012), 1174. Deshalb gg. überzogene, „geradezu konkretistische[n]" Anforderungen und für Zurechnung auf der Grundlage von Einzelschuld im Rahmen des Kollektivs *Prittwitz,* StV 2010, 652; s. auch die kritischen Überlegungen bei *Krever,* LJIL 26 (2013), 701ff.

45 Zur Begrifflichkeit Einzel-/Gesamttat ursprünglich *Werle,* JZ 2000, 757 unter Bezugnahme auf *Marxen,* in: Lüderssen, S. 231f.; zust. *Meseke,* S. 115; *Vest,* JICJ 5 (2007), 784ff.

46 Vgl. *Ambos,* 2002, S. 518ff. m.w.N.

47 Vgl. schon *Marxen,* in: Lüderssen, S. 228 (231f.), wonach es um „systemspezifische" Taten und – neben dem konkreten Täterverhalten – um einen überindividuellen Verbrechenszusammenhang gehe. Weiterführend *Vogel,* ZStW 114 (2002), 409f. (420ff.). Krit. *van Sliedregt,* 2003, S. 345f. (351ff.); *Arzt,* FS Eser, 2005, S. 698: „strafbarkeitsausdehnende Kehrseite"; aus kriminologischer Sicht *Neubacher,* S. 442f.; *ders.,* in: Neubacher/Klein, S. 31ff.; *Jäger,* in: ebd., S. 52ff.; *Reese,* in: ebd., S. 72ff.; auch

ver) Überbrückung des individualistischen Kausalitätserfordernisses.[48] Andererseits kann man von **doppelter Zurechnung** sprechen,[49] wobei individuelle und kollektiv/ systemische Zurechnung nicht beziehungslos nebeneinander bestehen sondern wechselseitig aufeinander bezogen sind. Es geht um eine **doppelte Perspektive:** Der *kollektivistische* Ansatz fokussiert die Gesamttat *aller* Beteiligten, d. h. das überindividuelle objektive Geschehen. Aus diesem umfassenden Gesamtzurechnungsverband können *einzelne* Teile oder auch das Ganze den *einzelnen* Beteiligten (nach festzulegenden Zurechnungsregeln) zugerechnet werden.[50] Dabei hängt es von den Umständen des Einzelfalls ab, ob *zuerst* die Zurechnung eines bestimmten Verhaltens zu einem Kollektiv oder zu einer natürlichen Person vorzunehmen ist;[51] am Ende muss jedenfalls *individuelle* Verantwortlichkeit für *Einzel*taten festgestellt werden.

12 In der Sache geht es vor allem – lässt man die genannte Gesamttat unberücksichtigt – um die **Individualisierung des Tatvorwurfs,** der „unbestrittenen Spezialität des Strafrechts", hinter die auch das Völkerstrafrecht nicht zurückgehen kann.[52] Im Gegensatz zum nationalen Strafrecht – und hier kommt der Gesichtspunkt der Gesamttat dann doch zum Tragen – bezieht sich vstr Zurechnung jedoch immer (auch) auf eine **Organisation** oder ein System.[53] Nimmt man nun individuelle und kollektive Zurechnung in diesem Sinne zusammen, stellt sich einerseits die Frage nach der **Position bzw. Funktion des Beteiligten** in der betreffenden Organisation und andererseits nach dessen **Beitrag** zu der vstr Gesamttat. Beide Gesichtspunkte – nicht etwa nur die Funktion der betreffenden Person innerhalb der Organisation – entscheiden über die rechtliche Einordnung der Beteiligung, wobei sich ein solches Zurechnungsmodell in erster Linie gegen die **Entscheidungsträger** der betreffenden Organisation richtet, können doch nur diese die Gesamttat in voller Verantwortlichkeit steuern.[54] Es liegt

Roßkopf, S. 177ff.; aus sozialpsychologischer Sicht zur kollektiven Ebene *Waller,* in: Smeulers, S. 19ff.; s. auch *Chouliaras,* in: Smeulers, S. 65ff., der die kollektive Ebene als die „condition *sine qua non*" (S. 68) der Völkerverbrechen bezeichnet. Über die konzeptionellen Besonderheiten kollektiver Verantwortung und Bestrafung *Manacorda,* Imputazione, 2008, S. 149ff. Grundlegend *Vest,* 2011, S. 393ff., 409ff., 414ff., der von einem „Drei-Ebenen-Modell der Verantwortlichkeit" (S. 409) ausgeht.

48 Instruktiv *Roßkopf,* S. 179, 188; zur „normativen" Kausalität der Rspr. insoweit S. 301, 357.

49 *Schlösser,* Verantwortlichkeit, 2004, S. 30ff.; *Jesse,* S. 272ff. (272, 280: Bezugsgruppen Phänomen/Gesamttat vs. Verantwortlichkeit/Einzeltat).

50 Die Rspr. stellt zunächst die *Gesamttat,* sodann die *Einzeltaten* und zuletzt die *individuelle Verantwortlichkeit* fest, vgl. die Struktur der zit. Urteile sowie *Werle,* 2012, Rn. 399. Zu doppelter Zurechnung (i. S. v. individueller Verantwortlichkeit u. kollektiver Schuld) s. auch *Simpson,* in: Nollkaemper/van der Wilt, System criminality, 2009, S. 69ff.; zur Kombination staatlicher und invidueller Verantwortlichkeit auf gemeinsamer rechtlicher Grundlage *Bonafé,* Relationship, 2009, insb. S. 224ff.

51 A. A. *Schlösser,* Verantwortlichkeit, 2004, S. 31, 46f., der zuerst zum System zurechnen will. Krit. zur Vermengung dieser beiden Zurechnungsformen *Fletcher/Ohlin,* JICJ 3 (2005), 542ff.; *Harding,* in: Haveman/Olusanya, S. 83f. Vgl. auch *Osiel,* Col. L. Rev. 105 (2005), 1764f.

52 *Lüderssen,* in: Lüderssen, Bd. 1, S. 54; *Fletcher/Ohlin,* JICJ 3 (2005), 540ff.; *Diggelmann,* AVR 45 (2007), 387f.

53 Vgl. schon *Marxen,* in: Lüderssen, S. 226ff., der insoweit von einem „Strukturproblem" vstr Zurechnung spricht.

54 Vgl. *Schlösser,* Verantwortlichkeit, 2004, S. 33ff. (39: funktional-soziale Zurechnungsmethode) sowie S. 46ff., wo er sich insb. gegen ein einseitiges funktional-soziales Täterverständnis richtet (49ff.). Vgl. auch *Kreß,* GA 2006, 305 zu der Konzeption bestimmter vr Verbrechen als Führungsverbrechen; zum neuen Aggressionstatbestand (Art. 8*bis*) insoweit Rn. 261ff. Zur problematischen Erfassung von Hierarchien *Diggelmann,* AVR 45 (2007), 386f.; zur Verfolgung der Führungstäter *Cryer,* GoJIL 1 (2010), 45ff.

damit auf der Hand, dass normativierenden und supervisionistischen Zurechnungsmodellen,[55] wie sie sich in Form der Organisationsherrschaftslehre (Rn. 29ff.) und der Vorgesetztenverantwortlichkeit (Rn. 52ff.) entwickelt haben, eine besondere Bedeutung zukommt. Demgegenüber stellt sich die von der vstr Rechtsprechung entwickelte Haftung auf Grund der Beteiligung an einem „gemeinsamen kriminellen Unternehmen" („joint criminal enterprise", Rn. 30ff.) als institutionalistisch-partizipatorische[56] oder systemische Zurechnung (Rn. 11)[57] dar.

Eine nähere und konkretisierende Betrachtung der Zurechnungsregeln wirft weiterhin 13
die Frage auf, ob und inwieweit das Völkerstrafrecht einem bestimmten **Modell strafrechtlicher Beteiligung** folgt. Eine Analyse der vstr Rechtsprechung und Kodifikationen ergibt insoweit, dass schon die Draft Codes 1991 und 1996 (§ 6 Rn. 27f., 1. Aufl.) die mangelnde Differenzierung der Rechtsprechung zwischen Täterschaft und Teilnahme insoweit korrigiert haben, als mit der „complicity" eine Unterscheidung zwischen Täterschaft und Teilnahme implizit anerkannt wurde.[58] Diese Unterscheidung ist durch Art. 25 zu einer Unterscheidung in Allein-, Mittäterschaft und mittelbarer Täterschaft einerseits und Teilnahme andererseits ausgebaut worden (vgl. **Schaubild 8**). Auch die jüngere vstr Rechtsprechung bemüht sich um eine zunehmende Differenzierung.[59] Darin kann man, *jedenfalls aus begrifflicher Sicht,* eine Abkehr vom bisherigen formalen Einheitstätersystem[60] und eine **Hinwendung zum Differenzierungs-, Teilnahme- bzw. Beteiligungsmodell** sehen;[61] sie trägt aber den Besonderheiten vstr Zurechnung, wie wir gerade gesehen haben (Rn. 11f.), nicht ausreichend Rechnung.[62] Es fragt sich nämlich, ob der begrifflichen Trennung auch eine *qualitative* Verschiedenheit i. S. differenzierter *Zurechnungs*formen zugrunde liegt, oder ob nicht vielmehr – insbesondere wegen des kollektivistischen/systemischen Ansatzes im Völkerstrafrecht – eine (qualitativ) *einheitliche* Zurechnungsform existiert, innerhalb derer nur quanti-

[55] Zu einem „supervisionistischen" und weiteren (fünf) Zurechnungsmodellen vgl. *Jung,* in: Eser/Huber/Cornils, Eigenverantwortung, 1998, S. 180ff. (182f.); weiterführend *Heine,* in: Eser/Yamanaka, Einflüsse, 2001, S. 101. Zu einem „normativierenden" und weiteren (elf) Zurechnungsmodellen *Vogel,* ZStW 114 (2002), 406ff., 419f.

[56] Vgl. *Jung,* in: Eser/Huber/Cornils, Einzelverantwortung, 1998, S. 183ff.

[57] *Vogel,* ZStW 114 (2002), 420ff.

[58] Zur (älteren) Rspr. ausführlich *Ambos,* 2002, S. 509ff.

[59] Vgl. zusf. *Ambos,* 2002, S. 349ff.; *Werle,* 2012, Rn. 475; s. ausführlich zur Rspr. *Goy,* ICLR 12 (2012), 3ff.; krit. hinsichtlich der dogmatischen Herangehensweise *Ohlin/van Sliedregt/Weigend,* LJIL 26 (2013), 740ff.

[60] Grdl. zum Einheitstätermodell *Rotsch,* Einheitstäterschaft, 2009, S. 9ff., der selbst dessen Überwindung hin zu einem normativ-funktionalen Straftatmodell vorschlägt (S. 419ff., 484ff.). Für ein Einheitstätersystem hingegen *Stewart,* LJIL 25 (2012), 213ff.

[61] Vgl. *Ambos,* 2002, S. 543; Triffterer/*Ambos,* Special Print, Art. 25 Rn. 2; *Schabas,* 2011, S. 224ff.; *Mantovani,* JICJ 1 (2003), 35 („categorization of criminal conduct"); auch *Amati,* in: Delmas-Marty et al., S. 307f.; *Di Martino,* in: Cassese et al., 2005, S. 199; *Amati/Costi,* in: Amati et al., S. 111; *Borsari,* S. 428; *Olásolo,* 2008, S. 202; *Radtke,* in: Safferling/Conze, S. 153f.; *ICTR,* Gacumbitsi AppJ 7.7.2006, Separate Opinion of Judge *Schomburg,* para. 6.; auch *Werle,* 2012, Rn. 479f.; *ders.,* JICJ 5 (2007), 957 (961), der ein vierstufiges Beteiligungssystem (Täterschaft, Veranlassung, Unterstützung u. Beitrag zu Kollektivtat) ausmacht; für einen instrukt. Vergleich des US-amerikanischen u. deutschen Rechts vgl. *Dubber,* JICJ 5 (2007), 977ff.; zum Bedürfnis eines *„fair labelling",* demzufolge die Schwere der individuellen Verantwortlichkeit in der jeweils angewandten Beteiligungsform zum Ausdruck kommen muss, *van Sliedregt,* JICJ 10 (2012), 1182ff.

[62] Krit. auch *Vogel,* ZStW 114 (2002), 405, wonach dieses Modell nur auf die Beteiligung durch Tun bei Allgemeindelikten zugeschnitten sei.

tativ nach Haftungsquoten differenziert wird.[63] Im Ergebnis wird man die in Art. 25 angelegte begriffliche Unterscheidung am ehesten mit dem – etwa aus Österreich bekannten – **funktionalen Einheitsstätersystem**[64] vergleichen können.[65] Dieses erlaubt – im Gegensatz zum rein formalen Einheitstätersystem[66] – die schrittweise Entwicklung einer differenzierten Beteiligungslehre, indem jede Beteiligungsform gesondert betrachtet und gegenüber den anderen unterschieden werden kann;[67] ob Art. 25 Abs. 3 damit auch eine Hierarchisierung der Beteiligungsformen impliziert, ist strittig, aber letztlich zweitrangig.[68]

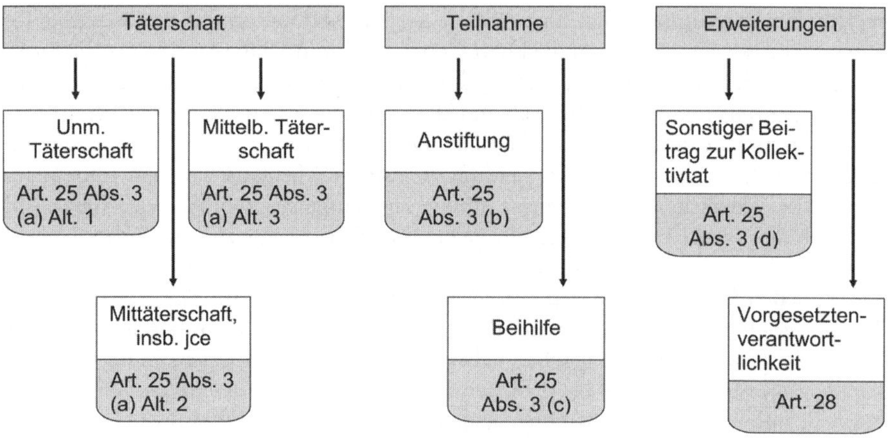

Schaubild 8: Beteiligung im Völkerstrafrecht

[63] Vgl. *Hamdorf,* Beteiligungsmodelle, 2002, S. 150ff., 393ff. zu entsprechenden Ansätze in der dt. Beteiligungsdogmatik und im VStR.

[64] In *Österreich* wird nach drei Tätertypen unterschieden (§§ 12ff. öStGB), weshalb *Kienapfel,* Einheitstäter, 1971, S. 22 den Begriff der „funktionalen Einheitstäterschaft" geprägt hat (vgl. *Triffterer,* S. 37ff.; *Burgstaller,* in: Eser/Huber/Cornils, Einzelverantwortung, 1998, S. 25ff.; *López Peregrín,* Complicidad, 1997, S. 38ff.; *Rotsch,* Einheitstäterschaft, 2009, S. 138ff., 177ff.). Insoweit sind auch Norwegen und Polen dem Differenzierungsmodell zuzuschlagen, vgl. *Ambos,* 2002, S. 544 mit Fn. 8.

[65] *Kreß,* HuV-I 1999, 9, sieht in Art. 25 Abs. 3 das Einheitstätersystem verwirklicht. *Vogel,* ZStW 114 (2002), 423, sieht eine Tendenz zum Strafzumessungs-/Einheitsmodell, wobei er allerdings hauptsächlich die vstr Praxis in den Blick nimmt; ähnlich *Di Martino,* in: Cassese et al., 2005, S. 199 im Hinblick auf die fehlende Differenzierung bei den Rechtsfolgen; *Militello,* JICJ 5 (2007), 949; ähnlich *Vest,* JICJ 12 (2014), 300ff.; auch bei *Bock,* GA 2013, 588. Anders wiederum *Burghardt,* für den die Rspr. von ICTY/ICTR zwischen Haupt- und Nebenverantwortlichkeit („principal" und „accomplice") unterscheidet (S. 303ff.) und sich vom funktionalen Einheitstätersystem (sic!) zum Beteiligungsmodell entwickelt hat (S. 360, 399ff.). Zu täterschaftlicher u. akzessorischer Verantwortung im Lichte der ICC-Rspr. *Olásolo,* in: Stahn/Sluiter, S. 342ff.

[66] Vgl. grdl. *Kienapfel,* Einheitstäter, 1971, S. 20ff.; *Rotsch,* Einheitstäterschaft, 2009, S. 133ff.

[67] Vgl. *Ambos,* 2002, S. 546 m.w.N. in Fn. 15; *Ambos,* 2013, S. 144ff.; dafür aus grds. Erwägungen *Fletcher,* JICJ 9 (2011), 188ff.; auch *ICC,* Lubanga TJ 14.3.2012, paras. 976ff.; insoweit zust. Katanga TJ 7.3.2014, paras. 1384, 1387. Zur Problematik der Anwendung internationaler Beteiligungsformen auf nationale Staftatbestände (in concreto im STL) vgl. *Milanovic,* JICJ 5 (2007), 1139ff.

[68] So *ICC,* Lubanga TJ 14.3.2012, paras. 996ff.; *Werle,* 2012, Rn. 479f.; a.A. *ICC,* Lubanga TJ 14.3.2012, Separate Opinion of Judge Fulford, paras. 8ff.; Ngudjolo TJ 18.12.2012, Concurring Opinion of Judge Van den Wyngaert, paras. 22ff.; Katanga TJ 7.3.2014, para. 1386 mit Fn. 3185 (wo zwar, s. vorherige Fn., die Differenzierung in Art. 25 Abs. 3 anerkannt, aber mit Blick auf die fehlende Strafdifferenzierung eine wertungsmäßige Hierarchie abgelehnt wird).

IV. Täterschaft

Fall 2:[69]

E, Soldat der serbischen Armee, erschießt auf Befehl seines Vorgesetzten V zahlreiche Zivilisten. Nach den Angaben E's ist er zu der Tat gezwungen worden; er und seine Familienmitglieder wären getötet worden, wenn er sich geweigert hätte, die Opfer zu erschießen. Ist E strafbar? → Rn. 34 u. *Ambos*, 2010 a, S. 126 (Fall 9 Rn. 32 ff.). 14

Fall 3:[70]

Slobodan Milošević war seit Mai 1989 Präsident der (sozialistischen) Republik Serbien und später der BR Jugoslawien. Ihm wurde u. a. vorgeworfen, als Mitglied eines „joint criminal enterprise" (jce) von August 1989 bis Dezember 1995 an der gewaltsamen Vertreibung der bosnischen Muslime und bosnischen Kroaten Bosnien-Herzegowinas beteiligt gewesen zu sein. Die im Zuge dessen begangenen Verbrechen (Völkermord, Kriegsverbrechen und Verbrechen gegen die Menschlichkeit) seien das Ziel bzw. – die für M – vorhersehbare Folge des jce gewesen. Können M die genannten Taten zugerechnet werden? → Rn. 35 u. *Ambos*, 2010 a, S. 148 (Fall 10 Rn. 49 ff.) 15

Fall 4:[71]

L war einer der Anführer einer paramilitärischen Gruppe in der DRK. Er rief aktiv zu Angriffen gegen die Zivilbevölkerung und zur zwangsweisen Rekrutierung von Kindern auf; diese dienten ihm als Leibwächter und wurden in sonstiger Weise militärisch eingesetzt. Wie hat sich L nach dem IStGHS strafbar gemacht? → Rn. 36 u. *Ambos*, 2010 a, S. 148 (Fall 10 Rn. 32 ff.) 16

Art. 25 Abs. 3 (a) unterscheidet auf Täterschaftsebene zwischen **Alleintätern, Mittätern und mittelbaren Tätern** (vgl. **Schaubild 8**). Es gibt aber keine autonome vstr Lehre zur Begründung von Täterschaft, man muss vielmehr – unter Berufung auf Art. 21 Abs. 1 (c) – auf das nationale Recht zurückgreifen, wobei insoweit die **Tatherrschaftslehre** *Roxins*[72] den überzeugendsten Ansatz zur Abgrenzung zwischen Täterschaft und Teilnahme liefert. Sie wurde – dank des deutschen Richters Wolfgang *Schomburg* – vom ICTY zur Kenntnis genommen[73] und inzwischen auch vom IStGH anerkannt.[74] – Zur Beschränkung des Aggressionstatbestands (Art. 8*bis*) auf Führungstäter (Art. 25 Abs. 3*bis*) s. u. Rn. 265. 17

[69] Vgl. *ICTY*, Erdemovic TJ 29.11.1996; Erdemovic TJbis 5.3.1998; Erdemovic AppJ 7.10.1997; dazu *Ambos*, in: Lüderssen, S. 391 ff.; *Ambos*, 2002, S. 266 ff.

[70] *ICTY*, Milosevic Initial Indictment (Bosnien) 22.11.2001 (IT-01-51-I), paras. 1–8. Eingehend zum gesamten Verfahren *Boas*, Milosevic Trial, 2007, S. 80 ff.

[71] *ICC*, Lubanga Décision confirmation 29.1.2007, paras. 317–410; Lubanga TJ 14.3.2012, paras. 917–1357.

[72] Vgl. *Roxin*, TuT, S. 60 ff.; *ders.*, AT II, § 25 Rn. 10 ff.

[73] *ICTY*, Stakic TJ 31.7.2003, paras. 440 ff.

[74] *ICC*, Lubanga Décision confirmation 29.1.2007, paras. 317 ff. (330: „contrôle exercé sur le crime"), zust. Katanga and Ngudjolo Confirmation Decision 30.9.2008, paras. 480 ff.; Bemba Confirmation Decision 15.6.2009, para. 348 (Besprechung von *Ambos*, LJIL 22 (2009), 715 ff.); Abu Garda Confirmation Decision 8.2.2010, paras. 152 ff.; Banda Corrigendum of the Confirmation Decision 7.3.2011, paras. 126, 128; Ruto et al. Confirmation Decision 23.1.2012, para. 291; Muthaura et al. Confirmation Decision 23.1.2012, para. 296; Lubanga TJ 14.3.2012, para. 1005; grds. zust. auch Katanga TJ 7.3.2014, paras. 1382 („... il n'y a pas lieu de s'écarter de l'interprétation ... fondée sur la théorie du contrôle sur le crime."), 1388 (Anerkennung der Notwendigkeit eines „principe directeur"

1. Unmittelbare Allein- oder Einzeltäterschaft

18 Gemäß Art. 25 Abs. 3 (a) ist derjenige unmittelbarer Alleintäter, der die Tat als Einzelperson („as an individual", „individuellement") begeht. Die Formulierung ist wenig geglückt, denn sie wiederholt lediglich den Grundsatz individueller Verantwortlichkeit[75] und macht nicht klar, dass der unmittelbare Täter die Tat **selbst** bzw. **eigenhändig** verwirklicht haben muss.[76] Dies ergibt sich immerhin aus der spanischen Fassung des IStGH-Statuts („por sí solo"), die sich auch auf eine solide rechtsvergleichende Grundlage stützen kann.[77] Aus der bisherigen vstr Rechtsprechung folgt insoweit nichts anderes. Da die *Ad-Hoc*-Tribunale von der (formalen) Einheitstäterschaft ausgehen, werden die einzelnen Täterschaftsformen nicht gesondert untersucht.[78] Immerhin wurde in der *Tadic*-Entscheidung die unmittelbare Täterschaft mit dem Begriff der „direct commission" bezeichnet.[79] Auch sprechen weitere Entscheidungen des ICTY und ICTR davon, dass die Täterschaftsform „committing" die direkte persönliche (oder) physische Beteiligung bei der Begehung der Tat erfordert.[80] Nach Ansicht der Rechtsmittelkammer reicht es insoweit allerdings aus, dass die fraglichen Hand-

zur Abgrenzung), 1393–6 (einzige obj.-subj. Theorie, die deshalb am besten zu Art. 25 Abs. 3 passe und eine Differenzierung der Beteiligungsformen ermögliche); s. auch *WCRO,* Early jurisprudence ICC, 2010, S. 42 ff.; *Barthe,* JZ 2013, 92 ff.; *Ambos,* JICJ 2 (2014), 225 ff.; zust. *Olásolo/Pérez C.,* ICLR 4 (2004), 478 ff., 508 ff.; *Olásolo,* 2008, S. 202 f.; *Manacorda/Meloni,* JICJ 9 (2011), 168 ff. (171); *Heller,* in: Heller/Dubber, S. 605; krit. *Zahar/Sluiter,* S. 249 ff., die freilich die dogmatische Substanz und transnationale Bedeutung der Tatherrschaftslehre verkennen, wenn sie sie abschätzig als „German doctrine" bezeichnen; ähnlich *ICC,* Lubanga TJ 14.3.2012, Separate Opinion of Judge Fulford, paras. 8 ff. (mit kritischer Besprechung von *Wirth,* JICJ 10 (2012), 978 ff.) und Ngudjolo TJ 18.12.2012, Concurring Opinion of Judge Van den Wyngaert, paras. 5 ff., die beide in der Tatherrschaftslehre lediglich eine nationale Lehre sehen; ebenso Katanga TJ 7.3.2014, Minority Opinion Van den Wyngaert, paras. 279–81; krit. auch *Dubber,* JICJ 5 (2007), 983, 1001; *Burghardt,* S. 336 f.; *Weigend,* JICJ 9 (2011), 103; *van Sliedregt,* 2012, S. 83 ff.; *Yanev/Kooijmans,* ICLR 13 (2013), 797 ff., 821 ff. Die transnationale Bedeutung der Tatherrschaftslehre ist mittlerweile allerdings von einer MPI-Studie (Participation in Crime: Criminal liability of leaders of criminal groups and networks, 2006) nachgewiesen worden (zit. von *Schomburg* (*ICTY,* Limaj et al. AppJ 27.9.2007), para. 11 mit Fn. 13). Zust. mit Zusf. der bisherigen Rspr. des IStGH *Herzig,* ZIS 2013, 194 ff.

[75] Vgl. krit. schon Triffterer/*Ambos,* Special Print, Art. 25 Rn. 7.

[76] Vgl. LK/*Roxin,* 2002, § 25 Rn. 47; S/S/*Heine/Weißer,* Vor § 25 ff. Rn. 74.

[77] Vgl. für das „common law": § 2.06 Abs. 1 MPC („committed by his own conduct") sowie § 26 Abs. 1 (a) DCCB 1989; für das frz. Recht: Art. 121–4 Nr. 1 frCP 1994 u. *Desportes/Le Gunehec,* S. 476 f.; für das spanische Recht Art. 28 spCP 1995, dazu *Pérez Alonso,* Coautoría y complicidad, 1998, S. 338 ff. (391); *ders.,* ZStW 117 (2005), 436 ff.; s. auch Art. 26 portCP; Art. 18 § 1 polStGB 1997; Art. 33 Abs. 2 russStGB 1996; vgl. schließlich auch Art. 11 Abs. 1 Corpus Juris 2000, in: *Delmas-Marty/Vervaele,* S. 192.

[78] Zur Rspr. ausführlich *Ambos,* 2002, S. 509 ff.; *Burghardt,* S. 288 ff., der allerdings von fkt. Einheitstäterschaft ausgeht; zur Rspr. von ICTY und ICTR s. *Badar,* in: Schabas/Bernaz, S. 252 ff.

[79] *ICTY,* Tadic TJ 7.5.1997, para. 666. So gesehen kann man „commission" auch mit „perpetration" gleichsetzen, vgl. Cryer/*Cryer,* S. 354.

[80] Mit leicht abweichenden Formulierungen (z. T. unter Bezugnahme auf das Unterlassen) *ICTY,* Krstic TJ 2.8.2001, para. 601; Kordic/Cerkez TJ 26.2.2001, para. 376; Kvocka et al. TJ 2.11.2001, para. 251; Vasiljevic TJ 29.11.2002, para. 62; Kunarac et al. TJ 22.2.2001, para. 390; Tolimir TJ 12.12.2012, para. 884; *ICTR,* Semanza TJ 15.5.2003, para. 383; Gacumbitsi TJ 17.6.2004, para. 285; Muvunyi TJ 12.9.2006, para. 763; Renzaho TJ 14.7.2009, para. 739 („primarily, the physical perpetration"); Kanyarukiga TJ 1.11.2010, para. 622; Karemera & Ngirumpatse TJ 2.2.2012, para. 1432; Nzabonimana TJ 31.5.2012, para. 1696; Ngirabatware TJ 12.12.2012, para. 1293. So auch *Olásolo,* 2009, S. 69 („physically carries out"); vgl. auch *Mettraux,* S. 283; *Burghardt,* S. 294 f. (weiter aber S. 457); *Goy,* ICLR 12 (2012), 8 ff.

lungen ein fester Bestandteil („integral part") des Verbrechens gewesen seien.[81] Die *unmittelbare* Alleintäterschaft ist nach alldem auch im Völkerstrafrecht objektiv zu verstehen, nämlich als **„Handlungsherrschaft"**[82] i. S. d. Tatherrschaftslehre. In einem auf einheitlicher Zurechnung beruhenden **kollektivistischen Zurechnungssystem** (Rn. 11) würde insoweit zwischen *Tätern im engeren Sinne,* d. h. unmittelbar Ausführenden und damit direkt Verantwortlichen, und *Tätern im weiteren Sinne,* d. h. den durch Zurechnung zu Tätern werdenden Personen, unterschieden.[83]

2. Mittäterschaft

In Art. 25 Abs. 3 (a) wird die Mittäterschaft durch die Formulierung „gemeinschaftlich mit einem anderen" („jointly with another", „conjointement avec une autre personne", „con otro") ausdrücklich anerkannt. In den Statuten von ICTY und ICTR ist hingegen nicht eindeutig geregelt, wie eine Zurechnung zu einem mittäterschaftlichen Personenverbund erfolgen soll. Insoweit hat die Rechtsprechung jedoch die Figur des **„joint criminal enterprise" (jce)** entwickelt, die aufgrund ihrer Bedeutung vor allem in der Rechtsprechung der *Ad-Hoc*-Tribunale gesondert zu betrachten ist (dazu Rn. 30 ff.).[84] Schon die **Nürnberger Rechtsprechung** hat eine mittäterschaftliche Verantwortung auf Grund eines gemeinsamen Plans mit der Folge wechselseitiger Zurechnung angenommen.[85] Auch im Fall *Eichmann* bildete der Plan der organisierten Judenvernichtung die Grundlage der wechselseitigen Zurechnung der Tatbeiträge der daran beteiligten Personen.[86] 19

Mittäter sind diejenigen, die die Tat gemeinschaftlich auf Grund eines gemeinsamen Tatplans und durch Leistung eines individuellen Tatbeitrages begehen. Die weiteren Voraussetzungen der Mittäterschaft liefert die Mittäterschaftsdogmatik des Differenzierungsmodells, insbesondere die Lehre von der **funktionellen Tatherrschaft,**[87] welche durch den IStGH inzwischen ausdrücklich anerkannt wurde.[88] Mittäterschaft setzt danach das funktionell-arbeitsteilige Zusammenwirken der Beteiligten voraus, deren individuelle Tatbeiträge zur unentbehrlichen Voraussetzung der Gesamttat wer- 20

[81] *ICTR,* Seromba AppJ 12.3.2008, paras. 161, 206 mit Verweis auf Gacumbitsi AppJ 7.7.2006, para. 60; Munyakazi TJ 5.7.2010, para. 430 („Committing is not limited to direct and physical perpetration") mit Verweis auf Seromba; *ICTY,* Lukić TJ 20.7.2009, para. 899 mit Verweis auch auf Seromba und Gacumbitsi. Krit. zum *Seromba* Urteil *Zorzi Giustiniani,* JICJ 6 (2010), 798 f., die die Erweiterung der Zurechnung als „inspired by the need to impose an exemplary punishment on father Seromba" versteht.

[82] Vgl. *Roxin,* TuT, S. 127 ff.; zust. *Gless,* 2011, Rn. 757; in der Sache auch *ICC,* Katanga TJ 7.3.2014, para. 1396 (Täter als Personen „qui ont un contrôle sur la commission dudit crime et qui ont connaissance des circonstances de fait leur permettant d'exercer ce contrôle").

[83] Vgl. *Antolisei/Conti,* S. 555 f.

[84] Vgl. *Schabas,* 2010, S. 428.

[85] Vgl. *Ambos,* 2002, S. 90 ff.

[86] Vgl. *Ambos,* 2002, S. 184 ff., 594 ff.; vertiefend zum Fall *ders.,* in: Ambos et al., 2012, S. 123 ff.

[87] Vgl. *Roxin,* AT II, § 25 Rn. 188 ff.; ebenso *Satzger,* 2013, § 15 Rn. 54; *Safferling,* 2011, § 5 Rn. 76 f.; Separate Opinion of Judge *Schomburg, ICTR,* Gacumbitsi AppJ 7.7.2006, para. 17; dazu *Badar/Karsten,* ICLR 7 (2007), 172 ff.

[88] *ICC,* Lubanga Décision confirmation 29.1.2007, paras. 330 ff. (341: „contrôle exercé conjointement"; dazu *Ambos,* FS Karras, 2010, S. 998 ff.); folgend u. weiterentwickelnd Katanga and Ngudjolo Confirmation Decision 30.9.2008, para. 520; Bemba Confirmation Decision 15.6.2009, paras. 348 ff. (350); Lubanga TJ 14.3.2012, para. 1000 („division of tasks"); zust. *Olásolo,* 2008, S. 203 f.; *Barthe,* JZ 2013, 92 ff. Zum ICTY nur Stakic TJ 31.7.2003, paras. 468 ff.; dagegen allerdings die Rechtsmittelkammer, u. Rn. 31 mit Fn. 170.

den.[89] Falls eine rein **objektive Sichtweise** – wie bei der Alleintäterschaft – die Beteiligungsverhältnisse nicht eindeutig klärt, können auch **subjektive Gesichtspunkte** ergänzend herangezogen werden.[90] Insoweit verlangt die *Bemba* Vorverfahrenskammer dreierlei, nämlich dass der Mittäter (i) die subjektiven Voraussetzungen des Art. 30 erfüllt, (ii) weiß und akzeptiert, dass die Durchführung des gemeinsamen Tatplans zur Verwirklichung des objektiven Tatbestandes führt und (iii) die tatsächlichen Umstände kennt, die es ihm ermöglichen, die Tat gemeinsam mit dem/n anderen Mittäter/n zu kontrollieren.[91] Die dritte Voraussetzung ist umstritten und abzulehnen, weil sie zu viel verlangt.[92]

21 Der **gemeinsame Tatplan** kann auch in einer *formlosen Willensübereinstimmung* bestehen;[93] er muss nicht unmittelbar auf die Verbrechensbegehung gerichtet sein, sondern nur ein „element of criminality" beeinhalten (str.).[94] Er bildet zugleich die **Zurechnungsgrundlage und -grenze** im Fall des Exzesses eines Mittäters und der sukzessiven Mittäterschaft. Im Fall eines **Exzesses** bedeutet dies, dass die anderen Mittäter nicht für die den gemeinsamen Tatentschluss überschreitenden Tathandlungen mithaften (beachte aber Rn. 32 zum „jce III"); wann ein solcher Exzess vorliegt, hängt freilich, wie im nationalen Recht,[95] von der Bestimmtheit des Tatplans ab.[96] Im Falle der **sukzessiven Mittäterschaft** haftet der Eintretende nur für noch nicht vollendete Taten oder erschwerende Tathandlungen, also insoweit er sich noch in den bestehenden Tatplan einfügen kann oder sich zwischen ihm und den anderen Beteiligten ein neuer Tatplan als Zurechnungsgrundlage bildet. Im Fall von **Kollektiventscheidungen** gilt grundsätzlich, dass die Zustimmung zu einem verbrecherischen Beschluss haftungsbegründend wirkt, während dessen Ablehnung

[89] *ICC,* Lubanga Décision confirmation 29.1.2007, para. 342: „le principe de la division des tâches essentielles en vue de la commission d'un crime entre deux ou plusieurs personnes agissant de manière concertée"; Katanga and Ngudjolo Confirmation Decision 30.9.2008, paras. 524ff.; Bemba Confirmation Decision 15.6.2009, para. 350. Subsumtion bei *Ambos,* 2010a, S. 157ff. In der Sache ebenso *Werle,* 2012, Rn. 500ff.; *ders.*, JICJ 5 (2007), 958, 962. Vgl. auch *van Sliedregt,* 2012, S. 99ff. Krit. *Ohlin/ van Sliedregt/Weigend,* LJIL 26 (2013), 730ff., die ein objektiv-subjektives Mehrfaktorenmodell zur Abgrenzung zwischen Beihilfe und Mittäterschaft entwickeln.

[90] Vgl. *Ambos,* 2002, S. 548ff., 612.

[91] *ICC,* Bemba Confirmation Decision 15.6.2009, para. 351.

[92] Sie wurde ursprünglich in *ICC,* Lubanga Confirmation Decision 29.1.2007, paras. 366ff. genannt und von Katanga and Ngudjolo Confirmation Decision 30.9.2008, paras. 534f. auf die mittT übertragen, vgl. *Ambos,* 2010a, S. 160f.; auch *ders.*, LJIL 22 (2009), 719, 721. Die *Lubanga* Hauptverfahrenskammer hat die dritte Voraussetzung nicht übernommen, sondern vielmehr zu Recht den allgemeinen Art. 30 auf die Mittäterschaft angewandt, *ICC,* Lubanga TJ 14.3.2012, para.1357; hierzu *Ambos,* 2013, S. 154 sowie *Wirth,* JICJ 10 (2012), 989ff.

[93] *ICC,* Lubanga Décision confirmation 29.1.2007, paras. 343ff. (345: „l'accord ne doit pas nécessairement être explicite"); Lubanga TJ 14.3.2012, para. 988; i. Erg. ebenso *Gless,* 2011, Rn. 761.

[94] Dagegen *Ambos,* ICLR 12 (2012), 140; ebenso *Gil Gil,* ICLR 14 (2014), 95.

[95] Vgl. *Roxin,* AT II, § 25 Rn. 196.

[96] Ausführlich mit kritischer Analyse der aus ihrer Sicht zu weitgehenden Rspr. (Verstoß gegen den Schuldgrundsatz) *Gil Gil,* ICLR 14 (2014), 95ff. Sie selbst propagiert ein enges Verständnis vom Tatplan und will einen Exzess auch dann bejahen, wenn die Überschreitung des gemeinsamen Tatplans durch den einen Mittäter sehr wahrscheinlich („highly likely to go beyond such common plan") und vom anderen i. S. e. *dolus eventualis* billigend in Kauf genommen wird (S. 99ff., 113). Allgemein zu Art. 30 und *dolus eventualis* u. Rn. 64.

die Haftung ausschließt. Für weitere Einzelheiten sei auf die dogmatische Diskussion im nationalen Recht verwiesen.[97] Zu **mittelbarer** Mittäterschaft u. Rn. 25.

Der einzelne **Tatbeitrag** muss **wesentlich,** d. h. für die Tatbestandsverwirklichung „objektiv und materiell relevant" sein und eine „knappe" oder „schwierig ersetzbare" Funktion erfüllen.[98] Dazu zählen auch konkrete und objektiv feststellbare Tatbeiträge im **Vorbereitungsstadium,** die sich auf die Tatausführung auswirken, also in das Ausführungsstadium hinein „weiterwirken"[99] beziehungsweise die „Gestaltungsherrschaft"[100] des Planenden begründen. Eine restriktivere Ansicht würde gerade im Völkerstrafrecht zu dem unerwünschten Ergebnis führen, dass bei den systematischen und groß angelegten internationalen Verbrechen tatplanerische Vorbereitungshandlungen zur bloßen Anstiftung oder Beihilfe[101] herabgestuft würden und damit der von den Hintermännern verwirklichte Unrechtsgehalt nicht angemessen erfasst würde; jedenfalls dann nicht, wenn eine Bestrafung auf Grund mittelbarer Täterschaft ausscheidet. Eine solche – an der Strafwürdigkeit orientierte – Abgrenzung erscheint unproblematisch, wenn die einzelnen Beteiligungsformen nicht als qualitativ verschieden, sondern als (quantitativ) verschiedene Haftungs-Niveaus verstanden werden (Rn. 13). 22

3. Mittelbare Täterschaft

Die Beteiligungsform der mittelbaren Täterschaft ist allgemein **anerkannt.**[102] Vstr vollzieht dies nun auch Art. 25 Abs. 3 (a) nach. Danach ist als Täter strafbar, wer die Tat „durch einen anderen" („through another person", „par intermédiaire d'une autre person", „por conducta de otro") begeht.[103] Dabei besteht die Möglichkeit, dass so- 23

[97] Vgl. *Jakobs,* FS Miyazawa, 1995, S. 419ff.; *Dencker,* in: Amelung, Beteiligungsverhältnisse, 2000, S. 63ff.; *Marxen,* in: Lüderssen, S. 235f.; *Röling/Cassese,* Tokyo Trial, 1993, S. 58f. mit Blick auf die Angeklagten *Togo* und *Shigemitsu* im Verfahren vor dem IMTFE.

[98] *ICC,* Lubanga Décision confirmation 29.1.2007, paras. 346ff. (346: „d'une contribution essentielle et coordonnée", 347: „tâches essentielles"); bestätigt durch Lubanga TJ 14.3.2012, para. 999 („contribution of the co-perpetrator must be **essential**"); s. hierzu *Ambos,* ZIS 2012, 329ff.; *ders.,* ICLR 12 (2012), 140ff.; *Wirth,* JICJ 10 (2012), 980ff.; Banda Corrigendum of the Confirmation Decision 7.3.2011, para. 136; ebenso *Werle,* 2012, Rn. 500f., 506; *ders.,* JICJ 5 (2007), 962; *Gless,* 2011, Rn. 764. Anders hingegen *ICC,* Lubanga TJ 14.3.2012, Separate Opinion of Judge Fulford, paras. 15ff., der auch einen geringen Tatbeitrag ausreichen lassen will und Ngudjolo TJ 18.12.2012, Concurring Opinion of Judge Van den Wyngaert, paras. 40ff., nach deren Ansicht ein wesentlicher Tatbeitrag nicht ausreicht, sondern eine „direct contribution" (para. 44) des Mittäters bei der Tat erforderlich ist; zu beiden Ansichten *Ohlin/van Sliedregt/Weigend,* LJIL 26 (2013), 728ff. Für eine stärkere Betonung des „common intent" *Yanev/Kooijmans,* ICLR 13 (2013), 821ff. (827); ähnlich *Ohlin,* JICJ 2 (2014), 337ff. (auch bei *Bock,* GA 2013, 589), der den Vorsatz des Täters in den Mittelpunkt der vstr Zurechungslehre stellen will.

[99] *Stratenwerth/Kuhlen,* § 12 Rn. 93; Falllösung bei *Ambos,* 2010a, S. 158ff. (Fall 10 Rn. 38ff.).

[100] *Jakobs,* 21/35, 21/49ff. So auch *ICC,* Lubanga TJ 14.3.2012, paras. 1003ff.

[101] Vgl. in diesem Zusammenhang zur Beurteilung der Taten in KZs als Beihilfe (Auschwitz-Mord-„Gehilfen") die Urteile des *LG Frankfurt a. M.* v. 20.8.1965 und des *BGH* v. 20.2.1969, in: Bauer/Bracher et al., Bd. 21, Nr. 595. Dazu krit. *Hanack,* JZ 1967, 297, 329; *Eser,* in: DJT 1980, Bd. 1, 56 m.w.N.; *Heine,* JZ 2000, 922f. (m. N. in Fn. 24); *Rogall,* FS BGH, 2000, Bd. 4, S. 396ff.

[102] S. hierzu bereits Triffterer/*Ambos,* Special Print, Art. 25 Rn. 10ff.; *Ambos,* 2002, S. 568ff.; zust. *Werle,* 2012, Rn. 507ff.; zu § 2.06 (2) MPC *Dubber,* S. 90ff.; Separate Opinion of Judge *Schomburg, ICTR,* Gacumbitsi AppJ 7.7.2006, paras. 18ff.

[103] Vgl. *ICC,* Lubanga Confirmation Decision 29.1.2007, para. 339 (dazu *Ambos,* FS Karras, 2010, S. 999f.); Lubanga Arrest warrant decision 24.2.2006, paras. 94ff.; Katanga and Ngudjolo Confirmation Decision 30.9.2008, paras. 487ff., 495ff.

wohl der mittelbare Täter als auch der Vordermann (Tatmittler) strafrechtlich (täterschaftlich) zur Verantwortung gezogen wird (Täter hinter dem Täter).[104] Die überzeugendste Begründung der mittelbaren Täterschaft des Hintermanns liefert die Tatherrschaftslehre mit ihren Ausprägungen der **Willensherrschaft kraft Nötigung, kraft Irrtums und kraft organisatorischer Machtapparate.**[105] Dabei sind die Nötigungsherrschaft und vor allem die Organisationsherrschaft im vstr Zusammenhang von besonderer Bedeutung.[106]

24 Bei der **Nötigungsherrschaft** sind im Wesentlichen zwei Situationen zu unterscheiden: Zum einen kann objektiv ein Fall des Nötigungsnotstands oder des Sonderfalls des *Befehlsnotstands*[107] vorliegen; zum anderen kann der Untergebene sich eine solche Situation aber nur irrtümlich vorstellen, obwohl er tatsächlich nicht genötigt wird (*Putativentschuldigungs-* und *Putativbefehlsnotstand*).[108] Im wichtigsten Fall des tatsächlich vorliegenden *Nötigungsnotstands* wird der unmittelbare Täter von einem Hintermann, regelmäßig seinem Vorgesetzten, zur Begehung einer Straftat gezwungen. Der wohl heute bekannteste Fall eines Nötigungs- oder Befehlsnotstands des unmittelbaren Täters ist der vom ICTY entschiedene *Erdemovic*-Fall (unser **Fall 2**).[109] Unterstellt man die Richtigkeit der Aussagen Erdemovics, könnte er sich auf den Straffreistellungsgrund des Art. 31 Abs. 1 (d) (dazu Rn. 92ff.) berufen. Was die hier interessierende Verantwortlichkeit des Hintermanns (Vorgesetzten) angeht, kann man von einer mittelbaren Täterschaft auf Grund **Willensherrschaft kraft Nötigung**[110] ausgehen,[111] wenn der Nötiger auf den Genötigten derart einwirkt, dass dieser vom Gesetz von der Verantwortung entlastet und jener dadurch alleine als mittelbarer Täter belastet wird (so das insoweit überzeugende normative Verantwortungsprinzip *Roxins*[112]). Die Willensfreiheit des genötigten Vordermanns ist damit normativ – in Anlehnung an die gesetzlich-kodifizierte Wertung – zu verstehen und die die Handlungsherrschaft überlagernde Willensherrschaft des nötigenden Hintermanns wird von der fehlenden strafrechtlichen Verantwortlichkeit des Vordermanns abhängig gemacht, in unserem **Fall 2** also von den Voraussetzungen des Nötigungsnotstands gemäß Art. 31 Abs. 1 (d). Daraus folgt zugleich, dass die unter der Schwelle des vstr Nötigungsnotstands – „im Grenzbereich der Entschuldigungsgründe" *(Schroeder)*[113] – anzusiedelnden Fälle die normative Unfreiheit des Vordermanns und somit die Willensherrschaft des Hintermanns nicht begründen können.

[104] *Werle,* 2012, Rn. 509; *ders.,* JICJ 5 (2007), 964; *Safferling,* 2011, § 5 Rn. 73ff.

[105] Vgl. *Roxin,* AT II, § 25 Rn. 45ff.; auf Herrschaft abstellend auch *ICC,* Katanga TJ 7.3.2014, para. 1396 (mittelbarer Täter als derjenige, „qui a *le pouvoir de décider si et comment le crime sera commis* ..."; Herv. im Original) und die genannten Formen der Herrschaft anerkennend, paras. 1402ff. („contrôle sur la volonté" aufgrund Nötigung oder Irrtum; „appareil de pouvoir organisé").

[106] Zu weiteren, praktisch wenig relevanten Fallgruppen *Ambos,* 2002, S. 573; zu einem Fall einer Willensherrschaft kraft Irrtums *Ambos,* 2010a, S. 63ff. (Fall 6), 76.

[107] Vgl. dazu näher *Ambos,* 2002, S. 581ff.; aus kriminologischer Sicht *Möller,* S. 342ff.; *Neubacher,* S. 225ff., 237.

[108] Dazu näher *Ambos,* 2002, S. 583ff.

[109] Vgl. auch *Ambos,* 2010a, S. 126ff. (Fall 9), 141f.

[110] Vgl. *Roxin,* TuT, S. 142ff.; *ders.,* 2003, § 25 Rn. 47ff.

[111] Zum Folgenden eingehend *Ambos,* 2002, S. 574ff.

[112] *Roxin,* TuT, S. 143ff. (148); *ders.,* AT II, § 25 Rn. 48.

[113] *Schroeder,* Täter, 1965, S. 120ff.

Die Strafbarkeit des Hintermanns entsteht unabhängig davon, ob „der andere strafrechtlich verantwortlich ist" (Art. 25 Abs. 3 (a)). Das Völkerstrafrecht erkennt damit auch eine mittelbare Täterschaft an, wenn der Tatausführende vollverantwortlich handelt (**„Täter hinter dem Täter"**).[114] In jüngster Zeit hat insoweit eine mittelbare Täterschaft in Form der **Willensherrschaft kraft organisatorischer Machtapparate**[115] zunehmend Anerkennung gefunden. Ansatzweise kann man sie schon im Nürnberger Juristenprozess ausmachen,[116] sodann wurde sie in nationalen Verfahren anerkannt, nämlich in *Eichmann,*[117] dem Verfahren gegen die argentinischen Militärs[118] und vor allem den Verfahren gegen die Funktionseliten der ehemaligen DDR[119] sowie gegen den ehem. peruanischen Präsidenten *Fujimori.*[120] Auf vstr Ebene wurde diese Zurechnungsform inzwischen auch vom **IStGH** in mehreren Entscheidungen anerkannt. Zunächst wurde dem ehem. kongolesischen Präsidentschaftskandidaten *Bemba* die Kontrolle über die von seinen Truppen mutmaßlich begangenen Verbrechen „als Folge seiner Autorität über seine militärische Organisation" zugerechnet[121] und damit die Organisationsherrschaftslehre implizit angewendet. Im Verfahren gegen die kongolesi- 25

114 Vgl. Triffterer/*Ambos*, Special Print, Art. 25 Rn. 10; *Werle,* 2012, Rn. 50; *ders.*, 2009, Rn. 476 („of particular relevance"); Cassese/Gaeta/Jones/*Eser,* S. 794 f.; *Faraldo C.*, Responsabilidad penal, 2004, S. 225; *Gropengießer,* S. 286; *Satzger,* 2013, § 15 Rn. 59; *Kreß,* GA 2006, 307 f.; *Radtke,* GA 2006, 352; *van Sliedregt,* JICJ 5 (2007), 206; *Olásolo,* 2008, S. 203; *Roxin,* ZIS 2010, 565; *Ambos,* 2013, S. 155; krit. *Cryer,* in: McGoldrick/Rowe/Donnelly, Permanent ICC, 2004, S. 242; Cryer/*Cryer,* S. 366; s. auch *Guilfoyle,* CLP 64 (2011), 278 ff.

115 Vgl. *Roxin,* TuT, S. 242 ff. (246 ff. zum *Eichmann*-Fall), 653 f.; *ders.*, AT II, § 25 Rn. 105 ff. Vgl. auch *Ambos,* 2002, S. 590 ff.; *Ambos/Grammer,* in: Jb Juristische Zeitgeschichte, Bd. 4, 2003, S. 533 ff.; *Faraldo C.*, Responsabilidad penal, 2004, S. 88 ff., 128 ff.; *Olásolo/Pérez C.*, ICLR 4 (2004), 480 ff.; *Di Martino,* in: Cassese et al., 2005, S. 201 f.; *Faraldo C.*, RDPC 16 (2005), 33 ff.; *Greco,* ZIS 2011, 9; aus kriminologischer Sicht *Neubacher,* S. 366 ff. Fallbeispiel bei *Ambos,* 2010 a, S. 86 ff. (Fall 7), 94 ff. Krit. *Weigend,* JICJ 9 (2011), 101 ff.; zur Anwendbarkeit auf grundsätzlich legal agierende Wirtschaftsunternehmen *Kyriakakis,* IRRC 94 (2012), 992.

116 U.S. v. Altstoetter et al. 4. 12. 47 (TWC III, 954); *Peschel-Gutzeit,* Nürnberg 1947, 1996, S. 37; vgl. auch *Ambos,* 2002, S. 78 ff.; krit. insoweit *Kreß,* GA 2006, 306 mit Fn. 18.

117 Jerusalem District Court 12.12.1961 (ILR 36, 5 und 18); Supreme Court 29.5.1969 (ILR 36, 14 und 277); vgl. auch *Ambos,* 2002, S. 182 ff.; krit. *Kreß,* GA 2006, 306.

118 Cámara Nacional de Apelaciones en lo Criminal y Correccional de la Capital 9.12.1985 (Fallos CSJ, Bd. 309–I/II, 33); CSJ 30.12.1986 (Fallos CSJ, Bd. 309-II, 1689). Dazu *Ambos,* 2002, S. 233 ff.; *Faraldo C.*, Responsabilidad penal, 2004, S. 32 ff. Vgl. auch die abw. M. des Richters *Fayt,* para. 90 im Urteil des CSJ v. 14.6.2005 (Fall *Simón et al.*) sowie jüngst das Urteil des Tribunal Oral Criminal Federal von Tucumán v. 19.3.2014 gg. den ehem. Polizeichef wegen Menschenrechtsverbrechen während der Militärdiktatur.

119 BGHSt 40, 218; *LG Berlin* v. 10.9.1996 – (536) 2 Js 15/92 Ks (2/95); *BGH* v. 30.4.1997 – 5 StR 42/97; BGHSt 45, 217. Vgl. auch *Ambos,* 2002, S. 242 ff.; *Faraldo C.*, Responsabilidad penal, 2004, S. 60 ff.

120 *CSJ,* Sala Penal Especial, Urt. v. 7.4.2009 (dt. Übers. des relevanten Teils in ZIS 2009, 622 ff.; dazu Anm. von *Rotsch, Ambos, Roxin, Schroeder, Jakobs, Herzberg, Caro Coria, García Cavero, Meini, Pariona Arana, van der Wilt,* ZIS 2009, 549 ff.; auch *Ambos,* JICJ 9 (2011), 145 ff.; *ders.*, FS Roxin, 2011, S. 837. Das Urteil wurde von der Revisionsinstanz bestätigt: *CSJ,* Primera Sala Penal Transitoria, Urt. v. 30.12.2009. – Die Organisationsherrschaft wurde auch in **Kolumbien** anerkannt: *CSJ,* S. Arana Sus, Urt. v. 3.12.2009; *CSJ,* F. A. Argumedo Torres, Urt. v. 22.5.2013; *CSJ,* Miguel Ángel Serrano Ossa, Urt. v. 12.2.2014. Zur Anerkennung in LA u. Spanien auch *Muñoz-Conde/Olásolo,* JICJ 9 (2011), 113 ff.

121 *ICC,* Bemba Arrest warrant decision 10.6.2008, para. 78 („... the Chamber considers that there are reasonable grounds to believe that, as a result of his authority over his military organization, Mr Jean-Pierre Bemba had the means to exercise control over the crimes committed by MLC troops deployed in the CAR.").

schen Milizenführer *Katanga* und *Ngudjolo Chui* wurde im Vorverfahren deren wechselseitige Kontrolle über die Milizen des jeweils anderen mittels einer eigentümlichen Kombination von mittelbarer Täterschaft in Form von *Organisationsherrschaft* und Mittäterschaft als *mittelbarer Mittäterschaft* („indirect co-perpetration")[122] begründet, weil sie aufgrund eines gemeinsamen Tatplans gehandelt, jeweils wesentliche Tatbeiträge geleistet und gemeinsam das gesamte Angriffsgeschehen kontrolliert hätten.[123] Was insbesondere die Organisationsherrschaft angeht, so betont die Kammer die Sicherung der „fast automatischen" Erfüllung der Anordnungen der Organisationsspitze durch die Fungibilität der Tatmittler,[124] erkennt aber zugleich an, dass „compliance" auch mittels der Kontrolle des Apparats „through intensive, strict, and violent training regimes" erreicht werden könne, etwa indem Kinder zwangsrekrutiert und im Rahmen eines solchen Regimes zum Schießen, Plündern, Vergewaltigen und Töten ausgebildet würden.[125] Im Hauptverfahren wurde Ngudjolo zwar freigesprochen[126] und Katanga wegen Beihilfe i. S. v. Art. 25(3)(d) verurteilt,[127] die grundsätzliche Anerkennung der Organisationsherrschaftslehre aber vor allem durch die Katanga Verfahrenskammer bestätigt.[128] Schließlich wurde im Verfahren gegen den sudanesischen Präsi-

[122] Vgl. *Werle/Burghardt,* FS Maiwald, 2010, S. 860ff. mit Empfehlung der Übernahme ins deutsche Recht und Abgrenzung zur „mittelbaren Täterschaft in Mittäterschaft" bei Handeln eines Verbrechenskollektivs (argentinische Militärjunta, Nationaler Verteidigungsrat DDR, Al Bashir-Regierung etc.). Zust. auch *Weigend,* JICJ 9 (2011), 110ff.; *Manacorda/Meloni,* JICJ 9 (2011), 172ff.; *Ohlin,* LJIL 25 (2012), 777ff. (der jedoch die unzureichende dogmatischen Herleitung bemängelt); *Cernic,* CLF 22 (2011), 554ff.; *Roxin,* GA 2012, 415f.; *Wirth,* JICJ 10 (2012), 984, der diese Konstruktion auch im *Lubanga* Fall anwenden will. Krit. aus methodischer Sicht *WCRO,* Early jurisprudence ICC, 2010, S. 50ff.; ebenso *Guilfoyle,* CLP 64 (2011), 274ff. (278ff.). S. auch *ICC,* Ruto et al. Confirmation Decision 23.1.2012, paras. 287ff.; Muthaura et al. Confirmation Decision 23.1.2012, paras. 297, 398.

[123] Katanga and Ngudjolo Confirmation Decision 30.9.2008, paras. 33ff. (Anklage), 519ff., 540ff. (561); krit. zu dieser Konstruktion *ICC,* Ngudjolo Chui TJ 18.12.2012, Concurring Opinion of Judge Christine Van den Wyngaert, paras. 58ff.; auch *Ohlin/van Sliedregt/Weigend,* LJIL 26 (2013), 734ff.

[124] Katanga and Ngudjolo Confirmation Decision 30.9.2008, paras. 512ff. (512: „orders ... generally be complied with", 513: „compliance with his orders", 514: „secure compliance", 517: „ensure compliance"); dazu auch *Ambos,* 2010a, S. 96.

[125] Katanga and Ngudjolo Confirmation Decision 30.9.2008, para. 518. *In casu* sei die Erfüllung der Anordnungen der Angeklagten gesichert gewesen, weil ihre Milizen über eine ausreichend große Zahl (ca. 1000 bzw. 375) ersetzbarer Kämpfer verfügt hätten (para. 545); bei solchen Milizen garantiere nämlich die „interchangeability of the lowest level soldiers", dass eine Anordnung, die von einem Milizionär nicht befolgt würde, von einem anderen exekutiert würde (para. 546). Zudem sei die fast automatische Befehlserfüllung („without asking any questions") – im Sinne der genannten Alternative zur Fungibilität – auch deshalb garantiert gewesen, weil die Soldaten jung waren, einem brutalen militärischen Trainingsregime unterworfen waren und sich ihrer jeweiligen ethnischen Gruppe verbunden fühlten (para. 547).

[126] Und zwar mangels Beweisbarkeit der organisatorischen Kontrolle *Ngudjolos,* worin keine prinzipiellen Einwände gegen die Organisationsherrschaftlehre zu sehen sind (*ICC,* Ngudjolo TJ 18.12.2012, paras. 490ff.; krit. insoweit aber Concurring Opinion of Judge Christine Van den Wyngaert, paras. 5, 49ff.).

[127] Die für eine täterschaftliche Verantwortlichkeit notwendige Herrschaft konnte nicht nachgewiesen werden (*ICC,* Katanga TJ 7.3.2014, para. 1420).

[128] S. *ICC,* Katanga TJ 7.3.2014, paras. 1404ff. Die Kammer differenziert zwischen der Natur der Organisation und der Kontrolle durch den oder die Hintermänner über sie (paras. 1407ff.). Im Einzelnen s. paras. 1404 („contrôle sur l'organisation" mit expliziter Bezugnahme auf Roxin), 1405 („l'exercice d'un contrôle sur un appareil de pouvoir rend possible un contrôle sur les crimes commis par ses membres"), 1408 (Fungibilität u. automatische Tatbegehung), 1409 („automatisme fonctionnel"), 1410 (grds. Anwendung auch auf moderne Formen krimineller Organisationen), 1411 (Hintermann nutze „au minimum une partie de l'appareil" zur automatisierten Verbrechensbegehung), 1412 (tat-

denten *Al Bashir* dessen mittelbare Täterschaft damit begründet, dass er eine absolute politische und militärische Kontrolle über den sudanesischen Staatsapparat ausübe und diese zur Ausführung der geplanten Taten genutzt habe.[129]

Im Grundsatz beherrscht nach der Organisationsherrschaftslehre der Hintermann den verbrecherischen Apparat und seine Mitglieder kraft Willensherrschaft. Diese beruht auf der **Fungibilität** des Vordermannes und der dadurch bedingten **Steuerungsautomatik.** Der Hintermann begeht die Tat durch irgendeinen Vordermann aus der von ihm gesteuerten Organisation, er beherrscht diese und andere Tatausführende mittels der **Organisation.**[130] Aufgrund der organisatorischen Rahmenbedingungen wird der Vordermann auswechselbar, unbedeutend, seine Individualität zufällig. Er wird zum Rädchen im Getriebe, zum Werkzeug des Hintermannes. Daran ändert seine dazwischentretende freiverantwortliche Entscheidung letztlich nichts. Sie kann zwar dazu führen, dass der Vordermann *in concreto* nicht genau so funktioniert, wie vom Apparat und seinen Hintermännern erwartet; doch stellt dieses *gelegentliche* **Fehlen konkreter Fungibilität**[131] kein *grundsätzliches* Hindernis für die Täterschaft des Hintermannes dar. In der Regel nutzt der Hintermann die *unbedingte* Bereitschaft des unmittelbaren Täters zur Tatbestandserfüllung aus.[132] 26

sächliche Kontrolle über den Machtappart nur durch die, „qui contrôlent, effectivement et sans interférence possible" mindestens einen Teil des Apparats), 1413–5 (subjektive Voraussetzungen hinsichtlich der Taten und der herrschaftsbegründenden Umstände). Vor diesem Hintergrund erscheint der Vorbehalt, dass die Organisationsherrschaftslehre nicht die einzige „réponse juridique" zur Auslegung von Art. 25 Abs. 3 (a) Alt. 3 sei (para. 1406), als bloße Konzession an kammerinterne (Richterin van den Wyngaert) Kritik. Wichtiger ist insoweit der Hinweis, dass organisationsintern auch andere Beteiligungsformen in Betracht kommen (para. 1410).

129 *ICC,* Al Bashir Arrest warrant decision 4.3.2009, para. 222 („Al Bashir (i) played a role that went beyond coordinating the implementation of the common plan; (ii) was in full control of all branches of the ‚apparatus' of the State of Sudan, including the Sudanese Armed Forces and their allied Janjaweed Militia, the Sudanese Police Forces, the NISS and the HAC, and (iii) used such control to secure the implementation of the common plan."). Die Kammer ist damit dem Antrag der Anklagebehörde (Application for Warrant 14.7.2008, para. 38; dazu *Jessberger/Geneuss,* JICJ 6 (2008), 853) gefolgt. Zur Organisationsherrschaftslehre in diesem Fall *van der Wilt,* JICJ 7 (2009), 309ff.

130 Zu Begriff und Bedeutung der Organisation für ein richtiges Verständnis der Organisationsherrschaftslehre *Ambos,* FS Roxin, 2011, S. 841ff.; *Weigend,* JICJ 9 (2011), 109, für den Organisationsherrschaft nur ein tatherrschaftsbegründender Umstand ist; s. hierzu auch *Goy,* ICLR 12 (2012), 38ff. *Eldar,* CLP 6 (2012), 209ff. hält die Tatherrschaftslehre für unzulänglich, da sie lediglich in straff organisierten, hierarchischen Organisationen funktioniere („bureaucratic-coercive", 214) und befürwortet stattdessen eine „doctrine of leaders' liability", die auch in dezentralisierten Organisationen eine Zurechnung der Taten der unmittelbar Handelnden zum Hintermann ermöglichen soll, indem auf den konkreten Vorsatz hinsichtlich der einzelnen Taten verzichtet wird und der Hintermann allein aufgrund seiner Stellung in der Organisation haften soll. Für eine Verteidigung der Organisationsherrschaftslehre wiederum *Roxin,* GA 2012, 397ff.

131 Vgl. *Herzberg,* in: Amelung, Beteiligungsverhältnisse, 2000, S. 38, der die (konkrete) Fungibilität etwa bei den DDR-Grenzsoldaten verneint, denn nur sie könnten eine akute Flucht verhindern, eine nachträgliche Auswechslung habe darauf keinen Einfluss; das ist zwar zutreffend (zust. *Ambos,* 2002, S. 598), die Situation an der deutsch-deutschen Grenze stellt aber einen Sonderfall dar, der auf die „normalen" Situationen von Makrokriminalität nicht übertragbar ist. Zusf. zur Kritik am Fungibilitätskriterium *Faraldo C.,* Responsabilidad penal, 2004, S. 88ff.; *dies.,* RDPC 16 (2005), 35ff.

132 BGHSt 40, 218 (236). *Roxin* verlangte zeitweilig eine „wesentlich erhöhte Tatbereitschaft" (FS Schroeder, 2006, S. 397f.; *ders.,* ZIS 2006, 298f.), hat von dieser zusätzlichen Voraussetzung aber wieder Abstand genommen, s. *ders.,* GA 2012, 412; dazu auch *Ambos,* FS Roxin, 2011, S. 839ff.

27 Immerhin bedarf die Organisationsherrschaftslehre auf Grund des unbestreitbaren Fungibilitätsmangels in gewissen Tatsituationen einer besseren und zusätzlichen Begründung, die von **abstrakter bzw. nachträglicher** statt konkreter **Fungibilität**[133] ausgeht und das **Verantwortungsprinzip normativ** versteht: Die Organisationsherrschaftslehre ist danach als „Verflechtung"[134] tatsächlicher (naturalistischer) mit normativen Komponenten aufzufassen. In tatsächlicher Hinsicht liefert sie mit dem Kriterium der Steuerungsherrschaft eine Handhabe zur Bestimmung der handlungsmäßigen Zentralgestalt des Geschehens. Die Zuhilfenahme normativer Überlegungen erlaubt es – ausnahmsweise –, diese Rolle auch einem Täter hinter dem Täter zuzuweisen. Damit haben wir es weder mit einer rein „naturalistisch beschreibenden" Sichtweise[135] noch mit zwei „gänzlich verschiedenen" und „krass unvereinbaren" Ansätzen unter dem Dach der Tatherrschaft zu tun,[136] sondern vielmehr mit einer **Kombination tatsächlicher und normativer Komponenten** im Sinne der genannten Verflechtung. Die Steuerungsmacht ist in den fraglichen Fällen auf zwei Schultern verteilt. Beim unmittelbar Ausführenden beruht sie auf seiner Tatnähe. Beim anweisenden Hintermann ergibt sie sich aus seinem Einfluss auf die Organisation, in welche der Ausführende eingegliedert ist. Der Anweisende hat die Organisation in der Hand, wodurch der Ausführende im Ergebnis mittelbar gesteuert wird. In dieser *in*direkten Einflussnahme auf den Ausführenden liegt auch ein entscheidender Unterschied zur Anstiftung. Die Organisationsgewalt des Anweisenden macht den Ausführenden deshalb und *insoweit* auswechselbar und unbedeutend.[137] Das gelegentliche Fehlen *konkreter* Fungibilität taugt nicht als durchschlagendes Argument gegen die Organisationsherrschaftslehre. Es macht lediglich deutlich, dass eine rein naturalistisch-beschreibende Sichtweise im Sinne der Bestimmung einer handlungsmäßigen Zentralgestalt keine überzeugende Lösung liefern kann. Vielmehr machen normative Erwägungen den Anweisenden zum Täter. Seine faktische Steuerungsmacht ist nur der Ausgangspunkt. Sie hat abstrakten Charakter,[138] ist nicht in allen Fällen nachweisbar und dadurch erheblich relativiert.

28 Die Täterschaft des Hintermanns ergibt sich also ausgehend von seiner faktischen Steuerungsmacht im Sinne eines **normativierenden Zurechnungsmodells** (schon Rn. 12)[139] aus der folgenden Überlegung: In der Organisation wächst mit der Entfernung zur Ausführungsebene, also mit der Höhe der Befehlsstufe, die Verantwortung für die einzelne Tat (sog. **Top-down-Betrachtungsweise**).[140] Auf der Grundlage dieser verantwortungsorientierten Grundwertung[141] werden Führungsfiguren wie Hitler,

[133] Ähnlich für ein weiteres, über *konkrete* Fungibilität hinausgehendes Verständnis *Faraldo C.*, Responsabilidad penal, 2004, S. 206, 236; wohl auch *Hefendehl,* GA 2004, 578ff.

[134] *Roxin,* in: Amelung, Beteiligungsverhältnisse, 2000, S. 55.

[135] *Köhler,* S. 510; *Jakobs,* NStZ 1995, 27; *Herzberg,* in: Amelung, Beteiligungsverhältnisse, 2000, S. 40, 48; krit. zu Recht *Radtke,* GA 2006, 354f.

[136] Vgl. *Herzberg,* in: Amelung, Beteiligungsverhältnisse, 2000, S. 40f.

[137] Vgl. auch *van der Wilt,* ZIS 2009, 615.

[138] *Heine,* JZ 2000, 925.

[139] Vgl. auch *Vogel,* ZStW 114 (2002), 406ff.; für ausschließlich „normative Zuschreibung" individueller Verantwortlichkeit *Radtke,* GA 2006, 355f.

[140] *Neubacher,* S. 432f. Vgl. auch BGHSt 40, 218 (237): „Den Hintermann in solchen Fällen nicht als Täter zu behandeln, würde dem objektiven Gewicht seines Tatbeitrags nicht gerecht, zumal häufig die Verantwortlichkeit mit größerem Abstand zum Tatort nicht ab-, sondern zunimmt." Dazu *Heine,* JZ 2000, 924.

[141] Vgl. MünchKomm/*Kreß,* 2003, § 220a Rn. 100 m.w.N.

Himmler, Honecker und Pinochet zu Tätern. Die in der Befehlshierarchie nach oben abnehmende faktische Steuerungsmacht wird gleichsam mit der höheren Verantwortung normativ kompensiert, die faktische Sichtweise normativ korrigiert.[142] Vor diesem Hintergrund sind weitere Überlegungen im Hinblick auf eine **Verselbstständigung** der Organisationsherrschaftslehre angebracht. Ihre zunehmende praktische Relevanz hat mehr und mehr literarische Stellungnahmen hervorgebracht, die mit bedenkenswerten Argumenten eine Emanzipierung von der traditionellen Beteiligungsdogmatik, jedenfalls für den Bereich des durch eine kollektiv-systemische Zurechnung geprägten Völkerstrafrechts (Rn. 11 f.), fordern (vgl. 1. Aufl., Rn. 33).[143] Überdies macht die zunehmende Bedeutung nicht-staatlicher, paramilitärischer Gruppen als vstr relevante Gewaltakteure, vor allem in den vom IStGH verhandelten schwarzafrikanischen Konflikten, deutlich, dass der **Organisationsbegriff** über sein ursprüngliches, formal-staatsbürokratisches Verständnis hinaus erweitert und weiterentwickelt werden muss.[144]

Doch auch ein solches normativiertes Verständnis der Organisationsherrschaftslehre ändert nichts daran, dass sie nur bei *den* Beteiligten eine mittelbare Täterschaft begründen kann, die der **Organisationsspitze** des Machtapparats angehören.[145] Täter, die in der Hierarchie darunter stehen, können keine *ungestörte* Organisationsherrschaft *über* das Gesamtgeschehen ausüben, sondern allenfalls ein Teilgeschehen *innerhalb* des Apparats beherrschen. Sie dürften deshalb in der Regel nur als *Mittäter* strafbar sein. Freilich zeigt die diffizile Abgrenzung zwischen mittelbarer und Mittäterschaft in diesen Fällen, dass die klassisch individualstrafrechtliche Zurechnung bei den kollektiven Aktionszusammenhängen des Völkerstrafrechts an ihre Grenzen stößt. Darin liegt die Attraktivität des **Zurechnungsprinzips Gesamttat,** geht es dabei doch im Wesentlichen um die Zurechnung des einzelnen Tatbeitrags zum Gesamtunrechtsgeschehen (Rn. 11 f.). 29

4. Joint Criminal Enterprise

Das von der Rechtsmittelkammer im *Tadic*-Urteil[146] entwickelte Konzept des **„joint criminal enterprise“ (jce)** geht von einer in der Beteiligungsform der „commission“ 30

[142] Insofern, verstanden als Korrektiv, hat *Heine,* JZ 2000, 924, Recht, wenn er von einer Abkehr vom (naturalistischen) Bild der handlungsmäßigen Zentralgestalt spricht.

[143] Für ein das Individualstrafrecht ergänzendes „kumulatives Organisationsstrafrecht“ schon *Vest,* 2002, S. 398; vgl. auch *Ambos,* 2002, S. 614; *ders.*, FS Roxin, 2011, S. 852; krit. *Radtke,* GA 2006, 356 mit Fn. 48.

[144] Vgl. *Ambos,* FS Roxin, 2011, S. 842 ff.; für eine Flexibilisierung etwa auch *Rastan,* Review of ICC Jurisprudence 2008, NWUJIHR 7 (2009), 267 ff.

[145] I. Erg. zust. *Kreß,* GA 2006, 309; eingehend *Ambos,* FS Roxin, 2011, S. 850 f. Krit. *Faraldo C.*, Responsabilidad penal, 2004, S. 203 ff., die dies für zu eng hält und mit *Roxin* jedenfalls den als mittelbaren Täter betrachtet, der eine kriminelle Anordnung mit unabhängiger Führungsgewalt erlassen kann. Aber wie soll dies alleine eine Beherrschung des Apparats bedeuten können? Hierzu auch *Roxin,* GA 2012, 413 f., für den „jeder mittelbarer Täter [ist], der im Rahmen des Apparates durch seine Anordnungen die Tatbestandserfüllung herbeiführt“ (S. 413).

[146] *ICTY,* Tadic AppJ 15.7.1999, paras. 172 ff.; zu ersten Ansätzen im *Furundzija* Verfahren *Zahar/Sluiter,* S. 224 ff. Nachw. zu weiterführender, bestätigender bzw. abl. Rspr. in 2. Aufl., Rn. 30 mit Fn. 119; siehe auch *ICTY,* Krajisnik AppJ 17.3.2009, para. 655; Popovic et al. TJ 10.6.2010, para. 1021; Gotovina et al. TJ 15.4.2011, paras. 1950 ff.; Tolimir TJ 12.12.2012, paras. 888 ff.; Stanisic & Simatovic TJ 30.5.2013, paras. 1254 ff. Krit. zur Rspr. *Zahar/Sluiter,* S. 221 ff.; krit. zur „judicial creativity“ *Shahabuddeen,* in: Darcy/Powdery, S. 184 ff.; *Krebs,* MedLR 73 (2010), 578 ff. (604). Der Begriff wurde von der Anklagebehörde eingeführt, Nachw. 2. Aufl., Fn. 119.

(Art. 7 Abs. 1 ICTYS, Art. 6 Abs. 1 ICTRS)[147] enthaltenen Konzeption einer *gemeinschaftlichen* strafrechtlichen Verantwortung aus und lässt sich als institutionalistisch-partizipatorisches oder **systemisches Zurechnungsmodell** charakterisieren (Rn. 11f.).[148] Damit wird die Beteiligung an einer *gemeinsamen Unternehmung* oder einem *kriminellen Zweckverbund,*[149] anlässlich dessen es zu Straftaten kommt, strafbar gestellt, wobei die Straftaten nicht notwendigerweise vom Vorsatz aller Beteiligten umfasst sein oder gar beabsichtigt sein müssen. Eine jce kann zudem noch weitere Sub-Unternehmungen beinhalten, die wiederum für sich auch eigenständige und parallele „joint criminal enterprises" bilden können.[150] Nach Ansicht der Rechtsmittelkammer des ICTY ist „das Konzept eines *gemeinsamen Plans* (‚common design') als einer Form der *komplizenschaftlichen Verantwortlichkeit* (‚accomplice liability')[151] fest im VGR verankert…"[152] und der Begriff des „*gemeinsamen Zwecks*" („common purpose") in vielen nationalen Rechtssystemen im Ansatz vorhanden („has an underpinning").[153] Es sei zwischen **drei Formen des jce** (jce I, II und III), denen **drei objektive Voraussetzun-**

[147] *ICTY,* Tadic AppJ 15.7.1999; Sainovic et al. TJ 26.2.2009, para. 95; Krajisnik AppJ 17.3.2009, para. 662; Popovic et al. TJ 10.6.2010, paras. 1021ff.; Dordevic TJ 23.2.2011, para. 1860; Gotovina et al. TJ 15.4.2011, para. 1948; *ICTR,* Renzaho TJ 14.7.2009, para. 739; Kanyarukiga TJ 1.11.2010, paras. 622ff.; Rukundo TJ 27.2.2009, para. 22, mit Hinweis auf Abgrenzung zur eigenhändigen Täterschaft („When the accused is charged with ‚committing' pursuant to Article 6(1) of the Statute, the indictment must specify whether the term is to be understood as physical commission, and/or as participation in a JCE."); ebenso Kanyarukiga TJ 1.11.2010, para. 627; s. auch Karemera & Ngirumpatse TJ 2.2.2012, para. 1433; *Goy,* ICLR 12 (2012), 27ff. m. N. aus der Rspr.; *Heyer,* S. 234ff.; zu weiterer Rspr. s. auch 2. Aufl., Rn. 30 Fn. 120. Krit. *Powles,* JICJ 2 (2004), 610f., für den nur jce I, nicht aber jce III als „commission" verstanden werden kann; krit. auch *Ohlin,* JICJ 5 (2007), 71f.; *ders.*, NCLR 12 (2009), 406ff.; *Fletcher,* JICJ 9 (2011) 186; zur Entwicklung der Rechtsprechung *van Sliedregt,* JICJ 10 (2012), 1175ff. Das von der Kammer zugrunde gelegte Verständnis der „commission" passt nicht zu deren Gleichsetzung mit der „perpetration", vgl. o. Rn. 18 mit Fn. 79; krit. auch Cryer/*Cryer,* S. 356ff.

[148] Vgl. *Jung,* in: Eser/Huber/Cornils, Einzelverantwortung, 1998, S. 183ff.; *Vogel,* ZStW 114 (2002), 420ff.; speziell zum jce *van Sliedregt,* 2003, S. 352, die es – als dritte Form kollektiver Verantwortlichkeit – der „membership responsibility" zuordnet bzw. nun (JICJ 5 [2007], 201f.) darin eine „form of criminal participation" sieht. Für systemische Zurechnung („global approach") aus Sicht der Verfolgungsbehörde *Piacente,* JICJ 2 (2004), 446ff.; zur besonderen Bedeutung des jce bei der Erfassung kollektiver Makrokriminalität *Gustafson,* JICJ 5 (2007), 139, 149; *Cassese,* JICJ 5 (2007), 110f.; *Burghardt,* S. 339f.; krit. *van der Wilt,* JICJ 5 (2007), 101. Zur Entstehung vgl. *Darcy,* Collective responsibility, 2007, S. 197ff.; zur theoretischen Entwicklung und heutigen (str.) Definition (vor allem mit Blick auf die Rspr. der ECCC) *Cassese* et al., CLF 20 (2009), 289; *Provost,* CLF 20 (2009), 331; *Ambos,* CLF 20 (2009), 353; *Olásolo,* CLF 20 (2009), 263; *Scharf,* CILJ 43 (2010), 439ff.; für alternative Zurechnungsformen *van der Wilt,* in: Nollkaemper/van der Wilt, System criminality, 2009, S. 176ff.; für einen Vergleich mit der Vorgesetztenverantwortlichkeit *Ambos,* in: Nollkaemper/van der Wilt, System criminality, 2009, S. 138ff.

[149] Der Begriff stammt von *Vogel,* ZStW 114 (2002), 421, dessen Einordnung in Art. 25 Abs. 3 (d) [in Fn. 85 und S. 434] aber nicht gefolgt werden kann (vgl. Rn. 32 im Text).

[150] *ICTY,* Kvocka et al. TJ 2.11.2001, para. 307; auch *Haan,* ICLR 5 (2005), 182.

[151] Im Übrigen hat die Rspr. die Begriffe „jce", „common design", „common purpose" u. a. ursprünglich gleichbedeutend verwendet, vgl. *ICTY,* Tadic AppJ 15.7.1999, paras. 185ff.; weitere Nachw. 2. Aufl., Fn. 124; vgl. auch *Powles,* JICJ 2 (2004), 607; *Haan,* ICLR 5 (2005), 170.

[152] *ICTY,* Tadic AppJ 15.7.1999, para. 220 (Herv. K. A.). Zum Beleg führt die Kammer Entscheidungen in Folge des 2. Weltkrieges, die UN-Terrorismusbombenkonvention sowie Art. 25 Abs. 3 (d) an (ebd., paras. 221ff.). Weitere Nachweise bei *ICTY,* Kvocka et al. TJ 2.11.2001, paras. 293ff.; Krajisnik AppJ 17.3.2009, para. 659; sowie 2. Aufl., Fn. 125. Krit. zur vgr Begründung *Zahar/Sluiter,* S. 231, 238.

[153] *ICTY,* Tadic AppJ 15.7.1999, para. 225.

gen gemeinsam sind (Mehrzahl von Personen, gemeinsamer Zweck, Beteiligung am gemeinsamen Zweck),[154] zu unterscheiden:[155]

- *Erstens* Fälle der **„Mittäterschaft"** („co-perpetration"), bei denen alle Beteiligten auf der Grundlage eines gemeinsamen Plans („common design") und mit gemeinschaftlichem Vorsatz („shared intent")[156] zusammenwirken, wobei allerdings der erforderliche *Grad der Beteiligung* (mehr als fördernde Wirkung?) unklar und umstritten ist;[157] nach der Rechtsmittelkammer der *Ad-Hoc*-Tribunale ist jedenfalls eine Teilnahme an der Planung selbst nicht notwendig.[158]
- *Zweitens* die sog. **Konzentrationslager-Fälle,** die nach h. M. eine **Variante** des jce I darstellen[159] und bei denen sich der Plan auch erst während der Tatbegehung aus der Situation heraus ergeben kann;[160] in subjektiver Hinsicht ist die *Kenntnis* des Systems der Misshandlungen sowie *Förderungvorsatz* erforderlich, wobei allerdings der Vorsatz – gleichsam automatisch – aus der Beteiligung an dem System oder der hierarchischen Stellung („position of authority") des Be-

---

[154] Statt vieler *ICTR,* Simba TJ 13.12.2005, para. 387 m.w.N.; konkretisierend *ICTY,* Brdanin AppJ 3.4.2007, para. 430, wo u. a. das Erfordernis eines „additional agreement" zwischen unmittelbarem Täter und anderen Mitgliedern des jce abgelehnt wird (para. 418); Sainovic et al. TJ 26.2.2009, para. 97 (eingehend zu den Voraussetzungen paras. 98ff.); Krajisnik AppJ 17.3.2009, para. 662; Popovic et al. TJ 10.6.2010, paras. 1023ff.; Dordevic TJ 23.2.2011, paras. 1816ff.; Gotovina et al. TJ 15.4.2011, paras. 1950ff.; Haradinaj et al. TJ 29.11.2012, paras. 616ff.; Tolimir TJ 12.12.2012, para. 889; Stanisic & Zupljanin TJ 27.3.2013, para. 100; Stanisic & Simatovic TJ 30.5.2013, para. 1258; *ICTR,* Renzaho TJ 14.7.2009, paras. 739f.; Ndahimana TJ 30.12.2011, paras. 720ff.; Karemera & Ngirumpatse TJ 2.2.2012, paras. 1436ff. Erforderlich ist aber wohl „joint action" i. S. v. Koordination u. Kooperation (*ICTY,* Krajisnik TJ 27.9.2006, paras. 884, 1120; zust. *Zahar/Sluiter,* S. 255f.; für „actual agreement" aber *Damaška,* ChicKentLR 83 (2008), 354). Eingehend zu den drei Voraussetzungen *Olásolo,* 2009, S. 158ff., 162ff.

[155] Zusf. *ICTY,* Tadic AppJ 15.7.1999, paras. 220, 227f. (zu jce I para. 196–201, zu jce II paras. 202f., zu jce III paras. 204–219); jüngst Stanisic & Simatovic TJ 30.5.2013, paras. 1254ff. Vgl. auch insbesondere für jce I *Haan,* Zurechnungsfigur, 2008, S. 248ff. und *dies.*, ICLR 5 (2005), 179ff. mit konkreten Fällen auf S. 171f. S. auch für einen Überblick über die Entwicklung der jce-Rspr. der *Ad-Hoc*-Tribunale *Darcy,* Collective responsibility, 2007, S. 226ff., *Barthe,* Haftungsmodell, 2009, S. 76ff.; gegen die Unterscheidung in drei Formen *Burghardt,* S. 328ff. Zur Auslegung und Abgrenzung der einzelnen Formen ausführlich *Vest,* 2011, S. 287ff., 304ff.; krit. Rechtsprechungsanalyse bei *Jordash,* in: Schabas/McDermott/Hayes, S. 133ff.

[156] *ICTY,* Sainovic et al. TJ 26.2.2009, para. 108; Dordevic TJ 23.2.2011, para. 1816; *ICTR,* Renzaho TJ 14.7.2009, para. 741. Krit. *Haan,* ICLR 5 (2005), 185.

[157] So soll etwa nach *ICTY,* Kvocka et al. AppJ 28.2.2005, paras. 97, 99, 112 ein Beteiligter eines jce weder ein Tatbestandsmerkmal verwirklichen noch einen wesentlichen Tatbeitrag leisten noch am Tatort anwesend sein müssen. Nach *ICTY,* Krajisnik AppJ 17.3.2009, para. 675 muss der Beitrag nicht unbedingt wesentlich, aber doch signifikant sein („not, as a matter of law, be substantial [...] at least be significant"); er muss nicht selbst strafbar sein (para. 695: „not, in and of itself, be criminal" – *in casu* ging es um politische Reden); jüngst Gotovina et al. TJ 15.4.2011, para. 1953; vgl. auch *Haan,* ICLR 5 (2005), 183f.; *Zahar/Sluiter,* S. 236 (240).

[158] *ICTR,* Simba AppJ 27.11.2007, para. 250.

[159] S. *ICTY,* Vasiljevic AppJ 25.2.2004, paras. 97f. (jce I als „basic" Form und jce II als „systemic" Form); *ICTR,* Mpambara TJ 11.9.2006, para. 15 (jce I als „basic", jce II als „systemic" und jce III als „extended" Form); so auch *ICTR,* Simba TJ 13.12.2005, para. 386; Gacumbitsi AppJ 7.7.2006, para. 158; zur Anerkennung von jce I und II auch *ECCC,* Kaing Guek Eav TJ 26.7.2010, paras. 507ff., zust. *Marsh/Ramsden,* ICLR 11 (2011), 137ff. Zu jce II auch *Haan,* Zurechnungsfigur, 2008, S. 274ff.; *Barthe,* Haftungsmodell, 2009, S. 89ff. Krit. *Powles,* JICJ 2 (2004), 609f., für den bei vielen der unter jce II subsumierten Fälle die Haftung auf jce III beruht.

[160] *ICTY,* Kvocka et al. AppJ 28.2.2005, paras. 117f. m.w.N.

schuldigten abgeleitet wird.[161] Darin wird von einer *Gegenansicht* eine Beweislastumkehr und ein Verstoß gegen die Unschuldsvermutung gesehen, weshalb dafür plädiert wird, diese Fälle nach den Grundsätzen des – konzeptionell vergleichbaren – jce I zu behandeln.[162]

– Bei der *dritten* Kategorie handelt es sich um eine **erweiterte Form** des jce,[163] mittels derer von einem oder mehreren Beteiligten begangene, außerhalb des gemeinsamen Tatentschlusses liegende Verbrechen den anderen Mitgliedern des jce unter folgenden **subjektiven Voraussetzungen** zugerechnet werden:
  i) Die *Absicht* („intention"), sich an dem joint criminal enterprise zu beteiligen und den kriminellen Zweck dieses Unternehmens – individuell oder gemeinschaftlich – zu *fördern;* und
  ii) die *Vorhersehbarkeit* der möglichen Begehung („foreseeability of the possible commission") der (Exzess-)Taten. *Beispielhaft:* Mitglieder eines joint criminal enterprise haben den (gemeinsamen, auch spontan gebildeten) Vorsatz, Kriegsgefangene zu misshandeln, diese werden aber durch ein oder mehrere Mitglieder sogar getötet.[164] Um diese Tötungen auch den anderen Mitgliedern zurechnen zu können, müssten diese den Erfolg haben vorhersehen können („to predict this result"). Erforderlich sei ein Bewusstseinszustand („state of mind"), auf Grund dessen andere – hinsichtlich der Exzesstaten an sich unvorsätzlich handelnde – Beteiligte sich bewusst seien, dass das joint criminal enterprise höchstwahrscheinlich („most likely") einen bestimmten Erfolg herbeiführen werde und sie dieses Risiko gleichwohl *in Kauf nähmen* („willingly took that risk").[165] Erforderlich sei insoweit also ein ‚dolus eventualis' bzw. eine ‚advertent recklessness'.[166]

31 Der Rechtsprechung ist nicht eindeutig zu entnehmen, ob es sich bei den unterschiedlichen Formen des jce (immer) um **Fälle der (Mit-)Täterschaft** oder um

[161] *ICTY,* Tadic AppJ 15.7.1999, para. 203; *ICTY,* Kvocka et al. AppJ 28.2.2005, para. 101; dazu auch *Haan,* ICLR 5 (2005), 189; *Chifflet,* LJIL 19 (2006), 474f.; zur subj. Seite *ICTY,* Limaj et al. AppJ 27.9.2007, para. 109.

[162] Vgl. *ICTY,* Krnojelac TJ 15.3.2002, paras. 78, 80 sowie *Haan,* ICLR 5 (2005), 190, 199f. m.w.N.

[163] *ICTY,* Vasiljevic AppJ 25.2.2004, para. 99: „extended" Form. Zu den Voraussetzungen von jce III auch *ICTY,* Stakić AppJ 22.3.2006, para. 87; Martić TJ 12.6.2007, para. 439; Sainovic et al. TJ 26.2.2009, para. 96; Popovic et al. TJ 10.6.2010, paras. 1030ff.; Tolimir TJ 12.12.2012, paras. 896ff.; *ICTR,* Ngirabatware TJ 12.12.2012, para. 1302; *Haan,* Zurechnungsfigur, 2008, S. 290ff.; *Barthe,* Haftungsmodell, 2009, S. 96ff.

[164] Die Terminologie ist hier, wie auch an anderer Stelle, ungenau, weil die Kammer „participants" und „members of the group" gleichzusetzen scheint, *ICTY,* Tadic AppJ 15.7.1999, para. 220: „... the *participants* must have had in mind the intent ... to ill-treat prisoners of war ... and one or some *members of the group* must have actually killed them." (Herv. K. A.); so auch *ICTY,* Sainovic et al. TJ 26.2.2009, para. 111. Weitere Beispiele bei *Haan,* ICLR 5 (2005), 191f.

[165] In *ICTY,* Brdanin TJ 1.9.2004, para. 265 unterscheidet die Kammer (deshalb) zwischen der „natural and foreseeable consequence" der Verbrechensbegehung und der entspr. „awareness" des Täters; jene Voraussetzung sei objektiv, diese subjektiv zu verstehen; Dordevic TJ 23.2.2011, para. 1865; Gotovina et al. TJ 15.4.2011, para. 1952.

[166] *ICTY,* Sainovic et al. TJ 26.2.2009, para. 96. So auch *Haan,* Zurechnungsfigur, 2008, S. 297. S. auch ähnlich *Krebs,* ModLR 73 (2010), 601, 604, die für „acquiescene" (statt „foresight") plädiert. Hingegen verlangen die Kammern in *ICTY,* Kvocka et al. AppJ 28.2.2005, para. 86 und Haradinaj et al. TJ 29.11.2012, para. 621 hinsichtlich der Vorhersehbarkeit Wissentlichkeit („knowledge that the additional crimes were a natural and foreseeable consequence").

eine **neue und eigenständige Zurechnungskonzeption** handeln soll.[167] Wegen des systemischen Hintergrunds des jce ist diese für die deutsche Beteiligungsdogmatik, die grundsätzlich an „Zentralgestalten" ausgerichtet ist, nur schwer zu erfassen. Klar ist, dass die wesentliche **Begründung** für die Anwendung des jce-Konzeptes in dem gewünschten Ergebnis liegt, nämlich der Bestrafung der Gruppenmitglieder nicht nur als Gehilfen („aider and abettor") sondern als Täter („perpetrator").[168] Damit soll der besonderen Rolle auch nicht direkt tatbeteiligter Personen Rechnung getragen werden.[169] Für die ersten beiden Kategorien **(jce I und II)** wird man nach deutschem Verständnis im *Grundsatz* wohl von einer **Mittäterschaft** ausgehen können, weil es sich um ein gemeinschaftliches, funktionelles Zusammenwirken auf Grund eines (konkludenten) Plans handelt (Rn. 19ff.),[170] wobei freilich mit abnehmender Beteiligung (etwa nur „Förderung") die Abgrenzung zur Beihilfe verschwimmt; auch spricht der Förderungsvorsatz beim jce II für Beihilfe. Jedenfalls kann die über **jce III** mögliche Zurechnung einer Exzesstat als „vorhersehbare Folge" **nicht** mehr der Mittäterschaft oder überhaupt der **Täterschaft** zugeschlagen werden. Denn Täter kann nur sein, wer alle Tatbestandsmerkmale verwirklicht, gerade auch die besonderen subjektiven Tatbestandsmerkmale.[171] Im Rahmen eines jce III kommt also nur eine **Teilnahmestrafbarkeit** in Betracht,[172] wobei es allerdings schwer fällt, diese Zurechnungsfigur als „sonstige Unterstützung" gemäß Art. 25 Abs. 3 (c) oder sonstigen Beitrag zu einer Kollektivtat gemäß Art. 25 Abs. 3 (d) zu qualifizieren.[173] Art. 25 Abs. 3 (c) setzt allgemeinen Vorsatz i. S. v. Art. 30 voraus, also nach der hier vertretenenen Ansicht (Rn. 64) mehr als der beim jce III erforderliche dolus eventualis (Rn. 30). Weiter verlangt

[167] *Ambos,* JICJ 5 (2007), 168. Zur Verortung in der „commission" schon o. Rn. 30. Für jce als Mittäterschaft *ICTY,* Sainovic et al. TJ 26.2.2009, para. 95; krit. zur fehlende Harmonisierung der Beteiligungsformen *ICTY,* Martic AppJ 8.10.2008, *Dissenting Opinion of Judge Schomburg,* para. 6.

[168] Bestätigend *ICTY,* Vasiljevic AppJ 25.2.2004, para. 102 (jce als „co-perpetration" in Abgrenzung zum „aiding and abetting"); *ICTY,* Sainovic et al. TJ 26.2.2009, para. 106; weitere Rspr. in 2. Aufl., Rn. 31 Fn. 140; zur Rspr. auch *Haan,* ICLR 5 (2005), 198; *Ambos,* JICJ 5 (2007) 162f.; für die Erfassung als (Mit-)Täter („principals") *Cassese et al.,* 2013, S. 162 (beachte aber auch ebd. Fn. 2); *Zahar/Sluiter,* S. 222; auf die Nähe zur sonstigen Unterstützung gemäß Art. 25 Abs. 3 (d) stellen *Archbold,* §§ 10–22, *Kittichaisaree,* S. 236ff. und *Schabas,* 2011, S. 226ff. ab. S. auch *Guilfoyle,* CLP 64 (2011), 269ff. („JCE in any form is clearly a *secondary or accessorial form of liability*...", 273).

[169] *ICTY,* Tadic AppJ 15.7.1999, paras. 192, 229.

[170] I. Erg. ebenso *van Sliedregt,* JICJ 5 (2007), 198f.; Cryer/*Cryer,* S. 359. In *ICTY,* Stakic TJ 31.7.2003, para. 439 erkennt eine Kammer des ICTY erstmals an, dass jce und Mittäterschaft („co-perpetration") „approaches ... and even overlaps in part" und wendet statt jce eine Kombination aus Mittäterschaft und mittelbarer Täterschaft an (paras. 741ff.). Vgl. dazu *Olásolo/Cepeda,* ICLR 4 (2004), 75ff.; *Haan,* ICLR 5 (2005), 197; *Badar,* ICLR 6 (2006), 297; *Badar/Karsten,* ICLR 7 (2007), 171f. *ICTY,* Stakic AppJ 22.3.2006, paras. 58ff. lehnt dagegen „co-perpetration" ab, und dürfte dieser damit für den ICTY ein Ende bereitet haben (paras. 58ff.; krit. *Olásolo,* ICLR 7 (2007), 144ff., 158ff.; *Ambos,* JICJ 5 (2007), 170 mit Fn. 79). In *ICTR,* Munyakazi TJ 5.7.2010, para. 438 Fn. 881, wird allerdings der Beteiligte eines jce als „co-perpetrator" angesehen. Der IStGH hingegen lehnt jce bisher (noch) ab, vgl. *ICC,* Lubanga Décision confirmation 29.1.2007, paras. 322ff. (338); Katanga TJ 7.3.2014, para. 1619 (nach Art. 25 Abs. 3(d) sei der Beteiligte nicht für alle, sondern nur für die Vebrechen verantwortlich, zu denen er beigetragen habe.

[171] Ebenso *Werle,* 2012, Rn. 503, 505.

[172] Gegen die Täterschaft insoweit auch *Olásolo,* 2009, S. 258; *Ohlin,* NCLR 12 (2009), 419.

[173] Ebenso *Barthe,* Haftungsmodell, 2009, S. 240ff.; ähnlich *Weigend,* JICJ 6 (2008), 478; *ders.,* JICJ 9 (2011), 108; gegen eine Angleichung von jce III und Art. 25 Abs. 3 (d) *Ohlin,* NCLR 12 (2009), 408f., der sie allerdings als „alternate theories" ansieht.

Art. 25 Abs. 3 (c) eine Unterstützung zum Zwecke der Erleichterung der Haupttat (Rn. 42).[174] Art. 25 Abs. 3 (d) (dazu Rn. 43) liegt zwar auf Grund des dort vorausgesetzten Gruppenbezugs nahe,[175] scheitert aber zum einen daran, dass Unterabsatz (ii) „Kenntnis" („knowledge") im Hinblick auf den verbrecherischen Vorsatz der Gruppe und damit mehr als jce II und III verlangt.[176] Wenngleich zum anderen jce III vom Wortlaut des Art. 25 Abs. 3 (d) (i) umfasst sein könnte, da das Willenselement („aim of furthering the criminal activity ...") mit dem Vorhersehbarkeitskriterium nicht *per se* unvereinbar ist,[177] so müsste doch nach Art. 25 Abs. 3 (d) S. 2 jegliche Mitwirkung am Kollektivverbrechen vorsätzlich sein, mithin wäre mehr als reine Vorherrsehbarkeit notwendig.[178] Ferner liefe die Subsumtion des jce III in Art. 25 Abs. 3 (d) aufgrund dessen Nähe zum Verschwörungstatbestand[179] dem Willen der Vertragsverfasser zuwider, wollten diese doch gerade auf dessen Einführung verzichten (u. Rn. 43). Nach alldem kann jce III also nur als eine **neue Zurechnungskategorie** im Sinne des genannten systemischen Zurechnungsmodells (Rn. 31 am Anfang) verstanden werden,[180] die in Art. 25 keine normative Grundlage besitzt.[181]

32 Was nun die **schuldstrafrechtliche Bewertung** des jce angeht, so ist wie folgt zu differenzieren. Während jce I und II im *Grundsatz* als Formen der Mittäterschaft keine schuldstrafrechtlichen Bedenken erwecken, jedenfalls wenn mehr als die bloße Mit-

[174] Zur Abgrenzung zur Behilfe nach Ansicht der Rspr. *Mettraux,* S. 290.

[175] Vgl. *ICTY,* Tadic AppJ 15.7.1999, paras. 221 f.; *ICC,* Katanga TJ 7.3.2014, para. 1625 (Bezugnahme auf die Def. des „common purpose" durch ICTY). Eine generelle Nähe zwischen jce und Art. 25 Abs. 3 (d) bejahen *Archbold,* § 10–47; *Kittichaisaree,* S. 236 ff.; *Schabas,* 2011, S. 226; *Cryer,* in: McGoldrick/Rowe/Donnelly, Permanent ICC, 2004, S. 241; *Cassese,* JICJ 5 (2007), 132; *Ohlin,* JICJ 5 (2007), 85; *Gustafson,* JICJ 5 (2007), 158; *Danner/Martinez,* Cal. L. Rev. 75 (2005), 154; krit. *Powles,* JICJ 2 (2004), 617 f.; noch offen lassend *Ambos,* 2002, S. 276 ff., 559, 567 f.; *Fletcher/Ohlin,* JICJ 3 (2005), 546, 549 sehen Art. 25 Abs. 3 (d) als „statutory surrogate of jce", welche jce verdränge (zu Ohlins neuer Ansicht s. aber u. Fn. 177).

[176] Ebenso *van Sliedregt,* 2003, S. 108; *dies.,* Eur.J. Cr. 14 (2006), 96.

[177] *Ohlin,* JICJ 5 (2007), 85.

[178] A. A. *Cassese,* JICJ 5 (2007), 132, dessen weite Auslegung von „intentional" jedoch kaum mit dem Gesetzlichkeitsgrds. vereinbar sein dürfte.

[179] Vgl. *Ambos,* JICJ 5 (2007), 168 m.w.N. in Fn. 62; ebenso *van der Wilt,* JICJ 5 (2007), 96; a. A. *van Sliedregt,* JICJ 5 (2007), 201; krit. auch Cryer/*Cryer,* S. 356 f. Zur Abgrenzung zwischen Verschwörung und jce treffend *ICTY,* Milutinovic et al. App. Decision 21.5.2003, para. 23; dazu *Mundis/Gaynor,* JICJ 2 (2004), 653 f.; *Mettraux,* S. 253; *Zahar/Sluiter,* S. 242 f.

[180] *Vogel,* ZStW 114 (2002), 421, sieht im jce III „eine an der Grenze von bewusster Fahrlässigkeit und bedingtem Vorsatz liegende Mitwirkung an noch unbestimmter, wenngleich bestimmbarer Tat durch auch nur mittelbare Förderung", die insb. zur Überwindung der bei Kollektivtaten typischen Nachweisprobleme diene. *Van Sliedregt,* JICJ 5 (2007), 202, bezeichnet jce III als *sui generis* Konzept und verortet es gleichfalls bei der Teilnahmestrafbarkeit; für selbständige Form strafbarer Beteiligung *Burghardt,* S. 344; krit. (insb.) zu jce III auch *Shahabuddeen,* in: Darcy/Powderly, S. 190 ff.

[181] Zum Ganzen auch *Ambos,* JICJ 5 (2007), 172 f.; i. Erg. ebenso Cryer/*Cryer,* S. 362; *Gless,* 2011, Rn. 769, 777; *Manacorda/Meloni,* ICJ 9 (2011), 176; wohl auch *Werle,* 2012, Rn. 503, 534; i. Erg. auch *Aksenova,* in: Bergsmo et al., S. 197; a. A. *Ohlin,* JICJ 5 (2007), 78 ff. – Gegen eine Anwendbarkeit des jce III auch *ECCC,* Order JCE Co-Investigative Judges 8.12.2009; App. Decision JCE PTC 20.5.2010, para. 87; Kaing Guek Eav TJ 26.7.2010, para. 513; dazu *Gustafson,* JICJ 8 (2010), 1323; zust. *Karnavas,* CLF 21 (2010), 447 ff. (mit Darstellung der Prozessgeschichte, 449 ff.); *Marsh/Ramsden,* ICLR 11 (2011), 137 ff., 148 ff.; zur Frage, ob jce III vgr Grundlage hat *Clarke,* JICJ 9 (2011), 839 ff. (was er i. Erg. verneint, 861).

gliedschaft in einer kriminellen Organisation (jce II!) verlangt wird,[182] ist **jce III problematisch,** haftet der Beteiligte doch danach auch für eine außerhalb des eigentlichen Unternehmens liegende (Exzess-)Tat, wenn er – bei Förderungsabsicht im Hinblick auf das kriminelle Unternehmen in seiner Gesamtheit – diese vorhersehen konnte und das Risiko des Erfolgseintritts bewusst in Kauf genommen hat, also nur *dolus eventualis* hatte. Überdies wird jce III von der Rechtsmittelkammer der *Ad-Hoc*-Tribunale auch dazu verwendet, die *subjektiven Anforderungen des Genozids abzusenken,* soll doch der Beteiligte des jce III, der selbst die Zerstörungsabsicht nicht besitzt, sogar dann wegen Genozids bestraft werden können, wenn dessen Begehung nur *objektiv* vorhersehbar war.[183] Das ist im doppelten Sinne problematisch. Zum einen wird damit die eigentlich subjektive Vorhersehbarkeit aus *Tadic*[184] objektiviert[185] und jce III gerät gefährlich in die Nähe einer **objektiven Erfolgshaftung.**[186] Zum anderen wird auf diese Weise jce III zu einer bloßen Beihilfe herabgestuft, denn verzichtet man für einen Beteiligten auf die Verwirklichung der besonderen subjektiven Tatbestandsmerkmale eines internationalen Verbrechens, so kann er grundsätzlich nicht mehr Täter, sondern nur noch **Teilnehmer** (Gehilfe) dieses Verbrechens sein, wobei er freilich

[182] Krit. insoweit auch *ICTY,* Stakic TJ 31.7.2003, para. 433: bei bloßer Mitgliedschaft Verstoß gegen *Nullum crimen;* ähnlich *Schomburg dissenting opinion ICTY,* Limaj et al. AppJ 27.9.2007, paras. 10f. und *ICTY,* Martic AppJ 8.10.2008, paras. 6ff. Aus schuldstrafrechtlicher Sicht muss jce II eng an jce I angelehnt werden, vgl. näher *Ambos,* JICJ 5 (2007), 172; zu Gemeinsamkeiten und Unterschieden zwischen jce I/II und Mittäterschaft *Wirth,* JICJ 10 (2012), 974f.

[183] *ICTY,* Brdanin App. Decision 19.3.2004, para. 6; a.A. Brdanin Decision 28.11.2003, para. 26. Krit., aber unklar die separate opinion von *Judge Shahabuddeen* zur App. Decision, der einerseits der Ansicht ist, dass „specific intent always has to be shown" (para. 4), aber andererseits meint, dass „that intent is shown by the particular circumstances of the third category of jce" (para. 5 a.E.). In der Milosevic Decision 16.6.2004, para. 291 wird die Ansicht der Mehrheit in *Brdanin* ohne weiteres übernommen; Sainovic et al. TJ 26.2.2009, para. 109 u. *ICTR,* Renzaho TJ 14.7.2009, para. 741 verlangen hingegen (wieder) zutreff. „specific intent" jedes jce Mitglieds. Krit. *Mettraux,* S. 215, 264f., 289; *Darcy,* LJIL 20 (2007), 385.

[184] Dort wird die Vorhersehbarkeit im Rahmen der subj. Tatseite behandelt (*ICTY,* Tadic AppJ 15.7.1999, para. 228), was – neben schuldstrafrechtlichen Erwägungen – dafür spricht, sie i.S. subjektiver Vorhersehbarkeit zu verstehen.

[185] Vgl. auch *ICTY,* Milosevic Decision 16.6.2004, para. 290, wo die „essence" von jce III definiert und darauf abgestellt wird, ob die Exzesstat „*reasonably* foreseeable" war (Herv. K. A.). Vgl. auch schon *ICTY,* Brdanin TJ 1.9.2004, para. 265.

[186] Krit. auch *van Sliedregt,* 2003, S. 106ff., 357ff.; *Mettraux,* S. 292f.; *Burkhardt,* S. 183ff.; *Haan,* ICLR 5 (2005), 200; *Kreß/Wannek,* in: Kirsch, S. 245; *Fletcher/Ohlin,* JICJ 3 (2005), 550; *Badar,* in: Olusanya, 2007, S. 31f.; *Osiel,* CILJ 38 (2005), 798ff.; *ders.,* Col. L. Rev. 105 (2005), 1796ff.; *ders.,* JICJ 5 (2007), 85ff.; *Badar,* ICLR 6 (2006), 302; *Bogdan,* ICLR 6 (2006), 108ff. (120); *Hamdorf,* JICJ 5 (2007), 224f.; *Olásolo,* ICLR 7 (2007), 157f.; Cryer/*Cryer,* S. 361; *Ambos,* JICJ 5 (2007), 174f.; *Burghardt,* S. 345ff.; *Damaška,* ChicKentLR 83 (2008), 351ff.; *Barthe,* Haftungsmodell, 2009, S. 217 („versari in re illicita"); *ders.,* JZ 2013, 95; knapp *Diggelmann,* AVR 45 (2007), 392; *Manacorda/Meloni,* ICJ 9 (2011), 166f.; *Fletcher,* JICJ 9 (2011), 186f. – *Cassese,* JICJ 5 (2007), 121f. nimmt bei einem besonderen Absichtserfordernis nur Beihilfe („aiding and abetting") an; *van Sliedregt,* JICJ 5 (2007), 203ff. (205) versteht jce III ebenfalls nur als – restriktiv zu handhabende – Teilnahmeform u. verlangt aus schuldstrafrechtlichen Erwägungen ein erheblich niedrigeres Strafmaß als bei jce I und II. Nach *Danner/Martinez,* Cal. L. Rev. 75 (2005), 149ff. (151) soll jce nicht für „specific intent crimes" zulässig sein. Krit. auch mitunter die Rspr., vgl. etwa *ICTY,* Stakic TJ 31.7.2003, para. 530 oder Limaj et al. TJ 30.11.2005, paras. 665ff. (zurückhaltend in der Annahme eines jce; bestätigt durch Limaj et al. AppJ 27.9.2007); dazu *Chifflet,* LJIL 19 (2006), 475f. Krit. in Bezug auf jce und Vorgesetztenverantwortlichkeit *Darcy,* LJIL 20 (2007), 391f., 403; *Vest,* 2011, S. 332, 351; auch *Heikkilä,* S. 257, die diese Zurechnungsformen aber i. Erg. aufgrund der kollektiven Dimension der Taten für akzeptabel hält. Zusf. *Stewart,* LJIL 25 (2012), 171ff.

auch als solcher wenigstens positive Kenntnis von der Zerstörungsabsicht der Haupttäter haben müsste (Rn. 150).[187] Zu begrüßen sind denn auch **Restringierungsversuche** der – wenn auch mitunter widersprüchlichen – Rechtsprechung. So verlangt die *Brdanin* Verhandlungskammer u. a. eine über die bloße Mitgliedschaft in einem jce hinausgehende „action in furtherance of the criminal plan" sowie ein „additional understanding or agreement with the relevant physical perpetrator";[188] diese Ansicht wurde aber von der Rechtsmittelkammer im Wesentlichen verworfen.[189] Die *Kvocka*-Rechtsmittelkammer will die für das Verfolgungsverbrechen erforderliche Diskriminierungsabsicht auch auf den Beteiligten eines jce erstrecken.[190] Ferner verlangt sie, dass der Täter „ausreichende Kenntnis" („sufficient knowledge") hinsichtlich der Verbrechen, die ihm zugerechnet werden sollen, haben muss;[191] das verträgt sich allerdings mit dem Vorhersehbarkeitskriterium nur, wenn man es objektiv versteht.

33 Angesichts dieser Kritik darf freilich nicht übersehen werden, dass Rechtsordnungen mit **kollektivistischen Zurechnungsmodellen,** wie etwa die italienische, eine ähnlich weite Zurechnung kennen. Das Fehlen von subjektiven Tatbestandsmerkmalen steht dort der (täterschaftlichen) Bestrafung nicht entgegen, solange nur irgendein Beteiligter die entsprechende Absicht hatte.[192] Das erklärt sich aus dem einheitlichen *Strafgrund* solcher Zurechnungsmodelle, scil. der *Unterordnung unter das gemeinsame Handlungsprojekt.* Dieses Handlungsprojekt kann dabei von bestimmten Absichten derart „geprägt" sein, dass der individuelle Nachweis einer solchen Absicht nicht mehr erbracht werden muss, sondern die Prägung der Gesamttat auf die individuelle Ebene übertragen wird.[193] Auf den (fehlenden) Nachweis der genozidalen Zerstörungsabsicht übertragen bedeutet dies, dass die zerstörerische Prägung der Gesamttat ausreicht und diese – bei *Kenntnis* – jedem Beteiligten zugerechnet werden kann. Die damit verbundene Absenkung der subjektiven Genozid-Anforderungen lässt sich i. S. d. kollektivistischen Zurechnungssystems damit erklären, dass kein qualitativer Unterschied zwischen Tätern und Teilnehmern besteht, sondern nur die **Haftungsquoten** (quantitativ) verschieden sind (Rn. 13).

Lösung Fall 2:

34 E könnte wegen eines Kriegsverbrechens der Tötung von Zivilisten als unmittelbarer Täter (Art. 25 Abs. 3 (a) Alt. 1) strafbar sein (Art. 8 Abs. 2 (a) (i), (c) (i)), wenn er sich nicht auf Handeln auf Befehl (Rn. 85ff.) oder Nötigungsnotstand berufen kann (Rn. 92ff.), dazu auch Fall 12. Sollte E tatsächlich im Nötigungnotstand gehandelt haben, könnte V dagegen als mittelbarer Täter zur Rechenschaft gezogen werden (Rn. 24).

[187] In diesem Sinne auch *Werle,* 2012, Rn. 505; auch *Burghardt,* S. 346.

[188] *ICTY,* Brdanin TJ 1.9.2004, paras. 263, 342ff. Mit ersterem wird auch die Abgrenzung des jce zur bloß mitgliedschaftlichen Verantwortlichkeit und zur „conspiracy" des Nürnberger Rechts deutlich gemacht (vgl. *Mettraux,* S. 291). Ferner begrenzt die Kammer jce auf „small cases only" und verlangt die Mitgliedschaft des Täters im enterprise.

[189] *ICTY,* Brdanin AppJ 3.4.2007, paras. 414 (Tatausführender muss nicht zwangsläufig Mitglied des jce sein), 418, 419 („no additional agreement"), 425 („no requirement of small-scale cases only"); ebenso *ICTY,* Krajisnik TJ 27.9.2006, paras. 876ff.; Martić TJ 12.6.2007, para. 438; Krajisnik AppJ 17.3.2009, paras. 662ff.; krit. zum Erfordernis des (zusätzlichen) „agreement" auch *Gustafson,* JICJ 5 (2007), 145ff.; a. A. *Cassese,* JICJ 5 (2007), 125f.; *van Sliedregt,* JICJ 5 (2007), 201; *van der Wilt,* JICJ 5 (2007), 99f. sowie *Farhang,* LJIL 23 (2010) 137ff. mit grdl. Kritik der Brdanin und Krajisnik AppJ. Die Rechtsmittelkammer verlangt aber immerhin noch einen wesentlichen Beitrag des jce-Mitglieds, zust. *Cassese,* JICJ 5 (2007), 128, 133; *Hamdorf,* JICJ 5 (2007), 225; krit. *Gustafson,* JICJ 5 (2007), 141; *Ohlin,* LJIL 25 (2012), 773ff.

[190] *ICTY,* Kvocka et al. AppJ 28.2.2005, para. 110.

[191] *ICTY,* Kvocka et al. AppJ 28.2.2005, para. 86.

[192] *Mantovani,* S. 553; *Fiandaca/Musco,* S. 469f.

[193] Vgl. *Lesch,* Sukzessive Beihilfe, 1992, S. 292ff.

Lösung Fall 3:

Eine Zurechnung der Taten kann zum einen über die Figur des jce, insbesondere joint criminal enterprise III, erfolgen, wenn man die schuldstrafrechtlichen Bedenken zurücktreten lässt (Rn. 30ff.). Andererseits kann M auch als mittelbarer Täter auf Grund der Organisationsherrschaftslehre verantwortlich sein (Rn. 25ff.). Endlich kann M als ziviler Vorgesetzter der Truppen auf Grund des Grundsatzes der Vorgesetztenverantwortlichkeit haften (Rn. 52ff.). 35

Lösung Fall 4:

Nach Ansicht der Verfahrenskammer des IStGH sind L die Taten als Mittäter zurechenbar gem. Art. 25 Abs. 3 (a) Alt. 2.[194] Auf Grundlage der – von der Kammer angewendeten (Rn. 20) – Lehre des *funktionellen Tatherrschaft* müsste L kraft eines gemeinsamen Plans in funktionell-arbeitsteiliger Weise erhebliche Tatbeiträge geleistet haben. Seine Zugehörigkeit zum Führungszirkel der Gruppe und die regelmäßigen Angriffe sprechen für einen größeren Begehungszusammenhang (Gesamttat), in derem Rahmen jeder Beteiligte bestimmte Beiträge leistete. L selbst hat durch seine Reden zu den Angriffen aufgefordert, außerdem rief er zur Rekrutierung von Kindern (Art. 8 Abs. 2 (b) (xxvi) bzw. 8 Abs. 2 (e) (vii)) auf. 36

V. Teilnahme

Fall 5:[195]

F, örtlicher Befehlshaber einer Spezialeinheit der kroatischen Armee in Bosnien, verhörte mit zwei Untergebenen eine Zivilistin. Dabei rieb F sein Messer gegen den unteren Bauch sowie die Innenseite der Schenkel der Frau und drohte, das Messer in die Vagina einzuführen, wenn sie nicht die Wahrheit sage. Während der Vernehmung schlug einer der Untergebenen mit einem Schlagstock auf die Füße des Opfers. Danach wurde die Frau in Anwesenheit von F und bei andauernder Vernehmung vergewaltigt. Strafbarkeit des F? → Rn. 49 37

Fall 6:[196]

Während des Völkermordes in Ruanda (April bis Juni 1994) suchten mehrere hundert Zivilisten (mehrheitlich *Tutsi*) Zuflucht in den Büros der Kommunalverwaltung, deren Leiter A war. In und um dieses Gebäude wurden zahlreiche Sexualstraftaten gegen Tutsi-Frauen begangen, oftmals in der Öffentlichkeit und durch mehrere Täter. Bei den Taten waren einige bewaffnete Mitglieder der kommunalen Polizei und A anwesend. Strafbarkeit des A? → Rn. 50 38

Fall 7:[197]

Der Radiomoderator R verbreitet in den Monaten vor und während des Völkermordes in Ruanda Beiträge im ruandischen Radio (RTLM), in denen er u. a. die Tutsi-Minderheit als „zu tötende Personen" darstellte, weil sie am Tod des ehemaligen ruandischen Präsidenten Schuld seien. Auch forderte R mehrmals die Zivilverteidigung auf, „an die Arbeit zu gehen", was als Aufforderung zur Tötung von Tutsis und moderaten Hutus gedeutet wurde. Ferner gratulierte R in seinen Sendungen Zivilisten, Milizionären, Soldaten etc. in ihrem Kampf gegen „die zu Tötenden". Strafbarkeit des R? → Rn. 51 39

[194] *ICC*, Lubanga TJ 14.3.2012, paras. 917ff.
[195] *ICTY*, Furundzija TJ 10.12.1998, paras. 263ff.
[196] *ICTR*, Akayesu TJ 2.10.1998, para. 706.
[197] *ICTR*, Ruggiu TJ 1.6.2000, paras. 36ff.

40 Die ältere vstr Rechtsprechung hat sich nur wenig um eine Herausarbeitung spezifischer Teilnahmeformen bemüht. Erst die UN-*Ad-Hoc*-Tribunale, insbesondere das ICTY, haben versucht, die Voraussetzungen der **Beihilfe** („aiding and abetting") näher zu bestimmen (Rn. 41 f.).[198] Daneben hat nur die **Aufstachelung** („incitement") zum Genozid eine Rolle gespielt (Rn. 44, 47). Die ILC-Draft Codes 1991 und 1996 (1. Aufl., § 6 Rn. 27 f.) kodifizierten die *Beihilfe* im Rahmen der „complicity". Darüber hinaus wurden neben der Beihilfe (Art. 25 Abs. 3 (c)) weitere Teilnahmeformen erstmals explizit anerkannt:[199] Die **Aufforderung** und **Anstiftung** zu einem Verbrechen (Art. 25 Abs. 3 (b), Rn. 44 ff.) sowie der **sonstige Tatbeitrag** zu einer Kollektivtat (Art. 25 Abs. 3 (d), Rn. 43), vgl. oben **Schaubild 8.** Dabei setzt die Strafbarkeit die zumindest versuchte (objektive) Begehung der Haupttat voraus, es wird also dem Modell faktischer bzw. *quantitativer (limitierter) Akzessorietät* („derivative liability") gefolgt.[200] Wie nun zu zeigen sein wird, kann die Teilnahme an vstr Verbrechen erschöpfend durch Beihilfe und Anstiftung erfasst werden, es bedarf also grundsätzlich nicht der Kriminalisierung eines sonstigen Tatbeitrags zu einer Kollektivtat. Der IStGH hat inzwischen auch die Teilnahme als fehlende Kontrolle – also in negativer Anlehnung an die Tatherrschaftslehre – definiert.[201]

1. Beihilfe

41 Die eminent praktische Bedeutung der Beihilfe lässt sich unschwer aus der vstr Rechtsprechung erkennen und wird durch die gesonderte Kodifikation in einem Unterabsatz im IStGH-Statut bestätigt. Das Begriffspaar **„aiding or abetting"** ist nach der Rechtsprechung dabei in der Weise zu verstehen, dass „aiding" die (physische) Unterstützung eines Anderen und „abetting" die (psychische) Förderung der Tatbegehung durch Ermutigungen und Hinweise meint.[202] Zusammengenommen entspricht dies dem kontinentaleuropäischen Verständnis von Beihilfe, ausreichend ist also entweder eine physische *oder* psychische Unterstützung, also ein aiding *„or"* (nicht „and") abetting.[203] Die vstr Praxis geht aber seit jeher von einem einheitlichen Behilfebegriff

[198] Zur grdl. *Furundzija*-Entscheidung insoweit *Ambos,* 2002, S. 292 ff., zusf. *ebd.*, 363 f. Zur Abgrenzung zur „complicity in genocide" (Art. 4 Abs. 3 (e) ICTYS, Art. 2 Abs. 3 (e) ICTRS) *Eboe-Osuji,* JICJ 3 (2005), 56 ff.; *Gallagher,* LJIL 18 (2005), 535 f. Zur Aufzählung sämtlicher Teilnahmeformen ohne Differenzierung beispielhaft *ICTR,* Rwamakuba TJ 20.9.2006, para. 18. Krit. zur Rspr. *Zorzi Giustiniani,* CLF 20 (2009), 417 ff.; zusammenfassender Überblick bei *Aksenova,* in: Bergsmo et al., S. 189 ff.

[199] Krit. zur schwierigen Abgrenzung der Teilnahmeformen *Safferling,* KritV 2010, 80; *Radtke,* in: Safferling/Conze, S. 155 ff.

[200] Ebenso *Vogel,* ZStW 114 (2002), 424 f.; *Gropengießer,* S. 286; *Satzger,* 2013, § 15 Rn. 61; eingehend *Ambos,* 2002, S. 616 ff.; siehe auch *ICTY,* Tolimir TJ 12.12.2012, para. 903.

[201] *ICC,* Katanga TJ 7.3.2014, para. 1396 („... un complice n'exerce pas un tel contrôle" – wie der Täter).

[202] *ICTR,* Akayesu TJ 2.10.1998, para. 78; Ntakirutimana/Ntakirutimana TJ 21.2.2003, para. 787; Semanza TJ 15.5.2003, para. 384 (dort wird auch das Initiieren einer Straftat unter „abetting" gefasst); Gacumbitsi TJ 17.6.2004, para. 286; Muhimana, TJ 28.4.2005, para. 507; Muvunyi TJ 12.9.2006, para. 470; *ICTY,* Kvocka et al. TJ 2.11.2001, para. 254; Mrksic et al. TJ 27.9.2007, para. 551. – Genau genommen bezieht sich „aiding" auf Beihilfe i. S. v. § 27 StGB und „abetting" auf Anstiftung i. S. v. § 26, so nun zutreffend *Bohlander,* 2008, S. 43; besser deshalb die Wortwahl der *Law Commission,* Assisting and encouraging crime, 1993; so nun auch UK Serious Crimes Act 2007, Part 2.

[203] Irreführend deshalb Art. 7 Abs. 1 ICTYS und Art. 6 Abs. 1 ICTRS, wenn dort von „aiding *and* abetting" die Rede ist. Richtig demgegenüber Art. 25 Abs. 3 (c) mit alternativer Aufzählung und „assist" als Oberbegriff. Vgl. auch *Vogel,* ZStW 114 (2002), 426. Krit. zur Unterscheidung von „aiding and abet-

i. S. v. „aiding and abetting" aus,[204] der nun in Art. 25 Abs. 3 (c) im Oberbegriff des „assist" aufgeht. Die Definition des ICTY lautet wie folgt:[205]

„‚Aiding and Abetting' besteht in der Leistung eines wesentlichen Beitrags zur Verbrechensbegehung. Der Beitrag kann aus praktischer Hilfe, Ermutigung oder moralischer Unterstützung bestehen.[206] Dabei muss nicht notwendig nachgewiesen werden, dass ein direkter Ursachenzusammenhang zwischen der Beteiligung und der Begehung des Verbrechens existierte.[207] Die Beteiligung kann vor, während oder nach der Begehung des Verbrechens geschehen.[208] ‚Aiding and Abetting' kann auch durch ein Unterlassen begangen werden, solange das Unterlassen eine signifikante Wirkung auf die Verbrechensbegehung hatte und [subjektiv] vom notwendigen ‚mens rea' begleitet wurde.[209] Die individuelle Position als Vorgesetzter genügt nicht, um aus der bloßen Gegenwart am Tatort ein Ermutigen oder Unterstützen zur Tatbegehung zu schließen. Jedoch kann in der Anwesenheit eines Vorgesetzten ein wichtiges Indiz für eine Ermutigung oder Unterstützung gesehen werden.[210] Betreffend tatbegleitender (‚concomitant') Verhaltensweisen, hat die Kammer im *Furundzija*-Verfahren festgehalten, dass der Angeklagte einem anderen Angeklagten bei

---

ting" und „complicity" *Schabas,* 2000, S. 293; *ders.*, 2007, S. 213, der auch die Ansicht vertritt, dass „abets" die in Art. 25 Abs. 3 (b) genannten Beteiligungsformen erfasse. Zur vstr Verantwortlichkeit von Unternehmern aufgrund „aiding and abetting" *Reggio,* ICLR 5 (2005), 648 ff.

204 Zur Rspr.praxis insoweit *Mettraux,* S. 284.

205 *ICTY,* Naletilic/Martinovic TJ 31.3.2003, para. 63 (Übers. K. A.; in den Fn. 195–203 werden die von der Kammer stammenden Binnenverweise auf weitere Rspr. angegeben; in eckigen Klammern werden weitere Nachweise hinzugefügt); zur Rspr. auch *Mettraux,* S. 284 ff.; *Heyer,* S. 217 ff.

206 *ICTY,* Tadic AppJ 15.7.1999, para. 229 [dazu *Zorzi Giustiniani,* CLF 20 (2009), 419 ff.]; Aleksovski AppJ 24.3.2000, para. 164; Delalic et al. AppJ 20.2.2001, para. 352; *ICTR,* Nzabirinda TJ 23.2.2007, para. 17; Seromba AppJ 12.3.2008, para. 139 [s. auch *ICTY,* Popovic et al. TJ 10.6.2010, paras. 1014, 1018; Dordevic TJ 23.2.2011, paras. 1873 f.; Gotovina et al. TJ 15.4.2011, para. 1960; Tolimir TJ 12.12.2012, para. 907; *ICTR,* Bagosora et al. TJ 18.12.2008, para. 2009; Karera AppJ 2.2.2009, para. 321; Renzaho TJ 14.7.2009, para. 742; Bagaragaza TJ 17.11.2009, para. 22; Munyakazi TJ 5.7.2010, para. 417; Kanyarukiga TJ 1.11.2010, para. 621; Karemera & Ngirumpatse TJ 2.2.2012, para. 1429; Nzabonimana TJ 31.5.2012, para. 1697; Nizeyimana TJ 19.6.2012, para. 1466; Ngirabatware TJ 12.12.2012, para. 1294; *SCSL,* Taylor TJ 18.5.2012, para. 6904 mit Besprechung bei *Ambos/Njikam,* JICJ 11 (2013), 792 ff., 799 ff.; Taylor AppJ 26.9.2013, paras. 362 ff., 401].

207 *ICTY,* Aleksovski TJ 25.6.1999, para. 61, bestätigt durch Aleksovski AppJ, 24.3.2000, para. 164 [s. auch Blaskic AppJ 29.7.2004, para. 48; Dordevic TJ 23.2.2011, para. 1874; *ICTR,* Renzaho TJ 14.7.2009, para. 742; Kanyarukiga TJ 1.11.2010, para. 621].

208 *ICTY,* Aleksovski TJ 25.6.1999, para. 62; Kunarac et al. TJ 22.2.2001, para. 391; Kvocka et al. TJ 2.11.2001, para. 256 [s. auch Blaskic AppJ 29.7.2004, para. 48; Gotovina et al. TJ 15.4.2011, para. 1960; in Bezug auf die sukzessive Beihilfe mit Beschränkung auf von vor Tatbegehung versprochenen Handlungen Furundzija TJ 10.12.1998, para. 229; *ICTR,* Rutaganira TJ 14.3.2005, paras. 85 ff.; Nzabirinda TJ 23.2.2007, para. 16; Bagosora et al. TJ 18.12.2008, para. 2009; Renzaho TJ 14.7.2009, para. 742; Bagaragaza TJ 17.11.2009, para. 22; Kanyarukiga TJ 1.11.2010, para. 621; *Ambos,* 2002, S. 450 f., 638; *Triffterer,* in: Hankel/Stuby, S. 228].

209 *ICTY,* Blaskic TJ 3.3.2000, para. 284; Mrksic et al. TJ 27.9.2007, para. 553; Dordevic TJ 23.2.2011, para. 1875 [zur *Beihilfe durch Unterlassen ICTY,* Popovic et al. TJ 10.6.2010, paras. 1019 f. mit zwei Bedingungen bez. des Beweismaßstabs („the Prosecution must show (i) that the omission had a substantial effect on the crime in the sense that the crime would have been substantially less likely had the accused acted; and (ii) that the accused knew that the commission of the crime was probable and that his inaction assisted it.", para. 1019) und Verweis auf Mrksic et al. AppJ 5.5.2009, paras. 73, 94, 154, 200, 156, wo vier Voraussetzungen aufgestellt wurden: (i) gesetzliche Handlungspflicht (ii) trotz fehlender formeller Autorität, (iii) Handlungsfähigkeit und (iv) wesentlicher Beitrag der Unterlassung zur Haupttat, allerdings ohne Nachweis eines konkreten Einflusses; dazu *Margetts/Hayden,* JICJ 7 (2009), 1163 ff.; krit. hinsichtlich aiding and abetting durch Unterlassen *Gosnell,* in: Schabas/McDermott/Hayes, S. 123 ff.; zu früherer Rspr. u. Lit. s. 2. Aufl., Fn. 178].

210 *ICTY,* Aleksovski TJ 25.6.1999, para. 65; Blaskic TJ 3.3.2000, para. 284; Brdanin TJ 1.9.2004, para. 271; *ICTR,* Akayesu TJ 2.10.1998, para. 693 [s. auch *ICTR,* Ndindabahizi TJ 15.7.2004, para. 457; Karemera & Ngirumpatse TJ 2.2.2012, para. 1430].

der Begehung einer Vergewaltigung Hilfe geleistet hatte, da er das Verhör des Opfers fortsetzte, während es vergewaltigt wurde.[211] In subjektiver Hinsicht ist erforderlich, dass der ‚aider and abettor' … gewusst hat …, dass er die Begehung eines Verbrechens unterstützte.[212] Es muss nachgewiesen werden, dass er die wesentlichen Tatbestandsmerkmale des Verbrechens kannte, einschließlich des erforderlichen ‚mens rea' des Haupttäters.[213] Der ‚abettor' muss nicht das genaue Verbrechen gekannt haben, das begangen wurde, solange er nur wusste, dass eines aus einer Anzahl von Verbrechen begangen werden sollte, einschließlich des tatsächlich begangenen."[214]

42 Nach Ansicht der Rechtsprechung setzt eine strafbare Beihilfe somit eine **physische** oder **psychisch-moralische** Unterstützung bei **wesentlicher Beeinflussung der Haupttat** voraus. Damit wird ein sehr weiter und wenig konturierter *objektiver* Beihilfetatbestand postuliert, der nur durch das Erfordernis der wesentlichen oder spürbaren Auswirkung der Unterstützungshandlung auf die Haupttat begrenzt wird;[215] jüngst hat die Rspr. (wieder) das Erfordernis der „specific direction" der Beihilfe betont.[216] Eine Konkretisierung ist durch die Heranziehung allgemeiner Lehren, insbesondere zur objektiven Zurechnung, möglich und geboten,[217] vor allem wenn man mit der überwiegenden Rspr. in subjektiver Hinsicht nur Kenntnis verlangt.[218] Art. 25 Abs. 3 (c) will den konturenlosen objektiven Beihilfetatbestand durch ein besonderes **subjektives Erfordernis** – die Unterstützung „zur Erleichterung" („for the purpose of facilitating") der Haupttat – begrenzen.[219] Das ist immerhin konsequent, denn wenn auf

[211] *ICTY,* Furundzija TJ 10.12.1998, paras. 273f., bestätigt in Furundzija AppJ 21.7.2000, para. 126.

[212] *ICTY,* Tadic AppJ 15.7.1999, para. 229; Aleksovski AppJ, 24.3.2000, para. 162, bezugnehmend auf Furundzija TJ 10.12.1998, para. 249 [s. auch Vasiljevic AppJ 25.2.2004, para. 102; Blaskic AppJ 29.7.2004, paras. 45, 49; Brdanin TJ 1.9.2004, para. 273; Popovic et al. TJ 10.6.2010, paras. 1014, 1016; Gotovina et al. TJ 15.4.2011, para. 1960; *ICTR,* Rutaganira TJ 14.3.2005, paras. 92f., 97; Seromba AppJ 12.3.2008, para. 56; Bagosora et al. TJ 18.12.2008, para. 2009; Kanyarukiga TJ 1.11.2010, para. 621; *SCSL,* Taylor TJ 18.5.2012, para. 6904; Taylor AppJ 26.9.2013, paras. 414ff.].

[213] *ICTY,* Aleksovski AppJ 24.3.2000, para. 162, Bezug nehmend auf Furundzija TJ 10.12.1998, paras. 245, 249 [s. auch Popovic et al. TJ 10.6.2010, para. 1017; Dordevic TJ 23.2.2011, para. 1876; Gotovina et al. TJ 15.4.2011, para. 1960; *ICTR,* Bagosora et al. TJ 18.12.2008, para. 2009; Renzaho TJ 14.7.2009, para. 742; Bagaragaza TJ 17.11.2009, para. 23; Munyakazi TJ 5.7.2010, para. 418; Kanyarukiga TJ 1.11.2010, para. 621].

[214] *ICTY,* Furundzija TJ 10.12.1998, para. 246; gefolgt von Blaskic TJ 3.3.2000, para. 287. Vgl. auch Tadic AppJ 15.7.1999, para. 229 [s. auch Aleksovski TJ 25.6.1999, para. 163; Blaskic AppJ 29.7.2004, para. 50; Gotovina et al. TJ 15.4.2011, para. 1960].

[215] Was nach Cryer/*Cryer,* S. 371 auch nur „more than *de minimis*" Unterstützung erfasst; zum „substantial effect" als Mindesvoraussetzung strafrechtlicher Verantwortlichkeit *Burghardt,* S. 300f. Vgl. auch *Finnin,* S. 73ff., 90f. („virtually no limits on the type of act", S. 91).

[216] Vgl. *ICTY,* Perisic AppJ 28.2.2013, para. 44 (Beihilfe nur dann strafbar, wenn „speziell darauf gerichtet", die Haupttat zu fördern, *„specifically directed assistance"*); früher schon z. B. Vasiljevic AppJ 25.2.2004, para. 102; s. nun auch Katanga TJ 7.3.2014, Minority Opinion Van den Wyngaert, para. 287 (bzgl. Art. 25 Abs. 3 (d) IStGHS); dagegen aber *ICTY,* Sainovic AppJ 23.1.2014, paras. 1621ff.; krit. auch *SCSL,* Taylor AppJ 26.9.2013, paras. 475ff.; vertiefend hierzu *Jones/Heller/van Sliedregt,* S. 5ff.; auch *Ambos/Njikam,* JICJ 11 (2013), 799ff.

[217] Vgl. *Ambos,* 2002, S. 622ff.; krit. zum Wesentlichkeitskriterium auch *Rackow,* Handlungen, 2007, S. 502.

[218] Vgl. schon o. Fn. 212 und Text.

[219] Vgl. *Ambos,* 2002, S. 638ff.; krit. insoweit *Rackow,* Handlungen, 2007, S. 503ff.; *Stewart,* LJIL 25 (2012), 196ff.; auch *Kyriakakis,* IRRC 94 (2012), 998; zum Seromba Urteil insoweit *Zorzi,* JICJ 6 (2008), 785; s. auch *Schröder,* HuV-I 2012, 70ff., die bei Waffenhändlern obj. die Voraussetzungen von „aiding and abetting" als erfüllt ansieht, jedoch angesichts der hohen subj. Voraussetzungen von Art. 25 Abs. 3 (c) im Ergebnis (d) für einschlägig hält.

objektiver Ebene nahezu jeder Tatbeitrag als Beihilfe gewertet werden kann, bleibt nur noch die Möglichkeit subjektiver Begrenzung, insbesondere auch mit Blick auf sog. „neutrale" Handlungen.[220]

Die Vorschrift zur **Erfassung sonstiger Beiträge** in Art. 25 Abs. 3 (d)[221] ist eine fast wörtliche Übernahme aus einer jüngeren Anti-Terrorismus-Konvention[222] und stellt einen politischen Kompromiss dar, mit dem die Interessen der Gegner des traditionellen **Verschwörungstatbestandes** („conspiracy")[223] und der Befürworter irgendeiner Art kollektiv begründeter Verantwortlichkeit versöhnt werden sollten.[224] Damit wird der traditionelle Tatbestand der Verschwörung, der in der Kodifikationsentwicklung ohnehin zunehmend an Bedeutung verloren hat,[225] endgültig aufgegeben.[226] Denn Art. 25 Abs. 3 (d) setzt die (versuchte) Begehung eines Verbrechens voraus, während die Verschwörung sich typischerweise gerade dadurch von anderen Beteiligungsformen unterscheidet, dass grundsätzlich die bloße Tatverabredung ausreicht; bei der Verschwörung handelt es sich also um ein unvollendetes bzw. unvollständiges Delikt („inchoate offence").[227] Es bleibt aber die Frage, welche objektiven Anforderungen – über die Grundvoraussetzung der (versuchten) Verbrechensbegehung durch eine mit einem gemeinsamen Ziel handelnde Personengruppe hinaus[228] – an einen *Beitrag* i. S. d. Art. 25 Abs. 3 (d) zu stellen sind. Die bisherige Rspr. des IStGH ist insoweit weder einheitlich noch eindeutig.[229] Feststehen dürfte, dass nicht jeder noch so unbedeu- 43

[220] Zur vstr Problematik grdl. *Rackow,* Handlungen, 2007, der i. Erg. (S. 551 f.) allerdings die vstr Besserstellung insb. berufsbedingter „neutraler" Beihilfehandlungen ablehnt, da das (uneingeschränkte) Verbot derartiger Beiträge nicht zur Beeinträchtigung eines jedermann faire Teilhabe- und Entwicklungschancen bereitstellenden Soziallebens führe. Zur Erfassung neutraler Handlungen durch Art. 25 Abs. 3 (d) *Ambos,* in: Stahn, im Erscheinen, m. w. N.

[221] Vgl. näher *Ambos,* 2002, S. 641 ff.; *ders.,* 2013, S. 166 ff.

[222] International Convention for the Suppression of Terrorist Bombings, U. N. Doc. A/RES/52/164 (1998), annex, article 2 para. 3 (c).

[223] Vgl. *Dubber,* S. 127 ff. Grdl. zur conspiracy (insb. im Vergleich mit der dt. kriminellen Vereinigung) *Maljevic,* Participation, 2011, S. 98 ff., 123 ff. (international), 158 ff. (europäisch).

[224] Vgl. schon Triffterer/*Ambos,* Special Print, Art. 25 Rn. 24; auch *Saland,* in: Lee, 1999, S. 199; Cassese/Gaeta/Jones/*Eser,* S. 767, 802; *Werle,* 2012, Rn. 671; *Safferling,* 2011, § 5 Rn. 86; *Borsari,* S. 437 f.; krit. *Militello,* JICJ 5 (2007), 949.

[225] Zusf. *Ambos,* 2002, S. 367, 510; auch *Werle,* 2012, Rn. 670; *Safferling,* KritV 2010, 66 ff.

[226] Vgl. den noch im PrepCom diskutierten Vorschlag: Report PrepCom II, 94 f. Zutreffend *Schabas,* 2009, S. 314 f.; *ders.,* 2007 S. 214 f.; *Vogel,* ZStW 114 (2002), 431; Cryer/*Cryer,* S. 380 f.; *Schabas,* 2010, S. 438; a. A. *Arsanjani,* AJIL 93 (1999), 36 f., die jedoch die Rechtsnatur der conspiracy verkennt. Für eine vorsichtige Anwendung des Verschwörungstatbestandes *Fichtelberg,* CLF 17 (2006), 172 ff.

[227] Vgl. *Smith,* in: Eser/Fletcher, Rechtsvergleichende Perspektiven, Bd. 2, 1988, S. 47 ff.; *Schabas,* 2000, S. 260; *Vest,* 2002, S. 251 ff.; *Werle,* 2012, Rn. 669; *Mettraux,* S. 253; *Dubber,* S. 114 f. sowie § 5.03 MPC und Art. 4 Corpus Juris (2000), in: Delmas-Marty/Vervaele, S. 190; s. auch bzgl. Genozid *ICTR,* Musema TJ 27. 1. 2000, para. 193; Nahimana et al. TJ 3. 12. 2003, para. 1044; *Mugwanya,* S. 176 ff.

[228] Zu diesen – neben dem eigentlichen Tatbeitrag – zwei weiteren obj. Voraussetzungen, vor allem den an jce erinnernden „common purpose" s. zuletzt *ICC,* Katanga TJ 7. 3. 2014, paras. 1622–31.

[229] Während die Vorverfahrenskammer in *Mbarushimana* und die Verfahrenskammer in *Katanga* eine „significant contribution" verlangten (*ICC,* Mbarushimana Confirmation Decision 16. 12. 2011, para. 283; Katanga TJ 7. 3. 2014, paras. 1620, 1632 ff. [„contribution significative"]), verwies die Vorverfahrenskammer in *Ruto et al.* (Confirmation Decision 23. 1. 2012, para. 354) lediglich auf das Hierarchieverhältnis von Abs. 3 (c) zu (d) und ließ „a less than „substantial" contribution" genügen. Die Appeals Chamber in *Mbarushimana* (Judgment on the appeal of the Prosecutor against the „Decision

tende Beitrag eine Strafbarkeit nach Abs. 3 (d) begründen kann.[230] Verlangt man allerdings mit der *Mbarushimana* Vorverfahrenskammer und der *Katanga* Verfahrenskammer eine „significant contribution", fällt es schwer, diese zu einem wesentlichen Beitrag („substantial") i. S. v. Abs. 3 (c) abzugrenzen.[231] Auch aus dem Wortlaut von Abs. 3 (c) und (d) („otherwise assists" – „[i]n any other way contributes"; „algún modo" – „algún otro modo") lassen sich keine klaren Differenzierungsmerkmale ableiten.[232] In objektiver Hinsicht scheint daher kein wesentlicher Unterschied zwischen diesen beiden Beteiligungsformen zu bestehen. Die schwierige **Abgrenzung zur Beihilfe** gemäß Art. 25 Abs. 3 (c) kann daher nur auf der subjektiven Ebene erfolgen, denn insoweit verlangt die Beihilfe mehr als der sonstige Tatbeitrag, nämlich eine über den bloßen Vorsatz[233] hinausreichende Erleichterungs- oder Förderungsabsicht. Es verbleibt also ein – wenn auch **kleiner** und eher theoretischer – **Anwendungsbereich** für Art. 25 Abs. 3 (d) in den Fällen, in denen der Täter eine Kollektivtat objektiv fördert und Rechtsgutverletzungen subjektiv für möglich hält, aber nicht beabsichtigt.[234] Zum Verhältnis zum jce (III) vgl. schon Rn. 31.

2. Die Anstiftung als Grundform des Veranlassens fremder Straftaten

44 Im bisherigen Völkerstrafrecht wurde ein Veranlassen zur Begehung von Straftaten[235] nur in Form der **Aufstachelung** („incitement") zum Genozid auf Grund Art. III (c) der entsprechenden Konvention (§ 6 Rn. 4) und der darauf beruhenden Art. 4 Abs. 3

on the confirmation of charges" 30.5.2012) ging auf diese Frage nicht näher ein, jedoch veröffentlichte Richterin Fernández de Gurmendi eine Separate Opinion, in der sie die Ansicht vertrat, dass Abs. 3 (d) keine Schwellenklausel beinhalte, sondern grundsätzlich jeden Tatbeitrag ungeachtet seiner Intensität erfasse (ebd., Separate Opinion of Judge Fernández de Gurmendi, paras. 8 ff.).

[230] *Ambos,* 2013, S. 166 ff.; näher *ders.*, in: Stahn, im Erscheinen; *DeFalco,* JICJ 11 (2013), 728 ff., 734. Vgl. auch *ICC,* Mbarushimana Confirmation Decision 16.12.2011, paras. 276 f. Zur Diskussion auch *Kearney,* CLF 24 (2013), 364 ff.

[231] *ICC,* Katanga TJ 7.3.2014, paras. 1632 f. definiert die „contribution significative" als einen die Tatbegehung beeinflussenden Beitrag („de nature à influer sur la commission du crime"), ohne dass jedoch die Tatbegehung notwendigerweise davon abhänge („ne doit pas nécessairement dépendre de cette contribution …"). I. Ü. müsse keine „direkte Verbindung" zwischen dem Gehilfen und dem Haupttäter bestehen, der Beitrag könne auch nur einem sonstigen Beteiligten dienen (para. 1635) und auf die räumliche Nähe zur Haupttat komme es nicht an (para. 1636).

[232] Vgl. *Ambos,* in: Stahn, im Erscheinen.

[233] Art. 25 Abs. 3 (d) verlangt in subj. Hinsicht zweierlei, nämlich einen (allg.) vorsätzlichen Beitrag und alternativ eine zielgerichtete oder bewusste Hilfeleistung (UA (i) und (ii)), vgl. näher *Ambos,* 2013, S. 168 f.; *ICC,* Katanga TJ 7.3.2014, paras. 1620, 1637 ff.; diff. zum Bezugsgegenstand bei UA (i) u. (ii) Minority Opinion Van den Wyngaert, para. 288).

[234] Vgl. schon Triffterer/*Ambos,* Special Print, Art. 25 Rn. 26 ff.; auch *Schabas,* 2010, S. 436. *Mantovani,* JICJ 1 (2003), 35 hält Art. 25 Abs. 3 (d) für „superfluous"; *Werle,* JICJ 5 (2007), 971 für subsidiär; a. A. *Di Martino,* in: Cassese et al., 2005, S. 207 ff.; krit. *Fletcher/Ohlin,* JICJ 3 (2005), 549. Vgl. auch *Cryer,* in: McGoldrick/Rowe/Donnelly, Permanent ICC, 2004, S. 249 ff.; zu möglichen Anwendungsbereichen des Art. 25 Abs. 3 (d) s. *Kearney,* CLF 24 (2013), 364 ff. (bei *ex post facto* Verhalten wie z. B. Verschleierungen von Straftaten); *Meyer,* ZStrR 131 (2013), 70 f. (Leitung multinationaler Unternehmen). *Heyer,* S. 450 ff. sieht die Besonderheit von Art. 25 Abs. 3 (d) darin, dass nicht die individuelle Tat Bezugspunkt der Zurechnung ist, sondern das Gesamttatprojekt (common purpose) i. S. d. Kernverbrechen.

[235] Ich verwende den Begriff des Veranlassens hier – anders als *Rogall,* GA 1979, 26 – i. w. S. auch für selbstständige Gefährdungstatbestände, bei denen es gerade nicht auf die Vollendung der Haupttat ankommt.

(c) ICTYS und Art. 2 Abs. 3 (e) ICTRS[236] anerkannt.[237] Weitere Formen des Veranlassens, insbesondere die **Anstiftung** („instigation"), gehen praktisch in der weit gefassten Beihilfekonzeption („aiding and abetting") auf, insbesondere wenn die Anstiftung weit im Sinne eines jeglichen, nicht unbedingt tatauslösenden Tatbeitrags verstanden wird.[238] Das scheint auf den ersten Blick Art. 7 Abs. 1 ICTYS bzw. Art. 6 Abs. 1 ICTRS zu widersprechen, erfassen diese Vorschriften doch die Anstiftung („instigated"); doch beruht die nahezu vollständige Subsumtion aller Formen der „secondary participation", „accessoryship" oder „complicity" unter einen weit gefassten **Auffangtatbestand der Beihilfe** auf der traditionellen Tendenz des angloamerikanischen Rechts, zwischen der Anstiftung und der Beihilfe nicht zu differenzieren, sondern beide einer weit verstandenen (faktisch) akzessorischen Teilnahme zu unterstellen.[239] Abgegrenzt wird diese nur zu den sog. **unvollendeten Verbrechen** („inchoate crimes"), also den unabhängig von der Vollendung einer Haupttat strafbaren Delikten, zu denen etwa auch die Aufstachelung zu einer Straftat („incitement") gezählt wird.[240] Das IStGH-Statut erfasst nun mit „orders", „solicits" und „induces" **drei Formen des Veranlassens fremder Straftaten** in einem Absatz (Art. 25 Abs. 3 (b)), die Aufstachelung zum Genozid wird in Art. 25 Abs. 3 (e) kodifiziert. All dies wirft schwierige Abgrenzungsfragen auf.

Die Strafbarkeit der **Anordnung eines Verbrechens** ist vgr anerkannt.[241] Die Anord- 45
nung setzt voraus, dass eine Person mit übergeordneter Stellung („position of authority") diese Position dazu ausnutzt, einen Untergebenen davon zu überzeugen oder zu zwingen,[242] eine Straftat zu begehen.[243] Dabei ist es nicht erforderlich, dass die Anordnung in Schriftform oder einer anderen besonderen Form erteilt wird, sie kann explizit

236 Vgl. zusf. zur Rspr. *Ambos,* 2002, S. 352; *ICTR,* Nahimana et al. TJ 3.12.2003, paras. 978 ff.; *Lüders,* Völkermord, 2004, S. 233 ff.; *Mettraux,* S. 254 ff.; *Mundis/Gaynor,* JICJ 2 (2004), 646 ff. (648); *Gärditz,* in: Menzel/Pierlings/Hoffmann, S. 805 ff.; *Cryer,* in: McGoldrick/Rowe/Donnelly, Permanent ICC, 2004, S. 252; *Mugwanya,* S. 203 ff.

237 Der Draft Code 1954 hatte die Aufstachelung als selbstständige Teilnahmeform anerkannt. Zur Anerkennung aus rvgl Sicht vgl. *Eser,* in: Kretzmer/Kershman Hazan, Freedom, 2000, S. 126 ff.; *Swart,* in: Alldridge/Brants, Autonomy, 2001, S. 164 ff.

238 Vgl. *ICTY,* Blaskic TJ 3.3.2000, para. 280; Kordic/Cerkez TJ 26.2.2001, para. 387; zust. Kvocka et al. TJ 2.11.2001, para. 252; Galic TJ 5.12.2003, para. 168; Naletilic/Martinovic TJ 31.3.2003, para. 60; Brdanin TJ 1.9.2004, para. 269; Mrksic et al. TJ 27.9.2007, para. 549; Dordevic TJ 23.2.2011, para. 1870; *ICTR,* Muvunyi TJ 12.9.2006, paras. 464 f.

239 Vgl. *Fletcher,* 1978, S. 640, 644, 671; *Law Commission,* Assisting and encouraging, 1993, S. 13 ff.; *Jescheck,* ZStW 99 (1987), 127 f. Vgl. auch § 2.06 (3) MPC; § 27 DCCB 1989; § 4 (2) des *kanadischen* Draft Bill; § 11.2. (1) *australischer* CCA; instruktiv zur „complicity" *Dubber,* S. 93 ff.

240 Vgl. *Law Commission,* Assisting and encouraging, 1993, S. 6, 64 ff.; *Ashworth,* S. 457; *Smith/Hogan,* S. 403 ff.; *Schabas,* 2009, S. 307; *ders.*, 2007, S. 214; *Mettraux,* S. 256; zur ICTR Rspr. *Mugwanya,* S. 210 f. A. A. *Agbor,* ICLR 12 (2012), 155 ff.; *ders.,* S. 119 ff., der auch die Anstiftung als unvollendetes Delikt (inchoate crime) ansieht.

241 *Werle,* 2012, Rn. 528. S. auch *Finnin,* S. 43 ff. mit Rechtsprechungsnachweisen seit dem zweiten Weltkrieg.

242 Triffterer/*Ambos,* Special Print, Art. 25 Rn. 14.

243 *ICTR,* Akayesu TJ 2.10.1998, para. 483; bestätigt durch Rutaganda TJ 6.12.1999, para. 39; Muvunyi TJ 12.9.2006, para. 467; Musema TJ 27.1.2000, para. 121; *ICTY,* Krstic TJ 2.8.2001, para. 601; Blaskic TJ 3.3.2000, para. 281; Kordic/Cerkez TJ 26.2.2001, para. 388; Martić TJ 12.6.2007, para. 441; Mrksic et al. TJ 27.9.2007, para. 550; Boskoski/Tarculovski AppJ 19.5.2010, para. 160; *ICTR,* Bagosora et al. TJ 18.12.2008, para. 2008; Renzaho TJ 14.7.2009, para. 738; Munyakazi TJ 5.7.2010, para. 432; Kanyarukiga TJ 1.11.2010, para. 620; Dordevic TJ 23.2.2011, para. 1871; Tolimir TJ 12.12.2012, para. 905; dazu *Mettraux,* S. 282.

oder implizit erfolgen und auf Grund von Indizien („circumstantial evidence") nachgewiesen werden.[244] Es ist auch nicht erforderlich, dass der Anordnende am Tatort anwesend ist.[245] Das *Über-Unterordnungsverhältnis* muss ein faktisches, kein formales sein.[246] Die Anordnung ergänzt insofern die Haftungsfigur der Vorgesetztenverantwortlichkeit (Rn. 52ff.), als mit dieser ein Unterlassen und mit der Anordnung ein positives Tun bestraft wird.[247] *Subjektiv* wird aber Vorsatz i. S. v. Art. 30 (Rn. 63ff.), nicht nur dolus eventualis oder gar Fahrlässigkeit wie bei der Vorgesetzenverantwortlichkeit (Rn. 58) verlangt.[248] Strukturell gehört die Anordnung eigentlich zur mittelbaren Täterschaft, weil auch insoweit die für die mittelbare Täterschaft typische vertikale Zurechnungsstruktur existiert;[249] insbesondere die Abgrenzung zur Organisationsherrschaft (Rn. 25ff.) kann problematisch sein und wohl nur über die schon oben (Rn. 29) geforderte Beschränkung dieser auf die Führungsebene erfolgen.[250]

46 Was die folgenden Tathandlungen von Art. 25 Abs. 3 (b) angeht, so erscheint bereits die deutsche Übersetzung von „solicits" („sollicite", „proponga") mit **„auffordert"** und „induces" („encourage", „induzca") mit **„anstiftet"** nicht ganz die Bedeutung der authentischen Sprachfassungen des IStGH-Statuts zu treffen.[251] Jenseits der begrifflichen Fragen geht es in der Sache bei beiden Teilnahmeformen um die Veranlassung eines bestimmten oder zumindest bestimmbaren Täters zu einer bestimmten oder bestimmbaren Haupttat, also im Kern um akzessorische Teilnahme im Sinne der **Anstiftung als Grundform des Veranlassens fremder Straftaten.** Die Rechtsprechung versteht die Anstiftung („instigation") ähnlich als „prompting another to commit an

244 *ICTY,* Blaskic TJ 3.3.2000, para. 281; folgend Kordic/Cerkez TJ 26.2.2001, para. 388; Milosevic AppJ 12.11.2009, para. 265 (allerdings „great caution" verlangend); Boskoski/Tarculovski AppJ 19.5.2010, para. 125; *ICTR,* Kamuhanda AppJ 19.9.2005, para. 76; *Finnin,* S. 52f.

245 *ICTY,* Milosevic AppJ 12.11.2009, para. 290; Boskoski/Tarculovski AppJ 19.5.2010, paras. 125 mit Fn. 347, 132.

246 *ICTY,* Kordic/Cerkez TJ 26.2.2001, para. 388; Boskoski/Tarculovski AppJ 19.5.2010, para. 164; Tolimir TJ 12.12.2012, para. 905; ebenso Gacumbitsi TJ 17.6.2004, paras. 281f. m.w.N.; *ICTR,* Karemera & Ngirumpatse TJ 2.2.2012, para. 1428; Nzabonimana TJ 31.5.2012, para. 1695; Nizeyimana TJ 19.6.2012, para. 1484; Ngirabatware TJ 12.12.2012, para. 1292; *Mettraux,* S. 282; a.A. Ntagerura, TJ 25.2.2004, para. 624; Bagosora et al. TJ 18.12.2008, para. 2008; Renzaho TJ 14.7.2009, para. 738; Munyakazi TJ 5.7.2010, para. 432; Ntawukulilyayo TJ 3.8.2010, para. 416; Kanyarukiga TJ 1.11.2010, para. 620.

247 Anordnung und Vorgesetztenverantwortlichkeit sind zwei Seiten derselben Medaille, vgl. *Ambos,* 2002, S. 672 m.w.N. S. nun *ICTY,* Dordevic TJ 23.2.2011, para. 1871 („ordering requires a positive act").

248 Zu weit *ICTY,* Blaskic TJ 3.3.2000, paras. 588ff.; dazu *Mettraux,* S. 282f.; krit. *van Sliedregt,* 2003, S. 84, 358.

249 Vgl. *Ambos,* 2002, S. 569 m.w.N. in Fn. 162, 645f.; Triffterer/*Ambos,* Special Print, Art. 25 Rn. 14; zust. *Faraldo C.,* Responsabilidad penal, 2004, S. 225 mit Fn. 475; *dies.,* RDPC 16 (2005), 47; *Malarino/Fronza,* in: Ambos et al., 2005, S. 87; missverstanden von Cryer/*Cryer,* S. 376. Nach Ansicht des ICTR handelt es sich bei der Anordnung um eine dritte Form der Beteiligung („third form of participation"): *ICTR,* Rutaganda TJ 6.12.1999, para. 39; Musema TJ 27.1.2000, para. 121. *Satzger,* 2013, § 15 Rn. 61 u. *Werle,* 2012, Rn. 528 sehen sie als „Spezialfall der Anstiftung". Nach *ICC,* Katanga and Ngudjolo Confirmation Decision 30.9.2008, paras. 470f., scheint die Anordnung akzessorischer Natur zu sein, wird doch der entsprechenden Position der Anklagebehörde nicht widersprochen; ebenso *Olásolo,* 2009, S. 140f.; krit. *WCRO,* Early jurisprudence ICC, 2010, S. 36, 54ff. S. hierzu auch *Satō,* ICLR 12 (2012), 297ff., demzufolge die akzessorische Natur des „ordering" seiner Einordnung als Täterschaftsform nicht notwendig entgegensteht.

250 Vgl. auch *Kreß,* GA 2006, 308f.

251 Vgl. näher *Ambos,* 2002, S. 646ff.

offence".[252] Die Aufforderung an einen unbestimmten Täterkreis i. S. v. § 111 StGB ist – entgegen dem amtlichen deutschen Wortlaut – nicht erfasst. Die Einflussnahme des Anstifters auf den Haupttäter ist regelmäßig psychologischer Art, sie kann jedoch auch die Form physischen Zwangs i. S. d. *vis compulsiva* annehmen;[253] seine Anwesenheit am Tatort ist nicht erforderlich.[254] Ein hierarchisches Über-Unterordnungsverhältnis – wie bei der Anordnung – ist nicht erforderlich.[255] Die klassische Frage, ob ein bereits zur Tat entschlossener Täter *(omnimodo facturus)* noch zu einer Tat angestiftet werden kann, ist vstr nicht geklärt. Bejaht man in diesem Fall die Möglichkeit einer Anstiftung,[256] wird – unabhängig von der Frage der Verfestigung des Tatentschlusses beim Haupttäter[257] – auf die Kausalität der Anstiftunghandlung für die Haupttat verzichtet. Das ist aber weder überzeugend noch mit der Rspr. vereinbar.[258] **Subjektiv** muss der Täter die Haupttat herbeiführen wollen oder in dem Bewusstsein handeln, dass sie als Folge seines Verhaltens mit hoher Wahrscheinlichkeit („substantial likelihood") eintreten wird.[259]

Die **Aufstachelung** („incitement") zum Genozid (Art. 25 Abs. 3 (e)) ist – wie auch 47
Art. 4 Abs. 3 (c) ICTYS und Art. 2 Abs. 3 (c) ICTRS zeigen – ein **selbstständiges Massengefährdungsdelikt,**[260] dessen Strafbarkeit von der (versuchten) Begehung des Genozid unabhängig ist.[261] Die Besonderheit der Aufstachelung besteht in

[252] *ICTR,* Akayesu TJ 2.10.1998, para. 482; Ndindabahizi TJ 15.7.2004, para. 456 („urging or encouraging"); Karera AppJ 2.2.2009, para. 317; Nchamihigo AppJ 18.3.2010, para. 188; Kanyarukiga TJ 1.11.2010, para. 619; *ICTY,* Blaskic TJ 3.3.2000, para. 280; Krstic TJ 2.8.2001, para. 601; Kvocka et al. TJ 2.11.2001, para. 243; Limaj et al. AppJ 27.9.2007, para. 514; Orić TJ 30.6.2006, para. 270; Naletilic/Martinovic TJ 31.3.2003, para. 60; dazu *Mettraux,* S. 280; *Agbor,* S. 47 ff.

[253] Triffterer/*Ambos,* Special Print, Art. 25 Rn. 15; zust. *Werle,* 2003, Rn. 411; *Finnin,* S. 61.

[254] *ICTY,* Boskoski/Tarculovski AppJ 19.5.2010, para. 132.

[255] *ICTR,* Nchamihigo AppJ 18.3.2010, para. 188; *ICTY,* Tolimir TJ 12.12.2012, para. 902; Triffterer/*Ambos,* Special Print, Art. 25 Rn. 15; *Heller,* in: Heller/Dubber, S. 607.

[256] *Werle,* 2003, Rn. 411 unter Hinweis auf *ICTY,* Kvocka et al. TJ 2.11.2001, para. 252; Kordic/Cerkez TJ 26.2.2001, para. 387. In dieser Entscheidung wird jedoch eine Kausalbeziehung gefordert und nur der Nachweis für entbehrlich gehalten, dass die Tat auch ohne die Anstiftung begangen worden wäre; ebenso Naletilic/Martinovic TJ 31.3.2003, para. 60; Orić TJ 30.6.2006, paras. 271, 274, wo aber beim omnimodo facturus – ganz i. S. d. dt. Lehre – statt Anstiftung Beihilfe angenommen wird; dazu *Badar/Karsten,* ICLR 7 (2007), 169.

[257] Vgl. *Roxin,* AT II, § 26 Rn. 67 f.

[258] Für Kausalität etwa *ICTY,* Blaskic TJ 3.3.2000, paras. 278, 280; *ICTR,* Bagilishema TJ 7.6.2001, para. 30; Semanza TJ 15.5.2003, para. 381; Muhimana TJ 28.4.2005, para. 504; dazu auch *Mettraux,* S. 281. *ICTY,* Orić TJ 30.6.2006, para. 274 m. w. N., verzichtet zwar auf Kausalität i. S. d. *„conditio sine qua non",* verlangt aber, dass die Anstiftung ein „substantially contributing factor for the commission of the crime" war; dazu *Badar/Karsten,* ICLR 7 (2007), 169.

[259] *ICTY,* Kvocka et al. TJ 2.11.2001, para. 252; Naletilic/Martinovic TJ 31.3.2003, para. 60; Kordic/Cerkez TJ 26.2.2001, paras. 380, 340 ff.; Galic TJ 5.12.2003, para. 172; Brdanin TJ 1.9.2004, paras. 258 ff.; Kordic/Cerkez AppJ 17. 12. 04, paras. 32, 112; Orić TJ 30.6.2006, para. 279; Gotovina et al. TJ 15.4.2011, para. 1958; *ICTR,* Kayishema/Ruzindana TJ 21.5.1999, para. 269; Kanyarukiga TJ 1.11.2010, para. 619; Ndahimana TJ 30.12.2011, para. 718; Karemera & Ngirumpatse TJ 2.2.2012, para. 1427; Nzabonimana TJ 31.5.2012, para. 1694; Ngirabatware TJ 12.12.2012, para. 1291; *Badar/Karsten,* ICLR 7 (2007), 170; *Werle,* 2012, Rn. 526; *ders.,* JICJ 5 (2007), 967; *Mettraux,* S. 281 f.; Cassese/Gaeta/Jones/*Eser,* S. 797 verlangt doppelten Anstiftervorsatz; krit. zu den hohen, subjektiven Anforderungen *Cryer,* in: McGoldrick/Rowe/Donnelly, Permanent ICC, 2004, S. 248.

[260] Vgl. schon *Ambos,* 2002, S. 652 f., 664; auch *Werle,* 2012, Rn. 476; *Lüders,* Völkermord, 2004, S. 239 ff.

[261] Vgl. *ICTR,* Akayesu TJ 2.10.1998, paras. 561 f.; daran anknüpfend Ruggiu TJ 1.6.2000, para. 16; Niyitegeka TJ 16.5.2003, para. 431; Nahimana et al. TJ 3.12.2003, paras. 1013, 1015 (zu diesem

ihrer abstrakten oder konkreten Gefährlichkeit im Hinblick auf die Auslösung massenpsychologischer und gruppendynamischer Prozesse, die den Kausalverlauf unvorhersehbar und unbeherrschbar machen.[262] Sie unterscheidet sich aber nicht nur durch ihre tatbestandliche Struktur von der Anstiftung, sondern auch insoweit, als sie sich an eine *unbestimmte* Zahl potentieller Täter richtet, etwa, wie in **Fall 7,** über Massenmedien. Ihr massenhafter Charakter wird in Art. 25 Abs. 3 (e) durch die Beifügung **„publicly"** ausgedrückt.[263] Das dort ebenfalls enthaltene Erfordernis der unmittelbaren (**„directly"**) Aufforderung ist freilich problematisch, weil es eine – auch implizite – Aufforderung verlangt und damit den gerade herausgearbeiteten Unterschied zur Anstiftung verwischt.[264] Die Rechtsmittelkammer der *Ad-Hoc*-Tribunale hat zusätzliche Tatbestandserfordernisse bezüglich der *allgemeinen* Aufstachelung für überhaupt entbehrlich gehalten.[265] In **subjektiver** Hinsicht muss der Aufstachelnde neben allgemeinem Vorsatz auch mit Zerstörungsabsicht handeln.[266]

48 Zuletzt stellt sich die Frage der **Abgrenzung zwischen Anstiftung und Beihilfe.**[267] Das Wesen der Unterscheidung dieser beiden Teilnahmeformen besteht darin, dass der Anstifter – ganz im Sinne der überkommenen Urheberlehre[268] – der geistiger Urheber der Tat des Angestifteten ist, weil er dessen Tatentschluss *hervorruft,* während der Gehilfe allenfalls – bei der psychischen Beihilfe – den Tatentschluss *verstärkt* oder *bestätigt.* Freilich lässt sich die Grenze zwischen einer noch Anstiftung zulassenden „Tatgeneigtheit" und dem nur noch (psychische) Beihilfe zulassenden „Tatentschluss" nur sehr bedingt abstrakt bestimmen.[269] Letztlich kommt es auf den konkreten Fall und die einschlägigen Tatbestände an.[270] Insoweit leisten die in der allgemeinen Dog-

als „media judgement" bekannt gewordenen Fall krit. *Zahar,* CLF 16 (2005), 33ff.; *Della Morte,* JICJ 3 (2005), 1019ff.; *Zahar/Sluiter,* S. 185ff.); Muvunyi TJ 12.9.2006, para. 500; Bikindi TJ 2.12.2008, paras. 386ff.; Kalimanzira TJ 22.6.2009, paras. 509f.; (*Nahimana* folgend) Muvunyi TJbis 11.2.2010, paras. 23ff.; Bikindi AppJ 18.3.2010, para. 146. Zur Rspr. *Mugwanya,* S. 210ff. Vgl. auch Triffterer/*Ambos,* Special Print, Art. 25 Rn. 34; *Werle,* 2012, Rn. 827; *Nsereko,* in: McDonald/Swaak-Goldman, S. 133; *Schabas,* 2009, S. 319; *Knoops,* S. 66; *Mettraux,* S. 256. – Zur Strafbarkeit der Leugnung des Holocaust rvgl *Fronza,* Verm. L. Rev. 30 (2006), 609ff.

262 Vgl. das berühmte „Fackelbeispiel" von *Dreher,* FS Gallas, 1973, S. 313.

263 Näher *Lüders,* Völkermord, 2004, S. 248ff.; *Mettraux,* S. 255f.; zur ICTR Rspr. *Mugwanya,* S. 205ff.

264 Vgl. schon *Ambos,* 2002, S. 652; *Lüders,* Völkermord, 2004, S. 247f.; *Mettraux,* S. 256.

265 *ICTR,* Akayesu AppJ 1.6.2001, paras. 470ff. (478, 482). Krit. zur Rspr. des ICTR insgesamt *Agbor,* ICLR 13 (2013), 458ff., demzufolge die Kammern fälschlicherweise „instigation" als allg. Beteiligungsform gem. Art. 6 Abs. 1 ICTRS mit dem Verbrechen der Aufstachelung zum Genozid gem. Art. 2 Abs. 3 (c) ICTRS gleichgesetzt haben.

266 Vgl. näher *Ambos,* 2002, S. 789ff. (795); zust. *Lüders,* Völkermord, 2004, S. 250; *Mettraux,* S. 256f.; *Werle,* JICJ 5 (2007), 972.

267 Dazu auch *ICTR,* Kalimanzira TJ 22.6.2009, paras. 511ff. Vgl. näher *Ambos,* 2002, S. 654ff., 665.

268 Vgl. *Schulz,* Ratgeber, 1980, S. 137ff.

269 Am besten wohl noch durch die von *Roxin,* GS Schröder, 1978, S. 165 gegebene Formel: „Ein Tatentschluss liegt vor, wenn der Täter, ohne auf die tatauslösende Motivation durch einen anderen zu warten, den zur Tatbestandsverwirklichung hindrängenden Motiven ein handlungsbestimmendes Übergewicht eingeräumt hat." Vgl. auch LK/*Roxin,* 2002, § 26 Rn. 18f.; ihm folgend etwa *Gómez Rodriguez,* Inducción, 1995, S. 420ff. (421, 424); *Fuchs,* FS Triffterer, 1996, S. 77; *Phleps,* Beihilfe, 1997, S. 75f.; *Charalambakis,* FS Roxin, 2001, S. 636f. m. Fn. 59.

270 Zutr. *Stein,* S. 267, aus Sicht der objektiven Zurechnungslehre ebenso *Christmann,* Tatsachenarrangement, 1997, S. 135, 143; vgl. auch *Phleps,* Beihilfe, 1997, S. 59ff. (78ff.), der je nach Fallgestaltung zu anderen Lösungen kommt.

matik entwickelten Kriterien der *Planherrschaft*[271] und der Schaffung eines *tatbefürwortenden Grundes*[272] im Hinblick auf das verletzte oder gefährdete Rechtsgut wichtige Dienste. Danach liegt Anstiftung vor, wenn der Hintermann den *entscheidenden* Anstoß zur Verletzung oder Gefährdung eines Rechtsguts gibt.

Lösung Fall 5:

Die Vergewaltigung ist als Verbrechen gegen die Menschlichkeit strafbar, wenn sie Teil eines ausgedehnten oder systematischen Angriffs gegen die Zivilbevölkerung ist (Art. 7 Abs. 1 (g), Rn. 209ff.). Wird sie im Rahmen eines bewaffneten Konflikts begangen, kommt eine Strafbarkeit als Kriegsverbrechen in Betracht (Art. 8 Abs. 2 (b) (xxii), (e) (vi)). Die (aktive) Beteiligung des F könnte eine Mittäterschaft oder Beihilfe darstellen. Hinsichtlich jener bestehen Zweifel an der funktionellen Tatherrschaft (Rn. 20), bei dieser wäre eine Beeinflussung der Haupttat erforderlich (Rn. 42). Das ICTY hat das Verhalten als Beihilfe beurteilt, weil F den Täter durch seine Anwesenheit ermutigt habe (Rn. 41 mit Fn. 210). Aufgrund seiner Stellung als Vorgesetzter hätte F jedoch eingreifen müssen und haftet deshalb (auch) aufgrund Vorgesetztenverantwortlichkeit, vgl. Rn. 52ff. 49

Lösung Fall 6:

Fraglich ist die Art der Beteiligung A's am Völkermord an den Tutsis (Art. 6) und an den Sexualdelikten (Art. 7 Abs. 1 (g)). Eine Mittäterschaft wird wohl an der funktionellen Tatherrschaft (Rn. 20) scheitern, eine Behilfe setzt eine Beeinflussung der Haupttat im Sinne einer Ermutigung voraus (Rn. 41 f.). Diese hat das ICTR bejaht. 50

Lösung Fall 7:

Die Handlungen des R stellen eine Aufstachelung zum Völkermord dar (Art. 25 Abs. 3 (e)). Es handelt sich um ein unselbstständiges Massengefährdungsdelikt, das unabhängig von der Vollendung oder dem Versuch eines Völkermords strafbar ist (Rn. 47). Eine Anstiftung scheidet mangels Bestimmbarkeit des Täterkreises aus (Rn. 46). 51

VI. Vorgesetztenverantwortlichkeit

Fall 8:[273]

Kroatische Einheiten unter dem Kommando von General B griffen vorwiegend von muslimischen Bürgern bewohnte Ortschaften in der Region des bosnischen Lasva-Tals an. Diese Region wurde von kroatischer Seite als ursprünglich kroatisches Gebiet betrachtet. Bei den Angriffen kam es u. a. zu Tötungen von Zivilisten und Plünderungen. Bei Erteilung seiner Befehle benutzte B teilweise eine nationalistische Sprache. Zudem setzte er Truppen ein, von denen er Kenntnis hatte, dass sie zuvor Verbrechen begangen hatten. Können die „Grundverbrechen" dem B zugerechnet werden? → Rn. 60 52

[271] *Schulz*, Ratgeber, 1980, S. 130ff. (137ff.), 179; *ders.*, JuS 1986, 933ff. (937ff.). Dazu *Ambos*, 2002, S. 656f.

[272] *Christmann*, Tatsachenarrangement, 1997, S. 112f. und passim; dazu *Ambos*, 2002, S. 659f.

[273] Vgl. *ICTY*, Blaskic TJ 3.3.2000, paras. 744ff.; Blaskic AppJ 29.7.2004, disposition. Zum Berufungsurteil *Meiertöns*, HuV-I 2005, 53ff.

Fall 9:[274]

53 Im Juli 1995 nahmen bosnisch-serbische Militäreinheiten (die UN-Sicherheitszone) Srebrenica ein. In der Folge wurden die muslimischen bosnischen Männer im wehrfähigen Alter von der übrigen Bevölkerung getrennt. Die Frauen, Kinder und älteren Männer wurden mit Bussen in bosnisch-muslimisches Gebiet verbracht. Die Männer wurden unter unmenschlichen Bedingungen eingesperrt und in den folgenden Tagen erschossen. General K war einer der Befehlshaber vor Ort. Es konnte ihm nicht nachgewiesen werden, dass er an der Planung der Erschießungen beteiligt war, jedoch wusste er von der Gefangennahme mehrerer tausend muslimischer Männer in seinem Zuständigkeitsbereich und musste – als örtlicher Befehlshaber – auch von den anderen Vorgängen gewusst haben. Auch war ihm bewusst, dass seine Untergebenen an den Hinrichtungen teilgenommen haben, er hat diese aber nicht bestraft. Strafbarkeit des K? → Rn. 61

Fall 10:[275]

54 K war Premierminister der Interimsregierung während des Völkermordes im Jahre 1994 in Ruanda. Er erließ u. a. eine Direktive an die Zivilverteidigung, mit der die bereits begonnene Vernichtung der Tutsis unterstützt und dazu aufgerufen wurde. Weiterhin hat seine Regierung veranlasst, Waffen und Munition an diejenigen herauszugeben, die den Völkermord ausführten. Daneben rief er bei verschiedenen öffentlichen Auftritten zur Tötung von Tutsis auf. Strafbarkeit des K? → Rn. 62 u. *Ambos,* 2010 a, S. 148 (Fall 10 Rn. 55 ff. → zu allen drei Fällen)

55 Die Haftungsfigur der Vorgesetztenverantwortlichkeit ist eine originär vstr Rechtsschöpfung,[276] *sui generis,*[277] die vor allem auf das Genfer Recht zurückgeht (§ 6 Rn. 6 ff.), vgr anerkannt ist[278] und sich den **supervisionistischen Zurechnungsmo-**

---

[274] *ICTY,* Krstic TJ 2.8.2001, paras. 360 ff., 461 ff.; Krstic AppJ 19.4.2004, paras. 6 ff.; s. auch Fall 20 bei Rn. 121. Vgl. auch *Bogoeva/Fetscher,* Srebrenica, 2002.

[275] *ICTR,* Kambanda TJ 4.9.1998, para. 39; Kambanda AppJ 19.10.2000.

[276] *Schabas,* HRLJ 20 (1999), 161; *Ambos,* 2002, S. 667; *ders.,* 2013, S. 197 ff.; *Werle,* 2012, Rn. 538; Cryer/*Cryer,* S. 384; zu unkrit. *König,* S. 393 f. Zur rechtsgeschichtlichen Entwicklung Cassese/Gaeta/Jones/*Ambos,* S. 824 ff.; *Bassiouni,* 2013, S. 336 ff.; *Weltz,* Unterlassungshaftung, 2004, S. 248 ff.; *Darcy,* Collective responsibility, 2007, S. 249 ff.; *Karsten,* Verantwortlichkeit, 2010, S. 29 ff., 65 ff. (Genesis Art. 28); zu (früherer) vstr Rspr. *Weltz,* Unterlassungshaftung, 2004, S. 204 ff., 241 ff.; *Martinez,* JICJ 5 (2007), 647 ff.; *Karsten,* Verantwortlichkeit, 2010, S. 38 ff.; *Vest,* 2011, S. 213 ff.; umfassend rvgl zu deutschsprachigem, französ., russ. u. angloamerikan. Recht mit besonderer Berücksichtigung des nicht-militärischen Vorgesetzten *Karsten,* Verantwortlichkeit, 2010, S. 93 ff., 364 ff.; zu nationaler Rspr. *Zahar/Sluiter,* S. 508 ff.; zur seltenen, *alleinigen* Anwendung der Vorgesetztenverantwortlichkeit durch die *Ad-Hoc*-Tribunale, nämlich nur bei Taten in typisch „military hierarchical contexts" *Bonafé,* JICJ 5 (2007), 599, 616 ff.; ebenso *Burghardt,* S. 416; eingehend zur Rspr. von ICTY/ICTR *ebd.,* S. 73 ff., 402 ff.

[277] Vgl. *ICTY,* Halilovic TJ 16.11.2005, paras. 42 ff.; bestätigend Hadzihasanovic TJ 15.3.2006, paras. 66 ff.; krit. dazu *Cryer,* in: Darcy/Powderly, S. 163 ff. (auch krit. zur allg. Entwicklung der doctrine auf S. 183); dazu *Werle,* 2012, Rn. 542; auch *Olásolo,* 2008, S. 192; *Burghardt,* S. 402 f., 459 („Sonderform" strafrechtl. Verantwortlichkeit neben Haupt- und Nebenverantwortlichkeit); wohl zust. *Karsten,* Verantwortlichkeit, 2010, S. 81 mit Fn. 86. – Für eine innovative Differenzierung zwischen vier Formen von Vorgesetzenverantwortlichkeit (knowledge/lack-of-knowledge superior responsibility before/after the act) mit unterschiedlicher Haftung im Hinblick auf das Verhalten der Untergebenen und den durch diese verursachten Erfolg *Nerlich,* JICJ 5 (2007), 665 ff. (667 f.).

[278] *ICTY,* Sainovic et al. TJ 26.2.2009, para. 113; Dordevic TJ 23.2.2011, para. 1878; so auch *Cryer,* in: Darcy/Powderly, S. 160. Eingehend *Burghardt,* S. 76 ff., 97, für den Art. 28 mit dem VGR unvereinbar ist (S. 5): krit. wg. des Fehlens eines allg. Rechtsgrundsatzes auch *Karsten,* Verantwortlichkeit, 2010, S. 395 ff. (398), die aber die „vgr Basis" durch das IStGHS „nachträglich gestärkt" sieht.

dellen (Rn. 12)[279] zuschlagen lässt. In der Sache wird ein **echtes Unterlassen** unter Strafe gestellt,[280] denn der Vorgesetzte haftet als Garant dafür, dass er bei Straftaten seiner Untergebenen („Grundverbrechen")[281] keine oder jedenfalls nicht die erforderlichen und angemessenen Gegenmaßnahmen ergriffen hat. Die *konkrete* Handlungspflicht wird somit durch die konkrete Gefahr der Begehung von Grundverbrechen ausgelöst,[282] der Vorgesetzte haftet aber wegen seiner ständig bestehenden **Aufsichtspflicht,**[283] deren unzureichende Erfüllung durch die Verbrechensbegehung manifest wird.[284] Die Haftung erstreckt sich inzwischen unstrittig auch auf **nicht-internationale Konflikte**[285] und auf **zivile Vorgesetzte** (Art. 28 (b)).[286] Aus *diesem* Grund ist der Begriff *Vorgesetzten*verantwortlichkeit („superior responsibility") passender als *Befehls*verantwortlichkeit („command responsibility").[287] Die Haftung ist, jedenfalls bei positivem Tun, zu Art. 7 Abs. 1 ICTYS bzw. 6 Abs. 1 ICTRS und Art. 25

---

279 Vgl. auch *Jung*, in: Eser/Huber/Cornils, Eigenverantwortung, 1998, S. 182f.; *Vogel*, ZStW 114 (2002), 414f., 428ff. Als strukturell ähnliche Regelungen im dt. Recht vgl. § 357 StGB, § 130 OWiG, §§ 30 (2), 31 (2), 33, 34, 40, 41 WStG; für einen Vergleich mit jce und Organisationsherrschaft *Ambos*, in: Nollkaemper/van der Wilt, System criminality, 2009, S. 138ff.; zum VStGB Rn. 59 a. E.

280 Es wird zur Abgrenzung zwischen echtem und unechtem Unterlassen dem Kriterium der „Begehungsgleichheit" (*Schünemann*, Unterlassungsdelikte, 1971, S. 44, 232; *Roxin*, AT II, § 31 Rn. 17ff.) gefolgt; zur Begründung näher *Ambos*, 2002, S. 667ff.; i. Erg. zust. *van Sliedregt*, 2003, S. 190; *Morgante*, in: Cassese et al., 2005, S. 157f.; *Galán M.*, RP 16 (2005), 81; *Trechsel*, in: Cavallo et al., S. 206; a. A. *Kreß*, HuV-I 1999, 4, 9; *Weigend*, ZStW 116 (2004), 1006f.; MünchKomm/*Weigend*, § 4 VStGB Rn. 47; *Roßkopf*, S. 168; *Burghardt*, S. 406f., 462f. („Sonderform"); *Safferling*, JZ 2010, 966; rvgl zur Unterlassungshaftung *Weltz*, Unterlassungshaftung, 2004, S. 5ff., 151ff.; *Karsten*, Verantwortlichkeit, 2010, S. 384ff. u. passim, die auf der Grundlage ihrer umfass. rvgl Untersuchung (o. Fn. 276) nachweist, dass es im Rahmen des ue Unterlassens keine Fallgruppe der Vorgesetztenverantwortlichkeit gibt (S. 388).

281 Nach *Triffterer*, FS Eser, 2005, S. 912 soll auch ein Versuch ausreichend sein; doch spricht dagegen zum einen der Wortlaut („committed"; nicht „attempts" oder „about to commit", s. Art. 25 Abs. 3 (f), Art. 28 (a) (i)), zum anderen die damit verbundene noch weitere Absenkung des subjektiven Haftungsmaßstabs. Dafür sowie für ein Unterlassen, aber auch bzgl. § 4 VStGB MünchKomm/*Weigend*, § 4 VStGB Rn. 40f.

282 Überzeug. MünchKomm/*Weigend*, § 4 VStGB Rn. 52.

283 Vgl. auch den Wortlaut von Art. 28: „failure to exercise control properly"; zu diesem str. Erfordernis *Werle*, 2012, Rn. 569ff.; zur schuldhaften Pflichtverletzung als Unrechtskern auch *Burghardt*, S. 261f., 461, 464; zur Gefahr der Passivität als Grund der Regelung *Kolb*, in: Kolb/Scalia, S. 197.

284 Etwas anders 2. Aufl., Rn. 57 m. N. in Fn. 243.

285 *ICTY*, Hadzihasanovic App. Decision 16.7.2003, para. 12; Sainovic et al. TJ 26.2.2009, para. 113; Vgl. auch *Mundis/Gaynor*, JICJ 2 (2004), 656f.; zust. *van Sliedregt*, 2003, S. 175ff.; *Greenwood*, JICJ 2 (2004), 600f.; *Burghardt*, S. 441ff.

286 Vgl. grdl. *ICTY*, Delalic et al. TJ 16.11.1998, paras. 355ff. (377f.) u. AppJ 20.2.2001, paras. 195, 266 sowie *ICTR*, Akayesu TJ 2.10.1998, para. 491 (in casu allerdings Ablehnung, para. 691) u. Kayishema/Ruzindana TJ 21.5.1999, paras. 213ff.; für weitere Rspr. 2. Aufl., Fn. 245; eingehend *Karsten*, Verantwortlichkeit, 2010, S. 40ff., 45ff.; *Nybondas*, S. 65ff. Vgl. auch *Cryer*, S. 323f.; Cryer/*Cryer*, S. 387; *Werle*, 2012, Rn. 551; MünchKomm/*Weigend*, § 4 VStGB Rn. 32f.; krit. zur Quelle der Handlungspflicht *Zahar/Sluiter*, S. 260, 262, 265; zur Anwendung von Vorgesetztenverantwortlichkeit bei Guerilla-Kriegsführung *Knoops*, ICLR 7 (2007), 505ff.

287 *Ambos*, 2002, S. 666; so auch *Werle*, 2012, Rn. 539; *Weltz*, Unterlassungshaftung, 2004, S. 247; *Kolb*, in: Kolb/Scalia, S. 196; vgl. auch *Burghardt*, S. 74ff.; ungenau *ICTY*, Kordic/Cerkez TJ 26.2.2001, para. 364 (Fn. 492), wo „command" und „superior responsibility" gleichbedeutend verwendet werden; für „command responsibility" aber *Bonafé*, JICJ 5 (2007), 617 wegen der vorzugsweisen Anwendung in „the typical hierarchical military context".

Abs. 3 (a) **subsidiär.**[288] Im Ergebnis erweitert die Vorgesetztenverantwortlichkeit die Haftung der erfassten Tätergruppe über die „normale" Beteiligung hinaus (vgl. **Schaubilder 7 und 8,** Rn. 4 und 13).[289]

56 Die Garantenstellung des Vorgesetzten ergibt sich aus seiner Stellung als Verantwortlicher für einen bestimmten Zuständigkeitsbereich und bestimmte Untergebene (vgl. schon o. § 6 Rn. 12 sowie Art. 1 HLKO 1907 und – gleich lautend – Art. 4 (A) (2) GK III). Er ist insoweit **Überwachungsgarant** mit Sicherungspflichten gegenüber seinen Untergebenen, die eine potentielle Gefahrenquelle darstellen.[290] Die Garantenpflicht wird in Art. 87 ZP I i. V. m. Art. 43 Abs. 1 ZP I näher definiert. Danach wird von *militärischen* Befehlshabern („military commanders") verlangt, dass sie Verstöße gegen die Konventionen und das ZP I durch Angehörige ihrer Truppen und andere Personen unter ihrer Kontrolle verhindern, unterbinden oder anzeigen (Art. 87 Abs. 1 ZP I). Um dieser Verpflichtung nachzukommen, haben sie sicherzustellen, dass ihre Untergebenen die Verpflichtungen aus den GK und dem ZP I kennen. Hat ein militärischer Führer von einem solchen Verstoß erfahren, muss er die erforderlichen Maßnahmen zur Verhinderung derartiger Verstöße anordnen und gegebenenfalls ein Disziplinar- oder Strafverfahren gegen die Täter einleiten (Art. 87 Abs. 3 ZP I).[291] Für den *nicht-militärischen* Vorgesetzten ergibt sich die Garantenpflicht aus Art. 86 Abs. 2 ZP I.[292] Der Vorgesetzte muss zumindest eine **„position of authority"** bzw. „hierarchical power" besitzen.[293] Danach ist einerseits die Vorgesetztenverantwortlichkeit nicht auf die höchste Führungsebene beschränkt,[294] ohne dass damit freilich alle Personen in der Befehlskette, unabhängig von ihrem Tatbeitrag und ihrer hierarchischen Stellung, gleichermaßen verantwortlich sein

[288] *ICTY,* Blaskic AppJ 29.7.2004, para. 91; Brdanin AppJ 3.4.2007, para. 285; Jokic AppJ 30.8.2005, paras. 22ff. (27); zur Subsidiarität auch gegenüber jce (Rn. 30ff.): *ICTY,* Kvocka et al. AppJ 28.2.2005, para. 104. Die Rspr. ist aber widersprüchlich, dazu *Henquet,* LJIL 15 (2002), 815ff.; *Bonafé,* JICJ 5 (2007), 611ff.; *Burghardt,* S. 419ff.; ausführlich *Nybondas,* S. 125ff. I. Erg. wie hier *van Sliedregt,* 2003, S. 192ff.; *Weltz,* Unterlassungshaftung, 2004, S. 260f., 264; *Meiertöns,* HuV-I 2005, 57; *Mettraux,* S. 311f.; *Burghardt,* S. 426f., 427f., 440; für Idealkonkurrenz wegen unterschiedlichem Unrechtsgehalt *Henquet,* LJIL 15 (2002), 827ff.; allg. krit. *Weigend,* ZStW 116 (2004), 1007f.; krit. auch *Eboe-Osuji,* in: Decaux/Dieng/Sow, S. 344; *Zahar/Sluiter,* S. 270; zur Regelung in ICTYS und ICTRS *Cryer,* in: Darcy/Powderly, S. 161ff.

[289] Vgl. *Burghardt,* S. 407ff.

[290] Zur im Kern zutreffenden Funktionenlehre vgl. *Roxin,* AT II, § 32 Rn. 6, 31. Vgl. auch *Weigend,* ZStW 116 (2004), 1004, 1013 (freiwillige Übernahme der Überwachung einer Gefahrenquelle); MünchKomm/*Weigend,* § 4 VStGB Rn. 10; ähnlich *Borsari,* S. 326 u. *BGH,* JZ 2010, 964 („Gefahrenpotential"); i. Erg. auch *Olásolo,* 2008, S. 193; *Burghardt,* S. 186f., 192. Nach *Triffterer,* FS Eser, 2005, S. 910 beruht die Garantenpflicht auf dem Tatbestandsmerkmal der (effektiven) Kontrolle. *Karsten,* Verantwortlichkeit, 2010, S. 425ff. sieht den Grund der Vorgesetztenverantwortlichkeit in der „Beherrschung einer hierarchischen Organisationsstruktur".

[291] Zur humanitären Seite, insbesondere Art. 86, 87 ZP I vgl. schon § 6 Rn. 12 sowie *Burghardt,* S. 78ff., 187ff.

[292] Vgl. *Burghardt,* S. 189, 192f. (in VGR verwandelter allg. Rechtsgrundsatz); krit. insoweit *Berster,* ICLR 10 (2010), 626ff.

[293] Vgl. einerseits Delalic et al. TJ 16.11.1998, para. 354 und Blaskic TJ 3.3.2000, para. 300; andererseits Aleksovski TJ 25.6.1999, para. 78; *ICTR,* Renzaho TJ 14.7.2009, para. 745.

[294] So soll etwa Art. 87 Abs. 1 ZP I weit auszulegen sein: „from commanders at the highest level to leaders with only a few men under their command." Vgl. Sandoz/Swinarski/Zimmermann/*De Preux,* Art. 86 Rn. 3553; ähnlich auch Bothe/Partsch/Solf/*Partsch,* S. 528; s. auch *Safferling,* 2011, § 5 Rn. 96.

können.[295] Andererseits impliziert Hierarchie eine Einbindung in organisatorische Strukturen (Rn. 57), die die Vorgesetztenverantwortlichkeit der Organisationsherrschaftslehre (Rn. 25ff.) annähert.[296]

Geht man von der vstr Rechtsprechung und Art. 28 aus, so lassen sich die die **objektiven Voraussetzungen** der Vorgesetztenverantwortlichkeit folgendermaßen zusammenfassen:[297] 57

- Der Täter ist (faktischer) militärischer Befehlshaber oder sonstiger **Vorgesetzter** von „Truppen" oder anderen Untergebenen; jede durch tatsächliche Führungsgewalt und Kontrolle (Anweisungsmacht)[298] geprägte **Vorgesetzten-Untergebenen-Beziehung,** insbesondere auch paramilitärischer Art,[299] reicht aus (s. auch § 4 Abs. 2 VStGB).[300] Das Über-/Unterordnungsverhältnis kann direkter oder indirekter Natur sein, es werden auch informelle Strukturen mit einbezogen.[301]
- „Befehlsgewalt und **Kontrolle**" („command and control") bzw. „Führungsgewalt und Kontrolle" („authority and control") über die Untergebenen müssen **„tatsächlich"** („effective") vorliegen;[302] dafür spricht insbesondere die Einbindung in eine

[295] Sandoz/Swinarski/Zimmermann/*De Preux,* Art. 86 Rn. 3554; vgl. auch *Rogers,* Battlefield, 1996, S. 142; *Bassiouni,* 1999, S. 421. Ähnlich *Röling,* RBDI XII (1976), 15; aus sozialpsychologischer Sicht *Kelman/Hamilton,* Crimes of Obedience, 1989, S. 195ff.

[296] Vgl. auch *Karsten,* Verantwortlichkeit, 2010, S. 425ff. (Organisation als wichtiger Referenzpunkt u. ihre Beherrschung als Grund der Vorgesetztenverantwortlichkeit). Zur Bedeutung der Organisationsherrschaftslehre für die Vorgesetztenverantwortlichkeit auch *Osiel,* in: Smeulers, S. 107ff.

[297] Vgl. *Ambos,* 2002, S. 673ff. (705f.); *ders.,* in: Nollkaemper/van der Wilt, System criminality, 2009, S. 129ff.; *Werle,* 2012, Rn. 545ff.; *Zahar/Sluiter,* S. 258ff.; *Othman,* S. 247ff.; *Darcy,* in: Olusanya, 2007, S. 132ff.; UK Manual Armed Conflict, S. 437; *Kolb,* in: Kolb/Scalia, S. 197ff.; *Karsten,* Verantwortlichkeit, 2010, S. 38ff. („dreischrittiger Prüfungsaufbau" bzgl. ICTY/ICTR), 68ff.; diff. zur Rspr. von ICTY/ICTR *Mettraux,* S. 298ff.; krit. *Zahar/Sluiter,* S. 258ff.; *Burghardt,* S. 98ff., 185ff., 226ff.; zur Entwicklung der Rechtsprechung *van Sliedregt,* JICJ 10 (2012), 1181; vertiefend *Nybondas,* S. 32ff. Vgl. auch *ICC,* Bemba Confirmation Decision 15.6.2009, para. 407 mit fünf Voraussetzungen, die der Darstellung im Text entsprechen; Subsumtion bei *Ambos,* 2010a, S. 162f.

[298] *BGH* JZ 2010, 960, 963 („faktisch ausübbare, gegebenenfalls auch rechtlich fundierte Möglichkeit ..., Untergebenen verbindliche Anweisungen zu erteilen und die Ausführung dieser Anweisungen durchzusetzen."); vgl. schon *Weigend,* ZStW 116 (2004), 1008; auch MünchKomm/*Weigend,* § 4 VStGB Rn. 17ff.; zust. *Safferling,* JZ 2010, 967.

[299] Zur Anwendung auf die paramilitärischen „militias" in Ost Timor vgl. *Langston,* ICLR 4 (2004), 170ff., 177f., 179ff.; *Othman,* S. 274ff.

[300] *ICTR,* Renzaho TJ 14.7.2009, paras. 744f.; *ICTY,* Dordevic TJ 23.2.2011, para. 1881; Gotovina et al. TJ 15.4.2011, para. 1963; Zum Verzicht auf den formalen Vorgesetztenstatus *Burghardt,* S. 108ff., 152ff.; MünchKomm/*Weigend,* § 4 VStGB Rn. 45; *Safferling/Hartwig-Asteroth/Scheffler,* ZIS 2013, 448; zur Abgrenz. milit. und nicht-milit. Vorgesetzter *Karsten,* Verantwortlichkeit, 2010, S. 415ff.; *dies.,* JICJ 7 (2009), 986ff. (992ff.).

[301] *ICTY,* Delalic et al. AppJ 20.2.2001, paras. 193, 248ff.; Blaskic TJ 3.3.2000, para. 301; Kunarac et al. TJ 22.2.2001, para. 397; Brdanin TJ 1.9.2004, para. 276; Halilovic AppJ 16.10.2007, para. 59; Sainovic et al. TJ 26.2.2009, para. 117; Popovic et al. TJ 10.6.2010, para. 1038; Dordevic TJ 23.2.2011, para. 1881; Gotovina et al. TJ 15.4.2011, para. 1963; *ICTR,* Bagosora et al. TJ 18.12.2008, paras. 2010f.; Ntawukulilyayo TJ 3.8.2010, para. 419. Vgl. auch *Olásolo* 2008, S. 190ff.

[302] Vgl. *ICTY,* Delalic et al. AppJ 20.2.2001, paras. 192ff.; Kunarac et al. TJ 22.2.2001, para. 396; Aleksovski TJ 25.6.1999, para. 76; Blaskic TJ 3.3.2000, para. 300; Blaskic AppJ 29.7.2004, paras. 65ff.; Halilovic TJ 16.11.2005, paras. 58ff.; Limaj et al. AppJ 27.9.2007, para. 522; Hadzihasanovic TJ 15.3.2006, paras. 76ff.; Orić TJ 30.6.2006, para. 311; Halilovic AppJ 16. 10. para. 59; Delic TJ 15.9.2008, paras. 58ff.; Sainovic et al. TJ 26.2.2009, paras. 113f.; Popovic et al. TJ 10.6.2010, paras. 1037f.; Dordevic TJ 23.2.2011, para. 1881; Gotovina et al. TJ 15.4.2011, para. 1963; *ICTR,*

hierarchische, gefestigte *Struktur.*[303] Bei einem *nicht militärischen* Vorgesetzten wird außerdem die „tatsächliche Verantwortung und Kontrolle" über die zu den Verbrechen führenden Handlungen der Untergebenen verlangt,[304] was etwa zu einer örtlichen und zeitlichen Begrenzung im Hinblick auf die Dienstausübung führen kann.[305] Die tatsächliche Autorität muss in ihrem Ausmaß der *de jure*-Autorität gleichstehen.[306] Die Delegation der Kontrollpflicht entlastet grundsätzlich nicht.[307]

– Die Verbrechen der Untergebenen müssen die **„Folge"** („result") der mangelnden Kontrolle durch den Vorgesetzten sein. Ob (damit) Kausalität zwischen dem Unterlassen des Vorgesetzten und den Grundverbrechen verlangt wird, ist umstritten;[308] nach Ansicht der Rspr. ist dies, allerdings auf Grundlage der durch Art. 28 überholten Art. 7 Abs. 3 ICTYS bzw. Art. 6 Abs. 3 ICTRS, nicht der Fall.[309] Aus

Kayishema/Ruzindana TJ 21.5.1999, paras. 217ff.; Bagilishema TJ 7.6.2001, para. 39; Musema TJ 27.1.2000, para. 141; Ntagerura AppJ 7.7.2006, para. 628; Muvunyi TJ 12.9.2006, para. 473; Karera TJ 7.12.2007, para. 564; Renzaho TJ 14.7.2009, para. 745; Ntawukulilyayo TJ 3.8.2010, para. 420; Nizeyimana TJ 19.6.2012, para. 1477. Vgl. auch *Ambos,* 2002, S. 673ff.; Triffterer/*Arnold,* Art. 28 Rn. 86ff., 102f.; *Wu/Kang,* HarvILJ 38 (1997), 292f.; *Bantekas,* AJIL 93 (1999), 579f., 582; *van Sliedregt,* 2003, S. 146, 149, 152ff., 183ff.; *Osiel,* CILJ 38 (2005), 795ff.; *Osiel,* Col. L. Rev. (105) 2005, 1774ff.; *Danner/Martinez,* Cal. L. Rev. 75 (2005), 130ff.; *Borsari,* S. 327; *Olásolo,* 2009, S. 94ff.; MünchKomm/*Weigend,* § 4 VStGB Rn. 27ff.; *Karsten,* Verantwortlichkeit, 2010, S. 78ff., 91f.; zu sonstigem (geringerem) Einfluss *Mettraux,* S. 300; krit. zur Qualität der Kontrolle *Zahar/Sluiter,* S. 265, 271 (selbst auf die Erwartung des Gehorsams abstellend); krit. zum Maß der Kontrolle und zur Rspr. *Burghardt,* S. 156ff. (163), 164ff. (169); krit. zur ausreichenden „substantial influence" beim Befehlshaber in besetztem Gebiet *ebd.,* S. 181ff.

303 Vgl. *Werle,* 2012, Rn. 549, 552 m.w.N. In diesem Sinne zur Vorgesetzten-Untergebenen-Beziehung als „strukturbezogenes Sonderverhältnis", das tatsächlich die effektive Kontrolle begründet, weshalb dieses letztlich nicht entscheidend ist *Burghardt,* S. 169ff., 174ff. (180, 184), 261; ebenso *Karsten,* Verantwortlichkeit, 2010, S. 71ff. (75), 91.

304 *ICTY,* Dordevic TJ 23.2.2011, para. 1882. Restriktiv *Weigend,* ZStW 116 (2004), 1011f.; MünchKomm/*Weigend,* § 4 VStGB Rn. 35ff.; vgl. auch *Weltz,* Unterlassungshaftung, 2004, S. 264ff.; *Karsten,* Verantwortlichkeit, 2010, S. 87f. (die mit Blick auf die ICTY/ICTR-Rspr. feststellt, dass eine Verurteilung ziviler Vorgesetzter idR an der mangelnden tatsächlichen Kontrolle scheitere, wobei die Rspr. aber keinen unterschiedlichen Haftungsmaßstab für militärische u. zivile Vorgesetzte anwende, S. 59f. Eine solche bestehe aber hinsichtlich der Organisationsbezogenheit, S. 404ff.).

305 Vgl. *Werle,* 2012, Rn. 553: etwa keine Verantwortung für außerhalb der Dienstzeit begangene Taten; konkretisierend auf rvgl Grundlage *Karsten,* Verantwortlichkeit, 2010, S. 400ff. (Beschränkung auf tatsächliche Zuständigkeit u. Möglichkeit; Organisationsbezogenheit der Grundverbrechen).

306 *ICTY,* Delalic et al. AppJ 20.2.2001, para. 197; Kordic/Cerkez TJ 26.2.2001, para. 416; instruktiv Brdanin TJ 1.9.2004, para. 281 (Berichtspflicht und wahrscheinliche Konsequenzen auf Grund Berichts als Indiz effektiver Kontrolle).

307 Instruktiv *van Sliedregt,* 2003, S. 156f.; *Weltz,* Unterlassungshaftung, 2004, S. 268f.; für eine mildere Bestrafung aber zutr. *Weigend,* ZStW 116 (2004), 1011.

308 Vgl. *Werle,* 2012, Rn. 545, 567, 574; *Meloni,* JICJ 5 (2007), 629f.; *Mettraux,* Command responsibility, 2009, S. 87. Für (hypothetische) Kausalität *Arnold,* CLF 14 (2003), 149; *Weigend,* in: AIDP, S. 331 („adressed explicitly"); *ders.,* ZStW 116 (2004), 1017f. (nicht aber bzgl. unterlassener Anzeige: 1021); *van Sliedregt,* 2003, S. 174f., 189f.; *Ibañez,* Estatuto de Roma, 2003, S. 71; *Triffterer,* LJIL 15 (2002), 196ff.; *ders.,* FS Lüderssen, 2002, S. 445ff.; *ders.,* FS Eser, 2005, S. 917, 919 m.w.N.; *Mettraux,* S. 309f.; *Borsari,* S. 328; *Olásolo,* 2008, S. 193; i. Erg. auch *Darcy,* in: Olusanya, 2007, S. 150; Cryer/*Cryer,* S. 393 (bzgl. Art. 28); *Kolb,* in: Kolb/Scalia, S. 202f.; unklar *Weltz,* Unterlassungshaftung, 2004, S. 263, 269.

309 *ICTY,* Delalic et al. TJ 16.11.1998, paras. 398ff.; Kordic/Cerkez TJ 26.2.2001, para. 447; Blaskic AppJ 29.7.2004, para. 77; Brdanin TJ 1.9.2004, para. 280; Popovic et al. TJ 10.6.2010, para. 1044 („the superior's failure to take necessary and reasonable measures to prevent does not need to have cau-

schuldstrafrechtlicher Sicht ist jedoch eine Restringierung und Konturierung der ansonsten zu weiten Haftung des Vorgesetzten geboten. Deshalb ist über den bloßen Kausalzusammenhang hinaus ein spezifischer **Schutzzweck- bzw. Gefahrverwirklichungszusammenhang** – jedenfalls im Hinblick auf die (präventive) Verhinderungspflicht des Vorgesetzten – zu verlangen.[310] In diesem Sinne ist es zu begrüßen, dass der IStGH nun eine **Risikoerhöhung** durch die mangelnde Kontrolle bzw. Aufsicht des Vorgesetzten verlangt.[311] Aus dem (qualifizierten) Kausalitätserfordernis folgt auch, dass der Vorgesetzte nicht für Straftaten vor seiner Amts- bzw. Befehlsübernahme verantwortlich gemacht werden kann;[312] er kann die Täter aber bestrafen lassen.[313] Es geht – entgegen der *Oric* Verhandlungskammer[314] – auch zu weit, den Vorgesetzten für alles Tun und Unterlassen seiner Untergebenen verantwortlich zu machen.[315]

– Der Vorgesetzte unterlässt die Vornahme der in „seiner oder ihrer Macht stehenden erforderlichen und angemessenen **Gegenmaßnahmen**" („necessary and reasonable measures within his or her power"); die Möglichkeit solcher Gegenmaßnahmen hängt mit der Art und Weise der tatsächlichen Kontrolle zusammen.[316] Es ist auf

sed the subordinate's misconduct"). In Blaskic TJ 3.3.2000, para. 339 wurde jedoch das Erfordernis der Kausalität im Hinblick auf die unterlassene Bestrafung anerkannt. Dabei hat sich die Kammer u. a. auf Delalic et al. TJ 16.11.1998, para. 400 bezogen, wo festgestellt wurde, dass eine kausale Verbindung „not only possible but likely" sei. Dagegen aber die ICTY-Rechtsmittelkammer in Blaskic AppJ 29.7.2004, paras. 73ff. (77); gg. Kausalität auch *Olásolo,* 2009, S. 105ff. Krit. zur Rspr. *Mettraux,* S. 309; *Burghardt,* S. 206ff.

310 Vgl. Cassese/Gaeta/Jones/*Ambos,* S. 851; *Ambos,* 2002, S. 683ff., 705; i. Erg. auch *Kreß/Wannek,* in: Kirsch, S. 246f.; *Karsten,* Verantwortlichkeit, 2010, S. 83f. *Langston,* ICLR 4 (2004), 142, 146 spricht in diesem Zusammenhang von „risk management" unter Bezugnahme auf meine Überlegungen, in: Cassese/Gaeta/Jones, a. a. O., wobei sie freilich die dogmatische Verortung der Risikoerhöhungstheorie zu verkennen scheint; für Risikoerhöhung auch *Nerlich,* JICJ 5 (2007), 673; offen lassend *Werle,* 2012, Rn. 574; strenger MünchKomm/*Weigend,* § 4 VStGB Rn. 53; gg. jegliche Kausalität, einschließlich wesentlichen Einfluss oder konkrete Erfolgsgeeignetheit *Burghardt,* S. 215ff. (219), 225, 261ff., 405, 463f., für den es alleine auf das pflichtwidrige Unterlassen mit Blick auf die Einbindung in eine hierarchische Unrechtsstruktur ankommt und der deshalb insoweit Art. 28 („as a result") für misslungen hält (S. 219 mit Fn. 714).

311 *ICC,* Bemba Confirmation Decision 15.6.2009, paras. 420ff. (425); dazu schon Fn. 310 u. *Ambos,* LJIL 22 (2009), 721f.; *ders.,* 2010a, S. 163; auch *Schabas,* 2010, S. 461f.; krit. hingegen *Vogel,* in: Jeßberger/Geneuss, S. 79.

312 In diesem Sinne *ICTY,* Hadzihasanovic App. Decision 16.7.2003, para. 45; zust. Hadzihasanovic TJ 15.3.2006, para. 198; abw. M. von Richtern *Hunt* und *Shahabuddeen;* ihnen zust. *Mettraux,* S. 301. Überzeugend für die Mehrheitsmeinung *Greenwood,* JICJ 2 (2004), 603ff.; *van Sliedregt,* 2003, S. 168, 170; *Burghardt,* S. 220ff.; *Sander,* LJIL 23 (2010), 134; s. hierzu auch *Trechsel,* in: Cavallo et al., S. 210ff., 220ff. Ebenso nun Bemba Confirmation Decision 15.6.2009, para. 419 („suspect must have had effective control *at least* when the crime were about to be committed", Herv. im Original).

313 In diesem Sinne sogar für ein Weiterwirken der Anzeige*pflicht Weigend,* ZStW 116 (2004), 1021f.; a. A. etwa *Sander,* LJIL 23 (2010), 134, für den die Repressionspflicht von einer Aufsichtspflichtsverlezung abhängt.

314 *ICTY,* Oric TJ 30.6.2006, paras. 301f. Die von der Kammer zusätzlich verlangte objektive Voraussetzung, dass „an act or omission ... has been committed by other(s) than the accused" (para. 294), ergibt sich schon logisch aus der Struktur der Vorgesetztenverantwortlichkeit. Dazu *Blumenstock/Pittman,* LJIL 19 (2006), 1083f.; *Badar/Karsten,* ICLR 7 (2007), 175f.

315 Vgl. *Ambos,* JICJ 5 (2007), 178f.; in diesem Sinne aber m. N. zur Rspr. *Burghardt,* S. 453ff.

316 Vgl. etwa *ICTY,* Blaskic AppJ 29.7.2004, para. 72; Halilovic AppJ 16.10.2007, para. 63; Delic TJ 15.9.2008, paras. 56, 76; Sainovic et al. TJ 26.2.2009, paras. 121f.; Popovic et al. TJ 10.6.2010, paras. 1043f.; Dordevic TJ 23.2.2011, para. 1887; vgl. auch *Werle,* 2012, Rn. 564ff.; *Burghardt,*

die individuellen Fähigkeiten des betreffenden Vorgesetzten in der Tatsituation abzustellen. Es kann nichts Unmögliches verlangt werden, doch kann sich der Vorgesetzte nicht auf Unmöglichkeit berufen, wenn er diese selbst herbeigeführt hat.[317]

– Im Rahmen dieser Gegenmaßnahmen hat der Vorgesetzte drei Pflichten, deren Verletzung jede für sich genommen eine Strafbarkeit begründet:[318] er soll die Verbrechensbegehung **„verhindern"** („prevent"), **„unterbinden"** („repress") oder den Fall den zuständigen Behörden zur Untersuchung und Strafverfolgung **vorlegen** („submit ... to the competent authorities for investigation and prosecution"); während die beiden erstgenannten Maßnahmen sich gegen noch nicht vollendete Verbrechen richten und damit **präventiver** Natur sind, kommt die Berichts- und Vorlagepflicht erst nachträglich zum Zuge, ist also **repressiver** Natur.[319]

58 In **subjektiver** Hinsicht existieren drei Maßstäbe, die sich an militärische und nicht-militärische Vorgesetze gleichermaßen bzw. nur an einen der beiden richten[320] und sich auf die Grundverbrechen und die Beteiligung des Untergebenen daran beziehen:[321]

– Der (militärische und nicht-militärische) Vorgesetzte **„wusste"** („knew") von den Verbrechen; verlangt wird also tatsächliche Kenntnis im Sinne des *dolus directus* 2. Grades. Die Befehlsposition des Vorgesetzten ist dabei ein wichtiges Indiz für Kenntnis von den Grundverbrechen.[322]

S. 199ff.; MünchKomm/*Weigend,* § 4 VStGB Rn. 48f. Zum Hinweis auf die Fahrlässigkeit des Vorgesetzten durch den Begriff „reasonable" *Fletcher,* FS Eser, 2005, S. 746.

[317] MünchKomm/*Weigend,* § 4 VStGB Rn. 51 („omissio libera in causa"); zur Rspr. insoweit auch *Mettraux,* S. 307.

[318] *ICC,* Bemba Confirmation Decision 15.6.2009, paras. 435f.; dazu *Ambos,* 2010a, S. 164.

[319] Vgl. insoweit auch *ICTY,* Kordic/Cerkez Decision 2.3.1999, paras. 9ff., wo zutr. festgestellt wird, dass zwischen der präventiven Verhinderungspflicht und der repressiven Bestrafungspflicht zu unterscheiden sei; ebenso *ICTY,* Delic TJ 15.9.2008, paras. 71ff.; Sainovic et al. TJ 26.2.2009, para. 116; Popovic et al. TJ 10.6.2010, para. 1036; Dordevic TJ 23.2.2011, paras. 1888ff.; *Werle,* 2012, Rn. 561ff.; *Burghardt,* S. 193ff.; *Olásolo,* 2009, S. 90; *van Sliedregt,* NCLR 12 (2009), 422f.; *Sander,* LJIL 23 (2010), 111; *Karsten,* Verantwortlichkeit, 2010, S. 82f.; vertiefend zum Inhalt der verschiedenen Pflichten *Sivakumaran,* JICJ 10 (2012), 1138. Nach *ICTY,* Blaskic AppJ 29.7.2004, paras. 78ff. (86) ist die Bestrafungspflicht vgr anerkannt.

[320] Vgl. auch *ICTY,* Delalic et al. TJ 16.11.1998, paras. 379ff.; Blaskic AppJ 29.7.2004, paras. 54ff. (57, 62f.); Brdanin TJ 1.9.2004, para. 278; Mrksic et al. TJ 27.9.2007, paras. 562ff. Vgl. auch *Ambos,* 2002, S. 692ff.; *ders.,* 2013, S. 220ff.; *Werle,* 2012, Rn. 554ff.; *Safferling,* 2011, § 5 Rn. 102; *Bonafé,* JICJ 5 (2007), 605ff. („rigorous approach"); *Kolb,* in: Kolb/Scalia, S. 198ff.; mit Blick auf Art. 30 *Roßkopf,* S. 171ff.; zur Rspr. *Burghardt,* S. 227ff.; zum ICTY *Keith,* LJIL 14 (2001), 617ff.; diff. *Mettraux,* S. 301ff.; *Karsten,* Verantwortlichkeit, 2010, S. 88ff.; *dies.,* JICJ 7 (2009), 986ff.

[321] Zu diesem doppelten Bezugsgegenstand in der Rspr. *Burghardt,* S. 243ff., der selbst auf die (bewusste oder pflichtwidrig unbewusste) Bezugnahme auf das pflichtwidrige Unterlassen abstellt (S. 258ff., 262). S. auch *van Sliedregt,* NCLR 12 (2009), 430. Erhebliche Abweichungen, z. B. eine qualitativ andere Straftat, können dem Vorgesetzten nicht mehr subj. zugerechnet werden (MünchKomm/*Weigend,* § 4 VStGB Rn. 57).

[322] *ICTY,* Blaskic AppJ 29.7.2004, paras. 56f.; Delic TJ 15.9.2008, paras. 63f.; Sainovic et al. TJ 26.2.2009, para. 119; Popovic et al. TJ 10.6.2010, para. 1040; *ICTR,* Bagosora et al. TJ 18.12.2008, para. 2013; Renzaho TJ 14.7.2009, paras. 746f.; Ntawukulilyayo TJ 3.8.2010, para. 421. Zum Indizienbeweis auch *van Sliedregt,* 2003, S. 158f.; *Mettraux,* S. 304f. (mit einer Liste von Indizien); *Burghardt,* S. 246ff.

- Der (militärische) Vorgesetzte **„hätte“** davon **„wissen müssen“** („should have known“), also ausreichend konkrete *Informationen* besitzen müssen;[323] es handelt sich – entgegen der Ansicht der Rspr.[324] – um einen Fahrlässigkeitsmaßstab.[325]
- Der (nicht militärische) Vorgesetzte **ließ** „eindeutig darauf hinweisende **Informationen bewusst außer acht**“ („consciously disregarded information which clearly indicated“),[326] handelte also grob und bewusst fahrlässig (ähnlich der recklessness).[327]

Die genannten subjektiven Voraussetzungen spielen – im Zusammenhang mit den erforderlichen Gegenmaßnahmen (Rn. 57 a. E.) – aus **schuldstrafrechtlicher Sicht** eine besondere Rolle. Hat der Vorgesetzte Kenntnis oder fahrlässige Unkenntnis im Hinblick auf die (vorsätzlichen) Verbrechen seiner Untergebenen, so werden sie ihm im Ergebnis zugerechnet, unabhängig davon, welche Gegenmaßnahmen er *in concreto* ergreifen konnte. Der Vorgesetzte kann also sogar für die *vorsätzlichen* Grundverbrechen seiner Untergebenen *täterschaftlich* haften, wenn er bloß *fahrlässig* Gegenmaßnahmen unterlässt. Er wird dann für *vorsätzliche* Verbrechen auf Grund einer *fahrlässigen* Sorgfaltspflichtverletzung verantwortlich gemacht. Das stellt einen Wertungswiderspruch dar, der sich *de lege lata* nicht auflösen,[328] sondern nur über die Beteiligungsform und 59

323 Das ergibt sich schon aus Art. 86 Abs. 2 ZP I, vgl. näher *Burghardt,* S. 237ff., 255, 259f.; ebenso *WCRO,* Early jurisprudence ICC, 2010, S. 65 („be put on notice“); vgl. auch *ICTR,* Bagosora et al. TJ 18.12.2008, para. 2013; Renzaho TJ 14.7.2009, para. 746; Ntawukulilyayo TJ 3.8.2010, para. 421; *ICTY,* Delic TJ 15.9.2008, paras. 63, 65ff., wo aber festgestellt wurde, dass das „be put on notice“-Kriterium keine spezifische Information erfordert („does not need to be detailed“, para. 66); so auch *ICTY,* Sainovic et al. TJ 26.2.2009, para. 120 („need not be specific“) und Popovic et al. TJ 10.6.2010, para. 1042; Dordevic TJ 23.2.2011, para. 1886.

324 *ICTR,* Bagilishema AppJ 3.7.2002, paras. 34f.; zust. *ICTY,* Blaskic AppJ 29.7.2004, para. 63; Hadzihasanovic TJ 15.3.2006, para. 96; dazu *Garraway,* in: Arnold/Hildbrand, 21st century, 2005, S. 137f.; *ICTY,* Strugar TJ 31.1.2005, paras. 417ff.; krit. *Hinek,* LJIL 19 (2006), 477ff. – Die Rspr. von ICTY/ICTR bezieht sich aber nur auf militärische Vorgesetzte und ist auf Art. 28 nicht übertragbar, vgl. auch *Burghardt,* S. 233ff., wonach der Haftungsmaßstab nicht-militärischer Vorgesetzter „nicht abschließend geklärt“ ist (S. 242).

325 Ebenso *Triffterer,* FS Lüderssen, 2002, S. 452; *van Sliedregt,* 2003, S. 186ff.; *Cryer,* S. 322; *Werle,* 2012, Rn. 555ff.; *Meloni,* JICJ 5 (2007), 634; *Fletcher,* 2007, S. 325; *Borsari,* S. 330; *Ambos,* LJIL 22 (2009), 722; *Karsten,* Verantwortlichkeit, 2010, S. 89f. (anders aber S. 414); *ICTY,* Oric TJ 30.6.2006, para. 318 („criminal negligence“); dazu *Blumenstock/Pittman,* LJIL 19 (2006), 1086ff.; für Fahrlässigkeit auch *Martinez,* JICJ 5 (2007), 659, die aber weitergehend einen „duty of knowledge“ Standard mit Strafzweckerwägungen fordert (660ff.) und damit letztlich den (militärischen) Vorgesetzten – aus schuldstrafrechtlicher Sicht bedenklich – instrumentalisiert; dagegen zu Recht auch *Bonafé,* JICJ 5 (2007), 606f.; zum Unterschied zwischen „should have known“ und „had reason to know“ *ICC,* Bemba Confirmation Decision 15.6.2009, para. 434 u. *Mettraux,* Command responsibility, 2009, S. 210, demzufolge der „should have known“-Standard weniger voraussetzungsvoll ist („one step below“) als der „had reasons to know“-Standard; s. auch *WCRO,* Early jurisprudence ICC, 2010, S. 61ff.; krit. *Ambos,* LJIL 22 (2009), 722.

326 *ICTY,* Brdanin TJ 1.9.2004, para. 278 spricht insoweit von „constructive knowledge“; das ist – nicht nur begrifflich – problematisch, vgl. *Ambos,* 2002, S. 699f.; s. auch Dordevic TJ 23.2.2011, para. 1886 („deliberately refrains from obtaining further information ...“).

327 Für dolus eventualis, *Borsari,* S. 331; auch *Olásolo,* 2008, S. 214 („close to dolus eventualis“); zu den untersch. Standards *Karsten,* Verantwortlichkeit, 2010, S. 90, 412, die aufgrund ihrer rvgl Untersuchung davon ausgeht (S. 414), dass der Vorgesetzte von der Existenz der Informationen gewusst und sich damit der Gefahr der Straftatverwirklichung bewusst gewesen sein muss.

328 Vgl. auch *Weigend,* FS Roxin, 2001, S. 1397: „Friktionen“, die sich auch mit „großem dogmatischen Scharfsinn“ nicht auflösen lassen; MünchKomm/*Weigend,* § 4 VStGB Rn. 7. Krit. auch *Meloni,* JICJ 5 (2007), 635; *Olásolo,* 2008, S. 212; *Damaška,* ChicKentLR 83 (2008), 351; *Roßkopf,* S. 175f. hält den

auf der Ebene der Strafzumessung abmildern lässt.[329] Konstruktiv *(de lege ferenda)* ist wie folgt zu differenzieren: Bei **Kenntnis** der Grundverbrechen haftet der Vorgesetzte als *Täter* durch Unterlassen – neben den Untergebenen – für die Grundverbrechen, wenn er sie noch verhindern konnte; bei **fahrlässiger Unkenntnis** kann man ihm die vorsätzlichen Grundverbrechen nicht (täterschaftlich) zurechnen, sondern ihn nur aus einem *eigenständigen Delikt* einer – vorsätzlich oder fahrlässig begangenen – Aufsichtspflichtverletzung oder Nichtmeldung der Grundverbrechen bestrafen.[330] Da es aber in diesen Fällen nicht um (vorsätzlich) Täter-, sondern „nur" (fahrlässige) *Teilnahme*haftung des Vorgesetzten geht, ist jedenfalls – um dem *Schuldgrundsatz* Rechnung zu tragen – eine erheblich **geringere Strafe** (Haftungsquote) zu verhängen als bei Kenntnis der Grundverbrechen und deren Nicht-Verhinderung. Diese differenzierte Lösung liegt § 4 **VStGB** einer- und §§ 13, 14 VStGB andererseits zugrunde.[331] Aus diesen folgt allerdings, dass *fahrlässiges* Verhalten des Vorgesetzten nur bei einer Aufsichtspflichtverletzung (§ 13) strafbar ist,[332] womit §§ 4 und 14 VStGB hinter Art. 28 zurückbleiben.[333] Schon deshalb ist es zu begrüßen, dass der BGH hinsichtlich des bedingten Vorsatzes bei § 4 VStGB keine hohen Anforderungen stellt.[334]

Widerspruch nur für „vordergründig"; ähnlich auch *Vogel,* in: Jeßberger/Geneuss, S. 83; keine schuldstrafrechtlichen Bedenken hat *Burghardt,* S. 461 f. (aber s. folgende Fn.).

329 Ebenso *Meloni,* JICJ 5 (2007), 636 m. w. N.; für einen „nuanced approach to sentencing" auch *Nerlich,* JICJ 5 (2007), 682; *Burghardt,* S. 434, 465.

330 Wenn man freilich der bereits erwähnten vstr Gesamttat-Konzeption folgt (Rn. 11), ist die Einordnung als eigenständiges Delikt nicht zwingend; stattdessen handelt es sich um eine fahrlässige Beteiligung an der (vorsätzlichen) Gesamttat, etwa den von den Untergebenen begangenen Verbrechen gegen die Menschlichkeit. Diese Konstellation ist im nationalen Strafrecht in der Regel unbedeutend, weil sich kaum Sorgfaltspflichten finden lassen, die sich auf die Verhinderung *vorsätzlicher* Taten Dritter erstrecken (abgesehen von den schon genannten strukturell ähnlichen Vorschriften). Nach *Nerlich,* JICJ 5 (2007), 676, 680, 682 soll dem Vorgesetzten, dem nur fahrlässige Unkenntnis zur Last gelegt werden kann, nicht das tatbestandliche Verhalten seines Untergebenen, sondern lediglich der von diesem verursachte Erfolg (dessen Eintritt der Vorgesetzte hätte verhindern müssen) vorgeworfen werden können. Krit. zur dogmatischen Einordnung der Vorgesetztenverantwortlichkeit *Trechsel,* in: Cavallo et al., S. 215 f.

331 Zust. *Cassese,* 2003, S. 206 f.: „excellent"; auch *Lahti,* in: AIDP, S. 349 f.; *Weigend,* ZStW 116 (2004), 1026; MünchKomm/*Weigend,* § 4 VStGB Rn. 8, 16 („restriktiveres Haftungsmodell") u. § 13 VStGB Rn. 5; *Gropengießer,* S. 295 ff.; *Meloni,* JICJ 5 (2007), 637 mit Fn. 108; *Werle,* 2012, Rn. 575 ff.; *Damaška,* ChicKentLR 83 (2008), 353 f.; *Safferling/Kirsch,* JA 2012, 482. Entgegen *Vogel,* ZStW 114 (2002), 435 f. liegt ihr weder ein Missverständnis noch eine mangelnde Berücksichtigung des rechtstatsächlichen Hintergrunds, sondern nur eine konsequente Anwendung des Schuldgrundsatzes zugrunde; dieser muss auch in einem System vstr Verantwortlichkeit zu Abstufungen führen. Allg. krit. aus schuldstrafrechtlicher Sicht *Weigend,* ZStW 116 (2004), 1024 ff. Ausführlich zur Verantwortlichkeit nach § 4 VStGB *Safferling/Hartwig-Asteroth/Scheffler,* ZIS 2013, 448 ff.

332 Vgl. MünchKomm/*Weigend,* § 13 VStGB Rn. 28 ff.

333 *Gropengießer,* S. 298 f.; *BGH* JZ 2010, 964 (hinsichtlich § 4 VStGB); i. Erg. für unproblematisch hält das *Burghardt,* in: Jeßberger/Geneuss, S. 98 ff. Zur span. Regelung (Art. 615 bis (b)) vgl. *Galán M.*, RP 16 (2005), 79 ff.

334 *BGH* JZ 2010, 960, 964 f. („genügt es, wenn sein bedingter Vorsatz die Art der zu begehendenStraftat umfasst und sich weiter darauf erstreckt, dass derartige Taten bei dem Einsatz der ihm unterstellten Truppen im Kampfgebiet begangen werden; ein hierüber hinausgehendes Detailwissen ist nicht erforderlich."); der BGH begründet das überz. i. W. mit der kollektiven Natur vstr Verbrechen und der Distanz zwischen Vorgesetzten u. Ausführungstätern; zust. auch *Safferling,* JZ 2010, 967; *Vogel,* in: Jeßberger/Geneuss, S. 87; enger MünchKomm/*Weigend,* § 4 VStGB Rn. 56, der, ähnlich wie bei § 26 StGB, ein Vorhersehen der Tat in „ihren wesentlichen Umrissen" verlangt.

Lösung Fall 8:

Die „Grundverbrechen" der Untergebenen des B stellen Menschlichkeits- oder Kriegsverbrechen dar (Art. 7 Abs. 1 (a), Art. 8 Abs. 2 (a) (i), (b) (xvi), (c) (i), (e) (v)). B kann sich durch aktives Tun oder Unterlassen daran beteiligt haben. In jenem Fall ist eine Strafbarkeit wegen der Anordnung der Verbrechen, der Aufforderung oder Anstiftung dazu (Art. 25 Abs. 3 (b)) zu prüfen. Hinsichtlich des Unterlassens des Einschreitens kommt eine Strafbarkeit wegen Vorgesetztenverantwortlichkeit in Betracht (Art. 28), zu den Voraussetzungen Rn. 57f. Das ICTY hat Blaskic erstinstanzlich wegen der Anordnung eines Menschlichkeitsverbrechens und des Unterlassens der Verhinderung von Menschlichkeits- und Kriegsverbrechen verurteilt. Die Rechtsmittelkammer hat das Urteil aber teilweise aufgehoben. 60

Lösung Fall 9:

Die „Grundverbrechen" der Untergebenen von K stellen Kriegsverbrechen dar (Art. 8 Abs. 2 (a) (i), (c) (i)). K war als zuständiger Befehlshaber für die Beachtung des humVR durch seine Untergebenen verantwortlich. Es ist davon auszugehen, dass er tatsächliche Kontrolle über seine Untergebenen hatte und von den Erschießungen hätte wissen müssen (Art. 28 (a) (i)). Er hätte deshalb Gegenmaßnahmen ergreifen können und müssen (Art. 28 (a) (ii)). Die Grundverbrechen stellen sich als Folge seines (echten) Unterlassens dar. Das ICTY hat K wegen Genozid, Verfolgung (als Verbrechen gegen die Menschlichkeit) und Totschlag (als Kriegsverbrechen) verurteilt und die Vorgesetztenverantwortlichkeit (Art. 7 Abs. 3 ICTYS) hinter seiner (mit)täterschaftlichen Verantwortlichkeit (Art. 7 Abs. 1) zurücktreten lassen. 61

Lösung Fall 10:

K könnte wegen Aufstachelung zum Völkermord (Art. 25 Abs. 3 (e)) an den Tutsi strafbar sein. Daneben kommt eine Strafbarkeit wegen Anstiftung etc. (Art. 25 Abs. 3 (b) i. V. m. Art. 6) in Betracht, denn die einzelnen Völkermordtaten wurden zumindest versucht. Als Premierminister haftet K zudem als „anderer Vorgesetzter" gemäß Art. 28 (b). Insoweit sind an den Nachweis der tatsächlichen Kontrolle und der subjektiven Seite hohe Anforderungen zu stellen (Rn. 57f.). Das ICTR hat K aus all diesen Gründen verurteilt (Art. 6 Abs. 1, 3 i. V. m. Art. 2 Abs. 3 ICTRS). 62

VII. Subjektive Voraussetzungen individueller Verantwortlichkeit

Art. 30 Abs. 1 sieht (vgl. **Schaubild 9**) als **allgemeine** – auch im ausländischen Strafrecht anerkannte[335] – **Regel** vor, dass der Täter im Hinblick auf die objektiven Tatbestandsmerkmale („material elements") eines Verbrechens **„vorsätzlich und wissentlich"** („intent and knowledge", „intention et connaissance", „intención y conocimiento") gehandelt hat.[336] Das klingt ganz nach Tatvorsatz i. S. v. § 15 StGB,[337] doch ist zu berücksichtigen, dass der aus dem common law stammende Begriff **„mental ele-** 63

[335] Vgl. für das common law: § 2.02 MPC sowie § 18 DCCB; *Williams*, S. 71; *Smith/Hogan*, S. 106ff., 128ff.; *Dubber*, S. 61ff.; *Avinor*, CLF 15 (2004), 427; *Safferling*, Vorsatz, 2008, S. 344; für die frz. (klassische) Lehre: *Merle/Vitu*, S. 729ff.; *Desportes/Le Gunehec*, S. 435f.; für die spanische Lehre: *Mir Puig*, S. 253ff. Vgl. auch *Pradel*, S. 468; *Vogel*, GA 1998, 133, 140f.; *Jescheck/Weigend*, S. 293 Fn. 6; *Perron*, FS Nishihara, 1998, S. 149.

[336] Vgl. ausführlich *Ambos*, 2002, S. 757ff.; krit. *Werle*, 2012, Rn. 433, 436ff.; *Werle/Jessberger*, JICJ 3 (2005), 35ff.; *Vallini*, in: Amati et al., S. 175ff.; *Gless*, 2011, Rn. 707; *Melendo*, Imputación subjetiva, 2008, S. 31ff. (38). Cryer/*Cryer*, S. 383 sieht darin eine hohen subjektiven Standard. Krit. *Stuckenberg*, S. 15ff., der selbst auf der Grundlage seines supranational-funktionalen Ansatzes (§ 5 Rn. 9) nach analytisch-interdisziplinärer Vorklärung (S. 40ff.) eine Lehre zu den Elementen und der Teleologie des Vorsatzes entwickelt (S. 210ff., 406ff.; *Schabas*, 2010, S. 475. Vgl. auch *ICTY*, Jelisic TJ 14.12.1999, paras. 102ff.; Jelisic AppJ 5.7.2001, paras. 53ff.; zum Vorsatzbegriff dieser Rspr. *Burghardt*, S. 302f.

[337] So auch *Bohlander*, 2008, S. 41, der „Vorsatz" insoweit mit „intent" übersetzt.

ment" nur die innere Tatseite im Sinne eines vorfinalistisch-dualistischen Verbrechensbegriffs bezeichnet, also insbesondere das Unrechtsbewusstsein mit einschließt.[338] Auch was die **Ungenauigkeiten** der deutschen Fassung des IStGH-Statuts angeht, etwa die doppelte Erwähnung des kognitiven Elements in Art. 30 Abs. 1 („vorsätzlich und wissentlich"), sind die **begrifflichen Schwierigkeiten** insoweit in Rechnung zu stellen, als dass die Begriffe „intent", „intention" oder „intentional" keine feststehende und einheitliche Bedeutung haben, sondern in ihrem systematischen Zusammenhang unter Berücksichtigung historischer und teleologischer Erwägungen ausgelegt werden müssen.[339] Die Rspr. hat jedenfalls eine markant kognitive Tendenz.[340]

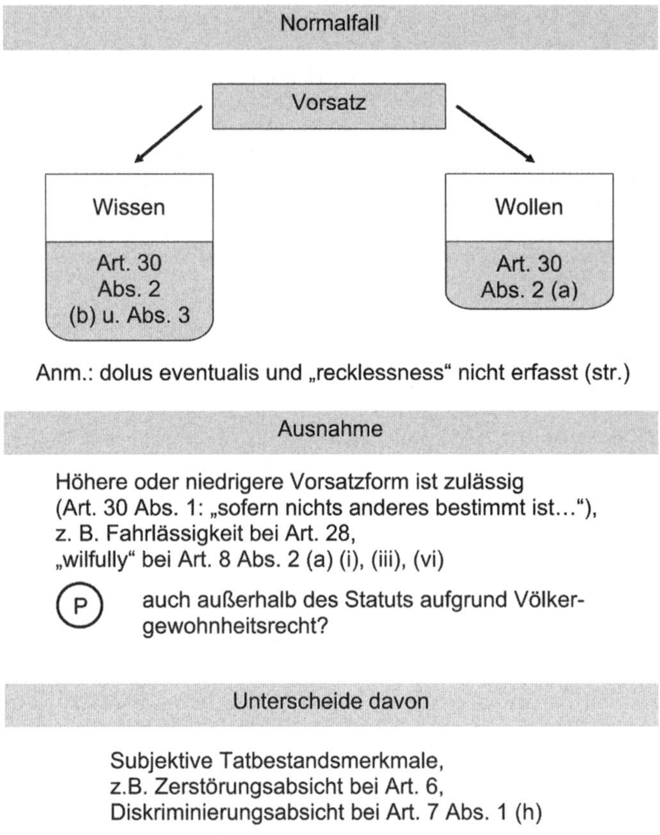

Schaubild 9: Vorsatz im Völkerstrafrecht

[338] Vgl. zu dieser komplexen, den Verbrechensbegriff des common law betreffenden Frage *Ambos,* 2002, S. 758 ff. m.w.N. Zum der klassischen Lehre entsprechenden Strafrechtsverständnis des common law instruktiv auch *Korte,* Befehl, 2004, S. 169 m.w.N.; *Melendo,* Imputación subjetiva, 2008, S. 94, 115; zur mens rea *Dubber,* S. 55 ff.; *Safferling,* Vorsatz, 2008, S. 293, 342 ff. (subj. Tatseite). Siehe auch die ausführliche rechtsvergleichende Analyse bei *Bader/Marchuk,* CLF 24 (2013), 3 ff.

[339] Zu den Begrifflichkeiten genauer *Ambos,* 2002, S. 758 ff.; *ders.,* IRRC 91 (2009), 842 f.; grdl. *Stuckenberg,* S. 210 ff. Zur str. Terminologie auch *Clark,* ZStW 114 (2002), 379; *Roßkopf,* S. 14 ff.; *Weigend,* FS Herzberg, 2008, S. 1005 ff.; *Jesse,* S. 204 ff.

[340] Vgl. *Werle,* 2012, Rn. 426 f. m. N. zur Rspr.; umfassende Auswertung der Rechtsprechung der *Ad-Hoc*-Tribunale bei *Badar,* S. 287 ff.

Art. 30 kennt überdies **Ausnahmen,** denn das Statut enthält schwächere Vorsatzformen, etwa im Rahmen der Vorgesetztenverantwortlichkeit (Rn. 58), aber auch höhere subjektive Anforderungen, etwa die besondere Zerstörungsabsicht bei Genozid (Rn. 66). Diesen Sonderregelungen trägt die **Öffnungsklausel** „[S]ofern nichts anderes bestimmt ist" („[U]nless otherwise provided") Rechnung.[341] Auf diese Weise glaubte man sich der ausdrücklichen Nennung besonderer subjektiver Erfordernisse enthalten zu können.[342] Umstritten ist aber, ob damit auch *abweichende Vorsatzformen außerhalb des Statuts,* etwa in den Verbrechenselementen oder im VGR, anzuerkennen sind. Die Lubanga-Vorverfahrenskammer hat dies hinsichtlich der von den Verbrechenselementen zugelassenen fahrlässigen Unkenntnis bezüglich des Alters eines zwangsrekrutierten Kindes[343] grundsätzlich angenommen.[344] Dagegen spricht aber schon die subsidiäre Funktion der Verbrechenselemente als Auslegungshilfe (§ 6 Rn. 31).[345] Umstritten ist auch, ob Art. 30 *selbst* – nicht nur über die Öffnungsklausel[346] – schon die schwächeren Vorsatzformen des **dolus eventualis** und der **recklessness** enthält. Dies könnte man allenfalls Art. 30 Abs. 2 (b) insoweit entnehmen, als danach Vorsatz im Hinblick auf bestimmte Folgen auch vorliegt, wenn dem Täter bewusst ist, „dass diese im gewöhnlichen Verlauf der Ereignisse eintreten werden" („will occur in the ordinary course of events"). Zur Zurechnung reicht also das Wissen um den Erfolgseintritt auf Grund allgemeiner Lebenserfahrung aus; das erforderliche Wissen wird objektiviert durch den Maßstab des „gewöhnlichen Verlaufs der Ereignisse". Damit wird aber – jedenfalls nach h. M. – mehr verlangt als beim *dolus eventualis,* denn dort beruht das ernstliche Für-Möglich-Halten des Erfolgseintritts auf einer unsicheren Tatsachengrundlage,[347] während nach Art. 30 Abs. 2 (b) vom Erfolgseintritt regelmäßig als relativ sicher ausgegangen werden kann.[348] Dieser Maßstab entspricht eher dem aus Norwegen und Finn- 64

341 Dazu *Werle/Jessberger,* JICJ 3 (2005), 53f.; *Werle,* 2012, Rn. 445ff.; *Vallini,* in: Cassese et al., 2005, S. 45ff.; *Roßkopf,* S. 100ff.; *Ambos,* 2013, S. 291ff.; auch (mit Bezug auf Lubanga) *WCRO,* Early jurisprudence ICC, 2010, S. 65ff.

342 Vgl. Report PrepCom I, 45 (para. 199): „There was no need ... to distinguish between general and specific intention, because any specific intent should be included as one of the elements of the definition of the crime." Vgl. auch *Schabas,* Eur. J. Cr. 6 (1998), 420; *Kreß,* IYHR 29 (2000), 122f.; *Arnold,* CLF 14 (2003), 132f. („default rule").

343 Gemäß Art. 8 Abs. 2 (b)(xxvi) bzw. (e) (vii) ist die Zwangsrekrutierung von Kindern unter 15 J. strafbar (Rn. 249). Nr. 3 der entspr. Verbrechenselemente lässt insoweit einen „should have known" Maßstab, also fahrlässige Unkenntnis, ausreichen.

344 *ICC,* Lubanga Confirmation Decision 29.1.2007, paras. 357ff., wobei sie *in casu* allerdings eine fahrlässige Unkenntnis wg. Mittäterschaft Lubangas nicht für ausreichend hielt (para. 365); krit. *Weigend,* JICJ 6 (2008), 474, 485; *WCRO,* Early jurisprudence ICC, 2010, S. 66ff.; *Ambos,* FS Karras, 2010, S. 1001f.; *ders.,* 2010a, S. 117f. In *ICC,* Lubanga TJ 14.3.2012, paras. 1014ff. wurde diese Frage offen gelassen, da die Anklage auf Vorsatztaten beschränkt war.

345 *Ambos,* 2002, S. 789; auch *Jesse,* S. 220ff.; restriktiv auch *Gless,* 2011, Rn. 711; *Safferling,* 2011, § 5 Rn. 20; a. A. *Werle/Jessberger,* JICJ 3 (2005), 45f. m.w.N. in Fn. 59; *Werle,* 2012, Rn. 448ff.; *Roßkopf,* S. 105ff.; *WCRO,* Early jurisprudence ICC, 2010, S. 65ff.; diff. *Weigend,* JICJ 6 (2008), 472ff.

346 Dazu *Werle/Jessberger,* JICJ 3 (2005), 53f.; *Vallini,* in: Cassese et al., 2005, S. 45ff.

347 Vgl. *Roxin,* AT I, § 12 Rn. 21ff. (24, 27) m.w.N.; *Kühl,* § 5 Rn. 59, 85.

348 I. Erg. ebenso Begründung zu Art. 1 § 2c) VStGB, in: BMJ, S. 27; *Werle,* 2003, Rn. 309; *Merkel,* ZStW 114 (2002), 444; *van Sliedregt,* 2003, S. 51f., 361; *dies.,* 2012, S. 47f.; *Weigend,* in: AIDP, S. 324, 326f.; *Amati,* in: Delmas-Marty et al., S. 315; *Satzger,* 2013, § 15 Rn. 24f.; *Werle/Jessberger,* JICJ 3 (2005), 41, 52f. m.w.N. in Fn. 95; *Moneta,* in: Cassese et al., 2005, S. 38; *Vallini,* in: ebd. S. 75; *Nerlich,* JICJ 5 (2007), 675; *Roßkopf,* S. 92, 98; *Borsari,* S. 340f.; *WCRO,* Early jurisprudence ICC, 2010, S. 68ff.; *Gless,* 2011, Rn. 712; früher schon *Ambos,* CLF 10 (1999), 21f. Irreführend Triffterer/*Piragoff/Robinson,* Art. 30 Rn. 22, wenn sie den objektiven Standard des gewöhnlichen Verlaufs

land bekannten „Bewusstsein", dass die Handlung sicher oder mit überwiegender Wahrscheinlichkeit die Tatbestandsmerkmale erfüllt.[349] Auch die Annahme von *recklessness* scheidet aus, denn sie setzt voraus, dass der Täter das Risiko des Erfolgseintritts bewusst missachtet hat.[350] Die Rechtsmittelkammer des ICTY hat im Hinblick auf das Anordnen einer Straftat i. S. v. Art. 7 Abs. 1 ICTYS **mehr als** „irgendeine" **Risikokenntnis** („knowledge of any kind of risk") verlangt, nämlich das Bewusstsein einer höheren oder substanziellen Wahrscheinlichkeit des Risikoeintritts; ferner sei das volitive Vorsatzelement erforderlich, wobei aus dem Handeln mit dem genannten Bewusstseinsgrad ein Billigen des Erfolgs abgeleitet werden könne (auch Rn. 196f.).[351]

65 Als **Bezugspunkte** des Vorsatzes nennt Art. 30 „conduct", „consequence" und „circumstance". Demnach muss der Täter im Hinblick auf das tatbestandliche *Verhalten* willentlich, im Hinblick auf den *Erfolg* willentlich und wissentlich[352] sowie im Hinblick auf *Tatumstände* wissentlich handeln.[353] Anders als im deutschen Recht ist die

---

der Ereignisse mit dolus eventualis gleichsetzen und dabei zu übersehen scheinen, dass Art. 30 positive Kenntnis verlangt; für dolus ev. aber auch *Laurenzo Copello,* JPD 7/2000, 100; *Mantovani,* JICJ 1 (2003), 32; *Knoops,* Defences, 2001, S. 11f.; *Meseke,* S. 164; *Olásolo,* CLF 18 (2007), 305; *ders.*, 2008, S. 208f.; *Gil Gil,* ICLR 14 (2014), 99f.; i. Erg. auch Concurring Opinion of Judge van den Wyngaert, para. 38 („dressed up as a dolus eventualis second degree"); auch *ICC,* Lubanga Décision confirmation 29. 1. 2007, paras. 349ff. (352: „L'élément intentionnel susmentionné couvre également d'autres manifestations de la notion de dol ... on parle également de „dol éventuel""); dies widerspricht allerdings der Ablehnung der „recklessness," s. Fn. 350); krit. *Roßkopf,* S. 95ff.; *Ambos,* FS Karras, 2010, S. 1001; i. Erg. zust. *Werle,* 2012, Rn. 442 („in seiner Stoßrichtung zu begrüßen ... notwendige, berichtigende Auslegung der missglückten Regelung"), 467ff.; gg. die Lubanga PTC aber zutreffend *ICC,* Katanga and Ngudjolo Confirmation Decision 30. 9. 2008, para. 251 mit Fn. 329 (ohne nähere Begründung und ohne dass es im konkreten Fall aber darauf ankam); Bemba Confirmation Decision 15. 6. 2009, paras. 360ff. (dazu *Ambos,* LJIL 22 (2009), 718); Lubanga TJ 14. 3. 2012, para. 1011; Katanga TJ 7. 3. 2014, paras. 775f.; zu Lubanga *Ambos,* ICLR 12 (2012), 149ff.; *ders.*, ZIS 2012, 335f.; zur Rspr. des IStGH *Badar,* S. 394ff. Gegen eine Einbeziehung des dolus eventualis spricht schließlich auch, dass der Begriff schon vor der Rom-Konferenz aus den Entwürfen gestrichen wurde (*Clark,* ZStW 114 (2002), 378). – Zur ICTY-Rspr. vgl. *Werle,* 2012, Rn. 442, 468; für dolus eventualis insoweit *Burghardt,* S. 302f., 357; zur (unklaren) Fahrlässigkeitshaftung *ebd.*, S. 352f.

349 Kap. 3 § 6 Satz 1 finn. Strafgesetz (Gesetzesänderung 515/2003) und § 22 (b) norweg. Reformentwurf zum Strafgesetz (Odelstingsproposisjoner 90 (2003–2004) s. 498); vgl. auch *Frände,* Allmän Straffrätt, 2004, S. 125ff. Freilich erinnern diese Vorschläge wiederum an die Wahrscheinlichkeitstheorie, mit der sich auch der dolus eventualis begründen lässt (vgl. *Roxin,* AT I, § 12 Rn. 45ff.). Insoweit liegt Art. 30 Abs. 2 (b) zwischen direktem Vorsatz und dolus eventualis (zutr. *Gropengießer,* S. 273).

350 Ebenso grds. *Werle,* 2012, Rn. 467ff.; *Satzger,* 2013, § 15 Rn. 27; *Roßkopf,* S. 92; *Olásolo,* 2008, S. 209f.; *Heller,* in: Heller/Dubber, S. 604; *ICC,* Lubanga Décision confirmation 29. 1. 2007, para. 355 mit Fn. 438; Lubanga TJ 14. 3. 2012, para. 1011; krit. insoweit *Cassese,* EJIL 10 (1999), 153f.; für Einbeziehung *Meseke,* S. 162f. Beachte auch, dass bestimmte Kriegsverbrechen „recklessness" ausreichen lassen (*Werle,* 2012, Rn. 1104f., 1129, 1193, 1199, 1210, 1220, 1229). Allg. zur „recklessness" *Dubber,* S. 66ff.; *Fletcher/Ohlin,* JICJ 3 (2005), 554; *Safferling,* Vorsatz, 2008, S. 360ff.; diese wird allerdings in der vstr Diskussion häufig mit dolus eventualis vermischt, vgl. etwa *Cassese* et al., 2013, S. 46; krit. auch *Fletcher,* 2007, S. 317.

351 *ICTY,* Blaskic AppJ 29. 7. 2004, paras. 41f. Zur Rspr. *Elewa Badar,* ICLR 5 (2005), 213ff.; *ders.*, ICLR 6 (2006), 313ff.; *Weigend,* FS Herzberg, 2008, S. 1006f.; *Goy,* ICLR 12 (2012), 14ff.

352 Für ein alternatives Verständnis (willentlich *oder* wissentlich) *Werle/Jessberger,* JICJ 3 (2005), 41 (gegen *Ambos,* 2002, S. 770) sowie grdl. *Roßkopf,* S. 89ff., 98, der trotz der kumulativen Verknüpfung in Art. 30 Abs. 1 aufgrund des Zusammenspiels von Abs. 2 (b) Alt. 2 und Abs. 3 S. 1 Alt. 2 das *Bewusstsein* des Eintritt des *gewollten* Erfolgs für ausreichend hält; s. auch *Badar,* S. 387ff.

353 Näher *Ambos,* 2002, S. 764ff. Zu den Begrifflichkeiten auch *Clark,* ZStW 114 (2002), 382; *Werle,* 2012, Rn. 415ff.; *Jesse,* S. 190ff.; *Heller,* in: Heller/Dubber, S. 602f. Instruktives Schaubild bei *Satzger,* 2013, § 15 Rn. 23.

jeweils erforderliche *subjektive* Voraussetzung also auf die genannten *objektiven* Deliktsmerkmale (Rn. 3) zu beziehen. Im Übrigen muss sich der Vorsatz auf alle objektiven Tatbestandsmerkmale („material elements") beziehen. Dies schließt auch die für die internationalen Verbrechen (hier Art. 6–8*bis*) typischen kollektiven **Begehungszusammenhänge** („Gesamttat", „contextual elements") ein; insoweit muss der Täter *tatsächliche* Kenntnis haben, insbesondere muss er sich – bei Verbrechen gegen die Menschlichkeit (Rn. 195ff.) – des systematischen Begehungszusammenhangs und – bei Kriegsverbrechen (Rn. 243f.) – der Umstände des Vorliegens eines internationalen oder nicht-internationalen bewaffneten Konflikts bewusst sein. In ähnlicher Weise muss der Täter sich auch im Hinblick auf **normative Tatbestandsmerkmale** der zur Bedeutungskenntnis notwendigen Tatsachen bewusst sein.[354] Demgegenüber muss er nicht die *rechtliche* Bedeutung oder Bewertung solcher Merkmale erfassen. Kurz und vereinfacht gesagt: Der Täter muss **tatsächliche, aber keine rechtliche Kenntnis** besitzen.[355] Zum „constructive knowledge" Rn. 198.

Was zusätzliche oder abweichende subjektive Anforderungen angeht, so ist – jedenfalls nach deutschem Verständnis – zunächst zwischen allgemeinen Vorsatzerfordernissen und besonderen subjektiven Tatbestandsmerkmalen zu unterscheiden. Das gilt auch für die internationalen Kernverbrechen. Ein subjektives Tatbestandsmerkmal stellt nur die Zerstörungsabsicht beim Genozid (Art. 6, Rn. 146ff.) und die besondere diskriminierende Absicht des VgM der Verfolgung (Art. 7 Abs. 1 (h), Rn. 213) dar. Im Übrigen enthalten die einzelnen Tathandlungen der Art. 6–8 höhere und niedrigere Vorsatzerfordernisse.[356] Über Art. 30 hinausgehende Vorsatzerfordernisse im Sinne eines *dolus directus* ersten Grades finden sich in den Verbrechen des Genozids durch Auferlegung von zerstörerischen Lebensbedingungen (Art. 6 (c)) und Verhängung geburtenverhindernder Maßnahmen (Art. 6 (d)) sowie in den Verbrechen gegen die Menschlichkeit der Ausrottung (Art. 7 Abs. 1 (b) i. V. m. (2) (b)), der erzwungenen Schwangerschaft (Art. 7 Abs. 1 (g) i. V. m. Abs. 2 (f)), des Verschwindenlassens (Art. 7 Abs. 1 (i) i. V. m. Abs. 2 (i)) und der Apartheid (Art. 7 Abs. 1 (j) i. V. m. Abs. 2 (h)). Ein geringeres Vorsatzerfordernis kann bei Kriegsverbrechen gemäß Art. 8 angenommen werden, wenn der dort verwendete Begriff „wilful(ly)" dahingehend verstanden wird, dass er auch die recklessness einschließt. Diese würde auch für die Kriegsverbrechen gelten, bei denen der Vorsatz mit „intentionally" umschrieben wird, wenn man diesen Begriff mit „wilful(ly)" gleichsetzt.[357] 66

VIII. Versuch

In der vstr Praxis hat die eigenständige Strafbarkeit des Versuchs bisher keine Rolle gespielt. Indirekt wurde eine **versuchsähnliche Strafbarkeitsvorverlagerung** jedoch seit jeher mit der Strafbarkeit der Vorbereitung und Planung von Verbrechen gegen den Frieden sowie der Beteiligung an einem gemeinsamen Plan oder einer Verschwörung zur Begehung solcher Verbrechen anerkannt (zum neuen Art. 8*bis* Rn. 264f.).[358] Dies 67

[354] *Ambos*, 2002, S. 785ff.

[355] Näher *Ambos*, 2002, S. 772ff.; zust. *Werle*, 2012, Rn. 460ff.; *Werle/Jessberger*, JICJ 3 (2005), 42f., 50.

[356] Vgl. näher *Ambos*, 2002, S. 795ff., 797ff., 801ff.; *ders.*, 2013, S. 292ff.; *Werle/Jessberger*, JICJ 3 (2005), 47ff.; zu Kriegsverbrechen *Olásolo*, 2008, S. 210f. (Absicht), 217ff.; *Badar*, S. 401f.

[357] Vgl. auch *Werle*, 2012, Rn. 445ff. m.w. Beispielen; *Werle/Jessberger*, JICJ 3 (2005), 47. Gegen die Gleichsetzung von „wilful" mit „reckless" aber *Fletcher/Ohlin*, JICJ 3 (2005), 554f.; *Roßkopf*, S. 122ff.

[358] Vgl. Art. 6 (a) IMGS; Art. II (1)(a) KRG 10; Art. 5 (a) IMTFES. Vgl. auch *Triffterer*, in: Hankel/Stuby, S. 232f.; Cryer/*Cryer*, S. 380; *Werle*, 2012, Rn. 673f.

war auch in den Nürnberger und dem Tokioter Kriegsverbrecherverfahren von Bedeutung.[359] Ähnlich stellen auch Art. 7 Abs. 1 ICTYS/Art. 6 Abs. 1 ICTRS die Planung bzw. sonstige Beihilfe zur Planung, Vorbereitung oder Ausführung des Verbrechens unter Strafe (Rn. 40ff.). Explizit wurde eine Versuchsstrafbarkeit nur bereichsspezifisch in Art. III (d) der Genozid-Konvention und den darauf beruhenden Art. 4 Abs. 3 (d) ICTYS/Art. 2 Abs. 3 (d) ICTRS sowie sodann in späteren vstr Abkommen[360] kodifiziert. All diese Abkommen kamen jedoch über eine bloße Nennung des Versuchs nicht hinaus. Die ILC befasste sich hingegen gründlicher mit der Materie und regelte den Versuch in den Draft Codes (1. Aufl., § 6 Rn. 27f.). Auch die privaten Kodifikationsentwürfe haben genauere Versuchsregelungen vorgeschlagen.[361] Insgesamt kann damit von einer **vstr Anerkennung** des Versuchs – sei es auf vgr Grundlage oder als allgemeiner Rechtsgrundsatz – ausgegangen werden.[362]

68 Das IStGH-Statut hat die bisherigen Formulierungen im Sinne einer **gemischt französisch-US-amerikanischen Lösung** in Satz 1 Halbs. 1 von Art. 25 Abs. 3 (f) – „action that commences its execution by means of a substantial step" – vereint.[363] Die Regelung ist weder der formell-objektiven noch der streng subjektiven Lehre zuzuordnen. Sie folgt vielmehr einer **gemischt subjektiv-objektiven Lehre,** nach der sich der Versuch als der *objektiv manifestierte* verbrecherische *Wille* des Täters darstellt. Zu berücksichtigen ist freilich, dass die **eigentümliche Kombination** von französischer Beginn-Formel („Handlung ... zum Beginn seiner Ausführung")[364] und US-amerikanischer „Substantial-step-Doktrin" („wesentlichen Schritt")[365] eine Objektivierung des Versuchstatbestands mit sich bringt, die die *äußere Versuchshandlung* gegenüber der die Grundlage des Versuchs bildenden *Tätervorstellung* aufwertet, also – ganz im Sinne der Vereinigungstheorie[366] – die **objektive Rechtsgutsgefährdung** in der Vordergrund rückt.[367]

69 Wann nun freilich der Täter einen wesentlichen Schritt im Hinblick auf die Tatbestandsausführung vorgenommen, also unmittelbar zur Tatbestandsverwirklichung angesetzt hat, lässt sich auch im Völkerstrafrecht nicht mit einer allgemeinen Formel zufrieden stellend bestimmen.[368] Die Kriterien zur Abgrenzung von Vorbereitung und Versuch, also der **Bestimmung des Versuchsbeginns,** müssen vielmehr anhand einer **vstr Näherungsformel** entwickelt werden.[369] Deren erstes Element ist – für die Fälle

[359] Vgl. *Ambos,* 2002, S. 101ff., 136ff.

[360] Vgl. *Ambos,* 2002, S. 436f.; zum Genozid *Mettraux,* S. 257.

[361] Vgl. *Ambos,* 2002, S. 707f.; *ders.,* 2013, S. 235f. jeweils m.w.N.

[362] *Triffterer,* in: Hankel/Stuby, S. 233; *Ambos,* 2002, S. 707; *Werle,* 2012, Rn. 677; Cassese/Gaeta/Jones/*Eser,* S. 807; *Satzger,* 2013, § 15 Rn. 68; *Cassese* et al., 2013, S. 199ff.; *Cassese,* JICJ 2 (2004), 266ff., wo er unter Bezugnahme auf *ICTY,* Vasiljevic AppJ 25.2.2004, die Strafbarkeit eines versuchten Mordes (als Kriegs- oder Menschlichkeitsverbrechen) überzeugend begründet; *Gless,* 2011, Rn. 791; krit. *Tomuschat,* in: Hankel/Stuby, S. 288; zurückhaltend *Mettraux,* S. 293ff.; ablehnend *Burkhardt,* S. 41f.

[363] Vgl. ausführlich *Ambos,* 2002, S. 708, 716ff. Zust. *Jescheck,* JICJ 2 (2004), 51; *Del Corso,* in: Cassese et al., 2005, S. 183; *Safferling,* ZStW 118 (2006), 709; i. Erg. auch *Olásolo,* 2008, S. 197; *van Sliedregt,* 2012, S. 151ff.; *Heller,* in: Heller/Dubber, S. 609.

[364] Zu deren (frz.) Ursprung vgl. *Ambos,* 2002, S. 717f.

[365] Vgl. dazu *Ambos,* 2002, S. 720ff.; *Dubber,* S. 118f.

[366] Vgl. *Roxin,* AT II, § 29 Rn. 10ff. m.w.N.

[367] A. A. *Mantovani,* JICJ 1 (2003), 34: „more in line with a subjective conception of attempt ..."; für eine subjektive Interpretation auch *Safferling,* ZStW 118 (2006), 711f.

[368] Vgl. eingehend *Ambos,* 2002, S. 725ff. m.w.N.

[369] Vgl. *Ambos,* 2002, S. 738ff.; *ders.,* 2013, S. 252ff.

des beendeten Versuchs – das Kriterium des *Herrschaftsverlusts.* Im Übrigen ist mit dem Grundsatz der *Tatbestandsbezogenheit des Versuchs* auf den konkret versuchten Tatbestand und die durch das Verhalten bewirkte *materiale Rechtsgutsgefährdung* abzustellen. Zusammenfassend kann man von einer **materialen tatbestands- und rechtsgutsbezogenen Gesamtbetrachtung** sprechen.[370] Die Übertragung dieser Näherungsformel auf die konkreten Verbrechenstatbestände[371] bestätigt die Leistungsfähigkeit eines flexiblen, einzelfallbezogenen Ansatzes. Allgemein lässt sich immerhin feststellen, dass – entgegen der formell-objektiven Theorie – der Versuchsbeginn auch im Vorfeld der Tatbestandsverwirklichung liegen kann.[372] Andererseits ist die Schwelle zum strafbaren Versuch mit der tatbestandlichen Teilverwirklichung jedenfalls überschritten.[373] Angesichts des erhöhten Unrechtsgehalts der vstr Verbrechen dürfen auch an die Unmittelbarkeit bzw. Tatbestandsnähe der Versuchshandlung nicht zu hohe Anforderungen gestellt werden.[374]

Weiterhin enthält Art. 25 Abs. 3 (f) eine **Rücktrittsregelung,** die einerseits den Rück- 70
tritt zum negativen Tatbestandsmerkmal der Versuchsdefinition macht (Satz 1 Halbs. 2) und ihn andererseits positiv regelt (Satz 2). Diese **doppelte negativ-positive** Rücktrittsregelung geht auf das französische und US-amerikanische Recht zurück, kann aber nur als **Redaktionsversehen** erklärt werden, denn sowohl Satz 1 Halbs. 2 als auch Satz 2 erkennen die Möglichkeit eines strafbefreienden Rücktritts an.[375] Die Vorschrift lässt die problematischen Punkte dabei leider offen, z. B. bis zu welchem Moment der Tatverwirklichung der Rücktritt möglich und unter welchen Voraussetzungen die Aufgabe der Tatfortsetzung freiwillig ist. In der Sache entsprechen die Rücktrittsvoraussetzungen den im deutschen Recht diskutierten Grundsätzen, wobei allerdings unklar ist, ob der Rücktritt einen Tatbestandsausschluss (so Satz 1 Halbs. 2) oder nur eine nachträgliche Strafaufhebung (so Satz 2) darstellt, was sich wiederum auf die Strafbarkeit der Beteiligung an einem versuchten Verbrechen auswirkt.[376]

IX. Straffreistellungsgründe („defences")

Fall 11:

Soldat Y gehört zu einer Einheit, die Kriegsgefangene bewacht und verhört. Er empfindet seine persön- 71
liche wie dienstliche Situation unbefriedigend. In seiner Freizeit und im Dienst trinkt er regelmässig erhebliche Mengen Alkohol. In alkoholisiertem Zustand schlägt er bei Verhören häufig mit einem Schlagstock auf Personen ein, die sich seiner Meinung nach nicht kooperativ verhalten. Zu keinen Gewalttaten seinerseits kommt es an den Tagen, an denen er (weitgehend) nüchtern seinen Dienst versieht. Ist Y strafbar? → Rn. 111

[370] Krit. zu meinem Ansatz *Safferling,* ZStW 118 (2006), 709ff.
[371] Vgl. *Ambos,* 2002, S. 744ff.; *ders.,* 2013, S. 256ff.
[372] Triffterer/*Ambos,* Special Print, Art. 25 Rn. 37.
[373] Ebenso *Werle,* 2012, Rn. 678; Cassese/Gaeta/Jones/*Eser,* S. 812.
[374] Krit. LK/*Hillenkamp,* Vor § 22 Rn. 152 mit Fn. 205.
[375] Vgl. *Ambos,* 2002, S. 709ff.; Cassese/Gaeta/Jones/*Eser,* S. 817; zust. *Werle,* 2012, Rn. 684; *Werle,* JICJ 5 (2007), 973; krit. *Mantovani,* JICJ 1 (2003), 34: „unclear"; *Del Corso,* in: Cassese et al., 2005, S. 186f.; diff. *Borsari,* S. 322.
[376] Vgl. *Werle,* 2012, Rn. 684; ebenso *Satzger,* 2013, § 15 Rn. 71; *Safferling,* 2011, § 5 Rn. 108; näher *Olásolo,* 2008, S. 197ff.; *Ambos,* 2013, S. 264f.

Fall 12:

72 Der 15-jährige J ist Mitglied einer der Rebellengruppen in Sierra Leone und an zahlreichen Massakern beteiligt. Kann er vom IStGH abgeurteilt werden? → Rn. 112

Fall 13 (vgl. Fall 2, Rn. 14, 34):

73 Soldat E nimmt an Erschießungen von Zivilisten teil, die ihm von seinem militärischen Vorgesetzten befohlen wurden. Macht es für die Strafbarkeit des E einen Unterschied, ob die Erschießungen als Kriegsverbrechen oder als VgM beurteilt werden?
Variante: Wie Ausgangsfall, doch gibt E an, dass er und seine Familie getötet worden wären, hätte er sich dem Tötungsbefehl widersetzt.[377] Ist er gleichwohl strafbar? → Rn. 113 u. *Ambos,* 2010a, S. 126 (Fall 9 Rn. 53ff.)

Fall 14:

74 Regelmäßig kommt es zu Diebstählen von Fahrzeugteilen und Treibstoff der militärischen Fahrzeuge der Besatzungstruppen durch die lokale Zivilbevölkerung. Nachdem die Diebstähle auch durch eine verstärkte Bewachung der Fahrzeuge nicht verhindert werden, entscheidet die Besatzungsmacht, für jeden Diebstahl zur „Vergeltung" einen Zivilisten zu erschiessen. Der die Erschießung der zehnten Person durchführende Soldat M geht davon aus, dass diese Maßnahme zwar die Zivilbevölkerung terrorisiere, dass es sich hierbei jedoch um ein zulässiges und notwendiges militärisches Vorgehen handele. Hat er Recht? → Rn. 114

Fall 15:

75 Soldat S der Besatzungstruppen im Land L erschießt den Zivilisten Z, der versuchte sich hinter einem PKW vor S zu verstecken. Ist S strafbar, wenn er davon ausging, dass es sich bei Z um einen Soldaten handelte? Ist er strafbar, wenn er zwar erkannte, dass es sich um einen Zivilisten handelte, er aber davon ausging, dass er auch Zivilisten erschiessen dürfe? → Rn. 115

Fall 16:[378]

76 Im März 2003 wird der damalige Präsident Liberias, Charles Taylor, vor dem Sondertribunal für Sierra Leone (§ 6 Rn. 44) wegen VgM und Kriegsverbrechen angeklagt. Er sei u. a. verantwortlich für die Terrorisierung der Zivilbevölkerung, Folter und Mord. Noch vor seinem Rücktritt ersucht T das Tribunal um die Aufhebung der Anklage und des Haftbefehls mit der Begründung, dass er als Staatschef Immunität genieße. Hat er damit Erfolg? → Rn. 116

1. Allgemeines

77 Begrifflich ist zunächst darauf hinzuweisen, dass das IStGH-Statut bewusst auf den angloamerikanischen Begriff **„defences"** verzichtet hat, um die Auslegung der zitierten Vorschriften nicht rechtsfamiliär zu präjudizieren. In der Sache werden unter diesem Begriff alle – von der Verteidigung vorgebrachten oder *ex officio* geprüften –

[377] Wörtlich erklärte E: „Your Honour, I had to do this. If I had refused, I would have been killed together with the victims. When I refused, they told me: ‚If you're sorry for them, stand up, line up with them and we will kill you too.' I am not sorry for myself but for my family, my wife and son who then had nine months, and I could not refuse because then they would have killed me." (*ICTY,* Erdemovic TJ 29.11.1996, para. 10).

[378] *SCSL,* Taylor App. Decision 31.5.2004.

Gründe verstanden, deren Vorliegen zum Ausschluss der strafrechtlichen Verantwortlichkeit führt.[379] Man kann von *Verantwortlichkeits- oder Bestrafungsausschlussgründen* oder – noch umfassender – von *„materiellen und prozessualen Strafbarkeitshindernissen"* sprechen.[380] In unserem Zusammenhang bietet sich der Begriff **Straffreistellungsgründe**[381] an, weil er einerseits sowohl materiellrechtliche als auch prozessuale Vorschriften umfasst und andererseits dogmatisch weitgehend „unbelastet" ist. Damit ist auch klar, dass die in Kontinentaleuropa übliche Differenzierung zwischen Rechtfertigungs- und Entschuldigungsgründen im Völkerstrafrecht im Allgemeinen und im IStGH-Statut im Besonderen nicht nachvollzogen wird, auch wenn überzeugende Sachgründe für sie sprechen mögen.[382]

Die **zentrale Vorschrift** des IStGH-Statuts bildet **Art. 31,** der mit „grounds excluding criminal responsibility" überschrieben, also einerseits bewusst von den defences abzusetzen, aber andererseits auch nicht mit dem deutschen Begriff der „Strafausschließungsgründe" gleichzusetzen ist.[383] Schon die begrifflichen Schwierigkeiten zeigen, warum diese Vorschrift den wohl komplexesten Verhandlungsgegenstand des AT darstellte.[384] Art. 31 nimmt keine abschließende Aufzählung der möglichen Straffreistellungsgründe vor, sondern verweist in Abs. 1 auf andere im Statut vorgesehene Straffreistellungsgründe („Neben anderen") und in Abs. 3 ausdrücklich auf das anwendbare Recht (Art. 21, § 5 Rn. 5ff.) als Quelle weiterer Straffreistellungsgründe. Im Ergebnis sind damit die **sonstigen,** im Statut genannten **Straffreistellungsgründe** (Art. 27, 29, 32, 33) und solche gemeint, die sich aus VGR oder allgemeinen Rechtsgrundsätzen ergeben,[385] insbesondere die humanitärvölkerrechtlichen Einwände der *militärischen Notwendigkeit* und *Repressalie* (dazu schon § 6 Rn. 14).[386] Ein solches „Einfallstor" 78

[379] Ausführlich zu den einzelnen Straffreistellungsgründen und m.w.N. *Ambos,* 2013, S. 301ff.

[380] *Eser,* FS Triffterer, 1996, S. 755; auch *van Sliedregt,* 2003, S. 229; *Safferling,* Vorsatz, 2008, S. 294f.; zu Strafbarkeitsausschlussgründen als Kehrseite von Verantwortlichkeitsgründen i. S. seines statutsimmanenten Verbrechensbegriffs (o. Fn. 7) *Jesse,* S. 227ff. Zu prozessualen Einwänden („failure of proof defences") bzgl. der Beweislast *Watzek,* Rechtfertigung und Entschuldigung, 1997, S. 58ff.; *Dubber,* S. 139ff.; *Ambos,* 2013, S. 307f.; zum Nicht-Beweis von Tatbestandsmerkmalen. („non-proof of elements") *Zahar/Sluiter,* S. 399ff.; zu unglaubwürdigen bzw. unzuverlässigen Zeugen *ebd.*, S. 407ff. u. zu weiteren S. 414ff.; zur „good character" defence *ebd.*, S. 419ff.; krit. zur fehlenden Theoretisierung *Fletcher,* 2007, S. 108. Überblicksartig zu den defences *Darcy,* in: Schabas/Bernaz, S. 231ff.; *Ambos,* in: Brown, S. 299ff.

[381] So auch *Werle,* 2012, Rn. 582ff.; *Satzger,* 2013, § 15 Rn. 29, 49; *Safferling,* 2011, § 5 Rn. 41. Allg. dazu schon *Ambos,* CLF 10 (1999), 22ff.; *Dinstein,* in: McDonald/Swaak-Goldman, S. 369ff.; *Scaliotti,* ICLR 1 (2001), 111ff., 2 (2002), 1ff.

[382] Vgl. *Ambos,* 2002, S. 826ff., 868 m.w.N.; *Fletcher,* FS Eser, 2005, S. 742; krit. zum IStGH-Statut insoweit *Merkel,* ZStW 114 (2002), 441, 448, 454; *Fletcher,* JICJ 3 (2005), 34; *ders.*, 2007, S. 110; für die Unterscheidung auch Cassese/Gaeta/Jones/*Cassese,* S. 951; *Cassese* et al., 2013, S. 209ff.; *van Sliedregt,* 2003, S. 229ff., 299; zurückhaltend *Caccamo,* in: Cassese et al., 2005, S. 134f.; zur Dekonstruktion der Unterscheidung *Matus,* Transformación, 2008, S. 33ff.; zur Anerkennung im MPC *Dubber,* S. 34ff., 141f., 178ff.; zur (faktischen) Ablehnung in England *Safferling,* Vorsatz, 2008, S. 296f.

[383] Ebenso *Kreß,* ZStW 111 (1999), 600 Fn. 16; vertiefend *Ambos,* 2013, S. 386ff. Krit. zur Unbestimmtheit der Liste *Fournet,* in: Darcy/Powderly, S. 230ff., die deshalb der Rspr. große Bedeutung bei der Auslegung zumisst.

[384] *Saland,* in: Lee, 1999, S. 206f.

[385] Vgl. auch *Werle,* 2012, Rn. 586, 658; *Schabas,* 2011, S. 238f., der auch das Alibi als prozessuale „defence" nennt; krit. hierzu *Ambos,* 2013, S. 307f.; *Eboe-Osuji,* CLF 22 (2011), 35ff. (Alibi keine defence). Vgl. auch die Aufzählung bei *Merkel,* ZStW 114 (2002), 438.

[386] Der klassische kriegsrechtliche Einwand des **„tu quoque"** wurde endgültig – endlich! – mit dem *Kupreskic*-Urt. des *ICTY,* TJ 14.1.2000, paras. 511, 515ff. (dazu *Ambos,* 2002, S. 304f.) unter Verweis

wurde für nötig gehalten, weil das Statut nicht alle, in einem konkreten Fall in Betracht kommenden Straffreistellungsgründe abschließend regeln kann.[387] Der Straffreistellungsgrund muss „zur Zeit des fraglichen Verhaltens" (Art. 31 Abs. 1) vorliegen.[388] Im Übrigen gesteht Art. 31 Abs. 2 dem Gericht ein weites **Ermessen bei der Auslegung** der genannten Straffreistellungsgründe zu. Der Unterschied zwischen Absatz 2 und 3 besteht darin, dass jener das Gericht nur ermächtigt, für den anhängigen Fall eine gerechte Lösung zu finden,[389] wohingegen Absatz 3 ganz generell die Heranziehung weiterer Straffreistellungsgründe auf Grundlage des anwendbaren Rechts erlaubt.

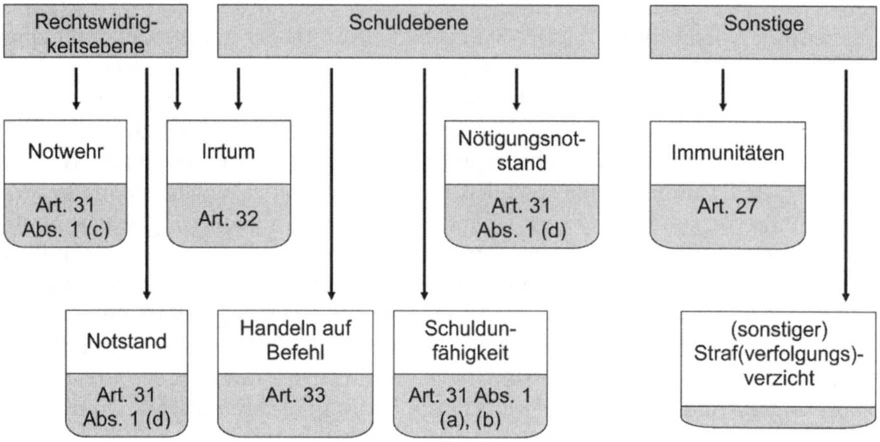

Anm.: Die Aufzählung ist nicht abschließend, weitere Gründe können aus dem anwendbaren Recht folgen (Art. 31 Abs. 3 i.V.m. Art. 21), etwa die Repressalie. Demgegenüber schließt Minderjährigkeit nur die Gerichtsbarkeit aus (Art. 26) und eine Verjährung der Art. 5-8 ist ausgeschlossen (Art. 29).

Schaubild 10: Völkerstrafrechtliche Straffreistellungsgründe im System von Rechtswidrigkeit und Schuld

auf die absolute Geltung der individuellen Schutznormen des humanitären Völkerrechts in die Analen der Völkerstrafrechtsgeschichte verbannt (vgl. *Ambos,* 2002, S. 123f., 360, 374f.; *ders.*, in: Brown, S. 328f.; *ders.,* 2013, S. 393; *Werle,* 2012, Rn. 665; *van Sliedregt,* 2003, S. 294f.; *Jescheck,* JICJ 2 (2004), 52; *Mettraux,* S. 159f., *Schabas,* 2006, S. 339; *Mugwanya,* S. 230; *Borsari,* S. 409f.; zur praktischen Relevanz *Cryer,* S. 199ff.; zum IMTFE *Boister/Cryer,* S. 241). – Die Berufung auf eine **Einwilligung** des Opfers scheidet bei internationalen Verbrechen schon wegen deren überindividuellen Charakters grds. aus, vgl. *Werle,* 2012, Rn. 663; *Mantovani,* JICJ 1 (2003), 35; *Jesse,* S. 180f.; *Ambos,* in: Brown, S. 328; *ders.*, 2013, S. 387f.; diff. *Borsari,* S. 410f.; genau aus diesem Grund wurde auch eine Regelung im VStGB für verzichtbar gehalten (vgl. BR-Drs. 29/02, in: *Lüder/Vormbaum,* S. 27f.; für die Möglichkeit einer Einwilligung bei § 8 Abs. 1 Nr. 8 (a), (b), (c) VStGB aber *Kreicker,* S. 404f.); zum **Einverständnis** bei der Vergewaltigung als VgM vgl. Rn. 211. – Zum **bewaffneten Konflikt** als Rechtfertigungsgrund bestimmter Taten *Kreicker,* S. 399f.; zur **force majeure** *ebd.*, S. 411ff.

387 *Saland,* in: Lee, 1999, S. 209.

388 Vgl. *Ambos,* in: Brown, S. 301; *ders.,* 2013, S. 312; auch *Jesse,* S. 234.

389 Für Vorklärung der tatsächlichen Anwendbarkeit des entspr. Ausschlussgrundes Cryer/*Cryer,* S. 400.

In der bisherigen Völkerstrafrechtspraxis war vor allem das **Handeln auf Befehl** (Art. 33) und der **Nötigungsnotstand** (Art. 31 (1) (d)) von Bedeutung,[390] so dass auf ihnen der Schwerpunkt der folgenden Darstellung liegen muss. Daneben sind die weiteren Straffreistellungsgründe des IStGH-Statuts zu behandeln: Die Unerheblichkeit der amtlichen Eigenschaft (Art. 27, näher Rn. 101 ff.), die Unverjährbarkeit der Kernverbrechen (Art. 29), die Schuldunfähigkeit (Art. 31 Abs. 1 (a) und (b)), die Notwehr (Art. 31 Abs. 1 (c)) und der Irrtum (Art. 32). Dabei ist **Art. 29** aus sich heraus verständlich: Die internationalen Kernverbrechen **verjähren nicht.**[391] Nicht zu den materiellen Straffreistellungsgründen zu zählen ist **Art. 26,** werden damit doch lediglich unter 18-jährige Täter von der **Gerichtsbarkeit** des IStGH ausgenommen und damit die Frage ihrer (materiellen) Schuldfähigkeit bzw. Strafmündigkeit (vgl. § 19 StGB) mangels eines internationalen Konsenses[392] bewusst offen gelassen (vgl. **Fall 12**).[393] 79

2. Schuldunfähigkeit wegen seelischer Störung (Art. 31 Abs. 1 (a)) oder Rauschzustandes (Art. 31 Abs. 1 (b))

Art. 31 Abs. 1 (a) schließt die strafrechtliche Verantwortlichkeit einer Person aus, die wegen einer **„seelischen Krankheit"** oder **„Störung"** unfähig ist, das Unrecht oder die Art (Bedeutung) ihres Verhaltens zu erkennen oder dieses gesetzeskonform zu steuern. Die Vorschrift, die nur von geringer praktischer Bedeutung ist,[394] ist damit wie § 20 StGB **zweistufig aufgebaut:**[395] Zunächst ist festzustellen, ob einer der genannten Befunde vorliegt, sodann ob dadurch die Einsichts- oder Steuerungsfähigkeit des Täters aufgehoben wurde. Erfasst sind alle **seelischen Störungen von einer gewissen Ernst- und Dauerhaftigkeit,** die die Einsichts- oder Steuerungsfähigkeit des Tä- 80

[390] Vgl. schon *Ambos,* 2002, S. 829; folgend *Werle,* 2012, Rn. 584, 602.

[391] Vertiefend *Ambos,* 2013, S. 427 ff. Die Regelung ist für den IStGH überflüssig, weil das Statut die Verjährung vr Verbrechen ohnehin nicht anordnet (vgl. *Kreicker,* HuV-I 2007, 167), sie nimmt den Vertragsstaaten aber den Einwand der Verjährung i.R.d. Kooperation (MünchKomm/*Weigend,* § 5 VStGB Rn. 5); i. Ü. ist die vgr Anerkennung der Unverjährbarkeit, insb. im Hinblick auf Kriegsverbrechen, umstritten vgl. *Werle,* 2012, Rn. 744 m.w.N.; *Weigend,* GS Vogler, 2004, S. 211 f.; MünchKomm/*Weigend,* § 5 VStGB Rn. 4 ff. (7); *Kreicker,* S. 374 ff.; *ders.*, HuV-I 2007, 168 ff.; *Japiassú,* TPI, 2003, S. 184 ff.; Cryer/*Cryer et al.,* S. 83 f.; *Gless,* 2011, Rn. 746; dafür aber *Arzt,* FS Eser, 2005, S. 699. Allg. krit. zur Unverjährbarkeit und stattdessen für ein Ruhen bei faktischer Nichtverfolgung *Guzmán Dalbora,* in: Ambos et al., 2005, S. 109, 113 ff. In diesem Sinne auch § 1 Ges. über das Ruhen der Verfolgungsverjährung etc. (Art. 2 IStGH-AusführungsG), wonach bei Straftaten i. S. v. § 78 Abs. 3 Nr. 1–3 StGB die Verfolgungsverjährung ruht, solange sich ein Tatverdächtiger im Gewahrsam des IStGH befindet; zu (weiterer) nat. Praxis *Zahar/Sluiter,* S. 516 ff.; MünchKomm/*Weigend,* § 5 VStGB Rn. 6. Im MCC (*O'Connor/Rausch,* S. 58) werden die Kernverbrechen unverjährbar gestellt. Zur entspr. UN-Konvention u. Rn. 178.

[392] Die arabischen Staaten vertraten in Rom etwa die Ansicht, dass auch schon 13-Jährige schuldfähig seien; vgl. *Ambos,* ZStW 111 (1999), 189.

[393] Anders z. B. Art. 7 SCSLS, wonach auch Verfahren gegen Jugendliche zwischen 15 und 18 Jahren – bei Verhängung alternativer Sanktionen – möglich sind, s. auch Art. 13 Abs. 2, 15 Abs. 4 und 5, 19 SCSLS; vgl. auch den Report Sierra Leone, paras. 32 ff. sowie *Jallow,* in: Ambos/Othman, S. 162 f. A. A. wohl *Olásolo,* Estudios, 2010, S. 137 f. Vgl. auch *Gargani,* in: Cassese et al., 2005, S. 86 ff. Der Ankläger des SCSL hat allerdings bewusst darauf verzichtet, Verfahren gegen Kinder und Jugendliche einzuleiten, hierzu m. w. N. *Ambos/Bock,* in: Reydams/Wouters/Ryngaert, S. 511.

[394] Vgl. auch *Werle,* 2012, Rn. 643; *Ambos,* in: Brown, S. 302; *ders.,* 2013, S. 319 f.; *Cubbon,* in: Reed/Bohlander, S. 375.

[395] Vgl. *Roxin,* AT I, § 20 Rn. 1 f.; für eine Paralle zu § 20 StGB auch *Merkel,* ZStW 114 (2002), 443; *Kreicker,* S. 413; vgl. auch *Ambos,* in: Brown, S. 301 ff.; *Gargani,* in: Cassese et al., 2005, S. 91 f.; *Borsari,* S. 356 f.; zu ICTY-Regel 67 *Zahar/Sluiter,* S. 437 ff.

ters aufheben können.[396] Die Vorschrift führt damit die Grundpositionen von angelsächsischem common law und kontinentaleuropäischem civil law zusammen,[397] denn in beiden Rechtskreisen ist die straffreistellende Wirkung der krankheitsbedingten Unfähigkeit der Unrechts*einsicht* anerkannt, wobei allerdings im common law die Unfähigkeit, die Bedeutung des Verhaltens zu erkennen, und im civil law der Ausschluss der Steuerungsfähigkeit hinzutritt.[398] Das Statut lässt die Frage einer evtl. Behandlung und/oder Sicherungsverwahrung eines solchen Angeklagten offen.[399]

81 Im Hinblick auf einen **„Rauschzustand"** („intoxication") sieht Art. 31 Abs. 1 (b) die gleiche Rechtsfolge vor,[400] wobei zwischen dem freiwilligen („voluntary") Sich-Berauschen und der **unfreiwilligen** Herbeiführung dieses Zustands zu unterscheiden ist. In *diesem* Fall, etwa wenn dem Täter eine Droge mit Zwang eingeflößt wird,[401] wird man ihm keinen Schuldvorwurf machen können und ihn deshalb von Strafe verschonen müssen. Dies ist allgemein anerkannt.[402] Ganz anders ist die Lage beim **freiwilligen** Sich-Berauschen. Hier enthält Art. 31 Abs. 1 (b) selbst schon den Vorbehalt, dass eine Strafbefreiung überhaupt nur in Frage kommt, wenn nicht die Voraussetzungen einer *actio libera in causa* vorliegen. Versetzt sich der Täter also in einen Rauschzustand und weiß er oder lässt bewusst das Risiko außer Acht („disregarded the risk"), dass er in diesem Zustand ein internationales Verbrechen begehen wird, so kann er sich nicht auf seine durch den Rauschzustand hervorgerufene Schuldunfähigkeit berufen. Die Regelung entspricht dem deutschen Schuldausnahmemodell.[403] Dabei lässt das IStGH-Statut mit der **Risiko-Formel** eine gesteigerte Form der Fahrlässigkeit im Sinne der angloamerikanischen **recklessness** genügen.[404] Die deutsche amtliche Übersetzung („in Kauf nahm") scheint zwar für einen dolus eventualis zu sprechen, doch muss sie insoweit hinter den Originalfassungen, die auf das Risikobewusstsein des Täters abstellen,[405] zurücktreten.[406] Trotz dieser Einschränkung war und ist die Straffreistellung auf Grund freiwilligen Sich-Berauschens sehr **umstritten.**[407] Aus arabisch-islamischer Sicht ist exzessiver Alkoholgenuss ein Strafschärfungsgrund und schon in Rom hatte man wenig Verständnis für die Position westlicher Staaten, die darin einen Strafausschluss- oder -milderungsgrund sehen wollen.[408] Unabhängig davon war es

[396] Vgl. Triffterer/*Eser*, Art. 31 Rn. 23ff.; *Knoops*, S. 114; *Werle*, 2012, Rn. 645; *Bantekas/Nash*, S. 141f.; auch *ICTY*, Delalic et al. TJ 16.11.1998, paras. 1165ff.

[397] Cassese/Gaeta/Jones/*Ambos*, S. 1019; rvgl mit Berücksichtigung des islamischen Rechts *Olusanya*, in: Haveman/Olusanya, S. 109ff.

[398] Vgl. *Schabas*, Eur. J. Cr. 6 (1998), 422f.; *Werle*, 2012, Rn. 646 mit Fn. 450. Vgl. näher *Janssen*, ICLR 4 (2004), 84ff.; *Ambos*, 2013, S. 314ff.

[399] Krit. Cryer/*Cryer*, S. 402.

[400] Vgl. *Werle*, 2012, Rn. 651; näher *Ambos*, in: Brown, S. 304ff.

[401] Vgl. *Knoops*, S. 119f.

[402] Cassese/Gaeta/Jones/*Cassese*, S. 954; *Werle*, 2012, Rn. 650.

[403] Dazu *Kindhäuser*, § 23 Rn. 6ff.; ebenso *Satzger*, 2013, § 15 Rn. 44; auch *Gargani*, in: Cassese et al., 2005, S. 98ff.; *Borsari*, S. 358f.; zum MPC *Dubber*, S. 79ff.; nach MünchKomm/*Weigend*, § 2 VStGB Rn. 25 beschreibt die Regelung „ungefähr" die Situation der alic; für vors. alic *Gless*, 2011, Rn. 727.

[404] Zutr. *Werle*, 2012, Rn. 655f. Zur (grob) fahrlässigen alic aus rechtvergleichender Sicht vgl. Cassese/Gaeta/Jones/*Ambos*, S. 1030 m.w.N. in Fn. 152.

[405] „[D]isregarded the risk", „risquait d'adopter", „haya hecho caso omiso del riesgo".

[406] Zur Bedeutung der Originalfassung bei der Auslegung des IStGH-Statuts vgl. *Ambos*, 2002, S. 381.

[407] Vgl. auch *Werle*, 2012, Rn. 650 (652ff.); *Bantekas/Nash*, S. 140; Cryer/*Cryer*, S. 403ff.; *Heller*, in: Heller/Dubber, S. 612.

[408] Vgl. *Ambos*, CLF 10 (1999), 25; zur ähnlichen Position des common law *Dubber*, S. 79.

auch für viele westliche Beobachter nur schwer hinnehmbar, dass die Bestrafung internationaler Verbrechen mit der Berufung auf einen – freiwillig herbeigeführten – Rauschzustand ausgehebelt werden können soll.[409] Diesen Bedenken hat eine Fußnote Rechnung getragen, wonach die Straffreistellung im Falle von Genozid und Verbrechen gegen die Menschlichkeit grundsätzlich nicht und nur im Falle von „isolated acts constituting war crimes" in Frage kommen solle.[410] Dem darin zum Ausdruck kommenden Willen der Staatengemeinschaft ist bei der Anwendung der Vorschrift durch eine restriktive Auslegung, nicht zuletzt unter Rückgriff auf die oben genannte Risiko-Formel, Rechnung zu tragen. Freilich ändert all dies nichts an der **geringen praktischen Bedeutung** einer Straffreistellung auf Grund Rauschzustandes.[411] Dies schon deshalb, weil sich der IStGH nur mit den Führungstätern nicht aber mit der Masse der Ausführungstäter, von denen möglicherweise einige ihre Taten in einem solchen Zustand begehen, befassen wird.[412]

3. Notwehr (Art. 31 Abs. 1 (c))

Die Regelung der Notwehr („self-defence") ist vgr anerkannt[413] und entspricht struk- 82
turell – mit Ausnahme des Verhältnismäßigkeitserfordernisses – im Wesentlichen dem deutschen, österreichischen und schweizerischen Recht.[414] Die folgende Darstellung kann sich deshalb auf die vstr Besonderheiten beschränken.[415] Art. 31 Abs. 1 (c) setzt zunächst im Hinblick auf die **Notwehrlage** einen „imminent and unlawful use of force" voraus. Dies entspricht im Kern dem Erfordernis des gegenwärtigen, rechtswidrigen Angriffs gemäß § 32 StGB.[416] Im Unterschied zu diesem schützt Art. 31 Abs. 1 (c) jedoch nicht alle Individualrechtsgüter, sondern beschränkt den Schutzbereich grundsätzlich auf Schutzgüter der Person, die sich gegen den Angriff zu verteidigen hat. Dies schließt neben dem **Leben** und der **körperlichen Unversehrtheit** auch die **persönliche Fortbewegungsfreiheit** ein.[417] Die Erweiterung des Schutzbereichs auf

---

[409] Vgl. Draft Statute 1998, S. 57 mit Fn. 24: „This would probably lead to a great number of war crimes and crimes against humanity going unpunished." Vgl. auch *ICTY,* Kvocka et al. TJ 2.11.2001, para. 706, wo die Kammer zwar einen unfreiwilligen Rauschzustand grds. als Strafmilderungsgrund anerkennen will, seine freiwillige Herbeiführung aber „particularly in contexts where violence is the norm and weapons are carried" als strafschärfend ansieht. Vgl. hierzu auch § 9 WStG; zur Beschränkung auf bestimmte Verbrechen im common law Cryer/*Cryer,* S. 409.

[410] UN Doc. A/CONF. 183/C.1/WGGP/L.4/Add. 1/Rev. 1, 1998, 4 mit Fn. 8.

[411] Vgl. *Ambos,* 2002, S. 158f.; *ders.,* 2013, S. 327; *Safferling,* 2011, § 5 Rn. 58; *Satzger,* 2013, § 15 Rn. 44 (der allerdings eine „erhebliche Bedeutung" der alic annimmt). Vgl. auch *ICTY,* Kvocka et al. TJ 2.11.2001, paras. 706, 748; Simic et al. TJ 17.10.2002, paras. 73f.; Vasiljevic AppJ 25.2.2004, paras. 283ff.; auf das Verhältnis zwischen Rauschzuständen und verminderter Schuldfähigkeit eingehend *Knoops,* S. 81ff.

[412] Zutr. *Schabas,* Eur. J. Cr. 6 (1998), 423; auch Cryer/*Cryer,* S. 404.

[413] *ICTY,* Kordic/Cerkez TJ 26.2.2001, para. 451; *Kreß,* IYHR 29 (2000), 151; *Knoops,* S. 85; *Bantekas/Nash,* S. 138; Cryer/*Cryer,* S. 404; rvgl *Knoops,* Defences, 2001, S. 74ff. und *Scaliotti,* ICLR 1 (2001), 158ff. Vgl. auch *Werle,* 2012, Rn. 588 (allg. Rechtsgrundsatz).

[414] Zum Vergleich mit dem schweiz. Recht *Gless,* 2011, Rn. 717.

[415] Eingehend Triffterer/*Eser,* Art. 31 Rn. 37ff.; Cassese/Gaeta/Jones/*Ambos,* S. 1004f., 1031ff.; *Ambos,* in: Brown, S. 307ff.; *ders.,* 2013, 330ff.; *Werle,* 2012, Rn. 588ff.; *Caccamo,* in: Cassese et al., 2005, S. 129ff.; *Caccamo,* in: Amati et al., S. 275ff.; *McCormack,* in: Abthai/Boas, S. 231ff.; *Borsari,* S. 394ff. – Zur Nichtigkeit von Art. 31 Abs. 1 (c) wg. Verstoß gegen humanitärvölkerrechtliches *ius cogens David,* Rn. 4.353f.; diff. Diskussion dazu von *Weigend,* FS Tiedemann, 2008, S. 1440ff.

[416] A. A. *Kreß,* S. 27; *Kreicker,* S. 324; MünchKomm/*Weigend,* § 2 VStGB Rn. 18: Art. 31 Abs. 1 (c) enger.

[417] Triffterer/*Eser,* Art. 31 Rn. 42; *Werle,* 2012, Rn. 591; enger noch *Ambos,* 2002, S. 830; auch *Weigend,* FS Tiedemann, 2008, S. 1445, 1447.

bestimmte Sachgüter („property", „biens")[418] war und ist umstritten.[419] Deshalb können einerseits **nur Kriegsverbrechen,** niemals aber Genozid und VgM zum Sachgüterschutz gerechtfertigt sein; zum anderen muss es sich um „lebensnotwendige" oder „für die Ausführung eines militärischen Einsatzes unverzichtbare" Sachgüter handeln.

83 Was die **Notwehrhandlung** angeht, so verlangt Art. 31 Abs. 1 (c) Satz 1 ein angemessenes („reasonably") und verhältnismäßiges („proportionate") Handeln des Notwehrtäters. Dahinter steht die inzwischen allgemein – auch im deutschen Recht[420] – anerkannte Überzeugung, dass (selbst) das Notwehrrecht an Grenzen stößt. Auf vstr Ebene wird dem durch das Erfordernis einer Güterabwägung oder **Verhältnismäßigkeitsprüfung** Rechnung getragen.[421] In **subjektiver** Hinsicht schweigt Art. 31 Abs. 1 (c), so dass die Kenntnis von der Notwehrlage ausreichend sein dürfte.[422] Das Wörtchen „um" in der deutschen amtlichen Fassung des IStGH-Statuts ändert daran schon deshalb nichts, weil es im englischen Original („to defend", nicht „in order to") nicht in dieser Weise zum Ausdruck kommt.[423]

84 Nach Art. 31 Abs. 1 (c) Satz 2 stellt die Teilnahme an einem **kollektiven Verteidigungseinsatz,** etwa im Rahmen des kollektiven Selbstverteidigungsrechts des Art. 51 UNS, „für sich genommen" („in itself") keinen individuellen Straffreistellungsgrund dar. Damit wird klar gemacht, dass auch bei der Teilnahme an einem solchen Einsatz die in Satz 1 genannten Voraussetzungen im Einzelfall im Hinblick auf den betreffenden Täter vorliegen müssen, wenn er sich auf sein *individuelles* Notwehrrecht berufen will.[424]

4. Handeln auf Befehl (Art. 33)

85 Das Handeln auf Befehl („superior order", „ordre hiérarchique", „obediencia debida") hat sich schon immer größter literarischer Beliebtheit erfreut[425] und mit seiner Kodifi-

[418] Die amtliche dt. Übersetzung mit „Eigentum" ist zu weit.

[419] Vgl. Nachw. bei *Ambos,* 2002, S. 830 mit Fn. 34 u. *ders.*, in: Brown, S. 308; krit. auch *van Sliedregt,* 2003, S. 259f.; *Schabas,* 2011, S. 241f.; *Weigend,* in: AIDP, S. 334f.; *Caccamo,* in: Cassese et al., 2005, S. 139ff.; *Cryer,* S. 306f.; Cryer/*Cryer,* S. 405f.; *Borsari,* S. 396; *Weigend,* FS Tiedemann, 2008, S. 1447f.; zum Zusammenhang mit der militärischen Notwendigkeit (§ 6 Rn. 14) *Werle,* 2012, Rn. 594. Zum MPC *Dubber,* S. 159ff.

[420] Vgl. statt vieler *S/S/Perron,* § 32 Rn. 43ff. Grds. gegen eine Einschränkung der Notwehr aber *Erb,* ZStW 108 (1996), 294ff. (296f.); i. Erg. ähnlich *Schopp,* Justification, 1998, S. 75ff.; gegen Verhältnismäßigkeitserwägungen auch *BGH* bei *Erb,* NStZ 2004, 374.

[421] So auch MCC (*O'Connor/Rausch,* S. 79); zust. *Weigend,* FS Tiedemann, 2008, S. 1449f. Krit. *Merkel,* ZStW 114 (2002), 445f., der die positive Proportionalitätsprüfung durch einen negativen Ausschluss der Disproportionalität ersetzen will. Beispiel bei *Safferling,* Jura Sonderheft 2004, 56, 60. Vgl. auch *Caccamo,* in: Cassese et al., 2005, S. 145ff.

[422] *Ambos,* 2013, S. 342. A. A. *Werle,* 2012, Rn. 596; *Kreicker,* S. 326: Verteidigungswille.

[423] Vgl. aber auch die frz. Fassung („pour se défendre") und andererseits wieder die spanische („Actuare … en defensa …").

[424] Vgl. auch *ICTY,* Kordic/Cerkez TJ 26.2.2001, para. 452; *Werle,* 2012, Rn. 598; vertiefend *Ambos,* 2013, S. 334ff. Zur Notwehr in „combat situations" *Olásolo,* 2008, S. 236f.; zur kollektiven Notwehr gg. Nicht-staatliche Akteure *Van Steenberghe,* LJIL 23 (2010), 183ff.

[425] Vgl. insb. die folgenden grundlegenden theoretischen und systematischen Abhandlungen (in chronologischer Reihenfolge): *Stratenwerth,* Verantwortung, 1958, insb. S. 4ff., 46ff.; *Dinstein,* Defence of obedience, 1965, insb. S. 21ff.; *Müller-Rappard,* L'ordre supérieur, 1965, passim; *Green,* Superior orders, 1976, passim (eher rvgl-deskriptiv); *Keijzer,* Military obedience, 1978. – Aus jüngerer Zeit ist insb. auf folgende Arbeiten hinzuweisen: *Herdegen,* ZaöRV 47 (1987), 226ff.; *Eser,* FS Triffterer,

kation in Art. 33 geht es nun zunehmend um die richtige Auslegung *dieser* Vorschrift im Spannungsverhältnis zwischen Notstand und Irrtum.[426] Was die vstr **Praxis** angeht, so ist das Handeln auf Befehl zwar immer wieder in vstr Verfahren vorgebracht, doch praktisch niemals als *selbstständiger* Strafausschlussgrund anerkannt worden;[427] im Übrigen geht mit der zunehmenden Verfolgung der Führungstäter (§ 6 Rn. 15, 20) die zunehmende Irrelevanz dieses Strafausschliessungsgrundes einher.[428] Wie dem auch sei, die Behandlung durch die traditionelle Rspr. bestätigt die These, dass einem in einer hierarchischen Befehlsstruktur eingebundenen Täter bei der Begehung internationaler Verbrechen „auf Befehl" nicht der Befehl an sich, sondern nur **andere Straffreistellungsgründe,** insbesondere ein (beachtlicher) Irrtum über die Rechtswidrigkeit des Befehls oder ein Nötigungsnotstand, zur Seite stehen können. Die Tatsache, dass ein Untergebener einem strafrechtswidrigen Befehl gehorcht, stellt eben nur einen *Umstand* dar, aufgrund dessen sein tatbestandliches Verhalten einem (anderen) Straffreistellungsgrund unterfällt, nicht aber einen Straffreistellungsgrund (auf Grund Handelns auf Befehl) *per se.*[429] Dies ist der Grundgedanke des von *Dinstein* entwickelten **„mens rea principle",**[430] freilich dahingehend modifiziert, dass das tatsächliche Vorliegen des Befehls nicht nur – über die Figur des Rechtsirrtums[431] oder Nötigungsnotstands[432] – zu einem Fehlen des Vorsatzes führen,[433] sondern vielmehr

---

1996, S. 758ff.; *Ambos,* 1997, S. 294ff.; *ders.*, JR 1998, 221ff.; *ders.*, in: Brown, S. 322ff.; *Nill-Theobald,* „Defences", 1998, S. 65ff.; *Osiel,* Orders, 1999, passim; *van Sliedregt,* 2003, S. 316ff.; *Korte,* Befehl, 2004, passim; *Gómez Rivero,* RP 14 (2004), 24ff.; *Solis,* JICJ 2 (2004), 988ff. (anlässlich der Gefangenenmisshandlungen im Irak); *May,* 2005, S. 179ff. (insb. zur „moral choice"); *Cryer,* S. 292ff.; *Amati,* in: Amati et al., S. 261ff.; *Maogoto,* in: Olusanya, 2007, S. 91ff.; MünchKomm/*Weigend,* § 3 VStGB Rn. 2ff. – Einen guten Überblick über den früheren vr Meinungsstand geben: *v. Mangoldt,* JbIntR 1948, 308f.; *Fuhrmann,* Höhere Befehl, 1963, S. 24ff. – Vgl. im Übrigen zur *nationalen* Rechtslage rvgl: *Stratenwerth,* Verantwortung, 1958, S. 26ff.; *Müller-Rappard,* a. a. O., S. 17ff.; *Green,* a. a. O., S. 15ff.; *Keijzer,* Military obedience, 1987, S. XXVI ff., 67ff.; *Gaeta,* EJIL 10 (1999), 174ff.; *van Sliedregt,* 2003, S. 329ff.; *Bantekas/Nash,* S. 131ff.; *Zahar/Sluiter,* S. 512ff.; grdl. zur dogmatischen Einordnung des Handelns auf Befehl *Meyer,* GA 2012, 557ff.; für eine kurze Erläuterung ihrer Entwicklung im VR *Liang,* GoJIL 2 (2010), 874ff. Weitere Nachw bei *Ambos,* 2002, S. 832 mit Fn. 42.

426 Zum IStGH-Statut vgl. Triffterer/*Triffterer,* Art. 33; *Ambos,* CLF 10 (1999), 30ff.; krit. *Gaeta,* EJIL 10 (1999), 190f.; *Cassese,* EJIL 10 (1999), 156f.; *Dinstein,* in: McDonald/Swaak-Goldman, S. 381f.; *Gómez Rivero,* RP 14 (2004), 46; *Cryer,* S. 299f.; gegen *Gaeta* und für Art. 33 hingegen *Garraway,* IRRC 81 (1999), 785ff.; *van Sliedregt,* 2003, S. 337ff. (341); auch *Kreß,* IYHR 29 (2000), 149f.; s. auch *Cryer,* JICJ 9 (2011), 971.

427 Vgl. *Ambos,* 2002, S. 372f.; *ders.,* 2013, S. 377ff. Vgl. auch *Lippman,* DickinsonJIL 15 (1996), 4ff. (52ff.); *De Sena,* in: Conforti/Francioni, Human rights, 1997, S. 373ff., 389ff.; *van Sliedregt,* 2003, S. 326ff.; *Korte,* Befehl, 2004, S. 37ff.; *Cryer,* S. 297; *Werle,* 2012, Rn. 632.

428 Zu den *Ad-Hoc*-Tribunalen insoweit auch *Zahar/Sluiter,* S. 425.

429 Ebenso *Werle,* 2012, Rn. 632; *Kolb,* in: Kolb/Scalia, S. 222; a. A. *van Sliedregt,* 2003, S. 325, 337.

430 Vgl. *Dinstein,* Defence of obedience, 1965, S. 87ff. (88): „... the fact of obedience to orders constitutes not a defence *per se* but only a factual element that may be taken into account in conjuntion with the other circumstances of the given case within the compass of a defence based on a lack of *mens rea,* that is, mistake of law or fact or compulsion." (Herv. im Original); hierzu *Cryer,* JICJ 9 (2011), 961ff. Vgl. auch *Dinstein,* in: McDonald/Swaak-Goldman, S. 379, 382; *Wise/Podgor/Clark,* S. 829; *Werle,* 2012, Rn. 632; *Korte,* Befehl, 2004, S. 68.

431 Vgl. *Osiel,* Orders, 1999, S. 48ff., der i. Erg. selbst für eine Irrtumslösung plädiert; zum Verbotsirrtum *Stratenwerth,* Verantwortung, 1958, S. 183ff.; zum „mistake of fact" *Bakker,* AJCL 17 (1989), 68f.

432 Explizit etwa *Röling,* RBDI XII (1976), 19.

433 So *Dinstein,* Defence of obedience, 1965, S. 88: „Only lack of *mens rea,* of which obedience to orders constitutes circumstantial evidence, serves to protect from criminal responsibility in this case." (Hervorhebung im Original).

– beim Nötigungsnotstand sogar in der Regel – die **Schuld** des Täters **ausschließen** kann.[434] Die früheren Lehren einer alleinigen Verantwortlichkeit des Vorgesetzten („respondeat superior") oder der absoluten Haftung des Untergebenen („absolute liability") sind damit heute überholt.[435]

86 Die Ablehnung des Handelns auf Befehl als selbstständiger Strafausschlussgrund im Völkerstrafrecht und die Eröffnung einer Entschuldigungslösung über die Figur des Nötigungsnotstands rechtfertigt sich dabei aus ähnlichen Erwägungen, wie sie in der deutschen Diskussion zugunsten der **„Entschuldigungslösung"** und gegen die „Rechtfertigungslösung" vorgebracht werden:[436] Das einer Straffreistellung auf Grund eines Befehls zugrundeliegende Prinzip des Gehorsams und der Disziplin innerhalb militärisch-hierarchischer Organisationen[437] muss dort eine Grenze finden, wo die Ausführung des Befehls zu der Verletzung fundamentaler Rechtsgüter, wie sie durch die im IStGH-Statuts kodifizierten internationalen Verbrechen geschützt werden, führt.[438] Denn es lässt sich nicht überzeugend begründen, warum die im *Innenverhältnis* existierende – durchaus sinnvolle – Gehorsamspflicht des Untergebenen diesen im *Außenverhältnis* dazu *berechtigen* soll, in die fundamentalen Rechtsgüter der Bürger einzugreifen. Seiner Zwangslage kann nicht zu Lasten der Allgemeinheit, sondern nur *individuell* über eine „Entschuldigungslösung" Rechnung getragen werden, und zwar – wegen der in Rede stehenden Rechtsgüter – nur mittels des Nötigungsnotstands als eines **anderen Strafausschlussgrundes.** Dieser besitzt insoweit eine Auffangfunktion.[439]

87 Art. 33 ändert an dieser Rechtslage im Grundsatz nichts.[440] Ein Strafausschluss kommt danach in Frage, wenn der Untergebene (allgemein)[441] zum Gehorsam verpflichtet war, nicht wusste, dass die „Anordnung" rechtswidrig war, *und* sie auch nicht offensichtlich rechtswidrig war. Dabei behandelt Art. 33 allerdings militärische und zivile Anordnungen gleich, obwohl doch die *ratio* der Vorschrift – Erhaltung (militärischer)

[434] Zu § 3 VStGB als Entschuldigungsgrund MünchKomm/*Weigend,* § 3 VStGB Rn. 15. Zum Verhältnis zu „duress" auch *Fournet,* in: Darcy/Powderly, S. 237.

[435] Vgl. *Dinstein,* Defence of obedience, 1965, S. 38ff., 68ff.; *Nill-Theobald,* „Defences", 1998, S. 69ff.; *Eser,* FS Triffterer, 1996, S. 760ff.; *Werle,* 2012, Rn. 629f.; *van Sliedregt,* 2003, S. 227f., 317ff., 322, 329, 337; *Korte,* Befehl, 2004, S. 63ff.; *Borsari,* S. 378; MünchKomm/*Weigend,* § 3 VStGB Rn. 3f.

[436] Vgl. *Küper,* JuS 1987, 92 m. N. Für Einordnung als Entschuldigung auch *Keijzer,* Military obedience, 1987, S. 287; *Militello,* ZStW 107 (1995), 983ff.; *van Sliedregt,* 2003, S. 335f.; *Braunroth,* in: Kühne et al., S. 172.

[437] Vgl. grdl. *Stratenwerth,* Verantwortung, 1958, S. 14ff.; *Keijzer,* Military obedience, 1987, S. 11ff., 31ff.; *Parks,* MLR 149 (1995), 78.

[438] Vgl. insoweit zur Pflichtenkollision *Stratenwerth,* Verantwortung, 1958, S. 165ff. (167, 169), 169ff. (180); auch *Lehleiter,* Befehl, 1995, S. 172ff. (188).

[439] Vgl. grdl. die *Imre Finta*-Entscheidung des kanadischen Supreme Court, CCC (3d) 88 (1994), 417 (514ff.); dazu *Ambos,* 2002, S. 200ff. (208ff.). Zum Zusammenhang zwischen „superior order" und „duress" auch *Rocca,* FS Verdross, 1980, S. 624; *Bakker,* AJCL 17 (1989), 69ff.; *Lippman,* Dickinson-JIL 15 (1996), 55; *Schabas,* 2009, S. 385ff.; *van Sliedregt,* 2003, S. 325; *May,* 2005, S. 191ff., 198.

[440] Eingehend Cassese/Gaeta/Jones/*Zimmermann,* S. 965f.; *van Sliedregt,* 2003, S. 322ff.; *Korte,* Befehl, 2004, S. 122ff.; *Borsari,* S. 381, sowie die o. in Fn. 425 genannten Nachweise.

[441] Die dt. Fassung – „verpflichtet, *den* Anordnungen … Folge zu leisten" – ist missverständlich, weil sie auf eine *konkrete* Verpflichtung im Hinblick auf eine *bestimmte* Anordnung abzustellen scheint. Es geht aber, wie die engl. Fassung deutlich macht („under a legal obligation to obey orders"), um eine *allgemeine* Gehorsamspflicht (Triffterer/*Triffterer,* Art. 33 Rn. 26; *Kreicker,* S. 317f.). – Zur Gehorsamspflicht innerhalb nicht-staatlicher Organisationen Cassese/Gaeta/Jones/*Zimmermann,* S. 969; Cryer/*Cryer,* S. 413.

Ordnung und Disziplin – einen Strafausschluss nur bei militärischen Befehlsstrukturen rechtfertigt.[442] Man sollte deshalb nur eine **„Anordnung von vergleichbarer tatsächlicher Bindungswirkung"** einem militärischen Befehl im engeren Sinne gleichstellen (so auch § 3 VStGB).[443]

Bei den (schwierigen) **Beratungen** zu Art. 33 war schon strittig, ob das Handeln auf Befehl überhaupt eine gesonderte Kodifizierung verdient oder nicht nur in Art. 31 integriert werden soll (so der Vorschlag der USA). Des Weiteren bestand erheblicher Streit über die Rechtsfolgen eines Handelns auf Befehl: Die USA vertraten in einer informellen Beratungssitzung die Ansicht, dass ein Handeln auf Befehl eine *„substantive defence"* sei, also einen Rechtfertigungs- oder Entschuldigungsgrund darstelle. Dies wurde von anderen Delegationen im Blick auf das Nürnberger Recht, insbesondere Art. 8 IMGS, sowie die Praxis von ICTY und ICTR (§ 6 Rn. 15ff.) abgelehnt. Diese Delegationen, darunter die deutsche, haben darauf bestanden, am vierten Nürnberger Grundsatz, nämlich dass ein Handeln auf Befehl *keinen Straffreistellungsgrund* darstellt, festzuhalten (§ 6 Rn. 2). Der gefundene Kompromiss bleibt insofern hinter dem Nürnberger Recht zurück, als ein Strafausschluss nicht für alle Fälle abgelehnt wird. Immerhin kommt darin aber eine **Regel-Ausnahme-Verhältnis** dergestalt zum Ausdruck, dass das Handeln auf Befehl grundsätzlich keinen Straffreistellungsgrund darstellen soll. 88

In der Sache folgt Art. 33 – wie § 5 WStG[444] und § 3 VStGB[445] – mit dem Kriterium der **offensichtlichen Rechtswidrigkeit** dem **„manifest illegality principle"**,[446] wobei die Offensichtlichkeit freilich nach Art. 33 Abs. 2 bei der Begehung von **Genozid** und **VgM** vermutet und insoweit wieder zu einer „absolute liability" des Untergebenen zurückgekehrt[447] und generell ein *objektiver Maßstab* verwendet wird.[448] Durch die 89

442 Vgl. *American Law Institute,* 1985, Bd. 1, 389; s. auch krit. *Liang,* GoJIL 2 (2010), 889ff.

443 Vertiefend *Ambos,* 2013, S. 282f. Deshalb ist die Verwendung von „Anordnung" als Oberbegriff (so *Werle,* 2012, Rn. 628 mit Fn. 486) ohne weitere Präzisierung bedenklich; streng auch *van Sliedregt,* 2003, S. 323f.; weiter aber *Korte,* Befehl, 2004, S. 131. Zur str. Behandlung von Dauerbefehlen („standing orders") vgl. *Korte,* Befehl, 2004, S. 128ff., der sie selbst unter Art. 33 fassen will. Zu § 3 VStGB insoweit MünchKomm/*Weigend,* § 3 VStGB Rn. 26f.

444 Zum (früheren) dt. Recht *H. Mayer,* FS Frank, Bd. 1, 1930, S. 598ff. (605ff.); *Stratenwerth,* Verantwortung, 1958, S. 203ff.; *Schwaiger,* Militärischer Ungehorsam, 1962; *Mellmann,* Militärische Befehl, 1972; *Hoyer,* Weisungsverhältnisse, 1998, S. 9ff.; *Korte,* Befehl, 2004, S. 88ff.; *Ambos,* JR 1998, 221f.; zur Gegenvorstellung *Schwenck,* FS Dreher, 1977, S. 495ff.; zum Verhältnis zwischen § 5 WStG und § 3 VStGB instruktiv *Kreicker,* S. 300ff.; s. auch *OLG Köln,* Beschluss v. 3.7.2007 – 2 Ws 156/07.

445 MünchKomm/*Weigend,* § 2 VStGB Rn. 1, 12ff.

446 Ebenso *Kreß,* IYHR 29 (2000), 150; *Korte,* Befehl, 2004, S. 134; *Werle,* 2012, Rn. 638; Cryer/*Cryer,* S. 413; *Liang,* GoJIL 2 (2010), 881ff. Vgl. zu diesem Grundsatz *Greenspan,* Land warfare, 1959, S. 440ff., 490ff.; *Green,* Superior orders, 1976, S. 237f., 243ff.; *Bakker,* AJCL 17 (1989), 66ff.; *Lippman,* DickinsonJIL 15 (1996), 54f., 58; *Mezzetti,* in: Lattanzi/Schabas, S. 155ff.; *Korte,* Befehl, 2004, S. 66f., 137ff.; Cassese/Gaeta/Jones/*Zimmermann,* S. 970; krit. *Dinstein,* Defence of obedience, 1965, S. 26ff., 29; *May,* 2005, S. 197.

447 Vgl. auch *Werle,* 2012, Rn. 639; Cassese/Gaeta/Jones/*Zimmermann,* S. 971; *van Sliedregt,* 2003, S. 322, 325f., 338 (krit.); i. Erg. wohl auch *Jescheck,* JICJ 2 (2004), 46; ähnlich auch *Gómez Rivero,* RP 14 (2004), 45f. (auch bei Kriegsverbrechen); krit. Cryer/*Cryer,* S. 414f. – Nach *Clark,* ZStW 114 (2002), 401, soll Art. 33 Abs. 1 auch Anwendung finden, wenn es an einer „klaren Anweisung" i. S. v. Abs. 2 fehlt. Es kommt aber doch nicht auf die Anweisung, sondern darauf an, dass sich ein Untergebener bei der Begehung von Genozid und VgM nicht auf Art. 33 berufen können soll und zwar unabhängig davon, wie „klar" die Anweisung auf die Begehung dieser Verbrechen gerichtet war (zur Irrtumssituation Rn. 97).

448 Dies folgt auch aus einem Vergleich mit dem „subjektivierten" § 5 WStG, vgl. *Korte,* Befehl, 2004, S. 137ff. (150), 167; bzgl. § 3 VStGB auch MünchKomm/*Weigend,* § 3 VStGB Rn. 24; für Berücksichtigung von Sonderwissen aber *van Sliedregt,* 2003, S. 325; krit. zur missverständlichen Formulierung von Art. 33 Abs. 2 (*„orders* to commit …") und zur damit verbundenen Ungleichbehandlung der Kernverbrechen *Cryer,* S. 300f.

erstmalige und (vorläufig) abschließende Kodifikation und Legaldefinition bestimmter internationaler Verbrechen bringt die Vorschrift einen Gewinn an **Rechtssicherheit** für die potentiellen Adressaten „offensichtlich rechtswidriger" Anordnungen. Denn während bislang das *manifest illegality*-Kriterium gerade wegen der tatbestandlichen Unbestimmtheit internationaler Verbrechen kritisiert wurde,[449] steht nun immerhin fest, welche Taten schwere internationale Verbrechen („core crimes") darstellen, und es liegen mit den Art. 6–8, ergänzt durch die Verbrechenselemente (§ 6 Rn. 31), mehr oder weniger bestimmte Tatbestandsumschreibungen vor (zu diesen näher Rn. 117ff.).[450] Natürlich ändert dies nichts daran, dass eine Legaldefinition offensichtlicher Rechtswidrigkeit eine **Fiktion** ist, denn es sind durchaus Fälle denkbar, in denen der Täter auch eine Anordnung zur Begehung von Genozid und Verbrechen gegen die Menschlichkeit *für rechtmäßig hält*[451] – man denke nur an den Streit um die Rechtmäßigkeit des sog. Führerbefehls.[452] Im Lichte des o. g. objektiven Maßstabs verdient aber nicht jeglicher Einwand gutgläubigen Handelns Beachtung, sondern es kommt darauf an, ob sich dem konkreten Untergebenen die Rechtswidrigkeit des Befehls hätte aufdrängen müssen.[453] Nur wenn dies nicht der Fall ist, liegt tatsächlich ein **Irrtumsproblem**[454] vor, das mit Hilfe der allgemeinen Regeln zu lösen ist, wobei die in Art. 32 Abs. 2 Satz 2 letzter Halbs. vorgesehene Ausnahme von der Ignorantia iuris-Regel zu beachten ist (dazu Rn. 98).[455]

90 Anders ist die Lage bei den **Kriegsverbrechen.** Zwar wird auch insoweit überwiegend von der offensichtlichen Rechtswidrigkeit der Anordnung auszugehen,[456] doch in jedem Einzelfall zu prüfen sein, ob ein bestimmtes Kriegsverbrechen – die Gehorsamspflicht und Unkenntnis des Untergebenen vorausgesetzt – als offensichtlich rechtswidrig zu gelten hat und damit die Berufung auf Art. 33 Abs. 1 ausscheidet. Praktisch ist damit entscheidend, wer die **Beweislast** für die offensichtliche Rechtswidrigkeit des Befehls trägt. Aufgrund der (negativen) Formulierung von Art. 33, mit der grundsätzlich eine Straffreistellung ausgeschlossen wird, handelt es sich bei den Voraussetzungen des Abs. 1 um die (positiven) Voraussetzungen einer möglichen Straffreistellung, so dass diese von der Verteidigung zu beweisen sind.[457]

91 Im **Ergebnis** kann man also zweierlei festhalten. Zum einen verhindert Art. 33 Abs. 2 die in Abs. 1 angelegte Unvereinbarkeit der Vorschrift mit der bisherigen vstr Recht-

[449] Vgl. *Osiel,* Orders, 1999, S. 71ff., 91ff.; krit. zur Bestimmtheit auch MünchKomm/*Weigend,* § 3 VStGB Rn. 6.

[450] Zu Fallgruppen offensichtlicher Rechtswidrigkeit vgl. *David,* Rn. 4.352.

[451] Krit. insoweit auch *Dinstein,* in: McDonald/Swaak-Goldman, S. 381f.; hierzu auch *Ambos,* 2013, S. 384.

[452] Vgl. insoweit zur OGH-Rspr. *Ambos,* 2002, S. 176ff.; grdl. *Vest,* 2006, S. 52ff. Zum „Handeln auf Befehl" eines SS-Mannes *Koch/Dorn,* Jura 2011, 696ff.

[453] S. auch MünchKomm/*Weigend,* § 3 VStGB Rn. 24.

[454] Zutreff. zur größeren praktischen Relevanz tatsachenbezogener Irrtümer MünchKomm/*Weigend,* § 3 VStGB Rn. 25.

[455] Demgegenüber nimmt § 5 WStG auf Grund seiner Subjektivierung (vgl. schon o. Fn. 444) bestimmte Irrtümer in sich auf, vgl. *Korte,* Befehl, 2004, S. 152ff.

[456] Vgl. *Garraway,* IRRC 81 (1999), 791, der die Mehrheit der Kriegsverbrechen für „offensichtlich rechtswidrig" hält; noch weitergehend *Gaeta,* EJIL 10 (1999), 186ff., 190f., die die offensichtliche Rechtswidrigkeit generell auf Kriegsverbrechen erstrecken will und damit i. Erg. zu einer „absolute liability" gelangt; zust. *Cassese,* EJIL 10 (1999), 157; krit. *van Sliedregt,* 2003, S. 337f.; *Ambos,* 2013, S. 383f.

[457] Ebenso *van Sliedregt,* 2003, S. 322; allg. zur Beweislast bei „defences" *Ambos,* in: Brown, S. 303f.

sprechung und Kodifikationsentwicklung und nähert sie dieser an. Die Regelungen der *Ad-Hoc-* und gemischten vstr Tribunale folgen im Übrigen eher dem Nürnberger Recht.[458] Zum anderen bleibt es dabei, dass das Handeln auf Befehl – aus theoretischer wie praktischer Sicht – grundsätzlich **keinen selbstständigen Straffreistellungsgrund** darstellt, vielmehr dem Nötigungsnotstand – gleichsam als *Auffangstraffreistellungsgrund* – die eigentlich entscheidende Bedeutung zukommt. Dabei muss freilich im Einzelnen geprüft werden, ob dessen Voraussetzungen vorliegen, denn ein Handeln auf Befehl geht nicht automatisch mit einer (ausreichenden) Zwangswirkung auf den Befehlsadressaten einher. Im Folgenden ist deshalb die den Nötigungsnotstand regelnde Vorschrift des Art. 31 Abs. 1 (d) genauer zu untersuchen.

5. Notstand, insbesondere Nötigungsnotstand (Art. 31 Abs. 1 (d))

Obwohl Notstand (**„necessity"**) und Nötigungsnotstand (**„duress"**) aus rechtsvergleichender Sicht grundsätzlich[459] als **unterschiedliche Straffreistellungsgründe** zu behandeln sind,[460] hat das Völkerstrafrecht herkömmlicherweise auf ihre Unterscheidung verzichtet.[461] Diese wenig differenzierte Sichtweise mag erklären, warum **Art. 31 Abs. 1 (d)** – trotz der Verwendung des Begriffs „duress" – Elemente beider Straffreistellungsgründe enthält.[462] Die Vorschrift hat folgende **Voraussetzungen:**[463] 92

- Eine dem Betroffenen oder einem anderen unmittelbar drohende Lebensgefahr oder eine dauernde oder unmittelbar drohende Gefahr eines schweren körperlichen Schadens, die entweder von anderen Personen ausgeht oder durch Umstände bedingt sein kann, die vom Notstandstäter nicht zu vertreten sind **(Notstandslage).**
- Eine notwendige und angemessene **(Notstands-)Handlung.**
- In subjektiver Hinsicht ein Handeln zur Gefahrabwendung, ohne die Absicht größeren Schaden zuzufügen **(subjektivierte Güterabwägung).**
- **Einschränkungen** aufgrund Selbst-Verursachung (erster Spiegelstrich a. E.) oder besonderer Gefahrtragungspflichten.[464]

Die Vorschrift geht auf einen Vorschlag der kanadischen Delegation zurück, die sich offensichtlich am *Imre-Finta*-Fall orientierte; dort wurden necessity und duress mittels des Erfordernisses der gegenwärtigen und nicht anders abwendbaren **Gefahr** („threat") 93

458 Vgl. Art. 7 Abs. 4 ICTYS, Art. 6 Abs. 4 ICTRS; sect. 21 UNTAET Regulation 2000/15; Art. 29 Abs. 4 EC Law Kambodscha; Art. 6 Abs. 4 SCSLS; Art. 10 Kosovo Provisional Criminal Code (UNMIK/REG/2003/25); Art. 15(e) ISTS.

459 Weniger eindeutig im angloamerikanischen Recht, vgl. *Ambos,* 2002, S. 839 ff.; auch *Safferling,* Vorsatz, 2008, S. 468 behandelt in seiner Darstellung des engl. Rechts beide Straffreistellungsgründe unter „duress".

460 *Fletcher,* 1998, S. 138 f.; *Pradel,* S. 329 f., 343 f.; *Janssen,* ICLR 4 (2004), 88; ebenso MCC (*O'Connor/Rausch,* S. 79 f., 84 f.). Zu den „travaux preparatoires" der Rom-Konferenz vgl. *Schabas,* Eur. J. Cr. 6 (1998), 425 f.

461 Vgl. schon *Ambos,* 2002, S. 837 f. m. w. N.; *ders.*, in: Brown, S. 311.

462 Vgl. *Wise,* in: Sadat Wexler, Model Draft, 1998, S. 57; *Venafro,* in: Cassese et al., 2005, S. 116 ff.; Cryer/*Cryer,* S. 406; MünchKomm/*Weigend,* § 2 VStGB Rn. 21 Fn. 80; krit. Triffterer/*Eser,* Art. 31 Rn. 49; *Ambos,* CLF 10 (1999), 27 f.; *Kreß,* IYHR 29 (2000), 152; *Bantekas/Nash,* S. 135; *Borsari,* S. 389; für „problemlos" hält das *Merkel,* ZStW 114 (2002), 453.

463 Vgl. eingehend *Ambos,* 2002, S. 849 ff.; *ders.*, in: Brown, S. 311 ff.; *ders.*, 2013, S. 356 ff.; *Werle,* 2012, Rn. 604 ff.; *Korte,* Befehl, 2004, S. 192 ff.; *Bantekas/Nash,* S. 136; *Caccamo,* in: Amati et al., S. 297 ff. (266 ff.); *Borsari,* S. 390 ff.; krit. *Kreß/Wannek,* in: Kirsch, S. 242 f.

464 Vgl. näher *Werle,* 2012, Rn. 610 ff.

auf einen gemeinsamen Nenner gebracht.[465] Das Vorliegen einer „Gefahr" ist sowohl Voraussetzung für necessity als auch für duress. Die notwendige und angemessene **Notstandshandlung** wird demgegenüber nur bei necessity gefordert; sie wird durch Art. 31 Abs. 1 (d) **subjektiviert,** indem die Absicht, größeren Schaden zuzufügen, zur negativen Voraussetzung des Notstands gemacht wird. Damit wird zugleich die – üblicherweise objektive – **Güterabwägung** subjektiviert und die im common law gründende Subjektivierung („subjectification") der „defences"[466] auf das Völkerstrafrecht übertragen.[467] Schließlich lehnt sich die Vorschrift an der ebenfalls auf das common law zurückgehenden und noch heute im englischen Recht vorherrschenden Unterscheidung zwischen **Gefahren,** die **von Personen** ausgehen („duress by threats", „Nötigung durch [menschliche] Drohungen"), und Gefahren, die sich **aus naturhaften Umständen** ergeben („duress of circumstances", „Nötigung durch Umstände"), an.[468]

94 Von dem so umschriebenen „duress" kann man die **„necessity"** im Sinne des allgemeinen rechtfertigenden Notstands unterscheiden. Bei ihr kommt es weniger auf den Ursprung als vielmehr auf die *Schwere der Gefahr*[469] und auf die *Güterabwägung* – statt die für den **„duress"** typische *Zwangssituation* – an.[470] Die „necessity" steht jedoch insoweit dem „duress of circumstances" nahe, als grundsätzlich alle denkbaren natürlichen – auch durch Menschen hervorgerufenen – *Gefahrenquellen* erfasst werden.[471] Die besonders im US-amerikanischen Recht zu beobachtende Entwicklung der Verschmelzung menschlich und naturhaft verursachter Gefahren in der Figur der necessity entspricht dabei der legislativen Entwicklung im deutschen Recht von §§ 52, 54 StGB a. F. zu §§ 34, 35 StGB.[472] Überhaupt lässt sich auf einer allgemeinen, verbrechenssystematischen Ebene die Unterscheidung zwischen necessity und duress derjenigen zwischen dem **rechtfertigenden und entschuldigenden Notstand** (§§ 34, 35 StGB) vergleichen;[473] damit ist zugleich klar, dass Art. 31 Abs. 1 (d) die durch §§ 34, 35 StGB erfassten Fälle in sich aufnimmt.[474]

---

[465] Vgl. zu diesem Fall schon o. Fn. 439; näher zum angesprochenen Problem *Ambos,* 2002, S. 211 f.

[466] Krit. dazu *Fletcher,* 1998, S. 137; dazu auch *Dubber,* S. 143, 151 f.

[467] Vgl. *Ambos,* 2002, S. 853 f.; *ders.,* 2013, S. 360; auch *Werle,* 2012, Rn. 609 („Novum"); *Jesse,* S. 238 („qualifiziertes Zweckbewusstsein"); *Heller,* in: Heller/Dubber, S. 613; a. A. *Korte,* Befehl, 2004, S. 197 ff. (203 f.), 204 f., der Angemessenheit und subjektives Notstandselement trennen will; wohl auch *Satzger,* 2013, § 15 Rn. 34 ff.

[468] Vgl. näher *Watzek,* Rechtfertigung und Entschuldigung, 1997, S. 134 ff.; *Etzel,* Notstand und Pflichtenkollision, 1993, S. 18 ff. (zum frühen common law), 98, 106, 121; *Korte,* Befehl, 2004, S. 215 ff.; *Ashworth,* ZStW 110 (1998), 465 f.; UK Manual Armed Conflict, S. 441.

[469] So insb. im US-amerikanischen Recht: *Dressler,* RLJ 20 (1988), 713 f.; *Schopp,* Justification, 1998, S. 144, 147 und passim; *Etzel,* Notstand und Pflichtenkollision, 1993, S. 44 ff. (45 f.), 128, 134, 167; *Stauder,* S. 83 (für New York). Vgl. für das engl. Recht *Watzek,* Rechtfertigung und Entschuldigung, 1997, S. 135 f., 138, 178 ff., 206.

[470] Vgl. näher unter Verweis auf das angloamerikanische Recht *Ambos,* 2002, S. 840.

[471] Vgl. *Watzek,* Rechtfertigung und Entschuldigung, 1997, S. 136 ff. (138).

[472] Wurde bei §§ 52, 54 StGB a. F. noch zwischen menschlichen und natürlichen Gefahren unterschieden, so soll es seit der Einführung der §§ 34, 35 StGB nicht mehr auf den Ursprung der Gefahr ankommen, vgl. LK/*Hirsch,* § 35 Rn. 20; S/S/*Perron,* § 34 Rn. 16, § 35 Rn. 10/11; NK/*Neumann,* § 35 Rn. 10.

[473] Wobei die Einordnung des Nötigungsnotstands unter § 35 StGB nicht unumstritten ist, vgl. näher *Ambos,* 2002, S. 544 ff.

[474] *Jescheck,* FS Mangakis, 1999, S. 495; *Kreicker,* S. 339; *Satzger,* 2013, § 15 Rn. 36; a. A. BR-Drs. 29/02, in: *Lüder/Vormbaum,* S. 30; für Gleichsetzung mit § 35 StGB *Safferling,* Jura Sonderheft 2004, 60.

Aus dem Vorstehenden ergibt sich zweierlei. Zum einen bestätigt Art. 31 Abs. 1 (d) die allgemeine Tendenz des Völkerstrafrechts, der Unterscheidung zwischen Rechtfertigung und Entschuldigung keine besondere Bedeutung beizumessen (Rn. 77). Zum anderen wird auch im modernen angloamerikanischen Recht im Grundsatz zwischen necessity und duress dergestalt unterschieden, dass eine vstr Unterscheidung in **rechtfertigende** necessity und **entschuldigenden** duress nicht völlig unvertretbar erscheint.[475] Diese Unterscheidung ist jedenfalls sachlich geboten: Während „duress" sich auf einen Mangel an Handlungs- und Entscheidungsfreiheit bezieht, der aus einer unmittelbaren Bedrohung resultiert,[476] beruht „necessity" auf einer Abwägung kollidierender Interessen oder Rechtsgüter, die zugunsten des höherwertigen Guts bzw. geringeren Schadens ausgehen muss. Die Notstandstat stellt eine Rechtsgutsverletzung dar, deren Widerrechtlichkeit entfällt, weil das geschützte Rechtsgut („Erhaltungsgut") das beeinträchtigte („Eingriffsgut") überwiegt, weil also zugleich auch der (faktische) Schutz eines höherwertigen Rechtsguts durchgesetzt wird.[477] Wenn auch der Grad des Überwiegens durchaus unterschiedlich geregelt sein kann,[478] so macht das *Überwiegen* des Erhaltungsguts die **necessity** doch ohne weiteres zu einem **Rechtfertigungsgrund.**[479] Eine solche rechtfertigende Wirkung kann demgegenüber dem **duress** grundsätzlich nicht zugesprochen werden. Denn seine *ratio* liegt nicht in der Abwägung widerstreitender Interessen oder Güter, sondern in der durch die unwiderstehliche *Zwangslage* hervorgerufenen Unzumutbarkeit normgemäßen Verhaltens. Die im Einzelfall zu beantwortende Frage lautet also, ob der Genötigte der Nötigung widerstehen kann oder Widerstand unter den gegebenen Umständen *unzumutbar* ist.[480] Im Ergebnis geht es bei duress demnach um mangelnde persönliche Vorwerfbarkeit im Sinne eines normativen Schuldbegriffs,[481] also um **Entschuldigung,** nicht Rechtfertigung.[482] 95

Für die im Völkerstrafrecht seit der *Erdemovic*-Rechtsprechung des ICTY (Fall 2, Rn. 14) hochstrittige Frage, ob eine Straffreistellung auf Grund Nötigungsnotstands auch bei der **Tötung unschuldiger Zivilpersonen** in Frage kommt, hält die hier vertretene und auf Art. 31 Abs. 1 (d) beruhende duress-Konzeption eine klare Antwort 96

[475] Sie lässt sich selbst für das engl. Recht begründen: Wenn das House of Lords in *Howe* die Ansicht vertritt, dass „duress" actus reus und mens rea unberührt lasse (vgl. *Watzek,* Rechtfertigung und Entschuldigung, 1997, S. 42f., 203f., 346f.), also – nach dt. Verständnis – ein tatbestandsmäßiges Verhalten vorliegt, der Täter aber gleichwohl straflos bleiben soll, lässt sich dies nur mit einer weiteren verbrechenssystematischen Kategorie, nämlich der Schuld, begründen (zutreff. *ebd.*, S. 204).

[476] Vgl. *P. Robinson,* Defenses, Bd. 2, 1984, § 177 (b) (1); s. auch *Etzel,* Notstand und Pflichtenkollision 1993, S. 170 m.w.N.; *Pradel,* S. 343f.; *Bassiouni,* 1999, S. 484; *Ambos,* 2013, S. 343ff.

[477] Vgl. *Küper,* JuS 1987, 81f.; auch *Neumann,* JA 1988, 331.

[478] Vgl. einerseits § 34 StGB: „... das geschützte das betroffene Interesse *wesentlich* überwiegt"; andererseits Art. 122–7 frCP: „... *disproportion* entre les moyens employés et la gravité de la menace." (Herv. K. A.). S. auch *Pradel,* S. 330.

[479] Vgl. *American Law Institute,* 1985, Bd. 2, 9. S. auch *Etzel,* Notstand und Pflichtenkollision, 1993, S. 126, 130, 137; *Watzek,* Rechtfertigung und Entschuldigung, 1997, S. 178; *Nill-Theobald,* „Defences", 1998, S. 213ff.; *Reed,* JournTLP 1996, 67f.; für das New Yorker Recht *Stauder,* Allgemeine defenses, 1999, S. 81ff.

[480] Vgl. *Fletcher,* 1978, S. 833f.; *Watzek,* Rechtfertigung und Entschuldigung, 1997, S. 139ff.; *Roxin,* AT I, § 22 Rn. 52ff.; *S/S/Perron,* § 35 Rn. 13a, 18.

[481] Vgl. statt vieler *Roxin,* AT I, § 19 Rn. 11ff.; auch *Dressler,* RLJ 20 (1988), 710: „normative ... judgement".

[482] *Ambos,* 2002, S. 843 m.N. in Fn. 99. I. Erg. ebenso *van Sliedregt,* 2003, S. 289f.; *Dubber,* S. 180f.; *Safferling,* Vorsatz, 2008, S. 473; *Olásolo,* 2008, S. 242.

bereit: Eine solche Straffreistellung muss aus schuldstrafrechtlichen Gründen grundsätzlich möglich sein,[483] jedenfalls wenn der Täter keinen „größeren Schaden zuzufügen beabsichtigt" (Art. 31 Abs. 1 (d) S. 1).[484] Dabei geht es nicht um die Negation des begangenen Unrechts (kraft eines Rechtfertigungsgrunds), sondern nur um die **Entschuldigung** des Verhaltens des Genötigten auf der Grundlage eines normativen Schuldbegriffs. Damit ist das IStGH-Statut der Mehrheitsmeinung der Rechtsmittelkammer in *Erdemovic,* die die Berufung auf duress abgelehnt hat,[485] nicht gefolgt. Zu einem Ausschluss des „duress" zwingt auch nicht das common law, vielmehr sprechen für seine grundsätzliche Zulässigkeit – neben der gerade in diesem Fall sich als unentbehrlich erweisenden, verbrechenssystematischen Unterscheidung zwischen Unrecht und Schuld – zahlreiche rechtsvergleichende und vstr Argumente.[486] *In casu* hängt die Entscheidung von den **Umständen des Einzelfalls** ab, wobei – auf der Grundlage der Voraussetzungen des Art. 31 Abs. 1 (d) – *strenge Maßstäbe* anzulegen sind.[487]

6. Irrtum (Art. 32)

97 In der vstr Rechtsprechung hat die Irrtumsproblematik bisher nur am Rande eine Rolle gespielt.[488] Die wenigen Urteile, die sich damit befassen, stützen sich – wenig differenziert – auf die common law Unterscheidung zwischen **Tatsachenirrtum** („mistake of fact")[489] und **Rechtsirrtum** („mistake of law").[490] Dabei wird im Grundsatz nur jener für relevant erachtet, während dieser unter Verweis auf die *Ignorantia iuris neminem excusat-* bzw. *Error iuris non nocet*-Regel[491] nicht anerkannt

483 I. Erg. ebenso *Scaliotti,* ICLR 1 (2001), 146f.; *Merkel,* ZStW 114 (2002), 452f. (sogar für Rechtfertigung); *Cassese* et al., 2013, S. 217–219; *Werle,* 2012, Rn. 607; *van Sliedregt,* 2003, S. 290; *Janssen,* ICLR 4 (2004), 97; *Satzger,* 2013, § 15 Rn. 36; *May,* 2005, S. 199; *Venafro,* in: Cassese et al., 2005, S. 122ff.; *Morgante,* in: ebd., S. 173ff.; *Kreß/Wannek,* in: Kirsch, S. 243f.; *Bohlander,* JCL 70 (2006), 147ff. (aus Sicht der necessity defence); *Zahar/Sluiter,* S. 428ff.; *Kolb,* in: Kolb/Scalia, S. 220f.; MünchKomm/*Weigend,* § 2 VStGB Rn. 20; *ders.,* JICJ 10 (2012), 1219ff.; *Gless,* 2011, Rn. 723; a. A. *Dinstein,* in: McDonald/Swaak-Goldman, S. 376; *Kreicker,* S. 340; auch *Korte,* Befehl, 2004, S. 206ff. (230), 231, der Art. 31 Abs. 1 (d) maßgeblich vom angloamerikanischen Recht beeinflusst sieht und dieses i. S. e. grds. Strafbarkeit interpretiert; zum MPC insoweit *Dubber,* S. 182f.

484 So auch MünchKomm/*Weigend,* § 2 VStGB Rn. 21 bei Tötung mehrerer Menschen.

485 *ICTY,* Erdemovic AppJ 7. 10. 1997, para. 19 und disposition 4. Vgl. insb. *gegen* "duress" die Begründung der Richter *McDonald* und *Vohrah,* paras. 59ff. (66f., 72, 75, 78, 88). Überzeugender *für* "duress" jedoch Richter *Cassese,* paras. 11ff. (12, 16f., 21ff., 41ff., 49f.). Ausführlich *Ambos,* 2002, S. 266ff.; zust. *König,* S. 397; i. Erg. auch aus liberal-rechtsstaatlicher Sicht *Fichtelberg,* JICJ 6 (2008), 9ff.

486 Vgl. *Ambos,* 2002, S. 859ff. Auch *Korte,* Befehl, 2004, S. 227f. erkennt „Korrekturmöglichkeiten" des common law – trotz grds. Strafbarkeit (vgl. schon o. Fn. 483) – an.

487 Näher *Ambos,* 2002, S. 867; ausführlich hierzu *Ambos,* 2013, S. 352ff., 361ff.

488 Vgl. *Ambos,* 2002, S. 128, 161, 225f., 251, 255f., 371f.; *van Sliedregt,* 2003, S. 313ff.; *Stuckenberg,* S. 20. A. A. wohl *Werle,* 2012, Rn. 614. Zweifelnd zur Notwendigkeit einer gesonderten Regelung *Clark,* ZStW 114 (2002), 383. Das Lubanga Verfahren zeigt aber, dass Irrtümer in Zukunft mehr Bedeutung erlangen können, vgl. *Ambos,* in: Brown, S. 320.

489 Die dt. Übersetzung „Tatirrtum" ist missverständlich, weil die Fehlvorstellung nicht die „Tat", sondern die zugrundeliegenden Tatsachen betrifft (vgl. auch *Werle,* 2012, Rn. 614 mit Fn. 469). Für eine Grundlegung im Zusammenhang mit dem Vorsatz (o. Fn. 336) *Stuckenberg,* S. 318ff., 440ff.

490 Vgl. *LaFave,* S. 281ff.; *Smith/Hogan,* S. 336ff.; *Ashworth,* S. 215ff.; *ders.,* ZStW 110 (1998), 468 (sehr krit.); *Dubber,* S. 88. Weitere Nachw. bei *Ambos,* 2002, S. 805 mit Fn. 269.

491 Zur rechtshistorischen Entwicklung dieser römisch-rechtlichen Regel *Gao,* in: Eser/Nishihara, Rechtfertigung, 1995, S. 379ff.

wird.[492] **Art. 32** folgt der beschriebenen **Dichotomie** des common law, so dass es sinnvoll erscheint, zwischen beachtlichen und unbeachtlichen Irrtümern zu unterscheiden.[493] So kann ein Irrtum nur dann ein beachtlicher Straffreistellungsgrund sein, wenn er das „mental element", d. h. den Tatbestandsvorsatz (Rn. 63),[494] aufhebt („negates the mental element").[495] Das gilt nicht nur für den **mistake of fact** (Art. 32 Abs. 1), sondern auch für den **mistake of law:** Er soll zwar – ganz im Einklang mit der *Ignorantia-iuris*-Regel – grundsätzlich unbeachtlich sein (Art. 32 Abs. 2), doch soll dies nicht gelten, wenn er das „mental element" aufhebt (Art. 32 Abs. 2 Satz 2). Der Irrtum ist also immer dann beachtlich, wenn mit ihm der Vorsatz entfällt;[496] so gesehen ist er die Kehrseite des Vorsatzes und kann **systematisch** im Zusammenhang mit diesem behandelt werden.[497] Diese Konsequenz freilich zieht das IStGH-Statut nicht, denn dessen Art. 32 bezeichnet den Irrtum als Straffreistellungsgrund („ground for excluding criminal responsibility"). Dieser Einordnung wird hier aus praktischen Gründen gefolgt.[498]

Nimmt man die **Vorgaben des Art. 32** ernst, so sind grundsätzlich – der genannten Dichotomie folgend – nur Irrtümer über *deskriptive* Tatbestandsmerkmale und über die *tatsächlichen* Voraussetzungen eines Rechtfertigungsgrundes (Erlaubnissachverhaltsirrtum) oder Entschuldigungsgrundes (Entschuldigungssachverhaltsirrtum) als (reine) **Tatirrtümer beachtlich,** während ein Irrtum über die materiellrechtliche Zuständigkeit des IStGH, direkte und indirekte Verbotsirrtümer, Irrtümer über die Existenz oder Grenzen eines Entschuldigungsgrundes sowie ein Irrtum über die Gültigkeit völkerrechtswidriger Normen als (reine) **Rechtsirrtümer unbeachtlich** sind.[499] Ein **Irrtum über normative Tatbestandsmerkmale** ist zwar ein Rechtsirrtum, kann aber 98

[492] Vgl. *Nill-Theobald,* „Defences", 1998, S. 342 f.; *Korte,* Befehl, 2004, S. 162 ff.; krit. *Stuckenberg,* S. 20; *Fletcher,* 2007, S. 323 f.

[493] Vgl. auch *Korte,* Befehl, 2004, S. 165 ff.; *Ambos,* in: Brown, S. 317 ff.; Fallbeispiel bei *Ambos,* 2010 a, S. 126 ff. (Fall 9), 143 f.

[494] Zur Beschränkung auf den Tatvorsatz unter Ausschluss des Unrechtsbewusstseins vgl. *Ambos,* 2002, S. 806 f.

[495] Vgl. *Ambos,* ZStW 111 (1999), 190 f.; krit. auch *Laurenzo Copello,* JPD 7/2000, 100; *Fletcher,* 2007, S. 108.

[496] Deshalb ist das Wörtchen „may" in Art. 32 Abs. 2 S. 2 – entgegen meiner früheren Ansicht (*Ambos,* 2002, S. 811) sowie Triffterer/*Triffterer,* Art. 32 Rn. 38 und *van Sliedregt,* 2003, S. 308, *Borsari,* S. 352 – nicht i. S. e. gerichtlichen Ermessens zu interpretieren; fehlt es am „mental element", hat der Richter vielmehr freizusprechen (zutr. *Korte,* Befehl, 2004, S. 160 ff.; *Gropengießer,* S. 277 f.; gegen *Triffterer* auch *Clark,* ZStW 114 (2002), 385 f.; anders *Weigend,* FS Roxin, 2001, S. 1391 Fn. 66, wonach „may" nur besagen soll, dass nicht jeder Rechtsirrtum den Vorsatz ausschließt; offen lassend *Stuckenberg,* S. 21 mit Fn. 108, wonach die sprachliche Fassung beide Deutungen zulasse); aus common law Sicht handelt es sich um eine „failure of proof defence" (Cryer/*Cryer,* S. 409). Zusf. *van Verseveld,* S. 81 ff.

[497] *Ambos,* 2002, S. 757, 806 f.; auch Cassese/Gaeta/Jones/*Eser,* S. 889, 934; *Weigend,* FS Roxin, 2001, S. 1390 f.; *Werle,* 2012, Rn. 614; *Stuckenberg,* S. 19 („tautologisch"); *Bock,* Utrecht L.R. 9 (2013), 187.

[498] Ebenso *Werle,* 2012, Rn. 615.

[499] Vgl. näher *Ambos,* 2002, S. 807 ff.; *ders.,* 2013, S. 370 ff.; i. W. zust. *Gropengießer,* S. 277 ff.; *Borsari,* S. 345 ff.; teilw. anders *Gless,* 2011, Rn. 734 ff.; zum Erlaubnissachverhaltsirrtum auch *Jescheck,* JICJ 2 (2004), 47. Ob insb. diese Regelung vgr anerkannt ist (so *Werle,* 2012, Rn. 616), ist sehr fraglich. Für eine weitergehende Auslegung bei weitem Verständnis des „mental element" und Betonung der Rechtsfolge eines Irrtums *Melendo,* Imputación subjetiva, 2008, S. 79 ff., der Abs. 1 von Art. 32 auch auf normative Tatbestandsmerkmale (114 f.) und Abs. 2 S. 2 auch auf Irrtümer über Rechtfertigungs- und Entschuldigungsgründe, ja grds. sogar auf direkte Verbotsirrtümer beziehen will (115 f., 118 ff.).

gemäß Art. 32 Abs. 2 Satz 2 Alt. 1 den Vorsatz aufheben.[500] Was den Sonderfall des **Handelns auf Befehl** (Rn. 91) betrifft, so bezieht sich Art. 32 Abs. 2 S. 2 Alt. 2 auf Art. 33 Abs. 1 (b), also auf den Fall, dass der Untergebene die Rechtswidrigkeit der Anordnung nicht erkannte; kann ihm die Unkenntnis nicht vorgeworfen werden, ist seine Verantwortlichkeit wegen Rechtsirrtums ausgeschlossen.[501] Eine solche Unkenntnis kann aber nur bei nicht offensichtlich rechtswidrigen Anordnungen vorliegen, denn ist eine Anordnung offensichtlich rechtswidrig, so ist ihr die Rechtswidrigkeit ja *per definitionem* „auf die Stirn geschrieben", also von jedermann zu erkennen.[502] Damit ist auch klar, dass Art. 33 insofern den Untergebenen *privilegiert,* als nicht schon (wie etwa nach § 17 StGB) die bloße *Vermeidbarkeit* des Irrtums über das Unrecht die Schuld begründet, sondern erst dessen *Offensichtlichkeit.*[503]

99 Die vorgefundene Rechtslage macht die **Überlegenheit eines differenzierteren Straftatsystems** gegenüber einem solchen deutlich, das bei der Unterscheidung zwischen äußerer und innerer Tatseite stehen bleibt und nicht zwischen Unrecht und Schuld sowie Tatvorsatz und Vorsatzschuldvorwurf unterscheidet.[504] Eine Analyse der vstr Verbrechen macht ferner deutlich, dass gerade das System der Kriegsverbrechen– trotz des kodifikatorischen Fortschritts durch Art. 8 – noch immer einen Grad von Komplexität besitzt, der die **Ignorantia-iuris-Regel** als **schuldstrafrechtlich problematisch** erscheinen lässt (beispielhaft Rn. 253).[505] Zwar gilt es – schon aus generalpräventiven Gründen – die Verantwortlichen internationaler Verbrechen strafrechtlich zu verfolgen,[506] doch rechtfertigt dieses *kollektive* Phänomen nicht, die Beachtlichkeit eines Rechtsirrtums im *Einzelfall* durch extrem hohe Anforderungen an die Rechtskenntnis des *Einzelnen* nahezu unmöglich zu machen und damit den Schuldgrundsatz in gefährlicher Weise zu relativieren.[507] Dies gilt gerade in einer dynamischen internationalen Rechtsordnung wie dem Völkerstrafrecht, denn die Rechtsunterworfenen sind mit ihr weit weniger vertraut als mit ihrem eigenen nationalen Recht.[508]

---

500 *Ambos,* 2002, S. 811 ff. Ebenso *Korte,* Befehl, 2004, S. 164f.; *Vallini,* in: Cassese et al., 2005, S. 64f.; *Stuckenberg,* S. 21; wohl auch *Clark,* ZStW 114 (2002), 385; offen lassend *Weigend,* in: AIDP, S. 333.

501 Vgl. auch *Fletcher,* 2007, S. 109, der „good-faith and reasonable (nonnegligent belief) in the lawfulness of the order" verlangt. I. Erg. ebenso *Olásolo,* 2008, S. 244; *Jesse,* S. 236f.; *Gless,* 2011, Rn. 733. Fallbeispiel bei *Ambos,* 2010a, S. 126ff. (Fall 9), 141f.; s. hierzu auch *van Verseveld,* S. 90ff.

502 Vgl. schon *Ambos,* JR 1998, 221. Zum Problem der Legaldefinition des Art. 33 Abs. 2 vgl. schon Rn. 89.

503 Zur „Milderung der allgemeinen Verbotsgrundsätze" bzgl. § 5 WStG *Küper,* JuS 1987, 91 u. bzgl. § 3 VStGB MünchKomm/*Weigend,* § 3 VStGB Rn. 13, 29, der allerdings betont, dass Art. 33 eine „Sonderregelung für einen speziellen Fall des Irrtums" darstellt (Rn. 8).

504 Vgl. *Ambos,* 2002, S. 759f. m.w.N.

505 Das galt natürlich noch stärker vor der Verabschiedung des IStGH-Statuts; vgl. etwa *Dinstein,* Defence of obedience, 1965, S. 33ff. (33); *Green,* AVR 1980/81, 169ff. unter Hinweis auf die weitgehend vgr Natur des humanitären Völkerrechts. Krit. zu Art. 32 insoweit auch *Werle,* 2012, Rn. 623; *Weigend,* in: AIDP, 2004, S. 332f.; MünchKomm/*Weigend,* § 2 VStGB Rn. 12; *Lahti,* in: AIDP, 2004, S. 350; *Satzger,* 2013, § 15 Rn. 42; *Vallini,* in: Cassese et al., 2005, S. 55; *Ambos,* 2013, S. 375f.; *Bock,* Utrecht L.R. 9 (2013), 193.

506 Darauf weist zu Recht *Eser,* IYHR 24 (1995), 217 hin; diff. *Nill-Theobald,* „Defences", 1998, S. 346.

507 I. Erg. ebenso *Dinstein,* Defence of obedience, 1965, S. 36. Der Verweis auf VGR, das „probably" die Vorschrift stütze (*Cryer,* S. 305), ist neben der Sache, denn zum einen lässt sich VGR für Bereiche des AT kaum überzeugend nachweisen und zum anderen kann es grdl. strafrechtliche Grundsätze nicht außer Kraft setzen (vgl. grds. schon § 5 Rn. 7).

508 Ebenso *Green,* AVR 1980/81, 170; krit. auch *Kreß,* IYHR 29 (2000), 147f.; *Gropengießer,* S. 278. Für höhere Anforderungen im Rahmen des humVR, insb. für Befehlshaber *van Sliedregt,* 2003, S. 304, 314f.

Der im Hinblick auf Art. 32 Abs. 2 einzig gangbare Ausweg aus dem beschriebenen Dilemma scheint in einer **Lockerung** der starren, auch zunehmend im common law kritisierten[509] *Ignorantia-iuris-Regel* zu bestehen. Dazu kann das Kriterium der **Vermeidbarkeit** herangezogen werden: Es kann nicht nur aus dem nationalen Recht heraus begründet werden,[510] sondern hat schon in der vstr Kodifikationsentwicklung eine herausragende Rolle gespielt.[511] Der Begriff der „Vermeidbarkeit" ist dabei nur eine Chiffre, mit Hilfe derer **Einzelfallgerechtigkeit** erreicht und damit dem Schuldgrundsatz Genüge getan werden kann.[512] Die im angloamerikanischen Recht bekannte **„reasonableness"**[513] oder die auch im Völkerstrafrecht bekannte **„offensichtliche Rechtswidrigkeit"**[514] können diesem Bedürfnis ebenso Rechnung tragen.[515] Schließlich ist auch im angloamerikanischen Recht die Beachtlichkeit eines Rechtsirrtums in zwei Fällen anerkannt: wenn dem Täter die betreffende Norm mangels Veröffentlichung oder sonst unbekannt war („unavailable law") und wenn er sich auf eine amtliche Stellungnahme oder Auslegung einer bestimmten Norm verlassen hat („reliance cases").[516] Als **Regel** kann man demnach formulieren, dass ein unvermeidbarer bzw. „vernünftiger" (Rechts-)Irrtum weder „vorwerfbar" noch „fahrlässig" und damit beachtlich ist. Aus all diesen Gründen hat das **VStGB** es zu Recht bei der Anwendung des deutschen Rechts belassen (§ 2 VStGB i. V. m. §§ 16, 17 StGB). 100

7. Immunitäten (Art. 27)

Immunitäten oder Exemtionen[517] von der Gerichtsbarkeit knüpfen an den besonderen Status von Personen an, die als Repräsentanten ihres Staates (des „Entsendestaa- 101

---

[509] Vgl. *Fletcher,* 1998, S. 154f., 166; *Ashworth,* 2009, S. 219ff.; *Smith,* in: Eser/Fletcher, Rechtsvergleichende Perspektiven, Bd. 2, 1988, S. 1076ff., 1107ff. (1120 m. w. N.); *Kaplan,* in: ebd., S. 1128ff. (i. Erg. für eine typisierende Lösung). Vgl. aus vstr Sicht schon *Dinstein,* Defence of obedience, 1965, S. 33ff.

[510] Zur stärkeren Vertypung des Vermeidbarkeitskriteriums aus rvgl Sicht *Tiedemann,* FS Lenckner, 1998, S. 419.

[511] Vgl. *Ambos,* 2002, S. 459f., 485, 492, 504; *ders.,* 2013, S. 375f. Vgl. auch Triffterer/*Triffterer,* Art. 32 Rn. 38 und vor allem Art. 24 option 1 Zutphen Draft, wo explizit auf die Unvermeidbarkeit abgestellt wird. Vgl. auch *van Verseveld,* S. 96ff., die eine Neufassung der Irrtumsregelung vorschlägt, in der entscheidend auf die Vermeidbarkeit abgestellt wird.

[512] Vgl. auch *Tiedemann,* FS Lenckner, 1998, S. 429; *Neumann,* FS BGH, 2000, Bd. 4, S. 95ff.; *Vogel,* JZ 1995, 340; *Ashworth,* 2009, S. 220ff.; *Smith,* in: Eser/Fletcher, Rechtsvergleichende Perspektiven, Bd. 2, 1988, S. 1080, 1121ff.; *Low,* RLJ 20 (1988), 555 („fair notice"); *Bock,* Utrecht L.R. 9 (2013), 196f.

[513] Vgl. *Fletcher,* 1978, S. 690; *ders.,* 1998, S. 157; *ders.,* FS Eser, 2005, S. 739ff.; *ders.,* 2007, S. 109 (wo er die Sonderregelung für Art. 33 [o. Rn. 98] allgemein bei einem „reasonable mistake" anwenden will); *Dubber,* S. 143f. Für ein aus der „reasonableness" abgeleitetes, flexibles Autonomieprinzip *Ashworth,* 2009, S. 221ff.

[514] Vgl. *Dinstein,* S. 138f.; zur Rspr. *Ambos,* 2002, S. 371f. Dieses Kriterium findet sich auch in Art. 33 Abs. 1 (c).

[515] Vgl. auch Art. 10 *Corpus Juris* 2000, wonach der Rechtsirrtum haftungausschließend wirkt, „if it would have *inevitably* been committed by a *careful, sensible* person." (in: Delmas-Marty/Vervaele, 2000, S. 192; dazu *Delmas-Marty,* in: ebd., S. 72; Herv. K.A.). Ob der „reasonableness"-Maßstab freilich der Vermeidbarkeit entspricht, darf bezweifelt werden (vgl. einerseits *Fletcher,* 1978, S. 690, andererseits *Fletcher,* FS Eser, 2005, S. 744). Für eine Flexibilisierung auch *van Sliedregt,* 2003, S. 305, 309, 315f.; *Korte,* Befehl, 2004, S. 160f.; *Jescheck,* JICJ 2 (2004), 47; *Weigend,* in: AIDP, 2004, S. 332f.

[516] Vgl. *American Law Institute,* 1985, Bd. 1, S. 274ff. zu § 2.04 (3) MPC. Vgl. auch *Ashworth,* 2009, S. 222ff.; *Smith,* in: Eser/Fletcher, Rechtsvergleichende Perspektiven, Bd. 2, 1988, S. 1086ff., 1101ff.; *Kaplan,* in: ebd., S. 1145ff.; *van Sliedregt,* 2003, S. 310; *Dubber,* S. 188f.; *Bock,* Utrecht L.R. 9 (2013), 192.

[517] Zu Begriff u. Geltungsgrund grdl. *Kreicker,* S. 9ff., 19ff.

tes“) bestimmte **hoheitliche Aufgaben** wahrnehmen. Diese Personen sollen – mittels eines **Verfahrenshindernisses**[518] – von der nationalen Gerichtsbarkeit ausgenommen werden, damit sie ungehindert ihren (hoheitlichen) Aufgaben auf fremdem Staatsgebiet nachgehen können.[519] Völkerrechtsdogmatisch ist das damit zu begründen, dass es *unter gleichberechtigten Staaten* keinen Vorrang hoheitlicher Befugnisse geben kann, dass sich also kein Staat anmaßen darf, über Hoheitsakte eines anderen Staates zu Gericht zu sitzen *(par in parem non habet imperium).*[520] Darauf beruht der Grundsatz der **Staatenimmunität** („state immunity“), wonach ein ausländischer Staat von der inländischen Gerichtsbarkeit befreit ist.[521] Aber nicht nur der Staat selbst, sondern auch seine *Organe* (bzw. der jeweilige Amtsträger) genießen Immunität **ratione *materiae*** für *hoheitlich-dienstliche Handlungen (acta iure imperii),* weil diese dem Staat selbst zuzurechnen sind;[522] davon zu unterscheiden ist die grundsätzlich absolute Immunität **ratione *personae*,** die sich auch auf *nicht-hoheitlich-dienstliche (acta iure gestionis)* und selbst rein *private* Handlungen erstreckt, aber auf bestimmte Personen, insbesondere das Staatsoberhaupt/den faktischen Regierungschef, den Außenminister (str.)[523] und Diplomaten (dazu sogleich), *beschränkt* ist[524] und mit der Amtszeit endet.[525] Für die Reichweite der Staatenimmunität ist also zum einen die Stellung des Organs und zum anderen die Abgrenzung zwischen ho-

[518] Zu Rechtsnatur und Wirkungen grdl. *Kreicker,* S. 1242ff., der i. Erg. auch ein Verfahrenshindernis annimmt (1294); auch *Borghi,* Dirigeants politiques, 2003, S. 57ff., 94ff.; MünchKomm/*Ambos,* Vor §§ 3–7 Rn. 114ff. (118); *Ambos,* RDP 15 (2005), 92ff.; *Bantekas/Nash,* S. 165ff.; *Zuppi,* in: Meng et al., S. 657f. („non-exculpatory defense“).

[519] So die herrschenden Theorien der Repräsentation u. funktionalen Notwendigkeit, vgl. *Heintze,* in: Ipsen, § 23 Rn. 3; *Crawford,* S. 488, 502ff.; näher *Borghi,* Dirigeants politiques, 2003, S. 48f., 50ff.; vertiefend *Douglas,* BYIL 82 (2012), 281ff.; *Schiller,* HuV-I 2011, 31f.; zur Immunität von vor internationalen Strafgerichten agierenden Verteidigern *Zeegers,* ICLR 11 (2011), 869ff. (i. Erg. für „functional and personal immunity“, 889).

[520] Der Ausspruch geht auf *Bartolus* zurück (Tractatus represaliarum, 1354), vgl. *Verdross/Simma,* § 1168; Menzel/Pierlings/Hoffmann/*Maierhöfer,* S. 398; näher *Borghi,* Dirigeants politiques, 2003, S. 43ff., 127, 540, der den Grundsatz jedoch für überholt hält, weil er die (absolutistische) Personifizierung des Staates im „Souverän“ impliziere; auch *Appelbaum,* Staatenimmunität, 2007, S. 54ff.

[521] Vgl. *Bothe,* ZaöRV 31 (1971), 247ff.; *Bröhmer,* State immunity, 1997, S. 9ff., 125ff., 136ff.; *Verdross/Simma,* §§ 1168ff.; *Jennings/Watts,* S. 460f.; *Herdegen,* ZaöRV 47 (1987), 223f.; *Roeder,* JuS 2005, 215; Menzel/Pierlings/Hoffmann/*Maierhöfer,* S. 397f.; *Giegerich,* in: Tomuschat/Thouvenin, S. 206 („only for sovereign acts“); *Appelbaum,* Staatenimmunität, 2007, S. 29ff.; *Senn,* S. 34ff.; grdl. *Kreicker,* S. 49ff., 109ff.; zur Staatenimmunität als bloßes vr Prinzip oder spezifischere vr Regel *Finke,* EJIL 21 (2010), 870ff.

[522] *BGH,* NJW 1979, 1101; *BVerwG* NJW 1989, 678; *Folz/Soppe,* NStZ 1996, 578 m.N.; *Schmalenbach,* ZÖR 61 (2006), 398ff.; *Kreicker,* S. 118, 139f.; *Douglas,* BYIL 82 (2012), 288ff.; siehe auch *Zhou,* in: Bergsmo/Ling, S. 47; *Sanger,* ICLQ 62 (2013), 199ff. mit einer Übersicht über die einschlägige nationale und internationale Rspr. auf S. 203ff. Allgemein zur Bedeutung der nationalen Rspr. für die Entwicklung und Auslegung völkerrechtlicher Immunitätsreg. *van Alebeek,* LJIL 26 (2013), 559.

[523] So der IGH, vgl. Rn. 105.

[524] Grdl. *Dahm,* FS Nikisch, 1958, S. 167ff.; *Lüke,* Immunität, 2000, S. 91ff.; *Kreicker,* S. 707ff.; zum begünstigten Personenkreis genauer *Borghi,* Dirigeants politiques, 2003, S. 13ff., 199ff. und passim; *Appelbaum,* Staatenimmunität, 2007, S. 59ff. Vgl. auch *Dahm/Delbrück/Wolfrum,* Völkerrecht, Bd. 1, Teilbd. 1, 1989, S. 252ff. (für das Staatsoberhaupt), 277ff. (für Diplomaten); *Doehring,* Rn. 670ff. (672); *Folz/Soppe,* NStZ 1996, 577; *Herdegen,* ZaöRV 47 (1987), 225; *Zappalà,* EJIL 12 (2001), 599; Menzel/Pierlings/Hoffmann/*Maierhöfer,* S. 398f.; *Sanger,* ICLQ 62 (2013), 197ff.; *Jia,* in: Bergsmo/Ling, S. 77; *ders.,* JICJ 10 (2012), 1395. Nach *Watts,* RDC 247 (1994/III), 19, soll sich die Zahl der Staatsoberhäupter und „senior representatives“ auf 500–600 Personen weltweit belaufen.

[525] Vgl. *Borghi,* Dirigeants politiques, 2003, S. 129f., 186, 539; *Zuppi,* in: Meng et al., S. 669.

heitlich-dienstlichem und nicht-hoheitlich-dienstlichem bzw. privatem Handeln von Bedeutung.[526]

Von der Staatenimmunität zu unterscheiden ist die **diplomatische Immunität.**[527] Denn sie beruht nicht nur auf einem innerstaatlichen Kreationsakt (wie die Staatenimmunität),[528] sondern auf der *vr Zustimmung* des Empfangsstaates in Form des *Agrément* (Art. 4 WÜD). Sie wird grundsätzlich nur den im Inland akkreditierten „Diplomaten" *ad personam* verliehen (Art. 29, 31 i. V. m. 1 e WÜD). Sie knüpft also einerseits an den *Status* des Diplomaten und seine Repräsentationsfunktion an *(ne impediatur legatio),* woraus u. a. folgt, dass sie sich auch auf *privates* Handeln erstreckt;[529] andererseits beruht sie auf einer vr Beziehung zwischen dem Entsende- und dem Empfangsstaat und diese ***inter partes*-Beziehung** schließt eine *erga omnes*-Wirkung der diplomatischen Immunität aus.[530] Ein **Drittstaat** kann also einen in einem (anderen) Staat akkreditierten Diplomaten strafrechtlich verfolgen,[531] solange es nicht um von der Staatenimmunität erfasste hoheitlich-dienstliche Handlungen geht.[532] Auch die sog. **„Nachwirkung"**, d. h. die Fortwirkung *funktioneller* Immunität nach Beendigung des (Diplomaten-)Status für *während* des Status begangene Taten (Art. 39 Abs. 2 S. 2 WÜD), gilt nur gegenüber dem Empfangsstaat.[533] Dieser Grundsatz findet im Übrigen auch entsprechend auf das Recht der **Staatenimmunität** Anwendung.[534] 102

An den Hoheitsakt als solchen knüpft die von der angelsächsischen Rechtsprechung entwickelte ***Act of state*-Doktrin** an, wird damit doch generell – unabhängig von dem Tätigwerden eines bestimmten Organs – die Prüfung hoheitlicher Akte eines souveränen Staates oder seiner Organe („acts of state") durch ausländische Gerichte *verboten.*[535] In der Sache handelt es sich jedoch auch dabei um eine Ausprägung der Staatenimmunität, denn es geht um die gerichtliche Unüberprüfbarkeit hoheitlichen Handelns im Sinne 103

[526] Zu dieser Abgrenzung *Kreicker,* S. 118ff., 140ff.; auch MünchKomm/*Ambos,* Vor §§ 3–7 Rn. 98ff.; *Roeder,* JuS 2005, 216.

[527] Grdl. *Kreicker,* S. 310ff.; *Senn,* S. 81ff.; zu weiteren Exemtionen umfassend *Kreicker,* S. 774ff. Für eine strikte Unterscheidung BVerfGE 96, 68 (85ff.); krit. *Faßbender,* NStZ 1998, 145f.; vgl. etwa auch *Verdross/Simma,* § 910 Fn. 68: „zwei Kreise ..., die sich teilweise überschneiden". Zur gröbsten Verletzung der diplomat. Immunität durch die Besetzung der Teheraner US-Botschaft im Jahre 1979 Menzel/Pierlings/Hoffmann/*Müller-Terpitz,* S. 406ff.; *Kreicker,* S. 336ff.; zur"Special Missions Immunity" *Sanger,* ICLQ 62 (2013), 196ff.

[528] *Dinstein,* ICLQ 15 (1966), 88.

[529] Vgl. *Rüping,* FS Kleinknecht, 1985, S. 401f.; *Zappalà,* EJIL 12 (2001), 599; *Doehring,* Rn. 679; *Crawford,* S. 396ff.; grdl. zur sachlichen u. persönlichen Reichweite *Kreicker,* S. 383ff.

[530] So BVerfGE 96, 68 (87ff.) m.w.N. Ebenso *Doehring,* Rn. 680; *Heintze,* in: Ipsen, § 24 Rn. 22.

[531] Krit. insoweit *Faßbender,* NStZ 1998, 145.

[532] Vgl. *BGH* NStZ 2004, 402: keine Immunität eines US-amerikanischen Sergeanten, der bei der US-Botschaft in Caracas (Venezuela) in diplomatischen Diensten steht, für eine Betäubungsmitteltat während seines Urlaubs in Deutschland. Oder *OLG Karlsruhe* NStZ 2005, 120 sowie *OLG Zweibrücken* NStZ 2013, 601: Geschwindigkeitsüberschreitung dient nicht der Wahrung konsularischer Aufgaben; s. auch *BGH* NStZ 2013, 600 (Bejahung der Immunität bei Informationsbeschaffung durch Spionage i. S. d. § 99 StGB mit zust. Besprechung bei *Kreicker,* ZIS 2014, 129ff.).

[533] BVerfGE 96, 68 (86, 89f.); grdl. zur zeitlichen Reichweite *Kreicker,* S. 508ff.

[534] *Bothe,* ZaöRV 31 (1971), 263f.; *Doehring,* Rn. 672; *Gloria,* in: Ipsen, 2004, § 26 Rn. 35.

[535] Vgl. *Dahm,* Völkerstrafrecht, 1956, S. 39ff.; *Bröhmer,* State immunity, 1997, S. 41ff.; *Scheffler,* Fremde Zivilgerichte, 1997, S. 254ff. (259f.); *Lüke,* Immunität, 2000, S. 64ff.; *Verdross/Simma,* §§ 1178ff.; *Doehring,* Rn. 658; Menzel/Pierlings/Hoffmann/*Zimmer,* S. 402; *Bantekas/Nash,* S. 169f.; *Appelbaum,* Staatenimmunität, 2007, S. 33f.; *Kreicker,* S. 298ff.

eines „judicial restraint".[536] Diese Doktrin ist allerdings im kontinentaleuropäischen Rechtskreis nicht anerkannt.[537]

104 Was nun die **Erstreckung** der Immunität auf die **vstr Kernverbrechen,** also Genozid, Verbrechen gegen die Menschlichkeit und Kriegsverbrechen (Art. 5–8, Rn. 117ff.) angeht, so haben schon Art. 7 IMGS und Art. 6 IMGFO die **amtliche Stellung** des Angeklagten als Strafbefreiungsgrund ausgeschlossen.[538] Der dritte Nürnberger Grundsatz erklärt die Tatsache des Handelns in hoheitlicher Position für *unbeachtlich* (§ 6 Rn. 2).[539] Ebenso erklären Art. 7 Abs. 2 ICTYS, Art. 6 Abs. 2 ICTRS und die entsprechenden Vorschriften anderer vstr Tribunale[540] irgendeine „amtliche Eigenschaft" im Hinblick auf die strafrechtliche Verantwortlichkeit der betreffenden Person für unerheblich. **Art. 27** Abs. 1 bekräftigt dies mit Blick auf die materielle Strafgewalt des IStGH; Abs. 2 zieht die prozessuale Konsequenz, dass die Gerichtsbarkeit – im Hinblick auf die *Vertragsstaaten*[541] – nicht durch Immunitäten, die mit einer solchen amtlichen Eigenschaft verbunden sind, gehindert wird.[542] Nach Ansicht des ICTY können sich die Verantwortlichen vr Kernverbrechen weder vor nationalen noch internationalen Gerichten auf Immunität berufen, „selbst wenn sie diese Verbrechen in amtlicher Eigenschaft begingen".[543] So hat der SCSL die amtliche Stellung des ehem. Regierungschefs Liberias, Charles Taylor, ebensowenig als Strafverfolgungshindernis anerkannt[544] wie der IStGH die Stellung Al Bashirs als sudanesischer Präsident.[545] Nach alldem wird

[536] Zutr. *Bröhmer,* State immunity, 1997, S. 45; ähnlich *Scheffler,* Fremde Zivilgerichte, 1997, S. 255; *Wirth,* Jura 2000, 72f.

[537] BVerfGE 92, 277 (321f.); 96, 68 (90); zust. LK/*Gribbohm,* 2002, § 5 Rn. 23.

[538] Zur rechtshistorischen Entwicklung insoweit *Borghi,* Dirigeants politiques, 2003, S. 211ff. (248f.), 251ff.; *Senn,* S. 119ff. Zur völkervertraglichen Vorreiterrolle der GenK Tams/Berster/Schiffbauer/*Schiffbauer,* Art. IV Rn. 5ff., 37ff., 60ff. (74).

[539] Siehe zur Rspr. des IMG *Zhou,* in: Bergsmo/Ling, S. 47ff.

[540] Vgl. sect. 15 UNTAET Regulation 2000/15; Art. 29 Abs. 2 EC Law; Art. 6 Abs. 2 SCSLS; Art. 15 (c) ISTS (vgl. zu den Vorschriften der „gemischten" Tribunale *Ambos/Othman,* S. 207ff.).

[541] Vgl. *Deen-Racsmány,* LJIL 18 (2005), 318 m.N. in Fn. 103; *Fixson,* in: Kirsch, S. 222; *Kreicker,* S. 293; *Zhou,* in: Bergsmo/Ling, S. 51f.; ebenso mit eingehender Analyse einer Wirkung zu Lasten von *Nicht*vertragsstaaten *Senn,* S. 148ff., der allerdings zutreffend bei einem Sicherheitsratsgericht oder einer SR-Überweisung (Art. 13b) eine solche Wirkung annehmen will (S. 181ff., 207ff., 226f.); hierzu auch *Liu,* in: Bergsmo/Ling, S. 55ff.; *Kreß,* in: Bergsmo/Ling, S. 240ff.; *Schiller,* HuV-I 2011, 32ff.; *Ambos,* 2013, S. 415f. m.w.N.; grds. gg. eine Wirkung zu Lasten von Nichtvertragsstaaten *Van Alebeek,* S. 280ff.

[542] Zum Verhältnis der beiden Abs. *Senn,* S. 136ff. (139), 226 mit eingehender Analyse (S. 140ff.).

[543] *ICTY,* Blaskic AppJ 29.10.1997, para. 41; zu dieser Rspr. *Mettraux,* S. 276f.; *Zuppi,* in: Meng et al., S. 660ff.; ähnlich *Watts,* RDC 247 (1994/III) 9, 84; zust. i. Erg. auch *Kreß,* IYHR 29 (2000), 157ff. (161).

[544] *SCSL,* Taylor App. Decision 31.5.2004, paras. 43ff., 53; dazu *Frulli,* JICJ 2 (2004), 1118ff.; *Schmalenbach,* ZÖR 61 (2006), 427f.; krit. *Senn,* S. 197ff.; *Deen-Racsmány,* LJIL 18 (2005), 313ff., die i. Erg. die Immunität Taylors während seiner Amtszeit bejaht. – Vgl. auch House of Lords, *Regina v. Bartle/Evans,* ex parte Pinochet, Urt. v. 25.11.1998, dt. (auszugsweise) in: Ahlbrecht/Ambos, Der Fall Pinochet(s), 1999, S. 103, hier 104 (Lord *Slynn*); krit. Menzel/Pierlings/Hoffmann/*Schneider,* S. 428ff. Obwohl dieses Urt. durch das spätere vom 24.3.1999 aufgehoben wurde, hat die Aussage Lord *Slynns* nichts von ihrer Gültigkeit verloren (a.A. wohl *Kreß,* IYHR 29 (2000), 159); sie wird auch in *SCSL,* Taylor App. Decision 31.5.2004 zitiert, para. 52).

[545] *ICC,* Al Bashir Arrest warrant decision 4.3.2009, paras. 41ff. (43) mit Bezugnahme auf Art. 27 IStGHS. Die Meinungen darüber gehen auseinander, vgl. einerseits zust. *Freeland,* Victoria Uni of Wellington LRev 41 (2010), 179ff.; andererseits krit. *Ssenyonjo,* ICLQ 59 (2010), 205ff.; vertiefend *Kreß,* in: Bergsmo/Ling, S. 227ff.; *Ambos,* 2013, S. 415ff. m.w.N. Überblick über den Fall bei *Tladi,* JICJ 11 (2013), 201ff.; *Schiller,* HuV-I 2011, 30. Vgl. auch u. Rn. 106.

man also die **vgr Regel**[546] formulieren können, dass eine Immunität bei Verfahren vor internationalen Strafgerichten wegen vr Kernverbrechen **kein Verfolgungshindernis** bildet.[547]

Nun gilt dies nicht ohne Weiteres für den **zwischenstaatlichen Rechtsverkehr,** stehen sich doch insoweit gleichberechtigte Staaten gegenüber und die *par in parem*-Regel (Rn. 101) findet grundsätzlich Anwendung. Der **IGH** hat deshalb im Verfahren *Congo v. Belgium*[548] einen belgischen Haftbefehl gegen den – zum Zeitpunkt des Erlass des Haftbefehls – *amtierenden* kongolesischen Außenminister wegen dessen (persönlicher) Immunität aufgehoben[549] und eine Einschränkung dieser (persönlichen) Immunität bei den genannten Verbrechen ausdrücklich ausgeschlossen.[550] Dabei geht der IGH aber jedenfalls zu weit, wenn er zum einen die absolute Immunität *ratione personae* auch auf einen Außenminister ausdehnen und zum anderen einen *ehemaligen* Außenminister für die *während* seiner Amtszeit begangenen Handlungen nur haften lassen will, wenn er insoweit „in a private capacity" gehandelt habe.[551] Denn damit ist eine spätere *nationale* Strafverfolgung ehemaliger Staatsoberhäupter oder Außenminister nur möglich, wenn man ihnen nachweist oder doch zumindest den dringenden Verdacht hat, dass sie bei der Begehung internationaler Verbrechen „privat" gehandelt haben – eine reichlich realitätsferne Vorstellung, die zu kaum überwindbaren Abgrenzungsproblemen zwischen hoheitlich-dienstlichem und (rein) privatem Handeln führen wird.[552] Zudem gewährt der IGH den ohnehin schon privilegierten Trägern persönlicher Immunität das weitere Privileg einer Nachwirkung (Rn. 102) ihrer Immunität selbst bei internationalen Verbrechen. Zu restriktiv ist auch der **EGMR,** wenn er einem Folteropfer rechtliche Schritte gegen den Folterstaat (*in casu:* Kuwait) in einem EMRK-Mitgliedstaat (England) auf Grund des Justizgewährleistungsan- **105**

[546] Vgl. schon *ICTY,* Blaskic AppJ 29.10.1997, para. 41; Furundzija TJ 10.12.1998, para. 140; *Zappalá,* EJIL 12 (2001), 602ff. I. Erg. auch *Kreß,* IYHR 29 (2000), 159ff. (161); *Cassese,* EJIL 13 (2002), 870ff.; auch *Werle,* 2012, Rn. 699.

[547] Vgl. *Kreicker,* S. 278ff. (285, 293), 626ff. (633f., 636); *ders.*, ZIS 2009, 355f.; auch *Werle,* 2012, Rn. 702f., 709; *ders.*, 2009, Rn. 657; *Borghi,* Dirigeants politiques, 2003, S. 327, 543; *Jescheck,* JICJ 2 (2004), 43f.; *Sánchez Legido,* S. 336ff.; Cryer/*Robinson,* S. 556ff.; *Zahar/Sluiter,* S. 504; *Borsari,* S. 399ff. (403); *Akande/Shah,* EJIL 21 (2010), 839ff.; *dies.*, EJIL 22 (2011), 857ff.; *Orakhelashvili,* EJIL 22 (2011), 849ff.; *Douglas,* BYIL 82 (2012), 326ff., 328ff.; *Zhou,* in: Bergsmo/Ling, S. 48f.; *Jia,* in: Bergsmo/Ling, S. 77f.; *ders.*, JICJ 10 (2012), 1305; *Gevers,* in: Ambos/Maunganidze, S. 90; bzgl. Genozid *Kelly,* S. 69ff.; restriktiver *Deen-Racsmány,* LJIL 18 (2005), 314f., die eine explizite Aufhebung der Immunität verlangt; diff. nach der Art der Immunität u. des Gerichts *Senn,* S. 223, 226ff. u. passim; *Olusanya,* in: Haveman/Olusanya, S. 87ff. (107f.) lässt i. Erg. offen, ob Kindersoldaten Immunität gewährt werden sollte.

[548] *ICJ,* DRC v. Belgium, Judg. 14.2.2002 = EuGRZ 2003, 563, paras. 51ff. (55); zutr. krit. *Higgins/Kooijmans/Buergenthal,* ebd., Joint Separate Opinion, paras. 81ff. Überwiegend krit. auch die Lit., vgl. etwa *Borghi,* Dirigeants politiques, 2003, S. 315ff., 329ff., 544f.; *Kreß,* ZStW 114 (2002), 818; *Ratner,* AJIL 97 (2003), 888; *Maierhöfer,* EuGRZ 2003, 545; *Akande,* AJIL 98 (2004), 407; *ders./Shah,* EJIL 21 (2010), 818ff.; *Höpfel,* FS Eser, 2005, S. 772f.; Menzel/Pierlings/Hoffmann/*Hoffmann,* S. 441ff.; *Gebhard,* in: Kühne et al., S. 195; *Stein,* in: Tomuschat/Thouvenin, S. 261ff.

[549] *ICJ,* DRC v. Belgium, Judg. 14.2.2002, para. 70.

[550] Ebd., paras. 58ff.

[551] Ebd., para. 61. Zur str. Immunität des Außenministers allg. *Borghi,* Dirigeants politiques, 2003, S. 202ff.; auch *Zuppi,* in: Meng et al., S. 664ff.

[552] A. A. wohl *ICJ,* DRC v. Belgium, Judg. 14.2.2002, *Higgins/Kooijmans/Buergenthal,* Joint Separate Opinion, para. 85, die der Mehrheitsmeinung insoweit i. Erg. folgen und die Abgrenzung scheinbar für praktikabel halten.

spruchs des Art. 6 Abs. 1 EMRK unter Verweis auf den – jedenfalls bei zivilrechtlichen Schadensersatzansprüchen – absolut geltenden Grundsatz der Staatenimmunität verweigert,[553] ohne nach der Rechtsnatur des Handelns zu differenzieren (Rn. 101) und die erforderliche Abwägung (Rn. 106) vorzunehmen.

106 Ungeachtet dieser Kritik bedarf die Einschränkung der Immunität bei den vr Kernverbrechen[554] im **zwischenstaatlichen** Verkehr einer **radikaleren Begründung** als im Fall *supranationaler* Strafverfolgung durch *internationale* Strafgerichtshöfe, betrifft sie doch die Grundfesten der internationalen Ordnung und der zwischensstaatlichen Koexistenz. Wertrational betrachtet beruht eine solche Einschränkung auf dem Gedanken, dass vr Kernverbrechen aufgrund ihrer Schwere aus keinem Grund – auch und gerade nicht aus diplomatischer Rücksichtnahme – von einer Strafverfolgung ausgenommen werden können.[555] Dies entspricht hinsichtlich der *Staaten*immunität auch verbreiteter Staatenpraxis und lässt sich vgr begründen, der Verletzerstaat verwirkt

[553] *Al Adsani v. U. K.*, Urt. v. 21.11.2001, para. 54. Krit. *Orakhelashvili,* LJIL 15 (2002), 705, 712 ff.; *Caflisch,* FS Ress, 2005, S. 942 ff.; zust. Menzel/Pierlings/Hoffmann/*Gärditz,* S. 436 ff.; *Pingel,* in: Tomuschat/Thouvenin, S. 241 ff.; dazu u. zu weiterer Rspr. *Finke,* EJIL 21 (2010), 853 ff. Über den Umfang von Immunitäten bei zivilrechtlichen Schadensersatzansprüchen hatte auch der IGH in *ICJ,* Germany v. Italy, Judg. 3.2.2012 zu befinden. In dem zugrunde liegenden Verfahren rügte Deutschland, dass italienische Gerichte zu Unrecht Schadensersatzklagen gegen Deutschland wegen Verletzungen des humV während des 2. Weltkrieges zugelassen hätten (vertiefend zu den italienischen Ausgangsentscheidungen *Frulli,* JICJ 9 (2011), 1130 ff.). Der IGH stimmte dem zu und führte aus, dass die Staatenimmunität selbst bei *ius cogens*-Verbrechen, die außerhalb des Staatsgebiets begangen werden, besteht (paras. 92 ff.). Der IGH stellte dabei allerdings ausdrücklich klar, dass sich diese Überlegungen nur auf die Durchsetzung zivilrechtlicher Ansprüche gegen den Staat selbst, nicht aber auf eine eventuelle strafrechtliche Verfolgung der Täter beziehen (paras. 87, 91). Diese Differenzierung betont auch *Barker,* ICLQ 62 (2013), 752. *Kreicker,* ZIS 2012, 116 ff., hält die vstr Bedeutung dieser Entscheidung daher letztlich für gering; allgemein zu den Auswirkungen der Entscheidung *McGregor,* JICJ 11 (2013), 125 ff.; aus US-amerikanischer Sicht *Keitner,* JICJ 11 (2013), 176 ff.; zu ihrer Umsetzung in Italien *Nesi,* JICJ 11 (2013), 193 ff.; dem IGH i. Erg. zustimmend *Boudreault,* LJIL 25 (2012), 1003 ff., 1012, der allerdings die mangelnde Transparenz der Entscheidungsfindung bemängelt; ähnlich *Dickinson,* JICJ 11 (2013), 156 ff.; krit. *Nesi,* JICJ 11 (2013), 198, da den Opfern die Möglichkeit zur prozessualen Durchsetzung ihrer Entschädigungsrechte genommen würde; ähnlich *Frulli,* JICJ 9 (2011), 1140 ff. und *Moser,* GoJIL 4 (2012), 827 ff.; s. auch *Barker,* ICLQ 62 (2013), 743 ff., 752, der eine menschenrechtsorientierte Weiterentwicklung der Immunitätsausnahmen befürwortet; vertiefend zum Verhältnis zwischen der (materiellen) Einordnung bestimmter Verbrechen als *jus cogens* und den prozessualen Immunitätsregeln *Talmon,* LJIL 25 (2012), 983 ff.; allgemein zur Unterscheidung zwischen zivil- und strafrechtlichen Verfahren *Jia,* in: Bergsmo/Ling, S. 78 ff.; *ders.,* JICJ 10 (2012), 1306 ff.

[554] Inwieweit darüberhinaus in sonstigen vr Verträgen anerkannte Verbrechen, sog. *delicta iuris gentium* (zum Begriff *Verdross/Simma,* §§ 430 ff.), den Immunitätsschutz aushebeln können, ist eine Frage der Auslegung dieser Verträge und der Staatenpraxis; für eine Verwirkung bei ius cogens Menschenrechten *Kreicker,* S. 219 ff. (231 f., 232 f.), 1417; i. Erg. ebenso zur Folter insoweit MünchKomm/*Ambos,* Vor §§ 3–7 Rn. 127.

[555] Vgl. grdl. *Kreicker,* S. 156 ff.; *Senn,* S. 37 ff., 54 ff., 60 ff., 86 ff., 95 ff.; auch *Folz/Soppe,* NStZ 1996, 578 f.; Princeton Principles, S. 48 ff.; *AI,* 2001, Chapter XIV, S. 36 ff.; *Bianchi,* EJIL 10 (1999), 259 ff.; *Flauss,* RSDIE/SZIER 2000, 311 ff.; *Zappalà,* EJIL 12 (2001), 601 f.; *Herdegen,* ZaöRV 47 (1987), 224; *Danilenko,* MichJIL (2000), 472 f.; *Bungenberg,* AVR 2001, 196 f.; *Doehring,* Rn. 684; *Hormazábal,* in: García Aran/López Garrido, Crímen internacional, 2000, S. 163, 165 ff., 182 ff.; *Serrano-Piedecasas,* FS Cerezo, 2002, S. 1499 ff.; *May,* 2005, S. 152 ff.; Menzel/Pierlings/Hoffmann/*Hoffmann,* S. 443 f.; *Zahar/Sluiter,* S. 505; *Kolb,* in: Kolb/Scalia, S. 216; *Gebhard,* in: Kühne et al., S. 182 ff.; aus kriminologischer Sicht *Neubacher,* S. 471 f.; auch UN-ECOSOC-CHR, Promotion and Protection of Human Rights, Impunity Note by the Secretary General, 16th session, 27.2.2004, E/CN. 4/2004/88, para. 52, wonach „official immunities *ratione materiae* (…) not encompass conduct

gleichsam durch die ihm zurechenbaren Verletzungen seinen Anspruch auf Immunität.[556] Die Entscheidung für eine Einschränkung der Immunität ist das Ergebnis eines **Abwägungsvorgangs** zwischen dem Anspruch des Nationalstaates auf eine möglichst ungestörte Ausübung seiner hoheitlichen Tätigkeit und dem Anspruch des Einzelnen auf den Schutz seiner grundlegenden Menschenrechte durch konsequente Durchsetzung vstr Bestrafungsansprüche auf internationaler und – eben auch! – dezentral-nationaler Ebene.[557] Die entscheidende Frage ist, ob und inwieweit eine Drittstaatenverfolgung die hoheitliche Tätigkeit des betroffenen Staates – seine **funktionelle Souveränität**[558] – behindert. Wird diese derart eingeschränkt, dass der betreffende Staat nicht mehr handlungsfähig und dadurch sogar die *internationale* (diplomatische) *Ordnung* gefährdet ist, wird eine Drittstaatenverfolgung nicht zulässig sein.[559] Natürlich kann dies nicht abstrakt, sondern nur von Fall zu Fall entschieden werden. Beispielhaft lässt sich aber immerhin sagen, dass die Immunität *(ratione personae)* eines **amtierenden Staatsoberhaupts** in der Regel absolut ist,[560] irgendwelche Strafverfolgungsmaßnahmen – etwa eine Festnahme während eines Staatsbesuchs – also unzulässig sind, weil eben – *in der Regel* (!) – davon auszugehen ist, dass der mit der Strafverfolgung verbundene Eingriff in die funktionelle Souveränität des betroffenen Staates zu einer nicht hinnehmbaren Störung und Destabilisierung der internationalen Beziehungen führen wird. Eine solche Destabilisierung hat durchaus auch der IStGH-Haftbefehl gegen den sudanesischen Staatspräsidenten *Al Bashir* jedenfalls im Bereich der OAU bewirkt, insoweit ist jedoch zu beachten, dass eine etwaige Festnahme auf Ersuchen des IStGH erfolgt (insoweit also grds. Art. 27 auf der Grundlage der SR-Überweisung gilt)[561] und etwaige (zwischenstaatliche) entgegenstehende Immunitäten über Art. 98 Abs. 1 berücksichtigt werden (dazu § 8 Rn. 77 f.). Ähnlich absolut wirkt die *persönliche* Immunität von **Diplomaten,** denn gerade ihre Tätigkeit garantiert die Existenz minimaler diplomatischer Beziehungen und hat damit eine für das internationale System wesentliche Ordnungs- und Stabilisierungsfunktion.[562] Umgekehrt muss aber auch bei der Begehung vr Kernverbrechen durch Diplomaten – ungeachtet des Unterschiedes zwischen Staaten- und diplomatischer Immunität – die Prüfung

condemned as a serious crime under international law", es wird also für eine materielle Beschränkung plädiert; zurückhaltend hingegen *König,* S. 400.

[556] Vgl. *Kreicker,* S. 175 ff. (219, 232), 1416; ebenso *Werle,* 2012, Rn. 700, 705, 715; *Senn,* S. 76 ff., 87 ff., 97 f. (bei funkt. Immunität); tendenziell auch Cryer/*Robinson,* S. 551; gg. eine Ausnahme, auch aus Völkervertragsrecht, aber strikt *Appelbaum,* Staatenimmunität, 2007, S. 114 ff. (135), 137 ff. (156), 183 ff. (212, 237), 238 ff. (271); ihre Argumentation ist jedoch kurzschlüssig etatistisch und übersieht vollkommen die vstr Dimension in Form von Kernverbrechen.

[557] Vgl. auch *Ambos,* JZ 1999, 21 ff.; *ders.,* 2013, S. 413, 417 ff.; ähnlich *ICJ,* DRC v. Belgium, Judg. 14.2.2002, *Higgins/Kooijmans/Buergenthal,* Joint Separate Opinion, paras. 5, 75; auch *Flauss,* RSDIE/SZIER 2000, 307 ff.; Cryer/*Robinson,* S. 546.

[558] Zum Interesse an der ungehinderten Funktionsausübung als einzige überzeugende Begründung der Immunität *Borghi,* Dirigeants politiques, 2003, S. 50 ff., 126 ff., 539; Cryer/*Robinson,* S. 545 f.

[559] Vgl. *Zappalà,* EJIL 12 (2001), 600, 607; ansatzweise schon *Ambos,* JZ 1999, 23; ausführlich nun *ders.,* 2013, S. 413, 417 ff.; zust. *Wirth,* NStZ 2001, 667; auch *Kreicker,* S. 357.

[560] In diesem Sinne ganz traditionell Princeton Principles, S. 49. Doch wird auch dort (ebd., S. 51) anerkannt, dass die Immunität „for sitting heads of state" etc. in Zukunft mehr und mehr in Frage gestellt werden könnte. I. Erg. ebenso *Sánchez Legido,* S. 355 ff.; *Werle,* 2012, Rn. 712, 715; grds. für ihre Aufrechterhaltung *van Alebeek,* S. 275 ff.

[561] Vgl. schon o. Rn. 104 mit Fn. 541 mit Verweis auf *Senn,* S. 207 ff.

[562] I. Erg. ebenso *Kreicker,* S. 564 ff. (588 f.), 1421, der auch aufgrund der außerstrafrechtlichen Möglichkeiten keine Notwendigkeit einer Einschränkung sieht (589 ff.).

möglich sein, ob das (internationale) Interesse an Strafverfolgung nicht doch dasjenige an Beachtung der funktionellen Souveränität überwiegt.[563] Erst recht kann die Immunität die Strafverfolgung internationaler Verbrechen nicht hindern, wenn das Staatsoberhaupt oder der Diplomat sein **Amt** schon **aufgegeben** hat, denn dann wird die funktionelle Souveränität des betreffenden Staates durch Strafverfolgungsmaßnahmen nicht einmal mehr berührt.[564]

107 Diese eigentlich logisch zwingende Folgerung ist aber nicht unproblematisch. Für sie spricht zwar zunächst – neben den hier vertretenen vstr-menschenrechtlichen Erwägungen – ein enges Verständnis des die Immunität *ratione materiae* konstituierenden Begriffs der Amtshandlungen: Zählt man die Begehung internationaler Verbrechen nicht dazu, wird diese schon gar nicht von der Immunität *ratione materiae* erfasst, so dass auch keine Nachwirkung (Rn. 102) eintreten kann.[565] Freilich erinnert eine solche Auslegung doch zu sehr an den Spruch „Was nicht sein kann, das nicht sein darf", wird damit doch die traurige Realität ignoriert, dass vr Verbrechen auch und gerade in staatlichem Namen, also unter Ausnutzung von hoheitlicher Staatsgewalt, begangen werden.[566] Wie dem auch sei, eine mögliche Differenz zwischen amtierendem und ehem. Staatsoberhaupt (und anderen Begünstigten der Immunität) sollte jedenfalls nicht dazu führen, dass sich Diktatoren und andere Staatskriminelle nur deshalb an der Macht halten, um für sich länger das Recht der Immunität in Anspruch nehmen zu können.[567]

108 Abgesehen davon bedarf die Übertragung vstr Immunitätseinschränkungen auf das nationale Recht eines **innerstaatlichen Transformationshebels,** sei es durch eine explizite gesetzliche Umsetzung des Völkerstrafrechts (in einer streng *dualistischen* Rechtsordnung) oder durch die gleichsam automatische Übernahme der allgemeinen Regeln des Völkerrechts (in einer gemäßigt *monistischen* Rechtsordnung).[568] Die deutsche Rechtsordnung zählt zu der letzten Gruppe und nimmt die vr Entwicklung über § 20 Abs. 2 GVG dynamisch in sich auf.[569] Das **VStGB** (§ 6 Rn. 39) hat auf eine explizite Aufhebung der Immunität verzichtet,[570] doch Art. 4 **IStGH-AusführungsG** (§ 6 Rn. 40) sieht vor, dass die §§ 18–20 GVG einer Überstellung oder sonstigen Rechtshilfe nicht entgegenstehen (§ 21 GVG). Was die **parlamentarische Immunität** (Art. 46 Abs. 2 GG) und die des **Bundespräsidenten** (Art. 60 Abs. 4 GG) angeht, so ist davon auszugehen, dass sie ggf. aufgehoben bzw. – auf Grund der Durchgriffswirkung eines IStGH-Haftbefehls sowie Festnahme- und Überstellungsersuchens (Art. 24 GG, § 6 Rn. 38 mit Fn. 219) – verdrängt wird.[571] Dafür spricht in der Sache

---

[563] Vgl. näher MünchKomm/*Ambos,* Vor §§ 3–7 Rn. 136. A. A. *Kreicker,* S. 364, der die Verbrechensbegehung aber nicht als Diensthandlung betrachten will.

[564] I. Erg. ebenso *Kreicker,* S. 357 ff.; *Sánchez Legido,* S. 342 ff.

[565] Vgl. *Borghi,* Dirigeants politiques, 2003, S. 127 f., 132 ff. (163 ff.), 186, 542; *May,* 2005, S. 153.

[566] Vgl. MünchKomm/*Ambos,* Vor §§ 3–7 Rn. 128 m. w. N. in Fn. 749; *ders.,* 2013, S. 411 f.; ebenso *Kreicker,* S. 120 ff. (134 ff.); *Senn,* S. 60 ff. (62 f.); i. Erg. auch *Werle,* 2012, Rn. 700 ff.; *Keitner,* JICJ 11 (2013), 182. Siehe auch die Einordnung von Kriegsverbrechen als *acta jure imperii* in *ICJ,* Germany v. Italy, Judg. 3. 2. 2012, para. 60.

[567] Vgl. auch *Borghi,* Dirigeants politiques, 2003, S. 330.

[568] Vgl. MünchKomm/*Ambos,* Vor §§ 3–7 Rn. 130 m. w. N. Eine Analyse *monistischer* (Italien, Griechenland) und *dualistische* Rechtsordnungen (Kanada, Vereinigtes Königreich, USA) liefert *McGregor,* in: Kaleck et al., S. 72 ff.

[569] MünchKomm/*Ambos,* Vor §§ 3–7 Rn. 130.

[570] „[D]a das deutsche Strafrecht einen etwaigen allg. Strafbarkeitsausschluss für Regierungsmitglieder ohnehin nicht kennt." (BR-Drs. 29/02, in: *Lüder/Vormbaum,* S. 30).

[571] Ebd. sowie BT-Drs. 14/2682, 7; auch Grützner/Pötz/Kreß/*Kreß,* 2002, 56. Lfg., Vor III 26 Rn. 370 m. w. N.; *Kreicker,* S. 372 f.; *Weigend,* GS Vogler, 2004, S. 200; MünchKomm/*Weigend,* § 2 VStGB Rn. 28. Nach a. A. besteht eine Immunität *ratione materiae* hinsichtlich vr Verbrechen schon nicht, so dass sie auch nicht vor (internationaler) Strafverfolgung schützen kann (vgl. *Japiassú,* TPI, 2003,

auch, dass die deutsche Rechtsprechung im Grundsatz menschenrechtliche Einschränkungen der Immunität anerkennt.[572] Was die – ebenfalls nicht geregelte – **Indemnität** wegen parlamentarischer Äußerungen (Art. 46 Abs. 1 GG) angeht, so kann diese zwar nicht aufgehoben, aber ebenso verdrängt werden.[573]

8. Amnestien, Begnadigungen und sonstiger Strafverzicht

Das IStGH-Statut lässt die Frage der Wirkung von Amnestien und anderer Mechanismen eines Strafverzichts bewusst offen.[574] Aus der – auch im Statut anerkannten[575] – allgemeinen vr **Verfolgungs- und Bestrafungspflicht** schwerer Menschenrechtsverletzungen,[576] insbesondere der in Art. 5–8 kodifizierten Kernverbrechen, folgt jedoch, dass **pauschale Straffreistellungen,** wie etwa die südamerikanischen Generalamnestien („impunidad-Gesetze")[577] oder Art. IX des Lomé Abkommens vom 7. Juli 1999 zwischen der Regierung von Sierra Leone und der Aufstandsbewegung Revolutionary United Front (RUF),[578] **völkerrechtswidrig** sind.[579] Internationale und regionale Menschenrechtsorgane haben das wiederholt festgestellt.[580] Auf vstr Ebene hat erstmals das ICTY *obiter* eine Amnestie im Bezug auf das Verbrechen der Folter für unbe- 109

S. 180f. für das brasilianische und frz. Recht; MünchKomm/*Weigend,* § 2 VStGB Rn. 27 für das dt. Recht).

572 Nachweise bei MünchKomm/*Ambos,* Vor §§ 3–7 Rn. 132 sowie 133 zur ausländischen Rspr.

573 Krit. insoweit *Kreß,* NStZ 2000, 621; Grützner/Pötz/Kreß/*Kreß,* 2002, 56. Lfg., Vor III 26 Rn. 371; *Kreicker,* S. 414ff. (416); *Satzger,* 2013, § 15 Rn. 45ff.

574 Vgl. auch Cassese/Gaeta/Jones/*Dugard,* S. 700f.; kritisch dazu *Bock,* S. 311. Siehe hierzu auch *Drumbl,* CLP 6 (2012), 470f.

575 Vgl. Präambel Abs. 4–6.

576 Vgl. schon *Ambos,* AVR 1999, 318ff. m.w.N.; auch *O'Shea,* Amnesty, 2002, S. 197ff. (265); *Ferdinandusse,* Direct application, 2005, S. 191ff.; diff. *Gropengießer/Meißner,* ICLR 5 (2005), 272ff. Nach *Greco,* GA 2012, 682f. folgt aus den Menschenrechten keine absolute Bestrafungspflicht des amnestierenden Staates, wenn er ein „befriedigendes alternatives Schutzkonzept verfolgt" (683).

577 Vgl. *Ambos,* 1997, S. 85ff. (113f.); insoweit zu Peru *ders.,* JICJ 9 (2011), 139ff.; *O'Shea,* Amnesty, 2002, S. 56ff.

578 Art. IX Abs. 2 sieht vor, dass die Regierung „shall also grant absolute and free pardon and reprieve to all combatants and collaborators in respect of anything done by them in pursuit of their objectives ...". Das Abk. ist unter http://peacemaker.un.org/sierraleone-lome-agreement99 (zuletzt abgerufen am 1.7.2014) abrufbar.

579 Vgl. schon *Ambos,* 1997, S. 209ff. m.w.N. in Fn. 214; *Ambos/Ruegenberg/Woischnik,* EuGRZ 1998, 477; *ders.,* in: Ambos et al., 2009a, S. 54ff. (paras. 24ff.); *ders.,* 2013, S. 419ff.; *O'Shea,* Amnesty, 2002, S. 195f.; *Möller,* S. 614f., 619; *Werle,* 2012, Rn. 248; *Sánchez Legido,* S. 372ff.; *Behrendt,* Die Verfolgung des Völkermords in Ruanda, 2005, S. 308; Menzel/Pierlings/Hoffmann/*Hoffmann,* S. 795; *Stahn,* JICJ 3 (2005), 701ff.; *Ssenyonjo,* ICLR 7 (2007), 367f.; *Dencker,* ZIS 2008, 298ff., 303; *Bock,* S. 300; wohl auch *Vest,* 2006, S. 197. Vgl. auch Princeton Principles, Principle 7: „Amnesties are generally inconsistent with the obligation of states to provide accountability ..."; Art. 10 SCSLS: „An amnesty ... shall not be a bar to prosecution." Art. 40 EC Law (in: Ambos/Othman, S. 267): „Government of Cambodia shall not request an amnesty or pardon ..." Diff. für „begrenzte" Amnestien bei Kollektivtaten *May,* 2005, S. 243ff., 251f.; diff. auch *Ferdinandusse,* Direct application, 2005, S. 205ff. (207: „presumption" für Amnestieverbot); *Gropengießer/Meißner,* ICLR 5 (2005), 276 („in principle" Verbot), 278ff. (Voraussetzungen der Zulässigkeit); auch *van Wijk,* ICLR 12 (2012), 746ff.; vertiefend *Greco,* GA 159, 2012, 674ff. (gegen pauschale Ablehnung, 687).

580 Vgl. *Ambos,* 1997, S. 212, 214, 218ff.; *Gropengießer,* S. 382ff.; *Martínez,* in: Ambos et al., 2005, S. 180ff.; *Fournet,* in: Henham/Findlay, S. 30ff. Vgl. etwa die Entscheidung des IAGMR im *Barrios Altos*-Fall, *Chumbipuma Aguirre* et al. *v. Peru,* Urt. v. 14.3.2001, paras. 41ff. In diesem Sinne auch die argentinische und chilenische CSJ in *Simón,* Urteil 14.6.2005, und *Contreras* et al., Urteil 17.11.2004 (dazu *Lafontaine,* JICJ 3 (2005), 469ff.). Zur argentinischen Rspr. s. *Parenti,* ICLR 10 (2010), 491ff.; zur chilenischen Rspr. siehe *Guzmán Dalbora,* ICLR 10 (2010), 535ff.

achtlich erklärt.[581] Explizit und im Hinblick auf alle vr Kernverbrechen wurde diese Ansicht auch von der Rechtsmittelkammer des SCSL bestätigt.[582] Die in **Art. 6 Abs. 5 ZP II** vorgesehene Möglichkeit einer Amnestie nach Beendigung eines bewaffneten, nicht-internationalen Konflikts widerspricht dieser Rechtslage nicht. Denn die insoweit vorgesehene Straffreistellung ist auf *legale Kampfhandlungen* und die als notwendige Folge der bewaffneten Auseinandersetzung begangenen gegenseitigen Rechtsverstöße beschränkt, dient also gerade nicht dazu, vstr Bestrafungspflichten zu unterlaufen.[583]

110 Damit ist aber nicht gesagt, dass das IStGH-Statut den Staaten nicht einen – freilich gebundenen – **Ermessensspielraum** im Hinblick auf die aus ihrer Sicht angemessene Form der „Vergangenheitsbewältigung" in Transitionsprozessen[584] lässt. Das IStGH-Statut ist kein starres Instrument, dass innerstaatliche Prozesse der Post-Konfliktbewältigung ignoriert, sondern es ermöglicht eine **flexible Vorgehensweise,** wenn die Durchsetzung des internationalen Strafverfolgungsanspruch kontraproduktive innerstaatliche Wirkungen hätte, etwa gerade begonnene *Friedensverhandlungen* unterbrechen oder die Arbeit einer unabhängigen *Wahrheitskommission* (dazu schon § 6 Rn. 53) behindern würde.[585] Solchen Besonderheiten trägt das Statut an mehreren Stellen Rechnung.[586] So kann der UN-Sicherheitsrat Ermittlungen oder die Strafverfolgung auf der Grundlage von Kap. VII UNS aussetzen (Art. 16)[587] und die Anklagebehörde von der Einleitung oder Fortsetzung von Ermittlungen „im Interesse der Gerechtigkeit" („interests of justice") absehen (Art. 53 Abs. 1, 2 (c)).[588] Ferner muss der **Komplementaritätsgrundsatz** des Art. 17 beachtet werden (§ 8 Rn. 10 ff.). Er ermöglicht einem Staat grundsätzlich auch eine Nichtverfolgungsentscheidung (Art. 17

[581] *ICTY,* Furundzija TJ 10.12.1998, para. 155, wo die Unbeachtlichkeit einer nationalen Amnestievorschrift in Bezug auf verfolgende Drittstaaten mit dem ius cogens-Charakter des Folterverbots begründet wird. Zust. Cassese/Gaeta/Jones/*Dugard,* S. 697, 699; ähnlich *Cassese,* 2003, S. 315 f. im Hinblick auf „blanket amnesties".

[582] *SCSL,* Kallon/Kamara App. Decision 13.3.2004, paras. 71, 73, 84, 88; krit. *Meisenberg,* IRRC 86 (2004), 837 ff. (insb. bemängelnd, dass das Gericht nur auf das WRP abgestellt hat, 843 ff.). Ebenso Kondewa App. Decision 25.5.2004 mit separate opinion von Judge *Robinson,* der nur in der Begründung abweicht. I. Erg. zust. *Cassese,* JICJ 2 (2004), 1130 ff.

[583] Vgl. schon *Ambos,* 1997, S. 210 f. m. w. N. in Fn. 214; *Ambos/Ruegenberg/Woischnik,* EuGRZ 1998, 477; näher *ders.,* in: Ambos et al., 2009 a, S. 85 (para. 32); auch *Tomuschat,* FS Steinberger, 2002, S. 315; *Werle,* 2012, Rn. 248 mit Fn. 506; *Sánchez Legido,* S. 371; *Gropengießer/Meißner,* ICLR 5 (2005), 272; *ICRC,* IHL and the challenges of contemporary armed conflicts, 2007, S. 61; *Bock,* S. 299 f.

[584] Transitionsprozesse sind umfassend untersucht worden, vgl. *Eser* et al., 2000 ff.; *Ambos et al.,* 2009 a; zu einigen lateinamerikanischen Ländern *Ambos et al.,* 2009 b; zu den möglichen „Aufarbeitungsoptionen" *Werle,* 2012, Rn. 238 ff.; knapp *Gless,* 2011, Rn. 646 ff.; zu Art u. Funktion der Strafe insoweit *Cornacchia,* S. 191 ff. Vgl. für weitere Lit. 2. Aufl., Fn. 522.

[585] S. zum Verhältnis von Wahrheitskommissionen und Strafverfolgung etwa *Wiebelhaus-Brahm,* in: Schabas/Bernaz, S. 376 ff.; auch *Werle,* in: Muñoz Conde/Vormbaum, Diktaturen, 2010, S. 15 ff.

[586] Vgl. schon allg. *Ambos,* in: Fundación Pais Libre/KAS, S. 207 ff.; eingehend nun *Ambos,* in: Ambos et al., 2009 a, S. 67 (paras. 34 ff.); auch *Gropengießer,* S. 388 f.; *Stahn,* JICJ 3 (2005), 696 ff.; *ders.,* LJIL 18 (2005), 462 ff. Für einen flexiblen Ansatz auch ICC-OTP, 2003 b, S. 22 ff.; *Oettler,* LA Analysen 14 (2006), 113 ff.; Cryer/*Cryer,* S. 572 ff.

[587] Dazu in diesem Zusammenhang relativierend *Gropengießer/Meißner,* ICLR 5 (2005), 288 ff.

[588] Dazu *Gropengießer/Meißner,* ICLR 5 (2005), 294 ff.; *Stahn,* JICJ 3 (2005), 717 f.; *Torres,* DPC 17 (2006), 165 ff.; *Meyer,* ICLR 4 (2006), 579 ff.; *Ssenyonjo,* ICLR 7 (2007), 377 ff.; *Ambos,* in: Ambos et al., 2009 a, S. 82 ff. (paras. 51 ff.) m. w. N.; explizit zu einem Friedensprozess als Abwägungsgesichtspunkt ICC-OTP, 2007, S. 7 f.

Abs. 1 (b): „State has decided not to prosecute ..."); freilich darf der damit verbundene Strafverzicht nicht *Ausdruck des mangelnden Verfolgungswillens* des betreffenden Staates sein („unless the decision resulted from the unwillingness ...").[589] Sollte dies gleichwohl einmal der Fall sein, etwa wenn ein Waffenstillstand oder eine Entwaffnung einer Konfliktpartei nur um dem Preis des Strafverzichts möglich ist (zu einem entsprechenden Strafzweck der Wiederherstellung des Friedens insoweit § 5 Rn. 4), so kann dieser nur aus Gründen eines extremen (Staats-)*Notstands* gerechtfertigt werden,[590] wobei freilich klar konturierte Kriterien abstrakt kaum entwickelt werden können.[591] Vielmehr wird der IStGH von **Fall zu Fall** zu entscheiden haben, ob er das Verfahren an sich ziehen darf oder den entgegenstehenden staatlichen Willen zu akzeptieren hat.[592]

Lösung Fall 11:

Die Taten stellen je nach Intensität der Mißhandlungen Kriegsverbrechen gemäß Art. 8 Abs. 2 (a) (ii), (iii), (c) (i), (ii) dar. Die Verantwortlichkeit des Y könnte auf Grund Rauschzustands ausgeschlossen sein (Art. 31 Abs. 1 (b)), wobei ggf. eine *alic* zu Lasten des Y in Betracht kommt (Rn. 81). 111

Lösung Fall 12:

Nein, denn der IStGH hat nur über Personen Gerichtsbarkeit, die mindestens 18 Jahre alt sind (Art. 26). Der SCSL könnte ihn aber aburteilen.[593] Andererseits werden Kinder unter 15 Jahren vor militärischer Zwangsrekrutierung auch vstr geschützt (Art. 8 Abs. 2 (b) (xxvi), (e) (vii) und Art. 4c) SCSLS).[594] 112

589 Wofür eine (unbeschränkte) Amnestie freilich ein gravierendes Indiz ist, zutr. *Gropengießer,* S. 388; vgl. auch *Hoffmeister/Knoke,* ZaöRV 59 (1999), 799f.; *Gropengießer/Meißner,* ICLR 5 (2005), 282ff.; *Behrendt,* Verfolgung des Völkermords, 2005, S. 310; vgl. auch *Stahn,* JICJ 3 (2005), 709ff., 719, der alternative Verfahren der Vergangenheitsbewältigung mit anschließender Sanktionsmöglichkeit (wohl) mit Art. 17 für vereinbar hält. Ausführlich zu Art. 17, 20 Abs. 3 insoweit *Ambos,* in: Ambos et al., 2009a, S. 71ff. (paras. 37ff.) m. w. N.; zum kolumbianischen Friedensprozess *Ambos et al.,* Ley 975 de 2005, 2010 u. *ders.,* Colombian peace process, 2010.

590 Vgl. *Robinson,* EJIL 14 (2003), 495ff.; auch *Werle,* 2012, Rn. 249.

591 Vorschläge bei *Gross,* HuV-I 2001, 168ff.; *Scharf,* CILJ 37 (1999), 526f.; *Robinson,* EJIL 14 (2003), 497f.; *Stahn,* JICJ 3 (2005), 699f.; für ein ZP zum IStGH-Statut *O'Shea,* Amnesty, 2002, S. 294ff. mit einem konkreten Vorschlag auf 330ff., mit dem im Kern die vr Verbrechen von einer Amnestie ausgeschlossen werden (Art. 3).

592 Ähnlich *Werle,* 2012, Rn. 251, der außer in den Fällen einer Generalamnestie, insb. bei Aufarbeitung durch eine Wahrheitskommission, von Fall zu Fall entscheiden will. Zur „judicial autonomy" des IStGH insoweit *Stahn,* JICJ 3 (2005), 700f.; zur Entwicklung möglichst konkreter Richtlinien *Ambos,* in: Ambos et al., 2009a, S. 22f., 28ff (paras. 2, 7ff.); *ders.,* 2013, S. 420ff.; zur Spannung zwischen „peace and accountability" bei der Intervention internationaler Strafgerichtshöfe in laufende bewaffnete Konflikte *Brubacher,* S. 262ff. (277), der eine komplementäre Beziehung zwischen Frieden und Gerechtigkeit für schwierig, aber möglich hält. Zum Friedensprozess in Uganda mit der LRA vgl. *Perrot,* in: Allen/Vasselroot, The LRA, 2010, S. 187ff., insb. zur befürchteten negativen Wirkung der IStGH-Intervention auf den Friedenprozess (S. 194); zum *Amnesty Act 2000* insoweit *Burke-White/Kaplan,* JICJ 7 (2009), 271ff.; vgl. auch *Ssenyonjo,* ICLR 7 (2007), 361ff.; *Apuuli,* JICJ 6 (2008), 801ff.; *Drumbl,* CLP 6 (2012), 475ff.; zu Angola (Amnestie in 2002) *van Wijk,* ICLR 12 (2012), 746ff. (i. Erg. für Blankoamnestie, 759ff.).

593 Vgl. schon Fn. 393.

594 Zur Anerkennung dieser Tat als Kriegsverbrechen schon im Jahre 1996 *SCSL,* Hinga Norman App. Decision 31.5.2004; dissent. Judge Robinson; krit. *Happold,* LJIL 18 (2005), 289ff.

Lösung Fall 13:

113 Ja, denn bei Verbrechen gegen die Menschlichkeit wird die offensichtliche Rechtswidrigkeit einer entsprechenden Anordnung vermutet (Art. 33 Abs. 2, Rn. 90), so dass *a limine* eine Straffreistellung auf Grund Handelns auf Befehl ausscheidet (Art. 33 Abs. 1 (c)). Hinsichtlich Kriegsverbrechen ist die offensichtliche Rechtswidrigkeit der Anordnung hingegen gesondert zu prüfen. Ist sie zu verneinen, kommt eine Straffreistellung in Betracht, wenn der Täter zum Gehorsam verpflichtet war und die Rechtswidrigkeit der Anordnung nicht erkannte (Art. 33 Abs. 1, Rn. 87ff.). In der **Variante** kommt eine Straffreistellung auf Grund Nötigungsnotstands (Art. 31 Abs. 1 (d)) in Betracht (Rn. 92ff.), wobei es umstritten ist, ob diese auch bei Tötung unschuldiger Zivilpersonen anwendbar ist (Rn. 96).

Lösung Fall 14:

114 Die Erschießung der Zivilisten ist ein Kriegsverbrechen (Art. 8 Abs. 2 (a) (i) bzw. (c) (i)). Eine Straffreistellung („Rechtfertigung") auf Grund *Notwehr* (Art. 31 Abs. 1 (c)) scheidet aus, denn selbst wenn man Fahrzeugteile und Treibstoff als „unverzichtbares Eigentum" betrachten würde, ist doch die Tötung von Zivilisten unverhältnismäßig (Rn. 83). Bezüglich *Handelns auf Befehl* (Art. 33) kommt es darauf an, ob M einem (beachtlichen) *Rechtsirrtum* über die Rechtswidrigkeit des Befehls unterlegen ist (Rn. 98f.). Es käme also auf seine Unkenntnis bzw. die mangelnde Offensichtlichkeit der Rechtswidrigkeit der Anordnung an, Art. 33 Abs. 1 (b) und (c). Die Erschießung von (unbeteiligten) Zivilisten erscheint offensichtlich rechtswidrig, so dass M sich nicht auf einen Irrtum gem. Art. 32 Abs. 2 S. 2 Alt. 2. i. V. m. Art. 33 Abs. 1 (b) und (c) berufen kann. Eine grds. ebenfalls in Betracht kommende *Repressalie* müsste verhältnismäßig sein (§ 6 Rn. 14).

Lösung Fall 15:

115 Es handelt sich um ein Kriegsverbrechen gemäß Art. 8 Abs. 2 (a) (i) bzw. (c) (i). Wenn S den Z für einen Soldaten hielt, befand er sich in einem *Tatirrtum*, der den Vorsatz hinsichtlich des Tatbestandsmerkmals „Zivilist" (als geschützte Person) ausschliesst (Art. 32 Abs. 1, Rn. 98). Wenn er den Z war als Zivilisten erkannte, aber irrtümlich glaubte, Zivilisten erschießen zu dürfen, verkannte er den Rechtsbegriff der geschützten Person. Ein solcher *Rechtsirrtum* ist nur ausnahmsweise dann beachtlich, wenn er die subjektive Tatseite aufhebt (Art. 32 Abs. 2, Rn. 97). Hier wäre nach der *ignorantia-iuris*-Regel (Rn. 97) die Unbeachtlichkeit des Rechtsirrtums anzunehmen.

Lösung Fall 16:

116 Der Rechtsbehelf T's wird keinen Erfolg haben. Der besondere Status einer Person als Regierungschef hindert eine Strafverfolgung durch ein internationales Straftribunal ebenso wenig wie (daraus folgende) Immunitäten (Art. 27). Dies gilt auch für Verfahren vor *Ad-Hoc*-Tribunalen (Rn. 104).

B. Der „Besondere Teil": Die völkerstrafrechtlichen Verbrechen

Neuere Literatur: *Acquaviva,* At the Origins of Crimes Against Humanity: Clues to a Proper Understanding of the *Nullum Crimen* Principle in the Nuremberg Judgment, JICJ 9 (2011), 881; *Adams,* Der Tatbestand der Vergewaltigung im Völkerstrafrecht, 2013; *dies.*, Die Tatbestandsmerkmale der Vergewaltigung im VStGB in Deutschland, ZIS 2013, 500; *Ahmad,* A Legal Assessment of the US Drone Strikes in Pakistan, ICLR 13 (2013), 917; *Akhavan,* Preventing Genocide: Measuring Success by What Does not Happen, CLF 22 (2011), 1; *Aksenova,* Complicity in Rape in the Jurisprudence of the ad hoc Tribunals and the Special Court for Sierra Leone, in: Bergsmo et al., Understanding and Proving International Sex Crimes, 2012, S. 175; *Ambos,* Sexuelle Gewalt in bewaffneten Konflikten und Völkerstrafrecht, ZIS 2011, 287; *ders.*, Amicus Curiae Brief Submitted to the Appeals Chamber of the Special Tribunal for Lebanon on the Question of the Applicable Terrorism Offence with a Particular Focus on „Special" Special Intent and/or a Special Motive as Additional Subjective Requirements, CLF 22 (2011), 389; *ders.*, Sexual Offences in International Criminal Law, With a Special Focus on the Rome Statute of the ICC, in: Bergsmo et al., Understanding and Proving International Sex Crimes, S. 143; *ders.*, The First Judgment of the ICC (*Prosecutor* v. *Lubanga*): A Comprehensive Analysis of the Legal Issues, ICLR 12 (2012), 115; *ders.*, Einstellungsverfügung GBA vom 20.6.2013 zum Drohneneinsatz in Mir Ali/Pakistan am 4.10.2010 u. Tötung des dt. Staatsangehörigen B.E. – Anmerkung zur „offenen Version" vom 23.7.2013, NStZ 2013, 634; *ders./Bock,* ALC XXX, 2013, S. 235; *ders./Timmermann,* Neue transnationale Verbrechen für das VStGB?, in: Safferling/Kirsch, S. 305; *Ambrus,* Genocide and Discrimination: Lesson to Be Learnt from Discrimination Law, LJIL 25 (2012), 935; *Anggadi/French/Potter,* Negotiating the Elements of the Crime of Aggression, in: Barriga/Kreß, Crime of Aggression Library – The Travaux préparatoires of the Crime of Aggression, 2012, S. 58; *Aoláin/Haynes/Cahn,* Criminal Justice for Gendered Violence and Beyond, ICLR 11 (2011), 425; *Attaran/Bate/Kendall,* Why and How to Make an International Crime of Medicine Counterfeiting, JICJ 9 (2011), 325; *dies.*, A Response to the Comments by Boister and McGrady, JICJ 9 (2011), 953; *Bartels,* Dealing with the Principle of Proportionality in Armed Conflict in Retrospect: The Application of the Principle in International Criminal Trials, IsLR 46 (2013), 271; *Barriga,* Negotiating the Amendments on the Crime of Aggression, in: Barriga/Kreß, Crime of Aggression Library – The Travaux préparatoires of the Crime of Aggression, 2012, S. 3; *Becker,* Rechtsprobleme des Einsatzes von Drohnen zur Tötung von Menschen, DÖV 2013, 493; *Behrens,* The *mens rea* of Genocide, in: Behrens/Henham, Elements of Genocide, 2013, S. 70; *ders.*, Assessment of International Criminal Evidence: The Case of the Unpredictable Génocidaire, ZaöRV 71 (2011), 661; *ders.*, Genocide and the Question of Motives, JICJ 10 (2012), 501; *Bellal,* The International Crime of Aggression and its Latest Developments, in: Kolb/Scalia, S. 505; *Bellemare,* Bringing Terrorists Before International Justice: A View from the Front Lines – Notes for an Address, CLF 23 (2012), 425; *Blin,* Armed Groups and Intra-State Conflicts: The Dawn of a new Era?, IRRC 93 (2011), 287; *Bock,* VStGB und Grundgesetz: Das VStGB im Lichte des Grundgesetzes, in: Strafverteidigervereinigungen, Alternativen zur Freiheitsstrafe, 2013, S. 117; *Boister,* An Introduction to Transnational Criminal Law, 2012; *ders.*, International Tribunals for Transnational Crimes: Towards a Transnational Criminal Court?, CLF 23 (2012), 295; *ders./McGrady,* Why and How to Make a Treaty Crime of Medicine Counterfeiting: A Reply to Attaran, Bate and Kendall, JICJ 9 (2011), 947; *Book,* Appeal and Sentence in International Criminal Law, 2011; *Boor,* Der Drohnenkrieg in Afghanistan und Pakistan, HuV-I 2011, 97; *Boothby,* The Law Relating to Unmanned Aerial Vehicles, Unmanned Combat Air Vehicles and Intelligence Gathering from the Air, HuV-I 2011, 81; *von Braun/Micus,* Judicial Independence at Risk. Critical Issues Regarding the Crime of Aggression Raised by Selected Human Rights Organizations, JICJ 10 (2012), 111; *Bultz,* Redefining Apartheid in International Criminal Law, CLF 24 (2013), 205; *Casey-Maslen,* Pandora's Box? Drone Strikes under *jus ad bellum, jus in bello,* and International Human Rights Law, IRRC 94 (2012), 597; *Cassese,* The Nexus Requirement for War Crimes, JICJ 10 (2012), 1395; *Chifflet/Boas,* Sentencing Coherence in International Criminal Law: The Cases of Biljana Plavšić and Miroslav Bralo, CLF 23 (2012), 135; *Coco,* The Mark of Cain. The Crime of Terrorism in Times of Armed Conflict as Interpreted by the Court of Appeal of England and Wales in R v. Mohammed Gul, JICJ 11 (2013), 425; *Creegan,* Justified Uses of Force and the Crime of Aggression, JICJ 10 (2012), 59; *Cupido,* The Policy Underlying Crimes Against Humanity: Practical Reflections on a Theoretical Debate, CLF 22 (2011), 275; *Cunningham,* Zero Dark Thirty: A Critical Evaluation of the Legality of the Killing of Osama bin Laden under International Humanitarian Law, HuV-I 2013, 56; *Daboné,* International Law. Armed Groups in a State-Centric System, IRRC 93 (2011), 395; *Decœur,* Avoiding Strict Liability in Mixed Conflicts: A Subjectivist Approach to the Contextual Element of War Crimes, ICLR 13 (2013), 473; *Dewulf,* The Signature of Evil – (Re)Defining Torture in International Law, 2011; *Droege,* Get off my Cloud: Cyber Warfare, International Humanitarian Law, and the Protection of Civilians, IRRC 94 (2012), 533; *Dupont,* International Terrorism, Resistance and the *Jus in Bello* before French Courts – The Case of the Iranian Militant Opposition, JICJ 11 (2013), 441; *Eriksson,* Defining Rape. Emerging Obligations for States under International Law?, 2010; *Fernández-Pacheco Estrada,* El genocidio en el Derecho Penal Internacional, 2011; *Fleck,* Unbemannte Flugkörper in bewaffneten Konflikten: neue und alte Rechtsfragen, HuV-I 2011, 78; *Fournet,* The *actus reus* of Genocide, in: Behrens/Henham, Elements of Genocide, 2013, S. 53; *Frau,* Unbemannte Luftfahrzeuge im internationalen bewaffneten Konflikt, HuV-I 2011, 60; *ders.*, Reicht das geltende Völkerrecht für Drohneneinsätze aus?, HuV-I 2013, 130; *Gal,* Unexplored Outcomes of Tadić – Applicability of the Law of Occupation to War by Proxy, JICJ 12 (2014), 59; *Galbraith,* The Good Deeds of International Criminal Defendants, LJIL 25 (2012), 799; *Gardner,* Piracy Prosecutions in National Courts, JICJ 10 (2012), 797; *Geiß/Lahmann,* Cyber Warfare: Applying the Principle of Distinction in an Interconnected Space, IsLR 45 (2012), 381; *Gillett,* The Anatomy of an International Crime: Aggression at the ICC, ICLR 13 (2013), 829; *ders./Schuster,* Fast-track Justice: The Special Tribunal for Lebanon Defines Terrorism, JICJ 9 (2011), 989; *Giorgou,* State Involvement in the Perpetration of Enforced Disappearance and the Rome Statute, JICJ 11 (2013), 1001; *Goodfellow,* The Miscategorization of ‚Forced Marriage' as a Crime against Humanity by the Special Court for Sierra Leone, ICLR 11 (2011), 831; *Goodman,* The Power to Kill or Capture Enemy Combatants, EJIL 24 (2013), 819; *Graf,* The ICC and Child Soldiers: An Appraisal of the Lubanga Judgment, JICJ 10 (2012), 945; *Green,* First-Class Crimes, Second-Class Justice: Cumulative Charges for Gender-Based Crimes at the ICC, ICLR 11 (2011), 529; *Grewal,* The Protection of Sexual Autonomy under International Criminal Law: The ICC and the Challenge of Defining Rape, JICJ 10 (2012), 373; *Guilfoyle,* Prosecuting Somali Pirates: A Critical Evaluation of the Options, JICJ 10 (2012), 767; *Guo,* ICC: A Judicial Guarantee for International Peace and Security?, in: Bergsmo/Ling, S. 97; *Haenen,* The Parameters of Enslavement and the Act of Forced Marriage, ICLR 13 (2013), 895; *Hagay-Frey,* Sex and Gender Crimes in the New International Law. Past, Present, Future, 2011; *Heintze,* Befreiungsbewegungen im humanitären Völkerrecht, HuV-I 2013, 28; *Heller,* The Rome Statute of the ICC, in: Heller/Dubber, 593; *ders.,* The Uncertain Legal Status of the Aggression Understandings, JICJ 10 (2012), 229; *ders.,* ‚One Hell of a Killing Machine': Signature Strikes and International Law, JICJ 11 (2013), 89; *Henckaerts,* Civil War, Custom and Cassese, JICJ 10 (2012), 1095; *Hiéramente,* The Myth of ‚International Crimes': Dialectics and International Criminal Law, GoJIL 3 (2011), 551; *ders.,* In the Case Prosecutor v. Defence – Der Haftbefehl gegen Bemba und Mitglieder seines Verteidigungsteams vom 20.11.2013, ZIS 2014, 123; *Holá/Bijleveld/Smeulers,* Punishment for Genocide – Exploratory Analysis of ICTR Sentencing, ICLR 11 (2011), 745; *Holá/Smeulers/Bijleveld,* International Sentencing Facts and Figures: International Sentencing Practice at the ICTY and ICTR, JICJ 9 (2011), 411; *Huhle,* Non-State Actors of Enforced Disappearance and the UN Convention for the Protection of All Persons from Enforced Disappearance, HuV-I 2013, 21; *Jacobs,* Jumping hurdles backwards: The Armenian genocide and the ICC, ICLR 14 (2014), 274; *Johann,* Menschenrechte im internationalen bewaffneten Konflikt. Zur Anwendbarkeit der Europäischen Menschenrechtskonvention und des internationalen Paktes über bürgerliche und politische Rechte auf Kriegshandlungen, 2012; *Jones,* The Courts of Genocide. Politics and the Rule of Law in Rwanda and Arusha, 2010; *Jurdi,* The Domestic Prosecution of the Crime of Aggression after the ICC Review Conference: Possibilities and Alternatives, MelbourneJIL 14 (2013), 1; *Karnavas,* Forms of Perpetration, in: Behrens/Henham, Elements of Genocide, 2013, S. 97; *Kaitesi,* Genocidal Gender and Sexual Violence, 2014; *Kemp,* Implementing at National Level the Amendments to the Rome Statute of the ICC: A South African Perspective, in: Ambos/Maunganidze, S. 39; *Kees,* Regulation of Private Military Companies, GoJIL 3 (2011), 199; *Kirsch,* The Social and the Legal Concept of Genocide, in: Behrens/Henham, Elements of Genocide, 2013, S. 7; *ders./Oehmichen,* Die Erfindung von „Terrorismus" als Völkerrechtsverbrechen durch den Sondergerichtshof für den Libanon, ZIS 2011, 800; *dies.,* Judges Gone Astray: The Fabrication of Terrorism as an International Crime by Special Tribunal for Lebanon, Durham L. Rev. 1 (2011), 32; *Knoops,* Legal, Political and Ethical Dimensions of Drone Warfare under International Law: A Preliminary Survey, ICLR 12 (2012), 697; *ders.,* Drones at Trial. State and Individual (Criminal) Liabilities for Drone Attacks, ICLR 14 (2014), 42; *Kramm,* Der Schutz des Meeres in bewaffneten Konflikten, HuV-I 2012, 74; *Krasmann,* Targeted Killing and Its Law: On a Mutually Constitutive Relationship, LJIL 25 (2012), 665; *Kretzmer,* Rethinking the Application of IHL in Non-International Armed Conflicts, IsLR 42 (2009), 8; *ders.,* The Inherent Right to Self-Defence and Proportionality in Jus Ad Bellum, EJIL 24 (2013), 235; *Kuhli,* Punishment Based on Customary Law? The Crime against Humanity of Deportation and Enforced Transfer According to § 7 (1) (4) of the German VStGB (International Law Criminal Code), ZIS 2012, 124; *Leaning,* Enforced Displacement of Civilian Populations in War: A Potential New Element in Crimes against Humanity, ICLR 11 (2011), 445; *Luban,* Calling Genocide by Its Rightful Name: Lemkin's Word, Darfur, and the UN Report, CJIL 7 (2006–2007), 303; *Lubell/Derejko,* A Global Battlefield?: Drones and the Geographical Scope of Armed Conflict, JICJ 11 (2013), 65; *Lülf,* International Humanitarian Law in Times of Contemporary Warfare. The New Challenge of Cyber Attacks and Civilian Participation, HuV-I 2013, 74; *Lutz,* Die Behandlung von „illegalen Kämpfern" im US-Amerikanischen Recht und im Völkerrecht, 2011; *May,* Targeted Killings and Proportionality in Law: Two Models, JICJ 11 (2013), 47; *Meliá,* Zum strafrechtlichen Begriff des Terrorismus, GA 2012, 1; *Melzer,* Interpretive Guidance on the Notion of Direct Participation in Hostilities under International Humanitarian Law, 2009; *Milanovic,* Aggression and Legality – Custom in Kampala, JICJ 10 (2012), 165; *Mouthaan,* The Prosecution of Gender-based Crimes at the ICC: Challenges and Opportunities, ICLR 11 (2011), 775; *dies.,* Sexual Violence against Men and International Law – Criminalising the Unmentionable, ICLR 13 (2013), 665; *Mujuzi,* (Mis)interpreting the Statute? The ICC, the Sentence of Life Imprisonment and Other Emerging Sentencing Issues: A Comment on the Trial Chamber I Decision on the Sentence in *Prosecutor v. Thomas Lubanga Dyilo,* ICLR 13 (2013), 1037; *Murray,* Does International Criminal Law Still Require a ‚Crime of Crimes'? A Comparative Review of Genocide and Crimes against Humanity, GoJIL 3 (2011), 589; *Ngondji Ongombe,* L'impact de la peine de mort dans le processus de l'adoption de la loi de mise en œuvre du statut de Rome en République Démoratique du Congo, in: Ambos/Maunganidze, S. 73; *Njikam,* The Contribution of the Special Court for Sierra Leone to the Development of International Humanitarian Law, 2013; *O'Brien,* Sexual Exploitation and Beyond: Using the Rome Statute of the ICC to Prosecute UN Peacekeepers for Gender-based Crimes, ICLR 11 (2011), 803; *O'Byrne,* Beyond Consent: Conceptualising Sexual Assault in International Criminal Law, ICLR 11 (2011), 495; *O'Connell/Niyazmatov,* What is Aggression? Comparing the *Jus ad Bellum* and the ICC Statute, JICJ 10 (2012), 189; *Oeter,* Das Verbrechen der Aggression, die Konferenz von Kampala und das deutsche Strafrecht, in: Jeßberger/Geneuss, S. 101; *Ohlin,* Is Jus in Bello in Crisis?, JICJ 11 (2013), 27; *ders.*, The Duty to Capture, MinnesotaLR 97 (2013), 1268; *Okimoto,* The Distinction and Relationship Between Jus Ad Bellum and Jus in Bello, 2011; *ders.*, The Cumulative Requirements of Jus ad Bellum and Jus in Bello in the Context of Self-Defense, Chinese JIL 11 (2012), 45; *Peterke/Negreiros,* Strafbarkeit des Menschenhandels nach brasilianischem Recht. Anmerkungen im Lichte des VN-Protokolls zur Verhütung, Bekämpfung und Bestrafung des Menschenhandels (2000), ZIS 2012, 152; *Politi,* The ICC and the Crime of Aggression. A Dream that Came Through and the Reality Ahead, JICJ 10 (2012), 267; *Pospisil,* Internationales Strafrecht und die Anklage von „Genozid": Der IStGH und sein Fall Bashir, in: Pilgram et al., Einheitliches Recht für die Vielfalt der Kulturen? Strafrecht und Kriminologie in Zeiten transkultureller Gesellschaften und transnationalen Rechts, 2012, S. 81; *Pruitt,* Aggravating and Mitigating Sentencing Factors at the ICTR – An Exploratory Analysis, ICLR 14 (2014), 148; *Quénivet/Shah-Davis,* Confronting the Challenges of International Law and Armed Conflict in the 21st Century, in: Quénivet/Shah-Davis, International Law and Armed Conflict. Challenges in the 21st Century, 2010, S. 3; *C. Richter,* Tödliche militärische Gewalt und strafrechtliche Verantwortung, HRRS 2012, 28; *W. Richter,* Kampfdrohnen versus Völkerrecht? Zum „Drohnenkrieg" in Afghanistan und Pakistan, HuV-I 2011, 105; *Rosenfeld,* Individual Civil Responsibility for the Crime of Aggression, JICJ 10 (2012), 249; *Rowe,* Is There a Right to Detain Civilians by Foreign Armed Forces During a Non-International Armed, ICLQ 61 (2012), 697; *Rudolf,* Präsident Obamas Drohnenkrieg, SWP-Aktuell Juni 2013, 1; *Sácouto/Cleary,* Amicus Curiae Brief on the Practice of Cumulative Charging Before International Criminal Bodies Submitted to the Appeals Chamber of the Special Tribunal for Lebanon Pursuant to Rule 131 of the Rules of Procedure and Evidence, CLF 22 (2011), 409; *Sadat,* Crimes against Humanity in the Modern Age, AJIL 107 (2013), 334; *Safferling/Kirsch,* Zehn Jahre VStGB, JA 2012, 481; *dies.*, Übungsfall Völkerstrafrecht: Recht und Unrecht im Angriffskrieg, ZJS 2012, 672; *Sager,* Voraussetzungen der Strafbarkeit von Kriegsverbrechen im nicht-internationalen bewaffneten Konflikt – Bringt Rom, was Genf braucht?, 2011; *Salter/Eastwood,* Post-war Developments of the Martens Clause: The Codification of ‚Crimes Against Humanity' Applicable to Acts of Genocide, JIHLS 2 (2011), 250; *dies.*, Establishing the Foundations for the International Criminalisation of Acts of Genocide, in: Behrens/Henham, Elements of Genocide, 2013, S. 20; *Sassòli/Shany,* DEBATE: Should the Obligations of States and Armed Groups under International Humanitarian Law Really be Equal?, IRRC 93 (2011), 425; *Saul,* Amicus Curiae Brief on the Notion of Terrorist Acts Submitted to the Appeals Chamber of the Special Tribunal for Lebanon Pursuant to Rule 131 of the Rules of Procedure and Evidence, CLF 22 (2011), 365; *ders.*, Legislating from a Radical Hague: The United Nations Special Tribunal for Lebanon Invents an International Crime of Transnational Terrorism, LJIL 24 (2011), 677; *Scalia,* Long-Term Sentences in International Criminal Law: Do They Meet the Standards Set Out by the European Court of Human Rights?, JICJ 9 (2011), 669; *van Schaack,* The Crime of Aggression and Humanitarian Intervention on Behalf of Women, ICLR 11 (2011), 477; *dies.*, The Killing of Osama Bin Laden and Anwar AlAulaqi: Uncharted Legal Territory, YIHL 14 (2011), 255; *dies.*, Par in Parem Imperium Non Habet – Complementarity and the Crime of Aggression, JICJ 10 (2012), 133; *Schaller,* Gezielte Tötungen und der Einsatz von Drohnen – Zum Rechtfertigungsansatz der Obama-Administration, HuV-I 2011, 91; *Scheinert,* Refusal to Save Lives: A Perspective from International Criminal Law, ICLR 13 (2013), 627; *Schmitt,* Tallinn Manual on the International Law Applicable to Cyber Warfare, 2013; *ders.*, Wound, Capture, or Kill: A Reply to Ryan Goodman's ‚The Power to Kill or Capture Enemy Combatants', EJIL 24 (2013), 855; *Schöberl,* Konfliktpartei und Kriegsgebiet in bewaffneten Auseinandersetzungen – zur Debatte um den Anwendungsbereich des Rechts internationaler und nicht-internationaler bewaffneter Konflikte, HuV-I 2012, 128; *Schramm,* Semesterabschlussklausur – Strafrecht: Internationales Strafrecht, JuS 2013, 1093; *Sellars,* Delegitimizing Aggression. First Steps and False Starts after the First World War, JICJ 10 (2012), 7; *Sivakumaran,* Lessons for the Law of Armed Conflict from Commitments of Armed Groups: Identification of Legitimate Targets and Prisoners of War, IRRC 93 (2011), 463; *Smeulers/Hola/van den Berg,* Sixty-Five Years of International Criminal Justice: The Facts and Figures, ICLR 13 (2013), 7; *Stroh,* Der Einsatz von Drohnen im nicht-internationalen bewaffneten Konflikt, HuV-I 2011, 73; *Szoke-Burke,* Avoiding Belittlement of Human Suffering: A Retributivist Critique of ICTR Sentencing Practices, JICJ 10 (2012), 561; *Szpak,* National, Ethnic, Racial, and Religious Groups Protected against Genocide in the Jurisprudence of the ad hoc International Criminal Tribunals, EJIL 23 (2012), 155; *Theeuwen,* Cyberspace Operations in International Armed Conflict: The Principles of Distinction and Proportionality in Relation to Military Objects, HuV-I 2013, 188; *Thielbörger,* Die Anerkennung oppositioneller Gruppen in den Fällen Libyen (2011) und Syrien (2012), HuV-I 2013, 34; *Vesper-Gräske,* Neueste Entwicklungen des Völkerstrafrechts auf nationaler Ebene: Die Strafbarkeit von Kriegsverbrechen nach französischem Recht, ZIS 2011, 822; *Ventura,* Terrorism According to the STL's Interlocutory Decision on the Applicable Law: A Defining Moment or a Moment of Defining?, JICJ 9 (2011), 1021; *Wagner,* A Critical Assessment of Using Children to Participate Actively in Hostilities in Lubanga. Child Soldiers and Direct Participation, CLF 24 (2013), 145; *Watkin,* Assessing Proportionality: Moral Complexity and Legal Rules, YIHL 8 (2005), 3; *Weigend,* ‚In General a Principle of Justice'. The Debate on the ‚Crime against Peace' in the Wake of the Nuremberg Judgment, JICJ 10 (2012), 41; *Weiler/Deshman,* Far Be It from Thee to Slay the Righteous with the Wicked: An Historical and Historiographical Sketch of the Bellicose Debate Concerning the Distinction between Jus ad Bellum and Jus in Bello, EJIL 24 (2013), 25; *Werle/Burghardt,* Erfordern Menschlichkeitsverbrechen die Beteiligung eines Staates oder einer „staatsähnlichen" Organisation?, ZIS 2012, 271; *dies.*, Do Crimes Against Humanity Require the Participation of a State or a ‚State-like' Organization?, JICJ 10 (2012), 1151; *Wharton,* The Evolution of International Criminal Law: Prosecuting ‚New' Crimes before the Special Court for Sierra Leone, ICLR 11 (2011), 217; *Williams,* Private Regulation of Private Military Companies: A Potentially Private Solution to a Commercial Problem, in: Quénivet/Shah-Davis, International Law and Armed Conflict. Challenges in the 21st Century, 2010, S. 227; *Wills,* The Crime of Aggression and the Resort to Force against Entities in Statu Nascendi, JICJ 10 (2012), 83; *van der Wilt,* War Crimes and the Requirement of a Nexus with an Armed Conflict, JICJ 10 (2012), 1113; *Wong,* Targeted Killings and the International Legal Framework: With Particular Reference to the US Operation against Osama Bin Laden, Chinese JIL 11 (2012), 127; *Wright,* ‚Excessive' Ambiguity: Analysing and Refining the Proportionality Standard, IRRC 94 (2012), 819; *Wuschka,* The Use of Combat Drones in Current Conflicts – A Legal Issue or a Political Problem, GoJIL 3 (2011), 891; *Zhou,* Brief Analysis of a Few Controversial Issues in Contemporary International Criminal Law, in: Bergsmo/Ling, S. 21; *Zimmermann,* Amending the Amendment Provisions of the Rome Statute – The Kampala Compromise on the Crime of Aggression and the Law of Treaties, JICJ 10 (2012), 209; *ders./Henn,* Das Aggressionsverbrechen und das deutsche Strafrecht, ZRP 2013, 240. – Für (weitere) **ältere Literatur** s. Vorauflagen.

117 Die vstr **Kernverbrechen**[595] sind in den Art. 5–8 definiert: Der Tatbestand des **Genozids** (Art. 6) entspricht Art. II der entsprechenden Konvention von 1948 (Rn. 122). Unter **Verbrechen gegen die Menschlichkeit** (Art. 7) werden Taten verstanden, die als Teil eines weitverbreiteten *oder* systematischen Angriffs gegen jegliche Zivilbevölkerung gerichtet sind, wobei der Täter Kenntnis des Angriffs haben muss (Rn. 166ff.). Im Hinblick auf **Kriegsverbrechen** (Art. 8) wird zwischen den während eines *internationalen* und den während eines *nicht-internationalen* Konflikts begangenen Verbrechen unterschieden (Rn. 225ff.). Der Tatbestand der **Aggression** (Art. 5 (d), 8*bis*) wurde inzwischen definiert (Rn. 261ff.). Auf **sonstige** vr Verbrechen, insbesondere Terrorismus und Drogenhandel, wurde verzichtet (Rn. 275). Neben den in Art. 5 festgelegten schweren Verbrechen ist das Gericht für bestimmte **Delikte gegen die Rechtspflege** zuständig (Art. 70f., Rn. 276ff.). Die **Strafzumessung** ist nur rudimentär geregelt (Rn. 287).

[595] Zu dem Begriff „core crimes" Cryer/*Cryer,* S. 4f.; *Stuckenberg,* S. 4 spricht insoweit vom Völkerstrafrecht i. e. S.; *Kolb,* in: Kolb/Scalia, S. 68f. sieht sie als „crimes publics" im Ggs. zu „crimes privés". Zu den „international crimes" *Swart,* in: AIDP, S. 201ff.; *Einarsen,* S. 135ff.; zu einer rechtsphilosophischen Begründung ihrer Verfolgung *May,* 2005, S. 5ff. und passim; zu weit der von *Neubacher,* S. 39ff. verwendete Begriff „Menschenrechtsverbrechen"; zu einer Kriminologie internat. Verbrechen in Abgrenzung zu „political crimes" u. „serious violations of human rights" *Parmentier/Weitekamp,* in: dies., Human rights, 2007, S. 109, 110ff. (127ff.); zur vgr Geltung der Art. 5–8 *Bock/Preis,* HuV-I 2007, 149ff.; instruktive kriminologische Analyse der Kernverbrechen und ihrer spezifischen Besonderheiten bei *Heikkilä,* S. 135ff.

I. Genozid

Fall 17:[596]

Wie **Fall 6** (Rn. 38), wobei es hier um die tatbestandliche Würdigung der Taten an den Tutsi-Frauen geht. 118
Diese wurden in unterschiedlicher Weise sexuell genötigt und massenhaft vergewaltigt. → Rn. 133, 162

Fall 18:[597]

1904 drängten deutsche Truppen die Herero von Deutsch-Südwestafrika (heute Namibia) in die entlegene und wasserlose *Omaheke*-Wüste und sperrten diese durch eine 250 km lange Postenkette ab, so dass es unmöglich war zu entfliehen. Indem die Postenkette bis etwa Mitte 1905 aufrecht erhalten wurde, erlitt der Großteil der Herero einen langsamen Tod. In einer Studie des deutschen Generalstabs wurde dazu festgestellt, dass die *Omaheke* ein schlimmeres Schicksal über die Herero gebracht habe als deutsche Waffen es je vermocht hätten. Um welche Tathandlung des Genozids geht es? → Rn. 134, 163 u. *Ambos*, 2010 a, S. 126 (Fall 9 Rn. 9) 119

Fall 19:[598]

Während des 2. Weltkriegs war im von Deutschland besetzten Polen die Heirat zwischen Polen ohne Genehmigung durch den deutschen Gouverneur verboten. Eine indirekte Methode, die Geburtenrate von Polen zu verringern, war die Unterernährung der Eltern, um die Überlebenschancen von deren Kindern zu verringern. Welche Tathandlung könnte erfüllt sein? → Rn. 134, 136, 164 120

Fall 20 (vgl. schon Fall 9):

Im Juli 1995 nahmen bosnisch-serbische Militäreinheiten (die UN-Sicherheitszone) Srebrenica (Bosnien-Herzegovina) ein und begingen danach das wohl schwerste Massaker in Europa nach dem zweiten Weltkrieg. 7–8000 muslimisch bosnische Männer im wehrfähigen Alter wurden von der übrigen Bevölkerung getrennt, eingesperrt und in den folgenden Tagen hingerichtet. Die restliche Bevölkerung, ca. 20 000 bis 25 000 Personen, vorwiegend Frauen, Kinder und ältere Männer, wurden mit Bussen in bosnisch-muslimisches Gebiet verbracht. Liegt ein Genozid vor? → Rn. 165 121

---

596 *ICTR,* Akayesu TJ 2.10.1998; zur Bedeutung dieses Urteils krit. *Zahar/Sluiter,* S. 157 ff.

597 Nach *Nsereko,* in: McDonald/Swaak-Goldman, S. 129, unter Verweis auf *Drechsler,* German Imperialism, 1980, S. 156; vgl. auch *Drechsler,* Südwestafrika, 1966 und *ders.*, in: Chalk/Jonassohn, Genocide, 1990, S. 231 ff.; *Zimmerer/Zeller,* Deutsch-Südwestafrika, 2003; *Kämmerer/Föh,* AVR 2004, 294.

598 *Nsereko,* in: McDonald/Swaak-Goldman, S. 129.

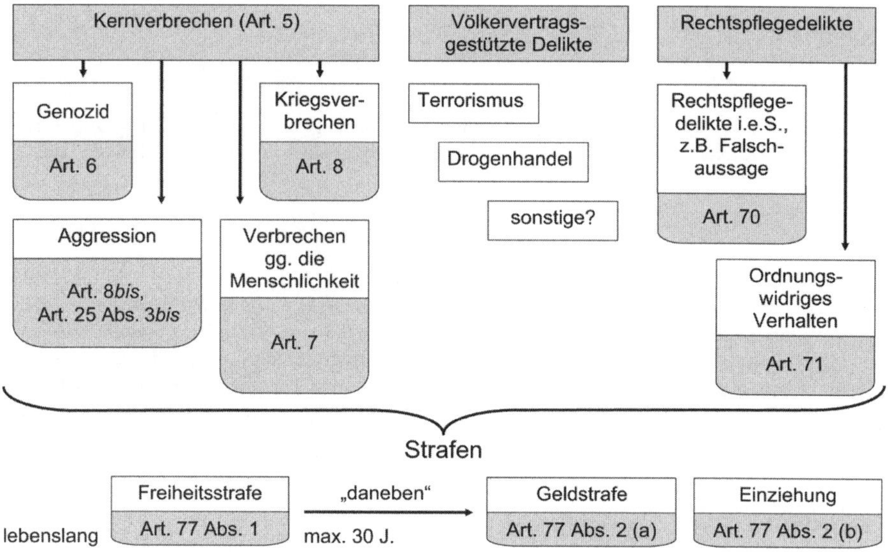

Schaubild 11: Völkerstrafrechtliche Verbrechen und Strafen

1. Begriff und geschützte Rechtsgüter

122 Der **Begriff** Genozid bzw. Völkermord wird interdisziplinär unterschiedlich verwendet;[599] hier geht es um ein juristisches Verständnis, das auf der Genozidkonvention (§ 6 Rn. 4), den ihr folgenden Statuten der internationalen Tribunale und der vstr Rechtsprechung beruht. Um darüber hinausgehende Erscheinungsformen von Massentötungen zu beschreiben, wird auch auf Begriffe wie *Demozid, Politizid, Femizid* etc. zurückgegriffen.[600] Nach Art. II der Genozidkonvention (GenK) (Art. 4 Abs. 2 ICTYS und Art. 2 Abs. 2 ICTRS, Art. 6[601]) bedeutet Genozid

„eine der folgenden Handlungen, die in der Absicht begangen wird, eine nationale, ethnische, rassische oder religiöse Gruppe als solche ganz oder teilweise zu zerstören:

a) Tötung von Mitgliedern der Gruppe;
b) Verursachung von schwerem körperlichen oder seelischem Schaden an Mitgliedern der Gruppe;
c) vorsätzliche Auferlegung von Lebensbedingungen für die Gruppe, die geeignet sind, ihre körperliche Zerstörung ganz oder teilweise herbeizuführen;
d) Verhängung von Maßnahmen, die auf die Geburtenverhinderung innerhalb der Gruppe gerichtet sind;
e) gewaltsame Überführung von Kindern der Gruppe in eine andere Gruppe."

---

[599] Zu einem sozialwissenschaftlichen Verständnis *Ternon,* Verbrecherische Staat, 1996, S. 219 ff.; *Selbmann,* Genozid, 2002, S. 151 ff.; *Liwerant,* JICJ 5 (2007), 924 ff.; *Folgueiro,* in: Parenti et al., 2007, S. 119 ff.; *Kirsch,* in: Safferling/Conze, S. 141 ff.; zum Begriff allg. schon § 6 Rn. 5; zur Definition auch *Fein,* ZGF 1999, 36; *Fronza,* in: Amati et al., S. 377; *Cherkassky,* ICLR 9 (2009), 302 ff.; krit. zur inflationären Verwendung *Dimitrijević/Milanović,* LJIL 21 (2008), 87 f., 93 f.

[600] Vgl. *Heinsohn,* Lexikon, 1998, S. 15 ff. sowie dort die Einzelbeiträge; *Hübner,* Völkermord, 2004, S. 218 ff.; *Neubacher,* S. 5. Zur politischen Dimension von Genozid *Sémelin,* Säubern, 2007, S. 11 ff.; krit. zur Politik der internat. Gemeinschaft seit 1945 *Aarson,* in: Blumenthal/McCormack, S. 69 ff.

[601] Vorschriften ohne Bezeichnung sind (immer noch) solche des IStGH-Statuts.

Art. III der GenK (Art. 4 Abs. 3 ICTYS, Art. 2 Abs. 3 ICTRS) definiert die Tathandlungen als:

a) „Völkermord,
b) Verschwörung zur Begehung von Völkermord,
c) unmittelbare und öffentliche Anreizung zur Begehung von Völkermord,
d) Versuch, Völkermord zu begehen,
e) Teilnahme am Völkermord".[602]

Art. III (c) der GenK findet sich auch in Art. 25 Abs. 3 (e) und zwar mit der passenderen Übersetzung von „incitement" als Aufstachelung (Rn. 44, 47); ansonsten gelten die allgemeinen Beteiligungsregeln (Rn. 13ff.), insbesondere wurde die Verschwörungsvariante (Rn. 43) nicht übernommen.[603] Das deutsche Recht hat mit § 220a StGB a. F. Art. II der Konvention und mit **§ 6 VStGB**[604] Art. 6 IStGH-Statut übernommen; § 220a StGB wurde damit aufgehoben.

Der Tatbestand des Völkermordes entwickelte sich erst nach dem Zweiten Weltkrieg als selbstständiger Tatbestand aus den Verbrechen gegen die Menschlichkeit (VgM).[605] Aufgrund seiner Entstehungsgeschichte (§ 6 Rn. 4) und Aufnahme in die Satzungen der internationalen Tribunale kann die Strafbarkeit[606] dieses **„Verbrechens der Verbrechen"**[607] als allgemein anerkannt gelten. Es ist Teil des vr ***ius cogens.***[608] Nach Ansicht der Rechtsmittelkammer des ICTY ist die Tat: 123

---

602 Zur ICTR Rspr. bzgl. complicity vgl. *Mugwanya,* S. 186ff.

603 Zu Art. 2 Abs. 3 (b) ICTRS insoweit *Mugwanya,* S. 163ff. Zu den Beteiligungsformen ausführlich Tams/Berster/Schiffbauer/*Berster,* Art. III Rn. 4, ff., 14ff., 40ff.

604 Vgl. *Lüders,* Völkermord, 2004, S. 273ff.; *Gropengießer,* ICLR 5 (2005), 332ff.; zur nationalen Umsetzung rechtsvgl *Kreicker,* ICLR 5 (2005), 313ff. (324f. zum VStGB); eine (selektive) Zusammenstellung nationaler Gesetzgebung findet sich bei Tams/Berster/Schiffbauer, S. 446ff.; w. N. 2. Aufl., Rn. 127 mit Fn. 542.

605 Cassese/Gaeta/Jones/*Cassese,* S. 336f., 339f.; *Mettraux,* HarvILJ 43 (2002), 237, 302ff.; *Ambos/Wirth,* CLF 13 (2002), 1, 2ff.; *Kyriakides/Weinstein,* ICLR 5 (2005), 383; *Lüders,* Völkermord, 2004, S. 253; Cryer/*Robinson,* S. 232; *Cherkassky,* ICLR 9 (2009), 303; *Morrison,* ICLR 8 (2008), 393f.; *Hagan/Rymond-Richmond,* Darfur, 2009, S. 31; *Salter/Eastwood,* in: Behrens/Henham, S. 41ff.; *dies.*, JIHLS 2 (2011), 265ff. – Im *Nürnberger Hauptkriegsverbrecherprozess* beruhten zwar Anklage wie Urteil auf VgM (insbesondere dem Tatbestand der Verfolgung), jedoch verwendeten verschiedene Anklagevertreter die Begriffe „Genocidium" bzw. „Völkermord", vgl. *IMG,* Bd. 17, 72; Bd. 18, 127; Bd. 19, 596, 617, 619, 630, 632; Bd. 22, 343 („Genocidium"); respektive Bd. 2, 74; Bd. 19, 556, 557, 570; Bd. 20, 21; Bd. 22, 256, 260, 367 („Völkermord"); vgl. auch *Selbmann,* Genozid, 2002, S. 39ff.; *Hübner,* Völkermord, 2004, S. 57f.; *Lüders,* Völkermord, 2004, S. 254; *Mettraux,* S. 194ff.; zu den Nachfolgeverfahren *Selbmann,* Genozid, 2002, S. 41ff.; weitere Nachw. 2. Aufl., Rn. 128 mit Fn. 543. *Murray,* GoJIL 3 (2011), 589ff. hält den Tatbestand des Völkermordes für redundant, da sämtliche von ihm erfasste Handlungen auch ein VgM darstellten.

606 Für verstärkte Präventionsmaßnahmen zur Verhinderung von Genoziden *Akhavan,* CLF 22 (2011), 1ff.; zur Strafbarkeit nach der GenK Tams/Berster/Schiffbauer/*Tams,* Art. I Rn. 14ff.

607 Vgl. *Lüders,* Völkermord, 2004, S. 263 m.w.N.; *May,* Genocide, 2010, S. 158ff.; *Vest,* 2006, S. 143; Cryer/*Wilmshurst,* S. 205; *Schabas,* 2010, S. 119; krit. *Dimitrijević/Milanović,* LJIL 21 (2008), 93. – Im IMG-Verfahren wurde hingegen noch die Entfesselung eines Angriffskrieges als „das schwerste internationale Verbrechen" bezeichnet, IMG-Urteil, Bd. 1, 207. Im Tokioter Verfahren (IMGFO) war die Einordnung als Hauptkriegsverbrecher vom Anklagepunkt des Verbrechens gegen den Frieden abhängig, vgl. *Roggemann,* Strafgerichtshöfe, 1998, S. 185.

608 *IGH,* Bosnia and Herzegovina v. Yugoslavia Urt. 26.2.2007, para. 161; *ICTR,* Akayesu TJ 2.10.1998, para. 495; Stakic TJ 31.7.2003, para. 500; *ICTY,* Brdanin TJ 1.9.2005, para. 680; w. N. bei *Mettraux,* S. 199 mit Fn. 30. Zur vgr Anerkennung *Selbmann,* Genozid, 2002, S. 142ff.; *König,* S. 232ff.;

„... singled out for special condemnation and opprobrium. The crime is horrific in its scope; its perpetrators identify entire human groups for extinction. Those who devise and implement genocide seek to deprive humanity of the manifold richness its nationalities, races, ethnicities and religions provide. This is a crime against all of humankind, its harm being felt not only by the group targeted for destruction, but by all of humanity."[609]

124 Das vom Völkermordtatbestand geschützte **Rechtsgut** ist das **Existenzrecht** bestimmter (stabiler) Gruppen (Rn. 127).[610] Das Schutzgut umfasst die Gruppe als **gesellschaftliches Gebilde** und nicht nur ihren physischen oder biologischen Bestand,[611] wobei zwischen dem geschütztem Rechtsgut „sozialer Bestand" und dessen Verletzung durch ausgewählte objektive Angriffshandlungen zu unterscheiden ist. Wenn auch die objektiven Tathandlungen in der Regel Angriffe auf die physische bzw. biologische Existenz der einzelnen Gruppenmitglieder darstellen, so reicht es doch aus, dass sich die besondere Vernichtungsabsicht auf die Zerstörung der sozialen Existenz der Gruppe bezieht.[612]

125 Inwieweit der Tatbestand auch **Individualrechtsgüter** schützt, ist umstritten (vgl. schon § 5 Rn. 3). Klar ist, dass Angriffe auf bestimmte Personen nur dann erfasst werden, wenn diese Personen gerade **auf Grund ihrer Gruppenzugehörigkeit** angegriffen werden (Rn. 161).[613] In solchen Angriffen liegt jedenfalls zugleich ein Angriff auf die elementaren Rechte der betroffenen Personen,[614] der Angriff auf die Gruppenmitglieder stellt sich als **notwendiges Durchgangsstadium** zum Angriff auf die Gruppe als solche dar. Auch die Genesis des Völkermordtatbestands aus den Verbrechen gegen die Menschlichkeit, insbes. dem Verfolgungsverbrechen,[615] zeigt, dass dem Schutz der Gruppe der Schutz der betroffenen Individuen zugrunde liegt. Die deutsche Rspr. bringt die individualrechtliche Komponente der Tat dadurch im Schuldspruch zum

Wouters/Verhoeven, ICLR 5 (2005), 403ff.; Cryer/*Wilmshurst,* S. 206; *Zahar/Sluiter,* S. 156; *Bock/Preis,* HuV-I 2007, 149; *Gless,* 2011, Rn. 801; zur Todesstrafe für Genozid *Ohlin,* AJIL 99 (2005), 747ff.; zum Wesen des Genozids als internationales Verbrechen *Hiéramente,* GoJIL 3 (2011), 551.

609 *ICTY,* Krstic AppJ 19.4.2004, para. 36; zu dieser ersten Anwendung des Genozidstatbestandes durch das ICTY *Sinatra,* ICLR 5 (2005), 417ff.

610 Vgl. *Lüders,* Völkermord, 2004, S. 38ff. m.w.N.; MünchKomm/*Kreß,* § 6 VStGB Rn. 3; *Demko,* SZIER 2009, 225; *Bock,* S. 90f.; *Safferling,* in: Safferling/Conze, S. 167f.; *Gless,* 2011, Rn. 803.

611 Vgl. *Luban,* CJIL 7 (2006), 309.

612 *BGH* NStZ 1999, 396 (401). Vgl. auch *Werle,* 2012, Rn. 757ff. sowie *ders.,* 2009, Rn. 704; *Lüders,* Völkermord, 2004, S. 45ff., 49ff. m.w.N.; *Satzger,* 2013, § 16 Rn. 15; *Zahar/Sluiter,* S. 179; *Fletcher,* 2007, S. 337 („expression of collective conflict"), 338; *Demko,* SZIER 2009, 243ff.; a. A. *ICTY,* Krstic TJ 2.8.2001, para. 580; *ICTR,* Semanza TJ 15.5.2003, para. 315; *Mettraux,* S. 216 m.w.N.; *Kreß,* JICJ 3 (2005), 564; *Paul,* S. 296ff. (mit entspr. Aufnahme der Tbm „physisch und biologisch" in Tb, S. 320, 323f.); wohl auch *Darfur Report,* paras. 515, 517, 518, 520 („annihilate", „eradicate"); offen lassend *Schabas,* 2011, S. 102.

613 *ICTR,* Akayesu TJ 2.10.1998, para. 521: „Thus, the victim is chosen ... on account of his membership ... The victim ... of the crime of genocide is the group itself and not only the individual". Weitere Rspr. in 2. Aufl., Rn. 130 mit Fn. 549 sowie *ICTR,* Kayishema/Ruzindana TJ 21.5.1999; Ndindabahizi TJ 15.7.2004; *ICTY,* Stakic TJ 31.7.2003; Jelisic TJ 14.12.1999; Krstic TJ 2.8.2001. Vgl. auch *Werle,* 2012, Rn. 760; *ders.,* 2009, Rn. 705; *ders.,* FS HU, 2010, S. 1228; *Lüders,* Völkermord, 2004, S. 92; *Mettraux,* S. 231f.; *Paul,* S. 274ff.; MünchKomm/*Kreß,* § 6 VStGB Rn. 90.

614 *Werle,* 2012, Rn. 761, 843; *ders.,* 2009, Rn. 706; *Fronza,* in: Lattanzi/Schabas, S. 119; *Heintze,* HuV-I 2000, 227; *Planzer,* Genocide, 1956, S. 79f.; *Triffterer,* FS Roxin, 2001, S. 1432f.; *Tomuschat,* FS Steinberger, 2002, S. 329; MünchKomm/*Kreß,* § 6 VStGB Rn. 2; *Satzger,* 2013, § 16 Rn. 7; *Demko,* SZIER 2009, 227; *Bock,* S. 92; a. A. *Gropengießer,* S. 96ff.; *Lüders,* Völkermord, 2004, S. 43f. sowie *Fernández-Pacheco Estrada,* S. 138, die lediglich einen mittelbaren Individualschutz bejaht.

615 *Fournet/Pégorier,* ICLR 10 (2010), 720ff.

Ausdruck, dass tateinheitlich begangene Gesetzesverletzungen wie Tötungen oder Körperverletzungen tatmehrheitlich i. S. v. § 53 StGB behandelt werden.[616]

Im Gegensatz zu der in der Rechtsprechung teilweise vertretenen dualen Tatbestandsstruktur[617] setzt sich die Tat im Wesentlichen aus **drei Elementen** zusammen:[618] 126

- dem **objektiven Tatbestand,** der aus einer oder mehreren in Art. 6 Abs. 2 aufgeführten Handlungen besteht;
- dem **Vorsatz** i. S. v. Art. 30 sowie
- der **Absicht,** eine nationale, ethnische, rassische oder religiöse Gruppe als solche ganz oder teilweise zu vernichten, als besonderes subjektives Tatbestandsmerkmal.

2. Objektiver Tatbestand *(actus reus)*

a) Die geschützten Personengruppen

Die Tat muss in der Absicht begangen werden, eine **nationale, ethnische, rassische** oder **religiöse Gruppe** als solche ganz oder teilweise zu vernichten. Eine Gruppe ist eine durch gemeinsame Merkmale dauerhaft verbundene Personenmehrheit, die sich von der übrigen Bevölkerungsmehrheit abhebt.[619] Die verbindenden Merkmale liegen in der gemeinsamen Nationalität (Staatsangehörigkeit), Ethnie (Kultur, Sprache), Rasse (geographische Herkunft, vererbte äußerliche Merkmale) und Religion der Gruppenmitglieder.[620] Diese Merkmale lassen sich nicht genau abgrenzen, sondern überschneiden sich vielfach in einer Gruppe.[621] Unabhängig davon ist diese Aufzählung – trotz kritischer Stimmen[622] – abschlie- 127

[616] Vgl. BGHSt 45, 81 f.; *BVerfG* NJW 2001, 1848.

[617] Actus reus und Zerstörungsabsicht, vgl. *ICTY,* Krstic TJ 2.8.2001, para. 542; zust. *ICTR,* Kayishema/Ruzindana TJ 21.5.1999, para. 90; auch *Heller,* in: Heller/Dubber, S. 615. Allgemein krit. zur Rspr. des ICTR (vor allem *Akayesu*) *Maitra,* ICLR 5 (2005), 596 ff.; *Zahar/Sluiter,* S. 157 ff. (196: „emotionally and politically charged", „weak foundations", „insonsistent").

[618] Zust. *Triffterer,* LJIL 14 (2001), 399 ff.; *Fronza,* in: Amati et al., S. 384 f.; *ICTR,* Bagilishema TJ 7.6.2001, paras. 56, 60; ähnlich *Mettraux,* S. 208; s. auch das instruktive Schaubild bei Tams/Berster/Schiffbauer/*Berster,* Art. II Rn. 1.

[619] LK/*Jähnke,* § 220 a StGB Rn. 9.

[620] Vgl. *Satzger,* 2013, § 16 Rn. 10; genauer *Selbmann,* Genozid, 2002, S. 171 ff.; *Hübner,* Völkermord, 2004, S. 105 ff.; *Lüders,* Völkermord, 2004, S. 68 ff.; *Mettraux,* S. 227 ff.; *Kreß,* ICLR 6 (2006), 476 ff.; MünchKomm/*Kreß,* § 6 VStGB Rn. 37 ff.; *Fernández-Pacheco Estrada,* S. 220 ff.; ausführlich Tams/Berster/Schiffbauer/*Berster,* Art. II Rn. 29 ff.; zur Rspr. *Paul,* S. 80 ff., *Cherkassky,* ICLR 9 (2009), 305; rechtsvergleichend *Kreicker,* in: Eser et al., 2003, Bd. 7, S. 47 f.; zu den Tutsi als (ethnische) Gruppe *Akhavan,* JICJ 3 (2005), 999 ff.; krit. zum Akayesu-Urteil insoweit Cryer/*Wilmshurst,* S. 211 f.; *Zahar/Sluiter,* S. 158 ff.; auch *Fletcher,* 2007, S. 337 f.; zu den ethnischen/religiösen Gruppen in der DRK *Kalere,* ICLR 5 (2005), 475 ff.; zu den Kurden, insb. auch den Giftgasangriff auf die kurdische Bevölkerung im Nordirak im Jahre 1987 *Rechtbank's-Gravenhage,* Frans van Anraat AppJ 9.5.2007; dazu *van der Borght,* CLF 18 (2007), 123 ff.; bzgl. Tschetschenien *Moore,* ICLR 5 (2005), 492 ff., der i. Erg. Genozid verneint (498).

[621] Grdl. *Schabas,* 2009, S. 124 ff. (126: „four corner posts"); zust. *ICTY,* Krstic TJ 2.8.2001, paras. 555 f.; *ICTR,* Rutaganda TJ 6.12.1999, para. 56; Cryer/*Wilmshurst,* S. 211 f.; *Kolb,* in: Kolb/Scalia, S. 75 f.; MünchKomm/*Kreß,* § 6 VStGB Rn. 36; *Bock,* S. 81; krit. zur Unbestimmtheit des Gruppenbegriffs *Paul,* S. 120 ff.

[622] S. insbesondere *van Schaack,* YaleLJ 106 (1997), 2259. Vgl. auch Cassese/Gaeta/Jones/*Cassese,* S. 336; *Heintze,* HuV-I 2000, 227; *Gómez-Benítez,* RDPP No. 4 (2000), 147, 148 ff.; *Nsereko,* in: McDonald/Swaak-Goldman, S. 130; *Kreß,* ICLR 4 (2006), 473 f.; *Serrano-Piedecasas,* FS Cerezo, 2002, S. 1505 ff. (für Subsumtion der politischen unter „nationale" Gruppe); ebenso *Fernandez-Pacheco,* JpD 55 (2006), 53 ff.; *Lüders,* Völkermord, 2004, S. 67 f.; *Hübner,* Völkermord, 2004, S. 108 ff. (für Erweiterung auf polit. u. soziale Gruppen *de lege ferenda*); *Paul,* S. 123 ff., 169 ff. (zusätzlich zur Erweiterung auf „eine durch irgendein willkürliches Kriterium definierte Gruppe", S. 173); zu Reformüberlegun-

ßend;[623] damit wurden insbesondere *politische, wirtschaftliche* und *kulturelle* Gruppen bewusst aus dem Schutzbereich des Tatbestandes ausgenommen.[624] Dies ergibt sich nicht nur aus den *travaux* als Ausdruck des Willens der Vertragsparteien, sondern auch aus dem Begriff **„Gruppe als solche"** („group as such", „groupe comme tel", Rn. 153). Damit sind nämlich lediglich **„stabile"** („stable") im Gegensatz zu „mobilen" („mobil") Gruppen, d. h. politischen, wirtschaftlichen und kulturellen Gruppen, gemeint.[625] Die Verfasser der Genozidkonvention gingen von dem Ideal der stabilen bzw. dauerhaften Gruppe aus, in die man hineingeboren wird und die man nicht verlässt. Solche Gruppen gelten wegen der Unausweichlichkeit des Gruppenstatus als besonders gefährdet.[626] Auch die Rechtsprechung von ICTY und ICTR stellt auf das Kriterium der Stabilität bzw. Mobilität der Gruppe ab und schließt mobile Gruppen aus dem Anwendungsbereich des Tatbestands aus.[627]

128 In der Rspr. wird diskutiert, ob die Gruppeneigenschaft ausschließlich aus der Sicht der Täter (sog. **„subjektives Kriterium"**)[628] oder auch nach sachlich-wissenschaftlichen **(objektiven) Kriterien** zu bestimmen ist.[629] Die Diskussion geht auf eine Entscheidung des ICTR im Fall *Kayishema/Ruzindana* zurück, bei der die Kammer zwischen der sog. „Selbsterkennung" einer Gruppe oder ihrer „Erkennung durch andere" (Zuschreibung) unterschieden hat.[630] Auch wenn es zweifelhaft ist, ob der subjektive Ansatz zu mehr Bestimmtheit beiträgt, so lässt er sich doch aus dogmatischer Sicht mit der Konstruktion des Völkermordtat-

gen insoweit auch *Demko,* SZIER 2009, 240ff.; *Fernández-Pacheco Estrada,* S. 239ff.; zur problematischen Subsumtion der Taten der Roten Khmer gegen andere Angehörige derselben „nationalen" Gruppe *Williams,* ICLR 5 (2005), 452.

623 *Werle,* 2012, Rn. 777; *ders.,* 2009, Rn. 721; MünchKomm/*Kreß,* § 6 VStGB, Rn. 32; *Sunga,* Eur. J. Cr. 6 (1998), 383; *Hübner,* Völkermord, 2004, S. 104; *Lüders,* Völkermord, 2004, S. 65; *Kreicker,* in: Eser et al., 2003ff., Bd. 7, S. 38; *Quayle,* ICLR 5 (2005), 367; Cryer/*Wilmshurst,* S. 210; *Kolb,* in: Kolb/Scalia, S. 79f.; *Gaeta,* in: Schabas/Bernaz, S. 112; *Ambos,* 2014, S. 6f.

624 Vgl. Triffterer/*Schabas,* Art. 6 Rn. 11; *Kabatsi,* ICLR 5 (2005), 393, 398f.; *Schabas,* 2009, S. 119f.; *Lüders,* Völkermord, 2004, S. 67; *Klann/McKenzie,* in: Decaux/Dieng/Sow, S. 25. Gegen „Umweltgenozid" *Paul,* S. 225ff.; zum „kulturellen Genozid" Rn. 137.

625 Cassese/Gaeta/Jones/*Cassese,* S. 345; MünchKomm/*Kreß,* § 6 VStGB Rn. 34. Zu den travaux vgl. *Hübner,* Völkermord, 2004, S. 108ff.; *Lüders,* Völkermord, 2004, S. 67; *Paul,* S. 123; dazu auch *Schabas,* in: Darcy/Powderly, S. 70ff; vgl. *Szpak,* EJIL 23 (2012), 160f.; *Safferling/Kirsch,* JA 2012, 482 mit Fn. 23.

626 MünchKomm/*Kreß,* § 6 VStGB Rn. 34.

627 *ICTR,* Akayesu TJ 2.10.1998, para. 511; Rutaganda TJ 6.12.1999, para. 56; *ICTY,* Jelisic TJ 14.12.1999, para. 69; eingehend zur Rspr. *Paul,* S. 80ff.; zum ICTR *Mugwanya,* S. 64ff. – Zur Erweiterung des Schutzbereichs auf „any stable and permanent group" (Akayesu, a. a. O., para. 516; *Darfur Report,* para. 501) zutreffend krit. *Lüders,* Völkermord, 2004, S. 85ff., 254; *Mettraux,* S. 230; *Satzger,* 2013, § 16 Rn. 11; *Schabas,* LJIL 18 (2005), 878f.; *ders.,* Car. L. Rev. 27 (2006), 1711ff.; Cryer/*Wilmshurst,* S. 210f.; *Zahar/Sluiter,* S. 161; auch *Sootak/Parmas,* FS Lahti, 2007, S. 65.

628 In diesem Sinne *ICTY,* Jelisic TJ 14.12.1999, para. 70; Krstic TJ 2.8.2001, para. 557 (dort werden in para. 556 „scientifically objective criteria" als „inconsistent with the object and purpose of the Convention" angesehen); zur Rspr. *Paul,* S. 160ff.; ähnlich zu den in Darfur ansässigen Fur, Masalit und Zwaghawa vgl. *Darfur Report,* paras. 508ff.

629 Für eine solchen gemischten Ansatz *ICTR,* Rutaganda TJ 6.12.1999, paras. 55f.; Kamuhanda TJ 22.1.2004, para. 630; *ICTY,* Brdanin TJ 1.9.2005, paras. 683f.; *Darfur Report,* para. 501. Dagegen lediglich auf objektive Kriterien abstellend *ICC,* Al Bashir Arrest warrant decision 4.3.2009, para. 136; dazu *Burghardt/Geneuss,* ZIS 2009, 132; *Pospisil,* in: Pilgram et al., S. 84ff. Eingehend zur Rspr. *Lüders,* Völkermord, 2004, S. 52ff.; *Mettraux,* S. 223ff.; *Fernandez-Pacheco,* La Ley No. 6635 (2007), 3; *Mugwanya,* S. 86ff.; Tams/Berster/Schiffbauer/*Berster,* Art. II Rn. 37ff.; zu den Gruppenkonstitutionsmodellen *Demko,* SZIER 2009, 229ff.

630 *ICTR,* Kayishema/Ruzindana TJ 21.5.1999, para. 98: „self-identification" vs. „identification by others"; ebenso *Cayley,* JICJ 6 (2008), 830; s. auch *Cherkassky,* ICLR 9 (2009), 306.

bestandes als **Absichtsdelikt** (Rn. 146) begründen. Wenn die Absicht des Täters, eine bestimmte Gruppe zu vernichten, also die Vorstellung des Täters im Hinblick auf eine bestimmte Gruppe, das dominierende Tatbestandsmerkmal ist, so kann man diese Gruppe auch in Übereinstimmung mit der Vorstellung und damit aus subjektiver Sicht des Täters bestimmen.[631] Freilich sollte dabei nicht völlig auf (begrenzende) objektive Kriterien verzichtet werden.[632]

Im **Ergebnis** bleibt festzuhalten, dass politische, wirtschaftliche und kulturelle Gruppen durch den Tatbestand nicht geschützt werden (Rn. 127).[633] Die sich daraus ergebende Schutzlücke kann jedoch durch das VgM der Verfolgung („persecution") gemäß Art. 7 Abs. 1 (h) (Rn. 213 ff.) geschlossen werden.[634] 129

b) Die einzelnen Tathandlungen

Die in Art. 6 (a)–(e) enthaltenen Tathandlungen sind abschließend;[635] sie erfassen nicht die sog. „ethnische Säuberung" (Rn. 138 f.). Während es dem Täter – subjektiv – i. S. d. dolus directus 1. Grades darauf ankommen muss, eine erhebliche Anzahl der Mitglieder der Gruppe zu vernichten, folgt aus der Struktur des Genozids als **Absichtsdelikt** (Rn. 146), dass der Täter – objektiv – lediglich **ein Mitglied** der Gruppe angreifen muss.[636] Dies sehen auch die Verbrechenselemente (Rn. 131) und § 6 Abs. 1 Nr. 1 VStGB (anders noch § 220 a Abs. 1 Nr. 1) vor. Diese – dogmatisch korrekte – Auslegung stößt jedoch an die Wortlautgrenze der Abs. (a), (b) und (e) des Art. 6, beziehen sich die dort genannten Tathandlungen doch auf Mitglieder und Kinder der jeweiligen 130

631 Ebenso, jedoch ohne Begründung, *Gómez-Benítez,* RDPP No. 4 (2000), 149; i. Erg. auch *Selbmann,* Genozid, 2002, S. 188 f.; *Hartstein,* in: Kühne et al., S. 87; Cryer/*Wilmshurst,* S. 213 f.; *Paul,* S. 165 ff.; *Gless,* 2011, Rn. 805; *Ambrus,* LJIL 25 (2012), 942 ff., 946 ff.; krit. *Zahar/Sluiter,* S. 163, die jedoch die Struktur als Absichtsdelikt vernachlässigen; zur „Gruppe" als Ergebnis eines subjektiven kriteriengeleiteten Zuschreibungsprozesses *Demko,* SZIER 2009, 232 ff.

632 Für einen solchen gemischt obj.-subj. Ansatz auch *Lüders,* Völkermord, 2004, S. 60 ff.; *Satzger,* 2013, § 16 Rn. 12; *Kreß,* ICLR 6 (2006), 474; *ders.,* EJIL 18 (2007), 625 f.; *Akhavan,* JICJ 3 (2005), 1003; Cryer/*Wilmshurst,* S. 213 f.; *Folgueiro,* in: Parenti et al., 2007, S. 169 f.; *Mugwanya,* S. 105 f., 109 f.; *Kolb,* in: Kolb/Scalia, S. 76 f.; *Heller,* in: Heller/Dubber, S. 617; *IGH,* Bosnia and Herzegovina v. Yugoslavia, Judg. 26. 2. 2007, para. 191; zust. *Azari,* RSC 4 (2007), 760; stärker objektiv MünchKomm/*Kreß,* § 6 VStGB Rn. 33; *Safferling,* in: Safferling/Conze, S. 166; krit. zur rein negativen Bestimmung der Gruppe Cryer/*Wilmshurst,* S. 214; *Kolb,* in: Kolb/Scalia, S. 80 f.; *Paul,* S. 167 ff.; dafür *Azari,* RSC 4 (2007), 760 ff. (763).

633 Weitergehend freilich das nationale Recht einiger Staaten, vgl. etwa Art. 101 kolumbianischer CP, Art. 149 bis mexikanischer CPF, Art. 281 Ethiopian Penal Code; w. N. bei *Selbmann,* Genozid, 2002, S. 180; *Schabas,* 2003, S. 189 f. mit Fn. 276 ff.

634 Zu dessen Verwendung in Nürnberg s. schon o. Fn. 615 und Fn. 619 mit Haupttext. Krit. insoweit *Selbmann,* Genozid, 2002, S. 179 f. Zur Abgrenzung s. auch *Ambrus,* LJIL 25 (2012), 937 ff.

635 *Nsereko,* in: McDonald/Swaak-Goldman, S. 128; *Boot,* para. 415; *Hübner,* Völkermord, 2004, S. 124, 133; *Mettraux,* S. 243 f.; *Gless,* 2011, Rn. 810; vgl. auch *Folgueiro,* in: Parenti et al., 2007, S. 161 ff. Rvgl. zu den erfassten Tathandlungen *Kreicker,* in: Eser et al., 2003 ff., Bd. 7, S. 49 ff.; vgl. auch *Paul,* S. 175 ff. (gg. eine beispielhafte Formulierung der Tathandlungen, S. 231 ff.); *Kolb,* in: Kolb/Scalia, S. 81 ff.; *Fournet,* in: Behrens/Henham, S. 59 ff.; zur Rspr. des ICTR *Mugwanya,* S. 110 ff.

636 *ICTR,* Akayesu TJ 2. 10. 1998, para. 521; *Werle,* 2012, Rn. 781 f.; *ders.,* 2009, Rn. 725 f.; *Nsereko,* in: McDonald/Swaak-Goldman, S. 125 f.; *Schabas,* Genocide, 2000, S. 173 ff.; *Hübner,* Völkermord, 2004, S. 126; *Lüders,* Völkermord, 2004, S. 137, 168 f.; *Mettraux,* S. 236; *Gropengießer,* S. 99 f.; *Satzger,* 2013, § 16 Rn. 19; *Fletcher,* 2007, S. 336; *Folgueiro,* in: Parenti et al., 2007, S. 162; *Paul,* S. 176; MünchKomm/*Kreß,* § 6 VStGB Rn. 49, 52; *Bock,* S. 82; *Schramm,* JuS 2013, 1095; a. A. *May,* 2005, S. 169 allerdings die normative u. faktische Ebene vermischend („generally implausible to intend to destroy a group by planning to kill just one member ..."); krit auch *Fletcher/Ohlin,* JICJ 3 (2005), 546 im Hinblick auf das alltagssprachliche historische Verständnis. Zu den travaux *Hübner,* Völkermord, 2004, S. 77.

Gruppe im **Plural;** es sind also – objektiv – **mindestens zwei Opfer** erforderlich.[637] Die Verbrechenselemente stehen damit insoweit im Widerspruch zum Statut und sind unanwendbar (Art. 9, vgl. § 6 Rn. 31). Ferner könnten sich aus dem Tatbestandsmerkmal **„ganz oder teilweise"** höhere Anforderungen ergeben (Rn. 154ff.). Was die Verwirklichung der Tathandlungen (Einzeltaten) selbst angeht, so ist zu beachten, dass auch die Verwirklichung mehrerer nur **eine Gesamttat Genozid** darstellt, sofern sie sich gegen dieselbe Gruppe mit derselben Vernichtungsabsicht richten.[638]

131 **aa) Tötung von Mitgliedern der Gruppe.** Die objektive Seite dieser Tathandlung bietet, abgesehen von der Frage der Mindestzahl der Opfer (Rn. 130), zu Kontroversen kaum Anlass (zur subjektiven Seite aber Rn. 142). In den Verbrechenselementen heißt es: „Der Täter tötete eine oder mehrere Personen". Aus einer Fußnote ergibt sich, dass der Begriff „tötet" dem Begriff „Tod verursachen" entspricht.[639] Diese Auslegung wird von der Rechtsprechung der *Ad-Hoc*-Gerichtshöfe geteilt.[640] Die Verwirklichung der Tathandlung ist in unterschiedlicher Form möglich:[641] durch Massentötungen, Abfackeln von Häusern der Mitglieder der angegriffenen Gruppe, Zerstörung der Infrastruktur und anderer lebenserhaltender Anlagen sowie zwangsweise Unterbringung der Mitglieder der Gruppe in Lagern, wo sie zu Tode kommen.

132 **bb) Verursachung von schwerem körperlichem oder seelischem Schaden.** Als „schwere körperliche oder seelische Schäden" gelten körperliche oder seelische Folter, unmenschliche oder erniedrigende Behandlung und Verfolgung sowie Handlungen sexueller Gewalt, Vergewaltigung, Verstümmelungen und Vernehmungen, die mit Schlägen und/oder mit Todesdrohungen einhergehen.[642] Die körperlichen oder seelischen Schäden müssen von einer solchen **Schwere** sein, dass sie die *Gefahr* der völligen oder teilweisen Zerstörung der Gruppe mit sich bringen; sie müssen allerdings nicht zwangsläufig dauerhaft oder unheilbar sein oder zum Tode führen.[643] Im Hin-

---

[637] Zust. Cassese/Gaeta/Jones/*Cassese,* S. 345; *Cassese* et al., 2013, S. 115; insoweit überzeugend der Reformvorschlag von *Paul,* S. 323f. („eines oder mehrere Mitglieder"); *Gaeta,* in: Schabas/Bernaz, S. 111 unter Hinweis auf die 3. Tatbestandsvariante. Vgl. dazu auch *Ambos,* 2010a, Fall 9 Rn. 8.

[638] Vgl. *Gil Gil,* ZStW 112 (2000), 396; *Lüders,* Völkermord, 2004, S. 95f., 206f. Zu Einzel- und Gesamttat schon Rn. 11.

[639] Art. 6 Verbrechenselemente, Fn. 2.

[640] *ICTR,* Akayesu TJ 2.10.1998, para. 500; Rutaganda TJ 6.12.1999, para. 50; Musema TJ 27.1.2000, para. 155; Ngeze TJ 3.12.2003, paras. 952f.; Muvunyi TJ 12.9.2006, para. 486. Vgl. auch *Slade,* in: Henham/Behrens, S. 157; *Paul,* S. 177ff.

[641] *Nsereko,* in: McDonald/Swaak-Goldman, S. 128.

[642] *ICTR,* Akayesu TJ 2.10.1998, paras. 504, 706f.; zust. Kayishema/Ruzindana TJ 21.5.1999, para. 108; Bagilishema TJ 7.6.2001, para. 59; Muvunyi TJ 12.9.2006, para. 487. Vgl. auch *ICTY,* Krstic TJ 2.8.2001, para. 513; Tolimir TJ 12.12.2012, para. 737; früher schon *Jerusalem District Court,* Eichmann 12.12.1961, in: ILR 36 (1968), 340 „Versklavung, Aushungerung, Ausweisung, Verfolgung und Internierung in Ghettos, Übergangs- und Konzentrationslagern unter menschenunwürdigen Bedingungen". Dazu auch *Mettraux,* S. 237f.; *Slade,* in: Henham/Behrens, S. 158; *Fournet,* in: Behrens/Henham, S. 60ff. – Speziell zur Vergewaltigung als Mittel des Genozids *Seibert-Fohr,* in: Hankel, S. 166ff.; *Jones,* S. 142ff.; hinsichtlich sexueller Gewalt *Ambos,* ZIS 2011, 296f.

[643] *ICTR,* Kamuhanda TJ 22.1.2004, paras. 633f.; auch Bagilishema TJ 7.6.2001, para. 59; Muhimana TJ and sentence 28.4.2005, para. 502; Muvunyi TJ 12.9.2006, para. 487; Ngirabatware TJ 12.12.2012, para. 1326; *ICTY,* Krajisnik TJ 27.9.2006, para. 862. Ähnlich *Lüders,* Völkermord, 2004, S. 183ff. (185ff.).

blick auf **seelische** Schäden ist die Rechtslage weniger klar.[644] Diese Tatalternative geht auf die Verabreichung von Drogen durch die Japaner an ihre chinesischen Opfer im 2. Weltkrieg zurück[645] und soll auch Beeinträchtigungen des seelisch-geistigen („mental“) Zustands erfassen.[646] Nach der *Krstic* Entscheidung muss es sich allgemein – weitergehend – zwar nicht um „dauerhafte und unheilbare Nachteile“, aber doch um solche handeln, „die nicht lediglich eine zeitweise Unzufriedenheit, ein Gefühl der Verlegenheit oder der Demütigung hervorrufen.“ Es müsse „die Fähigkeit eines Menschen, sein tägliches Leben zu führen“, beeinträchtigt werden.[647] Im Übrigen ist die Schwere der Schäden von Fall zu Fall zu bestimmen.[648]

Nach Ansicht der Rspr. müssen die Schäden zwar die **Gefahr einer Zerstörung** der Gruppe in sich tragen, diese muss aber **nicht tatsächlich** herbeigeführt werden.[649] Das ergibt sich zum einen aus der Struktur des Genozids als Absichtsdelikt und der daraus folgenden überschießenden Innentendenz. Zum anderen folgt es aus dem Wortlaut der Tathandlung selbst, die (nur) die Verursachung der genannten Schäden verlangt. In diesem Sinne wurde im **Fall 17** das beschriebene Verhalten als Verursachung schwerer körperlicher und seelischer Schäden gegenüber den Tutsi angesehen.[650] § 6 Abs. 1 Nr. 2 **VStGB** verweist im Bemühen um größere Bestimmtheit auf § 226 StGB, lässt aber – entgegen § 223 und in Übereinstimmung mit § 220a Abs. 1 Nr. 2 a. F. – auch seelische Schäden genügen.[651] 133

cc) Vorsätzliche Auferlegung von Lebensbedingungen für die Gruppe, die geeignet sind, ihre körperliche Vernichtung ganz oder teilweise herbeizuführen. Diese Tathandlung bezieht sich auf die Vernichtung einer Gruppe durch „langsamen Tod“ („slow death measures“), wie sie unserem **Fall 18** und ggf. auch **Fall 19** zugrundeliegt. Erfasst sind u. a. das Vorenthalten von Nahrungsmitteln, die Vertreibung einer Gruppe aus ihren Häusern, die Kürzung lebensnotwendiger medizinischer Dienstleistungen, Zwang zu maßloser Arbeit oder körperlichen Strapazen.[652] Die Auferlegung solcher Lebensbedingungen muss nicht zu der sofortigen Vernichtung eines Mitgliedes der Gruppe führen; sie muss jedoch subjektiv – Absichtsdelikt! – **darauf angelegt sein,** Mitglieder der Gruppe zu vernichten.[653] 134

---

644 *Schabas,* Genocide, 2000, S. 181; *Lüders,* Völkermord, 2004, S. 176ff.

645 *Nsereko,* in: McDonald/Swaak-Goldman, S. 129; *Hübner,* Völkermord, 2004, S. 127; *Lüders,* Völkermord, 2004, S. 176.

646 *ICTR,* Muhimana TJ and sentence 28.4.2005, para. 502 m.w.N. in Fn. 463.

647 *ICTY,* Krstic TJ 2.8.2001, para. 513; zust. *Werle,* 2012, Rn. 786; *ders.*, 2009, Rn. 730; *Kreß,* ICLR 6 (2006), 481; weiter *Lüders,* Völkermord, 2004, S. 180ff.; *Gaeta,* in: Schabas/Bernaz, S. 111.

648 *ICTR,* Kayishema/Ruzindana TJ 21.5.1999, paras. 108–113; Rutaganda TJ 6.12.1999, para. 51; Musema TJ 27.1.2000, para. 156; *ICTY,* Krstic TJ 2.8.2001, para. 513.

649 Triffterer/*Schabas,* Art. 6 Rn. 18; *Schabas,* 2009, S. 182; *Boot,* para. 417; *Mettraux,* S. 238; aber s. auch *Draft Code,* 1996, 91.

650 *ICTR,* Akayesu TJ 2.10.1998, para. 707. Eingehend zu sexueller Gewalt als Genozid *Lüders,* Völkermord, 2004, S. 213ff.; auch *Askin,* JICJ 3 (2005), 1011f.; *Bensouda,* in: Decaux/Dieng/Sow, S. 405f.; *Hagay-Frey,* S. 128ff.; *Kaitesi,* S. 126ff.; krit. *Zahar/Sluiter,* S. 170ff.

651 Vgl. auch § 226 Abs. 1 Nr. 3 StGB („geistige Krankheit“); MünchKomm/*Kreß,* § 6 VStGB Rn. 51.

652 *ICTR,* Akayesu TJ 2.10.1998, para. 506; Kayishema/Ruzindana TJ 21.5.1999, paras. 115, 116; Rutaganda TJ 6.12.1999, para. 52; Musema TJ 27.1.2000, para. 157; *ICTY,* Tolimir TJ 12.12.2012, para. 740. Vgl. auch *Selbmann,* Genozid, 2002, S. 161f.; *Lüders,* Völkermord, 2004, S. 187ff.; *Mettraux,* S. 238ff.; *Kreß,* ICLR 6 (2006), 481ff.; *Vest,* 2006, S. 144; *Paul,* S. 195ff.; *Bock,* S. 84; zur kollektiven Enteignung *Hübner,* Völkermord, 2004, S. 130f.

653 *ICTR,* Akayesu TJ 2.10.1998, para. 505; *Satzger,* 2013, § 16 Rn. 21; *Gless,* 2011, Rn. 814.

135 In objektiver Hinsicht ist – entgegen der deutschen Übersetzung – mehr zu verlangen, als dass die Methoden **objektiv geeignet** sind, die Gruppe zu vernichten. Der Begriff *„calculated to"* ist enger dahingehend zu verstehen, dass die Maßnahmen **darauf gerichtet** sein müssen, die Gruppe zu vernichten. Es geht um eine konkrete, nicht bloß abstrakte Gefahr.[654] Die Problematik hat in der internationalen Praxis bisher kaum eine Rolle gespielt. Zudem scheint häufig der Absichtscharakter des Delikts verkannt zu werden, was zu einer Vermengung von objektiver und subjektiver Ebene führt. Die Preparatory Commission wies einen US Vorschlag zurück, mit dem gefordert wurde, dass die Lebensbedingungen zur körperlichen Vernichtung der Gruppe beitragen müssen.[655] Die Anklagebehörde vertrat vor dem ICTR die Ansicht, dass es um Situationen gehe, die den Tod aller Wahrscheinlichkeit nach verursachten, unabhängig davon, ob der Tod tatsächlich eintrete.[656]

136 **dd) Verhängung von Maßnahmen, die auf die Geburtenverhinderung innerhalb der Gruppe gerichtet sind.** Der Begriff „Verhängung" („imposing") von Maßnahmen impliziert den nötigenden Charakter der Maßnahme.[657] Es geht, wie in unserem **Fall 19,** um die Verhinderung von Geburten durch eine faktische Verhinderung der Fortpflanzung, den sog. **biologischen Genozid.** Als Maßnahmen kommen Zwangssterilisation, sexuelle Verstümmelung, erzwungene Geburtenkontrolle, Trennung nach Geschlecht und ein Hochzeitsverbot in Betracht.[658] In *Akayesu* stellte eine Verhandlungskammer insoweit fest, dass

> „in patriarchalischen Gesellschaften, in der die Mitgliedschaft in einer Gruppe durch die Identität des Vaters bestimmt wird, ein Beispiel zur Geburtenverhinderung innerhalb einer Gruppe ist, dass eine Frau der besagten Gruppe vorsätzlich durch einen Mann einer anderen Gruppe in der Absicht vergewaltigt wird, dass sie ein Kind zur Welt bringt, dass nicht zu der Gruppe seiner Mutter gehört".[659]

Darüber hinaus weist die Verhandlungskammer darauf hin:

> „Methoden, die darauf gerichtet sind, Geburten innerhalb einer Gruppe zu verhindern, können körperlicher, jedoch auch seelischer Art sein. So kann zum Beispiel eine Vergewaltigung eine Methode sein, die darauf gerichtet ist, Geburten zu verhindern, wenn die vergewaltigte Person[660] sich anschließend weigert, das Kind zu gebären; in gleicher Weise können Mitglieder einer Gruppe durch Drohungen oder Traumata dazu gebracht werden, ein Kind nicht zu zeugen".[661]

137 **ee) Die gewaltsame Überführung von Kindern einer Gruppe in eine andere Gruppe.** Diese Tathandlung ist sehr umstritten, weil nach h. A. der Genozidtatbestand dem Schutz der **körperlichen,** nicht jedoch kultureller oder anderer Formen

[654] Vgl. näher *Ambos/Wirth,* in: Fischer/Kreß/Lüder, S. 784ff. m. N. zur Rspr.; zust. *Paul,* S. 194; a. A. *Hübner,* Völkermord, 2004, S. 128 (abstraktes Gefährdungsdelikt); *Lüders,* Völkermord, 2004, S. 189ff.; *Kreß,* ICLR 6 (2006), 481; MünchKomm/*Kreß,* § 6 VStGB Rn. 54. S. hierzu auch Tams/Berster/Schiffbauer/*Berster,* Art. II Rn. 74ff.

[655] *Rückert/Witschel,* in: Fischer/Kreß/Lüder, S. 68.

[656] *ICTR,* Kayishema/Ruzindana Prosecutor's Closing Brief 9. 10. 1998, 28.

[657] *Boot,* para. 422; für Erfassung von Vollzugsakten MünchKomm/*Kreß,* § 6 VStGB Rn. 63.

[658] *ICTR,* Akayesu TJ 2. 10. 1998, para. 507; *Nsereko,* in: McDonald/Swaak-Goldman, S. 129; *Selbmann,* Genozid, 2002, S. 163; *Lüders,* Völkermord, 2004, S. 195ff.; *Mettraux,* S. 242; *Kreß,* ICLR 6 (2006), 483. Vgl. auch MünchKomm/*Kreß,* § 6 VStGB Rn. 60; *Paul,* S. 202ff.

[659] *ICTR,* Akayesu TJ 2. 10. 1998, para. 507 (Übers. K. A.).

[660] Zu sexueller Gewalt als Genozid vgl. schon o. Fn. 650.

[661] *ICTR,* Akayesu TJ 2. 10. 1998, para. 508 (Übers. K. A.).

der **Existenz** dient (Rn. 151). Nicht-körperliche Existenzformen einer Gruppe seien (hauptsächlich) durch die Menschen- und Minderheitenrechte geschützt. Demnach können Handlungen, die (nur) darauf gerichtet sind, die **Identität** einer Gruppe, nicht aber die Mitglieder selbst zu vernichten, nicht als Genozid gelten. Überträgt man dies auf die gewaltsame Überführung von Kindern, so kann man argumentieren, dass die Überführung zwar zu einem Verlust der kulturellen Identität führt, indem die Kinder einer Gruppe an eine andere Gruppe angepasst werden, nicht jedoch *per se* zu einer körperlichen Vernichtung der angegriffenen Gruppe. Danach handelte es sich um eine Form *kulturellen Genozids,*[662] die gerade nicht vom Schutzbereich des Tatbestandes erfasst sein soll.[663] Andererseits kann die Überführung **existenzvernichtende Folgen** für die Gruppe haben. Nach Ansicht einer Verhandlungskammer des ICTR ist „die Zielsetzung nicht nur die Bestrafung der gewaltsamen körperlichen Überführung, sondern auch von Drohungen oder seelischem Schock, die aus der gewaltsamen Überführung der Kinder ... folgen".[664] Wenn die überführten Kinder etwa zur Zwangsarbeit gezwungen würden, würden damit der angegriffenen Gruppe Lebensbedingungen auferlegt, die zu ihrer körperlichen Vernichtung führen könnten.[665] § 6 Abs. 1 Nr. 5 **VStGB** bleibt insoweit hinter dem IStGH-Statut zurück, als das Tatbestandsmerkmal *gewaltsam* eine physische Zwangseinwirkung und damit mehr als „forcibly" (auch Androhung von Zwang) voraussetzt.[666] Insoweit handelt es sich eher um eine Form des biologischen Genozids.[667] Als Kinder gelten Personen unter 18 Jahren.[668]

ff) Die sog. „ethnische Säuberung": eine weitere Tathandlung des Genozids? Der Begriff „ethnische Säuberung" wurde bekannt durch den Konflikt im ehem. Jugoslawien, wobei sein Ursprung nicht ganz eindeutig feststellbar ist. Der Begriff erschien erstmals 1981 in den jugoslawischen Medien in der Form „ethnisch saubere Gebiete" im Kosovo und 1992 auch in Dokumenten internationaler Institutionen.[669] Seither 138

662 Ebenso *Vest,* 2006, S. 144 (statt biologischer Genozid); *Paul,* S. 175, 206ff.; *Schramm,* JuS 2013, 1095.

663 Vgl. auch *Selbmann,* Genozid, 2002, S. 164; *Lüders,* Völkermord, 2004, S. 172, 199f.; zu diesem Widerspruch auch *Sootak/Parmas,* FS Lahti, 2007, S. 65. – Daher ist auch der *„kulturelle Genozid",* den etwa der Dalai Lama wiederholt der chinesischen Regierung im Umgang mit Tibet vorgeworfen hat, kein Genozid im juristischen Sinn; vgl. auch *Selbmann,* Genozid, 2002, S. 219ff.; *Hübner,* Völkermord, 2004, S. 66, 73, 134f.; *Lüders,* Völkermord, 2004, S. 171f., 199; *Paul,* S. 211ff.; allg. auch *O'Keefe,* MelbourneJIL 11 (2010), 386ff.; *Jacobs,* ICLR 14 (2014), 283f.

664 *ICTR,* Akayesu TJ 2.10.1998, para. 509: „... the objective is not only to sanction a direct act of forcible physical transfer, but also to sanction acts of threats or trauma which would *lead to* the forcible transfer of children ..." (Herv. K. A.; da eine wörtliche Übersetzung – „[...] die zu der gewaltsamen Überführung [...] führen" – hier keinen Sinn macht, wurde vom Original abgewichen; freilich scheint schon das Original fehlerhaft zu sein); zust. *ICTR,* Kayishema/Ruzindana TJ 21.5.1999, para. 118; Rutaganda TJ 6.12.1999, para. 54; Musema TJ 27.1.2000, para. 159; *ICTY,* Krajisnik TJ 27.9.2006, para. 854.

665 *Nsereko,* in: McDonald/Swaak-Goldman, S. 130; krit. *Lüders,* Völkermord, 2004, S. 200.

666 Vgl. *Garner,* Law Dictionary, 2008, S. 674, wonach „forcibly" weiter zu verstehen ist („is used in a wide and somewhat unnatural sense"); i. Erg. ebenso *Lüders,* Völkermord, 2004, S. 202ff.; *Satzger,* 2013, § 16 Rn. 23.

667 Vgl. auch MünchKomm/*Kreß,* § 6 VStGB Rn. 65.

668 Art. 6 (e) Nr. 5 Verbrechenselemente; Art. 1 Kinderrechtskonvention; dazu *Lüders,* Völkermord, 2004, S. 202; *Satzger,* 2013, § 16 Rn. 24; *Kreß,* ICLR 6 (2006), 484. Allg. zu Kindern im „international criminal justice system" *Beresford,* JICJ 3 (2005), 721ff.

669 *Petrovic,* EJIL 5 (1994), 342f.

gab es mehrere Versuche, den Begriff zu definieren.[670] Nach Ansicht der UN-Expertenkommission werden davon erfasst: vorsätzliche Tötungen, Folter, willkürliche Festnahmen und Verhaftungen, außergerichtliche Hinrichtungen und sexuelle Übergriffe, das Einsperren der Zivilbevölkerung in Ghettos, gewaltsame Vertreibung und Abschiebung der Zivilbevölkerung, vorsätzliche militärische Angriffe oder Drohungen mit Angriffen auf Zivilisten und zivile Gebiete sowie mutwillige Eigentumszerstörung.[671] Der Sonderberichterstatter der Menschenrechtskommission, *Tadeusz Mazowiecki,* versteht unter ethnischer Säuberung „eine planmäßige Säuberung der Zivilbevölkerung in der Absicht diese zu zwingen, die von ihnen bewohnten Gebiete für immer zu verlassen".[672]

139 Es wird schon sehr lange diskutiert, ob ethnische Säuberungen bzw. Vertreibungen Genozid darstellen.[673] Die „ethnische Säuberung" fällt jedoch nach dem Wortlaut von Art. 6 nicht ohne Weiteres unter den Tatbestand.[674] In der Sache zielt eine solche Vorgehensweise nämlich darauf ab, eine Bevölkerung aus einem bestimmten Gebiet zu vertreiben, um das besagte Gebiet von dieser ethnischen Gruppe zu „befreien", es eben zu „säubern". Demnach wird mit der ethnischen Säuberung ein anderes Ziel als mit einem Völkermord verfolgt, nämlich die **Vertreibung, nicht** aber die **Vernichtung** der betreffenden Gruppe.[675] Obwohl sich die Begehungsweise der beiden Taten oftmals ähnelt, unterscheiden sie sich also in dem das Tatziel beschreibenden zentralen Tatbestandsmerkmal. Aus diesem Grund liegt bei einer „ethnischen Säuberung" nicht *per se* ein Genozid vor.[676] Sie ist aber jedenfalls immer als VgM (Art. 7 Abs. 1 (d), Rn. 205)[677] und Kriegsverbrechen (Art. 8 Abs. 2(b) (viii), Rn. 248) strafbar.

c) Begehungszusammenhang bei Genozid?

140 Obgleich der Wortlaut von Art. 6 keinen (objektiven) Begehungszusammenhang erfordert, verlangen die Verbrechenselemente als letzte gemeinsame Voraussetzung der Tathandlungen die Begehung „im Zusammenhang mit einem offensichtlichen Muster ähnlicher Verhaltensweisen."[678] Ähnlich äußerte das OLG Düsseldorf, dass Völker-

---

670 *Schabas,* 2009, S. 221 ff.; eingehend *Selbmann,* Genozid, 2002, S. 211; *Lüders,* Völkermord, 2004, S. 221 ff.

671 Report Jugoslawien 1993, para. 56.

672 *Mazowiecki,* Periodic Reports on the situation of human rights in the territory of the former Yugoslavia, Sixth Report, 21 February 1994, UN-Dok. E/CN. 4/1994/110, para. 283 (Übers. K. A.); siehe auch *ICTY,* Karadzic/Mladic Transcript of hearing 28.6.1996, 128. Cassese/Gaeta/Jones/*Cassese,* S. 338, definiert „ethnic cleansing" als „the forcible expulsion of civilians belonging to a particular group from an area, village, or town".

673 Eingehend *Hübner,* Völkermord, 2004, S. 167 ff.; *Lüders,* Völkermord, 2004, S. 223 ff. Vgl. auch *Jones,* S. 99 ff.; Triffterer/*Schabas,* Art. 6 Rn. 14 ff.; *Schabas,* LJIL 18 (2005), 875; *Shaw,* Genocide, 2008, S. 50 ff.; *May,* Genocide, 2010, S. 105 ff.; *Schabas,* in: Darcy/Powderly, S. 74 ff.; Tams/Berster/Schiffbauer/*Berster,* Art. II Rn. 95.

674 Vgl. auch MünchKomm/*Kreß,* § 6 VStGB Rn. 57; *Gless,* 2011, Rn. 810; *Ambos,* 2014, S. 16. Anders wohl *UN GV,* Res. 47/121 vom 18.12.1992, para. 9: „in pursuit of the abhorrent policy of ‚ethnic cleansing', which is a form of genocide".

675 *Schabas,* 2009, S. 232 f.; *König,* S. 374; *Mettraux,* S. 241, 247.

676 Cassese/Gaeta/Jones/*Cassese,* S. 342; *Selbmann,* Genozid, 2002, S. 211, 215 ff.; *Werle,* 2012, Rn. 798; *ders.,* 2009, Rn. 742; *Lüders,* Völkermord, 2004, S. 223 f.; *Mettraux,* S. 247; *Satzger,* 2013, § 16 Rn. 18; Cryer/*Wilmshurst,* S. 216 f.; *Paul,* S. 219 (auch gegen eine Aufnahme in den Tb, S. 223 ff.); a. A. *Hübner,* Völkermord, 2004, S. 208 ff.

677 So auch *Zahar/Sluiter,* S. 197 f.

678 Verbrechenselemente Art. 6 (a) Nr. 4, 6 (b) Nr. 4, 6 (c) Nr. 5, 6 (d) Nr. 5, 6 (e) Nr. 7: „The conduct took place in the context of a manifest pattern of similar conduct directed against that group or was

mord eine „strukturell organisierte zentrale Lenkung" erfordere. Das BVerfG vertrat die gleiche Ansicht.[679] Zwar ist zuzugeben, dass die kollektive Dimension des Verbrechens (Rn. 124f.) diese Voraussetzung impliziert, und dass sie in den meisten Fällen *faktisch* gegeben sein wird, doch muss sie auch im Wege der tatbestandlichen Auslegung begründbar sein.[680] Zutreffend haben die *Ad-Hoc*-Gerichtshöfe insoweit wiederholt festgestellt, dass das Vorliegen eines Plans oder einer bestimmten Vernichtungsstrategie keine (tatbestandliche) Voraussetzung des Genozidtatbestands darstellt; ihr Vorliegen kann sich lediglich als wichtiges Indiz der spezifischen Vernichtungsabsicht erweisen;[681] die gleiche Ansicht hat der IGH vertreten.[682] Im Lichte einer solchen *wörtlichen* Auslegung würden die Verbrechenselemente also gegen Art. 9 Abs. 3 verstoßen (vgl. § 6 Rn. 31).[683] Das Erfordernis eines Begehungszusammenhangs lässt sich aber in *teleologischer* Auslegung damit begründen, dass ein Genozid die erforderliche Schwere erst bei organisierter bzw. systematischer Begehung erreicht.[684] Außerdem kann die spezifische **Vernichtungsabsicht** (Rn. 146) als Träger des systematischen bzw. internationalen Elements des Tatbestands angesehen werden.[685]

---

conduct that could itself effect such destruction"; s. dazu auch *ICC,* Al Bashir Arrest warrant decision 4.3.2009, paras. 117ff.; *Fournet,* in: Behrens/Henham, S. 69.

679 *OLG Düsseldorf,* Urt. v. 26.9.1997 – 2 StE 8/96, 162; zur dt. Rspr. *Ambos/Wirth,* in: Fischer/Kreß/Lüder, S. 769; *BVerfG* NJW 2001, 1850; krit. dazu *Ambos/Wirth,* in: Fischer/Kreß/Lüder, S. 789f. In diesem Sinne auch *Darfur Report,* para. 519; dazu krit. *Loewenstein/Kostas,* JICJ 5 (2007), 839, 851.

680 *Ambos/Wirth,* in: Fischer/Kreß/Lüder, S. 789, 790; *Triffterer,* LJIL 14 (2001), 406ff.; *Hübner,* Völkermord, 2004, S. 162ff.; *Lüders,* Völkermord, 2004, S. 157ff. (163ff.); *Satzger,* 2013, § 16 Rn. 14; *Werle/Jessberger,* JICJ 3 (2005), 51; *Werle,* 2012, Rn. 465, 799f.; *ders.,* 2009, Rn. 436, 743f.; *Zahar/Sluiter,* S. 175; Cryer/*Wilmshurst,* S. 207ff.; *Kirsch,* in: Behrens/Henham, S. 18; *Slade,* in: Henham/Behrens, S. 159; *Loewenstein/Kostas,* JICJ 5 (2007), 839, 850ff.; MCC (*O'Connor/Rausch,* S. 198); *Kolb,* in: Kolb/Scalia, S. 85f.; *Paul,* S. 270ff.; krit. auch *Mettraux,* S. 204; *Moneta,* in: Cassese et al., 2005, S. 16ff. (20); *Cassese,* in: Safferling/Conze, S. 133ff.

681 *ICTY,* Jelisic AppJ 5.7.2001, para. 48; Jelisic TJ 14.12.1999, paras. 100f.; *ICTR,* Kayishema/Ruzindana AppJ 1.6.2001, para. 138; Kayishema/Ruzindana TJ 21.5.1999, para. 276; Simba AppJ 27.11.2007, para. 260. Dazu *Mettraux,* S. 210f.; ebenso *Kolb,* in: Kolb/Scalia, S. 85f. und *Cryer,* JICJ 7 (2009), 290f.; *Kirsch,* in: Behrens/Henham, S. 19.

682 Vgl. *IGH,* Bosnia and Herzegovina v. Yugoslavia, Judg. 26.2.2007, paras. 373 und 376; dazu *Loewenstein/Kostas,* JICJ 5 (2007), 853, 855. Allg. zum Verhältnis des IGH zu den internationalen Straftribunalen im Hinblick auf die Rspr. zum IHL *Zyberi,* Humanitarian face, 2008, S. 353ff.

683 In diesem Sinne *Ambos/Wirth,* in: Fischer/Kreß/Lüder, S. 790 u. 2. Aufl., Rn. 145. Nach *Werle,* 2012, Rn. 809ff.; *ders.,* 2009, Rn. 749ff. u. *Lüders,* Völkermord, 2004, S. 164f. sind die Verbrechenselemente insoweit als (unzulässige) prozessuale Zuständigkeitsbeschränkung des IStGH zu sehen. Krit. auch *Gless,* 2011, Rn. 804.

684 In diesem Sinne Cryer/*Wilmshurst,* S. 220f., die in der Formulierung der Verbrechenselemente einen notwendigen „threshold of objective scale and gravity" (219) sieht; ähnlich *Borsari,* S. 314; MünchKomm/*Kreß,* § 6 VStGB Rn. 78; *Kirsch,* in: Behrens/Henham, S. 19; *ders.,* in: Safferling/Conze, S. 147; vgl. auch *Schabas,* in: Henham/Behrens, S. 47; *Jacobs,* ICLR 14 (2014), 285ff. I. Erg. ebenso *ICC,* Al Bashir Arrest warrant decision 4.3.2009, paras. 124, 128ff., wo die Notwendigkeit des Begehungszusammenhangs mit Blick auf eine konkrete Drohung („concrete threat") bejaht, aber nicht (weiter) begründet wird. Jedenfalls stünden die Verbrechenselemente nicht in einem unauflöslichen Widerspruch („irreconcilable contradiction") zum IStGH-Statut und seien damit zu beachten; dazu *Burghardt/Geneuss,* ZIS 2009, 132ff; *Schabas,* 2010, S. 124f.; *Kreß,* JICJ 7 (2009), 297ff.; *Ambos,* 2010a, S. 130f. *Cassese,* in: Safferling/Conze, S. 137ff. differenziert nach den Tathandlungen und will nur bei den letzten drei (Art. 6 (c)-(e)) ein „policy element" annehmen.

685 Überzeugend *Lüders,* Völkermord, 2004, S. 93ff.; vgl. auch *Ambos,* IRRC 91 (2009), 845f. m.w.N.; MünchKomm/*Kreß,* § 6 VStGB Rn. 15ff., 78; *Demko,* SZIER 2009, 228f.

3. Subjektiver Tatbestand *(mens rea)*

a) Allgemeiner Vorsatz

141 Ungeachtet der Fülle von Fragen, die sich bei der Auslegung von Art. 30 (Rn. 63ff.) und dem subjektiven Tatbestand im Strafrecht allgemein ergeben, genügt in unserem Zusammenhang der Hinweis, dass der Genozid, d. h. die Gesamttat in Form der allgemeinen Tatbestandsvoraussetzungen und die Einzeltaten in Form der unterschiedlichen Tathandlungen,[686] **vorsätzlich** begangen werden muss. Nach der Rechtsprechung muss der Täter zum einen wissen, dass das Opfer Mitglied einer geschützten Gruppe ist,[687] zum anderen wissen und wollen, dass seine Handlung sich in den größeren Vernichtungszusammenhang einfügt.[688] Während jene Voraussetzung daraus folgt, dass die Mitgliedschaft in einer Gruppe ein objektives Tatbestandsmerkmal in Form eines Tatumstandes ist und sich der Täter dieses Umstandes bewusst sein muss (Art. 30 Abs. 3), gehört der Vorsatz im Hinblick auf die Vernichtungsrelevanz der Tathandlung zu der erforderlichen Absicht (dazu sogleich Rn. 146ff.). Die Schwierigkeit liegt darin, dass die Rspr. nicht immer genau zwischen allgemeinem Vorsatz und **spezieller Absicht** unterscheidet.[689] Hinsichtlich der Tathandlungen gibt es außer in UA (b) überall Besonderheiten zu beachten.

142 **aa) Vorsätzliche Tötung der Mitglieder einer Personengruppe.** Während „killing" nur einen allgemeinen Tötungsvorsatz erfordert, wird für „murder" in einigen Rechtssystemen eine überlegte Tatbegehung i. S. d. aus dem französischen Recht bekannten „préméditation" verlangt.[690] Was nun die englische und die französische Fassung der Tathandlung des Buchstaben a) betrifft, so hat der ICTR im Fall *Kayishema* festgehalten, „dass es praktisch keinen Unterschied zwischen dem Begriff *„killing"* ... und *„meurtre"* ... gibt". Andere Kammern vertraten die Auffassung, dass „der Begriff *killing* vorsätzliche und unvorsätzliche Tötungen umfasst, *meurtre* sich hingegen ausschließlich auf die vorsätzliche Tötung bezieht". Diese Kammern kamen jedoch zu demselben Ergebnis mit Rücksicht darauf, dass „nach den allgemeinen Grundsätzen des Strafrechts die für den Angeklagten günstigste Auslegung angenommen werden muss".[691] Im Ergebnis muss die Tötung danach – im Einklang mit Art. 30 – mit Vorsatz begangen werden, nicht jedoch notwendigerweise mit „préméditation".[692] Eine weitergehende Absenkung des Tötungsvorsatzes dahingehend, dass es ausreichen soll, dass schwerwiegende Verletzungen unter leichtfertiger Missachtung des menschlichen

---

[686] Zu Einzel- und Gesamttat schon Rn. 11.

[687] *ICTR,* Rutaganda TJ 6.12.1999, para. 60; Musema TJ 27.1.2000, para. 165; Bagilishema TJ 7.6.2001, para. 61; Semanza TJ 15.5.2003, para. 427; *ICTY,* Jelisic TJ 14.12.1999, para. 66. Vgl. auch *Triffterer,* LJIL 14 (2001), 400.

[688] Vgl. *ICTR,* Kayishema/Ruzindana TJ 21.5.1999, para. 91. S. auch *ICTY,* Jelisic TJ 14.12.1999, para. 79; *ICTR,* Semanza TJ 15.5.2003, para. 312. Nach *Paul,* S. 240 soll auch – unabhängig von Art. 30 – dolus eventualis ausreichen. Vgl. auch *Safferling,* in: Safferling/Conze, S. 169f.

[689] Vgl. die in in den beiden vorherigen Fn. zitierten Urteile. Zutr. diff. *Kolb,* in: Kolb/Scalia, S. 86f.; *Paul,* S. 237ff.

[690] *Schabas,* 2009, S. 267f.; *Boot,* para. 416; *Kittichaisaree,* S. 103f.

[691] *ICTR,* Bagilishema TJ 7.6.2001, paras. 57, 58; Akayesu TJ 2.10.1998, para. 501; Rutaganda TJ 6.12.1999, para. 50; Musema TJ 27.1.2000, para. 155. Vgl. auch *Ambos,* 2002, S. 795f.

[692] *Boot,* para. 416; *Selbmann,* Genozid, 2002, S. 158; Cryer/*Wilmshurst,* S. 215. So auch *ICTR,* Kamuhanda TJ 22.1.2004, para. 632; *ICTY,* Brdanin TJ 1.9.2004, paras. 386, 689. Die Frage ist aber str., s. auch Rn. 200 a. E.

Lebens („reckless disregard of human life") herbeigeführt werden,[693] lässt sich weder aus VGR noch allgemeinen Rechtsgrundsätzen begründen.

bb) Vorsätzliche Auferlegung von Lebensbedingungen für die Gruppe, die geeignet sind, ganz oder teilweise ihre körperliche Vernichtung herbeizuführen. Mit der Verwendung des Begriffes *„deliberately"* wollten die Verfasser der Konvention mehr als nur Vorsatz, nämlich eine Art Plan oder vorherige Überlegung im Sinne der schon erwähnten „préméditation" verlangen.[694] Der Begriff verweist jedoch lediglich, wie sich aus den – ebenfalls authentischen – französischen und spanischen Fassungen des Status („intentionnelle", „intencional") und auch aus der deutschen Übersetzung mit „vorsätzlich" ergibt, auf das allgemeine Vorsatzerfordernis.[695] Das Schlüsselwort dieser Tathandlung ist denn auch nicht „deliberately" sondern *„calculated"* („geeignet").[696] Damit wird ausgedrückt, dass die Auferlegung der genannten Bedingungen – über die tatimmanente schlechte Behandlung der Gruppenmitglieder – auf die Vernichtung der Gruppe zielen muss (*Absichtsmerkmal,* Rn. 134 f.).[697] 143

cc) Verhängung von Maßnahmen zur Geburtenverhinderung. Die Maßnahmen müssen darauf *„gerichtet"* („intended") sein (überschießende Innentendenz), Geburten zu verhindern, wobei das Ziel einer teilweisen Geburtenverhinderung ausreicht.[698] Obwohl staatliche Programme zur Geburtenkontrolle auch dieses Ziel verfolgen, fallen sie nicht unter die Vorschrift, solange sie auf Freiwilligkeit beruhen, also kein ungebührlicher Druck oder Zwang auf die Betroffenen ausgeübt wird. Selbst wenn Programme zur Geburtenkontrolle zwingend sind – wie etwa die Zwangssterilisierungen von Frauen in Peru während der Fujimori-Regierung oder die chinesische „Ein-Kind-Politik" –, wird damit kein Genozid begangen, weil die Verantwortlichen in der Regel nicht die Vernichtung einer bestimmten Gruppe beabsichtigen.[699] 144

dd) Gewaltsame Überführung von Kindern einer Gruppe in eine andere Gruppe. Sieht man diese Tathandlung als eine Form des *kulturellen Völkermordes* an,[700] so scheint das Argument nahe zu liegen, dass sich die Absicht des Täters lediglich auf die Vernichtung der Gruppe im kulturellen Sinne und nicht notwendigerweise im biologischen Sinne beziehen muss.[701] Das würde jedoch bedeuten, dass die Absicht von der 145

693 So aber *Werle,* 2012, Rn. 811, 900, 1126; *ders.*, 2009, Rn. 751, 826, 1033, der hierin ein nach Art. 30 zulässiges Abweichen vom allgemeinen Vorsatzerfordernis sieht, gleichzeitig aber die Einbeziehung des Eventualvorsatzes für alle Tatalternativen ablehnt (Rn. 709).

694 *Robinson,* Genocide convention, 1960, S. 60; a. A. *Schabas,* 2009, S. 291 („deliberately" als Pleonasmus); *Werle,* 2012, Rn. 790; *ders.*, 2009, Rn. 733; *Lüders,* Völkermord, 2004, S. 193 f.

695 Vgl. *Ambos,* 2002, S. 796; Tams/Berster/Schiffbauer/*Berster,* Art. II Rn. 75 ff., 101.

696 *Ambos/Wirth,* in: Fischer/Kreß/Lüder, S. 785; zust. *Gropengießer,* S. 102; *Schabas,* 2009, S. 291. Die Verbrechenselemente erwähnen „deliberately" nur in der Überschrift.

697 Vgl. *ICTR,* Rutaganda TJ 6. 12. 1999, para. 52; Musema TJ 27. 1. 2000, para. 157; ähnlich Akayesu TJ 2. 10. 1998, para. 505; *IGH,* Bosnia and Herzegovina v. Yugoslavia Judg. 26. 2. 2007, para. 190. Ebenso *Schabas,* 2009, S. 269; *Gropengießer,* S. 102 f. Zur französischen préméditation in diesem Zusammenhang schon *Ambos,* 2002, S. 796.

698 *Boot,* para. 422; *Lüders,* Völkermord, 2004, S. 198.

699 *Schabas,* 2009, S. 291 f.; so auch *Werle,* 2012, Rn. 791; *ders.*, 2009, Rn. 734; s. auch Rn. 141, 212 (Zwangssterilisation).

700 Vgl. *Werle,* 2012, Rn. 793; *ders.*, 2009, Rn. 736; *Schabas,* 2009, S. 201 ff.; Cryer/*Wilmshurst,* S. 218 („close"); s. schon oben Rn. 137.

701 *Schabas,* 2009, S. 271 ff.

Art der Tathandlung abhinge. Tatsächlich hängt sie jedoch von der Auslegung des Begriffs „vernichten" („destroy") und dem durch den Genozidtatbestand geschützten Rechtsgut ab (Rn. 124). Dies ist überzeugender, weil damit das Verhalten des Täters im Hinblick auf das Verbrechen des Genozids als Ganzes und nicht nur im Hinblick auf die – manchmal zufällige – Ausführung der einen oder anderen Tathandlung in Bezug genommen wird.

b) Das besonderes Absichtserfordernis

146 **aa) Allgemeine Überlegungen.** Der Genozid verlangt eine *„spezifische"* („specific") oder *„besondere"* („special") *Absicht* der Vernichtung einer der geschützten Gruppen; diese verleiht dem Tatbestand sein besonderes Unrechtsgepräge, stellt das internationale Element dar (Rn. 140) und macht ihn zum **Absichtsdelikt.**[702] Im angloamerikanischen Rechtssystem wird der „specific intent" in Abgrenzung zu Straftaten mit „general intent", also zu Straftaten ohne besonderes Vorsatzerfordernis, verwendet. Im kontinentaleuropäischen Recht entspricht der „specific intent" dem *dolus directus* ersten Grades, es wird also das voluntative Element betont. Ein „specific intent"-Verbrechen erfordert demnach die Erfüllung der objektiven Tatbestandsmerkmale, jedoch in Verbindung mit einer darüber hinausgehenden spezifischen Absicht im Sinne einer **„überschießenden Innentendenz"**[703] (im „normalen" Strafrecht wird diese Absicht etwa durch die Zueignungsabsicht beim Diebstahl oder die Bereicherungsabsicht beim Betrug repräsentiert). Im Einzelnen ist hier vieles umstritten. Folgt man der kognitiven Theorie,[704] so ist das voluntative Element nicht mehr länger Teil des (bedingten) Vorsatzes. Weitergehend erfordert danach selbst der „specific intent" lediglich die Kenntnis der objektiven Tatbestandsmerkmale. In der Sache bildet diese Theorie die Grundlage des Versuchs einiger Autoren, die subjektiven Anforderungen an den Genozid mit Hilfe einer **wissensbasierten Auslegung** („knowledge-based interpretation") zu senken.[705] Diese Auslegung führte während der

[702] Vgl. statt vieler *ICTY,* Stakic TJ 31.7.2003, para. 520. S. auch *Triffterer,* LJIL 14 (2001), 399ff.; *Arnold,* CLF 14 (2003), 132ff.; *Selbmann,* Genozid, 2002, S. 165ff.; *Gropengießer,* S. 105ff.; *Lüders,* Völkermord, 2004, S. 112ff.; *Mettraux,* S. 210ff. (212ff.); *May,* 2005, S. 165, 167ff.; Cryer/*Wilmshurst,* S. 205, 220 ff.; *Roßkopf,* S. 111ff.; *Azari,* RSC 4 (2007), 741ff.; *Ambos,* IRRC 91 (2009), 835; i. Erg. ebenso *Hübner,* Völkermord, 2004, S. 136ff. (157). Zu den travaux *Hübner,* Völkermord, 2004, S. 138ff.; zur Rspr. *Aptel,* CLF 13 (2002), 273ff.; *Tournaye,* ICLQ 52 (2003), 447ff.; zur Rspr. des ICTR *Mugwanya,* S. 127ff. Ausführlich zu den subj. Voraussetzungen *Behrens,* in: Behrens/Henham, S. 70ff.; Tams/Berster/Schiffbauer/*Berster,* Art. II Rn. 104ff.

[703] *Ambos,* 2002, S. 789; *ders.,* IRRC 91 (2009), 835; *Schabas,* 2009, S. 256f., 270ff.; *Triffterer,* LJIL 14 (2001), 402 („extended mental element"); *Selbmann,* Genozid, 2002, S. 168; *Gropengießer,* S. 107; *Lüders,* Völkermord, 2004, S. 90; *Satzger,* 2013, § 16 Rn. 8, 15; *Werle,* 2012, Rn. 424; *ders.,* 2009, Rn. 394; *Roßkopf,* S. 111; *Safferling,* in: Safferling/Conze, S. 170 (weshalb Art. 30 Abs. 2 (b) nicht anwendbar ist). Weniger exakt Cassese/Gaeta/Jones/*Cassese,* S. 338: „an aggravated criminal intent that must exist in addition to the criminal intent accompanying the underlying offence"; ähnlich *Darfur Report,* para. 491.

[704] S. das grdl. Werk von *Frisch,* Risiko, 1983, S. 101f., 255ff., 300ff., 341: „Notwendig ist das Wissen um das der Handlung eignende und (normative) ihre Tatbestandsmäßigkeit begründende Risiko [...]".

[705] *Gil Gil,* S. 231ff., 236ff.; *Greenawalt,* ColLR 99 (1999), 2259, 2265ff.; *Triffterer,* FS Roxin, 2001, S. 1422, 1438ff., 1441ff.; *Vest,* 2002, S. 101; *Lüders,* Völkermord, 2004, S. 106ff.; *Kreß,* JICJ 3 (2005), 566ff. (576f.); MünchKomm/*Kreß,* § 6 VStGB Rn. 82ff.; krit. *Moneta,* in: Cassese et al., 2005, S. 24ff.; *Roßkopf,* S. 113ff.; *Azari,* RSC 4 (2007), 744; *Safferling,* in: Safferling/Conze, S. 171ff. Vgl. auch MünchKomm/*Kreß,* § 6 VStGB Rn. 86ff.; *Arnold,* CLF 14 (2003), 138ff.; *Jones,* FS Cassese, 2003, S. 479 (Analogie zum allgemeinen Vorsatzerfordernis bei VgM); *van der Wilt,* JICJ

Verhandlung über die Verbrechenselemente zu einem Vorschlag, wonach der Täter lediglich „wusste oder wissen sollte", dass sein Verhalten eine Gruppe vernichten würde.[706] Obwohl dieser Vorschlag letztlich abgelehnt wurde, ist die Diskussion darüber damit nicht erledigt, denn der Streit entscheidet sich nicht am Wortlaut des Tatbestandes, sondern an der richtigen Auslegung des Absichtsmerkmals. Dieses ist, wie an anderer Stelle nachgewiesen,[707] nicht auf eine rein voluntative Lesart beschränkt. Macht man sich dies klar, eröffnet sich die Möglichkeit einer (teleologischen) Auslegung, die den *wissensbasierten Ansatz mit der besonderen Struktur des Genozids kombiniert* und die besonderen subjektiven Anforderungen von Status und Rolle der Täter abhängig macht. Danach sollte ein striktes Absichtserfordernis nur für die Führungs- und Organisationstäter der obersten und mittleren Hierarchieebene verlangt werden, während bei den Ausführungstätern die Kenntnis vom genozidalen Begehungszusammenhang ausreicht. Diese Täter agieren lediglich als die Werkzeuge eines genozidalen Plans und sind so gesehen strukturell Gehilfen, bei denen auch nicht mehr als Kenntnis verlangt wird (u. Rn. 150).[708] Eine kriminologische Analyse bestätigt diese Überlegungen.[709]

Nach Ansicht des **ICTR** lässt sich der „special intent" als eindeutiges **Streben** des Täters nach der Tatbestandsverwirklichung charakterisieren.[710] Eine „specific intent"-Straftat werde „durch die psychologische Verknüpfung zwischen dem physischen Erfolg und dem psychischen Zustand des Täters charakterisiert".[711] Das **ICTY** vertritt eine differenziertere Sichtweise. In *Jelisic* wurde „special intent" mit Blick auf die diskriminierende Wirkung der Tat, d. h. im Hinblick auf die Auswahl der Opfer auf Grund ihrer Zugehörigkeit zu einer bestimmten geschützten Gruppe (Rn. 125, 161), definiert.[712] Die Kammer lehnte die von der Anklagebehörde vertretene „wissensbasierte Auslegung" ab und ist dem vom ICTR anerkannten „specific intent" Erfordernis gefolgt.[713] Im Ergebnis sprach sie den Angeklagten vom Verbrechen des Völkermordes frei, da er „willkürlich tötete und nicht mit der spezifischen Absicht, eine Gruppe zu vernichten".[714] Die Rechtsmittelkammer bestätigte diese restriktive Auffassung und verwarf ausdrücklich die extensivere Auslegung der Anklagebehörde.[715] In *Krstic* wurde „zwischen dem individuellen Vorsatz des Angeklagten und dem mit der Konzeption und Begehung des Verbrechens zusammenhängenden Vorsatz" 147

4 (2006), 244f. (auf den Rang des Täters abstellend); *Borsari,* S. 333f.; tendenziell auch *Mugwanya,* S. 131ff., 158f.; für eine Weiterentwicklung dieses Ansatzes im Hinblick auf die besondere Struktur (Einzel-/Gesamttat) des Genozids *Vest,* JICJ 5 (2007), 781 (790ff.); für „sicheres Wissen" *Paul,* S. 255ff. (mit entsprechendem Reformvorschlag auf S. 273, 323f.); zusf. *Ambos,* 2002, S. 790ff.; *ders.*, IRRC 91 (2009), 839ff.; dagegen *Kirsch,* CLR 42 (2009), 351f.; *ders.*, in: Behrens/Henham, S. 11f. Ausführlich zu den widerstreitenden Ansichten (purpose-based approach ggü. knowledge-based approach) Tams/Berster/Schiffbauer/*Berster,* Art. II Rn. 117ff.

[706] UN-Dok. PCNICC/1999/IWGEC/RT.1.

[707] Vgl. *Ambos,* 2014, S. 21ff. Schon vorher hat *Vest,* JICJ 5 (2007), 781 (786ff.) nachgewiesen, dass „special intent" auch bei „virtual certainty" erfüllt sein kann; ähnlich *Mugwanya,* S. 133.

[708] Vgl. ausführlich *Ambos,* 2014, S. 21ff.

[709] Vgl. *Ambos,* in: Smeulers, S. 153ff.; auch *Heikkilä,* S. 159ff.

[710] *ICTR,* Akayesu TJ 2.10.1998, para. 497; weniger eindeutig para. 518: „have the clear intent to cause the offence". Vgl. auch *ICTR,* Kambanda TJ and Sentence 4.9.1998, para. 16; Kayishema/Ruzindana TJ 21.5.1999, para. 89.

[711] *ICTR,* Akayesu TJ 2.10.1998, para. 518 (Übers. K. A.); krit., aber irreführend *Zahar/Sluiter,* S. 163f.

[712] *ICTY,* Jelisic TJ 14.12.1999, para. 67.

[713] *ICTY,* Jelisic TJ 14.12.1999, paras. 84ff., 86.

[714] *ICTY,* Jelisic TJ 14.12.1999, para. 108.

[715] *ICTY,* Jelisic AppJ 5.7.2001, paras. 41ff. Wenn die Rechtsmittelkammer in para. 45 mit Fn. 81 aber behauptet „when using the term specific intent it does not attribute to this term any meaning it might carry in a national jurisdiction", so fragt es sich, wie sie den Absichtsbegriff denn losgelöst vom nationalen Recht und Vorverständnis der Urteilenden bestimmen will.

unterschieden.[716] So bezieht sich die Kammer zum einen auf die Gesamttat des Völkermordes, die durch die besondere Vernichtungsabsicht motiviert sei, und die „in der strafbaren Handlung selbst erkennbar werden muss";[717] zum anderen bezieht sie sich auf die einzelnen Tathandlungen der Beteiligten im Rahmen der Gesamttat. Während die Beteiligten unterschiedliche Absichten und Beweggründe haben könnten, müsse jeder Beteiligte zumindest „an der Absicht zur Durchführung eines Völkermords teilhaben".[718] Die Vernichtungsabsicht setze voraus, dass die Opfer „auf Grund ihrer Mitgliedschaft in der Gruppe, deren Vernichtung angestrebt wurde" ausgewählt wurden. Die bloße Kenntnis dieser Mitgliedschaft sei nicht ausreichend.[719] Ebenso wenig sei die Voraussehbarkeit oder Wahrscheinlichkeit der Vernichtung einer Gruppe – im Sinne der genannten „wissensbasierten Auslegung" – ausreichend, da das Völkergewohnheitsrecht insoweit nicht eindeutig sei. Deswegen würden nur Tathandlungen, „mit dem Ziel, alle oder einen Teil der Gruppe zu vernichten", erfasst.[720] Wie die frühere Rechtsprechung setzt sich die Kammer jedoch weder mit der „wissensbasierten Auslegung" auseinander noch differenziert sie ausreichend zwischen den unterschiedlichen Auffassungen im Schrifttum.[721] Auch die Rechtsmittelkammer stellt lediglich fest, dass der Tatbestand einen „genocidal" oder „specific intent" voraussetze.[722] Im gleichen Sinne versteht der **IGH** den „special or specific intent" voluntativ: „extreme form of wilful and deliberate acts designed to destroy a group or part of a group".[723] Dieser voluntativen Auslegung folgte i. Erg. schließlich auch die Vorverfahrenskammer des **IStGH** in der Al Bashir Entscheidung.[724]

148 Aus diesen Ausführungen folgt ohne weiteres, dass das Hauptproblem des Genozidtatbestands im **Nachweis der Vernichtungsabsicht** liegt.[725] Die Anklagebehörde will dieses Problem mit dem schon erwähnten „kognitiven" Ansatz (Rn. 146) auf der Grundlage einer „wissensbasierten Auslegung" lösen. Es soll genügen, dass der Verurteilte sich die Vernichtung der Gruppe „bewusst wünscht" („consciously desired"), oder dass „er weiß, dass seine Handlungen eine Gruppe zerstören" („he knew his acts were destroying").[726] Die Absenkung der subjektiven Zurechnungsvoraussetzungen ist jedoch ein zweifelhafter Weg, um Beweisprobleme zu überwinden. Es ist jedenfalls nicht der einzige Weg. Statt einer materiellrechtlichen bietet sich vielmehr eine prozessuale Lösung an, die die Möglichkeiten des **Indizienbeweises** nutzt, indem Rückschlüsse oder Schlussfolgerungen aus bestimmten Indizien, die auf objektiven Fakten, Zeugenaussagen etc. beruhen, gezogen werden.[727] Der Mangel direkter Beweise, beispielsweise eines

716 *ICTY,* Krstic TJ 2.8.2001, para. 549.

717 *ICTY,* Krstic TJ 2.8.2001, para. 549.

718 *ICTY,* Krstic TJ 2.8.2001, para. 549.

719 *ICTY,* Krstic TJ 2.8.2001, para. 561.

720 *ICTY,* Krstic TJ 2.8.2001, para. 571.

721 Die Kammer zitiert in Fn. 1276 Autoren, die sich auf völlig unterschiedliche Konzepte berufen. Krit. auch *Kreß,* JICJ 3 (2005), 570f.

722 *ICTY,* Krstic AppJ 19.4.2004, paras. 29, 37 und passim; so auch *ICTR,* Seromba AppJ 12.3.2008, para. 56 („specific intent"); Bagaragaza TJ 17.11.2009, para. 23 sowie *ICTY,* Popovic et al. TJ 10.6.2010, para. 820 („genocidal intent"). Zur (früheren) Rspr. *Badar,* ICLR 5 (2005), 211ff.

723 *IGH,* Bosnia and Herzegovina v. Yugoslavia Judg. 26.2.2007, paras. 187f. (dazu *Azari,* RSC 4 (2007), 745f.); voluntativ auch *Darfur Report,* para. 491: „consciously desired the prohibited acts he committed to result in the destruction, in whole or in part, of the group as such".

724 *ICC,* Al Bashir Arrest warrant decision 4.3.2009, paras. 139f. mit Fn. 154, wobei sie feststellt, dass die wissensbasierte Auslegung lediglich einen Unterschied für Täter der unteren und mittleren Hierarchieebene mache und deshalb für den IStGH irrelevant sei; dazu *Ambos,* IRRC 91 (2009), 839 mit Fn. 42 m.w.N.

725 Vgl. auch *Meernik,* ICLR 4 (2004), 71, 78f.; *Kalere,* ICLR 5 (2005), 473; *Kabatsi,* ICLR 5 (2005), 393; *Vest,* 2006, S. 144f.; *Behrens,* in: Henham/Behrens, S. 128ff. Beispiele bei *Hübner,* Völkermord, 2004, S. 141ff.

726 Vgl. *ICTY,* Jelisic TJ 14.12.1999, para. 42; Krstic TJ 2.8.2001, para. 569.

727 *Behrens,* ZaöRV 71 (2011), 662ff. Zur ähnlichen Beweisführung aus der „äußeren Entstehungsweise und Gestalt des Verbrechens" beim *dolus ex re Volk,* FS A. Kaufmann, 1993, S. 613ff., 619. Vgl. auch *Nsereko,* in: McDonald/Swaak-Goldman, S. 126; *Selbmann,* Genozid, 2002, S. 185ff.; *Hübner,* Völ-

Geständnisses des Angeklagten, zwingt jedes Gericht – sei es ein nationales oder internationales – die vorhandenen Indizien auf mögliche Ableitungen im Hinblick auf die innere Tatseite zu untersuchen (vgl. auch § 8 Rn. 47). Die Rechtsprechung hat diese Methode bereits in der – fast vergessenen – „Rule 61" Entscheidung in *Karadzic and Mladic* angewandt. Der ICTY bezog sich dort auf „eine bestimmte Anzahl von Fakten", beispielsweise auf die den Tathandlungen zugrunde liegende politische Doktrin und auf die „gemeinsame Wirkung von Reden und Plänen".[728] Im Fall *Akayesu* folgte eine Kammer diesem Ansatz und berief sich auf „eine bestimmte Anzahl vermuteter Fakten", wie den allgemeinen Begehungszusammenhang, das Ausmaß der Grausamkeiten, bestimmte entwürdigende Äußerungen gegenüber den Gruppenmitgliedern etc.[729] In ähnlicher Weise bezog sich die Rechtsmittelkammer im Fall *Jelisic* auf „eine Anzahl von Fakten und Umständen" und führte u. a. den allgemeinen Zusammenhang, die Verübung anderer Handlungen gegen dieselbe Gruppe, das Ausmaß der begangenen Grausamkeiten etc. an.[730] Die Verhandlungskammer stellte *in casu* den „diskriminierenden Vorsatz" *Jelisics,* jedoch nicht seine Vernichtungsabsicht fest (Rn. 147). In *Krstic* bezieht sich die Verhandlungskammer auf zeitgleiche Angriffe auf kulturelles und religiöses Eigentum, sowie auf Häuser der Mitglieder der Gruppe als (indirekten) Beweis für die Genozid-Absicht des Angeklagten[731] und verurteilt ihn als *„co-participant in a jce to commit genocide."*[732] Allgemein lässt sich sagen, dass alle Handlungen, die gegen eine geschützte Gruppe gerichtet sind und sich während einer bestimmten Zeit in einem bestimmten geographischen Gebiet ereignen – *in casu* die Tötung von 7–8000 bosnischen muslimischen Männern im wehrfähigen Alter in sieben Tagen in Srebrenica **(Fall 20)**[733] – gewichtige Indizien für das Vorliegen der Zerstörungsabsicht sind. Die *Rechtsmittelkammer* erkennt ebenfalls an, dass die Zerstörungsabsicht bei Fehlen direkter Beweise „aus den tatsächlichen Umständen des Verbrechens abgeleitet werden könne." Eine solche Ableitung sei selbst dann möglich, wenn die unmittelbaren Täter nicht genau bestimmt werden könnten.[734] Es sei auch nicht erforderlich, dass die Täter die wirksamste Methode zur Erreichung ihres Ziels wählten, insbesondere dann nicht, wenn dies die Umstände, wie im vorliegenden Fall, nicht erlaubten.[735] *In casu* ergebe sich aus den von der Verhandlungskammer festgestellten tatsächlichem Umständen,

---

kermord, 2004, S. 140ff.; *Lüders,* Völkermord, 2004, S. 152ff.; *Mettraux,* S. 233f.; *Satzger,* 2013, § 16 Rn. 17; *Bummel/Selbmann,* HuV-I 2006, 66; *Udombana,* Int. L. 40 (2006), 53ff.; *Azari,* RSC 4 (2007), 749ff.; *Kolb,* in: Kolb/Scalia, S. 90; krit. *Kreß,* JICJ 3 (2005), 571f.; *ders.*, ICLR 6 (2006), 494ff.; Cryer/*Wilmshurst,* S. 222f.; *Strippoli,* JICJ 7 (2009), 582; *Klinkner,* JICJ 6 (2008), 449ff.; *Safferling,* in: Safferling/Conze, S. 177ff.; krit. *Kirsch,* in: Safferling/Conze, S. 149ff.

[728] *ICTY,* Karadzic/Mladic Review of the Indictments 11.7.1996, paras. 94f.

[729] *ICTR,* Akayesu TJ 2.10.1998, paras. 523f. (unter Bezugnahme auf *ICTY,* Karadzic/Mladic Review of the Indictments 11.7.1996, para. 94); vgl. auch Rutaganda TJ 6.12.1999, para. 61; Gacumbitsi TJ 17.6.2004, paras. 252f.; Ndindabahizi TJ 15.7.2004, para. 454; Muhimana TJ and Sentence 28.4.2005, para. 496; Simba TJ 13.12.2005, para. 413; bestätigt durch AppJ 27.11.2007, paras. 264f.; Ntagerura et al. AppJ 7.7.2006, para. 663; Muvunyi TJ 12.9.2006, para. 480; Karera TJ 7.12.2007, para. 534; Seromba AppJ 12.3.2008, paras. 176ff.; Nizeyimana TJ 19.6.2012, para. 1492; Nzabonimana TJ 31.5.2012, para. 1704; Karemera & Ngirumpatse TJ 2.2.2012, para. 1607. Zur ICTR-Rspr. insoweit auch *Meernik,* ICLR 4 (2004), 68ff.; *Mugwanya,* S. 134ff.

[730] *ICTY,* Jelisic TJ 14.12.1999, para. 47.

[731] *ICTY,* Krstic TJ 2.8.2001, para. 580.

[732] *ICTY,* Krstic TJ 2.8.2001, para. 636; dazu *Ambos,* JICJ 5 (2007), 162f.; zum jce insoweit Rn. 31.

[733] *ICTY,* Krstic TJ 2.8.2001, paras. 594, 598. S. hierzu auch *Behrens,* in: Behrens/Henham, S. 91.

[734] *ICTY,* Krstic AppJ 19.4.2004, para. 34.

[735] *ICTY,* Krstic AppJ 19.4.2004, para. 32; so auch Tolimir TJ 12.12.2012, para. 748.

dass die Tötung der bosnischen Muslime mit Zerstörungsabsicht begangen wurde,[736] wobei die Rechtsmittelkammer allerdings bei *Krstic* selbst nur die Kenntnis dieser Zerstörungsabsicht annahm und ihn deshalb wegen Beihilfe zum Völkermord verurteilte.[737] Im Fall *Al Bashir* griff die Vorverfahrenskammer ebenfalls auf die prozessuale Lösung zurück, wobei die Kammermehrheit zunächst allerdings den Erlass eines Haftbefehls ablehnte, weil die Annahme einer Zerstörungsabsicht nur eine von mehreren „vernünftigen" Schlussfolgerungen sei und deshalb zugunsten des Angeschuldigten *(in dubio)* von der ihm günstigeren Lösung auszugehen sei, auf deren Grundlage ein Haftbefehl gemäß Art. 58 Abs. 1 nicht erlassen werden könne.[738] Die *Rechtsmittelkammer* hielt diese Überlegungen zutreffend für fehlerhaft, weil Art. 58 Abs. 1 lediglich einen „begründeten Verdacht", also keine zweifelsfreie Annahme der vorgeworfenen Tat verlange (und somit für die Anwendung des *In-dubio-pro-reo*-Grundsatzes kein Raum ist).[739] In einer zweiten Entscheidung hat die Vorverfahrenskammer dann den Haftbefehl auf Genozid erweitert.[740]

149 Als Folge der Unterscheidung zwischen dem objektiven Tatbestand und der spezifischen Vernichtungsabsicht als **besonderem subjektivem Tatbestandsmerkmal** ergibt sich, dass die **Vollendung** des Tatbestands nicht verlangt, dass der Täter sein Ziel einer (teilweisen oder ganzen) Vernichtung der Gruppe erreicht (Rn. 130).[741] Lediglich die erste Tathandlung („vorsätzliche Tötung") verlangt den Tod des Opfers, die anderen Tathandlungen verlangen dies nicht.[742] Nur wenn keine der fünf Tatalternativen vollendet wurde, sondern lediglich mit Vernichtungsabsicht versucht worden ist, liegt ein **versuchter Genozid** vor.[743] Das gilt auch, wenn der Täter sich über die Mitgliedschaft des Opfers in der angegriffenen Gruppe irrt, er also nur *vermeintliche* Gruppenmitglieder angreift.[744]

150 Nicht eindeutig geklärt ist, welche subjektiven Anforderungen an **nicht täterschaftliche Formen der Beteiligung am Völkermord** zu stellen sind.[745] Die Rechtsprechung bietet insoweit keine überzeugenden Lösungen.[746] Orientiert man sich an der oben dargelegten (Rn. 146 a. E.) strukturellen Differenzierung nach Status und Rolle der Täter, so muss einerseits nach der Hierarchieebene und andererseits nach der Art der Beteiligung (täterschaftliche bzw. tätergleiche Beteiligung, insbesondere Anstiftung,

[736] *ICTY,* Krstic AppJ 19.4.2004, para. 35.

[737] *ICTY,* Krstic AppJ 19.4.2004, paras. 134ff.; so auch *ICTR,* Seromba AppJ 12.3.2008, para. 56; Bagaragaza TJ 17.11.2009, para 23; Zigiranyirazo TJ 18.12.2008, para. 398.

[738] *ICC,* Al Bashir Arrest warrant decision 4.3.2009, paras. 159ff.; krit. *Burghardt/Geneuss,* ZIS 2009, 132ff.; dazu auch *Kaul,* in: Safferling/Conze, S. 202ff.

[739] *ICC,* Al Bashir Arrest warrant App. decision 3.2.2010, paras. 1, 33 („If the only reasonable conclusion based on the evidence is the existence of genocidal intent, then it cannot be said that such a finding establishes merely ‚reasonable grounds to believe'").

[740] ICC, Al Bashir Arrest warrant decision 12.7.2010, paras. 5ff.

[741] *Triffterer,* LJIL 14 (2001), 402; *Arnold,* CLF 14 (2003), 133ff.; *ICTR,* Akayesu TJ 2.10.1998, para. 497.

[742] *Sunga,* Eur. J. Cr. 6 (1998), 383.

[743] *Triffterer,* LJIL 14 (2001), 402.

[744] Zutr. *Lüders,* Völkermord, 2004, S. 64f.

[745] S. schon *Ambos,* 2002, S. 792ff., zur Rspr. 413ff.; auch *Schabas,* 2009, S. 339ff.; *Arnold,* CLF 14 (2003), 144ff.

[746] Vgl. *Mettraux,* S. 258ff.; krit. auch *Zahar/Sluiter,* S. 165ff., 181ff.; *Karnavas,* in: Behrens/Henham, S. 98ff.

und Formen der Teilnahme) unterschieden werden.[747] Ein Beteiligter der *oberen bzw. mittleren Hierarchieebene* muss die spezifische Vernichtungsabsicht besitzen, wenn er Täter ist oder das Geschehen in ähnlicher Weise intellektuell bzw. psychisch beherrscht (Anstiftung/Veranlassung/Aufstachelung/Verschwörung); handelt er lediglich als *Gehilfe,* muss er demgegenüber – wie nach den allgemeinen Regeln (Rn. 42) – lediglich Kenntnis von der Vernichtungsabsicht der Täter haben.[748] Beteiligte der *unteren Hierarchieebene* müssen immer nur Kenntnis besitzen, weil für sie schon als Täter nicht mehr verlangt wird (Rn. 146 a. E.). Bei *Vorgesetzten* oder *Befehlshabern* muss man unterscheiden, auf welcher Grundlage sie zur Verantwortung gezogen werden. Ein Handeln durch Unterlassen auf Grund der sog. *Vorgesetztenverantwortlichkeit* (Rn. 52ff.) setzt lediglich die Kenntnis oder fahrlässige Nicht-Kenntnis der begangenen Verbrechen voraus.[749] Wenn ein Vorgesetzter unmittelbar an einem Völkermord durch aktives Tun beteiligt ist, also durch *Anordnung* von bestimmten Tathandlungen oder durch ihre Veranlassung, ist hingegen die besondere Absicht erforderlich; er haftet dann ja für aktives Tun und insoweit setzt sich seine Zugehörigkeit zur obersten oder jedenfalls mittleren Hierarchieebene durch.[750]

bb) Das besondere subjektive Tatbestandsmerkmal der Zerstörungs- bzw. Vernichtungsabsicht. (1) „zerstören", „vernichten" (to destroy). Die besondere Absicht muss auf die Vernichtung einer geschützten Gruppe gerichtet sein, d. h. die Vernichtung muss objektiv nicht vollendet, sondern nur subjektiv beabsichtigt sein. Während sich dies eindeutig aus dem Wortlaut des Art. 2 GenK und der darauf beruhenden Vorschriften in den Statuten der internationalen Tribunale ergibt, ist es umstritten, ob der Begriff „Vernichtung" die **körperliche oder biologische Vernichtung** der Gruppe verlangt. Diese Ansicht vertritt die ILC,[751] die (überwiegende) Rechtsprechung[752] und einige Stimmen in der Literatur.[753] Sie beziehen sich auf die *travaux préparatoires* der Konvention und argumentieren, dass der kulturelle Völkermord in Form der Vernichtung der nationalen, linguistischen, religiösen, kulturellen o. ä. Existenz einer Gruppe letztlich – trotz eines Vorschlages des *Ad-Hoc*-Komitees – nicht in die Konvention aufgenommen worden sei.[754] Auch das IStGH-Statut erstreckt Art. 6 nicht auf Handlungen kulturellen Völkermordes. Im Fall *Krstic* wurde diese Ansicht unter Bezugnahme auf den *Nullum-crimen* Grundsatz bestätigt,[755] in *Stakic* wurde 151

---

[747] Näher *Ambos,* 2014, S. 32ff., jeweils m. w. N. Zu Nachw. s. auch 2. Aufl., Rn. 155 mit Fn. 673f.

[748] Für dolus eventualis *Radtke,* in: Safferling/Conze, S. 160.

[749] Ebenso *Arnold,* CLF 14 (2003), 146ff.; Triffterer/*Schabas,* Art. 6 Rn. 27; Cassese/Gaeta/Jones/*Cassese,* S. 348; *Akhavan,* JICJ 3 (2005), 993; *Werle,* 2012, Rn. 559; *ders.,* 2009, Rn. 518; *Burghardt,* S. 448ff. (450, 451f.); *Karnavas,* in: Behrens/Henham, S. 131ff., 136f.; a. A. (für Absicht) *Mettraux,* S. 203, 262ff., 306.

[750] Vgl. *Ambos,* IRRC 91 (2009), 857f. (dort auch zu jce III).

[751] S. *Draft Code 1996,* 90f. S. auch die frühere Auffassung, in: Report of the ILC to the GA on the Work of its Forty-First Session, UN-Dok. A/CN. 4/SER.A/1989/Add. 1 (part 2), 102, para. (4).

[752] *ICTR,* Muhimana TJ and sentence 28.4.2005, para. 497 m. w. N. in Fn. 456; auch *IGH,* Bosnia and Herzegovina v. Yugoslavia Judg. 26.2.2007, paras. 190, 328; dazu *Kreß,* EJIL 18 (2007), 619ff.; *Paul,* S. 289ff.

[753] Vgl. z. B. *Schabas,* 2009, S. 271f.; *Barboza,* Rd C 278 (1999), 9, 59; *Ratner,* ASIL Proceedings 92 (1998), 1f.; Cryer/*Wilmshurst,* S. 224f.; *Azari,* RSC 4 (2007), 753ff.; *Paul,* S. 296ff., 320; MünchKomm/*Kreß,* § 6 VStGB Rn. 72.

[754] *Boot,* paras. 413f.; *Schabas,* 2009, S. 271; Cryer/*Wilmshurst,* S. 225; für weitere Nachweise *Ambos/Wirth,* in: Fischer/Kreß/Lüder, S. 791f.

[755] *ICTY,* Krstic TJ 2.8.2001, para. 580; bestätigt durch die Rechtsmittelkammer, *ICTY,* Krstic AppJ 19.4.2004, para. 25.

eine klare Unterscheidung zwischen der physischen Zerstörung und der – nicht ausreichenden – bloßen Auflösung einer Gruppe getroffen.[756] Im Ergebnis kann danach allenfalls die „gewaltsame Überführung von Kindern einer Gruppe in eine andere Gruppe" als kultureller Völkermord betrachtet werden (Rn. 137, 145).

152 Eine **extensivere Auslegung** lässt sich aber auf den Schutzzweck des Völkermordtatbestandes und die Beziehung auf eine Gruppe „als solche" stützen.[757] Danach schützt der Tatbestand nicht nur die körperliche Existenz der einzelnen Mitglieder der Gruppe, sondern auch die Gruppe als **gesellschaftliches Gebilde** (Rn. 124). Einer solch supra-individuellen Konzeption des Genozids, die vor allem vom BGH und vom BVerfG vertreten wird,[758] lässt sich entnehmen, dass die Vernichtungsabsicht über den bloß körperlichen und biologischen Bezug hinausgehen kann.[759] Damit lehnt die deutsche Rechtsprechung jedoch nicht, wie die *Krstic* Kammer offensichtlich missversteht,[760] das *objektive* Erfordernis der körperlichen Vernichtung in Art. II (c) GenK ab. Vielmehr ergibt sich aus der Unterscheidung zwischen objektivem und *subjektivem* Genozidtatbestand, dass *dieser* die Tat nicht auf die körperliche Vernichtung der Gruppe beschränkt. Waren die Staaten (damals) auch nicht bereit, den kulturellen Völkermord als eine weitere Tathandlung in die Konvention aufzunehmen, so beeinflusst dies nicht zwangsläufig die Auslegung des besonderen Absichtserfordernisses. Dem BVerfG ist deshalb zuzustimmen, wenn es bekräftigt, dass der Gesetzeswortlaut nicht zwingend den Tatbestand auf die körperliche Vernichtung der Mitglieder der Gruppe beschränkt.[761]

153 Entstehungsgeschichtlich sollte die Formulierung „group as such" als Ausdruck bestimmter **Beweggründe** verstanden werden.[762] Doch wurde in den Verhandlungen zur Genozid Konvention die Formulierung „on grounds of the national or racial origin, religious belief, or political opinion" nicht übernommen und die genannte Formulierung bietet keinen ausreichenden Anknüpfungspunkt, um die besonderen Gruppenmerkmale zu tatbestandsimmanenten Motiven aufzuwerten.[763] Die Motive des Täters sind *grundsätzlich* vom Vorsatz zu unterscheiden; entscheidend ist, dass der Täter den tatbestandlichen Erfolg vorsätzlich ver-

[756] *ICTY,* Stakic TJ 31.7.2003, para. 519; zur uneinheitlichen Rspr. des ICTY vgl. *Bummel/Selbmann,* HuV-I 2006, 64; *Werle,* 2012, Rn. 820; *ders.*, 2009, Rn. 760.

[757] *Ambos/Wirth,* in: Fischer/Kreß/Lüder, S. 791 ff.; dazu auch Tams/Berster/Schiffbauer/*Berster,* Art. II Rn. 139 ff.

[758] Für Nachweise *Ambos/Wirth,* in: Fischer/Kreß/Lüder, S. 791 in Fn. 122.; BGHSt 45, 78; *BVerfG* NJW 2001, 1848; eingehend zur dt. Rspr. *Werle,* FS Küper, 2007, S. 675 ff.; zust. *Safferling,* in: Safferling/Conze, S. 175 f.; dagegen *Paul,* S. 293 ff.; MünchKomm/*Kreß,* § 6 VStGB Rn. 72, 89 f.

[759] *BVerfG* NJW 2001, 1850 („Die Zerstörungsabsicht wird ebenfalls weiter verstanden als physisch-biologische Vernichtung"). Ähnlich *ICTY,* Blagojevic/Jokic TJ 17.1.2005, para. 666; Krajisnik TJ 27.9.2006, para. 854; *Werle,* FS Küper, 2007, S. 688 f.; dagegen allerdings *ICTY,* Blagojevic/Jokic AppJ 9.5.2007, para. 123 m. Fn. 337; krit. zu einer weiten Auslegung auch *Schabas,* LJIL 18 (2005), 874; *Gallagher,* LJIL 18 (2005), 538 f.

[760] *ICTY,* Krstic TJ 2.8.2001, para. 579, wo das BVerfG nur selektiv zitiert wird.

[761] *BVerfG* NJW 2001, 1850 f.: „Im völkerrechtlichen Schrifttum wird der Völkermordtatbestand zum Teil als auf die physisch-biologische Vernichtung einer geschützten Gruppe bzw. einer substantiellen Zahl ihrer Mitglieder beschränkt gesehen. Dies ist nach dem Wortlaut der Vorschrift jedoch nicht zwingend". Gegen eine solche Beschränkung auch *Kreß,* ICLR 6 (2006), 487; dazu auch *Demko,* SZIER 2009, 243 ff.

[762] Vgl. *Schabas,* 2009, S. 294 f.; *Boot,* para. 388; *Hübner,* Völkermord, 2004, S. 164; *Lüders,* Völkermord, 2004, S. 143 ff.

[763] Vgl. *Ambos,* 2002, S. 413 m. w. N.; i. Erg. ebenso Cryer/*Wilmshurst,* S. 225 f.; *Paul,* S. 279 ff. A. A. wohl *Schabas,* 2009, S. 305, wenn er ein „racist or discriminarory motive, that is, a genocidal motive, taken as a whole" fordert.

wirklicht und nicht, *warum* er dies tut. Auch die Rechtsmittelkammer der *Ad-hoc*-Tribunale erkennt diese Unterscheidung an.[764] Folgerichtig schließt es die genozidale Zerstörungsabsicht nicht aus, wenn der Täter (auch) aus anderen, von der Zerstörung unabhängigen Motiven handelt.[765]

(2) „ganz oder teilweise". Während bei den Verhandlungen zur Genozidkonvention noch Uneinigkeit bestand, ob sich die Vernichtungsabsicht auf die *ganze* Gruppe beziehen müsse,[766] ist nun durch den Begriff *„teilweise"* („in part") klargestellt, dass es ausreicht, wenn sie sich gegen „einen **Teil**" **der Gruppe** richtet. Unklar bleibt jedoch, was unter einer „teilweisen Vernichtung" zu verstehen ist, wie viele Mitglieder der Gruppe also potentiell angegriffen werden müssen.[767] Folgende Fragen stellen sich in diesem Zusammenhang: 154

- Genügt die Absicht der Vernichtung einer *großen Zahl* von Mitgliedern (**quantitatives** Element)?
- Genügt die Absicht der Vernichtung eines *bedeutenden Teils,* z. B. der Anführer (**qualitatives** Element)?
- Genügt die Absicht der Vernichtung einer relativ großen Zahl oder eines bedeutenden Teils *eines Teils* der Gruppe?

Die **erste Frage** kann eindeutig bejaht werden. Bereits im Jahre 1960 definierte *Nehemia Robinson* Völkermord als Verbrechen, dass darauf abzielt „eine Vielzahl von Menschen derselben Gruppe" zu vernichten, solange die Anzahl „beträchtlich" („substantial") ist.[768] Diese Definition bildete die Grundlage der folgenden Kodifikationsbemühungen.[769] Während der Preparatory Committee-Verhandlungen wurde darauf hingewiesen, dass das Absichtsmerkmal „... sich auf die besondere Absicht bezieht, mehr als eine kleine Zahl von Personen zu vernichten ...",[770] wobei freilich damit keine bestimmte Opferzahl verlangt wird.[771] Die Kritiker dieses quantitativen Tatbes- 155

[764] *ICTR,* Kayishema/Ruzindana AppJ 1.6.2001, para. 161; *ICTY,* Jelisic AppJ 5.7.2001, para. 49; *ICTR,* Niyitegeka AppJ 9.7.2004, para. 52 (dazu *Kim,* ICLR 5 (2005), 438f.); Muvunyi TJ 12.9.2006, para. 479; *ICTY,* Kvocka et al. TJ 2.11.2001, para. 106; Limaj et al. AppJ 27.9.2007, para. 109; dazu auch *Mettraux,* S. 211; *Zahar/Sluiter,* S. 180; zust. *Mugwanya,* S. 155f.

[765] *ICTR,* Niyitegeka AppJ 9.7.2004, para. 53; bestätigend *ICTR,* Simba TJ 13.12.2005, para. 412. I. Erg. ebenso *Hübner,* Völkermord, 2004, S. 165ff.; *Lüders,* Völkermord, 2004, S. 145; *Mettraux,* S. 210, 211; *Mugwanya,* S. 232. Zum Verhältnis von Motiv und specific intent auch *Behrens,* JICJ 10 (2012), 503ff., wonach auch die Zerstörungsabsicht letztlich ein Motiv ist und daher von anderen Motiven verdrängt oder überlagert werden kann (514ff.).

[766] *Schabas,* 2009, S. 273ff.

[767] Vgl. auch *Hübner,* Völkermord, 2004, S. 158ff.; *Lüders,* Völkermord, 2004, S. 131ff.; *Zahar/Sluiter,* S. 175ff.; *Azari,* RSC 4 (2007), 756ff.; *Mugwanya,* S. 146ff.; *Paul,* S. 288ff.

[768] *Robinson,* Genocide convention, 1960, S. 63; so auch MünchKomm/*Kreß,* § 6 VStGB Rn. 74; *Gaeta,* in: Schabas/Bernaz, S. 113; *ICTR,* Bagosora TJ 18.12.2008, para. 2115.

[769] Vgl. *Whitaker,* Crime of Genocide, UN-Dok. E/CN. 4/Sub.2/1985/6, para. 29: „a reasonably significant number, relative to the total of the group as a whole."; *Draft Code 1996,* 89: „substantial part of the group"; *ICTR,* Kayishema/Ruzindana TJ 21.5.1999, para. 97: „The Trial Chamber opines, therefore, that ‚in part' requires the intention to destroy a considerable number of individuals who are part of the group"; Bagilishema TJ 7.6.2001, para. 64: „at least a substantial part"; ebenso Muvunyi TJ 12.9.2006, para. 479. Auch *Zahar/Sluiter,* S. 175.

[770] Draft Statute 1998, Fn. 1 zu Art. 5 (Definition Genozid): „[T]he reference to ‚intent to destroy, in whole or in part [...]' was understood to refer to the specific intention to destroy more than a small number of individuals [...]." Vgl. auch Triffterer/*Schabas,* Art. 6 Rn. 9 m.N.

[771] *ICTR,* Muhimana TJ and sentence 28.4.2005, paras. 498, 514 („no numeric threshold"); Ndindabahizi TJ 15.7.2004, para. 471 (Tötung einer Person ausreichend); Setako TJ and sentence 25.2.2010, para. 466.

tandserfordernisses unterscheiden meist nicht ausreichend zwischen der objektiven und subjektiven Seite.[772]

156 In diesem Zusammenhang wurde auch darauf hingewiesen, dass es nicht notwendig sei, die „vollständige Vernichtung einer Gruppe in jedem Winkel der Erde zu erreichen".[773] Vielmehr reicht die Absicht der Vernichtung eines **geographisch beschränkten Teils** einer Gruppe aus.[774] Im Fall *Krstic* wurde es als entscheidend angesehen, dass die Täter es darauf anlegten, „einen *unterscheidbaren Teil* der Gruppe statt einer Anhäufung von isolierten Einzelpersonen innerhalb der Gruppe zu vernichten", und dass sie „den Teil der Gruppe, den sie vernichten woll(t)en, als eine *unterscheidbare Einheit* sehen, die als solche vernichtet werden muss".[775] In diesem Fall „würde die Tötung aller Mitglieder eines Teils der Gruppe innerhalb eines kleinen geographischen Gebietes als Völkermord zu qualifizieren sein, obgleich sich hieraus eine geringere Zahl von Opfern ergibt [...]".[776]Im Umkehrschluss würde es an der besonderen Vernichtungsabsicht fehlen, wenn die Mitglieder einer Gruppe lediglich selektiv, verstreut über ein weites geographisches Gebiet, getötet würden.[777] Im gleichen Verfahren bestätigte die Rechtsmittelkammer das quantitative Verständnis als „necessary and important starting point",[778] werde doch die genozidale Zerstörungsabsicht regelmäßig durch die faktischen Möglichkeiten der Zerstörung begrenzt.[779] Im Übrigen müsse die Zahl der potentiellen Opfer zu der gesamten Gruppe in Beziehung gesetzt[780] und fallbezogen entschieden werden.[781]

157 Auch die **zweite Frage** zum qualitativen Element wurde bereits von *Whitaker* bejaht, bezog er sich doch ausdrücklich auf „einen bedeutsamen Teil einer Gruppe, wie ihre Führer".[782] Diese Auffassung ist von der Chefanklägerin[783] und den Kammern[784] des ICTY übernommen worden. Gleichwohl ist es zweifelhaft, ob die Absicht, die Führer einer bestimmten Gruppe zu vernichten, als genozidale Vernichtungsabsicht qualifiziert werden kann, wenn es sich dabei nur um eine isolierte Tat handelt, die nicht das Ende der ganzen Gruppe mit sich bringen soll. Es müssen also die (beabsichtigten) Folgen der Tat für die Gruppe als solche berücksichtigt werden. Man kann mit dem

772 Vgl. etwa Cassese/Gaeta/Jones/*Cassese,* S. 347f., der sich auf *Wexler/Paust,* NEP 13ter, 1998, 5 bezieht.

773 *Draft Code 1996,* 89 (Übers. aus dem Englischen); dazu auch *Mettraux,* S. 217.

774 *ICTY,* Jelisic TJ 14.12.1999, para. 83; Krstic TJ 2.8.2001, paras. 560, 589; *IGH,* Bosnia and Herzegovina v. Yugoslavia Judg. 26.2.2007, para. 199; BGHSt 45, 81; *BVerfG* NJW 2001, 1850f.; *Mettraux,* S. 218f.; *Safferling,* in: Safferling/Conze, S. 177; für Bezug zu Staatsgebiet *Paul,* S. 315ff.; MünchKomm/*Kreß,* § 6 VStGB Rn. 77.

775 *ICTY,* Krstic TJ 2.8.2001, para. 590: „... seek to destroy a *distinct part* of the group as opposed to an accumulation of isolated individuals within it; [...] view the part of the group ... as a *distinct entity* which must be eliminated as such" (Übers. u. Herv. K. A.). Krit. zu diesem zusätzlichen Erfordernis *Zahar/Sluiter,* S. 178; zweifelnd auch *Kolb,* in: Kolb/Scalia, S. 89f.

776 *ICTY,* Krstic TJ 2.8.2001, para. 590 (Übersetzung aus dem Englischen).

777 *ICTY,* Krstic TJ 2.8.2001, para. 590.

778 *ICTY,* Krstic AppJ 19.4.2004, para. 12.

779 *ICTY,* Krstic AppJ 19.4.2004, para. 13: „always be limited by the opportunity presented to him."

780 *ICTY,* Krstic AppJ 19.4.2004, para. 12.

781 *ICTY,* Krstic AppJ 19.4.2004, para. 14.

782 *Whitaker,* Crime of Genocide, UN-Dok. E/CN.4/Sub.2/1985/6, para. 29 (Übersetzung aus dem Englischen).

783 *ICTY,* Karadzic/Mladic Transcript of hearing 27.6.1996, para. 24.

784 *ICTY,* Sikirica Judg. on Defence Motions 3.9.2001, paras. 65, 76; Jelisic TJ 14.12.1999, paras. 79ff.; Krstic TJ 2.8.2001, para. 587. Dazu auch *Mettraux,* S. 221ff.; *Kreß,* ICLR 6 (2006), 490f.

Bericht der UN-Expertenkommission für das ehem. Jugoslawien argumentieren, dass „der Angriff auf die Führung im Zusammenhang mit dem Schicksal der restlichen Gruppe gesehen werden muss".[785] Demgemäß betrifft der Angriff nur dann einen bedeutenden Teil der Gruppe, wenn damit deren Fortbestehen verhindert werden soll.

Die **dritte Frage** wurde in unserem **Fall 20** relevant. Die Kammer sah die bosnischen Muslime als geschützte Gruppe an[786] und musste entscheiden, ob die in der Stadt Srebrenica ansässigen bosnischen muslimischen Männer im wehrfähigen Alter „einen **ausreichenden Teil** der bosnischen muslimischen Gruppe darstellten, so dass die Absicht, diese zu vernichten" als Vernichtungsabsicht i. S. d. Völkermordtatbestandes qualifiziert werden konnte.[787] Im Lichte der oben erwähnten Kriterien wurde diese Frage bejaht, weil die bosnischen Serben wissen mussten, „dass diese selektive Vernichtung der Gruppe eine dauerhafte Wirkung auf die ganze Gruppe haben würde"; sie „mussten sich der katastrophalen Auswirkungen bewusst sein, die das Verschwinden von zwei oder drei Generationen von Männern auf das Überleben einer traditionell patriarchalischen Gesellschaft ... haben würde". Es reiche aus, dass „[d]ie bosnisch serbischen Kräfte wussten ..., dass die Kombination jener Tötungen mit der gewaltsamen Überführung von Frauen, Kindern und Alten unausweichlich zum physischen Verschwinden der bosnischen muslimischen Bevölkerung in Srebrenica führen würde".[788] Mit dieser Argumentation behandelte die Kammer die wehrfähigen männlichen bosnischen Muslime von Srebrenica als „Teil" der Gruppe der bosnischen Muslime. 158

Wie klein aber kann ein „Teil" einer geschützten Gruppe sein, um noch vom tatbestandlichen Schutzbereich erfasst zu werden? Reduziert man das Konzept der Gruppe auf ihre zahlreichen, weltweit verstreuten Teile oder Einheiten, wird der Schutzbereich faktisch grenzenlos. Indem die Kammer die wehrfähigen bosnischen muslimischen Männer von Srebrenica als einen Teil der Gruppe bosnischer Muslime betrachtet, führt sie eine **doppelte Beschränkung** des objektiven Tatbestandes durch: Zum einen beschränkt sie die Gruppe der bosnischen *Muslime* auf diejenigen, die in *Srebrenica* wohnen, zum anderen auf die *wehrfähigen* bosnisch muslimischen *Männer* von Srebrenica.[789] Im Ergebnis kommt es damit darauf an, ob die Serben beabsichtigten, einen Teil – wehrfähige bosnische muslimische Männer von Srebrenica – eines Teils – bosnische Muslime von Srebrenica – einer geschützten Gruppe zu vernichten. Weitergehend wird man sogar noch eine weitere Beschränkung darin sehen können, dass sich die Kammer auf die *bosnischen* Muslime anstatt auf die Muslime als religiöse Gruppe als solche bezieht. 159

Die **Rechtsmittelkammer** hat der auf diese Erwägungen gestützten Beschwerde vorgeworfen, dass sie die Verhandlungskammer missverstehe.[790] Nach ihrer Ansicht hat die Verhandlungskammer nicht, wie von der Verteidigung und auch hier vorgetragen, 160

[785] Report Jugoslawien 1994, para. 94: „attack on the leadership ... viewed *in the context of the fate of* what happened to *the rest of the group*" (Übersetzung u. Hervorhebung K. A.). S. auch *ICTY,* Krstic AppJ 19.4.2004, para. 12: „emblematic", „essential to its survival"; para. 28: „long-term impact".

[786] *ICTY,* Krstic TJ 2.8.2001, para. 591; krit. *Schabas,* Car. L. Rev. 27 (2006), 1716.

[787] *ICTY,* Krstic TJ 2.8.2001, para. 581; bestätigend *IGH,* Bosnia and Herzegovina v. Yugoslavia Judg. 26.2.2007, para. 296.

[788] *ICTY,* Krstic TJ 2.8.2001, para. 595 (Übersetzung aus dem Englischen).

[789] Krit. auch MünchKomm/*Kreß,* § 6 VStGB Rn. 77.

[790] *ICTY,* Krstic AppJ 19.4.2004, paras. 19ff. (19).

die wehrfähigen Männer Srebrenicas als Teil der bosnisch muslimischen Bevölkerung Srebrenicas verstanden, sondern lediglich deren Tötung **als Beweis** der Zerstörungsabsicht im Hinblick auf die *gesamte* bosnisch muslimische Bevölkerung Srebrenicas gewertet und diese Wertung sei zutreffend gewesen.[791] Immerhin konzediert die Rechtsmittelkammer, dass die Verhandlungskammer eine „ungenaue Sprache" benutzt habe.[792] Wie auch immer man die Ausführungen der Verhandlungskammer interpretiert, es dürfte nach den Erwägungen der Rechtsmittelkammer klar sein, dass der Ausdehnung des Genozidtatbestandes im Hinblick auf immer kleinere Teile von Gruppen oder Subgruppen **Grenzen** gesetzt sind; es muss eine bestimmte **Erheblichkeitsschwelle** überschritten werden.[793] Bezogen auf unsere dritte Frage, kann man deshalb folgern, dass die Absicht der Vernichtung einer relativ bedeutenden Zahl oder eines Teils *eines Teils* der Gruppe für die Zerstörungsabsicht nicht ausreicht. Allgemein ist in solchen Zweifelsfällen eine fallbezogene **Gesamtbetrachtung** unter Berücksichtigung der entwickelten quantitativen und qualitativen Kriterien anzustellen.[794]

161 **(3) „eine Gruppe".** Die Absicht des Täters muss darauf gerichtet sein, eine „Gruppe" zu vernichten. Gruppen bestehen aus **Personen** (Rn. 127), diese müssen das Endziel der zerstörerischen Maßnahmen sein. Freilich sind diese Personen nicht *per se,* sondern nur **als Mitglieder** der angegriffenen Gruppe wichtig.[795] Sie müssen das Angriffsziel *auf Grund* ihrer Mitgliedschaft in der angegriffenen Gruppe sein (Rn. 125 mit Fn. 613). Letztlich ist also die Gruppe das Tatobjekt, obgleich ihre Vernichtung notwendigerweise die Begehung der einzelnen Tathandlungen gegen ihre Mitglieder verlangt. Der Tatbestand schützt die *Gruppe als eine soziale, supra-individuelle Einheit,* er schützt die Gruppe *„als solche"*.[796] Während das Strafrecht gewöhnlich die Rechte und Interessen von Einzelpersonen schützt, wird mit dem Tatbestand des Völkermordes im Kern das **Existenzrecht** bestimmter Gruppen erfasst (Rn. 124, 151).

Lösung Fall 17:

162 Die Vergewaltigungen und die sexuelle Gewalt stellen jedenfalls Verbrechen gegen die Menschlichkeit gemäß Art. 7 Abs. 1 (g) dar. Sie können aber zugleich auch „schweren körperlichen und seelischen Schaden" i. S. v. Art. 6 (b) verursachen, so dass A auch wegen Beihilfe (Rn. 41) zum Genozid verurteilt werden kann (Rn. 133).

---

791 *ICTY,* Krstic AppJ 19.4.2004, para. 19. So wohl auch *Safferling,* in: Safferling/Conze, S. 177.

792 *ICTY,* Krstic AppJ 19.4.2004, para. 22.

793 Ähnlich *Lüders,* Völkermord, 2004, S. 137 ff. In Darfur läge deshalb – trotz einiger Parallelen zu *Srbrenica* – keine Zerstörungsabsicht vor, vgl. *Darfur Report,* paras. 514 ff.; a. A. die Lit.: *Udombana,* Int. L. 40 (2006), 42; *Mathew,* FJIL 8 (2006), 547; *Jack,* PSILR 24 (2006), 707; *Luban,* CJIL 7 (2006), 315; *Ice,* Denv. J. Int L. & Pol. 30 (2010), 195 ff.; offenlassend *Schabas,* Car. L. Rev. 27 (2006), 1720. Immerhin lautet der Haftbefehl gg. Al Bashir nun auch auf Genozid, o. Fn. 740; zu Darfur schon § 6 Rn. 28; zu den betroffenen Gruppen insoweit *Hong,* VirgJIL 49 (2010), 257 ff.

794 I. Erg. nun ebenso für eine „wertende Gesamtbetrachtung" aus „qualitativer und quantitativer Sicht" *Paul,* S. 308 ff. (315); für einen solchen gemischten Ansatz auch *Mugwanya,* S. 153 ff., 157; mehrere Faktoren einbeziehend auch *ICTY,* Popovic et al. TJ 10.6.2010, paras. 831 ff.

795 *Robinson,* Genocide convention, 1960, S. 58; *Demko,* SZIER 2009, 226 f., 229.

796 *ICTY,* Sikirica Judg. on Defence Motions 3.9.2001, para. 89; Krajisnik TJ 27.9.2006, para. 856; *Lüders,* Völkermord, 2004, S. 140 ff.; *Mettraux,* S. 231 f.; *Werle,* 2012, Rn. 816; *ders.,* 2009, Rn. 756; *Azari,* RSC 4 (2007), 759; *Paul,* S. 274 ff. (mit entspr. Reformvorschlag zur Klarstellung: „in ihrer Eigenschaft als Kollektiv", S. 288, 323 f.).

Lösung Fall 18:

163 Die beschriebene Absperrung der Wüste und die damit einhergehende Entziehung unentbehrlicher Lebensgrundlagen (Wasser, Nahrungsmittel) zielten auf die Vernichtung der Gruppe der *Herero* ab. Die Verantwortlichen hätten demnach wegen Genozid durch „vorsätzliche Auferlegung von Lebensbedingungen für die Gruppe, die geeignet sind, ihre körperliche Vernichtung ganz oder teilweise herbeizuführen" (Art. 6 (c)) verurteilt werden müssen (Rn. 134).

Lösung Fall 19:

164 Zum einen kommt die o. g. Tatvariante des Art. 6 (c) („slow death measures") in Betracht (Rn. 134). Ein Hochzeitsverbot fällt aber auch unter die „Verhängung von Maßnahmen, die auf die Geburtenverhinderung innerhalb der Gruppe gerichtet sind" (Art. 6 (d)), wenn damit zugleich die Fortplanzung innerhalb der Gruppe verhindert, mithin ein biologischer Genozid bewirkt werden soll.

Lösung Fall 20:

165 Eine „ethnische Säuberung" wie in Srebrenica stellt nicht per se einen Genozid dar (Rn. 139), wird aber immer als Verbrechen gegen die Menschlichkeit (Art. 7 Abs. 1 (d)) und Kriegsverbrechen (Art. 8 Abs. 2 (b) (viii)) strafbar sein. Was die Tötung der wehrfähigen Männer angeht, so stellt sich die Frage, ob diese einen ausreichenden Teil der geschützten (religiösen) Gruppe der bosnischen Muslime darstellt (Rn. 158). Bejaht man das, ist der (schwierige) Nachweis der besonderen Zerstörungsabsicht zu erbringen. Allgemein spricht für diese angesichts der vorliegenden Indizien viel (Rn. 148, 160), eine andere Frage ist jedoch, wem eine solche Zerstörungsabsicht auch täterschaftlich zugerechnet werden kann (Rn. 150). In casu wurde Krstic zunächst unter Rückgriff auf die jce-Lehre (Rn. 30 ff.) als „co-participant", im Ergebnis dann aber doch nur wegen Beihilfe zum Genozid verurteilt (Rn. 148).

II. Verbrechen gegen die Menschlichkeit

Fall 21:

166 Als am 18.11.1991 Soldaten der jugoslawischen Volksarmee in die inzwischen fast völlig zerstörte kroatische Stadt *Vukovar* einmarschierten, lebten dort noch 2000 Menschen. Viele von ihnen hatten während des Bombardements Zuflucht im Krankenhaus von Vukovar gesucht. Ca. 300 Personen wurden aus diesem Krankenhaus zusammengetrieben, in Busse verfrachtet, und auf nahegelegene Orte verteilt. Die meisten dieser Personen wurden an einem darauffolgenden Tag auf einem Feld in der Nähe der Stadt erschossen. Können die verantwortlichen Offiziere M, S und R – neben Kriegsverbrechen – auch wegen Verbrechen gegen die Menschlichkeit (VgM) verurteilt werden? → Rn. 220, vgl. auch *Ambos*, 2010 a, S. 148 (Fall 10 Rn. 19 ff.)

Fall 22:[797]

167 Die zu Beginn ihrer Erlebnisse 15-jährige Zeugin *FWS-87* wurde seit Juli 1992 mehrfach und über einen langen Zeitraum – zusammen mit anderen Frauen – von verschiedenen Männern vergewaltigt. Danach wurde sie zwischen dem 31. Oktober 1992 und etwa dem 25. Februar 1993 von Radomir Kovac (K) in einem Häuserblock in Foca versklavt. Sie und andere festgehaltene Frauen wurden nicht nur regelmäßig u. a. von K sexuell angegriffen, sondern auch gezwungen, Haushaltsarbeiten zu verrichten. Am 25. Februar 1993 wurde FWS-87 von K für DM 500 an zwei unbekannte montenegrinische Soldaten verkauft. Prüfen Sie die in Betracht kommenden VgM! → Rn. 221

[797] Vgl. *ICTY*, Presseerklärung CC/PIO/093 (27.6.1996), 3 f.; s. auch *Burkhardt*, S. 75 ff.

Fall 23:[798]

168 Die 40-jährige Muslimin „B." wurde mit anderen Frauen und Kindern von den Männern ihres Ortes getrennt und von serbischen Soldaten in eine Oberschule in Doboj (Bosnien-Herzegowina) verbracht: „Es begann, sobald ich ankam. Sie sagten uns, dass wir die Soldaten nicht anschauen sollten, damit wir sie nicht wiedererkennen würden. Wir durften uns nicht untereinander unterhalten. Tagsüber waren wir in einer großen Turnhalle untergebracht. Die Wachen waren immer anwesend. Wenn sie uns beim Reden ertappten, nahmen sie eine Frau heraus, schlugen und ... vergewaltigten sie. Sie mochten es, uns zu bestrafen. Sie fragten Frauen, ob sie männliche Verwandte in der Stadt haben; ich sah sie, wie sie eine Frau fragten, und sie brachten ihren 14-jährigen Sohn und zwangen ihn, sie zu vergewaltigen. Einige von uns wurden namentlich herausgesucht, andere wurden einfach ausgewählt. Wenn ein Mann nicht zur Vergewaltigung in der Lage war, benutzte er eine Flasche oder eine Waffe oder er urinierte auf mich ... Einige der einheimischen Serben trugen schwarze Strümpfe über ihren Köpfen, um ihre Gesichter unkenntlich zu machen ... Ich erkannte viele von ihnen. [Sie waren] Kollegen – Ärzte mit denen ich arbeitete. Der erste [Mann], der mich vergewaltigte, war ein serbischer Arzt namens Jodic. Wir arbeiteten in derselben Klinik ..." Welche(s) VgM wurde(n) begangen? → Rn. 222

Fall 24:[799]

169 Biljana Plavsic, ehemaliges Mitglied des Staatspräsidiums der Teilrepublik „Republik Srspka" (Bosnien) und später – als Nachfolgerin von Radovan Karadzic – Vorsitzende des Staatspräsidiums, war maßgeblich an der Verfolgung von bosnischen Muslimen und Kroaten sowie anderen nicht serbischen Bewohnern in 37 Bezirken („municipalities") Bosnien-Herzegowinas beteiligt. Dabei kam es zu folgenden Taten: Tötungen im Verlauf von militärischen Angriffen auf Städte und Dörfer, grausame und unmenschliche Behandlung während und nach diesen Angriffen; zwangsweise Überführung und Deportation; rechtswidrige Inhaftierung und Tötungen; Zwangsarbeit und die Verwendung als menschliche Schutzschilde; grausame und unmenschliche Behandlung und unmenschliche Bedingungen in Gefangenenlagern; Zerstörung kultureller und sakraler Objekte; Plünderungen und mutwilligen Zerstörungen. Ist P strafbar wegen VgM? → Rn. 223, vgl. auch *Ambos,* 2010a, S. 148 (Fall 10 Rn. 19ff.)

Fall 25:[800]

170 Am Nachmittag des 12. September 1981 wurde Angel Manfredo Velásquez Rodríguez (V) mit anderen Personen auf einem Parkplatz in Tegucigalpa (Honduras) von mehreren schwerbewaffneten Männern entführt und wahrscheinlich in eine Einrichtung des Geheimdienstes verbracht. Die Männer handelten auf Geheiß der honduranischen Armee, V wurde als Gefahr für die nationale Sicherheit betrachtet. Die Angehörigen erhielten keinerlei Auskünfte über den Verbleib von V, Haftprüfungsanträge blieben unbearbeitet und V blieb verschwunden. Die Strategie der Entführung, Inhaftierung und des *„Verschwindenlassens"* von Regimegegnern entsprach einer allgemein üblichen Praxis der lateinamerikanischen Militärdiktaturen der 70er und 80er Jahre des vergangenen Jahrhunderts. Handelt es sich um ein VgM? → Rn. 224, vgl. auch *Ambos,* 2010a, S. 148 (Fall 10 Rn. 11ff.)

1. Begriff und geschützte Rechtsgüter

171 Der **Begriff** der Verbrechen gegen die *Menschlichkeit* wird teilweise kritisiert, weil damit der Eindruck erweckt werde, die Täter hätten es lediglich ein wenig an Menschlichkeit fehlen lassen. Deshalb sei – auch im Einklang mit einer wörtlichen Übersetzung von „humanity" – Verbrechen gegen die *Menschheit* vorzugswürdig.[801] Bezieht man sich jedoch aus kriminologischer Perspektive auf die mit den Taten einherge-

[798] Zit. nach *Burkhardt,* S. 12, beruhend auf *HRW,* 1995, 17f.
[799] *ICTY,* Plavsic TJ 27.2.2003, para.15.
[800] Vgl. *IAGMR,* Velásquez Rodríguez Case Judg. 29.7.1988, paras. 3, 147ff.
[801] *Arendt,* Jerusalem, 1986, S. 399; vgl. auch *Manske,* Verbrechen, 2003, S. 214ff.; *Neubacher,* S. 5.

hende Dehumanisierung der Opfer, so erweist sich der Begriff „Menschlichkeit" als zutreffend.[802] Art. 7 stellt die erste umfassende Kodifikation des Verbrechens dar und bietet in seinem Abs. 2 sogar Definitionen an.[803]

Art. 5 ICTYS und Art. 3 ICTRS unterscheiden sich nur im Obersatz. Während sich 172
Art. 5 ICTYS[804] auf Verbrechen bezieht, die „in einem, ob internationalen oder internen, bewaffneten Konflikt begangen werden", erfasst **Art. 3 ICTRS**[805] Verbrechen, die „im Rahmen eines breit angelegten oder systematischen Angriffs gegen die Zivilbevölkerung aus nationalen, politischen, ethnischen, rassischen oder religiösen Gründen begangen werden und gegen die Zivilbevölkerung gerichtet sind." Die einzelnen Tathandlungen sind identisch: Mord, Ausrottung, Versklavung, Deportierung, Freiheitsentziehung, Folter, Vergewaltigung, Verfolgung aus politischen, rassischen und religiösen Gründen sowie andere unmenschliche Handlungen. **§ 7 VStGB** übernimmt im Wesentlichen Art. 7[806] und versucht Bestimmtheitsprobleme durch Verweise auf das StGB zu lösen oder doch wenigstens zu verringern.[807]

Das durch den Straftatbestand der VgM geschützte **Rechtsgut** liegt zunächst, wie all- 173
gemein bei den vstr Kernverbrechen (§ 5 Rn. 3), im globalen *Frieden* und der internationalen *Sicherheit,* welche durch die gegen die Zivilbevölkerung gerichteten systematischen oder massenhaften Angriffe gefährdet werden.[808] Daneben sollen die *grundlegenden Menschenrechte* strafrechtlich geschützt werden.[809] Die Handlungen stellen ihrer Struktur nach einen massiven Angriff auf internationale Mindeststandards der Menschlichkeit dar.[810] Über den Schutz der Individualinteressen (Leben, Gesundheit, Freiheit und Menschenwürde)[811] hinaus wird somit das friedliche Zusammenleben der betroffenen Personenverbände geschützt.[812] Insgesamt sind die Einzeltaten

---

802 *Gropengießer,* S. 111 f. m. w. N.

803 Überblicksartig zu Art. 7 *Hartstein,* in: Kühne et al., S. 86 ff.; auch *Meron,* Humanization, 2006, S. 149 f.; *Amati,* in: Amati et al., S. 339 ff.; *Parenti,* in: Parenti et al., 2007, S. 34 ff.; *Filippini,* in: ebd., S. 73 ff.; *Kolb,* in: Kolb/Scalia, S. 105 ff. Zum Vorschlag eines vstr Abkommens zu VGM s. *Sadat,* Convention, 2011; krit. *Ambos,* in: ebd., S. 292 ff.; zur vgr Strafbarkeit MünchKomm/*Werle/Burchards,* § 7 VStGB Rn. 7 f.

804 „The International Tribunal shall ... prosecute ... following crimes when committed in armed conflict, whether international or internal in character, and directed against any civilian population ... ".

805 „The International Tribunal ... shall ... prosecute ... the following crimes when committed as part of a widespread or systematic attack against any civilian population on national, political, ethnic, racial or religious grounds ...".

806 Tabellarischer Vergleich bei *Gropengießer,* S. 121 ff.

807 Siehe hierzu *Bock,* in: Strafverteidigervereinigungen, S. 125 f.; krit. mit Blick auf Verweise auf VGR *Kuhli,* S. 114 ff., 190 ff.; *ders.,* ZIS 2012, 124.

808 Zu diesem Zhg. grdl. Richter *Kaul,* abwM *ICC,* Situation Kenya Decision 31.3.2010, paras. 56 ff.; zust. *Kress,* LJIL 23 (2010), 863 ff.; *Garibian,* L'Etat moderne, 2009, S. 35 ff.

809 *ICTY,* Kupreskic et al. TJ 14.1.2000, para. 547: „[Crimes against humanity] are intended to safeguard basic human values by banning atrocities directed against human dignity"; ähnlich auch *Cassese* et al., 2013, S. 90 ff.; Cassese/Gaeta/Jones/*Cassese,* S. 360; *Manske,* Verbrechen, 2003, S. 214 ff.; *König,* S. 266; *Gropengießer,* S. 116; *Meseke,* S. 119; *Kreicker,* in: Eser et al., 2003 ff., Bd. 7, S. 62; *Kolb,* in: Kolb/Scalia, S. 98; *Akhavan,* JICJ 6 (2008), 26; *Bock,* S. 97 ff.; MünchKomm/*Werle/Burchards,* § 7 VStGB Rn. 1.

810 *Werle,* 2012, Rn. 860 u. *Meseke,* S. 122 ff. sehen die *Humanität* als solche betroffen; *Jescheck,* FS Maurach, 1972, S. 590 die „Mindeststandards der Regeln menschlicher Existenz" in Frage gestellt; *Gropengießer,* S. 117 und *Satzger,* 2013, § 16 Rn. 7 sehen einen Angriff auf die Menschheit.

811 Eingehend *Meseke,* S. 125 ff.; vgl. auch *Bock,* S. 97.

812 Grdl. *Luban,* YaleJIL 29 (2004), 86 ff. (VgM als doppelter Angriff auf Individualität und Gruppen);

also in einen bestimmten **Begehungszusammenhang** oder **Kontext** (Gesamttat) eingebettet (allg. schon Rn. 11).

2. Die Entwicklung des sog. Kontextelementes von Nürnberg nach Rom

174 Im **IMGS** war das Kontextelement anders formuliert als heute in Art. 7. Art. 6 (c) IMGS setzt voraus, dass die Tat „in Ausführung … oder Verbindung mit einem Verbrechen für das der Gerichtshof zuständig ist" und **gegen Zivilpersonen** begangen wird. Durch die erste Voraussetzung wurden VgM mit Verbrechen gegen den Frieden und Kriegsverbrechen verbunden, ihr Vorliegen also von der **Existenz eines Krieges** abhängig gemacht. Diese Einschränkungen lassen sich durch den Ursprung der VgM im Recht bewaffneter Konflikte erklären;[813] auf diese Weise wollte man den Mangel der fehlenden (eigenständigen) Kodifizierung[814] des Tatbestands und den dadurch hervorgerufenen Konflikt mit dem Rückwirkungsverbot überwinden.[815] Weiter kann man das sog. Kriegserfordernis als Ausdruck der Beachtung des Grundsatzes der Nicht-Einmischung verstehen.[816] Während diese Voraussetzung auch in Art. 5 (c) des Tokio-Statuts **(IMGFOS)** enthalten war, verzichtet dieses auf die Beschränkung der Opfer auf Zivilpersonen.[817]

175 Der IMG wendete das Kriegserfordernis allerdings nicht strikt an.[818] In Art. II Abs. 1 (c) **KRG 10** wurde es sogar gestrichen. In der Rechtsprechung der **Nürnberger Nachfolgeprozesse** wurde es gleichwohl – unter Hinweis auf das IMGS – teilweise angewendet.[819] Schließlich, so lautete die Begründung, sei es „der alleinige Zweck der Charta, bedeutende Kriegsverbrecher zu bestrafen".[820] Im Juristenurteil sprach sich das Gericht unter Verzicht auf das Erfordernis für eine restriktive Auslegung aus, „um einzelne Fälle von Greueltaten oder Verfolgungen auszuschließen".[821] Deshalb wurde

dazu näher *Ambos,* in: Sadat, Convention, 2011, S. 281 f.; vgl. auch *Vest,* ZStW 113 (2001), 463 f.; *Werle,* 2012, Rn. 860; *Kirsch,* Begehungszusammenhang, 2009, S. 119 ff.; a. A. *Gil Gil,* ZStW 112 (2000), 382.

813 Vgl. *ICTY,* Tadic TJ 7.5.1997, para. 620; vgl. auch *Bassiouni,* 1999, S. 60 ff.; *König,* S. 243, 257; (krit.) *Meseke,* S. 33 f.; *Vest,* 2006, S. 149; *Akhavan,* JICJ 6 (2008), 23 ff.

814 Die *Martens'sche Klausel* wird – wegen des darin liegenden Humanitätsgebots – als erster Versuch einer Kodifizierung von VgM angeführt, vgl. *U.S. v. Altstoetter,* TWC 3 (1951), 974, 981 f.; *Lippmann,* BostCTWLR 17 (1997), 171, 173; *Meron,* Humanization, 2006, S. 16 ff.; *Hankel,* in: Hankel, S. 428 f.; *Salter/Eastwood,* JIHLS 2 (2011), 251 ff.; (krit.) *König,* S. 243 f. Sie findet sich in der Präambel der HLKO 1907: „… Solange bis ein vollständigeres Kriegsgesetzbuch festgestellt werden kann, halten es die vertragschließenden Teile für zweckmäßig … dass … die Bevölkerung und die Kriegsführenden unter dem Schutze und der Herrschaft der Grundsätze des Völkerrechts bleiben, wie sie sich ergeben aus den unter gesitteten Völkern feststehenden Gebräuchen, aus den Gesetzen der Menschlichkeit und aus den Forderungen des öffentlichen Gewissens." – Zu nationalen Kodifikationen vor der IMGS *Meseke,* S. 12 mit Fn. 4.

815 Eingehend *Meseke,* S. 32 ff., der eine Verletzung des Rückwirkungsverbot i. Erg. (41 f.) unter Hinweis auf Art. 7 EMRK ablehnt. Krit. zum IMG *Zahar/Sluiter,* S. 200 f.; s. auch *Acquaviva,* JICJ 9 (2011), 883 ff.

816 *Lippmann,* BostCTWLR 17 (1997), 171, 183, unter Verweis auf Justice Jackson; *Meseke,* S. 15 f.

817 Vgl. *Meseke,* S. 22 ff.

818 Vgl. *ICTY,* Kupreskic et al. TJ 14.1.2000, para. 576, wo auf die Verurteilungen von v. Schirach und Streicher, die beide nicht unmittelbar am Angriffskrieg und an den Kriegsverbrechen Hitlers beteiligt waren, hingewiesen wird. Vgl. auch *Meseke,* S. 21.

819 *U.S. v. Flick,* TWC 3 (1952), 1212–1214. S. auch *D. Robinson,* in: Lattanzi/Schabas, S. 145; *van Schaack,* ColJTL 37 (1999), 814 ff.; *Meseke,* S. 27 ff.

820 *U.S. v. Flick,* TWC 3 (1952), 1213 (Übers. aus dem Englischen).

821 *U.S. v. Altstoetter,* TWC 3 (1951), 974 (Übers. aus dem Englischen).

„[D]er Nachweis bewusster Teilnahme an planmäßigen, von der Regierung organisierten und genehmigten Verfahren" verlangt.[822] Es wird erstmals darauf hingewiesen, dass es weniger um einen bestimmten Begehungszusammenhang als vielmehr um den **Ausschluss isolierter Einzeltaten** gehe. Die **deutsche Rechtsprechung** schränkte VgM im Rahmen der Anwendung des KRG 10[823] in ähnlicher Weise ein. Es wurde verlangt, dass das Verhalten „im Zusammenhang mit dem System von Macht und Tyrannei stehe, wie es während der nationalsozialistischen Zeit existierte".[824] Damit war der Beginn einer Tendenz markiert, mit der VgM von gewöhnlichen Verbrechen durch das Erfordernis einer **Verbindung zu irgendeiner Art von Autorität** – statt durch das Kriegserfordernis – abgegrenzt wurden.

In den **Nürnberger Grundsätzen** von 1950 wurde das Kriegserfordernis (erneut) explizit aufgenommen (Nr. VI (c)).[825] Doch schon der **ILC-Draft Code 1951** sprach nur noch von einem Erfordernis des **Zusammenhangs mit irgendeinem** – nicht notwendigerweise nur im Krieg begehbaren – **Verbrechen,** etwa der „Aufforderung zu ... terroristischen Aktivitäten in einem anderen Staat".[826] Entscheidend ist der grenzüberschreitende Charakter der Tat; er macht sie zu einer internationalen Angelegenheit und rechtfertigt deshalb die Intervention der internationalen Gemeinschaft. Der **ILC-Draft Code 1954** verzichtet ganz auf das Zusammenhangserfordernis und forderte, dass der Täter „auf Betreiben oder mit Duldung staatlicher Behörden [handelt]".[827] Damit wird das Verhalten **mit einer Staatsgewalt verknüpft.** Als einziges Relikt des humanitärvölkerrechtlichen Ursprungs des VgM blieb es bei der Beschränkung auf Taten gegen die **„Zivilbevölkerung".** Diese Beschränkung entfiel zwar in späteren Entwürfen der ILC, sie wurde jedoch in den Statuten der internationalen Strafgerichtshöfe wieder aufgenommen. 176

Die Ansicht des *Draft Code 1954* wurde später in einigen Urteilen nationaler Gerichte bestätigt.[828] Im Fall *Menten* entschied der niederländische Oberste Gerichtshof 1981, dass das Konzept der VgM erfordere, dass die Verbrechen „einen Teil des Systems bilden, das auf Terror basiert oder in Verbindung zu einer bewusst verfolgten Politik steht, die sich gegen bestimmte Gruppen einer Bevölkerung richtet".[829] Der französische Oberste Gerichtshof entschied 1985 im Fall *Barbie,* dass VgM „in einer systematischen Art und Weise im Namen eines Staates, der eine Politik ideologischer Überlegenheit betreibt, begangen werden müssen".[830] Diese Entscheidung wurde 1992 in *Touvier* bestätigt.[831] Im Jahre 1994 unterschied der Oberste Gerichtshof Kanadas im Fall *Imre Finta* VgM von allgemeinen Straftaten dadurch, dass bei jenen 177

[822] *U.S. v. Altstoetter,* TWC 3 (1951), 982: „... conscious participation in systematic government organised or approved procedures".

[823] Zur Anwendung des KRG 10 durch deutsche Gerichte vgl. *Vultejus,* StV 1992, 602; zur Rspr. des OGHBrZ *Ambos,* 2002, S. 163 ff.; *Meseke,* S. 49 ff.; *Kirsch,* FS Hamm, 2008, S. 277 ff.; *ders.,* S. 48 ff.

[824] OGHSt 1 (1949), 11, (15) („Zusammenhang mit der nationalsozialistischen Gewalt- und Willkürherrschaft"); s. auch OGHSt 1 (1949), 203, (206) *(„Weller Case").*

[825] Vgl. *Meseke,* S. 74 f.

[826] *Draft Code 1951,* 134, Art. 2 (6), (10). Dazu auch *Meseke,* S. 75 f.

[827] *Draft Code 1954,* 151, Art. 2 (11), Chapeau. Dazu auch *Meseke,* S. 76 f.

[828] Eingehend zur nat. Rspr. *Meseke,* S. 44 ff.

[829] ILR 75, 362 f.: „system based on terror or constitute a link in a consciously pursued policy directed against particular groups of people".

[830] *Cour de Cassation,* 3.6.1988, JCP 1988 II Nr. 21 149, para. 39: „de façon *systématique,* a nom d'un État pratiquant une politique *d'hégémonie idéologique*" (Herv. K. A.).

[831] Bull. Crim. 1992, 1082 (1116) = ILR 100, 341 (350, 352). Vgl. auch *Binder,* YaleLJ (1989), 1321, 1336 ff.

„die grausamen und schrecklichen Handlungen ... in Verfolgung einer Politik der Diskriminierung oder Verfolgung einer abgrenzbaren Gruppe oder Rasse begangen wurden".[832]

178 In die Arbeiten der ILC „platzte" die **Nicht-Verjährungskonvention** der GV von 1968,[833] die die Unverjährbarkeit von VgM, „gleich ob im Kriege oder in *Friedenszeiten* begangen", anordnet (Art. 1 (b)), also auf das Kriegserfordernis verzichtet.[834] Der **ILC Draft Code 1991** erklärt „in einer **systematischen** Art und Weise oder in großem **Ausmaß**" begangene Verbrechen für strafbar (Art. 21). Es reicht nicht aus, dass der Täter eine einzelne Tat oder Taten im Zusammenhang mit einem groß angelegten Angriff begeht. Nach Ansicht der ILC können auch Privatpersonen solche Verbrechen begehen, doch müssen sie mit *„de facto* Macht" ausgestattet sein oder „organisiert in kriminellen Banden oder Gruppen" handeln.[835] Die Tat muss sich nicht ausschließlich gegen Zivilpersonen richten. Der **Draft Code 1996** verlangt nicht die persönliche Begehung der Verbrechen, sondern führt das Merkmal des **Begehungszusammenhangs** wieder ein. Dementsprechend muss sich das verbrecherische Verhalten in einen systematischen oder ausgedehnten Angriff einfügen.[836] Wie beim Draft Code 1991 so soll auch hier ausreichen, dass die Verbrechen „von der Regierung oder irgendeiner anderen Organisation oder Gruppe angestiftet oder geleitet sind" (Art. 18). Auf das Kriegserfordernis wird verzichtet,[837] die Tat muss aber gegen **Zivilpersonen** begangen werden (Art. 18).

179 Art. **5 ICTYS** ging im Grundsatz wieder auf die ursprüngliche Konzeption der VgM zurück, indem die Tat erneut in den **Zusammenhang mit einem bewaffneten Konflikt** gestellt und auf **Zivilpersonen** beschränkt wurde (Rn. 174). Aus dem erläuternden Bericht des UN-Generalsekretärs ergibt sich insoweit, dass VgM auf den gemeinsamen Art. 3 GK I-IV zurückgeführt wurden.[838] Das Erfordernis des bewaffneten Konflikts gemäß Art. 5 ICTYS unterscheidet sich aber in zweierlei Hinsicht erheblich von dem des IMGS. Zum einen ist das IMGS insoweit enger als es nicht nur die Begehung der Verbrechen „in einem bewaffneten Konflikt", sondern einen genaueren *Zusammenhang* zu einem der im Statut enthaltenen Verbrechen verlangt. Zum anderen ist das IMGS insoweit weiter, als das Erfordernis schon bei einem Zusammenhang mit der bloßen Vorbereitung eines Angriffskrieges als gegeben angesehen wurde. Berücksichtigt man die Entstehungsgeschichte des ICTYS, so kann das in ihm vorgesehene Kontextelement kaum als vgr Konsequenz des Nürnberger Rechts angesehen werden. So verwundert es denn auch nicht, dass die **ICTY-Rechtsmittelkammer** festgestellt hat, dass das Kriegserfordernis „keine logische oder rechtliche Grundlage" habe und die „Staatenpraxis davon abgekommen ist".[839] Somit ist Art. 5 ICTYS restriktiver

832 *Supreme Court Canada,* Finta Judg. 24.3.1994, [1994] 1 SCR 01 (812) (Übers. aus dem Englischen).

833 Res. 2391 (XXIII), in Kraft getreten am 11.11.1970 nach 10 Ratifikationen (Art. 8), derzeit 54 Vertragsstaaten, vgl. https://treaties.un.org/pages/ViewDetails.aspx?src=TREATY&mtdsg_no=IV-6&chapter=4&lang=en (zuletzt abgerufen am 1.7.2014). Zur Unverjährbarkeit gemäß Art. 29 schon Rn. 79.

834 Zu einer ähnlichen – ebenfalls nicht in Kraft getretenen – europ. Konvention *Meseke,* S. 72.

835 *Draft Code 1991,* Commentary 5 zu Art. 21. Krit. *Kreß,* in: Fischer/Lüder, S. 54f.; *Meseke,* S. 77f.

836 *Draft Code 1996,* 15; auch *ICTY,* Tadic TJ 7.5.1997, para. 649; *Meseke,* S. 78f.

837 *Draft Code 1996,* Kommentar zu Art. 18 Abs. 6.

838 Report ICTY, 1993, para. 49; auch *König,* S. 239.

839 *ICTY,* Tadic App.Decision Jurisdiction 2.10.1995, paras. 140f. (Übers. aus dem Englischen) (bestätigt in Tolimir TJ 12.12.2012, para. 691); dazu *Mettraux,* S. 151; krit. *Meseke,* S. 81ff.; *Zahar/Sluiter,* S. 205.

formuliert als vgr geboten.[840] In einer späteren Entscheidung qualifizierte die Rechtsmittelkammer das Kriegserfordernis als bloße **Zuständigkeitsbestimmung** („jurisdictional element"), mit dem lediglich verlangt werde, dass zum Zeitpunkt der Tatbegehung *objektiv* ein bewaffneter Konflikt vorgelegen habe.[841]

Gegen das Kriegserfordernis spricht endlich auch, dass es in **Art. 3 ICTRS** (Rn. 172) nicht enthalten ist. Das ICTR hat die Frage in seiner Rechtsprechung nicht einmal für erwähnenswert gehalten. Stattdessen kodifiziert das ICTRS erstmals das Erfordernis eines „ausgedehnten oder systematischen Angriffs gegen irgendeine Zivilbevölkerung" und verlangt darüber hinaus eine besondere diskriminierende Absicht (dazu Rn. 199). **Art. 7** hat die Formulierung des Art. 3 ICTRS fast wörtlich übernommen.[842] Im Ergebnis wird also das überkommene Kriegserfordernis durch das moderne Kontextelement des **ausgedehnten oder systematischen Begehungszusammenhangs** ersetzt.[843] 180

Zusammenfassend kann man somit festhalten, dass sich das Kontextelement im Laufe der vstr Entwicklung fortwährend verändert hat. Der gemeinsame Nenner dieser Entwicklung ist, dass zwar irgendeine Art eines Begehungszusammenhangs immer gefordert worden, jedoch sein genauer Inhalt umstritten gewesen ist. Am ehesten wird sich im Lichte des VGR[844] das Erfordernis als **Verbindung** des Menschlichkeitsverbrechens **zu einer (staatlichen oder nichtstaatlichen) Macht** („institutioneller Hintergrund")[845] konkretisieren lassen.[846] Ein Kriegszusammenhang ist jedenfalls nicht länger erforderlich.[847] **Sinn und Zweck** des Kontextelements[848] liegt zunächst darin, VgM von weniger schwerwiegenden, allgemeinen Verbrechen abzugrenzen. Das Kontextelement ist das **„internationale Element"**[849] im Tatbestand der VgM. Es macht ein bestimmtes kriminelles Verhalten zu einer internationalen Angelegenheit.[850] Es beschreibt den Begehungszusammenhang bzw. die Gesamttat von VgM.[851] Daraus er- 181

840 Allerdings ist die von *ICTY,* Tadic TJ 7.5.1997, paras. 621 ff. (623) angenommene vgr Anerkennung der VgM auf der Grundlage des Nürnberger Rechts durchaus angreifbar, vgl. *Zahar/Sluiter,* S. 201 f.

841 *ICTY,* Tadic AppJ 15.7.1999, paras. 249, 251. Ebenso Kordic/Cerkez TJ 26.2.2001, para. 33; Krajisnik TJ 27.9.2006, para. 704; Milutinovic et al. TJ 2.2.2009, para. 140; Popovic et al. TJ 10.6.2010, para. 750. Dazu auch *Mettraux,* S. 43, 152.

842 Instruktiv zu den Verhandlungen *Meseke,* S. 87 ff.

843 Gegen das Kriegserfordernis auch Cryer/*Robinson,* S. 233 f.

844 Allg. zur vgr Anerkennung *König,* S. 245 ff. (268); *Meseke,* S. 42 ff., 93, 101; zur Legitimation aus den allg. Rechtsgrundsätzen *König,* S. 269 ff.; *Meseke,* S. 38 f.; krit. *Malarino,* in: Universidad Javeriana, Siglo XXI, Bd. III, 2010, S. 149 ff.

845 *König,* S. 262 ff.

846 So im Ergebnis auch *Bassiouni,* 1999, S. 243 ff.; *Burkhardt,* S. 36; staatszentriert aber *Vernon,* J.Pol. Phil. 10 (2002), 233 („moral inversion ... of the state"), 242, 245; zu Recht krit. *Luban,* YaleJIL 29 (2004), 94 mit Fn. 28.

847 Krit. *Schabas,* 2010, S. 147.

848 Näher dazu *Ambos/Wirth,* CLF 13 (2002), 13 ff.

849 *ICTY,* Tadic AppJ Sentencing 26.1.2000, Separate Opinion of Judge Shahabuddeen; *Bassiouni,* 1999, S. 243.

850 *Kreß,* in: Fischer/Lüder, S. 53; *van Schaack,* ColJTL 37 (1999), 819; *Lippman,* BostCTWLR 17 (1997), 183 unter Verweis auf Justice Jackson; *Meseke,* S. 128 ff.; ebenso *Kirsch,* FS Hamm, 2008, S. 283, 285 ff.; *ders.,* LJIL 22 (2009), 525, für den es sich (nur) um ein die internationale Zuständigkeit begründendes, nicht aber unrechts- bzw. schuldbegründendes Merkmal handelt; eingehend *ders.,* Begehungszusammenhang, 2009, S. 107 ff. (140 ff.).

851 Zu Gesamt- und Einzeltat schon o. Rn. 11. Instruktiv zu VgM *May,* 2005, S. 119 ff.; *Mettraux,* S. 147; *Moneta,* in: Cassese et al., 2005, S. 4 ff.; MünchKomm/*Werle/Burchards,* § 7 VStGB Rn. 13 f., 32 (Po-

gibt sich auch ihr **Schutzzweck,** nämlich die grundlegenden Menschenrechte strafrechtlich zu schützen (Rn. 173).

3. Kontextelement, Begehungszusammenhang, Gesamttat i. S. v. Art. 7

a) Ausgedehnter oder systematischer Angriff

182 **aa) Angriff.** Die Rechtsprechung definiert den Angriff als eine **mehrfache Begehung von Taten** i. S. d. Einzeltaten der Art. 5 ICTY, Art. 3 ICTRS und Art. 7 Abs. 1 IStGHS.[852] Das ist eine überzeugende Definition, weil damit vereinzelte und willkürliche Tathandlungen ausgeschlossen werden;[853] außerdem stimmt diese Definition mit Art. 7 Abs. 2 (a) – „Verhaltensweise, die mit der mehrfachen Begehung der in Absatz 1 genannten Handlungen verbunden ist" – überein. Die Taten, die den Angriff ausmachen, sollten also mindestens „unmenschliche Handlungen" i. S. v. Art. 7 Abs. 1 (k) (Rn. 219) darstellen.[854] Der Angriff ist jedoch nicht auf einen militärischen Angriff beschränkt, sondern umfasst jegliche Form von Gewalt gegen die Zivilbevölkerung,[855] ggf. sogar nur psychische Gewalt.[856] Ein „Angriff" muss von einem **„bewaffneten Konflikt"** unterschieden werden: Er kann diesem vorausgehen, während dessen oder danach stattfinden; er muss jedoch kein Teil des bewaffneten Konfliktes sein.[857] Umgekehrt ist eine militärische Operation nicht notwendigerweise ein Angriff i. S. v. Art. 7, außer wenn sie gegen die Zivilbevölkerung gerichtet ist (dazu Rn. 189 ff.).[858]

183 Die **Art und Weise der Begehung** ist nicht genau definiert. Eine *mehrfache* Begehung von Handlungen kann durch einen einzelnen oder durch mehrere *Täter,* die zur selben

---

litikelement als „Illustration des Gesamttaterfordernisses"). Rvgl *Kreicker,* in: Eser et al., 2003 ff., Bd. 7, S. 79 ff.

[852] *ICTY,* Milutinovic et al. TJ 26. 2. 2009, para. 144; Lukic & Lukic TJ 20. 7. 2009, para. 873; *ICTR,* Muhimana TJ 28. 4. 2005, para. 526; Muvunyi TJ 12. 9. 2006, para. 512; Setako TJ 25. 2. 2010, para. 476; *ICC,* Bemba Confirmation Decision 15. 6. 2009, para. 75; Situation Kenya Decision 31. 3. 2010, para. 80; Katanga TJ 7. 3. 2014, para. 1101 („champagne", „operation", „série d'actions", „commission multiple d'actes", wobei grds. ein einziges Ereignis ausreicht). Vgl. auch *Ambos/Wirth,* CLF 13 (2002), 16 m. w. N.; vgl. auch *Mettraux,* HarvILJ 43 (2002), 259 ff.; *Meseke,* S. 132; *Kolb,* in: Kolb/Scalia, S. 99.

[853] *Clark,* FS Ginsburg, 2001, S. 152; Triffterer/*Dixon* revised by *Hall,* Art. 7 Rn. 4; *Gómez-Benítez,* CDJ 9 (2001), 21. Vgl. ebenso (zum ausgedehnten u. systemat. Angriff) *ICTY,* Milutinovic TJ 26. 2. 2009, para. 150; *ICC,* Katanga and Ngudjolo Confirmation Decision 30. 9. 2008, para. 394; zust. Al Bashir Arrest Warrant Decision 4. 3. 2009, para. 81; Bemba Confirmation Decision 15. 6. 2009, paras. 77, 83; Bemba Confirmation Decision 15. 6. 2009, para. 75; Situation Kenya Decision 31. 3. 2010, para. 81; Katanga TJ 7. 3. 2014, paras. 1101, 1123.

[854] A. A. wohl *Mettraux,* S. 156 mit Fn. 4 auf das – freilich nicht repräsentative – Kayishema/Ruzindana Urteil Bezug nehmend.

[855] *ICC,* Katanga TJ 7. 3. 2014, para. 1101 („toute forme de violence"). In diesem Sinne auch *Werle,* 2012, Rn. 872 („jede Form der Misshandlung"); *Meseke,* S. 132; *Parenti,* in: Parenti et al., 2007, S. 41; *Gless,* 2011, Rn. 824.

[856] Vgl. bereits *ICTR,* Akayesu TJ 2. 10. 1998, para. 581, wo allerdings als Beispiel für Maßnahmen „non-violent in nature" die Auferlegung eines Apartheid-Systems genannt wird, das freilich kaum ohne jegliche Gewaltanwendung errichtet werden kann; in diesem Sinne auch *Mettraux,* HarvILJ 43 (2002), 246; *ders.*, S. 156; für gewaltlose Mittel aber Triffterer/*Dixon* revised by *Hall,* Art. 7 Rn. 8.

[857] *ICTY,* Stakic TJ 31. 7. 2003, para. 623; zust. Brdanin TJ 1. 9. 2004, para. 131; Kordic and Cerkez AppJ 17. 12. 2004, para. 666; Krajisnik TJ 27. 9. 2006, para. 706; Popovic et al. TJ 10. 6. 2010, para. 752; *ICTR,* Nahimana et al. AppJ 28. 11. 2007, paras. 916 f.; *Mettraux,* S. 156 f.; *Currat,* Crimes contre l'humanité, 2006, S. 95.

[858] Vgl. *Mettraux,* HarvILJ 43 (2002), 246; *ders.*, S. 157.

Zeit oder zu unterschiedlichen Zeitpunkten handeln, vorgenommen werden.[859] Dauer und geographische Ausdehnung des Angriffs können variieren.[860] **Beispielhaft:** Wenn ein Tötungskommando Angehörige oder Sympathisanten einer politischen Oppositionsgruppe über einen langen Zeitraum hinweg liquidiert, begehen die Angehörigen des Kommandos mehrfache Tötungen durch unterschiedliche Handlungen zu unterschiedlichen Zeitpunkten. Auch ein Einzeltäter, der eine Bombe in eine Menschenmenge wirft oder das Trinkwasser einer Stadt vergiftet, begeht mehrfache Tötungen, bedient sich dabei aber nur einer Handlung; so bilden die mehrfachen Tötungen immer noch eine „mehrfache Begehung von Handlungen" i. S. eines Angriffs. Ähnlich verhält es sich, wenn eine terroristische Gruppe ein Flugzeug in ein ziviles Gebäude steuert und dadurch den Tod mehrerer Menschen verursacht. Die Mitglieder der terroristischen Gruppe begehen mehrfache Tötungen durch eine einzige Handlung. Wenn die gleiche Tat mit verschiedenen Flugzeugen gegen unterschiedliche Gebäude durchgeführt wird, begeht die Gruppe, zusätzlich zu der Vielzahl der Tötungen, mehrere Handlungen zur gleichen Zeit anstatt lediglich einer einzelnen Handlung.[861]

bb) Ausgedehnt oder systematisch. Ein **ausgedehnter** Angriff erfordert – im *quantitativen* Sinne – eine große Zahl von Opfern, die, wie schon ausgeführt, entweder das Ergebnis mehrerer Handlungen oder einer einzelnen Handlung „von außerordentlichem Ausmaß" sein kann.[862] Ein **systematischer** Angriff wird – *qualitativ* verstanden – „auf Grund einer vorgefassten Politik oder auf Grund eines solchen Plans ausgeführt",[863] wobei freilich die Existenz einer solchen Politik oder eines Plan nicht als tatbestandliche Voraussetzung, sondern lediglich als Indiz für die Systematik des Angriffs zu verstehen ist.[864] Jedenfalls ist von der Systematik des Angriffs auszugehen, wenn er 184

859 So auch *Werle,* 2012, Rn. 871; *Borsari,* S. 310; *Kuschnik,* GoJIL 2 (2010), 520.

860 Vgl. *Mettraux,* S. 160f.; vgl. auch die dort (S. 160 mit Fn. 23) genannten, im Nikolic-Fall entwickelten Indizien.

861 I. Erg. ebenso MünchKomm/*Werle/Burchards,* § 7 VStGB Rn. 24.

862 *ICTY,* Blaskic TJ 3.3.2000, para. 206; Vasiljevic TJ 29.11.2002, para. 35; Stakic TJ 31.7.2003, para. 625; Blaskic AppJ 29.7.2004, para. 101 (bezugnehmend auf Kunarac et al. AppJ 12.6.2002, para. 94); Kordic and Cerkez AppJ 17.12.2004, para 94; Limaj TJ 30.11.2005, para. 183; Popovic et al. TJ 10.6.2010, para. 756; Dordevic TJ 23.2.2011, para. 1588; Gotovina et al. TJ 15.4.2011, para. 1703; Tolimir TJ 12.12.2012, para. 699; *ICTR,* Bisengimana, TJ 13.4.2006, para. 44 („large scale, involving many victims"); Nzabirinda, Sentencing J 23.2.2007, para. 21; Setako TJ 25.2.2010, para. 476; Munyakazi TJ 5.7.2010, para. 503; *ICC,* Katanga and Ngudjolo Confirmation Decision 30.9.2008, para. 395; Bemba Confirmation Decision 15.6.2009, para. 83; Katanga TJ 7.3.2014, paras. 1098, 1123. Vgl. auch *Ambos/Wirth,* CLF 13 (2002), 20f., 30ff. m.w.N.; *Gómez-Benítez,* CDJ 9 (2001), 30; *Meseke,* S. 133f.; *Mettraux,* S. 171; *Schabas,* 2006, S. 192f.; *Eboe-Osuji,* Afr.J.Legal Stud. 2 (2008), 120; *Cerone,* New Eng.J.Int'l Comp.L. 14 (2008), 197; *Kolb,* in: Kolb/Scalia, S. 99f.; *van den Herik,* in: Darcy/Powderly, S. 88.

863 *ICTR,* Bagilishema TJ 7.6.2001, para. 77 (Übers. aus dem Englischen); *ICTY,* Vasiljevic TJ 29.11.2002, para. 35; *ICC,* Katanga and Ngudjolo Confirmation Decision 30.9.2008, para. 397; zust. Al Bashir Arrest Warrant Decision 4.3.2009, para. 81. Vgl. auch *Ambos/Wirth,* CLF 13 (2002), 18ff., 30 m.w.N.; zust. *Meseke,* S. 136 mit Fn. 110; *Cryer,* S. 254.

864 *ICTY,* Blaskic AppJ 29.7.2004, para. 100; Brdanin TJ 1.9.2004, para. 137; Tolimir TJ 12.12.2012, para. 698; Stanisic & Simatovic TJ 30.5.2013, para. 963; auch *ICTR,* Semanza TJ 15.5.2003, para. 329; Muhimana TJ 28.4.2005, para. 527; *Mettraux,* S. 172; weitere Indizien *ebd.*, S. 171; *ICC,* Harun/Kushayb Decision 27.4.2007, para. 62 („... policy is an element from which the systematic nature of an attack may be inferred"); Katanga TJ 7.3.2014, paras. 1098 (auf die Organisiertheit abstellend), 1113 („existence d'un *schéma* fait de comportements répétitifs ..."; Herv. i. Original), 1123. Krit. zu der hohen Schwelle *Cryer,* S. 254f.

auf einer Politik („policy") oder einem Plan beruht, der die Täter im Hinblick auf den Gegenstand des Angriffs, scil. die ausgesuchten Opfer, leitet (sog. **policy element**); Systematik kann aber auch ohne eine zugrundeliegende Politik vorliegen.[865]

185 Umstritten ist, ob diese Tatbestandselemente **alternativ oder kumulativ** vorliegen müssen. Auf den ersten Blick scheinen die Rechtsprechung[866] und einige der einschlägigen internationalen Instrumente dem alternativen Ansatz zu folgen – z. B. der ILC Draft Code 1996,[867] die UNTAET-Verordnung 2000/15 (sect. 5.1.), die Statuten der Sondergerichtshöfe für Sierra Leone (Art. 2) und Irak (Art. 12 Abs. 1)[868] und vor allem auch Art. 7 Abs. 1 (ebenso § 7 VStGB). Auch die Literatur schließt sich dem in der Regel an,[869] ohne jedoch die Problematik angemessen zu diskutieren. Nun verlangt aber Art. 7 Abs. 2 (a), dass die „mehrfache Begehung der Handlungen" auf eine bestimmte Politik gestützt wird und scheint damit – wenn man die Politik als Grundlage der Systematik betrachtet – dem kumulativen Ansatz zuzuneigen.[870] Wie kann dieser scheinbare Widerspruch zwischen der h. M. und dem Wortlaut von Art. 7 Abs. 2 (a) aufgelöst werden? Gibt es eine Möglichkeit, Art. 7 Abs. 2 (a) mit dem alternativen Ansatz zu versöhnen?

186 Der Schlüssel zur Lösung des Problems liegt in der **Funktion** des **policy elements.** Während Art. 7 Abs. 2 (a) dieses Element ausdrücklich verlangt, hat die Rspr. der *Ad-Hoc*-Tribunale bestritten, dass es vgr erforderlich ist.[871] Wie sich jedoch schon

---

[865] Den Unterschied zwischen der „Politik" und „systematisch" betonend *ICC,* Katanga TJ 7.3.2014, paras. 1111–1113 (1113: „L'analyse du caractère systématique de l'attaque va dès lors au-delà de l'existence d'une quelconque politique visant à éliminer, persécuter ou affaiblir une communauté").

[866] Vgl. die Nachweise in *Ambos/Wirth,* CLF 13 (2002), 18 mit Fn. 81 sowie *Mettraux,* S. 170 mit Fn. 78. Bestätigend die danach ergangene Rspr. *ICTY,* Limaj TJ 30.11.2005, para. 183; D. Milosevic TJ 12.12.2007, para. 925; Mrksic TJ 27.9.2007, para. 437 („disjunctive rather than cumulative"); Lukic & Lukic TJ 20.7.2009, para. 875; Popovic et al. TJ 10.6.2010, para. 756; *ICTR,* Bisengimana TJ 13.4.2006, para. 43; Muvunyi TJ 12.9.2006, para. 512 m.w.N. in Fn. 715; Setako TJ 25.2.2010, para. 476; Munyakazi TJ 5.7.2010, para. 503; *ICC,* Bemba Confirmation Decision 15.6.2009, para. 82; dazu auch *Ambos,* 2014, S. 62f.

[867] Art. 18 *Draft Code 1996:* „ [...] in a systematic manner or on a large scale [...]". Krit. zur Berufung auf den ILC Code *Zahar/Sluiter,* S. 209.

[868] Zu diesen neuen Tribunalen vgl. schon § 6 Rn. 41ff.

[869] S. z.B. *Werle,* 2012, Rn. 877; *Swaak-Goldman,* in: McDonald/Swaak-Goldman, S. 157; *König,* S. 260ff.; *Meron,* Humanization, 2006, S. 95f.; *Scheinert,* ICLR 13 (2013), 645f.; Cryer/*Robinson,* S. 234; MünchKomm/*Werle/Burchards,* § 7 VStGB Rn. 28; MCC (*O'Connor/Rausch,* S. 203); bzgl. der in Tschetschenien begangenen russischen VgM *Orlova,* ICLR 7 (2007), 61ff.

[870] Für eine solche Sichtweise *Clark,* FS Ginsburg, 2001, S. 155. Ebenso wie Art. 7 Abs. 2 nun auch Art. 12 Abs. 2 (a) ISTS.

[871] *ICTY,* Kunarac et al. AppJ 12.6.2002, para. 98 Fn. 114; Vasiljevic TJ 29.11.2002, para. 36; Limaj TJ 30.11.2005, para. 184; Krajisnik TJ 27.9.2006, para. 706; Milutinovic et al. TJ 26.2.2009, para. 151; Popovic et al. TJ 10.6.2010, para. 756; *ICTR,* Semanza AppJ 20.5.2005, para. 269; Muvunyi TJ 12.9.2006, para. 512 m.N. in Fn. 716; Seromba AppJ 12.3.2008, para. 149; zust. Darfur Report, para. 179; *Mettraux,* HarvILJ 43 (2002), 270ff. (282); *ders.,* S. 172 mit Fn. 93; MünchKomm/*Werle/Burchards,* § 7 VStGB Rn. 27, 32; *Halling,* LJIL 23 (2010), 831 (der i. Ü. für eine Abschaffung des „policy elements" plädiert, um Strafbarkeitslücken zu verhindern, 833ff., aber immerhin die Gefahr der Trivialisierung von VgM erkennt, 844; überzeug. gg. Hallings maximalistische Position *Schabas,* LJIL 23 (2010), 847ff.); krit. zur Rspr. *Schabas,* Journ.Cr. L & Crim. 98 (2008), 960ff.; *Kress,* LJIL 23 (2010), 869ff.; Cryer/*Robinson,* S. 237f.; offenlassend *BGH* JZ 2010, 962. S. auch *Bassiouni,* 1999, S. 243ff.; Cassese/Gaeta/Jones/*Cassese,* S. 360; *Boot,* paras. 458ff.; *Ambos/Wirth,* CLF 13 (2002), 28ff. m.w.N.; *Meseke,* S. 139; *Chifflet,* LJIL 19 (2006), 465; *Kreicker,* in: Eser et al., 2003ff., Bd. 7, S. 64f.; *Werle,* 2012, Rn. 880; *van den Herik,* in: Darcy/Powderly, S. 89f.

aus der Entstehungsgeschichte ergibt (Rn. 174ff.), ist das policy element – gleichsam als Teil des Kontextelements und Kern der systematischen Begehungsweise – das internationale Element der VgM. Es dient dazu, vereinzelte, unkoordinierte und willkürliche Taten Einzelner aus dem Tatbestand auszuschließen.[872] Solche (allgemeinen) Straftaten stellen selbst dann keine VgM dar, wenn sie ausgedehnt und verbreitet i. S. v. „widespread" sind; sie müssen mindestens von einem Staat oder einer Organisation toleriert werden.[873] Aus dem oben Gesagten ergibt sich, dass das *policy element* in den Begriff **„systematisch"** hineingelesen werden *kann,*[874] nicht aber in dem Begriff „ausgedehnt" enthalten ist. Denn dieser erfordert, wie oben definiert, nur eine große Zahl von Opfern. Damit kommt jedoch nur ein rein *quantitativer* Maßstab zum Ausdruck, der keine klare Abgrenzung zwischen nationalen Allgemeinverbrechen und internationalen Verbrechen liefern kann. Vielmehr würden damit nationale und internationale Verbrechen (gegen die Menschlichkeit) auf die gleiche Stufe gestellt und dadurch gerade das internationale Element, das den Unterschied zwischen diesen beiden Verbrechensarten markiert, aufgehoben.[875] Im Ergebnis bedeutet dies, dass – *quantitativ* – weit verbreitete Verbrechen nur dann als VgM gelten können, wenn sie – **qualitativ** – in irgendeiner Form mit der Politik einer **staatlichen oder organisierten Macht oder Autorität verbunden** sind oder durch diese zumindest geduldet werden.[876] Art. 7 Abs. 2 (a) muss also nicht i. S. d. kumulativen Ansatzes verstanden werden, sondern lediglich als Ausdruck der Erkennntnis, dass das policy element *sowohl* in dem Erfordernis des ausgedehnten *als auch* des systematischen Angriffs enthalten ist.[877]

Es bleibt die Frage, was genau von einer **Politik** („policy") zur Begehung von VgM zu verlangen ist. Während Übereinstimmung besteht, dass eine implizite oder *de facto* Politik ausreicht, diese also nicht als elaboriertes Projekt existieren muss, sondern sich sogar erst im Lauf des Angriffs gegen die Zivilbevölkerung – gleichsam als evolutiver Prozess – entwickeln kann,[878] wurde in Rom und New York heftig darü- 187

[872] Triffterer/*Dixon* revised by *Hall,* Art. 7 Rn. 91; *Meseke,* S. 135; *Draft Code 1996,* 94; Cryer/*Robinson,* S. 236; krit. *Halling,* LJIL 23 (2010), 831ff., 840f.; s. auch *ICTY,* Nikolic Review of Indictment 20.10.1995, para. 26; *Gotzel,* Terrorismus, 2010, S. 208.

[873] Cassese/Gaeta/Jones/*Cassese,* S. 356; s. auch *ICC,* Katanga and Ngudjolo Confirmation Decision 30.9.2008, para. 396.

[874] Auch wenn damit u. U. weniger als mit „systematisch" verlangt wird, vgl. *Meseke,* S. 140f.; *Parenti,* in: Parenti et al., 2007, S. 50ff. Vgl. auch *ICC,* Katanga and Ngudjolo Confirmation Decision 30.9.2008, para. 396; Bemba Confirmation Decision 15.6.2009, para. 81; zust. Situation Kenya decision 31.3. 2010, para. 86, wo im Kern auf Organisation und ein „regular pattern" abgestellt wird. Krit. zur Gleichsetzung von „systematisch" mit „policy" in der bisherigen ICC Rspr. *Halling,* LJIL 23 (2010), 836f.

[875] Vgl. *Bassiouni,* 1999, S. 245.

[876] Notwendig ist die Verbindung mit der Politik, nicht nur mit dem Staat oder der Organisation, vgl. *ICC,* Katanga TJ 7.3.2014, para. 1116.

[877] Zust. *Gómez-Benítez,* CDJ 9 (2001), 27f.; i. Erg. ebenso Cryer/*Robinson,* S. 239f., wenn er als Mindestvoraussetzung (staatliche) Duldung o. Billigung fordert; auch (sehr differenziert) *Parenti,* in: Parenti et al., 2007, S. 45ff. (52); *Borsari,* S. 312; *Kolb,* in: Kolb/Scalia, S. 103f. Demgegenüber sieht *Meseke,* S. 140, 144 in dem Politikelement lediglich eine Zuständigkeitsbeschränkung; a. A. wohl auch *ICC,* Katanga TJ 7.3.2014, para. 1111 (die Eigenständigkeit von „widespread" und „systematic" ggü. dem Politikelement betonend: „ce n'est pas tant la politique que le caractère généralisé ou systématique de l'attaque, c'est-à-dire une considération d'échelle et de régularité du modèle employé, qui caractérise avant tout le crime contre l'humanité"). Vertiefend *Cupido,* CLF 22 (2011), 289ff.

[878] Vgl. *ICC,* Katanga TJ 7.3.2014, paras. 1108 („projet formel" nicht notwendig), 1109 (Ableitung aus objektiven Angriffshandlungen oder entsprechender Vorbereitung), 1110 („relever d'un processus évo-

ber gestritten, ob **mehr als die bloße Duldung** der Verbrechen durch den Staat oder die Organisation notwendig ist. Die Verbrechenselemente enthalten insoweit einen widersprüchlichen Vorschlag: Einerseits soll es erforderlich sein, dass der „Staat oder die Organisation [die Taten] *aktiv* fördert oder dazu auffordert", andererseits wird in einer Fußnote konzediert, dass solch eine Politik unter außergewöhnlichen Umständen auch „durch ein absichtliches *Unterlassen* zu handeln ausgeführt werden kann".[879] Es ist klar, dass es der **„aktive Ansatz"** in der Regel schwierig, wenn nicht gar unmöglich macht, Massenverbrechen als VgM anzusehen, da eine aktive Unterstützung durch eine im Hintergrund agierende Organisation nur selten bewiesen werden kann. Abgesehen von diesem eher kriminalpolitischen Argument ist die entscheidende Frage, ob eine solch hohe Schwelle mit dem VGR vereinbar ist und überhaupt Sinn macht. Die Antwort muss negativ ausfallen. Wie gerade nachgewiesen,[880] fordert das VGR keine Politik und damit erst recht keine *aktive* Politik zur Regelung von VgM. Mag diese Ansicht auch mit dem Wortlaut von Art. 7 Abs. 2 (a) in Konflikt geraten, so bedeutet dies nicht, dass mehr als eine **Duldung** oder **implizite Zustimmung** der hinter einem Angriff stehenden Organisation vorliegen muss.[881] Wäre es anders, würde Art. 7 Abs. 1 faktisch in einer Vielzahl ausgedehnter Verbrechensgeschehnisse, in denen die hinter den Taten stehende Organisation diese nicht aktiv fördert oder unterstützt, unanwendbar sein.[882] Im Ergebnis muss das Tatbestandsmerkmal „policy" in Art. 7 Abs. 2 (a) also restriktiv dahingehend ausgelegt werden, dass es **keiner *aktiven* Politik** eines Staates oder einer Organisation zur Förderung oder Aufforderung zu VgM bedarf, sondern dass eine Duldung dieser Verbrechen, jedenfalls wenn sie „ausgedehnt" begangen werden, ausreichend ist. Schon diese Duldung macht VgM gefährlicher als isolierte Einzeltaten, trägt also der *ratio* des Kontextelements ausreichend Rechnung.[883]

188 Während mit dem Tatbestandsmerkmal **„Organisation"** (Art. 7 Abs. 2 (a)) klargestellt ist, dass auch nicht-staatliche Gruppen VgM begehen können, ist umstritten, ob und wie diese „Organisationen" beschaffen sein müssen. Nach Ansicht der Rspr. müssen sie eine bestimmte (faktische) *Gebietskontrolle* ausüben,[884] wobei dieses Kriterium jedoch offensichtlich dem humanitären Völkerrecht (Art. 1 Abs. 1 ZP II, Rn. 237) entlehnt ist und damit der konstatierten Selbstständigkeit des VgM zuwiderläuft. Überzeugender ist es deshalb die „Organisation" i. S. v. Art. 7 tatbestandsimmanent und -systematisch im Hinblick auf den *Gegenbegriff des „Staats"* und die erforderliche *Gesamttat* zu bestimmen. Die Fähigkeit eine solche Gesamttat zu begehen, setzt ein bestimmtes **Macht- oder Gewaltpotential** der betreffenden Organisation

lutif"), 1113 („... vise uniquement à démontrer que l'État ou l'organisation entend mener une attaque contre une population civile."). Vgl. vorher schon *Ambos/Wirth,* CLF 13 (2002), 27 f.; Triffterer/*Dixon* revised by *Hall,* Art. 7 Rn. 92; MünchKomm/*Werle/Burchards,* § 7 VStGB Rn. 33 f.

879 Art. 7, Fn. 6 Verbrechenselemente: „be implemented by a deliberate failure to take action".

880 O. Rn. 181 mit Fn. 844 ff.

881 Vgl. *ICTY,* Kupreskic et al. TJ 14. 1. 2000, paras. 552, 555 verlangt „toleration, implicit approval or endorsement"; Vgl. auch *Werle,* 2012, Rn. 890; Cassese/Gaeta/Jones/*Cassese,* S. 375 f.; *Gil Gil,* ZStW 112 (2000), 385 f.; *Boot,* para. 462; *Gómez-Benítez,* CDJ 9 (2001), 22 ff.; *Meseke,* S. 143; *Moneta,* in: Cassese et al., 2005, S. 14; MünchKomm/*Werle/Burchards,* § 7 VStGB Rn. 41; restriktiver *Parenti,* in: Parenti et al., 2007, S. 43, 45: nur bei (faktischer) territorialer Kontrolle.

882 *Ambos/Wirth,* CLF 13 (2002), 33.

883 Vgl. *Ambos,* in: Sadat, Convention, 2011, S. 291.

884 *ICTY,* Tadic TJ 7. 5. 1997, para. 654; Kupreskic et al. TJ 14. 1. 2000, para. 552; Blaskic TJ 3. 3. 2000, para. 205; vgl. auch *ICC,* Katanga and Ngudjolo Confirmation Decision 30. 9. 2008, para. 396; Bemba Confirmation Decision 15. 6. 2009, para. 88; Situation Kenya Decision 31. 3. 2010, para. 93, wo die territoriale Kontrolle allerdings nur alternativ genannt wird; ebenso Ruto et al. Confirmation Decision 23. 1. 2012, paras. 184 f.

voraus,[885] welches durch den Organisationsgrad, die Schlagkraft u. ä. Kriterien – zu denen auch die Gebietskontrolle gehören kann – indiziert wird; letztlich muss es sich um Organisationen handeln, die *insoweit* mit dem staatlichen (Streitkräften, Polizeieinheiten) vergleichbar sind und über ausreichende Mittel verfügen, um einen Angriff i. S. v. Art. 7 Abs. 2 (a) durchzuführen.[886] Der IStGH folgt dieser Ansicht,[887] wobei es jedoch strittig ist, wie eng der Organisationsbegriff an die Strukturen eines Staates angelehnt werden muss.[888]

b) Gerichtet gegen eine beliebige Zivilbevölkerung

Dieses Erfordernis ruft den **humanitärvölkerrechtlichen Ursprung** der VgM in Erinnerung (Rn. 174).[889] Der Hinweis auf eine „Zivilbevölkerung" entspricht einerseits der Definition des Angriffs insoweit als damit eine **Vielzahl von Opfern** verlangt wird und isolierte und willkürliche Tathandlungen ausgeschlossen werden.[890] Andererseits wird diese Definition ergänzt, indem auf „eine entweder geographisch oder auf Grund anderer gemeinsamer Merkmale in sich **geschlossene, unterscheidbare Gruppe** von Personen"[891] Bezug genommen wird. Dieses zusätzliche Erfordernis sollte jedoch *nicht zu restriktiv* ausgelegt werden; es reicht aus, wenn die „Bevölkerung" allgemein und wahllos angegriffen wird.[892] Auch die selektive Verfolgung einer unterscheidbaren (etwa politischen) Gruppe, sei es durch das Verschwindenlassen von deren Mitgliedern **(Fall 25)** oder ihre (sonstige) politische Verfolgung, erfüllt das Merkmal, denn es handelt sich dabei mindestens um eine „Bevölkerung" i. e. S.[893] Der Begriff **„beliebige"** 189

[885] Ähnlich *Meseke,* S. 147, der dies bei terroristischen Organisationen bejaht, bei mafiösen verneint.

[886] Explizit *Bassiouni,* 1999, S. 275; *Gil Gil,* ZStW 112 (2000), 391 f.; zust. *Parenti,* in: Parenti et al., 2007, S. 44; MünchKomm/*Werle/Burchards,* § 7 VStGB Rn. 35 ff.; *Schabas,* 2010, S. 152; *de Guzman,* in: Schabas/Bernaz, S. 131 f.

[887] Vgl. *ICC,* Katanga and Ngudjolo Confirmation Decision 30. 9. 2008, para. 396; Bemba Confirmation Decision 15. 6. 2009, para. 88 („capability to commit a widespread or systematic attack against a civilian population"); Situation Kenya Decision 31. 3. 2010, para. 90 („capability to perform acts which infringe on basic human values"); Katanga TJ 7. 3. 2014, paras. 1117 ff. („l'organisation en question dispose de moyens suffisants pour favoriser ou encourager une campagne ... „ [1117], „de moyens et de capacités suffisantes pour permettre la réalisation de la ligne de conduite ou de l'opération impliquant la commission multiple d'actes ... „, „dotée d'un ensemble de structures ou de mécanismes, quels qu'ils soient, suffisamment efficaces pour assurer la coordination nécessaire à la réalisation d'une attaque ..." [1119]; auch unter Hinweis auf den Schutzzweck, para. 1122).

[888] Weiter insoweit die Mehrheitsmeinung in der *ICC,* Situation Kenya Decision 31. 3. 2010, paras. 90 ff., wonach „on a case by case basis" zahlreiche Kriterien zu berücksichtigen seien (para. 93: Befehlsgewalt/Hierarchie, ausreichende Mittel zur Begehung eines ausgedehnten o. systematischen Angriffs, Gebietskontrolle, Verbrechen an Zivilbevölkerung als „primary purpose", Teil einer größeren Gruppe, die die genannten Kriterien erfüllt); krit. *Kress,* LJIL 23 (2010), 857 ff.; in diesem Sinne auch Katanga TJ 7. 3. 2014, paras. 1118 ff. (ausdrücklich eine hierarchisch-zentralisierte, staatsähnliche Struktur ablehnend). Enger hingegen die abwM von Richter Kaul zur Kenia Entscheidung, paras. 37 ff. (51), wonach eine Organisation i. S. v. Art. 7 „einige Merkmale eines Staats teilen" („partake of some characteristics of a State") müsse; zust. *Kress,* LJIL 23 (2010), 862 ff.; dagegen *Werle/Burghardt,* ZIS 2012, 271 ff.; *dies.,* JICJ 10 (2012), 1166 ff.; *Sadat,* AJIL 107 (2013), 371 ff.; dazu auch *Ambos,* 2014, S. 72 ff.; offenlassend Gbagbo Confirmation Decisioin, 12. 6. 2014, para. 217.

[889] *Bassiouni,* 1999, S. 18 ff.; *Mettraux,* HarvILJ 43 (2002), 299 ff.; *Swaak-Goldman,* in: McDonald/Swaak-Goldman, S. 154 ff.; *Ambos/Wirth,* CLF 13 (2002), 22 ff.

[890] *Ambos/Wirth,* CLF 13 (2002), 21 f. m.w.N.; auch *Werle,* 2012, Rn. 862; *König,* S. 260 f.; *Mettraux,* S. 165; Cryer/*Robinson,* S. 240 f.; *Parenti,* in: Parenti et al., 2007, S. 39, 53; *Gotzel,* Terrorismus, 2010, S. 204 f.

[891] *Mettraux,* HarvILJ 43 (2002), 250, 255; *ders.,* S. 166. Vgl. auch *ICC,* Bemba Confirmation Decision 15. 6. 2009, para. 76; Ruto et al. Confirmation Decision 23. 1. 2012, para. 164.

[892] *Mettraux,* HarvILJ 43 (2002), 255; *ders.,* S. 165; ähnlich *Orlova,* ICLR 7 (2007), 59.

[893] Unklar *Mettraux,* S. 165 vs. 166.

(„any") macht deutlich, dass die Tat sich auch gegen Personen gleicher Staatsangehörigkeit richten kann, VgM also nicht – wie grundsätzlich Kriegsverbrechen (Rn. 231) – auf Angehörige eines fremden Staates beschränkt sind.[894] Die Tat muss **„gegen"** die Bevölkerung **„gerichtet"** sein („directed against"), d. h. sie muss „das Hauptziel des Angriffs sein",[895] wobei sich dieser auch nur gegen einen wesentlichen Teil der Zivilbevölkerung richten kann (näher Rn. 191 a. E.).

190 Ausgangspunkt zur Bestimmung des Begriffs des **Zivilisten** ist das humanitäre Völkerrecht (Rn. 246), jedenfalls solange es um VgM geht, die in einem **bewaffneten Konflikt** begangen werden. Nach Art. 50 Abs. 1 ZP I sind Zivilisten alle Personen, die nicht einer der in Art. 4 A GK III genannten bewaffneten Organisationen oder Gruppen angehören (Streitkräfte, Milizen, Aufstandsbewegungen).[896] Der Rechtsgedanke dieser nur im internationalen Konflikt anwendbaren Vorschriften kann auch auf den nicht-internationalen Konflikt übertragen werden. Entscheidend ist damit die **Zugehörigkeit zu einer der genannten Organisationen,** nicht aber die „spezifischen Situation" zum Zeitpunkt der Tatbegehung, etwa ob die betreffende Person bewaffnet ist oder an den Kampfhandlungen teilnimmt.[897] Auch Angehörige der Polizei sind danach als Zivilisten zu betrachten, denn sie gehören einer zivilen und keiner militärischen Organisation an.[898]

191 Anders ist die Lage jedoch in **Friedenszeiten.** In solchen Zeiten ist das humanitäre Völkerrecht unanwendbar und deshalb muss die dadurch entstehende Schutzlücke durch das Recht der VgM gefüllt werden.[899] Da es keine „Kombattanten" in Friedenszeiten gibt, macht es – entgegen der Rspr.[900] – keinen Sinn, den Begriff „Zivilist" im humanitärvölkerrechtlichen Sinne zu bestimmen und Angehörige militärischer Organisationen vom Anwendungsbereich der VgM auszunehmen. Infolgedessen kann

[894] *ICC,* Katanga TJ 7.3.2014, para. 1103. Vgl. auch *Ambos/Wirth,* CLF 13 (2002), 22 m.w.N.; *Mettraux,* HarvILJ 43 (2002), 254, 256, 299f.; *ders.*, S. 164f.; Triffterer/*Dixon* revised by *Hall,* Art. 7 Rn. 14; *Cassese et al.*, 2013, S. 101ff.; *Meseke,* S. 149; Cryer/*Robinson,* S. 240.

[895] *ICTY,* Kunarac AppJ 12.6.2002, para. 91; Lukic & Lukic TJ 20.7.2009, para. 874; D. Milosevic AppJ 12.11.2009, para. 58; Popovic et al. TJ 10.6.2010, para. 753; Tolimir TJ 12.12.2012, para. 696; Stanisic & Simatovic TJ 30.5.2013, para. 964; *ICTR,* Semanza TJ 15.5.2003, para. 330; zust. *SCSL,* Fofana et al. AppJ 28.5.2008, para. 299; *ICC,* Bemba Confirmation Decision 15.6.2009, para. 77; Kenya Decision 31.3.2010, para. 82; Katanga TJ 7.3.2014, para. 1104. Vgl. auch *Mettraux,* HarvILJ 43 (2002), 247, 253; *ders.*, S. 164; *Orlova,* ICLR 7 (2007), 50; *Eboe-Osuji,* Afr.J.Legal Stud. 2 (2008), 120ff.; *Njikam,* S. 99.

[896] *ICTY,* Blaskic AppJ 29.7.2004, paras. 110ff. (113). Für eine ausführliche Diskussion vgl. *ICTY,* Mrksic TJ 27.9.2007, paras. 443ff. (463); Popovic et al. TJ 10.6.2010, para. 755; *Dungel,* LJIL 22 (2009), 738. In diesem formalen Sinne auch *ICC,* Bemba Confirmation Decision 15.6.2009, para. 78; Kenya Decision 31.3.2010, para. 82; Katanga TJ 7.3.2014, para. 1102; vgl. auch *May,* JICJ 11 (2013), 53f.

[897] *ICTY,* Blaskic AppJ 29.7.2004, para. 114 (gegen Blaskic TJ 3.3.2000, para. 214); bestätigend Galic AppJ 30.11.2006, para. 144. Anders aber wiederum Krajisnik TJ 27.9.2006, para. 706 („civilian population, for the purposes of crimes against humanity, includes not only civilians narrowly defined, but also persons who are not taking active part in the hostilities"); nochmal anders Mrksic TJ 27.9.2007, para. 463 („if the victims are non-civilians, the more appropriate charge is war crimes").

[898] Vgl. schon *Ambos/Wirth,* CLF 13 (2002), 25; *Ambos,* 2014, S. 66.

[899] *Ambos/Wirth,* CLF 13 (2002), 24 m.w.N.; zust. *Parenti,* in: Parenti et al., 2007, S. 56f.; *Dungel,* LJIL 22 (2009), 746f.

[900] Zu deren analoger Anwendung *Meseke,* S. 151f. m.w.N.; krit. zur Rspr. auch *Zahar/Sluiter,* S. 205ff. (insb. gg. die analoge Anwendung des humanitären VR, 206); MünchKomm/*Werle/Burchards,* § 7 VStGB Rn. 19.

grundsätzlich **jede Person,** einschließlich Polizisten[901] und Soldaten,[902] als „Zivilist" betrachtet und somit zum Opfer von VgM werden, sofern sie nur *schutzbedürftig* ist.[903] Lediglich eine solch weite Definition wird dem **Schutzzweck** der VgM – strafrechtliche Absicherung der grundlegenden Rechte *aller* Menschen im Hinblick auf ausgedehnte und/oder systematische Verletzungen – gerecht. Zugleich ermöglicht sie den Gerichten, jedenfalls in Friedenszeiten, die unnötige und schädliche Restringierung des Tatbestandes durch das Tatbestandsmerkmal „Zivilist" zu überwinden. Freilich kann dieses weite Verständnis auf Grund des klaren Wortlauts von Art. 7 und des humanitärvölkerrechtlichen Verständnisses des Begriffs Zivilisten kaum auf die Situation eines **bewaffneten Konfliktes** übertragen werden. Insoweit ist aber immerhin zu berücksichtigen, dass sich der Charakter einer überwiegend zivilen Bevölkerung nicht durch die Präsenz einzelner Kombattanten in ihrer Mitte verändert, sie also ihren Schutz dadurch auch nicht verliert;[904] dementsprechend muss auch nicht die *gesamte* Zivilbevölkerung eines bestimmten Gebiets angegriffen werden, sondern nur eine „ausreichend Zahl" von Zivilpersonen oder die Zivilbevölkerung dergestalt, dass man davon sprechen kann, dass sich der Angriff „tatsächlich" gegen diese richtet.[905] Letztlich ist die einzig überzeugende Lösung, den Begriff „Zivilist" so bald als möglich aus Art. 7 zu streichen.[906]

c) Der Zusammenhang zwischen Einzeltaten und Gesamttat

Es besteht Übereinstimmung, dass es irgendeine Art von Verbindung zwischen den **192**
Einzeltaten und der Gesamttat (dem Kontextelement), also dem ausgedehnten oder systematischen Angriff, geben muss. Dem Wortlaut von Art. 5 ICTYS, Art. 3 ICTRS und Art. 7 Abs. 1 – „committed as part" – lässt sich entnehmen, dass die Einzeltaten **Teil eines übergreifenden Angriffs,** „einer Struktur ausgedehnter und systematischer Verbrechen" sein[907] bzw. dass sie im Zusammenhang mit einer Kumulation von Ge-

---

901 A. A. *ICTR,* Kayishema/Ruzindana TJ 21.5.1999, para. 127; zust.: *Mettraux,* HarvILJ 43 (2002), 257; *Meseke,* S. 154; eher ablehnend *Werle,* 2012, Rn. 869.

902 *Cassese et al.,* 2013, S. 102f.; dafür i. Erg. auch (widersprüchlich) *Meseke,* S. 156; *Borsari,* S. 73; *Kolb,* in: Kolb/Scalia, S. 102 („hors de combat").

903 Ähnlich *Kolb,* in: Kolb/Scalia, S. 102 auf die „capacité effective de se défendre" abstellend; für ein weites Verständnis auch MünchKomm/*Werle/Burchards,* § 7 VStGB Rn. 17ff.; vertiefend *Ambos,* 2014, S. 64ff.

904 *ICTY,* Blaskic TJ 3.3.2000, para. 214; Galic AppJ 30.11.2006, para. 144; Milutinovic et al. TJ 26.2.2009, para. 146; D. Milosevic AppJ 12.11.2009, para. 59; *ICTR,* Muvunyi TJ 12.9.2006, para. 513; Nzabirinda Sentencing Judg. 23.2.2007, para. 22; *ICC,* Katanga TJ 7.3.2014, para. 1105; relativierend *ICTY,* Blaskic AppJ 29.7.2004, para. 115 (abhängig von der Zahl der Soldaten). Vgl. auch *Ambos/Wirth,* CLF 13 (2002), 22, 26 mit Fn. 124; *Mettraux,* HarvILJ 43 (2002), 256f. mit Fn. 91, 95; *ders.,* S. 167f.; *Meseke,* S. 150; *Kolb,* in: Kolb/Scalia, S. 103; krit. aber *Zahar/Sluiter,* S. 206, die die Übertragbarkeit dieser humanitärvölkerrechtlichen Regel auf das Recht der VgM ablehnen. Ähnlich wie hier auch Cryer/*Robinson,* S. 241f., der nur „military actions against legitimate military objectives" vom Schutzbereich ausschliessen will, also überhaupt nur während eines bewaffneten Konflikts eine Schutzbereichsbegrenzung sieht.

905 *ICC,* Katanga TJ 7.3.2014, para. 1105 („les civils étaient pris pour cible dans le cours de l'attaque en nombre suffisant ou d'une façon telle que l'attaque était effectivement dirigée contre la population civile").

906 Krit. auch *Werle,* 2012, Rn. 866ff.

907 *ICTY,* Tadic AppJ 15.7.1999, para. 248 (auch para. 255); *ICC,* Bemba Confirmation Decision 15.6.2009, para. 87; Katanga TJ 7.3.2014, paras. 769, 967, 979, 1124 (dabei auf Natur, Ziele und Folgen der Einzeltat abstellend). S. auch *Mettraux,* HarvILJ 43 (2002), 251f.; *ders.,* S. 161f.; Triffterer/*Dixon* revised by *Hall,* Art. 7 Rn. 10; *Ambos/Wirth,* CLF 13 (2002), 35f.

walttaten stattgefunden haben müssen, die sich im Einzelnen in ihrer Natur und Schwere erheblich unterscheiden können.[908] Die Einzeltaten müssen aber nicht selbst den Angriff ausmachen[909] und sie müssen auch nicht zeitgleich mit diesem stattfinden **(Fall 21);** damit muss nicht jede Einzeltat infolge der zugrunde liegenden Politik erfolgen[910] und nicht jeder Einzeltäter Mitglied des hinter dem Angriff stehenden Kollektivs sein.[911] Damit werden also nur isolierte und von der Gesamttat entfernte Taten, etwa die selektive Tötung eines Mitglieds der Opfergruppe im Exil, ausgeschlossen. Die Voraussetzung schließt jedoch nicht einzelne Taten *per se* aus, wenn sie nur einen Teil des übergreifenden Angriffs bilden bzw. im unmittelbaren Anschluß daran stattfinden. Mit anderen Worten: Die Begehung einer einzelnen Tat kann ein VgM darstellen, wenn sie sich **in den** ausgedehnten oder systematischen **Begehungszusammenhang einfügt.**[912] Das kann sich aus den Umständen, den Zielen, der Art und den Folgen der Tathandlungen ergeben.[913]

193 Eine genauere Definition des erforderlichen Zusammenhangs kann aus der **Teleologie** der VgM abgeleitet werden. Sie besteht in dem Schutz vor den besonderen Gefahren mehrfacher und/oder wiederholter Verbrechen, die von (staatlichen) Autoritäten oder Organisationen unterstützt oder toleriert werden. Um also feststellen zu können, ob eine bestimmte Tat Teil des Angriffs gewesen ist, ist danach zu fragen, ob die Tat für das Opfer weniger gefährlich gewesen wäre, wenn der Angriff und die (ihm zugrundeliegende) Politik nicht existiert hätten.[914]

194 Anders als beim Genozid muss das **Opfer** der Einzeltat eines VgM nicht notwendigerweise ein Mitglied einer bestimmten Gruppe sein. Es muss lediglich nachgewiesen werden, dass das Opfer im Rahmen eines Angriffs gegen die Zivilbevölkerung attackiert wurde.[915] Das Opfer muss nicht mit einer der Konfliktparteien in irgendeiner Weise verbunden sein.[916] Schließlich kann auch der Täter selbst ein Mitglied der angegriffenen Gruppe sein.[917]

[908] *ICTY,* Kunarac TJ 22.2.2001, para. 419.

[909] *ICTY,* Kunarac TJ 22.2.2001, para. 417; Kunarac AppJ 12.6.2002, para. 85; Tadic AppJ 15.7.1999, para. 248; *ICTR,* Kayishema/Ruzindana TJ 21.5.1999, para. 135; Bagilishema TJ 7.6.2001, para. 82.

[910] *ICC,* Katanga TJ 7.3.2014, para. 1115 („il ne s'agit donc pas de démontrer que chacun des actes … est intervenu en application ou dans la poursuite de la politique de l'État ou de l'organisation").

[911] *ICC,* Katanga TJ 7.3.2014, para. 1115 („Il ne s'agit donc pas … de se demander si les auteurs de ces actes sont des membres ou sont directement ou indirectement rattachés à l'État ou à l'organisation …").

[912] *ICTY,* Mrksic Review Indictment 3.4.1996, paras. 29f.; Tadic TJ 7.5.1997, para. 649; Kupreskic et al. TJ 14.1.2000, para. 550; Kunarac TJ 22.2.2001, para. 417; Kordic/Cerkez TJ 26.2.2001, para. 178; Lukic & Lukic TJ 20.7.2009, para. 876; Popovic et al. TJ 10.6.2010, para. 757; *ICTR,* Kayishema/Ruzindana TJ 21.5.1999, para. 135; Bagilishema TJ 7.6.2001, para. 82; Kanyarukiga TJ 1.11.2010, para. 664; *ICC,* Bemba Confirmation Decision 15.6.2009, para. 84. Vgl. auch *Mettraux,* HarvILJ 43 (2002), 251; Triffterer/*Dixon* revised by *Hall,* Art. 7 Rn. 9; *Gómez-Benítez,* CDJ 9 (2001), 32; *Meseke,* S. 133; *Satzger,* 2013, § 16 Rn. 14; Cryer/*Robinson,* S. 242f.

[913] *ICC,* Bemba Confirmation Decision 15.6.2009, para. 86.

[914] *Ambos/Wirth,* CLF 13 (2002), 36; zust. *Parenti,* in: Parenti et al., 2007, S. 59f. Für ein Gegenbeispiel *Mettraux,* HarvILJ 43 (2002), 251, 252.

[915] *Mettraux,* HarvILJ 43 (2002), 256 gibt das Beispiel „of a German who is detained or tortured for hiding a Jewish friend during World War II even though he was not part of the targeted Jewish population". Vgl. auch *ICTR,* Kamuhanda TJ 22.1.2004, para. 673.

[916] *ICTY,* Kunarac TJ 22.2.2001, para. 423; *ICTR,* Akayesu AppJ 1.6.2001, para. 437.

[917] *Mettraux,* HarvILJ 43 (2002), 256. A. A. *Burkhardt,* S. 188ff.

d) Subjektiver Tatbestand *(mens rea)*

Schon aus dem Wortlaut von Art. 7 Abs. 1 – „in Kenntnis des Angriffs" – folgt, dass jeder Täter **wissen** muss, dass ein **Angriff** auf die Zivilbevölkerung stattfindet, und dass seine Tat Teil dieses Angriffs (als der Gesamttat) ist.[918] Nach Ansicht der Rspr. muss der Täter wissen, dass seine Taten sich in das kollektive Begehungsmuster eingefügt haben.[919] Die Kenntnis bezieht sich also lediglich auf den „Angriff", im Hinblick auf die Einzeltaten gilt das allgemeinen Vorsatzerfordernis des Art. 30 (Rn. 63 ff.).[920] 195

Zweifelhaft ist, ob der allgemeine Vorsatzbegriff i. S. v. Art. 30 zur **Bestimmung der Kenntnis** i. S. v. Art. 7 herangezogen werden muss. Wäre dies der Fall, würde man also das Erfordernis der Kenntnis nicht als ein besonderes subjektives Tatbestandsmerkmal, sondern lediglich als *Ausdruck eines allgemeinen Vorsatzerfordernisses* verstehen, würde Art. 30 Abs. 3 Anwendung finden und der Täter müsste sich eines Angriffs „bewusst" sein.[921] Wenn man andererseits die Kenntnis als *besonderes subjektives Tatbestandsmerkmal,* das unabhängig von Art. 30 Abs. 3 vgr definiert werden muss, ansehen würde, käme man zu einer abweichenden Definition der Kenntnis. Während die Rechtsmittelkammer in *Tadic* noch von der Kenntnis des Angriffs sprach, ohne die Anforderungen näher zu konkretisieren,[922] führte die Verhandlungskammer in *Blaskic* einen so genannten **„risikoorientierten Ansatz"** („risk orientated approach") ein. Danach umfasst die Kenntnis „auch das Verhalten einer Person, die ein bewusstes Risiko in der Hoffnung auf sich nimmt, dass das Risiko keinen Verletzungserfolg verursacht".[923] Dieser Ansatz wurde durch die Rechtsmittelkammer in *Kunarac*[924] insoweit bestätigt, als die Kammer – der Verhandlungskammer folgend – feststellte, dass der Täter das „Risiko tragen muss, dass seine Handlung Teil des Angriffs ist".[925] In der Entscheidung der Rechtsmittelkammer im *Blaskic*-Verfahren wird auf die „awareness 196

[918] *Ambos,* 2002, S. 774 ff.; *ders.,* 2014, S. 77 ff.; ebenso *Werle,* 2012, Rn. 462, 894; *Meseke,* S. 116, 165 f.; *Mettraux,* S. 161, 164, 170, 173; *Werle/Jessberger,* JICJ 3 (2005), 50; Cryer/*Robinson,* S. 243 f.; *Roßkopf,* S. 116 f.; *O'Connor/Rausch,* S. 204; *Parenti,* in: Parenti et al., 2007, S. 61 ff.; MünchKomm/*Werle/Burchards,* § 7 VStGB Rn. 44; *Jesse,* S. 197 ff.; *Ford,* Denv. J. Int'l L. & Pol'y 38 (2010), 241 f.; *Gless,* 2011, Rn. 827; irreführend der Bezug auf Art. 30 bei *Ibañez,* Estatuto de Roma, 2003, S. 317 f.; gg. ein Vorsatzerfordernis *Kirsch,* FS Hamm, 2008, S. 286; *ICTY,* Dordević TJ 23.2.2011, para. 1594; Tolimir TJ 12.12.2012, para. 700; *ICTR,* Munyakazi TJ 5.7.2010, para. 504; Katanga and Ngudjolo Confirmation Decision 30.9.2008, paras. 401 f.; Al Bashir Arrest Warrant Decision 12.7.2010, para. 87; *ICC,* Katanga TJ 7.3.2014, paras. 782, 971, 983.

[919] *ICTY,* Kordic/Cerkez TJ 26.2.2001, para. 187; Tadic AppJ 15.7.1999, paras. 248, 255; Kupreskic et al. TJ 14.1.2000, para. 556; Vasiljevic AppJ 25.2.2004, para. 30; Limaj TJ 30.11.2005, para. 190; Krajisnik TJ 27.9.2006, para. 706; Milutinovic et al. TJ 26.2.2009, para. 160; Popovic et al. TJ 10.6.2010, para. 758; Gotovina et al. TJ 15.4.2011, para. 1707; Tolimir TJ 12.12.2012, para. 700; *ICTR,* Bisengimana TJ 13.4.2006, para. 57; Setako TJ 25.2.2010, para. 477; *ICC,* Katanga TJ 7.3.2014, para. 1125.

[920] *ICTR,* Kanyarukiga TJ 1.11.2010, para. 657. Vgl. auch *Mettraux,* HarvILJ 43 (2002), 254.

[921] In diesem Sinne *Roßkopf,* S. 116; *Jesse,* S. 199, 210 ff. (213).

[922] *ICTY,* Tadic AppJ 15.7.1999, para. 271.

[923] *ICTY,* Blaskic TJ 3.3.2000, para. 254: „... taking a deliberate risk in the hope that the risk does not cause injury".

[924] *ICTY,* Kunarac AppJ 12.6.2002, para. 102; zust. Vasiljevic AppJ 25.2.2004, para. 37.

[925] *ICTY,* Kunarac TJ 22.2.2001, para. 434 (Übers. aus dem Englischen); s. auch Milutinovic et al. TJ 26.2.2009, para. 160; Lukic & Lukic TJ 20.7.2009, para. 877. S. auch *Mettraux,* HarvILJ 43 (2002), 261; *ders.,* S. 173.

of the substantial likelihood that a crime will be committed in the execution of that order" abgestellt.[926]

197 Auf den ersten Blick scheint es so, als ob diese beiden Maßstäbe – Vorsatz i. S. v. Art. 30 Abs. 3 und der risikoorientierte Ansatz – nicht miteinander vereinbar seien.[927] Würde man also Kenntnis in Art. 7 Abs. 1 i. S. d. allgemeinen Vorsatzerfordernisses verstehen, wäre der risikoorientierte Ansatz ausgeschlossen. Es würde dann lediglich helfen, sich auf die „sofern nichts anderes bestimmt ist" Formel in Art. 30 zu stützen und zu argumentieren, dass das Erfordernis der Kenntnis in Art. 7 *lex specialis* ist und als solches die *lex generalis* in Art. 30 Abs. 3 verdrängt.[928] Doch gibt es noch eine andere Möglichkeit, diese scheinbar gegensätzlichen Interpretationen miteinander zu versöhnen: Man könnte **Art. 30 Abs. 3** im Lichte des risikoorientierten Ansatzes **neu definieren.** Das würde bedeuten, dass Kenntnis als allgemeines Vorsatzmerkmal immer i. S. d. **Bewusstseins des** im eigenen Verhalten liegenden **Risikos** verstanden werden muss, dass man sich also des Risikos bewusst sein muss, dass das Verhalten die Tat u. U. zu einem internationalen Verbrechen macht. Damit ist man erneut bei der kognitiven Theorie (Rn. 146), wonach Vorsatz als Kenntnis des Risikos, dass ein bestimmtes Verhalten zu einer bestimmten Tat führen wird, verstanden wird.

198 Der risikoorientierte Ansatz wird durch den Maßstab der **„constructive knowledge"** ergänzt. Nach Ansicht der Rechtsprechung handelt es sich dabei um eine Art von Kenntnis.[929] Während jedoch die Ableitung der Kenntnis aus bestimmten Indizien zum Nachweis des subjektiven Tatbestandes anerkannt und unentbehrlich ist (Rn. 148),[930] geht es bei „constructive knowledge" um die „Konstruktion" bzw. *Zuschreibung* von Kenntnis auf der Grundlage bloßer Annahmen und Verdachtsmomente, mit der letztlich ein bloßer *Fahrlässigkeitsmaßstab* im Sinne einer mutwilligen Blindheit („wilful blindness")[931] und des von der Vorgesetztenverantwortlichkeit (Rn. 52ff.) bekannten Maßstabs des „hätte wissen müssen" („should have known") begründet wird.[932] Die Zurechnung objektiv nicht vorliegender Kenntnis operiert jedoch auf fiktiver Grundlage und verstößt gegen das *Schuldprinzip.*[933] Die Bedenken werden dadurch verstärkt, dass die Rechtsprechung nur geringe Anforderungen an den **Umfang der Kenntnis** stellt: Der Täter muss weder die Details des Angriffs noch die des zugrunde liegenden Plans oder der Politik kennen.[934]

[926] *ICTY,* Blaskic AppJ 29.7.2004, paras. 42, 166; folgend Brdanin TJ 1.9.2004, para. 270; Strugar TJ 31.1.2005, para. 333; hinsichtlich Planung und Anstiftung Kordic/Cerkez AppJ 17.12.2004, para. 112; hinsichtlich jce Stakic TJ 31.7.2003, para. 442.

[927] *Ambos/Wirth,* CLF 13 (2002), 39; zust. *Jesse,* S. 213.

[928] Vgl. *Ambos/Wirth,* CLF 13 (2002), 39.

[929] *Ambos/Wirth,* CLF 13 (2002), 38; *ICTY,* Tadic TJ 7.5.1997, paras. 656ff.; Kupreskic et al. TJ 14.1.2000, paras. 556f.; Kordic/Cerkez TJ 26.2.2001, para. 185; *ICTR,* Kayishema/Ruzindana TJ 21.5.1999, paras. 133f.; Rutaganda TJ 6.12.1999, para. 71; Musema TJ 27.1.2000, para. 206; Ruggiu TJ 1.6.2000, para. 20; Bisengimana TJ 13.4.2006, para. 57.

[930] Zu VgM *Mettraux,* HarvILJ 43 (2002), 262 mit Fn. 124; *ders.,* S. 173f.; *Meseke,* S. 168.

[931] S. *Supreme Court Canada,* Finta Judg. 24.3.1994, [1994] 1 SCR 701 (812); *Ambos/Wirth,* CLF 13 (2002), 38f. Eingehend nun aus spanischer und angloamerikanischer Sicht, *Ragues i Valles,* La ignorancia deliberada, 2007.

[932] Vgl. *Ambos,* 2002, S. 696f., 699f.; Cassese/Gaeta/Jones/*Ambos,* S. 823, 864ff. Für „constructive intent" insoweit *May,* 2005, S. 141f.

[933] Ebenso *Mylonopoulos,* ZStW 121 (2009), 80; *Jesse,* S. 211.

[934] *ICTY,* Kunarac AppJ 12.6.2002, paras. 102ff.; *ICTR,* Simba TJ 13.12.2005, para. 421; *ICC,* Katanga and Ngudjolo Confirmation Decision 30.9.2008, para. 401; zust. Al Bashir Arrest Warrant Decision 4.3.2009, para. 87; Katanga TJ 7.3.2014, para. 1125. Vgl. auch *Ambos,* 2002, S. 777f.; *Ambos/Wirth,* CLF 13 (2002), 41f. beide m.w.N.; *Ambos,* 2014, S. 77f. (Zusammenhang mit risikoorientiertem Ansatz); *Mettraux,* HarvILJ 43 (2002), 262 mit Fn. 123; *ders.,* S. 173; Triffterer/*Dixon* revised by *Hall,* Art. 7 Rn. 15; *Werle,* 2012, Rn. 894; *Meseke,* S. 167ff.; *Werle/Jessberger,* JICJ 3 (2005), 50; Cryer/*Robinson,* S. 244; *Roßkopf,* S. 116; *Parenti,* in: Parenti et al., 2007, S. 63.

4. Die Einzeltaten

a) Der subjektive Tatbestand

199 Abgesehen vom allgemeinen **Vorsatz** i. S. v. Art. 30 gibt es kein weiteres subjektives Erfordernis im Hinblick auf die Einzeltaten der VgM. Seit der *Tadic* Appellationsentscheidung ist auch geklärt, dass VgM **nicht** mit einer **diskriminierenden Absicht** begangen werden müssen.[935] Das gilt auch für Art. 3 ICTRS, denn der Verweis auf bestimmte diskriminierende Gründe sollte eher als objektive Restringierung des Angriffs denn als Charakterisierung des subjektiven Tatbestands gelesen werden.[936] Eine diskriminierende Absicht wird nur beim Verbrechen der „Verfolgung" („persecution") verlangt (Rn. 215). Die – vom Vorsatz zu unterscheidenden – *Beweggründe* des Täters stellen ebenfalls – wie beim Genozid (Rn. 153) – keinen Teil des subjektiven Tatbestandes dar.[937]

b) Die (objektiven) Einzeltaten

200 **aa) Vorsätzliche Tötung (Art. 7 Abs. 1 (a)).** Art. 7 Abs. 2 definiert den Begriff „vorsätzliche Tötung" nicht, weil die Verfasser des Statuts davon ausgegangen sind, dass er in allen Rechtssystemen bekannt sei.[938] Doch bestehen durchaus Unterschiede im nationalen Recht.[939] Nach *Bassiouni* wird der Begriff von der Staatenpraxis i. w. S. als die Schaffung von lebensgefährlichen Bedingungen mit wahrscheinlicher Todesfolge verstanden.[940] Die *Rechtsprechung* verlangt **dreierlei:** den Tod des Opfers (1), der durch eine Handlung des Täters verursacht wurde (2), wobei der Täter das Opfer entweder vorsätzlich töten oder ihm schweres körperliches Leid in dem Wissen zufügen wollte, dass dies wahrscheinlich zu seinem Tod führen werde (3).[941]

---

935 *ICTY,* Tadic AppJ 15.7.1999, para. 305; *ICTR,* Setako TJ 25.2.2010, para. 477 (bezugnehmend auf Bagosora et al. TJ 18.12.2008, para. 2166); Munyakazi TJ 5.7.2010, para. 504; Karemera & Ngirumpatse TJ 2.2.2012, para. 1675. Vgl. auch *Ambos/Wirth,* CLF 13 (2002), 43 ff.; *Mettraux,* HarvILJ 43 (2002), 268 f.; Triffterer/*Dixon* revised by *Hall,* Art. 7 Rn. 16; *Swaak-Goldman,* in: McDonald/Swaak-Goldman, S. 160 ff.; Cassese/Gaeta/Jones/*Cassese,* S. 369; *König,* S. 240 ff., 258 ff.; *Meseke,* S. 170 f.; Cryer/*Robinson,* S. 234; *Parenti,* in: Parenti et al., 2007, S. 66; *Kolb,* in: Kolb/Scalia, S. 117; a. A. *May,* 2005, S. 116, 124 ff. bzgl. bloßen Ausführungstätern („minor players"); krit. *Zahar/Sluiter,* S. 210.

936 *ICTR,* Akayesu TJ 2.10.1998, paras. 467 ff. (469); Bagilishema TJ 7.6.2001, para. 81; Setako TJ 25.2.2010, para. 477; a. A. Muhimana TJ 28.4.2005, para. 529 m. w. N. in Fn. 485. Vgl. auch *Ambos/Wirth,* CLF 13 (2002), 44; *Mettraux,* S. 153 f.

937 *ICTY,* Tadic AppJ 15.7.1999, paras. 270, 272; Kupreskic et al. TJ 14.1.2000, para. 558; Kunarac TJ 22.2.2001, para. 433; Kordic/Cerkez TJ 26.2.2001, para. 187; Vasiljevic TJ 29.11.2002, para. 37; Popovic et al. 10.6.2010, para. 758; vgl. auch *Ambos/Wirth,* CLF 13 (2002), 45; *Mettraux,* HarvILJ 43 (2002), 268 f.; *Werle,* 2012, Rn. 895; *Swaak-Goldman,* in: McDonald/Swaak-Goldman, S. 160 ff.; *Gómez-Benítez,* CDJ 9 (2001), 151; *Meseke,* S. 169 f.

938 *Robinson,* in: Lee, 1999, S. 80. Zur Unterscheidung in murder und persecution type bzw. menschenunwürdige und diskriminierende Verhaltensweisen *Meseke,* S. 173 ff.

939 Vgl. *Heine/Vest,* in: McDonald/Swaak-Goldman, S. 175 ff.

940 *Bassiouni,* 1999, S. 300 ff. Vgl. auch *Werle,* 2012, Rn. 900.

941 *ICTR,* Akayesu TJ 2.10.1998, para. 589; Rutaganda TJ 6.12.1999, para. 80; Musema TJ 27.1.2000, para. 215; Ndindabahizi TJ 15.7.2004, para. 487; Bisengimana TJ 13.4.2006, para. 87; Rukundo TJ 27.2.2009, para. 579; *ICTY,* Kupreskic et al. TJ 14.1.2000, para. 560; Blaskic TJ 3.3.2000, para. 217; Vasiljevic TJ 29.11.2002, para. 205; Cesic TJ 11.3.2004, para. 34; Brdanin TJ 1.9.2004, para. 381; Krajisnik TJ 27.9.2006, para. 715; D. Milosevic AppJ 12.11.2009, para. 108; Popovic et al. TJ 10.6.2010, para. 788; Stanisic & Simatovic TJ 30.5.2013, para. 974; Tolimir TJ 12.12.2012, para. 713; *ICC,* Katanga TJ 7.3.2014, paras. 776 ff.; *Ford,* Denv. J. Int'l L. & Pol. 38 (2010), 244 f.

Ein Handeln mit Vorbedacht i. S. d. französischen *préméditation* ist nicht erforderlich.[942]

201 **bb) Ausrottung (Art. 7 Abs. 1 (b)).** Unter Ausrottung („extermination") ist eine Tötung in großem Ausmaß zu verstehen,[943] insbesondere durch die vorsätzliche Auferlegung von Lebensbedingungen – u. a. das Vorenthalten von Nahrungsmitteln und Medikamenten –, die geeignet ist („calculated"), also darauf abzielt *(Absichtsmerkmal),*[944] die **Vernichtung** eines Teils der Bevölkerung herbeizuführen (Art. 7 Abs. 2 (b)).[945] Die damit erfassten „slow death" Maßnahmen müssen nicht notwendigerweise erfolgreich sein, es handelt sich strukturell – wie Art. 6 (c) – um ein **Absichtsdelikt** (Rn. 134 f.), s. auch **§ 7 Abs 1 Nr. 2 VStGB.**[946] Diese dogmatisch nahe liegende Ansicht konnte sich freilich weder in der Rspr. noch in den römischen Verhandlungen durchsetzen.[947]

202 In *Akayesu* hat eine Verhandlungskammer festgestellt, dass die „Ausrottung ein Verbrechen [ist], das von Natur aus gegen eine Gruppe von Personen gerichtet ist. Die Ausrottung unterscheidet sich von der vorsätzlichen Tötung dadurch, dass sie ein Element der Massenvernichtung verlangt ...",[948] der Täter muss an der Tötung einer **großen Zahl von Opfern** beteiligt sein.[949] In der Zahl der Opfer ähnelt die Ausrottung dem Genozid, sie hat aber keine gruppenspezifische Angriffsrichtung. Kein Genozid, wohl aber eine Ausrottung liegt deshalb vor, wenn eine Vielzahl von Personen, die keine gemeinsamen Charakteristika aufweisen, getötet wird.[950] Diese Personen müssen freilich nicht einer bestimmten Bevölkerung i. S. d. chapeau von Art. 7 angehören.[951] Eine *einzige* Tötung kann aber nicht als Ausrottung qualifiziert werden, der Täter muss selbst eine Vielzahl von Personen töten (str.).[952] Im Gegensatz zu einer einfachen vorsätzlichen

[942] *ICTY,* Kordic/Cerkez TJ 26.2.2001, para. 235; Jelisic TJ 14.12.1999, paras. 35, 51; Blaskic TJ 3.3.2000, para. 216; *ICTR,* Akayesu TJ 2.10.1998, paras. 587 ff.; Rutaganda TJ 6.12.1999, para. 79; Musema TJ 27.1.2000, paras. 214 f.; *Meseke,* S. 178 f.; a. A. *ICTY,* Kupreskic et al. TJ 14.1.2000, para. 561; Brdanin TJ 1.9.2004, para. 386; *ICTR,* Kayishema/Ruzindana TJ 21.5.1999, para. 140; Semanza TJ 15.5.2003, para. 502; Muhimana TJ 28.4.2005, paras. 568 f.; vertiefend hierzu *Ambos,* 2014, S. 81 ff.

[943] Vgl. Verbrechenselement Nr. 1 zu Art. 7 Abs. 1 (b); so auch die st. ICTR-Rspr., s. Rn. 202.

[944] Zur gleichen Auslegung von „calculated" bei Art. 6 (c) schon o. Rn. 135 (vgl. auch *Ambos,* 2002, S. 798; *Mettraux,* S. 178 f.; a. A. *Meseke,* S. 189 f.; MünchKomm/*Werle/Burchards,* § 7 VStGB Rn. 49).

[945] *ICTR,* Kayishema/Ruzindana TJ 21.5.1999, para. 144; *ICTY,* Krajisnik TJ 27.9.2006, para. 716 („mass scale"); vgl. auch *Meseke,* S. 183 f.; *ICTR,* Karera TJ 7.12.2007, para. 552; *Zahar/Sluiter,* S. 216; rechtsvergleichend *Kreicker,* in: Eser et al., 2003 ff., Bd. 7, S. 84 f.

[946] MünchKomm/*Werle/Burchards,* § 7 VStGB Rn. 49, 51; auch *Ibañez,* Estatuto de Roma, 2003, S. 321.

[947] Vgl. *Werle,* 2012, Rn. 904 mit Fn. 137; *Filippini,* in: Parenti et al., 2007, S. 80 f.

[948] *ICTR,* Akayesu TJ 2.10.1998, para. 591: „[...] element of mass destruction which is not required for murder"; Semanza TJ 15.5.2003, para. 500; Gacumbitsi TJ 17.6.2004, para. 309; Ndindabahizi TJ 15.7.2004, para. 479; Simba TJ 13.12.2005, para. 422; Ntagerura AppJ 7.7.2006, para. 701; Bisengimana TJ 13.4.2006, para. 71; *ICTY,* Stakic AppJ 22.3.2006, para. 260; Krajisnik TJ 27.9.2006, para. 716; *Mettraux,* S. 177, 339.

[949] *ICTR,* Nahimana, TJ 3.12.2003, para. 1061; Rutaganira TJ 14.3.2005, para. 50; Setako TJ 25.2.2010, para. 480; Munyakazi TJ 5.7.2010, para. 506; Kanyarukiga TJ 1.11.2010, para. 658; *ICTY,* Lukic & Lukic TJ 20.7.2009, para. 397; Lukic & Lukic AppJ 4.12.2012, para. 536; Tolimir TJ 12.12.2012, para. 724; Stanisic & Zupljanin TJ 27.3.2013, para. 44; *Meseke,* S. 182, 185 f.; Cryer/*Robinson,* S. 245.

[950] *Werle,* 2012, Rn. 902 f.; *Heller,* in: Heller/Dubber, S. 619; *Njikam,* S. 104. Nach *Draft Code 1996,* 97 reichen einige Opfer.

[951] Vgl. *Mettraux,* HarvILJ 43 (2002), 285; *ders.,* S. 178 m. w. N. gegen *ICTY,* Krstic TJ 2.8.2001, paras. 502 f.

[952] So *ICTY,* Vasiljevic TJ 29.11.2002, paras. 227 ff.; *ICTR,* Kamuhanda TJ 22.1.2004, para. 694; zust. *Meseke,* S. 185 f. Nach a. A. reicht die Tötung eines Menschen aus: *ICTR,* Kayishema/Ruzindana TJ 21.5.1999, paras. 146 f.; Kanyarukiga TJ 1.11.2010, para. 658; Munyakazi TJ 5.7.2010, para. 506; Art. 7 Abs. 1 (b) Verbrechenselemente; *Kittichaisaree,* S. 105 f.; *Mettraux,* HarvILJ 43 (2002), 284 f. –

Tötung kommt es auf die **kombinierte Wirkung** der kollektiven, massiven Vernichtung und die Rolle der Beteiligten daran an;[953] deshalb verdrängt die Ausrottung auch eine Tötung als VgM.[954]

cc) Versklavung (Art. 7 Abs. 1 (c)). Das Hauptmerkmal der „Versklavung“ ist die ihr immanente **eigentümerähnliche Verfügungsgewalt** einer Person über eine andere (Art. 7 Abs. 2 (c)). In *Kunarac* (unser **Fall 22**) wurde festgestellt, dass „Versklavung als VgM vgr in der Ausübung irgendeiner oder aller Befugnisse besteht, die dem Eigentumsrecht über eine Person eigen sind“.[955] Indizien dafür sind „die Kontrolle der Bewegungsfreiheit einer Person und der körperlichen Umgebung, psychische Kontrolle, Maßnahmen zur Verhinderung der Flucht, Gewalt, Drohung mit Gewalt oder Zwang, Dauer, Versicherung der Ausschließlichkeit, Unterwerfung unter grausame Behandlung und Missbräuche, Kontrolle der Sexualität und Zwangsarbeit“.[956] Die bloße *Fähigkeit,* eine Person oder ihre Dienste zu kaufen, zu verkaufen, damit zu handeln oder sie zu vererben, ist zwar nicht ausreichend, doch soweit von dieser Fähigkeit Gebrauch gemacht wird, kann sich dies als relevanter Faktor erweisen.[957] Die Rechtsmittelkammer folgt dieser Definition, wobei sie betont, dass „es nicht möglich ist, alle zeitgenössischen Formen der Versklavung abschließend aufzuzählen …“.[958] Ferner sei die fehlende Zustimmung des Opfers kein Tatbestandsmerkmal, denn der Tatbestand beruhe auf der – *vom Willen des Opfers unabhängigen* – Beanspruchung eines Eigentumsrechts an einer anderen Person;[959] ebenso wenig sei eine bestimmte Dauer zur Tatbestandserfüllung erforderlich.[960] Die Verbrechenselemente nehmen auf „ähnliche“ Formen der Freiheitsentziehung Bezug.[961] Der **subjektive Tatbestand** setzt voraus, dass die dem Eigentumsrecht imanenten Befugnisse vorsätzlich ausgeübt werden.[962] 203

Eine Form der Sklaverei stellt die **Zwangsarbeit** dar, die zwar nicht ausdrücklich in den Statuten oder den IStGH-Verbrechenselementen erwähnt wird, aber vgr anerkannt ist.[963] Zu sklavereiähnlichen Praktiken zählt der **Menschenhandel** („trafficking in persons“), insbesondere von Frauen und Kindern. Der ursprüngliche Zweck, dass diese Handlungen der Prostitution dienen mussten, ist mittlerweile aufgegeben worden.[964] 204

Nach *ICTR,* Ndindabahizi TJ 15.7.2004, para. 479 reicht die Beteiligung an einer Maßnahme, die den Tod einer Vielzahl von Personen herbeiführen soll, aus; die tatsächliche Beteiligung an einer Tötungshandlung sei nicht erforderlich; bestätigend Mpambara TJ 11.9.2006, para. 9 m.w.N. in Fn. 10. Zusf. *Werle,* 2012, Rn. 905f.

953 *Mettraux,* HarvILJ 43 (2002), 285; *ders.,* S. 176; *ICTR,* Ntakirutimana TJ 21.2.2003, para. 814; Mpambara TJ 11.9.2006, para. 9 m.N. in Fn. 11.

954 *ICTY,* Stakic AppJ 22.3.2006, para. 366; *ICTR,* Ntakirumtimana TJ 21.2.2003, para. 542.

955 *ICTY,* Kunarac TJ 22.2.2001, para. 539 (Übers. aus dem Englischen). Vgl. auch *Mettraux,* S. 179; Cryer/*Robinson,* S. 246f.; rechtsvergleichend *Kreicker,* in: Eser et al., 2003ff., Bd. 7, S. 86f.

956 *ICTY,* Kunarac TJ 22.2.2001, para. 543. S. auch Krnojelac TJ 15.3.2002, para. 350.

957 *ICTY,* Kunarac TJ 22.2.2001, para. 543.

958 *ICTY,* Kunarac AppJ 12.6.2002, para. 119 (Übers. aus dem Englischen). Zu den Erscheinungsformen *Meseke,* S. 191ff.

959 *ICTY,* Kunarac AppJ 12.6.2002, para. 120.

960 *ICTY,* Kunarac AppJ 12.6.2002, para. 121; *Schabas,* 2010, S. 162.

961 Zu dieser funktionellen Auslegung auch MünchKomm/*Werle/Burchards,* § 7 VStGB Rn. 53.

962 *ICTY,* Kunarac TJ 22.2.2001, para. 540; Kunarac AppJ 12.6.2002, para. 122; Krnojelac TJ 15.3.2002, para. 350; *Meseke,* S. 200.

963 *Werle,* 2012, Rn. 915ff.; *Filippini,* in: Parenti et al., 2007, S. 83f.; MünchKomm/*Werle/Burchards,* § 7 VStGB Rn. 61; vgl. auch *ICTY,* Kunarac TJ 22.2.2001, para. 542; Krnojelac TJ 15.3.2002, para. 373; zur Verfolgung von Zwangsarbeit (in Brasilien) als VgM *Bischoff,* LJIL 19 (2006), 185ff.

964 Vgl. *Werle,* 2012, Rn. 918f.; MünchKomm/*Werle/Burchards,* § 7 VStGB Rn. 59f.; *Zimmermann,* Menschenhandel, 2010. Zum UN Protokoll vom 15.11.2000 zur Verhütung, Bekämpfung und Be-

205 **dd) Vertreibung oder zwangsweise Überführung der Bevölkerung (Art. 7 Abs. 1 (d)).** Historisch betrachtet ist die Vertreibung von Bevölkerungen oder Volksgruppen kein neues Phänomen,[965] war sie doch ein wesentlicher Bestandteil der Kolonialpolitik der alten Großmächte. Der Straftatbestand der Vertreibung ist seit jeher in den Statuten der internationalen Strafgerichte enthalten, wohingegen der Tatbestand der zwangsweisen Überführung erstmals in Art. 18 (g) ILC Draft Code 1996 aufgenommen wurde.[966] Nach Art. 7 Abs. 2 (d) ist unter Vertreibung oder zwangsweiser Überführung die erzwungene, völkerrechtswidrige Verbringung von Personen durch **Ausweisung oder andere Zwangsmaßnahmen** aus dem Gebiet, in dem sie sich rechtmäßig aufhalten, zu verstehen. Während mit dem Begriff „Vertreibung" die Bewegung von Menschen **über die nationale Grenzen** hinaus verbunden wird, bezieht sich die „zwangsweise Überführung" auf **Ortswechsel innerhalb eines Staates.**[967] Eine zwangsweise Überführung kann auch eine unmenschliche Behandlung i. S. v. Art. 5 (i) ICTYS darstellen.[968] Die Bedingungen der Überführung können eine zulässige Überführung zu einer unzulässigen und möglicherweise kriminellen Überführung machen.[969] Die Zwangsmaßnahmen müssen nicht unmittelbar körperlich wirken, auch die Flucht aus Furcht vor weiteren Diskriminierungen oder aus Todesangst kann genügen.[970] Die **Völkerrechtswidrigkeit** der Maßnahme setzt das Fehlen der in Art. 49 GK IV und Art. 17 ZP II enthaltenen Erlaubnisgründe voraus.[971] **Subjektiv** ist nur allgemeiner Vorsatz, nicht aber die Absicht erforderlich, die betroffenen Personen *dauerhaft* aus ihrem angestammten Gebiet zu vertreiben; eine eventuelle tatsächliche Rückkehr ist ebenfalls unbeachtlich.[972]

206 **ee) Freiheitsentziehung oder sonstige schwerwiegende Beraubung der körperlichen Freiheit (Art. 7 Abs. 1 (e)).** Während die „Freiheitsentziehung" („imprison-

strafung des Menschenhandels, insbesondere des Frauen- und Kinderhandels s. *Peterke/Negreiros*, ZIS 2012, 152ff.

965 Vgl. auch *Triffterer*, in: Hankel/Stuby, S. 197.

966 Zur humanitärvölkerrechtlichen Erfassung in Art. 49 GK IV, 17 ZP II *Werle*, 2012, Rn. 921 (Fn. 174); *Meseke*, S. 203, 205.

967 *ICTY*, Krstic TJ 2.8.2001, paras. 531f.; Stakic AppJ 22.3.2006, paras. 278, 289ff., 317; Krajisnik AppJ 17.3.2009, para. 304; Popovic et al. TJ 10.6.2010, para. 892; Gotovina et al. TJ 15.4.2011, para. 1738; s. aber auch Nikolic Review Indictment 20.10.1995, para. 23 („unlawful transfer of detainees from Susica camp to Batkovic ... characterised as deportation, although both places lie within the same country (Bosnia and Herzegovina)"). Vgl. ferner *Clark*, FS Ginsburg, 2001, S. 148; *Meseke*, S. 202f.; Cryer/*Robinson*, S. 248; *Filippini*, in: Parenti et al., 2007, S. 87; MünchKomm/*Werle/Burchards*, § 7 VStGB Rn. 65; rvgl *Kreicker*, in: Eser et al., 2003ff., Bd. 7, S. 88f. Für die Einbeziehung der Überschreitung einer *defacto* Grenze in den Tatbestand der Vertreibung *ICTY*, Stakic TJ 31.7.2003, para. 679; bestätigt durch Stakic AppJ 22.3.2006, para. 278; krit. dazu *Werle*, 2012, Rn. 924, der treffend feststellt, dass eine extensive Auslegung die Unterschiede zur zwangsweisen Überführung einebnen würde.

968 *ICTY*, Krstic TJ 2.8.2001, para. 532. Vgl. auch Kupreskic et al. TJ 14.1.2000, para. 566.

969 *ICTY*, Nikolic Review Indictment 20.10.1995, para. 23; vgl. auch *Ambos/Wirth*, CLF 13 (2002), 60.

970 *ICTY*, Krstic TJ 2.8.2001, para. 529; Stakic AppJ 22.3.2006, para. 281; Krajisnik TJ 27.9.2006, para. 724; dazu auch Cryer/*Robinson*, S. 248.

971 Vgl. *Meseke*, S. 204f.; siehe auch *Ambos*, 2014, S. 87. – Zur Abgrenzung von den entsprechenden Taten als Kriegsverbrechen *ICTY*, Gotovina Decision jurisdiction 19.3.2007, paras. 28ff., 47ff.; krit. *Akhavan*, JICJ 6 (2008), 30ff.

972 Vgl. *ICTY*, Stakic AppJ 22.3.2006, paras. 278, 304ff., 317; Krajisnik TJ 27.9.2006, para. 726; Popovic et al. TJ 10.6.2010, para. 905; a. A. *Werle*, 2012, Rn. 930 und ältere Rspr., z. B. *ICTY*, Simic TJ 17.10.2003, para. 134.

ment") begrifflich auf die Strafgefangeschaft beschränkt ist, ist die „sonstige" Freiheitsberaubung weiter zu verstehen und erfasst jede Form des Freiheitsentzugs, wenn sie nur **willkürlich und schwerwiegend** ist.[973] Letzteres ist zum einen bei einer bestimmten *Dauer* (mindestens einige Wochen), zum anderen aber auch dann anzunehmen, wenn der Freiheitsentzung mit einer unmenschlichen *Behandlung* einhergeht (vgl. Art. 5 ZP II).[974] Willkürlich ist der Freiheitsentzug, wenn er gegen die **Grundregeln des Völkerrechts** verstößt.[975] Damit sind zum einen Fälle erfasst, in denen es an einer *Rechtsgrundlage* und/oder an einem *rechtsstaatlichen Verfahren* fehlt.[976] Soll nationales Recht als Grundlage dienen, dürfen die einschlägigen Vorschriften nicht gegen das Völkerrecht verstoßen.[977] Entfällt die ursprüngliche einschlägige Rechtsgrundlage, so kann sich die zunächst rechtmäßige Freiheitsberaubung in eine rechtswidrige verwandeln und als willkürlich angesehen werden.[978] Der fair trial Grundsatz findet auch auf die Haftprüfungsentscheidung Anwendung (vgl. Art. 43 GK IV).[979] Zum anderen liegt ein Verstoß im genannten Sinne auch vor, wenn der Freiheitsentzug nur deshalb verhängt wurde, weil das Opfer seine *Grundrechte ausgeübt* hat.[980]

ff) Folter (Art. 7 Abs. 1 (f)). Entgegen immer wieder vorgebrachter Rechtfertigungsstrategien für die angebliche Zulässigkeit von Folter in Ausnahmesituationen, geht das Völkerrecht von einem **uneingeschränkten Folterverbot** aus.[981] „Folter" im Sinne von Art. 7 Abs. 2 (e) bedeutet, dass einer im Gewahrsam oder unter Kontrolle des (staatlichen oder privaten) Täters[982] befindlichen Person vorsätzlich große körperliche oder seelische Schmerzen oder Leiden zugefügt werden.[983] Der Ausdruck „große Schmerzen oder Leiden" impliziert, dass lediglich Taten von **beträchtlicher Schwere** als Folter zu qualifizie- 207

[973] Vgl. *Meseke,* S. 207f. m.w.N.; auch *König,* S. 267; *Mettraux,* S. 180f.; Cryer/*Robinson,* S. 249; rechtsvergleichend *Kreicker,* in: Eser et al., 2003ff., Bd. 7, S. 89f.

[974] Vgl. *Meseke,* S. 208 m.w.N.; *Modolell G.,* ICLR 10 (2010), 475.

[975] Das entspricht Art. 25 GG, vgl. MünchKomm/*Werle/Burchards,* § 7 VStGB Rn. 105.

[976] *ICTY,* Kordic/Cerkez TJ 26.2.2001, para. 302; Krnojelac TJ 15.3.2002, para. 114; vertiefend aus vr Sicht zur Festnahme von Zivilisten *Rowe,* ICLQ 61 (2012), 697ff.

[977] *ICTY,* Krnojelac TJ 15.3.2002, para. 114.

[978] *ICTY,* Krnojelac TJ 15.3.2002, para. 114.

[979] *Ambos/Wirth,* CLF 13 (2002), 63f.

[980] Report of the Working Group on Arbitrary Detention, UN-Dok. E/CN. 4/1998/44, Annex I, para. 8; auch *Clark,* FS Ginsburg, 2001, S. 148.

[981] Vgl. statt vieler *ICTY,* Furundzija TJ 10.12.1998, para. 146; vgl. auch *Guilherme de Aragão,* Strategien, 2007, S. 64ff.; *Cassese et al.,* 2013, S. 133f.; *Thienel,* EJIL 17 (2006), 349ff.; Cryer/*Robinson,* S. 249; Cryer/*Wilmshurst,* S. 346; *Herrmann,* ZIS 2007, 305; zur historischen Entwicklung *Currat,* Crimes contre l'humanité, 2006, S. 313ff.; zur Durchsetzung des Verbots mittels Strafverfolgung *Guilherme de Aragão,* Strategien, 2007, S. 212ff. Zur EMRK u. zum **„Fall Daschner"** § 10 Rn. 83.

[982] Der Täter muss nicht notwendigerweise ein Amtsträger, sondern kann etwa auch Mitglied einer nichtstaatlichen Rebellengruppe sein, denn aus vstr Sicht kommt es (nur) auf die Art und Schwere der Handlung an, vgl. *ICTY,* Kunarac TJ 22.2.2001, paras. 488ff. (493, 496); Stanisic & Zupljanin TJ 27.3.2013, para. 49; zust. *Cryer,* S. 256; Cryer/*Robinson,* S. 250; umfassend zu den Anforderungen an den Täterbegriff *Sivakumaran,* LJIL 18 (2005), 541ff.; *Dewulf,* S. 363ff., 477.

[983] Für eine spezifisch vstr Def. in Abgrenzung zum menschenrechtlichen und humanitärvölkerrechtlichen Verständnis *ICTY,* Kunarac TJ 22.2.2001, paras. 465ff. (470ff.); hierzu auch *Dewulf,* S. 39ff. Für Beispiele möglicher Foltertechniken vgl. Kvocka et al. TJ 2.11.2001, para. 144; *Supreme Court of Israel,* Judg. 6.9.1999, paras. 8ff.; *Werle,* 2012, Rn. 941f.; *Meseke,* S. 214; zu Brasilien *Guilherme de Aragão,* Strategien, 2007, S. 10ff; rechtsvergleichend *Kreicker,* in: Eser et al., 2003ff., Bd. 7, S. 90ff.

ren sind; insoweit kommt es auf die Umstände des Einzelfalls an.[984] Die Herausnahme der *„gesetzlich zulässigen Sanktionen"* aus dem Tatbestand ist eine Konzession an Staaten, die die Todesstrafe u. ä. drakonische Strafen praktizieren. Freilich sind auch insoweit die vr Grenzen zu beachten und das Folterverbot darf nicht unterlaufen werden.[985] Während Art. 7 (ebenso wie § 7 Abs. 1 Nr. 5 VStGB) nur ein sogenanntes **Kontrollerfordernis** („unter der Kontrolle des Beschuldigten") enthält,[986] verlangt die Rechtsprechung einen **bestimmten Zweck,** d. h. die Tat muss darauf abzielen, Informationen oder ein Geständnis zu erhalten oder das Opfer bzw. eine dritte Person zu bestrafen, einzuschüchtern, zu nötigen oder aus irgendeinem Grund zu diskriminieren.[987] Die Handlung muss jedoch nicht ausschließlich oder überwiegend zur Erreichung eines der genannten Zwecke begangen werden. Es reicht aus, wenn sie Teil eines Motivbündels sind.[988]

208 Das Erfordernis eines bestimmten **Zwecks** ist im Übrigen **abzulehnen.** Es wurde bewusst nicht in Art. 7 Abs. 1 (f) und die Verbrechenselemente aufgenommen. In einer Fußnote (14) zu den Verbrechenselementen heißt es sogar: „Es versteht sich, dass kein Zweck für dieses Verbrechen nachgewiesen werden muss". Das befindet sich im Einklang mit einer neueren Entscheidung des BGH, wonach Folter in der Zufügung schwerster körperlicher oder seelischer Qualen besteht und keinen zusätzlichen Zweck, sondern lediglich allgemeinen Vorsatz verlangt.[989] Dem ist zuzustimmen: Der Foltertatbestand verlangt keinen (zusätzlichen) Zweck oder eine besondere Absicht, die über die Zufügung schwerer Schmerzen hinausgeht.[990]

209 **gg) Vergewaltigung und sonstige schwere Formen sexueller Gewalt (Art. 7 Abs. 1 (g)).** Öffentliche Aufmerksamkeit wurde Fällen *massenhafter oder systematischer sexueller Gewalt* mit den bewaffneten Auseinandersetzungen im ehem. Jugoslawien zu Beginn der 90er Jahre des vergangenen Jahrhunderts zuteil (vgl. **Fall 23**).[991] Im IStGH-Statut findet sich nur eine Definition der **erzwungenen Schwangerschaft;**[992] darunter

---

[984] *ICTY,* Delalic et al. TJ 16.11.1998, paras. 461ff.; Simic TJ 17.10.2002, para. 80; Limaj TJ 30.11.2005, para. 237. S. auch *Mettraux,* HarvILJ 43 (2002), 289.

[985] Zutr. *Meseke,* S. 215f.

[986] *Ambos/Wirth,* CLF 13 (2002), 67.

[987] *ICTY,* Kunarac TJ 22.2.2001, paras. 483, 497; Furundzija TJ 10.12.1998, para. 162; Naletilic/Martinovic TJ 31.3.2003, para. 337; Limaj TJ 30.11.2005, para. 239; *ICTR,* Akayesu TJ 2.10.1998, para. 594.

[988] *ICTY,* Kunarac TJ 22.2.2001, para. 486; Delalic et al. TJ 16.11.1998, para. 470; *Mettraux,* HarvILJ 43 (2002), 290; *Meseke,* S. 217.

[989] BGHSt 46, 295 = NStZ 2001, 661.

[990] Vgl. näher *Ambos,* NStZ 2001, 632; *ders.,* 2010a, S. 155f.; *ders.,* 2014, S. 90f.; ebenso Triffterer/*Hall,* Art. 7 Rn. 109; zust. *Meseke,* S. 216; *Filippini,* in: Parenti et al., 2007, S. 92; MünchKomm/*Werle/Burchards,* § 7 VStGB Rn. 73, 79; diff. *Cryer,* S. 256f.; Cryer/*Robinson,* S. 250f.

[991] S. für Beispiele *Askin,* War Crimes, 1997, S. 49ff., 261ff.; *Burkhardt,* S. 67ff.; *Brownmiller,* Wille, 1980, S. 38ff.; *HRW,* 1995; *Flores A.,* HuV-I 2006, 45f.; zur Rspr. von ICTY und ICTR *McDougall,* in: Dolgopol/Gardam, S. 331ff.; zur Rspr. des ICTR *Askin,* JICJ 3 (2005), 1007ff.; zur Rspr. der Tribunale und der bisherigen Praxis des IStGH *Mouthaan,* ICLR 11 (2011), 779; zu den Tathandlungen *Kolb,* in: Kolb/Scalia, S. 110ff.; zur Notwendigkeit der Verfolgung *Aoláin/Haynes/Cahn,* ICLR 11 (2011), 427ff.; aus feministischer Sicht *Engle,* AJIL 99 (2005), 778ff., insbesondere auch zur Qualifizierung (systematischer) Vergewaltigungen als Genozid (788ff.); zur „Zero-Tolerance" Politik der UN im Hinblick auf sexuelle Kontakte ihrer Peacekeeper vgl. *Quenivet,* ICLR 7 (2007), 657; zu sexueller Gewalt im Allgemeinen und der sexuellen Ausbeutung durch UN-Peacekeepers im Besonderen *O'Brien,* ICLR 11 (2011), 809ff.; zu den Bemühungen der UN-Sonderbeauftragten Wallström angesichts der Welle sex. Gewalt in der DRK *Ambos,* FAZ 4.11.2010, S. 8; allg. *Ambos,* ZIS 2011, 286ff.; *ders.,* in: Bergsmo et al., S. 150ff. – Das EP hat sich dafür ausgesprochen, zumindest alle Sexualverbrechen unabhängig von einem systematischen Zusammenhang als VgM anzuerkennen, vgl. RC/703595EN.doc (16.1.2008).

[992] Vgl. allgemein dazu *Askin,* War crimes, 1997, S. 12, 273ff., 402f.; *Burkhardt,* S. 163ff.; *Flores A.,* HuV-I 2006, 50; *Cryer,* S. 258f. (vgr anerkannt).

ist die rechtswidrige Gefangenhaltung einer zwangsweise geschwängerten Frau in der Absicht, die ethnische Zusammensetzung einer Bevölkerung zu beeinflussen oder andere schwere Verstöße gegen das Völkerrecht zu begehen, zu verstehen (Art. 7 Abs. 2 (f)).[993] Der Tatbestand lässt innerstaatliche Schwangerschaftsregelungen unberührt.

Die anderen Taten des Art. 7 Abs. 1 (g) sind in den *Verbrechenselementen* definiert. **210**
Eine **Vergewaltigung** setzt demnach voraus:[994]

1. Der Täter drang in den Körper einer Person mittels eines Verhaltens ein,[995] das zu einer – wie auch immer leichten – Penetration eines Körperteils des Opfers oder des Täters mit einem Sexualorgan, oder der analen oder genitalen [Körper]Öffnung des Opfers mit irgendeinem Gegenstand oder einem anderen Körperteil führte.
2. Das Eindringen geschah durch Gewalt oder durch Drohung mit Gewalt oder Zwang, hervorgerufen etwa durch Angst vor Gewalt, Zwang, Inhaftierung, psychologischer Unterdrückung oder Machtmissbrauch, gegen die Person oder eine andere Person, oder unter Ausnutzung einer von Zwang geprägten Umgebung oder das Eindringen wurde gegen eine Person begangen, die nicht im Stande war, eine echte Zustimmung[996] zu erteilen.
3. Die Handlung wurde als Teil eines breit angelegten oder systematischen Angriffs gegen die Zivilbevölkerung begangen.
4. Der Täter wusste oder beabsichtigte, dass sein Handeln Teil eines breit angelegten oder systematischen Angriffs gegen die Zivilbevölkerung war.

Diese Definition beruht auf einem „mechanischen" Verständnis, wonach Vergewalti- **211**
gung als *„sexuelles Eindringen"* durch Zwang, Gewalt oder Drohung mit Gewalt verstanden wird.[997] Ein weitergehender Ansatz bestimmt Vergewaltigung als „Form der Aggression" bzw. *„körperlichen Eingriff* sexueller Art, ... irgendeine Handlung sexueller Art ... gegen eine Person in nötigender Weise ...".[998] Unklar ist, ob das fehlende **Einverständnis** („consent") des Opfers als Tatbestandsmerkmal (im Sinne eines tatbe-

---

993 Hierbei handelt es sich um die einzige Form sexueller Gewalt im Sinne des Art. 7 Abs. 1 (g), die nicht geschlechtsneutral ist. Speziell zur sexuellen Gewalt gegen Männer *Mouthaan,* ICLR 13 (2013), 665 ff.

994 Engl. Original der Nrn. 1 und 2 (zu Art. 7 Abs. 1 (g)-1): „1. The perpetrator invaded the body of a person by conduct resulting in penetration, however slight, of any part of the body of the victim or of the perpetrator with a sexual organ, or of the anal or genital opening of the victim with any object or any other part of the body. 2. The invasion was committed by force, or by threat of force or coercion, such as that caused by fear of violence, duress, detention, psychological oppression or abuse of power, against such person or another person, or by taking advantage of a coercive environment, or the invasion was committed against a person incapable of giving genuine consent." Zum Vergewaltigungsbegriff des VStGB *Adams,* ZIS 2013, 500 ff.; ausführliche rvgl Analyse bei *Adams,* S. 12 ff.; zur Rspr. der *Ad-Hoc*-Tribunale und des SCSL *Aksenova,* in: Bergsmo et al., S. 164 ff.; zum ICTR *Trouille,* ICLR 13 (2013), 747; zum SCSL *Njikam,* S. 117 ff.

995 Verbrechenselemente, Fn. 15: „Eindringen" ist geschlechtsneutral zu verstehen.

996 Verbrechenselemente, Fn. 16: auf Grund natürlicher Umstände oder einer altersbedingten Unfähigkeit.

997 *ICTY,* Furundzija TJ 10.12.1998, para. 185; *ICTR,* Ngirabatware TJ 12.12.2012, para. 1381; *ICC,* Katanga TJ 7.3.2014, para. 963 („penetration, même superficielle"). Art. 7 Abs. 1 (g)-(1) Verbrechenselemente folgt dieser „mechanical definition"; dazu *Klann/McKenzie,* in: Decaux/Dieng/Sow, S. 34 f.; *Zorilla,* Violencia sexual, 2005, S. 70 f.; *Seibert-Fohr,* in: Hankel, S. 175 ff.; *Green,* ICLR 11 (2011), 535 ff. (auch zur Abgrenzung zu anderen Verbrechen); s. auch *Ambos,* ZIS 2011, 290 ff.; *ders.,* 2014, S. 95 ff. Zur EMRK *Pitea,* JICJ 3 (2005), 447 ff.

998 *ICTR,* Akayesu TJ 2.10.1998, paras. 597 f.; vgl. auch Musema TJ 27.1.2000, paras. 220 ff.; Muhimana TJ 28.4.2005, paras. 537 ff. (551); Muvunyi TJ 12.9.2006, paras. 517 ff.; *ICTY,* Delalic et al TJ 16.11.1998, paras. 478 f.; *Askin,* JICJ 3 (2005), 1011; Cryer/*Robinson,* S. 252 f. Vgl. auch *Eriksson,* S. 128 ff.

standsausschließenden Einverständnisses) oder nur als Straffreistellungsgrund („defence", Rn. 78, im Sinne einer rechtfertigenden Einwilligung) anzusehen ist.[999] Die Unterscheidung hat zwar materiell-rechtliche und ggf. auch prozessuale Konsequenzen,[1000] dürfte aber praktisch wenig bedeutend sein, weil es im vstr Begehungszusammenhang regelmäßig an einem wirksamen (echten) Einverständnis fehlt (vgl. auch IStGH-Regel 70).[1001]

212 Die **sexuelle Sklaverei** erweitert den „Grundtatbestand" der Versklavung (Rn. 203) um eine sexuelle Komponente. Sie wurde erstmals im IStGH-Statut aufgenommen. In der bisherigen Rspr. wurden deshalb Fälle sexueller Sklaverei nach dem Grundtatbestand abgeurteilt (so auch im **Fall 22**).[1002] Auch der Straftatbestand der **Zwangsprostitution** fand sich bisher nicht in den Statuten der internationalen Strafgerichte. Nach den Verbrechenselementen wird damit die Veranlassung zu sexuellen Handlungen durch die Ausübung oder Androhung von Gewalt oder Zwang verlangt. Daneben ist erforderlich, dass der Handelnde oder ein Dritter finanzielle oder andere Leistungen erhält oder erwartet.[1003] Die Tathandlung erfüllt typischerweise zugleich den Tatbestand der Versklavung.[1004] Eine **Zwangssterilisation** liegt vor, soweit jemand dauerhaft der Fortpflanzungsfähigkeit beraubt wird und dieses ohne medizinische Notwendigkeit geschieht.[1005] Unerheblich ist dabei, ob die Fortpflanzungsfähigkeit später durch einen medizinischen Eingriff wiederhergestellt werden kann.[1006] Endlich ist auch die **andere Form sexueller Gewalt vergleichbarer Schwere** erstmals im IStGH-Statut kodifziert worden. Dabei handelt es sich jedoch nicht wirklich um einen neuen Tatbestand, sondern um eine Präzisierung solcher se-

999 Im ersteren Sinne scheinbar *ICTY,* Kunarac TJ 22.2.2001, para. 460; Kvocka TJ 2.11.2001, para. 177; Milutinovic et al. TJ 26.2.2009, para. 203; *ICTR,* Gacumbitsi AppJ 7.7.2006, para. 154; Renzaho TJ 14.7.2009, para. 791, die alle den fehlenden „consent" zu einem Teil der Begriffsdefinition machen; a. A. *ICTY,* Kunarac AppJ 12.6.2002, para. 131. Vgl. zur Rspr. auch *Badar/Karsten,* ICLR 7 (2007), 167f.; *Schomburg/Peterson,* AJIL 101 (2007), 121ff.; *Vaz,* in: Decaux/Dieng/Sow, S. 275ff.; *Grewal,* JICJ 10 (2012), 375ff.; *Eriksson,* S. 108ff. sowie *O'Byrne,* ICLR 11 (2011), 496ff., die für einen „proof of coercion" anstatt eines „proof of non-consent" plädiert.

1000 Der Täter kann sich bei Unkenntnis des fehlenden Einverständnisses auf einen Tatsachenirrtum berufen, wenn man das Einverständnis als objektives Tatbestandsmerkmal ansieht. Dieser Irrtum schließt die strafrechtliche Verantwortlichkeit gemäß Art. 32 Abs. 1 aus (Rn. 97f.), weil er das „erforderliche subjektive Tatbestandsmerkmal" aufhebt. Prozessual ist das Vorliegen des objektiven Tatbestandes grds. durch die Anklagebehörde zu beweisen, bei einer defence obliegt der Verteidigung zumindest das diese stützende tatsächliche Vorbringen, vgl. *Ambos,* 2013, S. 312f.

1001 Vgl. *ICTY,* Kunarac AppJ 12.6.2002, para. 130 („universally coercive … true consent" unmöglich); *ICTR,* Muhimana TJ 28.4.2005, para. 546 (Nötigung „vitiating true consent"); *SCSL,* Birma et al. TJ 20.7.2007, para. 694 („coercion … almost universal"); *ICC,* Katanga TJ 7.3.2014, paras. 965f. (auf das „environnement coercitif" bezugnehmend). Ebenso *Meseke,* S. 221f.; *Schomburg/Peterson,* AJIL 101 (2007), 138, 140; MünchKomm/*Werle/Burchards,* § 7 VStGB Rn. 84ff.; MünchKomm/*Zimmermann/Geiß,* § 8 VStGB Rn. 151 (zu Kriegsverbr.); *Agirre,* LJIL 23 (2010), 617; *Ambos,* ZIS 2011, 286ff.; *ders.,* in: Bergsmo et al., S. 154ff.; *ders.,* 2013, S. 388; ausführlich zu den Anforderungen an ein tatbestandsausschließendes Einverständnis *Adams,* S. 569ff.

1002 Vgl. nun aber *ICC,* Katanga TJ 7.3.2014, paras. 973ff.

1003 Siehe Nr. 2 der Verbrechenselemente zu Article 7 (1) (g)-3: „The perpetrator or another person obtained or expected to obtain pecuniary or other advantage in exchange for or in connection with the acts of a sexual nature."

1004 MünchKomm/*Werle/Burchards,* § 7 VStGB Rn. 89.

1005 Vgl. Art. 7 Abs. 1 (g)-5 Verbrechenselemente; *Werle,* 2012, Rn. 963; *Currat,* Crimes contre l'humanité, 2006, S. 404f.; *Ambos,* 2014, S. 102f.

1006 *Askin,* War crimes, 1997, S. 401; *Burkhardt,* S. 170.

xueller Handlungen, die bisher unter die „anderen unmenschlichen Handlungen" subsumiert wurden.[1007]

hh) Verfolgung (Art. 7 Abs. 1 (h)). Der Straftatbestand der Verfolgung („persecution") ist nach Art. 7 Abs. 2 (g) als der „völkerrechtswidrige, vorsätzliche und schwerwiegende Entzug von Grundrechten wegen der Identität einer Gruppe oder Gemeinschaft" definiert. Neben diesem diskriminierenden Element **manifestiert** er sich äußerlich in der Begehung der anderen in Art. 7 genannten und generell in die Zuständigkeit des IStGH fallenden **Verbrechen** (Art. 7 Abs. 1 (h)). Praktisch ist der Tatbestand vor allem im Rahmen von Absprachen vor dem ICTY wichtig geworden,[1008] gerade weil über ihn eine Vielzahl von strafbaren Handlungen erfasst werden können (so im **Fall 24**). Nach Ansicht der Rechtsprechung besteht 213

„das Verbrechen der Verfolgung aus einem Tun oder Unterlassen, dass

5. zu einer tatsächlichen Diskriminierung führt und ein völkervertraglich oder -gewohnheitsrechtlich anerkanntes grundlegendes Recht verweigert oder verletzt *(actus reus);*[1009] und
6. vorsätzlich in der Absicht ausgeführt wurde, aus den aufgezählten Gründen zu diskriminieren, insbesondere wegen Rasse, Religion oder[1010] Politik *(mens rea)*".[1011]

Wegen des erforderlichen Zusammenhangs der Verfolgung mit anderen (Einzel-) Taten wird sie auch als **„umbrella crime"** bezeichnet.[1012] Das **Zusammenhangserfordernis** ist unterschiedlich ausgestaltet: Während Art. 7 Abs. 1 (h) einen Zusammenhang mit in die Zuständigkeit des IStGH fallenden Taten verlangt, beziehen ICTYS und ICTRS auch nicht in den Statuten enthaltene Taten mit ein.[1013] Unabhängig davon folgt aus der vgr Anerkennung des Verfolgungsverbrechens als selbstständiger (nicht akzessorischer)[1014] Tatbestand,[1015] dass das Zusammenhangserfordernis nicht 214

[1007] Vgl. *Werle,* 2012, Rn. 950, 964 (krit. zur Rspr. des ICTR); für restrikt. Ausleg. ebenfalls *Ambos,* ZIS 2011, 286 ff.; *ders.,* 2014, S. 103 f. Zu Zwangsverheiratungen und ihrer Einordnung als sexuelle Sklaverei s. *Haenen,* ICLR 13 (2013), 900 ff.; so auch *SCSL,* Taylor TJ 18.5.2012, paras. 423 ff.; a. A. Brima et al. AppJ 22.2.2008, paras. 192 ff. („other inhumane act"); hierzu auch *Wharton,* ICLR 11 (2011), 227 ff.; *Njikam,* S. 225 ff; krit. hinsichtl. der Einordnung als VgM *Goodfellow,* ICLR 11 (2011), 832 ff.

[1008] Z. B. in den Verfahren *ICTY,* Banovic Sentencing Judg. 28.10.2003; Deronjic Sentencing Judg. 30.3.2004; auch Deronjic AppJ 20.7.2005; Nikolic Sentencing Judg. 2.12.2003; auch AppJ 8.3.2006; Obrenovic Sentencing Judg. 10.12.2003; Plavsic TJ 2.2.2003.

[1009] Entgegen *ICTY,* Kvocka et al. TJ 2.11.2001, para. 195 muss die diskriminierende Wirkung tatsächlich eintreten; eingehend *Roberts,* LJIL 15 (2002), 624 ff. (640); *Mettraux,* S. 185.

[1010] Entgegen dem Wortlaut von Art. 5 (h) ICTYS/Art. 3 (h) ICTRS („and") müssen die genannten Gründe nur alternativ vorliegen, vgl. *Roberts,* LJIL 15 (2002), 635; *ders.,* in: Abthai/Boas, S. 284 f.; *Mettraux,* S. 186.

[1011] *ICTY,* Vasiljevic TJ 29.11.2002, para. 244 (Übers. aus dem Englischen); Krnojelac TJ 15.3.2002, para. 431; Brdanin TJ 1.9.2004, para. 992. Vgl. auch *Mettraux,* S. 182 ff. m. w. N. Krit. aus vgr Sicht zur Aufnahme kultureller u. geschlechtsbezogener Gründe in Art. 7 *Cryer,* S. 260.

[1012] *ICTY,* Kupreskic et al. AppJ 23.10.2001, para. 98; Banovic Sentencing Judg. 28.10.2003, para. 38; Popovic et al. TJ 10.6.2010, para. 965. *Leaning,* ICLR 11 (2011), 458 ff. will *de lege ferenda* auch die „forced migration", also die systematische Flucht der Zivilbevölkerung vor den Auswirkungen bewaffneter Konflikte, als VgM erfassen.

[1013] *Mettraux,* HarvILJ 43 (2002), 292; *ders.,* S. 182 f.; *Roberts,* LJIL 15 (2002), 631 ff. alle m. w. N.; *ICTY,* Krnojelac AppJ 17.9.2003, para. 199; Blaskic AppJ 29.7.2004, paras. 135, 138; Kvocka et al. AppJ 28.2.2005, para. 321; Brdanin AppJ 3.4.2007, para. 296; Popovic et al. 10.6.2010, para. 966.

[1014] A. A. wohl *Vest,* 2006, S. 142, der von „akzessorischer Natur" spricht.

[1015] *ICTY,* Kupreskic et al. TJ 14.1.2000, paras. 577, 581; Kordic/Cerkez TJ 26.2.2001, para. 194; krit. zur vgr Anerkennung *Bock/Preis,* HuV-I 2007, 150.

tatbestandlicher Natur ist, sondern lediglich eine gerichtliche *Zuständigkeitsbeschränkung* darstellt.[1016] Die Verfolgung muss in einem **Entzug grundlegender Menschenrechte** bestehen (Art. 7 Abs. 2 (g)), wobei auch schon eine entsprechende **Anordnung** oder wesentliche **Einschränkung** erfasst ist.[1017] Als Verletzungshandlungen kommen primär die Einzeltaten der Art. 6–8, aber auch ökonomische oder rechtliche Beeinträchtigungen in Betracht,[1018] sofern darin (auch) ein *schwerwiegender* Entzug der Menschenrechte zu sehen ist. Dazu muss die Tat oder Maßnahme „den gleichen Schweregrad erreichen wie die in Art. 5 ICTYS genannten Taten"[1019] bzw. die in Art. 7 genannten Taten.[1020] Dies kann auch durch die *kumulative Wirkung* mehrer – nicht für sich genommen schwerwiegender – Menschenrechtsverletzungen erreicht werden.[1021] Die offensichtliche Unbestimmtheit des Tatbestands konnte auch durch **§ 7 Abs. 1 Nr. 10 VStGB** nicht vollends überwunden werden.[1022]

215 Das zusätzliche subjektive Erfordernis der **diskriminierenden Absicht** ist als besonderes subjektives Tatbestandsmerkmal im Sinne eines *dolus specialis* zu verstehen. Der Täter muss in der Absicht handeln, eine Person oder eine Gruppe der Diskriminierung, Misshandlung oder Belästigung auszusetzen, um großes Leiden oder schwere Beeinträchtigungen aus religiösen, politischen oder aus anderen Gründen[1023] herbeizuführen.[1024] Diese diskrimierende Absicht ist von einer – nicht erforderlichen – Verfolgungsabsicht abzugrenzen.[1025] In *Simic* hat die Kammer die diskriminierende Absicht aus der wissentlichen Beteiligung des Täters an einem System bzw. einer Unternehmung geschlossen, bei dem das diskriminierende Vorgehen auf den genannten Gründen beruhte.[1026] Damit wird das Absichtsmerkmal zu dem zentralen Merkmal, das „das Verbrechen der Verfolgung von den anderen VgM … abgrenzt"[1027] und in die **Nähe des Genozids** rückt.

1016 *Ambos/Wirth,* CLF 13 (2002), 73f.; zust. *Meseke,* S. 249; Cryer/*Robinson,* S. 257f.; vgl. auch Verbrechenselemente, Fn. 22 („no mental element").

1017 MünchKomm/*Werle/Burchards,* § 7 VStGB Rn. 111.

1018 *ICTY,* Tadic TJ 7.5.1997, para. 710; vgl. auch *Werle,* 2012, Rn. 970, 972; *Meseke,* S. 240ff.; *Mettraux,* S. 183f.; MünchKomm/*Werle/Burchards,* § 7 VStGB Rn. 112f.; vertiefend *Ambos,* 2014, S. 105f.

1019 *ICTY,* Kupreskic et al. TJ 14.1.2000, paras. 620f.; Nikolic Sentencing Judg. 18.12.2003, para. 110; Brdanin TJ 1.9.2004, para. 995; Simic TJ 17.10.2002, para. 48; Krajisnik TJ 27.9.2006, para. 735; Stanisic & Simatovic TJ 30.5.2013, para. 1239.

1020 *Ambos/Wirth,* CLF 13 (2002), 74ff.; *Roberts,* LJIL 15 (2002), 633; *Meseke,* S. 245; *Mettraux,* S. 183; Cryer/*Robinson,* S. 257.

1021 *Meseke,* S. 245f.; *Mettraux,* S. 184; so auch *ICTY,* Krajisnik TJ 27.9.2006, para. 772; Milutinovic et al. TJ 26.2.2009, paras. 178f.; Popovic et al. TJ 10.6.2010, para. 966. Vgl. auch *Ambos,* 2010a, S. 156.

1022 Krit. auch *Gropengießer,* S. 133f.; *Weigend,* GS Vogler, 2004, S. 204; *Zahar/Sluiter,* S. 212f.; rechtsvergleichend zur Verfolgung *Kreicker,* in: Eser et al., 2003ff., Bd. 7, S. 93f.

1023 Zu den Gründen eingehend *Meseke,* S. 252ff.

1024 *ICTY,* Banovic Sentencing Judg. 28.10.2003, paras. 41, 42; Krnojelac AppJ 17.9.2003, para. 184; Vasiljevic AppJ 25.2.2004, para. 113; Lukic & Lukic TJ 20.7.2009, para. 994; vgl. auch Cassese/Gaeta/Jones/*Cassese,* S. 364; *Roberts,* LJIL 15 (2002), 634f.; *Satzger,* 2013, § 16 Rn. 47; *Roberts,* in: Abthai/Boas, S. 283ff.; Cryer/*Robinson,* S. 257, 258; *Filippini,* in: Parenti et al., 2007, S. 102f.; *Kolb,* in: Kolb/Scalia, S. 114; MünchKomm/*Werle/Burchards,* § 7 VStGB Rn. 116ff.; *Fournet/Pegorier,* ICLR 10 (2010), 732ff.; *Schabas,* 2010, S. 178.

1025 *ICTY,* Blaskic AppJ 29.7.2004, para. 165. Dazu *Meiertöns,* HuV-I 2005, 57f.; *Mettraux,* S. 186; *Roßkopf,* S. 120.

1026 *ICTY,* Simic TJ 17.10.2002, para. 51; ebenso Tolimir TJ 12.12.2012, para. 850. Zum Nachweis der diskriminierenden Absicht bei jeder Einzeltat vgl. *Roberts,* LJIL 15 (2002), 636f.

1027 *ICTY,* Kordic/Cerkez TJ 26.2.2001, para. 212; Krnojelac AppJ 17.9.2003, para. 184; M. Nikolic Sentencing Judg. 2.12.2003, para. 105; Popovic et al. TJ 10.6.2010, para. 968.

„Es kann gesagt werden, dass aus subjektiver Sicht der Genozid eine extreme und die unmenschlichste Form der Verfolgung darstellt. Um es anders auszudrücken: Wenn sich die Verfolgung zu der extremen Form willentlicher und bewusster Taten steigert, um eine Gruppe oder einen Teil der Gruppe zu vernichten, läuft dies auf einen Genozid hinaus."[1028]

ii) Verschwindenlassen (Art. 7 Abs. 1 (i)). Mit Art. 7 Abs. 2 (i) wird erstmals eine Definition des zwangsweisen Verschwindenlassens („forced disappearance") vorgelegt, die den **Mindestanforderungen rechtlicher Bestimmtheit** entspricht. Danach besteht die Tat zunächst in der *Festnahme,* dem Freiheitsentzug oder der Entführung von Personen durch einen Staat oder eine politische Organisation oder mit deren Ermächtigung, Unterstützung oder Duldung. Dem folgt die *Weigerung* der verantwortlichen Personen, diese Handlungen anzuerkennen oder Auskunft über das Schicksal oder den Verbleib des Opfers zu erteilen und zwar mit der *Absicht,* sie für längere Zeit dem gesetzlichen vorgesehenen Schutz zu entziehen.[1029] Die typische Praxis[1030] schildert unser **Fall 25.** 216

Der Tatbestand geht auf eine gleichnamige **Interamerikanische Konvention** von 1994 zurück.[1031] Seine Aufnahme in das IStGH-Statut macht ihn vom regionalen zum internationalen Verbrechen. Völkerstrafrechtliche Rechtsprechung existiert bislang noch nicht, lediglich im Bereich der Menschenrechte kann man sich auf die bekannte Rechtsprechung des IAGMR seit dem Präzedenzfall *Velásquez Rodríguez* beziehen **(Fall 25).**[1032] Diese und andere Menschenrechtsentscheidungen[1033] haben jedoch nichts zur Entwicklung der Tatbestandsmerkmale des zwangsweisen Verschwindenlassens beigetragen.[1034] Ebensowenig enthalten die nationalen Gesetze einiger lateinamerikanischer Staaten (u. a. Peru, Venezuela, Mexiko, Guatemala, Paraguay und Kolumbien) vollends überzeugende Definitionen.[1035] **§ 7 Abs. 1 Nr. 7 VStGB** stellt alternativ die Kombination von Freiheitsberaubung und nachfolgender Auskunftsverweigerung (a) sowie die Auskunftsverweigerung oder falsche Auskunft an sich (b) unter Strafe, wobei sich der Täter im letzteren Fall „freiwillig in eine staatliche Politik des Verschwindenlassens einordnet und dabei zugleich eine bestehende Rechtspflicht zur Auskunftserteilung ver- 217

1028 *ICTY,* Kupreskic et al. TJ 14.1.2000, para. 636; zum Verhältnis auch *Mettraux,* S. 187, 333ff.; Cryer/*Robinson,* S. 258; *Roßkopf,* S. 119; *Fournet/Pegorier,* ICLR 10 (2010), 726ff., die einen Unterschied zum Genozid nur hinsichtlich des Tatobjekts ausmachen (737f.), dabei aber die Bedeutung des Verfolgungsverbrechens bei Verfolgung politischer Gruppen zu unterschätzen scheinen.

1029 Zum Absichtserfordernis schon *Ambos,* 2002, S. 799; zust. *Meseke,* S. 233; Cryer/*Robinson,* S. 260; *Kolb,* in: Kolb/Scalia, S. 115f.; MünchKomm/*Werle/Burchards,* § 7 VStGB Rn. 97.

1030 Zur Praxis totalitärer Regime s. *Vermeulen,* S. 2ff.

1031 Inter-American Convention on Forced Disappearance of Persons, 33 ILM 1429 (1994); siehe auch die am 23.12.2010 in Kraft getretene International Convention for the Protection of All Persons from Enforced Disappearance, GA-Res. 61/177, 12.1.2007; hierzu *Huhle,* HuV-I 2013, 21ff. Die Tat wurde freilich schon vom NS-Regime praktiziert, vgl. insoweit zum „Nacht und Nebel Erlass" Hitlers vom 7.12.1941 *IMG,* Bd. 1, S. 189, 327; auch *Robinson,* AJIL 93 (1999), 56; *Filippini,* in: Parenti et al., 2007, S. 105; *Werle,* 2012, Rn. 982 Fn. 307.

1032 *Velásquez Rodriguez* war – zusammen mit *Godínez Cruz* und *Farén Garbi/Solís Corrales* – die erste von drei Entscheidungen, bei denen das Gericht einen Vertragsstaat (Honduras) der AMRK für das Verschwindenlassen von Personen verantwortlich gemacht hat (Judgements 29.7.1988, 20.1.1989, 15.3.1989, Series C, No. 4; dazu Menzel/Pierlings/Hoffmann/*Hoffmann,* S. 637ff.).

1033 S. etwa folgende Urteile des *EGMR:* Kurt TJ 25.5.1998 (dazu Menzel/Pierlings/Hoffmann/*Hoffmann,* 2005, S. 512ff.); Cakici TJ 8.7.1999; Timurtas TJ 13.6.2000; Cicek TJ 27.2.2001; Tas TJ 14.11.2001; ausführliche Entscheidungsübersicht bei *Vermeulen,* S. 157ff.

1034 Vgl. *Ambos,* 1997, S. 66ff., 77ff., 113ff.

1035 *Ambos,* 1997, S. 403ff.

letzt."[1036] Damit ist jedenfalls – ungeachtet der schwierigen Detailfragen[1037] – klar, dass das Verschwindenlassen aus zwei Tathandlungen besteht,[1038] wobei die Auskunftsverweigerung die zentrale Handlung darstellt. Das Verbrechen wird deshalb mit der Auskunftsverweigerung *vollendet* und, da es sich um ein Dauerdelikt handelt,[1039] erst bei entsprechender (richtiger)[1040] Auskunftserteilung bzw. bei Aufklärung des Verbleibs der verschwundenen Person *beendet.*[1041] Das Verschwindenlassen kann außerdem nur von staatlichen oder politischen Organisationen selbst oder doch mit ihrer Zustimmung oder Duldung begangen werden.[1042] Die *Gerichtsbarkeit* des IStGH wird in den Verbrechenselementen wegen des Rückwirkungsverbots zeitlich eingeschränkt, indem auf den Beginn des Angriffs (also das Gesamttatelement der VgM) abgestellt wird;[1043] das ist aber zu weitgehend, weil damit auch Einzeltaten aus der Gerichtsbarkeit ausgeschlossen werden, die erst nach dem Inkrafttreten des Statuts begangen werden.[1044]

218 **jj) Apartheid (Art. 7 Abs. 1 (j)).** Unter dem „Verbrechen der Apartheid" werden gemäß Art. 7 Abs. 2 (h) **unmenschliche Handlungen** i. S. d. in Art. 7 Abs. 1 genannten[1045] verstanden, wenn sie von einer rassischen Gruppe im Zusammenhang mit einem **institutionalisierten Regime**[1046] **der systematischen Unterdrückung** und Beherrschung einer oder mehrerer anderer rassischer Gruppen in der **Absicht** begangen werden, dieses Regime aufrecht zu erhalten.[1047] Aus Gründen der Rechtssicherheit und Bestimmtheit macht das IStGH-Statut das Verbrechen der Apartheid von der Begehung der in Art. 7 Abs. 1 enthaltenen Einzeltaten abhängig, weshalb man es als

[1036] Vgl. Gesetzesbegründung, BR-Drs. 29/02, 48f. sowie *Lüder/Vormbaum,* S. 13, 38; zust. *Gropengießer,* S. 135.

[1037] Vgl. *Grammer,* Verschwindenlassen, 2005, passim.

[1038] Ebenso MünchKomm/*Werle/Burchards,* § 7 VStGB Rn. 94ff. (Freiheitsberaubung und Unterlassen der Auskunft).

[1039] Vgl. *Ambos/Böhm,* in: Ambos, Desaparición forzada, 2009, S. 235f., 249f.

[1040] MünchKomm/*Werle/Burchards,* § 7 VStGB Rn. 95 (bewusste Falschauskunft steht Verweigerung gleich).

[1041] *Ambos/Böhm,* in: Ambos, Desaparición forzada, 2009, S. 250.

[1042] Triffterer/*Hall,* Art. 7 Rn. 130; *Boot,* para. 502; *Werle,* 2012, Rn. 987; *Meseke,* S. 232f.; ebenso Art. 2 der Int. Konv. (Fn. 1031); krit. *Ambos/Böhm,* in: Ambos, Desaparición forzada, 2009, S. 246ff. Zu den Anforderungen an die politische Organisation *Ambos,* 2014, S. 111; für eine restriktive Auslegung (nur staatsähnliche Organisationen) *Giorgou,* JICJ 11 (2013), 1011ff.

[1043] In der entsprechenden Fn. 24 wird die Zuständigkeit davon abhängig gemacht, dass der „Angriff" auf die Zivilbevölkerung (Kontextelement, Rn. 174ff.) *nach* Inkrafttreten des Statuts begonnen hat. Vgl. hierzu auch das Statement by the Committee on Enforced Disappearances on the ratione temporis element in the review of reports submitted by States Parties under the ICED, 5th Session, Nov. 2013, abrufbar unter: http://tbinternet.ohchr.org/_layouts/treatybodyexternal/SessionDetails1.aspx?SessionID=889&Lang=en (zuletzt abgerufen am 1.7.2014).

[1044] Krit. *Ambos,* 2010a, S. 153f.; *Ambos/Böhm,* in: Ambos, Desaparición forzada, 2009, S. 240f., 250; zur Geltung des Rückwirkungsverbots *Olásolo,* CLF 18 (2007), 307 mit Fn. 22.

[1045] Dies bezieht sich nicht nur auf unmenschliche Handlungen i. S. v. Art. 7 Abs. 1 (k), sondern auf alle in Abs. 1 genannten Einzeltaten, vgl. auch Verbrechenselemente sowie *Gropengießer,* S. 136; krit. Triffterer/*Hall,* Art. 7 Rn. 116; *Meseke,* S. 262. Rechtsvergleichend *Kreicker,* in: Eser et al., 2003ff., Bd. 7, S. 96ff.

[1046] Kritisch *Bultz,* CLF 24 (2013), 222ff., der den Begriff des „institutionalisierten Regimes" für zu weit hält und den Tatbestand auf Unterdrückungssysteme „erkennbarer Staaten" („recognizable state") beschränken will (229).

[1047] Zu den unterschiedlichen Definitionen des IStGH-Statuts und Art. II der Apartheid Convention, vgl. Triffterer/*Hall,* Art. 7 Rn. 120ff; s. auch *Bultz,* CLF 24 (2013), 205ff.

Qualifikation des VgM betrachten kann.[1048] Das Absichtserfordernis bringt eine weitere Tatbestandseinschränkung mit sich.[1049] Noch enger setzt **§ 7 Abs. 5 VStGB** – gleichsam als Grundtatbestand – die Begehung einer „normalen" Einzeltat i. S. v. Abs. 1 mit der entsprechenden Absicht voraus.[1050]

kk) Andere unmenschliche Handlungen (Art. 7 Abs. 1 (k)). Die Tathandlung „andere unmenschliche Handlungen ähnlicher Art, mit denen vorsätzlich große Leiden oder eine schwere Beeinträchtigung der körperlichen Unversehrtheit oder der geistigen oder körperlichen Gesundheit verursacht werden" ist in Art. 7 Abs. 2 nicht definiert. Die Verbrechenselemente verlangen insoweit, dass: 219

„1. Der Täter [...] jemandem mittels einer unmenschlichen Tat großes Leiden oder ernsthafte Verletzungen des Körpers oder der geistigen oder physischen Gesundheit zufügt.
2. Eine solche Handlung einen ähnlichen Charakter wie die anderen der in Art. 7 Abs. 1 des Statuts genannten Handlungen aufweisen muss."[1051]

Eine Fußnote stellt klar, „dass sich der Begriff ‚Charakter' auf die Art und die Schwere der Tat bezieht".[1052] Die *Ad-Hoc*-Gerichtshöfe fordern, dass das Verhalten von **vergleichbarer Schwere mit den anderen Einzeltaten** sein und ernsthafte geistige oder physische Leiden oder Verletzungen oder einen ernsthaften Angriff auf die Menschenwürde verursachen muss;[1053] i. Ü. ist diese Tathandlung gegenüber den anderen VgM **subsidiär.**[1054] Die die Tatschwere ausmachenden Umstände umfassen die Art des Verhaltens, den Begehungszusammenhang, die persönlichen Umstände des Opfers, einschließlich des Alters, Geschlechts und der Gesundheit sowie die physischen, geistigen und moralischen Auswirkungen der Tat auf das Opfer.[1055] Beispiele „anderer unmenschlicher Handlungen" sind zwangsweise Überführungen,[1056] rechtswidrige Experimente am Menschen,[1057] das Schließen einer medizinischen Einrichtung,[1058] die Verweigerung der Behandlung von Patienten einer bestimmten ethnischen Gruppe, der

[1048] *Zimmermann,* ZRP 2002, 101; *Werle,* 2012, Rn. 995f.; MünchKomm/*Werle/Burchards,* § 7 VStGB Rn. 130; a. A. *Meseke,* S. 266: Qualifikation des Verfolgungsverbrechens.

[1049] *Ambos,* 2002, S. 799; zust. *Meseke,* S. 265; Cryer/*Robinson,* S. 261. Vgl. zum VStGB die Gesetzesbegründung, BR-Drs. 29/02, 51.

[1050] Zust. *Gropengießer,* S. 136f.

[1051] Verbrechenselemente: „1. The perpetrator inflicted great suffering, or serious injury to body or to mental or physical health, by means of an inhumane act. 2. Such act was of a character seminal to any other act referred to in article 7, paragraph 1, of the Statute." Vertiefend zum Ähnlichkeitserfordernis *Ambos,* 2014, S. 116.

[1052] Verbrechenselemente, Nr. 2 von Art. 7 Abs. 1 (k).

[1053] *ICTY,* Vasiljevic TJ 29.11.2002, para. 234; D. Milosevic AppJ 12.11.2009, para. 108; Milutinovic et al. TJ 26.2.2009, para. 170; Popovic et al. TJ 10.6.2010, para. 888; *ICTR,* Muvunyi TJ 12.9.2006, paras. 527ff.; *Ambos/Wirth,* CLF 13 (2002), 83; *Meseke,* S. 235; *Mettraux,* S. 188ff.

[1054] *ICTY,* Krstic AppJ 19.4.2004, para. 231.

[1055] *ICTY,* Vasiljevic TJ 29.11.2002, para. 234 m.w.N.; *ICTR,* Ntakirumtimana TJ 21.2.2003, para. 855; Niyitegeka TJ 16.5.2003, para. 465.

[1056] *ICTY,* Krajisnik TJ 27.9.2006, paras. 722ff.; Popovic et al. TJ 10.6.2010, para. 889; dazu *Zahar/Sluiter,* S. 217.

[1057] *Clark,* FS Ginsburg, 2001, S. 152 bezugnehmend auf *Robinson,* AJIL 93 (1999), 43.

[1058] Zu weitgehend aber *Scheinert,* ICLR 13 (2013), 660ff., der die Zurückweisung humanitärer Hilfsangebote anderer Staaten (z. B. Zurverfügungstellung von HIV-Medikamenten) selbst dann als VgM ansehen will, wenn die Entscheidungsträger für die Entstehung der Notsituation nicht verantwortlich sind; siehe hierzu auch *Ambos,* 2014, S. 116 mit Fn. 538.

Ausschluß der Betroffenen von Versorgungseinrichtungen[1059] und die unmenschliche Behandlung von Gefangenen.[1060] **§ 7 Abs. 1 Nr. 8 VStGB** versucht die Bestimmtheitsprobleme durch Übernahme von § 220a Abs. 1 Nr. 2 StGB a. F. (§ 6 Abs. 1 Nr. 2 VStGB) und den darin enthaltenen Verweis auf § 226 StGB zu überwinden.[1061]

Lösung Fall 21:

220 M, S und R sind als Befehlshaber verantwortlich für die Taten Ihrer Untergebenen (Art. 7 Abs. 3 ICTY-Statut, Art. 28 IStGHS). Die von den Untergebenen begangenen *Einzeltaten*, z. B. Tötungen und Vertreibungen, könnten VgM darstellen, wenn sie sich in den gemäß Art. 7 erforderlichen ausgedehnten oder systematischen Begehungszusammenhang *(Gesamttat, Kontextelement)* einfügen (Rn. 11, 182ff.). *In casu* ist also nach dem Zusammenhang zwischen der Vertreibung und Erschießung der ca. 300 Personen (Einzeltaten) und dem Angriff auf Vukovar und die umliegenden Ortschaften (Gesamttat) zu fragen. Insoweit reicht es aus, wenn sich die Einzeltaten als Teil des Angriffs (Gesamttat) darstellen bzw. sich in diesen einfügen, wobei keine zeitliche Koinzidenz zu verlangen ist, sondern sich die Einzeltaten auch unmittelbar an die Gesamttat anschliessen können (Rn. 192). Das wird man hier bejahen müssen.

Lösung Fall 22:

221 In Betracht kommen zunächst *Versklavung* gem. Art. 7 Abs. 1 (c) sowie *Vergewaltigung* und sonstige schwere Formen sexueller Gewalt gem. Art. 7 Abs. 1 (g). Die Ausübung von Befugnissen, die dem Eigentumsrecht über eine Person eigen sind, ist das wesentliche Merkmal der Versklavung (Rn. 203). Hier ist ausdrücklich von einer Versklavung die Rede, insbesondere kam es zu regelmäßigen sexuellen Übergriffen und erzwungenen Haushaltsarbeiten. Auch der Verkauf am 25. 2. 1993 zählt als Menschenhandel zu sklavereiähnlichen Praktiken (Rn. 204). Seit Juli 1992 wurde die Zeugin zudem mehrfach vergewaltigt (Rn. 209ff.). Für den gesamten Zeitraum ist schließlich eine *Freiheitsentziehung* gemäß Art. 7 Abs. 1 (e) anzunehmen (Rn. 206).

Lösung Fall 23:

222 Im Fall der B wurde massenhaft und systematisch *sexuelle Gewalt* verübt (Rn. 209). Daher trifft vor allem Art. 7 Abs. 1 (g) zu. In Betracht kommen ferner *Folter* gem. Art. 7 Abs. 1 (f) oder andere *unmenschliche Handlungen* gem. Art. 7 Abs. 1 (k) aufgrund der drakonischen Strafen (Schlagen, Vergewaltigung), wenn eine Frau beim Reden ertappt wurde. Verlangt man keinen bestimmten Zweck beim Foltertatbestand (Rn. 208), dann könnte man hier zusätzlich Folter an B und den anderen Frauen annehmen. In jedem Fall ist Vergewaltigung aber bereits durch Variante (g) erfasst.

Lösung Fall 24:

223 In vorliegendem Fall wurden, wie explizit angegeben, mehrere Einzeltatbestände des Art. 7 im Zuge der Verfolgung der bosnischen Muslime und Kroaten verwirklicht. Deshalb kommt eine Verantwortlichkeit aufgrund des *Verfolgungstatbestandes* gemäß Art. 7 Abs. 1 (h) in Betracht (Rn. 213). Dieser bildet gleichsam die die Einzeltaten verbindende Gesamttat (Rn. 214). Dabei muss der P freilich noch die diskriminierende Absicht (vgl. Rn. 215) nachgewiesen werden.

[1059] *ICTR,* Ntakirumtimana TJ 21. 2. 2003, para. 817.

[1060] *ICTY,* Plavsic TJ 2. 2. 2003, paras. 45ff., 52. Weitere Bsp. bei *Meseke,* S. 236; Cryer/*Robinson,* S. 262. Zur Rspr. auch *Currat,* Crimes contre l'humanité, 2006, S. 559ff.

[1061] Vgl. Gesetzesbegründung, in: *Lüder/Vormbaum,* S. 38; zust. *Gropengießer,* S. 137f.; *Satzger,* NStZ 2002, 130; großzügiger *König,* S. 265f. Eine Verletzung des Analogieverbots sehen *Fletcher/Ohlin,* JICJ 3 (2005), 551.

Lösung Fall 25:

Das *Verschwindenlassen* des V ist als VgM in Art. 7 Abs. 1 (i) erfasst. Es ist gegen eine Zivilbevölkerung gerichtet (Rn. 189). Die Tat besteht aus Festnahme und nachfolgender Auskunftsverweigerung, und zwar mit der Absicht, die Person für längere Zeit dem gesetzlich vorgesehenen Schutz zu entziehen (Rn. 216). Insoweit handelt es sich hier um einen typischen Fall. 224

III. Kriegsverbrechen

Fall 26:

Im Staate K kämpft die Aufstandsbewegung A gegen die verfassungsmäßige Regierung R. Die A beherrscht $^1/_3$ des Staatsgebiets und besitzt eine schlagkräftige militärische Organisation mit entsprechender hierarchischer Befehlsstruktur und ca. 25 000 Männer und Frauen unter Waffen. Sie ist dazu in der Lage, konzentrierte militärische Operationen gegen die Zentralregierung zu planen und durchzuführen. Liegt ein nicht-internationaler Konflikt vor? Bejahendenfalls: Kann die Regierung wegen des Verbringens von Zivilisten in ein anderes Gebiet, um dieses mittels „menschlicher Schutzschilder" vor Angriffen zu schützen, vor dem IStGH verfolgt werden? → Rn. 257 u. *Ambos,* 2010 a, S. 63 (Fall 6, Rn. 6 f., 10) u. S. 109 (Fall 8, Rn. 3 ff.) 225

Fall 27:

Im Staate S findet ein nicht-internationaler Konflikt zwischen der Regierung und der Aufstandsbewegung A statt. Bürger B nutzt das allgemeine Chaos und die Unsicherheit aus, um alte Rechnungen zu begleichen. Nach und nach rächt er sich an den Bewohnern seines Dorfs, die in einem Strafverfahren gegen ihn ausgesagt haben. Ist B wegen Kriegsverbrechen strafbar? → Rn. 258 u. *Ambos,* 2010 a, S. 63 (Fall 6, Rn. 29), S. 86 (Fall 7, Rn. 17, 46 f., 61) u. S. 109 (Fall 8, Rn. 20 f.) 226

Fall 28:

Der Staat U will die Regierung des Staates I mittels einer militärischen Intervention stürzen. Im von der weit überlegenen Luftwaffe des U geführten Luftkrieg kommen auch zahlreiche Zivilisten in I ums Leben. Auf den Vorwurf der Begehung von Kriegsverbrechen gemäß Art. 8 Abs. 2 (b) (i), (ii) und (iv) wendet U ein, dass die Angriffe zielgenau geflogen würden und die Vermeidung ziviler Opfer oberste Priorität habe. Wie ist dieser Einwand zu verstehen? → Rn. 259 u. *Ambos,* 2010 a, S. 63 (Fall 6, Rn. 9, 13 ff., 22 ff., 25 ff.) 227

Fall 29:

Die militärische Führung des Bündnisses N befindet sich in einem bewaffneten Konflikt mit dem Staat S. Mit gezielten Raketenangriffen wird u. a. eine von einem ausländischen Unternehmen betriebene Zigaretten-Fabrik zerstört. Ziel dieser Aktion ist es, durch eine schlechtere Versorgung durch Zigaretten die Kriegsmoral der Zivilisten und Soldaten zu untergraben. Kann dies den Angriff auf die Fabrik rechtfertigen? → Rn. 260 u. *Ambos,* 2010 a, S. 126 (Fall 9, Rn. 22 ff.) 228

1. Begriff und geschützte Rechtsgüter

Der **Begriff** der „Kriegsverbrechen" wird in unterschiedlicher Weise verwendet. Zum einen werden darunter **alle in einem Krieg oder bewaffneten Konflikt begangenen Straftaten** verstanden, ob sie nun Kriegsverbrechen im engeren juristischen Sinne oder andere Verbrechen, etwa Verbrechen gegen die Menschlichkeit, darstellen. Teil- 229 weise werden sogar alle **Verstöße gegen das Kriegsvölkerrecht** („Humanitäres Völkerrecht“) unabhängig von ihrer straftatbestandlichen Erfassung als Kriegsverbrechen bezeichnet.[1062] Hier wird der Begriff im engeren juristischen Sinne verwendet, d. h. als Kriegsverbrechen gelten solche Verstöße gegen das humVR, die einer **unmittelbaren vr Strafbarkeit** unterliegen.[1063] Kriegsverbrechen sind nicht auf internationale bewaffnete Konflikte (zwischen mehreren Staaten) beschränkt; sie können auch in innerstaatlichen (nicht-internationalen) Konflikten begangen werden (vgl. schon § 6 Rn. 7), die ohnehin heute weit häufiger vorkommen.

230 Kriegsverbrechen sind – als strafbare Verstöße gegen das humVR (das **„ius in bello“**) – von strafbaren Handlungen unter Verstoß gegen das **„ius ad bellum“**, dem Recht (bzw. Verbot) zur Kriegsführung (Rn. 261 ff.), zu unterscheiden.[1064] Kriegshandlungen sind nicht schon deshalb strafbar, weil sie z. B. im Rahmen eines strafbaren Angriffskrieges (einer Verletzung des ius ad bellum) erfolgen; erforderlich ist vielmehr ein eigenständig *strafbarer* Verstoß gegen das Kriegsvölkerrecht (auch Rn. 247). Andererseits entbindet ein gerechtfertigter („gerechter“) Krieg nicht von den ius-in-bello-Verpflichtungen.[1065]

231 Das durch den Straftatbestand der Kriegsverbrechen geschützte **Rechtsgut** liegt wie allgemein bei den vstr Kernverbrechen (§ 5 Rn. 3) im globalen **Frieden** und der internationalen **Sicherheit,** welche durch Verstöße gegen die allgemein anerkannten Gesetze und Gebräuche der Kriegsführung gefährdet werden.[1066] Das Kriegsvölkerstrafrecht dient aber auch in einem besonderen Umfang dem Schutz von **Individualrechtsgütern.** Dies wird schon historisch an der Tendenz zum Schutz der Kombattanten und später dem zunehmenden Schutz der Zivilbevölkerung, auch im nicht-internationalen Konflikt, deutlich (§ 6 Rn. 7 ff.).[1067] Dabei schützt das Kriegsvölkerstrafrecht jedoch regelmäßig nur die Rechtsgüter der jeweils anderen Partei und nur ausnahmsweise vor Angriffen der eigenen Konfliktpartei.[1068]

2. Art. 8 IStGH-Statut

a) Struktur

232 Während die Statuten des ICTY und ICTR mit den schweren Verstößen gegen die GK I-IV (Art. 2 ICTYS) und Verletzungen der Gesetze und Gebräuche des Krieges

[1062] Vgl. hierzu *Werle,* 2012, Rn. 1021; *ders.,* 2009, Rn. 929 m. w. N. insbesondere auf US Army Military Manual, § 499, FM 27–10; Pictet/*Pilloud,* 1952, S. 351; *Kreicker,* in: Eser et al., 2003 ff., Bd. 7, S. 110 ff.; zur Entwicklung des Konzepts der Kriegsverbrechen s. *Cullen,* in: Schabas/Bernaz, S. 139 ff.

[1063] Vgl. auch *Abi-Saab/Abi-Saab,* in: Ascensio/Decaux/Pellet, S. 278; *Werle,* 2012, Rn. 1021; *ders.,* 2009, Rn. 929, der dort auch die Begriffe „Kriegsvölkerstrafrecht“ und „Bürgerkriegsvölkerstrafrecht“ verwendet.

[1064] Ausführlich *Okimoto,* S. 9 ff.; *ders.,* Chinese JIL 11 (2012), 47 ff.; *Johann,* S. 125 ff.; vgl. auch *Kolb,* in: Kolb/Scalia, S. 128 f.; *Olásolo,* 2008, S. 1; Fleck/*Greenwood,* Rn. 101, 103; zur historischen Entwicklung dieser Unterscheidung *Weiler/Deshman,* EJIL 24 (2013), 26 ff.

[1065] Vgl. Cryer/*Robinson,* S. 266; *Olásolo,* 2008, S. 42; dazu auch *Roberts,* IRRC 90 (2008), 931 ff.; ausführlich *Okimoto,* S. 25 ff.

[1066] Vgl. auch *Werle,* 2012, Rn. 1066; *ders.,* 2009, Rn. 974; *Satzger,* 2013, § 16 Rn. 57; *Kolb,* in: Kolb/Scalia, S. 126; *Bock,* S. 116; a. A. *Kreicker,* in: Eser et al., 2003 ff., Bd. 7, S. 119.

[1067] *Triffterer,* S. 200; *Werle,* 2012, Rn. 1065; *ders.,* 2009, Rn. 973; *Gless,* 2011, Rn. 833; *Bock,* S. 115 f.

[1068] Vgl. *Werle,* 2012, Rn. 1248, der als Ausnahme das Verbot des Einsatzes von Kindersoldaten anführt (Fn. 556 mit Rn. 1231 ff.), weil insoweit der Kinderschutz im Mittelpunkt stehe; zu diesem Phänomen grdl. *Palomo Suárez,* Kindersoldaten, 2009; am Beispiel der Situation in der DRK auch *Steiner,* Boletim IBCCrim 179 (2007), 14.

(Art. 3 ICTYS, Art. 4 ICTRS) einen relativ überschaubaren und nicht abschließenden („[s]uch violations shall include, but not be limited to ...") Katalog von Kriegsverbrechen kodifizieren,[1069] enthält das IStGH-Statut zwar eine weitaus größere Zahl von Tatbeständen, versteht diese aber als abschließend.[1070] Dabei bleibt Art. 8 dem traditionellen **„two box approach"** (§ 6 Rn. 7) verpflichtet, fasst also nicht, wie **§§ 8–12 VStGB** (Rn. 234), die in internationalen und nicht-internationalen Konflikten begangenen Verbrechen im Sinne einer einheitlichen Kategorie von „Verbrechen in bewaffneten Konflikten" *(Assimilierungsthese)*[1071] zusammen, sondern sieht **vier Unterabschnitte** vor, die sich jeweils auf „internationale" und „nicht-internationale Verbrechen" (Absatz 2 (a), (b) *versus* Absatz 2 (c), (e)) beziehen.[1072] Immerhin wird damit die Strafbarkeit von „Kriegsverbrechen" in nicht-internationalen bewaffneten Konflikten explizit anerkannt.[1073]

Die schon erwähnte Entscheidung für einen abschließenden Straftatenkatalog ist im Lichte des Gesetzlichkeitsprinzips zu begrüßen,[1074] denn damit wird eine richterliche Lückenfüllung *praeter legem* unmöglich gemacht. Problematisch ist daran freilich, dass mögliche Defizite von Art. 8 im Hinblick auf den Stand des VGR[1075] nur durch Änderungen des Statuts gemäß dem in Art. 121 ff. festgelegten Verfahren behoben werden können, also eine Zweidrittelmehrheit der Vertragsstaaten erforderlich ist (Art. 121 Abs. 3). Insoweit hat aber die erste Revisionskonferenz von Kampala (§ 6 Rn. 34) gezeigt, dass die Vertragsstaaten, jedenfalls im Bereich des humVR, auf neue Entwicklungen reagieren können, wurden dort doch die Art. 8 Abs. 2 (b) (xvii)-(xix) auf den nicht-internationalen bewaffneten Konflikt (Art. 8 Abs. 2 (e) (xvii)-(xix) neu) ausgedehnt. Kritikwürdig ist aber, dass Art. 8 durch die Einführung eines *bis dato* unbekannten – den VgM entnommenen – **„Begehungszusammenhangs"** („insbesondere wenn diese als Teil eines Planes oder einer Politik oder [...] in großem Umfang verübt werden") tendenziell über Gebühr eingeschränkt wird,[1076] auch wenn diese Voraussetzung lediglich als eine schon aus dem Komplementaritätsgrundsatz (§ 8 Rn. 10) folgende Zuständigkeitseinschränkung des IStGH und nicht als Tatbestandsmerkmal zu verstehen ist.[1077] 233

[1069] Eingehende Rspr.analyse von *Mettraux,* S. 24 ff.; *Laucci,* in: Decaux/Dieng/Sow, S. 225 ff.; *Zahar/Sluiter,* S. 110 ff., die die besondere Bedeutung von Art. 3 ICTYS betonen.

[1070] S. auch *Condorelli,* in: Politi/Nesi, S. 112.

[1071] Vgl. *Kreß,* IYHR 29 (2000), 103, 132.

[1072] S. z. B. *Werle/Nerlich,* HuV-I 2002, 124, 125; *Kolb,* in: Kolb/Scalia, S. 120 f.; *Sager,* S. 36 ff., 58 ff.; die Unterscheidung betonend auch *ICC,* Katanga TJ 7.3.2014, para. 1175. Vgl. aber auch *Zahar/Sluiter,* S. 112, 154, die die zunehmende Auflösung der Grenzen zwischen Verbrechen des internationalen und nicht-internationalen Konflikts nachweisen; pro futuro ebenfalls für eine Konvergenz Cryer/*Robinson,* S. 275; zu Abrenzungsschwierigkeiten *Pinzauti,* JICJ 8 (2010), 199 ff.

[1073] Zust. auch Triffterer/*Zimmermann,* Art. 8 Rn. 238, 289.

[1074] Ähnlich *Schabas,* HRLJ 20 (1999), 163.

[1075] Vgl. *Fischer,* FS Ipsen, 2000, S. 86 ff.; auch *Sunga,* Eur. J. Cr. 6 (1998), 395; *Askin,* CLF 10 (1999), 57; *Condorelli,* in: Politi/Nesi, S. 111 ff.; *Kolb,* in: Kolb/Scalia, S. 119 f., 168 ff. Grdl. zum humanitär-völkerrechtlichen VGR *ICRC Study.*

[1076] Gegen dieses Erfordernis bei Kriegsverbrechen, vgl. *ICTY,* Tadic TJ 7.5.1997, para. 573; Delalic et al. TJ 16.11.1998, para. 195; zust. Blaskic TJ 3.3.2000, para. 70; Milutinovic et al. TJ 26.2.2009, para. 128. Vgl. auch *Sunga,* Eur. J. Cr. 6 (1998), 392; Triffterer/*Fenrick,* Art. 8, Rn. 4; *Fischer,* FS Ipsen, 2000, S. 85; *Ambos,* 2002, S. 779; Cryer/*Robinson,* S. 264; a. A. *Fletcher,* 2007, S. 335, der darin die kollektive Dimension von Kriegsverbrechen ausgedrückt sieht.

[1077] Triffterer/*Cottier,* Art. 8 Rn. 9; Cassese/Gaeta/Jones/*Bothe,* S. 379 ff.; *König,* S. 273; *Werle/Jessberger,* JICJ 3 (2005), 50 f.; *Werle,* 2012, Rn. 464; *ders.,* 2009, Rn. 435; *Moneta,* in: Cassese et al., 2005,

234 Die **§§ 8–12 VStGB** überwinden den two box approach und folgen einer **am Schutzzweck bzw. Rechtsgut** der jeweiligen Tatbestände ausgerichteten Systematik, die sich ihrerseits an der humanitärvölkerrechtlich gewachsenen Unterscheidung zwischen dem Schutz von Personen und Eigentum und der Beschränkung des Einsatzes bestimmter Methoden und Mittel der Kriegsführung (**Genfer und Haager Recht,** § 6 Rn. 6) orientiert.[1078] Grundsätzlich gelten die Tatbestände unabhängig von der Art des Konflikts, lediglich die § 8 Abs. 3, § 9 Abs. 2 und § 11 Abs. 3 VStGB sehen auf internationale bewaffnete Konflikte beschränkte Tatbestände vor. Im Einzelnen werden – der genannten Systematik folgend – unter Strafe gestellt: einerseits Kriegsverbrechen gegen Personen (§ 8), gegen Eigentum und sonstige Rechte (§ 9) und gegen humanitäre Operationen und Embleme (§ 10); andererseits Kriegsverbrechen des Einsatzes verbotener Methoden (§ 11) und des Einsatzes verbotener Mittel (§ 12).[1079]

b) Vorliegen eines bewaffneten Konflikts

235 Der bewaffnete Konflikt stellt die **Gesamttat** bei Kriegsverbrechen dar.[1080] Es gibt allerdings keine abschließende **Definition** des Begriffes „bewaffneter Konflikt" im Völkerrecht,[1081] es finden sich nur Hinweise auf eine mögliche Begriffsbestimmung in einigen der humanitärvölkerrechtlichen Abkommen. Aus dem gemeinsamen Art. 2 GK I-IV ergibt sich, dass es über die „Fälle des *erklärten Krieges*" hinaus noch andere bewaffnete Konflikte geben muss.[1082] Aus der Negativdefinition in Art. 1 Abs. 2 ZP II, die von Art. 8 Abs. 2 (d) und (f) übernommen wurde, folgt, dass „innere Unruhen und Spannungen" keinen bewaffneten Konflikt darstellen,[1083] wobei freilich diese Ausschlussklausel – wie das ZP II – nur für einen *nicht-internationalen* bewaffneten Konflikt gilt (Rn. 239). Demgegenüber kommt es beim *internationalen* Konflikt – also dem Konflikt zwischen zwei oder mehr Staaten[1084] – auf dessen Intensität und Dauer sowie den Organisationsgrad der Konfliktparteien nicht an.[1085] Man wird also sagen können, dass an das Vorliegen

S. 21; Cryer/*Robinson,* S. 288 f.; *Borsari,* S. 50; *Kirsch,* FS Hamm, 2008, S. 284; *Olásolo,* 2008, S. 250 ff.

1078 Vgl. Gesetzesbegründung, in: Lüder/Vormbaum, S. 40 sowie *Kreß,* S. 21 f., 34; *Werle,* JZ 2001, 885 ff. (893); *Gropengießer,* S. 151 ff.; MünchKomm/*Ambos,* Vor §§ 8–12 VStGB Rn. 17 ff. Für eine solche Unterscheidung auch *Kolb,* in: Kolb/Scalia, S. 144 ff.; *Olásolo,* 2008, S. 57. S. hierzu auch *Sager,* S. 186 ff. Zum französischen Recht, das dem „two box approach" folgt, *Vesper-Gräske,* ZIS 2011, 825.

1079 Zur Umsetzung des Haager und Genfer Rechts vgl. die tabellarische Darstellung in der Gesetzesbegründung, in: Lüder/Vormbaum, S. 41; tabellarisch auch *Gropengießer,* S. 164 f., 174 ff., 217, 221 ff. Umfass. Kommentierung von *Ambos, Zimmermann/Geiß, Dörmann* u. *Kreß,* in: MünchKomm, §§ 8–12 VStGB (Band 8). Krit. mit Blick auf den Verweis auf VGR *Kuhli,* S. 137 ff., 195 ff.

1080 *Werle,* 2012, Rn. 403; *ders.,* 2009, Rn. 375; *Moneta,* in: Cassese et al., 2005, S. 21 ff.; *Schabas,* 2006, S. 229 ff.; *Borsari,* S. 314; *Olásolo,* 2008, S. 29 ff. (30: „cornerstone").

1081 Vgl. *Ambos,* in: Haase/Müller/Schneider, Humanitäres Völkerrecht, 2001, S. 330; UK Manual Armed Conflict, S. 29; *Schmidt-Radefeldt,* HuV-I 2009, 48; *Quénivet/Shah-Davis,* in: dies., S. 6; zur Entwicklung aus dem klassischen Kriegsbegriff *Heinsch,* HuV-I, 2010, 134 f.; *Müssig/Meyer,* FS Puppe, 2011, S. 1502.

1082 Nämlich jeder Konflikt, „der zwischen zwei oder mehreren der Hohen Vertragsparteien entsteht, und zwar auch dann, wenn der Kriegszustand von einer dieser Parteien nicht anerkannt wird."

1083 Art. 1 Abs. 2 ZP II lautet: „Dieses Protokoll findet nicht auf Fälle innerer Unruhen und Spannungen wie Tumulte, vereinzelt auftretende Gewalttaten und andere ähnliche Handlungen Anwendung, die nicht als bewaffnete Konflikte gelten."

1084 *ICC,* Katanga TJ 7.3.2014, para. 1177.

1085 *Quéguiner,* IRRC 85 (2003), 275; diff. zur Intensität Cryer/*Robinson,* S. 275 f.

eines internationalen Konflikts geringere Anforderungen gestellt werden und diese auch leichter festzustellen sind.

Es muss sich grundsätzlich um einen „**bewaffneten** Konflikt" handeln, d. h. es muss zu bewaffneter Gewalt zwischen unterschiedlichen (staatlichen oder nicht-staatlichen) Akteuren kommen.[1086] Fehlt es daran, kann zwar nicht von einem *bewaffneten* Konflikt gesprochen werden, doch kommt – beim **internationalen** Konflikt – gleichwohl eine Anwendung des humVR in Betracht, wenn eine *Kriegserklärung* oder *militärische Besetzung* vorliegt.[1087] Hingegen kommt es beim **nicht-internationalen** Konflikt – zur Abgrenzung von gewöhnlicher Kriminalität, unorganisierten oder kurzlebigen Aufständen oder terroristischen Aktivitäten – auf die *Intensität* des Konfliktes und die *Organisation* der Konfliktparteien (dazu sogleich) an.[1088] Die Intensität muss *objektiv* auf der Grundlage der im gemeinsamen Art. 3 GK I-IV festgelegten Voraussetzungen bestimmt werden.[1089] Dabei kann u. a. auf die Schwere und Zahl der bewaffneten Auseinandersetzungen sowie die zeitliche und räumliche Ausdehnung abgestellt werden.[1090] Würde die Anwendung des humVR im (subjektiven) Ermessen der Konfliktparteien liegen, würde dies in den meisten Fällen über eine Minimalisierung des Konflikts zu einer Umgehung des humanitären Völkerrechts führen. Damit würde dessen eigentliches Ziel – der maximale Schutz der Opfer bewaffneter Konflikte – verfehlt.[1091] 236

Konfliktparteien sind entweder – beim *internationalen* Konflikt – zwei oder mehr Staaten oder – beim *nicht-internationalen* Konflikt – die Regierungsstreitkräfte und sich ihr entgegenstellende staatliche oder nichtstaatliche bewaffnete Gruppen. Erfasst sind auch innerstaatliche Konflikte ohne staatliche Beteiligung *nur zwischen organisierten bewaffneten Gruppen* (Art. 8 Abs. 2 (f)).[1092] Damit soll der Schutzbereich des humVR auch auf solche Situationen erstreckt werden, in denen ein staatliches Gewaltmonopol nicht mehr existiert („failed state"), aber gleichwohl ein (nicht-staatlicher) 237

[1086] *ICTY,* Tadic TJ 7.5.1997, para. 561; Tadic AppC Decision 2.10.1995, para. 70; zust. Kupreskic et al. TJ 14.1.2000, para. 545; Blaskic TJ 3.3.2000, para. 63; Martic TJ 12.6.2007, para. 41; Limaj TJ 30.11.2005, para. 84; D. Milosevic TJ 12.12.2007, para. 871; Milutinovic et al. TJ 26.2.2009, para. 125; Lukic & Lukic TJ 20.7.2009, para. 868; Popovic et al. TJ 10.6.2010, paras. 739f.; Dedovic TJ 23.2.2011, para. 1522. Vgl. auch *ICTR,* Akayesu TJ 2.10.1998, para. 620; Setako TJ and Sentence 25.2.2010, para. 484; *ICC,* Naurain und Janus TJ Decision 7.3.2011, para. 48. S. auch *Ipsen,* in: Ipsen, § 58 Rn. 9ff., § 59 Rn. 7ff.; Fleck/*Greenwood,* Rn. 202; *Chifflet,* LJIL 19 (2006), 461f.; zur Erfassung und vr Regelung von Cyber-Angriffen *Schmitt,* S. 75ff.; *Lülf,* HuV-I 2013, 77; *Droege,* IRRC 94 (2012), 542ff.; *Theeuwen,* HuV-I 2013, 188ff.

[1087] *Werle,* 2012, Rn. 1078f.; *ders.,* 2009, Rn. 985f.; *Quéguiner,* IRRC 85 (2003), 276; zur Besetzung *ICC,* Katanga TJ 7.3.2014, paras. 1179f.

[1088] *ICTR,* Akayesu TJ 2.10.1998, paras. 620, 625; *ICTY,* Tadic TJ 7.5.1997, para. 562; *ICTR,* Musema TJ 27.1.2000, para. 256; *Mettraux,* S. 36; UK Manual Armed Conflict, S. 381ff.; *Zahar/Sluiter,* S. 118; Fleck/*Fleck,* Rn. 1205; *Heinsch,* HuV-I 2010, 136 auch Cryer/*Robinson,* S. 275ff., der i. Ü. die Abgrenzung einheitlich für alle Verbrechen vornehmen will. Zur Rspr. des ICTY vgl. *Olásolo,* 2008, S. 38ff.

[1089] *ICTR,* Akayesu TJ 2.10.1998, para. 603.

[1090] *ICC,* Katanga TJ 7.3.2014, para. 1187.

[1091] *ICTR,* Akayesu TJ 2.10.1998, para. 603.

[1092] Vgl. *ICTY,* Tadic AppC Decision 2.10.1995, para. 70 („between such groups within a State"); Milutinovic et al. TJ 26.2.2009, para. 126; Lukic & Lukic TJ 20.7.2009, para. 686; *ICC,* Katanga TJ 7.3.2014, para. 1184. Triffterer/*Zimmermann,* Art. 8 Rn. 349ff.; zur Problematik im Libanon und Gaza *Heinsch,* HuV-I 2010, 139f.; zur Situation in Pakistan *Schaller,* HuV-I 2011, 94.

bewaffneter Konflikt stattfindet, der in der Intensität dem Konflikt zwischen Staat und Aufständischen vergleichbar ist. Der Begriff **Streitkräfte** („armed forces") ist weit im Sinne aller im nationalen Recht vorgesehenen bewaffneten Einheiten zu verstehen.[1093] Oppositionelle **Aufstandsgruppen** müssen eine bestimmte *Befehlsstruktur* und einen bestimmten *Organisationsgrad* aufweisen. Das bedeutet jedoch nicht zwingend, dass eine, den regulären Streitkräften ähnliche, militärische Hierarchie existieren muss. Verlangt wird „eine Organisation, die einerseits dazu imstande ist, anhaltende und geballte militärische Operationen zu planen und durchzuführen … und die andererseits Disziplin im Namen faktischer Autorität ausüben kann".[1094] Die oppositionellen Gruppen müssen weiter dazu in der Lage sein, einen ausreichenden **Teil des Gebietes** zur Durchführung der genannten militärischen Operationen zu **beherrschen** und das ZP II umzusetzen,[1095] wobei freilich die von Art. 1 Abs. 2 ZP II geforderte Gebietskontrolle angesichts moderner, beweglicher Guerillakriege ohne stabile territoriale Herrschaftsbereiche zunehmend in Zweifel gezogen wird.[1096] Überzeugender ist es – über die Unterscheidung zwischen internationalem und nicht-internationalem Konflikt hinaus – zwischen **drei Arten nicht-internationaler Konflikte** mit abnehmender Anwendungsschwelle zu unterscheiden: dem klassischen Bürgerkrieg i. S. v. Art. 1 ZP II, dem „lange anhaltenden" Konflikt zwischen Staat und Aufständischen oder zwischen diesen i. S. v. Art. 8 Abs. 2 (f) IStGH-Statut und – *last but not least* – dem Konflikt (auch ohne die vom ZP II geforderte territoriale Kontrolle) i. S. v. Art. 3 GK I–IV (Art. 8 Abs. 2 (d) IStGH-Statut).[1097] Im **Fall 26** liegt ein klassischer Bürgerkrieg im erstgenannten Sinne vor.

238 Was die **Dauer** angeht, so *beginnt* der Konflikt mit der ersten Anwendung bewaffneter Gewalt bzw. – bei Fehlen von Gewaltanwendung in einem internationalen Konflikt (Rn. 236) – mit einer Kriegserklärung oder einer (auch teilweisen) Besetzung fremden Staatsgebietes.[1098] Er *endet* frühestens mit dem Ende der Kampfhandlungen. Während

[1093] *ICTR,* Akayesu TJ 2.10.1998, para. 625; Musema TJ 27.1.2000, para. 256.

[1094] *ICTR,* Musema TJ 27.1.2000, para. 257; auch *ICC,* Katanga TJ 7.3.2014, paras. 1185f. (mit einem nicht abschließenden Kriterienkatalog und i. Ü. für fallbezogene Entscheidung); auch *Heller,* JICJ 11 (2013), 110f. Zur Diskussion, ob Staaten und bewaffnete Gruppen humanitär vr gleichgestellt werden sollten, *Sassòli/Shany,* IRRC 93 (2011), 425ff. Zur Anerkennung oppositioneller Gruppen als Konfliktparteien *Ambos,* 2014, S. 126; *Thielbörger,* HuV-I 2013, 34ff.

[1095] *ICTR,* Musema TJ 27.1.2000, para. 258; *ICC,* Bemba Confirmation Decision 15.6.2009, para. 234; vgl. auch *Frau,* HuV-I 2013, 16; vertiefend *Daboné,* IRRC 93 (2011), 395ff., 408ff.

[1096] Dagegen *ICC,* Lubanga TJ 14.3.2012, paras. 536f.; Katanga TJ 7.3.2014, para. 1186; dafür noch *ICC,* Lubanga Confirmation Decision, 29.1.2007, para. 233; auch *Olásolo,* 2008, S. 48; *Schabas,* 2010, S. 205. Vgl. auch Triffterer/*Zimmermann,* Art. 8 Rn. 351; *Werle,* 2012, Rn. 1074f.; *ders.*, 2009, Rn. 982; *Tahzib-Lie/Swaak-Goldman,* in: Lijnzaad/van Sambeck/Tahzib-Lie, Voice of humanity, 2004, S. 246; *König,* S. 380f.; *Lubell/Derejko,* JICJ 11 (2013), 69; *Mettraux,* S. 36f. Zu diesen sog. innerstaatlichen „new wars" *Blin,* IRRC 93 (2011), 293ff.

[1097] Vgl. *David,* 2012, S. 130ff. (146f., Nr. 1.87), der bis zur 4. Aufl. ebenfalls diese Unterteilung vornahm (S. 131ff., 147f.), nunmehr aber nur noch zwischen zwei Arten von nicht-internationalen Konflikten unterscheidet: solchen nach Art. 1 ZP II (hierunter sollen auch Konflikte i. S. v. Art. 8 Abs. 2 (f) fallen) und solchen nach Art. 3 GK I–IV; krit. *Quéguiner,* IRRC 85 (2003), 280; zur klassischen Unterscheidung zwischen dem gemeinsamen Art. 3 GK I–IV und dem ZP II Konflikt *Kolb,* in: Kolb/Scalia, S. 136ff.; *Olásolo,* 2008, S. 30ff.; für eine Gleichbehandlung der Anwendungsschwelle in Art. 8 Abs. 2 (f) und dem gemeinsamen Art. 3 GK I-IV jedoch *Cullen,* JCSL 12 (2008), 423ff. Zur Abgrenzung nach unten, insb. auch mit Blick auf terroristische Akte *Olásolo,* 2008, S. 38ff.

[1098] *Ipsen,* in: Ipsen, § 61 Rn. 1ff.; *Werle,* 2012, Rn. 1078f.; *ders.*, 2009, Rn. 985f. – Die Rspr. hält den Konflikt in Uturi (DRK) vom Juni 2002 bis 2. Juni 2003 für einen internationalen, weil Uganda indies aus Art. 3 (b) Halbsatz 1 ZP I[1099] folgt, ergibt sich aus dessen Halbsatz 2 und S. 2[1100] zugleich, dass das humanitäre Völkerrecht solange anwendbar bleibt, als es noch regelungsbedürftige Sachverhalte gibt, so dass ein Konflikt regelmäßig erst mit der *Wiederherstellung der früheren (friedlichen) Situation* endet.[1101] Im Fall *Tadic* hat die Rechtsmittelkammer einen über die bloße Einstellung der Kampfhandlungen hinausgehenden „allgemeinen Friedensschluss" oder, im Falle eines nicht-internationalen Konfliktes, „eine friedliche Einigung" gefordert.[1102]

Sofern es sich um einen *nicht-internationalen* Konflikt handelt, ist weiter in zeitlicher Hinsicht zu beachten, dass es sich um **„lang anhaltende bewaffnete Gewalt"** („protracted armed violence") handeln muss.[1103] Art. 1 Abs. 1 ZP II verlangt insoweit die Fähigkeit, „anhaltende, koordinierte Kampfhandlungen" („sustained and concerted military operations") durchführen zu können. Das **IStGH-Statut** hat dieses Erfordernis hinsichtlich „schwerer Verstöße" gegen die „Gesetze und Gebräuche im bewaffneten Konflikt, der keinen internationalen Charakter hat", übernommen, indem in Art. 8 Abs. 2 (f) verlangt wird, dass diese Konflikte „lang anhaltend" *(„protracted")* sein müssen. Im Rahmen von Art. 8 IStGH-Statut wird damit zwischen einem „normalen" und „lang anhaltenden" nicht-internationalen Konflikt unterschieden (Art. 8 Abs. 2 (d) *versus* Art. 8 Abs. 2 (f)). Im letzten Fall gelten sowohl schwere Verstöße gegen den gemeinsamen Art. 3 GK I–IV als auch schwere Verstöße gegen die Gesetze und Gebräuche des Krieges als Kriegsverbrechen. Demgegenüber sind in „normalen" nicht-internationalen Konflikten die schweren Verstöße gegen Gesetze und Gebräuche des Krieges nicht als Kriegsverbrechen anzusehen.[1104] Das **VStGB** hat diese Unterscheidung zwar nicht übernommen, es setzt jedoch – unter Bezugnahme auf die o. g. Tadic-Entscheidung und Art. 1 Abs. 1 ZP II – für *alle* nicht-internationalen Konflikte voraus, dass es sich um einen Konflikt handelt, bei dem die „Kampfhandlungen *von einer gewissen Dauer* sind."[1105] Das Kriterium der Dauer wird freilich **kontrovers** diskutiert. Einerseits soll es auf Art. 8 Abs. 2 (d) und (f) gleichermaßen angewendet und somit von einer einheitlichen Definition des nicht-internationalen bewaffneten Konflikts ausgegangen werden.[1106] Andererseits wird vertreten, dass dieses Kriterium sich nicht völkervertraglich begründen lasse und ihm neben Intensität, Organisationsgrad 239

soweit Besatzungsmacht gewesen sei, vgl. *IGH,* DRC v. Uganda Judg. 19.12.2005, para. 178; *ICC,* Lubanga PTC Confirmation Decision 29.1.2007, para. 220.

1099 Art. 3 (b) ZP I lautet: „... endet die Anwendung der Abkommen und dieses Protokolls im Hoheitsgebiet der am Konflikt beteiligten Parteien mit der allgemeinen Beendigung der Kriegshandlungen und im Fall besetzter Gebiete mit der Beendigung der Besetzung ...".

1100 HS 2 und S. 2 lauten: „in beiden Fällen gilt dies jedoch nicht für Personen, deren endgültige Freilassung ... zu einem späteren Zeitpunkt erfolgt. Diese Personen genießen bis zu ihrer endgültigen Freilassung ... weiterhin den Schutz der einschlägigen Bestimmungen der Abkommen und dieses Protokolls".

1101 *Ipsen,* in: Ipsen, § 68 Rn. 1ff., 4ff.; *Doehring,* Rn. 646ff.; *Olásolo,* 2008, S. 50.

1102 *ICTY,* Tadic AppC Decision 2.10.1995, para. 70. S. auch Lukic & Lukic TJ 20.7.2009, para. 686.

1103 *ICTY,* Tadic AppC Decision 2.10.1995, para. 70; zust. Delalic et al. TJ 16.11.1998, para. 183; Furundzija TJ 10.12.1998, para. 59; Milutinovic et al. TJ 26.2.2009, para. 126; Lukic & Lukic TJ 20.7.2009, para. 868; Perisic TJ 6.9.2011, para. 72; Haradinaj et al. TJ 29.11.2012, para. 392; *ICC,* Lubanga PTC Confirmation Decision 29.1.2007, para. 234.

1104 Krit. *Condorelli,* in: Politi/Nesi, S. 113 („patent absurdity").

1105 Gesetzesbegründung, in: BMJ, S. 54 = *Lüder/Vormbaum,* S. 42.

1106 *Kreß,* IYHR 29 (2000), 118; *Dahm/Delbrück/Wolfrum,* Völkerrecht, Bd. 1, Teilbd. 3, 2002, S. 1069; *Werle,* 2012, Rn. 1076; *ders.,* 2009, Rn. 983; wohl auch *Olásolo,* 2008, S. 31f.

und anderen Kriterien keine vorrangige oder gar eigenständige Bedeutung zukommen kann.[1107] Dieser Argumentation wird man immerhin zugeben müssen, dass Situationen denkbar sind, in denen die (mangelnde) Dauer eines Konflikts durch andere Kriterien, insbesondere die Intensität und die Schwere der Verletzungen des humVR, kompensiert wird.[1108] Damit ist das Kriterium der Dauer jedenfalls **restriktiv auszulegen.** Es bedeutet nicht, dass militärische Operationen ununterbrochen fortgeführt werden müssten; vielmehr reicht es aus, wie die französische Fassung von Art. 1 Abs. 1 ZP II deutlich macht *(„de manière prolongée"),* dass der bewaffnete Konflikt eine **gewisse Zeit** andauert.[1109]

240 Im Hinblick auf die **geographische Ausdehnung** der Kampfhandlungen genügt es nach der Rechtsprechung der *Ad-Hoc*-Tribunale, das Vorliegen des Konfliktes für einen Teil eines bestimmten Gebiets mit *Wirkung für alle Teile* dieses Gebiets festzustellen.[1110] Wurde eine solche Feststellung getroffen, sei das humVR in allen Teilen dieses Gebietes anwendbar, unabhängig davon, ob tatsächlich überall Kampfhandlungen stattfinden.[1111] Aus vr Sicht sind diese großzügigen geographischen Anforderungen auch auf große Bundesstaaten übertragbar, es ist also von einem bewaffneten Konflikt für das *gesamte staatliche Hoheitsgebiet* auszugehen, wenn sich die tatsächlichen Kampfhandlungen lediglich in einem (kleinen) Bundesland abspielen. Das kann aber zu absurden Lösungen führen. Beispielhaft: Die Feststellung eines bewaffneten Konflikts im mexikanischen Bundesland Chiapas (das nur 3,8% des mexikanischen Territoriums ausmacht[1112]) müsste danach zu der Annahme eines bewaffneten Konflikts im Gesamtstaat Mexiko führen. Um solche wenig sinnvollen Ergebnisse zu verhindern, ist die Annahme eines bewaffneten Konflikts auf das eigentliche Kampfgebiet („hot combat zone") zu beschränken, also auf das Gebiet, wo die eigentlichen Feindseligkeiten stattfinden.[1113]

c) „Internationalisierung" eines bewaffneten Konflikts

241 Unumstritten ist, dass ein internationaler bewaffneter Konflikt zwischen zwei oder mehr Staaten ausgetragen wird und ein nicht-internationaler Konflikt auf das Gebiet eines Staates beschränkt ist.[1114] Eine (umstrittene) Ausnahme bilden sog. nationale

[1107] *Quéguiner,* IRRC 85 (2003), 278ff.

[1108] So hat die IAMRK in einem nur zwei Tage dauernden Angriff auf die argentinische Militärkaserne *La Tablada* durch ca. 50 Personen einen (nicht-internationalen) bewaffneten Konflikt gesehen, weil die Ereignisse durch die „concerted nature of the hostile acts undertaken by the attackers, the direct involvement of government armed forces, and the nature and level of the violence ..." über bloße Unruhen i. S. v. Art. 1 Abs. 2 ZP II hinausgegangen seien (Report no. 55/97, case no. 11 137 Argentina, paras. 155f.; dazu auch *Quéguiner,* IRRC 85 (2003), 279).

[1109] Triffterer/*Zimmermann,* Art. 8 Rn. 348; gegen ein rein zeitliches Verständnis *Werle,* 2012, Rn. 1076; *ders.*, 2009, Rn. 983 hervorhebend, dass die zeitliche Dauer zugleich Indiz für das entscheidende Merkmal der Intensität sei, mit Verweis auf *ICTY,* Tadic TJ 7.5.1997, para. 562. Für eine weite Auslegung („loosely interpreted") auch *Tahzib-Lie/Swaak-Goldman,* Voice of humanity, 2004, S. 248; *Zahar/Sluiter,* S. 118f.

[1110] *ICTY,* Blaskic TJ 3.3.2000, para. 64; Milutinovic et al. TJ 26.2.2009, para. 126; *Mettraux,* S. 38.

[1111] *ICTY,* Tadic AppC Decision 2.10.1995, para. 70; Blaskic TJ 3.3.2000, para. 64; Milutinovic et al. TJ 26.2.2009, para. 127; Lukic & Lukic TJ 20.7.2009, para. 868; ebenso *Zahar/Sluiter,* S. 118; *Olásolo,* 2008, S. 52.

[1112] Vgl. http://www3.inegi.org.mx/sistemas/mexicocifras/default.aspx?e=07 (zuletzt abgerufen am 1.7.2014).

[1113] Vertiefend *Ambos,* 2014, S. 130f. m.w.N.; siehe auch *Lubell/Derejko,* JICJ 11 (2013), 71ff.

[1114] Vgl. *Ambos,* in: Haase/Müller/Schneider, Humanitäres Völkerrecht, 2001, S. 331; *Gotzel,* Terrorismus, 2010, S. 298; *Weingärtner,* HuV-I 2010, 142, 144; zum Versuch einer Definition des nicht-

Befreiungskriege, die per normativer Anordnung als internationaler Konflikte gelten (Art. 1 Abs. 4 ZP I i. V. m. Art. 1 Abs. 3 ZP I, Art. 2 GK I–IV).[1115] Fraglich ist hingegen, ob eine **ausländische Intervention oder Beteiligung** (auch im Rahmen einer UN-Friedensmission aufgrund Kap. VII UNS)[1116] an einem nicht-internationalen Konflikt diesen „internationalisieren" kann. Davon ist – abgesehen von dem unstrittigen Fall einer *direkten* Intervention ausländischer Truppen – auszugehen, wenn die Handlungen einer der Konfliktparteien dem fremden Staat **zugerechnet** werden können, d. h. wenn die am Konflikt teilnehmenden Einzelpersonen oder Gruppen *de facto* Organe dieses Staates sind[1117] oder wenn ihr Verhalten diesem Staat auf Grund anderer Kriterien zugeschrieben werden kann (*indirekte* Intervention).[1118] Diese anderen Kriterien sind freilich höchst umstritten.[1119]

In *Tadic* folgte eine Verhandlungskammer zunächst dem sog. **„effective control" Test,** der vom IGH im Nicaragua-Fall[1120] entwickelt worden ist. Damit wurde verlangt, dass der fremde Staat die effektive Kontrolle über eine militärische oder paramilitärische Gruppe in Bezug auf bestimmte Operationen dieser Gruppe und durch Erteilung bestimmter Anordnungen ausüben muss.[1121] Dieser Maßstab wurde jedoch von der Berufungskammerm ICTY verworfen, weil er als nicht geeignet für die Klärung der Frage der individuellen – und nicht staatlichen – strafrechtlichen Verantwortlichkeit angesehen wurde.[1122] Stattdessen wurde im Hinblick auf die Personen oder Gruppen unterschieden. Im Falle *militärischer* oder paramilitärischer *Gruppen* müsse der fremde Staat nicht nur die Gruppe ausrüsten und finanzieren, sondern auch ihre militärischen Aktivitäten koordinieren oder sie dabei unterstützen, also eine sog. **„overall control"** ausüben.[1123] Er muss jedoch dem Führer oder den Mitgliedern der Gruppe keine genauen Anordnungen geben.[1124] Im Fall von *Einzelpersonen* oder *nicht militärisch organisierten Gruppen* müsse der fremde Staat **genaue Anordnungen** erteilen, welche auf die Begehung bestimmter Taten zielen oder öffentlich die Begehung solcher Taten billigen.[1125] Eine Zurechnung ist auch möglich, wenn sich Einzelpersonen – ungeachtet irgendwelcher Anordnungen – den Organen eines fremden Staates auf Grund ihres faktischen Verhaltens innerhalb der staatlichen Struktur **anpassen.**[1126] Bei einer Intervention auf der Grundlage eines UN-Mandats ist eine Internationalisierung abzulehnen, wenn die *operational control* beim Territorialstaat verbleibt 242

internationalen bewaffneten Konflikts s. auch *Nerlich,* in: Cassese, 2009, S. 568; *Geiß,* in: Heintze/Ipsen, S. 50ff.; *Müssig/Meyer,* FS Puppe, 2011, S. 1513f.

1115 *Ipsen,* in: Ipsen, § 59 Rn. 15ff.; Triffterer/*Zimmermann,* Art. 8 Rn. 251f.; *David,* 2012, S. 186ff.; *Ambos,* in: Haase/Müller/Schneider, Humanitäres Völkerrecht, 2001, S. 331, 341f.; *ders.,* 2014, S. 134; Cryer/*Robinson,* S. 276f.; *Kolb,* in: Kolb/Scalia, S. 134f.; Fleck/*Fleck,* Rn. 1201. Krit. *König,* S. 357f.; einschränkend *Heintze,* HuV-I 2013, 30ff.

1116 Vgl. MünchKomm/*Ambos,* Vor §§ 8–12 VStGB Rn. 32; *Ambos,* 2010a, S. 68.

1117 *ICTY,* Tadic AppJ 15.7.1999, para. 104; *Stewart,* in: Cassese, 2009, S. 384. Krit. zum Konzept des *de facto* Organs *König,* S. 356f.

1118 Zur Unterscheidung direkter/indirekter Intervention auch *ICTY,* Tadic AppJ 15.7.1999, para. 84; zur str. Frage der Internationalisierung durch UN-Intervention Cryer/*Robinson,* S. 277.

1119 Grdl. *De Hoogh,* BYIL 72 (2001/2002), 264ff., 275f. S. auch *Kreß,* RGDIP 105 (2001), 93; *Kolb,* in: Kolb/Scalia, S. 134ff., 141f.; *Olásolo,* 2008, S. 59ff. und MünchKomm/*Ambos,* Vor §§ 8–12 VStGB Rn. 30ff.; *ders.,* 2014, S. 135f.; weit *Obembo,* HuV-I 2005, 14.

1120 ICJ Reports 1986, S. 14; dazu *Dederer,* in: Menzel/Pierlings/Hoffmann, S. 835ff.

1121 ICJ Reports 1986, para. 115; *ICTY,* Tadic TJ 7.5.1997, para. 585; dazu *Hoffmann,* in: Menzel/Pierlings/Hoffmann, S. 787ff.; *Schabas,* 2010, S. 208; eingehend zur Entwicklung dieser Rspr. und deren weiterer Anwendung *Heinsch,* S. 95ff.

1122 *ICTY,* Tadic AppJ 15.7.1999, para. 103; Delalic et al. TJ 16.11.1998, paras. 262–263.

1123 *ICTY,* Tadic TJ 15.7.1999, paras. 131, 137; *Peterson,* Einsatz von Waffen, 2009, S. 205f.; zu den Konsequenzen dieses Ansatzes, insbesondere zur hieraus resultierenden Anwendbarkeit des Besatzungsrechts auf nicht-staatliche Akteure, *Gal,* JICJ 12 (2014), 64ff.

1124 *ICTY,* Tadic AppJ 15.7.1999, paras. 131, 137; dazu auch *Mettraux,* S. 56f.

1125 *ICTY,* Tadic AppJ 15.7.1999, paras. 132, 137.

1126 *ICTY,* Tadic AppJ 15.7.1999, paras. 141ff. (141: „... assimilation of individuals to State organs *on account of their actual behaviour within the structure of a State ...*", Hervorhebung i. Orig.).

bzw. dieser der Intervention zugestimmt hat.[1127] Während der **IGH** am „effective control" Test festhält,[1128] hat sich der **IStGH** (vorerst) den „overall control" Test zueigen gemacht,[1129] womit die unterschiedlichen Anforderungen zwischen klassisch vr Zurechnung nach dem (kollektiven) Recht der Staatenverantwortlichkeit und individualstrafrechtlicher Zurechnung nach VStR und zugleich die unterschiedlichen Perspektiven vr und vstr Tribunale deutlich werden.

d) Die Beziehung zwischen dem bewaffneten Konflikt und den Einzeltaten, insbesondere in subjektiver Hinsicht

243 Die Rechtsprechung verlangt nahezu einhellig, dass es einen „offensichtlichen **Zusammenhang** zwischen den vermeintlichen Verbrechen und dem bewaffneten Konflikt als Ganzes" geben muss.[1130] Ein solcher Zusammenhang liege vor, wenn die „Verbrechen **in enger Beziehung**" zu den Feindseligkeiten stehen, die in anderen Teilen des durch die Konfliktparteien kontrollierten Gebietes stattfinden.[1131] Es ist aber nicht notwendig, dass die Einzeltaten inmitten von Kampfhandlungen oder zum gleichen Zeitpunkt und am gleichen Ort wie der bewaffnete Konflikt stattfinden;[1132] es reicht vielmehr aus, wenn ein funktionaler Zusammenhang zwischen den Einzeltaten und dem Konflikt besteht,[1133] diese also durch den Konflikt *gefördert* oder zumindest *wesentlich*

[1127] Vgl. MünchKomm/*Ambos,* Vor §§ 8–12 VStGB Rn. 32; insbes. zu Afghanistan *Ambos* 2010a, S. 68 ff.; *ders.*, NJW 2010, 1726 re. Sp.; zur Zustimmung insoweit auch MünchKomm/*Zimmermann/Geiß,* § 8 VStGB Rn. 116.

[1128] *IGH,* DRC v. Uganda Judg. 19.12.2005, para. 160, *obiter* unter Verweis auf die relevante Passagen des Nicaragua-Falls. Zust. *Goldstone/Hamilton,* LJIL 21 (2008), 97 ff. mit Diskuss. der abw. Ansicht der ICTY Rechtsmittelkammer; krit. *Chenevier,* CLJ 2006, 264: „By this manoeuvre it [the Court] bypassed any discussion of the controversial ‚effective control' standard."; ebenfalls krit. *Gal,* JICJ 12 (2014), 63, demzufolge der „effective control" Test zu einer Schwächung des hum VR führt.

[1129] *ICC,* Lubanga PTC Confirmation Decision 29.1.2007, para. 210; Katanga TJ 7.3.2014, para. 1178; krit. Minority Opinion Judge van den Wyngaert, para. 276 mit Fn. 382.

[1130] *ICTY,* Blaskic TJ 3.3.2000, para. 69 (Übers. aus dem Englischen); auch Limaj TJ 30.11.2005, para. 91; Mrksic et al. TJ 27.9.2007, para. 423 („sufficient link"); Lukic & Lukic TJ 20.7.2009, para. 868; Popovic et al. TJ 10.6.2010, paras. 739, 741; Dedovic TJ 23.2.2011, para. 1527; Perisic TJ 6.9.2011, para. 73; Haradinaj et al. TJ 29.11.2012, para. 397; *ICTR,* Renzaho TJ and Sentence 14.7.2009, paras. 796, 798; Setako TJ and Sentence 25.2.2010, para. 484; Verbrechenselemente, Art. 8 Introduction („in the context of and was associated with"); *ICTR,* Bagosora TJ 18.12.2008, para. 2231 („in furtherance of or under the guise"). Vgl. *Mettraux,* S. 38 ff.; *Werle,* 2012, Rn. 1094; *ders.*, 2009, Rn. 1001; MünchKomm/*Ambos,* Vor §§ 8–12 VStGB Rn. 34 ff.; *ders.*, 2014, S. 140 ff.; MünchKomm/*Zimmermann/Geiß,* § 8 VStGB Rn. 119 ff.; Cryer/*Robinson,* S. 281 f.; *Olásolo,* 2008, S. 53 f.; *Gotzel,* Terrorismus, 2010, S. 299; *van der Wilt,* JICJ 10 (2012), 1117 ff.; *Cassese,* JICJ 10 (2012), 1397 ff., 1407 ff.

[1131] *ICTY,* Tadic AppC Decision 2.10.1995, para. 70; vgl. auch Tadic TJ 7.5.1997, paras. 572, 573; Tadic AppJ 15.7.1999, paras. 249, 252; Delalic et al. TJ 16.11.1998, paras. 193, 195; Furundzija TJ 10.12.1998, para. 60; Blaskic TJ 3.3.2000, para. 68; Kunarac et al. AppJ 12.6.2002, para. 57; Stakic TJ 31.7.2003, para. 569; Halilovic TJ 16.11.2005, para. 29; Stakic AppJ 22.3.2006, para. 342; Krajisnik TJ 27.9.2006, para. 846; Milutinovic et al. TJ 26.2.2009, para. 127; Lukic & Lukic TJ 20.7.2009, para. 868; *ICC,* Katanga TJ 7.3.2014, paras. 791, 803, 968, 1046 („lieu dans le context de et était associé à un conflit armé"), 1176 („le comportement de l'auteur devra avoir été étroitement lié aux hostilités ...").

[1132] *ICTY,* Tadic AppJ 15.7.1999, para. 573; D. Milosevic TJ 12.12.2007, para. 919; Lukic & Lukic TJ 20.7.2009, para. 868; Gotovina et al. TJ 15.4.2011, para. 1677; *ICC,* Katanga TJ 7.3.2014, para. 1176 („Il ne s'agit donc pas de considérer le conflit armé comme étant seul à l'origine du comportement de l'auteur ni d'exiger que ce comportement se manifeste au cœur même des combats.").

[1133] *ICTY,* Tadic AppC Decision 2.10.1995, para. 69. In Kunarac et al. AppJ 12.6.2002, para. 59, hat die Rechtsmittelkammer folgende Kriterien zur Feststellung des erforderlichen Begehungszusammenhangs aufgestellt: „die Tatsache, dass der Täter ein Kombattant ist; ... dass das Opfer kein Kombattant ist; ... dass das Opfer ein Mitglied der gegnerischen Partei ist; ... dass die Handlung dem Endziel

beeinflusst wurden[1134] und nicht nur gelegentlich des Konflikts, unter Ausnutzung des dadurch hervorgerufenen Chaos begangen werden. So liegt es im **Fall 27,** weshalb eine Verfolgung wegen Kriegsverbrechen insoweit ausscheidet.

Eine schwierigere und noch nicht zufrieden stellend gelöste Frage ist, wie der Begehungszusammenhang **rechtlich zu qualifizieren** ist und wie sich dies auf die subjektiven Voraussetzungen individueller Verantwortlichkeit auswirkt. Wenn man den Begehungszusammenhang als objektives Merkmal i. S. einer bloßen **Zuständigkeitsbestimmung** („jurisdictional element") ansieht, muss er nicht vom Vorsatz des Täters umfasst sein (objektiver Ansatz). Versteht man ihn hingegen als einen **„Umstand" i. S. v. Art. 30 Abs. 3,** muss der Täter von seiner Existenz wissen (subjektiver Ansatz). Der subjektive Ansatz ist, wie an anderer Stelle näher begründet,[1135] vorzugswürdig. Im Ergebnis muss der Täter damit also wenigstens die **tatsächlichen Umstände** der Existenz eines bewaffneten Konflikts und den Status des Tatobjekts als geschützte Person oder geschütztes Objekt kennen.[1136] 244

e) Geschützte Personen und Objekte

Während **Täter** eines Kriegsverbrechens jedermann sein kann,[1137] sind deren **Opfer** geschützte *Personen* und *Objekte,* auf die Art. 8 entweder allgemein (Abs. 2 (a)) oder speziell (Abs. 2 (b), (c) und (e)) Bezug nimmt.[1138] Im Hinblick auf die vom Genfer Recht **„geschützten Personen"** ist zwischen dem *internationalen* und nicht-internationalen *Konflikt* zu unterscheiden.[1139] In jenem gelten Verwundete und Kranke auf dem Land (Art. 13 GK I), Verwundete und Kranke auf See sowie Schiffbrüchige 245

einer militärischen Kampagne dienen soll; … dass das Verbrechen als Teil von oder im Zusammenhang mit den dienstlichen Aufgaben des Täters begangen wird" (Übers. aus dem Englischen); Popovic et al. TJ 10.6.2010, para. 741; *ICTR,* Renzaho TJ and Sentence 14.7.2009, para. 798; Setako TJ and Sentence 25.2.2010, para. 487. Vgl. auch *Gropengießer,* S. 158f.; *Zahar/Sluiter,* S. 119; *Olásolo,* 2008, S. 53f.; *Gless,* 2011, Rn. 837; für eine restriktive Auslegung des Kontextelements *van der Wilt,* JICJ 10 (2012), 1124ff.

[1134] Zu dem insoweit relevanten „furtherance" und „substantial influence test" s. *Kolb,* in: Kolb/Scalia, S. 142f.; vgl. auch *ICC,* Katanga TJ 7.3.2014, para. 1176 („… occuper une place majeure dans la décision prise par l'auteur du crime dans sa capacité de commettre le crime ou encore dans la manière dont celui est en définitive commis.").

[1135] *Ambos,* 2002, S. 778ff.; *Ambos,* FS Cassese, 2003, S. 32ff.; auch MünchKomm/*Ambos,* Vor §§ 8–12 VStGB Rn. 36 m.w.N.; *Ambos,* 2014, S. 143f.; zust. *Werle/Jessberger,* JICJ 3 (2005), 50; *Werle,* 2012, Rn. 463; *ders.,* 2009, Rn. 434; MünchKomm/*Zimmermann/Geiß,* § 8 VStGB Rn. 206; *Cryer,* S. 269; *Roßkopf,* S. 121f.; *Kolb,* in: Kolb/Scalia, S. 144; *Olásolo,* 2008, S. 26ff., 215, 248; *Decœur,* ICLR 13 (2013), 482ff., nach dessen Ansicht auch die (internationale oder nicht-internationale) Art des Konflikts vom Vorsatz umfasst sein muss. Vgl auch *ICTY,* Naletilic and Martinovic AppJ 3.5.2006, para. 118.

[1136] S. auch *ICC,* Katanga TJ 7.3.2014, paras. 972, 1039, 1050 („connaissance des circonstances de fait établissant l'existence d'un conflit armé").

[1137] Vgl. MünchKomm/*Ambos,* Vor §§ 8–12 VStGB Rn. 37 m.w.N.; MünchKomm/*Zimmermann/Geiß,* § 8 VStGB Rn. 59; MünchKomm/*Dörmann,* § 11 VStGB Rn. 19; *Olásolo* 2008, S. 52; a. A. *Zimmermann,* GA 2010, 518ff. (Sonderdeliktscharakter: *(de facto)* Kombattanten als privilegierte Schädungsberechtigte).

[1138] Ausführlich *Ambos,* 2014, S. 144ff. Zu den geschützten Objekten MünchKomm/*Ambos,* § 9 VStGB Rn. 3; zu den militärischen Objekten *Olásolo* 2008, S. 121ff.; zur Abgrenzung zivile Objekte/milit. Ziele MünchKomm/*Dörmann,* § 11 VStGB Rn. 46ff.; zu Kultureigentum *O'Keefe,* MelbourneJIL 11 (2010), 347ff.; zur Cyberinfrastruktur *Geiß/Lahmann,* IsLR 45 (2012), 383ff.

[1139] Vgl. *Ambos,* in: Haase/Müller/Schneider, Humanitäres Völkerrecht, 2001, S. 335ff., 340; *Werle,* 2012, Rn. 1109ff., 1119f.; *ders.,* 2009, Rn. 1016ff., 1026f.; *Ipsen,* in: Ipsen, § 62; krit. *Gropengießer,*

(Art. 12 GK II), Kriegsgefangene (Art. 4 GK III) und Zivilpersonen (Art. 4 GK IV, Art. 48 ff. ZP I) als geschützt (vgl. insoweit auch § 8 Abs. 6 Nr. 1 VStGB). Art. 85 Abs. 2–4 ZP I erweitert diesen Personenkreis auf Personen, die an Kampfhandlungen teilgenommen haben und in Feindeshand gefallen sind (Art. 11, 45), Verwundete, Kranke und Schiffbrüchige der gegnerischen Partei (Art. 10), das medizinische und religiöse Personal (Art. 12, 15, 16), Flüchtlinge und Staatenlose (Art. 73) sowie Personen, die sich außer Gefecht *(hors de combat)* befinden (Art. 41).[1140] Für den *nicht-internationalen Konflikt* erstreckt der gemeinsame Art. 3 GK I–IV den Schutz auf „Personen, die nicht unmittelbar an den Feindseligkeiten teilnehmen", also auch auf Angehörige der Konfliktparteien, die die Waffen gestreckt haben und sich in der Gewalt der gegnerischen Partei befinden sowie alle durch Krankheit, Verwundung oder eine andere Ursache außer Kampf gesetzten Personen (vgl. insoweit § 8 Abs. 6 Nr. 2 VStGB).[1141] § 8 Abs. 6 Nr. 3 VStGB bildet eine Gruppe von Personen, die – in Übereinstimmung mit der schon erwähnten Assimilierungsthese (Rn. 232) – *in beiden Konfliktsarten* geschützt sind, d. h. die Kombattanten bzw. Kämpfer,[1142] die die Waffen gestreckt haben oder in sonstiger Weise wehrlos sind (Art. 41 ZP I, Art. 3 GK I–IV, Art. 4 ZP II).

246 Unabhängig von der Art des Konflikts sind auch die **Zivilbevölkerung** bzw. Zivilpersonen geschützt.[1143] Das in Art. 51 ZP I kodifizierte Verbot der Waffenanwendung gegen die Zivilbevölkerung gilt als allgemeiner Grundsatz des Völkerrechts.[1144] Über das ZP II wird – im nicht-internationalen Konflikt – die Zivilbevölkerung als solche und die für ihr Überleben notwendigen **Objekte** oder Einrichtungen geschützt (Art. 13 ff.). Zur Zivilbevölkerung zählen (im *internationalen* Konflikt) auch die Mitglieder von humanitären oder friedenserhaltenden Missionen der UN, sofern sie nicht auf der Seite einer Partei am Konflikt beteiligt sind und damit Kombattantenstatus haben (Art. 50 ZP I i. V. m. Art. 4 A Abs. 1, 2, 3 u. 6 GK III, Art. 43 ZP I, Art. 8 Abs. 2 (b) (iii) und (e) (iii) IStGH-Statut).[1145]

S. 159 ff.; *Zahar/Sluiter,* S. 119, 152; *Darge,* Kriegsverbrechen, 2010, S. 325 ff. Zum VGR *ICRC Study I,* S. 79 ff.; *Olásolo* 2008, S. 61 ff.

1140 Dazu *Egorov,* in: Doria/Gasser/Bassiouni, S. 561 ff.

1141 Vgl. näher Triffterer/*Zimmermann,* Art. 8 Rn. 278 ff.

1142 Kombattanten sind im *internationalen* bewaffneten Konflikt die Angehörigen der Streitkräfte, vgl. Art. 4 GK III und 43 Abs. 1 ZP I; sie genießen für ihre (rechtmäßigen) Kampfhandlungen Immunität vor Strafverfolgung (zu den Voraussetzungen des Kombattantenstatus vgl. Fleck/*Ipsen,* Rn. 304 ff.; *Ipsen.,* in: Ipsen § 61 Rn. 40 ff.; *Sassoli/Bouvier,* Vol. I, S. 149 ff. m. w. N.; *Zechmeister,* Erosion des humVR, 2007, S. 89 ff.; *Watkin,* HPCR, 2008, S. 16). Im *nicht-internationalen Konflikt* wird der Kombattantenstatus und damit eine entsprechende Immunität bzgl. nationaler Strafverfolgung nicht anerkannt (vgl. Fleck/*Fleck,* Rn. 1215; *Oeter,* FriWa 76 (2001), 20; MünchKomm/*Ambos,* Vor §§ 8–12 VStGB Rn. 38 ff.).

1143 Eingehend Fleck/*Gasser,* Rn. 502 ff.; *Bothe,* in: Vitzthum, S. 647 ff., 655 f.; *Poretschkin,* HuV-I 2010, 83; auch *ICTR,* Setako TJ and Sentence 25. 2. 2010, para. 488; Renzaho TJ and Sentence 14. 7. 2009, paras. 796, 802 und *ICTY,* Lukic & Lukic TJ 20. 7. 2009, para. 870; einschränkend MünchKomm/*Zimmermann/Geiß,* § 8 VStGB Rn. 80 (nur wenn in der Gewalt der anderen Konfliktpartei i. S. v. Art. 4 Abs. 1 GK IV; zu diesem str. Kriterium MünchKomm/*Ambos,* Vor §§ 8–12 VStGB Rn. 43; *Ambos,* 2010 a, S. 71 f. m. w. N.); zum Begriff „Zivilbevölkerung" nach der Rspr. *Olásolo,* 2008, S. 119 ff.

1144 *Ipsen,* in: Ipsen, § 2 Rn. 3 ff; *König,* S. 304; *Müssig/Meyer,* FS Puppe, 2011, S. 1517 ff.; *ICTY,* D. Milosevic TJ 12. 12. 2007, para. 941.

1145 Gesetzesbegründung, in: BMJ, S. 66 = *Lüder/Vormbaum,* S. 49 f. Vgl. auch Triffterer/*Cottier,* Art. 8 Rn. 37; Triffterer/*Zimmermann,* Art. 8 Rn. 305 f.; *Gropengießer,* S. 161; *Olásolo,* 2008, S. 105 f; *Ban-*

Ebenso gelten grundsätzlich auch sog. Freischärler, Spione, Söldner, Mitglieder von (unorganisierten) Aufstandsgruppen und Mitarbeiter privater Militärfirmen[1146] sowie Terroristen[1147] als Zivilpersonen, sofern sie nicht als Angehörige der Streitkräfte einer Konfliktpartei anzusehen sind (Art. 4 A Abs. 1, 2, 3, 6 GK III, Art. 43 Abs. 2 ZP I). Diese klare Unterscheidung und der Umstand, dass Zivilisten ihre Angriffsimmunität mit der unmittelbaren Teilnahme am Konflikt verlieren (vgl. **Art. 51 Abs. 3 ZP I**) und zum legitimen militärischen Ziel werden,[1148] macht es jedenfalls überflüssig auf die Figur des **„unrechtmäßigen Kombattanten"** *(unlawful combatants)*[1149] zu rekurrieren,[1150] zumal diese nur darauf abzielt, bestimmte – als „Terroristen" qualifizierte – Personen vollständig rechtlos zu stellen.[1151] Ebenso

---

gura, LJIL 23 (2010), 173ff; *Moir,* in: Doria/Gasser/Bassiouni, S. 497ff.; *ICC,* Naurain und Jamus TJ Decision 7.3.2011, paras. 62ff.

1146 *Doehring,* § 11 Rn. 588ff.; *Werle,* 2012, Rn. 1114; *ders.,* 2009, Rn. 1020 (zu Freischärlern); *Ipsen,* in: Ipsen, § 1 Rn. 7; *Schaller,* 2005, S. 9; *Wieczorek,* Unrechtmäßige Kombattanten und humVR, 2005, S. 111; *ICRC* 2007, S. 26f. (zu Söldnern); *David,* 2012, S. 503ff.; *Ipsen,* in: Ipsen, § 1 Rn. 46; Fleck/*Ipsen,* Rn. 322.5 (zu Spionen); *Krieger,* AVR 2006, 177f.; *Cameron,* IRRC 88 (2006), 587ff.; *ICRC* 2007, S. 25f.; *Schaller,* 2005, S. 5ff. (zu privaten Sicherheits- und Militärfirmen); MünchKomm/*Zimmermann/Geiß,* § 8 VStGB Rn. 74f., 83 (Spione, Söldner, Freischärler). Für einen erweiterten Kombattantenbegriff bei PMC's *Saage Maaß/Weber,* HuV-I 2007, 172ff.; ähnlich *Williams,* in: Quénivet/Shah-Davis, S. 233ff.; zur Diskussion eigener vr Regelungen für private Sicherheitsfirmen *Kees,* GoJIL 3 (2011), 199ff.

1147 *Israeli Supreme Court,* Torture Judg. 13.12.2006, para. 26 („unlawful combatant" als „civilian"); dazu *Eichensehr,* YaleLJ 116 (2007), 1875. Dieses Urteil behandelt erstmals die im Zusammenhang mit „targeted killings" vermeintlicher Terroristen aufgeworfenen Rechtsfragen, vgl. auch *Kretzmer,* EJIL 16 (2005), 171ff.; *Keller/Forowicz,* LJIL 21 (2008), 185ff. sowie *Schondorf, Cohen/Shany, Ben-Naftali, Fenrick* u. *Cassese* in JICJ 5 (2007), 301ff.; *Wuschka,* GoJIL 3 (2011), 899ff.; *Krasmann,* LJIL 25 (2012), 673ff. Zur Frage, ob sich aus dem humVR ein Vorrang der Gefangennahme vor der gezielten Tötung ableiten läßt, *Goodman,* EJIL 24 (2013), 826ff.; *Schmitt,* EJIL 24 (2013), 856ff.; *Ohlin,* MinnesotaLR 97 (2013), 1275ff.

1148 Eingehend Fleck/*Gasser,* Rn. 501, 517ff.; vgl. auch *ICTY,* D. Milosevic TJ 12.12.2007, para. 947. – Grdl. Kritik an der „Tötung im Krieg" bei *Eser,* FS Schöch, 2010, S. 461ff., für den das Fehlen eines expliziten Erlaubnistatbestands grds. Legimititätsprobleme aufwirft; vgl. auch *Richter,* HuV-I 2011, 110.

1149 Ebenso *Cunningham,* HuV-I 2013, 59f.; dafür aber etwa *Dinstein,* in: Heintschel/Epping, S. 151; *Dinstein,* S. 29; *Baxter,* BYIL 28 (1951), 328; *Detter,* S. 148; wohl auch *Zimmermann,* GA 2010, 520f.; vgl. auch Response of the USA, dated October 21, 2005 to inquiry of the UNCHR Special Rapporteurs dated August 8, 2005 pertaining to detainees at Guantanamo Bay, S. 5, http://www.state.gov/documents/organization/87347.pdf (zuletzt abgerufen am 1.7.2014); ausführlich zur Behandlung „illegaler Kämpfer" im US-amerikanischen Recht *Lutz,* S. 194ff.

1150 Im nicht-internationalen Konflikt existiert dieses Problem – mangels Kombattantenstatus – formal betrachtet nicht, vgl. *Wieczorek,* Unrechtmäßige Kombattanten und humVR, 2005, S. 44ff.; *Dörmann,* IRRC 85 (2003), 47 und im folgenden Haupttext.

1151 Vgl. *Sassoli,* S. 16; *Wieczorek,* Unrechtmäßige Kombattanten und humVR, 2005, S. 112; *Heintze,* in: Heintschel/Epping, S. 167; *Werle,* 2012, Rn. 1114; *ders.,* 2009, Rn. 1020; *Hobe/Kimminich,* S. 513; *Zechmeister,* Erosion des humVR, 2007, S. 116.; *Rodriguez-Villasante y Prieto,* in: Fernandez-Sanchez, S. 41; *Abril-Stoffels,* S. 204; *ICRC* 2007, S. 8f.; *Cassese,* Expert Opinion, para. 26; *Dörmann,* IRRC 85 (2003), 66; Fleck/*Ipsen,* Rn. 302.2. Diese Personen genießen jedenfalls den Schutz der GK IV und Art. 75 ZP I (vgl. Europäische Kommission für Demokratie durch Recht, EuGRZ 2004, 343ff. Nr. 46 und 68; *Schaller,* 2007, S. 19); *Lutz,* S. 415; gegen eine völlige Rechtlosstellung auch *Tomuschat,* VN 2004, 137; *Hankel,* in: Hankel, S. 421ff., der den Begriff von den anerkannten Kategorien „rechtmäßiger Kombattant" und „Zivilist" her bestimmen will (S. 449f.) und jedenfalls Partisanen/Widerstandskämpfern Kombattanten- und Kriegsgefangenenstatus zuerkennen will (S. 426, 432f., 436f., 439, 455f., 458ff.); i. Erg. ebenso *Keller/Forowicz,* LJIL 21 (2008), 201ff. – Zur Tötung von Osama bin Laden insoweit *Ambos,* FAZ 5.5.2011, S. 6; auch *Wong,* Chinese JIL 11 (2012), 132ff.; *van Schaak,* YIHL 14 (2011), 255ff.

verlieren (im *nicht-internationalen* Konflikt) sog. **de facto** oder **Quasikombattanten** – als Personen, die, ohne einen formalen Kombattantenstatus zu besitzen, direkt (und verdeckt) an den Feindseligkeiten teilnehmen – trotz ihres humanitärrechtlichen Primärstatus als Zivilperson[1152] ihre Angriffsimmunität und werden damit zu legitimen militärischen Zielen.[1153] Identifizieren sich diese „Zivilisten" eindeutig als (faktische) Kombattanten, z. B. durch Tragen von Waffen oder einer Uniform[1154] (militärische organisierte Aufstands- bzw. Widerstandsgruppen, Guerillabewegungen), beachten sie also den **Unterscheidungsgrundsatz** (Art. 48 ZP I),[1155] kann nach den genannten Vorschriften jedenfalls (faktisch) davon ausgegangen werden, dass sie Angehörige einer Konfliktpartei sind. Problematisch und höchst umstritten bleibt allerdings sowohl im internationalen als auch im nicht-internationalen Konflikt die Frage, **ab wann, wodurch und bis zu welchem Zeitpunkt sich eine Person „unmittelbar" am Konflikt beteiligt.**[1156] Der Schutz von Zivilpersonen wird zudem im Hinblick auf sog. **Kollateralschäden** eingeschränkt. Danach sind bei Angriffen auf militärische Ziele Verluste unter der Zivilbevölkerung hinzunehmen, sofern sie sich als verhältnismäßig[1157] im Hinblick auf den er-

[1152] Vgl. *Wieczorek,* Unrechtmäßige Kombattanten und humVR, 2005, S. 104ff.; *Heintze,* in: Heintschel/Epping, S. 167; *Werle,* 2012, Rn. 1114; *ders.*, 2009, Rn. 1020; *Zechmeister,* Erosion des humVR, 2010, S. 116; *Spies,* HuV-I 2009, 142; *Cassese,* Expert Opinion, Israel's targeted killings, para. 22.

[1153] Ausführlich und m. w. N. *Ambos,* 2014, S. 152ff. Vgl. *Olásolo,* 2008, S. 107f.; *May,* JICJ 11 (2013), 53f.

[1154] Vgl. zur notwendigen Kennzeichnung als Kombattant (im internationalen Konflikt) Art. 4 A Abs. 2 GK III sowie Fleck/*Ipsen,* Rn. 308; *Bothe,* in: Vitzthum, S. 657f.; zum Kombattantenbegriff schon o. Fn. 1142.

[1155] Vgl. Fleck/*Gasser,* Rn. 501; Fleck/*Fleck,* Rn. 1203; *Olásolo,* S. 13ff., 104, 256ff.; MünchKomm/*Ambos,* Vor §§ 8–12 VStGB Rn. 41. – Der häufig beklagte **asymetrische Konflikt** zeichnet sich gerade dadurch aus, dass die Beteiligten den Unterscheidungsgrundsatz missachten (*Herdegen,* VR, § 56 Rn. 21; *Zimmermann,* GA 2010, 520; *Weingärtner,* HuV-I 2010, 144; *Hobe,* in: Heintze/Ipsen, S. 71ff.).

[1156] Das ICRC hat insoweit einen Konsultationsprozess initiiert, aufgrund dessen im Jahre 2009 Auslegungsrichtlinien („Interpretive Guidance") zur genaueren Bestimmung der „direct participation in hostilities" veröffentlicht wurden (vgl. *ICRC* 2007, S. 16f.; *Melzer,* Interpretive Guidance). Vgl. auch *ICRC Study I,* S. 22ff. sowie die Zusammenfassung der Zwischenergebnisse der Expertentreffen in *Melzer,* Third Expert Meeting, 2005. Siehe auch *Fenrick,* JICJ 5 (2007), 335ff.; *Israeli Supreme Court,* Targeted Killings Judg. 13. 12. 2006, paras. 33ff.; andeutend (und i. Erg. offen lassend) *ICTR,* Bagosora TJ 18. 12. 2008, para. 2238; *Cassese,* Expert Opinion, Israel's targeted killings, paras. 12ff.; *Schmitt,* CJIL 5 (2005), 511 m. w. N.; *Hankel,* in: Hankel, S. 450f.; *Olásolo,* 2008, S. 108ff.; *Keller/Forowicz,* LJIL 21 (2008), 203ff., 219; *Ohlin,* JICJ 11 (2013), 37ff.; zum Ganzen auch MünchKomm/*Ambos,* Vor §§ 8–12 VStGB Rn. 41f.; MünchKomm/*Dörmann,* § 11 VStGB Rn. 39ff.; ausführlich *Ambos,* 2014, S. 152ff. m. w. N.; zu weitgehend *GBA,* Verfügung des GBA v. 20. 6. 2013 – 3 BJs 7/12–4, S. 23ff. (Verlust des Zivilistenstatus bereits bei der Planung eines Selbstmordattentates); dazu krit. *Ambos,* NStZ 2013, 635f.

[1157] Zum im humVR hochrelevanten Verhältnismäßigkeitsgrds. insoweit *Olásolo,* 2008, S. 155ff., 226ff., 256ff.; *Hankel,* in: Hankel, S. 442; *Keller/Forowicz,* LJIL 21 (2008), 213ff.; *Moir,* in: Doria/Gasser/Bassiouni, S. 490; *Hankel,* Tötungsverbot, 2011, S. 22ff.; *Watkin,* YIHL 8 (2005), 7ff.; *Bartels,* IsLR 46 (2013), 273ff.; *Kretzmer,* EJIL 24 (2013), 236ff.; hinsichtlich **Cyber Angriffen** *Geiß/Lahmann,* IsLR 45 (2012), 395ff.; *Wright,* IRRC 94 (2012), 822ff.; *Kretzmer,* IsLR 42 (2009), 26ff.; zum **Drohneneinsatz** insoweit *Vogel,* Denv. J. Intl L. & Pol. 39 (2010), 101ff.; *Ohlin,* JICJ 11 (2013), 42ff.; *Ahmad,* ICLR 13 (2013), 925ff.; *Fleck,* HuV-I 2011, 79f.; *GBA,* Verfügung des GBA v. 20. 6. 2013 – 3 BJs 7/12–4, S. 31ff.; auch *Stroh,* HuV-I 2011, 73ff.; *Wuschka,* GoJIL 3 (2011), 893ff.; *Knoops,* ICLR 12 (2012), 703ff.; *Boor,* HuV-I 2011, 98ff.; *Schaller,* HuV-I 2011, 92ff.; *Boothby,* HuV-I 2011, 82ff.; *Heller,* JICJ 11 (2013), 976ff.; *Casey-Maslen,* IRRC 94 (2012), 601ff.; *Be-*

warteten konkreten und unmittelbaren militärischen Vorteil erweisen (Art. 51 Abs. 5b) ZP I e. c.).[1158] In diesem Sinne ist der Einwand des Staates U im **Fall 28** zu verstehen. Die Frage ist bzgl. des von Oberst Klein angeordneten Luftangriffs in Kunduz (Afghanistan) mit Blick auf **§ 11 Abs. 1 Nr. 3 VStGB** relevant geworden.[1159]

3. Die Einzeltaten

a) Allgemeines

Die in Art. 8 enthaltenen **51 Einzeltaten**[1160] beruhen auf den **Verboten des Haager und des Genfer Rechts** (§ 6 Rn. 6 ff.). Sie müssen deshalb im Lichte dieser **Primärregeln** ausgelegt werden.[1161] Aus der Abhängigkeit von den Primärregeln folgt, dass es keine Strafbarkeit von Handlungen geben kann, die nicht durch die Primärregeln verboten sind; die Strafbarkeit ist insoweit akzessorisch.[1162] Andererseits müssen nicht alle Primärverbote kriminalisiert, also zu **sekundären Straftatbeständen** werden; nicht alle (primären) Verbote sind also tatsächlich (sekundäre) Verbrechen.[1163] Das ist eine Konsequenz des – bereits erwähnten – abschließenden Systems des Art. 8: Während sich Art. 3 ICTYS auf „Gesetze oder Gebräuche des Krieges" bezieht und dadurch sämtliche Primärregeln erfasst, die Gegenstand dieses Verweises sind, zählt Art. 8 explizit (und abschließend) die erfassten Tathandlungen auf und ist damit restriktiver als Art. 3 ICTYS. So stellt Art. 8 beispielsweise den Gebrauch nuklearer oder biologischer Waffen nicht ausdrücklich unter Strafe, sondern macht die Strafbarkeit von einem „umfassenden Verbot" („comprehensive prohibition") abhängig, das in einem 247

cker, DÖV 2013, 493; *Frau,* HuV-I 2013, 130; *Knoops,* ICLR 14 (2014), 42 (mit Überlegungen zur vstr Einordnung von Drohnenangriffen, 46 ff.). Zur Drohnenstrategie der USA *Rudolf,* SWP-Aktuell Juni 2013, 1 ff.

1158 Fleck/*Gasser,* Rn. 509; MünchKomm/*Dörmann,* § 11 VStGB Rn. 76 ff.; *Doehring,* § 11 Rn. 603; krit. *Cryer,* S. 277 f.; *Poretschkin,* HuV-I 2010, 85; *Weingärtner,* HuV-I 2010, 144.

1159 Vgl. *Ambos,* 2010 a, S. 63 ff. (Fall 6); *ders.,* NJW 2010, 1725 ff. beide m. w. N.

1160 Für eine – hier aus Platzgründen nicht mögliche – detaillierte Kommentierung dieser Taten vgl. *Cottier, Dörmann, Arnold, Zimmermann* und *Viseur Sellers/Bennion,* in: Triffterer, Art. 8 sowie die Kommentierung von *Ambos, Zimmermann/Geiß, Dörmann* u. *Kreß,* in: MünchKomm, §§ 8–12 VStGB (Band 8); vgl. auch *Schabas,* 2010, S. 214–255; *Moir,* in: Doria/Gasser/Bassiouni, S. 619–638; *Darge,* Kriegsverbrechen, 2010, S. 355 ff.; *Satzger,* 2013, § 16 Rn. 67 ff.; *Hartstein,* in: Kühne et al., S. 97 ff.; *Meron,* Humanization, 2006, S. 151 ff.; *Amati,* in: Amati et al., S. 437 ff.; UK Manual Armed Conflict, S. 432 ff.; *Cryer,* S. 269 ff.; Cryer/*Robinson,* S. 285 ff.; *Zahar/Sluiter,* S. 121 ff.; *Olásolo,* 2008, S. 65 ff.; *Kolb,* in: Kolb/Scalia, S. 144 ff.; *Werle,* 2012, Rn. 1107 ff.; *ders.,* 2009, Rn. 1001 ff.; *König,* S. 272 ff.; *Gropengießer,* S. 163 ff.; *Sivakumaran,* JICJ 8 (2010), 1009 ff.; *Ambos,* 2014, S. 164 ff.; rvgl *Kreicker,* in: Eser et al., 2003 ff., Bd. 7, S. 122 ff., 134 ff. Zum „wilful killing" *McLaughlin/Oswald,* CLF 18 (2007), 1 ff.; zum Humanexperiment bzw. den Tatbeständen des Art. 8 Abs. 2 (b) (x), (e) (xii) *Kiriakaki,* ZStW 118 (2006), 229 ff.

1161 Über Primär- und Sekundärvorschriften (Verbote und Verbrechen) in diesem Zusammenhang vgl. Cassese/Gaeta/Jones/*Bothe,* S. 381; zust. Cryer/*Robinson,* S. 268.

1162 Ähnlich *Satzger,* 2013, § 16 Rn. 53: „akzessorisch zum humanitären Völkerrecht". Vgl. auch *Kolb,* in: Kolb/Scalia, S. 126: VStR als „bras d'exécution" des humVR (i. S. d. Sanktionierung der humanitärvölkerrechtlichen Verbote). – Zur humanitärvr Rechtswidrigkeit eines Angriffs als Vorbedingung des Vorliegens (sonstiger) internationaler Verbrechen vgl. *Olásolo,* 2008, S. 11 f., 256; in diesem Sinne auch bzgl. Deportation als Kriegsverbrechen und VgM *Akhavan,* JICJ 6 (2008), 22 f., 27 ff.

1163 Vgl. Cassese/Gaeta/Jones/*Bothe,* S. 387; s. auch *Werle,* 2012, Rn. 1051 ff.; *ders.,* 2009, Rn. 959 ff.; *Kolb,* in: Kolb/Scalia, S. 140 f.; *Olásolo,* 2008, S. 4; übersehen von *Zolo,* JICJ 5 (2007), 804 mit Fn. 20.

Anhang zum Statut aufgenommen werden muss (Art. 8 Abs. 2 (b) (xx)).[1164] Vor allem im nicht-internationalen Konflikt bleibt die Strafbarkeit teilweise hinter dem VGR zurück (dazu sogleich).

b) Internationale vs. nicht-internationale Einzeltaten

248 Schon die oberflächliche Lektüre von Art. 8 macht deutlich, dass die Vorschrift mehr Straftaten für internationale als für nicht-internationale bewaffnete Konflikte enthält.[1165] Ein bloßer Wortlautvergleich von Unterabsatz (a) und (b) mit Absatz (c) und (e) greift allerdings zu kurz, weil es trotz Abweichungen in der Wortwahl in der Sache eine große **Ähnlichkeit,** wenn nicht gar **Identität** zwischen den einzelnen Vorschriften gibt. So bestraft etwa Art. 8 Abs. 2 (b) (ii) vorsätzliche Angriffe gegen „zivile Objekte" in einem internationalen Konflikt und genau diese Objekte sind in Unterabsatz (e) (ii) und (iv) aufgelistet, d. h. dieselben Handlungen sind in einem nicht-internationalen Konflikt strafbar. Berücksichtigt man diesen materialen Gesichtspunkt, kann man als die gemäß Art. 8 **ausschließlich in einem internationalen Konflikt strafbaren Verbrechen** die folgenden nennen:[1166]

- das Führen eines Angriffs in der Kenntnis, dass dieser auch Verluste an Menschenleben, die Verwundung von Zivilpersonen, die Beschädigung ziviler Objekte oder weitreichende, langfristige und schwere Schäden an der natürlichen Umwelt verursachen wird, die eindeutig in keinem Verhältnis zu dem insgesamt erwarteten konkreten und unmittelbaren militärischen Vorteil stehen (Art. 8 Abs. 2 (b) (iv));
- der Angriff auf unverteidigte Städte, Dörfer, Wohnstätten oder Gebäude, die nicht militärische Ziele sind, oder deren Beschießung, gleichviel mit welchen Mitteln (Art. 8 Abs. 2 (b) (v));
- der Missbrauch der Parlamentärflagge, der Flagge oder der militärischen Abzeichen oder der Uniform des Feindes oder der Vereinten Nationen sowie der Schutzzeichen der Genfer Abkommen, wenn dadurch Tod oder schwere Verletzungen verursacht werden (Art. 8 Abs. 2 (b) (vii));
- die unmittelbare oder mittelbare Überführung eines Teils ihrer eigenen Zivilbevölkerung durch die Besatzungsmacht in das von ihr besetzte Gebiet oder die Vertreibung oder Überführung der Gesamtheit oder eines Teiles der Bevölkerung des besetzten Gebiets innerhalb desselben oder aus diesem Gebiet (Art. 8 Abs. 2 (b) (viii));
- die Erklärung, dass Rechte und Forderungen von Angehörigen der Gegenpartei aufgehoben, zeitweilig ausgesetzt oder vor Gericht nicht einklagbar sind (Art. 8 Abs. 2 (b) (xiv));
- der Zwang gegen Angehörige der Gegenpartei, an den Kriegshandlungen gegen ihr eigenes Land teilzunehmen, selbst wenn sie bereits vor Ausbruch des Krieges im Dienst des Kriegsführenden standen (Art. 8 Abs. 2 (b) (xv));
- die Verwendung von Waffen, Geschossen, Stoffen und Methoden der Kriegsführung, die geeignet sind, überflüssige Verletzungen oder unnötige Leiden zu verursachen, oder die unter Verstoß gegen das internationale Recht des bewaffneten

[1164] Nach Cassese/Gaeta/Jones/*Bothe,* S. 396f., 406ff. könnte der Gebrauch dieser Waffen freilich von Art. 8 Abs. 2(b) (i) oder (iv) erfasst sein. Krit. zum IStGH-Statut insoweit auch *König,* S. 331. Zum VGR insoweit *ICRC Study I,* S. 237ff.; zum Einsatz biologischer, chemischer und nuklearer Waffen s. *Peterson,* Einsatz von Waffen, 2009, S. 205ff. u. passim.

[1165] S. ausführlich *Condorelli,* in: Politi/Nesi, S. 112f.; *La Haye,* in: Lee, 2001, S. 109ff., insb. S. 217.

[1166] Vgl. tabellarisch *La Haye,* in: Lee, 2001, S. 217.

Konflikts ihrer Natur nach unterschiedslos wirken, vorausgesetzt, dass diese Waffen, Geschosse, Stoffe und Methoden der Kriegsführung Gegenstand eines umfassenden Verbots und auf Grund einer Änderung entsprechend den einschlägigen Bestimmungen in den Artikeln 121 und 123 in einer Anlage dieses Statuts enthalten sind (Art. 8 Abs. 2 (b) (xx));
- die Beeinträchtigung der persönlichen Würde, insbesondere eine entwürdigende und erniedrigende Behandlung (Art. 8 Abs. 2 (b) (xxi));
- die Ausnutzung der Anwesenheit einer Zivilperson oder einer anderen geschützten Person, um Kampfhandlungen von gewissen Punkten, Gebieten oder Streitkräften fernzuhalten (Art. 8 Abs. 2 (b) (xxiii));
- das vorsätzliche Aushungern von Zivilpersonen als Methode der Kriegsführung durch das Vorenthalten der für sie lebensnotwendigen Gegenstände, einschließlich der vorsätzlichen Behinderung von Hilfslieferungen, wie sie nach den Genfer Konventionen vorgesehen sind (Art. 8 Abs. 2 (b) (xxv)).[1167]

Bei näherer Betrachtung wird also deutlich, dass **im nicht-internationalen Konflikt zahlreiche Strafbarkeitslücken** bestehen.[1168] So ist die im **Fall 26** genannte Benutzung von Zivilisten nur als Verbrechen im internationalen Konflikt durch den IStGH verfolgbar (Art. 8 Abs. 2 (b) (xxiii));[1169] nach dem VStGB wären sie aber auch im nicht-internationalen Konflikt strafbar (§ 11 Abs. 1 Nr. 4). Das „Aushungern von Zivilpersonen als Mittel der Kriegsführung" (Art. 8 Abs. 2 (b) (xxv)) wurde nicht in Art. 8 Abs. 2 (e) aufgenommen, obwohl es nach dem auf den nicht-internationalen Konflikt anwendbaren ZP II (Art. 14) verboten ist.[1170] Weitere Beispiele nicht von Art. 8 Abs. 2 (e), aber von Art. 4 Abs. 2 ZP II erfasster Taten sind „kollektive Bestrafungen", „Terrorismus" sowie „Sklaverei und Sklavenhandel".[1171] Schließlich kriminalisiert Art. 8 Abs. 2 (e) auch nicht Angriffe, die unverhältnismäßige, zufällige Schäden in der Zivilbevölkerung hervorrufen.[1172] Eine Strafbarkeitslücke kann sich auch erge- 249

[1167] Hinsichtlich der noch in der 2. Aufl., Rn. 227 aufgeführten Art. 8 Abs. 2 (b) (xvii)-(xix) wurde in Kampala ihre Ausdehnung auf den nicht-internationalen Konflikt beschlossen (§ 6 Rn. 34; dazu *Alamuddin/Webb,* JICJ 8 (2010), 1219ff.), diese Änderung tritt aber nur pro Staat ein Jahr nach der jeweiligen Ratifizierung in Kraft (Art. 121 Abs. 5); zu den einzelnen Tatbeständen *Kriválnek,* Weapons Provisions, 2010, passim; *Spinellis,* FS Puppe, 2011, S. 1534ff.

[1168] Vgl. *Kolb,* in: Kolb/Scalia, S. 170ff.; krit. auch Cryer/*Robinson,* S. 274; *Sager,* S. 194f.; zu den im nicht-internationalen Konflikt strafbaren Verbrechen allg. *König,* S. 359ff.; auf Grundlage der Rspr. *Mettraux,* S. 132ff. – Die „Anwendung unmenschlicher Waffen" war ursprünglich nicht erfasst (krit. *Condorelli,* in: Politi/Nesi, S. 112; *Kolb,* in: Kolb/Scalia, S. 170; für ein vgr Verbot von Antipersonenminen, chemischen und biologischen Waffen Cassese/Gaeta/Jones/*Bothe,* S. 420; ebenso *ICRC Study I,* S. 256ff.), in Kampala wurdedann aber Art. 8 Abs. 2 (b)(xvii)–(xix) auf den nicht-internationalen Konflikt erweitert (s. vorherige Fn.); zur Schließung der Strafbarkeitslücken durch VGR *Henckaerts,* JICJ 10 (2012), 1100ff.

[1169] Auch wenn man darin zusätzlich eine entwürdigende Behandlung i. S. v. Art. 8 Abs. 2 (b) (xxi) sieht (MünchKomm/*Zimmermann/Geiß,* § 8 VStGB Rn. 203), bleibt es bei der Strafbarkeit nur im internationalen Konflikt. Zur Strafbarkeit nach § 11 Abs. 1 Nr. 4 VStGB MünchKomm/*Dörmann,* § 11 VStGB Rn. 98ff., 155.

[1170] *Kreß,* IYHR 29 (2000), 134; Cassese/Gaeta/Jones/*Bothe,* S. 420. Krit. auch *Gropengießer,* S. 233 sowie *Boot,* para. 593, die die entsprechende SR-Res. bzgl. des Somaliakonflikts von 1992 in Erinnerung ruft. Zum gewohnheitsrechtlichen Verbot *König,* S. 325f., 370; *ICRC Study I,* S. 186ff.

[1171] *Kreß,* IYHR 29 (2000), 134 sieht diese Taten aber „[t]o a certain extent" durch Art. 8 Abs. 2 (c) (ii) bis (iv) als erfasst an.

[1172] *Kreß,* IYHR 29 (2000), 135. Zum Verbot solcher Angriffe *ICRC Study I,* S. 37ff.; auch *Olásolo,* 2008, S. 65ff.

ben, wenn ein Verhalten zwar für beide Konfliktarten kriminalisiert wird, die **Tatbestände** aber **nicht** komplett **übereinstimmen.** Ein schon im ersten Verfahren gegen Lubanga relevant gewordenes Beispiel betrifft die unterschiedliche Kriminalisierung der Rekrutierung von **Kindersoldaten** in Art. 8 Abs. 2 (b) (xxvi) und (e) (vii): Zwar erfassen beide Vorschriften dieselben Tathandlungen („Zwangsverpflichtung", „Eingliederung", „Verwendung zur aktiven Teilnahme an den Feindseligkeiten"[1173]), doch erstrecken sich diese nur im nicht-internationalen Konflikt explizit auf (nicht-staatliche) bewaffnete Gruppen (Art. 8 Abs. 2 (e) (vii)), auch im internationalen Konflikt hingegen nur auf die „nationalen Streitkräfte".[1174] Interessanterweise geht damit – entgegen der sonstigen Rechtslage – die Strafbarkeit im nicht-internationalen über den internationalen Konflikt hinaus.

250 Die fehlende Kriminalisierung der genannten Taten im nicht-internationalen Konflikt ist teilweise darauf zurückzuführen, dass einige Staaten sie – wie die Primärvorschriften des ZP II – für **vgr noch nicht anerkannt** halten.[1175] Ferner betrachteten einige Staaten jegliche Beschränkung ihrer ausschließlichen Zuständigkeit in diesem Bereich als **Gefahr für ihre Souveränität.**[1176] Damit ist auch ein wesentlicher Grund dafür genannt, weshalb Art. 8 keinen offenen Tatbestandskatalog enthält.

c) Tatbestandliche Ausgestaltung der Kriegsverbrechen

251 Art. 8 enthält einige Tatbestandsmerkmale, die mit dem **Gesetzlichkeitsprinzip,** insbesondere in seiner Ausprägung als Bestimmtheitsgrundsatz, nur schwer vereinbar sind.[1177] Wie schon erwähnt, übernimmt Art. 8 im Wesentlichen die in GK I–IV und ZP I und II enthaltenen Primärregeln. Diese Vorschriften wurden jedoch nicht für strafrechtliche Zwecke entworfen[1178] und genügen nicht ohne weiteres dem Gebot tatbestandlicher Bestimmtheit. Dies lässt sich exemplarisch an einigen Beispielen verdeutlichen.

252 **Art. 8 Abs. 2 (b) (iv)** stellt das vorsätzliche Führen eines „**Angriffs** in der Kenntnis, dass dieser auch Verluste an Menschenleben, die Verwundung von Zivilpersonen, die Beschädigung ziviler Objekte oder weit reichende, langfristige und schwere Schäden an der natürlichen Umwelt verursachen wird, die eindeutig **in keinem Verhältnis** zu dem insgesamt erwarteten konkreten und unmittelbaren **militärischen Vorteil** ste-

---

[1173] Krit. zur extensiven Auslegung des Begriffes der „active participation" im Lubanga Fall *Wagner,* CLF 24 (2013), 149 ff.; ebenso weit aber *ICC,* Katanga TJ 7.3.2014, paras. 1044 f.

[1174] *ICC,* Lubanga PTC Confirmation Decision 29.1.2007, paras. 268 ff. (krit. *Ambos,* FS Karras, 2010, S. 991 ff.). Deshalb war die Frage nach der Art des Konflikts von Relevanz (Lubanga, paras. 167 ff.; dazu *Ambos,* a. a. O., S. 987 ff.); in Lubanga TJ 14.3.2012, paras. 523 ff. ging die Verfahrenskammer von einem rein nicht-internationalen Konflikt aus. Zur Strafbarkeit der Rekrutierung von Kindersoldaten vgl. *Palomo Suárez,* Kindersoldaten, 2009, S. 140 ff.; MünchKomm/*Zimmermann/Geiß,* § 8 VStGB Rn. 157 ff.; *Ambos,* a. a. O., S. 989 ff.; *ders.*, 2010 a, S. 109 ff. (Fall 8), 112 ff. m. w. N. S. auch Lubanga TJ 14.3.2012, paras. 568 ff.; hierzu *Ambos,* ICLR 12 (2012), 131 ff.; *Graf,* JICJ 10 (2012), 952 ff.; *ICC,* Katanga TJ 7.3.2014, paras. 1038 ff.

[1175] Triffterer/*Zimmermann,* Art. 8 Rn. 239; *Kreß,* IYHR 29 (2000), 134; *Bock/Preis,* HuV-I 2007, 151 f.; vgl. auch (ablehnend) *Burkhardt,* FYBIL IX (1998), 438 ff. Für Verbot hingegen *ICRC Study I,* S. 551 ff., 568 ff.; vgl. auch Rn. 275. S. hierzu auch *Henckaerts,* JICJ 10 (2012), 1100 ff.

[1176] Vgl. auch *Boot,* para. 594.

[1177] Krit. auch *Olásolo,* CLF 2007, 310; *Gless,* 2011, Rn. 834.

[1178] Vgl. Cassese/Gaeta/Jones/*Bothe,* S. 392 f.

hen", unter Strafe (in der Sache ebenso *§ 11 Abs. 1 Nr. 3 VStGB*).[1179] Diese Vorschrift kombiniert **in objektiver Hinsicht** die schweren Verletzungen, die in Art. 85 Abs. 3 (b) und (c) ZP I enthalten sind, und ergänzt diese um Schäden an der natürlichen Umwelt, die wiederum auf einer Kombination von Art. 35 Abs. 3 und Art. 55 Abs. 1 ZP I beruhen.[1180] Während man die Kriminalisierung schwerer Umweltschäden als einen Fortschritt ansehen mag,[1181] bleibt sie doch eindeutig hinter den Primärregeln zurück und gilt auch nur für den internationalen Konflikt (anders insoweit § 11 Abs. 1 Nr. 3 VStGB, der für beide Konfliktsarten gilt!). Was den objektiven Tatbestand angeht, so setzt strafrechtliche Verantwortlichkeit i. S. v. Art. 8 Abs. 2 (b) (iv) voraus, dass der militärische Vorteil „eindeutig in keinem Verhältnis" zu den schweren Schäden steht; man hat insoweit also die „gesamte" („overall") Auswirkung in Betracht zu ziehen, nicht nur „den erwarteten konkreten und direkten militärischen Vorteil" i. S. v. Art. 57 Abs. 2 (a) (iii) ZP I,[1182] sondern „den erwarteten Vorteil aus dem Angriff als Ganzes."[1183] Somit wurde das den Primärregeln zugrundeliegende delikate Interessengleichgewicht zugunsten der geschützten militärischen Interessen verschoben. Die militärische Sichtweise drängt sich sogar noch mehr in den Vordergrund, wenn man – in Übereinstimmung mit dem von der Anklagebehörde des ICTY eingerichteten Ausschusses zur Überprüfung der NATO Bombenangriffe gegen das ehem. Jugoslawien – die Ansicht vertritt, dass der Abwägungsvorgang selbst aus der Sicht eines „vernünftigen militärischen Befehlshabers" durchgeführt werden muss.[1184] Solche Erwägungen spielen übrigens auch bei dem in Art. 8 Abs. 2 (a) (iv), (b) (iv) und (e) (xii) enthaltenen Straffreistellungsgrund der **militärischen Notwendigkeit** (§ 6 Rn. 14) bzw. des militärischen **Vorteils** eine Rolle. Sie *können* dazu führen, dass im **Fall 28** die Tötung von Zivilisten wegen des militärischen Vorteils und im **Fall 29** die Zerstörung der Zigaretten-Fabrik aus Gründen militärischer Notwendigkeit „gerechtfertigt" ist.[1185]

[1179] Hierzu *Ambos,* 2014, S. 176ff.; s. auch *Ambos,* 2010a, S. 63ff. (Fall 6) zum Fall des dt. Oberst Klein (Bombardierung Kunduz, Afghanistan). Zu den Unterschieden zwischen den Kollateralschädenregelungen im IStGHS („clearly exessive" – Exzessverbot) und im VStGB („in keinem Verhältnis" – Verhältnismäßigkeitsprüfung) siehe *Richter,* HRRS 2012, 33ff., der sich für eine teleologische Reduktion der deutschen Vorschrift ausspricht.

[1180] S. *Hebel/Robinson,* in: Lee, 2001, S. 111. Art. 35 Abs. 3 ZP I legt fest: „Es ist verboten, Methoden oder Mittel der Kriegsführung zu verwenden, die dazu bestimmt sind oder von denen erwartet werden kann, dass sie ausgedehnte, langanhaltende und schwere Schäden der natürlichen Umwelt verursachen."; ausführlich dazu *Peterson,* LJIL 22 (2009), 329ff.; *Bothe/Bruch/Diamond/Jensen,* IRRC 92 (2010), 569ff.; *Wyatt,* IRRC 92 (2010), 593ff.; krit. zur vgr Anerkennung *König,* S. 320; krit. zu Art. 8 Abs. 2 (b) (iv) *Cryer,* S. 278f. Zum Schutz des Meeres im bewaffneten Konflikt *Kramm,* HuV-I 2012, 76ff.

[1181] Cassese/Gaeta/Jones/*Bothe,* S. 400.

[1182] Art. 57 Abs. 2 (a) (iii) ZP I lautet: „... hat von jedem Angriff Abstand zu nehmen, bei dem damit zu rechnen ist, dass er auch Verluste unter der Zivilbevölkerung, die Verwundung von Zivilpersonen, die Beschädigung ziviler Objekte oder mehrere derartige Folgen zusammen verursacht, die in keinem Verhältnis zum erwarteten konkreten und unmittelbaren militärischen Vorteil stehen". Vgl. *Fischer,* FS Ipsen, 2000, S. 90; *ICRC Study I,* S. 143ff.

[1183] Vgl. die britische „Interpretative Declaration" zum ZP I bei Cassese/Gaeta/Jones/*Bothe,* S. 399.

[1184] S. Report NATO Bombing, para. 50, zit. nach Cassese/Gaeta/Jones/*Bothe,* S. 399. Vgl. auch *Quenivet,* IJIL 41 (2001), 478; krit. *Mandel,* America, 2004, S. 176ff. – Zur Frage, ob die allierten Bombenangriffe auf Deutschland und Japan Kriegsverbrechen darstellten, *Grayling,* Dead cities, 2006, S. 209ff.

[1185] Zur milit. Notwendigkeit im Zusammenhang mit Kriegsverbrechen gg. das Eigentum MünchKomm/*Ambos,* § 9 VStGB Rn. 8, 16f.

253 Was die **subjektive Tatseite**[1186] angeht, so stellt sich die Frage, welche Konsequenzen eine irrtümliche Beurteilung der Verhältnismäßigkeit des militärischen Vorteils durch den Befehlshaber hat. In diesem Fall würde der Befehlshaber ohne den erforderlichen Vorsatz handeln und könnte sich auf einen Irrtum gemäß Art. 32 berufen, wobei jedoch zunächst einmal geklärt werden müsste, ob es sich um einen Tat- oder Rechtsirrtum handelt. Der Befehlshaber würde nicht über die tatsächlichen Umstände oder ein deskriptives Tatbestandsmerkmal irren, sondern in der Beurteilung eines normativen Tatbestandsmerkmals. Denn die Entscheidung, ob sich der militärische Vorteil als verhältnismäßig im Hinblick auf den verursachten Schaden erweist, ist ein rechtlich geprägtes Werturteil. Angewendet auf Art. 32 stellt sich die Frage, ob dieser Irrtum „die für den Verbrechenstatbestand erforderlichen subjektiven Tatbestandsmerkmale aufhebt". Während das bei einem Rechtsirrtum normalerweise nicht der Fall ist, gilt für einen Irrtum über ein normatives Tatbestandsmerkmal eine Ausnahme (schon Rn. 98). Die „Verbrechenselemente" bestätigen dies, indem sie in unserem Fall eine Bewertung verlangen.[1187] Irrt sich also der Täter insoweit, fehlt es ihm an der gemäß Art. 8 Abs. 2 (b) (iv) erforderlichen Kenntnis bezüglich der Unverhältnismäßigkeit des militärischen Vorteils. Demgegenüber würde eine die Verbrechenselemente ignorierende Auslegung den Irrtum über die Verhältnismäßigkeit als einen Irrtum über ein normatives Tatbestandsmerkmal und damit als unbeachtlichen Subsumtionsirrtum ansehen.[1188] Während damit der Irrtum auf der Tatbestandsebene unbeachtlich wäre, könnte er den Täter auf der Schuldebene entlasten, weil er das Unrecht seines Tuns nicht eingesehen hat und ihm die Tat nicht vorgeworfen werden kann. Das Problem dieser Lösung ist, dass die ihr zugrundeliegende, auf dem finalistischen Handlungsbegriff beruhende Unterscheidung zwischen Tatbestandsvorsatz und Schuldvorwurf im Römischen Statut – und im Völkerstrafrecht überhaupt! – nicht nachvollzogen wird (Rn. 99).

254 Ein anderes Beispiel mangelnder Bestimmtheit ist die Bedeutung des **„ordentlich bestellten Gerichts"** in **Art. 8 Abs. 2 (c) (iv)**[1189]. Weder Art. 8 Abs. 2 (c) (iv) noch der gemeinsame Art. 3 GK I-IV geben brauchbare Anhaltspunkte dafür, was unter dem Begriff „ordentlich bestelltes Gericht" und „allgemein als unerlässlich anerkannte Rechtsgarantien" zu verstehen ist. Der Wortlaut des Obersatzes von Art. 6 Abs. 2 ZP II ist jedoch im Wesentlichen identisch mit dem gemeinsamen Art. 3 GK I-IV und somit auch mit Art. 8 Abs. 2 (c) (iv). Die Bedeutung von Art. 6 Abs. 2 ZP II für die Auslegung des gemeinsamen Art. 3 GK I-IV wird deshalb im IKRK-Kommentar wie folgt hervorgehoben:

„Article 6 lays down some principles of universal application which every responsibly organized body must, and can, respect. It supplements and develops common Article 3, paragraph 1, sub-paragraph (1) (d), which prohibits the passing of sentences and the carrying out of executions without previous judgement pronounced by a regularly constituted court, affording all the judicial guarantees which are recognized as indispensable by civilized peoples. This very general rule required clarification to strengthen the prohibition of summary justice and of convictions without trial, which it already covers. Article 6 reiterates the principles contained in the Third and Fourth Conventions, and for the rest is largely based on the International Covenant on Civil and Political Rights, particularly Article 15, from which no derogation is permitted, even in the case of a public emergency threatening the life of the nation."[1190]

[1186] Vgl. auch *Ambos,* 2010a, S. 77 ff. m. w. N. Allg. zum subjektiven Tatbestand bei Kriegsverbrechen vgl. *Safferling,* Jura Sonderheft 2004, 59 f., 60 f.; insb. im Hinblick auf Art. 30 *Roßkopf,* S. 120 ff.

[1187] Verbrechenselemente zu Art. 8 Abs. 2 (b) (iv) Nr. 3: „The perpetrator *knew* that the attack would cause incidental death or injury to civilians or damage to civilian objects or widespread, long-term and severe damage to the natural environment and that *such death, injury or damage would be* of such an extent as to be *clearly excessive in relation to the concrete and direct overall military advantage anticipated.*" (Hervorhebung K. A.). Fn. 37 weist auf den Ausnahmecharakter der Vorschrift im Hinblick auf die allgemeine Regel („no value judgement") der „General introduction" hin.

[1188] Cassese/Gaeta/Jones/*Bothe,* S. 400. Dazu grundsätzlich *Ambos,* 2002, S. 788 mit Fn. 167 und 811 ff.

[1189] S. hierzu auch *Ambos,* 2014, S. 182 f; *Bock,* in: Strafverteidigervereinigungen, S. 132.

[1190] *Sandoz/Swinarski/Zimmermann,* Commentary on the Additional Protocols of 8 June 1977, 1987, para. 4597; darauf Bezug nehmend PrepCommis, PCNICC/99/WGE/INF. 2, 91.

Da das Statut den Wortlaut des gemeinsamen Art. 3 GK I-IV wörtlich übernommen hat, sind auch oppositionelle bewaffnete Gruppen dazu verpflichtet, ein „ordentlich bestelltes Gericht" zu errichten, bevor eine Aburteilung stattfinden kann. Somit sind von Aufständischen errichtete *Ad-Hoc*-Sondergerichte verboten. Unabhängigkeit und Unparteilichkeit sind die wesentlichen Merkmale eines „ordentlich bestellten Gerichts" (Art. 14 Abs. 1 IPbpR, Art. 6 Abs. 1 EMRK, Art. 8 Abs. 1 AMRK).[1191] Zur Feststellung der **Unabhängigkeit** ist auf die Art und Weise der Ernennung der Mitglieder und die Dauer ihrer Amtsperiode, das Vorliegen von Garantien gegen äußeren Druck und auf den äußeren Anschein der Unabhängigkeit abzustellen. Ein Gericht gilt als **unparteiisch,** wenn die Richter über den Parteien stehen und ohne persönlichen Einfluss objektiv nach bestem Wissen und Gewissen entscheiden. Unparteilichkeit erfordert das Fehlen von Vorurteilen und Befangenheit.[1192] 255

Zuletzt verdient **Art. 8 Abs. 2 (c) (iv)**, der sich auf **„allgemein als unerlässlich anerkannte Rechtsgarantien"** bezieht, Erwähnung. Die nach dem gemeinsamen Art. 3 GK I–IV zu gewährenden Rechtsgarantien werden lediglich durch die Formulierung „die von zivilisierten Völkern als unerlässlich anerkannt sind" umschrieben; diese Formulierung wurde im Statut durch die Formulierung „allgemein als unerlässlich anerkannt" ersetzt.[1193] Auch insoweit dienen die in Art. 6 ZP II genannten Rechte als Ausgangspunkt der Auslegung. Wie der Ausdruck „insbesondere" am Anfang der Aufzählung deutlich macht, ist die Vorschrift beispielhaft und „zählt lediglich universell anerkannte Standards auf".[1194] 256

Lösung Fall 26:

Der Konflikt in K erfüllt die Voraussetzungen eines *„nicht-internationalen bewaffneten Konflikts"* (Rn. 235 ff.). Die Konfliktparteien – die Regierung R und die nichtstaatliche Aufstandsbewegung A – stehen sich als Organisationen mit militärisch-hierarchischer Befehlsstruktur auf eigenem Hoheitsgebiet gegenüber. Aufgrund ihrer hierarchischen Befehlstruktur kann A gezielte Operationen gegen die Zentralregierung durchführen. Es handelt sich um einen nicht-internationalen Konflikt i. S. eines *klassischen Bürgerkriegs* (Rn. 237 a. E.). Die genannten Taten sind allerdings nur im internationalen Konflikt strafbar (Rn. 249). 257

Lösung Fall 27:

B nutzt die allgemeinen Kriegswirren, um „alte Rechnungen zu begleichen". Es fehlt damit an dem erforderlichen funktionalen Zusammenhang zwischen seinen Taten und dem *bewaffnetem Konflikt* (Rn. 243). B wird sich aber (natürlich) nach dem normalen (Friedens-)Strafrecht wegen Totschlags bzw. Mordes verantworten müssen. 258

[1191] PrepCommis, PCNICC/99/WGE/INF. 2, 92.

[1192] PrepCommis, PCNICC/99/WGE/INF. 2, 94. – Vgl. auch die detaillierte Rspr. des EGMR zu dieser Frage: Kamasinski v. Austria Urteil 19.12.1989, paras. 61, 96; Kremzow v. Austria Urteil 21.9.1993, paras. 43 ff.; Remli v. France Urteil 23.4.1996, paras. 24, 28 ff., 43, 48; Ferrantelli and Santangelo v. Italy Urteil 7.8.1996, paras. 37, 54; Gregory v. UK Urteil 25.2.1997, paras. 35, 38, 49.

[1193] Vgl. PrepCommis, PCNICC/99/WGE/INF. 2, 97.

[1194] PrepCommis, PCNICC/99/WGE/INF. 2, 97.

Lösung Fall 28:

259 Der Einwand U's ist als Berufung auf den Strafausschliessungsgrund der *militärischen Notwendigkeit* zu verstehen. Insoweit ist eine Abwägung zwischen dem verursachten Schaden und dem militärischen Vorteil vorzunehmen (Rn. 252). Diese kann zu einer Bejahung der Verhältnismäßigkeit und damit „Rechtfertigung" führen, wenn der militärische Vorteil aus der Sicht eines „vernünftigen militärischen Befehlshabers" insgesamt (eindeutig) überwiegt. Zu den Auswirkungen eines (Rechts-)Irrtums s. Rn. 253.

Lösung Fall 29:

260 Eine Zigaretten-Fabrik ist als ziviles Objekt grundsätzlich humanitärvölkerrechtlich geschützt und darf nicht angegriffen werden (Rn. 245 f.). So ist auch hier zu prüfen, ob der Angriff aus Gründen der *militärischen Notwendigkeit* „gerechtfertigt" ist. Dies setzt voraus, dass er erforderlich und verhältnismäßig ist (vgl. § 6 Rn. 14). Daran wird man ernsthaft zweifeln dürften, ist doch die Verschlechterung der Kriegsmoral ein zu unbestimmter Grund, um darauf einen eigentlich verbotenen Angriff stützen zu können. Im Übrigen ist es Fallfrage, ob durch die Zerstörung tatsächlich der Nachschub unterbunden wird und ob dies, bejahendenfalls, die Moral der Truppe kriegsentscheidend verschlechtert. Andererseits handelt es sich bei einer Zigarettenfabrik nicht um ein lebensnotwendiges ziviles Objekt (Rn. 246). Sollte es bei dem Angriff jedoch zu (zivilen) Toten und Verwundeten kommen, wird man *a limine* seine Unverhältnismäßigkeit anzunehmen haben.

IV. Das Verbrechen der Aggression nach Kampala

261 Bei der erstmaligen IStGH-Überprüfungskonferenz (Kampala, Uganda, 31.5.–11.6.2010) wurde eine Einigung über die Definition des Aggressionsverbrechens und die Bedingungen der Gerichtsbarkeit des IStGH erzielt. Damit können nun die Ausführungen in der 2. Aufl. zu Begriff, Rechtsgut, tatbestandlicher Ausgestaltung und Beteiligung (Rn. 251 ff.) durch eine Darstellung der neuen Rechtslage (sub 2.) – nach kurzer Einleitung (1.) – ersetzt werden.

1. Einleitung

262 Das Verbrechen der Aggression[1195] wurde erstmals als „Verbrechen gegen den Frieden" in Nürnberg und Tokyo strafrechtlich verfolgt, wobei es dort als „Planung, Vorbereitung, Einleitung oder Durchführung eines Angriffskrieges oder eines Krieges unter Verletzung internationaler Verträge, Abkommen oder Zusicherungen ..."[1196] definiert wurde.[1197] Die individuelle strafrechtliche Haftung reichte weit, denn einerseits war die „Beteiligung an einem gemeinsamen Plan oder an einer Verschwörung zur Ausführung" einer Aggressionshandlung strafbar[1198] und andererseits wurden „Anführer, Or-

[1195] Für eine umfassende historische Darstellung vgl. *Solera,* Aggression, 2007, S. 15 ff.; *Kemp,* Aggression, 2010, S. 73 ff.; *Kreß/von Holtzendorff,* JICJ 2 (2010), 1180 ff.; *dies.,* GA 2011, 66 ff.; knapper *Werle,* 2012, Rn. 1420 ff.; Cryer/*Wilmshurst,* S. 307 ff.; Cassese/Gaeta/Jones/*Gaja,* S. 427 ff.; *Kacker,* Suffolk Transnat'l L.Rev. 33 (2010), 258 ff.; Denkschrift der deutschen Bundesregierung, BT-Drs. 17/10975, 18; überwiegend in Bezug auf die Situation zwischen den Weltkriegen *Sellars,* JICJ 10 (2012), 7 ff.

[1196] Siehe Art. 6 (a) IMG-Statut; Art. 5 (a) des „Statute of the International Military Tribunal for the Far East" (im Folgenden: „IMTFE") (1.1.1946). Siehe auch Principle VI (a) (i) von den Nürnberger Grundsätzen, verabschiedet von der International Law Commission (im Folgenden „ILC") in ihrer zweiten Sitzung 1950 (Yearbook ILC 1950 II, S. 374 ff.); vgl. auch *Einarsen,* S. 44 f.

[1197] Zur historischen Bedeutung der Nürnberger Prozesse für die Einigung in Kampala s. *Kaul,* ZIS 2010, 637 ff. Zur Geschichte s. auch *Bellal,* in: Kolb/Scalia, S. 511 ff.; zur zivilrechtlichen Entschädigungspflicht bei Aggressionsverbrechen *Rosenfeld,* JICJ 10 (2012), 249.

[1198] Art. 6 (a) IMG-Statut; vgl. auch Art. 5 (a) IMTFE; Grundsatz VI (a) (ii) Nürnberger Grundsätze.

ganisatoren, Anstifter und Teilnehmer, die am Entwurf oder der Ausführung eines gemeinsamen Planes oder einer Verschwörung zur Begehung eines der vorgenannten Verbrechen teilgenommen haben," „für alle Handlungen verantwortlich" gemacht, „die von irgendeiner Person in Ausführung eines solchen Planes begangen" wurden.[1199] Am 14.12.1974 verabschiedete die UN Generalversammlung mit Resolution 3314 (XXIX)[1200] eine wegweisende Definition einer Aggressionshandlung *(„act of aggression"),*[1201] die als Grundlage für jede weitere Diskussion auf dem Weg zu dem nun in Kampala gefundenen Kompromiss diente. Im Juni 1998 übertrug die Rom-Konferenz dem IStGH Gerichtsbarkeit über das Verbrechen der Aggression (Art. 5 Abs. 1 (d)), ein Konsens über die konkrete Verbrechensdefinition und die Bedingungen für die Ausübung der Gerichtsbarkeit war jedoch damals nicht möglich.[1202] Diese Aufgabe wurde zunächst einer „Working Group on the Crime of Aggression" (1999–2002) der Preparatory Commission („PrepCommis")[1203] und sodann der „Special Working Group on the Crime of Aggression" („SWGCA") (2003–2009) übertragen, die der Vertragsstaatenversammlung („Assembly of States Parties", im Folgenden: ASP) ihren Abschlussbericht am 13.2.2009 vorlegte.[1204] Der Vorschlag der SWGCA wurde von der ASP am 26.11.2009 einstimmig angenommen[1205] und der Überprüfungskonferenz in Kampala als ein *„Conference Room Paper on the Crime of Aggression"* vom 25.5.2010 vorgelegt.[1206] Wie in Rom bemühten sich die Delegierten in Kampala um einen Konsens – anderenfalls wäre eine Zweidrittelmehrheit nötig geworden.[1207]

1199 Art. 6 IMG-Statut letzter Abs.; vgl. auch Art. 5 IMTFE letzter Abs.

1200 Abdruck in *Barriga* et al., S. 231 ff.

1201 Res. 3314, Annex, Definition of Aggression: *Article 1* "Aggression is the use of armed force by a State against the sovereignty, territorial integrity or political independence of another State, or in any other manner inconsistent with the Charter of the United Nations ..." *Article 3* "Any of the following acts, regardless of a declaration of war, shall, subject to and in accordance with the provisions of Art. 2, qualify as an act of aggression: (a) The invasion or attack by the armed forces of a State of the territory of another State, or any military occupation, however temporary, resulting from such invasion or attack, or any annexation by the use of force of the territory of another State or part thereof, (b) Bombardment by the armed forces of a State against the territory of another State or the use of any weapons by a State against the territory of another State; (c) The blockade of the ports or coasts of a State by the armed forces of another State; (d) An attack by the armed forces of a State on the land, sea or air forces, or marine and air fleets of another State; (e) The use of armed forces of one State which are within the territory of another State with the agreement of the receiving State, in contravention of the conditions provided for in the agreement or any extension of their presence in such territory beyond the termination of the agreement; (f) The action of a State in allowing its territory, which it has placed at the disposal of another State, to be used by that other State for perpetrating an act of aggression against a third State; (g) The sending by or on behalf of a State of armed bands, groups, irregulars or mercenaries, which carry out acts of armed force against another State of such gravity as to amount to the acts listed above, or its substantial involvement therein."

1202 Siehe zu den Verhandlungen in Rom *Solera,* Aggression, 2007, S. 356 ff.; *Kemp,* Aggression, 2010, S. 194 ff.; Cryer/*Wilmshurst,* S. 310 f.; Cassese/Gaeta/Jones/*Gaja,* S. 430 ff., 435 ff.; *Oeter,* in: Jeßberger/Geneuss, S. 104 ff.

1203 Zu deren Arbeit s. *Fernández de Gurmendi,* in: Politi/Nesi, S. 176 ff.

1204 Report der SWGCA February 2009, ICC-ASP/7/20/Add. 1, Annex II, abgedruckt in *Barriga* et al., S. 49 ff. Zu den Verhandlungen nach Rom siehe *Clark,* in: Stahn/Sluiter, S. 709 ff.; *Kemp,* Aggression, 2010, S. 207 ff.; *Kreß/von Holtzendorff,* JICJ 8 (2010), 1183 ff.; *dies.,* GA 2011, 68 ff.; *Trahan,* ICLR 11 (2011), 54 ff.; *Weisbord,* Duke J. Comp. & Intl. 20 (2009), 1 ff.

1205 Res. ICC-ASP/8/Res.6. Der Vorschlag ist als Appendix I dem Report von Februar 2009 angehängt (Fn. 1204) und abgedruckt in *Barriga* et al., S. 60 ff.

1206 RC/WGCA/1, 25. Mai 2010; dazu *Wenaweser,* LJIL 23 (2010), 884.

1207 Siehe Regeln 49 Abs. 2, 51 der Review Conference Rules of Procedure, abrufbar unter http://www.

2. Der Kampala-Kompromiss

263 Gemäß Art. 5 Abs. 2 hängt die Ausübung der Gerichtsbarkeit des IStGH von zwei Voraussetzungen ab: die Vertragsstaaten müssen sich auf eine tatbestandliche Definition der Aggression und die Bedingungen zur Ausübung der Gerichtsbarkeit („*conditions under which the Court shall exercise jurisdiction*") einigen. Während man bereits im Februar 2009 in der SWGCA zu einer Einigung hinsichtlich der Aggressionsdefinition kam, erwies sich der notwendige Kompromiss zur Gerichtsbarkeit vor allem deshalb als sehr schwierig, weil erhebliche Uneinigkeit hinsichtlich der Rolle des UN-Sicherheitsrats bestand.[1208]

a) Die tatbestandliche Definition

264 Die Definition wurde auf der Grundlage des SWGCA-Berichts von Februar 2009[1209] *tel quel* von der ASP im November 2009[1210] und ebenso in Kampala[1211] verabschiedet.[1212] Widerstand kam insoweit nur von solchen Staaten, die, wie insbesondere die USA, nicht an der SWGCA teilnahmen und die das Verbrechen der Aggression aus prinzipiellen Gründen ablehnen.[1213] Die nun geltende Definition lautet:

Artikel 8*bis* – Verbrechen der Aggression

(1) Im Sinne dieses Statuts bedeutet „Verbrechen der Aggression" die Planung, Vorbereitung, Einleitung oder Ausführung einer Angriffshandlung, die ihrer Art, ihrer Schwere und ihrem Umfang nach eine offenkundige Verletzung der Charta der Vereinten Nationen darstellt, durch eine Person, die tatsächlich in der Lage ist, das politische oder militärische Handeln eines Staates zu kontrollieren oder zu lenken.

(2) Im Sinne des Absatzes 1 bedeutet „Angriffshandlung" die gegen die Souveränität, die territoriale Unversehrtheit oder die politische Unabhängigkeit eines Staates gerichtete oder sonst mit der Charta der Vereinten Nationen unvereinbare Anwendung von Waffengewalt durch einen anderen Staat. Unabhängig von dem Vorliegen einer Kriegserklärung gilt in Übereinstimmung mit der Resolution 3314 (XXIX) der Generalversammlung der Vereinten Nationen vom 14. 12. 1974 jede der folgenden Handlungen als Angriffshandlung:

  (a) die Invasion des Hoheitsgebiets eines Staates oder der Angriff auf dieses durch die Streitkräfte eines anderen Staates oder jede, wenn auch vorübergehende, militärische Besetzung, die sich aus einer solchen Invasion oder einem solchen Angriff ergibt, oder jede gewaltsame Annexion des Hoheitsgebiets eines anderen Staates oder eines Teiles desselben;

  (b) die Bombardierung oder Beschießung des Hoheitsgebiets eines Staates durch die Streitkräfte eines anderen Staates oder der Einsatz von Waffen jeder Art durch einen Staat gegen das Hoheitsgebiet eines anderen Staates;

---

icc-cpi.int/iccdocs/asp_docs/RC2010/RC-3-ENG.pdf (zuletzt abgerufen am 1.7.2014). Zu den Verhandlungen in Kampala *Wenaweser,* LJIL 23 (2010), 883ff.; *Manson,* CLF 21 (2010), 417ff.

[1208] Siehe auch *Kaul,* GoJIL 2 (2010), 663; ähnlich *Heinsch,* GoJIL 2 (2010), 716; *Schmalenbach,* JZ 2010, 746f.; *Zhou,* in: Bergsmo/Ling, S. 29ff.

[1209] February 2009 Report (Fn. 1204), Appendix I. Siehe zu den verschiedenen „definitional models" auch *Kaul,* in: Politi/Nesi, S. 99ff.

[1210] O. Fn. 1205.

[1211] Resolution RC/Res.6, Advance Version, 16. June 2010.

[1212] Für eine eingehende kritische Würdigung s. *Ambos,* ZIS 2010, 654ff.; *ders.,* GYIL 53 (2010), 463ff.; krit. auch *Scheffer,* LJIL 23 (2010), 897ff.; *Creegan,* JICJ 10 (2012), 62ff. (ein rein politisches Verbrechen); eingehend auch *Kacker,* Suffolk Transnat'l L.Rev. 33 (2010), 258ff.

[1213] Siehe „Statement by *Harold Hongju Koh,* Legal Adviser. U.S. Department of State. Review Conference of the ICC" (4.6.2010): „Finishing the unfinished business of Rome does not mean rushing into a premature conclusion on institution-transforming amendments [without] genuine consensus.", abrufbar unter http://www.state.gov/s/l/releases/remarks/142665.htm (zuletzt abgerufen am 1.7.2014). Zur Beteiligung der US-Delegation in Kampala s. *Kreß/von Holtzendorff,* JICJ 8 (2010), 1204ff.; *dies.,* GA 2011, 84ff.

(c) die Blockade der Häfen oder Küsten eines Staates durch die Streitkräfte eines anderen Staates;
(d) ein Angriff der Streitkräfte eines Staates auf die Land, See- oder Luftstreitkräfte oder die See- und Luftflotte eines anderen Staates;
(e) der Einsatz von Streitkräften eines Staates, die sich mit der Zustimmung eines anderen Staates in dessen Hoheitsgebiet befinden, unter Verstoß gegen die in der entsprechenden Einwilligung oder Vereinbarung vorgesehenen Bedingungen oder jede Verlängerung ihrer Anwesenheit in diesem Hoheitsgebiet über den Ablauf der Geltungsdauer der Einwilligung oder Vereinbarung hinaus;
(f) das Handeln eines Staates, wodurch er erlaubt, dass sein Hoheitsgebiet, das er einem anderen Staat zur Verfügung gestellt hat, von diesem anderen Staat dazu benutzt wird, eine Angriffshandlung gegen einen dritten Staat zu begehen;
(g) das Entsenden bewaffneter Banden, Gruppen, irregulärer Kräfte oder Söldner durch einen Staat oder in seinem Namen, die mit Waffengewalt gegen einen anderen Staat Handlungen von solcher Schwere ausführen, dass sie den oben aufgeführten Handlungen gleichkommen, oder seine wesentliche Beteiligung daran.

Während Absatz 2 dieser Definition hinsichtlich der Aggressionshandlung im Wesentlichen Art. 1 und 3 der Resolution 3314 (XXIX) wiederholt,[1214] ist Absatz 1 in mindestens zweierlei Hinsicht innovativ: Erstens wird individuelle Verantwortlichkeit auf Personen in Befehls- oder Führungspositionen begrenzt, nämlich *„in a position effectively to exercise control over or to direct the political or military action of a State"*. Art. 25 Abs. 3 wurde daher um einen Absatz 3*bis* ergänzt, der die individuelle Verantwortlichkeit für das Aggressionsverbrechen auf diese verantwortlichen Führungspersonen begrenzt.[1215] Zweitens wird mittels einer Schwellenklausel („threshold clause") eine Mindestschwere verlangt, denn es sind nur Handlungen erfasst, die *„by its character, gravity and scale, constitutes a manifest violation of the Charter of the United Nations."*[1216] Die zur Tatbestandserfüllung erforderliche Handlungsweise („planning, preparation, initiation or execution") entspricht demgegenüber dem Recht von Nürnberg und Tokio:[1217] Die ersten drei Handlungsformen stellen eine wörtliche Übernahme dar und kriminalisieren damit nach wie vor Vorbereitungshandlungen.[1218] Die Formulierung *„execution"* anstelle von *„waging of a war of aggression"* (Nürnberg/Tokyo) ändert in der Sache nichts daran, dass die tatsächliche Ausführung einer Aggressionshandlung erforderlich ist (Abs. 1 spricht von einem tatsächlichen „act of aggression").[1219] **265**

Die Kritik vor allem der US-Delegation an der Definition[1220] führte zur Verabschiedung von drei **Auslegungshilfen** („understandings"):[1221] **266**

1214 Vgl. o. Fn. 1200.

1215 Resolution RC/Res.6 (Fn. 1211), Annex I No. 5. Zum sonderdeliktischen Charakter als Führungsverbrechen s. *Ambos,* ZIS 2010, 658ff.; *Kacker,* Suffolk Transnat'l L.Rev. 33 (2010), 44ff. S. auch *Guo,* in: Bergsmo/Ling, S. 108ff.

1216 Ausführlich hierzu *Ambos,* 2014, S. 206ff.; *Einarsen,* S. 216f.; *Gillett,* ICLR 13 (2013), 835ff.; krit. *Creegan,* JICJ 10 (2012), 69ff., der befürchtet, dass auch legitime Gewalteinsätze pönalisiert werden könnten; krit. insg. *O'Connell/Niyazmatov,* JICJ 10 (2012), 198ff.; insbs. zur Erfassung humanitärer Interventionen *van Schaack,* ICLR 11 (2011), 482ff.; zur Frage der Vereinbarkeit des Tatbestands mit dem Legalitätsprinzip *Milanovic,* JICJ 10 (2012), 169ff. S. auch den Übungsfall bei *Safferling/Kirsch,* ZJS 2012, 672ff.

1217 O. Fn. 1196.

1218 Krit. zur damit einhergehenden Vorverlagerung der Strafbarkeit *Ambos,* ZIS 2010, 660ff.

1219 Vgl. *Ambos,* ZIS 2010, 661.

1220 Siehe *Koh* (Fn. 1213), S. 3ff., wonach ein bestimmtes Maß an Gewaltanwendung sowohl rechtmäßig als auch notwendig sei und die vorgeschlagene Definition das Völkergewohnheitsrecht (insoweit) nicht genau wiedergebe. Zur US-Beteiligung in den Verhandlungen *Trahan,* ICLR 11 (2011), 73ff.

1221 RC/Res. 6 (Fn. 1211), Annex III (Understandings regarding the amendments to the Rome Statute on

- Die Änderungen betreffen ausschließlich das Rom Statut und haben keine darüberhinausgehende Wirkung;
- die Aggression ist *„the most serious and dangerous form of the illegal use of force"*, bei deren Feststellung *„all the circumstances of each particular case"* in Übereinstimmung mit der UN-Satzung (UNS) berücksichtigt werden müssen;
- die Schwelle, die für eine offensichtliche (*„manifest"*) Verletzung der UNS überschritten sein muss, verlangt, dass die *„three components of character, gravity and scale"* nicht nur isoliert, sondern in kombinierter Form vorliegen.

267 Die SWGCA bereitete auch **Verbrechenselemente** für das Verbrechen der Aggression vor.[1222] Auf Grundlage eines von den Delegationen von Australien und Samoa vorbereiteten Diskussionspapiers[1223] wurde ein entsprechender Entwurf im Juni 2009 verabschiedet.[1224] Er wurde im November 2009 von der ASP angenommen,[1225] der Kampala-Konferenz vorgelegt[1226] und dort so verabschiedet.[1227] Die Elemente lauten nun:

Einleitung
1. Es wird davon ausgegangen, dass jede der in Artikel 8*bis* Absatz 2 genannten Handlungen als Angriffshandlung gilt.
2. Es muss nicht nachgewiesen werden, dass der Täter eine rechtliche Bewertung der Frage vorgenommen hat, ob die Anwendung von Waffengewalt mit der Charta der Vereinten Nationen unvereinbar war.
3. Der Ausdruck „offenkundig" ist ein objektives Merkmal.
4. Es muss nicht nachgewiesen werden, dass der Täter eine rechtliche Bewertung der Frage vorgenommen hat, ob die Verletzung der Charta der Vereinten Nationen „offenkundiger" Art war.

Elemente
1. Der Täter hat eine Angriffshandlung geplant, vorbereitet, eingeleitet oder ausgeführt.
2. Der Täter war eine Person[1228], die tatsächlich in der Lage war, das politische oder militärische Handeln des Staates, der die Angriffshandlung begangen hat, zu kontrollieren oder zu lenken.
3. Die Angriffshandlung – die gegen die Souveränität, die territoriale Unversehrtheit oder die politische Unabhängigkeit eines Staates gerichtete oder sonst mit der Charta der Vereinten Nationen unvereinbare Anwendung von Waffengewalt durch einen anderen Staat – wurde begangen.
4. Der Täter hatte Kenntnis von den tatsächlichen Umständen, die die Unvereinbarkeit einer solchen Anwendung von Waffengewalt mit der Charta der Vereinten Nationen begründeten.
5. Die Angriffshandlung stellte ihrer Art, ihrer Schwere und ihrem Umfang nach eine offenkundige Verletzung der Charta der Vereinten Nationen dar.
6. Der Täter hatte Kenntnis von den tatsächlichen Umständen, die eine solche offenkundige Verletzung der Charta der Vereinten Nationen begründeten.

---

the ICC of the Crime of Aggression). Der Originalwortlaut ist wiedergegeben bei *Ambos,* ZIS 2010, 651 mit Fn. 17ff. Zur Entstehungsgeschichte *Kreß/von Holtzendorff,* JICJ 8 (2010), 1183ff.; zur Rechtsnatur der Understandings *Heller,* JICJ 10 (2012), 231ff.

1222 Zum ersten Mal erwähnt in der „list of issues" im June 2004 Report, Appendix, Section II, abgedruckt in *Barriga* et al., S. 210; weitere Nachw. bei *Ambos,* ZIS 2010, 651 mit Fn. 20. Zur Verhandlungsgeschichte *Anggadi/French/Potter,* in: Barriga/Kreß, S. 58ff.

1223 June 2009 Report, Annex II No. 2 und Appendix I, abgedruckt in *Barriga* et al., S. 36ff.

1224 June 2009 Report, Annex I, abgedruckt in *ebd.*, S. 35.

1225 Res. ICC-ASP (Fn. 1205), Annex II Appendix, S. 7.

1226 RC/WGCA/1 (Fn. 1206), Annex II, S. 6.

1227 RC/Res. 6 (Fn.1211), Annex II, S. 5. Siehe auch *Clark,* GoJIL 2 (2010), 694; *Heinsch,* GoJIL 2 (2010), 720.

1228 Eine dazugehörende Fn. lautet: „In Bezug auf eine Angriffshandlung können auch mehrere Personen in einer Lage sein, die diese Kriterien erfüllt."

b) Die Ausübung der Gerichtsbarkeit

aa) Der Ausgangspunkt. Wie schon erwähnt, führte die Rolle des UN Sicherheitsrats zu den größten Kontroversen.[1229] Während dessen primäre Verantwortlichkeit zur Feststellung einer Aggressionshandlung aus seiner ausschließlichen Zuständigkeit für die Aufrechterhaltung von internationalem Frieden und Sicherheit (Art. 24, 39 UNS) folgt, ist damit noch nicht die Frage beantwortet, ob der Sicherheitsrat auch *ausschließlich* befugt ist, ein Verfahren über ein Aggressionsverbrechen vor dem IStGH auszulösen (zu den sog. „trigger mechanisms" s. § 8 Rn. 7ff.).[1230] Während diese Ansicht vor allem von den fünf ständigen Sicherheitsratsmitgliedern vertreten wurde, plädierte die ganz große Mehrheit der Vertragsstaaten für eine *zusätzliche proprio motu*-Entscheidungskompetenz des Anklägers gemäß Art. 13 (c), 15 mit gerichtlicher Kontrolle durch eine Vorverfahrenskammer (Art. 15 Abs. 3).[1231] Ferner verlangten insbesondere die europäischen Staaten (mit Ausnahme der Schweiz und Griechenlands) eine Zustimmungserklärung des angreifenden Staates zu der auslösenden Gerichtsbarkeit, während die große Mehrheit der Staaten Afrikas, Lateinamerikas und der Karibik sich dieser Forderung entschieden entgegenstellten. Damit zusammenhängend stellte sich auch die Frage nach dem richtigen Verfahren der Vertragsänderung (vgl. Art. 121 Abs. 3–5).[1232] Der Vorschlag der SWGCA,[1233] wie er von der ASP angenommen[1234] und der Kampala-Konferenz vorgelegt wurde,[1235] lautet im Ergebnis wie folgt: 268

Article 15*bis* Exercise of jurisdiction over the crime of aggression

1. The Court may exercise jurisdiction over the crime of aggression in accordance with article 13, subject to the provisions of this article.
2. Where the Prosecutor concludes that there is a reasonable basis to proceed with an investigation in respect of a crime of aggression, he or she shall first ascertain whether the Security Council has made a determination of an act of aggression committed by the State concerned. The Prosecutor shall notify the Secretary-General of the United Nations of the situation before the Court, including any relevant information and documents.
3. Where the Security Council has made such a determination, the Prosecutor may proceed with the investigation in respect of a crime of aggression.
4. (Alternative 1) In the absence of such a determination, the Prosecutor may not proceed with the investigation in respect of a crime of aggression,
   Option 1 – end the paragraph here.
   Option 2 – add: unless the Security Council has, in a resolution adopted under Chapter VII of the Charter of the United Nations, requested the Prosecutor to proceed with the investigation in respect of a crime of aggression.
5. (Alternative 2) Where no such determination is made within [6] months after the date of notification, the Prosecutor may proceed with the investigation in respect of a crime of aggression,
   Option 1 – end the paragraph here.

[1229] Siehe auch *Barriga,* in: Bellelli, S. 632ff.; *Wenaweser,* LJIL 23 (2010), 883, 884; *Politi,* JICJ 10 (2012), 272ff.; *Bellal,* in: Kolb/Scalia, S. 522ff.

[1230] Siehe *Clark,* GoJIL 2 (2010), 699f.; *Schmalenbach,* JZ 2010, 749 li. Sp.; zu den mgl. Optionen *Trahan,* ICLR 11 (2011), 60ff.

[1231] Siehe *Trahan,* New Agreement, 2010, S. 2 (www.mediafire.com/?yydmndtmmdw (zuletzt abgerufen am 1.7.2014)).

[1232] S. *Zimmermann,* JICJ 10 (2012), 212ff.

[1233] February 2009 Report (Fn. 1204), Appendix I Annex No. 3.

[1234] Resolution ICC-ASP (Fn. 1205), Annex II No. 3.

[1235] RC/WGCA/1 (Fn. 1206), Annex I No. 3.

Option 2 – add: provided that the Pre-Trial Chamber has authorized the commencement of the investigation in respect of a crime of aggression in accordance with the procedure contained in article 15;
Option 3 – add: provided that the General Assembly has determined that an act of aggression has been committed by the State referred to in article 8*bis;*
Option 4 – add: provided that the International Court of Justice has determined that an act of aggression has been committed by the State referred to in article 8*bis.*

6. A determination of an act of aggression by an organ outside the Court shall be without prejudice to the Court's own findings under this Statute.
7. This article is without prejudice to the provisions relating to the exercise of jurisdiction with respect to other crimes referred to in article 5.

269 Der Hauptstreitpunkt des Vorschlags betrifft Absatz 4, der zwei Alternativen für den Fall enthält, dass der Sicherheitsrat von der Feststellung einer Aggressionshandlung abgesehen hat.[1236] Während dies nach Alternative 1 grundsätzlich das Ende der Verfahrens bedeuten würde, insbesondere in Ermangelung einer *proprio motu*-Zuweisungskompetenz des Anklägers, gewährt Alternative 2 dem Ankläger nach einem gewissen Zeitablauf eine solche Kompetenz, wobei das letzte Wort bei einem weiteren Organ, nämlich entweder der IStGH-Vorverfahrenskammer, der UN-GV oder dem IGH (Optionen 2–4) liegen würde. Erwähnenswert ist in diesem Zusammenhang, dass die SWGCA keine Notwendigkeit sah, hinsichtlich des Zuweisungsverfahrens in Art. 13 zwischen einer Staatenüberweisung („state-referral") bzw. der *proprio motu* Initiative des Anklägers einerseits und einer Sicherheitsratsüberweisung andererseits zu unterscheiden.

270 **bb) Die Verhandlungen.** Im Laufe der Verhandlungen wurden zahlreiche *„non papers"* mit unterschiedlichen Positionen vorgelegt.[1237] So wurde in einem gemeinsamen Vorschlag von Argentinien, Brasilien und der Schweiz (sog. „ABS Vorschlag") vom 6. Juni erstmals zwischen einer Zuweisung des Sicherheitsrates (Änderung *[amendment]* 1) und einer Staatenüberweisung bzw. *proprio motu*-Tätigkeit des Anklägers (Änderung 3) unterschieden und unterschiedliche Modalitäten für das Inkrafttreten dieser verschiedenen Änderungen (operativer Absatz 1 des Vorschlages) unterbreitet: Änderung 3 soll gemäß Art. 121 Abs. 4 für *alle* Vertragsstaaten in Kraft treten, d. h. ein Jahr nachdem Sieben-Achtel der Vertragsstaaten die Änderung ratifiziert haben; demgegenüber soll Änderung 1, wie alle übrigen verbleibenden Änderungen, gemäß Art. 121 Abs. 5 ein Jahr nach der Ratifizierung durch einen Vertragsstaat nur für diesen in Kraft treten („opt in"-Regelung).[1238] Infolgedessen würde der IStGH *sofortige* Gerichtsbarkeit (ein Jahr nach der ersten Ratifizierung) nur für Zuweisungen des Sicherheitsrates besitzen, während die Gerichtsbarkeit nach Staatenüberweisung bzw. *proprio motu*-Tätigkeit des Anklägers beträchtlich verzögert würde. Zwei Tage später schlug Kanada einen Art. 15*bis* vor, welcher auf dem oben erwähnten Vorschlag der SWGCA (*proprio motu*-Ermittlungen nach 6 Monaten mit Genehmigung durch die Vorverfah-

[1236] Siehe auch *Barriga,* in: Bellelli, S. 14.

[1237] Alle hier zitierten „Non-Papers" liegen dem Verf. vor u. sind abgedruckt in *Trahan,* ICLR 11 (2011), 96ff. Für tägliche Zusammenfassungen siehe den blog von *Schabas,* http://iccreviewconference.blogspot.com (zuletzt abgerufen am 1.7.2014); siehe auch *Reisinger Coracini,* GoJIL 2 (2010), 756ff.; *Schmalenbach,* JZ 2010, 746; *Kreß/von Holtzendorff,* JICJ 8 (2010), 1201ff.; *Barriga,* ZIS 2010, 645ff.; *Trahan,* ICLR 11 (2011), 66ff. Ausführlich zum Verhandlungsverlauf *Barriga,* in: Barriga/Kreß, S. 3ff.

[1238] Siehe auch *Barriga,* in: Bellelli, S. 15f.; *Wenaweser,* LJIL 23 (2010), 885; *Manson,* CLF 21 (2010), 421.

renskammer) beruhte, diesen jedoch insofern einschränkte, als zumindest sowohl der angegriffene als auch der angreifende Staat die Vorschrift bereits akzeptiert haben müssen. Am gleichen Tag legte Slowenien einen weiteren Vorschlag für einen Art. 15*bis* vor, welcher als ein Versuch der Kombination des ABS und des kanadischen Vorschlags dem Ankläger die Möglichkeit einräumen wollte, „(to) read[d]ress the possibility of the Security Council referral", wenn die betreffenden Vertragsstaaten die *proprio motu*-Ermittlungen nicht akzeptiert haben. Noch während der SWGCA-Verhandlungen legten die ABS-Gruppe und Kanada am 9. Juni, 16.00 Uhr, einen gemeinsamen Vorschlag bezüglich Staatenüberweisung/*proprio motu*-Ermittlungen (Art. 15*bis*) vor, der zwei Neuerungen enthielt: erstens eine Aufschubs- oder Aussetzungsklausel hinsichtlich des Beginns der Gerichtsbarkeit nach einer Staatenüberweisung/*proprio motu*-Tätigkeit („... five years after the entry into force ... for any State Party", Art. 15*bis* Abs. 1), um damit Bedenken Rechnung zu tragen, die bereits zu Beginn der Verhandlungen geäußert wurden;[1239] und zweitens eine Austrittsklausel *(opt out clause)* für Vertragsstaaten („declaration of non-acceptance of the jurisdiction"), die eine Gerichtsbarkeit auf Grundlage einer Staatenüberweisung/*proprio motu*-Tätigkeit nicht akzeptieren wollten (Abs. 4*bis*).

Während sich die Verhandlungen von der SWGCA in das Plenum verlagerten, fanden zahlreiche „informal informal" Sitzungen statt und Christian Wenaweser, der liechtensteinische Präsident der ASP, legte am 10./11. Juni verschiedene „Non-papers" mit einem Resolutionsentwurf vor.[1240] Während darin die Aufteilung zwischen einer Staatenüberweisung/*proprio motu* Tätigkeit (Art. 15*bis*) und einer Überweisung durch den Sicherheitsrat (Art. 15*ter*) anerkannt wurde, blieb unklar, ob der Ankläger auch dann Ermittlungen durchführen könnte, wenn der Sicherheitsrat keine Aggressionshandlung feststellte. Erst der letzte Vorschlag vom 11. Juni, 16.30 Uhr, entschied diese Frage zugunsten einer *proprio motu*-Zuständigkeit des Anklägers im Falle einer sechsmonatigen Untätigkeit des Sicherheitsrates, sofern die Vorverfahrenskammer die Ermittlungen genehmigt (Art. 15 Abs. 3) und der Sicherheitsrat nicht von seinem Aussetzungsrecht gemäß Art. 16 Gebrauch gemacht hat.[1241] Die darin liegende Entscheidung zugunsten eines – auch hinsichtlich des Aggressionsverbrechens – unabhängigen Anklägers hatte jedoch ihren Preis:[1242] Zum einen wurden die Aufschubs- (Art. 15*bis* und *ter* Abs. 3)[1243] und Austrittsklauseln (operativer Absatz 1 und Art. 15*bis* Abs. 4)[1244] des ABS-Kanada-Vorschlags bestätigt; zum anderen wurde die Gerichts- 271

1239 Vgl. Dok. RC/WGCA/2, 25.5.2010, para. 2, S. 1.

1240 Vgl. *Wenaweser,* LJIL 23 (2010), 886.

1241 „Provided that the Pre-Trial Division has authorized the commencement of the investigation in respect of a crime of aggression in accordance with the procedure contained in article 15, and the Security Council has not decided otherwise **in accordance with article 16**" (Art. 15*bis* Abs. 8, Herv. im Original um zu verdeutlichen, dass der fettgedruckte Teil zu diesem letzten Vorschlag hinzugefügt wurde).

1242 Krit. *Stahn,* LJIL 23 (2010), 878f.

1243 Abs. 3 lautet: „3. The Court shall exercise jurisdiction over the crime of aggression in accordance with this article, subject to a decision to be taken after 1 January 2017 by the same majority of States Parties as is required for the adoption of an amendment to the Statute."

1244 Abs. 4 lautet: „The Court may, in accordance with article 12, exercise jurisdiction over a crime of aggression, arising from an act of aggression committed by a State Party, unless that State Party has previously declared that it does not accept such jurisdiction by lodging a declaration with the Registrar. The withdrawal of such a declaration may be effected at any time and shall be considered by the State Party within three years."

barkeit generell bezüglich Nichtvertragsstaaten ausgeschlossen, selbst wenn von diesen eine Aggression auf dem Territorium eines Vertragsstaates begangen wird (Art. 15*bis* Abs. 5).[1245] Für das **Inkrafttreten** schlug man einen **doppelten Aufschub** vor: zusätzlich zur Verzögerungsklausel des Absatz 3 (die freilich noch genauer definiert werden musste) soll die Gerichtsbarkeit erst ein Jahr nach Ratifikation durch 30 Vertragsstaaten ausgeübt werden können (Art. 15*bis* Abs. 2).

272 **cc) Der endgültige Kompromiss.** Der letzte Resolutionsentwurf bahnte den Weg für einen Kompromiss und es musste nur noch ein konkreter Zeitpunkt für den Aufschub des Inkrafttretens (Abs. 3) gefunden und sichergestellt werden, dass Großbritannien und Frankreich – die beiden Vertragsstaaten mit ständigem Sitz im Sicherheitsrat – sowie deren potentielle Verbündete den sorgfältig austarierten Kompromiss nicht in Frage stellen würden.[1246] Als der Präsident der Konferenz kurz nach Mitternacht, d. h. schon am 12.6.2010 (die Uhren im Konferenzsaal waren zuvor abgenommen worden),[1247] den Konsensentwurf vorstellte, baten weder Frankreich noch Großbritannien um das Wort, lediglich Japan äußerte Zweifel,[1248] akzeptierte den Kompromiss jedoch im Ergebnis ebenfalls. Die angenommenen Art. 15*bis* und *ter* lauten nun:[1249]

Artikel 15*bis* – Ausübung der Gerichtsbarkeit über das Verbrechen der Aggression (Unterbreitung durch einen Staat oder aus eigener Initiative)

(1) Der Gerichtshof kann vorbehaltlich dieses Artikels seine Gerichtsbarkeit über das Verbrechen der Aggression in Übereinstimmung mit Artikel 13 Buchstaben a und c ausüben.

(2) Der Gerichtshof kann seine Gerichtsbarkeit nur über Verbrechen der Aggression ausüben, die ein Jahr nach Ratifikation oder Annahme der Änderungen durch dreißig Vertragsstaaten begangen werden.

(3) Der Gerichtshof übt seine Gerichtsbarkeit über das Verbrechen der Aggression in Übereinstimmung mit diesem Artikel vorbehaltlich eines Beschlusses aus, der nach dem 1. Januar 2017 mit derselben Mehrheit von Vertragsstaaten zu fassen ist, wie sie für die Annahme einer Änderung des Statuts erforderlich ist.

(4) Der Gerichtshof kann in Übereinstimmung mit Artikel 12 seine Gerichtsbarkeit über ein Verbrechen der Aggression ausüben, das sich aus einer Angriffshandlung eines Vertragsstaats ergibt, es sei denn, dieser Vertragsstaat hat zuvor durch Hinterlegung einer Erklärung beim Kanzler bekanntgegeben, dass er diese Gerichtsbarkeit nicht anerkennt. Die Rücknahme dieser Erklärung kann jederzeit erfolgen und wird von dem Vertragsstaat innerhalb von drei Jahren geprüft.

(5) Hinsichtlich eines Staates, der nicht Vertragspartei dieses Statuts ist, übt der Gerichtshof seine Gerichtsbarkeit über das Verbrechen der Aggression nicht aus, wenn das Verbrechen von Staatsangehörigen des betreffenden Staates oder in dessen Hoheitsgebiet begangen wurde.

(6) Gelangt der Ankläger zu dem Schluss, dass eine hinreichende Grundlage für die Aufnahme von Ermittlungen in Bezug auf ein Verbrechen der Aggression besteht, vergewissert er sich zunächst, ob der Sicherheitsrat festgestellt hat, dass der betreffende Staat eine Angriffshandlung begangen hat. Der An-

[1245] Abs. 5 lautet: „In respect of a State that is not a party to this Statute, the Court shall not exercise its jurisdiction over the crime of aggression *when committed by that State's nationals* or on its territory." (Herv. hinzugefügt).

[1246] Laut *Blokker/Kreß,* LJIL 23 (2010), 893 wurde die Konsenslösung aufgrund der Isolierung der britischen und französischen Delegation innerhalb der Vertragsstaaten möglich.

[1247] Laut *Reisinger Coracini,* GoJIL 2 (2010), 763 war es 00.19 Uhr.

[1248] Vgl. *Schmalenbach,* JZ 2010, 746; *Manson,* CLF 21 (2010), 434f.; *Kreß/von Holtzendorff,* JICJ 8 (2010), 1180. Krit. auch *Zimmermann,* JICJ 10 (2012), 212ff.

[1249] RC/Res. 6 (Fn.), Annex I, No. 3 und 4, S. 3f. (Herv. hinzugefügt). Krit. Würdigung bei *Ambos,* ZIS 2010, 663ff.; *ders.,* GYIL 53 (2010), 471ff., 498ff.; krit. auch *Scheffer,* LJIL 23 (2010), 901ff.; *Manson,* CLF 21 (2010), 420ff.; *von Braun/Micus,* JICJ 10 (2012), 111, 115ff.

kläger benachrichtigt den Generalsekretär der Vereinten Nationen über die beim Gerichtshof anhängige Situation unter Einschluss sachdienlicher Informationen und Unterlagen.
(7) Hat der Sicherheitsrat eine entsprechende Feststellung getroffen, so kann der Ankläger die Ermittlungen in Bezug auf ein Verbrechen der Aggression aufnehmen.
(8) Wird innerhalb von sechs Monaten nach dem Zeitpunkt der Benachrichtigung keine entsprechende Feststellung getroffen, so kann der Ankläger die Ermittlungen in Bezug auf ein Verbrechen der Aggression aufnehmen, sofern die Vorverfahrensabteilung nach dem in Artikel 15 vorgesehenen Verfahren die Genehmigung zur Einleitung der Ermittlungen in Bezug auf ein Verbrechen der Aggression erteilt und der Sicherheitsrat nicht einen anderweitigen Beschluss nach Artikel 16 gefasst hat.
(9) Die Feststellung einer Angriffshandlung durch ein Organ außerhalb des Gerichtshofs berührt nicht die eigenen Erkenntnisse des Gerichtshofs nach diesem Statut.
(10) Dieser Artikel lässt die Bestimmungen über die Ausübung der Gerichtsbarkeit über die anderen in Artikel 5 bezeichneten Verbrechen unberührt.

Artikel 15*ter* – Ausübung der Gerichtsbarkeit über das Verbrechen der Aggression (Unterbreitung durch den Sicherheitsrat)
(1) Der Gerichtshof kann vorbehaltlich dieses Artikels seine Gerichtsbarkeit über das Verbrechen der Aggression in Übereinstimmung mit Artikel 13 Buchstabe b ausüben.
(2) Der Gerichtshof kann seine Gerichtsbarkeit nur über Verbrechen der Aggression ausüben, die ein Jahr nach Ratifikation oder Annahme der Änderungen durch dreißig Vertragsstaaten begangen werden.
(3) Der Gerichtshof übt seine Gerichtsbarkeit über das Verbrechen der Aggression in Übereinstimmung mit diesem Artikel vorbehaltlich eines Beschlusses aus, der nach dem 1. Januar 2017 mit derselben Mehrheit von Vertragsstaaten zu fassen ist, wie sie für die Annahme einer Änderung des Statuts erforderlich ist.
(4) Die Feststellung einer Angriffshandlung durch ein Organ außerhalb des Gerichtshofs berührt nicht die eigenen Erkenntnisse des Gerichtshofs nach diesem Statut.
(5) Dieser Artikel lässt die Bestimmungen über die Ausübung der Gerichtsbarkeit über die anderen in Artikel 5 bezeichneten Verbrechen unberührt.

Für das Inkrafttreten hat das Zusammenspiel der Absätze 2 und 3 (der beiden 273
Art. 15*bis* und *ter*) zur Folge, dass der IStGH seine Gerichtsbarkeit ***frühestens* ab 1.1.2017** ausüben kann,[1250] wenn die Mehrheit der Vertragsstaaten sich entsprechend Absatz 3 in diesem Sinne entschieden hat *und* wenn zu diesem Zeitpunkt bereits ein Jahr vergangen ist, seitdem die Vertragsänderung von den ersten **dreißig Vertragsstaaten** angenommen wurde (Abs. 2).[1251] Die Ausübung der Gerichtsbarkeit hängt also von einer (weiteren) positiven Kollektiventscheidung der Vertragsstaaten (vermutlich der ASP) und einzelnen Annahmeentscheidungen von bis zu dreißig Vertragsstaaten ab. Die Bedeutung dieser Aufschubregelungen wird von den ersten drei Auslegungsregeln („understandings") bekräftigt.[1252] Understanding 1 und 3 bestätigen, dass sowohl bei einer Überweisung durch den Sicherheitsrat gemäß Art. 15*ter* (understanding 1) als auch bei einer Staatenzuweisung bzw. *proprio motu*-Ermittlungen gemäß Art. 15*bis* (understanding 3) der Gerichtshof nur dann seine Gerichtsbarkeit ausüben kann, wenn die Entscheidung bezüglich 2017 getroffen wurde und wenn zusätzlich seit der Ratifizierung oder Annahme durch dreißig Vertragsstaaten ein Jahr vergangen ist. Zusätzlich ist hinsichtlich der Sicherheitsratsüberweisung klargestellt (understanding 2),

[1250] Diesen Aufschub bewertet *Politi,* JICJ 10 (2012), 270f. als positiv, da er dem IStGH die nötige Zeit einräume, sich auf die neuen Aufgaben einzustellen; krit. dagegen *Wills,* JICJ 10 (2012), 84.

[1251] S. hierzu Gesetz zu den Änderungen v. 10. und 11.6.2010 des Römischen Statuts des IStGH v. 17.7.1998, BGBl. 2013 II S. 139ff. Zur Implementierung ins deutsche Recht § 6 Rn. 39. *Van Schaak,* JICJ 10 (2012), 137ff. befürwortet eine ausschließliche Jurisdiktion des IStGH über das Verbrechen der Aggression. Zur Verfolgung des Verbrechens auf nationaler Ebene *Jurdi,* MelbourneJIL 14 (2013), 3ff.; auch *Kemp,* in: Ambos/Maunganidze, S. 50ff.

[1252] RC/Res. 6 (Fn. 1211), Annex III, S. 6.

dass der Gerichtshof seine Gerichtsbarkeit „irrespective of whether the State concerned has accepted the Court's jurisdiction in this regard" ausüben soll („shall"), d. h., anders als im Falle einer Staatenzuweisung oder von *proprio motu*-Ermittlungen ist eine Sicherheitsratsüberweisung auch für Nichtvertragsstaaten verbindlich.

3. Fazit

274 In Anbetracht der mehr als ein halbes Jahrhundert andauernden Bemühungen zur Kodifikation des Aggressionsverbrechens, der damit zusammenhängenden komplexen Fragestellungen und des im Allgemeinen pessimistischen Erwartungshorizontes hinsichtlich der tatsächlichen Umsetzung des Mandats von Art. 5 Abs. 2[1253] kann man das in Kampala erreichte Ergebnis **insgesamt** als **Erfolg** bezeichnen.[1254] Ob aus diesem Erfolg, trotz der Mängel und Unstimmigkeiten des endgültigen Kompromisses, ein wirksames strafrechtliches Instrument zur Prävention und Bekämpfung von Angriffskriegen wird, wird sich erst Jahre nach seinem Inkrafttreten verlässlicher sagen lassen. Der erfolgreiche Versuch der Delegierten, die Integrität des IStGH zu wahren, die Einflussnahme des Sicherheitsrats auf das Unvermeidliche zu beschränken und damit eine Politisierung des Aggressionsverbrechens *a limine* zu verhindern,[1255] gibt immerhin zu der Hoffnung Anlass, dass die Richter des IStGH tatsächlich, wie von seinem ehemaligen Vizepräsidenten ausgedrückt, *„reject every attempt to politically exploit the Court."*[1256]

V. „Völkervertragsgestützte Delikte" („treaty based crimes")

275 Teilweise wird gefordert, auch bestimmte „völkervertragsgestützte Delikte" („treaty based crimes")[1257] als vstr Kernverbrechen in den **Zuständigkeitsbereich des IStGH**

[1253] Siehe statt vieler: Triffterer/*Zimmermann*, Art. 5 Rn. 39 („... quite unlikely that the Parties to the Statute will be able during the upcoming Review Conference to include the crime within the list of crimes ... „). A. A. *May*, 2008, S. 228 („defining aggression ... is a manageable task and certainly should not cause the international community to shy away from prosecuting this important crime.").

[1254] In diesem Sinne auch *Blokker/Kreß*, LJIL 23 (2010), 889, 895; *Schmalenbach* JZ 2010, 745, 752 re. Sp.; *Scheffer*, ASIL Insight, 2010, Nr. 16; *Kaul*, GoJIL 2 (2010), 666 (relativierend 665); *Reisinger Coracini*, GoJIL 2 (2010), 748, 787; *Kreß/von Holtzendorff*, JICJ 8 (2010), 1217; *dies.*, GA 2011, 94; *Stahn*, LJIL 23 (2010), 875, 880; *Wenaweser*, LJIL 23 (2010), 883, 887; i. Erg. auch positiv („solid achievement") *Trahan*, ICLR 11 (2011), 90 ff.; *Weigend*, JICJ 10 (2012), 57 („breakthrough"); Denkschrift der deutschen Bundesregierung, BT-Drs. 17/10975, S. 18 li. Sp; *Oeter*, in: Jeßberger/Geneuss, S. 116 („weithin gelungen"); kritischer *Scheffer*, LJIL 23 (2010), 897, 903 f. insb. mit Blick auf die durch die Gerichtsbarkeitsregelungen gerissenen Strafbarkeitslücken („patchy coverage"); sowie *Wills*, JICJ 10 (2012), 84 („addresses the wrong wars"); auch *Stahn*, LJIL 23 (2010), 879 („highly fragmented") u. *Ferencz*, LJIL 23 (2010), 907 („akin to a doctor putting a patient in a medically induce coma in order to save its life."); zust. *Manson*, CLF 21 (2010), 434; *von Braun/Micus*, JICJ 10 (2012), 118 ff. befürchten, dass der Kampala-Kompromiss zu einer Überlastung und unnötigen Politisierung des IStGH führen wird.

[1255] S. auch *Stahn*, LJIL 23 (2010), 877 („victory for the independence of the ICC"); *Manson*, CLF 21 (2010), 419 („concession" von Vetomächten); *Kemp*, in: Ambos/Maunganidze, S. 45 („finely balanced approach"); krit. hingegen *von Braun/Micus*, JICJ 10 (2012), 118 ff.

[1256] *Kaul*, GoJIL 2 (2010), 657 fährt fort: „I might be proven wrong, but at the present stage I am convinced that the judges at our Court will be able to assess whether a crime against peace has been committed or not, just as the judges at Nuremberg have been in 1946."

[1257] Zum Begriff *Kreß*, ZStW 114 (2002), 829; für den englischsprachigen Bereich z. B. *Schabas*, 2011, S. 96 f.; *Bruer-Schäfer*, IStGH, 2001, S. 173 und *Werle*, 2012, Rn. 130; *ders.*, 2009, Rn. 114. *Stuckenberg*, S. 4 spricht insoweit von Völkerstrafrecht i. w. S. Ausführlich zu den „treaty based crimes" *Ambos*, 2014, S. 222 ff. Zur Piraterie *Guilfoyle*, JICJ 10 (2012), 768 ff., 809 ff. Zur Frage, ob bestimmte

einzubeziehen. Die Anwendung des WRP wurde insoweit schon oben bezüglich Terrorismus bejaht und bezüglich Betäubungsmittelstraftaten verneint (Voraufl., § 3 Rn. 96f.).[1258] Die Rom-Konferenz hat bezüglich dieser Verbrechen die Behandlung in der Überprüfungskonferenz empfohlen,[1259] doch dort wurden nur die Aggression (Rn. 261ff.) und kleinere Änderungen des Art. 8 (Rn. 248 mit Fn. 1167) verabschiedet. Abgesehen davon bestehen auch erhebliche **Bedenken** gegen die Aufnahme von Terrorismus und Drogenhandel in das IStGH-Statut. Zunächst ist in Erinnerung zu rufen, dass die Notwendigkeit der Bekämpfung des internationalen **Drogenhandels** den Anlass zur Wiederaufnahme der Beratungen zur Schaffung eines IStGH im Rahmen der UN bildete.[1260] Doch zeigte sich schon während des PrepCom, dass die Aufnahme eines entsprechenden Straftatbestandes kein zentrales Anliegen der Staaten war.[1261] Hinzu kommt, dass der Drogenhandel kein klassisches Staatsverbrechen ist, sondern vielmehr dem wenig konturierten Bereich der organisierten Kriminalität zuzuschlagen ist.[1262] Auch die Aufnahme eines Straftatbestands des **Terrorismus** stieß schon während der PrepCom-Beratungen auf Ablehnung.[1263] Die Entwicklungen seit dem 11. September 2001 haben zwar zu einer Zunahme auch strafrechtlich-normativer Gegenmaßnahmen geführt (§ 3 Rn. 111; Voraufl., § 3 Rn. 96; 2. Aufl., § 12 Rn. 11–17), doch dürfte die Aufnahme eines entsprechenden Tatbestandes in das IStGH-Statut kurz- und mittelfristig weder realistisch[1264] noch vom IStGH bewältigbar sein.[1265] Dies auch deshalb, weil schon jetzt bestimmte terroristische Akte unter die klassischen Kernverbrechen, insbesondere VgM und Kriegsverbrechen (vgl. Art. 51 Abs. 2 ZP I; Art. 4 Abs. 2 (d) ZP II; Art. 4 (d) ICTRS), subsumiert werden

transnationale Verbrechen in das VStGB aufgenommen werden sollten, *Ambos/Timmermann,* in: Safferling/Kirsch, S. 305ff. (nur bejahend hinsichtlich Piraterie, S. 333ff.).

1258 Eher restriktiv auch *Werle,* 2012, Rn. 88ff., 122ff.; *ders.,* 2009, Rn. 85; *Cryer,* S. 285f.; *Cassese et al.,* 2013, S. 21 (zum Drogenhandel); *Bassiouni,* 2013, S. 144 zählt den Drogenhandel zu den internationalen Delikten. Vgl. allg. *Kittichaisaree,* S. 226ff.; Cassese/Gaeta/Jones/*Robinson,* chapter 11.7 (The Missing Crimes).

1259 Res. E, in: Official Records, Vol. I, Final Documents, Annex I, 72.

1260 GA-Resolution 44/89; vgl. *Schabas,* 2011, S. 96; *Kittichaisaree,* S. 226f.

1261 Vgl. Draft Statute 1998, zu Art. 5 mit Fn. 18; s. auch Art. 25 *Draft Code 1991;* hierzu vertiefend *Boister,* CLF 23 (2012), 300ff., der sich für die Schaffung eines „Transnational Criminal Court" ausspricht (312ff.).

1262 Vgl. zur rechtstatsächlichen Seite schon *Ambos,* 1993; über Drogenhändler *Paul/Schmidt-Semisch,* Drogendealer, 1998. Ausführlich *Boister,* S. 50ff. Zu einem potentiellen völkervertragsgestützten Delikt der Arzneimittelfälschung *Attaran/Bate/Kendall,* JICJ 9 (2011), 327ff.; *dies.,* JICJ 9 (2011), 953ff.; *Boister/McGrady,* JICJ 9 (2011), 947ff.

1263 Vgl. bereits Draft Statute 1998, s. auch Art. 24 *Draft Code 1991.*

1264 Vgl. zur Problematik einer allgemeingültigen Definition des Terrorismus *Scheerer,* Terrorismus, 2002, S. 18ff.; *Cassese et al.,* 2013, S. 148ff.; *Kittichaisaree,* S. 227ff.; *Oeter,* FriWa 76 (2001), 19ff.; *Swart,* in: AIDP, S. 209; *Weigend,* JICJ 4 (2006), 918ff.; *Fletcher,* JICJ 4 (2006), 895ff.; *Hmoud,* JICJ 4 (2006), 1031ff.; *Meliá,* GA 2012, 1ff.; aus kriminologischer Sicht *Scraton,* September 11, 2002; *Neubacher,* S. 450ff.; *Kirsch/Oehmichen,* ZIS 2011, 803ff.; *dies.,* Durham L. Rev. 1 (2011), 7ff. Für ein internat. Verbrechen des Terrorismus u. eine entspr. Def. aber *STL,* Appl Interlocutory Decision 16.2.2011, paras. 42ff.; krit. *Ambos,* LJIL 24 (2011), 656ff.; s. hierzu auch *ders.,* CLF 22 (2011), 392ff.; *Saul,* CLF 22 (2011), 365ff.; *ders.,* LJIL 24 (2011), 679ff.; *Bellemare,* CLF 23 (2012), 427ff.; *Gillett/Schuster,* JICJ 9 (2011), 991ff.; *Ventura,* JICJ 9 (2011), 1024ff.; siehe auch § 6 Rn. 46 mit Fn. 369.

1265 Vgl. schon *Oeter,* FriWa 76 (2001), 30. Zum Terrorismus als transnationales Verbrechen *Boister,* S. 62ff.

können.[1266] Dabei kommt es, neben der Erfüllung der einzelnen Tatalternativen, entscheidend auf die Förderung der Tat durch staatliche oder vergleichbare Autoritäten im Rahmen eines Angriffs gegen die Zivilbevölkerung an.[1267]

VI. Rechtspflegedelikte

Fall 30:

276 In einem Verfahren vor dem ICTY sagt der geschützte Zeuge „L" aus, er habe zusammen mit dem Angeklagten Tötungshandlungen und Vergewaltigungen in einem Gefangenenlager vorgenommen. Später gibt er zu, dass seine Aussagen unwahr seien und er zu der Falschaussage von den bosnischen Behörden bestimmt worden sei. Strafbarkeit des L? → Rn. 284

Fall 31:[1268]

277 Der kroatische Verteidiger Anto Nobilo offenbarte in einer öffentlichen Verhandlung im *Blaskic*-Verfahren die Identität eines geschützten Zeugen, dessen Anonymität in einem anderen Verfahren *(Aleksovski)* angeordnet worden war. Strafbarkeit des N? → Rn. 285

278 Neben den Kernverbrechen ist der IStGH für bestimmte Delikte gegen die Rechtspflege zuständig, wobei zwischen echten Straftaten (Art. 70, ICC-RPE 162ff.) und bloßem ordnungswidrigem Verhalten (Art. 71, ICC-RPE 170ff.) zu unterscheiden ist. Als **Straftaten (Rechtspflegedelikte i. e. S.)** sind geregelt (**Art. 70** Abs. 1)[1269]:

a) Falschaussage, wenn nach Artikel 69 Abs. 1 die Verpflichtung bestand, die Wahrheit zu sagen;
b) Vorlage von Beweismitteln, von denen die Partei weiß, dass sie falsch oder gefälscht sind;
c) Beeinflussung eines Zeugen durch Vorteilsgewährung, Behinderung oder Störung des Erscheinens und des Zeugnisses eines Zeugen, Vergeltungsmaßnahmen gegen einen Zeugen wegen seines Zeugnisses oder Vernichtung und Fälschung von Beweismitteln oder Störung der Beweisaufnahme;
d) Behinderung oder Einschüchterung eines Bediensteten des Gerichtshofs oder Beeinflussung desselben durch Vorteilsgewährung mit dem Ziel, ihn zu zwingen oder zu veranlassen, seine Pflichten gar nicht oder nicht vorschriftsmäßig wahrzunehmen;

1266 Vgl. auch *Werle,* 2012, Rn. 122ff. m.w.N.; *ders.,* 2009, Rn. 85; *Nemer,* in: Ambos/Japiassú, TPI, 2005, S. 158ff.; vgl. zu Terrorismus als Kriegsverbrechen *ICTY,* Galic TJ 5.12.2003, paras. 133, 138; bestätigend Galic AppJ 30.11.2006, paras. 69ff.; *Jones/Powles,* paras. 4. 2. 525ff.; *Cassese* et al., 2013, S. 153ff.; *Jodoin,* ICLR 7 (2007), 77; *Badar/Karsten,* ICLR 7 (2007), 165ff.; *Zahar/Sluiter,* S. 140ff.; a. A. *Sassòli,* JICJ 4 (2006), 962ff.; aus englischer Sicht *Coco,* JICJ 11 (2013), 433ff.; aus französischer Sicht *Dupont,* JICJ 11 (2013), 445ff.; zum Terrorismus als VgM *Oeter,* FriWa 76 (2001), 27, 31; *Much,* MichJIL 14 (2006), 132ff.; *Mazandaran,* ICLR 6 (2006), 530ff.; *Mavany,* ZIS 2007, 324ff.; zum Terrorismus als Kriegsverbrechen und VgM *Cassese,* JICJ 4 (2006), 943ff.; *Triggs,* in: Dolgopol/Gardam, S. 319ff.; Cryer/*Wilmshurst,* S. 343ff.; *Borsari,* S. 83f.; *Wolny,* Kriminalisierung, 2008, S. 177ff. (189), 214ff. (248); *Letho,* Terrorist acts, 2010, S. 72ff.; eine detaillierte Analyse gemeinsamer und unterschiedlicher Merkmale liefert *Kaikobad,* ICLR 7 (2007), 187ff.

1267 *Cassese et al.,* 2013, S. 155ff.

1268 Vgl. *ICTY,* Aleksovski TC Décision 11.12.1998, para. 3.

1269 Zu Art. 70 Abs. 1 (b) und (c) siehe *ICC,* Bemba et al. Arrest Warrant 20.11.2013, paras. 13ff. (Verdacht der Vorlage falscher Beweismittel und Zeugenbeeinflussung durch die Bemba Verteidigung). S. hierzu *Hiéramente,* ZIS 2014, 123ff.

e) Vergeltungsmaßnahmen gegen einen Bediensteten des Gerichtshofs wegen von ihm oder einem anderen Bediensteten wahrgenommener Pflichten;
f) Forderung oder Annahme einer Bestechung durch einen Bediensteten des Gerichtshofs im Zusammenhang mit seinen Dienstpflichten.

Der Gerichtshof kann die genannten Taten mit Freiheitsstrafe von höchstens fünf Jahren oder Geldbuße bestrafen (Art. 70 Abs. 3, ICC-RPE 166).

Die Vertragsstaaten sind verpflichtet, ihre **nationalen Strafgesetze** um die in Abs. 1 genannten Rechtspflegedelikte – im Hinblick auf die auf dem eigenen Hoheitsgebiet und von eigenen Staatsangehörigen begangenen Taten – zu **erweitern** (Art. 70 Abs. 4 (a)); damit soll es dem IStGH ermöglicht werden, einen Vertragsstaat mit der Verfolgung dieser Taten zu beauftragen (Art. 70 Abs. 4 (b)). Diese Vorschrift stellt die einzige direkte Umsetzungsverpflichtung des IStGH-Statuts dar (§ 6 Rn. 35). In Deutschland ist insoweit schon in § 63 IStGHG die Einleitung eines deutschen Strafverfahrens auf Ersuchen des IStGH vorgesehen, inzwischen sind auch die §§ 153ff. StGB – ebenso wie in der Schweiz Art. 307 (durch Art. 309 (b)) schweizStGB[1270] – auf den IStGH (und weitere internationale Gerichte) erweitert worden (§ 162 StGB).[1271] 279

In der Praxis der *Ad-Hoc*-Tribunale ist die (eidliche) **Falschaussage** der wichtigste Fall der genannten Taten, wobei insbesondere die Falschaussage des unter teilweisen Anonymitätsschutz gestellten Zeugen „L“ (Dragan Opacic) im Tadic-Verfahren Aufsehen erregt hat **(Fall 30)**.[1272] Die **Tatbestandsmerkmale** des Delikts sind: 280

- Eine Aussage unter Eid („Solemn Declaration“);
- Die Aussage muss dem Eid widersprechen;
- Der Zeuge muss zum Zeitpunkt der Aussage diese für falsch halten („believe“);
- Es muss eine relevante Verbindung zwischen der Aussage und einem wesentlichen Punkt („material matter“) des Falls bestehen.[1273]

Die **Beweislast** trägt die Partei, die den Vorwurf der Falschaussage erhebt. Sie muss nachweisen, dass die

- Zeugenaussage falsch ist;
- Die Aussage mit einer bösen Absicht („harmful intent“) gemacht wurde, oder zumindest, dass sich der Zeuge „voll bewusst“ („fully aware“) war, dass die Aussage falsch ist[1274] – mit anderen Worten, dass die Falschaussage wissentlich und willentlich **(„knowingly and wilfully“)** gemacht wurde –;[1275] und
- Die betreffende Aussage sich auf eine richterliche Entscheidung ausgewirkt hat.

[1270] In Österreich erfolgte die Umsetzung über § 44 I BundesG über die Zusammenarbeit mit dem IStGH (1.10.2002).

[1271] Stattdessen stellt § 2 des „Gesetzes über das Ruhen der Verfolgungsverjährung und die Gleichstellung der Richter und Bediensteten des IStGH“ (Art. 2 IStGH-AusführungsG) Richter, Amtsträger und sonstige Bedienstete den Richtern und sonstigen Amtsträgern i. S. d. §§ 331–336, 338 StGB gleich, womit das gesamte Korruptionsstrafrecht anwendbar wird.

[1272] Opacic wurde aber wegen seiner Falschaussage nicht vor dem ICTY angeklagt, sondern nach ca. einjähriger U-Haft in Den Haag nach Bosnien-Herzegowina ausgewiesen (*ICTY,* Fourth Annual Report, UN-Dok. A/52/375 und S/1997/729, para. 23; *ICTY,* Tadic TJ 7.5.1997, paras. 17, 33, 553f.). Vgl. auch *ICTR,* Kamuhanda AppC Order 19.5.2005.

[1273] *ICTR,* Akayesu TC Decision 9.3.1998; Bagilishema TC Decision 11.7.2000, para. 4.

[1274] *ICTR,* Akayesu TC Decision 9.3.1998 sowie Bagilishema TC Decision 11.7.2000, para. 5.

[1275] *Jones/Powles,* para. 4. 2. 658.

281 Im Falle **ordnungswidrigen Verhaltens** vor Gericht, etwa der kontinuierlichen Störung des Verfahrens, kann das Gericht administrative Sanktionen, etwa die zeitweilige oder dauerhafte Entfernung aus dem Gerichtssaal, oder eine Geldstrafe verhängen **(Art. 71).** Vor den *Ad-Hoc*-Gerichten ist insoweit eine Sanktion für Fälle der **Missachtung des Gerichts** („contempt of Court") vorgesehen (ICTY-RPE 77, ICTR-RPE 77).[1276] Deren nicht nur begriffliche Schärfe spiegelt sich auch darin wider, dass sogar eine Freiheitsstrafe bis sechs Monaten verhängt werden kann, während im Rahmen des Art. 71 höchstens eine Geldbuße verhängt werden kann (ICC-RPE 171).

282 Bei einem Vergleich von IStGH und ICTY/ICTR-Recht in dieser Frage ist überdies zu beachten, dass die Vorschriften der *Ad-Hoc*-Tribunale nicht in den Statuten, sondern in den **Verfahrens- und Beweisregeln** (ICTY/ICTR-RPE 77, 91) zu finden sind und diese nicht vom UN-Sicherheitsrat, sondern den Richtern selbst erlassen und modifiziert werden. Die insoweit von der Rspr. beanspruchte implizite oder inhärente **Rechtssetzungsbefugnis** auf Grund der notwendigen Sicherung eines ordnungsgemäßen Strafverfahrens,[1277] ruft Widerspruch hervor, weil die autonome richterliche Rechtssetzung in den Verfahrensregeln schon aus grundsätzlichen Erwägungen (Gewaltenteilung, Befangenheit) problematisch ist und jedenfalls im Hinblick auf die Schaffung von Straftatbeständen jeglicher Legitimation entbehrt.[1278] Im Fall von RPE 77 (Missachtung des Gerichts) kommt hinzu, dass sie aus rechtsvergleichender Sicht weniger anerkannt ist als die Strafbarkeit der Falschaussage[1279] und auch keine besondere Schwere erforderlich ist.[1280]

283 **Beispiel einer Missachtung** des Gerichts ist die *Offenlegung der Identität* eines durch Anordnung der Anonymisierung geschützten *Zeugen.* In unserem **Fall 31** wurde Rechtsanwalt Nobilo zu einer Strafe von 10 000 niederländischen Gulden verurteilt, wobei die Zahlung von 6000 Gulden zur Bewährung für ein Jahr ausgesetzt wurde. Die Kammer konstatierte, dass es für die Feststellung eines „wissentlichen Verstoßes" gegen die gerichtliche Anordnung der Anonymität eines Zeugen ausreichend sei, dass der Täter bewusst davon absah („l'abstention délibérée de s'assurer"/„deliberately abstained"), den Status des Zeugen zu klären.[1281] Die Rechtsmittelkammer hob diese Entscheidung jedoch auf und verlangte einerseits in subjektiver Hinsicht das tatsächliche Wissen (einschließlich „wilful blindness") um die gerichtliche Anordnung sowie ihre absichtliche Verletzung oder Missachtung, wobei diese in der Regel aus der Verletzung folge; andererseits soll aber auch „reckless indifference" genügen, eine absichtliche Verletzung also nicht notwendig sein.[1282] Zudem muss die Tat – insbesondere soweit ein anderer [geringerer] Maßstab als tatsächliches Wissen erforderlich sei – zum Tatzeitpunkt eine völkerrechtliche Grundlage haben. Soweit möglich, ist die betroffene Person vor einer Einleitung von Strafmaßnahmen wegen ihres Fehlverhaltens zu verwarnen.[1283] Im Milosevic Verfahren wurde ein *Zeuge* (des Angeklagten) sogar zu vier Monaten Freiheitsstrafe auf Bewährung verurteilt,

[1276] Eingehend dazu, auch unter Berücksichtigung des SCSL *D'Ascoli,* JICJ 5 (2007), 735ff.; auch *Zahar/Sluiter,* S. 66ff. Zum subjektiven Tatbestand *ICTY,* Jovic AppJ 15.3.2007, para. 28, zur grds. Jurisdiktion des ICTY für Rechtspflegedelikte, paras. 34ff.

[1277] Vgl. *ICTY,* Aleksovski AppJ Contempt 30.5.2001, paras. 30, 38, 41; D. Tadic AppJ Contempt 31.1.2000, paras. 13–28; bestätigt durch Tadic AppJ Contempt 27.2.2001.

[1278] Siehe hierzu auch *Ambos/Bock,* ALC XXX, 2013, S. 235f. Krit. auch *Bohlander,* CLF 12 (2001), 91; mit Blick auf den Gesetzlichkeitsgrds. *D'Ascoli,* JICJ 5 (2007), 750ff. A. A. *ICTY,* Tadic AppJ Contempt 31.1.2000, para. 24.

[1279] Vgl. hierzu *Bohlander,* CLF 12 (2001), 107ff. Zur jüngeren Praxis von ICTY u. ICTR s. *Margetts/Kappos,* JICJ 8 (2010), 1375ff.

[1280] *ICTR,* Nshogoza AppJ 10.3.2010, para. 56.

[1281] Vgl. *ICTY,* Aleksovski TC Décision 11.12.1998, paras. 4f.

[1282] *ICTY,* Aleksovski Judg. Contempt 30.5.2001, para. 54; *Jones/Powles,* para. 4. 2. 613. Zuletzt *ICTR,* Nshogoza AppJ 10.3.2010, para. 80 („any knowing and wilful conduct").

[1283] *Jones/Powles,* para. 4. 2. 631.

da er aufgrund krankheitsbedingter Abwesenheit Milosevics die Aussage verweigerte.[1284] Auch die (versuchte) *Bestechung eines Zeugen* kann „contempt“[1285] bzw. eine Anstiftung zu einer Straftat gegen die Rechtspflege nach Art. 70 Abs. 1 (a) und (b)[1286] darstellen.

Lösung Fall 30:

L hat sich wegen Falschaussage gem. ICTY-RPE 91 (B) strafbar gemacht (Rn. 280). *In casu* wurde der Zeuge aber nicht vor dem ICTY angeklagt, sondern nach ca. einjähriger U-Haft in Den Haag nach Bosnien-Herzegowina ausgewiesen.[1287] 284

Lösung Fall 31:

N ist wegen Missachtung des Gerichts („contempt of Court“) strafbar (ICTY-RPE 77, Rn. 281), wobei aber die subjektiven Anforderungen umstritten sind (Rn. 283). 285

VII. Strafen und Strafzumessung

Das Statut sieht als **Hauptstrafe** eine zeitige **Freiheitsstrafe** von bis zu 30 Jahren oder eine lebenslange Freiheitsstrafe vor (Art. 77 Abs. 1).[1288] Der Gerichtshof bildet aus den *Einzelstrafen* für jedes Verbrechen eine *Gesamtstrafe* („joint sentence“), die 30 Jahre oder lebenslangen Freiheitsentzug nicht überschreiten darf (Art. 78 Abs. 3).[1289] Die zeitliche Freiheitsstrafe kann nach Verbüßung von zwei Dritteln der Haftzeit, die lebenslange Freiheitsstrafe nach 25 Jahren überprüft werden (Art. 110 Abs. 3). Die **Todesstrafe** ist **nicht** vorgesehen. Einige Staaten, etwa Trinidad und Tobago und zahlreiche arabische Staaten, haben deshalb auf der Formulierung bestanden, dass die im Statut festgelegten Strafen nicht das nationale Recht – das ggf. die Todesstrafe vorsieht – berühren (Art. 80).[1290] *Daneben* kann eine **Geldstrafe** und/oder die **Einziehung** des Verbrechenserlöses angeordnet werden (Art. 77 Abs. 2).[1291] 286

1284 Press release CT/MOW/970e v. 13.5.2005. Es handelte sich um den (serbischen) Zeugen Kosta Bulatovic.

1285 Vgl. *ICTR*, Kamuhanda AppC Order 19.5.2005.

1286 *ICC*, Bemba et al. Arrest Warrant 20.11.2013, paras. 13ff.

1287 *ICTY*, Fourth Annual Report, UN-Dok. A/52/375 und S/1997/729, para. 23 *ICTY*, Tadic TJ 7.5.1997, paras. 17, 33, 553f.; vgl. auch *ICTR*, Kamuhanda AppC Order 19.5.2005.

1288 S. hierzu *Mujuzi*, ICLR 13 (2013), 1039ff. Krit. zur lebenlangen Freiheitsstrafe *Scalia*, JICJ 9 (2011), 684f.

1289 Vgl. Cryer/*Friman*, S. 509; *Fronza*, in: Amati et al., S. 351ff.; *Werle*, 2012, Rn. 734; *ders.*, 2009, Rn. 679; *Scalia*, in: Kolb, S. 349ff.; *Piva*, ZIS 2008, 143f.; krit. *González/Górriz*, in: Gómez Colomer et al., S. 235f., die für konkurrenzrechtliche Mindestregeln plädieren (237, 239ff.). – Zu den **Konkurrenzen** instruktiv *Werle*, 2012, Rn. 716ff.; *ders.*, 2009, Rn. 662; *Borsari*, S. 413ff.; *Burghardt*, S. 373ff.; auch *Kolb*, in: Kolb/Scalia, S. 69ff., 92f., 117f., 168; eingehend *Ambos*, 2014, S. 346ff.; zur „cumulation of offences“ Cassese/Gaeta/Jones/*Walther*, S. 475ff.; *Ambos/Wirth*, ALC II, S. 701ff.; *Mettraux*, S. 315ff.; *Stuckenberg*, CLF 16 (2005), 361ff.; *Azari*, RSC 1 (2007), 1ff; ausführlich zur Strafzumessung bei mehrfachen Anklagen *Sácouto/Cleary*, CLF 22 (2011), 409ff. Zur Rspr. der *Ad-Hoc*-Tribunale, die von der grds. Zulässigkeit kumulativer Schuldsprüche („multiple convictions“) bei tatbestandsmäßiger Unterscheidbarkeit ausgehen („Celebici-Test“), eingehend *Hünerbein*, Strafrechtskonkurrenzen, 2005, S. 76ff. (97); *Stuckenberg*, GA 2006, 546; *Rapneau*, in: Decaux/Dieng/Sow, S. 301ff.; *Werle*, 2012, Rn. 724ff.; *ders.*, 2009, Rn. 662ff.; auch Cryer/*Friman*, S. 509 u. *Palombino*, JICJ 3 (2005), 778ff. (789), die für Konsumtion plädiert.

1290 Beispielhaft zu hieraus resultierenden Problemen bei der Implementierung der Kernverbrechen in das kongolesische Recht *Ngondji Ongombe*, in: Ambos/Maunganidze, S. 73.

1291 Zur Einziehung *Ambos*, 2010a, S. 86ff. (Fall 7), 106f.

287 Im Rahmen der konkreten **Strafzumessung** sollen vor allem die Schwere des Delikts und die persönlichen Verhältnisse des Verurteilten berücksichtigt werden (Art. 24 Abs. 2 ICTYS, Art. 23 Abs. 2 ICTRS, Art. 78 Abs. 1; näher ICC RPE 145).[1292] Die *Ad-hoc*-Tribunale berücksichtigen daneben zahlreiche weitere Strafmilderungs- und -schärfungsgründe,[1293] etwa – strafmildernd – das Geständnis des Angeklagten[1294] oder das freiwillige Stellen.[1295] Im Übrigen ist die nationale Strafzumessungspraxis zu beachten; sie ist aber nicht bindend,[1296] vielmehr haben die Verhandlungskammern einen (weiten) Ermessenspielraum[1297] und zwar auch im Hinblick auf ihre frühere Rspr.[1298] Im Ergebnis soll die Strafe, die – anders als beim IStGH (Rn. 286) – nicht nur als Gesamt-, sondern auch als Einheitsstrafe verhängt werden kann, jedenfalls die *gesamte Täter- und Tatschuld* angemessen zum Ausdruck bringen (sog. „totality principle").[1299] Die bisher ausgesprochenen Strafen (Stand 1.7.2014) des ICTY reichen von zwei[1300] bis 46 Jahren bzw. lebenslänglich, die des ICTR von sechs[1301] bis 45 Jahren bzw. lebenslänglich.[1302] Der

[1292] Vgl. *Borsari,* S. 456ff.; *Scalia,* in: Kolb, S. 352f.; ausführlich *Heikkilä,* S. 307ff.; unter besonderer Berücksichtigung der Überprüfbarkeit der Strafzumessungsentscheidung im Rechtsmittelverfahren *Book,* S. 65ff. Zur Tatschwere näher *Nemitz,* Strafzumessung, 2002, S. 245ff., 268ff.; *Mettraux,* S. 347ff.; *Mugwanya,* S. 249ff.; *Scalia,* in: Kolb, S. 364ff.; *Burghardt,* S. 382ff. (auch bzgl. Art der Beteiligung); auch *ICTY,* Blaskic AppJ 29.7.2004, para. 679; Strugar TJ 31.1.2005, paras. 459ff.; *ICTR,* Rutaganira TJ 14.3.2005, paras. 115ff.; zum ICTY *Harmon/Gaynor,* JICJ 5 (2007), 696ff.; zum ICTR *Sloane,* JICJ 5 (2007), 722ff.; *Mugwanya,* S. 235ff.; *Holá/Bijleveld/Smeulers,* ICLR 11 (2011), 750ff., 755; *Pruitt,* ICLR 14 (2014), 148ff.; für eine Berücksichtigung der „guten Taten" der Verurteilten *Galbraith,* LJIL 25 (2012), 812f.; rvgl fundierter Vorschlag von *González/Górriz,* in: Gómez Colomer et al., S. 268ff.; zur Praxis im IMTFE *Boister/Cryer,* S. 249ff.

[1293] Vgl. *Dana,* ICLR 4 (2004), 332ff.; *Schabas,* 2006, S. 563ff.; *Bagaric/Morss,* ICLR 6 (2006), 225ff.; *Mettraux,* S. 350ff.; *Klann/McKenzie,* in: Decaux/Dieng/Sow, S. 52f.; Cryer/*Friman,* S. 506ff.; *Harmon/Gaynor,* JICJ 5 (2007), 699ff. (ICTY); *Sloane,* JICJ 5 (2007), 724ff.; *Mugwanya,* S. 256ff.; *Pruitt,* ICLR 14 (2014), 151ff. (alle drei ICTR); *Borsari,* S. 438f.; *Scalia,* in: Kolb, S. 369ff.; *Piva,* ZIS 2008, 144ff.; *Holá/Smeulers/Bijleveld,* JICJ 9 (2011), 419f.; systematisierend *Ambos,* 2014, S. 283ff.; *ICTR,* Rutaganira TJ 14.3.2005, paras. 139ff.; Bisengimana TJ 13.4.2006, paras. 180ff.; Rugambarara TJ 16.11.2007, paras. 21ff.; Karera TJ 7.12.2007, paras. 576ff.; *ICTY,* D. Milosevic TJ 12.12.2007, paras. 995ff.; Zelenovic AppJ 31.10.2007, paras. 36ff.; Rspr.nachweise bei *Margetts/Kappos,* JICJ 8 (2010), 1347; zum Terrorismus als Strafschärfungsgrund *Wattad,* JICJ 4 (2006), 1017ff. (1028).

[1294] Vgl. *Nemitz,* Strafzumessung, 2002, S. 262ff., 270f. m.w.N.; zu „guilty plea" u. „plea agreements" *Harmon/Gaynor,* JICJ 5 (2007), 702f., 705ff.; *Rauxloh,* ICLR 10 (2010), 745ff.

[1295] Vgl. *Dana,* ICLR 4 (2004), 332ff.

[1296] Vgl. *ICTR,* Bikindi AppJ 18.3.2010, para. 148; für frühere Rspr. s. 2. Aufl., Fn. 1146.

[1297] Vgl. *ICTY,* Krajisnik AppJ 17.3.2009; für frühere Rspr. s. 2. Aufl., Fn. 1147.

[1298] Diese kann nur sehr beschränkt, wenn überhaupt, „guidance" im Hinblick auf die konkrete Strafzumessung liefern, vgl. *ICTY,* Nikolic AppJ 4.2.2005, para. 19; zust. Limaj AppJ 27.9.2007, para. 135; rvgl *Sieber,* Serious crimes, 2 Bde., 2004.

[1299] *ICTY,* Delalic et al. AppJ 20.2.2001, paras. 429f.; Mucic et al. AppJ 8.4.2003, para. 46; dazu *Mettraux,* S. 355f.; krit. *Werle,* 2012, Rn. 732f.; *ders.,* 2009, Rn. 677f. Zur Begrenzungsfunktion dieses Prinzips im klassischen common law *Hünerbein,* Strafrechtskonkurrenzen, 2005, S. 69, 71; *Piva,* ZIS 2008, 146. Zur generellen Unangemessenheit jeder Strafe für Makroverbrechen („Vergeltungsparadox") *Donini,* JJZG 2006/2007, 417ff.

[1300] *ICTY,* Oric TJ 30.6.2006, para. 783; dazu *Badar/Karsten,* ICLR 7 (2007), 186. In einem *contempt* Verfahren wurde eine Freiheitsstrafe von vier Monaten, die für zwei Jahre auf Bewährung ausgesetzt wurde, verhängt, *ICTY,* Bulatovic Decision on Contempt 13.5.2005.

[1301] In einem *contempt* Verfahren wurde eine Freiheitsstrafe von sechs Monaten verhängt, *ICTR,* GAA TJ 4.12.2007. Krit. zur Strafzumessungspraxis des ICTR *Szoke-Burke,* JICJ 10 (2012), 568ff.

[1302] Krit. wg. zu milder Strafen beim ICTY *Harmon/Gaynor,* JICJ 5 (2007), 684ff., 711f. Zusf. zu den Strafrahmen der internationalen Strafgerichte *Ambos,* 2014, S. 267f.; s. auch den Überblick bei *Smeu-*

IStGH hat bisher Lubanga zu einer Freiheitssstrafe von 14 und Katanga zu einer Freiheitsstrafe von 12 Jahren verurteilt.[1303] Bei der Strafzumessung kann der IStGH die zahlreichen nationalen Völkerstrafrechtsgesetze berücksichtigen, die, wie das VStGB, konkrete Strafrahmen vorsehen. Im Übrigen erscheint nicht zuletzt im Hinblick auf den *Nulla-poena*-Grundsatz eine *Präzisierung* der Strafzumessungskritierien und Strafrahmen notwendig.[1304] Die bisherige Praxis wird im Allgemeinen als disparat und uneinheitlich kritisiert,[1305] wobei immerhin feststellbar ist, dass sich die Gerichte im Sinne einer „arbitrary coherence" an früheren Urteilen orientieren.[1306] Im Wege des Rechtsmittelverfahrens kann die angemessene Berücksichtigung der Strafzumessungsfaktoren überprüft und ggf. eine „miscarriage of justice" festgestellt werden.[1307] Überdies wird zur Festellung der „Fairness" einer Strafe auf den **Verhältnismäßigkeitsgrundsatz** rekurriert (vgl. auch Art. 81 Abs. 2 (a) IStGHS).[1308] Die U-Haft ist anzurechnen (Art. 78 Abs. 2). – Zur **Strafvollstreckung** § 8 Rn. 95 ff.

lers/Holá/van den Berg, ICLR 13 (2013), 21 ff.; ausführliche Gegenüberstellung der Strafzumessungspraxis von ICTY und ICTR bei *Holá/Smeulers/Bijleveld,* JICJ 9 (2011), 414 ff.

1303 *ICC,* Lubanga Decision on Sentence 10.7.2012, para. 107; hierzu *Mujuzi,* ICLR 13 (2013), 1040 ff.; *ICC,* Katanga Sentence 23.5.2014.

1304 Vgl. *Ambos,* in: Haveman/Olusanya, S. 23 ff. mit dem Vorschlag der rvgl Erarbeitung von „sentencing guidelines" als allg. Rechtsgrundsatz (35); zust. *Haveman,* in: ebd., S. 15; dafür auch *Harmon/Gaynor,* JICJ 5 (2007), 710 f.; *Scalia,* JICJ 9 (2011), 681 f.; Systematisierungsvorschlag bei *Olusanya,* S. 103 ff.; zum Entwurf eines „structured sentencing regime" für den IStGH nun *Ambos,* 2014, S. 302 ff.

1305 *Chifflet/Boas,* CLF 23 (2012), 153 ff. sowie *Ewald,* ICLR 10 (2010), 369 ff. m.w.N., der freilich zugleich die fehlende empirische Fundierung der Kritik bemängelt. Differ. *Ambos,* 2014, S. 268 ff.

1306 *Ewald,* ICLR 10 (2010), 387 f.

1307 *ICTY,* Aleksovski AppJ 24.3.2000, para. 187; Zelenovic AppJ Sentencing 31.10.2007, paras. 9 ff.; *ICTR,* Serushago AppC Reasons for Judg. 6.4.2000, Discussion; krit. *Henham,* JICJ 5 (2007), 762 ff.; krit. zur ICTR-Praxis *Sloane,* JICJ 5 (2007), 733 f.

1308 *ICTY,* Blaskic TJ 3.3.2000, para. 808; Kordic/Cerkez TJ 26.2.2001, para. 852; Nikolic AppJ 4.2.2005, para. 21; *ICTR,* Muhimana TJ 28.4.2005, para. 594; näher *Ambos/Nemitz,* in: ALC IV, S. 469 ff.; grds. *May,* Genocide, 2010, S. 214 ff.; *Ambos,* 2014, S. 285 ff.; krit. zur Praxis *Henham,* JICJ 5 (2007), 769 ff., 775 f.

§ 8. Das Völkerstrafprozessrecht und die strafrechtliche Zusammenarbeit

Neuere Literatur: *Abels,* Prisoners of the International Community – The Legal Position of Persons Detained at International Criminal Tribunals, 2012; *Abrahamson/Dwyer/Fitzpatrick,* Discovery and Disclosure, 2007; *Acquaviva et al.*, Trial Process, in: Sluiter et al., S. 489; *Akande,* The Effect of Security Council Resolutions and Domestic Proceedings on State Obligations to Cooperate with the ICC, JICJ 10 (2012), 299; *Ambos,* Das erste Urteil des Internationalen Strafgerichtshofs (Prosecutor v. Lubanga), ZIS 2012, 313; *ders.*, The First Judgment of the ICC (Prosecutor v. Lubanga): A Comprehensive Analysis of the Legal Issues, ICLR 12 (2012), 115; *ders.*, Development of International Criminal Law and Tribunals, in: Bruinsma/Weisburd, S. 1030; *ders.*, Palestine, UN Non-Member Observer Status and ICC Jurisdiction, EJIL:*Talk!,* 6.5.2014, http://www.ejiltalk.org/palestine-un-non-member-observer-status-and-icc-jurisdiction/, zuletzt abgerufen am 1.7.2014; *ders./Bock,* Procedural Regimes, in: Reydams/Wouters/Ryngaert, S. 488; *ders./Stegmiller,* Prosecuting International Crimes at the ICC: Is there a Coherent and Comprehensive Prosecution Strategy?, CrimLSC 59 (2013), 415; *Azarov/Weill,* Israel's Unwillingness? The Follow-Up Investigations to the UN Gaza Conflict Report and International Criminal Justice, ICLR 12 (2012), 905; *Bachvarova,* Victim's Eligibility before the ICC in Historical and Comparative Context, JICJ 10 (2012), 547; *Badar,* Islamic Law (Shari'a) and the Jurisdiction of the ICC, LJIL 24 (2011), 411; *Behrens,* Assessment of International Criminal Evidence: The Case of Unpredictable Génocidaire, ZaöRV 2011, 661; *Bensouda,* The ICC-Statute – An Insider's Perspective on a Sui Generis System for Global Justice, NCJICR 36 (2010–2011), 277; *Bergsmo/Bekou/Jones,* Complementarity after Kampala: Capacity Building and the ICC's Legal Tools, in: Bergsmo, Active Complementarity etc., 2011, S. 3; *dies.*, New Technologies in Criminal Justice for Core International Crimes: The ICC Legal Tools Project, in: Bergsmo, Active Complementarity etc., 2011, S. 25; *dies.*, Preserving the Overview of Law and Facts: The Case Matrix, in: Bergsmo, Active Complementarity etc., 2011, S. 43; *Bilsky,* The Eichmann Trial: Towards a Jurisprudence of Eyewitness Testimony of Atrocities, JICJ 12 (2014), 27; *Boas,* The Milošević Trial, 2007; *Bock,* ALC XXXIII, 2013, S. 86; *dies.,* ALC XL, 2013, S. 283; *dies.,* Wiedergutmachung im Völkerstrafverfahren vor dem Internationalen Strafgerichtshof nach Lubanga, ZIS 2013, 297; *Bohlander,* Radbruch Redux: The Need for Revisiting the Conversation between Common and Civil Law at Root Level at the Example of International Criminal Justice, LJIL 24 (2011), 393; *Bonomy,* Making War Crimes Trials Work – Balancing Fairness and Expedition, in: Boas/Schabas/Scharf, S. 44; *Brady,* Setting the Record Straight: A Short Notice on Disclosure and „the Record of the Proceedings", in: Fischer/Kreß/Lüder, S. 261; *Brighton,* Avoiding Unwillingness: Addressing the Political Pitfalls Inherent in the Complementarity Regime of the ICC, ICLR 12 (2012), 629; *Brunner/Frau,* Die Maßnahmen des Sicherheitsrates der Vereinten Nationen in Bezug auf Libyen 2011, HuV-I 2011, 192; *Buisman,* The Prosecutor's Obligation to Investigate Incriminating and Exonerating Circumstance Equally: Illusion or Reality?, LJIL 27 (2014), 205; *Burens,* Plea Bargaining in International Criminal Tribunals, ZIS 2013, 322; *Burnham,* Fragmentation in International Criminal Law and the Rights of Victims, in: van den Herik/Stahn, S. 657; *Byrne,* Drawing the Missing Map: What Socio-Legal Research Can Offer to International Criminal Trial Practice, LJIL 26 (2013), 991; *Caeiro/Angelo-Lemos,* ALC XL, 2013, 611; *Caianiello,* First Decisions on Admission of Evidence at ICC Trials – A Blending of Accusatorial and Inquisitorial Models?, JICJ 9 (2011), 385; *Campbell,* Victims and Perpetrators in International Crimes: The Problem of the „Legal Person", IHLS 2 (2011), 325; *Capra,* Access to Exculpatory Justice: Avoiding the Agurs Problems of Prosecutorial Discretion and Retrospective Review, Fordham L. Rev. 53 (1984–1985), 391; *Catani,* Victims at the ICC, JICJ 10 (2012), 905; *Chappell/Grey/Waller,* The Gender Justice Shadow of Complementarity: Lessons from the ICC's Preliminary Examinations in Guinea and Colombia, IJTJ 7 (2013), 455; *Clark,* Peace, Justice and the ICC, JICJ 9 (2011), 521; *Combs,* Evidence, in: Schabas/Bernaz, S. 323; *Croquet,* Implied External Limitations on the Right to Cross-Examine Prosecution Witnesses, Melbourne JIL 11 (2010), 27; *Cryer,* Witness Tampering and International Criminal Tribunals, LJIL 27 (2014), 191; *Cummings,* Can an Ethical Person be an Ethical Prosecutor? A Social Cognitive Approach to Systematic Reform, Car. L. Rev. 31 (2009–2010), 2139; *Damaška,* Faces of Justice, 1986; *ders.*, Evidence Law Adrift, 1997; *ders.*, Reflections on Fairness in International Criminal Justice, JICJ 10 (2012), 611; *ders.*, Adversary System, in: Dressler, Encyclopedia of Crime and Justice, 2. Aufl., 2002, S. 25; *ders.*, The Uncertain Fate of Evidentiary Transplants: Anglo-American and Continental Experiments, AmJCompL 45 (1997), 839; *ders.*, Evidentiary Barriers to Conviction and Two Models of Criminal Procedure: A Comparative Study, UPLR 121 (1973), 506; *Davies/Croall/Tyrer,* Criminal Justice, 3. Aufl., 2005; *DeGuzman,* How Serious are International Crimes? The Gravity Problem in International Criminal Law, ColJTL 51 (2012–2013), 18; *dies./Schabas,* Initiations of Investigations and Selection of Cases, in: Sluiter et al., S. 143; *De Meester et al.*, Investigation, Coercive Measures, Arrest and Surrender, in: Sluiter et al., S. 171; *Deprez,* Extent of Applicability of Human Rights Standards to Proceedings before the ICC: On Possible Reductive Factors, ICLR 12 (2012), 733; *Dixon/Tenove,* International Criminal Justice as a Transnational Field: Rules, Authority and Victims, IJTJ 7 (2013), 393; *Doherty,* Evidence in International Criminal Tribunals: Contrast between Domestic and International Trials, LJIL 26 (2013), 937; *Domestici-Met,* Protecting in Libya on Behalf of the International Community, GoJIL 3 (2011), 861; *Doran,* Provisional Release in International Human Rights Law and International Criminal Law, ICLR 11 (2011), 707; *Dugard,* Palestine and the ICC, JICJ 11 (2013), 563; *Eberechi,* Who Will Save these Endangered Species? Evaluating the Implications of the Principle of Complementarity on the Traditional African Conflict Resolution Mechanism, Afr. J. Int'l & Comp. L. 20 (2012), 22; *Eckelmans,* The ICC's Practice on Victim Participation, in: Bonacker/Safferling, S. 189; *Eikel,* Witness Protection Measures at the ICC: Legal Framework and Emerging Practice, CLF 23 (2012), 97; *Elberling,* The Defendant in International Criminal Proceedings, 2012; *ders.*, German Practice Regarding Enforcement of Sentences Passed by ICCs and Tribunals, GYIL 54 (2011), 665; *Ellis,* The ICC and Complementarity: Support for National Courts and the Rule of Law, in: Muller/Zouridis, Law and Justice: A Strategy Perspective, 2012, S. 177; *Ernst,* Auf die Haftanstalt einer Internationalen Organisation anwendbares Recht und die negative Ausprägung des Äquivalenzprinzips – IStGHJ, Entscheidung vom 25.8.2010, NStZ 2011, 430; *Fedorova,* The Principle of Equality of Arms in International Criminal Proceedings, 2012; *Fink,* Der Bürgerkrieg in Libyen im UN-Sicherheitsrat, in: Meng/Ress/Stein, FS Europa-Institut, 2011, S. 137; *Frau,* Das Völkerstrafrecht in der jüngsten Praxis des VN-Sicherheitsrates, ZIS 2011, 784; *ders.*, Die Überweisung der Lage in Libyen an den Internationalen Strafgerichtshof durch den Sicherheitsrat der Vereinten Nationen – zugleich ein Beitrag zur Völkerstrafrechtspraxis des Sicherheitsrates, AVR 49 (2011), 276; *Freedman,* Our Constitutionalized Adversary System, Chap. L. Rev. 1 (1998), 57; *Fry,* Between Show Trials and Sham Prosecutions: The Rome Statute's Potential Effect on Domestic Due Process Protections, CLF 23 (2012), 35; *Fujiwara/Parmentier,* Investigations, in: Reydams/Wouters/Ryngaert, S. 572; *Garkawe,* Have Recent Changes Designed to Benefit Victims of International Crimes added to the Legitimacy of International Criminal Justice?, in: Boas/Schabas/Scharf, S. 269; *Gaynor et al.*, Evidence, in: Sluiter et al., S. 1015; *Gillett,* The Call of Justice: Obligations Under the Genocide Convention to Cooperate with the ICC, CLF 23 (2012), 63; *Glover/Murphy,* Murphy on Evidence, 13. Aufl., 2013; *Goodpaster,* On the Theory of American Adversary Criminal Trial, Journ. Cr. L & Crim 78 (1987–1988), 118; *Green,* First-Class Crimes, Second-Class Justice: Cumulative Charges for Gender-Based Crimes at the ICC, ICLR 11 (2011), 529; *Groome,* Re-Evaluating the Theoretical Basis and Methodology of International Criminal Trials, PSILR 25 (2006–2007), 791; *Guariglia,* „Those Most Responsible" versus International Sex Crimes: Competing Prosecution Themes, in: Bergsmo, Thematic Prosecution of International Sex Crimes, 2012, S. 45; *Gut,* Counsel Misconduct before the ICC, 2012; *Hartwig-Asteroth,* Untersuchungshaft im Völkerstrafrecht, 2013; *Haslam/Edmunds,* Managing a New Partnership – „Professionalisation", Intermediaries and the ICC, CLF 24 (2013), 49; *dies.*, Common Legal Representation at the ICC: More Symbolic Than Real?, ICLR 12 (2012), 871; *Hauck,* Heimliche Ermittlungsmaßnahmen im Prozessrecht der internationalen Strafgerichtsbarkeit, ZStW 124 (2012), 473; *Heller,* A Sentenced-Based Theory of Complementarity, HarvILJ 53 (2012), 85; *Hoffmann,* Some Remarks on the Enforcement of International Sentences in Light of the Galic Case at the ICTY, ZIS 2011, 838; *Holá/van Wijk,* Life after Conviction at International Criminal Tribunals: An Empirical Overview, JICJ 12 (2014), 109; *Hoven,* Frieden versus Gerechtigkeit? Zur Aussetzung der Ermittlungen gegen Omar Hassan al-Bashir nach Art. 16 IStGH-Statut, ZIS 2011, 230; *dies.*, Verfahrensende und kein Urteil in Sicht – Das Beschleunigungsgebot in der Praxis internationaler Strafgerichte, ZIS 2011, 830; *dies.*, Rechtsstaatliche Anforderungen an völkerstrafrechtliche Verfahren, 2012; *dies.*, Civil Party Participation in Trials of Mass Crimes – A Qualitative Study at the Extraordinary Chambers in the Courts of Cambodia, JICJ 12 (2014), 81; *Illuminati,* The Accusatorial Process from the Italian Point of View, NCJILCR 35 (2009–2010), 297; *Ip,* Fulfilling the Mandate of National Reconciliation in the Extraordinary Chambers in the Courts of Cambodia (ECCC) – An Evaluation through the Prism of Victims' Rights, ICLR 13 (2013), 865; *Jackson,* Transnational Faces of Justice: Two Attempts to Build Common Standards Beyond National Boundaries, in: Jackson/Langer/Tillers, Essays in Honour of Damaška, 2008, S. 221; *Jackson/M'Boge,* The Effect of Legal Culture on the Development of International Evidentiary Practice: From the „Robing Room" to the „Melting Pot", LJIL 26 (2013), 947; *Jacobs,* Standard of Proof and Burden of Proof, in: Sluiter et al., S. 1128; *ders.*, A Shifting Scale of Power: Who is in Charge of the Charges at the ICC, in: Schabas/McDermott/Hayes, S. 205; *Jalloh,* Does Living by the Sword Mean Dying by the Sword?, Penn St. L. Rev. 117 (2012–2013), 707; *ders./DiBella,* Equality of Arms in International Criminal Law: Continuing Challenges, in: Schabas/McDermott/Hayes, S. 250;

Janssen-Holldiek, Verhaften oder verhandeln – Der Internationale Strafgerichtshof und seine Auswirkungen auf die politischen Handlungsoptionen im Fall Libyen, DGAPanalyse 4 (Oktober 2011); *Johnson,* The *Lubanga* Case and Cooperation between the UN and the ICC – Disclosure Obligation v. Confidentiality Obligation, JICJ 10 (2012), 887; *Karnavas,* The ICTY Legacy: A Defense Counsel's Perspective, GoJIL 3 (2011), 1053; *Kearney/Reynolds,* Palestine and the Politics of International Criminal Justice, in: Schabas/McDermott/Hayes, S. 407; *Keen,* Tempered Adversariality: The Judicial Role and Trial Theory in the International Criminal Tribunals, LJIL 17 (2004), 767; *Kelly,* The Status of Victims Under the Rome Statute of the ICC, in: Bonacker/Safferling, S. 47; *Keppler,* Managing Setbacks for the ICC in Africa, JAL 56 (2012), 1; *van Kessel,* Adversary Excesses in the American Trial, Notre Dame L. Rev. 67 (1991–1992), 403; *Kiza/Rohne,* Victims' Expectations towards Justice in Post-Conflict Societies: A Bottom-Up Perspective, in: Henham/Findlay, S. 75; *Klamberg,* Evidence in International Criminal Procedure – Confronting Legal Gaps and the Reconstruction of Disputed Events, 2012; *ders.*, Unification or Fragmentation? Structural Tendencies in International Criminal Procedure, in: van den Herik/Stahn, S. 593; *Klip,* Confidentiality Restrictions, JICJ 10 (2012), 645; *Kolb,* Droit international penal, in: Kolb/Scalia, S. 1; *Kravetz,* The Protection of Victims in War Crimes Trials, in: Bonacker/Safferling, S. 149ff.; *Kuhli,* Lafleur, Komplementarität – Rezension, GA 2012, 763; *Kunst,* The Protection of Victims and Witnesses at International and Internationalized Criminal Courts – the Example of the ECCC, 2013; *Krings,* The Principles of „Complementarity" and Universal Jurisdiction in International Criminal Law: Antagonists or Perfect Match?, GoJIL 4 (2012), 737; *Kroker,* Zivilparteien in Völkerstrafverfahren. Eine Analyse der Opferbeteiligung an den Extraordinary Chambers in the Courts of Cambodia, 2012; *Lafleur,* Der Grundsatz der Komplementarität: Der IStGH im Spannungsfeld zwischen Effektivität und Staatensouveränität, 2011; *Langer/Doherty,* Managerial Judging Goes International, But Its Promise Remains Unfulfilled: An Empirical Assessment of the ICTY Reforms, YJIL 36 (2011), 241; *Liang,* The Inherent Jurisdiction and Inherent Powers of International Criminal Courts and Tribunals: An Appraisal of their Application, NCLR 15 (2012), 375; *Lindemann,* Referral of Cases from International to National Criminal Jurisdictions, 2013; *Locke,* Indictments, in: Reydams/Wouters/Ryngaert, S. 604; *Luban,* The Good Lawyer, 1983; *Manirabona/Wemmers,* Specific Reparation for Specific Victimization: A Case for Suitable Reparation Strategies for War Crimes Victims in the DRC, ICLR 13 (2013), 977; *Markovic,* The ICC Prosecutor's Missing Code of Conduct, TexILJ 47 (2011–2012), 201; *Marsh,* Criminal Justice, 2004; *Maystre,* Controversial and Inconsistent Practice of the ICTY and ICTR Appeals Chamber with Respect to the Right to Appeal, in: Kolb/Scalia, S. 483; *McCarthy,* Victim Redress and International Criminal Justice, JICJ 10 (2012), 351; *McCord/McCord,* Criminal Law and Procedure, 3. Aufl., 2006; *McDermott,* The Admissibility and Weight of Written Witness Testimony in International Criminal Law: A Socio-Legal Analysis, LJIL 26 (2013), 971; *dies.*, Rights in Reverse: A Critical Analysis of Fair Trial Rights under International Criminal Law, in: Schabas/McDermott/Hayes, S. 165; *McGonigle Leyh,* Procedural Justice? – Victim Participation in International Criminal Justice, 2011; *dies.*, Victim-Oriented Measures at International Criminal Institutions: Participation and its Pitfalls, ICLR 12 (2012), 375; *Meernik,* What Kind of Bargain Is a Plea?, ICLR 14 (2014), 200; *Mégret,* „Beyond Fairness": Understanding the Determinants of International Criminal Procedure, UCLA J. Int'l L. Foreign Aff. 14 (2009), 37; *ders.*, Accountability and Ethics, in: Reydams/Wouters/Ryngaert, S. 416; *ders.*, International Criminal Justice: Systems of Horizontal Cooperation v. Systems of Vertical Integration, in: Kolb/Scalia, S. 347; *ders./Giles Samson,* Holding the Line on Complementarity in Libya, JICJ 11 (2013), 571; *Merope,* Recharacterizing the Lubanga Case: Regulation 55 and the Consequences for Gender Justice at the ICC, CLF 22 (2011), 311; *Moffett,* The Role of the Victims in the International Criminal Tribunals of the Second World War, ICLR 12 (2012), 245; *Morrissey,* Applied rights in international criminal law: defense counsel and the right to disclosure, in: Boas/Schabas/Scharf, S. 68; *Mouthaan,* The Prosecution of Gender-Based Crimes at the ICC: Challenges and Opportunities, ICLR 11 (2011), 775; *Mutyaba,* An Analysis of the Cooperation Regime of the ICC and its Effectiveness in the Court's Objective in Securing Suspects in its Ongoing Investigations and Prosecutions, ICLR 12 (2012), 937; *Nerlich,* Daring Diversity – Why There Is Nothing Wrong with „Fragmentation" in International Criminal Procedure, LJIL 26 (2013), 777; *Noto,* Male captus, bene detentus bei Völkerrechtsverbrechen?, ZStR 131 (2013), 104; *Nsereko,* The ICC and Complementarity in Practice, LJIL 26 (2013), 427; *Öberg,* Processing Evidence and Drafting Judgments in International Criminal Trial Chambers, CLF 24 (2013), 113; *O'Brien,* Prosecutorial Discretion as an Obstacle to Prosecution of United Nations Peacekeepers by the ICC – The Big Fish/Small Fish Debate and the Gravity Threshold, JICJ 10 (2012), 525; *Oehmichen,* Sonderbares Recht am Sondergerichtshof für den Libanon: Die Entscheidungen zur Legalität und *In-Absentia,* FS Kühne, 2013, S. 613; *Ohlin,* A Meta-Theory of International Criminal Procedure: Vindicating the Rule of Law, UCLA J. Int. L. & For. Aff. 14 (2009), 77; *Olásolo et al.*, Independent Oversight Mechanism, 2011; *Orentlicher,* Owning Justice and Reckoning with its Complexity, JICJ 11 (2013), 524; *Orie,* Adjudicating Core International Crimes Cases in which Old Evidence is Introduced, in: *Bergsmo/Cheah,* Old Evidence in Core International Crimes, 2012, S. 29; *Pena/Carayon,* Is the ICC Making the Most of Victim Participation?, IJTJ 7 (2013), 518; *Peschke,* The Role and Mandates of the ICC Trust Fund for Victims, in: Bonacker/Safferling, S. 317; *Pinto Soares,* Positive Complementarity and the Law Enforcement Network: Drawing Lessons from the Ad Hoc Tribunals' Completion Strategy, IsLR 46 (2013), 319; *dies.*, Tangling Human Rights and International Criminal Law: The Practice of International Tribunals and the Call for Rationalized Legal Pluralism, CLF 23 (2012), 161; *Pratlong,* The Victims in the First Judgement of the Extraordinary Chambers of the Courts of Cambodia, in: Kolb/Scalia, S. 635; *Radosavljevic,* Scope and Limits of Psychiatric Evidence in International Criminal Law, ICLR 13 (2013), 1013; *Rastan,* Complementarity: Contest or Collaboration, in: Bergsmo, S. 83; *ders.*, The Jurisdictional Scope of Situations Before the ICC, CLF 23 (2012), 1; *Rauxloh,* Plea Bargaining in National and International Law, 2012; *Re,* Appeal, in: Reydams/Wouters/Ryngaert, S. 886; *Roberts,* The *Lubanga* Trial Chamber's Assessment of Evidence in Light of the Accused's Right to the Presumption of Innocence, JICJ 10 (2012), 923; *Robinson,* Three Theories of Complementarity: Charge, Sentence or Process?, HarvILJ 53 (2012), 165; *ders.*, The Controversy over Territorial State Referrals and Reflections on ICL Discourse, JICJ 9 (2011), 355; *Rohan,* Protecting the Rights of the Accused in International Criminal Proceedings: Lip Service or Affirmative Action?, in: Schabas/McDermott/Hayes, S. 289; *Ronen,* Israel, Palestine and the ICC – Territory Uncharted but not Unknown, JICJ 12 (2014), 7; *Roth,* Extradition, Surrender, Transfer, in: Kolb/Scalia, S. 553; *Ryngaert,* Arrest and Detention, in: Reydams/Wouters/Ryngaert, S. 647; *ders.*, Complementarity in Universality Cases: Legal-Systemic and Legal Policy Considerations, in: Bergsmo, S. 165; *Sácouto/Cleary,* Amicus Curiae Brief on the Practice of Cumulative Charging Before International Criminal Bodies Submitted to the Appeals Chamber of the Special Tribunal for Lebanon Pursuant to Rule 131 o f the Rules of Procedure and Evidence, CLF 22 (2011), 409; *Safferling,* The Rights and Interests of the Defence in the Pre-Trial Phase, JICJ 9 (2011), 651; *ders.*, The Role of the Victim in the Criminal Process – A Paradigm Shift in National German and International Law?, ICLR 11 (2011), 183; *Sarvarian,* Ethical Standards for Prosecution and Defence Counsel before International Courts, JICJ 10 (2012), 423; *Schabas,* Kein Frieden ohne Gerechtigkeit? – Die Rolle der internationalen Strafjustiz, 2013; *Schuon,* The Appeals Decision in the ICC's *Jean-Pierre Bemba Gombo* Case on the Trial Chamber's „Decision on the Admission into Evidence of Materials Contained in the Prosecution's List of Evidence", LJIL 25 (2012), 511; *Shany,* How can International Criminal Courts have a Greater Impact on National Criminal Proceedings?: Lessons from the first two Decades of International Criminal Justice in Operation, IsLR 46 (2013), 438; *Shahabuddeen,* Teething Phase of the ECCC, Chinese JIL 10 (2011), 469; *Sharratt,* Gender, Shame and Sexual Violence – The Voices of Witnesses and Court Members at War Crimes Tribunals, 2011; *Shaw,* The Article 12(3) Declaration of the Palestinian Authority, the ICC and International Law, JICJ 9 (2011), 301; *Sluiter,* Obtaining Cooperation from Sudan – Where is the Law?, JICJ 6 (2008), 871; *ders.*, Shared Responsibility in International Criminal Justice – The ICC and Asylum, JICJ 10 (2012), 661; *Smith-van Lin,* Victim's Participation at the ICC: Benefit or Burden?, in: Schabas/McDermott/Hayes, S. 181; *Spencer,* The English System, in: Delmas-Marty/Spencer, 142; *Sperfeldt,* Collective Reparations at the Extraordinary Chambers in the Courts of Cambodia, ICLR 12 (2012), 457; *Stahn,* How Is the Water? Light and Shadow in the First Years of the ICC, CLF 22 (2011), 175; *ders.*, Libya, the ICC and Complementarity, JICJ 10 (2012), 325; *ders.*, One Step Forward, Two Steps Back?: Second Thoughts on a „Sentence-Based" Theory of Complementarity, HarvILJ 53 (2012), 183; *Starygin,* Judicial Discretion in ECCC Decisions on Pre-trial Detention against the Backdrop of the Case-Law of the International Criminal Tribunals, ICLR 11 (2011), 315; *Stegmiller,* The ICC and Mali: Towards More Transparency in International Criminal Law Investigations?, CLF 24 (2013), 475; *Stover/Balthazard/Koenig,* Confronting *Duch:* Civil Party Participation in Case 001 at the Extraordinary Chambers in the Courts of Cambodia, IRRC 93 (2011), 503; *Studzinsky,* Participation Rights of Victims as Civil Parties and the Challenges of Their Implementation Before the Extraordinary Chambers in the Courts of Cambodia, in: Bonacker/Safferling, S. 175; *Takemura,* Prosecutorial Discretion in International Criminal Justice: Between Fragmentation and Unification, in: van den Herik/Stahn, S. 633; *Thalmann,* The Role of the Judge and the Parties in Pre-Trial Proceedings, in: Kolb/Scalia, S. 455; *Tillier,* The ICC Prosecutor and Positive Complementarity: Strengthening the Rule of Law?, ICLR 13 (2013), 507; *Tladi,* The ICC Decisions on Chad and Malawi, JICJ 11 (2013), 199; *Tochilovsky,* Special Commentary: International Criminal Justice – Some Flaws and Misperceptions, CLF 22 (2011), 593; *Tonellato,* The Victims' Participation at a Crossroads: How the ICC Could Devise a Meaningful Victims' Participation while Respecting the Rights of the Defendant, Eur. J. Cr. 20 (2012), 315; *Trotter,* Pre-Conviction Detention in International Criminal Trials, JICJ 11 (2013), 351; *Trüg,* Die Position des Opfers im

Völkerstrafverfahren vor dem IStGH – Ein Beitrag zu einer opferbezogenen verfahrenstheoretischen Bestandsaufnahme, ZStW 125 (2013), 34; *Turner,* Policing International Prosecutors, NYUJILP 45 (2012), 175; *Vasiliev,* Trial, in: Reydams/Wouters/Ryngaert, S. 700; *Vogler,* Making International Criminal Procedure Work: From Theory to Practice, in: Henham/Findlay, S. 106; *WCRO,* Ensuring Effective and Efficient Representation of Victims at the ICC, 2011; *dies.,* Obtaining Victim Status for Purposes of Participating in the Proceedings at the ICC, 2013; *dies.,* Regulation 55 and the Rights of the Accused at the ICC, 2013; *Weigend,* Prosecution: Comparative Aspects, in: *Dressler,* Encyclopedia of Crime and Justice, 2. Aufl., 2002, S. 1232; *Wildermuth/Kneuer,* Addressing the Challenges to Prosecution of Sexual Violence Crimes before International Tribunals and Courts, in: Bergsmo/Skre/Wood, Understanding and Proving International Sex Crimes, 2012, S. 65; *von Wistinghausen,* Victims as Witnesses: Views from the Defence, in: Bonacker/Safferling, S. 165; *Wouters/Chan,* Policies, Not Politics: The Pursuit of Justice in Prosecutorial Strategy at the ICC, in: Muller/Zouridis, Law and Justice: A Strategy Perspective, 2012, S. 143; *Yabasun/Holvoet,* Seeking Asylum before the ICC. Another Challenge for a Court in Need of Credibility, ICLR 13 (2013), 725; *Zeegers,* Defence Counsel Immunity at the Ad Hoc Tribunals, ICLR 11 (2011), 869; *A. Zimmermann,* Palestine and the ICC *Quo Vadis?,* JICJ 11 (2013), 291; *T. Zimmermann,* „Deals" mit Diktatoren? Zur politischen Verhandelbarkeit völkerrechtlicher Strafansprüche, ZIS 2013, 102. – Für weitere **ältere Literatur** s. Vorauflagen.

1 Das moderne Völkerstrafprozessrecht[1] wurde bislang maßgeblich durch die Verfahrensvorschriften der *Satzungen* der *Ad-Hoc*-Tribunale (ICTY, ICTR), die *Verfahrens- und Beweisregeln* („Rules of Procedure and Evidence", RPE)[2] und die *gerichtlichen Entscheidungen* geprägt. Daneben haben sich diese Gerichte weitere Rechtsgrundlagen, etwa im Hinblick auf die Voraussetzungen und Förmlichkeiten der Bestellung eines Verteidigers und die Anforderungen an dessen standesgemäßes Verhalten oder die Untersuchungshaft des Beschuldigten, gegeben.[3] Auch der **IStGH** verfügt über eine eigene „Strafprozessordnung", die allerdings weitaus detaillierter als die der *Ad-Hoc*-Tribunale ist. Während sich lediglich elf der insgesamt 34 Artikel des ICTYS auf Verfahrensfragen im engeren Sinne beziehen (Art. 18–23, 25–29),[4] enthält das IStGH-Statut zahlreiche prozessrechtliche Bestimmungen.[5] Zu nennen sind hier die

[1] Zum Begriff *Safferling,* in: Renzikowski, Die EMRK im Privat-, Straf- und Öffentlichen Recht, 2004, S. 151. – Für das Verfahren der internationalen Gerichtshöfe seit dem 2. Weltkrieg vgl. *May/Wierda,* ColJTL 37 (1999), 725 ff.; *Wallach,* ColJTL 37 (1999), 851 ff.; *Fairlie,* ICLR 4 (2004), 260 ff.; s. auch den vergleichenden Überblick über die Verfahrensordnungen der verschiedenen internationalen und hybriden Tribunale bei *Ambos/Bock,* in: Reydams/Wouters/Ryngaert, S. 491 ff.

[2] Die RPE des Jugoslawientribunals wurden zuletzt geändert am 22.5.2013 (IT/32/Rev. 49) und sind abrufbar unter www.un.org/icty. Zu ihrem „hybriden" Charakter *De Hemptinne,* in: DelmasMarty et al., 2004, 135 ff.; *Tochilovsky,* CLF 15 (2004), 322 f. Zur richterlichen Rechtssetzung im Hinblick auf die RPE der *Ad-Hoc*-Tribunale *Starygin,* ICLR 11 (2011), 319 ff. Für die RPE des ICTR siehe www.unictr. org.

[3] Vgl. insoweit für den ICTY die „Directive on Assignment of Defence Counsel", zuletzt geändert am 11.7.2006 (IT/73/Rev. 11); den „Code of Professional Conduct for Defence Counsel Appearing before the International Tribunal" vom 22.7.2009 (IT/125 REV. 3); die „Rules Governing the Detention of Persons Awaiting Trial or App. before the Tribunal or otherwise Detained on the Authority of the Tribunal", zuletzt geändert am 21.7.2005 (IT/38/Rev. 9) sowie die „Regulations to Govern the Supervision of Visits to and Communications with Detainees", zuletzt geändert am 4.8.2009 (IT/98/REV. 4); alle abrufbar unter http://www.icty.org/sections/LegalLibrary (zuletzt abgerufen am 1.7.2014). Zu diesen speziellen Rechtsgrundlagen siehe *Ambos,* NStZ 1998, 123 ff.; *Zahar/Sluiter,* S. 319 f. Die entsprechenden Bestimmungen des ICTR sind abrufbar unter www.ictr.org.; zu den U-Haftregeln im Zusammenhang mit der „einzigartigen" Anordnung der ICTY-TC II im Fall *Tolimir* (*ICTY,* Tolimir TC Order 25.8.2010), die nächtliche Überwachung der Vitalzeichen und des Gesundheitszustandes des Angeklagten einzustellen, *Ernst,* NStZ 2011, 430 ff.

[4] *Ambos,* NJW 1998, 1444.

[5] *Olásolo,* S. 101 f.; *ders.,* ICLR 5 (2005), 122 unterscheidet drei Verfahrensarten im Hinblick auf den Verfahrensgegenstand oder -zweck (Initiierung gemäß Art. 13 ff. vgl. Rn. 7; normales Strafverfahren und zi-

Art. 11–19 über die Zuständigkeit des Gerichts und die Zulässigkeit des Verfahrens,[6] Art. 53–61 (Ermittlungen und Verfolgung), Art. 62–76 (Hauptverhandlung), Art. 81–85 (Appellation[7] und Wiederaufnahme) sowie – zum Verfahren im weiteren Sinne gehörig – Art. 86–102 über die Internationale Zusammenarbeit und Rechtshilfe. Als weitere Rechts- und Erkenntnisquellen stehen den Richtern des IStGH ebenfalls *Verfahrens- und Beweisregeln* zur Verfügung (§ 6 Rn. 31). Sie stellen eine Konkretisierung und Weiterentwicklung des Statuts dar,[8] sind neben diesem anwendbar (Art. 21 Abs. 1 (a)), müssen jedoch mit ihm vereinbar sein (Art. 51 Abs. 4) und treten folglich bei einem Widerspruch hinter ihm zurück (Art. 51 Abs. 5).[9] Schließlich haben sich die Richter selbst eine – Statut und RPE ergänzende – *Geschäftsordnung* („Regulations") gegeben und auch die Regulations der Anklagebehörde sowie der Kanzlei sind von Relevanz (§ 6 Rn. 32).

Die **Bedeutung** des Völkerstrafprozessrechts kann nicht überschätzt werden. Trifft 2
man im nationalen Recht, vor allem kontinentaleuropäischer Prägung, häufig noch die überkommene Ansicht an, dass das Strafverfahren der Durchsetzung des materiellen Rechts diene und insoweit von untergeordneter Bedeutung sei,[10] wurde schon während der Verhandlungen zum IStGH-Statut anerkannt, dass die Ausgestaltung des Verfahrens über Erfolg oder Misserfolg des IStGH entscheidet.[11] Im Folgenden soll ein **Überblick** über das geltende Völkerstrafprozessrecht gegeben werden. Dabei bildet das IStGH-Statut den normativen Ausgangspunkt; es wird einerseits durch die zunehmende Rspr. nach und nach mit Leben erfüllt und stützt sich andererseits in weiten Teilen auf die Praxis und die Rechtsprechung der *Ad-Hoc*-Tribunale. Der **Gang der Darstellung** ist wie folgt: Zunächst sind die wesentlichen Zuständigkeits- und Zulässigkeitsaspekte zu behandeln (Rn. 3ff.), wobei es bei jenen um die Frage geht, ob eine bestimmte (Verbrechens-)*Situation* („situation") überhaupt in die Gerichtsbarkeit eines bestimmten internationalen Strafgerichts fällt, während die Zulässigkeit erst später im Hinblick auf einen identifizierbaren *Fall* („case") relevant wird.[12]

vilrechtliches Entschädigungsverfahren gemäß Art. 75, 85 vgl. Rn. 50, 52), die wiederum in sieben Sub-Verfahrensarten betrieben werden.

[6] Hierzu eingehend Rn. 6ff.

[7] Zum Begriff u. Rn. 56.

[8] *Ambos,* NJW 2001, 407; Cassese/Gaeta/Jones/*Guariglia,* S. 1124.

[9] Vgl. Triffterer/*Broomhall,* Art. 51 Rn. 30ff.

[10] *Schmidt,* S. 46; *Arzt,* FS Eser, 2005, S. 691f. m. w. N.

[11] Vgl. etwa *Gómez Colomer,* in: Gómez Colomer et al. S. 278.

[12] Vgl. *Schabas,* 2011, S. 62ff., 171ff.; *Philips,* CLF 10 (1999), 77. Vgl. zur str. Terminologie auch ICC-OTP, 2003a, S. 9 mit Fn. 10. Die Unterscheidung „situation" – „case" ist von grundlegender Bedeutung zum Verständnis des Vorverfahrens. Diese Begriffe wurden auch gerichtlich definiert, vgl. *ICC,* Situation DRC, Decision 17. 1. 2006, para. 65: „*Situations,* which are generally defined in terms of temporal, territorial and in some cases personal parameters, such as the situation in the territory of the DRC since 1 July 2002, entail the proceedings envisaged in the Statute to determine whether a particular situation should give rise to a criminal investigation as well as the investigation as such. *Cases,* which comprise specific incidents during which one or more crimes within the jurisdiction of the Court seem to have been committed by one or more identified suspects, entail proceedings that take place after the issuance of a warrant of arrest or a summons to appear." (Herv. K. A.) Damit verläuft die Abgrenzung zwischen Situation und Fall entlang des Erlasses eines Haftbefehls bzw. einer Vorladung, vgl. *Olásolo,* LJIL 20 (2007), 194; auch *De Smet,* in: García R./González M., S. 396ff.; krit. *El Zeidy,* LJIL 19 (2006), 751. Der Situationsbegriff wurde aber später erweitert durch eine Bezugnahme auf eine „situation of crisis" (*ICC,* Mbarushimana Arrest Warrant Decision, 28. 9. 2010, para. 6; Decision Challenge of Jurisdiction 2. 10. 2011, para. 16) oder – noch weiter – eine „ongoing crisis" (Situation Ivory Coast,

Sodann ist der Ablauf des Strafverfahrens (Rn. 18ff.), einschließlich Beweisregeln (Rn. 41ff.) und Rechtsmittel (Rn. 56ff.) darzustellen. *Last but not least* wird die strafrechtliche Zusammenarbeit der internationalen Tribunale mit den Staaten, einschließlich der Strafvollstreckung, behandelt (Rn. 61ff.).

A. Zuständigkeits- und Zulässigkeitsvoraussetzungen

Fall 1:

3 Im afrikanischen Land U tobt seit zwei Jahrzehnten ein unerbittlicher Bürgerkrieg. Der gegen die Regierungstruppen kämpfenden Rebellenarmee wird vorgeworfen, für willkürliche Tötungen, Vergewaltigungen und für die Zwangsrekrutierung von Kindersoldaten verantwortlich zu sein.

a) Der Präsident des Landes (M) möchte wissen, ob für die Verfolgung und Ahndung der Taten der IStGH, dessen Statut U erst kürzlich ratifiziert hat, zuständig ist.

b) Weiterhin möchte M wissen, ob und ggf. welche Möglichkeiten sein Land hat, den Ankläger des Gerichtshofes zur Aufnahme von Ermittlungen zu veranlassen. Dabei ist davon auszugehen, dass ein entsprechender Beschluss des UN-Sicherheitsrates nach Kapitel VII der UN-Satzung (UNS) bislang nicht vorliegt und auch in näherer Zukunft nicht zustande kommen wird.

c) Nachdem der Ankläger des IStGH Ermittlungen aufgenommen hat, kommt es zu einem Treffen zwischen M und hochrangigen Rebellenführern, in dessen Verlauf diese eine dauerhafte Waffenruhe für den Fall anbieten, dass ihnen von Seiten der Regierung Straffreiheit gewährt wird. M beabsichtigt daher, das an den IStGH im Namen von U gerichtete Ermittlungsersuchen zurückzunehmen, um die Möglichkeit einer friedlichen Beilegung des Konfliktes nicht zu gefährden. Er möchte wissen, ob eine solche Rücknahme möglich ist.

d) M ist gegen ein Einschreiten des IStGH und verweist den Fall deshalb auch nicht an ihn. Stattdessen lässt er eine spezielle Wahrheitskommissionen einrichten, die auch Tatverdächtige anhören soll, aber keinerlei Sanktionsbefugnisse besitzt. Er glaubt auf diese Weise, die Intervention des IStGH abwenden und die Tatverdächtigen einer Verfolgung entziehen zu können. → Rn. 17 u. *Ambos,* 2010a, S. 63 (Fall 6 Rn. 60ff.), 126 (Fall 9 Rn. 68f.)

I. Die Zuständigkeit des IStGH[13]

4 Die (beschränkte) Zuständigkeit der *Ad-Hoc*-Tribunale wurde schon dargestellt (§ 6 Rn. 17, 19), so dass wir uns an dieser Stelle auf den IStGH beschränken können. Dessen **materielle Zuständigkeit** („jurisdiction ratione materiae") beschränkt sich auf die schon behandelten vr Kernverbrechen (§ 7 Rn. 117ff.). In **zeitlicher** Hinsicht („jurisdiction ratione temporis") erstreckt sich die Zuständigkeit nur auf solche Verbrechen, die nach Inkrafttreten des Statuts im Allgemeinen (Art. 11 Abs. 1) bzw. für einen bestimmten Staat (Art. 11 Abs. 2) begangen wurden (zur möglichen Rückwirkung im Rahmen einer *Ad-Hoc*-Annerkennung nach Art. 12 Abs. 3 vgl. Rn. 6).[14] In **personeller** Hinsicht („jurisdiction ratione personae")[15] übt der Gerichtshof seine Gerichtsbar-

Art. 15 (3) Decision 22.1.2012, para. 36; in der Sache ähnlich Mudacumura Arrest Warrant Decision 13.7.2012, para. 16).

[13] Vgl. näher *Bergsmo,* Eur. J. Cr. 6 (1998), 345ff.; *Kaul,* HuV-I 1998, 138ff.; *ders.*, Eur. J. Cr. 6 (1998), 364ff.; *Olásolo,* S. 160ff.; *Satzger,* 2013, § 14 Rn. 6ff.; *Calvo-Goller,* S. 173ff.

[14] Krit. *Cryer,* S. 223f.; zu einer Beschränkung der formellen (Rn. 7) durch die zeitliche Zuständigkeit *Scheffer,* JICJ 2 (2004), 26ff.; speziell zur Situation in Mali *Stegmiller,* CLF 24 (2013), 489f.

[15] Näher hierzu Grützner/Pötz/*Kreß,* 2003, IV A 1 Rn. 11ff.; *Schabas,* 2011, S. 76ff.; *Bassiouni,* 2013, S. 59ff., 506; *Fakhouri Gómez,* in: Bacigalupo/Cancio, Derecho penal, S. 100ff.; *Gless,* 2011, Rn. 884; speziell zum Problem der sog. „third party jurisdiction" *Hoffmeister/Knoke,* ZaöRV 59 (1999), 795f.; *Akande,* JICJ 1 (2003), 618ff.; Cassese/Gaeta/Jones/*Danilenko,* S. 1871ff.; *Paust,* VanJTL 11 (2000), 1ff.; für eine Zuständigkeitsbeschränkung *Hafner,* JICJ 3 (2005), 329f.

keit über natürliche Personen (Art. 1, 25 Abs. 1, § 7 Rn. 10) aus, die mindestens 18 Jahre alt sind (Art. 26). Immunitäten hindern die Gerichtsbarkeit nicht (Art. 27, § 7 Rn. 104; zu Art. 98 Abs. 1 Rn. 77).

Hinsichtlich der – höchst umstrittenen – **formellen Zuständigkeit** („jurisdiction") 5
des IStGH standen sich während der Verhandlungen zwei Extrempositionen gegenüber: *Gerichtshoffreundliche (like-minded) Staaten,* zu denen auch Deutschland gehörte, vertraten die Ansicht, dass – erstens – ein Staat sich automatisch mit Vertragsbeitritt der Gerichtsbarkeit unterwerfen („automatic jurisdiction") und – zweitens – der Gerichtshof eine universelle Zuständigkeit – entsprechend dem für die Kernverbrechen geltenden Weltrechtsprinzip (§ 3 Rn. 90ff.) – besitzen müsse.[16] Demgegenüber waren *gerichtshofskeptische Staaten,* vor allem die USA, der Meinung, dass zwischen Völkermord und Verbrechen gegen die Menschlichkeit sowie Kriegsverbrechen unterschieden werden müsse: Im Falle des *Völkermords* sei zwar eine automatische Zuständigkeit hinnehmbar, auf einer zweiten Stufe bedürfe es jedoch zusätzlich bestimmter Anknüpfungspunkte zur Begründung der Zuständigkeit. Nach dem sog. *(Süd-)Korea-Vorschlag* soll der Gerichtshof zuständig sein, wenn der Tatort-, Täter-, Opfer- oder Gewahrsamsstaat Vertragspartei ist oder die Zuständigkeit in einem konkreten Fall *(ad hoc)* akzeptiert hat. Bezüglich *Kriegsverbrechen und VgM* wurde jedoch eine erheblich restriktivere Ansicht vertreten: Schon auf der ersten Zuständigkeitsstufe müsse ein sog. *opt-in*-Mechanismus bestehen, wonach sich ein Vertragsstaat durch ausdrückliche Erklärung der Gerichtsbarkeit unterwerfen müsse. Als Anknüpfungspunkt wurde – auf der zweiten Stufe – nach der restriktivsten Ansicht lediglich der Täterstaat akzeptiert.[17] Bei der Diskussion dieser Vorschläge im Gesamtausschuss der Konferenz wurde eine Unterscheidung zwischen Völkermord und den anderen Verbrechen als verwirrend und willkürlich abgelehnt. Weiter sprach sich eine klare Mehrheit der Staaten – auf der ersten Stufe – für eine *automatic jurisdiction* aus, während im Hinblick auf die Anknüpfungspunkte – auf der zweiten Stufe – der *Korea-Vorschlag* (als Kompromiss gegenüber dem von vielen als zu weitgehend empfundenen deutschen Vorschlag einer universellen Jurisdiktion) favorisiert wurde.[18]

Die am letzten Konferenztag vorgelegte und schließlich auch angenommene Lösung 6
sieht nun ein **dreistufiges Zuständigkeitsmodell** vor (Art. 12):

– Auf der *ersten* Stufe akzeptiert ein Staat mit Vertragsbeitritt automatisch – i. S. d. von den gerichtshoffreundlichen Staaten favorisierten **„automatic jurisdiction"** – die Gerichtsbarkeit des IStGH (Art. 12 Abs. 1); bei *Kriegsverbrechen* kann eine Vertragspartei jedoch für einen Zeitraum von 7 Jahren nach Inkrafttreten des Statuts für diese Partei eine Erklärung dahingehend abgeben, dass sie die Zuständigkeit

[16] Für ein solches WRP im IStGHS *Miranda,* in: Faculdade de Direito da Universidade de Coimbra/Goethe-Institut de Lisboa, Direito penal internacional, 2003, S. 70ff.; für rechtlich zulässig hält das auch *Cryer,* S. 222. Im Falle eines SR-Verweises oder einer Unterwerfungserklärung sieht *Ryngaert,* Eur.J. Cri. 14 (2006), 48 die Legitimationsgrundlage im WRP; a. A. *Abass,* ICLR 6 (2006), 349ff.

[17] Siehe zu diesen Vorschlägen noch Art. 7, 7*bis* und 7*ter* der letzten beiden Entwürfe des Konferenzbüros vom 6.7.1998 (A/Conf. 183/C.1/L.53) und 10.7.1998 (A/Conf. 183/C.1/L.59). Vgl. auch *Zimmermann,* ZaöRV 58 (1998), 84f.

[18] Nach Angaben der Konferenzzeitung „Monitor", Nr. 2, 10.7.1998, befürworteten 79% der Staaten den Korea-Vorschlag.

des Gerichtshofs nicht akzeptiere (sog. **„opt-out"**).[19] Eine solche Erklärung kann jederzeit zurückgezogen werden (Art. 124).[20]

- Auf der *zweiten* Stufe werden als *alternative* Anknüpfungspunkte der **Tatort- oder** der **„Beschuldigtenstaat"**[21] anerkannt. Eine Zuständigkeit ist also immer dann gegeben, wenn der Tatort- oder der Täterstaat Vertragspartei ist. Einer gesonderten Zustimmungserklärung bedarf es in diesem Falle nicht (Art. 12 Abs. 2 und 3).
- Auf einer *dritten* Stufe kann ein Staat, der nicht Vertragspartei, aber Tatort- oder Täterstaat i. S. v. Art. 12 Abs. 2 ist, sich der Gerichtsbarkeit in einem konkreten Fall *ad hoc* unterwerfen (Art. 12 Abs. 3). Eine solche **Unterwerfungserklärung** ist, wie Art. 12 Abs. 3 S. 1 klarstellt, beim Kanzler des Gerichts zu hinterlegen und muss sich auf ein oder mehrere – konkrete(s) – „Verbrechen" bzw. eine „Situation" (IStGH-Regel 44) beziehen. Es geht nicht um die Verbrechen nur einer Konfliktpartei, sondern die allgemeine *Konfliktlage* und alle darin begangenen vr Kernverbrechen.[22] Der anerkennende Staat soll unverzüglich und ohne Ausnahme („without any delay and exception") mit dem Gericht zusammenarbeiten (dazu Rn. 61 ff.). Bisher haben die Elfenbeinküste,[23] wie die Palestinensische Autonomiebehörde[24] sowie die Ukraine[25] entsprechende Erklärungen abgeben. Da eine *Ad-Hoc*-Anerkennung der Gerichtsbarkeit aber gem. Art. 12 Abs. 3 S. 1 nur durch Staaten erfolgen kann, erklärte die OTP am 3.4.2012, dass sie die Vorermittlungen bzgl. möglicherweise begangener israelischer Kriegsverbrechen auf palestinensischem Gebiet aussetzen müsse, solange die UN und die Staatenversammlung nicht über den völkerrechtlichen Status der Palestinensischen Autonomiebehörde entschieden haben.[26] Unterwerfungserklärungen

[19] Diese Regelung war entscheidend für die Zustimmung Frankreichs zum Statut. Im Gegensatz dazu wird beim – ebenfalls diskutierten – *opt-in* grundsätzlich von einer Nichtunterwerfung unter die Gerichtsbarkeit ausgegangen und der Staat muss seine Unterwerfung ausdrücklich erklären. Neben Frankreich hat auch Kolumbien eine solche Erklärung abgegeben (zu deren Inhalt 2. Aufl., § 8 Fn. 19), Frankreich hat die Erklärung allerdings schon am 13.8.2008 zurückgezogen und die kolumbianische ist am 1.11.2009 (7 J. nach Inkrafttreten) abgelaufen. Nicht möglich ist es, Art. 124 dadurch zu umgehen, dass die während des Geltungszeitraums der Erklärung begangenen Kriegsverbrechen nach ihrem Ende verfolgt werden (i. Erg. ebenso *Stein*, GS Vogler, 2005, S. 196, wobei es dabei aber nicht um eine „fortdauernde Immunität" i. e. S. geht). Andererseits soll Art. 124 keine Wirkung bei einem SR-Verweis (Rn. 8) entfalten (*Olásolo*, S. 168); s. zum Ganzen auch *Rastan*, CLF 23 (2012), 16 f.

[20] Die vorgesehene Überprüfung der Vorschrift auf der ersten Überprüfungskonferenz (Art. 124 S. 3 i. V. m. Art. 123 Abs. 1; § 6 Rn. 34) hat nicht zu ihrer Aufhebung geführt.

[21] Noch genauer wäre es, vom Staat des Tat*verdächtigen* zu sprechen, denn bei der Zuständigkeitsbestimmung besteht in der Regel allenfalls Anfangsverdacht (noch ungenauer allerdings die engl. u. französ. Fass.: „person accused", „personne accusée"). Zu Art. 12 Abs. 2 *Fakhouri Gómez*, in: Bacigalupo/Cancio, Derecho penal, 2005, S. 112.

[22] Vgl. etwa *Gómez Colomer*, in: Gómez Colomer et al., S. 297 mit Fn. 61; *Olásolo*, 2003, S. 180 ff.; *ders.*, CLF 16 (2005), 295 f.; *Stahn/El Zeidy/Olásolo*, AJIL 99 (2005), 427 f.; Cryer/*Wilmshurst*, S. 168 f.; *Klamberg*, in: van den Herik/Stahn, S. 627. Auch Taten, die nach dem Antrag der OTP auf Eröffnung formeller Ermittlungen begangen werden, können verfolgt werden, solange sie im Zusammenhang mit dem jeweiligen Konflikt stehen, siehe *ICC*, Situation Côte d'Ivoire, Decision pursuant to article 15 3.10.2011, paras. 178 f.; dazu auch *Stegmiller*, CLF 24 (2013), 481.

[23] Declaration under Article 12 (3) of the Rome Statute, 18.4.2003; Letter reconfirming the acceptance of the ICC jurisdiction, 14.12.2010; dazu *Stahn*, CLF 22 (2011), 183.

[24] Siehe im Detail *Shaw*, JICJ 9 (2011), 301 ff.

[25] Declaration by Ukraine lodged under Article 12 (3) of the Rome Statute, 9.4.2014, abrufbar unter http://www.icc-cpi.int/en_menus/icc/press%20and%20media/press%20releases/Documents/997/declarationRecognitionJuristiction09-04-2014.pdf (zuletzt abgerufen am 28.6.2014).

[26] *OTP*, Update on Situation in Palestine, 3.4.2012, näher *Ambos*, 2013, S. 37. Zum mangelnden Willen Israels die möglicherweise begangenen Taten zu verfolgen *Azarov/Weill*, ICLR 12 (2012), 913 ff.; einge-

können *Rückwirkung* entfalten (vgl. letzter Hs. von Art. 11 Abs. 2; § 7 Rn. 8), aber die Zuständigkeit nicht weiter als bis zum Zeitpunkt des Inkrafttreten des Statuts (Art. 11 Abs. 1, 126 Abs. 1 = 1.7.2002) vorverlagern. Ein Staat kann also das ihn betreffende Inkrafttreten (Art. 11 Abs. 2, 126 Abs. 2) vorverlegen, aber nicht Taten einbeziehen, die vor Inkrafttreten des Statuts begangen wurden. Insoweit sperrt Art. 11 Abs. 1 Art. 11 Abs. 2 1. Halbs. i. V. m. Art. 12 Abs. 3. Das ergibt sich vor allem auch aus der individualschützenden Funktion des Gesetzlichkeitsprinzips (Art. 22–24).

Die genannten Zuständigkeitsvoraussetzungen gelten allerdings nur dann, wenn ein Fall durch einen Vertragsstaat an den Gerichtshof überwiesen wird oder der Staatsanwalt die Ermittlungen von Amts wegen *(proprio motu)* aufnimmt (Art. 13 (a) und (c), Rn. 7, 9). Im Fall einer Überweisung durch den *UN-Sicherheitsrat* ist die örtliche bzw. personelle Zuständigkeit des Gerichtshofs *ohne Weiteres* gegeben (zur vom Gerichtshof zu prüfenden Zuständigkeit *ratione materiae* und *temporis* siehe Rn. 8), vgl. **Schaubild 12.**[27]

I. Zuständigkeitsvoraussetzungen
1. Materiell: Verbrechen i. S. v. Art. 5
2. Zeitlich: Nach Inkrafttreten des Statuts (Art. 11)
3. Formell: alternativ { a) Tatortstaat ist Vertragspartei (Art. 12 Abs. 2 (a)) b) „Täterstaat" ist Vertragspartei (Art. 12 Abs. 2 (b)) c) Ad-hoc-Unterwerfung durch Nicht-Vertragstaat (Art. 12 Abs. 3) } **Beachte:** 7-jährige Suspendierung der Gerichtsbarkeit für Kriegsverbrechen (Art. 124)?
II. Aktivierung des Verfahrens („trigger mechanisms")
1. Durch einen Vertragsstaat (Art. 13 (a), 14) ⇨ Verzicht auf Prüfung von III. ?
2. Durch UN-Sicherheitsrat (Art. 13 (b)) ⇨ I. 3. nicht mehr zu prüfen; bzgl. III str.
3. Anklagebehörde v.A.w. (Art. 13 (c), 15) ⇨ I., III. voll zu prüfen
III. Komplementarität
zuständiger Staat nicht willens oder fähig (Art. 17)

Schaubild 12: Zulässigkeit der Strafverfolgung durch den IStGH

Ein **Verfahren** vor dem Gerichtshof kann durch einen Vertragsstaat, den UN-Sicher- 7
heitsrat oder auf Grund eigenständiger Ermittlungen der Anklagebehörde **initiiert**

hend *Kearney/Reynolds,* in: Schabas/McDermott/Hayes, S. 407 ff.; *Dugard,* JICJ 11 (2013), 563 ff.; *Zimmermann,* JICJ 11 (2013), 303 ff.; *Ronen,* JICJ 12 (2014), 7 ff. Mit der Anerkennung der Staatlichkeit Palästinas durch den Beschluss der UN-GV v. 29.11.2012 hat sich dies allerdings geändert, s. *Zimmermann,* ebd., 306 ff.; *Ronen,* JICJ 12 (2014), 10 ff.; sowie *Ambos,* EJIL: *Talk!,* 6.5.2014.

[27] Vgl. auch *Gómez Colomer,* in: Gómez Colomer et al. S. 297; *Olásolo,* S. 134 ff.; *Fixson,* in: Kirsch, S. 217; *Condorelli/Ciampi,* JILZ 3 (2005), 593, die eine Kooperationspflicht für Nicht-Vertragsstaaten aber ablehnen, wenn der entsprechende SR-Beschluss dies, wie im Falle Darfur (u. Fn. 35), ausschließt.

bzw. **aktiviert** werden (Art. 13, sog. ***trigger mechanisms,*** Nr. 25 Regulations OTP).[28] Eine **Vertragspartei** kann jederzeit den Staatsanwalt darum ersuchen, eine bestimmte *Situation* in einem begrenzten Zeitraum und Gebiet zu untersuchen (Art. 13 (a) i. V. m. Art. 14, sog. Staatenverweis);[29] dies schließt einseitige Ermittlungen gegen eine bestimmte Konfliktpartei aus.[30] Entgegen den Erwartungen ist auf diese Möglichkeit bisher schon häufig zurückgegriffen worden (§ 6 Rn. 28)[31] und zwar in Form von Staaten*eigen*überweisungen *(self-referrals),* bei denen der überweisende Staat den IStGH ersucht, auf dem *eigenen* Hoheitsgebiet zu ermitteln.[32] Dem Ersuchen sollen diejenigen Unterlagen zur Begründung beigefügt werden, über die der ersuchende Staat verfügt (vgl. Art. 14 Abs. 2). Es gelten die allgemeinen Zuständigkeits- und Zulässigkeitsvoraussetzungen (Art. 11, 12, 17–19), allerdings kann im Fall einer Staateneigenüberweisung davon ausgegangen werden, dass der betreffende Staat auf die Geltendmachung der Komplementarität (Rn. 10, 11) verzichten wird; andernfalls würde er sich dem Einwand eines *„venire contra factum proprium"* aussetzen.[33] Im Übrigen prüft die Anklagebehörde die Einleitung von Ermittlungen – nach Durchführung eines verkürzten Vorermittlungsverfahrens – in beiden Fällen (Art. 13 (a) und (b)) gemäß Art. 53 Abs. 1 (Rn. 23 ff.).

---

[28] Vgl. hierzu *Junck,* S. 211 ff.; *Hoffmeister/Knoke,* ZaöRV 59 (1999), 788 ff.; Grützner/Pötz/*Kreß,* 2003, IV A 1 Rn. 18 ff.; *Quattrocolo,* in: Cassese et al., 2005, S. 298 ff.; *Schabas,* HRLJ 27 (2006), 27 ff.; *Werle,* 2012, Rn. 282; *Nsereko,* ZIS 2007, 500 f.; *Kolb,* in: Kolb/Scalia, S. 277 f.; *Shraga,* in: Cassese, 2009, S. 168 ff; *Easterday,* ArizJICompL 26 (2009), 54; *Gless,* 2011, Rn. 680; *Stegmiller,* CLF 24 (2013), 477 ff.; *Trüg,* ZStW 125 (2013), 51; *Schabas,* 2013, S. 23 ff.; grdl. *Olásolo,* S. 105 ff., 127 ff., 391 ff.; *ders.,* CLF 16 (2005), 292 ff.; *ders.,* ICLR 5 (2005), 122, 123 ff. (130, 133), der dies als eigenständiges Verfahren betrachtet.

[29] Näher *Olásolo,* S. 510 ff.; *Cassese,* JICJ 4 (2006), 436; *El Zeidy,* LJIL 19 (2006), 749 f.; auch *Hoffmeister/Knoke,* ZaöRV 59 (1999), 788 f.; krit. *Cryer,* S. 224 f.; diff. *Robinson,* JICJ 9 (2011), 357 ff.; zur Berechtigung des Anklägers, wegen Taten zu ermitteln, die nach der Überweisungserklärung begangen worden sind, solange diese mit der überwiesenen Situation hinreichend verknüpft sind (*„sufficiently linked to the situation of crisis referred to the Court"*) *ICC,* Mbarushimana Arrest Warrant Decision 28.9.2010, para. 6; siehe auch Mbarushimana Decision 26.10.2011, para. 16; zum Ganzen *Stegmiller,* CLF 24 (2013), 480 ff.

[30] So musste der Chefankläger im Hinblick auf den Verweis Ugandas „concerning the LRA" klarstellen, dass alle und von allen Konfliktparteien begangene Verbrechen im Norden Ugandas untersucht werden (Brief v. 17.6.2004 an den Präsidenten des IStGH). Zu Uganda *Akhavan,* AJIL 99 (2005), 403 ff.; *Jurdi,* The ICC and national courts, 2011, S. 136 ff.; zudem darf eine Vertragspartei ihren Verweis nicht auf bestimmte Straftaten beschränken, *ICC,* Mbarushimana Decision 26.10.2011, para. 27.

[31] Vgl. *Kreß,* JICJ 2 (2004), 944 ff.; *Gaeta,* JICJ 2 (2004), 949 ff.; *Schabas,* CLF 19 (2008), 9 ff.; *Müller/Stegmiller,* JICJ 8 (2010), 1268 f; *Bock,* S. 271 ff.; zweifelnd noch *Hoffmeister/Knoke,* ZaöRV 59 (1999), 788, 793; *Wolfrum,* FS Eser, 2005, S. 984.

[32] Zum Begriff *Müller/Stegmiller,* JICJ 8 (2010), 1271 ff.; *Bassiouni,* JICJ 4 (2006), 424 f.; *Kreß/Wannek,* in: Kirsch, S. 237. Krit. *Arsanjani/Reisman,* AJIL 99 (2005), 387 ff.; *Kolb,* in: Kolb/Scalia, S. 278 f.; *Schabas,* CLF 19 (2008), 12 ff.; *Stahn,* CLF 19 (2008), 110 ff.; diff. *Kreß,* in: Neubacher/Klein, S. 108 f.; *Zahar/Sluiter,* S. 455 f.; Cryer/*Wilmshurst,* S. 166; eingehend zu Uganda und DRK *Schabas,* HRLJ 27 (2006), 29 ff., 32 ff.; *Akhavan,* CLF 21 (2010), 103 ff.

[33] Zur rechtlichen Problematik eines solchen „waiver" *El Zeidy,* ICLR 5 (2005), 99 ff., 118; *Arsanjani/Reisman,* AJIL 99 (2005), 396 f.; *Bitti/El Zeidy,* LJIL 23 (2010), 321 f.; *Stahn,* LJIL 23 (2010), 314; *Müller/Stegmiller,* JICJ 8 (2010), 1286 ff.; *Jurdi,* The ICC and national courts, 2011, S. 135 ff.; zum Unterschied zwischen „self-referral" und „waiver" *Schabas,* CLF 19 (2008), 15 f. – Die Vereinbarkeit der Überweisung mit dem Komplementaritätsprinzip hat allerdings ohnehin der Gerichtshof zu prüfen, vgl. *ICC,* Situation DRC, Arrest Warrant Decision 10.2.2006, paras. 35 ff.; *Gioia,* LJIL 19 (2006), 1114.; krit. *Kress,* JICJ 2 (2004), 946.

Der **Sicherheitsrat** kann unter Kapitel VII UNS fallende *Situationen* friedensbedrohender Art, in denen Verbrechen im Sinne des Statuts begangen wurden, an das Gericht verweisen (Art. 13 (b)).[34] Da diese Zuständigkeit unmittelbar aus der UNS folgt, kann der SR auch eine einen Nicht-Vertragsstaat betreffende Situation verweisen (Rn. 6 a. E.) – so geschehen im Falle Darfur (Rn. 78)[35] und Libyen.[36] Dagegen hat der Gerichtshof seine Zuständigkeit *ratione materiae* und *temporis* (Art. 5, 11) zu prüfen und zwar selbst dann, wenn der SR-Beschluss darüber hinausgeht (etwa die zeitliche Zuständigkeit vorverlagert).[37] Dies folgt daraus, dass der IStGH ein autonomes Völkerrechtsorgan ist, dessen Aufgaben und Befugnisse sich (nur) aus dem Statut ergeben (Art. 4). Aus Kapitel VII UNS folgt auch die Befugnis des Sicherheitsrats, den Gerichtshof darum zu ersuchen, ein *Ermittlungsverfahren nicht zu beginnen* oder – für einen (allerdings verlängerbaren) Zeitraum bis zu zwölf Monaten – *zu unterbrechen* (Art. 16).[38] Die darin liegende Einschränkung der Unabhängigkeit des Gerichts wird nur dadurch in ihren praktischen Auswirkungen gemildert, dass es eines mehrheitlich gefassten Beschlusses des Sicherheitsrats (also 9 der 15 Stimmen) – bei keiner Gegenstimme der fünf ständigen Mitglieder – bedarf (Art. 27 Abs. 3 UNS).[39] 8

Schließlich kann auch die **Anklagebehörde von Amts wegen** auf der Grundlage von Informationen aus verlässlichen Quellen, u. a. auch von zwischenstaatlichen Einrichtungen, NROs und Privatpersonen, (Vor-)Ermittlungen aufnehmen (Art. 13 (c) i. V. m. Art. 15; Rn. 21 ff.).[40] Dies geschah erstmals am 26.11.2009, als die Anklagebehörde bei der Vorverfahrenskammer II einen Antrag auf Aufnahme der Ermittlungen 9

[34] Vgl. *Kurth,* Verhältnis IStGH zum UN SR, 2005, S. 61 ff.; *Hoffmeister/Knoke,* ZaöRV 59 (1999), 789 f.; *Olásolo,* S. 134 ff., 481 ff.; *Wolfrum,* FS Eser, 2005, S. 984 f.; *Fixson,* in: Kirsch S. 216 f.; krit. *Cryer,* S. 225; *Ohlin,* in: *Stahn/Sluiter,* S. 189 f.; krit. zur Finanzierung solcher Sicherheitsratsverweise *Fletcher/Ohlin,* JICJ 4 (2006), 428 ff.; *Nsereko,* ZIS 2007, 501.

[35] Ende Januar 2005 hat eine fünfköpfige UN-Expertenkommission wegen der in Darfur (Sudan) begangenen Verbrechen die dringende Empfehlung an den SR ausgesprochen, diese „Situation" an den IStGH zu verweisen (vgl. *Darfur Report,* paras. 571 ff.). Zu diesem Verweis ist es nach langen Verhandlungen am 31.3.2005 mit SR-Res. 1593 gekommen, vgl. schon § 6 Rn. 28 sowie u. Rn. 78; krit. dazu *Condorelli/Ciampi,* JICJ 3 (2005), 594 ff.; *Schabas,* HRLJ 27 (2006), 37; *Zimmermann,* FS Tomuschat, 2006, S. 689 ff.; *Kurth,* Verhältnis IStGH zum UN SR, 2005, S. 73 f.; *Cryer,* LJIL 19 (2006), 195 ff.; *Jurdi,* The ICC and national courts, 2011, S. 199 ff., 210 ff.; positiver *Kreß,* FS Richter II, 2006, S. 326 u. *Cassese,* JICJ 4 (2006), 436 ff. S. ferner ICC-OTP, 2005; ICC-OTP, 2006; zur Bedeutung des Rückwirkungsverbots im Verfahren gegen Drittstaatenangehörige *Bock/Preis,* HuV-I 2007, 148.

[36] Zum Verweis der Situation in Libyen durch die UN-SR-Res. 1970/2011 s. § 6 Rn. 28; dazu vertiefend *Frau,* AVR 49 (2011), 276; *ders.,* ZIS 2011, 784 ff.; *Brunner/Frau,* HuV-I 2011, 192 ff.; *Domestici-Met,* GoJIL 3 (2011), 861 ff., 872 ff.; *Fink,* in: Meng/Ress/Stein, FS Europa-Institut, 2011, S. 137 ff.; *Janssen-Holldiek,* DGAPanalyse 4 (Oktober 2011); *Stahn,* JICJ 10 (2012), 325 ff.

[37] *Sadat,* in: Schabas/Bernaz, S. 197 ff.; *Jessberger,* in: Cassese, 2009, S. 209.

[38] Eingehend dazu *Olásolo,* S. 232 ff.; *Kurth,* Verhältnis IStGH zum UN SR, 2005, S. 75 ff.; auch *Hoffmeister/Knoke,* ZaöRV 59 (1999), 803 ff. mit Hinweis auf die fehlende Bindungswirkung des SR Beschlusses gegenüber dem – unabhängigen (Art. 42) – Ankläger (804 f.); auch *Fixson,* in: Kirsch, S. 218 f.; *Ambos,* in Ambos et al., 2009, S. 82 (para. 50); *Quesada-Alcalá,* S. 298 ff.; *Gallavin,* CLF 17 (2006), 50 ff.; *Nsereko,* ZIS 2007, 502 f.; Cryer/*Wilmshurst,* S. 170; krit. *Cryer,* S. 226 f.; *Kolb,* in: Kolb/Scalia, S. 284 ff.; in Bezug auf das Verfahren gegen Al Bashir *Hoven,* ZIS 2011, 230 ff.

[39] Ebenso *Bock,* S. 335 f. In SR-Res. 1422 v. 12.7.2002 kam es erstmals zu einem Aufschub gem. Art. 16, dazu und zu der folgenden Res. 1497 (2003) *Triggs,* in: Dolgopol/Gardam, S. 325; krit. *Ambos,* RDP 15 (2005), 108 ff.; *Kurth,* Verhältnis IStGH zum UN SR, 2005, S. 123 ff.; *Stahn,* EJIL 14 (2003), 103 f.; *Cryer,* S. 227 f.; Cryer/*Wilmshurst,* S. 170.

[40] Eingehend *Olásolo,* S. 403 ff.; auch *Hoffmeister/Knoke,* ZaöRV 59 (1999), 790 ff.; *Radosavljevic,* ICLR 13 (2013), 1021; zur Praxis *De Vos,* LJIL 26 (2013), 1012 ff.

in der Situation Kenia stellte;[41] die Kammer gab diesem am 31.3.2010 statt (siehe hierzu auch § 6 Rn. 28).[42]

II. Zulässigkeitsvoraussetzungen

10 Wichtigste Zulässigkeitsvoraussetzung ist der in Art. 17 (und in der Präambel sowie Art. 1) enthaltene **Grundsatz der Komplementarität.**[43] Er findet grundsätzlich auf alle Arten der Verfahrenseinleitung (Rn. 7ff.), einschließlich der auf Grund eines UN-Sicherheitsratsverweises gemäß Art. 13 (b),[44] Anwendung[45] und zwar sowohl bezüglich einer Situation (Art. 18 Abs. 1) als auch eines Falls (Art. 19 Abs. 1).[46] Die Komplementarität **i.w.S.** besteht dabei aus zwei Komponenten:[47] Zum einen kann der Gerichtshof nur tätig werden, wenn der zuständige Staat[48] **nicht willens oder fähig** ist,

[41] *ICC*, Situation Kenya, Request for authorisation of an investigation 26.11.2009.

[42] *ICC*, Situation Kenya, Decision 31.3.2010; hierzu *Ambos*, in: Bruinsma/Weisburd, S. 1038. Daraufhin beantragte der Chefankläger am 15.12.2010 eine Vorladung von sechs Verdächtigen, *ICC*, Situation Kenya, OTP Applications 15.12.2010. Die Vorladung erfolgte am 8.3.2011 (*ICC*, Kirimi Muthaura et. al. Decision 8.3.2011; Samoeiruto et al. Decision 8.3.2011). Am 11.3.2013 nahm die Chefanklägerin die Anklage gegen *Francis Kirimi Muthaura* gem. Art. 64 Abs. 1 zurück, *ICC*, Muthaura and Kenyatta Prosecution Withdrawal Notification 11.3.2013.

[43] Vgl. *Ambos*, 2010c, S. 37ff.; *Stahn*, LJIL 23 (2010), 315ff.; *Eberechi*, Afr. J. Int'l & Comp. L. 20 (2012), 24ff.; *Krings*, GoJIL 4 (2012), 746ff.; *Rastan*, in: Bergsmo, Complementarity and the Exercise of Universal Jurisdiction for Core International Crimes, S. 83ff.; *Ellis*, in: Muller/Zouridis, S. 178ff.; *Lafleur*, passim; allg. zum Komplementaritätsbegriff *Tharakan*, Konkretisierung des Komplementaritätsprinzips des IStGH, 2009, S. 5ff.; *Sadat*, in: Schabas/Bernaz, S. 197ff.; *El Zeidy*, in: Schabas/Bernaz, S. 211ff.; *Jessberger*, in: Cassese, 2009, S. 208, 212; *Nouwen*, in: Brown, S. 206; *Mendes*, S. 27ff.; *Gordon*, Or.L. Rev. 88 (2009), 627ff.; *Benoit-Landale*, in: Ziegler et al., Kriegsverbrecherprozesse in der Schweiz, 2009, S. 247ff.; *Jurdi*, The ICC and national courts, 2011, S. 9ff.; *Pinto Soares*, CLF 23 (2012), 186f.; für ältere Lit. s. 2. Aufl., § 8 Fn. 35. Zum Verhältnis zum *Ne bis in idem*-Grundsatz (Art. 20) vgl. § 7 Rn. 7 sowie *Conway*, CLF 14 (2003), 351ff. m.w.N.; zur möglichen Konkretisierung mit Blick auf das subsidiäre Tätigwerden der nat. Strafjustiz aufgrund des WRP *Ryngaert*, CLF 19 (2008), 177ff.; zum Verhältnis des IStGH zu den *Ad-Hoc-* und gemischten Gerichten *Ambach*, HuV-I 2005, 114ff.; instruktiv zum Zhg. mit der sog. „responsibility to protect" *Benzing*, in: König et al., S. 25ff.; zu einem „gender approach to complementarity" *Chappell/Grey/Waller*, IJTJ 7 (2013), 455ff.

[44] Dabei ist freilich umstritten, ob der UN-Sicherheitsrat die Staaten anweisen kann, ihre Zuständigkeit nicht auszuüben, vgl. ICC-OTP, 2003a, S. 21f.; auch *Hoffmeister/Knoke*, ZaöRV 59 (1999), 798; *Nsereko*, LJIL 26 (2013), 430ff. Im Darfur-Verfahren wird Art. 17 jedenfalls geprüft (vgl. ICC Newsletter 5, August 2005, 4; Insight 5/2005, 1, 4); in diesem Sinne auch *Moreno Ocampo*, Opening Remarks, 5th ASP, 23.11.2006; ebenso ICC-OTP, 2006b, S. 18; ICC-OTP, 2006, S. 5ff.; *Kreß*, FS Richter II, 2006, S. 328 m.w.N. in Fn. 33.

[45] Nicht aber auf die zivilrechtlichen Entschädigungsverfahren (u. Rn. 50ff), vgl. *Olásolo*, S. 100.

[46] *El Zeidy*, CLF 19 (2008), 35, 39; *Ambos*, 2010c, S. 44; krit. *Schabas*, 2010, S. 340; *WCRO*, The relevance of „a situation" to the admissibility and selection of cases before the ICC, Oktober 2009, S. 28ff. – Die bisherigen Entscheidungen ergingen allerdings hauptsächlich im Rahmen von Fällen (Art. 19 Abs. 1). Insofern stellen *ICC*, Katanga and Ngudjolo Decision 16.6.2009 und AppJ 25.9.2009 eine Ausnahme dar.

[47] S. *ICC*, Lubanga and Ntaganda Arrest warrant decision 10.2.2006, para. 29; ICC-OTP, 2010a, S. 4 Rn. 16. S. auch *Ambos*, 2010c, S. 43ff.; *ders./Bock*, in: Reydams/Wouters/Ryngaert, S. 636; Triffterer/*Williams/Schabas*, Art. 17 Rn. 21; *Pinto Soares*, IsLR 46 (2013), 319 mit einer Rspr.-Übersicht auf S. 22ff.

[48] Nach Art. 17 Abs. 1a), b) ist jeder Staat zuständig, „der Gerichtsbarkeit ... hat", doch ist dies teleologisch und völkerrechtspolitisch dahingehend zu verstehen, dass dem tatnäheren Tatort-, Täter- oder Opferstaat eine Vorrangzuständigkeit eingeräumt, nicht aber ein tatentfernter Drittstaat zur Strafverfolgung ermuntert werden soll (vgl. *Benvenuti*, in: Lattanzi/Schabas, S. 48f.; *Kreß*, NStZ 2000, 625; *Höpfel*, FS Eser, 2005, S. 773; in diesem Sinne zur Subsidiarität des WRP auch § 153f Abs. 2 StPO und Gesetzesbegründung, in: Lüder/Vormbaum, 2003, S. 60; *Werle*, 2012, Rn. 223). Andere internationale

ein vr Kernverbrechen zu verfolgen (**Komplementarität *stricto sensu***). Ein Verfahren vor dem IStGH ist daher grundsätzlich unzulässig, wenn ein nationales Verfahren stattfindet bzw. bereits stattgefunden hat (Art. 17 Abs. 1 (a)-(c), letzterer i. V. m. Art. 20 Abs. 3).[49] Dabei muss sich das nationale Verfahren auf die Person und das Verhalten beziehen, das Gegenstand des Verfahrens vor dem IStGH ist.[50] Zum anderen muss die in Rede stehende Tat **ausreichend schwer** sein (Art. 17 Abs. 1 (d));[51] dies ist vor und unabhängig von der Komplementarität *stricto sensu* zu prüfen.[52] Die PTC I will insoweit auf die Art und gesellschaftlichen Auswirkungen der Taten, die Art der Begehung sowie den Rang und die Rolle des Verdächtigen abstellen;[53] der Ankläger verfolgt ein Vielfaktorenmodell, bei dem u. a. die Ausmaße, Natur und Auswirkungen der Taten, aber auch die Begehungsweise berücksichtigt werden (Nr. 29 Regulations OTP).

Die **Komplementarität *stricto sensu*** lässt sich wiederum in dreifacher Weise struktu- 11
rieren:[54] (i) das Verfahren ist ohne Weiteres zulässig, wenn der Staat *völlig untätig* bleibt („inaction scenario"); (ii) es ist grundsätzlich unzulässig, wenn der Staat *Maßnahmen* i. S. v. Art. 17 Abs. 1 (a)–(c) ergreift; (iii) es ist (gleichwohl) zulässig aufgrund *mangelnden Willens oder Unvermögens* des Staates. Im Rahmen des **„inaction scenario"** geht es nicht nur um tatsächliche, sondern auch normativ hervorgerufene Untätigkeit, insbesondere durch Erlass von Verfahrenshindernissen, etwa eine umfassende Amnestie.[55] Auch bei einer Staateneigenüberweisung (Rn. 7) kann man typischerweise

Tribunale fallen nicht unter Art. 17, da sie kein „Staat" sind; insoweit hilft nur die Nichteröffnung des (förmlichen) Ermittlungsverfahrens gemäß Art. 53 Abs. 1 (c), Abs. 2 (c) (vgl. auch *Ambach,* Bofax 297E und Bofax 298E).

49 Zur Definition von „investigated" und „prosecuted" im Zhg. mit der Uganda Situation *Greenawalt,* VirgJIL 50 (2009), 125 ff.

50 *ICC,* Situation DRC, PTC Arrest Warrant Decision 10.2.2006, para. 31; siehe hierzu auch *ICC,* Al-Islam Gaddafi Admissibility Decision 31.5.2013, paras. 114 ff.; Al-Senussi Admissibility Decision 11.10.2013, paras. 68 ff.

51 *ICC,* Situation DRC, Arrest Warrant Decision 10.2.2006, paras. 42 ff.; *HRW,* March 2007, S. 3; *Ambos,* 2010 a, S. 146; *ders,* 2010 c, S. 43 ff; umfassend *Murphy,* CLF 17 (2006), 281 ff.; auch *Ambos,* in: Ambos et al., 2009, S. 73 f. (para. 38); *Cárdenas,* S. 88 ff.; *Bitti,* RS C 3 (2006), 706 f.; Cryer/*Wilmshurst,* S. 161 f.; *Rohrer,* Legalitäts- oder Opportunitätsprinzip beim IStGH, 2010, S. 198 ff.; *Jurdi,* The ICC and national courts, 2011, S. 55 ff.; krit. *Arzt,* FS Eser, 2005, S. 700 f.; *DeGuzman,* ColJTL 51 (2012–2013), 18 ff.; *Takemura,* in: van den Herik/Stahn, S. 634; krit. zum „quantitative approach" der Anklagebehörde *Schabas,* CLF 19 (2008), 28 ff.; krit. auch *El Zeidy,* CLF 19 (2008), 39 ff., 45 ff. (56 f.), der einerseits die Praxis der Anklagebehörde für widersprüchlich hält, andererseits aber auch die Kriterien der PTC und ihre „mandatory language" kritisiert; krit. aus menschenrechtlicher Sicht *Deprez,* ICLR 12 (2012), 733 f.

52 *ICC,* Lubanga Decision 24.2.2006; ICC-OTP, 2003 a, S. 7; *Guariglia,* in: Stahn/Sluiter, S. 213 f.; *Schabas,* in: Stahn/Sluiter, S. 229 ff.; *Nouwen,* in: Brown, S. 209 ff.; *Ambos,* 2010 c, S. 44 ff.; für weitere Nachweise siehe *ders.*, Procedimento de la Ley de Justicia y Paz (Ley 975 de 2005) y dpi, 2010, para. 38 Fn. 352; siehe zudem Rn. 23.

53 *ICC,* Situation DRC, PTC Arrest Warrant Decision 10.2.2006, paras. 42 ff., 63.

54 Vgl. *Ambos,* 2010 c, S. 54 ff. m.w.N.; *Stegmiller,* S. 284 ff., 461; *ders.*, CLF 24 (2013), 484; ähnlich *Brighton,* ICLR 12 (2012), 635 ff., die zwischen zwei Stufen („tiers") mit insgesamt drei Elementen differenziert: Erste Stufe: Aktivität; zweite Stufe, erstes Element: mangelnder Wille; zweite Stufe, zweites Element: Unfähigkeit.

55 *Ambos,* 2010 c, S. 55 ff.; *Stegmiller,* S. 289 ff., 409 ff.; *Schabas,* in: Brown, S. 374 ff., 381 ff.; *King,* Geo. Wash. Int.'l L. Rev. 41 (2010), 577; *Jurdi,* The ICC and national courts, 2011, S. 37. Vgl. dazu auch ICC-OTP, 2003 a, S. 7, 18; für „uncontested admissibility" insoweit auch ICC, Katanga and Njudjolo AppJ 25.9.2009, para. 78; zust. *Batros,* LJIL 23 (2010), 353 ff.; *Robinson,* CLF 21 (2010), 67 ff.; diff.

von einer solchen Untätigkeit ausgehen.[56] Die in Art. 17 Abs. 1 (a)–(c) angesprochenen **Maßnahmen** müssen das ernsthafte („genuinely") Verfolgungsbegehren des Staates zum Ausdruck bringen.[57] Ein **mangelnder Wille** zur Strafverfolgung soll etwa dann anzunehmen sein, wenn (1) ein bestimmter Staat nur ein Scheinverfahren (sog. „sham proceedings") einleitet, um die betreffende Person vor Strafverfolgung zu schützen, wenn (2) eine gegen einen Strafverfolgungswillen sprechende Verfahrensverzögerung eintritt, oder wenn (3) das Verfahren nicht unabhängig oder unparteiisch durchgeführt wird (vgl. Art. 17 Abs. 2 (a)–(c)).[58] Ein **Unvermögen** der nationalen Gerichtsbarkeit soll dagegen bestehen, wenn es ihr auf Grund ihres völligen oder doch wesentlichen Zusammenbruchs (sog. „failed State") nicht gelingt, des Beschuldigten habhaft zu werden oder die notwendigen Beweismittel zu erlangen (Art. 17 Abs. 3).[59] Zusammenfassend lässt sich die Prüfung der Komplementarität wie folgt darstellen:

Sácouto/Cleary, LJIL 23 (2010), 364, 368ff.; vgl. auch *Stahn,* LJIL 23 (2010), 315ff.; krit. *Arsanjani/Reisman,* AJIL 99 (2005), 390f.; zum afrikanischen Kontext *Eberechi,* Afr. J. Int'l & Comp. L. 20 (2012), 25ff.

56 Vgl. *Stegmiller,* S. 136f.; auch *Bock,* S. 296.

57 Vgl. *Ambos,* 2010c, S. 59ff.; *Stegmiller,* S. 289ff; zur eigenständigen Bedeutung des Begriffs „genuinely" s. *Jensen,* in: Kleffner/Kor, S. 147ff.; zur Frage, ob ein Staat die betreffenden Taten als „internationale" Taten verfolgen muss, s. *Heller,* HarvILJ 53 (2012), 85ff.; krit. dazu *Robinson,* HarvILJ 53 (2012), 165ff.; *Stahn,* HarvILJ 53 (2012), 183ff.; krit. zur (fehlenden) Anwendung von Art. 17 durch die OTP in der Situation Kolumbien *Pinto Soares,* IsLR 46 (2013), 326ff.; *Chappell/Grey/Waller,* IJTJ 7 (2013), 464ff.

58 Vgl. *Ambos,* 2010c, S. 59ff.; *Stegmiller,* S. 302ff.; *Tharakan,* Konkretisierung des Komplementaritätsprinzips des IStGH, 2009, S. 105ff.; *Kindt,* S. 150ff.; *Jurdi,* The ICC and national courts, 2011, S. 37ff.; *Azarov/Weill,* ICLR 12 (2012), 910ff.; zur Bedeutung mangelnder Verfahrensfairness *Fry,* CLF 23 (2012), 40ff.; für ältere Lit. s. 2. Aufl., § 8 Fn. 43. Zur Zulässigkeit von Amnestien o. a. Straffreistellungmaßnahmen in diesem Zhg. *Ambos,* in: Ambos et al., 2009a, S. 78f. (paras. 44ff.); siehe auch *Benoit-Landale,* in: Ziegler et al., Kriegsverbrecherprozesse in der Schweiz, 2009, S. 250f.; *Jurdi,* The ICC and national courts, 2011, S. 73ff.; *Schabas,* 2013, S. 67ff.

59 Näher ICC-OTP, 2003a, S. 14f. mit einer umfassenden Indizienliste auf S. 28ff.; *Ambos,* 2010c, S. 80ff.; *Tharakan,* Konkretisierung des Komplementaritätsprinzips des IStGH, 2009, S. 123ff.; *Kindt,* S. 156; *Benoit-Landale,* in: Ziegler et al., Kriegsverbrecherprozesse in der Schweiz, 2009, S. 251f.; *Jurdi,* The ICC and national courts, 2011, S. 48ff.; für ältere Lit. s. 2. Aufl., § 8 Fn. 44; zur DRK insoweit *Burke-White,* LJIL 18 (2005), 574ff. (586); zu beiden Kriterien auch *Easterday,* ArizJICompL 26 (2009), 57ff.; *Van der Wilt/Lyngdorf,* ICLR 9 (2009), 39ff. Ein Unvermögen der nationalen Gerichtsbarkeit hat die Vorverfahrenskammer im Fall *Saif Al-Islam Gaddafi,* Sohn des ehem. libyschen Staatschefs *Muhamed Gaddafi,* angenommen, da die libyschen Ermittlungen nicht denselben Sachverhalt beträfen und Libyen im Übrigen derzeit nicht in der Lage sei, ein ordnungsgemäßes Verfahren durchzuführen, siehe *ICC,* Al-Islam Gaddafi Admissibility Decision 31.5.2013, paras. 114ff., 204ff. (215). Anders hat die gleiche Vorverfahrenskammer (in gleicher Besetzung) aber im Fall *Al-Senussi* am 11.10.2013 entschieden: Die libyschen Ermittlungen beträfen den gleichen Sachverhalt und Libyen sei auch willens und in der Lage, das Verfahren ordnungsgemäß zu führen, siehe *ICC,* Al-Senussi Admissibility Decision 11.10.2013, paras. 68ff. (80ff., 158ff., 163ff.), 199ff. (289ff.). In einer (grundsätzlich zustimmenden) Erklärung zu dieser Entscheidung wies die belgische Richterin van den Wyngaert anlässlich der Entführung des libyschen Premierministers *Ali Zeidan* allerdings auf die „prekäre Sicherheitssituation" („precarious security situation") in Libyen hin, deren „weitere Verschlechterung" („further detoriation") auch auf Libyens Fähigkeit, das Al-Senussi Verfahren ordnungsgemäß durchzuführen, Auswirkungen haben könne, s. *van den Wyngaert,* Declaration 11.10.2013. Zum Ganzen *Fry,* CLF 23 (2012), 35ff.; *Stahn,* JICJ 10 (2012), 332ff.; *Mégret/Giles Samson,* JICJ 11 (2013), 581ff.

I. Bezugspunkt: situation – case – conduct	
II. Ausreichende Schwere (Art. 17 Abs. 1 (d))	
III. Komplementarität stricto sensu	
1. *Zulässigkeit (+)*	bei **Inaktivität** des Staates
2. *Unzulässigkeit (+)*	beim Ergreifen von **Maßnahmen** (Ermittlungen, Anklage oder Verfahren, Art. 17 Abs. 1 (a)–(c) und 20 Abs. 3)
Ausnahme: *Zulässigkeit (+)*	bei **mangelndem Willen/Unfähigkeit** des Staates trotz o. aufgrund getroffener Maßnahmen (2.)

Schaubild 13: Prüfung der Komplementarität

Der Grundsatz der Komplementarität bildet damit den entscheidenden Unterschied 12
zwischen dem IStGH und den *Ad-Hoc*-Tribunalen: Während diese eine *Vorrangzuständigkeit* für die im ehemaligen Jugoslawien und Ruanda begangenen Taten beanspruchen,[60] kann jener nur *ergänzend* zur nationalen Gerichtsbarkeit tätig werden. Dies sollte auch die Bedenken besonders souveränitätsbewusster Staaten[61] gegen den IStGH zerstreuen, denn es hängt letztlich von ihnen ab – konkret: von der effizienten Strafverfolgung vor ihren nationalen Gerichten –, ob der Gerichtshof einen sie betreffenden Fall verhandeln kann. Freilich obliegt die Entscheidung über die genannten Zulässigkeitsvoraussetzungen dem Gerichtshof[62] und ihm kommt damit eine (begrüßenswerte) Aufsichtsfunktion zu.[63]

Eine der zentralen Zukunftsaufgaben der Völkerstrafrechtswissenschaft und -praxis wird es sein, den Kom- 13
plementaritätsgrundsatz zu **konkretisieren.** Er ist Ausdruck der Überzeugung der Gründungsstaaten des IStGH, dass es in erster Linie die Aufgabe der Territorialstaaten ist, die auf ihrem Hoheitsgebiet begangenen vr Kernverbrechen abzuurteilen.[64] Das Verhältnis zwischen dem IStGH, insbesondere seiner Anklagebe-

[60] Vgl. etwa *Wolfrum,* FS Eser, 2005, S. 980ff.; *Cryer,* S. 127ff.; *Zahar/Sluiter,* S. 450ff. Beachte aber die Möglichkeit einer Abgabe von Verfahren an die nationalen Gerichte (ICTY-/ICTR-Regel 11*bis*), dazu *Pinto Soares,* IsLR 46 (2013), 331ff.; *Shany,* IsLR 46 (2013), 438f.; *Kindt,* S. 134f.; *Lindemann,* Referral of Cases, S. 70ff.; auch *Angermaier,* in: Bergsmo, 2010, 40ff.; *Donlon,* in: Darcy/Powderly, S. 353ff.; *Bekou,* Fordham ILJ 33 (2010), 723; *Carter,* Fordham ILJ 32 (2009), 1614; krit. zur von der „completion strategy" (§ 6 Rn. 15, 20) beeinflussten Auswahl von Beschuldigten *Bergsmo,* in: Bergsmo, 2010, 12; zu gemeinsamen Zielen von „completion strategy" und „positive complementarity" (dazu Rn. 13) *Pinto Soares,* IsLR 46 (2013), 329f.

[61] Zum Konflikt zwischen Souveränitätsinteressen und Strafverfolgung durch den IStGH *Brighton,* ICLR 12 (2012), 631ff.

[62] *Olásolo,* S. 196, 227ff.; *ders.,* ICLR 5 (2005), 137 will deshalb von einem „materiellen Vorrang" („primacía material") des IStGH sprechen; ebenso schon *Verhoeven,* NYIL 23 (2002), 20: „some ‚primacy'".

[63] Zust. auch *Cryer,* S. 149, 165; *Stahn,* CLF 19 (2008), 99f. („checks and balances").

[64] So ausdrücklich ICC-OTP, 2010a, S. 4 Rn. 16; dazu *Ambos/Stegmiller,* CrimLSC 59 (2013), 417ff.; insoweit für ein ZP zum IStGHS, welches die nationale Verfolgungspflicht der IStGH-Kernverbrechen, die über die bisherige vr Verfolgungspflicht hinausgehe, in das Zulässigkeitsverfahren integrieren solle, *Akhavan,* JICJ 8 (2010), 1245 (1247, 1262ff.).

hörde, und dem Territorialstaat sollte deshalb von den Grundsätzen der **Partnerschaft und Wachsamkeit** („partnership and vigilance") geprägt sein.[65] Das darin zum Ausdruck kommende *Spannungsverhältnis* ist gewollt, denn einerseits sollte der IStGH eigentlich verfolgungswilligen Staaten seine partnerschaftliche Unterstützung anbieten (vgl. auch Art. 93 Abs. 10), andererseits aber auch dafür Sorge tragen, dass es zu einer ernsthaften Strafverfolgung kommt und diese – gleichsam als *ultima ratio* – selbst in die Hand nehmen. In der Konsequenz des partnerschaftlichen Ansatzes lag der Aufbau einer – von Deutschland mitinitiierten – sog. **„Justice rapid response capacity"** zur Unterstützung verfolgungswilliger Staaten, die allerdings bis heute keine nennenswerte Bedeutung erlangt hat.[66] In einem ähnlichen Sinne wurde auf der ersten IStGHS-Überprüfungskonferenz (§ 6 Rn. 34) insbesondere auf die aktive Unterstützung und Förderung der nationalen Strafverfolgung durch die Anklagebehörde (**„positive complementarity"**) eingegangen.[67] Deren Ziel ist es, die Staaten vor, während und nach den Ermittlungen innerhalb einer Situation mit Blick auf Gesetzgebung und praktische Umsetzung zu unterstützen.[68] Freilich darf nicht übersehen werden, dass die zu enge Zusammenarbeit der Anklagebehörde mit Situationsstaaten deren Unabhängigkeit gefährdet[69] und schließlich die in der Logik positiver Komplementarität liegende völlige Delegation der Strafverfolgung an die Territorialstaaten die Gefahr der Straflosigkeit („impunity gap") erhöht, zumal die Anklagebehörde sich ohnehin auf die Verfolgung der Hauptverantwortlichen („leaders who bear the greatest responsibility") beschränkt[70] bzw. diese priorisiert.[71]

---

[65] Vgl. ICC-OTP, 2003a, S. 3ff.; ähnlich *Keitner,* UCLA J. Int.L.& For.Aff. 6 (2001), 237: „carrot and stick". Für Toleranz unter Hinweis auf das U.S.-amerikanische Jury System *Fletcher,* FS Eser, 2005, S. 748f.

[66] Die entsprechende deutsch-kanadische Initiative wurde ursprünglich von zehn Vertragsstaaten (Argentinien, Brasilien, Deutschland, Frankreich, Großbritannien, Kanada, Niederlande, Schweden, Schweiz, Südafrika) auf der dritten Vertragsstaatenversammlung im September 2004 in Den Haag vorgestellt, ist dann von Kanada koordiniert und an die NGO „No Peace without Justice" angehängt worden, womit sie deutlich an Schwung verlor (Auskunft AA, 13.1.2011; vgl. näher zu der urspr. Initiative die Justice rapid response feasibility study sowie die Chair's conclusions of the Venice conference on justice rapid response; knapp *Burke-White,* CLF 19 (2008), 80).

[67] Review Conference, Resolution ICC-ASP/8/Res.9, mit einer Definition von „positive complementarity"; dazu auch *Bergsmo/Bekou/Jones,* GoJIL 2 (2010), 797ff.; befürwortend *Burke-White,* CLF 19 (2008), 60ff. und *Pampalk/Knust,* ZIS 2010, 672ff.; *Ambos/Stegmiller,* CrimLSC 59 (2013), 426ff.; *Ryngaert,* in: Bergsmo, Complementarity and the Exercise of Universal Jurisdiction for Core International Crimes, S. 172ff.

[68] Review Conference, Resolution ICC-ASP/8/Res.9, paras. 17ff.; ICC-OTP, 2010a, S. 5 Rn. 17, dazu *Pinto Soares,* IsLR 46 (2013), 320. Zu nennen sind insoweit auch die Legal Tools Datenbank des IStGH, eine Art elektronische und vernetzte Bibliothek, die den Zugang zu mehr als 68 000 vstr relevanten Texten und Dokumenten und damit die Verfolgung vr Verbrechen erleichtern soll; s. dazu *Bergsmo/Bekou/Jones,* GoJIL 2 (2010), 804ff; *dies.*, HRLR 10 (2010), 715ff; *dies.*, in: Bergsmo, Active Complementarity etc., S. 15ff.; http://www.ltop-network.org/(zuletzt abgerufen am 1.7.2014). Ein Service der Legal Tools ist die sog. Case Matrix, die seit November 2013 registrierten Nutzern eine mehrsprachige Rechtsprechungsübersicht über die Tatbestandsmerkmale und Beweiselemente der Art. 6–8, 25 und 28 bietet, siehe http://www.casematrixnetwork.org/case-matrix/online-icc-case-matrix/ und http://www.department-ambos.uni-goettingen.de/index.php/Forschung/elements-of-crime-digest.html (jeweils zuletzt abgerufen am 1.7.2014); siehe auch *Bergsmo/Bekou/Jones,* in: Bergsmo, Active Complementarity etc., S. 25ff., 43ff.; für weitergehendere Maßnahmen im Rahmen der positive complementarity *Lafleur,* S. 345ff., zustimmend *Kuhli,* GA 2012, 765; *Orentlicher,* JICJ 11 (2013), 524ff.; zur positive complementarity, insb. durch Kooperationsvereinbarungen *Tillier,* ICLR 13 (2013), 507ff. (581ff.).

[69] Krit. auch diff. *Stahn,* CLF 19 (2008), 100ff., insb. zu Risiken im Hinblick auf die Unparteilichkeit der Anklagebehörde (103, 107f.); *Hall,* in: Stahn/Sluiter, S. 220ff., der insb. auf die Unterschiede zum ICTY und ICTR eingeht (225f.).

[70] ICC-OTP, 2003, S. 7; ICC-OTP, 2006c, S. 5; *ICC,* Situation DRC, Arrest Warrant Decision 10.2.2006, para. 61; *Schabas,* HRLJ 27 (2006), 26f.; *Yousuf,* Situation in Darfur, 4th IMWU General Congress, 2007, S. 7; *Ambos/Bock,* in: Reydams/Wouters/Ryngaert, S. 538; *Guariglia,* in: Bergsmo, Thematic Prosecution of International Sex Crimes, S. 47; krit. *Arsanjani/Reisman,* AJIL 99 (2005), 398f.; *Kleffner,* in: ders./Kor, Complementarity, 2006, S. 93f.

[71] Siehe ICC-OTP, Strategic Plan, 2013, para. 4a, wonach Ermittlungen zunächst gegen eine beschränkte

14 Die Komplementarität steht auch im Mittelpunkt von Art. 18, der **vorläufige Zulässigkeitsentscheidungen** („Preliminary rulings regarding admissibility") im Rahmen einer *Situation* („situation") betrifft, sowie von Art. 19, der **Zuständigkeits- und Zulässigkeitsrügen** bezüglich eines *Falls* („Challenges to the jurisdiction of the Court or the admissibility of a case") regelt.[72] Da Art. 19 auch die in Art. 18 geregelten Zulässigkeitsfragen erfasst, haben die gerichtshoffreundlichen Staaten Art. 18 immer für überflüssig gehalten. Die nun existierende **doppelte Zulässigkeitsprüfung** über Art. 18 und 19 birgt die Gefahr einer Verfahrensverschleppung oder gar -blockierung in einem sehr frühen Verfahrensstadium in sich. Dieser Gefahr soll eine auf Betreiben der gerichtshoffreundlichen Staaten aufgenommene *Präklusionsregelung* in Art. 18 Abs. 7 entgegenwirken. Danach kann eine erneute Zulässigkeitsrüge desselben Staates im Rahmen von Art. 19 nur auf Grund *zusätzlicher* wesentlicher Tatsachen oder einer wesentlichen *Änderung* der Sachlage angebracht werden. Das Wörtchen „nur" ist in dieser Vorschrift nicht enthalten, muss jedoch in sie hineingelesen werden, damit sie ihren Zweck – Verhinderung von Verfahrensverschleppung – erfüllen kann. In den Verhandlungen wurde diese explizite Einschränkung auch von den gerichtshoffreundlichen Staaten als Zeichen ihrer Kompromissbereitschaft gefordert, von den USA jedoch abgelehnt. Das Bemühen, die prozessualen Anfechtungsmöglichkeiten im Vorverfahren soweit wie möglich zu beschränken, zeigt sich auch in Art. 19 Abs. 4, wonach die Zulässigkeit *„nur einmal"* von einer Person oder einem Staat, grundsätzlich nur *bis zur Eröffnung des Hauptverfahrens* und nur dann gerügt werden kann, wenn schon ein gerichtliches Verfahren stattfindet (Art. 19 Abs. 4 S. 4 i. V. m. Art 17 Abs. 1 (c)).[73] Um einer solchen Rüge zuvorzukommen, kann die Anklagebehörde schon vorher gerichtliche Klärung beantragen (Art. 19 Abs. 3).[74]

15 Im Verfahren nach **Art. 18** soll die Anklagebehörde – im Falle eines Staatenverweises (Art. 13 (a) i. V. m. Art. 14) oder Ermittlungen von Amts wegen (Art. 13 (c) i. V. m. Art. 15) – zunächst alle Vertragsstaaten sowie die normalerweise zur Strafverfolgung berufenen Staaten, ggf. vertraulich oder in beschränktem Umfang, benachrichtigen (Art. 18 Abs. 1).[75] Der betreffende Staat kann dann innerhalb eines Monats nach Erhalt dieser Benachrichtigung Ermittlungen aufnehmen bzw., sofern er bereits solche eingeleitet hat, das Gericht hiervon in Kenntnis setzen. Auf Ersuchen des betroffenen Staates sollen die Ermittlungen zurückgestellt werden, es sei denn, dass die Vorverfahrenskammer zu entsprechenden Ermittlungen ermächtigt (Art. 18 Abs. 2). Die Anklagebehörde kann jedoch ihre Zurückstellungsentscheidung nach sechs Monaten oder auch immer dann überprüfen, wenn sich aus den Umständen ergibt, dass der Staat nicht willens oder

Anzahl von Tätern von mittlerem und höchstem Rang, erst danach gegen solche von niedrigerem Rang eingeleitet werden. Ausführlich zur Strategie der OTP in den letzten Jahren *Ambos/Stegmiller,* CrimLSC 59 (2013), 415ff.; zur „big fish versus small fry"-Differenzierung *Takemura,* in: van den Herik/Stahn, S. 638; *O'Brien,* JICJ 10 (2012), 525ff.; zu den Herausforderungen an die Ermittlerteams der *Ad-Hoc*-Tribunale, die sich aus der Priorisierung von Hauptverantwortlichen ergeben, *Tochilovsky,* CLF 22 (2011), 599ff.

72 Zu dieser grdl. Unterscheidung vgl. bereits Rn. 2; auch *El Zeidy,* LJIL 19 (2006), 742 (744ff.); *Guariglia,* Stahn/Sluiter, S. 209, 214f.; zum „Fall" im weiten und engeren Sinne *Ambos,* 2010c, S. 38f.

73 So auch *Jacobs,* LJIL 23 (2010), 331, der die Komplementaritätsrüge bis zur ersten Einlassung der Parteien im Hauptverfahren („opening statement" des adversatorischen Strafprozesses) zulassen will und damit der TC widerspricht, die eine solche Rüge nur bis zum Abschluss des Zwischenverfahrens als möglich ansieht, s. *ICC,* Katanga and Ngudjolo Decision 16.6.2009; s. zu dieser Entscheidung näher *Bitti/El Zeidy,* LJIL 23 (2010), 322ff.

74 Dazu auch *Hoffmeister/Knoke,* ZaöRV 59 (1999), 800.

75 *Wouters/Verhoeven/Demeyere,* The ICC's OTP, 2006, 10f.; *Razesberger,* Complementarity, 2006, S. 67ff.: krit. *Damaška,* UCLA J. Int.l L & Foreign Affairs 14 (2009), 23f.; *Nouwen,* in: Brown, S. 222f.; *Rohrer,* Legalitäts- oder Opportunitätsprinzip beim IStGH, 2010, S. 143f.

fähig ist, das Verfahren ernsthaft durchzuführen. Zu diesem Zweck kann sie von dem Staat verlangen, regelmäßig über den Stand der Ermittlungen und den Fortgang des Verfahrens informiert zu werden (Art. 18 Abs. 5). Falls der Zuständigkeitskonflikt bei der Vorverfahrenskammer oder der Rechtsmittelkammer im Rechtsmittelverfahren anhängig ist, kann die Anklagebehörde die Vorverfahrenskammer schließlich um die Genehmigung notwendiger Ermittlungsmaßnahmen zur Beweissicherung ersuchen, wenn zum einen eine „einmalige Gelegenheit" („unique opportunity") der Beweisbeschaffung oder zum anderen eine erhebliche Verlustgefahr besteht (Art. 18 Abs. 6). Es geht hier auch um die Verhinderung einer völligen Blockierung des Verfahrens.[76]

16 Im Rahmen von **Art. 19** hat der Gerichtshof seine Zuständigkeit *von Amts wegen* zu prüfen (Art. 19 Abs. 1).[77] Darüberhinaus sind der Angeklagte, eine mit Haftbefehl gesuchte Person oder ein Staat, der zuständig oder dessen *Ad-Hoc*-Einverständnis notwendig ist, zur Geltendmachung von Zuständigkeits- oder Zulässigkeitsrügen befugt (Art. 19 Abs. 2 (a)–(c)).[78] Liegt die Rüge vor der Bestätigung der Anklagevorwürfe („confirmation of the charges", Rn. 28), ist die Vorverfahrenskammer zuständig, danach die Hauptverfahrenskammer. Rechtsmittelinstanz ist in beiden Fällen die Rechtsmittelkammer (Art. 19 Abs. 6). Die Anklagebehörde kann bei Anhängigkeit einer Streitigkeit – wie bei Art. 18 Abs. 6 – das Gericht um Genehmigung ersuchen, notwendige Ermittlungsmaßnahmen zur Beweissicherung vornehmen zu können (Art. 19 Abs. 8). Art. 19 Abs. 9 stellt klar, dass das Rügeverfahren die Wirksamkeit vor der Rüge liegender staatsanwaltschaftlicher Ermittlungsmaßnahmen oder gerichtlicher Anordnungen unberührt lässt. Erklärt das Gericht einen Fall gemäß Art. 17 (Komplementarität) für unzulässig, kann die Anklagebehörde eine Wiederaufnahme bei Vorliegen neuer Tatsachen beantragen. Hat die Anklagebehörde vorläufig von weiteren Ermittlungen abgesehen, kann sie – wie bei Art. 18 Abs. 5 – eine regelmäßige (ggf. vertraulich zu erfolgende) Unterrichtung über den Verfahrensstand verlangen; entschließt sie sich danach, die Ermittlungen wieder aufzunehmen, so hat sie den betreffenden Staat hiervon in Kenntnis zu setzen (Art. 19 Abs. 11).

Lösung Fall 1:

17 **a)** *Formell* ist der IStGH gemäß Art. 12 Abs. 2 (a) zuständig, jedoch in *zeitlicher* Hinsicht nur für solche Verbrechen, die *nach* Inkrafttreten des Statuts für U[79] begangen wurden (Art. 11 Abs. 2, 126 Abs. 2). Für die Verfolgung der vorher begangenen Straftaten ist der IStGH dagegen nicht zuständig, es sei denn, dass U sich insoweit seiner Gerichtsbarkeit unterwirft (Art. 11 Abs. 2 letzter Halbsatz i. V. m. Art. 12 Abs. 3). Die Zuständigkeit des IStGH in *materiell-rechtlicher* Hinsicht ergibt sich aus Art. 5 Abs. 1 (c) i. V. m. Art. 8 Abs. 2 (c)(i) sowie (e)(vi) und (vii). Hinsichtlich der übrigen Zuständigkeitsvoraussetzungen (Art. 12) bestehen keine Bedenken.
b) Als Vertragspartei des IStGH-Statuts kann U jederzeit der Anklagebehörde des IStGH eine Situation, in der es den Anschein hat, dass ein oder mehrere der Gerichtsbarkeit des Gerichtshofs unterliegende Verbrechen begangen wurden, unterbreiten und diesen darum ersuchen, den Sachverhalt zu ermitteln (Art. 13 (a) i. V. m. Art. 14). Einem solchen Ermittlungsersuchen soll, soweit möglich, ausreichend Tatsachen- und Beweismaterial beigefügt werden (Art. 14 Abs. 2). Die Zuständigkeit und die Zulässigkeit des Verfahrens richten sich nach den allgemeinen Bestimmungen.
c) Die Frage, ob das Ersuchen gemäß Art. 14 durch den unterbreitenden Staat wieder zurückgenommen werden kann, erlangte praktische Bedeutung, als der ugandische Präsident *Museveni* im November 2004 eine Rücknahme („withdrawal") seines im Dezember 2003 an den IStGH gerichteten Ermittlungsersuchens für den Fall in Erwägung zog, dass zwischen den Regierungstruppen und den

[76] *Cryer,* S. 164 f. (insb. zu Art. 18 (Abs. 3, 5).

[77] ICC, Kony et al. Decision 10.3.2009, dazu *Pinto Soares,* IsLR 46 (2013), 325 f.; zur Anwendung von Art. 19 Abs. 1 bzgl. Uganda s. *Peschke,* in: Brown, S. 201; für eine Übersicht über Entscheidungen und Urteile, die sich im Rahmen anderer Fragestellungen mit dem Komplementaritätsgrundsatz auseinandersetzen s. *Bitti/El Zeidy,* LJIL 23 (2010), 320 mit Fn. 6; s. auch *Stahn,* in: ders./Sluiter, S. 273 f.; *Brighton,* ICLR 12 (2012), 634 f.; beispielhaft für die Geltendmachung von Zulässigkeitsrügen durch einen Staat gem. Art. 19 Abs. 2 (b) siehe *ICC,* Kirimimuthaura et al. and Samoeiruto et al. Goverment Application 31.3.2011, krit. *Brighton,* ICLR 12 (2012), 641 ff.

[78] Siehe u. a. *ICC,* Mbarushimana Decision 26.10.2011.

[79] Gemäß Art. 126 Abs. 2 tritt das Statut nach Hinterlegung der sechzigsten Ratifikationsurkunde für einen später ratifizierenden Staat am ersten Tag des Monats in Kraft, der auf den sechzigsten Tag der Hinterlegung *seiner* Ratifikationsurkunde beim Generalsekretär der Vereinten Nationen folgt.

Truppen der sog. *Lord's Resistance Army* (LRA) eine dauerhafte Waffenruhe zustande kommen und die LRA sich einem „traditionellen" (innerstaatlichen) Versöhnungsverfahren unterwerfen würde.[80] Gegen eine Rücknahme dürfte jedoch sprechen, dass weder Art. 13 (a) noch Art. 14 – ganz im Gegensatz etwa zu Art. 124 S. 2 (Rn. 6) – eine derartige Möglichkeit vorsehen, diese Bestimmungen vielmehr dem Gericht die Befugnis zur Ausübung seiner Gerichtsbarkeit einräumen, wenn (und sobald) dem Ankläger eine Situation i. S. d. genannten Vorschriften unterbreitet wird. Damit ist die Sache gerichtshängig und der staatlichen Verfügungsgewalt entzogen; die Zuständigkeit und Zulässigkeit richtet sich nach den allgemeinen Bestimmungen. Auch könnte der Gerichtshof sein Mandat zur Verfolgung und Ahndung der vr Kernverbrechen nicht sachgerecht erfüllen, wenn er – ggf. erst nach umfangreichen und langwierigen Ermittlungen durch den Ankläger – damit rechnen müsste, dass ihm eben dieses Mandat in einem konkreten Fall nachträglich *mit bindender Wirkung* wieder entzogen würde. Eine Rücknahme des Ermittlungsersuchens durch U dürfte demnach nicht zulässig sein.[81]

d) Der Ankläger kann – unabhängig von einem Staatenverweis – von Amts wegen – Vorermittlungen durchführen (Rn. 20) und bei „hinreichender Grundlage" die Aufnahme förmlicher Ermittlungen bei der Vorverfahrenskammer beantragen (Art. 15 Abs. 3). Die Zulässigkeit des Verfahrens vor dem IStGH ist aber nach dem *Komplementaritätsgrundsatz* (Art. 17) nur zu bejahen, wenn der zuständige Staat nicht willens oder fähig ist, das Verfahren selbst durchzuführen. Im Hinblick auf Wahrheitskommissionen ist insoweit zunächst festzustellen, dass diese die Strafverfolgung nicht ersetzen können, also keine „Ermittlungen" oder „Strafverfolgung" i. S. v. Art. 17 (1) (a) darstellen.[82] Dienen nationale Maßnahmen, wie in unserem Fall, zudem dazu, die Täter der Strafverfolgung zu entziehen, also vor strafrechtlicher Verantwortlichkeit zu schützen,[83] so ist das eine starkes Indiz für einen mangelnden Verfolgungswillen des entsprechenden Staates (Art. 17 Abs. 2 (a)).

B. Das Strafverfahren vor den Tribunalen (ICTY, ICTR, IStGH)

I. Vorverfahren

Fall 2:

Die DR Kongo ist seit April 2002 Vertragspartei des IStGHS und hat den Gerichtshof am 3.3.2004 ersucht, strafrechtlich relevante Vorkommnisse in der nordöstlichen Provinz Ituri zu untersuchen. Die Vorverfahrenskammer I erlässt bald darauf einen Haftbefehl gegen den Milizenführer L, nach dessen Vollstreckung L an den IStGH überstellt und der Vorverfahrenskammer vorgeführt wird. In welchem Verfahrensstadium kann ein Haftbefehl erlassen werden? Wann wird das „confirmation hearing" stattfinden und welche Entscheidungsmöglichkeiten bestehen im „confirmation hearing"? → Rn. 28 u. *Ambos*, 2010a, S. 109 (Fall 8 Rn. 40ff.) 18

Das Vorverfahren lässt sich der Sache nach in ein Vorermittlungs-, Ermittlungs- und Zwischenverfahren unterteilen (unten **Schaubilder 14, 15**). Das (Vor-)**Ermittlungsverfahren** wird sowohl an den beiden *Ad-Hoc*-Gerichten als auch am IStGH durch die – jedenfalls formal – unabhängige Anklagebehörde („Office of the Prosecutor") eröffnet und geleitet. 19

---

80 Vgl. *AI*, Pressemitteilung vom 16.11.2004, http://www.amnesty.org/en/library/asset/AFR59/008/2004/en/0fb64121-d55d-11dd-bb24-1fb85fe8fa05/afr590082004en.html, (zuletzt abgerufen am 1.7.2014).

81 Für ein Recht der Rücknahme „during the early stages of the proceedings" und eine Regelung der ungelösten Frage in den Verfahrensregeln *Maged*, ICLR 6 (2006), 419ff.

82 *Ambos*, in: Ambos et al., 2009, S. 42ff., 75f. (paras. 14, 40); alternative, nicht-strafrechtliche Maßnahmen können generell die Strafverfolgung nicht ersetzen, ebd., paras. 10, 12, 18; siehe auch *Benoit-Landale*, in: Ziegler et al., Kriegsverbrecherprozesse in der Schweiz, 2009, S. 249f.

83 Für konkrete Bsp. s. *IJT*, 2007, S. 86ff. (zu Miltärgerichten in der DR Kongo), S. 89 (zum „Special Court"-System in Darfur).

1. Vorermittlungsverfahren („preliminary examinations")

20 Anders als das Verfahrensrecht der *Ad-Hoc*-Tribunale erkennt das IStGHS explizit sog. **„preliminary examinations"**, also vor dem eigentlichen (förmlichen) Ermittlungsverfahren liegende **Vorermittlungen,** als formalen Verfahrensabschnitt an (vgl. Art. 15 Abs. 6 bezugnehmend auf Abs. 1, 2; ferner Nr. 25 Regulations OTP). Es lässt sich daher zwischen einem Vorermittlungsverfahren und einem *förmlichen* Ermittlungsverfahren unterscheiden.[84] Insoweit wird man – handelt es sich doch lediglich um den Verdachtsgrad zur Einleitung von förmlichen Ermittlungen – von einem bloßen *Anfangsverdacht* i. S. v. § 160 Abs. 1 StPO sprechen können.[85]

21 Obwohl nur Art. 15 Abs. 6 auf die Vorermittlungen Bezug nimmt, finden sie bei allen drei Mechanismen der Verfahrensauslösung (Staatenverweis, Sicherheitsratsverweis, *proprio motu*-Verfahren, Rn. 7 ff.) statt,[86] wobei allerdings ein Vorgehen von Amts wegen gemäß Art. 15 **umfangreichere Vorermittlungen** und eine spezifische gerichtliche Kontrolle (Rn. 25) zur Folge hat. IStGH-Regeln 48 und 104 führen zudem zu einer teilweisen Überlagerung der Voraussetzungen von Art. 15 und 53, insbesondere sind bei Bestimmung der „reasonable basis" i. S. v. Art. 15 Abs. 3 die in Art. 53 Abs. 1 (a)-(c) genannten Kriterien anzuwenden.[87] Das OTP Policy Paper on Preliminary Examinations[88] sieht **vier Phasen** zur Prüfung von Anzeigen („communications") bzw. Verweisen („referrals") vor: Sichtung der Anzeigen, wobei insbesondere diejenigen ausgefiltert werden, die Vorfälle betreffen, die offensichtlich nicht der Zuständigkeit des Gerichtshofs unterfallen (I),[89] Bewertung der möglicherweise begangenen Straftaten in rechtlicher und tatsächlicher Hinsicht (II), Bewertung der Zulässigkeit möglicher Fälle unter dem Gesichtspunkt von Komplementarität und Schwere gem. Art. 17 (III), sowie Berücksichtigung der „Interessen der Gerechtigkeit" („interests of justice") (IV).[90] Zum Abschluss von Phase III wird die Entschei-

---

[84] So auch *van Heeck,* Völkerstrafrecht, 2006, S. 145; *Lorenz,* in: Kühne et al., S. 328 f.; *Schabas,* 2011, S. 180 ff.; als „pre-investigative phase" bezeichnet bei *Safferling,* JICJ 9 (2011), 652. Zum Verfahren ausführlich *Wouters/Verhoeven/Demeyere,* The ICC's OTP, 2006, S. 19 ff.; *Stegmiller,* S. 57; *ders.*, CLF 24 (2013), 485 ff.; zu den Vorermittlungen des Anklägers auch *Wu Wei,* Ankläger des IStGH, 2007, S. 67 ff.; *Lounici,* in: Kolb, 273 ff.; ungenau insoweit *Gless,* 2011, Rn. 887 ff.

[85] *Van Heeck,* Völkerstrafrecht, 2006, S. 181 f. Zu den Verdachtsgraden nach dt. Verständnis *Volk,* § 8 Rn. 3 und passim; aus internationaler Sicht *Ambos/Miller,* ICLR 7 (2007), 339 f.

[86] ICC-OTP, 2003, Annex, S. 7; *Wouters/Verhoeven/Demeyere,* The ICC's OTP, 2006, S. 19. Zu den Unterschieden je nach Auslösungsmechanismus *Olásolo,* S. 59 ff.; *Ambos/Stegmiller,* CrimLSC 59 (2013), 420 ff.; *De Meester et al.*, in: Sluiter et al., S. 181 ff.; umfassend *deGuzman/Schabas,* in: Sluiter et al., 143 ff.

[87] Zum Verhältnis zwischen Art. 15 und Art. 53 auch *Olásolo,* S. 71 f.; *Schabas,* 2010, S. 321; *ICC,* Situation Côte d'Ivoire, Art. 15 Decision, Separate Opinion Fernández de Gurmendi 3.10.2011, paras. 21 ff. Diff., insb. im Fall einer SR-Überweisung *Ohlin,* in Stahn/Sluiter, S. 185 ff, 207.

[88] ICC-OTP, 2013 a, paras. 77 ff.; ICC-OTP, 2013 b, para. 14.

[89] Diese sollen in folgende Kategorien eingeteilt werden: Anzeigen bzgl. Angelegenheiten, die offensichtlich nicht in die Zuständigkeit des Gerichts fallen (a), einer Situation, die bereits Gegenstand von Vorermittlungen (b) oder förmlichen Ermittlungen ist (c) sowie (d) Angelegenheiten, die unter keine der anderen Kategorien fallen, siehe ICC-OTP, 2013 a, para. 78.

[90] Die Phasen II-IV sollen durch entsprechende Berichterstattungen an den Chefankläger („Art. 5 Report"; „Art. 17 Report"; „Art. 53 Abs. 1 Report") abgeschlossen werden, siehe ICC-OTP, 2013 a, paras. 81–83. Entgegen ICC-OTP, 2003, Annex, 7 kommt Phase I nunmehr auch bei einer Staaten- bzw. Sicherheitsratsüberweisung zur Anwendung, siehe ICC-OTP, 2013 a, para. 76. Zur bisherigen Praxis der Anklagebehörde ICC-OTP, Update, 2006; ICC-OTP, Iraq, 2006; ICC-OTP, Venezuela, 2006; ICC-

dung getroffen, Ermittlungen nach Art. 53 Abs. 1 einzuleiten[91] oder das Verfahren einzustellen.[92] Sofern eine *hinreichende Grundlage* („reasonable basis") für ein Ermittlungsverfahren besteht, hat der Ankläger beim *proprio motu*-Verfahren die *Vorverfahrenskammer* („Pre-Trial Chamber")[93] um eine Genehmigung zur Fortführung des Verfahrens zu ersuchen (Art. 15 Abs. 3).[94] In diesem Verfahrensstadium können auch Tatopfer Eingaben machen (Art. 15 Abs. 3 S. 2, IStGH-Regel 50 Abs. 3).[95] Nur wenn die Vorverfahrenskammer eine hinreichende Ermittlungsgrundlage für gegeben hält,[96] kann die Anklagebehörde mit den eigentlichen Ermittlungen beginnen (Art. 15 Abs. 4). Diese gerichtliche Entscheidung lässt allerdings spätere Entscheidungen zur Zuständigkeit und Zulässigkeit unberührt. Fehlt es nach Ansicht der Vorverfahrenskammer an einer hinreichenden Ermittlungsgrundlage, so kann die Anklagebehörde ein erneutes Ersuchen auf Grund neuer Tatsachen oder Beweismittel stellen (Art. 15 Abs. 5). Die Anklagebehörde kann aber auch selbst – vor Befassung der Vorverfahrenskammer – zu dem Schluss kommen, dass die Informationen nicht ausreichend sind und muss dies den Betroffenen dann mitteilen (Art. 15 Abs. 6). Eine Kontrolle der Vorverfahrenskammer findet *insoweit* nicht statt,[97] doch sind spätere Ermittlungen durch die Anklagebehörde auf Grund neuer Tatsachen oder Beweise nicht ausgeschlossen. Insgesamt hat sich mit dieser Regelung, die auf einen (argentinisch-deutschen) Vorschlag zurückgeht, die Position der gerichtshoffreundlichen Staaten für eine **unabhängige, von Amts wegen ermittelnde Anklagebehörde** durchgesetzt.[98] Statt ihrer politischen Kontrolle durch den UN-Sicherheitsrat, wie etwa von den USA gefordert, besteht eine gerichtliche Kontrolle, die freilich früher als im nationalen Verfahrensrecht üblich eingreift (näher Rn. 25).[99]

Die **Befugnisse** des Anklägers sind in der Vorermittlungsphase sehr beschränkt: Er kann 22
gem. Art. 15 Abs. 2 Staaten, Organe der VN, zwischenstaatliche und nicht-staatliche Organisationen sowie andere Quellen um Auskünfte ersuchen; die Ermittlungsbefugnisse gem. Art. 54 – insbesondere Zwangsmaßnahmen (Rn. 24) – bleiben ihm aber versagt,[100]

OTP, 2006b; *Ambos,* in: Kaleck et al., S. 56ff.; *ders.,* in: Bohlander, S. 435ff.; *ders.,* APuZ 41 (2006), 14f.; *Stegmiller,* CLF 24 (2013), 486f.

91 Nr. 29 Regulations OTP – dazu *Ambos/Stegmiller,* CrimLSC 59 (2013), 429f.

92 Nr. 31 Regulations OTP.

93 Zu den Verhandlungen über die Vorverfahrenskammer vgl. *Guariglia,* in: Lee, 1999, S. 233ff.

94 Nach *Schabas* 2010, S. 321f. besitzt der Ankläger in diesem Fall ein Ermessen („shall"); über den Antrag des Anklägers hinausgehend *ICC,* Situation Côte d'Ivoire, Art. 15 Decision 15.11.2011; ausführlich hierzu *Rastan,* CLF (23) 2012, 23ff.

95 *Hoffmeister/Knoke,* ZaöRV 59 (1999), 792; *Bock,* S. 507f. m.w.N.

96 *Hoffmeister/Knoke,* ZaöRV 59 (1999), 792.

97 Insbesondere ist Art. 53 Abs. 3 nicht anwendbar, vgl. RPE 105 Abs. 2 i.V. m. 49 sowie *Gropengießer/Meißner,* ICLR 5 (2005), 298 m.w.N.

98 Vgl. insoweit auch die entsprechende „Freiburger Erklärung" (in deutsch, englisch, französisch und spanisch) in: Arbour/Eser/Ambos/Sanders, S. 667ff.; auch *Planchadell Gargallo,* in: Gómez Colomer et al. S. 185ff.; *Cryer,* S. 162f.; a. A. *Gómez Colmer,* in: ebd., 301f.; s. auch *Goldston,* JICJ 8 (2010), 383ff.

99 Normalerweise erfolgt eine Kontrolle der staatsanwaltschaftlichen Tätigkeit – abgesehen von Zwangsmaßnahmen – erst mit Abschluss der Ermittlungen, etwa durch die französische *chambre d'accusation,* die US-amerikanische *Grand Jury* oder im deutschen *Zwischenverfahren;* vgl. *Ambos,* The Review (Int. Com.Jur.), Nr. 58/59 (1997), 50ff. m.w.N. Krit. zur frühen Kontrolle *Bergsmo/Cissé/Staker,* in: Arbour/Eser/Ambos/Sanders, S. 142; *Safferling,* 2003, S. 81, 177; *Planchadell Gargallo,* in: Gómez Colomer et al. S. 187f.; *Gómez C.,* in: ebd., 279f., 293f., 301; *Kreß/Wannek,* in: Kirsch, S. 248f.; zust. *Nsereko,* JICJ 3 (2005), 138ff.; *Byrne,* LJIL 26 (2013), 999.

100 Ebenso *van Heeck,* Völkerstrafrecht, 2006, S. 153; *Safferling,* 2012, S. 262; *Damaška,* JICJ 10 (2012), 613.

er kann lediglich Zeugenaussagen „entgegennehmen" (Art. 15 Abs. 2 a. E., IStGH-Regel 47).[101] Auch das erklärt die Präferenz der Anklagebehörde für Staatenverweise.[102]

2. (Förmliches) Ermittlungsverfahren

23 Das **Ermittlungsverfahren** wird sowohl an den beiden *Ad-Hoc*-Gerichten als auch am IStGH durch die Anklagebehörde („Office of the Prosecutor") eröffnet und geleitet.[103] Der Ankläger entscheidet, ob auf Grund der ihm zur Verfügung stehenden Informationen[104] eine **„hinreichende" Grundlage** (vgl. Art. 18 Abs. 1 S. 2 ICTYS, Art. 17 Abs. 1 S. 2 ICTRS: „sufficient basis" sowie Art. 15 Abs. 3, Art. 53 Abs. 1: „reasonable basis") zur Durchführung weiterer Ermittlungen gegeben ist.[105] Damit wird mehr als ein Anfangsverdacht (§ 160 Abs. 1 StPO), nämlich ein *hinreichender Tatverdacht* (§§ 170 Abs. 1, 203 StPO) verlangt (sehr str.).[106] Im Rahmen von Art. 53 Abs. 1 prüft die Anklagebehörde, ob die vorliegenden Informationen zur Annahme eines Verbrechens ausreichen und ob die Aufnahme von Ermittlungen nicht dem Komplementaritätsgrundsatz[107] oder Gerechtigkeitserwägungen[108] widersprechen würde. Liegen diese Voraussetzungen von Art. 53 vor, spricht eine Vermutung für die Aufnahme förmlicher Ermittlungen.[109]

[101] *Razesberger,* Complementarity, 2006, S. 64f.; vgl. auch Cryer/*Friman,* S. 450f.; zur Praxis sowohl der *Ad-Hoc*-Tribunale als auch des IStGH instruktiv *Jackson/M'Boge,* LJIL 26 (2013), 956ff.

[102] Vgl. krit. *Schabas,* CLF 19 (2008), 5ff.

[103] Dazu näher *Jackson,* JICJ 7 (2009), 17, 24ff.; *Tuinstra,* Defence counsel in ICL, 2009, S. 131; *Bensouda,* NCJICR 36 (2010–2011), 279; zum Beurteilungsspielraum der Anklagebehörde s. *Rohrer,* Legalitäts- oder Opportunitätsprinzip beim IStGH, 2010, S. 160ff.; zur Praxis *De Vos,* LJIL 26 (2013), 1014ff.

[104] Vgl. Art. 18 (1) S. 1 ICTYS und Art. 17 (1) S. 1 ICTRS, wonach der Ankläger u. a. Ermittlungen beginnen kann auf der Grundlage von Informationen „[...] obtained from any source, particularly from Governments, United Nations organs, intergovernmental and non-governmental organisations." Dies entspricht Art. 15 Abs. 2 im Hinblick auf die Informationsquellen. Insoweit gibt es auch bei den *Ad-Hoc*-Tribunalen (faktische) Vorermittlungen (Rn. 20) schon zum Erlangen der „sufficient basis" im o. g. Sinne (vgl. auch *van Heeck,* Völkerstrafrecht, 2006, S. 164ff.).

[105] Zu Art. 53 eingehend vgl. *Razesberger,* Complementarity, 2006, S. 99ff.; *Hoffmeister/Knoke,* ZaöRV 59 (1999), 793ff.; *Reisert,* StV 2005, 637f.; *Delmas-Marty,* RSC 2005, 478ff.; *Wouters/Verhoeven/Demeyere,* in: Doria/Gasser/Bassiouni, S. 382ff.; *Rohrer,* Legalitäts- oder Opportunitätsprinzip beim IStGH, 2010, S. 164ff. Zum Ermessen *Gropengießer/Meißner,* ICLR 5 (2005), 294ff. und ICC-OTP 2007a, S. 4ff. für die abzuwägenden Faktoren zur Ermessensausübung; diff. *Takemura,* in: van den Herik/Stahn, S. 635ff.; mit rvgl Darstellung *Stahn,* in: Stahn/Sluiter, S. 247ff; krit. *Ohlin,* in: Stahn/Sluiter, S. 190ff., der zwischen einem spezifischen Ermessen hinsichtlich individueller Verantwortlichkeit und einem generellen Ermessen hinsichtlich der kollektiven Dimension vr Verbrechen unterscheidet und bei dieser einen Eingriff in das Ermessen des SR sieht (S. 207).

[106] Zu den Verdachtsgraden vgl. *Volk,* § 8 Rn. 3 und passim; für Anfangsverdacht aber OTP Draft Regulations 2003, S. 47 Fn. 80.

[107] Insb. zur Schwere im Rahmen von Art. 53 siehe *Ambos,* 2010c, S. 43ff.; bzgl. der Beurteilung der Schwere von Situationen s. Regulations OTP 29 Nr. 2; ICC-OTP, 2010a, para. 20; *Seils,* in: Bergsmo, 2010, S. 72f; krit. *Heller,* in: Stahn/van den Herik, S. 229ff., der sich für eine stärkere Betonung qualitativer Kriterien ausspricht; zum damit verbundenen Beurteilungsspielraum der Anklagebehörde s. *Rohrer,* Legalitäts- oder Opportunitätsprinzip beim IStGH, 2010, S. 234ff.; krit. auch *Schabas,* J. Marshall L.Rev. 43 (2010), 535; zur Unterscheidung zwischen situations- und fallbezogener gravity schon *Ambos,* in: Ambos et al. 2009a, S. 73f.; *ders.* 2010c, S. 44; *Stegmiller,* ICLR 9 (2009), 557; krit. zu fallbezogener Schwere *Stahn,* in: Stahn/Sluiter, S. 247, 268f.; zum Verhältnis der Schwere in Art. 53 Abs. 1 (c) und Abs. 2 (c) zu Art. 17 Abs. 1 (d) s. *Rohrer,* Legalitäts- oder Opportunitätsprinzip beim IStGH, 2010, S. 206f.

[108] Zum „interest of justice" *Valiñas,* in: Stahn/van den Herik, S. 277–278; *Rodman,* LJIL 22 (2009), 99ff.; *Rohrer,* Legalitäts- oder Opportunitätsprinzip beim IStGH, 2010, S. 243ff.; *Takemura,* in: van den Herik/Stahn, S. 633ff.; *Ambos/Stegmiller,* CrimLSC 59 (2013), 419; *Zimmermann,* ZIS 2013, 108f., 120ff.

[109] Vgl. ICC-OTP, 2007a, S. 1, 3.

Das förmliche Ermittlungsverfahren beginnt mit der Entscheidung der Anklagebehörde, ein solches einzuleiten (Art. 53 Abs. 1 bzw. Art. 18 Abs. 1 ICTYS/17 Abs. 1 ICTRS). Der Ankläger des IStGH verfügt über die in Art. 54 niedergelegten Befugnisse; er kann bloße **Ermittlungsmaßnahmen,** d. h. Maßnahmen, die nicht in Grund- und Menschenrechte eingreifen, selbst vornehmen, etwa das Laden und Vernehmen von Beschuldigten, Opfern und Zeugen sowie das „Sammeln" beliebiger anderer Beweise (Art. 54 Abs. 3 bzw. Art. 18 Abs. 2 ICTYS, Art. 17 Abs. 2 ICTRS, ICTY-/ICTR-Regel 39 (i)).[110] Dagegen ist für **Zwangsmaßnahmen,** so etwa für die Festnahme eines Beschuldigten (Art. 57 Abs. 3 bzw. ICTY-/ICTR-Regeln 54ff.),[111] stets eine richterliche Ermächtigung erforderlich (die zur Festnahme noch während des Ermittlungsverfahrens erteilt werden kann, Art. 58).[112] Überdies muss die Anklagebehörde bei einer **„einmaligen Gelegenheit zu Ermittlungsmaßnahmen"** (Art. 56) die Vorverfahrenskammer um Genehmigung ersuchen.[113] Dem Beschuldigten stehen – wie auch in der Hauptverhandlung (Rn. 35 u. 51) – umfassende **Rechte** zu.[114] Bei den *Ad-Hoc*-Tribunalen gilt zwar auch die Unterscheidung zwischen Ermittlungs- und Zwangsmaßnahmen (Art. 18 Abs. 2 ICTYS, Art. 17 Abs. 2 ICTRS, ICTY-/ICTR-Regel 39 (i) vs. ICTY-/ICTR-Regeln 54ff.), doch kann der Ankläger bestimmte „vorläufige Maßnahmen", z. B. eine vorläufige Festnahme, selbst anordnen (ICTY-/ICTR-Regel 40).[115] Der richterliche Haftbefehl kann bei den *Ad-Hoc*-Tribunalen erst nach Bestätigung der Anklage erlassen werden (Art. 19 Abs. 2 ICTYS). 24

[110] *Hauck,* ZStW 124 (2012), 480; vertiefend zur Beweisermittlung *Fujiwara/Parmentier,* in: Reydams/Wouters/Ryngaert, S. 572ff. Dazu gehört auch das Einholen von (mündlichen oder schriftlichen) Sachverständigengutachten, s. näher *Boas et al.*, S. 357ff.; *Radosavljevic,* ICLR 13 (2013), 1016ff.

[111] Vertiefend *Ryngaert,* in: Reydams/Wouters/Ryngaert, S. 647ff.

[112] Vgl. auch Cryer/*Friman,* S. 451f.; *Keen,* LJIL 17 (2004), 800; allg. zur Festnahme *Tochilovsky,* S. 597ff. Im Haftbefehlsverfahren kann die PTC bereits Zulässigkeitsfragen überprüfen, vgl. *El Zeidy,* LJIL 19 (2006), 746. Nach der Vorverfahrenskammer sind Zuständigkeit und Zulässigkeit i. e. S. Voraussetzung zum Erlass eines Haftbefehls (*ICC,* Lubanga Decision on the Prosecutor's application for a warrant of arrest 10.2.2006, para. 18 m.w.N. in Fn. 7); zum Konflikt zwischen der staatl. Umsetzung eines Haftbefehls und evtl. Immunität siehe *Blommestijn/Ryngaert,* ZIS 2010, 428ff.

[113] Vgl. *ICC,* Situation DRC, Decisions 21. und 26.4.2005. Dazu auch Insight 5/2005, 10. Ferner *Kreß,* JICJ 1 (2003), 607f.; *Karnavas,* in: Bohlander, S. 85ff.; *Schiff,* S. 54; krit. *De Smet,* in: Stahn/Sluiter, S. 421 (426ff.), der im Falle einer weiten Auslegung von Art. 56 die Gefahr des „Einfrierens" von Beweisen für die Hauptverhandlung sieht.

[114] Art. 55 IStGHS, vgl. *Gordon,* ColJTL 45 (2007), 663; *Hartwig-Asteroth,* S. 73ff.; Arts. 17/18 ICTRS/ICTYS, Regeln 42, 55 (A) ICTY-RPE/ICTR.RPE, vgl. *Safferling/Hartwig,* ZIS 2009, 789.

[115] Zu diesem Unterschied auch *Zahar/Sluiter,* S. 56; krit. zum Sinn des Richtervorbehalts *ebd.*, S. 367f.; näher zu Art. 18 Abs. 2 ICTYS *Hauck,* ZStW 124 (2012), 479; zu ICTY-/ICTR-Regel 40 *Mutyaba,* ICLR 12 (2012), 942; *Hartwig-Asteroth,* S. 291ff.

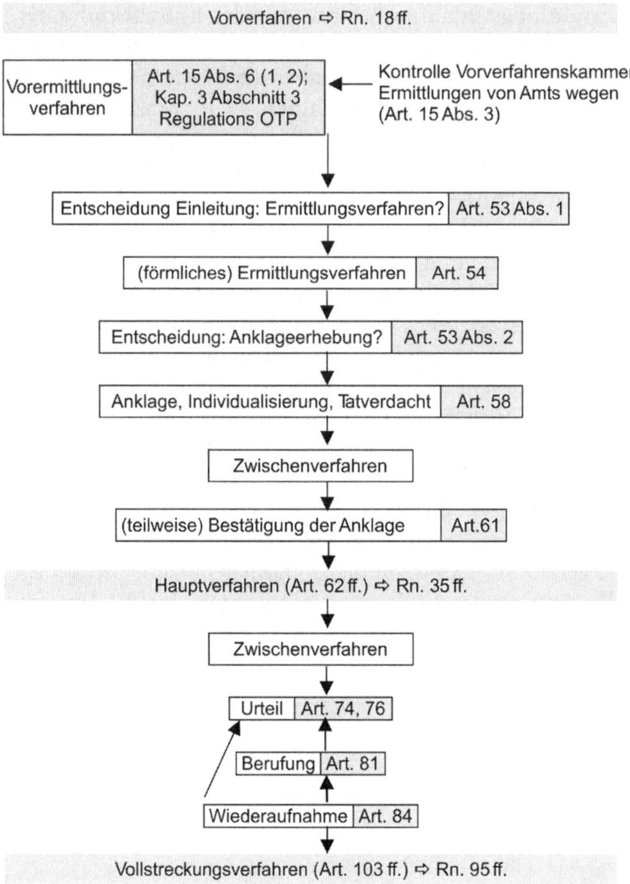

Schaubild 14: Verfahrensablauf vor dem IStGH

25 Ein wesentlicher Unterschied zwischen den *Ad-Hoc*-Tribunalen und dem IStGH liegt im Umfang und Zeitpunkt der **richterlichen Kontrolle der Ermittlungen** der Anklagebehörde.[116] Während sie bei ICTY und ICTR formell selbstständig – bei Vorliegen eines sog. *prima facie*-Falles[117] – über die Anklageerhebung oder Einstellung befindet und die Anklage allein einer (nachträglichen) richterlichen Überprüfung im sog. *review*-Verfahren unterliegt (Art. 18 Abs. 4, 19 ICTYS, Art. 17 Abs. 4, 18 ICTRS, ICTY-/ICTR-Regel 47 und 11*bis*),[118] ist die Anklagebehörde des IStGH, wenn sie **von Amts wegen** tätig wird (Art. 13 (c), 15), einer stärkeren und frühzeitigeren Kontrolle durch den UN-Sicherheitsrat (Rn. 8 a. E.) und die Vorverfahrenskammer (Rn. 21) bzw. Vorverfahrensabteilung (bei Aggression, Art. 15*bis* Abs. 8, § 7 Rn. 272)

[116] Dies betonen auch *Zahar/Sluiter,* S. 55; s. aber auch zum Ausbau der richterlichen Interventionsmöglichkeiten im Vorverfahrensstadium *Thalmann,* in: Kolb/Scalia, S. 451.

[117] Vgl. zu diesem Rechtsbegriff *Hunt,* in: May et al., S. 137 ff.; *Vohrah,* in: McDonald/Swaak-Goldman, S. 491 f.; Cassese/Gaeta/Jones/*Turone,* S. 1173.; Cryer/*Friman,* S. 454.

[118] Dazu *Zahar/Sluiter,* S. 47 ff.; *Langer,* AmJCompL 53 (2005), 863; *Ambos/Bock,* in: Reydams/Wouters/Ryngaert, S. 505.

unterworfen. Ermittelt die Anklagebehörde **auf Grund eines Verweises** durch einen Vertragsstaat (Art. 13 (a)) oder den UN-Sicherheitsrat (Art. 13 (b)), kommt es natürlich auch zu Vorermittlungen, doch sind diese weniger formalisiert und umfangreich als im *proprio motu*-Verfahren gemäß Art. 15 (Rn. 7 a. E., 9, 21). Die Anklagebehörde kann relativ zügig über die Einleitung förmlicher Ermittlungen gemäß Art. 53 Abs. 1 entscheiden. Die Vorverfahrenskammer kann grundsätzlich erst mit dieser „Entscheidung" (Art. 53 Abs. 1 S. 2) eingreifen[119] und vor allem eine negative Entscheidung der Anklagebehörde (Art. 53 Abs. 1 letzter S., Abs. 2 (c), Abs. 3, IStGH-Regeln 107–110) überprüfen.[120] Überdies gewährt Art. 57 der Vorverfahrenskammer aber weitgehende Befugnisse, u. a. eine Anhörung **(„status conference")** zum Verfahrensstand einzuberufen (auf Grund Art. 57 Abs. 3 (c), Nr. 30 Regulations Court).[121]

Obwohl die Entscheidung über die Einleitung eines Ermittlungsverfahrens im nationalen Strafprozessrecht in der Regel alleine der Anklagebehörde überlassen ist,[122] lässt sich deren frühe richterliche Kontrolle eher aus **„inquisitorischer"** denn „adversatorischer"[123] **Sicht** erklären,[124] verleiht das inquisitorische (instruktorische) System doch dem Richter ein unvergleichlich größeres Gewicht als das adversatorische. So kamen die Bedenken im Hinblick auf die Unabhängigkeit der Anklagebehörde während der **26**

119 Die Frage ist str., zum früheren Eingreifen der PTC III im ZAR-Verfahren (Decision requesting information on the status of the preliminary examination of the situation in the CAR, 30.11.2006) krit. *El Zeidy,* CLF 19 (2008), 51ff., der aber auch die Gefahr zu langer Vorermittlungen sieht (54f.). Die PTC ist jedenfalls keine Vorverfahrenskammer mit „investigative powers" (ähnlich einem echten Ermittlungsrichter), wie sie etwa *De Hemptinne/Rindi,* JICJ 4 (2006), 349f. und *De Hemptinne,* JICJ 5 (2007), 414ff. fordern. Dagegen auch *Scheffer,* LJIL 21 (2008), 152f., 157f., 161f., der selbst eine Mischung zwischen „prudent oversight and activist interventionism" fordert (158, 162).

120 *ICC,* Situation DRC, Decision 26.9.2007; Decision on Rule 103 (1) request 17.8.2007; *Schabas,* 2010, S. 666ff.; *Guariglia,* in: Stahn/Sluiter, S. 216. Zur Auslegung der nebulösen Formulierung „not a sufficient basis for a prosecution" in Art. 53 Abs. 2, die offen lässt, auf was oder wen sich die (unterlassene) Anklage überhaupt beziehen soll, s. *Stahn,* in: Stahn/Sluiter, S. 270f.; zum Bezugsgegenstand der Anklage auch *Ambos,* 2010c, S. 39f.; zum Unterschied zw. Art. 53 Abs. 1 und Abs. 2 mit Blick auf die Unterscheidung von Situationen und Fällen sowie rechtlicher und relativer Schwere *Ambos,* 2010c, S. 50. Eine Überprüfungsmöglichkeit einer negativen Entscheidung durch die Opfer ist nicht vorgesehen, s. *Bock,* S. 514.

121 Vgl. *ICC,* Situation in the DRC, Decision to Convene a Status Conference 17.2.2005. Einwendungen der Anklagebehörde wurden am 9. 3. und 14.3.2005 zurückgewiesen. Dazu auch ICC Report, 2005, para. 25. Zur Rolle der Vorverfahrenskammer *Jorda/Saracco,* in: Decaux/Dieng/Sow, S. 419ff.; *Schabas,* 2010, S. 700; zur Frage, ob die Vorverfahrenskammer auf der Grundlage von Art. 57 Abs. 3 (b) IStGHS nationale Ermittlungsbehörden um konkrete Ermittlungen ersuchen kann, *Caeiro/Angelo-Lemos,* ALC XL, S. 614f.

122 Vgl. für eine rvgl Sicht *Bergsmo/Cissé/Staker,* in: Arbour/Eser/Ambos/Sanders, S. 121ff.; *Ambos,* Eur. J. Cr. 8 (2000), 89ff.; *Fairlie,* ICLR 4 (2004), 248f.

123 Die Begriffe „inquisitorisch" und „adversatorisch" werden hier – entsprechend dem internationalen Sprachgebrauch – im Sinne des Verfahrens kontinentaleuropäischer („civil law") und angloamerikanischer („common law") Prägung verwendet, wobei jener Begriff eher im Sinne des richterlichen Untersuchungsgrundsatzes („instruktorisch") zu verstehen ist (vgl. zur Begrifflichkeit schon *Ambos,* ICLR 3 (2003), 2ff.; s. auch *Damaška,* in: Dressler, S. 25ff.; *Fedorova,* S. 92ff.; *Swoboda,* S. 69ff.; ungenau insofern *Burens,* ZIS 2013, 323; ausführlich *Heinze,* S. 117ff.). Besondere Bedeutung kommt dabei der Beweissammlung und -präsentation zu. Zur Unterscheidung zwischen (adversatorischer) „dispute resolution" und (instruktorischer) „official investigation" etwa *Zahar/Sluiter,* S. 39f.; krit. zu dieser Einteilung *Damaška,* UPLR 121 (1973), 507 (513); *Illuminati,* NCJILCR 35 (2009–2010), 297; *Jackson,* JICJ 7 (2009), 17 (19).

124 Vgl. auch *Friman,* in: Lee, 2001, S. 537; ähnlich *ders.*, in: Fischer/Kreß/Lüder, S. 192; *Fernández de Gurmendi,* in: Lee, 1999, S. 223: „civil law proposals"; *Guariglia,* in: Lee, 1999, S. 228; ebenso *Sadat/Carden,* GeorgeLJ 88 (2000), 399; Grützner/Pötz/*Kreß,* 2003, IV A 1, Rn. 108; *Swoboda,* S. 208.

Verhandlungen auch eher von Delegierten aus dem angloamerikanischen Rechtskreis.[125] Doch mussten auch sie sehr bald erkennen, dass die von den *gerichtshoffeindlichen* Staaten vorgeschlagene Alternative einer (politischen) Kontrolle des Anklägers durch den UN-Sicherheitsrat die Dinge nur noch schlimmer gemacht hätte, wäre doch dann der Ankläger einem Gremium unterworfen, von dessen fünf ständigen Mitgliedern drei (China, Russland und die USA) dem Gerichtshof nicht angehören und sich bestenfalls neutral verhalten. So wurde letztlich auch von den Skeptikern unter den gerichtshoffreundlichen (Common Law) Staaten die gerichtliche Kontrolle des Anklägers durch die Vorverfahrenskammer als das „kleinere Übel" akzeptiert und die Gruppe der gerichtshoffreundlichen Staaten konnte das beschriebene Modell durchsetzen.[126] Vor diesem Hintergrund erscheint es indessen geradezu grotesk, wenn die *Bush*-Administration ihre Ablehnung des IStGH u. a. mit der „unchecked power" der Anklagebehörde begründete (§ 6 Rn. 55 erste Aufl., zur geänderten US-Position s. § 6 Rn. 23 Fn. 125).

27 Was Status und Rolle des Anklägers angeht, so ist dieser **unparteilich** und **zur Wahrheitsfindung,** also zur Ermittlung in alle Richtungen (be- und entlastend), **verpflichtet** (Art. 54 Abs. 1 (a), 67 Abs. 2 IStGHS).[127] Eine entsprechende Vorschrift findet sich nicht in den Satzungen der *Ad-Hoc*-Tribunale, doch wird auch dort der Ankläger als objektives „organ of international criminal justice" betrachtet.[128] Er entspricht damit eher dem kontinentaleuropäischen als angloamerikanischen Typus eines Anklägers. Denn obwohl die Anklagebehörde auch im adversatorischen Verfahren den Grundsätzen von Wahrheit und Objektivität verpflichtet ist,[129] wird doch im instruktorischen System kontinentaleuropäischer Prägung nicht zwischen einem Beweisvortrag der Anklage und einem Beweisvortrag der Verteidigung im Sinne des sog. „two cases approach"[130] unterschieden, weshalb der Ankläger hier (eher) als unabhängiges

[125] Vgl. *Guariglia,* in: Lee, 1999, S. 228.

[126] Für eine noch deutlichere Hinwendung zum kontinentaleuropäischen (inquisitorischen) Modell *Damaška,* in: Cassese, 2009, S. 182; für eine Stärkung der Rolle der Richter *Zappalà,* in: Cassese, 2009, S. 223.

[127] ICC-OTP, 2013a, para. 30. Davon verspricht man sich auch eine Verfahrensbeschleunigung, vgl. ICC-OTP, 2003c, paras. 22ff. – dazu ausführlich *Ambos/Stegmiller,* CrimLSC 59 (2013), 421ff.; ICC-OTP, Strategic Plan, 2013, paras. 9, 18, 97, der die Verpflichtung zur Wahrheitssuche besonders stark hervorhebt; s. auch *Gless,* 2011, Rn. 888; *Trüg,* ZStW 125 (2013), 48; *Thalmann,* in: Kolb/Scalia, S. 470f.; aus rvgl Sicht *Heinze,* S. 257f., 263. – Allerdings kann man sich nicht des Eindrucks erwehren, dass die Anklagebehörde mit einer gewissen Belastungstendenz ermittelt. Dies mag auch mit dem „internationalen und regionalen Druck" zusammenhängen, der laut der Lubanga-Verfahrenskammer entsteht, „sobald bekannt geworden ist, dass Mitarbeiter des Gerichtshofs Ermittlungen vor Ort aufgenommen haben", s. *ICC,* Lubanga TJ 14.3.2012, para. 142 („... degree of international and local pressure, once it was known that officials from the Court had arrived in the country"; Fn. weggelassen), dazu *Ambos,* ZIS 2012, 321; krit. zur bisherigen Praxis des Anklägers, die nicht den hohen Standards des Art. 54 genüge, *Buisman,* LJIL 27 (2014), 205ff.

[128] *ICTY,* Kupreskic et al. TC Decision 21.9.1998: „[...] the Prosecutor of the Tribunal is not, or not only, a Party to adversarial proceedings but is an organ of the Tribunal and an organ of international criminal justice whose object is not simply to secure a conviction but to present the case for the Prosecution, which includes not only inculpatory, but also exculpatory evidence, in order to assist the Chamber to discover the truth in a judicial setting [...]." Dazu *Zahar/Sluiter,* S. 55; krit. *Fairlie,* ICLR 4 (2004), 314f.; *Wouters/Verhoeven/Demeyere,* 6ff.; *Langer,* AmJCompL 53 (2005), 860; zur Unparteilichkeit auch *Wouters/Verhoeven/Demeyere,* in: Doria/Gasser/Bassiouni, S. 351ff.

[129] *Safferling,* 2003, S. 221f.; *Kreß/Wannek,* in: Kirsch, S. 248.

[130] Zum *two cases-* und *one case approach* Cassese/Gaeta/Jones/*Orie,* S. 1443ff.

Organ denn als Partei anzusehen ist.[131] Wird man darin demnach eine kontinentaleuropäische Tendenz erkennen können, zeigt sich andererseits im weiten anklägerischen Ermessen[132] im Hinblick auf die Einleitung von Ermittlungen – bis zur dehnbaren Formel des „Interesses der Gerechtigkeit" (Art. 53 Abs. 1 (c), Abs. 2 (c))[133] – ein deutlich angloamerikanisches Element[134] (wobei freilich nicht übersehen werden darf, dass eine allein auf das „Interesse der Gerechtigkeit" gestützte Entscheidung einer Bestätigung durch die Vorverfahrenskammer bedarf, Art. 53 Abs. 3 (b)). Der Ankläger kann sogar Vereinbarungen zur Zusammenarbeit mit Staaten, zwischenstaatlichen Organisationen und Privatpersonen eingehen (Art. 54 Abs. 3 (d)),[135] was – besonders bei kontinentaleuropäischen Juristen – Assoziationen zu dem im angloamerikanischen Strafprozess üblichen sog. „plea bargaining" hervorruft.[136] Dabei geht es freilich – enger als in unserem Zusammenhang – um Absprachen zwischen Anklage und Verteidigung über Schuld und Strafe des Beschuldigten bzw. Angeklagten (dazu Rn. 39 ff.).

---

131 Vgl. *Friman,* in: Lee, 2001, S. 537; *Tochilovsky,* in: Fischer/Kreß/Lüder, S. 637; *Safferling,* 2003, S. 79 (86); *Ambos/Bock,* in: Reydams/Wouters/Ryngaert, S. 489; *Heinze,* S. 250 (253). Siehe auch *Kreß,* JICJ 1 (2003), 608: „The drafters of the Statute [...] devised a role for the Prosecutor resembling that of an *officer of justice* rather than a partisan advocate". Ähnlich auch *Swart,* JICJ 6 (2008), 109, für den es aber letztlich darauf ankommt, wie der Ankläger seine Rolle ausfüllt. Zur Rolle des Anklägers speziell im Ermittlungsverfahren siehe Grützner/Pötz/*Kreß,* 2003, IV A 1 Rn. 103 f.; die Ankläger von IMT/IMTFE, ICTY und IStGH vergleichend *Eser,* FS Nehm, 2006, S. 113 ff.; *Langer,* AmJCompL 53 (2005), 839; *Weigend,* in: Dressler, S. 1234.

132 Dazu *Nsereko,* JICJ 3 (2005), 124 ff.; *Jallow,* JICJ 3 (2005), 145 ff.; *Côté,* JICJ 3 (2005), 162 ff.; *Olásolo,* ICLR 3 (2003), 109 ff., 132 ff.; Cryer/*Friman,* S. 456 f.; *von Braun,* S. 72 ff.; *Stahn,* CLF 19 (2008), 106 f.; *Ohlin,* in: Stahn/Sluiter, S. 185 ff.; *Wouters/Chan,* in: Muller/Zouridis, S. 143 ff.; allg. zur Bedeutung *Ralston/Finnin,* in: Blumenthal/McCormack, S. 49 ff. Vgl. auch *ICTY,* Delalic et al. AppJ 20.2.2001, para. 602: „broad discretion"; ebenso Akayesu AppJ 1.6.2001, para. 94; krit. *Knoops,* CLF 15 (2004), 365 ff.

133 Eingehend dazu ICC-OTP, 2007 a, S. 3 ff. Konkretisierend im Hinblick auf das Uganda-Verfahren *El Zeidy,* ICLR 5 (2005), 111 ff.; vgl. auch *Quattrocolo,* in: Cassese et al., 2005, S. 314 ff.; *Ambos,* in: Ambos et al., 2009, S. 82 ff. (paras. 51 ff.); *Meyer,* ICLR 6 (2006), 579 f.; restriktiv Cryer/*Friman,* S. 446; zur DRK *Arsanjani/Reisman,* AJIL 99 (2005), 398 ff.; zur Einschränkung aufgrund Art. 17 *Stahn,* CLF 19 (2008), 92 f.

134 Zum weiten Ermessen des Anklägers im US-System s. *Safferling,* 2003, S. 175; *Cummings,* Car. L. Rev. 31 (2009–2010), 2146; *Davis,* S. 19 ff. Zum Ermessen des Crown Prosecution Service in England/Wales siehe *Marsh,* S. 166 (167); *Davies/Croall/Tyrer,* S. 188; *Spencer,* in: Delmas-Marty/Spencer, S. 161.

135 Krit. hierzu Cassese/Gaeta/Jones/*Turone,* S. 1169 f. Zu den Kooperationsvereinbarungen der Anklagebehörde oben § 6 Rn. 27; zu Kooperationsvereinbarungen im Hinblick auf positive complementarity *Tillier,* ICLR 13 (2013), 581 ff. – In jüngster Zeit sind Vereinbarungen der Anklagebehörde mit sog. ***intermediaries*** in die Kritik geraten. Dabei handelt es sich i. d. R. um örtliche Organisationen und/oder Privatpersonen, die den Kontakt mit potentiellen Zeugen herstellen und sonst bei der Beweisgewinnung behilflich sein können, weil sie mit den kulturellen, geographischen u. a. Gegebenheiten der Tatorte vertraut sind (s. *Heinze,* S. 458 ff.; ICC Monitor 41, Nov. 2010 – April 2011, 9; *Catani,* JICJ 10 (2012), 915; *Dixon/Tenove,* IJTJ 7 (2013), 401; *De Vos,* LJIL 26 (2013), 1012, 1021 ff.; *Jackson/M'Boge,* LJIL 26 (2013), 957 f.; *Haslam/Edmunds,* CLF 24 (2013), 49 ff.). Im Lubanga-Verfahren waren etwa 23 solcher „Vermittler" tätig (*ICC,* Lubanga Decision on intermediaries 31.5.2010, para. 3). Problematisch daran ist, dass ihre Identität i. d. R. geheimgehalten wird, was u. U. gegen die Offenlegungspflichten verstoßen kann (siehe u. Rn. 31 mit Fn. 187). Die Äußerungen der ehem. Leiterin der OTP-Abteilung für Komplementarität und Kooperation, die französ. Diplomatin Béatrice Le Fraper, zur Bedeutung der intermediaries und die damit zum Ausdruck kommende geringe Sensibilität hinsichtlich der Gefahr von Beweismanipulation hat die TC zu einer scharfen Rüge veranlasst (*ICC,* Decision press interview Ms Le Fraper 12.5.2010, para. 53).

136 *Friman,* in: Fischer/Kreß/Lüder, S. 201.

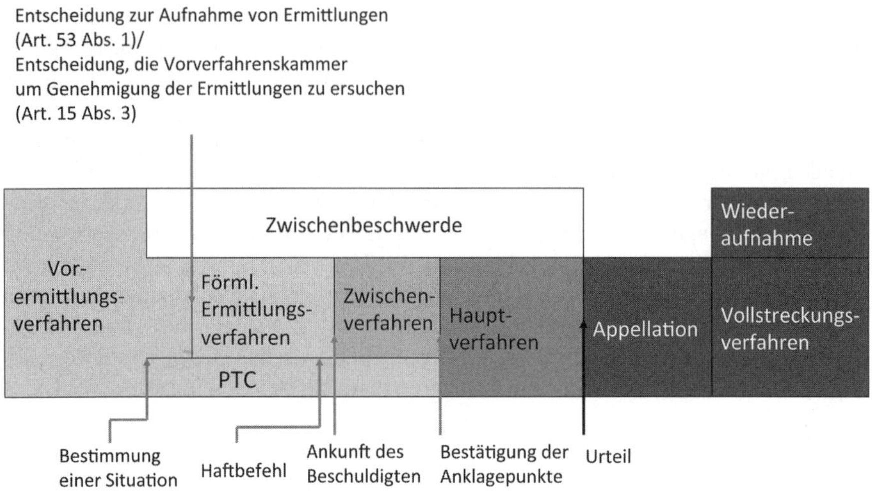

Quelle: *Stegmiller*, S. 66 (Übers. A. Heinze)

Schaubild 15: Verfahrensstadien vor dem IStGH

3. Zwischenverfahren

28 Obwohl weder das Verfahrensrecht der *Ad-Hoc*-Gerichte noch das des IStGH eine formale Trennung zwischen Ermittlungs- und Zwischenverfahren vorsieht, kann das (förmliche) Ermittlungsverfahren mit der Präsentation der Anklageschrift („indictment" – ICTY/ICTR)[137] bzw. der „Anklagepunkte" („charges" – IStGH) als abgeschlossen betrachtet werden.[138] Dieser Zeitpunkt dürfte in der Regel mit der **Individualisierung des Tatverdachts** und dem Erlass eines Haftbefehls bzw. der Ladung des Tatverdächtigen (Art. 58)[139] zusammenfallen. Spätestens zu diesem Zeitpunkt muss ein **Verteidiger** bestellt werden. Auch im anschließenden, hier sog. **Zwischenverfahren,**[140] zeigen sich deutliche Unterschiede zwischen dem ICTY/ICTR auf der einen und dem IStGH auf der anderen Seite: Während die Anklage am ICTY/ICTR nur das bereits erwähnte ***review*-Verfahren** durchlaufen muss (Rn. 25), müssen die „Anklagepunkte" beim IStGH von einer *Vorverfahrenskammer* im sog. **„confirmation hearing"** bestätigt werden (Art. 61).[141] Bis zu dessen Beginn hat der Ankläger die

137 Siehe ICTY Manual, S. 35ff.

138 Anders als im deutschen Recht muss die Anklagebehörde vor der Präsentation der Anklagepunkte den Sachverhalt jedoch nicht ausermittelt haben, s. *ICC,* Lubanga AppJ 13.10.2006, paras. 49, 51; anders noch die Vorverfahrenskammer in Lubanga Decision Final System Disclosure 15.5.2006, para. 130. Zum Ganzen *Heinze,* S. 524ff.

139 *Schabas,* 2010, S. 702ff.; zur „initial apperance" beim ICTY *Möller,* in: Kirsch, S. 19ff. Zur U-Haft gemäß Art. 20 Abs. 2 ICTYS und Rules 64, 65 *Safferling,* YIHL 5 (2002), 243ff.; *Möller,* in: Kirsch, S. 22; *Mutyaba,* ICLR 12 (2012), 942.

140 Vgl. dazu Grützner/Pötz/*Kreß,* 2003, IV A 1 Rn. 126ff.; *Ambos,* in: Bohlander, S. 454ff.; *Satzger,* 2013, S. 283; *Calvo-Goller,* S. 169ff.; *Stegmiller,* S. 59; *Olásolo,* S. 118f. unterscheidet zwischen einem (rein staatsanwaltschaftlichen) *Vor*ermittlungsverfahren und dem nach der Individualisierung i. S. v. Art. 58 beginnenden (eigentlichen) Ermittlungsverfahren, das mit dem confirmation hearing i. S. v. Art. 61 (s. Text) endet. Erst in *diesem* Verfahrensabschnitt können die Ermittlungen der Verteidigung – parallel zur Anklagebehörde – beginnen.

141 Siehe näher *Friman,* in: Schabas/Bernaz, S. 271ff.; auch *Ambos,* 2010a, S. 123f.; *Gless,* 2011, Rn. 891.

Möglichkeit, Anklagepunkte zu ändern oder zurückzunehmen (Art. 61 Abs. 4; ICTY-/ICTR-Regel 51).[142] Das *confirmation hearing* muss grundsätzlich[143] in Anwesenheit des Angeklagten und öffentlich (Ausnahme: Zeugenschutz) erfolgen.[144] Es dient entweder – aus Common-Law-Sicht – als Filter zur Auslese der wirklich bedeutsamen Fälle[145] oder – aus Civil-Law-Sicht – der Vermeidung zeitaufwändiger Auseinandersetzungen über die Offenlegung von Beweisen im Hauptverfahren.[146] Deshalb sind die Parteien verpflichtet, der Vorverfahrenskammer vor Beginn des Verfahrens eine Liste mit Beweisen und Informationen vorzulegen, auf die sie sich im Hauptverfahren stützen wollen (Regel 121 Abs. 3 und 6 IStGH-RPE);[147] eine nachträgliche Änderung dieser Liste ist nicht möglich.[148] Mit den sog. „Pre-Trial"- und „Pre-Defence"-Konferenzen (ICTY-/ICTR-Regeln 73*bis* und 73*ter*) wurde ein entsprechendes **„Filter-Verfahren"** im Dezember 1998 auch an den *Ad-Hoc*-Tribunalen eingeführt, wobei eine ähnliche Funktion zuvor schon die „Status Konferenzen" (ICTY-/ICTR-Regel 65*bis*) erfüllten.[149] Auch verdient in diesem Zusammenhang die Einführung eines Vorverfahrensrichters („Pre-Trial Judge") Erwähnung (ICTY-Regel 65*ter*), dem allerdings nur eine koordinierende – nicht ermittelnde – Funktion zukommt.[150] Schließlich wurde auch ein mit der IStGH-Liste vergleichbares *pre-trial-brief* eingeführt, das allerdings durch die Parteien nachträglich geändert werden kann (Regel 65*ter* ICTY, Regel 73*bis* ICTR).[151]

---

[142] So geschehen am 11.3.2013, als die Chefanklägerin die Anklage gegen *Francis Kirimi Muthaura* gem. Art. 64 Abs. 1 zurücknahm, *ICC,* Muthaura and Kenyatta Prosecution Withdrawal Notification 11.3.2013 (o. Rn. 9).

[143] Vgl. die „Ausnahmen" (so auch abwM Richter *Pikis,* in ICC, Lubanga AppJ 13.2.2007, para. 2) in Art. 61 Abs. 2, die eine mündliche Verhandlung in Abwesenheit des Angeschuldigten zulassen; s. auch *Trendafilova,* in: Stahn/Sluiter, S. 452ff. Im Verfahren gegen *Katanga* informierte Katangas Verteidiger die Vorverfahrenskammer, dass sein Mandant der Verhandlung nicht beiwohnen würde (*ICC,* Katanga and Ngudjolo PTC Transcript 9.7.2008, S. 1) und reichte einen schriftlichen Verzicht auf das Recht zur Teilnahme am confirmation hearing ein (Defence, Mr. Katanga's Waiver of his Right to be present at the Confirmation Hearing 9.7.2008). Die Vorverfahrenskammer gab dem Antrag statt (PTC Transcript, 11.7.2008, S. 23f.). Auch im Darfur-Verfahren *Abakaer Nourain* und *Jerbo Jamus* fand das confirmation hearing in Abwesenheit der Beschuldigten statt (*ICC,* Abakaer Nourain and Jerbo Jamus PTC Decision 17.11.2010; Decision 7.3.2011, para. 19). S. zum Ganzen *Schabas,* 2010, S. 736ff.

[144] *ICC,* Lubanga Order 6.11.2006; Bemba Decision Authorising Photographs 8.1.2009; *Schabas,* 2011, S. 291.

[145] Vgl. *Friman,* in: Lee, 2001, S. 537; Cassese/Gaeta/Jones/*Marchesiello,* S. 1238; Cryer/*Friman,* S. 463; a. A. *Lewis,* in: Fischer/Kreß/Lüder, S. 223ff.; *Ambos,* JA 1998, 988, 990.

[146] Vgl. *Bitti,* in: Fischer/Kreß/Lüder, S. 276; Cassese/Gaeta/Jones/*Fourmy,* S. 1225; zum Charakter des confirmation hearing aus rvgl Sicht *Heinze,* S. 247f., 391ff., 408ff.; krit. *Gómez Colomer,* in: Gómez Colomer et al. S. 320; *Kreß/Wannek,* in: Kirsch, S. 250f.; *Kreß,* JICJ 1 (2003), 610. Speziell zum Lubanga Verfahren *Lounici,* in: Kolb, 298ff. Wohl für die Anerkennung der beiden genannten Zwecke *ICC,* Katanga and Ngudjolo Decision Evidentiary Scope of Confirmation Hearing 25.4.2008, paras. 5ff.

[147] *Ambos/Miller,* ICLR 7 (2007), 344; *Heinze,* S. 411ff.

[148] Siehe *ICC,* Lubanga Confirmation Decision 29.1.2007, para. 143; *Ambos,* FS Karras, 2010, S. 986.

[149] Vgl. *Vohrah,* in: McDonald/Swaak-Goldman, S. 541ff.; *Möller,* in: Kirsch, S. 48, 50f.; *Harmon,* JICJ 5 (2007), 387f.; krit. *Fairlie,* ICLR 4 (2004), 300ff.; zu Regel 73*bis Kwon,* JICJ 5 (2007), 372ff.; krit. *Zahar/Sluiter,* S. 50.

[150] Siehe hierzu Cassese/Gaeta/Jones/*Orie,* S. 1465; *Möller,* in: Kirsch, S. 47ff.; *Sluiter,* ICLR 6 (2006), 615; *Bonomy,* JICJ 5 (2007), 352ff.; aus staatsanwaltschaftlicher Sicht auch dafür *Harmon,* JICJ 5 (2007), 377, 384ff. (389: „pre-trial Judge must be pro-active ..."); ebenso aus Sicht der Verteidigung *Higgins,* JICJ 5 (2007), 398f.; zum „managerial judging" *Langer/Doherty,* YJIL 36 (2011), 247ff.

[151] Zum ICTY *Wasef,* CLF 20 (2009), 452; *Jones/Powles,* S. 646; ICTY Manual, S. 57–58; *ICTY,* Tolimir TC Decision 10.2.2010, para. 17.

29 Im „confirmation hearing" müssen gem. Art. 61 Abs. 7 „ausreichende Beweise für den dringenden Verdacht vorliegen, dass der Angeschuldigte jedes der ihm zur Last gelegten Verbrechen begangen hat".[152] Der darin liegende Beweismaßstab der „*substantial* grounds to believe" ist höher als der des „begründeten Verdachts („*reasonable* grounds"), der zum Erlass eines Haftbefehls gem. Art. 58 Abs. 1 (a)[153] erforderlich ist; er ist andererseits niedriger als die zur Verurteilung notwendige Überzeugung von der Schuld des Angeklagten jenseits „vernünftiger Zweifel" („*beyond reasonable doubt*", Art. 66 Abs. 3).[154] In concreto verlangt die Vorverfahrenskammer „konkrete und greifbare Beweise" („concrete and tangible evidence") und nimmt eine umfassende Bewertung sämtlicher Beweise vor.[155] Ob die Anklagebehörde Zeugen benennt, die nicht nur in der späteren Hauptverhandlung, sondern auch im *confirmation hearing* aussagen, ist ihr überlassen und demnach eine taktische Frage.[156] Allerdings muss sich der dringende Verdacht aus einer sorgfältigen Auswahl der besten Beweise ergeben, sonst ist der Fall für das Hauptverfahren (noch) nicht geeignet.[157] Nach Ende des *confirmation hearings* muss die Vorverfahrenskammer innerhalb von 60 Tagen ihre Entscheidung verkünden.[158]

30 Problematisch ist die Frage einer evtl. **Bindungswirkung der Anklage** und ihrer evtl. Abänderung. Während die Rechtsprechung der *Ad-Hoc*-Gerichte sich eingehend mit Form und Inhalt der Anklageschrift (Art. 18 Abs. 4 ICTYS, Art. 17 Abs. 4 ICTRS, ICTY-/ICTR-Regel 47 (C)) befasst hat und insoweit präzise Ausführungen über den dem Angeklagten vorgeworfenen Sachverhalt und seine rechtliche Würdigung verlangt werden,[159] scheint die Frage einer Bindungswirkung (i. S. v. § 155 StPO) nicht zweifelsfrei geklärt zu sein. Klar ist, dass eine **Änderung** der Anklage *nach* ihrer formel-

[152] Zu den bisherigen Entscheidungen s. § 6 Rn. 28.

[153] *Hartwig-Asteroth,* S. 181 ff. Zur (unzutreff.) Anwendung des *in dubio pro reo* Grundsatzes auf Art. 58, der nur einen Verdacht verlangt und damit Zweifel zulässt s. § 7 Rn. 148.

[154] *Ambos/Miller,* ICLR 7 (2007), 345 f.; *Ambos,* in: Bohlander, S. 455 f.; *De Beco,* ICLR 7 (2007), 476; zur Herstellung tatsächlicher Waffengleichheit durch diesen Beweismaßstab *Jackson,* JICJ 7 (2009), 17, 28. – Die genannten Beweismaßstäbe kommen aus dem angloamerikanischen Recht, s. etwa die in den USA für einen Haftbefehl notwendige „probable cause to believe" (Regel 4 FedRCrimProc oder Ortega v. Superior Court 135 Cal.App. 3 d 244 (1982)); oder „sufficient evidence" zur Eröffnung des Hauptverfahrens (Regel 5:30 FedRCrimProc oder Somers v. Superior Court, 31 Cal.App. 3 d 961 [1973])); oder „beyond reasonable doubt" zum Schuldnachweis im Hauptverfahren (z. B. *in re* Winship, 397 U.S. 358 [1970]).

[155] *ICC,* Lubanga Décision confirmation 29. 1. 2007, para. 39. Zu diesem ersten „confirmation hearing" vgl. submission of the document containing the charges 28. 8. 2006, Document containing the charges 28. 8. 2006 sowie *HRW,* March 2007, S. 8. Krit. *De Beco,* ICLR 7 (2007), 481, der eine Vorwegnahme der Hauptverhandlung befürchtet.

[156] Vgl. *Safferling,* 2012, S. 339 (340).

[157] *ICC,* Katanga and Ngudjolo Decision Evidentiary Scope Confirmation Hearing 25. 4. 2008, para. 81 („limited and careful selection of the best evidence").

[158] Nr. 53 Regulations Court; *Safferling,* 2012, S. 325.

[159] Vgl. *ICTY,* Kunarac and Kovac TC Decision 4. 11. 1999, para. 6; Krnojelac TC Decision 11. 2. 2000, para. 60 und 11. 5. 2000, para. 26; Dosen and Kolundzija TC Decision 10. 2. 2000, paras. 8 ff.; Brdanin and Talic TC Decision 26. 6. 2001, paras. 41 ff., 46 ff.; Kupreskic et al. AppJ 23. 10. 2001, paras. 79 ff., 306 ff.; Kordic and Cerkez AppJ 17. 12. 2004, paras. 122 ff.; Kvocka et al. AppJ 28. 2. 2005, paras. 27 ff.; vgl. auch *Tochilovsky,* S. 1 ff. (28 ff.); *Klann,* in: Decaux/Dieng/Sow, S. 109 ff.; Cryer/*Friman,* S. 458 f.; *Ambos,* in: Bohlander, S. 459 m. w. N.; bzgl. Genozid *Mugwanya,* S. 219 ff. Krit. zur Praxis *Tochilovsky,* CLF 15 (2004), 340 f.; *Möller,* in: Kirsch, S. 52; *Zahar/Sluiter,* S. 336 ff.

len Bestätigung („confirmation") einer richterlichen Zustimmung bedarf.[160] Erfolgt diese Zustimmung, liegt die eigentliche Änderung in den Händen der Anklagebehörde.[161] Sie muss dem Angeklagten ausreichende Zeit zur Vorbereitung seiner Verteidigung auch gegenüber der abgeänderten Anklage lassen.[162] Ebenso klar scheint zu sein, dass die Kammer in ihrem Urteil „nicht über die in der Anklage dargestellten Tatsachen und Umstände und etwaige Änderungen der Anklage hinausgehen" darf (Art. 74 Abs. 2 S. 2).[163] Damit ist aber noch nicht die Frage beantwortet, ob es sich bei der „Anklage" im Sinne dieser Vorschrift um die *ursprüngliche,* von der Anklagebehörde vorgelegte Fassung handeln muss oder ob die Vorverfahrenskammer das Recht hat, die (ursprüngliche) Anklagefassung im *confirmation hearing* von Amts wegen abzuändern. Aus Common-Law-Sicht kann die Befugnis zur Abänderung der Anklage nur der Anklagebehörde selbst zustehen, denn das Gericht ist an die rechtliche Sachverhaltswürdigung der Anklagebehörde gebunden. Demgegenüber neigt das Civil Law entsprechend dem Grundsatz *iura novit curia* (das Gericht kennt das Recht) eher einer gerichtlichen Befugnis zur Abänderung der Anklage zu.[164] Auf den ersten Blick scheint das IStGH-Statut dem Common-Law-Ansatz zu folgen, denn die Kammer kann die Anklagepunkte nur bestätigen oder die Bestätigung ablehnen (Art. 61 Abs. 7 (a) bzw. (b)) oder die mündliche Verhandlung vertagen und den Ankläger ersuchen (Art. 61 Abs. 7 (c)), weitere Beweismittel beizubringen, bzw. weitere Ermittlungen durchzuführen (i), oder einen Anklagepunkt wegen einer abweichenden rechtlichen Würdigung (selbst) zu ändern (ii). In diesem Sinne hat auch die *Bemba*-Vorverfahrenskammer die Anklage nicht selbst abgeändert, sondern die Abänderung durch die Anklagebehörde angeordnet.[165] Andererseits lässt sich in Anbetracht der weit reichenden Befugnisse der Vorverfahrens- und Verfahrenskammer ebenso gut die Ansicht vertreten, dass die Kammer das Recht zur Abänderung der Anklage hat, solange Rechte der Verteidigung nicht verletzt werden, d. h. solange dieser ausreichend Zeit bleibt, sich auf solche Änderungen einzustellen. Dieser Ansicht haben sich die Richter mit Nr. 55 Regulations Court bezüglich des *Hauptverfahrens* angeschlossen, denn danach hat die Verfahrenskammer die Befugnis zur Änderung der „legal characterisation of facts."[166]

160 Vor der Bestätigung sind Rücknahme und Änderungen unproblematisch möglich, s. Cryer/*Friman,* S. 457 f.; *Zahar/Sluiter,* S. 57; *Locke,* in: Reydams/Wouters/Ryngaert, S. 642.

161 Vgl. für den ICTY *Vohrah,* in: McDonald/Swaak-Goldman, S. 493; *Schabas,* 2006, S. 371 ff. Im Verfahren *ICTY,* Kupreskic et al. TJ 14. 1. 2000, paras. 728 ff. (744 ff.) hielt eine Verfahrenskammer eine Verurteilung nur wegen durch die angeklagte Tat mitbegangener minder schwerer Straftatbestände für möglich. Schwerere Taten oder wesentlich abweichende Vorwürfe müssten dagegen durch die Anklagebehörde im Wege der Änderung der Anklageschrift eingebracht werden.

162 *ICTY,* Kvocka et al. AppJ 28. 2. 2005, para. 32.

163 Ebenso *ICTY,* Kvocka et al. AppJ 28. 2. 2005, para. 33.

164 Vgl. *Friman,* in: Fischer/Kreß/Lüder, S. 208 f.; Cryer/*Friman,* S. 457 f. sowie Kupreskic et al. AppJ 23. 10. 2001, paras. 723, 733 ff. (mit Vorbehalten, ob der Grundsatz im internationalen Strafverfahren Anwendung findet). Siehe auch Grützner/Pötz/*Kreß,* 2003, IV A 1 Rn. 170, der darauf hinweist, dass über die Geltung des Grundsatzes im Verhandlungsprozess zum IStGH-Statut keine Einigung erzielt werden konnte. Krit. *Gómez Colomer,* in: Gómez Colomer et al., S. 308 f. Zum Grundsatz *iura novit curia* vor dem IStGH *Heinze,* S. 248 f.

165 *ICC,* Bemba Request for Clarification 4. 11. 2008.

166 *ICC,* Bemba Decision 15. 7. 2009, para. 202; s. zuletzt ICC, *Katanga* TJ 7. 3. 2014, paras. 1422 ff., wo die Verfahrenskammer II die „legal characterisation of facts" änderte und den Schuldspruch von Art. 25(3)(a) auf Art. 25(3)(d) IStGHS umstellte; a. A. Richterin van den Wyngaert, die in dieser Änderung eine Verletzung der Rechte des Angeklagten sowie von Art. 74 IStGHS sieht, Katanga TJ Mi-

31 Weitere Probleme ergeben sich aus den Vorschriften zur **Offenlegung von Beweisen und Informationen** („*disclosure*[167] *rules*").[168] An allen drei Gerichtshöfen ist der **Ankläger** verpflichtet, die meisten (belastenden) Beweise sowie Informationen über Zeugen etc. entweder von Amts wegen oder auf Antrag der Verteidigung in allen Verfahrensstadien offen zu legen (ICTY-/ICTR-Regel 66; Art. 61 Abs. 3, IStGH-Regeln 76, 77, 112, 121 Abs. 2; **Schaubild 16**).[169] Entlastende Beweise müssen „so bald als möglich"[170] offen gelegt werden (ICTY-/ICTR-Regel 68[171]; Art. 67 Abs. 2, IStGH-Regeln 83, 84).[172] Der Umfang der Offenlegungspflicht gegenüber dem Beschuldigten bzw.

nority Opinion van den Wyngaert, paras. 9ff.; für eine analoge Anwendung der Norm auf das Vorverfahren *Stahn,* CLF 16 (2005), 24ff.; *Ambos,* in: Bohlander, S. 462f.; dazu auch Cryer/*Friman,* S. 457f.; für eine sehr eingeschränkte Anwendung von Nr. 55 Regulations Court *WCRO,* Regulation 55, 2013, S. 2. S. zum Antrag der Opfer im Lubanga-Verfahren, die „legal characterisation of facts" abzuändern, *ICC,* Lubanga Regulation 55 Application, 22.5.2009; Lubanga Regulation 55 Decision, 14.7.2009; Lubanga AppJ, 8.12.2009; hierzu auch *McGonigle Leyh,* ICLR 12 (2012), 396; *WCRO,* Regulation 55, 2013, S. 5ff. m.w.N.; *Mouthaan,* ICLR 11 (2011), 792f.; *Jacobs,* in: Schabas/McDermott/Hayes, S. 212ff.; *Merope,* CLF 22 (2011), 311ff.; zur Frage, ob unter Berücksichtigung von Regulation 55 bei der Verwirklichung mehrerer Tatbestände durch ein und dieselbe Handlung beide Delikte angeklagt werden müssen oder ob es ausreichend ist, wenn der Ankläger einen einzigen Anklagepunkt formuliert („cumulative charging") *Sácouto/Cleary,* CLF 22 (2011), 409ff.; zum cumulative charging im Zusammenhang mit geschlechtsspezifischen Verbrechen („gender-based crimes") *Green,* ICLR 11 (2011), 529ff.

167 Die Beweisoffenlegung wird vor allem in den USA auch als „discovery" bezeichnet. Zum Unterschied zwischen „disclosure" und „discovery" siehe *Ambos,* NCLR 12 (2009), 561; *Heinze,* S. 309 und *Abrahamson/Dwyer/Fitzpatrick,* S. 3ff.

168 Näher *Heinze,* S. 309ff.; *Tochilovsky,* S. 95ff.; *ders.*, in: Doria/Gasser/Bassiouni, S. 843ff.; *De Smet,* in: Stahn/Sluiter, S. 421, 426ff; *Trendafilova,* in: ebd., S. 441, 442ff; *Scheffer,* in: ebd., S. 585ff; auch *Ambos/Miller,* ICLR 7 (2007), 341ff.; *Gómez Colomer/Beltrán,* in: Gómez Colomer et al. S. 337ff.; *Ambos,* in: Bohlander, S. 464ff.; *De Beco,* ICLR 7 (2007), 472f.; *Zahar/Sluiter,* S. 373ff.; Cryer/*Friman,* S. 465ff.; *Lounici,* in: Kolb, 286ff.; *von Braun,* S. 96f.; *Morrissey,* in: Boas/Schabas/Scharf, S. 68ff.; *Klamberg,* S. 223ff.; zum ICTY *Pruitt,* in: May et al., S. 305ff.; *May/Wierda,* ColJTL 37 (1999), 756ff.; *Safferling,* YIHL 5 (2002), 239ff.; *Tochilovsky,* CLF 15 (2004), 341ff.; *Möller,* in: Kirsch, S. 35ff.; aus Verteidigersicht *Robinson,* in: Kirsch, S. 120f.; zum ICTR *Nahamya/Diarra,* CLF 13 (2002), 339ff.; siehe auch Grützner/Pötz/*Kreß,* 2003, IV A 1 Rn. 127.

169 Vgl. *ICTY,* Furundzija, TC Decision 16.7.1998, abgedruckt, in: ALC III, 2001, 223ff., 226, para. 19. Vgl auch *Pruitt,* in: May et al., S. 309ff. *Wu Wei,* Ankläger des IStGH, 2007, S. 202ff.; *Tuinstra,* JICJ 8 (2010), 463, 479; *Schuon,* S. 111ff., 275ff.; *Heinze,* S. 355ff., 376ff. Zur Definition der entlastenden Beweise („exculpatory material") *Harmon/Karagiannakis,* in: May et al., S. 315ff.; zur Offenlegung im confirmation hearing *Caianiello,* ICLR 10 (2010), 26f.; ausführlich mit einer rvgl Darstellung *Heinze,* S. 391ff.

170 „So bald als möglich" („as soon as practicable") heißt mit der Überstellung des Beschuldigten an das Gericht vor dem confirmation hearing, *ICC,* Lubanga Decision Final System Disclosure 15.5.2006, paras. 86, 121; s. allgemein *Schuon,* S. 277, *Heinze;* S. 347f.

171 Die Bewertung von Beweisen als be-/entlastend liegt im Ermessen der Anklagebehörde (Art. 67 Abs. 2 IStGHS: „... which [the Prosecutor] believes shows or tends to show"; Regel 68(i) ICTY-Regeln: „... which in the actual knowledge of the Prosecutor may suggest ..."), s. *Jackson,* JICJ 7 (2009), 17, 27; zur Frage, ob vor dem ICTR die Verteidigung einen vorherigen Antrag nach Regel 66 (B) stellen muss, siehe *ICTR,* Kalimanzira TJ 22.6.2009, para. 44. Die Einsichtnahme muss auf solche Beweise gestattet werden, die für die Vorbereitung auf den Fall maßgeblich („material") sind, wobei es sich dabei um „relevante" Beweise handeln müsse, s. näher *ICTY,* Karadžić TC Decision 26.2.2010, para. 36; zu den Änderungen von Regel 68 ICTY-Regeln *Heinze,* S. 344ff., 348ff.

172 Siehe z. B. *ICTY,* Krajisnik and Plavsic TC Decision 1.8.2001, para. 10. Vgl. auch *Vohrah,* in: McDonald/Swaak-Goldman, S. 519f.; *Wu Wei,* Ankläger des IStGH, 2007, S. 211; mit Blick auf das defence-system des IStGH und den Lubanga Fall: *Katzman,* NWUJIHR 8 (2009), 77ff.

Angeklagten[173] ist insoweit vom Verfahrensstadium abhängig: Während im Hauptverfahren sämtliche entlastenden Beweise offengelegt werden müssen (zum Problem im *Lubanga*-Verfahren insoweit Rn. 33 a. E.), muss im Vorverfahren nur der Großteil („bulk") entlastender Beweise offengelegt werden (sog. „bulk rule").[174] Ein Vertreter der Anklagebehörde muss bescheinigen, dass das gesamte relevante Beweismaterial durchgesehen und auf seine Eigenschaft als be- oder entlastend hin überprüft worden ist.[175] Die Offenlegung muss möglichst konkret und genau sein.[176] Zeugen müssen beispielsweise mit Geburtsort und -datum, Geschlecht und Wohnort (nicht dagegen mit Adresse!) aufgeführt sein (IStGH-Regel 76, ICTY-Regel 69(C)), weil eine angemessene Verteidigung mehr als „eine blinde Konfrontation im Gerichtssaal" verlangt.[177] Während der Verhandlungen zum IStGHS wurde darauf verzichtet, eine Vorschrift über die Zulässigkeit anonymer Zeugen in das Statut aufzunehmen.[178] Ungeachtet dessen kann sich eine solche blinde Konfrontation aus dem Bedürfnis ergeben, bestimmte Zeugen zu schützen und ihnen Anonymität zu gewähren (Art. 22 ICTYS; Art. 21 ICTRS; ICTY-/ICTR-Regeln 69, 75; Art. 68; IStGH-Regeln 87, 88).[179] Obwohl dies grundsätzlich sowohl Zeugen der Anklage als auch der Verteidigung betreffen kann, wird in der Praxis häufiger der Angeklagte in seinem Konfrontationsrecht beschränkt, so dass eine schwierige Abwägung zwischen dessen Recht auf Konfronta-

---

173 Näher zur Terminologie *Ambos/Miller*, ICLR 7 (2007), 339f.

174 *ICC*, Katanga and Ngudjolo Decision 20.6.2008, para. 124; dazu näher *Ambos*, NCLR 12 (2009), 548f. Anders jedoch die Vorverfahrenskammer in *ICC*, Bemba PTC Decision 31.7.2008, para. 67, die von der sog. „bulk rule" abweicht und die Offenlegung ernsthaft relevanter Beweise („evidence which is of true relevance") verlangt. Zum Ganzen *Heinze*, S. 34ff., 412ff.

175 *ICTY*, Krnojelac TC Decision 11.2.2000, para. 60 und 11.5.2000, para. 26; *ICC*, Bemba PTC Decision 31.7.2008, para. 68; Abu Garda PTC Decision 15.7.2009, para. 15.

176 *Heinze*, S. 348. Bzgl. der Versäumnisse der Anklagebehörde bei der Offenlegung von Beweisen (insb. der Offenlegung nur kurz vor Beginn der Hauptverhandlung) und der Verbesserung der Situation durch die Einführung des Electronic Disclosure Systems (EDS) siehe *Turner*, VirgJIL 48 (2008), 557f.

177 *ICTY*, Delalic et al. TC Decision 18.3.1997, paras. 17, 19, 20; in diesem Sinne auch *ICC*, Katanga and Ngudjolo Decision Evidentiary Scope Confirmation Hearing 25.4.2008, para. 18 u. passim; aus rvgl Sicht *Heinze*, S. 359ff.

178 *ICC*, Lubanga TC Decision on intermediaries 31.5.2010, para. 137: „Chamber notes that the Rome Statute framework does not provide for the anonymous testimony of witnesses at trial (see e. g. Articles 67(l)(e) and 68(1) of the Statute and Rules 76, 81(4), 82(1) and 87 o f the Rules)." *Kurth*, in: Stahn/Sluiter, S. 626; *Acquaviva et al.*, in Sluiter et al., S. 844. schlussfolgern daraus, dass „zentrale" Zeugen im Hauptverfahren nicht anonymisiert werden dürfen; diff. *Heinze*, S. 383f.

179 Vgl. etwa *ICTY*, Tadic TC Decision 10.8.1995, paras. 4, 55ff., in der fünf Bedingungen für die vollständige Anonymität eines Zeugen entwickelt werden (paras. 62–66); abw. Judge Stephen, Separate Opinion, 10.8.1995, S. 11, 15 und passim; zust. Blaskic TC Decision 5.11.1996, para. 34. Krit. zur Tadic-Entscheidung *Leigh*, 91 AJIL (1997), 80; *Stapleton*, NYUJILP 31 (1999), 535, 555ff.; *Mumba*, in: May et al., S. 368ff.; Cassese/Gaeta/Jones/*Guariglia*, S. 1125f.; Cassese/Gaeta/Jones/*Zappalà*, S. 1333; *Creta*, Hous. J. Int'l L. 20 (1998), 394ff.; *Lusty*, Syd LR 24 (2002), 417ff.; *ders.*, ebenda, 361ff. sowie *Dennis*, FS Gordon, 2010, S. 241ff. und *Heinze*, S. 359ff., 380ff., jeweils mit einer umfassenden Darstellung der (Un-)zulässigkeit anonymisierter Zeugenaussagen im Common Law; *Del Carpio*, RP 19 (2007), 41ff. analysiert die Rspr. des ICTY zu anonymen Zeugen (insb. Tadic) und kommt zu dem Ergebnis, dass die „absolute Anonymisierung" gegen den fair-trial-Grundsatz verstößt, weil sie dem Beschuldigten die Konfrontationsmöglichkeit nehmen würde (49f.); für eine Anonymisierung trotz Verstoßes gegen Fairness *Damaška*, JICJ 10 (2012), 618; zum Ganzen auch *Kurth*, in: Stahn/Sluiter, S. 615ff.; *Schuon*, S. 122f. Zur „rolling disclosure" aufgrund ICTY-/ICTR-Regel 69 (A) *Zahar/Sluiter*, S. 374; *Combs*, in: Schabas/Bernaz, S. 323, 324; *Swoboda*, S. 710f.; *Heinze*, S. 385f.; *Croquet*, Melbourne JIL 11 (2010), 50.

tion und dem Schutz von Zeugen getroffen werden muss.[180] Eine Ablehnung der Offenlegung sollte deshalb nicht nur aufgrund einer sorgfältigen Einzelfallprüfung erfolgen,[181] sondern auch so transparent und konkret wie möglich begründet werden. Die **Verteidigung** selbst hat eine Offenlegungspflicht lediglich bei bestimmten Verteidigungsvorbringen, etwa bei Angabe eines Alibis (ICTY-/ICTR-Regel 67; IStGH-Regeln 78, 79; **Schaubild 17**).[182] Sie kann nicht zur Offenlegung belastender Beweise verpflichtet werden, weil dies gegen das Selbstbelastungsverbot *(nemo tenetur)* verstoßen (Art. 67 Abs. 1 (g))[183] und in Anbetracht der strukturellen-materiellen Überlegenheit der Anklagebehörde den Grundsatz der Waffengleichheit verletzen würde.[184] ICTY-Regel 73*ter* impliziert aber, dass die Identität der Zeugen der Verteidigung im Rahmen der dort vorgesehenen „Pre-Defence"-Konferenz (Rn. 28) offen gelegt werden muss (nur die Identität, nicht die Zeugenaussage!), um langwierige Vernehmungen in der Hauptverhandlung zu vermeiden.[185] Die Offenlegung ist **eingeschränkt** im Hinblick auf Berichte, Aktenvermerke u. a. interne Unterlagen (ICTY- Regel 70; IStGH-Regel 81),[186] im Hinblick auf gewisse vertrauliche Informationen (Art. 54, IStGH-Regeln 81 Abs. 4 und 82, Nr. 55 Abs. 3 Regulations OTP) sowie wenn Ermittlungen durch Offenlegung gefährdet würden (IStGH-Regel 81 Abs. 2) oder bestimmte Personen geschützt werden müssen (Art. 68, IStGH-Regel 81 Abs. 4, **Schaubild 18**).[187] Im Übrigen entscheidet die **Verhandlungskammer** – ganz im Sinne eines

[180] Die Verfasser des IStGH-Statuts waren sich dieses Problems bewusst und regelten in Art. 68 Abs. 1, dass diese Maßnahmen „die Rechte des Angeklagten sowie die Fairness und Unparteilichkeit des Verfahrens nicht beeinträchtigen oder damit unvereinbar sein" dürfen. Eingehend *Defrancia,* VirgLR 87 (2001), 1410ff.; *Mumba,* in: May et al., S. 361ff.; Cassese/Gaeta/Jones/*Zappalà,* S. 1330ff. Zur Offenlegung im Lubanga-Verfahren vgl. *ICC,* Lubanga Decision Final System Disclosure 15.5.2006. Zur Abwägung *ICC,* Katanga and Ngudjolo Decision Evidentiary Scope Confirmation Hearing 25.4.2008, para. 84 (87, 90).

[181] *ICC,* Lubanga TC Decision 13.6.2008, para. 89 („a thorough assessment will need to be made by the Pre-Trial Chamber of the potential relevance of the information to the Defence on a case by case basis"). S. auch *Kuschnik,* ICLR 9 (2009), 165. Der nebulöse Verweis der Verfahrenskammer im Lubanga-Urteil auf die „gegebenen Umstände", unter denen „eine weitergehende Offenlegung nicht möglich ist" (*ICC,* Lubanga TJ 14.3.2012 para. 116) wird diesen Anfordungen nicht gerecht, dazu auch *Ambos,* ZIS 2012, 320; *Trüg,* ZStW 125 (2013), 65.

[182] Siehe hierzu *Vohrah,* in: McDonald/Swaak-Goldman, S. 517f.; *Möller,* in: Kirsch, S. 36 (44f.); *Zahar/Sluiter,* S. 423ff.; *Tochilovsky,* S. 163ff.; *Schuon,* S. 279ff.; auch *ICTY,* Gotovina et al. TC Decision 12.3.2010, para. 34; *ICTR,* Rukundo TJ 27.2.2009, para. 539; konkret zur Beeinflussung der Beurteilung des Alibis durch Verletzung der Offenlegungspflicht *ICTR,* Ngirabatware TC Decision 16.2.2010, paras. 29ff.

[183] *Brady,* in: Lee, 2001, S. 414. Zur schwierigen Frage des Rechts des Zeugen, sich nicht selbst belasten zu müssen, *Ambos,* LJIL 15 (2002), 155ff. mit dem Nachweis, dass die IStGH-Regel 74 dem Common Law folgt (166 und passim).

[184] *May/Wierda,* ColJTL 37 (1999), 760f.; *Safferling,* 2003, S. 194, 202, 374; zur Überlegenheit der Anklagebehörde auch *Zahar/Sluiter,* S. 364ff.; zur Waffengleichheit, insb. zur „inequality of resources", *Jalloh/DiBella,* in: Schabas/McDermott/Hayes, S. 251ff.; zum Zusammenhang zwischen Waffengleichheit und disclosure generell *Heinze,* S. 311ff.

[185] *May/Wierda,* ColJTL 37 (1999), 761; siehe auch *Vohrah,* in: McDonald/Swaak-Goldman, S. 542.

[186] *ICC,* Lubanga TC Decision 20.1.2011. Krit. zum Recht der Anklagebehörde, Aussagen, besondere Sachkunde und Identität von Sachverständigen zurückhalten zu dürfen, obwohl diese einen bis dato unterschätzen Einfluss auf den Ausgang des Verfahrens ausüben *Rothe/Overthon,* ICLR 10 (2010), 345ff.; zu Regel 70 ICTY s. ICTY Manual, S. 20f., 27, 88; *Klip,* JICJ 10 (2012), 652ff.

[187] Siehe näher *Kuschnik,* ICLR 9 (2009), 166ff.; *Schuon,* S. 281ff.; zum Opferschutz *Tonellato,* Eur. J. Cr. 20 (2012), 316, 327 – Problematisch ist in diesem Zusammenhang der Einsatz von *intermediaries* (o. Rn. 27 mit Fn. 135). Da die Möglichkeit einer anonymisierten Zeugenaussage noch nicht geklärt

Schiedsrichters[188] – über die Offenlegungspflichten (ICTY-/ICTR-Regel 66 (C)).[189] Über die lediglich zwischen den Parteien – Anklage und Verteidigung – geltenden *disclosure* Pflichten hinaus müssen Beweise daher auch der jeweiligen Verhandlungskammer mitgeteilt werden (sog. *communication*), wobei der Umfang dieser Mitteilungspflicht umstritten ist.[190]

Die *Folge* von Verstößen gegen die Offenlegungspflicht ist weder im IStGHS noch in den RPE geregelt.[191] Bei den *Ad-Hoc*-Tribunalen existieren über ICTY-Regel 68*bis* hinaus[192] ebenfalls keine konkreten Sanktionsmöglichkeiten.[193] Ein Blick auf die Rpsr. lässt insoweit den Schluss zu, dass die Wahl der Sanktionen einzelfallabhängig ist und im richterlichen Ermessen liegt.[194] Der *Lubanga*-Verfahrenskammer blieb nicht mehr als „in jedem Stadium des Verfahrens Maßnahmen zur Milderung jeglicher Beeinträchtigung der Verteidigungsrechte" vorzunehmen.[195] Insbesondere können die Richter das Verfahren wegen gravierender Verstöße gegen den Grundsatz des fairen Verfahrens *(abuse of process)* aussetzen, also einen *stay of proceedings* anordnen.[196] Von dieser Maßnahme darf aufgrund ihrer einschneidenden Wirkung jedoch nur in Ausnah- 32

ist, (Rn. 46 mit Fn. 290) verlangt die TC im Einzelfall eine Offenlegung gem. Regel 77 der IStGH-RPE, wenn (i) der intermediary Kontakt zu Zeugen hatte, deren Glaubwürdigkeit angezweifelt wird (insb. aufgrund einer möglichen Anstiftung zu einer Falschaussage durch den intermediary) und (ii) der Schutz des intermediaries durch die VWU gewährleistet ist (s. *ICC,* Lubanga TC Decision on intermediaries 31.5.2010, paras. 139ff.). Komme die Anklagebehörde dieser Verpflichtung – etwa unter Berufung auf eine mögliche Gefährdung des intermediary o. weiterer Ermittlungen – nicht nach, müsse das Verfahren ausgesetzt werden (*ICC,* Lubanga TC Decision 8.7.2010; u. Rn. 33).

188 *May/Wierda,* ColJTL 37 (1999), 758.

189 Für einen allgemeinen Überblick über die Entstehungsgeschichte *Brady,* in: Lee, 2001, S. 403ff.; s. auch *Lewis,* in: Fischer/Kreß/Lüder, S. 226f.

190 Während sich die Vorverfahrenskammer im Bemba-Verfahren für eine weite *communication* aussprach (*ICC,* Bemba PTC Decision 31.7.2008, para. 28), bevorzugte die Vorverfahrenskammer im Lubanga-Verfahren einen eher restriktiven Ansatz (*ICC,* Lubanga Decision Final System Disclosure 15.5.2006, paras. 41, 50ff.). Siehe zum Ganzen *Heinze,* S. 34ff., 508ff.

191 Man kann eine Sanktion allenfalls über die Präklusionsregelung der Regel 121 Abs. 8 RPE konstruieren: „The Pre-Trial Chamber shall not take into consideration charges and evidence presented after the time limit, or any extension thereof, has expired.". Eingehend *Heinze,* S. 452ff., mit einer rvgl Darstellung ab S. 421ff.; *Rohan,* in: Schabas/McDermott/Hayes, S. 292ff.

192 Danach kann das Gericht Sanktionen bei Verletzungen der Offenlegungspflichten verhängen, dazu *Jones/Powles,* S. 667f.

193 Dies entspricht auch der Rechtslage in England, wo der CPIA zwar Sanktionen gegen die Verteidigung, nicht jedoch gegen die Staatsanwaltschaft vorsieht, siehe *Sharpe,* JCL 63 (1999), 63, 80. Der Gegenentwurf dazu existiert im US-Bundesstaat Kalifornien, in dem s. 1054.5(b) Calif.Pen.Code sieben Arten von Sanktionen aufzählt, dazu näher *Pipes/Gagen,* S. 677ff.; allg. zur Rechtslage in England und den USA *Ambos,* NCLR 12 (2009), 556ff.; *Schuon,* S. 13ff.

194 *ICTR,* Nteziryayo TC Decision February 25.2.2009, paras. 26–27; Karemera et al. TC Decision 24.5.2006; siehe *Caianiello,* ICLR 10 (2010), 36f. m.w.N.

195 *ICC,* Lubanga TJ 14.3.2012, para. 120 („[T]he Chamber took measures throughout the trial to mitigate any prejudice to the defence whenever these concerns were expressed."), dazu auch *Ambos,* ZIS 2012, 320.

196 Zur Konsequenz des „stay of proceedings" als Reaktion auf einen „abuse of process" siehe schon *ICTR,* Barayagwiza AppC Decision, 3.11.1999, paras. 73ff.; *ICTY,* Nikolić TC Decision 9.10.2002, paras. 106ff.; s. zur *„abuse of process"* Doktrin auch *ICC,* Mbarushimana TC Decision 1.7.2011, para. 4 m.w.N.; Banda Abakaer Nourain und Jerbo Jamus TC Decision, 26.10.2012; *ECCC,* Kaing Guek Eav OCIJ Order 31.7.2007, paras. 21ff.; *Ryngeart,* LJIL 21 (2008), 719, 729ff.; *Ambos,* 2013, S. 434ff. m.w.N.

mefällen Gebrauch gemacht werden.[197] Außerhalb des Verfahrens selbst stellen **Disziplinarmaßnahmen** eine Möglichkeit dar, Verstöße gegen die Offenlegungspflichten zu sanktionieren.[198] Dies ergibt sich zum einen aus den allgemeinen Vorschriften über schwere Verfehlungen und Pflichtverletzungen (Art. 47,[199] IStGH-Regeln 25–27 und 30, Nr. 120 Regulations Court), die als Disziplinarmaßnahme eine Rüge oder sogar eine Geldstrafe nach sich ziehen können (IStGH-Regel 32). Zum anderen existieren am IStGH sog. *oversight mechanisms,* die für die Emittlung potentiellen Fehlverhaltens durch Gerichtsangehörige zuständig sind.[200] Außerdem sehen die sog. *Staff Rules* (Regel 110 der Staff Rules IStGH)[201] sowie einige der Verhaltensregeln[202] Disziplinarmaßnahmen für das Fehlverhalten Gerichtsangehöriger vor.

Vor dem Zwischenverfahren	Nach dem Zwischenverfahren/ Vor dem Hauptverfahren	Hauptverfahren
Art. 61 Abs. 3 – Offenlegung von Anklagepunkten/Beweisen, auf die sich OTP berufen will – eine **angemessene** Zeitspanne vor dem Zwischenverfahren	**Art. 64 Abs. 3 (c)** – Offenlegung von Dokumenten und Informationen, die zuvor **noch nicht offengelegt wurden** – Möglichkeit der TC, neue Beweise anzufordern	**Art. 69** generelle Vorschrift zu den Beweisregeln
Regel 121 (Art. 61 Abs. 3) – **Liste** von Beweisen und Informationen – **ausreichende** Beweise für den „substantial grounds"-Standard des Zwischenverfahrens	**Art. 64 Abs. 6 (d)**	**Keine Regel ...** ... die besagt, dass unter den Parteien ausgetauschte Beweise der TC zugänglich gemacht werden müssen
Regel 76 Offenlegung von Identität + **Aussagen** aller Zeugen (Widerspruch zu Regel 121 Abs. 3, der nur eine Auflistung verlangt)	**Keine Regel ...** ... zur Einsichtnahme in das Verzeichnis der Kanzlei und dessen Aktualisierung durch die TC	**Regel 130** TC erhält Verzeichnis des Verfahrens vor der PTC

197 Siehe *ICC,* Lubanga Intermediary AppJ 8.10.2010, para. 55; vertiefend *Heinze,* S. 452 ff.; *Turner,* NYUJILP 45 (2012), 198 ff.

198 Ausführlich *Heinze,* S. 465 ff.

199 In der Praxis richtet sich Art. 47 vor allem an die Anklagebehörde, *Mégret,* in: Reydams/Wouters/Ryngaert, S. 479; *Heinze,* S. 465 f.

200 Diese *oversight mechanisms* sind auf der Ebene der finanziellen Angelegenheiten des Gerichts das „Office of the Internal Audit" (Regel 110.1 der IStGH-Finanzregeln), der „External Auditor" (Art. 118), das „Audit Committee" (siehe ASP, Report of the Committee on Budget and Finance on the work of its eleventh session, Seventh Session, ICC-ASP/7/15 (31.10.2008), paras. 24 ff.) und das „Committee on Budget and Finance" (Regulation 12.9 der FinanzGeschO IStGH) sowie das für allgemeines Fehlverhalten der Gerichtsangehörigen zuständige „Independent Oversight Mechanism", das seine Arbeit jedoch noch nicht aufgenommen hat. S. zum Ganzen *Heinze,* S. 466 ff.; *Olásolo et al.*, S. 11; *Turner,* NYUJILP 45 (2012), 243 ff.

201 Zum Ganzen *Heinze,* S. 469 ff.; *Mégret,* in: Reydams/Wouters/Ryngaert, S. 477 ff.; *Markovic,* TexILJ 47 (2011–2012), 206 f.

202 Siehe z. B. den „Code of Judicial Ethics", den „Code for Professional Conduct for Counsel" sowie den am 5.9.2013 in Kraft getretenen „Code of Conduct for the Office of the Prosecutor". Zum Ganzen *Heinze,* S. 471 ff.; eine umfassende Analyse von Verhaltens- und Ethikregeln vor dem Internationalen Militärgerichtshof in Nürnberg findet sich bei *Sarvarian,* JICJ 10 (2012), 423 ff.; zu Disziplinarmaßnahmen gegen Verteidiger eingehend *Gut,* S. 170 ff.

<table>
<tr><th>Vor dem Zwischenverfahren</th><th>Nach dem Zwischenverfahren/
Vor dem Hauptverfahren</th><th>Hauptverfahren</th></tr>
<tr><td colspan="3">Regel 77
Einsichtnahme in jedes Beweisstück, das der Verteidigung zur Vorbereitung des Falles nützt oder auf das sich OTP im Zwischen- (str.) oder Hauptverfahren berufen will</td></tr>
<tr><td>Regel 112 (i.V. m. Art. 93 (1) (c), 99 (1))
– Offenlegung der Kopie des Anhörungsprotokolls
– Offenlegung von Aussagen ggü. staatl. Einrichtungen</td><td></td><td></td></tr>
<tr><td colspan="3">Art. 67 Abs. 2
Offenlegung (potenziell) entlastender Beweise so bald als möglich</td></tr>
<tr><td colspan="3">Regel 83 (Art. 67 Abs. 2)
Möglichkeit des Antrags auf eine Anhörung ex parte</td></tr>
<tr><td colspan="3">Regel 84
Ständige Offenlegungspflichten</td></tr>
<tr><td colspan="2">ICC, Katanga and Ngudjolo Decision 20.6.2008 (Richterin Steiner)
Die Offenlegung eines Großteils der Beweise ist ausreichend („bulk rule").</td><td></td></tr>
</table>

Schaubild 16: Offenlegungspflichten der Anklagebehörde

<table>
<tr><th>Vor dem Zwischenverfahren</th><th>Nach dem Zwischenverfahren/
Vor dem Hauptverfahren</th><th>Hauptverfahren</th></tr>
<tr><td>Art. 61 Abs. 6
– der Beschuldigte kann Beweise vorlegen</td><td></td><td>Regel 80 (Art. 31 Abs. 3)
– will Vert. Straffreistellungsgründe gem. Art. 31 Abs. 3 vorbringen, soll sie OTP und die TC informieren</td></tr>
<tr><td colspan="3">Regel 78
– Einsicht in bestimmte Objekte (Bücher, Fotos etc.), die die Verteidigung als Beweise nutzen möchte</td></tr>
<tr><td colspan="3">Regel 79
– plant Verteidigung, ein Alibi oder einen Entschuldigungsgrund vorzubringen, soll sie
a) OTP informieren und
b) damit verbundene Zeugenaussagen und -identitäten sowie Beweise offenlegen
– Widerspruch zu Art. 67 Abs. 1 (g) (keine Selbstbelastung)
– Anwendbarkeit auf die Phase vor dem Zwischenverfahren str.</td></tr>
<tr><td>Regel 121
– Gang des Verfahrens</td><td></td><td></td></tr>
<tr><td colspan="3">Regel 84
Ständige Offenlegungspflichten</td></tr>
</table>

Schaubild 17: Offenlegungspflichten der Verteidigung

	Einschränkung	Vorschrift
1.	Bei "**internen Dokumenten**"	**Regel 81 Abs. 1**
2.	Wenn die Offenlegung geeignet ist, weitere **Ermittlungen** der OTP zu **gefährden**	**Regel 81 Abs. 2**
3.	Wenn die Offenlegung geeignet ist, die **Erlangung neuer Beweise** zu verhindern → das gilt nur für Fälle, in denen Erlangung neuer Beweise an eine **Vertraulichkeits-Garantie** der OTP ggüber den Informanten gebunden ist	**Regel 82 i.V.m. Art. 54 Abs. 3 (e)**
4.	Wenn die Nicht-Offenlegung die **Vertraulichkeit** von Informationen gewährleisten würde	**Regel 81 Abs. 4 i.V.m. Art. 54 Art. 72, Art. 93**
5.	Wenn die Nicht-Offenlegung bestimmt ist, die **Sicherheit von Zeugen u. Opfern** + deren Familienangehörigen zu schützen	**Regel 81 Abs. 4 i.V.m. Art. 68**
	→die Informationen können **jedoch zusammengefasst** der Verteidigung vorgelegt werden	**Regel 81 (5), (6) i.V.m. Art. 68 (5)**

Schaubild 18: Einschränkungen der Offenlegungspflichten

33 Die „disclosure" stellt sich nach dem Gesagten als ein **anhaltender Prozess** mit einer „fortdauernden Verpflichtung" dar, die sich über das Hauptverfahren hinaus bis in das Appellationsverfahren hinein erstreckt (IStGH-Regel 84, OTP Regulations Nr. 55 Abs. 2, ICTR-Regel 67 D).[203] Vom Grundgedanken her sind solche Offenlegungspflichten ein klarer Ausdruck des adversatorischen Modells, da sein *two cases approach* – mit jeweils getrenntem Beweisvortrag der Anklage und der Verteidigung – die gegenseitige Offenlegung erfordert, damit beide Parteien den gleichen Informationsstand besitzen und „auf gleicher Augenhöhe" verhandeln können.[204] Demgegenüber sind derartig strenge Regeln in einem traditionell inquisitorischen System, jedenfalls nach seiner normativen Konzeption, überflüssig, denn dort liegt – im Sinne eines *one case approach*[205] – die Ermittlung in den Händen der Anklagebehörde und diese geht sowohl belastenden als auch entlastenden Beweisen nach (Rn. 27). Glaubt man also an die Objektivität der Anklagebehörde kontinentaleuropäischer Prägung, so ist es ausreichend, der Verteidigung zu irgendeinem Zeitpunkt vor Beginn der Hauptverhandlung **Einsicht in die Akten** der Anklage – in das „dossier" – zu gewähren.[206] Tatsächlich besteht ein Zusammenhang zwischen dem Dossier und den disclosure rules dergestalt, dass sich der Gegenstand der Offenlegungspflicht im Dossier befinden muss, weshalb auch IStGH-Regel 121 Abs. 2 (c) verlangt, dass alle offen gelegten Beweise der Vorverfahrenskammer mitgeteilt werden müssen (siehe zur *communication* Rn. 31).[207] Frei-

[203] *ICTY,* Blaskic TC Decision 26.9.2000, paras. 29ff. (42); auch *ICTR,* Karemera et al. AppC Decision 17.5.2010, para. 24, wo die AppC auch die Gewährung zur Einsichtnahme als anhaltenden Prozess ansieht. Vgl. auch *Brady,* in: Lee, 2001, S. 422; *Safferling,* YIHL 5 (2002), 241; *Möller,* in: Kirsch, S. 37.

[204] Vgl. *Safferling,* 2003, S. 198; instruktiv auch *Möller,* in: Kirsch, S. 35f., S. 54. Genau genommen ist das Rechtsinstitut der Beweisoffenlegung einem rein adversatorischen, konfrontationsbezogenen Strafverfahren fremd, da sich dieses Verfahren gerade dadurch auszeichnet, dass die Parteien ihren Fall unabhängig voneinander ermitteln und präsentieren. Es erklärt sich jedoch aus dem Grundsatz der Waffengleichheit. Siehe *Damaška,* Faces of Justice, 1986, S. 131; *Swoboda,* S. 179ff.; *Heinze,* S. 317ff.

[205] *Schuon,* S. 4.

[206] Siehe hierzu *Friman,* in: Lee, 2001, S. 213; *Langer,* AmJCompL 53 (2005), 847.

[207] Vgl. Cassese/Gaeta/Jones/*Orie,* S. 1484; *Ambos,* in: Bohlander, S. 473.

lich darf nicht übersehen werden, dass in der Praxis auch der Civil-Law-Ankläger *seinen* Fall ermittelt und der Versuchung erliegen kann, die Verurteilungschancen durch Zurückhaltung seiner Beweise zu erhöhen.[208] Auch ein proaktiver Civil-Law-Richter hat Mühe, die sich aus dem Ermittlungsverfahren ergebenden Vorteile der Anklagebehörde auszugleichen. Unabhängig vom jeweiligen Verfahrensmodell können daher nur **umfassende Offenlegungspflichten** ein effektives Recht auf angemessene Verteidigung gewährleisten. Deshalb ist der „all cards on the table"-Ansatz der IStGH-Regeln (insbesondere 77, 78) zu begrüßen.[209] Vor diesem Hintergrund ist auch die Aussetzung (Rn. 31) des Lubanga-Verfahrens wegen der Nicht-Offenlegung von (evtl. entlastenden) Beweisen durch die Anklagebehörde nachvollziehbar.[210]

Lösung Fall 2:

Ein *Haftbefehl* kann jederzeit nach Einleitung der Ermittlungen von der Vorverfahrenskammer erlassen werden, wenn begründeter Verdacht gegen eine Person besteht (Art. 58, Rn. 24, 29). Das *„confirmation hearing"* dient als eine Art Filter der Überprüfung der Anklage, findet also nach deren Absetzung und in Anwesenheit des Angeklagten statt (Art. 61, Rn. 28). Die Vorverfahrenskammer kann Anklagepunkte bestätigen oder ablehnen (Art. 61 Abs. 7 (a) bzw. (b)) oder die Verhandlung vertagen (Art. 61 Abs. 7 (c)) und den Ankläger ersuchen, weitere Ermittlungen durchzuführen (i) oder einen Anklagepunkt zu ändern (ii). Die Kammer wird die Anklage bestätigen, sofern „konkrete und greifbare Beweise" („concrete and tangible evidence") vorliegen. Sie darf dabei aber nicht bereits die Hauptverhandlung vorwegnehmen, sondern muss sich am niedrigeren Beweismaßstab des „confirmation hearing" orientieren (Rn. 28). 34

II. Hauptverfahren

Fall 3:

A ist vor dem IStGH wegen Völkermordes und Verbrechen gegen die Menschlichkeit angeklagt. Im Prozess sollen eine Vielzahl von Zeugen gehört werden. Noch vor Beginn der Hauptverhandlung vereinbaren Ankläger und Verteidigung, dass A sich hinsichtlich der ihm vorgeworfenen Verbrechen gegen die Menschlichkeit für schuldig erklären soll. Im Gegenzug sichert die Anklagebehörde zu, den Ankla- 35

[208] Dazu auch *Damaška,* in: Cassese, 2009, S. 175 (176f.).

[209] So auch Cassese/Gaeta/Jones/*Guariglia,* S. 1127; für eine „independent investigative commission" zur Herstellung von Fairness und Transparenz *Higgins,* JICJ 5 (2007), 396ff.

[210] *ICC,* Lubanga TC Decision 13.6.2008; Lubanga TJ 14.3.2012, para. 121. Die Anklagebehörde berief sich dabei auf Art. 54 Abs. 3 (e) und ihre entsprechende Zusage der Vertraulichkeit; dazu *Ambos,* 2010a, S. 121ff.; eingehend *ders.* NCLR 12 (2009), 543ff.; *Heinze,* S. 454ff.; *Whiting,* UCLA J. Int. L.& For.Aff. 14 (2009), 207; *Johnson,* JICJ 10 (2012), 887ff. Mittlerweile scheint bei der Anklagebehörde hinsichtlich ihrer ursprünglichen Strategie der extensiven Ansammlung vertraulicher Dokumente ein Umdenken stattgefunden zu haben, s. nur *ICC,* Banda Abakaer Nourain und Jerbo Jamus TC Decision 26.10.2012, paras. 145ff. sowie *Heinze,* S. 458. Zur erneuten Verfahrensaussetzung kam es im Lubanga-Verfahren, nachdem sich die Anklagebehörde weigerte, die Identität von sog. intermediaries (Mittelspersonen) offenzulegen, gab es doch insoweit Hinweise, dass diese Zeugen zur Falschaussage verleiteten oder sogar erpressten, s. Lubanga TC Decision 8.7.2010, paras. 12f.; Decision 12.11.2010; Decision 3.12.2010; dazu ausführlich *Heinze,* S. 458ff.; *Coleman,* HRBrief. 17 Nr. 3 [2010], 56f.; *Catani,* JICJ 10 (2012), 916. Auf die intermediary-Problematik ging die Kammer in ihrem abschließenden Urteil daher ungewöhnlich ausführlich ein, s. *ICC,* Lubanga TJ 14.3.2012, paras. 178–477, dazu *Ambos,* ZIS 2012, 318. Ein weiterer Aussetzungsantrag der Verteidigung wurde abgelehnt (Decision 2.3.2011) und das Verfahren am 30.3.2011 fortgesetzt. Auf diese Aussetzungsentscheidungen nahm die Kammer nochmals ausführlich in ihrem abschließenden Urteil Bezug, siehe *ICC,* Lubanga TJ 14.3.2012, paras. 121f. und 178–477; s. dazu auch *Ambos,* ICLR 12 (2012), 124.

gevorwurf des Völkermordes fallen zu lassen und auf eine „milde" Strafe von nicht mehr als 10 Jahre Gefängnis zu plädieren.
a) Ist eine derartige „Vereinbarung" zulässig?
b) Das Gericht hält das in der Vereinbarung enthaltene Strafmaß nicht für tat- und schuldangemessen. Kann es den A zu einer höheren Strafe verurteilen?
→ Rn. 54 u. *Ambos,* 2010a, S. 148 (Fall 10 Rn. 67ff.).

Fall 4:

36 Z ist von der Anklagebehörde des IStGH als Zeuge in einem Strafverfahren gegen H benannt worden. Er soll darüber aussagen, dass er gehört habe, wie sein Nachbar N gegenüber einer unbekannt gebliebenen Person erklärte, den H als einen derjenigen Männer erkannt zu haben, die im Sommer 2003 das kleine Dorf, in dem Z und N seinerzeit lebten, überfallen haben. Z selbst war zur Zeit des Angriffs nicht zugegen.
a) Kann Z zu diesem Beweisthema vernommen werden? → Rn. 55
b) Würde sich an der Beurteilung des Falles etwas ändern, wenn feststünde, dass N zwischenzeitlich verstorben ist? → Rn. 55

1. Beginn der Hauptverhandlung

37 Auch im Hauptverfahren lassen sich in verschiedenen Bereichen „inquisitorische" Veränderungen an dem strukturell adversatorisch geprägten Völkerstrafprozess[211] erkennen. Hinsichtlich der **Eröffnung** der Hauptverhandlung mit der „Darlegung des Falles" („case presentation" – ICTY-/ICTR-Regeln 82ff.) scheinen die Bestimmungen der ***Ad-Hoc*-Tribunale** auf den ersten Blick adversatorischen Regeln zu folgen: einleitende Erklärungen von Anklage und Verteidigung (ICTY-/ICTR-Regel 84), Beweisvortrag von Anklage und Verteidigung gefolgt von Antritt von Gegenbeweisen und Erwiderung (ICTY-/ICTR-Regel 85 (A)), erste Zeugenvernehmung, Kreuzverhör und zusätzliche Vernehmung der Zeugen („Examination-in-chief, cross-examination and re-examination" – ICTY-/ICTR-Regel 85 (B)).[212] Bei näherer Betrachtung zeigt sich allerdings, dass die Verhandlungskammer von diesem Ablauf „im Interesse der Gerechtigkeit" abweichen (ICTY-/ICTR-Regel 85 (A))[213] und von Amts wegen *zusätzliche Beweiserhebungen* anordnen kann (ICTY-/ICTR-Regeln 85 (A)(v) i.V. m. 98).[214] Zudem ermöglicht ICTY-Regel 84*bis* dem *Angeklagten,* nach den Ausführungen der Parteien eine eigene einleitende Erklärung „unter der Kontrolle der Verhandlungskammer" abzugeben, wodurch er zumindest konzeptionell von einem bloßen Objekt des Verfahrens zu einem aktiv Beteiligten im Sinne des kontinentaleuropäischen Verständnisses wird.[215] Der Angeklagte kann weiterhin als Zeuge zu seiner eigenen Verteidi-

---

211 Zur „Rechtsnatur" des Strafverfahrens vor den internationalen Gerichtshöfen auch *Keen,* LJIL 17 (2004), 767ff., der insoweit von „tempered adversariality" spricht (insb. 811ff.); s. auch *Byrne,* LJIL 26 (2013), 995. Zur adversatorischen Struktur des Hauptverfahrens der *Ad-Hoc*-Tribunale *Nemitz,* in: Kirsch, S. 53ff.; *Zahar/Sluiter,* S. 38f., 43f.; *Swart,* JICJ 6 (2008), 109f.; *Doherty,* LJIL 26 (2013), 943ff.

212 *Combs,* in: Schabas/Bernaz, S. 323 (325ff.); *Schuon,* S. 180ff.

213 Für die Bedeutung des Begriffs „Interesse der Gerechtigkeit" in ICTY-Regel 115 (B) siehe *ICTY,* Kupreskic et al. AppJ 23.10.2001, para. 52ff., 61ff.

214 Das ist freilich nur eine Befugnis, keine Pflicht im Sinne einer Amtsaufklärungspflicht (§ 244 Abs. 2 StPO), treffend *Kirsch,* in: Weigend et al., S. 87; ähnlich *Swart,* JICJ 6 (2008), 110, für den es deshalb auf den konkreten Richter ankommt; s. auch *Ambos/Bock,* in: Reydams/Wouters/Ryngaert, S. 539, 541.

215 Cassese/Gaeta/Jones/*Orie,* S. 1468.

gung auftreten (ICTY-/ICTR-Regel 85 (C))[216] und so den ihm im adversatorischen System gewährten Status erlangen.[217] Da die Aussage im Rahmen der Zeugenvernehmung im Unterschied zur einleitenden Erklärung des Angeklagten beeidigt und im Kreuzverhör überprüft wird, kommt ihr ein höherer Beweiswert zu. Schon im Jahre 1998 hat das ICTY im Übrigen festgestellt, dass ein Zeuge – unabhängig davon, ob er von der Anklage oder der Verteidigung benannt worden ist – nach seiner Vereidigung vom Zeugen einer Partei zu einem sog. *witness of truth* werde.[218] Nach all dem kann man sagen, dass die kontinentaleuropäischen Einflüsse in den Verfahren vor den *Ad-Hoc*-Gerichten zugenommen haben und ein rein adversatorischer Prozess nicht mehr existiert.[219]

Im Verfahrensrecht des **IStGH** ist die *Rolle der Verhandlungskammer* noch dominanter.[220] Die Kammer ist für die Durchführung des Verfahrens „zuständig" (Art. 64 Abs. 6 (a) i. V. m. Art. 61 Abs. 11), kann die Beibringung von Beweismitteln verlangen (Art. 64 Abs. 6 (b) und (d)) sowie „alle sonstigen Angelegenheiten entscheiden, die von Belang sind" (Art. 64 Abs. 6 (f)).[221] Geleitet wird die Verhandlung vom jeweiligen vorsitzenden Richter („Presiding Judge" – Art. 64 Abs. 8 (b));[222] nur wenn er dies ablehnt, können Ankläger und Verteidigung Vereinbarungen darüber treffen, in welcher Art und Weise die Beweise vorgelegt werden sollen (IStGH-Regel 140 Abs. 1).[223] Diese dominante Rolle der Kammer und insbesondere des vorsitzenden Richters hat nicht nur in Rom, sondern auch später bei den Verhandlungen über die Verfahrensregeln in der Preparatory Commission Anlass zu starken Kontroversen zwischen Common-Law- und Civil-Law-Juristen gegeben.[224] Beobachter sprachen insoweit von 38

[216] Vgl. *May/Wierda,* ColJTL 37 (1999), 742; Cassese/Gaeta/Jones/*Terrier,* S. 1307 f.; *Tochilovsky,* CLF 15 (2004), 336 f.

[217] Vgl. *Kreß,* in: Fischer/Kreß/Lüder, S. 321 f.; Cassese/Gaeta/Jones/*Terrier,* S. 1308; Cassese/Gaeta/Jones/*Orie,* S. 1468.

[218] Siehe *ICTY,* Kupreskic et al. TJ 14. 1. 2000, consideration 3 (iii), „[...] a witness, either for the Prosecution or Defence, once he or she has taken the Solemn Declaration pursuant to Rule 90(B) of the Rules of Procedure and Evidence, is a witness of truth before the Tribunal and, inasmuch as he or she is required to contribute to the establishment of the truth, not strictly a witness for either party; [...]." Die ICC-PTC spricht von „witnesses of the Court", vgl. *ICC,* Lubanga Decision 8. 11. 2006, para. 26 und Decision 30. 11. 2007, paras. 33 f.; zust. *ICC,* Katanga and Ngudjolo Decision Evidentiary Scope Confirmation 25. 4. 2008, para. 30. Zu Zeugen der Anklage und der Verteidigung instruktiv *Tochilovsky,* CLF 15 (2004), 329 ff.

[219] Vgl. *Bassiouni/Manikas,* The Law of the ICTY, 1996, S. 955; Cassese/Gaeta/Jones/*Terrier,* S. 1295 f.; Cassese/Gaeta/Jones/*Orie,* S. 1492; ähnlich *Bonomy,* JICJ 5 (2007), 348, 350 f. mit dem Hinweis auf zahlreiche Regeln, die „judicial control" ermöglichen; auch *Kwon,* JICJ 5 (2007), 360 ff. („internationalization"); unklar Cryer/*Friman,* S. 427 f. („mixed" aber „primarily adversarial in nature").

[220] Vgl. auch *Ambos,* ZIS 2012, 317; *Trüg,* ZStW 125 (2013), 48; ausf. zur Rolle des Anklägers in der Hauptverhandlung vor internationalen und hybriden Gerichten *Vasiliev,* in: Reydams/Wouters/Ryngaert, S. 700 ff.

[221] Krit. *Byrne,* LJIL 26 (2013), 996 ff.

[222] Siehe allgemein zur Rolle des Richters im Verfahren vor dem ICC *De Smet,* in: Stahn/Sluiter, S. 418 ff; auch *Bock,* S. 346 ff.; *Mégret,* UCLA J. Int'l L. Foreign Aff. 14 (2009), 69.

[223] Dazu mit instruktivem Praxisbezug *Jackson/M'Boge,* LJIL 26 (2013), 955 f.

[224] Noch dominanter allerdings die Verhandlungskammer der ECCC (§ 6 Rn. 45): sie hat die Verhandlungsleitung (Internal Rule 90(1)), einschließlich der Beweisaufnahme, was sich insbesondere in der (instruktorischen) Art und Weise der (artikulierten) Vernehmungen zeigt (vgl. *ECCC,* Kaing Guek Eav Direction 20. 3. 2009; siehe auch *Gibson/Rudy,* JICJ 7 (2009), 1010).

einem *clash of cultures,*[225] wobei der Civil-Law-Ansatz für einen *starken Richter,* der die Verhandlung leitet, gestritten hat, und der Common-Law-Ansatz einem *neutralen Richter,* der den Verfahrensablauf im Allgemeinen den Parteien überlässt und ihnen insbesondere beim Kreuzverhör von Zeugen freie Hand lässt,[226] den Vorzug gegeben hat. Der am Ende erreichte Kompromiss findet sich in IStGH-Regel 140 Abs. 2, wonach ein Zeuge von Anklage und Verteidigung ohne Intervention der Kammer befragt werden kann und diese *nur* vor oder nach den Parteien ein Fragerecht hat.[227] Die Möglichkeit eines *Kreuzverhörs* wurde somit implizit anerkannt und es wird letztendlich von den Akteuren des Verfahrens selbst abhängen, ob und auf welche Weise von dieser Möglichkeit Gebrauch gemacht wird.

2. Guilty Plea

39 Der Kompromisscharakter des gegenwärtigen Völkerstrafprozessrechts lässt sich wohl am besten an der Entwicklung des *„guilty plea"* oder, wie es in Art. 65 heißt, dem **„Verfahren nach einem Geständnis"** („Proceedings on an admission of guilt") erkennen.[228] Ursprünglich sahen die ICTY-Regeln 62 (iii)–(v) ein reines, dem Common Law entlehntes „guilty plea"-Verfahren vor, in dem die Verhandlungsphase („trial stage") des Prozesses nach dem Schuldbekenntnis des Angeklagten unmittelbar in die Phase zur Festsetzung des Strafmaßes („sentencing stage") überging,[229] wobei allerdings in der Regel über Schuld und Strafe in getrennten Verhandlungen entschieden wurde. Dieses System stieß jedoch im bereits behandelten *Erdemovic*-Fall (§ 7 Rn. 14, 34) an seine Grenzen, denn *Erdemovic* hatte zwar die Tat gestanden, sich aber zugleich auf eine „defence", nämlich einen – nach hier vertretener Ansicht als Entschuldigungsgrund zu wertenden – Nötigungsnotstand berufen (§ 7 Rn. 96).[230] Eine Verhandlungskammer würdigte seine Aussage zunächst als ein gültiges „guilty plea".[231] Diese Entscheidung wurde indessen später durch die Rechtsmittelkammer aufgehoben,[232] die zugleich **vier Voraussetzungen** für die Wirksamkeit eines „guilty plea" entwickelte, welche sich nunmehr in der ICTY-Regel 62*bis* wiederfinden: Das Geständnis

[225] Vgl. *Lewis,* in: Lee, 2001, S. 547ff.; *Fernández de Gurmendi,* in: Lee, 2001, S. 252; *Kreß,* in: Fischer/Kreß/Lüder, S. 352. Zum ICTY *Tochilovsky,* CLF 15 (2004), 332ff.; *Eser,* FS Jung, 2007, S. 167ff.

[226] *Bohlander,* LJIL 24 (2011), 395. Natürlich hat die Passivität eines Common Law Richters unterschiedliche Ausprägungen. Ein englischer Richter sieht seine Rolle z. B. in der Regel wesentlich aktiver als sein Pendant aus den USA, siehe *van Kessel,* Notre Dame L. Rev. 67 (1991–1992), 429 (433, 434), 481; *Spencer,* in Delmas-Marty/Spencer, S. 26.

[227] Für eine aktivere Rolle der Verfahrenskammer *Gallmetzer,* in: Stahn/Sluiter, S. 506f.; *Bock,* S. 348f.; *Heinze,* S. 499ff.

[228] *Friman,* in: Schabas/Bernaz, S. 276f.; *Rauxloh,* ICLR 10 (2010), 739ff. mit umfass. Darstellung der Rspr. (745ff.) und Anforderungen mit Blick auf die Vereinbarkeit von Absprachen mit der Wahrheitssuche (769f.); *dies.,* S. 204ff.; rvgl *Tulkens,* in: Delmas-Marty/Spencer, S. 546ff.; *Rosenau,* FS Puppe, 2011, S. 1597ff.; zum US-Recht instruktiv *Trüg,* ZStW 120 (2008), 340ff.; *Schuon,* S. 76ff.; zum französischen Recht *Cedras,* APD 45 (2001), 156; zum italienischen Recht *Maffei,* JICJ 2 (2004), 1067; zum deutschen § 257c *Murmann,* ZIS 2009, 526ff.; zum abgekürzten Verfahren nach schweiz StPO *Gless,* 2011, Rn. 894; zum Begriff und zur Praxis an ICTY und ICTR *Meernik,* ICLR 14 (2014), 202ff.; für ältere Lit. s. 2. Aufl., § 8 Fn. 149.

[229] Vgl. *Vohrah,* in: McDonald/Swaak-Goldman, S. 511ff.; *Scharf,* JICJ 2 (2004), 1072ff.; *Burens,* ZIS 2013, 327ff.

[230] Dazu auch *Langer,* AmJCompL 53 (2005), 864f.; *Harmon,* in: Doria/Gasser/Bassiouni, S. 163ff.; umfassend *Schuon,* S. 200ff.

[231] *ICTY,* Erdemovic TJ 29.11.1996, para. 10.

[232] *ICTY,* Erdemovic, AppJ 7.10.1997.

muss (1) *freiwillig* und (2) nach ausreichender *Aufklärung* erfolgen, es muss (3) *eindeutig* sein und es muss (4) eine ausreichende *Tatsachengrundlage* für die vorgeworfene Tat und die Beteiligung des Angeklagten daran existieren. Nur unter diesen Voraussetzungen darf die Verhandlungskammer die Schuld des Angeklagten feststellen und die Verhandlung zur Straffestsetzung anberaumen (ICTY-Regeln 62*bis,* 100). Nach ICTY-Regel 62*ter* können Anklage und Verteidigung auch eine Schuldvereinbarung **(„plea agreement")** treffen,[233] die jedoch nicht bindend für die Verhandlungskammer ist. Die Kammer ist nicht auf die Berücksichtigung der zwischen den Parteien konsentierten Tatsachen beschränkt, zumal – so der ICTY – „ihre grundlegende Verpflichtung darin besteht, sicher zu stellen, dass eine ausreichende Tatsachengrundlage für die Straftat und die Beteiligung des Angeklagten daran vorliegt".[234] Lediglich wenn die Kammer einen Schuldspruch erlässt, sollte sie sich für die Strafzumessung auf die einvernehmlich festgestellten Tatsachen stützen.[235]

In ähnlicher Weise überlassen die – ebenfalls auf *Erdemoviç* zurückgehenden[236] – **40**
IStGH-Vorschriften (Art. 65, IStGH-Regel 139) die Entscheidung über die Gültigkeit eines „Geständnisses" vollständig der Verfahrenskammer, wobei die genannten Voraussetzungen zu prüfen sind.[237] Die Kammer kann entweder verurteilen oder die Fortführung des Prozesses anordnen. Ebenso sind Vereinbarungen zwischen Anklagebehörde und Angeklagtem – das IStGH-Statut spricht von „Erörterungen" („discussions") – für die Verhandlungskammer unverbindlich (Art. 65 Abs. 5, **Fall 4**). Während damit also einerseits das Bedürfnis für Gespräche zwischen den Parteien anerkannt wird, sollen andererseits Opfer und Zeugen nicht davon abgehalten werden, in öffentlicher Verhandlung über die „historische Wahrheit" zu debattieren.[238] Diese kompromisshafte[239] Regelung zeigt wie groß der Einfluss des Civil Law im modernen Völkerstrafprozessrecht inzwischen geworden ist, wird hier doch ein zentrales Strukturmerkmal des adversatorischen Verfahrens derart „zurechtgestutzt", dass man von einer „Überregulierung" des *guilty plea* sprechen kann, die dessen verfahrensverkürzenden Zweck zumindest teilweise desavouiert.[240] De facto wird seine Wirkung zu der eines bloßen Geständnisses reduziert,[241] durch die fehlende Bindungswirkung wird es seines verfahrensverkürzenden Effekts beraubt.

[233] Siehe etwa die Vereinbarung in *ICTY,* Sikirica et al. TJ 13.11.2001, paras. 17ff.; Jokic AppJ 30.8.2005, paras. 9ff.; dazu *Gallagher,* LJIL 18 (2005), 526f.; *Burens,* ZIS 2013, 327. Zur ICTY-Praxis *Tieger/Shin,* JICJ 3 (2005), 666ff.; *Schuon,* S. 197ff.; zur ICTR-Praxis und Osttimor *Othman,* S. 299ff.; für eine bindende Schuldvereinbarung *Pittmann,* HuV-I 2007, 157.

[234] *ICTY,* Sikirica et al TJ 13.11.2001, para. 48: „[...] its fundamental obligation is to ensure that there is a sufficient factual basis for the crime and the accused's participation in it" (Übers. d. Verf.).

[235] *ICTY,* Jelisic AppJ 5.7.2001, para. 87; ebenso Sikirica et al TJ 13.11.2001, para. 49.

[236] Vgl. *Behrens,* in: Lee, 1999, S. 241f.

[237] Fallbeispiel bei *Ambos,* 2010a, S. 165f. Zur mit Art. 65 fast identischen section 29A UNTAET-Regeln 2001/25 s. *Sluiter,* in: Stahn/van den Herik, S. 594.

[238] Vgl. *Behrens,* in: Lee, 1999, S. 242; *Wu Wei,* Ankläger des IStGH, 2007, S. 260f.; *Bock,* S. 353f.; zu dem damit erreichten inquisitorischen Effekt *Swart,* JICJ 6 (2008), 106f.; zur historischen Wahrheit auch *Diggelmann,* AVR 45 (2007), 394f.; *Burens,* ZIS 2013, 328ff.; krit. zur Leistungsfähigkeit von (internat.) Strafverf. insoweit *Damaška,* ChicKentLR 83 (2008), 332, 335ff., 340ff., 364.

[239] *Fernández de Gurmendi,* in: Lee, 1999, S. 223; *Beltrán,* in: Gómez Colomer et al. S. 357; Cryer/*Friman,* S. 471f.

[240] Vgl. *Creta,* Hous. J. Int'l L. 20 (1998), 407; a. A. *Arzt,* FS Eser, 2005, S. 701: faktische Bindungswirkung.

[241] So Cassese/Gaeta/Jones/*Orie,* S. 1481; auch *Swart,* JICJ 6 (2008), 107.

3. Beweisregeln[242]

41 Im Allgemeinen entscheiden die Kammern über die **„Zulässigkeit“** („admissibility“),[243] **„Erheblichkeit“** („relevance“) und **„Beweiskraft“** („probative value“) eines Beweismittels (ICTY/ICTR-Regel 89 (C); Art. 64 Abs. 9 (a), 69 Abs. 4,[244] IStGH-Regel 63 Abs. 2).[245] Sie haben dabei ein „weites Ermessen“,[246] wobei „eine billige Entscheidung der vorliegenden Rechtssache“, „der Geist des Statuts und die allgemeinen Rechtsgrundsätze“ sowie „das Bedürfnis, einen fairen Prozess zu sichern“ zu berücksichtigen sind.[247] Die Kammer kann auch die Beibringung *zusätzlicher Beweise* verlangen, die sie für die *Wahrheitsfindung* für erforderlich hält (vgl. ICTY-/ICTR-Regel 90 (F) (i), Art. 69 Abs. 3 S. 2).[248] Mag man im expliziten Ziel der Wahrheitsfindung – ganz im Sinne des Untersuchungsgrundsatzes (§§ 155 Abs. 2, 160 Abs. 2, 244 Abs. 2 StPO) – einen inquisitorischen Einfluss erkennen,[249] so darf doch nicht übersehen

242 Siehe hierzu auch Grützner/Pötz/*Kreß*, 2003, IV A 1 Rn. 162ff.; *Lorenz*, in: Kühne et al., S. 319ff.; *Schabas*, 2011, S. 311ff.; rvgl *Hofstetter*, Verfahrensrecht, 2005, S. 92ff.; zum eher adversatorisch geprägten Beweisrecht des IStGH *Bohlander*, ERA-Forum 4 (2005), 546; Cryer/*Friman*, S. 467ff.; diff. *Zahar/Sluiter*, S. 352ff.; zum Beweisantrag vor dem IStGH *Kirsch*, ICLR 6 (2006), 288ff.

243 Anders die ECCC, die zunächst alle Beweise zulassen und dann allenfalls die Verwertung verbieten (Internal Rule 87). Dies entspricht dem inquisitorischen Verfahrensmodell, das im Gegensatz zum adversatorischen Modell eben keine Beweis*einführungs*verbote kennt, zum Unterschied *Ambos*, 2010b, S. 19 Fn. 16, 129ff.; aus vstr Sicht *Gibson/Rudy*, JICJ 7 (2009), 1010; *Sluiter*, in: Stahn/van den Herik, S. 595; die Frage, ob die Kammer berechtigt ist, alle Beweise zuzulassen, die die Anklagebehörde in ihrer *„list of evidence“* vorab aufführt, hat die Rechtsmittelkammer des IStGH unter Verweis z. B. auf Art. 69 Abs. 3 „may submit evidence“ negativ beantwortet, s. *ICC*, Bemba Admissibility AppJ 3.5.2011, paras. 41–46, insbesondere 44, 46; siehe zu diesem mehrstufigen Beweiszulassungsverfahren *Schuon*, LJIL 25 (2012), 516ff.; *Jackson/M'Boge*, LJIL 26 (2013), 966f.; *Nerlich*, LJIL 26 (2013), 780. Auch im Lubanga-Urteil offenbarten sich Schwächen des relativ weiten Zulässigkeitsansatzes des IStGH: die Verfahrenskammer ließ in diesem Verfahren derart viele Beweise zu, dass sie die Parteien für die Identifizierung erheblicher Beweise verantwortlich machte – anderenfalls drohe eine Nichtberücksichtigung dieser Beweise, s. *ICC*, Lubanga TJ 14.3.2012, paras. 95–97. Andererseits behielt sich die Kammer ein Interventionsrecht vor, das sie jederzeit nach eigenem Ermessen ausüben konnte (para. 95); dazu *Ambos*, ZIS 2012, 136; *McDermott*, LJIL 26 (2013), 987.

244 Art. 69 wird mitunter für ein Statut als zu detailliert erachtet, s. *Schabas*, 2010, S. 837; zur Entstehungsgeschichte *Behrens*, in: Lee, 1999, S. 242ff.

245 Krit. *Caianiello*, in: Delmas-Marty et al., S. 343ff.; *Gallmetzer*, in: Stahn/Sluiter, S. 507f.; *Combs*, in: Schabas/Bernaz, S. 326ff.; *Henham*, ICLR 9 (2009), 817ff., der sich für ein (noch) stärkeres Ermessen und die Möglichkeit ausspricht, in Ausnahmefällen einen niedrigeren Beweisgrad zuzulassen. Zur ICTY-Regel 89 und zur grdl. Entscheidung in *ICTY*, Brdanin and Talic TC Order 15.2.2002, paras. 15ff.; *Nemitz*, in: Kirsch, S. 56; *Bantekas/Nash*, 290ff. (299f.); *Schuon*, S. 138ff.; sehr krit. zur bisherigen ICTY-Praxis aus Common Law Sicht *Murphy*, JICJ 8 (2010) 539, 567ff. Zum ICTR *Alexis*, in: Decaux/Dieng/Sow, S. 467ff.; ausführlich zum Beweisrecht des ICTY *Zahar/Sluiter*, S. 349ff; zum IStGH *Calvo-Goller*, S. 250ff.; *Kirsch*, ICLR 6 (2006), 275ff.; zu allen Tribunalen *Tochilovsky*, S. 397ff.; *von Braun*, S. 97ff.; *Klamberg*, S. 280ff.; zur Beweiskraft von Beweisen bei lang zurückliegenden Ereignissen s. *Orie*, in: Bergsmo/Cheah, Old Evidence in Core International Crimes, 2012, S. 29ff.

246 *ICTY*, Aleksovski TC Decision 16.2.1999, para. 15: „broad discretion“; bestätigt, in: Kordic and Cerkez TC Decision 21.7.2000, para. 20. Siehe auch Aleksovski AppJ 24.3.2000, para. 63; Cryer/*Friman*, S. 468; unter besonderer Berücksichtigung der Verwertung von Sachverständigenaussagen *Radosavljevic*, ICLR 13 (2013), 1016ff. Zum ICTR Musema AppJ 16.11.2001, para. 38. Zu fehlenden „minimum standards“ *Zahar/Sluiter*, S. 393f.

247 Vgl. ICTY-Regel 89 (B) und (D): „... a fair determination of the matter before it“, ... the spirit of the Statute and the general principles of law“ sowie „... the need to ensure a fair trial.“

248 Vgl. Cassese/Gaeta/Jones/*Terrier*, S. 1273; *Bonomy*, JICJ 5 (2007), 355; diff. *Kreß/Wannek*, in: Kirsch, S. 252; *Heinze*, S. 243f.

249 Vgl. auch *Hofstetter*, Verfahrensrecht, 2005, S. 109f.

werden, dass auch das adversatorische Verfahren von der Suche nach Wahrheit bestimmt ist,[250] jedoch einen anderen, nämlich eher *diskursiv-dialektischen Weg* hin zu diesem Ziel beschreitet,[251] weshalb in diesem Zusammenhang auch die inquisitorisch *materielle* der adversatorisch *prozessualen Wahrheit* gegenübergestellt wird.[252] Die Kammer überwacht die Art und Weise sowie die Ordnungsmäßigkeit der **Zeugenvernehmung** (ICTY/ICTR-Regel 90 (F); Art. 69 Abs. 2).[253] Sie darf aber im IStGH-Verfahren nicht intervenieren, sondern selbst nur vor oder nach den Parteien Fragen stellen (IStGH-Regel 140 Abs. 2 (c)). Während sich daraus nur implizit die Möglichkeit eines *Kreuzverhörs*[254] ergibt (vgl. auch IStGH-Regeln 67 Abs. 1, 68), ist diese in ICTY-Regel 90 (H) bzw. ICTR-Regel 90 (G) ausdrücklich vorgesehen.[255] Der stärker adversatorische Charakter des Prozessrechts der *Ad-Hoc*-Tribunale zeigt sich auch daran, dass diese die Vorbereitung oder „Präparierung" der Zeugen für die Vernehmung *(witness proofing)* zulassen.[256] Bislang lehnte der IStGH dies ab und hielt nur eine bestimmte „Eingewöhnung" auf die Vernehmungssituation *(familiarisation)* für zulässig.[257] Inzwischen hat aber die *Ruto*-Hauptverfahrenskammer auch eine inhaltliche

[250] Siehe *Safferling*, S. 18f.; Triffterer/*Behrens/Piragoff*, Art. 69 Rn. 5; *Gleß*, S. 89ff.; *Weigend*, FS Rissing-van Saan, 2011, S. 749ff.

[251] Manche sehen diesen diskursiv-dialektischen Weg sogar als für die Wahrheitsfindung wesentlich besser geeignet an, s. stellvertretend *Luban*, S. 83, 99; *Goodpaster*, Journ. Cr. L & Crim 78 (1987–1988), 124; s. zudem die Beispiele bei *Jackson/M'Boge*, LJIL 26 (2013), 949ff. (954). Zum Ganzen *Heinze*, S. 112, 122, 218ff.

[252] Vgl. dazu *Volk*, Wahrheit und materielles Recht im Strafprozeß, 1980, S. 15ff.; weitere Nachw. bei *Ambos*, ZStW 115 (2003), 617f. Zu „materieller Wahrheit" in Deutschland/Frankreich einerseits u. „Prozesswahrheit" in England/Wales andererseits *Gleß*, S. 79ff. Zur USA *Trüg*, ZStW 120 (2008), 346ff.; *Langer*, AmJCompL 53 (2005), 862; *Murphy*, JICJ 8 (2010) 547ff.

[253] Dies schließt die Vernehmung von Sachverständigen ein (Nr. 44 Regulations Court, ICTY-/ICTR-Regel 94*bis*). Umstritten ist bislang, welchen Beweiswert die Aussage eines Sachverständigen zu Schuld bzw. Unschuld des Täters hat, ob sich seine Aussagen also auf Fragen beziehen dürfen, deren Beantwortung originär dem Richter obliegen, vgl. *Radosavljevic*, ICLR 13 (2013), 1018f. m.w.N.; krit. zur uneinheitlichen Praxis am ICTR *Byrne*, LJIL 26 (2013), 1001ff.

[254] Kritisch hierzu wegen einer drohenden sekundären Viktimisierung von Opferzeugen *Bock*, S. 424ff.; *Tonellato*, Eur. J. Cr. 20 (2012), 321 (328). Ein *zusätzliches* Kreuzverhör eines Zeugen durch eine Partei ist wegen des Grundsatzes der Waffengleichheit verboten (*ICTY*, Delalic et al. TC Decision 1.5.1997, paras. 28, 29; *May/Wierda*, ColJTL 37 (1999), 725, 739f.). Allg. zum Kreuzverhör *Zahar/Sluiter*, S. 377f.; zu dessem Einfluss auf die Beweisrelevanz *Combs*, Fact-Finding, 2010, S. 308f.

[255] *Jackson*, JICJ 7 (2009), 17, 30f.; *O'Sullivan/Montgomery*, JICJ 8 (2010), 512; *Doherty*, LJIL 26 (2013), 944f.; aus praktischer Sicht *Jackson/M'Boge*, LJIL 26 (2013), 961ff.

[256] *ICTY*, Limaj et al. TC Decision 10.12.2004. Generell zur Praxis am ICTY siehe ICTY Manual, S. 83f., 105; die außerdem vom ICC-OTP angeführten Entscheidungen des ICTY (Jelisic Decision on Communication 11.12.1998) und des SCSL (Sesay Decision Exclusion 27.2.2006) betreffen nicht unmittelbar die hier interessierende Frage, zutreffend *ICC*, Lubanga Decision 8.11.2006, para. 31; zum Ganzen auch *Skilbeck*, JICJ 8 (2010), 457ff.; *Swoboda*, S. 665ff.; *Heinze*, S. 387ff.

[257] *ICC*, Lubanga Decision 8.11.2006, paras. 18ff., 28ff. (zwar sei es zulässig „to assist the witness ... so as to prevent the witness from finding himself or herself in a disadvantageous position, or from being taken by surprise as a result of his or her ignorance ...", para. 20, doch finde sich kein allg. Rechtsgrundsatz, der ein „witness proofing" erlaube, vielmehr eher eine „duty of the Prosecution to refrain from undertaking the practice of witness proofing", para. 42); dazu auch *Badar/Karsten*, ICLR 7 (2007), 183ff.; *Friman*, in: Schabas/Bernaz, S. 274; *Skilbeck*, JICJ 8 (2010), 457ff.; *Jackson/M'Boge*, LJIL 26 (2013), 961f. mit einer Darstellung der Sicht von Gerichtsmitarbeitern (963f.); *Nerlich*, LJIL 26 (2013), 778; *Bock*, ALC XXXIII, S. 89ff.; zust. *ICC*, Lubanga Trial Decision Witnesses 30.11.2007, paras. 28ff., 53ff. (57); krit. *Karemaker/Taylor/Pittman*, LJIL 21 (2008), 683; gegen sie *Ambos*, LJIL 21 (2008), 911; näher *Ambos*, in: Stahn/Sluiter, S. 599ff.; gg. proofing auch *Jordash*, LJIL 22 (2009), 501ff.; *Vasiliev*, CLF 20 (2009), 193ff.; *Bock*, S. 390ff.; diff. *Sluiter*, in: Stahn/van

Vorbereitung der Zeugen gestattet,[258] wenn diese in Einklang mit dem sog. „Witness Preparation Protocol“ erfolgt.[259] Zudem kann die Kammer „in Bezug auf Fragen in einem laufenden Verfahren gerichtlich festgestellte Tatsachen und Urkundenbeweise aus anderen Verfahren“ […] zur **„gerichtlichen Kenntnis“** nehmen.[260] Solche Tatsachenfeststellungen müssen also nicht zweimal getroffen werden. Während dies bei auf Grund eines spezifisch politischen oder militärischen Zusammenhangs ähnlichen Verfahren – und ebenfalls bei Beweisen im Hinblick auf ein übereinstimmendes Verhaltensmuster („consistent pattern of conduct“, ICTY/ICTR-Regel 93) – sinnvoll erscheint, ist es problematisch, dass mündlich und schriftlich erbrachte Beweise auf eine Stufe gestellt werden. Insgesamt tendieren diese Vorschriften zu einem *flexiblen* Civil-Law-Ansatz mit einem *weiten gerichtlichen Ermessen* im Gegensatz zu dem strengeren Common-Law-Ansatz eines Systems von *exclusionary rules,* mit dem die Zulässigkeit bestimmter Beweise *a limine* ausgeschlossen wird (dazu sogleich).[261] Insbesondere die genannte ICTY/ICTR-Regel 89 (B) wurde als Ausdruck des „gesunden Menschenverstandes“ und als „vernünftiger“ Weg beurteilt,[262] mit der die „goldene Möglichkeit“ geschaffen werde, „ein handhabbares und gerechtes Verfahrens- und Beweissystem entstehen zu lassen, welches die Interessen der internationalen Gerechtigkeit fördert.“[263]

42 Eine wichtige Folge dieses „flexiblen Ansatzes“ ist, dass der **Beweis vom Hörensagen** („hearsay evidence“), also „der Zeugenbeweis darüber, was eine andere Person (mündlich, schriftlich oder auf andere Art und Weise) erklärt hat“[264], grundsätzlich zulässig

den Herik, S. 586ff.; gg. Ambos wiederum *Karemaker/Taylor/Pittman,* LJIL 21 (2008), 917ff.; krit. auch bzgl. der der prozessualen Differenzierung zwischen den Prozesssystemen bei den *Ad-Hoc*-Tribunalen einerseits und beim IStGH andererseits *Sluiter,* in: Stahn/van den Herik, S. 590ff., der allerdings zu übersehen scheint, dass ich die von ihm angeführte Position *Damaškas* meinen Überlegungen selbst schon früher zugrunde gelegt habe, siehe etwa *Ambos,* ICLR 3 (2003), 3ff., 35. Insbesondere das Risiko der späten Beweisoffenlegung thematisierend *Carter/Pocar,* S. 93f. Zur Zulässigkeit der „instruction“ von Sachverständigen *ICC,* Lubanga Trial Decision Expert Witnesses 10.12.2007.

[258] *ICC,* Samoei Ruto und Aarap Sang Witness Preparation TC Decision 2.1.2013, para. 50. In den Augen der Kammer sei ein Verbot des witness proofing weder praktikabel noch vernünftig („neither practical nor reasonable to prohibit pre-testimony meetings between parties and the witnesses they will call to testify at trial“).

[259] Die Kammer fügte dieses Protokoll ihrer Entscheidung bei, *ICC,* Samoei Ruto und Aarap Sang Witness Preparation TC Decision 2.1.2013, para. 51; dazu *Heinze,* S. 387f.

[260] Siehe ICTY-/ICTR-Regel 94 (B): „… take judicial notice of adjudicated facts and documentary evidence from other proceedings of the Tribunal in relation to matters at issue in current proceedings“, auf Empfehlung des Expertenberichts (Expert Group ICTY/ICTR, para. 85 mit Empfehlung 11). Dazu auch *Nice/Vallières-Roland,* JICJ 3 (2005), 375; *Nemitz,* in: Kirsch, S. 68f.; *Bonomy,* JICJ 5 (2007), 359; *Kwon,* JICJ 5 (2007), 368ff.; *Harmon,* JICJ 5 (2007), 381f.; *Zahar/Sluiter,* S. 356ff.

[261] Vgl. die klassische Definition der ECJ, Bd. 2, 1983, 715: „… a rule that generally operates to exclude from admission at a criminal trial evidence obtained as a result of unlawful activity…“. Vgl. auch *Piragoff,* in: Lee, 2001, S. 351–354; *May/Wierda,* ColJTL 37 (1999), 745; *Robinson,* EJIL 11 (2000), 579; *Defrancia,* VirgLR 87 (2001), 1397f., 1402; *Rodrigues/Tournaye,* in: May et al., S. 295ff.; *Fidalgo Gallardo,* Las „pruebas ilegales“ de la exclusionary rule estadounidense al art. 11.1 LOPJ, 2003, S. 49ff.; *Caianiello,* in: Delmas-Marty et al., S. 347f.; *Hofstetter,* Verfahrensrecht, 2005, S. 104ff., 109ff.; *Zahar/Sluiter,* S. 379f.

[262] Vgl. *Dixon,* Transnat'l L. & Contemp. Probs. 7 (1997), 100.

[263] *Nsereko,* CLF 5 (1994), 554: „golden opportunity to craft a workable and just procedural and evidentiary regime that will foster the interests of international justice.“

[264] *Glover/Murphy,* 6.1 (Übers. aus dem Englischen); für eine Definition siehe auch *ICTY,* Aleksovski App. Decision 16.2.1999 (IT-95–14/1-A), para. 14: „the statement of a person made otherwise than

ist.[265] Dies entspricht der ständigen Rechtsprechung des ICTY seit der *hearsay*-Entscheidung in *Tadic*[266] und wurde 1999 durch die Rechtsmittelkammer des Gerichts bestätigt.[267] Das ist vor allem deshalb bemerkenswert, weil im Common Law der Beweis vom Hörensagen nur ausnahmsweise zulässig ist.[268] Freilich darf nicht übersehen werden, dass die Zulässigkeit dieser Beweisart – wie auch die der anderen Beweisarten – nicht unbeschränkt ist, sondern von der *Bedeutung* und dem *Wert* des Beweises abhängt (ICTY-/ICTR-Regel 89 (C), Art. 69 Abs. 4).[269] Der Beweiswert wiederum hängt von der *Glaubhaftigkeit* der Aussage des mittelbaren Zeugen ab, welche vor allem durch das Kreuzverhör ermittelt wird. Dabei ist nach Ansicht des ICTY die Beweiskraft oder der „Wert" des Beweises vom Hörensagen im Allgemeinen geringer als diejenige direkter Beweise.[270] Schließlich sind Beweismittel dann *auszuschließen,* „wenn ihr Beweiswert erheblich von dem Erfordernis, einen fairen Prozess zu garantieren, überwogen wird" (ICTY-Regel 89 (D), Art. 69 Abs. 4), oder wenn sie auf eine Art und Weise erlangt worden sind, die „erhebliche Zweifel an ihrer Glaubwürdigkeit entstehen lässt" (ICTY-/ICTR-Regel 95, Art. 69 Abs. 7 (a)).[271] Das ergibt sich aber nicht automatisch bei einem Verstoß gegen nationales Recht (ex Art. 69 Abs. 8), etwa bei einer rechtswidrigen Hausdurchsuchung.[272]

---

in the proceedings in which it is being tendered, but nevertheless being tendered in those proceedings in order to establish the truth of what that person says".

265 Vgl. *Combs,* in: Schabas/Bernaz, S. 326 f.; zur grds. Unvereinbarkeit mit einem adversatorischen Verfahren *Damaška,* S. 15, 64, 80, 130; *Swart,* JICJ 6 (2008), 98; zur engl. „rule against hearsay" *Gleß,* S. 259 f., 324 ff.; zum Verhältnis von hearsay evidence und psychiatric evidence *Radosavljevic,* ICLR 13 (2013), 1029 f. Für weitere Lit. s. 2. Aufl., § 8 Fn. 177.

266 *ICTY,* Tadic Decision 5.8.1996, paras. 7, 13 ff. (mit einem Minderheitsvotum von Richter Stephen; abgedruckt, in: ALC I 193 ff.), dazu auch *Murphy,* JICJ 8 (2010) 563; *ICTY,* Blaskic Decision 15.7.1998, paras. 10–12. Für den ICTR siehe Musema TJ and sentence 27.1.2000, para. 51: „... hearsay evidence is not inadmissible *per se,* even when it cannot be examined at its source or when it is not corroborated by direct evidence." Allerdings gelten bei *hearsay evidence* erhöhte Anforderungen im Hinblick auf die Zuverlässigkeit, s. *ICTR,* Ndindabahizi AppJ 16.1.2007, para. 115: „Trial Chamber must be cautious in considering such evidence". Zum Ganzen *May/Wierda,* Rn. 4.48 ff.; *Ambos,* in: Bohlander, S. 483 ff.

267 *ICTY,* Aleksovski AppJ 24.3.2000, para. 15; auch Kordic and Cerkez AppJ 17.12.2004, paras. 281 ff.; *Schuon,* S. 143 ff.

268 Siehe *ICTY,* Tadic TC Decision 5.8.1996, paras. 8 ff.; ebenso das Minderheitsvotum des Richters Stephen. Vgl. auch *May/Wierda,* ColJTL 37 (1999), 745, wo auf das Minderheitsvotum des Richters Pal im *Tokio*-Urteil und im *Nürnberg*-Urteil verwiesen wird; ferner *Safferling,* 2003, S. 292, 306; s. auch *Murphy,* JICJ 8 (2010) 563, der eine Hearsay-Regelung vorschlägt. Für die Ansicht des Civil Law vgl. *BVerfG* StV 1997, 2 f. In den USA ist der Beweis vom Hörensagen z. B. im Rahmen der sog. *grand jury proceedings* zulässig, näher dazu *Heinze,* S. 394; *McCord/McCord,* S. 440.

269 Dazu auch *Combs,* in: Schabas/Bernaz, S. 328; *Hauck,* ZStW 124 (2012), 483 f.

270 *ICTY,* Aleksovski AppJ 24.3.2000, para. 15: „... the weight or probative value to be afforded to that evidence will usually be less than that given to the testimony of a witness who has given it under a form of oath and who has been cross-examined ..."; s. dazu auch *O'Sullivan/Montgomery,* JICJ 8 (2010), 513; allg. zum Beweiswert *Zahar/Sluiter,* S. 393.

271 Für eine strikte Befolgung der „exclusionary rule" 95 *Safferling,* YIHL 5 (2002), 242 f.; s. auch *Nemitz,* in: Kirsch, S. 70; krit. *Fairlie,* ICLR 4 (2004), 283 ff.; für „mandatory exclusion" (Regel 95, Art. 69 Abs. 7) gegen „discretionary exclusion" (Regel 89 (C) (D), Art. 69 Abs. 4) *Zahar/Sluiter,* S. 380 ff.; *O'Sullivan/Montgomery,* JICJ 8 (2010), 514; zu einer entsprechenden defence *Zahar/Sluiter,* S. 407 ff. – Zur Nichtverwertbarkeit eines Vernehmungsprotokolls wegen Befragung des Angeklagten als Zeugen vgl. *ICTY,* Halilovic AppJ 16.10.2007, paras. 37 ff.

272 Vgl. *ICC,* Lubanga Confirmation Decision 29.1.2007, paras. 62, 69; dazu *Ambos,* FS Karras, S. 985; *Schabas,* 2010, S. 948 ff.

43 Nach den gleichen Grundsätzen verfährt die Rechtsprechung beim **Urkundenbeweis,** indem die Zulassung bestimmter Dokumente von deren Beweiswert und Zuverlässigkeit abhängig gemacht wird, wobei der Beweiskontrolle durch das *Kreuzverhör* erhöhte Bedeutung zukommt („tested evidence").[273] Auch die Verwendung von sog. *„depositions"* (außergerichtliche, eidliche Aussagen vor einem gerichtlich bestellten Amtsträger) gemäß ICTY-/ICTR-Regel 71 erfordert eine besondere Kontrolle, weil dadurch ebenfalls der Unmittelbarkeitsgrundsatz (hinsichtlich der Zeugenvernehmung) unterlaufen wird.[274]

44 Während alle bisher zitierten Entscheidungen vom Prinzip des *live testimony* ausgingen, wie es in der alten ICTY-Regel 90 (A) niedergelegt war,[275] wurde diese Regel durch die 19. Änderung der Regeln im Dezember 2000 aufgehoben und Regel 89 (F) eingefügt, die die Verfahrenskammer ermächtigt, „den **Zeugenbeweis** *mündlich oder,* wenn es im Interesse der Gerechtigkeit liegt, auch **in schriftlicher Form** zu erheben."[276] Diese Regel wird durch Regel 92*bis* (A) ergänzt, nach der eine „schriftliche Erklärung anstelle einer mündlichen Aussage" zugelassen werden kann, wenn sie „den Beweis für eine Tatsache – *ausgenommen* Handlungen und Verhalten des Angeklagten – erbringen soll."[277] Die Vorschrift enthält eine nicht abschließende Liste von „Faktoren", welche die Zulässigkeit schriftlicher Beweise regeln soll und die im Wesentlichen auf der zitierten Rechtsprechung des ICTY beruht (vgl. z. B. Regel 92*bis* (D) hinsichtlich der Zulässigkeit von Gerichtsprotokollen). Gleichwohl wurde die Zulassung schriftlicher Beweise vor allem von Common-Law-Juristen scharf kritisiert. Die ehem. amerikanische ICTY-Richterin Patricia M. Wald bezeichnete sie als eine „180-Grad-Abkehr von der früheren Betonung des ‚Prinzips' des ‚live testimony'".[278] Diese Kritik, so sehr sie im Grundsatz durchaus bedenkenswert erscheint, übersieht aber, dass aus dem Wortlaut der Regel 92*bis* (A) eindeutig folgt, dass schriftliche Erklärungen *nicht* zum Beweis der individuellen Verantwortlichkeit des Angeklagten für den konkreten Tatvorwurf herangezogen werden können. „Live testimony" bleibt demgemäß für den Nachweis der *persönlichen Schuld* des Angeklagten un-

[273] Vgl. *ICTY,* Kordic and Cerkez Decision 29.7.1999, para. 23; Decision 1.12.2000, para. 40. Vgl. aus historischer Sicht *May/Wierda,* ColJTL 37 (1999), 749ff.; s. auch *Ambos,* ICLR 3 (2003), 25. ICTY-Regel 94*ter* zu eidesstaatlichen Erklärungen *(affidavits)* wurde inzwischen aufgehoben, dazu *Defrancia,* VirgLR 87 (2001), 1496ff.

[274] Vgl. *May/*Wierda, ColJTL 37 (1999), 759f., *Nemitz,* in: Kirsch, S. 67f.; *Harmon,* JICJ 5 (2007), 382f.

[275] Vgl. *ICTY,* Tadic Decision 25.6.1996, para. 19 (in: ALC I, 217 m. Anm. *Klip*).

[276] *ICTY,* Milosevic App. Decision 30.9.2003, wonach der schriftlichen Zeugenbeweis zulässig ist, wenn der Zeuge (i) anwesend ist, (ii) für eine Vernehmung, insbesondere ein Kreuzverhör, zur Verfügung steht, und (iii) den Inhalt seiner schriftlichen Erklärung genau bestätigt. Auch die Vernehmung mittels Videokonferenz wurde erleichtert, vgl. die frühere Regel 90 (A) mit der (neuen) Regel 71*bis.* Die strengen Voraussetzungen, die in Tadic Decision 25.6.1996 entwickelt worden waren, gelten somit nicht mehr. Zu Regel 89 (F) *Langer,* FS Maier, 2005, S. 694f.; *ders./Doherty,* YJIL 36 (2011), 249ff.; *Sluiter,* ICLR 6 (2006), 614f.; *Kwon,* JICJ 5 (2007), 363ff.; *Zahar/Sluiter,* S. 387; *Jackson,* JICJ 7 (2009), 19; krit. *De Smet,* in: Stahn/Sluiter, S. 420ff.

[277] Vgl. Regel 92*bis* (A): „... goes to proof of a matter other than the acts and conduct of the accused ...". dazu *Kwon,* JICJ 5 (2007), 363ff.; *Harmon,* JICJ 5 (2007), 379f.; diff. *Zahar/Sluiter,* S. 341ff., 376, 387ff.; *O'Sullivan/Montgomery,* JICJ 8 (2010), 511, 516; zur noch weitergehenden Regel 92*ter* („other admission of written statements and transcripts") *ICTY,* Gotovina et al. Decision on Admissibility 30.3.2010, paras. 7ff.; vgl. auch *Harmon,* JICJ 5 (2007), 380f.; *Schuon,* S. 156; zu ICTY-Regeln 92*quarter* (in der Sache ebenso ICTR-Regel 92*bis* (C)) und 92*quinquies* (weitere Ersetzung des Personalbeweises) *Gaynor et al.*, in: Sluiter et al., S. 1050ff.; *McDermott,* LJIL 26 (2013), 971ff., insbesondere 980f.

[278] *Wald,* HarvILJ 42 (2001), 548: „... 180 degree turn from earlier emphasis on the ‚principle' of live testimony ..."; auch 545: „emerging dominance of written testimony". Zust. *Defrancia,* VirgLR 87 (2001), 1424ff.; auch *Stein,* Foundations of Evidence Law, 2005, S. 190f.; *Jackson,* JICJ 7 (2009), 17, 31. Für Verschriftlichung aus OTP-Sicht *Nice/Vallières-Roland,* JICJ 3 (2005), 365ff.; *Nice/Vallières-Roland,* in: Abtahi/Boas, S. 154f.; zur Abhängigkeit der Zulassung schriftlicher Beweise von der Zusammensetzung der jeweiligen Kammer s. *McDermott,* LJIL 26 (2013), 976ff., 987f.

verzichtbar.[279] Diese Ansicht wurde vom ICTY bestätigt.[280] Im Übrigen spielt der Personalbeweis beim ICTR eine größere Rolle[281] und beide Tribunale haben strenge Maßstäbe für ein faires Verfahren, insbesondere im Hinblick auf die Zuverlässigkeit der Beweismittel, entwickelt.[282]

Aus rechtspolitischer Sicht muss zudem in Erinnerung gerufen werden, dass die Änderungen vom Dezember 2000 als Reaktion auf die allgemeine Kritik an der **erheblichen Verfahrensdauer** an beiden *Ad-Hoc*-Tribunalen erfolgten (hierzu § 6 Rn. 15).[283] Diese beruht hauptsächlich auf der großen Anzahl von Zeugen (in der Regel zwischen 100 und 200 Zeugen – im Milošević-Verfahren wurde mit 380 bis 600 Zeugen gerechnet,[284] am ICTY wurden bislang mehr als 5700 Zeugen gehört[285]), wobei die Vernehmung eines Zeugen durchschnittlich einen Verhandlungstag dauert. Es überrascht daher nicht, dass der Bericht der genannten Expertengruppe den Rückgriff auf *andere Beweisformen* empfahl.[286] So sollten insbesondere schriftlich „vorbereitete Erklärungen" genutzt werden.[287] Darüber hinaus führte der Bericht die Ansicht der Richter des Tribunals an, wonach die überlange Verfahrensdauer auf der mangelnden richterlichen Leitung und Gestaltung des (Haupt-)Verfahrens beruhe.[288] Es wurde also die Verfahrensdauer als Argument für ein eher am Amtsermittlungsgrundsatz orientiertes Verfahren angeführt, ein Verfahren somit, das eher auf die richterliche Lei- 45

[279] Vgl. *Guariglia,* in: Fischer/Kreß/Lüder, S. 678; *L. Robinson,* in: Abtahi/Boas, S. 181; *Jackson,* JICJ 7 (2009), 29.

[280] Siehe *ICTY,* Naletilic and Martinovic TC Decision 27.2.2002; dieser engen Auslegung zust. *Safferling,* YIHL 5 (2002), 237f.

[281] S. nur *ICTR,* Nyiramasuhuko et al. TJ 24.6.2011, paras. 177ff.; Ndahimana TJ 30.12.2011, paras. 45ff.; zu beiden Urteilen *McDermott,* LJIL 26 (2013), 982.

[282] Vgl. *ICTY,* Naletilic and Martinovic Decision 27.2.2002, Erwägungen 11 und 14. Zum Ermessen der Kammer bei der Anwendung von Regel 92*bis,* Ndidabahizi AppJ 16.1.2007, para. 94; *Schuon,* S. 151ff.

[283] Siehe *Tochilovsky,* in: Fischer/Kreß/Lüder, S. 632; *Guariglia,* in: ebd., S. 677. Ähnlich *May/Wierda,* in: May et al., S. 259 (261), die schriftliche Zeugenaussagen wegen der beschleunigenden Wirkung auf das Verfahren verteidigen; ebenso *Rodrigues/Tournaye,* in: May et al., S. 302; *Nemitz,* in: Kirsch, S. 66; zu weiteren Beschleunigungsmöglichkeiten *Robinson,* in: Abtahi/Boas, S. 175ff. Krit. *Fairlie,* ICLR 4 (2004), 295ff., 317ff. Zu den Ursachen der Überlänge *Eser,* FS Jung, 2007, S. 172ff.; *Fernández/Friman,* in: Doria/Gasser/Bassiouni, S. 809ff.; diff. *Whiting,* HarvILJ 50 (2009), 323ff.; *Heinsch,* in: Stahn/Sluiter, S. 479ff.; zu den Problemen der richterlichen Beweiswürdigung durch überlange Verfahren *Öberg,* CLF 24 (2013), 118ff.

[284] *ICTY,* Milosevic TC Decision 13.12.2001, para 47. Siehe insoweit auch die sog. „witness list" für den Fall der Anklagebehörde *(Prosecution Case),* die insgesamt 298 Zeugen umfasste; abrufbar unter http://www.slobodan-milosevic.org/news/icty041804.htm (zuletzt abgerufen am 1.7.2014). Allg. zur Bedeutung des Zeugenbeweises (u. geheimdienstl. Informationen) in vstr Verfahren *Moranchek,* YaleJIL 31 (2006), 478f.; speziell im Kontext des Eichmann-Prozesses *Bilsky,* JICJ 12 (2014), 39ff.; dagegen auch den Urkundsbeweis betonend *ICC,* Katanga and Ngudjolo Decision Evidentiary Scope Confirmation 25.4.2008, paras. 75f.

[285] ICTY Completion Strategy 2010, S. 19.

[286] Inzwischen reagierte auch die Anklagebehörde des IStGH auf die Überlänge der Verfahren und die dadurch zunehmenden Erinnerungslücken bei Zeugen: in ihrem 2013 veröffentlichten *Strategic Plan* befürwortet sie – auch unter Zeugenschutzgesichtspunkten – den zunehmenden Rückgriff auf alternative Beweisformen („alternative forms of evidence"), s. ICC-OTP, Strategic Plan, 2013, para. 44. Ein solch pauschaler Ansatz verkennt jedoch, dass gerade Opferzeugen von ihrer eigenen Aussage psychologisch profitieren können.

[287] Expert Group ICTY/ICTR, paras. 85ff., 88 mit Empfehlung 12.

[288] Ebd., para. 77. Dazu auch *Hofstetter,* Verfahrensrecht, 2005, S. 108f.; *Öberg,* CLF 24 (2013), 118ff. für stärkere richterliche Leitung auch *Bonomy,* JICJ 5 (2007), 349ff.; ähnlich Cryer/*Friman,* S. 472; mit Blick auf die (generalpräv.) Erziehungwirkung vstr Verfahren *Damaška,* ChicKentLR 83 (2008), 357ff.

tung denn auf das freie Wechselspiel der Parteien setzt. Im Übrigen soll auch durch anderen Neuerungen, insbesondere die Einführung des Electronic Document Management Systems („*E-court*"),[289] die Verfahrensdauer verkürzt werden.

46 Im Verfahren vor dem **IStGH** müssen **Zeugen** grundsätzlich für ihre Vernehmung *persönlich* erscheinen. Das Gericht kann jedoch ebenso wie das ICTY und das ICTR eine mit Hilfe von **Video**- oder **Audiotechnik** direkt übertragene oder aufgezeichnete Zeugenvernehmung sowie die Vorlage von Schriftstücken oder schriftlichen Wortprotokollen gestatten (Art. 69 Abs. 2, IStGH-Regeln 67, 68).[290] Wegen der darin liegenden möglichen Verletzung des *Unmittelbarkeitsgrundsatzes* hat das ICTY strenge Anforderungen an die Nutzung solcher Techniken gestellt: (1) Das Zeugnis muss ausreichend wichtig sein, (2) der Zeuge darf nicht bereit oder nicht in der Lage sein, an der Verhandlung teilzunehmen und (3) das Recht des Angeklagten auf Gegenüberstellung muss gewahrt bleiben.[291] Noch bedenklicher als die Übertragung einer Zeugenvernehmung mittels Video- oder Audiotechnik ist dagegen die Einführung von **Vernehmungsprotokollen** in die Hauptverhandlung, wird damit doch neben dem Unmittelbarkeitsgrundsatz auch der Mündlichkeitsgrundsatz beeinträchtigt. Dessen ungeachtet erweiterte die Staatenversammlung Ende 2013 durch Neufassung von IStGH-Regel 68[292] aus prozessökonomischen Gründen die Möglichkeiten, Vernehmungsprotokolle in die Hauptverhandlung einzuführen.[293] Begrüßenswert ist dabei, dass IStGH-Regel 68 Abs. 3 in diesem Fall ein ausdrückliches Befragungsrecht des Zeugen vorsieht.[294] Dies entspricht dem aus Art. 6 Abs. 3 (d) EMRK folgenden *Konfrontationsrecht,* nach dem der Angeklagte zu irgendeinem Zeitpunkt die Möglichkeit zur Zeugenbefragung haben muss (dazu § 10 Rn. 37).[295] Die Kammer kann dann die vorliegenden Beweise in ihrer Gesamtheit frei würdigen, wobei etwa auch die Bestätigung („*corroboration*") des relevanten Beweismaterials verlangt werden kann.[296] Aus struktureller Sicht hat dies den Nebeneffekt, das dadurch das einem streng adversatorischen Verfahrensmodell immanente Risiko der Einschüchterung von Zeugen nicht ohne Weiteres beim IStGH existiert.[297]

---

289 Dieses soll den Verfahrensbeteiligten elektronischen Zugang zu allen verfahrensrelevanten Dokumenten, Beweisen und Informationen geben, vgl. ICTY Manual, S. 95f., 117.

290 Vgl. *Bock,* S. 411f., 420; krit. zu Regel 68 *Zahar/Sluiter,* S. 390f.; *Caianiello,* JICJ 9 (2011), 393ff. – Eine anonymisierte Zeugenaussage, wie sie zum Beispiel bei *intermediaries* vorgeschlagen wurde (o. Rn. 31), sieht das IStGHS nicht vor (so auch *ICC,* Decision on intermediaries 31.5.2010, para. 137); zur Frage, ob das IStGHS das Mündlichkeitsprinzip propagiert oder lediglich eine Vermutung zu Gunsten desselben aufstellt *ICC,* Bemba Admissibility AppJ 3.5.2011, paras. 74ff.; dazu auch *Schuon,* LJIL 25 (2012), 520f.; zur Verwertbarkeit von Schriftstücken im Lubanga-Verfahren, *Roberts,* JICJ 10 (2012), 941ff.

291 Siehe *ICTY,* Tadic Decision 25.6.1996, para. 19; abgedruckt, in: ALC, Bd. I, 217; zur dritten Voraussetzung s. Delalic et al. TC Decision 28.5.1997, para. 15. Vgl. auch *Vohrah,* in: McDonald/Swaak-Goldman, S. 534f.; *Nice/Vallières-Roland,* in: Abtahi/Boas, S. 161f.

292 Abgedruckt in Resolution ICC-ASP/12/Res.7, para. 2.

293 Siehe den Bericht der ASP-Arbeitsgruppe sowie des ASP-Präsidenten, ASP, Twelfth Session, 20.-28.11.2013, Official Records Vol. I, Annex II, S. 71, Annex IX, S. 85.

294 IStGH-Regel 68 Abs. 3 ist identisch mit IStGH-Regel 68 (b) a. F.; zu dieser *Guariglia,* in: Fischer/Kreß/Lüder, S. 673f., *Kreß/Wannek,* in: Kirsch, S. 253.

295 *Ambos,* ZIS 2012, 319f.

296 *Combs,* in: Schabas/Bernaz, S. 327; *Calvo-Goller,* S. 272.

297 Vgl. auch *Ambos,* ZIS 2012, 319f.; a. A. *Bibas/Burke-White,* DukeLJ 53 (2010), 697; vertiefend zur Beeinflussung von Zeugen *Cryer,* LJIL 27 (2014), 191ff.

Hinsichtlich der Art der Beweisführung ist zwischen der Beibringung **direkter Beweise** einerseits und **indirekter bzw. Indizienbeweise** („indirect“ oder „circumstantial evidence“) andererseits zu unterscheiden. Auf indirekte oder Indizienbeweise wird in der vstr Rechtsprechung regelmäßig zum Nachweis des Vorsatzes, insbesondere als Absicht („specific intent“), zurückgegriffen (vgl. schon § 7 Rn. 148). So lasse sich etwa nach Auffassung der Rechtsmittelkammer des ICTY[298] die für eine Strafbarkeit wegen Genozids notwendige Zerstörungsabsicht bei Fehlen entsprechender direkter Beweise durch eine Vielzahl (äußerer) Tatsachen und Umstände nachweisen, etwa durch den **Gesamtzusammenhang,** in welchem die Verbrechen begangen wurden, durch die Begehung anderer Straftaten gegen die gleiche (nationale, ethnische, rassische oder religiöse) Gruppe, das Ausmaß der Feindseligkeiten, die systematische Vorgehensweise gegen die Opfer auf Grund der Zugehörigkeit zu der betroffenen Gruppe oder durch die Wiederholung der zerstörerischen und diskriminierenden Handlungen. In *Kvocka et al.* wurde auf die Kenntnis der Angeklagten von in einem Konzentrationslager begangenen Gräueltaten geschlossen, weil diese entweder regelmäßig im Lager gearbeitet haben oder jedenfalls dort anwesend waren. Indizien für das Wissen um das gemeinsame kriminelle Unternehmen (*joint criminal enterprise,* § 7 Rn. 30 ff.), welches das betreffende Lager nach Ansicht der Kammer darstellte, seien: (1) die Position, die der jeweilige Angeklagte im Lager innehatte; (2) die Zeit, die er dort verbracht hat; (3) die vom Angeklagten wahrgenommenen Funktionen; (4) die Möglichkeit, sich im Lager ungehindert zu bewegen und (5) die Kontakte zu Gefangenen, anderen Angehörigen des Lagerpersonals oder Besuchern des Lagers.[299] Auch im Rahmen der Zurechnungsfigur der *Vorgesetztenverantwortlichkeit* (§ 7 Rn. 52 ff.) muss auf Indizien zurückgegriffen werden, wenn der Vorgesetzte etwa die Kenntnis der von den Untergebenen begangenen Verbrechen bestreitet. Insoweit könne die Kenntnis des Vorgesetzten nicht vermutet werden.[300] Je nachdem, ob die Vorgesetztenposition juristischer oder faktischer bzw. militärischer oder nicht-militärischer Art ist, sind an die Qualität der Indizien zudem unterschiedliche Anforderungen zu stellen. So wird die Kenntnis eines militärischen Befehlshabers von Verbrechen seiner Untergebenen auf Grund der hier in der Regel bestehenden umfassenden Berichts- und Überwachungspflichten einfacher nachzuweisen sein als diejenige eines zivilen Vorgesetzten. Allgemein gilt auch im Völkerstrafprozess, dass das jeweilige Indiz selbst **unzweifelhaft feststehen,** d. h. unstreitig oder bewiesen sein muss, bevor für den Angeklagten nachteilige Schlüsse daraus gezogen werden können;[301] schließlich ist vor einem Schuldspruch stets eine „Gesamtwürdigung“ aller für und gegen den Angeklagten sprechenden Indizien erforderlich.[302] 47

Die **Kanzlei**[303] (§ 6 Rn. 29) soll „ein vollständiges und präzises **Verzeichnis** aller Verfahren vor der Vorverfahrenskammer“ **(„record of proceedings“**[304]) führen (vgl. 48

[298] *ICTY,* Jelisic AppJ 5.7.2001, para. 47.

[299] *ICTY,* Kvocka et al. TJ 2.11.2001, para. 324.

[300] *ICTY,* Delalic et al. TJ 16.11.1998, para. 386; auch Cryer/*Cryer,* S. 388.

[301] Das ist ganz unstr., vgl. statt vieler *Volk,* § 23 Rn. 4.

[302] Vgl. *Archbold,* § 9 Rn. 17b); *Zahar/Sluiter,* S. 417 ff. S. auch *ICTY,* Kordic and Cerkez TJ 26.2.2001, paras. 828–831.

[303] Zur Rolle der Kanzlei im Verfahren vor dem ICC *Lachowska,* in: Doria/Gasser/Bassiouni, S. 396 ff.; *Dubuisson/Bertrand/Schauder,* in: Stahn/Sluiter, S. 566 ff.; *Tuinstra,* Defence counsel in ICL, 2009, S. 130 m.w.N.

[304] Näher Nr. 21 Regulations Registry („full and accurate record of all proceedings“); *Safferling,* 2012,

IStGH-Regeln 121 Abs. 10, 131 Abs. 1). Dies bedeutet, dass die im „confirmation hearing“ (Rn. 28) vor der Vorverfahrenskammer vorgebrachten Beweise dokumentiert werden müssen (was wichtig für die Regeln über die Offenlegung von Beweisen ist, Rn. 31 ff.).[305] Dieses Verzeichnis wird der Verfahrenskammer zugesandt (IStGH-Regel 130).[306] Aus Common-Law-Sicht ist schon die Existenz eines solchen Verzeichnisses (obwohl es nicht so vollständig sein dürfte wie das französische *dossier*)[307] bedenklich, weil es die Gefahr in sich birgt, dass sich die Verfahrenskammer zur Schuldfeststellung (alleine) darauf stützt, anstatt – ganz i. S. v. Art. 74 Abs. 2 – auf Grundlage der in der mündlichen Verhandlung vorgetragenen Beweise zu entscheiden.[308] Andererseits wird der praktische Nutzen eines solchen Verzeichnisses, zumindest zur Systematisierung der Hintergrundinformationen eines bestimmten Falls, immer mehr anerkannt.[309] So sind die die Verfahrensbeteiligten auch verpflichtet, der Kanzlei alle Informationen, auf die sie sich in der Hauptverhandlung beziehen wollen, in elektronischer Form zu übersenden (Nr. 52 Regulations Court).[310] Die richtige Auslegung der genannten Bestimmungen hängt letztlich von der Funktion und Rolle ab, die der vorsitzende Richter während des Prozesses spielt: Wenn er – was Art. 64 Abs. 8 (b) gestattet – wirklich den Prozess leiten möchte, muss er möglicherweise Kenntnis von den Informationen aus dem Verzeichnis haben, um dies effektiv tun zu können;[311] überlässt er hingegen

S. 375. Zur Frage, ob das record of the proceedings die Funktion einer Verfahrensakte übernehmen kann siehe *Heinze,* 265 ff., 510 ff.

305 Umstritten ist jedoch der Umfang der Beweisdokumentation durch die Kanzlei: während die Vorverfahrenskammer in *Bemba* eine Dokumentation sämtlicher Beweise verlangte (Bemba PTC Decision 31.7.2008, para. 55), ließen die Vorverfahrenskammern in *Lubanga* und *Abu Garda* die Dokumentation nur derjenigen Beweise, auf die sich die Parteien im confirmation hearing berufen wollen, ausreichen (Lubanga Decision Final System Disclosure 15.5.2006, paras. 47, 57; Abu Garda PTC Decision 15.7.2009, para. 11). Zum Ganzen *Heinze,* S. 34 ff. Für die ähnliche Praxis der *Ad-Hoc*-Tribunale siehe z. B. *ICTY,* Akayesu TC Decision 28.1.1997.

306 *Heinze,* S. 245, 265 f. Zum „case file“ im Rahmen des Verfahrens vor den ECCC siehe Internal Rules 69, 86, 87 Abs. 3 und *Gibson/Rudy,* JICJ 7 (2009), 1010 f.

307 Vgl. Cassese/Gaeta/Jones/*Orie,* S. 1485; auch zu den ICTY-Verzeichnissen, 1470 f.; zum *dossier* im prozessualen Kontext *De Smet,* in: Stahn/Sluiter, S. 412 ff.; zu den Funktionen ebd., S. 421, 434 ff.; *Damaška,* Faces of Justice, S. 50; *Langer,* AmJCompL 53 (2005), 847; *Heinze,* S. 264 ff., 513 ff., der konstitutiv drei Komponenten des *dossier* identifiziert: Wissen, Struktur und Beweiswert; zur Debatte über die Etablierung eines *dossier* während der Verhandlungen zum IStGHS *Brady,* in: Fischer/Kreß/Lüder, S. 270.

308 *Keen,* LJIL 17 (2004), 767, 807; diff. *Kreß/Wannek,* in: Kirsch, S. 252 f. *Heinze,* S. 520 ff. hält die Existenz eines *ossiers* dennoch für möglich. Siehe zu den Unterschieden zwischen Civil Law und Common Law in dieser Frage *Brady,* in: Lee, 2001, S. 424 ff.; *Lewis,* in: Lee, 2001, S. 540; *Tochilovsky,* in: Fischer/Kreß/Lüder, S. 634; *Fairlie,* ICLR 4 (2004), 278 f. Diese Unterschiede beeinflussten auch die verwendete Terminologie, so sollte etwa der Begriff „dossier“ nicht gebraucht werden (s. *Kreß,* JICJ 1 (2003), 605). *Heinsch* hält aus diesem Grunde sogar die Bezeichnung „record of the proceedings“ für problematisch (*Heinsch,* in: Stahn/Sluiter, S. 490). Zu den Bedenken aus Common Law Sicht stellvertretend *Freedman,* Chap. L. Rev. 1 (1998), 77.

309 Vgl. aus Sicht des OTP *Nice/Vallières-Roland,* JICJ 3 (2005), 358 ff.; *Nice/Vallières-Roland,* in: Abtahi/Boas, S. 147 ff.; aus praktischer Sicht *Jackson/M'Boge,* LJIL 26 (2013), 966 f.; zur Steigerung der Effektivität der Zeugenbefragung durch den Richter *Jackson,* in ders./Langer/Tillers, S. 241. Selbst in den USA werden Stimmen laut, die das Vorverfahren durch die Verpflichtung der Anklagebehörde, ihre komplette Ermittlungsakte zur Einsicht freizugeben, effektivieren wollen, s. *Capra,* Fordham L. Rev. 53 (1984–1985), 427 f.; *Brown,* Cal. L. Rev. 93 (2005) 1636–1638.

310 Siehe auch *ICC,* Lubanga Decision disclosure prior witness questioning 12.11.2010, para. 14, Fn. 24.

311 Vgl. *ICTY* Dokmanovic Order 28.11.1997 und Corrigendum 15.1.1998; *Heinsch,* in: Stahn/Sluiter, S. 488; *Damaška,* AmJCompL 45 (1997), 851.

den Ablauf des Prozesses nach Art des Common Law (nahezu) vollständig den Parteien, benötigt er dieses Wissen nicht. Zu berücksichtigen ist auch, dass ein solches Verzeichnis der Verteidigung erleichtern würde, „ihren Fall" vorzubereiten.[312]

4. Das Urteil[313]

Das Urteil (Art. 23 ICTYS, Art. 22 ICTRS, Art. 74) setzt zunächst grundsätzlich voraus, dass alle Richter in jeder Verfahrensphase und während der Beratungen **anwesend** waren (Art. 74 Abs. 1 S. 1). Das Präsidium kann jedoch Ersatzrichter bestimmen, die einen verhinderten Richter phasenweise oder dauerhaft vertreten können (Art. 74 Abs. 1 S. 2). Es gilt der **Unmittelbarkeitsgrundsatz,** d. h. das Gericht kann sein Urteil nur auf die ihm in der Hauptverhandlung vorgelegten und diskutierten Beweise stützen und zwar in **freier Beweiswürdigung.**[314] Es darf über die in der Anklage enthaltenen Tatsachen und Umstände nicht hinausgehen (*Begrenzungsfunktion* – Art. 74 Abs. 2 S. 2 und 3). Die Richter sollen in geheimer Beratung möglichst konsensual und nur ausnahmsweise mit Mehrheit entscheiden (vgl. Art. 23 Abs. 2 S. 1 ICTYS, Art. 22 Abs. 2 S. 1 ICTRS, Art. 74 Abs. 3 und 4). Die schriftliche Entscheidung soll ausführlich begründet, ggf. eine Mehrheits- und eine Minderheitsmeinung veröffentlicht werden.[315] Sie ist, ggf. zusammenfassend, mündlich und öffentlich zu verkünden (vgl. Art. 23 Abs. 2 S. 1 und 2 ICTYS, Art. 22 Abs. 2 S. 1 und 2 ICTRS, ICTY-Regel 98*ter* (A) und (C) bzw. ICTR-Regel 88 (A) und (C), Art. 74 Abs. 5).[316] 49

Kommt es zu einer Verurteilung, soll das Gericht sogleich die angemessene **Strafe** festsetzen (Art. 76 Abs. 1). Eine zusätzliche Strafzumessungsverhandlung kann gemäß Art. 76 Abs. 2 aus eigener Initiative und soll auf Antrag des Staatsanwalts oder des Angeklagten – außer im Falle eines Geständnisses (Art. 65, Rn. 38) – anberaumt werden (sog. „*Schuldinterlokut*").[317] Die Strafe soll öffentlich und, wenn möglich, in Anwesenheit des Angeklagten verkündet werden (ICTY-/ICTR-Regel 100 (B), Art. 76 Abs. 4). Die Kammer[318] soll zudem Grundsätze[319] zur möglichen **Entschädigung von Opfern** (Art. 75) festlegen (zum Begriff und deren Rechten u. Rn. 52, 53).[320] Auf dieser Grundlage kann ggf. auf Antrag oder von Amts wegen der Schadensumfang in einem 50

[312] Darauf weist *Kirsch,* StV 2003, 640 hin.

[313] Allg. dazu *Tochilovsky,* S. 523ff.; auch Grützner/Pötz/*Kreß,* 2003, IV A 1 Rn. 168ff.; *Bernaz,* in: Schabas/Bernaz, S. 289ff.; *Öberg,* CLF 24 (2013), 113ff.

[314] *Olásolo,* S. 124. Allgemein zum Grundsatz der freien Beweiswürdigung *Damaška,* Evidence Law, S. 20ff.; *ders.,* AmJCompL 43 (1995), 343ff.; aus deutscher Sicht *Kühne,* Rn. 946ff.; *Roxin/Schünemann,* § 45 Rn. 42ff.; zu den hohen Anforderungen an die Beweiswürdigung aufgrund der Komplexität internationaler Strafverfahren *Öberg,* CLF 24 (2013), 115ff.

[315] *Öberg,* CLF 24 (2013), 120f.

[316] Siehe ferner IStGH-Regeln 142–144.

[317] Dafür wegen der besonderen öffentlichen Bedeutung der Strafe *Harmon/Gaynor,* JICJ 5 (2007), 707ff. (zum ICTY).

[318] Zur faktischen Verlagerung dieser Verantwortlichkeit vom Gerichtshof als Ganzen auf die einzelnen Kammern *Bock,* ZIS 2013, 304f.

[319] Vgl. in diesem Zusammenhang auch ICTY-/ICTR-Regel 106 (B), wonach Opfer oder für diese handelnde Personen ihre potentiellen Ansprüche vor nationalen Gerichten oder anderen zuständigen Stellen („other competent body") geltend machen können. Gemäß Regel 106 (C) soll das Urteil hinsichtlich der Feststellung der individuellen strafrechtlichen Verantwortlichkeit des Angeklagten bindend für diese Stellen sein.

[320] Erstmals geschehen in *ICC,* Lubanga Decision establishing principles 7.8.2012 mit Besprechung bei *Bock,* ZIS 2013, 305ff.

konkreten Fall bestimmt werden. Insoweit kann das Gericht – ggf. nach Anhörung der Betroffenen – eine Entschädigungsanordnung gegen den Verurteilten erlassen, die nach den Vorschriften zur Zusammenarbeit (Art. 93 Abs. 1, dazu Rn. 85 ff.) und zur Vollstreckung von Geldstrafen und Einziehung (Art. 109, dazu Rn. 100) durchgesetzt werden kann. Im Übrigen kann Entschädigung aus dem **Treuhandfond** (Rn. 52) des Gerichts (Art. 79) geleistet werden. Im Lubanga Verfahren hat die Hauptverfahrenskammer angesichts der Mittellosigkeit des Verurteilten die Wahrnehmung des Wiedergutmachungsmandats sogar weitghend an den Treuhandfond delegiert.[321] Dieser ist zudem berechtigt, Opfer schon vor der Verurteilung eines Täters, zu unterstützen.[322]

5. (Sonstige) Rechte der Verfahrensbeteiligten

51 Die **Rechte des Angeklagten** (zu den Rechten des Beschuldigten im Ermittlungsverfahren Rn. 24) entsprechen den allgemeinen menschenrechtlichen Standards (vgl. Art. 14 IPbpR, Art. 6 EMRK und Art. 8 AMRK; auch § 10 Rn. 10 ff.):[323]

– *Unschuldsvermutung* (Art. 66 Abs. 1 bzw. Art. 21 Abs. 3 ICTYS, Art. 20 Abs. 3 ICTRS,);[324]
– Beweislast der Anklagebehörde (Art. 66 Abs. 2), gerichtliche Überzeugung jenseits vernünftiger Zweifel („beyond reasonable doubt“) zur Verurteilung (ICTY-/ICTR-Regel 87 (A) S. 2, Art. 66 Abs. 3);[325]

---

[321] *ICC,* Lubanga Decision establishing principles 7.8.2012, paras. 281 ff.; zust. *Bock,* ZIS 2013, 317 ff.

[322] Siehe *ICC,* Situation Uganda, VTF Notification 25.1.2008; Situation DRC, VTF Notification 2.4.2008; Situation CAR, Decision Trust Fund for Victims 16.11.2009; vgl. auch *Bock,* S. 578 ff.; *Burnham,* in: van den Herik/Stahn, S. 676 ff.; *McCarthy,* JICJ 10 (2012), 359 ff., 369 f.; *Mouthaan,* ICLR 11 (2011), 790; *Manirabona/Wemmers,* ICLR 13 (2013), 1001 (1004); für einen Überblick über die Aufgaben des Treuhandfonds s. *Bock,* ZIS 2013, 297; zu dessen Arbeit im Lubanga-Fall *Dixon/Tenove,* IJTJ 7 (2013), 408.

[323] Treffend *Keitner,* UCLA J. Int.L.& For.Aff. 6 (2001), 226: „highest standards“; grdl. *Zappalà,* in: Cassese et al., 2005, S. 399 ff.; *Beresford,* in: Dolgopol/Gardam, S. 367 ff.; *Tochilovsky,* S. 269 ff.; siehe auch *Esser,* 2014, § 19 Rn. 39; überblicksartig zu den einzelnen Rechten *Calvo-Goller,* S. 226 ff.; Cryer/*Friman,* S. 435 ff.; *Zahar/Sluiter,* S. 63, 292 ff.; *von Braun,* S. 68 ff., 79 ff.; *Weissbrodt/Zinsmaster,* in: Brown, S. 265 ff., 275 ff.; *Gless,* 2011, Rn. 906; *Deprez,* ICLR 12 (2012), 737 f.; *Nerlich,* LJIL 26 (2013), 779; *McDermott,* in: Schabas/McDermott/Hayes, S. 165 ff.; *Hoven,* S. 184 ff.; krit. *Kirsch,* AnwBl 2011, 166; mit Blick auf das Recht auf ein unabhängiges Gericht, *nulla poena sine lege* sowie das Appelationsrecht *Gradoni,* LJIL 19 (2006), 859 ff.; umfassend zu Art. 20 ICTRS *Schomburg/Nemitz,* in: Decaux/Dieng/Sow, S. 93 ff. Zur Entschädigung eines Beschuldigten vor den *Ad-Hoc*-Tribunalen vgl. *Acquaviva,* LJIL 20 (2007), 621 ff.; zur Unschuldsvermutung im islamischen Recht *Badar,* LJIL 24 (2011), 411, 424 ff.; zum Einfluss der completion strategy auf die Beschuldigtenrechte *Karnavas,* GoJIL 3 (2011), 1084 ff.

[324] Zur Zugehörigkeit zu einer bestimmten Gruppe, die die Unschuldsvermutung bzgl. des Mitglieds oftmals außer Kraft setzt *Murphy,* in: May/Hoskins, S. 225, 239.

[325] Zur Nähe zur „conviction intime“ des kontinentaleuropäischen Rechts *Zahar/Sluiter,* S. 391; auch *Caianiello,* JICJ 9 (2011), 388; *Klamberg,* S. 106 ff.; krit. jedoch *De Smet,* in: Stahn/Sluiter, S. 421, 430 f., der die gerichtliche Überzeugung „beyond reasonable doubt“ nur auf den Nachweis der Schuld/Unschuld des Angeklagten, nicht jedoch auf die Erfüllung/Nichterfüllung der Tatbestandsmerkmale anwenden will; für die Anwendung des praxisnäheren „conviction intime“ statt des unbestimmten „beyond reasonable doubt“ Standards *Jacobs,* in: Sluiter et al., S. 1145 f., 1149; der Beweismaßstab gilt jedoch nur für Tatbestandsmerkmale oder Umstände, die für die Schuld des Angeklagten von Bedeutung sein könnten, s. *Öberg,* CLF 24 (2013), 141; zu ICTY und ICTR *Behrens,* ZaöRV 2011, 665; zur Anwendung des „beyond reasonable doubt“ Beweismaßstabs im Lubanga-Verfahren *Roberts,* JICJ 10 (2012), 930 ff.

- öffentliche und faire Verhandlung (Art. 67 Abs. 1 bzw. Art. 21 Abs. 2 ICTYS, Art. 20 Abs. 2 ICTRS);[326]
- sofortige und umfassende Information über die Tatvorwürfe (Art. 67 Abs. 1 (a) bzw. Art. 21 Abs. 4 (a) ICTYS, Art. 20 Abs. 4 (a) ICTRS);[327]
- ausreichende Zeit zur Vorbereitung der *Verteidigung* mit einem Verteidiger des Vertrauens (Art. 67 Abs. 1 (b) bzw. Art. 21 Abs. 4 (b) ICTYS, Art. 20 Abs. 4 (b) ICTRS),[328] wobei grundsätzlich ein Recht zur *Selbstverteidigung* (Art. 67 Abs. 1 (d); IStGH-Regel 21 Abs. 4; Art. 14 Abs. 3 (d) IPbpR, Art. 21 Abs. 4 (d) ICTYS, Art. 20 Abs. 4 (d) ICTRS) besteht;[329]
- zügige Aburteilung (Art. 67 Abs. 1 (c) bzw. Art. 21 Abs. 4 (c) ICTYS, Art. 20 Abs. 4 (c) ICTRS);[330]

---

326 Nach *ICTY,* Šešelj AppJ 19.5.2010, para. 32 wird das Recht auf eine öffentliche Verhandlung nicht durch die übliche Praxis verletzt, gewisse Informationen in Dokumenten und sogar Urteilen zu schwärzen; Fairness für den Angeklagten als eines der zentralen Anliegen internationaler Strafjustiz hervorhebend *Damaška,* JICJ 10 (2012), 615; zum fairen Verfahren auch *Klamberg,* in: van den Herik/Stahn, S. 605 ff.

327 Vgl. dazu die „partly dissenting opinion of Judge Schomburg on the interpretation of the right to be informed", *ICTR,* Muhimana AppJ 21.5.2007, paras. 1 ff.; s. umfassend *Jordash/Coughlan,* in: Darcy/Powderly, S. 286 ff.

328 Zum Anspruch auf einen („Wahl"- oder „Pflicht"-)Verteidiger allg. *Tochilovsky,* S. 234 ff.; vor dem ICTR, *Niang,* CLF 13 (2002), 323 ff.; *Meisenberg,* in: Decaux/Dieng/Sow, S. 125 ff.; *Ambos,* 2010 a, S. 105 f.; zur Effektivität der Verteidigung *Buisman/Gumpert/Hallers,* ICLR 5 (2005), 1 ff.; zur Beiordnung schon im Ermittlungsverfahren auf Grund Art. 56 Abs. 1 (b) vgl. *ICC,* Situation DRC, PTC Decisions 21. und 26.4.2005. Dazu auch Insight 5/2005, 10; siehe zum Konflikt mit nationalen Strafverfolgungsbehörden *Skilbeck,* JICJ 8 (2010), 453 ff. Zur Beiordnung beim IStGH vgl. Nr. 74 ff. Regulations Court; zu mangelnden Ressourcen für eine unabhängige Ermittlungskommission *Higgins,* JICJ 5 (2007), 399 f.; zur Bestellung eines *Ad-Hoc*-Verteidigers bei flüchtigen oder (noch) unbekannten Verdächtigen s. *Dieckmann/Kerll,* ICLR 11 (2011), 105; zum Konflikt zwischen dem Recht des Angeklagten auf ausreichend Zeit zur Vorbereitung der Verteidigung auf der einen Seite und der Opferbeteiligung auf der anderen s. *McGonigle Leyh,* ICLR 12 (2012), 397 ff.; für eine Verteidigerimmunität eintretend *Zeegers,* ICLR 11 (2011), 869 ff.

329 Zur Beiordnung eines Verteidigers im Milosevic-Verfahren auf Grund des Gesundheitszustandes des Angeklagten vgl. ICTY, Milosevic TC Decision 22.9.2004; i. Erg. zust., aber für subsidiäres Eingreifen des Verteidigers AppC Decision 1.11.2004; a. A. noch TC Decision 4.4.2003; krit. auch *Damaška,* JICJ 3 (2005), 3 ff.; *Sluiter,* JICJ 3 (2005), 9 ff.; *Boas,* in: Abtahi/Boas, S. 67 ff.; *Bohlander,* CLF 16 (2005), 159 ff.; *Bonomy,* JICJ 5 (2007), 355 ff.; *Kreß/Wannek,* in: Kirsch, S. 255; auch *Chiavario,* JICJ 6 (2008), 77 ff.; zum „standby counsel" *ICTY,* Karadžić AppC Decision 12.2.2010, paras. 35 ff; zu einer möglichen Fairnessverletzung bei Austausch des Vors. Richters im Milosevic-Verfahren *Fairlie,* CLF 16 (2005), 107 ff.; zum Recht auf Selbstverteidigung im *Šešelj*-Verfahren (IT-03-67) vgl. *Badar/Karsten,* ICLR 7 (2007), 177 ff. *ICTY,* Krajišnik AppJ 17.3.2009. paras. 117, 118 und ICTY Manual, S. 90 ff.; krit. zum Umgang mit Šešeljs Hungerstreik *Sluiter,* JICJ 5 (2007), 529 ff.; *Zahar/Sluiter,* S. vii f.; allg. zur „aufgedrängten" Verteidigung *Kirsch,* in: Weigend et al., S. 85 ff.; *Tochilovsky,* S. 253 ff.; *Petersdorf,* Eigenverteidigung, 2009, S. 53 ff.; generell zum (eingeschränkten) Recht auf Selbstverteidigung *Bassiouni,* Duke J.Comp.& Int'l L. 3 (1993), 283–284; *Tuinstra,* Defence counsel in ICL, 2009, S. 245 ff.; *Scharf,* in: Brown, S. 284 ff.; *Higgins,* in: Darcy/Powderly, S. 252 ff.; *Jalloh,* Penn St. L. Rev. 117 (2012–2013), 717; *Bonomy,* in: Boas/Schabas/Scharf, S. 53 ff.; für ein uneingeschränktes Recht auf Selbstverteidigung *Schabas,* 2010, S. 808; für eine eingeschränkte Geltung des Rechts auf Selbstverteidigung (mit rvgl Betrachtung) *Ambach,* ZIS 2009, 289; *Damaška,* JICJ 10 (2012), 617; grds. dagegen *Boas,* JICJ 9 (2011), 53 (74 ff.); zum Konzept der Zwangsverteidigung s. Regeln 45*quater* ICTR-RPE und 45*ter* ICTY-RPE, vgl. *Swoboda,* ZIS 2010, 113. – Die prominentesten Angeklagten, die sich selbst verteidigt haben, sind/waren Slobodan Milošević, Vojislav Šešelj, Zdravko Tolimir und Radovan Karadžić; im Rechtsmittelverfahren berief sich Momčilo Krajišnik auf dieses Recht.

330 Vgl. *Tochilovsky,* S. 295 ff.; krit. zur Verfahrensdauer vor dem IStGH *Kaul,* ZIS 2007, 497; vor den *Ad-Hoc*-Tribunalen *Hoven,* ZIS 2011, 830 ff.; diff. *Whiting,* HarvILJ 50 (2009), 323 ff.; *Damaška,* JICJ 10

- grundsätzliche Anwesenheit in der Hauptverhandlung[331] (für Ausnahmen siehe die Ende 2013 neu eingefügten IStGH-Regeln 134*bis*[332], 134*ter* und 134*quarter*[333]) und, wenn notwendig, Beiordnung eines Pflichtverteidigers durch das Gericht (Art. 67 Abs. 1 (d) bzw. Art. 21 Abs. 4 (d) ICTYS, Art. 20 Abs. 4 (d) ICTRS);
- Vorlage von Beweisen, insbesondere auch Ladung von Entlastungszeugen und ausreichende Vernehmung von Belastungszeugen (Art. 67 Abs. 1 (e) bzw. Art. 21 Abs. 4 (e) ICTYS, Art. 20 Abs. 4 (e) ICTRS); Offenlegung entlastender oder strafmildernder Beweise durch die Anklagebehörde (Art. 67 Abs. 2 – Rn. 31 bzw. ICTY/ICTR-Regel 68);
- Bereitstellung eines Übersetzers (Art. 67 Abs. 1 (f) bzw. Art. 21 Abs. 4 (f) ICTYS, Art. 20 Abs. 4 (f) ICTRS);[334]
- umfassendes Schweigerecht, das nicht zu Lasten des Angeklagten ausgelegt werden darf (Art. 67 Abs. 1 (g) bzw. Art. 21 Abs. 4 (g) ICTYS, Art. 20 Abs. 4 (g) ICTRS);[335]
- Verbot der Beweislastumkehr[336] (Art. 67 Abs. 1 (i)).

52 Gemäß Art. 68 Abs. 1 S. 1[337] ordnet das Gericht die notwendigen Maßnahmen zum **Opfer- und Zeugenschutz** an.[338] Dies gilt insbesondere in Verfahren wegen sexueller

(2012), 616; das Beschleunigungsgebot zur Zielvorgabe internationaler Strafverfahren erklärend *Klamberg,* in: van den Herik/Stahn, S. 602; im Zus. mit Art. 60 Abs. 4 *Hartwig-Asteroth,* S. 118 ff.

331 Für *Negri,* in: Bohlander, S. 28 ff. ist Anwesenheit Voraussetzung von Waffengleichheit; zu diesem Prinzip auch *ders.*, ICLR 5 (2005), 513 ff.; *Bohlander,* ERA-Forum 4 (2005), 547 ff. sowie § 10 Rn. 19; *Tuinstra,* Defence counsel in ICL, 2009, S. 155 ff. aus Sicht der Verteidigung *Karnavas,* in: Bohlander, S. 90 ff.; *Jackson,* JICJ 7 (2009), 17, 25; *Ford,* S. 31 ff.; *Friman,* in: Darcy/Powderly, S. 332 ff.; zur Waffengleichheit vor dem SCSL *Doherty,* LJIL 26 (2013), 939 f.; zur Anwesenheit beim STL *Jenks,* Fordham ILJ 33 (2010), 57; *Oehmichen,* FS Kühne 2013, S. 613 ff.; zum möglichen Verfahren in Abwesenheit des Angeklagten, z. B. aus Gründen seines Todes, *Bachvarova,* JICJ 10 (2012), 547 ff.; *Elberling,* S. 14 ff.

332 IStGH-Regel 134*bis* erlaubt dem vorgeladenen Angeklagten, unter bestimmten Umständen per Videokonferenz am Verfahren teilzunehmen.

333 IStGH-Regeln 134*ter* und 134*quarter* erlauben dem vorgeladenen Angeklagten dem Verfahren unter bestimmten Umständen fernzubleiben. Statt des Angeklagten muss jedoch sein Verteidiger am Verfahren teilnehmen. Insbesondere der Erlass von IStGH-Regel 134*quarter* kann als unmittelbare Reaktion auf das Urteil der Rechtsmittelkammer im Fall *Samoei Ruto* und *Arap Sang* gesehen werden, in dem die Kammer die Abwesenheit des Angeklagten unter engen Voraussetzungen für zulässig hielt (s. *ICC,* Samoei Ruto Excusal AppJ 25. 10. 2013). Die Verfahrenskammer hatte dem Gesuch *Rutos* zum Fernbleiben des Verfahrens bedingt stattgegeben und dadurch aus Sicht der Rechtsmittelkammer ihr Ermessen überschritten (*ICC,* Samoei Ruto TC Excusal Decision 18. 6. 2013). Auszüge der von der Rechtsmittelkammer genannten Voraussetzungen finden sich auch in der IStGH-Regel 134*quarter* wieder (s. *ICC,* Samoei Ruto Excusal AppJ 25. 10. 2013, para. 62). Bereits kurz nach Inkrafttreten der neuen Regelungen stellte *Samoei Ruto* über seinen Verteidiger einen entsprechenden Regel 134*quarter*-Antrag (s. *ICC,* Samoei Ruto Regel 134*quarter*-Antrag 16. 12. 2013).

334 Gem. Art. 67 Abs. 1 (f) IStGHS muss der Angeklagte die im Verfahren verwendete Sprache voll verstehen und sprechen („fully understands and speaks"). Von diesem Maßstab weicht die ICTY-Rspr. ausdrücklich ab, wo ein „[understands the language] sufficiently in order to allow for the effective exercise of his right to conduct his defence" ausreicht, siehe *ICTY,* Karadžić AppC Decision on Interlocutory Appeal 4. 6. 2009, para. 11; dies sei vereinbar mit Art. 14 Abs. 3 IPbpR, Art. 6 Abs. 3 EMRK und Art. 8 Abs. 2 AMRK.

335 Vgl. *Safferling/Hartwig,* ZIS 2009, 788 ff.; siehe zur rechtsvergleichenden Betrachtung des Schweigerechts eingehend *Damaška,* UPLR 121 (1972–1973), 521 ff.

336 Vgl. *Zahar/Sluiter,* S. 360 ff.; bzgl. der Strafausschließungsgründe *Borsari,* S. 374 ff.

337 Zur Auslegung von Art. 68 Abs. 1 vgl. *Cassese,* Observations on issues concerning the protection of victims etc., S. 3, 5 ff.; restriktiver Prosecutor's response to Cassese's observation, paras. 8 f. – Bzgl. des

Gewalt oder wegen Gewalt gegen Kinder, in denen etwa Vernehmungen über elektronische oder andere besondere Maßnahmen durchgeführt werden können (vgl. ICTY/ICTR-Regel 96, Art. 68 Abs. 2 sowie IStGH-Regeln 70, 71). Dem Opferschutz wird jedoch auch an anderen Stellen des IStGH-Statuts Rechnung getragen (Art. 57 Abs. 3 (c), (e), 64 Abs. 2).[339] So können etwa auch Beweise zurückgehalten oder in anderer Form (z. B. im Falle von schriftlichen Zeugenaussagen als geschwärzte Fassung – *redacted version*) vorgelegt werden (Art. 68 Abs. 1, Abs. 5, Regel 81 Abs. 4, siehe Rn. 31 mit Schaubild 18).[340] Indirekt werden Opferinteressen zudem über Art. 53 Abs. 1 (c), 2 (c), 54 Abs. 1 (b) berücksichtigt.[341] In diesem Zusammenhang verdient Erwähnung, dass auch ein Staat bestimmte Maßnahmen zum Schutz seiner Beamten und zum Schutz vertraulicher Informationen beantragen kann, sofern seine **nationalen Sicherheitsinteressen** („national security interests", – Art. 72, dazu auch **Fall 5,** Rn. 61) betroffen sind.[342] Natürlich ist bei solchen Maßnahmen darauf Bedacht zu nehmen, dass sie nicht die Verfahrensrechte des Angeklagten (ungebührlich) beeinträchtigen. Eine **Wiedergutmachung** für Opfer sieht Art. 75 vor,[343] zur Umsetzung wurde der schon

ICTY/ICTR vgl. Art. 22 ICTYS, Art. 21 ICTRS sowie ICTY-/ICTR-Regeln 69 und 75; dazu *Nemitz,* in: Kirsch, S. 59 ff.

338 Allg. dazu *Tochilovsky,* S. 217 ff.; zum ICC-System *ICC,* Katanga and Ngudjolo PTC Corrigendum to the Decision on Evidentiary Scope of the Confirmation Hearing etc. 25.4.2008, paras. 11 ff.; *Safferling,* ZStW 122 (2010), 105 f.; *ders.*, ICLR 11 (2011), 203 ff.; *Eikel,* CLF 23 (2012), 97 ff.; *Bock,* S. 430 ff.; *Kelly,* in: Bonacker/Safferling, S. 57 ff., unter besonderer Berücksichtigung der konkurrierenden Zuständigkeiten und Kompetenzen von Ankläger und VWU; zur Zusammenarbeit von Vertragsstaaten im Hinblick auf Zeugenschutz- und unterstützung *ICC-Report Cooperation,* para. 45; zur Kombination von Anträgen auf Zeugenschutz und Asylanträgen *Sluiter,* JICJ 10 (2012), 665 ff.; *Yabasun/Holvoet,* ICLR 13 (2013), 725 ff.; zum möglichen Gegensatz zwischen Opfererwartung und fairem Verfahren *Diggelmann,* AVR 45 (2007), 393 ff. (395); *Damaška,* ChicKentLR 83 (2008), 333 f.; instruktiv zu den Interessen von Opfern von Makrokriminalität *Safferling,* ZStW 122 (2010), 101 ff.; krit. *Trüg,* ZStW 125 (2013), 53 ff., der durch IStGH-Regel 86 die Gefahr einer Relativierung der Beschuldigtenrechte sieht; zu den Erfahrungen des ICTY *Kravetz,* in: Bonacker/Safferling, S. 149 ff.; zum Zeugen- und Opferschutz vor den ECCC *Kunst,* passim; unter besonderer Berücksichtigung von Opfern sexueller Gewalt *Sharratt,* S. 99 ff.

339 Für eine weite Auslegung von Art. 57 Abs. 3 (e) im Rahmen des *Bemba*-Verfahrens *Caeiro/Angelo-Lemos,* ALC XL, S. 613; für eine restriktive Anwendung der Opferschutzbestimmungen *Eikel,* CLF 23 (2012), 100.

340 Dazu ausführlich mit Rspr.-Nachweisen *Kuschnik,* ICLR 9 (2009), 173 ff.; siehe auch *ICC,* Lubanga TJ 14.3.2012, paras. 116 f.; dazu *Ambos,* ZIS 2012, 319.

341 *Stahn/Olásolo/Gibson,* JIJC 4 (2006), 233 ff.; *Pinto Soares,* CLF 23 (2012), 184 f.

342 Siehe zum Begriff der *security interests of* [a] *State* auch die ICTY-/ICTR-Regeln 66 (C), 68 (D) bzw. 68 (iv); dazu *Dawson/Dixon,* in: Abtahi/*Boas,* S. 95 ff. Aus Sicht der Verteidigung *Karnavas,* in: Bohlander, 2007, S. 132 ff.

343 Grundlegend *Dwertmann,* The reparation system of the ICC, 2010, m. w. N.; vgl. auch *Bock,* ZStW 119 (2007), 678 f.; *dies.*, S. 555 ff.; *Henzelin/Heiskanen/Mettraux,* CLF 17 (2006), 321 ff.; *Burgorgue-Larsen,* CPC 41 (2007), 119 ff.; Cryer/*Friman,* S. 494 ff.; *Zahar/Sluiter,* S. 76 ff.; *Scalia,* in: Kolb, S. 336 ff.; *Zegveld,* in: Stahn/van den Herik, S. 611; *dies,* JICJ 8 (2010), 79; *Trüg,* ZStW 125 (2013), 70 ff.; *Kelly,* in: Bonacker/Safferling, S. 59 ff.; zur Wiedergutmachung für Opfer sexueller Gewalt *De Brouwer,* LJIL 20 (2007), 218 ff.; zur Opferentschädigung auch: *Mundis,* LJIL 14 (2001), 861; *Ferstman,* LJIL 15 (2002), 667 ff.; *Möller,* S. 598 ff.; *Hofstetter,* Verfahrensrecht, 2005, S. 128 ff.; *Greco,* ICLR 7 (2007), 531 ff., insb. 545 f.; *Schwinghammer,* in: Kühne et al., S. 341 ff.; *De Beco,* RevDPC 2007, 809 ff. *Hofmann,* in: Heintze/Ipsen, S. 133 ff.; *Heikkilä,* International Criminal Tribunals, 2005, S. 166 ff. (180 ff.), die eine Annäherung an die civil law Position konstatiert (189); ebenso *Zahar/Sluiter,* S. 71; zum Verhältnis von Art. 75 zu Art. 57 Abs. 3 (e) und Regel 99 Abs. 1 IStGH-Regeln *Caeiro/Angelo-Lemos,* ALC XL, S. 612 f.; aus empirischer Sicht in Bezug auf die Situation DRC *Mani-*

erwähnte Treuhandfond (Rn. 50) eingerichtet (Art. 79 und IStGH-Regel 98).[344] Eine weitere Neuerung stellt die Einrichtung eines „Office of Public Counsel for Victims" (OPCV) nach Nr. 81 Regulations Court dar.[345]

53 Die zentrale Norm für die **Opferbeteiligung** vor dem IStGH[346] ist Art. 68 Abs. 3.[347] Danach können die Opfer ihre Auffassungen und Anliegen in für geeignet befundenen Verfahrensabschnitten vortragen. Zunächst müssen die Betroffenen aber ihre *Zulassung* zum Verfahren beantragen (IStGH-Regel 89).[348] Dabei prüft die zuständige

rabona/Wemmers, ICLR 13 (2013), 998ff.; zur Opferentschädigung vor den ECCC *Sperfeldt,* ICLR 12 (2012), 468ff.

344 Regulations of the Trust Fund for Victims, Dok. Nr. ICC-ASP/4/3/Res. 3; dazu *Ferstmann,* LJIL 15 (2002), 684ff.; *Henzelin/Heiskanen/Mettraux,* CLF 17 (2006), 335ff.; *von Braun,* S. 103; *Trüg,* ZStW 125 (2013), 74ff.; *Kelly,* in: Bonacker/Safferling, S. 61ff.; *Peschke,* in: Bonacker/Safferling, S. 317ff.; krit. bzgl der langen Umsetzungsphase *IJT,* 2006, S. 76ff.; krit. hinsichtlich unerfüllbarer Erwartungen *Damaška,* UCLA J. Int.l L & Foreign Affairs 14 (2009), 30f.

345 Zu dessen Rolle und Aufgaben vgl. *ICC,* Situation Uganda, Decision on victims' application 10.8.2007, paras. 4, 164 (zur genauen Aufgabe der OPCV); Kony et al. Decision victim's applications 16.4.2007; Lubanga Decision role of the OPCV 6.3.2008. Vgl. auch *De Beco,* RevDPC 2007, 808f.; *Massidda/Pellet,* in: Stahn/Sluiter, S. 690; *Bock,* S. 501ff.; *WCRO,* Representation of Victims, S. 20ff.

346 Zur Verfahrensstellung und -beteiligung des Opfers allg.: *Möller,* S. 562ff.; *Heikkilä,* International Criminal Tribunals, 2005, S. 73ff., 140ff. (164f.); *Hofstetter,* Verfahrensrecht, 2005, S. 126ff; *Bock,* ZStW 119 (2007), 670ff.; *dies.,* 210ff., 371ff., 440ff.; *Scomparin,* in: Cassese et al., 2005, S. 366ff.; *De Beco,* RevDPC 2007, 788ff., 793ff., *Scalia,* in: Kolb, 322ff.; *Safferling,* ZStW 122 (2010), 88, 101ff.; *ders.,* ICLR 11 (2011), 202ff.; *Garkawe,* in: Boas/Schabas/Scharf, S. 269ff.; *Kiza/Rohne,* in: Henham/Findlay, S. 85ff. Zur Verfahrensstellung aus historischer Sicht im Hinblick auf IMG und IMTFE *Moffett,* ICLR 12 (2012), 245ff. Zum IStGH *Stehle,* Wiedergutmachung, 2007, S. 300ff.; *Stahn/Olásolo/Gibson,* JIJC 4 (2006), 225ff.; *Burgorgue-Larsen,* CPC 41 (2007), 114ff.; *Tochilovsky,* S. 519ff.; *Zahar/Sluiter,* S. 73ff.; *Olásolo,* in: Ambos/de Hoyos, S. 55ff.; *McGonigle Leyh,* S. 225ff. Zum ICTY *Safferling,* YIHL 5 (2002), 229ff.; *Tolbert/Swinnen,* in: Abtahi/Boas, S. 207ff.; *Haslam/Edmunds,* ICLR 12 (2012), 873ff.; zum ECCC vgl. *Studzinsky,* ZIS 2009, 44; *Mohan,* ICLR 9 (2009), 733; *Hoven,* ZStW 122 (2010), 706; *dies.,* JICJ 12 (2014), 81ff.; *Kroker,* passim; *Stover/Balthazard/Koenig,* IRRC 93 (2011), 503ff.; *Studzinsky,* in: Bonacker/Safferling, S. 175ff.; *Pratlong,* in: Kolb/Scalia, S. 505ff.; vergleichend mit dem IStGH *McGonigle,* in: Ryngaert, S. 91; *Ip,* ICLR 13 (2013), 865ff.; zum STL *de Hemptinne,* JICJ 8 (2010), 165; zu allen Tribunalen *Zahar/Sluiter,* S. 70ff.; rvgl *Stehle,* Wiedergutmachung, 2007, S. 70ff.; *McGonigle Leyh,* ICLR 12 (2012), 384ff.; unter Einbeziehung rechtsvergleichender Elemente *Klamberg,* in: van den Herik/Stahn, S. 612ff.; *Burnham,* in: van den Herik/Stahn, S. 662ff.; zu Kindern als Opfer und Zeugen *Beresford,* JICJ 3 (2005), 732ff. Zur möglichen Vorbildfunktion des IStGHS für nationale Rechtsordnungen *Ntanda Nsereko,* CLF 21 (2010), 410ff.; zur Terminologie *McGonigle Leyh,* ICLR 12 (2012), 381; krit. zu den zum Teil mehrdeutigen Regelungen des IStGH *Tonellato,* Eur. J. Cr. 20 (2012), 316 (321f.); zum Opfer als „legal person" *Campbell,* IHLS 2 (2011), 325ff.

347 Zu den gesondert geregelten Beteiligungsformen in Art. 15 und Art. 19 vgl. *Bock,* S. 506ff. m.w.N.

348 Grdl. zum Zulassungsverfahren *ICC,* Situation DRC, Decision victims' participation and legal representation 17.8.2007; ausführlich *Bock,* S. 466ff.; *WCRO,* Obtaining Victim Status, S. 15ff.; siehe auch *Eckelmans,* in: Bonacker/Safferling, S. 193ff. Natur und Umfang des Zulassungsverfahrens sind äußerst umstritten. Dies betrifft vor allem die Frage, ob die zuständige Kammer gleichzeitig mit der Zulassung eines Opfers zum Verfahren dessen Beteiligungsrechte festlegen muss oder ob sie dem Antragssteller einen abstrakten Opferstatus verleihen darf, hierzu *Olásolo,* NCRL 12 (2009), 513; *Bock,* S. 467ff.; *Tsereteli,* in Stahn/van den Herik, S. 655 alle m.w.N. Darüber hinaus ergeben sich zahlreiche Probleme hinsichtlich der Informationen und Dokumente, die der Betroffene seinem Antrag beifügen und ggf. der Verteidigung zugänglich machen muss. Vgl. exemplarisch *ICC,* Situation DRC, Decision Production of Relevant Supporting Documentation 7.12.2007; Situation Darfur, Decision leave to appeal Decision Production of Relevant Supporting Documentation 23.1.2008. Vgl. auch *WCRO,* Victim participation, 2007, S. 1ff., 15ff.; *WCRO,* Victim participation, Feb. 2009, S. 44ff. beide mit Empfehlungen.

Kammer zunächst, ob der Antragssteller als Opfer i. S. v. IStGH-Regel 85 (a) zu gelten hat, also die folgenden vier **Kriterien** erfüllt: Es muss sich (1.) um eine *natürliche Person* handeln, die (2.) einen Schaden durch (3.) in die Zuständigkeit des Gerichtshofs fallende Verbrechen erlitten hat, wobei (4.) zwischen diesen Verbrechen und dem Schaden ein Kausalzusammenhang bestehen muss.[349] Der Begriff des *Schadens* wird weit ausgelegt; physische, materielle, psychische und emotionale Beeinträchtigungen stehen gleichberechtigt nebeneinander.[350] Erfasst werden auch mittelbare Opfer, also insbesondere nahe Angehörige des unmittelbar durch die Tat Geschädigten.[351] *Juristische Personen* können nach Maßgabe von IStGH-Regel 85 (b) ebenfalls zum Verfahren zugelassen werden.[352] Welche Anforderungen an den Nachweis der Opfereigenschaft zu stellen sind, hängt vom *Verfahrensstadium* ab, in dem sich der Antragssteller beteiligen will. Je weiter das Verfahren fortgeschritten ist, desto größer sind die Anforderungen an die Darlegungslast.[353] Das Opfer darf sich nur in das Verfahren einbringen, wenn und soweit seine *persönliche Interessen* betroffen sind. Dies setzt jedenfalls voraus, dass der vom Opfer erlittene Schaden in Verbindung zu den jeweiligen Verbrechen steht.[354] Darüber hinaus ist äußerst umstritten, welche Interessen von Art. 68 Abs. 3 erfasst sind. Kontrovers diskutiert wird insbesondere, ob das Opfer nur insoweit in das Verfahren eingebunden werden darf, wie dies zur Durchsetzung von Wiedergutmachungsansprüchen erforderlich ist, oder ob es mit seiner Beteiligung auch andere Ziele, beispielsweise die Aufklärung der Tat *(„right to truth“)* und die Bestrafung der

---

349 Grdl. *ICC,* Situation DRC, Decision participation in the proceedings 17. 1. 2006, paras. 77 ff. Zu den vier Kriterien auch *Greco,* ICLR 7 (2007), 535 ff.; *De Hemptinne/Rindi,* JICJ 4 (2006), 343 f.; *Calvo-Goller,* S. 244 ff.; *Scalia,* in: Kolb, S. 318 ff.; ICC-OTP, 2010 c, S. 7; *Burnham,* in: van den Herik/Stahn, S. 669; *Catani,* JICJ 10 (2012), 907; *Smith-van Lin,* in: Schabas/McDermott/Hayes, S. 184 ff.; *Pena/Carayon,* IJTJ 7 (2013), 520; zur Unbestimmtheit und Mehrdeutigkeit von IStGH-Regel 85 *Tonellato,* Eur. J. Cr. 20 (2012), 330 ff.; bis zum April 2012 beantragten 19 422 Personen die Verfahrenszulassung als Opfer, 4 107 von ihnen erfolgreich (Lubanga: 129, Katanga und Ngudjolo: 366, Bemba: 4 121, Banda und Jerbo: 89, in zwei Fällen der Kenia-Situation: 560), s. *ASP,* Eleventh Session, Report of the Court on the review of the system for victims to apply to participate in proceedings, ICC-ASP/11/22, 5. 11. 2012, para. 5 und Fn. 6; *Dixon/Tenove,* IJTJ 7 (2013), 409; *Catani,* JICJ 10 (2012), 917; zur Terminologie *Trüg,* ZStW 125 (2013), 52.

350 *ICC,* Lubanga Decision 18. 1. 2008, para. 92, dazu *Catani,* JICJ 10 (2012), 908 f.; *ICC,* Lubanga TJ, 14. 3. 2012, para. 14 ii), dazu auch *Ambos,* ZIS 2013, 313; *ders.,* 2010 a, S. 124; *Ntanda Nsereko,* CLF 21 (2010), 404; *McCarthy,* JICJ 10 (2012), 366. Vgl. auch die Übersicht über die einschlägige Rspr. bei *Friman,* LJIL 22 (2009), 488 ff.

351 Vgl. *ICC,* Lubanga, AppJ 11. 7. 2008, para. 32; Lubanga TJ, 14. 3. 2012, para. 7, dazu *Ambos,* ZIS 2012, 314; *Trüg,* ZStW 125 (2013), 62 ff.; *Abo Youssef,* Die Stellung des Opfers im VStR, 2008, S. 53; *Bock,* S. 211 m. w. N.; *Ntanda Nsereko,* CLF 21 (2010), 404. Vgl. auch *Spiga,* JICL 8 (2010), 183; *Tonellato,* Eur. J. Cr. 20 (2012), 333. Krit. *De Hemptinne,* JICJ 8 (2010), 170.

352 Hierzu *Bock,* S. 213; *Ntanda Nsereko,* CLF 21 (2010), 404; ICC-OTP, 2010 c, S. 7; *Tonellato,* Eur. J. Cr. 20 (2012), 332.

353 Grdl. *ICC,* Situation DRC, Decision participation in the proceedings 17. 1. 2006, paras. 97 f.; vgl. auch *Ambos,* 2010 a, S. 124; *Bock,* S. 444 ff. mit zahlreichen Rechtsprechungsnachweisen. Für eine frühe Beteiligung und dementsprechend eine Fristsetzung für Beteiligungsanträge *Catani,* JICJ 10 (2012), 919.

354 Vgl. *ICC,* Lubanga AppJ 11. 7. 2008, para. 2 gegen TC Decision on victims' participation 18. 1. 2008, para. 95; dazu *Catani,* JICJ 10 (2012), 910; *Bock,* ALC XL, S. 285 f.; *ICC-OTP,* 2010 c, S. 8. Hierzu *Ambos,* 2010 a, S. 125; *Bock,* S. 451 f.; *Tsereteli,* in Stahn/van den Herik, S. 645; *Friman,* LJIL 22 (2009), 485, 490 ff.; *Tonellato,* Eur. J. Cr. 20 (2012), 329; mit Bezug auf ECCC und STL *Burnham,* in: van den Herik/Stahn, S. 665.

Verantwortlichen („*right to justice*"), verfolgen darf.[355] Sind alle Voraussetzungen erfüllt, können sich die Opfer in geeignet befundenen Verfahrensstadien beteiligen, wenn dies die Rechte des Angeklagten sowie die Fairness und Unparteilichkeit des Verfahrens nicht beeinträchtigt oder damit unvereinbar ist.[356] Trotz seiner systematischen Stellung in Teil 6 des Statuts (Hauptverfahren) ist der Anwendungsbereich von Art. 68 Abs. 3 hierauf nicht beschränkt. Nach Auffassung der Berufungskammer ist es allerdings nicht möglich, dass sich die Opfer an den Ermittlungen des Anklägers beteiligen. Art. 68 Abs. 3 soll allerdings in jedem gerichtlichen Verfahren eingreifen.[357] Insbesondere können sich die Opfer in das Verfahren zur Bestätigung der Anklage,[358] das Haupt-[359] sowie das Rechtsmittelverfahren einbringen.[360] Zeitpunkt und Art der Opferbeteiligung liegen allerdings vollständig im **Ermessen** der jeweiligen Kammer.[361] Dies hat zwar den Vorteil, dass das Gericht flexibel auf die jeweiligen Umstände des Einzelfalls reagieren kann, führt aber zu divergierenden Entscheidungen und damit zu einer nicht unerheblichen *Rechtsunsicherheit.*[362] Die Opfer haben jedenfalls das **Recht,** sich durch einen *anwaltlichen Beistand* vertreten zu lassen,[363] wodurch der Umfang ihrer Beteiligungsrechte steigt.[364] Insbesondere hat der Opferanwalt ein umfassendes Anwesenheitsrecht sowie das Recht, Opfer, Zeugen und Sachverständige zu *befragen* (IStGH-Regel 91 Abs. 3). Darüber hinaus wird dem Opfer typischerweise *u. a. gestattet,*[365] Eröffnungs- und Schlussvorträge zu halten (IStGH-Regel 89 Abs. 1),[366] die eigene Vernehmung zu beantragen,[367] die Zulässigkeit und Relevanz von Beweise zu

---

[355] Instruktiv *ICC,* Katanga and Ngudjolo AppC Decision 13.5.2008, paras. 31 ff.: dafür *Catani,* JICJ 10 (2012), 920; *Tonellato,* Eur. J. Cr. 20 (2012), 321; *Pena/Carayon,* IJTJ 7 (2013), 523 ff.; zur Position des Anklägers siehe ICC-OTP, 2010 c, S. 11 ff.; vertiefend und m. w. N. *Vasiliev,* in: Stahn/Sluiter, S. 635; *Bock,* S. 448 ff.

[356] Siehe z. B. *ICC,* Katanga and Ngudjolo Decision 13.5.2008, para. 134. Krit. zum Spannungsverhältnis zwischen Opferbeteiligung und Unschuldsvermutung *von Wistinghausen,* in: Bonacker/Safferling, S. 165 ff.

[357] *ICC,* Situation DRC, AppJ 19.12.2008, para. 57; vgl. hierzu *Safferling,* ZStW 122 (2010), 108 f.; *Guhr,* ICLR 8 (2008), 109; *Bock,* S. 453 ff.; *Tonellato,* Eur. J. Cr. 20 (2012), 339 ff. Zur Rspr. der Vorverfahrenskammern vgl. 2. Aufl., § 8 Rn. 44a m. N. in Fn. 233; Überblick über die Opferbeteiligung im Lubanga-Verfahren bei *Catani,* JICJ 10 (2012), 910 ff.; *Bock,* ALC XL, S. 283 ff.

[358] *ICC,* Lubanga Decision Participation of Victims a/0001/06 etc. 22.9.2006; *Tonellato,* Eur. J. Cr. 20 (2012), 346 ff.

[359] Lubanga Decision 18.1.2008, paras. 84 ff. und Decision 26.2.2008, paras. 20 ff.; teilweise aufgehoben durch AppJ 11.7.2008; *Tonellato,* Eur. J. Cr. 20 (2012), 351 ff.

[360] Vgl. den Überblick bei *Ntanda Nsereko,* CLF 21 (2010), 406 ff.; *Bock,* S. 543 ff.; *Burnham,* in: van den Herik/Stahn, S. 671; zu den Beteiligungsrechten der Opfer am Haftprüfungsverfahren *Hartwig-Asteroth,* S. 310 ff.

[361] *Safferling,* ZStW 122 (2010), 87, 107.

[362] Vgl. den Überblick über die Rspr. bei *WCRO,* Victim participation, Feb. 2009, S. 12 ff. sowie die Auswertung bei *Bock,* S. 522 ff. Krit. auch *Zappalà,* JICJ 8 (2010), 140 f.

[363] IStGH-Regel 90 Abs. 1. Dazu *De Beco,* RevDPC 2007, 802 ff.; *Trüg,* ZStW 125 (2013), 65 ff.; *WCRO,* Representation of Victims, S. 18 f.; zu logistischen Schwierigkeiten diesbzgl. *Catani,* JICJ 10 (2012), 919, die das Recht des Opfers auf anwaltlichen Beistand daher als „symbolisch" einordnet.

[364] *ICC,* Kony et al. PTC Decision 1.2.2007, para. 7; *Haslam/Edmunds,* ICLR 12 (2012), 877 ff.

[365] Vgl. auch den Überblick bei ICC-OTP, 2010 c, S. 12 ff.; *Eckelmans,* in: Bonacker/Safferling, S. 206 ff.; ausführlich *Bock,* S. 510 ff.

[366] Siehe auch *ICC,* Muthaura and Kenyatta Decision on victims' representation 3.10.2012, para. 72.

[367] *ICC,* Katanga and Ngudjolo Decision 22.1.2010, paras. 87 ff.; AppJ 16.7.2010, para. 3; Bemba Gombo Decision on the supplemented applications 22.2.2012, paras. 15 ff.; siehe hierzu auch *Bock,* ALC XL, S. 288 ff.

rügen[368] sowie bei der Hauptverfahrenskammer die Beibringung bestimmter Beweise anzuregen.[369]

Lösung Fall 3:

a) Die „Vereinbarung" zwischen Anklage und Verteidigung ist von Art. 65 Abs. 5 gedeckt, sofern man „Erörterungen" weit auslegt und auch daraus resultierende „Vereinbarungen" miteinbeziehen möchte. Der Wortlaut lässt dies jedenfalls zu. Aus Art. 65 Abs. 5 folgt jedoch auch **(b)**, dass derartige Absprachen („Erörterungen") zwischen den Verfahrensbeteiligten nicht bindend sind. Dies deckt sich – wie gezeigt – auch mit der Rechtslage an den *Ad-Hoc*-Tribunalen. So haben etwa zwei Verhandlungskammern des ICTY im Dezember 2003 die im jeweiligen Verfahren Angeklagten zu 27 bzw. 23 Jahren Freiheitsstrafe verurteilt, obwohl die Anklagebehörde nach entsprechenden *plea agreements* Freiheitsstrafen von 15 bis 20 Jahren *(Momir Nikolic)* bzw. 15 Jahren (*Dragan Nikolic*) empfohlen hatte.[370] Im Beispielfall kann die mit der Sache befasste Kammer den A somit ebenfalls zu einer höheren Strafe verurteilen. 54

Lösung Fall 4:

a) Z ist bloßer Zeuge vom Hörensagen, da er darüber aussagen soll, was eine andere Person (N) – hier gegenüber einem Dritten – erklärt hat. Da ein solcher Beweis im geltenden Völkerstrafprozessrecht grundsätzlich zulässig ist (Rn. 42), kommt es vorliegend nicht darauf an, ob das originäre Beweismittel (N) noch zur Verfügung steht oder nicht **(b).** Die zuständige Verhandlungskammer wird jedoch dem gewöhnlich geringeren Beweiswert der Aussage des Z im Rahmen der Beweiswürdigung Rechnung zu tragen haben. 55

III. Rechtsmittel[371]

Bei den ***Ad-Hoc*-Tribunalen** steht den Parteien gegen das erstinstanzliche Urteil – abgesehen vom Wiederaufnahmeverfahren (dazu Rn. 58) – nur die **Appellation**[372] („appeal") zu.[373] Sie kann sich entweder auf einen *Rechtsirrtum,* der die Entscheidung „fehlerhaft" 56

368 Z. B. *ICC,* Katanga and Ngudjolo Decision 13.5.2008, para. 134.

369 Siehe nur *ICC,* Lubanga AppJ 11.7.2008, paras. 94ff. (dazu *Burnham,* in: van den Herik/Stahn, S. 673f.); Katanga and Ngudjolo AppJ 16.7.2010, para. 1; Bemba Gombo Decision on the supplemented applications 22.2.2012, para. 18; Muthaura and Kenyatta Decision on victims' representation 3.10.2012, para. 76; hierzu auch *Friman,* LJIL 22 (2009), 492ff.; zurückhaltend *De Hemptinne,* JICJ 8 (2010), 176f.; allgemein *Klamberg,* in: van den Herik/Stahn, S. 614f.

370 Für weitere Einzelheiten siehe die Entscheidungen der Verhandlungskammern des *ICTY,* Momir Nikolic TJ Sentencing 2.12.2003 sowie Dragan Nikolic TJ Sentencing 18.12.2003. Letztere Entscheidung erging unter dem Vorsitz des deutschen Richters Wolfgang Schomburg. Am 4.2.2005 wurde das Strafmaß im Fall *Nikolic* jedoch durch Urteil der AppC auf 20 Jahre Freiheitsstrafe reduziert, da die TC nach Auffassung der Kammermehrheit bei Festsetzung der Strafe der Möglichkeit einer vorzeitigen Haftentlassung („early release") zu viel Gewicht beigemessen habe. Vgl. Dragan Nikolic AppJ 4.2.2005 mit teilweise abweichendem Votum (partial dissenting opinion) von Judge Shahabuddeen. Zum Verfahren *Dragan Nikolic* ferner *Henham,* ICLR 5 (2005), 601ff.; zu *Momir Nikolic* s. *Gallagher,* LJIL 18 (2005), 526f.; kritische Auswertung der uneinheitlichen Berufungspraxis der *Ad-Hoc*-Tribunale bei *Maystre,* in: Kolb/Scalia, S. 483ff.

371 Vgl. insoweit auch Grützner/Pötz/*Kreß,* 2003, IV A 1 Rn. 173ff.

372 Der Begriff (lat. „appellare") meint sowohl „Berufung an eine höhere Instanz" als auch „Anrufen eines Magistrats" zur Interzession (*Hofstetter,* Verfahrensrecht, 2005, S. 135 mit Fn. 549). Er wird hier *sui generis* verwendet, um die Besonderheit des vstr appeal deutlich zu machen.

373 Eingehend dazu *Tracol,* CLF 12 (2001), 141ff.; *Lundqvist,* LJIL 15 (2002), 641ff.; *Hofstetter,* Verfahrensrecht, 2005, S. 176ff., *Wirth,* in: Kirsch, S. 75ff.; *Calvo-Goller,* S. 115ff.; *Meernik,* ICLR 7 (2007), 117ff.; Cryer/*Friman,* S. 474ff.; *Tochilovsky,* S. 547ff.; *Friman,* in: Schabas/Bernaz, S. 278ff.; ICTY

macht, oder auf einen *Tatsachenirrtum,* der zu einem „Fehlurteil" geführt hat, gründen (Art. 25 Abs. 1 ICTYS, Art. 24 Abs. 1 ICTRS, ITCY-/ICTR-Regeln 107 ff.). Dabei handelt es sich um ein überwiegend schriftliches Verfahren (vgl. insbesondere ITCY-/ICTR-Regeln 111–113), bei dem zwar *zusätzliche Beweise* zugelassen werden können (ICTY-Regeln 115, 117 (A) bzw. ICTR-Regeln 115, 118 (A)), das aber nicht der kontinentaleuropäischen Berufung entspricht, sondern eher dem angloamerikanischen appeal nachgebildet ist und deshalb als **„erweiterte Revision"** bezeichnet werden kann.[374] Durch das öffentlich verkündete Urteil kann die Rechtsmittelkammer die Entscheidung der Strafkammer bestätigen, aufheben oder abändern (Art. 25 Abs. 2 ICTYS, Art. 24 Abs. 2 ICTRS). Im Falle der Aufhebung kann sie auch anordnen, dass der Angeklagte erneut abgeurteilt wird (ICTY-Regel 117 (C), ICTR-Regel 118 (C)).[375] Von der Appellation ist die Überprüfung (**„review"**) administrativer Entscheidungen, vor allem der Kanzlei, zu unterscheiden.[376] Gegen die Review-Entscheidung ist eine Appellation möglich.[377]

57 Vor dem **IStGH**[378] ist grundsätzlich zwischen Rechtsmitteln gegen Urteile (Art. 81) und gegen sonstige Verfahrensentscheidungen (Art. 82) der erstinstanzlichen Verfahrenskammer zu unterscheiden.[379] Die Anklagebehörde oder der Verurteilte kann gegen das *Urteil als solches* wegen eines Verfahrens-, Tatsachen- oder Rechtsfehlers sowie gegen die *Strafzumessungsentscheidung* wegen Unverhältnismäßigkeit **Appellation** („appeal") einlegen (vgl. Art. 81 Abs. 1 (a) und (b), jeweils (i)–(iii) und Art. 81 Abs. 2 (a)); insoweit gilt das Verschlechterungsverbot (*reformatio in peius,* Art. 83 Abs. 2 S. 1).[380] Die Appellation entspricht eher der deutschen Berufung als dem appeal bei den *Ad-Hoc*-Tribunalen (Rn. 56),[381] allerdings muss die Berufungskammer nicht auf alle Beschwerdepunkte eingehen.[382] Darüber hinaus kann der Verurteilte oder – zu seinen Gunsten – die Anklagebehörde Appellation gegen das Urteil einlegen, wenn die Fairness oder Verlässlichkeit des Verfahrens oder der Entscheidung beeinträchtigt

Manual, S. 129 ff.; zu einem „right to appeal" *Zahar/Sluiter,* S. 315 ff.; zum appeal vor den ECCC s. *O'Neill/Sluiter,* Melbourne JIL 10 (2009), 596; *Shahabuddeen,* Chinese JIL 10 (2011), 488 ff.

374 *Kirsch,* StV 2003, 637; vgl. auch *Lundqvist,* LJIL 15 (2002), 655 ff.; *Wirth,* in: Kirsch, S. 75, 76 f.; sowie rechtshistorisch und -vergleichend *Hofstetter,* Verfahrensrecht, 2005, S. 135 ff. (176 ff.); *Re,* in: Reydams/Wouters/Ryngaert, S. 797 ff. Zum Überprüfungsmaßstab der Rspr. vgl. *ICTY,* Jovic AppJ 15.3.2007, paras. 11 ff.

375 Zum sog. „re-trial" *Lundqvist,* LJIL 15 (2002), 661 ff.

376 *ICTY,* Kvočka et al. AppC Decision 7.2.2003, para. 13: Die angegriffene Entscheidung wird aufgehoben, wenn (i) rechtliche Vorgaben, grundlegende Regeln der Gerechtigkeit oder der prozessualen Fairness nicht eingehalten wurden oder (ii) irrelevante Informationen berücksichtigt, aber relevante Informationen außer Acht gelassen wurden, oder (iii) ein Schluss gezogen wurde, den keine vernünftige Person im betreffenden Fall gezogen hätte. Siehe auch President's Decision 7.10.2013.

377 So *ICTY,* Karadžić AppC Decision 7.5.2009, paras. 9 ff.

378 Zur Entwicklung des Appellationsverfahrens am IStGH *Doria,* in: Doria/Gasser/Bassiouni, S. 947 f.; zur Zusammensetzung der Rechtsmittelkammer *Eckelmans,* in: Stahn/Sluiter, S. 506 f.

379 Eingehend *Beltrán,* in: Gómez Colomer et al., S. 368 ff. m.w.N.; *Ambos,* in: Bohlander, S. 495 ff. unter Bezugnahme auf Uganda (S. 496 f.) und DRK (S. 497); *Kreß,* JICJ 1 (2003), 618; *Calvo-Goller,* S. 306 ff.

380 Siehe dazu näher *Doria,* in: Doria/Gasser/Bassiouni, S. 950 ff.

381 Vgl. näher *Hofstetter,* Verfahrensrecht, 2005, S. 181 ff. (182, 187), 191; eher für eine „corrective procedure" mit der Möglichkeit der Zulassung zusätzlicher Beweise Cryer/*Friman,* S. 476.

382 Insbesondere dann nicht, wenn dadurch Fristen umgangen würden, indem Fragen in die Appelationsbegründung integriert werden, die schon Gegenstand früherer Vorverfahrensentscheidungen waren, vgl. *ICC,* Katanga and Ngudjolo AppJ 25.9.2009, para. 57; s. auch *Batros,* LJIL 23 (2010), 343, 348 ff.

wurde (Art. 81 Abs. 1 (b)(iv)). Wenn das Rechtsmittelgericht im Rahmen einer Appellation gegen die Strafzumessungsentscheidung Zweifel an der Verurteilung als solcher hat, kann es den Staatsanwalt und den Verurteilten auffordern, die Appellation auf diese zu erweitern (Art. 81 Abs. 2 (b)).[383] Sofern keine anderweitige Entscheidung der Verfahrenskammer ergeht, soll der Verurteilte während des Appellationsverfahrens in Haft bleiben (Art. 81 Abs. 3 (a)). Im Rahmen der „Zwischenbeschwerde" *(interlocutory appeal)* gegen *sonstige Entscheidungen* können beide Parteien gegen Zuständigkeits-, Zulässigkeits- oder Haftentscheidungen oder auch gegen eine Entschädigungsanordnung nach Art. 75 vorgehen (Art. 81 Abs. 3 (c) (ii), 82 Abs. 1, 2, 4; IStGH-Regeln 154–158),[384] wobei die (Vor-)Verfahrenskammer dies in den sonstigen Fällen des Art. 82 Abs. 1 (d) genehmigen muss („leave to appeal").[385] Diese Appellation soll nur ausnahmsweise einen Suspensiveffekt haben, wenn dies die Rechtsmittelkammer gesondert anordnet (Art. 82 Abs. 3). Die weiteren Formalien der Appellation sind in den IStGH-Regeln 150ff. geregelt. Nach Regel 150 Abs. 1 und 3 muss die Appellation gegen eine Verurteilung, einen Freispruch, das Strafmaß oder gegen eine Entschädigungsanordnung grundsätzlich[386] innerhalb von 30 Tagen nach Bekanntgabe der angefochtenen Entscheidung schriftlich bei der Geschäftstelle eingelegt werden. Im Falle der Appellation gegen sonstige Entscheidungen gelten Regeln 154 und 155, welche Fristen von fünf bzw. zwei Tagen nach Bekanntgabe der jeweiligen Entscheidung vorsehen.[387] Hält die Rechtsmittelkammer die Appellation für zulässig und begründet, kann sie die angegriffene Entscheidung aufheben, abändern oder ein neues Verfahren vor einer anderen Verfahrenskammer anordnen (Art. 83 Abs. 2 (a), (b)).[388] Bei einer Appellation gegen die Strafzumessungsentscheidung kann die Rechtsmittelkammer die Strafe ändern (Art. 83 Abs. 3). Das Urteil, das mit Mehrheitsentscheidung ergehen muss, kann in Abwesenheit der freigesprochenen oder verurteilten Person erfolgen (Art. 83 Abs. 4 und 5).

Eine **Wiederaufnahme des Verfahrens** *(„revision")*[389] kommt vor dem **IStGH** auf Antrag des Verurteilten, seiner Verwandten oder der Anklagebehörde zugunsten des Verurteilten in Betracht, wenn neue, *vorher nicht verfügbare Beweise,* die zu einer anderen Entscheidung geführt hätten, entdeckt werden, entscheidende Beweise falsch waren oder gefälscht wurden oder sich ein oder mehrere Richter einer erheblichen Pflichtverletzung schuldig gemacht haben (Art. 84 Abs. 1 (a)–(c), IStGH-Regeln 159–161). Demgegenüber existiert vor den ***Ad-Hoc*-Tribunalen** ein „review"-Verfahren, das das Bekanntwerden einer *neuen Tatsache,* welche zum Zeitpunkt des Verfahrens nicht be- 58

383 Vgl. auch Art. 81 Abs. 2 (c) für den umgekehrten Fall der Appellation gegen den Schuldspruch. Zur Appelation des Anklägers zugunsten des Verurteilten *Wu Wei,* Ankläger, 2007, S. 273ff.; gegen das Strafmaß *ebd.*, S. 288ff.

384 Dazu näher *Lounici,* in: Kolb, S. 303ff.; Cryer/*Friman,* S. 476f.; *WCRO,* Interlocutory appellate review, 2008, S. 2f., 11f.; *Eckelmans,* in: Stahn/Sluiter, S. 538ff.; *Friman,* in: Stahn/Sluiter, S. 553ff.

385 Krit. zur bisherigen restriktiven Praxis der PTCs mit Empfehlungen *WCRO,* Interlocutory appellate review, 2008, S. 1ff., 19ff. Vgl. auch *de Hoyos,* in: Ambos/de Hoyos, S. 23ff.

386 Nach IStGH-Regel 150 Abs. 2 kann die Rechtsmittelkammer die Berufungsfrist auf Antrag ausnahmsweise verlängern, sofern der Antragsteller einen „triftigen Grund" („good cause") hierfür vorträgt.

387 Näher *Eckelmans,* in: Stahn/Sluiter, S. 544ff.

388 Siehe auch die IStGH-Regeln 153 und 158 für Berufungen gegen Entschädigungsanordnungen sowie gegen sonstige Entscheidungen.

389 Näher hierzu Grützner/Pötz/*Kreß,* 2003, IV A 1 Rn. 195; Cryer/*Friman,* S. 477f.; *Doria,* in: Doria/Gasser/Bassiouni, S. 967ff.; *Friman,* in: Schabas/Bernaz, S. 281ff.

kannt war und die für die Entscheidung von ausschlaggebender Bedeutung hätte sein können, voraussetzt (Art. 26 ICTYS, Art. 25 ICTRS).[390] Hält die Rechtsmittelkammer den Antrag für begründet, so kann sie die ursprüngliche Verfahrenskammer noch einmal zusammenrufen, eine neue Verfahrenskammer bestimmen oder selbst über die Wiederaufnahme entscheiden (Art. 84 Abs. 2 (a)-(c)).

59 Nach Art. 85 haben rechtswidrig Festgenommene oder Inhaftierte einen **Entschädigungsanspruch,**[391] wobei zwischen irrtümlich in U-Haft genommenen und verurteilte Personen unterschieden wird (Abs. 1 vs. Abs. 2). Im Falle einer *irrtümlichen Verurteilung* und einer darauf basierenden Haftstrafe besteht ein Entschädigungsanspruch des Betroffenen, wenn das Urteil nicht von ihm verschuldet wurde. Demgegenüber ist eine Entschädigungsmöglichkeit bei *Untersuchungshaft* nur ausnahmsweise möglich, wenn eine Person auf Grund eines schweren und erheblichen Justizirrtums („grave and manifest miscarriage of justice") in U-Haft geraten ist. Durch diese restriktive Formulierung sollen Entschädigungsansprüche in den Fällen verhindert werden, in denen das Verfahren aus faktischen Gründen, insbesondere wegen Überlastung des Gerichts,[392] eingestellt und die Schuld oder Unschuld des Inhaftierten nicht festgestellt wird. Die Entschädigung ist schriftlich innerhalb von 6 Monaten zu beantragen und wird von einer Kammer aus drei Richtern beschieden (IStGH-Regel 173). Bei Festlegung der Entschädigungshöhe sollen die Folgen der unrechtmäßigen Inhaftierung oder der Verurteilung für die persönliche Situation des Betroffenen berücksichtigt werden (IStGH-Regel 175).

IV. Zusammenfassende Bewertung

60 Das geltende Völkerstrafprozessrecht stellt ein **gemischtes adversatorisch-instruktorisches Verfahren** dar, in dem es weniger auf die rechtsfamiliäre Herkunft einer bestimmten Regel, sondern vielmehr auf ihre völkerstrafprozessuale Tauglichkeit[393] und Vereinbarkeit mit dem Grundsatz eines *fairen Verfahrens* ankommt.[394] Gleichwohl sind „grundlegende Probleme der Kohärenz und Rechtssicherheit" zu konstatieren,

[390] Siehe zudem die ICTY-Regeln 119ff. und die ICTR-Regeln 120ff., insb. ICTY-Regel 119 (A) bzw. ICTR-Regel 120 (A), wonach die *fahrlässige Unkenntnis* der positiven Kenntnis gleichgestellt wird. Zum *„Review"*-Verfahren insgesamt vgl. ICTY, Tadic TC Decision 30.7.2002; Delic TC Decision 25.4.2002; Drago Josipovic TC Decisions 7.3.2003 und 2.4.2004. Neue Informationen, die im Nachhinein die Glaubwürdigkeit eines Zeugen in Frage stellen, sind keine „neuen Tatsachen" i. S. v. Art. 26 ICTYS und Art. 25 ICTRS, siehe Naletilic AppC Decision 19.3.2009, para. 25; *ICTR,* Niyitegeka AppC Decision 12.3.2009, paras. 21ff. Krit. zur restrikt. ICTY/ICTR Rspr. mit Alternativen *Galbraith,* LJIL 21 (2008), 133ff., 147ff.

[391] Zust. Cryer/*Friman,* S. 453. Zu den *Ad-Hoc*-Tribunalen *Zahar/Sluiter,* S. 316ff.; zum Ganzen *Michels,* JICJ 8 (2010), 407ff.

[392] Vgl. etwa die Einstellung von 14 Fällen durch das ICTY (ICTY-Bulletin 21, 27.7.1998, S. 4; FAZ, 11.5.1998, S. 7).

[393] Vgl. *Dixon,* Transnat'l L. & Contemp. Probs. 7 (1997), 98; *Kreß,* JICJ 1 (2003), 605; *Langer,* AmJCompL 53 (2005), 835ff. („managerial judging"); *Jackson/M'Boge,* LJIL 26 (2013), 949 mit sehr anschaulichen Beispielen auf S. 952ff. (zu den Vorzügen des „managerial judging" S. 965f.); zu den „particularités de l'environnement international" auch *Kolb,* in: Kolb/Scalia, S. 247.

[394] Siehe auch *May/Wierda,* ColJTL 37 (1999), 753ff., 764; ähnlich *Robinson,* EJIL 11 (2000), 569; *Fairlie,* ICLR 4 (2004), 288ff., 318f. Der EGMR hat dem Verfahren vor dem ICTY seine Vereinbarkeit mit Art. 6 EMRK bescheinigt (*Naletilic v. Croatia,* Entscheidung 4.5.2000). Zur Bindung und Bedeutung der EMRK für das Völkerstrafprozessrecht *Safferling,* S. 154ff. Für hybriden Charakter und Konvergenz auch *Safferling,* YIHL 5 (2002), 227, 251; *Hofstetter,* Verfahrensrecht, 2005, S. 24f.; *De Beco,* RevDPC 2007, 797 (bzgl. IStGH); *Moranchek,* YaleJIL 31 (2006), 494, 501; *Gless,* 2011, Rn. 873;

weil sowohl das adversatorische als auch das instruktorische Verfahren „eine sorgfältig strukturierte Balance der Verfahrensrechte der Parteien"[395] vorhalten, die in einem gemischten Völkerstrafprozess aus dem Gleichgewicht zu geraten droht. Schließlich darf nicht übersehen werden, dass eine Verfahrensordnung nur einen normativen Rahmen bereitstellt, dessen Ausfüllung von den Verfahrensakteuren, im Hauptverfahren insbesondere von den Richtern, abhängt.[396] Ein wirklich gemischtes Verfahren *sui generis* verlangt Ankläger, Verteidiger und Richter, die rechtsvergleichende Kenntnisse besitzen und über den Tellerrand ihres eigenes Rechtssystem hinaus zu blicken bereit und fähig sind.[397] Das bestehende Verfahrensrecht lässt den Akteuren diesen Raum, ohne zu starre, rechtsfamiliär begründete Festlegungen zu treffen. Die Praxis der *Ad-Hoc*-Gerichte, insbesondere des ICTY, lässt überdies hoffen, dass die nationalen Grenzen des Strafverfahrens durch die zunehmende Erfahrung und Rechtsanwendung auf völkerstrafprozessrechtlicher Ebene überwunden werden können und eine **harmonische Konvergenz** beider Systeme erreicht werden kann. Ein wesentlich größeres Problem dürfte es in Zukunft sein, Rechtssysteme zu integrieren, die nicht auf westlichen Traditionen und Werten beruhen.[398]

C. Die strafrechtliche Zusammenarbeit

Fall 5:

Im Verfahren gegen B wegen VgM verlangt die Anklagebehörde, dass der Staat K einige schriftliche Beweismittel herausgibt. Der Staat verweigert jedoch die Zusammenarbeit, u. a. mit der Begründung, dass der IStGH keine bindenden Anordnungen an souveräne Staaten richten könne und dass die Herausgabe der Beweismittel seine nationalen Sicherheitsinteressen gefährden würde. Kann der IStGH den Staat zwingen, die Dokumente herauszugeben? Gibt es insoweit einen Unterschied zwischen den vom UN-Sicherheitsrat geschaffenen *Ad-Hoc*-Tribunalen (ICTY, ICTR) und dem IStGH? → Rn. 104 61

ICC, Katanga and Ngudjolo Decision Evidentiary Scope Confirmation Hearing 25.4.2008, para. 29; im Sinne eines Modells *Swart,* JICJ 6 (2008), 113f.

395 Vgl. *Harhoff,* in: Fischer/Kreß/Lüder, S. 650; ähnlich Cassese/Gaeta/Jones/*Orie,* S. 1453, 1494f.; *Higgins,* JICJ 5 (2007), 395; *Heinze,* S. 34ff., 535ff. und passim.

396 Ähnlich Cassese/Gaeta/Jones/*Orie,* S. 1493f.; *Swart,* JICJ 6 (2008), 109f.; *Johnson,* ILP 10 (1998), 170; instruktiv *Tochilovsky,* CLF 15 (2004), 324ff.; *Safferling,* 2012, S. 111; krit. *Byrne,* LJIL 26 (2013), 995f. Aus der Sicht von *Vogler* zeigen die Civil Law Richter an den *Ad-Hoc*-Tribunalen im Umgang mit den adversatorisch geprägten Prozessregelungen gegenüber ihren Common Law Kollegen große Zurückhaltung, weshalb *Vogler* faktisch einen Trend hin zur „inquisitorischen" Prozessordnung erkennt, siehe *Vogler,* in: Henham/Findlay, S. 106ff.; zur „adversatorischer Natur" des IStGH-Verfahrens hingegen *Trüg,* ZStW 125 (2013), 48.

397 Siehe auch *Harhoff,* in: Fischer/Kreß/Lüder, S. 654; *Tochilovsky,* CLF 15 (2004), 320; *Kwon,* JICJ 5 (2007), 376 („think internationally"); *Ambos/Bock,* in: Reydams/Wouters/Ryngaert, S. 541. *Zahar/Sluiter,* S. 44f. scheinen den Verfahrensbeteiligten insoweit zu wenig zuzutrauen, gehen sie doch von der ungebrochenen Dominanz des adversatorischen Verfahrensstils mit ausschliesslich praktischen Argumenten aus; andererseits erkennen sie die Möglichkeit eines „more civil-law oriented prosecutor" beim IStGH an (S. 78); zum System *sui generis Behrens,* ZaöRV 2011, 665f.; *Ohlin,* UCLA J. Int. L. & For. Aff. 14 (2009), 81f.; zum Gegensatz zwischen Common Law und Civil Law, siehe *Heinze,* S. 107ff.; *Bohlander,* LJIL 24 (2011), 393ff.; *Wildermuth/Kneuer,* in: Bergsmo/Skre/Wood, Understanding and Proving International Sex Crimes, S. 75.

398 Vgl. *Amann,* Indiana Law Journal 75 (2000), 851ff. sowie für China als eine Rechtsordnung *sui generis Ambos,* Eur. J. Cr. 8 (2000), 90.

Fall 6:

62 Im Rahmen von Ermittlungen wegen Völkermordes erfährt die Anklagebehörde des IStGH, dass sich gewisse Beweise bei dem Tatverdächtigen A befinden sollen. Er ist Staatsangehöriger des Vertragsstaates X und dort wohnhaft. Außerdem soll sich auch ein Zeuge in diesem Staat befinden.
a) Ein Haftbefehl wird gegen A ausgestellt. Wie soll der IStGH nun verfahren, um sicherzustellen, dass A möglichst schnell festgenommen und an den IStGH überstellt wird? Kann ein Auslieferungsverbot eigener Staatsangehöriger im Vertragsstaat X ein Hindernis für die Überstellung sein? → Rn. 105
b) Um welche Formen der Kooperation kann der IStGH den Vertragsstaat X ersuchen? Ist es möglich, ein Ersuchen um Entnahme und Herausgabe einer DNA-Probe von A zu stellen? → Rn. 105

I. Durchsetzung des Völkerstrafrechts, vertikale Zusammenarbeit und Kooperationspflicht

63 Völkerstrafrecht kann **direkt** („direct enforcement model") durch internationale Strafgerichte und **indirekt** („indirect enforcement model") durch die nationalstaatlichen Gerichte durchgesetzt werden.[399] Von einer direkten Durchsetzung des Völkerstrafrechts im *echten* Sinne kann man dabei freilich nur sprechen, wenn die betreffenden internationalen Gerichte auch *supranationale* Befugnisse haben, um den eigenen Entscheidungen und Urteilen Geltung zu verschaffen, also etwa Tatverdächtige festzunehmen oder Ermittlungsmaßnahmen auf staatlichem Hoheitsgebiet durchzuführen. Das ist nur im Falle von Besatzungsgerichten, wie dem IMG, IMTFE (§ 6 Rn. 7f. erste Aufl.) und dem Irak-Tribunal (§ 6 Rn. 48f.), denkbar, wobei freilich auch in diesem Fall die gerichtliche Hoheitsgewalt auf das besetzte Gebiet beschränkt ist.[400] Der Regelfall ist, dass auch internationale Strafgerichte von der **Zusammenarbeit mit den Nationalstaaten**[401] abhängig sind, und zwar nicht nur zur Aburteilung der vr Kernverbrechen sondern auch zur Strafvollstreckung.[402] Internationale Strafgerichte sind also, um das berühmte Wort *Kerns*[403] auf das Völkerstrafjustizsystem zu übertragen, wie ein **Kopf ohne Hände.**[404] So gesehen gibt es keine direkte Durchsetzung des Völ-

[399] *Werle,* 2012, Rn. 253ff.; *ders.*, 2009, Rn. 220ff.; *Bassiouni,* 2013, S. 22ff., 333ff.; *Burchards,* Die Verfolgung von Völkerrechtsverbrechen durch Drittstaaten, 2005, S. 21ff.; *Vest,* 2006, S. 31ff., 140; *Gless,* 2011, Rn. 667ff.; s. auch *Mégret,* in: Kolb/Scalia, S. 347ff. (zwischen einem horizontalen und einem vertikalen System internationaler Justiz differenzierend). Zur *nationalen* Strafverfolgung von Völkermord *Schabas,* JICJ 1 (2003), 39ff.; *Arbour,* in: Dolgopol/Gardam, S. 299ff.; *Niemann,* in: Dolgopol/Gardam, S. 459ff.; *Meron,* in: Fernández-Sánchez, S. 265ff.

[400] Vgl. Cassese/Gaeta/Jones/*Ciampi,* S. 1711f.

[401] Zur Kooperationspraxis des IStGH *Rastan, in:* Stahn/Sluiter, S. 171ff. sowie ICC-Report Cooperation 2010, paras. 14ff.; *Clark,* JICJ 9 (2011), 527ff.; zur Praxis der sonstigen Tribunale *Paulussen,* Male captus bene detentus?, 2010, S. 347ff., 582ff.; zur Zusammenarbeit mit der UNO vgl. das Abkommen v. 4.10.2004, ICC-ASP/3/Res. 1 (dazu schon § 6 Rn. 25) sowie ICC Report, 2010, paras. 86ff.; beispielhaft zur Zusammenarbeit zwischen IStGH und MONUC (jetzt MONUSCO) in der DRK *Hamann,* ZStW 118 (2006), 814ff.; zur Zusammenarbeit mit anderen Tribunalen ICC Report, 2007, paras. 56ff.; zu sonstigen Organisationen ICC Report Activities, para. 89; ICC Report, 2010, paras. 103ff.; Cryer/*Friman,* S. 523ff. Zur Zusammenarbeit mit der EU *Antoniadis/Bekou,* ICLR 7 (2007), 625ff. Zur Kooperation der lateinamerikanischen Staaten mit dem IStGH umfassend *Ambos et al.,* 2007.

[402] Triffterer/*Kreß/Prost/Schlunck/Wilkitzki,* 1999, Part 9 Rn. 1ff.; Cassese/Gaeta/Jones/*Ciampi,* S. 1607f.; Cassese/Gaeta/Jones/*Swart,* S. 1589f.; *Schomburg,* in: Kirsch, S. 129; *Kreß/Wannek,* in: Kirsch, S. 255; *Moranchek,* YaleJIL 31 (2006), 485; *Mégret,* in: Kolb/Scalia, S. 360ff.

[403] *Kern,* S. 227 im Hinblick auf das Verhältnis von StA und Polizei.

[404] Ähnlich *Cassese,* EJIL 9 (1998), 13; zust. Cryer/*Friman,* S. 537; *Damaška,* UCLA J. Int.l L & Foreign Affairs 14 (2009), 22.

kerstrafrechts im echten Sinne, müssen sich doch die vom Völkerrecht geschaffenen direkten Durchsetzungsorgane der Mechanismen des „indirect enforcement model" bedienen.[405]

Damit ist klar, dass es auch im Verhältnis zwischen internationalen Strafgerichten und Staaten bestimmte **Formen und Regeln der Zusammenarbeit** geben muss. Was die Formen angeht, so gelten *im Grundsatz* die gleichen Kooperationsformen (Auslieferung, sonstige Rechtshilfe und Vollstreckungshilfe) wie in der traditionellen zwischenstaatlichen Zusammenarbeit in Strafsachen (§ 12 Rn. 9), wobei aber deutliche Unterschiede im Hinblick auf die Terminologie, die Bedingungen und das Verfahren der Zusammenarbeit zu beachten sind. Was die Regeln der Zusammenarbeit angeht, so ist zunächst festzustellen, dass es sich grundsätzlich um eine **vertikale Kooperation** zwischen einer supranationalen, internationalen Organisation und Staaten handelt.[406] Diese unterscheidet sich von der *horizontalen* Kooperation zwischen gleichgeordneten souveränen Staaten schon im Ansatz darin,[407] dass es bei dieser keine allgemeine vr Verpflichtung zur Zusammenarbeit gibt, sondern sie von der souveränen Entscheidung der betroffenen Staaten abhängt.[408] Die zwischenstaatliche Zusammenarbeit hat deshalb zahlreiche Voraussetzungen, etwa den Grundsatz der Gegenseitigkeit, die Beachtung von bestimmten Hindernissen etc., die sie wenig effizient macht.[409] Ziel eines effizienten (regionalen) Systems horizontaler Zusammenarbeit muss gerade der Abbau dieser Hemmnisse sein (zu den europäischen Bemühungen vgl. § 12 Rn. 9 ff.). 64

In einem vertikalen Zusammenarbeitsregime hängt die Zusammenarbeit zunächst nicht von der souveränen Entscheidung der betroffenen Staaten ab, sondern sie sind in der Regel zur Zusammenarbeit verpflichtet. Die vom UN-Sicherheitsrat eingesetzten *Ad-Hoc*-Tribunale können bindende Ersuchen und Anordnungen an die UN-Mitgliedstaaten richten. Deren **Kooperationspflicht** ergibt sich direkt aus der Bindungswirkung von Sicherheitsratsresolutionen (Art. 25 UNS) und aus den auf den entsprechenden Resolutionen (§ 6 Rn. 15, 18) beruhenden **Art. 29 ICTYS** bzw. **Art. 28 ICTRS** (Rn. 70).[410] Die Statuten selbst enthalten keine Verweigerungsgründe 65

[405] Dazu näher *Bassiouni,* 2013, S. 22 ff. und 535 ff.

[406] *ICTY,* Blaskic, AppJ 29. 10. 1997, paras. 47 und 54. Weiterführend zum vertikalen Charakter der Zusammenarbeit *Sluiter,* Adjudication, 2002, S. 82 ff.; *Sluiter,* in: Fischer/Kreß/Lüder, S. 688 f.; *Sluiter,* in: Cassese, 2009, S. 190 f.; Cassese/Gaeta/Jones/*Swart,* S. 1592 ff.; *Meißner,* Zusammenarbeit, 2003, S. 10 ff.; *Cryer,* S. 132 ff.; *Zahar/Sluiter,* S. 459 ff.; *Currie,* CLF 2007, 376 f.; *Mégret,* in: Kolb/Scalia, S. 356 ff. – Zur Zusammenarbeit mit zwischenstaatlichen Organisationen Art. 87 Abs. 6 sowie Teil III des „Relationship Agreement" zwischen IStGH und UNO, vgl. § 6 Rn. 25 (dazu auch *Fixson,* in: Kirsch, S. 221 f.).

[407] Vgl. dazu Cassese/Gaeta/Jones/*Swart,* S. 1590 ff.; *Sluiter,* Adjudication, 2002, S. 81 ff.; *Ambos,* FYBIL 9 (1998), 413 ff.; S/L/G/H, Einleitung Rn. 45 f.; *Vervaele/Klip,* S. 35 f.; Grützner/Pötz/*Kreß,* 2003, IV A 1 Rn. 205; Triffterer/*Kreß/Prost/Wilkitzki,* Part 9 Rn. 5; *Wilkitzki,* ICLR 2 (2002), 198; *Meißner,* Zusammenarbeit, 2003, S. 10 ff., 275 ff.

[408] *Nagel,* S. 72; *Grützner,* in: Bassiouni/Nanda, A Treatise on ICL, 1973, S. 234 f.; Cassese/Gaeta/Jones/*Swart,* S. 1590 f.; *Ciavola,* in: Cassese et al., 2005, S. 432 f.; *Sluiter,* in: Cassese, 2009, S. 189; *Mutyaba,* ICLR 12 (2012), 944.

[409] Vgl. näher Cassese/Gaeta/Jones/*Swart,* S. 1590 ff.; *Bassiouni,* 2013, S. 487 ff.; *Sluiter,* Adjudication, 2002, S. 81 ff.; *Meißner,* Zusammenarbeit, 2003, S. 12 ff.; krit. *Damaška,* UCLA J. Int.l L & Foreign Affairs 14 (2009), 24.

[410] Vgl. *Chaumette,* ICLR 4 (2004), 357 ff.; *Zahar/Sluiter,* S. 462 ff.; *Sluiter,* in: Cassese, 2009, S. 192; *Schomburg,* in: Kirsch, S. 129 ff. Bilaterale Kooperationsverträge, wie sie etwa die USA mit dem ICTY und ICTR abgeschlossen haben, sind deshalb überflüssig, vgl. *Sluiter,* Adjudication, 2002, S. 63 ff.;

und auch entgegenstehende nationale Vorschriften oder internationale Vertragsverpflichtungen können grundsätzlich nicht als Ablehnungsgründe angeführt werden.[411] Bei Nichterfüllung der Kooperationspflicht kann der UN-Sicherheitsrat Sanktionen gegen den Verletzerstaat verhängen.[412]

66 Bei den Verhandlungen zum IStGH-Statut plädierten die gerichtshofskeptischen Staaten für ein am traditionellen horizontalen Rechtshilferecht ausgerichtetes Kooperationsregime, während die gerichtshoffreundlichen Staaten eine neue Art der Kooperation vorschlugen, die der Sonderstellung des IStGH Rechnung tragen sollte.[413] Im Ergebnis sieht das IStGH-Statut nun ein **gemischtes Zusammenarbeitsregime** („two pillar system")[414] vor, das einerseits weniger vertikal ist, als das der *Ad-Hoc*-Tribunale, aber andererseits über eine bloß horizontale Kooperation hinausgeht.[415] Dieses Ergebnis ist eine Konsequenz daraus, dass das IStGH-Kooperationsregime auf einem vr Vertrag beruht, der die genannten gegenläufigen Interessen in sich aufnehmen muss und nicht vom UN-Sicherheitsrat dekretiert wurde. Die grundsätzliche Kooperationspflicht der Staaten (Art. 86) setzt zunächst deren Annahme des IStGH-Statuts voraus oder zumindest den Abschluss einer ***Ad-Hoc*-Vereinbarung** i. S. v. Art. 87 Abs. 5.[416] Man muss demnach zwischen der allgemeinen Kooperationspflicht der **Vertragsstaaten** und einer beschränkten von **Nicht-Vertragsstaaten** unterscheiden.[417] Weiter knüpft die Kooperа-

Godinho, JICJ 1 (2003), 502ff.; dafür aber *Kushen,* JICJ 1 (2003), 517ff. Die UN-Mitgliedstaaten müssen nur die innerstaatlichen Voraussetzungen der Kooperation schaffen. Zum Kooperationsregime mit dem STL s. *Korecki,* JICJ 7 (2009), 928ff.

411 Vgl. *ICTY,* Blaskic AppJ 29.10.1997, paras. 26, 47, 54 und 63 sowie Art. 25, 103 UNS. Weiterführend Grützner/Pötz/*Kreß,* 2002, IV A 2 Rn. 57; Cassese/Gaeta/Jones/*Swart,* S. 1592ff.; Cassese/Gaeta/Jones/*Ciampi,* S. 1610f.; *Cassese/Gaeta,* 2013, S. 299ff.; *Sluiter,* Adjudication, 2002, S. 47ff., 139ff.; *Zahar/Sluiter,* S. 326f.

412 *ICTY,* Blaskic AppJ 29.10.1997, 33ff. sowie ICTY/ICTR-Regeln 7bis, 11, 59 (b) und 61 (e); bezugnehmend auf Blaskic *ICC,* Ahmad Harun and Ali Kushayb PTC Decision 25.5.2010, S. 6 mit Berufung auf die „implizite Befugnis" *(inherent power)* des Gerichts, den SR zu informieren; dazu auch *Liang,* NCLR 15 (2012), 408. Vgl. auch *ICTR,* Nzabonimana Decision 19.10.2009, para. 18, wonach dies nur in Frage komme, wenn die Nichterfüllung der Kooperationspflicht „deliberate, in bad faith, or … intended to impede the fair and expeditious conduct of the proceedings" war; überdies sei die Benachrichtigung des SR ultima ratio. Vgl. auch *Schomburg,* in: Kirsch, S. 132; *Scharf,* DePaul L. Rev. 49 (2000), 938ff.; *Zahar/Sluiter,* S. 472ff.; krit. Cryer/*Friman,* S. 535.

413 Näher zu den Verhandlungen *Mochochoko,* in: Lee, 1999, S. 305ff.; *Kreß,* Eur. J. Cr. 6 (1998), 449f.; Triffterer/*Kreß/Prost/Wilkitzki,* Part 9 Rn. 5; *Schabas,* 2010, S. 973ff.; *Mutyaba,* ICLR 12 (2012), 944.

414 *Rastan, in:* Stahn/Sluiter, S. 164f., wonach das System aus der gerichtlichen Säule (IStGH) und der Vollsreckungssäule (Vertragsstaaten) bestehe.

415 Für Beispiele horizontaler und vertikaler Elemente Grützner/Pötz/*Kreß,* 2003, IV A 1 Rn. 206; Cassese/Gaeta/Jones/*Swart,* S. 1594ff.; Triffterer/*Kreß/Prost/Wilkitzki,* Part 9 Rn. 5; *Ambos,* FYBIL 9 (1998), 413ff.; *Meißner,* Zusammenarbeit, 2003, S. 275ff.; *Sluiter,* Adjudication, 2002, S. 82ff.; *Caeiro,* in: Caeiro/Moreira, O TPI e a ordem jurídica portuguesa, 2004, S. 69; *Schomburg,* in: Kirsch, S. 133ff.; *Kreß/Wannek,* in: Kirsch, S. 256; *Cryer,* S. 149ff.; Cryer/*Friman,* S. 518; *Palma,* in: *Malaguti,* S. 203ff.; *Rastan,* LJIL 21 (2008), 432ff.

416 Näher dazu *Sluiter,* Adjudication, 2002, S. 68ff.; Cassese/Gaeta/Jones/*Ciampi,* S. 1615ff.; Triffterer/*Kreß/Prost,* Art. 87 Rn. 18ff.; *Palmisano,* in: Lattanzi/Schabas, S. 402ff.; *Zahar/Sluiter,* S. 465ff.; *Gillett,* CLF 23 (2012), 66 Fn. 10. Für eine begrenzte Zusammenarbeitspflicht auch für Nichtvertragsstaaten ohne *Ad-Hoc*-Vereinbarung aufgrund der „responsibility to protect", *Benzing,* in: König et al., S. 32; dazu auch *Rastan, in:* Stahn/Sluiter, S. 169f. – Auch zwischenstaatliche Organisationen können an der Zusammenarbeit mit dem IStGH beteiligt werden (Art. 87 Abs. 6), vgl. schon o. Rn. 64. Zur Kooperation afrikanischer Staaten *Du Plessis,* S. 127.

417 Ausführlich zum Verhältnis von IStGH und Nicht-Vertragstaaten *Cryer,* in: Stahn/Sluiter, S. 115ff.

tionspflicht an die Ermittlungen der Anklagebehörde („investigation") an, sie **beginnt** also mit der Genehmigung der Vorverfahrenskammer gemäß Art. 15 Abs. 4 oder der Einleitung von Ermittlungen gemäß Art. 53 Abs. 1.[418] Im Übrigen gibt es auch einige Ablehnungsgründe zu beachten (Rn. 75, 88). Bei **Nichterfüllung** der Kooperationspflicht ist ebenfalls zwischen Vertrags- und Nichtvertragsstaaten zu unterscheiden. Kommen jene ihrer Verpflichtung zur Zusammenarbeit nicht nach, kann der IStGH dies *feststellen* und die Angelegenheit an die Staatenversammlung oder bei einem Sicherheitsratsverweis an diesen überweisen (Art. 87 Abs. 7 und Art. 112 Abs. 2 (f)).[419] Von dieser Möglichkeit wurde gegenüber Malawi[420] und dem Chad[421] Gebrauch gemacht.[422] Beiden Staaten wurden Versäumnisse bei der Vollstreckung des Haftbefehls gegen Al Bashir vorgeworfen. Im ähnlich gelagerten Fall Nigerias zeigte die Vorverfahrenkammer II allerdings größeres Verständnis: Der Gerichtshof habe Ermessen, ob er eine Vertragsverletzung feststelle und davon die anderen Vertragsstaaten oder den UN-Sicherheitsrat in Kenntnis setze.[423] Aufgrund der Einlassung Nigerias, dass die Festnahme Al Bashirs aufgrund seiner unerwarteten Abreise faktisch nicht möglich gewesen sei, seien Sanktionsmaßnahmen nicht notwendig.[424] Im Fall von Nichtvertragsstaaten kann sich der IStGH ebenfalls – allerdings *ohne* ein *Feststellungsurteil* im erwähnten Sinne[425] – an die Vertragsstaatenversammlung oder ggf. an den Sicherheitsrat wenden.

II. Die Zusammenarbeitsregelungen

1. Allgemeines

Die Zusammenarbeit mit den internationalen Strafgerichtshöfen findet in **drei Bereichen** statt: Festnahme und Überstellung, sonstige Rechtshilfe sowie Vollstreckung von Strafen.[426] Die ersten beiden Bereiche sind gemeinsam geregelt (Art. 29 ICTYS, Art. 28 ICTRS, Teil 9 IStGHS), jedoch getrennt von der Strafvollstreckung (Art. 27 ICTYS, Art. 26 ICTRS, Teil 10 IStGHS).[427] Trotz dieser formalen Trennung besteht ein **sachlicher Zusammenhang** dergestalt, dass es sowohl bei der Kooperation als auch bei der Strafvollstreckung um Formen der Zusammenarbeit zwischen den internationalen Strafgerichten und den Nationalstaaten geht.[428] Die internationalen Straf- 67

[418] ICC-OTP, 2003a, S. 10; ICC-OTP, 2003b, S. 7.

[419] Vgl. Triffterer/*Kreß/Prost,* Art. 86 Rn. 1ff.; Cassese/Gaeta/Jones/*Ciampi,* S. 1608ff.; Triffterer/*Kreß/Prost,* Art. 87 Rn. 32ff.; *Sluiter,* Adjudication, 2002, S. 67ff.; *Schomburg,* in: Kirsch, S. 137; *Zahar/Sluiter,* S. 474ff.; *Sluiter,* in: Cassese, 2009, S. 199; *Schabas,* 2010, S. 984f., 1123f.; *Mutyaba,* ICLR 12 (2012), 953. Zur besonderen Rolle des SR vgl. *Palmisano,* in: Lattanzi/Schabas, S. 416ff.; *Gargiulo,* in: Lattanzi/Schabas, S. 100ff.; *Frau,* IStGH und SR der VN, 2010, S. 238f.; krit. zu den geringen Durchsetzungsmöglichkeiten *Wartanian,* Geo. J. Int'l L. 36 (2005), 1297f.; *Cryer,* S. 159f.

[420] *ICC,* Al Bashir Decision 12.12.2011, paras. 47 und S. 21.

[421] *ICC,* Al Bashir Decision 13.12.2011, paras. 8ff. und S. 8; Al Bashir Decision, 26.3.2013, para. 23 und S. 10f.

[422] Vgl. *Tladi,* JICJ 11 (2013), 199 (204f.).

[423] *ICC,* Al Bashir Decision 5.9.2013, para. 13.

[424] *ICC,* Al Bashir Decision 5.9.2013, para. 6.

[425] Krit. *Stahn,* CLF 22 (2011), 179f.

[426] *Sluiter,* Adjudication, 2002, S. 7; *Calvo-Goller,* S. 204. Vgl. auch ICC-Report Cooperation 2007 für Empfehlungen zur Verbesserung der Zusammenarbeit zwischen IStGH und Vertragsstaaten, Internationalen Organisationen und NROen. Zur Zusammenarbeit mit dem STL vgl. *Swart,* ICLR 5 (2007), 1153.

[427] Die ICTYS und ICTRS behandeln auch Fragen der Überstellung und Rechtshilfe in einem Artikel (Art. 29 bzw. Art. 28) getrennt von Fragen der Vollstreckung (Art. 27 bzw. Art. 26).

[428] Vgl. Cassese/Gaeta/Jones/*Kreß/Sluiter,* S. 1752; Grützner/Pötz/*Kreß,* 2003, IV A 1 Rn. 203.

gerichte benötigen die Kooperation der Staaten nicht nur in der Phase der Aburteilung sondern auch bei der Vollstreckung der einmal abgeurteilten Taten. Aufgrund dieses sachlichen Zusammenhangs wurden die Teile 9 und 10 des IStGH-Statuts während der Verhandlungen auch eine lange Zeit unter dem Titel „international cooperation and judicial assistance" gemeinsam diskutiert.[429] Was die Struktur der Kooperation angeht, so erscheint die Vollstreckungshilfe weniger „vertikal" als die Zusammenarbeit bei der Überstellung und sonstigen Rechtshilfe.[430]

68 **Teil 9** enthält **allgemeine** und **spezielle Bestimmungen** zur Zusammenarbeit. Die allgemeinen Bestimmungen betreffen insbesondere gemeinsame Verfahrensvorschriften (Rn. 69), die für die speziellen Bestimmungen zur Überstellung (Art. 89–92, 101 f., Rn. 71 ff.) und zu den sonstigen Rechtshilfemaßnahmen (Art. 93–96, 99, Rn. 84 ff.) gleichermaßen gelten. Darüberhinaus nehmen die Vorschriften des Teils 9 teilweise auf andere Teile des IStGH-Statuts, inbesondere den die Zuständigkeit und Zulässigkeit betreffenden Teil 2 (Rn. 4 ff.), Bezug (vgl. etwa Art. 89 Abs. 2, Art. 90 Abs. 2 (a), Art. 95). Andererseits findet sich etwa in dem das Vorverfahren betreffenden Teil 5 (Rn. 18 ff.) mit Art. 54 Abs. 3 (c) eine Vorschrift, die die Anklagebehörde ermächtigt, Staaten etc. um Zusammenarbeit zu ersuchen.[431] Endlich enthalten die **Verfahrens- und Beweisregeln** (§ 6 Rn. 32) mit den Regeln 176–197 ergänzende Bestimmungen zu Teil 9.[432]

69 Art. 86 sieht zunächst eine **allgemeine Kooperationspflicht** der Vertragsstaaten bezüglich der Ermittlung und Verfolgung der in die Zuständigkeit des IStGH fallenden vr Verbrechen vor.[433] Zur Erfüllung dieser Kooperationspflicht ist das **nationale Verfahrensrecht** entsprechend **anzupassen** (Art. 88). Ein Vertragsstaat kann ein Ersuchen nicht mit der Begründung verweigern, dass es eine in Teil 9 vorgesehene Kooperationsform im innerstaatlichen Recht nicht existiert.[434] Im Falle einer Überweisung durch den UN-Sicherheitsrat (oben Rn. 8) ergeben sich die Kooperationspflichten zwar aus der entsprechenden Resolution[435], die konkrete Ausgestaltung jedoch aus dem IStGHS.[436] Was die schon erwähnten allgemeinen Verfahrensbestimmungen an-

[429] Vgl. Cassese/Gaeta/Jones/*Kreß/Sluiter*, S. 1752.

[430] Allgemein zur Relativität vertikaler bzw. horizontaler Durchsetzungssysteme *Mégret*, in: Kolb/Scalia, S. 360 ff.

[431] Vgl. näher zu diesem Zusammenspiel Triffterer/*Kreß/Prost/Wilkitzki*, Part 9 Rn. 3; Grützner/Pötz/*Kreß*, 2003, IV A 1 Rn. 207.

[432] Eingehend zu diesen Regeln *Harhoff/Mochochoko*, in: Lee, 2001, S. 637 ff.; *Gartner*, in: Fischer/Kreß/Lüder, S. 423 ff.

[433] Ausführlich Triffterer/*Kreß/Prost*, Art. 86 Rn. 1 ff.; *Meißner*, Zusammenarbeit, 2003, S. 39; Grützner/Pötz/*Kreß*, 2003, IV A 1 Rn. 211 ff.; Cassese/Gaeta/Jones/*Ciampi*, S. 1612 ff.; *Giannone*, in: Kühne et al., S. 314 f.; zur Frage, ob diese Kooperationspflicht auch bezüglich der Aufnahme eines Beschuldigten nach seiner (bedingten) Freilassung gilt, s. *ICC*, Bemba TC III Decision 2. 12. 2009, paras. 16, 105 f.; dazu *Trotter*, JICJ 11 (2013), 367 f.

[434] Siehe hierzu Triffterer/*Kreß/Prost*, Art. 88 Rn. 1 ff.; Cassese/Gaeta/Jones/*Ciampi*, S. 1621 ff.; *Malaguti*, in: Malaguti, S. 103 ff.; *Schabas*, 2010, S. 987 ff.; zur Auswirkung von Verfahrenshindernissen aus Schweizer Sicht *Noto*, ZStR 131 (2013), 104 ff.

[435] Siehe z. B. die die UN-SR-Res. 1970/2011.

[436] Im Fall von UN-SR-Res. 1970/2011 ergibt sich dies z. B. aus para. 5, wonach Libyen zur vollen Kooperation mit dem IStGH und der Anklagebehörde verpflichtet ist, s. *UN Security Council*, S/Res/1970 (2011), 26. 2. 2011. Konsequenterweise muss der Staat sich dann auch auf diejenigen Vorschriften des IStGHS berufen können, die ihm die Verweigerung oder die Aussetzung seiner Kooperationspflicht gestatten (zu diesen Vorschriften u. Rn. 75), s. *Sluiter*, JICJ 6 (2008), 871; *Akande*, JICJ 10 (2012), 306 ff.

geht, so soll zunächst die **Übermittlung** eines Überstellungs- oder Rechtshilfeersuchens auf diplomatischem oder jedem sonstigen Weg, den der betreffende Vertragsstaat festgelegt hat, erfolgen; ggf. können Ersuchen auch über Interpol[437] oder eine geeignete Regionalorganisation übermittelt werden (Art. 87 Abs. 1).[438] Stellt ein Vertragsstaat bei der Bearbeitung eines Ersuchens Probleme fest, die seine Erledigung be- oder verhindern können, so soll er unverzüglich den IStGH konsultieren (Art. 97).[439] Der ersuchte Staat trägt die „gewöhnlichen Kosten der Erledigung", d. h. die Kosten, die wegen der notwendigen Maßnahmen auf seinem Hoheitsgebiet entstehen; die sonstigen Kosten, etwa für Reisen oder Übersetzungstätigkeit, trägt der IStGH (Art. 100). Der IStGH kann – im Unterschied zu ICTY und ICTR (dazu sogleich) – seine **Ersuchen nur an Staaten,** nicht an Staatsorgane oder Privatpersonen richten.[440]

Die allgemeine Verpflichtung der UN-Mitgliedstaaten zur Zusammenarbeit mit **ICTY und ICTR** ergibt sich aus Art. 29 Abs. 1 ICTYS und Art. 28 Abs. 1 ICTRS.[441] 70
Als konkrete Arten der Zusammenarbeit werden die Ermittlung von Personen, Beweisaufnahme, Zustellung von Dokumenten sowie Festnahme und Überstellung genannt (Art. 29 Abs. 2 ICTYS, Art. 28 Abs. 2 ICTRS).[442] Diese Aufzählung ist **nicht abschließend** („not limited to"), die allgemeine Zusammenarbeitspflicht wird von der Rspr. im Einzelfall konkretisiert und weiterentwickelt.[443] Daneben sind die *Verfahrens- und Beweisregeln,* insbesondere Regeln 39–40*bis,* 54–61 und 90*bis* zu beachten. Die aus Art. 29 ICTYS/28 ICTRS folgenden Zusammenarbeitspflichten sollen Vorrang vor nationalen oder zwischenstaatlichen Rechtshilfehindernissen haben (ICTY/ICTR-Regel 58).[444] Die *traditionellen* **Ablehnungsgründe** des zwischenstaatlichen Zusammenarbeitsrechts (§ 12 Rn. 27 ff.) können damit nicht vorgebracht werden.[445] In der *Blaskic*-Entscheidung wurde u. a. bestätigt, dass die *Ad-Hoc*-Tribunale bindende Anordnungen und Ersuchen an *Staaten*[446] – nicht aber Staatsbedienstete in ihrer

[437] Zur Kooperationsvereinbarung mit der Anklagebehörde vgl. § 6 Rn. 27.

[438] Im Rahmen der Zusammenarbeit muss der Opfer- und Zeugenschutz besonders beachtet werden (Art. 87 Abs. 4). Vgl. weiter für das Verfahren Art. 87 Abs. 3 sowie IStGH-Regeln 176 f., 180. Weiterführend Triffterer/*Kreß/Prost,* Art. 87 Rn. 1 ff.

[439] Näher *Meißner,* Zusammenarbeit, 2003, S. 45 ff.; *Rinoldi/Parisi,* in: Lattanzi/Schabas, S. 382 ff.

[440] Vgl. schon *Ambos,* LJIL 15 (2002), 169 ff.; auch Grützner/Pötz/*Kreß,* 2003, IV A 1 Rn. 214 ff.; *Sluiter,* Adjudication, 2002, S. 79 f.; *Frau,* IStGH und SR der VN, 2010, S. 233.

[441] Siehe hierzu *Sluiter,* in: Fischer/Kreß/Lüder, S. 691 ff.; *de los Reyes,* in: Decaux/Dieng/Sow, S. 55 ff.; *Giannone,* in: Kühne et al., S. 295 (ICTY) und S. 309 (ICTR); Cryer/*Friman,* S. 518 f.

[442] Krit. zur Effektivität der Kooperationspraxis am Beispiel der Überstellung *Roper/Barria,* LJIL 21 (2008), 460 ff.

[443] Ausführlich zu dem Inhalt der Zusammenarbeitspflichten *Sluiter,* Adjudication, 2002, S. 145 ff.; *Sluiter,* in: Fischer/Kreß/Lüder, S. 681 ff.; *Sluiter,* in: Cassese, 2009, S. 194 ff.; *Maikowski,* Staatliche Kooperationspflichten gegenüber dem IStGH, 2002, S. 54 ff. und 147 ff.; *Cassese/Gaeta,* 2013, S. 299 ff.; *Knoops,* S. 179 ff.; Cassese/Gaeta/Jones/*Swart,* S. 1592 ff.; Cassese/Gaeta/Jones/*Ciampi,* S. 1712 ff.; Grützner/Pötz/*Kreß,* 2002, IV A 2 Rn. 56 ff.; *Mutyaba,* ICLR 12 (2012), 941 ff.

[444] *Mutyaba,* ICLR 12 (2012), 942.

[445] Zur Ablehnung des klassischen Auslieferungshindernisses des „politischen Delikts" (§ 12 Rn. 33) vgl. etwa *ICTY,* Furundzija TJ 10.12.1998, para. 157; Tadic App. Decision 2.10.1995, para. 57, *Sluiter,* in: Cassese, 2009, S. 194 f.; *Roth,* in: Kolb/Scalia, S. 565 ff.

[446] Nach *ICTR,* Ngirabatware Decision 27.4.2010 können Ersuchen auch an internationale Organisationen gerichtet werden, wobei es fraglich ist, ob sie bindenden Charakter besitzen. Dagegen scheint zu sprechen, dass sich Art. 28 ICTRS nur an Staaten richtet und die ICTR-Gründungsresolution (SR-Res. 955) internationale Organisationen lediglich auffordert, „to contribute funds, equipment and services to the International Tribunal, including the offer of expert personnel".

dienstlichen Funktion – richten können.[447] Unter bestimmten Voraussetzungen können die Tribunale auch strafbewehrte Anordnungen direkt an *Privatpersonen* richten, z. B. zur Ladung als Zeuge oder zur Herausgabe von Gegenständen.[448]

71 Im **deutschen Recht** ist die strafrechtliche Zusammenarbeit deutscher Behörden mit dem IStGH durch das *IStGH-Ausführungsgesetz,* dessen Schwerpunkt das **IStGHG** ist, geregelt worden (§ 6 Rn. 40). Die Zusammenarbeitsregelungen mit ICTY und ICTR finden sich im *Jugoslawien-Strafgerichtshof-Gesetz* (JStGHG) und dem *Ruanda-Strafgerichtshof-Gesetz* (RStGHG).[449] Diese Gesetze verweisen, vor allem in verfahrensrechtlicher Hinsicht, direkt auf das *Gesetz über die Internationale Rechtshilfe in Strafsachen* (IRG). Der Aufbau des IStGHG folgt zwar grundsätzlich auch der Gliederung des IRG, enthält aber autonome Bestimmungen, die dem besonderen Charakter der Zusammenarbeit mit dem IStGH Rechnung tragen.[450] Die Verweisung des JStGHG und RStGHG auf das IRG als Gesetz für die *horizontale* (Rn. 64) Rechtshilfe hat zu gewissen Friktionen geführt, die Art. 7, 8 IStGH-Ausführungsgesetz durch Änderungen in JStGHG und RStGHG nun beseitigen, so dass in vielen Fällen auf das IStGHG statt auf das IRG verwiesen wird.[451] Im Folgenden wird bei Behandlung der einzelnen Zusammenarbeitsformen auf die entsprechenden deutschen Bestimmungen hingewiesen.

2. Überstellung und vorläufige Festnahme

72 Die UN-Mitgliedstaaten sind gegenüber **ICTY/ICTR** grundsätzlich zur vorläufigen Festnahme und Überstellung **verpflichtet** (Art. 29 ICTYS, Art. 28 ICTRS jeweils Abs. 2 (d), (e)). Das Verfahren ist im Einzelnen in den RPE geregelt (vgl. etwa ICTY-Regeln 40, 40*bis,* 54–61, 64f.).[452] Zwischenstaatliche Ablehnungsgründe sind unbeachtlich (Rn. 70). Ein ersuchter Staat sollte aber die Tribunale konsultieren dürfen, wenn Zweifel an der Identität des Festgenommenen bestehen oder sich das Ersuchen auf eine Straftat bezieht, die nicht in den Zuständigkeitsbereich der Tribunale fällt.[453]

73 Die Bestimmungen über die Überstellung und vorläufige Festnahme im **IStGH-Statut** gehören zu den wichtigsten des Statuts (Art. 89–92, 101f.).[454] Der Begriff der **Überstellung** wird von dem der **Auslieferung** abgegrenzt: Jener bezeichnet die Über-

[447] *ICTY,* Blaskic AppJ 29.10.1997, paras. 26ff., 38ff. Weiterführend zu *Blaskic* sowie zur ICTY-Regel 54*bis Giannone,* in: Kühne et al., S. 301f.; Cryer/*Friman,* S. 521f.

[448] *ICTY,* Blaskic AppJ 29.10.1997, paras. 46ff. Vgl. eingehend *Chaumette,* ICLR 4 (2004), 363ff.

[449] Vgl. S/L/G/H/*Schomburg/Nemitz,* Jugoslawien-StGHG Rn. 1ff. und Ruanda-StGHG Rn. 1ff.; *Schomburg,* NStZ 1995, 428ff.; Grützner/Pötz/*Kreß,* 2002, IV A 2 Rn. 69ff. Zur deutschen Zusammenarbeit mit dem ICTY s. *Wilkitzki,* GS Vogler, 2004, S. 263ff.; *ders.*, in: Vohrah, S. 926ff. Zwischen 1996 und 2005 hatte die deutsche Justiz noch rund 600 Rechtshilfeersuchen des ICTY zu erledigen, seitdem ist die Zahl aufgrund der Beendigungsstrategien der Tribunale deutlich rückläufig (2006/2007 40 Ersuchen [Auskunft *BMJ,* 16.4.2008] und 2008–2010 26 Ersuchen [Auskunft BMJ 3.1.2011]).

[450] Vgl. zu dem Gesetzentwurf, *MacLean,* ZRP 2002, 260ff.

[451] Eingehend zu Problemen mit der Verweisung auf IRG, vgl. *Kreß,* NStZ 2000, 623f.; Grützner/Pötz/*Kreß,* 2002, IV A 2 Rn. 72; *MacLean,* in: Fischer/Kreß/Lüder, S. 727ff.; *Wilkitzki,* GS Vogler, 2004, S. 263ff.

[452] Eingehend zum Überstellungsregime der Tribunale Cassese/Gaeta/Jones/*Swart,* S. 1249ff. und 1664ff.; *Sluiter,* Adjudication, 2002, S. 177ff.; *Kirsch,* FS BRAK, 2006, S. 271ff.

[453] In diesem Sinne *Swart,* in: Cassese/Gaeta/Jones/*Swart,* S. 1249, 1672f.

[454] *Mutyaba,* ICLR 12 (2012), 944ff. Für *Kaul,* ZIS 2007, 498, stellt die Frage der Festnahmen und Überstellungen „vielleicht *das* ungelöste Problem schlechthin“ dar.

gabe einer Person durch einen Staat an den IStGH, dieser die Übergabe durch einen Staat an einen anderen Staat (Art. 102).[455] Die spitzfindige Terminologie soll deutlich machen, dass die Regeln des zwischenstaatlichen (horizontalen) Auslieferungsrechts nicht auf die Übergabe („Überstellung") einer Person an den IStGH Anwendung finden können.[456] Demgemäß stellen verfassungsrechtliche *Auslieferungs*verbote im Hinblick auf eigene Staatsangehörige (vgl. Art. 16 GG) auch kein *Überstellungs*hindernis dar (s. **Fall 6a!**). Bekanntlich hat der deutsche Gesetzgeber gleichwohl die Überstellung eigener Staatsangehöriger in Art. 16 Abs. 2 GG – aus Gründen der Klarstellung – vorgesehen (§ 6 Rn. 38).[457]

Der IStGH kann ein **Ersuchen um Überstellung** einer Person an einen vermuteten **Aufenthaltsstaat** richten.[458] Handelt es sich um einen *Vertragsstaat,* ist dieser dazu *verpflichtet* diesem Ersuchen unter Berücksichtigung der Bestimmungen von Teil 9 und seines nationalen Verfahrensrechts Folge zu leisten (Art. 89 Abs. 1),[459] also die entsprechenden Maßnahmen zu ergreifen, insbesondere die Person festzunehmen (Art. 59 Abs. 1). Der Haftrichter des ersuchten Staats soll die Identität des Festgenommenen, die „Ordnungsmäßigkeit" der Festnahme und die Achtung der Rechte des Festgenommenen prüfen (Art. 59 Abs. 2).[460] Die Rechtmäßigkeit des IStGH-Haftbefehls darf jedoch nicht nachgeprüft werden (Art. 59 Abs. 4 S. 2).[461] Der Festgenommene kann beim *nationalen* Richter eine vorläufige Haftentlassung beantragen (Art. 59 Abs. 4); der *IStGH* überprüft die Rechtmäßigkeit der Haft von Amts wegen oder auf Antrag (Art. 60).[462] Im Überstellungsverfahren vor **ICTY** und **ICTR** wird die Haftentlassung alleine von diesen entschieden (ICTY/ICTR- Regel 65).[463] 74

[455] Zur Unterscheidung nachdrücklich *EGMR* EuGRZ 2002, 144 – Naletilic v. Kroatien. In Art. 19, 29 ICTYS/Art. 18, 28 ICTRS werden die Bezeichnungen „Übergabe" oder „Überstellung" („surrender"/ „transfer") zur Übergabe einer Person an die Tribunale benutzt (näher Cassese/Gaeta/Jones/*Swart,* S. 1666; *Caeiro,* in: Caeiro/Moreira, TPI, 2004, S. 72ff.; *Plachta,* in: AIDP 2004, S. 465ff.; *Ciavola,* in: Cassese et al., 2005, S. 435ff.; *Deen-Racsmány,* LJIL 20 (2007), 167ff.). Mögliche Individualrechtsverletzungen bei der Überstellung sieht *Schrotz,* Individualrechtsverletzungen, 2006, S. 85ff. (S. 146); s. auch *Mutyaba,* ICLR 12 (2012), 945.

[456] Vgl. Cassese/Gaeta/Jones/*Swart,* S. 1678ff.; *Kreß,* Eur. J. Cr. 6 (1998), 452f.; *Schabas,* 2011, S. 272ff.; *Rinoldi/Parisi,* in: Lattanzi/Schabas, S. 345ff.; *Caeiro,* in: Caeiro/Moreira, TPI, 2004, S. 74; Cryer/*Friman,* S. 527.

[457] Krit. Grützner/Pötz/*Kreß,* 2003, IV A 1 Rn. 372 m.w.N.

[458] Zur Effektivität des Verfahrens vgl. *Roper/Barria,* LJIL 21 (2008), 463ff.; Replik von *Burke-White,* LJIL 21 (2008), 477ff.

[459] Die Vertragsstaaten sind auch dazu verpflichtet, die *Durchbeförderung* einer Person durch ihr Staatsgebiet zu genehmigen (Art. 89 Abs. 3, Regel 182 RPE). Ausführlich Triffterer/*Kreß/Prost,* Art. 89 Rn. 25ff.; Grützner/Pötz/*Kreß,* 2003, IV A 1 Rn. 257ff.; *Schabas,* 2010, S. 996ff. Vgl. ICC-Report Cooperation 2007, paras. 39ff. u. 2009, paras. 32, 68ff. für Verbesserungsempfehlungen im Überstellungs- und Arrestverfahren. Zum Verfahren bei Überstellung von der Schweiz s. *Gless,* 2011, Rn. 915f.; *Benoit-Landale,* in: Ziegler et al., Kriegsverbrecherprozesse, 2009, S. 256ff.

[460] Krit. zu Art. 59 Abs. 2 *El Zeidy,* JICJ 4 (2006), 448ff., 465. Diese Vorschrift wurde erstmals im Bemba-Verfahren relevant, ein Verstoß wurde nicht festgestellt (*ICC,* Bemba Dec. interim release 20.8.2008, para. 49). Zur in diesem Zhg. ggf. relevanten Frage der Wirkung einer rw Festnahme bzw. Entführung *Currie,* CLF 18 (2007), 360ff. (374ff.); zum Ganzen *Hartwig-Asteroth,* S. 88ff.

[461] Weiterführend Regeln 117, 184 RPE und *Meißner,* Zusammenarbeit, 2003, S. 161ff.; Cassese/Gaeta/Jones/*Swart,* S. 1247ff.; Grützner/Pötz/*Kreß,* 2003, IV A 1 Rn. 116ff.

[462] *Hartwig-Asteroth,* S. 296ff.; *Doran,* ICLR 11 (2011), 731ff.

[463] Krit. zum Haftrecht des ICTY *Swoboda,* GA 2006, 629ff. (642); *Zahar/Sluiter,* S. 286ff., 322; vgl. auch Cryer/*Friman,* S. 453ff.; *Sluiter,* in: Darcy/Powderly, S. 328ff.; *Trotter,* JICJ 11 (2013), 353ff.; *Hartwig-Asteroth,* S. 82ff.

75 Wie bei den *Ad-Hoc*-Tribunalen (Rn. 70) so können auch vor dem IStGH die klassischen zwischenstaatlichen **Ablehnungsgründe** nicht geltend gemacht werden.[464] Gleichwohl wird den nationalstaatlichen Interessen in anderer Weise Rechnung getragen. Zunächst kann im Hinblick auf den **Ne bis in idem** Grundsatz (Art. 20, § 7 Rn. 7) die Überstellung angefochten werden (Art. 89 Abs. 2). Die Überstellung kann **aufgeschoben** werden, wenn eine Zulässigkeitsentscheidung des IStGH (Art. 17 Abs. 1 (c), Art. 20 Abs. 3) noch nicht ergangen ist; wurde die Zulässigkeit schon festgestellt, muss das Ersuchen vollstreckt werden (IStGH-Regel 181).[465] Die Erledigung eines Überstellungsersuchens kann auch dann aufgeschoben werden, wenn ein **Zulässigkeitsstreit** gemäß Art. 18, 19 anhängig ist (Art. 95).[466] Läuft gegen die gesuchte Person in dem ersuchten Staat ein Strafverfahren oder liegt eine Verurteilung wegen anderer als dem Überstellungsersuchen zugrundeliegender Straftaten vor, so tritt der ersuchte Staat nach der Bewilligung in Konsultationen mit dem IStGH ein (Art. 89 Abs. 4, IStGH Regel 183).[467]

76 Im Falle **konkurrierender Ersuchen,**[468] d. h. einem Überstellungsersuchen des IStGH und eines Auslieferungsersuchen eines Staats **bezüglich desselben Verbrechens,** räumt der ersuchte Staat dem Ersuchen des IStGH grundsätzlich Vorrang ein, wenn es sich bei dem ersuchenden Staat um einen **Vertragsstaat** handelt und ein Verfahren vor dem IStGH gemäß Art. 18, 19 (Rn. 10ff.) zulässig ist (Art. 90 Abs. 2). Wurde die Zulässigkeitsentscheidung noch nicht getroffen, setzt der ersuchte Staat die Auslieferung bis zur Entscheidung des IStGH aus (Art. 90 Abs. 3). Handelt es sich beim ersuchenden Staat um einen **Nicht-Vertragsstaat,** soll das Ersuchen des IStGH auch dann vorrangig behandelt werden, wenn der ersuchte Staate *nicht vr* gegenüber dem ersuchenden Staat *verpflichtet* ist und die Sache im Übrigen zulässig ist (Art. 90 Abs. 4). Ist die Zulässigkeitsentscheidung noch nicht getroffen, kann der ersuchte Staat nach eigenem Ermessen entscheiden (Art. 90 Abs. 5). Besteht bei Zulässigkeit eines Verfahrens vor dem IStGH eine *vr Verpflichtung* gegenüber dem ersuchenden Staat, hat der ersuchte Staat eine Abwägungsentscheidung zu treffen, wobei er u. a. das Auslieferungsinteresse des ersuchenden Staates wegen Vorliegens bestimmter Anknüpfungspunkte (Tatort auf seinem Staatsgebiet, Täter und/oder Opfer als seine Staatsangehörige) zu berücksichtigen hat (vgl. Art. 90 Abs. 6). Hält der IStGH die Sache für unzulässig und findet auch keine Auslieferung statt, soll der ersuchte Staat den IStGH davon in Kenntnis setzen (Art. 90 Abs. 8; IStGH-Regel 186). Richten sich die konkurrierenden Ersuchen zwar auf dieselbe Person, aber wegen **unterschiedlicher**

[464] Näher Cassese/Gaeta/Jones/*Swart,* S. 1681 ff.; Cryer/*Friman,* S. 530; siehe allgemein *Roth,* in: Kolb/Scalia, S. 565 ff. Dies kann ggf. auch im Fall einer Überweisung durch den UN-Sicherheitsrat gelten, s. oben Rn. 68.

[465] Vgl. *Meißner,* Zusammenarbeit, 2003, S. 134 ff.; Triffterer/*Kreß*/*Prost,* Art. 89 Rn. 18 ff.; Cassese/Gaeta/Jones/*Swart,* S. 1694; *Rinoldi*/*Parisi,* in: Lattanzi/Schabas, S. 349 f.; *Schabas,* 2010, S. 998 f.

[466] Zu der umstrittenen Frage der Anwendbarkeit des Art. 95 auf die Überstellung *Meißner,* Zusammenarbeit, 2003, S. 157 ff.; Grützner/Pötz/*Kreß,* 2003, IV A 1 Rn. 233.

[467] Vgl. *Meißner,* Zusammenarbeit, 2003, S. 137 ff.; Triffterer/*Kreß*/*Prost,* Art. 89 Rn. 39 ff.; Grützner/Pötz/*Kreß,* 2003, IV A 1 Rn. 234; *Schabas,* 2010, S. 999 f.

[468] Eingehend *Meißner,* Zusammenarbeit, 2003, S. 142 ff.; Cassese/Gaeta/Jones/*Swart,* S. 1695 ff.; *Rinoldi*/*Parisi,* in: Lattanzi/Schabas, S. 353 ff.; *Keitner,* UCLA J. Int.L.& For.Aff. 6 (2001), 228 ff.; Grützner/Pötz/*Kreß,* 2003, IV A 1 Rn. 235 ff.; *Caeiro,* in: Caeiro/Moreira, TPI, 2004, S. 89 ff., *Fixson,* in: Kirsch, S. 227 f.; *Schabas,* 2010, S. 1004 ff.; *Mutyaba,* ICLR 12 (2012), 947; s. auch *Roth,* in: Kolb/Scalia, S. 571 f.

Straftaten (Art. 90 Abs. 7), so kommt es wieder darauf an, ob der ersuchte Staat gegenüber dem ersuchenden Staat *vr verpflichtet* ist oder nicht. Ist er es nicht, genießt die Überstellung an den IStGH Vorrang; besteht eine solche vr Verpflichtung, hat der ersuchte Staat eine Abwägungsentscheidung zu treffen, wobei er insbesondere die Art und Schwere der betreffenden Tat in die Abwägung einzustellen hat.

Auch **Art. 98** soll **vr Pflichtenkollisionen** des ersuchten Staates angemessen auflösen 77
und trägt insoweit staatlichen Souveränitätsinteressen Rechnung.[469] **Abs. 1** betrifft einem IStGH-Rechtshilfeersuchen entgegenstehende **Immunitätsrechte** von Personen oder Eigentum eines Drittstaates gegenüber dem ersuchten Staat.[470] Es geht also um die zwischenstaatliche („horizontale") Immunität zwischen ersuchtem Staat und betroffenem Drittstaat, nicht die „vertikale" Immunität des Drittstaats gegenüber dem IStGH; in diesem Verhältnis greift der Immunitätsausschluss gemäß Art. 27 Abs. 2, jedenfalls wenn es sich bei dem Drittstaat um einen Vertragsstaat handelt (§ 7 Rn. 104). Daraus kann man jedoch weitergehend folgern, dass die Immunität auch im zwischenstaatlichen Verhältnis von **Vertragsstaaten** kein Strafverfolgungshindernis darstellen kann, wenn es um Rechtshilfe zur *Ermöglichung der Strafverfolgung durch den IStGH* geht. Denn die Verweigerung der Rechtshilfe liefe hier der allgemeinen Kooperationspflicht der Vertragsstaaten (Art. 86) und der von ihnen mit Vertragsbeitritt zum Ausdruck gebrachten Unbeachtlichkeit von Immunitäten i. S. v. Art. 27 Abs. 2 zuwider.[471] Man wird also in diesem Fall von einem automatischen Verzicht auf die Immunität mit Vertragsbeitritt ausgehen können, einer ausdrücklichen Verzichtserklärung i. S. v. Art. 98 Abs. 1 letzter Halbs. bedarf es nicht.[472] Umgekehrt folgt daraus die grundsätzliche Beachtlichkeit zwischenstaatlicher Immunitäten gegenüber **Nicht-Vertragsstaaten,** sofern besagte Immunitäten auch gegenüber dem „ersuchten Staat" – also „erga omnes" – wirken,[473] der Drittstaat nicht darauf verzichtet hat (Art. 98 Abs. 1 letzter Halbs.)[474] oder diese nicht aus vstr-menschenrechtlichen Erwägungen (§ 7 Rn. 106)[475] oder aufgrund einer SR-Überweisung (Art. 13b)[476] verdrängt werden.[477] Die beschriebene Pflichtkollision ist vom Gerichtshof schon vor Stellung des Ersuchens zu beachten und ggf. durch Verhandlungen mit dem betroffenen Drittstaat aufzulösen.[478]

---

469 Vgl. *Rosenfeld,* WUGSLR 2 (2003), 278f.: „legal and psychological confidence building measure"; zur Entstehungsgeschichte *Senn,* S. 228ff.

470 Nach *Senn,* S. 241ff., 324 bezieht sich „ersuchter Staat" auf Vertragsstaaten; „Drittstaat" soll diese auch erfassen und nicht auf Nicht-Vertragsstaaten beschränkt sein (ebd., S. 265f., 267ff.); etwas oberflächlich *Mutyaba,* ICLR 12 (2012), 949f.

471 I. Erg. ebenso *Meißner,* Zusammenarbeit, 2003, S. 123f.; Grützner/Pötz/*Kreß,* 2003, IV A 1 Rn. 244; *Caeiro,* in: Caeiro/Moreira, TPI, 2004, S. 100ff.

472 Vgl. *Ambos,* 2010a, S. 147; *Blommestijn/Ryngaert,* ZIS 2010, 439; *Kreicker,* ZIS 2009, 350; eingehend *Senn,* S. 253ff. (266f., 273ff.), 324f.

473 So die Staatenimmunität, nicht aber etwa die diplomatische Immunität (vgl. § 7 Rn. 101ff.; auch *Senn,* S. 282ff., 325).

474 Dazu auch *Senn,* S. 285ff., 325.

475 *Kreicker,* ZIS 2009, 355f. m.w.N.; *Senn,* S. 325 (bzgl. funkt. Immunität: S. 76ff., 87ff., 97f.).

476 Evtl. entgegenstehende „vr Verpflichtungen" i. S. v. Art. 98 Abs. 1 werden dann durch die SR-Res. verdrängt, vgl. *Senn,* S. 288ff., 325f.; *Tladi,* JICJ 11 (2013), 199, 210–212; sowie schon o. § 7 Rn. 104.

477 Vgl. auch Grützner/Pötz/*Kreß,* 2003, IV A 1 Rn. 243ff.; *Meißner,* Zusammenarbeit, 2003, S. 125; *Scheffer,* JICJ 3 (2005), 336f.; *Fixson,* in: Kirsch, S. 225f.; krit. *Van Alebeek,* Immunity of states, 2009, S. 281ff.

478 Vgl. *Meißner,* Zusammenarbeit, 2003, S. 120f.; Grützner/Pötz/*Kreß,* 2002, IV A 1 Rn. 242; *Sluiter,* Adjudication, 2002, S. 171. Vgl. auch IStGH-Regel 195 Abs. 1. Zur Rolle des IStGH als Adressat der

78 Für die (zwischenstaatliche) Immunität des amtierenden Staatspräsidenten des Sudan, **Al Bashir,** folgt daraus, dass sie grundsätzlich gilt, weil der Sudan kein Vertragsstaat ist, es sich um eine persönliche „erga omnes" (Staaten-)Immunität handelt und ein Immunitätsverzicht nicht vorliegt.[479] Allerdings hat der UN-SR die Darfur-Situation an den IStGH überwiesen (Res. 1593/2005, § 6 Rn. 28) und dabei explizit den Sudan zur Kooperation verpflichtet,[480] so dass die aus der Immunität Al Bashirs entstehenden „vr Verpflichtungen" i. S. v. Art. 98 Abs. 1, wie oben schon gesagt, gegenüber Sudan als „Drittstaat" verdrängt werden.[481] Der IStGH diskutiert die Problematik nicht explizit, scheint aber zumindest implizit von der Immunitätsaufhebung durch die SR-Resolution auszugehen.[482] Im Übrigen ist zwischen Vertrags- und Nicht-Vertragsstaaten im o. g. Sinne zu differenzieren. Hinsichtlich jener setzt sich auch gegenüber einem Nicht-Vertragsstaat (*in casu* Sudan) die Aufhebung der Immunität und damit Art. 27 gegenüber Art. 98 Abs. 1 durch, weil sie nur zur Durchsetzung eines IStGH-Ersuchens handeln.[483] Hinsichtlich (anderer) *Nicht-Vertragsstaaten* (außer Sudan)[484] besteht aber ein Konflikt zu ihren vgr., von Art. 98 Abs. 1 anerkannten Immunitätsverpflichtungen. Diese werden zwar durch UN-Satzungsverpflichtungen verdrängt (Art. 103 UNS), doch formuliert Res. 1593/2005 (wie auch die zu Libyen ergangene Resolution 1970/2011) eben keine klare und explizite Kooperationsverpflichtung für Nicht-Vertragsstaaten (abgesehen vom Sudan).[485] Deshalb kann insoweit allenfalls von einer *Befugnis,* nicht aber einer Pflicht zur Kooperation, insbesondere zur Festnahme von Al Bashir, ausgegangen werden.[486] Daran ändert sich auch nichts durch die Erweiterung des Haftbefehls auf Genozid,[487] weil sich aus der GenK *alleine* keine Kooperationspflicht ergibt.[488]

79 Der Gerichtshof hat in gleicher Weise zu verfahren, wenn der **ersuchte Staat** aufgrund vr Übereinkünfte die **Überstellung eines Angehörigen eines Entsendestaates** an den IStGH nur mit Zustimmung dieses Staates vornehmen darf **(Art. 98 Abs. 2).**[489] Es geht also auch insoweit wieder um das zwischenstaatliche Verhältnis zwischen ersuchtem (Vertrags-)Staat[490] (Aufnahme- oder Empfangsstaat) und Entsendestaat, genauer

Vorschriften Cryer/*Friman,* S. 521. Zum Verfahren vor der Vorverfahrenskammer eingehend *Senn,* S. 290 ff.

479 Vgl. dazu auch *Ambos,* 2010 a, S. 126 ff. (Fall 9), 146 f.; zum Aufruf der Afrikanischen Union (AU) an afrikanische Staaten, die Kooperation mit dem IStGH hinsichtlich des Haftbefehls gegen Al Bashir zu verweigern, *Keppler,* JAL 56 (2012), 2 ff.; zur aus der GenK folgenden Kooperationsverpflichtung im Fall Bashir *Gillett,* CLF 23 (2012), 67.

480 Im operativen Teil (para. 2) werden Sudan und „all other parties to the conflict in Darfur" zur Kooperation verpflichtet; (sonstige) Nicht-Vertragsstaaten sollen allerdings nicht verpflichtet sein und die Zuständigkeit sich auch nicht auf deren Personal erstrecken (para. 6). Siehe dazu auch *Lindemann,* in: Ziegler et al., Kriegsverbrecherprozesse, 2009, S. 236 f.

481 So die üw. M.: *Kreicker,* HuV-I 2008, 162 f.; *Frau,* IStGH und SR der VN, 2010, S. 359 f.; *Akande,* JICJ 7 (2009), 340 ff.; *Papillon,* ICLR 10 (2010), 284 ff.; i. Erg. auch *Senn,* S. 288 ff. (allerdings offenlassend in Fn. 1205); a. A. *Gaeta,* JICJ 7 (2009), 327 ff; *Burghardt/Geneuss,* ZIS 2009, 140; *Blommestijn/Ryngaert,* ZIS 2010, 440.

482 *ICC,* Al Bashir Arrest Warrant Dec., 4.3.2009, paras. 41 ff. (45: SR „has also accepted that the investigation into the said situation … will take place."); dazu *Schabas,* 2010, S. 1042; krit, *Kreicker,* ZIS 2009, 356; *Blommestijn/Ryngaert,* ZIS 2010, 440.

483 Vgl. *Akande,* JICJ 7 (2009), 337 ff.

484 Dieser wird eben ausdrücklich durch SR-Res. 1593 v. 31.3.2005 verpflichtet.

485 Vgl. o. Rn. 8.

486 Überzeugend *Akande,* JICJ 7 (2009), 340 ff.; vgl. auch *Burghardt/Geneuss,* ZIS 2009, 141; im Hinblick auf die USA *Slye,* in: Van Schaack et al., Beyond Kampala, 2010, S. 21 f.; a. A. *Blommestijn/Ryngaert,* ZIS 2010, 441 ff. Demgegemüber hat der IStGH sein Kooperationsersuchen gleichermaßen an Vertrags- wie Nicht-Vertragsstaaten gerichtet (*ICC,* Al Bashir Arrest Warrant Decision 4.3.2009, S. 93, 3. Entscheidungssatz).

487 *ICC,* Al Bashir Arrest Warrant Dec. 12.7.2010.

488 Vgl. *Akande,* JICJ 7 (2009), 348 ff.; zur GenK als zusätzliche Rechtsgrundlage für Kooperationspflichten *Gillett,* CLF 23 (2012), 67 ff.

489 Eingehend *Senn,* S. 343 ff.

490 Vgl. *Senn,* S. 346 f., 414.

um die vertragliche Verpflichtung des ersuchten Staats gegenüber dem Entsendestaat, die jenem die Überstellung von Angehörigen des Entsendestaates ohne dessen Zustimmung[491] verbietet.[492] Aus dem Begriff *„Entsendestaat"* folgt insoweit, dass diese Vorschrift vor allem auf sog. *Truppenstationierungsabkommen* („Status of Forces Agreements" – SOFAs) zugeschnitten ist.[493] Denn bei einer „Entsendung" beruht die Anwesenheit der betroffenen Person auf dem Territorium des Empfangsstaates auf einer staatlichen Maßnahme des Entsendestaats.[494] Im Übrigen entsteht die Art. 98 Abs. 2 zugrundeliegende Kollision nur, wenn der Entsendestaat Nichtvertragsstaat ist.[495] Denn handelt es sich um einen **Vertragsstaat,** ist er selbst zur Überstellung verpflichtet (Art. 89 Abs. 1 S. 2) und kann deshalb die Überstellung seines Staatsangehörigen durch den ersuchten Staat schlechterdings nicht von seiner Zustimmung abhängig machen.[496] Ist der Entstendestaat hingegen ein **Nichtvertragsstaat,** ist wie folgt zu unterscheiden: Für *vor* Zeichnung des IStGH-Statuts durch den ersuchten Vertragsstaat mit dem Entstendestaat geschlossene Übereinkünfte ist Art. 98 Abs. 2 anwendbar, für *danach* geschlossene Übereinkünfte grundsätzlich nicht.[497] Das ergibt sich zwar nicht eindeutig aus dem Wortlaut der Vorschrift (sie ist nicht, wie Art. 97 (c), auf „bereits bestehende" Verpflichtungen beschränkt),[498] doch aus ihrer Entstehungsgeschichte und vor allem aus folgendem teleologischen Argument:[499] Mit der Zeichnung ist es dem Zeichnerstaat untersagt, die Erfüllung der *Ziele* des IStGH-Statuts (*Vermeidung*

---

491 Zum Zustimmungserfordernis näher *Senn,* S. 351 ff.

492 Es geht also insbesondere nicht um Verpflichtungen des IStGH, vgl. *Keitner,* UCLA J. Int.L.& For. Aff. 6 (2001), 254 f.; Grützner/Pötz/*Kreß,* 2003, IV A 1 Rn. 247; *Meißner,* Zusammenarbeit, 2003, S. 126; *Ambos,* NJW 2001, 409. Zur kontroversen IStGH-Regel 195 Abs. 2 in diesem Zusammenhang *Harhoff/Mochochoko,* in: Lee, 2001, S. 664 ff.; *Gartner,* in: Fischer/Kreß/Lüder, S. 430 ff.; *Keitner,* UCLA J. Int.L.& For.Aff. 6 (2001), 248 ff. (260 ff.), *Schabas,* 2010, S. 1043 f.

493 Triffterer/*Kreß/Prost,* Art. 98 Rn. 32; *Meißner,* Zusammenarbeit, 2003, S. 128 ff.; *Keitner,* UCLA J. Int. L.& For.Aff. 6 (2001), 233 ff.; Grützner/Pötz/*Kreß,* 2003, IV A 1 Rn. 248; *Scheffer,* JICJ 3 (2005), 338 ff.; *Schomburg,* in: Kirsch, S. 136; *Cryer,* S. 154; *Quesada-Alcalá,* in: Fernandez Sanchez, S. 303 f.; Cryer/*Wilmshurst,* S. 175 f. Nach *Fleck,* JICJ 1 (2003), 651 ff. fallen aber „Standard-SOFAs", z. B. das NATO-Truppenstationierungsabkommen, nicht unter Art. 98 Abs. 2, sondern unter Abs. 1. Diese Abkommen ordnen grundsätzlich eine *konkurrierende* Zuständigkeit zwischen Entsende- und Aufenthaltsstaat an, wobei der Entsendestaat vorrangig für während oder im Zusammenhang mit dem Dienst begangene Straftaten und im Übrigen der Aufenthaltsstaat zuständig ist (allg. *Rosenfeld,* WUGSLR 2 (2003), 280 ff.). Nach *Stein,* FS Ress, 2005, S. 301 f.; *van der Wilt,* LJIL 18 (2005), 100 f. und *Senn,* S. 384 ff. (387 f.), 414 ist Art. 98 Abs. 2 grds. auf alle Immunitätsabkommen anwendbar. – Zur Weiterlieferung einer von Auslieferung betroffenen Person vgl. *Meißner,* Zusammenarbeit, 2003, S. 128.

494 *Sendel,* ZIS 2007, 122; *Crawford/Sands/Wilde,* para. 43.

495 A. A. *Jia,* in: Cassese, 2009, S. 165 f., für den die Kollision auch im Falle eines Vertragsstaates bestehen kann.

496 *Vor* dem Vertragsbeitritt existierende Abkommen i. S. v. Art. 98 Abs. 2 werden insoweit durch die *lex posterior* Regel von Art. 30 Abs. 3 WÜRV überholt, bei *nachträglichen* Abkommen kann eine evtl. erforderliche Zustimmung nicht die Überstellung an den IStGH erfassen (vgl. Senn, S. 367 ff., 415; auch Grützner/Pötz/*Kreß,* 2003, IV A 1 Rn. 249; *Meißner,* Zusammenarbeit, 2003, S. 131 f.; *Fixson,* in: Kirsch, S. 226).

497 I. Erg. ebenso Grützner/Pötz/*Kreß,* 2003, IV A 1 Rn. 250; *Ambos,* NJW 2001, 409; *Keitner,* UCLA J. Int.L. & For.Aff. 6 (2001), 238, 250; *Meißner,* Zusammenarbeit, 2003, S. 126 f., 132 ff.; *van der Wilt,* LJIL 18 (2005), 105; wohl auch *Stein,* FS Ress, 2005, S. 302 ff. (306); zweifelnd *Zappalà,* JICJ 1 (2003), 122 ff.; a. A. *Scheffer,* JICJ 3 (2005), 340 f.; *Sendel,* ZIS 2007, 123.

498 So auch Cryer/*Wilmshurst,* S. 175 f.

499 Vgl. auch Grützner/Pötz/*Kreß,* 2003, IV A 1 Rn. 250; *Meißner,* Zusammenarbeit, 2003, S. 126 f., 133 f.

von Straflosigkeit, Präambel Abs. 5) zu vereiteln (Art. 18 WÜRV).[500] Die Verwirklichung dieser Ziele setzt – bei Nichtverfolgung durch den Territorial- bzw. Entsendestaat[501] – die Überstellung der Tatverdächtigen voraus, denn ein Abwesenheitsverfahren ist im IStGH-Statut nicht vorgesehen (Art. 63, 67 Abs. 1 (d)).[502] Schließlich ist mit Vertragsbeitritt der ersuchte Staat selbst zur Überstellung verpflichtet (Art. 89 Abs. 1 S. 2). Er kann diese Verpflichtung nur dadurch abwenden, dass er sich selbst zur Verfolgung und evtl. Bestrafung verpflichtet oder eine solche *Verfolgungsgarantie* von dem Entsendestaat (Heimatstaat des Tatverdächtigen) erwirkt.[503]

80 Aus den genannten Gründen sind auch die von den **USA** unter Berufung auf Art. 98 Abs. 2 *abgeschlossenen* bilateralen Nicht-Überstellungsübereinkommen (§ 6 Rn. 56 erste Aufl.) unzulässig und als nichtig zu betrachten, sofern sie mit Zeichner- oder gar Vertragsstaaten abgeschlossen werden und/oder *ratione personae* über entsendete Staatsangehörige hinausgehen.[504] Die insoweit festgelegten **„Leitprinzipien" der EU-Außenminister**[505] sehen deshalb vor, dass der Abschluss bilateraler Abkommen nur insoweit in Betracht kommt, als etwaige mit den USA bereits bestehende vr Übereinkommen, insbesondere SOFAs und Rechtshilfeabkommen, den US-Bedenken nicht bereits ausreichend Rechnung tragen. Im Übrigen gelten für den Abschluss solcher (neuer) Abkommen folgende **Vorgaben:** Es muss gewährleistet sein, dass ein nicht an den IStGH überstellter Staatsangehöriger in seinem Heimatstaat strafrechtlich verfolgt wird *(Verfolgungsgarantie).* Die Abkommen dürfen keine Ausnahmen für Angehörige eines IStGH-Vertragsstaates vorsehen. Es dürfen nur solche Personen von einer Überstellung an den IStGH ausgenommen werden, die sich im Hoheitsgebiet des ersuchten Staates *auf Grund* der Entsendung ihres Heimatstaates aufhalten. Die Standard US-Abkommen verstoßen gegen diese Vorgaben mindestens in zweifacher Hinsicht: Sie machen die nationale Strafverfolgung von einer Angemessenheitsklausel abhängig und erweitern den Personenkreis auf alle Staatsangehörigen und sonstige von den USA unter Vertrag genommene Personen (sog. „contractors").[506]

500 *Stein,* FS Ress, 2005, S. 302 will insoweit auf das Motiv zum Abschluss des Immunitätsabkommens abstellen; das besteht aber bei den US-Abkommen ausschließlich darin, den erfassten Personenkreis vor dem Zugriff des IStGH zu bewahren.

501 Diese Möglichkeit betonen *Keitner,* UCLA J. Int.L. & For.Aff. 6 (2001), 237; *Zappalà,* JICJ 1 (2003), 122 ff., *Stein,* FS Ress, 2005, S. 303 und *Gueiros Souza,* in: Ambos/Japiassú, S. 116 f. Die US-Abkommen sehen sie aber nur bedingt vor, dazu sogleich im Text.

502 Näher *Beltrán,* in: Gómez Colomer et al. S. 361 f.; *Hofstetter,* Verfahrensrecht, 2005, S. 86 ff.; zum alternativen Regel 61-Verfahren des ICTY *ebd.*, S. 81 ff.; krit. Cryer/*Friman,* S. 464.

503 Ähnlich *Sendel,* ZIS 2007, 123 ff.; *Senn,* S. 403 ff., 416.

504 Zu diesen, regelmäßig weiteren Abkommen ausführlich *Steinberger-Fraunhofer,* IStGH und Drittstaaten, 2008, S. 260 ff.; *Senn,* S. 334 ff.; vgl. auch *Ambos,* RDP 15 (2005), 110 ff.; *Sendel,* ZIS 2007, 124; krit. auch *Cryer,* S. 155 f.; *Kolb,* in: Kolb/Scalia, S. 286 f. Die Bezugnahme in der Präambel von SR-Res. 1593 (2005) kann diesen Abk. keine Legitimität verleihen; zutr. Cryer/*Wilmshurst,* 2007, S. 145 (nicht mehr in Neuaufl.).

505 Deutsche Fassung in EuGRZ 2002, 665 f.; dazu *Zappalà,* JICJ 1 (2003), 126 ff.; *Triggs,* in: Dolgopol/Gardam, S. 323 f.; krit. Grützner/Pötz/*Kreß,* 2003, IV A 1 Rn. 250. Vgl. auch das Rechtsgutachten der EG Kommission in EuGRZ 2002, 469 (470).

506 Vgl. *Stein,* FS Ress, 2005, S. 303 f.; *van der Wilt,* LJIL 18 (2005), 104 ff.; *Schomburg,* in: Kirsch, S. 136; vgl. auch *Scheffer,* JICJ 3 (2005), 333 (339 ff.), der darauf hinweist, dass die römische US-Delegation – anders als die Bush-Regierung – die Abkommen nicht auf US-Staatsangehörige erstrecken wollte, die in privater, nicht amtlicher Eigenschaft (unter „overall direction" der US-Regierung) im Ausland tätig sind. Diese restriktive Auslegung werde auch durch die entsprechenden Vorschriften im ASPA und den SR-Res. (1. Aufl., § 6 Rn. 56) gestützt (ebd. 350 ff.).

Das Festnahme- und Überstellungsersuchen erfolgt schriftlich und soll Informationen zur gesuchten Person, ihren möglichen Aufenthaltsort, eine Kopie des Haftbefehls und sonstige, nach dem Recht des ersuchten Staates notwendige Unterlagen enthalten (Art. 91 Abs. 2). Bei einer *schon verurteilten* Person sollen eine Kopie des Haftbefehls, des Urteils sowie Informationen zur Identifizierung der Person vorgelegt werden (Art. 91 Abs. 3).[507] Die Bezugnahme auf das Recht des ersuchten Staates (Art. 91 Abs. 2 (c)) geht auf Bedenken der Common Law Staaten zurück, die einen autonomen Beweisstandard ablehnten und nationale *Beweisanforderungen* berücksichtigt sehen wollten. Dabei sollten diese Beweisanforderungen aber nicht als Ablehnungsgrund missverstanden werden oder zu einer ungebührlichen Verschleppung der Überstellung führen. Art. 91 Abs. 2 (c) sieht deshalb explizit „möglichst" ein **weniger aufwändiges Verfahren** als bei der zwischenstaatlichen Auslieferung vor.[508] Ob der Maßstab des „probable cause" als Voraussetzung der Überstellung, wie er in den Rechtshilfeabkommen zwischen den USA und ICTY/ICTR vorgesehen ist, damit vereinbar ist, erscheint fraglich.[509] 81

In dringenden Fällen kann der IStGH einen Staat auch um die **vorläufige Festnahme** einer Person **bis zur Vorlage des Überstellungsersuchens** bitten (Art. 92). Ein solches Ersuchen muss – neben den persönlichen Angaben zur Person – die Tatvorwürfe und tatsächlichen Feststellungen sowie Angaben zu einem Haftbefehl oder einer Verurteilung enthalten. Der ersuchte Staat kann die Person aus der Haft entlassen, wenn ein Überstellungsersuchen nicht binnen 60 Tagen vorliegt (Art. 92 Abs. 3 S. 1 i. V. m. IStGH-Regel 188). Der Inhaftierte kann aber auch – ohne Überstellungsersuchen – einer vereinfachten Überstellung zustimmen (Art. 92 Abs. 3, IStGH-Regel 189). Die Haftentlassung schließt nicht die Möglichkeit einer späteren Überstellung aus (Art. 92 Abs. 4).[510] 82

Eine Strafverfolgung des Überstellten kommt grundsätzlich nur wegen der im Überstellungsersuchen bezeichneten Taten in Betracht, es gilt also der **Spezialitätsgrundsatz** (Art. 101).[511] Damit ist allerdings eine andere *rechtliche* Bewertung derselben Tatsachen nicht ausgeschlossen.[512] Zudem kann der ersuchte Staat auf Antrag des IStGH auf dieses Erfordernis verzichten (Art. 101 Abs. 2, IStGH-Regel 185, 196f.). Der Spezialitätsgrundsatz gilt **nicht** für die Überstellung zwischen den Staaten und den *Ad-Hoc*-Tribunalen.[513] 83

---

[507] Vgl. allg. zur Formulierung eines Ersuchens Art. 87 Abs. 2, IStGH-Regeln 178ff., 187.

[508] Vgl. Triffterer/*Prost,* Art. 91 Rn. 11ff.; Cassese/Gaeta/Jones/*Swart,* S. 1672f. und 1689ff.; Grützner/Pötz/*Kreß,* 2003, IV A 1 Rn. 229; *Schabas,* 2010, S. 1010; *Kreß,* Eur. J. Cr. 6 (1998), 453f.; *Meißner,* Zusammenarbeit, 2003, S. 116ff.; *Rinoldi/Parisi,* in: Lattanzi/Schabas, S. 379ff.

[509] Krit. *Godinho,* JICJ 1 (2003), 511ff.; rechtfertigend aber *Kushen,* JICJ 1 (2003), 518.

[510] Näher Cassese/Gaeta/Jones/*Swart,* S. 1692f.; Triffterer/*Prost,* Art. 92 Rn. 1ff.; *Rinoldi/Parisi,* in: Lattanzi/Schabas, S. 351ff.; *Meißner,* Zusammenarbeit, 2003, S. 176ff.

[511] Vgl. Triffterer/*Wilkitzki,* Art. 101 Rn. 1ff.; *Meißner,* Zusammenarbeit, 2003, S. 168ff.; Cassese/Gaeta/Jones/*Swart,* S. 1698ff.; Grützner/Pötz/*Kreß,* 2003, IV A 1 Rn. 251; *Rinoldi/Parisi,* in: Lattanzi/Schabas, S. 373ff.; *Veneziano,* in: Cassese et al., 2005, S. 464ff.; *Roth,* in: Kolb/Scalia, S. 568; krit. Cassese/Gaeta/Jones/*Swart,* S. 1700ff.; Cryer/*Friman,* S. 528; *Schabas,* 2010, S. 1056; *Gless,* 2011, Rn. 911.

[512] *Kreß,* Eur. J. Cr. 6 (1998), 455.

[513] Siehe z. B. *ICTY,* Kovacevic App. Decision 2.7.1998, para. 37.

84 Im **deutschen Recht** wird die Überstellung von Personen, einschließlich deutscher Staatsangehöriger (Art. 16 Abs. 2 GG), an den IStGH in **§§ 2–33 IStGHG** (Rn. 71) geregelt. Nach § 2 Abs. 1 besteht eine *zwingende* Überstellungspflicht. Das Überstellungsverfahren ist – entsprechend dem zwischenstaatlichen Auslieferungsverfahren (§ 12 Rn. 15) – grundsätzlich in ein gerichtliches Zulässigkeits- und ein exekutives Bewilligungsverfahren unterteilt (§ 6 IStGHG). Das OLG ist – nach Vorbereitung der Generalstaatsanwaltschaften – für die Zulässigkeitsentscheidung zuständig (§§ 7–8 IStGHG). Ausnahmsweise kommt eine *vereinfachte Überstellung* unter Verzicht auf das gerichtliche Zulässigkeitsverfahren in Betracht, wenn der Verfolgte nach richterlicher Belehrung sein Einverständnis erklärt hat (§ 32 IStGHG).[514] Die Überstellung an ICTY und ICTR ist in § 3 **JStGHG** bzw. § 3 **RStGHG** geregelt.

3. Sonstige Rechtshilfe

85 Art. 29 **ICTYS** und 28 **ICTRS** nennen beispielhaft als **sonstige Rechtshilfemaßnahmen** die Ermittlung von Personen, Beweisaufnahme und Zustellung von Dokumenten (Abs. 2 (a)–(c)). Diese werden in den RPE konkretisiert (s. etwa Regeln 39–40, 54, 54*bis* [nur bezüglich ICTY], 56, 59 und 90*bis*). Für den **IStGH** nennt Art. 93 Abs. 1 (a)–(k) folgende **sonstige (benannte) Rechtshilfemaßnahmen:** Ermittlung von Personen oder Sachen, Beweisaufnahme, Beschuldigtenvernehmung, Zustellung von Dokumenten, Mitwirkung im Hinblick auf das Erscheinen von Zeugen und Sachverständigen vor dem IStGH (Rn. 87), zeitweilige Übergabe von Häftlingen, Untersuchungen von Orten und Stätten, Beschlagnahme und Durchsuchung, Beibringung von Akten und Unterlagen, Maßnahmen zum Schutz von Zeugen, Opfern bzw. Beweismitteln und Maßnahmen zur Sicherung einer späteren Verfallsanordnung.[515] Darüberhinaus kann der IStGH die Vertragsstaaten um **unbenannte Rechtshilfemaßnahmen** ersuchen, *solange diese nach dessen nationalem Recht nicht verboten sind* (Art. 93 Abs. 1 (l), zu weiteren Ablehnungsgründen u. Rn. 88).[516] Darunter fallen etwa Maßnahmen zur Telefonüberwachung.[517] Dabei soll der ersuchte Staat – vor der vorschnellen Annahme eines solchen Verbots – zunächst prüfen, ob er der Rechtshilfe nicht in gesetzeskonformer Weise, etwa zu bestimmten Bedingungen oder zu einem späteren Zeitpunkt, entsprechen kann (Art. 93 Abs. 5).

86 Ein **Ersuchen** um sonstige Rechtshilfe soll in **schriftlicher Form** erfolgen und u. a. den Zweck und die Rechtsgrundlage bezeichnen, Informationen zum Aufenthaltsort und zur Personenfeststellung, die zugrunde liegenden tatsächlichen Feststellungen sowie die nach dem nationalen Recht des ersuchten Staates notwendigen Informationen enthalten (Art. 96 Abs. 1, 2; IStGH-Regel 190). Ggf. setzt der ersuchte Staat den IStGH bezüglich der Erfordernisse seines nationalen Rechts in Kenntnis (Art. 96 Abs. 3).[518] Der IStGH soll die **Vertraulichkeit** von Urkunden und bestimmten Infor-

---

[514] Eingehend zur Belehrungspflicht und krit. zu §§ 13, 14 IStGHG *Reisert,* StV 2005, 638 ff.

[515] Vgl. eingehend zu diesen Maßnahmen Grützner/Pötz/*Kreß,* 2003, IV A 1 Rn. 263 ff.; Cassese/Gaeta/Jones/*Ciampi,* S. 1728 ff.; Triffterer/*Kreß/Prost,* Art. 93 Rn. 12 ff.; *Meißner,* Zusammenarbeit, 2003, S. 190 ff.; *De Cesari,* in: *Malaguti,* S. 58 ff. Für Empfehlungen im Hinblick auf diese Maßnahmen vgl. ICC-Report Cooperation 2007, paras. 29 ff.

[516] Für eine teleologische Reduktion im Hinblick auf die Videovernehmung insoweit Grützner/Pötz/*Kreß,* 2003, IV A 1 Rn. 266.

[517] Grützner/Pötz/*Kreß,* 2003, IV A 1 Rn. 279.

[518] Zur zu verwendenden Sprache Art. 87 Abs. 2, Art. 99 Abs. 3 und IStGH-Regeln 178 ff.

mationen sicherstellen (Art. 93 Abs. 8 (a)). Vertraulich zur Verfügung gestellte Beweismittel können ggf. später offengelegt werden (Art. 93 Abs. 8 (b), (c)).

Art. 93 Abs. 1 (e) geht von dem **freiwilligen** Erscheinen von **Zeugen und Sachverständigen** vor dem IStGH aus.[519] Es besteht folglich für die Vertragsstaaten keine Pflicht, in Freiheit befindlich Zeugen zum Erscheinen vor dem IStGH zu zwingen und es ist umstritten, ob die Vertragsstaaten eine solche Zeugenpflicht in ihren *nationalen Ausführungsgesetzen* aufnehmen dürfen.[520] Davon zu unterscheiden ist die Zeugenvernehmung im Rahmen der Beweisaufnahme *durch den ersuchten Staat* (Art. 93 Abs. 1 (b)); insoweit kann dieser sich auch der im nationalen Recht vorgesehenen Zwangsmaßnahmen bedienen. Auch die **zeitweilige Überstellung inhaftierter Personen** zur Identifizierung oder Vernehmung setzt die Zustimmung der betroffenen Person (freiwillig nach Belehrung) und des ersuchten Staats voraus (Art. 93 Abs. 1 (f), Abs. 7; IStGH-Regel 192); eine Ausnahme gilt bei vom IStGH verurteilten Personen (IStGH-Regel 193). Der Grundsatz des freiwilligen Erscheinens der Zeugen entspricht dem Fehlen einer internationalen Zeugenpflicht im traditionellen horizontalen Rechtshilferecht (vgl. etwa Art. 8, 11 EuRhÜbk). Im Gegensatz dazu können **ICTY** und **ICTR** die Zeugenvernehmung erzwingen (Art. 29 Abs. 2 (b) i. V. m. 19 Abs. 2 ICTYS; Art. 28 Abs. 2 (b) i. V. m. 18 Abs. 2 ICTRS; Regeln 54, 56 und 90*bis*).[521] 87

Wie bei der Überstellung (Rn. 74f.) so sind auch bei der sonstigen Rechtshilfe die traditionellen **Ablehnungsgründe** des zwischenstaatlichen Rechtshilferechts weitgehend zurückgedrängt worden. Die Verpflichtung zu sonstiger Rechtshilfe unterliegt jedoch insgesamt stärkeren Einschränkungen als die zur Überstellung von Tatverdächtigen.[522] In einigen Fällen wird unter Rücksichtsnahme auf staatliche Interessen oder Rechte Dritter einem ersuchten Staat ermöglicht, ein Ersuchen **aufzuschieben** oder **abzulehnen.** Zunächst sieht Art. 93 Abs. 3 einen Konsultationsmechanismus zwischen ersuchtem Staat und IStGH vor, wenn eine „*besondere* Rechtshilfemaßnahme" gegen **einen grundlegenden allgemeinen Rechtsgrundsatz** („fundamental legal principle of general application") des ersuchten Staates verstößt. Falls die ersuchte Maßnahme nicht anders oder unter Bedingungen erfolgen kann, so hat der IStGH das Ersuchen entsprechend zu modifizieren.[523] Daneben darf ein Staat gemäß Art. 93 Abs. 4 ein Ersuchen unter Hinweis auf den Schutz **nationaler Sicherheitsinteressen** i. S. v. Art. 72 **ablehnen** (vgl. **Fall 5,** Rn. 104).[524] Das in Art. 72 vorgesehene Verfahren geht auf die 88

---

519 Krit. Grützner/Pötz/*Kreß*, 2003, IV A 1 Rn. 270; *Kreß*, in: Fischer/Kreß/Lüder, S. 324f.; *Sluiter*, Adjudication, 2002, S. 253ff. und 346ff.; *Meißner*, Zusammenarbeit, 2003, S. 194; *Kreß/Wannek*, in: Kirsch, S. 257; *Zahar/Sluiter*, S. 368ff. Zum Zusammenspiel mit Art. 64 Abs. 6 (b) u. IStGH-Regel 65 Cryer/*Friman*, S. 522; für die Frage der Aussageverweigerung des einmal erschienen Zeugen vgl. *Ambos*, LJIL 15 (2002), 155.

520 Dafür Grützner/Pötz/*Kreß*, 2003, IV A 1 Rn. 271; *Kreß*, JICJ 1 (2003), 616; *Kreß*, in: Fischer/Kreß/Lüder, S. 325. Dagegen *Sluiter*, Adjudication, 2002, S. 253f.; *Sluiter*, CLF 14 (2003), 452f.; Cassese/Gaeta/Jones/*Ciampi*, S. 1728f.

521 Vgl. *ICTY*, Blaskic AppJ 29. 10. 1997, paras. 57ff. Eingehend *Sluiter*, Adjudication, 2002, S. 255ff.; Cassese/Gaeta/Jones/*Ciampi*, S. 1717ff.

522 Grützner/Pötz/*Kreß*, 2003, IV A 1 Rn. 261 und 282.

523 Ausführlich Triffterer/*Kreß/Prost*, Art. 93 Rn. 35ff.; *Schabas*, 2010, S. 1022; Krit. zu dieser Begrenzung der Zusammenarbeitspflicht Grützner/Pötz/*Kreß*, 2003, IV A 1 Rn. 284f.; *Sluiter*, Adjudication, 2002, S. 161ff.

524 Umfassend zum Schutz der nationalen Sicherheitsinteressen Grützner/Pötz/*Kreß*, 2003, IV A 1 Rn. 287ff.; *Rinoldi/Parisi*, in: Lattanzi/Schabas, S. 368f.; *Schabas*, 2010, S. 865ff.; *Ambos*, ZStW 111

Blaskic-Entscheidung des ICTY zurück,[525] wobei allerdings das IStGH-Statut der nationalen Sicherheit größeres Gewicht beimisst;[526] der Einwand kann auch bezüglich Informationen Dritter geltend gemacht werden (Art. 73). Endlich kann sich ein weiteres Rechtshilfehindernis aus den – schon diskutierten (Rn. 77f.) – **Immunitätsrechten** des Art. 98 Abs. 1 ergeben.[527]

89 Wenn ein Rechtshilfeersuchen in ein **laufendes Ermittlungsverfahren** wegen *einer anderen Tat* in dem ersuchten Staat eingreift, kann seine Vollstreckung im Einvernehmen mit dem IStGH maximal bis zum Ende des Verfahrens *aufgeschoben* werden (Art. 94 Abs. 1). Im Falle eines Aufschubes können Maßnahmen zur Beweissicherung gemäß Art. 93 Abs. 1 (j) angeordnet werden (Art. 94 Abs. 2).[528] Die Vollstreckung kann auch im Falle eines **Zulässigkeitsstreits** gemäß Art. 18, 19 aufgeschoben werden, sofern der IStGH nicht die Sicherung notwendiger Beweise durch die Anklagebehörde ausdrücklich genehmigt hat (Art. 95).[529]

90 Im Falle **konkurrierender Rechtshilfeersuchen** des IStGH und eines Staats (gegenüber dem eine Rechtshilfeverpflichtung besteht) soll der ersuchte Staat versuchen, beiden Ersuchen, möglicherweise zeitlich nachfolgend oder unter Bedingungen, Rechnung zu tragen (Art. 93 Abs. 9 (a) (i)). Sollte dies nicht möglich sein, gelten die Regeln zu konkurrierenden Überstellungsersuchen (Art. 93 Abs. 9 (a) (i)-(ii), Rn. 76). Richtet sich das Ersuchen auf Informationen von Drittstaaten oder internationalen Organisationen, hat der IStGH sich direkt an diese zu wenden (Art. 93 Abs. 9 (b); vgl. auch Art. 73).[530]

91 Die Ersuchen werden durch die **nationale Behörden** des ersuchten Staates nach dessen **nationalem Recht vollstreckt,** wobei die Art und Weise der Vollstreckung sich – sofern kein nationalrechtliches Verbot entgegensteht – nach dem Ersuchen richtet (Art. 99 Abs. 1).[531] Der damit anerkannte grundsätzliche Vorrang des nationalen Rechts stellt einen wesentlichen Unterschied zum Zusammenarbeitsregime von **ICTY** und **ICTR** dar, wird dort doch in erster Linie auf das Ersuchen, die Statuten und die RPE abgestellt. So hat das ICTY etwa die Unverwertbarkeit national erhobener Beweise angenommen, weil die Beweiserhebung ohne Rücksicht auf die Vorgaben des ICTYS und der RPE erfolgt ist.[532]

(1999), 200f.; *Sluiter,* Adjudication, 2002, S. 163ff.; *Meißner,* Zusammenarbeit, 2003, S. 218ff.; *Schomburg,* in: Kirsch, S. 135f.; Cryer/*Friman,* S. 530f.; *Moranchek,* YaleJIL 31 (2006), 480ff.

525 *ICTY,* Blaskic AppJ 29. 10. 1997, paras. 61ff.; vgl. auch ICTY-Regel 54*bis.*

526 Näher Cassese/Gaeta/Jones/*Ciampi,* S. 1720f.; *Meißner,* Zusammenarbeit, 2003, S. 220ff.; *Cassese/Gaeta,* 2013, S. 306f.; krit Grützner/Pötz/*Kreß,* 2003, IV A 1 Rn. 291; *Moranchek,* YaleJIL 31 (2006), 499f.

527 Weiterführend Grützner/Pötz/*Kreß,* 2003, IV A 1 Rn. 295; *Sluiter,* Adjudication, 2002, S. 169ff.; *Meißner,* Zusammenarbeit, 2003, S. 210ff.; Cassese/Gaeta/Jones/*Ciampi,* S. 1736; *Palmisano,* in: Lattanzi/Schabas, S. 409f.

528 Ausführlich *Meißner,* Zusammenarbeit, 2003, S. 236ff.

529 Näher *Meißner,* Zusammenarbeit, 2003, S. 155ff., 236; *Sluiter,* Adjudication, 2002, S. 173f.

530 Vgl. näher *Meißner,* Zusammenarbeit, 2003, S. 230ff.; Cassese/Gaeta/Jones/*Ciampi,* S. 1734ff.; Grützner/Pötz/*Kreß,* 2002, IV A 1 Rn. 293f.; *Schabas,* 2010, S. 1023f.

531 Krit. zu der „begrenzten" Beachtung der Vorgaben des Ersuchens Grützner/Pötz/*Kreß,* 2003, IV A 1 Rn. 298f.; *Sluiter,* Adjudication, 2002, S. 208ff.; *Mutyaba,* ICLR 12 (2012), 950f.

532 Vgl. *ICTY,* Delalic et al. Decision 2.9.1997. Dazu Grützner/Pötz/*Kreß,* 2002, IV A 2 Rn. 58; *Sluiter,* Adjudication, 2002, S. 208; *Gómez Colomer/Beltrán,* in: Gómez Colomer et al., S. 334f.; *Zahar/Sluiter,* S. 282f.

92 Der Vorrang nationaler Vollstreckung gilt uneingeschränkt für **Ersuchen mit Zwangscharakter,** etwa Beschlagnahmen oder Hausdurchsuchungen.[533] Das folgt im Umkehrschluss aus Art. 99 Abs. 4, denn nach dieser Vorschrift kann die Anklagebehörde **Ersuchen ohne Zwangscharakter,** etwa eine (freiwillige) Zeugenvernehmung oder eine Untersuchung öffentlicher Orte, grundsätzlich *selbstständig vornehmen.* Dabei ist wie folgt zu unterscheiden: Die selbstständige Vornahme bedarf keiner förmlichen Zustimmung (aber wohl „Konsultationen"), wenn die betreffende Tat *auf dem Staatsgebiet des ersuchten Vertragsstaats* begangen wurde und das Verfahren gemäß Art. 18, 19 zulässig ist (Art. 99 Abs. 4 (a)). Noch weitergehend kann die Anklagebehörde diese sog. „on-site-investigations" auf Grund einer Ermächtigung der Vorverfahrenskammer ohne Konsultationen mit dem betroffenen Staat vornehmen, wenn dessen staatliche Strukturen zusammengebrochen sind („failed states", Art. 57 Abs. 3 (d)). In allen *anderen Fällen* darf der ersuchte Staat „sinnvolle Bedingungen" aufstellen (Art. 99 Abs. 4 (b)).[534] In jedem Fall kann sich eine vernommene Person auf den Schutz nationaler Sicherheitsinteressen in Art. 72 (Rn. 88) berufen (Art. 99 Abs. 5). Die Regelungen über „on-site-investigations" beruhen auf der Praxis von ICTY und ICTR (Art. 18 Abs. 2, 29 ICTYS, Art. 17 Abs. 2, 28 ICTRS; ICTY/ICTR-Regeln 4, 39 (i), 54), sind aber **restriktiver ausgestaltet** als deren Regelungen.[535] Die Befugnisse der Anklagebehörde gehören zu den umstrittensten Regelungen des Teils 9.[536]

93 Der **IStGH** *kann* seinerseits Vertrags- oder Nichtvertragsstaaten bezüglich der in seine Zuständigkeit fallenden Verbrechen oder anderer schwerer Straftaten **Rechtshilfe leisten** (Art. 93 Abs. 10).[537] In diesem Rahmen kann er etwa bestimmte Beweismittel – ggf. mit Zustimmung des betroffenen Staates und unter Berücksichtigung der Zeugen- und Opferschutzvorschriften (Rn. 52) – zur Verfügung stellen oder bei ihm im Gewahrsam befindliche Personen vernehmen. Der IStGH unterliegt keiner Pflicht zur Zusammenarbeit, das Zusammenarbeitsverhältnis zwischen ihm und den Staaten ist *nicht* von *Gegenseitigkeit* geprägt.[538]

94 Im **deutschen Recht** wird die sonstige Rechtshilfe an den IStGH in **§§ 47–63 IStGHG** (Rn. 71) geregelt. Nach § 47 Abs. 1 besteht eine *zwingende* Pflicht, sonstige Rechtshilfe zu leisten, wenn die Voraussetzungen des IStGH-Statuts und des IStGHG vorliegen. Als Rechtshilfemaßnahmen regelt das IStGHG etwa Beschlagnahme, Durchsuchung und Vermögensbeschlagnahme (§ 52) sowie Telekommunikationsüberwachungen und Observationsmaßnahmen (§ 59). Ferner werden Sitzungen des IStGH in Deutschland und die selbstständige Vornahme von Maßnahmen (ohne

533 *Sluiter,* Adjudication, 2002, S. 301; Grützner/Pötz/*Kreß,* 2003, IV A 1 Rn. 301; *Kreß,* JICJ 1 (2003), 615; *Ambos,* ZStW 111 (1999), 207; Triffterer/*Kreß/Prost,* Art. 99 Rn. 19. – Zur (str.) Frage einer Anordnung o. Überprüfung durch den IStGH Cryer/*Friman,* S. 533.

534 Vgl. zum Ganzen *Meißner,* Zusammenarbeit, 2003, S. 243 ff.; *Sluiter,* Adjudication, 2002, S. 293 ff.; Grützner/Pötz/*Kreß,* 2003, IV A 1 Rn. 300 ff.; Triffterer/*Kreß/Prost,* Art. 99 Rn. 15 ff.; Cassese/Gaeta/Jones/*Ciampi,* S. 1736 ff.; *Schabas,* 2010, S. 1049 f.; Cryer/*Friman,* S. 531 f.

535 Ausführlich *Sluiter,* Adjudication, 2002, S. 305 ff.

536 Näher Triffterer/*Kreß/Prost,* Art. 99 Rn. 1 ff.

537 Näher zu dieser „reverse cooperation" *Stahn,* CLF 19 (2008), 107, 112; auch *Cryer,* S. 156; *Gioia,* in: Malaguti, S. 75 ff.

538 Näher *Sluiter,* Adjudication, 2002, S. 84 ff.; Cassese/Gaeta/Jones/*Ciampi,* S. 1742 ff.; *Palmisano,* in: Lattanzi/Schabas, S. 411 f.; *Gioia,* LJIL 19 (2006), 1117 ff.; *dies.,* in: Malaguti, S. 75 ff. Für die Frage der Ersuchen um Maßnahmen von Staaten an den ICTY oder ICTR, siehe *Sluiter,* Adjudication, 2002, S. 85 f.

Zwangscharakter) auf deutschem Territorium ermöglicht (§§ 61–62). Im Übrigen ist die Legaldefinition der sonstigen Rechtshilfe in § 47 Abs. 2 sehr weit und umfasst auch Handlungen, die normalerweise nicht zur zwischenstaatlichen Rechtshilfe zählen.[539] Hinsichtlich der sonstigen Rechtshilfe an ICTY/ICTR sind die **§§ 4 JStGHG/ RStGHG** einschlägig. Durch Art. 7 und 8 IStGH-Ausführungsgesetz (Rn. 71) wurden diese Bestimmungen geändert und bei Erbringung sonstiger Rechtshilfe in weitem Umfang auf das IStGHG verwiesen.

4. Vollstreckung von Strafen und Anordnungen

95 Die Regeln zur Strafvollstreckung in **Teil 10** des IStGH-Statuts **(Art. 103–111)**[540] stehen nicht nur in einem sachlichen Zusammenhang zum Kooperationsregime (Rn. 67), sondern stellen auch eine Fortsetzung des in Teil 7 vorgesehenen Sanktionensystems (§ 7 Rn. 287) dar. Die IStGH-Regeln 198–225 ergänzen und konkretisieren die Art. 103 ff.[541]

96 Eine **Freiheitsstrafe** soll grundsätzlich in einem Staat vollstreckt werden, der sich zunächst *allgemein* dazu bereit erklärt hat und auf einer entsprechenden **Staatenliste** geführt wird (Art. 103 Abs. 1 (a), IStGH-Regel 200).[542] Die Vollstreckung erfolgt auf freiwilliger Basis[543] und der Staat kann – mit Zustimmung des IStGH – bestimmte *Bedingungen* aufstellen, etwa im Hinblick auf eine etwaige Begnadigung oder die Vollstreckung einer lebenslangen Freiheitsstrafe.[544] Wird ein Staat von der genannten Liste *in concreto* zur Übernahme der Vollstreckung ersucht, kann er aus bestimmten Gründen ablehnen (Art. 103 Abs. 1 (c); IStGH-Regel 205). Stimmt er der Vollstreckungsübernahme zu, besteht eine vr Vollstreckungspflicht gemäß den Bestimmungen des Kooperationsregimes.[545] Der IStGH wählt die Staaten nach bestimmten **Kriterien** aus; er berücksichtigt insbesondere die ausgewogene Verteilung der Verurteilten, die internationalen Mindeststandards zur Behandlung Strafgefangener sowie Willen und Staatsangehörigkeit des Verurteilten (Art. 103 Abs. 3, IStGH-Regel 201). Allerdings hat der Verurteilte grundsätzlich keinen Anspruch auf Vollstreckung der Strafe in seinem Heimatstaat. Findet sich kein Vollstreckungsstaat, so haben die Niederlande als Sitzstaat des IStGH die Vollstreckung zu übernehmen (Art. 103 Abs. 4). Für die Übermittlung des Vollstreckungsersuchens gilt grundsätzlich dasselbe wie für ein Überstellungs- und Rechtshilfeersuchen (IStGH-Regel 198).

---

539 *MacLean,* ZRP 2002, 263 f.

540 Dazu *Calvo-Goller,* S. 327 ff.; Cryer/*Friman,* S. 511 f.; *Piva,* ZIS 2008, 152; *Gless,* 2011, Rn. 863 ff.; zu den Verhandlungen vgl. *Chimimba,* in: Lee, 1999, S. 345 ff.; *Prost,* in: Lee, 2001, S. 673 ff.; *Marchesi,* in: Lattanzi/Schabas, S. 427 ff.; Triffterer/*Strijards,* Art. 103 Rn. 1 ff.; zu den *Ad-Hoc*-Tribunalen *Zahar/Sluiter,* S. 320 f.; zu den *Ad-Hoc*-Tribunalen und zum IStGH *Hoffmann,* ZIS 2011, 838 ff.; grdl. *Abels,* S. 447 ff.

541 Ausführlich zu den Regeln *Prost,* in: Lee, 2001, S. 673 ff.; *Gartner,* in: Fischer/Kreß/Lüder, S. 435 ff.

542 Eingehend Cassese/Gaeta/Jones/*Kreß/Sluiter,* S. 1784 ff.; Grützner/Pötz/*Kreß,* 2003, IV A 1 Rn. 321 ff.; *Marchesi,* in: Lattanzi/Schabas, S. 430 ff.; Triffterer/*Strijards,* Art. 103 Rn. 1 ff.; *Beltrán,* in: Gómez Colomer et al., S. 376 ff.; *Schabas,* 2010, S. 1069 f.

543 Krit. Cassese/Gaeta/Jones/*Kreß/Sluiter,* S. 1818 f.; Grützner/Pötz/*Kreß,* 2003, IV A 1 Rn. 323. Zur Strafvollstreckung durch *Nichtvertragsstaaten* vgl. *Palmisano,* in: Lattanzi/Schabas, S. 412 ff.

544 Näher Triffterer/*Strijards,* Art. 103 Rn. 24; Cassese/Gaeta/Jones/*Kreß/Sluiter,* S. 1787 f.; *Schabas,* 2010, S. 1070 f.

545 Cassese/Gaeta/Jones/*Kreß/Sluiter,* S. 1790.

Der Verurteilte soll mit Rechtskraft seiner Verurteilung in den Vollstreckungsstaat verbracht werden (IStGH-Regel 206). Der IStGH kann den Verurteilen jedoch jederzeit – auch nach dessen Antrag – **in einen anderen Vollstreckungsstaat** überführen (Art. 104, IStGH-Regeln 209f.). Die **Art und Weise der Vollstreckung** richtet sich nach dem Recht des Vollstreckungsstaates, hat aber internationalen Standards zu entsprechen und wird vom IStGH überwacht (Art. 106 Abs. 1, 2, IStGH-Regel 211).[546] Der Vollstreckungsstaat hat dafür Sorge zu tragen, dass der Verkehr zwischen den Verurteilten und dem IStGH ungehindert und vertraulich stattfindet (Art. 106 Abs. 3). 97

Der Vollstreckungsstaat hat keinerlei Einfluss auf die **Strafdauer** sowie auf eventuelle **Rechtsmittel** des Verurteilten (Art. 105). Der Verurteilte soll erst freigelassen werden, wenn die von dem IStGH verhängte Strafe vollstreckt ist oder der IStGH über die vorzeitige *Aussetzung* einer Freiheitsstrafe (Rn. 102) entschieden hat (Art. 110 Abs. 1, 2). Aus einer gemäß Art. 103 Abs. 1 (b) erklärten Bedingung kann sich ggf. etwas anderes ergeben (Art. 105 Abs. 1).[547] Plant der Vollstreckungsstaat bestimmte Maßnahmen, die die Vollstreckung beeinträchtigen könnten, hat er den IStGH 45 Tage vor Inkrafttreten dieser Maßnahme zu informieren. Der IStGH kann in diesem Fall den Verurteilten in einen anderen Staat überführen lassen (Art. 103 Abs. 2, 104 Abs. 1). 98

Der IStGH soll erstmals nach Verbüßung von zwei Dritteln einer zeitigen Freiheitsstrafe oder 25 Jahren einer lebenslangen Freiheitsstrafe über die **Aussetzung des Strafrests** entscheiden. Diese Entscheidung hängt im Wesentlichen von der Kooperationsbereitschaft des Verurteilten ab (Art. 110 Abs. 3, 4; IStGH-Regel 223). Im Fall einer negativen Entscheidung ist die Haftdauer in regelmäßigen Abständen zu überprüfen (Art. 110 Abs. 5, IStGH-Regel 224).[548] Bei **Flucht** aus der Haft kann der Vollstreckungsstaat nach Konsultation mit dem IStGH die Überstellung des Flüchtigen vom Aufenthaltsstaat verlangen oder den IStGH darum ersuchen, die Überstellung zu beantragen (Art. 111, IStGH-Regel 225). 99

Nach **Verbüßung der Haftstrafe** soll der Verurteilte in seinen Heimatstaat oder in einen anderen aufnahmebereiten Staat überführt werden, wenn der Vollstreckungsstaat ihm nicht ein Aufenthaltsrecht einräumt (Art. 107 Abs. 1); die genannten Staaten haben auch die Überführung zu finanzieren (Art. 107 Abs. 2).[549] Im Hinblick auf die etwaige Strafverfolgung im Vollstreckungsstaat oder die **Auslieferung** des Verurteilten an einen **Drittstaat** gilt der vollstreckungsrechtliche *Spezialitätsgrundsatz* (Art. 108, IStGH-Regeln 214–216),[550] so dass eine weitere Strafverfolgung wegen *vor* der Überführung begangener Taten grundsätzlich nicht in Betracht kommt. Der IStGH kann aber – ebenso wie der Überstellungsstaat (Art. 101, Rn. 83) – auf die Spezialität verzichten (Art. 108 Abs. 1). Im Übrigen endet der Spezialitätsschutz, wenn sich der Ver- 100

[546] Vgl. Cassese/Gaeta/Jones/*Kreß/Sluiter,* S. 1797ff.; *Marchesi,* in: Lattanzi/Schabas, S. 437ff.; Grützner/Pötz/*Kreß,* 2003, IV A 1 Rn. 345 und 347ff.; Triffterer/*Clark,* Art. 106 Rn. 1ff.; *Schabas,* 2010, S. 1081ff.

[547] Ausführlich Cassese/Gaeta/Jones/*Kreß/Sluiter,* S. 1791ff.; Grützner/Pötz/*Kreß,* 2003, IV A 1 Rn. 342ff.

[548] Vgl. Grützner/Pötz/*Kreß,* 2003, IV A 1 Rn. 338ff.; Cassese/Gaeta/Jones/*Kreß/Sluiter,* S. 1793f.; *Pulvirenti,* in: Cassese et al., 2005, S. 481ff.; *Nemitz,* in: Haveman/Olusanya, S. 143.

[549] Ausführlich Cassese/Gaeta/Jones/*Kreß/Sluiter,* S. 1813ff.; Grützner/Pötz/*Kreß,* 2003, IV A 1 Rn. 353; *Marchesi,* in: Lattanzi/Schabas, S. 439f.; Triffterer/*Clark,* Art. 107 Rn. 1ff.; *Schabas,* 2010, S. 1086ff.

[550] Umfassend Cassese/Gaeta/Jones/*Kreß/Sluiter,* S. 1809ff.; Triffterer/*Schabas,* Art. 108 Rn. 1ff.; Grützner/Pötz/*Kreß,* 2003, IV A 1 Rn. 351f.; *Schabas,* 2010, S. 1091ff.

urteilte mehr als 30 Tage nach Haftentlassung im Vollstreckungsstaat aufhält oder wieder in diesen Staat zurückkehrt (Art. 108 Abs. 3). Dann kann der Vollstreckungsstaat den Verurteilten auch an einen Drittstaat ausliefern (Art. 107 Abs. 3).

101 Anders als bei Freiheitsstrafen sind die Vertragsstaaten zur Vollstreckung von **Geldstrafen** und **Verfallsanordnungen** – unbeschadet der Interessen gutgläubiger Dritter – verpflichtet (Art. 109 Abs. 1).[551] Art. 109 enthält keine Ablehnungsgründe für ein Ersuchen und ein Vollstreckungsstaat darf eine Geldstrafe nicht modifizieren (IStGH-Regel 220).[552] Kann eine Einziehung nicht vollstreckt werden, sollen zumindest Maßnahmen zum Erhalt des Vermögensgegenwerts getroffen werden (Art. 109 Abs. 2). Eigentum oder aus dessen Verkauf stammende Erlöse sollen dem IStGH übergeben werden (Art. 109 Abs. 3).

102 Das Vollstreckungsregime von **ICTY und ICTR** ähnelt dem des IStGH.[553] Bezüglich **Freiheitsstrafen** gibt es keine Verpflichtung zur Vollstreckungshilfe. Eine Freiheitsstrafe soll in einem Staat[554] – auf der Grundlage einer *Staatenliste* – vollstreckt werden (Art. 27 ICTYS, Art. 26 ICTRS).[555] Die Tribunale haben zu diesem Zweck *bilaterale Vollstreckungsabkommen* mit einigen Staaten abgeschlossen,[556] die teilweise bestimmte Bedingungen für die Vollstreckung enthalten. Die **Art und Weise** der Vollstreckung richtet sich nach dem Recht des Vollstreckungsstaates, doch wird sie **von den Tribunalen überwacht** (Art. 27 S. 2 ICTYS, Art. 26 S. 2 ICTRS, ICTY/ICTR-Regeln 103f.). Den Tribunalen obliegt auch die Entscheidung über eine Begnadigung oder Strafumwandlung (Art. 28 ICTYS, Art. 27 ICTRS, ICTY-Regeln 123–125, ICTR-Regeln 124–126). In *Erdemovic* hat der ICTY einige Kriterien für die Art und Weise der Vollstreckung und die Wahl eines Vollstreckungsstaats entwickelt.[557] Danach hat der Vollstreckungsstaat etwa die Dauer einer Freiheitsstrafe zu respektieren und der Strafvollzug muss den internationalen Mindeststandards entsprechen. Anders als das IStGH-Statut enthalten ICTYS und ICTRS weder Bestimmungen über den Speziali-

[551] Näher Grützner/Pötz/*Kreß*, 2003, IV A 1 Rn. 355ff.; Triffterer/*Schabas*, Art. 109 Rn. 1ff.; *Schabas*, 2010, S. 1097ff.; Cassese/Gaeta/Jones/*Kreß/Sluiter*, S. 1823ff.; *Beltrán*, in: Gómez Colomer et al., S. 381f. – Nach Art. 75 Abs. 5 werden die Vertragsstaaten zusätzlich zu der Vollsteckung von *Wiedergutmachungsanordnungen* verpflichtet, s. auch IStGH-Regeln 217, 219.

[552] Für Geschäftsweg und Inhalt eines Ersuchens siehe IStGH-Regeln 217–218.

[553] Weiterführend Cassese/Gaeta/Jones/*Kreß/Sluiter*, S. 1771ff.; Grützner/Pötz/*Kreß*, 2002, IV A 2 Rn. 63ff.; *Nemitz*, in: Haveman/Olusanya, S. 125ff.; *Holá/van Wijk*, JICJ 12 (2014), 115ff.

[554] Art. 26 ICTRS nennt ausdrücklich Ruanda als Vollstreckungsstaat.

[555] Zum 1.7.2014 verbüßten Verurteilte des ICTY Freiheitsstrafen in Estland, Frankreich, Dänemark, Großbritannien, Österreich, Deutschland, Spanien, Portugal, Norwegen, Italien, Schweden, Finnland und Belgien. Die vom ICTR verhängten Freiheitsstrafen werden derzeit in Benin, Mali, Italien und Norwegen vollzogen; siehe http://unmict.org/enforcement-of-sentences.html (zuletzt abgerufen am 1.7.2014); s. hierzu auch *Holá/van Wijk*, JICJ 12 (2014), 117 unter krit. Berücksichtigung der unterschiedlichen Haftbedingungen (118ff.) und rechtlichen Vorgaben zur (vorzeitigen) Haftentlassung (122ff.).

[556] Zum 1.7.2014 existieren solche Abkommen zwischen dem ICTY und Großbritannien, Dänemark, Deutschland, Spanien, Frankreich, Schweden, Österreich, Norwegen, Finnland, Italien, Portugal, Estland, Ukraine, Belgien, der Slovakei, Polen, Albanien (www.icty.org). Mit dem ICTR haben Ruanda, Mali, Benin, Swasiland, Tansania, Frankreich, Italien und Schweden ein solches Abkommen (www.unictr.org). Vgl. Cassese/Gaeta/Jones/*Kreß/Sluiter*, S. 1773ff.; Triffterer/*Strijards*, Art. 103 Rn. 19; *Nemitz*, in: Haveman/Olusanya, S. 126f.

[557] *ICTY*, Erdemovic TJ Sentencing 29.11.1996, paras. 68ff.; dazu Cassese/Gaeta/Jones/*Kreß/Sluiter*, S. 1776ff.

tätsgrundsatz noch über die Frage, was mit dem Verurteilten nach Verbüßung der Haftstrafe geschehen soll. Ebensowenig enthalten die Statuten Bestimmungen über die Vollstreckung von Geldstrafen oder Verfallsanordnungen.

Im **deutschen Recht** wird in **§§ 40–46 IStGHG** die Rechtshilfe an den IStGH durch Vollstreckung von Freiheitsstrafen, Geldstrafen, Verfallsanordnungen und Wiedergutmachungsanordnungen geregelt.[558] Es gilt der Grundsatz der **Sachherrschaft des IStGH,** auf Grund der Anerkennung des IStGH als zwischenstaatliche Einrichtung i. S. v. Art. 24 GG (§ 6 Rn. 38) entfällt die Notwendigkeit eines transformierenden Exequaturverfahrens[559] zur Vollstreckung von Freiheitsstrafen.[560] Die deutschen Rechtsgrundlagen zur Vollstreckung von Freiheitsstrafen von **ICTY** und **ICTR** finden sich in **§ 5 JStGHG** und **§ 5 RStGHG.**[561] Durch Art. 7 und 8 des IStGH-Ausführungsgesetzes (Rn. 71) wurden diese Bestimmungen geändert, so dass nun die entsprechenden Regelungen des IStGHG gelten. 103

Lösung Fall 5:

Auf Grund der unterschiedlichen Rechtsnatur sind Kooperationsregime und Rechtsfolgen bei Nichterfüllung der Kooperationspflicht bei den *Ad-Hoc*-Tribunale (ICTY, ICTR) und dem IStGH unterschiedlich ausgestaltet. In jenem Fall sind alle UN-Mitgliedstaaten zur Kooperation verpflichtet. Die *Ad-Hoc*-Tribunale können bindende Anordnungen an die Staaten richten. Leisten diese den Anordnungen nicht Folge, können die Tribunale zwar selbst keine Sanktionen gegen den Verletzerstaat verhängen, doch können sie sich an den UN-Sicherheitsrat wenden, der solche Sanktionen im Rahmen von Kap. VII UNS verhängen kann (ICTY/ICTR-Regel 7*bis*). Dabei kann die Gefährdung nationaler Sicherheitsinteressen grundsätzlich nicht als Ablehnungsgrund der Zusammenarbeit dienen (s. das *Blaskic*-Urteil Rn. 65, 70, 88). Demgegenüber kann der *IStGH* bei Nichterfüllung der Kooperationspflicht durch einen Vertragsstaat lediglich die Vertragsverletzung feststellen und die Angelegenheit an die Staatenversammlung (ASP) überweisen (Art. 87 Abs. 7). Die Möglichkeiten der Staatenversammlung werden jedoch nicht in Art. 112 Abs. 2 (f) konkretisiert. Denkbar ist eine Aufforderung an den Verletzerstaat, seiner Kooperationspflicht nachzukommen, oder eine Empfehlung kollektiver Gegenmaßnahmen an die Vertragsstaaten.[562] Nur wenn der IStGH auf Grund eines Verweises des UN-Sicherheitsrats ermittelt (Rn. 8), kann dieser auch zur Durchsetzung der Kooperation im o. g. Sinne tätig werden. Im Falle eines Nicht-Vertragsstaats (oder eines Staates, mit dem nur eine *Ad-Hoc*-Vereinbarung besteht) kann sich der IStGH zwar ebenfalls an die ASP oder ggf. den UN-Sicherheitsrat wenden, eine Vertragsverletzung kann allerdings nicht festgestellt werden (Art. 87 Abs. 5, Rn. 66). Das Kooperationsregime wird weiter durch eine Vielzahl von Ablehnungsgründen geschwächt, u. a. die Berufung auf nationale Sicherheitsinteressen (Art. 93 Abs. 4, Rn. 88). 104

[558] Allgemein zur deutschen Vollstreckungshilfe *Wilkitzki*, GS Vogler, 2004, S. 263 ff.

[559] Exequatur (lat.: „er übe – sein Amt – aus!") ist im Völkerrecht die Zulassung des Konsuls durch Ermächtigung des Empfangsstaats (*Verdross/Simma*, §§ 920, 924). Im Zivilprozess wird damit das Vollstreckungsurteil bezeichnet, das zur Zulässigkeit der Zwangsvollstreckung aus ausländischen Urteilen notwendig ist (vgl. §§ 722, 723 ZPO). Im Bereich der strafrechtlichen Rechtshilfe geht es um die Vollstreckung ausländischer Freiheitsstrafen.

[560] Vgl. *MacLean*, ZRP 2002, 263; *Meißner*, NJ 2002, 349.

[561] Vgl. zu den Verhandlungen mit dem ICTY anlässlich der Vollstreckung der Strafe von Dusko Tadic *MacLean*, in: Fischer/Kreß/Lüder, S. 727 ff.; *Elberling*, GYIL 54 (2011), 665 ff.

[562] Grützner/Pötz/*Kreß*, 2003, IV A 1 Rn. 221; Cassese/Gaeta/Jones/*Ciampi*, S. 1635; krit. zu den Möglichkeiten des IStGH *Zhou*, JICJ 4 (2006), 210 ff.

Lösung Fall 6:

105 a) Wenn der Fall dringend ist, kann der IStGH auf Basis des Haftbefehls den Vertragsstaat X zuerst um die vorläufige Festnahme von A ersuchen (Art. 92 Abs. 1). Über die Frage der Dringlichkeit entscheidet der IStGH.[563] Nach einer Festnahme sollte ein Überstellungsersuchen zügig und spätestens binnen 60 Tagen übermittelt werden (Art. 92 Abs. 3). Die Überstellungspflicht trifft auch eigene Staatsangehörige (Rn. 73).

b) Der IStGH kann ein Ersuchen um die Durchsuchung und Beschlagnahme bei A stellen (Art. 93 Abs. 1 (h); zu den sonstigen Rechtshilfemaßnahmen o. Rn. 85). Falls notwendig, ist auch ein Ersuchen um die vorherige Ermittlung des Aufenthaltsortes von A möglich (Art. 93 Abs. 1 (a)). Weiterhin kann ein Ersuchen um die Ermittlung des Aufenthaltsortes des Zeugen und/oder die Vernehmung des Zeugens gestellt werden (Art. 93 Abs. 1 (a), (b)). Der Vertragsstaat X kann im Zusammenhang mit einer solchen Vernehmung nationale Zwangsmaßnahmen zur Sicherstellung der Anwesenheit des Zeugens vornehmen, aber aus dem IStGH-Statut ergibt sich keine Verpflichtung zur zwangsweisen Überstellung des Zeugen zum Verhör *vor dem IStGH.* Schließlich kann auch ein Ersuchen um die Entnahme und Herausgabe einer DNA-Probe gestellt werden, doch ist ein Vertragsstaat insoweit nur verpflichtet dem Ersuchen stattzugeben, wenn die Maßnahme nicht nach seinem nationalen Recht verboten ist (Art. 93 Abs. 1 (l)).

563 Grützner/Pötz/*Kreß*, 2003, IV A 1 26 Rn. 255.

3. Teil. Europäisches Strafrecht

§ 9. Einführung: Begriff und Gegenstand des europäischen Strafrechts

Neuere Literatur: *Ahlbrecht,* Strukturelle Defizite Europäischer Verteidigung – Gründe und Möglichkeiten ihrer Überwindung, StV 2012, 491; *Arnold,* Auf dem Weg zu einem Europäischen Strafverteidiger?, StraFo 2013, 54; *Asp,* The Importance of the Principles of Subsidiarity and Coherence in the Development of EU Criminal Law, EuCLR 1 (2011), 44; *ders.*, The Substantive Criminal Law Competence of the EU, 2012; *Banach-Gutierrez,* Globalised Criminal Justice in the EU Context, NJECL 4 (2013), 154; *Baumbach,* Danish Criminal Law and the EU, EuCLR 3 (2013), 300; *Bettels,* Vertragsrechtliche und verfassungsrechtliche Grenzen des Europäischen Strafrechts nach dem Vertrag von Lissabon, ZStW 124 (2013), 875; *Bock,* Tagungsbericht: Europäisches Strafrecht post Lissabon – (Normalisierungs-) Chancen oder (Verstetigungs-)Risiken?, ZIS 2011, 266; *Böse,* § 1: Einleitung, in: Böse, 2013, S. 47; *ders.*, § 4: Kompetenzen der Union auf dem Gebiet des Straf- und Strafverfahrensrechts, in: Böse, 2013, S. 149; *Brodowski,* Strafrechtsrelevante Entwicklungen in der EU, ZIS 2012, 558; *ders.*, Strafrechtsrelevante Entwicklungen in der EU, ZIS 2013, 455; *ders.*, Innere Sicherheit in der EU, Jura 2013, 492; *Caeiro,* A jurisdição penal da união europeia como meta-jurisdição: em especial, a compêtencia para legislar sobre as bases de jurisdição nacionais, in: Correia et al., Estudos em homenagem ao Prof. Doutor José Joaquim Gomes Canotilho, Vol. III, 2012, S. 179; *Capus,* Strafrecht und Souveränität, 2010; *Cygan,* National Parliaments within the EU Polity – No Longer Losers but Hardly Victorious, ERA-Forum 13 (2012), 517; *Dannecker,* Le Principe de reconnaissance mutuelle en matière pénale dans L'Union européenne, ZVglRWiss 111 (2012), 64; *De Vel,* Legal and Justice Strategies in the Council of Europe, in: Muller/Zouridis, Law and Justice, 2012, S. 247; *Donatsch et al.*, Internationale Rechtshilfe, 2011; *Dorra,* Strafrechtliche Legislativkompetenzen der Europäischen Union, 2013; *Erbežnik,* The Principle of Mutual Recognition as a Utilitarian Solution, and the Way Forward, EuCLR 2 (2012), 3; *European Criminal Policy Initiative,* The Manifesto on European Criminal Policy in 2011, EuCLR 1 (2011), 86; *dies.*, Manifest zum Europäischen Strafverfahrensrecht, ZIS 2013, 412; *Frenz,* Raum der Freiheit, der Sicherheit und des Rechts, Jura 2012, 701; *Friman,* How to Approach EU Criminal Law, in: Muller/Zouridis, Law and Justice, 2012, 261; *Gärditz,* § 6: Europäisierung des Strafrechts und nationales Verfassungsrecht, in: Böse, 2013, S. 227; *Geiger,* Auswirkungen europäischer Strafrechtsharmonisierung auf nationaler Ebene, 2012; *Gleß,* § 38: Europäische Beweisanordnung, in: Sieber et al., S. 596; *dies.*, Ohn(e)macht – Abschied von der Fiktion einer Waffengleichheit gegenüber europäischer Strafverfolgung?, StV 2013, 317; *Gómez-Jara,* European Federal Criminal Law: What can Europe Learn from the US System of Federal Criminal Law to Solve its Sovereign Debt Crisis?, EuCLR 3 (2013), 170; *Grünewald,* Zur Frage eines europäischen Allgemeinen Teils des Strafrechts, JZ 2011, 972; *Hecker,* Europäisches Strafrecht post-Lissabon, in: Ambos, 2011, S. 13; *Jokisch/Jahnke,* § 2: Der Raum der Freiheit, der Sicherheit und des Rechts, in: Sieber et al., S. 116; *Kaiafa-Gbandi,* The Importance of Core Principles of Substantive Criminal Law, EuCLR 1 (2011), 7; *dies.*, The Commission's Proposal for a Directive on the Fight Against Fraud to the Union's Financial Interests by Means of Criminal Law (COM (2012) 363 final) – An Assessment Based on the Manifesto for a European Criminal Policy, EuCLR 2 (2012), 319; *Kainer,* Strafrecht im Raum der Freiheit, der Sicherheit und des Rechts, EuR-Bei 2013, 87; *Kiiver,* The Conduct of Subsidiarity Checks of EU Legislative Proposals by National Parliaments, ERA-Forum 13 (2012), 535; *Krüger,* Unmittelbare EU-Strafkompetenzen aus Sicht des deutschen Strafrechts, HRRS 2012, 311; *Kuhl,* The Initiative for a Directive on the Protection of the EU Financial Interests by Substantive Criminal Law, eucrim 2012, 63; *Landau,* Strafrecht nach Lissabon, NStZ 2011, 546; *ders.*, Strafrecht in seinen europäischen Bezügen – Gemeinsamkeiten, Diskrepanzen, Entscheidungen und Impulse, NStZ 2013, 194; *Latzel,* Eine misslungene Karlsruher Trotzreaktion, FAZ v. 3.5.2013, S. 7; *F. Meyer,* Das Strafrecht im Raum der Freiheit, der Sicherheit und des Rechts, EuR 2011, 169; *ders.*, § 25: Demokratische Kontrolle, in: Böse, 2013, S. 923; *Miettinen,* Implied Ancillary Criminal Law Competence after Lisbon, EuCLR 3 (2013), 194; *Mylonopoulos,* Strafrechtsdogmatik in Europa nach dem Vertrag von Lissabon, ZStW 123 (2011), 633; *Nagler,* Verteidigung gegen im Ausland gewonnene Ermittlungsergebnisse, StV 2013, 324; *Nilsson,* 25 Years of Criminal Justice in Europe, EuCLR 2 (2012), 106; *Nowell-Smith,* Behind the Scenes in the Negotiation of EU Criminal Justice Legislation, NJECL 3 (2012), 381; *Öberg,* The Definition of Criminal Sanctions in the EU, EuCLR 3 (2013), 273; *Ouwerkerk,* Quid pro quo?, 2011; *Prittwitz,* Lissabon als Chance zur kriminalpolitischen Neubesinnung. Das Manifest zur Europäischen Kriminalpolitik, in: *Ambos,* 2011, S. 29; *Rackow,* Das Anerkennungsprinzip auf dem

Prüfstein der Beweisrechtshilfe, in: Ambos, 2011, S. 117; *ders.*, § 23: Institutionalisierung der Verteidigung, in: Böse, 2013, S. 865; *Safferling*, Strafrechtsentwicklung in der EU – Konglomerat oder Synthese?, in: Streng/Kett-Straub, Strafrechtsvergleich als Kulturvergleich, 2013, S. 187; *Satzger*, § 9: Europäisierung, in: Sieber et al., S. 231; *ders./Zimmermann*, Europäische Kriminalpolitik „reloaded": Das Manifest zum Europäischen Strafverfahrensrecht, ZIS 2013, 406; *Schaut*, Europäische Strafrechtsprinzipien, 2012; *Schomburg*, § 3: Überblick über die Aktivitäten des Europarats auf strafrechtlichem Gebiet, in: Sieber et al., S. 127; *Schonard*, Judicial Review of EU Acts Affecting Criminal Proceedings, EuCLR 2 (2012), 61; *Schorkopf*, Das Lissabon-Urteil des BVerfG – Die Verfassungsbeschwerde als geschärftes Instrument der Verteidigung, in: Ambos, 2011, S. 111; *Schröder*, Perspektiven der Europäisierung des Strafrechts nach Lissabon: Neues Denken oder alte Fehler?, FS Achenbach, 2011, S. 491; *Schröder/Stiegel*, § 35: Zusammenarbeit mit Drittstaaten, in: Sieber et al., S. 536; *Schützendübel*, Die Bezugnahme auf EU-Verordnungen in Blankettstrafgesetzen, 2012; *Sicurella*, Some Reflections on the Need for a General Theory of the Competence of the European Union in Criminal Law, in: Klip, 2011, S. 233; *Simon*, The Criminalisation Power of the European Union after Lisbon and the Principle of Democratic Legitimacy, NJECL 3 (2012), 242; *Sturies*, Ermächtigt der Vertrag von Lissabon wirklich zum Erlass supranationaler Wirtschaftsstrafgesetze?, HRRS 2012, 273; *Suominen*, The Characteristics of Nordic Criminal Law in the Setting of EU Criminal Law, EuCLR 1 (2011), 170; *dies.*, The Principle of Mutual Recognition in Cooperation in Criminal Matters, 2010; *Taupiac-Nouvel*, The Principle of Mutual Recognition in Criminal Matters: A New Model of Judicial Cooperation Within the EU, EuCLR 2 (2012), 236; *Thym*, Die Reichweite der EU-Grundrechte-Charta – Zu viel Grundrechtsschutz?, NVwZ 2013, 889; *Thunberg Schunke*, Whose Responsibility – A Study of Transnational Defence Rights and Mutual Recognition of Judicial Decisions within the EU, 2013; *Vermeulen*, Free Gathering and Movement of Evidence in Criminal Matters in the EU, 2011; *Vogel*, Die Strafgesetzgebungskompetenzen der Europäischen Union nach Art. 83, 86 und 324 AEUV, in: Ambos, 2011, S. 41; *ders.*, § 5: Allgemeiner Teil des supranationalen Sanktionenrechts, in: Sieber et al., S. 143; *ders.*, § 6: Besonderer Teil des supranationalen Strafrechts (Überblick), in: Sieber et al., S. 166; *ders.*, Strafrecht und Strafrechtswissenschaft im internationalen und europäischen Rechtsraum, JZ 2012, 25; *Voßkuhle*, Der Rechtsanwalt und das Bundesverfassungsgericht – Aktuelle Herausforderungen der Verfassungsrechtsprechung, NJW 2013, 1329; *Wieczorek*, A Needed Balance Between Security, Liberty and Justice. Positive Signals Arrive From the Field of Victims' Rights, EuCLR 2 (2012), 141; *Wolter*, Vorabentscheidungsverfahren und Beschleinigungsgebot in Strafsachen, 2011; *Zeder*, Europastrafrecht, Vertrag von Lissabon und Stockholmer Programm: Mehr Grundrechtsschutz?, EuR 2012, 34; *Zimmermann/Glaser/Motz*, Mutual Recognition and its Implications for the Gathering of Evidence in Criminal Proceedings: a Critical Analysis of the Initiative for a European Investigation Order, EuCLR 1 (2011), 56; *Zöller*, Neue unionsrechtliche Strafgesetzgebungskompetenzen nach dem Vertrag von Lissabon, FS Schenke, 2011, S. 579; *Zwingmann*, The Continuing Myth of EURO-Scepticism? The German Federal Constitutional Court Two Years After Lisbon, ICLQ 61 (2012), 665. – Für (weitere) **ältere Literatur** s. Vorauflagen.

A. Vorbemerkung

1 Mit der Ost- und Mittelmeererweiterung der Union um 10 Staaten Osteuropas (Estland, Lettland, Litauen, Polen, Ungarn, Tschechien, die slowakische Republik, Slowenien) und des Mittelmeerraums (Malta, Südzypern) im Jahre 2004, dem Beitritt Bulgariens und Rumäniens im Jahre 2007 sowie Kroatiens im Jahre 2013 ist die EU inzwischen auf 28 Staaten angewachsen[1] und umfasst damit **30 Kriminaljustizsysteme.**[2] Schon im Jahre 2003 wurde vom Europäischen Konvent der Entwurf eines Ver-

[1] Zum europäischen Einigungsprozess vgl. 1. Aufl., Rn. 1 ff. einschl. Schaubild 14; essayistisch *Schorkopf*, Europäischer Weg, 2010; zur Reform von Nizza vgl. 2. Aufl., Rn. 7; zu europ. Organisationen und Organen 2. Aufl., Rn. 10–12. Vgl. auch *Brodowski*, Jura 2013, 500 ff.; weitergehender historischer Überblick bei *Safferling*, 2011, § 9 Rn. 9 ff.

[2] Das Vereinigte Königreich hat mit England/Wales, Schottland und Nordirland drei unterschiedliche Systeme. Allerdings hat es mit Wirkung zum 1. 12. 2014 von seiner in Art. 10 Abs. 4 Prot. Nr. 36 zum Lissabonner Vertrag („Über die Übergangsbestimmungen" [Abl. EU C 115 v. 9. 5. 2008]; geändert durch ÄndProt vom 23. 6. 2010 [Abl. EU C 263 v. 29. 10. 2010, 1]) enthaltenen Möglichkeit eines

trags über eine **Europäische Verfassung (VerfV)**[3] vorgelegt. Nach negativen Volksabstimmungen in Frankreich und den Niederlanden im Sommer 2005 wurde der Ratifizierungsprozess jedoch **ausgesetzt** (näher 1. Aufl. und 2. Aufl., Rn. 8 f.) und stattdessen eine bloße **Vertragsreform** ins Auge gefasst.[4] Der Reformvertrag ist am 13.12.2007 in Lissabon unterzeichnet worden[5] und wurde zuletzt durch Tschechien am 13.11.2009 ratifiziert, so dass er am 1.12.2009 in Kraft treten konnte.[6] Damit ist der ehrgeizige und mit mancherlei aufgesetztem (und kostspieligem) Pathos betriebene Versuch, Europa eine *Verfassung* zu geben, endgültig Geschichte, „die Wirklichkeit Europas hat die normative Hybris auf den Boden der Tatsachen zurückgeholt."[7]

Der Lissabonner Vertrag besteht aus dem reformierten **EU-Vertrag** (EUV) und dem **Vertrag über die Arbeitsweise der Europäischen Union** (AEUV).[8] Die Union tritt an die Stelle der EG als deren Rechtsnachfolgerin (Art. 1 UA 3 EUV) und die bisherige Drei-Säulen-Struktur (EG, GASP, PJZS, s. 2. Aufl., Schaubild 15) wird durch *zwei supranationale Bereiche* (frühere EG und Justiz und Inneres) und einen *quasi-supranationalen Bereich* (GASP)[9] ersetzt. 2

Nizza (Februar 2001)	**Lissabon (13.12.2007)**
Die EU besitzt nach h. M. keine Rechtspersönlichkeit.	Die EU besitzt Rechtspersönlichkeit (Art. 47 EUV).
Der Europäische Rat wird vom EU-Ratspräsidenten geleitet (Staats-/Regierungschef des Landes, das für 6 Monate die Ratspräsidentschaft innehat).	Der Europäische Rat wird von einem Vorsitzenden („Präsident") geleitet, der zweieinhalb Jahre im Amt ist und einmal wiedergewählt werden kann (Art. 15 EUV).
Mitentscheidungsrecht des EP nur in ausgewählten Politikfeldern.	Mitentscheidungsrecht des EP als Regel (ordentl. Gesetzgebungsverfahren, Art. 289 Abs. 1, 294 AEUV).[10]

Opt-outs hinsichtlich der polizeilichen und justiziellen Zusammenarbeit Gebrauch gemacht (Rats-Dok. 12750/13), zu den Konsequenzen s. *Brodowski,* ZIS 2013, 458 ff.; vgl. auch eucrim 2013, 76.

3 EuGRZ 2003, 357 und 389; CONV 850/03; zum VerfV s. 2. Aufl., Rn. 9.

4 Schlussfolgerungen des Vorsitzes der Tagung des Europäischen Rates in Brüssel (21./22.6.2007), 11 177/07 CONCL2 v. 23.6.2007 (Anlage 1), S. 15.

5 „Vertrag von Lissabon und zur Änderung des Vertrags über die EU und des Vertrags zur Gründung der EG", Abl. EU C 306 v. 17.12.2007. Zur Entstehungsgeschichte *Streinz/Ohler/Herrmann,* S. 16 ff.; *Fischer,* Lissabon, S. 47 ff.

6 Vgl. http://europa.eu/lisbon_treaty/countries/index_de.htm (zuletzt abgerufen am 1.7.2014).

7 *Depenheuer,* SZ v. 17.8.2007, 14. Damit ist auch die Idee einer Konstitutionalisierung als Alternative zur Globalisierung (*Terradillos Basoco,* EPC 2005, 395) Geschichte. Vgl. auch *Haltern,* § 2 Rn. 126 ff., insb. 135: „Der symbolische Überschuss ... mit der Verwendung des Wortes ‚Verfassung' ... ist damit endgültig verlorengegangen."; ebenso *F. Meyer,* S. 304: „Kehrtwende von Ikonografie zu Ikonoklasmus".

8 O. Fn. 5. Einen guten inhaltlichen Überblick liefern *Streinz/Ohler/Herrmann,* S. 27 ff.; etwas anekdotisch *Fischer,* Lissabon, S. 109 ff.

9 Auch die ehem. Zweite Säule der GASP wurde in das Unionsrecht überführt. Sie hat nach wie vor einen gewissen Sonderstatus (vgl. Art. 23–46 EUV) und besitzt nun eigene unionsrechtliche Organe wie den Hohen Vertreter für Außen- und Sicherheitspolitik (Art. 18, 27 EUV) sowie den Europäischen Auswärtigen Dienst (Art. 27 Abs. 3 EUV); dazu *Dembinski,* Das Parlament Beilage 2010, Nr. 18, 9; *Brok/Ahumada,* eucrim 2010, 104 ff.

10 *Kaiafa-Gbandi,* EuCLR 1 (2011), 10 betrachtet dies als wichtigen Schritt zur Sicherung von Grundrechten. Diese Änderung hat auch Auswirkungen auf die Art und Weise von Verhandlungen über Rechtsetzungentwürfe, dazu ausf. *Nowell-Smith,* NJECL 3 (2012), 381 ff.

Nizza (Februar 2001)	**Lissabon (13.12.2007)**
Zusammensetzung des EP: Deutschland hat 99 Abgeordnete, Malta 5.	Zusammensetzung des EP: insgesamt 750 Abgeordnete, max. 96 (D), min. 6 (Malta); kein fester Schlüssel (Art. 14 Abs. 2 EUV).
vier Rechtsetzungsverfahren: Mitentscheidungsverfahren, Verf. d. Zustimmung, Anhörungsverf., Zusammenarbeitsverf.	zwei Rechtsetzungsverfahren: Ordentliches u. Besonderes Gesetzgebungsverfahren (Art. 289 Abs. 1, 2 AEUV).[11]
Einteilung der Kompetenzen in ausschließliche und konkurrierende durch **EuGH und Lit.** Keine zusammenfassende Aufzählung.	Einteilung der *Kompetenzen* in „ausschließliche" und „geteilte" sowie zusammenfassende Aufzählung und Ausweitung (Art. 2ff. AEUV).
Es gibt einen „Hohen Vertreter für Gemeinsame Außen- und Sicherheitspolitik", der nicht der Kommission angehört **sowie** ein für Außenpolitik zuständiges Kommissionsmitglied.	Es gibt einen „Hohen Vertreter der Union für Außen- und Sicherheitspolitik", der **zugleich** Vorsitzender des EU-Außenministerrates und Vize-Präsident der Kommission ist (Art. 18 EUV).
GRCh: keine Rechtsverbindlichkeit.	GRCh: Rechtsverbindlichkeit (Art. 6 EUV).
Rechtsprechungsdifferenzen zwischen EGMR und EuGH.	EU tritt EMRK bei (Art. 6 Abs. 2 EUV i. V. m. Prot. 14 EMRK).
EU-Austritt nicht vorgesehen	Austritt aus der EU möglich (Art. 50 EUV)
Keine Kontrolle durch nationale Parlamente.	Subsidiaritätskontrolle (Art. 5 Abs. 3 S. 3 EUV) durch Stellungnahme im Gesetzgebungsverfahren (Parlaments- und Subsidiaritätsprotokoll).[12]

Schaubild 19: Die Änderungen post-Lissabon im Überblick

[11] Ausf. zur Entwicklung insb. im Bereich des Strafrechts *F. Meyer,* S. 327ff.

[12] Art. 5 Abs. 3 EUV i. V. m. dem Subsidiaritätsprotokoll (Protokoll Nr. 2 zum Lissabonner Vertrag „Über die Anwendung der Grundsätze der Subsidiarität und der Verhältnismässigkeit", Abl. EU C 115 v. 9.5.2008) etabliert zunächst ein Frühwarnsystem (präventive ex-ante Kontrolle auch durch die nationalen Parlamente): Zuerst leitet die Kommission Gesetzesentwürfe den nationalen Parlamenten zu (Art. 4 Subsidiaritätsprotokoll), die dann binnen acht Wochen in einer begründeten Stellungnahme darlegen können, weshalb der Entwurf nicht mit dem Subsidiaritätsprinzip vereinbar sein soll (Art. 6 Subsidiaritätsprotokoll). Ist diese sog. Subsidiaritätsrüge nicht erfolgreich, so können die Parlamente Subsidiaritätsklage beim EuGH erheben (Art. 8 Subsidiaritätsprotokoll – repressive ex-post Kontrolle). In Deutschland wird dieses Recht vom Bundestag oder Bundesrat ausgeübt. Zudem kann eine Verletzung des Subsidiaritätsgrundsatzes auch inzident im Rahmen der Nichtigkeitsklage, im Zuge eines Vertragsverletzungsverfahrens oder eines Vorabentscheidungsverfahrens gerügt werden. Der genaue Umfang der richterlichen Kontrolle ist allerdings str. Die deutsche Literatur geht wohl überwiegend davon aus, dass das Subsidiaritätsprinzip voll justiziabel ist, andere Stimmen sehen in dem Prinzip eher eine politische Leitlinie, so dass allenfalls die Einhaltung der Begründungspflichten, nicht aber die eigentlichen inhaltlichen Fragen überprüft werden können, vgl. Calliess/Ruffert/*Calliess,* Art. 12 EUV Rn 10ff.; vgl. auch *Cygan,* ERA-Forum 13 (2012), 517ff.; *Kiiver,* ERA-Forum 13 (2012), 535ff.; *Simon,* NJECL 3 (2012), 252f.; *Geiger,* S. 49ff.; *Asp,* S. 183ff.; *Esser,* 2014, § 2 Rn. 152ff.; vgl. auch zu weiteren Beteiligungsmöglichkeiten nationaler Parlamente *F. Meyer,* S. 319f., 352ff.

Für das Strafrecht bringt der Lissabonner Vertrag folgende wichtige Änderungen:[13]

- Auflösung der Drei-Säulenstruktur (siehe dazu noch 1. Aufl. Rn 24ff.) und stattdessen Schaffung eines (supranationalen) **Raums der Freiheit, der Sicherheit und des Rechts** (vgl. Art. 67 AEUV).[14]
- Anwendung des **ordentlichen Gesetzgebungsverfahrens** auf Rechtsakte im Bereich des Strafrechts (siehe auch unten Rn. 17).
- Normierung des **Prinzips der gegenseitigen Anerkennung** für das Strafrecht (siehe Art. 82 Abs. 1 AEUV, Rn. 12).
- Ausdrückliche Kompetenz zur **Angleichung der prozessualen Rechtsvorschriften** der Mitgliedstaaten (zunächst[15]) in den Bereichen Zulässigkeit von Beweismitteln auf gegenseitiger Basis, strafverfahrensrechtliche Garantien des Einzelnen und Opferrechte im Strafverfahren (Art. 82 Abs. 2 AEUV; s. näher § 12 Rn. 8).
- Ausdrückliche Kompetenz zur **Angleichung der materiellen Rechtsvorschriften** der Mitgliedstaaten (zunächst[16]) in den Bereichen Terrorismus, Menschenhandel und sexuelle Ausbeutung von Frauen und Kindern, illegaler Drogenhandel, illegaler Waffenhandel, Geldwäsche, Korruption, Fälschung von Zahlungsmitteln, Computerkriminalität und organisierte Kriminalität (Art. 83 Abs. 1 AEUV, s. näher § 11 Rn. 6, 32, zur restriktiven Auslegung dieser Kompetenz durch das BVerfG u. Rn. 3).
- Normierung einer **Annexkompetenz,** die zur Harmonisierung des Strafrechts berechtigt, wenn dies „unerlässlich für die Durchführung der Politik der Union" in einem bereits harmonisierten Politikbereich ist (Art. 83 Abs. 2 AEUV, s. näher § 11 Rn. 9, 32, zu verfassungsrechtlichen Bedenken u. Rn. 3).
- Kompetenz zur Setzung **supranationalen Strafrechts** auf EU-Ebene, insbesondere zum *Schutz der finanziellen Interessen* der Union (Art. 325 AEUV, s. näher Rn 8f.).
- Einführung eines **„Notbremseverfahren"** (Art. 82 Abs. 3, 83 Abs. 3 AEUV) – zum Ausgleich der erweiterten Kompetenzen im Bereich des Strafrechts[17] – sofern „grundlegende Aspekte" der nationalen Strafrechtsordnung berührt sind (dazu § 11 Rn. 10).
- Möglichkeit der Einrichtung einer **Europäischen Staatsanwaltschaft (EStA)** samt Schaffung eines **supranationalen europäischen Strafprozessrechts** für diese (Art. 86 Abs. 1 bzw. Abs. 3 AEUV; siehe § 13 Rn 19ff.).

---

[13] Siehe dazu näher *Zimmermann,* Jura 2009, 844ff; *Herlin-Karnell,* eucrim 2010, 59; *Cerizza,* eucrim 2010, 65; *Serzysko,* eucrim 2010, 69; *Callies,* ZEuS 2008, 34ff; *Zöller,* ZIS 2009, 343f.; *Mansdörfer,* HRRS 2010, 11; *Beukelmann,* NJW 2010, 2081f.; *Niemeier,* ERA Forum 11 (2010), 198ff.; *Noltenius,* ZStW 122 (2010), 607ff.; *F. Meyer,* EuR 2011, 173ff.; *Sieber et al.,* in: Sieber et al., Einführung Rn. 161ff.; Streinz/*Satzger,* Art. 82 AEUV Rn. 1; auch *Demko/Bock,* JZ 2011, 95; *Bock,* ZIS 2011, 266; *Gless,* 2011, Rn. 434f.; allg. *Sieber,* ZStW 121 (2009), 57ff.; kurzer historischer Überblick zum europ. Strafrecht bei *Miettinen,* S. 7ff.

[14] Siehe dazu ausführlich *Jokisch/Jahnke,* in: Sieber et al., § 2 Rn. 1ff.; *Frenz,* Jura 2012, 701; *F. Meyer,* S. 356f.

[15] Art. 82 Abs. 2 (d) AEUV sieht eine Blankettermächtigung zur Vereinheitlichung weiterer Aspekte des Strafverfahrens nach einstimmigem Beschluss des Rates und unter Zustimmung des EP vor; hierzu auch *Zimmermann,* Jura 2009, 845.

[16] Art. 83 Abs. 1 UA 3 AEUV ermächtigt den Rat, die Liste durch einstimmigen Beschluss und unter Zustimmung des EP zu ergänzen, d. h. die Harmonisierung in weiteren Kriminalitätsbereichen zu gestatten.

[17] Vgl. auch *Klip,* 2012, S. 478f.; zur Grundrechtsrelevanz *Kaiafa-Gbandi,* EuCLR 1 (2011), 10.

3 Das damals bereits zustandegekommene, aber noch nicht ausgefertigte und verkündigte **Begleitgesetz** über die Ausweitung und Stärkung der Rechte des Bundestags und des Bundesrats[18] zum Lissabonner Vertrag wurde vom BVerfG am 30.6.2009 für verfassungswidrig erklärt.[19] Das Zustimmungsgesetz[20] (Art. 59 Abs. 2 GG) selbst hielt der Senat jedoch mit dem Grundgesetz ebenso für vereinbar wie das weitere, zu diesem Zeitpunkt bereits verkündete, aber damals noch nicht in Kraft getretene Begleitgesetz zur Änderung des Grundgesetzes[21] vom 8.10.2008.[22] Eine Ratifikation des Lissabonner Vertrags durch Deutschland durfte wegen der Mängel des Begleitsgesetzes jedoch erst nach dessen Nachbesserung erfolgen.[23] Unabhängig davon behält sich das BVerfG vor, im Rahmen einer *Identitäts-* und *ultra-vires-Kontrolle* auch künftig EU-Rechtsakte auf ihre Vereinbarkeit mit deutschem (!) Verfassungsrecht zu überprüfen.[24] Zu einer solchen Kontrolle ist es jedoch bisher noch nicht gekommen – auch deshalb, weil das BVerfG in Zweifelsfällen davon ausgegangen ist, dass dem fraglichen europäischen Rechtsakt „keine Lesart unterlegt werden [darf], nach de[m] diese[r] offensichtlich als *Ultra-vires*-Akt zu beurteilen wäre oder Schutz und Durchsetzung der mitgliedstaatlichen Grundrechte in einer Weise gefährdete (Artikel 23 I 1 GG), dass dies die Identität der durch das Grundgesetz errichteten Verfassungsordnung in Frage stellte".[25] Damit unterlässt das BVerfG freilich nicht nur die ggf. gem. Art. 267 AEUV gebotene Vorlage an den EuGH (Auslegungsmonopol des EuGH für sämtliche europäischen Rechtsakte!), sondern relativiert auch seine eigenen, in der Lissabon-Entscheidung aufgestellten Regeln.[26]

---

[18] BT-Drs. 16/8489.

[19] *BVerfG* NJW 2009, 2267.

[20] Gesetz vom 8.10.2008 zum Vertrag von Lissabon vom 13.12.2007.

[21] BGBl. I 2008 S. 1926.

[22] *BVerfG* NJW 2009, 2267 (2268), Ziff. 207; siehe auch die Pressemitteilung des *BVerfG* Nr. 72/2009 vom 30.6.2009, abrufbar unter http://www.bundesverfassungsgericht.de/pressemitteilungen/bvg09-072.html (zuletzt abgerufen am 1.7.2014). Weiterführend: *Ambos/Rackow,* ZIS 2009, 397; *Beukelmann,* NJW 2010, 2082f.; *Böse,* ZIS 2010, 76; *Braum,* ZIS 2009, 418; *Folz,* ZIS 2009, 427; *Gärditz/Hillgruber,* JZ 2009, 872; *Haratsch,* ZJS 2010, 122; *Heger,* ZIS 2009, 406; *Kubiciel,* GA 2010, 99; *Oppermann,* EuZW 2009, 473; *Pache,* EuGRZ 2009, 285; *Schorkopf,* in: Ambos, 2011, S. 111; *Schünemann,* ZIS 2009, 393; *Spemann;* StraFo 2009, 499; *Suhr,* ZEuS 2009, 687; *Zimmermann,* Jura 2009, 844; unter besonderer Berücksichtigung des Umweltstrafrechts *Reiling/Reschke,* wistra 2010, 47. Allgemein zur grundsätzlich europafreundlichen Einstellung des BVerfG *Zwingmann,* ICLQ 61 (2012), 665.

[23] *BVerfG* NJW 2009, 2267 (2268). Siehe Gesetz über die Wahrnehmung der Integrationsverantwortung des Bundestages und des Bundesrates in Angelegenheiten der EU v. 22.9.2009, BGBl. I S. 3022, geändert durch Art. 1 des Gesetzes zur Umsetzung der Grundgesetzänderungen für die Ratifizierung des Vertrags von Lissabon v. 1.12.2009, BGBl. I S. 3822.

[24] *BVerfG* NJW 2009, 2267 (2272ff., 2284ff.), Ziff. 240ff. und 331f.; dazu *Zimmermann,* Jura 2009, 849; *Schorkopf,* EuZW 2009, 721; *Herdegen,* EuR, § 10 Rn. 28; *Sauer,* ZRP 2009, 195; *Haratsch,* ZJS 2010, 127; *Noltenius,* ZStW 122 (2010), 611ff., 622ff.; krit. *Vogel* wiedergegeben bei *Bettels,* ZStW 124 (2013), 877; vgl. auch *F. Meyer,* S. 349f.: „Netz […], das für den eigenen Anspruch zu große Maschen hat" (S. 350). Vgl. zu Friktionen zwischen deutschem und europäischem Strafrechtsverständnis *Vogel,* JZ 2012, 25. Vor dem Hintergrund des Lissabon-Urteils zur Bedeutung der Verfassungsbeschwerde für die Verteidigung *Schorkopf,* in: Ambos, 2011, S. 113ff.

[25] *BVerfG* NJW 2013, 1499. Siehe auch schon die Beschränkung der *ultra-vires*-Kontrolle auf qualifizierte Kompetenzverstöße in *BVerfG* NJW 2010, 3422.

[26] Krit. auch *Latzel,* FAZ v. 3.5.2013, S. 7; dazu auch *Thym,* NVwZ 2013, 890. Krit. zur generellen Vorlagepraxis *Vogel,* JZ 2012, 26. Zum Verhältnis von BVerfG und EuGH: *Voßkuhle,* NJW 2013, 1330f.; vgl. auch *Landau,* NStZ 2011, 546 (Lissabon-Entscheidung als „Angebot zum Dialog"). Im Übrigen sind die deutschen Gerichte (insb. die unterinstanzlichen) durchaus vorlagefreundlich, s. *Wolter,* S. 76.

Als Prüfungsmaßstab zog das BVerfG in seiner Lissabon-Entscheidung das in **Art. 38 Abs. 1 GG** niedergelegte Wahlrecht als grundrechtsgleiches Recht heran, das wiederum ein Recht auf demokratische Selbstbestimmung, auf Teilnahme an der Staatsgewalt und auf Einhaltung des Demokratieprinzips begründe.[27] Das Demokratieprinzip sei gerade für das Strafrecht von grundlegender Bedeutung,[28] da es sich hierbei um einen „für die demokratische Selbstgestaltungsfähigkeit eines Verfassungsstaates" **besonders sensiblen Bereich** handele.[29] Die Voraussetzungen von Strafbarkeit seien „von kulturellen, historisch gewachsenen, auch sprachlich geprägten Vorverständnissen [...] abhängig" und „nur eingeschränkt aus europaweit geteilten Werten und sittlichen Prämissen normativ ableitbar".[30] In einem solch sensiblen und grundrechtsrelevanten Bereich sei eine Harmonisierung nur unter sehr restriktiven Voraussetzungen zulässig; insbesondere müssten „grundsätzlich substantielle mitgliedsstaatliche Handlungsfreiräume" erhalten bleiben.[31] Die erheblich erweiterten strafrechtlichen Kompetenzen der EU sind nach Ansicht des BVerfG mit diesen verfassungsrechtlichen Vorgaben nur unter Beachtung folgender restriktiver **Bedingungen** vereinbar: Zunächst müssten die strafrechtsrelevanten Kompetenznormen strikt, insbesondere unter Beachtung des Schuldprinzips,[32] ausgelegt werden.[33] So setze eine Harmonisierung nach Art. 83 Abs. 1 AEUV voraus, dass Art und Auswirkungen der Taten ihre Bekämpfung auf gemeinsamer Grundlage notwendig mache, ein entsprechender politischer Wille zur Strafrechtsharmonisierung genüge nicht.[34] Von der *Annexzuständigkeit* zur Angleichung von Strafrechtsnormen in bereits harmonisierten Politikbereichen gem. Art. 83 Abs. 2 AEUV (dazu auch § 11 Rn. 9, 32) dürfe nur dann Gebrauch gemacht werden, wenn *nachweisbar* feststünde, dass „ein gravierendes Vollzugsdefizit tatsächlich besteht und nur durch Strafandrohung beseitigt werden kann".[35] Zur Wahrung des Rechts auf demokratische Selbstbestimmung unterstellt das BVerfG zudem die dynamische *Blankettermächtigung* des Art. 83 Abs. 1 UA 3 AEUV, der eine Ergänzung des Katalogs von schweren Straftaten durch einstimmigen Ratsbeschluss (Art. 83 Abs. 1 UA 2) erlaubt, dem Gesetzesvorbehalt des Art. 23 Abs. 1 S. 2 GG, so dass der Vertreter der Bundesregierung im Rat[36] einer Ausdehnung der Harmonisierungskomptenzen der EU nur zustimmen darf, wenn das Parlament dies vorher gebilligt hat.[37] Darüberhinaus dürfe der Vertreter im Rat nur dann von der *Notbremseregelung* der Art. 82 Abs. 3, 83

[27] *BVerfG* NJW 2009, 2267 (2268), Ziff. 208. Nach *Mylonopoulos,* ZStW 123 (2011), 636 hat der Einwand des Demokratiedefizits an Bedeutung verloren. Krit. auch *Gärditz,* in: Böse, 2013, § 6 Rn. 7ff.; vgl. auch *F. Meyer,* S. 317f.

[28] *BVerfG* NJW 2009, 2267 (2274), Ziff. 252: „Die Entscheidung über strafwürdiges Verhalten, über den Rang von Rechtsgütern und den Sinn und das Maß der Strafdrohung ist vielmehr in besonderem Maße dem demokratischen Entscheidungsprozess überantwortet".

[29] *BVerfG* NJW 2009, 2267 (2274), Ziff. 252. Als weitere sensible Bereiche werden genannt: Verfügung über das polizeiliche Gewaltmonopol, fiskalische Grundentscheidungen, sozialstaatliche Gestaltung von Lebensverhältnissen sowie kulturell besonders bedeutsame Entscheidungen, z. B. im Familien-, Schul- und Bildungsrecht sowie den Umgang mit religiösen Gemeinschaften. Siehe auch *Landau,* NStZ 2013, 194f.; *Geiger,* S. 59f.; *Asp,* S. 76ff.; *F. Meyer,* in: Böse, 2013, § 25 Rn. 8ff. Vgl. zur Entwicklung der Beziehung zwischen Souveränität und Strafrecht *Capus,* S. 56ff.

[30] *BVerfG* NJW 2009, 2267 (2274), Ziff. 253; noch kritischer *Noltenius,* ZStW 122 (2010), 622. Zur europäischen Strafrechtskultur siehe rvgl *Safferling,* in: Streng/Kett-Straub, S. 188ff.; vgl. auch *Capus,* S. 83ff.

[31] *BVerfG* NJW 2009, 2267 (2274), Ziff. 253. Zu ähnlichen Auffassungen in den skandinavischen Staaten siehe *Suominen,* EuCLR 1 (2011), 172; zur restriktiven Position Schwedens *Friman,* in: Muller/Zouridis, S. 261ff.; zu Dänemark *Baumbach,* EuCLR 3 (2013), 300ff.

[32] *BVerfG* NJW 2009, 2267 (228), Ziff. 364; zust. *Landau,* NStZ 2013, 195ff.

[33] *BVerfG* NJW 2009, 2267 (2288), Ziff. 358ff.

[34] *BVerfG* NJW 2009, 2267 (2288), Ziff. 359. Zweifelnd, ob sich diese strengen Maßstäbe in der europäischen Praxis durchsetzen werden *Vogel,* in: Ambos, 2011, S. 46.

[35] *BVerfG* NJW 2009, 2267 (2288), Ziff. 361ff.; zust. *Schützendübel,* S. 41; vgl. auch *Landau,* NStZ 2013, 199 („substantielle Nachweise"); krit. *Böse,* in: Böse, 2013 § 4 Rn. 19, der dem Unionsgesetzgeber einen Beurteilungsspielraum zugesteht; ähnlich *Vogel,* in: Ambos, 2011, S. 46.

[36] Unterscheide den (alten) „Rat" der Fachminister (Art. 16 EUV) vom neuen, aufgewerteten „Europäischen Rat" (Art. 15 EUV). Der Rat unterhält zu seiner Unterstützung eine Reihe von Arbeitsgruppen, u. a. die Arbeitsgruppe zu materiellen Strafrechtsfragen (DROIPEN) oder den Ausschuss nach Art. 36 EUV (Comité de l'article trente-six du traité UE = CATS), s. näher *F. Meyer,* S. 308.

[37] *BVerfG* NJW 2009, 2267 (2288f.), Ziff. 363, (2295) 419; hierzu *Hahn,* EuZW 2009, 760f.; *Gärditz,* in: Böse, 2013, § 6 Rn. 29ff.

Abs. 3 AEUV (dazu § 11 Rn. 5, 10) Gebrauch machen, wenn der deutsche Bundestag und ggf. der deutsche Bundesrat ihn entsprechend angewiesen haben.[38]

B. Der Begriff des Europäischen Strafrechts

4 Was ist nun unter „europäischem Strafrecht" zu verstehen? Nimmt man den Begriff ernst, so könnte es sich dabei um originäres **supranationales Strafrecht** handeln, also um Regelungen, in denen die hoheitliche Strafgewalt der Union – das *ius puniendi* – den einzelnen Bürgern der Mitgliedstaaten unmittelbar als Kriminalstrafrecht gegenübertritt. Die Möglichkeit einer originären Strafrechtssetzung durch die Union ist jedoch auf wenige, explizit genannte Bereiche – v. a. den Schutz der finanziellen Interessen der Union – beschränkt (Rn. 8 f.). Nur insoweit kann man von **europäischem Strafrecht** im echten, supranationalen Sinne sprechen. Im übrigen handelt es sich bei der Bezeichnung „Europäisches Strafrecht" um einen **Sammelbegriff,** der „all jene strafrechtlichen und strafverfahrensrechtlichen Normen und Praktiken" umfasst, die auf das Recht und die Aktivitäten der EU *(Europarecht i. e. S.)* und des Europarats *(Europarecht i. w. S.)* zurückgehen und zu einer weitgehenden *Harmonisierung* der nationalen Straf(verfahrens)rechte führen (sollen).[39] In diesen Fällen wird aber kein eigenständiges, neues (supranationales) europäisches Strafrecht geschaffen, sondern lediglich das (existierende oder noch zu schaffende) nationale Strafrecht beeinflusst. Genau genommen geht es also um ***europäisiertes*** **Strafrecht,** weshalb auch jeglicher Vergleich mit föderaler Gesetzgebung à la USA hinkt.[40] Dabei kann man – neben dem schon erwähnten supranationalen Strafrecht (Rn. 5 ff.) – **drei Formen der Europäisierung** des Strafrechts unterscheiden: durch Umsetzung der Vorgaben des Europarats (Rn. 10), durch den Grundsatz der gegenseitigen Anerkennung (Rn. 11 f.) und sowie durch spezifisch europarechtliche Formen und Techniken der Einflussnahme (Rn. 14). Diese normative Europäisierung wird durch eine **Institutionalisierung** begleitet bzw. abgesichert (dazu § 13). Im Hinblick auf die betroffenen rechtswissenschaftlichen Disziplinen handelt es sich beim Europäischen Strafrecht um eine **intradisziplinäre Querschnittsmaterie,** die zwar ihren Schwerpunkt in der (gesamten) Strafrechtswissenschaft hat, aber ohne verfassungs-, europa- und völkerrechtliche Grundlagen nicht auskommt.[41]

---

38 *BVerfG* NJW 2009, 2267 (2289), Ziff. 365, (2295), Ziff. 418; hierzu *Hahn,* EuZW 2009, 761 f.; *F. Meyer,* in: Böse, 2013, § 25 Rn. 42 f.; *ders.*, S. 320; generell zur Rolle des deutschen Vertreters im Rat: von Arnauld/Hufeld/*Rathke,* 6. Abschn., Rn. 12 f.

39 Vgl. schon MünchKomm/*Ambos,* 1. Aufl., 2003, Vor §§ 3–7 Rn. 7. Ähnlich auch *Klip,* 2012, S. 1 f.; *Sieber et al.*, in: Sieber et al., Einführung Rn. 2 ff.; *Satzger,* in: Sieber et al., § 9 Rn. 1 ff.; *Böse,* in: Böse, 2013, § 1 Rn. 12 ff.; *Safferling,* 2011, § 2 Rn. 7, § 9 Rn. 5 ff.; *Esser,* 2014, § 1 Rn. 3. Zu Europarecht i. e. S. und i. w. S. auch *Herdegen,* EuR, § 1 Rn. 2 ff.; *Sautner,* in: östBMJ (Hrsg.), 34; Ottensteiner Fortbildungsseminar, 2006, S. 79; *Hefendehl,* ZIS 2006, 229 sowie die Nachw. in der 2. Aufl., Rn. 14 mit Fn. 43. Zur historischen Entwicklung *Asp,* S. 24 ff.; *Nilsson,* EuCLR 2 (2012), 106 ff.; *Kainer,* EuR-Bei 2013, 88 ff.; *Böse,* in: Böse, 2013, § 1 Rn. 2 ff.

40 So aber *Gómez-Jara,* in: Bacigalupo/Cancio, Derecho penal y política transnacional, 2005, 153 ff., 166 ff.; *ders.*, EuCLR 3 (2013), 170; zutr. gegen ihn *Silva Sánchez,* in: Bajo Fernández, Constitución europea y derecho penal económico, 2005, 258 f. S. auch den Vergleich zwischen den USA, der Schweiz und der EU bei *Ouwerkerk,* S. 242 ff., 264 ff.

41 Vgl. *Hecker,* 2012, § 1 Rn. 9 ff., 39.

I. Supranationale Strafrechtssetzung

1. Grundlagen

Der **rechtliche Ausgangspunkt** hat sich mit dem Lissabonner Vertrag nicht geändert:[42] Nach dem **Prinzip der begrenzten Einzelermächtigung**[43] erfordert *jeder Rechtssetzungsakt* der Union eine ausdrückliche oder aber zumindest im Wege der Auslegung (hinreichend sicher) zu gewinnende *Ermächtigungsgrundlage* im Primärrecht. Art. 5 Abs. 2 EUV sieht insoweit, in Ersetzung des früheren Art. 5 Abs. 1 EGV, vor, dass die Union (nur) „innerhalb der Grenzen der Zuständigkeiten tätig [wird], die die Mitgliedstaaten ihr in den Verträgen ... übertragen haben." Die Grundsätze der **Subsidiarität** und **Verhältnismäßigkeit** (Art. 5 Abs. 1, 3, 4 EUV; Art. 69 AEUV)[44] bestätigen den grundsätzlichen Vorrang der mitgliedstaatlichen Kompetenz. Das Subsidiaritätsprinzip stellt eine rechtlich verbindliche und justiziable *Kompetenzausübungsregel* dar, die die Union dazu zwingt, die *Erforderlichkeit* und (höhere) *Effizienz* ihres Tätigwerdens ex ante zu prüfen, um sie ex post begründen zu können.[45] Aus dem Verhältnismäßigkeitsgrundsatz folgt, dass ein unionsrechtliches Tätigwerden gegenüber den Mitgliedstaaten – entsprechend dem Staat/Bürger Verhältnis im nationalen Verfassungsrecht – nur dann als rechtmäßig erscheint, wenn es zur Erreichung eines Unionsziels *geeignet, erforderlich* und *angemessen* ist; die Unionsmaßnahme darf nicht über das zur Zielerreichung notwendige Interventionsminimum hinausgehen.[46] Die Union muss die Einhaltung dieser Grundsätze bei jedem Gesetzgebungsakt detailliert begründen[47] und die nationalen Parlamente unterrichten,[48] so dass diese eine evtl. Missachtung des Subsidiaritätsgrundsatzes rügen können;[49] ggf. kann auch der EuGH angerufen werden.[50] Versteht man das Kriminalstrafrecht zutreffend als spezifischen Ausdruck eines rechtskulturell und historisch geprägten Vorverständnisses sowie staatlicher Souveränität,[51] verdichten sich Subsidiarität und Verhältnismäßigkeit in diesem Bereich zu einem **strafrechtsspezifischen Schonungsgebot** (dazu § 11 Rn. 35).[52] Schon deshalb stellen die „grundlegenden Aspekte" der mitgliedsstaatlichen Straf- 5

42 Zur alten Rechtslage s. 2. Aufl., § 11 Rn. 1 ff.

43 *Schröder*, S. 118; *Satzger*, 2013, § 8 Rn. 18; *Hecker*, 2012, § 4 Rn. 44; *Safferling*, 2011, § 9 Rn. 51 ff.; *Esser*, 2014, § 2 Rn. 121; *Husemann*, wistra 2004, 449; *Braum*, wistra 2006, 123; *Zieschang*, FS Tiedemann, 2008, S. 1313; *Rosenau*, ZIS 2008, 12; *Klip*, 2012, S. 34 f. („principle of conferral"); *F. Meyer*, S. 338, zur dennoch drohenden Gefahr der Kompetenzverwässerung in der Praxis auf S. 340 ff.

44 Vgl. auch Draft Council conclusions 2009, S. 4; *Asp*, EuCLR 1 (2011), 44 ff.; *Zöller*, FS Schenke, 2011, S. 596 f.; *Safferling*, 2011, § 9 Rn. 58 ff.; *Böse*, in: Böse, 2013, § 4 Rn. 3.

45 Vgl. *Hecker*, 2012, § 8 Rn. 49; auch *Klip*, 2012, S. 35; *F. Meyer*, S. 352 ff. Zur freiheitsschützenden Komponente des Subsidiaritätsgrundsatzes *Kubiciel*, ZIS 2010, 745; auch *Bernardi*, RP 27 (2011), 23 ff.

46 *Hecker*, 2012, § 8 Rn. 52 ff.; auch *Klip*, 2012, S. 160 ff.; ausf. *Asp*, S. 188 ff.; zur kompetenzbegrenzenden Funktion der Straftheorien im Zusammenhang mit dem Verhältnismäßigkeitsgrundsatz *Kubiciel*, ZIS 2010, 746 f.

47 Art. 5 Subsidiaritätsprotokoll, o. Fn. 2398.

48 Protokoll Nr. 1 zum Lissabonner Vertrag „Über die Rolle der nationalen Parlamente in der EU", Abl. EU C 115 v. 9. 5. 2008 sowie Art. 4 Subsidiaritätsprotokoll, o. Fn. 12.

49 Art. 6, 7 Subsidiaritätsprotokoll, o. Fn. 12. Das Rügerecht wird auf den Subsidiaritätsgrundsatz beschränkt.

50 Art. 8 Subsidiaritätsprotokoll, o. Fn. 12, i. V. m. Art. 263 AEUV. Näher schon o. Fn. 12.

51 Vgl. o. Rn. 3 u. weitere Nachw. 2. Aufl., § 11 Rn. 4 mit Fn. 23.

52 Zu den besonderen Anforderungen an die Subsidiarität insoweit auch *Klip*, 2012, S. 37 f.

rechtsordnungen eine unübersteigbare Schranke für das Unionsrecht dar[53] und lösen das **„Notbremseverfahren"** (Art. 82 Abs. 3, 83 Abs. 3 AEUV) aus (dazu § 11 Rn. 5, 10).

6 Vor diesem Hintergrund kann die früher vertrenene „gemeinschaftsfreundliche" Auffassung, wonach eine Befugnis zur Schaffung von Kriminalstrafrecht aus bereichsbezogenen Sachkompetenzen – gleichsam im Wege einer *Annexkompetenz* und gegebenenfalls unter Rückgriff auf den „effet utile"-Gedanken – abgeleitet werden könne, nicht überzeugen.[54] In der Sache wird sie auch vom BVerfG abgelehnt, denn es legt die Annexzuständigkeit aufgrund Art. 83 Abs. 2 AEUV im Bereich des Strafrechts eng aus.[55] Jedenfalls bestätigt der Vertrag von Lissabon das Prinzip der begrenzten Einzelermächtigung (Rn. 5). Wird der EU für einzelne, ausgewählte Gebiete ausdrücklich eine Strafrechtssetzungskompetenz zugesprochen, so folgt daraus im Umkehrschluss *(argumentum e contrario),* dass im übrigen eine solche nicht besteht und auch nicht über eine allumfassende Annexzuständigkeit begründet werden kann. Die Union hat – anders als ein souveräner Staat – *keine Kompetenz-Kompetenz,* kraft derer sie ihre eigene Kompetenz erweitern könnte.[56]

7 Wenn nach der Kompetenz der Union zum Erlass *strafrechtlicher* Normen gefragt wird, so bezieht sich diese Frage auf das **Strafrecht im engeren Sinne,** d. h. auf den Erlass *kriminal*strafrechtlicher Normen. Diese drohen punitiv als ‚Strafe' bezeichnete Sanktionen, also *Freiheits- oder Geldstrafe,* an.[57] Davon zu unterscheiden sind bloße Ordnungswidrigkeiten, die regelmäßig bußgeldbewehrt sind.[58] Die Höhe unionsrechtlicher Bußgelder oder Geld*sanktionen* ändert nichts daran, dass es sich dabei nicht um Geld*strafen* im kriminalstrafrechtlichen Sinne handelt.[59] Denn weder tritt an die Stelle der Geldbuße bei Nichtzahlung Freiheitsstrafe, noch ist die Geldbuße im Falle des Verstoßes gegen eine Ordnungswidrigkeitenvorschrift Ausdruck eines „sozialethischen Unwerturteils".[60]

Derartige Unionskompetenzen zur Schaffung von Sanktionen **unterhalb der kriminalstrafrechtlichen Eingriffsschwelle** existieren für verschiedene Teilbereiche:[61] Art. 103 Abs. 2 (a) AEUV ermächtigt den Rat für Wettbewerbsverstöße Geldbußen einzuführen; nach Art. 132 Abs. 3 AEUV kann die Europäische Zentralbank unter bestimmten Voraussetzungen Unternehmen Geldbußen auferlegen. Aus solchen Vorschriften lassen sich aber eben keine *kriminal*strafrechtlichen Kompetenzen ableiten, haben sie doch schon ihrem Wortlaut nach nur Sanktionen jenseits des Kriminalstrafrechts zum Gegenstand („Geld*bußen*").

---

53 In der Sache ebenso *Klip,* 2012, S. 164f.

54 Vgl. 2. Aufl., § 11 Rn. 4f. sowie *Satzger,* 2013, § 8 Rn. 20ff.

55 *BVerfG* NJW 2009, 2267 (2267), Ziff. 361.

56 *Satzger,* 2001, S. 33; *Nicolaysen,* S. 270; *Arndt/Fischer/Fetzer,* Rn. 22; *Hecker,* 2012, § 4 Rn. 45; *Nuotio,* FS Jung, 2007, S. 690; dazu auch *Zweigert,* RabelsZ 1964, 604.

57 Eingehend *Satzger,* 2001, S. 72ff.; ausf. auch *Öberg,* EuCLR 3 (2013), 273ff.; *Hecker,* 2012, § 4 Rn. 61ff; *Safferling,* 2011, § 2 Rn. 8; *Asp,* S. 61ff.

58 *Musil,* NStZ 2002, 68 m.w.N.; *Asp,* S. 57ff. Vgl. aber auch *Vermeulen,* S. 28ff.

59 Vgl. etwa *Vogel,* in: Dannecker, S. 171 u. 175ff.; zu den „dramatischen Sanktionen" *Achenbach,* GA 2004, 559, 569ff.; *ders.,* ZStW 119 (2007), 801; vgl. auch *Satzger,* 2013, § 8 Rn. 5 und *Tiedemann,* ZStW 116 (2004), 947ff. sowie *Liebau,* „Ne bis in idem" in Europa, 2005, S. 35ff.; z. T. anders *Valls Prieto,* ZStW 120 (2008), 414ff., der EU-Sanktionen als „neuartigen Sanktionstypus" behandelt.

60 *Satzger,* 2001, S. 76f.; *ders.,* 2013, § 9 Rn. 9.

61 Vgl. zum EU-Sanktionenrecht unterhalb des Kriminalstrafrechts *Tiedemann,* AT, 2014, Rn. 406ff.; *Fromm,* ZIS 2007, 280ff.; *Heine,* ZStrR 2007, 108ff., 129f.; *Moosmayer,* wistra 2007, 91 (zu den Kartellgeldbußen); *Vogel,* in: Sieber et al., § 5 Rn. 7ff., § 6 Rn. 5ff.; allg. zu einer europäischen Kriminalpolitik zu Sanktionen *Poncela/Roth,* APC 2005, 107ff.

2. Art. 325 AEUV als Ermächtigung zu kriminalstrafrechtlicher Rechtssetzung

Mit Art. 325 AEUV übernimmt der Lissabonner Vertrag Art. 280 EGV und damit die geradezu klassische Vorschrift zur **Bekämpfung von „Betrügereien** und sonstige gegen die finanziellen Interessen der Union gerichtete rechtswidrigen Handlungen".[62] Die Neufassung des Abs. 4 enthält allerdings eine sehr bedeutsame Unterlassung gegenüber der a. F. von Abs. 4, die die frühere Diskussion zur Ermächtigung zu supranationaler kriminalstrafrechtlicher Rechtsetzung[63] im Ergebnis erledigt.[64] Während nämlich Art. 280 Abs. 4 EGV die Ermächtigung des Rats zum Erlaß der „erforderlichen Maßnahmen zur Verhütung und Bekämpfung von Betrügereien" (S. 1.) unter den Vorbehalt stellte, dass die „Anwendung des Strafrechts der Mitgliedstaaten und ihre Strafrechtspflege [...] von diesen Maßnahmen unberührt" bleibe (S. 2), verzichtet Art. 325 Abs. 4 AEUV nun auf diesen Satz. Damit ist das Hauptargument gegen eine supranationale **Kriminalstrafrechtssetzungskompetenz** der Union[65] entfallen und eine solche, beschränkt auf den Bereich der Betrugsbekämpfung,[66] **zu bejahen,** von der bislang jedoch noch kein Gebrauch gemacht wurde.[67] Denn man kann wohl davon ausgehen, dass die Mütter und Väter des Lissabonner Vertrags in voller Kenntnis der Diskussion um den alten Satz 2 von Art. 280 Abs. 4 EGV gehandelt und deshalb auf den Vorbehalt[68] in der Absicht verzichtet haben, um damit eine Ermächtigungsgrundlage zum Erlass bereichsspezifischen Europäischen Strafrechts auf dem Verordnungswege zu schaffen.[69] Nicht zuzustimmen ist dementsprechend der Auffassung, 8

[62] Zur Relevanz des Problems s. schon 2. Aufl., § 11 Rn. 6 Kleindruck.

[63] Vgl. 2. Aufl., § 11 Rn. 7 ff.

[64] Siehe auch *Satzger,* 2013, § 8 Rn. 24; *Mylonopoulos,* ZStW 123 (2011), 634 f.; *Hecker,* in: Ambos, 2011, S. 27.

[65] Siehe 2. Aufl., § 11 Rn. 10.

[66] Dabei ist jedoch zu beachten, dass der europastrafrechtliche Betrugsbegriff nicht mit dem Betrugsbegriff des deutschen § 263 StGB übereinstimmt. Er umfasst vielmehr auch andere Handlungen mit Täuschungsgehalt, die nach deutschem Verständnis als Subventionsbetrug (§ 264 StGB) oder Steuerhinterziehung (§ 370 AO) anzusehen sind. Die Details sind allerdings unklar und umstritten. Dies gilt bspw. für die Frage, ob auch Taten, die wie Korruption und Geldwäsche nur mittelbar die finanziellen Interessen der Union berühren, als Betrügerei i. S. d. Art. 325 AEUV angesehen werden können. S. hierzu die verschiedenen Ansätze bei *Grünewald,* JZ 2011, 974; *Zöller,* FS Schenke, 2011, S. 582; *Satzger,* 2013, § 8 Rn. 25; *Zimmermann,* Jura 2009, 846; *Tiedemann,* BT, 2011, Rn. 44 ff.; *Vogel,* in: *Ambos,* 2011, S. 48 f.; gleichwohl hält *Kubiciel,* ZIS 2010, 743 den Anwendungsbereich von Art. 325 Abs. 4 AEUV für gering. Eine (partielle) Rechtsangleichung kann zudem nur erreicht werden, wenn auch die Allgemeinen Teile der mitgliedstaatlichen Strafrechtsordnungen harmonisiert werden. Art. 325 Abs. 4 AEUV beinhaltet damit auch die Kompetenz – beschränkt auf den Bereich der Betrugsbekämpfung – Regelungen zum Allgemeinen Teil zu erlassen, wobei freilich im besonderen Maße die sich aus Verhältnismäßigkeitsgrundsatz und strafechtsspezifischem Schonungsgebot ergebenen Grenzen zu beachten sind, s. auch *Grünewald,* JZ 2011, 975 f.; *Vogel,* in: Ambos, 2011, S. 53; ebenso im Hinblick auf Art. 83 Abs. 1 AEUV *Zöller,* FS Schenke, 2011, S. 589. Siehe auch die zahlreichen Vorgaben zum Allgemeinen Teil (u. a. Versuch, Teilnahme und Rechtsfolgen) in dem auf Art. 325 Abs. 4 AEUV gestützten Kommissionsentwurf für eine Betrugsbekämpfungsrichtlinie, KOM (2012) 363 endg.; vertiefend zu diesem *Kaiafa-Gbandi,* EuCLR 2 (2012), 319; *Brodowski,* ZIS 2012, 561 f.; *Kuhl,* eucrim 2012, 63; krit. BR-Drs. 409/12.

[67] S. auch *Grünewald,* JZ 2011, 973 m. w. N.

[68] Vgl. schon zum Kommissionsvorschlag eines Art. 280 a EGV und Art. III-415 VerfV 2. Aufl., § 11 Rn. 11 ff.

[69] *Nürnberger,* ZJS 2009, 497; *Mansdörfer,* HRRS 2010, 18; *Zimmermann,* Jura 2009, 845 f.; *Satzger,* ZRP 2010, 137; *ders.,* in: Böse, 2013, § 2 Rn. 11; Streinz/*Satzger,* Art. 83 AEUV Rn. 4; *Calliess,* ZEuS 2008, 37; *Fromm,* EG-Rechtssetzungsbefugnis, 2009, S. 64 ff., *Hecker,* 2012, § 4 Rn. 82, § 14

bei Art. 325 AEUV handele es sich lediglich um eine „schlichte Anwendbarkeitsregelung“ der Annexkompetenz (Art. 83 Abs. 2 AEUV) oder einen „externe[n] Bestandteil“ der allgemeinen Harmonisierungskompetenz (Art. 83 Abs. 1 AEUV).[70]

3. Weitere Kompetenznormen

9 Der Erlass supranationalen Strafrechts wird noch für zwei weitere Bereiche diskutiert. Aufgrund der Streichung des strafrechtlichen Vorbehalts in Art. 135 S. 2 EGV im neuen Art. 33 AEUV soll nach wohl überwiegender, aber umstrittener Ansicht für das **Zollwesen** das Gleiche wie für die Betrugsbekämpfung gelten und eine Strafrechtssetzungskompetenz angenommen werden können.[71] Ferner ist für den Bereich des **Menschenhandels** und der **illegalen Einwanderung** (Art. 79 Abs. 2 (c), (d) AEUV)[72] vorgesehen, dass die Union Maßnahmen (also auch den Erlass von Verordnungen, Art. 288 Abs. 1 AEUV) in den genannten Bereichen ergreift, die insbesondere im Bereich des Menschenhandels auch dessen „Bekämpfung“ einschließen. Gegen eine Kompetenz zur Setzung supranationalen Strafrechts spricht jedoch, dass Art. 83 Abs. 1 AEUV bzgl. der Bekämpfung des Menschenhandels eine gesonderte Kompetenzvorschrift zum Erlass von *Richtlinien* zur Harmonisierung des Strafrechts der einzelnen Mitgliedsstaaten enthält, die bei der Annahme einer unionsrechtlichen Kompetenz überflüssig wäre. Art. 79 Abs. 2 (c), (d) AEUV enthalten daher keine Kompetenzgrundlage zum Erlass originären EU-Strafrechts.[73] Unabhängig davon findet auch hier die **„Notbremseregelung“** der Art. 82 Abs. 3, 83 Abs. 3 AEUV analoge Anwendung (§ 11 Rn. 10).

Rn. 44; *Hecker*/Zöller, S. 86 f. (Fall 8), S. 111 f. (Fall 11); *Hecker,* in: Ambos, 2011, S. 27; *Safferling,* 2011, § 10 Rn. 41; *Esser,* 2014, § 2 Rn. 125; *Schramm,* ZJS 2010, 615; *Noltenius,* ZStW 122 (2010), 618; *Grünewald,* JZ 2011, 973; *Vogel,* in: Sieber et al., § 5 Rn. 4 ff.; *Asp,* S. 147 ff. (zu den Grenzen S. 154 ff.); *Krüger,* HRRS 2012, 311 ff.; a. A. *Böse,* FS Krey, 2010, S. 16 („... (auch) nach dem Reformvertrag nicht befugt ... unmittelbar anwendbare Strafbestimmungen zu erlassen.“); *ders.*, in: Böse, 2013, § 4 Rn. 24, *Schröder,* FS Achenbach, 2011, S. 496 f.; *Sturies,* HRRS 2012, 273; ebenso *Sicurella,* in: Klip, 2011, S. 236; *Schützendübel,* S. 29; *Dorra,* 2013, S. 278 ff., der eine Sperrwirkung von Art. 83 Abs. 2 AEUV annimmt; mit Blick auf das Verhältnis zu Art. 75, 82, 83 AEUV *Zöller,* FS Schenke, 2011, S. 583 ff.; zw. *Caeiro,* in: Correia et al., S. 183 ff. Zum Verhältnis von Art. 325 und Art. 83 AEUV auch *Simon,* NJECL 3 (2012), 248 f.; ausf. *Miettinen,* EuCLR 3 (2013), 195 ff. Vgl. auch den Streit zwischen Kommission und Rat (Rats-Dok. 15309/12; dazu *Brodowski,* ZIS 2013, 464). Für eine Strafrechtssetzungskompetenz nur nach Einrichtung der EStA sowie Übertragung der „Notbremse“ der Art. 82 Abs. 3, 83 Abs. 3 AEUV *Heger,* ZIS 2009, 416.

70 So jedoch *F. Meyer,* EuR 2011, 176 (184 ff.); diff. *ders.*, S. 419 ff. Ähnlich wohl auch *Mitsilegas,* S. 109 (ihm folgend *Herlin-Karnell,* eucrim 2010, 61).

71 So auch *Satzger,* 2013, § 8 Rn. 25; *ders.*, in: Böse, 2013, § 2 Rn. 11; Streinz/*Satzger,* Art. 83 AEUV Rn. 4; *Schramm,* ZJS 2010, 615; *Esser,* 2014, § 2 Rn. 128; *Safferling,* in: Streng/Kett-Straub, S. 203; *ders.*, 2011, § 10 Rn. 43; a. A. *Asp,* S. 160 f.; *Böse,* in: Böse, 2013, § 4 Rn. 25; *F. Meyer,* S. 421 f.

72 Vgl. *Satzger,* 2013, § 8 Rn. 26; *Mansdörfer,* HRRS 2010, 18; *Heger,* ZIS 2009, 416; *Walter,* ZStW 117 (2005), 918 f.; *Weigend,* ZStW 116 (2004), 288; *Tiedemann,* BT, 2011, Rn. 47.

73 Ebenso *Zöller,* FS Schenke, 2011, S. 585; *Esser,* 2014, § 2 Rn. 129; *Asp,* S. 157 ff.; *Böse,* in: Böse, 2013, § 4 Rn. 25; *F. Meyer,* S. 418; *Grünewald,* JZ 2011, 974, aber krit. hinsichtlich mangelnder Stringenz des AEUV; a. A. *Schramm,* ZJS 2010, 615; *Safferling,* in: Streng/Kett-Straub, S. 203; *ders.*, 2011, § 10 Rn. 44 ff.; wohl auch *Satzger,* 2013, § 8 Rn. 26; *ders.*, in: Böse, 2013, § 2 Rn. 14; anders aber wohl Streinz/*Satzger,* Art. 83 AEUV Rn. 4. Offen gelassen bei *Mansdörfer,* HRRS 2010, 18.

II. Europäisiertes nationales Recht

1. Im Rahmen des Europarats

Gegenstandsbereich des Europäischen Strafrechts im Rahmen des Europarats sind solche Normen, die auf die Beratungen des Europarats zurückgehen, insbesondere also die EMRK (dazu § 10 Rn. 6ff.). Zwar fehlt es dem Europarat als Staatenbund an hoheitlichen Befugnissen zu supranationaler Gesetzgebung, doch lässt sich aus seinen Zielen immerhin der Anspruch einer Harmonisierung des Rechts der Mitgliedstaaten ableiten, wobei der Bereich des Strafrechts schon sehr früh eine wichtige Rolle spielte.[74] So hat bereits im Jahre 1958 das Ministerkomitee einen ständigen europäischen *Ausschuss für Strafrechtsprobleme* (CDPC) geschaffen.[75] Unter dem Dach des ständigen Ausschusses sind eine Reihe von Unterausschüssen mit einer Vielzahl von speziellen Problemstellungen befasst.[76] Dabei geht es zum einen um strafrechtliche Grundlagenforschung und zum anderen um den Entwurf vstr Vereinbarungen.[77] Freilich kann, betrachtet man etwa die innerstaatliche Umsetzung der Geldwäschekonvention (§ 11 Rn. 3), keineswegs von einer vollständigen Harmonisierung der mitgliedstaatlichen Rechtsordnungen die Rede sein. Zum 25.6.2014 hat der Europarat insgesamt 59 Abkommen vorgelegt, die man dem materiellen Strafrecht (dazu § 11 Rn. 2) und dem Verfahrensrecht (§ 12 Rn. 9) zurechnen kann.[78] 10

2. Im Rahmen der EU

a) Grundlagen, insbesondere Grundsatz der gegenseitigen Anerkennung

Die Europäisierung des nationalen Strafrechts durch Rechtsakte der EU erfolgt vor allem durch Harmonisierung von materiellem und prozessualem Recht und durch Rechtsakte der Union zur gegenseitigen Anerkennung strafrechtlicher Entscheidungen. Vormals war die Regelung strafrechtlicher Zusammenarbeit der Mitgliedstaaten nur auf intergouvernementaler Grundlage im Bereich der Dritten Säule der PJZS möglich (siehe dazu 2. Aufl., § 12 Rn. 1 ff.). Durch die Vergemeinschaftung der Dritten Säule durch den Vertrag von Lissabon (Rn. 2) erfolgt die Regelung der PJZS nun im Rahmen des **Raums der Freiheit, der Sicherheit und des Rechts** (Art. 67 AEUV) auf Unionsebene.[79] 11

Im Bereich des **materiellen Strafrechts** besteht, wie schon nach der alten Rechtslage (2. Aufl., § 12 Rn. 1 ff.), die Möglichkeit der Rechtsangleichung durch den Erlass von Mindestvorschriften zur Festlegung von Straftaten und Strafen in Bereichen „beson- 12

[74] *Vogler*, Jura 1992, 587f.; vgl. auch *Schomburg*, in: Sieber et al., § 3 Rn. 22ff.; *De Vel*, in: Muller/Zouridis, S. 247ff.

[75] *Vogler*, ZStW 79 (1969), 113f.; *ders.*, Jura 1992, 586.

[76] Z. B. das Committee of Experts on the Operation of European Conventions in the Penal Field (PC-OC), der Council for Penological Co-operation (PC-CP), die Ad hoc Drafting Group on Dangerous Offenders (PC-GR-DD), das Committee of Experts on Trafficking in Human Organs, Tissues and Cells (PC-TO) oder die Ad hoc Drafting Group on Transnational Organised Crime (PC-GR-COT), vgl. auch http://www.coe.int/t/DGHL/STANDARDSETTING/CDPC/default_en.asp (zuletzt abgerufen am 1.7.2014).

[77] *Vogler*, Jura 1992, 586.

[78] Einschließlich der EMRK und ihrer 16 ZP. Der jeweils letzte Stand ist abrufbar unter http://conventions.coe.int.

[79] Zu den Zielen der EU in diesem Bereich *Sieber*, ZStW 121 (2009), 3ff. Krit. zum Verhältnis der drei Bestandteile zueinander in der europäischen Sicherheitspolitik *Kaiafa-Gbandi*, EuCLR 1 (2011), 10.

ders schwerer Kriminalität" mit grenzüberschreitender Dimension (Art. 83 Abs. 1 AEUV; näher § 11 Rn. 6ff.). Im Bereich des **Verfahrensrechts** beruht die justizielle Zusammenarbeit auf dem *Grundsatz der gegenseitigen Anerkennung* (vgl. Art. 82 Abs. 1 UA 1 AEUV).[80] Dieser aus dem Binnenmarkt stammende Grundsatz (2. Aufl., § 12 Rn 57a)[81] besagt, dass strafrechtliche Entscheidungen, die in einem Mitgliedsstaat ergehen, auch in einem anderen Staat anerkannt werden müssen (zu den konkreten Maßnahmen s. § 12 Rn. 3, 35ff., 64ff.).[82] Dies führt allerdings besonders im Beweisrecht zu Problemen, weil sich Beweismittel nicht wie ein „fertiges Produkt" aus dem Gesamtzusammenhang ihrer Rechtsordnung und der insoweit spezifischen Erhebungssituation ohne Bedeutungsveränderung oder -verlust extrahieren und „exportieren" lassen (dazu auch § 12 Rn. 60).[83] Die „Produkte" des nationalen Strafrechts werden ihrer Eigenart nach nun einmal nicht in der Weise auf einem gemeinsamen Markt gehandelt wie Konsumgüter, etwa niederländisches Bier, welches dem deutschen Reinheitsgebot entsprechen mag oder auch nicht. Überdies wird der strafprozessuale Unmittelbarkeitsgrundsatz bei Einführung von in anderen Mitgliedstaaten erhobenen und dort zulässigen Urkundsbeweisen letztlich aufgegeben. Die ggs. Anerkennung des Beweisrechts zwingt zudem die nationalen Gerichte des ersuchten Staats zur Fremdrechtsanwendung, weil die Rechtmäßigkeit der durch den ersuchenden Staat angeordneten Beweiserhebung an dessen Recht gemessen werden muss. Aus grundrechtlicher Sicht liegt es schließlich nahe, in der Möglichkeit des „forum-shopping" der EStA (§ 13 Rn. 23) und des damit verbundenen Aufbrechens der jeweils für sich genommen in spezifischer Weise austarierten nationalen Verfahrenssysteme einen Verstoß gegen das Fairnessgebot und den darin enthaltenen Grundsatz der Waffengleichheit zu erblicken.[84] – Zum für den Datenaustausch relevanten Grundsatz der Verfügbarkeit s. § 12 Rn. 4.

---

[80] Eingehend *Nalewajko,* Ggs. Anerkennung, 2010, S. 64ff.; auch *Krüßmann,* S. 574ff., 589ff.; *Fichera,* European Arrest Warrant, 2011, S. 48ff., 59ff.; *Taupiac-Nouvel,* EuCLR 2 (2012), 239ff.; Streinz/*Satzger,* Art. 82 AEUV Rn. 9ff.; zur (ggs.) Anerkennung als Bedingung eines interkulturellen Rechtsdiskurses u. Strafrechts *Wojciechowski,* Interculturality, 2010, S. 121ff. (152ff.); aus polnischer Sicht *Banach-Gutierrez,* NJECL 4 (2013), 154. Krit. nicht nur hinsichtl. der Benennung der ggs. Anerkennung als „Prinzip" *Mylonopoulos,* ZStW 123 (2011), 640ff.; zur Begrifflichkeit auch *Suominen,* S. 23ff.; 343ff.; vgl. auch die Forderung der *European Criminal Policy Initiative* zur Limitierung der ggs. Anerkennung (ZIS 2013, 412 (416ff.)). Zur historischen Entwicklung *Mavany,* S. 3ff., zur Konzeption ebd., S. 33ff.

[81] Vgl. auch *Nalewajko,* Ggs. Anerkennung, 2010, S. 67ff.; *Suominen,* S. 42ff.

[82] Vgl. zur Definition *Suominen,* S. 17f.; 66ff. Zur Umsetzung in den verschiedenen Instrumenten *Ouwerkerk,* S. 82ff.

[83] Vgl. zur überw. krit. Lit. 2. Aufl., § 12 Rn 57a mit Fn. 340–343. S. auch *Sieber,* ZStW 121 (2009), 37ff.; *Hecker,* 2012, § 12 Rn. 60ff.; *Satzger,* 2013, § 10 Rn. 24f.; *Klip,* 2012, S. 392ff.; *Ambos,* ZIS 2010, 557 (559); *Nalewajko,* Ggs. Anerkennung, 2010, S. 255ff.; *Gless,* 2011, Rn. 448ff.; *dies.,* in: Böse, 2013, § 16 Rn. 7f.; *Zeder,* EuR 2012, 38; *Ouwerkerk,* S. 76f.; vgl. auch *Zimmermann/Glaser/Motz,* EuCLR 1 (2011), 61ff.; *Safferling,* 2011, § 12 Rn. 46; *Suominen,* S. 62ff.; *Rackow,* in: Ambos, 2011, S. 120ff.; a. A. wohl *Taupiac-Nouvel,* EuCLR 2 (2012), 236ff.; *Mavany,* S. 49ff.

[84] Dazu ausführlich *Nalewajko,* Ggs. Anerkennung, 2010, S. 244ff.; *Mavany,* S. 68ff., der verbindliche Zuständigkeitsregeln fordert; vgl. auch *Bieber/Epiney/Haag,* § 16 Rn. 3, die zutreffend feststellen, dass der Grds. der ggs. Anerkennung im Bereich der Grundfreiheiten die Rechte des Einzelnen stärkt, im Bereich des Strafrechts diese aber schwächen kann. Zu verwertungsrechtlichen Konsequenzen *Krüßmann,* S. 676ff. Eine Angleichung der nationalen Verfahrensordnungen fordert *Gleß,* in: Sieber et al., § 38 Rn 5. Vgl. auch *Dannecker,* ZVglRWiss 111 (2012), 69f. sowie *Erbežnik,* EuCLR 2 (2012), 3ff. und *Thunberg Schunke,* S. 69ff., die allg. die Auswirkungen der ggs. Anerkennung auf die Beschuldigtenrechte untersuchen.

Spricht man in diesem Zusammenhang von **„Harmonisierung"**, muss man diesen Begriff gegenüber dem der Assimilierung (Assimilation) und der Vereinheitlichung der Strafrechtsordnungen abgrenzen. Der Unterschied zur **„Assimilierung"** besteht darin, dass diese keine Harmonisierung der einzelnen Strafrechtsordnungen mit sich bringt, werden deren Normen doch dabei (lediglich) durch Unionsrecht in Bezug genommen, um einen vergleichbaren Schutz der unionssrechtlichen Rechtsgüter zu erreichen, ohne dabei jedoch die nationalen Vorschriften zu ändern.[85] Auf diese Eigenart der Assimilierungstechnik gründet sich die Kritik, dass sie die Unterschiede der nationalen Rechtsordnungen zementiere statt sie zu harmonisieren. Der Unterschied zwischen Harmonisierung und **Vereinheitlichung** ist ein gradueller insofern, als die Harmonisierung weniger weitgehend als die Vereinheitlichung lediglich auf eine *Annäherung* (Art. 29 Abs. 2 UA 3 EUV a. F.) bzw. *Angleichung* (Art. 67 Abs. 3 AEUV)[86] des nationalen Strafrechts abzielt.[87] Konkreter zu Harmonisierung und Assimilierung § 11 Rn. 5 ff., 20 ff., 32 ff. 13

b) Formen und Techniken der Einflussnahme

Das Unionsrecht beeinflusst die nationalen (Straf-)Rechtsordnungen zudem über die *Zielbestimmungen* des Art. 4 Abs. 3 EUV sowie über die Grundsätze des *Anwendungsvorrangs* und der *unionsrechtskonformen Auslegung* (näher § 11 Rn. 37 ff.).[88] Auch kann ein nationales Gericht eine europarechtliche Frage direkt dem EuGH vorlegen (Art. 267 AEUV, näher § 11 Rn. 44). Als konkretere Formen und Techniken der Einflussnahme können genannt werden:[89] 14

- die **Assimilierung** von Unionsinteressen mit den nationalen Interessen im Wege der Schaffung von *primärrechtlichen* **Verweisungen** auf nationales Strafrecht (§ 11 Rn. 20 ff.).
- Umgekehrt existieren **(Blankett-)Verweisungen** *nationaler (deutscher) Strafgesetze* auf das Unionsrecht (§ 11 Rn. 26 ff.).
- Im Rahmen der – auf dem Grundsatz der gegenseitigen Anerkennung beruhenden – **polizeilichen und justiziellen Zusammenarbeit** (vormals „PJZS") soll ein erhöhtes Maß an Sicherheit gewährleistet werden (Art. 67 Abs. 3 AEUV) und zwar einerseits durch verstärkte *Koordinierung und Zusammenarbeit* von Polizeibehörden und der Strafrechtspflege (Art. 82 Abs. 1 UA 2) und andererseits, „erforderlichenfalls" (Art. 67 Abs. 3), durch *Rechtsangleichung* (Art. 82 Abs. 1 UA 1) und zwar im Verfahrensrecht (Art. 82 Abs. 2, dazu § 12 Rn. 8) und materiellen Recht (Art. 83, näher § 11 Rn. 5 ff.).

Auf dem Gebiet der zwischenstaatlichen **Rechts- und Vollstreckungshilfe** in Strafsachen existieren zahlreiche Abkommen, etwa das Europäische Übk. über die Rechtshilfe in Strafsachen, das SDÜ (Rn. 18) und das Übk. über das vereinfachte Auslieferungsverfahren zwischen den Mitgliedstaaten der EU (dazu § 12 Rn. 10, 25).

C. Quellen des Europäischen Strafrechts

Formal betrachtet existierten seit Gründung der EU zwei Rechtsordnungen, nämlich das (originäre) *Gemeinschaftsrecht* der EGen und das (neue) *Recht der Union.* Mit dem 15

[85] Vgl. auch *Vogel,* GA 2003, 315; *Hecker*/Zöller, S. 85 (Fall 8); *Hecker,* in: Ambos, 2011, S. 17.

[86] *Klip,* 2012, S. 33 sieht in der „approximation" eine weniger weitgehende Form der „harmonisation", muss aber zugeben, dass sich beide nicht eindeutig abgrenzen lassen.

[87] Allg. krit. zu Sinn, Funktionen und Wirkung der Harmonisierung *Klip/van der Wilt,* Harmonisation and harmonising measures in criminal law, 2002; *Klip,* NStZ 2000, 626; *ders.*, 2011, S. 38 ff.; *Weyembergh,* L'harmonisation des législations etc., 2004, S. 124 f.; *dies.,* MJ 12 (2005), 170 ff.

[88] MünchKomm/*Ambos,* Vor §§ 3–7 Rn. 7; *Jung,* JuS 2000, 420.

[89] Vgl. MünchKomm/*Ambos,* Vor §§ 3–7 Rn. 7 m.w.N. Zur Einflußnahme u. Umsetzung in Großbritannien vgl. *Spencer/Padfield,* RSC 2006, 544 ff.

Lissabonner Vertrag wurde nicht nur die **„Union“** zur Rechtsnachfolgerin der EG (Art. 1 UA 3 EUV), sondern mit dem (refomierten) EUV und dem AEUV zugleich ein **einheitliches Unionsrecht** geschaffen; auf diese Verträge „begründet“ sich die Union (Art. 1 Abs. 2 AEUV). Quellen des **primären Unionsrechts** sind also der AEUV und der EUV als die Gründungsverträge der „neuen“ Union nebst Anhängen und Protokollen als **geschriebenes** (primäres) Unionsrecht.[90] Das alte Recht gilt bis zu seiner Aufhebung, Nichtigerklärung oder Änderung fort.[91] Das Strafrecht ist nun insbesondere in den Art. 67, 82ff. AEUV (s. Rn. 11ff.) enthalten. Als **ungeschriebenes** Primärrecht kommen *Unionsgewohnheitsrecht* und allgemeine Rechtsgrundsätze hinzu.[92] So ist etwa die Möglichkeit der Vertretung im Rat durch Staatssekretäre als Satz des vertragsergänzenden (Art. 16 Abs. 3 EUV) ungeschriebenen primären Unionsrechts gewohnheitsrechtlich anerkannt.[93] *Allgemeine Rechtsgrundsätze* als Regeln ungeschriebenen primären Unionsrechts sind solche Rechtssätze, die den Rechtsordnungen der Mitgliedstaaten der Union gemeinsam sind (vgl. etwa Art. 340 Abs. 2 AEUV).[94] Für den EuGH sind sie im Wege einer „wertenden Rechtsvergleichung“[95] zu ermitteln. Die allgemeinen Rechtsgrundsätze stellen dabei inhaltliche Ableitungen der Grundsätze von Freiheit, Demokratie, Achtung der Menschenrechte und Grundfreiheiten sowie der Rechtsstaatlichkeit (vgl. Art. 2 EUV) dar.[96] Es geht um Grundrechte und rechtsstaatliche Prinzipien.[97] Als letztere sind etwa anerkannt: Verhältnismäßigkeit, Vertrauensschutz und das Gebot der Rechtssicherheit.[98] Grundrechte als Teil der Allgemeinen Rechtsgrundsätze leitet der EuGH aus den gemeinsamen Verfassungsüberlieferungen der Mitgliedstaaten und auch aus der **EMRK** (vgl. Art. 6 Abs. 3 EUV) ab.[99] Anerkannt sind etwa der allgemeine Gleichheitssatz, der Eigentumsschutz, Berufs- und Meinungsfreiheit und als Verfahrensgrundrechte insbesondere der Anspruch auf ein faires Verfahren (näher § 10 Rn. 11ff.). Mit dem Lissabonner Vertrag wurde auch die **Europäische Grundrechtecharta** (§ 10 Rn. 107ff.) zum Teil des Unionsrechts (Art. 6 Abs. 1 EUV).

16 Auch einige private Initiativen haben sich die Sicherung eines rechtsstaatlichen Mindeststandards auf die Fahnen geschrieben Zunächst ist insoweit das **Kriminalpolitische Manifest** der *European Criminal Policy Initiative* zu nennen.[100] Ausgehend von den Grundgedanken der (europäischen) Aufklärung haben 14 Wissenschaftler aus zehn Mitgliedstaaten der EU Kriterien und Anforderungen an eine vernünftige euro-

[90] *Fischer,* Rn. 134; Oppermann/Classen/*Nettesheim,* § 9 Rn. 22ff.; *Herdegen,* EuR, § 8 Rn. 4ff.; *Nicolaysen,* S. 38. Zur Auslegung des EU-Rechts *Schroeder,* JuS 2004, 180.

[91] Art. 9 Prot. Nr. 36 zum Lissabonner Vertrag. Zur Zuständigkeit des EuGH für Maßnahmen der (früheren) PJZS s. § 11 Rn. 44.

[92] Grdl. *Zweigert,* RabelsZ 1964, 607ff.; Oppermann/Classen/*Nettesheim,* § 9 Rn. 26ff.; *Nicolaysen,* S. 38; auch *Miettinen,* S. 93ff., 102ff.

[93] Oppermann/Classen/*Nettesheim,* § 9 Rn. 30.

[94] *Fischer,* Rn. 135; Oppermann/Classen/*Nettesheim,* § 9 Rn. 33; *Herdegen,* EuR, § 8 Rn. 15ff.

[95] Dazu allg. *Jung,* GA 2005, 2ff.; zur rvgl Methode bei der Entwicklung des EuStR auch *Bacigalupo,* CPC 2004, 5ff.

[96] Oppermann/Classen/*Nettesheim,* § 9 Rn. 39.

[97] *Fischer,* Rn. 135; *Schütz/Bruha/König,* S. 857ff.; vgl. auch *F. Meyer,* S. 306f.

[98] *Fischer,* Rn. 167; Oppermann/Classen/*Nettesheim,* § 10 Rn. 39ff.; *Herdegen,* EuR, § 8 Rn. 18ff. jew. m. w. N.; siehe dazu auch näher Kriminalpolitisches Manifest, ZIS 2009, 697ff.

[99] *Fischer,* Rn. 149; Oppermann/*Classen/Nettesheim,* § 17 Rn. 4. Zum Verhältnis EGMR und EuGH siehe § 10 Rn. 1ff.

[100] ZIS 2009, 697; EuCLR 1 (2011), 86; zum Manifest *Satzger,* ZRP 2010, 137; *Nieto Martín,* RP 27 (2011), 78; *Prittwitz,* in: *Ambos,* 2011, S. 29ff. Krit. zur EU-Kriminalpolitik auch *Kubiciel,* ZIS 2010, 742; *Muñoz de Morales Romero,* RP 27 (2011), 51; *Wieczorek,* EuCLR 2 (2012), 141f.

päische Kriminalpolitik erarbeitet. Als maßgebliche Grundprinzipien wurden identifiziert: das Erfordernis eines legitimen Schutzzwecks, das Ultima-ratio-Prinzip, der Schuldgrundsatz, das Gesetzlichkeitsprinzip, das Subsidiaritätsprinzip und das Kohärenzprinzip.[101] Diese Vorschläge zur Ausgestaltung des materiellen Rechts wurden nun durch ein **Manifest zum Europäischen Verfahrensrecht** ergänzt, das insbesondere auf die Stärkung der Beschuldigtenrechte im Verfahren abzielt.[102] Besonderes Augenmerk auf die Verteidigung[103] richtet der von einer Gruppe europäischer Strafrechtslehrer/innen vorgelegte **AE „Europäische Strafverfolgung"**, der die Einführung eines *„Eurodefensors"* zur Wahrung der Beschuldigtenrechte vorschlägt.[104] Die Aufgaben und Arbeitsweisen des Eurodefensors beschreiben die Art. 32ff. des „Entwurfs einer Regelung transnationaler Strafverfahren in der Europäischen Union".[105] Ein anderer Vorschlag plädiert für ein **„Europäisches Netzwerk der Strafverteidigung"**, das europarechtlich abgesichert werden soll.[106]

Sekundäres Unionsrecht wird durch die Organe der Union geschaffen. Dabei kann die Union von folgenden, in Art. 288 Abs. 1 AEUV genannten Handlungsformen Gebrauch machen:[107] 17

- **Verordnungen:** Sie haben *unmittelbare Wirkung* und sind in all ihren Teilen *verbindlich.* Sie genießen gegenüber dem nationalem Recht einen *Anwendungsvorrang* (dazu § 11 Rn. 41ff.), so dass dieses, sofern es einer Verordnung widerspricht, in seiner Anwendung gehemmt ist.
- **Richtlinien:** Sie sind nur hinsichtlich ihres Zieles für die Mitgliedstaaten *verbindlich,* an die sie gerichtet sind (Art. 288 Abs. 3 AEUV). Die Wahl der Mittel zur Erreichung des Ziels bleibt den Mitgliedstaaten überlassen. Der Erlass von Richtlinien ersetzt nun die vormals im Rahmen der PJZS erlassenen Rahmenbeschlüsse (dazu 2. Aufl., § 9 Rn. 21). Im Unterschied zu diesen unterliegt die Umsetzung von Richtlinien durch die Mitgliedstaaten der Überprüfung im Rahmen eines Vertragsverletzungsverfahrens durch den EuGH (Art. 258ff. AEUV).[108] Zudem gilt nun das *ordentliche Rechtsetzungsverfahren* nach Art. 289 Abs. 1, 294 AEUV, in dem Rat und EP gleichberechtigt entscheiden.[109] Im Rat genügt nun außerdem in der Regel die *qualifizierte Mehrheit* (Art. 16 Abs. 3 EUV) im Gegensatz zur vormals erforderlichen Einstimmigkeit (Art. 34 Abs. 2 S. 2 EUV a. F.).[110]

---

[101] Ähnlich *Asp,* S. 164ff.; s. auch die Entwicklung europäischer Strafrechtsprinzipien bei *Schaut,* S. 125ff.; ähnlich *Miettinen,* S. 112ff.; zur ggs. Anerkennung *Suominen,* S. 377f.

[102] ZIS 2013, 412; dazu *Satzger/Zimmermann,* ZIS 2013, 406ff.

[103] Instruktiv zur Verteidigung in transnationalen europäischen Strafverfahren *Arnold,* HRRS 2008, 10; *Nagler,* StV 2013, 324ff.; ausf. *Rackow,* in: Böse, 2013, § 23 Rn. 1ff.; s. auch die Länderberichte in *Cape/Namoradze/Smith/Spronken,* Criminal Defence, 2010, S. 65ff.

[104] Vgl. *Schünemann,* 2004, 14; *ders.,* ZStW 116 (2004), 388ff.; *Nestler,* in: Schünemann, 2006, S. 169ff.; *Swarc,* in: Schünemann, 2006, S. 186ff.; *Arnold,* HRRS 2008, 15ff.; für weitere Nachw. s. 1. Aufl., Rn. 23–32 mit Fn. 77. Vgl. auch *Gless,* StV 2013, 319f.

[105] Abgedruckt in *Schünemann,* 2006, S. 4ff.

[106] *Arnold,* HRRS 2008, 17ff. m.w.N.; vgl. auch *ders.,* StraFo 2013, 54ff.; *Ahlbrecht,* StV 2012, 491ff.

[107] *Fischer,* Rn. 136ff.; Oppermann/Classen/*Nettesheim,* § 9 Rn. 67ff.; *Herdegen,* EuR, § 8 Rn. 34ff.; *Nicolaysen,* S. 38; *Ambos/Rackow,* Jura 2006, 506; *F. Meyer,* S. 331ff.

[108] Hierzu auch *Herlin-Karnell,* eucrim 2010, 62. Vertiefend zu den Änderungen des europ. Rechtsschutzsystem nach dem Vertrag von Lissabon *Thiele,* EuR 2010, 30 (48ff.). Zum Individualrechtsschutz gegen EU-Akte ausf. *Schonard,* EuCLR 2 (2012), 61ff. Einen solchen fordert auch *F. Meyer,* S. 904f.

[109] Dieses ist gem. Art. 76 AEUV jedoch soweit modifiziert, als dass Rechtsakte nur auf Initiative eines Viertels der Mitgliedstaaten oder der Kommission erlassen werden können. Zu den vor- und nachbereitenden Arbeiten der Kommission ausf. *F. Meyer,* S. 312f.

[110] Zum Rechtsetzungsverfahren post Lissabon siehe näher *Zimmermann,* Jura 2009, 844ff.

- **Beschlüsse:** Sie sind gemäß Art. 288 Abs. 4 AEUV in allen ihren Teilen *verbindlich,* ggf. aber nur für die verpflichteten Adressaten.
- **Empfehlungen/Stellungnahmen:** Sie sind gemäß Art. 288 Abs. 5 AEUV *unverbindlich.*

18 Parallel zum Gemeinschafts- bzw. Unionsrecht ist der sog. **Schengen-acquis** entstanden (s. 2. Aufl., § 12 Rn. 30). Er besteht aus dem ersten Schengener Abkommen zum Abbau der Grenzkontrollen vom Juni 1985 (Schengen I), dem **Schengener Durchführungsübereinkommen** (SDÜ-Schengen II) vom 19.6.1990,[111] etwaigen Beitrittsprotokollen und sonstigen Rechtsakten.[112] Er ist mit dem Amsterdamer Vertrag von 1997 in Unionsrecht überführt worden,[113] womit auch der EuGH für die Auslegung des SDÜ zuständig wurde (Art. 35 Abs. 1 EUV a. F.).[114] Durch die „Vergemeinschaftung" der Dritten Säule ergibt sich die Zuständigkeit des EuGH aus Art. 267, 67 AEUV. **Protokoll 19 zum Lissabonner Vertrag**[115] schreibt diese Rechtslage fort. Danach gilt der Schengen-acquis heute für 30 Staaten, nämlich 26 EU-Staaten (ohne Großbritannien/Nordirland und Irland) und vier Nicht-EU Staaten (Island, Liechtenstein, Norwegen und die Schweiz).[116] Das **SDÜ** besteht aus acht Titeln und 142 Artikeln, wobei sich die für die polizeilich-justitielle Kooperation besonders relevanten Vorschriften im *Titel III („Polizei und Sicherheit")* befinden und dort insbesondere in

[111] Abl. EG L 239 v. 22.9.2000, 19 = BGBl. II 1993 S. 1010; auszugsweise abgedruckt in S/L/G/H/*Gleß,* III E 1 und *Wasmeier/Möhlig,* S. 109, 250. Speziell zum SDÜ: *Würz,* Das SDÜ, 1997.

[112] Vgl. S/L/G/H/*Gleß,* III E Rn. 3, 12; *Safferling,* 2011, § 12 Rn. 71.

[113] Durch das „Protokoll zur Einbeziehung des Schengen-Besitzstands in den Rahmen der EU" (Abl. EG C 340 v. 10.11.1997, 93); vgl. auch den Beschluss des Rates zur Bestimmung der EGV/EUV-Rechtsgrundlagen des Schengen Besitzstandes v. 20.5.1999 (Abl. EG L 176 v. 10.7.1999, 1, 17). Vgl. dazu *Bracke,* in: Cullen/Jund, S. 23ff.; *Fischer,* Rn. 650; *Nicolaysen,* S. 54; *Huber,* FG Hilger, 2003, S. 141f.; auch *Vervaele,* Utrecht L. Rev. 1 (2005), 109.

[114] Zum (früheren) Vorbehalt der mitgliedstaatlichen Zuständigkeitserklärung („opt-in", Art. 35 Abs. 2 EUV a. F) vgl. *Böse,* GA 2003, 744; *Radtke/Busch,* NStZ 2003, 282.

[115] „Über den in den Rahmen der EU einbezogenen Schengen-Besitzstand", Abl. EU C 115/290 v. 9.5.2008.

[116] Diese sind (gemäß Art. 2 i. V. m. Art. 1 Prot. 19) die EU-Mitgliedsstaaten Belgien, Bulgarien, Dänemark (zur Sonderstellung Art. 3 Prot. 19), Deutschland, Estland, Griechenland, Spanien, Frankreich, Finnland, Italien, Lettland, Litauen, Luxemburg, Ungarn, Kroatien, Malta, die Niederlande, Österreich, Polen, Portugal, Rumänien, Schweden, Slowenien, die Slowakei, die Tschechische Republik und Zypern (zu Bulgarien, Kroatien, Rumänen und Zypern siehe aber Rn. 19 im Haupttext) und – assoziert – die Nicht-EU-Staaten Island und Norwegen (Art. 6 Prot. 19; dazu *Schröder/Stiegel,* in: Sieber et al., § 35 Rn. 25f.) sowie die Schweiz (Abkommen zwischen der Schweizerischen Eidgenossenschaft, der EU und der EG über die Assoziierung dieses Staates bei der Umsetzung, Anwendung und Entwicklung des Schengen-Besitzstands nebst Schlussakte vom 26.10.2004, abgedruckt in S/L/G/H/*Gleß,* III E 1 a; dazu *Henzelin/Maeder,* JECL 2009, 49; *Schröder/Stiegel,* in: Sieber et al., § 35 Rn. 37f.) und Liechtenstein (Protokoll zwischen der EU, der EG, der Schweizerischen Eidgenossenschaft und dem Fürstentum Liechtenstein über den Beitritt des Fürstentums Liechtenstein zu dem Abkommen zwischen der EU, der EG und der Schweizerischen Eidgenossenschaft über die Assoziierung der Schweizerischen Eidgenossenschaft bei der Umsetzung, Anwendung und Entwicklung des Schengen-Besitzstands, Abl. EU L 160 v. 18.6.2011, 21, und den dazugehörigen Beschluss des Rates v. 13.12.2011, Abl. EU L 334 v. 16.12.2011, 27); dazu *Schröder/Stiegel,* in: Sieber et al., § 35 Rn. 50. Die EU-Mitgliedstaaten Großbritannien/Nordirland und Irland sind keine Parteien des Schengener Abkommens, können aber den Schengen-Besitzstand mit Billigung des EU-Rates ganz oder teilweise übernehmen (Art. 4 Prot. 19). Andorra und San Marino sind dem Schengen Abkommen nicht beigetreten, unterhalten aber zu ihren Nachbarländern keine Grenzkontrollen (http://www.auswaertiges-amt.de/DE/EinreiseUndAufenthalt/Schengen_node.html (zuletzt abgerufen am 1.7.2014)).

den Kapiteln I bis V (näher unten § 12 Rn. 5f.). Aus grundrechtlicher Sicht ist das in Art. 54 normierte *Verbot der Doppelverfolgung* von besonderer Bedeutung (dazu § 10 Rn. 112ff.).

Der Schengen-Besitzstand ist von Beitrittstaaten „vollständig zu übernehmen" (Art. 8 des Schengen-Protokolls vom Oktober 1997[117]; Art. 7 Prot. 19 zum Lissabonner Vertrag). Die **Grenzkontrollen** entfallen jedoch erst, wenn die Beitrittsstaaten die Schengen-Standards vollständig umgesetzt, insbesondere also ihre Außengrenzen effektiv gesichert und sich dem SIS (dazu § 12 Rn. 21f.)[118] angeschlossen haben.[119] Die Personenkontrollen an den neuen Binnengrenzen entfallen erst dann, wenn der Rat der Innen- und Justizminister der EU einstimmig entschieden hat, dass das fragliche Beitrittsland die Schengen-Standards erfüllt und damit zum „Vollanwender" des Schengen-Rechts wird. Für die EU-Staaten Bulgarien, Kroatien, Rumänien und Zypern steht diese Entscheidung noch aus.[120] Ferner erlaubt Art. 21 Schengener Grenzkodex (SGK) ausdrücklich Kontrollen innerhalb des jeweiligen Hoheitsgebiets nach Maßgabe des nationalen Rechts, soweit diese – was freilich nicht unproblematische Grauzonen entstehen lässt – „nicht die gleiche Wirkung wie Grenzübertrittskontrollen" haben.[121] Im Oktober 2013 haben die Innenminister die Einführung eines Evaluationsmechanismus beschlossen, der die Anwendung des Schengen-Besitzstandes in den teilnehmenden Staaten und den Beitrittsstaaten überprüfen soll, um hohe Sicherheitsstandards als Grundlage gegenseitigen Vertrauens im Schengengebiet zu gewährleisten.[122] Zudem wurde die Möglichkeit geschaffen, unter außergewöhnlichen Umständen wieder Grenzkontrollen an den EU-Binnengrenzen durchzuführen.[123] 19

[117] Abl. EG C 340 v. 10.11.1997, 93. Vgl. auch *Krüßmann,* ZEuS 2001, 229.

[118] In Bulgarien und Rumänen gilt das SIS seit dem 15.10.2010 (Ratsbeschluss 2010/365/EU v. 29.6.2010, Abl. EU L 166/17 v. 1.7.2010).

[119] Dazu *Elsen,* in: Hummer, Rechtsfragen der Anwendung des Amsterdamer Vertrages, 2001, S. 50; krit. zu den Voraussetzungen des Inkrafttretens *Rybicki,* PYIL 25 (2001), 112.

[120] http://www.auswaertiges-amt.de/DE/EinreiseUndAufenthalt/Schengen_node.html (zuletzt abgerufen am 1.7.2014). Zu Bulgarien und Rumänien auch eucrim 2010, 87; 2011, 3f., 135f.; 2012, 3, 143; 2013, 35 und jüngst http://www.bmi.bund.de/SharedDocs/Kurzmeldungen/DE/2013/12/ji_rat.html (zuletzt abgerufen am 1.7.2014).

[121] Dazu aus polizeilicher Sicht *Niechziol/Schmucker,* Kriminalistik 2008, 105ff.; krit. *Mokros,* in: Lisken/Denninger, 4. Aufl., 2007, Kapitel O Rn. 147 („Widerspruch zum Zweck der Schengener Verträge").

[122] VO Nr. 1053/2013 des Rates v. 7.10.2013 zur Einführung eines Evaluierungs- und Überwachungsmechanismus für die Überprüfung der Anwendung des Schengen-Besitzstands und zur Aufhebung des Beschlusses des Exekutivausschusses vom 16.9.1998 bezüglich der Errichtung des Ständigen Ausschusses des SDÜ (Abl. EU L 295 v. 6.11.2013, 27). Vgl. eucrim 2013, 34f., 111.

[123] VO Nr. 1051/2013 des EP und des Rates v. 22.10.2013 zur Änderung der Verordnung (EG) Nr. 562/2006 zwecks Festlegung einer gemeinsamen Regelung für die vorübergehende Wiedereinführung von Kontrollen an den Binnengrenzen unter außergewöhnlichen Umständen (Abl. EU L 295 v. 6.11.2013, 1). Vgl. auch *Esser,* 2014, § 4 Rn. 35ff. sowie eucrim 2011, 95f.

§ 10. Grundrechtsschutz in Europa

Neuere Literatur: *Ahlbrecht,* Strukturelle Defizite Europäischer Verteidigung – Gründe und Möglichkeiten ihrer Überwindung, StV 2012, 491; *Ambos,* Cesare Beccaria und die Folter – Kritische Anmerkung aus heutiger Sicht, ZStW 122 (2010), 504; *ders.*, Praxis sog. „extraordinary renditions" (Fall El-Masri), StV 2013, 129; *Andenas/Bjorge,* National Implementation of ECHR Rights: Kant's Categorical Imperative and the Convention, University of Oslo Faculty of Law Research Paper No. 15, 2011; *Ariav,* National Investigations of Human Rights Between National and International Law, GoJIl 4 (2012), 853; *Badea,* Shaping Fundamental Principles of EU Law in the Area of Freedom, Security and Justice – The ne bis in idem Challenge for the CJEU, ERA Forum 13 (2012), 307; *Banach-Gutierrez,* Some Reflections on the Concept of Due Process: What Kind of ‚Doing Justice' is Emerging in Contemporary Criminal Proceedings?, NJECL 3 (2012), 83; *dies./Harding,* Fundamental Rights in European Criminal Justice: An Axiological Perspective, Eur. J. Cr. 2012, 239; *Baumanns,* Der Beschleunigungsgrundsatz im Strafverfahren, 2011; *Beck,* Strafe oder Nicht-Strafe? – Zur Umsetzung des Abstandsgebots in der bisherigen Praxis der Sicherungsverwahrung, HRRS 2013, 9; *Beltran de Felipe/Adán Nieto,* Post 9/11 Trends in International Judicial Cooperation: Human Rights as a Constraint on Extradition in Death Penalty Cases, JICJ 10 (2012), 581; *Besson,* The Extraterritoriality of the European Convention on Human Rights: Why Human Rights Depend on Jurisdiction and What Jurisdiction Amounts to, LJIL 25 (2012), 857; *Beulke/Witzigmann,* Das Akteneinsichtsrecht des Strafverteidigers in Fällen der Untersuchungshaft, NStZ 2011, 254; *Blackstock,* Procedural Safeguards in the European Union: A Road well Travelled?, EuCLR 2 (2012), 20; *D. Bock,* Strafe und Grundrechtseingriff: Zum Begriff der strafrechtlichen Anklage i. S. d. Art. 6 I EMRK, FS Scheuing, 2011, S. 263; *S. Bock,* Opferrechte im Lichte europäischer Vorgaben, in: Barton/Kölbel, Ambivalenzen der Opferzuwendung des Strafrechts, 2012, S. 67; *van Bockel,* The ne bis in idem Principle in the EU Legal Order: Between Scope and Substance, ERA Forum 13 (2012), 325; *Bohlander,* Retrospective Reductions in the Severity of Substantive Criminal Law: The Lex Mitior Principle and the Impact of Scoppola v. Italy No. 2, CLR 2011, 627; *du Bois-Pedain,* Artikel 6 Abs. 3 lit. d EMRK und der nicht verfügbare Zeuge: Weist der modifizierte Lucà-Test den Weg aus der Sackgasse?, HRRS 2012, 120; *Böse,* Die transnationale Geltung des Grundsatzes „ne bis in idem" und das „Vollstreckungselement", GA 2011, 504; *ders.,* Der Grundsatz der gegenseitigen Anerkennung unter dem Vertrag von Lissabon, in: Ambos, 2011, S. 57; *ders.*, Der Grundsatz „ne bis idem" und der Europäische Haftbefehl: Europäischer ordre public vs. gegenseitige Anerkennung, HRRS 2012, 19; *ders.*, Ausnahmen vom grenzüberschreitenden „Ne bis in idem"? Zur Fortgeltung der Vorbehalte nach Art. 55 SDÜ, FS Kühne, 2013, S. 519; *Brodowski,* Strafrechtsrelevante Entwicklungen in der EU, ZIS 2012, 558; *ders.*, Ne bis in idem im europäisierten Auslieferungsrecht, StV 2013, 339; *Bülte,* Der Verhältnismäßigkeitsgrundsatz im deutschen Notwehrrecht aus verfassungsrechtlicher und europäischer Perspektive, GA 2011, 145; *ders./Krell,* Grundrechtsschutz bei der Durchführung von Unionsrecht durch Strafrecht, StV 2013, 710; *Buyse,* The Truth, the Past and the Present: Article 10 ECHR and Situations of Transition, in: Buyse/Hamilton, Transitional Jurisprudence and the ECHR, 2011, S. 131; *Coffey,* Resolving Conflicts of Jurisdiction in Criminal Proceedings: Interpreting Ne bis in idem in Conjunction with the Principle of Complementarity, NJECL 4 (2013), 59; *Corell/Sidhu,* Das Recht auf Rechtsbeistand nach dem europäischen Fahrplan zur Stärkung der Verfahrensrechte in Strafverfahren, StV 2012, 246; *Cras/de Matteis,* The Directive on the Right to Information, eucrim 2013, S. 22; *Dessecker,* Die Sicherungsverwahrung in der Rechtsprechung des Bundesverfassungsgerichts, ZIS 2011, 706; *Douglas-Scott,* The EU and Human Rights after the Treaty of Lisbon, HRLR 11 (2011), 645; *Drenkhahn/Morgenstern,* Dabei soll es uns auf den Namen nicht ankommen – Der Streit um die Sicherungsverwahrung, ZStW 124 (2012), 132; *ECBA et al.*, Joint Briefing on the Directive on the Right of Access to a Lawyer in Criminal Proceedings and the Right to Inform a Third Party upon Deprivation of Liberty, NJECL 4 (2013), 332; *Eckstein,* Grund und Grenzen transnationalen Schutzes vor mehrfacher Strafverfolgung in Europa, ZStW 124 (2012), 490; *ders.*, Im Netz des Unionsrechts. Anmerkung zum Fransson-Urteil des EuGH, ZIS 2013, 220; *Engel,* Berufungsverwerfung aufgrund Säumnis des Angeklagten im Lichte der jüngsten Rechtsprechung des EGMR sowie des OLG München, ZJS 2013, 339; *Eser,* § 36: Konkurrierende nationale und transnationale Strafverfolgung – Zur Sicherung von „ne bis in idem" und zur Vermeidung von positiven Kompetenzkonflikten, in: Sieber et al., S. 557; *Esser,* § 53: Garantien in der EU, in: Sieber et al., 825; *ders.*, § 58: Verteidigungsrechte, in: Sieber et al., S. 904; *ders.*, (Nichts) Neues aus Straßburg – Effektive Verteidigung bei Nichterscheinen des Angeklagten zu Beginn der Hauptverhandlung in der Berufungsinstanz (§ 329 Abs. 1 S. 1 StPO), StV 2013, 331; *ders.*, Initiativen der EU zur Harmonisierung der Beschuldigtenrechte. Zugleich eine kritische Analyse der Richtlinie 2012/13/EU zum

Recht auf Belehrung und Unterrichtung in Strafverfahren, FS Wolter, 2013, S. 1329; *ders.*, Zur Bestellung des Verteidigers im Ermittlungsverfahren. Plädoyer für eine Reform des § 141 Abs. 3 StPO im Lichte der EMRK und der EU-Richtlinie zum Recht auf Rechtsbeistand, FS Kühne, 2013, S. 539; *ders./Gaede/Tsambikakis,* Übersicht zur Rechtsprechung des EGMR in den Jahren 2010 bis 2011 (Teil 1), NStZ 2012, 554; *dies.*, Übersicht zur Rechtsprechung des EGMR in den Jahren 2010 bis 2011 (Teil 2), NStZ 2012, 619; *European Criminal Policy Initiative,* Manifest zum Europäischen Strafverfahrensrecht, ZIS 2013, 412; *Fabbrini,* The European Court of Human Rights, Extraordinary Renditions and the Right to the Truth: Ensuring Accountability for Gross Human Rights Violations Committed in the Fight Against Terrorism, HRLR 14 (2014), 85; *Fedorova,* The Principle of Equality of Arms in International Criminal Proceedings, 2012; *Frouville,* The Influence of the European Court of Human Rights' Case Law on International Criminal Law of Torture and Inhuman or Degrading Treatment, JICJ 9 (2011), 633; *Gaede,* Zeitgesetze im Wirtschaftsstrafrecht und rückwirkende geschlossene Ahndungslücken, wistra 2011, 365; *ders.,* Minimalistischer EU-Grundrechtsschutz bei der Kooperation im Strafverfahren, NJW 2013, 1279; *ders.*, § 3: Grund- und Verfahrensrechte im europäisierten Strafverfahren, in: Böse, 2013, S. 97; *Gatzweiler,* Die neuen EU-Richtlinien zur Stärkung der Verfahrensrechte (Mindestmaß) des Beschuldigten oder Angeklagten in Strafsachen, StraFo 2011, 293; *Gercke/Heinisch,* Auswirkungen der Verzögerungsrüge auf das Strafverfahren, NStZ 2012, 300; *Gerst,* Die Konventionsgarantie des Art. 6 IIIc und die Abwesenheitsverwerfung gemäß § 329 I 1 StPO – Ein kleiner Schritt für Straßburg, ein zu großer für Deutschland?, NStZ 2013, 310; *Gil Gil,* La excepción al principio de legalidad del número 2 del artículo 7 del Convenio Europeo de Derechos Humanos, ADPCP 63 (2010), 131; *Gless,* Ohn(e)macht – Abschied von der Fiktion einer Waffengleichheit gegenüber europäischer Strafverfolgung?, StV 2013, 317; *dies.*, Das Recht auf Konfrontation eines Auslandsbelastungszeugen. Eine europäische Perspektive aus Karlsruhe, FS Wolter, 2013, S. 1355; *dies.*, Grenzüberschreitende Beweissammlung, ZStW 125 (2013), 573; *Grabenwarter,* Die deutsche Sicherungsverwahrung als Treffpunkt grundrechtlicher Parallelwelten, EuGRZ 2012, 507; *Grewe,* Beitritt der EU zur EMRK und ZP 14: Wirksame Durchsetzung einer gesamteuropäischen Grundrechteverfassung?, EuR 2012, 285; *Gundel,* Der wachsende Einfluß des EU-Rechts auf die Auslegung der EMRK – und seine strukturellen Grenzen, FS Scheuing, 2011, S. 58; *Hackner,* Das teileuropäische Doppelverfolgungsverbot insbesondere in der Rechtsprechung des Gerichtshofs der Europäischen Union, NStZ 2011, 425; *Heger,* Das europäische Doppelbestrafungsverbot nach Art. 50 GRCh, FS Kühne, 2013, S. 565; *Heine,* Zur Verwertbarkeit von Aussagen im Ausland möglicherweise gefolterter Zeugen, NStZ 2013, 680; *Helenius,* The Finish Supreme Court on „ne bis in idem", EuCLR 1 (2011), 203; *Hentschel-Bednorz,* Derzeitige Rolle und zukünftige Perspektive des EuGH im Mehrebenensystem des Grundrechtsschutzes in Europa, 2012; *Hillebrecht,* Implementing International Human Rights Law at Home: Domestic Politics and the European Court of Human Rights, HRR 13 (2012), 279; *Hochmayr,* Elektronisch überwachter Hausarrest – Gegenwart und Zukunft in Deutschland und Österreich, NStZ 2013, 13; *Höffler,* Das ThUG und der verfassungsrechtliche Strafbegriff, StV 2014, 168; *dies./Stadtland,* Mad or Bad? Der Begriff „psychische Störung" des ThUG im Lichte der Rechtsprechung des BVerfG und des EGMR, StV 2012, 239; *Hörnle,* Der Streit um die Sicherungsverwahrung, NStZ 2011, 488; *Huber,* Auslegung und Anwendung der Charta der Grundrechte, NJW 2011, 2385; *Jahn,* „Parität des Wissens"? – Die konventionskonforme Auslegung der Neuregelung des Akteneinsichtsrechts (§ 147 StPO), FS I. Roxin, 2012, S. 585; *Jarass,* Strafrechtliche Grundrechte im Unionsrecht, NStZ 2012, 611; *ders.*, Charta der Grundrechte der Europäischen Union, 2013; *Jötten,* Enforced Disappearances und EMRK, 2012; *Jung,* Fairness = Wirksame Verteidigung?, GA 2013, 90; *Kaiafa-Gbandi,* The Importance of Core Principles of Substantive Criminal Law for a European Criminal Policy Respecting Fundamental Rights and the Rule of Law, EuCLR 1 (2011), 7; *Kerner/Karnowski,* „Res Judicata" und „Ne bis in idem". Überlegungen zur Rechtskraftdurchbrechung nach verfahrenserledigenden Entscheidungen in Strafsachen, FS Kühne, 2013, S. 579; *Kinzig,* Die Neuordnung des Rechts der Sicherungsverwahrung, NJW 2011, 177; *Kirchhof,* Grundrechtsschutz durch europäische und nationale Gerichte, NJW 2011, 3681, *Kleinlein,* Der EGMR und das Völkerstrafrecht im Rahmen von Art. 7 EMRK, EuGRZ 2010, 544; *Klinger,* Der Sicherungshaftbefehl gem. § 453c StPO im Lichte der Rechtsprechung des EGMR zum Widerruf der Strafaussetzung, NStZ 2012, 70; *Knauer/Gaul,* Internal Investigations und Fair Trial – Überlegungen zu einer Anwendung des Fairnessgedankens, NStZ 2013, 192; *Koch/Dorn,* Verurteilung eines ehem. SS-Mannes vor dem Hintergrund deutschen und europäischen Rechts, Jura 2011, 690; *Kotz,* Anspruch auf Dolmetsch- und Übersetzungsleistungen im Strafverfahren, StV 2012, 626; *Krausbeck,* Konfrontative Zeugenbefragung, 2010; *Kreicker,* § 51: Strafrechtliche Garantien der EMRK, in: Sieber et al., S. 789; *Kreuzer/Bartsch,* Teilbewältigung der Diskrepanz zwischen BVerfG und EGMR zur nachträglichen Verlängerung oder Anordnung der Sicherungsverwahrung, StV 2011, 472; *Lelieur,* ‚Transnationalising' Ne Bis In Idem: How the Rule of Ne

Bis In Idem Reveals the Principle of Personal Legal Certainty, Utrecht L. Rev. 9 (2013), 198; *Lenaerts,* Die EU-Grundrechtecharta: Anwendbarkeit und Auslegung, EuR 2012, 3; *Lorz/Sauer,* Wann genau steht Art. 3 EMRK einer Auslieferung oder Ausweisung entgegen?, EuGRZ 2010, 389; *Macken,* Counter-terrorism and the Detention of Suspected Terrorists, 2011; *Mahler,* Keine Sperrung der Vertrauensperson gemäß § 96 StPO analog bei gleichzeitiger Verletzung des Konfrontationsrechts aus Art. 6 III 3d EMRK, HRRS 2013, 333; *Matz-Lück,* Europäische Rechtsakte und nationaler Grundrechtsschutz, in: Matz-Lück/Hong, Grundrechte und Grundfreiheiten im Mehrebenensystem, 2012, S. 161; *Mellech,* Die Rezeption der EMRK sowie der Urteile des EGMR in der französischen und deutschen Rechtsprechung, 2012; *R. Merkel/Scheinfeld,* Ne bis in idem in der Europäischen Union – zum Streit um das „Vollstreckungselement", ZIS 2012, 206; *Meyer,* Die „sole or decisive"-Regel zur Würdigung nicht konfrontierter Zeugenaussagen – not so decisive anymore, HRRS 2012, 117; *Michaelsen,* ‚From Strasbourg, with Love': Preventive Detention before the German Federal Constitutional Court and the ECHR, HRLR 2012, 148; *ders.,* The Renaissance of Non-Refoulement? The Othman (Abu Qatada) Decision of ECHR, ICLQ 61 (2012), 750; *Morgenstern,* Die Stärkung prozessualer Garantien im Recht der Untersuchungshaft in Deutschland und Polen, ZIS 2011, 240; *dies.,* Krank – gestört – gefährlich: Wer fällt unter § 1 Therapieunterbringungsgesetz und Art. 5 Abs. 1 lit. e EMRK?, ZIS 2011, 975; *Mosbacher,* Straßburg locuta – § 329 I StPO finita?, NStZ 2013, 312; *Müller,* Die Verfassungsmäßigkeit des § 66b Abs. 3 StGB im Licht der Entscheidung des EGMR vom 17.12.2009, EuR 2011, 418; *Mylonopoulos,* Strafrechtsdogmatik in Europa nach dem Vertrag von Lissabon – Zur materiellen Legitimation des Europäischen Strafrechts, ZStW 123 (2011), 633; *Nagler,* Verteidigung gegen im Ausland gewonnene Ermittlungsergebnisse, StV 2013, 324; *Neagu,* The Ne Bis in Idem Principle in the Interpretation of European Courts: Towards Uniform Interpretation, LJIL 25 (2012), 955; *Nestler,* Das Ende des Vollstreckungselements im (teil-) europäischen Doppelbestrafungsverbot?, HRRS 2013, 337; *Obwexer,* Der Beitritt der EU zur EMRK: Rechtsgrundlagen, Rechtsfragen und Rechtsfolgen, EuR 2012, 115; *Ogorek,* Anwendungsbereich der EU-Grundrechte-Charta – Inhalt des Grundsatzes „ne bis in idem", JA 2013, 956; *Ohler,* Grundrechtliche Bindungen der Mitgliedstaaten nach Art. 51 GRCh, NVwZ 2013, 1433; *Paramonova/Bogush,* Neue Entwicklungen im Strafprozessrecht Russlands, ZStW 125 (2013), 703; *Payter et al.,* Procedural Safeguards: The Rights of Suspects, Defendants, and Victims, in: Atkinson, EU Law in Criminal Practice, 2013, S. 106; *Peglau,* Das BVerfG und die Sicherungsverwahrung – Konsequenzen für Praxis und Gesetzgebung, NJW 2011, 1924; *Pohlreich,* Die Rechtsprechung des EGMR zum Vollzug von Straf- und Untersuchungshaft, NStZ 2011, 560; *Pollähne,* Zur Erledigung der Sicherungsverwahrung gem. Art. 316e Abs. 3 EGStGB, ZJS 2011, 216; *Pösl,* Die Sicherungsverwahrung im Fokus von EGMR, BVerfG und BGH, ZJS 2011, 132; *ders./Dürr,* Germany's System of Preventive Detention Considered Through the European Court of Human Rights and the German Federal Constitutional Court, EuCLR 2 (2012), 158; *Quarthal,* Nachträglich verlängerte Sicherungsverwahrung und der EGMR – zur innerstaatlichen Rechtswirkung der Europäischen Konvention für Menschenrechte, Jura 2011, 495; *Rabe,* Grundrechtsbindung der Mitgliedstaaten, NJW 2013, 1407; *Radtke,* Schuldgrundsatz und Sicherungsverwahrung – Freiheitsgarantien im zweispurigen Sanktionensystem, GA 2011, 636; *ders.,* Der strafprozessuale Tatbegriff auf europäischer und nationaler Ebene, NStZ 2012, 479; *ders.,* § 12: Der Grundsatz „Ne bis in idem" und Jurisdiktionskonflikte, in: Böse, 2013, S. 459; *Reich,* Überlange Verfahrensdauer und andere Verfahrensfehler im Strafverfahren unter Berücksichtigung der Vollstreckungslösung des Großen Senats für Strafsachen, 2011; *Renzikowski,* Mala per se et delicta mere prohibita – rechtsphilosophische Bemerkungen zum Rückwirkungsverbot, FS Krey, 2010, S. 407; *ders.,* Das Elend mit der rückwirkend verlängerten und der nachträglich angeordneten Sicherungsverwahrung, ZIS 2011, 531; *ders.,* Die Zurechnung von Konventionsverletzungen bei Beweiserhebungen im Ausland und ihre Verwertbarkeit im Lichte des Anspruchs auf ein faires Verfahren, FS Achenbach, 2012, 373; *ders.,* Abstand halten! – Die Neuregelung der Sicherungsverwahrung, NJW 2013, 1638; *Rissing-van Saan,* Neuere Aspekte der Sicherungsverwahrung im Kontext der Rechtsprechung des EGMR, FS Roxin, 2011, S. 1173; *Rui,* Non-Conviction Based Confiscation in the EU – An Assessment of Art. 5 of the Proposal for a Directive of the EP and of the Council on the Freezing and Confiscation of Proceeds of Crime in the European Union, ERA Forum 13 (2012), 349; *Sachs,* Grundrechte: Freiheit der Person – Sicherungsverwahrung, JuS 2011, 845; *Satzger,* Auf dem Weg zu einer „europäischen Rechtskraft"?, FS Roxin, 2011, S. 1515; *ders.,* Sicherungsverwahrung – Europarechtliche Vorgaben und GG, StV 2013, 243; *Schäferskùpper/Grote,* Vollzug der Sicherungsverwahrung, NStZ 2013, 447; *Schilling,* Internationaler Menschenrechtsschutz, 2010; *Schöch,* Sicherungsverwahrung und Europäische Konvention zum Schutz der Menschenrechte und Grundfreiheiten, FS Roxin, 2011, S. 1193; *ders.,* Das Urteil des Bundesverfassungsgerichts zur Sicherungsverwahrung, GA 2012, 14; *Schlegel/Wohlers,* Der „Anwalt der ersten Stunde" in der Schweiz, StV 2013, 307; *Schomburg,* Criminal Matters: Transnational ne bis in idem in Europe –

Conflict of Jurisdictions – Transfer of Proceedings, ERA Forum 13 (2012), 311; *ders./Suominen-Picht,* Verbot der mehrfachen Strafverfolgung, Kompetenzkonflikte und Verfahrenstransfer, NJW 2012, 1190; *Schramm,* Die fehlende Möglichkeit zur konfrontativen Befragung nach Art. 6 Abs. 3 lit. d EMRK und ihre Auswirkungen auf die Beweiswürdigung, HRRS 2011, 156; *ders.,* Semesterabschlussklausur – Strafrecht: Internationales Strafrecht, JuS 2013, 1093; *Schumann/Bruckmüller/Soyer,* Assessing Pre-Trial Access to Legal Advice – Results of a Comparative Legal and Empirical Study, NJECL 3 (2012), 31; *Sokhi-Bulley,* The Fundamental Rights Agency of the European Union: A new Panopticism, HRLR 11 (2011), 683; *Sommer,* Zur Frage der Einbeziehung der Europäischen Menschenrechtskonvention in den deutschen Strafprozess, StraFo 2010, 284; *ders.,* Die Verzögerungsrüge: „Auf der Suche nach der verlorenen Zeit", StV 2012, 107; *Stalberg,* Zum Anwendungsbereich des Art. 50 der GRCh der EU (ne bis in idem), 2013; *Stapper,* Presse und Unschuldsvermutung, AfP 1996, 349; *Stewart,* Russland und der Europarat, SWP-Studie Nr. 10, 2013; *Stiebig,* Die Zurechnung von Verfahrenshandlungen in Vertragsstaaten der EMRK, ZJS 2012, 614; *Stoffers,* Anwesenheitsrechte des Verteidigers bei Zeugenvernehmungen im Ermittlungsverfahren, NJW 2013, 1495; *Stuckenberg,* Der Tatbegriff des europäischen Doppelbestrafungsverbots, FS Europa-Institut, 2011, S. 567; *Sweeney,* The European Court of Human Rights in the Post-Cold War Era, 2012; *Swoboda,* Grenzen der Informationsgewinnung aus DNA-Identifikationsmustern bei molekulargenetischen Reihentests nach § 81 h StPO, StV 2013, 461; *Szydlo,* Extra-Territorial Application of the European Convention on Human Rights after Al-Skeine and Al-Jedda, JICJ 12 (2012), 271; *Thunberg Schunke,* Whose Responsibility? – A Study of Transnational Defence Rights and Mutual Recognition of Judicial Decisions within the EU, 2013; *Thym,* Die Reichweite der EU-Grundrechte-Charta – Zu viel Grundrechtsschutz?, NVwZ 2013, 889; *Tinsley,* Note on the Reference in Case C-399/11 Melloni, NJECL 3 (2012), 19; *dies.,* The Reference in Case C-396/11 Radu: When does the Protection of Fundamental Rights Require Non-execution of a European Arrest Warrant?, EuCLR 2 (2012), 338; *Uerpmann-Wittzack,* Rechtsfragen und Rechtsfolgen des Beitritts der EU zur EMRK, EuR-Bei 2012, 167; *Ullenbruch,* Walter H. in den Rückfängen des ThUG – aktuellster Spaltpilz zwischen EGMR und BVerfG?, StV 2012, 44; *ders.,* Walter H. in den (soeben noch erweiterten) Rückfängen des ThUG – nach wie vor aktueller Spaltpilz zwischen EGMR und BVerfG? – Teil II, StV 2013, 268; *ders.,* Walter H. ist frei, das ThUG ist tot – raffinierte Entsorgung eines europa-völkerrechtlichen Spaltpilzes in letzter Sekunde? – Teil III, StV 2014, 174; *Vervaele,* Ne Bis In Idem: Towards a Transnational Constitutional Principle in the EU?, Utrecht L. Rev. 9 (2013), 211; *Vogel,* Editorial Heft 5, StV 2013; *Vondung,* Die Architektur des europäischen Grundrechtsschutzes nach dem Beitritt der EU zur EMRK, 2012; *Walther,* Zur Verschränkung von Strafprozess-, Europa- und Verfassungsrecht, ZJS 2013, 16; *Waszczynski,* Verwerfung der Berufung wegen unentschuldigter Abwesenheit des Angeklagten, NStZ-RR 2014, 18; *Wegner,* Die „Fransson"-Entscheidung des EuGH – Eine Erschütterung im System der europäischen Grundrechte?, HRRS 2013, 125; *Weiß,* Grundrechtsschutz durch den EuGH: Tendenzen seit Lissabon, EuZW 2013, 287; *Zehetgruber,* Zur Unvereinbarkeit von § 329 Abs. 1 S. 1 StPO mit der EMRK, HRRS 2013, 397; *Zöller,* Heimliche und verdeckte Ermittlungsmaßnahmen im Strafverfahren, ZStW 124 (2012), 411; *ders.,* Die Bedeutung staatlicher Schutzpflichten für das Recht auf Leben nach Art. 2 EMRK, FS Kühne, 2013, S. 629; *Zuck,* Faires Verfahren und der Nemo tenetur-Grundsatz bei der Besuchsüberwachung der in der Untersuchungshaft, JR 2010, 17; *van Zyl Smit/Weatherby/Creighton,* Whole Life Sentences and the Tide of European Human Rights Jurisprudence: What Is to Be Done?, HRLR 14 (2014), 59. – Für (weitere) **ältere Literatur** s. Vorauflagen.

A. Einführung, insbesondere Verhältnis EU/EMRK

Der Grundrechtsschutz innerhalb Europas speist sich aus verschiedenen Quellen. Zunächst wird auf **nationaler Ebene** der Schutz bestimmter elementarer Rechte gewährleistet. Sind diese Ausdruck der gemeinsamen Verfassungsüberlieferungen der Mitgliedstaaten, werden sie als allgemeine Grundsätze Teil des **Unionsrechts** (Art. 6 Abs. 3 EUV).[1] Daneben treten die durch die Mitgliedstaaten des Europarates geschaffenen Garantien der **EMRK** (näher Rn. 10ff.). Zur Grundrechteordnung der EU gehört auch die **GRCh** (Rn. 106ff.), deren Bedeutung mit Inkrafttreten des Lissaboner 1

[1] Grdl. *EuGH,* Internationale Handelsgesellschaft mbH v. Einfuhr- und Vorratsstelle für Getreide und Futtermittel, Urt. v. 17.12.1970, paras. 3–4; vgl. auch *Pache/Rösch,* EuR 2009, 771 f.

Vertrags verstärkt wurde.[2] Waren Rat, EP und Kommission bisher nur aufgrund einer Selbstverpflichtung an die GrCH gebunden,[3] ist sie nunmehr durch Art. 6 Abs. 1 EUV rechtsverbindlich im Rang europäischen Primärrechts geworden.[4] Grundrechtliche Garantien finden sich zudem in einzelnen **sekundären Rechtsakten** der EU (Rn. 100) sowie in Art. 54 SDÜ, der ein europäisches Verbot der Doppelverfolgung begründet (Rn. 116ff.).[5]

2 In diesem europäischen „grundrechtlichen **Mehrebenen-System**"[6] stehen die einzelnen Kodifikationen nicht in einem eindeutigen Hierarchie- bzw. Ausschlussverhältnis zueinander. Das **Verhältnis** der EMRK **zum nationalen Recht** der Mitgliedstaaten richtet sich nach diesem (näher 2. Aufl., Rn. 8).[7] Während sie in *Österreich* und der *Schweiz* formal oder doch faktisch Verfassungsrang genießt,[8] und in Frankreich zumindest den Rang zwischen Verfassung und einfachen Gesetzen einnimmt,[9] gilt sie in *Deutschland* nur als **einfaches Bundesgesetz** (Art. 59 Abs. 2 GG; zur dadurch begründeten Gefahr einer Derogation aufgrund der *lex-posterior*-Regel 2. Aufl., Rn. 9).[10] Um Diskrepanzen zwischen GG und EMRK zu vermeiden,[11] praktiziert die Rspr. eine *konventionskonforme Auslegung* des GG und zieht die Rechtsprechung des EGMR als *Auslegungshilfe* heran,[12] ohne jedoch dabei die Garantien aus EMRK und GG *schema-*

[2] Vgl. zur Entwicklung *Niedobitek,* in: Merten/Papier, S. 923 Rn. 1ff.; zur Bedeutung der GRCh für die Arbeit der Kommission *Europäische Kommission,* S. 5ff. Die zunehmende Grundrechtsorientierung der EU spiegelt sich auch in der Schaffung der Europäischen Agentur für Grundrechte wider (VO 168/2007 des Rates v. 15.2.2007 zur Errichtung einer Agentur der EU für Grundrechte, Abl. EU L 53/1 v. 22.2.2007), deren Aufgabe es ist, den Organen, Einrichtungen Ämtern und Agenturen der Union sowie ihren Mitgliedstaaten in Bezug auf die Grundrechte Unterstüzung zu gewähren, vgl. hierzu *Härtel,* EuR 2008, 489; *von Bogdandy/von Bernstorff,* EuR 2010, 141; *von Bogdandy,* in: Merten/Papier, S. 1241 Rn. 4ff.; *Sokhi-Bulley,* HRLR 11 (2011), 683ff., alle m.w.N.

[3] *Pache/Rösch,* EuR 2009, 774; *Schweitzer,* Rn. 404. Vgl. auch *Mayer,* EuR 2009, Beiheft 1, 89 („politische Erklärung ohne rechtliche Bindungswirkung") sowie Grabitz/Hilf/Nettesheim/*Schorkopf,* Art. 6 EUV Rn. 21; zur Berücksichtigung der GRCh als Auslegungshilfe *Kokott/Sobotta,* EuGRZ 2010, 265; *Peers,* ERA Forum 11 (2011), 573.

[4] *Fassbender,* NVWZ 2010, 1049; *Pache/Rösch,* EuR 2009, 774; *Satzger,* 2013, § 11 Rn. 15; Grabitz/Hilf/Nettesheim/*Schorkopf,* Art. 6 EUV Rn. 28; Calliess/Ruffert/*Kingreen,* Art. 6 EUV Rn. 12; *Naumann,* EuR 2008, 424; *Kokott/Sobotta,* EuGRZ 2010, 267; *Douglas-Scott,* HRLR 11 (2011), 645 (651).

[5] Zum Charakter des Doppelverfolgungsverbot als Grundrecht auch *Bieber/Epiney/Haag,* § 16 Rn. 15.

[6] So *Lindner,* EuR 2007, 160 m.w.N. Ähnlich auch Grabitz/Hilf/Nettesheim/*Schorkopf,* Art. 6 EUV Rn. 13 („Rechtsquellenpluralismus beim Grundrechtsschutz") sowie *Mehde,* EuGRZ 2008, 269.

[7] Vgl. auch den Überblick bei *Satzger,* 2013, § 11 Rn. 10ff.; Grabitz/Hilf/Nettesheim/*Schorkopf,* Art. 6 EUV Rn. 18; *Postberg,* Zusammenwirken, 2008, S. 453. Insbesondere zum Verhältnis des GG zu Art. 6 EMRK *Brunhöber,* ZIS 2010, 761.

[8] In **Österreich** ist die EMRK ein Bundes-VerfassungsG mit „verfassungsgesetzlich gewährleisteten Rechten" (Art. 144 öst. BundesverfassungsG – B-VG). In der **Schweiz** können Verletzungen der EMRK direkt im Wege der staatsrechtlichen Beschwerde – als verfassungsmäßige Rechte i. S. v. Art. 189 Abs. 1 (a) Bundesverfassung – gerügt werden. Vgl. dazu m.w.N. *Ambos,* ZStW 115 (2003), 588f. mit Fn. 38f., 42.

[9] Siehe Art. 55 der französischen Verfassung; s. hierzu auch *Mellech,* S. 13ff., 81ff., 111ff.

[10] *BVerfG* NJW 2004, 3407 (3408) = JZ 2004, 1171 (1172); *BGH* NStZ 2011, 149 (150); vgl. auch *Satzger,* 2013, § 11 Rn. 12; *Quarthal,* Jura 2011, 496f.; *Schramm,* JuS 2013, 1095.

[11] Krit. insoweit 2. Aufl., § 10 Rn. 9 m.w.N.

[12] *BVerfG* NJW 2011, 1931 (1935): „Der Konventionstext und die Rechtsprechung des EGMR dienen (...) auf der Ebene des Verfassungsrechts als Auslegungshilfen für die Bestimmung von Inhalt und Reichweite von Grundrechten und rechtsstaatlichen Grundsätzen des Grundgesetzes, sofern dies nicht zu einer – von der Konvention selbst nicht gewollten – Einschränkung oder Minderung des Grundrechtsschutzes nach dem Grundgesetz führt". Nicht deutlich genug *BVerfG* NJW 2004, 3407 (3410)

tisch parallel auszulegen.[13] Diese EMRK-orientierte Auslegung darf auch nicht zu einer Beschränkung des durch das GG gewährleisteten Schutzniveaus führen.[14] EGMR-Entscheidungen, die neue Aspekte für die Auslegung des GG enthalten, stehen zudem einer rechtserheblichen Änderung der Sach- und Rechtslage gleich. Sie entfalten daher gegenüber vorhergangenen BVerfG-Entscheidungen eine die Rechtskraft überwindende Wirkung, so dass sich das BVerfG erneut mit der Sache befassen kann.[15] Dessen ungeachtet kann eine Verfassungsbeschwerde nicht unmittelbar auf eine Konventionsverletzung gestützt werden, weil einfaches Recht nicht verfassungsgerichtlicher Prüfungsmaßstab sein kann.[16] Ein EMRK-widriges Gesetz ist eben nur gesetzes- und völkerrechts-, nicht aber *verfassungs*widrig.[17]

= JZ 2004, 1171 (1174) = StV 2005, 307 (309): „Zur Bindung an Gesetz und Recht gehört aber auch die Berücksichtigung der Gewährleistungen der EMRK und der Entscheidungen des Gerichtshofs im Rahmen methodisch vertretbarer Gesetzesauslegung." Vgl. ferner BVerfGE 74, 358 (370); *BVerwG* JZ 2000, 1050 (1052); *BGH* NStZ 2007, 166 (167) = StraFo 2007, 111 (113) = JR 2007, 300 (302): „Bei der Anwendung des deutschen Strafprozessrechts ist die MRK in der Auslegung, die sie durch Rspr. des EGMR erfahren hat, zu berücksichtigen". S. auch *BGH* StV 2010, 515 (521) = NStZ 2010, 381 (384); *BGH* NStZ 2011, 149 (150); *Kirchhof,* NJW 2011, 3683; *Pösl,* ZJS 2011, 139f.; *Grabenwarter,* EuGRZ 2012, 509ff.; *Quarthal,* Jura 2011, 497; *Renzikowski,* ZIS 2011, 539; *Safferling,* 2011, § 13 Rn. 21; *Schramm,* JuS 2013, 1095. Zur Grenze der konventionskonformen Auslegung des dt. Rechts vgl. *OLG Celle* NStZ 2013, 615 (616). Weitere Nachw. in 2. Aufl., § 10 Rn. 9 mit Fn. 39 u. Voraufl., § 10 Rn. 2.

13 *BVerfG* NJW 2011, 1931 (1935).

14 *BVerfG* NJW 2011, 1931 (1935). Dies entspricht Art. 53 EMRK („Diese Konvention ist nicht so auszulegen, als beschränke oder beeinträchtige sie Menschenrechte und Grundfreiheiten, die in den Gesetzen einer Hohen Vertragspartei oder in einer anderen Übereinkunft, deren Vertragspartei sie ist, anerkannt werden.").

15 *BVerfG,* NJW 2011, 1931; Karpenstein/Mayer/*Mayer,* Einl. Rn. 87; *Grabenwarter/Pabel,* § 3 Rn. 10.

16 BVerfGE 10, 271 (274); 64, 135, (157); 74, 102, (128); *Bernhardt,* EuGRZ 1996, 339; *Hoffmann-Riem,* EuGRZ 2002, 474; *Meyer-Goßner,* Vor Art. 1 EMRK Rn. 6; *Grabenwarter/Pabel,* § 3 Rn. 6; *Esser,* StV 2005, 348; *Hirsch,* FS Nehm, 2006, S. 61f.; s. auch *Schramm,* JuS 2013, 1095, der zugleich die inzidente Bedeutung der EMRK für Verfassungsbeschwerden (EMRK-freundliche Auslegung der deutschen Grundrechte) betont.

17 *Meyer-Goßner,* Vor Art. 1 EMRK Rn. 3f.

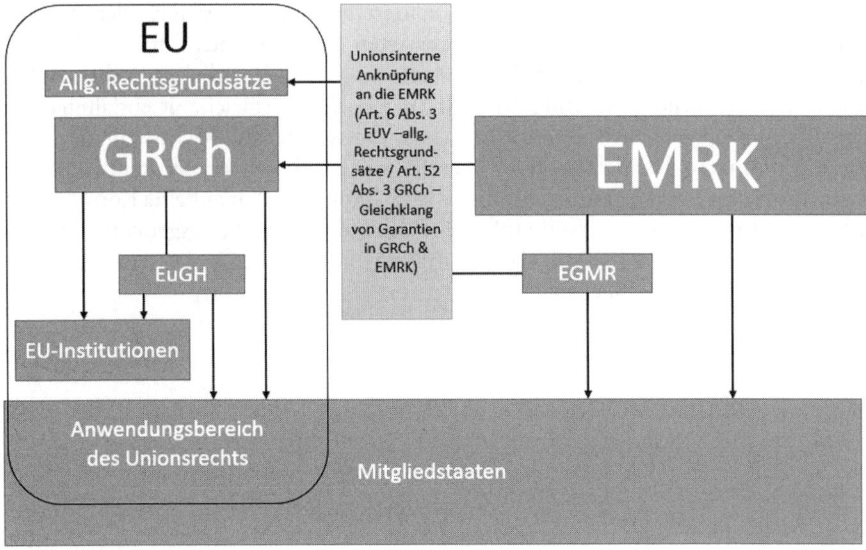

Schaubild 20a: Der Grundrechtsschutz im gegenwärtigen europäischen Mehrebenensystem

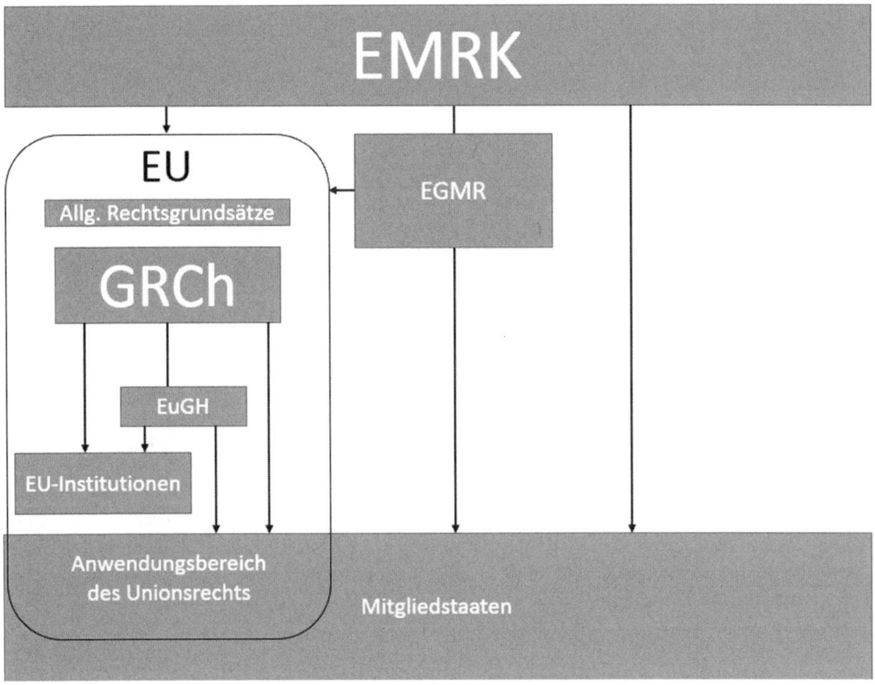

Schaubild 20b: Der Grundrechtsschutz im europäischen Mehrebenensystem nach dem EU-Beitritt zur EMRK

Auch auf **europäischer Ebene** kann es zu Kollisionen[18] bzw. Wechselwirkungen zwischen den verschiedenen Kodifikationen kommen. So nahm z. B. der EGMR in seiner *Scoppola*-Entscheidung vom 17.9.2009 ausdrücklich auf Art. 49 Abs. 1 GRCh und die Rechtsprechung des EuGH[19] zum Rückwirkungsverbot Bezug.[20] Andererseits haben die EMRK und die vom EGMR entwickelten Standards Eingang in die Rechtsprechung des EuGH gefunden.[21] Dieser Rückgriff auf die **EMRK als Rechtserkenntnisquelle** wurde nunmehr explizit in Art. 6 Abs. 3 EUV aufgenommen, der den Grundrechten der EMRK den Status allgemeiner Grundsätze des Unionsrechts einräumt.[22] Darüberhinaus orientiert sich die *GRCh* an der EMRK, indem sie anordnet, dass die in ihr enthaltenen Grundrechte die *„gleiche Bedeutung und Tragweite"* wie die entsprechenden EMRK-Rechte haben (Art. 52 Abs. 3 GRCh).[23] In Bezug genommen wird dadurch auch die Rechtsprechung des EGMR,[24] so dass diese bei der Auslegung der GRCh zu berücksichtigen ist.[25] Vor allem im Bereich des Strafverfahrensrechts ist diese Verweisung von großer Bedeutung, da sich die insoweit einschlägigen Vorschriften in GRCh und EMRK weitgehend entsprechen[26] und es bisher an einer ausdifferenzierten Rechtsprechung des EuGH auf diesem Gebiet fehlt.[27] Art. 52 Abs. 3 GRCh leistet damit einen wichtigen Beitrag zur **Kohärenz des Grundrechtsschutzes** in Europa.[28] 3

All diesen Verflechtungen zum Trotz ist die EU derzeit (noch) nicht unmittelbar an die Gewährleistungen der EMRK gebunden.[29] Bisher war es aus Rechtsgründen nicht möglich, dass neben den EU-Mitgliedstaaten auch die EU selbst Vertragspartei der EMRK wird.[30] Gem. Art. 47 EUV besitzt die EU aber nunmehr Rechtspersönlichkeit, 4

---

[18] Hierzu vertiefend *Lindner,* EuR 2007, 160; vgl. auch *Klip,* 2012, S. 228ff.; zur unterschiedlichen Interpretation des Begriffs der „strafrechtlichen Anklage" durch EuGH und EGMR vgl. *Badea,* ERA Forum 13 (2012), 308ff. u. *Mylonopoulos,* ZStW 121 (2009), 69ff.; *ders.*, ZStW 123 (2011), 644. Insbesondere zum umstrittenen Verhältnis von Art. 54 SDÜ und Art. 50 GRCh u. Rn. 132.

[19] *EuGH,* Berlusconi u. a. Urt. v. 3.5.2005, EuGRZ 2005, 365.

[20] *EGMR,* Scoppola v. Italien Urt. v. 17.9.2009, para. 38; hierzu *Bohlander,* CLR 2011, 630. Allg. zur Heranziehung von Unionsrecht durch den EGMR *Gundel,* FS Scheuing, 2011, S. 66ff.

[21] Z. B. in *EuGH,* Pupino Urt. v. 16.6.2005, EuGRZ 2005, 380, para. 59. S. dazu näher *Polakiewicz,* EuGRZ 2010, 14, der gar davon spricht, dass der EuGH „die Rechtsprechung des EGMR in geradezu exemplarischer Weise" befolgt; vgl, auch *Klip,* 2012, S. 228f.

[22] *Satzger,* 2013, § 11 Rn. 16; *Frenz,* § 2 Rn. 37; *Kokott/Sobotta,* EuGRZ 2010, 266.

[23] Vertiefend *Naumann,* EuR 2008, 425ff.; *Niedobitek,* in: Merten/Papier, S. 923 Rn. 95ff.; vgl. *Postberg,* Zusammenwirken, 2008, S. 465f.; *Ziegenhorn,* Einfluss, 2009, S. 19ff.; *Grewe,* EuR 2012, 290f. (292ff.).

[24] Vgl. hierzu *Naumann,* EuR 2008, 425f. m. N. zur Gegenauffassung. I. Erg. ebenso *Polakiewicz,* EuGRZ 2010, 14; *Frenz,* § 2 Rn. 57f.; Meyer/*Borowsky,* Art. 53 GRCh Rn. 37; auch *Kokott/Sobotta,* EuGRZ 2010, 267; *Schneiders,* Grundrechte, 2010, S. 241, 259.

[25] Zur Frage, ob der EuGH im Anwendungsbereich der GRCh einen gegenüber der EMRK stärkeren bzw. weitreichenderen Grundrechtsschutz gewähren kann, *Naumann,* EuR 2008, 430; *Frenz,* § 2 Rn. 65ff.

[26] Vgl. nur Art. 13 EMRK und Art. 47 S. 1 GRCh; Art. 7 EMRK und Art. 49 GRCh, usw.; zu den einzelnen Grundrechten s. Rn. 98f.

[27] *Polakiewicz,* EuGRZ 2010, 14.

[28] *Frenz,* § 2 Rn. 49; *Polakiewicz,* EuGRZ 2010, 14.

[29] *Frenz,* § 2 Rn. 39; *Hecker,* 2012, § 3 Rn. 76; *Postberg,* Zusammenwirken, 2008, S. 463f.; *Wiethoff,* Verhältnis, 2008, S. 21.

[30] *EuGH,* Beitritt der Gemeinschaft zur Konvention zum Schutze der Menschenrechte und Grundfreiheiten, Gutachten 2/94, 28.3,1996, Slg. I-1996, 1759. Vgl. auch *Klip,* 2012, S. 247ff.

so dass sie vr Verträge schließen bzw. diesen beitreten kann.[31] Zudem wird sie durch Art. 6 Abs. 2 S. 1 EUV ermächtigt und verpflichtet,[32] der EMRK beizutreten. Diese Option stand bislang gem. Art. 59 Abs. 1 S. 1 EMRK nur Mitgliedern des ausschließlich aus Staaten bestehenden (Art. 4 Europaratssatzung) Europarats offen. Mit Ratifizierung des 14. Zusatzprotokolls zur EMRK durch Russland[33] und dessen Inkrafttreten am 1.6.2010 wurde dieses Hindernis allerdings beseitigt. Gem. Art. 59 Abs. 2 EMRK kann nunmehr auch die EU „dieser Konvention beitreten"; weitere Detailregelungen finden sich im Protokoll Nr. 8 zu Art. 6 Abs. 2 EUV.[34] Sind damit grundsätzlich die Voraussetzungen für einen Beitritt geschaffen, muss die EU nun mit den Vertragsstaaten der EMRK einen Beitrittsvertrag aushandeln. Im Juni 2010 erteilte der Rat der Kommission ein entsprechendes Verhandlungsmandat. Die am 7. Juli 2010 aufgenommenen Verhandlungen[35] mündeten im Juni 2013 in der Vorlage eines Entwurfs für ein Beitrittsabkommen.[36] Dieser wird derzeit vom EuGH gem. Art. 218 Abs. 11 AEUV auf seine Vereinbarkeit mit den EU-Verträgen geprüft.[37] Er sieht u. a. vor, dass die EU Vertragspartei der EMRK wird (Art. 1 Abs. 1), an der Wahl der Richter am EGMR mitwirken darf (Art. 6) und in den Anwendungsbereich der Staaten- (Art. 4) und Individualbeschwerde[38] einbezogen wird. Das weitere komplexe Vertragsabschlussverfahren seitens der EU ist in Art. 218 AEUV geregelt, das noch eine erhebliche Hürde für den Betritt der EU zur EMRK darstellt.[39] So muss u. a. der Rat die Übereinkunft über den Beitritt einstimmig beschließen (Art. 216 Abs. 8 AEUV). Dieser Beschluss tritt wiede-

[31] Beispielsweise hat die EU am 23.12.2010 die UN-Konvention über die Rechte von Menschen mit Behinderung ratifiziert, vgl. http://europa.eu/rapid/press-release_IP-11-4_en.htm (zuletzt abgerufen am 1.7.2014).

[32] Grabitz/Hilf/Nettesheim/*Schorkopf*, Art. 6 EUV Rn. 40; *Pache/Rösch*, EuR 2009, 779. Vgl. auch *Europäische Kommission*, S. 3.

[33] Vertiefend *Bowring*, GoJIL 2 (2010), 589.

[34] Protokoll Nr. 8 zu Art. 6 Abs. 2 EUV, Abl. EU C 83 v. 30.3.2010, 273. Das Protokoll verlangt u. a. ein „Übereinkommen" über den Beitritt. Daher kann die EU nicht per Beitrittserklärung beitreten; s. hierzu *Uerpmann-Wittzack*, EuR-Bei 2012, 175f.

[35] Vgl. eucrim 2010, 39; BT-Drs. 17/5988, 2. Zur Historie der Verhandlungen s. *Obwexer*, EuR 2012, 123ff., sowie die Website des Europarats mit den einschlägigen Arbeitspapieren und Berichten: http://www.coe.int/t/dghl/standardsetting/hrpolicy/accession/Working_documents_en.asp (zuletzt abgerufen am 1.7.2014).

[36] Siehe den Entwurf für ein Abkommen über den Beitritt der EU zur EMRK im Final Report v. 10.6.2013, abrufbar unter http://www.coe.int/t/dghl/standardsetting/cddh/cddh-documents/47_1%282013%29008rev2_EN.pdf (zuletzt abgerufen am 1.6.2014); dazu *Satzger*, 2013, § 11 Rn. 14. Zum ersten Entwurf vom Juni 2011 s. CDDH (2011) 009, S. 2; CDDH-UE (2011) 16; hierzu *Uerpmann-Wittzack*, EuR-Bei 2012, 167.

[37] Abl. EU C 260 v. 7.9.2013, 19.

[38] Siehe hierzu Final Report v. 10.6.2013 (Fn. 37) para. 5 („As a result of the accession, any person, non-governmental organisation or group of individuals will have the right to submit the acts, measures and omissions of the EU, like those of every other High Contracting Party, to the external control exercised by the Court in the light of the rights guaranteed under the Convention."). Wenn zukünftig Klagen sowohl gegen die EU als auch gegen die (das Unionsrecht ausführenden) Mitgliedstaaten der EU gerichtet werden können, wird in jedem Einzelfall zu prüfen sein, wem (EU oder Mitgliedstaat) der beanstandete Hoheitsakt zuzurechnen ist, s. hierzu *Obwexer*, EuR 2012, 120; Karpenstein/Mayer/*Arndt/Schubert*, Art. 59 EMRK Rn. 17ff.; eingehend *Vondung*, S. 172ff.; vgl. auch *Grewe*, EuR 2012, 299ff. S. auch die in Art. 3 des Entwurfs vorgesehene Berechtigung der EU bzw. der Mitgliedstaaten den Verfahren ggf. als „co-respondent" beizutreten.

[39] Vgl. auch *Satzger*, 2013, § 11 Rn. 14; *Hecker*, 2012, § 3 Rn. 76; *Pache/Rösch*, EuR 2009, 782f.; *dies.*, EuZW 2008, 521; *Douglas-Scott*, HRLR 11 (2011), 660.

rum erst in Kraft, wenn er von sämtlichen Mitgliedstaaten ratifiziert wurde.[40] Sobald der Beitritt vollzogen ist, wird die EMRK Teil der Unionsrechtsordnung.[41] In der Hierachie der Rechtsquellen würde die EMRK dann in einer Zwischenposition stehen, nämlich unterhalb der EU-Verträge (und damit auch der GRCh), aber über dem europäischen Sekundärrecht.[42] so dass dieses an der EMRK zu messen wäre.[43] Damit unterwirft sich die EU, wie alle Vertragsstaaten der EMRK, der Rechtsprechung des EGMR.[44] Dies ändert allerdings nichts daran, dass der EuGH für die Auslegung des Unionsrechts (Art. 19 Abs. 1 EUV) und damit auch der ins Unionsrecht überführten EMRK zuständig bleibt. EuGH und EGMR werden damit beide die Aufgabe haben, einen effektiven Grundrechtsschutz in der EU sicherzustellen.[45] Da aber dem EGMR die Letztentscheidungskompetenz für die Auslegung der EMRK zukommt, sollte für die notwendige Kohärenz der grundrechtsrelevanten Rechtsprechung gesorgt sein.[46] Zudem ist zu erwarten, dass bestehende Lücken im Rechtsschutz, wie etwa beim Individualrechtsschutz gegen sog. *self-executing*-Normen, d. h. unmittelbar geltende Rechtsakte, geschlossen werden. Dies ist insbesondere aufgrund der durch den Vertrag von Lissabon geschaffenen Kompetenz der EU zum Erlass unmittelbar geltender Strafnormen (§ 9 Rn. 8) zu begrüßen.[47]

B. Grundrechtsschutz im Rahmen des Europarats (EMRK)

I. Der Europarat

Der Europarat ist ein regionaler Staatenbund, der mit seinen gegenwärtig (29.6.2014) 5
47 Mitgliedstaaten, darunter Russland und die Türkei (vgl. Art. 26 EuRat), weit über die EU hinausreicht. Er handelt durch seine Organe, nämlich das *Ministerkomitee* und die parlamentarische *Versammlung* (Art. 10 EuRat). Empfiehlt der Europarat seinen Mitgliedstaaten den Abschluss eines Abkommens, geschieht dies auf *Beschluss* des Ministerkomitees (näher zum Ganzen 2. Aufl., Rn. 1–5). Der Europarat hat eine große Zahl von Abkommen mit einem Schwerpunkt auf dem Gebiet der zwischenstaatlichen Zusammenarbeit in Strafsachen. Zu nennen sind vorrangig die *Auslieferungs- und (allgemeinen) Rechtshilfeabkommen* (dazu § 12 Rn. 9), aber auch zahlreichte materiellstrafrechtliche Abkommen (dazu § 11 Rn. 2). Die wichtigste Konvention stellt die *Europäische Menschenrechtskonvention* (EMRK) vom 4.11.1950 dar.

---

40 Grabitz/Hilf/Nettesheim/*Schorkopf*, Art. 6 Rn. 38; *Uerpmann-Wittzack*, EuR-Bei 2012, 174. Krit. *Obwexer*, EuR 2012, 118, demzufolge die Entscheidung über den EMRK-Beitritt in die ausschließliche Zuständigkeit der EU fallen sollte.

41 *Pache/Rösch*, EuR 2009, 785.

42 *Satzger*, 2013, § 11 Rn. 14; *Pache/Rösch*, EuR 2009, 785; *Obwexer*, EuR 2012, 143; ähnl. *Uerpmann-Wittzack*, EuR-Bei 2012, 173 („Primärrecht zweiter Stufe").

43 Grabitz/Hilf/Nettesheim/*Schorkopf*, Art. 6 EUV Rn. 48; *Frenz*, § 2 Rn. 115; *Obwexer*, EuR 2012, 118.

44 *Frenz*, § 2 Rn. 106, 116, 119; *Europäische Kommission*, S. 3.

45 *Frenz*, § 2 Rn. 117. Zum Verhältnis EuGH und EGMR vor dem Beitritt *Satzger*, 2013, § 11 Rn. 17f. Zu weiteren Folgefragen, die sich aus dem Beitritt der EU zur EGMR ergeben *Klip*, European Criminal Law, 2009, S. 425; zum Rechtsweg vgl. Karpenstein/Mayer/*Arndt/Schubert*, Art. 59 EMRK Rn. 17; zur gemeinsamen Erklärung der Präsidenten von EuGH und EGMR, eucrim 2011, 18f. Zu möglichen Auswirkungen auf den Grundrechtsschutz s. *Vondung*, S. 323ff.

46 *Frenz*, § 2 Rn. 117f.; *Pache/Rösch*, EuR 2009, 786. Zum Verhältnis von EGMR, EuGH und nationalen Gerichten vgl. *Hentschel-Bednorz*, S. 123ff., 341ff.

47 Ebenso *Vondung*, S. 159; auch Final Report v. 10.6.2013 (Fn. 37), para. 5.

II. Die EMRK und das Strafrecht

1. Vorbemerkung: EMKR und EGMR, insbesondere Bindungswirkung der Entscheidungen

6 Die **EMRK** ist ein vr Vertrag, dessen **Vertragsstaaten** *de facto* die Mitgliedstaaten des Europarats sind; deshalb handelt es sich ebenfalls um 47 Vertragsstaaten (25.6.2014). Die EMRK wird um zahlreiche **Zusatzprotokolle** ergänzt, wobei aus strafrechtlicher Sicht zum einen das ZP VI über die *Abschaffung der Todesstrafe* vom 28.4.1983[48] und zum anderen das ZP XIII über die Abschaffung der Todesstrafe *unter allen Umständen* vom 3.5.2002 von besonderem Interesse sind.[49]

7 Der **EGMR** wacht über die Einhaltung der EMRK. Der Gerichtshof besteht heute (zur früheren Lage 2. Aufl., § 10 Rn. 11) aus **vier** verschiedenen **Spruchkörpern** (Art. 26[50]) **Individualbeschwerden**[51] werden i. d. R. zuerst von einem *Einzelrichter* geprüft, der die Sache in eindeutig gelagerten Fällen für unzulässig erklären oder im Register streichen kann (Art. 27 i. V. m. Art. 49 EMRK-VerfO). Hält der Einzelrichter die Beschwerde hingegen für zulässig, übermittelt er sie an einen *Ausschuss* oder eine *Kammer.*[52] Die aus drei Richtern bestehenden *Ausschüsse* entscheiden durch einstimmigen Beschluss über die Zulässigkeit der Individualbeschwerde und können auch ein Urteil über ihre Begründetheit fällen, wenn die der Rechtssache zugrunde liegende Frage Gegenstand einer gefestigten Rechtsprechung des Gerichtshofes ist (Art. 28 Abs. 1).[53] Die aus sieben Richtern gebildeten *Kammern* untersuchen die vom Einzelrichter und/oder von den Ausschüssen nicht endgültig beschiedenen Individualbeschwerden sowie die – selten vorkommenden – **Staatenbeschwerden**[54] auf ihre Zulässigkeit und Begründetheit (Art. 29).[55] Die mit siebzehn Richtern besetzte *Große Kammer* entscheidet einerseits über Individual- oder Staatenbeschwerden von besonderer Bedeutung, die eine Kammer an sie verweist (Art. 31 (a) Alt. 1 i. V. m. Art. 30); andererseits ist sie eine Art Rechtsmittelinstanz gegen Urteile einer Kammer,

[48] ETS 114, BGBl. II 1988 S. 662, geändert durch Prot. Nr. 11 v. 11.5.1994, BGBl. II 1995 S. 578 ff., Neubek. des Protokolls i. d. F. des Protokolls Nr. 11 BGBl. II 2002 S. 1054, 1077 ff.; Übk. in Kraft getreten am 1.3.1985, deutsche Ratifikation 5.7.1989, in Deutschland in Kraft getreten 1.11.1998.

[49] ETS 187, Übk. in Kraft getreten am 1.7.2003, deutsche Ratifizierung 11.10.2004, in Deutschland in Kraft getreten am 1.2.2005. Vgl. für die weiteren ZP zur EMRK http://conventions.coe.int (zuletzt abgerufen am 1.7.2014).

[50] Art. ohne Angaben sind solche der EMRK.

[51] Individualbeschwerden können von *jeder Person* mit der Behauptung erhoben werden, in einem Konventionsrecht von einem Mitgliedstaat verletzt worden zu sein (vgl. Art. 34, 35; *Grabenwarter/Pabel,* § 13 Rn. 2 ff.; *Herdegen,* EuR, § 3 Rn. 13; *Peters/Altwicker,* § 1 Rn. 25 ff., § 35 Rn. 1 ff.; *Meyer-Ladewig,* NJW 1995, 2815 sowie Schaubild 21). Zum Verfahrensablauf *Meyer-Ladewig/Petzold,* NJW 2009, 3752 f.; *Safferling,* 2011, § 13 Rn. 108 f., 117 ff.; *Esser,* 2014, § 9 Rn. 20 ff.; zu Reformüberlegungen *Keller/Fischer/Kühne,* EJIL 21 (2010), 1025.

[52] Vgl. auch *Meyer-Ladewig/Petzold,* NJW 2009, 3752; *Esser,* 2014, § 9 Rn. 23.

[53] *Grabenwarter/Pabel,* § 13 Rn. 2; *Meyer-Ladewig,* NJW 1995, 2815; Oppermann/*Classen*/*Nettesheim,* § 17 Rn. 93.

[54] Staatenbeschwerden können von den Mitgliedstaaten wegen einer Konventionsverletzung anderer Mitgliedstaaten erhoben werden (Art. 33). Eines der seltenen Beispiele ist die Beschwerde Dänemarks, Norwegens, Schwedens und der Niederlande gegen das damalige griechische Militärregime des Jahres 1967 (vgl. *Grabenwarter/Pabel,* § 10; *Peters/Altwicker,* § 36). Am 26.3.2007 erhob die Regierung Georgiens eine Staatenbeschwerde gegen die Russische Föderation wegen angeblicher willkürlicher Repressionen gegenüber in Russland lebenden Georgiern, näher EuGRZ 2007, 242.

[55] *Grabenwarter/Pabel,* § 13 Rn. 2; *Meyer-Ladewig,* NJW 1995, 2816.

sofern die Parteien die Verweisung der Sache an sie beantragen (Art. 43, 31 (a) Alt. 2). Die **Überwachung** der Durchführung der Urteile obliegt dem *Ministerkomitee* (Art. 46 Abs. 2).[56]

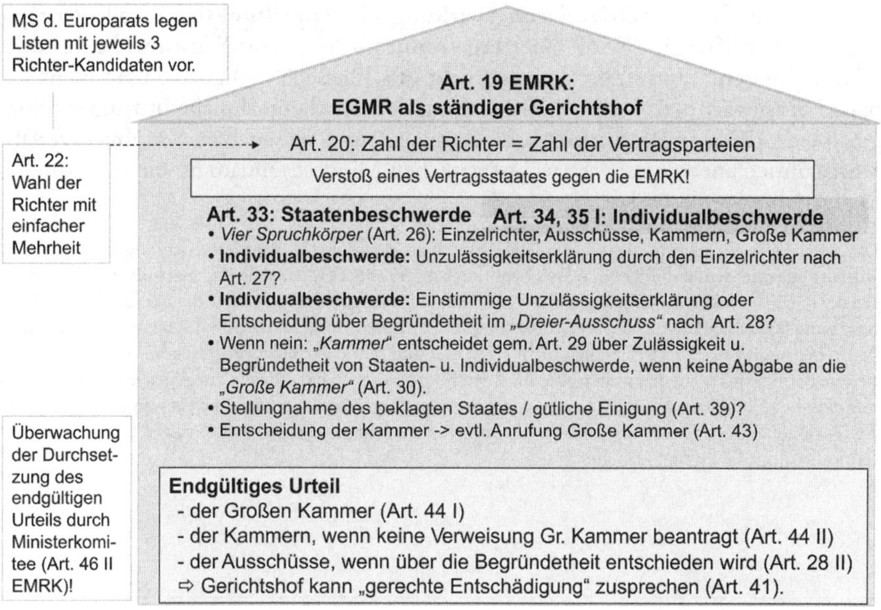

Schaubild 21: Übersicht Europäischer Gerichtshof für Menschenrechte

Stellt die (Große) Kammer einen **Konventionsverstoß endgültig** fest[57] (Art. 44), 8
spricht sie dem Verletzten nach Art. 41 eine gerechte *Entschädigung* zu, wenn das innerstaatliche Recht des Mitgliedstaats nur eine unvollkommene Wiedergutmachung vorsieht.[58] Der Gerichtshof hat aber *nicht* die Befugnis, ein innerstaatliches Urteil zu *kassieren.*[59] Aus dem Wortlaut des Art. 46 („in denen sie Partei sind") wird außerdem gefolgert, dass die Urteile **nur *inter partes*** wirken,[60] doch spricht dies nicht gegen die Allgemeinverbindlichkeit der in einem bestimmten Urteil gefundenen Auslegung der

---

[56] *Meyer-Ladewig,* NJW 1995, 2814; *Hentschel-Bednorz,* S. 301. Zur nationalen Umsetzung bzw. Befolgung von EGMR-Entscheidungen s. *Hillebrecht,* HRR 13 (2012), 279 ff., die von einer „compliance rate" von mind. 49% ausgeht (S. 282). Als besonderer „Problemfall" gilt Russland, das nach Verurteilungen zwar Entschädigungen leistet, aber nicht die notwendigen strukturellen Veränderungen zur Verhinderung zukünftiger Konventionsverletzungen vornimmt, *Stewart,* SWP-Studie Nr. 10, 2013, S. 19 f.; *Hillebrecht,* HRR 13 (2012), 287; s. auch *Paramonova/Bogush,* ZStW 125 (2013), 718 f.

[57] Zur Geltung der EMRK bei Handlungen von Vertragsparteien außerhalb ihres territorialen Anwendungsbereichs s. *Szydlo,* JICJ 12 (2012), 276 ff., 283 ff.; *Besson,* LJIL 25 (2012), 857.

[58] Eingehend *Grabenwarter/Pabel,* § 15; Oppermann/*Classen/Nettesheim,* § 17 Rn. 95; *Peters/Altwicker,* § 37 Rn. 1 ff.; *Hentschel-Bednorz,* S. 290; zu den innerstaatlichen Auswirkungen der Rechtsprechung des EGMR ferner *Eisele,* JA 2005, 392 ff.

[59] *Ambos,* NStZ 2002, 628 m.w.N.; Radtke/Hohmann/*Ambos,* Art. 6 EMRK Rn. 5; *Hentschel-Bednorz,* S. 320; Oppermann/*Classen/Nettesheim,* § 17 Rn. 95; *Hecker,* 2012, § 3 Rn. 29.

[60] Vgl. *Peters/Altwicker,* § 37 Rn. 1; *Renzikowski,* GS Keller, 2003, S. 199; *Ruffert,* EuGRZ 2007, 249 f.; *Satzger,* Jura 2009, 760; *Brunhöber,* ZIS 2010, 763; *Hentschel-Bednorz,* S. 100 f., 290 ff.; *Hecker,* 2012, § 3 Rn. 30.

Konvention.[61] Die EMRK hat – als Grundrechtsverfassung[62] – gesamteuropäische, ja weit über Europa hinausreichende Bedeutung[63] und stellt eine autonome objektive Rechtsordnung dar, deren materieller Gehalt sich aus einer Gesamtanalyse der Rechtsprechung des EGMR unabhängig von den Prozessparteien ergibt.[64] Deshalb lässt sich jedenfalls eine faktische **Orientierungswirkung** oder **Appellfunktion** für alle Vertragsstaaten der EMRK im Sinne einer **erga-omnes-intra-partes-Wirkung** heute nicht mehr bestreiten.[65] Aus strafrechtlicher Sicht ist schließlich in diesem Zusammenhang darauf hinzuweisen, dass die EMRK *das* zentrale menschenrechtliche Instrument eines gesamteuropäischen Strafverfahrensrechts bildet[66] und, wie auch im Grünbuch Verfahrensgarantien anerkannt,[67] *den* rechtsstaatlichen Mindeststandard für ein europäisches Strafverfahren repräsentiert.

9 Das deutsche Recht erkennt dies nicht zuletzt dadurch an, dass eine Konventionsverletzung einen **Wiederaufnahmegrund gemäß § 359 Nr. 6 StPO** (vgl. auch § 363a öStPO) darstellt.[68] Dabei sollte freilich, entgegen der h. M.,[69] nicht nur demjenigen die Wiederaufnahmemöglichkeit zustehen, der das die Konventionsverletzung feststellende Urteil *selbst* erstritten hat, sondern allen Bürgern, die von der konventionswidrigen Norm betroffen sind.[70] Es ist nämlich nicht einsichtig und schon gar nicht prozessökonomisch, dass jeder weitere Betroffene erneut den weiten Weg nach Straßburg zu gehen hat, obwohl doch, jedenfalls bei für konventionswidrig erklärten Normen, keine andere Entscheidung zu erwarten ist. Ebenso wenig ist es sinnvoll, dass ein anderer Vertragsstaat erst eine Verurteilung in einem vergleichbaren Fall abwartet, bevor er die konventionswidrige Rechtslage korrigiert.[71]

---

[61] Vgl. schon *Ambos,* ZStW 115 (2003), 589ff. m. w. N.

[62] Radtke/Hohmann/*Ambos,* Art. 6 EMRK Rn. 2.

[63] Vgl. etwa zum Einfluss in Lateinamerika *Woischnik,* Untersuchungsrichter und Beschuldigtenrechte in Argentinien, 2001, S. 126.

[64] Zur „autonomen" Auslegung des EGMR Frowein/Peukert/*Frowein,* Einf. Rn. 9 und eingehend *Letsas,* EJIL 15 (2004), 279, inbes. 281ff., 295ff.; ferner *Renzikowski,* GS Keller, 2003, S. 200 und zusammenfassend *Eisele,* JA 2005, 391.

[65] *Papier,* EuGRZ 2006, 1ff.; *Ruffert,* EuGRZ 2007, 249ff.; *Esser,* 2002, S. 839ff.; *Kieschke,* EGMR, 2003, S. 69ff., 237; *Bleckmann,* EuGRZ 1995, 387f.; *Masuch,* NVwZ 2000, 1267; *Chryssogonos,* EuR 2001, 61; *Jung,* GA 2003, 193; *Hecker,* 2012, § 3 Rn. 30; Radtke/Hohmann/*Ambos,* Art. 6 EMRK Rn. 6; ähnl. *Beulke/Witzigmann,* NStZ 2011, 255; *Hentschel-Bednorz,* S. 299f.; vgl. auch *Andenas/Bjorge,* S. 4; aus polnischer Sicht *Brodzisz,* ZIS 2009, 110; weitere Nachw. 2. Aufl., Rn. 12 mit Fn. 73.

[66] Vgl. *Esser,* 2002 S. 7, 10, 18 und passim; i. Erg. ebenso *Busse,* NJW 2000, 1074; vgl. auch *Kühne,* § 3 Rn. 43: „eine Art europäisches Strafverfahrensrecht"; *Wohlers,* GA 2005, 23ff.; *Hörnle,* ZStW 117 (2005), 825.

[67] Grünbuch Verfahrensgarantien, S. 18ff.

[68] *Kühl,* FS Jung, 2007, S. 438; eingehend aus italienischer und rechtsvergleichender Sicht *Mangiaracina,* RIDPP 2006, 982ff.; *Parlato,* RIDPP 2006, 1010ff. Freilich kann *in casu* durch Verneinung der Beruhensvoraussetzung des § 359 Nr. 6 im Wiederaufnahmeverfahren der EMRK-Verstoß gegebenenfalls neutralisiert bzw. nur teilweise akzeptiert werden; vgl. *Kühne,* GA 2005, 214; krit. *Selbmann,* ZRP 2006, 125.

[69] KK/*Schmidt,* § 359 Rn. 40 unter Verweis auf BT-Drs. 12/10 333, 4f.; auch *Meyer-Goßner,* § 359 Rn. 52; *Esser,* 2002, S. 869; *ders,* 2014, § 9 Rn. 124. Krit. *Kieschke,* EGMR, 2003, S. 156ff.

[70] Überzeug. *Weigend,* StV 2000, 388; ähnlich *Bernhardt,* in: *Geiger,* Völkerrechtlicher Vertrag, 2000, 147 (153): Aufhebung der konventionswidrigen Norm. Vgl. auch *Ambos,* ZStW 115 (2003), 591; Radtke/Hohmann/*Ambos,* Art. 6 EMRK Rn. 6.

[71] Zutreff. für die Verhinderung gleichartiger Konventionsverletzungen *Masuch,* NVwZ 2000, 1267; *Okresek,* EuGRZ 2003, 170f.; *Kühne,* § 2 Rn. 38; *Bernhardt,* in: Geiger, Völkerrechtlicher Vertrag, 2000, S. 154.

2. Die strafrechtlich relevanten Gewährleistungen der EMRK

Die Grundrechte der EMRK lassen sich in **Freiheits**rechte (Art. 2, 3, 8, 9, 12 sowie 10
Art. 1 und 2 ZP I), **Gleichheits**rechte (Art. 14, Art. 5 ZP VII und das ZP XII), **politische** Rechte (Art. 10, 11 und Art. 3 ZP I) und **justizbezogene** Rechte (Art. 5, 6, Art. 2–4 ZP VII) einteilen.[72] Aus strafrechtlicher Sicht bietet sich eine Einteilung in die das **materielle Strafrecht** und das **Strafprozessrecht** betreffenden Gewährleistungen an, wobei die verfahrensbezogenen Rechte wegen ihrer überragenden Bedeutung größere Aufmerksamkeit verdienen. Sie wirken sich auch deshalb besonders im innerstaatlichen Recht aus, weil die verfassungsrechtlichen Gewährleistungen weniger differenziert und (strafrechts)spezifisch sind. Das zentrale *Verfahrensrecht* ist dabei der *fair trial*-Grundsatz (Art. 6), aus dem sich zahlreiche Einzelrechte ergeben. Ferner sind das Recht auf Freiheit und Sicherheit (Art. 5) im Hinblick auf Festnahmen und die Untersuchungshaft sowie der Schutz des Privat- und Familienlebens (Art. 8) und die Meinungsfreiheit (Art. 10) im Hinblick auf strafprozessuale Zwangsmaßnahmen näher zu betrachten. Das in Art. 4 ZP VII enthaltene Doppelverfolgungsverbot wird im Zusammenhang mit den entsprechenden Garantien aus SDÜ und GRCh besprochen (Rn. 112ff.).[73] Was die für das *materielle Strafrecht* relevanten Gewährleistungen angeht, so verdienen das Recht auf Leben (Art. 2), das Verbot der Folter (Art. 3) und der Gesetzlichkeitsgrundsatz (Art. 7) unsere besondere Aufmerksamkeit.

Art. 6: **fair trial, Waffengleichheit** + ***einzelne Verfahrensrechte***: Abs. 3	**Sonstige Verfahrensrechte**	**Materiellrechtliche Garantien**
(a) Unterrichtung über Beschuldigung	**Art. 5**: Freiheit und Sicherheit	**Art. 2**: Recht auf Leben
(b) Vorbereitung der Verteidigung	**Art. 8**: Privat- und Familienleben	**Art. 3**: Verbot der Folter
(c) Effektive Verteidigung	**Art. 10**: Meinungsfreiheit	**Art. 7**: Gesetzlichkeitsprinzip
(d) Fragerecht		
(e) Dolmetscher		

Schaubild 22: Strafrechtliche Garantien der EMRK

[72] *Peters/Altwicker*, § 1 Rn. 15f. Zust. *Satzger*, 2013, § 11 Rn. 26.

[73] Ebenso *Satzger*, 2013, § 11 Rn. 27. *Hecker*, 2012, § 3 Rn. 19 nennt überdies Art. 4 Abs. 1–3 (Verbot der Sklaverei und Zwangsarbeit), 9 (Gedanken-, Gewissens- und Religionsfreiheit) und 11 (Versammlungs- und Vereinigungsfreiheit), behandelt diese aber nicht näher.

a) Art. 6: Fair trial, Waffengleichheit und einzelne Verfahrensrechte[74]

Fall 1 a:[75]

11 Eine Vertrauensperson der deutschen Polizei, ein italienischer Staatsangehöriger, sprach seinen Landsmann I in einer Versicherungsfrage an. Der Lockspitzel brachte das Gespräch auf Drogen und fragte I, ob er ein kg Kokain beschaffen könne. I lehnte ab, er mache keine Drogengeschäfte. Die Vertrauensperson sprach I daraufhin noch drei weitere Male an und stellte einen Gewinn von 5000,– DM in Aussicht. Schließlich sagte I zu und vermittelte über einen Bekannten, von dem er wusste, dass dieser Drogen konsumiert, einen Kontakt zu dessen Dealer, der dann schließlich ein kg Kokain beschaffte. → Rn. 65

Fall 1 b:[76]

12 Der nicht-vorbestrafte Textilarbeiter T wurde durch verdeckte Ermittler der portugiesischen Polizei angesprochen, die durch einen Kleinkriminellen auf ihn verwiesen worden waren, ob er nicht 20 g Heroin besorgen könne. T ging darauf ein und beschaffte über einen Dritten die Drogen. Bei der Übergabe an die Scheinaufkäufer wurde er verhaftet. → Rn. 65
Steht Art. 6 Abs. 1 einer Bestrafung von I und T entgegen, weil sie von V-Personen zur Tat veranlasst worden sind? → Rn. 65 u. *Ambos,* 2010 a, S. 30 (Fall 3 Rn. 4 ff.).

Fall 2:[77]

13 B war 1991 zu einer Freiheitsstrafe bei Aussetzung der Vollstreckung zur Bewährung verurteilt worden. Fünf Jahre später widerrief das zuständige LG die Aussetzung mit der Begründung, B habe in der Bewährungszeit Straftaten begangen. B legte hiergegen sofortige Beschwerde ein, doch das OLG wies diese zurück. Dabei stellte es auch auf ein *anhängiges* Verfahren gegen B ab, in welchem sich das für die Verhandlung über den neuen Anklagevorwurf zuständige AG zu diesem Zeitpunkt also noch gar nicht die Überzeugung von der Schuld des Angeklagten gebildet hatte. Das OLG hatte zuvor selbst Zeugen angehört (§ 308 Abs. 2 StPO) und *sich* die Gewissheit verschafft, dass B schuldig sei. Die amtsgerichtliche Verurteilung wartete es nicht ab. Das BVerfG nahm die Verfassungsbeschwerde des B nicht zur Entscheidung an. Verstößt der Widerruf der Bewährung wegen einer – *noch nicht abgeurteilten* – neuen Straftat gegen Art. 6 Abs. 2? → Rn. 66

Fall 3:[78]

14 V. M. und vier weitere Angeklagte waren wegen eines mit hoher krimineller Energie verübten Raubüberfalls auf ein Postamt zu langjährigen Freiheitsstrafen verurteilt worden. In dem Verfahren hatten Polizeibeamte anonym ausgesagt, weil man von den Angeklagten veranlasste Repressalien gegen die Beamten und ihre Familien fürchtete. Dabei waren die anonymen Zeugen durch einen Untersuchungsrichter in Gegenwart eines Protokollführers in einem gesonderten Raum befragt worden; zu den Angeklagten, den Verteidigern und dem Sitzungsvertreter der Staatsanwaltschaft bestand lediglich eine akustische Verbindung. Sind die Angaben der anonym aussagenden Polizeibeamten prozessual verwertbar? → Rn. 67 u. *Ambos,* 2010 a, S. 30 (Fall 3 Rn. 15 ff.).

---

[74] Dieser Abschnitt beruht auf früheren Arbeiten des Verf.: NStZ 2002, 628; 2003, 14; ZStW 115 (2003), 592 ff.

[75] BGHSt 45, 321.

[76] *EGMR,* Teixeira de Castro v. Portugal Urt. v. 9. 6. 1998.

[77] *EGMR,* Böhmer v. Deutschland Urt. v. 3. 10. 2002; hierzu auch *Hecker,* 2012, § 3 Rn. 56.

[78] *EGMR,* Van Mechelen et al. v. Niederlande Urt. v. 23. 4. 1997, mit zust. Anm. *Wattenberg/Violet,* StV 1997, 620.

Fall 4:[79]

Die Beschwerdeführerin wurde im Zusammenhang mit der Entführung der Lufthansa-Maschine „Landshut" im Jahre 1977 u. a. wegen Beihilfe zum versuchten Mord verurteilt. Das OLG hat sich für seine Entscheidungsfindung maßgeblich auf Angaben eines im Libanon inhaftierten Zeugen, der nicht in der Hauptverhandlung angehört werden konnte, gestützt und des Weiteren auf Angaben anonymer Informanten. Liegt hierin ein Konventionsverstoß? → Rn. 68 15

Fall 5 a:[80]

Ein französischer Bürger hatte einem Polizeibeamten eine Verbrechensverabredung (zum Mord) berichtet und vorgeschlagen, den Betreffenden anzurufen und ihn in ein Gespräch zu verwickeln. Er tätigte dann – ohne dass ein Untersuchungsrichter diese Vorgehensweise genehmigt hätte – aus dem Büro des Kommissars einen Anruf bei dem Betreffenden. Im Verlaufe des Gesprächs belastete sich der Angerufene. Er wurde auf der Grundlage des Telefonats verfolgt und verurteilt. → Rn. 69 16

Fall 5 b:[81]

Eine Niederländerin rief – auf Vorschlag der Polizei – von ihrem Privatanschluss den Strafverteidiger ihres inhaftierten Ehemannes an, um diesen dazu zu veranlassen, über sexuelle Annäherungsversuche, die sie bei der Polizei angezeigt hatte, zu sprechen. Wiederum erfolgte die Verurteilung auf der Grundlage der aus der „Hörfalle" gewonnenen Erkenntnisse. 17
Ist es in den beiden Fällen mit Art. 8 vereinbar, wenn Privatpersonen in Zusammenwirken mit der Polizei einen Verdächtigen zu (belastenden) Aussagen veranlassen? → Rn. 69

Fall 6:

In Spanien wurden durch richterliche Anordnung eine Zeitung und ein Fernsehsender geschlossen. Wegen pro-baskischer Äußerungen in den veröffentlichten Nachrichten war der Verdacht entstanden, die Presseinstitutionen würden mit der Terrororganisation ETA kooperieren. Die Anordnung der Schließungen erfolgte in beiden Fällen im Rahmen des Ermittlungsverfahrens und jeweils für einen befristeten Zeitraum von fünf Jahren. War dieses Vorgehen notwendig i. S. d. Art. 10 Abs. 2 EMRK? → Rn. 70 18

aa) Fair trial und Waffengleichheit. Der in Art. 6 Abs. 1 S. 1 enthaltene Grundsatz des **fairen Verfahrens** („fair trial")[82] bildet den Kern und zugleich den Oberbegriff der Verfahrensrechte. Er umfasst eine Vielzahl von Teilgarantien, die in ihrer Gesamtheit die Sicherstellung eines rechtsstaatlichen Verfahrens bezwecken.[83] Von allen Konventionsgarantien hat Art. 6 die größte praktische Relevanz. So erließ der EGMR im Jahr 2013 insgesamt 916 Urteile und stellte dabei in 412 Fällen einen Verstoß gegen Art. 6 EMRK fest, wobei sich 177 der Entscheidungen auf die (überlange) Verfahrensdauer bezogen. In den sechs Entscheidungen, die Deutschland betrafen, wurde in drei Fällen 19

[79] *EGMR,* Haas v. Deutschland Entsch. v. 17.11.2005.
[80] *EGMR,* A. v. Frankreich Urt. v. 23.11.1993.
[81] *EGMR,* M. M. v. Niederlande Urt. v. 8.4.2003.
[82] Zu diesem Grundsatz als allgemeingültigem Leitgesichtspunkt *Weigend,* ZStW 113 (2001), 276; zu „fair trial" speziell mit Blick auf das **schweizerische** und auf das **österreichische Strafverfahren** *Minelli,* in: Eur. Anwaltsvereinigung, S. 29; *Schaerz,* in: Eur. Anwaltsvereinigung, S. 51; *Rech,* in: Eur. Anwaltsvereinigung, S. 77; zur historischen Entwicklung *Banach-Gutierrez,* NJECL 3 (2012), 89 ff. Zur Auswirkung rechtskultureller Unterschiede auf die Verfahrensfairness *Krüßmann,* S. 149 ff.
[83] Radtke/Hohmann/*Ambos,* Art. 6 EMRK Rn. 9.

auf eine Konventionsverletzung erkannt; ein Verstoß gegen Art. 6 wurde jedoch in keinem Verfahren festgestellt.[84] Die Anzahl der Fälle, in denen Deutschland wegen Konventionsverletzungen verurteilt wurde, ist damit in den letzten Jahren deutlich zurückgegangen.[85] Ein zentraler Bestandteil eines fairen Verfahrens ist der Grundsatz der **Waffengleichheit** („equality of arms").[86] Darunter ist heute nicht mehr (nur) die formale prozessuale Gleichheit zwischen Angeklagtem und Anklagebehörde zu verstehen,[87] sondern (auch) dass die eine Partei den Fall unter Bedingungen präsentieren können muss, die sie in keine wesentlich nachteilige Position gegenüber der anderen Partei bringt.[88] Dem Grundsatz eines fairen Verfahrens entnimmt der Gerichtshof auch den Anspruch auf ein **kontradiktorisches Verfahren,** wobei er diesen Anspruch nicht *a limine* auf das Hauptverfahren beschränken will.[89] In der Sache folgt daraus, dass Anklage und Verteidigung Kenntnis von den Stellungnahmen und Beweisen der jeweils anderen Seite haben und darauf erwidern können müssen.[90] Das Gericht müsse unbeeinflusst – nicht mit einer „preconceived idea" – in die Hauptverhandlung gehen[91] und

[84] *EGMR,* Violation by Article and by Country, http://www.echr.coe.int/Documents/Stats_violation_2013_ENG.pdf (zuletzt abgerufen am 1.7.2014).

[85] In 2011 hatte der EGMR noch 41 Deutschland betreffende Urteile erlassen und dabei in 31 Fällen eine Konventionsverletzung bejaht, http://www.echr.coe.int/Documents/Stats_violation_2012_ENG.pdf; 2012 waren es immerhhin noch 11 Konventionsverletzungen bei 23 Urteilen, http://www.echr.coe.int/Documents/Stats_violation_2012_ENG.pdf (zuletzt abgerufen jeweils am 1.7.2014).

[86] Ofner u. Hopfinger v. Österreich Entsch. d. Ministerrats v. 5.4.1963, Yb 1963, 676; *EGMR,* Neumeister v. Österreich Urt. v. 27.6.1968, para. 22; *EGMR,* Delcourt v. Belgien Urt. v. 17.1.1970, para. 28; *EGMR,* Bulut v. Österreich Urt. v. 22.2.1996, para. 44; *EGMR,* Lanz v. Österreich Urt. v. 31.1.2002, para. 57; *EGMR,* Fischer v. Österreich Urt. v. 17.1.2002, para. 18. Vgl. auch *Rzepka,* Fairness, 2000, S. 83; *Braitsch,* Gerichtssprache, 1991, S. 124; *Kohlbacher,* Waffengleichheit, 1979, S. 25 f.; *Wasek-Wiaderek,* „equality of arms", 2000, S. 23; *Viering,* in: Van Dijk et al., S. 580 ff.; *Satzger,* 2013, § 11 Rn. 70; *Gundel,* in: Merten/Papier, S. 349 Rn. 105 ff.; *Fedorova,* S. 36 ff. Zur Bedeutung der Waffengleicheit aus polnischer Sicht *Brodzisz,* ZIS 2009, 109.

[87] Ofner u. Hopfinger v. Österreich Entsch. d. Ministerrats v. 5.4.1963, Yb 1963, 676, para. 1: „procedural equality of the accused with the public prosecutor".

[88] *EGMR,* Borgers v. Belgien Urt. v. 30.10.1991, para. 33; auch *EGMR,* Dombo Beheer B V v. Niederlande Urt. v. 27.10.1993, para. 33; *EGMR,* Bulut v. Österreich Urt. v. 22.2.1996, para. 44; *EGMR,* Lanz v. Österreich Urt. v. 31.1.2002, para. 57; *EGMR,* Fischer v. Österreich Urt. v. 17.1.2002, para. 18; *EGMR,* A. B. v. Slowakei Urt. v. 4.3.2003, para. 55; *EGMR,* Öcalan v. Türkei Urt. v. 12.3.2003, para. 159; zu Zivilprozess: *EGMR,* Nideröst-Huber v. Schweiz Urt. v. 18.2.1997, para. 23; *EGMR,* Ankerl v. Schweiz Urt. v. 23.10.1996, para. 38. Vgl. auch *Haefliger/Schürmann,* EMRK, 1999, S. 185, 223; *Haefliger,* Schweiz, 2008, Rn. 31 f.; Villiger, S. 307; *Merrills,* The development of International Law by the ECHR, 2. Aufl., 1993, S. 166; *Harris/O'Boyle/Warbrick,* Law of the ECHR, 1995, S. 207; *Gless,* 2011, Rn. 76; *dies.,* StV 2013, 318; *Schilling,* § 21 Rn. 524. Zur Bedeutung des Fairnessgrundsatzes bei der Verwertung von Beweisen aus internen Ermittlungen *Knauer/Gaul,* NStZ 2013, 193 f.

[89] Vgl. *EGMR,* García Alva v. Deutschland Urt. v. 13.2.2001, para. 1; *EGMR,* Lietzow v. Deutschland Urt. v. 13.2.2001, para. 6; *EGMR,* Schöps v. Deutschland Urt. v. 13.2.2001, para. 11; *EGMR,* Öcalan v. Türkei Urt. v. 12.3.2003 para. 166. Vgl. auch *Rzepka,* Fairness, 2000, S. 85 f.; *Esser,* 2002, S. 401 m. N. in Fn. 70; *ders,* 2014, § 9 Rn. 225; *Sommer,* in: Brüssow u. a., Strafverteidigung, Bd. 1, 2000, S. 1133 (1134, 1137).

[90] *EGMR,* Öcalan v. Türkei Urt. v. 12.3.2003, para. 166; *EGMR,* Natunen v. Finnland Urt. v. 31.3.2009, para. 39; *Tochilovsky,* S. 275; zum ebenfalls aus Art. 6 ableitbaren Recht der Opfer auf ein faires Verfahren *S. Bock,* in: Barton/Kölbel, S. 69 ff.

[91] *EGMR,* Barberà et al. v. Spanien Urt. v. 6.12.1988, paras. 76, 77; *Esse,* S. 624 f. Vgl. zur Frage der Vereinbarkeit von **Militärgerichten** mit dem Recht auf ein faires Verfahren *Bucherer,* Die Vereinbarkeit von Militärgerichten mit dem Recht auf ein faires Verfahren gemäß Art. 6 Abs. 1 EMRK, Art. 8 Abs. 1 EMRK und Art. 14 Abs. 1 IPbpR, 2005, S. 37 ff. und zur diesbezüglichen EGMR-Rspr., S. 43 ff u. *Grabenwarter,* Art. 6 Rn. 48.

die Zeugenvernehmung kontradiktorisch sein.[92] Aus der kontradiktorischen Interpretation von Art. 6 Abs. 1 folgt auch, dass diese Vorschrift nicht auf den **Ermittlungsrichter** Anwendung findet, jedenfalls insoweit dieser nicht einseitig ermittelt, sondern unabhängig agiert.[93] Zwar lässt der Gerichtshof die **Systemfrage** ausdrücklich offen,[94] doch entsprechen seine Forderungen eher dem adversatorischen („kontradiktorischen") Parteiprozess als dem inquisitorischen Amtsermittlungsverfahren,[95] wobei freilich das Begriffspaar adversatorisch-inquisitorisch mehr Gegensätze vermuten lässt als in der Verfahrenspraxis existieren.[96]

Was den **Zeitpunkt** der Anwendung von Art. 6 angeht, so darf aus den Begriffen „Anklage" und „Angeklagter" in den Abs. 1 und 3 nicht der Schluss gezogen werden, dass die Vorschrift erst ab Erhebung der Anklage, also nach Abschluss des Ermittlungsverfahrens anwendbar ist.[97] Dies folgt vor allem teleologisch daraus, dass Waffengleichheit zum frühestmöglichen Zeitpunkt gewährleistet sein muss, um den Beschuldigten an der Konstruktion der gerade sein Verfahren *präjudizierenden Ermittlungsergebnisse*[98] mitwirken zu lassen.[99] Das Recht auf ein faires Verfahren besteht somit von der Bekanntgabe des Schuldvorwurfs im Ermittlungsverfahren bis zum rechtskräftigen Abschluss des (Rechtsmittel-)Verfahrens.[100] Die Vollstreckung rechtskräftiger Entscheidungen ist dabei grundsätzlich nicht von Art. 6 Abs. 1 erfasst, kann jedoch in dessen Anwendungsbereich fallen, wenn sie Gegenstand einer Verfahrensabsprache war.[101] Der **sachliche Anwendungsbereich** von Art. 6 Abs. 1 erfasst Zivil- und Strafverfahren, für letztere gelten zusätzlich die Absätze 2 und 3. Der Begriff der *strafrechtlichen* Anklage" („*criminal* charge") wird vom EGMR autonom und weit ausgelegt, so dass es nicht auf das in den einzelnen Mitgliedstaaten gebildete Begriffsverständnis ankommt.[102] So stellte sich im 20

92 Vgl. etwa *EGMR,* Kostovski v. Niederlande Urt. v. 20.11.1989, para. 41; *EGMR,* Windisch v. Österreich Urt. v. 27.9.1990, para. 26; *EGMR,* Barberà et al. v. Spanien Urt. v. 6.12.1988, paras. 67, 78; auch *EGMR,* Bönisch v. Österreich Urt. v. 6.5.1985, para. 32. Dazu auch *Esser,* 2002, S. 632ff.

93 Vgl. *EGMR,* Pandy v. Belgien Urt. v. 21.9.2006, para. 51; dazu *Kuty,* RevDPC 2007, 365ff.

94 *EGMR,* Öcalan v. Türkei Urt. v. 12.3.2003, para. 166. Vgl. auch *Kohlbacher,* Waffengleichheit, 1979, S. 1, 24; *Spaniol,* Verteidigerbeistand, 1990, S. 127.

95 Vgl. auch *Spaniol,* Verteidigerbeistand, 1990, S. 126; *Matscher,* ÖRiZ 1993, 154; *Sommer,* in: Brüssow, Strafverteidigung, Bd. 1, 2000, S. 1133; *Jung,* GA 2003, 203; Radtke/Hohmann/*Ambos,* Art. 6 EMRK Rn. 12; *Fedorova,* S. 92ff., 121ff.

96 Grdl. *Trüg,* Lösungskonvergenzen trotz Systemdivergenzen im deutschen und US-amerikanischen Strafverfahren, 2003, S. 72ff., 104ff., 203ff., 480ff. Vgl. auch *Jung,* StV 1990, 510; *Fairchild,* Comparative Criminal Justice, 1993, S. 128f.; *Jorg/Field/Brants,* in: Harding/Fennell/Jorg/Swart, Criminal Justice in Europe, 1995, S. 41; *Tulkens,* in: Delmas-Marty, S. 8f.; *Sanders/Young,* S. 13ff.; *Ambos,* ICLR 3 (2003), 2ff.

97 Näher *Ambos,* ZStW 115 (2003), 595; *Gaede,* Teilhabe, 2005, S. 191ff.; *Gless,* 2011, Rn. 68; *Gundel,* in: Merten/Papier, S. 349 Rn. 58; *Esser,* in: Sieber et al., § 58 Rn. 5; vgl. *Tiwisina,* Verfahrensdauer, 2010, S. 25; *EGMR,* Pandy v. Belgien Urt. v. 21.9.2006, para. 50 jeweils m.w.N. zu EGMR-Rspr. und Schrifttum. Vgl. auch *EGMR,* Salduz v. Türkei Urt. v. 27.11.2008, para. 50.

98 *Frister,* StV 1998, 160 mit Fn. 15; *Schünemann,* StV 1998, 394f.; *ders.,* StV 2000, 159; *Däubler-Gmelin,* StV 2001, 361; *Braitsch,* Gerichtssprache, 1991, S. 130; *Arquint,* in: Schindler/Schlauri, Auf dem Weg zu einem einheitlichen Verfahren, 2001, S. 195.

99 I. Erg. ebenso *Wasek-Wiaderek,* "equality of arms", 2000, S. 21; *Walischewski,* Akteneinsichtsrecht, 1999, S. 87; *Braitsch,* Gerichtssprache, 1991, S. 129f.; vgl. auch *EGMR,* Murray v. Vereinigtes Königreich Urt. v. 8.2.1996, para. 66 („paramount importance"); vgl. auch *Sommer,* in: Brüssow, Strafverteidigung, Bd. 1, 2000, S. 1134; *Schleiminger,* Konfrontation, 2001, S. 291; *Nack,* NJW-Sonderheft Schäfer, 2002, 51. Deshalb für ein „partizipatorisches" Ermittlungsverfahren *Ambos,* ZStW 115 (2003), 617ff.; *Wohlers,* GA 2005, 26ff.; für ein „kontradiktorisch ausbalancierte[s] Ermittlungsverfahren" *Schünemann,* GS Vogler, 2004, S. 92.

100 *Satzger,* 2013, § 11 Rn. 60; *ders.,* Jura 2009, 766; *Esser,* 2014, § 9 Rn. 209.

101 *EGMR,* Bijen v. Deutschland Urt. v. 1.4.2010, paras. 40ff.

102 *Gaede,* HRRS-FG Fezer, 2008, 24; Radtke/Hohmann/*Ambos,* Art. 6 EMRK Rn. 8; *Satzger,* 2013, § 11 Rn. 59; *D. Bock,* FS Scheuing, 2011, S. 269; eingehend *Grabenwarter,* Art. 6 Rn. 19ff.; insb. mit Blick auf kartellrechtliche Geldbußen der EG; ausführl. *Gaede,* Teilhabe, 2005, S. 79ff., insb. S. 98ff. Vgl. auch *EGMR,* J. B. v. Schweiz Urt. v. 3. 5 2001, para. 44 sowie *Mylonopoulos,* ZStW 121 (2009), 70.

Fall *Engel*[103] die Frage, ob Art. 6 auch in einem Verfahren gilt, dass – nach dem Rechtsverständnis des betroffenen Staates – **disziplinarischer Art** ist. Der Gerichtshof geht bei der Einordnung der Angelegenheit zwar zunächst vom nationalen Recht aus, stellt dann aber maßgeblich auf die „Art der Tat" und die „Art und Schwere der angedrohten Sanktion" ab, so dass es nicht entscheidend darauf ankommt, ob das Verfahren nach nationalem Begriffsverständnis nur disziplinarischer Art ist.[104] Dementsprechend klassifiziert der EGMR die deutschen OWi-Tatbestände als *„strafrechtlich"* i. S. d. Art. 6.[105]

21 Als konkrete Fallgruppen, die im Rahmen von Art. 6 Abs. 1 diskutiert werden und damit den Fairnessgrundsatz betreffen, sind insbesondere Verfahren wegen **überlanger Verfahrensdauer** und wegen **Tatprovokation** zu nennen.[106] Wegen **Verfahrensüberlänge** wurde auch Deutschlandin der Vergangenheit regelmäßig verurteilt.[107] Die Angemessenheit der Verfahrensdauer wird vom EGMR im Wege einer *verfahrens- oder sachbezogenen Analyse* festgestellt, wobei vor allem danach gefragt wird, welche Verzögerungen den innerstaatlichen Behörden zuzurechnen sind;[108] darunter fallen etwa nicht Verzögerungen, die auf eine Verschleppungstaktik der Verteidigung zurückzuführen sind.[109] Die Vorgehensweise des EGMR unterscheidet sich demnach von der des BGH, der eine Gesamtwürdigung vornimmt und dabei etwa auch die mit der Verzögerung verbundenen Belastungen und die Schuld des Angeklagten mit einbezieht,[110] wobei eine rechtsstaatswidrige Verfahrensverzögerung in jedem Verfahrensstadium von

[103] *EGMR,* Engel et al. v. Niederlande Urt. v. 6.8.1976. Vgl. hierzu *Barrot,* ZJS 2010, 701 f.

[104] *EGMR,* Engel et al. v. Niederlande Urt. v. 6.8.1976, para. 82. In diesem Fall wurde die Anwendbarkeit des Art. 6 allerdings wegen der Kürze der für Engel angedrohten zweitägigen diziplinarischen Freiheitsentziehung verneint; zum Fall *Engel* und autonomer Auslegung *Letsas,* EJIL 15 (2004), 297; Karpenstein/Mayer/*Meyer,* Art. 6 EMRK Rn. 25 ff.; *Grabenwarter/Pabel,* § 5 Rn. 9 ff. m.w.N.; *D. Bock,* FS Scheuing, 2011, S. 270; *Maffei,* The European right to confrontation in criminal proceedings, 2006, S. 63; *Gärditz,* in: Menzel/Pierlings/Hoffmann, S. 530 ff.; Dörr/Grote/Marauhn/*Grabenwarter/Pabel,* Kap. 14 Rn. 20 ff.; *Trechsel,* EMRK, 1974, S. 16 ff.; *Lorenzmeier,* ZIS 2008, 23 ff. zum *Besteuerungsverfahren* als strafrechtlicher Anklage i. S. v. Art. 6 *Morsch,* FS Jung, 2007, S. 612 ff.; s. auch die Beispiele bei Karpenstein/Mayer/*Meyer,* Art. 6 EMRK Rn. 28 ff.

[105] *EGMR,* Öztürk v. Deutschland Urt. v. 21.2.1984, paras. 51 ff.

[106] Zum Folgenden schon *Ambos,* NStZ 2002, 629 ff., 632. Zur Verfahrensdauer Dörr/Grote/Marauhn/*Grabenwarter/Pabel,* Kap. 14 Rn. 113 ff. m.w.N.; *Esser,* StraFo 2003, 336; vgl. auch *BayObLG* StV 2003, 375 ff. m.Anm. *I. Roxin.* Zur Tatprovokation eingehend *Renzikowski,* GS Keller, 2003, S. 197 ff.; ferner *Korn,* Defizite, 2005, S. 102 ff.; *Trechsel,* EMRK, 1974, S. 111 ff.; *Hecker,* 2012, § 3 Rn. 55; vgl. auch die Falllösung in *Ambos,* 2010 a, S. 30 (Fall 3).

[107] In den letzten Jahren ist die Anzahl der Verurteilungen jedoch deutlich zurückgegangen. So wurde Deutschland in 2013 in keinem Verfahren wegen Verfahrensüberlänge verurteilt, während 2009 noch 14 Urteile gegen die Bundesrepublik ergingen, *EGMR,* Violation by Article and by Country, 2013, http://www.echr.coe.int/Documents/Stats_violation_2013_ENG.pdf (zuletzt abgerufen am 1.7.2014). Noch im Jahr 2010 hat der EGMR die Verfahrensdauer in deutschen Zivilverfahren als systematisches Problem angesehen und ein Piloturteil erlassen, dazu Voraufl. § 10 Rn. 21. Zur Lage bis 2010 vgl. 2. Aufl., § 10 Rn. 21 m.w.N.

[108] Vgl. *Herdegen,* VR, § 58 Rn. 5 ff. Das Beschleunigungsgebot richtet sich an den Vertragsstaat als Ganzes, so dass nicht nur Verzögerungen durch die Justizbehörden, sondern aller staatlichen Stellen zu berücksichtigen sind, vgl. *BGH* NStZ 2010, 230 (Verzögerung durch die Meldebehörden); zur Zurechenbarkeit auch *Mansdörfer,* GA 2010, 160 ff.

[109] Vgl. *EGMR,* Peterke/Lembcke v. Deutschland Urt. v. 3.2.2009. Instruktiv zu den Kriterien *Satzger,* 2013, § 11 Rn. 64; s. auch *Safferling,* 2011, § 13 Rn. 82; *Grabenwarter,* Art. 6 Rn. 94; krit. *Baumanns,* S. 109 ff. Zu sog. **Konfliktverteidigung** und den Konventionsgewährleistungen der Art. 6 Abs. 1, 5 Abs. 3 S. 1 Halbs. 2 EMRK *Senge,* FS Nehm, 2006, S. 347 ff.

[110] *BGH* NStZ 2004, 639 (641); *BGH* StV 2010, 228 (230) m.Anm. *Stuckenberg;* auch *BVerfG* StV 2009, 673; *OLG Saarbrücken* StV 2007, 178 (180); zur deutschen Rspr. *Detter,* NStZ 2005, 499 f.; *I. Roxin,* GA 2010, 438; krit. zu deren Linie schon *Ambos,* NStZ 2002, 630 f. m.w.N.; *Waßmer,* ZStW 118 (2006), 171 ff.; *Kraatz,* JR 2006, 408 f.; weitere Nachw. in 2. Aufl., Rn. 15 mit Fn. 111.

Amts wegen zu berücksichtigen ist.[111] Umstritten sind vor allem die *Konsequenzen* einer Verfahrensüberlänge: Muss sie notwendigerweise zu einer Verfahrenseinstellung auf Grund eines Verfahrenshindernisses führen (so die Vertreter der sog. *Verfahrenslösung*)[112] oder kann die Rechtsverletzung durch eine Strafmilderung kompensiert werden (so die vom BGH ursprünglich vertretene *Strafzumessungslösung*[113])? Kann eine besonders schwere Schuld des Angeklagten der Verfahrenseinstellung qua Verfahrenshindernis entgegenstehen?[114] Inzwischen ist der BGH dazu übergegangen, anstelle der bisher gewährten Strafminderung in der Urteilsformel auszusprechen, dass zur Entschädigung für die überlange Verfahrensdauer ein bezifferter Teil der zunächst in den Urteilsgründen festzusetzenden Gesamtstrafe als vollstreckt gilt (sog. *Anrechungs- oder Vollstreckungslösung*).[115] Der offenkundige Vorteil dieses – zwingend anzuwendenden[116] – Modells ist die Beibehaltung der schuldangemessenen (Gesamt-)Strafe in der Urteilsformel und die klare Bezifferung der als vollstreckt geltenden Strafe.[117] Zudem versagt die Strafzumessungslösung, wenn eine Strafmilderung nicht möglich ist, weil kraft Gesetzes eine bestimmte Strafe – z. B. lebenslange Freiheitsstrafe für Mord – zwingend festgesetzt ist.[118] Jedoch muss bedacht werden, dass die Verfahrensdauer als solche und die hiermit verbundenen Belastungen des Angeklagten bereits bei der Straffestsetzung mildernd zu berücksichtigen sind.[119] Allerdings hat auch die Vollstreckungslösung Nachteile, da beispielsweise in Jugendstrafverfahren das Verbüßen einer Mindeststrafe aus erzieherischen Gründen zwingend erforderlich sein und damit einer Kompensation der Verzögerung durch Anrechnung entgegenstehen kann.[120] Eine Kompensation kommt zudem nur für rechtsstaatswidrige Verfahrensverzögerungen und auch nur dann in Betracht, wenn deren Feststellung in den Urteilsgründen als Entschädigung allein nicht ausreicht.[121]

---

[111] *BGH* NStZ 2004, 639 (641); vgl. zu dieser Fallgruppe schließlich *BGH* wistra 2005, 34. Zum Begriff der rechtsstaatswidrigen Verfahrensverzögerung *Tepperwien,* NStZ 2009, 2.

[112] Vgl. hierzu m. w. N. *Baumanns,* S. 307ff., 311ff.

[113] Grdl. BGHSt 24, 239. Zur Rechtslage in Spanien, wo die überlange Verfahrensdauer als gesetzlich bestimmter Strafmilderungsgrund anerkannt wurde, *Ramos Tapia,* eucrim 2010, 168.

[114] Vgl. *BGH* NStZ 2004, 639 (641); BGHSt 46, 159 (168ff.); *BGH* NStZ 2007, 53 (54); *BGH* NJW 2011, 1146 (1148); auch *OLG Rostock* StV 2011, 220 (Verfahrenshindernis nach einem sieben Jahre andauernden Verfahren); *Reich,* S. 100f.; weitere Nachweise in 2. Aufl., Rn. 15 mit Fn. 113.

[115] *BGH* EuGRZ 2008, 85 m. Anm. *Gaede,* JZ 2008, 422, auf Vorlage v. *BGH* NJW 2007, 3294 m. Anm. *Peglau,* S. 3298; *I. Roxin,* StV 2008, 14; *Salditt,* StraFo 2007, 513; *Weber,* JR 2008, 36; vgl. auch *Tepperwien,* NStZ 2009, 4; *Hecker,* 2012, § 3 Rn. 62. Zur separaten Anfechtbarkeit des Kompensationsausspruchs im Rechtsmittelverfahren *BGH* NJW 2009. 3734 m. Anm. *Maier,* NStZ 2010, 651; *BGH* StV 2010, 228 (230). Zur Vereinbarkeit der Vollstreckungslösung mit der EMRK *Reich,* S. 84ff.

[116] So hob *BGH* NStZ 2008, 478 das landgerichtliche Urteil im Strafausspruch auf, weil dort noch die „Strafabschlagslösung" angewandt worden war; ebenso *BGH* NJW 2009, 3734 (3734f.). Für eine abweichend mildere Lösung in „Übergangsfällen" *BGH* NJW 2008, 2451 (2454).

[117] Zur problematischen Anwendung der Vollstreckungslösung bei kurzen Freiheitsstrafen, *Çelik/Stief,* StV 2010, 657.

[118] *Satzger,* 2013, § 11 Rn. 66; Karpenstein/Mayer/*Meyer,* Art. 6 EMRK Rn. 89f.; eingehend zur Anwendung der Vollstreckungslösung auf lebenslange Freiheitsstrafen *Reich,* S. 111ff.

[119] Vgl. *BGH* StV 2010, 228 (230f.) m. Anm. *Stuckenberg; KG* StV 2009, 694f.

[120] Vgl. *OLG Düsseldorf* NStZ 2011, 525 (526).

[121] *BGHGS* NStZ 2008, 478; *BGH* StV 2009, 682 (683); *BGH* StV 2009, 638 (639). Krit. zur Kompensation durch bloße Feststellung des Verstoßes *I. Roxin,* GA 2010, 426ff.

Über Jahrzehnte hat sich das Beschleunigungsgebot im Strafverfahren ausschließlich zugunsten des Angeklagten ausgewirkt. In jüngerer Zeit mehren sich allerdings die Fälle, in denen es zur *Einschränkung der Rechte des Angeklagten* instrumentalisiert wird.[122] So wurde der Beschleunigungsgrundsatz herangezogen, um das Beweisantragsrecht des Angeklagten zu befristen,[123] die Abkehr vom Verbot der Rügeverkümmerung zu begründen[124] oder das Recht auf freie Wahl eines Verteidigers zu begrenzen.[125] Eine Kompensationspflicht für eine unangemessene Verfahrensdauer lässt sich nach der Rspr. des EGMR allerdings nur mit dem Staat zuzurechnenden, vermeidbaren Verfahrensverzögerungen begründen, nicht aber mit dem Verhalten des Angeklagten.[126] Das Beschleunigungsgebot *alleine* kann daher jedenfalls nicht die Beschränkung der genannten Beschuldigtenrechte rechtfertigen.[127]

22 Mit einer Verletzung des Art. 6 Abs. 1 kann im Fall überlanger Verfahrensdauer im Fall unzureichender nationaler Rechtsschutzsysteme ein Verstoß gegen das **Recht auf wirksame Beschwerde** (Art. 13) einhergehen, wenn kein effektiver Rechtsbehelf präventiv, also zur Beschleunigung des laufenden Verfahrens, zur Verfügung steht, bzw. nachträglich kein kompensatorischer Rechtsschutz zu erlangen ist.[128] Im Urteil *Rumpf v. Deutschland* stellte der EGMR fest, dass in Deutschland kein effektiver Rechtsschutz gegen überlange Verfahren bestehe und die bisherigen gesetzgeberischen Bemühungen,[129] dies zu ändern, ungenügend und zögerlich seien.[130] Daher gab der Gerichtshof Deutschland auf, sein Rechtsschutzsystem innerhalb eines Jahres an die Vorgaben des Art. 13 anzupassen.[131] Bereits zum Zeitpunkt des Urteils lag ein entsprechender Gesetzesentwurf der Bundesregierung[132] vor, der vom EGMR explizit begrüßt wurde[133] und im November 2011 in Kraft getreten ist. In einer Kombination präventiver und kompensatorischer Elemente[134] sieht zunächst § 198 Abs. 3 GVG vor, dass ein Verfahrens-

[122] Vgl. hierzu *I. Roxin,* StV 2010, 437ff.; *dies.,* GA 2010, 428ff. sowie *Wohlers,* NJW 2010, 2470f.; *Franke,* StV 2010, 433.

[123] BGHSt 51, 333 (333, 344); BGHSt 51, 355 m. Anm. *Gaede,* NJW 2009, 608; *Eidam,* JZ 2009, 318; *König,* StV 2009, 171; *BGH* StV 2007, 563; *BGH* StV 2009, 64.

[124] *BGH* StV 2007, 403; gebilligt durch das *BVerfG* NJW 2009, 1469. Vgl. hierzu nur *Schünemann,* StV 2010, 538; *Globke,* GA 2010, 399.

[125] *BGH* StV 2006, 680; *BVerfG* StV 2007, 366.

[126] *Gaede,* wistra 2004, 170; *Eidam,* JZ 2009, 320; LR/*Esser,* Art. 6 EMRK Rn. 316. Instruktiv *I. Roxin,* GA 2010, 432ff.

[127] Vgl. *Tepperwien,* NStZ 2009, 1; *Michalke,* StV 2008, 230; *Gaede,* NJW 2009, 608; *ders.,* HRRS-FG Fezer, 2008, 43; *Fezer,* FS Widmaier, 2008, S. 177 (183); *I. Roxin,* GA 2010, 440 (die aber vertretbar eine Beschränkung aus den Gedanken der Verwirkung und des Rechtsmißbrauchs ableitet); Karpenstein/Mayer/*Meyer,* Art. 6 EMRK Rn. 73; *Esser,* 2014, § 9 Rn. 206.

[128] Vgl. *EGMR,* Kudla v. Polen Urt. v. 26.10.2000, paras. 146ff. (159); fortgeführt in *EGMR,* Kirsten v. Deutschland Urt. v. 15.2.2007, paras. 53ff.; hierbei stellte der EGMR auch fest, dass eine Verfassungsbeschwerde als Rechtsbehelf nicht geeignet ist, Abhilfe für die überlange Verfahrensdauer anhängiger zivilrechtlicher Verfahren zu schaffen, paras. 33f. Weiterführend zu *Kudla: Bien/Guillaumont,* EuGRZ 2004, 462ff.; *Demko,* HRRS 2005, 403ff.; vgl. auch *Gaede,* JR 2007, 254 mit Blick auf *BVerfG* a. a. O. sowie *Gaede,* HRRS-FG Fezer, 2008, 40ff.; zum Verhältnis von Art. 6 zu Art. 13 *Tiwisina,* Verfahrensdauer, 2010, S. 49ff.

[129] Vgl. hierzu auch 2. Aufl., § 10 Rn. 16 sowie *Steinbeiß-Winkelmann,* ZRP 2010, 206.

[130] *EGMR,* Rumpf v. Deutschland Urt. v. 2.9.2010, paras. 68, 72.

[131] *EGMR,* Rumpf v. Deutschland Urt. v. 2.9.2010, para. 73.

[132] GesE BReg v. 12.8.2010; dazu *Steinbeiß-Winkelmann,* ZRP 2010, 205; *Beukelmann,* NJW-Spezial 2010, 632; krit. *I. Roxin,* StV 2011, Heft 2 editorial; zur Entwicklung in Spanien vgl. *Ramos Tapia,* eucrim 2010, 168.

[133] *EGMR,* Rumpf v. Deutschland Urt. v. 2.9.2010, para. 72.

[134] Gesetz v. 24.11.2011 über den Rechtsschutz bei überlangen Gerichtsverfahren und strafrechtlichen Ermittlungsverfahren, BGBl I 2011 S. 2302ff.; dazu KK/*Barthe,* § 198 GVG Rn. 1; *Sommer,* StV 2012, 108ff.

beteiligter eine **Verzögerungsrüge** erheben kann, sofern Anlass zur Besorgnis besteht, dass das Verfahren nicht in einer angemessenen Zeit abgeschlossen wird.[135] Kommt es gleichwohl zu einer unangemessenen Verfahrensdauer, besteht ein Anspruch auf materielle und/oder immaterielle Entschädigung (§ 198 GVG). In Strafverfahren soll die Wiedergutmachung grundsätzlich dadurch erfolgen, dass die unangemessene Verfahrensdauer zugunsten des Beschuldigten strafmildernd (Vollstreckungslösung, Rn. 21) berücksichtigt wird (§ 199 Abs. 3 S. 1 GVG). Ist dies – wie beispielsweise bei einem Freispruch des Angeklagten – nicht ausreichend, kommt auch eine finanzielle Entschädigung in Betracht.[136]

Die Problematik der Tatprovokation ergibt sich in der Praxis vielfach im Bereich der po- 23
lizeilichen Bekämpfung der BtM-Kriminalität: Wie in unseren **Fällen 1 a** und **1 b** werden Personen, die in der Regel Verbindungen zur Drogenszene haben, von „under-cover" Ermittlern bzw. polizeilichen Vertrauenspersonen zu Drogengeschäften veranlasst, wobei die Initiative *ausschließlich* von den Ermittlern bzw. V-Personen ausgeht, die BtM-Delikte also letztlich polizeilich veranlasst werden.[137] Ebenso wie bei der Fallgruppe der Verfahrensüberlänge unterscheiden sich auch hier die Lösungen von EGMR und BGH:[138] Während jener von einem *von Anfang an* („right from the outset") unfairen Verfahren ausgeht,[139] sieht der BGH in einem solchen Fall zwar auch einen Verstoß gegen Art. 6 Abs. 1, will diesen jedoch über eine Strafmilderung kompensieren.[140] Diese *Strafzumessungslösung*[141] kann jedoch – auch unter den Rahmenbedingungen eines auf Wahrheitserforschung gerichteten „inquisitorischen" Verfahrens – nicht plausibel machen, warum das in einem *ab initio* unfairen Verfahren gewonnene Beweismittel überhaupt verwertet werden darf und wie denn die von der EMRK vorgeschriebene Wiedergutmachung der Rechtsverletzung geleistet werden kann, wenn nicht durch Verzicht auf die Verwendung des Beweismittels, also durch ein *Beweisverwertungsverbot.* Nur so kann der eindeutigen Position des EGMR Rechnung getragen werden, „dass – obwohl die Frage der Zulässigkeit von Beweismitteln vornehmlich Gegenstand der Regulierung durch nationales Recht ist – aus den Anforderungen an ein faires Strafverfahren gem. Art. 6 folgt, dass das öffentliche Interesse am Kampf gegen

[135] Zu den Anforderungen an die Rüge einer rechtsstaatswidrigen Verfahrensverzögerung im Rahmen des Revisionsverfahrens vgl. *OLG Brandenburg* StV 2012, 79. Eingehend *Gercke/Heinisch,* NStZ 2012, 301 ff. u. (krit.) *Sommer,* StV 2012, 109 ff.

[136] *Steinbeiß-Winkelmann,* ZRP 2010, 206; *Beukelmann,* NJW-Spezial 2010, 632.

[137] *EGMR,* Bannikova v. Russland Urt. v. 4.11.2010, paras. 32 ff.; dazu *Esser/Gaede/Tsambikakis,* NStZ 2012, 169 ff.; vgl. auch *Grabenwarter,* Art. 6 Rn. 83. Bloße Mithilfe nachdem der Tatplan bereits gefasst wurde, ist jedoch keine Tatveranlassung, *EGMR,* Bugallo v. Spanien Entsch. v. 18.10. 2011, paras. 29 ff. Die von der Rspr. im Bereich der BtM-Kriminalität entwickelten Grundsätze können auch auf sog. „Testkäufe" durch Minderjährige übertragen werden, s. hierzu *OLG Bremen* NStZ 2012, 221 f.

[138] Vgl. hierzu auch *Ambos,* 2010 a, S. 30 (Fall 3 Rn. 5 ff.).

[139] *EGMR,* Teixeira de Castro v. Portugal Urt. v. 9.6.1998, para. 39, m. Anm. *Sommer* NStZ 1999, 48; *EGMR,* Ramanauskus v. Litauen Urt. v. 5.2.2008, para. 52 dazu *Esser/Gaede/Tsambikakis,* NStZ 2011, 142 f.; s. auch *EGMR,* Bugallo v. Spanien Entsch. v. 18.10.2011, para. 27.

[140] BGHSt 45, 321 (326 ff.); *Esser,* 2014, § 9 Rn. 233; mit Recht krit. *Korn,* Defizite, 2005, S. 146 ff.; *BGH* NJW 2007, 3294 (3298) m. Anm. *Peglau.* Krit zu dieser Rspr. Roxin/*Schünemann,* § 37 Rn. 7 f.

[141] Eine Übertragung der für Fälle der überlangen Verfahrensdauer entwickelten Vollstreckungslösung (oben Rn. 21) hat der BGH zu Recht abgelehnt, *BGH* NJW 2007, 3294 (3298). Vgl. hierzu Radtke/Hohmann/*Ambos,* Art. 6 EMRK Rn. 16 Fn. 60; *Satzger,* 2013, § 11 Rn. 79. Für eine Übertragung aber *Kraatz,* JR 2008, 194.

die Kriminalität nicht die Verwendung von Beweismitteln rechtfertigt, die sich aus einer polizeilichen Anstiftung ergeben."[142]

24 **bb) Systematik von Art. 6.** Die Beschuldigtenrechte des Art. 6 Abs. 3 sind Bestandteil des in Art. 6 Abs. 1 enthaltenen allgemeinen Fairnessgrundsatzes,[143] lassen sich von diesem aber nicht immer klar abgrenzen. Auch untereinander überschneiden sie sich teilweise.[144] Sie können unter dem Oberbegriff des Rechts auf eine **effektive und angemessene Verteidigung,** das noch einmal speziell im Buchstaben (c) aufgeführt ist, zusammengefasst werden,[145] wobei sich zwei Ebenen unterscheiden lassen: Zunächst werden die Grundvoraussetzungen einer effektiven Verteidigung durch die **Unterrichtung** über die Beschuldigung gemäß Art. 6 Abs. 3 (a) und die **ausreichende Zeit** zur Vorbereitung der Verteidigung gemäß Art. 6 Abs. 3 (b) geregelt. Sodann geht es um die Ausübung der Verteidigung *stricto sensu,* zu der das **Fragerecht** aus Art. 6 Abs. 3 (d) und die **Beiziehung eines Dolmetschers** gemäß Art. 6 Abs. 3 (e) gehören. Dabei ist ferner zu beachten, dass der von der bisherigen Rspr. entwickelte Katalog von Verfahrensrechten nicht abschließend ist, vielmehr Art. 6 „immer wieder neue Facetten eines fairen Gerichtsverfahrens zu Tage" fördert.[146] Soweit der Gerichtshof sich zu einer Einzelfrage noch nicht geäußert hat, ist sie im Lichte der bisherigen Rspr. zu beantworten, wobei dem Grundsatz der **Waffengleichheit** als Auslegungsmaxime eine besondere Bedeutung zukommt.

Art. 6 Abs. 1 gewährt – über den Schutz des Beschuldigten im Strafverfahren hinaus – jedem Zugang zu effektivem gerichtlichen Rechtsschutz.[147] So gilt Art. 6 Abs. 1 z. B. seinem Schutzbereich nach auch für in einem EMRK-Mitgliedstaat gegen einen Nichtmitgliedstaat wegen dort erlittener Folterschäden angebrachte Zivilklagen, doch schränkt nach der Rechtsprechung des EGMR der Grundsatz der Staatenimmunität für diese Fälle Art. 6 Abs. 1 wirksam ein (vgl. schon oben § 7 Rn. 105).[148]

25 Art. 6 Abs. 2 enthält die **Unschuldsvermutung:**[149] „Jede Person, die einer Straftat angeklagt ist, gilt bis zum gesetzlichen Beweis ihrer Schuld als unschuldig." Die Unschuldsvermutung gilt nur in Strafsachen (zur autonomen Auslegung des Begriffs der „strafrechtlichen Anklage" o. Rn. 20) und verlangt vom Richter, die Hauptverhandlung nicht mit einer vorgefassten Meinung hinsichtlich der Schuld des Angeklagten durchzuführen.[150] Aus Art. 6 Abs. 2 folgt ferner, dass die Beweislast bei der Anklage

142 *EGMR,* Edwards und Lewis v. Vereinigtes Königreich Urt. v. 22.7.2003, para. 49; dazu *Esser,* StraFo 2003, 338; für Verwertungsverbot auch *Satzger,* 2013, § 11 Rn. 79.

143 Vgl. *Rzepka,* Fairness, 2000, S. 25f., 57; *Meyer-Ladewig,* Art. 6 Rn. 222 beide mit Rspr.nachweisen. Eingehend *Gaede,* Teilhabe, 2005, S. 159ff.; *Tochilovsky,* S. 274ff.

144 Vgl. auch *Haefliger/Schürmann,* EMRK, 1999, S. 227 (bzgl. Buchstaben (b) und (c)); *Villiger,* S. 327 (bzgl. Buchstaben (b) und (e)).

145 Für Art. 6 Abs. 3 (b) als das „Mutterrecht" *Trechsel,* FS Druey, 2002, S. 995.

146 *Villiger,* S. 301; ähnlich *Peukert,* in: 21. Strafverteidigertag, Strafverteidigervereinigungen, 1997, S. 243.

147 Vertiefend und m.w.N. Radtke/Hohmann/*Ambos,* Art. 6 EMRK Rn. 27ff.; *Grabenwarter,* Art. 6 Rn. 66ff.

148 *EGMR,* Al-Adsani v. Vereinigtes Königreich Urt. v. 21.11.2001, paras. 46ff. u. 52ff.; vgl. auch *EGMR,* Fogarty v. Vereinigtes Königreich Urt. v. 21.11.2001, paras. 24ff. u. 32ff. sowie *EGMR,* McElhinney v. Irland Urt. v. 21.11.2001, paras. 23ff. u. 33ff. Instruktiv zu den Entscheidungen *Gärditz,* in: Menzel/Pierlings/Hoffmann, S. 434ff. Vgl. *Grabenwarter,* Art. 6 Rn. 71ff., 74.

149 Vgl. hierzu auch die Rspr.übersicht bei *Barrot,* ZJS 2010, 701.

150 *Barrot,* ZJS 2010, 701; Karpenstein/Mayer/*Meyer,* Art. 6 EMRK Rn. 162.

liegt[151] und sich jeder Zweifel zu Gunsten des Angeklagten auswirkt.[152] Zudem bindet die Unschuldsvermutung die staatliche Gewalt über den Bereich der Judikatur hinaus;[153] es kann sich danach aus Art. 6 Abs. 2 eine staatliche Pflicht ergeben, eine der gerichtlichen Feststellung der Schuld vorgreifende *Vorverurteilung* in den Medien zu verhindern.[154] Die Bindung an die Unschuldsvermutung endet auch nicht mit dem Tod des Beschuldigten, sondern wirkt darüber hinaus, so dass es bspw. einem Gericht untersagt ist, nach dem Selbstmord eines Beschuldigten Aussagen über dessen Schuld zu treffen, ohne diese zuvor in einem förmlichen Verfahren festgestellt zu haben.[155] Kehrseite der Unschuldsvermutung ist das **Recht zu schweigen und sich nicht selbst zu belasten** *(nemo tenetur se ipsum accusare),*[156] denn wer als unschuldig zu gelten hat, muss auch nicht zum Beweis des Gegenteils beitragen. Dieses Recht wird vom Gerichtshof zum Kernbestand des fairen Verfahrens gezählt.[157] Es beschränkt sich nicht auf Fälle, in denen der Beschuldigte Zwang widerstehen musste, sondern schützt allgemein die Aussagefreiheit einer verdächtigen Person. Eine solche freie Entscheidung wird effektiv unterlaufen, wenn die Behörden dem Beschuldigten Geständnisse oder andere belastende Äußerungen durch Täuschung entlocken, nachdem er sich in der Vernehmung für das Schweigen entschieden hat.[158] Der BGH hingegen hat sich in einer ähnlichen Konstellation – heimliches Abhörens eines Gesprächs zwischen einem U-Häftling und seiner Ehefrau in einem unbeaufsichtigten Besuchsraum der JVA – nicht auf den *Nemo-tenetur*-Grundsatz berufen, sondern bejaht nach einer Gesamtschau eine Verletzung des Rechts auf ein faires Verfahren.[159] Mit dem fairen Verfahren und der Unschuldsvermutung hängt auch der **Schuldgrundsatz** untrennbar zusam-

[151] Vgl. hierzu *EGMR,* Salabiaku v. Frankreich Urt. v. 6.12.1988, para. 28 sowie *Satzger,* 2013, § 11 Rn. 80.

[152] *EGMR,* Barberà, Messegué u. Jabardo v. Spanien Urt. v. 6.12.1988, para. 77.

[153] *Peters/Altwicker,* § 21 Rn. 6; *Gundel,* in: Merten/Papier, S. 349 Rn. 137. Zum Verbot schuldzuweisender Äußerungen vor und während eines Strafverfahrens vgl. *Barrot,* ZJS 2010, 703 ff.

[154] *EGMR,* Allenet de Ribemont v. Frankreich Urt. v. 10.2.1995, paras. 11, 41; dazu *Peters/Altwicker,* § 21 Rn. 10; *Grabenwarter/Pabel,* § 24 Rn. 130; *Grabenwarter,* Art. 6 Rn. 160; *EGMR,* Borovský v. Slowakei Urt. v. 2.6.2009, para. 46; *Stapper,* AfP 1996, 350 ff.; zur Unschuldsvermutung im dt., frz. und engl. Strafverfahren *Gleß,* S. 203 ff.

[155] *EGMR,* Vulakh v. Russland Urt. v. 10.1.2012, paras. 34 ff.; *Rui,* ERA Forum 13 (2012), 356 f.; a. A. *Grabenwarter,* Art. 6 Rn. 3.

[156] Jüngst *EGMR,* Krumpholz v. Österreich Urt. 18.3.2010, para. 30; *Gless,* 2011, Rn. 90; Karpenstein/Mayer/*Meyer,* Art. 6 EMRK Rn. 127.

[157] *EGMR,* Murray v. Vereinigtes Königreich Urt. v. 8.2.1996, para. 45; *EGMR,* Saunders v. Vereinigtes Königreich Urt. v. 17.12.1996, para. 68; *EGMR,* Heaney u. McGuinness v. Vereinigtes Königreich Urt. v. 21.12.2000, para. 40; *EGMR,* J. B. v. Schweiz Urt. v. 3. 5 2001, para. 64; *EGMR,* Krumpholz v. Austria Urt. 18.3.2010, para. 31; ferner *EGMR,* Weh v. Österreich Urt. v. 8.4.2004, para. 46 m. Anm. *Gaede,* JR 2005, 423; vgl. auch *Grabenwarter/Pabel,* § 24 Rn. 123; *Meyer-Ladewig,* Art. 6 Rn. 131; *Walter,* in: Roth, Europäisierung, 2010, S. 303 f.; grdl. *Moscarini,* RIDPP 2006, 611 ff. Krit. *Matt,* GA 2006, 327 f.

[158] *EGMR,* Allan v. Vereinigtes Königreich Urt. v. 5.11.2002, para. 50 (Entlockung der Aussagen durch Polizeispitzel); etwas relativiert durch *EGMR,* Bykov v. Russland Urt. v. 10.3.2009, paras. 99 ff.; keine Verletzung des *Nemo-tenetur*-Grundsatzes liegt vor, wenn vor einer Verhaftung ein Gespräch eines Spitzels mit dem Beschuldigten heimlich aufgezeichnet wird, sich der Beschuldigte noch nicht auf sein Schweigerecht berufen hat und er keinem weiteren Äußerungsdruck ausgesetzt ist. Ebenso *BGH* NJW 2009, 2463 (2466) m. Anm. *Jahn,* JuS 2009, 861 ff.; *BGH* NStZ 2011, 596 (597 f.) m. krit. Anm. *Roxin,* StV 2012, 131. Vgl. auch Karpenstein/Mayer/*Meyer,* Art. 6 EMRK Rn. 129 ff., 137 ff.

[159] BGHSt 53, 294 ff. m. Anm. *Engländer,* JZ 2009, 1179 u. *Zuck,* JR 2010, 17; krit. *Walter,* in: Roth, Europäisierung, 2010, S. 302; *Hauck,* NStZ 2010, 19 ff.

men, denn obgleich jene verfahrens- und dieser materiell-rechtlicher Natur ist, so setzt doch die (prozessuale) Vermutung der Un*schuld* voraus, dass (materielle) Schuld nachgewiesen werden muss und kann.[160] Weitere Bereiche, auf denen die Gewährleistung des Art. 6 Abs. 2 relevant werden kann, stellen *die Auferlegung von Verfahrenskosten* ohne förmliche Feststellung der Schuld und die teilweise *Abwälzung der Beweislast* im Strafprozess auf den Beschuldigten dar (welche der EGMR nicht kategorisch ausschließt).[161]

26 Zu einer Verurteilung Deutschlands wegen Verstoßes gegen Art. 6 Abs. 2 ist es im Fall eines Widerrufs der Bewährung wegen der Begehung einer Straftat gekommen (o. **Fall 2**). Die deutsche h. M. ging – auf der Grundlage der damaligen verfassungsgerichtlichen Rechtsprechung[162] – davon aus, dass es mit der Unschuldsvermutung vereinbar sei, wenn nach § 56f Abs. 1 Nr. 1 StGB die Bewährung wegen einer in der Bewährungszeit begangenen Straftat widerrufen wird, ohne dass diese weitere Straftat bereits abgeurteilt worden sei.[163] Der EGMR[164] hat den Standpunkt eingenommen, dass ein Bewährungswiderruf insoweit – im Hinblick auf die Unschuldsvermutung – voraussetzt, dass die neue Straftat schon abgeurteilt worden sei oder dass der (im Ausgangsverfahren) Verurteilte die (neue) Straftat im Beisein seines Verteidigers gestanden habe.[165] Darauf Bezug nehmend verlangen deutsche Obergerichte für § 56f Abs. 1 Nr. 1 StGB nunmehr zum Teil eine *rechtskräftige* Aburteilung der erneuten Straftat.[166] Das geht aber zu weit, denn der EGMR lässt jede – auch eine erstinstanzliche – Verurteilung ausreichen.[167] Im Lichte der EGMR-Rechtsprechung dürfen aber auch an den Widerruf der Straufaussetzung anknüpfende Entscheidungen, wie etwa der Erlass eines Sicherungshaftbefehls gem. § 453c Abs. 1 StPO, erst nach Aburteilung der neuen Tat getroffen werden.[168] Gleiches gilt, wenn gegen einen Strafgefangenen eine Disziplinarmaßnahme (§ 102 StVollzG) wegen der Begehung einer rechtswidrigen und schuldhaften

---

160 In diesem Sinne auch *Gollwitzer,* Art. 6 Rn. 103, 105; zu einem gemeinschaftsrechtlichen Schuldprinzip *Heine,* ZStrR 2007, 117.

161 Hierzu *Peters/Altwicker,* § 21 Rn. 9f.

162 *BVerfG* NStZ 1987, 118; NStZ 1991, 30; NJW 1994, 377.

163 Vgl. LK/*Hubrach,* § 56f Rn. 6; S/S/*Stree/Kinzig,* § 56f. Rn. 7; *Fischer,* StGB, § 56f. Rn. 4 – alle m. w. N.

164 *EGMR,* Böhmer v. Deutschland Urt. v. 3. 10. 2002, paras. 65ff.; dazu *Peglau,* ZRP 2003, 242; *ders.,* NStZ 2004, 248f.; *Pauly,* StV 2003, 85; *Neubacher,* GA 2004, 402; *Krumm,* NJW 2005, 1832; *Diehm,* Menschenrechte, 2006, S. 479ff.; *Kraus,* Bewährungswiderruf, 2007, S. 103ff.; 163ff.

165 Die zweitgenannte Konstellation lag *EKMR* v. 9. 10. 1991, StV 1992, 282 und *OLG Köln* NStZ 2004, 685 (686) zugrunde. Das BVerfG spricht unter Verweis auf *Böhmer* vom Erfordernis des glaubhaften Geständnisses, *BVerfG* NStZ 2004, 204; vgl. auch *Kindhäuser,* LPK-StGB, § 56f. Rn. 4; krit. *Seher,* ZStW 118 (2006), 149ff.

166 *OLG Celle* StV 2003, 575; *OLG Jena* StV 2003, 574 (574f.); zust. *Seifert,* Jura 2008, 685; zweifelnd *OLG Schleswig* NStZ 2004, 628.

167 Vgl. auch *Peglau,* NStZ 2004, 251; *Kühl,* FS Jung, 2007, S. 441 („rechtskräftige Verurteilung durch das erkennende Gericht"); *Kreicker,* in: Sieber et al., § 51 Rn. 24; weitergehend i. S. d. zitierten Rspr. *Pauly,* StV 2003, 86 und *Neubacher,* GA 2004, 412. Tendenziell auf der Linie des EGMR liegen mit gewissen Unterschieden im Detail *OLG Düsseldorf* NStZ 2004, 269; *OLG Stuttgart* NJW 2005, 83 (84); *OLG Köln* NStZ 2004, 685 (686); *OLG Zweibrücken* NStZ-RR 2005, 8. Auch *BVerfG* NJW 2005, 817 und *Lackner/Kühl,* § 56f Rn. 3. Instruktiv zum Ganzen *Krumm,* NJW 2005, 1833ff., insb. 1834; ausführlich zu der Problematik *Seher,* ZStW 118 (2006), 101ff.; vgl. ferner *Scheffler,* in: Joerden/Szwarc, S. 100.

168 *Klinger,* NStZ 2012, 75 (der aber eine *rechtskräftige* Entscheidung verlangt).

Straftat verhängt werden soll.[169] Art. 6 Abs. 2 steht jedoch der Nichtaussetzung des Strafrestes im Rahmen einer $^2/_3$-Entscheidung nach § 57 Abs. 2 StGB nicht entgegen, da diese Vorschrift in Abs. 1 Nr. 2 lediglich eine günstige Sozialprognose verlangt, nicht aber – wie § 56f Abs. 1 Nr. 1 StGB – eine (gerichtlich festgestellte) Straftat (in der Bewährungszeit).[170]

(1) Unterrichtung über Art und Grund der Beschuldigung (Art. 6 Abs. 3 (a)). Das Recht auf möglichst frühzeitige Unterrichtung über **„Art und Grund"** der Beschuldigung[171] dient dem Schutz vor „Überraschung und Überrumpelung".[172] Wenn man den Grundsatz der Waffengleichheit ernst nimmt, ist der Beschuldigte **von Anfang an** ausreichend, umfassend und wahrheitsgemäß[173] über die ihm zur Last gelegte Tat und deren rechtliche Einordnung zu informieren, insbesondere über den Inhalt der Anklageschrift, um nicht gegenüber den Ermittlungsbehörden in einen unaufholbaren Informationsrückstand zu geraten.[174] Die Mitteilungspflicht besteht, sobald gegen eine Person ermittelt wird, sie also *materiell Beschuldigter* ist.[175] Die Mitteilung kann allenfalls unterbleiben, wenn die begründete Befürchtung besteht, der Beschuldigte werde die Ermittlungen *anders als durch Ausübung seiner prozessualen Rechte* vereiteln.[176] Aus Art. 6 Abs. 3 (a) folgt allerdings *keine Pflicht zur Belehrung* über die dem Beschuldigten zustehenden Rechte.[177] 27

Eine umfassende Unterrichtung setzt dabei die **Offenlegung** („disclosure") des belastenden Beweismaterials voraus; das schließt etwa auch Angaben zur Glaubwürdigkeit eines Belastungszeugen ein.[178] Die Offenlegungspflicht ist die typische Konsequenz eines 28

[169] *OLG Hamm* StV 2013, 451f., wobei das Gericht aber gleichzeitig klarstellt, dass Art. 6 Abs. 2 EMRK nicht berührt ist, wenn der fragliche Vorfall unabhängig davon, ob er eine Straftat darstellt, Disziplinarmaßnahmen nach sich ziehen würde.

[170] *EGMR,* M. M. v. Deutschland Entsch. v. 30.11.1994; konsequent daher *OLG Hamm* NStZ 2004, 685; *OLG Düsseldorf* StV 1992, 287; dazu auch *Peglau,* ZRP 2003, 243 unter Bezugnahme auf *EGMR,* M. M. v. Niederlande Entsch. v. 30.11.1994.

[171] Vgl. *Simon,* Beschuldigtenrechte, 1998, S. 7ff.; *Rzepka,* Fairness, 2000, S. 8ff.; *Esser,* 2002, S. 437ff.; *Braitsch,* Gerichtssprache, 1991, S. 137ff.; *Frister,* StV 1998, 159; *Villiger,* S. 322ff.; *Meyer-Ladewig,* Art. 6 Rn. 224.

[172] *Trechsel,* ZStrR 1979, 343; zust. *Villiger,* S. 322f. Vgl. auch *Cape/Namoradze/Smith/Spronken,* Criminal Defence, 2010, S. 33.

[173] *Grabenwarter,* Art. 6 Rn. 125. Zur unzulässigen Darstellung eines unwahren Sachverhalts in den Akten und zur Täuschung des Beschuldigten über die wahren Hintergründe seiner Festnahme *BGH* NStZ 2010, 294.

[174] *Kreicker,* in: Sieber et al., § 51 Rn. 26. Vgl. zu diesem Verständnis von Waffengleichheit schon *Ambos,* NStZ 2003, 16.

[175] Nw. bei *Ambos,* ZStW 115 (2003), 598; a. A. *Esser,* 2002, S. 440.

[176] Nw. bei *Ambos,* ZStW 115 (2003), 598.

[177] Diese Schutzlücke könnte durch den im Grünbuch Verfahrensgarantien (dazu u. Rn. 100), S. 42f. geforderten „letter of rights", d. h. eines Informationsblatts mit den dem Beschuldigten zustehenden wesentlichen Rechten, das ihm schon von der Polizei ausgehändigt werden soll, geschlossen werden. Zust. dazu *Bachmaier,* in: de la Oliva et al., Garantía fundamentales del proceso penal en el espacio judicial europeo, 2007, S. 56ff., 68; s. auch *Illuminati,* in: Arangüena Fanego, S. 361ff.; *Allegrezza,* in: ebd., S. 368ff.; *Sommovigo,* in: ebd., S. 381ff.; zu den unterschiedlichen Vorgehensweisen in den MS vgl. *Spronken,* EU-Wide Letter, 2010, S. 11ff.

[178] Jespers v. Belgien Entsch. des Ministerrates v. 29.9.1982, para. 58 (5 EHRR 305); *EGMR,* Edwards v. Vereinigtes Königreich Urt. v. 16.12.1992, para. 36; *EGMR,* Rowe und Davis v. Vereinigtes Königreich Urt. v. 16.2.2000, para. 60; *EGMR,* Natunen v. Finnland Urt. v. 31.3.2009, para. 39; vgl. auch *Esser,* 2002, S. 403ff.; *Sommer,* in: Brüssow, Strafverteidigung, Bd. 1, 2000, S. 1120; *Plowden/Kerrigan,*

kontradiktorischen Verfahrensmodells, das die Überlegenheit und den Ermittlungsvorsprung der Anklagebehörde auszugleichen bemüht ist. Sie trifft deshalb in erster Linie die Strafverfolgungsbehörde. Natürlich gibt es gegenläufige Interessen, insbesondere aus Gründen nationaler Sicherheit und des Zeugenschutzes.[179] Jede Einschränkung der Offenlegungspflicht muss jedoch verhältnismäßig sein und im weiteren Verlauf des Verfahrens nach Möglichkeit ausgeglichen werden.[180]

29 Das „inquisitorische" Pendant zur Offenlegung ist das Recht auf umfassenden **Aktenzugang.**[181] Der Gerichtshof spricht vom „access to the case file"[182] und schließt damit die Akten*einsicht* als eine mögliche Form des Zugangs ein. Das Recht findet sich nicht explizit in der EMRK, kann aber aus den Grundsätzen der Waffengleichheit[183] und des rechtlichen Gehörs[184] sowie Art. 6 Abs. 3 (b)[185] abgeleitet werden. Außerdem folgt es aus Art. 6 Abs. 3 (a), denn umfassende Unterrichtung schließt Kenntnis der Akte ein. Mündliche Informationen über den Akteninhalt sind dabei regelmäßig nicht ausreichend.[186] Obwohl der Gerichtshof den Zeitpunkt des Zugangs zur Akte bislang noch nicht fixiert hat, dürfte kein Zweifel daran bestehen, dass dieses Recht **schon im Ermittlungsverfahren** gilt (Rn. 20).[187] Dies ergibt sich nicht nur abstrakt aus dem Grundsatz der Waffengleichheit, sondern konkret auch daraus, dass die effektive Ausübung der Einzelrechte des Art. 6 Abs. 3 die umfassende Unterrichtung des Beschuldigten, ggf. durch Aktenzugang, voraussetzt. Das Aktenzugangsrecht gilt allerdings – ebenso wie die Offenlegungspflicht – **nicht absolut.** Einzelne Beweismittel können zum Schutz widerstreitender Interessen zurückgehalten werden, z. B. aus Gründen nationaler Sicherheit, des Zeugenschutzes oder wegen Gefährdung des Untersuchungszwecks.[188] Der Beschuldigte hat aber einen Anspruch darauf, dass sämtliches Beweismaterial solange bereitgehalten wird, bis das Verfahren rechtskräftig abgeschlossen ist; dies gilt auch für die Aufzeichnungen einer Telekommunikationsüberwachung.[189]

NLJ 151 (2001), 73; *Wohlers/Schlegel,* NStZ 2010, 489f.– Zur disclosure im Völkerstrafprozess vgl. § 8 Rn. 31f.

179 Zum Zeugenschutz auf europ. Ebene *Enikö,* RIDP 77 (2006), 313ff.

180 *Esser,* 2014, § 9 Rn. 225.

181 Eingehend *Walischewskia,* Akteneinsichtsrechts, 1999, 71ff. u. passim; *Esser,* 2002, S. 424ff.; *Braitsch,* Gerichtssprache, 1991, S. 152ff.

182 Vgl. etwa *EGMR,* Öcalan v. Türkei Urt. v. 12.3.2003, paras. 158ff.

183 So *Esser,* 2002, S. 425; auch *EGMR,* Öcalan v. Türkei Urt. v. 12.3.2003, para. 159; *Wohlers/Schlegel,* NStZ 2010, 489. Krit. *Trechsel,* FS Druey, 2002, S. 996.

184 *Haefliger/Schürmann,* EMRK, 1999, S. 188; *Esser,* 2014, § 9 Rn. 225; aus verfassungsrechtlicher Sicht *Walischewskia,* Akteneinsichtsrecht, 1999, S. 11ff.; vertiefend *Rau,* StraFo 2008, 9ff.

185 So *Trechsel,* FS Druey, 2002, S. 994; *Simon,* Beschuldigtenrechte, 1998, S. 29, 30ff.; *Walischewskia,* Akteneinsichtsrecht, 1999, S. 86; *Villiger,* S. 326; *Sommer,* in: Brüssow, Strafverteidigung, Bd. 1, 2000, S. 1122; s. auch *EGMR,* Öcalan v. Türkei Urt. v. 12.3.2003, para. 163.

186 *EGMR,* Mooren. v. Deutschland Urt. v. 13.12.2007, para. 96; vgl. *Beulke/Witzigmann,* NStZ 2011, 257.

187 Vgl. auch *Walischewskia,* Akteneinsichtsrecht, 1999, 93f., 97, 140; *Trechsel,* FS Druey, 2002, S. 1006ff.; *Esser,* 2002, S. 430; *Braitsch,* Gerichtssprache, 1991, S. 154; *Sommer,* in: Brüssow, Strafverteidigung, Bd. 1, 2000, S. 1123; *Beulke/Witzigmann,* NStZ 2011, 256.

188 Näher *Ambos,* ZStW 115 (2003), 600; Radtke/Hohmann/*Ambos,* Art. 6 EMRK Rn. 42 jeweils m.w.N.; *Beulke/Witzigmann,* NStZ 2011, 259.

189 *EGMR,* Natunen v. Finnland Urt. v. 31.3.2009, paras. 46ff. Zur Erstreckung des Akteneinsichtsrechts auf vom LKA gespeicherte, inhaltliche Zusammenfassungen von abgehörten Telefongesprächen *BGH* StV 2010, 238m. zust. Anm. *Stuckenberg.*

30 Ein Spannungsverhältnis zwischen den Rechten auf Aktenzugang und effektive Verteidigung kann bestehen, wenn dem Beschuldigten ein Verteidiger – ggf. auch gegen seinen Willen – beigeordnet und diesem die Ausübung des Einsichtrechts überlassen wird, der Verteidiger den Beschuldigten aber entweder nicht über den Akteninhalt informiert oder vom Einsichtsrecht gar keinen Gebrauch macht. Eine menschenrechtskonforme Lösung erlaubt insoweit die Beschränkung des Akteneinsichtsrechts auf den Verteidiger lediglich dort, wo der Beschuldigte schon einen Verteidiger (seines Vertrauens!) hat oder ihm dieser gemäß Art. 6 Abs. 3 (c) beigeordnet werden kann.[190]

31 (2) **Ausreichende Zeit und Gelegenheit zur Vorbereitung der Verteidigung (Art. 6 Abs. 3 (b))**[191]**.** Hier kommt der Gedanke der Waffengleichheit insofern zum Ausdruck, als der Beschuldigte genauso viel Zeit zur Vorbereitung seiner Verteidigung wie die Staatsanwaltschaft zur Vorbereitung der Anklage haben soll.[192] Das Recht gilt also schon im Vorverfahren.[193] Vermieden werden soll ein „kurzer Prozess".[194] Hieraus folgt auch, dass die Strafverfolgungsbehörden den Beschuldigten nicht in der Vorbereitung seiner Verteidigung behindern dürfen, sofern er sich im Rahmen des rechtlich Zulässigen bewegt; Dokumente, die der Beschuldigte ersichtlich zu Verteidigungszwecken erstellt hat, dürfen nicht beschlagnahmt werden.[195]

32 (3) **Effektive Verteidigung (Art. 6 Abs. 3 (c)).** Die Vorschrift gewährt genau genommen **drei Rechte,** nämlich das Recht sich selbst zu verteidigen, das Recht auf einen Wahlverteidiger und das Recht auf einen unentgeltlichen Pflichtverteidiger.[196] Das Recht auf effektive Verteidigung kann also vom Beschuldigten selbst (Alt. 1) oder durch den Verteidiger (Alt. 2) ausgeübt werden. Diese Unterscheidung zeigt, dass der Verteidiger den Beschuldigten nicht ersetzt, sondern ihm nur beisteht, weshalb auch das persönliche Erscheinen des Beschuldigten angeordnet werden kann.[197]

33 Die **Beiordnung des Verteidigers** muss grundsätzlich schon im **Ermittlungsverfahren** erfolgen, denn auf Grund dessen präjudizieller Bedeutung[198] kann das Fehlen des

---

[190] Vgl. ähnlich *Esser,* 2002, S. 428f.

[191] Vgl. eingehend *Simon,* Beschuldigtenrechte, 1998, S. 27ff.; *Rzepka,* Fairness, 2000, S. 60ff.; *Esser,* 2002, S. 447ff.; *Braitsch,* Gerichtssprache, 1991, S. 146ff.; *Haefliger/Schürmann,* EMRK, 1999, S. 221ff.; *Villiger,* S. 325ff.

[192] *Braitsch,* Gerichtssprache, 1991, S. 146; *Haefliger/Schürmann,* EMRK, 1999, S. 223; IntKommEMRK/*Kühne,* Art. 6 Rn. 499f., 521ff.; vgl. auch *Esser,* 2014, § 9 Rn. 245f. Zum Spannungsverhältnis zwischen dem Recht auf ausreichende Vorbereitungszeit zu der Grantie der angemessenen Verfahrensdauer Radtke/Hohmann/*Ambos,* Art. 6 EMRK Rn. 43.

[193] Vgl. auch *Rzepka,* Fairness, 2000, S. 60.

[194] *Villiger,* S. 325. Näher auch mit Bezug auf den Fall Öcalan *Ambos,* ZStW 115 (2003), 603.

[195] *Esser,* 2014, § 9 Rn. 247; s. auch *BVerfG* NJW 2002, 1410; *BGH* NStZ 1998, 309; Radtke/Hohmann/*Joecks,* § 97 Rn. 31 m.w.N.

[196] Vgl. *Grabenwarter,* Art. 6 Rn. 131ff.; *Esser,* in: Sieber et al., § 58; *Rzepka,* Fairness, 2000, S. 64ff.; *Esser,* 2002, S. 450ff., 466ff.; *Braitsch,* Gerichtssprache, 1991, S. 155ff.; *Villiger,* S. 327ff. (333f.); Grünbuch Verfahrensgarantien, 22ff.; *Demko,* HRRS 2006, 250; *dies.,* HRRS-Festgabe Fezer 2008, 1. Vgl. auch Art. 47 Abs. 2 EU-Grundrechtecharta: „Jede Person kann sich beraten, verteidigen und vertreten lassen."

[197] *Haefliger/Schürmann,* EMRK, 1999, S. 228; weiter *Ambos,* ZStW 115 (2003), 604 m.w.N.; zu den Grenzen der Sanktionierung einer unentschuldigten Abwesenheit des Angeklagten s. *Esser/Gaede/Tsambikakis,* NStZ 2011, 147f.

[198] Vgl. schon Rn. 20. Zur Situation in der **Schweiz** vgl. *Schlegel/Wohlers,* StV 2013, 307ff. Einen Überblick über die Regelungen in Deutschland, Kroatien, Österreich und Slowenien geben *Schumann/Bruckmüller/Soyer,* NJECL 3 (2012), 31.

Verteidigers zu einem irreparablen Ungleichgewicht zwischen Verfolgungsbehörde und Beschuldigtem führen.[199] *In concreto* ist also zu fragen, ob eine Ermittlungshandlung derart in die Verteidigungsposition des Beschuldigten eingreift, dass das Fehlen eines Verteidigers zu einem irreparablen Nachteil führen würde, was der Gerichtshof bei fehlendem Verteidigerbeistand in der ersten polizeilichen bzw. untersuchungsrichterlichen Vernehmung („at the initial stages") annahm.[200]

34 Das Recht auf effektive Verteidigung setzt die **Beteiligung** des Beschuldigten und/oder Verteidigers an mündlichen Verhandlungen[201] und ggf. auch Vernehmungen voraus. Hierin zeigt sich, dass dieses Recht seine Grundlage im **rechtlichen Gehör** hat.[202] Beschuldigter und Verteidiger haben Anspruch auf **vertraulichen** und **uneingeschränkten Kontakt** und zwar schon während des Vorverfahrens.[203] Die Vertraulichkeit des Kontakts ist eine grundlegende Voraussetzung der **praktischen Wirksamkeit** von Art. 6 Abs. 3 (c) im Hinblick auf die effektive Vorbereitung der Verteidigung.[204] Der Umfang des Kontakts ist zwar in der EMRK nicht genau festgelegt und die Maßnahmen zu seiner Realisierung stehen im innerstaatlichen Ermessen, doch auch insoweit ist die praktische Wirksamkeit des Verteidigungsrechts der justiziable Maßstab.[205]

35 Das Recht auf Verteidigung besteht auch bei freiwilligem Verzicht des Beschuldigten auf Anwesenheit oder bei der Flucht des Beschuldigten fort.[206] Wenn der Angeklagte trotz ordnungsgemäßer Ladung unentschuldigt zur Verhandlung nicht erscheint,

---

199 Vgl. *EGMR,* Salduz v. Türkei, Urt. v. 27.11.2008, paras. 50ff.; *Weigend,* StV 2000, 385 mit Fn. 24; *Esser,* 2002, S. 476f.; *Haefliger/Schürmann,* EMRK, 1999, S. 328; *Simon,* Beschuldigtenrechte, 1998, S. 55f.; *Meyer-Ladewig,* Art. 6 Rn. 231; *Wohlers,* GA 2005, 35 mit Fn. 174; Radtke/Hohmann/*Ambos,* Art. 6 EMRK Rn. 44; *Kreicker,* in: Sieber et al., § 51 Rn. 29; auch *EuGH,* Hoechst Urt. v. 21.9.1989, Ls. 1), wonach das Recht auf Beistand schon in der Voruntersuchung zu beachten sei; Grünbuch Verfahrensgarantien, 2003, 25f. Zum Recht auf konsularischen Beistand 2. Aufl., § 10 Rn. 27 mit Fn. 160; zum Anwesenheitsrecht des Verteidigers bei polizeilichen Vernehmungen *Esser/Gaede/Tsambikakis,* NStZ 2011, 144 mit Rspr.nachweisen.

200 Zur polizeilichen Vernehmung: *EGMR,* Murray v. Vereinigtes Königreich Urt. v. 8.2.1996, para. 81; zust. *EGMR,* Öcalan v. Türkei Urt. v. 12.3.2003, para. 140; einschränkend *EGMR,* Salduz v. Türkei Urt. v. 27.11.2008, para. 52, wonach Beschränkungen des Rechts auf einen Verteidiger im Einzelfall gerechtfertigt sein können; zur untersuchungsrichterlichen Vernehmung: *EGMR,* Quaranta v. Schweiz Urt. v. 24.5.1991, para. 36.

201 Zu § 354a Abs. 1a StPO in diesem Zhg. s. 2. Aufl., § 10 Rn. 28 mit Fn. 162.

202 Grdl. *Spaniol,* Verteidigerbeistand, 1990, S. 212ff. (219ff.); zust. *Walther,* GA 2003, 222; auch *Meyer-Ladewig,* Art. 6 Rn. 105; vgl. weiter *Ambos,* ZStW 115 (2003), 605.

203 *Esser,* in: Sieber et al., § 58 Rn. 7; *Simon,* Beschuldigtenrechte, 1998, S. 30, 53ff.; *Rzepka,* Fairness, 2000, S. 72f.; *Esser,* 2002 S. 501ff.; *Haefliger/Schürmann,* EMRK, 1999, S. 223f.; *Villiger,* S. 333f.; *Meyer-Ladewig,* Art. 6 Rn. 238; *Braitsch,* Gerichtssprache, 1991, S. 147f. (i. V. m. Art. 6 Abs. 3 (b)); *Gundel,* in: Merten/Papier, S. 349 Rn. 143; zur Vertraulichkeit der Korrespondenz *Ambos,* NStZ 2003, 15f.; für Zeugnisverweigerungsrechte für sämtliche ausländ. Anwälte *Wessing,* wistra 2007, 173f.

204 *EGMR,* Öcalan v. Türkei Urt. v. 12.3.2003, para. 146 m. w. N.

205 *EGMR,* Öcalan v. Türkei Urt. v. 12.3.2003, para. 153 m. w. N.

206 *EGMR,* Poitrimol v. Frankreich Urt. v. 23.11.1993, paras. 33–35; *EGMR,* Lala v. Niederlande Urt. v. 13.4.1994, paras. 26, 31–33; *EGMR,* Pelladoah v. Niederlande Urt. 22.9.1994, paras. 33, 38–40; *EGMR,* van Geyseghem v. Belgien Urt. v. 21.1.1999, paras. 34–36; *EGMR,* Kari-Pekka Pietiläinen v. Finnland Urt. v. 22.9.2009, paras. 31ff.; *Esser,* 2002, S. 463ff.; *Villiger,* S. 329; *Sommer,* in: Brüssow, Strafverteidigung, Bd. 1, 2000, S. 1124f.; *Paul,* S. 247ff. mit weiterführender Aufarbeitung der Rspr. des EGMR.

muss das Gericht dem Verteiger gewähren, den Angeklagten in seiner Abwesenheit zu verteidigen.[207]

Genau dieses Recht wird dem Angeklagten jedoch verwehrt, wenn seine Berufung gem. § 329 Abs. 1 StPO wegen Abwesenheit des Angeklagten verworfen wird, obwohl sein Verteidiger anwesend ist. Der EGMR hat diese Vorschrift daher als unvereinbar mit Art. 6 Abs. 3 (c) und somit als konventionswidrig erklärt.[208] Dieses Urteil führt aber nicht automatisch zur Nichtigkeit oder Nichtanwendbarkeit des § 329 Abs. 1 StPO; es kann vielmehr lediglich bei dessen Auslegung berücksichtigt werden (vgl. auch Rn. 2). Angesichts des Wortlauts der Norm, dem klaren Willen des Gesetzgebers und der Tatsache, dass dem deutschen Strafverfahrensrecht Verhandlungen in Abwesenheit des Beschuldigten wesensfremd sind, lehnen die deutschen Gericht eine konventionskonforme (einschränkende) Auslegung des § 329 Abs. 1 StPO ab und halten an ihrer bisherigen (konventionswidrigen!) Anwendungspraxis fest.[209] Das OLG Celle hat dem EGMR dabei mit besonders deutlichen Worten die Gefolgschaft verweigert und sich offen über seine Auslegung von Art. 6 EMRK hinweggesetzt: Das EGMR-Urteil gehe „an der deutschen Rechtslage fundamental vorbei"; zudem werde das „Interesse des Angeklagten, sich von einem Verteidiger in der Berufungshauptverhandlung vertreten zu lassen [...] von Art. 6 Abs. 3 (c) EMRK nach sachgerechter Interpretation dieser Vorschrift rechtlich nicht geschützt."[210]

Der Gerichtshof leitet aus Art. 6 Abs. 3 (c) EMRK zudem eine staatliche **Fürsorgepflicht** ab, die ggf. ein Einschreiten bei einem (offensichtlichen) Verteidigungsmangel verlangt.[211] Zu berücksichtigen ist insoweit allerdings eine **Eigenverantwortlichkeit** des Beschuldigten, etwa im Hinblick auf das Erscheinen des Wahlverteidigers in der Hauptverhandlung.[212] Eine vorwerfbare Konventionsverletzung liegt nur vor, wenn das Gericht bei der offensichtlichen Verletzung von Verteidigerpflichten nichts unternimmt.[213] Andererseits liegen die Verteidigungsstrategie und die Wahrnehmung der Verteidigungsrechte in der Alleinverantwortung des Verteidigers.[214] Eine Verletzung des Anspruchs auf effektive Verteidigung ist auch gegeben, wenn der Zeitraum zwischen Verteidigerbestellung und Beginn der Hauptverhandlung zu kurz für eine ausreichende Vorbereitung der Verteidigung ist, wobei die angemessene Dauer von Um-

207 *EGMR,* Kari-Pekka Pietiläinen v. Finnland Urt. v. 22.9.2009, paras. 31 ff.; *EGMR,* Neziraj v. Deutschland Urt. v. 8.11.2012, paras. 49ff.; a. A. *OLG Celle* NStZ 2013, 615 (616); *Mosbacher,* NStZ 2013, 313. Vgl. zur Rspr. *Gerst,* NStZ 2013, 310; *Zehetgruber,* HRRS 2013, 399f.; *Engel,* ZJS 2013, 339ff.

208 *EGMR,* Neziraj v. Deutschland Urt. v. 8.11.2012, paras. 49ff. m. Bspr. bei *Waszczynski,* NStZ-RR 2014, 18ff.; zust. *Esser,* StV 2013, 334f.; *ders.*, 2014, § 9 Rn. 255; *Gerst,* NStZ 2013, 310.

209 *OLG Celle* NStZ 2013, 615 (616); *OLG München* NStZ 2013, 358 (359) m. krit. Bspr. *Zehetgruber,* HRRS 2013, 402; *OLG Düsseldorf,* StV 2013, 299 m. krit. Bspr. *Esser,* StV 2013, 331 („Ignoranz gegenüber menschenrechtlichen Standards in Strafverfahren", S. 338); i. Erg. den Gerichten zust. *Mosbacher,* NStZ 2013, 313ff. („Es gibt keinen methodisch vertretbaren Weg, das vom EGMR gewünschte Ergebnis in die Struktur des geltenden Rechts einzupassen."). Zweifelnd *Waszczynski,* NStZ-RR 2014, 19f.; a. A. *Esser,* StV 2013, 338f. u. *Zehetgruber,* HRRS 2013, 403f., die eine konventionskonforme Auslegung des § 329 Abs. 1 StPO für möglich halten (menschenrechtlich gebotenener Fall der zulässigen Vertretung durch einen Verteidiger); s. auch *Engel,* ZJS 2013, 344.

210 *OLG Celle* NStZ 2013, 615.

211 *Esser,* 2002, S. 457f., 472f., 490f.; *Villiger,* S. 330; *Sommer,* in: Brüssow, Strafverteidigung, Bd. 1, 2000, S. 1138 (aus fair trial abgeleitet); *Toney,* Int. Journal of Evidence and Proof 5 (2001), 56; vgl. auch *Gaede,* HRRS-FG Fezer 2008, S. 28; mit Recht krit. gegenüber der insoweit schwankenden *BGH*-Rspr. *Beulke/Barisch,* StV 2006, 569 m.N. zur Rspr.

212 Vgl, Frowein/Peukert/*Peukert,* Art. 6 Rn. 293; *Sommer,* in: Brüssow, Strafverteidigung, Bd. 1, 2000, S. 1123f.

213 *Sommer,* in: Brüssow, Strafverteidigung, Bd. 1, 2000, S. 1124. Karpenstein/Mayer/*Meyer,* Art. 6 EMRK Rn. 197 („manifeste" Fehlerhaftigkeit der Verteidigung).

214 *Sommer,* in: Brüssow, Strafverteidigung, Bd. 1, 2000, S. 1124.

fang und Schwierigkeit des Falls abhängt. Auf Antrag des Verteidigers hat das Gericht die Hauptverhandlung zur ergänzenden Vorbereitung zu unterbrechen.[215]

36 Der Beschuldigte hat Anspruch auf unentgeltliche Verteidigung, wenn er mittellos ist und die Pflichtverteidigung im „Interesse der Rechtspflege" liegt.[216] Die zweite Voraussetzung hängt von der Schwere der Straftat, der Komplexität des Falles und der persönlichen Situation des Beschuldigten ab.[217] Sie bezieht sich nur auf die Unentgeltlichkeit der Pflichtverteidigung, nicht aber allgemein auf das Recht auf Verteidigerbeistand, denn natürlich kann sich ein vermögender Beschuldigter eines Verteidigers seines Vertrauens bedienen.[218]

37 (4) **Fragerecht (Art. 6 Abs. 3 (d)).** Die Vorschrift bezieht sich auf Belastungs- und Entlastungszeugen und übernimmt damit das angelsächsische Prozess- und Zeugenverständnis.[219] Dennoch ist der Begriff des Zeugen autonom auszulegen; es ist jede Aussage erfasst, die wesentliche Grundlage einer Verurteilung sein kann – unabhängig davon, ob sie von einem Zeugen vor Gericht oder einer anderen Stelle oder von einem Mitbeschuldigten gemacht wurde.[220] In der Sache ist „volle **Waffengleichheit**" garantiert,[221] so dass der Beschuldigte zu *irgendeinem* Zeitpunkt eine angemessene und geeignete **Gelegenheit** haben muss, Belastungszeugen **zu befragen**[222] und Entlastungszeugen zu laden.[223] Auch wenn die Konfrontation „irgendwann" erfolgen kann, so gilt

---

215 *BGH* StV 2009, 565 (566f.).

216 *EGMR,* Pakelli v. Deutschland Urt. v. 25.4.1983, para. 31; *EGMR,* Boner v. Vereinigtes Königreich Urt. v. 28.10.1994, para. 36; *EGMR,* Maxwell v. Vereinigtes Königreich Urt. v. 28.10.1994, para. 33. Vgl. eingehend *Esser,* 2002, S. 474ff.; *Simon,* Beschuldigtenrechte, 1998, S. 48f.; 56ff.; *Haefliger/Schürmann,* EMRK, 1999, S. 229ff.; *Haefliger,* Schweiz, 2008, S. 35; *Villiger,* 330f.; *Sommer,* in: Brüssow, Strafverteidigung, Bd. 1, 2000, S. 1125f.; *Demko,* HRRS-FG Fezer 2008, S. 1ff.; *Grabenwarter,* Art. 6 Rn. 142.

217 *EGMR,* Quaranta v. Schweiz Urt. v. 24.5.1991, para. 35. Vgl. auch *Simon,* Beschuldigtenrechte, 1998, S. 57ff.; *Esser,* 2002, S. 477ff. Ausführlich *Demko,* HRRS-FG Fezer 2008, 3ff.

218 Näher zum Ganzen *Ambos,* ZStW 115 (2003), 606f. m.w.N. Die Problematik der Geldwäsche durch Annahme von Strafverteidigerhonorar wollen *Bermejo/Wirtz,* ZIS 2007, 404ff. auf der Grundlage des Rechts auf Verteidigung (Art. 6 Abs. 3 [c]) einer Abwägungslösung zuführen.

219 Klassisch das VI. Amendment der U.S.-Verfassung: „... to be confronted with the witnesses *against* him; to have compulsory process for obtaining witnesses *in his favour* ..." (Hervorhebung d. Verf.). Vgl. auch *Haefliger/Schürmann,* EMRK, 1999, S. 239; *Simon,* Beschuldigtenrechte, 1998, S. 103; *Wasek-Wiaderek,* „equality of arms", 2000, S. 27; *Sommer,* in: Brüssow, Strafverteidigung, Bd. 1, 2000, S. 1127; *Beulke,* FS Riess, 2002, S. 6 mit Fn. 12; *Schleiminger,* Konfrontation, 2001, S. 143. Zum Völkerstrafprozessrecht vgl. § 8 Rn. 46.

220 *Gaede,* HRRS-FG Fezer 2008, 24; *Gundel,* in: Merten/Papier, S. 349 Rn. 147; Radtke/Hohmann/*Ambos,* Art. 6 EMRK Rn. 48 m.w.N.

221 *EGMR,* Engel et al. v. Niederlande Urt. v. 6.8.1976, para. 91; *EGMR,* Vidal v. Belgien Urt. v. 22.4.1992, para. 33. Vgl. auch *Esser,* 2002, S. 633; *Villiger,* S. 334; *Braitsch,* Gerichtssprache, 1991, S. 163.

222 Vgl. *Krauß,* V-Leute im Strafprozess und die EMRK, 1999, S. 103ff., 108ff., 120; *Simon,* Beschuldigtenrechte, 1998, S. 106; *Rzepka,* Fairness, 2000, S. 74f.; *Villiger,* S. 305; *Beulke,* FS Riess, 2002, S. 14, 21; *Schleiminger,* Konfrontation, 2001, S. 33; *Pauly,* StV 2002, 291f.; *Ambos,* NStZ 2003, 16 beide m. N. zur Rspr.; *Wohlers,* ZStrR 2005, 164f.; *Gaede,* Teilhabe, 2005, S. 278ff.; *Velten,* StV 2007, 100; *Grabenwarter,* Art. 6 Rn. 146. Aus der Rspr. vgl. *BGH* StV 2007, 226 u. *BGH* NStZ 2007, 166 = StraFo 2007, 111 = JR 2007, 300 m. Anm. *Eisele; Safferling,* 2011, § 3 Rn. 58.

223 Näher *Schleiminger,* Konfrontation, 2001, S. 31ff.; *Braitsch,* Gerichtssprache, 1991, S. 165f.; zur Beweislast des Angeklagten vgl. *EGMR,* Garaudy v. Frankreich Entsch. v. 24.6.2003; zur besonderen Problematik im transnationalen Strafprozess mit Blick auf Verwertbarkeit *Krüßmann,* S. 685ff. Zur Unterscheidung zwischen Belastungs- und Entlastungszeugen s. *Krausbeck,* S. 65ff.

die Vorschrift schon im Ermittlungsverfahren.[224] Der Wortlaut („stellen zu lassen") scheint zu implizieren, dass der Verteidiger den Beschuldigten ersetzen kann, doch spricht, wie schon beim Aktenzugangsrecht (Rn. 29), die bessere Sachverhaltskenntnis des Beschuldigten dagegen.[225] Es geht um mehr als ein bloßes Fragerecht, nämlich um ein Recht auf **„Infragestellung"**,[226] auf *„confrontation"* mit der Möglichkeit aktiver und umfangreicher Befragung.[227] Wenn man dies auch nicht dem Wortlaut von Art. 6 Abs. 3 (d) selbst entnehmen zu können glaubt,[228] so folgt es doch aus dem Recht auf „volle Waffengleichheit": Von einer solchen kann eben nur die Rede sein, wenn der Beschuldigte die Belastungszeugen „auf Herz und Nieren" prüfen kann,[229] womit zugleich klar ist, dass es um die **Kontrolle der Zuverlässigkeit** des Zeugen i. S. einer „tested evidence" geht.[230] Die Gerichte haben sich daher auch um das Erscheinen der Zeugen in der Hauptverhandlung zu bemühen. Auf Beweissurrogate, d. h. die schriftlichen Aufzeichnungen früherer Vernehmungen oder Aussagen einer Person, die den Zeugen vernommen hat, darf nicht vorschnell zurückgegriffen werden.[231]

Der Beschuldigte muss den gesamten **Inhalt der Zeugenaussage** kennen, um den 38
Zeugen zu allen belastenden Aspekten seiner Aussage befragen zu können.[232] Wenn es nach der (ersten) Befragung zu einer weiteren Belastung durch den gleichen Zeugen mit *neuen* Angaben kommt, muss – Waffengleichheit! – eine erneute Konfrontation möglich sein.[233] Andererseits verbietet es die Waffengleichheit, dass eine Partei ein *zusätzliches* Kreuzverhör eines Zeugen durchführt.[234] Die Konfrontation kann ohne den Verteidiger erfolgen, wenn der Beschuldigte seine Rechte in ausreichendem Maße selbst wahrnehmen kann.[235]

Das Befragungsrecht erstreckt sich grundsätzlich auf **alle Zeugen,** also auch auf „independent witnesses", weil Waffengleichheit Zugang zu allen Beweismitteln fordert.[236] Bei einem **Sachverständigen** gibt Art. 6 Abs. 3 (d) dem Beschuldigten das Recht zur Stellungnahme, wenn das Sachverständigengutachten ein we-

[224] *Simon,* Beschuldigtenrechte, 1998, S. 106; *Schleiminger,* Konfrontation, 2001, S. 291; wohl auch *Wohlers,* GA 2005, 32; s. auch *Stoffers,* NJW 2013, 1496 f., der aus Art. 6 Abs. 3 (d) ein allgemeines Anwesenheitsrecht des Verteidigers bei sämtlichen (auch polizeilichen) Zeugenvernehmungen ableiten will.

[225] Überzeug. *Schleiminger,* Konfrontation, 2001, S. 291, 320 f.; a. A. *Wohlers,* ZStrR 2005, 164 m. w. N.

[226] *Walther,* GA 2003, 215.

[227] *EGMR,* Saïdi v. Frankreich Urt. v. 20. 9. 1993, para. 44; *Esser,* 2002, S. 643; *Tochilovsky,* S. 323; *Cornelius,* NStZ 2008, 244 (247) m. w. N; vgl. auch *Krausbeck,* S. 24 f. u. *Jung,* GA 2009, 236 sowie das VI. Amendment der U. S.-Verfassung: „to be *confronted* ..." (Herv. K. A.).

[228] *Walther,* GA 2003, 212 f.; auch *Gollwitzer,* Art. 6 EMRK Rn. 225 mit Fn. 632.

[229] I. Erg. ebenso *Walther,* GA 2003, 214 ff., 220: „Prozessgrundrecht allerhöchsten Ranges"; *dies.,* JZ 2004, 1110 mit Fn. 50. Vgl. auch *Schleiminger,* Konfrontation, 2001, S. 17.

[230] Vgl. auch *Beulke,* FS Riess, 2002, S. 15, 21: „Austesten" des Beweismittels; *Gless,* FS Wolter, 2013, S. 1356; vgl. auch *BGH* StV 2009, 346 (347) zur Beweiswürdigung bei Auskunftsverweigerungsrecht des Belastungszeugen; allg. *Ambos,* ICLR 3 (2003), 23 ff.; *ders.,* in: *Bohlander,* International Criminal Justice, 2007, S. 481 ff. Zum US-Recht insoweit auch *Schleiminger,* Konfrontation, 2001, S. 183 ff. (212). Zum Völkerstrafprozessrecht § 8 Rn. 43 ff.

[231] *EGMR,* Makeyev v. Russland, Urt. v. 5. 2. 2009, para. 42; *Kreicker,* in: Sieber et al., § 51 Rn. 31.

[232] *EGMR,* Bricmont v. Belgien Urt. v. 7. 7. 1989, para. 81. Vgl. auch *Esser,* 2002, S. 644.

[233] Zutreff. *Esser,* 2002, S. 646; *Villiger,* S. 305 mit Fn. 23; *Beulke,* FS Riess, 2002, S. 15; dagegen *Schlothauer,* StV 2001, 128; in Bezug auf § 255 a StPO BGHSt 48, 268 (271, 274); dazu krit. *Walther,* JZ 2004, 1110 f.; restriktiv auch *BGE* 113 Ia 412 (422).

[234] Zur völkerstrafprozessrechtlichen Parallele § 8 Rn. 43 ff.

[235] Vgl. *Esser,* 2002, S. 645; *Schleiminger,* Konfrontation, 2001, S. 16.

[236] Vgl. *Chand,* NLJ 150 (2000), 1666.

sentliches Beweismittel zu seinen Lasten darstellt,[237] wobei die Zugehörigkeit zu einer verfahrensbeteiligten Behörde den Sachverständigen nicht automatisch zum Zeugen der Anklage macht.[238]

39 Das Konfrontations- und Befragungsrecht unterliegt jedoch **Beschränkungen.**[239] Im Fall berechtigter Interessen des Zeugen- und Opferschutzes ist im Wege einer Gesamtbetrachtung der Verfahrensfairness (näher Rn. 41 ff.) eine Abwägung mit den Verteidigungsinteressen vorzunehmen.[240] Ausnahmen vom Befragungsrecht sind bei unerreichbaren und anonymen Zeugen anerkannt, wobei an die Unerreichbarkeit und die Aufrechterhaltung der Anonymität strenge Anforderungen zu stellen sind.[241] Der EGMR hält eine Verwertung der Aussagen anonymer Zeugen zwar nicht *a limine* für unzulässig, verlangt jedoch, dass dem Beschuldigten – gleichsam als Kerngehalt von Art. 6 Abs. 3 (d)[242] – **irgendeine Art von Konfrontation** ermöglicht wird, woran es im Fall *van Mechelen* (**Fall 3**) wegen der fehlenden Objektivität von Polizeibeamten fehlte.[243] In diesem Sinne muss auch die mangelnde Befragungsmöglichkeit eines Belastungszeugen wegen dessen Auskunftsverweigerungsrechts bei der Beweiswürdigung bedacht werden.[244] Im Fall *Haas* (o. **Fall 4**) hat der EGMR entschieden, dass die Verteidigungsrechte hinreichend beachtet worden waren, weil die Auskünfte anonymer Informanten deutscher Sicherheitsbehörden **nicht das entscheidende Beweismittel** waren und das OLG Frankfurt a. M. die Angaben sehr sorgfältig und im Zusammenhang mit anderen Beweismitteln gewürdigt hatte.[245] Diese Linie hat der Gerichtshof in *Sapunarescu* noch akzentuiert:[246] Zwar war dem Angeklagten in

[237] *EGMR,* Bönisch v. Österreich Urt. v. 6.5.1985, para. 32; *EGMR,* Mantovanelli v. Frankreich Urt. v. 18.3.1997, para. 36; *Krausbeck,* S. 79f. Vgl. auch *Wasek-Wiaderek,* "equality of arms", 2000, S. 31f.

[238] *EGMR,* Brandstetter v. Österreich Urt. v. 28.8.1991, paras. 44ff.

[239] Vgl. hierzu allgemein *Brunhöber,* ZIS 2010, 767f.

[240] In *BGH* StV 2010, 57 machte ein Mitangeklagter auf Befragen des Gerichts belastende Angaben, berief sich allerdings bei anschließender krit. Befragung durch die Verteidigung auf sein Aussageverweigerungsrecht. Bei der Prüfung, ob wegen der Verletzung des Konfrontationsrechts insgesamt ein faires Verfahren vorliegt, stellte der BGH entscheidend darauf ab, ob der Umstand, dass der Angeklagte keine Gelegenheit zur konfrontativen Befragung hatte, der Justiz zuzurechnen sei; vertiefend dazu *Dehne-Niemann,* HRRS 2010, 189ff. Vgl. auch zur Nichtzurechenbarkeit von Verfahrensverstößen *ausländischer* Justizorgane *BGH* StV 2010, 342 (344) m. Anm. *Zöller,* ZJS 2010, 441; dazu näher u. Rn. 43.

[241] Hierzu *BGH* NStZ 2005, 224 (225); *BGH* NStZ 2007, 166 (167) = StraFo 2007, 111 (112) = JR 2007, 300 (304) (auf die Frage der Unerreichbarkeit der Zeugin im Hauptverfahren komme es nicht mehr an, wenn Fehler im Ermittlungsverfahren vorliegen) m. Anm. *Eisele;* BGHSt 51, 150, bestätigend *BVerfG* StV 2010, 337 m. Anm. *Safferling.* Eingehend hierzu *Esser,* 2002, S. 648ff., 657ff., 678; *Gaede,* StV 2006, 602ff.; krit. *Maffei,* The European right to confrontation in criminal proceedings, 2006, S. 95 („confrontation is to easily surrendered"); *Trechsel,* EMRK, 1974, S. 314ff.; ferner *Demko,* ZStrR 2004, 418ff.; auch *Schleiminger,* Konfrontation, 2001, S. 11ff.; *Haefliger/Schürmann,* EMRK, 1999, S. 241. Zu anonymen und polizeilichen Zeugen *Ambos,* ZStW 115 (2003), 609 mit Fn. 203 m.w.N.; *Safferling,* NStZ 2006, 77ff.; *Gaede,* Teilhabe, 2005, S. 281ff.; *Krausbeck,* S. 243f.; vgl. auch die Falllösung bei *Ambos,* 2010a, S. 30 (Fall 3 Rn. 15ff.).

[242] *Schleiminger,* Konfrontation, 2001, S. 17f.

[243] *EGMR,* Van Mechelen et al. v. Niederlande Urt. v. 23.4.1997, paras. 56–62. Vgl. weiter *EGMR,* S. N. v. Schweden Urt. v. 2.7.2002, para. 44; weitere Nachweise 2. Aufl., Rn. 32 mit Fn. 195. – Zur grds. Aussagepflicht verdeckter Ermittler auf Grund § 252 östStPO i. V. m. Art. 6 Abs. 3 (d) EMRK *östOGH* NStZ 2005, 346 m. Anm. *Lagodny* – Für die (konventionsgemäße) Verwertbarkeit der Aussage eines zwischenzeitlich **verstorbenen Zeugen** *BGH* StV 2005, 113 (114).

[244] Vgl. *BGH* NStZ 2004, 691 (692) unter Verweis auf BGHSt 46, 93 (106).

[245] *EGMR,* Haas v. Deutschland Entsch. v. 17.11.2005, mit krit. Anm. *Esser,* NStZ 2007, 106; weitere Nachweise 2. Aufl., Rn. 32 mit Fn. 197. In diesem Sinne auch *BGH* NStZ 2008, 51, wonach die betreffende Zeugenaussage nicht das einzige Beweismittel sein darf und durch andere wichtige Gesichtspunkte bestätigt werden muss. Vgl. auch *Ambos,* 2010a, S. 30 (Fall 3 Rn. 17f.).

[246] *EGMR,* Sapunarescu v. Deutschland, Entsch. v. 11.9.2006 mit krit. Anm. *Sommer,* StraFo 2007, 109.

einem BtM-Verfahren durch das LG Frankfurt a. M. „zu keinem Zeitpunkt Gelegenheit geboten [worden], den anonymen Hauptzeugen der Anklage persönlich zu vernehmen“,[247] jedoch habe die Verurteilung nicht „zu einem entscheidenden Ausmaß auf den Aussagen“ des gesperrten anonymen Zeugen beruht.[248] Diese Grundsätze wurden allerdings durch die Große Kammer des EGMR in *Al-Khawaja/ Tahery* zugunsten der Effektivität der Strafverfolgung relativiert. Eine Verurteilung darf nunmehr auch entscheidend auf die Aussage eines Zeugen, der in der Hauptverhandlung nicht vernommen werden kann, gestützt werden,wenn die hierin liegende Verkürzung des Konfrontationsrechts durch prozessuale Sicherungsmechanismen kompensiert und bei der Beweiswürdigung berücksichtigt wird.[249] Obwohl sich der Gerichtshof zu der **audiovisuellen Vernehmung** mittels einer Videosimultanübertragung, eines *live video link* (§§ 168 e, 247 a StPO), noch nicht geäußert hat, wird – bei ausreichender Begründung des Verzichts auf die unmittelbare Zeugenvernehmung – von ihrer Vereinbarkeit mit Art. 6 Abs. 3 (d) auszugehen sein, bleibt damit doch die Möglichkeit einer direkten Befragung des Zeugen, wenn auch vermittelt durch audiovisuelle Übertragung, erhalten.[250]

Ausreichend ist auch die **richterliche Vernehmung** in Anwesenheit des Verteidigers, wenn er den Zeugen umfassend befragen kann.[251] Nicht ausreichend ist demgegenüber die Formulierung *schriftlicher Fragen,* die dann vom Vernehmungsbeamten gestellt werden[252] oder die (nur) *akustische Übertragung* („via a sound link“) der (richterlichen) Vernehmung in einen anderen Raum, von dem aus der Beschuldigte und sein Verteidiger Fragen stellen können.[253] Mit Art. 6 Abs. 3 (d) ist es hingegen vereinbar, wenn Angeklagte und Verteidigung durch einen Einwegspiegel die Vernehmung kindlicher Zeugen in einem Missbrauchsfall verfolgen und durch den Richter jederzeit Fragen stellen können.[254]

(5) Unterstützung durch einen Dolmetscher (Art. 6 Abs. 3 (e)). Die Vorschrift ergänzt das Recht auf effektive Verteidigung durch den Anspruch auf unentgeltliche Un- 40

247 *EGMR,* Sapunarescu v. Deutschland, Entsch. v. 11.9.2006, para. 30.

248 *EGMR,* Sapunarescu v. Deutschland, Entsch. v. 11.9.2006, paras. 32f.; vgl. schließlich den Fall *EGMR,* Bracci v. Italien Urt. v. 13.10.2005, paras. 54ff., in dem es der Verteidigung ebenfalls nicht möglich war, die Belastungszeuginnen „X“ und „Y“ zu befragen. Der *EGMR,* a. a. O., paras. 57f. u. 59ff. differenziert zwischen der konventionsgemäßen Verwendung der Aussage der Zeugin X gegenüber der Polizei, welche durch weitere Beweismittel untermauert wurde, und derjenigen der Zeugin Y, bzgl. derer dies nicht der Fall war, worin ein Verstoß gegen Art. 6 Abs. 1, 3 (d) liege. Dazu aus italienischer Sicht *Zacchè,* Indice Penale 2006, 427ff. Zur notwendigen (im deutschen Strafprozess nicht umfassend gewährleisteten) gerichtlichen Überprüfbarkeit von Sperrerklärungen *Mahler,* HRRS 2013, 333.

249 *EGMR,* Al-Khawaja und Tahery v. Vereinigtes Königreich Urt. v. 15.12.2011, para. 147 („sufficient counterbalancing factors [...] including measures that permit a fair and proper assessment of the reliability of that evidence“) m. Anm. *Du Bois-Pedain,* HRRS, 2012, 120 u. (krit.) *Meyer,* HRRS 2012, 117; dazu auch *Esser/ Gaede/ Tsambikakis,* NStZ 2012, 148. Bestätigt in *EGMR,* Hümmer v. Deutschland Urt. v. 19.7.2012, para. 37; hierzu *Grabenwarter,* Art. 6 Rn. 158; vgl. auch *Esser,* 2014, § 9 Rn. 268.

250 Vgl. *Esser,* 2002, S. 670f., 677; *Schleiminger,* Konfrontation, 2001, S. 318f.; *Wohlers,* ZStrR 2005, 166; Karpenstein/Mayer/*Meyer,* Art. 6 EMRK Rn. 207. Man wird für diese Sichtweise mit *Gaede,* Teilhabe, 2005, S. 282 auch auf *EGMR,* S. N. v. Schweden Urt. v. 2.7.2002, para. 49 verweisen können, wo der EGMR damit argumentiert hat, dass der Angeklagte die Videoaufzeichnung einer polizeilichen Vernehmung eines kindlichen Zeugen hätte verlangen können. Ebenso *Krausbeck,* S. 314.

251 *EGMR,* Doorson v. Niederlande Urt. v. 26.3.1996, paras. 73–75; *Esser,* 2002, S. 666ff.; *Villiger,* S. 306.

252 Vgl. *Simon,* Beschuldigtenrechte, 1998, S. 135; *Schleiminger,* Konfrontation, 2001, S. 15 sowie *Ambos,* NStZ 2003, 16f. m.w.N.

253 *EGMR,* Van Mechelen et al. v. Niederlande Urt. v. 23.4.1997, para. 59; *Esser,* 2002, S. 668ff.; auch *Schleiminger,* Konfrontation, 2001, S. 16; *Wohlers,* FS Trechsel, 2002, S. 816.

254 Vgl. *EGMR,* Accardi et al. v. Italien Entsch. v. 20.1.2005. Vgl. zu besonders schutzbedürftigen Zeugen *Krausbeck,* S. 306ff.

terstützung durch einen Dolmetscher, und zwar während des *gesamten Verfahrens* im Hinblick auf **sämtliche** die Anklage beeinflussenden *Dokumente und Erklärungen.*[255] Es wird ein umfassender **„Kommunikationsanspruch"** gewährt, der nicht, wie der Wortlaut von Buchstabe (e) – „Verhandlungssprache des Gerichts" – vermuten lässt, auf das gerichtliche Verfahren beschränkt ist, sondern sich auf das Vorverfahren und sogar vorbereitende Gespräche zwischen Beschuldigten und Verteidiger erstreckt.[256] Die frühe Geltung des Rechts folgt schon aus Art. 6 Abs. 3 (a) bzw. Art. 5 Abs. 2, wonach der Beschuldigte bzw. Festgenommene unverzüglich über die Beschuldigung in einer „verständlichen Sprache" informiert werden muss.[257]

Nach Ansicht des BVerfG[258] verbietet Art. 6 Abs. 3 (e) jedoch nicht, dass der Beschuldigte für **Dolmetscherkosten** aufkommen muss, welche aus der Übersetzung von Telefonüberwachungsprotokollen aus seiner Muttersprache entstehen. Art. 6 Abs. 3 (e) solle seinem Zweck nach nur sicherstellen, dass Angeklagte (bzw. Beschuldigte) an der in deutscher Sprache geführten Verhandlung (bzw. dem Verfahren) in einer Weise beteiligt sind, die die Wahrnehmung ihrer Rechte gewährleistet. Davon zu unterscheiden sei das Interesse der Strafverfolgungsbehörden an der Übersetzung von TÜ-Protokollen. Dem wird man im Hinblick auf die Schutzrichtung von Art. 6 Abs. 3 (e) zustimmen müssen, doch ist es nicht recht einzusehen, warum der Beschuldigten für Übersetzungskosten aufkommen muss, die auf Grund von Strafverfolgungsinteressen entstanden sind.[259]

41 **cc) Folgen einer Verletzung von Art. 6, sog. Gesamtbetrachtung.** Die Verletzung der genannten Rechte führt noch nicht automatisch zu einer Verurteilung wegen Verstoßes gegen den Fairnessgrundsatz. Vielmehr muss auf Grund der vom Gerichtshof vertretenen **Gesamtbetrachtungslehre**[260] – gleichsam auf einer zweiten Ebene[261] – eine Prognose darüber angestellt werden, ob eine bestimmte Verletzung der Beschuldigtenrechte im Vorverfahren so schwerwiegend ist, dass sie das **Verfahren als Ganzes**

[255] *EGMR,* Kamasinski v. Österreich Urt. v. 19.12.1989, para. 74. Vgl. auch *Simon,* Beschuldigtenrechte, 1998, S. 142ff.; *Rzepka,* Fairness, 2000, S. 80ff.; *Esser,* 2002, S. 508ff.; *Kieschke,* EGMR, 2003, S. 72ff; *Braitsch,* Gerichtssprache, 1991, S. 166ff.; *Haefliger/Schürmann,* EMRK, 1999, S. 188, 234ff.; *Sommer,* in: Brüssow, Strafverteidigung, Bd. 1, 2000, S. 1131f.; Dörr/Grote/Marauhn/*Grabenwarter/Pabel,* Kap. 14 Rn. 161; zu den Kriterien für die zu übersetzenden Verfahrensteile Grünbuch Verfahrensgarantien, S. 30ff. (34, Frage 10).

[256] Früher noch str., vgl. Frowein/Peukert/*Peukert,* Art. 6 Rn. 317; *Braitsch,* Gerichtssprache, 1991, S. 183; *Haefliger/Schürmann,* EMRK, 1999, S. 235 mit Fn. 81; *Sommer,* in: Brüssow, Strafverteidigung, Bd. 1, 2000, S. 1132. – Zur kostenrechtlichen Aspekten: *OLG Celle* NStZ 2011, 718; *OLG Düsseldorf* NStZ 2011, 719; *OLG Oldenburg* NStZ 2011, 719; *Esser,* 2002, S. 516ff.; *Kieschke,* EGMR, 2003, S. 72ff.; *Bernhardt,* in: Geiger, Völkerrechtlicher Vertrag, 2000, S. 147f.; *Braitsch,* Gerichtssprache, 1991, S. 185ff.

[257] Vgl. *Esser,* 2002, S. 511ff.; *Haefliger/Schürmann,* EMRK, 1999, S. 220, 234f.; *Villiger,* S. 324.

[258] *BVerfG* NStZ 2004, 274 (275).

[259] So auch Karpenstein/Mayer/*Meyer,* Art. 6 EMRK Rn. 220.

[260] Vgl. *Haefliger/Schürmann,* EMRK, 1999, S. 180, 219; *Villiger,* S. 302; *Zwaak* in: van Dijk et al., S. 318; *Rzepka,* Fairness, 2000, S. 102ff.; *Schleiminger,* Konfrontation, 2001, S. 8, 21; *Meyer-Ladewig,* Art. 6 Rn. 96; *Demko,* HRRS 2005, 283ff.; *Gaede,* Teilhabe, 2005, S. 427ff.; *Vogel/Matt,* StV 2007, 209; *Kreicker,* in: Sieber et al., § 51 Rn. 17; u. krit. 211; *Gless,* 2011, Rn. 85f.; krit. *Walter,* in: Roth, Europäisierung, 2010, S. 306; zur Differenzierung zwischen Gesamtrechtsverstoß und Teilrechtsverletzung am Bsp. der Selbstabelastungsfreiheit: *Hauck,* NStZ 2010, 20ff., zugleich Anm. zu *BGH,* NStZ 2009, 519; zur fallgruppenbezogenen Ableitung von Bewisverwertungsverboten aus Teilrechten des Art. 6 *Gaede,* JR 2009, 495f.

[261] Zu den zwei Prüfungsebenen instruktiv *Krauß,* o. Fn. 222, S. 141ff. Vgl. auch *Satzger,* 2013, § 11 Rn. 69.

(in seiner Gesamtheit) **unfair** macht.[262] Das dürfte bei einer flagranten Verletzung des Grundsatzes der Waffengleichheit anzunehmen sein,[263] oder wenn das Verteidigungsrecht des Beschuldigten durch die Verletzung „unwiederbringlich präjudiziert" ist.[264]

Der Gerichtshof ist allerdings besonders „flexibel" im Hinblick auf die Verwertung von konventionswidrig, insbesondere unter Verstoß gegen Art. 6 Abs. 3 (d), gewonnenen Beweisen.[265] Einerseits gewährt er dem nationalen Gesetzgeber im Allgemeinen und beim Beweisrecht im Besonderen ohnehin einen weiten Beurteilungsspielraum und will nur eine **Missbrauchskontrolle** ausüben.[266] Andererseits können solche Beweise zwar nur mit sehr großer Vorsicht („extreme care"), aber eben doch verwertet werden[267] und eine Verletzung von Art. 6 kommt nur in Betracht – Gesamtbetrachtung! –, wenn die Verurteilung *ausschließlich* oder zu einem entscheidenden Teil auf der konventionswidrig gewonnen Zeugenaussage beruht und nicht auf weitere – rechtmäßig gewonnene – Beweismittel gestützt werden kann.[268] Die Verwertung von Beweisen, die unter Verletzung des Art. 8 (Recht auf Achtung des Privat- und Familienlebens) erlangt wurden, stellt hingegen nicht zwangsläufig einen Verstoß gegen Art. 6 dar.[269] Etwas anderes gilt für Beweismittel, die unter Verstoß gegen das Folterverbot (Art. 3) erhoben wurden (dazu auch u. Rn. 83).[270] Werden diese verwertet, so wird das Verfahren insgesamt unfair und Art. 6 Abs. 1 ist (unheilbar) verletzt.[271]

Somit kann eine Verletzung von Art. 6 auf Grund unzulässiger Beweiserhebung durch 42
eine möglichst breite beweisrechtliche Absicherung der Verurteilung verhindert werden. Aus dieser Perspektive untergräbt die Gesamtbetrachtungslehre die Einhaltung der Beschuldigtenrechte im Ermittlungsverfahren, weil ein Verstoß unmittelbar folgenlos und für eine Kompensation im Hauptverfahren viel Spielraum bleibt.[272] Sie wird so zu einer die Beschuldigtenrechte relativierenden Abwägungslehre,[273] der es an

[262] Vgl. etwa *EGMR,* Öcalan v. Türkei Urt. v. 12.3.2003, paras. 140, 153; *EGMR,* Haas v. Deutschland Entsch. v. 17.11.2005; *EGMR,* Bugallo v. Spanien Entsch. v. 18.10.2011, paras. 37ff. krit. zur Gesamtbetrachtung bei Beeinträchtigungen der Verteidigungsrechte im Ermittlungsverfahren *Gaede,* Teilhabe, 2005, S. 455ff. Vgl. aus der dt. Rspr. jüngst *BVerfG* StV 2010, 337 (338) m. Anm. *Safferling.* Wurden heimliche Ermittlungsmaßnahmen durchgeführt, müssen die hieraus resultierenden Beeinträchtigungen der Verteidigungsmöglichkeiten im späteren Verfahren kompensiert werden, hierzu ausf. *Zöller,* ZStW 124 (2012), 422ff.

[263] Vgl. *EGMR,* De Haes und Gijsels v. Belgien Urt. v. 24.1.1997, paras. 58f.; *Toney,* Int. Journ. of Evidence and Proof, 5 (2001), 47.

[264] *EGMR,* Magee v. Vereinigtes Königreich Urt. v. 6.6.2000, paras. 44f.; *EGMR,* Öcalan v. Türkei Urt. v. 12.3.2003, para. 143. Näher *Ambos,* ZStW 115 (2003), 612 m.w.N.

[265] Vertiefend und m.w.N. *Ambos,* 2010b, 102ff. Zur Entwicklung der Rechtsprechung *Lubig/Sprenger,* ZIS 2008, 433 u. *Du Bois-Pedain,* HRRS 2012, 120ff.

[266] Vgl. etwa *EGMR,* S. N. v. Schweden Urt. v. 2.7.2002, para. 44; auch *Sommer,* in: Brüssow, Strafverteidigung, Bd. 1, 2000, S. 1127, 1137. Zur allgemeinen „margin of appreciation" Doktrin insoweit *Tulkens/Donnay,* RS C 2006, 3ff.

[267] *EGMR,* Doorson v. Niederlande Urt. v. 26.3.1996, para. 76; *EGMR,* S. N. v. Schweden Urt. v. 2.7.2002, para. 53.

[268] *EGMR,* Windisch v. Österreich Urt. v. 27.9.1990, para. 31; *EGMR,* Doorson v. Niederlande Urt. v. 26.3.1996, para. 76; *EGMR,* Van Mechelen et al. v. Niederlande Urt. v. 23.4.1997, para. 55; *EGMR,* P. S. v. Deutschland Urt. v. 20.12.2001, para. 153; dazu schon *Ambos,* NStZ 2003, 16; auch *Schleiminger,* Konfrontation, 2001, S. 19; *Jung,* GA 2003, 203. Zur früheren Rspr. *Esser,* 2002, S. 647f. Ebenso *BGH* NStZ 2010, 410 (411). S. zur BGH-Rspr. auch *Krausbeck,* S. 178ff.

[269] *EGMR,* Bykov v. Russland Urt. v. 10.3.2009, para. 91; Radtke/Hohmann/*Ambos,* Art. 6 EMRK Rn. 53; krit. *Jung,* GA 2009, 655; eingehend *ders.*, GA 2013, 94f.; *Gaede,* JR 2009, 500.

[270] *Grabenwarter,* Art. 6 Rn. 83.

[271] *EGMR* (GS), Gäfgen v. Deutschland Urt. v. 1.6.2010, paras. 166ff. m. Anm. Weigend, StV 2011, 325. Vgl. die Falllösung bei *Hecker/Zöller,* S. 161ff. (Fall 16).

[272] Krit. auch *Esser,* 2002, S. 404, 468; *Beulke,* FS Riess, 2002, S. 9; *Schleiminger,* Konfrontation, 2001, S. 8ff.; bedenklich deshalb auch die Heilungsvorschläge von *Villiger,* S. 324, 325.

[273] Zutreff. *Walther,* GA 2003, 218; auch schon *Ambos,* NStZ 2003, 16; a. A. *Wohlers,* GA 2005, 26.

verlässlichen, „harten" Konturen fehlt.[274] So richtig dies ist, so darf doch nicht übersehen werden,[275] dass die Gesamtbetrachtungslehre auch zugunsten des Beschuldigten wirken kann, etwa bei der Vertiefung einer Verletzung der Waffengleichheit durch weitere Einschränkungen im Hauptverfahren. Überdies enthält sie ein Schutzpotenzial im Hinblick auf vor der strafprozessualen Verdachtsschwelle liegende und mehrstaatlich durchgeführte, grenzüberschreitende Ermittlungen. Man wird nämlich sowohl zeitlich vorverlagerte als auch von/in einem anderen Land vorgenommene Ermittlungshandlungen in die Gesamtbetrachtung einstellen müssen.[276] Einschränkungen der Beschuldigtenrechte werden damit im Hinblick auf eine Verletzung von Art. 6 unabhängig davon relevant, ob sie bei bloßen Vorverdachts- oder bei Ermittlungen von einem anderen Hoheitsträger/auf anderem Hoheitsgebiet eingetreten sind. Entscheidend ist am Ende, ob die Akkumulation der Einschränkungen der Beschuldigtenrechte zu dem Verdikt eines insgesamt unfairen Verfahrens führen muss. Damit verspricht die Gesamtbetrachtungslehre sogar der – mit der Schaffung einer Eur. Staatsanwaltschaft einhergehenden – gegenseitigen Anerkennung von Beweisen und Zwangsmaßnahmen (dazu näher § 9 Rn. 11ff., § 13 Rn. 19ff.) rechtsstaatliche Grenzen zu setzen.

43 Die Vorgaben des Art. 6 sind – wie der EGMR in *Stojkovic* klargestellt hat – auch zu berücksichtigen, wenn die Staaten im Zuge eines **Rechtshilfeverfahrens** arbeitsteilig zusammenarbeiten.[277] Im zugrunde liegenden Fall war der Beschuldigte aufgrund eines französischen Rechtshilfeersuchens in Belgien vernommen worden. Obwohl im Rechtshilfeersuchen und durch den Beschuldigten selbst erbeten, erfolgte diese Vernehmung ohne Beiordnung eines Rechtsbeistands, was nach belgischem Recht zulässig war. Das französische Gericht verwertete die Aussage später in der Hauptverhandlung. Nach Ansicht des EGMR haben die Vertragsstaaten gem. Art. 1 allen ihrer Hoheitsgewalt unterstehenden Personen die Konventionsrechte zuzusichern. Hieraus folge, dass die französischen Gerichte hätten prüfen müssen, ob das Recht auf ein faires Verfahren insgesamt, also auch unter Berücksichtigung der Rechtshilfehandlungen Belgiens, verletzt worden sei.[278] Dieser Verpflichtung seien die französischen Gerichte nicht nachgekommen; insbesondere seien keine Maßnahmen zum Ausgleich der Beschränkung des Rechts auf anwaltliche Beratung getroffen worden. Frankreich habe daher Art. 6 Abs. 3 (c) verletzt.[279] Der BGH nahm demgegenüber (bisher)[280] an, dass Rechtshilfehandlungen, die im Einklang mit dem nationalen Recht des ersuchten Staates durchgeführt werden, nicht generell dem ersuchenden Staat zugerechnet werden können.[281] Dieser restriktive Ansatz verdient jedoch keine Zustimmung, da er letztendlich den Staaten die Möglichkeit eröffnet, die Verantwortlichkeit für Menschenrechtsverletzungen abzugeben, was gerade aufgrund der zunehmenden grenzübergreifenden Strafverfolgung in Europa nicht akzeptabel erscheint.[282] Letztlich kann es auf die Frage,

[274] Näher mit Nachweisen *Ambos*, ZStW 115 (2003), 613.

[275] Die folgenden Überlegungen beruhen auf den Hinweisen der Kollegen/-innen *Fuchs, Nelles* und *Nestler* während der Diskussion zu meinem Vortrag auf der Strafrechtslehrertagung 2003 in Bayreuth.

[276] Ebenso *Krausbeck*, S. 52.

[277] Siehe hierzu auch *Gless*, FS Wolter, 2013, S. 1357ff., *dies.*, ZStW 125 (2013), 576ff.; *Renzikowski*, FS Achenbach, 2012, S. 373ff.; *Nagler*, StV 2013, 325ff.

[278] *EGMR*, Stojkovic v. Frankreich Urt. v. 27.10.2011, para. 55.

[279] *EGMR*, Stojkovic v. Frankreich Urt. v. 27.10.2011, paras. 55–57.

[280] Zur Notwendigkeit einer Rechtsprechungsänderung *Nagler*, StV 2013, 326.

[281] *BGH*, NStZ 2010, 410 (411f.) mit zust. Anm. *Zöller*, ZJS 2010, 441; *Stiebig*, ZJS 2012, 617 (einen Verstoß gegen Art. 6 erst dann annehmend, wenn zum einen bereits nach dem Recht des ersuchten Staates ein Konventionsverstoß vorliegt und zum anderen die Justiz des ersuchenden Staates den Verfahrensfehler bewusst übernommen hat und dieser auch nach dessen Recht als Konventionsverstoß anzusehen sei); auch *Stiebig*, JR 2011, 172; krit. hingegen *Schramm*, HRRS 2011, 156; *Sommer*, StraFo 2010, 284f. Vgl. auch *Gless*, ZStW 125 (2013), 583ff.

[282] Vgl. *Gless*, FS Wolter, 2013, S. 1366f. Ähnl. *Sommer*, StraFo 2010, 284. S. auch die Entwicklung eines „geläuterten *lex fori*-Ansatzes" bei *Gless*, ZStW 125 (2013), 592ff., die einen Auslandsbeweis grds. im-

welcher Staat den Konventionsverstoß zu verantworten hat, nicht angekommen, solange er sich im ersuchenden Staat auf Ebene der Beweisverwertung auswirkt.[283]

b) Sonstige verfahrensbezogene Rechte

aa) Art. 5: Recht auf Freiheit und Sicherheit. In der Sache geht es bei Art. 5 – unter Vernachlässigung des Begriffs „Sicherheit" – um den **Schutz vor unzulässigem Freiheitsentzug.**[284] Damit werden – im Umkehrschluss zu den nach h. M. abschließenden Fällen rechtmäßiger (zulässiger) Freiheitsentziehungen nach Abs. 1 (a)-(f) – alle dort nicht genannten Fälle erfasst.[285] Art. 5 schützt dabei allein die (physische) Freiheit, sich von einem Ort **fortzubewegen.** Weder ist darin eine Garantie allgemeiner Handlungsfreiheit zu sehen noch beinhaltet Art. 5 auch Garantien bezüglich der Umstände einer Freiheitsentziehung. Für letzteres gelten die Art. 3 und 8.[286] Schließlich sind bloße Einschränkungen der Bewegungsfreiheit gegenüber dem Freiheits*entzug* abzugrenzen; entscheidend sind dabei die Gesamtumstände, so dass etwa auch die Internierung in einer Transitzone eine Freiheitsentziehung darstellen kann.[287] 44

Nach Art. 5 Abs. 1 **S. 2** ist die Entziehung der Freiheit einer Person „in den folgenden Fällen und nur auf die gesetzlich vorgeschriebene Weise zulässig". Hieraus lassen sich mehrere Voraussetzungen für eine konventionskonforme Freiheitsentziehung ableiten: Es muss zunächst eine (nationale) **gesetzliche Grundlage** für die Freiheitsentziehung bestehen,[288] wobei insoweit ein – ausreichend bestimmtes[289] – Gesetz im materiellen Sinne genügen soll.[290] Aus der Formulierung „auf die *gesetzlich vorgeschriebene* Weise" ergibt sich weiter, dass das staatliche Handeln *in concreto* der gesetzlichen Grundlage entsprechen muss,[291] wobei die Konvention auf nationales Recht als Prüfungsmaßstab verweist.[292] Ferner prüft der EGMR, ob die nationale gesetzliche Grundlage über- 45

---

mer dann für verwertbar erachtet, wenn die Voraussetzungen für eine Verwertbarkeit nach der *lex fori* erfüllt sind. Dies soll aber nicht gelten, wenn bei der Beweiserhebung „übergeordnete Individualinteressen verletzt worden sind, die durch ein Beweisverwertungsverbot geschützt werden müssen" (S. 607).

283 *Gless,* FS Wolter, 2013, S. 1363.

284 Vgl. zum Schutzbereich *Amuur v. Frankreich,* Urt. v. 25.6.1996; dazu *Demko,* HRRS 2004, 171; vgl. auch *Satzger,* 2013, § 11 Rn. 49 u. das Prüfungsschema bei *Esser,* 2014, § 9 Rn. 166; aus polnischer Sicht *Morgenstern,* ZIS 2011, 243ff. Zur Einordnung des Hausarrests *Hochmayr,* NStZ 2013, 14f.

285 *Esser,* StraFo 2003, 338; *Grabenwarter/Pabel,* § 21 Rn. 1; *Meyer-Goßner,* Art. 5 MRK Rn. 1; *Demko,* HRRS 2004, 95, 96.

286 *Grabenwarter/Pabel,* § 21 Rn. 2; *Unfried,* Art. 5 EMRK, 2006, S. 30; Radtke/Hohmann/*Ambos,* Art. 5 EMRK Rn. 4.

287 *EGMR,* Amnur v. Frankreich Urt. v. 25.6.1996, paras. 44f.; *Gärditz,* in: Menzel/Pierlings/Hoffmann, S. 527ff.; Karpenstein/Mayer/*Elberling,* Art. 5 EMRK Rn. 7; *Esser,* 2014, § 9 Rn. 168.

288 *Meyer-Ladewig,* Art. 5 Rn. 12, 20; *Peters/Altwicker,* § 18 Rn. 21; Karpenstein/Mayer/*Elberling,* Art. 5 EMRK Rn. 18.

289 *Gollwitzer,* Art. 5 MRK Rn. 27, 29; *Peters/Altwicker,* § 18 Rn. 21; *Grabenwarter,* Art. 5 Rn. 8.

290 *EGMR,* Sunday Times v. Vereinigtes Königreich Urt. v. 26.4.1979, paras. 47f.; dazu *Gollwitzer,* Art. 5 MRK Rn. 27.

291 *EGMR,* Mooren v. Deutschland Urt. v. 9.7.2009, paras. 72ff., 83ff.; *EGMR,* M. v. Deutschland Urt. v. 17.12.2009. para. 90; *Esser/Gaede/Tsambikakis,* NStZ 2011, 79f.; *Gollwitzer,* Art. 5 MRK Rn. 32; *Meyer-Ladewig,* Art. 5 EMRK Rn. 12; *Peters/Altwicker,* § 18 Rn. 22.

292 *Eiffler,* NJW 1999, 763; *Satzger,* 2013, § 11 Rn. 49. An der Beachtung des nationalen Rechts fehlte es etwa in *EGMR,* K.-F. v. Deutschland Urt. v. 27.11.1997, wo im Falle einer Festnahme zwecks Identitätsfeststellung die *gesetzlich* angeordnete 12-Stunden-Frist des § 163c Abs. 3 StPO um 45 Minuten überschritten wurde. Allerdings führt nicht jeder Verfahrensfehler zwangsläufig zur Rechtswidrigkeit der Freiheitsentziehung. Vielmehr kommt ein Konventionsverstoß nur in Betracht, wenn ein schwer-

haupt ihrem Inhalt nach **konventionsgemäß** ist.[293] Der staatliche Eingriff muss zudem mit dem Zweck des Art. 5, Schutz vor willkürlicher Festnahme zu gewähren, in Einklang stehen.[294] Schließlich muss einer der abschließend aufgezählten, restriktiv auszulegenden[295] **Haftgründe** des Art. 5 Abs. 1 (a)-(f) EMRK vorliegen.[296]

46 Nach **Art. 5 Abs. 1 (a)** ist eine Freiheitsentziehung zunächst bei einer **Verurteilung durch ein zuständiges Gericht** gerechtfertigt. Der Begriff des Gerichts ist dabei weit zu fassen.[297] Entscheidend sind die Unabhängigkeit von der Exekutive und die Urteilsfindung in einem sachlich angemessenen Verfahren.[298] Grundlage der Verurteilung können straf- aber auch disziplinarrechtliche Tatbestände sein.[299] Die Freiheitsentziehung muss aber jedenfalls *„nach"* der Verurteilung erfolgen. Dies bedeutet nicht nur, dass jene dieser zeitlich nachfolgen muss; vielmehr muss zwischen beiden eine hinreichende kausale Verbindung *(„sufficient causal connection")* bestehen.[300] Umstritten ist, ob der Begriff *Verurteilung* die Feststellung von **Schuld** und damit die für eine Strafe charakteristische sozialethische Missbilligung einer Tat voraussetzt. Für die Einbeziehung von – schuldunabhängigen – Maßregeln spricht,[301] dass der Zweck des Art. 5 (alleine) darin besteht, vor willkürlicher Freiheitsentziehung zu schützen.[302] Zu beachten ist aber, dass für derartige Fälle Art. 5 Abs. 1 **(e)** einen sachnäheren Haftgrund bereitstellt. Ferner fehlt es bei einer Inhaftierung von schuldunfähigen Tätern an einer kausalen Beziehung zwischen dem Freiheitsentzug und der Verurteilung wegen einer Straftat.[303] Der EGMR hat demgemäß in *Luberti* im Fall eines Freispruchs wegen Geisteskrankheit bei gleichzeitiger Verfügung der Einweisung in ein psychiatrisches Krankenhaus nur Art. 5 Abs. 1 (e) angewendet.[304] Die Anordnung der **Sicherungsverwahrung** gem. § 66 StGB wurde allerdings trotz ihres präventiven Charakters als Verurteilung i. S. d. Art. 5 Abs. 1 (a) eingestuft. Den hinreichenden Kausalzusammenhang sah der EGMR als gegeben an, da die Anordnung der Sicherungsverwahrung stets im Zusammenhang mit einer strafrechtlichen Verurteilung, also einer Entscheidung über

wiegender und offenkundiger Verstoß gegen das nationale Recht vorliegt, *EGMR,* Mooren v. Deutschland Urt. v. 9.7.2009, paras. 74f., 84 („a gross and obvious irregularity"). Zu diesem Fall vgl. auch *Satzger,* 2013, § 11 Rn. 53; *Esser/Gaede/Tsambikakis,* NStZ 2011, 81f.

293 *EGMR,* Mooren v. Deutschland Urt. v. 9.7.2009, para. 76; *EGMR,* M. v. Deutschland Urt. 17.12.2009. para. 90; *Meyer-Ladewig,* Art. 5 Rn. 20; *Peters/Altwicker,* § 18 Rn. 21.

294 *EGMR,* K.-F. v. Deutschland Urt. v. 27.11.1997, para. 63; *EGMR,* Mooren v. Deutschland Urt. v. 9.7.2009, paras. 72, 77ff.; *EGMR,* M. v. Deutschland Urt. v. 17.12.2009. para. 90; dazu *Eiffler,* NJW 1999, 762f.

295 *EGMR,* Guzzardi v. Italien Urt. v. 6.11.1980, para. 98; *EGMR,* Assanidzé v. Georgien Urt. v. 8.4.2004, para. 170; *EGMR,* McKay v. Vereinigtes Königreich Urt. v. 3.10.2006, para. 30; LR/*Esser,* Art 5 MRK Rn 39.

296 *EGMR,* Radu v. Deutschland Urt. v. 16.5.2013, para. 86; *Meyer-Ladewig,* Art. 5 Rn. 12; *Peters/Altwicker,* § 18 Rn. 12ff.; *Kreicker,* in: Sieber et al., § 51, Rn. 44.

297 *Gollwitzer,* Art. 5 MRK Rn. 39.

298 *EGMR,* De Wilde, Ooms u. Versyp v. Belgien Urt. v. 18.6.1971, para. 78; *EGMR,* Engel et al. v. Niederlande Urt. v. 6.8.1976, para. 68.

299 *Grabenwarter/Pabel,* § 21 Rn. 11; *Meyer-Ladewig,* Art. 5 Rn. 25.

300 *EGMR,* M. v. Deutschland Urt. v. 17.12.2009. para. 88 m.w.N.; *Grabenwarter,* Art. 5 Rn. 12.

301 *Gollwitzer,* Art. 5 MRK Rn. 42 m.w.N.; dagegen *Grabenwarter/Pabel,* § 21 Rn. 12 unter Verweis auf *Guzzardi v. Italien,* Urt. v. 6.11.1980, para. 100; ebenso Karpenstein/Mayer/*Elberling,* Art. 5 EMRK Rn. 29.

302 Vgl. nur *Meyer-Ladewig,* Art. 5 Rn. 1.

303 Eingehend *Esser,* 2002, S. 212ff.

304 *EGMR,* Luberti v. Italien Urt. v. 23.2.1984, paras. 10, 25; vgl. auch *Esser,* 2002, S. 215.

die Schuld des Betroffenen, erfolgt.[305] Wird die Sicherungsverwahrung hingegen *nachträglich* angeordnet, so beinhaltet dies keine Entscheidung über die Schuld des Betroffenen. Sie erfolgt damit nicht – im kausalen Sinne – nach einer Verturteilung, so dass Art. 5 Abs. 1 (a) nicht einschlägig ist.[306] Die **Rechtskraft** des Urteils ist nicht erforderlich.[307] Ebensowenig wird eine Inhaftierung dadurch zu einer konventionswidrigen Freiheitsentziehung, dass ein Obergericht die vorinstanzliche Entscheidung später aufhebt. Die **Richtigkeit nationaler Urteile** ist nicht Gegenstand der Prüfung.[308] Das Vorbringen eines Inhaftierten, das Urteil sei in tatsächlicher oder rechtlicher Hinsicht fehlerhaft, wird daher vom EGMR nur gehört, wenn der Entscheidung eine flagrante Rechtsverweigerung *(„flagrant denial of justice")* zugrunde liegt.[309]

Der Haftgrund des **Art. 5 Abs. 1 (b)** knüpft an die **Nichtbefolgung** einer rechtmäßigen 47
gerichtlichen Anordnung oder an die **Nichterfüllung** einer gesetzlichen Verpflichtung an. Der erste Fall setzt voraus, dass der Inhaftierte die ihm durch einen Gerichtsbeschluss auferlegten Pflichten, etwa Zahlung einer Geldbuße, nicht erfüllt hat.[310] Beispiele hierfür sind insbesondere die unterschiedlichen Arten der strafprozessualen Beuge- und Ordnungshaft (§§ 51, 70, 95 Abs. 2 StPO).[311] In Abgrenzung zu Abs. 1 (a) kommt einer Freiheitsentziehung auf der Grundlage von (b) jedoch nur der „Charakter einer **Ersatzsanktion**" zu, deren Verhängung an die Nichtbefolgung der vorgehenden Anordnung anknüpft;[312] „gerichtliche Anordnung" ist also nicht i. S. v. „Verurteilung" zu verstehen. Zum anderen ist mit **„gesetzlicher Verpflichtung"** i. S. v. (b) nicht etwa bereits eine allgemeine Pflicht zu gesetzeskonformem Verhalten zu verstehen;[313] ein derartiges Ver-

[305] *EGMR,* M v. Deutschland Urt. v. 17.12.2009, para. 96; bestätigt in *EGMR,* Grosskopf v. Deutschland Urt. v. 21.10.2010, paras. 46f.; an die Rspr des EGMR anknüpfend *BVerfG* NJW 2012, 3357 (3361) m. Bspr. bei *G. Merkel,* ZIS 2012, 521; zust. *Satzger,* StV 2013, 247. Im Fall *M* bejahte der Gerichtshof jedoch einen Verstoß gegen Art. 5 Abs. 1 EMRK, da die Freiheitsentziehung des Bf. über die im Zeitpunkt seiner Verurteilung geltende Höchsfrist von 10 Jahren (§ 67d I StGB a. F.) hinausging und mithin nicht mehr als Folge der ersten Verurteilung angesehen werden könne. *EGMR* a. a. O., paras. 97ff.; vgl. dazu *Kinzig,* NStZ 2010, 235ff.; auch *Freund,* GA 2010, 206ff. (unter dem Blickwinkel der Präventivhaft). *BVerfG* NJW 2004, 739 (741) hatte dagegen die Vereinbarkeit der Höchstfrist mit dem GG auch für „Altfälle" bestätigt. Der in der Sicherungsverwahrung liegende Eingriff in das Recht auf Freiheit aus Art. 2 Abs. 2 GG sei gegen das Sicherheitsbedürfnis der Allgemeinheit abzuwägen. Näher zum Fall *M* u. Fall 11 u. Rn. 91ff. Vgl. auch die Falllösung bei *Hecker/Zölle* S. 147ff. (Fall 15).

[306] Dies hat der EGMR in einem *obiter dictum* in *EGMR,* M v. Deutschland Urt. v. 17.12.2009, para. 96 festgehalten; bestätigt in *EGMR,* Haidn v. Deutschland Urt. v. 13.1.2011, paras. 84ff. (krit. dazu *Schöch,* FS Roxin, 2013, S. 1204) u. *EGMR,* B v. Deutschland Urt. v. 19.4.2012, paras. 72ff.; ebenso *BGH* NStZ 2010, 565 (567); *OLG Hamm* NStZ-RR 2010, 388; *Drenkhahn/Morgenstern,* ZStW 124 (2012), 150f.; *Renzikowski,* ZIS 2011, 535; Karpenstein/Mayer/*Elberling,* Art. 5 EMRK Rn. 36; *Grabenwarter,* Art. 5 Rn. 12. Vgl. auch *Kinzig,* NStZ 2010, 235, 239, der auch die vorbehaltene Sicherungsverwahrung für unvereinbar mit Art. 5 hält sowie *Müller,* StV 2010, 211; zur Rechtfertigung über Art. 5 Abs. 1 (c) u. Rn. 48.

[307] *Meyer-Goßner,* Art. 5 Rn. 2a; *Meyer-Ladewig,* Art. 5 Rn. 25; *Vogler,* ZStW 89 (1977), 761, 770.

[308] *Grabenwarter/Pabel,* § 21 Rn. 12; *Meyer-Ladewig,* Art. 5 Rn. 26; *Gollwitzer,* Art. 5 MRK Rn. 48.

[309] *EGMR,* Douiyeb v. Niederlande Urt. v. 4.8.1999, para. 45; *EGMR,* Radu v. Deutschland Urt. v. 16.5.2013, para. 88; *Meyer-Ladewig,* Art. 5 Rn. 26; s. hierzu auch *Thunberg Schunke,* S. 85ff.

[310] *Meyer-Ladewig,* Art. 5 Rn. 29.

[311] *Esser,* 2002, S. 218; *Meyer-Goßner,* Art. 5 EMRK Rn. 3. Vgl. auch die Beispiele in *EGMR,* Gatt v. Malta Urt. v. 27.7.2010, para. 37.

[312] *EGMR,* Steel et al. v. Vereinigtes Königreich Urt. v. 23.9.1998, paras. 68ff.; *Esser,* 2002, S. 217f.: Inhaftierung nach erfolgloser Aufforderung – nach einem „breach of the peace" – den Frieden zu wahren.

[313] *EGMR,* Lawless v. Irland Urt. v. 1.7.1961, para. 9; Frowein/Peukert/*Peukert,* Art. 5 Rn. 55; *Meyer-Ladewig,* Art. 5 Rn. 30; *Prill,* Präventivhaft, 2010, S. 269ff. (276); *Schilling,* § 11 Rn. 202.

ständnis würde den Haftgrund ersichtlich konturenlos werden lassen.[314] Erforderlich ist vielmehr, dass einer Person die Freiheit auf gesetzlicher Grundlage entzogen wird, um die Beachtung ihr obliegender spezieller gesetzlicher Pflichten durchzusetzen.[315] Ein Beispiel bildet der Freiheitsentzug zwecks Durchsetzung der Pflicht zur Ableistung des Wehr- oder Ersatzdienstes.[316] Eine gesetzliche Regelung, die Freiheitsentzug wegen Verschuldung vorsieht, würde dagegen Art. 1 ZP IV zuwiderlaufen und wäre somit kein tragfähiger Haftgrund.[317]

48 **Art. 5 Abs. 1 (c)** erlaubt die **vorläufige Festnahme und Untersuchungshaft,** des Weiteren aber auch die **präventive Inhaftierung** (!),[318] „wenn begründeter Anlass zu der Annahme besteht, dass es notwendig ist, [eine Person] an der Begehung einer Straftat (...) zu hindern (...)." Untersuchungshaft kann zum Zweck der richterlichen Vorführung angeordnet werden, wenn hinreichender Tatverdacht gegeben ist oder daneben Fluchtgefahr vorliegt,[319] also bereits dann, wenn lediglich der hinreichende Verdacht der Begehung einer Straftat gegen den Betreffenden besteht.[320] **Hinreichender Tatverdacht** wiederum ist gegeben, wenn genügend Tatsachen vorliegen, die nach einer objektiven ex-ante Betrachtung darauf schließen lassen, dass der Betroffene die (nach dem Recht des jeweiligen Staates) strafbare Handlung begangen hat.[321] Prüfungsmaßstab ist damit das nationale Recht.[322] Sieht dieses – insoweit über Art. 5 Abs. 1 (c) hinausgehend – weitere Voraussetzungen für die Untersuchungshaft, etwa einen strengeren Verdachtsgrad oder Verdunkelungsgefahr vor (vgl. etwa §§ 112ff. StPO), müssen diese gegeben sein, weil der Freiheitsentzug andernfalls nicht „auf die gesetzlich vorgeschriebene Weise" i. S. v. Art. 5 Abs. 1 erfolgen würde.[323] Nach ständiger Rspr. reicht der hinreichende Tatverdacht zwar für die Festnahme aus, vermag jedoch nicht ohne Weiteres die **Aufrechterhaltung** der Untersuchungshaft zu rechtfertigen. Mit Ablauf eines gewissen Zeitraums muss ein weiterer Haftgrund hinzutreten, damit die Fortdauer der Freiheitsentziehung **verhältnismäßig** bleibt.[324] Dies folgt unmittelbar aus Art. 5 Abs. 3 (dazu Rn. 52f.).

---

314 *Grabenwarter/Pabel,* § 21 Rn. 13.

315 *EGMR,* Engel et al. v. Niederlande Urt. v. 6.8.1976, para. 69; *Grabenwarter/Pabel,* § 21 Rn. 13; *Meyer-Ladewig,* Art. 5 Rn. 30; Frowein/Peukert/*Peukert,* Art. 5 Rn. 69.

316 *EGMR,* Johansen v. Norwegen Entsch. v. 14.10.1985; dazu Frowein/Peukert/*Peukert,* Art. 5 Rn. 56 (Haft zur Erzwingung des zivilen Ersatzdienstes).

317 *Grabenwarter/Pabel,* § 21 Rn. 13.

318 *Grabenwarter/Pabel,* § 21 Rn. 15f.; *Meyer-Ladewig,* Art. 5 Rn. 39; *Esser,* in: Joerden/Szwarc, S. 238ff.; zur Frage des Verstoßes gegen Art. 7 (nulla poena sine lege) und den Möglichkeiten der Derogation in Bezug auf die Präventivhaft im Lichte des Falles *EGMR,* Lawless v. Irland Urt. v. 1.7.1961 *Schneider,* in: Menzel/Pierlings/Hoffmann, S. 524ff.

319 *Peters/Altwicker,* § 18 Rn. 16; Karpenstein/Mayer/*Elberling,* Art. 5 EMRK Rn. 52.

320 *Grabenwarter/Pabel,* § 21 Rn. 17; *Schilling,* § 11 Rn. 203f.; zu Besonderheiten bei Verfahren wegen des Verdachts terroristischer Straftaten *Demko,* HRRS 2004, 95, 98ff.

321 *EGMR,* Erdagöz v. Türkei Urt. v. 22.10.1997, paras. 51f.; *EGMR,* Fox, Campbell u. Hartley v. Vereinigtes Königreich Urt. v. 30.8.1990, paras. 32ff.; *Grabenwarter/Pabel,* § 21 Rn. 17; *Peters/Altwicker,* § 18 Rn. 13; *Demko,* HRRS 2004, 95, 97f; *Esser,* 2014, § 9 Rn. 178.

322 *EGMR,* Loukanov v. Bulgarien Urt. v. 20.3.1997, paras. 42–46; Frowein/Peukert/*Peukert,* Art. 5 Rn. 64 spricht davon, dass ein objektiver Beobachter davon überzeugt sein muss, dass der Verdächtige das in Frage stehende Delikt begangen haben könnte; *Grabenwarter/Pabel,* § 21 Rn. 17; *Peters/Altwicker,* § 18 Rn. 16.

323 *EGMR,* Kemmache v. Frankreich Urt. v. 24.11.1994, para. 42; *Meyer-Ladewig,* Art. 5 Rn. 33.

324 *EGMR,* W. v. Schweiz Urt. v. 26.1.1993, para. 30; *Grabenwarter/Pabel,* § 21 Rn. 19; *Peters/Altwicker,* § 18,Rn. 16. Vgl. zur Kompensation überlanger Haft *Reich,* S. 174ff.

In Bezug auf die **„Präventivhaft"** liegt es auf der Hand, dass der Haftgrund des Art. 5 Abs. 1 (c) restriktiv gehandhabt werden muss,[325] lässt er doch eine bloße „Ausführungsgefahr" genügen[326] und erlaubt gegebenenfalls – nach Maßgabe der jeweiligen nationalen Gesetze – die Inhaftierung gänzlich unbescholtener Personen. Vor dem Hintergrund der Terrorismusgefahr ist zu betonen, dass eine präventive Inhaftierung von Personen, die von den zuständigen Behörden als „abstrakt gefährlich" erachtet werden, durch Art. 5 Abs. 1 (c) verboten ist. Erforderlich sind **konkrete Anhaltspunkte,** die die Annahme rechtfertigen, dass jemand eine bestimmte Straftat begehen werde.[327] Darüberhinaus hat der EGMR jüngst ausdrücklich festgehalten, dass Art. 5 Abs. 1 (c) keinesfalls eine Präventivhaft unbestimmter Dauer rechtfertigen kann, da die Freiheitsentziehung in diesen Fällen nicht „zur Vorführung vor die zuständige Gerichtsbehörde" erfolgt. Demgemäß kann eine nachträgliche Sicherungsverwahrung nicht auf Art. 5 Abs. 1 (c) gestützt werden.[328]

Art. 5 Abs. 1 (d) erlaubt die Freiheitsentziehung von Minderjährigen zur überwachten 49
Erziehung oder zur Vorführung vor die (für Erziehungsangelegenheiten)[329] zuständige Behörde. Mit überwachter Erziehung sind Maßnahmen nach **Jugendstrafrecht** einerseits und nach **Fürsorgerecht** andererseits gemeint.[330] Aus der Systematik des Art. 5 Abs. 1 (d) wird gefolgert, dass es bei der zweiten Alternative um die Vorführung von Minderjährigen gehen muss, bei denen „überwachte Erziehung" in Frage kommt.[331]

Nach **Art. 5 Abs. 1 (e)** kann **ansteckend Kranken** sowie **psychisch Kranken,** alko- 50
hol- und rauschgiftabhängigen Personen und so bezeichneten „Landstreichern" die Freiheit entzogen werden.[332] Dabei geht es zum einen – bezüglich der erstgenannten Gruppe – um die Verhinderung der Ausbreitung ansteckender Krankheiten, so dass Quarantäneregelungen auf Art. 5 Abs. 1 (e) gestützt werden können.[333] Zwingend erforderlich ist nach der Rspr. des EGMR jedoch, dass die Erkrankung durch ein ärztliches Attest belegt ist.[334] Andererseits dient der Freiheitsentzug bei den genannten psychisch Kranken vorrangig dem Schutz der Allgemeinheit[335] und muss in einer ge-

[325] *EGMR,* Haidn v Deutschland Urt. v. 13.1.2011, para. 90.

[326] *Grabenwarter/Pabel,* § 21 Rn. 20.

[327] *EGMR,* Guzzardi v. Italien Urt. v. 6.11.1980, para. 102; *EGMR,* M v. Deutschland Urt. v. 17.12.2009, para. 102; *Grabenwarter/Pabel,* § 21 Rn. 20; *Meyer-Ladewig,* Art. 5 Rn. 39. Zur Präventivhaft zur Terrorismusbekämpfung vertiefend *Prill,* Präventivhaft, 2010, S. 279ff.; auch *Macken,* S. 53ff.

[328] *EGMR,* Haidn v Deutschland Urt. v. 13.1.2011, para. 90; vgl. auch *Müller,* StV 2010, 211; *Drenkhahn/Morgenstern,* ZStW 124 (2012), 152; *Renzikowski,* ZIS 2011, 536. In *EGMR,* M v. Deutschland Urt. v. 17.12.2009, para. 102 hatte der EGMR noch entscheidend darauf abgestellt, dass sich im konkreten Fall die Gefahr neuer Straftaten noch nicht hinreichend verdichtet habe; s. auch *Kinzig,* NStZ 2010, 236. Ausführlich zur nachträglichen Sicherungsverwahrung unter Berücksichtigung der verschiedenen Konstellationen *Greger,* NStZ 2010, 678ff. Die Vereinbarkeit der nachträglichen Sicherungsverwahrung mit Art. 5 wurde stets kontrovers diskutiert: dagegen i. Erg. schon *Renzikowski,* JR 2004, 273f., der eine reine Präventivhaft von Art. 5 Abs. 1 (c) als nicht gedeckt ansieht; *Ullenbruch,* NJW 2008, 2609 (2613f.); *von Freier,* ZStW 120 (2008), 273 (326) Anm 184; i. Erg. auch *Wollmann,* NK 2007, 154f.; anders *Trechsel,* EMRK, 1974, S. 225ff.

[329] *Esser,* 2014, § 9 Rn 184; *Grabenwarter,* Art. 5 Rn. 22.

[330] *EGMR,* Bouamar v. Belgien Urt. v. 29.2.1988, paras. 50 u. 52; *Grabenwarter/Pabel,* § 21 Rn. 22.

[331] Frowein/Peukert/*Peukert,* Art. 5 Rn. 75; *Grabenwarter/Pabel,* § 21 Rn. 22.

[332] Vgl. hierzu auch den Rechtsprechungsüberblick bei Radtke/Hohmann/*Ambos,* Art. 5 Rn. 17.

[333] *Grabenwarter/Pabel,* § 21 Rn. 23.

[334] *EGMR,* Winterwerp v. Niederlande Urt. v. 24.10.1979, para. 39; *EGMR,* Luberti v. Italien Urt. v. 23.2.1984, para. 27; *EGMR,* Ashingdane v. Vereinigtes Königreich Urt. v. 28.5.1985, para. 37; *Grabenwarter/Pabel,* § 21 Rn. 23.

[335] Dazu *BGH* StV 2010, 515 (520) = NStZ 2010, 381 (383) (nachträgliche Anordnung der Sicherungsverwahrung nach Verurteilung zu Jugendstrafe); krit. *Kreuzer,* NStZ 2010, 477; *Bartsch,* StV 2010, 521, 524; *Renzikowski,* NStZ 2010, 507f. Vgl. auch *Ostendorf/Petersen,* ZRP 2010, 245.

eigneten Einrichtung erfolgen.[336] Nationalstaatliche Regelungen können aber auch den Schutz der betreffenden Personen selbst bezwecken.[337] Unter diesen engen Voraussetzungen könnte man auch die nachträgliche Sicherungsverwahrung als konventionsgemäß ansehen.[338] Mittlerweile hat der EGMR allerdings klargestellt, dass eine Unterbringung psychisch Kranker nur dann mit Art. 5 Abs. 1 (e) im Einklang steht, wenn sie in einem (psychiatrischen) Krankenhaus oder einer sonstigen geeigneten Einrichtung erfolgt. Die „normalen" deutschen Gefängnisse zählen nicht hierzu, da bei ihnen der notwendige Zusammenhang zwischen psychischer Erkrankung und Freiheitsentzug fehlt.[339] Dementsprechend sieht § 2 des Gesetzes zur Therapierung und Unterbringung psychisch gestörter Gewalttäter (ThUG – dazu unten Rn. 93) nunmehr vor, dass die Unterbringung psychisch Kranker in hierzu besonderes geeigneten, räumlich und organisatorisch vom normalen Strafvollzug getrennten Einrichtungen erfolgen müsse.[340]

51 Als letzter Haftgrund ermöglicht **Art. 5 Abs. 1 (f)** zunächst die Festnahme und Freiheitsentziehung zur **„Verhinderung der unerlaubten Einreise"**. Ein praktisch relevantes Beispiel für auf diesen Haftgrund gestützte Maßnahmen stellt das Festhalten von Asylbewerbern auf Flughäfen und an Grenzübergängen dar.[341] Ferner ist der Freiheitsentzug „bei Personen, gegen die ein Ausweisungs- oder Auslieferungsverfahren im Gange ist" erfasst. Maßgeblich ist dabei nur, ob ein Verfahren anhängig ist, nicht aber, ob durch die Haft eine Flucht oder die Begehung einer Straftat verhindern werden soll.[342] Die Frage der Rechtswidrigkeit der sich im Rahmen dieses Verfahrens vollziehenden Auslieferung führt als solche nicht zu einem Verstoß gegen Art. 5 Abs. 1 (f); jedoch erfordert diese Vorschrift jedenfalls eine Abwägung zwischen den Interessen der von der Auslieferung bedrohten Person und den staatlichen Interessen.[343]

Menschenrechtlich konsequent ist es, dass das oberste englische Gericht die **Inhaftierung mutmaßlicher Terroristen** nicht-britischer Nationalität auf unbestimmte Zeit und ohne Gerichtsurteil unter dem *Anti-Terrorism, Crime and Security Act 2001 (ATCSA)* i. V. m. der auf Art. 5 Abs. 1 (f) bezogenen „Derogation

[336] *EGMR,* Hutchinson Reid v. Vereinigtes Königreich Urt. v. 20.2.2003, para. 48; *EGMR,* Haidn v. Deutschland Urt. v. 13.1.2011, para. 94; *EGMR,* K v. Deutschland Urt. v. 13.1.2011, para. 46; u. a. deshalb gg. *BGH* StV 2010, 515 = NStZ 2010, 381; *Renzikowski,* NStZ 2010, 508 (weil der Vollzug der Sicherungsverwahrung in Deutschland gerade nicht in geeigneten Einrichtungen erfolge).

[337] *EGMR,* Guzzardi v. Italien Urt. v. 6.11.1980, para. 98; *EGMR,* Litwa v. Polen Urt. v. 4.4.2000, para. 60; *Grabenwarter/Pabel,* § 21 Rn. 24. Vgl. schließlich *EGMR,* Herz v. Deutschland Urt. v. 12.6.2003.

[338] So *BVerfG* NJW 2011, 1931 (1944); *BGH* StV 2011, 674; vgl. auch *EGMR,* M v. Deutschland Urt. v.17.12.2009, para. 102; dazu *Greger,* NStZ 2010, 678 sowie *OLG Hamm* NStZ-RR 2010, 388 (398); a. A. Karpenstein/Mayer/*Elberling,* Art. 5 EMRK Rn. 69.

[339] *EGMR,* Haidn v. Deutschland Urt. v. 13.1.2011, para. 94; *EGMR,* K v. Deutschland Urt. v. 13.1.2011, para. 46; *EGMR,* B v. Deutschland Urt. v. 19.4.2012, paras. 81f.; *EGMR,* Radu v. Deutschland Urt. v. 16.5.2013, para. 83; wohl zust. *Drenkhahn/Morgenstern,* ZStW 124 (2012), 152; *Grabenwarter/Pabel,* § 21 Rn. 24; *Esser/Gaede/Tsambikakis,* NStZ 2012, 558; vgl. zur Problematik auch *Pösl,* ZJS 2011, 139.

[340] *OLG Saarbrücken* StV 2012, 31 (37); krit. Karpenstein/Mayer/*Elberling,* Art. 5 EMRK Rn. 69f. Unklar ist jedoch, welche Anforderungen an das Vorliegen einer psychischen Störung zu stellen sind und ob das ThUG insoweit den Anforderungen des Art. 5 Abs. 1 (e) entspricht, zw. *Satzger,* StV 2013, 248; *Renzikowski,* ZIS 2011, 537f.; s. hierzu auch *Ullenbruch,* StV 2012, 47; *ders.,* StV 2014, 174 (mit krit. Analyse der Anwendungspraxis); Karpenstein/Mayer/*Elberling,* Art. 5 EMRK Rn. 71 sowie *BVerfG,* Beschl. v. 15.9.2011 – 2 BvR 1516/11, para. 36 m. Bspr. bei *Morgenstern,* ZIS 2011, 975.

[341] *Peters/Altwicker,* § 18 Rn. 20; Karpenstein/Mayer/*Elberling,* Art. 5 EMRK Rn. 82 m. w. N.

[342] *EGMR,* Saadi v. Vereinigtes Königreich Urt. v. 29.1.2008, para. 72.

[343] *Grabenwarter/Pabel,* § 21 Rn. 25.

Order" (Human Rights Act 1998 Order 2001, S I 2001/3644)[344] als konventionswidrig angesehen hat.[345] Nach section 23 (1) der derogation order soll ein „suspected international terrorist" festgenommen werden können, obwohl seiner Ausweisung rechtliche Hindernisse auf Grund internationaler Übereinkommen oder auch nur Zweckmäßigkeitserwägungen entgegenstehen[346] und damit eine Ausweisungs- oder Auslieferungshaft nicht in Betracht kommt (so dass auch der Haftgrund des Art. 5 Abs. 1 (f) nicht einschlägig ist und deshalb durch die order aufgehoben werden muss). Nach Ansicht der *Law Lords* liegen die in Art. 15 enthaltenen Voraussetzungen für ein „Abweichen im Notstandsfall"[347] von Art. 5 Abs. 1 (f) nicht vor, knüpft die zitierte order doch in diskriminierender Weise an die fremde Staatsangehörigkeit der betreffenden Personen an (weil eben die eigenen Staatsangehörigen nicht erfasst sind).

Im Zusammenspiel mit dem Fairnessgebot des Art. 6 stärkt Art. 5 erheblich die Rechtsposition von in **Untersuchungshaft** befindlichen Beschuldigten.[348] **Art. 5 Abs. 3** bietet auf der Grundlage von Art. 5 Abs. 1 (c) Inhaftierten zwei unterschiedliche Verfahrensgarantien:[349] Zum einen besteht der Anspruch, „unverzüglich[350] einem Richter oder einer anderen gesetzlich zur Wahrnehmung richterlicher Aufgaben ermächtigten Person vorgeführt [zu] werden." Zum anderen muss „innerhalb angemessener Frist" Verurteilung oder Freilassung erfolgen. Art. 5 Abs. 3 steht dabei in der Tradition des englischen *Habeas Corpus Act* von 1679, demzufolge Verhaftungen richterlich anzuordnen und Gefangene innerhalb von drei Tagen ihrem Richter vorzuführen waren.[351] Der Zweck der erstgenannten Gewährleistung besteht darin, die unabhängige und überparteiliche **Kontrolle** der Untersuchungshaft mittels der Übertragung auf ein Gericht oder einen Beamten, dem richterliche Funktionen per Gesetz überantwortet sind und der über die Haft in sachlicher Unabhängigkeit entscheiden kann,[352] zu sichern. Zweifel an der Unabhängigkeit müssen ausgeschlossen sein.[353] Von besonderer Bedeutung ist die weitere Garantie, binnen angemessener Frist verurteilt oder aus der Untersuchungshaft entlassen zu werden: Zunächst einmal begrenzt Art. 5 Abs. 1, 3 die **Dauer der Untersuchungshaft.** Nach Ansicht des EGMR müssen neben dem fortbestehenden Tatverdacht die Haftgründe tragfähig sein und die Behörden den Fortgang des Verfahrens fördern, weil andernfalls die mit zunehmender Haftdauer an Gewicht gewinnenden Freiheitsrechte die Haft konventionswidrig machen.[354] Die verbreitete 52

344 Dazu *Grabenwarter/Pabel,* § 2 Rn. 8.

345 *Vereinigtes Königreich,* House of Lords, A and others v. Secretary of State for the Home Department, 16.12.2004; dazu *Albrecht,* ZStW 117 (2005), 859; *Ambos,* PVS 36 (2006), 440f.; *Maierhöfer,* EuGRZ 2005, 460.

346 „... his removal or departure from the United Kingdom is prevented (whether temporarily or indefinitely) by a point of law which wholly or partly relates to an international agreement or a practical consideration."

347 Zu Derogationsvoraussetzungen und -verfahren *Grabenwarter/Pabel,* § 2 Rn. 9ff., die die Bezeichnung „Suspendierung" verwenden.

348 Vgl. dazu schon *Ambos,* NStZ 2003, 14f.; *ders.,* ZStW 115 (2003), 583 (601ff.).

349 *Grabenwarter/Pabel,* § 21 Rn. 28.

350 Zum Begriff der Unverzüglichkeit vgl. Radtke/Hohmann/*Ambos,* Art. 5 EMRK Rn. 21 m.w.N.

351 *Peters/Altwicker,* § 18 Rn. 27.

352 Dazu *Gollwitzer,* Art. 5 EMRK Rn. 108; Beispiele aus der Praxis (schweiz. Bezirksanwalt als richterlicher Beamter, nicht dagegen der niederl. Militärauditor) bei Frowein/Peukert/*Peukert,* Art. 5 Rn. 107f.; krit. insoweit zu § 115a dStPO *Renzikowski,* in: Joerden/Szwarc, S. 318ff. und *Diehm,* StraFo 2007, 232ff.

353 *Grabenwarter/Pabel,* § 21 Rn. 28; zur mangelhaften gerichtlichen Kontrolle der U-Haft in den osteuropäischen Staaten *Pellonpää,* FS Trechsel, 2002, S. 84ff.

354 *EGMR,* Erdem v. Deutschland Urt. v. 5.7.2001, paras. 39ff.; *EGMR,* Cevizovic v. Deutschland Urt. v. 29.7.2004, paras. 38 u. 41; dazu Anm. *Pauly,* StV 2005, 139; *OLG Hamm* StV 2013, 166; *OLG Koblenz* StV 2011, 167f. *Renzikowski,* in: Joerden/Szwarc, S. 344f.; vgl. auch *Burhoff,* StraFo 2006, 55 sowie Radtke/Hohmann/*Ambos,* Art. 5 EMRK Rn. 24 m.w.N.

Praxis, die Haftfortdauer nach §§ 121, 122 StPO mit formelhaften Begründungen anzuordnen, ist damit konventionswidrig.[355]

53 Die **angemessene Dauer** der U-Haft hängt von den **Umständen des Einzelfalls** ab.[356] So hat der EGMR einerseits U-Haft von mehr als vier Jahren als konventionsgemäß, andererseits jedoch U-Haft von mehr als zwei Jahren als unangemessen bewertet.[357] In *Cevicovic v. Deutschland* hat er 4 Jahre 9 Monate und drei Tage U-Haft als unangemessen angesehen.[358] Grundsätzlich legt der EGMR an die Dauer der U-Haft strengere Maßstäbe an als an die Verfahrensdauer,[359] was angesichts der stärkeren Eingriffsintensität zu begrüßen ist. Der Entscheidung über die zulässige Dauer liegt eine **Abwägung** zwischen dem öffentlichen Interesse an der Haftfortdauer und dem individuellen Freiheitsinteresse zugrunde.[360] Dabei sind insbesondere das Verhältnis der angedrohten Strafe zur Dauer der U-Haft und die Wirkungen der Haft auf den Betroffenen zu berücksichtigen.[361] Des Weiteren kann der **terroristische Hintergrund** einer die U-Haft begründenden Straftat im Einzelfall eine längere Haftdauer legitimieren.[362] Dem bei Freiheitseingriffen besonders bedeutsamen Zeitfaktor trägt der EGMR dadurch Rechnung, dass er – liegen auch (zunächst) tragfähige Gründe für die (Fortdauer der) U-Haft vor – in einem selbstständigen Schritt untersucht, ob die zuständigen Behörden das Verfahren zügig betrieben haben.[363] Ergeben sich vermeidbare **Verfahrensverzögerungen** z. B. dadurch, dass anstelle von Fotokopien Aktenoriginale versandt werden, muss die dadurch (unangemessen) verlängerte U-Haft von einer ggf. verhängten Freiheitsstrafe in Abzug gebracht werden.[364] Eine Verletzung des Art. 5 Abs. 3 S. 1 ist neben einem Verstoß gegen Art. 6 Abs. 1 gesondert zu prüfen und über die zwingende Anrechnung nach § 51 Abs. 1 S. 1 StGB hinaus wiedergutzumachen.[365] Sieht das nationale Recht die Möglichkeit einer Entlassung aus der U-Haft gegen Leistung einer **Kaution** vor, sind die zuständigen staatlichen Stellen zur Prüfung dieser Möglichkeit verpflichtet.[366] Trägt – neben dem Tatverdacht – (nur) Fluchtgefahr die Fortdauer der U-Haft, ist nach Maßgabe des nationalen Rechts die Freilassung auf Kaution zu verfügen.[367] Ergibt die Würdigung des Falles eine Verletzung des besonderen Beschleunigungsgebots für Haftsachen, so kann allerdings die Opfereigenschaft des Betroffenen i. S. v.

[355] So auch *Peters/Altwicker,* § 18 Rn. 30; krit. auch *Tiedemann,* ZRP 1992, 108, der feste U-Haftfristen vorschlägt. Krit. ferner *Unfried,* Art. 5 EMRK, 2006, S. 77ff., insb. 118f. Vgl. auch *EGMR,* Bykov v. Russland Urt. v. 10.3.2009, para. 66 sowie *BVerfG* StV 2009, 479 (481).

[356] *EGMR,* Cevizovic v. Deutschland Urt. v. 29.7.2004, para. 37; *Esser,* in: Joerden/Szwarc, S. 240; *Grabenwarter/Pabel,* § 21 Rn. 31; *Meyer-Ladewig,* Art. 5 Rn. 73; *Peters/Altwicker,* § 18 Rn. 30; *Esser,* 2014, § 9 Rn. 194; ausführlich zu den einschlägigen Entscheidungen: *Reindl,* Untersuchungshaft und EMRK, 1997, S. 121ff.; ferner *Tochilovsky,* S. 597ff.

[357] *Peters,* EMRK, 2003, S. 99.

[358] *EGMR,* Cevizovic v. Deutschland Urt. v. 29.7.2004, paras. 34, 53ff.

[359] *Meyer-Ladewig,* Art. 5 Rn. 73; vgl. auch *BGH* StV 2008, 633 (634); *OLG Nürnberg* StV 2009, 367.

[360] *EGMR,* Cevizovic v. Deutschland Urt. v. 29.7.2004, para. 37; *EGMR,* Labita v. Italien Urt. v. 6.4.2000, paras. 152f.; *EGMR,* Kudla v. Polen Urt. v. 26.10.2000, para. 110; *EGMR,* Erdem v. Deutschland Urt. v. 5.7.2001, para. 39; vgl. auch *BVerfG* NStZ 2005, 456 (457) mit krit. Anm. *Foth; BVerfG* StV 2005, 615 u. NJW 2006, 672; *OLG Hamm* StV 2006, 481 (482); hierzu *Jahn,* NJW 2006, 653; *Esser,* in: Joerden/Szwarc, S. 234; vgl. ferner *Grabenwarter/Pabel,* § 21 Rn. 31; zum besonderen Beschleunigungsgrundsatz in Haftsachen (Art. 5 Abs. 3) vgl. auch *Burhoff,* StraFo 2006, 54f. und *Knauer,* StraFo 2007, 309ff. m.w.N. zur deutschen (Verfassungsgerichts-)Rspr.

[361] *EGMR,* Letellier v. Frankreich Urt. v. 26.6.1991, para. 43; *Mansdörfer,* GA 2010, 158ff.

[362] *EGMR,* Brogan v. Vereinigtes Königreich Urt. v. 29.11.1988, para. 61; eingehend dazu *Klugmann,* Antiterroristische Maßnahmen, 2002, S. 109ff.; krit. zum Fall Brogan: *Tanca,* EJIL (1/2) 1990, 269, 273ff.; vgl. auch *Grabenwarter/Pabel,* § 21 Rn. 31.

[363] *EGMR,* Toth v. Österreich Urt. v. 12.12.1991, paras. 64ff. insb. 76f.; *EGMR,* Kudla v. Polen Urt. v. 26.10.2000, paras. 110f.; *Meyer-Ladewig,* Art. 5 Rn. 81; *Grabenwarter/Pabel,* § 21 Rn. 32; *Peters/Altwicker,* § 18 Rn. 30.

[364] *EGMR,* Toth v. Österreich Urt. v. 12.12.1991, para. 77; *Peters/Altwicker,* § 18 Rn. 30.

[365] *EGMR,* Dzelili v. Deutschland Urt. v. 10.11.2005, para. 83; *BGH* NStZ 2010, 229f.

[366] *EGMR,* Wemhoff v. Deutschland Urt. v. 27.6.1968, paras. 14f.; dazu *Meyer-Ladewig,* Art. 5 Rn. 80. Vgl. auch *EGMR,* Mangouras v. Spanien 28.9.2010, para. 79; *Grabenwarter,* Art. 5 Rn. 37.

[367] *EGMR,* Letellier v. Frankreich Urt. v. 26.6.1991, para. 46; *EGMR,* Neumeister v. Österreich Urt. v. 27.6.1968, para. 14; *Grabenwarter/Pabel,* § 21 Rn. 33.

Art. 34 entfallen, wenn (schon) die nationalen Gerichte zum einen eine Verletzung des Art. 5 Abs. 3 explizit feststellen und zum anderen diese durch eine ausreichende Strafmilderung kompensieren.[368]

Aus dem Grundsatz der Waffengleichheit i. V. m. **Art. 5 Abs. 2** folgt ferner die angemessene **Beteiligung** und **Unterrichtung** des Beschuldigten über die den Freiheitsentzug begründenden Tatsachen.[369] Dieses Informationsrecht dient der Vorbereitung der Rechtsbehelfe aus Abs. 4. Der Festgenommene muss in einer ihm verständlichen Sprache über die tatsächlichen und rechtlichen Gründe der Freiheitsentziehung unterrichtet werden; dies schließt auch die Informationen über Beweismittel ein.[370] Die Unterrichtung muss zwar nicht sofort im Zeitpunkt der Freiheitsentziehung erfolgen, doch darf auch nicht zu lange (zehn Tage) gewartet werden.[371] Ist der Betroffene nicht in der Lage, die Belehrung zu verstehen, muss der gesetzliche Vertreter unterrichtet werden.[372] Auch im Rahmen der U-Haft müssen die Vorteile eines kontradiktorischen Verfahrens („benefit of an adversarial procedure"),[373] also insbesondere die Anwesenheit in mündlicher Verhandlung[374] und die Möglichkeit zur Stellungnahme auf ein Vorbringen der Staatsanwaltschaft,[375] gewährt werden (vgl. schon Rn. 34, 36). 54

Die Gewährleistungen des **Art. 5 Abs. 4** unterscheiden sich in zweierlei Hinsicht von denen des Art. 5 Abs. 3: Zunächst bezieht sich Absatz 3 nur auf Untersuchungshäftlinge, deren Freiheitsentzug auf Art. 5 Abs. 1 (c) beruht, während Absatz 4 **jede Person** betrifft, „die festgenommen oder der die Freiheit entzogen ist". Des Weiteren beinhaltet Absatz 3 mit dem Anspruch auf Entscheidung binnen angemessener Frist eine materielle Gewährleistung, während Absatz 4 der Charakter einer **Verfahrensgarantie** zukommt,[376] indem er dem Betroffenen ein Recht auf richterliche Prüfung der Rechtmäßigkeit der Freiheitsentziehung einräumt. Die Praxis des *„Verschwindenlassens"* Inhaftierter (dazu auch Rn. 77) stellt einen Verstoß gegen Art. 5 Abs. 3 und 4 dar.[377] Gleiches gilt für die nach dem 11. September 2001 auch auf Initiative der amerikanischen CIA betriebene Praxis der sog. „extraordinary renditions", also die Überstellung eines Gefangenen an einen anderen Staat außerhalb des normalen Rechtshilfeverfahrens trotz konkreter Gefahr von Folter und unmenschlicher Behandlung.[378] Dabei 55

---

[368] *EGMR,* Dzelil v. Deutschland Urt. v. 10.11.2005, paras. 82ff.; dazu *Pauly,* StV 2006, 480.

[369] Vgl. *Esser,* 2002, S. 342ff.; zur Waffengleichheit auch *Peukert,* in: 21. Strafverteidigertag, Strafverteidigervereinigungen, 1997, S. 235. *Sommer,* in: Brüssow, Strafverteidigung, Bd. 1, 2000, S. 1151 hält Art. 6 Abs. 3 (a) insoweit für weitergehend.

[370] *Meyer-Ladewig,* Art. 5 Rn. 59. Vgl. auch *Satzger,* 2013, § 11 Rn. 50.

[371] *EGMR,* Van der Leer v. Niederlande Urt. v. 21.2.1990, para. 30.

[372] *EGMR,* Van der Leer v. Niederlande Urt. v. 21.2.1990, paras. 25ff., insb. 28; *Meyer-Ladewig,* Art. 5 Rn. 60.

[373] *EGMR,* Sanchez-Reisse v. Schweiz Urt. v. 21.10.1986, para. 51; *EGMR,* Keus v. Niederlande Urt. v. 25.10.1990, para. 28; *EGMR,* Nikolova v. Bulgarien Urt. v. 25.3.1999, para. 58. Dazu auch *Esser,* 2002, S. 346; *Sommer,* in: Brüssow, Strafverteidigung, Bd. 1, 2000, S. 1158.

[374] *Esser,* 2002, S. 349 will in einem Haftprüfungsantrag konkludent den Antrag auf Anwesenheit in der mündlichen Verhandlung sehen.

[375] Vgl. *EGMR,* Toth v. Österreich Urt. v. 12.12.1991, paras. 83f.; *Esser,* 2002, S. 347f.

[376] *Peters/Altwicker,* § 18 Rn. 27ff., 34; Radtke/Hohmann/*Ambos,* Art. 5 EMRK Rn. 27. Vgl. auch *Grabenwarter,* Art. 5 Rn. 39.

[377] *EGMR,* Kurt v. Türkei Urt. v. 25.5.1998, paras. 122ff.; *EGMR,* Mooren v. Deutschland, 9.7.2009, para. 124; vgl. auch *Hoffmann,* in: Menzel/Pierlings/Hoffmann, S. 513; *Schilling,* § 11 Rn. 196. Zum „Recht auf Wahrheit" in der Rspr. des EGMR vgl. *Sweeney,* S. 73f.; *Fabbrini,* HRLR 14 (2014), 99ff.

[378] *EGMR,* El-Masri v. Mazedonien Urt. v. 13.12.2012, paras. 236ff., 240 m. Anm. *Ambos,* StV 2013, 129; *Fabbrini,* HRLR 14 (2014), 85.

können die Konventionsstaaten aufgrund ihrer aus Art. 5 folgenden Schutzpflicht ggf. auch für Rechtsverletzungen durch den Staat, an den der Betroffene übergeben wurde (*in casu* die USA), zur Verantwortung gezogen werden.[379]

56 Aus Art. 6 i. V. m. Art. 5 Abs. 4 kann der inhaftierte Beschuldigte ein nahezu absolutes Recht auf **Aktenzugang** ableiten.[380] Nach der neueren Rspr. soll der Verteidiger Zugang zu all jenen Dokumenten und Informationen der Verfahrensakte haben, die zur Bewertung der Rechtmäßigkeit der Verhaftung notwendig und damit unabdingbar sind, um die Rechtmäßigkeit der Haft wirksam angreifen zu können.[381] Legitime Geheimhaltungsinteressen der Verfolgungsbehörden müssen zwar berücksichtigt werden, können aber substantielle Einschränkungen des Rechts auf Verteidigung nicht rechtfertigen.[382] Eine Verletzung des Art. 5 Abs 4 bejaht der EGMR jedoch nur, wenn dem Bf. Einsicht in Material versagt wurde, das für die Beurteilung seiner Inhaftierung wesentlich war.[383] Ein noch weitergehender Zugang zur Akte lässt sich aus dem Grundsatz der (formellen) **Waffengleichheit** herleiten, denn wenn zwischen Verteidigung und Staatsanwaltschaft ein gleicher Informationsstand bestehen soll, muss die Verteidigung volle Aktenkenntnis besitzen. So streng verstanden nähert sich das Aktenzugangsrecht den disclosure rules des kontradiktorischen Parteiverfahrens an (Rn. 29, § 8 Rn. 31 f.). Geht man demgegenüber – im Einklang mit der Struktur des inquisitorischen Amtsermittlungsverfahren – von einem materiellen Verständnis von Waffengleichheit[384] aus, bleibt es beim Zugang zu den für die Begründung der Haftprüfung wesentlichen Informationen.[385] Wie dem auch sei, der in der Praxis allzu leichtfertige Rekurs auf eine Verweigerung der Akteneinsicht gemäß § 147 Abs. 2 StPO ist nach dieser Rechtsprechung nicht mehr ohne Weiteres möglich.[386]

57 **bb) Art. 8: Recht auf Achtung des Privat- und Familienlebens.** Art. 8 begrenzt Art und Umfang insbesondere strafprozessualer Zwangsmaßnahmen im Hinblick auf das **Privat- und Familienleben,** die **Wohnung** und die **Korrespondenz.**[387] Staatliche Eingriffe in diese Bereiche liegen insbesondere bei Durchsuchungen von Wohnungen, bei Beschlagnahme von Gegenständen sowie bei der Überwachung der Kommunikation vor.[388] Erfolgt das Betreten einer Wohnung zum Zwecke ihrer Durchsuchung

[379] *EGMR,* El-Masri v. Mazedonien Urt. v. 13.12.2012, para. 239.

[380] Vgl. *Simon,* Beschuldigtenrechte, 1998, S. 31 f., 42 f.; *Walischewskia,* Akteneinsichtsrecht, 1999, S. 71 ff. (84), 141; *Esser,* 2002, S. 351 ff.; *Ambos,* NStZ 2003, 14; *Jung,* GA 2003, 201 f.; *Unfried,* Art. 5 EMRK, 2006, S. 121 ff., insb. 129; krit. *Trechsel,* FS Druey, 2002, S. 1004 f.

[381] Vgl. *EGMR,* Mooren v. Deutschland Urt. v. 13.12.2007, paras. 91 f.; *EGMR,* Shishkov v. Bulgarien Urt. v. 9.1.2003, para. 77; *EGMR,* Nikolova v. Bulgarien Urt. v. 25.3.1999, para. 97; vgl. auch *Burhoff,* StraFo 2006, 51 f. und *Renzikowski,* in: Joerden/Szwarc, S. 326 ff. m.w.N.; Kunkel v. Deutschland Entsch. v. 2.6.2009, EuGRZ 2009, 472.

[382] *EGMR,* Mooren v. Deutschland Urt. v. 13.12.2007, para. 92; *EGMR,* Shishkov v. Bulgarien Urt. v. 9.1.2003, para. 77.

[383] *EGMR,* Falk v. Deutschland Entsch. v. 11.3.2008 m. Anm. *Strafner,* NStZ 2009, 165.

[384] Zu einem materiellen Verständnis von Waffengleichheit vgl. *Ambos,* ZStW 115 (2003), 615 f.

[385] Ähnlich *Esser,* 2002, S. 352 f.

[386] Radtke/Hohmann/*Ambos,* Art. 5 EMRK Rn. 28 m.w.N. § 147 Abs. 2 StPO ist zudem zum 1.1.2010 EMRK-freundlicher gestaltet worden, vgl. hierzu *Jahn,* FS Roxin I, 2012, S. 586 ff. (590 ff.).

[387] Vgl. für einen Überblick *Meyer-Ladewig,* Art. 8 Rn. 33 ff., 65 ff., 90 f., 92 ff.; Radtke/Hohmann/*Ambos,* Art. 8 EMRK Rn. 4 ff.

[388] Art. 8 kann außerdem verletzt sein, wenn staatliche Stellen Datenbanken mit DNA-Material von Straftätern zur Strafverfolgung anlegen, *EGMR,* S und Marper v. Vereinigtes Königreich Urt. v. 4.12.2008, paras. 119 ff.; zur dt. Rechtslage vgl. *Swoboda,* StV 2013, 461; s. auch *Grabenwarter,* Art. 8 Rn. 29 f.

und werden dabei Gegenstände beschlagnahmt, liegt in der Beschlagnahme als solcher ein Eingriff in den Schutzbereich des Art. 8 Abs. 1 und in die Gewährleistung des Eigentums gemäß Art. 1 ZP I.[389] Durchsuchungen und Beschlagnahmen müssen einem „dringenden sozialen Bedürfnis" entsprechen und verhältnismäßig sein, woran es insbesondere dann fehlen kann, wenn der zugrunde gelegte Tatvorwurf relativ geringfügig ist.[390] Werden Presseerzeugnisse beschlagnahmt, kommt auch ein Verstoß gegen die in Art. 10 verbürgte Meinungsfreiheit in Betracht (dazu Rn. 62).[391] Darüber hinaus schützt Art. 8 den Bereich der Wohnung jedoch vor jedem Betreten durch Staatsbedienstete, auch wenn dieses nicht zum Zweck der Durchsuchung erfolgt, sondern z. B. zur Durchsetzung zivilrechtlicher Forderungen.[392]

Einen besonders bedeutsamen Eingriff in den durch Art. 8 geschützten Bereich stellt 58
die **Telefonüberwachung** dar.[393] Korrespondenz i. S. v. Art. 8 Abs. 1 erfasst nicht nur den Schriftverkehr, sondern – nach einer am Schutzzweck orientierten Auslegung – auch die *fernmündliche*[394] und *elektronische* Kommunikation, also beispielsweise die „Beschlagnahme" von Daten.[395] Ein staatlicher Eingriff liegt deshalb unabhängig davon vor, ob das Gespräch von einem Privatanschluss geführt wird, also (auch) die Schutzbereichsausprägung „Privatleben" betroffen ist, oder es inhaltlich um Familiäres geht, das Gespräch also (auch) als solches geschütztes „Familienleben" darstellt; vielmehr wird jede Art telefonischer Kommunikation umfassend vor staatlichen Abhörmaßnahmen geschützt.[396]

Schwieriger stellt sich die Situation bei **Einschaltung von Privatpersonen** dar, wenn 59
also eine *Privat*person Telefongespräche mit Verdächtigen unter Anleitung, auf Anregung oder zumindest mit Hilfe der Polizei aufzeichnet, um die Mitschnitte für die Strafverfolgung zur Verfügung zu stellen **(sog. „Hörfalle"**, unsere **Fälle 5 a und 5 b**).[397] Die Problematik dieser Fälle besteht aus konventionsrechtlicher Sicht darin, dass das Handeln von Privatpersonen die EMRK grundsätzlich nur dann verletzen kann,[398] wenn es

[389] *Esser,* 2002, S. 126ff. eingehend zu den Fragen der Beschlagnahme von Gegenständen. Der *EGMR* stellte in Bosphorus Hava Yollari Turizm ve Ticaret Anonim Sirketi v. Irland Urt. v. 30.6.2005, para. 150 fest, dass die (mehrjährige) Beschlagnahme eines Flugzeugs auf Grundlage einer EG-Verordnung einem gewichtigen öff. Interesse diente und verneinte eine Verletzung des Art. 1 ZP I; näher *Winkler,* EuGRZ 2007, 641.

[390] *EGMR,* Buck v. Deutschland Urt. v. 28.4.2005, paras. 44, 47, 52 im Fall des Vorwurfs einer Verkehrsordnungswidrigkeit. Zu fehlender Verhältnismäßigkeit s. auch *EGMR,* Keegan v. UK Urt. v. 9.8.2006 m. Anm. *Roberts,* Journ. Cr. L. 2006, 481.

[391] *Esser,* 2002, S. 126.

[392] *EGMR,* McLeod v. Vereinigtes Königreich Urt. v. 23.9.1998, para. 36; *Esser,* 2002, S. 125; vgl. auch *Grabenwarter/Pabel,* § 22 Rn. 30.

[393] *Grabenwarter,* Art. 8 Rn. 40, 61. Vgl. aus empirischer Sicht *Albrecht/Dorsch/Krüpe,* Rechtswirklichkeit und Effizienz der Überwachung der Telekommunikation nach den §§ 100a, 100b StPO und anderer verdeckter Ermittlungsmaßnahmen, 2003.

[394] *EGMR,* Weber u. Saravia v. Deutschland Entsch. v. 29.6.2006, para. 77.

[395] *Gollwitzer,* Art. 8 MRK Rn. 37; *Grabenwarter,* Art. 8 Rn. 28; zu E-Mail-Kommunikation *De Hert,* Utrecht L. Rev. 1 (2005), 74; *EGMR,* Copland v. Vereinigtes Königreich Urt. v. 3.4.2007, paras. 41f.; zur Beschlagnahme von Daten *EGMR,* Robathin v. Österreich Urt. v. 3.7.2012, paras. 38ff.; *Schilling,* § 13 Rn. 293.

[396] Eingehend *Esser,* 2002, S. 145ff.

[397] Ausführlich zu dieser Thematik *Gaede,* StV 2004, 46; ferner *Esser,* 2002, S. 148ff. Vgl. auch *Schilling,* § 13 Rn. 295ff.

[398] Vgl. allerdings sogleich Rn. 78 zu der streitigen Frage, ob Art. 2 EMRK der Notwehrregelung des § 32 StGB Grenzen setzt.

staatlichen Stellen zuzurechnen ist.[399] Zurechenbarkeit in diesem Sinne liegt für den EGMR bereits dann vor, wenn privates Handeln durch staatliche Stellen *irgendwie* gefördert bzw. veranlasst worden ist.[400] Die einschlägige Rspr. geht in die Richtung positiver staatlicher Handlungspflichten zum Schutz des Privatlebens. Rechtfertigungsbedürftige staatliche Eingriffe sind danach selbst dann anzunehmen, wenn privates Handeln nur in irgendeiner Weise staatlich veranlasst ist, ohne dass es also etwa auf das (aktive) Zur-Verfügung-Stellen von Abhörgeräten durch die Polizei entscheidend ankäme.[401]

60 Ferner findet Art. 8 auf die **Überwachung des Briefverkehrs,** insbesondere auch von Untersuchungshäftlingen[402] Anwendung. Kontrolle, Nichtweiterleitung und Zensur von Briefen inhaftierter Personen stellen Eingriffe in das Recht der Person auf Achtung ihrer Korrespondenz dar (Art. 8 Abs. 1).[403] Derartige Eingriffe erlaubt Absatz 2, wenn sie **gesetzlich vorgesehen** und in einer demokratischen Gesellschaft **notwendig** sind, u. a. um die nationale oder öffentliche Sicherheit, das wirtschaftliche Wohl[404] oder die Gesundheit aufrechtzuerhalten. Demgemäß geht die Rechtsprechung davon aus, dass Eingriffe in die Korrespondenz von Strafgefangenen nicht grundsätzlich konventionswidrig sind.[405] Die Kontrolle muss *in concreto* aber hinreichend begründet sein.[406] Notwendigkeit i. S. d. Art. 8 Abs. 2 ist stets mehr als bloße Zweckmäßigkeit; erforderlich sind die *Verhältnismäßigkeit* des staatlichen Vorgehens[407] und ein *dringendes Bedürfnis* für die konkrete Beschränkung.[408] Im Kern geht es um eine **Abwägungsentscheidung,** die je eher gegen die Zulässigkeit eines Eingriffs ausgehen wird desto schwächer bzw. diffuser der gemäß Art. 8 Abs. 2 geltend gemachte Eingriffsgrund (Moral!, öffentliche Ordnung!) einerseits und desto stärker der Eingriff andererseits ist.[409]

Im Fall *Erdem,* in dem es um einen des Terrorismus (§ 129a StGB) verdächtigten Inhaftierten ging, hat der EGMR die Vorschrift des **§ 148 Abs. 2 StPO** für konventionsgemäß gehalten.[410] In *Dudgeon* hat der EGMR für die Beschlagnahme von Gegenständen, die intimste Bereiche einer Person betreffen, schwerwiegende Gründe verlangt.[411] *Esser* sieht den EGMR insoweit auf einer der BGH-Rechtsprechung zur Beschlagnahme von Tagebüchern u. ä. höchstpersönlichen Aufzeichnungen vergleichbaren Linie.[412]

399 *Gaede,* StV 2004, 46ff.
400 *EGMR,* A. v. Frankreich Urt. v. 23.11.1993; *EGMR,* M. M. v. Niederlande Urt. v. 8.4.2003.
401 *Esser,* 2002, S. 149.
402 Vgl. auch Radtke/Hohmann/*Ambos,* Art. 8 EMRK Rn. 15; *Schilling,* § 13 Rn. 298ff.
403 Vgl. nur *Peters/Altwicker,* § 30 Rn. 2.
404 Diese Beschränkung bezieht sich bspw. auf Maßnahmen der Wohnraumbewirtschaftung (*Peters,* EMRK, 2003, S. 154; *Esser,* 2014, § 9 Rn. 299).
405 *EGMR,* Silver et al. v. Vereinigtes Königreich Urt. v. 25.3.1983, paras. 26, 93, 98; *EGMR,* Pfeifer und Plankl v. Österreich Urt. v. 25.2.1992, para. 46; *EGMR,* Campbell v. Vereinigtes Königreich Urt. v. 25.3.1992, para. 45; *Grabenwarter/Pabel,* § 22 Rn. 48; *Grabenwarter,* Art. 8 Rn. 69.
406 *EGMR,* Puzinas v. Litauen Urt. v. 14.3.2002, para. 21; *Grabenwarter/Pabel,* § 22 Rn. 48.
407 *EGMR,* Erdem v. Deutschland Urt. v. 5.7.2001, para. 61; dazu *Ambos,* NStZ 2003, 15f.
408 *Meyer-Ladewig,* Art. 8 Rn. 109. Vgl. *Grabenwarter,* Art. 8 Rn. 69.
409 Vgl. *Esser,* 2014, § 9 Rn. 303ff.
410 *EGMR,* Erdem v. Deutschland Urt. v. 5.7.2001, paras. 62ff., 64, 67; dazu *Ambos,* NStZ 2003, 15f.
411 *EGMR,* Dudgeon v. Vereinigtes Königreich Urt. v. 22.10.1981, paras. 33, 41, 52; dazu *Esser,* 2002, S. 135.
412 *Esser,* 2002, S. 135f.

Angesichts der expliziten Anforderungen des Art. 8 Abs. 2 verbietet sich der Rekurs auf immanente Beschränkungen.[413] Die Rechtfertigung eines Eingriffs erfordert vielmehr stets eine **gesetzliche Grundlage,** wobei allerdings ein Parlamentsgesetz nicht zwingend erforderlich ist.[414] Verfügungen und Richtlinien kommen als gesetzliche Grundlagen aber nur in Betracht, wenn sie für die Öffentlichkeit bzw. *in concreto* für von ihren Regelungen betroffene Inhaftierte *zugänglich* sind.[415] Der EGMR fordert insoweit – in der Sache im Einklang mit Art. 7 (Rn. 87ff.) – die *Voraussehbarkeit* und ausreichende *Bestimmtheit*[416] der möglichen Gewährleistungsbeschränkungen. Diese Anforderungen können freilich auch durch – die eigentliche Gesetzesgrundlage konkretisierende – Verfügungen, Richtlinien oder Ausführungsbestimmungen sowie selbst durch Rechtsprechung („substantial body of case law“[417]) erfüllt werden.[418] Den Anforderungen des Art. 8 Abs. 2 genügt – wie der EGMR im Fall *Pretty*[419] geurteilt hat – auch ein gesetzliches Verbot der Sterbehilfe wie es sich etwa im englischen Suicide Act oder auch in § 216 StGB findet; zwar sei nicht auszuschließen,[420] dass das Verbot der Sterbehilfe den Schutzbereich des Art. 8 Abs. 1 berührt, doch werde insbesondere wegen der im Bereich der Sterbehilfe drohenden Missbräuche ein Verbot den Anforderungen von Art. 8 Abs. 2 gerecht.[421] 61

cc) Art. 10: Freiheit der Meinungsäußerung. Art. 10 gewährt die **Freiheit der Meinungsäußerung;** dies schließt die **Pressefreiheit** ein.[422] Bereits nicht in den Schutzbereich des Art. 10 fällt nach Art. 17 (**Verbot des Missbrauchs** der Rechte) die *Leugnung des Holocausts.* Denn Art. 17 soll verhindern, dass Gewährleistungen der EMRK gerade deshalb in Anspruch genommen werden, um die ihr zugrunde liegende Werteordnung zu unterminieren.[423] Als **Eingriffe** kommen u. a. Veröffentlichungsverbote, Pressezensur[424] sowie die Beschlagnahme von Presseerzeugnissen in Betracht.[425] Absatz 2 setzt 62

[413] *EGMR,* Golder v. Vereinigtes Königreich Urt. v. 21.2.1975, para. 44; *Esser,* 2002, S. 317.

[414] *EGMR,* De Wilde, Ooms u. Versyp v. Belgien Urt. v. 18.6.1971, para. 39 (königl. Erlass zur Kontrolle der Korrespondenz ausreichend); *EGMR,* Golder v. Vereinigtes Königreich Urt. v. 21.2.1975, paras. 17, 43, 45: auf dem englischen Prison Act 1952 beruhende Prison Rules 1964 als Grundlage für Briefkontrolle; vgl. auch *Esser,* 2002, S. 317. Vertiefend zu Art. 8 Abs. 2 Radtke/Hohmann/*Ambos,* Art. 8 EMRK Rn. 17ff.

[415] *EGMR,* Silver et al. v. Vereinigtes Königreich Urt. v. 25.3.1983, paras. 26, 86f., 93; eingehend *Esser,* 2002, S. 318.

[416] Vgl. *EGMR,* Bykov v. Russland Urt. v. 10.3.2009, para. 76.

[417] *EGMR,* Chappel v. Vereinigtes Königreich Urt. v. 30.3.1989, para. 56.

[418] *Esser,* 2002, S. 318f. m. N. zur Rechtsprechung.

[419] *EGMR,* Pretty v. Vereinigtes Königreich Urt. v. 29.4.2002.

[420] So die vorsichtige Formulierung des *EGMR,* Pretty v. Vereinigtes Königreich Urt. v. 29.4.2002, para. 67 („The Court is not prepared to exclude …“ im engl. Text).

[421] *EGMR,* Pretty v. Vereinigtes Königreich Urt. v. 29.4.2002, paras. 68ff. Dazu *Müller-Terpitz,* in: Menzel/Pierlings/Hoffmann, S. 494f.

[422] *Esser,* 2002, S. 136; *Gollwitzer,* Art. 10 EMRK Rn. 10; *Grabenwarter/Pabel,* § 23 Rn. 8; *Peters/Altwicker,* § 10 Rn. 22.

[423] *EGMR,* Garaudy v. Frankreich Entsch. v. 24.6.2003; abl. *Grabenwarter/Pabel,* § 23 Rn. 5 u. *Grabenwarter,* Art. 10 Rn. 7 mit der Erwägung, dass die Grenze zwischen Schutzbereichs- und Schrankenebene zu verwischen drohe und sich ein Widerspruch zu der Rspr. ergebe, die auch verletzende, schockierende und störende Äußerungen erlaube. Vgl. zum Verbot von Symbolen ehemaliger Regime *Buyse,* in: Buyse/Hamilton, S. 133ff.

[424] *Peters/Altwicker,* § 10 Rn. 2; zur Bestrafung des sog. Scalping (§ 11 Rn. 47) insoweit *Gaede/Mühlbacher,* wistra 2005, 16f.

[425] *Esser,* 2002, S. 136; *Grabenwarter,* Art. 10 Rn. 17.

den Schutzbereichsgewährleistungen des Absatzes 1 bestimmte Schranken.[426] Trotz Besonderheiten in der Formulierung – etwa der Feststellung, dass die Ausübung der Freiheit der Meinungsäußerung „mit Pflichten und Verantwortung verbunden" sei – gelten ähnliche Voraussetzungen wie bei den anderen Schrankenbestimmungen: einerseits bedarf es einer **gesetzlichen Grundlage** („gesetzlich vorgesehen"; „prescribed by law"), andererseits muss der Eingriff **notwendig** sein, also einem legitimen Zweck dienen und verhältnismäßig sein (dazu **Fall 6**).[427] Das Vorliegen einer gesetzlichen Grundlage bejaht der EGMR auch dann, wenn die Beschlagnahme nach dem Gesetzes*wortlaut* eindeutig *nicht* vorgesehen ist, aber ein *schwerwiegenderer* Eingriff auf gesetzlicher Grundlage möglich wäre.[428] Erfolgt die Beschlagnahme von Presseerzeugnissen wegen des Verdachts einer nach nationalem Recht strafbaren Handlung, prüft der EGMR lediglich, ob das nationale Recht zutreffend auf den Sachverhalt angewendet worden ist („correctly applied").[429] Im Hinblick auf die **Verhältnismäßigkeit** des staatlichen Vorgehens müssen die Strafverfolgungsbehörden berücksichtigen, dass die Meinungsäußerungsfreiheit einen „Grundpfeiler jeder demokratischen Gesellschaft" darstellt.[430] In Wahlzeiten ist das Recht auf Pressefreiheit unter Berücksichtigung des Rechts auf freie Wahlen nach Art. 3 ZP EMRK auszulegen. So ist es einerseits in der Zeit vor einer Wahl besonders wichtig, dass Meinungen und Informationen jeder Art frei kursieren können, andererseits ist es möglich, bestimmte Einschränkungen der Meinungsfreiheit in dieser Zeit vorzusehen, die sonst nicht hinnehmbar wären, um die freie Meinungsäußerung der Bürger bei der Wahl ihres Parlaments zu gewährleisten.[431]

63 Von besonderer Bedeutung sind Eingriffe in die Meinungsfreiheit aus Gründen der – in Abs. 2 aufgeführten – **nationalen Sicherheit.** Damit lässt sich zum einen die Bestrafung der Veröffentlichung militärischer Geheimnisse begründen.[432] Zum anderen hat der EGMR darin einen legitimen Grund zur Beschlagnahme einer Zeitschrift gesehen, die einen vertraulichen Bericht eines Nachrichtendienstes veröffentlicht hat.[433] Dabei könne aus Gründen der nationalen Sicherheit sogar die Beschlagnahme der gesamten Auflage legitim sein, sofern sie sich als notwendig erweist.[434] Insoweit hat der EGMR auf die Sensibilität der enthaltenen Informationen abgestellt, die sich etwa aus dem Alter des Berichts, seinem Vertraulichkeitsgrad und seinem Verwendungszweck ergebe. Die Beschlagnahme der gesamten Auflage sei jedenfalls dann nicht notwendig, wenn die fraglichen Informationen ohnehin schon an die Öffentlichkeit gelangt sind.[435] Daneben erlaubt Art. 10 Abs. 2 die Beschlagnahme von Presseerzeugnissen ferner zur „Aufrechterhaltung der Ordnung", wobei der EGMR darunter nicht nur die öffentliche Ordnung, sondern auch die „Binnen-Ordnung" einer bestimmten sozialen Gruppe bzw. einer Institution versteht.[436] Dementsprechend ist z. B. ein staatlicher Eingriff in die Pressefreiheit zum Zweck der Aufrechterhaltung der Ordnung in der Ar-

[426] *Grabenwarter/Pabel,* § 23 Rn. 13ff. Vertiefend hierzu Radtke/Hohmann/*Ambos,* Art. 10 EMRK Rn. 6ff.

[427] St. Rspr. vgl. nur *EGMR,* Guja v. Moldawien Urt. v. 12.2.2008, para. 56; *EGMR,* TV Vest AS u. Rogaland Pensjonistparti v. Norwegen, Urt. v. 11.12.2008, auch *Grabenwarter/Pabel,* § 23 Rn. 22ff.

[428] Krit. dazu *Esser,* 2002, S. 137f.

[429] *EGMR,* Vereniging Weekblad Bluf! v. Niederlande Urt. v. 9.2.1995, para. 32; *Esser,* 2002, S. 137.

[430] *Esser,* 2002, S. 139; Karpenstein/Mayer/*Mensching,* Art. 10 EMRK Rn. 1. Vgl. auch *EGMR,* Ressiot u. a. v. Frankreich Urt. v. 28.6.2012, para. 101.

[431] *EGMR,* TV Vest AS u. Rogaland Pensjonistparti v. Norwegen Urt. v. 11.12.2008, para. 61.

[432] *Grabenwarter/Pabel,* § 23 Rn. 23.

[433] *EGMR,* Vereniging Weekblad Bluf! v. Niederlande Urt. v. 9.2.1995, paras. 33f.; auch *Grabenwarter/Pabel,* § 23 Rn. 23.

[434] *EGMR,* Vereniging Weekblad Bluf! v. Niederlande Urt. v. 9.2.1995, paras. 35f.; *Esser,* 2002, S. 139.

[435] *EGMR,* Vereniging Weekblad Bluf! v. Niederlande Urt. v. 9.2.1995, paras. 41, 44f.; *Esser,* 2002, S. 140f.

[436] *Esser,* 2002, S. 138; *Gollwitzer,* Art. 10 MRK Rn. 23; *Grabenwarter/Pabel,* § 23 Rn. 23.

mee grundsätzlich legitim.[437] Zum Schutz der Volksgesundheit können die Mitgliedstaaten die Veröffentlichung von Zigarettenwerbung mit Strafe bedrohen, wobei die Höhe der Geldbuße oder -strafe mit Blick auf die Auflage und den Verbreitungsbereich der betreffenden Zeitschrift bestimmt werden muss.[438]

dd) Art. 2–4 ZP VII. Obwohl das ZP VII für Deutschland noch nicht in Kraft getreten ist,[439] verdienen die von ihm gewährten Verfahrensrechte Erwähnung. Zunächst gibt Art. 2 I ZP VII das Recht auf *Überprüfung* durch ein „übergeordnetes Gericht", sieht also eine kassatorische Rechtskontrolle vor und geht damit über Art. 6 EMRK hinaus.[440] Art. 3 ZP VII gewährt ein Recht auf *Entschädigung* bei Fehlurteilen, sofern das nicht rechtzeitige Bekanntwerden der das Fehlurteil begründenden Tatsachen nicht dem Verurteilten zuzuschreiben sind.[441] Art. 4 ZP VII sieht das – auch in Art. 54 SDÜ und Art. 50 GRCh enthaltene – *Doppelverfolgungsverbot* vor. Es kann deshalb dort mitbehandelt werden (Rn. 112ff.). 64

Lösung Fälle 1a und 1b:

Es handelt sich um Fälle zur Tatprovokation. Der BGH hat in **Fall 1 a** zwar einen Verstoß gegen den Grundsatz des fairen Verfahrens (Art. 6 Abs. 1 S. 1 EMRK) gesehen, doch ergäbe sich daraus kein Verfahrenshindernis oder Beweisverwertungsverbot.[442] Stattdessen sei es nur erforderlich aber eben auch ausreichend, den Konventionsverstoß bei der Festsetzung der Rechtsfolgen zu kompensieren; *in casu* habe demzufolge eine „Sanktion im Bereich der Mindeststrafe" nahegelegen.[443] Im Gegensatz zu dieser *Strafzumessungslösung* vertritt der EGMR den Standpunkt, dass es in Konstellationen wie in **Fall 1 b** *ab initio* an einem fairen Verfahren fehle und eine Verurteilung deshalb ausgeschlossen sei; das Verfahren wäre einzustellen *(Einstellungslösung)*. Für die Lösung des EGMR spricht ihre Konsequenz, denn es will kaum einleuchten, dass der Staat Taten, die ohne staatliche Provokation gar nicht stattgefunden hätten, (überhaupt) bestrafen darf (o. Rn. 23).[444] 65

Lösung Fall 2:

Für den EGMR folgt aus der *Unschuldsvermutung*, dass der Widerruf einer Strafaussetzung zur Bewährung wegen Rückfälligkeit des Verurteilten nicht unabhängig davon erfolgen kann, ob die neue Straftat, die man ihm vorwirft, bereits abgeurteilt ist oder nicht. Der EGMR verlangt deshalb, dass die neue Tat entweder abgeurteilt ist oder dass der verteidigte Verurteilte diese in Anwesenheit des Verteidigers gestanden hat. Deutschland habe daher gegen Art. 6 Abs. 2 EMRK verstoßen (o. Rn. 26). 66

[437] *EGMR,* Vereinigung demokratischer Soldaten Österreichs u. Gubi v. Österreich Urt. v. 19.12.1994, para. 32; *Grabenwarter/Pabel,* § 23 Rn. 22.

[438] *EGMR,* Hachette Filipacchi Presse Automobile u. Dupuy v. Frankreich Urt. v. 5.3.2009, para 43ff.

[439] Das ZP VII ist mit der siebten Ratifikation am 1.11.1988 in Kraft getreten. Deutschland hat es allerdings bisher nur unterzeichnet (19.3.1985), vgl. http://www.conventions.coe.int/Treaty/Commun/ChercheSig.asp?NT=117&CM=8&DF=10/02/2014&CL=GER (zuletzt abgerufen am 1.7.2014).

[440] *Peters/Altwicker,* § 24 Rn. 3; *Meyer-Ladewig,* Art. 2 ZP VII Rn. 1, 3; *Satzger,* 2013, § 11 Rn. 94; *Grabenwarter,* Art. 6 Rn. 75, Art. 2 ZP VII Rn. 1.

[441] Vgl. hierzu *Meyer-Ladewig,* Art. 3 ZP VII; Karpenstein/Mayer/*Breuer,* Art. 3 ZP VII.

[442] BGHSt 45, 321 (333ff.).

[443] BGHSt 45, 321 (336ff., insb. 342).

[444] Zu den unterschiedlichen Standpunkten von BGH und EGMR vgl. auch *Ambos,* 2010a, S. 30 (Fall 3 Rn. 5ff.).

Lösung Fall 3:

67 Dreh- und Angelpunkt des Falles ist das *Konfrontationsrecht.* Dem Beschuldigten sei jedenfalls irgendeine Form der Konfrontation mit Belastungszeugen zu ermöglichen (Art. 6 Abs. 3 (d) EMRK). Was die Geheimhaltung der Identität von Zeugen im Prozess anbelangt, so sei zunächst zu berücksichtigen, dass Polizeibeamte nicht mit unbeteiligten Zeugen vergleichbar sind, denn Polizisten unterstünden der Exekutive und seien mit der StA verbunden. Zwar sei es grdsl. gleichwohl anzuerkennen, dass der Staat die Identität von verdeckten Ermittlern der Polizeikräfte nicht offenlegt, doch dürften die Rechte der Verteidigung in dieser Weise nur dann beschnitten werden, wenn dies zwingend erforderlich ist („strictly necessary").[445] Im Fall van Mechelen gingen dem EGMR die Schutzmaßnahmen zu weit (o. Rn. 39).

Lösung Fall 4:

68 Wie auch im Fall van Mechelen könnte sich ein Konventionsverstoß aus einer Verletzung des Konfrontationsrechts ergeben. Wiederum macht der EGMR deutlich, dass das Konfrontationsrecht keineswegs der Abwägung mit Gegeninteressen entzogen sei. Es komme auf die Umstände des Falles an. Im Fall Haas hat der EGMR einen Konventionsverstoß verneint, da sich die deutschen Behörden erstens um die Teilnahme des im Libanon inhaftierten Zeugen an der Hauptverhandlung bemüht hatten und zweitens das OLG seine Angaben und diejenigen von anonymen Zeugen sehr sorgfältig gewürdigt hatte (o. Rn. 39).

Lösung Fälle 5a und 5b:

69 Maßgeblich ist in diesen Fällen unter dem Gesichtspunkt einer möglichen Verletzung von *Art. 8 Abs. 1 EMRK,* ob sich Frankreich bzw. die Niederlande das Vorgehen privater „Hörfallensteller" konventionsrechtlich *zurechnen* lassen müssen. Der EGMR hat dies für beide Anrufe bejaht und somit eine Verletzung von Art. 8 EMRK angenommen. In *A. v. Frankreich* habe der Beamte einen „maßgeblichen Beitrag" geleistet, indem er sein Büro, sein Telefon und ein Aufnahmegerät zur Verfügung gestellt habe.[446] In *M. M. v. Niederlande* habe ebenfalls ein wesentlicher Beitrag der Polizeibeamten vorgelegen, obwohl die Anzeigeerstatterin von ihrem Privatanschluss angerufen habe (o. Rn. 59).[447]

Lösung Fall 6:

70 Wesentliches Kriterium zur Bewertung der Verhältnismäßigkeit der Maßnahme ist die *Schwere des Eingriffs,* v. a. die Art und das Ausmaß der Sanktion. Vorliegend ist eine Verletzung des Art. 10 EMRK zu bejahen. Zwar war die angeordnete Dauer der Schließungen befristet, tatsächlich wirkt die Maßnahme wegen der Schnelllebigkeit des Nachrichtengeschäftes und des wirtschaftlichen Planungsbedürfnisses von Presseunternehmen und Mitarbeitern wie eine endgültige Schließung. Zudem wäre als milderes Mittel ein Verbot einzelner Berichterstattungen, nämlich solcher mit terroristischem Inhalt, in Betracht gekommen (o. Rn. 62).

---

445 Vgl. auch *Ambos,* 2010 a, S. 30 (Fall 3 Rn. 15 ff.).

446 *EGMR,* A. v. Frankreich Urt. v. 23. 11. 1993, para. 36.

447 *EGMR,* M. M. v. Niederlande Urt. v. 8. 4. 2003, paras. 38 ff.; vgl. aber auch das a. a. O. paras. 2 f. abgedruckte Sondervotum der Richterin *Palm,* die insb. auf die Interessen des (mutmaßlichen) Opfers eines Sexualdelikts abhebt, dessen Wort gegen dasjenige des Beschuldigten – in diesem Fall gegen dasjenige des Verteidigers des Ehemannes (!) – steht. Diese Erwägung greift jedoch nicht durch: Zutreffend führt *Gaede,* StV 2004, 47 aus, dass *ex ante* mit Blick auf den Konventionszweck weder dem *(mutmaßlichen)* Täter „eine per se schlechtere, noch dem *(möglichen)* Opfer eine per se bessere menschenrechtliche Position" eingeräumt werden kann.

c) Materiellstrafrechtliche Gewährleistungen

Fall 7:[448]

T sieht vom Fenster aus, wie O dabei ist, seinen – des T – teuren Sportwagen mit einem Vorschlaghammer zu zerstören. Als O auf Anruf und Warnschuss nicht reagiert und sein Werk fortsetzt, besteht für T keine andere Möglichkeit, sein Eigentum zu verteidigen, als gezielt zu schießen, um O handlungsunfähig zu machen. T sieht dabei die Möglichkeit, dass O tödlich getroffen werden könnte und findet sich für den Fall ihres Eintretens mit dieser ab. T schießt auf O, der an der Schussverletzung an Ort und Stelle verstirbt. Ist T aus Notwehr gerechtfertigt oder steht Art. 2 dem entgegen? → Rn. 94 71

Fall 8:[449]

Britische Behörden ließen die IRA-Mitglieder McCann, Farrell und Savage unter heimlicher Beobachtung unbehelligt nach Gibraltar einreisen, obwohl sie *(zutreffend)* davon ausgingen, dass diese dort ein Attentat verüben wollten. McCann, Farrell und Savage wurden im Folgenden in Gibraltar von britischen Sicherheitskräften weiter beobachtet, u. a. von Soldaten der Spezialtruppe „Special Air Service". Als die SAS-Männer *(unzutreffend)* annahmen, die Verdächtigen seien unmittelbar im Begriff, eine verborgene Bombe per Fernzündung auszulösen, erschossen sie diese. Ist im Fall der (unvermeidbaren) irrigen Annahme einer unmittelbaren Gefahr eines terroristischen Anschlags der „finale Rettungsschuss" mit Art. 2 EMRK vereinbar? → Rn. 95 72

Fall 9:[450]

Zivilfahnder hatten den Beschwerdeführer wegen des Verdachts des Drogenhandels festgenommen. Dieser verschluckte daraufhin einen Plastikbeutel, in dem sich später Kokain fand. Anstelle auf die Ausscheidung des Beutels auf natürlichem Wege zu warten, wurde dem Beschwerdeführer auf staatsanwaltliche Anordnung ein Brechmittel verabreicht. Verstößt diese Behandlung gegen Art. 3 EMRK? Folgt daraus ein Beweisverwertungsverbot? → Rn. 96 73

Fall 10:[451]

Fritz Streletz, ehemals Verteidigungsminister der DDR, Heinz Keßler, sein Stellvertreter, und Egon Krenz, Mitglied des Politbüros der SED und des Nationalen Verteidigungsrats, waren als (Mit-)Verantwortliche des „Grenzregimes" der DDR wegen der tödlichen Schüsse auf „Republikflüchtlinge" an der innerdeutschen Grenze nach der Wiedervereinigung von deutschen Strafgerichten wegen Totschlags verurteilt worden. Der an sich anwendbare Rechtfertigungsgrund des § 27 DDR-GrenzG wurde von den deutschen Gerichten wegen seiner „Menschenrechtswidrigkeit" nicht angewendet.[452] Nach erfolgloser Verfassungsbeschwerde[453] rügten die Angeklagten vor dem EGMR die Verletzung des Art. 7 EMRK. Verstößt die Verurteilung verantwortlicher DDR-Funktionsträger wegen der Mauerschüsse gegen Art. 7? → Rn. 97 74

---

448 Fall nach *Eisele,* JA 2000, 427; vgl. auch den Fall bei *Satzger,* 2013, § 11 Rn. 29, 33; instruktiv zur Problematik *Kindhäuser,* LPK-StGB, § 32 Rn. 48 ff.

449 *EGMR,* McCann, Farrell u. Savage v. Vereinigtes Königreich Urt. 27.9.1995.

450 *EGMR,* Jalloh v. Deutschland Urt. v. 11.7.2006; vgl. auch die Falllösung bei *Safferling,* 2011, § 13 Rn. 57.

451 *EGMR,* Streletz, Kessler, Krenz v. Deutschland Urt. v. 22.3.2001.

452 Eingehend *Ambos,* JA 1997, 983.

453 BVerfGE 95, 96 = NJW 1997, 929.

Fall 11:[454]

75 Im Jahr 1986 wird der bereits mehrfach vorbestrafte M wegen versuchten Mordes in Tateinheit mit Raub zu einer Freiheitsstrafe von fünf Jahren verurteilt. Zudem ordnete das Gericht die anschließende Unterbringung des M in der Sicherungsverwahrung an. Als das Urteil erlassen wurde, war die Sicherungsverwahrung kraft Gesetzes auf maximal zehn Jahre begrenzt. Nach Verbüßung der Freiheitsstrafe und 10jährigere Unterbringung stellt M einen Antrag auf Aussetzung der Sicherungsverwahrung zur Bewährung. Dieser wurde wegen der weiterhin bestehenden Gefährlichkeit des M abgelehnt. Da die gesetzliche Höchstgrenze für Sicherungsverwahrung bereits 1998 mit Wirkung für Altfälle (Art. 1a Abs. 3 EGStGB a. F.) aufgehoben worden war, hielt das Gericht eine Entlassung des M nicht für rechtlich zwingend. Liegt ein Verstoß gegen Art. 7 vor? → Rn. 98

76 **aa) Art. 2: Recht auf Leben.** Art. 2 **Abs. 1** schützt das Recht auf Leben; ein Menschenrecht auf einen „würdigen" Tod lässt sich aus Art. 2 Abs. 1 **e. c.** *im Umkehrschluss* dagegen nicht entnehmen.[455] Im Fall eines auf ärztlicher Fahrlässigkeit beruhenden Schwangerschaftsabbruchs hat es der EGMR offen gelassen, ob bereits der Embryo in den Schutzbereich des Art. 2 fällt.[456] In Ausnahmefällen kann eine Verletzung von Art. 2 selbst dann vorliegen, wenn das Opfer nicht gestorben ist, sondern (nur) einer das Leben gefährenden Behandlung ausgesetzt war.[457] Art. 2 beinhaltet nicht nur ein Abwehrrecht, sondern verpflichtet die Mitgliedstaaten zugleich, **aktive Maßnahmen**[458] zum Schutz des Lebens der Bürger, die sich in ihrem Hoheitsgebiet befinden, zu ergreifen, beispielsweise durch die Schaffung gesetzlicher Rahmenbedingungen zur Abschreckung von Angriffen auf das Leben oder die Bereitstellung eines Justiz- und Verwaltungsapparats zur Prävention, Ermittlung und Bestrafung von entsprechenden Verstößen gegen die entsprechenden Normen.[459]

---

454 *EGMR,* M v. Deutschland Urt. v. 17.12.2009; vgl. hierzu auch die Falllösung bei *Hecker/Zöller,* S. 147 ff. (Fall 15).

455 *EGMR,* Pretty v. Vereinigtes Königreich Urt. v. 29.4.2002, paras. 39 f. Die schwerstkranke und gelähmte Beschwerdeführerin hatte erfolglos versucht, den Generalstaatsanwalt darauf zu verpflichten, ihren Ehemann nicht nach Section 2 (1) Suicide Act zu verfolgen, wenn dieser ihr wunschgemäß Sterbehilfe leiste. Instruktiv zum Fall *Pretty Müller-Terpitz,* in: Menzel/Pierlings/Hoffmann, S. 489 ff.; Dörr/Grote/Marauhn/*Alleweldt,* Kap. 10 Rn. 30 ff. I. Erg. liegt es damit im Ermessen der Mitgliedstaaten, die (aktive) Sterbehilfe bei Strafe zu verbieten oder nicht, vgl. *Zwaak* in: Van Dijk et al., S. 392. Krit. gegenüber der EGMR-Lösung im Fall *Pretty Hilgendorf,* in: Joerden/Szwarc, S. 180 ff. Art. 2 Abs. 1 beinhaltet jedoch auf der anderen Seite keine Pflicht zu leben, *Schilling,* § 8 Rn. 117.

456 *EGMR,* Vo v. Frankreich Urt. v. 8.7.2004, para. 85: jedenfalls – auch wenn Art. 2 anwendbar sein sollte! – habe der frz. Staat seine prozeduralen Schutzpflichten nicht verletzt, weil die Geschädigte vor den Verwaltungsgerichten gegen das Krankenhaus vorgehen konnte. Zum Fall *Vo* instruktiv *Blau,* ZEuS 2005, 424 ff.; *Jung,* FS Schroeder, 2006, S. 809. Für eine Anwendbarkeit des Art. 2 auf ungeborenes Leben *Satzger,* 2013, § 11 Rn. 30. Vgl. zum Streitstand IntKomm/*Lagodny,* EMRK Art. 2 Rn. 46; LR/*Esser,* Art. 2 EMRK, Rn. 7 f.; SK-StPO/*Paeffgen,* EMRK Art. 2 Rn. 5 ff.; *Frenz,* S. 273.

457 *EGMR,* Makaratzis v. Griechenland Urt. v. 20.12.2004, paras. 49 ff., 55; *Zöller,* FS Kühne, 2013, S. 630.

458 Vgl. hierzu den Fall bei *Hecker/Zöller,* S. 135 ff. (Fall 14).

459 *EGMR,* Makaratzis v. Griechenland Urt. v. 20.12.2005, para. 57; *EGMR,* Usta v. Türkei 21.2.2008, para. 45; *EGMR,* Isaak v. Türkei 24.8.2008, para. 106; *Satzger,* Jura 2009, 761 f.; *Zöller,* FS Kühne, 2013, S. 631 ff.; eingehend *Grabenwarter,* Art. 2 Rn. 16 ff.; zur Verpflichtung der Mitgliedstaaten, bei (mutmaßlichen) Verletzungen von Art. 2 Ermittlungen einzuleiten, s. *Ariav,* GoJIL 4 (2012), 857 f.; *Grabenwarter,* Art. 8 Rn. 22 f., 25; krit. *Zöller,* FS Kühne, 2013, S. 640. S. auch *Schilling,* § 8 Rn. 120 ff. (der auch auf die hierbei im Rahmen von Regimewechseln entstehenden Probleme eingeht [Rn. 125]).

77 Nach **Art. 2 Abs. 2** wird die Tötung eines Menschen nicht als Verletzung des Rechts auf Leben beurteilt, „wenn sie durch eine Gewaltanwendung verursacht wird, die unbedingt erforderlich ist, um a) jemanden gegen rechtswidrige Gewalt zu verteidigen; b) jemanden rechtmäßig festzunehmen oder jemanden, dem die Freiheit rechtmäßig entzogen ist, an der Flucht zu hindern; c) einen Aufruhr oder Aufstand rechtmäßig niederzuschlagen."[460] Die besondere **Schranke** des Absatzes 2 setzt stets – dies folgt aus der Wendung „rechtmäßig" in (b) und (c) – eine **gesetzliche Grundlage** voraus; ferner muss einer der abschließend aufgezählten **Eingriffsgründe** vorliegen und schließlich muss die Maßnahme **„unbedingt erforderlich** sein".[461] Über die Schranke des Absatzes 2 hinaus ist zu beachten, dass Absatz 1 Satz 2 durch die Anerkennung der „Vollstreckung eines Todesurteils" die **Todesstrafe** nicht *a limine* ausschließt.[462] Allerdings haben inzwischen (Stand: 26.6.2014) – abgesehen von Russland[463] – *sämtliche* Mitgliedstaaten der EMRK das ZP VI zur Abschaffung der Todesstrafe ratifiziert;[464] sein Art. 2 gestattet allerdings die Beibehaltung der Todesstrafe in Kriegszeiten. Diese Lücke will das mittlerweile von 44 der 47 Europaratsstaaten ratifizierte (Stand: 26.6.2014) ZP XIII über die *vollständige* Abschaffung der Todesstrafe schließen,[465] so dass jedenfalls *pro futuro* die Todesstrafe unzulässig ist.[466] Mitunter kann die Feststellung einer Verletzung von Art. 2 und deren Zurechnung zu staatlichen Sicherheitskräften problematisch sein, so insbesondere im Falle des **Verschwindenlassens** von Personen (Rn. 55).[467]

78 Die Frage der Reichweite der Schranke des Absatzes 2 stellt sich mit Blick auf die weitreichende deutsche Notwehrregelung des § 32 StGB[468] in den Fällen der **Tötung zur Verteidigung von Sachwerten** (unser **Fall 7**) und in grundsätzlicher Weise in Bezug auf den **„finalen Todes- oder Rettungsschuss"** (dazu Rn. 79). Nach h. M. setzen die Gewährleistungen der EMRK nur **hoheitlichen Eingriffen** Grenzen, so dass im Verhältnis der Bürger untereinander Art. 2 keine das Notwehrrecht beschränkende Wirkung entfaltet.[469] Die Gegenansicht geht davon aus, dass Art. 2 Abs. 2 einerseits die Tötung zur Verteidigung von Sachwerten nicht erlaubt und andererseits auch im Verhältnis der Bürger

460 Vgl. etwa *Gollwitzer,* Art. 2 EMRK Rn. 17ff.

461 *Peters/Altwicker,* § 5 Rn. 14; st. Rspr. EGMR, vgl. nur *EGMR,* Khatsiyeva et al. v. Russland Urt. v. 17.1.2008, para. 129 m.w.N.; insb. zur Erforderlichkeit *EGMR,* Usta v. Türkei 21.2.2008, para. 46.

462 *Rosenau,* ZIS 2006, 338; vgl. ferner *Last,* in: Menzel/Pierlings/Hoffmann, S. 498f. u. *Eisele,* JA 2005, 902 jeweils in Bezug auf den Fall *EGMR,* Öcalan v. Türkei Urt. v. 12.3.2003. Zu diesem Fall vgl. auch *Aras,* ZEuS 2007, 239f.

463 Rußland hat das ZP VI bisher nur unterzeichnet (am 16.4.1997), vgl. zum Ratifikationsstand http://conventions.coe.int.

464 *Rosenau,* ZIS 2006, 339.

465 Es fehlen Armenien (unterzeichnet, aber nicht ratifiziert), Aserbaidschan und Russland (ebenfalls keine Unterzeichnung); siehe http://conventions.coe.int.

466 Art. 1 S. 1 ZP VI lautet (in Übereinstimmung mit Art. 102 GG): „Die Todesstrafe ist abgeschafft."

467 Hierzu *Hoffmann,* in: Menzel/Pierlings/Hoffmann, S. 515; *Jötten,* S. 132ff. Die mangelnde Aufklärung der Todesumstände einer Person kann ebenfalls eine Verletzung von Art. 2 EMRK darstellen (*Esser,* 2014, § 9 Rn. 137).

468 Rechtsvergleichend zu Art. 2 Abs. 2 EMRK *Perron,* FS Eser, 2005, S. 1019.

469 *Bockelmann,* FS Engisch, 1969, S. 456, 463; *Eisele,* JA 2000, 428; *ders.*, JA 2005, 902; *Gollwitzer,* Art. 2 MRK Rn. 19; NK/*Kindhäuser* 2013, § 32 Rn. 95; *Jescheck/Weigend,* S. 349f.; *Lackner/Kühl,* § 32 Rn. 11; LK/*Rönnau/Hohn,* 12. Aufl., § 32 Rn. 235ff.; *Fischer,* StGB, § 32 Rn. 40; *Hecker,* 2012, § 3 Rn. 68ff. (73); zurückhaltender Perron, FS Eser, 2005, S. 1024f.; *Safferling,* 2011, § 3 Rn. 73 und jetzt auch *Kühl,* FS Jung, 2007, S. 440; i. Erg. ebenso *Bülte,* GA 2011, 163.Vgl. auch die Streitdarstellung bei *Satzger,* Jura 2009, 762f.; *Schramm,* JuS 2013, 1096.

untereinander gilt.[470] Eine Mittelmeinung will Art. 2 auch in Bezug auf das Notwehrrecht Privater anwenden, sieht darin jedoch keine über das deutsche Recht hinausgehende Beschränkung.[471] Unabhängig von der Frage der Geltungserstreckung des Art. 2 auf Private wird verbreitet angenommen, die Vorschrift untersage lediglich die **absichtliche**[472] oder zumindest **direkt vorsätzliche**[473] Tötung eines Sachangreifers. Dagegen spricht jedoch, dass das Hauptanliegen der Konvention darin besteht, staatlichen Ein- bzw. Übergriffen gegenüber den Bürgern (enge) Grenzen zu stecken.[474] Gegen eine Differenzierung nach Art des Vorsatzes sprechen auch die vom Wortlaut her weiten französisch- und englischsprachigen Fassungen von Art. 2 („intentionally" und „intentionnellement").[475] Dass zu dieser Frage keine Stellungnahme des EGMR vorliegt, wird daran liegen, dass eine Rechtfertigung der Tötung des Angreifers zur Verteidigung von Sachwerten *in praxi* häufig an den zum Notwehrrecht entwickelten Restriktionen im Bereich des tödlichen *Waffen*einsatzes scheitert.[476] Bei staatlichen Eingriffen in das Recht auf Leben hat der EGMR allerdings ausdrücklich klargestellt, dass der Schutzbereich des Art. 2 nicht auf vorsätzliche Tötungen beschränkt ist, sondern auch Gewaltanwendung erfasst, die – wenn auch ungewollt – zum Tod des Opfers führt.[477]

79 In Bezug auf die Problematik des **finalen Rettungsschusses bzw. Todesschusses** (unser **Fall 8**) steht der EGMR auf dem Standpunkt, dass die vorsätzliche Tötung eines Angreifers durchaus erlaubt ist, wenn sie sich als verhältnismäßiges Mittel i. S. v. Art. 2 Abs. 2 (a) EMRK darstellt, um Dritte gegen rechtswidrige Gewalt zu verteidigen.[478] Die Tötung eines Angreifers sei bereits dann gerechtfertigt, wenn sich *ex post* herausstellt, dass tatsächlich kein Angriff vorgelegen habe, die zuständigen staatlichen Organe jedoch *ex ante* davon ausgehen mussten, dass allein durch die Tötung des vermeintlichen Angreifers unschuldige Dritte zu retten sind.[479]

---

470 So etwa *Frister,* GA 1985, 564f.; *Koriath,* in: Ranieri, Die Europäisierung der Rechtswissenschaft, 2002, S. 52ff.; ähnlich *Kühl,* ZStW 100 (1988), 624ff.; *Kreicker,* in: Sieber et al., § 51, Rn. 68; nunmehr auch S/S/*Perron,* § 32 Rn. 62; vgl. weiter *Schroeder,* FS Maurach, 1972, S. 127, 138f. *Bisson,* Die lebensgefährliche Verteidigung von Vermögenswerten, 2002, S. 149ff., 210 gelangt deshalb zur Konventions- und damit Verfassungswidrigkeit des § 32 StGB. Ebenso i. Erg. *Diehm,* Menschenrechte, 2006, S. 338f. m.w.N.

471 Vgl. insbesondere *Bernsmann,* ZStW 104 (1992), 306f., 323; Dörr/Grote/Marauhn/*Alleweldt,* Kap. 10 Rn. 66f. verkennt bei seiner konventionskonformen Auslegung von § 32 StGB, dass die EMRK als völkerrechtlicher Vertrag an den Staat als Völkerrechtssubjekt adressiert und deshalb dieser auch besonders – mehr als der Private – verpflichtet ist.

472 Vgl. etwa *Meyer-Goßner,* Art. 2 EMRK Rn. 3.

473 So z. B. *Jescheck/Weigend,* S. 349f.; *Krey,* JZ 1979, 709; *Roxin,* AT I, § 15 Rn. 88; *Zieschang,* GA 2006, 418f.; gegen eine Beschränkung auf direkt vorsätzliche Tötungen *Frister,* GA 1985, 560f.; *Bisson,* Notwehrrecht, 2002, S. 126ff., 137.

474 Siehe nur *Eisele,* JA 2000, 428 m.w.N.

475 LK/*Rönnau/Hohn,* § 32 Rn. 236.

476 Vgl. auch *Perron,* FS Eser, 2005, S. 1025; S/S/*Perron,* § 32 Rn. 62.

477 *EGMR,* Wasilewska & Kalucka v. Polen Urt. v. 23.2.2010, para. 42; („The text of Article 2, read as a whole, demonstrates that it covers not only intentional killing but also situations where it is permitted to ‚use force' which may result, as an unintended outcome, in the deprivation of life"); ähnl. *Safferling,* 2011, § 13 Rn. 46; vgl. auch *EGMR,* Isaak v. Türkei Urt. v. 24.6.2008, para. 104; *EGMR,* Vachkovi v. Bulgarien Urt. v. 8.7.2010, para. 70. Vgl. hierzu auch S/S/*Perron,* § 32 Rn. 62, der diese Rspr. auf Eingriffe von Privaten übertragen will.

478 *EGMR,* McCann, Farrell u. Savage v. Vereinigtes Königreich Urt. 27.9.1995, paras. 194, 200. Vgl. auch u. Rn. 95; eingehend *Peters/Altwicker,* § 5 Rn. 22.

479 *EGMR,* McCann, Farrell u. Savage v. Vereinigtes Königreich Urt. 27.9.1995, para. 200: „To hold otherwise would be to impose an unrealistic burden on the State and its law-enforcement personnel

Nationalen **Notstandsregelungen,** welche die Tötung zum Schutze menschlichen Lebens erlauben, soll Art. 2 Abs. 2 keine Schranken setzen.[480] Aus diesem Grund verstieß **§ 14 Abs. 3 LuftSiG**[481] *nicht* gegen die EMRK. Nach dieser Vorschrift sollte der Abschuss entführter Passagierflugzeuge – also die direkt vorsätzliche Tötung der Reisenden und der Besatzung – erlaubt werden, wenn – wie bei den Anschlägen vom 11. September 2001 – „davon auszugehen ist, dass das Luftfahrzeug gegen das Leben von Menschen eingesetzt werden soll, und [die unmittelbare Einwirkung mit Waffengewalt] ... das einzige Mittel zur Abwehr dieser gegenwärtigen Gefahr ist".[482] Die Regelung ist durch das BVerfG indes als verfassungswidrig beurteilt worden.[483] Eine Nachfolgeregelung ist zwar in der Diskussion, bisher aber noch nicht geschaffen worden.

bb) Art. 3: Verbot der Folter. Das Folterverbot schützt – wortgleich mit Art. 4 der EU-Grundrechtecharta (u. Rn. 111) – vor Folter und vor unmenschlicher oder erniedrigender Strafe[484] oder Behandlung, wobei die Folter den schwerwiegenderen Eingriff in den Schutzbereich des Art. 3 darstellt.[485] Der EGMR betont dabei die **Unterscheidung zwischen Folter und unmenschlicher Behandlung,** um die besondere Verwerflichkeit jener hervorzuheben.[486] Folter setzt nach der Rechtsprechung des EGMR zunächst in objektiver Hinsicht voraus, dass eine unmenschliche oder erniedrigende Behandlung **sehr ernste und grausame Leiden** hervorruft.[487] Zum anderen sei erforderlich, dass dem Opfer Schmerzen und Leiden **zweckhaft zugefügt** werden, 80

in the execution of their duty, perhaps to the detriment of their lives and those of others." Dazu *Klugmann,* Antiterroristische Maßnahmen, 2002, S. 66; *Peters/Altwicker,* § 5 Rn. 22; *Reid,* S. 549; *Zwaak,* in: Van Dijk et al., S. 398. – Nach deutschem Recht wäre im Falle der Notwehr bzw. Nothilfe in der Situation einer gegebenenfalls auch pflichtgemäß geprüften „Anscheinsgefahr" h. M. zufolge ein Erlaubnissachverhaltsirrtum anzunehmen. Vgl. ferner zum **polizeilichen Schusswaffengebrauch** *Arzt,* DÖV 2007, 231 ff.

480 So Frowein/Peukert/*Frowein,* Art. 2 Rn. 11 f; *Gollwitzer,* Art. 2 EMRK Rn. 19; ebenso *Sinn,* NStZ 2004, 590.

481 Gesetz zur Neuregelung von Luftsicherheitsaufgaben v. 11.2.2005, BGBl. I 2005 S. 78.

482 Vgl. *Sinn,* NStZ 2004, 592 f., der im Übrigen Art. 14 Abs. 3 LuftSiG als § 34 StGB vorrangige Spezialregelung deutet. Die Vereinbarkeit mit der EMRK bezweifelnd *Kühne,* GA 2005, 209 u. Dörr/Grote/Marauhn/*Alleweldt,* Kap. 10 Rn. 63. Zur kriegs- bzw. feindstrafrechtlicher Natur der Regelung *Lüderssen,* StV 2005, 106. Für übergesetzlichen entschuldigenden Notstand *Roxin,* FS Eser, 2005, S. 469.

483 *BVerfG* NJW 2006, 751. Das *BVerfG* hat insoweit mit der fehlenden Gesetzgebungszuständigkeit des Bundes argumentiert und daneben auf der Grundlage der Objektsformel einen Verstoß gegen Art. 2 Abs. 2 S. 1 i. V. m. 1 Abs. 1 GG gesehen, ohne sich allerdings mit der Vereinbarkeit mit der EMRK zu befassen. Vgl. hierzu auch *Hirsch,* NJW 2007, 1188; *Ladiges,* ZIS 2008, 129. Krit. *Schenke,* NJW 2006, 738; *Rogall,* NStZ 2008, 1 ff.

484 Zur Verletzung von Art. 3 durch die Verhängung lebenslanger Freiheitsstrafen ohne Aussicht auf Entlassung *EGMR,* Vinter et al. v. Vereinigtes Königreich (GS) Urt. v. 9.7.2013, paras. 119 ff. m. Bespr. bei *van Zyl Smit/Weatherby/Creighton,* HRLR 14 (2014), 59.

485 *Peters/Altwicker,* § 6 Rn. 2; *Satzger,* 2013, § 11 Rn. 35; eingehend zum Schutzbereich *Ackermann,* FS Trechsel, 2002, S. 839 ff.; des Weiteren *Pabel,* in: Menzel/Pierlings/Hoffmann, S. 517 f. Keine erniedrigende Behandlung stellt das Verbot der Sterbehilfe in Bezug auf sterbewillige Schwerkranke dar, *EGMR,* Pretty v. Vereinigtes Königreich Urt. v. 29.4.2002, paras. 54 f. Zur Geschichte des Folterverbotes *Ambos,* ZStW 122 (2010), 504 ff. Die Rspr. des EGMR zu Art. 3 hat z. T. Eingang in die Rspr. der internationalen Strafgerichtshöfe gefunden, dazu *Frouville,* JICJ 9 (2011), 637 ff.

486 *EGMR,* Selmouni v. Frankreich Urt. v. 28.7.1999, para. 96; *EGMR,* Gäfgen v. Deutschland Urt. v. 30.6.2008, para. 66; *EGMR,* Gäfgen v. Deutschland (GS) 1.6.2010, para. 90.

487 *EGMR,* Saadi v. Italien Urt. v. 28.2.2008, para. 136; *EGMR,* Selmouni v. Frankreich Urt. v. 28.7.1999, paras. 96 f.; *EGMR,* Aksoy v. Türkei Urt. v. 18.12.1996 para. 64; *EGMR,* Irland v. Vereinigtes Königreich Urt. v. 18.1.1978, para. 167; zu den letzten Urt. s. *Prosenjak,* Folterbegriff, 2011, S. 38 ff., 81 f., 92 ff.; *Grabenwarter/Pabel,* § 20 Rn. 28; *Meyer-Ladewig,* Art. 3 Rn. 20 f.; *Peters/Altwicker,* § 6 Rn. 2, 5 ff.; *EGMR,* El-Masri v. Mazedonien Urt. v. 13.12.2012, paras. 196 ff. Vgl. zum Folterbegriff auch *Ambos,* FS Loos, 2010, S. 8 f.; insbesondere zur Abgrenzung zwischen Folter und „robusten" Vernehmungsmethoden *Ambos,* ZStW 122 (2010), 517 f.

„insbesondere mit dem Ziel, ein Geständnis über die ihm vorgeworfenen Tatsachen zu erhalten."[488] Der EGMR greift insoweit auf die Legaldefinition des Art. 1 Abs. 1 der UN-Folterkonvention[489] zurück.[490] Das Folterverbot gilt uneingeschränkt für das gesamte Strafverfahren.[491]

81 Gerade beim Folterverbot zeigt sich der **dynamische Charakter** der EMRK.[492] Im Verfahren der Staatenbeschwerde *Irlands gegen Vereinigtes Königreich*[493] aus dem Jahre 1978 qualifizierte der EGMR bestimmte britische Verhörmethoden gegenüber mutmaßlichen IRA-Mitgliedern[494] „lediglich" als eine unmenschliche Behandlung, nicht aber Folter. Im 21 Jahre später entschiedenen Fall *Selmouni*[495] kam es dagegen zu einer Verurteilung Frankreichs wegen Folter, weil der – wegen Drogenhandels zu einer mehrjährigen Freiheitsstrafe verurteilte – Beschwerdeführer in Polizeigewahrsam u. a. geschlagen und getreten worden war. Zum völkerstrafrechtlichen Folterbegriff § 7 Rn. 207ff.

Eine gegenüber der Folter weniger schwerwiegende **unmenschliche Behandlung oder Strafe** liegt vor, wenn jemandem vorsätzlich intensive physische oder psychische Leiden zugefügt werden,[496] wobei strittig ist, ob die Abgrenzung rein objektiv oder unter Einbeziehung eines bestimmten Folterzwecks (insbesondere Erzwingung eines Geständnisses) vorzunehmen ist.[497] Die schwächste Form eines staatlichen Versto-

[488] *EGMR,* Selmouni v. Frankreich Urt. v. 28.7.1999, para. 98; auch *EGMR,* Gäfgen v. Deutschland (GS) 1.6.2010, para. 90; vgl. dazu auch *Herrmann,* ZIS 2007, 302; *Prosenjak,* Folterbegriff, 2011, S. 157ff.

[489] „Im Sinne dieses Übereinkommens bezeichnet der Ausdruck ‚Folter' jede Handlung, durch die einer Person vorsätzlich große körperliche oder seelische Schmerzen oder Leiden zugefügt werden, z. B., um von ihr oder einem Dritten eine Aussage oder ein Geständnis zu erlangen …" (BGBl. II 1990 S. 247f.).

[490] *EGMR,* Selmouni v. Frankreich Urt. v. 28.7.1999, para. 97; *EGMR,* Gäfgen v. Deutschland (GS) 1.6.2010, para. 90; *Peters/Altwicker,* § 6 Rn. 11; *Safferling,* Jura 2008, 102.

[491] Eingehend zu den Fragen der zeitlichen Geltung der Gewährleistung im Verfahren *Schroeder,* in: Wolter, 140 Jahre GA, 1993, S. 206, 209 und passim.

[492] Vgl. zum Verständnis der Konvention als eines „living instrument" *EGMR,* Tyrer v. Vereinigtes Königreich Urt. v. 25.4.1978, para. 31; Frowein/Peukert/*Frowein,* Einf. Rn. 7; *Letsas,* EJIL 15 (2004), 298ff.; *Schuhr,* NJW 2006, 3568f.; *Safferling,* Jura 2008, 102; *Satzger,* Jura 2009, 760.

[493] *EGMR,* Irland v. Vereinigtes Königreich Urt. v. 18.1.1978, paras. 162ff.; dazu *Peters/Altwicker,* § 6 Rn. 12; *Reid,* S. 574f.; *Herrmann,* ZIS 2007, 303.

[494] Diese mussten bis zu 30 Stunden (!) gegen eine Wand gelehnt stehen; Schlafen, Essen und Trinken wurden auf ein Minimum reduziert.

[495] *EGMR,* Selmouni v. Frankreich Urt. v. 28.7.1999, paras. 82ff.; dazu auch *Peters/Altwicker,* § 6 Rn. 4; *Gaede,* in: Camprubi, Sicherheit, 2004, S. 162; *Reid,* S. 575; *Herrmann,* ZIS 2007, 303; vgl. auch das Fallbeispiel bei *Safferling,* 2011, § 13 Rn. 56.

[496] *EGMR,* Stoica v. Rumänien Urt. v. 4.3.2008, para. 60; *Grabenwarter/Pabel,* § 20 Rn. 29; *Meyer-Ladewig,* Art. 3 Rn. 22; zur Erheblichkeitsschwelle *EGMR,* Al-Saadoon & Mufdhi v. Vereinigtes Königreich Urt. v. 2.3.2010, para. 121. Vgl. auch *EGMR,* Gäfgen v. Deutschland Urt. v. 30.6.2008, para. 66, wobei der EGMR feststellte, dass die angedrohte Behandlung, wäre sie ausgeführt worden, als Folter zu werten gewesen wäre (para. 69). Die Große Kammer betonte zusätzlich, dass die Androhung von *physischer* Folter grundsätzlich *psychische* Folter darstellen kann, die Drohungen im konkreten Fall allerdings nicht schwerwiegend genug gewesen seien, um als Folter eingestuft zu werden, *EGMR,* Gäfgen v. Deutschland (GS) 1.6.2010, para. 108; vertiefend zu diesem Fall *Satzger,* 2013, § 11 Rn. 39ff.; *ders.,* Jura 2009, 764f.; *Schiedermair,* JuS 2010, 993; *Grabenwarter,* NJW 2010, 3128; *Esser/Gaede/Tsambikakis,* NStZ 2011, 78f. Spez. zur Bedeutung von Art. 3 und den CPT-Standards für den Jugendstrafvollzug *Pollähne,* StV 2007, 554f.

[497] Objektiv nach der Schwere der Behandlung differenzierend *Grabenwarter/Pabel,* § 20 Rn. 28; *Grabenwarter,* Art. 3 Rn. 3; für eine Einbeziehung der für Folter charakteristischen Zwecksetzung *Peters/Altwicker,* § 6 Rn. 11; *Esser,* 2014, § 9 Rn. 152. Vgl. auch *Gaede,* in: Camprubi, Sicherheit, 2004, S. 162; Dörr/Grote/Marauhn/*Bank,* Kap. 11 Rn. 16ff. m.w.N.

ßes gegen Art. 3 stellt die **erniedrigende Behandlung** einer Person dar. Im Gegensatz zu Folter und unmenschlicher Behandlung steht hier nicht die Zufügung physischen Leides, sondern die Demütigung eines Menschen im Mittelpunkt.[498]

Die *Selmouni*-Entscheidung ist auch wegen ihrer Ausführungen zur **Beweislast bei Vorwürfen staatlicher Misshandlungen** bedeutsam. Der Gerichtshof hat seiner Entscheidung die Darstellung des Beschwerdeführers zu Grunde gelegt und dies damit begründet, dass der französische Staat keine plausible Erklärung für die festgestellten Verletzungen liefern konnte.[499] Es obliege nämlich den staatlichen Stellen zu erklären, warum eine Person nach ihrer Haft Verletzungen aufweist, die sie vorher nicht hatte.[500] Der EGMR schafft damit eine *Beweiserleichterung,* die die (polizeiliche) Mauer des Schweigens bei Misshandlungen Inhaftierter durchbrechen soll.[501] 82

Etwas anderes soll gelten, also kein Verstoß gegen Art. 3 vorliegen, wenn **leichte Verletzungen** bei einer Festnahme oder bei einem Fluchtversuch entstanden sind, ohne dass sich die Umstände restlos aufklären lassen.[502] Geht es jedoch um **schwere Verletzungen,** trägt der Staat die Beweislast dafür, dass die Gewaltanwendung zulässig war; andernfalls ist von einem Verstoß gegen Art. 3 auszugehen.[503]

Für durch Folter erlangte, den Angeklagten belastende Beweismittel nimmt der EGMR ein zwingendes Verwertungsverbot an (unser **Fall 9**).[504] Dabei dürfen Beweise, die im Ausland erhoben wurden, bereits dann nicht verwertet werden, wenn zum fraglichen Zeitpunkt im ausländischen Staat allgemein ein tatsächliches Risiko des Einsatzes von Folter bei Beweiserhebungen bestand und sein Strafjustizsystem nicht die Gewähr dafür bietet, dass Foltervorwürfen im Rahmen einer unabhängigen, unparteiischen und ernsthaften Untersuchung nachgegangen wird.[505] Die Unterscheidung zwischen **Folter** und unmenschlicher und erniedrigender Behandlung zeigt sich auch darin, dass eine **Rechtfertigung** jener auch unter Notstandsgesichtspunkten aus menschenrechtlicher Sicht **unzulässig** ist: **Art. 15 Abs. 2** bestimmt, dass vom Verbot der Folter selbst im „öffentlichen Notstand" unter keinen Umständen Ausnahmen statthaft sind.[506] Aus dem 83

498 *EGMR,* Stoica v. Rumänien Urt. v. 4.3.2008, para. 61; *Grabenwarter/Pabel,* § 20 Rn. 29 m.w.N.; *Gaede,* in: Camprubi, Sicherheit, 2004, S. 162; *Schilling,* § 8 Rn. 153.

499 *EGMR,* Selmouni v. Frankreich Urt. v. 28.7.1999, para. 87.

500 *EGMR,* Selmouni v. Frankreich Urt. v. 28.7.1999, para. 87. Bestätigt in *EGMR,* El-Masri v. Mazedonien Urt. v. 13.12.2012, paras. 152ff. m. Anm. *Ambos,* StV 2013, 129.

501 Vgl. auch *Peters/Altwicker,* § 6 Rn. 4; *Meyer-Ladewig,* Art. 3 Rn. 52. Zu den Beweisanforderungen insb. bei aufenthaltsbeendenden Maßnahmen *Lorz/Sauer,* EuGRZ 2010, 395.

502 *EGMR,* Klaas v. Deutschland Urt. v. 22.9.1993, paras. 29f. (Festnahme einer alkoholisierten Autofahrerin unter Anwendung von Zwang und Anlegung von Handschellen); *Meyer-Ladewig,* Art. 3 Rn. 54; *Peters/Altwicker,* § 6 Rn. 15; *Reid,* 576.

503 *EGMR,* Rehbock v. Slowenien Urt. v. 28.11.2000, para. 72; *EGMR,* Altay v. Türkei Urt. v. 22.5.2001, para. 54; *Meyer-Ladewig,* Art. 3 Rn. 54.

504 *EGMR,* Jalloh v. Deutschland Urt. v. 11.7.2006, para. 105; fortgeführt in *EGMR,* Harutyunyan v. Armenien Urt. v. 28.6.2007, para. 63. Dazu näher *Safferling,* Jura 2008, 100ff.; *Grabenwarter,* NJW 2010, 3131ff.; *Ambos,* StV 2009, 151ff.; *ders.*, 2010b, S. 100ff.

505 *EGMR,* El Haski v. Belgien Urt. v. 25.9.2012, paras. 86ff. m. Anm. *Schüller,* ZIS 2013, 245; *Heine,* NStZ 2013, 680.

506 *EGMR,* Jalloh v. Deutschland Urt. v. 11.7.2006, para. 99; *EGMR* (GS), Gäfgen v. Deutschland Urt. v. 1.6.2010, paras. 87ff.; *EGMR,* Gäfgen v. Deutschland Urt. v. 30.6.2008, para. 63; *Gaede,* HRRS 2006, 242. Die Unveräußerlichkeit des Folterverbots ist im Zusammenhang mit dem Fall *Daschner* von der h. M. bekräftigt worden, vgl. *Diehm,* Menschenrechte, 2006, S. 369ff. m.w.N.; *Kinzig,* ZStW 115 (2003), 791f.; *Gaede,* in: Camprubi, Sicherheit, 2004, S. 166ff.; *Saliger,* ZStW 116 (2004), 41ff.; *Jeßberger,* Jura 2003, 711; *Perron,* FS Weber, 2004, S. 143ff. (144); *Grabenwarter,* Art. 3 Rn. 7; *Roxin,* FS Eser, 2005, S. 468f.; *ders.*, FS Nehm, 2006, S. 216 (ggf. übergesetzlicher ent-

Schrankenvorbehalt des Art. 2 Abs. 2 (Rn. 77) folgt im Umkehrschluss, dass solche Schranken für das Folterverbot nicht gelten, denn Art. 3 enthält gerade keine Ausnahmeklauseln.[507] Für **unmenschliche und erniedrigende Behandlungen** sind demgegenüber in der Rechtsprechung des EGMR durchaus *immanente Schranken* anerkannt, die insbesondere für den Bereich der *Haftbedingungen* von erheblicher praktischer Bedeutung sind.[508] Eine unmenschliche Behandlung von Gefangenen hält der EGMR demgemäß für zulässig, wenn sie der Herstellung der Gefängnisordnung dient und die „Gewaltanwendung wegen des Verhaltens des Gefangenen unbedingt erforderlich ist."[509] Schon früher hat der Gerichtshof die Haftbedingungen deutscher Linksterroristen in Stuttgart-Stammheim in den 1970er Jahren als konventionsgemäß beurteilt, weil sie nach Einschätzung der EKMR ausreichende Informations- und Kontaktmöglichkeiten hatten.[510] Ebenso hat der EGMR die über 8-jährige Einzelhaft des internationalen Terroristen „Carlos" im Hinblick auf Art. 3 EMRK als konventionsgemäß eingestuft.[511]

84 Dagegen hat der EGMR die Verabreichung von **Brechmitteln** (unser **Fall 9**), um einen des Drogenhandels Verdächtigen zur Ausscheidung von verschluckten Drogenpäckchen zu zwingen, als menschenrechtswidrige, unmenschliche und erniedrigende Behandlung i. S. v. Art. 3 EMRK beurteilt. Die zwangsweise Brechmittelgabe sei nicht „unerlässlich" gewesen; man habe stattdessen die natürliche Ausscheidung der verschluckten Drogenpäckchen abwarten können.[512] Man darf die Entscheidung jedoch nicht dahingehend missverstehen, dass der EGMR den Brechmitteleinsatz im Strafverfahren *per se* als konventionswidrig bewertet; entscheidend ist vielmehr, ob nach den Umständen des jeweiligen Einzelfalls die Schwelle des Art. 3 EMRK bereits überschritten ist.[513]

85 Relevant werden die Gewährleistungen des Art. 3 schließlich im Bereich der **Abschiebung** von Ausländern (zu EMRK und ZP als *Auslieferungs*hindernisse § 12 Rn. 27 ff.).[514] So verbietet **§ 60 Abs. 5 AufenthG** die Abschiebung, soweit sich aus der EMRK ihre Unzulässigkeit ergibt.[515] Diese Regelung darf nun nicht dahingehend missverstanden und in ihrer Reichweite verkürzt werden, dass allein die Umstände der unmittelbar durch deutsche Behörden veranlassten Abschiebung gemeint sind. Vielmehr muss die Abschiebung schon dann unterbleiben, wenn einem Ausländer im Aufnahmestaat eine gegen Art. 3

schuldigender Notstands in Extremfällen); *Norouzi,* JA 2005, 309 f.; *Eisele,* JA 2005, 903; *Peters/Altwicker,* § Rn. 3. Vgl. auch *Kühl,* FS Jung, 2007, S. 440 f.; u. § 7 Rn. 207. Für Entschuldigung in Grenzfällen *Ambos,* JICJ 6 (2008) 261 ff.; *ders.,* FS Loos, 2010, S. 8, 13 ff.; *ders.,* ZStW 122 (2010), 516. Vgl. auch die Falllösung bei *Hecker/Zöller,* S. 161 ff. (Fall 16) u. S. 163 ff.

[507] *Ackermann,* FS Trechsel, 2002, S. 846; *Grabenwarter/Pabel,* § 20 Rn. 32; *Jeßberger,* Jura 2003, 714.

[508] Eingehend *Ackermann,* FS Trechsel, 2002, S. 844 ff. u. *Pohlreich,* NStZ 2011, 560 ff., 567 ff. Vgl. auch *Grabenwarter,* Art. 3 Rn. 11.

[509] *EGMR,* Tekin v. Türkei Urt. v. 9.6.1998, paras. 52 f.; s. auch *Peters/Altwicker,* § 6 Rn. 15 m. N. zur Rspr. Zur Verbesserung des Menschenrechtsschutzes von Gefangenen durch ein ZP *Jung,* FS Trechsel, 2002, S. 864 f.

[510] Ensslin, Baader und Raspe v. Deutschland, EKMR-Entsch. v. 8.7.1978, paras. 6–10; vgl. auch *Meyer-Ladewig,* Art. 5 Rn. 36.

[511] *EGMR,* Ramirez Sanchez v. Frankreich Urt. v. 4.7.2006; dazu *Irmscher,* EuGRZ 2007, 135; *Moliner-Dubost,* AJP 2007, 161 ff.; vgl. auch *Vermeulen,* in: Van Dijk et al., S. 422.

[512] *EGMR,* Jalloh v. Deutschland Urt. v. 11.7.2006, paras. 75 ff., insb. 77; dazu *Gaede,* HRRS 2006, 242 f.; *Safferling,* Jura 2008, 101; *Satzger,* 2013, § 11 Rn. 41 ff.

[513] *Schumann,* StV 2006, 663 f.; krit. insoweit *Schuhr,* NJW 2006, 3539.

[514] Vgl. dazu auch die Fallschilderungen bei *Hecker,* 2012, § 3 Rn. 39 ff.

[515] *Schilling,* § 8 Rn. 157 ff.

verstoßende Behandlung droht. Denn diese Behandlung ist dem abschiebenden Staat **zuzurechnen,** weil er es war, der den Ausländer – sehenden Auges – in die Gewalt des Aufnahmestaates gebracht hat. Ein der EMRK verpflichteter Staat kann sich also nicht dadurch seiner Verantwortung entziehen, dass er Personen in menschenrechtsverletzende Staaten außerhalb des Konventionsgebiets abschiebt.[516] Droht Folter oder unmenschliche Behandlung verbietet sich – wegen der Absolutheit des Folterverbots – die Abschiebung auch dann, wenn gewichtige Gründe der nationalen Sicherheit für sie ins Feld geführt werden.[517] – Zur Relevanz der **nicht-staatlichen Verfolgung** (§ 60 Abs. 1 (c) AufenthG) vgl. 2. Aufl., § 10 Rn. 62 Kleindruck.

In jedem Fall setzt das Eingreifen der EMRK als Abschiebungshindernis nach der Rechtsprechung des EGMR voraus, dass im Zielland für den betroffenen Ausländer eine konkrete Gefahr besteht.[518] Dies kann auch bei Abschiebungen innerhalb der EU der Fall sein.[519] Nicht ausreichend ist die allgemeine Unsicherheit der Lebensverhältnisse etc. Der Betreffende muss darlegen, dass sich seine Situation schlechter darstellen würde als die anderer Bürger des fraglichen Staates.[520] Bei der Prüfung, ob tatsächlich die Gefahr von Folter oder Misshandlungen besteht, sind ggf. auch etwaige vom Bestimmungsstaat gegenüber dem ausweisenden Staat gemachte Zusagen über die weitere Behandlung des Betroffenen zu berücksichtigen. Welche Bedeutung diesen zukommt, hängt von den Umständen des Einzelfalls ab, bspw. davon, ob bisherige Zusagen eingehalten wurden und ob die konventionsgemäße Behandlung des Betroffenen überprüft werden kann.[521] 86

cc) **Art. 7: Keine Strafe ohne Gesetz.** Art. 7 enthält das **Gesetzlichkeitsprinzip** *(nullum crimen, nulla poena sine lege).*[522] Abs. 1 schützt vor rückwirkender Bestrafung und vor Bestrafung im Wege der Analogie[523] und verlangt eine hinreichende Bestimmtheit der Strafgesetze.[524] Er steht einer Bestrafung auf der Grundlage ungeschriebenen Rechts *(nulla poena sine lege scripta)* jedoch nicht im Wege.[525] Insoweit bleibt das Gesetzlichkeitsprinzip in der EMRK in seiner Reichweite hinter Art. 103 Abs. 2 GG zu- 87

---

[516] *Grabenwarter/Pabel,* § 20 Rn. 40; *Satzger,* 2013, § 11 Rn. 46f.; *Esser,* 2014, § 9 Rn. 162. Vgl. auch *EGMR,* Al-Saadoon & Mufdhi v. Vereinigtes Königreich 2.3.2010, para. 123; *EGMR,* K. R. S. v. Vereinigtes Königreich Entsch. v. 2.12.2008, in der der EGMR entschied, dass bei Abschiebung eines Drittstaatlers in einen Durchgangsstaat, der ebenfalls Vertragspartei der EMRK ist, sichergestellt sein muss, dass der Abgeschobene im Durchgangsstaat Rechtsmittel gegen seine weitere Abschiebung einlegen kann.

[517] *Hoffmann,* in: Menzel/Pierlings/Hoffmann, S. 510f. in Bezug auf *Chahal,* Urt. v. 25.10.1996. – Eine Parallelüberlegung müsste zu einer Verletzung von Art. 5 Nr. 2 AMRK („No one shall be subjected to torture or to cruel, inhuman, or degrading punishment or treatment.") durch die USA führen, wenn diese – im Zuge des Kampfes gegen den Terrorismus – Festgenommene an Staaten überstellt, die nachweislich menschenrechtswidrige Vernehmungsmethoden (scil. Folter) einsetzen.

[518] *EGMR,* Al-Saadoon & Mufdhi v. Vereinigtes Königreich 2.3.2010, para. 123 („real risk"); hierzu ausführlich *Lorz/Sauer,* EuGRZ 2010, 396–403.

[519] *EGMR,* M. S. S. v. Griechenland Urt. v. 21.1.2011, paras. 358ff.; hierzu *Grabenwarter,* Art. 3 Rn. 14.

[520] *EGMR,* H. L. R. v. Frankreich Urt. v. 29.4.1997, para. 41; *Meyer-Ladewig,* Art. 3 Rn. 66.

[521] *EGMR,* Abu-Quatada v. Vereinigtes Königreich Urt. v. 17.1.2012, paras. 187f.; hierzu *Michaelsen,* ICLQ 61 (2012), 759ff.; *Grabenwarter,* Art. 3 Rn. 14.

[522] Vgl. zur rechtsphilosophischen und historischen Perspektive *Renzikowski,* FS Krey, 2010, S. 407ff.

[523] *Peters/Altwicker,* § 6 Rn. 6; s. auch *EGMR,* Kononov v. Latvia Urt. v. 17.5.2010, para. 185.

[524] *Satzger,*2013, § 11 Rn. 84; s. auch *EGMR,* Kononov v. Latvia Urt. v. 17.5.2010, para. 185.

[525] *Ambos,* KritV 2003, 41; *Peters/Altwicker,* § 6 Rn. 4f.; Frowein/Peukert/*Frowein,* Art. 7 Rn. 4; *Gollwitzer,* Art. 7 MRK Rn. 9; *Vest,* 2006, S. 149ff.; *Satzger,* 2013, § 11 Rn. 84.

rück. Hinzu kommt, dass das in Art. 7 Abs. 1 enthaltene **Analogieverbot** nicht strikt in dem Sinne zu verstehen ist, dass die Grenze jeder zulässigen Auslegung durch den Wortsinn markiert wird;[526] auch verstößt der Gebrauch hochnormativer Begriffe wie „unsittlich" oder „unzüchtig" nicht automatisch gegen Art. 7 Abs. 1.[527] Maßgeblich für die Wahrung des Gesetzlichkeitsprinzips ist nach der Rechtsprechung des EGMR vielmehr, dass sich ein bestimmtes Verhalten (noch) ohne Willkür – ggf. auch unter Berücksichtigung der einschlägigen Rechtsprechung – unter eine Vorschrift subsumieren lässt, damit der Bürger die rechtlichen Konsequenzen seines Verhalten **vorhersehen** bzw. sein Verhalten am Recht ausrichten kann.[528] Dabei muss nicht die Strafandrohung, sondern auch die maximale Höhe der Strafe festgelegt bzw. vorhersehbar sein.[529] Der Gerichtshof stellt damit auf die individuelle Vorhersehbarkeit ab und verankert in der Sache den **Schuldgrundsatz** in Art. 7 Abs. 1, womit dieser insoweit über – den objektiv zu verstehenden – Art. 103 Abs. 2 GG hinausgeht.[530]

88 **Beispiel:** Der EGMR hat auf dieser Linie eine Verurteilung wegen **Vergewaltigung** in der Ehe aus dem Jahr 1991 bestätigt, die im Vereinigten Königreich zu einem Zeitpunkt erging, zu dem noch die aus dem Jahre 1736 (!) stammende (ungeschriebene) Regel der **„marital immunity"** dem Ehemann das Recht gab, die Ehefrau auch gegen ihren Willen zum Geschlechtsverkehr zu zwingen, ohne dafür – wegen der genannten „defence" der marital immunity – strafrechtlich zur Verantwortung gezogen zu werden.[531] Das *House of Lords* hat jedoch den veränderten gesellschaftlichen Verhältnissen und einer heftigen Reformdiskussion zur Abschaffung dieses „Ehemannprivilegs" Rechnung getragen und den betroffenen Ehemann wegen Vergewaltigung verurteilt,[532] worauf dieser vor dem *EGMR* eine Verletzung des Rückwirkungsverbots – wegen **rückwirkender Aufhebung einer „defence"** – rügte.[533] Der Gerichtshof bestätigte die Verurteilung, weil sie – auf Grund der veränderten gesellschaftlichen Verhältnisse und der Reformdiskussion – mit dem „Wesen des Delikts vereinbar" und „vernünftig" vorhersehbar gewesen sei.[534]

89 Ebenfalls um die rückwirkende Aufhebung einer Straffreistellungsregelung (hier: des Rechtfertigungsgrundes des § 27 DDR-GrenzG) ging es in den **Mauerschützenfällen** (unser **Fall 10**).[535] Der EGMR hat eine Verletzung von Art. 7 EMRK verneint:[536] Die

---

526 *Ambos,* KritV 2003, 41; *Arnold/Karsten/Kreicker,* NJ 2001, 562.

527 Vgl. *O'Carroll v. UK* (2005), 41 EHRR SE 1 zur mit Art. 7 Abs. 1 vereinbaren Strafbarkeit der Einfuhr „unzüchtiger" („indecent") Fotos gemäß sect. 170 (2)(b) des brit. Customs and Excise Act 1979; dazu *Gillespie/Bettinson,* Journ.Cr. L. 2006, 127ff. Zur hinreichenden Bestimmtheit des Begriffs „verwerflich" in § 240 Abs. 2 StGB *EGMR,* Witt v. Deutschland Entsch. v. 8.1.2007.

528 Vgl. etwa *EGMR,* Sunday Times v. Vereinigtes Königreich Urt. v. 26.4.1979, para. 49; *EGMR,* Kafkaris v. Zypern Urt. v. 12.2.2008, paras. 139f.; *EGMR,* Kononov v. Latvia Urt. v. 17.5.2010, para. 185; *Ambos,* KritV 2003, 38ff.; *Peters/Altwicker,* § 23 Rn. 5; ähnlich auf der Grundlage einer „interacción entre el poder legislativo y el judicial" *Silva Sánchez,* in: Fernández, Constitución Europea y derecho penal económico, 2006, 253.

529 *Esser,* 2014, § 9 Rn. 283.

530 *Arnold/Karsten/Kreicker,* NJ 2001, 567; *Kreicker,* Gewalttaten, 2002, S. 49ff., 51; *Ambos,* KritV 2003, 41; anders noch *Gollwitzer,* Art. 7 MRK Rn. 4.

531 Vgl. *EGMR,* S. W. v. Vereinigtes Königreich Urt. v. 27.10.1995, para. 10.

532 *Vereinigtes Königreich,* House of Lords, R (Regina) v. R Urt. v. 23.10.1991, AC 1992, 599.

533 Vgl. *Ambos,* KritV 2003, 35ff., insb. 40 m.w.N.; *Peters/Altwicker,* § 23 Rn. 5.

534 *EGMR,* S. W. v. Vereinigtes Königreich Urt. v. 22.11.1995, para. 36; *EGMR,* C. R. v. Vereinigtes Königreich Urt. v. 22.11.1995, para. 34. Vgl. auch *Demko,* HRRS 2004, 19, 20f.; krit. *Mylonopoulos,* ZStW 121 (2009), 82.

535 Grundlegend zum Ganzen *Kreicker,* Gewalttaten, 2002.

536 *EGMR,* Streletz, Kessler, Krenz v. Deutschland Urt. v. 22.3.2001. Zust. *Werle,* NJW 2001, 3001; *Peters/Altwicker,* § 23 Rn. 10; *Kühl,* FS Jung, 2007, S. 442f.; vgl. ferner *Demko,* HRRS 2004, 22ff.; *Cornils,* in Menzel/Pierlings/Hoffmann, S. 537ff.; *Eisele,* JA 2005, 907; *Sweeney,* S. 51ff.; krit. *Vest,* 2006, S. 78ff., 174f. – Im Ergebnis ebenso der *UN-Ausschuss für Menschenrechte* (UN-AMR) in Bezug auf

Schüsse auf „Grenzverletzer" und der Schießbefehl seien bereits bei Zugrundelegung des DDR-Rechts **strafbar** gewesen. Die Praxis des Grenzregimes, wonach die Grenzsoldaten angewiesen waren, „Grenzverletzer" auch um den Preis der Vernichtung von Menschenleben aufzuhalten, habe gegen die Gewährleistung des Rechts auf Leben in der DDR-Verfassung verstoßen; die entsprechenden Anweisungen vermochten die Schüsse damit nicht zu rechtfertigen.[537] Ferner verletzten die Taten auch internationales Recht, etwa das im von der DDR ratifizierten Art. 6 IPBürgR gewährleistete Recht auf Leben.[538] Der Umstand, dass das in dieser Weise interpretierte DDR-Recht zur Tatzeit nicht angewandt wurde, bedinge nicht das Eingreifen des Rückwirkungsverbots, denn Art. 7 gebiete selbst im Fall des Wechsels der Staatsordnung nicht ein Festhalten an der früheren Auslegung von Gesetzen. Die Verurteilungen seien daher (für die Beschwerdeführer) **vorhersehbar** gewesen.[539]

Der EGMR sucht eine menschenrechtsfreundliche Lösung im DDR-Recht, sein Ansatz lässt sich somit eher als positiv- denn naturrechtlich (so **BGH und BVerfG**)[540] charakterisieren.[541] Die Argumentation des EGMR ist jedoch angreifbar: Der Gerichtshof weicht der Frage, inwieweit eine rückwirkende Suspendierung von § 27 DDR-GrenzG mit Art. 7 Abs. 1 EMRK vereinbar ist, durch eine Abwertung der Republikflucht zum Vergehen mit der Folge der Nichtanwendbarkeit von § 213 Abs. 3 DDR-StGB und damit von § 27 DDR-GrenzG aus.[542] Dagegen ist einzuwenden, dass nach damaliger DDR-Praxis **zur Tatzeit** für Grenzverletzungen schon bei Zuhilfenahme einfacher Mittel in der Regel ein schwerer Fall und damit ein Verbrechen angenommen wurde.[543] Man kommt deshalb nicht um die Beantwortung der Frage herum, inwieweit es angängig ist, ex post zur Tatzeit geltende Rechtfertigungs- oder Straffreistellungsvorschriften aus rechtsstaatlich-menschenrechtlichen Gründen **rückwirkend** für unanwendbar zu erklären. Ehrlicher als eine nachträgliche positivrechtliche Umbewertung des Tatzeitrechts scheint es insofern – im Sinne eines naturrechtlich-menschenrechtlich verstandenen *nullum crimen sine iure* – darauf abzustellen, ob sich eine Bestrafung um der Gerechtigkeit willen als unabdingbar erweist.[544] Dieser **90**

den ehem. Chef der Grenztruppen und stellvertretenden Verteidigungsminister der DDR, Klaus Dieter Baumgarten, Entsch. v. 31.7.2003, Beschw. Nr. 960/2000, EuGRZ 2004, 143.

537 *EGMR,* Streletz, Kessler, Krenz v. Deutschland Urt. v. 22.3.2001, paras. 67ff.

538 Ebenso UN-AMR (o. Fn. 536), paras. 9.4, 9.5. – Ferner sei auch das in Art. 12 Abs. 2 IPbpR und Art. 2 Abs. 2 ZP IV EMRK verbürgte Recht auf Freizügigkeit verletzt (*EGMR,* Streletz, Kessler, Krenz v. Deutschland Urt. v. 22.3.2001, paras. 92ff.). Zur Bewertung als Verbrechen gegen die Menschlichkeit vgl. *Vest,* 2006, S. 152ff., 175.

539 *EGMR,* Streletz, Kessler, Krenz v. Deutschland Urt. v. 22.3.2001, paras. 87ff.

540 Vgl. zum einen BGHSt 39, 1 (14f.), wonach die in der DDR praktizierte Auslegung der §§ 213 DDR-StGB, 27 GrenzG „wegen Verletzung vorgeordneter, auch von der DDR zu beachtender Rechtsprinzipien und wegen eines extremen Verstoßes gegen das Verhältnismäßigkeitsprinzip" unmaßgeblich sei. Andererseits BVerfGE 95, 65 (133) = NJW 1997, 929 (930), wonach ein Verstoß gegen das Rückwirkungsverbot nicht vorliege, weil „[I]n dieser ganz besonderen Situation … das Gebot materieller Gerechtigkeit, das auch die Achtung der völkerrechtlichen Menschenrechte aufnimmt, die Anwendung eines solchen Rechtfertigungsgrundes" untersagt.

541 A. A. *Naucke,* FS Trechsel, 2002, S. 513f. („kritische[s] Naturrecht …, das den einzigen Inhalt hat, den einzelnen Bürger vor staatlichen oder staatsähnlichen Gewaltakten zu schützen …").

542 Krit. *Ambos,* KritV 2003, 42.

543 *Arnold/Karsten/Kreicker,* NJ 2001, 563; *Arnold/Kühl,* JuS 1992, 994; krit. auch *Cornils,* in: Menzel/Pierlings/Hoffmann, S. 539 „scheinpositivistische Anknüpfung".

544 *Ambos,* KritV 2003, 42f.; in diesem Sinne auch *Vest,* 2006, S. 183f. u. passim. Vgl. auch Dörr/Grote/Marauhn/*Kadelbach,* Kap. 15 Rn. 34; *Renzikowski,* FS Krey, 2010, S. 409f.

Gedanke liegt auch Art. 7 **Abs. 2,** der sog. **Nürnberg-Klausel,**[545] zu Grunde, wonach ein Verhalten jedenfalls dann strafbar ist, wenn es zur Tatzeit „nach den von den zivilisierten Völkern anerkannten allgemeinen Rechtsgrundsätzen strafbar war" (dazu schon § 5 Rn. 7).[546] Auch ein solcher menschenrechtlich-objektiver Ansatz beantwortet freilich nicht die Frage, ob die damaligen Täter und heutigen Angeklagten – im Sinne des Art. 7 zugrundeliegenden **subjektiven Verständnis des Rückwirkungsverbots** – damit rechnen konnten, dass ihre Handlungen zukünftig einmal als strafbar beurteilt werden würden und demzufolge die Strafbarkeit – im Sinne eines „fair warning" – haben **voraussehen** können.[547] Man wird insoweit zwischen Führungstätern, also den Mitgliedern der politischen Entscheidungsorgane (*in casu:* NVR, ZK der SED, Politbüro), und bloßen Ausführungstätern, also den Grenzsoldaten, unterscheiden müssen und nur diese von der Strafbarkeit ausnehmen können.[548]

91 In einer grundlegenden, später mehrfach bestätigten Entscheidung aus dem Jahr 2009 hat der EGMR in der *(rückwirkenden)* Verlängerung der Dauer der **Sicherungsverwahrung** von ursprünglich 10 Jahren auf unbestimmte Zeit (§ 67 d Abs. 3 StGB) einen Verstoß gegen das Rückwirkungsverbot gesehen, weil die Anlasstat vor der gesetzlichen Anordnung der Verlängerung begangen wurde (unser **Fall 11**).[549] Das BVerfG hatte zuvor in 2004 eine Verletzung des Art. 103 Abs. 2 GG verneint. Dessen Anwendungsbereich sei auf Strafen beschränkt. Bei der Sicherungsverwahrung würde es sich hingegen um eine schuldunabhängige, auf die Gefährlichkeit des Täter abstellende, rein präventive Maßregel der Besserung und Sicherung handeln, so dass das Rückwirkungsverbot durch die Aufhebung der 10-Jahres-Frist nicht tangiert sei.[550] Demgegenüber

[545] Vgl. zu Art. 7 Abs. 2 *EGMR,* Kolk u. Kislyiy v. Estland Entsch. v. 17. 1. 2006; dazu i. Erg. zust. *Cassese,* JICJ 2 (2006), 414 ff.; Frowein/Peukert/*Frowein,* Art. 7 Rn. 11; *Gollwitzer,* Art. 7 EMRK Rn. 10; *Meyer-Goßner,* Art. 7 EMRK Rn. 2; *EGMR,* Kononov v. Lettland Urt. v. 17. 5. 2010; dazu *Kleinlein,* EuGRZ 2010, 547; ausf. *Gil Gil,* ADPCP 63 (2010), 131. Vgl. zum Prüfungsmaßstab des EGMR: *Kleinlein,* EuGRZ 2010, 549 ff.

[546] Deutschland hat zu dieser Klausel 1952 einen Vorbehalt erklärt (BGBl. II 1954 S. 14; *Ambos,* StV 1997, 41 mit Fn. 40; Frowein/Peukert/*Frowein,* Art. 7 Rn. 12), der erst am 5. 10. 2001 zurückgezogen wurde (*Peters,* EMRK, 2003, S. 6); vgl. auch *Safferling,* 2011, § 13 Rn. 66, der die Vorschrift als „überflüssig" betrachtet, da eine völkerrechtliche Strafbarkeit bereits von Abs. 1 erfasst sei.

[547] *Ambos,* KritV 2003, 42; *Renzikowski,* FS Krey, 2010, S. 409 f.; vgl. hier ferner *Cassese,* JICJ 2 (2006), 417, der das Erfordernis der Vorhersehbarkeit aus Gründen der Menschenwürde ggf. zurückstehen lassen möchte.

[548] Bedenklich deshalb die Bestätigung der Verurteilung des einfachen Grenzsoldaten W (*EGMR,* K.-H. W. v. Deutschland Urt. v. 22. 3. 2001); es hätte zumindest die Annahme eines unvermeidbaren Verbotsirrtums nahe gelegen (*Ambos,* KritV 2003, 43; anders *Naucke,* FS Trechsel, 2002, S. 506 ff., insb. 508).

[549] *EGMR,* M v. Deutschland Urt. v. 17. 12. 2009, paras. 122 ff., 136, StV 2010, 181; bestätigt in *EGMR,* Schummer v. Deutschland Urt. v. 13. 1. 2011, paras. 65 ff.; *EGMR,* Mautes v. Deutschland Urt. v. 13. 1. 2011, paras. 52 ff.; *EGMR,* Kallweit v. Deutschland Urt. v. 13. 1. 2011, paras. 65 ff.; *EGMR,* Haidn v. Deutschland Urt. v. 13. 1. 2011 sowie durch Urteil des *BVerfG* NJW 2011, 1931; vgl. hierzu *Satzger,* 2013, § 11 Rn. 81, 87; *Kinzig,* NStZ 2010, 237; *Grosse-Böhmer/Klein,* ZRP 2010, 172; *Radtke,* NStZ 2010, 537; *Bachmann/Goeck,* NJ 2010, 457; *Pollähne,* KJ 2010, 255; *Laue,* JR 2010, 198; *Grabenwarter,* JZ 2010, 857; *Jung,* GA 2010, 639; *Peglau,* jurisPR-StrafR 1/2010 Anm. 2; *Klesczewski,* HRRS 2010, 394; *Müller,* EuR 2011, 423; *Esser/Gaede/Tsambikakis,* NStZ 2011, 79 ff.; *dies,* NStZ 2012, 555 f.; *Pösl,* ZJS 2011, 132; *Drenkhahn/Morgenstern,* ZStW 124 (2012), 145 ff.; *Michaelsen,* HRLR 2012, 155 ff.; *Rissing-van Saan,* FS Roxin, 2011, S. 1177 ff.; *Müller,* StV 2010, 207.

[550] *BVerfG* NJW 2004, 739 (744 ff.); a. A. *D. Bock,* FS Scheuing, 2011, S. 272 f. m. w. N.; zu den verfassungsrechtlichen Vorgaben für präventive Freiheitsentziehung in Deutschland ausf. *Radtke,* GA 2011, 648 ff.

legte der EGMR den Begriff der Strafe in Art. 7[551] nicht unter Rückgriff auf das nationale (*in casu* deutsche) Recht, sondern autonom aus.[552] Der Gerichtshof stellte entscheidend darauf ab, dass auch die Unterbringung in der Sicherungsverwahrung eine *Form des Freiheitsentzugs* darstellt, die sich zudem in ihrem Vollzug kaum von der einer Freiheitsstrafe unterscheide.[553] Auch hinsichtlich ihrer Zielsetzungen konnte der EGMR keine tragenden Unterschiede zwischen Sicherungsverwahrung und Freiheitsstrafe feststellen. Die Untergebrachten würden keine besondere Behandlung erfahren, die darauf abzielt, ihre Gefährlichkeit für die Allgemeinheit zu verringern.[554] Zudem würden beide Formen der Freiheitsentziehung sowohl dem Schutz der Allgemeinheit vor Straftätern als auch der Wiedereingliederung des Betroffenen in die Gesellschaft dienen.[555] Mit Blick auf die fehlende zeitliche Begrenzung der Sicherungsverwahrung befand der Gerichtshof zudem, dass es sich um eine der schwersten, wenn nicht gar die *schwerste Sanktion* handelt, die das deutsche Recht vorhält.[556] Daher sah der EGMR die Unterbringung als *Strafe i. S. d. Art. 7* an[557] und bejahte aufgrund der nachträglichen Aufhebung der Höchstfrist einen Verstoß gegen das Rückwirkungsverbot. Nachdem der Antrag der Bundesregierung auf Verweisung an die Große Kammer am 10.5.2010 abgelehnt worden war,[558] wurde das Urteil rechtskräftig.

Als Reaktion auf das EGMR-Urteil in Sachen M hat der deutsche Gesetzgeber das Recht der Sicherungsverwahrung zum 1.1.2011 neu geregelt.[559] Bereits im Mai 2011 erklärte das BVerfG jedoch einen Großteil der reformierten Vorschriften für verfassungswidrig und forderte den Gesetzgeber auf, diese bis zum 31.5.2013 nochmals zu überarbeiten.[560] Nach Ansicht des Gerichts stelle die Sicherungsverwahrung einen schwerwiegenden Eingriff in die Freiheitsrechte der Art. 2 Abs. 2 i. V. m. Art. 104 Abs. 1 GG dar, der „nur nach Maßgabe einer strikten Verhältnismäßigkeitsprüfung und unter Wahrung strenger Anforderungen an die zu Grunde liegenden Entscheidungen und die Ausgestaltung des Vollzugs zu rechtfertigen" sei.[561] In jedem Einzelfall müsse das Sicherungsbedürfnis der Allgemeinheit mit dem Freiheitsanspruch des Un- 92

551 Zur ebenfalls gerügten Verletzung von Art. 5 vgl. Rn. 46 mit Fn. 305.

552 *EGMR*, M v. Deutschland Urt. v. 17.12.2009, para. 126; vgl. zu den Kriterien *Satzger*, StV 2013, 244; s. auch *EGMR*, del Rio Prada v. Spanien Urt. v. 21.10.2013, paras. 81ff. (Verstoß gegen Art. 7 bei rückwirkender Änderung der Berechnungsgrundlage von Freiheitsstrafen, die i. Erg. zu einer Haftzeitverlängerung führt).

553 *EGMR*, M v. Deutschland Urt. v. 17.12.2009, para. 127.

554 *EGMR*, M v. Deutschland Urt. v. 17.12.2009, para. 128.

555 *EGMR*, M v. Deutschland Urt. v. 17.12.2009, para. 130.

556 *EGMR*, M v. Deutschland Urt. v. 17.12.2009, para. 132.

557 *EGMR*, M v. Deutschland Urt. v. 17.12.2009, para. 135. Mit Blick auf den Erziehungsgedanken sieht der BGH die Sicherungsverwahrung in Jugendsachen allerdings nach wie vor nicht als Strafe an, *BGH* NStZ 2010, 381 (384) = StV 2010, 515 (520); krit. *Renzikowski*, NStZ 2010, 507; *Kreuzer*, NStZ 2010, 477; *Bartsch*, StV 2010, 523f.; *Ullenbruch*, NStZ 2010, 472; in die gleiche Richtung auch *Frommel*, NK 2010, 82ff.

558 Pressmitteilung des EGMR vom 11.5.2010, abrufbar unter http://hudoc.echr.coe.int/sites/eng-press/pages/search.aspx?i=003-3133182-3474824 (zuletzt abgerufen am 1.7.2014).

559 Gesetz zur Neuordnung des Rechts der Sicherungsverwahrung und zu begleitenden Regelungen vom 22.12.2010 (BGBl. I 2010 S. 2300); vgl. *Drenkhahn/Morgenstern*, ZStW 124 (2012), 180ff.; sowie 3. Aufl., § 10 Rn. 88. Zur im Jahr 2010 geschaffenen Regelung für Altfälle *Polähne*, ZJS 2011, 218.

560 *BVerfG* NJW 2011, 1931 m. Bspr. bei *Sachs*, JuS 2011, 854; *Kreuzer/Bartsch*, StV 2011, 472; *Eisenberg*, StV 2011, 480; *Hörnle*, NStZ 2011, 488; *Schöch*, GA 2012, 14. Zu den Konsequenzen für die Praxis: *Peglau*, NJW 2011, 1924; vgl. auch *Dessecker*, ZIS 2011, 706; *Pösl/Dürr*, EuCLR 2 (2012), 173.

561 *BVerfG* NJW 2011, 1931 (1936).

tergebrachten abgewogen werden,[562] wobei ggf. auch das berechtigte Vertrauen der Betroffenen auf ein Ende der Sicherungsverwahrung bzw. das Unterbleiben ihrer Anordnung zu berücksichtigen sei.[563] Mit ausdrücklichem Verweis auf die entsprechenden Überlegungen des EGMR führte das BVerfG zudem aus, dass sich der Vollzug der (präventiven) Sicherungsverwahrung von dem der Freiheitsstrafe quantitativ unterscheiden müsse (Abstandsgebot).[564] Diese Voraussetzungen sah das BVerfG als nicht erfüllt an; die mit der Sicherungsverwahrung verbundene Freiheitsbeschränkung sei daher unverhältnismäßig.[565] Für die vom Gesetzgeber vorzulegende Neuregelung stellte das BVerfG einen recht umfangreichen Anforderungskatalog auf: So muss u. a. sichergestellt sein, dass die Sicherungsverwahrung nur als *ultima ratio* zur Anwendung kommt, dass ihr Vollzug nach präventiv-therapeutischen Gesichtspunkten ausgestaltet wird und ihre Fortdauer regelmäßig gerichtlich überprüft wird.[566] Zur Umsetzung dieser Vorgaben hat der Gesetzgeber zum 5.12.2012 das Gesetz zur bundesrechtlichen Umsetzung des Abstandsgebots im Recht der Sicherungsverwahrung erlassen.[567] Ob dieses einer kritischen Prüfung durch EGMR und BVerfG standhalten wird, bleibt abzuwarten.[568]

93 Umstritten waren die **Konsequenzen** des EGMR-Urteils für die ca. 70 Parallelfälle,[569] die ebenfalls von der nachträglichen Aufhebung der Höchstfrist betroffen waren. Die Rechtsprechung war uneinheitlich.[570] Während zum Teil die sofortige Freilassung der Betroffenen angeordnet wurde,[571] hielt die Mehrheit der Gerichte die Fortsetzung des Vollzugs mit Blick auf die Schutzpflicht des Staates gegenüber seinen Bürgern bis zur endgültigen Klärung der Rechtslage für zulässig.[572] In seiner Entscheidung vom Mai 2011 legte das BVerfG dann fest, dass in Altfällen eine weitere Unterbringung in der Sicherungsverwahrung nur zulässig ist, *„wenn eine hochgradige Gefahr schwerster Gewalt- oder Sexualstraftaten aus konkreten Umständen in der*

562 *BVerfG* NJW 2011, 1931 (1936).

563 *BVerfG* NJW 2011, 1931 (1941).

564 *BVerfG* NJW 2011, 1931 (1937).

565 *BVerfG* NJW 2011, 1931 (1935, 1938, 1942, 1944).

566 *BVerfG* NJW 2011, 1931 (1938f.); vgl. hierzu auch *Pösl/Dürr,* EuCLR 2 (2012), 176; *Beck,* HRRS 2013, 9.

567 Gesetz zur bundesrechtlichen Umsetzung des Abstandsgebots im Recht der Sicherungsverwahrung vom 5.12.2012, BGBl. I 2012 S. 2425; vgl. hierzu *Renzikowski,* NJW 2013, 1638; *Rissing-van Saan,* FS Roxin, 2011, S. 1185; zu den Änderungen im Vollzug *Schäfersk.üpper/Grote,* NStZ 2013, 447ff.

568 Zw. *Renzikowski,* NJW 2013, 1638 mit krit. Überlegungen zur Komplexität der neuen Rechtslage und zur Wahrung des *ultima ratio* Prinzips; krit. auch *Höffler,* StV 2014, 173 (174).

569 *EGMR,* M v. Deutschland Urt. v. 17.12.2009, para. 67.

570 Zu den Hintergründen *Radtke,* NStZ 2010, 539ff.; vgl. auch *Gaede,* HRRS 2010, 329; *Greger,* NStZ 2010, 676f.; *Kreuzer,* StV 2011, 125f. Durch das Gesetz zur Sicherung der Einheitlichkeit der Rspr. bei Entscheidungen zur Sicherungsverwahrung vom 24.7.2010, (BGBl. I 2010 S. 976) wurde für bestimmte Entscheidungen zur Sicherungsverwahrung eine Divergenzvorlage eingeführt (§ 121 II Nr. 3 GVG).

571 *OLG Frankfurt a. M.* NStZ 2010, 573; *OLG Frankfurt a. M.* NStZ 2010, 321; *OLG Frankfurt a. M.* Beschl. v. 1.7.2010 – 3 Ws 539/10; *OLG Karlsruhe* Beschl. v. 15.7.2010 – 2 Ws 458/09 und 2 WS 22/10. Vgl. auch *BGH* NStZ 2010, 567 m. Anm. *Ahmed,* StV 2010, 574; anders hingegen der 5. Senat des BGH, der am 9.11.2010 eine entsprechende Anfrage an die übrigen Senate gestellt hat, NStZ 2011, 149 m. Anm. *Bachmann/Goeck,* ZIS 2011, 44. Vgl. hierzu auch *Gaede,* HRRS 2010, 329; *Pösl,* ZJS 2011, 141 sowie *Drenkhahn/Morgenstern,* ZStW 124 (2012), 175ff.; *Rissing-van Saan,* FS Roxin, 2011, S. 1187.

572 Vgl. *OLG Celle* NStZ-RR 2010, 322; *OLG Köln* Beschl. v. 14.7.2010 – 2 Ws 431/10; *OLG Nürnberg* NStZ 2010, 574; *OLG Hamm* Beschl. v. 12.5.2010 – 4 Ws 114/10; *OLG Koblenz* Beschl. v. 7.6.2010 – 1 WS 108/10; *OLG Nürnberg* Beschl. v. 24.6.2010 – 1 Ws 315/10 und 2 Ws 78/10; *OLG Stuttgart* Beschl. v. 1.6.2010 – 1 Ws 57/10. Vgl. auch *OLG Hamm* NStZ-RR 2010, 388 sowie *BVerfG* NJW 2010, 2501.

Person oder dem Verhalten des Untergebrachten abzuleiten ist"[573] und eine psychische Störung i. S. d. § 1 Abs. 1 Nr. 1 ThuG vorliegt.[574] Zugleich ordnete das BVerfG eine unverzügliche Überprüfung des Vorliegens dieser Voraussetzungen bei den Betroffenen an.[575] Das vom BVerfG in Bezug genommene ThUG war mit der ersten Neuregelung des Rechts der Sicherungsverwahrung im Jahr 2011 geschaffen worden und ermöglicht die Unterbringung gefährlicher Straftäter in geschlossenen (therapeutischen) Einrichtungen.[576]

Lösung Fall 7:

Nach h. M. ist die EMRK im Verhältnis der Bürger untereinander *nicht anwendbar*, denn sie diene nur der Abwehr von Menschenrechtsverletzungen durch den Staat. Bejaht man hingegen eine Geltungserstreckung auf Private, so ließe sich immer noch der Wortlaut des Art 2 Abs. 1 („absichtlich") dafür anführen, dass Notwehr-Tötungen mit *dolus eventualis* keinen konventionsrechtlichen Schranken unterliegen. (o. Rn. 78). 94

Lösung Fall 8:

Der EGMR hat zwischen dem Vorgehen der Soldaten und der Planung und Durchführung der Anti-Terror-Operation unterschieden. Eine *gesetzliche Grundlage* und einer der in Art. 2 Abs. 2 abschließend[577] genannten *Eingriffsgründe* lagen vor. Entscheidend sei die Frage der unbedingten *Erforderlichkeit:* Zwar sei in Bezug auf die Soldaten *im Ergebnis* eine Rechtfertigungslage anzuerkennen, da diese in der (unzutreffenden) Annahme gehandelt hatten, durch die tödlichen Schüsse die unmittelbar drohende Zündung einer Autobombe zu verhindern.[578] Die Verletzung des Art. 2 folge jedoch aus der Art und Weise der Organisation der Operation, genauer aus dem Umstand, dass britische Behörden die Getöteten nicht an der Einreise gehindert hatten, obwohl sie von ihren Anschlagsplänen Kenntnis hatten, also nicht alles Mögliche getan haben, um den Tod der mutmaßlichen Terroristen – gleichsam präventiv – zu verhindern (o. Rn. 79).[579] 95

Lösung Fall 9:

Der EGMR hat in dem Vorgehen der deutschen Ermittlungsbehörden eine unmenschliche und erniedrigende Behandlung i. S. v. Art. 3 EMRK gesehen. Er hat dabei eine *einzelfallbezogene abwägende Perspektive* zugrunde gelegt. Ein abwägungsfestes Recht darauf, keine zwangsweisen Eingriffe in die körperliche Unversehrtheit im Rahmen eines Strafverfahrens erdulden zu müssen, ergibt sich aus Art. 3 EMRK danach nicht. Auch verstößt die Verwertung auf diese Weise gewonnener Beweismittel nicht gegen die Selbstbelastungsfreiheit (Art. 6 Abs. 1). Allerdings sei die Brechmittelvergabe im Jalloh-Fall *nicht zwingend erforderlich* gewesen, da man die Ausscheidung der verschluckten Drogen hätte abwarten können. Aus dem Konventionsverstoß ergibt sich ein Beweisverwertungsverbot (o. Rn. 84). 96

[573] *BVerfG* NJW 2011, 1931 (1933). Daran anschließend *BGH* NStZ 2011, 631 (632).

[574] *BVerfG* NJW 2011, 1931 (1933); *BVerfG*, Beschl. v. 6.2.2013 – 2 BvR 2705/11; vgl. zum Begriff der „psychischen Störung": *Dessecker*, ZIS 2011, 711 sowie eingehend *Höffler/Stadtland*, StV 2012, 239; krit. zur Anwendung des ThuG auf Altfälle *Höffler*, StV 2014, 174.

[575] *BVerfG* NJW 2011, 1931 (1933); siehe auch schon *BGH* NStZ 2011, 453.

[576] Gesetz zur Neuordnung des Rechts der Sicherungsverwahrung und zu begleitenden Regelungen vom 22.12.2010 (BGBl. I 2010 S. 2300); hierzu *Beukelmann*, NJW-Spezial 2010, 696; *Esser/Gaede/Tsambikakis*, NStZ 2011, 81; *Kinzig*, NJW 2011, 177; *Kreuzer*, StV 2011, 122 m. krit. Anm. zur Vereinbarkeit des ThuG mit der EMRK (131 f.). Ebenfalls zur EMRK-Konformität des ThUG: *Ullenbruch*, StV 2012, 47. Das BVerfG lehnte die Annahme einer gegen das ThuG gerichteten Verfassungsbeschwerde ab, *BVerfG* Beschl. v. 13.1.2011 – 2 BvR 94/11; vgl. auch *OLG Saarbrücken* StV 2012, 31 sowie *Ullenbruch*, StV 2013, 26.

[577] *Peters/Altwicker*, § 5 Rn. 16.

[578] *EGMR*, McCann, Farrell u. Savage v. Vereinigtes Königreich Urt. 27.9.1995, para. 200.

[579] *EGMR*, McCann, Farrell u. Savage v. Vereinigtes Königreich Urt. 27.9.1995, para. 213.

Lösung Fall 10:

97 **1** Der EGMR hat im Ergebnis wie BGH und BVerfG entschieden und einen Verstoß gegen das Rückwirkungsverbot verneint. Anders als die deutschen Gerichte hat er sich jedoch maßgeblich auf das zur Tatzeit geltende Recht der DDR bezogen: Zwar habe § 27 DDR-Grenzgesetz den Schusswaffengebrauch im Falle der Begehung eines Verbrechens erlaubt, doch haben die Fälle der „Republikflucht", in denen junge, unbewaffnete Personen mit einfachen Mitteln wie Leitern die DDR zu verlassen suchten, keine Gefahr dargestellt, so dass – schon nach dem geltenden DDR-Recht – kein schwerer Fall des ungesetzlichen Grenzübertritts vorgelegen habe, der ein Verbrechen i. S. v. § 213 Abs. 3 DDR-StGB hätte sein können.[580] Die Schüsse seien mithin bereits nach geltendem Recht strafbar gewesen (o. Rn. 89f.).

Lösung Fall 11:

98 Während des BVerfG mit einer formalen Begründung die Anwendbarkeit des Rückwirkungsverbots auf Maßregeln der Besserung und Sicherung verneinte, legte der EGMR den Begriff der Strafe in Art. 7 europarechtlich autonom aus. Da es sich auch bei der Unterbringung um eine Form der Freiheitsentziehung handelt, deren Vollziehung sich zudem nicht – weder hinsichtlich der Vollzugsbedingungen noch hinsichtlich des Vollzugsziels – entscheidend von der einer Strafe unterscheide, sei sie auch als solche zu bewerten. Dementsprechend liege in ihrer nachträglichen Verlängerung durch Aufhebung der ursprünglich geltenden gesetzlichen Höchstfrist ein Verstoß gegen das Rückwirkungsverbot (o. Rn. 91).

C. Grundrechtsschutz durch die EU

I. Bemühungen zum Grundrechtsschutz auf EU-Ebene

99 Der Grundrechtsschutz auf EU-Ebene wird zum einen (derzeit noch mittelbar) durch die EMRK geprägt (vgl. Rn. 2f.), zum anderen existieren aber auch im EU-Recht selbst Bemühungen, den Schutz elementarer Rechte zu gewährleisten bzw. zu verbessern. Neben der bereits erwähnten Grundrechtecharta (Rn. 1) zielen die Bestrebungen insbesondere darauf,[581] die Verfahrensrechte mittels sekundärrechtlicher Instrumente zu sichern. Insbesondere der durch den Grundsatz der gegenseitigen Anerkennung ermöglichte „Export" von Beweismitteln birgt die Gefahr, dass die Rechte des Beschuldigen durch ein sog. „forum-shopping" unterlaufen werden (§ 9 Rn. 12).[582] Dadurch verschärft sich die an für sich schon schwierige Situation des im Ausland Beschuldigten, der in einer fremden Sprache mit einer ihm unbekannten Rechtsordnung konfrontiert wird. Die einschlägigen Verfahrensgarantien der EMRK bieten – sofern sie denn in der Praxis eingehalten werden – nur einen sehr allgemein gehaltenen Mindestschutz und garantieren keine einheitlichen Standards in den Mitgliedstaaten.[583] Zu-

[580] *EGMR,* Streletz, Kessler, Krenz v. Deutschland Urt. v. 22.3.2001, para. 63; dazu *Arnold/Karsten/Kreicker,* NJ 2001, 563; *Kreicker,* Gewalttaten, 2002, S. 16f.; vgl. auch UN-AMR (o. Fn. 536), para. 9.5.

[581] Zu den privaten Initiativen vgl. § 9 Rn. 16.

[582] Siehe dazu nur *Satzger,* 2013, § 10 Rn. 55; *Kaiafa-Gbandi,* ZIS 2006, 532; *Schünemann,* StV 2003, 116; *Roger,* GA 2010, 29; zum Beweistransfer *Ambos,* ZIS 2010, 564f.; zur Bedeutung der Menschenrechte bei der Rechtshilfe auch *Krüßmann,* S. 655ff.

[583] *Satzger,* StV 2003, 141; *ders.*, 2013, § 10 Rn. 56; *Gleß,* Replies, (http://ec.europa.eu/justice/news/consulting_public/0004/civil_society/sabine_gless_en.pdf (zuletzt abgerufen am 1.7.2014), S. 2; so auch *EU-Kommission,* Memorandum, abgedruckt in: House of Lord's EU Committee, 1st Report of Session 2004–05, Procedural Rights in Criminal Proceedings, Report with Evidence, HL Paper 28 (2005), diff. und ausf. *Polakiewicz,* EuGRZ 2010, 12ff.; a. A. *Vogel/Matt,* StV 2007, 208f.

dem kann der EGMR erst angerufen werden, wenn der nationale Rechtsweg erschöpft ist. Insoweit erweist sich der Grundrechtsschutz auf Unionsebene als stärker, kann doch eine Vorlage an den EuGH bereits im laufenden Verfahren erfolgen und so eine frühzeitige Kontrolle der nationalen Praxis ermöglichen.[584]

1. Vorschlag der Kommission für einen Rahmenbeschluss über Verfahrensrechte

Auf der Grundlage des *Grünbuchs Verfahrensgarantien* legte die Kommission 2004 **100** einen Vorschlag für einen *Rb über bestimmte Verfahrensrechte* in Strafverfahren mit dem Ziel der Vereinheitlichung der Beschuldigtenrechte vor.[585] Dieser sah einige – deutlich hinter dem Grünbuch zurückbleibende – Mindestgarantien vor, etwa das Recht auf Vertretung durch einen Rechtsbeistand vor und während des Hauptverfahrens, die kostenlose Inanspruchnahme von Dolmetsch- und Übersetzungsleistungen, das Recht auf Kontaktaufnahme mit Konsularbehörden sowie auf Belehrung („letter of rights").[586] Trotz dieser bescheidenen Vorschläge wurde der Rb von den Mitgliedstaaten nicht verabschiedet.[587]

2. Das Stockholmer Programm und seine Umsetzung

Nach dem Scheitern des Kommissionsvorschlags machte die schwedische Ratsprä- **101** sidentschaft die Vereinheitlichung und Stärkung der Beschuldigtenrechte zum Teil des am 10./11.12.2009 vom Europäischen Rat beschlossenen Stockholmer Programms,[588] das die Leitlinien der Union im Bereich der Innen- und Sicherheitspolitik für die Jahre 2010–2014 absteckt. Es sieht als erstes von sechs Punkten die „Förderung der Unionsbürgerschaft und der Grundrechte" und in diesem Zusammenhang u. a. die Schaffung strafverfahrensrechtlicher Mindeststandards vor.[589] Die Umsetzung dieser Zielvorgaben wurde in Abstimmung mit der Kommission in einem „Fahrplan"[590] konkretisiert. Dieser sieht vor, die Verfahrensrechte von Verdächtigten oder Beschuldigten zu stärken und zwar durch Maßnahmen in den Bereichen Übersetzung und Dolmetschleistungen, Belehrung, Rechtsbeistand und Prozesskostenhilfe, Kommunikation mit Angehörigen und konsularischen Vertretungen und Schaffung von Sonderregeln für besonders schutzbedürftige Beschuldigte. Zudem soll ein Grünbuch über die Untersuchungshaft erstellt werden. Am 20.4.2010 präsentierte die Kommission einen „Aktionsplan zur Umsetzung des Stockholmer Programms",[591] der in seinem Anhang einen konkreten Zeitplan enthält.

---

584 *Scott-Douglas,* HRLR 11 (2011), 657.

585 KOM (2004), 328 endgültig; Vgl. dazu *Esser,* in: Sieber et al., § 53 Rn. 33ff.

586 Siehe KOM (2004), 328 endg., para. 25; dazu *Ahlbrecht,* NStZ 2006, 74f.; *Kirsch,* StraFo 2008, 456; *Polakiewicz,* EuGRZ 2010, 12; krit. auch *Brants,* in: Vervaele, S. 105.

587 *Satzger,* 2013, § 10 Rn. 56; überblicksartig *Kirsch,* StraFo 2008, 456f. u. *Vogel/Matt,* StV 2007, 206ff; ebenso *Polakiewicz,* EuGRZ 2010, 14f.

588 Abl. EU C 115 v. 4.5.2010, 1–38.

589 Stockholmer Programm, Abl. EU C 115 v. 4.5.2010, 4, 10; dazu *Brodowski,* ZIS 2010, 377f.; *Beukelmann,* NJW 2010, 2083f.; *Nieto Martín,* RP 27 (2011), 80ff.

590 Entschließung des Rates 2009/C 295/01 v. 30.11.2009 über einen Fahrplan zur Stärkung der Verfahrensrechte von Verdächtigen oder Beschuldigten in Strafverfahren, Abl. EU C 295 v. 4.12.2008, 1; s. auch die Entwicklung eines Zeitplans in „Aktionsplan zur Umsetzung des Stockholmer Programms", KOM (2010), 171 endg.; vgl. hierzu auch *Brodowski,* ZIS 2010, 382; *Jimeno-Bulnes,* eucrim 2009, 157 sowie krit. *de Bondt/Vermeulen,* eucrim 2010, 163. Zur Rechtssetzungskompetenz nach Art. 82 Abs. 2 UA 2 S. 2 (b) AEUV s. § 12 Rn. 8.

591 KOM (2010), 171 endg., s. auch eucrim 2010, 2.

102 Zunächst wurde von der Kommission ein Vorschlag für einen Rb über **Dolmetsch- und Übersetzungsleistungen** im Strafverfahren[592] vorgelegt, der am 20.10.2010 als Richtlinie 2010/64/EU[593] in Kraft getreten ist. Diese ist im Einklang mit den entsprechenden Garantien aus EMRK und GRCh auszulegen.[594] Ihr Anwendungsbereich umfasst alle Strafverfahren (auch solche ohne grenzüberschreitende Dimension),[595] Verfahren zur Vollstreckung eines EuHb (dazu § 12 Rn. 38ff.) sowie Rechtsmittelverfahren gegen bestimmte behördliche Sanktionen (Art. 1 Abs. 1–3).[596] In zeitlicher Hinsicht wird die Rl in dem Moment anwendbar, in dem der Beschuldigte oder Verdächtige von den Behörden über den Verdacht gegen ihn informiert wurde;[597] sie bleibt bis zum Abschluss eines möglichen Rechtsmittelverfahrens anwendbar (Art. 1 Abs. 1, 2). Inhaltlich verpflichtet die Rl die Mitgliedstaaten, verdächtigen oder beschuldigten Personen, die der Sprache des Strafverfahrens nicht hinreichend mächtig sind, während des gesamten Verfahrens und insbesondere für den Kontakt mit ihrem Rechtsbeistand unentgeltlich (Art. 4) Dolmetschleistungen zur Verfügung zu stellen (Art. 2 Abs. 1, 2). Zudem gewährt die Rl den Beschuldigten das Recht auf Übersetzung aller wesentlichen Unterlagen (Art. 3).[598] Zur Umsetzung der Rl in Deutschland wurde u. a. § 187 GVG neu gefasst.[599]

103 Im Mai 2012 wurde die Rl über das **Recht auf Belehrung und Unterrichtung** in Strafverfahren verabschiedet.[600] Ihr Anwendungsbereich entspricht im Wesentlichen dem der Dolmetschrichtlinie. Art. 3 verpflichtet die Mitgliedstaaten, beschuldigte oder verdächtige Personen unverzüglich über bestimmte Rechte, u. a. ihr Recht auf Hinzuziehung eines Rechtsanwalts, auf Dolmetschleistung und Aussageverweigerung, zu belehren.[601] Im Falle einer Festnahme ist dem Beschuldigten eine schriftliche Erklärung der

---

592 KOM (2009), 338 endg., dann nach dem Inkrafttreten des Lissabonner Vertrages als Rl-Vorschlag: KOM (2010), 82 endg.

593 Rl 2010/64/EU des EP und des Rates über das Recht auf Dolmetschleistungen und Übersetzungen im Strafverfahren, Abl. EU L 280 v. 26.10.2010, 1; dazu *Brodowski,* ZIS 2010, 382; *Cras/de Matteis,* eucrim 2010, 153; *Ahlbrecht,* StV 2012, 493; *Blackstock,* EuCLR 2 (2012), 25–26; *Payter* et al., in: Atkinson, S. 107; zur Genese *Esser,* in: Sieber et al., § 53 Rn. 56–62.

594 Erwägungsgrund 13 Rl 2010/64/EU.

595 *Cras/De Matteis,* eucrim 2013, 23. Art. 82 Abs. 2 UA 1 AEUV begrenzt die Harmonisierungskompetenz der EU zwar auf Konstellationen, in denen die Einführung gemeinsamer Mindeststandards für die Zusammenarbeit in Strafsachen *„mit grenzüberschreitender Dimension"* erforderlich ist. Da eine klare Trennung zwischen rein nationalen Verfahren und Verfahren mit grenzüberschreitenden Bezügen in der Praxis aber kaum möglich ist, wird man der EU auch das Recht zur Regulierung rein nationaler Strafsachen zubilligen müssen, Grabitz/Hilf/Nettesheim/*Vogel,* Art. 82 AEUV Rn. 83.

596 Krit. hierzu *Blackstock,* EuCLR 2 (2012), 25; *European Criminal Policy Initiative,* ZIS 2013, 428. An diesem Punkt ist das Schutzniveau der Rl niedriger als das der EMRK, da z. B. das dt. OWi-Verfahren eine strafrechtliche Anklage i. S. d Art. 6 Abs. 1 EMRK darstellt, s. *Esser,* FS Wolter, 2013, S. 1339.

597 Die Rl legt allerdings nicht fest, wann der Beschuldigte über den Verdacht zu informieren ist. Letztendlich bestimmten damit die Mitgliedstaaten, ab wann die Rl-Rechte dem Betroffenen zugute kommen, *Esser,* FS Wolter, 2013, S. 1341; allg. krit. zur Unbestimmtheit der Vorgaben *Miettinen,* S. 217.

598 Daraus soll jedoch kein über Art. 6 EMRK hinausgehender, allgemeiner Anspruch auf eine vollständige Übersetzung von Urteilen folgen, *OLG Köln* NStZ 2012, 471.

599 Gesetz v. 2.7.2013 zur Stärkung der Verfahrensrechte von Beschuldigten im Strafverfahren, BGBl. I 2013 S. 1938.

600 Rl 2012/13/EU des EP und des Rates über das Recht auf Belehrung und Unterrichtung im Strafverfahren, Abl. EU L 142 v. 1.6.2012, 1; vgl. hierzu *Gatzweiler,* StraFo 2011, 295; *Ahlbrecht,* StV 2012, 493; *Brodowski,* ZIS 2012, 565; *Payter et al.*, in: Atkinson, S. 110; zur Genese der Rl *Cras/De Matteis,* eucrim 2013, 22; *Blackstock,* EuCLR 2 (2012), 27–29. Krit. *Esser,* FS Wolter, 2013, S. 1338.

601 Vgl. hierzu auch *Esser,* FS Wolter, 2013, S. 1345f. sowie die Sonderregelung für Festnahmen zur Vollstreckung eines EuHb in Art. 5.

Rechte auszuhändigen (Art. 4 Abs. 1). Diese Erklärung muss zudem Auskunft über weitere Rechte, bspw. das Recht auf Akteneinsicht oder das Recht auf Unterrichtung der Konsularbehörde, enthalten.[602] Darüber hinaus sind Beschuldigte oder Verdächtige über den Tatvorwurf in Kenntnis zu setzen und zwar so, dass sie ihre Verteidigungsrechte wirksam wahrnehmen können (Art. 6 Abs. 1).[603] Spätestens bei Anklageerhebung müssen detaillierte Angaben zum Tatvorwurf gemacht werden (Art. 6 Abs. 3). Nach Maßgabe des Art. 7 ist den Betroffenen zudem ein Recht auf Akteneinsicht einzuräumen. Im Zuge der Umsetzung der Richtlinie wurden in Deutschland die §§ 114b, 136, 168b StPO durch das Gesetz zur Stärkung der Verfahrensrechte von Beschuldigten im Strafverfahren angepasst und ergänzt.[604]

Die dritte Richtlinie v. 22.10.2013 betrifft das **Recht auf Zugang zu einem Rechtsbeistand,** das Recht auf Benachrichtigung eines Dritten sowie Kommunikation mit Dritten und Konsularbehörden während des Freiheitsentzugs.[605] Die Rl gilt für in Straf- und bestimmten Verwaltungsverfahren verdächtigte und beschuldigte Personen ab dem Zeitpunkt, zu dem sie Kenntnis von den gegen sie vorgebrachten Vorwürfen erhalten, sowie für Personen, die zur Vollstreckung eines EuHb festgenommen wurden, ab dem Zeitpunkt ihrer Festnahme (Art. 1). Diese Personen haben ein Recht auf Hinzuziehung eines Rechtsbeistands (Art. 3, Sonderregelung in Art. 10 bei Vollstreckung eines EuHb) und auf vertrauliche Kommunikation mit diesem (Art. 4).[606] Festgenommenen Personen muss zudem die Möglichkeit gewährt werden, eine Person ihrer Wahl über ihre Festnahme zu informieren (Art. 4), mit Dritten während des Freiheitsentzugs zu kommunizieren (Art. 6) und ggf. mit ihrer Konsularbehörde in Kontakt zu treten (Art. 7). Diese Rechte können nach Maßgabe des Art. 8 (u. a. Verhältnismäßigkeitsprüfung und Wahrung der Verfahrensfairness) beschränkt werden. Die Richtlinie muss bis zum 27.11.2016 umgesetzt werden. 104

Die *European Criminal Policy Intiative* hält die neuen Richtlinien für unzureichend. 105
Insbesondere würden die zugesicherten Rechte erst zu spät eingreifen; die einzelnen Garantien seien zudem teilweise so vage umschrieben, dass die Gefahr bestünde, dass sie in der Praxis unterlaufen würden.[607] Ungeachtet dieser berechtigten Kritik darf jedoch nicht übersehen werden, dass die neuen Regelungen zu einer deutlichen Verbesserung der bisherigen Situation beitragen können.[608] So kann die Kommission bei einer inadäquaten Umsetzung der Richtlinien gem. Art. 258 AEUV Klage vor dem EuGH erheben.[609] Nach Ablauf der Umsetzungsfrist können sich die Betroffenen zudem u. U. direkt auf die Richtlinien berufen.[610] Auch gehen die in den Richtlinien

[602] Vgl. hierzu das der Rl angehängte Musterbeispiel, Abl. EU L 142 v. 1.6.2012, 8–9.

[603] Krit. zur Unbestimmtheit dieser Klausel *Miettinen,* S. 218.

[604] BGBl. I 2013 S. 1938.

[605] Rl 2013/48/EU des EP und des Rates über das Recht auf Zugang zu einem Rechtsbeistand in Strafverfahren und in Verfahren zur Vollstreckung des Europäischen Haftbefehls sowie über das Recht auf Benachrichtigung eines Dritten bei Freiheitsentzug und das Recht auf Kommunikation mit Dritten und mit Konsularbehörden während des Freiheitsentzugs, Abl. EU L 294 v. 6.11.2013, 1; vgl. hierzu *Blackstock,* EuCLR 2 (2012), 29ff.; *Brodowski,* ZIS 2012, 565; *Corell/Sidhu,* StV 2012, 248; *Esser,* FS Kühne, 2013, S. 550ff.; *ECBA et al.*, NJECL 4 (2013), 332.

[606] Vgl. hierzu auch *ECBA et al.*, NJECL 4 (2013), 337.

[607] *European Criminal Policy Initiative,* ZIS 2013, 428.

[608] Vgl. *Cras/de Matteis,* eucrim 2013, 31; *Corell/Sidhu,* StV 2012, 250.

[609] *Blackstock,* EuCLR 2 (2012), 25.

[610] Vgl. *EuGH,* Ratti, Urt. v. 5.4.1979; zu den Voraussetzungen auch Schwarze/*Biervert,* Art. 288 AEUV Rn. 29.

enthaltenen Garantien zum Teil über die bislang bestehenden Gewährleistungen auf europäischer Ebene hinaus. So enthalten bspw. weder EMRK noch GRCh das in der Rl 2012/13/EU vorgesehene Recht auf Rechtsbelehrung.[611] Die Vereinheitlichung der prozessualen Garantien für Beschuldigte dürfte zudem langfristig die staatenübergreifende Zusammenarbeit von Strafverteidigern innerhalb der EU erleichtern, da die Verfahrensgarantien in den verschiedenen Mitgliedstaaten kohärenter werden.[612] Auch wenn noch weiterer Regelungsbedarf, insbesondere mit Blick auf eine institutionelle Stärkung der Verteidigung, besteht, sind die ersten Schritte der EU zur Stärkung der Beschuldigtenrechte daher insgesamt zu begrüßen.[613]

106 Weitere gesetzgeberische Maßnahmen sind in Planung. So hat die Kommission im Juni 2011 ein Grünbuch zur Anwendung der EU Strafrechtsvorschriften im Bereich des Freiheitsentzugs vorgelegt,[614] in dem sie sich insbesondere mit den Haftbedingungen in den Mitgliedstaaten auseinandersetzt. Der hierdurch angestoßene Konsultationsprozess wird möglicherweise in die Einführung von Mindestnormen für Haftbedingungen und gemeinsame Rechte von Häftlingen in der EU münden. Ferner hat die Kommission zum 27.11.2013 drei weitere Richtlinienentwürfe zu folgenden Themengebieten erarbeitet: Stärkung der Unschuldsvermutung und Recht auf Anwesenheit in der Verhandlung,[615] Verfahrensgarantien in Strafverfahren für beschuldigte oder verdächtigte Kinder[616] und Prozesskostenhilfe.[617] Mit Verabschiedung dieser Richtlinien wären die Vorgaben des Stockholmer Programms erfüllt. Seit 2013 wird über ein Nachfolgeprogramm verhandelt.[618]

II. Die Gewährleistungen der Grundrechtecharta

1. Grundlagen, insbesondere: Bindungswirkung der GRCh

107 Parallel zur EMRK finden sich auch in der GRCh strafrechtsrelevante Garantien, s. Art. 47–50.[619] Diese Gewährleistungen sind im Gegensatz zur EMRK jedoch bisher im Gefüge des europäischen Grundrechtsschutzes von eher untergeordneter Bedeutung gewesen. Mittlerweile hat der EuGH allerdings begonnen, der – durch Art. 6 Abs. 1 EUV rechtsverbindlich gewordenen (s. schon o. Rn. 1) – Charta in seiner Rechtsprechung mehr Bedeutung einzuräumen.[620] Die Charta verpflichtet gem. Art. 51 Abs. 1 S. 1 GRCh in erster Linie die Organe, Einrichtungen und sonstigen Stellen der EU – und damit u. a. auch die im Bereich der Strafverfolgung tätigen Ämter Europol

[611] *Cras/de Matteis*, eucrim 2013, 27; vgl. auch zum durch die Dolmetschrichtlinie entstandenen Regelungsbedarf in Deutschland *Kotz*, StV 2012, 627.

[612] *Gatzweiler*, StraFo 2011, 298; *Banach-Gutierrez*, NJECL 3 (2012), 97.

[613] Ähnlich auch *Ahlbrecht*, StV 2012, 493.

[614] KOM (2011), 327; vgl. hierzu *Payter et al.*, in: Atkinson, S. 117.

[615] KOM (2013), 821.

[616] KOM (2013), 822.

[617] KOM (2013), 824.

[618] S. *Labayle/de Bruycker*, Towards the Negotiation and Adoption of the Stockholm Programme's Successor for the Period 2015–2019, abrufbar unter: http://www.europarl.europa.eu/RegData/etudes/etudes/join/2013/493015/IPOL-LIBE_ET%282013%29493015_EN.pdf (zuletzt abgerufen am 1.7.2014), S. 26f.; eucrim 2013, 76; eucrim 2013, 111.

[619] Zur Parallelität s. auch die gemeinsame Erklärung der Präsidenten von EGMR und EuGH, eucrim 2011, 18. Krit. zur fehlenden Ordnung *Eser*, Ritsumeikan LRev 2009, 169; zur Einordnung der Art. 47–50 GRCh als Grundrechte in Abgrenzung zu Grundsätzen *Sagmeister*, Grundsatznormen, 2010, S. 379.

[620] *Thym*, NVwZ 2013, 890; auch *Thunberg Schunke*, S. 118.

und Eurojust.[621] Für die Mitgliedstaaten[622] ist die GRCh hingegen nur insoweit verbindlich als diese EU-Recht durchführen,[623] ihr Handeln also unionsrechtlich veranlasst ist.[624] Für die Umsetzung von *Richtlinien* bedeutet dies, dass der der nationale Gesetzgeber soweit an die Charta gebunden ist, wie die Richtlinie den nationalen Umsetzungsakt determiniert, wobei ein etwaiger Umsetzungsspielraum unionsgrundrechtskonform auszulegen ist.[625] Im Übrigen bestimmt sich der Grundrechtsschutz nach dem nationalen Recht.[626]. Beim Vollzug von *Verordnungen* sind die Mitgliedstaaten hingegen **umfassend** an die GRCh gebunden.[627] Die über diese Grundsätze hinausgehenden Detailfragen sind allerdings unklar und umstritten.[628] Der EuGH hat sich zuletzt in der Rechtssache *Åkerberg Fransson*[629] für eine weite Auslegung von Art. 51 Abs. 1 GRCh ausgesprochen.[630] Hiernach sollen die Mitgliedstaaten auch dann Unionsrecht ausführen, wenn die nationalen Normen nicht zur Durchführung von Richtlinien erlassen wurden, sondern lediglich mittelbar im Dienste des Unionsrechts stehen.[631] Entscheidend soll also sein, ob eine nationale Regelung *tatsächlich* in

[621] *Fassbender,* NVwZ 2010, 1049.

[622] Zur Sonderstellung Polens und des Vereinigten Königreichs siehe das Protokoll über die Anwendung der GRCh der EU auf Polen und das Vereinigte Königreich, Abl. EU C 306 v. 17.12.2007, 156, hierzu *Lindner,* EuR 2008, 786; *Pache/Rösch,* EuZW 2008, 520f.; *Mehde,* EuGRZ 2008, 289; *Mayer,* EuR 2009 Beiheft 1, 90ff.; *Peers,* ERA Forum 11 (2011), 575. Zur Sonderstellung Tschechiens *Zöller,* FS Krey, 2010, S. 521.

[623] Näher zum Begriff der „Durchführung" *Linder,* EuR 2008, 790ff.; *Stalberg,* S. 53ff; vgl. auch *Lenaerts,* EuR 2012, 3; vgl. *Heger,* FS Kühne, 2013, S. 569ff. Näher zum Anwendungsbereich der GRCh im Strafrecht auch *Gaede,* in: Böse, 2013, § 3 Rn. 25f.

[624] Lenz/Borchardt/*Schonard,* Art. 51 GRCh Rn. 2; Meyer/*Borowsky,* Art. 51 GRCh Rn. 25; *Fassbender,* NVwZ 2010, 1049. Vgl. auch *Kokott/Sobotta,* EuGRZ 2010, 268ff. unter besonderer Berücksichtigung der EuGH-Rspr. zur grundrechtskonformen Auslegung.

[625] Schwarze/*Hatje,* Art. 51 GRCh Rn. 16–19; *Jarass,* 2013, Art. 50 GRCh Rn. 18; *ders.,* § 4 Rn. 13; vgl. auch *Sagmeister,* Grundsatznormen, 2010, S. 316ff.; a. A. Calliess/Ruffert/*Kingreen,* Art. 51 GRCh Rn. 12 (nur unionsgrundrechtskonforme Auslegung der Richtlinie selbst); *Matz-Lück,* in: Matz-Lück/Hong, S. 184.

[626] Lenz/Borchardt/*Schonard,* Art. 51 GRCh Rn. 6.

[627] Schwarze/*Hatje,* Art. 51 GRCh Rn. 19; Calliess/Ruffert/*Kingreen,* Art. 51 GRCh Rn. 7ff.

[628] Siehe hierzu *Wegner,* HRRS 2013, 127; *Huber,* NJW 2011, 2387; *Lenaerts,* EuR 2012, 3ff.; eingehend *Stalberg,* S. 53ff., 61ff. m.w.N.

[629] *EuGH,* Åkerberg Fransson Urt. v. 26.2.2013, paras. 23–29 m. Bespr. *Dannecker* JZ 2013, 616; *Eckstein,* ZIS 2013, 220; *Rabe,* NJW 2013, 1407; *Ogorek,* JA 2013, 956; *Streinz,* JuS 2013, 568; *Wegner,* HRRS 2013, 125; vgl. *Ohler,* NVwZ 2013, 1433; *Thym,* NVwZ 2013, 889ff.; *Weiß,* EuZW 2013, 289; *Esser,* 2014, § 6 Rn. 10; *Vervaele,* Utrecht L. Rev. 9 (2013), 223.

[630] Zur umstritten Frage, ob der Unionsgesetzgeber mit der Formulierung von Art. 51 Abs. 1 GRCh von der bisherigen Rspr. des EuGH abweichen wollte, *Wegner,* HRRS 2013, 127; *Huber,* NJW 2011, 2387; *Lenaerts,* EuR 2012, 3ff. Zum Streitstand eingehend *Stalberg,* S. 53ff., 61ff. m.w.N.

[631] *EuGH,* Åkerberg Fransson Urt. v. 26.2.2013, paras. 24–27; s. hierzu auch *BVerfG* NJW 2013, 1499 (1501) m. Bspr. bei *Bülte/Krell,* StV 2013, 710. Hiernach „[...] darf dieser Entscheidung keine Lesart unterlegt werden, nach der diese offensichtlich als Ultra-vires-Akt zu beurteilen wäre oder Schutz und Durchsetzung der mitgliedstaatlichen Grundrechte in einer Weise gefährdete, dass dies die Identität der durch das Grundgesetz errichteten Verfassungsordnung in Frage stellte. Insofern darf die Entscheidung nicht in einer Weise verstanden und angewendet werden, nach der für eine Bindung der Mitgliedstaaten durch die in der Grundrechtecharta niedergelegten Grundrechte der EU jeder sachliche Bezug einer Regelung zum bloß abstrakten Anwendungsbereich des Unionsrecht oder rein tatsächliche Auswirkungen auf dieses ausreiche." Gegen eine Einordnung der EuGH-Entscheidung als *ultra-vires*-Akt *Ohler,* NVwZ 2013, 1436; *Weiß,* EuZW 2013, 287 (288–289); vgl. auch *Thym,* NVwZ 2013, 891.

den Geltungsbereich des Unionsrechts fällt.[632] Außerhalb von unionsrechtlich geregelten Fallgestaltungen gilt die GRCh aber jedenfalls nicht.[633]

108 Konkret ging es im Fall *Åkerberg Fransson* um die Anwendung von Art. 50 GRCh (Doppelbestrafungsverbot, dazu unten Rn. 116). Der Schwede *Fransson* soll Einkommen- und Mehrwertsteuer in beträchtlichem Umfang hinterzogen haben. Die schwedischen Behörden hatten ihm daraufhin Steuerzuschläge auferlegt. Zusätzlich hatte auch die Staatsanwaltschaft Anklage erhoben. Das schwedische Gericht rief den EuGH an, um klären zu lassen, ob eine strafrechtliche Verfolgung zusätzlich zum Steueraufschlag gegen das Doppelbestrafungsverbot aus Art. 50 GRCh verstößt.[634] Da die Vorwürfe gegen *Fransson* auch den unionsrechtlich geregelten Bereich der Mehrwertsteuer betrafen (s. nur Rl 2006/112/EG[635]) sah der EuGH in der Verhängung steuerlicher Sanktionen und der Einleitung eines Steuerstrafverfahrens eine Durchführung von Unionsrecht, obwohl die in Frage stehenden nationalen Vorschriften nicht zur Umsetzung der MwSt-Richtlinie 2006/112/EG erlassen worden waren.[636] In der Sache selbst hat der EuGH die strafrechtliche Verfolgung parallel zu einer steuerrechtlichen Sanktionierung gebilligt, solange die steuerlichen Sanktionen nicht „strafrechtlicher Natur" seien.[637]

109 In einem gewissen inneren Widerspruch zur Ausweitung des Anwendungsbereichs des Unionsrechts und der Grundrechtecharta im Fall *Fransson* stehen die Entscheidungen des EuGH in den Rechtssachen *Radu* und *Melloni,* in denen er den Anwendungsbereich der GRCh *innerhalb* der Unionsrechtsordnung reduziert hat.[638] Der EuGH hatte dabei die Frage zu klären, ob ein Mitgliedstaat die Vollstreckung eines Europäischen Haftbefehls (dazu unten § 12 Rn. 38) unter Verweis auf die sich ggf. aus EMRK oder GRCh ergebenden Rechtshilfehindernisse verweigern kann.[639] Der EuGH hat dies verneint, da mögliche Ablehnungsgründe in den Art. 3, 4, 4a RbEuHb abschließend geregelt seien.[640] Zur Begründung führte der EuGH aus, dass die Mitgliedstaaten nach Art. 1 Abs. 2 RbEuHb grundsätzlich zur Vollstreckung eines EuHB verpflichtet seien.[641] Diese Auffassung, die auf einen *„enumerativen Grundrechtsschutz"*[642] hinausläuft, ist jedoch abzulehnen. Die GRCh stellt primäres Unionsrecht dar,[643] anhand dessen das sekundäre Unionsrecht, wie der RbEuHb, ausgelegt werden muss und nicht

[632] *EuGH,* Åkerberg Fransson Urt. v. 26.2.2013, paras. 27f.; s. hierzu auch *Esser,* 2014, § 6 Rn. 11; krit. *Nestler,* HRRS 2013, 341.

[633] *EuGH,* Åkerberg Fransson Urt. v. 26.2.2013, para. 19; besonderes betont in *BVerfG* NJW 2013, 1499 (1501). Ein bloß hypothetischer Bezug zum Unionsrecht reicht demnach nicht aus, *Jarass,* 2013, Art. 50 GRCh Rn. 25.

[634] *EuGH,* Åkerberg Fransson Urt. v. 26.2.2013, para. 14.

[635] Art. 2, 250 Abs. 1, 273 Rl 2006/112/EG des Rates über das gemeinsame Mehrwertsteuersystem, Abl. EU L 347 v. 11.12.2006, 1. Zur ebenfalls einschlägigen Pflicht der Mitgliedstaaten nach Art. 325 AEUV, die finanziellen Interessen der Union zu schützen, § 11 Rn. 38ff. mit Fn. 217.

[636] *EuGH,* Åkerberg Fransson Urt. v. 26.2.2013, para. 27.

[637] *EuGH,* Åkerberg Fransson Urt. v. 26.2.2013, paras. 32ff.

[638] *EuGH,* Radu Urt. v. 29.1.2013; *EuGH,* Melloni Urt. v. 26.2.2013, m. Anm. *Streinz,* JuS 2013, 661; zu beiden Entscheidungen *Thunberg Schunke,* S. 58ff.; zur Vorlagefrage in Radu vgl. *Tinsley,* EuCLR 2 (2012), 338ff.; zur Vorlage in *Melloni,* NJECL 3 (2012), 19ff.

[639] Der EuGH hat zudem in der *Melloni*-Entscheidung die Ansicht vertreten, dass sich Betroffene in Verfahren nach dem RbEuHB nur auf nationale Grundrechte berufen können, soweit hierdurch „weder das Schutzniveau der Charta, wie sie vom Gerichtshof ausgelegt wird, noch der Vorrang, die Einheit und die Wirksamkeit des Unionsrechts beeinträchtigt" werde; *EuGH,* Melloni Urt. v. 26.2.2013, paras. 57ff. (60); zust. *Gaede,* NJW 2013, 1281.

[640] *EuGH,* Radu Urt. v. 29.1.2013, para. 36; *EuGH,* Melloni Urt. v. 26.2.2013, para. 38.

[641] *EuGH,* Radu Urt. v. 29.1.2013, paras. 36, 40; *EuGH,* Melloni Urt. v. 26.2.2013, para. 38.

[642] *Gaede,* NJW 2013, 1279.

[643] Grabitz/Hilf/Nettesheim/*Schorkopf,* Art. 6 EUV Rn. 28.

umgekehrt.[644] Der EuGH hat zudem die Rolle des Interesses an einer effektiven Strafrechtspflege innerhalb des RbEuHb gegenüber dem Interesse an einem wirksamen Individualrechtsschutz überbetont.[645] Die Auslegung des EuGH trägt daher auch der Natur des RbEuHb selbst nur eingeschränkt Rechnung.[646] Während er zwar auf Art. 1 Abs. 2 des RbEuHb eingeht, lässt der EuGH Art. 1 Abs. 3 des Rb außer Acht, wonach der Rb nicht die Pflicht der Mitgliedstaaten zur Einhaltung und Achtung der Grund- und Menschenrechte berührt.[647] Eine Auslegung des RbEuHB, die zur Vollstreckung von Haftbefehlen trotz Verletzung von Grund- oder Menschenrechten verpflichtet, wäre zudem u. U. ein Fall für eine *ultra-vires* (insb. im Hinblick auf Art. 6 EUV) oder Identitätskontrolle durch das BVerfG.[648]

2. Die strafrechtlich relevanten Garantien im Einzelnen

a) Justizielle Rechte

Art. 47 Abs. 1 GRCh verbürgt bei einer Verletzung von durch Unionsrecht garantierten Rechten oder Freiheiten das Recht auf einen **wirksamen Rechtsbehelf.** Anders als Art. 13 EMRK (Rn. 22), der nur den Zugang zu einer „innerstaatlichen Instanz" gewährleistet, verlangt die GRCh, dass sich der Betroffene an ein – nicht zwangsläufig nationales – Gericht wenden können muss.[649] Ergänzend bestimmt Art. 47 Abs. 2 GRCh, dass jede Person das Recht hat, dass ihre Sache vor einem unabhängigen, unparteiischen und zuvor durch Gesetz errichteten Gericht[650] verhandelt wird. Dies entspricht dem in Art. 6 Abs. 1 EMRK enthaltenen Recht auf Zugang zu einem Gericht (Rn. 24 Kleindruck).[651] Darüberhinaus begründet Art. 47 Abs. 2 GRCh – wiederum in Übereinstimmung mit Art. 6 EMRK[652] – einen Anspruch auf ein **faires, öffentliches und zügiges Verfahren.** Ferner gewährt Art. 47 Abs. 3 GRCh das Recht, „sich beraten, verteidigen und vertreten" zu lassen. Obwohl ein solches Recht nicht ausdrücklich in der EMRK niedergelegt ist,[653] stellt sich doch insbesondere mit Blick auf das in Art. 6 Abs. 3 (c) EMRK (dazu Rn. 32ff.) verbriefte Recht auf eine effektive und angemessen Verteidigung die Frage, ob damit eine wirkliche Neuerung verbunden ist. Klarstellend enthält Art. 47 Abs. 3 GRCh ein Recht auf Prozesskostenhilfe (zur EMRK-Regelung Rn. 36).[654] Die einzelnen in Art. 6 Abs. 3 EMRK genannten Garantien werden zudem mittelbar über Art. 48 Abs. 2 GRCh (Recht auf Achtung der Verteidigungsrechte) in Bezug genommen.[655] Nahezu wortgleich mit Art. 6 Abs. 2 EMRK (Rn. 25) normiert 110

---

[644] Ambos/König/Rackow/*Ambos/Poschadel,* Grundlagen Rn. 72.

[645] GA *Sharpston,* Schlussantrag zu Rs. C–396/11, Rn. 69ff., 73ff.

[646] Ambos/König/Rackow/*Ambos/Poschadel,* Grundlagen Rn. 72.

[647] *Gaede,* NJW 2013, 1280; ähnl. *Vogel,* StV 2013, Editorial Heft 5.

[648] *OLG München* StV 2013, 710 (711); s. auch *Thunberg Schunke,* S. 65 („disaster for human rights enforcement"), die die Entscheidungen daher nicht für verallgemeinerungsfähig hält.

[649] *Eser,* Ritsumeikan LRev 2009, 177; Meyer/*Eser,* Art. 47 GRCh Rn. 3, 11; auch *Heine,* Europäisierung des Strafrechts, 2009, S. 173; *Magiera,* in: Merten/Papier, S. 1031 Rn. 69.

[650] Zum Begriff des Gerichts vgl. Meyer/*Eser,* Art. 47 GRCh Rn. 29; Frowein/Peukert/*Peukert,* Art. 6 Rn. 200 m. w. N.; Calliess/Ruffert/*Blanke,* Art. 47 GRCh Rn. 8ff.

[651] Erläuterungen des Konventpräsidiums, Charte 4473/00 zu Art. 47 Abs. 2.

[652] *Heine,* Europäisierung des Strafrechts, 2009, S. 174.

[653] Dies betonen *Eser,* Ritsumeikan LRev 2009, 182; Meyer/*Eser,* Art. 47 GRCh Rn. 37.

[654] Vgl. *Eser,* Ritsumeikan LRev 2009, 182.

[655] *Eser,* Ritsumeikan LRev 2009, 185ff.; Meyer/*Eser,* Art. 48 GRCh Rn. 24; *Heine,* Europäisierung des Strafrechts, 2009, S. 174; *Magiera,* in: Merten/Papier, S. 1031 Rn. 80; *Jarass,* NStZ 2012, 614.

Art. 48 Abs. 1 GRCh die **Unschuldsvermutung.**[656] Allerdings gilt diese nach der GRCh „bis zum rechtsförmlich erbrachten Beweis der Schuld", während die EMRK „auf den gesetzlichen Beweis der Schuld" abstellt.[657] Ob und welche Konsequenzen aus diesen Unterschieden in der Formulierung folgen, bleibt abzuwarten. In Art. 7 GRCh ist das Recht auf Achtung des Familienlebens verbürgt. Dies ist das Pendant zu Art. 8 EMRK (Rn. 57 ff.),[658] wobei Art. 8 GRCh als lex specialis ergänzend personenbezogene Daten unter seinen Schutz stellt.[659]

b) Materiellstrafrechtliche Garantien

111 Ebenso wie die EMRK schützt auch die GRCh in Art. 2 das Recht auf **Leben,** enthält aber zusätzlich in Abs. 2 ausdrücklich das Verbot der Todesstrafe.[660] Auch wenn Art. 2 GRCh vom Wortlaut der EMRK und des ZP VI abweicht, wird über Art. 52 Abs. 3 S. 1 GRCh (oben Rn. 3) ein kohärenter Grundrechtsschutz gewährleistet. Auf diese Weise mussten die Verfasser der GRCh nicht explizit zu strittigen Themen wie Euthanasie und Abtreibung[661] oder der Zulässigkeit des „finalen Todesschusses"[662] Stellung beziehen. Vielmehr gilt insoweit die jeweils aktuelle Rechtsprechung zur EMRK (Rn. 76 ff.) entsprechend.[663] Gleichzeitig werden auf diese Weise auch die Ausnahmetatbestände des Art. 2 Abs. 2 EMRK und die Notstandsklausel des Art. 15 Abs. 1 und 2 EMRK in die GRCh inkorporiert.[664] Das **Folterverbot** des Art. 4 GRCh ist sowohl sprachlich als auch inhaltlich identisch mit dem des Art. 3 EMRK (Rn. 80 ff.).[665] Art. 19 Abs. 2 GRCh verbietet zudem explizit die Auslieferung an Staaten, in denen dem Betroffenen die Todesstrafe, Folter oder unmenschliche Behandlung droht.[666] Art. 6 GRCh garantiert – im inhaltlichen Einklang mit dem deutlich ausdifferenzierteren Art. 5 EMRK (Rn. 44 ff.)[667] – das Recht auf **Freiheit** und Sicherheit. Ebenso wie Art. 7 EMRK (Rn. 87 ff.) enthält auch die GRCh in Art. 49 Abs. 1 und 2 den *Nullum Crimen*-Grundsatz.[668] Ergänzend[669] findet sich in Art. 49 Abs. 1 S. 3 GRCh die *lex mitior* Regel, die –

---

656 Vgl. hierzu *Jarass,* NStZ 2012, 613.

657 Siehe dazu Heselhaus/Nowak/*Szczekalla,* § 52 Rn. 20; Meyer/*Eser,* Art. 48 GRCh Rn. 16 f.; *Heine,* Europäisierung des Strafrechts, 2009, S. 174; Erläuterungen des Konventspräsidiums, Charte 4473/00 zu Art. 48 Abs. 1; *Banach-Gutierrez/Harding,* Eur. J. Cr 2012, 256.

658 Erläuterungen des Konventpräsidiums Charte 4473/00 zu Art. 7.

659 Meyer/*Bernsdorff,* Art. 8 GRCh Rn. 13; dazu auch *Reding,* eucrim 2010, 25.

660 Das Verhältnis der beiden Absätze ist umstritten. Für zwei eigenständige subjektive Rechte z. B. Meyer/*Borowsky,* Art. 2 GRCh Rn. 26; für die Annahme eines einheitlichen Grundrechts mit dem Todesstrafenverbot als Schranken-Schranke des Art. 2 Abs. 1 *Jarass,* § 9 Rn. 2. In der Sache ergibt sich daraus jedoch kein Unterschied.

661 Meyer/*Borowsky,* Art. 2 GRCh Rn. 1.

662 Siehe dazu oben Rn. 76; Meyer/*Borowsky,* Art. 2 GRCh Rn. 34.

663 Siehe dazu auch Meyer/*Borowsky,* Art. 52 GRCh Rn. 29 ff.; ähnlich auch *Klip,* 2012, S. 237, der allerdings dem Recht auf Sicherheit einen eigenständigen Anwendungsbereich zubilligt.

664 Meyer/*Borowsky,* Art. 2 GRCh Rn. 38 f.

665 *Heine,* Europäisierung des Strafrechts, 2009, S. 171.

666 Vgl. hierzu *Beltran de Felipe/Adán Nieto,* JICJ 10 (2012), 583 ff. mit Verweis auf die der Vorschrift zugrundeliegende *Soering*-Rspr. des EGMR (vgl. § 12 Rn. 28) auf S. 585 f.

667 Erläuterungen des Konventpräsidiums, Charte 4473/00 zu Art. 6 und Art. 52 Abs. 3. Zweifelnd, ob Art. 5 Abs. 2–5 EMRK in den Anwendungsbereich von Art. 6 GRCh übernommen werden können, *Heine,* Europäisierung des Strafrechts, 2009, S. 172.

668 Zu der leicht abweichend formulierten Nürnberg-Klausel in Art. 49 Abs. 2 GRCh, mit der allerdings keine inhaltliche Änderung verbunden ist, vgl. *Eser,* Ritsumeikan LRev 2009, 172; Meyer/*Eser,* Art. 49 GRCh Rn. 4.

669 Insofern von „further human rights improvement" sprechend *Eser,* Ritsumeikan L. Rev. 2009, 171.

wie die Strafrechtsordnungen zahlreicher europäischer Länder[670] – die Anwendung des mildesten Gesetzes zwischen Zeitpunkt der Tat und der Verurteilung anordnet. Art. 49 Abs. 3 GRCh normiert zudem erstmals explizit[671] den Grundsatz der **Verhältnismäßigkeit.** Sowohl die gesetzliche (abstrakte) Strafandrohung als auch die konkrete Strafzumessung im Einzelfall dürfen nicht außer Verhältnis zur begangenen Tat stehen.[672]

III. Inbesondere: Europäisches Doppelverfolgungsverbot

Fall 12:[673]

Der deutsche Staatsangehörige S ist in Österreich bei einem Einbruch in ein Appartement festgenommen worden. Es kommt zum Prozess. S wird zu einer Freiheitsstrafe von einem Jahr verurteilt, welche er verbüßt. Nach seiner Rückkehr erhebt die Staatsanwaltschaft am Wohnort des S (§ 8 Abs. 1 StPO) Anklage gegen S wegen eines Vergehens nach § 244 Abs. 1 Nr. 3 StGB. Steht das österreichische Urteil der erneuten Anklageerhebung entgegen? → Rn. 135 112

Fall 13:[674]

Dem Deutschen Brügge wird eine in Belgien zum Nachteil einer belgischen Staatsangehörigen begangene Körperverletzung vorgeworfen. Nach Einstellung des in Deutschland an seinem Wohnort durchgeführten Ermittlungsverfahrens (§ 7 Abs. 2 Nr. 1 StGB; § 8 Abs. 1 StPO) gegen Zahlung einer Geldauflage nach § 153a i. V. m. § 153 Abs. 1 S. 2 StPO stellte sich der Rechtbank van Eerste Aanleg Veurne die Frage, ob einem Verfahren gegen Brügge in Belgien wegen der staatsanwaltschaftlichen Einstellung Art. 54 SDÜ entgegensteht. Wie ist zu entscheiden? → Rn. 136 113

Fall 14:[675]

Der Belgier van Esbroeck führt (unter Verstoß gegen belgisches Recht!) Drogen aus Belgien aus und am folgenden Tag (unter Verstoß gegen norwegisches Recht!) nach Norwegen ein. Van Esbroeck wird in Norwegen gefasst, verurteilt und verbüßt einen Teil seiner Freiheitsstrafe. Später verfolgt ihn die zuständige belgische Anklagebehörde wegen der Ausfuhr der Betäubungsmittel. → Rn. 137 114

Fall 15:[676]

Während des zweiten Weltkriegs befehligte T eine Wehrmachtseinheit, die im Rahmen einer Vergeltungsaktion acht Zivilisten ermordet hat. Im Jahr 2006 wurde T von einem italienischen Militärgericht in Abwesenheit zu lebenslanger Haft verurteilt. Ist eine erneute Strafverfolgung in Deutschland möglich? → Rn. 138 115

---

[670] Vgl. Erläuterung des Konventspräsidiums zu Art. 49 Abs. a, Charte 4473/00; *Kaiafa-Gbandi,* EuCLR 1 (2011), 29f. Für Deutschland siehe § 2 Abs. 3 StGB; vergleichend zwischen StGB und GRCh *Gaede,* wistra 2011, 365.

[671] Dennoch ist er als Ausprägung des Rechtstaatsprinzips auch jenseits der GRCh in deren Geltungsbereich etabliert: *Eser,* Ritsumeikan L. Rev. 2009, 176; Meyer/*Eser,* Art. 49 GRCh Rn. 5; *Heine,* Europäisierung des Strafrechts, 2009, S. 175f. jeweils m.w.N.; vgl. *Banach-Gutierrez/Harding,* Eur. J. Cr. 2012, 258f.

[672] Vgl. hierzu *Jarass,* NStZ 2012, 615; Calliess/Ruffert/*Blanke,* Art. 49 GRCh Rn. 6; *Jarass,* § 42 Rn. 21; *EuGH,* Paraskevas Louloudakis v. Hellenische Republik Urt. v. 12.7.2001, paras. 67, 71.

[673] Fall angelehnt an *BGH* NJW 1969, 1542.

[674] *EuGH,* Brügge Urt. v. 11.2.2003 = NStZ 2003, 332 = NJW 2003, 1173.

[675] *EuGH,* van Esbroeck Urt. v. 9.3.2006 = NJW 2006, 1781.

[676] *BGH* NJW 2011, 1014 = NStZ 2011, 7.

1. Rechtsgrundlagen (Art. 50 GRCh, Art. 54 SDÜ, Art. 4 ZP VII EMRK)

116 Das Doppelverfolgungsverbot ist in Art. 54 SDÜ, Art. 50 GRCh und Art. 4 ZP VII EMRK geregelt.[677] Letzterer verbietet allerdings – ebenso wie Art. 103 Abs. 3 GG – nur ein erneutes Strafverfahren in *demselben* Staat, entfaltet also keine zwischenstaatliche Wirkung.[678] Nach Art. 54 SDÜ und Art. 50 GRCh steht hingegen jede Verurteilung in einem Mitgliedstaat der EU einer erneuten Strafverfolgung bzw. Verurteilung in *jedem anderen* Mitgliedstaat entgegen. Getragen vom Grundsatz der gegenseitigen Anerkennung normieren damit beide Vorschriften ein *europäisches* Doppelverfolgungsverbot.[679] Sie unterscheiden sich insoweit, als Art. 54 SDÜ voraussetzt, dass „die Sanktion bereits vollstreckt worden ist, gerade vollstreckt wird oder nach dem Recht des Urteilsstaates nicht mehr vollstreckt werden kann", während Art. 50 GRCh auf ein solches Vollstreckungselement verzichtet (näher Rn. 132). Darüberhinaus haben beide Vorschriften einen unterschiedlichen Anwendungsbereich. Während das SDÜ für alle Schengen-Staaten (vgl. § 9 Rn. 18f.) gilt, richtet sich die GRCh an die EU bzw. deren Mitgliedstaaten, wobei für Polen und das Vereinigte Königreich Sonderregelungen gelten (Rn. 107). Daneben nehmen der (für Deutschland nicht in Kraft getretene) *Europäische Vertrag über die Übertragung der Strafverfolgung* aus dem Jahre 1972[680] sowie bilaterale Ergänzungsabkommen zum EuRhÜbk. und bereichsspezifische Regelungen – etwa Art. 7 PIF-Konvention, Art. 10 des Übk. über die Bekämpfung der Bestechung[681] – auf die Gefahr europäischer Mehrfachbestrafung Bezug.[682]

2. Art. 54 SDÜ

a) Einführung

117 **Kapitel 3** (Art. 54–58) des SDÜ (§ 9 Rn. 18) ist mit **„Verbot der Doppelverfolgung"** überschrieben. Der zentrale Art. 54 sieht vor, dass eine Person „durch eine andere Vertragspartei wegen derselben Tat nicht verfolgt werden" darf, wenn sie schon „durch eine Vertragspartei rechtskräftig abgeurteilt worden ist", „vorausgesetzt, dass im Fall einer Verurteilung die Sanktion bereits vollstreckt worden ist, gerade vollstreckt wird oder nach dem Recht des Urteilsstaats nicht mehr vollstreckt werden kann" (dazu **Fall 12**) Art. 55 SDÜ gewährt den Vertragsparteien allerdings die Mög-

677 Instruktiv *Zöller*, FS Krey, 2010, S. 501. Vgl. zu Art. 4 ZP VII *Coffey*, NJECL 4 (2013), 65ff.; *Helenius*, EuCLR 1 (2011), 203ff. Zum Verhältnis von Art. 4 ZP VII EMRK u. Art. 50 GRCh s. *Vervaele*, Utrecht L. Rev. 9 (2013), 218. Historisch *Lelieur*, Utrecht L. Rev. 9 (2013), 199ff.; *Schomburg*, ERA Forum 13 (2012), 312ff.; rvgl *Neagu*, LJIL 25 (2012), 955ff.

678 *BVerfG* NJW 2012, 1202; *Satzger*, 2013, § 11 Rn. 96; *Zöller*, FS Krey, 2010, S. 503; *Schramm*, JuS 2013, 1096; diff. *Brodowski*, StV 2013, 342f., demzufolge die durch eine Auslieferung ermöglichte erneute Verfolgung einen Eingriff in den Schutzbereich des Art. 103 Abs. 3 GG darstellt, der aber ggf. gerechtfertigt sein kann.

679 Vgl. Meyer/*Eser*, Art. 50 GRCh Rn. 1; *Ligeti*, eucrim 2009, 38; siehe auch die Erläuterungen des Konventspräsidiums, Charte 4473/00 zu Art. 50 GRCh.

680 Europäisches Übk. über die Übertragung der Strafverfolgung v. 15.5.1972, ETS Nr. 73.

681 „Übk. auf Grund von Artikel K.3 Absatz 2 Buchstabe (c) des Vertrages über die EU über die Bekämpfung der Bestechung, an der Beamte der EGen oder der Mitgliedstaaten der EU beteiligt sind", Abl. EG C 195 v. 25.6.1997, 2. Vgl. zu Art. 10 „Ne bis in idem" insbesondere Nr. 10 des „Erläuternde[n] Berichts" zu dem genannten Übk., Abl. EG C 391 v. 15.12.1998.

682 Völkergewohnheitsrechtlich ist das Doppelbestrafungsverbot (noch) nicht anerkannt, s. schon o. § 4 Rn. 3ff sowie *Esser*, 2014, § 7 Rn. 10; *Brodowski*, StV 2013, 340.

lichkeit, die **Unanwendbarkeit** von Art. 54 für bestimmte Situationen oder Straftaten zu erklären: Wenn die Tat ganz oder teilweise in ihrem Hoheitsgebiet begangen wurde, wenn sie sich gegen wesentliche Interessen dieser Vertragspartei richtete oder von einem ihrer Bediensteten unter Verletzung seiner Amtspflichten begangen wurde (Abs. 1). Solche Erklärungen haben Deutschland und Österreich abgegeben.[683] Kann es insbesondere wegen Art. 55 nicht zu einem Strafklageverbrauch kommen, so sind erlittene Freiheitsentziehungen **anzurechnen** (Art. 56 SDÜ).[684] Art. 57 sieht einen Konsultationsmechanismus zwischen den Vertragsparteien vor.

Teilweise wird davon ausgegangen, dass die zu Art. 55 SDÜ angebrachten Vorbehalte mit Überführung der Schengen-*acquis* in das Unionsrecht wirkungslos geworden sind. Diese Ansicht stützt sich maßgeblich darauf, dass das die Überführung regelnde Schengen-Protokoll nicht auf die Art. 55-Erklärungen Bezug nimmt.[685] Hiergegen spricht jedoch, dass durch das Schengen-Protokoll der Schengen-Besitzstand lediglich in das Unionsrecht überführt, nicht aber inhaltlich geändert werden sollte. Anderenfalls müssten zudem auch die (ebenfalls im Protokoll nicht erwähnten) Erklärungen zur Nacheile gegenstandslos geworden sein (s. hierzu § 12 Rn. 5), was zu dem sicherlich nicht gewollten Ergebnis führen würde, dass die Nacheile- und Festnahmerechte nicht mehr vollumfänglich ausgeübt werden könnten.[686] Insgesamt ist daher von einer Fortgeltung der Art. 55-Vorbehalte auszugehen.[687]

Da das Verbot der Doppelverfolgung gemäß **Art. 103 Abs. 3 GG** nach h. M. nur bezüglich **innerstaatlicher Urteile** gilt[688] und dies – mit Ausnahme der Niederlande – in den Schengen Staaten die Regel ist,[689] stellt die in einem „Europa ohne Grenzen" wachsende Gefahr mehrfacher Strafverfolgung wegen derselben Tat ein erhebliches praktisches und auch menschenrechtliches Problem dar (vgl. schon § 4 Rn. 4ff.).[690] Die transnationale Mehrfachverfolgung und -bestrafung ist dabei je weniger hinnehmbar, umso stärker die materielle Strafrechtsangleichung in Europa voranschreitet.[691] Die Verankerung des Doppelverfolgungsverbots in **Art. 54–58 SDÜ** und **Art. 50** 118

[683] Vgl. S/L/G/H/*Schomburg,* Art. 55 SDÜ Rn. 1 f. = 1691 f.; krit. zu dem durch Art. 55 SDÜ eröffneten weiten Spielraum *Stein,* ZStW 115 (2003), 984 f.; zu Überlegungen, dass die auf Art. 55 SDÜ basierenden Ausnahmen jedenfalls „mit der Einführung einer ausgewogenen Zuständigkeitsregelung möglicherweise gegenstandslos" werden, Grünbuch Kompetenzkonflikte, S. 10 (dazu 2. Aufl., § 12 Rn. 55 m. w. N.). Zum Rb Kompetenzkonflikte s. § 4 Rn. 25.

[684] Hierzu *Bacigalupo,* ZStW 116 (2004), 330 f.; *Sanz Hermida,* RP 21 (2008), 135.

[685] S. den Anhang zum Protokoll zur Einbeziehung des Schengen-Besitzstandes in den Rahmen der EU, Abl. EG C 340 v. 10. 11. 1997, 93 f., 96; *Hecker,* 2013, § 13, Rn. 65; *Plöckinger/Leidenmühler,* wistra 2003, 83; *Hackner,* NStZ 2011, 427; ähnl. *Vervaele,* Utrecht L. Rev. 9 (2013), 227.

[686] *Böse,* FS Kühne, 2013, S. 523.

[687] *Böse,* FS Kühne, 2013, S. 519; *Radtke,* in: Böse, 2013, § 12 Rn. 34; wohl auch *Eser,* in: Sieber et al., § 36 Rn. 74. Ausf. zum Geltung dieser Vorbehalte im Lichte von Art. 50 GrCH *Böse,* FS Kühne, 2013, S. 524 ff.

[688] BVerfGE 12, 62 (66); 75, 1 (15 f.); *Iwand,* in: Menzel/Pierlings/Hoffmann, S. 200 ff.; MünchKomm/*Ambos,* Vor. zu §§ 3–7 Rn. 65; S/L/G/H/*Schomburg,* Art. 54 SDÜ Rn. 1; *Hecker,* 2012, § 13 Rn. 2 f.; *Lagodny,* in: Widmaier, § 21 Rn. 23; *Vogel,* FS Schroeder, 2006, S. 878 ff.; *Vogel/Norouzi,* JuS 2003, 1060; *Appl,* GS Vogler, 2004, S. 110; *Vervaele,* Utrecht L. Rev. 1 (2005), 100; krit. *Endriß/Kinzig,* StV 1997, 666 ff.; ausführlich zu Art. 103 Abs. 3 GG *Kniebühler,* „ne bis in idem", 2005, S. 20 ff. *Kerner/Karnowski,* FS Kühne, 2013, S. 580; *Esser,* 2014, § 7 Rn. 9; bzgl. Doppelverfolgungsverbot nach transnationalen Verfolgungsersuchen *Ambos/Poschadel,* GA 2011, 95; vgl. auch schon o. § 4 Rn. 5.

[689] *Radtke/Busch,* EuGRZ 2000, 423; vgl. auch *Bacigalupo,* ZStW 116 (2004), 330; *de Hoyos,* La Ley no. 6330 (2005), 1 ff.

[690] *Radtke/Busch,* NStZ 2003, 282; *Schomburg,* FS Eser, 2005, S. 842 f.; *Vervaele,* Utrecht L. Rev. 9 (2013), 211 f.

[691] *Satzger,* 2001, S. 688; *ders.,* 2013, § 10 Rn. 65; auch *Ligeti,* eucrim 2009, 38.

GRCh stellt daher eine grundsätzlich begrüßenswerte Entwicklung dar.[692] Allerdings darf nicht übersehen werden, dass dieses Recht vergleichsweise spät, nämlich erst nach dem Ergehen einer ersten rechtskräftigen Entscheidung (zum in Art. 54 SDÜ verwendeten Begriff der rechtskräftigen Aburteilung s. unten Rn. 121 ff.), eingreift und den Beschuldigten daher nicht vor mehrfachen, parallel geführten Ermittlungsverfahren schützt.[693]

119 Art. 54 SDÜ, der auch anzuwenden ist, wenn das SDÜ *im Zeitpunkt der Erstentscheidung* im Ersturteilsstaat noch nicht in Kraft war,[694] setzt die **rechtskräftige Aburteilung** wegen **„derselben Tat"** und – insoweit über das nationale ne bis in idem des Art. 103 Abs. 3 GG hinausgehend – die Vollstreckung oder Unmöglichkeit dieser voraus **(„Vollstreckungselement")**. In unserem **Fall 12** liegen diese Voraussetzungen unproblematisch vor, denn der S wurde wegen der in Österreich begangenen Tat dort verurteilt und hat seine Freiheitsstrafe dort auch schon verbüßt. Die Geltung deutschen Strafrechts folgt aus § 7 Abs. 2 Nr. 1 StGB (§ 3 Rn. 44 ff.) und die Tat ist auch nicht verjährt (§ 78 Abs. 3 Nr. 3 StGB). Während Art. 103 Abs. 3 GG einem erneuten deutschen Strafverfahren gegen S nicht entgegenstehen würde, weil er nur auf *deutsche* Erstverurteilungen Anwendung findet, „blockiert" hier Art. 54 SDÜ die erneute Strafverfolgung und wirkt insoweit wie ein **Verfahrenshindernis** für den gesamten Schengenraum.[695] **Art. 50 GRCh** stellt darüberhinaus klar, dass nicht nur eine erneute Verurteilung, sondern bereits eine *erneute Strafverfolgung* ausgeschlossen ist.[696]

120 Art. 54 SDÜ hat also folgende Voraussetzungen:
- rechtskräftige Aburteilung,
- derselben Tat,
- bei Vollstreckung oder Unmöglichkeit dieser (nochmals: dieses sog. Vollstreckungselement fehlt bei Art. 50 GRCh und Art. 4 ZP VII EMRK!).

b) Die rechtskräftige Aburteilung i. S. v. Art. 54 SDÜ

121 Es steht außer Frage, dass ein **gerichtliches Sachurteil** eine „Endentscheidung" i. S. v. Art. 54 SDÜ darstellt und demnach einen transnationalen und teileuropäischen Strafklageverbrauch auslöst.[697] Jenseits dieses Bereichs gesicherter Erkenntnis ist jedoch **strittig,** was unter „rechtskräftig abgeurteilt" zu verstehen ist.[698] Der **BGH** vertritt

---

[692] Zu den Art. 1–5 EG-ne bis in idem-Übk. (Vorgängernormen von Art. 54 ff. SDÜ) s. 2. Aufl., § 12 Rn. 21 Fn. 115 u. Rn. 39 Fn. 209. Zu ne bis in idem vor internationalen Strafgerichten § 7 Rn. 7.

[693] *European Criminal Policy Initiative,* ZIS 2013, 418; vgl. auch *van Bockel,* ERA Forum 13 (2012), 331.

[694] *EuGH,* van Esbroeck Urt. v. 9.3.2006, paras. 23 f., 43.

[695] S/L/G/H/*Schomburg,* Art. 54 SDÜ Rn. 18. Nach *OLG München* StV 2013, 313 ist die Auslieferung keine Strafverfolgung i. S. v. Art. 54 SDÜ/Art. 50 GRCh; a. A. *Schomburg/Suominen-Picht,* NJW 2013, 1092.

[696] *Zöller,* FS Krey, 2010, S. 517; Tettinger/Stern/*Alber,* Art. 50 GRCh Rn. 9.

[697] *BGH* NStZ 1998, 149, (151 f.); *BGH* NStZ 2001, 557; *östOGH* NStZ 2005, 344 f.; *Radtke/Busch,* NStZ 2003, 287; *Thym,* NStZ 2003, 334; Böse, GA 2003, 745 f. m. w. N.; *Dannecker,* FS Kohlmann, 2003, S. 607; *Gleß,* ZStW 116 (2004), 363 f.; *Hecker,* 2012, § 13 Rn. 23. Vgl. auch I Nr. 5 des Resolutionsentwurfs des AIDP-Vorkolloquiums (2003), bei *Biehler,* ZStW 116 (2004), 260. Dazu, dass der Grundsatz nur auf solche Personen anzuwenden ist, welche *von einem Vertragsstaat* rechtskräftig abgeurteilt worden sind *EuGH,* Gasparini et al. Urt. v. 28.9.2006, para. 37.

[698] Daran hat auch die geänderte Formulierung in **Art. 50 GRCh** („verurteilt oder freigesprochen") nichts geändert, da hiermit keine sachlichen Änderung des Anwendungsbereichs des Doppelverwertungsverbotes verbunden ist, so auch Meyer/*Eser,* Art. 50 GRCh, Rn. 8; *Zöller,* FS Krey, 2010, S. 517 f; *Esser,*

eine eher *restriktive Ansicht* und will „nur Urteilen – zumindest aber **gerichtlichen Entscheidungen** – eine strafklageverbrauchende Wirkung zukommen“ lassen,[699] wobei damit auch ein *Freispruch*[700] oder eine (gerichtliche) Einstellung nach § 153 Abs. 2 StPO gemeint sein soll.[701] Ähnlich haben der östOGH einem Urteil „gleichstehende staatsanwaltschaftliche verfahrensbeendende Entscheidungen mit Sanktionscharakter“[702] und das *BayObLG* eine abschließende Entscheidung durch gerichtliches Urteil oder Beschluss verlangt.[703] Demgegenüber hat das *OLG Köln* offen gelassen, ob eine „mit richterlicher Befugnis getroffene Entscheidung“ unter Art. 54 SDÜ fällt.[704] In der **Literatur** wird weitergehend auch vertreten, dass jede rechtskräftige **Abschlussentscheidung** – etwa einer Staatsanwaltschaft – mit gerichtlicher Beteiligung[705] oder sogar ohne gerichtliche Beteiligung ausreichend ist.[706]

Der **EuGH** hat sich mit der Frage im Rahmen einer Vorlage – durch das *OLG Köln* 122
bezüglich einer Einstellung nach Erfüllung von Auflagen (niederländische „transactie“, Fall Gözütok)[707] und durch die belgische *Rechtbank van Eerste Aanleg Veurne* bezüglich einer Einstellung nach § 153a StPO (Fall Brügge, unser **Fall 13**) – befasst.[708] Der EuGH hat die beiden Vorlageverfahren zusammengefasst und – entgegen der deutschen Rspr. – im Sinne einer **weiten Auslegung** von Art. 54 SDÜ entschieden:

„Das ... Verbot der Doppelbestrafung gilt auch für zum Strafklageverbrauch führende Verfahren der in den Ausgangsverfahren in Rede stehenden Art, in denen die *Staatsanwaltschaft* eines Mitgliedstaats *ohne Mit-*

2014, § 7 Rn 39; *Schramm,* JuS 2013, 1097; a. A. *Heger,* FS Kühne, 2013, S. 576, der den Anwendungsbereich von Art. 50 GRCh auf *gerichtliche* Schuld- und Freisprüche beschränken will.

699 *BGH* NStZ 1998, 149 (151); 1999, 250 (251) (belgische „transactie“): „führt eine herkömmliche Auslegung zu dem Schluss, dass ... nur Urteilen – zumindest aber gerichtlichen Entscheidungen – eine strafklageverbrauchende Wirkung zukommen sollte ...“; NStZ 1999, 579 f. (französische „ordonnance de non-lieu“): nur ausländische „Urteile“, nicht die „bloße Einstellung eines Verfahrens mangels hinreichender Beweise“. Zum Fall Lacour *Nehm,* FS Steininger, 2003, S. 373 f. und *Appl,* GS Vogler, 2004, S. 114 f. Zusf. zur restriktiven Ansicht der Rspr. *Böse,* GA 2003, 745.

700 *BGH* NStZ 1999, 579 (580) (obiter); NStZ-RR 2007, 179 = StraFo 2007, 179 = wistra 2007, 154; BGHSt 46, 307 (309); zust. Anm. *Radtke,* NStZ 2001, 662; ferner *Nehm,* FS Steininger, 2003, S. 372 und *Mansdörfer,* ne bis in dem, 2004, S. 179; *Kniebühler,* "ne bis in idem“, 2005, S. 224 f. Ebenso (Freispruch aufgrund Verjährung) *EuGH,* Gasparini et al. Urt. v. 28.9.2006 sowie *EuGH,* van Straaten Urt. v. 28.9.2006 paras. 59 ff. (Freispruch mangels Beweisen); dazu *Wasmeier,* RIDP 77 (2006), 126.

701 *BGH* JZ 2004, 737. Ob darin ein Abrücken von der zurückhaltenden Linie gesehen werden kann, erscheint nicht ausgemacht, denn bei der Einstellung nach § 153 Abs. 2 StPO geht es eben – anders als im Fall des Abs. 1 S. 1 (Zustimmung des Gerichts zur Entscheidung der StA) oder gar des Abs. 1 S. 2 (Entscheidung der StA) – um eine gerichtliche Entscheidung; dagegen meint *Kühne,* JZ 2004, 744, dass der Argumentationsgang des BGH auch zu Entscheidungen nach § 153 Abs. 1 S. 1 StPO passe.

702 *ÖstOGH* NStZ 2005, 344 f.: *nicht* die bloße Einstellung mangels Tatverdacht auf Grund § 170 Abs. 2 StPO.

703 *BayObLG* StV 2001, 263.

704 *OLG Köln* NStZ 2001, 558 (560) (niederländische transactie).

705 *Plöckinger/Leidenmühler,* wistra 2003, 83 (Fn. 27) zitieren diesbezüglich hinsichtlich einer Verfahrensbeendigung nach § 153 Abs. 2 StPO das Strafgericht Eupen, Urt. v. 27.1.1999, wistra 1999, 479, 480. Zu rechtskräftigen Urteilen im Strafbefehls- und Bußgeldverfahren *Hecker,* 2012, § 13 Rn. 58, 61 ff.

706 Vgl. etwa *Lagodny,* NStZ 1997, 266; *Specht,* ne bis in idem, 1999, S. 139; i. Erg. auch *Böse,* GA 2003, 744.

707 *OLG Köln* NStZ 2001, 558.

708 Dazu *Anagnostopoulos,* FS Hassemer, 2010, S. 1123 ff.; *Eser,* FS Meyer, 2006, 514 ff. Vgl. auch den Rspr.überlick bei *Ligeti,* eucrim 2009, 39 f.

wirkung eines Gerichts ein in diesem Mitgliedstaat eingeleitetes Strafverfahren *einstellt,* nachdem der Beschuldigte bestimmte Auflagen erfüllt und insbesondere einen bestimmten, von der Staatsanwaltschaft festgesetzten Geldbetrag entrichtet hat.“[709]

123 In einer späteren Entscheidung hat der EuGH jedoch klargestellt, dass eine Einstellung nicht ausreicht, wenn sie alleine deshalb verfügt wurde, weil schon Ermittlungen in einem anderen Mitgliedstaat begonnen wurden.[710] Wird man dem zustimmen müssen, weil andernfalls Straflosigkeit die Folge wäre,[711] so bleibt doch die grundsätzliche Frage, ob eine **Einstellung nach § 153a StPO** als **„rechtskräftige Aburteilung“** i. S. v. Art. 54 SDÜ verstanden werden kann. Sie ist im Wege der grammatischen, systematischen und teleologischen Auslegung von Art. 54 („rechtskräftig abgeurteilt“) zu untersuchen.[712] Eine **grammatische Auslegung** des Begriffs „abgeurteilt“[713] stößt zunächst auf das Problem, dass schon die authentischen Sprachfassungen (deutsch, französisch und niederländisch), die alle gleichermaßen verbindlich sind (Art. 33 Abs. 1 WÜRV i. V. m. Art. 142 Abs. 2 S. 4 SDÜ), *unterschiedliche Deutungen* zulassen: Während der deutsche und österreichische Begriff „Aburteilung“ tendenziell auf ein verfahrensabschließendes Sachurteil Bezug nimmt, sind das französische *„jugement“* und das niederländische *„vonnis“* weiter im Sinne allgemeiner (richterlicher) „Entscheidungen“ zu verstehen.[714] Bezieht man überdies die weiteren EU-Amtssprachen in die Überlegungen ein – weil sie mit Überführung des Schengen acquis in das Unionsrecht ebenfalls verbindlich (nicht gleichrangig!) geworden sind[715] –, so multiplizieren sich die Auslegungsprobleme und es scheint tendenziell eine gerichtliche Entscheidung verlangt zu werden.[716] Zuletzt ist zu bedenken, dass sich die wahre Bedeutung fremder Rechtsbegriffe letztlich nur im Kontext der jeweiligen Rechtssysteme erschließt.[717]

[709] *EuGH* NStZ 2003, 332 (332) = NJW 2003, 1173 (Herv. K. A.); krit. hierzu *Nehm,* FS Steininger, 2003, S. 381 ff.; *Appl,* GS Vogler, 2004, S. 118 ff.; *Schomburg,* FS Eser, 2005, S. 835; *Conway,* Eur. J. Cr. 2005, 281 f.; zust. dagegen *Eicker,* Transnationale Strafverfolgung, 2004, S. 119 ff.; *Degenhard,* StraFo 2005, 68; *Vervaele,* Utrecht L. Rev. 1 (2005), 114; *ders.*, in: Vervaele, 149 f.; *Dannecker/Bürger,* in: Dannecker/Jansen, S. 69 f.; *Vogel,* FS Schroeder, 2006, S. 889 mit dem Argument, dass „niemand ... sich auf eine Erledigung nach § 153a StPO oder durch transactie einlassen [würde], wenn er befürchten müsste, gleichwohl von einem anderen zuständigen Mitgliedstaat verfolgt zu werden“; auch *Kniebühler,* "ne bis in idem“, 2005, S. 218 ff., insb. 223; *Zöller,* Jura 2005, 554; *Esser,* 2014, § 7 Rn. 18 ff., der insoweit auf den Grundsatz der gegenseitigen Anerkennung verweist. Zu den vom EuGH belassenen „Freiräume[n]“ vgl. *Kühne,* GA 2005, 213; zur Rspr. *Neagu,* LJIL 25 (2012), 964 ff.

[710] *EuGH,* Miraglia Urt. v. 10.3.2005, para. 35.

[711] Zutreffend *Mangiaracina,* LP 2006, 638.

[712] Vgl. auch *Ambos,* 2010a, S. 40 (Fall 4 Rn. 8 ff.). Zur Unergiebigkeit der historischen Auslegung vgl. *Radtke/Busch,* EuGRZ 2000, 425; *Böse,* GA 2003, 747; gg. den EuGH aber u. a. aus diesem Grund *Wasmeier,* RIDP 77 (2006), 125.

[713] Zur Bedeutung der grammatischen Auslegung auch *Radtke/Busch,* NStZ 2003, 283 f.

[714] *Specht,* ne bis in idem, 1999, S. 136 f.; zust. *Plöckinger/Leidenmühler,* wistra 2003, 84; *Böse,* GA 2003, 748; ähnlich *Radtke/Busch,* NStZ 2003, 284; *Schomburg,* StV 1997, 384; S/L/G/H/*Schomburg,* Art. 54 SDÜ Rn. 31; zurückhaltender mit Blick auf die französischen und niederländischen Begriffe *Kniebühler,* „ne bis in idem“, 2005, S. 179; *Safferling,* 2011, § 12 Rn. 90; zur niederländischen Fassung vgl. auch *BGH* NStZ 1998, 151; aus der Rspr. ferner *OLG Hamburg* wistra 1995, 193 (195); *LG Hamburg* wistra 1995, 358 (361); *LG Hamburg* wistra 1996, 359 (361).

[715] *Specht,* ne bis in idem, 1999, S. 135 f. u. 102 Fn. 270; *Böse,* GA 2003, 747.

[716] Insbesondere die portugiesische Fassung: „... julgado por um tribunal ...“, zit nach *Böse,* GA 2003, 748, der alle Amtsprachen untersucht. *Kühne,* GA 2005, 212 f. stellt heraus, dass auf der Grundlage des englischen Texts auch staatsanwaltschaftliche Entscheidungen in Betracht kämen.

[717] Die Verbindlichkeit der EU-Amtssprachen für die Auslegung des SDÜ (*Specht,* ne bis in idem, 1999, S. 134 f., 137; *Böse,* GA 2003, 748; *Dannecker,* Community Fines and non-Member State Sanctions,

Angesichts der fortbestehenden Unterschiede dieser Rechtssysteme und einem fehlenden „europäischen Prozessrecht" oder einer Prozessrechtsdogmatik kann auch nicht auf einen gesamteuropäischen Begriff des Urteils oder der gerichtlichen Entscheidung zurückgegriffen werden.[718] Eine umgangssprachliche Deutung des Begriffs Urteil im Sinne einer „wertenden Entscheidung über eine Person oder eine Sache" führt gerade nicht zu einer Beschränkung auf gerichtliche Urteile.[719] Im Ergebnis deutet damit der Begriff „abgeurteilt" zwar eher in die Richtung des – vom BGH angenommenen – Erfordernisses einer gerichtlichen Entscheidung, ausschlaggebend kann die Wortlautauslegung aber mangels Eindeutigkeit nicht sein.[720]

Ebensowenig lässt sich einer **systematischen Auslegung** eine eindeutige Beschränkung des Art. 54 SDÜ auf gerichtliche Urteile entnehmen.[721] Der *BGH* folgert aus dem Verhältnis von Art. 54 und Art. 58 SDÜ, dass Art. 54 lediglich *Mindeststandards* für einen Teilbereich verfahrensbeendender Justizentscheidungen, nämlich richterliche Entscheidungen, vorschreibe, weil Art. 58 mit „ausländischen Justizentscheidungen" einen Oberbegriff enthalte.[722] Diese Sichtweise ist aber aus mehreren Gründen *nicht zwingend.* Zunächst ist schon der Terminus „ausländische Justizentscheidung" unbestimmt, weil im SDÜ nicht definiert, so dass aus ihm nichts für den (ebenso wenig definierten) Begriff „rechtskräftig abgeurteilt" gefolgert werden kann.[723] Es ist nicht einmal auszuschließen, dass die beiden Begriffe das Gleiche meinen; dies vor allem auch deshalb weil Art. 58 SDÜ sich nicht nur auf Art. 54 SDÜ, sondern auch auf die weiteren Vorschriften des 3. Kapitels bezieht.[724] Weiter spricht die niederländische Fassung des Art. 58 von *„rechterlijke* beslissingen", beschränkt also entgegen dem BGH Art. 58 nicht auf nicht-richterliche verfahrensbeendende Entscheidungen.[725] 124

S. 176f.) macht sie nicht ohne weiteres zu authentischen Vertragssprachen i. S. v. Art. 33 Abs. 2 WÜRV; vielmehr muss sich eine (spätere) Amtssprache an der authentischen (originären) Vertragssprache orientieren (zutreffend *Hecker,* 2012, § 13 Rn. 30).

[718] *Specht,* ne bis in idem, 1999, S. 134f.; *Böse,* GA 2003, 748; *Plöckinger/Leidenmühler,* wistra 2003, 84; vgl. auch *Mosiek,* StV 2007, 97.

[719] *Specht,* ne bis in idem, 1999, S. 137f.; zust. *Böse,* GA 2003, 748f., der in einem „weiten" Verständnis des „Urteils" ein Hinwegsetzen über den portugiesischen Vertragstext sieht (o. Fn. 716).

[720] I. Erg. ebenso *Böse,* GA 2003, 749; *Plöckinger/Leidenmühler,* wistra 2003, 84; *Radtke/Busch,* EuGRZ 2000, 424; *dies.,* NStZ 2003, 284; *Kniebühler,* "ne bis in idem", 2005, S. 184; S/L/G/H/*Schomburg,* Art. 54 SDÜ Rn. 9ff.; *Hecker,* 2012, § 13 Rn. 31; *LG Hamburg* wistra 1995, 358 (359); *LG Hamburg* wistra 1996, 359 (361) – *Stein,* NJW 2003, 1163 begrüßt, dass sich der *EuGH* NStZ 2003, 332 (332) = NJW 2003, 1173 über den Gesetzeswortlaut „couragiert hinweggesetzt"(!) habe, erkennt aber auch die besondere Richtigkeitsgewähr bei Einschaltung eines Gerichts an. Krit. in Bezug auf den Umgang des EuGH mit der grammatischen Auslegung *Vogel/Norouzi,* JuS 2003, 1061; *Appl,* GS Vogler, 2004, S. 118f. sowie *Wasmeier,* RIDP 77 (2006), 125.

[721] Eingehend *Böse,* GA 2003, 749f.; auch *Plöckinger/Leidenmühler,* wistra 2003, 85; a. A. *S. Stein,* Art. 54 SDÜ, 2004, S. 52ff., die aus der Zusammenschau der Art. 54f. mit dem Art. 58 SDÜ folgert, dass Art. 54 SDÜ (nur) rechtskräftige Urteile erfasst; ähnlich *Appl,* GS Vogler, 2004, S. 119f.: „... Art. 55 SDÜ, der sich auf Art. 54 bezieht, [gebrauche] explizit den Begriff ausländisches Urteil."

[722] *BGH* NStZ 1998, 149 (151); *OLG Hamburg* wistra 1996, 193 (195); in diese Richtung tendierend auch *Vogel/Norouzi,* JuS 2003, 1062; *S. Stein,* Art. 54 SDÜ, 2004, S. 53.

[723] So auch *Safferling,* 2011, § 12 Rn. 92.

[724] *Specht,* ne bis in idem, 1999, S. 142; zust *Plöckinger/Leidenmühler,* wistra 2003, 85; *Hecker,* 2012, § 13 Rn. 32; a. A. *S. Stein,* Art. 54 SDÜ, 2004, S. 54, die einen „deutlichen Kontrast zwischen Art. 54 und 58" sieht, dem die Beobachtung „allgemeiner sprachlicher Inkonsistenzen" nicht entgegenstehe, da „eine konsistente Wortverwendung auf Grund der Unterschiede in der Reichweite der Begriffsinhalte in den einzelnen Sprachen von vornherein nicht erwartet werden" könne.

[725] Zutreffend *Böse,* GA 2003, 749; auch *Kniebühler,* "ne bis in idem", 2005, S. 185f.

Endlich ist darauf zu verweisen, dass das SDÜ auf dem *EG-ne bis in idem-Übk.* beruht[726] und dessen Präambel den „mutmaßlichen“ Oberbegriff „ausländische Justizentscheidung“ als ausschließlichen Gegenstand eines internationalen Doppelverfolgungsverbots betrachtet.[727]

125 Nähert man sich der Problematik im Wege **teleologischer Auslegung** des Art. 54 SDÜ, so stellt sich die Frage nach dem **Zweck des Verbots** der doppelten Strafverfolgung. Dieser besteht zum einen in der Gewährleistung einer **effektiven transnationalen Strafverfolgung** dadurch, dass ein verschiedenen mitgliedstaatlichen Strafgewalten unterliegender Sachverhalt nur von einem Vertragsstaat bearbeitet wird, im Schengenraum also durch die *gegenseitige Anerkennung* verfahrensbeendender Entscheidungen[728] eine Konzentration und effiziente Auslastung der Strafverfolgungsressourcen erreicht wird.[729] Diesem *objektiv*-rechtlichen Ziel steht andererseits ein *subjektiv*-rechtliches gegenüber, das in der **individualschützenden-menschenrechtlichen** Komponente des Art. 54 SDÜ zu sehen ist: Das Verbot doppelter Strafverfolgung schützt demnach – ganz im Sinne von Art. 50 der EU-Grundrechtecharta[730] – die Bürger vor den mit der engeren polizeilich-justiziellen Zusammenarbeit einhergehenden stärkeren Möglichkeiten von Grundrechtseingriffen.[731] Während die Verwirklichung dieses Ziels nach einer möglichst weiten Auslegung von Art. 54 SDÜ verlangt, setzt die *effiziente* transnationale Strafverfolgung nicht nur eine Ressourcenkonzentration, sondern auch eine **Richtigkeitsgewähr** der verfahrensbeendenden Entscheidungen voraus.[732] Denn nur wenn der zweitverfolgende Staat von der Richtigkeit der Abschlussentscheidung des erstverfolgenden Staates überzeugt sein kann, ist auch zugleich seinem Sicherheitsbedürfnis Rechnung getragen und er kann ohne weiteres auf eine erneute Verfolgung verzichten. Nun lässt sich nicht bestreiten, dass die Richtigkeitsgewähr staatsanwaltschaftlicher Einstellungsentscheidungen nicht mit der gerichtlicher Sachurteile vergleichbar ist, was sich im (deutschen) Recht auch etwa daran erkennen lässt, dass § 153a StPO nur mit einer eingeschränkten Rechtskraft versehen ist, nämlich nur bezüglich Vergehen, nicht aber Verbrechen (§ 153a Abs. 1 S. 5 StPO).[733] Der daraus folgende **Zielkonflikt** zwischen der objektiv- und subjektiv-rechtlichen Komponente von Art. 54 SDÜ lässt sich mit *Böse*[734] mittels eines engeren, *materiellen* – nicht historischen – *Tatbegriffs* lösen, der die strafklageverbrauchende Wirkung auf die von der verfahrensbeendenden Maßnahme in Bezug genommene materielle Tat, etwa ein Vergehen bei § 153a StPO, beschränkt. Ein solcher beschränkter Strafklageverbrauch kann auch nur ein *beschränk-*

726 Dazu schon o. Fn. 692.

727 *Plöckinger/Leidenmühler,* wistra 2003, 85.

728 Mitteilung der Kommission an den Rat und das EP zur gegenseitigen Anerkennung von Endentscheidungen in Strafsachen, 26.7.2000, KOM (2000) 0495.

729 Vgl. *Specht,* ne bis in idem, 1999, S. 148; *Plöckinger/Leidenmühler,* wistra 2003, 85; *Böse,* GA 2003, 750; vgl. auch *Lagodny,* FS Trechsel, 2002, S. 262.

730 Vgl. *Dannecker,* Community Fines and non-Member State Sanctions, S. 156.

731 *Specht,* ne bis in idem, 1999, S. 148ff.; *Plöckinger/Leidenmühler,* wistra 2003, 85; *Böse,* GA 2003, 750f.; enger das span. Verfassungsgericht, das die ratio des Grundsatzes in der Wahrung von Verhältnismäßigkeit und Schuldgrds. sieht (vgl. *Sanz Hermida,* RP 21 (2008), 135); vgl. auch *van Bockel,* ERA Forum 13 (2012), 333f.

732 Eingehend *Böse,* GA 2003, 752f.

733 Demgemäß nimmt die h. M. überzeugend an, dass eine nach § 153a StPO eingestellte Tat als Verbrechen durchaus erneut auf der Grundlage lediglich einer anderen rechtlichen Bewertung verfolgt werden kann, ohne dass Nova vorliegen (*Loos,* JZ 1978, 598; *Meyer-Goßner,* § 153a Rn. 52, 54).

734 Überzeugend *Böse,* GA 2003, 756.

tes transnationales *Doppelverfolgungsverbot* zur Folge haben.[735] Eine andere Möglichkeit ist es, mit *Radtke/Busch* eine *materiell rechtskräftige* Entscheidung zu verlangen,[736] eine Entscheidung also, die die Strafklage tatsächlich – im Sinne einer materiellen Beendigungswirkung – verbraucht. Dabei ist freilich angesichts der einzelstaatlichen Divergenzen über den genauen Inhalt eines gesamt- oder teileuropäischen Begriffs materieller Rechtskraft erst noch Einigkeit zu erzielen.[737] Noch anders verlangt *Mansdörfer* eine „Form ‚qualifizierter Verfahrensbeendigung' (…) von der ab – psychologisierend formuliert –, das Vertrauen des Individuums, innerhalb des Schengen-Raums keine internationale Strafverfolgung mehr befürchten zu müssen, hinreichend geschützt werden muss", was (erst) dann gegeben sei, wenn „der Verfahrensgegenstand von einer der ermittelnden Behörde nachgeschalteten Institution eingehend gewürdigt wurde."[738] Zu weiteren Literaturansichten vgl. 2. Aufl., § 12 Rn. 46 Kleindruck.

Als **Zwischenergebnis** ist damit festzuhalten, dass die grammatische und systemati- **126**
sche Auslegung des Merkmals „abgeurteilt" in Art. 54 SDÜ keine eindeutigen Ergebnisse liefert. Die angestellten teleologischen Erwägungen sprechen tendenziell zwar für eine weite Auslegung von Art. 54 SDÜ, doch ist der objektiv-rechtlichen Komponente der Vorschrift durch eine gewisse Restringierung Rechnung zu tragen.[739] Kehrt man nach diesen Überlegungen nochmals zu der Entscheidung des **EuGH** in *Gözütok/Brügge* zurück, so erscheint seine Annahme eines Strafklageverbrauchs i. S. v. Art. 54 SDÜ sowohl im Hinblick auf die niederländische *transactie* als auch im Hinblick auf eine Einstellung gemäß *§ 153 a StPO* als **zu weitgehend.** Der EuGH hält für maßgeblich, dass in beiden Fällen die Strafverfolgung „durch eine (…) Behörde beendet wird, die zur Mitwirkung bei der Strafrechtspflege in der betreffenden nationalen Rechtsordnung berufen ist"[740] und dass wegen der Abhängigkeit der Beendigung des Verfahrens von der Erfüllung einer Auflage das dem Beschuldigten „vorgeworfene unerlaubte Verhalten geahndet wird".[741] Demgegenüber hält es der Gerichtshof für unerheblich, dass kein Gericht tätig wurde und die Entscheidung nicht in Form eines Urteils ergangen ist, denn diese formalen Gesichtspunkte seien ohne Einfluss auf die gerade beschriebene Sanktionswirkung.[742] Dabei sei zudem zweierlei zu berücksichtigen: Zum einen sei von einem gegenseitigen Vertrauen der Mitgliedstaaten in ihre Justizsysteme auszugehen.[743] Zum anderen komme eine (vorgerichtliche) Einstellung in der Regel

---

735 In diesem Sinne *Hecker,* 2012, § 13 Rn. 59 f. am Beispiel von § 153 a Abs. 2 StPO.

736 *Radtke/Busch,* NStZ 2003, 284 ff.

737 Dies erkennen auch *Radtke/Busch,* NStZ 2003, 288; auch schon *Bohnert/Lagodny,* NStZ 2000, 640.

738 *Mansdörfer,* ne bis in dem, 2004, S. 168 ff., 248. Dies sei für die niederländische *transactie* zweifelhaft, die Entscheidung im deutschen Klageerzwingungsverfahren und die französische *ordonnance de non-lieu* unterfielen dagegen Art. 54 SDÜ, soweit der Beschuldigte gehört worden sei. Eine rein-staatsanwaltliche Einstellungsverfügung entfalte nach diesen Grundsätzen dagegen keine ne-bis-in-idem-Wirkung (ebd., 171 ff.).

739 Vgl. auch *S. Stein,* Art. 54 SDÜ, 2004, S. 468 ff. (476 ff., 504); näher 2. Aufl., § 12 Rn. 47 mit Fn. 263.

740 *EuGH,* Gözütok & Brügge Urt. v. 11.2.2003, para. 28.

741 *EuGH,* Gözütok & Brügge Urt. v. 11.2.2003, para. 29.

742 *EuGH,* Gözütok & Brügge Urt. v. 11.2.2003, para. 31.

743 *EuGH,* Gözütok & Brügge Urt. v. 11.2.2003, para. 34. Hier ist aber wohl der Wunsch Vater des Gedankens, vgl. etwa *OLG Hamburg* wistra 1996, 193 (195), wo die strafklageverbrauchende Wirkung „nationalrechtlicher Besonderheiten" wie der belgischen *transactie* dezidiert abgelehnt und die Notwendigkeit der Ahndung im eigenen Hoheitsgebiet begangener Rechtsverstöße betont wird. Dazu auch *Stein,* NJW 2003, 1163 u. *Weyembergh,* CML 2005, 1582 („tendency merely to declare or proclaim the existence of mutual trust").

nur bei weniger schweren Straftaten in Betracht, so dass bei einer restriktiven Auslegung von Art. 54 diejenigen Beschuldigten privilegiert würden, die schwerere bis schwerste Straftaten begangen haben, denn diese führten regelmäßig zu einer vollständigen Aburteilung mit Sachurteil.[744]

127 Während man der Entscheidung grundsätzlich darin wird zustimmen können, dass Art. 54 SDÜ nicht zwingend eine gerichtliche Entscheidung voraussetzt,[745] so ist zu bemängeln, dass die vom EuGH entwickelten Kriterien zur Bestimmung des Merkmals der gerichtlichen Aburteilung in Art. 54 SDÜ, *scil.* Handeln durch eine zuständige Behörde und Sanktionierung des Beschuldigten, ungenau bleiben und den materiellen Gehalt des Strafklageverbrauchs nicht erschöpfend erfassen. Tatsächlich nennt der Gerichtshof die für das Eingreifen des Strafklageverbrauchs maßgeblichen Kriterien nicht positiv, sondern setzt lediglich die rechtskräftige Aburteilung mit dem Strafklageverbrauch gleich.[746] Was das Erfordernis einer Sanktion angeht, so fragt es sich, ob dies wirklich eine zwingende Voraussetzung für den europäischen Strafklageverbrauch sein kann, gibt es doch Fälle, in denen – wie etwa bei der Ablehnung des Eröffnungsbeschlusses nach deutschem Recht (§ 204 StPO), bei der französischen *non-lieu* Einstellung oder der niederländischen formellen Verfahrensbeendigung durch die Staatsanwaltschaft – solche Sanktionen nicht vorgesehen sind, gleichwohl aber ein Strafklageverbrauch angenommen werden kann, weil das Verfahren nur auf der Grundlage neuer Tatsachen oder Beweismittel fortgesetzt werden kann.[747] Diese Kritik an der Begründung des EuGH führt zu einer Ablehnung des Ergebnisses, wenn man auf Grund der von *Radtke/Busch* vertretenen Konzeption materieller Rechtskraft vorgerichtliche Einstellungsentscheidungen nicht als rechtskräftige Aburteilung i. S. d. Art. 54 SDÜ zu werten gewillt ist.[748] Die Ablehnung des Ergebnisses ist freilich nicht zwingend, vor allem nicht im Hinblick auf die subjektiv-rechtliche Zielsetzung von Art. 54 SDÜ, die der EuGH in der Sache aufgreift, wenn er eine Privilegierung schwerer Straftäter ablehnt.[749] Griffiger erscheint allemal das Kriterium, ob gegen die verfahrensbeendende Entscheidung eine Wiederaufnahme nur bei Auftreten von Nova möglich ist. Maßgeblich ist also, ob ein auf materieller Rechtskraft beruhender Strafklageverbrauch in dem Sinne eingetreten ist, dass nur noch auf der Grundlage neuer Tatsachen oder Beweismittel – nach deutscher Terminologie also im Wege der Wiederaufnahme – die Tat verfolgt werden könnte.[750] Man-

[744] *EuGH,* Gözütok & Brügge Urt. v. 11.2.2003, paras. 39f.

[745] *Plöckinger,* JSt 2003, 129; *Radtke/Busch,* NStZ 2003, 283; *Hecker,* 2012, § 13 Rn. 36; *Stein,* NJW 2003, 1163f.; strenger aber *dies.,* Art. 54 SDÜ, 2004.

[746] *Radtke/Busch,* NStZ 2003, 283. Krit. auch *Appl,* GS Vogler, 2004, S. 121, der darauf aufmerksam macht, dass der EuGH im Hinblick auf § 153a Abs. 1 S. 5 StPO übersieht, dass die Tat *als Verbrechen* noch verfolgt werden kann. – Unklar insoweit I. Nr. 5.3 des Resolutionsentwurfs des AIDP-Vorkolloquiums (2003), bei *Biehler,* ZStW 116 (2004), 260.

[747] *Stein,* NJW 2003, 1164; anders *BGH* StV 1999, 478 (keine „rechtskräftige Aburteilung" i. S. v. Art. 54 SDÜ); zu Recht dagegen *Kühne,* StV 1999, 480f.; vgl. auch *Stein,* ZStW 115 (2003), 984. Deshalb schützt Art. 54 SDÜ nicht nur, wie *Sanz Hermida,* RP 21 (2008), 134, 137 behauptet, vor doppelter Sanktionierung sondern auch – in den im Text genannten Fällen – vor doppelter Strafverfolgung.

[748] Vgl. *Radtke/Busch,* NStZ 2003, 287f.

[749] Vgl. o. Fn. 744 und Text.

[750] *Bohnert/Lagodny,* NStZ 2000, 639f.; s. schon o. Fn. 744 und Text; zustimmend MünchKomm/*Ambos,* Vorb zu §§ 3–7 Rn. 68; in diese Richtung auch *Nehm,* FS Steininger, 2003, S. 384. Vgl. auch *Liebau,* „ne bis in idem", 2005, S. 290: „Rechtskräftig sind solche Entscheidungen, deren Verfahren nicht mehr oder nur unter den erschwerten Voraussetzungen der Wiederaufnahme erneut aufgegriffen und fortgeführt werden können."

gels Strafklageverbrauch greift Art. 54 SDÜ deshalb beispielsweise nicht ein im Fall einer Einstellung nach § 170 Abs. 2 StPO[751], § 154 Abs. 1 StPO[752] oder § 153 Abs. 1 StPO[753] und nur beschränkt bei § 153 a StPO.[754] – Zu den ein (gesamteurop.) Strafanwendungsrecht betreffenden Überlegungen Lagodnys s. 2. Aufl., § 12 Rn. 48 Kleindruck.

c) Dieselbe Tat i. S. v. Art. 54 SDÜ

128 Art. 54 SDÜ bezieht sich des Weiteren auf dieselbe Tat. Auch insoweit kann das **nationale Recht** auf Grund seiner Unterschiedlichkeit kaum zur Orientierung dienen:[755] Teilweise werden Fortsetzungszusammenhang und Bewertungseinheiten berücksichtigt, teilweise der Strafklageverbrauch auf nicht festgestellte Taten, über die sich Unterlagen „bei den Akten" befinden, erstreckt; auch wird etwa hinsichtlich des Strafklageverbrauchs von Taten, die im Zusammenhang mit Mitgliedschaft in einer kriminellen Vereinigung stehen oder „organisierter Kriminalität" zuzurechen sind, höchst unterschiedlich verfahren.[756] Diese **Rechtszersplitterung** spricht auch gegen eine Bestimmung derselben Tat durch den Erstverfolgungsstaat und die Anerkennung dieser Bestimmung durch die nachfolgenden Staaten unter Rückgriff auf das Prinzip gegenseitiger Anerkennung.[757] Damit würden die europaweiten Unterschiede nur festgeschrieben und die von Art. 54 SDÜ angestrebte Gleichbehandlung der Schengen-Bürger geradezu konterkariert. Auch definiert Art. 54 SDÜ die Rechtsfolge einer Verurteilung „wegen derselben Tat" selbst und stellt damit eine autonome europarechtliche Regelung dar, die auch autonomer Auslegung bedarf. Gefragt ist also auch hier ein **europarechtlicher Begriff** „derselben Tat", der im Wege der anerkannten Auslegungsmethoden zu ermitteln ist.[758]

129 Die **grammatische** Auslegung ergibt insoweit, dass der Tatbegriff in Art. 54 SDÜ nicht nur faktisch zu verstehen ist, sondern auch normative Gesichtspunkte ergänzend heranzuziehen sind.[759] Die **systematische** Auslegung ist unergiebig.[760] Entscheidend ist auch hier wieder die **teleologische** Auslegung. Und wieder kommt es zu einem

---

[751] *ÖstOGH* NStZ 2005, 344f.; ebenso i. Erg. *Kniebühler,* „ne bis in idem", 2005, S. 244 (vgl. schon Fn. 688).

[752] *OLG Nürnberg* StV 2011, 401f.

[753] *Hecker,* 2012, § 13 Rn. 60; *Esser,* 2014, § 7 Rn. 19; *Hackner,* NStZ 2011, 429.

[754] Vgl. schon o. Fn. 611f. und Text. Fälle bei *Ambos,* 2010a, S. 40 (Fall 4 Rn. 8ff.). u. *Schramm,* ZJS 2010, 619.

[755] Zur autonomen Auslegung des Begriffs vgl. *EuGH,* Mantello Urt. v. 16.11.2010, para. 38; dazu *Ligeti,* KritV, 2010, 380 u. *Böse,* HRRS 2012, 19ff. Diese Entscheidung bezieht sich zwar unmittelbar auf Art. 3 Rb EuHb (dazu § 12 Rn. 38ff.), der EuGH verweist allerdings auf die Ähnlichkeit zur Formulierung in Art. 54 SDÜ; rvgl zum Tatbegriff *Stuckenberg,* FS Europa-Institut, 2011, S. 569ff.

[756] S/L/G/H/*Schomburg,* Art. 54 SDÜ Rn. 50; auch *Plöckinger/Leidenmühler,* wistra 2003, 87; *Böse,* HRRS 2012, 22. Vgl. auch den Fall bei *Ambos,* 2010a, S. 40 (Fall 4 Rn. 8ff.).

[757] Krit. auch *Radtke,* NStZ 2008, 164.

[758] I. Erg. ebenso *Böse,* GA 2003, 757f.; auch *Mansdörfer,* ne bis in dem, 2004, S. 177f.; a. A. *LG Hannover* NStZ-RR 2004, 378 (379), wo auf die „Systematik der beteiligten Rechtsordnungen" abgestellt wird. Vgl. auch *Ambos,* 2010a, S. 40 (Fall 4 Rn. 15ff.).

[759] Eingehend *Böse,* GA 2003, 758f.; a. A. *Kniebühler,* "ne bis in idem", 2005, S. 275f., dessen Wortlautanalyse ein „am Tatsächlichen orientierte[s] Tatbegriffsverständnis" ergibt; *Plöckinger/Leidenmühler,* wistra 2003, 86 (die aber nur die deutsche, französische und niederländische Fassung berücksichtigen); auch anders im Hinblick auf (damals) gemeinschaftsrechtliche Geldbußen *Dannecker,* Community Fines and non-Member State Sanctions, S. 175f. Explizit normativ ist die englische Fassung: „for the same offences".

[760] *Böse,* GA 2003, 760; *Stuckenberg,* FS Europa-Institut, 2011, S. 575f.

Zielkonflikt zwischen der objektiv- und subjektrechtlichen Komponente des Art. 54 SDÜ: Aus *subjektiver* Sicht sollte der Tatbegriff weit verstanden werden, um die Bürger möglichst umfassend vor erneuter Strafverfolgung zu schützen. Aus *objektiv*-rechtlicher Sicht ist aber darauf hinzuweisen, dass ein zu weiter Tatbegriff zu einem Hindernis einer effektiven transnationalen Strafverfolgung werden kann.[761] Dabei ist zu beachten, dass einem transnationalen ne bis in idem der Gedanke des *grundsätzlich* gleichwertigen strafrechtlichen Rechtsgüterschutzes in den betroffenen Staaten zugrunde liegt. Die Anerkennung der Entscheidung des Erstverfolgerstaates hat zur Voraussetzung, dass dieser die Interessen aller anderen Staaten genauso wirksam schützt wie diese selbst. Eine Anerkennung dieser Entscheidung ist aber dort nicht geboten, wo der Zweitverfolgerstaat ein berechtigtes *eigenes* Interesse an einer erneuten Verfolgung hat, weil in dem ersten Verfahren die Verletzung von Rechtsgütern nicht gewürdigt worden ist, um deretwillen das neue Verfahren stattfinden soll.[762] Eine solche **rechtsgutsorientierte oder interessengeleitete Bestimmung des Tatbegriffs** kann aber nicht nur rein faktisch erfolgen,[763] sondern muss *normative Kriterien* in Form der staatlichen Schutzinteressen berücksichtigen. Diese Schutzinteressen finden ihren Ausdruck in den angewendeten Strafvorschriften im Erstverfolgungsstaat. Nur soweit eine **für einen Zweitverfolgungsstaat besonders wichtige Rechtsgutsverletzung** vom Unrechtsgehalt der angewendeten Straftatbestände im Erstverfolgungsstaat nicht erfasst wird, muss dem Zweitverfolgungsstaat das Recht zur **eigenen** (erneuten) **Verfolgung** gegeben werden. Im Hinblick auf den damit erforderlichen Unrechtsvergleich ist allerdings ausreichend, dass „das betroffene Rechtsgut sowie ggf. die Art des Angriffs (z. B. Verletzung oder abstrakte Gefährdung) in beiden Tatbeständen im Wesentlichen identisch sind."[764]

130 Der **EuGH**[765] hat nun freilich in seiner Entscheidung *van Esbroeck*[766] **(Fall 14)** einen ausgesprochen *naturalistischen Ansatz* bei der Bestimmung des Tatbegriffs des Art. 54 SDÜ zugrunde gelegt.[767] Danach sei „das einzig maßgebende Kriterium für die Anwendung von Art. 54 SDÜ das der Identität der materiellen Tat, verstanden als das Vorhandensein eines *Komplexes konkreter, unlösbar miteinander verbundener Umstände.*"[768]

761 Vgl. instruktiv *Böse,* GA 2003, 760f.; zu weitgehend *LG Hannover* NStZ-RR 2004, 378 (379), wonach es sich nur nach dem Recht *eines* der beteiligten Staaten um „dieselbe Tat" handeln muss.

762 *Böse,* GA 2003, 760.

763 A. A. *Plöckinger/Leidenmühler,* wistra 2003, 87 u. auch *Degenhard,* StraFo 2005, 68, 70, die auf den „historischen Lebenssachverhalt" abstellen wollen. In diese Richtung auch I. 3 des Resolutionsentwurfs des AIDP-Vorkolloquiums (2003), vgl. *Biehler,* ZStW 116 (2004), 259; auch *Mansdörfer,* ne bis in idem, 2004, S. 178f. Anders ferner *Kniebühler,* „ne bis in idem", 2005, S. 288f., der auf die „Maßgeblichkeit des erststaatlichen Tatbegriffsverständnisses" hinaus möchte.

764 So *Böse,* GA 2003, 762 unter Rückgriff auf den Gedanken des Tatbegriffs im EG-Wettbewerbsrecht; ähnlich *Dannecker,* FS Kohlmann, 2003, S. 604; für die Zulassung „normativer Korrekturen" des historischen Tatbegriffs mit Recht *Vogel,* FS Schroeder, 2006, S. 879f., auf das jeweilige geschützte Rechtsgut abstellen will schließlich auch *Ligeti,* Strafrecht und strafrechtliche Zusammenarbeit in der EU, 2004, S. 107f.

765 Einen Überblick über die einschlägige Rspr des EuGH bietet *Radtke,* FS Seebode, 2008, 306ff.

766 *EuGH,* van Esbroeck Urt. v. 9.3.2006; dazu *Wasmeier,* RIDP 77 (2006), 127ff.; *Mangiaracina,* LP 2006, 635.

767 Vgl. *Kühne,* JZ 2006, 1020; auch *van Bockel,* CML 2008, 238 („'strictly the facts' test"); zust. *Radtke,* NStZ 2008, 162ff.; *ders.,* FS Seebode, 2008, S. 309f.; *Lelieur,* Utrecht L. Rev. 9 (2013), 205.

768 *EuGH,* van Esbroeck Urt. v. 9.3.2006, para. 36 (Herv. K. A.); ebenso *EuGH,* van Straaten Urt. v. 28.9.2006 mit krit. Anm. *Kühne,* JZ 2007, 247 und *EuGH,* Gasparini et al. Urt. v. 28.9.2006, paras. 53ff. zu der Konstellation der Vermarktung von Olivenöl in einem Mitgliedstaat im Anschluss an

Dieses Kriterium führt nun zwar in dem zu entscheidenden Fall – eine untrennbar verbundenene illegale Ausfuhr von BtM aus Belgien nebst sich unmittelbar anschließender Einfuhr nach Norwegen – zu einem überzeugenden Ergebnis, nicht aber in einer Vielzahl anderer grenzüberschreitender Konstellationen: So würde es keineswegs einleuchten, wenn der Organisator eines europaweit durchgeführten Großbetrugs es letztlich in der Hand hätte, sich nur in demjenigen Staat dem Strafverfahren zu stellen, in dem der Schaden am geringsten ist und in dem er nach dem nationalen Recht nicht wegen der andern Orts angerichteten Schäden verfolgt werden kann. Die van Esbroeck-Entscheidung des EuGH wird derartigen Konstellationen durch ihre zu formale Bestimmung des Tatbegriffs nicht gerecht.[769] Dies zeigt sich bereits in der Nachfolge-Entscheidung *Van Straaten:* Hier ging es um die Ausfuhr von BtM aus Italien in die Niederlande. Die Besonderheit des Falls bestand darin, dass die (nachweisliche) Ausfuhrmenge (5 kg Heroin) mit der (nachweislichen) Einfuhrmenge (1 kg Heroin) *nicht identisch* war. Den EuGH scheint dies nicht anzufechten, wenn er in apodiktischer Tonlage dekretiert,[770] dass es für das Eingreifen des Art. 54 SDÜ „nicht erforderlich [ist], dass die in Rede stehenden Drogenmengen in den beiden betreffenden Vertragsstaaten oder die Personen, die angeblich an der Tat in den beiden Staaten beteiligt waren, identisch sind". Man fragt sich freilich, ob dies tatsächlich auch bei größeren Mengenunterschieden gelten kann, etwa wenn die nachweisliche Ausfuhrmenge 5 kg Heroin, die Einfuhrmenge aber nur 5 g beträgt und der Täter deshalb nur zu einer geringen Geldstrafe in einem liberalen Einfuhrland (etwa den Niederlanden) verurteilt wird.[771] Soll es dann dem (vielleicht repressiverem) Ausfuhrland allein deshalb verwehrt sein, die Ausfuhr der 5 kg (unrechts- und schuldangemessen) zu verfolgen, weil dem Täter 4995 g der Droge auf der Reise unglücklicherweise „davongeweht" sind? Zudem kann der Ansatz des EuGH zu erheblichen Verfolgungslücken führen, weil er den unterschiedlichen Aburteilungskompetenzen nationaler Gerichte nicht hinreichend Rechnung trägt.[772] So ist es ohne Weiteres denkbar, dass die Zuständigkeit eines nationalen Gerichtes aufgrund eines restriktiven Strafanwendungsrechts auf einzelne Teile des Geschehens begrenzt ist. In diesen Fällen wäre es aber unbillig, wenn das Urteil dieses Gerichtes einen gesamteuropäischen Strafklageverbrauch auch für die nicht abgeurteilten Tatteile nach sich ziehen würde.[773]

---

seine Einfuhr in einen anderen MS, deretwegen dort Freispruch erfolgt war; *EuGH,* Kraaijenbrink Urt. v. 18.7.2007, para. 26; Kretzinger Urt. v. 18.7.2007, para. 29; *EuGH,* Mantello Urt. v. 16.11.2010, para. 39. Vgl. auch noch *OLG München* NStZ 2007, 412; zustimmend: *Radtke,* NStZ 2012, 483 f.; *Böse,* GA 2011, 511; *Esser,* 2014, § 7 Rn. 27; wohl auch *Stuckenberg,* FS Europa-Institut, 2011, S. 576.

769 Mit Recht krit. *Kühne,* JZ 2006, 1020; *van Bockel,* CML 2008, 238 f. *Böse,* EWS 2007, 204 macht – ganz zu Recht! – auf einen Widerspruch zwischen der weiten Auslegung des Tatbegriffs des Art. 54 SDÜ und dem *Wettbewerbsrecht,* wo durchaus auf das Kriterium der Rechtsgutsidentität abgestellt wird, aufmerksam. Vgl. insoweit auch *van Bockel,* CML 2008, 241 ff. Gleichwohl betont der *EuGH* in Kretzinger Urt. v. 18.7.2007, para. 31, dass die Tatidentität „unabhängig von dem geschützten rechtlichen Interesse festzustellen" sei. Vgl. auch den Vorlagebeschluss in der Sache *Kretzinger BGH* NStZ 2006, 106 m. Anm. *Lagodny;* dem EuGH zust. *Karakosta,* KritV 2008, 81.

770 *EuGH,* van Straaten Urt. v. 28.9.2006, para. 49.

771 Fallabwandlung bei *Kühne,* JZ 2007, 247.

772 *Stuckenberg,* FS Europa-Institut, 2011, S. 576 f.

773 *Stuckenberg,* FS Europa-Institut, 2011, S. 577.

d) Die „Vollstreckungskomponente"

131 Art. 54 SDÜ setzt – anders als Art. 103 Abs. 3 GG und **Art. 50 GRCh** (dazu sogleich)[774] – zuletzt voraus, dass „im Fall einer Verurteilung die Sanktion *bereits* vollstreckt worden ist, *gerade* vollstreckt wird oder nach dem Recht des Urteilsstaats *nicht mehr* vollstreckt werden kann." Während dabei die vergangenheitsbezogene Feststellung, dass eine Sanktion **bereits vollstreckt (Alt. 1)** worden ist, sei es durch Verbüßung einer Freiheitsstrafe, Zahlung einer Geldstrafe oder etwa auch durch eine *erlassene Bewährungsstrafe*[775] oder durch *Erfüllung von Auflagen,*[776] weitgehend unproblematisch ist,[777] kann es durchaus fraglich sein, wann die Vollstreckung beginnt, also wann **„gerade vollstreckt"** wird **(Alt. 2)**.

132 Dieses Vollstreckungselement fehlt in Art. 50 GRCh, so dass sich die Frage stellt, in welchem Verhältnis diese Vorschrift zu Art. 54 SDÜ steht.[778] Nach einer Ansicht soll Art. 50 GRCh als vollverbindliches Primärrecht Art. 54 SDÜ verdrängen, so dass es im Anwendungsbereich der Charta auf das Vollstreckungselement nicht mehr ankommt.[779] Zur Begründung wird vor allem auf den Wortlaut der Vorschrift verwiesen. Art. 50 GRCh sei in bewusster Anlehnung an Art. 4 ZP VII formuliert und eine parallele Auslegung beider Garantien bezweckt worden.[780] Zudem hätten die Mitgliedstaaten ohne Weiteres die Möglichkeit gehabt, die Vollstreckungsklausel des Art. 54 SDÜ in Art. 50 GRCh zu übernehmen. Dass sie hierauf verzichtet haben, müsse als gesetzgeberische Entscheidung gegen eine Beschränkung des Doppelbestrafungsverbots gesehen und akzeptiert werden.[781] Angesichts der effektiven Rechtshilfe in der EU sei zudem sichergestellt, dass der Verurteilte zur Vollstreckung in den Urteilsstaat überstellt werden könne. Das Vollstreckungselement, das ggf. eine erneute Verurteilung im Aufenthaltsstaat ermöglicht, sei daher zur Verhinderung von Sanktionslücken nicht erforderlich.[782] Es lässt sich allerdings bezweifeln, ob die Formulierung in Art. 50 GRCh tatsächlich als *bewusster* Verzicht auf das Vollstreckungselement verstanden werden kann. Immerhin wird in den Erläuterungen zu Art. 50 GRCh ausdrücklich auf Art. 54 SDÜ verwiesen.[783] Gewichtiger ist jedoch, dass der Wegfall des Vollstreckungselements zu

---

[774] *Vogel/Norouzi,* JuS 2003, 1060.

[775] S/L/G/H/*Schomburg,* Art. 54 SDÜ Rn. 53.

[776] *EuGH,* Gözütok & Brügge Urt. v. 11.2.2003, para. 30.

[777] *Plöckinger/Leidenmühler,* wistra 2003, 87; *Hecker,* 2012, § 13 Rn. 42.

[778] Vgl. hierzu auch die Falllösung bei *Ambos,* 2010a, S. 40 (Fall 4 Rn. 31 ff.) sowie eingehend *Böse,* GA 2011, 505 ff. u. *Stalberg,* S. 168 ff.

[779] So *Reichling,* StV 2010, 237; *Heger,* ZIS 2009, 408; *ders,* FS Kühne, 2013, S. 575; i. Erg. ebenso *Zöller,* FS Krey, 2010, S. 518; *Böse,* GA 2011, 505 ff (der jedoch die Vorbehalte nach Art. 55 SDÜ auf Art. 50 GRCh übertragen will); *R. Merkel/Scheinfeld,* ZIS 2012, 212; *Stalberg,* S. 179; *Walther,* ZJS 2013, 19 f.; tendenziell ebenso *Swoboda,* JICJ 9 (2011), 266; S/L/G/H/*Schomburg,* Art. 54 SDÜ Rn. 14; *ders.,* ERA Forum 13 (2012), 316. *Radtke,* in: Böse, 2013, § 12 Rn. 36; *ders.,* NStZ 2012, 481 räumt Art. 50 GRCh Vorrang im Anwendungsbereich des Unionsrechts ein, außerhalb davon gelte jedoch weiterhin Art. 54 SDÜ einschließlich des Vollstreckunsgelements.

[780] *Böse,* GA 2011, 506 f.

[781] S/L/G/H/*Schomburg,* Art. 54 SDÜ Rn. 14; *ders.,* ERA Forum 13 (2012), 316; *ders./Suominen-Picht,* NJW 2012, 1191; ähnl. *Stalberg,* S. 170 f.

[782] *Zöller,* FS Krey, 2010, 519; *Stalberg,* S. 175 f.

[783] Abl. EU C 310 v. 16.12.2004, 453 („Nach Art. 50 findet die Regel „ne bis in idem" nicht nur innerhalb der Gerichtsbarkeit eines Staates, sondern auch zwischen den Gerichtsbarkeiten mehrerer Mitgliedstaaten Anwendung. Dies entspricht dem Rechtsbesitzstand der Union; siehe die Artikel 54 bis 58 [SDÜ]"); vgl. auch *BGH* NJW 2011, 1014 (1015); *Satzger,* FS Roxin, 2011, S. 1524; krit. zu die-

rechtspolitisch bedenklichen Ergebnissen führen würde, da auch die weit entwickelten Rechtshilfeinstrumente der EU noch Lücken aufweisen. Man denke nur an die im RbEuHb anerkannten Vollstreckungsverweigerungsgründe (dazu § 12 Rn. 43). Die Gefahr, dass sich der Verurteilte der Strafvollstreckung durch Flucht in einen anderen Mitgliedstaat zu entziehen versucht, ist daher nach wie vor gegeben.[784] Auch muss bei der Bestimmung des Verhältnisses zwischen Art. 50 GRCh und Art. 54 SDÜ dem Charakter der Charta Rechnung getragen werden. Bei Art. 50 GRCh handelt es sich um ein weit gefasstes justizielles Grundrecht, das i. S. d. Art. 52 Abs. 1 GRCh durch das SDÜ konkretisiert und begrenzt wird. Art. 54 SDÜ ist demnnach als **Schrankenbestimmung des Art. 50 GRCh** zu verstehen, so dass sich die Reichweite des europäischen Doppelverfolgungsverbots weiterhin nach Art. 54 SDÜ – einschließlich seiner Vollstreckungskomponente – bestimmt.[785] Daher ist in **Fall 16** auch weiterhin Art. 54 SDÜ anwendbar, so dass mangels Vollstreckung des früheren Urteils eine erneute Strafverfolgung möglich ist.

Im Hinblick auf eine **Freiheitsstrafe** wird teilweise verlangt, dass diese tatsächlich voll- **133**
zogen werden muss,[786] teilweise wird eine Aussetzung zur Bewährung mit Beginn der Bewährungszeit für ausreichend gehalten.[787] Der letztgenannten Ansicht ist beizupflichten. Denn der *Zweck der Vollstreckungskomponente, scil.* eine Vollstreckungsvereitelung durch Flucht in einen anderen europäischen Staat zu verhindern,[788] kann auch bei einer bedingten Freiheitsstrafe Rechnung getragen werden. Die Aussetzung der Vollstreckung wird in einem solchen Fall an bestimmte Auflagen und/oder Weisungen geknüpft (vgl. §§ 56b, 56c StGB). Verstößt der Verurteilte dagegen, kann die Strafaussetzung widerrufen werden (§ 56f StGB) und der Erstverfolgerstaat den Aufenthaltsstaat entweder um Auslieferung des Verurteilten zur Vollstreckung (Art. 1 EuA-

sem Argument *Böse,* GA 2011, 506; *Nestler,* HRRS 2013, 339; *Stalberg,* S. 170ff.; *Walther,* ZJS 2013, 19. Zur Bedeutung der Erläuterungen für die Auslegung vgl. *Gaede,* in: Böse, 2013, § 3 Rn. 29.

784 *Nestler,* HRRS 2013, 338. Vgl. auch *Satzger,* FS Roxin, 2011, S. 1522f.; *ders.,* 2013, § 10 Rn. 70; krit. zu diesem Argument unter Verhältnismäßigkeitsaspekten *Böse,* in: Ambos, 2011, S. 73f. S. vor diesem Hintergrund auch den diff. Vorschlag bei *Safferling,* 2011, § 12 Rn. 84f., der am Vollstreckungselement dann und soweit festhalten will, als keine unionsweiten (Rechtshilfe-)Maßnahmen vorhanden sind, die eine Vollstreckung der Strafe gewährleisten.

785 Jüngst *EuGH,* Spasic Urt. v. 25.5.2014, paras. 51ff. Ausführlich *Burchard/Brodowski,* StraFo 2010, 179; *Satzger,* 2013, § 10 Rn. 70; MünchKomm/*Ambos,* Vor. §§ 3–7 Rn. 67 mit Fn. 472; *Esser,* 2014, § 7 Rn. 43f.; *Koch/Dorn,* Jura 2011, 694; ähnl. *Eckstein,* ZStW 124 (2012), 521–525; *ders.,* ZIS 2013, 220 (der die Wirkung von Art. 54ff. SDÜ jedoch durch den Subsidiaritäts- und Verhältnismäßigkeitsgrundsatz einschränken möchte); ebenso *BGH,* NJW 2011, 1014 (1015) m. Bspr. bei *Böse,* GA 2011, 505ff.; *BGH,* Beschl. v. 1.12.2010 – 2 StR 420/10 m. Bspr. bei *Koch/Dorn,* Jura 2011, 690ff.; *LG Aachen,* StV 2010, 237 m. kritischer Bspr. bei *Swoboda,* JICJ 9 (2011), 263ff.; *Walther,* ZIS 2013, 16ff.

786 So *OLG Saarbrücken* StV 1997, 359f.; *Specht,* ne bis in idem, 1999, S. 166f.; i. Erg. wohl auch *Liebau,* „ne bis in dem", 2005, S. 123, der keine Sperrwirkung annimmt, wenn „der Ersturteilsstaat die verhängte Strafe gar nicht oder nicht vollständig vollstreckt und so eine Strafvereitelung herbeigeführt wird". Vgl. zu der Frage, inwieweit bereits die **Ausschreibung im SIS** nach ital. Abwesenheitsurteil als (beginnende) **Vollstreckung** i. S. v. Art. 54 Alt. 2 SDÜ in Betracht kommt, *Zöller,* Jura 2005, 555 mit Blick auf den Fall Friedrich Engel.

787 So BGHSt 46, 187 (189); zust. *Nehm,* FS Steininger, 2003, S. 372; ferner *Schomburg,* FS Eser, 2005, S. 836; *Vogel,* FS Schroeder, 2006, S. 890; S/L/G/H/*Schomburg,* Art. 54 SDÜ Rn. 53; *Hecker,* 2012, § 13 Rn. 43f.; *Safferling,* 2011, § 12 Rn. 102.

788 *Specht,* ne bis in idem, 1999, S. 166; *Plöckinger/Leidenmühler,* NStZ 2003, 87; *Mansdörfer,* ne bis in dem, 2004, S. 182.

lÜbk.) oder Übernahme der Vollstreckung (Art. 68, 69 SDÜ) ersuchen.[789] Durch eine erneute Verfolgung würde der Zweitverfolgungsstaat im Übrigen „dem Ersturteilsstaat die Erstsanktion (…) gleichermaßen aus der Hand" schlagen.[790] Dementsprechend hat auch der EuGH entschieden, dass eine Strafe „gerade vollstreckt" wird, wenn das Urteil vollstreckbar geworden ist und nach Ablauf der Bewährungszeit die Strafe i. S. v. Art. 54 SDÜ „bereits vollstreckt" ist.[791] Kontrovers diskutiert wird zudem, ob die **Nichtzahlung einer** – neben einer (ausgesetzten) Freiheitsstrafe verhängten – **Geldstrafe** dazu führt, dass das „Vollstreckungselement" fehlt, weil Geld- und Freiheitsstrafe als Gesamtsanktion zu betrachten sind, von deren Vollstreckung i. S. v. Art. 54 nur bei Vollstreckung beider Teilsanktionen gesprochen werden kann.[792] Doch auch insoweit gebietet der Zweck von Art. 54 und der Vollstreckungskomponente eine für den Verfolgten günstigere Auslegung, denn der Gefahr einer „Vollstreckungsvereitelung" wird schon dadurch ausreichend entgegenwirkt, dass „nur" die Freiheitsstrafe vollstreckt wird.[793]

134 Die **3. Alt.** der Vollstreckungskomponente stellt darauf ab, dass die Sanktion „nach dem Recht des Urteilsstaats **nicht mehr vollstreckt werden kann**", etwa wegen Verjährung, Amnestie oder Begnadigung.[794] Erfasst ist jeder staatliche Abbruch der Vollstreckung, etwa auch durch Ausweisung des Verurteilten, wenn nur die Fortsetzung der Vollstreckung alleine vom Willen des Verurteilten, etwa seiner freiwilligen Wiedereinreise, abhängt.[795] Im Ergebnis wird damit die Entscheidung des Erstverfolgerstaates akzeptiert.[796] Art. 54 SDÜ greift zudem auch dann ein, wenn die Strafe, zu der der Beschuldigte verurteilt wurde, wegen verfahrensrechtlicher Besonderheiten im Urteilsstaat zu keinem Zeitpunkt vollstreckbar war.[797] – Zu **Alternativvorschlägen** s. 2. Aufl., § 12 Rn. 48 Kleindruck und Rn. 57 f.

Lösung Fall 12:

135 Art. 103 Abs. 3 GG hindert eine Doppelverfolgung nicht, da diese Gewährleistung nur hinsichtlich innerstaatlicher Urteile gilt (h. M.). Allerdings sind Deutschland und Österreich Vertragsstaaten des SDÜ und die Voraussetzungen des europäischen Doppelverfolgungsverbots liegen gem. Art. 54 SDÜ hier vor: S ist (in Österreich) rechtskräftig abgeurteilt worden, seine Strafe ist abgebüßt und er soll wegen derselben Tat des Einbruchs erneut (in Deutschland) verfolgt werden (Rn. 117 ff.).

789 *Safferling,* 2011, § 12 Rn. 102.

790 S/L/G/H/*Schomburg,* Art. 54 SDÜ Rn. 53.

791 *EuGH,* Kretzinger Urt. v. 18.7.2007, para. 42. Art. 54 SDÜ greift dagegen nicht bereits im Falle von Polizei- oder Untersuchungshaft ein, die auf eine Haftstrafe anzurechnen wäre, *EuGH,* a. a. O., para. 52.

792 *OLG Saarbrücken* StV 1997, 359.

793 *Specht,* ne bis in idem, 1999, 167; *Plöckinger/Leidenmühler,* wistra 2003, 88; *Hecker,* 2012, § 13 Rn. 45.

794 *Plöckinger/Leidenmühler,* wistra 2003, 88; *Hecker,* 2012, § 13 Rn. 46.

795 *Hecker,* 2012, § 13 Rn. 47 ff.

796 Vgl. auch *Satzger,* 2013, § 10 Rn. 83.

797 *EuGH,* Bourquain Urt. v. 11.12.2008 m. Anm. *Hecker,* JuS 2010, 176; vgl. hierzu auch *Satzger,* 2013, § 10 Rn. 82; *Hecker,* § 13 Rn. 52. B war 1961 von einem französischen Gericht in Abwesenheit verurteilt worden. Eine Vollstreckung dieses Urteils kam nach französischem Recht aber nur in Betracht, wenn gegen B ein erneutes Verfahren in Anwesenheit durchgeführt werden konnte. Nach Ablauf von 20 Jahren verjährte das Abwesenheitsurteil. Der EuGH bejahte eine Anwendbarkeit von Art. 54 SDÜ, obwohl das französische Abwesenheitsurteil zu keinem Zeitpunkt vollstreckbar war.

Lösung Fall 13:

Entscheidend dafür, ob die deutsche Verfahrenseinstellung gemäß § 153a StPO wegen Art. 54 SDÜ einer (erneuten) Strafverfolgung Brügges in Belgien entgegensteht, ist die Frage, ob eine *rechtskräftige Aburteilung* vorliegt. Der EuGH hat den Standpunkt eingenommen, dass die Ahndung des vorgeworfenen Verhaltens durch eine nach nationalem Recht zuständige Behörde das europäische Doppelverfolgungsverbot auslöst. Diese Kriterien sind indes sehr formal, weil sie keine eigenständige Inhaltsbestimmung der rechtskräftigen Aburteilung liefern. Vorzugswürdig erscheint es, darauf abzustellen, ob *materieller* Strafklageverbrauch eingetreten ist (Rn. 122ff.). 136

Lösung Fall 14:

Zweifelhaft war hier, ob die Aus- und die nachfolgende Einfuhr von BtM *dieselbe Tat* i. S. v. Art. 54 SDÜ sind. Der EuGH hat – wie schon in Brügge! – dies mit zu formaler Argumentation bejaht und will ein „idem" immer schon dann annehmen, wenn die jeweiligen Tatvorwürfe sich auf einen identischen Komplex konkreter, unlösbar miteinander verbundener Umstände beziehen (näher Rn. 130). 137

Lösung Fall 15:

Einem erneuten Strafverfahren in Deutschland könnte das europäische Doppelbestrafungsverbot aus Art. 50 Abs. 1 GRCh entgegenstehen. Die Vorschrift ist hier jedoch aus zwei Gründen nicht einschlägig: Zum einen weist das Verfahren keinen Bezug zum Unionsrecht auf, weshalb die GRCh keine Anwendung findet (Art. 51 Abs. 1 GRCh, oben Rn. 107f.).[798] Zum anderen hat der Angeklagte die Freiheitsstrafe noch nicht verbüßt, so dass aufgrund der Fortgeltung des Vollstreckungselementes aus Art. 54 SDÜ eine erneute Verurteilung möglich ist (näher Rn. 131f.). 138

[798] In diesem Sinne *BVerfG* NJW 2012, 1202. Anders hingegen *Stalberg,* S. 179–187, der Art. 82 Abs. 1 AEUV als „durchgeführte" Rechtsnorm ansieht und daher den Anwendungsbereich der GRCh für eröffnet hält; s. hierzu auch *Schramm,* JuS 2013, 1097.

§ 11. Europäisiertes materielles Strafrecht im weiteren Sinne (Europarat und EU)

Neuere Literatur: *Andersson,* Targeted Sanctions: How to Enforce Institutionalized Fear and Maintain the Rule of Law, in: Ambos, 2011, S. 79; *Ambos,* Comments on the Model Penal Code and European Criminal Law; in: *Klip,* 2011, S. 227; *Asp,* The Importance of the Principles of Subsidiarity and Coherence in the Development of EU Criminal Law, EuCLR 1 (2011), 44; *ders.*, (More Than) Two Decades Later, FS Frisch, 2013, S. 1389; *Badea/Buono,* The Recent Initiatives of the European Commission in the Area of Fraud, Corruption and Crime Victims – An Integrated Approach in EU Criminal Justice, ERA-Forum 12 (2011), 345; *Begemeier,* Zur Reichweite der unionsrechtskonformen Auslegung im deutschen Straf- und Strafverfahrensrecht am Beispiel der „Spector Photo Group" Entscheidung der EuGH, HRRS 2013, 179; *Behrens,* EU führt Strafbarkeit juristischer Personen ein, EuZW 2011, 161; *Beukelmann,* Update: Europäisches Strafrecht, NJW-Spezial 2011, 760; *ders.*, Europäisches Strafrecht – Update, NJW-Spezial 2013, 760; *Billis/Gkaniatsos,* Minors as Victims in the Age of Information and Communication Technologies, eucrim 2011, 82; *Borgers,* Framework Decision on Combating Terrorism: Two Questions on the Definition of Terrorist Offences, NJECL 3 (2012), 68; *Böse,* The Principle of Proportionality and the Protection of Legal Interests, EuCLR 1 (2011), 35; *ders.*, § 20: Drogenhandel, in: Sieber et al., S. 315; *ders.*, § 4: Kompetenzen der Union auf dem Gebiet des Straf- und Strafverfahrensrechts, in: Böse, 2013, S. 149; *ders.*, § 27: Ausblick, in: Böse, 2013, S. 149; *ders./Koch,* § 17: Insiderstraftaten und Marktmanipulation, in: Sieber et al., S. 351; *Blomsma,* Mens rea and Defences in European Criminal Law, 2012; *Brand,* Erstes EU-Strafgesetz auf Grundlage des „Lissabon-Vertrags" verabschiedet, DRiZ 2011, 125; *Bressan,* Criminal Law against Human Trafficking within the EU: A Comparison of an Approximated Legislation, Eur. J. Cr. 2012, 137; *Brodowski,* Strafrechtsrelevante Entwicklungen in der EU, ZIS 2012, 558; *ders.,* Strafrechtsrelevante Entwicklungen in der EU, ZIS 2013, 455; *ders.*, Innere Sicherheit in der EU, Jura 2013, 492; *Buono,* Gearing up the Fight Against Cybercrime in the EU: A New Set of Rules and the Establishment of the European Cybercrime Centre (EC3), NJECL 3 (2012), 332; *Clough,* The Council of Europe Convention on Cybercrime: Defining 'Crime' in a Digital World, CLF 23 (2012), 363; *Dannecker,* § 8: Einführung von Tatbeständen mit supranationaler Schutzrichtung (Europadelikte), in: Böse, 2013, S. 287; *Eisele,* Arbeitnehmerüberwachung und Compliance unter Berücksichtigung der Cybercrime-Konvention, ZIS 2012, 402; *Engelhart,* Unternehmensstrafbarkeit im europäischen und internationalen Recht, eucrim 2012, 110; *Gärditz,* § 6: Europäisierung des Strafrechts und nationales Verfassungsrecht, in: Böse, 2013, S. 227; *Geiger,* Auswirkungen europäischer Strafrechtsharmonisierung auf nationaler Ebene, 2012; *Gercke,* Die EU Richtlinie zur Bekämpfung von Kinderpornographie, CR 2012, 520; *Gómez-Jara,* European Federal Criminal Law: What can Europe Learn from the US System of Federal Criminal Law to Solve its Sovereign Debt Crisis?, EuCLR 3 (2013), 170; *Hauck,* Über Sinn und Widersinn der von der GRECO unterbreiteten Vorschläge zur Änderung der Korruptionstatbestände in §§ 108e, 299 und 331 ff. StGB, wistra 2010, 255; *Hecker,* Europäisches Strafrecht post-Lissabon, in: Ambos, 2011, S. 13; *ders.,* § 10: Harmonisierung, in: Sieber et al., S. 252; *ders.*, § 28: Umweltstrafrecht, in: Sieber et al., S. 462; *ders.*, § 29: Lebensmittelstrafrecht, in: Sieber et al., S. 472; *Heger,* Strafbarkeit von Glücksspielen, Sportwetten und Hausverlosungen via Internet im Lichte des Europarechts, ZIS 2012, 396; *ders.*, Die Beeinflussung des deutschen Strafrechts durch EU-Recht und der Gedanke des Rechtsmissbrauchs, ZIS 2013, 289; *ders.*, § 5: Einwirkungen des Europarechts auf das nationale Strafrecht, in: Böse, 2013, S. 179; *Hellmann/Gärtner,* Neues beim Volksverhetzungstatbestand – Europäische Vorgaben und ihre Umsetzung, NJW 2011, 961; *Herlin-Karnell,* The Development of EU Precautionary Criminalisation, EuCLR 1 (2011), 149; *de Hoyos Sancho,* The Procedural Treatment of Especially Vulnerable Victims in Current and Recent Proposed Normative Instruments in the EU, in: de Hoyos Sancho, Guarantees and Rights of the Especially Vulnerable Victim in the Legal Framework of the EU, 2013, S. 47; *Huber,* § 21: Menschenhandel, in: Sieber et al., S. 359; *ders.*, § 23: Schutz von Kindern und Frauen (sexuelle Ausbeutung, Pornographie), in: Sieber et al., S. 374; *Kaiafa-Gbandi,* The Importance of Core Principles of Substantive Criminal Law, EuCLR 1 (2011), 7; *Kainer,* Strafrecht im Raum der Freiheit, der Sicherheit und des Rechts. Entwicklung und Umsetzungsprobleme des europäisierten Strafrechts in Deutschland, EuR-Bei 2013, 87; *Kert,* Vorschläge für neue EU-Instrumente zur (strafrechtlichen) Bekämpfung von Insiderhandel und Marktmanipulation, NZWiSt 2013, 252; *Kilchling,* § 16: Geldwäsche, in: Sieber et al., S. 367; *Kilchling/Herz,* § 22: Schleuserkriminalität, in: Sieber et al., S. 307; *Killmann,* § 13: Bestechung, Bestechlichkeit, in: Sieber et al., S. 294; *ders,* § 15: Unbare Zahlungsmittel, in: Sieber et al., S. 303; *ders./Schröder,* § 12: Betrugs- und Finanzdelikte (inkl. Steuerstraftaten), in: Sieber et al., S. 281; *Koch,* § 30: Arzneimittel- und Medizinprodukterecht, in: Sieber et al., S. 478; *Köpferl,* Das Badezimmerkartell – Der Vertrag von Lissabon und das deutsche Kartellordnungswidrigkeitenrecht, Jura 2011, 234; *Kreß/Gazeas,* § 18: Organisierte Kriminalität, in: Sieber et al., S. 324; *dies.*, § 19: Terrorismus, in: Sieber et al., S. 335; *Kubiciel,* Der EU-Anti-Corruption Report: Ein neuer Weg zu einer kohärenten Präventionspolitik, HRRS 2013, 213; *Kuhl,* § 14: Geldfälschung, in: Sieber et al., S. 299; *Kühne,* Schwarze Listen: Bürgerlicher Tod ohne Gerichtsverfahren und ohne Beweise – Der Fall Kadi und kein Ende, ZRP 2013, 243; *Küpper,* Der europäische Kampf gegen den organisierten Menschenhandel, jurisPR-StrafR 24/2011 Anm. 1; *Leenen,* Die Auslegung von Richtlinien und die richtlinienkonforme Auslegung und Fortbildung des nationalen Rechts, Jura 2012, 753; *Maiwald,* Harmonisierung ohne Harmonie? Zur Bedeutung der Strafrechtsdogmatik für Art. 83 AEUV, FS Frisch, 2013, S. 1375; *F. Meyer,* Das Strafrecht im Raum der Freiheit, der Sicherheit und des Rechts, EuR 2011, 169; *K. Meyer,* Führt § 330d Abs. 2 StGB zur endgültigen Europarechtsakzessorietät des deutschen Umweltstrafrechts?, wistra 2012, 371; *Mitsilegas,* The Future of Criminalisation After Lisbon, NJECL 3 (2012), 225; *Mylonopoulos,* Strafrechtsdogmatik in Europa nach dem Vertrag von Lissabon, ZStW 123 (2011), 633; *Naziris,* 'A Tale of Two Cities' in Three Themes – A Critique of the EU's Approach to Cybercrime, EuCLR 3 (2013), 319; *Nestler,* „Umgehungshandlungen" – Überlegungen zum Umgang mit Verweisungen von Blankettstrafgesetzen auf Unionsrecht am Beispiel des § 34 IV AWG, NStZ 2012, 672; *Nilsson,* 25 Years of Criminal Justice in Europe, EuCLR 2 (2012), 106; *Nowak,* The Europeanisation of Polish Substantive Criminal Law, NJECL 3 (2012), 363; *Nowell-Smith,* Behind the Scenes in the Negotiation of EU Criminal Justice Legislation, NJECL 3 (2012), 381; *Obokata/Payne,* Implementing Action Against Trafficking of Human Beings Under the TFEU, NJECL 3 (2012), 198; *Oehmichen,* Entwicklungen strafprozessualer Maßnahmen in Europa im Rahmen der Terrorfurcht, ZIS 2011, 931; *Ouwerkerk,* Criminalisation as a Last Resort, NJECL 3 (2012), 228; *Pijnen,* Terrorism Lists and Freezing of Assets, eucrim 2011, 167; *Príborský,* The New Commission Anti-Fraud Strategy: Revamped Fight against Fraud at EU Level, ERA-Forum 12 (2011), 373; *ders.,* The European Union and the UN Convention against Corruption, eucrim 2012, 34; *de Rijck,* The Isolation of Dutch Environmental Criminal Law, eucrim 2011, 162; *Rönnau/Wegner,* Grund und Grenzen der Einwirkungen des europäischen Rechts auf das nationale Strafrecht, GA 2013, 561; *Safferling,* Strafrechtsentwicklung in der EU – Konglomerat oder Synthese?, in: Streng/Kett-Straub, Strafrechtsvergleich als Kulturvergleich, 2013, S. 187; *Salazar,* Monitoring International Instruments against Corruption, eucrim 2011, 20; *Satzger,* § 9: Europäisierung, in: Sieber et al., S. 231; *ders,* § 2: Grundsätze eines europäischen Strafrechts, in: Böse, 2013, S. 68; *Satzger/Langheld,* Europarechtliche Verweisungen in Blankettstrafgesetzen und ihre Vereinbarkeit mit dem Bestimmtheitsgebot, HRRS 2011, 460; *Schoppa,* Europol im Verbund der Europäischen Sicherheitsagenturen, 2013; *Schork/Reichling,* Neues Strafrecht aus Brüssel? – Europäische Kommission forciert Verschärfung des Kapitalmarktstrafrechts und Einführung eines Unternehmensstrafrechts, StraFo 2012, 125; *Schröder,* Die Europäisierung des Strafrechts nach Art. 83 Abs. 2 AEUV am Beispiel des Marktmissbrauchsrechts – Anmerkungen zu einem Fehlstart, HRRS 2013, 253; *ders.*, Perspektiven der Europäisierung des Strafrechts nach Lissabon: Neues Denken oder alte Fehler?, FS Achenbach, 2011, S. 491; *Sieber,* § 24: Computerkriminalität, in: Sieber et al., S. 393; *ders.*, § 26: Urheberstrafrecht, in: Sieber et al., S. 435; *Sicurella,* Some Reflections on the Need for a General Theory of the Competence of the European Union in Criminal Law, in: Klip, 2011, S. 233; *Simon,* The Criminalisation Power of the EU after Lisbon and the Principle of Democratic Legitimacy, NJECL 3 (2012), 242; *Stefanuc,* Corruption, or How to Tame the Shrew with the EU Stick: The New Anti-Corruption Initiative of the European Commission, ERA-Forum 12 (2011), 427; *Stuckenberg,* § 10: Allgemeiner Teil eines europäischen Strafrechts, in: Böse, 2013, S. 379; *Sunderland et al.*, Study on the Legal Framework for the Protection of EU Financial Interests by Criminal Law RS 2011/07 – Final Report, 4. 5. 2012; *Suominen,* The Characteristics of Nordic Criminal Law in the Setting of EU Criminal Law, EuCLR 1 (2011), 170; *Vagliasindi,* The European Harmonisation in the Sector of Protection of the Environment through Criminal Law, NJECL 3 (2012), 320; *Villacampa Estiarte,* The European Directive on Preventing and Combating Trafficking in Human Beings and the Victim-Centric Treatment of this Criminal Phenomenon, EuCLR 2 (2012), 291; *Vogel,* § 6: Besonderer Teil des supranationalen Strafrechts (Überblick), in: Sieber et al., S. 166; *Walther,* Zur Verschränkung von Strafprozess-, Europa- und Verfassungsrecht, ZJS 2013, 16; *Weiß,* § 25: Rassismus und Fremdenfeindlichkeit, in: Sieber et al., S. 422; *Weißer,* § 9: Angleichung von Strafvorschriften zur grenzüberschreitenden (organisierten) Kriminalität, in: Böse, 2013, S. 337; *Wohlers,* Insiderhandel und Kursmanipulation – Prüfstein der Frage, wie weit sich Strafrechtsnormen an den Realitäten des Marktes zu orientieren haben, ZStW 125 (2013), 443; *Wolter,* Vorabentscheidungsverfahren und Beschleunigungsgebot in Strafsachen, 2011; *Zeder,* Europastrafrecht, Vertrag von Lissabon und Stockholmer Programm: Mehr Grundrechtsschutz?, EuR 2012, 34; *Zeitzmann,* Zur angestrebten Reform der Vorratsdatenspeicherungsrichtlinie, ZEuS 14 (2011), 433; *Zentes/Glaab,* Regulatorische Auswirkungen des Vorschlags der 4. EU-Geldwäscherichtlinie; BB 2013, 707; *Ziemann/Ziethen,* Die neue EU-Richtlinie zur Bekämpfung von Kindesmissbrauch und Kinderpornografie, ZRP 2012, 168; *Zöller*, Neue unionsrechtliche Strafgesetzgebungskompetenzen nach dem Vertrag von Lissabon, FS Schenke, 2011, S. 579. – Für weitere **ältere Literatur** s. Vorauflagen.

1 Neben der (beschränkten) Möglichkeit der Union zu supranationaler Strafrechtssetzung (dazu schon § 9 Rn. 5ff.) findet eine Europäisierung des nationalen Strafrecht durch die Vorgaben des Europarats (dazu A.) und der EU (dazu B.) statt (allg. dazu schon § 9 Rn. 10ff.).

A. Abkommen des Europarats

2 Es existieren folgende materiell-strafrechtliche Abkommen zum 1.7.2014 (zu den strafrechtlich relevanten ZPen zur EMRK schon § 10 Rn. 6, 10, 47, 64, 77, 116ff.; zum Entwurf eines Eur. Modellstrafgesetzbuchs 2. Aufl., § 10 Rn. 72):

- EuÜbk. über die Ahndung von Zuwiderhandlungen im **Straßenverkehr** vom 30.11.1964;[1]
- EuÜbk. über die Unverjährbarkeit von Verbrechen gegen die Menschlichkeit und **Kriegsverbrechen** vom 25.1.1974;[2]
- EuÜbk. zur Bekämpfung des **Terrorismus** vom 27.1.1977[3] samt Änderungsprotokoll vom 15.5.2003;[4]
- EuÜbk. über Straftaten im Zusammenhang mit **Kulturgut** vom 23.6.1985;[5]
- EuÜbk. über Gewalttätigkeiten und Fehlverhalten von Zuschauern bei Sportveranstaltungen und insbesondere bei Fußballspielen vom 19.8.1985;[6]
- EuÜbk. zur **Verhütung von Folter** und unmenschlicher oder erniedrigender Behandlung oder Strafe vom 26.11.1987,[7]
- ergänzt um ZP I und ZP II, jeweils vom 4.11.1993;[8]
- Übk. über **Geldwäsche** sowie Ermittlung, Beschlagnahme und Einziehung von Erträgen aus Straftaten vom 8.11.1990;[9]
- Übk. über den unerlaubten Verkehr mit Drogen auf hoher See vom 13.1.1995;[10]
- Übk. über Menschenrechte und Biomedizin vom 4.4.1997;[11]
- Übk. zum Schutz der **Umwelt** durch das Strafrecht vom 4.11.1998;[12]

[1] ETS 52, Übk. in Kraft getreten am 18.7.1972, von Deutschland nicht ratifiziert.

[2] ETS 82, Übk. in Kraft getreten am 27.6.2003, von Deutschland nicht unterzeichnet.

[3] ETS 90, BGBl. II 1978 S. 321, II 1978 S. 907, II 1989 S. 857; Übk. in Kraft getreten (auch für Deutschland) am 4.8.1978.

[4] ETS 190, noch nicht in Kraft getreten, von Deutschland am 13.7.2011 ratifiziert.

[5] ETS 119, nicht in Kraft getreten, von Deutschland nicht unterzeichnet.

[6] ETS 120, BGBl. II 2004 S. 1642 in Kraft getreten am 1.11.1985, für Deutschland am 1.5.2005.

[7] ETS 126, BGBl. II 1989 S. 946, II 1990 S. 491 geänd. durch Prot. 1 und 2 v. 4.11.1993, BGBl. II 1996 S. 1114ff.; Übk. in Kraft getreten am 1.2.1989, für Deutschland am 1.6.1990.

[8] ZP I: ETS 151, BGBl. II 1996 S. 1114ff., II 2002 S. 1019; Übk. in Kraft getreten (auch für Deutschland) am 1.3.2002. ZP II: ETS 152, BGBl. II 1996 S. 1114ff., II 2002 S. 1019; Übk. in Kraft getreten (auch für Deutschland) am 1.3.2002.

[9] ETS 141; BGBl. II 1998 S. 519; II 1999 S. 200; Übk. in Kraft getreten am 1.9.1993, für Deutschland am 1.1.1999.

[10] ETS 156, BGBl. II 2000 S. 1313; Übk. in Kraft getreten (auch für Deutschland) am 1.5.2000.

[11] ETS 164, Übk. in Kraft getreten am 1.12.1999, von Deutschland nicht unterzeichnet.

[12] ETS 172, nicht in Kraft getreten, von Deutschland nicht ratifiziert.

- Strafrechtliches Übk. gegen **Korruption** vom 27.1.1999,[13]
- ergänzt um ZP vom 15.5.2003;[14]
- Übk. über Datennetzkriminalität vom 23.11.2001 (Cybercrime-Konvention),[15]
- ergänzt um ZP zur Kriminalisierung von Handlungen rassistischer und fremdenfeindlicher Art begangen durch Computersysteme vom 28.1.2003;[16]
- Übk. zur **Terrorismusprävention** vom 16.5.2005;[17]
- Übk. gegen **Menschenhandel** vom 16.5.2005;[18]
- Übk. über **Geldwäsche, Terrorismusfinanzierung sowie Ermittlung, Beschlagnahme und Einziehung von Erträgen aus Straftaten** vom 16.5.2005.[19]
- Übk. zum **Schutz von Kindern vor sexueller Ausbeute und sexuellem Missbrauch** vom 25.10.2007.[20]
- Übk. des Europarats zur Verhütung und Bekämpfung von **Gewalt gegen Frauen und häuslicher Gewalt** vom 11.5.2011.[21]
- Konvention des Europarats über die **Fälschung von Arzneimittelprodukten** und ähnliche Verbrechen, die eine Bedrohung der öffentlichen Gesundheit darstellen vom 28.10.2011.[22]

Beispielhaft sollen hier die Geldwäsche- und die Cybercrime-Konvention als repräsen- 3
tative materiellstrafrechtliche Abkommen mit aktuellem Bezug genauer betrachtet werden. Die **Geldwäschekonvention** knüpft in der tatbestandlichen Beschreibung der Geldwäsche an Art. 3 der Wiener Drogenkonvention von 1988[23] an; die beiden Abkommen enthalten *drei* übereinstimmende *Grundtatbestände* der Geldwäsche:[24] erstens „das Umwandeln oder Übertragen von Vermögensgegenständen" mit einem bestimmten Zweck, wenn die Gegenstände rechtswidrig hervorgebracht wurden, zweitens „das Verbergen oder Verschleiern der wahren Beschaffenheit, des Ursprungs, des Ortes oder der Bewegung der Vermögensgegenstände, der Verfügung darüber oder der Rechte oder des Eigentums daran" und drittens „den Erwerb, den Besitz oder die Verwendung von Vermögensgegenständen". Die Geldwäschekonvention des Europa-

[13] ETS 173, Übk. in Kraft getreten am 1.7.2002, von Deutschland nicht ratifiziert. Zum entsprechend kritischen Bericht der GRECO *(Groupe d'États contra la corruption) Hauck,* wistra 2010, 255. Zur GRECO und weiteren internationalen Korruptions-Monitoring-Mechanismen *Salazar,* eucrim 2011, 21f.

[14] ETS 191, Übk. in Kraft getreten am 1.2.2005, von Deutschland nicht ratifiziert.

[15] ETS 185, Übk. in Kraft getreten am 1.7.2004, für Deutschland am 1.7.2009.

[16] ETS 189, Übk. in Kraft getreten am 1.3.2006, für Deutschland am 1.10.2011.

[17] ETS 196, Übk. in Kraft getreten am 1.6.2007, für Deutschland am 1.10.2011.

[18] ETS 197, Übk. in Kraft getreten am 1.2.2008, für Deutschland am 1.4.2013; zum Schutz vor Menschenhandel durch die EMRK *Pati,* NJW 2011, 128.

[19] ETS 198, Übk. in Kraft getreten am 1.5.2008, von Deutschland nicht unterzeichnet.

[20] ETS 201, Übk. in Kraft getreten am 1.7.2010, von Deutschland nicht ratifiziert. Zur Umsetzung in Griechenland *Billis/Gkaniatsos,* eucrim 2011, 82ff.

[21] ETS 210, Übk. in Kraft getreten am 1.8.2014, von Deutschland unterzeichnet, aber noch nicht ratifiziert.

[22] ETS 211, Übk. noch nicht in Kraft getreten, von Deutschland am 28.10.2011 unterzeichnet. Dazu *Koch,* in: Sieber et al., § 30 Rn. 18.

[23] Convention against Illicit Traffic in Narcotic Drugs and Psychotropic Substances, BGBl. II 1993 S. 1136.

[24] Vgl. jeweils Art. 3 Abs. 1 (b) i), ii) und (c) i) Wiener Drogenkonvention sowie Art. 6 Abs. 1 (a), (b) und (c) der Geldwäschekonvention; auch *Ambos,* ZStW 114 (2002), 237; *Herzog,* GWG, Einleitung Rn. 67ff.; Schimansky/Bunte/Lwowski/*Fischbeck,* § 42 Rn. 21ff.

rats erweitert jedoch den Kreis der möglichen *Vortaten* – ebenso wie die ihr nachfolgende EG-Richtlinie 91/308/EWG von 1991 (erweitert 2001 durch RL 2001/97/EG und 2005 durch RL 2005/60/EG)[25] – über den Bereich der Betäubungsmitteldelikte hinaus auf jegliche Straftat („any criminal offence").[26] Zur uneinheitlichen innerstaatlichen Umsetzung 2. Aufl., § 10 Rn. 70 Kleindruck.

4 Die **„Cybercrime-Konvention"**[27] sieht in ihrem materiellstrafrechtlichen Teil[28] vor, dass die Vertragsparteien eine Reihe von Straftatbeständen in Bezug auf Delikte gegen die „Vertraulichkeit, Integrität und Verfügbarkeit von Daten und Computer-Systemen", Computerkriminalität wie Computerbetrug (vgl. Art. 8) und Datenverfälschung (Art. 7), inhaltsbezogene Computer- bzw. Internetkriminalität in Form der Kinderpornographie (Art. 9) und Urheberrechtsverletzungen (Art. 10)[29] schaffen. Art. 12 sieht – für den deutschen Gesetzgeber nicht unproblematisch[30] – die Schaffung einer Verbandsstrafe vor.[31] Das **ZP** zur Konvention bezüglich der Kriminalisierung von **Handlungen rassistischer und fremdenfeindlicher Art begangen durch Computersysteme** enthält weitere Straftatbestände, die sich auf kriminelle Computer- bzw. Internetinhalte beziehen.[32] Art. 4 betrifft rassistisch oder fremdenfeindlich motivierte Drohungen mittels Computersystemen, Art. 5 bezieht sich auf entsprechende Beleidigungen. Art. 3 sieht vor, dass die Staaten das Verbreiten oder anderweitige Zugänglichmachen rassistischer oder fremdenfeindlicher Inhalte mittels eines Computersystems unter Strafe stellen; dies erweckt Zweifel im Hinblick auf die konventionsrechtliche Gewährleistung der **Meinungsfreiheit.**[33] Ob die Cybercrime-Konvention im Vergleich zur Geldwäschekonvention wirkungsvoller zur Angleichung der nationalen Strafrechtsordnungen beitragen wird, darf angesichts des weiten Umsetzungsermessens der Vertragsstaaten (vgl. etwa die Möglichkeit, zusätzliche objektive oder subjektive Tatbestandsvoraussetzungen vorzusehen, Art. 2 S. 2, Art. 3 S. 2, Art. 7 S. 2) und der vielfachen Möglichkeiten, Vorbehalte anzubringen (vgl. etwa Art. 4 Abs. 2, Art. 6 Abs. 3, Art. 9 Abs. 4, Art. 10 Abs. 3), bezweifelt werden.

---

[25] Dazu Schimansky/Bunte/Lwowski/*Bruchner/Fischbeck*, § 42 Rn. 21 ff.; u. Fn. 3396.

[26] *Ambos*, ZStW 114 (2002), 237 f.; zur Geldwäschestrafbarkeit in Europa auch: *Hecker*, FS Kreuzer, 2008, S. 216.

[27] Zur Entstehungsgeschichte *Schwarzenegger*, FS Trechsel, 2002, S. 308 ff.; krit. *Breyer*, DuD 2001, 592; s. auch *Gercke*, ZUM 2010, 635 ff.; *Calderoni*, CrimLSC 54 (2010) 339; *Clough*, CLF 23 (2012), 363; zur Umsetzung in Deutschland: *Popp*, MR-Int 2007, 84; vgl. auch *Eisele*, ZIS 2012, 402.

[28] Zu den strafprozessualen Instrumenten der „Cybercrime Konvention" *Schnabl*, Jura 2004, 381 ff.; *Bär*, ZIS 2011, 54 f.; *Clough*, CLF 23 (2012), 369 f.

[29] Dazu *Sieber*, in: Sieber et al., § 26 Rn. 37 f.

[30] Vgl. zur Diskussion um die Problematik der Verbandsstrafe nur *Roxin*, AT I, § 8 Rn. 59 ff. m.w.N.

[31] ETS 185, 8: „ensure that legal persons can be held liable for a criminal offence ...".

[32] ETS 189, 3 ff. Dazu und zur deutschen Umsetzung *Hellmann/Gärtner*, NJW 2011, 961. Vgl. auch *Weiß*, in; Sieber et al., § 25 Rn. 12 ff.

[33] Krit. etwa *Kugelmann*, DuD 2003, 345 ff., der die Gefahr sieht, dass die weite Fassung des Art. 3 zu Strafbarkeitsrisiken für die wünschenswerte Forschung über Rassismus und Fremdenfeindlichkeit führen könnte, wenn jegliche computerbezogene Kommunikation derartiger Inhalte pönalisiert wird.

B. Strafrechtsangleichung in der Union

I. Allgemeines

Hatte Art. 29 Abs. 2 UA 3 EUV a. F. noch von der „Annäherung der Strafvorschriften der Mitgliedstaaten (...)" gesprochen, so geht es nach Art. 67 Abs. 3 AEUV nun um **„Angleichung"**[34] (zum Oberbegriff der **Harmonisierung** vgl. schon § 9 Rn. 13), um „ein hohes Maß an Sicherheit zu gewährleisten." Gemäß **Art. 83 Abs. 1 AEUV** können EP und Rat per Richtlinie„**Mindestvorschriften** zur Festlegung von Straftaten und Strafen in *Bereichen besonders schwerer Kriminalität* festlegen, die aufgrund der Art oder der Auswirkungen der Straftaten oder aufgrund einer besonderen Notwendigkeit, sie von gemeinsamen Grundlagen ausgehend zu bekämpfen, ein *grenzüberschreitende Dimension* haben." (früher Art. 31 Abs. 1 (e) EUV a. F.).[35] Darüberhinaus kann eine Angleichung auch zur wirksamen *Durchführung bestimmter Unionspolitiken* erfolgen (Art. 83 **Abs. 2** AEUV, dazu Rn. 9).[36] Ist ein Mitgliedsstaat der Ansicht, dass durch eine solche Angleichung „grundlegende Aspekte seiner Strafrechtsordnung" berührt werden, kann er den **Notbremsemechanismus** des Art. 83 **Abs. 3** AEUV auslösen (dazu Rn. 10).[37] 5

Geht man zunächst von **Art. 83 Abs. 1** AEUV aus, so setzt eine EU-weite Angleichung das Vorliegen **besonders schwerer, grenzüberschreitender Kriminalität** voraus **(UA 1)**, wobei allerdings die in **UA 2** insoweit genannten Kriminalitätsbereiche (Terrorismus, Menschenhandel und sexuelle Ausbeutung von Frauen und Kindern, illegaler Drogenhandel, illegaler Waffenhandel, Geldwäsche, Korruption[38], Fälschung von Zahlungsmitteln, Computerkriminalität und organisierte Kriminalität)[39] zwar als paradigmatisch zu verstehen, aber faktisch nicht abschließend sind,[40] denn – anders als noch in Art. 29 6

[34] Die engl. Fassung spricht in beiden Fällen von „approximation".

[35] Zur früheren Rechtslage m. w. N. 2. Aufl., § 12 Rn. 5. S. auch Streinz/*Satzger*, Art. 83 AEUV Rn. 6. Für eine restriktive Auslegung *Kaiafa-Gbandi*, EuCLR 1 (2011), 13ff. In der Terminologie von *Zöller*, FS Schenke, 2011, S. 587, 590, etabliert Art. 83 Abs. 1 eine„*originäre Strafrechtsangleichungskompetenz*", die im Gegensatz zur Annexkompetenz des Abs. 2 (Rn. 9) eine Strafrechtsangleichung unabhängig von sonstigen Harmonisierungsmaßnahmen erlaube. Krit. zur Unbestimmtheit der Norm, die viele Auslegungsprobleme aufwerfe, *Mitsilegas*, NJECL 3 (2012), 225.

[36] Krit. hinsichtlich der Abgrenzbarkeit der beiden Absätze: *F. Meyer*, EuR 2011, 175; siehe auch *ders.*, S. 416f.

[37] Nach Auffassung von *F. Meyer*, S. 409ff. bleibt die Vorschrift damit weit hinter der Praxis vor Lissabon zurück.

[38] Siehe dazu *Badea/Buono*, ERA-Forum 12 (2011), 346ff.; *Dannecker*, in: Böse, 2013, § 8 Rn. 79ff.; aus polnischer Sicht *Nowak*, NJECL 3 (2012), 366ff. Vgl. auch *Kubiciel*, HRRS 2013, 213; *Salazar*, eucrim 2011, 22f. und *Stefanuc*, ERA-Forum 12 (2011), 427 zum für Sommer 2013 angekündigten, dann aber am 3. 2. 2014 erschienenen EU-Anti-Corruption-Report (http://ec.europa.eu/dgs/home-affairs/e-library/documents/policies/organized-crime-and-human-trafficking/corruption/docs/acr_2014_en.pdf (zuletzt abgerufen am 1. 7. 2014)). Vgl. auch eucrim 2011, 104. Zu weiteren Korruptionsbekämpfungsmaßnahmen siehe *Príborský*, ERA-Forum 1 (2011), 373; *ders.*, eucrim 2012, 34; vgl. auch KOM (2013) 739 endg., 8f.; dazu Beukelmann, NJW-Spezial 2013, 760.

[39] Krit. zur Bestimmtheit *Ambos/Rackow*, ZIS 2009, 402; *F. Meyer*, EuR 2011, 177; *Zöller*, FS Schenke, 2011, S. 588; *Brodowski*, Jura 2013, 494; *Schröder*, FS Achenbach, 2011, S. 492ff.; vgl. auch *Ouwerkerk*, NJECL 3 (2012), 233; relativierend *Satzger*, 2013, § 9 Rn. 34. Vgl. zu den einzelnen Deliktsgruppen Streinz/*Satzger*, Art. 83 AEUV Rn. 12ff.

[40] So auch *Ouwerkerk*, NJECL 3 (2012), 233; tendenziell anders *Hecker*, 2012, § 11 Rn. 4; *Safferling*, 2011, § 10 Rn. 48; *Esser*, 2014, § 2 Rn. 135; *Böse*, in: Böse, 2013, § 4 Rn. 10; Streinz/*Satzger*, Art. 83 AEUV Rn. 21, die den abschließenden Charakter der Aufzählung in den Vordergrund stellen.

EUV a. F.[41] – kann diese Liste gemäß **UA 3** durch einen einstimmigen Beschluss nach Zustimmung des EPs erweitert werden.[42] Während bei den genannten Kriminalitätsbereichen das Vorliegen eines Falles besonders schwerer, grenzüberschreitender Kriminalität vermutet werden kann, ist diese Voraussetzung bei der „Erweiterungsklausel" genau zu prüfen.[43] **Subsidiaritäts- und Verhältnismäßigkeitsprinzip** (Art. 5 Abs. 1, 3, 4 EUV, § 9 Rn. 5) fordern aber nicht nur Zurückhaltung bei der Erweiterung i. S. v. UA 3 sondern auch eine restriktive Auslegung der schon genannten Kriminalitätsbereiche mit Blick auf die Schwere und grenzüberschreitende Dimension der Kriminalität;[44] die Angleichung muss jedenfalls *erforderlich* sein (Art. 67 Abs. 3 EUV: „erforderlichenfalls").[45] Zu Recht verlangt das BVerfG (vgl. schon § 9 Rn. 3) zudem, dass den Mitgliedstaaten bei der Umsetzung der aufgrund Art. 83 Abs. 1 AEUV erlassenen Richtlinien „substantielle Ausgestaltungssspielräume" verbleiben müssen.[46] Ferner verlangt der Parlamentsvorbehalt (Art. 23 Abs. 1 S. 2 GG) eine vorherige **parlamentarische Zustimmung** zu einer Erweiterung nach UA 3,[47] denn diese Vorschrift stellt eine (verdeckte) *Vertragsänderungsklausel* dar, die mit dem Prinzip der begrenzten Einzelermächtigung (Art. 5 Abs. 1, 2 EUV, § 9 Rn. 5) und der (deshalb) fehlenden Kompetenz-Kompetenz der Union (Art. 5 Abs. 2 S. 2 EUV) unvereinbar ist.[48]

7 Mit der „Festlegung von **Mindestvorschriften**"[49] wird ein unionsweiter Mindeststandard im Hinblick auf die Strafbarkeit bestimmter *Verhaltensweisen* und die entsprechenden *Strafen* – eine Art unionsweit geltende Mindeststrafe für „Mindest-Verhaltensweisen" – angestrebt, wodurch die Union auch zur Einführung neuer Straftatbestände, also zur Kriminalisierung bislang straflosen Verhaltens, ermächtigt wird.[50] Hier erfolgt eine bemerkenswerte terminologische Umkehrung dessen, was sonst üblicherweise mit

[41] Gleichwohl sieht *Satzger,* 2013, § 9 Rn. 34 in der Liste selbst eine Restriktion ggü. dem alten Recht.

[42] Krit. zu dieser Form der „Blankettermächtigung" *Braum,* ZIS 2009, 421.

[43] So auch *Zimmermann,* Jura 2009, 846 f.; Vedder/von Heintschel-Heinegg/*Kretschmer,* EVV, Art. III-271 Rn. 4; *Satzger,* 2013, § 9 Rn. 35.; *Esser,* 2014, § 2 Rn. 136. A. A. wohl *Asp,* S. 80 ff. („both (a) the generic requirements and (b) the list requirement must be fulfilled" [84]); *Safferling,* 2011, § 10 Rn. 49 f.; *Böse,* in: Böse, 2013, § 4 Rn. 8. Restriktiver auch Streinz/*Satzger,* Art. 83 AEUV Rn. 10.

[44] *Zimmermann,* Jura 2009, 847; *Walter,* ZStW 117 (2005), 926; *Satzger,* 2013, § 9 Rn. 36; *Hecker,* 2012, § 11 Rn. 8; *ders.,* in: Sieber et al., § 10 Rn. 37 ff.; Streinz/*Satzger,* Art. 83 AEUV Rn. 5. Zur Verknüpfung des *ultima-ratio*-Prinzips mit dem Verhältnismäßigkeitsgrundsatz s. *Ouwerkerk,* NJECL 3 (2012), 235. Krit. zu den gängigen Argumentationsmustern der Kommission *Simon,* NJECL 3 (2012), 248.

[45] *Satzger,* 2013, § 9 Rn. 37. Krit. *Mylonopoulos,* ZStW 123 (2011), 636, 645 ff. In eine ähnliche Richtung zielt auch die Warnung *Simons* vor einer „legislative inflation" und „overcriminalisation" (NJECL 3 [2012], 245). Sehr krit. *F. Meyer,* S. 352 ff.

[46] *BVerfG* NJW 2009, 2267 (2288) Ziff. 363; vgl. auch *Sieber,* ZStW 121 (2009), 57.

[47] *BVerfG,* ebd. Deshalb sieht nun § 7 Abs. 1 IntVG (BGBl. 2009 S. 3822) vor, dass der deutsche Ratsvertreter einer Erweiterung aufgrund UA 3 nur nach Inkrafttreten eines entsprechenden ParlamentsG zustimmen darf.

[48] *Satzger,* 2013, § 9 Rn. 35; zust. auch *Schröder,* FS Achenbach, 2011, S. 495.

[49] Dazu *Simon,* NJECL 3 (2012), 246.

[50] *Vogel,* GA 2003, 315 f.; auch *Weigend,* ZStW 116 (2004), 284 f.; *Tiedemann,* ZStW 116 (2004), 953; *Hecker,* 2012, § 11 Rn. 4 ff.; *ders.,* in: Sieber et al., § 10 Rn. 34; vgl. *Asp,* EuCLR 1 (2011), 52 f.; ausf. *ders.,* S. 93 ff., 110 ff.; Streinz/*Satzger,* Art. 83 AEUV Rn. 32 ff.; krit. *Elholm,* FS Jung, 2007, S. 147 f. Für eine Auslegung nach dem „spirit" des jeweiligen Rechtsakts *Klip,* 2012, S. 162 f., 189; ebenso *Bock,* ZRP 2011, 48. Zur Bedeutung der Strafrechtsvergleichung für die Harmonisierung *Hauck,* in: Beck/Burchard/Fateh-Moghadam, S. 255 ff. Zur möglichen Regelungstiefe: *F. Meyer,* EuR 2011, 179 ff.; *ders.,* S. 412 f.

Mindestvorschriften – nämlich ein rechtsstaatlicher Mindeststandard – gemeint ist. So wird damit letztlich einer **Expansion der Strafbarkeit** das Wort geredet, denn dort wo das nationale Strafrecht den durch EP und Rat gesetzten (Mindest-) Anforderungen noch nicht genügt, muss – bei besonders schwerer, grenzüberschreitender Kriminalität (Rn. 6) – strafrechtsausdehnend nachgebessert werden; dort wo diese Anforderungen bereits verwirklicht sind, ist es dem nationalen Gesetzgeber unbenommen, noch schärfere Strafgesetze zu erlassen.[51] Dabei geht es immer auch um **Strafen** (Art. 83 Abs. 1 S. 1, Abs. 2 S. 1 AEUV) und zwar vorwiegend um Freiheitsstrafen,[52] die – im Sinne des grundlegenden Urteils zum „griechischen Maisskandal" (dazu Rn. 37) – wirksam, verhältnismäßig und abschreckend sein müssen[53] (zur Umsetzung auf der Grundlage ggs. Anerkennung – Grünbuch Sanktionen – s. § 12 Rn. 13, 73); die konkrete Strafzumessung bleibt davon zwar unberührt,[54] aber auch insoweit gelten die Vorgaben des Maisurteils[55] und das Unionsrecht liefert überdies durchaus Strafzumessungskriterien.[56] In der Konsequenz dieser Kriminalisierungstendenz liegt es, dass der **Schutz der Bürger vor dem Strafrecht** durch die menschenrechtlichen Instrumente des Europarechts, also die EMRK, die GRCh oder allgemeine Rechtsgrundsätze (Rückwirkungsverbot, Verhältnismäßigkeitsgebot) gewährleistet werden muss (vgl. § 10 Rn. 10ff.). Diese sind geltendes Unionsrecht (Art. 6 Abs. 1, Abs. 3 EUV) und müssen deshalb in praktische Konkordanz mit Art. 82ff. AEUV gebracht werden.[57] Der Rat jedenfalls sieht die **Notwendigkeit** dieser **rechtsstaatlichen Begrenzungen.** Das zeigt sich im Grundrechtsteil des Stockholmer Programms (§ 10 Rn. 101) und in den Draft Council conclusions 2009 zum Strafrecht, die sich die fundamentalen Strafrechtsbegrenzungsprinzipien (*ultima ratio,* Verhältnismäßigkeit, Subsidiarität, Rechtsgüterschutz/harm principle und Schuldgrundsatz) zu eigen machen.[58]

Legitimierendes **Ziel** dieser Angleichung auf einem möglichst großen gemeinsamen Nenner mitgliedstaatlicher Strafbarkeit ist zunächst das in Art. 67 Abs. 1 AEUV aufgestellte Postulat, den „Bürgern in einem Raum der Freiheit, der Sicherheit und des 8

[51] *Hecker,* 2012, § 8 Rn. 38, § 11 Rn. 5; *Satzger,* 2013, § 9 Rn. 42; *ders.,* in: Böse, 2013, § 2 Rn. 27ff.; *Klip,* 2012, S. 189; krit. aus skandinavischer Sicht auch *Suominen,* EuCLR 1 (2011), 178f. Vgl. auch *Böse,* in: Böse, 2013, § 27 Rn. 11. Für ältere Lit. vgl. 2. Aufl., § 12 Rn. 7 mit Fn. 46.

[52] *Klip,* 2012, S. 319; zu anderen Strafen ebd., S. 321ff.

[53] *Klip,* 2012, S. 316f. Dabei kommen vier Gruppen von Mindesthöchststrafen *(minimum maximum penalties)* in Betracht: nicht unter 1–3 J., 2–5 J., 5–10 J. oder 10 J. (Schlussfolgerungen des Rates vom 24./25.4.2002, Rats-Dok. 9141/02, S. 4; dazu *Zeder,* ÖAnwBl. 2008, 254; auch *Klip,* 2012, S. 319ff.). Vgl. Draft Council conclusions 2009, S. 6.

[54] *Hecker,* 2012, § 11 Rn. 7; *Satzger,* 2013, § 9 Rn. 45; *Klip,* 2012, S. 40, 315. Krit. daher *Safferling,* 2011, § 10 Rn. 62 („weitgehend symbolische Harmonisierung").

[55] *Klip,* 2012, S. 324.

[56] Vgl. *Klip,* 2012, S. 316ff., 324ff.

[57] *Vogel,* GA 2003, 316. Skeptisch *Scheffler,* in: Joerden/Szwarc, S. 112f. Zur Bedeutung des Menschenrechtsschutzes für die europäische Integration *Ambos/Meyer-Abich,* in: Parmentier/Weitekamp, Crime and human rights, 2007, S. 19ff. Vgl. auch *Böse,* in: Böse, 2013, § 4 Rn. 13.

[58] Vgl. Draft Council conclusions 2009, S. 4ff., wonach Strafrecht nur *„last resort"* (Nr. 1) sei, die Grundsätze der *Subsidiarität* und *Verhältnismäßigkeit* (Nr. 2) zu beachten seien, Strafnormen hinreichend *bestimmt* sein müssen (Nr. 4), tatsächlicher *Schaden* bzw. wesentliche *Rechtsgüter* verletzt werden müssten (Nr. 5) und *Vorfeldtaten* bzw. lediglich abstrakt gefährliche Handlungen (Nr. 5) sowie *fahrlässiges* Handeln (Nr. 6–8) grundsätzlich nicht unter Strafe gestellt werden sollten. Siehe auch *Kaiafa-Gbandi,* EuCLR 1 (2011), 17ff.; *Böse,* EuCLR 1 (2011), 35ff.; *Asp,* EuCLR 1 (2011), 44ff.; *Zeder,* EuR 2012, 50ff.; *Satzger,* in: Böse, 2013, § 2 Rn. 55ff.

Rechts ein **hohes Maß an Sicherheit** zu bieten".[59] Auch hierin zeigt sich das tendenziell repressive Verständnis des (europäischen) Strafrechts als *Sicherheits- und Schutzrecht.*[60] Ein weiteres Angleichungsziel liegt in der Optimierung der polizeilichen und justiziellen Zusammenarbeit durch ein möglichst weitgehend harmonisiertes nationales Strafrecht.[61] So wird damit die für die Auslieferung traditionell erforderliche *beiderseitige Strafbarkeit* (§ 12 Rn. 18) sichergestellt, wobei freilich deren Bedeutung mit dem scheinbar unaufhaltsamem Vordringen des in Tampere formulierten *Prinzips der gegenseitigen Anerkennung* (§ 9 Rn. 12, § 12 Rn. 13) und den darauf beruhenden Instrumenten, wie u. a. dem *Europäischen Haftbefehl* (§ 12 Rn. 35 ff.), ohnehin im Schwinden begriffen ist.[62] Endlich kann auch die **Verhinderung von Kompetenzkonflikten** (Art. 82 Abs. 1 UA 2 (b) AEUV, vgl. hierzu auch § 4 Rn. 1 ff.) durch materielle Strafrechtsangleichung erreicht werden, denn solche *positiven* Kompetenzkonflikte haben ihren Grund meist darin, dass im Tatortstaat Straflosigkeit droht. Dieser Grund entfiele aber, wenn die besagten „Mindestvorschriften" eine unionsweite Mindeststrafbarkeit einführten, womit dann auch die eigene Strafgewalt zur Verhinderung der Straflosigkeit von Auslandstaten nicht mehr (extraterritorial) eingesetzt werden müsste.[63]

9 Die expansive Tendenz materieller Strafrechtsangleichung[64] zeigt sich nicht nur in der Erweiterungsklausel des Abs. 1 UA 3 (Rn. 6) sondern auch darin, dass die Union „Mindestvorschriften für die Festlegung von Straftaten und Strafen" zur **Durchsetzung von Unionspolitiken** erlassen kann, sofern dies zur „wirksame[n] Durchführung" der entsprechenden Politik „unerlässlich" ist (Art. 83 **Abs. 2** AEUV).[65] Damit wird die vom EuGH bereits anerkannte **Annexkompetenz** in das Primärrecht übernommen (näher Rn. 32 ff.). Strafrecht wird zum bloßen (vermeintlich effektiven) Durchsetzungsinstrument von Unionspolitiken.[66] In der Sache geht es – durchaus nachvollziehbar – um den gleichmäßigen Schutz von Rechtsgütern und Interessen der Union in den Mitgliedstaaten, um nachteilige Auswirkungen auf den Binnenmarkt zu vermeiden.[67] Die darin liegende „gravierende Ausdehnung" der strafrechtlichen Zuständigkeit ist allerdings – er-

[59] Dazu *Vogel,* in: Klip/van der Wilt, Harmonisation and harmonising measures in criminal law, 2002, S. 62 f. Instruktiv zu den Zielen des Europäischen Strafrechts *Sieber,* ZStW 121 (2009), 2 ff. Näher zum Raum der Freiheit, der Sicherheit und des Rechts *F. Meyer,* EuR 2011, 188 ff. Krit. *Kaiafa-Gbandi,* EuCLR 1 (2011), 10.

[60] *Vogel,* GA 2003, 318; zust. *Satzger,* NK 2007, 95. Vgl. auch *Weyembergh,* L'harmonisation des législations, 2004, S. 179 f., 264 ff. und passim; *dies.,* MJ 12 (2005), 155 ff. (166); krit. auch *Frisch,* GA 2007, 272. Positiver post-Lissabon *F. Meyer,* S. 476 ff.

[61] Zum früheren Art. 31 (c) EUV insoweit 2. Aufl., § 12 Rn. 8. Zum Vergleich ante-post-Lissabon siehe auch *Heger,* ZIS 2009, 411 f.

[62] Vgl. auch *Vogel,* GA 2003, 319; krit. *Frisch,* GA 2007, 269; *Satzger,* NK 2007, 96; a. A. wohl *Zimmermann/Glaser/Motz,* EuCLR 1 (2011), 64 f.

[63] *Vogel,* GA 2003, 319; ausf. zu Jurisdiktionskonflikten in der EU *Hecker,* ZIS 2011, 60.

[64] Zur früheren Rechtslage 2. Aufl., § 12 Rn. 9. Vgl. auch *Kubiciel,* ZIS 2010, 743 f.; *Noltenius,* ZStW 122 (2010), 609 ff.

[65] Nach *Zöller,* FS Schenke, 2011, S. 592 handelt es sich dabei lediglich um eine besondere Betonung des ohnehin geltenden Subsidiaritätsprinzips; krit. auch *F. Meyer,* EuR 2011, 186 f. („Begriffshülle ohne Kern"); *ders.,* S. 397 ff.; positiver *Safferling,* 2011, § 10 Rn. 58.

[66] Krit. auch *Satzger,* 2013, § 9 Rn. 38.

[67] *Hecker,* 2012, § 8 Rn. 39 m. w. N.

neut (Rn. 6) – kaum mit dem Prinzip der begrenzten Einzelermächtigung vereinbar.[68] Jedenfalls bedarf es über Art. 83 Abs. 2 hinaus einer *zusätzlichen Rechtsgrundlage* im Primärrecht des betreffenden Politikbereichs, etwa Art. 191 ff. (Art. 192 Abs. 1) AEUV für die Umweltpolitik.[69] Auch insoweit mahnen *Subsidiarität* und *Verhältnismäßigkeit* (§ 9 Rn. 5) allerdings zur Zurückhaltung, zumal auch nach Art. 83 Abs. 2 S. 1 die Angleichung „unerlässlich" sein muss.[70] In diesem Sinne wird „ein gravierendes Vollzugsdefizit", das nur durch eine Strafdrohung beseitigt werden kann, vorausgesetzt.[71] Auch wenn man dies mit Blick auf die schon genannte gleichmäßige Durchsetzung von Unionspolitiken für zu streng hält,[72] wird es der Union in vielen Bereichen nicht möglich sein, die Erforderlichkeit, (höhere) Effizienz und Verhältnismäßigkeit einer europastrafrechtlichen Regelung nachzuweisen.[73] Was das Verfahren angeht, so ist bedenklich, dass sich dieses nach der außerstrafrechtlichen Harmonisierungsmaßnahme richtet (Art. 83 Abs. 2 S. 2) und damit dem EP mitunter nur eingeschränkte Beteiligungsrechte zukommen können.[74]

Immerhin ermöglichen nun aber **Art. 82 Abs. 3, Art. 83 Abs. 3** AEUV den Mitglied- 10
staaten, die „grundlegende Aspekte ihrer Rechtsordnung" berührt sehen, die Aussetzung des ordentlichen Gesetzgebungsverfahrens zu beantragen. Der deutsche Ratsvertreter muss dies tun, wenn ihn der Bundestag bzw. – bei Länderkompetenzen – der Bundesrat entsprechend anweist (§§ 9, 5 Abs. 2 IntVG).[75] Dieses sog. **Notbremseverfahren** ist aber in dreifacher Weise eingeschränkt. Zum einen erfassen „grundlegende Aspekte" nicht jeden Konflikt mit der nationalen Rechtsordnung, sondern nur solche, die tiefgreifende und fundamentale Prinzipien berühren, etwa den Gesetzlichkeits- oder Schuldgrundsatz[76] sowie gesetzgeberische Grund- und Leitentscheidungen im Bereich des AT.[77] Zum anderen führt die „Notbremse" nicht zu einer Beendigung des

[68] *BVerfG* NJW 2009, 2267 (2288), Ziff. 361; krit. auch *Ambos/Rackow*, ZIS 2009, 403; *Weigend*, ZStW 116 (2004), 284; vgl. auch *F. Meyer*, S. 413 f.; Streinz/*Satzger*, Art. 83 AEUV Rn. 23.

[69] *Hecker*, 2012, § 8 Rn. 5, 43 mit weiteren Ermächtigungsgrundlagen bei Rn. 41 ff.; *ders.* in: Sieber et al. § 10 Rn. 17; vgl. auch *Zeder*, EuR 2012, 45.

[70] Vgl. *Hecker*, 2012, § 8 Rn. 48 („Ausprägung des Subsidiaritätsgrundsatzes"); skeptisch zum Restringierungspotential des „Unerlässlichkeitskriteriums" *Satzger*, 2013, § 9 Rn. 41.

[71] *BVerfG* NJW 2009, 2267 (2288), Ziff. 361 ff.; vgl. schon § 9 Rn. 3. Krit. *F. Meyer*, S. 414.

[72] Vgl. *Hecker*, 2012, § 8 Rn. 48 mit dem Argument, dass durch eine zu hohe Kompetenzausübungsschranke der unionsrechtliche Schutzauftrag konterkariert werde.

[73] Vgl. *Hecker*, 2012, § 8 Rn. 51, für den das i. Erg. nur bei grenzüberschreitender Kriminalität möglich ist.

[74] Vgl. Geiger/Khan/*Kotzur*, 2010, Art. 83 AEUV Rn. 11; Streinz/*Satzger*, Art. 83 AEUV Rn. 24.

[75] Zur Begründung (Demokratieprinzip) vgl. *BVerfG* NJW 2009, 2267 (2295), Ziff. 418; krit. *Zimmermann*, Jura 2009, 851; vgl. auch *Schröder*, FS Achenbach, 2011, S. 498 f.

[76] Eine instruktive Aufzählung kriminalpol. Grundprinzipien liefert das „Manifest zur europ. Kriminalpolitik", ZIS 2009, 697 ff. Vgl. auch *Mansdörfer*, HRRS 2010, 20; *Heger*, ZIS 2009, 414; *Satzger*, 2013, § 9 Rn. 49; *Hecker*, 2012, § 8 Rn. 57; *Safferling*, 2011, § 10 Rn. 64; krit. daher auch *Noltenius*, ZStW 122 (2010), 608 f.; für einen Einschätzungsspielraum der Staaten: *Zimmermann*, Jura 2009, 848; *Zöller*, FS Schenke, 2011, S. 595, der die Voraussetzungen einer Notbremse schon dann erfüllt sieht, wenn ein Mitgliedstaat formal und ohne Begründung ein Veto einlegt.

[77] Dazu zählen die Versuchsstrafbarkeit, die Bestimmung des Tatorts, die Grenzen der Strafbarkeit bei fahrlässigem Handeln (insbesondere bei Eigentums- und Vermögensdelikten), die Teilnahmestrafbarkeit oder die Strafbarkeit juristischer Personen, s. *Mylonopoulos*, ZStW 123 (2011), 639; *Hecker*, in: Sieber et al., § 10 Rn. 46; *ders.*, in: Ambos, 2011, S. 26; Streinz/*Satzger*, Art. 83 AEUV Rn. 37; zur Bedeutung der nationalen Strafrechtsdogmatik für die Bestimmung „grundlegender Aspekte" *Maiwald*, FS Frisch, 2013, S. 1377 ff.

Rechtsetzungsverfahrens,[78] sondern nur zu dessen Aussetzung, so dass sich der Europäische Rat (Art. 15 EUV!) mit der Angelegenheit befassen kann. Selbst wenn dort kein Einvernehmen erzielt wird (dann Zurückverweisung an den Ministerrat, Abs. 3 UA 1 S. 3), besteht die Möglichkeit der *verstärkten Zusammenarbeit* (Abs. 3 UA 2). Sollten sich also mindestens neun Mitgliedstaaten finden, so können sie die Richtlinie dennoch untereinander gelten lassen, sofern das EP zustimmt (zum Verfahren Art. 20 Abs. 2 EUV, Art. 329 Abs. 1 AEUV).[79] Schließlich darf ein Mitgliedstaat sein Veto nicht aus sachfremden Gründen, etwa um ein anderes politisches Ziel durchzusetzen, einsetzen. In diesem Fall könnte die Kommission ein Vertragsverletzungsverfahren (Art. 258 f. AEUV) wegen Verletzung der Unionstreuepflicht (Art. 4 Abs. 3 EUV) einleiten.[80] Die „Notbremse" findet auch *analoge Anwendung* wenn die EU basierend auf anderen Kompetenznormen – beispielsweise Art. 325 Abs. 4 AEUV – Richtlinien zur Strafrechtsangleichung erlässt; nicht aber, wenn die EU supranationales Strafrecht schafft (§ 9 Rn. 8 f.), da in diesen Fällen die nationale Rechtsordnung durch das EU-Recht nicht unmittelbar betroffen ist.[81]

II. Bereiche der Strafrechtsangleichung

11 In der Sache erstreckt sich die Harmonisierung vorwiegend auf Tatbestände oder Kriminalitätsbereiche, also den **Besonderen Teil,** während Regelungen des *Allgemeinen Teils* allenfalls bereichsspezifisch in Bezug genommen werden; dies liegt nicht nur daran, dass die Eigenheiten der nationalen Rechtsordnungen im AT größer als im BT[82] und deshalb schwieriger anzugleichen sind und insofern einer besonderen rechtsvergleichenden Vorarbeit bedürfen,[83] sondern auch daran, dass sich die unionsrechtliche Kompetenz zur Angleichung von *Mindest*vorschriften (Rn. 5 f.) nicht – jedenfalls nicht explizit[84] – auf Vorgaben von AT-Strukturen oder Definitionen erstreckt.[85] Folgende Instrumente wurden verabschiedet:[86]

[78] *Mansdörfer,* HRRS 2010, 20; *Heger,* ZIS 2009, 413, sehen darin dennoch ein „hartes Veto".

[79] Näher *Klip,* 2012, S. 62 ff.; *Safferling,* 2011, § 10 Rn. 99 ff.

[80] *Hecker,* 2012, § 8 Rn. 58; *Satzger,* 2013, § 9 Rn. 49; Streinz/*Satzger,* Art. 82 AEUV Rn. 67; *Esser,* 2014, § 2 Rn. 149.

[81] Vgl. *Satzger,* 2013, § 9 Rn. 52 ff.; generell gegen eine analoge Anwendung des Notbremseverfahrens *Safferling,* 2011, § 10 Rn. 67; ebenso wohl *Sicurella,* in: Klip, 2011, S. 238.

[82] Vgl. schon *Ambos,* MJ 12 (2005), 175; zu einigen Teilbereichen *Vogel,* GA 2003, 329 ff.; *Klip,* 2012, S. 178 ff.; *Heger,* S. 320 ff.

[83] Dazu *Ambos,* in: Klip, 2011, S. 227 ff. Zu den Anforderungen an die *mens rea* s. *Blomsma,* S. 43 ff., zu *offences* und *defences* ebd., S. 285 ff. Für einen Überblick *Stuckenberg,* in: Böse, 2013, § 10 Rn. 1 ff.

[84] Art. 83 Abs. 1 UA 1 AEUV bezieht sich auf „Straftaten und Strafen", also explizit nur auf den BT. Dessen Abhängigkeit vom AT (*Ambos,* MJ 12 (2005), 175 f.) legt es aber nahe, in Art. 83 jedenfalls einen impliziten Bezug zum AT zu sehen; s. auch *Satzger,* 2013, § 9 Rn. 44; *Safferling,* 2011, § 10 Rn. 61. Speziell zur Sanktionierung von Unternehmen *Engelhart,* eucrim 2012, 110 ff.

[85] Vgl. auch *Hecker,* 2012, § 8 Rn. 38, § 11 Rn. 6; *Satzger,* 2013, § 9 Rn. 44; *Esser,* 2014, § 2 Rn. 140; *Böse,* in: Böse, 2013, § 4 Rn. 14; Streinz/*Satzger,* Art. 83 AEUV Rn. 34; restriktiv *Zeder,* EuR 2012, 46. Für die Schaffung eines europäischen AT *Satzger,* in: Böse, 2013, § 2 Rn. 85 ff.

[86] Für detaillierte Nachweise 2. Aufl., § 12 Rn. 9 mit Fn. 57 ff.; im Folgenden werden nur die geltenden Rechtsgrundlagen angegeben. Zu einigen „Eurocrimes" und der unterschiedlichen nationalen Umsetzung *Klip,* 2012, S. 211 ff., 221 ff.; vgl. auch KOM (2011) 573 endg., dazu *Beukelmann,* NJW-Spezial 2011, 760.

– Finanzkriminalität[87] (Schutz der finanziellen Interessen der EGen,[88] Geldwäsche,[89] Insiderhandel,[90] Bestechung,[91] Schutz von Zahlungsmitteln[92]);

[87] Zu diesem Bereich aus italienischer Sicht *Seminara,* FS Eser, 2005, S. 847; *Foffani,* RP 27 (2011), 41; vor dem Hintergrund der jüngsten Schuldenkrise *Gómez-Jara,* EuCLR 3 (2013), 170.

[88] Vgl. Übk. über den Schutz der finanziellen Interessen der EGen v. 26.7.1995 (sog. PIF Konvention), Abl. EG C 316 v. 27.11.1995, 49; vgl. auch die Bekanntmachung über das Inkrafttreten, BGBl. II 2007 S. 794: Protokoll v. 27.9.1996 zum Übk. über den Schutz der finanziellen Interessen der EGen, Abl. EG C 313 v. 23.10.1996, 2; Protokoll v. 29.11.1996 betreffend die Auslegung des Übk. über den Schutz der finanziellen Interessen der EGen v. 26.7.1995, Abl. EG C 151 v. 20.5.1997, 1; zweites Protokoll v. 19.6.1997 zum Übk. über den Schutz der finanziellen Interessen der EGen v. 26.7.1995, Al. EG C 221 v. 19.7.1997, 11. Siehe weiterhin VO 2988/95 v. 18.12.1995 über den Schutz der finanziellen Interessen der EGen, Abl. EG L 312 v. 23.12.1995, 1, 256; VO 2185/96 v. 11.11.1996 betreffend die Kontrollen und Überprüfungen vor Ort durch die Kommission zum Schutz der finanziellen Interessen der EGen vor Betrug und anderen Unregelmäßigkeiten, Abl. EG L 292 v. 15.11.1996, 2; umfassende Auwertung dieser Instrumente bei *Sunderland et al.,*S. 17ff. Zum Vorschlag einer neuen Rl zum Schutz der finanziellen Interessen der EU siehe KOM (2012) 363 endg.; Rats-Dok. 10729/13; hierzu auch § 9 Rn. 8. – Zum Schutz der finanziellen Gemeinschaftssinteressen in **Deutschland** vgl. das EGFinSchG v. 10.9.1998, das EUBestG v. 10.9.1998 und das Ges. zur Ausführung des 2. Protokolls v. 22.8.2002, BGBl. I S. 3387; zum Abk. v. 22.2.2005 mit der **Schweiz** vgl. *Fromm,* ZStrR 2007, 192f.; zur Rechtslage in **Kroatien** *Durdević,* eucrim 3–4 (2007), 120ff. Vgl. allg. *Hecker,* 2012, § 14 Rn. 3ff.; *Safferling,* 2011, § 10 Rn. 19ff.; *Killmann/Schröder,* in: Sieber et al., § 12 Rn. 15ff.; mit Fallbeispiel *Hecker/*Zöller, S. 69ff. (Fall 8); für frühere Nachweise 2. Aufl., § 12 Rn. 9 mit Fn. 59.

[89] Vgl. Rl 2001/97/EG des EP und des Rates vom 4.12.2001 zur Änderung der Rl 91/308/EWG des Rates zur Verhinderung der Nutzung des Finanzsystems zur Geldwäsche (Abl. EG L 344 v. 28.12.2001, 76) und Rl 2005/60/EG des EP und des Rates vom 26.10.2005 zur Verhinderung der Nutzung des Finanzsystems zum Zwecke der Geldwäsche und der Terrorismusfinanzierung (Abl. EU L 309 v. 25.11.2005, 15, zuletzt geändert durch ÄndRl 2009/110/EG, Abl. EU L 267 v. 16.9.2009; vgl. auch eucrim 2012, 56; 2013, 83), sowie die Gemeinsame Maßnahme v. 3.12.1998 betreffend Geldwäsche, die Ermittlung, das Einfrieren, die Beschlagnahme und die Einziehung von Tatwerkzeugen und Erträgen von Straftaten (Abl. EG L 333 v. 9.12.1998, 1, zuletzt geändert durch Rb 2001/500/JI) und den Rb 2001/500/JI des Rates v. 26.6.2001 über Geldwäsche, die Ermittlung, das Einfrieren, die Beschlagnahme und die Einziehung von Tatwerkzeugen und Erträgen aus Straftaten (Abl. EG L 182 v. 5.7.2001, 1); vgl. auch den Vorschlag zur 4. GeldwäscheRl (KOM (2013) 45 endg.) sowie den Vorschlag für eine VO des EP und des Rates über die Übermittlung von Angaben bei Geldtransfers (KOM (2013) 44 endg.); zum Rl-Vorschlag *Zentes/Glaab,* BB 2013, 707; *Brodowski,* ZIS 2013, 465f.; krit. hinsichtl. des Datenschutzes der *Europäische Datenschutzbeauftragte* https://secure.edps.europa.eu/EDPSWEB/webdav/site/mySite/shared/Documents/Consultation/Opinions/2013/13-07-04_Money_laundering_EN.pdf (zuletzt am 1.7.2014); vgl. auch eucrim 2013, 6. Zum Ganzen *Hecker,* 2012, § 8 Rn. 11ff., § 11 Rn. 56ff.; *Jacsó-Potyka,* Bekämpfung der Geldwäscherei in Europa etc., 2007, S. 49ff.; *Stessens,* RIDP 77 (2006), 201ff.; *Kilchling,* in: Sieber et al., § 16 Rn. 1ff.; *Dannecker,* in: Böse, 2013, § 8 Rn. 119ff.; *Miettinen,* S. 146ff.; rechtsvergleichend *Sinn,* NK 2007, 102f.; zur Umsetzung in Deutschland: *Hetzer,* EuZW 2008, 560; eucrim 2011, 8; zur Geldwäsche-Prävention *Herlin-Karnell,* EuCLR 1 (2011), 153ff. Siehe auch das Stockholmer Programm, S. 23.

[90] Vgl. Rl 2003/6/EG des EP und des Rates vom 28.1.2003 über Insider-Geschäfte und Marktmanipulation (Marktmissbrauch), Abl. EG L 96 v. 12.1.2003, 16, zuletzt geändert durch ÄndRl 2008/26/EG, Abl. EU L 81 v. 11.3.2008, 42); dazu *Seminara,* FS Eser, 2005, S. 868ff.; instrukt. zur Umsetzung durch den deutschen Gesetzgeber *Park,* NStZ 2007, 371ff. Vgl. auch Rl 2003/124/EG der Kommission vom 22.12.2003 zur Durchführung der Rl 2003/6/EG des EP, Abl. EU L 339 v. 24.12.2003, 70. Siehe auch Stockholmer Programm, S. 23 sowie den (erstmals auf die Annexkompetenz des Art. 83 Abs. 2 AEUV gestützten) Vorschlag für eine Richtlinie über strafrechtliche Sanktionen für Insider-Geschäfte und Marktmanipulation, KOM (2011) 654 endg., geändert durch KOM (2012) 422 endg.; jüngste Fassung Rats-Dok. 17895/13; dazu *Brodowski,* ZIS 2012, 562f.; *ders.,* ZIS 2013, 464f.; *Kert,* NZWiSt 2013, 252; *Schork/Reichling,* StraFo 2012, 125; *Schröder,* HRRS 2013, 253; *Wohlers,* ZStW 125 (2013), 454ff. Zum Ganzen *Böse/Koch,* in: Sieber et al., § 17 Rn. 1ff.

– Menschenhandel, sexuelle Ausbeutung von Kindern und Kinderpornographie;[93]

---

[91] GM v. 22.12.1998 betreffend die Bestechung im privaten Sektor (Abl. EG L 358 v. 31.12.1998, 2); Rb des Rates v. 22.7.2003 zur Bekämpfung der Bestechung im privaten Sektor (Abl. EG L 192 v. 31.7.2003, 54); dazu *Vogel,* GA 2003, 323; *Wolf,* NJW 2006, 2737; *Hecker,* 2012, § 11 Rn. 63ff.; *Miettinen,* S. 148ff.; allg. *Killmann,* in: Sieber et al., § 13 Rn. 1ff. Vgl. auch den Bericht der Kommission KOM (2011) 309 endg.

[92] Rb des Rates 2000/383/JI v. 29.5.2000 über die Verstärkung des mit strafrechtlichen und anderen Sanktionen bewehrten Schutzes gegen Geldfälschung im Hinblick auf die Einführung des Euro (Abl. EG L 140 v. 14.6.2000, 1, zuletzt geändert durch Beschluss 2001/887/JI, Abl. EG 2001 L 329 v. 14.12.2001, 3); dazu *Vogel,* ZRP 2002, 8; *Hecker,* 2012, § 11 Rn. 71ff.; *Miettinen,* S. 153f.; vgl. auch den Vorschlag für eine Rl des EP und des Rates zum strafrechtlichen Schutz des Euro und anderer Währungen gegen Geldfälschung und zur Ersetzung des Rahmenbeschlusses 2000/383/JI des Rates, KOM (2013) 42 endg.; dazu *Brodowski,* ZIS 2013, 465; Rb 2001/413/JI des Rates v. 28.5.2001 zur Bekämpfung von Betrug und Fälschung im Zusammenhang mit unbaren Zahlungsmitteln (Abl. EG L 149 v. 2.6.2001, 1); dazu *Eckstein,* ZStW 117 (2005), 132ff.; *Hecker,* 2012, § 11 Rn. 80ff.; *Killmann,* in: Sieber et al., § 15 Rn. 1ff.; krit. *Duttge,* FS Weber, 2004, S. 288ff.; Rb 2001/887/JI des Rates vom 6.12.2001 zur Änderung des Rb 2000/383/JI über die Verstärkung des mit strafrechtlichen und anderen Sanktionen bewehrten Schutzes gegen Geldfälschung im Hinblick auf die Einführung des Euro (Abl. EG L 329 v. 14.12.2001, 1), dazu *Hecker,* 2012, § 11 Rn. 78f.; Beschluss 2001/923/EG des Rates vom 17.12.2001 über ein Aktionsprogramm in den Bereichen Austausch, Unterstützung und Ausbildung zum Schutz des Euro gegen Geldfälschung – Programm PERICLES (Abl. EG L 339 v. 21.12.2001, 50, zuletzt geändert durch Beschluss 2006/849/EG, Abl. EU L 330 v. 28.11.2006, 28); Beschluss 2001/925/EG des Rates vom 17.12.2001 über die Ausdehnung des Beschlusses über ein Aktionsprogramm in den Bereichen Austausch, Unterstützung und Ausbildung zum Schutz des Euro gegen Geldfälschung – Programm PERICLES – auf die Mitgliedstaaten, die den Euro nicht als einheitliche Währung eingeführt haben (Abl. EG L 339 v. 21.12.2001, 55). S. auch den Vorschlag für eine VO des EP und des Rates über ein Aktionsprogramm in den Bereichen Austausch, Unterstützung und Ausbildung zum Schutz des Euro gegen Geldfälschung (Programm „Pericles 2020“). KOM (2011) 913 endg. Vgl. für die Umsetzung in Deutschland das 35. StÄG zur Änderung und Ergänzung von §§ 146, 151, 152a, 263a StGB v. 22.12.2003 (BGBl. I 2003 S. 2838). Die ursprüngliche Laufzeit des Programms (1.1.2002 bis 31.12.2005) wurde durch den Beschluss 2006/849/EG des Rates (Abl. EU L 330 v. 28.11.2006, 28) letztendlich bis zum 31.12.2013 verlängert. Für eine weitere Verlängerung s. den o. g. VO-Vorschlag, KOM (2011) 913 endg. Vgl. ferner die Entscheidung des Rates v. 8.12.2003 betreffend die Analyse und die Zusammenarbeit in Bezug auf gefälschte Euro-Münzen (Abl. EU L 325 v. 12.12.2003, 44) sowie den Beschluss der Kommission v. 29.10.2004 zur Errichtung des Europäischen technischen und wissenschaftlichen Zentrums (ETS C) und zur Koordinierung der technischen Maßnahmen zum Schutz der Euro-Münzen gegen Fälschung (Abl. EU L 19 v. 21.1.2005, 73) u. Beschluss 2005/511/JI des Rates v. 12.7.2005 über den Schutz des Euro gegen Fälschung durch Benennung von Europol als Zentralstelle zur Bekämpfung der Euro-Fälschung. Zum Ganzen auch Fontanaud, RIDP 77 (2006), 237ff., 249ff.; *Kuhl,* in: Sieber et al., § 14 Rn. 1ff.

[93] Rl 2011/36/EU des EP und des Rates vom 5.4.2011 zur Verhütung und Bekämpfung des Menschenhandels und zum Schutz seiner Opfer sowie zur Ersetzung des Rahmenbeschlusses 2002/629/JI des Rates, Abl. EU L 101 v. 15.4.2011, 1; dazu *Bressan,* Eur. J. Cr. 2012, 137; *Villacampa Estiarte,* EuCLR 2 (2012), 291; *Brand,* DRiZ 2011, 125; *Obokata/Payne,* NJECL 3 (2012), 198; *Weißer,* in: Böse, 2013, § 9 Rn. 41ff.; krit. *Satzger,* in: Böse, 2013, § 2 Rn. 51; zum Entwurf *F. Meyer,* S. 437f.; aus Opfersicht *de Hoyos Sancho,* in: de Hoyos Sancho, S. 62ff.; zum Ganzen *Huber,* in: Sieber et al., § 21 Rn. 1ff.; *Miettinen,* S. 162ff., 169ff.; aus polnischer Sicht *Nowak,* NJECL 3 (2012), 374ff.; zum Kommissionsvorschlag bereits *Brodowski,* ZIS 2010, 382; zum Umsetzungsbedarf *Hecker,* 2012, § 11 Rn. 33; Rl 2011/93/EU des EP und des Rates vom 13.12.2011 zur Bekämpfung des sexuellen Missbrauchs und der sexuellen Ausbeutung von Kindern sowie der Kinderpornografie sowie zur Ersetzung des Rahmenbeschlusses 2004/68/JI des Rates, Abl. EU L 335 v. 17.12.2011, 1; dazu *Gercke,* CR 2012, 520; *Geiger,* S. 229ff.; *Hecker,* 2012, § 11 Rn. 35ff.; *Ziemann/Ziethen,* ZRP 2012, 168 *Weißer,* in: Böse, 2013, § 9 Rn. 60ff.; aus Opfersicht *de Hoyos Sancho,* in: de Hoyos Sancho, S. 65f.; zum Rechtssetzungsverfahren *Nowell-Smith,* NJECL 3 (2012), 383ff.; zum Entwurf *F. Meyer,* S. 436f. Zum Umsetzungsbedarf *Hecker,* 2012, § 11 Rn. 41. Allg. *Huber,* in: Sieber et al., § 23 Rn. 1ff. Zum (nunmehr ersetzten) Rb 2002/629/JI

- Datennetzkriminalität (Cybercrime);[94]
- Umweltschutz;[95]
- Rassismus und Fremdenfeindlichkeit;[96]

Weyemberg, RIDP 77 (2006), 211ff.; zu dessen innerstaatlicher Umsetzung durch die §§ 232–233a StGB *Staiger,* Eur. J. Cr. 2005, 617ff.; *Eydner,* NStZ 2006, 10. Aus österreichischer Sicht zum EU-Einfluss auf die Delikte des Menschenhandels und der Schlepperei *Reiter,* EU und österreichisches Strafrecht etc., 2008, S. 83ff. Vgl. zum Ganzen auch die Studie von *Eurostat,* Trafficking in human beings, 2013, http://ec.europa.eu/dgs/home-affairs/what-is-new/news/news/2013/docs/20130415_thb_stats_report_en.pdf (zuletzt abgerufen am 1.7.2014), die Strategie der EU zur Beseitigung des Menschenhandels 2012–2016 (Rats-Dok. 11780/12) sowie *Küpper,* jurisPR-StrafR 24/2011 Anm. 1. Zum (nunmehr ersetzten) Rb 2004/68/JI *Vogel,* GA 2003, 324f.; *Eckstein,* ZStW 117 (2005), 126ff.; *Wattier,* RIDP 77 (2006), 223ff.; *Böse,* FS Schroeder, 2006, S. 751ff.; *Geiger,* S. 70ff., 101ff., 111ff., 137ff., 144ff., 153ff., 164ff., 175ff., 198ff.; aus kriminologischer Sicht *Staiger,* Eur. J. Cr. 2005, 603ff. Zur Umsetzung in Deutschland, Österreich und England, *Geiger,* S. 84ff., 105ff., 122ff., 141ff., 151ff., 160ff., 170ff., 182ff. Zum Entwurf des Umsetzungsgesetzes v. 31.10.2008 (BGBl. I 2008 S. 2149) *Reinbacher/Wincierz,* ZRP 2007, 195ff. Vgl. auch den Beschluss des Rates v. 29.5.2000 zur Bekämpfung der Kinderpornographie im Internet (Abl. EG L 138 v. 9.6.2000, 1).

[94] Rl 2013/40/EU des EP und des Rates vom 12.8.2013 über Angriffe auf Informationssysteme und zur Ersetzung des Rahmenbeschlusses 2005/222/JI des Rates, Abl. EU L 218 v. 14.8.2013, 8; dazu *Naziris,* EuCLR 3 (2013), 338ff.; zum Entwurf eucrim 2010, 136; *Brodowski,* ZIS 2010, 753; *Buono,* NJECL 3 (2012), 332; *Weißer,* in: Böse, 2013, § 9 Rn. 74ff.; *Miettinen,* S. 151ff.; zur Vorgängerregelung des Rb 2005/222/JI vom 24.2.2005 über Angriffe auf Informationssysteme (Abl. EU L 69 v. 16.3.2005, 67) *Vogel,* GA 2003, 314, 325f. m. Fn. 58f.; *Hecker,* 2012, § 11 Rn. 90ff.; zur Umsetzung durch das 41. StrÄndG *Schumann,* NStZ 2007, 675; allg. zur Computerkriminalität, zum Rb und zur deutschen Umsetzung *Sieber,* in: Sieber et al., § 24 Rn. 1ff.; zur Umsetzung auch *Kainer,* EuR-Bei 2013, 98f. Siehe auch das Stockholmer Programm, S. 22f. – Zur Cybercrimekonvention des *Europarats* vgl. schon Rn. 4.

[95] Rb 2003/80/JI des Rates vom 27.1.2003 über den Schutz der Umwelt durch das Strafrecht (Abl. EG L 29 v. 5.2.2003, 55); dazu *Hecker,* 2012, § 8 Rn. 28f.; *Mansdörfer,* Jura 2004, 297ff.; *Vervaele,* RP 15 (2005), 173; *Zeitler,* RIDP 77 (2006), 255ff.; *Heine/Ringelmann,* FS Halálának, 2005, S. 44, insb. 48ff.; *Miettinen,* S. 165ff. Der Rb ist vom EuGH für nichtig erklärt (u. Rn. 33) und durch die am 26.12.2008 in Kraft getreten Rl 2008/99/EG des EP und des Rates vom 19.11.2008 über den strafrechtlichen Schutz der Umwelt (Abl. EU L 328 v. 6.12.2008, 28) ersetzt worden; dazu *Zimmermann,* ZRP 2009, 74; *Fromm,* ZfW 2009, 157; *Hecker,* 2012, § 8 Rn. 32ff.; *ders.,* in: Sieber et al., § 28 Rn. 12ff.; *Vagliasindi,* NJECL 3 (2012), 320; *Safferling,* in: Streng/Kett-Straub, S. 208ff.; *Behrens,* EuZW 2011, 161 (mit dem Schwerpunkt auf der Unternehmensstrafbarkeit); allg. zur EU-Umweltpolitik u. den tatbestandlichen Vorgaben des Sekundärrechts *Heger,* S. 11, 76ff., 275ff., 340ff.; *Ruhs,* ZJS 2011, 13; *Hecker,* in: Sieber et al., § 28 Rn. 1ff.; *ders.,* ZIS 2013, 289 (unter besonderer Berücksichtigung rechtsmissbräuchlich erlangter Genehmigungen); zur mangelhaften innerstaatlichen Umsetzung eucrim 2010, 137f.; s. auch *K. Meyer,* wistra 2012, 371. Zur Umsetzung in den Niederlanden *de Rijck,* eucrim 2011, 162. Vgl. auch *Hecker/*Zöller, S. 111 (Fall 11).

[96] GM vom 15.7.1996 betreffend die Bekämpfung von Rassismus und Fremdenfeindlichkeit (Abl. EG L 185 v. 24.7.1996, 5); Rb 2008/913/JI des Rates vom 28.11.2008 zur strafrechtlichen Bekämpfung bestimmter Formen und Ausdrucksweisen von Rassismus und Fremdenfeindlichkeit (Abl. EU L 328 v. 6.12.2008, 55); krit. *Satzger,* ZRP 2010, 139; *ders.,* in: Böse, 2013, § 2 Rn. 45 (insb. hinsichtl. des Subsidiaritätsgrundsatzes); *Rackow,* ZIS 2010, 367f.; krit. zur geplanten Umsetzung in Deutschland *Bock,* ZRP 2011, 46; zur Umsetzung auch *Hellmann/Gärtner,* NJW 2011, 963ff.; *Kainer,* EuR-Bei 2013, 100; zum Kommissionsvorschlag *Weber,* ZRP 2008, 21. Zum Ganzen *Hecker,* 2012, § 11 Rn. 128ff.; *Gualtieri,* RIDP 77 (2006), 263ff.; *Weiß,* in: Sieber et al., § 25 Rn. 1ff. (zum Rb Rn. 28ff., zur Umsetzung Rn. 40ff.); *Miettinen,* S. 157f.; instruktiv aus ungarischer Sicht *Karsai,* ZStW 119 (2007), 1048ff.; zur griechischen Umsetzung *Chouliaras,* eucrim 2011, 39. Da dieser Kriminalitätsbereich nicht in Art. 83 Abs. 1 UA 2 AEUV genannt ist, muss die Unionskompetenz nunmehr auf Art. 67 Abs. 3 AEUV gestützt werden (*Hecker,* 2012, § 11 Rn. 4). Siehe auch Stockholmer Programm, S. 9; *Nilsson,* EuCLR 2 (2012), 121 hält Art. 67 Abs. 3 AEUV wohl nicht für eine hinreichende (strafrechtliche) Kompetenzgrundlage.

– Schleuserkriminalität.[97]

12 In dieser Liste fehlen die Bereiche der **organisierten Kriminalität,**[98] des **illegalen Drogenhandels**[99] und des **Terrorismus.** Sie sind nun in Art. 83 Abs. 1 UA 2 AEUV mit zahlreichen anderen Kriminalitätsbereichen aufgezählt (vorher gesondert in Art. 31 (e) EUV a. F.). Die frühere Schwerpunktsetzung[100] scheint damit überholt, alle genannten Kriminalitätsbereiche scheinen gleichermaßen wichtig, sofern sie nur „grenzüberschreitende Dimension" i. S. v. Art. 83 Abs. 1 UA 1 AEUV haben. Zur Terrorismusbekämpfung, insbesondere durch „blacklisting" s. 2. Aufl., § 12 Rn. 10ff.[101]

[97] Rb 2002/946/JI des Rates vom 28.11.2002 betreffend die Verstärkung des strafrechtlichen Rahmens für die Bekämpfung der Beihilfe zur unerlaubten Ein- und Durchreise und zum unerlaubten Aufenthalt (Abl. EG L 328 v. 5.12.2002, 1); dazu *Hecker,* 2012, § 11 Rn. 111ff.; Rl 2002/90/EG des Rates vom 28.11.2002 zur Definition der Beihilfe zur unerlaubten Ein- und Durchreise und zum unerlaubten Aufenthalt (Abl. EG L 328 v. 5.12.2002, 17). Entschließung des Europäischen Parlaments zu der Mitteilung der Kommission an das Europäische Parlament und den Rat im Hinblick auf den Europäischen Rat in Thessaloniki hinsichtlich der Entwicklung einer gemeinsamen Politik in den Bereichen illegale Einwanderung, Schleuserkriminalität und Menschenhandel, Außengrenzen und Rückführung illegal aufhältiger Personen, KOM (2003) 323–2003/2156 (INI), Abl. EU E 92 v. 16.4.2004, 400. Vgl. *Kilchling/Herz,* in: Sieber et al., § 22 Rn. 1ff. Siehe auch Stockholmer Programm, S. 21.

[98] Rb 2008/841/JI des Rates vom 24.10.2008 zur Bekämpfung der organisierten Kriminalität (Abl. EU L 300 v. 10.11.2008, 42); zu den Auswirkungen auf § 129 StGB siehe *BGH* JZ 2010, 902 m. Anm. *Zöller* sowie *Kreß/Gazeas,* FS Puppe, 2011, S. 1486. Besondere Bedeutung hat in diesem Zusammenhang auch die Einziehung von kriminellen Erträgen, vgl. etwa Rb 2005/212/JI des Rates v. 24.2.2005 über die Einziehung von Erträgen, Tatwerkzeugen und Vermögensgegenständen aus Straftaten (Abl. EU L 68/49 v. 15.3.2005); dazu *Lilie,* FS Schroeder, 2006, S. 831ff. vor dem Hintergrund der Unschuldsvermutung sowie allg. *Kaye,* RIDP 77 (2006), 323ff. Siehe auch Stockholmer Programm, S. 21 und die Schlussfolgerungen des Rates über die Festlegung der EU-Prioritäten für die Bekämpfung der schweren und organisierten Kriminalität in den Jahren 2014–2017 (Rats-Dok. 12095/13). Zur deutschen Umsetzung *Kainer,* EuR-Bei 2013, 99f. Zum Ganzen *Kreß/Gazeas,* in: Sieber et al., § 18 Rn. 1ff.; *Weißer,* in: Böse, 2013, § 9 Rn. 1ff.

[99] GM 96/750 (JI vom 17.12.1996 betreffend die Angleichung der Rechtsvorschriften und der Verfahren der Mitgliedstaaten der EU zur Bekämpfung der Drogenabhängigkeit und zur Verhütung und Bekämpfung des illegalen Drogenhandels (Abl. EG L 342 v. 31.12.1996, 6) sowie Rb 2004/757/JI des Rates v. 25.10.2004 zur Festlegung von Mindestvorschriften über die Tatbestandsmerkmale strafbarer Handlungen und die Strafen im Bereich des illegalen Drogenhandels (Abl. EG L 335 v. 11.11.2004, 8), siehe dazu auch den Bericht der Kommision KOM (2009) 699; vgl. auch *Vogel,* GA 2003, 324; *Pitto,* RIDP 77 (2006), 271ff.; *Böse,* in: Sieber et al., § 20 Rn. 1ff. sowie *Hecker,* 2012, § 11 Rn. 42ff.; vgl. auch den Vorschlag für eine Rl des EP und des Rates zur Änderung des Rahmenbeschlusses 2004/757/JI des Rates vom 25.10.2004 zur Festlegung von Mindestvorschriften über die Tatbestandsmerkmale strafbarer Handlungen und die Strafen im Bereich des illegalen Drogenhandels hinsichtlich der Drogendefinition, KOM (2013) 618 endg., sowie den Vorschlag für eine VO des EP und des Rates über neue psychoaktive Substanzen, KOM (2013) 619 endg.; dazu *Brodowski,* ZIS 2013, 465; s. auch die EU-Drogenstrategie (2013–2020) (Abl. EU C 402 v. 29.12.2012, 1; dazu eucrim 2012, 101f.) und Stockholmer Programm, S. 24.

[100] 2. Aufl., § 12 Rn. 19 m. w. N. in Fn. 71.

[101] Vgl. hierzu auch *Rackow,* StV 2009, 721; *ders.,* Die Polizei 2011, 1; *F. Meyer,* NJW 2010, 2397; *Heine,* NStZ 2009, 428; *Heun-Rehn,* ELR 2010, 100; *Schneiderhan,* DRiZ 2009, 108; *Zimmermann,* ZIS 2009, 1; *Hecker,* 2012, § 11 Rn. 11ff.; *Oehmichen,* ZIS 2011, 933f.; *Andersson,* in: Ambos, 2011, S. 79; *Kühne,* ZRP 2013, 243; *Kreß/Gazeas,* in: Sieber et al., § 19 Rn. 1ff.; *Kainer,* EuR-Bei 2013, 96ff.; *Brodowski,* ZIS 2013, 466; *Weißer,* in: Böse, 2013, § 9 Rn. 77ff.; s. auch eucrim 2010, 96; vgl. auch Vorschlag der Kommission für eine Rl über die Verwendung von Fluggastdatensätzen zu Zwecken der Verhütung, Aufdeckung, Aufklärung und strafrechtlichen Verfolgung von terroristischen Straftaten und schwerer Kriminalität, KOM (2011) 32 endg., Rats-Dok. 8916/12 sowie eucrim 2011, 9. Zur dogmatischen Einordnung der Terrorlisten und des Einfrierens von Vermögenswerten

C. Beeinflussung durch primäres und sekundäres Unionsrecht

Fall 1:[102]

Der US-amerikanische Staatsbürger Z sagt in einem Verfahren vor dem Europäischen Gerichtshof (EuGH, Luxemburg) als Zeuge aus. Er macht dabei bewusst eine falsche Aussage und beeidet diese. Hat sich Z wegen eines Aussagedelikts strafbar gemacht? → Rn. 52 13

Fall 2:

Tierhändler T möchte einen afrikanischen Elefanten nach Deutschland einführen, um ihn an einen zoologischen Garten zu verkaufen. Ist das Vorhaben des T erlaubt oder gar strafbewehrt verboten? → Rn. 53 14

Fall 3:[103]

Karl Prantl, ein italienischer Staatsangehöriger, führte Wein in „Bocksbeutelflaschen" nach Deutschland ein. Diese Flaschen waren in Oberitalien und Südtirol üblich, ihre Verwendung in Deutschland war aber nach der zum Tatzeitpunkt geltenden – strafbewehrten – Weinverordnung nur für Frankenweine erlaubt. Hat sich Prantl strafbar gemacht? → Rn. 54 15

Fall 4:[104]

Der österreichische Staatsangehörige A legte in Italien erfolgreich sein Examen in Veterinärmedizin ab. In Frankreich beantragte er anschließend die Aufnahme in die Tierärztekammer, welche nach französischem Recht zwingende Voraussetzung der Berufsausübung ist. A wurde jedoch die Mitgliedschaft wegen seines fehlenden französischen Diploms verweigert. Gleichwohl arbeitete er in Frankreich als Tierarzt. Hat A sich nach französischem Recht strafbar gemacht? → Rn. 55 16

Fall 5:[105]

Auf die Rechtsbeschwerde eines Schaustellers wegen Verurteilung zu einer Geldbuße wegen des fahrlässigen Nichtbetreibens eines Fahrtenschreibers in seiner Zirkus-Zugmaschine legte das BayObLG die Sache dem BGH vor (§ 121 Abs. 2 GVG). Es sah sich an der Verwerfung der Beschwerde durch einen Beschluss des OLG Düsseldorf gehindert, das unter Bezug auf die maßgebliche EG-Verordnung „Fahrzeuge, die für Beförderungen im Zirkus- und Schaustellergewerbe verwendet werden" von der Fahrtenschreiberpflicht ausnimmt. Wie musste der BGH entscheiden? → Rn. 56 17

Fall 6:[106]

Auf eine Revision der Staatsanwaltschaft gegen ein die Angeklagten vom Vorwurf des unerlaubten Umgangs mit gefährlichen Abfällen (§ 326 Abs. 1 StGB) freisprechendes landgerichtliches Urteil musste der BGH sich mit dem Abfallbegriff auseinandersetzen. Inwieweit spielt dabei europäisches Recht eine Rolle? → Rn. 57 u. *Ambos,* 2010a, S. 23 (Fall 2 Rn. 28 ff.) 18

Pijnen, eucrim 2011, 167; zum Terrorismusbegriff des Rb Terrorismusbekämpfung *Borgers* NJECL 3 (2012), 68.

102 Fall nach *Satzger,* 2001, S. 195; *ders.,* 2013 § 8 Rn. 10.

103 *EuGH,* Prantl v. Deutschland Urt. v. 13.3.1984.

104 *EuGH,* Ministère public v. Auer Urt. v. 22.9.1983.

105 BGHSt 36, 92 (94) im Anschluss an BGHSt 33, 76.

106 BGHSt 37, 333 (334, 336).

19 Wenn auch bislang – über den Schutz der finanziellen Interessen und das Zollwesen hinaus (§ 9 Rn. 8f.) – keine originäre Strafrechtssetzungskompetenz der Union besteht, so wird das nationale Strafrecht der Mitgliedstaaten gleichwohl in vielfältiger Weise durch primäres und sekundäres Unionsrecht beeinflusst (zu den „Techniken" s. schon § 9 Rn. 14). Bevor wir uns den beiden erstgenannten Formen der **Verweisung** – von Unions- auf nationales Recht und umgekehrt (§ 9 Rn. 14) – zuwenden, noch einige allgemeine Vorbemerkungen:[107] **Verweisungsnormen** enthalten den für ihre Rechtsfolge maßgeblichen Tatbestand nicht (vollständig), sondern nehmen insoweit auf andere Vorschriften Bezug. Ein („Voll-")Straftatbestand entsteht damit erst in der *Zusammenschau von unionsrechtlichen Vorschriften und dem (deutschem) Blankettstrafgesetz.*[108] Terminologisch ist zwischen einer **Binnen**- und einer **Außenverweisung** zu unterscheiden:[109] Von jener spricht man, wenn verweisende und in Bezug genommene Norm von *ein und demselben Normgeber* herrühren, während bei der Außenverweisung Verweisungsnorm und Bezugsobjekt der Verweisung von *unterschiedlichen Normgebern* stammen. Weiter ist zwischen **statischen und dynamischen Verweisungen** zu unterscheiden: Bei jenen wird für den Tatbestand der Verweisungsnorm auf eine andere Norm in einer *bestimmten* Fassung verwiesen, während bei diesen – der insoweit weitestgehenden Form der Verweisung – auf eine andere Norm in ihrer *jeweils gültigen* Fassung Bezug genommen wird. Welcher Verweisungstyp vorliegt, ist durch Auslegung zu ermitteln.[110] Einen Spezialfall einer Verweisung stellt ein **„Blankettstrafgesetz"** dar.[111] Davon spricht man, wenn ein Strafgesetz eine Strafdrohung enthält, aber für seinen Tatbestand – zumindest in Teilen – auf eine andere Norm verweist. Ein Beispiel ist § 315a Abs. 1 Nr. 2 StGB, denn dort wird auf „Rechtsvorschriften zur Sicherung des Schienenbahn-, Schwebebahn-, Schiffs- oder Luftverkehrs" Bezug genommen.

I. Verweisung des Unionsrechts auf das nationale Recht („Assimilierung")

20 Im primären und sekundären Unionsrecht findet sich eine Vielzahl von Verweisungen auf das nationale Recht. Damit sollen die – von der Verweisung erfassten – unionsrechtlichen **Rechtsgüter** den nationalen Rechtsgütern in ihrem strafrechtlichen Schutz **gleichgestellt,** somit also letztlich die Rechtsordnungen der Mitgliedstaaten **„assimiliert"** werden (zum Begriff schon § 9 Rn. 13).[112] Der wohl prominenteste Fall einer solchen primärrechtlichen Assimilierung findet sich in *Art. 30 EuGH-Satzung* (dazu unser **Fall 1**). Dieser verpflichtet die Mitgliedstaaten zur innerstaatlichen Strafverfolgung von Falschaussagen vor dem EuGH: „Jeder Mitgliedstaat behandelt die Eidesverletzung eines Zeugen oder Sachverständigen *wie eine vor seinen eigenen* in Zivilsachen zuständigen *Gerichten begangene Straftat.* Auf Anzeige des Gerichtshofs verfolgt er den Täter vor seinen zuständigen Gerichten" (Herv. K. A.).

---

[107] Vgl. zum Folgenden *Satzger,* 2001, S. 216ff. m.w.N.

[108] *Satzger,* 2001, S. 187.

[109] Vgl. dazu auch *Moll,* Blankettstrafgesetzgebung, 1998, S. 28ff., 44ff.

[110] *Satzger/Langheld,* HRRS 2011, 462.

[111] Zu Blankettverweisungen i. e. S. und i.w.S. *Moll,* Blankettstrafgesetzgebung, 1998, S. 46ff.

[112] *Satzger,* 2001, S. 188; *Eisele,* JA 2000, 899f.; MünchKomm/*Ambos,* Vor §§ 3–7, Rn. 7; *Tiedemann,* AT, 2014, Rn. 83; *Hecker,* 2012, § 7 Rn. 6ff.; *Esser,* 2014, § 2 Rn. 34ff.; *Vogel,* in: Sieber et al., § 6 Rn. 44ff. („supranationale Anweisung, das mitgliedstaatliche Strafrecht zum Schutze der Interessen der europäischen Institutionen einzusetzen", Rn. 46).

Eine derartige Konstruktion hat mehrere Konsequenzen. Zunächst führt sie zu einer **Expansion des nationalen Strafanwendungsrechts,** weil die nationale Strafgewalt auf im Ausland (in Luxemburg) und in einem internationalen (unionsrechtlichen) Verfahren begangene Aussagedelikte erweitert wird.[113] Nach § 5 Nr. 10 StGB gilt deutsches Strafrecht nur für solche im Ausland begangenen Aussagedelikte, die sich auf ein im Inland anhängiges Verfahren beziehen, etwa im Fall einer Falschaussage vor einem ausländischen Gericht oder vor einer anderen ausländischen Stelle für Zwecke eines *in Deutschland* anhängigen Zivilprozesses.[114] Fehlt es an einem derartigen Zusammenhang, so ließ sich die deutsche Strafgewalt früher nicht aus § 5 Nr. 10 StGB, sondern nur aus Art. 30 EuGH-Satzung i. V. m. dem einschlägigen deutschen Straftatbestand (§§ 153ff. StGB) begründen (so in **Fall 1**); inzwischen hat der Gesetzgeber aber den Anwendungsbereich der §§ 153ff. auf internationale Gerichte erweitert (§ 162 Abs. 1 StGB, vgl. auch § 3 Rn. 84).[115] 21

Dies führt zu einer zweiten, unmittelbar materiell-strafrechtlichen Konsequenz: Geht man mit der h. M. davon aus, dass eine primärrechtliche Assimilierungs-Vorschrift wie Art. 30 EuGH-Satzung *self-executing* und damit unmittelbar geltendes Unionsrecht ist,[116] so führt dies zu einer **Erweiterung des einschlägigen nationalen Tatbestands** um die entsprechende primärrechtliche Assimilierungs-Vorschrift (s. nun § 162 Abs. 1 StGB für die Aussagedelikte).[117] Es ist dabei zweitrangig, ob durch Assimilierung „supranationale Gesamttatbestände" entstehen[118] oder ob „lediglich" nationale Strafgesetze „europäisiert" werden;[119] entscheidend ist das Ergebnis: Es wird eine strafanwendungsrechtliche und materiellrechtliche **Expansion nationaler Tatbestände** durch supranationales europäisches Recht erreicht, die wegen des Grundsatzes des Vorrangs des Unionsrechts (Rn. 41ff.) innerstaatliche Beschränkungen außer Kraft setzt.[120] Dieser Befund ist auch deshalb bemerkenswert, weil die Union damit – im Wege der Ausdehnung der Reichweite vorfindlicher nationaler Strafgesetze – unmittelbar geltendes **supranationales Unionsrecht** schafft[121] und faktisch ihre in diesen Bereichen mangelnde Strafrechtssetzungsbefugnis (§ 9 Rn. 8f.) überspielt. 22

Gegen die Assimilierungstechnik werden denn auch eine Reihe von **Bedenken** vorgebracht: Durch den Verweis auf nationale Strafgesetze würden *Unterschiede* des straf- 23

[113] *Eisele,* JA 2000, 899f.; *Satzger,* 2001, S. 192; *ders.,* 2013 § 8 Rn. 13; *Tiedemann,* NJW 1993, 25; vgl. auch *Dannecker/Freitag,* ZStW 116 (2004), 808; *Asp,* FS Frisch, 2013, S. 1389.

[114] Vgl. MünchKomm/*Ambos,* § 5 Rn. 30.

[115] *Satzger,* 2001, S. 195; *Hecker/*Zöller, S. 61ff. (Fall 7).

[116] Vgl. BGHSt 17, 121 (122); *Eisele,* JA 2000, 900 m.w.N.; *Jescheck,* FS Maurach, 1972, S. 592; *Oehler,* Rn. 912; *Pabsch,* NJW 1959, 2002ff.; anders *Satzger,* 2001, S. 192ff. m.w.N.; *ders.,* 2010 § 8 Rn. 14f.; *ders.,* in: Sieber et al., § 9 Rn. 17; *Esser,* 2014, § 2 Rn. 45.

[117] Zur früheren Lage 2. Aufl., § 11 Rn. 19. Bzgl. § 353b StGB s. *Möhrenschlager,* in: Dannecker, S. 165. Das Prinzip kann aber auch die Strafbarkeit einschränken, so etwa bei der Anerkennung ausländischer Genehmigungen im Umweltstrafrecht, vgl. *Heger,* ZIS 2013, 290.

[118] So *Böse,* S. 108; ebenso *Vogel,* in: Dannecker, S. 173; LdR-Strafrecht/*Dannecker,* S. 303; *Dannecker,* Jura 2006, 99f.; *Hecker,* 2012, § 7 Rn. 6, 9f.

[119] So versteht *Satzger,* 2001, 193 die Sichtweise von *Nehring,* Strafnormen im Atomenergierecht, 1965, S. 163, der eine direkte Wirkung der Unionsnorm verneint. Siehe auch *Rosenau,* ZIS 2008, 9; *Heger,* in: Böse, 2013, § 5 Rn. 27ff.

[120] *Satzger,* 2001, 195; krit. auch *Dannecker,* Jura 2006, 100.

[121] *Dannecker,* Jura 1998, 81; *Eisele,* JA 2000, 900; *Gröblinghoff,* Die Verpflichtung des deutschen Strafgesetzgebers zum Schutz der Interessen der EU, 1996, S. 52f.; *Johannes,* EuR 1968, 69ff., 81; *Jokisch,* Gemeinschaftsrecht, 2000, S. 87; *Tiedemann,* NJW 1993, 25.

rechtlichen Schutzes von Unionsrechtsgütern geradezu *festgeschrieben,* weil die Wirkung der Verweisung von der Existenz eines nationalen Straftatbestandes abhänge und ein solcher nicht immer gegeben sei oder aufgehoben werden könne.[122] Ferner werde gegen den Grundsatz *nullum crimen sine lege* verstoßen, weil der nationale (Straf-)Gesetzgeber auf die Inbezugnahme seiner Tatbestände keinen Einfluss nehmen könne.[123] Auch gibt es Fälle, in denen der auf Grund der Assimilierung entstandene „Gesamttatbestand" *schwierige Auslegungsfragen* aufwirft.

So bestimmt die primärrechtliche Verweisungsnorm des *Art. 194 Abs. 1 a. E. EAGV:* „(...) Jeder Mitgliedstaat behandelt eine Verletzung dieser Verpflichtung [zur Geheimhaltung] als einen Verstoß gegen seine Geheimhaltungsvorschriften; er wendet dabei hinsichtlich des sachlichen Rechts und der Zuständigkeit seine Rechtsvorschriften über die Verletzung der Staatssicherheit oder die Preisgabe von Berufsgeheimnissen an." Dadurch kommt es zunächst zu einer Erweiterung der §§ 93 Abs. 1, 203, 353b StGB.[124] Liest man etwa die europarechtliche Vorgabe in die Legaldefinition des Staatsgeheimnisses in *§ 93 Abs. 1 StGB* hinein, so läuft dies darauf hinaus, neben der „Gefahr eines schweren Nachteils für die *äußere Sicherheit* der Bundesrepublik Deutschland" eine solche für Euratom oder für einen Mitgliedstaat zum Tatbestandsmerkmal zu machen. Daraus ergibt sich die Frage, ob eine supranationale Organisation überhaupt eine einem Staat vergleichbare *äußere* Sicherheit hat.[125] Die Frage war früher zu verneinen, da die Gemeinsame Außen- und Sicherheitspolitik der EU als „2. Säule" nur in Form intergouvernementaler Kooperation stattfand und deshalb nicht mit der eines selbstständigen Staatsgebildes vergleichbar war.[126] Mit dem Lissabonner Vertrag hat insoweit aber eine Supranationalisierung stattgefunden (§ 9 Rn. 2 mit Fn. 9), die es jedenfalls vertretbar erscheinen lässt, von einer gemeinsamen Außenpolitik und äußeren Sicherheit der Union zu sprechen.[127] Hinsichtlich *§ 353b StGB* fragt es sich, ob die Assimilierung bei Euratom-Geheimnissen zu einem Wegfall des Ermächtigungserfordernisses des Absatzes 4 führt, weil die dort genannten ermächtigenden Stellen bei Euratom nicht existieren.[128]

24 Ferner stellt es sich als problematisch dar, wenn Verweisungsnormen, wie etwa der erwähnte Art. 30 EuGH-Satzung, ohne weitere Präzisierung **nationales Strafrecht global in Bezug nehmen.**[129] Denn es kann mit gutem Grund bezweifelt werden, ob dem Normunterworfenen die mit einer globalen Verweisung auf das jeweilige nationale Strafrecht der Mitgliedstaaten verbundenen besonderen Schwierigkeiten bei der **Normfindung** unter dem Gesichtspunkt des Bestimmtheitsgebots zugemutet werden können (Rn. 29f.).[130]

Als **Ausweg** aus all diesen Unsicherheiten wird teilweise vorgeschlagen, die Erweiterungen nationalen Strafrechts durch Assimilierung klarstellend in die jeweils in Bezug genommenen nationalen Vorschriften aufzunehmen.[131] Eine derartige Vorgehensweise müsste jedoch mit der Rechtsprechung des EuGH in Konflikt geraten, lehnt dieser doch eine Wiederholung unmittelbar anwendbaren Unionsrechts in natio-

---

[122] *Satzger,* 2001, 196 m.w.N.; *Bacigalupo,* in: Dannecker, 146f.; *Pabsch,* Überstaatliche Hoheitsgewalt, 1965, S. 176; *Tiedemann,* ZStW 116 (2004), 950; *Ambos,* 2010a, S. 19 (Fall 2 Rn. 16); krit. auch *Jokisch,* Gemeinschaftsrecht, 2000, S. 88; *Eisele,* JA 2000, 900; vgl. schließlich *Bacigalupo,* in: Schünemann, 2006, S. 82f.

[123] So *Jung/Schroth,* GA 1983, 264.

[124] *Tiedemann,* NJW 1993, 25; vgl. auch *Tiedemann,* AT, 2014, Rn. 83; ferner *Pabsch,* Überstaatliche Hoheitsgewalt, 1965, S. 153ff.

[125] *Oehler,* Rn. 921; *ders.,* GS Grünhut, 1965, S. 112.

[126] *Satzger,* 2001, S. 197.

[127] Vgl. auch NK/*Paeffgen,* § 93 Rn. 28; a. A. wohl S/S/*Sternberg-Lieben,* § 93 Rn. 19.

[128] *Oehler,* Rn. 921; *Satzger,* 2001, S. 197.

[129] *Oehler,* Rn. 922; *Satzger,* 2001, S. 197f.

[130] *Satzger,* 2001, S. 197f.; vgl. auch *Oehler,* Rn. 922.

[131] *Oehler,* Rn. 922; *Pabsch,* NJW 1959, 2004; *Grasso,* Comunidades Europeas y derecho penal, 1993, S. 163f.

nalen Gesetzen ausdrücklich ab, um die Unterscheidbarkeit zwischen dem (vorrangigen) Unionsrecht und den nationalen Rechtsordnungen zu gewährleisten.[132] *Satzger*[133] hat deshalb vorgeschlagen, den Verweisungsnormen keine unmittelbare Wirkung zuzuschreiben, sondern in ihnen statt dessen lediglich Verpflichtungen der Mitgliedstaaten zu sehen, ihre Strafgesetze im Hinblick auf den Schutz der relevanten Unionsrechtsgüter umzugestalten. Ergänzend wirke dann das Gebot unionsrechtskonformer Auslegung (näher Rn. 46ff.) der nationalen Strafgesetze durch die nationalen Gerichte.

Neben den Fällen primärrechtlicher Verweisungen des Unionsrechts auf nationales (Straf-) 25
Recht lässt sich auch noch die Assimilierung unionsrechtlicher Rechtsgüter in der Weise denken, dass **Sekundärrecht der Union** (hier: Verordnungen) auf nationales Strafrecht verweist.[134] Sind nun aber bereits die primärrechtlichen Assimilierungen, wie gezeigt, mangels einer originären Strafrechtssetzungskompetenz der Union erheblichen Bedenken ausgesetzt, so verwundert es nicht, dass die h. M.[135] die **Zulässigkeit** einer sekundärrechtlichen Assimilierung *a limine* **verneint.** Der entscheidende Unterschied zwischen primär- und sekundärrechtlicher Verweisung besteht eben darin, dass diese nicht einmal, wie etwa Art. 194 EAGV, auf einem völkerrechtlichen Vertrag beruht.[136] Zu Recht ist man daher von der Technik der sekundärrechtlichen Verweisung abgekommen.[137]

Gleichwohl arbeitet etwa das **„Zollinformationssystem“,** eine bei der Kommission geführte zentrale Datenbank, auf die die Zollbehörden der Mitgliedstaaten direkten Zugriff haben, nach wie vor auf der Grundlage der EG-VO 515/97 des Rates vom 13.3.1997[138] in der durch Art. 1 ÄndVO (EG) 766/2008 vom 9.7.2008 geänderten Fassung[139] und deren Art. 45 Abs. 1 S. 2 bestimmt für die übermittelten Daten: „Sie fallen unter das Berufsgeheimnis und genießen den Schutz, den das innerstaatliche Recht des Mitgliedstaats, der sie erhalten hat, für Auskünfte dieser Art gewährt (...).“ Eine Verordnung des Rates verweist damit (weiterhin) zum Zweck der Assimilierung auf deutsche Strafvorschriften (etwa §§ 203, 204, 353b StGB).[140]

II. Verweisung des nationalen auf das Unionsrecht

Häufig verweist nationales auf Unionsrecht. Es liegt dann der gegenüber der Technik 26
der Assimilierung umgekehrte Fall vor (dazu **Fall 2** und das folgende **Schaubild**).

---

[132] *EuGH,* Amsterdam Bulb B. V. v. Produktschap voor Siegewasser Urt. v. 2.2.1977, Leitsatz 2; *EuGH,* Variola v. Amministrazione italiana delle Finanze Urt. v. 10.10.1973, para. 11. Dazu *Satzger,* 2001, S. 199f.

[133] *Satzger,* 2001, S. 193ff., 198ff., 206, 700f.

[134] Beispiele bei *Satzger,* 2001, S. 207.

[135] *Eisele,* JA 2000, 900; *Satzger,* 2001, S. 208; *Tiedemann,* NJW 1993, 25; *ders.,* ZStW 116 (2004), 950.

[136] *Tiedemann,* NJW 1993, 25; *ders.,* ZStW 116 (2004), 950.

[137] LdR-Strafrecht/*Dannecker,* S. 303; *Dannecker/Freitag,* ZStW 116 (2004), 808 m.w.N.; *Hecker,* 2012, § 7 Rn. 15; *Heger,* in: Böse, 2013, § 5 Rn. 38f.

[138] VO (EG) Nr. 515/97 des Rates vom 13.3.1997 über die ggs. Amtshilfe zwischen Verwaltungsbehörden der Mitgliedstaaten und die Zusammenarbeit dieser Behörden mit der Kommission im Hinblick auf die ordnungsgemäße Anwendung der Zoll- und der Agrarregelung (Abl. EG L 82 v. 22.3.1997, 1).

[139] Abl. EG L 218 v. 13.8.2008, 48ff.

[140] *Satzger,* 2001, S. 207.

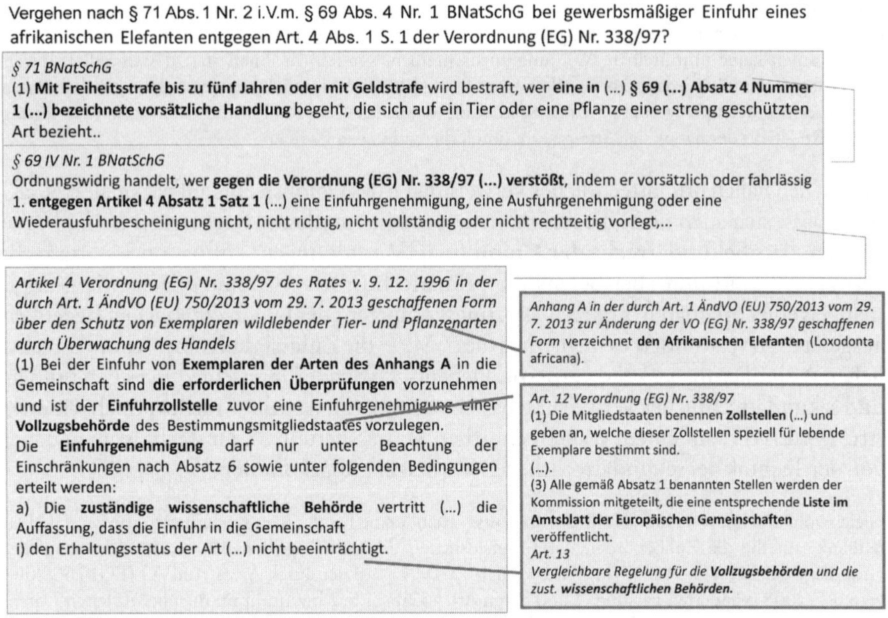

Schaubild 23: „Rechtsauffindung" im Fall einer Verweisung deutschen (Straf-)Rechts auf Unionsrecht

27 Insoweit lässt sich zwischen einer Verweisung in einem deutschen *Strafgesetz*[141] oder in einer *Verordnung* unterscheiden.[142] Dabei kommt es bei **Verweisungen aus dem nationalen Recht** in das Unionsrecht[143] zu einer intensiveren „strafrechtlichen Europäisierung" als bei der Assimilierung, wird doch das **Unionsrecht** für den Inhalt einer nationalen Strafnorm **unmittelbar maßgeblich.**[144] Solche Verweisungen werfen denn auch eine Reihe von **Fragen** auf: Zunächst wird teilweise bereits bezweifelt, ob der deutsche (Straf-) Gesetzgeber *befugt* ist, nach eigenem Ermessen bestimmte unionsrechtliche Verhaltensnormen mit nationalen strafrechtlichen Sanktionsnormen zu bewehren, wenn dies das Unionsrecht nicht selbst vorsieht, würde er in diesem Fall doch gewissermaßen *ultra vires* handeln.[145] Zudem drohe – im Widerspruch zum Harmonisierungsziel – eine *Ungleichbehandlung* der unionsrechtlichen Normadressaten, wenn nur in einigen Mitgliedstaaten bestimmte Normbrüche strafrechtlich sanktioniert würden.[146]

141 Beispiele bei Rn. 38 im Kleindruck.

142 Vgl. zu den verschiedenen Verweisungsmodellen *Erbs/Kohlhaas,* Registerband, Stichwort: Blankettvorschriften; *Satzger,* 2001, S. 235 f.

143 Zahlreiche Beispiele für Bezugnahmen deutscher Straf- oder Bußgeldvorschriften auf EU-Recht bei *Erbs/Kohlhaas,* Registerband, Stichwort Blankettvorschriften; vgl. ferner *Satzger,* 2001, S. 235 f.; *ders.*, in: Sieber et al., § 9 Rn. 25 ff., *Hecker,* 2012, § 7 Rn. 82 ff.; *Safferling,* 2011, § 11 Rn. 60. Siehe auch die Fälle bei *Köpferl,* Jura 2011, 234 und *Hecker*/Zöller, S. 127 ff. (Fall 13).

144 *Satzger,* 2001, S. 210. Ausf. zu hierbei möglicherweise entstehenden Anpassungsproblemen und ihrer Kompensation *Schützendübel,* S. 75 ff.

145 *Oehler,* Rn. 933; *ders.*, FS Baumann, 1992, S. 568.

146 *Oehler,* FS *Jescheck,* 1985, S. 1405 f. Fn. 10; *Satzger,* 2001, S. 211 f.; vgl. auch *Bacigalupo,* in: Dannecker, S. 149 ff.

Insgesamt ist diese Argumentation aber nicht überzeugend,[147] denn gerade wenn man von der mangelnden Strafrechtssetzungskompetenz der Union ausgeht, sollte man den Mitgliedstaaten die souveräne Entscheidung überlassen, eine bestimmte Unionsnorm strafrechtlich zu schützen; zumal dadurch deren Inhalt nicht verändert wird. Schließlich ist auch zu beachten, dass die Mitgliedstaaten vertraglich verpflichtet sind, Unionsrechtsgüter zu schützen (dazu Rn. 37ff.).[148]

Zudem werden gegen nationale Verweisungsnormen **verfassungsrechtliche Bedenken** vorgebracht.[149] Besonders für die Fälle dynamischer Verweisungen werden die Wahrung des Gewaltenteilungsgrundsatzes, des Demokratieprinzips und des Bestimmtheitsgrundsatzes[150] in Frage gestellt. Diese Bedenken erhalten deshalb eine besondere Relevanz im Falle von Verweisungen auf das Unionsrecht, weil insoweit eine **Verknüpfung zweier autonomer Rechtsordnungen** – der unionsrechtlichen[151] und der nationalen – stattfindet. Die Harmonisierung der mitgliedstaatlichen Rechtsordnungen durch solche Verweisungen setzt dabei voraus, dass die nationale Verweisungsnorm (das Strafblankett) den materiell-rechtlichen Gehalt der unionsrechtsrechtlichen Norm *in seiner unionsrechtlichen Bedeutung* inkorporiert. Es kommt also *nicht* zu einer *Normverdopplung*, indem neben das unionsrechtliche Ver- oder Gebot ein solches des nationalen Rechts tritt; vielmehr ist die entstehende **national-unionsrechtliche Norm janusköpfig:** sie ist im Hinblick auf das Verweisungsobjekt *europarechtlich* und im Hinblick auf die Verweisungs-/Blankettnorm *nationalrechtlich* bestimmt.[152] 28

Wegen der daraus folgenden Akzessorietät der Blankettnorm im Hinblick auf das unionsrechtliche Verweisungsobjekt hat der nationale (deutsche) Rechtsanwender bei der Subsumtion unter die „Vollvorschrift" **unionsrechtliche Auslegungsmaßstäbe** (Rn. 46ff.) anzulegen;[153] doch bedeutet dies nicht, dass **allgemeine verfassungsrechtliche Vorgaben** unbeachtlich wären. Denn die – grundsätzlich vorrangige – unionsrechtliche (Verhaltens-)Norm (das Verweisungsobjekt) wird formal in ein deutsches Strafblankett inkorporiert und somit Teil des deutschen Rechts, welches am Grundgesetz (Art. 103 Abs. 2, 104 Abs. 1 S. 1) zu messen ist.[154] Mit Blick auf den **Bestimmtheitsgrundsatz** ist insoweit zwischen seiner freiheitsgewährleistenden und kompetenzwahrenden Komponente in Form der *Bestimmtheit* des Gesetzes und des *materiellen* – statt förmlichen – *Gesetzesvorbehalts* zu unterscheiden.[155] Was die Bestimmtheit angeht, so wird man dem Gesetzgeber ein gewisses Maß an „Typisierung und Normativierung" zugestehen müssen, insbesondere wenn es nicht um Kernstrafrecht, sondern etwa um an bestimmte Berufsgruppen gerichtetes Nebenstrafrecht („Expertenstrafrecht") geht.[156] Entscheidend ist, ob dem Normunterworfenen der *Rechts-* 29

---

[147] *Satzger,* 2001, S. 211 m.w.N.

[148] *Satzger,* JuS 2004, 948 (Auseinanderfallen der straf- und wirtschaftsrechtlichen Gesetzgebungskompetenz).

[149] *Klindt,* DVBl. 1998, 375ff.; *Satzger,* in: Sieber et al., § 9 Rn. 29ff. *Mansdörfer,* Jura 2004, 305 führt die im Bereich der umweltstrafrechtlichen Blanketttatbestände hohe Einstellungsquote (§§ 153, 153a StPO) auf die im Text genannten Bedenken zurück.

[150] Instruktiv *Böse,* FS Krey, 2010, S. 7ff. Vgl. auch *Satzger/Langheld,* HRRS 2011, 460; *Esser,* 2014, § 2 Rn. 106ff.

[151] *Zweigert,* RabelsZ 1964, 605.

[152] *Satzger,* 2001, S. 232f. m.w.N.; *Hecker,* 2012, § 7 Rn. 77.

[153] *Satzger,* 2001, S. 233; vgl. auch *Nestler,* NStZ 2012, 672ff. (insb. 677ff.) anhand von § 34 Abs. 4 AWG.

[154] *Satzger,* 2001, S. 237ff. m.w.N.; *ders.,* 2013, § 9 Rn. 63.

[155] BVerfGE 78, 374 (382); *Satzger,* 2001, S. 240f. (241ff., 247ff.); *Niehaus,* wistra 2004, 208; *Böse,* FS Krey, 2010, S. 8.

[156] *Satzger,* JuS 2004, 943f.; *ders.,* 2013, § 9 Rn. 67; *ders.,* in: Sieber et al., § 9 Rn. 30; insoweit zum Artenschutzstrafrecht *Stegmann,* Artenschutz-Strafrecht, 2000, S. 112ff.; *Mansdörfer,* Jura 2004, 305; krit. *Niehaus,* wistra 2004, 209; zum Steuerstrafrecht 2. Aufl., § 11 Rn. 47 Fn. 273.

auffindungsaufwand zumutbar ist.[157] Im Hinblick auf den **Gesetzesvorbehalt** ist zu beachten, dass es auf Grund des Art. 103 Abs. 2 GG zugrunde liegenden materiellen Gesetzesbegriffs grundsätzlich verfassungsrechtlich zulässig ist, wenn Blankettstrafgesetze auf – auf Art. 80 Abs. 1 S. 2 GG beruhende – Rechtsverordnungen verweisen, soweit bereits durch das (förmliche) Blankettgesetz das strafbare Verhalten sowie Art und Maß der Strafe hinreichend deutlich bestimmt sind und den Verordnungen nur spezifizierende Wirkung zukommt.[158] Entsprechendes wird man grundsätzlich im Fall von Bezugnahmen auf *unmittelbar geltendes* Unionsrecht annehmen können, welches sich in gleicher Weise an die Bürgerinnen und Bürger wendet, wie etwa Rechtsverordnungen, die auf Art. 80 Abs. 1 S. 2 GG beruhen.[159]

30 Für (statische oder dynamische) Verweisungen auf Unionsrecht (in der Regel Verordnungen) ergeben sich daraus unterschiedliche **Folgerungen.**[160] Eine **statische** Verweisung **auf innerstaatliches Recht** ist mit Art. 103 Abs. 2 GG vereinbar, wenn Verweisungsnorm und Objekt der Verweisung je für sich hinreichend bestimmt bzw. über einen *„Gesamtwertungsakt"*[161] erschließbar sind. Das Gleiche gilt bei der (statischen) Verweisung eines deutschen Blankettstrafgesetzes auf Unionsrecht. Insoweit ist aber wegen des grundsätzlich gesteigerten „Rechtsauffindungsaufwands" des Normunterworfenen zu fordern, dass das Verweisungsobjekt stets mit präziser Fundstelle in der Verweisungsnorm bezeichnet wird.[162] Bei einer **dynamischen** Verweisung liegt das Hauptproblem darin, dass sich der Inhalt des Verweisungsobjekts ändert (eben „dynamisch" ist) und sich der Rechtsauffindungsaufwand für den Normunterworfenen damit erhöht.[163] Dem Bestimmtheitsgebot nicht mehr gerecht werden dürften vor diesem Hintergrund jedenfalls dynamische Globalverweisungen auf sämtliche Rechtsakte der Union.[164] Bei einer (dynamischen) Verweisung *auf eine Rechtsverordnung* verschärft sich die verfassungsrechtliche Problematik, zunächst im Hinblick auf die *kompetenzwahrende* Funktion des Bestimmtheitsgrundsatzes.[165] Denn in diesem Fall besteht die Gefahr, dass die der Legislative vorbehaltene Rechtssetzungskompetenz in unzulässiger Weise auf die Exekutive delegiert wird. Deshalb verlangt Art. 103 Abs. 2 GG, wie beim innerstaatlichen Verweis auf Rechtsverordnungen, dass die Voraussetzungen und Art und Maß der Strafe im Blankettstrafgesetz (oder einem anderen durch das Blankett in Bezug genommenen Gesetz, insbesondere der Ermächtigungsgrundlage i. S. d. Art. 80 Abs. 1 S. 2 GG), möglichst genau bestimmt werden, so dass der *gesetzliche* Tatbestand durch das Verweisungsobjekt nur noch *spezifiziert* wird.[166] Was die „freiheitswahrende" *Bestimmtheit* angeht, so liegt es auf der Hand, dass sie je eher zu verneinen sein wird, desto schwieriger die Auffindung der in Bezug genommenen Norm ist. Hier können nur „höchste Anforderungen an die Verweisungstechnik" helfen, um dem Normadressaten die Rechtsauffindung zu erleichtern.[167] Geht es nun um **dynamische (Außen-)Verweisungen auf Unionsrecht,** gilt bezüglich der *kompetenzwahrenden* Komponente des Art. 103 Abs. 2 GG das Gleiche wie bei den – der EU-Verordnung gleichgestellten – nationalen Rechtsverordnungen. Der Gesetzesvorbehalt ist also gewahrt, wenn bzw. soweit dem unionsrechtlichen Verordnungsgeber allein die *Spezifizierung* des (Gesamt-)Straftatbestandes überlassen wird.[168] Problematischer ist dagegen einmal mehr die

---

157 *Satzger,* 2001, S. 241 ff. insb. 242, 246; *ders.,* JuS 2004, 944.

158 BVerfGE 14, 174 (186); 75, 329 (342); 78, 374 (382); 83, 238 (269); 87, 363 (391 f.); BGHSt 42, 219 (221); *Satzger,* 2001, 247 f.; *Stegmann,* Artenschutz-Strafrecht, 2000, S. 120 f.; *Moll,* Blankettstrafgesetzgebung, 1998, S. 153 f.; *Niehaus,* wistra 2004, 210; *Hecker,* 2012, § 7 Rn. 87; *ders.,* in: Sieber et al., § 29 Rn. 14; *Böse,* FS Krey, 2010, S. 8 ff.

159 *Hellmann/Beckemper,* Wirtschaftsstrafrecht, 2004, Rn. 759 unter Verweis auf BVerfGE 26, 338 (367); in den folg. Aufl. nicht mehr enthalten.

160 Eingehend *Satzger,* 2001, S. 249 ff.; zusf. S. 269 f.

161 *Satzger,* 2001, S. 249 f. m. w. N.

162 *Satzger,* 2001, S. 253 m. w. N.; *ders.,* 2013, § 9 Rn. 70; *ders.,* JuS 2004, 947. Zur möglichen Straflosigkeit bei Austausch des Verweisungsobjekts *Hecker,* 20102, § 7 Rn. 88 ff.

163 Vgl. *Satzger/Langheld,* HRRS 2011, 464.

164 Zutreffend krit. *Niehaus,* wistra 2004, 207 u. 210 bzgl. §§ 12 Abs. 1 S. 1, 2 MOG (Gesetz zur Durchführung der Gemeinsamen Marktorganisation). Vgl. auch *Dannecker,* ZStW 117 (2005), 738 f., nach dem es freilich wg. des Anwendungsvorrangs gar nicht auf die „nationalen Verfassungsgarantien, sondern nur auf das gemeinschaftliche Verfassungsrecht" ankommen könne.

165 *Satzger,* 2001, S. 255; auch *Hecker,* 2012, § 7 Rn. 94 ff. mit zahlreichen Beispielen.

166 *Satzger,* 2001, S. 255 f. m. w. N.

167 *Satzger,* 2001, S. 257; vgl. auch *Dannecker,* Jura 2006, 101.

168 *Satzger,* 2001 S. 260 f. m. w. N.; *Niehaus,* wistra 2004, 210; vgl. auch *Böse,* FS Krey, 2010, S. 16 ff., der es sogar für möglich hält, bei Verweisung auf sekundäres Unionsrecht einen großzügigeren Maßstab anzulegen als bei Verweisungen auf innerstaatliche Rechtsverordnungen.

Bestimmtheit eines solchen Blankettatbestands. Über die bei der dynamischen Verweisung im innerstaatlichen Recht aufgezeigten Schwächen hinaus kommt hinzu, dass die Verweisung in eine *andere,* nämlich die unionsrechtliche Rechtsordnung hinein erfolgt. Die Suche nach EU-Verordnungen in ihrer jeweils gültigen Fassung ist für den (deutschen) Normadressaten jedoch mit erheblichen Schwierigkeiten verbunden und eine solche Verweisung impliziert damit einen in der Regel **unzumutbaren Rechtsauffindungsaufwand.**[169] Eine ausreichende Bestimmtheit wird deshalb nur ausnahmsweise anzunehmen sein, wenn es um an einen ausgewählten Adressatenkreis gerichtete Normen geht („Expertenstrafrecht") und/oder nur geringe Strafen angedroht werden.[170] Nach dem BGH soll eine Verweisung aber auch dann hinreichend bestimmt sein, wenn das Verweisungsobjekt, d. h. die jeweils in Bezug genommene europäische Rechtsvorschrift, während des fraglichen Tatzeitraums nicht geändert wurde.[171] Zu überzeugen vermag dieser Ansatz allerdings nicht, da er die verfassungsmäßig gebotene Bestimmtheit der Norm von bloßen Zufälligkeiten – nämlich dem „ob" und „wann" einer Gesetzesänderung – abhängig macht.[172] Dieselben Erwägungen gelten bei – dem in der Praxis seltenen – Verweis auf unionsrechtliche *Richtlinien.*[173]

Aus dem Rechtsstaatsprinzip folgt weiter das Gebot ordnungsgemäßer **Bekanntmachung bzw. Veröffentlichung.** Es ist die Voraussetzung gesellschaftlicher und individueller Verhaltenssteuerung durch (Straf-)Recht. Denn Normgehorsam ist nur möglich, wenn die Normen den Normunterworfenen (den Bürgern) bekannt sind. Bei der Verweisungstechnik müssen folglich Verweisungsnorm und -objekt ordentlich bekannt gemacht werden.[174] Teilweise wird nun bestritten, dass bei Verweisungen deutscher Blankettstrafgesetze auf Unionsrecht die bloße Verkündung im *EU-Amtsblatt* diese Anforderungen erfüllt.[175] Dafür spricht aber aus formaler Sicht, dass das Unionsrecht unmittelbar neben dem deutschen Recht gilt und insoweit das EU-Amtsblatt die maßgebliche Rechtsquelle ist. So hat auch das BVerfG entschieden, dass die Veröffentlichung des Verweisungsobjekts im Amtsblatt für den der Unionsnorm unterworfenen deutschen Staatsbürger nicht *per se* einen unzumutbaren (Mehr-)Aufwand bei der „Rechtsauffindung" bedeute und deshalb als ordnungsgemäß anzusehen sei.[176] Dass in einem *Einzelfall* die Rechtsauffindung besondere Schwierigkeiten mit sich bringen kann – etwa weil für die Auslegung einer Norm auch deren fremdsprachliche Fassung 31

[169] *Satzger,* 2001, S. 262f. m.w.N.; *Moll,* Blankettstrafgesetzgebung, 1998, S. 153f.; *Hecker,* 2012, § 7 Rn. 101 („Verweisungsgestrüpp").

[170] *BGH* NJW 1996, 3220 spricht in Bezug auf ein Strafblankett zum Artenschutz von Greif- und Eulenvögeln vom „interessierten Normadressaten" und hebt *in concreto* darauf ab, dass der Angeklagte „Zoologie studiert hat und jahrelang als Hobby-Ornithologe tätig gewesen war." Vgl. ferner *Satzger,* 2001, S. 263f.; *ders.,* JuS 2004, 948; *ders.,* 2013, § 9 Rn. 67; *Mansdörfer,* Jura 2004, 305; *Niehaus,* wistra 2004, 209; ähnlich *Böse,* FS Krey, 2010, S. 14f.; *Heger,* in: Böse, 2013, § 5 Rn. 63; a. A. *Moll,* Blankettstrafgesetzgebung, S. 154; weniger streng auch *Schützendübel,* S. 263, der in jedem Einzelfall auf die Klarheit der Verweisungskette und die Bestimmtheit der ausfüllenden Norm abstellen will. Krit. zur Frage der Bestimmtheit des § 34 Abs. 4 AWG *Dannecker/Freitag,* ZStW 116 (2004), 813f.

[171] *BGH,* Beschl. v. 17.3.2011 – 5 StR 543/10. Vgl. zur Änderung des Bezugsobjekts auch *Heger,* in: Böse, 2013, § 5 Rn. 68ff.

[172] So auch *Satzger/Langheld,* HRRS 2011, 460.

[173] Dazu *Eisele,* JZ 2001, 1164.

[174] *Satzger,* 2001, S. 264f. mit umfangreichen Nachweisen.

[175] So explizit *Staats,* in: Rödig, Studien zu einer Theorie der Gesetzgebung, 1976, S. 244, 256f. a. E.; vgl. aber auch Sachs/*Nierhaus,* Art. 82 Rn. 22, demzufolge es hinreicht, wenn die Fundstelle der unionsrechtlichen Norm im BGBl. präzise angegeben wird; zur Veröffentlichung der für § 34 AWG relevanten Verordnungen im Bundesanzeiger *Dannecker/Freitag,* ZStW 116 (2004), 802.

[176] Vgl. *BVerfG* ZLR 1978, 203f.; BVerfGE 29, 198 (210); *BVerfG* NVwZ-RR 1992, 521f.; diff. *Böse,* S. 438f.; *Satzger,* 2001, S. 267; *Eisele,* JZ 2001, 1164; strenger *Niehaus,* wistra 2004, 209, der den Aufwand für unzumutbar hält.

mit zu berücksichtigen ist – kann im Rahmen der **„Gesamtbewertung"** von Blankettstrafgesetz und Verweisungsobjekt Berücksichtigung finden.[177]

III. Harmonisierung durch Richtlinien

32 Wie oben schon erwähnt (Rn. 5f.) sieht Art. 83 Abs. 1 AEUV nun eine weitgehende primärrechtliche Unionskompetenz zur Strafrechtsangleichung durch Richtlinien vor. Neben den explizit genannten Kriminalitätsbereichen sind auch **allgemeine Politikbereiche** von dieser Kompetenz erfasst, sofern die Strafrechtsangleichung zu ihrer wirksamen Durchführung „unerlässlich" ist (Art. 83 Abs. 2 AEUV, schon Rn. 9). Damit wurde die frühere Kontroverse um eine **Annexkompetenz** (2. Aufl., § 11 Rn. 30) zugunsten einer solchen entschieden. Die früheren Ermächtigungen, etwa im Verkehrs- oder Umweltbereich, existieren nach wie vor (Art. 91 Abs. 1 (c), 192 Abs. 1 AEUV). Freilich darf nicht übersehen werden, dass bei einer Anweisung durch Richtlinien die nationale Strafvorschrift einzig und allein auf Grund einer souveränen Entscheidung der Mitgliedstaaten erlassen wird (Art. 288 UA 3 AEUV), die Einflussnahme der Union also nur mittelbar ist.[178]

33 In der Sache ist der Lissabonner Vertrag damit der – vorauseilenden (2. Aufl., § 11 Rn. 30c) – Rspr. des **EuGH** zum **Rahmenbeschluss über den Schutz der Umwelt durch das Strafrecht**[179] gefolgt. Dort hatte der Gerichtshof angenommen, dass der „Gemeinschaftsgesetzgeber" bereits dann zum Mittel der Strafrechtsharmonisierung greifen kann, wenn dies „seiner Meinung nach erforderlich" ist, „um die volle Wirksamkeit der von ihm zum Schutz der Umwelt erlassenen Rechtsnormen zu gewährleisten, wenn die Anwendung wirksamer, verhältnismäßiger und abschreckender Sanktionen durch die zuständigen nationalen Behörden eine zur Bekämpfung schwerer Beeinträchtigungen der Umwelt unerlässliche Maßnahme darstellt."[180] Die Argumentation des EuGH gründete letztlich auf der **Annahme einer Strafrechtsharmonisierungskompetenz als Annex zur Sachregelungsbefugnis** und lässt sich daher auch auf weitere Politikbereiche übertragen.[181] Demgemäß hat der EuGH diese Linie in seiner Entscheidung zur Verarbeitung und Übermittlung von **Fluggastdaten** bestätigt,[182] denn er hat insoweit lediglich *fallbezogen* ein Annex-Verhältnis zwischen der Verarbeitung von Fluggastdaten (zu Strafverfolgungszwecken) und dem – einer gemeinschaftsrechtlichen Regelung zugänglichen – Verkauf von Flugscheinen *verneint.*[183] Im gleichen Sinne hat der EuGH am 23.10.2007 den Rb des Rates zur Verstärkung des strafrechtlichen Rahmens zur **Bekämpfung der Verschmutzung** durch Schiffe mit einer derjenigen der Leitentscheidung entsprechenden Begründung[184] für nichtig erklärt[185] und insoweit den Bereich der *gemeinsamen Verkehrspolitik* (neben der

[177] *Satzger,* 2001, S. 267f.

[178] *F. Meyer,* EuR 2011, 175 spricht insofern von einer „Intergouvernementalisierung" der Annexkompetenz. Zum Unterschied zwischen supranationaler Rechtssetzung und bloßer Anweisung insoweit schon 2. Aufl., § 11 Rn. 30 m.w.N. in Fn. 144. Diese bloß mittelbare Einflussnahme führt auch dazu, dass die im Lissabonner Vertrag grds. eröffnete Möglichkeit einer Individualnichtigkeitsklage (Art. 263 Abs. 3 AEUV) bei Harmonisierungsrichtlinien regelmäßig scheitern wird, dazu *Geiger,* S. 61f.

[179] Rb 2003/80/JI des Rates v. 27.1.2003, Abl. L 29 v. 5.2.2003, 55ff.

[180] *EuGH,* Kommission u. a. v. Rat u. a. Urt. v. 13.9.2005, para. 48; dazu *Hecker,* 2012, § 8 Rn. 25ff.; krit. *Heger,* S. 134ff.; *Rackow,* ZIS 2008, 526; w. N. 2. Aufl., § 11 Fn. 146.

[181] Nachw. zur überw. krit. Lit. in 2. Aufl., Fn. 147; siehe zudem *Zimmermann,* ZRP 2009, 74; *ders.,* NStZ 2008, 662; *Zöller,* ZIS 2009, 344ff.; *Harms/Heine,* FS Amelung, 2009, S. 393; *Reiling/Reschke,* wistra 2010, 47; *Hörich,* ZAR 2010, 49; *Hecker,* 2012, § 8 Rn. 30f.; *ders.,* in: Sieber et al., § 10 Rn. 19ff. Zu weiteren Politikbereichen *Asp,* S. 132ff.

[182] A. A. *Zöller,* GA 2007, 409; vgl. auch *Jour-Schröder/Konow,* EuZW 2006, 550f.

[183] *EuGH,* Parlament v. Rat Urt. v. 30.5.2005, para. 57; zust. *Simitis,* NJW 2006, 2013; vgl. auch *Böse,* ZStW 119 (2007), 884; *Rusteberg,* VBlBW 2007, 174; *Galli,* eucrim 2010, 124ff.

[184] Ebenso *Fromm,* ZIS 2008, 174 („Fortführung der wegweisenden Rechtsprechung"); vgl. auch u. bei Rn. 37.

[185] *EuGH,* Kommission v. Rat Urt. v. 23.10.2007, dazu auch *Hecker,* 2012, § 8 Rn. 31.

Umweltpolitik) kompetenziell mit in Anspruch genommen.[186] Trotz Art. 83 Abs. 2 AEUV kann man in diesem Ansatz immer noch (Rn. 9) eine Verwässerung des Prinzips der begrenzten Einzelermächtigung sehen[187] und es kommt darin nach wie vor ein *instrumentelles, funktionales Verständnis des Strafrechts* zum Ausdruck;[188] allerdings ist zuzugeben, dass dieses Verständnis nun vom Lissabonner Vertrag, wenn auch versehen mit einer „Notbremse" (Rn. 10), abgesegnet wurde.

Mit der expliziten Anerkennung der Annexkompetenz in Strafsachen in Art. 83 Abs. 2 AEUV scheint aber für die richterrechtlich entwickelte (ungeschriebene) Annexkompetenz (dazu oben Rn. 33) und für die **allgemeinen Harmonisierungskompetenzen** zur Verwirklichung des Binnemarkts gemäß **Art. 114ff. AEUV** (Art. 94ff. EGV a. F.; näher 2. Aufl., § 11 Rn. 31) als Grundlage sekundärrechtlicher Strafrechtsangleichung kein Raum mehr zu bestehen.[189] Ebensowenig kann auf die **Abrundungskompetenz** bzw. **„Kompetenzergänzungsvorschrift"**[190] des Art. 352 AEUV (Art. 308 EGV a. F.) zurückgegriffen werden.[191] 34

Uneinheitlich wird die **Reichweite** der unionsrechtlichen Anweisungskompetenz[192] beurteilt („Anweisungsdichte"):[193] Während teilweise angenommen wird, die Befugnis erstrecke sich auch auf detaillierte Vorgaben zu den Tatbestandsvoraussetzungen sowie zu Art und Maß der vorzusehenden Strafe,[194] will die wohl h. M. zutreffend nur die Festlegung von **Zielvorgaben** („Leitbilder") und eine „Angleichung der **Ahndungseffekte**" erlauben.[195] Das ist trotz der Erstreckung der Angleichungsbefugnis auf Strafen in Art. 83 AEUV (Rn. 7) nach wie vor überzeugend. Gegen eine detaillierte Harmonisierungskompetenz spricht zunächst die *fehlende allgemeine Strafrechtssetzungskompetenz* der Union (§ 9 Rn. 5ff.), denn diese würde durch möglichst genaue sekundärrechtliche Vorgaben unterlaufen.[196] Ferner setzt das – auf den Grundsätzen 35

[186] *EuGH,* Kommission v. Rat Urt. v. 23.10.2007, para 69: „... haben diese Artikel im Wesentlichen die Verbesserung der Sicherheit des Seeverkehrs und den Umweltschutz zum Ziel und hätten wirksam auf der Grundlage von Art. 80 Abs. 2 EG erlassen werden können."

[187] S. 2. Aufl., § 11 Rn. 30a m.w.N. in Fn. 148.

[188] Zutr. *Sánchez Parra,* RDP 16/2006, 50f., 55 („concepción mas instrumental"); ebenso *Šugmann Stubbs/Jager,* KritV 2008, 65 („Strafrecht als Mittel zum Zweck").

[189] Vgl. auch *Böse,* in: Böse, 2013, § 4 Rn. 48 („Vorrang der spezifisch auf das Strafverfahren bezogenen Ermächtigung"); *F. Meyer,* S. 417f.; offengelassen bei *Miettinen,* S. 52f.

[190] Vgl. Geiger/*Khan*/Kotzur, 2010, Art. 352 AEUV Rn. 1.

[191] Für eine restriktive Auslegung schon 2. Aufl., § 11 Rn. 31 mit Fn. 165. Ebenso Streinz/*Satzger,* Art. 83 AEUV Rn. 25 („ausgeschlossen"); *Safferling,* 2011, § 10 Rn. 71 („ungerechtfertigte Umgehung"). Vgl. auch *Hecker,* 2012, § 8 Rn. 40 („[h]öchst subsidiär"); a. A. wohl *Asp,* S. 137ff., der insb. eine theoretische Anwendungsmöglichkeit im Bereich des AT sieht; vgl. auch *Nilsson,* EuCLR 2 (2012), 121f.

[192] Krit. zum Begriff *Safferling,* 2011, § 10 Rn. 47, 55.

[193] Zum Ganzen *Satzger,* 2001, S. 404f.; *Eisele,* JZ 2001, 1161ff.; *Mansdörfer,* Jura 2004, 299; *Hecker,* 2012, § 8 Rn. 55; vgl. auch *Ligeti,* Zusammenarbeit, 2005, S. 255ff.; *Simon,* NJECL 3 (2012), 249f.; zusf. zur Rspr. *Suhr,* ZEuS 2008, 58ff.

[194] *Böse,* S. 71, 411ff.; *Hugger,* Strafrechtliche Anweisungen der EG, 2000, S. 59ff.; *Johannes,* EuR 1968, 107f.; *Jung/Schroth,* GA 1983, 263f.; *Zuleeg,* in: Sieber, Europäische Einigung und Europäisches Strafrecht, 1993, S. 54f.; tendenziell auch *Eisele,* JZ 2001, 1162, 1164; deutlich *ders.,* JZ 2008, 254; in diese Richtung bereits *Zweigert,* RabelsZ 1964, 617f.; auch *Dannecker,* ZStW 117 (2005), 724.

[195] Vgl. *Tiedemann,* NJW 1993, 26; ferner *Dieblich,* Der strafrechtliche Schutz der Rechtsgüter der EGen, 1985, S. 283ff.; *Jokisch,* Gemeinschaftsrecht, 2000, S. 84ff.; *Gröblinghoff,* Schutz der Interessen der EU, 1996, S. 135f., 142; *Esser,* StV 2004, 222 Fn. 14; *Hecker,* JA 2002, 726; *Oehler,* FS Jescheck, 1985, S. 1408; *ders.,* FS Baumann, 1992, S. 566; *Perron,* in: Dörr/Dreher, Europa als Rechtsgemeinschaft, 1997, S. 140ff.; *Duttge,* FS Weber, 2004, S. 288f. u. 307f.; *Rosenau,* ZIS 2008, 15; *Klip,* 2012, S. 172ff.; *Hecker,* in: Ambos, 2011, S. 21.

[196] *Hecker,* 2012, § 8 Rn. 7f., 36ff., 55; krit. auch *Dannecker,* Jura 2006, 98; *Rosenau,* ZIS 2008, 15.

der Verhältnismäßigkeit und Subsidiarität (§ 9 Rn. 5), beruhende – *strafrechtsspezifische* **Schonungsgebot** der Harmonisierungstätigkeit Grenzen: Die Union darf keine unmittelbar anwendbaren Strafnormen erlassen, die zudem den Mitgliedstaaten so detailliert Tatbestand und Rechtsfolge vorgeben, dass ihnen kein Umsetzungsspielraum verbleibt.[197] Schließlich ergibt sich – im Hinblick auf *Richtlinien* – aus Art. 288 AEUV (Art. 249 Abs. 3 EGV), dass den Mitgliedstaaten die Wahl der Form und Mittel zur Erreichung des vorgegebenen Zwecks verbleiben muss.[198] Die Reichweite einer unionsrechtlichen Anweisung ist deshalb nach wie vor **von Fall zu Fall** unter Berücksichtigung der genannten Kriterien zu entscheiden.[199]

36 Die Gemeinschaft hat von der beschriebenen Harmonisierungskompetenz in unterschiedlichen und teilweise vieldiskutierten Sachbereichen Gebrauch gemacht: Genannt seien beispielhaft der **Weinsektor,** das **Waffenrecht,**[200] die **Abfallentsorgung,**[201] der **Insiderhandel**[202] und die **„Geldwäsche“.**[203] Bezüglich letzterer wurde eine weitgehende, wenn auch nicht vollständige Harmonisierung des entsprechenden Tatbestandes innerhalb der EU erreicht (vgl. § 261 StGB).[204] Wie schon erwähnt (Rn. 9) hat Art. 83 Abs. 2 AEUV den Streit um die Annexkompetenz zugunsten einer solchen entschieden; insbesondere zum Streit um die Richtlinien zum Datenschutz,[205] zur Vorratsdatenspeicherung,[206] zum Umweltschutz[207] und zum Urheberstrafrecht;[208] vgl. insoweit schon 2. Aufl., § 11 Rn. 32a.

[197] *Hecker,* 2012, § 8 Rn. 55; relativierend mit Blick auf grenzüberschreitende Kriminalität (Umwelt) aber *Heger,* S. 17f.

[198] *Dannecker,* Jura 1998, 82; *Tiedemann,* NJW 1993, 26; *Achenbach,* GA 2004, 567 will weitergehend aus Art. 249 Abs. 3 EGV a. F. (Art. 288 AEUV) ableiten, dass „es an sich in der Entscheidung der Einzelstaaten“ steht, ob sie *überhaupt* tätig werden wollen. Krit. zur Form- und Mittelwahlfreiheit *Zweigert,* RabelsZ 1964, 616f.

[199] *Fornasier,* RMC 1982, 407; auch *Eisele,* JZ 2001, 1163.

[200] Rl 91/477/EWG des Rates vom 18.6.1991 über die Kontrolle des Erwerbs und des Besitzes von Waffen (Abl. EG L 256 v. 13.9.1991, 51. Berichtigung: Abl. EG L 299 v. 30.10.1991, 50). Zuletzt wurde die Rl durch die Rl 2008/51/EG v. 21.5.2008 geändert (Abl. EU L 179 v. 8.7.2008, 5); dazu *Soschinka/Heller,* NVwZ 2009, 997.

[201] Vgl. *Breuer,* Abfälle, 1998; *Heine,* FS Jung, 2007, S. 261ff.

[202] Vgl. *Dannecker,* Jura 1998, 82ff. m.w.N.; *Achenbach,* GA 2004, 568; dazu etwa auch *EuGH, Spector* Urt. v. 23.12.2009 m. Anm. *Heusel,* BKR 2010, 77. Siehe auch den Vorschlag für eine Richtlinie über strafrechtliche Sanktionen für Insider-Geschäfte und Marktmanipulation, KOM (2011) 654 endg., geändert durch KOM (2012) 422 endg.; krit. hierzu BT-Drs. 17/9770, 4f.; Plenarprot 17/181, 21504A.

[203] Eingehend *Gentzik,* Europäisierung, 2002, S. 46ff.

[204] Eingehend *Ambos,* ZStW 114 (2002), 236ff.; früher schon *Tiedemann,* NJW 1993, 26; mit dem englischen Recht vergleichend *Gentzik,* Europäisierung, 2002, S. 85ff.

[205] Datenschutzrichtlinie 95/46/EG des EP und des Rates v. 24.10.1995 zum Schutz natürlicher Personen bei der Verarbeitung personenbezogener Daten und zum freien Datenverkehr, Abl. L 281 v. 23.11.1995, 31. Vgl. insofern auch den Vorschlag für eine DatenschutzgrundVO, KOM (2012) 11 endg., und für eine Rl des EP und des Rates zum Schutz natürlicher Personen bei der Verarbeitung personenbezogener Daten durch die zuständigen Behörden zum Zwecke der Verhütung, Aufdeckung, Untersuchung oder Verfolgung von Straftaten oder der Strafvollstreckung sowie zum freien Datenverkehr, KOM(2012) 10 endg., sowie den Fortschrittsbericht Rats-Dok. 16525/12.

[206] Rl 2006/24/EG des EP und des Rates v. 15.3.2006 über die Vorratsspeicherung von Daten, die bei der Bereitsstellung öffentlicher elektronischer Kommunikationsdienste verarbeitet werden, und zur Änderung der Richtlinie 2002/58/EG, Abl. EU L 105 v. 13.4.2006, 54ff. Der *EuGH* hat in Irland v. EP und Rat Urt. v. 10.2.2009 Art. 95 EGV als Rechtsgrundlage bestätigt; krit. *Ambos,* JZ 2009, 468ff. m.w.N.; *Braum,* ZRP 2009, 174; *Simitis,* NJW 2009, 1782; *Terhechte,* EuZW 2009, 199; *Schmittmann/Glockzin,* AfP 2009, 128; *Gundel,* EuR 2009, 536; *Petri,* EuZW 2009, 214; *Klesczewski,* HRRS 2009, 250; *Rossi,* ZJS 2009, 298; *Zeitzmann,* ZEuS 14 (2011), 433.

[207] Zur neuen Rl o. Fn. 95. Zu den unterschiedlichen Position eingehend *Heger,* S. 118ff.

[208] 2. Aufl., § 11 Rn. 32a mit Fn. 201.

IV. Harmonisierung bzw. Assimilierung auf Grund sonstiger Prinzipien (Loyalitätsgebot, Anwendungsvorrang des Unionsrechts, unionsrechtskonforme Auslegung)

1. Das Loyalitätsgebot bzw. der Grundsatz der Unionstreue (Art. 4 Abs. 3 EUV)

Werden schutzwürdige und -bedürftige Unionsrechtsgüter von den genannten Techniken der Harmonisierung nicht erfasst, wird das nationale Strafrecht gleichwohl durch die in **Art. 4 Abs. 3 EUV** geregelte Pflicht der Mitgliedstaaten zur **loyalen Zusammenarbeit** mit der Union und ihren Organen beeinflusst. Art. 4 Abs. 3 formuliert – ebenso wie der frühere Art. 10 EGV – **Vertragerfüllungspflichten** der Mitgliedstaaten, aus denen sich unmittelbar und ohne weiteres die Verpflichtung zum Schutz bestimmter Rechtsgüter der Union – ganz im Sinne einer allgemeinen **Loyalitäts- oder Unionstreuepflicht** – und zur Unterlassung die Ziele der Union gefährdender Maßnahmen ergibt.[209] Gestützt auf diese Pflicht hat der EuGH in seinem Urteil zum *griechischen Maisskandal*[210] die Ansicht vertreten, dass die Mitgliedstaaten „alle geeigneten Maßnahmen zu treffen [haben], um die Geltung und Wirksamkeit des Gemeinschaftsrechts zu gewährleisten", wenn für eine bestimmte (Verhaltens-)Vorschrift des Gemeinschaftsrecht keine Sanktionsnorm existiert. Den Mitgliedstaaten verbleibe die Wahl der Sanktion, doch müssten sie dafür Sorge tragen, „dass Verstöße gegen Gemeinschaftsrecht nach ähnlichen sachlichen und verfahrensrechtlichen Regeln geahndet werden wie nach Art und Schwere gleichartige Verstöße gegen nationales Recht, wobei die Sanktion jedenfalls **wirksam, verhältnismäßig** und **abschreckend** sein muss" **(Mindesttrias).**[211] 37

Art. 4 Abs. 3 EUV enthält eine **aktive Schutzpflicht** der Mitgliedstaaten bezüglich unionsrechtlicher Rechtsgüter, wobei es dabei über den Schutz finanzieller Interessen hinaus (bei denen zudem die speziellere Regelung des Art. 325 Abs. 1, 2 AEUV greift) um *alle die Existenz und Funktionsfähigkeit der Union betreffenden (supranationalen) Rechtsgüter* geht.[212] Die Mitgliedstaaten sollen auch dann tätig werden, wenn die Union nicht initiativ wird, wenn also kein ausdrücklicher Hinweis an ihre Mitglieder ergeht, zum Schutz eines bestimmten Unionsrechtsguts konkrete Maßnahmen zu ergreifen.[213] 38

---

[209] Art. 4 Abs. 3 UA 2 u. 3 EUV lautet (fast wörtliche Übernahme von Art. 10 EGV): „Die Mitgliedstaaten ergreifen alle geeigneten Maßnahmen allgemeiner oder besonderer Art zur *Erfüllung der Verpflichtungen,* die sich aus den Verträgen oder den Handlungen der Organe der Union ergeben. Die Mitgliedstaaten *unterstützen* die Union bei der Erfüllung ihrer Aufgabe und *unterlassen* alle Maßnahmen, welche die Verwirklichung der Ziele der Union gefährden könnten." (Herv. K. A.). Dazu *Geiger*/Khan/Kotzur, 2010, Art. 4 EGV Rn. 5, 8ff.; *Hecker,* 2012, § 7 Rn. 16ff.; *ders.,* in: Ambos, 2011, S. 16f.; *ders.,* in: Sieber et al., § 10 Rn. 4f.; *Safferling,* 2011, § 9 Rn. 74ff.; *Esser,* 2014, § 2 Rn. 48ff.

[210] *EuGH,* Kommission v. Griechenland Urt. v. 21.9.1989, m. zust. Anm. *Tiedemann* EuZW 1990, 99f. und *Bleckmann* WUR 1991, 283ff.; vgl. ferner *EuGH,* Kommission/Vereinigtes Königreich Urt. v. 8.6.1994. Weitere Nachw. 2. Aufl., Rn. 33 Fn. 204.

[211] *EuGH,* Kommission v. Griechenland Urt. v. 21.9.1989, para. 24 (Herv. K. A.); vgl. dazu auch *Baker,* in: Cullen/Jund, S. 78f.; *Satzger,* 2001, 368ff.; *Hecker,* 2012, § 7 Rn. 24ff.; *Möhrenschlager,* in: Dannecker, S. 166; *Tiedemann,* AT, 2014, Rn. 80; *ders.,* ZStW 116 (2004), 951; *White,* E. L. Rev. 31 (2006), 87f.; *Zieschang,* FS Tiedemann, 2008, S. 1310; *Klip,* 2012, S. 70ff. Vgl. früher *Pabsch,* Überstaatliche Hoheitsgewalt, 1965, S. 160.

[212] Näher *Hecker,* 2012, § 7 Rn. 31ff.; zur Rechtsgutsfrage auch *Picotti,* in: Ruggieri, La protection des intérêts financiers de l'Union etc., 2005, S. 42ff.

[213] *Gröblinghoff,* Schutz der Interessen der EU, 1996, S. 22; *Deutscher,* Die Kompetenzen der EGen zur originären Strafrechtssetzung, 2000, S. 355; vgl. ferner *Baker,* in: Cullen/Jund, S. 85; *Möhrenschlager,* in: Dannecker, S. 166; *Jokisch,* Gemeinschaftsrecht, 2000, S. 78f.; *Eisele,* JZ 2001, 1158.

Die Mitgliedstaaten müssen ggf. auch gegen Private einschreiten, die andere an der Ausübung ihrer Grundfreiheiten hindern.[214] Der nationale Gesetzgeber hat im Fall einer nicht bereits auf unionsrechtlicher Ebene durch eine hinreichende Sanktionsnorm bewehrten unionsrechtlichen Verhaltensnorm zu prüfen, ob die Schaffung eines nationalen Strafgesetzes geboten ist, um diese Verhaltensnorm wirksam strafrechtlich zu schützen. Entscheidend ist dabei, dass Verstöße gegen Verhaltensnormen des Unionsrechts „nach ähnlichen sachlichen und verfahrensrechtlichen Regeln" geahndet werden wie nach Art und Schwere vergleichbare Verstöße gegen die nationalen Rechtsordnungen **(Gleichstellungserfordernis).**[215]

Das wichtigste Beispiel hierfür bildet die Klausel des **§ 264 Abs. 7 S. 1 Nr. 2 StGB,** wonach (auch) „eine Leistung aus öffentlichen Mitteln nach dem Recht der Europäischen Gemeinschaften, die wenigstens zum Teil ohne Gegenleistung gewährt wird", eine Subvention im Sinne des deutschen Subventionsstrafrechts darstellt.[216] Nach **§ 370 Abs. 6 AO** bezieht sich der Tatbestand der Steuerhinterziehung auch auf die Verkürzung von Ein- oder Ausfuhrabgaben, die von einem anderen Mitgliedstaat verwaltet oder einem Staat der Europäischen Freihandelsassoziation oder einem mit dieser assoziierten Staat zustehen; entsprechendes gilt, wenn sich die Tat auf bestimmte Umsatz- oder Verbrauchssteuern, die von einem anderen Mitgliedstaat verwaltet werden, bezieht.[217] **§ 108d StGB** dehnt den Anwendungsbereich der §§ 107–108c StGB explizit auf die Wahl der Abgeordneten des Europäischen Parlaments aus.[218] Ferner stellt **§ 108e StGB** neben dem Unternehmen der Bestechung von Volksvertretern in deutschen Parlamenten auch dasjenige des Stimmenkaufs von Abgeordneten des Europäischen Parlaments unter Strafe.[219] Weitere Fälle der Einbeziehung unionsrechtlicher Rechtsgüter in den Schutzbereich des deutschen Strafrechts durch ausdrückliche Gleichstellungsklauseln finden sich etwa in **§ 1 Abs. 1 AO** und in **§ 12 Abs. 1 i.V. m. § 1 Abs. 2** des Gesetzes zur Durchführung der gemeinsamen Marktorganisationen **(MOG);** früher im ZollG und im AbschöpfungserhebungsG.[220] Auch **§ 326 Abs. 2 StGB** ist zu erwähnen, da das Verbot des „Abfalltourismus" von vornherein nicht auf den Schutz inländischer Rechtsgüter beschränkt ist.[221]

39 Selbst wenn aus Gleichstellungsgründen die Schaffung eines nationalen Strafgesetzes nicht erforderlich erscheint, z. B. weil der Mitgliedstaat auch seine eigenen Interessen nicht strafrechtlich schützt, kann sich aus der vom EuGH aufgestellten **„Mindesttrias"** die Notwendigkeit strafrechtlichen Schutzes von Unionsrechtsgütern ergeben. Denn die Sanktionen müssen danach *jedenfalls* – also unabhängig von einem Vergleich mit der nationalen Rechtslage – **wirksam, verhältnismäßig** und auch **abschreckend**[222]

[214] *EuGH,* Eugen Schmidberger, Internationale Transporte und Planzüge v. Österreich, Urt. v. 12.6.2003; hierzu *Dannecker,* ZStW 117 (2005), 722f.

[215] *Gröblinghoff,* Schutz der Interessen der EU, 1996, S. 22f.; *Jokisch,* Gemeinschaftsrecht, 2000, S. 78f.; *Satzger,* 2001, S. 364; *Tiedemann,* NJW 1993, 23f.; *Hecker,* 2012, § 7 Rn. 36, 67ff.; zur Art und Schwere des Verstoßes ebd. Rn. 58ff.; vgl. zur Einbeziehung unionsrechtlicher Rechtsgüter auch *Dannecker,* Jura 2006, 100f.

[216] Eingehend *Martens,* Subventionskriminalität zum Nachteil der EG, 2001, S. 65ff., 90ff. und passim; ferner *Hellmann/Beckemper,* Rn. 803, 807; *Hecker,* 2012, § 7 Rn. 68ff.; mit Fallbeispiel *Hecker/Zöller,* S. 53ff. (Fall 6) und S. 69ff. (Fall 8); krit. *Tiedemann,* ZStW 116 (2004), 951.

[217] Eingehend *Thomas,* NJW 1991, 2233 und 2236. Vgl. auch *BGH* StV 2012, 154. Diese Tatbestanderweiterungen dienen dem Schutz der finanziellen Interessen der EU, da ihr die Zolleinnahmen sowie ein Anteil am nationalen Mehrwertsteueraufkommen der Mitgliedstaaten zustehen, siehe Art. 2 Abs. 1 des Beschlusses 2007/436/EG, Euratom des Rates vom 7.6.2007 über das System der Eigenmittel der Europäischen Gemeinschaften, Abl. EU L 163 v. 23.6.2007, 17.

[218] *Gröblinghoff,* Schutz der Interessen der EU, 1996, S. 28, 43; *Fischer,* StGB, § 108d Rn. 2.

[219] *Eisele,* JA 2000, 897; *Wolf,* NJW 2006, 2736.

[220] Dazu *Satzger,* 2001, S. 366; *Dannecker* ZStW 108 (1996), 586; *Thomas,* NJW 1991, 2235.

[221] Vgl. *Hecker,* in: Joerden/Szwarc, S. 165.

[222] Damit ist – nach den englisch- und französischsprachigen Fassungen des Urteils („dissuasif", „dissuasive") – der Strafgrund der negativen Generalprävention gemeint (vgl. *Gröblinghoff,* Schutz der Interessen der EU, 1996, S. 24ff. [26, 28f.]; *Jokisch,* Gemeinschaftsrecht, 2000, S. 79).

sein, wobei damit eine unionsrechtliche **Untergrenze** festgelegt wird[223] und die grundsätzlich bestehende mitgliedstaatliche Wahlmittelfreiheit (bzgl. Rl. o. Rn. 35) jedenfalls eingeschränkt wird.[224] Die sich aus Art. 4 Abs. 3 EUV ergebende Gleichstellungsverpflichtung wird auch in Art. 325 Abs. 2 AEUV (§ 9 Rn. 8) aufgegriffen,[225] hat dort aber lediglich deklaratorische Bedeutung.[226]

Das Loyalitätsgebot bindet (auch) die **nationalen** (Straf-)**Gerichte.**[227] Nach Ansicht 40
des BVerfG ist „ein Strafgericht (...) gehalten (...), in jedem Stadium des Strafverfahrens mit besonderer Sorgfalt zu prüfen, ob bei der Auslegung einer entscheidungserheblichen Frage des Unionsrechts Zweifel bestehen und ob die Vorlage an den EuGH (...) veranlasst ist."[228] Zu den Vorlagemöglichkeiten und -pflichten deutscher Gerichte näher Rn. 44f.

2. Anwendungsvorrang des Unionsrechts

Die überwiegende Auffassung geht mit der Rechtsprechung des EuGH[229] davon aus, 41
dass das **Unionsrecht** dem nationalen Recht im Kollisionsfalle[230] lediglich **vorgeht (Anwendungsvorrang)**, es also nicht etwa aufhebt (Geltungsvorrang).[231] Dabei gilt der Vorrang für jedes Rechtsgebiet – also auch für nationales Verfassungsrecht (Grundrechte!)[232] und Strafrecht.[233] Gerade im Bereich des *Lebensmittelstrafrechts* hat er sich in einer Reihe von Fällen ausgewirkt: Nach deutschem Recht strafbewehrte Verbote bestimmter Produkte werden durch die primärrechtliche Warenverkehrsfreiheit neutralisiert, soweit die nicht gesundheitsschädlichen Produkte – man denke etwa an entsprechend etikettiertes Bier, welches nicht dem traditionellen deutschen „Reinheitsgebot" entspricht – in einem anderen Mitgliedstaat rechtmäßig hergestellt worden sind.[234] Entsprechend verhielt es sich im Fall Prantl **(Fall 3).**

223 *Hecker,* 2012, § 7 Rn. 36. Zur unionsrechtlichen Obergrenze, die von den allgemeinen Rechtsgrundsätzen und den Grundfreiheiten abgesteckt wird ebd., Rn. 41 ff.

224 *Klip,* 2012, S. 17, 476 hält sie mit Blick auf neuere Rspr. und den AEUV sogar für abgeschafft.

225 „Zur Bekämpfung von Betrügereien, die sich gegen die finanziellen Interessen der Union richten, ergreifen die Mitgliedstaaten die *gleichen* Maßnahmen, die sie auch zur Bekämpfung von Betrügereien ergreifen, die sich gegen ihre eigenen finanziellen Interessen richten." (Herv. K. A.).

226 *Dannecker,* Jura 1998, 81; *Satzger,* 2001, S. 339f. (beide zu dem früheren Art. 280 Abs. 2 EGV).

227 *Dannecker,* JZ 1996, 872.

228 *BVerfG* NJW 1989, 2464.

229 Grdl. *EuGH,* Van Gend & Loos v. Niederländische Finanzverwaltung Urt. v. 5.2.1963, hierzu *Schroeder,* JuS 2004, 181 sowie *EuGH, Costa v. E. N. E.L.* Urt. v. 15.7.1964, dazu *Ritgen,* in: Menzel/Pierlings/Hoffmann, S. 379; *Hecker,* 2012, § 9 Rn. 3; vgl. auch *Hummrich,* DRiZ 2005, 361f.

230 Zu Kollisionskonstellationen *Hecker,* 2012, § 9 Rn. 15ff.; *Safferling,* 2011, § 10 Rn. 22ff.; *Satzger,* in: Sieber et al., § 9 Rn. 42ff.; diff. zwischen „echten" und „unechten" Kollisionen *Esser,* 2014, § 2 Rn. 17ff.

231 Vgl. BVerfGE 75, 223 (224); *Fischer,* Rn. 212; *Herdegen,* EuR, § 10 Rn. 1; Oppermann/Classen/*Nettesheim,* § 10 Rn. 32ff.; *Nicolaysen,* S. 90ff.; LdR-Strafrecht/*Dannecker,* S. 309; *Hecker,* 2012, § 9 Rn. 2, 8f.; *Bernardi,* RS C 2007, 717 („negative Harmonisierung"); grdl. zu der Fragestellung *Zweigert,* RabelsZ 1964, 639ff.

232 Zur Solange-Rspr. des BVerfG, aus der ein Überprüfungsvorbehalt folgt und die auch nach Lissabon weiter gilt: *BVerfG* NJW 2009, 2267 (2284ff., Ziff. 331 ff.); *Hecker,* 2012, § 9 Rn. 5ff.

233 Vgl. nur *Satzger,* StV 1999, 133; *Hecker,* 2012, § 9 Rn. 10; *Dannecker,* ZStW 117 (2005), 703; speziell zum Verhältnis zwischen Strafrecht und dem Recht auf Freizügigkeit *Miettinen,* S. 125ff.

234 *Hecker,* 2012, § 9 Rn. 13; *ders.,* JA 2002, 724 m.w.N.; vgl. auch *Hecker*/Zöller, S. 112 (Fall 11); eingehend *Dannecker,* ZStW 117 (2005), 704ff.; ausf. zur Neutralisierung auch *Esser,* 2014, § 2 Rn. 7ff.; *Heger,* in: Böse, 2013, § 5 Rn. 81; zur Begrenzung des (nationalen) strafrechtlichen Täuschungsschutzes durch Gemeinschaftsrecht im Bereich des Lebensmittelrechts, des UWG und des StGB.

42 In einer derartigen Konstellation führt der Vorrang des unmittelbar geltenden Unionsrechts dazu, dass bereits die nationale (lebensmittelrechtliche) Verhaltensnorm, an deren Verletzung Sanktionen des Strafrechts anknüpfen, unanwendbar wird. Die nationale Sanktionsnorm verliert infolgedessen ihr Bezugsobjekt, denn dieses wird durch das Unionsrecht neutralisiert.[235] Dementsprechend hat der EuGH auch im Fall zweier Strafverfahren gegen deutschsprachige Ausländer in Südtirol entschieden: Hier stellte sich die Frage, ob ihnen das – an sich nur für die deutschsprachige Minderheit geltende – Recht auf Durchführung eines Strafverfahrens in deutscher Sprache wegen des **Diskriminierungsverbots** gemäß Art. 12 EGV(nun Art. 18 EUV) zustand. Der EuGH bejahte dies und unterwarf damit auch das nationale (italienische) Strafprozessrecht dem Maßstab des (primären) Gemeinschaftsrechts.[236]

43 Weitergehend zieht der EuGH den Grundsatz des Anwendungsvorrangs sogar hinsichtlich **noch nicht umgesetzter Richtlinien** heran,[237] so etwa in unserem **Fall 4.** Dies ist allerdings lediglich die (strafrechtsrelevante) Konsequenz der Annahme, dass auch noch nicht umgesetztes Sekundärrecht ggf. unmittelbare Geltung in den Mitgliedstaaten erlangen kann. Was unionsrechtlich erlaubt ist, kann dabei nicht mitgliedsstaatlich bei Kriminalstrafe verboten sein; das Unionsrecht sperrt insoweit die nationale Strafbarkeit.[238] Freilich darf man nicht übersehen, dass über den Grundsatz des Anwendungsvorrangs in das nationale Strafrecht hineinwirkende Richtlinien nicht die Strafbarkeit eines bestimmten Verhaltens begründen können, ohne dass sie vorher innerstaatlich umgesetzt worden sind.[239] Eine Berufung des Staates auf eine (nicht umgesetzte) Rl *zum Nachteil* des Einzelnen ist damit *nicht* möglich.[240] Andernfalls würde auch der Unterschied zwischen supranationaler Strafrechtssetzung und Europäisierung durch Harmonisierung (§ 9 Rn. 4) aufgegeben und die fehlende unionsrechtliche Strafrechtssetzungskompetenz (§ 9 Rn. 5ff.) überspielt. Zu beachten ist endlich auch, dass sich die Dichte und Komplexität der auf Richtlinien, etwa im Bereich des Arbeits- oder Verbraucherschutzes, zurückgehenden Verhaltenspflichten im Hinblick auf den *nullum crimen* Grundsatz als problematisch erweisen, können sich diese doch im Rahmen des Fahrlässigkeitsdelikts und der Unterlassungstat strafbegründend auswirken. Schließlich existiert eine wachsende Zahl an Richtlinien und auch EU-VOen, welche (neue) Sorgfalts- und Garantenpflichten zuweisen.[241]

235 Vgl. *EuGH,* Prantl v. Deutschland Urt. v. 13.3.1984, Leitsatz 8; auch *Hecker,* JA 2002, 725; *Streinz,* Rn. 259; *Klip,* 2012, S. 302f.; *Esser,* 2014, § 2 Rn. 7ff. – Zum Glücksspielbereich *Heine,* FS Lahti, 2007, S. 144ff., insb. 150ff. sowie *EuGH,* Engelmann Urt. v. 9. 9. 10, EuZW 2010, 821 und *Heger,* ZIS 2012, 401, der in bestimmten Konstellationen eine „Rechtfertigung kraft Europarechts" annehmen will.

236 *EuGH,* Bickel und Franz Urt. v. 24.11.1998; dazu *Eisele,* JA 2000, 900f.; *Hecker,* 2012, § 1 Rn. 26, § 9 Rn. 14.

237 *Eisele,* JA 2000, 900; *Klip,* 2012, S. 66f.; eingehend *Gleß,* GA 2000, 226ff.

238 Instrukt. *Soyka,* wistra 2007, 129ff.

239 *Gleß,* GA 2000, 229.

240 *EuGH,* Berlusconi Urt. v. 3.5.2005, para. 73. Freilich war die fragliche Rl ohnehin nicht konkret genug gefasst, als dass sich aus ihr die Strafbarkeit des damaligen ital. Ministerpräsidenten wg. Bilanzfälschung – trotz diesem günstiger nachträglicher Änderung der ital. Rechtslage (lex mitior)! – hätte ergeben können (so *Satzger,* JZ 2005, 1000f.; ebenso *Dannecker,* FS Schroeder, 2006 S. 768; *ders.,* ZIS 2006, 312; *Hecker,* 2012, § 9 Rn. 19; vgl. auch *Hecker*/Zöller, S. 113 [Fall 11]). Weiterführend die Überlegungen bei *Dannecker,* FS Schroeder, 2006, S. 769f.; *ders.,* ZIS 2006, 313f. zur – richtlgerweise zu verneinenden – Frage, ob eine Rl eine *widersprechende* nationale Norm (das für Berlusconi günstige *neuere* Recht) überhaupt derogieren kann.

241 Beispielhaft *Thomas,* NJW 1991, 2237; weitere Beispiele für EG-VOen bei *Schröder,* NStZ 2006, 670ff.

Art. 267 AEUV (vorher Art. 234 EGV) markiert die strafprozessuale Relevanz des Grundsatzes des Anwendungsvorrangs. Danach entscheidet der Gerichtshof im Wege der **Vorabentscheidung** u. a. über die Auslegung der Verträge und die Gültigkeit der Handlungen der Organe.[242] Verfahrensgegenstand kann damit das gesamte primäre und sekundäre Unionsrecht sein.[243] Das Vorabentscheidungsverfahren ist als Inzidentverfahren Teil des nationalen Strafverfahrens und sichert das Auslegungs- und Verwerfungsmonopol des EuGH bezüglich des Unionsrechts.[244] Ein innerstaatliches Gericht **kann** eine der genannten Fragen dem EuGH **vorlegen,** wenn es sie für entscheidungserheblich hält (Art. 267 Abs. 2); es **muss** dies sogar tun, wenn es die letzte innerstaatliche Instanz darstellt (Abs. 3)[245] und die einschlägige Rechtsfrage Zweifel aufwirft.[246] Damit wird die **Vorlagepflicht** an den BGH gemäß § 121 Abs. 2 GVG bei unionsrechtlichen Fragen durch eine solche **an den EuGH** ersetzt **(Fall 5).**[247] Die Vorabentscheidung bindet nicht nur das vorlegende Gericht, sondern auch alle mit dieser oder einer gleichen Sache befassten Instanzgerichte **(faktische Präjudizwirkung);** die Ungültigkeitserklärung eines Sekundärrechtsakts sollte von allen Gerichten der MS beachtet werden **(faktische erga-omnes-Wirkung).**[248] Zu beachten ist aber, dass hinsichtlich Maßnahme der PJZ der ehem. Dritten Säule zunächst noch Art. 35 EUV a. F. für eine Übergangsfrist von fünf Jahren nach Inkrafttreten des Lissaboner Vertrags (also bis 1. 12. 2014) gilt und die Kommission solange auch kein Vertragsverletzungsverfahren (Art. 258 AEUV) einleiten kann.[249] 44

Demgemäß hat das AG Schleswig im Rahmen eines Ordnungswidrigkeitenverfahrens wegen Verstoßes gegen das LMBG dem EuGH folgende Fragen zur Vorabentscheidung vorgelegt: ob zum einen aus der Richtlinie 89/397/EWG des Rates vom 14. 6. 1989 über die amtliche Lebensmittelüberwachung[250] ein unmittelbar anwendbares Recht des Herstellers eines Lebensmittels auf Erstellung eines Gegengutachtens folgt, wenn Aufsichtsbehörden eine Probe seines Produkts nehmen, und ob ein Beweisverwertungsverbot entsteht, wenn dem Hersteller die Möglichkeit eines Gegengutachtens nicht eröffnet worden ist.[251] Der

[242] Eingehend hierzu *Thiele,* Individualrechtsschutz vor dem EuGH durch die Nichtigkeitsklage, 2006, S. 59 ff.; vgl. auch *Braum,* KritV 2010, 319 ff.; *Klip,* 2012, S. 133 ff., 303 ff. Krit. zur Dauer des Vorabentscheidungsverfahrens (im Durchschnitt 15,7 Monate in 2012, siehe Pressemitteilung Nr. 23/13 des EuGH v. 6. 3. 2013, abrufbar unter: http://curia.europa.eu) *Hecker,* 2012, § 6 Rn. 24, § 13 Rn. 22; *Klip,* 2012, S. 311. Das in 2008 eingeführte Eilverfahren (Abl. EU L 42 v. 29. 1. 2008; Art. 23a EuGH-Satzung, Art. 104b VerfO) verspricht aber Abhilfe. Ist eine inhaftierte Person betroffen, so hat der Gerichtshof zudem innerhalb kürzester Zeit zu entscheiden (Art. 267 Abs. 4 AEUV; dazu *Thiele,* EuR 2010, 49; eing. *Wolter,* S. 104 ff. [zur Kritik S. 151 ff.]; vgl. auch *Walther,* ZJS 2013, 22 f.).

[243] Geiger/Khan/*Kotzur,* 2010, Art. 267 AEUV Rn. 8; *Wolter,* S. 75.

[244] Vgl. *Hecker,* 2012, § 6 Rn. 1 f.

[245] *Wolter,* S. 81 ff. Verfassungsbeschwerde und Wiederaufnahmeklage gelten insoweit nicht als Rechtsmittel (*Hecker,* 2012, § 6 Rn. 6).

[246] *EuGH,* Srl CILFIT und Lanificio di Gavardo SpA v. Ministero della Sanità Urt. v. 6. 10. 1982, para. 16 („acte-clair-Doktrin"), vgl. *Hecker,* 2012, § 6 Rn. 6; *Klip,* 2012, S. 310; *Heger,* S. 41 ff.

[247] *Kühne,* § 3 Rn. 58; vgl. auch *Heine,* FS Lahti, 2007, 152; zur Frage einer eigenen Verwerfungskompetenz der Fachgerichte *Hummel,* NVwZ 2008, 39.

[248] *Hecker,* 2012, § 6 Rn. 16.

[249] Vgl. Art. 10 Prot. 36 zum Lissabonner Vertrag „Über die Übergangsbestimmungen", Abl. EU C 115 v. 9. 5. 2008; dazu *Klip,* 2012, S. 128 ff.; *Herlin-Karnell,* eucrim 2010, 62; *Schoppa,* S. 55; *Wolter,* S. 193 ff.; *F. Meyer,* S. 311 (314 f.). Für *Herlin-Karnell,* EuCLR 1 (2011),151, ist die (bislang) fehlende Möglichkeit von Vertragsverletzungsverfahren einer der Hauptgründe für die langsame Entwicklung des europäischen Strafrechts.

[250] Abl. EG L 186 v. 30. 6. 1989, 23.

[251] In dem Verfahren ließ sich nicht mehr klären, ob der Bf., der für die Produktion von Bockwürstchen verantwortlich war, von den Behörden (so rechtzeitig) von ihren Untersuchungen unterrichtet worden

EuGH ist zu dem Ergebnis gelangt, dass unmittelbar aus Art. 7 Abs. 1 UA 2 der Richtlinie ein Recht auf Einholung eines Gegengutachtens folge und dementsprechend eine Pflicht der staatlichen Stellen bestehe, dafür Sorge zu tragen, dass dieses Recht durch den Betroffenen auch wahrgenommen werden kann.[252] Erfolge eine Beweiserhebung unter Missachtung dieser (unionsrechtlichen) Vorgaben, komme zwingend ein **„gemeinschaftsrechtliches Beweisverwertungsverbot"** (!) in Betracht, wenn anders die Verfahrensfairness nicht mehr zu gewährleisten sei.[253]

45 Entsprechende **Vorlagemöglichkeiten** und **-pflichten** deutscher Gerichte gegenüber dem EuGH sind auf dem Gebiet der PJZ durch das EuGHG explizit geregelt.[254] Nach § 1 Abs. 1 EuGHG **kann jedes deutsche Gericht** unter den Voraussetzungen des Art. 35 EUV (a. F.) dem EuGH „eine Frage zur Vorabentscheidung vorlegen, die sich in einem schwebenden Verfahren stellt und sich auf die Gültigkeit und die Auslegung der Rahmenbeschlüsse und Beschlüsse, oder auf die Auslegung von Übereinkommen oder auf die Gültigkeit und die Auslegung der dazugehörigen Durchführungsmaßnahmen bezieht, wenn es eine Entscheidung darüber zum Erlass seines Urteils oder Beschlusses für erforderlich hält." Nach Absatz 2 ist ein Gericht, „dessen Entscheidungen selbst nicht mehr mit Rechtsmitteln des innerstaatlichen Rechts angefochten werden können", **verpflichtet** zur Vorabentscheidung entsprechende Fälle dem EuGH vorzulegen, „wenn es eine Entscheidung darüber zum Erlass seines Urteils oder Beschlusses für erforderlich hält."

3. Unionsrechtskonforme Auslegung

46 Der Anwendungsvorrang des Unionsrechts zwingt die Mitgliedstaaten zu einer unionsrechtskonformen Auslegung des nationalen (Straf-)Rechts,[255] denn andernfalls würde dieses im Kollisionsfalle vom Unionsrecht verdrängt. Als Gegenstand unionsrechtskonformer Auslegung kommt dabei nicht allein das materielle Strafrecht in Betracht.[256] Verbietet etwa die an unionsrechtlichen Vorgaben orientierte Auslegung die Anwendung einer bestimmten Beweisgewinnungsvorschrift einer nationalen Strafprozessordnung, so ist es konsequent, ein **unionsrechtliches Beweisverwertungsverbot** (Rn. 44) anzunehmen, wenn in einem konkreten Verfahren doch von dem Beweismit-

---

war, dass er sich mit einem Gegengutachten über die Zusammensetzung der Waren hätte vom Vorwurf des fahrlässigen Inverkehrbringens von Lebensmitteln nach den damaligen §§ 17 Abs. 1 Nr. 2 (b), 52 Abs. 1 Nr. 9, 53 Abs. 1 LMBG entlasten können. Zu dem Fall eingehend *Esser,* StV 2004, 221 ff.; vgl. auch *Hecker,* 2012, § 6 Rn. 11 mit weiteren Bsp. u. (Rn. 13) einem Muster für eine Vorlage zur Vorabentscheidung.

[252] *EuGH,* Steffensen v. Deutschland Urt. v. 10.4.2003, paras. 45 f.

[253] Ebd., paras. 70 f.; dazu *Esser,* StV 2004, 226 f.; auch *Ambos,* 2010 b, 99.

[254] BGBl. I 1998 S. 2035; vgl. auch *Kühne,* § 3 Rn. 59; Calliess/Ruffert/*Suhr,* 3. Aufl. 2007, Art. 35 EUV Rn. 11.

[255] *EuGH,* Von Colson v. Kamann v. Land Nordrhein-Westfalen Urt. v. 10.4.1984; vgl. auch *Hecker,* 2012, § 10 Rn. 1 ff. (38 ff.); *ders.*, 2001, 284 und passim; *ders.*, JA 2002, 727 f.; LdR-Strafrecht/*Dannecker,* S. 309 ff.; *ders.*, Jura 1998, 84 f.; *ders.*, JZ 1996, 871 f.; *ders.*, Jura 2006, 175; *Vogel,* ZStW 109 (1997), 348 ff.; *v. Heintschel-Heinegg,* FS Schroeder, 2006, S. 804; *Wessels/Beulke/Satzger,* Rn. 57 u. 77 d; *Tiedemann,* ZStW 116 (2004), 950; *Heger,* in: Böse, 2013, § 5 Rn. 101 ff.; *Esser,* 2014, § 2 Rn. 67 ff.; diff. *Begemeier,* HRRS 2013, 179; krit. *Hugger,* NStZ 1993, 424. Vgl. auch (zum Sozialversicherungsrecht) *BGH* NJW 2008, 596 u. 2007, 234 ff. m. zust. Anm. *Schulz; Zimmermann,* ZIS 2007, 410; z. T. anders *Hauck,* NStZ 2007, 222.

[256] *Hecker,* 2012, § 10 Rn. 10 ff. – Zu einer *gemeinschaftsrechtskonformen Auslegung von § 112 Abs. 2 Nr. 2 StPO* durch den EuHb, welcher jede Berücksichtigung der EU-Ausländereigenschaft i. R. d. Haftgrundes der Fluchtgefahr ausschließt *Gercke,* StV 2004, 678 f.; vgl. dazu aber auch *OLG Hamm* StV 2005, 35 m. krit. Anm. *Hilger.*

tel Gebrauch gemacht wird.[257] Ferner gilt der Grundsatz unionsrechtskonformer Auslegung nicht nur für **Verordnungen,** sondern auch für **Richtlinien.**[258] So hat der BGH erstmals in der *Pyrolyse-Entscheidung* **(Fall 6)**[259] für die Auslegung des Begriffs des „gewillkürten Abfalls" i. S. d. § 326 Abs. 1 StGB (auch) zwei einschlägige Richtlinien des Rates in den Blick genommen und damit eine bestimmte Vorschrift des deutschen StGB in Übereinstimmung mit einem Instrument des sekundären Unionsrechts ausgelegt.[260]

Einen weiteren Schritt in Richtung unionsrechtskonformer Auslegung hat der BGH getan, indem er für die Auslegung der Vorschriften des *WpHG* explizit auf deren europäischen Ursprung abgestellt und eine richtlinienkonforme Auslegung gefordert hat.[261] Ferner hat der BGH eine Verurteilung wegen sog. *Scalpings*[262] nach dem WpHG mit der Begründung aufgehoben, dass nach Maßgabe richtlinienkonformer Auslegung „selbst geschaffene ‚Tatsachen' „ nicht „als Insidertatsachen einzustufen" seien.[263] Die besondere Bedeutung der Entscheidung liegt in dem unmissverständlichen **Bekenntnis zur richtlinienkonformen Auslegung** deutscher Strafrechtsnormen. 47

In der (umstrittenen) *„Pupino-Entscheidung"*[264] hat der EuGH auch eine Verpflichtung zur **Konformauslegung** des nationalen Rechts im Hinblick auf **Rahmenbeschlüsse** aus dem Bereich der (früheren) PJZS (2. Aufl., § 12 Rn. 1 ff.) angenommen.[265] Dies ergebe sich in erster Linie aus der engen Anlehnung des Wortlauts des Art. 34 Abs. 2 (b) EUV (a. F.) an denjenigen des Art. 249 Abs. 3 EGV (Art. 288 AEUV).[266] Dies erstaunt, fand doch die gemeinschaftsrechtskonforme Auslegung auf der Grundlage von unmittelbarer Geltung und Anwendungsvorrang des *Gemeinschaftsrechts* statt und hatte Art. 34 Abs. 2 (b) Satz 2 EUV a. F. jede unmittelbare Wirkung von Rahmenbeschlüssen explizit ausgeschlossen. In der Sache hat damit der EuGH die dritte an die erste Säule angenähert und die Auflösung der Säulestruktur durch den Lissabonner Vertrag antizipiert.[267] 48

---

[257] *Satzger,* StV 1999, 132 f.; ferner *Kühne,* JZ 1998, 1070 f.; anders *Gärditz,* wistra 1999, 295 sowie BGHSt 46, 93 (103): lediglich Minderung des Beweiswerts.

[258] Eingehend *Schröder,* S. 335; *Satzger,* 2001, S. 538 ff.; ausführlich zur Auslegung der §§ 4 Abs. 1 UWG und 263 StGB „im Lichte" von Art. 18 der Rl 2000/13/EG zur Angleichung der Rechtsvorschriften der Mitgliedstaaten über die Etikettierung und Aufmachung von Lebensmitteln sowie die Werbung hierfür (Abl. EG L 109 v. 6. 5. 2000, 29) *Hecker,* 2001, S. 292 ff.; mit Fallbeispiel *Hecker/Zöller,* S. 89 ff. (Fall 9) und S. 97 ff. (Fall 10); ferner *Danecker,* Jura 1998, 84; *ders.,* JZ 1996, 872; *Gaede/Mühlbauer,* wistra 2005, 10; *Götz,* FS Ress, 2005, S. 487 ff.; *v. Heintschel-Heinegg,* FS Schroeder, 2006, S. 804 f.; *Roth,* EWS 2005, 386 ff.; krit. *Di Fabio,* NJW 1990, 947. Ausf. zur richtlinienkonformen Auslegung *Leenen,* Jura 2012, 753 ff.

[259] BGHSt 37, 333 (334, 336); dazu *Franzheim/Kreß,* JR 1991, 402; *Mansdörfer,* Jura 2004, 300; *Heger,* S. 39 f.; siehe auch die 2. Aufl., § 11 Rn. 43.

[260] Näher zur „Europarechtsakzessorietät" des dt. Abfallrechts *Heger,* S. 38 ff.

[261] *BGH* NStZ 2004, 285.

[262] Zum Begriff s. *Vogel,* NStZ 2004, 252 (Scalper als „Person, die in der Lage ist, durch Empfehlungen in Bezug auf kapitalmarktgehandelte Vermögenswerte, namentlich börsennotierte Wertpapiere, auf den Kurs oder Marktpreis dieser Vermögenswerte Einfluss zu nehmen."). Vgl. auch *Hellmann/Beckemper,* Rn. 169 ff.

[263] *BGH* NStZ 2004, 285 (285); zust. *Vogel,* NStZ 2004, 254; krit. *Pananis,* NStZ 2004, 287 ff.; *Hellmann/Beckemper,* Rn. 170; *Gaede/Mühlbauer,* wistra 2005, 10 ff.

[264] *EuGH,* Pupino Urt. v. 16. 6. 2005. Krit. insb. *Adam,* EuZW 2005, 560 f.; *Herrmann,* EuZW 2005, 437 f.; *Hillgruber,* JZ 2005, 841 ff.; *v. Unger,* NVwZ 2006, 46; *Rackow,* ZIS 2008, 526; weitere Nachweise 2. Aufl., § 12 Rn. 4a mit Fn. 27 ff.

[265] *EuGH,* Pupino Urt. v. 16. 6. 2005, para. 34.

[266] Ebd.

[267] Krit. schon 2. Aufl., § 12 Rn. 4a m. w. N.

49 In der **Literatur** wird der Auslegungstopos der gemeinschafts-/unionsrechtskonformen Auslegung **grundsätzlich anerkannt,**[268] zugleich werden aber mannigfaltige **Grenzen** des Grundsatzes diskutiert.[269] In *zeitlicher* Hinsicht besteht eine Pflicht zu richtlinienkonformer Auslegung erst nach Ablauf der in der Richtlinie vorgesehenen Umsetzungsfrist, vorher kann lediglich ein allgemeines Vereitelungs- oder Frustrationsverbot i. S. v. Art. 18 WÜRV postuliert werden.[270] Daraus folgt im Sinne eines Erst-recht-Schlusses, dass eine die Strafbarkeit begründende Wirkung nicht auf eine nicht fristgemäß umgesetzte Richtlinie gestützt werden kann.[271] Auf grundsätzlicher Ebene werden als Grenzen unionsrechtskonformer Auslegung die **allgemeinen Rechtsgrundsätze** des Unionsrechts genannt,[272] wobei insbesondere auf den *Bestimmtheitsgrundsatz*[273] und den Gedanke des *Vertrauensschutzes* im Hinblick auf eine bestimmte Rechtslage[274] hingewiesen wird. Mit dem zuletzt genannten Gedanken scheint der Ansatz verwandt, die Grenze zulässiger unionsrechtskonformer Auslegung dort zu markieren, wo sie zu einer Begründung oder Verschärfung strafrechtlicher Haftung (sog. *strafbarkeitserweiternde unionsrechtskonforme Auslegung*) führen würde.[275]

50 Die strafbarkeitserweiternde unionsrechtskonforme Auslegung entpuppt sich aber dann als Scheinproblem, wenn man in ihr nur eine **zulässige Auslegung** im Rahmen des (nationalen) Gesetzeswortlauts und **nicht** eine **unzulässige Analogie** unter Überschreitung der Wortlautgrenze zu Lasten des Beschuldigten erblickt.[276] Denn dann stellt sich die (neue) Auslegung nur als *Verwirklichung des objektiven Gesetzeswillens* im Lichte des Unionsrechts und nicht als rückwirkende Bestrafung dar; sie ist also als bloßer *Rechtsprechungswandel* zu behandeln, der nicht dem Rückwirkungsverbot unterliegt. Sieht man nun in der Argumentation des BGH in der „Pyrolyse"-Entscheidung **(Fall 6)** einen Fall gemeinschaftsrechtskonformer Auslegung, ist seine Vorgehensweise damit nicht zu beanstanden, weil der Senat nicht mehr getan hat, als den Abfallbegriff gemeinschaftsrechtskonform *auszulegen:* Der „Begriff des Abfalls kann (…) ohne Verstoß gegen das Analogieverbot auch für den Besitzer wertlos gewordene[r], gleichwohl wieder verwert-

[268] *Satzger,* 2001, S. 548f.; *Hecker,* 2001, S. 284 und 308ff.; *ders.,* ZStW 115 (2003), 898f.; *ders.,* 2012, § 10 Rn. 1ff.; *Schröder,* S. 331ff.; *Böse,* S. 432ff.; *Soesters,* Insiderhandelsverbote, 2002, S. 94ff.; LdR-Strafrecht/*Dannecker,* S. 309ff.; *ders.,* JZ 1996, 872f.; *Gröblinghoff,* Schutz der Interessen der EU, 1996, S. 68; *Heise,* EG Recht und nationales Strafrecht, 1998, S. 159ff. insb. 166; *Langenfeld,* Richtlinienkonforme Auslegung, 1994, S. 204f.; *Mansdörfer,* Jura 2004, 299ff.; *Beulke,* Rn. 10c; *Tiedemann,* AT, 2014, Rn. 82; *ders.,* ZStW 116 (2004), 950; *Kühne,* GA 2005, 197; *Jens,* Nationaler Strafrechtsanwender, 2006, S. 238ff.; *v. Heintschel-Heinegg,* FS Schroeder, 2006, S. 804ff.; *Rönnau/Wegner,* GA 2013, 562ff.; vgl. auch *Vormbaum,* Schutz, 2005, S. 94ff. (krit. 2. Aufl., § 11 Rn. 45 mit Fn. 259).

[269] Eingehend *Schröder,* S. 380ff.; *Hecker,* 2012, § 10 Rn. 33ff., 39ff.; *Esser,* 2014, § 2 Rn. 87ff.; *Safferling,* 2011, § 11 Rn. 17; *Satzger,* in: Sieber et al., § 9 Rn. 53.

[270] *Hecker,* 2012, § 10 Rn. 28ff.; vgl. auch *Köhne,* Die richtlinienkonforme Auslegung, 1997, S. 147ff.

[271] *EuGH,* Kolpinghuis Nijmegen BV Urt. v. 8.10.1987; dazu *Hecker,* 2012, § 10 Rn. 39ff. *Rönnau/Wegner,* GA 2013, 563 (567) wollen diesen Grundsatz im Wege des *lex mitior* dann einschränken, wenn die Berücksichtigung des nicht-umgesetzten Rechtsakts für den Beschuldigten vorteilhaft ist.

[272] *Böse,* S. 432f.; *Hecker,* 2012, § 10 Rn. 36.

[273] *Hecker,* 2012, § 10 Rn. 48ff. (51).

[274] *Langenfeld,* Richtlinienkonforme Auslegung, 1994, S. 204f.

[275] *Brechmann,* Die Gleichbehandlung von Mann und Frau im EG Recht, 1990, S. 57; *Hugger,* NStZ 1993, 423f.; dagegen *Schröder,* S. 327f. Vgl. auch *Gärditz,* in: Böse, 2013, § 6 Rn. 59.

[276] Eingehend *Satzger,* 2001, S. 555ff. (556), 563f.; *ders.,* in: Sieber et al., § 9 Rn. 57; ebenso *Heise,* EG-Recht, 1998, S. 165f.; *Breuer,* Abfälle, 1998, S. 68; *Soesters,* Insiderhandelsverbote, 2002, S. 95; *Dannecker,* JZ 1996, 873; LdR-Strafrecht/*Dannecker,* S. 310; *Hecker,* 2012, § 10 Rn. 59ff.; *ders.,* JA 2002, 727f.; *Jens,* Nationaler Strafrechtsanwender, 2006, S. 281ff., insb. 289f.; *v. Heintschel-Heinegg,* FS Schroeder, 2006, S. 808 und *Götz,* FS Ress, 2005, S. 489. Vgl. auch *Ligeti,* Zusammenarbeit, 2005, S. 259; *Vormbaum,* Schutz, 2005, S. 110ff.; *Esser,* 2014, § 2 Rn. 91ff.; exemplarisch *Bielefeld,* wistra 2007, 13 zur Frage einer Konformauslegung des § 370 AO.

bare[r] Gegenstände angewandt werden, ohne dass dadurch der mögliche Wortsinn überschritten würde."[277]

Die unionsrechtskonforme Auslegung ist demnach dann im Hinblick auf die **verfassungsrechtlichen Vorgaben** des Art. 103 Abs. 2 GG unbedenklich, wenn sie sich im Rahmen des Gesetzeswortlauts hält und nicht in den Bereich unzulässiger Analogie gerät.[278] Aus der Existenz solcher Vorgaben freilich folgt zugleich, dass ein absoluter Vorrang oder eine imperative Bedeutung des topos der unionsrechtskonformen Auslegung abzulehnen ist; vielmehr steht sie grundsätzlich gleichrangig neben den Auslegungsgrundsätzen des nationalen Rechts, wenn sie auch – als *primus inter pares* – einen **relativen Vorrang** genießt.[279] Unionsrechtlich folgt dieses Ergebnis aus *kompetenzrechtlichen* Gründen (mangelnde allgemeine Strafrechtssetzungskompetenz der Union, § 9 Rn. 5ff.) und dem strafrechtsspezifischen *Schonungsgrundsatz* (Rn. 35).[280] Im Übrigen hat der EuGH selbst anerkannt, dass die richtlinienkonforme Auslegung „ihre Grenzen in den allgemeinen Rechtsgrundsätzen, die Teil des Gemeinschaftsrechts sind, und insbesondere in dem Grundsatz der Rechtssicherheit und im Rückwirkungsverbot" findet.[281] 51

- Loyalitätsgebot des Art. 4 Abs. 3 EUV
  - **Gleichbehandlung**
  - **Mindesterfordernisse**
    - **wirksam**
    - **angemessen (verhältnismäßig)**
    - **abschreckend**
- Anwendungsvorrang
- Unionsrechtskonforme Auslegung

Schaubild 24: Harmonisierung durch allgemeine Rechtsgrundsätze

Lösung Fall 1:

§ 154 StGB greift prima facie nicht ein, da er nach h. M. nur die deutsche Rechtspflege schützt. Jedoch wird § 154 StGB durch die (unmittelbar geltende) unionsrechtliche Primärnorm des Art. 30 EuGH-Satzung **assimiliert.** Das Unionsrecht macht sich also § 154 StGB zunutze, so dass man den Tatbestand so lesen muss, dass neben den nationalen Gerichten auch der EuGH erfasst ist und – unter strafanwendungsrechtlicher Perspektive – einer Verfolgung des Z wegen Meineids auch nicht entgegensteht, dass kein Fall des § 5 Nr. 10 StGB gegeben ist. § 162 StGB trägt dem nun Rechnung (Rn. 21). 52

277 *Dannecker,* JZ 1996, 873.

278 *Satzger,* 2001, S. 563f.; *Schröder,* S. 390, 397ff.; *Hecker,* 2012, § 10 Rn. 60; *ders.,* JA 2002, 728; *Mansdörfer,* Jura 2004, 299; vgl. auch *Dannecker,* JZ 1996, 873 sowie *Tiedemann,* AT, 2014, Rn. 83.

279 Vgl. *Hecker,* 2012, § 10 Rn. 24ff.

280 Vgl. *Satzger,* 2001, S. 551, 563.

281 *EuGH,* Kolpinghuis Nijmegen BV Urt. v. 8.10.1987; *EuGH,* Pupino Urt. v. 16.6.2005, paras. 44f. u. 47; auch *Hecker,* 2012, § 10 Rn. 39ff.; *Dannecker,* JZ 1996, 873.

Lösung Fall 2:

53 Ob das Verhalten des T als Vergehen nach § 71 Abs. 1 i. V. m. § 69 Abs. 4 Nr. 1 BNatSchG strafbar ist, hängt davon ab, ob es gegen die Verordnung (EG) Nr. 338/97 des Rates vom 9.12.1996 über den „Schutz von Exemplaren wildlebender Tier- und Pflanzenarten durch Überwachung des Handels" verstößt. Denn § 69 Abs. 4 Nr. 1 BNatSchG **verweist** auf einen Verstoß gegen die genannte Verordnung durch Einfuhr eines Exemplars einer in der Verordnung genannten Art. Erst die Lektüre der Verordnung nebst ihres Anhangs A in seiner durch eine weitere Verordnung der Kommission (EG) Nr. 709/2010 vom 22.7.2010 geschaffenen Form ermöglicht also eine abschließende Bestimmung des strafbaren Verhaltens. Dies ist allerdings unter dem Gesichtspunkt der Gesetzesbestimmtheit problematisch, vgl. zum Ganzen Rn. 29 f.[282]

Lösung Fall 3:

54 Der deutsche Strafrichter musste Prantl freisprechen, weil die deutsche Weinverordnung mit dem Verbot mengenmäßiger Einfuhrbeschränkungen und Maßnahmen gleicher Wirkung (jetzt Art. 34 AEUV) unvereinbar war. Verwechslungen mit den traditionell in Bocksbeutelflaschen abgefüllten deutschen Qualitätsweinen sind durch unterschiedliche Kennzeichnung vermeidbar. Wegen des **Anwendungsvorrangs des Unionsrechts** musste der deutsche Strafrichter die Weinverordnung somit unangewendet lassen (Rn. 41 ff.). Wie der Anwendungsvorrang strafrechtsdogmatisch *genau* zu behandeln ist, bedarf freilich noch der Klärung. Denkbar ist etwa, die der Weinverordnung zuwiderlaufende (verwechslungsgefährliche) Verwendung der traditionellen Bocksbeutelflaschen als – i. S. d. Lehre von der objektiven Zurechnung – *erlaubt* riskant anzusehen oder bzgl. ihrer Verwendung für europäische Weine bereits ein tatbestandsmäßiges Verbot zu verneinen. Jedenfalls wird man wohl nicht umhin kommen, unionsrechtlich-erlaubtes Verhalten von Strafbarkeitsrisiken zu verschonen.

Lösung Fall 4:

55 Fraglich ist, ob A gegen ein französisches Strafgesetz durch unbefugte Ausübung der Veterinärmedizin verstoßen hat, obgleich zum fraglichen Zeitpunkt eine EG-Richtlinie zur Regelung der gegenseitigen Anerkennung in der EG erworbener Diplome existierte, die nur in Frankreich noch nicht umgesetzt war. Nach Ansicht des EuGH hat sich A nicht strafbar gemacht, weil die genannte **EG-Richtlinie** dem französischen Recht **vorgehe,** auch wenn sie dort noch nicht umgesetzt sei (Rn. 42 f.).[283]

Lösung Fall 5:

56 Der BGH hat die Sache dem BayObLG zurückgegeben und sich für die Entscheidung der Vorlegungsfrage nicht berufen erklärt: „Für die Beantwortung der Vorlegungsfrage kommt es nämlich entscheidend auf die Auslegung der genannten EWG-Verordnungen an. Die verbindliche Auslegung des Rechts der EGen steht aber dem **Gerichtshof der EGen** zu (...)."[284]

Lösung Fall 6:

57 Das LG hatte den Standpunkt eingenommen, dass kein gewillkürter Abfall vorliege, wenn bei einer Sache nach ihrer Entsorgung die Wiederverwendung und Weiterverwertung möglich ist. Hiergegen stellte sich der BGH, indem er zunächst (und vorrangig) auf die Vorgaben des § 1 Abs. 2 AbfG abhob

---

[282] Vgl. auch *Böse,* FS Krey, 2010, S. 20 f., der die Verweisungstechnik des BNatSchG für verfassungsrechtlich zulässig hält.

[283] *EuGH,* Ministère public v. Auer Urt. v. 22.9.1983; dazu *Dannecker,* Jura 1998, 84; *Eisele,* JA 2000, 900; *Soyka,* wistra 2007, 128; *Hecker,* 2012, § 9 Rn. 24 f.

[284] BGHSt 36, 92 (94) im Anschluss an BGHSt 33, 76.

und sich dann zwei einschlägigen EG-Richtlinien zuwandte.[285] Mit Blick auf die einschlägige Rspr. des EuGH stellt der BGH fest, dass diese von den nationalen Verwaltungen und Gerichten zu berücksichtigen sei.[286] Der BGH hat i. Erg. seine Rspr. zum Abfallbegriff geändert, indem er dessen Inhalt an den Richtlinienvorgaben orientiert hat (2. Aufl., § 11 Rn. 43).

[285] BGHSt 37, 333 (334, 336): „Eine solche von subjektiven Zweckbestimmungen losgelöste Definition des Abfallbegriffs steht auch im Einklang mit den bereits zur Tatzeit geltenden RL 75/442/EWG des Rates (…) und 78/319/EWG des Rates (…).“ Näher zum unionsrechtlichen Abfallbegriff und zur Unionsrechtsakzessorietät des § 326 Abs. 2 StGB *Heine,* FS Jung, 2007, S. 268 ff.

[286] BGHSt 37, 333 (336) unter Verweis auf BGHSt 37, 168 (175).

§ 12. Verfahrensrecht: Justizielle und polizeiliche Zusammenarbeit

Neuere Literatur: *van der Aa/Römkens,* The State of the Art in Stalking Legislation – Reflections on European Developments, EuCLR 3 (2013), 232; *Ahlbrecht,* Die Europäische Ermittlungsanordnung – oder: EU-Durchsuchung leicht gemacht, StV 2013, 114; *Albers et al.*, Final Report – Towards a Common Evaluation Framework to Assess Mutual Trust in the Field of EU Judicial Cooperation in Criminal Matters, 2013; *Ambos,* Der Fall des Julian Assange: EuHB versus diplomatisches Asyl, FS Kühne, 2013, S. 503; *ders./Bock,* EuHB und Jurisdiktionskonflikte – Grenzenlose Strafverfolgung, JuS 2012, 437; *De Amicis,* Initial Views of the Court of Justice on the European Arrest Warrant: Towards a Uniform Pan-European Interpretation?, EuCLR 2 (2012), 47; *Anders,* Straftheoretische Anmerkungen zur Verletztenorientierung im Strafverfahren, ZStW 124 (2012), 374; *Aquilina,* Fighting Corruption in Malta and at European Union Levels, eucrim 2013, 61; *Aubert,* Droit de l'Union européenne, RSC 2012, 433; *Beltrán de Felipe/Nieto Martín,* Post 9/11 Trends in International Judicial Cooperation. Human Rights as a Constraint on Extradition in Death Penalty Cases JICJ 10 (2012), 581; *Billing,* The Parallel Between Non-removal of Asylum Seekers and Non-execution of a European Arrest Warrant on Human Rights Grounds: The CJEU Case of N. S. v. Secretary of State for the Home Department, EuCLR 2 (2012), 77; *Blackstock,* Procedural Safeguards in the European Union: a Road well Travelled?, EuCLR 2 (2012), 20; *Bock,* Opferrechte im Lichte europäischer Vorgaben, in: Barton/Kölbel, Ambivalenzen der Opferzuwendung im Strafrecht, 2012, S. 67; *dies.,* Das europäische Opferrechtspaket: zwischen substantiellem Fortschritt und blindem Aktionismus, ZIS 2013, 201; *Böhm,* Der EuHB im Lichte des Grundsatzes der gegenseitigen Anerkennung und die praktische Umsetzung im nationalen Auslieferungsrecht; StraFo 2013, 177; *Böse,* Der Grundsatz der gegenseitigen Anerkennung unter dem Vertrag von Lissabon, in: Ambos, 2011, S. 58; *ders.*, Die Ermittlung der „besten" Strafgewalt im Spannungsfeld von Strafanwendungsrecht und internationaler Zuständigkeit, FS Wolter, 2013, S. 1311; *ders./F. Meyer,* Die Beschränkung nationaler Strafgewalten als Möglichkeit zur Vermeidung von Jurisdiktionskonflikten in der EU, ZIS 2011, 336; *Boucht,* Cross-border Use of Police Powers within the EU – A Finnish, Norwegian and Swedish Perspective, EuCLR 2 (2012), 203; *Braum/Covolo,* From Proven Fragmentation to Guaranteed Data Protection within the Virtual Criminal Law Enforcement Area, in: Ligeti, S. 1111; *Brodowski,* Strafrechtsrelevante Entwicklungen in der EU, ZIS 2011, 940; *ders.*, Der „Grundsatz der Verfügbarkeit" von Daten zwischen Staat und Unternehmen, ZIS 2012, 474; *ders.*, Ne bis in idem im europäischen Auslieferungsrecht, StV 2013, 339; *ders.*, Strafrechtsrelevante Entwicklungen in der EU, ZIS 2013, 455; *ders.*, Innere Sicherheit in der EU, Jura 2013, 492; *Burchard,* § 14: Auslieferung (Europäischer Haftbefehl), in: Böse, 2013, S. 537; *Buczma,* ECRIS – A Step Leading to the Establishment of a Coherent European Platform for Exchange of Information – Remarks from a Polish Perspective, ERA-Forum 12 (2011), 465; *de Busser,* The Data Protection Gap, eucrim 2013, 17; *Caeiro,* A jurisdição penal da união europeia como meta-jurisdição: em especial, a compêtencia para legislar sobre as bases de jurisdição nacionais, in: Correia et al., Estudos em homenagem ao Prof. Doutor José Joaquim Gomes Canotilho, Vol. III, 2012, S. 179; *Cameron* et al., International Criminal Law from a Swedish Perspective, 2011; *Capus,* Strafrecht und Souveränität, 2010; *Claverie-Rousset,* The Admissibility of Evidence in Criminal Proceedings between EU Member States, EuCLR 2 (2012), 152; *Corell/Sidhu,* Das Recht auf Rechtsbeistand nach dem europäischen Fahrplan zur Stärkung der Verfahrensrechte in Strafverfahren, StV 2012, 246; *Cras/de Matteis,* The Directive on the Right to Information, eucrim 2013, 1; *Eisele,* Jurisdiktionskonflikte in der Europäischen Union: Vom nationalen Strafanwendungsrecht zum Europäischen Kollisionsrecht?, ZStW 125 (2013), 1; *ders.,* § 49: Datenverkehr im Rahmen der PJZS, in: Sieber et al., S. 767; *ders.*, § 50: Datenschutz im Rahmen der PJZS, in: Sieber et al., 781; *Erbežnik,* The Principle of Mutual Recognition as a Utilitarian Solution, and the Way Forward, EuCLR 2 (2012), 3; *Esser,* Initiativen der EU zur Harmonisierung der Beschuldigtenrechte, FS Wolter, 2013, S. 1329; *ders.*, § 19: Daten- und Informationsaustausch in Strafsachen in der Europäischen Union, in: Böse, 2013, S. 697; *European Criminal Policy Initiative,* Manifest zum Europäischen Strafverfahrensrecht, ZIS 2013, 412; *Flore et al.*, Probation Measures and Alternative Sanctions in the EU, 2012; *Gärditz,* § 6: Europäisierung des Strafrechts und nationales Verfassungsrecht, in: Böse, 2013, S. 227; *Fichera,* The Status of the Victim in European Union Criminal Law, eucrim 2011, 79; *Gleß,* A New Test for Mens Rea? Safeguarding Legal Certainty in a European Area of Freedom, Security and Justice, EuCLR 1 (2011), 114; *dies.,* § 38: Europäische Beweisanordnung, in: Sieber et al., S. 596; *dies.*, § 39: Sicherstellung von Vermögensgegenständen oder Beweismitteln in der EU, in: Sieber et al., S. 611; *dies.*, § 39a: Gegenseitige Anerkennung von Geldstrafen und Geldbußen, in: Sieber et al., S. 621; *dies.*, § 40: Anerkennung von Einziehungsentscheidungen, in: Sieber et al., S. 633; *dies.*, § 16: Beweisrechtshilfe, in: Böse, 2013, S. 611; *dies.*, Grenzüberschreitende Beweissammlung, ZStW 125 (2013), 573; *Globke,* Die Wirkung des EuHB, GA 2011, 412; *Grasso,* The European Arrest Warrant under the Scrutiny of the Italian Constitutional Court, NJECL 4 (2013), 120; *Hauck,* § 11: Europarechtliche Vorgaben für naitonale Strafverfahren, in: Böse, 2013, S. 413; *v. Heintschel-Heinegg,* § 37: Europäischer Haftbefehl, in: Sieber et al., S. 581; *Hetzer,* § 41: Zusammenarbeit von Polizei und Zoll, in: Sieber et al., S. 641; *Heydenreich,* Die Europäische Ermittlungsanordung, StraFo 2012, 439; *Hörauf,* Ordnungswidrigkeiten und der europäische Straftatenbegriff – Subkategorie oder aliud-Verhältnis?, ZIS 2013, 276; *de Hoyos Sancho,*The Procedural Treatment of Especially Vulnerable Victims in Current and Recent Proposed Normative Instruments in the EU, in: de Hoyos Sancho, Guarantees and Rights of the Especially Vulnerable Victim in the Legal Framework of the EU, 2013, S. 47; *Jiménez Becerril/Romero Lopez,* The European Protection Order, eucrim 2011, 76; *Johnson,* First Experiences in Germany with Mutual Recognition of Financial Penalties, eucrim 2013, 65; *ders.*, Zur Anerkennung und Vollstreckung von EU-Geldsanktionen in Österreich, ZIS 2013, 361; *Klimek,* New Law on the European Arrest Warrant in the Slovak Republic: Does it Fulfil Standards at the Level of the EU, Eur. J. Cr. 2012, 181; *Krüßmann,* § 18: Besondere Formen der grenzüberschreitenden Zusammenarbeit, in: Böse, 2013, S. 679; *Kugelmann,* § 17: Europäische Polizeiliche Kooperation, in: Böse, 2013, S. 631; *Lagodny,* § 31: Traditionelles Auslieferungs- und Rechtshilferecht (horizontale Rechtshilfe), in: Sieber et al., S. 491; *Langheld,* Has the European Union Begun to Drive Criminal Law Down a Slippery Road?, EuCLR 2 (2012), 276; *Mansell,* The European Arrest Warrant and Defence Rights, EuCLR 2 (2012) 36; *Maple/Lang,* Vulnerability, Victims and Free Movement: The Case of Cyberstalking, NJECL 3 (2012), 208; *Marauhn/Simon,* Diplomatisches Asyl für Julian Assange?, ZJS 2012, 593; *Mavany,* Die Europäische Beweisanordnung und das Prinzip der gegenseitigen Anerkennung, 2012; *Meier,* Neues aus Europa? Die Opferschutzrichtlinie der EU, FS Wolter, 2013, S. 1387; *Michaelsen,* The Renaissance of Non-Refoulement? The Ozhman (Abu Qatada) Decision of the European Court of Human Rights, ICLQ 61 (2012), 750; *Miettinen,* Onward Transfer Under the European Arrest Warrant: Is the EU Moving Towards the Free Movement of Prisoners?, NJECL 4 (2013), 99; *Montag/von Bonin,* Die Entwicklung des Unionsrechts bis Mitte 2013, NJW 2013, 3487; *Morgenstern,* § 15: Vollstreckungshilfe, in: Böse, 2013, S. 573; *Mylonopoulos,* Strafrechtsdogmatik in Europa nach dem Vertrag von Lissabon, ZStW 123 (2011), 633; *Neumann,* § 34: Gemeinsame Ermittlungsteams, in: Sieber et al., S. 531; *Neveu,* Probation Measures and Alternative Sanctions in Europe: From the 1964 Convention to the 2008 Framework Decision; NJECL 4 (2013), 134; *Ouwerkerk,* Quid pro quo?, 2011; *Pronebner,* Warum werden ausländische Verkehrssünder nach wie vor nicht verfolgt?, DAR-Extra 2010, 748; *Rackow,* Das Anerkennungsprinzip auf dem Prüfstein der Beweisrechtshilfe, in: Ambos, 2011, S. 117; *Ruggeri,* Beweisrechtshilfe und Grundrechtseingriffe am Beispiel des Richtlinienvorschlags einer europäischen Ermittlungsanordnung (RlV EEA), ZStW 125 (2013), 407; *Schmidt,* Die transnationale Vollstreckung von Geldstrafen nach dem Europäischen Geldsanktionsgesetz, NZWiSt 2012, 95; *Schomburg/Lagodny/Schallmoser,* § 13: Grundlagen der Zusammenarbeit, in: Böse, 2013, S. 495; *Schoppa,* Europol im Verbund der Europäischen Sicherheitsagenturen, 2013; *Schröder/Stiegel,* § 35: Zusammenarbeit mit Drittstaaten, in: Sieber et al., S. 536; *Schünemann,* Die Vorschläge der Europäischen Kommission für eine Opferschutzrichtlinie, ERA-Forum 12 (2011), 445; *Sinn,* Die Vermeidung von strafrechtlichen Jurisdiktionskonflikten in der EU, ZIS 2013, 1; *Skouris,* Criminal Law Issues in the Case-law of the European Court of Justice: a General Overview, EuCLR 1 (2011), 108; *ders.*, Zum Rechtsschutz in der EU nach Lissabon, FS Europa-Institut, 2011, S. 545; *Smith,* Running Before we can Walk? Mutual Recognition at the Expense of Fair Trials in Europe's Area of Freedom, Justice and Security, NJECL 4 (2013), 82; *Suominen,* The Characteristics of Nordic Criminal Law in the Setting of EU Criminal Law, EuCLR 1 (2011), 170; *dies.*, The Principle of Mutual Recognition in Cooperation in Criminal Matters, 2011; *Tamarit Sumalla,* European Policy on Victims of Crime, in: de Hoyos Sancho, Guarantees and Rights of the Especially Vulnerable Victim in the Legal Framework of the EU, 2013, S. 31; *Thomas,* The Principle of Mutual Recognition – Success or Failure?, ERA-Forum 13 (2013), 585; *Vermeulen,* Free Gathering and Movement of Evidence in Criminal Matters in the EU, 2011; *Vogel,* Strafrecht und Strafrechtswissenschaft im internationalen und europäischen Rechtsraum, JZ 2012, 25; *Weyembergh,* Transverse Report on Judicial Control in Cooperation in Criminal Matters, in: Ligeti, S. 945 ff.; *Wieczorek,* A Needed Balance Between Security, Liberty and Justice. Positive Signals Arrive From the Field of Victims' Rights, EuCLR 2 (2012), 141; *Zgaga,* Rights of Victims in Slovenian Criminal Law According to the EU Framework Decision on the Standing of Victims' in Criminal Proceedings, eucrim 2011, 88; *Zimmermann/Glaser/Motz,* Mutual Recognition and its Implications for the Gathering of Evidence in Criminal Proceedings: a Critical Analysis of the Initiative for a European Investigation Order, EuCLR 1 (2011), 56; *Zöller,* Neue unionsrechtliche Strafgesetzgebungskompetenzen nach dem Vertrag von Lissabon, FS Schenke, 2011, S. 579. – Für (weitere) **ältere Literatur** s. Vorauflagen.

A. Grundlagen

Fall 1:[1]

1 Der im deutsch-belgischen Grenzgebiet wohnende D wird nach einem Einkauf in Belgien von einer Streife der belgischen Gendarmerie bis vor seine Wohnung auf deutsches Staatsgebiet verfolgt. Dort stellt sich heraus, dass die belgischen Beamten den Wagen des D mit einem anderen deutschen Kfz verwechselt hatten, dessen Fahrer nach einem Unfall mit Todesfolge in Richtung der deutschen Grenze geflohen war (vgl. Art. 41 Abs. 4 (a) Spiegelstr. 14 SDÜ). D möchte durch ein deutsches Gericht feststellen lassen, ob die Nacheile (Art. 41 SDÜ) durch die Gendarmen rechtens gewesen ist. Wird D Erfolg haben? → Rn. 7

2 Mit dem **Vertrag von Lissabon** wurde die früher in der 3. Säule angesiedelte PJZS (Art. 29ff. EUV a. F., dazu 2. Aufl., § 12 Rn. 1 ff.)[2] „vergemeinschaftet" und in den Bereich „Justiz und Inneres" (JI) überführt (§ 9 Rn. 2, 11). Die unter der alten Rechtslage erlassenen Rechtsakte behalten aber zunächst ihre Gültigkeit und unterliegen für eine Übergangszeit von 5 Jahren nach Inkrafttreten des Lissaboner Vertrags (also bis 1.12.2014) weiterhin der eingeschränkten Prüfungskompetenz des EuGH (§ 11 Rn. 44).[3] Im weiterhin existierenden „Raum der Freiheit, der Sicherheit und des Rechts" (Titel V, Art. 67 Abs. 1 AEUV) soll nun die Sicherheit durch die „Koordinierung und Zusammenarbeit von Polizeibehörden und Organen der Strafrechtspflege" gewährleistet werden (Art. 67 Abs. 3 AEUV).

3 Die **justizielle Zusammenarbeit** (Art. 82ff. AEUV) beruht auf dem **Grundsatz gegenseitiger Anerkennung** (Art. 82 Abs. 1 UA 1 AEUV; dazu schon § 9 Rn. 12) und umfasst Maßnahmen zur Konkretisierung dieses Grundsatzes durch Festlegung von Verfahren zur Sicherstellung der Anerkennung (Art. 82 Abs. 1 UA 2 (a) AEUV) sowie zur Verbesserung der **zwischenstaatlichen Zusammenarbeit,** nämlich zur Verhinderung und Beilegung von Kompetenzkonflikten, zur Weiterbildung von Richtern, Staatsanwälten und Justizbediensteten sowie zur Erleichterung der Zusammenarbeit bei Strafverfolgung, Vollzug und Vollstreckung von Entscheidungen (Art. 82 Abs. 1 UA 2 (b)–(d) AEUV).[4] Insoweit ist auf dem Gebiet der europäischen **Rechtshilfe** (Rn. 9ff.) eine Entwicklung von der klassischen vertragsgestützen Rechtshilfe im Rahmen von Europarat und EU hin zu einer exekutivischen Rechtshilfe auf der Grundlage gegenseitiger Anerkennung zu verzeichnen. Außerdem können EP und Rat gemeinsam im ordentlichen Gesetzgebungsverfahren durch Richtlinien **Mindestvorschriften** zur **Rechtsangleichung** festlegen, sofern dies zur Erleichterung der gegenseitigen Anerkennung gerichtlicher Urteile und Entscheidungen und der polizeilichen Zusam-

---

[1] Fall nach *Gleß/Lüke,* Jura 2000, 402.

[2] Zur historischen Entwicklung aus den unterschiedlichen Formen der Zusammenarbeit im Rahmen der EG seit den 1970er Jahren vgl. 2. Aufl., § 12 Rn 2.

[3] Vgl. Art. 10 Prot. Nr. 36 zum Lissabonner Vertrag „Über die Übergangsbestimmungen", Abl. EU C 115 v. 9.5.2008, 322ff. Zur Prüfungskompetenz des EuGH ante-/post-Lissabon *Skouris,* EuCLR 1 (2011), 108; *ders.*, FS Europa-Institut, 2011, S. 545ff.; *De Amicis,* EuCLR 2 (2012), 47f.

[4] S. auch Streinz/*Satzger,* Art. 82 AEUV Rn. 2ff., 39ff. Zur alten Rechtslage gemäß Art. 31 EUV a. F. s. 2. Aufl., § 12 Rn. 20. Zu Kompetenzkonflikten siehe § 4 Rn. 1ff. sowie *Sinn,* ZIS 2013, 3; *Eisele,* ZStW 125 (2013), 1; Streinz/*Satzger,* Art. 82 AEUV Rn. 39ff.; *Caeiro,* in: Correia et al., S. 194ff. *Böse,* FS Wolter, 2013, S. 1313 unterstreicht den Widerspruch zwischen der primärrechtlichen Aufgabe zur Vermeidung von Kompetenzkonflikten und der sekundärrechtlichen Anweisung in vielen Rechtsakten, die eigene Strafgewalt auszudehnen.

menarbeit in Strafsachen mit grenzüberschreitender Dimension erforderlich ist (Art. 82 Abs. 2 AEUV; dazu Rn. 8). Schließlich fällt unter die justizielle Zusammenarbeit auch die **Institutionalisierung** der europäischen Strafverfolgung durch *Eurojust* (Art. 85 AEUV, dazu § 13 Rn. 13ff.) und die avisierte *Europäische Staatsanwaltschaft* (Art. 86 AEUV, § 13 Rn. 19ff.).

Die **polizeiliche Zusammenarbeit** (Art. 87ff. AEUV) erstreckt sich auf die Polizei, den Zoll und andere „auf die Verhütung oder die Aufdeckung von Straftaten sowie entsprechende Ermittlungen spezialisierte Strafverfolgungsbehörden" (Art. 87 Abs. 1 AEUV).[5] Zu diesem Zweck können Maßnahmen zum *Informationsaustausch*[6] (Einholen, Speichern, Verarbeiten, Analysieren und Austauschen sachdienlicher Informationen) mit dem Ziel gegenseitiger **Verfügbarkeit,**[7] zur *Aus- und Weiterbildung* und zur 4

[5] Zur Unterscheidung zwischen polizeilicher und justizieller Zusammenarbeit *Vermeulen,* S. 17ff.

[6] Vgl. insoweit auch den Rb 2003/335/JI v. 8.5.2003 (Abl. EU L 118 v. 14.5.2003, 12) über den Informationsaustausch im Zusammenhang mit der Verfolgung von **Völkermord, VgM und Kriegsverbrechen** (dazu auch *Ryngaert,* Eur.J. Cr. 2006, 70ff.; ICC Monitor, August 2005, 10) sowie den **Vertrag von Prüm** (Vertrag über die Vertiefung der grenzüberschreitenden Zusammenarbeit, insbesondere zur Bekämpfung des Terrorismus, der grenzüberschreitenden Kriminalität und der illegalen Migration v. 27.5.2005, BGBl. II 2006 S. 626; dazu *Hetzer,* in: Sieber et al., § 41 Rn. 79ff.), der ursprünglich den Datenaustausch in drei Bereichen (DNA-Analyse-Dateien, Fingerabdruck- u. Kraftfahrzeugdaten) zwischen Belgien, Deutschland, Spanien, Frankreich, Luxemburg, Niederlande, Österreich vorsah und im Juni 2008 in EU-Recht überführt wurde (Beschl. 2008/615/JI, Abl. EU L 210 v. 6.8.2008, 1, sog. Prüm-Beschluss; und Beschl. 2008/616/JI, Abl. EU L 210 v. 6.8.2002; dazu ausführl. *Böse,* Verfügbarkeit, 2007, S. 42ff.; auch *de Biolley,* RIDP 77 [2006], 35ff.; *Hummer,* EuR 2007, 527ff.; *Niemeier/Zerbst,* ERA Forum 8 (2007), 535ff.; *Meyer,* NStZ 2008, 190; *Krüßmann,* S. 456ff; *Schoppa,* S. 89ff.; zur Implementation BGBl. I 2009 S. 2507; eucrim 2010, 55, 142; 2011, 16f.; siehe auch Rats-Dok. 5074/7/13. Großbritannien und Irland lassen ebenfalls die Prümer Bestimmungen für sich gelten; Dänemark hat von der opt-out Option Gebrauch gemacht (eucrim 2010, 142; allgemein zu dänischen opt-outs *Suominen,* EuCLR 1 [2011], 173f.). Die Nicht-EU-Staaten Norwegen und Island nehmen teilweise am Prümer Vertrag teil (Ratsbeschluss 2010/482/EU v. 26.7.2010, Abl. EU L 238 v. 9.9.2010, 1). – Vgl. ferner den Rb 2006/906/JI v. 18.12.2006 über die **Vereinfachung des Austauschs von Informationen und Erkenntnissen** zwischen den Strafverfolgungsbehörden der Mitgliedstaaten der EU (Abl. EU L 386 v. 29.12.2006, 89), der auf eine schwed. Initiative zurückgeht, wonach Strafverfolgungsbehörden der MS unter den gleichen Bedingungen Zugriff auf Daten haben sollen wie nationale Behörden (dazu Böse, a. a. O., S. 39ff.; *Meyer,* NStZ 2008, 189f.; *Eisele,* in: Sieber et al., § 49 Rn. 24f.); Beschluss 2008/633/JI des Rates vom 23.6.2008 über den Zugang der benannten Behörden der Mitgliedstaaten und von Europol zum **Visa-Informationssystem** (VIS) für Datenabfragen zum Zwecke der Verhütung, Aufdeckung und Ermittlung terroristischer und sonstiger schwerwiegender Straftaten (Abl. EU L 128 v. 13. 8 2008, 129); Rb 2009/315/JI des Rates vom 26.2.2009 über die Durchführung und den Inhalt des Austauschs von Informationen aus dem **Strafregister** zwischen den Mitgliedstaaten (Abl. EU L 93 v. 6.4.2009, 23); Beschluss 2009/316/JI des Rates vom 6.4.2009 zur Einrichtung des Europäischen **Strafregisterinformationssystems** (ECRIS) gemäß Artikel 11 des Rb 2009/315/JI (Abl. EU L 93 v. 6.4.2009, 33) sowie jüngst VO 603/2013 des EP und des Rates v. 26.6.2013 über die Einrichtung von Eurodac für den **Abgleich von Fingerabdruckdaten** zum Zwecke der effektiven Anwendung der Verordnung (EU) Nr. 604/2013 etc., Abl. EU L 180 v. 29.6.2013, 1. Vgl. auch die Mitteilung der Kommission zur „Stärkung der Zusammenarbeit der Strafverfolgungsbehörden in der EU: Das Europäische Modell für den Informationsaustausch", KOM (2012) 735 endg.; ausf. zum Austausch von Strafverfolgungsdaten *Zöller,* ZIS 2011, 64; *Esser,* in: Böse, 2013, § 19 Rn. 157ff.; zu ECRIS aus polnischer Sicht auch *Buczma,* ERA-Forum 12 (2011), 465.

[7] Grdl. zu diesem – auf ggs. Anerkennung (§ 9 Rn. 12) beruhenden – Grundsatz *Böse,* Verfügbarkeit, 2007; vgl. auch *Safferling,* 2011, § 10 Rn. 38f.; *Eisele,* in: Sieber et al., § 49 Rn. 28ff.; *Hauck,* in: Böse, 2013, § 11 Rn. 51. Vgl. in concreto den entsprechenden Rbentwurf KOM (2005) 490 endg. v. 12.10.2005 sowie dessen Änderung unter dt. Ratspräsidentschaft (Rats-Dok. 7315/07); dazu *Esser,* in: Böse, 2013, § 19 Rn. 39ff.; vgl. auch Rl 2011/82/EU des EP und des Rates v. 25.10.2011 zur Erleichterung des grenzüber-

gemeinsamen *Analysetätigkeit* erlassen werden (Art. 87 Abs. 2 AEUV). Maßnahmen zur Verbesserung der *operativen* Zusammenarbeit, etwa mit Blick auf die relativ erfolgreichen gemeinsamen Ermittlungsteams,[8] kann der Rat grundsätzlich einstimmig beschließen (Art. 87 Abs. 3 UA 1 AEUV).[9] Ferner fällt unter die polizeiliche Zusammenarbeit die Weiterentwicklung von **Europol** (Art. 88 AEUV, dazu näher § 13 Rn. 4ff.).

5 Eine weitere wichtige, parallele Rechtsgrundlage für die JPZ ist das **Schengener Durchführungsübereinkommen** (SDÜ, zu Entstehung und Geltungsbereich schon § 9 Rn. 18f.). Die besonders relevanten Vorschriften finden sich im **Titel III** („Polizei und Sicherheit"), insbesondere in den Kapiteln 1 bis 5. Der Titel „Polizei und Sicherheit" ist irreführend und aussagekräftig zugleich, lässt er doch einerseits nicht vermuten, dass sich dort auch wichtige Vorschriften zur *(justiziellen) Rechtshilfe* finden und weist er andererseits auf die vorrangig *am polizeilichen Handeln ausgerichtete Orientierung* des SDÜ hin.[10] **Kapitel 1** (Art. 39–47) regelt die **polizeiliche Zusammenarbeit.** Die Vertragsstaaten verpflichten sich insoweit u. a. zum polizeilichen *Informationsaustausch* (Art. 39),[11] erlauben die *grenzüberschreitende* Observation (Art. 40) und *Nacheile* (Art. 41) und können bilaterale Absprachen über die Entsendung von *Verbindungsbeamten* treffen (Art. 47)[12]. Von besonderer Bedeutung sind die Vorschriften zur **grenzüberschreitenden Observation** und Nacheile.[13] Die Fortsetzung der Observation auf dem Hoheitsgebiet einer anderen Vertragspartei setzt grundsätzlich deren vorherige Zustimmung voraus (Art. 40 Abs. 1); bei „besonderer Dringlichkeit" kann aber auch – im Falle bestimmter schwerer Straftaten[14] – ohne diese gehandelt werden, wo-

schreitenden Austauschs von Informationen über die Straßenverkehrssicherheit gefährdende Verkehrsdelikte, Abl. EU L 288 v. 5.11.2011, 1; dazu krit. *Langheld,* EuCLR 2 (2012), 276; krit. aus datenschutzrechtlicher Sicht *Böse,* Verfügbarkeit, 2007, S. 137ff.; *Meyer,* NStZ 2008, 188 (192ff.); zum Datenschutz siehe auch den Rb 2008/977/JI v. 27.11.2008 über den Schutz personenbezogener Daten, die im Rahmen der polizeilichen und justiziellen Zusammenarbeit in Strafsachen verarbeitet werden, Abl. EU L 350 v. 30.12.2008, 60 (dazu *Esser,* in: Böse, 2013, § 19 Rn. 21ff.) sowie den Vorschlag für [eine] Richtlinie des EP und des Rates zum Schutz natürlicher Personen bei der Verarbeitung personenbezogener Daten durch die zuständigen Behörden zum Zwecke der Verhütung, Aufdeckung, Untersuchung oder Verfolgung von Straftaten oder der Strafvollstreckung sowie zum freien Datenverkehr, KOM (2012) 10 endg; Rats-Dok. 6002/13; dazu auch *de Busser,* eucrim 2013, 17; *Esser,* in: Böse, 2013, § 19 Rn. 31f.; zur Reichweite *Hörauf,* ZIS 2013, 276; vgl zum Datenschutz in der EU allgemein *Eisele,* in: Sieber et al., § 50 Rn. 1ff.; *Esser,* in: Böse, 2013, § 19 Rn. 16ff. S. auch *Nalewajko,* Anerkennung, 2010, S. 284ff.; *Klip,* 2012, S. 357f.; *Braum/Covolo,* in: Ligeti, S. 1111ff.; *Satzger,* 2013, § 10 Rn. 49ff. Krit. hinsichtl. der generellen Verfügbarkeit von Daten auch *Brodowski,* ZIS 2012, 474; *ders.,* Jura 2013, 497.

[8] Vgl. Art. 13 EU-RhÜbk bzw. Rb 2002/465/JI, Abl. EU L 162 v. 20.6.2002; instruktiv *Sensburg,* Kriminalistik 2008, 661; zum Entwurf eines „model agreement" eucrim 2010, 17f.

[9] Zum insoweit aber auch mögliche Verfahren der *verstärkten Zusammenarbeit* von mindestens neun Mitgliedstaaten vgl. Art. 87 Abs. 3 UA 2 und 3 AEUV und schon § 11 Rn. 10.

[10] Krit. insoweit S/L/G/H/*Gleß,* III E 1 Rn. 2ff. Vgl. insoweit auch den **deutsch-schweizerischen Polizeivertrag** v. 27.4.1999 (BGBl. II 2001 S. 946), dazu *Hecker,* 2012, § 5 Rn. 78ff.; *Krüßmann,* S. 453ff. Zur polizeilichen Zusammenarbeit aus skandinavischer Sicht *Boucht,* EuCLR 2 (2012), 203.

[11] Dazu näher *Böse,* Verfügbarkeit, 2007, S. 30ff.; *Hetzer,* in: Sieber et al., § 41 Rn. 52; *Esser,* in: Böse, 2013, § 19 Rn. 8ff.

[12] Dazu aus frz. Sicht *Aubert,* RSC 2012, 434ff.

[13] Dazu *Hetzer,* in: Sieber et al., § 41 Rn. 53ff.; *Krüßmann,* in: Böse, 2013, § 18 Rn. 38ff.

[14] Vgl. Art. 40 Abs. 7 SDÜ: Mord, Totschlag, Vergewaltigung, vorsätzliche Brandstiftung, Falschmünzerei, schwerer Diebstahl, Hehlerei und Raub, Erpressung, Entführung und Geiselnahme, Menschenhandel, unerlaubter Verkehr mit Betäubungsmitteln, Verstoß gegen die gesetzlichen Vorschriften über Waffen und Sprengstoffe, Vernichtung durch Sprengstoffe, unerlaubter Verkehr mit giftigen und schädlichen Abfällen.

bei die betroffene Vertragspartei dann unverzüglich nachträglich informiert werden muss (Art. 40 Abs. 2).[15] Die observierenden Beamten sind jedenfalls an das Recht des Hoheitsstaates gebunden, sie müssen in der Lage sein, ihre amtliche Funktion nachzuweisen und sie haben ohne Unterstützung der Beamten des Hoheitsstaates praktisch keine Eingriffsbefugnisse (der Einsatz der Dienstwaffe ist nur bei Notwehr zulässig, das Betreten von Wohnungen generell unzulässig, Art. 40 Abs. 3). Unter ähnlichen Voraussetzungen ist eine **Nacheile,** d. h. die Verfolgung einer auf frischer Tat ertappten Person (Art. 41 Abs. 1) in fremdes Hoheitsgebiet hinein, zulässig: Auch hier kann bei besonderer Dringlichkeit – die der Regelfall bei „Ertappen auf frischer Tat" sein dürfte – ohne vorherige Zustimmung des betroffenen Vertragsstaates und bei Vorliegen bestimmter genannter[16] und weiterer auslieferungsfähiger Straftaten (Art. 41 Abs. 4) gehandelt werden. Die nacheilenden Beamten haben nur ausnahmsweise dann ein Festhalterecht, wenn die Beamten des Hoheitsstaats nicht sogleich zur Stelle sind (ex Art. 41 Abs. 2), soweit der Schengen-Staat, in dem der Einsatz stattfindet, – wie Deutschland – nacheilenden ausländischen Beamten ein entsprechendes Festhalterecht eingeräumt hat.[17] Die allgemeinen Voraussetzungen (Art. 41 Abs. 5) entsprechen im Wesentlichen denen der grenzüberschreitenden Observation.[18]

Die Reichweite und juristische Problematik dieser Möglichkeiten grenzüberschreiten- 6
der Polizeitätigkeit werden besonders deutlich, wenn man sich der Frage des **Rechtsschutzes** der davon betroffenen Personen zuwendet (dazu **Fall 1**). *Unmittelbar* aus den Regelungen des SDÜ ergibt sich *kein Rechtsweg.*[19] Insbesondere folgt aus Art. 41 Abs. 5 (a) SDÜ, demzufolge nacheilende Beamte an das Recht des Staates gebunden sind, auf dessen Hoheitsgebiet sie tätig werden, nicht, dass ihre Handlungen von dessen Gerichten überprüft werden können.[20] Die Handlungen ausländischer Polizeibeamte sind auch *nicht der Hoheitsgewalt des Territorialstaats zuzurechnen,* sie gelten als Handlungen des Staates, dessen Staatsangehörige die handelnden Amtsträger sind.[21] Eine andere Sichtweise würde die Zielsetzung des SDÜ konterkarieren, besteht diese doch gerade darin, die durch den Wegfall der Binnengrenzen befürchteten Sicherheitseinbußen u. a. dadurch zu kompensieren, dass im Wege der Nacheile gegebenenfalls die *eigene, originäre Hoheitsgewalt auch auf fremdem Staatsgebiet* ausgeübt werden kann.[22] Umgekehrt richtet sich ein evtl. zivilrechtlicher **Schadensersatzanspruch** nach dem Recht des Staates, auf dessen Hoheitsgebiet der Schaden eingetreten ist (Art. 43 Abs. 2 SDÜ).[23] Die auf fremdem Hoheitsgebiet tätigen ausländischen Beam-

---

[15] Krit. zur Praktikabilität *Hecker,* 2012, § 5 Rn. 39; zu Art. 40 SDÜ auch *Gleß,* S. 123f.

[16] Vgl. Art. 41 Abs. 4 (a) SDÜ, der die gleichen Straftaten wie Art. 40 Abs. 7 (o. Fn. 14) und „unerlaubtes Entfernen nach einem Unfall mit schwerer Körperverletzung oder Todesfolge" enthält.

[17] *Hecker,* 2012, § 5 Rn. 42. Zu Art. 41 Abs. 2 SDÜ in Bezug auf das deutsch-französische Verhältnis *Goy,* Festnahme, 2002, insb. S. 202 und passim.

[18] Vgl. zu grenzüberschreitender Observation und Nacheile auch *Heinrich,* NStZ 1996, 365f.; *Gleß/Lüke,* Jura 1998, 73f.; *Würz,* SDÜ, 1997, Rn. 82ff. und *Kattau,* Strafverfolgung, 1993, S. 112ff.

[19] *Goy,* Festnahme, 2002, S. 249; *Hecker,* 2012, § 5 Rn. 106.

[20] *Gleß/Lüke,* Jura 2000, 402; *Harings,* Zusammenarbeit, 1998, S. 259ff., inbes. 261.

[21] Vgl. *Gleß/Lüke,* Jura 2000, 402 m.w.N.; *Hecker,* 2012, § 5 Rn. 108, 110.

[22] *Gleß/Lüke,* Jura 2000, 402f.; eingehend *Harings,* Zusammenarbeit, 1998, S. 251ff., insb. S. 258; zum Fehlen einer völkerrechtlichen Organleihe s. *Gleß/Lüke,* Jura 2000, 403; ebenso *Goy,* Festnahme, 2002, S. 252.

[23] *Gleß/Lüke,* Jura 2000, 403; S/L/G/H/*Gleß,* III E 1 Rn. 2; *Würz,* SDÜ, 1997, Rn. 149; vgl. auch *Hecker,* 2012, § 5 Rn. 46f.

ten werden den inländischen im Hinblick auf Straftaten gleichgestellt (Art. 42 SDÜ).[24]

Lösung Fall 1:

7 Grenzüberschreitendes Handeln i. R. d. SDÜ wird *demjenigen Staat zugerechnet, dem die handelnden Amtsträger angehören,* so dass *belgische* Gendarme keine *deutsche* Hoheitsgewalt ausüben können und damit die Rechtsweggarantie des Art. 19 Abs. 4 GG nicht eingreift (umgekehrt wäre der deutsche Rechtsweg aber eröffnet, wenn deutsche Beamte auf ausländischem Hoheitsgebiet handeln). Im Ergebnis haben damit belgische Beamte auf deutschem Hoheitsgebiet belgische Hoheitsgewalt ausgeübt, so dass D auf die belgische Gerichtsbarkeit verwiesen ist – ganz so, als sei er *vor* der deutschen Staatsgrenze noch auf belgischem Hoheitsgebiet angehalten worden.[25] Allerdings kann D ggf. Schadensersatz nach deutschem Recht verlangen (Rn. 6).

B. Angleichung des Verfahrensrechts

8 Die Angleichung[26] des Verfahrensrechts ist bei grenzüberschreitenden Strafsachen gemäß Art. **82 Abs. 2 AEUV** möglich, sofern sie zur Erleichterung der ggs. Anerkennung *„erforderlich"* ist.[27] Dann können Mindestvorschriften durch Richtlinien im ordentlichen Gesetzgebungsverfahren erlassen werden, die allerdings „die *Unterschiede* zwischen den Rechtsordnungen und -traditionen der Mitgliedstaaten" berücksichtigen müssen (Art. 82 Abs. 2 UA 1 S. 2 AEUV). Werden hingegen „grundlegende Aspekte" einer nationalen Rechtsordnung verletzt, können die Mitgliedstaaten das *Notbremseverfahren* aktivieren (Art. 82 Abs. 3 AEUV, dazu § 11 Rn. 10). Als Gegenstände der Rechtsangleichung nennt Art. 82 Abs. 2 UA 2 drei Bereiche, die allerdings durch einstimmigen[28] Beschluss des Rates nach Zustimmung des EP erweitert werden können (lit. d).[29]

- Lit. a erlaubt eine Harmonisierung der Regeln zur **Zulässigkeit von Beweismitteln,** so dass im Ausland erhobene Beweise in einem inländischen Strafverfahren leichter anerkannt werden können.
- Lit. b sieht eine Rechtsangleichung hinsichtlich der individuellen Verfahrensrechte vor, wobei als **„Rechte des Einzelnen"** dabei nur solche Rechte, die *unmittelbar* dem Einzelnen zu Gute kommen, erfasst sein sollen.[30] Würde man darüber hinaus auch nur mittelbar in individuelle Rechtspositionen eingreifende Regeln erfassen wollen, würde damit das gesamte Verfahrensrecht zum Angleichungsgegenstand,

---

[24] Vgl. auch *Hecker,* 2012, § 5 Rn. 44f.

[25] *Gleß/Lüke,* Jura 2000, 403; anders *Goy,* Festnahme, 2002, S. 254ff.

[26] Zur unklaren Abgrenzung von Angleichung und Harmonisierung *Klip,* 2012, S. 33.

[27] Vgl. auch *Satzger,* 2013, § 10 Rn. 53 („komplementäres Hilfsmittel"); Streinz/*Satzger,* Art. 82 AEUV Rn. 3, 11, 55; *Esser,* 2014, § 5 Rn. 32. Zum Zusammenhang zwischen Harmonisierung und Anerkennung *Capus,* S. 394ff.

[28] Allerdings kann der Europ. Rat einstimmig beschließen, dass insoweit eine qualifizierte Mehrheit ausreicht (Art. 48 Abs. 7 EUV). In Deutschland wäre in einem solchen Fall jedoch eine Beteiligung des Parlaments vonnöten (*BVerfG* NJW 2009, 2267 (2289, 2295) Ziff. 366, 419; vgl. auch §§ 4, 7 IntVG, s. auch *Zöller,* FS Schenke, 2011, S. 593; *Esser,* 2014, § 5 Rn. 29).

[29] Als mögliche weitere Regelungsbereiche nennt *Mansdörfer,* HRRS 2010, 15 die grds. Unzulässigerklärung einzelner Verfahrensarten, die Konkretisierung elementarer Verfahrensrechte (bspw. aus Art. 6 EMRK) sowie Regelungen für „Ermittlungsverfahren mit transnationalem Charakter".

[30] So auch *BVerfG* NJW 2009, 2267 (2288) Ziff. 358; *Satzger,* 2013, § 10 Rn. 57; Streinz/*Satzger,* Art. 82 AEUV Rn. 60. Zusammenfassende Würdigung der Beschuldigtenrechte bei *Esser,* FS Wolter, 2013, S. 1335ff.

weil nahezu alle Regeln im Strafverfahren – von solchen über die Befangenheit des Richters bis zu Beweisverwertungsverboten – in Rechtspositionen des Beschuldigten eingreifen. Auf dieser Grundlage wurde bisher u. a. die Rl über Dolmetschleistungen im Strafverfahren,[31] die Rl über das Recht auf Belehrung und Unterrichtung in Strafverfahren[32] sowie die Rl über das Recht auf Rechtsbeistand und die Kontaktaufnahme bei der Festnahme[33] verabschiedet. Zudem wurden Entwürfe für Richtlinien betreffend die Stärkung bestimmter Aspekte der Unschuldsvermutung und des Rechts auf Anwesenheit in der Verhandlung,[34] die Verfahrensgarantien für besonders schutzbedürftige Beschuldigte[35] und die vorläufige Prozesskostenhilfe[36] vorgelegt (näher § 10 Rn. 101 ff.).[37] Schon vor Lissabon wurden die Regelungen über die Behandlung von Abwesenheitsurteilen in verschiedenen Rahmenbeschlüssen vereinheitlicht.[38]

– Ferner können die **Verfahrensrechte der Opfer** angeglichen werden (lit. c). Auch von dieser Kompetenzgrundlage hat die EU bereits Gebrauch gemacht und den vor Lissabon erlassenen Rb über die Stellung des Opfers im Strafverfahren aufgehoben und durch neue, weitergehende Regelungen ersetzt.[39]

---

[31] Rl 2010/64/EU, Abl. EU L 280 v. 26.10.2010, 1. Siehe auch *Cras/de Matteis,* eucrim 2010, 153; *Blackstock,* EuCLR 2 (2012), 24 ff.; *Smith,* NJECL 4 (2013), 91 f. Die deutsche Umsetzung erfolgte durch das Gesetz zur Stärkung der Verfahrensrechte von Beschuldigten im Strafverfahren v. 2.7.2013 BGBl. I 2013 S. 1938. Krit. hinsichtlich der Vereinbarkeit von § 147 Abs. 2 S. 1 StPO mit Art. 7 Abs. 4 Rl 2010/64/EU *Esser,* 2014, § 5 Rn. 46.

[32] Rl 2012/13/EU, Abl. EU L 142 v. 1.6.2012, 1; ausf. *Esser,* FS Wolter, 2013, S. 1338 ff.; *Cras/de Matteis,* eucrim 2013, 1; zum Vorschlag näher *Brodowski,* ZIS 2010,754; *Blackstock,* EuCLR 2 (2012), 27 ff. *Smith,* NJECL 4 (2013), 91 f. Die deutsche Umsetzung erfolgte durch das Gesetz zur Stärkung der Verfahrensrechte von Beschuldigten im Strafverfahren v. 2.7.2013, BGBl. I 2013 S. 1938.

[33] Rl 2013/48/EU, Abl. EU L 294 v. 6.11.2013, 1; dazu *Brodowski,* ZIS 2013, 467 f.; zum Entwurf *ders.,* ZIS 2011, 947 f.; *Corell/Sidhu,* StV 2012, 248 ff.; *Blackstock,* EuCLR 2 (2012), 29 ff.; *Smith,* NJECL 4 (2013), 93 ff. Vgl. auch *OLG Düsseldorf* StV 2013, 102.

[34] KOM (2013) 821 endg.

[35] KOM (2013) 822 endg.; vgl. auch C(2013) 8178 endg.

[36] KOM (2013) 824 endg.; vgl. auch C(2013) 8179 endg.

[37] Vgl. zum Ganzen auch den Fortschrittsbericht der Kommission KOM (2013) 820 endg.; auch eucrim 2013, 120 f.

[38] ÄndRb 2009/299/JI, Abl. EU L 81 v. 27.3.2009, 24; krit. dazu jedoch im Hinblick auf die Beschuldigtenrechte *Kirsch,* StraFo 2008, 457; ebenso *Esser,* 2014, § 5 Rn. 43; vgl. auch *European Criminal Policy Initiative,* ZIS 2013, 427. Dazu auch *Hauck,* JR 2009, 141. *Böse,* in: Ambos, 2011, S. 61 f., begrüßt allerdings, dass die Behandlung von Abwesenheitsurteilen in allen Rb vereinheitlicht wurde.

[39] Rl 2012/29/EU des EP und des Rates v. 25.10.2012 über Mindeststandards für die Rechte, die Unterstützung und den Schutz von Opfern von Straftaten sowie zur Ersetzung des Rb 2001/220/JI, Abl. EU L 315 v. 14.11.2012, 5; krit. Würdigung bei *Bock,* ZIS 2013, 203 ff.; krit. hinsichtlich der Wahrung des Subsidiaritätsgrundsatzes *European Criminal Policy Initiative,* ZIS 2013, 427; insb. zur deutschen Umsetzung *Meier,* FS Wolter, 2013, S. 1387 ff.; zum Kommissionsvorschlag siehe *Fichera,* eucrim 2011, 79; *Schünemann,* ERA-Forum 12 (2011), 445; *Anders,* ZStW 124 (2012), 384 ff.; *Wieczorek,* EuCLR 2 (2012), 144 ff.; *Tamarit Sumalla,* in: de Hoyos Sancho, S. 42 f.; *de Hoyos Sancho,* in: de Hoyos Sancho, S. 55 ff.; zu den Bedürfnissen der Opfer von Cyberstalking *Maple/Lang,* NJECL 3 (2012), 208; rvgl zum Stalking allg. *van der Aa/Römkens,* EuCLR 3 (2013), 232; zum (nunmehr aufgehobenen) Rb 2001/220/JI siehe *EuGH,* Urt. v. 16.6.2005 *(Pupino),* v. 9.10.2008 *(Katz),* v. 28.6.2007 *(Dell'Orto)* und v. 21.10.2010 (*Eredics/Vassné Sápi* – m. Anm. *Bock,* JZ 2011, 469); *Ouwerkerk,* S. 98 f.; zur Umsetzung des Rb in Slovenien *Zgaga,* eucrim 2011, 88. Überblick über die Europäisierung der Opferrechte bei *Bock,* in: Barton/Kölbel, S. 67 ff.

C. Rechtshilfe

I. Vorbemerkung: Von der klassischen vertragsgestützen Rechtshilfe zur exekutivischen Rechtshilfe auf der Grundlage gegenseitiger Anerkennung

9 Die Rechtshilfe umfasst die Bereiche der Auslieferung, der „kleinen“ (sonstigen) Rechtshilfe und der Vollstreckungshilfe.[40] Aufgrund der Beschränkung der staatlichen Hoheitsgewalt auf das eigene Territorium,[41] findet die Rechtshilfe herkömmlicherweise auf der Grundlage **vr Verträge** statt.[42] So wurden zunächst auch in Europa unter dem Dach des **Europarats** eine Reihe (straf-)verfahrensrechtlicher Abkommen zu den genannten Bereichen verabschiedet, in chronologischer Folge (Stand: 1.7.2014):

- Europäisches **Auslieferungsübereinkommen** vom 13.12.1957 (EuAlÜbk)[43] samt ZP I vom 15.10.1975,[44] ZP II vom 17.3.1978,[45] ZP III vom 10.11.2010[46] und ZP IV vom 20.9.2012;[47] dazu Rn. 14ff.
- Europäisches **Rechtshilfeübereinkommen** vom 20.4.1959 (EuRhÜbk)[48] samt ZP I vom 17.3.1978[49] und ZP II vom 8.11.2001;[50] dazu Rn. 61;
- Übereinkommen über die **Überstellung verurteilter Personen** vom 21.3.1983 (ÜberstÜbk)[51] samt ZP vom 18.12.1997;[52] dazu Rn. 70
- Europäisches Übereinkommen über die Überwachung bedingt verurteilter oder bedingt entlassener Personen vom 30.11.1964;[53]
- Europäisches Übereinkommen über die **internationale Geltung von Strafurteilen** vom 28.5.1970;[54]
- Europäisches Übereinkommen über die **Übertragung der Strafverfolgung** vom 15.5.1972;[55]

---

[40] Vgl. *Hackner/Schierholt*, Rn. 2; *Hecker*, 2012, § 2 Rn. 62; zur Problematik des Ausgleichs zwischen Effizienz und Individualrechtsschutz im kleinen Rechtshilfeverkehr eingeh. *Gleß/Spencer*, StV 2006, 269; zur Rechtshilfe innerhalb der GUS, zu USA u. Kanada *Krüßmann*, S. 460ff., 481ff., 509ff.

[41] Vgl. ausf. *Capus*, S. 107ff.

[42] Zur Entwicklung der Rechtshilfe *Capus*, S. 266ff.

[43] ETS 24, BGBl. II 1964 S. 1369 (1371), II 1976 S. 1778, II 1982 S. 995, II 1994 S. 299; Übk. in Kraft getreten am 18.4.1960, für Deutschland am 1.1.1977.

[44] ETS 86; Übk. in Kraft getreten am 20.8.1979; keine deutsche Unterzeichnung/Ratifikation; dazu krit. S/L/G/H/*Schomburg*, II A Vorb. Rn. 3.

[45] ETS 98, BGBl. II 1990 S. 118, II 1991 S. 874; Übk. in Kraft getreten am 5.6.1983, für Deutschland am 6.6.1991.

[46] ETS 209, in Kraft getreten am 1.5.2012; von Deutschland am 31.1.2011 unterzeichnet.

[47] ETS 212, in Kraft getreten am 1.6.2014; noch nicht von Deutschland unterzeichnet.

[48] ETS 30, BGBl. II 1964 S. 1369, 1386, II 1976 S. 1799, I 1982 S. 2071, II 1995 S. 736; Übk. in Kraft getreten am 12.6.1962, für Deutschland am 1.1.1977.

[49] ETS 99, BGBl. II 1990 S. 124, II 1991 S. 909; Übk. in Kraft getreten am 12.4.1983, für Deutschland am 6.6.1991.

[50] ETS 182; Übk. am 1.2.2004 in Kraft getreten; von Deutschland bislang nicht ratifiziert.

[51] ETS 112, BGBl. II 1991 S. 1006, I 1991 S. 1954, II 1992 S. 98; Übk. in Kraft getreten am 1.7.1985, für Deutschland am 1.2.1992.

[52] ETS 167; Übk. am 1.6.2000 in Kraft getreten, deutsche Ratifikation 17.4.2007, in Deutschland in Kraft getreten am 1.8.2007.

[53] ETS 51; Übk. in Kraft getreten am 22.8.1975; keine deutsche Ratifikation.

[54] ETS 70; Übk. in Kraft getreten am 26.7.1974; keine deutsche Ratifikation.

[55] ETS 73; Übk. in Kraft getreten am 30.3.1978; keine deutsche Ratifikation.

- Zusatzprotokoll vom 15.3.1978 zum Europäischen Übereinkommen betreffend Auskünfte über ausländisches Recht v. 7.6.1968;[56]
- Europäisches Übereinkommen über die Kontrolle des Erwerbs und des Besitzes von **Schusswaffen** durch Einzelpersonen vom 28.6.1978;[57]
- Übereinkommen zum Schutz des Menschen bei der **automatischen Verarbeitung personenbezogener Daten** vom 28.1.1981;[58]
- Übereinkommen über die **Entschädigung für Opfer von Gewalttaten** vom 24.11.1983;[59]
- Übereinkommen über **Insidergeschäfte** vom 20.4.1989;[60]
- Übereinkommen über den **unerlaubten Verkehr auf See** zur Durchführung des Art. 17 des Wiener Drogenkonvention[61] vom 31.1.1995.[62]

Auch auf **EU-Ebene** wurden zahlreiche Übereinkommen gemäß Art. 34 Abs. 2 (d) EUV a. F. abgeschlossen. Sie treten in der Regel in Kraft, wenn sie von mindestens der Hälfte der Mitgliedstaaten angenommen worden sind (Art. 34 Abs. 2 a. E. EUV a. F.). Zahlreiche Mitgliedstaaten haben von der Möglichkeit Gebrauch gemacht, die Übereinkommen – teilweise unter Anbringung von Vorbehalten und Erklärungen – für **vorläufig anwendbar** zu erklären, wobei eine solche Erklärung nur im Verhältnis zu denjenigen Vertragsstaaten Anwendung findet, die eine ebensolche Erklärung abgegeben haben. Für die BR Deutschland sind zum 1.7.2014[63] folgende Übereinkommen (vorläufig) anwendbar:[64] 10

- das Übk. vom 27.9.1996 über die **Auslieferung** zwischen den Mitgliedstaaten der Europäischen Union **(EU-AuslÜbk),**[65] dessen Mitglieder u. a. Deutschland und Österreich sind (noch nicht in Kraft getreten); dazu Rn. 14ff.;
- das Übk. vom 10.3.1995 über das **vereinfachte Auslieferungsverfahren** zwischen den Mitgliedstaaten der EU **(EU-VereinfAuslÜbk),**[66] dessen Mitglieder u. a. Deutschland und Österreich sind (noch nicht in Kraft getreten); dazu Rn. 25;
- das Abkommen vom 26.5.1989 zwischen den Mitgliedstaaten der EGen über die Vereinfachung und Modernisierung der Verfahren zur **Übermittlung von Auslieferungsersuchen (EG-Fax Konv),**[67] dessen Mitglieder u. a. Deutschland und Österreich sind (noch nicht in Kraft getreten); dazu Rn. 26;
- das Übk. v. 29.5.2000 über die **Rechtshilfe** in Strafsachen zwischen den Mitgliedstaaten der EU **(EU-RhÜbk)**[68] (am 23.8.2005 – nach Ratifikation durch 8 Staa-

[56] ETS 97, BGBl. II 1987 S. 58 und 593; ZP in Kraft getreten am 31.8.1979, für Deutschland am 24.10.1987.

[57] ETS 101, BGBl. II 1980 S. 953; II 1986 S. 616; Übk. in Kraft getreten am 1.7.1982, für Deutschland am 1.6.1986.

[58] ETS 108, BGBl. II 1985 S. 538; in Kraft getreten (auch für Deutschland) am 1.10.1985.

[59] ETS 116, BGBl. II 1996 S. 1120, II 1997 S. 740; Übk. in Kraft getreten am 1.2.1988, deutsche Ratifikation 27.11.1996, in Deutschland in Kraft getreten am 1.3.1997.

[60] ETS 130; Übk. in Kraft getreten am 1.10.1991, von Deutschland bislang nicht ratifiziert.

[61] Vgl. § 11 Rn. 2 mit Fn. 23.

[62] ETS 156, Übk. in Kraft getreten am 1.5.2000, deutsche Ratifikation am 23.12.1998, in Deutschland in Kraft getreten am 1.5.2000.

[63] Vgl. die ständig aktualisierten Angaben auf www.consilium.europa.eu unter „Politik", „Abkommen".

[64] *Hackner/Schierholt,* Rn. 15.

[65] Abl. EG C 313 v. 23.10.1996, 11 = BGBl. II 1998 S. 2253, II 1999 S. 707.

[66] Abl. EG C 78 v. 30.3.1995, 2 = BGBl. II 1998 S. 2230.

[67] BGBl. II 1995 S. 969, II 1997 S. 1689.

[68] Abl. EG C 197 v. 12.7.2000, 3; dazu *Kreß,* ZStW 116 (2004), 468f.; *Vervaele,* RP 15 (2005), 175f.;

ten – in Kraft getreten; für Deutschland am 2.2.2006 in Kraft getreten)[69] sowie das **ZP** v. 16.10.2001 (ZP-EU-RhÜbk; am 5.10.2005 in Kraft getreten; ebenfalls für Deutschland am 2.2.2006 in Kraft getreten);[70] dazu Rn. 63;
- Übk. vom 13.11.1991 zwischen den Mitgliedstaaten der EGen über die Vollstreckung ausländischer strafrechtlicher Verurteilungen **(EG-VollstrÜbk)**[71] (noch nicht in Kraft getreten); dazu Rn. 72.

11 Die **EU-Übereinkommen** ergänzen grundsätzlich die entsprechenden **„Mutterkonventionen" des Europarats,**[72] so etwa das EU-AuslÜbk v. 27.9.1996 das EuAlÜbk v. 13.12.1957.[73] Dabei geht es im Kern darum, die Rechtshilfe zu vereinfachen und zu erleichtern, etwa das Auslieferungsverfahren zwischen den Mitgliedstaaten einfacher zu gestalten und die materiellen Voraussetzungen der Auslieferung zu harmonisieren. Andererseits werden die Europaratsabkommen (EuAlÜbk, EuRhÜbk und ÜberstÜbk) durch das SDÜ ergänzt (vgl. Art. 59, 48, 67), weshalb dieses unten nach dem jeweiligen Europaratsabkommen dargestellt wird.

12 Von besonderer Bedeutung sind auch die **Auslieferungs- und Rechtshilfeabkommen der EU mit den Vereinigten Staaten,**[74] ist doch mit ihnen die Union als solche erstmalig Übereinkommen strafrechtlichen Inhalts mit einem Drittstaat eingegangen, welche die diesbezüglichen bilateralen Verträge ihrer Mitgliedstaaten mit den USA ergänzen sollen.[75] Beide Abkommen enthalten Regelungen, die zumindest in einem Spannungsverhältnis zur (bisherigen) grundrechtspolitischen (Art. 6 Abs. 2 EUV) Generallinie der EU stehen und im Zusammenhang mit der veränderten Weltlage nach den Anschlägen vom 11.9.2001 gesehen werden müssen:[76] So sieht Art. 13 des Auslieferungsabkommens vor, dass die Auslieferung auch erfolgen *kann,* wenn der ersuchende Staat, nach dessen Gesetzen die *Todesstrafe* gegen den Betroffenen verhängt werden kann – hier also die USA –, zusichert, dass eine Verurteilung zum Tode nicht erfolgen oder – weniger noch – es zumindest nicht zur Vollstreckung kommen wird (zur EMRK als Auslieferungshindernis insoweit u. Rn. 27 ff.).[77] Und nach der erläuternden Note zu Art. 9 des Rechtshilfeübereinkommens soll eine „kategorisch[e] oder systematisch[e]" Ablehnung der Übermittlung *personenbezogener Daten* „auf Grund einer extensiven Auslegung der Datenschutzgrundsätze" ausgeschlossen sein.[78] Im Jahre

---

Vermeulen, RIDP 77 (2006), 81 ff.; zu Video- und Telefonvernehmung und TK-Überwachung *Gleß,* S. 113 ff.; zur TK-Überwachung auch *Schuster,* NStZ 2006, 657. Für Island und Norwegen gilt das EU-RhÜbk nebst ZP seit dem 1.1.2013, Abl. EU L 26 v. 24.1.2004, 3; L 322 v. 21.11.2012, 1.

69 Vgl. das Ges. zum EU-RhÜbk v. 22.7.2005, BGBl. II 2005 S. 650 u. S. 2189 u. ferner die Bekanntmachung über das Inkrafttreten BGBl. II 2006, S. 1379.

70 Abl. EG C 326 v. 21.11.2001, 1.

71 BGBl. II 1997 S. 1351, instruktive Übersicht bei S/L/G/H/*Schomburg/Hackner,* III C 1 Rn. 16.

72 Vgl. *Hackner/Schierholt,* Rn. 15; krit. *Klip,* in: Curtin/Smits/Klip/McCahery, 129; *ders.,* S. 316 f.; ähnl. *Frank,* DRiZ 2006, 10. Zu Rückkopplungen auf der Ebene des Europarats *Gilmore/Harris,* in: Cullen/Jund, S. 113.

73 *Vogel,* JZ 2001, 938.

74 Ratsbeschl. v. 6.6.2003 (Abl. EU L 181 v. 19.7.2003, 25, 27 und 34); beide Abkommen sind am 1.2.2010 in Kraft getreten (Abl. EU L 325 v. 11.12.2009, 4).

75 *Kaiafa-Gbandi,* KritV 2004, 14 f.; s. dazu auch *Krüßmann,* S. 507 ff.; *Mylonopoulos,* ZStW 121 (2009), 75 f.; *Raphael,* ERA Forum 11 (2011), 569; *Schröder/Stiegel,* in: Sieber et al., § 35 Rn. 3 ff. Zum Erfordernis beiderseitiger Strafbarkeit *Capus,* S. 365 f. Die früheren deutsch-US-amerikanischen Verträge wurden 2006 mit den neuen EU-Verträgen harmonisiert, vgl. dazu *Rackow/Birr,* GoJIL 2010, 1124.

76 Eingehend zum Ganzen *Spinellis,* FS Eser, 2005, S. 873; krit. *Kaiafa-Gbandi,* Cr. L. Cr. J. 13 (2005), 489.

77 Krit. *Kaiafa-Gbandi,* KritV 2004, 15 f.; zurückhaltender *Spinellis,* FS Eser, 2005, S. 878 und 888; grdl. zur transanlantischen Zusammenarbeit zur Terrorismusbekämpfung *Mitsilegas,* eucrim 2010, 111.

78 Abl. EU L 181 v. 19.7.2003, 41; krit. wiederum *Kaiafa-Gbandi,* KritV 2004, 17; diff. zu der Datenschutzproblematik *Spinellis,* FS Eser, 2005, S. 881 ff.; *Krüßmann,* S. 645 ff. (zu den unterschiedlichen „Datenschutzphilosophien"); zu einem EU-USA-Datenschutzabkommen eucrim 2011, 13. Zu den in Art. 5 vorgesehenen gemeinsamen Ermittlungsteams *Plachta,* Eur. J. Cr. 2005, 294 ff. In die gleiche

2010 hat die EU zudem ein Rechtshilfeabkommen mit **Japan** geschlossen, das am 2. Januar 2011 in Kraft trat.[79]

Sind die genannten vertraglichen Rechtshilfeabkommen von einer synallagmatischen Abhängigkeitsbeziehung zwischen ersuchendem und ersuchtem Staat geprägt, wird bei einer auf dem Grundsatz **gegenseitiger Anerkennung** (dazu § 9 Rn. 12) beruhenden Rechtshilfe das Ersuchen zur Anordnung, der ersuchende Staat zum Ausstellungs- und der ersuchte zum Vollstreckungsstaat (so in der Terminologie des EuHb, dazu u. Rn. 39).[80] Statt um eine Bitte (Ersuchen) geht es um einen Befehl (Anordnung), aus der Auslieferung wird die Übergabe (beim EuHb), aus einem zähen vertraglichen Zulässigkeits- und Bewilligungsverfahren also ein **exekutivisches Übergabeverfahren** – so weit jedenfalls der normative Anspruch.[81] Neben dem EuHb gibt es **weitere Instrumente bzw. entsprechende Initiativen,** die auf dem Gedanken der gegenseitigen Anerkennung (straf-)gerichtlicher Entscheidungen beruhen:[82] 13

- Rb über die Sicherstellung von Vermögensgegenständen oder Beweismitteln („Rb **Sicherstellung**“),[83] dazu Rn. 64;
- Rb über die Anwendbarkeit des Grundsatzes der gegenseitigen Anerkennung auf Einziehungsentscheidungen („Rb **Einziehungsentscheidungen**“);[84]
- Rb über die **Europäische Beweisanordnung** (RbEBA) zur Erlangung von Sachen, Schriftstücken und Daten zur Verwendung im Strafverfahren[85], dazu Rn. 65f., und das insoweit grundlegende **Grünbuch** der Kommission **„Erlangung verwertbarer Beweise** in Strafsachen aus einem anderen Mitgliedstaat“, dazu Rn. 68;[86]
- das von der Kommission vorgelegte **Grünbuch Sanktionen,**[87] dazu Rn. 73;

Richtung wie das Rechtshilfeübereinkommen gehen auch das vom EP am 11.2.2010 abgelehnte SWIFT-Abkommen (Rats-Dok. 16110/09; Parl.-Dok. P7_TA(2010)0029) sowie das Fluggastdaten-Abkommen (Abl. EU L 215 v. 11.8.2012, 5). Siehe zum SWIFT-Abkommen und zum Fluggastdaten-Abkommen von 2007 näher *Tamm,* VuR 2010, 215; zum letzteren auch *Galli,* eucrim 2010, 124 sowie eucrim 2011, 14f. Ein Fluggastdaten-Abkommen besteht auch mit Australien (Abl. EU L 186 v. 14.7.2012, 4), ein weiteres mit Kanada ist in Vorbereitung (KOM (2013) 528 endg.); vgl. eucrim 2011, 146f.; 2013, 84, 121.

[79] Siehe dazu eucrim 2010, 143f.; *Rackow/Birr,* GoJIL 2010, 1126f.; *Schröder/Stiegel,* in: Sieber et al., § 35 Rn. 16ff.

[80] Vgl. *Klip,* 2012, S. 343ff., 356f., 362ff.

[81] Vgl. *Spencer,* ZIS 2010, 602; *Ambos,* ZIS 2010, 557f.; *Suominen,* S. 60f. hebt daneben hervor, dass auch das strenge Fristenregime sowie die Leitidee eines einheitlichen Raums der Freiheit, der Sicherheit und des Rechts Ausformungen der ggs. Anerkennung sind.

[82] Vgl. zum jeweiligen Stand auch http://db.eurocrim.org/db/. Zu weiteren Nachw. zu den genannten Instrumenten s. 2. Aufl., § 12 Rn. 57 mit Fn. 325ff.; aktuellere Nachweise unten bei deren näherer Behandlung.

[83] Rb 2003/577/JI, Abl. EU L 196 v. 2.8.2003, 45.

[84] Rb 2006/783/JI, Abl. EU L 328 v. 24. 11, 2006, 59. Der Rb wurde in §§ 88ff. IRG umgesetzt, siehe auch BGBl. I 2009 S. 3214; dazu *Morgenstern,* in: Böse, 2013, § 15 Rn. 75ff. Anordnungs- und Vollstreckungsbehörde ist die StA (eucrim 2010, 143). Der Rb bezieht sich auf abschließende rechtskräftige Entscheidungen über den Entzug vonVermögensgegenständen (u. a. die aus einer Straftat erlangten Gegenstände, den Wertersatz und die Tatwerkzeuge) und ergänzt diesbezüglich den Rb Sicherstellung; i. d. S. Grünbuch Sanktionen, 2004, 27; vgl. ferner *Juppe,* Ggs. Anerkennung, 2007, S. 66f.; *Gleß,* in: Sieber et al., § 40 Rn 1ff. S. in diesem Zusammenhang auch den Vorschlag für eine Rl des EP und des Rates über die Sicherstellung und Einziehung von Erträgen aus Straftaten in der EU, KOM (2012) 85, der durch die Angleichung der materiellen Rechtsvorschriften über die Sicherstellung und Einziehung die internationale Zusammenarbeit auf diesem Gebiet vereinfachen will; dazu *Brodowski,* ZIS 2013, 467; vgl. auch eucrim 2012, 151; 2013, 84.

[85] Rb 2008/978/JI, Abl. EU L 350 v. 18.12.2008, 74.

- Rb über die Europäische Überwachungsanordnung in Ermittlungsverfahren (Rb-EU-ÜA);[88] dazu Rn. 76;
- Rb zur ggs. Anerkennung von **Geldstrafen und Geldbußen,**[89] dazu Rn. 75;
- Rb zur **Berücksichtigung** der in anderen Mitgliedstaaten ergangenen **Verurteilungen** in einem neuen Strafverfahren,[90] dazu Rn. 77;
- Rb zur ggs. Anerkennung von Urteilen in Strafsachen, durch die freiheitsentziehende Strafen oder Maßregeln verhängt werden zum Zwecke ihrer Vollstreckung **(Eur. Vollstreckungsanordnung),**[91] dazu Rn. 74;
- Rb über die ggs. Anerkennung von **Urteilen und Bewährungsentscheidungen** im Hinblick auf die Überwachung von Bewährungsmaßnahmen und alternativen Sanktionen,[92] dazu Rn. 78;
- Beschluss des Rates v. 21.11.2005 über den **Austausch von Informationen** aus dem Strafregister[93] und der weiterführende Vorschlag eines Rahmenbeschlusses über den Austausch von Informationen nach dem *Grundsatz der Verfügbarkeit* (dazu schon o Rn. 4);
- Rl 2011/99/EU des EP und des Rates v. 13.12.2011 über die **Europäische Schutzanordnung,**[94]
- Rl 2014/41/EU über die **Europäische Ermittlungsanordnung,**[95] dazu Rn. 69.

II. Auslieferung und Übergabe

1. Auslieferung (EuAlÜbk und EU-AuslÜbk)

Fall 2 (Zeugenschutz-Fall):[96]

14 Der Verfolgte, der gegen eine weißrussisch-litauische Tätergruppe umfassend ausgesagt hat, befindet sich in Deutschland in einem Zeugenschutzprogramm. Das LKA Nordrhein-Westfalen hat den Verfolgten in die höchste Gefährdungsstufe eingruppiert. Litauen ersucht mit Europäischem Haftbefehl um Auslieferung. Nach Auskunft der litauischen Behörden kommt für den Verfolgten in Litauen aus rechtlichen Gründen kein Zeugenschutz in Betracht. Ist die Auslieferung zulässig? → Rn. 34

---

86 KOM (2009) 624 endg.; s. dazu auch *Busemann, Ambos, Schierholt, Allegrezza, Bachmaier, Winter, Lelieur u. Spencer,* in: ZIS 2010, 552ff.

87 KOM (2004) 334 endg. v. 30.4.2004.

88 Rb 2009/829/JI, Abl. EU L 294 v. 11.11.2009, 20.

89 Rb 2005/214/JI, Abl. EU L 76 v. 22.3.2005, 16; geändert durch ÄndRb 2009/299/JI, Abl. EU L 81 v. 27.3.2009, 24.

90 Rb 2008/675/JI, Abl. EU L 220 v. 15.8.2008, 32. – Die belgische Initiative im Hinblick auf die Annahme einers Rb betreffend die Anerkennung und Vollstreckung von Berufsverboten aufgrund von Verurteilungen wegen Sexualstraftaten gegen Kinder (Rats-Dok. 14207/04, 14207/04 ADDa/04, 15121/07) wurde vom EP 2006 zwar gebilligt (TA(2006)0236), aber nach Inkrafttreten des Lissabonner Vertrags bisher nicht wieder aufgenommen.

91 Rb 2008/909/JI, Abl. EU L 327 v. 5.12.2008, 27; geändert durch ÄndRb 2009/299/JI, Abl. EU L 81 v. 27.3.2009, 24.

92 Rb 2008/947/JI Abl. EU L 337 v. 16.12.2008, 102; geändert durch ÄndRb 2009/299/JI, Abl. EU L 81 v. 27.3.2009, 24. Zur Umsetzung in den einzelnen Mitgliedstaaten siehe *Flore et al.*, S. 7ff.; Rats-Dok. 7334/1/12 REV 1; dazu eucrim 2012, 151.

93 Rb 2005/876/JI, Abl. EU L 322 v. 9.12.2005, 33.

94 Abl. EU L 338 v. 21.12.2011, 2; dazu *Bock,* ZIIS 2013, 210; zum Entwurf *Brodowski,* ZIS 2010, 384; *Jiménez Becerril/Romero Lopez,* eucrim 2011, 76. Krit. zur Kompetenz der EU eine solche Rl zu erlassen BR-Drs. 43/10.

95 Abl. EU L 130 v. 1.5.2014, 1.

96 Fall nach *OLG Düsseldorf* NStZ 2006, 692 = StV 2007, 143.

a) Vorbemerkung

15 Um „Auslieferung" geht es in Fällen, in denen ein Staat – der *ersuchende* Staat – einen anderen – den *ersuchten* Staat – um die *Übergabe einer Person* ersucht, die sich im ersuchten Staat aufhält und vom ersuchenden Staat zur Strafverfolgung oder – bei bereits erfolgter Verurteilung – zur Strafvollstreckung gesucht wird.[97] Das **Auslieferungsverfahren** wird also auf Grund eines Ersuchens eines ausländischen (ersuchenden) Staates in Gang gesetzt. Es zerfällt in **zwei Stufen,** nämlich in das Zulässigkeits- und das Bewilligungsverfahren.[98] Im **Zulässigkeitsverfahren** prüft das OLG, in dessen Bezirk sich der Betroffene befindet,[99] die Zulässigkeit der Auslieferung in rechtlicher Hinsicht (§§ 13, 14 IRG);[100] gegen seinen Beschluss kann der Betroffene *Verfassungsbeschwerde* einlegen. In *Österreich* beschließt der Untersuchungsrichter am zuständigen Gerichtshof erster Instanz (§ 31 Abs. 5 östARHG); gegen seinen Beschluss können der Betroffene und die Staatsanwaltschaft beim Gerichtshof zweiter Instanz Beschwerde einlegen (§ 31 Abs. 6 östARHG).[101] Wurde die Auslieferung endgültig für (rechtlich) zulässig erklärt, so folgt das **Bewilligungsverfahren.** Dort entscheidet die Exekutive – in Deutschland das Bundes- bzw. die Landesjustizministerien, in Österreich das Bundesjustizministerium (§ 74 Abs. 1 IRG, § 34 Abs. 1 östARHG) oder eine vom Ministerium beauftragte Behörde (§ 74 Abs. 2 IRG)[102] – im Rahmen außenpolitischen Grundsatzermessens über die Bewilligung der Auslieferung.[103] Die Bewilligung ist, obwohl Verwaltungsakt, *nicht* gerichtlich *anfechtbar;*[104] Rechtmäßigkeitsvoraussetzung ist lediglich, dass die Zulässigkeit gerichtlich festgestellt wurde.[105] Obwohl den im folgenden dargestellten EU-Übereinkommen wegen des EuHb (dazu Rn. 38ff.) nur noch lückenfüllende Bedeutung zukommt, ist ihre Betrachtung wegen des verbleibenden Anwendungsbereichs und den in ihnen enthaltenen allgemeinen Grundsätzen der Rechtshilfe lohnenswert. Das folgende Schaubild 25 zeigt den Ablauf nach dem EuAlÜbk:[106]

---

[97] *Weigend,* JuS 2000, 105; zum Begriff auch *Henzelin,* FS Bolle, 2006, S. 194; grdl. auch *García Sánchez,* S. 5ff. *Capus,* S. 218f. bezeichnet Auslieferung und sonstige (kleine) Rechtshilfe als sekundäre Rechtshilfe und Verfolgungs- und Vollstreckungsübernahme als primäre Rechtshilfe.

[98] Vgl. S/L/G/H, Einl. Rn. 19ff.; *Schomburg/Lagodny/Schallmoser,* in: Böse, 2013, § 13 Rn. 17; *Hackner/Schierholt,* Rn. 66ff.; *Lagodny,* in: Widmaier, § 21 Rn. 27ff.; *Schwaighofer/Ebensperger,* S. 14; *Hecker,* 2012, § 2 Rn. 76ff.

[99] Instrukt. zur örtlichen Zuständigkeit im Auslieferungsverfahren *OLG Koblenz* NStZ 2006, 110.

[100] Hat das OLG die Auslieferung für zulässig erklärt, kommt ein Absehen der StA von der Klagerhebung nach § 154b Abs. 1 StPO in Betracht, *OLG Karlsruhe* StV 2007, 149.

[101] In der **Schweiz** bereitet die nach Kantonsrecht zuständige Behörde (Art. 16 schweizIRSG) den Auslieferungsentscheid vor (Art. 52ff. schweizIRSG); die Entscheidung über die Auslieferung fällt das Ministerium, das Eidgenössische Justiz- und Polizeidepartement (Art. 17 Abs. 1 u. Art. 55 schweizIRSG); ausführlich zum schweizerischen Rechtshilfeverfahren *Donatsch et al.*, S. 88ff.

[102] Im vertraglichen Auslieferungsverkehr sind die Länderjustizministerien zuständig (Zuständigkeitsvereinbarung 2004 v. 28.4.2004, abrufbar unter http://www.verwaltungsvorschriften-im-internet.de/bsvwvbund_28042004_935021713162004.htm; zuletzt abgerufen am 1.7.2014), die teilweise die Zuständigkeit an die Generalstaatsanwaltschaft delegiert haben.

[103] S/L/G/H, Einl. Rn. 19; *Weigend,* JuS 2000, 109. Zur spanischen Rechtslage *García Sánchez,* S. 77ff.

[104] BVerfGE 96, 100 (118); krit. *Lagodny,* JZ 1998, 568.

[105] S/L/G/H, Einl. Rn. 19.

[106] Vgl. zu den verschiedenen Verfahren auch die Falllösung bei *Ambos,* 2010a, S. 6 (Fall 1 Rn. 10ff.).

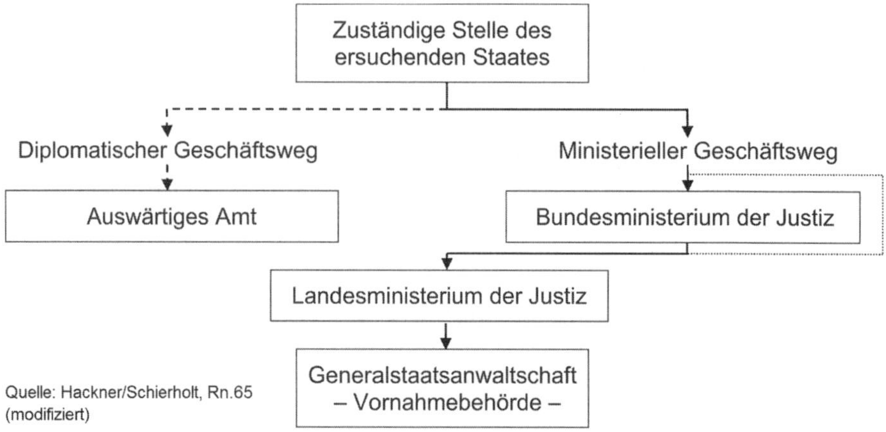

Schaubild 25: Verfahren nach dem EuAlÜbk – Geschäftsweg

b) Das Europäische Auslieferungsübereinkommen (EuAlÜbk)

16 Die überkommene europäische Rechtsgrundlage der Auslieferung ist das EuAlÜbk.[107] Das EuAlÜbk ist die **Mutterkonvention** für das europäische vertragliche Auslieferungsrecht. Sie begründet Verpflichtungen zur Auslieferung von Personen zur Strafverfolgung und -vollstreckung sowie zur Vollstreckung von Maßregeln der Besserung und Sicherung (Art. 1). Die zugrundeliegende Tat muss allgemein auslieferungsfähig sein, d. h. in ersuchendem und ersuchtem Staat strafbar (**beiderseitige Strafbarkeit,** Rn. 18),[108] mit einer **Mindesthöchstsanktion** (Freiheitsstrafe oder Maßregel) von einem Jahr bedroht (Art. 2 Abs. 1) und nicht verjährt sein (Art. 10). Im ersuchten Staat darf überdies **kein Auslieferungshindernis** bestehen (vgl. Art. 3 ff.; dazu Rn. 27 ff.).[109] Das *ZP I* will das Auslieferungshindernis des politischen Delikts (näher Rn. 24) zurückdrängen, das *ZP II* erleichtert den Auslieferungsverkehr in zahlreichen Punkten, etwa bezüglich fiskalischer strafbarer Handlungen (Kap. II i. V. m. Art. 5 EuAlÜbk),[110] das *ZP III* eröffnet die Möglichkeit eines vereinfachten Auslieferungsverfahrens.

17 Was das **Verhältnis** des EuAlÜbk **zum nationalen Recht** im deutschsprachigen Raum angeht, so ergibt sich aus § 1 Abs. 3 IRG/§ 1 östARHG/§ 1 Abs. 1 schweizIRSG deren **Nachrangigkeit** gegenüber (spezielleren) völkerrechtlichen Verträgen, deren Regelungen Bestandteil des innerstaatlichen Rechts sind; IRG, östARHG und schweizIRSG haben also **lückenfüllende Funktion**[111] und dies gilt insbesondere gegenüber dem EuAlÜbk.[112] Wegen der inzwischen vorhandenen Vielzahl völkerrechtlicher Vereinba-

---

107 *Weigend,* JuS 2000, 106.

108 Grdl. zu diesem Grundsatz *Keijzer,* in: Blekxtoon et al., S. 140 ff.; *García Sánchez,* S. 205 ff. (die davon das Gesetzlichkeitsprinzip abgrenzen will, S. 198 ff.); *Pohl,* S. 145 ff.; *Lagodny,* in: Sieber et al., § 31 Rn. 33; *Suominen,* S. 175 ff.; zur Bedeutung und Begründung *Nalewajko,* Anerkennung, 2010, S. 176 ff.; vgl. zu Art. 2 Abs. 1 EuAlÜbk auch *OLG Köln* NStZ 2006, 112 (113); zum Erfordernis einer subsumtionsfähigen Umschreibung des vorgeworfenen Verhaltens *OLG Karlsruhe* StV 2005, 672.

109 Vgl. etwa *OLG Karlsruhe* StV 2004, 445; *OLG Karlsruhe* StV 2007, 147 (148): Auslieferung an Türkei bei polit. Straftaten.

110 S/L/G/H/*Schomburg,* II A 2 Rn. 3 ff.

111 S/L/G/H/*Lagodny,* § 1 IRG Rn. 7; zur Schweiz auch *Henzelin,* FS Bolle, 2006, S. 195.

112 S/L/G/H/*Lagodny,* § 1 IRG Rn. 7.

rungen ergibt sich eine im Einzelfall **komplizierte Prüfung** der maßgeblichen Rechtsgrundlage (s. Schaubild 26).[113] Neben dem EuAlÜbk sind gegebenenfalls weitere Regelungen zu beachten: das Zusatzprotokoll II sowie ergänzende multilaterale und bilaterale Verträge, ferner die maßgeblichen Vorbehalte und Erklärungen und Art. 59ff. SDÜ (Rn. 20). Das EuAlÜbk geht insbesondere insoweit über das IRG hinaus, als es grundsätzliche **Auslieferungspflichten** begründet, während das IRG lediglich Aussagen zur Zulässigkeit einer Auslieferung trifft.[114] Ähnlich stecken die §§ 10ff. östARHG/Art. 2ff., 32ff. schweizIRSG, die Zulässigkeitsvoraussetzungen und -hindernisse (etwa das Verbot der Auslieferung eigener Staatsangehöriger, § 12 östARHG/§ 7 schweizIRSG) formulieren, der Auslieferung vergleichsweise enge Zulässigkeitsgrenzen, die allerdings durch völkerrechtliche Auslieferungspflichten (Österreichs) verdrängt werden.[115] Art. 1 Abs. 4 schweizIRSG bestimmt, dass aus dem IRSG „kein Anspruch auf zwischenstaatliche Zusammenarbeit in Strafsachen abgeleitet werden“ kann.[116]

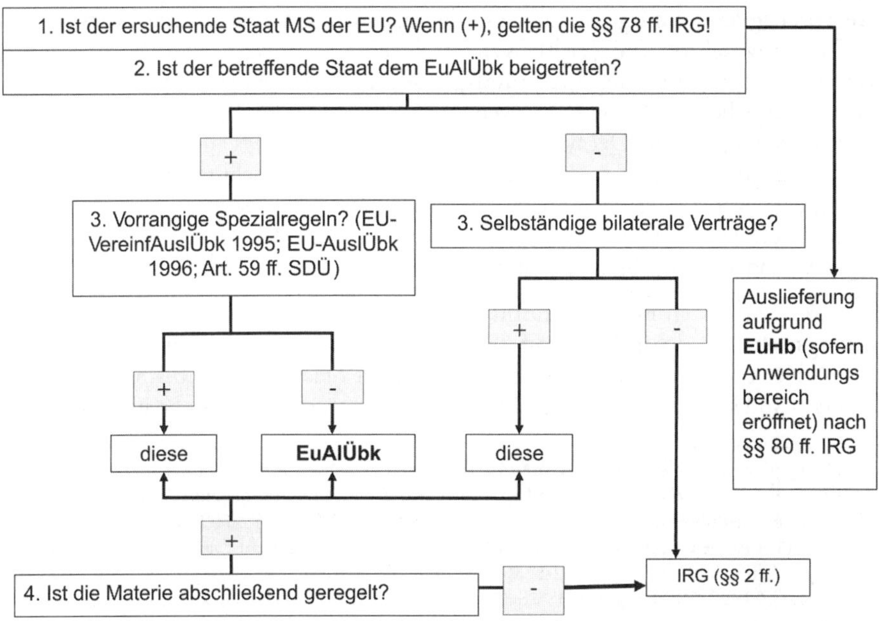

Schaubild 26: Prüfung von Rechtshilfeersuchen (Auslieferung)

Im Rahmen der Zulässigkeit der Auslieferung hat das OLG traditionell nach dem 18
Prinzip der **beiderseitigen Strafbarkeit** zu prüfen, ob das dem Verfolgten vorgeworfene Verhalten sowohl nach dem Recht des ersuchenden Staates als auch nach dem deutschen Recht eine Straftat ist (§§ 2, 3 IRG; Art. 2 Abs. 1 EuAlÜbk).[117] Dabei

113 S/L/G/H/*Lagodny*, § 1 IRG Rn. 7, 16ff.

114 S/L/G/H/*Schomburg*, Art. 1 EuAlÜbk Rn. 5.

115 *Schwaighofer/Ebensperger*, S. 5f.

116 Zu den Rechtshilfevorbehalten nach schweizerischem Recht *Gless*, 2011, Rn. 339f.; *Donatsch et al.*, S. 73ff.

117 Vgl. dementsprechend § 11 Abs. 1 östARHG sowie *Schwaighofer/Ebensperger*, S. 8. Monografisch zur beiderseitigen Strafbarkeit *Zeidler*, Der Grundsatz der beiderseitigen Strafbarkeit im Auslieferungsrecht,

muss das deutsche Recht nach § 3 Abs. 2 IRG eine *Höchststrafe* von mindestens einem Jahr Freiheitsentzug vorsehen.[118] Für den Bereich des EuAlÜbk bestimmt dessen Art. 2 Abs. 1, dass die Handlung nach dem Recht des ersuchten wie des ersuchenden Staates mit einer Höchststrafe von mindestens einem Jahr Freiheitsentzug belegt sein muss.[119] Allerdings schränken Art. 2 und 3 EU-AuslÜbk (Rn. 23) den Grundsatz der beiderseitigen Strafbarkeit für den Geltungsbereich dieses Übereinkommens ein.[120] Art. 2 Abs. 1 EU-AuslÜbk senkt die erforderliche Höchstmaßstrafandrohung im ersuchenden Staat auf sechs Monate ab und Art. 3 Abs. 1 EU-AuslÜbk statuiert weitergehend eine *Durchbrechung* des Grundsatzes für die Bereiche des Terrorismus und der organisierten Kriminalität.[121] Im *vertraglichen* Auslieferungsverkehr wird der **Tatverdacht** grundsätzlich nicht geprüft, sondern auf der Grundlage des ausländischen Ersuchens unterstellt. Demgegenüber ist bei *vertragsloser* Auslieferung, also außerhalb der EuAlAbk oder einer anderen Vereinbarung, der hinreichende Tatverdacht festzustellen (§ 10 Abs. 2 IRG).[122] Ferner hängt die Zulässigkeit der Auslieferung davon ab, dass **Gegenseitigkeit** verbürgt ist, dass also der ersuchende Staat im Sinne eines „do-ut-des" im umgekehrten Fall gleichfalls zur Rechtshilfe bereit wäre (§ 5 IRG).[123] Auch ist bei jeder Auslieferung der **Spezialitätsgrundsatz** zu beachten, also sicherzustellen, dass die ausgelieferte Person nur wegen der Tat verfolgt wird, derentwegen die Auslieferung bewilligt wurde. Der bewilligende Staat kann allerdings auf die Einhaltung des Spezialitätsgrundsatzes verzichten. Zudem entfällt dessen Schutzwirkung, wenn der Betroffene nach seiner endgültigen Freilassung das Hoheitsgebiet des ersuchenden Staates nicht innerhalb von 45 Tagen verlässt (Art. 14 EuAlÜbk).[124] Die Auslieferung **eigener Staatsangehöriger** kann abgelehnt werden (Art. 6 EuAlÜbk).[125]

19 Art. 16 EuAlÜbk ermöglicht für dringende Fälle die Verhängung **vorläufiger Auslieferungshaft.** Hinsichtlich der materiellen Voraussetzungen verweist Art. 16 Abs. 1 EuAlÜbk auf das nationale Recht des ersuchten Staates. Maßgeblich ist damit in Deutschland § 16 IRG. Allerdings bleiben die gegenüber dem IRG knapperen Fristen

2008; vgl. auch *Capus,* S. 335f., 340ff., 432ff.; zur individualrechtlichen Schutzrichtung S. 410ff. Die Prüfungskompetenz des Gerichts umfasst dabei auch die Prüfung, ob die ausländischen Normen zur fraglichen Zeit überhaupt in Kraft waren, *OLG Brandenburg* NStZ 2010, 709; zur beiderseitigen Strafbarkeit bei Fahnenflucht *OLG Hamm* NStZ 2010, 708; aus schwed. Sicht *Cameron et al.*, S. 173ff.

118 *Weigend,* JuS 2000, 107; *Hecker,* 2012, § 2 Rn. 70.

119 *Ambos,* JZ 1999, 18; ebenso Art. 35 Abs. 1 (a) **schweiz**IRSG. – Anders stellt sich die Rechtslage in **Österreich** dar: § 11 Abs. 1 östARHG setzt voraus, dass die Tat nach österreichischem Recht und nach dem Recht des ersuchenden Staates mit Freiheitsstrafe von *mehr* als einem Jahr bedroht ist (dazu *Schwaighofer/Ebensperger,* S. 8).

120 S/L/G/H, 4. Aufl., 2006, Einl. Rn. 64.

121 Vgl. dazu S/L/G/H/*Schomburg/Gleß,* 4. Aufl., 2006, Art. 2 EU-AuslÜbk Rn. 1, Art. 3 EU-AuslÜbk Rn. 1ff.

122 *Hecker,* 2012, § 2 Rn. 70.

123 S/L/G/H/*Lagodny,* § 5 IRG Rn. 3ff.; *Weigend,* JuS 2000, 107; *Hecker,* 2012, § 2 Rn. 69. Grdl. zu diesem Prinzip *van der Wilt,* in: Blekxtoon et al., S. 71ff.

124 *Hackner/Schierholt,* Rn. 28; *Hecker,* 2012, § 2 Rn. 72; *García Sánchez,* S. 242ff.; *Nalewajko,* Anerkennung, 2010, S. 202f.; *Miettinen,* NJECL 4 (2013), 100ff.; ausf. *Capus,* S. 244ff. *Suominen,* S. 47 sieht in der Spezialität daher eine Art „temporary immunity". Zum Spezialitätsgrundsatz bei Serienstraftaten *BGH* NStZ 2011, 470; zu dessen Bedeutung bei der Gesamtstrafenbildung *BGH* NStZ 2012, 100; NStZ-RR 2013, 178; bei der Beweiswürdigung *BGH* StV 2013, 298. Der Spezialitätsschutz kann auch noch im Revisionsverfahren entfallen, *BGH* StV 2013, 294; NStZ-RR 2013, 251.

125 Näher zu dieser „nationality exception" *Deen-Racsmány/Blekxtoon,* Eur.J. Cr. 2005, 318ff., 322ff.; *García Sánchez,* S. 259ff.

des Art. 16 Abs. 4 EuAlÜbk gültig, wonach die vorläufige Auslieferungshaft in keinem Fall **vierzig Tage** überschreiten darf. Nach § 16 Abs. 2 IRG würde die Frist dagegen immerhin zwei Monate und bei außereuropäischen Staaten drei Monate betragen. Die vorläufige Auslieferungshaft kann damit im vertragslosen Aushilfeverkehr für einen längeren Zeitraum verhängt werden.[126] Dabei **beginnt** die Frist mit dem Zeitpunkt der **Festnahme** und nicht erst, wie früher vertreten, mit dem Zeitpunkt der „rechtlichen Verhaftung", also der Anordnung der vorläufigen Auslieferungshaft.[127] Außerdem ist die Entscheidung über den Erlass eines förmlichen Auslieferungshaftbefehls gemäß § 15 IRG, also die Umwandlung der vorläufigen in eine **fortdauernde Haftanordnung,** noch innerhalb der Frist zu treffen.[128] Gehen die Auslieferungsunterlagen erst am letzten Arbeitstag der Frist und zudem unvollständig ein, kann eine rechtzeitige Entscheidung nicht mehr erfolgen und der Verfolgte ist freizulassen.[129] Ferner ist zu beachten, dass Art. 16 EuAlÜbk auf Grund seiner Vorläufigkeit allein das **Zulässigkeitsverfahren** betrifft und deshalb die Entscheidung über die (vorläufige) Auslieferungshaft[130] – etwa die des ehem. chilenischen Diktators *Pinochet* in Großbritannien auf Grund eines spanischen Ersuchens – rein rechtlicher Natur ist.

c) Schengen (SDÜ)

Kapitel 4 (Art. 59–66 SDÜ) regelt die Auslieferung und geht insoweit über das **EuAlÜbk** (Art. 59) hinaus, als vor allem **Auslieferungshindernisse beseitigt** werden. So kommt es bei der *Verjährung* auf die Rechtslage im ersuchenden Staat an,[131] eine *Amnestie* und ein *Strafantragserfordernis* im ersuchten Staat stehen der Auslieferung grundsätzlich nicht entgegen (Art. 62 Abs. 2, 3). Die Vertragsstaaten verpflichten sich zur Auslieferung bei Straftaten im Bereich indirekter *Steuern* (Art. 63 i. V. m. Art. 50 Abs. 1). Die Ersuchen um Auslieferung und Durchbeförderung können direkt an die – in Art. 65 Abs. 2 aufgeführten – zuständigen Ministerien gerichtet werden (Art. 65). Ein **vereinfachtes Auslieferungsverfahren** ist – ähnlich wie gemäß EU-VereinfAuslÜbk – möglich, wenn die Auslieferung nach dem Recht des ersuchten Staates nicht offensichtlich unzulässig ist und der Betroffene *zustimmt* (Art. 66 Abs. 1). Ein Verzicht auf den Schutz des **Spezialitätsgrundsatzes** (Rn. 18) ist unwiderruflich (Art. 66 Abs. 2). Art. 64 schließlich stellt eine Ausschreibung im **Schengener Informationssystem** (SIS) gemäß Art. 95 einem Ersuchen um *vorläufige Festnahme* i. S. v. Art. 16 EuAlÜbk gleich. 20

Das **SIS** (vgl. Schaubild 27) ist ausführlich in **Art. 92–119 SDÜ** geregelt;[132] durch die Übernahme des Schengen-acquis in Unionsrecht (§ 9 Rn. 18) wurde aus dem SIS ein **Europäisches Informationssystem,** an dem sich auch das Vereinigte Königreich und Irland (zu deren Sonderstellung § 9 Rn. 18) beteiligen können.[133] Im Kern handelt es sich dabei um eine **Datenbank,** die Ausschreibungen, „die der Suche nach Personen und Sachen" dienen, bereit hält und aus nationalen Rechnern in den Mitgliedstaaten (SIRENE = 21

---

[126] S/L/G/H/*Schomburg,* Art. 16 EuAlÜbk Rn. 2ff.

[127] S/L/G/H/*Schomburg,* Art. 16 EuAlÜbk Rn. 6f. m.w.N.

[128] BGHSt 28, 31; 33 (310). Vgl. auch *Hackner/Schierholt,* Rn. 73.

[129] *OLG Hamm* NStZ 2002, 665.

[130] *Ambos,* JZ 1999, 18.

[131] Vgl. *Hecker,* NStZ 2002, 664 m.w.N.; jüngst *BGH* NStZ-RR 2010, 177.

[132] Vgl. S/L/G/H/*Gleß,* Art. 92–119 SDÜ Rn. 1ff.; *Hackner/Schierholt,* Rn. 59ff.; *Hecker,* 2012, § 2 Rn. 75, § 5 Rn. 48ff.; ferner *Mörbel,* in: Cullen/Jund, S. 50, 53f.; *Kattau,* Strafverfolgung, 1993, S. 135ff.; *Würz,* SDÜ, 1997, Rn. 152ff.; *Vervaele,* RP 15 (2005), 179 (183); *de Biolley,* RIDP 77 (2006), 26f.; *Eisele,* in: Sieber et al., § 49 Rn. 5ff.; *Esser,* in: Böse, 2013, § 19 Rn. 95ff.

[133] *Hecker,* 2012, § 5 Rn. 49.

Supplementary Information Request at the National Entry) und einem Zentralrechner in Straßburg besteht (Art. 92 Abs. 1 SDÜ).[134] Das SIS hat das Ziel „anhand der aus diesem System erteilten Informationen" die öffentliche Sicherheit und Ordnung im Schengenraum zu gewährleisten (Art. 93). Die „Ausschreibung", d. h. die Eingabe in das System, wird jeweils von dem ersuchenden Vertragsstaat vorgenommen. Dabei können Personen zur Auslieferung (Art. 95), Drittausländer zur Einreiseverweigerung (Art. 96), Vermisste und selbstschutzbedürftige Personen (Art. 97), Zeugen, Angeklagte und rechtskräftig Verurteilte (Art. 98), Personen oder Sachen zur verdeckten Registrierung bei Verdacht schwerer Straftaten (Art. 99) sowie Sachen zur Sicherstellung oder Beweissicherung im Strafverfahren (Art. 100) ausgeschrieben werden.[135] Die in unserem Zusammenhang besonders relevante **Ausschreibung zur Auslieferung** gemäß Art. 95 wird nun durch Art. 64 SDÜ einem Ersuchen auf vorläufige *Festnahme* im Sinne des traditionellen Auslieferungsrechts gleichgestellt. Dies ist bedenklich, weil im automatisierten Verfahren des SIS nicht – wie etwa im Rahmen von Interpol – der *ersuchte* Staat die Voraussetzungen der Zulässigkeit der Festnahme prüft, sondern gemäß Art. 95 Abs. 2 vom *ersuchenden* Staat („der ausschreibenden Vertragspartei", d. h. von deren zuständiger Behörde, in Deutschland also der Staatsanwaltschaft) zu prüfen ist, ob die Festnahme nach dem Recht *„der ersuchten"*, d. h. *aller* (!) Vertragsparteien, zulässig ist.[136] Damit wird nicht nur Unmögliches von der zuständigen Behörde im ersuchenden Staat verlangt, sondern auch ein aus grundrechtlicher Sicht gefährlicher Automatismus in Gang gesetzt, weil der ersuchte Staat nur (blindes) Vollzugsorgan des ersuchenden Staates ist,[137] womit freilich nur eine Entwicklung im Auslieferungsrecht antizipiert wurde, die zwangsläufige Folge gegenseitiger Anerkennung (§ 9 Rn. 12) ist und vom EuHb generell auf die Verhaftung zur Strafverfolgung ausgedehnt wird (dazu Rn. 35 ff.). Allerdings ist die Ausschreibung zur Festnahme (und damit auch die Ausschreibung zur Auslieferung aufgrund eines EuHb) gemäß § 98 Abs. 2 S. 2 StPO analog (vor dem AG) anfechtbar, weil es sich um eine auf § 131 StPO beruhende Zwangsmaßnahme handelt.[138]

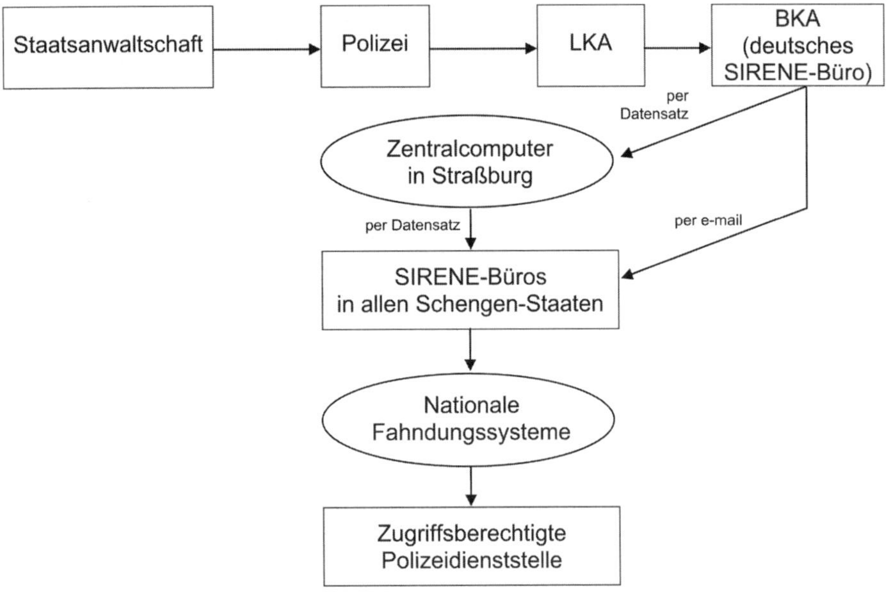

Schaubild 27: Fahndung im Schengener Informationssystem am Bsp. Deutschlands

[134] Vgl. *Gusy/Gimbal,* in: Baldus/Soiné, Zusammenarbeit, 1999, S. 125 f.

[135] Dazu *Gusy/Gimbal,* in: Baldus/Soiné, Zusammenarbeit, 1999, S. 131 ff.

[136] Krit. S/L/G/H/*Gleß,* Art. 95 SDÜ Rn. 10.

[137] *Scheller,* JZ 1992, 908.

[138] *OLG Celle* NStZ 2010, 534 m. w. N.

Ende 2006 hat die EU mit EG-VO 1987/2006 begonnen, die Grundlagen für ein **SIS II** zu schaffen, soweit in dessen Rahmen Politiken der ersten Säule umgesetzt werden.[139] Daneben sollen auf der Basis des PJZS-Beschlusses 2006/000/JI Personen- und Sachfahndungsausschreibungen im SIS II verarbeitet werden. Der Umstieg von SIS I+ auf SIS II war ursprünglich für 2007 geplant, wurde jedoch nach wiederholten Verzögerungen aufgrund technischer Probleme[140] erst am 9.4.2013 vollzogen.[141] 22

d) Das EU-Auslieferungsübereinkommen (EU-AuslÜbk) und andere EU-Abkommen

Das EU-AuslÜbk erleichtert die Auslieferung innerhalb der EU gegenüber dem EuAlÜbk vor allem durch die **Beseitigung verschiedener Auslieferungshindernisse,**[142] wobei die *Ausnahme vom Grundsatz der beiderseitigen Strafbarkeit* in Art. 3 EU-AuslÜbk am weitesten gehen dürfte. So soll kein Auslieferungshindernis mangels Vorliegen beiderseitiger Strafbarkeit bei einer Tat der „Verabredung einer strafbaren Handlung oder der Beteiligung an einer kriminellen Vereinigung" entstehen, wenn diese Tat nach dem Recht des *ersuchten* Staates zwar nicht strafbar, aber mit dem Ziel erfolgt ist, eine strafbare Handlung nach dem Eur. Übk. zur Bekämpfung des Terrorismus (Art. 3 Abs. 1 (a) EU-AuslÜbk) oder auf dem Gebiet des Drogenhandels und „anderer Formen der organisierten Kriminalität oder anderer Gewalttaten …" (Art. 3 Abs. 1 (b) EU-AuslÜbk) zu begehen.[143] 23

Ferner beseitigt Art. 5 Abs. 1 EU-AuslÜbk für „Zwecke der Anwendung dieses Abkommens" das Auslieferungshindernis des **politischen Delikts.**[144] Den Mitgliedstaaten bleibt allerdings die Möglichkeit, durch Anbringung eines Vorbehalts den Anwendungsbereich der Vorschrift auf den Bereich des Terrorismus zu beschränken.[145] Art. 6 hebt das **fiskalische Delikt** als Auslieferungshindernis auf und Art. 7 Abs. 1 versagt grundsätzlich die Berufung auf den Grundsatz der **Nicht-Auslieferung eigener Staatsangehöriger,**[146] ermöglicht aber in Abs. 2 die Nicht-Bewilligung oder die Auslieferung unter bestimmten Bedingungen. Überzeugend erscheint insoweit das niederländische Modell, wonach die Auslieferung an die Rücküberstellung zur Strafvollstreckung geknüpft wird, sofern dies dem Willen der verfolgten Person entspricht.[147] Deutschland hat zunächst – wegen des 24

[139] Vgl. Erwägungsgrund Nr. 3 der genannten VO, Abl. EU L 381 v. 28.12.2006, 4. In der Sache geht es dabei um „Ausschreibungen von Drittstaatsangehörigen in das SIS II … zum Zwecke der Verweigerung der Einreise in einen Mitgliedsstaat bzw. des Aufenthalts in einem Mitgliedstaat" (Art. 2 Nr. 1 der genannten VO). Vgl. ferner EG-VO Nr. 1988/2006 (Abl. EU L 411 v. 30.12.2006, 1) sowie den Ratsbeschluss 2006/1007/JI v. 21.12.2006 (Abl. EU L 411 v. 30.12.2006, 78). Siehe auch Entscheidung 2008/333/EG zur Annahme des SIRENE-Handbuchs und anderer Durchführungsbestimmungen für das SIS II (Abl. EU L 123 v. 8.5.2008) sowie Beschluss 2010/261/EU der Kommission über den Sicherheitsplan für das zentrale SIS II und die Kommunikationsinfrastruktur (Abl. EU L 112 v. 5.5.2010); s. auch *David,* 2009, Rn. 10.3.32f.; *Schoppa,* S. 76ff.; *Eisele,* in: Sieber et al., § 49 Rn. 10; *Esser,* in: Böse, 2013, § 19 Rn. 102.

[140] Siehe dazu eucrim 2007, 70ff.; 2008, 8; 2009, 3f.; 2009, 64; 2010, 3; 2011, 4.

[141] http://europa.eu/rapid/press-release_IP-13-309_de.htm (zuletzt abgerufen am 1.7.2014); vgl. auch eucrim 2013, 35.

[142] S/L/G/H/*Schomburg/Gleß,* 4. Aufl., 2006, S. 924; *Vogel,* JZ 2001, 938f.

[143] Vgl. den „Erläuternden Bericht des Rates" Abl. EG C 191 v. 23.6.1997, 13, zitiert bei S/L/G/H/*Schomburg/Gleß,* 4. Aufl., 2006, Art. 3 EU-AuslÜbk. Rn. 1ff.

[144] *Baier,* GA 2001, 443; *Vogel,* JZ 2001, 938f.

[145] Vgl. den „Erläuternden Bericht des Rates" Abl. EG C 191 v. 23.6.1997, 13, zit. bei S/L/G/H/*Schomburg/Gleß,* 4. Aufl., 2006, Art. 5 EU-AuslÜbk. Rn. 4ff.

[146] Vgl. *Vogel,* JZ 2001, 939; *Deen-Racsmány/Blekxtoon,* Eur. J. Cr. 2005, 325f.; vertiefend zur Nichtauslieferung bei politischen Delikten aus belgischer Sicht *David,* 2009, Rn. 7.1.26ff.

[147] Vgl. *Baier,* GA 2001, 443f.; *Schomburg,* NJW 2001, 802.

früheren Auslieferungsverbots in Art. 16 Abs. 2 GG – einen Vorbehalt bis März 2004 erklärt,[148] mit der Änderung von Art. 16 Abs. 2 S. 2 GG besteht aber nun die Möglichkeit der Auslieferung Deutscher an Staaten der EU und an internationale Strafgerichtshöfe (§ 6 Rn. 38);[149] zur Rechtslage nach dem EuHbG vgl. Rn. 49ff.

25 Das **EU-VereinfAuslÜbk** regelt Verfahrensaspekte, mit denen sich weder das EuAlÜbk als Mutterkonvention noch die entsprechenden Zusatzabkommen befassen.[150] Es zielt in erster Linie darauf ab, das Auslieferungsverfahren zu *beschleunigen,* indem auf das Zulässigkeitsverfahren und bestimmte Förmlichkeiten verzichtet wird, wenn die verfolgte Person – nach Belehrung – mit der Auslieferung **einverstanden** ist.[151]

Bereits **§ 41 IRG** eröffnet die Möglichkeit „der Auslieferung **ohne Durchführung des förmlichen Auslieferungsverfahrens**", wenn sich der Verfolgte einverstanden erklärt. Liegt „nach *Belehrung* zu richterlichem Protokoll" eine entsprechende Einverständniserklärung des verhandlungsfähigen[152] Verfolgten vor, so entfällt die Notwendigkeit der Vorlage der in § 10 IRG bezeichneten Auslieferungsunterlagen, wenn ein Auslieferungshaftbefehl vorliegt. Auf ein einfaches Ersuchen um Auslieferung prüft die Bewilligungsbehörde nur summarisch die Auslieferungsvoraussetzungen, ohne dass eine förmliche Zulässigkeitsprüfung stattgefunden hat. Auch kann der Verfolgte auf die Wahrung des *Spezialitätsgrundsatzes* verzichten.[153] Der Regelung des § 41 IRG über die vereinfachte Auslieferung gehen die **Art. 1ff. EU-VereinfAuslÜbk** (und andere Abkommen) vor, sofern und soweit sie speziellere Regelungen enthalten (§ 1 Abs. 3 IRG).[154] Dies führt zu **weiteren Vereinfachungen:** Nach Art. 3 Abs. 2 EU-VereinfAuslÜbk entfällt das Erfordernis eines förmlichen Auslieferungsersuchens samt der erforderlichen Unterlagen gemäß Art. 12 EuAlÜbk; nach Art. 4 Abs. 1 EU-VereinfAuslÜbk müssen lediglich bestimmte Informationen durch den ersuchenden Staat übermittelt werden.[155] So reicht etwa anstelle der „Urschrift oder eine[r] beglaubigte[n] Abschrift eines vollstreckbaren verurteilenden Erkenntnisses, eines Haftbefehls" (Art. 12 Abs. 2 (a) EuAlÜbk)[156] die Information *über* "das Bestehen eines Haftbefehls oder einer Urkunde mit gleicher Rechtswirkung oder eines rechtskräftigen Urteils" (Art. 4 Abs. 1 (c) EU-VereinfAuslÜbk) aus.[157] Des Weiteren bringt das EU-VereinfAuslÜbk verpflichtende **Fristen:** So ist der ersuchende Staat binnen 10 Tagen nach Festnahme der verfolgten Person davon zu unterrichten, ob diese dem vereinfachten Verfahren zugestimmt hat (Art. 8). Spätestens 20 Tage nach Zustimmung des Verfolgten ist mitzuteilen, ob das vereinfachte Verfahren durchgeführt wird (Art. 10).[158] Vgl. zum Ablauf des vereinfachten Auslieferungsverfahrens auch 2. Aufl., Schaubilder 22, 23, S. 470f.

26 Die **EG-Fax Konv** dient der Verbesserung der Zusammenarbeit auf dem Gebiet der Auslieferung, indem sie ermöglicht, dass Auslieferungsersuchen, Beweisdokumente und jegliche sonstige offizielle Korrespondenz als Fernkopie (Fax) übermittelt werden können (Art. 2). Ihre Regelungen sind durch Art. 13 EU-AuslÜbk bzw. durch den RbEuHb weitgehend obsolet geworden.[159]

---

[148] BGBl. II 1999 S. 707.

[149] *OLG Braunschweig* NStZ-RR 2005, 18 (18f.); vgl. auch *OLG Stuttgart* StV 2005, 146. Grdl. zur Auslieferung eigener Staatsangehöriger *Pohl,* S. 225ff.; zur Auslieferung dt. Staatsangehöriger s. auch *Ambos,* 2010a, S. 7 (Fall 1 Rn. 15f.), 9 (Fall 1 Rn. 22ff.) und 11 (Fall 1 Rn. 30).

[150] *Hackner/Schierholt,* Rn. 86 Fn. 157.

[151] *Hackner/Schierholt,* Rn. 86; *Vogel,* JZ 2001, 939.

[152] S/L/G/H/*Lagodny,* § 41 IRG Rn. 6 m.w.N.; zur Auslagenentscheidung im Fall des § 41 IRG *OLG Karlsruhe* NStZ 2006, 112.

[153] *Hackner/Schierholt,* Rn. 86ff.; zum Spezialitätsgrundsatz des Art. 14 Abs. 1 EuAuslÜbk. vgl. *LG Bielefeld* StV 2006, 642.

[154] *Hackner/Schierholt,* Rn. 88.

[155] *Hackner/Schierholt,* Rn. 89.

[156] Deutsche Übersetzung bei S/L/G/H/*Schomburg,* Art. 12 EuAlÜbk.

[157] Krit. *Hackner* et al., Internationale Rechtshilfe, 2003 Rn. 89: „zerbrechliche[n] Grundlage einer Freiheitsentziehung."

[158] Vgl. im Einzelnen *Hackner/Schierholt,* Rn. 89.

[159] Vgl. S/L/G/H/*Schomburg/Gleß,* 4. Aufl., 2006, S. 951.

e) EMRK und Zusatzprotokolle als Auslieferungshindernisse

Die Vertragsstaaten der EMRK und der ZP sind an diese nicht nur „nach innen", sondern auch „nach außen" insoweit gebunden, als ein *ersuchter* (Konventions-)Staat die EMRK bzw. ein ZP **indirekt** durch die Auslieferung in einen menschenrechtsverletzenden (Dritt-)Staat **verletzen** kann (schon § 10 Rn. 85f.). Somit stellt die potentiell menschenrechtswidrige Behandlung im *ersuchenden* Staat ein Auslieferungshindernis dar.[160] Dies gilt auch dann, wenn für den ersuchenden Staat die EMRK nicht gilt.[161] Die Schwierigkeit besteht allerdings darin, einen angemessenen **Ausgleich** zwischen dem *staatlichen* Interesse an einer funktionierenden Strafverfolgung, die einen reibungslosen Auslieferungsverkehr voraussetzt, und dem – auch im Auslieferungsverkehr anzuerkennenden[162] – Interesse des *Einzelnen* an dem Schutz seiner Menschenrechte zu finden.[163] Die erforderliche **Interessenabwägung** führt *in abstracto* zu dem Ergebnis, dass nicht *jeder* mögliche Verstoß gegen die EMRK oder ein ZP einer Auslieferung entgegensteht, denn sonst bestünde die Gefahr, dass der Auslieferungsverkehr praktisch zum Erliegen käme. Es muss vielmehr die Verletzung *grundlegender* Rechte aus der EMRK oder einem ZP und (damit) eine Missachtung der *Menschenwürde* des Verfolgten in Rede stehen.[164] 27

Als Leitfall gilt in diesem Zusammenhang das **Soering-Urteil,** mit dem der EGMR die Auslieferung des Beschwerdeführers von Großbritannien an die USA für unzulässig erklärt hat, weil Verhängung und Vollstreckung der **Todesstrafe** im US-Staat Virginia auf Grund des sog. *death row*-Phänomens **Art. 3 EMRK** verletze.[165] Nach heutiger Rechtslage ist eine solche Auslieferung auch wegen des Todesstrafenverbots (ZP VI) unzulässig (Rn. 30). 28

Deutschland hat die Auslieferung zur Vollstreckung der Todesstrafe auf Grund der verfassungsrechtlichen Vorgaben (Art. 102 und 2 Abs. 2 S. 1 GG) einfachrechtlich in § 8 IRG und in Auslieferungsverträgen (vgl. etwa Art. 11 EuAlÜbk) ausgeschlossen.[166] Vergleichbare Vorschriften finden sich in § 20 östARHG und in

[160] *Peters,* S. 53; zur „extraterritorialen Wirkung" von Konventionsgewährleistungen eingehend *Matscher,* FS Trechsel, 2002, S. 28ff.; *Ziegenhahn,* Schutz, 2002, S. 402ff.; *Ress,* ZaöRV 2009, 304f.; *Janik/Kleinlein,* GoJIL 2009, 468ff.; hinsichtlich der Piratenverfolgung *Esser/Fischer,* JR 2010, 514ff.; aus schweizer Sicht *Donatsch et al.*, S. 575ff. Zum Verhältnis von Auslieferungs- und Asylverfahren *Hackner/Schierholt,* Rn. 118. Vgl. aus der Rspr. *OLG Frankfurt a. M.* StV 2007, 142 (zur Unzulässigkeit der Auslieferung bei Verurteilung durch türkisches Staatssicherheitsgericht). Instrukt. Überblick zu den (traditionellen) materiellen Voraussetzungen der Rechtshilfe bei *Lagodny,* in: Widmaier, § 21 Rn. 17ff.; zu weiteren Auslieferungshindernissen *ders.*, in: Sieber et al., § 31 Rn. 37.

[161] *OLG Frankfurt a. M.* NStZ 2008, 166.

[162] Dazu grdl. *García Sánchez,* S. 145ff.

[163] Zu diesem Abwägungsdilemma auch *Böse,* NStZ 2002, 670f.; *Keijzer,* in: Blekxtoon et al., S. 186f.

[164] Vgl. *Böse,* NStZ 2002, 672; weitergehend wohl S/L/G/H/*Lagodny,* § 73 IRG Rn. 49ff. – Zu den sonstigen Auslieferungshindernissen des Art. 16 Abs. 2 S. 1 GG, der Verjährung der Tat im ersuchenden Staat (§ 9 Nr. 2 IRG) und der rechtskräftigen Aburteilung im ersuchten Staat (§ 9 Nr. 1 IRG) vgl. o. Rn. 20, 24 und Rn. 54.

[165] *EGMR,* Soering v. Vereinigtes Königreich Urt. v. 7.7.1989, para. 111: „... having regard to the very long period of time spent on death row in such extreme conditions, with the ever present and mounting anguish of awaiting execution of the death penalty ... the applicant's extradition to the United States would expose him to a real risk of treatment going beyond the threshold set by Article 3." *Soering* wurde gegen Zusicherung der Nichtvollstreckung der Todesstrafe ausgeliefert und sitzt seitdem in Haft (vgl. autobiografisch *Söring*). Weitere Nachw. 2. Aufl., § 10 Rn. 82 mit Fn. 549. Siehe zu Art. 3 EMRK auch *Safokolov,* OstEuR 2009, 167; *Michaelsen,* ICLQ 61 (2012), 753.

[166] *Hackner/Schierholt,* Rn. 119; S/L/G/H/*Schomburg,* Art. 11 EuAlÜbk Rn. 2; allg. dazu *García Sánchez,* S. 338ff.

§ 37 Abs. 3 schweizIRSG. Eine Auslieferung ist in diesen Fällen nur bei einer verlässlichen **Zusicherung der Aussetzung** der Vollstreckung im konkreten Fall möglich (zum EU-USA Auslieferungsabkommen insoweit o. Rn. 12), die Zusicherung muss § 8 IRG genügen.[167] Eine Auslieferung ist auch an einen Staat unzulässig, der den Betreffenden an einen menschenrechtsverletztenden Drittstaat **weiterliefern** würde.[168] Es kann in diesen Fällen nichts anderes gelten als in der Konstellation der (drohenden) **Kettenabschiebung** bzgl. derer der EGMR entschieden hat, dass selbst die Abschiebung in einen *Konventionsstaat* ggf. gegen Art. 3 EMRK verstößt, wenn der Betreffende durch diesen Staat in ein Drittland verbracht zu werden droht, in dem er einer Art. 3 EMRK zuwiderlaufenden Behandlung unterzogen wird.[169]

29 Über Art. 3 EMRK kann auch eine **unangemessen harte Strafe** im ersuchenden Staat ein Auslieferungshindernis begründen,[170] wobei freilich nicht der Maßstab der eigenen Rechtsordnung maßgeblich, sondern danach zu fragen ist, ob die „in dem *ersuchenden* Staat verhängte oder zu erwartende Strafe unter Berücksichtigung aller Umstände des Einzelfalls als unerträglich hart oder unter jedem denkbaren Gesichtspunkt unangemessen anzusehen ist."[171] Ist dies der Fall, so ergibt sich ein Auslieferungshindernis auch aus Art. 49 Abs. 3 GRCh.[172] Ausreichend ist schon die konkrete Gefahr („real risk") einer Art. 3 EMRK verletzenden Behandlung.[173] *Last but not least* kann sich ein Auslieferungshindernis aus drohender **Folter** oder **unmenschlicher Behandlung** im Rahmen des Strafverfahrens oder des Strafvollzugs ergeben.[174] Dabei findet Art. 3 EMRK auch Anwendung, wenn die genannten Gefahren von nicht-staatlichen Stellen

---

[167] *Hackner/Schierholt,* Rn. 119f.; vgl. auch *OLG Frankfurt a. M.* NStZ 2008, 166 m. Anm. *Schneider et al.*; *OLG Dresden* NStZ 2009, 462; EGMR, Othman (Abu Qatada) v. Vereinigtes Königreich Urt. v. 17.1.2012, NVwZ 2013, 487, dazu *Michaelsen,* ICLQ 61 (2012), 752 (759ff., 762f.); zur parallelen Rechtslage in Österreich (krit.) *Schwaighofer/Ebensperger,* S. 11; vgl. ebd., S. 182 die Vorbehalte Österreichs und der Schweiz zu Art. 11 EuAlÜbk.

[168] Vgl. *Royer,* AJP 2007, 188 zu einer entsprechenden Entscheidung des Cour de Cassation v. 7.2.2007. Dazu am Bsp. des Falles Assange *Marauhn/Simon,* ZJS 2012, 594f.

[169] *EGMR,* T. I. v. Vereinigtes Königreich Entsch. v. 7.3.2000. Dies gelte jedoch nicht, wenn der Betroffene im Durchgangsland die Möglichkeit eines Rechtsmittels gegen die weitere Abschiebung habe: *EGMR,* K. R. S. v. Vereinigtes Königreich Entsch. v. 2.12.2008.

[170] Eingehend zum Fall *Sholam Weiss* (Verurteilung zu 845 Jahren Haft wegen Vermögensdelikten durch US-amerikanischen District Court) *Peukert,* GS Vogler, 2004, S. 151ff. (155ff.); auch *Böse,* NStZ 2002, 672; *Hecker,* 2012, § 3 Rn. 45ff. – Nach *OLG Wien* NStZ 2002, 669 m. Anm. *Böse* kommt insoweit auch ein Auslieferungshindernis aus Art. 2 ZP VII EMRK (Überprüfung durch höhere Instanz) in Betracht; zur Aufhebung des Auslieferungshaftbefehls wg. Unverhältnismäßigkeit der Auslieferungshaft s. *OLG Düsseldorf* StV 2011, 170. Vgl. auch KOM (2011) 175 endg., 7; zust. *Thomas,* ERA-Forum 13 (2013), 587; siehe auch *Smith,* NJECL 4 (2013), 86f. Vgl. auch *European Criminal Policy Initiative,* ZIS 2013, 413f. (420f.).

[171] *Hackner/Schierholt,* Rn. 122 m.N. aus der Rspr. Beispiele unerträglicher Härte bei Auslieferung, welche daher wesentlichen Grundsätzen der deutschen Rechtsordnung widerspräche, bei *OLG Karlsruhe* StV 2007, 145 u. 146.

[172] *OLG Stuttgart* NJW 2010, 1617. Die Anwendbarkeit der GRCh ergibt sich – wie das OLG zutreffend annimmt – jedenfalls aus Art. 51 Abs. 1 S. 1 GRCh, da die Auslieferung auf Grundlage eines EuHb unionsrechtlich veranlasst ist, Deutschland also insoweit EU-Recht durchführt (vgl. auch § 10 Rn. 107).

[173] EGMR, Saadi v. Italien Urt. v. 28.2.2008, para. 140.

[174] *Hackner/Schierholt,* Rn. 123; *Ziegenhahn,* Schutz, 2002, S. 412ff.; *Johnston,* ICLR 11 (2011), 1 unter besonderer Berücksichtigung der Zusicherung der Nicht-Folter; ebenso bei unmenschlichen Haftbedingungen *BVerfG* StV 2004, 440; zur drohenden Folter *OLG Karlsruhe* StV 2004, 442 = NStZ-RR 2004, 345; zu einem Auslieferungshindernis wegen (möglicherweise) menschenrechtswidriger Haftbedingungen in weißrussischen Gefängnissen *OLG Hamm* StV 2005, 286; zu ägyptischen Haftbedingungen *OLG Köln* NStZ 2010, 706 = StV 2011, 172; zu griechischen Haftbedingungen *Mansell,* EuCLR 2 (2012), 39f. Vgl. aus österr. Sicht *Murschetz,* S. 187ff. Vgl. auch abl. bzgl. türkischer Gefängnisse *OLG Köln,* Beschlüsse v. 4.6.2009 und 4.10.2009 – 6 AuslA 3/09 und 6 AuslA 88/09.

ausgehen.[175] Sie müssen aber auch *im konkreten Einzelfall* vorliegen, allgemeine Information über Folter o. ä. im ersuchenden Staat reichen nicht aus.[176]

Aus **Art. 2 Abs. 1 EMRK** kann ein Auslieferungshindernis folgen, wenn durch die Überstellung das Leben des Betroffenen akut gefährdet würde.[177] Zu beachten ist dabei, dass Art. 2 EMRK *nicht* die Fälle der Auslieferung an einen Staat, in welchem dem Betreffenden die Todesstrafe droht, erfasst; diesbezüglich greift aber das ZP VI ein.[178] Aus **Art. 8 EMRK** kann sich ein Auslieferungshindernis ergeben, wenn der Kernbestand des Rechts auf Achtung des Privat- und Familienlebens berührt ist.[179] 30

Art. 6 EMRK kann – ausnahmsweise – ein Auslieferungshindernis begründen, wenn im ersuchenden Staat **kein faires Verfahren** zu erwarten ist, der Verfolgte also nicht darauf hoffen kann, dass sein Vorbringen im ersuchenden Staat sachlich und angemessen gewürdigt wird.[180] Dies ist etwa der Fall bei drohender *willkürlicher Verhaftung* und *politischer Verfolgung.*[181] Ein Auslieferungshindernis besteht auch, wenn das in Art. 2 ZP VII enthaltene Recht auf eine obergerichtliche *Überprüfung* der Verurteilung im ersuchenden Staat (faktisch) nicht existiert.[182] Der umgekehrte Fall kann sich ergeben, wenn nach einem gravierenden Konventionsverstoß im Strafverfahren des aburteilenden Staates die Strafe durch einen anderen Staat vollstreckt werden soll. In Ausnahmefällen kommt insoweit ein *indirektes* – d. h. auf das Strafverfahren und nicht auf die Strafvollstreckung zurückzuführendes – Eingreifen von Art. 6 oder Art. 5 EMRK in Betracht.[183] Ein Auslieferungshindernis besteht auch dann, wenn sich aufgrund der Auslieferungsunterlagen Anhaltspunkte dafür ergeben, dass die der Auslieferung 31

[175] Zur Unzulässigkeit der Auslieferung, wenn der ersuchende Staat (Litauen) außerstande ist, den Verfolgten vor zu befürchtenden Racheakten organisierter Krimineller zu schützen *OLG Düsseldorf* NStZ 2006, 692 = StV 2007, 143 („Auslieferungshindernis des Art. 3 EMRK, 25 GG").

[176] *OLG Köln* NStZ-RR 2009, 140.

[177] *Hackner/Schierholt,* Rn. 111.

[178] *Ziegenhahn,* Schutz, 2002, S. 406ff.; *Hecker,* 2012, § 3 Rn. 40ff. zum speziellen Art. 19 Abs. 2 GRCh *Beltrán de Felipe/Nieto Martín,* JICJ 10 (2012), 583f. Drohende lebenslange Haft ohne Aussetzung steht nach *BVerfG* NStZ 2006, 104 der Zulässigkeit der Auslieferung nicht entgegen. Insoweit bleiben aber die auslieferungsrechtlichen Konsequenzen von *EGMR* (GS), Vinter et al. v. Vereinigtes Königreich Urt. v. 9.7.2013, paras. 119ff. abzuwarten. Hier war der Gerichtshof zu dem Schluss gekommen, dass die Verhängung einer lebenslangen Freiheitsstrafe ohne Aussicht auf Entlassung gegen Art. 3 EMRK verstößt.

[179] *OLG Karlsruhe* NStZ 2005, 351: Trennung eines minderjährigen Kindes von der Mutter und evtl. Ausbruch lebensbedrohender Erkrankung; s. auch *OLG Hamm* StV 2011, 173. Vgl. auch *Mansell,* EuCLR 2 (2012), 42f. sowie *Smith,* NJECL 4 (2013), 90f. für den Fall, dass die Auslieferung erfolgt, bevor das Strafverfahren ausreichend vorbereitet wurde.

[180] Vgl. S/L/G/H/*Lagodny,* § 73 IRG Rn. 67f.; *Ziegenhahn,* Schutz, 2002, S. 429f.; in diesem Zusammenhang ferner *Matscher,* FS Trechsel, 2002, S. 35f. und eingehend zu Art. 6 als Auslieferungs- und Abschiebungshindernis *Hailbronner,* FS Ress, 2005, S. 997; s. auch *OLG Karlsruhe* NStZ 2010, 41; *OLG Hamm* NStZ 2010, 708. – Zu einer Verletzung von Art. 8 auf Grund der *Umstände des Auslieferungsverfahrens* in dem ersuchten Staat *Ziegenhahn,* Schutz, 2002, S. 426ff.

[181] Nachweise bei *Böse,* NStZ 2002, 671.

[182] Vgl. *OLG Wien* NStZ 2002, 669 (669f.); angreifbar *OGH* Entscheidung v. 9.4.2002 – 14 Os 8/02 sowie *OGH* Entscheidung v. 9.9.2003 – 14 Os 30/03; zu Recht krit. *Peukert,* GS Vogler, 2004, S. 155ff.; krit. auch UN-MRA, CCPR/C/77/D/1086/2002 v. 15.5.2003 (http://www.worldlii.org). Zur aus Art. 6 EMRK folgenden Garantie auf gerichtliche Überprüfung einer Entscheidung (hier im Zusamenhang mit dem ÜberstÜbk.) auch *EGMR,* B. v. Deutschland Urt. v. 1.4.2010 = StV 2011, 430.

[183] *Matscher,* FS Trechsel, 2002, S. 41ff. Vgl. hierzu auch *EGMR,* B. v. Deutschland Urt. v. 1.4.2010 = StV 2011, 430ff.

zugrundeliegenden Taten vorgeschoben sind; dafür sprechen insbesondere Übertreibungen, Widersprüchen und manipulierten Zeugenaussagen.[184] Das Gleiche gilt, wenn es tatsächliche Anhaltspunkte dafür gibt, dass das nach der Auslieferung im ersuchenden Staat durchzuführende Strafverfahren vor allem auf durch Folter erlangte Zeugenaussagen gestützt werden wird.[185] Kein Auslieferungshindernis soll andererseits dadurch begründet werden, dass der Verfolgte durch *List* des ersuchenden Staates aus seinem Heimatstaat in den ersuchten Staat gelockt worden ist.[186]

32 Erfolgt die Verurteilung des Verfolgten in einem **Abwesenheitsverfahren,** kommt ein Verstoß gegen **Art. 3, 6 Abs. 3 (c) EMRK** in Betracht, wenn durch dieses Verfahren der Anspruch auf rechtliches Gehör und angemessene Verteidigung verletzt wurde.[187] Dies ist allerdings dann nicht der Fall, wenn dem Verfolgten – nach erfolgter Auslieferung – ein Rechtsbehelf zur Verfügung steht, im Rahmen dessen das Verfahren wirksam überprüft und neues entlastendes Material vorgebracht werden kann.[188] Fehlt es an einem solchen Rechtsbehelf, kommt es entscheidend darauf an, ob der Verfolgte von dem Abwesenheitsverfahren Kenntnis hatte und wenigstens mittels seines Verteidigers daran teilnehmen konnte.[189] Auch im Geltungsbereich des EuAlÜbk gilt die Schranke des Art. 6 Abs. 3 (c) EMRK implizit. Kapitel III des ZP II zum EuAlÜbk[190] sieht insoweit die Ablehnung der Auslieferung vor, wenn in dem einem Abwesenheitsurteil vorangegangenen Verfahren nicht die Mindestrechte der Verteidigung gewährt wurden; andererseits soll die Auslieferung bewilligt werden, wenn das Recht auf ein neues Gerichtsverfahren zugesichert wird.

33 Ein weiteres Auslieferungshindernis hat traditionell die Qualifikation der dem Auslieferungsbegehren zugrunde liegenden Tat als **politisches Delikt** dargestellt. So wird nach Art. 3 Abs. 1 EuAlÜbk die Auslieferung nicht bewilligt, wenn die zugrunde liegende Tat vom ersuchten Staat als politische oder damit in Zusammenhang stehende Tat erachtet wird (vgl. auch § 6 Abs. 1 IRG § 14 östARHG und Art. 3 schweizIRSG). Sinn und Zweck dieser Regelung ist es, den ersuchten Staat aus politischen Auseinandersetzungen im ersuchenden Staat herauszuhalten.[191] Vor dem Hintergrund des politischen Terrorismus der siebziger Jahre des vergangenen Jahrhunderts wurde jedoch

[184] *KG* NStZ-RR 2009, 242.

[185] *EGMR,* Othman (Abu Qatada) v. Vereinigtes Königreich Urt. v. 17.1.2012, NVwZ 2013, 492 (paras. 236ff.).

[186] *BVerfG* StV 2004, 432 m. krit. Anm. *Dickersbach.*

[187] *EGMR,* Krombach v. Frankreich Urt. v. 13.2.2001, paras. 82ff.; vgl. zur Auslieferung bei Abwesenheitsurteilen auch *BVerfG* NStZ 2006, 102 = StV 2005, 675; *BGH* NJW 2002, 228 (228f.); vgl. ferner *OLG Stuttgart* NStZ-RR 2006, 116 = StV 2005, 284 (ungar. Abwesenheitsurteil), dazu krit. *Karsai,* ZIS 2006, 443; *OLG Zweibrücken* NStZ 2007, 109 = StV 2007, 144 (belg. Abwesenheitsurteil) u. *OLG Stuttgart* NStZ 2006, 693 (tschech. Abwesenheitsurteil); *OLG Koblenz* NStZ 2008, 111 (albanisches Abwesenheitsurteil); *Hackner/Schierholt,* Rn. 129 mit Fn. 360; *Ziegenhahn,* Schutz, 2002, S. 431f. Siehe auch den Rb 2009/299/JI zur Änderung der Rb 2002/584/JI, 2005/214/JI, 2006/783/JI und 2008/947/JI, zur Stärkung der Verfahrensrechte von Personen und zur Förderung der Anwendung des Grundsatzes der ggs. Anerkennung auf Entscheidungen, die im Anschluss an eine Verhandlung ergangen sind, zu der die betroffene Person nicht erschienen ist, Abl. EU L 81 v. 27.3.2009, 24; dazu *Klitsch,* ZIS 2009, 11; vgl. auch den Fall bei *Mansell,* EuCLR 2 (2012), 37f.

[188] *Hackner/Schierholt,* Rn. 129.

[189] *BVerfG* StV 2004, 438 (440); vgl. ferner BGHSt 47, 120 (123ff.); *OLG Karlsruhe* StV 2004, 444; *Hackner/Schierholt,* Rn. 130.

[190] BGBl. II 1990 S. 118; II 1991 S. 874; vgl. auch S/L/G/H/*Schomburg,* II A 2.

[191] *Weigend,* JuS 2000, 108; näher zu diesem Auslieferungshindernis *García Sánchez,* S. 361ff.

das Auslieferungshindernis des politischen Delikts als **zunehmend hinderlich** empfunden.[192] So definieren die Art. 1 und 2 des Europäischen Terrorismusübereinkommens (EuTerrÜbk)[193] den Begriff der politischen Tat restriktiv.

Ferner schließen etwa Art. 1 (d) und (e) EuTerrÜbk Geiselnahmen und alle Straftaten, die unter Verwendung von automatischen Waffen oder auch Briefbomben begangen werden, aus dem Begriff des politischen Delikts aus, wenn durch die genannten Tatmittel Menschen gefährdet werden. Das EuTerrÜbk nimmt in Art. 1 (a), (b) und (c) auf weitere völkerrechtliche Verträge, die das Auslieferungshindernis des politischen Delikts suspendieren, Bezug, nämlich auf das Haager Übk. zur Bekämpfung der widerrechtlichen Inbesitznahme von Luftfahrzeugen vom 16. 12. 1970 und auf das Montrealer Übk. zur Bekämpfung widerrechtlicher Handlungen gegen die Sicherheit der Zivilluftfahrt vom 23. 9. 1971 sowie auf das Übk. über die Verhütung, Verfolgung und Bestrafung von Straftaten gegen völkerrechtlich geschützte Personen einschließlich Diplomaten vom 14. 12. 1973.[194] Zur Beseitigung des Auslieferungshindernisses des politischen Delikts, insbesondere durch Art. 5 EU-AuslÜbk, s. schon o. Rn. 16, 24.

Lösung Fall 2:

Das *OLG Düsseldorf* hat das Auslieferungsersuchen Litauens auf Antrag der GenStA für unzulässig erklärt, da dem Verfolgten in Litauen (auch im dortigen Strafvollzug) Repressalien von Mitgefangenen drohen. Obwohl dem Verfolgten nicht von staatlicher Seite Folter droht, kommt nach Ansicht des Senats dennoch ein Auslieferungshindernis aus Art. 3 EMRK in Betracht (o. Rn. 29). 34

2. Übergabe (Europäischer Haftbefehl)

Fall 3:[195]

Der verfolgten deutschen Staatsangehörigen wird durch die polnischen Strafverfolgungsbehörden zur Last gelegt, in verschiedenen polnischen Städten durch eine Vielzahl von Einzelhandlungen Personen die Vermittlung in legale saisonale Arbeitsverhältnisse in Deutschland vorgetäuscht und auf diese Weise insgesamt mind. 104 890 Zloty ertrogen zu haben. Die Bewilligungsbehörde wird die Bewilligung der Auslieferung davon abhängig machen, dass Polen die Verfolgte ggf. zur Strafvollstreckung nach Deutschland zurücküberstellen wird. Ist die Auslieferung zulässig? → Rn. 57 35

Fall 4:[196]

Der Verfolgte hat die polnische und die deutsche Staatsangehörigkeit. Gegen ihn liegt ein polnischer Europäischer Haftbefehl vor, dem der Vorwurf einer in Polen begangenen Unterschlagung und eines ebenfalls auf polnischem Territorium begangenen Raubes zugrunde liegt. Die GStA als zuständige Bewilligungsbehörde hat erklärt, sie werde keine Bewilligungshindernisse geltend machen (§ 79 Abs. 2 IRG). Diese Erklärung hat die GStA mit dem Interesse Polens an effizienter Verfolgung der auf seinem Staatsgebiet begangenen Straftaten begründet. Wie wird das OLG entscheiden? → Rn. 58 36

Fall 5:[197]

Gegen den deutschen Staatsangehörigen A wird in dem Nicht-EU-Staat U wegen Spionage, Hochverrat und Anstiftung zum Geheimnisverrat ermittelt. A wird vorgeworfen, er habe geheime Unterlagen 37

[192] Vgl. *Grützner/Pötz/Kreß*, 3. Aufl., 33. Lfg. 2013, Vorb. EuTerrÜbk. Rn. 6.
[193] ETS 90, BGBl. II 1978 S. 321, II 1978 S. 907, II 1989 S. 857.
[194] BGBl. II 1972 S. 1505, II 1977 S. 1229, II 1976 S. 1745.
[195] *OLG Düsseldorf* NStZ-RR 2007, 113.
[196] *OLG Stuttgart* StV 2007, 258 (259).
[197] Nach *Ambos/Bock*, JuS 2012, 437 in Anlehnung an den Fall des *WikiLeaks* Gründers Julian Assange.

des Staates U über Kriegseinsätze sowie diplomatische Depeschen im Internet veröffentlicht. Während einer Geschäftsreise im EU-Staat S lernt A die X, eine Staatsangehörige des Staates S, kennen, mit der er mehrfach einvernehmlich Geschlechtsverkehr hat. Nach A's Abreise geht X zur Polizei, schildert, dass A, während sie schlief, sexuelle Handlungen an ihr vorgenommen habe und zeigt A wegen Vergewaltigung an. Daraufhin wird ein EuHb gegen A erlassen. Zur Begründung wird ausgeführt, dass die geschilderte Tat ohne Zweifel den Straftatbestand des Kapitel 6 § II des Strafgesetzbuches des Landes S erfülle. Der Staat S ersucht Deutschland um Überstellung des A. Dieser bestreitet X's Darstellungen und bezichtigt sie, Teil eines vom Staat U ausgehenden Komplotts gegen A zu sein. Selbst wenn man die geschilderten Ereignisse als wahr unterstelle, so erfüllten sie weder nach deutschem noch nach dem Recht des Staates S den Tatbestand der Vergewaltigung. Wie wird das zuständige OLG entscheiden? Kann A nach Überstellung an den Staat S ggf. weiter an den Staat U ausgeliefert werden? → Rn. 59

a) Die europäischen Vorgaben

38 Am 13.6.2002 hat der Rat der EU den „**Rahmenbeschluss über den Europäischen Haftbefehl** und die Übergabeverfahren zwischen den Mitgliedstaaten" **(RbEuHb)** verabschiedet.[198] Dieser Beschluss geht auf die Schlussfolgerungen des Europäischen Rates von Tampere aus dem Jahre 1999 und das Maßnahmeprogramm des Rates zur Umsetzung des Grundsatzes der **gegenseitigen Anerkennung**[199] gerichtlicher Entscheidungen aus dem Jahre 2000 zurück.[200] Der Rahmenbeschluss soll die überkommenen Auslieferungsinstrumente des Europarats und der EU zum 1.1.2004 ersetzen (Erwägungsgründe Nr. 1, 11 und Art. 31);[201] im Anhang wird sogar ein Formular „Europäischer Haftbefehl" vorgegeben.[202] Zu berücksichtigen ist jedoch, dass den Mitgliedstaaten bei einem Rahmenbeschluss grundsätzlich die **Art und Weise der Umsetzung** überlassen bleibt (1. Aufl., § 9 Rn. 21).[203] Auch wenn der Rb vor dem Lissabonner Vertrag in Kraft trat, gilt er auch nach dem 1.12.2009 weiter fort und wird nach Ablauf von fünf Jahren in das Unionsrecht übernommen.[204]

39 Gemäß Art. 1 Abs. 1, Abs. 2 RbEuHB stellt der EuHb eine in *einem* Mitgliedstaat ergehende **justizielle Entscheidung** dar, die in einem *anderen* Mitgliedstaat unmittelbar auf der Grundlage der *gegenseitigen Anerkennung* zum Zweck der Festnahme und **Übergabe** einer zur Strafverfolgung oder -vollstreckung gesuchten Person **exekutiert** wird.[205] Das (einstufige) **Übergabeverfahren** (Art. 9 ff.) ersetzt damit das traditionell

[198] Abl. EG L 190 v. 18.7.2002, 1. Zur Rechtsetzungsgeschichte *Fichera,* European Arrest Warrant, 2011, S. 70 ff.

[199] Zur Bedeutung und Entwicklung *de Hoyos,* RDCE 2005, 808 ff. (zwischen ggs. Anerkennung i. w. und i. e. S. unterscheidend, 812 ff., 820 ff.); *Nilsson,* RIDP 77 (2006), 53 ff.; *Jégouzo,* RIDP 77 (2006), 97 ff.; *Bernardi,* RS C 2007, 725; *Manacorda,* RS C 2007, 899 ff., 909.

[200] *Wehnert,* StraFo 2003, 356; *Plachta/van Ballegooij,* in: Blekxtoon et al., S. 32 ff.; *Deen-Racsmány/Blekxtoon,* Eur.J. Cr. 2005, 333 ff.; weitere Nachweise 2. Aufl., § 12 Rn. 56 mit Fn. 321.

[201] Abl. EG L 190 v. 18.7.2002, 1 f., 11; *OLG Stuttgart* NJW 2004, 3437 (3438); *v. Heintschel-Heinegg/Rohlff,* GA 2003, 45; *Wehnert,* StraFo 2003, 356; *Combeaud,* RIDP 77 (2006), 131; *Krüßmann,* S. 589 ff.

[202] Dessen Rechtsnatur ist str., für einen „europäischen gerichtlichen Titel" *Arangüena,* RDP 20/2007, 17 f.

[203] Vgl. auch *Klip,* 2012, S. 78 ff.

[204] Vgl. o. Rn. 2.

[205] Abl. EG L 190 v. 18.7.2002, 2; vgl. auch *OLG Köln* NStZ 2006, 112 = StV 2006, 91 (EuHb nicht nur Antrag auf Festnahme, sondern auch auf Auslieferung, a. A. *KG* StV 2006, 91); w. N. 2. Aufl., § 12 Rn. 58 Fn. 353. Zur Zulässigkeit der Ausstellung durch eine andere Justizbehörde als ein Gericht s. *Marauhn/Simon,* ZJS 2012, 594; vgl. auch *Thomas,* ERA-Forum 13 (2013), 586 f.

zweistufige Auslieferungsverfahren (Rn. 15);[206] der Grundsatz der **Nicht-Auslieferung eigener Staatsangehöriger** (Rn. 18, 24) wird im Wesentlichen aufgegeben (ex Art. 4 Nr. 6, 5 Nr. 3).[207] Beachte auch die (schon erwähnte) neue Terminologie: Der Begriff des **„Ausstellungsstaats"** (eines europäischen Haftbefehls) tritt an die Stelle des (um Auslieferung) „ersuchenden Staates", der des **„Vollstreckungsstaats"** an die des um „Auslieferung ersuchten Staats", der die Entscheidung des Ausstellungsstaates (nur noch) zu vollstrecken und die gesuchte Person zu **„übergeben"** hat.[208]

Zunächst ist der EuHb an die vollstreckende Justizbehörde zu *übermitteln* oder, sofern der Aufenthaltsort der gesuchten Person nicht bekannt ist, diese im SIS (Rn. 21 f.) *auszuschreiben* (Art. 9 Abs. 1, 2). Die Ausschreibung steht dem EuHb gleich (Art. 9 Abs. 3).[209] Gegebenenfalls können auch die Dienste von Interpol in Anspruch genommen werden (Art. 10 Abs. 3). Die gesuchte Person ist bei Festnahme vom Inhalt des Europäischen Haftbefehls zu *unterrichten;* sie hat ein Recht auf einen *Rechtsbeistand* und einen *Dolmetscher* (Art. 11).[210] Ihre Inhaftierung richtet sich nach dem Recht des Vollstreckungsstaates (Art. 12).[211] Die Person kann der Übergabe *zustimmen* und auf den Spezialitätschutz verzichten (Art. 13 Abs. 1).[212] Die Zustimmung muss freiwillig und in vollem Bewusstsein der Folgen abgegeben werden (Art. 13 Abs. 2); sie ist grundsätzlich unwiderruflich (Art. 13 Abs. 4). Stimmt die Person der Übergabe nicht zu, hat sie das Recht auf eine *Vernehmung* (Art. 14). Die vollstreckende Justizbehörde kann zur Entscheidungsfindung zusätzliche Informationen von der ausstellenden Behörde verlangen (Art. 15 Abs. 2). Bei *Mehrfachersuchen* – also entweder mehreren EuHb oder bei Zusammentreffen mit Auslieferungsersuchen eines Drittstaats – entscheidet die vollstreckende Behörde, welchem Ersuchen Vorrang einzuräumen ist, wobei sie folgende Umstände berücksichtigt (Art. 16 Abs. 1): Schwere und Ort der Tat, Zeitpunkt des Erlasses des Ersuchens, Art des Ersuchens.[213] Der EuHb soll „als **Eilsache**" erledigt werden (Art. 17 Abs. 1). Bei Zustimmung der gesuchten Person soll die Entscheidung innerhalb von 10 Tagen erfolgen (Art. 17 Abs. 2), in anderen Fällen innerhalb von 60 Tagen nach der Festnahme (Art. 17 Abs. 3). Ausnahmsweise kann die Frist um 30 Tage verlängert werden (Art. 17 Abs. 4). Kann auch diese Frist nicht eingehalten werden, ist Eurojust (dazu § 13 Rn. 13 ff.) und – bei wiederholten Verzögerungen – der Rat zu benachrichtigen (Art. 17 40

[206] *OLG Stuttgart* NJW 2004, 3437 (3438) = StV 2004, 546 (546); *v. Heintschel-Heinegg/Rohlff,* GA 2003, 46; *Wehnert,* StraFo 2003, 357 f.; *Satzger/Pohl,* JICJ 4 (2006), 689; *Lagodny,* in: Blekxtoon et al., S. 43 f. sieht im Verzicht auf das Bewilligungsverfahren die wichtigste Neuerung; krit. *van der Wilt,* in: Blekxtoon et al., S. 76 ff.; *de Groot,* in: ebd., S. 95. Zu den unterschiedlichen Begriffen „Auslieferung" (extradition) und „Übergabe/Überstellung" (surrender) auch *Cameron et al.*, S. 212 f.

[207] Eingehend dazu *Deen-Racsmány,* Eur.J. Cr. 2006, 272 ff.; auch *García Sánchez,* S. 441 ff.; zu den damit verbundenen Umsetzungsproblemen *Fichera,* European Arrest Warrant, 2011, S. 128 ff.

[208] *Wehnert,* StraFo 2003, 357; vgl. auch *Schomburg,* NJW 2003, 3393; *Vierucci,* JICJ 2 (2004), 275, 279; *Deen-Racsmány,* Eur.J. Cr. 2006, 274; *Mackarel,* Eur.J. Cr. 2007, 43 f.; *Murschetz,* S. 310. Dennoch handelt es sich lediglich um eine Variante der klassischen Auslieferung, insb. findet kein „Durchgriff" des ausstellenden Staates i. d. S. statt, dass dieser die Behörden des Vollstreckungsstaates unmittelbar verpflichten könnte. Maßgeblich sind insoweit vielmehr die nationalen Umsetzungsgesetze, siehe *Globke,* GA 2011, 412 ff. (423).

[209] Vgl. auch die innerstaatliche Umsetzung durch § 83 a Abs. 2 IRG n. F.; dazu *OLG Stuttgart* NJW 2004, 3437 (3438) = StV 2004, 546 (546); *OLG Karlsruhe* NJW 2004, 3789 (3790) = StV 2005, 31; *OLG Braunschweig* NStZ-RR 2005, 18 (19); *OLG Karlsruhe* StV 2005, 232; *OLG Karlsruhe* StV 2007, 139; *OLG Köln* StV 2013, 99; *Ahlbrecht,* StV 2005, 42; *Hackner,* NStZ 2005, 314. Anders *OLG Köln* NStZ 2006, 112 (Ausschreibung im SIS lediglich Antrag auf Festnahme).

[210] Zu diesen u. a. Mindestrechten näher *Arangüena,* RDP 20/2007, 46 ff.; *Ouwerkerk,* S. 95 ff.; zum Recht auf Verteidigung *Jiménez-Villarejo,* in: Arangüena Fanego, S. 121 ff.; *Mansell,* EuCLR 2 (2012), 43 ff.

[211] Krit. *Arangüena,* RDP 20/2007, 60 ff.

[212] Die bloße Zustimmung zur Übergabe stellt nicht *per se* einen Verzicht auf das Spezialitätserfordernis dar (*BGH* NStZ-RR 2012, 345), jedoch kann die Wiedereinreise trotz Belehrung über die Folgen einen solchen begründen, *BGH* NStZ 2013, 600.

[213] *González Cano,* in: Rozo Acuña, S. 179 ff.; *Berni,* in: Rozo Acuña, S. 278 ff.; *García Sánchez,* S. 461 f. Vgl. *Ambos,* FS Kühne, 2013, S. 509.

Abs. 7). Die Ablehnung der Vollstreckung ist zu begründen (Art. 17 Abs. 6). Die *Übergabe* selbst soll „so bald wie möglich", spätestens aber zehn Tage nach der endgültigen Entscheidung über die Vollstreckung erfolgen (Art. 23 Abs. 1, 2). Ausnahmsweise kann ein neues Übergabedatum vereinbart werden, wobei dann die Übergabe erneut nach zehn Tagen (nach dem neuen Termin) erfolgen soll (Art. 23 Abs. 3).[214] Die Übergabe kann aus „schwerwiegenden humanitären Gründen" (Art. 23 Abs. 4) oder wegen gerichtlicher Verfolgung oder Strafvollstreckung im Vollstreckungsstaat (Art. 24 Abs. 1) aufgeschoben werden. Alternativ kann die gesuchte Person in letztem Fall vorübergehend übergeben werden (Art. 24 Abs. 2). Jeder Mitgliedstaat hat die *Durchlieferung* einer gesuchten Person grundsätzlich zu bewilligen (Art. 25). Die im Vollstreckungsstaat verbüßte (Untersuchungs-)Haft ist anzurechnen (Art. 26). Die Mitgliedstaaten können generell auf der Grundlage der Gegenseitigkeit der *Verfolgung anderer* als in dem EuHb genannten *Taten* zustimmen (Art. 27 Abs. 1). Daneben wird auf die – grundsätzlich geltende (Art. 27 Abs. 2) – **Spezialität** (Rn. 18) in bestimmten Fällen verzichtet (Art. 27 Abs. 3).[215] Auch die *weitere Übergabe* gesuchter Personen durch den Ausstellungsmitgliedstaat ohne die Zustimmung[216] des Vollstreckungsmitgliedstaats sowie die *Übergabe relevanter Tatgegenstände* wird weitgehend ermöglicht (Art. 28, 29).

41 Was den **Anwendungsbereich** des EuHb angeht, so scheint Art. 2 Abs. 1 RbEuHb ihn zunächst auf Handlungen zu beschränken, die – nach dem Recht des *Ausstellungsstaats* – „mit einer Freiheitsstrafe oder einer freiheitsentziehenden Maßregel der Sicherung im Höchstmaß von *mindestens zwölf Monaten* bedroht sind, oder im Falle einer Verurteilung zu einer Strafe oder der Anordnung einer Maßregel der Sicherung, deren Maß *mindestens vier Monate* beträgt." In diesem Fall wird das überkommene Prinzip der **beiderseitigen Strafbarkeit** (Rn. 18)[217] beibehalten, denn der *Vollstreckungsstaat kann* die Übergabe davon abhängig zu machen, dass die fragliche Handlung (auch) nach seinem Recht eine Straftat darstellt (Art. 2 Abs. 4).[218] Dieser Rückgriff auf das traditionelle Auslieferungsrecht wird aber sogleich durch Art. 2 Abs. 2 RbEuHb auf breiter Front durchbrochen, denn danach kommt es für einen **Katalog** von „Straftaten" auf die beiderseitige Strafbarkeit nicht an, wenn diese Taten im Ausstellungsstaat mit einer Höchststrafe oder -maßregel von **mindestens drei Jahren** bedroht sind.[219]

214 Zur deutschen Umsetzung der Fristen in § 83c IRG 1. Aufl., Schaubild 28.

215 Dazu *EuGH,* Leymann und Pustovarov Urt. v. 1.12.2008; dazu *De Amicis,* EuCLR 2 (2012), 53ff. Siehe auch *Castillejo,* in: Rozo Acuña, S. 109ff.; *Gaito,* in: Rozo Acuña, S. 213ff.; *Fichera,* European Arrest Warrant, 2011, S. 82ff.; *Burchard,* in: Böse, 2013, § 14 Rn. 43ff. Für einen vollständigen Verzicht *Henke,* EuHB, S. 35. Zur Frage eines möglichen Rechtsbehelfs gegen die Zustimmung des Vollstreckungsstaates *EuGH,* Jeremy F. Urt. v. 30.5.2013.

216 Zur unproblematisch möglichen weiteren Übergabe bei Zustimmung des Vollstreckungsstaates *Miettinen,* NJECL 4 (2013), 105. Dazu auch am Bsp. des Falles Assange *Marauhn/Simon,* ZJS 2012, 594f.; *Ambos,* FS Kühne, 2013, S. 507f.; *Cameron et al.,* S. 191. Bei mehreren nacheinander vollstreckten EuHb kommt es nur auf die Zustimmung desjenigen Staates an, der die zeitlich letzte Übergabe vorgenommen hat, *EuGH,* Melvin West Urt. v. 28.6.2012; dazu *Miettinen,* NJECL 4 (2013), 109ff.

217 S/L/G/H, Einl. Rn. 31; S/L/G/H/*Lagodny,* § 3 IRG Rn. 2; vgl. auch *Gualtieri,* in: Rozo Acuña, S. 56ff.; *Castillejo Manzanares,* in: Rozo Acuña, S. 112ff.; *Colvin,* in: Rozo Acuña, S. 339; krit. zur Abschaffung *Manacorda,* CassP 2007, 4349ff.

218 *v. Heintschel-Heinegg/Rohlff,* GA 2003, 47f.; vgl. auch *Schaper,* Übertragung, 2009, S. 79, der von einer lediglich partiellen Abkehr vom Grundsatz der beiderseitigen Strafbarkeit spricht; ebenso *Ouwerkerk,* S. 93f.; krit. daher *Nalewajko,* Anerkennung, 2010, S. 196ff.

219 *Deiters,* ZRP 2003, 359; *Rohlff,* Der EuHb, S. 85f.; *Huber,* FG Hilger, 2003, S. 143; *Delmas-Marty,* CYELS 7 (2004/2005), 20f.; krit. insb. *Schünemann,* ZIS 2007, 532; zu Problemen wegen der *gleichzeitigen* Abschaffung beiderseitiger Strafbarkeit und der Nicht-Auslieferung eigener Staatsangehöriger *Deen-Racsmány/Blekxtoon,* Eur.J. Cr. 2005, 336ff., s. a. u. Fn. 3839. Weitere Nachw., insb. aus italienischer Sicht und zum Entwurf einer Regelung transnationaler Strafverfahren in der EU *Schünemann,* (Hrsg.), 2006; s. auch 2. Aufl., § 12 Rn. 60 Fn. 367.

Dieser Katalog erfasst mehr als **32 „Straftaten"**,[220] die von der „Beteiligung an einer kriminellen Vereinigung" (Spiegelstr. 1) über die „Korruption" (Spiegelstr. 7), die „vorsätzliche Tötung, schwere Körperverletzung" (Spiegelstr. 14), die „Umweltkriminalität, einschließlich des illegalen Handels mit bedrohten Tierarten oder mit bedrohten Pflanzen- und Baumarten" (Spiegelstr. 12) bis zur „Nachahmung und Produktpiraterie" (Spiegelstr. 22) reichen, um sich dann unter Position 28 der „Vergewaltigung", unter 30 den „Verbrechen, die in die Zuständigkeit des Internationalen Strafgerichtshofs fallen"[221] und, *last but not least,* auf Position 32, einer schlicht mit „Sabotage" umschriebenen „Straftat" zuzuwenden. Ein **System** oder ein Leitgedanke ist hier **nicht zu erkennen,** wenn weder eine Beschränkung auf spezifisch grenzüberschreitende Kriminalität („Terrorismus", „Drogenhandel") noch auf spezifisch unionsbezogene Straftaten („Schutz der finanziellen Interessen") stattfindet und stattdessen auch so „gewöhnliche" Delikte wie Betrug, Brandstiftung und Erpressung erfasst sind.[222] Bedenklich ist zudem, dass bei einigen „Straftaten" schwerlich überhaupt von Straftatbeständen in einem herkömmlichen dogmatischen Sinne die Rede sein kann („Rassismus und Fremdenfeindlichkeit") und einige andere konturenlos weit formuliert sind („Korruption", „Diebstahl in organisierter Form", „Sabotage").[223] Ferner lässt die Lektüre von Art. 29 EUV und Art. 61 Abs. 3 AEUV (vormals Art. III-257 Abs. 3 VerfV) daran zweifeln, ob man „Rassismus und Fremdenfeindlichkeit" wirklich als „Straftatbestände" bezeichnen kann, bezwecken die genannten Vorschriften doch lediglich deren Verhütung und Bekämpfung. Zu weiteren Zweifeln gibt die zweifache Aufführung des Betrugs („Betrugsdelikte, [...]", „Betrug")[224] sowie die parallele Auflistung von „Geldfälschung, einschließlich der Euro-Fälschung" und der „Fälschung von Zahlungsmitteln" Anlass, sind diese Taten doch kaum einer nachvollziehbaren Abgrenzung zugänglich. Weiterhin stellt sich die Frage, inwieweit **effektive Strafverteidigung** (s. schon § 9 Rn. 16) gegen einen EuHb möglich ist, wird doch der nationale Verteidiger des Verfolgten regelmäßig weder mit der Sprache noch mit der Rechtspraxis des Ausstellungsstaates hinreichend vertraut sein.[225]

Trotz dieser Bedenken hat der **EuGH** im Rahmen eines belgischen Vorabentschei- 42
dungsersuchens des *Cour d'arbitrage*[226] die Gültigkeit des RbEuHb bestätigt.[227] Leider enthält das Urteil *kaum Substanz:* Zum einen wird die hohle Behauptung eines „hohen Maßes an Vertrauen und Solidarität zwischen den Mitgliedstaaten"[228] in den Raum

[220] Näher *Keijzer,* in: Blekxtoon et al., S. 152ff.; *Fichera,* European Arrest Warrant, 2011, S. 93ff.

[221] Zu diesem Anwendungsfeld des EuHb eingehend *Vierucci,* JICJ 2 (2004), 275, insb. 277ff.

[222] *V. Heintschel-Heinegg/Rohlff,* GA 2003, 48; krit. *Wehnert,* StraFo 2003, 357; *Deen-Racsmány/Blekxtoon,* Eur.J. Cr. 2005, 362; *Mackarel,* Eur.J. Cr. 2007, 40, 44; *Arangüena,* RDP 20/2007, 30ff.; *Fichera,* European Arrest Warrant, 2011, S. 118ff.; *European Criminal Policy Initiative,* ZIS 2013, 424. Zur Rspr. des EuGH *De Amicis,* EuCLR 2 (2012), 49f.; krit. auch *Capus,* S. 357.

[223] Zur überw. krit. Lit. s. 2. Aufl., Rn. 60 Fn. 371.; vgl. auch *Nalewajko,* Anerkennung, 2010, S. 197; *v. Heintschel-Heinegg,* in: Sieber et al., § 37 Rn. 50; *European Criminal Policy Initiative,* ZIS 2013, 424; *Albers et al.,* S. 366. Zur Notwendigkeit eines Rechtsbeistandes wg. der unklaren Subsumtion *OLG Karlsruhe* StV 2005, 676. Krit. zum Katalog im RbEBA auch *Mavany,* S. 120ff.

[224] Zutreffende Kritik bei *Wehnert,* StraFo 2003, 358. Um Verständnis werbend BT-Drs. 15/1718, 18: „Die Liste wurde überwiegend in französischer Sprache verhandelt. Entsprechend dem französischen Recht wurden sowohl die Tatbestände des ‚fraude' als auch der ‚escroquerie' aufgenommen. Es muss der Praxis vorbehalten bleiben, die deutschen Tatbestände unter die Listenkategorien im Wege der Rechtsfortbildung zu subsumieren."

[225] *Nestler,* ZStW 116 (2004), 340f.; *Fuchs,* ZStW 116 (2004), 370; *Heine,* Europäisierung, 2009, S. 121ff.; für eine „dual legal representation" *Mansell,* EuCLR 2 (2012), 43ff.; für einen „public defender" zur Koordinierung doppelter Verteidigung deshalb *Salditt,* StV 2003, 136f.

[226] *Belg. VerfG,* Urt. v. 13.7.2005 – Nr. 124/2005, abrufbar unter www.const-court.be. Vgl. hierzu *Satzger/Pohl,* JICJ 4 (2006), 690; *Weyembergh,* eucrim 2006, 27f.

[227] *EuGH,* Advocaten voor de Wereld VZW Urt. v. 3.5.2007; hierzu *Braum,* wistra 2007, 401; *Michalke,* EuZW 2007, 377; *Fenelly,* ERA Forum 8 (2007), 519; *Manacorda,* CassP 2007, 4346ff.; *ders.,* RSC 2007, 900f.; *Mylonopoulos,* ZStW 121 (2009), 72ff.; *Suelmann,* HumFoR 2009, 122; *Ebert/Pinkel,* StudZR 2008, 361; *Tinkl,* ZIS 2007, 419.

[228] *EuGH,* Advocaten voor de Wereld VZW Urt. v. 3.5.2007, para. 57: Aufgrund dieses Vertrauens könne man „davon ausgehen, dass die betroffenen Arten von Straftaten ... zu den Straftaten gehören, bei denen es aufgrund der Schwere der Beeinträchtigung der öffentlichen Sicherheit und Ordnung ge-

gestellt, welche jedoch – mit zunehmender Erweiterung der EU – immer mehr zu einer Brüsseler bzw. Luxemburger Phantasmagorie wird.[229] Zum anderen sollen die vagen Listenkategorien dem Grundsatz der Gesetzmäßigkeit deshalb gerecht werden, weil „für die Definition dieser Straftaten" das nationale Recht maßgeblich sei.[230] Wie sich dies aber mit dem Umstand, dass doch – wegen des Verzichts auf die Prüfung der beiderseitigen Strafbarkeit – an sich gerade keine Subsumtion unter das nationale Recht stattfinden soll, verträgt,[231] bleibt dem Leser ein Rätsel.[232] Soweit nämlich die Listenkategorien des RbEuHb im Rahmen der nationalen Umsetzung doch wieder nach nationalen Maßstäben konkretisiert werden – wie dies übrigens der italienische Gesetzgeber getan hat![233] – läuft dies schlicht auf die Beibehaltung des Erfordernisses der beiderseitigen Strafbarkeit hinaus.[234] Kritisiert wird zudem, dass die Verpflichtung des Vollstreckungs-/Tatortstaates zur Überstellung eines aufgrund des (absoluten) aktiven Personalitätsprinzips in einem anderen Mitgliedstaat Beschuldigten bei fehlender identischer Tatortnorm gegen das Legalitätsprinzip verstoße, da das fragliche Verhalten in diesem Staat nicht strafbar ist.[235]

43 Bei aller berechtigter Kritik darf freilich nicht übersehen werden, dass der RbEuHb selbst **Ablehnungsgründe** enthält,[236] womit implizit eine Relativierung des dem Pro-

rechtfertigt ist, nicht auf der Überprüfung des Vorliegens der beiderseitigen Strafbarkeit zu bestehen." Vgl. zum Zusammenhang zwischen Vertrauen und ggs. Anerkennung auch *Capus,* S. 394ff.

229 Mit Recht zurückhaltend daher auch *BVerfG* NJW 2005, 2289 (2291). Symptomatisch z. B. *OLG Stuttgart* StV 2007, 260 LS 2: „Die gegenseitige Anerkennung Europäischer Haftbefehle muß auf einem hohen Maß an gegenseitigem Vertrauen beruhen, *das auch im Einzelfall eine tragfähige Grundlage haben muß.*" Vgl. hier auch *OLG Karlsruhe* StV 2007, 650 (651), wonach erstens eine „Sachdarstellung" im EuHb erforderlich ist, welche einen „nachvollziehbaren Rückschluß im Sinne einer Schlüssigkeitsprüfung zu[lässt], ob das Verhalten des Verfolgten zu Recht als Katalogtat ... bezeichnet wurde" und zweitens bei Vorliegen besonderer Umstände sogar eine Tatverdachtsprüfung vorzunehmen sei! Siehe auch *BVerfG* StraFo 2009, 458. Skept. auch *Klip,* in: Curtin/Smits/Klip/McCahery, S. 137; *Leutheusser-Schnarrenberger,* StraFo 2007, 269; *Gleß,* S. 164; nach den Delikten diff. *Schmahl,* DVBl. 2007, 1468; zur Notwendigkeit vertrauensstärkender Maßnahmen (insbs. Schaffung verfahrensrechtlicher Mindeststandards) *Nalewajko,* Anerkennung, 2010, S. 101ff.; *Suominen,* S. 46ff.; einschränkend *Mavany,* S. 64ff.

230 *EuGH,* Advocaten voor de Wereld VZW Urt. v. 3.5.2007, para. 53.

231 Diese könne ja wegen des gegenseitigen Vertrauens – pauschal – unterbleiben. Vgl. erneut *EuGH,* Advocaten voor de Wereld VZW Urt. v. 3.5.2007, para. 57.

232 Krit. auch *Braum,* wistra 2007, 405; dem EuGH zust. dagegen *Fenelly,* ERA Forum 8 (2007), 533f.

233 Art. 8 Abs. 1, Legge 22 aprile 2005, n. 69 (Disposizioni per confermare il diritto interno alla decisione quadro 2002/584/GAI del Consiglio, del 13.6.2002, relative al mandato d'arresto europeo e alle procedure di consegna tra Stati membri), Gazetta Ufficiale, n. 98 aprile 29 2005. Dazu auch *Lagodny,* in: Lagodny et al., Probleme des Rb, 2007, S. 145.

234 Eingeh. *Impalà,* Utrecht L. Rev. 1 (2005), 56ff.; *Satzger/Pohl,* JICJ 4 (2006), 689f. jeweils mit Blick auf die eigentümliche ital. Rechtslage.

235 *Mylonopoulos,* ZStW 123 (2011), 641. Vgl. dazu auch die restriktive dt. Regelung hinsichtl. der Auslieferung eigener Staatsangehöriger (u. Rn. 51). Dieses Problem wird freilich entschärft, wenn man – wie hier vertreten – nur das eingeschränkte aktive Personalitätsprinzip für zulässig erachtet, § 3 Rn. 40f.; zum Zusammenspiel zwischen Strafanwendungsrecht und Auslieferungsrecht auch unten Rn. 47.

236 Vgl. auch *Zypries,* RuP 2004, 6; *Gleß,* ZStW 116 (2004), 360; *Marchetti,* in: Rozo Acuña, S. 133ff.; *García Sánchez,* S. 443ff.; *Böhm,* StraFo 2013, 178 (kein „die Übergabe rechtfertigende[r] ‚Haftbefehl', sondern lediglich [...] modernes ‚Fahndungsinstrument'"); zu den verschiedenen Ablehnungsgründen s. *Freund,* U-Haft, 2010, S. 206ff.; *Schork,* Auslieferungsverfahren, 2009, S. 226f.; *Burchard,* in: Böse, 2013, § 14 Rn. 34ff.; *Suominen,* S. 111ff.; *Ouwerkerk,* S. 102ff.; krit. zur unterschiedlichen Umsetzung in den Mitgliedstaaten *Arangüena,* RDP 20/2007, 62ff., 80.

jekt zugrundeliegenden Anspruchs gegenseitigen Vertrauens zwischen den mitgliedstaatlichen Rechtsordnungen deutlich wird.[237] Die Ablehnungsgründe sind im Fall einer Amnestie und der Strafunmündigkeit der verfolgten Person im Vollstreckungsstaat (Art. 3 Nr. 1, 3) sowie dann **zwingend,** „wenn" – Parallele zu Art. 54 SDÜ (§ 10 Rn. 117ff.) – „sich aus den der vollstreckenden Justizbehörde vorliegenden Informationen ergibt, dass die gesuchte Person wegen derselben Handlung von einem Mitgliedstaat rechtskräftig verurteilt worden ist, vorausgesetzt, dass im Fall der Verurteilung die Sanktion bereits vollstreckt worden ist, gerade vollstreckt wird oder nach dem Recht des Urteilsmitgliedstaats nicht mehr vollstreckt werden kann" (Art. 3 Nr. 2 RbEuHb).[238] *„Ist"* in diesen Fällen die Vollstreckung des EuHb abzulehnen, so **kann** seine Vollstreckung in zahlreichen weiteren Fällen **verweigert werden** (Art. 4 RbEuHb), so etwa wenn in den Fällen des Art. 2 Abs. 4 *keine Straftat* vorliegt (Art. 4 Nr. 1) und wenn die verfolgte Person *schon* strafrechtlich *verfolgt* wird (Art. 4 Nr. 2) oder von einem Drittstaat rechtskräftig *verurteilt* wurde (Art. 4 Nr. 5);[239] wenn die Strafverfolgung oder -vollstreckung im Vollstreckungsstaat *verjährt* ist (Art. 4 Nr. 4)[240] oder der EuHb sich auf Straftaten erstreckt, die ganz oder zum Teil im Hoheitsgebiet des Vollstreckungsstaates begangen wurden (Art. 4 Nr. 7a));[241] und schließlich, wenn die verfolgte Person sich im Vollstreckungsstaat aufhält, dessen Staatsangehöriger sie ist (sic!) oder dort wohnhaft ist und dieser Staat die Strafe selbst vollstreckt (Art. 4 Nr. 6). Zu Recht wird jedoch kritisiert, dass selbst bei Vorliegen eines zwingenden Ablehnungsgrundes der EuHb nicht unwirksam wird, sondern (mit all seinen den Betroffenen belastenden Wirkungen) bestehen bleibt, bis der Ausstellungsstaat ihn zurücknimmt.[242] Ferner kann die Vollstreckung an bestimmte **Bedingungen** geknüpft werden.[243] So kann die Zusicherung einer *Wiederaufnahme* des Verfahrens mit Anwesenheit bei der Gerichtsverhandlung verlangt werden, wenn der EuHb auf einem Abwesenheitsurteil beruht (Art. 4a);[244] ferner kann die Möglichkeit einer *Überprüfung* der verhängten Strafe (spätestens nach 20 Jahren) oder einer Begnadigung (Art. 5

[237] Vgl. auch *Royer,* AJP 2007, 188; *Böse,* in: Ambos, 2011, S. 60; *Suominen,* S. 87f. sieht in der Normierung von Ablehnungsgründen hingegen eine Voraussetzungen für ggs. Vertrauen.

[238] Vgl. *van der Wilt,* in: Blekxtoon et al., S. 101ff.; *Marchetti,* in: Rozo Acuña, S. 138ff.; *Fichera,* European Arrest Warrant, 2011, S. 122ff.; *OLG Köln* Beschl. v. 28.10.2009 – 6 AuslA 77/09. Vgl. auch *EuGH,* Mantello Urt. v. 16.11.2010 = StV 2011, 425 zum Begriff „dieselbe Handlung" i. S. v. Art. 3 Nr. 2 Rb (*OLG Stuttgart* eucrim 2010, 140), wonach kein Anlass für die Ablehnung der Vollstreckung eines EuHB besteht, wenn die ausstellende Justizbehörde gemäß ihrem nationalen Recht und unter Berücksichtigung von Art. 3 Nr. 2 Rb EuHB ausdrücklich festgestellt hat, dass das zuvor von ihrer Justiz erlassene Urteil keine rechtskräftige Verurteilung wegen der in ihrem Haftbefehl bezeichneten Handlungen darstellt; hierzu auch *De Amicis,* EuCLR 2 (2012), 57f.; vgl. auch § 10 Rn. 132.

[239] Dazu *OLG Köln* Beschl. v. 28.10.2009 – 6 AuslA 77/09.

[240] Dazu *OLG Karlsruhe* NStZ 2013, 602.

[241] Dazu *Keijzer,* in: Blekxtoon et al., S. 160ff.; *González Cano,* in: Rozo Acuña, S. 159ff. Damit wird die beiderseitige Strafbarkeit für solche Taten doch zur Voraussetzung gemacht, denn der Vollstreckungsstaat kann die Vollstreckung u. a. deshalb ablehnen, weil die verfolgte Tat nach seinem Recht nicht strafbar ist (s. auch *Lensing,* in: Blekxtoon et al., S. 211). Nach Art. 4 Nr. 7b) kann die Vollstreckung abgelehnt werden, wenn der EuHb sich auf Straftaten erstreckt, die außerhalb des Ausstellungsstaates begangen wurden und das Recht des Vollstreckungsstaates die Verfolgung extraterritorialer Taten nicht zulässt; zu Nr. 7a) und b) *Deen-Racsmány/Blekxtoon,* Eur.J. Cr. 2005, 354f.

[242] *Smith,* NJECL 4 (2013), 87f.

[243] Vgl. dazu *Suominen,* S. 261ff.

[244] In der durch Rb 2009/299/JI geänderten Fassung (Streichung des alten Art. 5); s. auch *EuGH* EuZW 2010, 880 (Rücküberstellung der übergebenen Person als Bedingung der Vollstreckung eines EuHb gg. eine in Abwesenheit verurteilte Person); dazu auch eucrim 2010, 144f.; *OLG Köln* StV 2013, 100

Nr. 2)[245] sowie – bei eigenen Staatsangehörigen! – die *Rücküberstellung* zur Strafverbüßung (Art. 5 Nr. 3) verlangt werden.[246] Zu guter Letzt scheinen die Art. 1 Abs. 3 Rb i. V. m. Art. 6 EUV (und auch Nr. 12, 13 Präambel Rb) das gesamte Übergabeverfahren unter einem allgemeinen **Grundrechtsvorbehalt** zu stellen, wobei insbesondere die sich aus der EMRK ergebenden Auslieferungshindernisse (Rn. 27ff.) von Relevanz sein dürften,[247] freilich nicht i. S. d. dort beschriebenen Abwägungskonflikts (Rn. 27) sondern als *menschenrechtliche Schranke* einer Übergabe des Verfolgten.[248] Der EuGH teilt dieses Verständnis von Art. 1 Abs. 3 Rb allerdings nicht (§ 10 Rn. 109). All dies zeigt, dass dem Vollstreckungsstaat durchaus eine **eigenständige Prüfungs- und Beurteilungskompetenz** verbleibt, er ist mehr als der „blinde" Vollstrecker der Übergabewünsche des Ausstellungsstaats.[249]

b) Die nationale Umsetzung: Vom EuHbG I zum EuHbG II

44 Der den Mitgliedstaaten aufgrund des Charakters des Rb erwachsende Umsetzungsspielraum hat zu einer durchaus **unterschiedlichen Umsetzung** des RbEuHb in den einzelnen Mitgliedstaaten geführt.[250] Der deutsche Gesetzgeber wollte seiner Umset-

(polnisches Abwesenheitsurteil); *OLG* Düsseldorf StV 2013, 101 (niederländisches Abwesenheitsurteil); *De Amicis,* EuCLR 2 (2012), 55ff.

245 Vgl. *OLG Stuttgart* NJW 2004, 3437 (3439) = StV 2004, 546 (547).

246 Dazu *Lensing,* in: Blekxtoon et al., S. 209ff.; krit. *Deen-Racsmány/Blekxtoon,* Eur.J. Cr. 2005, 336ff., die u. a. auf das Problem hinweisen, dass der Staat des Verurteilten eventuell gar nicht die Strafe – mangels Strafbarkeit der Tat nach seinem Recht – vollstrecken kann; krit. aus anwaltl. Sicht *Wehnert,* FS Dahs, 2005, S. 529. Für die Rücküberstellung ist keine erneute gerichtliche Entscheidung notwendig, *OLG Hamm* NStZ 2013, 603.

247 Vgl. *Garlick,* in: Blekxtoon et al., S. 167ff.; *Keijzer,* in: Blekxtoon et al., S. 192f.; *Morgan,* in: Blekxtoon et al., S. 197ff.; vertiefend *Pohl,* S. 122ff.; krit. zum Verlust von Verfahrensgarantien *Chiavario,* RIDPP 2005, 981f.; kritisch auch *Tinkl,* Rb EuHb, 2008, S. 204, derzufolge der Rb hinter der EMRK zurückbleibt.

248 Treffend *Keijzer,* in: Blekxtoon et al., S. 193: „bars a[n] EAW from being executed"; vgl. auch *Thomas,* ERA-Forum 13 (2013), 587f.

249 Vgl. auch *OLG Stuttgart* StV 2007, 260; *Böhm,* StraFo 2013, 180f.; *OLG Karlsruhe* StV 2007, 140 = NStZ 2007, 412 dazu, dass die Entscheidung über die Außervollzugsetzung des Auslieferungshaftbefehls allein beim ersuchten Staat liegt. Zur Frage einer absoluten Begrenzung der U-Haft im Zusammenhang mit einem EuHb des AG Hanau zur Vollstreckung in Italien vgl. *Nino,* JCL 2007, 501ff. Zur Überprüfungskompetenz der Gerichte bei vorläufiger Festnahme zwecks Auslieferung generell *BVerfG* StV 2011, 170.

250 Zur Umsetzung in den einzelnen Mitgliedstaaten: KOM (2011), 175 endg. Krit. *v. Heintschel-Heinegg/Rohlff,* GA 2003, 44 Fn. 5; *Deen-Racsmány/Blekxtoon,* Eur.J. Cr. 2005, 340ff.; *Mackarel,* Eur. J. Cr. 2007, 46ff.; *Arangüena,* RDP 20/2007, 20ff.; überblicksartig *Krüßmann,* S. 596ff.; zu unterschiedlichen Fristen sowie Form- und Spracherfordernissen *Hackner,* NStZ 2005, 314f. Zur englischen und irischen Erklärung, dass ein EuHb nicht zu bloßen Ermittlungszwecken (mit U-Haft) vollstreckt werde *Conway,* Eur.J. Cr. 2005, 256f., 258ff. Zur Umsetzung in **Österreich** durch das EU-JZG (dessen § 1 Abs. 2 die Bestimmungen des östARHG für weiterhin sinngemäß anwendbar erklärt, soweit das EU-JZG keine andere Regelung trifft) monografisch *Murschetz,* S. 309ff.; *Sautner,* in: östBMJ, 34. Ottensteiner Fortbildungsseminar, 2006, S. 96ff.; *dies.,* ÖJZ 2005, 328; *Lagodny,* StV 2005, 518f.; *Hinterhofer,* in: Lagodny et al., Probleme des Rb, 2007, S. 205ff.; zu **Dänemark** *Geraci,* in: Pansini/Scalfati, S. 237ff.; zu **Schweden** *Cameron et al.,* S. 214ff.; zu **Skandinavien** *Suominen,* EuCLR 1 (2011), 179ff.; *dies.,* S. 83ff., 112ff.; zu **Frankreich** vgl. *Delmas-Marty,* CYELS 7 (2004/2005), 22 m.w.N.; *Confalonieri,* in: Pansini/Scalfati, S. 245ff.; *Pfützner,* eucrim 2006, 29ff.; *Errera,* in: Guild, S. 145ff.; zu **Italien** *Panebianco,* in: Rozo Acuña, S. 189ff.; *Diddi* et al., in: Pansini/Scalfati, S. 3ff.; *Fichera,* European Arrest Warrant, 2011, S. 136ff., 157ff.; zu **Spanien** *Romano,* in: Pansini/Scalfati, S. 273ff.; *Arangüena,* RDP 20/2007, 38ff., 48ff.; zu **Slowenien** *Šugman Stubbs,* eucrim 2007, 133ff.; zur **Slowakei** *Klimek,* Eur. J. Cr. 2012, 181ff.; zum **Vereinigten Königreich** *Geraci,* in:

zungsverpflichtung mit dem (ersten) **Europäischen Haftbefehlsgesetz (EuHbG I) vom 21.7.2004**[251] nachkommen,[252] doch wurde dieses im Juli 2005 durch das BVerfG für nichtig erklärt (Rn. 50). Der Gesetzgeber hat daraufhin das **zweite EuHbG** am 20.7.2006 erlassen.[253] Dieses unterscheidet sich von seinem Vorgängerwerk alleine darin, dass es um die vom BVerfG angemahnten Gewährleistungen ergänzt worden ist (Rn. 51 ff.).[254]

Sieht man die „Grundidee" des RbEuHb darin, das traditionelle zweistufige Auslieferungsverfahren (Rn. 15) durch eine einstufige Prüfung der rechtlichen Zulässigkeit der Auslieferung zu ersetzen,[255] zeigt sich, dass der Gesetzgeber – schon beim EuHbG I – in erheblichem Maße von seinem Umsetzungsermessen Gebrauch gemacht hat und von den Vorgaben des RbEuHb abgewichen ist.[256] Dies wird schon daran deutlich, dass das EuHbG I – wie auch das EuHbG II – an der traditionellen **auslieferungsrechtlichen Terminologie** festhalten, wenn anstelle von „Ausstellungs-„ und „Vollstreckungsstaat" in den neuen §§ 80 ff. IRG (Abschnitt 2: „Auslieferung an einen Mitgliedstaat der EU") weiterhin von der „Auslieferung" die Rede ist, um die der „ersuchende Staat" den „ersuchten Staat" bittet.[257] Das EuHbG I (näher Vorauflage Rn. 45 f.) hat tendenziell am „klassischen" **zweistufigen Auslieferungsverfahren** (Rn. 15) mit dem OLG als Zulässigkeitsstelle[258] und dem Bundes- bzw. Landesjustiz- 45

Pansini/Scalfati, S. 257 ff.; *MacCormick,* FS Jung, 2007, S. 536 f.; *Mackarel,* Eur.J. Cr. 2007, 52 ff., 58 ff.; *Spencer,* Statute LRev 30 (2009), 184; *Fichera,* European Arrest Warrant, 2011, S. 148 ff., 162 ff.; zur Frage, weshalb die Umsetzung dort nicht zu verfassungsrechtlichen Problemen geführt hat: *Padfield,* EuConst 2007, 253 ff.; zur italienischen und zur polnischen (Verfassungs-)Rechtslage *Carducci,* in: Rozo Acuña, S. 91 ff.; Impalà, Utrecht L. Rev. 1 (2005), 56 ff.; *Manacorda,* eucrim 2006, 33 u. *Kowalik-Banczyk,* GLJ 6 (2005), 1358 ff.; *Nalewajko,* ZIS 2007, 113 ff.; *Nita,* eucrim 2006, 36 ff.; *Weigend/Górski,* ZStW 117 (2005), 194 ff.; *Bem,* in: Guild, S. 125 ff.; *Grasso,* NJECL 4 (2013), 120; zur belgischen (Verfassungs-)Rechtsprechung *Weyembergh,* eucrim 2006, 26; zu Belgien allgemein *David,* 2009, Rn. 7.1.17 ff.; zum (weitergehenden) **„Nordic Arrest Warrant"** für Dänemark, Finnland, Island, Norwegen und Schweden *Strandbakken,* eucrim 2007, 138 (139 ff.); *Cameron et al.*, S. 237 f.; *Suominen,* S. 81 ff.; **europäisch** vergleichend: *Sliedregt,* EuConst 2007, 244 ff.; *Henke,* EuHb, S. 22 ff.; *Fichera,* European Arrest Warrant, 2011, S. 168 ff.; *Suominen,* eucrim 2011, 24. Vgl. auch die „Replies to questionnaire on quantitive information on the practical operation of the European arrest warrant", Rats-Dok. 7551/4/10, s. eucrim 2010, 97 sowie die Länderberichte in *Albers et al.*, S. 79 ff. Zu den Auswirkungen auf die **Schweiz** *Schork,* Auslieferungsverfahren, 2009, S. 278 ff. Evaluierung der bisherigen EuHb-Praxis unter Verhältnismäßigkeitsgesichtspunkten bei *Albers et al.*, S. 79 ff., die auch zahlreiche Verbesserungsvorschläge (z. B. Rechtsschutz gegen Erlass eines EuHb, kein Erlass des EuHb bei Bagatelltaten, Beschränkung des EuHb auf Fälle mit Fluchtgefahr, Bestellung eines Pflichtverteidigers usw.) entwickeln (S. 365 ff.).

[251] BGBl. I 2004 S. 1748; Entwurf und Begründung in: BT-Drs. 15/1718 v. 15.10.2003. Vgl. auch *Ahlbrecht,* StV 2005, 41 ff.; *Vogel,* JZ 2005, 802 f.

[252] Das EuHbG gilt auch für anhängige Verfahren, das **Rückwirkungsverbot** greift nicht ein (*OLG Stuttgart* NJW 2004, 3437 (3438); *Hackner,* NStZ 2005, 312); krit. insoweit *Ahlbrecht,* StV 2005, 43. – Die §§ 78 ff. IRG unterliegen keinem **Gegenseitigkeitsvorbehalt** (*OLG Karlsruhe* StV 2004, 547 (548); StV 2005, 31 und 32). Siehe zum EuHbG I näher 3. Aufl., § 12 Rn. 45 f.

[253] BGBl. I 2006 S. 1721.

[254] Vgl. auch *Hecker,* 2012, § 12 Rn. 43.; *Burchard,* in: Böse, 2013, § 14 Rn. 10 ff.

[255] *Böse,* in: Momsen/Bloy/Rackow, Fragmentarisches Strafrecht, 2003, S. 241.

[256] Krit. *OLG Stuttgart* NJW 2004, 3437 (3439) = StV 2004, 546 (547), dazu u. Fn. 259; zust. hingegen *Ahlbrecht,* StV 2005, 43.

[257] BT-Drs. 15/1718, 5 ff.; vgl. weiter *Wehnert,* StraFo 2003, 359; *Vogel,* JZ 2005, 803 u. *Heger,* ZIS 2007, 223 zum EuHbG II.

[258] Zur Nichteröffnung des Verwaltungsgerichtsweg i. S. v. § 40 VwGO: *OVG Hamburg* NVwZ 2009, 458; *dass.* Beschl. v. 11.12.2009 – 5 So 194/09; *BVerwG* DÖV 2010, 743 L.

ministerium als Bewilligungsbehörde festgehalten.[259] Das **EuHbG II** hat – wegen der neuen Regelung einer „Vorab-Bewilligung" (§ 79 Abs. 2 IRG) – nun genau genommen sogar eine **dreistufige Verfahrensstruktur** geschaffen, die in ihrer Komplexität schwerlich mit dem Ziel des Rb zu vereinbaren ist, den Auslieferungsverkehr zu beschleunigen (Rn. 38ff.).[260]

46 Andererseits weist das IRG nunmehr tatsächlich in eine Zukunft **gegenseitiger Anerkennung** strafprozessualer Entscheidungen, wenn bei Vorliegen einer der Katalogtaten auf die „Überprüfung" der **beiderseitigen Strafbarkeit verzichtet** werden soll (§ 81 Nr. 4 i. V. m. Art. 2 Abs. 2 Rb) und zwar ohne dass eine – in Art. 2 Abs. 2 Rb vorausgesetzte – Mindeststrafe von drei Jahren (Rn. 41) erforderlich ist; es reicht eine Freiheitsstrafe oder sonstige Sanktion in Höhe von **mindestens zwölf Monaten** (§ 81 Nr. 1).[261] *In praxi* bedeutet all dies, dass dem Erlass eines Auslieferungshaftbefehls nicht entgegen steht, dass aus dem ersuchenden Staat lediglich die Versicherung vorliegt, dass die dem Verfolgten vorgeworfenen Delikte sich unter § 81 Nr. 1 IRG n. F., Art. 2 Abs. 1 RbEuHb subsumieren lassen.[262] Das Problem liegt hier freilich schon beim Rahmenbeschluss (und der EU-Kriminalpolitik in ihrer Gesamtheit), tut er doch den zweiten Schritt (Einführung des prozessualen Grundsatzes gegenseitiger Anerkennung) vor dem ersten (materiellrechtliche Harmonisierung)[263] und erliegt er damit der *Fiktion* EU-weit existierender Mindestvorschriften, die genau den Katalogtaten entsprechen (sollen).[264] Dies ist auch bei einigen EU-Mitgliedstaaten, u. a. Deutschland, auf Kritik gestoßen und deshalb wurde vom Gesetzgeber ein „echter Verzicht auf die beiderseitige Strafbarkeit" auch bestritten[265] und der Straftatenkatalog des Rb nicht in die deutsche Umsetzungsvorschriften übernommen; doch wird gleichwohl die Prüfung der beiderseitigen Strafbarkeit bei Vorliegen einer Katalogtat untersagt (§ 81 Nr. 4 IRG), also dem Rechtsanwender *per ordre de mufti* die strafrechtliche Subsumtion verboten und die genannte Fiktion gesetzlich oktroyiert.[266] Unklar ist zu-

[259] Vgl. BT-Drs. 15/1718, 11 l. Sp., 15 r. Sp.; auch *Schünemann,* StV 2003, 531; *Wehnert,* StraFo 2003, 359; *Seitz,* NStZ 2004, 546, 547, 549; *Lagodny,* FS Eser, 2005, S. 781. Krit. insoweit *OLG Stuttgart* NJW 2004, 3437 (3439) = StV 2004, 546 (547) = NStZ 2004, 48 (49): „... mit dem RbEuHb unvereinbar ..., dass die BR Deutschland ... ein nicht justizielles (ministerielles) Bewilligungsverfahren beibehalten hat, welches sich nicht auf die administrative Übermittlung und Entgegennahme Europäischer Haftbefehle beschränkt ...".

[260] Mit Recht krit. *Hackner/Schomburg/Lagodny,* NStZ 2006, 665; *Heger,* ZIS 2007, 224; *Geyer,* in: Guild, S. 122; *Böhm,* StraFo 2013, 178.

[261] Vgl. *Seitz,* NStZ 2004, 546, 547; auch *Nestler,* ZStW 116 (2004), 337.

[262] *OLG Stuttgart* NJW 2004, 3437 (3438) = StV 2004, 546 (546f.) = NStZ 2004, 48 (48); *OLG Karlsruhe* NStZ 2007, 111 (112) = StV 2007, 139 verlangt indes, dass sich das geschilderte Geschehen „nachvollziehbar als Katalogtat" darstellt. Dazu, dass die hohe Straferwartung *bei rahmenbeschlusskonformer Auslegung des § 15 Abs. 1 Nr. 1 IRG* einen Auslieferungshaftbefehl gegen einen Deutschen tragen kann, *BVerfG* NStZ 2007, 410 (411).

[263] Krit. ebenfalls *Wehnert,* StraFo 2003, 358; *Hassemer,* ZStW 116 (2004), 317f.; *Fuchs,* ZStW 116 (2004), 368f.; *Schwaighofer/Ebensperger,* S. 15; *Vander Beken,* in: Klip/van der Wilt, Harmonisation and harmonising measures in criminal law, 2002, S. 97; *De Hoyos Sancho,* RDPP 2007, 118; *Bernardi,* RSC 2007, 725; *Manacorda,* RS C 2007, 904ff.; *Hefendehl,* ZIS 2006, 230f.; wohlwollender *Gilmore,* RIDP 77 (2006), 20.

[264] *Seitz,* NStZ 2004, 546, 547; *Hackner,* NStZ 2005, 312 („Fiktion unionsweiter Harmonisierung").

[265] BT-Drs. 15/1718, 17 r. Sp.

[266] Vgl. in diesem Sinne unter Bezugnahme auf die Versicherung des griechischen Untersuchungsrichters *OLG Stuttgart* NJW 2004, 3437 (3438) = StV 2004, 546, 546f.; weiter für Tatverdachtsprüfung nach § 10 Abs. 2 IRG bei „(vermutetem) Missbrauch des Auslieferungsanspruchs" *Ahlbrecht,* StV 2005, 43.

dem, wie denn die „Praxis ... die deutschen Tatbestände unter die Listenkategorien im Wege der Rechtsfortbildung zu subsumieren" hat,[267] wenn ihr eine Prüfung der beiderseitigen Strafbarkeit bei Vorliegen einer Katalogtat gerade verboten ist.[268] Die obergerichtliche Rspr.[269] tut sich damit ersichtlich schwer, wird doch häufig festgestellt, dass die beiderseitige Strafbarkeit (zwar) nicht zu prüfen sei, aber gleichwohl vorliege.[270] Eine mögliche Lösung wird teilweise in der nach § 83b Abs. 1b IRG ein Bewilligungshindernis darstellenden Einstellung mangels Tatverdacht gemäß § 170 Abs. 2 StPO gesehen.[271] Deren Praktikabilität erscheint jedoch zweifelhaft, da der ersuchte (Vollstreckungs-)Staat in der Regel durch das Auslieferungsersuchen zum ersten Mal mit der Sache befasst wird und die Bewilligungsbehörde selbst eine Einstellung nicht herbeiführen kann; zudem würde man damit doch gerade die Aufforderung zur Nicht-Prüfung der beiderseitigen Strafbarkeit unterlaufen.

Schünemann hat mit Blick auf den Verzicht auf beiderseitige Strafbarkeit die Befürchtung geäußert, dass dies auf die Geltung der jeweils **punitivsten europäischen Strafrechtsordnung** hinauslaufe: „(...) wenn in *jedem* Mitgliedstaat vollstreckbar und anzuerkennen ist, was *irgendein* Mitgliedstaat in Strafsachen vorsieht, so ergibt sich ganz von selbst auf europäischer Ebene das *Prinzip der maximalen Punitivität.*"[272] Dem stehe auch nicht entgegen, dass – worauf *Wasmeier*[273] hingewiesen hat – das Prinzip der gegenseitigen Anerkennung auch für begünstigende Entscheidungen gilt.[274] Im Übrigen verstieße das Prinzip der gegenseitigen Anerkennung gegen das Demokratieprinzip, weil der im Ausland straffällig gewordene Täter nicht als Aktivbürger an der Entstehung der Rechtsordnung, der er unterworfen wird, hat mitwirken können.[275] Dem hat jedoch *Deiters*[276] widersprochen: Da dem Strafrecht (nur) die Aufgabe des Schutzes der zentralen Verhaltensnormen einer *bestimmten* Gesellschaft zufalle, sei allein entscheidend, dass sich der Verfolgte bei der Tat im Geltungsbereich der (Straf-) Rechtsordnung des ersuchenden Staates befunden habe. Auch sei der Umstand unmaßgeblich, dass z. B. ein deutscher Staatsbürger, der wegen einer Auslandstat vom Staat des Tatorts verfolgt wird, gar keine Gelegenheit hatte, durch Ausübung des passiven Wahlrechts die Rechtsordnung, der er unterworfen werden soll, mitzugestalten; dies zeige bereits das Beispiel der Anwendung des (deutschen) Strafrechts auf (deutsche) Jugendliche (die ja eben auch – wie Ausländer – mangels Wahlrecht auf das Recht keinen Einfluss nehmen können). Das von *Schünemann* befürchtete Eingreifen 47

[267] So BT-Drs. 15/1718, 18 l. Sp.

[268] Krit. auch *Wehnert,* StraFo 2003, 359.

[269] S. *OLG Celle* StraFo 2010, 431 para. 9; *OLG Zweibrücken* OLGSt IRG § 10 Nr. 3 para. 34; *OLG Köln* OLGSt IRG § 83b Nr. 1 para. 46; *dass.* OLGSt IRG § 83 Nr. 2 para. 11; *OLG Nürnberg* StV 2010, 233 para. 4.

[270] Vgl. *Hackner,* NStZ 2005, 312 l. Sp.

[271] In diese Richtung *Wehnert,* StraFo 2003, 360; anders *Seitz,* NStZ 2004, 547f. (549), der befürchtet, dass der RbEuHb durch Einstellungen nach § 170 Abs. 2 StPO unterlaufen wird.

[272] *Schünemann,* ZRP 2003, 187; *ders.*, StV 2003, 532 (unter Bezugnahme auf die „Bayreuther Thesen" der Strafrechtslehrertagung); zuletzt *ders.*, ZIS 2010, 736; bezüglich des Rb *ders.*, ZStW 116 (2004), 383; zust. *Albrecht,* KritV 2008, 53; *Freund,* U-Haft, 2010, S. 227; ähnlich *Nestler,* ZStW 116 (2004), 335f.; *Broß,* FS Nehm, 2006, S. 34; *Capus,* S. 129f.; krit. auch *Wehnert,* StraFo 2003, 359. Vgl. ferner *Buruma,* ZStW 116 (2004), 424ff. Für eine Kombination des Meistbegünstigungsprinzips und des „Schweizer Modells", wonach grundsätzlich das Verfahrensrecht der ermittelnden Staatsanwaltschaft außer bei gravierenden Grundrechtseingriffen gilt, Art. III-171 Abs. 1 AE-Europäische Strafverfolgung (*Schünemann,* 2004); dazu *ders.*, ZStW 116 (2004), 384f.; krit. *Vogel,* ZStW 116 (2004), 407ff.; zum Vorrang der forum-Regel auch *Ambos,* ZIS 2010, 565f.

[273] *Wasmeier,* ZStW 116 (2004), 321f.

[274] *Schünemann,* ZStW 116 (2004), 383 (in partieller Umkehrung seiner Argumentation, s. 1. Aufl., § 12 Rn. 66 Fn. 424); vgl. auch *ders.*, StV 2006, 364.

[275] *Schünemann,* StV 2003, 532; a. A. *Vogel,* ZStW 116 (2004), 400ff.; zur Dresdner Strafrechtslehrertagung *Kreß,* ZStW 116 (2004), 447ff.

[276] *Deiters,* ZRP 2003, 360f.; gg. Schünemann auch *Hecker,* 2012, § 12 Rn. 39; gegen den Rekurs auf das Demokratieprinzip *Gleß,* ZStW 116 (2004), 360 und *Kreß,* ZStW 116 (2004), 463f.

des punitivsten europäischen Strafrechts werde allerdings durchaus relevant für Fälle von Distanzdelikten, bei denen Handlungs- und Erfolgsort auseinanderfallen, ohne dass eine beiderseitige Strafbarkeit gegeben sei, wie z. B. im Fall der Einspeisung in Deutschland abrufbarer und verbotener Inhalte in das Internet (§§ 130, 131 StGB) von einem Staat aus, der etwa Volksverhetzung oder Gewaltverherrlichung nicht strafrechtlich sanktioniert (zum Fall Töben schon § 1 Rn. 8, 22). Die Anwendung des Prinzips der gegenseitigen Anerkennung für diese Fälle sei tatsächlich bedenklich. Die Lösung sei dann allerdings *de lege ferenda* im Strafanwendungsrecht zu suchen. Würde europaweit die Strafgewalt der Staaten an den Handlungsort gebunden, stellte sich das Problem nicht mehr.[277] Richtig daran ist, dass der Frage der Auslieferung und dem damit traditionell verbundenen Grundsatz beiderseitiger Strafbarkeit das Problem der Gerichtsbarkeit bzw. Strafgewalt des ersuchenden Staates vorgelagert ist. Fehlt es daran, würde dieser Staat das Auslieferungsverfahren schon gar nicht einleiten (können). Es besteht also ein **Zusammenhang zwischen Strafanwendungsrecht und Auslieferungsersuchen:** Je enger das Strafanwendungsrecht gefasst ist, desto weniger Auslieferungsersuchen können gestellt werden.[278] Würden die (europäischen) Staaten ihre Strafgewalt auf ihr Hoheitsgebiet beschränken (Territorialitätsgrundsatz), würde es zu Auslieferungsersuchen tatsächlich nur dann kommen, wenn fremde Staatsangehörige auf dem Territorium des ersuchenden Staates Straftaten begehen, dort aber nicht gefasst würden. Dann ist es aber das gute (völkerrechtliche) Recht des ersuchenden Staates, der ja zugleich Territorialstaat ist, den Heimatstaat um Auslieferung zu ersuchen, denn die Strafgewalt ist Teil der souveränen Gewaltausübung auf dem eigenen Hoheitsgebiet (§ 2 Rn. 2ff.). Wer sich dem (freiwillig) unterwirft, indem er andere Länder bereist, muss auch die Konsequenzen tragen.[279] Das bedeutet einerseits, dass ein engeres Konzept nationaler Strafgewalt – etwa die von *Deiters* vorgeschlagene Beschränkung auf den Handlungsort (unter Verzicht auf den Erfolgsort) – völkerrechtlich unzulässig ist, wenn nicht der Territorialstaat die Souveränitätseinbuße freiwillig hinnimmt (etwa im Interesse eines gemeinsamen europäischen Strafanwendungsrechts). Zum anderen stehen Auslieferungsersuchen, die auf einer über das Territorialitätsprinzip hinausgehenden Strafgewalt beruhen, auf schwachen oder mindestens schwächeren Füssen, kann sich der ersuchende Staat doch auf ihrer Grundlage nicht auf die Ausübung seiner territorialen Souveränität berufen. In einem gemeinsamen europäischen Raum der Freiheit, der Sicherheit und des Rechts sollten solche extraterritorialen Strafgewalten eigentlich verzichtbar sein.[280]

48 Trotz aller gebotenen Differenzierung zeigt diese Diskussion, dass es sich beim **Verzicht auf die beiderseitige Strafbarkeit** um *die* wirklich revolutionäre Neuerung des RbEuHb und damit den zentralen Angriffspunkt des geltenden (Auslieferungs-) Rechts handelt. Die anderen Regelungen stellen entweder keine Neuheiten dar oder sind insgesamt unbedenklich. Beispiel für Ersteres ist die Beseitigung der **Auslieferungshindernisse** der politischen oder militärischen Straftat (§ 82 i.V.m. §§ 6, 7 IRG), die ganz im Trend einer schon durch das EuAlÜbk (Art. 5!) eingeleiteten und durch das SDÜ (Art. 62!) verstärkten Tendenz des europäischen Auslieferungsrechts liegt (Rn. 20, 23f.) und im Übrigen – betrachtet man den Missbrauch dieser Auslieferungshindernisse – durchaus sachliche Gründe für sich hat.[281] Die Ersetzung des deutschen durch den europäischen **ordre public,** wenn um Auslieferung mit einem EuHb ersucht wird (§ 73 S. 2 IRG), ist ebenfalls zu begrüßen,[282] wobei Umfang und Gren-

[277] *Deiters,* ZRP 2003, 361. Ebenso *Buruma,* ZStW 116 (2004), 430: Vorrang des Tatortstaats. Vgl. zu weiteren Überlegungen von *Deiters* o. § 3 Rn. 126.

[278] In diesem Sinne auch *Gleß,* ZStW 116 (2004), 361f. mit der Forderung nach einem „vereinheitlichte[n] – und dadurch gezügelte[n] – europäische[n] Strafanwendungsrecht"; vgl. auch *Fuchs,* ZStW 116 (2004), 369; *Vogel,* ZStW 116 (2004), 411; *Kreß,* ZStW 116 (2004), 465ff. und *Juppe,* Anerkennung, 2007, S. 136f.

[279] So auch *Gleß,* ZStW 116 (2004), 360; *Meyer,* FS Eser, 2005, S. 804.

[280] Vgl. auch *Nestler,* ZStW 116 (2004), 338f.

[281] Zu einseitig *Schünemann,* StV 2003, 531. Vgl. so wie hier auch *Cameron et al.,* S. 176ff.

[282] Vgl. bereits *Zypries,* RuP 2004, 6; *Vogel,* ZStW 116 (2004), 412; *Kreß,* ZStW 116 (2004), 467; *Tinkl,* Rb EuHb, 2008, S. 209ff.; vgl. auch *OLG Braunschweig* NStZ-RR 2005, 18 (19); ebenso *Billing,* EuCLR 2 (2012), 83ff. unter Berücksichtigung der vergleichbaren Lage im Asylrecht; vgl. auch *Suominen,* S. 290ff., 339ff. Für weitere Nachweise s. § 10 Rn. 109ff.

zen dieses Ablehnungsgrundes nach der jüngsten Rechtsprechung des EuGH allerdings unklar sind (vgl. § 10 Rn. 109). Insofern ist auf eine klarstellende, die Grund- und Menschenrechte sowie das Verhältnis von Primär- und Sekundärrecht berücksichtigende Entscheidung des EuGH zu hoffen. Generell gilt, dass die Geltendmachung des ordre public Vorbehalts nur in Ausnahmefällen in Betracht kommt. So ist es mit diesem durchaus vereinbar, wenn bspw. besonders schwere Betäubungsmitteldelikte mit lebenslanger Haft bedroht sind.[283] Kriminalpolitisch ist dies nur die unvermeidliche Konsequenz eines zusammenwachsenden Europas und einer *Europäisierung* des Strafrechts. In der Sache fallen unter einen solchen ordre public die gemeinsamen europäischen Grundsätze der Freiheit, der Demokratie, der Achtung der Menschenrechte und der Rechtsstaatlichkeit sowie die Grundrechte der EMRK (eingehend § 10 Rn. 10ff.) und die allgemeinen Grundsätze der Mitgliedstaaten. Wer hierin eine „Reduzierung" sieht,[284] verkennt die wechselseitige Beziehung zwischen diesen Grundsätzen und dem nationalen – gerade deutschen – Recht, und zwar in Form des Hineinwirkens der Rechtsgrundsätze der Mitgliedstaaten in das europäische Recht[285] und – vor allem – der EMRK in das nationale Recht (§ 10 Rn. 2). Oder er stellt den Wert der nationalen Rechtsordnung *a limine* und *per se* über den anderer (europäischer) Staaten.[286] Die Gefahr einer Reduzierung liegt denn auch eher in der unzureichenden Konkretisierung dieser Grundsätze im Sekundärrecht als in den Grundsätzen selbst. Soll etwa das Recht auf ein faires Verfahren i. S. v Art. 6 EMRK, auf das Art. 1 Abs. 3 RbEuHb i. V. m. Art. 6 EUV ja u. a. Bezug nimmt, nicht nur ein bloßes Lippenbekenntnis sein, so muss man der gesuchten Person ein Recht auf **angemessene Verteidigung** in jeder Lage des Verfahrens[287] und nicht erst ab dem Zeitpunkt der Festnahme im Vollstreckungsstaat (Art. 11 Abs. 2 RbEuHb) zubilligen.[288] Dies auch und gerade deshalb, weil die Verteidigung hier vor ganz neue Probleme gestellt wird, sieht sich der Verfolgte doch mindestens zwei Rechtsordnungen – der des Ausstellungs- und des Vollstreckungsstaats – gegenüber. Es bedarf also nicht nur einer Koordination der Strafverfolgung, sondern auch einer **Institutionalisierung koordinierter Verteidigung** (dazu schon § 9 Rn. 16).

c) Das problematische Urteil des BVerfG und seine Umsetzung durch das EuHbG II

Aus verfassungs- bzw. grundrechtlicher Sicht wirft der EuHb die Frage auf, inwieweit nationale oder europäische **Grundrechte** (!) einer **Auslieferung** (Übergabe) **entgegenstehen** können. Die mit dem Lissaboner Vertrag und dem Grundsatz gegenseitiger Anerkennung verstärkte Tendenz einer Supranationalisierung der Zusammenarbeit in Strafsachen spricht dafür, dass der Grundrechtsschutz ebenfalls supranationalisiert, also durch europäische Grund- und Menschenrechte, wie sie sich in der EMRK (§ 10 49

[283] *OLG Stuttgart* NJW 2004, 3437 (3439) = StV 2004, 546 (547) = NStZ 2004, 48 (49) unter Verweis auf die Rechtslage in Frankreich, Großbritannien, Österreich, Luxemburg, Irland und Griechenland. Bedenken dagegen bei *Ahlbrecht,* StV 2005, 43 mit Blick auf die Unanfechtbarkeit der Bewilligungsentscheidung nach § 74b IRG a. F. (danach vom BVerfG für nichtig erklärt, vgl. Rn. 50). Krit. auch *Braum,* GA 2005, 694.

[284] *Schünemann,* StV 2003, 532.

[285] Zutreffend BT-Drs. 15/1718, 14 r. Sp.

[286] Was würde etwa ein französischer Kollege sagen, wenn ihm seine „seit langem stagnierende Strafrechtskonzeption" (*Schünemann,* StV 2003, 532) vorgehalten würde?

[287] Vgl. zum Zeitpunkt des Rechts auf Verteidigung schon § 10 Rn. 20, 29, 33, 35.

[288] Krit. auch *Wehnert,* StraFo 2003, 358; zu den Beschuldigtenrechten eingehend *Morgan,* in: Blekxtoon et al., S. 197ff.

Rn. 10ff., zu Auslieferungshindernissen schon hier Rn. 27ff.) und der GRCh (§ 10 Rn. 99ff.) finden, gewährleistet wird.[289] Vertreter einer „nationalen Lösung“[290] wenden ein, dass Eingriffe in individuelle Rechtspositionen im EU-Auslieferungsverkehr (noch) nicht (eindeutig) auf supranationale Hoheitsgewalt zurückgeführt werden können. Dies zeige sich auch daran, dass im Zuge der Umsetzung des RbEuHb Art. 16 Abs. 2 S. 2 GG in die Verfassung eingefügt worden sei.[291] Mit dem Vertrag von Lissabon und der damit einhergehenden Überführung des Rechts der ehemaligen Dritten Säule in das Unionsrecht spätestens zum 1.12.2014 ist diese Auffassung jedoch nicht mehr haltbar. Vielmehr sind nunmehr auch die Rechtsakte der ehemaligen Dritten Säule (nur) an den europäischen Grundrechten zu messen. Eine Überprüfung an nationalen Grundrechten kann höchstens bei der Ausfüllung von Umsetzungsspielräumen in Betracht kommen.[292]

50 Das **BVerfG** hat das EuHbG I in Gänze **für nichtig erklärt,** da es in unverhältnismäßiger Weise in die Auslieferungsfreiheit nach Art. 16 Abs. 2 GG eingreife.[293] Der Gesetzgeber habe die gebotene „Abwägung zwischen dem grenzüberschreitenden europäischen Strafverfolgungsinteresse und dem aus dem Statusrecht als Deutscher folgenden Schutzanspruch verfehlt“,[294] weil versäumt worden sei, den durch Art. 4 Nr. 7b) RbEuHb eröffneten Spielraum zu nutzen und für „Taten mit maßgeblichem Inlandsbezug ... die tatbestandliche Möglichkeit und die Rechtspflicht zu schaffen, die Auslieferung Deutscher zu verweigern.“[295] Des Weiteren erblickt der Senat in der fehlenden Anfechtbarkeit der Bewilligungsentscheidung (§ 74b IRG a. F.) einen Verstoß gegen Art. 19 Abs. 4 GG, da das EuHbG Ermessenstatbestände, welche den Schutz des Verfolgten bezwecken, in das Bewilligungsverfahren eingeführt habe. Zwar war nach h. M. das Bewilligungsverfahren in der Vergangenheit (auch) unanfechtbar, doch sei es durch das EuHbG I insofern verrechtlicht worden, als nunmehr in dessen Rahmen die „gesetzliche Einschränkung eines

[289] Für eine Verdrängung deutscher Grundrechte *Möstl,* Die staatliche Garantie für die öffentliche Sicherheit und Ordnung, 2002, S. 568.

[290] *Pechstein,* EuR 1999, 12; *Streinz,* 8. Aufl., 2008, Rn. 476; *Zimmermann,* JZ 2001, 234; vgl. auch *Böse,* Verfügbarkeit, 2007, S. 51f.

[291] *Wolff,* StV 2004, 155; krit. *Schünemann,* ZStW 116 (2004), 385f. m.w.N. Zur Änderung der polnischen Verf. *Guzik Makaruk,* ZStW 116 (2004), 374f.; krit. zur Position des BVerfG aus poln. Sicht *Komárek,* CML 2007, 25.

[292] *Gärditz,* in: Böse, 2013, § 6 Rn. 68.

[293] BVerfGE 113, 273, para. 89; zu den zahlreichen Anm. u. Besprechungen, auch aus ausländ. Sicht, s. 2. Aufl., § 12 Rn. 69 Fn. 445 sowie *Schork,* Auslieferungsverfahren, 2009, S. 255ff.; grds. zur Verfassungsmäßigkeit der Übertragung von Hoheitsrechten am Beispiel des Rb EuHb *Schaper,* Übertragung, 2009, S. 173ff. – Zu den i. Erg. gleichen Urteilen des polnischen und zypriotischen Verfassungsgerichts sowie zur möglichen Kollision mit Auslieferungsverboten bzgl. eigener Staatsangehöriger in anderen (EU-)Staaten *Deen-Racsmány,* Eur.J. Cr. 2006, 278ff.; *Mitsilegas,* CML 2006, 1297ff.; *Brandt,* EuR 2009, 134ff.; *Henke,* EuHB, S. 17ff.; instrukt. zum Urteil des tschechischen Verfassungsgerichts v. 3.5.2006 *Komárek,* CML 2007, 26ff.; zur Rspr. auch *Mackarel,* Eur.J. Cr. 2007, 55ff. –Vgl. zum Rechtszustand zwischen Nichtigerklärung des EuHbG I und dem Inkrafttreten des EuHbG II *OLG Hamburg* NStZ 2006, 111; *OLG Köln* NStZ 2006, 112; *OLG Karlsruhe* StV 2005, 673 u. 674. Die spanische *Audiencia Nacional* hat nach dem – ein spanisches Ersuchen betreffenden – BVerfG-Urteil deutsche Ersuchen unter Berufung auf den Grundsatz der Reziprozität als normale Auslieferungsersuchen behandelt (*Arangüena,* RDP 20/2007, 24).

[294] BVerfGE 113, 273, para. 96; zust. *Knopp,* JR 2005, 450ff.; krit. *Vogel,* JZ 2005, 806, der zutreffend darauf hinweist, dass Art. 16 Abs. 2 S. 2 GG auch als „Schutzbereichsbeschränkung“ verstanden werden kann und der Senat dies hätte diskutieren müssen; in diese Richtung auch *Gas,* EuR 2006, 287ff.; *Hufeld,* JuS 2005, 867; *Tomuschat,* EuGRZ 2005, 454f.

[295] BVerfGE 113, 273, para. 94. Dazu auch *OLG Hamm* NStZ-RR 2010, 209. Zu den möglichen strafanwendungsrechtlichen Konsequenzen der BVerfG-Entscheidung *Böse/Meyer,* ZIS 2011, 339. Krit. *Gless,* EuCLR 1 (2011), 120ff., die u. U. einen unvermeidbaren Verbotsirrtum annehmen will, wenn der Betroffene die Geltung einer bestimmten Strafrechtsordnung nicht vorhersehen konnte.

Grundrechts konkretisiert" werde.[296] Das BVerfG hat damit ein eindeutig völkerrechtliches Verständnis von der (früheren) PJZS zugrunde gelegt, was schon vor Lissabon im Lichte der **Pupino-Entscheidung** des EuGH (§ 11 Rn. 48) nicht unproblematisch war.[297] So fragt sich insbesondere, ob das BVerfG nicht besser beraten gewesen wäre, nur die Teile des EuHbG für nichtig zu erklären, die es für verfassungsrechtlich unrettbar belastet hielt, und die restlichen der rahmenbeschlusskonformen Auslegung zu unterwerfen.[298]

Der Gesetzgeber hat die Monita des BVerfG dadurch umzusetzen gesucht, dass er mit dem EuHbG II erstens die **Auslieferung deutscher Staatsangehöriger**[299] an (weitere) **komplizierte Voraussetzungen** knüpft (§ 80 IRG) und zweitens durch § 79 Abs. 2 IRG **effektiven Rechtsschutz** gewährleisten will. Was die Auslieferung Deutscher zur Strafverfolgung angeht, so ist diese bei reinen *Inlandstaten* ausgeschlossen (argumentum e contrario ex § 80 Abs. 2 Nr. 2 IRG), während sie umgekehrt, bei reinen *Auslandstaten* also, nicht an das Vorliegen beiderseitiger Strafbarkeit geknüpft ist.[300] In diesen Fällen ist Voraussetzung der Auslieferung neben dem Vorliegen eines „maßgeblichen Bezug[s] [der Tat] zum ersuchenden Mitgliedsstaat" lediglich, dass der Verfolgte im Falle einer freiheitsentziehenden Strafe oder Maßregel auf sein Verlangen zur Vollstreckung zurücküberstellt wird (§ 80 Abs. 1 IRG, dazu **Fall 3**).[301] Weist die fragliche Tat *weder* einen „maßgeblichen Bezug" zum Ausland *noch* zum Inland auf (sog. *Mischfälle*), so gilt § 80 Abs. 2 IRG, der die Auslieferung davon abhängig macht, dass die Rücküberstellung gesichert ist und dass überdies **beiderseitige Strafbarkeit** gegeben ist.[302] 51

Dreh- und Angelpunkt der Regelung des § 80 IRG ist damit der Begriff des **maßgeblichen Bezugs** und es liegt auf der Hand, dass die Einordnung gerade der zuletzt genannten *Mischfälle* erhebliche Schwierigkeiten bereitet.[303] Der Gesetzgeber hat der Praxis diesbezüglich für die Identifizierung der Fälle mit **Auslandsbezug** in § 80 Abs. 1 S. 2 ein Regelbeispiel an die Hand gegeben, welches geeignet ist, die gegebene Unsicherheit nur noch weiter zu verstärken, weil sein Vorliegen davon abhängen soll, ob „wesentliche Teile" der Tat im Ausland geschehen sind. Anders ausgedrückt: ein *maßgeblicher* Auslandsbezug soll vorliegen, wenn *wesentliche* Teile der Tathandlung 52

[296] BVerfGE 113, 273, paras. 101, 110.

[297] Zur überw. krit. Aufnahme in der Lit. vgl. die Nachw. in 2. Aufl., § 12 Rn. 69 Fn. 449. Krit. auch *v. Heintschel-Heinegg*, in: Sieber et al., § 37 Rn. 17. – Zu dem belg. Vorlageverfahren u. der daraus resultierenden EuGH-Entscheidung vgl. o. Rn. 42.

[298] Vgl. das Sondervotum von *Gerhardt,* NJW 2005, 2301 f. Dazu *Baddenhausen/Pietsch,* DVBl. 2005, 1566; *Satzger/Pohl,* JICJ 4 (2006), 693; krit. zum Ergebnis der Gesamtnichtigkeit auch *Vogel,* JZ 2005, 804; *Tomuschat,* EuGRZ 2005, 460; *Tams,* JA 2006, 179; *Hufeld,* JA 2007, 42; *van Ooyen,* S. 54; *ders.*, in: Möllers/van Ooyen, S. 67; *Schmahl,* DVBl. 2007, 1466; dem BVerfG zust. *Schünemann,* StV 2005, 683.

[299] Zu Nationalitätsvorbehalten bei der ggs. Anerkennung allgemein *Suominen,* S. 27 ff.

[300] *Hackner/Schomburg/Lagodny/Gleß,* NStZ 2006, 666; vgl. auch *OLG Düsseldorf* NStZ-RR 2007, 113 (113 f.).

[301] Indes will *OLG Karlsruhe* StV 2007, 149 (150) auch in den Fällen maßgeblichen Auslandsbezugs ggf. auf eine abwägende Einzelfallbetrachtung zurückgreifen. Enger wohl *Hufeld,* JA 2007, 42.

[302] *Hackner/Schomburg/Lagodny/Gleß,* NStZ 2006, 667; s. auch *OLG Karlsruhe* NStZ 2010, 708. Vgl. zur Korrelation zwischen Jurisdiktionsvorbehalten und dem Verzicht auf die beiderseitige Strafbarkeit *Suominen,* S. 173.

[303] Zutr. Kritik an der eigentümlichen, gleichsam spiegelbildlichen Fassung der Auslieferungsvoraussetzungen nach § 80 Abs. 1 und 2 IRG üben *Hackner/Schomburg/Lagodny/Gleß,* NStZ 2006, 667; zuspitzend *Schünemann,* StV 2006, 366; *ders.*, in: Joerden/Szwarc, S. 272 f.; krit. auch *Ahlbrecht,* eucrim 2006, 42 ff.; *Weigend,* FS Jung, 2007, 1079 ff.; *Tinkl,* RbEuHb, 2008, S. 170 ff.

oder des Taterfolgs sich im ersuchenden Staat zugetragen haben, dies jedoch nur für den Regelfall. Dabei soll es jedoch nicht alleine auf das Handeln des Auszuliefernden, sondern auch auf das etwaiger Mittäter und Teilnehmer ankommen.[304] Ob eine derartige gesetzliche Konstruktion, die letztlich den ausfüllungsbedürftigen Begriff der Maßgeblichkeit des örtlichen Bezugs der Tat lediglich durch den nicht weniger ausfüllungsbedürftigen Begriff der Wesentlichkeit ersetzt, noch dem verfassungsrechtlichen Bestimmtheitsgebot genügt, kann man mit gutem Grund bezweifeln.[305] Für die Feststellung des maßgeblichen **Inlandsbezugs** will der Gesetzgeber andererseits in § 80 Abs. 2 S. 2 auf eine Abwägung hinaus, im Rahmen derer der Rechtsanwender letztlich inkommensurable Interessen gegeneinander gewichten muss,[306] denn es ist nicht ersichtlich, auf welche Weise solch unterschiedliche Aspekte wie das Gewicht des Tatvorwurfs, die praktischen Erfordernisse einer effektiven Strafverfolgung, die grundrechtlich geschützen Interessen des Verfolgten und auch noch die Ziele, die mit der Schaffung eines europäischen Rechtsraums verbunden sind, auf einen Nenner gebracht werden können, um sie in einer methodisch auch nur einigermaßen seriösen Art und Weise miteinander verrechnen zu können. Wie dem auch sei, schwerwiegender ist, dass bei *reinem Inlandsbezug* eine *Auslieferung* Deutscher praktisch *unmöglich* ist und – ganz abgesehen davon, dass dies europarechtswidrig weil rahmenbeschlusswidrig ist![307] – damit zu befürchten steht, dass andere Mitgliedstaaten ebenfalls unter Berufung auf den Grundsatz der Reziprozität ihre Staatsangehörigen nicht an Deutschland überstellen werden.[308] Aus Brüsseler Sicht mag das nur dadurch gemildert werden, dass solche Fälle äußerst selten sind und sich normalerweise allenfalls bei Inlandstaten gegen Staatsangehörige des ersuchenden Staates und bei transnationaler, organisierter Kriminalität ergeben können.

53 Auch die Regelung des § 79 Abs. 2 IRG, die entsprechend der Forderungen des BVerfG **effektiven Rechtsschutz** gewährleisten soll, weckt Bedenken. Die Regelung sieht in Satz 1 vor, dass die Bewilligungsbehörde ihre „Absicht“, keine Bewilligungshindernisse geltend zu machen, *vorab* kundtut (zum Wortlaut u. Rn. 56), so dass das OLG innerhalb des Zulässigkeitsverfahrens auf Antrag des Verfolgten (§§ 29, 41 IV IRG) diese „Absicht“ von Amts wegen (§ 79 Abs. 2 S. 3 IRG: „unterliegt“)[309] überprüfen kann (dazu **Fall 4**).[310] Damit wird zwar Rechtsschutz gewährt (das in einem EuHb enthaltene Auslieferungsersuchen kann grds. als Deutschland nicht zurechenbarer Jus-

304 *OLG Hamm* NStZ 2010, 209; *OLG Karlsruhe* NJW 2007, 2567; *OLG Karlsruhe* NStZ 2010, 709.

305 Krit. mit Recht *Hackner/Schomburg/Lagodny/Gleß,* NStZ 2006, 667; *Böhm,* NJW 2006, 2592; *Rosenthal,* ZRP 2006, 108.

306 Zu Recht scharfe Kritik bei *Schünemann,* StV 2006, 366; krit. auch *Rosenthal,* ZRP 2006, 108; *Arangüena,* RDP 20/2007, 25; *Michalke,* EuZW 2007, 378; vgl. aber auch *Heger,* ZIS 2006, 224: der Gesetzgeber habe „verständlicherweise nur die Karlsruher Überlegungen abgeschrieben“.

307 Krit. insoweit auch *Demetrio Crespo,* La Ley Nr. 6441 (2006), 3. S. auch *Suominen,* S. 154. Vgl. auch *Weigend,* FS Jung, 2007, S. 1073 u. 1078, der mit Recht die Nichtauslieferung eigener Staatsangehöriger als „Klugheitsregel im Verhältnis der Staaten untereinander“ und nicht als „unüberwindliches verfassungsrechtliches Gebot“ deutet und „Konfliktpunkte mit den Vorgaben des Rahmenbeschlusses“ sieht.

308 Ebenso wie die spanische *Audiencia Nacional* nach dem BVerfG-Urteil reagiert hat, vgl. Fn. 293. Schweden kennt diesen Grundsatz interessanterweise aber nicht, s. *Cameron et al.*, S. 102.

309 Die Überprüfung entfällt nur im Fall einer vereinfachten Auslieferung (§ 79 Abs. 2 S. 4), also wenn der Betroffene zustimmt (§ 41 Abs. 1 IRG).

310 Hierzu *OLG Karlsruhe* StV 2007, 149; *OLG Stuttgart* StV 2007, 258; *KG* NStZ 2007, 110. Zur Nichteröffnung des Verwaltungsrechtswegs s. schon o. Fn. 258.

tizverwaltungsakt i. S. v. §§ 23ff EGGVG nicht angefochten werden),[311] das Verfahren ist aber einigermaßen unübersichtlich[312] und stellt in der Sache auch das traditionelle Auslieferungsverfahren insoweit in Frage, als *danach* das Gericht das (außen-)politische Ermessen der Bewilligungsbehörde nicht umfassend überprüfen kann.[313] Jedenfalls wird dadurch das durch den RbEuHb verfolgte Ziel einer Vereinfachung und Beschleunigung des Auslieferungsverfahrens nachgerade auf den Kopf gestellt, führt das EuHBG II doch mit der Vorabentscheidung der Bewilligungsbehörde eine Vorstufe zum traditionell zweistufigen Auslieferungsverfahren (Rn. 15) ein und wird dieses damit zu einem **dreistufigen Verfahren:**[314] Vorabentscheidung der Bewilligungsbehörde (§ 79 Abs. 2 S. 1 IRG) – Zulässigkeitsentscheidung OLG (§§ 12–14 IRG) – (endgültige) Bewilligungsentscheidung (ex § 74 IRG); vgl. auch u. Rn. 56.

Nicht unproblematisch ist es ferner, dass das EuHbG II, nachdem das BVerfG in den 54
Regelungen des EuHbG I eine Verletzung der Auslieferungsfreiheit deutscher Staatsbürger erblickt hatte (Rn. 50), **Deutsche** und in Deutschland lebende **Ausländer unterschiedlich** behandelt.[315] Für diese stellt das Kriterium des maßgeblichen In- bzw. Auslandsbezugs der Tat nämlich kein Element der Zulässigkeitsentscheidung, sondern lediglich einen im Rahmen des Bewilligungsverfahrens zu berücksichtigenden Gesichtspunkt dar.[316] Darin könnte ein Verstoß gegen das europarechtliche **Diskriminierungsverbot,**[317] jedenfalls soweit es um EU-Staatsangehörige geht, liegen.[318] Auch führt die Neuregelung dazu, dass die Ermessensentscheidung der Bewilligungsbehörde verkompliziert wird.[319] *Last but not least* führt § 83b Abs. 2 IRG – Ablehnungsgründe der Auslieferung eines im Inland aufhältigen Ausländers[320] – dazu, dass die Auslieferung für diese Personengruppe in einen EU-Staat, nicht aber – unter ansonsten identischen Umständen – an einen Nicht-EU-Staat abgelehnt werden kann.[321] Auch insoweit wird also der Zweck des RbEuHb auf den Kopf gestellt und die Besserstellung eines Nicht-EU Staates ist sachlich nicht nachvollziehbar.[322]

[311] *OLG Celle* NStZ 2010, 534; zur Anfechtbarkeit der Ausschreibung im SIS aber o. Rn. 21. Vgl. auch *Schomburg/Lagodny/Schallmoser,* in: Böse, 2013, § 13 Rn. 18ff.

[312] *Rosenthal,* ZRP 2006, 108; *Ahlbrecht,* eucrim 2006, 42; *Weigend,* FS Jung, 2007, S. 1078; zust. dagegen *Sinn/Wörner,* ZIS 2007, 212.

[313] *Rosenthal,* ZRP 2006, 108f.

[314] Krit. mit Recht *Hackner/Schomburg/Lagodny/Gleß,* NStZ 2006, 665; *Böhm,* StraFo 2013, 178; *v. Heintschel-Heinegg,* in: Sieber et al., § 37 Rn. 34; für Abschaffung des Bewilligungsverfahrens auch schon *Lagodny,* StV 2005, 518.

[315] Siehe dazu eingehend *Tinkl,* ZIS 2010, 320; *v. Heintschel-Heinegg,* in: Sieber et al., § 37 Rn. 40ff.

[316] Vgl. dazu auch *OLG Karlsruhe* NStZ-RR 2009, 107; *OLG Hamburg* NStZ 2009, 460; *OLG Köln* Beschl. v. 31.8.2009 – 6 AuslA 41/09–52-, 6 AuslA 41/09.

[317] Zum Diskriminierungsverbot vgl. nur *Klip,* 2012, S. 93ff.; *Herdegen,* EuR, § 6 Rn. 17ff. m.w.N.

[318] So *Reinhardt/Düsterhaus,* NVwZ 2006, 433f.; krit. auch schon *Wasmeier,* ZEuS 2006, 36ff. mit Blick auf die BVerfG-Entscheidung; a. A. insoweit – kein Verstoß gegen das Diskriminierungsverbot – *Heger,* ZIS 2007, 225; für eine Einzelfallprüfung *Freund,* U-Haft, 2010, S. 277ff. (299). Siehe dazu auch *EuGH,* Wolzenburg Urt. v. 6.10.2009; Lopes Da Silva Jorge Urt. v. 5.9.2012; dazu *Montag/von Bonin,* NJW 2013, 3488.

[319] *Schmidt,* StraFo 2007, 9ff.

[320] Siehe dazu *EuGH,* Szymon Kozlowski Urt. v. 17.7.2008; *EuGH,* Wolzenburg Urt. 6.10.2009; dazu *De Amicis,* EuCLR 2 (2012), 50ff.

[321] Näher *Schmidt,* StraFo 2007, 8ff.; vgl. auch schon *Vogel,* JZ 2005, 805.

[322] Krit. auch *Schmidt,* StraFo 2007, 8 mit Zahlen zum Zuständigkeitsbereich des OLG Köln aus 2005 bei Fn. 17.

d) Prüfung der Auslieferung aufgrund des EuHbG II (§§ 78ff. IRG)

55 Während das EuHbG für die Prüfung von sonstigen Rechtshilfeersuchen keine Änderungen gebracht hat, ergeben sich für die EU-interne Auslieferung erhebliche Änderungen.[323] Aus § 79 Abs. 1 IRG folgt zunächst die grundsätzliche **Pflicht zur Auslieferung** aufgrund eines EuHb, denn die Nichtbewilligung eines zulässigen Auslieferungsersuchens ist insoweit nur möglich, wenn dies nach dem achten Teil des IRG (§§ 78ff.) vorgesehen ist (§ 83b IRG). Eine ablehnende Bewilligungsentscheidung muss begründet werden (§ 79 Abs. 1 S. 2). Der grundsätzliche **Vorrang** der Regelungen zum EuHb (§§ 78ff. IRG) ergibt sich aus § 1 Abs. 4 und § 78 IRG, denn nur „[s]oweit dieser Teil keine besonderen Regelungen enthält", finden die übrigen Bestimmungen des IRG auf Auslieferung und Durchlieferung Anwendung. Im **Verhältnis zu den bestehenden Rechtshilfeabkommen** gehen die Vorschriften über die „Unterstützung von Mitgliedstaaten der EU" gemäß Art. 31 RbEuHB vor, jedenfalls „soweit die Regelungen des Achten Teils das günstigere Recht darstellen, was regelmäßig der Fall sein wird."[324] Im Übrigen ist davon auszugehen, dass die §§ 78ff. IRG abschließend sind.[325]

56 Gehen die Regelungen des EuHbG danach sowohl den (sonstigen) IRG-Vorschriften als auch den einschlägigen Übereinkommen vor, ergibt sich für die Praxis bei **Auslieferungsersuchen** die folgende **Prüfungsfolge:** Zunächst ist zu fragen, ob die §§ 80ff. IRG anwendbar sind. Wenn dies der Fall ist, müssen insbesondere die Form- und Fristerfordernisse der §§ 83a und c beachtet werden (dazu 1. Aufl., Schaubild 28).[326] Sind die §§ 80ff. IRG nicht anwendbar, muss festgestellt werden, ob die einschlägigen Auslieferungsübereinkommen eingreifen. Gegebenenfalls ist auf die allgemeinen Regelungen des IRG in seinem zweiten Teil zu rekurrieren. Zuständig für die Prüfung der **Zulässigkeit** einer Auslieferung auf Grund eines EuHb bleibt, ohne dass insoweit das EuHbG eine neue Lage geschaffen hätte, das *OLG* gemäß §§ 13, 14 IRG,[327] an dessen Entscheidung schließt sich – wie auch früher – das *exekutive* **Bewilligungsverfahren** an.[328] Allerdings ist dieses durch das EuHbG II nunmehr *zweiaktig* ausgestaltet, da die Bewilligungsbehörde zunächst vorab erklären muss, „ob sie beabsichtigt, Bewilligungshindernisse nach § 83b geltend zu machen" (§ 79 Abs. 2 S. 1 IRG) und dann nach der Zulässigkeitsentscheidung endgültig über die Bewilligung entscheiden muss. **Insgesamt** wird das Verfahren damit **dreistufig** (Rn. 53).[329] Will die Bewilligungsbehörde (vorab) *keine* Bewilligungshindernisse geltend machen, so muss sie

[323] Vgl. zur Prüfung eines EuHb auch *Safferling,* § 12 Rn. 59.

[324] BT-Drs. 15/1718, 13 r. Sp. Man wird wohl annehmen können, dass mit „günstiger" in diesem Zusammenhang die vereinfachende Erledigung von Ersuchen und die generell leichtere Bekämpfung von Straftaten gemeint ist; vgl. erneut die Erläuterungen zu § 78 IRG bei BT-Drs. 15/1718, 15 l. Sp.

[325] BT-Drs. 15/1718, 15. Gegen einen „Meistbegünstigungsautomatismus" auf Grund § 1 Abs. 4 IRG deshalb *Hackner,* NStZ 2005, 311f. (dem OLG Celle folgend).

[326] *Hackner,* NStZ 2005, 314f. Hinsichtlich der Dauer der Auslieferungs- bzw. Überstellungshaft gilt – mangels Regelung in §§ 78ff. IRG – die 40-Tagefrist des Art. 16 Abs. 4 EuAlÜbk (Rn. 19). Zur mögl. *Heilung* von Formfehlern *OLG Karlsruhe,* StV 2007, 654. Zum spanischen Recht insoweit *Jimeno Bulnes,* RP 16 (2005), 106ff.

[327] BT-Drs. 15/1718, 11 l. Sp.

[328] BT-Drs. 15/1718, 15 r. Sp.; vgl. zum Bewilligungsverfahren S/L/G/H, Einl. Rn. 19ff.; *Hackner/Schierholt,* Rn. 68ff.; *Hackner,* in: Lagodny/Wiederin/Winkler, S. 197; vgl. jetzt auch *OLG Karlsruhe* StV 2007, 650, wonach der Erlass eines Auslieferungshaftbefehls auf Grundlage eines EuHb ausscheidet, wenn mit der Bewilligung nicht zu rechnen ist.

[329] Krit. mit Recht *Hackner,* in: Lagodny/Wiederin/Winkler, S. 198; S/L/G/H/*Hackner,* § 79 IRG Rn. 2.

diese Entscheidung begründen (§ 79 Abs. 2 S. 2 IRG). Nach wie vor wird der Bewilligungsbehörde ein weiter Spielraum eingeräumt, der im Rahmen beider Bewilligungsverfahrensteile auch ein nicht justiziables außenpolitisches Ermessen einschließen soll.[330] Die Vorabentscheidung der Bewilligungsbehörde unterliegt zwar insoweit der Überprüfung durch das OLG, als dieses danach über die Zulässigkeit zu entscheiden und sogar die Nichtgeltendmachung von Bewilligungshindernissen zu überprüfen hat (§ 79 Abs. 2 S. 3 IRG), doch schränkt die Vorabentscheidung als solche den gerichtlichen Überprüfungsspielraum zumindest faktisch ein.[331]

Lösung Fall 3:

Einschlägig für die Zulässigkeitsentscheidung des OLG ist *§ 80 Abs. 1 IRG* in der durch das EuHbG II geschaffenen Fassung, da es sich hier um einen Fall der ersuchten Auslieferung einer *deutschen* Staatsbürgerin wegen einer Tat handelt, die sich ausschließlich auf polnischem Territorium zugetragen haben soll, so dass ein „maßgeblicher Bezug zum ersuchenden Mitgliedsstaat" und damit eine *reine Auslandstat* vorliegt (Rn. 51). In diesen Fällen muss gesichert sein, dass der ersuchende Staat die Verfolgte ggf. rücküberstellen wird (§ 80 Abs. 1 Nr. 1 IRG). Diese Voraussetzung hat das OLG Düsseldorf in casu bejaht. Auch liegt ein auslieferungsfähiger Tatvorwurf im Hinblick auf die genannten Betrugsdelikte vor (§ 81 Nr. 4 IRG), zumal sich die vorgeworfenen Taten einer Listenkategorie des Art. 2 Abs. 2 RbEuHb zuordnen lassen und nach polnischem Recht im Höchstmaß mit Freiheitsstrafe von mindestens drei Jahren bedroht sind; die beiderseitige Strafbarkeit war darüber hinaus nicht zu prüfen (Rn. 41, 51). Das OLG konnte also die Auslieferung für zulässig erklären.[332] 57

Lösung Fall 4:

Maßgeblich ist hier die Vorschrift des *§ 79 Abs. 2 S. 3 IRG,* nach der das OLG die *Vorab-Bewilligungsentscheidung* der Bewilligungsbehörde überprüft (Rn. 53, 56). Wenn auch der Bewilligungsbehörde ein weiter Ermessensspielraum eröffnet ist, so muss deren Erklärung doch nachvollziehbar erkennen lassen, dass ein *umfassender Abwägungsprozess* stattgefunden hat. Dies hat das OLG in casu nicht erkennen können und daher per Zwischenbeschluss festgestellt, dass die beabsichtigte Bewilligung der Auslieferung ermessensfehlerhaft war.[333] 58

Lösung Fall 5:

Eine *auslieferungsfähige Straftat* i. S. d. § 81 Nr. 1 IRG i. V. m. Art. 2 Abs. 1 RbEuHb liegt mit der Vergewaltigung vor (Rn. 41). Eine Auslieferung scheitert auch nicht daran, dass A deutscher Staatsangehöriger ist, da es sich bei der Tat um eine reine Auslandstat i. S. d. § 80 Abs. 1 IRG handelt. Hinsichtlich der Behauptung des A, die Schilderungen der X seien unwahr, gilt, dass eine Schuldverdachtsprüfung allenfalls in begründeten Ausnahmefällen in Betracht kommt (vgl. § 10 Abs. 2 IRG). Das pauschale Bestreiten der Tat ist jedenfalls irrelevant. Gem. § 81 Nr. 4 IRG i. V. m. Art. 2 Abs. 2 RbEuHb wird zudem bei den 32 in Art. 2 Abs. 2 RbEuHb genannten Deliktskategorien, zu denen auch die Vergewaltigung zählt, auf eine Prüfung der *beiderseitigen Strafbarkeit* verzichtet. Dabei kommt es für die Zuordnung einer Handlung zu einer der Deliktskategorien auf das Recht des Ausstellungsstaates an. Diesem obliegt auch die rechtliche Würdigung der Tat, die grundsätzlich nicht vom Vollstreckungsstaat überprüft wird. Um einen missbräuchlichen Erlass eines EuHb zu verhindern, wird man allerdings zumin- 59

[330] BT-Drs. 16/1024, 12; krit. *Hackner/Schomburg/Lagodny/Gleß,* NStZ 2006, 665 mit Blick auf § 79 Abs. 1 S. 1 IRG n. F.; vgl. auch zum EuHbG I BT-Drs. 15/1718, 15 r. Sp.

[331] Vgl. *Hackner/Schomburg/Lagodny/Gleß,* NStZ 2006, 665f. u. die Gesetzesbegründung BT-Drs. 16/1024, 13 („sehr weites Ermessen der Bewilligungsbehörde").

[332] *OLG Düsseldorf* NStZ-RR 2007, 113.

[333] *OLG Stuttgart* StV 2007, 258 (259).

dest verlangen müssen, dass die Einordnung der Handlung als Katalogtat schlüssig und nachvollziehbar ist. Hier ließe sich monieren, dass lediglich festgestellt wird, dass die Tat ohne Zweifel den Tatbestand der Vergewaltigung erfüllt, ohne dass auf die naheliegende Frage nach einer Einwilligung eingegangen wird. Wahrscheinlich wird das OLG daher die Vollstreckung des EuHb vorerst verweigern und ergänzende Informationen von der ausstellenden Behörde einholen. Einer der Überstellung an S folgenden *Kettenauslieferung* an U könnte der Grundsatz der *Spezialität* entgegenstehen. Nach Art. 27, 28 RbEuHb obliegt die Beachtung des Spezialitätsgrundsatzes allein dem ersuchenden Staat. S darf den A hiernach – vorbehaltlich der hier nicht einschlägigen Ausnahmen – nur an U weiterliefern, wenn die zuständigen Behörden Deutschlands dem zugestimmt haben. Diese Zustimmung wird Deutschland aber mit Blick auf das gegenüber dem Nicht-EU-Staat U geltende Verbot der Auslieferung eigener Staatsbürger (Art. 16 Abs. 2 GG) nicht erteilen. Eine Weiterlieferung an U ist daher nicht möglich.[334]

III. Sonstige (kleine) Rechtshilfe, insbesondere grenzüberschreitende Beweiserlangung

1. Vorbemerkung

60 Die sonstige (kleine) Rechtshilfe umfasst alle sonstigen Formen der Rechtshilfe, v. a. Ermittlungshandlungen.[335] Auch in diesem Bereich existiert eine Vielzahl anwendbarer Abkommen (Rn. 61 ff.) und Instrumente gegenseitiger Anerkennung (Rn. 64 ff.), die die Rechtslage für den Studierenden, aber auch den Praktiker sehr unübersichtlich macht. Der Versuch einer **Vereinheitlichung,** wie er dem Grünbuch der Kommission zur Beweiserlangung (Rn. 67 ff.) zugrunde liegt, ist deshalb grundsätzlich zu begrüßen. Doch sieht sich die Umsetzung der Kommissionsvorschläge mit der grds. Kritik an der gegenseitigen Anerkennung (§ 9 Rn. 12) konfrontiert, die mit Blick auf die Beweisrechtshilfe im Ermittlungsverfahren dahingehend konkretisiert werden kann, dass es sich bei Beweismitteln um „unfertige", in einem komplexen Wahrheitsfindungsprozess hergestellte „Produkte handelt, die nicht ohne weiteres aus ihrer gewohnten Umgebung, scil. der nationalen Prozessrechtsordnung, herausgerissen und in eine fremde Rechtsordnung implantiert werden können. Die **Besonderheit der Beweisrechtshilfe** liegt eben darin, dass jede Beweiserhebung mit dem Verfahrensrecht der Erhebungsordnung untrennbar verbunden ist und dass sie ein mehrstufiges Verfahren durchläuft. Die Struktur- und die Detailunterschiede europäischer Verfahrensordnungen betreffen damit auch die Beweisrechtshilfe.[336] Beweisrechtshilfe auf der Grundlage gegenseitiger Anerkennung setzt aber nicht nur gemeinsame Mindestandards hinsichtlich technischer verfahrensrechtlicher Beweisvorschriften voraus, sondern bedarf auch eines **grundrechtlichen Mindesstandards,** der ein faires Verfahren und eine effektive Verteidigung garantiert. Ganz abgesehen davon existieren schon jetzt über die Abkommen traditioneller Rechtshilfe (dazu sogleich) hinaus Instrumente gegenseitiger Anerkennung (Rn. 64 ff.), die sich zunächst noch in der Praxis bewähren müssen. Aufgrund ihres fragmentarischen Charakters ist ihre praktische Relevanz jedoch noch gering. Dies wird sich aber wahrscheinlich in naher Zukunft mit Umsetzung der Rl über die der Europäischen Ermittlungsanordnung (EEA; Rn. 69), ändern.

---

334 Ausführlich und m. w. N. *Ambos/Bock,* JuS 2012, 437.

335 Zur Vielzahl der unterschiedlichen Gegenstände sonstiger Rechtshilfe *Capus,* S. 238 ff.

336 Grds. Kritik bei *Ambos,* ZIS 2010, 557 (559); vgl. auch *Ahlbrecht,* StV 2013, 118. Ausf. zur „Rechtskonnotation" der Beweismittel *Gleß,* ZStW 125 (2013), 575 ff.

2. Europäische Rechtshilfeabkommen

Das **Europäisches Rechtshilfeübereinkommen** (EuRhÜbk) des **Europarats** ist – ähnlich wie das EuAlÜbk für die Auslieferung – die **Mutterkonvention** für das europäische vertragliche Recht der *sonstigen Rechtshilfe,* also alle Formen der Rechtshilfe, die nicht die Auslieferung und Vollstreckungshilfe betreffen.[337] Art. 1 begründet das Recht der Vertragsstaaten, sich „soweit wie möglich Rechtshilfe zu leisten", wobei allerdings Einschränkungen bezüglich politischer und fiskalischer Delikte, auf Grund des nationalen ordre public (Art. 2) und ggf. nationaler Vorbehalte (vgl. etwa Art. 5) zu beachten sind. Art. 3–6 regeln Rechtshilfeersuchen allgemein. Art. 7–12 erfassen einzelne Rechtshilfemaßnahmen.[338] Die Art. 14–20 regeln das zwischenstaatliche Verfahren. Das **ZP** erleichtert die Rechtshilfe bei fiskalischen Delikten (Art. 1, 2) und erweitert den Anwendungsbereich des EuRhÜbk auf weitere Rechtshilfemaßnahmen bei der Zustellung bzw. bei der Vollstreckung einer Strafe im ersuchenden Staat.[339] 61

Das EuRhÜbk wird von **Kapitel 2 SDÜ** (Art. 48–53) ergänzt (Art. 48 SDÜ). Art. 49, 50 gehen über das EuRhÜbk. hinaus, indem die *Rechtshilfepflicht* auf bestimmte Bereiche *erweitert* wird, etwa auf Verfahren wegen Ordnungswidrigkeiten („Zuwiderhandlungen gegen Ordnungsvorschriften"), wegen Ansprüchen auf Entschädigung aufgrund von Strafverfolgungsmaßnahmen, auf Maßnahmen wegen Straf- oder Maßregelaussetzung und – von größter praktischer Bedeutung – auf Steuerstrafsachen (Art. 50). Zugleich werden die *Anforderungen* an die Rechtshilfe im Kern darauf *beschränkt,* dass die dem Rechtshilfeersuchen zugrunde liegende Tat nach dem Recht beider Vertragsparteien irgendwie sanktioniert werden muss, im Einzelfall auch nur als Ordnungswidrigkeit (Art. 51 (a) Alt. 2). Gerichtliche *Urkunden* können direkt an natürliche oder juristische Personen postalisch *übersendet* werden (Art. 52), wobei jeder Schengenstaat eine Liste der entsprechenden Urkunden aufgestellt hat.[340] Rechtshilfeersuchen können überdies *unmittelbar* von Justizbehörde zu Justizbehörde übermittelt werden (Art. 53), wobei allerdings für Ersuchen um Überstellung oder Durchbeförderung der normale justizministerielle Geschäftsweg einzuhalten ist (Art. 53 Abs. 3).[341] 62

Das **EU-RhÜbk** ist am 23.8.2005 in Kraft getreten (Rn. 10). Art. 3 sieht Rechtshilfe auch in Verfahren vor Verwaltungsbehörden und gegen juristische Personen vor. Art. 4–7 heben bestimmte Formvorschriften auf. Weiter sind Vernehmungen per Video- oder Telefonkonferenz (Art. 10, 11),[342] kontrollierte Lieferungen (Art. 12), gemeinsame Ermittlungsgruppen (Art. 13),[343] verdeckte Ermittlungen (Art. 14) sowie 63

---

[337] Zusf. S/L/G/H/*Schomburg,* Einf. HT II Rn. 3; vgl. auch *Gleß,* S. 109f. und *Krüßmann,* S. 433ff.; *Zimmermann/Glaser/Motz,* EuCLR 1 (2011), 58; zur Vernehmung in Anwesenheit bzw. unter Mitwirkung von Beamten des ersuchenden Staates *BGH* JR 2007, 260 m. Anm. *Lagodny.*

[338] Zum Vollzug eines Haftbefehls bei Zusicherung des freien Geleits nach Art. 12 *LG Regensburg* StV 2013, 167.

[339] Zusf. S/L/G/H/*Lagodny/Schomburg,* II B 1 Rn. 4ff.

[340] Vgl. BGBl. II 1996 S. 242ff. In der (langen) deutschen Liste finden sich alle möglichen Mitteilungen in den verschiedenen Phasen des Strafverfahrens, einschließlich des Rechtsmittel-, Vollstreckungs-, Nebenklage-, Privatklage- und Adhäsionsverfahrens.

[341] Dazu *de Biolley,* RIDP 77 (2006), 29f.

[342] Zur audiovisuellen Vernehmung etwa *BGH* NStZ 2008, 232 (233).

[343] Dazu *Plachta,* Eur. J. Cr. 2005, 288ff.; *Rijken,* Utrecht L. Rev. 2 (2006), 100ff.; *Neumann,* in: Sieber et al., § 34 Rn. 2ff.; *Kugelmann,* in: Böse, 2013, § 17 Rn. 133ff.; *Krüßmann,* in: Böse, 2013, § 18 Rn. 6ff.; aus schwedischer Perspektive *Cameron et al.,* S. 138ff.

die Überwachung des Telekommunikationsverkehrs (Art. 17 ff.) geregelt.[344] Das deutsche Umsetzungsgesetz[345] fügt insbesondere einen § 61 a über „Spontanauskünfte" und einen § 83 k über die Bildung gemeinsamer Ermittlungsgruppen aus verschiedenen EU-Staaten in das IRG ein.[346]

3. Beweiserlangung: von traditioneller Rechtshilfe zu gegenseitiger Anerkennung

a) Sicherstellung von Vermögensgegenständen oder Beweismitteln

64 Der Rb Sicherstellung[347] gilt für Sicherstellungsentscheidungen zum Zwecke der *Sicherung von Beweismitteln* und der späteren *Einziehung von Vermögensgegenständen* (Art. 3 Abs. 1 Rb). Eine in einem Mitgliedstaat, dem *„Entscheidungsstaat"*, erlassene „Sicherstellungsentscheidung" soll von einem anderen Mitgliedstaat, dem *„Vollstreckungsstaat"*, anerkannt und vollstreckt werden (Art. 1, 2). Die zuständigen „Vollstreckungsbehörden" sollen die Sicherstellungsentscheidung also ohne jede weitere Formalität anerkennen und unverzüglich alle erforderlichen Maßnahmen zu deren Vollstreckung treffen (Art. 5 Abs. 1).[348] Der Rb betrifft zunächst allerdings nur die Sicherstellungsentscheidung des Entscheidungsstaats (Art. 1, 5 Abs. 1),[349] der eigentliche Transfer des sichergestellten Gegenstands vom (ersuchten) Vollstreckungs- in den (ersuchenden) Entscheidungsstaat setzt ein entsprechendes Ersuchen dieses voraus (Art. 10) und erfolgt insoweit nach traditionellen Rechtshilferegeln.[350] Auf *beiderseitige Strafbarkeit* wird bei bestimmten Straftaten – der Katalog entspricht dem des EuHb (Rn. 41) – verzichtet, sofern diese mit im Höchstmaß von mindestens drei Jahren Freiheitsstrafe bedroht sind (Art. 3 Abs. 2).

b) Europäische Beweisanordnung

65 Die Europäische Beweisanordnung (EBA)[351] knüpft an den Rb Sicherstellung an und eröffnet den Mitgliedstaaten die Möglichkeit, *Sachen, Schriftstücke und Daten* in einem

[344] Vgl. auch *Schomburg,* NJW 2001, 802; zur Hauptverhandlung per Videokonferenz auf Grund Art. 10 EU-RhÜbk. *Rinio,* NStZ 2004, 189; aus frz. Sicht *Aubert,* RSC 2012, 438 ff. *Aquilina,* eucrim 2013, 64, geht die Regelung hinsichtl. verdeckter Ermittler jedoch augenscheinlich nicht weit genug.

[345] O. Fn. 69.

[346] Vgl. dazu BT-Drs. 15/4232; ferner *Rinio,* NStZ 2004, 189 Fn. 3 u. *Gleß,* S. 124 ff.

[347] Rb 2003/577/JI, Abl. EU L 196 v. 2. 8. 2003, 45; hierzu *Heger,* ZIS 2007, 554 ff.; *Gleß,* in: Sieber et al., § 39 Rn. 1 ff.; *dies.*, in: Böse, 2013, § 16 Rn. 36 ff.; *Suominen,* S. 92 ff.; *Miettinen,* S. 188 f. Zur dt. Umsetzung vgl. BGBl. I 2008 S. 995; zur schwed. Umsetzung *Cameron et al.*, S. 149 ff.; zur Umsetzung in Skandinavien *Suominen,* S. 94 ff.; zur Evaluierung der Umsetzung innerhalb der EU KOM (2008) 885 endg.; eucrim 2010, 53 f., 143.

[348] Zu Verweigerungsgründen siehe *Gleß,* in: Sieber et al., § 39 Rn 46 ff.

[349] Zur Übermittlung der Sicherstellungsentscheidung s. Art. 4, 9 Rb Sicherstellung.

[350] *Gleß,* in: Sieber et al., § 39 Rn 1, 82 ff.; *Zimmermann/Glaser/Motz,* EuCLR 1 (2011), 65. Krit. insoweit *Belgien/Bulgarien/Estland/Spanien/Österreich/Slowenien/Schweden,* Initiative für eine Rl des EP und des Rates über die Eur. Ermittlungsanordnung in Strafsachen v. 29. 4. 2010, Rats-Dok. 9145/10, S. 3; *Vernimmen-Van Tiggelen/Surano,* Mutual Recognition, 2008, http://ec.europa.eu/justice/criminal/files/mutual_recognition_en.pdf (zuletzt abgerufen am 1. 7. 2014), S. 17, 32.

[351] Rb 2008/978/JI, Abl. EU L 350 v. 18. 12. 2008, 74; dazu *Roger,* GA 2010, 27 ff.: *Hecker,* in: Marauhn, Bausteine eines europäischen Beweisrechts, 2007, S. 32; *Krüßmann,* StraFo 2008, 458; *ders.*, S. 602 ff.; *Gless,* 2011, Rn. 500 f.; *dies.*, in: Sieber et al., § 38 Rn 8 ff.; *dies.*, in: Böse, 2013, § 16 Rn. 27 ff.; zum Entwurf: *Ahlbrecht,* NStZ 2006, 70; aus griechischer Sicht *Spinellis,* FS Szwarc, 2009, S. 701; zur Entwicklung *Mavany,* S. 79 ff. Die BReg plant z. Zt. noch keine Umsetzung, sondern will die „weiteren Entwicklungen auf europäischer Ebene" abwarten (BT-Drs. 17/702 v. 12. 2. 2010, 31 f. und BT-Drs.

Mitgliedsstaat beschlagnahmen und in einen anderen transferieren zu lassen. Es handelt sich um eine *„justizielle Entscheidung"* eines Mitgliedstaates, dem „Anordnungsstaat", die von einem anderen Mitgliedstaat, dem „Vollstreckungsstaat", zu „vollstrecken" ist (Art. 1, 2 Rb EBA). Der *Anordnungsstaat* muss „hinreichenden Grund" haben anzunehmen, dass sich auf dem Gebiet des Vollstreckungsstaats „relevante Sachen, Schriftstücke oder Daten" befinden (Art. 8 Abs. 1).[352] Er kann Verfahrens- und Formvorschriften vorgeben („forum regit actum"[353]), sofern diese nicht wesentlichen Rechtsgrundsätzen des Vollstreckungsstaates widersprechen (Art. 12). Die Anordnung muss verhältnismäßig sein (Art. 7 Abs. 1 (a)) und im Anordnungsstaat in einem vergleichbaren Fall rechtlich zulässig sein (Art. 7 Abs. 1 (b)). Die zuständigen *„Vollstreckungsbehörden"* erkennen die EBA ohne jede weitere Formalität an und treffen unverzüglich alle erforderlichen Maßnahmen zu deren Vollstreckung nach ihrem Recht („locus regit actum", Art. 11 Rb EBA).[354] Der Beschleunigung dienen auch bestimmte Fristen (Art. 15). Auf *beiderseitige Strafbarkeit* wird verzichtet, wenn keine Durchsuchung oder Beschlagnahme erforderlich ist (Art. 14 Abs. 1) oder bei den Straftaten des EuHb-Katalogs (Rn. 41),[355] sofern diese mit einer Mindesthöchststrafe von drei Jahren Freiheitsstrafe bedroht sind (Art. 14 Abs. 2).

Die EBA verdient aber aus unterschiedlichen Gründen **Kritik.**[356] Zunächst erfasst sie – wie ja schon der Name sagt – nur *bestimmte, schon existierende Beweise* (Art. 4 Abs. 2).[357] 66
Damit sind etwa Personalbeweise (Zeugen- und Beschuldigtenvernehmungen)[358] sowie Beweise, die zwar vorhanden, aber nur mittelbar erhoben werden können, wie z. B. DNA-Proben, ausgenommen.[359] Ebenso wenig sind Echtzeitinformationen, die Erlangung von Kommunikationsdaten und die Untersuchung von bereits vorhandenen (unter die EBA fallenden) Sachen, Schriftstücken oder Daten erfasst.[360] Für all diese Beweisarten muss damit auf die traditionelle Beweisrechtshilfe zurückgegriffen werden.[361] Die EBA darf nur für Strafverfahren oder verwaltungsrechtliche Verfahren

17/1543 v. 3.5.2010, 1ff.; vgl. dazu auch *Gleß,* in: Sieber et al., § 38 Rn 8, 20f.). Krit. zur weder proaktiven noch verweigernden Haltung Deutschlands in der EU *Vogel,* JZ 2012, 26f. Für einen Gesetzesvorschlag siehe *Mavany,* S. 177ff.

352 Dazu *Mavany,* Beweisanordnung, 2011, S. 104ff.

353 Zu locus- und forum-Regel siehe auch *Krüßmann,* S. 281ff., 623ff.; *Gleß,* ZStW 125 (2013), 592ff.

354 Zu den (wenigen) Verweigerungsgründen: *Gleß,* in: Sieber et al., § 38 Rn 46ff., 64; *Mavany,* S. 127ff.

355 Vgl. auch die Erklärung Deutschlands gem. Art. 23 IV, abgedruckt als Anhang zum Rb; dazu *Zimmermann/Glaser/Motz,* EuCLR 1 (2011), 67.

356 Siehe u. a. *Heger,* ZIS 2007, 547; *Krüßmann,* StraFo 2008, 458; *Roger,* GA 2010, 27; *Klip,* 2012, S. 392ff.; *Gleß,* in: Sieber et al., § 38 Rn. 8ff.; *Rackow,* in: Ambos, 2011, S. 118f.; insbesondere aus Sicht der Verteidigung *Heine,* Europäisierung, 2009, S. 129ff. Vgl. auch die eher krit. Beiträge von *Busemann, Ambos, Allegrezza* u. *Spencer,* in: ZIS 2010, 552ff. sowie *Nalewajko,* Anerkennung, 2010, S. 254ff.; eher zust. *Bachmaier,* ZIS 2010, 580ff. – Zur Umfrage über die Zukunft der EBA: eucrim 2010, 54. Zu alternativen und ergänzenden Lösungsvorschlägen vgl. *Nalewajko,* Anerkennung, 2010, S. 248ff.

357 *Williams,* RIDP 2006, 155; *Claverie-Rousset,* EuCLR 2 (2012), 153; *Zimmermann/Glaser/Motz,* EuCLR 1 (2011), 66; *Mavany,* S. 97ff.

358 Eine Ausnahme bildet lediglich die (quasi zufällige) Entgegennahme von Aussagen von Personen, die bei der Vollstreckung einer EBA anwesend sind und deren Aussagen unmittelbar mit der Beweisanordnung in Verbindung stehen (Art. 4 Abs. 6). Krit. *Roger,* GA 2010, 27, 33f.

359 *Satzger,* 2013, § 10 Rn. 38, 40.

360 *Williams,* RIDP 2006, 155 (156).

361 Vgl. *Belgien et al.*, Rats-Dok. 9145/10, 3; *Zeder,* ÖJZ 2009, 992 (994f., 997); *Nalewajko,* Anerkennung, 2010, S. 243.

mit gerichtlichem Rechtsschutz angeordnet werden (Art. 5). Das weite Verständnis der Anordnungsbehörde als „jede andere vom Anordnungsstaat bezeichnete Justizbehörde …" (Art. 2 (c) (ii)) ist mit dem *Richtervorbehalt* unvereinbar;[362] Deutschland müsste deshalb die Vollstreckung einer nicht richterlichen Anordnung grds. verweigern (Art. 11 Abs. 4) und eine entsprechende Erklärung abgeben (Art. 11 Abs. 5). Die *Aufspaltung des Rechtsschutzes* – gegen Vollstreckung grds. im Vollstreckungsstaat (Art. 18 Abs. 1), gegen Beweisanordnung im Anordnungsstaat (Art. 18 Abs. 2) – ist zwar konsequent, kann aber dazu führen, dass der Betroffene in einem für ihn fremden Land den Rechtsweg beschreiten muss.[363] Außerdem kann der Rechtsschutz auf Zwangsmaßnahmen beschränkt werden (Art. 18 Abs. 1 S. 2). Die *Beweisverwertung* ist nicht geregelt, letztlich entscheidet darüber der Anordnungsstaat.[364]

c) Vom Grünbuch „Erlangung verwertbarer Beweise in Strafsachen aus einem anderen Mitgliedstaat" zur Europäischen Ermittlungsanordnung

67 Die Kommission hat schon im **Grünbuch EStA 2001** (dazu 3. Aufl., § 13 Rn. 19ff.)[365] die Anwendung des Grundsatzes der **gegenseitigen Anerkennung** auf das Beweisrecht propagiert und damit einem **„europaweit verkehrsfähigen Beweis"** das Wort geredet, durch den Beweismittel – ganz im Sinne des für den Warenverkehr geltenden „Prinzips der Freizügigkeit" – zu unionsweit verkehrsfähigen Produkten werden.[366] Dies ist schon oben kritisiert worden (Rn. 60 sowie § 9 Rn. 12), womit klar sein dürfte, dass nur ein gemeinsames (supranationales oder harmonisiertes) europäisches Strafverfahrensrecht[367] oder zumindest ein **europäisches Beweiszulassungsverfahren** eine ausreichende Grundlage supranationalisierter Beweisrechtshilfe schafft.[368]

68 Mit dem **Grünbuch „Erlangung verwertbarer Beweise in Strafsachen aus einem anderen Mitgliedstaat"**[369] schlug die Kommission vor, die traditionelle Rechtshilfe durch eine transnationale Beweiserlangung auf der Grundlage des Prinzips gegenseitiger Aner-

[362] Krit. *Gleß,* StV 2004, 679 (681); *Leutheusser-Schnarrenberger,* StraFo 2007, 269 (271); *Roger,* GA 2010, 27 (34); *European Criminal Policy Initiative,* ZIS 2013, 424.

[363] *Roger,* GA 2010, 41; bzgl. des Rb Sicherstellung krit. *Krüßmann,* S. 601. Vgl. auch *Gleß,* in: Böse, 2013, § 38 Rn. 69ff.; *Mavany,* S. 72ff., 145ff.; krit. *Hauck,* in: Böse, 2013, § 11 Rn. 66. Zu Rechtsbehelfen bei der Rechtshilfe in Deutschland s. *OLG Dresden* StV 2011, 430. Krit. auch *European Criminal Policy Initiative,* ZIS 2013, 424. Zum Rechtsschutz auch *Vermeulen,* S. 21f.

[364] Vgl. *Ambos,* 2010b, S. 81ff.; *Roger,* GA 2010, 42; *Claverie-Rousset,* EuCLR 2 (2012), 158 (162f.); *Mavany,* S. 93, 159ff.

[365] KOM (2001) 715 endg., 7ff.; dazu *Stiegel,* ZRP, 2003, 175; *Hecker,* 2012, § 14 Rn. 35ff.

[366] Grdl. *Sieber,* ZStW 103 (1991), 963; *ders.,* ZRP 2000, 190; ferner *Gleß,* ZStW 115 (2003), 136ff.; *Wolter,* FG Hilger, 2003, S. 277.

[367] Zu dessen Realisierbarkeit freilich mit Recht skeptisch *Chiavario,* RIDPP 2005, 987; *Bachmaier,* ZIS 2010, 587f. Siehe jedoch die nun erarbeiteten EU Model Rules, abrufbar unter http://www.eppo-project.eu/index.php/EU-model-rules (zuletzt abgerufen am 1.7.2014).

[368] Dazu schon *Biehler/Gleß/Parra/Zeitler,* Analyse des Grünbuchs zum Schutz der finanziellen Interessen der EG und zur Schaffung einer europäischen Staatsanwaltschaft, 2002, S. 46; *Gleß,* ZStW 115 (2003), 148ff. (zu ihrem weiterführenden Vorschlag vgl. schon 2. Aufl., § 12 Rn. 57c.); *Radtke,* GA 2004, 19f.; *Braum,* ZRP 2002, 513; *Tiedemann,* FS Eser, 2005, S. 894ff.; *Brüner/Hetzer,* NStZ 2003, 117f.; *Hecker,* 2012, § 12 Rn. 68; *Roger,* GA 2010, 32f.; *Claverie-Rousset,* EuCLR 2 (2012), 156 (164ff.); zur positiven Wirkung auf die (weitergehende) Harmonisierung des Strafverfahrensrechts *Catalano,* DPP 2007, 529f.; skeptisch *Gaede,* ZStW 115 (2003), 876f., der die Schaffung „eines in sich geschlossenen europäischen rechtsstaatlichen Strafverfahrensrechts" favorisiert.

[369] KOM (2009) 624 endg., s. dazu auch *Busemann, Ambos, Schierholt, Allegrezza, Bachmaier, Winter, Lelieur u. Spencer,* in: ZIS 2010, 552ff.

kennung zu ersetzen. Dazu sollen die schon bestehenden Instrumente, die entweder auf der klassischen Rechtshilfe (schon Rn. 60 ff.) oder der ggs. Anerkennung (insbesondere EBA, Rn. 65 f.) beruhen, in einem Instrument *zusammengefasst* werden, weil die derzeitige unübersichtliche Rechtslage den „Rechtsanwender verunsichern" könne[370] und zudem die nur partiellen Einsatzmöglichkeiten der einzelnen Instrumente eine effektive Anwendung in der Praxis erheblich erschwere.[371] Insbesondere soll die Rechtshilfe durch ggs. Anerkennung *effizienter*[372] und auch die *Verwertbarkeit* der erlangten Beweise[373] sichergestellt werden. Über die EBA hinausgehend sollen auch Echtzeitinformationen zwischen den Mitgliedstaaten übermittelt werden. Schließlich werden auch *„nichtlegislative Maßnahmen"* wie Leitfäden oder Schulungen für Rechtsanwender vorgeschlagen.

69 Obwohl das Grünbuch auf sehr viel Kritik, auch innerhalb der Mitgliedstaaten, gestoßen ist,[374] haben Rat und Parlament 2014 eine entsprechende Richtlinie über die **Europäische Ermittlungsanordnung („EEA")**[375] verabschiedet. Damit wurde ein einheitliches Rechtshilfeinstrument geschaffen, das alle Ermittlungsmaßnahmen mit Ausnahme der gemeinsamen Ermittlungsgruppen erfasst (Art. 3 Rl EEA).[376] Wie schon bei der EBA kann anordnendes Organ nicht nur ein Gericht, sondern auch „jede andere vom Anordnungsstaat bezeichnete zuständige Behörde, die in dem betreffenden Fall in ihrer Eigenschaft als Ermittlungsbehörde in einem Strafverfahren nach nationalem Recht für die Anordnung der Erhebung von Beweismitteln zuständig ist,"[377] sein; allerdings muss in diesem Fall die EEA vor der Übermittlung an die Vollstreckungsbehörde durch einen (Ermittlungs-)Richter oder Staatsanwalt validiert werden (Art. 2 (c) (ii) Rl EEA).[378] Erfasst werden dabei nicht nur Strafverfahren i. e. S., sondern alle Verfahren, die Verwaltungs- oder Justizbehörden „wegen Handlungen

370 KOM (2009) 624 endg., S. 5.

371 Vgl. auch *Zeder,* EuR 2012, 38: „Zu kritisieren ist [...], dass [...] Regelungen kompliziert und kasuistisch sind und überdies zu analogen Regelungsgegenständen voneinander abweichen"; *Claverie-Rousset,* EuCLR 2 (2012), 152 f.; vgl. auch eucrim 2011, 68 f. sowie *Rackow,* in: Ambos, 2011, S. 119.

372 Dazu krit. *Ambos,* ZIS 2010, 558 m. w. N.

373 Zum Problem der Beweisverwertung im transnationalen Strafprozess grdl. *Krüßmann,* S. 333 ff., 628 ff.

374 Vgl. http://ec.europa.eu/justice/news/consulting_public/news_consulting_0004_en.htm (zuletzt abgerufen am 1.7.2014); vgl. etwa *Busemann, Ambos, Allegrezza, Spencer* in: ZIS 2010, 552 ff. m. w. N.

375 Rl 2014/14/EU, Abl. EU L 130 v. 1.5.2014, 1. Zum ersten Vorschlag von *Belgien et al.*, Rats-Dok. 9145/10. Der Vorschlag stieß auf weitgehende Unterstützung der Kommission; der Rat hat den gemeinsamen Vorschlag am 21.12.2011 angenommen (Rats-Dok. 18918/11). Vgl. auch eucrim 2011, 113. – Siehe dazu *Rackow/Birr,* GoJIL 2010, 1110 ff.; *Brand,* DRiZ 2010, 317; *Buchard,* S. 278 ff.; *Ahlbrecht,* StV 2013, 114 ff. sowie die Stellungnahmen des DRiB Nr. 29/10, 59/10, 27/11, abrufbar unter http://www.drb.de. S. auch eucrim 2010, 98 f., 145 f. Krit. zur Qualität des Entwurfs *Heydenreich,* StraFo 2012, 442 f. *Zimmermann/Glaser/Motz,* EuCLR 1 (2011), 70 kritisieren den Vorstoß als verfrüht, da noch keine Erfahrungen mit der EBA gesammelt werden konnten.

376 Siehe auch die Erwägungsgründe 7 und 8 der Rl EEA. Krit. *Vermeulen,* S. 33 ff.; aus datenschutzrechtlicher Sicht der Eur. Datenschutzbeauftragte, eucrim 2010, 146; ebenso *Ahlbrecht,* StV 2013, 117; *Heydenreich,* StraFo 2012, 444.

377 Das schließt allg. Verwaltungsbehörden, einschl. die Polizei (so schon zum ersten Entwurf *Rackow/Birr,* GoJIL 2010, 1112; siehe auch *Erbežnik,* EuCLR 2 [2012], 6 f.; *Vermeulen,* S. 13 ff.; krit. *Heydenreich,* StraFo 2012, 443; *Zimmermann/Glaser/Motz,* EuCLR 1 [2011], 74; *Rackow,* in: Ambos, 2011, S. 126 ff.), ein. Nach einer Umfrage der Kommission (eucrim 2010, 145) ist dies aber nur in fünf MS (Finnland, Litauen, Österreich, Schweden, Slowenien) vorgesehen.

378 Dazu *European Criminal Policy Initiative,* ZIS 2013, 425. Vgl. zum Richtervorbehalt bei der ggs. Anerkennung generell *Weyembergh,* in: Ligeti, S. 945 ff.

eingeleitet haben, die nach dem nationalen Recht des Anordnungsstaats als Zuwiderhandlungen gegen Rechtsvorschriften geahndet werden, sofern gegen die Entscheidung ein auch in Strafsachen zuständiges Gericht angerufen werden kann" (Art. 4 (b), (c) Rl EEA).[379] Die Anordnung ist vom Vollstreckungsstaat grds. innerhalb von 120 Tagen auszuführen (Art. 9 Abs. 1; 12 Abs. 1, 3, 4 Rl EEA). Ähnlich wie beim EuHb soll damit auch die Ermittlungsanordnung einem strengen Fristenregime unterworfen werden, um die Vollstreckung effizienter zu machen. Bei der Vornahme der gewünschten Ermittlungshandlung hat die Vollstreckungsbehörde grundsätzlich die von der Anordnungsbehörde angegebenen Formvorschriften und Verfahren einzuhalten (Art. 9 Abs. 2); es gilt also das Prinzip des *forum regit actum.*[380] Abweichungen von der Anordnung oder die vollständige Verweigerung der Vollstreckung sind allerdings in Ausnahmefällen möglich, bspw. dann, wenn die Ermittlungsmaßnahme im Recht des Vollstreckungsstaates überhaupt nicht oder nur für andere Straftaten vorgesehen ist[381] oder die Beweiserhebung mit milderen, gleich wirksamen Mitteln durchgeführt werden kann (Art. 10 Abs. 1, 3 Rl EEA). Insofern wird der Grundsatz der ggs. Anerkennung also durch das Verhältnismäßigkeitsprinzip beschränkt, was zu begrüßen ist.[382] Zudem ist bereits die Anordnungsbehörde gehalten, die Verhältnismäßigkeit der betreffenden Ermittlungsmaßnahme zu prüfen (Art. 6 Abs. 1 (a) Rl EEA).[383] Etwas anachronistisch erscheint jedoch der bereits im RbEBA vorgesehene Ablehnungsgrund der drohenden Schädigung von „wesentlichen nationalen Sicherheitsinteressen" (Art. 11 Abs. 1 (b) Rl EEA).[384] Demgegenüber fehlt ein allgemeiner Ablehnungsgrund, wenn die Ermittlungsmaßnahme in einem nationalen Strafverfahren im Vollstreckungsstaat (z. B. wegen Strafunmündigkeit des Verfolgten oder Verjährung) nicht erlassen werden dürfte.[385] Zudem weichen die vorgesehenen Ablehnungsgründe von anderen Instrumenten, wie dem Rb Überwachung oder dem RbEuHb ab, was zu teilweise widersinnigen Ergebnissen im Einzelfall führen kann.[386] Für einzelne Bereiche wie die temporäre Verbringung einer inhaftierten Person zu Ermittlungszwecken, Video- oder Telefonkonferenz, Informationen über Bankkonten und -transaktionen einschließlich deren Aufzeichnung sowie Echtzeitinformationen sieht der Vorschlag speziellere Regelungen vor (Art. 22ff. Rl EEA).[387] Im Gegensatz zu einem früheren Regelungsvorschlag, der auf den sonst üblichen Deliktskatalog verzichtete, die beiderseitige Strafbarkeit aber gleichwohl (generell) entfallen ließ,[388] ist in der endgültigen

---

379 Krit. unter Verhältnismäßigkeitsaspekten *Zimmermann/Glaser/Motz,* EuCLR 1 (2011), 70f.; unter prozessökonomischen Gesichtspunkten *Rackow,* in: Ambos, 2011, S. 125.

380 Ausf. *Zimmermann/Glaser/Motz,* EuCLR 1 (2011), 71ff.; *Vermeulen,* S. 41ff.; *Gleß,* ZStW 125 (2013), 590; s. auch *Rackow,* in: Ambos, 2011, S. 133f.

381 Vgl. dazu *Vermeulen,* S. 32f.

382 Vgl. auch *Zimmermann/Glaser/Motz,* EuCLR 1 (2011), 69; *Gleß,* in: Böse, 2013, § 16 Rn. 43; *Ruggeri,* ZStW 125 (2013), 416ff.

383 Dazu *Ruggeri,* ZStW 125 (2013), 414ff.

384 *Zimmermann/Glaser/Motz,* EuCLR 1 (2011), 69 („bit outmoded").

385 *Ahlbrecht,* StV 2013, 117. Krit. angesichts der nur wenig harmonisierten nationalen Regelungen *Zimmermann/Glaser/Motz,* EuCLR 1 (2011), 75f. Vgl. auch *Ouwerkerk,* S. 113.

386 Näher *European Criminal Policy Initiative,* ZIS 2013, 426; krit. auch *Zimmermann/Glaser/Motz,* EuCLR 1 (2011), 78ff. Allgemein kritisch zur unterschiedlichen Umsetzung des Grundsatzes der ggs. Anerkennung in den verschiedenen Rechtsakten *Böse,* in: Ambos, 2011, S. 61ff.

387 Krit. hinsichtlich der Aufnahme in die EEA *Claverie-Rousset,* EuCLR 2 (2012), 155. Krit. auch hinsichtlich der inkohärenten Einordnung als „Zwangsmaßnahmen" *Ruggeri,* ZStW 125 (2013), 425ff.

388 Dazu krit. *Bachmeier,* ZIS 2010, 585; *Rackow/Birr,* GoJIL 2010, 1117; *Ahlbrecht,* StV 2013, 117; *Heydenreich,* StraFo 2012, 440f.; *Vermeulen,* S. 32.

Richtlinienfassung der schon vom RbEuHb bekannte Deliktskatalog wieder enthalten (Art. 11 Abs. 1 (g) i. V. m. Anhang D Rl EEA). Bedenklich erscheint allerdings, dass der von der Maßnahme Betroffene die Sachgründe für den Erlass der EEA nur im Anordnungsstaat überprüfen lassen können soll (Art. 14 Abs. 2 Rl EEA) und sich somit mit einer für ihn fremden Rechtsordnung und Sprache auseinandersetzen muss, obwohl er ggf. überhaupt keine Verbindung zu diesem Staat hat.[389]

IV. Vollstreckungshilfe

1. Überstellungs- und Vollstreckungsabkommen

Das Überstellungsübereinkommen des **Europarats** (ÜberstÜbk)[390] reicht über Europa hinaus und verfolgt das Ziel, dass Verurteilte ihre **Strafe im Heimatland** verbüßen können, um auf diesem Wege die **Resozialisierung** zu erleichtern und den Strafvollzug humanitärer zu gestalten. Das Abkommen begründet jedoch keine Verpflichtung zur Überstellung. Diese beruht vielmehr auf dem Konsens von Urteils- und Heimatstaat und bedarf der Zustimmung des Betroffenen (Art. 3 Abs. 1 (d) und (f), Art. 7). Das Abkommen regelt auch die Vollstreckung nach dem Transfer, wobei die Sanktion entweder fortgesetzt oder in eine gleichwertige umgewandelt wird (Art. 8, 9). Der der Überstellung folgende Strafvollzug inkl. einer etwaigen Strafaussetzung zur Bewährung richtet sich nach dem Recht des Vollstreckungsstaates.[391] Das **ZP**[392] ermöglicht die Vollstreckung im Heimatstaat ohne Zustimmung des Betroffenen, wenn dieser sich der Vollstreckung durch Flucht aus dem Urteils- in den Heimatstaat zu entziehen sucht (Art. 2).[393] Ferner wird die Vollstreckung in den Staat verlagert, in den der Betroffene rechtskräftig abgeschoben wird (Art. 3). 70

Das ÜberstÜbk wird durch Art. 67–69 **SDÜ** zur **Übertragung der Vollstreckung** von Strafurteilen ergänzt (Art. 67 SDÜ). Art. 68 Abs. 1 sieht die Möglichkeit eines Ersuchens um Übernahme der Strafvollstreckung an den Heimatstaat des Verurteilten vor, wenn er in diesen Staat geflohen ist und dort „angetroffen" wird. Der Betroffene muss dieser Übertragung der Strafvollstreckung *nicht* zustimmen (Art. 69 Abs. 1). 71

Das **EG-VollstrÜbk** knüpft an das *ÜberstÜbk* des Europarats und die Art. 67–69 SDÜ an, wobei freilich das ÜberstÜbk laut Präambel nur „berücksichtigt" wird, also nicht als Mutterkonvention gelten kann.[394] Immerhin geht es auch im EG-VollstrÜbk zentral um die Frage, inwieweit auf die Zustimmung des Betroffenen zum Vollstreckungstransfer verzichtet werden kann (vgl. explizit Art. 69 SDÜ). Art. 3 erfordert insoweit – ähnlich Art. 3 ÜberstÜbk und Art. 68 SDÜ – dass sich der Verurteilte im Hoheitsgebiet des Vollstreckungsstaates befindet. Ziel ist die *Beseitigung von Vollstreckungshindernissen;* es geht vorrangig um eine *Effektivierung der Strafverfolgung,* nicht um Resozialisierung und Humanisierung des Strafvollzugs wie beim ÜberstÜbk. Als **spezifisches Abkommen** ist zudem das Übk. vom 17.6.1998 über die Vollstreckung des ausländischen *Entzugs der Fahrerlaubnis* zu nennen.[395] 72

[389] Vgl. schon oben die ähnliche Kritik zum Rb EBA o. Rn. 66. Siehe auch *Heydenreich,* StraFo 2012, 439 ff.

[390] O. Fn. 51; zusf. S/L/G/H/*Schomburg/Hackner,* II C Rn. 1 ff.

[391] *OLG Karlsruhe* StV 2012, 546.

[392] O. Fn. 52; zusf. S/L/G/H/*Schomburg/Hackner,* II C 1 Rn. 1 ff.

[393] Zum Fluchtbegriff *OLG Dresden* NStZ 2012, 102.

[394] Zusf. S/L/G/H/*Schomburg/Hackner,* III C 1 Rn. 3.

[395] Abl. EG C 216 v. 10.7.1998, 2.

2. Instrumente auf der Grundlage gegenseitiger Anerkennung

73 Im **Grünbuch Sanktionen**[396] wurde überprüft, ob die Unterschiede in den mitgliedstaatlichen Sanktionssystemen der Schaffung eines Raums der Freiheit, der Sicherheit und des Rechts entgegenstehen und in welchen Bereichen insoweit Handlungsbedarf besteht (S. 2). Die Kommission hält eine Rechtsangleichung im Bereich des Sanktionenrechts insbesondere deshalb für sinnvoll und erforderlich, um das gemeinsame Rechtsgefühl der EU-Bürger zu stärken, um zu verhindern, dass Straftäter von unterschiedlichen Strafandrohungen profitieren und um die Akzeptanz eines europaweiten Doppelverfolgungsverbot (dazu § 10 Rn. 112ff.) zu erhöhen (S. 10). Darüberhinaus soll die Beseitigung von Unterschieden im Sanktionenrecht das gegenseitige Vertrauen stärken und so die Anerkennung strafrechtlicher Entscheidungen erleichtern (S. 10f.). Nach einer Analyse der einschlägigen europäischen Rechtsakte stellt die Kommission fest, dass dank des RbEuHb und der (damaligen) Vorschläge für Rechtsakte im Bereich der gegenseitigen Anerkennung von Geldstrafen und -bußen, Einziehungsentscheidungen und Entscheidungen über die Aberkennung von Rechten bereits Fortschritte erzielt wurden, insbesondere im Bereich der Anerkennung freiheitsentziehender Sanktionen und deren Vollstreckung allerdings noch Handlungsbedarf besteht (S. 28).[397] Mit Blick auf die erheblichen Divergenzen im Sanktionenrecht der Mitgliedstaaten (S. 29ff. sowie Anhänge I-III) hält die Kommission insbesondere die Festlegung einer einheitliche Sanktion für die Beteiligung an einer kriminellen Vereinigung[398] für wünschenswert und regt zudem die Einführung gemeinsamer Höchststrafen an, wobei sogar die Aufhebung der lebenslangen Freiheitsstrafe angedacht wird (S. 56f.); bei Verstößen gegen das Gemeinschaftsrecht sollen Mindestvorschriften zur Bestimmung des Tatbestandes und der (Geld-)Sanktion erlassen werden (S. 57). Eine weitere Rechtsgleichung wird zudem in den Bereichen Sanktionierung juristischer Personen (S. 58) und Einsatz alternativer Sanktionen (S. 59f.) für wünschenswert erachtet. Darauf aufbauend werden Vorschläge für die gegenseitige Anerkennung und Vollstreckung freiheitsentziehender und alternativer Sanktionen unterbreitet (S. 63ff.; vgl. dazu auch Rn. 74).

74 Die **Europäische Vollstreckungsanordnung**[399] sieht vor, dass der Urteilsstaat („Ausstellungsstaat“) die Vollstreckung „seines“ Urteils in einem anderen Mitgliedstaat („Vollstreckungsstaat“) anordnen kann, wenn sich die verurteilte Person in diesem Staat aufhält (Art. 3 Abs. 2 Rb). Der Vollstreckungsstaat ist – vorbehaltlich bestimmter Versagungsgründe (Art. 9)[400] – verpflichtet, das ausländische Urteil anzuerkennen und – nach seinem Recht (Art. 17) – zu vollstrecken (Art. 3 Abs. 1). Ziel ist die Resozialisierung verurteilter Ausländer in ihrer gewohnten (inländischen) Umgebung (ex Art. 3 Abs. 1 sowie Erwägungsgrund 9) sowie die Verringerung des Anteils von EU-Ausländern in inländischen Haftanstalten.[401] Der Vollstreckungsstaat soll grundsätzlich der

[396] KOM (2004) 334 endg.

[397] Siehe dazu den 2008 erlassenen Rb Vollstreckungsanordnung, Rn. 74.

[398] Vgl. GM v. 21.12.1998.

[399] Rb 2008/909/JI, Abl. EU L 327 v. 5.12.2008, 27; geändert durch ÄndRb 2009/299/JI, Abl. EU L 81 v. 27.3.2009, 24; dazu *Morgenstern,* in: Böse, 2013, § 15 Rn. 32ff.; zum Entwurf *Morgenstern,* ZIS 2008, 76ff.

[400] Z. B. fehlende Zustimmung des Betroffenen (Art. 9 Abs. 1 (b)), Verstoß gegen *ne bis in idem* (c), entgegenstehende Immunität oder Alter des Betroffenen (f, g).

[401] Vgl. *Morgenstern,* ZIS 2008, 76; *Plachta,* in: Jareborg, Double Criminality, 1989, S. 84, 96 m.w.N.

Heimat- bzw. Aufenthaltsstaat des Verurteilten sein (Art. 4 Abs. 1 (a) u. (b), Erwägungsgrund 17), ausnahmsweise aber auch jeder andere Mitgliedstaat (Art. 4 Abs. 1 (c)), wenn dieser und der Verurteilte zustimmen (Art. 4 Abs. 3 S. 2, 6 Abs. 1). In jedem Fall hat sich der Ausstellungsstaat zu vergewissern, dass die Vollstreckung der Freiheitsstrafe im ausgewählten Vollstreckungsstaat der Resozialisierung des Betroffenen dient (Art. 4 Abs. 2). Auf das Erfordernis der *beiderseitigen Strafbarkeit* wird bei bestimmten Straftaten – entsprechend dem EuHb-Katalog (o. Rn. 41) – verzichtet, wenn diese im Höchstmaß mit mindestens drei Jahren Freiheitsentziehung bedroht sind (Art. 7 Abs 1) und kein Vorbehalt angebracht wurde (Art. 7 Abs. 4). Der Verurteilte darf grundsätzlich nur für die Handlungen verfolgt oder verurteilt werden, die die Grundlage der Überstellung bilden (*Grundsatz der Spezialität,* Art. 18). Der Vollstreckungsstaat darf die Sanktion nach Art und Dauer unter bestimmten engen Voraussetzungen an sein Recht anpassen, jedoch nicht verschärfen (Art. 8). Jedenfalls muss die „volle Dauer" des bereits verbüßten Freiheitsentzugs angerechnet werden (Art. 17 Abs. 2).[402] Deutschland ist seiner Verpflichtung zur Umsetzung des Rb bislang nicht nachgekommen.

75 Der Rb zur gegenseitigen Anerkennung von **Geldstrafen und Geldbußen**[403] regelt die EU-weite Anerkennung von Geldstrafen und -bußen, insbesondere auf dem Gebiet des Verkehrsrechts.[404] Dabei kann die zu vollstreckende Entscheidung (wie es im Bereich der Ordnungswidrigkeiten auch in Deutschland der Fall ist) auch von einer Verwaltungsbehörde erlassen werden, sofern die Möglichkeit einer gerichtlicher Überprüfung besteht (Art. 1 (a) (iii)). Der Vollstreckungsstaat ist grundsätzlich zur Anerkennung und Vollstreckung der ausländischen Entscheidung verpflichtet, wobei insbesondere das Erfordernis der *beiderseitigen Strafbarkeit* bei den in Art. 5 genannten „Straftaten und Verwaltungsübertretungen (Ordnungswidrigkeiten)"[405] entfällt.[406]

[402] Wenn damit eine 1:1 Anrechnung gemeint ist (unklar insoweit die französische Fass.: „déduit *intégralement* la période de privation de liberté déjà subie", Herv. K. A.), würde dies mit Blick auf die sonst übliche flexible Anrechnung nach Ermessen (§ 51 Abs. 4 StGB) zu einer Ungleichbehandlung von EU- und Nicht-EU-Ausländern und zu einer Schlechterstellung jener führen, wenn der Freiheitsentzug im Nicht-EU-Ausland höher angerechnet würde (krit. auch *Morgenstern,* ZIS 2008, 81). Ganz abgesehen davon würde damit über den Grds. ggs. Anerkennung eine Gleichheit der Haftbedingungen innerhalb der EU fingiert, die der Realität nicht entspricht (vgl. nur EP, Bericht über die Haftbedingungen in der EU vom 22. 10. 1998, Parl.-Dok. A4–0369/98, noch vor der Ost-Erweiterung erstellt!). Vgl. auch die Bedenken der Kommission KOM (2011) 327 endg., S. 5ff. sowie *Mansell,* EuCLR 2 (2012), 41. Krit. auch *Morgenstern,* in: Böse, 2013, § 15 Rn. 44. Vgl. zu den Möglichkeiten der Abweichung auch *Ouwerkerk,* S. 100ff.

[403] Rb 2005/214/JI, Abl. EU L 76 v. 22.3.2005, 16; geändert durch ÄndRb 2009/299/JI, Abl. EU L 81 v. 27.3.2009, 24. S. dazu näher *Karitzky/Wannek,* NJW 2010, 3393; *Hackner/Trautmann,* DAR 2010, 71; *Burhoff,* ZAP 2010, 539; *Schünemann/Roger,* ZIS 2010, 515; *Böse,* ZIS 2010, 607; *Bönke,* NZV 2006, 19; *Albrecht,* SVR 2007, 361; *Gless,* 2011, Rn. 504; *Gleß,* in: Sieber et al., § 39a Rn 1ff.; *Johnson/Plötzgen-Kamradt,* eucrim 2011, 33; *Morgenstern,* in: Böse, 2013, § 15 Rn. 63ff.; *Miettinen,* S. 190f. Zur Umsetzung in anderen Mitgliedstaaten s. KOM(2008) 888 endg.; Rats-Dok. 9015/2/12 REV 2 zur Umsetzung in Österreich *Pronebner,* DAR-Extra 2010, 748; *Johnson,* ZIS 2013, 361.

[404] Vgl. Erwägungsgrund 4. Krit. zur Anwendbarkeit auf Verkehrsdelikte *Schünemann/Roger,* ZIS 2010, 522f. Neben den Geldstrafen können auch Verfahrenskosten geltend gemacht werden, jedoch nur, wenn das Verfahren auch mit der Verhängung einer Geld- und nicht etwa einer Freiheitsstrafe endete, *Johnson,* eucrim 2013, 66.

[405] Krit. hinsichtlich der in einigen Mitgliedstaaten auf Kriminalstrafen beschränkten Umsetzung *Johnson,* eucrim 2013, 66f. Zur Halterhaftung *KG* NStZ 2013, 603.

[406] Zu den Grenzen der ggs. Anerkennung vgl. u. a. *FG Hamburg* DAR 2010, 281 („Vollstreckung öster-

Im Vergleich zum RbEuHB (Rn. 41) wurde die Liste um sieben Deliktstypen aus dem Bagatellbereich, namentlich bestimmte Verkehrsverstöße, ergänzt.[407] Mögliche Versagungsgründe sind in Art. 7 aufgezählt, wobei insbesondere die Bagatellklausel des Art. 7 Abs. 2 (h), derzufolge die Vollstreckung verweigert werden kann, wenn die Geldbuße unter 70 Euro liegt, von praktischer Bedeutung sein dürfte.[408] Die Vollstreckungserlöse stehen vorbehaltlich abweichender Vereinbarungen dem Vollstreckungsstaat zu (Art. 13).[409]

Der Rb wurde im Juli 2010 durch das **EU-GeldsanktionenG** ohne wesentlichen Änderungen umgesetzt (vgl. i. W. §§ 87–87p IRG).[410] Das Gesetz unterscheidet – ganz klassisch – zwischen Zulässigkeit und Bewilligung (§§ 87b, 87d IRG), wobei eine grds. Pflicht zur Bewilligung besteht, die nur entfallen kann, wenn die Tat entweder (auch) in Deutschland oder außerhalb des Hoheitsgebiets des ersuchenden Mitgliedstaates begangen wurde (vgl. auch Art. 7 Abs. 2 (d) Rb). Zentrale Bewilligungsbehörde ist das Bundesamt für Justiz in Bonn.[411] Die sonstigen (fakultativen) Versagungsgründe des Art. 7 Rb hat der Gesetzgeber als *obligatorische* Unzulässigkeitsgründe in § 87b IRG übernommen[412] und um den zusätzlichen Ablehnungsgrund der verschuldungsunabhängigen Haftung (Abs. 3 Nr. 9)[413] ergänzt. Gegen die Bewilligungsentscheidung kann der Betroffene Einspruch beim zuständigen AG einlegen (§ 87h IRG).[414] Im Unterschied zum Rb (Art. 10) sieht die deutsche Umsetzung keine Ersatzfreiheitsstrafe vor.[415]

76 Dem Rb über die **Europäische Überwachungsanordnung in Ermittlungsverfahren**[416] liegt der Gedanke der gegenseitigen Anerkennung von *u-haftvermeidenden* Überwachungsmaßnahmen[417] zugrunde (Art. 8 Rb). Damit wird deutlich, dass ggs.

reichischer Geldbußen wegen Nichtbenennung des Fahrers [...] (vorläufig) nicht möglich"). Vgl. auch *Gleß,* in: Sieber et al., § 39a Rn 34ff.

407 Diese sind: „gegen die den Straßenverkehr regelnden Vorschriften verstoßende Verhaltensweisen, einschließlich Verstöße gegen Vorschriften über Lenk- und Ruhezeiten und des Gefahrgutrechts", „Warenschmuggel", „Verletzung von Rechten an geistigem Eigentum", „Bedrohungen von Personen und Gewalttaten gegen sie, einschließlich Gewalttätigkeit bei Sportveranstaltungen", „Sachbeschädigung", (einfacher) „Diebstahl" sowie „Straftatbestände, die vom Entscheidungsstaat festgelegt wurden und durch Verpflichtungen abgedeckt sind, die sich aus im Rahmen des EG-Vertrags oder des Titels IV des EU-Vertrags erlassenen Rechtsakten ergeben". Siehe hierzu auch die Erklärung der BRD, BT-Drs. 17/1288, 24; dazu *Schmidt,* NZWiSt 2012, 97.

408 Krit. und zu den Konsequenzen *Schünemann/Roger,* ZIS 2010, 522f.

409 Zum Umfang und den ersten praktischen Erfahrungen *Johnson,* eucrim 2013, 65 (67).

410 Gesetz zur Umsetzung des Rb 2005/214/JI v. 8.7.2010, BGBl. I 2010 S. 1408. Zur rahmenbeschlusswidrigen Stichtagsregelung des § 98 StGB siehe *Trautmann,* NZV 2011, 57 (62); S/L/G/H/*Trautmann/Hackner,* § 98 IRG Rn. 4. Überblick über die Umsetzung und die ersten praktischen Erfahrungen bei *Johnson,* eucrim 2013, 65ff. Sehr kritisch zum Gesetz *Schünemann/Roger,* ZIS 2010, 515, die schon der Meinung sind, das Gesetz hätte gar nicht erlassen werden dürfen (S. 516ff.; „ein sich als ‚Lakai von Brüssel' fühlender Bundestag"); Replik von *Böse,* ZIS 2010, 607 (609: „völlig überzogen"); Duplik von *Schünemann,* ZIS 2010, 735). Relativierend *Vogel,* JZ 2012, 27.

411 Zu den Vorteilen einer zentralen Behörde *Johnson,* eucrim 2013, 66.

412 Siehe näher *Schmidt,* NZWiSt 2012, 96ff. In der Praxis sind die Verweigerungsgründe jedoch nicht relevant, *Johnson,* eucrim 2013, 67.

413 Diese Regelung wurde als notwendig erachtet, weil einige Mitgliedstaaten eine verschuldensunabhängige Haftung des Kfz-Halters vorsehen, s. hierzu auch *OLG Köln* NZV 2012, 450; *OLG Düsseldorf* ZIS 2012, 78; *AG Bochum* DAR 2012, 222.

414 Zum (aus ihrer Sicht) mangelnden Rechtsschutz: *Schünemann/Roger,* ZIS 2010, 519f.

415 Vgl. BT-Drs. 17/1288, 17.

416 Rb 2009/829/JI, Abl. EU L 294 v. 11.11.2009, 20; dazu instrukt. *Esser,* in: Joerden/Szwarc, S. 244ff.; *Kazele,* NJ 2010, 1; auch *Satzger,* 2013, § 10 Rn. 36; zur historischen Entwicklung *Neveu,* NJECL 4 (2013), 134ff.; zum Verfahren ebd., S. 146ff.

417 Zur Vielzahl und Vielgestaltigkeit der in den verschiedenen Mitgliedstaaten anerkannten Überwachungsmaßnahmen und den hieraus resultierenden Umsetzungsproblemen *Flore et al.,* S. 3; *Neveu,* NJECL 4 (2013), 143.

Anerkennung auch zugunsten des Beschuldigten – es geht um die Vermeidung von U-Haft! – wirken kann.[418] Der Rb soll insbesondere für eine Gleichbehandlung zwischen im Forumstaat wohnhaften und Tatverdächtigen mit Wohnsitz in anderen Mitgliedstaaten sorgen (Erwägungsgrund 5), weil letztere regelmäßig häufiger inhaftiert werden.[419] Gleichzeitig soll aber auch die Allgemeinheit durch die Möglichkeit der Überwachung besser geschützt werden, bestand doch zuvor nur die Möglichkeit, den Beschuldigten in Haft zu nehmen oder ihn (ohne Überwachung) in Freiheit zu lassen (Erwägungsgrund 3). Das Erfordernis der *beiderseitigen Strafbarkeit* entfällt bei – dem RbEuHb-Katalog (Rn. 41) entsprechenden[420] – 32 Deliktsbereichen (Art. 14).

Der Rb zur **Berücksichtigung** der in anderen Mitgliedstaaten ergangenen **Verurteilungen in einem neuen Strafverfahren**[421] regelt, unter welchen Voraussetzungen bereits bestehende Verurteilungen bei der Verurteilung wegen einer anderen Tat in einem anderen MS zu berücksichtigen sind (Art. 1). Dabei soll den im EU-Ausland ergangenen früheren Verurteilungen die gleiche Wirkung wie inländischen Verurteilungen zukommen (Art. 2). 77

Der Rb über die **ggs. Anerkennung von Urteilen und Bewährungsentscheidungen** im Hinblick auf die **Überwachung von Bewährungsmaßnahmen und alternativen Sanktionen**[422] soll – wie schon der Rb Vollstreckungsanordnung, der vorrangig gilt (Art. 1 Abs. 3 (b)) – vor allem die Resozialisierungschancen des Betroffenen verbessern (Art. 1). Gleichzeitig soll die Überwachung von Bewährungsauflagen verbessert und somit die Strafrückfälligkeit vermindert werden (Erwägungsgrund 8). Dies soll im Bereich der im Rb aufgeführten Maßnahmen (z. B. Verpflichtung des Verurteilten, bestimmte Orte und Personen zu meiden oder bestimmte Meldeverpflichtungen, Art. 4 Abs. 1) geschehen, wobei die MS auch die Überwachung weiterer Maßnahmen übernehmen können (Art. 4 Abs. 2). Die Vollstreckung und Folgenentscheidungen richten sich nach dem Recht des Vollstreckungsstaats (Art. 13, 14). Eine *Anpassung* der angeordneten Maßnahme ist dann möglich, wenn sie mit dem Recht des Vollstreckungsstaats andernfalls nicht vereinbar ist (Art. 9 Abs. 1), wobei sie nicht strenger oder länger als die angeordnete Maßnahme sein darf (Art. 9 Abs. 3). Der Vollstreckungsstaat kann die Vollstreckung u. a. dann *versagen,* wenn die *beiderseitige Strafbarkeit* nicht vorliegt (sie entfällt allerdings auch hier beim EuHb-Deliktskatalog [Rn. 41], Art. 10), der Grundsatz *ne bis in idem* verletzt würde, Immunität besteht oder Vollstreckungsverjährung nach dem Recht des Vollstreckungsstaats hinsichtlich einer in seine Zuständigkeit fallenden Handlung eingetreten ist (Art. 11). 78

[418] Kritisch hingegen *Heine,* Europäisierung, 2009, S. 152, derzufolge die Überwachungsanordnung keinen „wirklichen Mehrwert für den Beschuldigten" mit sich bringt. Krit. hinsichtl. der fehlenden Einflussmöglichkeiten des Beschuldigten auch *Neveu,* NJECL 4 (2013), 145 f.

[419] Siehe nur den deutschen Haftgrund „Fluchtgefahr" (§ 112 Abs. 2 Nr. 2 StPO), der insbesondere dann indiziert ist, wenn der Beschuldigte einen Wohnsitz im Ausland hat (KK-StPO/*Graf,* § 112 Rn. 21).

[420] Abgesehen von dem sachlich irrelevanten Unterschied bei der Tathandlung des Organhandels, wo der RbEU-ÜA das Adjektiv „menschlich" auch vor „Organen" einfügt.

[421] Rb 2008/675/JI, Abl. EU L 220 v. 15.8.2008, 32; zur Umsetzung in Deutschland: BGBl. I 2009 Nr. 66 S. 3214. Vgl. dazu auch *BGH* StraFo 2010, 160.

[422] Rb 2008/947/JI, Abl. EU L 337 v. 16.12.2008, 102; geändert durch ÄndRb 2009/299/JI, Abl. EU L 81 v. 27.3.2009, 24; dazu *Staudigl/Weber,* NStZ 2008, 17; *Morgenstern,* in: Böse, 2013, § 15 Rn. 51 ff.

§ 13. Institutionalisierung

Neuere Literatur: *Albrecht/Janson,* Die Kontrolle des Europäischen Polizeiamtes durch das EP nach dem Vertrag von Lissabon und dem Europol-Beschluss, EuR 2012, 230; *de Angelis,* L'espace judiciaire pénal européen, eucrim 2012, 75; *Böse,* Ein europäischer Ermittlungsrichter – Perspektiven des präventiven Rechtsschutzes bei Errichtung einer EStA, RW 2012, 172; *Brodowski,* Innere Sicherheit in der EU, Jura 2013, 492; *ders.,* Strafrechtsrelevante Entwicklungen in der EU, ZIS 2013, 455; *Brüner/Spitzer,* § 43: OLAF, in: Sieber et al., S. 677; *Buono,* Gearing Up the Fight Against Cybercrime in the EU: A New Set of Rules and the Establishment of the European Cybercrime Center (EC3), NJECL 3 (2012), 332; *de Busser,* The Data Protection Gap, eucrim 2013, 17; *Conway,* Holding to Account a Possible EPP, CLF 24 (2013), 371; *Covolo,* From Europol to Eurojust – Towards a EPP, eucrim 2012, 83; *Csúri,* Naming and Shaping, eucrim 2012, 79; *Drewer/Ellermann,* Europol's Data Protection Framework as an Asset in the Fight against Cybercrime, ERA-Forum 13 (2012), 381; *Durdević,* Judicial Control in Pre-Trial Criminal Procedure Conducted by the EPPO, in: Ligeti, S. 986; *Espina Ramos,* Towards a European Public Prosecutor's Office: the Long and Winding Road, in: Klip, 2011, S. 35; *Esser,* § 19: Daten- und Informationsaustausch in Strafsachen in der EU, in: Böse, 2013, S. 697; *ders.,* Die ESTA, StV 2014, 494; *European Criminal Policy Initiative,* Manifest zum Europäischen Strafverfahrensrecht, ZIS 2013, 412; *Gless,* Ohn(e)macht – Abschied von der Fiktion einer Waffengleichheit gegenüber europäischer Strafverfolgung?, StV 2013, 317; *Gómez-Jara,* European Federal Criminal Law: What can Europe learn from the US System of Federal Criminal Law to Solve its Sovereign Debt Crisis?, EuCLR 3 (2013), 170; *Grotz,* § 45: Eurojust, in: Sieber et al., S. 716; *Grünewald,* Eine EStA nach den Vorstellungen der Europäischen Kommission, HRRS 2013, 508; *Hamran/Szabova,* EPPO – Cui Bono?, NJECL 4 (2013), 40; *Hauck,* Heimliche Ermittlungsmaßnahmen im Prozessrecht der internationalen Strafgerichtsbarkeit (EU- und Völkerstrafrecht), ZStW 124 (2012), 473; *Killmann/Hofmann,* § 48: Perspektiven für eine EStA, in: Sieber et al., S. 757; *Klip,* Towards a General Part of Criminal Law for the EU, in: Klip, 2011, S. 15; *Kuhl,* The Initiative for a Directive on the Protection of the EU Financial Interests by Substantive Criminal Law, eucrim 2012, 63; *Kuhl/Spitzer,* § 8: Die Verordnungen (Euratom, EG) 2185/1996 und (EG) 1073/99 betreffend die Untersuchungen des Europäischen Amts für Betrugsbekämpfung (OLAF) zum Schutz der finanziellen Interessen der EU, in: Sieber et al., S. 213; *Laudati,* Data Protection at OLAF, eucrim 2013, 14; *Ligeti,* The EPPO: How Should the Rules Applicable to its Procedure be Determined?, EuCLR 1 (2011), 123; *dies.,* The EPPO: Which Model?, in: Klip, 2011, S. 51; *dies./Simonato,* The EPPO: Towards a Truly European Prosecution Service?, NJECL 4 (2013), 7; *Lingenthal,* Die OLAF-Reform – Der aktuelle Änderungsentwurf und dessen Auswirkungen auf die Effektivität der Kontrollen und die Verfahrensrechte der Betroffenen, ZEuS 2012, 195; *Lörcher/Petersen,* „Gelbe Karte" der Mitgliedstaaten für den EStA, NJW-aktuell 47/2013, 16; *Met-Domestici,* The Reform of the EU's Anti-Corruption Mechanism, eucrim 2012, 25; *Neumann,* § 44: Europol, in: Sieber et al., S. 701; *Nieto Martín/Wade/Muñoz de Morales,* Federal Criminal Law and the EPPO, in: Ligeti, S. 781; *Ruthig,* Europol als Baustein eines Europäischen Polizeirechts: Gestaltungsmöglichkeiten bei der EuropolVO, FS Wolter, 2013, S. 1469; *ders.,* § 20: Europol, in: Böse, 2013, S. 749; *Satzger,* Die potentielle Errichtung einer EStA – Plädoyer für ein Komplementaritätsmodell, NStZ 2013, 206; *Schoppa,* Europol im Verbund der Europäischen Sicherheitsagenturen, 2013; *Sicurella,* Setting up a European Criminal Policy for the Protection of EU Financial Interests; in: Ligeti, S. 870; *Spiezia,* How to Improve Cooperation between Member States and EU Institutions so as to Better Ensure the Protection of Whistleblowers, ERA-Forum 12 (2011), 387; *Stiegel,* § 46: EJN und Verbindungsrichter/-staatsanwälte, in: Sieber et al., S. 728; *Strobel,* Die Untersuchungen des Europäischen Amts für Betrugsbekämpfung (OLAF), 2012; *Suominen,* The Characteristics of Nordic Criminal Law in the Setting of EU Criminal Law, EuCLR 1 (2011), 170; *Wade,* A EPP: Potential and Pitfalls, Crime Law Soc Change 59 (2013), 439; *Weyembergh,* An Overall Analysis of the Proposal for a Regulation on Eurojust, eucrim 2013, 127; *White,* A Decentralised EPPO, eucrim 2012, 67; *dies.,* Towards a Decentralised EPPO?, NJECL 4 (2013), 22; *Zöller,* § 21: Eurojust, EJN und EStA, in: Böse, 2013, S. 787; *ders.,* § 22: OLAF, in: Böse, 2013, S. 843; *Zwiers,* The EPPO, 2011. – Für (weitere) **ältere Literatur** s. Vorauflagen.

A. UCLAF/OLAF

Das *Office de la Lutte AntiFraude* („OLAF") wurde durch den Beschluss 1999/352/EG/EGKS[1], Euratom (OLAF-Beschluss) und die Verordnungen 1073/99 (EG) und 1074/99 (Euratom)[2] im Jahre 1999 als unabhängige Dienststelle der Kommission und als Nachfolgerin der *Unité de Coordination de la Lutte AntiFraude* („UCLAF") gegründet.[3] Die beiden Verordnungen galten gemäß Art. 9 des Protokolls Nr. 36 (§ 9 Rn. 15) auch nach dem Vertrag von Lissabon fort,[4] wurden aber 2013 durch die Verordnung (EU, Euratom) Nr. 883/2013 (OLAF-VO) ersetzt.[5] OLAF wurde als von der Kommission **unabhängiges** Ermittlungsamt gegründet, weil die frühere Einbindung UCLAFs in die Kommissionshierarchie und die daraus folgende Weisungsabhängigkeit zu der begründeten Gefahr der Unterdrückung interner Ermittlungen geführt hatte (dazu 2. Aufl., § 13 Rn. 1).[6] Zwar ist OLAF organisationsrechtlich der Kommission zugeordnet, jedoch ist das Amt im operativen Ermittlungsbereich vollkommen autonom **(„duale Funktionalität")**[7] und ermittelt in Form eines sog. „unionsunmittelbaren Vollzugs".[8] OLAF wird von einem einmalig für sieben Jahre ernannten Generaldirektor geführt (Art. 17 Abs. 1 OLAF-VO). Sieht dieser seine Unabhängigkeit durch die Kommission verletzt, kann er beim EuGH Klage erheben.[9] Die Unabhängigkeit OLAFs soll zudem durch einen externen Überwachungsausschuss, der die Ermittlungstätigkeit des Amts regelmäßig kontrolliert, gewährleistet werden (Art. 15 OLAF-VO). Die zentrale Aufgabe des Amtes ist die Untersuchung von **Betrug, Korruption und anderen rechtswidrigen Handlungen** zum Nachteil der finanziellen Interessen der Union (Art. 1 Abs. 4 OLAF-VO).[10] Neben dieser repressiven Aufgabe hat OLAF aber auch in präventiver Hinsicht **Strategien und Gesetzgebungsinitiativen** zur Betrugsbekämpfung und zur Bekämpfung der Eurofälschung vorzulegen (Art. 2 Abs. 4 OLAF-Beschluss) sowie die Zusammenarbeit der Mitgliedstaaten zum Schutz 1

[1] Abl. EG L 136 v. 31.5.1999, 20, geändert durch Beschluss der Kommission 2013/478/EU v. 27.9.2013, Abl. EU L 257 v. 28.9.2013, 19ff.

[2] Abl. EG L 136 v. 31.5.1999, 1 u. 8.

[3] Zur historischen Entwicklung *Brüner/Spitzer,* in: Sieber et al., § 43 Rn. 19ff.; *Zöller,* in: Böse, 2013, § 22 Rn. 1ff.; *Strobel,* S. 31ff.

[4] *Hecker,* 2012, § 4 Rn. 22.

[5] Abl. EU L 248 v. 18.9.2013, 1; dazu *Brodowski,* ZIS 2013, 463; zum Entwurf *Lingenthal,* ZEuS 2012, 195; *Met-Domestici,* eucrim 2012, 25; zu den Reformbestrebungen allg. *Zöller,* in: Böse, 2013, § 22 Rn. 31ff. Zu den (weiteren) Rechtsgrundlagen siehe *Brüner/Spitzer,* in: Sieber et al., § 43 Rn. 26ff.

[6] S. auch *Strobel,* S. 33.

[7] *v. Bubnoff,* ZEuS 2002, 197; *European Anti-Fraud Office,* Annual Report 2010, S. 7; zur Unabhängigkeit auch *Beukelmann,* NJW 2010, 2085; *Heine,* Europäisierung, 2009, S. 221f.; *Cretin,* in: Espina Ramos/Vincente Carbajosa, EPP's Office, 2008, S. 59; *Schoppa,* S. 80f.; krit. dennoch *Esser,* 2014, § 3 Rn. 15.

[8] *Hecker,* 2012, § 4 Rn. 21.

[9] Vgl. *v. Bubnoff,* ZEuS 2002, 197; *Gleß,* EuZW 1999, 619; *Hallmann-Häbler/Stiegel,* DRiZ 2003, 242.

[10] *Hallmann-Häbler/Stiegel,* DRiZ 2003, 242; *Hetzer,* Eur.J. Cr. 2006, 27ff.; *Kinzel,* Verfassung, 2008, S. 22ff. *V. Bubnoff,* ZEuS 2002, 198 zählt u. a. auf: Zollbetrug, missbräuchliche Subventionsverwendung, Steuerverkürzungen, die für den Unionshaushalt bedeutsam werden, und Verfehlungen von EU-Bediensteten bei der Ausübung ihrer beruflichen Tätigkeiten. Vgl. auch das mission statement in The OLAF report 2012, S. 9 (abrufbar unter http://ec.europa.eu/anti_fraud/documents/reports-olaf/2012/olaf_report_2012_en.pdf (zuletzt abgerufen am 1.7.2014)). Im Jahr 2012 wurden Unregelmäßigkeiten zu Lasten des EU-Haushalts mit einem Umfang von 392 Mio. Euro gemeldet (KOM (2013) 548 endg., 5).

der finanziellen Interessen der Union zu unterstützen und zu koordinieren (Art. 1 Abs. 2 OLAF-VO).[11]

2 Was die Untersuchungen bzw. Ermittlungen von OLAF angeht, so ist zu berücksichtigen, dass das Amt eine Verwaltungsbehörde und seine Tätigkeit deshalb nicht strafverfahrensrechtlicher Natur ist, sondern **verwaltungsrechtliches Vorermittlungshandeln** darstellt.[12] Die strafprozessuale Verwertbarkeit der von OLAF gewonnenen Erkenntnisse wird denn auch unterschiedlich bewertet.[13] Art. 11 Abs. 2 OLAF-VO bestimmt insoweit lediglich, dass der Abschlussbericht OLAFs „in der gleichen Weise und unter denselben Bedingungen wie die Verwaltungsberichte der Kontrolleure der nationalen Verwaltungen" als Beweismittel in Verwaltungs- und Gerichtsverfahren zugelassen werden muss. Im Übrigen ist zwischen externen und internen Untersuchungen zu unterscheiden (Art. 3 und 4 OLAF-VO).[14] Bei den **externen Untersuchungen** wird an die Arbeit von UCLAF angeknüpft, wobei OLAF insoweit, jedenfalls faktisch, auf die zuständigen nationalen Ermittlungsbehörden angewiesen ist. So muss sich OLAF, etwa im Rahmen einer „Vor-Ort-Kontrolle" bei einem Wirtschaftsteilnehmer, an die im Recht des jeweiligen Mitgliedstaates geltenden Verfahrensvorschriften halten und darf *keine Zwangsmaßnahmen* ergreifen.[15] Allerdings werden die nationalen Behörden in weitem Umfang zur Zusammenarbeit mit OLAF verpflichtet und müssen das Amt insbesondere nach Maßgabe von Art. 3 Abs. 4–6 OLAF-VO bei der Beschaffung sachdienlicher Informationen unterstützen. Die **internen Untersuchungen** beziehen sich auf Unregelmäßigkeiten innerhalb der Organe, Einrichtungen, Ämter und Agenturen der Union.[16] Insoweit hat OLAF – über die Unabhängigkeit seines Generaldirektors hinaus – eine gegenüber UCLAF wesentlich stärkere Position: Nach Art. 4 Abs. 2 OLAF-VO kann OLAF gegen den Willen eines EU-Organs in dessen Sphäre ermitteln, dabei Schriftstücke und Datenträger einsehen und erforderlichenfalls sicherstellen sowie von den EU-Bediensteten Informationen einholen.[17] Nach Art. 12 Abs. 2 UA 1 kann OLAF

[11] Vgl. *Hallmann-Häbler/Stiegel,* DRiZ 2003, 242f. Zur Zusammenarbeit mit Europol und Eurojust s. *Covolo,* eucrim 2012, 85f.

[12] *Hallmann-Häbler/Stiegel,* DRiZ 2003, 241f.; *v. Bubnoff,* ZEuS 2002, 196 u. 198; *Cretin,* in: Espina Ramos/Vincente Carbajosa, EPP's Office, 2008, S. 54; *Zöller,* in: Böse, 2013, § 22 Rn. 4; *Brüner/Spitzer,* in: Sieber et al., § 43 Rn. 2; vgl. aber auch *Brüner/Spitzer,* EuR 2008, 860, die auf die strafrechtliche Relevanz der Untersuchungstätigkeit von OLAF hinweisen und *Esser,* 2014, § 3 Rn. 11 („Charakter einer ‚hybriden' Institution"); noch weitergehender *Strobel,* S. 231ff., demzufolge OLAF stets immer zugleich auch strafrechtliche Untersuchungen durchführt (S. 321).

[13] Vgl. *Grünbuch EStA,* 2001, 17f.; dazu auch *v. Bubnoff,* ZEuS 2002, 201f.; *González-Herrero González/Madalina Butincu,* eucrim 2009, 90; für generelle Verwertbarkeit *Hetzer,* Eur.J. Cr. 2006, 28.

[14] Vgl. auch *Heine,* Europäisierung, 2009, S. 223f.; *Cretin,* in: Espina Ramos/Vincente Carbajosa, EPP's Office, 2008, S. 54; *Gless,* 2011, Rn. 482; *Covolo,* eucrim 2012, 83f.; *Brüner/Spitzer,* in: Sieber et al., § 43 Rn. 36ff.; *Zöller,* in: Böse, 2013, § 22 Rn. 14f.; *Esser,* 2014, § 3 Rn. 18 sowie die Fallbeispiele in *European Anti-Fraud Office,* Annual Report 2010, S. 9ff. und den Überblick über die Arbeitsauslastung und -aufteilung des Büros auf S. 14; ausf. *Strobel,* S. 120ff., der zwischen externen horizontalen, externen sektoralen und internen Untersuchungen differenziert.

[15] *V. Bubnoff,* ZEuS 2002, 199; *Hallmann-Häbler/Stiegel,* DRiZ 2003, 243; *Vervaele,* RP 15 (2005), 174. Vgl. zu externen Untersuchungen das Fallbeispiel bei *Hallmann-Häbler/Stiegel,* DRiZ 2003, 243; *Weitendorf,* OLAF, 2007, S. 128. Krit. zur Unbestimmtheit des Wortlauts betreffend die Ermittlungsmaßnahmen *Hauck,* ZStW 124 (2012), 478.

[16] Vgl. *Hallmann-Häbler/Stiegel,* DRiZ 2003, 242f.; *Satzger,* 2013, § 10 Rn. 20; *Kuhl/Spitzer,* in: Sieber et al., § 8 Rn. 13ff.; ausführlich zu den internen Untersuchungsbefugnissen OLAFs *Weitendorf,* OLAF, 2007, S. 82ff.

[17] Zweifelnd, ob sich hieraus eine Befugnis zur förmlichen Zeugenvernehmung ableiten lässt, *Gleß,*

u. U. zudem verpflichtet sein, Verfahren an nationale Justizstellen abzugeben, die dann von diesen als strafrechtliche Ermittlungsverfahren weiterbetrieben werden.[18] Eine von OLAF durchgeführte „Vor-Ermittlungsmaßnahme" endet mit einem **Bericht,** der über die Rechtsgrundlage der Untersuchung, die durchgeführten Verfahrensschritte, den festgestellten Sachverhalt und seine vorläufige rechtliche Bewertung inkl. der geschätzten finanziellen Auswirkungen informiert. Ferner wird die Einhaltung der Verfahrensgarantien dokumentiert. Beigefügt werden dem Bericht Empfehlungen des Generaldirektors, ob und ggf. welche Maßnahmen ergriffen werden sollen (Art. 11 Abs. 1).[19]

Trotz dieser weitgehenden Befugnisse darf nicht übersehen werden, dass OLAF in einem **politischen Spannungsfeld** operieren muss. Dies zeigt sich etwa daran, dass die o. g. Befugnis des heutigen Art. 4 Abs. 2 OLAF-VO gegen den (anfänglichen) Widerstand der Kommission geschaffen wurde. Auch war zunächst unklar, ob OLAF auch zu Ermittlungen bei der Europäischen Zentralbank und der Europäischen Investitionsbank befugt ist, doch hat der EuGH inzwischen auf Klage der Kommission Beschlüsse der EZB und der EIB, welche die Betrugsbekämpfung dem alleinigen Zuständigkeitsbereich ihrer jeweiligen Innenrevisionen zuwiesen,[20] für nichtig erklärt.[21] Die recht weitreichenden Untersuchungsbefugnisse des OLAF gegenüber den Abgeordneten des EP stehen in einem Spannungsverhältnis zum freien Mandat der Parlamentarier, welche nach Art. 1 Abs. 2 des parlamentarischen Durchführungsbeschlusses[22] bei internen Untersuchungen „umfassend mit dem Amt zusammen[arbeiten]".[23] Im Gegensatz zu ihren Vorgängerversionen[24] enthält die aktuelle OLAF-VO nun erstmals auch eine Liste verbindlicher **Verfahrensgarantien** (Art. 9).[25] Zunächst wird OLAF zur Objektivität verpflichtet; das Amt hat sowohl belastende als auch entlastende Fakten zu ermitteln (Abs. 1). Befragte Personen müssen sich nicht selbst belasten (*nemo tenetur*-Grundsatz, Abs. 2 UA 1). Zugunsten der von den Ermittlungen betroffenen Personen (also den möglicherweise in einem späteren Strafverfahren Beschuldigten) gilt die Unschuldsvermutung (Abs. 1). Sollen sie vernommen werden, ist grundsätzlich eine Ladungsfrist von 10 Tagen zu wahren. In der Ladung ist der Betroffene über seine Rechte zu belehren. Insbesondere kann er sich bei seiner Befragung durch eine 3

EuZW 1999, 619. Weitergehend *v. Bubnoff,* ZEuS 2002, 199. Vgl. auch *Hallmann-Häbler/Stiegel,* DRiZ 2003, 242f. Nach der Neufassung dürfte sich das Recht zur förmlichen Vernehmung von Personen (und zwar sowohl bei externen, als auch bei internen) Untersuchungen aber jedenfalls aus Art. 9 Abs. 2 OLAF-VO ergeben.

[18] *Gleß,* EuZW 1999, 619; *v. Bubnoff,* ZEuS 2002, 198f.

[19] *V. Bubnoff,* ZEuS 2002, 200; *Hallmann-Häbler/Stiegel,* DRiZ 2003, 243.

[20] Vgl. Art. 2 des Beschlusses EZB/1999/5 der EZB v. 7.10.1999, Abl. EG L 291 v. 13.11.1999, 36 und den unveröffentlichten Beschluss der EIB 1999/352 (dazu *EuGH,* Kommission v. Europäische Investitionsbank Urt. v. 10.7.2003, paras. 42ff.).

[21] *EuGH,* Kommission v. Europäische Zentralbank Urt. v. 10.7.2003 und *EuGH,* Kommission v. Europäische Investitionsbank Urt. v. 10.7.2003. Vgl. in diesem Zusammenhang auch *Hallmann-Häbler/Stiegel,* DRiZ 2003, 242 und *v. Bubnoff,* ZEuS 2002, 199.

[22] Beschluss des EP über die Bedingungen und Modalitäten der internen Untersuchungen zur Bekämpfung von Betrug, Korruption und sonstigen rechtswidrigen Handlungen zum Nachteil der Interessen der Gemeinschaften, Abl. EG C 189 v. 7.7.2000, 210.

[23] Dazu *EuG,* Rothley v. Parlament Urt. v. 26.2.2002, para. 68; zust. *Hetzer,* NJW 2004, 3749f.; krit. *Berner,* Die Untersuchungsbefugnisse des OLAF gegenüber dem EP, 2004, S. 153ff., 241ff. und passim.

[24] Zur Kritik *Gleß,* EuZW 1999, 620f.; *Hetzer,* Eur.J. Cr. 2006, 30f.; a. A. *v. Bubnoff,* ZEuS 2002, 203. Siehe auch 3. Aufl., § 13 Rn. 3. Zum Rechtsschutz *Kuhl/Spitzer,* in: Sieber et al., § 8 Rn. 33ff.

[25] Zum Datenschutz siehe *Laudati,* eucrim 2013, 14.

Person seiner Wahl unterstützen lassen (Art. 9 Abs. 2 UA 2–3). Er hat zudem ein Recht auf Gehör (Art. 9 Abs. 4, 5). Die Anwendung der Verfahrensgarantien in der Praxis soll durch den Überwachungsausschuss[26] überwacht werden (Art. 15 Abs. 1 UA 2). Auch wenn die Einführung von Verfahrensgarantien uneingeschränkt zu begrüßen ist, erscheint es fraglich, ob der Katalog des Art. 9 OLAF-VO bereits ausreichend ist, um eine vollumfängliche, rechtsstaatlich unbedenkliche Verwertung der Untersuchungsergebnisse in einem sich ggf. anschließenden Strafverfahren zu gestatten. Vor diesem Hintergrund sind auch die Vorschläge der Kommission, eine Kontrollstelle für Verfahrensgarantien sowie stärkere Rechte bei Durchsuchungen und Sicherstellungen zu schaffen,[27] zu sehen, geht es doch insoweit darum, eine uneingeschränkte Verwertbarkeit der von OLAF ermittelten Information durch die EStA (dazu u. Rn. 19) sicherzustellen.

B. Europol

4 Europol hat am 1.7.1999 seine Arbeit als Nachfolgerin der **Europäischen Drogenstelle (EDS)** aufgenommen.[28] Beide Institutionen haben ihren gemeinsamen Ausgangspunkt in Überlegungen des EG-Gipfels von Luxemburg (1991), eine europäische kriminalpolizeiliche Zentralstelle einzurichten.[29]

Der Maastrichter Vertrag hat im Jahre 1992 den Aufbau eines „Europäischen Polizeiamts (Europol)" in Art. K 1 Nr. 9 EUV (Art. 29 Abs. 2 erster Spiegelstrich EUV a. F.) verankert. Da dessen Einrichtung jedoch eine längere Vorbereitungszeit erforderte, wurde 1993 die EDS gegründet. Sie sollte zunächst den Informationsaustausch und die operative Kooperation auf dem Gebiet der Drogenkriminalität verbessern und zugleich das Terrain für Europol bereiten; später wurde ihr Zuständigkeitsbereich erheblich erweitert.[30] Die *Rechtsgrundlage* der Tätigkeit der *EDS* war zunächst eine „Ministervereinbarung über die Einrichtung der Europol-Drogeneinheit" vom 2.6.1993[31] und später dann eine Gemeinsame Maßnahme.[32] Zur Kritik 2. Aufl., § 13 Rn. 5 Kleindruck

5 Am 26.7.1995 schlossen die Mitgliedstaaten der EU das Übereinkommen über die Errichtung eines **Europäischen Polizeiamts** (**Europol**K)[33] auf Grund des Art. 29 Abs. 2, 34 Abs. 2 (d) EUV a. F. Das Abkommen trat am 1.10.1998 in Kraft[34] und Eu-

[26] *Esser,* 2014, § 3 Rn. 20. Zur Kontrolle von OLAF generell *Brüner/Spitzer,* in: Sieber et al., § 43 Rn. 47ff.

[27] KOM (2013) 533 endg.

[28] Abl. EG C 185 v. 1.7.1999, 1; vgl. auch *Milke,* Europol und Eurojust, 2003, S. 45; *Ellermann,* ZEuS 2002, 562; *ders.*, Europol und FBI, 2005, S. 52ff.; *Felgenhauer,* FG Hilger, 2003, S. 76; *Storbeck/Felgenhauer,* in: Möllers/van Ooyen, Europäisierung und Internationalisierung der Polizei, 2006, S. 16 mit Fn. 3; *Hecker,* 2012, § 5 Rn. 59; *David,* 2009, Rn. 6.2.7.

[29] Zur Entstehungsgeschichte umfassend *Milke,* Europol, 2003, S. 23ff.; *Korrell,* Europol, 2005, S. 11ff.; vgl. auch *Storbeck,* Kriminalistik 1996, S. 18; *Zachert,* Kriminalistik 1992, S. 7; *Martínez Soria,* VerwA 1998, 416; *ders.*, in: Baldus/Soiné, Zusammenarbeit, 1999, S. 64f.; *Conroy,* in: Regan, Third Pillar, 2000, S. 126f.; *Nunzi,* RIDP 77 (2006), 286; *Schoppa,* S. 175ff; *Ruthig,* in: Böse, 2013, § 20 Rn. 5ff. – Zu früheren und weiteren Formen der Polizeikooperation, insbesondere Interpol, vgl. *Milke,* Europol, 2003, S. 116ff.; *Martínez Soria,* ebd., S. 52ff.; *Hecker,* 2012, § 5 Rn. 3.

[30] *Gleß,* NStZ 2001, 623; *Storbeck,* Kriminalistik 1994, S. 201f.; *Zieschang,* ZRP 1996, 427; *Daub,* in: Baldus/Soiné, Internationale polizeiliche Zusammenarbeit, 1999, S. 87f.; *Ellermann,* Europol und FBI, 2005, S. 37ff.; *Vervaele,* RP 15 (2005), 176.

[31] Bekanntmachung des BMI v. 29.12.1994, BGBl. II 1995 S. 154.

[32] GM v. 10.3.1995, Abl. EG L 62 v. 20.3.1995, 1.

[33] Abl. EG C 316 v. 27.11.1995, 1; BGBl. II 1997 S. 2153, abgedruckt in Sartorius II Nr. 300.

[34] Bekanntmachung in BGBl. II 1998 S. 2930; vgl. auch *Mokros,* Polizei und Justiz auf Ebene der EU, in: Lisken/Denninger, 4. Aufl., 2007, Kap. O Rn. 36.

ropol nahm am 1.7.1999 auf dieser Rechtsgrundlage seine Arbeit auf.[35] Durch einen **Ratsbeschluss** vom 6.4.2009 wurde eine neue sekundärrechtliche Grundlage (Art. 34 Abs. 2 (c) EUV a. F.) geschaffen, die die EuropolK ersetzt (Art. 1 Abs. 1 Europol-Beschluss).[36] Europol besitzt damit Rechtspersönlichkeit und die „weitestgehende" Rechts- und Geschäftsfähigkeit in den Mitgliedstaaten (Art. 2).[37] Der **Lissaboner Vertrag** erwähnt Europol im Zusammenhang mit Eurojust (Art. 85 Abs. 1 UA 1 AEUV) und der geplanten EStA (Art. 86 Abs. 2 AEUV) und gibt ihm eine prominente Rolle zur Unterstützung und Verstärkung der polizeilichen Zusammenarbeit bei grenzüberschreitender, mindestens zwei Mitgliedstaaten betreffender „schwerer Kriminalität", Terrorismus und „Kriminalitätsformen, die ein gemeinsames Interesse verletzen" (Art. 88 Abs. 1 AEUV).[38] Nach den im **Stockholmer Programm** (§ 10 Rn. 101) niedergelegten Vorstellungen des Rates soll Europol zudem zu „einem Angelpunkt des Informationsaustauschs" werden und so die europäische Zusammenarbeit im Bereich der Strafverfolgung effektivieren.[39] Zur Umsetzung dieser Vorgaben hat die Kommission mittlerweile einen Verordnungsvorschlag vorgelegt, der auch eine Verschmelzung von Europol und der Europäischen Polizeiakademie (CEPOL)[40] vorsieht (VO-Vorschlag Europol).[41] Zudem wurde bei Europol zum 1.1.2013 das European Cybercrime Center (EC3) eingerichtet, das als Anlauf- und Sammelstelle für Informationen über Cyberstraftaten dient und über entsprechendes Fachwissen verfügt, die Mitgliedstaaten bei Untersuchungen von Cyberkriminalität operativ unterstützen und „Sprachrohr" aller mit Cyberstraftaten befassten Ermittler sein soll.[42]

Die **Aufgaben** von Europol ergeben sich aus Art. 88 Abs. 2 AEUV (zu Art. 3 EuropolK s. 2. Aufl., § 13 Rn. 7) und Art. 5 Europol-Beschluss. Hiernach hat Europol einerseits die Aufgabe der Sammlung, Analyse und dem Austausch von Informationen sowie andererseits der Koordinierung, Organisation und Durchführung von Ermittlungen gemeinsam mit den Mitgliedstaaten oder im Rahmen gemeinsamer Ermittlungsgruppen (dazu schon § 12 Rn. 63).[43] *Operative Maßnahmen* darf Europol nach wie vor nicht selbständig, sondern nur „in Verbindung und in Absprache" mit den Mitgliedstaaten durchführen; *Zwangsmaßnahmen* bleiben ausschließlich den nationalen Behörden vor- 6

[35] *Milke,* Europol und Eurojust, 2003, S. 45ff. mit Aufzählung der Rechtsakte und weiterer Durchführungsbestimmungen; *Satzger,* 2013, § 10 Rn. 3.

[36] Beschluss 2009/371/JI zur Errichtung des Eur. Polizeiamts (Europol), Abl. EU L 121 v. 15.5.2009, 37.

[37] Zur früheren Zwitterstellung 2. Aufl., § 13 Rn. 6a und zur strukturellen Eingliederung *Niemeier/Walter,* Kriminalistik 2010, 18; *Wandl,* Europol, 2008, S. 46 sieht die Rechtsfähigkeit bereits vor dem Europol-Beschluss als bestätigt.

[38] *Satzger,* 2013, § 10 Rn. 5; zu den weiteren Kriminalitätsformen s. Art. 4 Abs. 1 Beschluss, o. Fn. 4051. Zu Art. 88 AEUV *Ruthig,* FS Wolter, 2013, S. 34ff.

[39] Stockholmer Programm, S. 40; s. dazu *Niemeier,* ERA Forum 11 (2010), 200ff.; *Ruthig,* in: Böse, 2013, § 20 Rn. 1ff.

[40] Vgl. Beschluss 2005/681/JI (Abl. EU L 256 v. 1.10.2005, 63).

[41] KOM (2013) 173 endg., 4ff.; dazu *Brodowski,* ZIS 2013, 463f. Vgl. auch eucrim 2012, 51; 2013, 36f. Zur vorangegangenen Diskussion *Ruthig,* in: Böse, 2013, § 20 Rn. 56ff. Der Bundesrat hat hiergegen eine Subsidiaritätsrüge erhoben, da die EU nicht die Kompetenz habe, die Aus- und Fortbildung von Strafverfolgungsbediensteten zu regeln, BR-Drs. 346/13.

[42] KOM (2012) 140 endg.; Rats-Dok. 10603/12; dazu *Buono,* NJECL 3 (2012), 332ff.; insb. zu den Anforderungen an den Datenschutz *Drewer/Ellermann,* ERA-Forum 13 (2012), 381ff.; vgl. auch eucrim 2012, 57, 94, 103f.

[43] Vgl. auch *Neumann,* in: Sieber et al., § 44 Rn. 7ff.; zu den GEG Rn. 22f.; *Ruthig,* in: Böse, 2013, § 20 Rn. 41f., 53.

behalten (Art. 88 Abs. 3 AEUV).[44] Die Forderungen nach einem „europäischen FBI" und der Aufwertung Europols zu einer „Eingriffsbehörde" (2. Aufl., § 13 Rn. 12f.) wurden damit eine Absage erteilt.[45] Art. 5 Europol-Beschluss unterscheidet zwischen „Hauptaufgaben" (Abs. 1 und 2) und „zusätzlichen Aufgaben" (Abs. 3).[46] Zu ersteren gehören das Sammeln, Speichern, Verarbeiten, Analysieren und Austauschen von Daten (Abs. 1 (a)), die Weitergabe von sachdienlichen Informationen an nationale Behörden (Abs. 1 (b) und (c)), die Unterstützung der MS bei größeren internationalen Veranstaltungen durch Analysen (Abs. 1 (e)) und bei der Bekämpfung von Internetkriminalität (Abs. 2) sowie die Erstellung von Bewertungen der Bedrohungslage, strategischen Analysen und allgemeinen Lageberichten (Abs. 1 (f)). Zudem kann Europol gem. Art. 5 Abs. 1 (d) in Fällen, in denen ein koordiniertes und abgestimmtes Vorgehen in mehreren Mitgliedstaaten erforderlich ist, die Gründung von gemeinsamen Ermittlungsgruppen („Joint Investigations Teams")[47] empfehlen. Nach Maßgabe von Art. 6 kann Europol selbst Mitglied einer solchen Ermittlungsgruppe werden[48] und diese insbesondere bei der Sammlung und Analyse von Informationen unterstützen. Zusätzlich soll Europol die Spezialkenntnisse der nationalen Behörden vertiefen und diese bei ihren Ermittlungen beraten (Art. 5 Abs. 3 (a)) sowie durch die Übermittlung strategischer Erkenntnisse die Ressourcenverwendung bei operativen Tätigkeiten optimieren. Eine darüberhinausgehende Unterstützung und Beratung der Mitgliedstaaten beispielsweise auf den Gebieten Behördenorganisation, Prävention oder Kriminalwissenschaften erfolgt im Rahmen der „personellen und haushaltsmäßigen Möglichkeiten" Europols (Art. 5 Abs. 4). Zur Erfüllung dieser zahlreichen Aufgaben unterhält Europol ein umfassendes Informationssystem (Art. 10), in dem auch personenbezogene Daten in nicht unerheblichem Umfang aufgenommen werden können (Art. 12 – dazu Rn. 8). Die deutsche Zusammenarbeit mit Europol ist im EuropolG geregelt.[49]

7 Bei all diesen Aufgaben muss sich Europol im Rahmen der **Ziel-** und **Zuständigkeitsvorgaben** der Art. 3, 4 Europol-Beschluss halten. *Ziel* ist die Prävention und Bekämpfung von organisierter Kriminalität, Terrorismus und anderen Formen schwerer Kriminalität, die in einem Anhang zum Beschluss abschließend aufgezählt sind.[50] Hiernach fallen u. a. Drogenhandel, Geldwäsche, Betrugsdelikte, Korruption, Menschenhandel

44 So auch *Hecker*, 2012, § 5 Rn. 64; *Esser*, 2014, § 3 Rn. 42; *Böse*, ZIS 2010, 82; *Bauer*, in: Weidenfeld (Hrsg.), Lissabon, 2008, S. 108. Ausf. zu den Begrifflichkeiten *Hauck*, ZStW 124 (2012), 475ff.; zu den unterschiedlichen Interpretationen dieser Vorschrift *Ruthig*, FS Wolter, 2013, S. 1482f.

45 *Ratzel*, Kriminalistik 2007, S. 285.

46 Zur früheren Lage nach der EuropolK s. 2. Aufl., § 13 Rn. 7f. Art. 4 VO-Vorschlag Europol differenziert nicht mehr zwischen Haupt- und Nebenaufgaben, sondern enthält eine umfangreiche Liste von Aufgaben, die grundsätzlich gleichberechtigt nebeneinanderstehen. Diese entsprechen im Kern dem bisherigen Art. 5, wobei allerdings der Unterstützung mitgliedstaatlicher Ermittlungen, Untersuchungen und sonstiger Maßnahmen eine größere Bedeutung zukommt.

47 Detailregelungen finden sich im Rb 2002/465/JI des Rates vom 13.6.2002 über gemeinsame Ermittlungsgruppen. Vertiefend zu gemeinsamer Ermittlungsgruppen vgl. *Riegel*, eucrim 2009, 99ff.; *Klip*, 2012, S. 445ff.; insbesondere mit Blick auf die Bekämpfung von Betäubungsmittelkriminalität *Nestler*, GA 2010, 653f.

48 Hierzu *Riegel*, eucrim 2009, 101, 102; s. auch Art. 5 VO-Vorschlag Europol. Zur potentiellen Rolle von OLAF in diesen Ermittlungsgruppen *de Moor*, eucrim 2009, 94; *Cretin*, in: Espina Ramos/Vincente Carbajosa, EPP's Office, 2008, S. 58; zur potentiellen Rolle von Eurojust *Lopes da Mota*, eucrim 2009, 88.

49 BGBl. II 1997 S. 2150; II 2006 S. 250. Vgl. auch *Neumann*, in: Sieber et al., § 44 Rn. 15ff.

50 Abl. EU L 121/65 v. 15.5.2009.

und Schleuserkriminalität, vorsätzliche Tötung sowie Computerkriminalität in den *Zuständigkeitsbereich* von Europol.[51] Begrenzend verlangen Art. 3 und 4 Abs. 1 Europol-Beschluss allerdings, dass durch die Taten zwei oder mehr Mitgliedstaaten in einer Weise betroffen sind, die ein gemeinsames Vorgehen erfordert. Zudem erstreckt sich die Zuständigkeit Europols auf sog. Zusammenhangstaten (Art. 4 Abs. 3 Europol-Beschluss), also solche Delikte, durch die die Mittel zur Tatbegehung beschafft werden, die zur Erleichterung der Tatdurchführung begangen werden oder mit denen die Bestrafung vereitelt werden sollen.[52] Im Übrigen legt der Rat die Prioritäten fest (Art. 4 Abs. 2).

Der Schwerpunkt der Aktivitäten von Europol liegt somit nach wie vor in der Informationssammlung und -auswertung mittels eines **automatisierten Informationssystems** (Art. 10ff. Europol-Beschluss).[53] Der Informationsfluss zwischen Europol und den Mitgliedstaaten vollzieht sich über deren **nationale Stellen** (in Deutschland dem BKA), die wiederum **Verbindungsbeamte** *(Europol Liaison Officers – ELO)* zu Europol entsenden **(Schaubild 28);**[54] diese genießen als „Gesandte" der Mitgliedstaaten *Diplomatenstatus* (vgl. Art. 9 Abs. 6 Europol-Beschluss).[55] 8

[51] *Schubert,* Europol, 2008, S. 37ff.; zum Überblick über die Arbeit verschiedener Sektionen der Abteilung Schwerkriminalität *Ratzel,* Kriminalistik 2007, S. 428ff.; zur „Akzentverschiebung" bei der Zuständigkeit *Niemeier/Walter,* Kriminalistik 2010, S. 19; zur Rechtslage unter dem EuropolK vgl. 2. Aufl., § 13 Rn. 8; vertiefend zur Tätigkeit von Europol im Bereich grenzüberschreitender Betäubungsmittelkriminalität *Nestler,* GA 2010, 651ff.

[52] Vgl. auch *Felgenhauer,* FG Hilger, 2003, S. 76. Diese Regelung wurde im Wesentlichen in Art. 3 VO-Vorschlag Europol übernommen. Als ergänzende Zielbestimmung soll die Unterstützung, Konzipierung, Durchführung und Koordinierung von Aus- und Fortbildungsmaßnahmen für Strafverfolgungsbedienstete aufgenommen werden (Art. 3 Abs. 3); siehe auch die Art. 9ff. VO-Vorschlag Europol zur Europolakademie.

[53] Dazu *Hecker,* 2012, § 5 Rn. 62; *Satzger,* 2013, § 10 Rn. 7; *Ratzel,* Kriminalistik, 2007, S. 287; *Niemeier/Walter,* Kriminalistik 2010, S. 19f.; *David,* 2009, Rn. 6.28; *Gless,* 2011, Rn. 458; *Ruthig,* in: Böse, 2013, § 20 Rn. 46ff.; s. auch Art. 23ff. VO-Vorschlag Europol. Bereits im Prümer Vertrag vom 27.5.2005 (§ 12 Rn. 4 Fn. 6) war eine verstärkte Zusammenarbeit vorgesehen, dazu *Hummer,* EuR 2007, 517ff.; *Böse,* Grundsatz der Verfügbarkeit, 2007, S. 42ff.; zum Datenerhalt bei Europol *Schubert,* Europol, 2008, S. 82ff.

[54] Eingehend *Milke,* Europol, 2003, S. 68ff.; vgl. auch *Conroy,* in: Regan, Third Pillar, 2000, S. 129; *Qubain/Kattge/Wandl/Gamma,* Kriminalistik, 2007, S. 364f.; *Satzger,* 2013, § 10 Rn. 6; zur Zusammenarbeit mit der Schweiz *Gless,* 2011, Rn. 604ff.

[55] *Freyer,* Kriminalistik, 2003, S. 81.

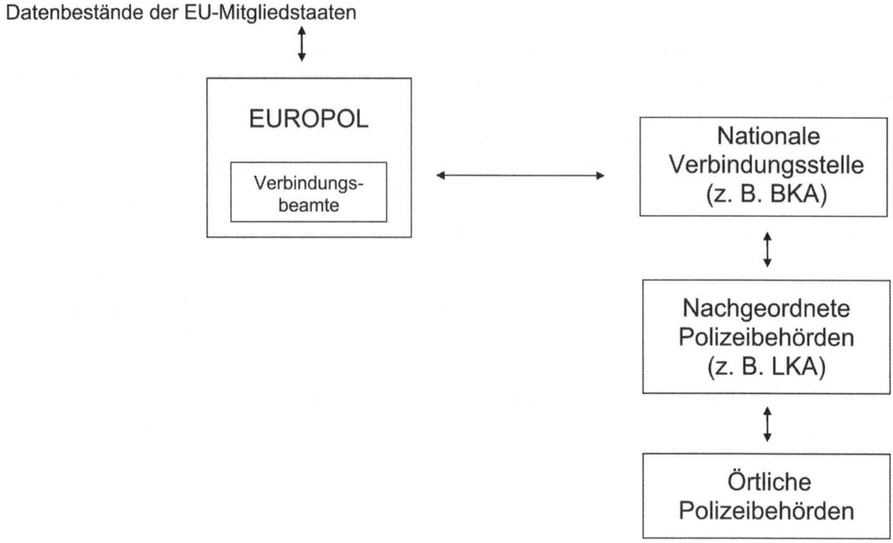

Schaubild 28: Nationale Verbindungsbeamte – Informationsfluss

Die nationalen Stellen sind die einzige Verbindungsstelle zwischen Europol und den mitgliedstaatlichen Behörden (Art. 8 Abs. 2 UA 1 Europol-Beschluss) und die wichtigste Informationsquelle von Europol (Art. 8 Abs. 4 Europol-Beschluss). Sie können die Übermittlung bestimmter Informationen aus (wesentlichen) nationalen Sicherheitsinteressen verweigern (vgl. Art. 8 Abs. 5 Europol-Beschluss). Daten aus Drittstaaten oder aus eigener Analysetätigkeit gibt Europol selbst ein (vgl. Art. 29 Abs. 1 (b) Europol-Beschluss). Bedenklich ist, dass die Daten jeweils nach Maßgabe des nationalen Rechts von nationalen Behörden erhoben und eingespeist (Art. 29 Abs. 1 (a)),[56] aber dann von jedem (anderen) Mitgliedstaat über seine nationale Verbindungsstelle abgerufen werden können. Damit ist es möglich, dass eine nationale Verbindungsstelle Daten abruft, die sie nach ihrem nationalen Recht gar nicht hätte erheben dürfen oder zwischenzeitlich hätte löschen müssen.[57] Es wird damit ein **unionsweiter Datentransfer** zugelassen, ohne vorher harmonisierte Datenerhebungs- und -verwertungsvorschriften erarbeitet zu haben,[58] was zumindest in der Tendenz auf eine Absenkung des Datenschutzniveaus hinausläuft.[59] Krit. zur Datenlieferung an Drittstaaten oder -organisationen (nun Art. 23 Europol-Beschluss) 2. Aufl., § 13 Rn. 9 Kleindruck.[60]

[56] Vgl. auch *Hecker,* 2012, § 5 Rn. 65.

[57] Zuspitzende Kritik bei *Weichert,* in: Baldus/Soiné, Zusammenarbeit, 1999, S. 79ff; a. A. *Aulehner,* in: Baldus/Soiné, Zusammenarbeit, 1999, S. 103.

[58] Krit. auch *Zieschang,* ZRP 1996, 429 sowie *Klip,* 2012, S. 442. Einen dem deutschen Datenschutzrecht im Wesentlichen vergleichbaren Standard sieht hingegen *Ruthig,* FG Hilger, 2003, S. 204f.

[59] *Weichert,* in: Baldus/Soiné, Zusammenarbeit, 1999, S. 82f.; *de Busser,* eucrim 2013, 20; krit. auch *Heine,* Europäisierung, 2009, S. 203; *Esser,* 2014, § 3 Rn. 44; befürwortend *Aulehner,* in: Baldus/Soiné, Zusammenarbeit, 1999, S. 104; a. A. explizit etwa *Daub,* in: Baldus/Soiné, Zusammenarbeit, 1999, S. 95. Zur möglichen Verbesserung des europäischen Datenschutzes u. a. infolge des nunmehr rechtsverbindlichen Art. 8 GRCh (§ 10 Rn. 111) vgl. *Reding,* eucrim 2010, 25.

[60] Vertiefend zum Datenaustausch zwischen der EU, Eurojust und Europol einer- und den USA andererseits *de Busser,* eucrim 2010, 30; krit. auch *Noltenius,* ZStW 122 (2010), 616f.

Die **informationellen Befugnisse** von Europol gehen weit. Zunächst unterhält Europol das Europol-Informationssystem (Art. 11 Europol-Beschluss)[61] und kann die Daten verarbeiten, „die für die Erfüllung der Aufgaben von Europol erforderlich sind …" (Art. 12 Abs. 1). Die *(personenbezogenen) Daten* umfassen nicht nur zur Identifizierung geeignete Merkmale von Personen, die einer Straftat, für die Europol nach Art. 4 Europol-Beschluss zuständig ist, verdächtigt werden oder deswegen verurteilt worden sind (Art. 12 Abs. 1 (a)), sondern auch solche von „Personen, in deren Fall nach Maßgabe des innerstaatlichen Rechts des betreffenden Mitgliedstaats faktische Anhaltspunkte oder triftige Gründe dafür vorliegen, dass sie Straftaten *begehen werden,* für die Europol zuständig ist" (Art. 12 Abs. 1 (b)).[62] Der Abruf von Daten ist zulässig, soweit dies zur Aufgabenerfüllung im Einzelfall erforderlich ist und richtet sich im Übrigen nach den Rechts- und Verwaltungsvorschriften der abrufenden Stelle (Art. 13 Abs. 1). Das **Zugriffsrecht** steht aber nur den nationalen Verbindungsstellen und -beamten sowie den (ermächtigten) Europol-Bediensteten zu (Art. 13 Abs. 1). In Deutschland können damit das BKA und – nach § 3 Abs. 1 S. 1 EuropolG – die LKAs die Daten abrufen. Aus strafprozessualer Sicht verletzt dies den Grundsatz der Verfahrensherrschaft der Staatsanwaltschaft (§ 161 StPO), denn sie kann nur über das BKA/LKA an Informationen gelangen.[63] Nach § 2 Abs. 1 S. 2 EuropolG ist zwar das BKA verpflichtet, die Strafverfolgungsbehörden unverzüglich zu unterrichten, es hat aber einen Beurteilungsspielraum hinsichtlich der *Weitergabe* von Daten an die Staatsanwaltschaft.[64] Auch die bislang im deutschen EuropolG nicht nachvollzogene Erweiterung des Zugriffsrechts auf „von den Mitgliedstaaten bezeichnete zuständige Behörden" ändert an der **Datenherrschaft der Polizei** im Ergebnis nichts, denn die abfragende nationale Stelle erhält nur Auskunft, ob die Daten vorhanden sind, wegen ihres Inhalts muss sie sich an die nationale Stelle wenden (Art. 13 Abs. 6 Europol-Beschluss). Schließlich wird diese bedenkliche Rechtslage auch nicht dadurch besser, dass die (deutsche) Staatsanwaltschaft auch bei nationalen Ermittlungen keinen unmittelbaren Zugriff auf das polizeiliche Informationssystem Inpol hat.[65] 9

Art. 14 Abs. 1 (c), (d), (e) Europol-Beschluss regeln des Weiteren die **Verarbeitung personenbezogener Daten** von Personen, die Opfer einer Straftat geworden sind oder bezüglich derer „bestimmte Tatsachen die Annahme rechtfertigen, dass sie Opfer einer Straftat werden können", von „Kontakt- und Begleitpersonen" und von „Personen, die Informationen über die betreffende Straftat liefern können."[66] Im Ergebnis kann damit *jeder EU-Bürger* in das Visier von Europol geraten.[67] Diese dunkleren Seiten der (ja grundsätzlich zu begrüßenden) europäischen Integration im Bereich der inneren Si- 10

[61] Zu Art. 6 EuropolK vgl. näher *Milke,* Europol, 2003, S. 74ff.; *Ellermann,* Europol, 2005, S. 54ff.

[62] Herv. K. A. Mit Recht krit. zu Art. 8 Abs. 2 EuropolK etwa *Ellermann,* ZEuS 2002, 565 m.w.N. *Weichert,* in: Baldus/Soiné, Zusammenarbeit, 1999, S. 75f.; *Böse,* Verfügbarkeit, 2007, S. 34f., 99ff.

[63] Krit. auch *Wolter,* FG Hilger, 2003, S. 286 (288).

[64] *Martínez Soria,* VerwA 1998, 423f.

[65] Vgl. *Ambos,* Jura 2003, 680 m.w.N. in Fn. 100. *Ellermann,* Europol, 2005, S. 302 erachtet aus diesem Grunde die Situation bei Europol allerdings zumindest nicht als eine „krasse Besonderheit".

[66] Zu Art. 10 EuropolK vgl. *Tolmein,* StV 1999, 110; *Ellermann,* ZEuS 2002, 565f., denen zufolge selbst Informationen zum Sexualleben der Betroffenen in Betracht kommen (relativierend allerdings ebd. in Fn. 21, nur wenn für die Ermittlungstätigkeit unbedingt erforderlich). Vgl. ferner die Kritik bei *Zieschang,* ZRP 1996, 428 zur Löschungsregelung des Art. 8 Abs. 5 EuropolK.

[67] Krit. *Ellermann,* ZEuS 2002, 566; ferner *Bechthold,* Betrifft Justiz 1997, 120.

cherheit spricht *Wolter*[68] an, wenn er in Bezug auf Europol (und Eurojust) resümiert: „Der Bürger kann bei den bezeichneten ‚internationalen' Datenübermittlungen und bei den ‚zentralen' Dateien nicht mehr wissen, wer was wann über ihn weiß. Das Volkszählungsurteil des BVerfG zählt nicht auf europäischer Ebene." Abhilfe verspricht insoweit der VO-Vorschlag Europol, der sich in den Art. 34ff. ausführlich mit Fragen des Datenschutzes befasst. Neben der Einführung von Speicher- und Löschfristen für personenbezogene Daten (Art. 37) soll insbesondere den Betroffenen ein Auskunfts-, Berichtigungs-, Löschungs- und Sperrungsrecht (Art. 39, 40 VO-Vorschlag Europol) eingeräumt werden. Zudem ist ein weisungsunabhängiger Datenschutzbeauftrager zu benennen, der für die Einhaltung der Datenschutzbestimmungen Sorge zu tragen hat (Art. 44).

11 Was die **Kontrolle Europols** angeht (eingehend zur früheren Diskussion und den Möglichkeiten 2. Aufl., § 13 Rn. 14ff.), so ist zunächst – aus grundrechtlicher Sicht durchaus beruhigend – festzustellen, dass die grundrechtsrelevante Tätigkeit mangels operativer Befugnisse (Art. 88 Abs. 3 AEUV) nicht über Eingriffe in das *Recht auf informationelle Selbstbestimmung* hinausgeht.[69] Die *politische* Kontrolle soll nun durch das EP unter Beteiligung nationaler *Parlamente* vorgenommen und durch VO konkretisiert werden (Art. 88 Abs. 2 UA 2 AEUV).[70] Art. 53 Abs. 1 VO-Vorschlag Europol sieht insoweit vor, dass der Vorsitzende des Verwaltungsrates und der Exekutivdirektor auf Verlangen vor dem EP oder den nationalen Parlamenten erscheinen und die Europol betreffenden Angelegenheiten erörtern sollen. Zudem soll Europol den Parlamenten von sich aus bestimmte Informationen, u. a. Risikobewertungen und strategische Analysen, zur Verfügung stellen. Nach Maßgabe des Art. 54 VO-Vorschlag Europol soll das EP auch Zugriff auf von bzw. über Europol verarbeitete Verschlusssachen haben. Die Effektivität dieser Informations- und Rechenschaftspflichten wird allerdings dadurch eingeschränkt, dass sie unter dem Vorbehalt der Verpflichtung Europols zur Zurückhaltung und Verschwiegenheit stehen. Zur *gerichtlichen* Kontrolle konkreter Maßnahmen kann jedenfalls nach Ablauf der fünfjährigen Übergangszeit[71] der *EuGH* gemäß Art. 263 Abs. 4 AEUV angerufen werden, denn er überwacht (nun) auch die Rechtmäßigkeit der Handlungen der „Einrichtungen oder sonstigen Stellen der Union" (Art. 263 Abs. 1 AEUV).[72] Gem. Art. 51 Abs. 1 und 2 Europol-Beschluss gelten die für die Beamten und Bediensteten der EU üblichen Immunitätsregeln[73]

[68] *Wolter,* FG Hilger, 2003, S. 288; krit. auch *Paeffgen,* ZStW 118 (2006), 332f.; *Nestler,* GA 2010, 652; positiver nun *Ruthig,* FS Wolter, 2013, S. 1480.

[69] Krit. dennoch *Safferling,* 2011, § 12 Rn. 14.

[70] Vgl. dazu eucrim 2011, 5; *Albrecht/Janson,* EuR 2012, 230. *Ruthig,* FS Wolter, 2013, S. 1473 hält die bisherigen Kontrollmöglichkeiten für nicht ausreichend.

[71] Vgl. Art. 10 Abs. 1 und Abs. 3 Prot. Nr. 36 zum Lissabonner Vertrag (vgl. schon § 9 Rn. 15; § 11 Rn. 44 a. E.). U. a. deswegen krit. zur Intensität der gerichtlichen Kontrolle *Hecker,* 2012, § 5 Rn. 61; ähnlich auch *Heine,* Europäisierung, 2009, S. 204ff.; a. A. *Ruthig,* FS Wolter, 2013, S. 1475ff.; *ders.,* in: Böse, 2013, § 20 Rn. 79, der eine sofortige Kontrollmöglichkeit annimmt.

[72] Vgl. auch Erwägungsgrund 21 Europol-Beschluss mit Verweis auf Art. 35 EUV a. F.; *Thiele,* EuR 2010, 49; *Saurer,* EuR 2010, 63; *Everling,* EuR 2009 Beiheft 1, 79; zu den Problemen eines effektiven Rechtsschutzes vor dem Beschluss *von Arnauld,* JA 2008, 332. Positiv auch *Brodowski,* Jura 2013, 503f.; *Schoppa,* S. 238ff. (241: „Bahnbrechend"). Eine weitere Ausdifferenzierung der Rechtsschutzmöglichkeiten ist im VO-Vorschlag Europol vorgesehen: Recht auf Beschwerde beim Europäischen Datenschutzbeauftragten (Art. 49), Rechtsbehelf gegen den Europäischen Datenschutzbeauftragten (Art. 50), Haftung für die fehlerhafte Verarbeitung personenbezogener Daten und Recht auf Schadensersatz (Art. 52).

[73] Vgl. 7. Protokoll über die Vorrechte und Befreiungen der EU, Abl. EU C 310/261 v. 16.12.2004.

auch für Europol und dessen Personal (zum hierdurch ersetzen Europol-Immunitätsprotokoll 2. Aufl., § 13 Rn. 14), so dass diese der mitgliedstaatlichen Gerichtsbarkeit bezüglich der von ihnen in amtlicher Eigenschaft vorgenommenen Handlungen weitgehend entzogen sind (vgl. Art. 11 des 7. Protokoll über die Vorrechte und Befreiungen der EU).[74] Zu bedenken ist freilich, dass der Sinn vr Immunität für internationale Organisationen vorrangig in der Aufrechterhaltung ihrer Funktionsfähigkeit und nicht im Schutz vor (berechtigter) Strafverfolgung ihrer Beamten besteht bzw. bestehen sollte.[75]

Immerhin sieht Art. 33 aber die Errichtung *nationaler Kontrollinstanzen* vor, die die Eingabe und den Abruf personenbezogener Daten sowie die Übermittlung an Europol durch ihren Mitgliedstaat überwachen sollen (Abs. 1). Jede Person kann die nationale Kontrollinstanz anrufen (Abs. 2). Sie steht in Kontakt mit der *Gemeinsamen Kontrollinstanz* (GKI)[76] die die Datenverarbeitungstätigkeit von Europol direkt überprüft (Art. 34, dazu schon 2. Aufl., § 13 Rn. 15, 17). Bei Verstößen bittet sie den Direktor um Stellungnahme; befriedigt sie dessen Stellungnahme nicht, kann sie den Verwaltungsrat (Art. 37, 2. Aufl., § 13 Rn. 15) befassen (Art. 34 Abs. 4). Der Einzelne kann bei der GKI Beschwerde (Art. 32) gegen eine Entscheidung von Europol (Art. 31) bezüglich der Berichtigung und Löschung seiner Dateien einlegen.[77] Ferner ist auch eine interne Kontrolle personenbezogener Analysedaten vorgesehen (Art. 14 Abs. 1 UA 3). 12

C. Eurojust

Parallel zu der Tätigkeit von OLAF als einer Art „Vorermittlungsbehörde" für Betrügereien mit Unionsbezug und der spezifisch polizeilichen Zusammenarbeit im Rahmen von Europol verdichtet sich auch die grenzüberschreitende Kriminalitätsbekämpfung auf justizieller Ebene. Diese hat mit dem Austausch von **Verbindungsrichtern** und **-staatsanwälten**[78] und dem Aufbau eines **Europäischen Justiziellen Netzes (EJN)**[79] begonnen.[80] 13

Aufgabe der *Verbindungsrichter und -staatsanwälte* ist die Förderung und Beschleunigung der justiziellen Zusammenarbeit durch die Herstellung direkter Kontakte (Art. 2 Abs. 1 GM 96/277).[81] Mit dem *EJN* wird darüber hinausgehend ein Netz justizieller Kontaktstellen geschaffen, die von den Mitgliedstaaten in der Regel bei den Justizministerien angesiedelt werden und die als „aktive Vermittler" – ohne eigene Ermittlungsbefugnisse – zur Erleichterung der Zusammenarbeit zur Verfügung stehen (Art. 1, 4 Abs. 1 GM

[74] Zur Immunität s. *Schoppa,* S. 246ff.; *Ruthig,* FS Wolter, 2013, S. 1478f.; *ders.,* in: Böse, 2013, § 20 Rn. 83.

[75] Vgl. allg. *Hölscheidt/Schotten,* NJW 1999, 2852f. und 2854; sowie *Kremer,* Immunität für Europol-Bedienstete?, 2003, S. 71ff.

[76] *Satzger,* 2013, § 10 Rn. 9; *Hecker,* 2012, § 5 Rn. 60; *Ruthig,* in: Böse, 2013, § 20 Rn. 76ff.

[77] Dazu *Ruthig,* FS Wolter, 2013, S. 1488ff.

[78] GM 96/277/JI v. 22.4.1996, Abl. EG L 105 v. 27.4.1996, 1.

[79] GM 98/428/JI v. 29.6.1998, Abl. EG L 191 v. 7.7.1998, 4, ersetzt durch Beschluss 2008/976/JI v. 16.12.2008 über das EJN; dazu instruktiv *Galgo,* RIDP 77 (2006), 299ff.; vgl. auch *Klip,* 2012, S. 452f.; *Zöller,* in: Böse, 2013, § 21 Rn. 48ff.; *Hecker,* 2012, § 5 Rn. 66; *Zwiers,* S. 278ff.

[80] Vgl. *Milke,* Europol, 2003, S. 277f.; *v. Langsdorff,* StV 2003, 472f.; *Vervaele,* RP 15 (2005), 176. Zur Zusammenarbeit zwischen EJN und Eurojust siehe Streinz/*Dannecker,* Art. 85 AEUV Rn. 27.

[81] *v. Langsdorff,* StV 2003, 472 berichtet allerdings, dass Deutschland bislang lediglich einen „Verbindungsstaatsanwalt" nach Paris entsandt hat. Dies hat sich zwischenzeitlich nicht geändert (Auskunft BMJ per E-mail v. 27.3.2014).

98/428). Sie kooperieren sowohl untereinander als auch mit den örtlichen Behörden. Ziel ist die Schaffung „möglichst zweckdienlicher Direktkontakte“ (Art. 4 Abs. 1), der Aufbau eines Netzes persönlicher Kontakte („old boys network“). Neben der Herstellung „sachdienlicher Kontakte“ sollen regelmäßig Sitzungen der nationalen Vertreter abgehalten und grundlegende Informationen über das nationale Justizsystem zur Verfügung gestellt werden (Art. 3, 5ff.).[82]

14 Schon bald hat sich jedoch gezeigt, dass die mit dieser Organisationsform einhergehende dezentrale Form der Koordination zu einer unüberschaubaren Anzahl von Kontaktstellen und damit zu einem Verlust an persönlicher Nähe führt.[83] Jedenfalls stößt ein *dezentrales* Netz *nationaler* Kontaktstellen an strukturelle Grenzen, wenn es um die **zentrale Koordination grenzüberschreitender Strafverfolgung** geht.[84] Aus diesen Gründen wurde es für notwendig gehalten, *zusätzlich* eine zentrale Stelle zu schaffen, bei der Vertreter der Justizbehörden aller Mitgliedstaaten angesiedelt werden. So wurde durch Ratsbeschluss vom 14. Dezember 2000 zunächst eine vorläufige Stelle zur justiziellen Zusammenarbeit mit Sitz in Brüssel **(Pro-Eurojust)** gegründet;[85] zur Entstehung 2. Aufl., § 13 Rn. 20 Kleindruck.

15 Aus Pro-Eurojust entstand mit *Ratsbeschluss* vom 28.2.2002 **Eurojust** mit Sitz in Den Haag.[86] Dieser Beschluss wurde durch den Ratsbeschluss 2009/426/JI vom 16. Dezember 2008 geändert und neu gefasst. Die vertragsrechtliche Grundlage der Tätigkeit von Eurojust bildete zunächst Art. 31 Abs. 2 EUV a. F., nun Art. 85 AEUV. Mittlerweile hat die Kommission einen Vorschlag für eine auf Art. 85 AEUV gestützte Verordnung vorgestellt (VO-Vorschlag Eurojust), durch die Eurojust einen neuen, modernisierten und effektiveren Rechtsrahmen erhalten soll.[87] Im Fall ihrer Verabschiedung würde die Verordnung unmittelbar gelten und damit nationale Umsetzungsgesetze obsolet machen.[88] **Organisationsrechtlich** ist Eurojust als weisungsunabhängige (Art. 30 Abs. 3 Ratsbeschluss) justizielle Einrichtung der Union mit eigener Rechtspersönlichkeit (Art. 1) konzipiert.[89] **Aufgaben** von Eurojust sind die *Einleitung* von Ermittlungs- bzw. Vorschläge von Verfolgungsmaßnahmen, die *Koordinierung* der in den Mitgliedstaaten laufenden Ermittlungen und Verfolgungsmaßnahmen und die Verstärkung der *Zusammenarbeit* u. a. mit dem EJN auch zur Vermeidung von Kompetenzkonflikten (Art. 85 Abs. 1 UA 2); zusammenfassend geht es also um die *Unterstützung* und Verbesserung der Zusammenarbeit bei der grenzüberschreitenden Strafverfolgung i. S. einer **Dokumentations- und Clearingstelle** (Art. 85 Abs. 1 AEUV, Art. 3 Ratsbeschluss),[90]

[82] Vgl. zum EJN auch *Nehm,* DRiZ 2000, 356f.; *Stiegel,* in: Sieber et al., § 46 Rn. 1ff.

[83] Nach Auskunft von Eurojust v. 7.3.2014 existieren über 300 Kontaktstellen und zahlreiche „contact points“, auch in Drittstaaten (von Albanien bis Thailand). Vgl. auch *Eurojust,* Jahresbericht 2012, 2013, S. 40ff.

[84] Krit. insoweit auch *v. Langsdorff,* StV 2003, 473; siehe auch *Zwiers,* S. 251.

[85] Abl. EG L 324 v. 14.12.2000, 2; vgl. *v. Langsdorff,* StV 2003, 473f.; *Dieckmann,* NStZ 2001, 620; *Suominen,* MJECL 2008, 219; *Grotz,* in: Sieber et al., § 45 Rn. 2ff.; *Zöller,* in: Böse, 2013, § 21 Rn. 2ff.

[86] Abl. EU L 63 v. 6.3.2002, 1; berichtigt durch Abl. EU L 196 v. 25.7.2002, 63.

[87] KOM (2013) 535 endg.

[88] *Satzger,* 2013, § 10 Rn. 16; s. auch *Weyembergh,* eucrim 2013, 127.

[89] Vgl. auch *v. Bubnoff,* ZEuS 2002, 207f.; *Fawzy,* Eurojust, 2005, S. 35; *Kretschmer,* Jura 2007, 173; vertiefend zur Organisationsstruktur von Eurojust *Zwiers,* S. 261ff.

[90] *Satzger,* 2013, § 10 Rn. 13; *Hecker,* 2012, § 5 Rn. 72; *Esser,* 2014, § 3 Rn. 70f.; Streinz/*Dannecker,* Art. 85 AEUV Rn. 3ff.; vgl. auch *v. Bubnoff,* ZEuS 2002, 205ff.; *v. Langsdorff,* StV 2003, 475; *Kaplinghaus/Milke,* DRiZ 2004, 267; *Kapplinghaus,* in: Eser/Rabenstein, Effizienz, 2004, S. 164 u. 166f.; *Dieckmann,* NStZ 2001, 620; *Schomburg,* DRiZ 2000, 343; *Suominen,* MJECL 2008, 220f.; *Frenz,* wistra 2010, 433; *Suhr,* ZEuS 2009, 700; *Böse,* Verfügbarkeit, 2007, S. 29f.; *Spiezia,* ERA-Fo-

wobei allerdings die Möglichkeit der **Einleitung von Ermittlungen** (Art. 85 Abs. 1 UA 2 (a) AEUV) den Willen der Lissabonner Vertragsparteien deutlich macht, Eurojust Initiativbefugnisse zu geben.[91] Allerdings verbleibt nach Art. 85 Abs. 2 die Befugnis zur Vornahme förmlicher Prozesshandlungen bei den nationalen Behörden. Der materiell-rechtliche **Zuständigkeitsbereich** erstreckt sich allgemein auf die mindestens zwei Mitgliedstaaten betreffende, grenzüberschreitende schwere Kriminalität (Art. 85 Abs. 1 UA 1 AEUV). Konkretisert wird diese Vorgabe durch Art. 4 Abs. 1 Ratsbeschluss, der die Zuständigkeit von Eurojust unter Verweis auf den für Europol geltenden Zuständigkeitskatalog bestimmt (Rn. 7).[92] Darüber hinaus kann Eurojust auf Antrag eines Mitgliedstaates auch bei sonstigen Straftaten nationale Ermittlungen und Strafverfolgungsmaßnahmen unterstützen (Art. 4 Abs. 2 Ratsbeschluss). Der VO-Vorschlag will demgegenüber die sachliche Zuständigkeit Eurojusts erstmals unabhängig von Europol (Art. 3 VO-Vorschlag) bestimmen.[93] Zudem soll die „Zuständigkeitserweiterung auf Antrag" abgeschafft werden.[94] Zur Erfüllung der genannten Ziele handelt Eurojust – so der Normalfall – durch ein oder mehrere betroffene **nationale Mitglieder** (Art. 5 Abs. 1 (a), Art. 6) oder – auf Antrag oder bei grenzüberschreitenden Ermittlungen – als **Kollegium** (Art. 5 Abs. 1 (b), Art. 7).[95] In beiden Fällen kann Eurojust in zahlreichen Fällen *initiativ* werden, indem Ersuchen an die Mitgliedstaaten gerichtet werden, etwa zu bestimmten Tatbeständen Ermittlungen aufzunehmen (vgl. Art. 6 Abs. 1 (a), 7 Abs. 1 (a)). Ferner ist Eurojust zur *Verarbeitung personenbezogener Daten* befugt (vgl. Art. 14–25).[96] Eurojust unterhält zudem Kooperationen mit Nicht-EU-Staaten, die zu diesem Zweck Verbindungsrichter zu Eurojust entsenden können.[97]

---

rum 12 (2011), 390ff.; *Grotz*, in: Sieber et al., § 45 Rn. 8ff.; *Zöller*, in: Böse, 2013, § 21 Rn. 9ff.; insb. zur Koordinationstätigkeit von Eurojust *Serzysko*, ERA-Forum 11 (2011), 594f. Art. 16 Abs. 2 RbEuHb sieht vor, dass bei Mehrfachersuchen eine Stellungnahme von Eurojust eingeholt werden kann; w. N. 2. Aufl., § 13 Rn. 21 Fn. 141.

[91] A. A. wohl Streinz/*Dannecker*, Art. 85 AEUV Rn. 10f. Deutlich zurückhaltender auch Art. 2 Abs. 1 VO-Vorschlag, demzufolge Eurojust (lediglich) die Aufgabe hat, die Koordinierung und Zusammenarbeit zwischen den nationalen Behörden zu unterstützen und zu verstärken.

[92] Zur repressiven Terrorismusbekämpfung durch Eurojust *Esser*, GA 2004, 711; für eine Erweiterung der Zust. auf vr Verbrechen *Ryngaert*, Eur.J. Cr. 2006, 72ff.

[93] Zu daraus möglicherweise folgenden Kooperationsproblemen *Weyembergh*, eucrim 2013, 128f.

[94] *Weyembergh*, eucrim 2013, 129f.

[95] Vgl. näher *v. Bubnoff*, ZEuS 2002, 208f.; *Fawzy*, Eurojust, 2005, S. 37ff.; *Thwaites*, RIDP 77 (2006), 294; *Serzysko*, ERA Forum 11 (2011), 588ff.; *Zöller*, in: Böse, 2013, § 21 Rn. 6ff. Zum nationalen Mitglied näher *Grotz*, in: Sieber et al., § 45 Rn. 22ff., zum Kollegium Rn. 33ff. Der VO-Vorschlag Eurojust strebt eine Stärkung der nationalen Mitglieder an (Art. 5, 7ff.), dazu *Brodowski*, ZIS 2013, 462; auch *Weyembergh*, eucrim 2013, 127f.

[96] Zur Frage des Rechtsschutzes wegen des darin liegenden Eingriffs in das Recht auf informationelle Selbstbestimmung *Milke*, Europol, 2003, S. 286ff.; *Esser/Herbold*, NJW 2004, 2423f.; Streinz/*Dannecker*, Art. 85 AEUV Rn. 17ff.; *v. Bubnoff*, ZEuS 2002, 212 hält eine über die Berichtspflichten (Art. 32 Eurojust-Beschluss) hinausgehende Kontrolle nicht für erforderlich. Vgl. auch *Eurojust*, Jahresbericht 2003, 2004, 15ff. Kritisch *Wolter*, FG Hilger, 2003, S. 288. S. auch den Ausbau der Datenschutzbestimmungen in Art. 27ff. VO-Vorschlag Eurojust.

[97] Bisher haben Norwegen und die USA von dieser Möglichkeit Gebrauch gemacht, vgl. http://eurojust.europa.eu/about/structure/college/Pages/liaison-magistrates.aspx (zuletzt abgerufen am 1.7.2014). Liechtenstein hat im Juni 2013 einen Kooperationsvertrag mit Eurojust geschlossen, der ebenfalls den Austausch von Verbindungsrichtern erlaubt, vgl. eucrim 2013, 40. Vgl. auch *Grotz*, in: Sieber et al., § 45 Rn. 44ff.

16 Die Fallzahl ist seit 2002 kontinuierlich angestiegen.[98] Dem **Eurojust-Jahresbericht** 2012 lassen sich die Schwerpunkte der praktischen Fallarbeit entnehmen:[99] Rund 17,2% der Fälle lagen im Bereich des Drogenhandels (263 Fälle). Betrugsdelikte machten ca. 24,9% der Fallarbeit aus (382 Fälle). Die Fallzahlen im Bereich der Geldwäsche und anderen damit verbundenen Straftaten stiegen im Vergleich zum Vorjahr um mehr als 20 Fälle (insgesamt 144 Fälle, ca. 9,4%). Im Bereich des Menschenhandels ist ein leichter Rückgang auf 3,9% zu verzeichnen (von 79 auf 60 Fälle), während der Bereich der Cyberkriminalität auf 2,7% gestiegen ist (von 24 auf 42 Fälle). Mit jeweils 2% schlagen die Delikte aus den Bereichen Terrorismus (32 Fälle) und Korruption (30 Fälle)[100] und mit jeweils 1,8% illegale Einwanderung (29 Fälle) und Straftaten zum Nachteil der finanziellen Interessen der Union (27 Fälle) zu Buche. Weitere 15% entfallen auf sonstige Fälle im Zusammenhang mit organisierter Kriminalität (231 Fälle).

17 Während Art. 9 Abs. 1, 3 Eurojust-Ratsbeschluss es noch den Mitgliedstaaten überlassen hat, welche **innerstaatlichen Befugnisse** sie den nationalen Mitgliedern einräumen wollen,[101] setzt nun der erwähnte Art. 85 Abs. 2 AEUV hinsichtlich der **förmlichen Prozesshandlungen** eine eindeutige Grenze. Dessen ungeachtet will der von der Kommission vorgelegte Verordnungsvorschlag den nationalen Mitgliedern relativ weitreichende Befugnisse einräumen. So sollen diese ggf. selbst Rechtshilfe beantragen oder gewähren, Informationen mit den nationalen Behörden austauschen oder sich an gemeinsamen Ermittlungsgruppen beteiligen können. In Eilfällen sollen sie sogar befugt sein, selbständig Ermittlungsmaßnahmen anzuordnen (Art. 8). Art. 9 VO-Vorschlag Eurojust gewährt ihnen zudem umfangreiche Zugriffsmöglichen auf nationale Register.

In Deutschland ist der Eurojust-Beschluss durch das **Eurojust-Gesetz** (EJG) umgesetzt worden.[102] § 4 (Informationsübermittlung) EJG sieht in Absatz 1 eine Pflicht zur Übermittlung von Informationen an Eurojust vor, die in Absatz 2 in nicht unerheblichem Umfang wieder zurückgeschnitten wird: Absatz 2 Nr. 2 ermöglicht deutschen Stellen, eine Datenübermittlung zu unterlassen, wenn „die Weitergabe der Informationen die Gefahr eines schweren Nachteils für die BR Deutschland herbeiführen würde."[103] Bemerkenswert scheint auch, dass die zentrale Norm des § 4 EJG „Informationsübermittlung" ihrem Wortlaut nach deutschen Stellen im Falle eines Eurojust-Gesuchs um Datenübermittlung nach ihrem ersten Absatz die Pflicht auferlegt, zu prüfen, ob dies „zur Wahrnehmung der Aufgaben von Eurojust (…) erforderlich ist." Da aber die jeweils mit dieser Frage konfrontierte deutsche Stelle aus ihrer – gegenüber Eurojust, bei der die informationellen Fäden zusammenlaufen – notwendigerweise eingeschränkteren Perspektive dieses Erfordernis inhaltlich tatsächlich gar nicht prüfen *kann,* wird sie darauf *vertrauen* müssen, dass die Einschät-

[98] Nach *Thwaites,* RIDP 77 (2006), 295 von 202 (2002) auf 588 (2005). Der Eurojust-Jahresbericht für 2008 weist 1193 bearbeitete Fälle aus; im Jahr 2009 wurden 1372 Fälle registriert, das entspricht einer Steigerung um 15% ggü. dem Vorjahr. Im Jahr 2012 waren es 1533 Fälle, womit die Fallzahlen um wiederum 6,4% im Vergleich zum Vorjahr gestiegen sind, *Eurojust,* Jahresbericht 2012, S. 8.

[99] *Eurojust,* Jahresbericht 2012, 2013, S. 527ff; vgl. für die Fallentwicklung auch die 2. Aufl. sowie die unter http://eurojust.europa.eu/ verfügbaren Jahresberichte.

[100] Ausf. zum Fallaufkommen bzgl. Korruption *Spiezia,* ERA-Forum 12 (2011), 393ff.

[101] *v. Langsdorff,* StV 2003, 474.

[102] Gesetz zur Umsetzung des Beschlusses (2002/187/JI) des Rates vom 28.2.2002 über die Errichtung von Eurojust zur Verstärkung der Bekämpfung der schweren Kriminalität (Eurojust-Gesetz – EJG) v. 12.5.2004, BGBl. I 2004 S. 902; zuletzt geändert durch Art. 1 ÄndG vom 7.6.2012 (BGBl. I 2012 S. 1270); vgl. weiter BR-Drs. 545/03; BT-Drs. 15/1719; BT-Drs. 15/2484, 15/2717, 15/2832 und BR-Drs. 255/04; dazu *Zöller,* in: Böse, 2013, § 21 Rn. 33ff.; Streinz/*Dannecker,* Art. 85 AEUV Rn. 14ff. Zur italienischen Rechtslage *Manzione,* LP 2005, 243ff.

[103] Der Gesetzentwurf (vgl. BR-Drs. 545/03, 4; BT-Drs. 15/1719, 6) sah ursprünglich vor, die Möglichkeit der Nichtweitergabe nach § 4 Abs. 2 Nr. 2 auf Fälle zu beschränken, in denen „die Weitergabe der Informationen außenpolitische Belange der BR Deutschland beeinträchtigen würde." Dies erwies sich im Bundesrat jedoch als nicht konsensfähig (BT-Drs. 15/2717, 1, 3). Vgl. auch *Esser/Herbold,* NJW 2004, 2423.

zung des nationalen Mitglieds, die Datenübermittlung sei erforderlich, zutrifft.[104] Hieran wird deutlich, dass mit der Übertragung von „informationeller Souveränität" auf eine europäische Agentur ein Vertrauensvorschuss einhergeht, der wohl nur in der Beziehung zwischen Strafjuristen aus gleichen Mitgliedstaaten eine tragfähige Grundlage, scil. in derem gleichen juristischen und kulturellen Vorverständnis, hat. Gleichwohl fragt es sich, ob die nationale „Prüfklausel" („soweit ... zur Wahrnehmung der Aufgaben erforderlich ist") nicht verzichtbar gewesen wäre, wenn den angefragten nationalen Stellen eine *eigenständige* inhaltliche Überprüfung der Erforderlichkeit des informationellen Eingriffs ohnehin nicht möglich ist. Trotz dieser Inkonsistenzen ist diese Formulierung aber auch bei der jüngsten Änderung des EJG beibehalten worden.

Eurojust hält enge **Beziehungen** zu den schon existierenden Kooperationseinrichtungen.[105] Mit dem **Europäischen Justiziellen Netz** besteht eine besonders enge, komplementäre Beziehung (Art. 85 Abs. 1 (c), Art. 25a Ratsbeschluss), die sich auch räumlich dadurch zeigt, dass dessen Sekretariat bei Eurojust angesiedelt ist. Die Kontaktstellen des Netzes sind – bildlich gesprochen – der „verlängerte Arm der Nationalen Mitglieder (von Eurojust) in die Mitgliedstaaten".[106] Mit **OLAF** arbeitet Eurojust bei der Bekämpfung von Straftaten zum Nachteil der finanziellen Interessen der Union zusammen (Art. 26 Abs. 4).[107] **Europol** liefert Informationen auch für Eurojust (Art. 85 Abs. 1 UA 1 AEUV).[108] Zusammengenommen stellen Europol und Eurojust zwei einander ergänzende Elemente einer europaweiten Strafverfolgung dar,[109] wobei allerdings, wie gesehen, die Ermittlungsbefugnisse und exekutiven Zuständigkeiten – derzeit noch – bei den nationalen Polizeien und Staatsanwaltschaften verbleiben. Die zukünftige Entwicklung wird von der nach Art. 85 Abs. 1 UA 2 zu erlassenden Verordnung abhängen. Denn einerseits hat der Lissaboner Vertrag die Stellung von Eurojust – entgegen einer früheren Tendenz zur Ausweitung der Befugnisse[110] – als reine **Service- und Koordinierungseinheit** festgeschrieben (Art. 85 Abs. 2 AEUV e.c.),[111] andererseits aber eine Stärkung der Befugnisse mit Blick auf die Einleitung von Ermittlungen in Aussicht gestellt (Art. 85 Abs. 1 UA 2 (a)). Diese Diskrepanz spiegelt sich auch im aktuellen Verordnungsvorschlag wider, der einerseits die unterstützende und koordinierende Funktion Eurojusts unterstreicht (Art. 2 Abs. 1), andererseits den nationalen Mitgliedern umfangreiche Befugnisse zubilligt (oben Rn. 17). Die in Art. 86 AEUV zum Ausdruck kommende Idee von Eurojust als **Keimzelle einer Europäischen Staatsanwaltschaft** 18

[104] So auf Nachfrage des Verf. das (ehem.) stellvertretende deutsche Mitglied Kapplinghaus (E-mail v. 14.6.2004).

[105] Vgl. *Eurojust,* Jahresbericht 2012, 2013, S. 42ff.; ferner *Kapplinghaus,* in: Eser/Rabenstein, Effizienz, 2004, S. 169ff. (auch zu den Beziehungen zu Staaten außerhalb der EU); *Fawzy,* Eurojust, 2005, S. 93ff.; *Thwaites,* RIDP 77 (2006), 297; *Serzysko,* ERA Forum 11 (2011), 596f.

[106] *V. Langsdorff,* StV 2003, 474; *Kapplinghaus,* in: Eser/Rabenstein, Effizienz, 2004, S. 169f.; zur Problematik auch *v. Bubnoff,* ZEuS 2002, 209; zur Zahl der Kontaktstellen o. Fn. 83.

[107] Krit. *Eurojust,* Jahresbericht 2003, 2004, S. 36; zu „Friktionen" auch *Kapplinghaus,* in: Eser/Rabenstein, Effizienz, 2004, S. 169; schließlich *Eurojust,* Jahresbericht 2004, 2005, 17; positiv jedoch zuletzt *Eurojust,* Jahresbericht 2012, 2013, S. 48. Zur Zusammenarbeit auch *Spiezia,* ERA-Forum 12 (2011), 392f.; *Esser,* in: Böse, 2013, § 19 Rn. 88; Streinz/*Dannecker,* Art. 85 AEUV Rn. 26.

[108] Näher zur Kooperation zw. Eurojust und Europol *Fawzy,* Eurojust, 2005, S. 134ff.; *Spiezia,* ERA-Forum 12 (2011), 393; *Esser,* in: Böse, 2013, § 19 Rn. 89; Streinz/*Dannecker,* Art. 85 AEUV Rn. 24f.; *Eurojust,* Jahresbericht 2012, 2013, S. 47.

[109] Treffend *Milke,* Europol, 2003, S. 289; *Kapplinghaus/Milke,* DRiZ 2004, 268; *Kapplinghaus,* in: Eser/Rabenstein, Effizienz, 2004, S. 169; *Esser/Herbold,* NJW 2004, 2421; problematisierend *Esser,* GA 2004, 721.

[110] Vgl. *Eurojust,* Jahresbericht 2008, 2009, S. 37 (engere, auch operative Zusammenarbeit mit Europol). Im Hinblick auf Art. III-273 Abs. 1 (a) VerfV *Esser,* GA 2004, 721.

[111] Vgl. schon *v. Bubnoff,* ZEuS 2002, 204; *v. Langsdorff,* StV 2003, 475; *Vervaele,* RP 15 (2005), 180.

(„ausgehend von Eurojust")[112] scheint demgegenüber nicht weiterverfolgt zu werden. Vielmehr sollen Eurojust und die (in der Entstehung begriffene) Europäische Staatsanwaltschaft als eigenständige Institutionen nebeneinander stehen, aber durch eine „besondere Beziehung" und eine enge Zusammenarbeit verbunden sein (Art. 41 VO-Vorschlag Eurojust).

D. Schaffung einer Europäischen Staatsanwaltschaft

19 Die schon im „Corpus Juris" angelegte[113] und im **Grünbuch** EStA 2001 vorgeschlagene Einrichtung einer „Europäischen Staatsanwaltschaft" (EStA) zur **Verbesserung des strafrechtlichen Schutzes der Finanzinteressen** der Union[114] findet nun in **Art. 86 AEUV** ihre primärrechtliche Grundlage.[115] Die genaue Ausgestaltung der EStA ist im AEUV nicht geregelt,[116] auch nach Erlass eines VO-Vorschlags[117] bleiben noch viele Fragen offen.[118]

20 In **organisatorischer Hinsicht** ist die geplante EStA als unabhängige, dezentrale Einrichtung mit eigenständiger Rechtspersönlichkeit konzipiert (Art. 3, 4 VO-Vorschlag EStA). Sie besteht aus einem EStA, vier Stellvertretern und den Abgeordneten EStA in den Mitgliedstaaten (Art. 6 Abs. 1, 2).[119] Der EStA und seine Stellvertreter werden vom Rat für eine nicht verlängerbare Amtszeit von acht Jahren benannt (Art. 8, 9). Die

112 Vgl. auch *Satzger,* 2013, § 10 Rn. 17; *Lopes da Mota,* in: Espina Ramos/Vincente Carbajosa, EPP's Office, 2008, S. 76 ff.; *de Gouttes,* in: ebd., S. 103 f.; *de Angelis,* eucrim 2012, 76. Für frühere Nachw. 2. Aufl., § 13 Rn. 23 Fn. 160. Krit. wegen der unterschiedlichen Ausrichungen von Eurojust (Stärkung der Kooperation zwischen den Mitgliedstaaten) und EStA (europäische Ermittlungen) *Espina Ramos,* in: Klip, 2011, S. 37; auch *Hamran/Szabova,* NJECL 4 (2013), 46 ff., die aufzeigen, dass kein Konsens darüber besteht, was „ausgehend von Eurojust" bedeutet. *Csúri,* eucrim 2012, 80 legt den Wortlaut dahingehend aus, dass entweder Eurojust zur EStA wird oder in der EStA aufgeht. Zu weiteren möglichen Interpretationen *Grünewald,* HRRS 2013, 509 f.; *Zöller,* in: Böse, 2013, § 21 Rn. 80 ff.

113 „Corpus Juris der strafrechtlichen Regelungen zum Schutz der finanziellen Interessen der EU", vgl. *Delmas-Marty,* 1998; *Nürnberger,* ZJS 2009, 496; *Vervaele,* in: Espina Ramos/Vincente Carbajosa, EPP's Office, 2008, S. 135 ff.; *de Angelis,* eucrim 2012, 75 sowie 2. Aufl., § 13 Rn. 24 Kleindruck. Zur Entstehungsgeschichte auch *Bösch,* in: Espina Ramos/Vincente Carbajosa, EPP's Office, 2008, S. 25 f.; *Pinto Monteiro,* in: Espina Ramos/Vincente Carbajosa, EPP's Office, 2008, S. 97 ff.; *Hamran/Szabova,* NJECL 4 (2013), 41 ff.; *Ligeti,* EuCLR 1 (2011), 123 ff.; *Killmann/Hofmann,* in: Sieber et al., § 48 Rn. 1 ff.

114 Krit. *Kempf,* StV 2003, 128 f.; *Hecker,* 2012, § 14 Rn. 39 ff.; *Albrecht,* ZRP 2004, 2 f.; *Schünemann,* StV 2003, 116; *Satzger,* StV 2003, 137 f.; zurückhaltend mit Blick auf die Notwendigkeit auch *Wright,* in: Espina Ramos/Vincente Carbajosa, EPP's Office, 2008, S. 64 f.; *Heger,* ZIS 2009, 416; grds. zust. *Radtke,* GA 2004, 4 ff.; *Castaldo,* StV 2003, 123; *Suhr,* ZEuS 2009, 701; *Sieber,* ZStW 121 (2009), 48 f.; *Scheuermann,* Anerkennung, 2009, S. 105 ff.; *Ligeti/Simonato,* NJECL 4 (2013), 8 ff.; *Wade,* Crime Law Soc Change 59 (2013), 444 ff. unter Auswertung des EuroNeedsProjects, http://www.mpicc.de/shared/data/pdf/euroneeds_report_jan_2011.pdf (zuletzt abgerufen am 1.7.2014). Überblick über die vor dem Vertrag von Lissabon diskutierten Vorschläge bei *Ligeti,* in: Klip, 2011, S. 55 ff.; *Zwiers,* S. 355 ff. Vgl. auch *Safferling,* 2011, § 12 Rn. 27 ff. Näher 3. Aufl., § 13 Rn. 19 ff.

115 *Satzger,* 2013, § 10 Rn. 21; *Zöller,* in: Böse, 2013, § 21 Rn. 70 ff.

116 *Klip,* in: Klip, 2011, S. 27.

117 KOM (2013) 534 endg.; dazu *Beukelmann,* NJW-Spezial 2013, 568; *Brodowski,* ZIS 2013, 460 ff.; *Esser,* StV 2014, 494; vgl. eucrim 2013, 41 f.

118 Vgl. insoweit auch das jüngst erschienene Diskussionspapier Rats-Dok. 18168/13 sowie den Bericht über den State of Play, Rats-Dok. 18120/13.

119 *Nieto Martín/Wade/Muñoz de Morales,* in: Ligeti, S. 787 ff. finden es „surprising", dass das EStA-System anders als die Vielzahl der föderalen Strafrechtssysteme auf eine strenge Hierarchie setzt.

Abgeordneten Europäischen Staatsanwälte werden vom EStA aus einer von den Mitgliedstaaten zu erstellenden Bewerberliste ausgewählt (Art. 10). In jedem Mitgliedstaat muss es mindestens einen Abgeordneten Europäischen Staatsanwalt geben. Diese können weiterhin als nationale Staatsanwälte tätig sein (Art. 6 Abs. 6);[120] sofern sie aber Aufgaben der EStA wahrnehmen, sind sie nur ggü. dem Europäischen Staatsanwalt weisungsgebunden und von sämtlichen Verpflichtungen gegenüber den nationalen Behörden befreit (Art. 6 Abs. 5). Damit folgt der VO-Entwurf dem schon im Grünbuch präferierten hybriden oder sog. *„Zwei-Hüte-Modell“*,[121] setzt also auf eine Kombination von europäischem und nationalem Personal.

Die **sachliche Zuständigkeit** der EStA umfasst alle in der – sich ebenfalls noch im Ge- 21
setzgebungsverfahren befindlichen – Rl zum strafrechtlichen Schutz der EU Finanzen genannten Straftaten (Rl-Vorschlag Betrugsbekämpfung).[122] Dies sind neben dem EU-Betrug (zum Begriff schon § 9 Rn. 8 mit Fn. 66) auch sog. betrugsähnliche Straftaten, namentlich das unredliche Verhalten von Bietern bei Ausschreibungen,[123] Geldwäsche, Bestechlichkeit und Bestechung sowie die untreueähnliche „missbräuchliche Verwendung“ von EU-Geldern (Art. 3, 4 Rl-Vorschlag Betrugsbekämpfung). Dabei wird die EStA freilich nicht die Richtliniendelikte direkt anwenden, sondern vielmehr die harmonisierten nationalen Umsetzungsnormen (Art. 12 VO-Vorschlag EStA).[124] Für die Verfolgung dieser Finanzdelikte ist die EStA selbst dann zuständig, wenn es sich um rein nationale Fälle ohne grenzüberschreitende Dimension handelt.[125] Ferner kann sie auch die Verfolgung anderer Straftaten übernehmen, wenn diese untrennbar mit einem unionsschädlichen Finanzdelikt verbunden sind (Art. 13 VO-Vorschlag EStA). Gerade diese weite Zuständigkeit kraft Sachzusammenhangs ist im Hinblick auf das Subsidiaritäts- und Verhältnismäßigkeitsprinzip nicht unproblematisch.[126] Dies gilt umso mehr, als in den Mitgliedstaaten grundsätzlich gut funktionierende Strafrechtssysteme bestehen, die in den meisten Fällen eine angemessene und effektive Strafverfolgung sicherstellen können. Vorzugswürdig erscheint daher das von *Satzger* in Anlehnung an das IStGHS (dazu § 8 Rn. 10ff.) entwickelte „Komplementaritäts-

[120] Krit. *Grünewald*, HRRS 2013, 510.

[121] Vgl. dazu *Hamran/Szabova*, NJECL 4 (2013), 49f.; auch *Klip*, in: Klip, 2011, S. 27; ausf. auch zu anderen Vorschlägen *Ligeti/Simonato*, NJECL 4 (2013), 13ff.; *Ligeti*, in: Ligeti, S. 3; *Sicurella*, in: Ligeti, S. 872ff.; *White*, eucrim 2012, 67ff.; *dies.*, NJECL 4 (2013), 22ff. *De Angelis*, eucrim 2012, 77f. favorisiert einen zentralen EStA, der von einem Kollegium aus je drei nationalen abgeordneten Staatsanwälten und den Direktoren bzw. Präsidenten von Europol, Eurojust und OLAF unterstützt wird; vgl. in diesem Sinne auch die Präferenz einiger Staaten, Rats-Dok. 18120/13, S. 4.

[122] KOM (2012) 363 endg.; dazu *Kuhl*, eucrim 2012, 64ff.; vgl. eucrim 2012, 63ff., 98; 2013, 42f. Hinsichtlich der Auslegungsbedürftigkeit des Art. 86 Abs. 1 AEUV *Ligeti*, in: Ligeti, S. 2; ausf. *Sicurella*, in: Ligeti, S. 875ff.; zu den Erweiterungsmöglichkeiten ebd., S. 888ff. Krit. *Conway*, CLF 24 (2013), 396ff.

[123] Dieses Delikt ist im abweichenden Ratsvorschlag nicht enthalten, Rats-Dok. 10729/13.

[124] Krit. *de Angelis*, eucrim 2012, 76f. („il serait paradoxal d'instituer un Parquet européen ayant vocation à exercer ses fonctions sur tout le territoire de l'Union mais contraint à agir selon des législations diversifiées en ce qui concerne les comportements punissables.“ (S. 77)).

[125] *Ligeti/Simonato*, NJECL 4 (2013), 10f., betonen, dass aus der Formulierung „ausgehend von Eurojust“ keine Begrenzung auf transnationale Fälle folge. Zu den dennoch möglichen Kompetenzkonflikten *Nieto Martín/Wade/Muñoz de Morales*, in: Ligeti, S. 797f.

[126] Vgl. *European Criminal Policy Initiative*, ZIS 2013, 427; *Conway*, CLF 24 (2013), 399f.; s. auch die Subsidiaritätsrügen von 15 Mitgliedstaaten (Rats-Dok. 16624/13); dazu *Lörcher/Petersen*, NJW-aktuell 47/2013, 16; vgl. auch eucrim 2013, 117f.; a. A. *Gómez-Jara*, EuCLR 3 (2013), 177 (178f., 187ff.) angesichts der Finanzkrise.

modell", demzufolge die EStA nur dann eingreifen soll, wenn die eigentlich zuständige nationale Behörde „nicht fähig oder nicht in der Lage ist, die finanziellen Interessen der EU selbst hinreichend zu schützen".[127]

22 Das für die EStA maßgebliche **Strafverfahrensrecht** ist in den Art. 15ff. VO-Vorschlag EStA geregelt. Gem. Art. 16 Abs. 1 wird ein Ermittlungsverfahren eingeleitet, wenn „Grund zu der Annahme besteht, dass eine in die Zuständigkeit der Europäischen Staatsanwaltschaft fallende Straftat begangen wird oder wurde". Informationen über mutmaßliche Taten kann die EStA dabei aus den in Art. 15 genannten Ermittlungsquellen erlangen. Dieser begründet insbesondere eine Verpflichtung für alle nationalen Behörden und alle EU-Stellen, die EStA umgehend über mögliche Betrugstaten zu informieren. Die Durchführung der Ermittlungen wird grundsätzlich einem Abgeordneten Europäischen Staatsanwalt übertragen (Art. 16). In besonderen Fällen, bspw. bei einer besonders schweren oder grenzüberschreitenden Straftat (Art. 18 Abs. 5), kann der EStA das Ermittlungsverfahren auch selbst leiten. Neben umfangreichen Informationsrechten (Art. 20ff.)[128] stehen der EStA die zahlreichen, in Art. 26 genannten Ermittlungsmaßnahmen zur Verfügung. Diese reichen von der Durchsuchung von Gebäuden und Grundstücken über die Überwachung des Telekommunikationsverkehrs bis hin zur Beantragung von U-Haft. Die Einzelheiten richten sich nach dem innerstaatlichen Recht (Art. 26 Abs. 2); bei einigen Maßnahmen ist zwingend eine Genehmigung einer nationalen Justizbehörde (Art. 26 Abs. 4) oder eines nationalen Gerichts (Art. 26. Abs. 5) einzuholen.[129]

23 Das eigentliche **Strafverfahren** wird vor einem nationalen Gericht geführt, wobei die Europäischen Staatsanwälte die gleichen Befugnisse haben wie die einzelstaatlichen Staatsanwälte (Art. 27 Abs. 1). Damit wird letztlich nationales Verfahrensrecht zur Grundlage eines „europäischen" Strafverfahrens.[130] Das international und örtlich zuständige Gericht bestimmt der EStA, wobei der Ort der Tat, der gewöhnliche Aufenthalt des Beschuldigten, der Belegenheitsort der Beweismittel und der Aufenthaltsort der „direkten Opfer" zu berücksichtigen sind (Art. 27 Abs. 4).[131]

Gegen ein derartiges Auswahlrecht der EStA lassen sich zahlreiche Einwände erheben. Zunächst wird damit der EStA die Möglichkeit eines **forum shopping** dergestalt eröffnet, dass sie geneigt sein wird, dort Anklage zu erheben, wo sie sich die besten Chancen für eine Verurteilung verspricht.[132] Fraglich ist auch, wie unter diesen Rahmenbedingungen eine **effektive Verteidigung** möglich sein soll.[133] Man stelle sich etwa beispielhaft vor, dass der spezialisierten EStA damit die Möglichkeit gegeben wird, den deutschen

[127] *Satzger,* NStZ 2013, 210ff.; in diese Richtung auch schon *Klip,* in: Klip, 2011, S. 29.

[128] Zur Relevanz der guten Informationsvernetzung *Nieto Martín/Wade/Muñoz de Morales,* in: Ligeti, S. 790ff.

[129] Zur gerichtlichen Kontrolle im EStA-Ermittlungsverfahren ausf. *Durđević,* in: Ligeti, S. 986ff. *Grünewald,* HRRS 2013, 511f. befürchtet eine mögliche Aufweichung des Richtervorbehalts und eine damit einhergehende Verschlechterung der Beschuldigtenrechte. *Böse,* RW 2012, 172ff. schlägt insofern die Einführung eines europäischen Ermittlungsrichters vor.

[130] Krit. bereits *Hecker,* 2012, § 14 Rn. 40; *Klip,* MJ 12 (2005), 117; siehe auch *Zöller,* in: Böse, 2013, § 21 Rn. 99.

[131] Krit. *European Criminal Policy Initiative,* ZIS 2013, 423.

[132] *Zöller,* in: Böse, 2013, § 21 Rn. 98; Streinz/*Dannecker,* Art. 86 AEUV Rn. 13. Ausf. auch zu den bisherigen Möglichkeiten auf nationalstaatlicher Ebene *Nieto Martín/Wade/Muñoz de Morales,* in: Ligeti, S. 795ff.

[133] Krit. auch *Gless,* StV 2013, 320. Zur möglichen Stärkung der Verteidigung durch einen „Eurodefensor" *Satzger,* FS Widmaier, 2008, S. 560ff.; *ders.,* NStZ 2013, 212f., vgl. auch § 9 Rn. 16.

Verteidiger eines deutschen Beschuldigten durch die Entscheidung für die Anklageerhebung in England in Verlegenheit zu bringen, muss er dann doch etwa prüfen, „ob ein Beweismittel im Wege des Ermessens nach § 78 Police and Criminal Evidence Act (PACE) verwertbar ist."[134] Schlimmer noch: Wie soll ein Verteidiger seinem Mandanten sinnvoll dazu raten, bei der Polizei zu schweigen (oder auch nicht zu schweigen), wenn wegen der Wahlmöglichkeiten der EStA nicht absehbar ist, ob die Hauptverhandlung in einem Staat stattfindet, dessen Strafverfahrensrecht es erlaubt, aus dem Schweigen negative Schlüsse zu ziehen[135] (zur Verteidigung schon § 9 Rn. 16)? Diese prekäre Lage wird nicht dadurch verbessert, dass Teile der transnationalen Kooperation zwischen den Mitgliedstaaten und der EStA ausdrücklich informell stattfinden sollen.[136] Dies wird zwar die Effektivität der Zusammenarbeit erhöhen, gleichzeitig aber die Verteidigung gegen Ermittlungen der EStA deutlich erschweren.

Der EStA kann das Verfahren aus den in Art. 28 VO-Vorschlag genannten Gründen, 24
bspw. bei Tod des Verdächtigen, Eintritt der Verjährung oder drohendem Verstoß gegen das Doppelbestrafungsverbot, einstellen. Art. 29 eröffnet ferner die Möglichkeit eines **Vergleichs:** Hat der Verdächtige den Schaden ersetzt, kann der EStA eine pauschale Geldstrafe vorschlagen, nach deren Zahlung das Verfahren endgültig eingestellt wird. Art. 29 enthält allerdings keinerlei Verfahrens- oder Formvorschriften über das Zustandekommen einer solchen Vereinbarung, vielmehr wird sogar die gerichtliche Kontrolle der endgültigen Einstellungsentscheidung explizit ausgeschlossen (Art. 29 Abs. 4). Bedenklich erscheint auch die Regelung zur **Beweisverwertung.** Die von der EStA vorgelegten Beweismittel müssen auch dann zugelassen werden, wenn das nationale Strafverfahren andere Regeln für die Erhebung oder Beibringung der Beweise vorsieht (Art. 30 Abs. 1). Eine Grenze soll lediglich dann erreicht sein, „wenn sich ihre Zulassung nach Auffassung des Gerichts (...) negativ auf die Fairness des Verfahrens oder die Verteidigungsrechte auswirken würde, wie sie in den Artikeln 47 und 48 der Charta der Grundrechte der Europäischen Union verankert sind" (Art. 30 Abs. 2). Grundlegende Voraussetzung der grenzüberschreitenden Tätigkeit der EStA, die z. B. in einem Mitgliedstaat Ermittlungsmaßnahmen wie Zeugenbefragungen durchführen und in einem anderen Land die Anklage erheben kann, stellt damit die **gegenseitige Anerkennung von Zwangsmaßnahmen und Beweisen** (dazu schon § 12 Rn. 60, 68) – mit all der damit verbundenen Kritik – dar.[137] Hierin zeigt sich erneut die Strategie einer Rechtsangleichung durch die Hintertür – durch die Schaffung von Institutionen, denen dann ein harmonisiertes Recht notwendigerweise nachfolgen muss (vgl. schon 2. Aufl., § 13 Rn. 28).[138] Auch wenn sich die Befugnisse der EStA zunächst noch nach dem nationalen Verfahrensrecht der Mitgliedstaaten richten,[139] so ist in

134 Beispiel von *Gaede,* ZStW 115 (2003), 866; krit. auch *Kempf,* StV 2003, 130 („deutscher Landwirt ... irgendwo in der EU angeklagt ..."). Krit. auch *Bendler,* StV 2003, 133 f.; *Braum,* ZRP 2002, 512; *Wohlers,* GA 2005, 15; *ders.,* in: Schünemann, 2004, S. 52; *Dannecker/Bürger,* in: Dannecker/Jansen, S. 72; *Satzger,* 2013, § 10 Rn. 23; s. auch *Morán Martínez,* in: Espina Ramos/Vincente Carbajosa, EPP's Office, 2008, S. 115, die die eindeutige Klärung der (internationalen) Zuständigkeiten als Voraussetzung einer EStA ansieht.

135 *Gaede,* ZStW 115 (2003), 875.

136 Rats-Dok. 18120/13, S. 6.

137 Grünbuch EStA 2001, 55 f., 64 f.; vgl. auch *Stiegel,* ZRP 2003, 174; *Hecker,* 2012, § 12 Rn. 59 ff.; *Esser,* 2014, § 3 Rn. 86 f.; *Nürnberger,* ZJS 2009, 498 f.; *Grünewald,* HRRS 2013, 512 f.; *Zöller,* in: Böse, 2013, § 21 Rn. 100; *Ligeti,* in: Klip, 2011, S. 64; zum Prinzip der ggs. Anerkennung bei „vertikalem Beweistransfer" auch *Gleß,* S. 171 ff. Einschränkend aber *European Criminal Policy Initiative,* ZIS 2013, 421 f.

138 S. auch *Ligeti,* in: Klip, 2011, S. 64.

139 Erw.grund 19 des VO-Vorschlags. Krit. bereits *Hecker,* 2012, § 14 Rn. 40; *Klip,* MJ 12 (2005), 117. *De Angelis,* eucrim 2012, 76 geht hingegen davon aus, dass nur ein Verfahren, das „essentiellement

ihrer Gründungsidee doch die **Keimzelle eines europäischen Verfahrensrechts** angelegt[140] und die Union würde zumindest einen Gleichschritt zwischen Institutionalisierung und Harmonisierung erreichen. Ein erster Schritt in diese Richtung wurde bereits mit dem Entwurf einer Modell-Verfahrensordnung getan.[141]

25 Hinsichtlich der **Beschuldigtenrechte** bestimmt Art. 32 Abs. 1, dass „[d]ie Tätigkeiten der Europäischen Staatsanwaltschaft [...] in vollem Einklang mit den in der Charta der Grundrechte der Europäischen Union verankerten Rechten Verdächtiger, einschließlich des Rechts auf ein faires Verfahren und der Verteidigungsrechte, durchgeführt" werden sollen. Dies klingt jedoch nach einem bloßen Programmsatz, ohne dass bereits klar würde, welche konkreten prozessualen Konsequenzen hieraus erwachsen.[142] Eine nennenswerte Stärkung und Absicherung der Position des Beschuldigten kann mit solchen allgemein gehaltenen Bekenntnissen zum *fair-trial*-Grundsatz jedenfalls nicht erreicht werden. Auch die Benennung konkreter Rechte in Art. 32 Abs. 2, die im Wesentlichen den bereits verabschiedeten und noch zu verabschiedenden Richtlinien zu den Beschuldigtenrechten entnommen sind (s. auch § 10 Rn. 101 ff.), hilft nur bedingt weiter. Hierbei handelt es sich nämlich nur um *Mindestrechte,* die für sich genommen keinen ausreichenden Grundrechtsschutz für den Betroffenen begründen können.[143] Den Abschluss des VO-Vorschlags bilden die Vorschriften zum Datenschutz (Art. 37 ff.), zu Finanzen und Personal (Art. 48 ff.), zu Beziehungen zu den „Partnern" der EStA (Art. 56 ff.), den allgemeinen Bestimmungen (Art. 62 ff.) und den Schlussbestimmungen (Art. 71 ff.).

26 Fraglich bleibt weiterhin, wie der **Kompetenzbereich** der EStA sinnvoll zu dem bestehender Institutionen – insbesondere OLAF und Europol – **abgegrenzt** werden kann.[144] Was zunächst **OLAF** angeht, so würden sich dessen (externe) Ermittlungen im Bereich finanzieller Unregelmäßigkeiten zum Nachteil der Union mit denen einer künftigen EStA decken.[145] Vor diesem Hintergrund wird diskutiert, OLAF – gegebenenfalls ausgestattet mit erweiterten Ermittlungsbefugnissen – der EStA als weisungsgebundene Hilfsbehörde – ähnlich der Rolle der Polizei gegenüber der Staatsanwaltschaft in den kontinentaleuropäischen Rechtsordnungen – zuarbeiten[146] oder insoweit

accusatoire" ist, den Anforderung des Art. 86 AEUV entspricht und verlangt, dass die Rolle der Polizei und des Gerichts entsprechend angepasst werden müssen.

140 Vgl. auch *Satzger,* 2013, § 10 Rn. 22.

141 Abrufbar unter http://www.eppo-project.eu/index.php/EU-model-rules (zuletzt abgerufen am 1.7.2014). Vgl. zu den vorbereitenden Länderberichten *Ligeti,* S. 9 ff.

142 Krit. auch *European Criminal Policy Initiative,* ZIS 2013, 421.

143 Vgl. auch *Grünewald,* HRRS 2013, 513.

144 Vgl. auch *Suominen,* MJECL 2008, 230 f.; *Bösch,* in: Espina Ramos/Vincente Carbajosa, EPP's Office, 2008, S. 27 f. sowie *Brüner,* in: ebd., S. 50, demzufolge die EStA „a complement to existing institutions at the EU level" sein soll. Eurojust wird hingegen auch nach Errichtung einer EStA in erster Linie nationale Ermittlungen koordinieren, vgl. *Brezigar,* in: ebd., S. 95; *Vervaele,* in: ebd., S. 152.

145 Vgl. *v. Bubnoff,* ZEuS 2002, 222 f.; *Hetzer,* Eur.J. Cr. 2006, 42.

146 Siehe jüngst KOM (2013) 532, S. 9; KOM (2013) 533; dazu *Esser,* 2014, § 3 Rn. 24 f. sowie bereits zuvor *Biehler/Gleß/Parra/Zeitler,* Analyse des Grünbuchs zum strafrechtlichen Schutz der finanziellen Interessen der EG und zur Schaffung einer EStA, 2002, S. 46 f.; *Espina Ramos,* in: Klip, 2011, S. 42; vgl. auch die Fallstudien, ebd., 69 ff.; ähnlich *v. Bubnoff,* ZEuS 2002, 223; vgl. schließlich *Brüner/Spitzer,* NStZ 2002, 397 f.; *Bösch,* in: Espina Ramos/Vincente Carbajosa, EPP's Office, 2008, S. 27; *Kallas,* in: ebd., S. 71 f.; *Covolo,* eucrim 2012, 86 f.; weitere Ideen bei Streinz/*Dannecker,* Art. 86 AEUV Rn. 18; *Zwiers,* S. 399.

gleich in der EStA aufgehen zu lassen.[147] Der VO-Vorschlag EStA scheint die erstere Lösung zu favorisieren; die Details der Zusammenarbeit sollen allerdings in einer gesonderten Vereinbarung zwischen der EStA und der Kommission geregelt werden (Art. 58 Abs. 3). In Bezug auf **Europol** bietet sich natürlich die jedenfalls funktionelle Verfahrensherrschaft der EStA über Europol entsprechend dem kontinentaleuropäischen Modell einer Staatsanwaltschaft als „Herrin des Ermittlungsverfahrens" an.[148] Problematisch ist daran freilich, dass eine nur als sektoral zuständig konzipierte Anklagebehörde eben auch nur den ihr zugewiesenen Kompetenzbereich überschauen darf und kann, Europol aber weitergehende Kompetenzen besitzt (Rn. 7). Der VO-Vorschlag äußert sich zu dieser Frage nicht, sondern verlangt lediglich, dass die EStA „eine besondere Beziehung zu Europol [entwickelt]" (Art. 58 Abs. 1), ohne darauf einzugehen, wie diese aussehen könnte. Auch mit **Eurojust** soll die EStA auf „operativer, Verwaltungs- und Managementebene" eng zusammenarbeiten, wobei hier Fragen des Informationsaustausches im Mittelpunkt stehen (Art. 57 Abs. 2). Auf lange Sicht ließe sich erwägen, die Zusammenarbeit zwischen den verschiedenen Institutionen durch die Ausdehnung der Befugnisse der EStA auf die Bekämpfung von schwerer, grenzüberschreitender Kriminalität (Art. 86 Abs. 4 AEUV)[149] zu verbessern, womit sich im Kern ein Gleichlauf mit Eurojust (Art. 85 Abs. 1 AEUV) und Europol (Art. 88 Abs. 1 AEUV) erreichen ließe.

Die Einrichtung der EStA kann nur durch einen einstimmigen Beschluss des Rates 27
nach Zustimmung des Europäischen Parlaments erfolgen (Art. 86 Abs. 1 UA 1 S. 2 AEUV).[150] Angesichts der kontroversen Diskussion, die der VO-Vorschlag der Kommission ausgelöst hat, wird eine solche Einstimmigkeit wohl auf absehbare Zeit nicht zu erreichen sein.[151] Die Zielvorgabe, dass die EStA am 1.1.2015 ihre Arbeit aufnehmen soll,[152] erscheint daher unrealistisch.[153] Sollte die Verordnungsinitiative im Gesetzgebungsverfahren scheitern, erlaubt Art. 86 Abs. 1 UA 2 AEUV jedoch eine Verstärkte Zusammenarbeit von mindestens neun Mitgliedstaaten.[154] Wie genau diese ausgestaltet werden kann und insbesondere, welche territoriale Zuständigkeit die EStA in diesem Falle hätte,[155] und welche Mehrheiten für eine Erweiterung des Zuständigkeitskatalogs gem. Art. 86 Abs. 3 AEUV benötigt würden, ist aber nicht geklärt.[156]

---

[147] Vgl. auch *Conway*, CLF 24 (2013), 390. Der Bereich interne Ermittlungen (Rn. 2) könnte dann dem Eur. Rechnungshof (Art. 285 ff. AEUV) zugeschlagen werden.

[148] Vgl. auch Streinz/*Dannecker*, Art. 86 AEUV Rn. 16.

[149] Hierzu *Zimmermann*, Jura 2009, 845; *Zwiers*, S. 391 ff.

[150] Streinz/*Dannecker*, Art. 86 AEUV Rn. 4.

[151] Krit. auch *Satzger*, NStZ 2013, 208. Zur Haltung der skandinavischen Staaten *Suominen*, EuCLR 1 (2011), 183 f.

[152] So Justizkommissarin *Reding* laut Pressemitteilung IP/13/709 v. 17.7.2013.

[153] S. *Grünewald*, HRRS 2013, 509; so auch schon *Espina Ramos*, in: Klip, 2011, S. 39.

[154] Vgl. *Zöller*, in: Böse, 2013, § 21 Rn. 75 ff.; Streinz/*Dannecker*, Art. 86 AEUV Rn. 5.

[155] Dazu ausf. *Hamran/Szabova*, NJECL 4 (2013), 48 f.; *Zöller*, in: Böse, 2013, § 21 Rn. 77.

[156] *Satzger*, NStZ 2013, 208 f. schlägt insofern eine analoge Anwendung des Art. 330 UA 2 AEUV vor; a. A. Streinz/*Dannecker*, Art. 86 AEUV Rn. 7. Vgl. auch *Killmann/Hofmann*, in: Sieber et al., § 48 Rn. 40 ff., insb. 43.

Rechtsprechungsverzeichnis

",1,0,1>I. Ständiger Internationaler Gerichtshof/ Internationaler Gerichtshof (StIGH/IGH) <www.icj-cij.org>

French Republic v. Turkish Republic, Affaire du „Lotus"/The case of the S. S. „Lotus" = StIGHE 5, 71, Judg. 7.11.1927, PCIJ Série A No. 10.
Belgium v. Spain, Barcelona Traction, Judg. 5.2.1970, ICJ Reports 1970, 1.
Bosnia and Herzegovina v. Yugoslavia, Application of the Convention on the Prevention and Punishment of the Crime of Genocide, Preliminary objections, Beschluss 11.7.1996, ICJ Reports 1996 II, 1.
Bosnia and Herzegovina v. Yugoslavia, Application of the Convention on the Prevention and Punishment of the Crime of Genocide, Judg. 26.2.2007.
Dem. Rep. of the Congo v. Belgium (Yerodia), Case concerning the arrest warrant of 11 April 2000, Judg. 14.2.2002.
Dem. Rep. of the Congo v. Uganda, Case concerning Armed Activities on the territory of the Congo of, Judg. 19.12.2005.
Germany v. Italy (Greece Intervening), Jurisdictional Immunities of the State, Judg. 3.2.2012, ICJ Reports 2012, 99.
U.S. v. Nicaragua, Military and paramilitary activities in and against Nicaragua, Judg. 27.6.1986, ICJ Reports 1986, 14 = International Law Reports 76, 349.
Liechtenstein v. Guatemala, Nottebohm, Judg. 6.4.1955, ICJ Reports 1955, 3.

II. Nürnberg und Tokio

1. Internationaler Militärgerichtshof (IMG)

Der Nürnberger *Prozess gegen die Hauptkriegsverbrecher,* 30. 9./1.10.1946, Nürnberg 1947 (IMG, Der Prozess gegen die Hauptkriegsverbrecher, 1947, Bd. I, 189–414).

2. Die 12 Nachfolgeverfahren vor US-Militärgerichten in Nürnberg

Ärzte-Prozess (Fall 1) = U.S. v. Brandt et al., 20.8.1947 (TWC II, 171–300).
Milch-Prozess (Fall 2) = U.S. v. Milch, 17.4.1947 (TWC II, 773–878).
Juristen-Prozess (Fall 3) = U.S. v. Altstoetter et al., 4.12.1947 (TWC III 954–1201).
Pohl-Prozess (Fall 4) = U.S. v. Pohl et al., 3.11.1947 (TWC V, 958–1163).
Flick-Prozess (Fall 5) = U.S. v. Flick et al., 22.12.1947 (TWC VI, 1187–1223; deutsch: Thieleke (Hrsg.), Fall 5, 1965, 315–350).
IG-Farben-Prozess (Fall 6) = U.S. v. Krauch et al., 29.7.1948 (TWC VIII, 1081–1210; deutsch: Radandt (Hrsg.), Fall 6, 1970, 169–290; Ohne Hrsg., IG-Farben, 1948).
Geisel-Prozess (Fall 7) = U.S. v. List et al., 19.2.1948 (TWC XI, 1230–1319; deutsch: Zöller/Leszczynski (Hrsg.), Fall 7, 1965, 73–176).
Prozess Rasse- und Siedlungshauptamt der SS oder Genocidium-Prozess (Fall 8) = U.S. v. Greifelt et al., 10.3.1948 (TWC V, 88–169).
Einsatzgruppen-Prozess (Fall 9) = U.S. v. Ohlendorf et al., 10.4.1948 (TWC IV, 411–589; deutsch: Leszcynski (Hrsg.), Fall 9, 1963, 25–240).
Krupp-Prozess (Fall 10) = U.S. v. Krupp et al., 31.7.1948 (TWC IX, 1327–1484).
Wilhelmstraßen-Prozess (Fall 11) = Ministries case = U.S. v. von Weizsäcker et al., 12.12.1949 (TWC XIV, 308–942; deutsch: Kempner/Haensel/Tuerck (Hrsg.), Wilhelmstraßen-Prozess, 1950, 1–276).
Prozess Oberkommando der Wehrmacht (Fall 12) = U.S. v. von Leeb et al., 28.10.1948 (TWC XI, 462–697; deutsch: ohne Hrsg., Fall 12, 1961, 27–292).

3. Internationaler Militärgerichtshof für den Fernen Osten (IMGFO)

Verfahren gegen *japanische Hauptkriegsverbrecher,* 12.11.1948, in: Röling/Rüter, Tokyo Judg., 1977, vol. I, 1–468.

III. International Criminal Tribunal for the Former Yugoslavia (www.icty.org)

Prosecutor v. Ademi and Norac, Decision for referral to the authorities of the Republic of Croatia pursuant to Rule 11*bis,* 14.9.2005 (IT–04–78).
Prosecutor v. Aleksovski, Décision portant condamnation pour outrage au tribunal, 11.12.1998 (IT–95–14/1 T).
– Decision on the prosecutor's appeal on the admission of evidence, 16.2.1999 (IT–95–14/1AR73).
– Judg., 25.6.1999, (IT–95–14/1–T).
– AppJ, 24.3.2000, (IT–95–14/1–A).
– Judg. on appeal by Anto Nobilo against finding of contempt, 30.5.2001 (IT–95–14/1–AR77).
Prosecutor v. Babic, Sentencing Judg., 29.6.2004 (IT–03–72–S).
– AppJ, 18.7.2006 (IT–03–72–A).
Prosecutor v. Banovic, Sentencing Judg., 28.10.2003 (IT–02–65/1–S).
Prosecutor v. Blagojevic/Jokic, Judg., 17.1.2005 (IT–02–60–T).
– AppJ, 9.5.2007 (IT–02–60–A).
Prosecutor v. Blaskic, Decision on the application of the prosecutor dated 17.10.1996 in respect of the protection of witnesses, 5.11.1996 (IT–95–14).
– AppJ on the request of the Republic of Croatia for review of the decision of trial chamber II of 18 July 1997, 29.10.1997 (IT–95–14–AR 108*bis*).
– Decision on the defence motion to compel the disclosure of rule 66 and 68 material to statements made by a person known as „X", 15.7.1998 (IT–95–14–T).
– Judg., 3.3.2000 (IT–95–14–T).
– Decision on the appellant's motion for the production of material, suspension or extension of the briefing schedule, and additional filings, 26. 9. 2 000 (IT–95–14–A).
– AppJ, 29.7.2004 (IT–95–14–A).
Prosecutor v. Boskovski/Tarculovski, AppJ 19.5.2010 (IT–04–82–A).
Prosecutor v. Brdjanin, AppJ 3.4.2007 (IT–99–36–A).
Prosecutor v. Brdjanin, Decision on motion for acquittal pursuant to rule 98bis, 28.11.2003 (IT–99–36–T).
– Decision on interlocutory appeal, 19.3.2004 (IT–99–36–A).
– Judg., 1.9.2004 (IT–99–36–T).
– AppJ, 3.4.2007 (IT–99–36).
Prosecutor v. Brdanin & Talic, Decision on form of further amended indictment and prosecution application to amend, 26.6.2001 (IT–99–36–PT).
– Order on the standards governing the admission of evidence, 15.2.2002 (IT–99–36–T).
Prosecutor v. Cesic, Judg., 11.3.2004 (IT–95–10/1).
Prosecutor v. Delalic et al., Decision on the defense motion to compel the discovery of identity and location of witnesses, 18.3.1997 (IT–96–21).
– Decision on the motion on presentation of evidence by the accused, Esad Landzo, 1.5.1997 (IT–96–21–T).
– Decision on the motion to allow witnesses K, L and M to give their testimony by means of a video–link conference, 28.5.1997 (IT–96–21–T).
– Decision on Zdravko Mucic's motion for the exclusion of evidence, 2.9.1997 (IT–96–21–T).
– Judg., 16.11.1998 (IT–96–21–T).
– AppJ, 20.2.2001 (IT–96–21–A).
Prosecutor v. Delic, Decision on motion for review, 25.4.2002 (IT–96–21–R–R119).
– Judg., 15.9.2008 (IT–04–83–T).
Prosecutor v. Deronjic, Sentencing Judg., 30.3.2004 (IT–02–61–S).
– AppJ, 20.7.2005 (IT–02–62–A).
Prosecutor v. Dokmanovic, Order of 28.11.1997 (IT–95–13 a–PT) (Corrigendum 15.1.1998).
Prosecutor v. Dordevic, Judg., 23.2.2011 (IT–05–87/1–T).
Prosecutor v. Dosen & Kolundzija, Decision on preliminary motions, 10.2.2000 (IT–95–8–PT).
Prosecutor v. Erdemovic, Sentencing Judg., 29.11.1996 (IT–96–22–T).
– AppJ, 7.10.1997 (IT–96–22–A).
– Sentencing Judg., 5.3.1998 (IT–96–22–T*bis*).
Prosecutor v. Furundzija, Decision, 16.7.1998 (IT–95–17/1–T).
– Judg., 10.12.1998 (IT–95–17/1–T).

- AppJ, 21.7.2000 (IT–95–17/1–A).

Prosecutor v. Galić, Judg., 5.12.2003 (IT–98–29–T).
- AppJ, 30.11.2006 (IT–98–29–A).

Prosecutor v. Gotovina et al., Decision on several motions challenging jurisdiction 19.3.2007 (IT–06–90–PT).
- Decision on Requests for Permanent Restraining Orders Directed to the Republic of Croatia, 12.3.2010 (IT–06–90–T).
- Guidance on the Admissibility into Evidence of Unattested Parts of Rule 92 ter Statements as Previous Inconsistent Statements, 30.3.2010 (IT–06–90–T).
- Judg., 15.4.2011 (IT–06–90).

Prosecutor v. Hadzihasanovic, App. decision on interlocutory appeal challenging jurisdiction in relation to command responsibility, 16.7.2003 (IT–01–47–AR72).
- Judg., 15.3.2006 (IT–01–47–T).

Prosecutor v. Halilović, Judg., 16.11.2005 (IT–01–48–T).
- AppJ, 16.10.2007 (IT–01–48–A).

Prosecutor v. Haradinaj et al., retrial Judg., 29.11.2012 (IT–04–84*bis*–T)

Prosecutor v. Goran Jelisic, Decision on Communication between Parties and Witnesses, 11.12.1998 (IT–95–10).

Prosecutor v. Jelisic, Judg., 14.12.1999 (IT–95–10–T).
- AppJ, 5.7.2001 (IT–95–10–A).

Prosecutor v. Jokic, Judg. on Sentencing Appeal, 30.8.2005 (IT–01–42/1–A).

Prosecutor v. Josipovic, Decision on motion for review, 7.3.2003 (IT–95–16–R2).
- Decision on motion for review, 2.4.2004 (IT–95–16–R.3).

Prosecutor v. Jovic, AppJ, 15.3.2007 (IT–95–14 & 14/2–R77–A).

Prosecutor v. Karadžić, Decision on Interlocutory Appeal of the Trial Chamber's Decision on Adequate Facilities, 7.5.2009 (IT–95–5/18–AR73.2).
- Decision on Interlocutory Appeal of the Trial Chamber's Decision on Prosecution Motion Seeking Determination that the Accused Understands English, 4.6.2009 (IT–95–5/18–AR73.3).
- Decision on Radovan Karadžić's Appeal from Decision on Motion to Vacate Appointment of Richard Harvey, 12.2.2010 (IT–95–5/18–AR73.6).
- Decision on the Accused's Motion for Postponement of Trial, 26.2.2010 (IT–95–5/18–T).
- Decision on request for reversal of limitations of contact with journalist: Süddeutsche Zeitung Magazin, 7.10.2013 (IT-95-05/18-T).

Prosecutor v. Karadzic/Mladic, Consideration of the indictment within the framework of rule 61 o f the Rules of Procedure and Evidence, 11.7.1996 (IT–95–5–R61 and IT–95–18–R61).
- Transcript of hearing, 27.6.1996 (IT–95–18–R61, IT–95–5–R61).

Prosecutor v. Kordic/ Cerkez, Decision on joint defence motion to dismiss for lack of jurisdiction portions of the amended indictment alleging „failure to punish" liability, 2.3.1999 (IT–95–14/2–PT).
- Decision on the prosecution application to admit the Tulica report and dossier into evidence, 29.7.1999 (IT–95–14/2).
- Decision on appeal regarding statement of a deceased witness, 21.7.2000 (IT–95–14/2–AR73.5).
- Decision on prosecutor's submissions concerning ‚Zagreb exhibits' and presidential transcripts, 1.12.2000 (IT–95–14/2).
- Judg., 26.2.2001 (IT–95–14/2–T).
- AppJ, 17.12.2004 (IT–95–14/2–A).

Prosecutor v. Krajisnik & *Plavsic,* Decision on prosecution motion for clarification in respect of application of rules 65 ter, 66 (B) and 67 (C), 1.8.2001 (IT–00–39 & 40 PT).

Prosecutor v. Krajisnik, Judg., 27.9.2006 (IT–00–39 & 40).
- AppJ, 17.3.2009 (IT–00–39–A).

Prosecutor v. Krnojelac, Decision on motion by prosecution to modify order for compliance with rule 68, 1.11.1999 (IT–97–25–PT).
- Decision on preliminary motion on form of amended indictment, 11.2.2000 (IT–97–25–PT).
- Decision on form of second amended indictment, 11.5.2000 (IT–97–25–PT).
- Judg., 15.3.2002 (IT–97–25–T).
- AppJ, 17.9.2003 (IT–97–25–A).

Prosecutor v. Krstic, Judg., 2.8.2001 (IT–98–33–T).
- AppJ, 19.4.2004 (IT–98–33–A).

Prosecutor v. Kunarac et al., Decision on the form of the indictment, 4.11.1999 (IT–96–23–PT).

- Judg., 22.2.2001 (IT–96–23 & IT–96–23/1–T).
- AppJ, 12.6.2002 (IT–96–23 & IT–96–23/1–A).

Prosecutor v. Kupreskic et al., Decision on communications between the parties and their witnesses, 21.9.1998 (IT 95–16–T).
- Judg., 14.1.2000 (IT–95–16–T).
- AppJ, 23.10.2001 (IT–95–16–A).

Prosecutor v. Kvocka et al., Judg., 2.11.2001 (IT–98–30/1–T).
- AppJ, 28.2.2005 (IT–98–30/1–A).
- Decision on review of Registrar's decision to withdraw legal aid from Zoran Zigić, 7.2.2003 (IT-98-30/1-A)

Prosecutor v. Limaj et al., Decision on the Defence Motion on Prosecution Practice of ‚Proofing Witnesses', 10.12.2004 (IT–03–66–T).
- Judg., 30.11.2005 (IT–03–66–T).
- AppJ, 27.9.2007 (IT–03–66–A).

Prosecutor v. M. Lukić/S. Lukić, Judg., 20.7.2009 (IT–98–32/1–T).
- AppJ, 4.12.2012 (IT–98–32/1–A)

Prosecutor v. Martic, Review of indictment pursuant to rule 61 o f the Rules of Procedure and Evidence, order 8.3.1996 (IT–95–11–R 61).
- Judg., 12.6.2007 (IT–95–11–T).
- AppJ, 8.10.2008 (IT–95–11–A).

Prosecutor v. Dragomir Milosevic, Judg., 12.12.2007 (IT–98–29/1–T).
- AppJ, 12.11.2009 (IT–98–29–1–A).

Prosecutor v. Milosevic, Decision on prosecution's motion for joinder, 13.12.2001 (IT–99–37–PT/IT–01–50–PT/IT–01–51–PT).
- Reasons for decision on the prosecution motion concerning assignment of counsel, 4.4.2003 (IT–02–54–T).
- Decision on Interlocutory Appeal on the Admissibility of Evidence–in–Chief in the Form of Written Statement, 30.9.2003 (IT–02–54– AR73.4).
- Decision on motion for Judg. of acquittal, 16.6.2004 (IT– IT–02–54–T).
- Reasons for decision on assignment of defence counsel, 22.9.2004 (IT–02–54–T).
- Decision on interlocutory appeal of the Trial Chambers decision on the assignment of defence counsel, 1.11.2004 (IT–02–54–AR 73.7).

Prosecutor v. Milutinovic et al., Appeal decision on Dragoljub Ojdanic's motion challenging jurisdiction – joint criminal enterprise, 21.5.2003 (IT–99–37–AR 72).
- Judg., 26.2.2009 (IT–05–87–T).

Prosecutor v. Momir, Sentencing Judg., 2.12.2003 (IT–02–60/1–S).

Prosecutor v. Mrksic et al., Review of the indictment pursuant to rule 61 o f Rules of Procedure and Evidence, 3.4.1996 (IT–95–13 a–R61).
- Judg., 27.9.2007 (IT–95–13/1–T).
- AppJ, 5.5.2009 (IT–95–13/1–A).

Prosecutor v. Mucic et al., AppJ, 8.4.2003 (IT–96–21–A*bis*).

Prosecutor v. Naletiliç, Decision on Mladen Naletilic's Request for Review, 19.3.2009 (IT–98–34–R).

Prosecutor v. Naletiliç and Martinovç, Decision on the prosecutor's request for public version of Trial Chamber's Decision on the motion to admit statement of deceased witness [...]' of 22 Januar 2002, 27.2.2002 (IT–99–34–T).
- Judg., 31.3.2003 (IT–98–34–T).
- AppJ, 3.5.2006 (IT–98–34–A).

Prosecutor v. Dragan Nicolic, Review of indictment pursuant to rule 61 o f the Rules of Procedure and Evidence, 20.10.1995 (IT–94–2–T).
- Decision on Defence Motion Challenging the Exercise of Jurisdiction by the Tribunal, 9.10.2002 (IT–94–2–PT).
- Sentencing Judg., 18.12.2003 (IT–94–2).
- AppJ, 4.2.2005 (IT–94–2–A).

Prosecutor v. Momir Nikolic, Sentencing Judg., 2.12.2003 (IT–02–60/1–S).
- AppJ, 8.3.2006 (IT–02–60/1–A).

Prosecutor v. Oricć, Judg., 30.6.2006 (IT–03–68–T).

Prosecutor v. Perišić, Judg., 6.9.2011 (IT–04–81–T)
- AppJ, 28.2.2013 (IT–04–81–A).

Prosecutor v. Plavsic, Judg., 27.2.2003 (IT–00–39 & 40/1).
Prosecutor v. Popovic et al., Judg., 10.6.2010 (IT–05–88–T).
Prosecutor v. Sainovic et al., Judg., 26.2.2009 (IT–05–87–T).
Prosecutor v. Šešelj, Public Redacted Version of Judg. issued on 19 May 2010, 19.5.2010 (IT–03–67–R77.2–A).
Prosecutor v. Sikirica, Judg. on defence motions to acquit 3.9.2001 (IT–95–8–T).
– Judg., 13.11.2001 (IT–95–8–S).
Prosecutor v. Simic et al., Judg., 17.10.2003 (IT–95–9–T).
Prosecutor v. Stakic, Judg., 31.7.2003 (IT–97–24–T).
– AppJ, 22.3.2006 (IT–97–24–A).
Prosecutor v. Stanisic/Simatovi, Judg., 30.5.2013 (IT–03–69–T).
Prosecutor v. Stanisic/Zupljanin, Judg. 27.3.2013 (IT–08–91–T)
Prosecutor v. Strugar, Judg., 31.1.2005 (IT–01–42–T).
Prosecutor v. Tadic, Decision on the prosecutor's motion requesting protective measures for victims and witnesses, 10.8.1995 (IT–94–1–T).
– Decision on the defence motion for interlocutory appeal on jurisdiction, 2.10.1995 (IT–94–1–AR72), abgedruckt in: ILM 36 (1996), 32ff. = HRLJ 1995, 437ff. = ILR 105, 419ff., 453ff.
– Decision on the defence motions to summon and protect defence witnesses and on the giving evidence by video–link, 25.6.1996 (IT–94–1–T).
– Decision on defence motion on Hearsay, 5.8.1996 (IT–94–1–T).
– Opinion and Judg., 7.5.1997 (IT–94–1–T).
– AppJ, 15.7.1999 (IT–94–1–A).
– Sentencing Judg., 11.11.1999 (IT–94–1–Tbis–R117).
– Judg. in sentencing appeals 26.1.2000 (IT–94–1–A und IT–94–1–A bis).
– Judg. on allegations of contempt against prior counsel, Milan Vujin, 31.1.2000 (IT–94–1–A–R77).
– AppJ on allegations of contempt against prior counsel, Milan Vujin, 27.2.2001 (IT–94–1–A–AR77).
– Decision on motion for review, 30.7.2002 (IT–94–1–R).
Prosecutor v. Tolimir, Decision on Accused's Preliminary Motion Pursuant to Rule 72 (A)(ii), 10.2.2010 (IT–05–88/2–PT).
– Order Regarding the Nightly Monitoring of the Accused, 25.8.2010 (IT–05–88/2–T).
– Judg., 12.12.2012 (IT–05–88/2–T).
Prosecutor v. Vasiljevic, Judg., 29.11.2002 (IT–98–32–T).
– AppJ, 25.2.2004 (IT–98–32–A).
Prosecutor v. Zelenovic, Sentencing Judg., 4.4.2007 (IT–96–23/2–S).
– Judg. on sentencing Appeal, 31.10.2007 (IT–96–23/2–A).

IV. International Criminal Tribunal for Rwanda (www.unictr.org)

Prosecutor v. Akayesu, Decision by the tribunal on its request to the prosecutor to submit the written witness statements, 28.1.1997 (ICTR–96–4–T).
– Judg., 2.9.1998 (ICTR–96–4–T).
– Decision on the defence motions to direct the prosecutor to investigate the matter of false testimony by witness „R", 9.3.1998 (ICTR–96–4–T).
– Sentence, 2.10.1998 (ICTR–96–4–T).
– AppJ, 1.6.2001 (ICTR–96–4–A).
Prosecutor v. Bagilishema, Judg., 7.6.2001 (ICTR–95–1–T).
– Decision on the request of the defence for the chamber to direct the prosecutor to investigate a matter with a view to the preparation and submission of an indictment for false testimony, 11.7.2000 (ICTR–95–1A–T).
– AppJ, 3.7.2002 (ICTR–95–1A–A).
Prosecutor v. Bagaragaza, Decision on Prosecutor's request for referral of the indictment to the Kingdom of the Netherlands, Rule 11*bis* of the Rules of Procedure and Evidence 13.4.2007 (ICTR–2005–86–11*bis*).
– Judg., 17.11.2009 (ICTR–05–86).
Prosecutor v. Bagosora, Judg., 18.12.2008 (ICTR–96–7).
Prosecutor v. Barayagwiza, Decision, 3.11.1999 (ICTR–97–19).
Prosecutor v. Bikindi, Judg., 2.12.2008 (ICTR–01–72–T).

– AppJ, 18.3.2010 (ICTR–01–72–A).
Prosecutor v. Bisengimana, Judg., 13.4.2006 (ICTR–00–60–T).
Prosecutor v. Gacumbitsi, Judg., 17.6.2004 (ICTR–2001–64–T).
– AppJ, 7.7.2006 (ICTR–01–64–A).
Prosecutor v. Gatete, Judg., 29.3.2011 (ICTR–00–61).
Prosecutor v. Kalimanzira, Judg., 22.6.2009 (ICTR–05–88–T).
Prosecutor v. Kambanda, Judg. and sentence 4.9.1998 (ICTR–97–23–S).
– AppJ, 19.10.2000 (ICTR–97–23–A).
Prosecutor v. Kamuhanda, Judg., 22.1.2004 (ICTR–99–54–T).
– Oral decision (rule 115 and contempt of false testimony), Order, 19.5.2005 (ICTR–99–54A–A).
– AppJ, 19.9.2005 (ICTR–99–54A–A).
Prosecutor v. Kanyarukiga, Judg., 1.11.2010 (ICTR–2002–78–T).
Prosecutor v. Karemera/Ngirumpatse/Nzirorera, Oral decision relating to the late disclosure regarding witness T, 24.5.2006 (ICTR–98–44–T).
– Decision on interlocutory appeal regarding witness proofing, 11.5.2007 (ICTR–98–44–AR73.8).
– Decision on Joseph Nzirorera's Appeal From Decision on Alleged Rule 66 Violation, 17.5.2010 (ICTR–98–44–AR73.18).
– Judg. and sentence, 2.2.2012 (ICTR–98–44–T)
Prosecutor v. Karera, Judg. and sentence 7.12.2007 (ICTR–01–74–T).
– AppJ, 2.2.2009 (ICTR–01–74–A).
Prosecutor v. Kayishema/Ruzindana, Prosecutor's closing brief 9.10.1998 (ICTR–95–1–T).
– Judg., 21.5.1999 (ICTR–95–1–T).
– AppJ, 1.6.2001 (ICTR–95–1–A).
Prosecutor v. Mpambara, Judg., 11.9.2006 (ICTR–01–65–T).
Prosecutor v. Muhimana, Judg. and sentence 28.4.2005 (ICTR–95–1B–T).
– AppJ, 21.5.2007 (ICTR–95–1B–A).
Prosecutor v. Munyakazi, Judg., 5.7.2010 (ICTR–97–36A–T).
Prosecutor v. Musema, Judg. and sentence 27.1.2000 (ICTR–96–13–T).
– AppJ, 16.11.2001 (ICTR–96–13–A).
Prosecutor v. Muvunyi, Judg., 12.9.2006 (ICTR–00–55A–T).
– Judg. (Retrial), 11.2.2010 (ICTR–00–55a–T).
Prosecutor v. Nahimana et al., Judg. and sentence 3.12.2003 (ICTR–99–52–T).
– AppJ, 28.11.2007 (ICTR–99–52–A).
Prosecutor v. Nchamihigo, AppJ, 18.3.2010 (ICTR–01–63–A).
Prosecutor v. Ndahimana, Judg. and sentence, 30.12.2011 (ICTR–01–68–T)
Prosecutor v. Ndindabahizi, Judg. and sentence 15.7.2004 (ICTR–2001–71–I).
– AppJ, 16.1.2007 (ICTR–01–71–A).
Prosecutor v. Ngeze, Judg., 3.12.2003 (ICTR–97–27–T).
Prosecutor v. Ngirabatware, Decision on Prosecution Motion for an Order to Compel the Accused to Disclose Particulars of his Alibi, 16.2.2010 (ICTR–99–54–T).
– Decision on defence motion requesting an order directed at the World Bank pursuant to article 28, 27.4.2010 (ICTR–99–54–T).
– Judg. and sentence, 20.12.2012 (ICTR–99–54–T).
Prosecutor v. Niyitegeka, Judg., 16.5.2003 (ICTR–96–14–T).
– AppJ, 9.7.2004 (ICTR–96–14–A).
Prosecutor v. Nizeyimana, Decision on fourth request for review, 12.3.2009 (ICTR–96–14–R).
– Judg. and sentence, 19.6.2012 (ICTR–2000–55C–T).
Prosecutor v. Nshogoza, Judg., 10.3.2010 (ICTR–07–91–A).
Prosecutor v. Ntagerura, Judg., 25.2.2004 (ICTR–99–46–T).
– AppJ, 7.7.2006 (ICTR–99–46–A).
Prosecutor v. Ntakirutimana and Ntakirutimana, Judg. and sentence, 21.2.2003 (ICTR–96–10 & ICTR–96–17–T).
– AppJ, 13.12.2004 (ICTR–96–10–A, ICTR–96–17–A).
Prosecutor v. Ntawukulilyayo, Judg., 3.8.2010 (ICTR–05–82–T).
Prosecutor v. Nteziryayo, Decision on Alphonse Nteziryayo's motion for exclusion of evidence, 25.2.2009 (ICTR–97–29–T – Joint Case No. ICTR–98–42–T).
Prosecutor v. Nyiramasuhuko et. al, TJ, 24.6.2011 (ICTR–98–42–T).

Prosecutor v. Nzabirinda, Sentencing Judg., 23.2.2007 (ICTR–2001–77–T).
Prosecutor v. Nzabonimana, Decision on Nzabonimana's motion asking the chamber to request the President to report the matter of France's refusal to cooperate to the Security Council, 19.10.2010 (ICTR–98–44D–T).
– Judg., 31.5.2012 (ICTR–98–44D–T).
Prosecutor v. Renzaho, Sentencing Judg., 14.7.2009 (ICTR–97–31–DP).
Prosecutor v. Ruggiu, Judg. and sentence, 1.6.2000 (ICTR–97–32–T).
Prosecutor v. Rugambarara, Sentencing Judg., 16.11.2007 (ICTR–00–59–T).
Prosecutor v. Rukundo, TJ, 27.2.2009 (ICTR–2001–70–T).
Prosecutor v. Rutaganda, Judg. and sentence, 6.12.1999 (ICTR–96–3–T).
Le Procureur c. Rutaganira, Jugdgment portant condamnation 14.3.2005 (TPIR–95–1C–T).
Prosecutor v. Rwamakuba, Judg., 20.9.2006 (ICTR–98–44C).
Prosecutor v. Semanza, Judg. and sentence, 15.5.2003 (ICTR–97–20–T).
– AppJ, 20.5.2005 (ICTR–97–20–A).
Prosecutor v. Seromba, AppJ, 12.3.2008, (ICTR–2001–66–A).
Prosecutor v. Serushago, Sentence, 5.2.1999 (ICTR–98–39–S).
– Reasons for Judg., 6.4.2000 (ICTR 98–39–A).
Prosecutor v. Setako, Sentence, 25.2.2010 (ICTR–04–81).
Prosecutor v. Simba, Judg., 13.12.2005 (ICTR–01–76–T).
– AppJ, 27.11.2007 (ICTR–01–76–A).

V. International Criminal Court (www.icc–cpi.int)

1. Situation Demokratische Republik Kongo (ICC–01/04)

PTC I
– Decision to convene a status conference, 17.2.2005 (ICC–01/04–9).
– Decision on the prosecutor's position on pre–trial chamber's 17 February 2005 decision to convene a status conference, 9.3.2005 (ICC–01/04–11).
– Decision on the prosecutor's application for leave to appeal, 14.3.2005 (ICC–01/04–14).
– Decision to hold consultation under rule 114, 21.4.2005 (ICC–01/04–19).
– Decision on the prosecutor's request for measures under Art. 56, 26.4.2005 (ICC–01/04–21).
– Decision on the applications for participation in the proceedings of VPRS 1, VPRS 2, VPRS 3, VPRS 4, VPRS 5 and VPRS 6, 17.1.2006 (ICC–01/04–101–Corr).
– Decision on the Request submitted pursuant to rule 103(1) of the Rules of Procedure and Evidence, 17.8.2007 (ICC–01/04–373).
– Decision on the Requests of the Legal Representative of Applicants on application process for vitims' participation and legal representation, 17.8.2007 (ICC–01/04–374).
– Decision on the Requests of the Legal Representative for Victims VPRS 1 to VPRS 6 regarding „Prosecutor's Information on further Investigation", 26.9.2007 (ICC–01/04–399).
– Decision on the Requests of the OPCD on the Production of Relevant Supporting Documentation Pursuant to Regulation 86(2) (e) of the Regulations of the Court and on the Disclosure of Exculpatory Materials by the Prosecutor, 7.12.2007 (ICC–01/04–417).
– Decision on Request for leave to appeal the „Decision on the Requests of the OPCD on the Production of Relevant Supporting Documentation Pursuant to Regulation 86(2)(e) of the Regulations of the Court and on the Disclosure of Exculpatory Materials by the Prosecutor", 23.1.2008 (ICC–01/04–438).
AppC
– Judg. on victim participation in the investigation stage of the proceedings in the appeal of the OPCD against the decision of PTC I of 7 December 2007 and in the appeals of the OPCD and the Prosecutor against the decision of Pre–Trial Chamber I of 24 December 2007, 19.12.2008 (ICC–01/04–556).
Prosecutor v. Thomas Lubanga Dyilo (ICC–01/04–01/06).
OTP
– Prosecution's Appeal, 16.7.2010 (ICC–01/04–01/06–2522).
PTC I
– Decision on the Prosecutor's application for warrant of arrest, art. 58, 10.2.2006 (ICC–01/04–01/06–2).

- Decision on the Prosecutor's application for a warrant of arrest, Article 58, 10.2.2006, veröffentlicht als „Annex I" zur „Decision concerning PTC I's decision of 10 February 2006 and the incorporation of documents into the record of the case against Mr. Thomas Lubanga Dyilo", 24.2.2006 (ICC–01/04–01/06–8–Corr).
- Decision on the Prosecutor's application for an arrest warrant, Article 58, 10.2.2006 (ICC–01/04–01/06–8–Corr).
- Decision concerning PTC I's Decision of 10 February 2006 and the Incorporation of Documents into the record of the case against Lubanga, 24.2.2006 (ICC–01/04–01/06–8).
- Decision on the final system of disclosure and the establishment of a timetable, 15.5.2006 (ICC–01/04–01/06–102).
- Decision on the application for participation in the proceedings of a/0001/06, a/0002/06, a 0003/06, 28.7.2006 (ICC–01/04–01/06–228).
- Submission of the document containing the charges pursuant to Article 61(3)(a) and of the list of evidence pursuant to Rule 121(3), 28.8.2006 (ICC–01/04–01/06–356).
- Decision on the Arrangements for Participation of Victims a/0001/06, a/0002/06 and a/0003/06 at the Confirmation Hearing, 22.9.2006 (ICC–01/04–01/06–462).
- Order Authorising the Taking of Photographs at the Hearing on 9 November 2006, 6.11.2006 (ICC–01/04–01/06–671).
- Decision on the practices of witness familiarisation and witness proofing, 8.11.2006 (ICC–01/04–01/06–679).
- Décision sur la confirmation des charges, 29.1.2007 (ICC–01/04–01/06–803) (Original in französ., engl. Übers. zit. als Confirmation Decision, ICC–01/04–01/06–803–tEN).

TC I

- Decision regarding the practices used to prepare and familiarise witnesses for giving testimony at trial, 30.11.2007 (ICC–01/04–01/06–1049).
- Decision on the procedures to be adopted for instructing expert witnesses, 10.12.2007 (ICC–01/04–01/06–1069).
- Decision on victims' participation, 18.1.2008 (ICC–01/04–01/06–1119).
- Decision on the Defence and Prosecution Requests for leave to appeal the Decision on Victims' Participation of 18 January 2008, 26.2.2008 (ICC–01/04–01/06–1191).
- Decision on the role of the Office of Public Counsel for Victims and its request for access to documents, 6.3.2008 (ICC–01/04–01/06–1211).
- Decision on the consequences of non–disclosure of exculpatory materials covered by Article 54 (3) (e) agreements and the application to stay the prosecution of the accused, together with certain issues raised at the status conference on 10 Juni 2008, 13.6.2008 (ICC–01/04–01/06–1401).
- Joint Application of the Legal Representatives of the Victims for the Implementation of the Procedure under Regulation 55o f the Regulationgs of the Court, 22.5.2009 (ICC–01/04–1/06 –1891).
- Decision on the press interview with Ms Le Fraper du Hellen, 12.5.2010 (ICC–01/04–01/06–2433).
- Redacted Decision on intermediaries, 31.5.2010 (ICC–01/04–01/06–2434–Red2).
- Redacted Decision on the Prosecution's Urgent Request for Variation of the Time–Limit to Disclose the Identity of Intermediary 143 or Alternatively to Stay Proceedings Pending Further Consultations with the VWU, 8.7.2010 (ICC–01/04–01/06–2517–RED).
- Release Order, 15.7.2010 (ICC–01/04–01/06–T–314 ENG).
- Hearing Transcript, 11.10.2010 (ICC–01/04–01/06–T–316).
- Decision on the scope of the prosecution's disclosure obligations as regards defence witnesses, 12.11.2010 (ICC–01/04–01/06–2624).
- Public Redacted Decision on the Prosecution's Requests for Non–Disclosure of Information in Witness–Related Documents, 3.12.2010 (ICC–01/04–01/06–2597–RED).
- Redacted Decision on the „Defence Application Seeking a Permanent Stay of the Proceedings", 2.3.2011 (ICC–01/04–01/06–2690–Red).
- Judgment pursuant to Article 74o f the Statute, 14.03.2012 (ICC–01/04–01/06–2842).
- Decision establishing the principles and procedures to be applied to reparations, 7.8.2012 (ICC–01–04–01/06–2904).

AppC

- Judgment on the Prosecutor's appeal against the decision of Pre–Trial Chamber I entitled „Decision Establishing General Principles Governing Applications to Restrict Disclosure pursuant to Rule 81 (2) and (4) of the Rules of Procedure and Evidence", 13.10.2006 (ICC–01/04–01/06–568).

- Decision of the AppC, 12.12.2006 (ICC–01/04–01/06–769).
- Judg. on the appeal of Mr. Thomas Lubanga Dyilo against the decision of Pre–Trial Chamber I entitled „Décision sur la demande de mise en liberté proviso ire de Thomas Lubanga Dyilo", 13.2.2007 (ICC–01/04–01/06–824).
- Decision of the Appeals Chamber on the Joint Application of Victims a/0001/06 to a/0003/06 and a/0105/06 concerning the „Directions and Decision of the Appeals Chamber" of 2 February 2007, 13.6.2007 (ICC–01/04–01/06–925).
- Judg. on the appeals of the Prosecutor and The Defence against Trial Chamber I's Decision on Victims' Participation, 11.7.2008 (ICC–01/04–01/06–1432).
- Judgment on the appeals of Mr Lubanga Dyilo and the Prosecutor against the Decision of Trial Chamber I of 14 July 2009 entitled „Decision giving note to the parties and participants that the legal characterisation of the facts may be subject to change in accordance with Regulation 55(2) of the Regulations of the Court", 8.12.2009 (ICC–01/04–01/06–2205).
- Judg. on the appeal of the Prosecutor against the decision of Trial Chamber I of 8 July 2010, 8.10.2010 (ICC–01/04–01/06–2582).
- Judg. on the appeal of the Prosecutor against the oral decision of Trial Chamber I of 15 July 2010, 8.10.2010 (ICC–01/04–01/06–2583).

Prosecutor v. Mathieu Ngudjolo Chui (ICC–01/04–01/07)
PTC I
- Decision on the joinder of the cases against Germain Katanga and Mathieu Ngudjolo Chui, 10.3.2008 (ICC–01/04–01/07–307).

TC II
- Judgment pursuant to article 74 o f the Statute, 18.12.2012 (ICC–01/04–02/12–3)

Prosecutor v. Germain Katanga and Mathieu Ngudjolo Chui (ICC–01/04–01/07)
PTC I
- Decision on Evidentiary Scope of the Confirmation Hearing, Preventive Relocation and Disclosure under Article 67(2) of the Statute and Rule 77 o f the Rules, 25.4.2008 (ICC–01/04–01/07–428–Corr.).
- Decision on the Set of Procedural Rights Attached to Procedural Status of Victim at the Pre–Trial Stage of the Case, 13.5.2008 (ICC–01/04–01/07–474).
- Decision on Article 54(3)(e) Documents Identified as Potentially Exculpatory or Otherwise Material to the Defence's Preparation for the Confirmation Hearing, 20.6.2008 (ICC 01/04–01/07).
- Transcript, 9.7.2008 (ICC–01/04–01/07).
- Defence, Mr. Katanga's Waiver of his Right to be Present at the Confirmation Hearing Pursuant to Rule 124 o f the RPE, 9.7.2008 (ICC–01/04–01/07–67).
- Transcript, 11.7.2008 (ICC–01/04–01/07).
- Decision on the confirmation of charges, 30.9.2008 (ICC–01/04–01/07).

TC II
- Reasons for the Oral Decision on the Motion Challenging the Admissibility of the Case (Article 19 o f the Statute), 16.6.2009 (ICC–01/04–01/07–1213 tENG).
- Decision on the Modalities of Victim Participation at Trial, 22.1.2010 (ICC–01/04–01/07–1788).

AppC
- Judg. on the Appeal of Mr. Germain Katanga against the Oral Decision of Trial Chamber II of 12 June 2009 on the Admissibility of the Case, 25.9.2009 (ICC–01/04–01/07–1497).
- Judg. on the Appeal of Mr Katanga Against the Decision of Trial Chamber II of 22 January 2010 Entitled „Decision on the Modalities of Victim Participation at Trial", 16.7.2010 (ICC–01/04–01/07–2288).
- Judgment pursuant to Article 74 of the Statute, 7.3.2014 (ICC–01/04–01/07–3436).
- Sentencing Judgment, 23.5.2014 (ICC-01/04-01/07-3484).

The Prosecutor v Callixte Mbarushimana (ICC–01/04–01/10)
PTC I
- Warrant of Arrest for Callixte Mbarushimana, 28.9.2010 (ICC–01/04–01/10–2–tENG).
- Decision on the „Defence request for a permanent stay of proceedings", 1.7.2011 (ICC–01/04–01/10–264)
- Decision on the „Defence Challenge to the Jurisdiction of the Court", 26.10.2011 (ICC–01/04–01/10–451).
- Decision on the Confirmation of Charges, 16.12.2011 (ICC–01/04–01/10–264–Red).

AppC
- Judgment on the appeal of the Prosecutor against the decision of Pre–Trial Chamber I of 16 December 2011 entitled „Decision on the confirmation of charges", 30.5.2012 (ICC–01/04–01/10–514).

2. Situation Uganda (ICC–02/04)

PTC II
- Decision on legal representation, appointment of counsel for the defence, protective measures and time–limit for submission of observations on applications of participation etc., 1.2.2007 (ICC–02/04–01/05–134).
- Decision on victims' application for participation a/0010/06, a/0064/06 to a 0070/06, a/0081/06 to a/0104/06 and a/0111/06 to a/0127/06, 10.8.2007 (ICC–02/04–101).

Prosecutor v. Joseph Kony et al. ((ICC–02/04–01/05)
PTC II
- Decision on the OPCV's observations on victim's applications on the prosecution's objections thereto, 16.4.2007 (ICC–02/04–01/05–243).
- Decision on legal representation, appointment of counsel for the defence, protective measures and time–limit for submission of observations on applications of participation etc., 1.2.2007 (ICC–02/04–01/05–134).
- Decision on the Admissibility of the Case under Article 19 (1) of the Statute, 10.3.2009 (ICC–02/04–01/05–377).

3. Situation Zentralafrikanische Republik (ICC–01/05)

PTC II
- Decision on the Submission of the Trust Fund for Victims dated 30 October 2009, PTC I, 16.11.2009 (ICC–01/05–30).
- *Prosecutor v. Jean–Pierre Bemba Gombo et al.*, Warrant of arrest for Jean–Pierre Bemba Gombo, Aimé Kilolo Musamba, Jean–Jacques Mangenda Kabongo, Fidèle Babala Wandu and Narcisse Arido, 20.11.2013 (ICC–01/05–01/13–1–Red2).

PTC III
- Decision requesting information on the status of the preliminary examination of the situation in the Central African Republic, 30.11.2006 (ICC–01/05–06).

Prosecutor v. Jean–Pierre Bemba Gombo
PTC III
- Warrant of Arrest for Jean–Pierre Bemba Gombo replacing the Warrant of Arrest issued on 23 May 2008, 10.6.2008 (ICC–01/05–01/08–15).
- Decision on application of interim release, 20.8.2008 (ICC–01/05–01/08).
- Decision on the Evidence Disclosure System and Setting a Timetable for Disclosure between the Parties, 31.7.2008 (ICC–01/05–01/08–55).
- Request for Clarification on Document Containing the Charges, 4.11.2008 (ICC–01/05–01/08–207).
- Decision Authorising Photographs at the Confirmation of the Charges Hearing on 12 January 2009, 8.1.2009 (ICC–01/05–01/08–351).
- Decision Pursuant to Article 61(7)(a) and (b) of the Rome Statute on the Charges of the Prosecutor Against Jean–Pierre Bemba Gombo, 15.6.2009 (ICC–01/05–01/08–424).

TC III
- Decision on the defence application for additional disclosure relating to a challenge on admissibility, 2.12.2009 (ICC–01/05–01/08–632).
- Decision on the supplemented applications by the legal representatives of victims to present evidence and the views and concerns of victims, 22.2.2012 (ICC–01/05–01/08–2138).

AppC
- Judgment on the appeals of Mr Jean–Pierre Bemba Gombo and the Prosecutor against the decision of Trial Chamber III entitled „Decision on the admission into evidence of materials contained in the prosecution's list of evidence", 3.5.2011 (ICC–01/05–01/08–1386).

4. Situation Darfur, Sudan (ICC–02/05)

OTP

- *OTP,* Prosecutor's Application for Warrant of Arrest under Article 58 against Omar Hassan Ahmad Al Bashir, 14.7.2008 (ICC–02/05–152).

PTC I

- *Situation in Darfur,* Decision on Request for leave to appeal the Decision on the Requests of the OPCD on the Production of Relevant Supporting Documentation Pursuant to Regulation 86 (2) (e) of the Regulations of the Court and on the Disclosure of Exculpatory Materials by the Prosecutor, 23.1.2008 (ICC–02/05–118).
- Prosecutor's response to Cassese's observation on issues concerning the protection of victims and the preservation of evidence in the proceedings on Darfur pending before the ICC, 11.9.2006 (ICC–02/05–16).
- *Prosecutor v. Ahmad Harun/Ali Kushayb,* Decision on the Prosecution's application under Article 58 (7) of the Statute, 27.4.2007 (ICC–02/05–01/07–1).
- *Prosecutor v. Al Bashir,* Decision on the Prosecution's Application for a Warrant of Arrest against Omar Hassan Ahmad Al Bashir, 4.3.2009 (ICC–02/05–01/09–3).
- *Prosecutor v. Al Bashir,* Decision on the Prosecution's Application for a Warrant of Arrest against Omar Hassan Ahmad Al Bashir, 4.11.2009 (ICC–02/05–01/09).
- *Prosecutor v. Al Bashir,* Decision Pursuant to Article 87(7) of the Rome Statute on the Failure by the Republic of Malawi to Comply with the Cooperation Requests Issued by the Court with Respect to the Arrest and Surrender of Omar Hassan Ahmad Al Bashir, 12.12.2011 (ICC–02/05–01/09–139).
- *Prosecutor v. Al Bashir,* Decision pursuant to article 87(7) of the Rome Statute on the refusal of the Republic of Chad to comply with the cooperation requests issued by the Court with respect to the arrest and surrender of Omar Hassan Ahmad Al Bashir, 26.3.2013 (ICC–02/05–01/09–140–tENG).
- *Prosecutor v. Abu Garda,* Second Decision on issues relating to Disclosure, 15.7.2009 (ICC–02/05–02/09–35).
- *Prosecutor v. Abu Garda,* Public Redacted Version – Decision on the Confirmation of Charges, 8.2.2010 (ICC–02/05–02/09–243–Red).
- *Prosecutor v. Ahmad Harun/Ali Kushayb,* Decision informing the United Nations Security Council about the lack of cooperation by the Republic of the Sudan, 25.5.2010 (ICC–02/05–01/07–57).

Prosecutor v. Abakaer Nourain/Jerbo Jamus (ICC–02/05–03/09)

PTC I

- Decision on issues related to the hearing on the confirmation of charges, 17.11.2010 (ICC–02/05–03/09–103).
- Corrigendum of the „Decision on the Confirmation of Charges", 7.3.2011 (ICC–02/05–03/09–121–Corr–Red).

TC IV

- Decision on the defence request for a temporary stay of proceedings (and concurring seperate opinion of Judge Eboe–Osuji), 26.10.2012 (ICC–02/05–03/09–410).
- Public redacted version of the „Second Decision on Article 54(3)(e) documents", 26.10.2012 (ICC–02/05–03/09–407–Red).

5. Situation Kenia (ICC–01/09)

OTP

- Request for authorisation of an investigation pursuant to Article 15, 26.11.2009 (ICC–01/09–3).
- Prosecutor's Application Pursuant to Article 58 as to Francis Kirimi Muthaura, Uhuru Muigai Kenyatta and Mohammed Hussein Ali, 15.12.2010 (ICC–01/09–31–RED).
- Prosecutor's Application Pursuant to Article 58 as to William Samoei Ruto, Henry Kiprono Kosgey and Joshua Arap Sang, 15.12.2010 (ICC–01/09–30–RED).

PTC II

- Decision Pursuant to Article 15 of the Rome Statute on the Authorization of an Investigation into the Situation in the Republic of Kenya, 31.3.2010 (ICC-01/09-19).
- *Prosecutor v. Muthaura et al.,* Decision on the Prosecutor's Application for Summonses to Appear for Francis Kirimi Muthaura, Uhuru Muigai Kenyatta and Mohammed Hussein Ali, 8.3.2011 (ICC–01/09–02/11–01).

- *Prosecutor v. Muthaura et al.*, Decision on the Confirmation of Charges Pursuant to Article 61(7)(a) and (b) of the Rome Statute, 23.1.2012 (ICC–01/09–02/11–382–Red).
- *Prosecutor v. Muthaura et al. and Samoei Ruto et al.*, Application on behalf of the government of the Republic of Kenya pursuant to Article 19 o f the ICC Statute, 31.3.2011 (ICC–01/09–01/11–19).

TC V
- *Prosecutor v. Muthaura and Kenyatta,* Decision on victims' representation and participation, 3.10.2013 (ICC–01/09–02/11–498).
- *Prosecutor v. Muthaura and Kenyatta,* Decision on the withdrawal of charges against Mr Muthaura, 11.3.2013 (ICC–01/09–02/11–696).

Prosecutor v. William Samoei Ruto and Joshua Arap Sang (ICC–01/09–01/11)

PTC II
- Decision on the Prosecutor's Application for Summons to Appear for William Samoei Ruto, Henry Kiprono Kosgey and Joshua Arap Sang, 8.3.2011 (ICC–01/09–01/11–01).
- Decision on the Confirmation of Charges Pursuant to Article 61(7)(a) and (b) of the Rome Statute, 23.1.2012 (ICC–01/09–01/11–373)

TC V
- Decision on Witness Preparation, 2.1.2013 (ICC–01/09–01/11–524).

TC V (A)
- Decision on Mr Ruto's Request for Excusal from Continuous Presence at Trial, 18.6.2013 (ICC–01/09–01/11–777).
- Defence request pursuant to Article 63(1) of the Rome Statute and Rule 134quater of the Rules of Procedure and Evidence to excuse Mr. William Samoei Ruto from attendance at trial, 16.12.2013 (ICC–01/09–01/11–1143).

AppC
- Judgment on the appeal of the Prosecutor against the decision of Trial Chamber V(a) of 18 June 2013 entitled „Decision on Mr Ruto's Request for Excusal from Continuous Presence at Trial", 25.10.2013 (ICC–01/09–01/11–1066).

6. Situation Libyen (ICC–01/11)

PTC I

Prosecutor v. Saif Al–Islam Gaddafi and Abdullah Al–Senussi, Decision on the admissibility of the case against Saif Al–Islam Gaddafi, 31.5.2013 (ICC–01/11–01/11–344–Red).

Prosecutor v. Saif Al–Islam Gaddafi and Abdullah Al–Senussi, Decision on the admissibility of the case against Abdullah Al–Senussi, 11.10.2013 (ICC–01/11–01/11–466–Red).

7. Situation Elfenbeinküste (ICC–02/11)

PTC III
- Decision Pursuant to Article 15 o f the Rome Statute on the Authorisation of an Investigation into the Situation in the Republic of Côte d'Ivoire, 3.10.2011 (ICC–02/11–14).
- Judge Fernàndez de Gurmendi's separate and partially dissenting opinion to the Decision Pursuant to Article 15 o f the Rome Statute on the Authorisation of an Investigation into the Situation in the Republic of Côte d'Ivoire, 3.10.2011 (ICC–02/11–15).
- Corrigendum to „Decision Pursuant to Article 15 o f the Rome Statute on the Authorisation of an Investigation into the Situation in the Republic of Côte d'Ivoire", 15.11.2011 (ICC–02/11–14).
- *Prosecutor v. Laurent Gbagbo* (ICC-02/11-01/11).

PTC I
- Decision on the Confirmation of Charges Against Laurent Gbagbo, 12.6.2014 (ICC-02/11-01/11-656-Red).

VI. „Gemischte" Tribunale:

1. Special Court for Sierra Leone (www.rscsl.org)

Prosecutor v. Brima/Kamara/Kanu, Judg., 20.7.2007 (SCS L–04–16–T).
- AppJ, 22.2.2008 (SCS L–04–16–A).

Prosecutor v. Kallon/Kamara, AppC decision on challenge to jurisdiction, 13.3.2004 (SCS L–2004–15AR72(E) and SCS L–2004–16 AR72(E)).

- Decision on challenge to jurisdiction: Lomé Accord Amnesty, 13.3.2004 (SCS L–2004–15 AR72(E), SCS L–2004–16 AR72(E)).

Prosecutor v. Kondewa, AppC decision on lack of jurisdiction, 25.5.2004 (SCS L–2004–14–AR72(E)).

Prosecutor v. Fofana, Kondewa, Judg., 2.8.2007 (SCS L–04–14–T).

- Judg., 28.5.2008 (SCS L–04–14–A).

Prosecutor v. Hinga Norman, AppC decision on preliminary motion based on lack of jurisdiction: (child recruitment), 31.5.2004 (SCS L–2004–14–AR72(E)).

Prosecutor v. Sesay, Decision on the Defence Motion for the Exclusion of Certain Protions of Supplemental Statements o Witness TF1–117, 27.2.2006 (SCS L–2004–15–T).

Prosecutor v. Sesay et al., Judg. 02.3.2009 (SCSL–04–15–T).

Prosecutor v. Taylor, Appeals chamber decision on immunity from jurisdiction, 31.5.2004 (SCS L–2003–01–AR72(E)).

- Judg., 18.5.2012 (SCSL–03–01–T–1283).
- Sentencing Judg., 30.05.2012 (SCSL–03–01–T–1285).
- AppJ, 26.09.2013 (SCSL–03–01–A).

2. East Timorese Special Panel for Serious Crimes (www.jsmp.minihub.org)

Prosecutor v. Domingos de Deus, Judg., 12.4.2005 (SPS C 2 a/2004).

Prosecutor v. Perreira, Judg., 27.4.2005 (SPS C 34/2005).

Prosecutor v. Cardoso, Judg., 5.4.2003 (SPS C 04/2001).

3. Extraordinary Chambers in the Courts of Cambodia (www.eccc.gov.kh)

- Decision on the Co–prosecutors' immediate appeal of the Trial Chamber's decision concerning the scope of case 002/01, 8.2.2013 (002/19–09–2007–ECCC–TC/SC(18)).

Prosecutor v. Kaing Guek Eav, Order of Provisional Detention, 31.7.2007 (002/14–08–2006).

- Direction on the scheduling of the trial, 20.3.2009 (001/18–07–2007–ECCC/TC).
- Order on the Application at the ECCC of the Form of Liability Known as Joint Criminal Enterprise, 8.12.2009, Office of the Co–Investigative Judges (002/19–09–2007–ECCC–OCIJ).
- Decision on the Appeals Against the Co–Investigative Judges Order on Joint Criminal Enterprise, 20.5.2010, Pre–Trial Chamber, (002/19–09–2007–ECCC–OCIJ).
- Judg., 26.7.2010 (001/18–07–2007/ECCC–TC).

4. Special Tribunal for Lebanon (www.stl-tsl.org)

Decision on appeal of Pre–Trial Judge's order regarding jurisdiction and standing, 10.11.2010 (CH/AC/2010/02).

Order authorising photography and video–taping prior to public sessions of the AppC, 4.2.2011 (STL–11–01/I).

Interlocutory Decision on the applicable law: Terrorism, conspiracy, homicide, perpetration, cumulative charging, 16.2.2011 (STL–11–01/I).

Prosecutor v. Ayyash et. al., Decision Relating to th Examination of the Indictment of 10 June 2011 Issued Against Mr Salim Jamil Ayyash, Mr Mustafa Amine Badreddine, Mr Hussein Hassen Oneissi & Mr Assad Hassan Sabra, 28.6.2011 (STL–11–01/I).

- Decision to Hold Trial in Absentia, 1.2.2012 (STL–11–01/I/TC).

Prosecutor v. Hassan Habib Merhi, Decision on the Defence Appeals Against the Trial Chamber's „Decision on the Defence Challenges to the Jurisdiction and Legality of the Tribunal", 24.10.2012 (STL–11–01/PT/AC/AR90.1).

- Decision Relating to the Examination of the Indictment of 5 June 2013 Issued Against Mr Hassan Habib Merhi, 11.10.2013 (STL–13–04/I/PTJ).
- Decision to Hold Trial in Absentia, 20.12.2013 (STL–13–04/I/TC).

VII. Europäischer Gerichtshof (www.curia.eu.)

Advocaten voor de Wereld VZW, Rs. C–303/05, Urt. 3.5.2007.

Ahlstrom/Kommission, Rs. C–89/85, C–104/85, C–114/85, C–116/85, C–117/85 und C–125/85 bis C–129/85. Urt. 31.3.1993, ILR 1996, 148.

Åkerberg Fransson, Rs. C–617/10, Urt. v. 26.2.2013 (NJW 2013, 1415).

Amsterdam Bulb B. V./Produktschap voor Siegewasser, Rs. 50/76, Urt. 2.2.1977, Slg. 1977, 137.

Ayadi, Rs. T–253/02, Urt. 12.7.2006, AblEU C 224.
Berlusconi, Rs. C–387/02, C–391/02 u. C–403/02, Urt. 3.5.2005 (JZ 2005, 997).
Bickel und Franz, Rs. C–274/96, Urt. 24.11.1998 (EuZW 1999, 82).
Bot, Rs. C–241/05, Urt. 3.10.2006, ABl. EU C 294, 16.
Bourquain, Rs. C–297/07, Urt. 11.12.2008 (NStZ 2009, 454).
Costa/E. N. E. L., Rs. 6/64, Urt. 15.7.1964, Slg. 1964, 1251.
Engelmann, Rs. C–64/08, Urt. 9.9.2010 (EuZW 2010, 821).
Eredics and Sápi, Rs. C–205/09, Urt. 21.10.2010.
Eugen Schmidberger, Internationale Transporte und Planzüge, Rs. C-112/00, Urt. 12.6.2003 (NJW 2003, 3185).
Franchet und Byk/Kommission, Rs. T–48/05, Urt. v. 8.7.2008.
Gasparini u. a., Rs. C–467/04, Urt. 28.9.2006, Abl. EU C 294.
Gestoras pro Amnistía, Rs. C–354/04, Urt. 27.2.2007 (JZ 2007, 781).
Gaetano Mantello, Rs. C–261/09, Urt. v. 16.11.2010 (StV 2011, 425).
Gözütok und Brügge, Verb. Rs. C–187/01 und C–385/01, Urt. 11.2.2003, Slg. 2003, I–1345.
Hassan, Rs. T–49/04, Urt. 12.7.2006.
Hoechst AG/Kommission, Rs. 227/88 und 46/87, Urt. 21.9.1989, Slg. 1989, 2859.
Irland v. EP und Rat, Rs. C–301/06, Urt. 10.2.2009 (JZ 2009, 466).
Kadi, Rs. T–315/01, Urt. 21.9.2005, Abl. EU C 281.
Kadi & Al Barakaat, Rs. C–402/05 und C 415/05 P, Urt. 3.9.2008.
Kolpinghuis Nijmegen BV, Rs. 80/86, Urt. 8.10.1987, Slg. 1987, 3986.
Kommission/Europäische Investitionsbank, Rs. C–15/00, Urt. 10.7.2003, Slg. 2003, I–7281.
Kommission/Europäische Zentralbank, Rs. C–11/00, Urt. 10.7.2003, Slg. 2003, I–7171.
Kommission/Rat, Rs. C–176/03, Urt. 13.9.2005.
Kommission/Rat, Rs. C–440/05, Urt. 23.10.2007 (EuGRZ 2007, 696).
Kommission/Republik Griechenland (Maisskandal), Rs. 68/88, Urt. 21.9.1989, Slg. 1989, 2965.
Kommission/Vereinigtes Königreich, Rs. C–382/92 und 383/92, Urt. 8.6.1994, Slg. 1994, I –2435.
Kraaijenbrink, Rs. C–367/05, Urt. 18.7.2007 (NStZ 2008, 164).
Kretzinger, Rs. C–288/05, Urt. 18.7.2007.
Manfredi/Regione Puglia, Rs. C–308/97, Urt. 25.11.1998, AblEG C 1999.
Mantello, Rs. C–261/0, Urt. 16.11.2010.
Melloni/Ministerio Fiscal, Rs. C–399/11, Urt. 26.2.2013 (NJW 2013, 1215).
Ministère public/Auer, Rs. 271/82, Urt. 22.9.1983, Slg. 1983, 2727.
Miraglia, Rs. C–469/03, Urt. 10.3.2005 (NJW 2005, 1337).
Parlament/Rat, Rs. C–317, 318/04, Urt. 30.5.2006 (NJW 2006, 2029).
Prantl, Rs. 16/83, Urt. 13.3.1984, Slg. 1984, 1299.
Pupino, Rs. C–105/03, Urt. 16.6.2005, Slg. 2005, 1.
Radu, Rs. C–396/1, Urt. 29.1.2013 (EuGH NJW 2013, 1145).
Rothley/Parlament, Rs. T–17/00, Urt. 26.2.2002, AblEG C 144.
Srl CILFIT und Lanificio di Gavardo SpA/Ministero della Sanità, Rs. 283/81, Urt. 6.10.1982 (Slg. 1982, 3415).
Spasic, Rs. C-129/14 PPU, Urt. 25.5.2014.
Steffensen, Rs. C–276/01, Urt. 10.4.2003, Slg. 2003, I–3735.
Stichting Al–Aqsa, Rs. T–327/03, Urt. 11.7.2007, Abl EU C 199.
Szymon Kozlowski, Urt. 17.7.2008 (NJW 2008, 3201).
Van Esbroeck, Rs. C–436/04, Urt. 9.3.2006, Abl EU C 131.
Van Gend & Loos/Niederländische Finanzverwaltung, Rs. 26/62, Urt. 5.2.1963, Slg. 1963, 1.
Van Straaten, Rs. C–150/05, Urt. 28.9.2006, Abl EU C 294.
Variola/Amministrazione italiana delle Finanze, Rs. 34/73, Urt. 10.10.1973, Slg. 1973, 981, 990.
Von Colson und Kamann/Land Nordrhein–Westfalen, Rs. 14/83, Urt. 10.4.1984, Slg. 1984, 1909.
Wolzenburg, Rs. C–123/08, Urt. 6.10.2009 (NJW 2010, 283).
Yusuf und Al Barakaat International Foundation, Rs. T–306/01, Urt. 21.9.2005, AblEU C 281.

VIII. Europäischer Gerichtshof für Menschenrechte (www.echr.coe.int)

A. v. Frankreich, Urt. 23.11.1993, Serie A 277–B.
A. B. v. Slowakei, Urt. 4.3.2003.
Abu Qatada v. Vereinigtes Königreich, Urt. 17.1.2012 (NVwZ 2013, 487).
Accardi et al. v. Italien, Entscheidung 20.1.2005.

Aksoy v. Türkei, Urt. 18.12.1996, Reports 1996–V.
Al-Adsani v. Vereinigtes Königreich, Urt. 21.11.2001, RJD 2001–XI (EuGRZ 2002, 403).
Allan v. Vereinigtes Königreich, Urt. 5.11.2002 (StV 2003, 257).
Allenet de Ribemont v. Frankreich, Urt. 10.2.1995, Serie A 308.
Al-Saadoon & Mufdhi v. Vereinigtes Königreich, Urt. 2.3.2010.
Altay v. Türkei, Urt. 22.5.2001.
Amuur v. Frankreich, Urt. 25.6.1996, RJD 1996–III (EuGRZ 1996, 577).
Ankerl v. Schweiz, Urt. 23.10.1996, Reports 1996–V (ÖJZ 1997, 475).
Ashingdane v. Vereinigtes Königreich, Urt. 28.5.1985, Serie A 93.
Assanidzé v. Georgien. Urt. 8.4.2004 (NJW 2005, 2207).
B. v. Deutschland, Urt. 1.4.2010 (StV 2011, 430).
B. v. Deutschland, Urt. 19.4.2012 (EuGRZ 2012, 383).
Bankovic et al. v. Belgien et al., Entscheidung 12.12.2001 (EuGRZ 2002, 133).
Bannikova v. Russland, Urt. 4.11.2010.
Barberà et al. v. Spanien, Urt. 6.12.1988, Serie A Nr. 146.
Behrami v. Frankreich u. Saramati v. Frankreich, Deutschland, Norwegen, Entscheidung 2.5.2007 (EuGRZ 2007, 522).
Böhmer v. Deutschland, Urt. 3.10.2002 (NJW 2004, 43).
Bönisch v. Österreich, Urt. 6.5.1985, Serie A 92.
Boner v. Vereinigtes Königreich, Urt. 28.4.1994, Serie A 200–B.
Borgers v. Belgien, Urt. 30.10.1991, Serie A 214–B (EuGRZ 1991, 519).
Borovský v. Slowakei, Urt. 2.6.2009.
Bosphorus Hava Yollari Turizm ve Ticaret Anonim Ş irketi v. Irland, Urt. 30.6.2005 (EuGRZ 2007, 662).
Bouamar v. Belgien, Urt. 29.2.1988, Serie A 129.
Bracci v. Italien, Urt. 13.10.2005.
Brandstetter v. Österreich, Urt. 28.8.1991, Serie A 211 (EuGRZ 1992, 1990).
Bricmont v. Belgien, Urt. 7.7.1989, Serie A 158.
Brogan v. Vereinigtes Königreich, Urt. 29.11.1988, Serie A 145–B.
Buck v. Deutschland, Urt. 28.4.2005 (NJW 2006, 1495).
Bugallo v. Spanien, Urt. 18.10.2011 (NStZ 2013, 175).
Bulut v. Österreich, Urt. 22.2.1996, Reports 1996–II (ÖJZ 1996, 130).
Bykov v. Russland, Urt. 10.3.2009 (NJW 2010, 213).
C. R. v. Vereinigtes Königreich, Urt. 22.11.1995, Serie A 335–C.
Cakici v. Türkei, Urt. 8.7.1999, RJD 1999–IV.
Campbell v. Vereinigtes Königreich, Urt. 25.3.1992, Serie A 233.
Cevizovic v. Deutschland, Urt. 29.7.2004 (StV 2005, 136).
Chahal v. Vereinigtes Königreich, Urt. 25.10.1996, Reports 1996–V (NVwZ 1997, 1093).
Chappell v. Vereinigtes Königreich, Urt. 30.3.1989, Serie A 152–A.
Cicek v. Türkei, Urt. 27.2.2001.
Copland v. Vereinigtes Königreich, Urt. 3.4.2007 (EuGRZ 2007, 415).
De Haes und Gijsels v. Belgien, Urt. 24.2.1997, Reports 1997–I (ÖJZ 1997, 912).
Del Rio Prada v. Spanien, Urt. 21.10.2013.
De Wilde, Ooms u. Versyp v. Belgien, Urt. 18.6.1971, Serie A 12.
Delcourt v. Belgien, Urt. 17.1.1970, Serie A 11.
Dombo Beheer B V v. Niederlande, Urt. 27.10.1993, Serie A 274 (ÖJZ 1994, 664).
Doorson v. Niederlande, Urt. 26.3.1996, Reports 1996–II (ÖJZ 1996, 715).
Douiyeb v. Niederlande, Urt. 4.8.1999 (NJW 2000, 2888).
Dudgeon v. Vereinigtes Königreich, Urt. 22.10.1981, Serie A Nr. 45.
Dzelil v. Deutschland, Urt. 10.11.2005 (StV 2006, 474; NVwZ–RR 2006, 513).
Edwards v. Vereinigtes Königreich, Urt. 16.12.1992, Serie A 247–B.
Edwards und Lewis v. Vereinigtes Königreich, Urt. 22.7.2003 (StraFo 2003, 360).
El Haski v. Belgien, Urt. 25.9.2012.
Engel et al. v. Niederlande, Urt. 6.8.1976, Serie A 22 (EuGRZ 1976, 422).
Ensslin, Baader u. Raspe v. Deutschland, Entscheidung 8.7.1978 (EuGRZ 1978, 314).
Erdagöz v. Türkei, Urt. 22.10.1997, Reports 1997–VI.
Erdem v. Deutschland, Urt. 5.7.2001 RJD 2001–VII (EuGRZ 2001, 391).
Falk v. Deutschland, Urt. 11.3.2008.

Ferrantelli u. Santangelo v. Italien, Urt. 7.8.1996, Reports 1996–III.
Fischer v. Österreich, Urt. 17.1.2002 (ÖJZ 2002, 397).
Fogarty v. Vereinigtes Königreich, Urt. 21.11.2001, RJD 2001–XI (EuGRZ 2002, 411).
Fox, Campbell u. Hartly v. Vereinigtes Königreich, Urt. 30.8.1990, Serie A 182.
Gäfgen v. Deutschland, Urt. v. 30.6.2008 (NStZ 2008, 700).
Gäfgen v. Deutschland (GS) 1.6.2010 (NJW 2010, 3145).
Garaudy v. Frankreich, Entscheidung 24.6.2003 RJD 2003–IX (NJW 2004, 3691).
García Alva v. Deutschland, Urt. 13.2.2001 (StV 2001, 205).
Golder v. Vereinigtes Königreich, Urt. 21.2.1975, Serie A Nr. 18.
Grässer v. Deutschland, Urt. 5.10.2006 (EuGRZ 2007, 268).
Gregory v. Vereinigtes Königreich, Urt. 25.2.1997, Reports 1997–I.
Grosskopf v. Deutschland, Urt. 21.20.2010.
Guja v. Moldawien, Urt. 12.2.2008.
Guzzardi v. Italien, Urt. 6.11.1980, Serie A 39 (EuGRZ 1983, 633; NJW 1984, 544).
H. L. R. v. Frankreich, Urt. 29.4.1997, Reports 1997–III (NVwZ 1998, 163).
Haas v. Deutschland, Entscheidung 17.11.2005 (NJW 2006, 2753).
Haidn v. Deutschland, Urt. 13.1.2011.
Harutyunyan v. Armenien, Urt. 28.6.2007.
Heaney u. McGuinness v. Vereinigtes Königreich, Urt. 21.12.2000 (RJD 2000–XII).
Herbst v. Deutschland, Urt. 11.1.2007 (EuGRZ 2007, 420).
Herz v. Deutschland, Urt. 12.6.2003 (NJW 2004, 2209).
Hümmer v. Deutschland, Urt. 19.7.2012 (NJW 2013, 3225).
Irland v. Vereinigtes Königreich, Urt. 18.1.1978, Serie A Nr. 25.
Isaak v. Türkei, Urt. 24.8.2008.
J. B. v. Schweiz, Urt. 3.5.2001 (NJW 2002, 499).
Jalloh v. Deutschland, Urt. 11.7.2006 (NJW 2006, 3117).
Johansen v. Norwegen, Entscheidung 14.10.1985 (DR 44, 155).
K.–F. v. Deutschland, Urt. 27.11.1997, Reports 1997–VII (NJW 1999, 775).
Kafkaris v. Zypern, Urt. 12.2.2008.
Kallweit v. Deutschland, Urt. 13.1.2011.
Kamasinski v. Österreich, Urt. 19.12.1989, Serie A 168 (ÖJZ 1990, 413).
Keegan v. Vereinigtes Königreich, Urt. 9.8.2006.
Kemmache v. Frankreich, Urt. 24.11.1994, Serie A 296–C.
Keus v. Niederlande, Urt. 25.10.1990, Serie A 185–C.
Khatsiyeva et al. v. Russland, Urt. 17.1.2008.
Kirsten v. Deutschland, Urt. 15.2.2007 (DVBl 2007, 1161).
Klaas v. Deutschland, Urt. 22.9.1993, Serie A 269.
Kolk and Kislyiy v. Estland, Entscheidung 17.1.2006.
Kononov v. Latvia, Urt. 17.5.2010.
Kostovski v. Niederlande, Urt. 20.11.1989, Serie A 166 (StV 1990, 481).
Kremzow v. Österreich, Urt. 21.9.1993, Serie A 268–B.
Krombach v. Frankreich, Urt. 13.2.2001 (NJW 2001, 2387).
K. R. S. v. Vereinigtes Königreich, Entscheidung 2.12.2008 (NVwZ 2009, 965).
Krumpholz v. Österreich, Urt. 18.3.2010.
Kudla v. Polen, Urt. 26.10.2000 (NJW 2001, 2679).
Kurt v. Türkei, Urt. 25.5.1998, RJD 1998–III, 1152.
Labita v. Italien, Urt. 6.4.2000.
Lala v. Niederlande, Urt. 13.4.1994, Serie A 297–A (ÖJZ 1995, 197).
Lanz v. Österreich, Urt. 31.1.2002 (ÖJZ 2002, 433).
Lawless v. Irland, Urt. 1.7.1961, Serie A Bd. 3.
Letellier v. Frankreich, Urt. 26.6.1991, Serie A 207.
Lietzow v. Deutschland, Urt. 13.2.2001, RJD 2001–I (StV 2001, 201).
Litwa v. Polen, Urt. 4.4.2000.
Loizidou v. Türkei, Urt. 23.3.1995, Serie A 310.
Loukanov v. Bulgarien, Urt. 20.3.1997, Reports 1997–II.
Luberti v. Italien, Urt. 23.2.1984, Serie A Nr. 75.
M. v. Deutschland, Urt. 17.12.2009.

Makaratzis v. Griechenland, Urt. 20.12.2004.
Makeyev v. Russland, Urt. 5.2.2009.
Mautes v. Deutschland, Urt. 13.1.2011.
McKay v. Vereinigtes Königreich, Urt. 3.10.2006, para. 30 (NJW 2007, 3699).
M. M. v. Deutschland, Entscheidung 30.11.1994.
M. M. v. Niederlande, Urt. 8.4.2003 (StV 2004, 1).
Magee v. Vereinigtes Königreich, Urt. 6.6.2000 RJD 2000–V (Crim. L. R. 2000, 681).
Mantovanelli v. Frankreich, Urt. 18.3.1997, Reports 1997–II.
Maxwell v. Vereinigtes Königreich, Urt. 28.10.1994, Serie A Nr. 300–C.
McCann, Farrell u. Savage v. Vereinigtes Königreich, Urt. 27.9.1995, Serie A 324 (1995).
McElhinney v. Irland, Urt. 21.11.2001, RJD 2001–XI (EuGRZ 2002, 415).
McLeod v. Vereinigtes Königreich, Urt. 23.9.1998, Reports 1998–VII.
Mooren v. Deutschland, Urt. 13.12.2007.
Mooren v. Deutschland, Urt. 9.7.2009.
M.S.S. v. Belgien u. Griechenland, Urt. 21.1.2011.
Murray v. Vereinigtes Königreich, Urt. 8.2.1996, Reports 1996–I.
Naletilic v. Kroatien, Zulässigkeitsentscheidung v. 4.5.2000, RJD 2000–V (EuGRZ 2002, 143).
Natunen v. Finnland, Urt. 31.3.2009.
Neumeister v. Österreich, Urt. 27.6.1968, Serie A 8 (EuGRZ 1975, 393).
Neziraj v. Deutschland, Urt. 8.11.2012 (StV 2013, 289 = NStZ 2013, 350).
Nideröst–Huber v. Schweiz, Urt. 18.2.1997, Reports 1997–I.
Nikolov v. Bulgarien, Urt. 30.1.2003.
Nikolova v. Bulgarien, Urt. 25.3.1999, Reports 1999–II.
O'Carroll v. Vereinigtes Königreich, Entscheidung 15.3.2005.
Öcalan v. Türkei, Urt. 12.3.2003 (EuGRZ 2003, 472).
Ooms u. Versyp v. Belgien, Urt. 18.6.1971, Serie A 12.
Öztürk v. Deutschland, Urt. 21.2.1984.
Pandy v. Belgien, Urt. 21.9.2006.
P. S. v. Deutschland, Urt. 20.12.2001 (StV 2002, 289).
Pakelli v. Deutschland, Urt. 25.4.1983, Serie A 64 (EuGRZ 1983, 344).
Pelladoah v. Niederlande, Urt. 22.9.1994, Serie A 297–B.
Pfeifer u. Plankl v. Österreich, Urt. 25.2.1992, Serie A 227.
Kari–Pekka Pietiläinen v Finnland, Urt. 22.9.2009.
Poitrimol v. Frankreich, Urt. 23.11.1993, Serie A 277–A (ÖJZ 1994, 467).
Pretty v. Vereinigtes Königreich, Urt. 29.4.2002, Reports 2002–III (NJW 2002, 2851).
Puzinas v. Litauen, Urt. 14.3.2002.
Quaranta v. Schweiz, Urt. 24.5.1991, Serie A 205.
Radu v. Deutschland, Urt. 16.5.2013 (NJW 2014, 369).
Ramanauskus v. Litauen, Urt. 5.2.2008 (NJW 2009, 3565).
Ramirez Sanchez v. Frankreich, Urt. 4.7.2006 (EuGRZ 2007, 141).
Rehbock v. Slowenien, Urt. 28.11.2000, RJD 2000 XII.
Remli v. Frankreich, Urt. 23.4.1996, Reports 1996–II.
Ressiot et. al. v. Frankreich, Urt. 28.6.2012 (NJW 2013, 3709).
Robathin v. Österreich, Urt. 3.7.2012 (NJW 2013, 3081).
Rowe und Davis v. Vereinigtes Königreich, Urt. 16.2.2000, Reports 2000–II.
R. S. v. Vereinigtes Königreich, Entscheidung 2.12.2008 (NVwZ 2009, 965).
Rumpf v. Germany, Urt. 2.9.2010 (NJW 2010, 3355).
S. v. Deutschland, Entscheidung 9.10.1991 (StV 1992, 282).
S. N. v. Schweden, Urt. 2.7.2002 RJD 2002–V.
S. W. v. Vereinigtes Königreich, Urt. 22.11.1995, Serie A 335–B.
Saadi v. Italien, Urt. 28.2.2008.
Saadi v. Vereinigtes Königreich, Urt. 29.1.2008 (NStZ 2009, 164).
Saïdi v. Frankreich, Urt. 20.9.1993, Serie A 261–C (ÖJZ 1994, 322).
Salabiaku v. Frankreich, Urt. 6.12.1988.
Sanchez–Reisse v. Schweiz, Urt. 21.10.1986, Serie A 107 (EuGRZ 1988, 523).
Sapunarescu v. Deutschland, Entscheidung 11.9.2006 (StraFo 2007, 107).
Saunders v. Vereinigtes Königreich, Urt. 17.12.1996, RJD 1996–VI.

Schöps v. Deutschland, Urt. 13.2.2001, RJD 2001–I (StV 2001, 203).
Schummer v. Deutschland, Urt. 13.1.2011.
Scoppola v. Italien, Urt. 17.9.2009.
Selmouni v. Frankreich, Urt. 28.7.1999, RJD 1999–V (NJW 2001, 56).
Shishkov v. Bulgarien, Urt. 9.1.2003, RJD 2003–I.
Silver et al. v. Vereinigtes Königreich, Urt. 25.3.1983, Serie A Nr. 61.
Soering v. Vereinigtes Königreich, Urt. 7.7.1989, Serie A 161 (EuGRZ 1989, 314).
Steel et al. v. Vereinigtes Königreich, Urt. 23.9.1998, Reports 1998–VII.
Stoica v. Rumänien, Urt. 4.3.2008.
Stojkovic v. Frankreich, Urt. 27.10.2011 (NJW 2012, 3709).
Streletz/Kessler/Krenz v. BRD, Urt. 22.3.2001, RJD 2001–II (EuGRZ 2001, 210).
Sunday Times v. Vereinigtes Königreich, Urt. 26.4.1979, Serie A 30 (EuGRZ 1979, 386).
Sürmeli v. Deutschland, Urt. 8.6.2006 (EuGRZ 2007, 255).
T. I. v. Vereinigtes Königreich, Urt. 7.3.2000 (NVwZ 2001, 301).
Tas v. Türkei, Urt. 14.11.2001.
Teixeira de Castro v. Portugal, Urt. 9.6.1998, Reports 1998–IV (EuGRZ 1999, 660; NStZ 1999, 47).
Tekin v. Türkei, Urt. 9.6.1998.
Timurtas v. Türkei, Urt. 13.6.2000, RJD 2000–V.
Toth v. Österreich, Urt. 12.12.1991, Serie A 224 (ÖJZ 1992, 242).
Tyrer v. Vereinigtes Königreich, Urt. 25.4.1978, Serie A Nr. 26.
Uhl v. Deutschland, Urt. 10.2.2005 (StV 2005, 475).
Usta v. Türkei, Urt. 21.2.2008.
Vachkovi v. Bulgarien, Urt. 8.7.2010.
Van der Leer v. Niederlande, Urt. 21.2.1990, Serie A 170–A.
Van Geyseghem v. Belgien, Urt. 21.1.1999, RJD 1999–I (ÖJZ 1999, 737).
Van Mechelen et al. v. Niederlande, Urt. 23.4.1997 (StV 1997, 617).
Vereniging Weekblad Bluf! v. Niederlande, Urt. 9.2.1995, Serie A 306–A.
Vereinigung demokratischer Soldaten Österreich u. Gubi v. Österreich, Urt. 19.12.1994, Serie A 302 (ÖJZ 1995, 314).
Vidal v. Belgien, Urt. 22.4.1992, Serie A 235–B.
Vinter et al. v. Vereinigtes Königreich (GS), Urt. 9.7.2013.
Vo v. Frankreich, Urt. 8.7.2004 (NJW 2005, 727).
Voggenreiter v. Deutschland, Urt. 8.1.2004 (EuGRZ 2004, 150).
Vulakh v. Russland, Urt. 10.1.2012.
W. v. Schweiz, Urt. 26.1.1993, Serie A 254.
Wasilewska & Kalucka v. Polen, Urt. 23.2.2010.
Weh v. Österreich, Urt. 8.7.2004 (JR 2005, 423).
Wemhoff v. Deutschland, Urt. 27.6.1968, Serie A Bd. 7.
Windisch v. Österreich, Urt. 27.9.1990, Serie A 186 (StV 1991, 193).
Winterwerp v. Niederlande, Urt. 24.10.1979, Serie A 33.
Witt v. Deutschland, Entscheidung 8.1.2007 (NJW 2008, 2322).

IX. Interamerikanischer Gerichtshof für Menschenrechte (www.corteidh.or.cr)

Bámaca Velásquez Case, Judg., 25.11.2000, Series C No. 70.
Blake Case, Judg., 24.1.1998, Series C No. 36.
Caballero Delgado y Santana Case, Judg., 8.12.1995, Series C No. 22.
Castillo Paéz Case, Judg., 3.11.1997, Series C No. 34.
Durand y Ugarte Case, Judg., 16.8.2000, Series C No. 68.
Fairén Garbi/Solís Corrales Case, Judg., 15.3.1989, Series C No. 6.
Garrido y Baigorria Case, Judg., 2.2.1996, Series C No. 26.
Godínez Cruz Case, Judg., 20.1.1989, Serie C No. 5.
Neira Alegría et al. Case, Judg., 19.1.1995, Series C No. 20.
Trujillo Oroza Case, Judg., 26.1.2000, Series C No. 64.
Velásquez Rodríguez Case, Judg., 29.7.1988, Series C No. 4.

X. Sonstige (ausländische) Urteile

Argentinien, CSJN, „Recurso de hecho deducido por la defensa de Julio Héctor Simón en la causa Simón, Julio Héctor y otros s/privación ilegítima de la libertad, etc – causa 17768 –", Urt. v. 14.6.2005 (Verfassungswidrigkeit der Amnestiegesetze).

Argentinien, Tribunal Oral en lo Criminal Federal No. 1de San Martín (Buenos Aires), Fall Santiago Omar Riveros et al., No. 2005/2044, 12.8.2009.

Argentinien, Tribunal Oral Criminal Federal von Tucumán, Verfahren „Arsenal Miguel de Acuénaga y Jefatura de Policía de Tucumán y/secuestros y desapariciones (Acumulación Expts. A–36/12, J–18/12 y A–145/09)", AZ A–81/12, Urteil v. 19.3.2014

Chile, CSJ, Juan Contreras Sepúlveda y otros, (crimen) casación fondo y forma, causa 517/2004, resolución 22267 v. 17.11.2004.

Frankreich, Cour de Cassation, Fall Barbie, Judg. 3.6.1988, Juris–Classeur Périodique 1988 II Nr. 21149 (englisch in: ILR 100, 330–337).

Frankreich, Cour de Cassation, Fall Touvier, Bull. Crim. 1992, 1082 = ILR 100, 341.

Israel, The Israeli government prosecutor General v. Adolph Eichmann, Jerusalem district court, 12.12.1961, in: ILR 36, 340.

Israel Supreme Court, sitting as the High Court of Justice, Public Committee against torture et al. vs the State of Israel et al., Judg. of 6 Sept. 1999 (H.C. 5100/94 et al.) [ticking bomb].

Israel Supreme Court, sitting as the High Court of Justice, Public Committee against torture in Israel et al. v. Government of Israel et al., Judg. of 13.12.2006 (HCJ 769/02) [targeted killings].

Kanada, Supreme Court of Canada, R. v. Finta, S. C. R. 1 (1994), 701.

Kolumbien, Corte Suprema de Justicia, Álvaro Alfonso García Romero, única instancia 32805, 23.2.2010.

Kolumbien, Corte Suprema de Justicia, Salvador Arana Sus, única instancia 32672, 3.12.2009.

Niederlande, Dutch Supreme Court, Menten Case, ILR 75, 362.

Niederlande, Prosecutor v. Guus van K., AY5160, Rechtsbanks–Gravenhage, 09/750 001–05 English translation, 28.7.2006.

Niederlande, Prosecutor v. Frans van Anraat, Judg., AX6406, Rechtbank 's–Gravenhage, 09/751 003–04 English translation, 23.12.2005.

Niederlande, Prosecutor v. Frans van Anraat, AppJ, BA6734, Gerechtshof 's–Gravenhage, 2200050 906–2, 9.5.2007.

Peru, Corte Suprema de Justicia de la República del Perú, Sala Penal Especial, exp. No. AV 19–2001, 07.4.2009.

Polen, Verfassungsgerichtshof vom 27.4.2005 (Az. P 1/05).

USA, Supreme Court, Crawford v. Washington, No. 02–9410, Judg. 8.3.2004, 74 Criminal Law 412 (2004), (HRRS 2004, 303).

USA, Supreme Court of the United States, *in re* Winship, 397 U.S. 358, (1970).

USA, Kalifornien, Somers v. Superior Court, 31 Cal.App. 3d 961 (1973).

USA, Kalifornien, Ortega v. Superior Court, 135 Cal.App. 3d 244 (1982).

Vereinigtes Königreich, House of Lords, Regina v. Bartle and the commissioner of police for the metropolis and others (appelants) ex parte Pinochet (respondent), 24.3.1999 per Lord Millett, WLR 1999, 825, (www.parliament.uk).

Vereinigtes Königreich, House of Lords, A and others v. Secretary of State for the Home Department, 16.12.2004, Session 2004–05 [2004] UKHL 56 (www.parliament.uk).

Vereinigtes Königreich, House of Lords, Regina v. R., 23.10.1991, AC 1992, 599.

Vereinigtes Königreich, High Court of Justice, Queens Bench Division, R (Bermingham and Others) v Director of the Serious Fraud Office, [2006] EWHC 200 (Admin).

XI. Deutsche Praxis VStR (Auswahl)

BVerfG, Beschluss v. 1.3.2011 – 1/11 2 BVR 1/11 (NStZ 2011, 353).

BGH, Beschluss v. 17.6.2010 – AK 3/10 (Ermittlungsrichter des BGH), U-Haft Präsident FDLR.

BGH, Beschluss v. 25.10.2010 – 1 StR 57/10 (NStZ-RR 2011, 7).

GBA, Presseerklärung v. 10.2.2005 (JZ 2005, 311).

GBA, Pressemitteilung v. 27.4.2007, http://www.generalbundesanwalt.de/de/showpress.php?themenid=9&newsid=273 (zuletzt abgerufen am 27.6.2014).

GBA, Ermittlungsverfahren gegen Oberst Klein und Hauptfeldwebel Wilhelm wegen des Verdachts einer Strafbarkeit nach dem VStGB u. a. Delikte, Einstellung des Verfahrens gemäß§ 170 Abs. 2 Satz 1 StPO, 16.4.2010, AZ 3 BJs 6/10–4, www.generalbundesanwalt.de/docs/einstellungsvermerk20100416offen.pdf (zuletzt abgerufen am 27.6.2014) (NStZ 2010, 581).
GBA, Anklage gegen einen ruandischen Staatsangehörigen wegen Völkermordes, 18.8.2010, 17/2010, www.generalbundesanwalt.de/de/showpress.php?themenid=12&newsid=369 (zuletzt abgerufen am 29.6.2014).
GBA, Festnahme mutmaßlicher Führungsfunktionäre der „Forces Démocratiques de Libération du Rwanda" (FDLR), 17.11.2009, 24/2009, www.generalbundesanwalt.de/de/showpress.php?themenid=11&newsid=347 (zuletzt abgerufen am 27.6.2014).
GBA, Anklage gegen zwei mutmaßliche Führungsfunktionäre der „Forces Démocratiques de Libération du Rwanda" (FDLR), 17.12.2010, 32/2010, www.generalbundesanwalt.de/de/showpress.php?newsid=382 (zuletzt abgerufen am 27.6.2014).
GBA, Tötung eines Deutschen durch Drohnenangriff im pakistanischen Grenzgebiet, Verfügung vom 20.6.2013, 3BJs 7/12-4, NStZ 2013, 644.

XII. Deutsche Entscheidungen zu Rechtshilfe, Europäischem Strafrecht,Europarecht und Strafanwendungsrecht

BVerfG, Beschluss v. 30.1.2002 – 2 BvR 2248/00 (NJW 2002, 1410).
BVerfG, Beschluss v. 6.7.2010 – 2 BvR 2661/06 (NJW 2010, 3422).
BVerfG, Beschluss v. 16.9.2010 – 2 BvR 1608/07 (StV 2011, 170).
BVerfG, Beschluss v. 1.3.2011 – 2 BvR 1/11 (NStZ 2011, 353).
BVerfG, Urteil v. 4.5.2011 – 2 BvR 2365/09, 740/10, 2333/08, 1152/10, 571/10 (NJW 2011, 1931).
BVerfG, Beschluss v. 15.9.2011 – 2 BvR 1516/11 (StV 2012, 25).
BVerfG, Beschluss v. 15.12.2011 – 2 BvR 148/11 (NJW 2012, 1202).
BVerfG, Beschluss v. 20.6.2012 – 2 BvR 1048/11 (NJW 2012, 3357).
BVerfG, Beschluss v. 6.2.2013 – 2 BvR 2705/11.
BVerfG, Urteil v. 24.4.2013 – 1 BvR 1215/07 (NJW 2013, 1499).
BGH, Urteil v. 25.2.1998 – 3 StR 490/97 (NStZ 1998, 309).
BGH, Urteil v. 27.8.2009 – 3 StR 250/09 (StV 2011, 610 = NJW 2009, 3734).
BGH, Beschluss v. 17.3.2010 – 2 StR 397/09 (NStZ 2010, 410).
BGH, Beschluss v. 24.9.2010 – 1 StR 373/10 (NStZ 2011, 470).
BGH, Beschluss v. 1.12.2010 – 2 StR 420/10.
BGH, Beschluss v. 26.1.2011 – 4 BGs 1/11 (NStZ 2012, 223)
BGH, Beschluss v. 23.5.2011 – 5 StR 394, 440, 474/10 (NStZ 2011, 453).
BGH, Beschluss v. 9.6.2011 – 1 StR 21/11 (StV 2012, 154).
BGH, Urteil v. 21.6.2011 – 5 StR 52/11 (StV 2011, 674).
BGH, Beschluss v. 27.7.2011 – 4 StR 303/11 (NStZ 2012, 100).
BGH, Beschluss v. 3.11.2011 – 2 StR 201/11 (NStZ 2012, 335).
BGH, Urteil v. 12.1.2012 – 4 StR 499/11 (StV 2013, 298).
BGH, Beschluss v. 9.2.2012 – 1 StR 148/11 (StV 2013, 294).
BGH, Beschluss v. 21.11.2012 – 1 StR 310/12 (NStZ 2013, 596).
BGH, Beschluss v. 19.12.2012 – 1 StR 165/12 (NStZ 2013, 600).
KG, Beschluss v. 16.1.2013 – 4 Ws 2/13 – 122 Ss 149/12 (NStZ 2013, 603)
OLG Brandenburg, Beschluss v. 24.3.2010 – 53 Ss 42/10 StV 2012, 78).
OLG Bremen, Beschluss v. 31.10.2011 – 2 SsRs 28/11 (NStZ 2012, 220).
OLG Celle, Beschluss v. 9.3.2011 – 1 Ws 102/11 (NStZ 2011, 718).
OLG Celle, Beschluss v. 10.9.2012 – 1 Ausl 26/12 (StV 2013, 315).
OLG Celle, Beschluss v. 18.12.2012 – 1 Ausl 56/12 (StV 2013, 315).
OLG Celle, Beschluss v. 19.3.2013 – 32 Ss 29/13 (NStZ 2013, 615).
OLG Dresden, Beschluss v. 30.11.2010 – Ausl 74/10 (StV 2011, 430).
OLG Dresden, Beschluss v. 9.6.2011 – Ausl 184/10 (NStZ 2012, 102).
OLG Düsseldorf, Beschluss v. 4.3.2010 – 4 RVs 191/09 (NStZ 2011, 525)
OLG Düsseldorf, Beschluss v. 8.9.2010 – 3 Ausl 75/10 (StV 2011, 170).
OLG Düsseldorf, Beschluss v. 20.12.2010 – 1 Ws 271/10 (NStZ 2011, 719).
OLG Düsseldorf, Beschluss. v. 8.9.2011 – 4 Ws 495/11 (StV 2013, 102).
OLG Düsseldorf, Beschluss v. 9.2.2012 – III–3 AR 6/11 (ZIS 2012, 78).

OLG Düsseldorf, Beschluss v. 27.2.2012 – III–2 RVs 11/12 (StV 2013, 299).
OLG Düsseldorf, Beschluss. v. 4.9.2012 – 3 Ausl 92/12 (StV 2013, 101).
OLG Hamm, Beschluss v. 25.2.2010 – 4 Ausl A 163, 89/09 (StV 2011, 173).
OLG Hamm, Beschluss v. 1.3.2012 – III–3 Ws 37/12 (StV 2013, 165).
OLG Hamm, Beschluss v. 17.7.2012 – III–1 Vollz (Ws) 323/12 (StV 2013, 451 = NStZ 2013, 174).
OLG Düsseldorf, Beschluss v. 29.4.2013 – 3 Rvs 45/13 (StV 2013, 707).
OLG Hamm, Beschluss v. 23.5.2013 – 2 Ausl 66/13 (NStZ 2013 603).
OLG Karlsruhe, Beschluss v. 4.1.2011 – 1 AK 51/10 (StV 2011, 426).
OLG Karlsruhe, Beschluss v. 24.11.2011 – 2 Ws 224/11 (StV 2012, 546).
OLG Karlsruhe, Beschluss vom 25.3.2013 – 1 AK 102/11 (NStZ 2013, 602).
OLG Koblenz, Beschluss v. 26.8.2010 – 2 Ws 383/10 (StV 2011, 167).
OLG Köln, Beschluss v. 3.7.2007 – 2 Ws 156/07.
OLG Köln, Beschluss v. 2.9.2011 – 6 AuslA. 69/11 (StV 2013, 100).
OLG Köln, Beschluss v. 30.9.2011 – 2 Ws 589/11 (NStZ 2012, 471).
OLG Köln, Beschluss v. 21.5.2012 – 2 SsRs 2/12 (NZV 2012, 450).
OLG Köln, Beschluss v. 13.7.2012 – 6 AuslA. 54/12 (StV 2013, 99).
OLG München, Beschluss v. 7.12.2012 – 14 Ausl. A 1156–12 (274/12) (StV 2013, 313).
OLG München, Beschluss v. 17.1.2013 – 4 StRR (A) 18/12 (NStZ 2013, 358 = StV 2013, 301).
OLG München, Entscheidung v. 15.5.2013 – A 442/13 (119/13) (StV 2013, 710).
OLG Nürnberg, Beschluss v. 23.6.2009 – 1 Ausl 130/07 (StV 2011, 401).
OLG Oldenburg, Beschluss v. 24.6.2011 – 1 Ws 241/11 (NStZ 2011, 719).
OLG Rostock, Beschluss v. 24.3.2010 – 1 SS 8, 11/10 (StV 2011, 220).
OLG Saarbrücken, Beschluss v. 30.9.2011 – 5 W 212–11/94 (StV 2012, 31).
OLG Zweibrücke, Beschluss v. 10.6.2013 – 1 Ss Bs 15/13 (NStZ 2013, 601).
LG Regensburg, Beschluss v. 24.5.2012 – 1 Qs 38/12 (StV 2013, 167).
AG Bochum, Beschluss v. 27.2.2012 – 29 Gs 2/12 (DAR 2012, 222).

Sachverzeichnis

Die **fett** gesetzten Zahlen verweisen auf die Paragrafen dieses Buches, die mageren auf deren Randnummern. Hauptfundstellen sind *kursiv* gesetzt.